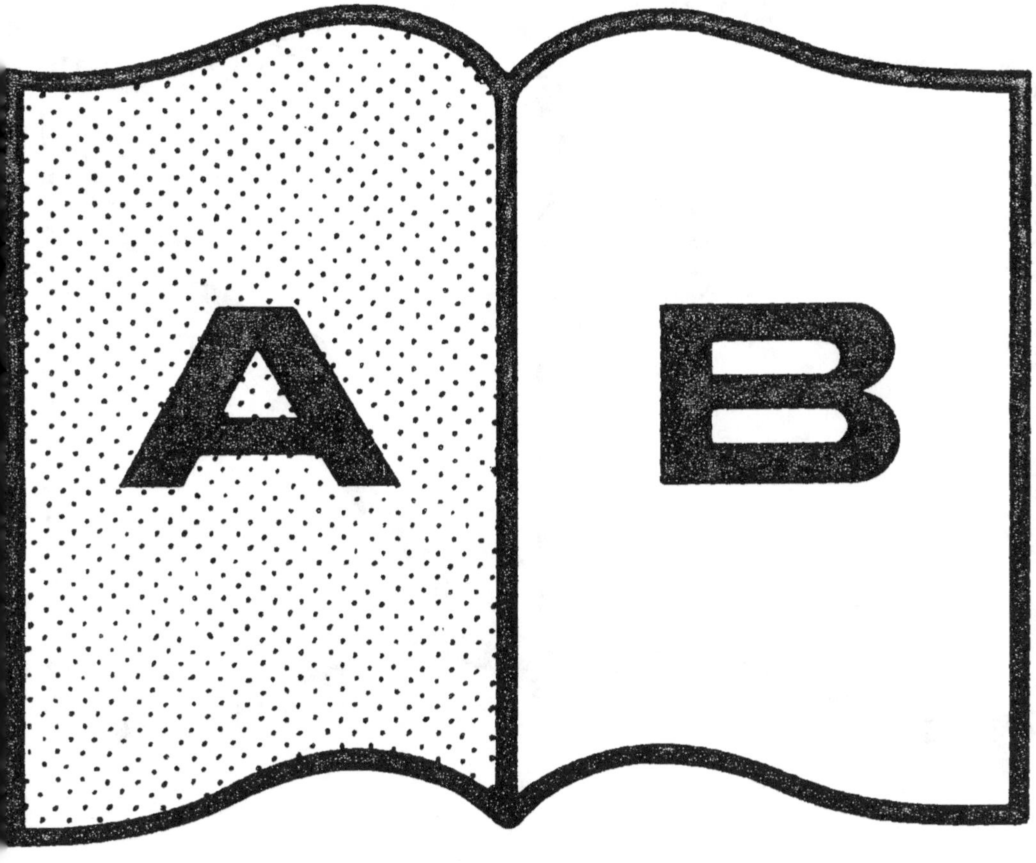

Contraste insuffisant

NF Z 43-120-14

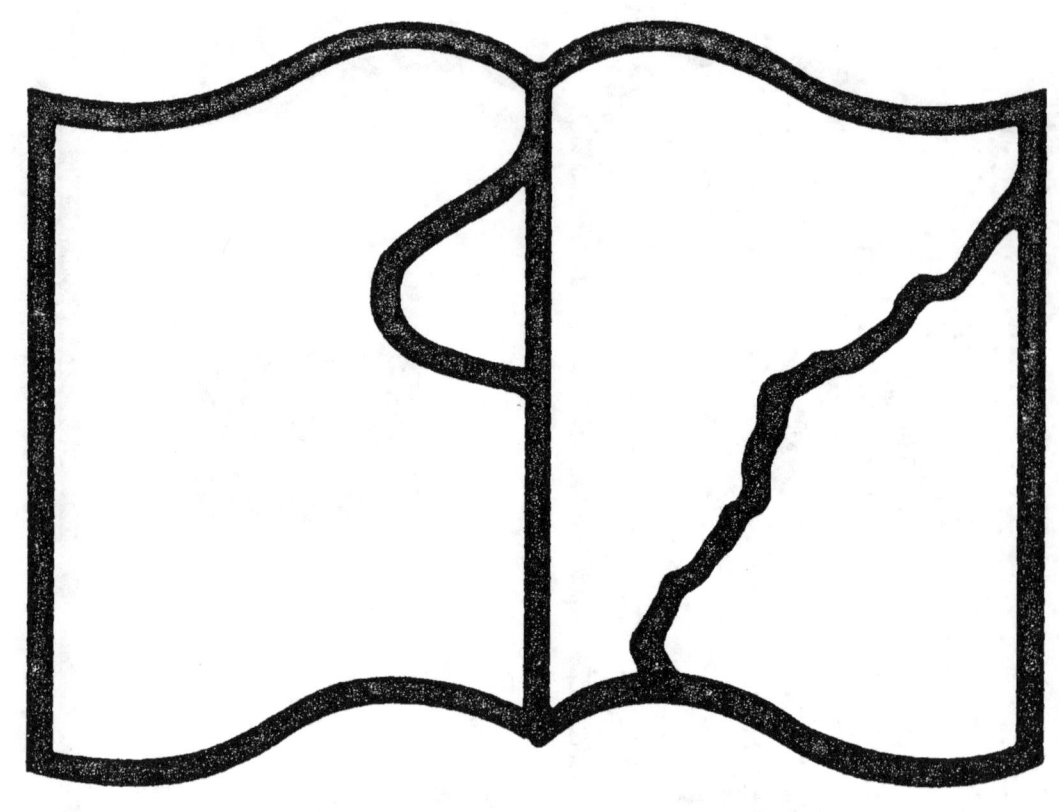

Texte détérioré — reliure défectueuse

NF Z 43-120-11

ŒUVRES
D'ESTIENNE PASQUIER,

Conseiller & Advocat General du Roy en la Chambre des Comptes de Paris;

DIVISÉES EN DEUX TOMES.

LES ŒUVRES D'ESTIENNE PASQUIER,

CONTENANT

SES RECHERCHES DE LA FRANCE;

Son Plaidoyé pour M. le Duc de Lorraine;

CELUY DE Me VERSORIS, POUR LES JESUITES,
Contre l'Université de Paris;

CLARORUM VIRORUM AD STEPH. PASQUIERIUM CARMINA;

EPIGRAMMATUM LIBRI SEX;

EPITAPHIORUM LIBER;

ICONUM LIBER, CUM NONNULLIS THEOD. PASQUIERII
In Francorum Regum Icones notis.

SES LETTRES;

SES ŒUVRES MESLÉES;

ET

LES LETTRES DE NICOLAS PASQUIER,
FILS D'ESTIENNE.

TOME PREMIER.

A AMSTERDAM,
AUX DEPENS DE LA COMPAGNIE DES LIBRAIRES ASSOCIEZ.

M. DCCXXIII.

TABLE GENERALE DES CHAPITRES,

Contenus és Recherches de la France,

DIVISÉES EN NEUF LIVRES.

LIVRE PREMIER.

CHAP. I.  Du tort que les anciens Gaulois, & ceux qui leur succederent se firent, pour estre peu soucieux de recommander par escrit leur vertu à la posterité. 3

II. Que Jules Cesar n'eut les Gaulois en opinion de Barbares, & que l'occasion de ce vint de leur ancienne Police, ensemble de ce que quelques Autheurs Italiens nous veulent blasonner de ce titre. 5

III. Combien le nom Gaulois s'amplifia anciennement, & contre les calomnies de quelques Autheurs, qui sous leur faux-donner à entendre voulurent obscurcir nos victoires. 11

IV. De ce que l'ancien Romain appelloit les Gaulois legers. 15

V. Quels furent les defauts des Gaulois, au moyen desquels les Romains s'emparerent principalement des Gaules. ibid.

VI. Des François extraicts de la Germanie, & de leur ancienne demeure. 17

VII. Des courses que firent les François és Gaules, & comment & en quel temps ils s'en impatronizerent. 21

VIII. De l'entrée, progrez & fin de la Monarchie des Gots. 27

IX. Du progrez des Bourguignons en la Gaule, & pourquoy ils furent ainsi appellez. 29

X. Que les Romains presagisoient la ruine de leur Empire devoir venir de la Germanie: & de quelque fatalité qu'il y a eu en ce pays-là pour le declin de l'Empire. 31

XI. Des Bretons Gaulois que quelques-uns estiment avoir emprunté leur nom de ceux de la Grande Bretagne. ibid.

XII. Des Normans, nouveau peuple de la Germanie, qui occuperent quelque partie de nostre Gaule. 33

XIII. Du pays de Gascogne & du Languedoc. 37

XIV. De ce que nos Autheurs rapportent l'origine des François aux Troyens. 39

XV. Des Roys & Ducs que l'on tient avoir regné sur les François auparavant l'advenement de Pharamond à la Couronne. 41

LIVRE SECOND.

CHAP. I. *Lequel des deux, de la Fortune, ou du Conseil a plus ouvré à la manutention de la France.* 43

II. *Du Parlement ambulatoire, & premiere introduction d'icelui.* 45

III. *Du Parlement estably dans Paris, & des autres de ce Royaume.* 49

IV. *De plusieurs particularitez qui concernent le Parlement.* 61

V. *De l'ancienneté & progrez de la Chambre des Comptes.* 69

VI. *De l'establissement du grand Conseil & promotion d'iceluy: & de celuy qui depuis fut appellé Conseil privé.* 81

VII. *De l'Assemblée des trois Estats de la France, Cour des Aydes sur le fait de la Justice, Tailles, Aydes & Subsides.* 85

VIII. *Des Thresoriers generaux de France.* 93

IX. *De l'Ordre des douze Pairs de France, & s'ils furent instituez par Charlemagne, comme la commune de nos Annalistes estime.* 95

X. *Comment, & vers quel temps l'ordre des douze Pairs de France fut institué, pour lesquels on appelle le Parlement Cour des Pairs, & dont vient qu'on requiert leur presence aux Sacres & Couronnemens des Roys.* 99

XI. *Des Maires du Palais.* 105

XII. *Des Connestables, Chanceliers, & autres estats de telle marque; & encore de celui d'Admiral.* 109

XIII. *Des Ducs & origine d'iceux.* 111

XIV. *Des Comtes, Baillifs, Prevosts, Vicomtes & Viguiers.* 115

XV. *Admirauté, Eaux & Forests.* 119

XVI. *De l'ancienneté des terres tenuës, tant en Fief qu'en Alleud: Escuyers, Gentilshommes: Du Ban & Arrieban.* 125

XVII. *Des Nobles, Gendarmes, Roturiers, Villains, Chevaliers, Armoiries de France, & plusieurs autres choses de mesme sujet, concernant la Noblesse de France.* 133

XVIII. *Du droict d'Aisnesse, Apanage, Loy Salique, successions aux anciennes Duchez & Comtez de la France.* 141

XIX. *Gouvernement des Roys mineurs par les Reines leurs meres, Regences & majoritez de nos Roys.* 147

LIVRE TROISIESME.

CHAP. I. *De la preseance du Saint Siege de Rome, sur l'Eglise Catholique.* 155

II. *Comme & vers quel temps le titre d'Evesque universel se planta dedans l'Eglise, & en quelle façon les choses se passerent pour cet esgard.* 161

III. *Dont vient que par succession de temps nous avons appellé l'Evesque de Rome, Pape, & que parlans à luy nous usons de ces mots, vostre Saincteté.* 165

IV. *Comme & avec quel progrez les Papes s'impatroniserent de Rome, & d'une partie de l'Italie.* ibid.

V. *De la dignité de Cardinal introduitte en l'Eglise Romaine.* 175

VI. *Vers quel temps la Religion Chrestienne se vint habituer chez nous.* 179

VII. *Quelle fut la Religion de la premiere lignée de nos Roys.* 183

VIII. *Des libertez de l'Eglise Gallicane, devant & sous la premiere lignée de nos Roys.* 189

IX. *Du Pallium que le Pape Gregoire I. envoya à quelques Prelats de la France, & que l'ambition d'un costé, & l'affliction des Prelats d'un autre cuiderent intervertir sous la premiere lignée de nos Roys, les libertez de nostre Eglise Gallicane.* 195

X. *Quelle correspondance eut le Saint Siege de Rome avecques la seconde lignée de nos Roys, & quelle fut leur Religion.* 199

XI. *Des libertez de l'Eglise Gallicane, sous la seconde famille de nos Roys.* 203

XII. *Du dechet & desbauche de nos Privileges,*

leges, sous la seconde lignée de nos Roys. 207

XIII. *Troisiesme lignée de nos Roys, & quelle a esté la suite & progrez de leur Religion, ensemble de toute la France.* 215

XIV. *De l'authorité que les Papes se donnerent depuis la venuë de Hugues Capet, sur les Empereurs & Roys, interdiction des Royaumes, & autres discours de mesme sujet.* 217

XV. *Que le Pape ne doit mesler dans sa vengeance la grandeur de sa dignité, exemple memorable de Dieu.* 221

XVI. *Des remedes dont les Princes estrangers userent contre les censures Apostoliques, & interdictions de leurs Royaumes, ensemble de ceux que nous y avons apporté, sous la troisiesme lignée de nos Roys.* 223

XVII. *Qu'il est bienseant aux Papes, & à nos Roys, d'exercer une paix mutuelle ensemble, & le tort qu'ils se sont pourchassez faisans le contraire.* 227

XVIII. *Que nos Roys sont francs & exempts des censures de la Cour de Rome.* 229

XIX. *Que depuis la venuë de Hugues Capet jusques au regne de Saint Loüys, les Papes s'authoriserent plus en grandeur sur les Evesques & Ordinaires qu'ils n'avoient fait auparavant, & d'où en proceda la cause.* 239

XX. *Des Eveschez, Abbayes, & autres charges Ecclesiastiques, que nous appellons Benefices, & de la nouvelle forme de Republique qui se planta dans nostre Eglise, depuis que ce mot de Benefice fut mis en usage.* 241

XXI. *Des entreprises de la Cour de Rome, sur les libertez de nostre Eglise Gallicane, depuis la venuë de Hugues Capet, jusques au regne de Sainct Loüys, & comme le Clergé de France ne s'en pouvoit taire.* 243

XXII. *De l'ordre que Sainct Loüys apporta pour la manutention des libertez de nostre Eglise Gallicane.* 249

XXIII. *Des graces expectatives, Mandats, Indults Apostolics, exactions faites en Avignon, & du remede que nostre Eglise Gallicane y apporta.* 251

XXIV. *De quelle vertu l'Eglise Gallicane proceda pour exterminer le grand Schisme qui advint pendant le siege d'Avignon, & des vertueuses procedures faites contre Pierre de la Lune, dit Benoist XIII.* 253

Tome I.

XXV. *Continuation des calamitez que produisit le siege tenu en Avignon, & du grand Schisme qui en provint.* 257

XXVI. *De l'heresie de Jean Hus, qui se planta dans le Schisme, & avec quelle dignité le Concile de Constance proceda à l'extirpation, tant du Schisme que de l'heresie par l'entremise de nostre Eglise Gallicane.* 261

XXVII. *Du Concile tenu en la ville de Basle, quelques ans après le Concile de Constance, dont fut extraite une bonne partie de la Pragmatique Sanction faite à Bourges du temps du Roi Charles VII.* 267

XXVIII. *De la nomination que les Graduez des Universitez ont sur les Ordinaires, & dont procede cette ancienneté.* 269

XXIX. *De l'Université de Paris.* 271

XXX. *De la puissance que nos Roys ont sur la discipline & mœurs de leur Clergé, & comme s'ils veulent regner heureusement, il est requis qu'ils n'en mes-usent.* 281

XXXI. *Des Coustumes que le Clergé appelle loüables, pour quelquefois couvrir la pudeur de son avarice.* 283

XXXII. *Des entreprises anciennes que faisoient les Ecclesiastiques sur la Jurisdiction seculiere.* 285

XXXIII. *Des appellations comme d'abus, remede introduit, tant contre les entreprises des Ecclesiastiques, que reformation de leurs mœurs.* 287

XXXIV. *Du Concile de Trente, & que l'appel comme d'abus, est un moyen par lequel on se peut pourvoir contre toutes les entreprises qui se font au prejudice des libertez de nostre Eglise Gallicane.* 291

XXXV. *De l'ancienneté des Regales en matiere des Archeveschez & Eveschez.* 295

XXXVI. *De l'ordre des Regales, sous la troisiesme lignée de nos Roys, serment de fidelité que les Archevesques & Evesques leur doivent avant que d'entrer en leurs charges, & des investitures que les Empereurs d'Allemagne faisoient des Archeveschez & Eveschez.* 299

XXXVII. *Des benefices que nous avons dit vaquer en Regale, sous la troisiesme lignée de nos Roys.* 303

XXXVIII. *De l'institution des Chanoines*

á ij

& *Prebendes*, & *dont vient que pendant l'ouverture de la Regale nos Roys les peuvent conferer.* 309

XXXIX. *Du profit & emolument des Regales, qui appartient aujourd'huy aux Threforier & Chanoines de la Sainte Chapelle de Paris.* 313

XL. *Des oblats ordonnez par nos Roys en certains Monafteres.* 315

XLI. *D'une nouvelle forme de fervitude non connuë par les anciens Romains, introduite long-temps aprés noftre Chriftianifme.* 317

XLII. *Des Dixmes infeodées.* 319

XLIII. *De la fecte des Jefuites.* 323

XLIV. *Plaidoyé pour l'Univerfité de Paris contre les Jefuites.* 327

XLV. *Quelle incompatibilité il y a entre la Profeffion des Jefuites & les regles, tant de noftre Eglife Gallicane, que de noftre Eftat.* 351

LIVRE QUATRIESME.

CHAP. I. *DU Gage de bataille dont uferent anciennement les François, pour la verification de leurs faits, & par efpecial és matieres criminelles.* 361

II. *De l'attouchement du fer chaud, autre maniere de preuve que l'on obfervoit quelquefois és caufes criminelles.* 367

III. *De l'authorité du ferment, & d'une maniere de preuve qui fe faifoit quelquefois par icelui.* 369

IV. *De quelques forts que pratiquoient nos anciens François pour s'informer des chofes qui leur eftoient à venir.* 371

V. *De l'eftat & condition des perfonnes de noftre France, avec un fommaire difcours des fervitudes tres-foncieres qui fe trouvent en quelques-unes de nos Provinces, & de leurs manumiffions.* 373

VI. *Bourgeoifies du Roy, droits de Jurée en Champagne, & que nous avons en France quelques images des anciennes libertez de Rome.* 379

VII. *Des droicts de Jurée & de Bourgeoifie du Roy.* 381

VIII. *Des Ordonnances de Charlemagne, pour obvier aux fraudes que l'on pratiquoit en France, fous le pretexte des Clericatures.* 385

IX. *Des bonnets qu'on prend aux Licences & Maiftrifes des Efcoliers, Eftreines & banquets que l'on fait à la fefte des Roys.* 387

X. *Pourquoy en matiere de ceffion de biens, l'on fait abandonnement de la ceinture devant la face du Juge.* 389

XI. *Sçavoir fi la propofition que l'on tient aujourd'huy au Palais, que le Roy ne plaide jamais deffaifi, a efté toufjours obfervée en France.* 391

XII. *D'une couftume ancienne que l'on obfervoit en France en matiere de prifonnier de Guerre.* ibid.

XIII. *Qu'il y eut certain fiecle en France, pendant lequel la fignature eftoit inconnuë.* 393

XIV. *D'où vient que l'on a eftimé les Greffes, & Tabellionnez eftre du Domaine du Roy, enfemble fommaire difcours fur les Notaires, & Clercs des Greffes.* ibid.

XV. *Jeux de Paulme, Bonnets ronds.* 395

XVI. *D'une couftume ancienne qui eftoit en France de crier Noël pour la fignification de joye publique.* 397

XVII. *De la diftribution des Offices & confirmations d'iceux à l'avenement des Roys, Prevoftez en garde, ou en ferme, & autres chofes de mefme fujet.* ibid.

XVIII. *Du Couvrefeu, autrement appellé Carfou, introduit en plufieurs villes de France.* 405

XIX. *Vers quel temps un tas de gens vagabonds, que les aucuns nomment Egyptiens, les autres Bohemiens, commencerent de roder cette France.* 407

XX. *Dont vient qu'anciennement en la France, reprefentation n'avoit lieu tant en ligne directe, que collaterale.* 409

XXI. *De la communauté des biens meubles, & conqueftz immeubles, qui eft en noftre France entre le mary & la femme.* 411

XXII. *Sommaire deduction de nombres François. Et pourquoy par V. nous fignifions cinq,*

cinq, & par X. dix, par L. cinquante, & par D. cent. 413

XXIII. *Des Epithetes que nos ancestres donnerent à quelques-uns de nos Roys par honneur, aux autres par attache. Depuis quel temps aprés leur decez leurs Epithetes se sont tournez en ceremonie, ensemble sommaire discours sur les surnoms.* 415

XXIV. *Invention de l'Artillerie & Imprimerie.* 417

XXV. *Contre l'opinion de ceux qui estiment que l'invention du Quadran des Mariniers est moderne.* 419

XXVI. *De la fatalité qui se trouve quelquesfois és noms.* ibid.

XXVII. *D'une maniere assez familiere aux anciens François, & mesmement aux Advocats du commencement de leurs plaidoyez d'importance, & des harangues qui se font par les gens du Roy, en la ville de Paris à l'ouverture des Parlemens.* 421

XXVIII. *De quelques maladies dont les aucunes furent autresfois inconnuës, & les autres ont eu seulement une fois cours par la disposition de l'air.* 423

XXIX. *De quelques secrets de Nature, dont il est mal-aisé de rendre la raison.* 425

XXX. *Que les Sergens faisans leurs exploicts, portoient anciennement des manteaux bigarrez.* 427

XXXI. *Du jeu des Eschecs.* 429

XXXII. *De l'an & jour qu'on desire és matieres de retraits lignagers & de complainte.* ibid.

XXXIII. *Du droict de Chambellage, porté par quelques Coustumes, & dont il procede.* 431

LIVRE CINQUIESME.

CHAP. I. *Des admirables exploits de guerre du grand Roy Clovis, forlignement de sa posterité, comment la Couronne de France fut transportée de sa famille en celle de Charles Martel.* 433

II. *Que la mort de Bernard Roy d'Italie, petit-fils de l'Empereur Charlemagne, fut une mort d'Estat, contre l'opinion commune de nos Historiographes.* 437

III. *Guerre civile entre l'Empereur Loüys le Debonnaire & ses enfans.* 441

IV. *Que le Roy Charles le Chauve fut l'un des principaux instrumens de la ruine des Martels, & changement de leur Estat en cette France.* 447

V. *Admirables secrets de la toute-puissance de Dieu, qui se trouvent en la premiere famille de nos Roys.* 451

VI. *Deportemens extraordinaires tant bons que mauvais, de la Reine Fredegonde, selon la commune leçon de nos Historiographes.* ibid.

VII. *Quel aage pouvoit avoir le jeune Clotaire, lors que Fredegonde sa mere en fit pavois contre ses ennemis.* 457

VIII. *Deportemens dereglez de la Reine Brunehaud, suivant la commune leçon de nos Histoires.* ibid.

IX. *Sommaire recüeil des vices qu'on impute à Brunehaud.* 461

X. *Comparaison des deportemens de Fredegonde & Brunehaud Reines, selon l'ancienne leçon.* ibid.

XI. *Folles amours de la Reine Fredegonde, avec Landry Maire du Palais. Meurtre du Roy Chilperic par eux procuré. Histoires fabuleuses.* 463

XII. *Diverses leçons en l'Histoire de la Reine Brunehaud, avec un sommaire discours de ce qu'on trouve à son advantage, tant dedans Gregoire de Tours, que Sainct Gregoire Pape.* 467

XIII. *Qui sont les autheurs qui ne condescendent à la farouche opinion des vices & cruautez qu'on impute à Brunehaud.* 471

XIV. *Premier trait de cruauté très-damnable, faussement imputé à Brunehaud.* 473

XV. *Seconde cruauté signalée, faussement improperée à Brunehaud.* 475

XVI. *Troisiesme cruauté, dont faussement on accuse Brunehaud.* 477

XVII. *Sur ce qu'on impute à Brunehaud, que pour se vanger, elle fit entendre à Theodoric,*

ric, que Theodebert estoit fils d'un Jardinier; Qui fut le seminaire des divisions des deux freres. 479

XVIII. *Autres, tant cruautez qu'amourettes, imputées à Brunehaud sur sa vieillesse.* ibid.

XIX. *Vie du bon Pere Colomban, & bannissement indigne contre lui, procuré par la Reine Brunehaud.* 481

XX. *Que du precedent Chapitre on peut recueillir, qu'on attribuë faussement plusieurs cruautez à Brunehaud, & autres mal-façons de sa vie.* 483

XXI. *Que sans calomnie on ne peut remarquer en Brunchaud, qu'elle fut cause de la ruine des Rois Theodebert & Theodoric ses petits-enfans: ainsi que la commune de nos Historiographes soustient.* 485

XXII. *Quel jugement nous pouvons faire de la vie de Brunehaud, par le livre de l'Abbé Jonas qui escrivit la vie de Saint Colomban; observation non à rejetter.* 487

XXIII. *Procedures extraordinaires inexcusables, & faits calomnieux, sur lesquels la Reine Brunehaud fut exposée à un impiteux supplice.* 489

XXIV. *Dont procederent les calomnieuses accusations contre la Reine Brunehaud, & qui fut la vraye cause de la cruauté exercée contre elle.* 491

XXV. *Qu'entre tous les Roys de France, Clotaire second semble avoir esté le plus heureux, & neantmoins qu'en luy commença la ruine de la premiere famille de nos Roys.* 495

XXVI. *Qui furent Fredegaire & Aimoin les medisans.* 499

XXVII. *Quelle creance on doit avoir à Aimoin parlant du temps de Fredegonde, & de Brunehaud.* 503

XXVIII. *Qu'Aimoin faisant mention de Brunehaud, en parle avec passion contre l'honneur d'elle.* 505

XXIX. *Cheute de la seconde famille de nos Roys.* 507

LIVRE SIXIESME.

CHAP. I. DE *la fatalité qu'il y eut en la lignée de Hugues Capet au prejudice de celle de Charlemagne: & contre la sotte opinion de Dante Poëte Italien, qui estima que Capet estoit issu d'un Boucher.* 511

II. *Qu'il n'y a rien tant à craindre en une Republique, que la minorité d'un Roy.* 513

III. *Des furieux troubles qui advinrent en France sous le Regne de Charles VI.* 517

IV. *Du restablissement de l'Estat sous Charles VII. & comme en cecy il y eut du miracle tres-exprés de Dieu.* 529

V. *Sommaire du Procez de Jeanne la Pucelle.* 535

VI. *De deux traits de liberalitez remarquables.* 543

VII. *De quelques tromperies de Princes par mots à double entente.* 545

VIII. *D'un Royal Apophtegme du Roy François I. du nom, & aussi d'une rencontre que luy fit un Moine de Marcoucy.* 547

IX. *Du procez extraordinaire fait premierement à Messire Philippes Chabot Admiral de France, puis à Messire Guillaume Poyet Chancelier.* 549

X. *Qu'il est trés-dangereux au sujet, quel qu'il soit, de se faire craindre par son Roi: exemple memorable en la personne du Connestable de S. Pol.* 553

XI. *Qu'il est quelquefois dangereux de mesler les affaires d'Estat & du Palais ensemble; exemple icy representé par le grand procez qui fut au Parlement de Paris entre Madame la Regente Loüyse de Savoye, mere du Roy François I. & Charles Prince du sang, aisné de la maison de Bourbon, Connestable de France.* 555

XII. *Histoire tragique de Charles aisné de la Maison de Bourbon, Connestable de France.* 561

XIII. *Procedures tenuës en la foy & hommages que fit Philippes Archiduc d'Austriche, à nostre Roy Loüys XII.* 573

XIV. *Deux exemples memorables de clemence, l'un du Roy François I. en la punition du fait du Connestable de Bourbon; l'autre de nostre grand Roy Henry IV. en celle du Mareschal*

chal de Biron. 575

XV. De la mort de Marie Sthuard Reyne d'Escoffe, veufve en premieres nopces de François II. du nom Roy de France. 579

XVI. Des mots dorez & belles sentences de Maistre Alain Chartier. 583

XVII. Sommaire de la vie de Pierre Abelard, & des amours de luy & d'Heloïse. 587

XVIII. Traict memorable de Chevalerie, courtoisie & liberalité du Chevalier Bayard. 593

XIX. De l'honneste amour du Capitaine Bayard envers une Dame, & de la sage retraite de luy en l'execution d'un amour vicieux. 597

XX. Traits de liberalité du Capitaine Bayard. 601

XXI. De quelle ruse le grand Capitaine Bayard sauva la ville de Mezieres, contre les forces de l'Empereur Charles V. 603

XXII. Quelles courtoisies receut le Capitaine Bayard, non seulement des François, mais aussi de ses ennemis, avec un sommaire discours de sa mort. 605

XXIII. De la juste vengeance de Dieu, pour une impieté commise de fils à pere, & au contraire repremiation pour pieté. 607

XXIV. Combien les maledictions des peres & meres contre leurs enfans sont à craindre. 609

XXV. Du Royaume de Hierusalem, & pourquoy les Roys de Naples & de Sicile se pretendoient Roys de Hierusalem. 611

XXVI. Quel fruit nous rapportasmes des voyages d'outremer, que nos ancestres appelloient Croisades. 613

XXVII. De la famille d'Anjou, qui dés & depuis le temps de Charles frere de Saint Loüys, commanda au Royaume de Naples, & des traverses qu'elle receut. 619

XXVIII. Des pretentions de la seconde famille d'Anjou, sur le Royaume de Naples, des ruineux voyages qu'elle y fit. 629

XXIX. Fin de la seconde famille d'Anjou, avec un sommaire discours, tant sur le Comté de Provence escheu à nos Roys, que des voyages de Naples par eux entrepris. 635

XXX. Qu'il n'est pas expedient pour un Prince, de mettre ses commandements faits par colere, en prompte execution. 639

XXXI. Que les Royaumes ont esté quelquesfois conservez, pour avoir esté les jeunes Princes mis sous la protection & tutelle de leurs ennemis. 641

XXXII. Du traitement que receut Jean de Bourgogne, Comte de Nevers, par Basaïth Roy des Turcs, & de celuy que receut le mesme Basaïth par Tamberlan. 643

XXXIII. D'un amour prodigieux de Charlemagne envers une femme. 645

XXXIV. Du gouvernement des Provinces qui tombent és femmes, & de la magnanimité ancienne de quelques Princesses. 647

XXXV. De l'honneste & vertueuse liberté, dont usa quelquefois, tant la Cour de Parlement de Paris, que Chambre des Comptes pour la conservation de la Justice. 649

XXXVI. De quelques traits miraculeux, tant pour garantir l'innocence de la calomnie, que pour averer en Justice un delict qui ne se pouvoit presque descouvrir: exemple dernier advenu de nostre temps en la personne d'un nommé Martin Guerre. 653

XXXVII. Preuve miraculeuse advenuë, tant au Parlement de Roüen que de Paris, pour deux crimes dont la preuve estoit inconnuë aux Juges. 657

XXXVIII. Qu'il est quelquefois expedient pour le bien de la chose publique, de passer par dessus les formalitez de Justice. 661

XXXIX. Que ce n'est pas un petit secret à un homme d'Estat d'avoir des Predicateurs à sa poste. 663

XL. Histoire memorable d'un jeune homme d'un prodigieux esprit. 665

XLI. D'une grossesse prodigieuse advenuë de nostre temps en la ville de Sens. ibid.

XLII. Des Seigneurs de Seissomme & d'Origny, freres jumeaux conformes de face & façons en toutes choses. 667

XLIII. Du malheureux succez d'Enguerrand de Marigny, & de quelques autres exemples de mesme tragedie. 669

XLIV. Des Songes. 671

XLV. De quelques memorables bastards qui ont esté en cette France, & autres discours de mesme sujet. 673

XLVI. De la charité de six notables Bourgeois de la ville de Calais envers leurs Citoyens.

Table des Chapitres.

toyens. 675
XLVII. *Excellente réponse d'une femme à un Frere Prescheur, pour induire les hommes à bien faire, seulement pour l'honneur de Dieu.* 677

XLVIII. *De deux accidens casuellement advenus au Parlement de Paris, portans presages des malheurs, qui depuis advinrent en la France.* ibid.

LIVRE SEPTIESME.

Chap. I. *De l'origine de nostre poësie Françoise.* 681
II. *Des vers Latins rimez, que nos ancestres appelloient Leonins, & pourquoy ils furent ainsi appellez.* 683
III. *De l'ancienneté & progrez de nostre poësie Françoise.* 685
IV. *De la poësie Provençale.* 693
V. *Des chants Royaux, Ballades & Rondeaux.* 695
VI. *De la grande flote des Poëtes que produisit le regne du Roy Henry II. & de la nouvelle forme de poësie par eux introduite.* 701
VII. *Quelques observations sur la poësie Françoise.* 709
VIII. *Si la poësie Italienne a quelque advantage sur la Françoise.* 715
IX. *Que nostre langue Françoise n'est pas moins capable que la Latine de beaux traits poëtiques.* 719
X. *Que nos Poëtes François imitans les Latins, les ont souvent esgalez, & quelquesfois surmontez.* 721
XI. *Que nostre langue est capable des vers mesurez, tels que les Grecs & Romains.* 731
XII. *De quelques jeux poëtiques, Latins, & François.* 735
XIII. *Des vers Latins retournez, & comme les François de nostre temps ont emporté en cecy le devant des anciens.* 741
XIV. *Vers François, tant rapportez que retournez.* 745

LIVRE HUICTIESME.

Chap. I. *De l'origine de nostre vulgaire François, que les anciens appelloient Roman, & dout procede la difference de l'ortographe, & du parler.* 751
II. *De combien d'Idiomes nostre langue Françoise est composée, & si la Grecque y a telle part comme l'on pretend, ensemble de quelques anciens mots Gaulois & François, & autres qui sont purs Latins en nostre langue.* 755
III. *De la diversité de l'ancienne langue Françoise, avec celle du jourd'hui.* 759
IV. *Dont vient qu'en nostre langue Françoise, parlans à gens de plus grande qualité que nous, on use du mot de Vous pour Tu, & au menu peuple du mot de Tu pour Vous.* 765
V. *De ces mots de Dom, Dam, Vidame, Damoiselle, Damoiseau, Sire, Seigneur, Sieur.* 767
VI. *Des mots qui par leur prononciation representent le son de la chose signifiée, que les Grecs appellent Onomatopeies, & signamment des mots* Ahan & Ahanner. 773
VII. *De ce que nous appellons* Sales à faire festes, *les sales ordonnées pour faire dances & banquets, & de ces mots* Festins, & Festoyer. 775
VIII. *Apprendre ou dire quelque chose par cœur.* 777
IX. *Du proverbe,* Je veux qu'on me tonde, *dont userent anciennement nos Peres & Ayeuls, pour signifier une peine.* 779
X. *Du proverbe,* Faire bien la barbe à quelqu'un. 781
XI. *Du proverbe,* Bonne renommée vaut mieux que ceinture dorée. 783
XII. *Laisser le Moustier où il est.* ibid.
XIII. *Des mots de* Clerc & Secretaire, *& du Proverbe* Parler Latin devant les Clercs. 785
XIV. *Plus resolu que Bartole, ou bien resolu*

Table des Chapitres.

solu comme un Bartole. 787

XV. *Sur ce que le peuple compare la femme qui s'adreſſe au pire, à la Louve, & de quelques autres proverbes empruntez de la nature du Loup.* 789

XVI. *Entre Chien, & Loup.* 791

XVII. *Faire des Chaſteaux en Eſpagne.* ibid.

XVIII. *Des proverbes qui ſont tirez en noſtre langue de ce mot de* Chaperon. ibid.

XIX. *De ces mots,* Maiſtre, Souverain, Suzerain, Sergent. 793

XX. *Aſſaſſin, Aſſaſſinat, Apanage, mots empruntez des voyages d'Outremer.* 797

XXI. *Dont vient ce cry public,* Saint Denis Mont-joye, *que l'on dit avoir eſté autresfois uſurpé par nos Roys en champ de bataille.* 799

XXII. *De ce que par maniere de gauſſerie on appelle* Puceaux, *ceux qui au ſoufle de leur haleine rallument une chandelle eſteinte.* 801

XXIII. *De quelques proverbes François tirez des Monnoyes.* ibid.

XXIV. *De ces mots,* Compagnon, Compagnie, Compain. 803

XXV. *De quelques manieres de parler, tirées de la nature des Fiefs.* ibid.

XXVI. *De ces mots de* Fy *entre les François, & de* Phyſicien, *uſurpé pour Medecin par nos anceſtres.* ibid.

XXVII. *De ce que nous appellons nos creanciers,* Anglois. 805

XXVIII. *Nul n'eſt Prophete en ſon païs.* 807

XXIX. *C'eſt la Couſtume de Lory, où le battu paye l'amende.* 809

XXX. *D'où vient le mot de* Beſſons, *& quelques autres mots François, tirez de meſme etymologie.* ibid.

XXXI. *Gehir & Geſne.* ibid.

XXXII. *De la derivaiſon de ce que l'on dit,* Guet à pens. 811

XXXIII. *Paſſer pluſieurs choſes par un* Fidelium, *& autres adages de meſme ſujet.* ibid.

XXXIV. *De ces mots,* Veilles de feſtes, Veſpres, Encens, Reliques, & Collations *que l'on fait quand on jeuſne.* 813

XXXV. *Courir l'Eguillette.* 815

XXXVI. *Du mot* Abandonner, *& de ſon origine.* 817

XXXVII. *Ferté, Parage, Piedefief, & autres dictions racourcies en noſtre langue.* ibid.

XXXVIII. Avoir laiſſé les Houzeaux. *pour denoter un homme qui eſt mort.* 819

XXXIX. *Fievre de S. Valier, & deux autres exemples de meſme ſujet.* ibid.

XL. *Plus malheureux que le bois dont on fait le gibet.* 827

XLI. *Qui a à pendre, n'a pas à noyer.* 829

XLII. *Truc, Truage, Truant, Maltoute, Pautonnier, Coquin, Cagnardier, Gueux de l'oſtiere.* 831

XLIII. *De ces mots,* Voleurs & Brigands. 835

XLIV. *Ribaux, Ribaudes, Roy des Ribaux.* ibid.

XLV. *Capet, Hutin.* 843

XLVI. *Meſtayer, Moitoyen, Mien & Tien.* ibid.

XLVII. *De ce que le peuple dit un homme eſtre bon, riche ou vertueux par deſſus l'eſpaule, lors qu'il ſe mocque.* 845

XLVIII. *Sans Feu & Leu.* 847

XLIX. *Entendre le Numero.* ibid.

L. *Beau-Pere & autres mots concernans, tant la Parenté, qu'Affinité, enſemble de quelques autres mots, dont l'uſage ne ſeroit peut-eſtre hors de propos.* 849

LI. *Du mot de* Bande, *dont les François uſent pour aſſemblée.* 851

LII. *De ce mot,* Tintamarre. 853

LIII. *De cette diction,* Riens. ibid.

LIV. *Marquis, Marchal, Mareſchal, Maire.* 855

LV. *Du mot,* Huguenot. 857

LVI. *Veſpres Siciliennes, proverbe ſur lequel eſt par occaſion diſcouru de l'eſtat ancien de la Sicile, & des traictemens que receurent ceux qui la poſſederent.* 859

LVII. *De ces mots,* Traiſtre, Trahir, Trahiſon. 867

LVIII. *Rompre la paille ou le feſtu avec quelqu'un.* ibid.

LIX. *Patelin, Pateliner, Patelinage, & de quelques adages & mots que nos anceſtres tirerent de la farce de Patelin.* 869

Tome I.   ẽ   LX.

Table des Chapitres.

LX. *Villon, Villonner, Villonnerie.* 873
LXI. *Pleger celuy qui boit à nous d'autant, Coquu, avoir veu le Loup, Lougarou, Abry,* Toutes manieres de dire dont on use à contresens. 875
LXII. *De quelques particuliers proverbes & mots, dont le peuple use par corruption de langage.* ibid.
LXIII. *De quelques lettres doubles qui sont dans notre Alphabet, K, Q, X, &°.* 877
LXIV. *Observations sur le mot* FIN. 879

LIVRE NEUFVIESME.

Chap. I. *Que la Gaule depuis appellée la France, de toute ancienneté a esté studieuse des bonnes lettres?* 881
II. *Ville de Paris.* 883
III. *Opinion commune, que Charlemagne a esté fondateur de l'Université de Paris.* 887
IV. *Que l'opinion est erronée, par laquelle on attribuë l'institution de l'Université de Paris à l'Empereur Charlemagne.* 891
V. *Premiere institution & progrez de l'Université de Paris, & de son ancienne situation.* 893
VI. *Suite de la fondation de l'Université de Paris.* 895
VII. *Vers quel temps les estudes de Paris prindrent le nom & le titre d'Université.* 897
VIII. *Que ce n'est pas un petit honneur à la ville de Paris, d'avoir esté premierement nommée Université sous le regne de Philippes Auguste.* 901
IX. *Que du commencement il n'y avoit que deux Facultez és escoles de Paris, qui prindrent le nom d'Université.* 903
X. *Faculté de Theologie.* ibid.
XI. *Faculté de Decret.* 907
XII. *Faculté de Medecine.* 909
XIII. *En quels lieux de la ville se faisoient les leçons aux escoliers avant l'introduction des Colleges, où elles sont depuis abouties.* 911
XIV. *Conclusion de tous les discours precedens, concernant l'Université de Paris.* 915
XV. *Introduction des Colleges, & signamment de celui de la Sorbonne.* 917
XVI. *College de Navarre.* 919
XVII. *Autre plan des Escoles de l'Université de Paris.* 923
XVIII. *Introduction des Professeurs du Roy, autre plan des Escoles de l'Université de Paris.* ibid.

XIX. *De trois chaires publiques fondées en l'Université de Paris, sur le modelle des Royales, par trois de privée condition.* 929
XX. *Premier abus qui s'est trouvé en la promotion des Professeurs du Roy, qui en produit plusieurs autres au prejudice de l'Université.* 931
XXI. *Chancelier de l'Université.* 933
XXII. *Du Recteur de l'Université, & de sa suite.* 935
XXIII. *Jurisdiction contentieuse du Recteur.* 937
XXIV. *Escoles de France, Picardie, Normandie, d'Angleterre : celle-cy aujourd'huy nommée d'Allemagne, & depuis quel temps, & pourquoy.* 939
XXV. *Reformations de l'Université de Paris.* 941
XXVI. *Que nos Roys ont eu sur tous autres, bonne part en la creation & direction des Universitez de France, & que de toute ancienneté ils ont qualifié l'Université de Paris, leur fille.* 945
XXVII. *Privileges octroyez par nos Roys à l'Université de Paris.* 947
XXVIII. *Sçavoir si la science des Loix reduite en Digeste, sous l'authorité de Justinian, a esté autresfois enseignée en l'Université de Paris.* 949
XXIX. *Invention de l'Imprimerie, & comme & vers quel temps la langue Latine commença d'estre diversement cultivée en l'Europe.* 951
XXX. *College & Confrairie des Chirurgiens en la ville, Prevosté & Vicomté de Paris.* 953
XXXI. *Du differend ancien, qui a esté & est entre la Faculté de Medecine de Paris, & le College des Chirurgiens.* 961

XXXII.

Table des Chapitres.

XXXII. *Des differends d'entre les Chirurgiens & Barbiers.* 969

XXXIII. *Que le Droict Canon des Romains, compilé par l'Ordonnance de l'Empereur Justinian, fut longuement perdu, & quelque centaine d'ans aprés retrouvé.* 975

XXXIV. *Restablissement du Droict Civil des Romains, & premier aage de ceux qui le commenterent.* 977

XXXV. *Second aage de ceux qui commenterent le Droict.* 979

XXXVI. *Des deffenses faites par le Pape Honoré III. d'enseigner le Droict des Romains en l'Université de Paris.* 981

XXXVII. *Universitez de Loix, & quand & comment le Droict Civil des Romains se vint loger en nostre France.* 985

XXXVIII. *Du nouvel ordre de Pratique judiciaire, que nos ancestres enterent sur le Droit Civil des Romains.* 997

XXXIX. *Troisiesme aage de ceux qui ont mis leurs plumes sur l'explication du Droict Romain.* ibid.

XL. *Pays coustumier, & de Droict escrit en la France.* 1001

XLI. *Par quelles personnes estoit anciennement la Justice renduë en France, & de quelques ineptes chicaneries, que nous avons depuis tirées du Droict des Romains.* 1005

XLII. *Fierte de S. Romain de Roüen, & de son ancien privilege.* 1009

Pour-parler du Prince. 1017
Pour-parler de la Loy. 1045
Pour-parler d'Alexandre. 1053

Plaidoyé d'Estienne Pasquier pour Monsieur le Duc de Lorraine, Intimé, contre les Seigneurs & Dame de Bussy d'Amboise, Seigneurs de Mouguinville, Appellans. 1067

Plaidoyé de feu M. Pierre Versoris, pour les Prestres & Escoliers du College de Clermont, dicts Jesuites, &c. contre les Recteur & Supposts de l'Université de Paris ; ce Plaidoyé repond à celuy d'Estienne Pasquier, Liv. III. pag. 327. 1101

Nonnullorum Clarorum Virorum ad Stephanum Pasquierium Carmina. 1113

Stephani Pasquierij Epigrammat. libri sex. 1121

Ces Epigrammes sont données sur un exemplaire corrigé de la main de l'Aureur, qui est à la Bibliotheque du Roy, où il avoit mis à toutes les pages *Pasquierij*, au lieu de *Paschasij Epigrammata.*

Theodori Pasquierij in Francorum Regum icones notæ. 1225

Stephani Pasquierij Epitaphiorum liber. 1237

——— *Iconum liber.* 1249

Fin de la Table des Chapitres du Tome premier.

LES RECHERCHES DE LA FRANCE.

LIVRE PREMIER.

Ommuniquant ces presentes Recherches à mes amis, comme les opinions des hommes sont diverses, il y en avoit quelques-uns qui trouvoient de mauvaise grace, qu'à chaque bout de champ je confirmasse mon dire par quelque Autheur ancien: disans que la plus grande partie de ceux qui par cy-devant nous avoient enseigné d'escrire Histoires, alambiquerent de l'ancienneté tout ce qu'il leur avoit plû, pour puis le communiquer au peuple, sans s'amuser à telles confirmations, qui ressentoient je ne sçay quoy plus de l'ombre des Escoles, que de la lumiere de l'Histoire. Que le temps affinoit comme l'or, les œuvres, & qu'ores que pour le jourd'huy on y eust moins de creance, toutes-fois à l'advenir elles pouroient s'authoriser d'elles-mesmes, ainsi qu'il en estoit advenu aux anciens: les autres de contraire advis, disoient que produisant icy fruicts non encores bonnement goustez par la France, c'estoit sagement fait à moy de confirmer mon Histoire par authoritez anciennes: mais estimoient chose d'une curiosité trop grande, d'inserer tout au long les passages, que c'estoit enfler mon œuvre mal à propos aux despens d'autruy: qu'en ce faisant il y avoit de la superstition & superfluité tout ensemble, & que le plus expedient eust esté de retrancher cet excez. Entant que touche les premiers, je reconnoistray franchement que j'ay eu plusieurs grandes raisons qui me convioient à leur party. Car outre ce que nos ancestres en ont usé de cette façon, encore y a-il plus de prudence & seureté pour ceux-cy, ne s'exposans pas tant au hazard d'estre repris que les autres. Ny plus ny moins que le sage Legislateur, ou Juge, se doit bien donner garde de rendre raison, celuy-là de sa loy, & cettuy-cy, de sa sentence; ains laisser penser à chacun diversement à part soy, ce qui les a pû induire de donner telles loix, ou jugemens. Aussi discourant avec un stile nud & simple, l'ancienneté, le Lecteur en croiroit ce qu'il voudroit: au contraire alleguant les passages, c'estoit apprester matiere à un esprit de contradiction, de les induire d'autre façon que vous ne faites, & par ce moyen vous exposer à la reformation, voire aux calomnies d'autruy. Joinct que j'estois aucunement excité de ce faire, par je ne sçay quelle jalousie de nos noms, qui chatouille les esprits de ceux qui mettent la main à la plume. En l'an 1560. je mis en lumiere le premier Livre de ces miennes Recherches, & en 65. le second, dans lesquels je pense avoir esté le premier des nostres (je le diray par occasion, non par vanterie) qui ay défriché plusieurs anciennetez obscures de cette France, tant pour la venuë des nations estrangeres aux Gaules, que de l'introduction des Parlemens, Pairies, Apanages, Maires du Palais, Connestables, Chanceliers, Ducs, Comtes, Baillifs & Prevosts. Et parce qu'és discours de toutes ces particularitez j'apportois opinions non aucunement touchées ou reconnuës par ceux qui avoient escrits nos Annales. je pensay les authoriser par les Anciens, dont j'avois recueilli mes conjectures. En quoy les choses, graces à Dieu, me succederent si à propos, qu'une flotte de bons esprits de la France ayans choisi pareil subject (en autre forme toutes-fois) m'ont fait cet honneur de suivre mes pas à la trace. Les uns reconnoissans de bonne foy tenir leurs opinions de moy, les autres non; mais des Autheurs dont j'avois tiré mon histoire: n'ayant par ce moyen rapporté aucune reconnoissance ou honneur de ces derniers, sinon que je leur ay servy d'inventaire. Ce que j'ay veu mesmes en ma presence pratiquer par aucuns, qui ne me connoissent de face, & les autres par une impudence trop hardie me connoissans. Car comme ainsi fut que tombans sur ces discours, quelques-uns de compagnie leur remontrassent que c'estoient fruicts qu'ils avoient cueillis dedans mon jardin, ils replicquerent que les Livres anciens leur estoient communs & familiers comme à moy, ne disant pas toutes-fois que tous ces passages avoient esté veus par nos predecesseurs sans les voir, & que quand l'or a esté purifié d'une mine, il est puis apres fort facile de le mettre en œuvre. Certainement ces considerations me reduisoient presque à l'advis de ceux qui vouloient que nuëment je proposasse mon Histoire. Toutes-fois escrivant icy pour ma France, & non pour moy, tout ainsi qu'aux deux premiers Livres, aussi aux cinq autres suivans je me suis resolu de ne rien dire qui importe, sans en faire preuve, à la charge que

Tome I. A ij

si ceux qui viendront aprés moy, voguent en mesme eau (comme il sera fort aisé de le faire, la premiere glace estant rompuë,) & me font cet honneur de recognoistre tenir quelque chose de moy, je la leur donne bien de bon cœur, & veux qu'elle soit estimée leur appartenir, comme si elle estoit de leur tres-fonds. Mais si par une ingrate ambition ils l'empruntent, voire transcrivent mot aprés mot des clauses entieres de moy sans en faire estat, ainsi qu'il est advenu à quelques-uns, encores leur pardonne-je, d'autant qu'ils ne m'en sçauroient tant oster, qu'il ne m'en reste assez pour mon contentement particulier, moyennant que j'aye le moindre sentiment que ce present que je fais à ma France luy retourne à profit & contentement, & que ceux qui liront mes Recherches, cognoistront que j'y aye apporté moins d'artifice, & plus de rondeur. C'est la cause pour laquelle j'ay pensé que ce n'estoit assez de monstrer seule fut l'ancienneté de nostre France, ains la faire toucher au doigt, alleguant tantost les Autheurs, tantost couchant leurs passages tout au long. Et si au encores estimé que consacrant cette Histoire à nostre France, j'eusse fait tort à mon entre-prise, si je n'eusse quelques-fois traduit les passages en nostre vulgaire : autrement celuy qui n'eust sceu le Latin, lisant ces anciennetez eust esté un autre Tantale, au milieu des eaux, sans en pouvoir boire : & au surplus n'ayant eu que trop de loisir, pendant trente-un ou trente-deux ans pour reconnoistre mes premiers enfans, j'ay voulu comme le bon Arithmeticien multiplier, adjouster,& soustraire tant au premier que second Livres, mesmes donner beaucoup plus de façon, que par cy-devant au Chapitre du Parlement resseant dedans Paris, & à sa suite y mettre l'establissement & progrez de la Chambre des Comptes, deux des premieres compagnies de la France, chacune en son sujet, dont la vraye ancienneté n'a jamais esté reconnuë qu'à tastons : aussi ayant à la derniere impression des deux premiers Livres tracé le crayon de l'Assemblée des trois Estats de la France, j'ay pensé de rehausser maintenant les peintures de ce tableau, & luy donner tout autre jour que l'on n'a fait par le passé. D'une chose seulement supplie-je le Lecteur, qu'il veuille recevoir ce mien Labeur de mesme cœur que je luy en fais present.

CHAPITRE I.

Du tort que les anciens Gaulois, & ceux qui leur succederent se firent, pour estre peu soucieux de recommander par escrits leur vertu à la posterité.

C'A esté une honorable question ramenée quelques-fois par les anciens en dispute, sçavoir s'il estoit plus requis pour l'utilité du public, communiquer ses conceptions & secrets par escriture au peuple, ou bien sans les communiquer, les donner à ses successeurs de bouche en bouche à entendre. A la conclusion de laquelle combien que le plus de voix ait passé pour la premiere opinion, si est-ce que la derniere n'est pas demeurée sans soustien, ains a esté authorisée par plusieurs personnages de nom, entre lesquels les Lacedemoniens virent jadis leur grand Legislateur Lycurge, les Samiens le sententieux Pythagore, & les Atheniens leur sage & unique Socrate. Semonds, ce crois-je, à ce faire, afin que leurs peuples ou escoliers forclos de la communication des escrits, fissent registres de leur memoire, non de papiers : mais non considerans pourtant que favorisans aux vivans, ils apportoient peur de dommage à ceux qui avoient à les suivre. Aussi n'eussions-nous maintenant aucune part aux braves ordonnances de Lycurge, si quelques gens notables, plus zelateurs du bien futur que du present, n'eussent enfraint le premier chef de ses loix ; & fussions par mesme moyen frustrez des sages discours de Socrate, sans les instructions que nous en eusmes aprés par les mains de son disciple Platon : semblablement les mots dorez de Pythagore fussent évanoüis en fumée, si contre son commandement l'un de ses sectateurs, Phylolae, n'eust suppleé à son défaut. Certes cette mesme coustume (il faut qu'avec mon grand regret je le profere) fut fort familiere aux Gaulois. Car comme par generale police leurs estats fussent divisez & distincts par la Noblesse, Prestres de leur Loy, qu'ils appelloient Druydes, & le menu peuple ; dont le premier ordre estoit destiné au faict de la guerre, le second au maniement de la religion, justice & bonnes lettres, estant la Noblesse grandement prodigue de son sang & de sa vie pour l'illustration de son pays : au contraire les Druydes furent si avaricieux de rediger aucune chose par escrit, que de toutes les grandes entreprises de la Noblesse Gauloise, nous n'en avons presque cognoissance que par emprunt, & encore par histoires qui nous sont prestées en monnoye de si bas aloy, qu'il nous eust esté quelquesfois plus utile ne recevoir tels plaisirs, que de voir publier nos victoires avec tels masques qu'elles sont. Tellement qu'il nous seroit mal-aisé reconnoistre au vray la grandeur de nos ancestres, sinon qu'en cette, ou diserte, ou falsification d'histoires, ils eurent une singuliere astuce de planter leurs noms és contrées qu'ils avoient de nouveau conquises. Tesmoins en sont les Celtiberes, jadis faisant leurs demeures dedans les Espagnes ; tesmoins en la Phrygie les Galates ou Gallogrecs ; en Italie les Gaulois, qui nous furent Ultramontains ; en Angleterre les Walons. Afin que je coule sous silence plusieurs victoires qu'ils eurent à la traverse contre le superbe Romain. En quoy j'estime leurs voyages dignes de plus grande loüange, d'autant que de toutes les nations du North ou Ponant, ceste-cy fut, peut-estre, seule laquelle faisant sa demeure en territoire planturieux, s'achemina d'un cœur gay à nouveaux pourchas & conquestes. Et au contraire nous voyons les peuples qui depuis en ce grand débord se liguerent contre les Romains, le firent par une necessité d'eschanger leurs terres pierreuses & sans fruit, en lieux de plus grande achoison. Lesquelles choses (bien que dignes de grande admiration) si ne les trouverons nous point trop estranges, si nous voulons considerer l'ancienne police des Gaules, que quelques Capitaines de Rome nous donnerent à la traverse à entendre. Car de quel fonds, je vous supplie, sortoit cette belle ordonnance de ne donner aucune traite à marchandises foraines en leur pays, ensemble que les enfans ne se presentassent devant la face de leurs peres ou meres, avant qu'ils eussent atteint le quatorziesme an de leur aage, sinon pour oster toute occasion, & aux grands de s'aneantir par curiositez estrangeres, & aux petits de s'amignarder dedans le sein de leurs meres ? Que nous enseigne cette autre loy, par laquelle és assemblées de guerre le dernier des Chevaliers & Nobles qui s'y trouvoit estre arrivé, estoit pour exemple public de sa paresse exposé au dernier supplice, sinon l'envie qu'eut leur premier fondateur de loix de tenir les Gentils-hommes Gaulois sur pieds, & les asseurer d'une fin ignominieuse, si pour leur honneur & repos ils doutoient de se hazarder à une mort honorable ? Voire que posé qu'aucuns leur tournassent à improperer les sacrifices dont ils usoient, comme peut-estre trop cruels & abhorrens d'une commune humanité, si est-ce qu'à considerer les choses de prés, cecy ne leur partoit que d'un cœur genereux, magnanime & peu soucieux de la mort, au spectacle de laquelle ils s'accoustumoient par leurs ceremonies, comme les anciens Romains en leurs theatres, quand ils prostituoient au public sous l'espreuve d'une espée, la vie de leurs gladiateurs, ou qu'ils abandonnoient les pauvres delinquans à la misericorde des bestes farouches & affamées du sang humain. Je n'adjousteray à cecy l'opinion qu'ils donnerent à leurs peuples pour effacer de leurs esprits toute image de mort, que, sous un pretexte bien inventé, ils leur donnoient à entendre que les affaires de l'autre monde se demenoient comme celles de cettuy-cy. Lesquelles inventions, combien que, comme discordantes à nostre Religion, soient damnables, si nous sont-elles toutes-fois comme un modelle de leur vertu : par lequel ny plus ny moins que le bon veneur reconnoist aux voyes de quelle grandeur est le Cerf sans le voir, aussi pouvons-nous aisément apprendre

apprendre que tous leurs desseins & pensées ne visoient qu'à un but de guerre. Et neantmoins quel Gaulois eusmes-nous oncques qui s'ingerast de transmettre à la posterité aucune chose de nos vaillances? Tant estoit en nous imprimée l'affection de bien faire, & de ne rien escrire. Or si cette malheureuse opinion (ennemie de l'immortalité de nos noms) a esté cause que l'honneur de nos bons vieux peres est demeuré ensevely dedans le tombeau d'oubliance, vrayement encore faut-il qu'avec eux je deplore la fortune de ceux qui leur succederent : car estant nostre Gaule tombée és mains de ces braves François, qui par succession de temps se naturaliserent en ce pays, comme legitimes Gaulois, il seroit impossible de compter les hautes Chevaleries qu'ils mirent à fin. Ce neantmoins tout ainsi que premierement les Druydes, aussi de mesme exemple, les Moines prenans pour quelque temps entre nous la charge des sciences (selon la portée des saisons) bien que non si jaloux du bien de la posterité que les autres, reduisirent veritablement les faits & gestes de nos Roys par memoires, mais avec telle sobrieté, que vous trouverez leurs grandes & excessives histoires se raporter plus à leurs Religions & Monasteres, qu'à la deduction du subjet qu'ils promettent au front de leurs livres: & outre plus si maigrement, qu'il semble qu'ils n'ayent voulu toucher qu'à l'escorce. Car qui est celui d'eux tous (j'en mets hors de ligne un, & encores peut-estre un autre, mais c'est trop) entre une infinité qu'ils sont, qui ait jamais entrepris de nous armer un Roy de haut appareil, c'est-à-dire, qui se soit amusé à nous deduire de fonds en comble les deliberations & conseils, raconter avec paroles de choix la poursuite, & comme si nous eussions esté en personnes, representer devant les yeux l'issuë de ses entreprises? Et comme toute l'histoire bien digerée consiste principalement en deux poincts, dont l'un regarde la guerre, & l'autre l'ordre d'une paix : qui est celuy (je n'en excepteray aucun) qui apres avoir quelque peu sauté sur les guerres, nous ait jamais discouru le fait de nostre police? Afin cependant que , comme trop partial, je ne remarque en la pluspart d'eux, un fil de langage mal tissu, une liaison mal cousuë, un certain defaut d'entregent, & à peu dire, un tout qui ressent son remeuglé, de maniere qu'il semble qu'il seroit requis qu'un bon Prince, tout ainsi qu'il entretient à sa souldé Capitaines & gens d'eslite pour la protection de soy & de son pays, aussi afin ses faits ne tombassent en l'ingratitude des hommes, eust à ses gages Historiographes aguerris, & aux armes, & aux bonnes lettres : mais moyennant qu'il se peust faire que ceux qui toucheroient tels gages d'une main, n'engageassent par cette obligation l'autre main plustost à desguiser par flatterie ses faits, qu'à descouvrir ses veritez; car je ne sçai comment ces salaires subornent le plus du temps nos esprits, ou transportent nos affections. Mais que peut-il chaloir au bon Prince (car ainsi l'ay-je souhaité) que l'on connoisse ses veritez, vû qu'il se doit asseurer que tout ainsi que nature l'a constituée au plus haut degré de prééminence que tous les autres, aussi a-elle establi comme dessus un theatre, pour servir d'exemple à ses Sujets, lesquels, par naturel instinct, ont la veuë tellement fichée en luy, que comme s'ils eussent yeux perçans à jour les parois, entendent mesmes le plus du temps les plus petites particularitez de leur Prince, & celles qu'il pense tenir plus cachées. Et certes ny plus ny moins que le bon Prince deust souhaiter avoir gens gagez pour l'embellissement de ses faits : au rebours celuy que nature a procréé, pour n'estre qu'un épouventail à son peuple, s'il se remiroit quelques-fois, deust grandement redouter de se voir peint de toutes pieces, & donner

argent pour se taire, à ceux qui ont l'esprit & la plume à commandement. Si ne sont à present les Princes (graces à Dieu) en cette peine, un chacun choisissant plustost autre party que l'histoire. Et de ma part connoissant le danger qui escheroit, ou de la reputation & honneur, ou de la personne à celuy qui voudroit entreprendre d'escrire une histoire moderne, de l'honneur à moins, de la personne à tout mettre, (car estant l'Histoire sans moyen, il n'y a pas moins de reproche à taire une verité, qu'à falsifier un mensonge) j'ay voulu prendre pour mon partage les anciennetez de la France. Chose encore que par quelques-uns de fois à autres touchée, mais ceste-fois tout au long couchée par escrit, ny de tel fil que je me delibere. Et pour autant que je voy qu'en ce sujet il y a double recherche, ou des choses, ou des paroles ; & que pour le regard des choses, l'on doit premierement jetter l'œil sur les vieux Gaulois, puis sur les François, avant qu'ils fussent Chrestiennez, & finalement apres qu'ils furent reconciliez à Dieu par le Saint Sacrement de Baptesme, qui a esté dés & depuis le temps de Clovis jusques à nous. J'ay voüé mon *Premier Livre* en passant, pour quelques discours des Gaulois, & aussi de l'habitation des premiers François, ensemble de quelques autres peuples qui nous touchent, que nous ne reconnoissons (pour dire la verité) qu'à demy. *Mon Second*, à la deduction de la commune police, qui a esté diversement observée selon les temps és choses seculieres. *Le Tiers*, pour la discipline Ecclesiastique & libertez de nostre Eglise Gallicane. *Le Quatriesme*, à quelques anciennetez, qui ne concernent tant l'Estat du public, que des personnes privées. *Le Cinquiesme*, en la commemoration de quelques notables exemples, que je voy ou n'estre deduits par le commun de nos Croniqueurs, ou passez si legerement qu'ils sont à plusieurs inconnus : & pour le regard du *Sixiesme*, je me suis reservé ce qui appartient à nostre Poësie Françoise : & le *Septiesme*, à l'ancienneté de nostre langue, ensemble de quelques proverbes antiques, qui ont eu vogue jusques à nous : estendant quelques-fois mes propos, mesmes à l'origine & usage de quelques paroles de marque. En quoy si je ne satisfais à tous, si me fais-je fort pour le moins avec le peu de jugement que j'y ay adjoüité du mien, avoir mes Autheurs pour garents, & Autheurs qui ont esté assez prochains des saisons sur lesquelles je pretends les alleguer. Ce neantmoins tout ainsi qu'és grandes entreprises on a ordinairement de coustume d'envoyer quelques avant-coureurs pour descouvrir le pays : aussi estant ce mien dessein d'assez grande importance, je me suis advisé de hazarder ce premier Livre devant, pour reconnoistre les François, Bourguignons, Gots & autres peuples, qui se logerent en ce pays. Car encore que les autres Livres soient grandement avancez, si ne suis-je pas tant affoté de mes œuvres, que par une precipitation trop legere, je les veüille rendre avortons; ains me propose, & en estuy, & aux autres comme un bon pere de famille, les mesnager selon que le temps me donnera de jour à autre plus grand loisir & conseil : hazardant ce temps pendant cettuy-cy, à la charge de (si la fortune ne luy est d'entrée favorable) le tenir pour enfant perdu, sans en mener pourtant grand dueil, tant pour me contenter d'avoir bien voulu à ma France, que pour estre aussi trop certain, qu'avec le naïf que quelques-uns ont desiré aux œuvres que nous escrivons, il y a (comme en toutes autres choses) heur ou malheur : estant le hazard du temps, comme l'aveugle és blanques, distributeur des benefices que reçoivent les Livres, & non le plus souvent leur valeur.

CHAPITRE II.

Que Jules Cesar n'eut les Gaulois en opinion de Barbares, & que l'occasion de ce vint de leur ancienne police, ensemble de ce que quelques Autheurs Italiens nous veulent blasonner de ce tiltre.

JE ne puis quelques-fois qu'à juste occasion je ne me rie de la pluspart de nos modernes Italiens, lesquels se pensent advantager grandement en reputation envers toutes autres contrées, lorsque faisant mention des guerres que nous avons euës contr'eux, ils nous appellent Barbares. Entre ceux-cy Paule Jove n'y a usé d'aucune espargne, comme celuy qui en commun propos se vantoit n'avoir en si grande recommandation la verité historiale, qu'il ne fist plus grand compte

compte de la gloire de son pays. Et neantmoins comme celuy qui a sa plume exposée à qui plus luy donne, quand il entre aux termes du Roy François Premier, duquel il avoit pension, vous reconnoistrez à l'œil qu'il commence d'attremper son stile, & de flatter nostre France. De mesme façon a voulu user un autre non vrayement de telle marque, mais toutes-fois authorisé envers le commun populaire. Cestuy dont je parle, est Crinit, lequel à chaque propos se useroit avoir fait corvée, lorsqu'il met le nom des Gaulois en avant, si d'une mesme suite il ne l'accompagnoit d'un surnom, ou de Lourdaut, ou de Barbare, s'estant tellement esgaré en tels tiltres, qu'en quelque lieu, entr'autres faisant mention de la brave responce que les Ambassadeurs de Gaule firent jadis à Alexandre le Grand, quand il leur demanda quelle chose ils redoutoient le plus en ce monde, estimant que par leur reponce ils deussent rapporter cette crainte à la seule grandeur de luy. Ces Gaulois (dit cet Italien) comme ceux qui de leur nature sont lourds, escornans l'outre-cuidée presomption d'Alexandre, respondirent seulement, qu'ils craignoient que cette grande voute du Ciel tombast sur leurs testes. Voyez, je vous prie, comme ce sot nous appelle sots en une responce si brave, & par laquelle nous pouvons descouvrir je ne sçay quoy de la prouesse & magnanimité de nos Ancestres. Tellement que luy, qui en cet endroit nous impute cette parole à lourdise, est toutes-fois contrainct confesser que par icelle se trouva ce jeune Roy de Macedoine tout confus. Certes si vous lisez en Jove, vous trouverez le plus de temps toutes nos victoires tellement abastardies, qu'il semble à oüir parler que toutes & quantes-fois que la honte est tombée sur son pays, il n'y ait rien de nostre bonne conduite, ains seulement ou de la fortune, ou du temps. Abaissant luy & tous ses semblables en tout & par tout, & nos victoires & nos façons, tant anciennes que presentes, combien qu'il n'y ait aucune comparaison des partialitez & divisions d'Italie, à la commune union de nostre France : mais induit (ce croy-je) à ce faire pour estre dits imitateurs des anciens Romains, qui estimerent en leur commun langage toutes autres nations Barbares, fors la Gregeoise & la leur : & aussi pour mieux representer au Tite-Live, lequel, par animosité peculiere, semble s'estre du tout destiné à vilipender la memoire de nos Gaulois. En quoy combien que Jules Cesar n'ait du tout forligné de ses contemporains, toutes-fois comme celuy qui n'en parloit par advis de pays, ains par longue usance & frequentation, connoissoit leur ordre & police, se trouve avoir plus de respect que tous les autres. Et de fait, du peu que j'ay observé le lisant, je ne trouve que ce mot de Barbare luy soit eschappé de la plume à l'endroit de nous, hormis en deux lieux : l'un quand Crassus son Lieutenant (ayant pris au pays d'Aquitaine une ville qu'il nomme Sontiac) voulant donner contre quelques autres peuples des frontieres & esloignez pour l'assiete de leur region, de la courtoisie de la Gaule : A donc (dit-il) ces Barbares estonnez de luy envoyerent de toutes parts Ambassades. L'autre au cinquiesme Livre, auquel lieu plus forcé de colere que de raison, pour les novalitez qui de jour à autre se brassoient encontre luy pour le recouvre de la commune liberté, il nous appelle Barbares, nous ayant en tous autres passages reputez de conditions civilisées le possible. En si quelqu'un, peut-estre vouloit attribuer cela, d'autant que c'estoit la grandeur de Cesar de ne tomber en opinion envers les siens d'avoir deffait gens Barbares, certainement il s'abuse grandement : car quand il s'achemina à la conqueste de ceux de la grande Bretagne, où la fortune luy fut aussi favorable comme en la Gaule, pour le nompris en quoy il avoit leur maniere de faire, il les appelle à chaque bout de champ, gens Barbares, ne daignant les caresser de plus honorable tiltre. Mesmement aprés qu'au cinquiesme Livre il a deduit le commun Estat des Gaules, adjoustant celuy de la Germanie au pied, quasi par une antithese & contre-dite : "Les Germains (dit-il) sont du tout differens de telles façons de faire. Car ils n'ont Druydes qui ayent la charge des choses divines, ny ne sont soucieux de tant de Religions ». Et ainsi deduisant leurs façons au parangon des nostres, monstre de combien ils estoient rudes & mal-façonnez au regard de nous. Et à cette occasion parlant des

nations limitrophes & attenantes à la nostre, se trouvera qu'aprés avoir parlé des Suéves assis au terroir d'Allemagne; "Non loin d'eux (fait-il) estoient les Ubiens, Republique de nom & florissante selon la portée du pays, voire quelque peu davantage, mieux polie que tout le surplus d'Allemagne, parce qu'ils confinent au Rhin. Au moyen dequoy plusieurs marchands trafiquent avec eux, mesmes pour la proximité des lieux, ils se conforment en quelques traictez aux coustumes de la Gaule». Et en autre endroit faisant la description ou topographie de la Grande Bretagne, il dit que "ceux qui ressoyent en la ville de Cantium, estoient les mieux appris du pays, pour autant qu'elle estoit maritime & approchant des mœurs & façons du Gaulois ». De sorte que l'on peut par-là connoistre en quelle reverence estoient les manieres de faire de nos Gaulois à l'endroit des nations prochaines, & mesmement envers le grand Jules Cesar. Et vrayement à bonne raison, parceque, qui considerera de prés leur ancienne police, il trouvera un pays merveilleusement bien ordonné. Car combien que la Gaule fust bigarrée en factions & puissances, comme nous voyons maintenant l'Italie (qui fut veritablement le premier defaut de leur Republique, par lequel finalement ils se ruinerent) toutes-fois en cette varieté d'opinions fondées pour leur grandeur, si avoient-ils une Justice generale par laquelle estoit rendu le droict à un chacun particulier. Chose qu'il est facile de tirer de Cesar au lieu où, aprés avoir discouru tant sur la Republique des Heduens, que sur celle des Auvergnacs & Sequanois, lesquelles se guerroyoient sans entrecesse, venant subsecutivement à discourir sur la Religion des Druydes : Ils exercent, dit-il, la Justice, & si quelque personnage de privée condition, ou mesmement aucun peuple n'obeyt à leurs decrets, en ce cas, ils l'excommunient, estant cette peine envers eux fort redoutée. "Car ceux qui encourent telles censures, sont reputez meschans, & fuys du reste du peuple, afin que par cette conversation il n'en demeure contaminé & infect comme eux. Et qui plus est leur est deniée toute audience de Justice. Et mesme aprés : ces Druydes s'assemblent annuellement sur les limites du Chartrain, qui est une region qui tient le milieu de la Gaule, & là siegent en certain lieu sacré, faisans droict universellement aux Gaulois, lesquels se ferment à leurs sentences, comme arrests ». A la verité qui voudra examiner à propos, il semblera que Cesar se contrevienne. Car comme n'agueres jedi-fois, il maintient que la Gaule estoit reduite en deux principales factions, qui se faisoient journelle guerre: & maintenant comme s'ils eussent tous esté concords, il dit que les Druydes s'assembloient en lieu destiné pour sentencier pour chacun. Que veulent doncques enseigner tels propos? Non autre chose, sinon combien curent ces Gaulois en recommandation le fait de la Justice; veu qu'entre leurs communes divisions, Justice toutes-fois avoit cours, & qu'ils avoient gens choisis, sous la puissance desquels nonobstant les debats de leurs primautez, ils soubmettoient les negoces des particuliers. Car pour le regard des affaires de plus grande importance, & qui concernoient l'universel de la Gaule, (aprés qu'ils s'estoient longuement embrouillez de guerres, revenant par un commun consentement chaque Republique à soy) elles se vuidoient ordinairement par dietres, esquelles s'il estoit question de quelque grand personnage qui eût conspiré contre la liberté du public, ou aspiré à la tyrannie de la Republique, par la sentence des Estats il souffroit condamnation de mort, bannissement, ou telle reparation que l'on trouvoit bonne de faire. En quoy ils avoient une telle foy l'un à l'autre, que combien que les Heduens & Sequanois eussent une perpetuelle jalousie de leur grandeur ensemblement, toutes-fois Ariovist, extrait de la Germanie, ayant envahy sur les Sequanois quelque partie de leur territoire, encores en firent les Heduens en une assemblée leur complainte, appellans Cesar à leur ayde mesmes en faveur de leurs ennemis. Laquelle coustume fut souvent pratiquée par Cesar aux grands affaires, bien qu'il eust empieté la Gaule. D'autant que pour son premier advenement il ne voulut du tout effacer (craignant les rebellions) les anciennes franchises & libertez des Gaulois. Ainsi voyons-nous que luy revenant du dégast du Liege encontre Ambiorich, fit signifier une telle façon de dietre à Reims, où il fut
traité,

traité entr'autres choses des rebellions de ceux de Chartres, & de Sens, & fut specialement recherché un nommé Acon, qui avoit procuré avecques ses complices, la mort du Roy de Chartres, pour lesquelles choses ayant esté declaré atteint & convaincu de crime, en fut pris tel exemple, que portoit l'ancienne usance de Gaule. Et en l'absence de Cesar s'en trouvent deux memorables : l'un, quand Induciomare, tenant les premieres parties entre les Treviros, voulant tailler nouvelle besogne à Cesar, & ayant intelligence avec le Chartrain, Tournaisin & quelques autres, fit faire une journée, par laquelle entr'autres capitulations fut declaré Cingethorich son concurrant en grandeur, & partisan des Romains, ennemy de la Republique, & ses biens à elle acquis & confisquez. L'autre, quand sous la conduite de Versingethorich, toutes les Gaules se rebellerent, en laquelle diette fut conclud, & ordonné de gens d'armes chaque Republique souldoyeroit à ses despens. Qui monstre quelle foy toutes les villes avoient l'une à l'autre parmy leurs riottes & dissentions. Car combien que pour la preéminence ils se fissent souvent guerres, si est-ce qu'au relasche d'icelles, ils avoient telles journées & diettes de reserve, principalement pour se fortifier & garentir des estrangers. Toutes lesquelles choses mises ensemble nous servent d'assez ample leçon pour nous enseigner qu'il n'y avoit rien lors en la Gaule, qui sentist son esprit grossier ou barbare. Car & les Censeurs des Druydes entre nous autres Chrestiens encores s'observent aujourd'huy, & à l'exemple des Druydes qui s'assembloient tous les ans, en certains lieux pour quelque temps, pour rendre droit aux parties, nous avons presque introduits en nos Parlemens les grands Jours, combien qu'il y ait quelque diversité, comme il est possible que toutes choses anciennes se rapportent d'un droit fil aux modernes. Et de la mesme façon que la Gaule s'entretenoit jadis par diettes, nous voyons aujourd'huy l'Allemagne maintenir en grandeur son Empire. Non que je veuille dire de eux, ny l'Allemagne, ni nous qui sommes Chrestiens, ayons emprunté telles coustumes : mais je veux conclure, puis que, par les deux poincts qui entretiennent aujourd'huy une grande partie des Monarchies de l'Europe, nos vieux Gaulois se maintenoient dés-lors en honneur, qu'il n'y avoit rien en eux qui ne partist du bon esprit à l'entretenement de leur commune police. Et si de ce general ordre nous voulons entrer aux particularitez, voyez, je vous supplie, l'Estat des Heduens, de ce que nous en pouvons extraire & apprendre du mesme Cesar, bien qu'à la traverse, & peut-estre sans y penser il nous en ait donné des Memoires. » Car aprés qu'il » fut venu à chef de la ville d'Avaric en Berry, luy vinrent » (dit-il) Ambassadeurs de la part des Heduens pour le prier » humblement qu'il luy pleust prendre la cause de leur Re- » publique en main, allans leurs affaires en grand desarroy. » Pour autant que combien qu'anciennement leur souverain » Magistrat, & qui avoit mesme prerogative qu'un Roy, fust » esleu seul d'an à autre, toutes fois y en avoit deux qui s'in- » geroient au maniment de cet Estat, soustenant chacun d'eux » en son endroit estre le vray. En sorte que la Republique » estoit tout en armes, & le Senat, & le peuple partialisez » en brigues, & au grand dommage du public, si les choses » prenoient longue traite. Au moyen dequoy Cesar (ainsi » qu'il recite) combien qu'il luy fust fort fascheux laisser ses » propres affaires & ennemis en arriere, ce neantmoins pe- » sant la consequence de ces nouvelles, & desirant y obvier : » aussi qu'il luy estoit acertené que de toute ancienne loy, en cet- » te Republique ceux qui estoient commis à l'exercice de tel » estat, pendant l'an de leur magistrat, leur estoit prohibé » de sortir hors de leurs limites : pour ne vouloir estre veu » enfraindre cette ancienne coustume, ains entretenir ses Ci- » toyens en leurs droits & libertez, luy-mesme se transporta » sur les lieux, faisant venir par devers soy le Senat, & les » deux dont estoit question. Auquel lieu ayant esté informé » par quelques-uns sous main, que Cotte l'un des pretendans » avoit esté créée en temps & lieu indeu, & mesmement par » son frere, qui l'an auparavant avoit exercé cet estat : non- » obstant que les loix deffendissent que deux d'une mesme fa- » mille peussent administrer aucun office qui auroit esté » exercé par un sien parent, jusques aprés la mort de luy, & » interdissent mesmement à deux d'une parentelle l'entrée du

Senat : à cette occasion Cesar ordonna que Cotte resigne- « roit tout le droit qu'il pouvoit pretendre, en faveur de Con- « victolitane, qui avoit esté créé par les Prestres suivant l'usan- « ce ancienne ». En effect voilà que Cesar dit en passant. Mais que tirons nous de cecy ? En premier lieu qu'entre les Heduens, le Roy estoit sans plus annuel. En second, qu'il ne luy estoit loisible, pendant son magistrat, vuider les fins du pays. Tiercement que d'un parentage deux ne pouvoient estre Senateurs. Et finalement que les Prestres qui par commune renommée devoient estre plus religieux & fidelles, estoient commis pour l'election de ceux qui estoient appellez à cet état. Quoy, quels moyens y a-il plus souverains pour exterminer & bannir toute tyrannie que ceux-cy ? Desquels le premier fut pratiqué en la Republique de Rome; le second par la Seigneurie de Venise; le tiers, par nos vieilles & plus estroites ordonnances; & le quart par les grands Roys & Empereurs, qui demandent, voire affectent religieusement (pour la conservation de leurs Estats) le sacre & couronnement de l'Eglise. Je veux donc conclure par cecy qu'il n'y eut onques defauts de police bien ordonnée entre nos anciens Gaulois, ny consequemment occasion pour laquelle ils deussent du Romain encourir le nom de Barbares. Car s'il nous faut passer plus bas, & descendre au temps que les François s'impatronizerent de cette Gaule jusques à nous, je voudrois volontiers sçavoir qui esmeut nos nouveaux Autheurs d'Italie (j'entens depuis trois cens ans en çà) à nous blasonner de tel tiltre. Premierement si nous considerons nos vieux François, lesquels tous frais esmolus passerent de la Germanie en la Gaule, bien qu'ils n'eussent occasion d'estre de telle trempe que leurs successeurs, au moyen des perpetuelles guerres esquelles ils estoient seulement nourris, si est-ce qu'un Procope, & aprés luy Agathie, qui toucherent presque à leur âge, leur donnent sur toutes autres nations qui passerent d'outre le Rhin, loüange de civilité & justice. A laquelle mesmement l'un d'entr'eux attribué autant la cause de leurs grandes victoires, comme à leurs propres forces & armes, en quoy toutesfois ils furent de leur temps uniques. Et me souvient entre autres lieux qu'Agathie deplorant l'estat de Marseille, laquelle ville auparavant adonnée aux lettres Grecques, estoit tombée sous la puissance des François (qu'il nomme en ce lieu là Germains, comme faict en quelque autre passage Procope) est neantmoins en fin finale contraint confesser qu'elle n'estoit digne de telle commiseration que l'on eust bien dit : attendu que les François n'estoient gens agrestes, comme plusieurs nations Barbares, ains civilisez & polis, selon les Coustumes Romaines, ausquelles ils se conformoient non seulement és nopces, festins, & autres grandes assemblées, mais aussi en regimes ou medecines, pour la conservation, ou recouvrement de leur santé. Et si de ces bons vieux peres François, il nous plaist venir à la commune police que de main en main nous observons depuis cinq ou six cens ans en çà, je m'asseure que l'on trouvera l'Italie n'estre qu'une chose divisée en partialitez, & discordes, sans aucune asseurance de bon ordre; & au rebours nostre France estre reglée par une Monarchie appuyée de si bon conseil, qu'encores qu'il y ait quelques defauts (comme le commun cours de nature n'est jamais sans) toutes fois voit-on, qu'il faut qu'il y ait une grande conduite, puisque de onze ou douze cens ans l'Estat de nos Princes s'est perpetué jusques à nous. Desquelles choses on ne recueille aucune demonstration de Barbarie; si peut-estre nous ne voulons nommer Barbares les nations, qui ont chastié l'Italie pendant qu'elle aneantie & reduite en un perpetuel nonchaloir, n'avoit pour sujet autre chose que les delices & voluptez. Car en cette mesme façon voyons-nous que le commun, d'une opinion esvolvée de ceste ordinairement la nation des Gots, comme gens grossiers & mal appris, pour autant qu'ils ruinerent quelques-fois Rome jadis chef de l'Univers. Combien que qui voudroit raconter leur Histoire en son poinct, en poinct, on trouveroit que lors de leur venuë, l'Italie estoit trop plus dénuée d'une commune civilité. Et qu'ainsi ne soit, lequel se monstra plus Barbare, ou le Romain, qui ayant donné sa foy & sauf-conduit à Alaric, Roy des Visigots pour passer au pays d'Aquitaine, ce neantmoins par gens interposez luy livrer l'assaut le propre jour de Pasques, pour le prendre à l'impourveu : où Alaric, qui, pour reparer cette injure, mit puis après Rome à feu & à sang. Certes je croi qu'on trouvera que le Romain avoit usé contre tout droict de gent, & ouvré un tour de Barbare. Et au contraire, qu'Alaric semond d'une juste vengeance avoit practiqué ce que tout noble cœur ne sçauroit passer par dissimulation. Au demeurant, qui voudra sans passion considerer la Monarchie que tint Theodoric Roy des Ostrogots, sur l'Italie, il connoistra un Prince debonnaire au possible, & advisé au profit de soy & de son peuple, trop plus que les Exarques & Ducs, qui depuis sous la puissance de l'Empire commencerent à prendre ply en Italie, les Gots en estans expulsez. Tellement que par ces exemples on peut voir ce que plusieurs Autheurs d'Italie ont mis ce mot de Barbare en œuvre au contentement de nous autres, ou des estrangers : ç'a esté seulement pour penser venger par leurs escrits & traicts de plume, nos braves traicts d'armes & prouësses, & attenuër les victoires que nous avons sur eux gaignées. Aussi à peine qu'on trouve que l'Italie, depuis le declin de l'Empire, c'est-à-dire, depuis huit ou neuf cens ans en çà, estant foulée des estrangers, ait esté remise sus, que par nostre moyen, ny que l'opinion de sa grandeur ait bien esté rabatuë, que semblablement de nos verges. En quoy combien que nous n'ayons tousjours eu vent en poupe, aussi le plus du temps en avons nous rapporté telles despoüilles, que jamais ne sera que les Italiens ne nous en redoutent, & par mesme moyen n'implorent en leurs adversitez nostre aide. Et au contraire, ne trouverez que depuis Charlemagne, ni long-temps auparavant ils ayent usé d'aucun acte de braverie en nostre endroit, mais connillans selon les temps & occasions, tantost se sont soumis à nostre devotion, tantost s'en sont dispensez, non toutes-fois sans opinion de retour. Toutes choses par moy deduites, par maniere d'avant jeu, non point que par elles j'entende deprimer en aucune façon l'Italien : mais aussi afin qu'il entende que nous ne sommes à luy inferieurs, ny en police & bonnes mœurs, ny en bonne conduite de guerre, soit que nous advisions l'ancienne Gaule, ou nostre nouvelle France.

CHAPITRE III.

Combien le nom Gaulois s'amplifia anciennement, & contre les calomnies de quelques Autheurs, qui, sous leur faux donner à entendre, voulurent obscurcir nos victoires.

SUr tous les peuples qui se sont adonnez à courir l'Univers, l'on en peut à mon jugement remarquer trois de grande recommandation : entre lesquels faut donner le plus ancien lieu aux Gaulois, le second aux Germains, & le tiers aux Sarrasins. D'autant que les premiers avant que Rome eust atteint au grand degré de souveraineté, les seconds sur la fin de l'Empire d'Italie, & les derniers, celuy de Constantinople commençant à tomber en ruine, donnerent tant d'espreuves de leurs vaillantises, qu'il y eut peu de contrées desquelles selon la varieté du temps ils ne goustassent. Et vrayement quant à nos Gaulois, il fut une saison qu'ils establirent en tant de regions leurs conquestes, que pour cette occasion plusieurs gens appellerent indifferemment l'Europe sous le nom de Celte ou Gaulois qui se raporte l'un à l'autre. Qui fut cause que Joseph Juif, pensant subtiliser en Grammairien, voulut improperer aux Histographes Gregeois une ignorance du fait des Gaules : pour autant qu'indifferemment ils comprenoient plusieurs nations sous leur nom, qui n'estoient de leur originaire enceinte. Mais non toutesfois, s'advisant que luy-mesmes en cet endroit s'abusoit. Parce qu'en la pluspart de toutes les contrées de l'Europe, les Gaulois avoient eu victoires, & bien souvent avecques leurs victoires planté leurs noms. Ainsi tesmoigne Cesar qu'ils avoient anciennement occupé plusieurs environs de la Grande Bretagne. Et davantage, il atteste qu'ils ficherent aussi leur demeure dans la Germanie vers la coste de la forest Hercinienne. Et non contens de ce païs, continuerent leurs conquestes jusques en la Scythie (comme en font foy les Celtoscythes) & aux Espagnes, ainsi que nous pouvons tirer des Celtiberes, peuples, au rapport de Plutarque, extraicts du vieil tige des Gaulois, s'estans veu mesmement commander à une partie d'Italie, de la Grece, & de la Phrygie. Tellement qu'ayans fait sonner leurs victoires en une Germanie, Scythie, Espagne, Grande Bretagne, Italie, Grece, & Bithinie, il ne faut trouver trop estrange, que non seulement les Grecs, mais aussi quelques autres, qui nous attouchoient de plus prés, confondissent sous ce nom Gaulois les autres peuples qui despendoient de la grandeur d'eux. Tout ainsi comme l'on a veu depuis, une Germanie avoir pris le nom universel d'Allemagne (qui avoit ses bornes à part) mais pour la victoire que les Allemans firent quelques-fois du reste de la Germanie. Non pourtant que tels Autheurs, comme il est à presumer pour telle confusion, n'entendissent le fonds & source de nostre Gaule, mais pource que d'elle, comme d'un grand arbre, s'estoit estendu le branchage parmy toute cette Europe. Et mesmement que les anciens Gaulois, lorsqu'ils avoient conquesté nouvellement un pays, estoient coustumiers d'en exterminer de tout poinct les premiers habiteurs, ou bien leur permettoient de vivre sous eux comme leurs sujets & vassaux, en la maniere que depuis les mesmes Gaulois esprouverent par la venuë des François. Or entre tant de conquestes s'en trouvent trois principalement, desquelles, (encores que sur toutes memorables) si n'en avons nous instructions, que par les mains de nos ennemis. La premiere est cette grande expedition, qui fut faite sous Ambigat Roy de Bourges, quand Bellovese & Sigovese ses nepveux prindrent par sort en partage, l'un le pays de l'Italie, & l'autre celuy de la Germanie : leur succedant leur entreprise si heureusement, que chacun d'eux sans grand destourbier prist terre la part, où il avoit projetté : eternisans en chacque pays, par la fondation des villes qu'ils y bastirent, la memoire des nations qui s'estoient avecques eux acheminées à si nobles voyages. A maniere que les Venitiens mesmes (afin que je ne m'arreste aux autres peuples d'Italie qui nous doivent leur nativité, desquels Troge Pompée fait assez grande mention, par l'organe de son abreviateur Justin) prindrent leur nom de Hotte, c'est-à-dire, du peuple de Vannes. De laquelle gloire, combien que quelques Italiens (comme Marc Anthoine Sabellic, veulent frustrer nostre Gaule, pour la rapporter à quelques Enetiens, peuples forgez à credit, & qu'ils veulent tirer du pays de Paphlagonie, si est-ce que Polybe, Autheur ancien, attestoit par le confrontement & rapport des mœurs des Venitiens d'Italie, avec les Citoyens de Vannes, qu'ils avoient pris leur ancienne origine de nous. Chose, à laquelle condescend volontairement Strabon. Certes les Historiographes Latins, qui voulurent discourir de ce voyage, pour obscurcir quelque peu la loüange qu'ils ne nous pouvoient bonnement desrober, disent, que les Gaulois allechez de la douceur des vins d'Italie, dont ils avoient eu certaine information par espions, se donnerent de plus grande ardeur ce pays en proye, toutes-fois, l'on sçait que tout ainsi que d'un costé Bellovese s'achemina en Italie, aussi d'une autre part Sigovese prit l'adresse de la Germanie, pays pour lors, & encores pour le jourd'huy, bien peu cultivé de vignoble. Qui monstre que ce ne fut une friandise des vins, qui nous fit apprendre le chemin de de-là les monts, ains la proximité & confinage des lieux. Parquoy les autres un peu plus sobres, & non si avantageux à mesdire, disent que l'occasion de ce grand desbord fut pour deschanger les pays des Gaulois, adoncques trop abondans en peuple. Laquelle opinion

bien

Les Recherches de la France. LIV. I.

bien qu'elle ne soit animeuse comme la premiere, si est-ce bien qu'elle ne considerera le commun cours de nostre nature, malaisément qu'il trouve que la Gaule doive jamais avoir esté plus populeuse qu'à present. Car les grands & peuplez pays, (comme il est certain) se font ou par la disposition du Ciel, comme sont les climats froids & Septentrionnaux, ou par la force des loix, qui pour suppléer au commun defaut du pays, addressent tous leurs privileges aux mariages, pour inviter par ce moyen les sujets à multiplier en hommes, leur patrie, comme furent plusieurs ordonnances des Lacedemoniens, Atheniens, & Romains, & encores de nostre temps davantage, entre les Mahumetistes, qui pour cette cause permettent à un seul homme avoir en une mesme famille plusieurs femmes. Lesquelles deux regles ayans defailly en nostre Gaule je ne trouve point raison pourquoi nous devions estimer ces bons peres du vieux temps, plus feconds en peuples, que quand depuis quatre cens ans en çà, avec une infinité de Chrestiens sous la main de Bouillon & autres Princes, nous nous croisâmes encontre les infideles. Parquoy, à dire le vray, leur vertu ensemble leurs loix militaires, les acheminerent lors & plusieurs fois depuis à si loüables entreprises. Que si par avanture aujourd'huy se trouvoit estrange, qu'à un amas de gens de guerre nos Roys avec grande difficulté levent trente ou quarante mil hommes, & que les anciens Gaulois comptoient leurs armées, par cent & deux cens mille: je responds que l'occasion de cela procede de la diversité des polices, l'une apprenant principalement à joüer des cousteaux, & l'autre à manier une plume: tellement que tout ainsi que nos anciens ne marchoient comme en champ de bataille qu'avec une fourmiliere de peuples, aussi maintenant en contr'echange nos Roys leveroient plustost deux cens mille, suivant l'estat de la plume, que trente mille hommes de guerre. Qui a esté cause que quelque estranger escrivant dessus Ptolomée, à bon droict nous reproche, qu'en ce seul pays de France se trouve plus de chiquaneurs & paperassiers, qu'en une Allemagne, Italie, & Espagne, trois autres grandes regions de l'Europe. De laquelle façon de faire combien que les anciens Gaulois ne fussent de tout esloignez, ayans aussi bien que nous gens deputez à la vuidange des procez, si avoient-ils d'une autre part, ainsi que je disois au premier Chapitre, Chevaliers du tout affectez à la Guerre, sous la devotion desquels le tout ancienne coustume se consacroient diversement les gens du tiers Estat & menu peuple: ne faisans autre compte de mort ou de vie, que celle qui plaisoit au Seigneur, sous lequel ils s'estoient voüez. Qui causoit, & que la justice ne demeuroit point en friche, & que les guerres se faisoient avecques si grand nombre de gens, que les Gaulois de leurs propres forces & sans armes auxiliaires subjuguerent toute l'Europe. En cette façon, pour retourner sur mes arrhes, conquirent-ils la plus grande partie d'Italie, & aussi de la Germanie, sous leurs Princes Bellovese & Sigovese. En cette façon exploicterent-ils leur second voyage, quand les Senonois, ayans passé les monts, mirent pour quelques indignitez qu'ils receurent des Ambassadeurs des Romains, la ville de Rome à sac: dans laquelle ayans quelques journées commandé, ils en furent finalement dejettez, tant par defaillance de vivres, que par surprise de Camille. En cette façon sous Belgion, & depuis sous Brennon leurs Capitaines, occuperent-ils une partie de la Grece, & de là passans en la Bythinie, maintenant nous appellons Natolie, fonderent en l'une & l'autre contrée un grand Royaume. Lesquels trois voyages il me suffit monstrer seulement au doigt, tant pour estre assez amplement couchez par Tite-Live, Justin, & autres anciens Autheurs, que pour en avoir esté la memoire rafraichie de nostre temps és livres expressement ce dediez, par feu Messire Guillaume du Bellay, Chevalier, & depuis par Guillaume Postel, auxquels tout homme studieux pourra avoir son recours. Bien adjousteray-je aprés cecy, que le voyage de Rome rendit la en avant le nom des Gaulois si redouté au peuple Romain, que lors que le moindre bruit s'élevoit d'une entreprise Gauloise, les Romains couroient aux armes comme au feu. Et pour cette occasion s'estans à leurs propres cousts & despens faicts sages de nostre vertu, eurent tousjours argent peculier & de reserve au tresor public, auquel jamais on ne touchoit, sinon pour subvenir aux frais des affaires qui se presentoient contr'eux de nostre part. Et davantage, aux immunitez & exemptions des guerres qu'ils octroyoient, ils estoient coustumiers par clause ordinaire excepter celles qui s'offriroient au costé des Gaules. Et au regard de la Grece, y ayans assis nostre demeure, on recite qu'en toutes les grandes entreprises qui se brassoient au Levant, les Princes avoient vers nous leur recours, comme à un ressort de franchise, soit qu'il fût question de restablir en son trosne un pauvre Roy depossedé, ou de porter confort, & aide à quelques peuples desolez. En toutes lesquelles entreprises combien que par fois nous eussions du bon, par fois du pire (comme sont les armes de leur nature journalieres) si est-ce que le desastre ne vint jamais en comparaison de nostre heur. Je sçay bien que quelques Historiographes voulurent anciennement soustenir, que tous ceux qui s'étoient retirez vers la Grece, avoient esté déconfits par la seule providence de Dieu, au ravage du temple de Delphe, si faut-il bien presumer que la calamité ne fut si grande, veu qu'aprés tant de revolutions d'années, S. Hierosme reconnoissoit que le langage des Galates ou Gallogrecs se conformoit en grande partie avec celuy des Trevires, peuples situez dans nostre Gaule Belgique. Au demeurant, entant que touche le Camille tant rechanté par les Romains, & dont à chaque propos ils nous font banniere contre nous, pour quelque victoire qu'il rapporta de nous pendant le Siege du Capitole, je croy qu'il leur eust esté du tout plus seant de s'en taire, pour autant que, si le commencement de cette guerre fut entrepris (comme nous enseignent leurs propres Histoires) pour un juste droict d'espée violé par les Ambassades, encores verra-on que la fin trouva plus mal-heureuse issue. Car qui est celuy qui ne sçait que pendant une surseance d'armes, je veux dire, lors que par commune capitulation des deux osts, les Gaulois estoient au Conseil pour sçavoir s'ils devoient lever le siege pour l'argent qui leur estoit offert, ou le continuer, Camille leur vint courir sus en temps du tout importun & aliené des armes. Laquelle chose mesmement (afin que je m'aide d'autre tesmoignage, que de celuy de leurs Princes) luy fut puis aprés assez souvent reproché en plein Senat par Manle le Capitolin. Et toutesfois quelle qu'ait esté cette route, il la faut plustost imputer à la famine, qui long-temps auparavant bailloit contre nous, qu'au Capitaine Camille, lequel, à bien dire, estonna plustost nostre armée ja attenuée d'une longue faim, qu'il ne luy méfit, quoy que Tite-Live, perpetuel ennemy du nom Gaulois, en veuille dire. Qu'ainsi ne soit, Jules Frontin, au Livre qu'il nous a laissé par escrit des ruses de guerre, est tesmoin qu'aprés cette défaite les Romains nous donnerent passage à la riviere du Tybre, fournissans vivres & munitions, jusques à ce que nous fussions bien loin esloignez de leur ville. Qui nous peut asseurer, qu'il y avoit gens assez de nostre costé pour intimider ou escarmoucher les Romains, & que la retraicte que nous fismes, proceda plus d'une disette de victuailles, que de victoire signalée qu'ils eussent euë contre nous. Je ne doute point qu'il semblera à quelques-uns qui presteront l'œil au present discours, que je me sois plustost destiné, & en ce Chapitre, & aux autres deux de devant, à la louange ou deffence de nos vieux Gaulois, qu'à une simple deduction ou narré. Chose que librement je confesse, n'estant pas grandement soucieux que l'on m'ait en opinion de Panegyriste, ou Encomiaste, moyennant que ce que je dis se rende conforme au vray, ainsi que la necessité m'y semond. Car s'estant l'authorité de quelques Autheurs Latins par longue trainée de temps insinuée entre nous, ou pour mieux dire, affinée, tellement qu'ils sont reputez veritables, il est fort mal-aisé de déraciner cette opinion du commun, que par un mesme moyen l'on ne passe les bornes d'un simple narrateur. En quoy l'on ne sçauroit mieux convaincre tels Autheurs, que par ce que nous apprenons d'eux-mesmes. D'autant que voulans quelques-fois dénigrer nos victoires pour donner lustre aux leurs, ils ne s'avisent pas qu'ils se contredisent, c'est-à-dire, qu'ils veulent donner à entendre d'un à nostre desadvantage, & neantmoins qui confrontera leurs longs propos piece à piece, il trouvera qu'ils montrent tout le contraire. Or est-ce un dire ancien, qui tombe souvent en la bouche du commun peuple, qu'il faut que tous braves menteurs soient gens de bonne memoire, pour se garder de méprendre.

CHAPI-

CHAPITRE IV.

De ce que l'ancien Romain appelloit les Gaulois legers.

Plusieurs ont attribué au Gaulois une inconstance d'esprit, comme si elle luy fust familiere sur toutes autres nations, par un commandement du Ciel. De ma part, encores que par avanture je ne veuille du tout bannir ce vice de luy (ne m'estant en ce lieu proposé seulement que ce que la verité me dicte) toutes-fois il me semble que tels personnages digerent assez cruëment cette affaire. Car quelques-fois dans Cesar, qui est l'un de nos premiers parrains pour ce regard, il est advenu de nous baptiser de ce nom : au contraire Aurelian Empereur, ainsi que recite Vopisque, escrivant au Senat de Rome : " Nous avons, disoit-il, estably " sur les marches de-de là le Rhin, Lieutenant general pour " nous, Postume, lequel aussi nous avons esleu Vice-Empe-" reur des Gaules, digne à mon jugement de la severité du " Gaulois, en la presence duquel la Majesté de l'Empire, & le " bon droit à chacun sera gardé ». Qui monstre que le jugement de tous n'a pas esté en cet endroit d'une mesme façon conforme. Aussi qui recherchera les choses de prés, certainement il verra que cette legereté improprement au Gaulois, ne luy provenoit point tant d'un cerveau mal arresté, que pour recouvrer cette premiere liberté que Cesar luy avoit emblée, reputant à liberté, ou de n'estre sous une servitude estrangere, ou d'avoir Empereur à sa poste, & qui eust esté fait de sa main. A cette cause voyez-vous bien peu, que ce mesme Cesar nous appelle legers, que tout d'une suite il ne die & adonne à choses nouvelles & mutations. Et semblablement Trebelle Pollion parlant de la legereté Gauloise, adjouste par mesme moyen une envie qui nous suivoit continuellement, comme fait l'ombre le corps, de n'obeir à l'Empire : tellement qu'encore que pour n'estre les plus forts, nos entreprises ne reüssissent à bon effect, ce neantmoins aux premieres offres de mutations tousjours nous esbranslames nous contre la puissance du Senat Romain. Jaçoit que pour nous alecher & induire plus facilement à leur obeir, Jules Cesar, comme recite Suetone, & à son exemple quelques autres Empereurs, comme dit Tacite, donnassent à plusieurs Gaulois seance au Senat de Rome. Ainsi lisons nous que Tibere pour quelque temps Gouverneur des Gaules sous Auguste (car je ne veux amuser aux revoltes qui se firent sous Jules Cesar) se trouva assez empesché à reduire cette Province en bon train, pour les divorces qui y sourdoient contre l'Empire par les factions des Potentats. Et peu de temps aprés Sacrovir s'y voulut nommer Empereur, comme du temps de Neron, Vindez : dessous Severe, Albin : sous Galien, Postume, Marie, & Victorin : Tetrique, sous Aurelian : Saturnin & Procule, sous Probe : Maxence, & Silvain, du temps de Constance : & finalement Constantin & son fils, sous l'Empire d'Arcade & Honore, qui fut non loin auparavant le regne & domination des François. De maniere que la Gaule par les Romains subjuguée, servit d'un perpetuel pensement à celuy qui estoit revestu du droit d'Empire par le Senat, pour destourner de luy les embusches d'oisiveté. Tant estoient les Gaulois acharnez au recouvrement de leur liberté, estimans (ainsi que maintenant je disois, & comme font ordinairement tous peuples) estre libres s'ils avoient Prince par eux instalé dans leurs pays : ou pour le moins avoir plus facile accez, & ressource à leur pretenduë liberté, si par leur moyen les cartes estoient tousjours brouillées. Et me souvient sur ce mesme propos, que Cesar en quelque passage, attribuant à une legereté d'esprit les rebellions que nous braissions contre luy en ce nouvel envahissement de Province, est contraint en passant de dire, qu'entre les autres occasions de nos revoltes, la principale venoit de ce qu'il nous estoit fascheux de perdre avec nostre liberté la reputation que nous avions acquise par plusieurs siecles de nostre vaillantise & proüesse : chose qu'il advint mesmement de dire à Caton (afin que par advanture on ne pense que Cesar se veüille donner trop beau jeu) en une harangue qu'il fit au Senat, recitee par Saluste, où il dit que les Grecs en science, les Gaulois au fait des armes & haute chevalerie estoient estimez emporter le dessus de toutes autres nations. Au moyen dequoy ne faut trouver estrange, si les Gaulois se ressentans de leur ancienne generosité, braissoient tousjours nouvelle algarade. Laquelle chose ne venant à bonne issuë, furent pour cette occasion reputez du populaire Romain, legers.

CHAPITRE V.

Quels furent les defaux des Gaulois, au moyen desquels les Romains s'emparerent principalement des Gaules.

Ceux qui discourent sur le fait de l'art militaire, tombent tous de cet avis, qu'il se faut soigneusement donner de garde de prendre tel aide de vostre voisin, que pendant que vous pensez combattre vostre ennemy par son moyen, finalement ayant chevy de l'ennemy, cette aide ne retourne à vostre dommage. Parquoy sont les plus sages Capitaines d'opinion, que jamais nous ne preniions confort des armes auxiliaires, que les nostres ne soient tousjours les plus fortes, pour tenir par ce moyen l'estranger en bride, duquel il faut craindre la queuë. Mais quant à moy, pour eviter tout esclandre, je pense que le meilleur seroit aguerrir de telle façon les siens, que jamais l'on ne se trouvast avoir affaire de l'estranger. Car encores que vous secouruy il soit pour un temps fort foible, si est-ce que pendant ce voyage, il espie les chemins de vostre pays, reconnoist les forteresses ou places de petite tenuë, discourt à l'œil les endroits par où elles sont plus prenables, gouste la fertilité de vostre pays, & la nature de vos sujets sans danger, qui lui donne puis aprés seur accez d'envahir en vostre desarroy vostre Royaume, selon que son appoint se presente. Si Pierre, dit l'Hermite, ne fust allé au Levant sous pretexte de pelerinage, il n'eust jamais ouvert aux Princes Chrestiens les moyens du voyage de la terre sainte. Et si les Turcs en contr'eschange n'eussent esté amorcez de la douceur de l'Europe, quand pour la premiere fois ils furent semonds par l'Empereur de Constantinople à son ayde, ils n'eussent, peut-estre, eu en opinion pour la seconde fois de traverser l'Hellespont (que nous appellons le bras sainct George) pour s'emparer de la Grece, ainsi se fussent contenus dans les bornes de leur Natolie. Et certes en la deduction de ce poinct, il y a tant d'exemples si memorables, que ce ne seroit que redite & remplissage de papier de les vouloir icy annombrer. Ceux de la grande Bretagne, entr'autres, sçavent bien comme il leur en prit de la part des Saxons & Anglois, lesquels aprés avoir rangé les Pictes & Escossois à leur devotion en certain coing du pays, au profit de la grande Bretagne, s'en emparerent puis aprés, chassans les pauvres habitans de leurs propres sieges & manoirs. Il me plaist seulement raconter deux exemples notables, & par avanture notoires, qui advinrent du temps des Gaulois. Mais avant que passer plus outre, je veux dire, qu'il y eut principalement deux motifs, pour lesquel

Les Reherches de la France. LIV. I.

...uels les Romains aisément s'impatronisèrent des Gaules, dont le premier est assez solennisé par la bouche du commun peuple, c'est à dire les divisions & partialitez qui y regnoient, desquelles Jules Cesar, qui étoit de nature prompte & remuante, sçeut tres-bien faire son profit, non seulement encontre nous, mais aussi à l'endroit de sa propre patrie. En sorte qu'il n'y eut jamais plus grande occasion qui apporta fin à la liberté des Gaulois, que celle mesme qui donna peu aprés definement à la grande Republique de Rome. Et de cette cause en sourdit une autre qui leur pourchassa entierement leur ruïne. Car s'estans en cette façon, les Sequanois, Auvergnacs & Heduens aigris pour atteindre au plus haut degré de principauté l'un sur l'autre, un chacun selon ses necessitez pratiquoit aide estrange: esperans par ce moyen venir à chef l'un de l'autre, non toutesfois prevoyans le grand dommage qu'ils se brassoient, dont l'issuë leur donna certain advertissement. Pour laquelle chose déduire plus amplement, faut entendre que les Heduens aprés plusieurs rencontres ayans gagné le premier lieu de souveraineté entre les Gaulois: les Auvergnacs & Sequanois, jaloux de cette Seigneurie, & se trouvans n'avoir l'avantage de leur costé, tournerent toute leur pensée vers l'Allemagne: de maniere qu'aprés plusieurs instances, promesses, & sollicitations, ayans attiré à leur cordelle le Roy Ariovist & ses gens du pays de la Germanie, ils remuerent si bien mesnage, que finalement toute la puissance des Heduens fut transportée aux Sequanois. Mais que leur advint-il de ce grand bien? si grand mal qu'il leur eust esté trop plus expedient que la primauté leur fust toûjours demeurée en son entier vers les Heduens. Car estant leur puissance amortie, & se voyant Ariovist assez puissant pour forcer les Sequanois, luy-mesme leur imposa Loix, & s'investit, bon gré mal gré, de la tierce partie de leurs terres & seigneuries. Et ainsi regna quelque temps avec toutes les extorsions & tyrannies dont il se peut adviser jusques à la venuë de Cesar: duquel les Gaulois se voulant aider pour dechasser Ariovist (ne s'estans encore rendus sages par l'exemple des Sequanois) avecques l'aide de Jules Cesar exterminerent veritablement Ariovist: mais ils firent par cette victoire telle planche au Romain, que depuis par une longue succession de temps demeura la domination des Gaules devers luy. Qui sont deux exemples, qui deussent servir d'un bon miroir, & enseignement à nous autres: qui fondons une partie de nos victoires dessus ces armes auxiliaires, épuisans par ce moyen nostre France d'une grande partie de son or, & aneantissans nos sujets pendant que nous soudoyons l'estranger, & lui donnons courage de se duire & industrier à nos despens, aux armes, lesquelles peut-estre un jour, il employera à nostre desadvantage. Ce qu'il ne plaise Dieu permettre.

CHAPITRE VI.

Des François de la Germanie, & de leur ancienne demeure.

IL semble que tous nos Historiens ne sçavent où ils en sont, traittans cette presente question: chose qui est à mon jugement, procedée de l'incertitude qu'ont eu tous les anciens Autheurs de cette grande region de Germanie. Premierement, si vous vous arrestez aux Grecs, plusieurs estiment qu'ils en parlerent à la traverse. Et les Romains, quoy que pour la continuelle frequentation des guerres en deussent plus estre informez, si est-ce qu'en ce qu'ils nous ont laissé par escrit, encore n'y a-il asseurance. Et qu'ainsi ne soit, où sont en Jules Cesar, parlant de la Germanie, les Cattiens, Quadiens, Frisiens, Marcomanes, & autres peuples à plein recitez par les autres? Certes vous trouverez que Cesar fait mention des Ubiens, qui tenoient quelques environs du Rhin: & des Sueves, lesquels il pense sur tout exhausser lors qu'il dit qu'ils tenoient en leur puissance cent Republiques ou Citez, & neanmoins Tacite attribuë seulement ces cent villes aux Senes, faisans une partie sans plus des Sueves: sans en ce comprendre les Lombards, Rendimes, Anglois, Vatiniens, Eudosses, & autres peuples compris sous ce grand nom de Sueves. Tellement que desja on les voit vaciller en une diversité d'opinions causée par quelque ignorance. Comme semblablement vous voyez Ptolomée ne faire que trois peuples de Sueves, qu'il appelle Lombards, Anglois & Sueves, oubliant tous les autres qui sont adjoustez par Tacite. De maniere qu'il faut que les uns ou autres pechent au trop ou moins mettre. Or si cette varieté entre les Auteurs de la premiere demy douzaine, a apporté une confusion & incertitude en la teste de ceux qui leur ont succedé: encore y a-il plus d'occasion d'estre empesché pour le regard des François, desquels vous ne voyez aucune mention en Cesar, Pline, Tacite, Ptolomée, ou Strabon. Car d'estimer que Ciceron s'en soit mocqué, comme nostre Paul Æmile dit, c'est-ce se moquer. Et a esté le desastre tel que toute l'ancienneté, escrivant de la Germanie, oublia les deux nations qui estoient comprises sous elle, desquelles toutesfois les deux plus grandes contrées du Ponant empruntent aujourd'hui les noms. Car si des Lombards & Anglois, vous en voyez quelque mention dedans Ptolomée & Tacite. Et posé qu'aucun d'eux ne fasse mention des Bourguignons, si est-ce que Pline y a suppléé: ainsi qu'a fait du semblable Strabon pour le regard des Sicambriens. Mais en quel endroit d'eux tous trouverez-vous estre fait recit de l'Alleman, dont toutesfois aujourd'hui toute la Germanie porte le nom? ni semblablement du François, du nom duquel les Gaules ont été depuis onze cens ans appellées? tellement qu'il semble que ce fussent du commencement mots de factions forgez à plaisir par gens de guerre, lesquels depuis selon leurs heureux succez, aprés avoir pris terre ferme, les auroient tournez en noms de nations & contrée. Et que les François se baptiserent en cette façon pour une liberté & franchise qu'ils projettoient en leur esprit: car ainsi dit-on que le mot de François signifie en langage Alleman Libre: Et que les Allemans s'appellerent aussi de ce nom, parce que sur leur premiere venuë, ils étoient ramassez de toutes sortes de gens: car Man en langue Germanique (comme disent ceux qui font profession) veut dire homme, & Al, tout: qui seroit pour se conformer à l'opinion d'Agathie, qui les disoit estre rapiecez de toutes sortes de gens. Bien vous diray-je que sur le declin de l'Empire, on celebroit grandement ces deux peuples. Marcellin au vingt-deuxiéme livre, dit que l'Empereur Julian exhortant ses soldats, avoit accoûtumé de leur dire *Audite me, quem Franci & Allemani audierunt.* Au demeurant c'est une ancienneté qui merite bien d'estre remarquée, qu'entre tous les peuples de la Germanie le François fut en telle estime, qu'Agathie use fort souvent du mot de Germain pour François: Et S. Hierosme en la vie d'Hilarion dit, que ce qui avoit autre-fois esté appellé Germanie, estoit de son temps appellé la France. Comme si le François eust espandu son nom & valeur par toute la Germanie; toutesfois par longue succession de temps la chance se tourna, & fut la Germanie appellée Allemagne, comme nous la nommons aujourd'huy, & la Gaule, France, mot qui étoit ainsi usurpé dés le temps de Childebert Roy de France, fils de Clovis, comme nous voyons dedans S. Gregoire au quatriesme de ses Epistres, escrivant à l'Empereur Maurice. Mais pour ne m'éloigner de ma route, & discourir vers quel temps nos François vinrent se loger en la Gaule, nous sommes si peu clair-voyans en ce fait, que par maniere de dire, nous en jugeons comme aveugles de couleurs. Toutesfois la commune resolution est que les François extraicts premierement des Troyens, depuis appellez Sicambriens, ayans fondé vers le fleuve de Tanaïs, joignant les paluz Meotides, & sur la coste de la Scythie, une ville nommée de leur nom, Sicambrie: depuis, ayans en faveur de Valentinian premier Empereur de ce nom, déconfit les Alains rebellans contre la couronne de l'Empire, furent par l'Empereur du nom Grec (disent nos Histoires) appellez François : qui vaut autant à dire comme preux, vaillans, & hardis, & tout d'un mesme moyen affranchis de toutes tailles, subsides, & tributs pour dix ans : pendant lesquels ils donnerent vers le Rhin. Auquel lieu (les dix ans expirez) ne voulans payer le tribut annuel, furent par Valentinian défaits avec une playe memorable, qui leur saigna depuis long-temps. Telle est l'opinion de Gaguin, & Gilles, qu'ils ont tirée de Sigisbert, laquelle je souhaitterois toutesfois estre plus curieusement remachée. En premier lieu, que nos premiers François soient descendus des Troyens, quel autheur ancien de nom avons nous, qui y puisse servir, ou de guide ou de garend? Davantage qui ne sçait que long-temps auparavant le declin des Empereurs de Rome, les Sicambriens habitoient desja sur le Rhin, ainsi que recite Strabon, pour laquelle cause il soustient qu'ils furent les premiers boutefeux, & suscitateurs des guerres de la contrée de Germanie encontre l'Empire Romain? Et de dire qu'ils fussent surnommez François par Valentinian, cela est si fort éloigné du vray, que tant s'en faut que l'on doive faire estat de ceux qui mirent cette opinion en avant, qu'au contraire il semble qu'ils n'ayent jamais gousté en aucune maniere l'ancienneté. Et qu'ainsi ne soit, Vopiscan sous Aurelian fait mention de plusieurs François, qui desja voguoient dans les Gaules, lesquels furent par luy defaits. Europe au neufiesme Livre atteste que du temps de Diocletian & Maximian, les François rodoient toute la coste de la mer Belgique : & au deuxiesme, que Constantin subjugua quelques Rois de France. Et dans Marcellin la plupart des affaires qu'avoit Julian l'Apostat au pays de Germanie, c'estoit encontre les François. Toutes lesquelles choses se sont passées auparavant le temps de Valentinian. Qui sont argumens suffisans pour montrer que les François n'eurent Valentinian pour parrain. Aussi de mettre en avant que cet Empereur fit telle desconfiture de nous les dix ans passez, vrayement je ne trouve Autheur ancien qui le die, ains au contraire trouverez au vingt & septiesme Livre de Marcellin, que nouvelles vinrent à Valentinian étant lors en Italie, que la grande Bretagne estoit grandement dégastée par les Pictes & Ecossois, & semblablement qu'en la Gaule se débordoit de toutes parts une grande quantité de François & Saxons : toutesfois de desconfiture, nulle mention. Ce qu'à mon jugement n'eust omis ce gentil Historiographe, ententif sur toutes choses à descrire les guerres de son temps entre les Germains & l'Empire, esquelles il assista : & qui mesmement florissoit du temps de ce Valentinian premier. Parquoy sans aller chercher d'une longue trainée, ny les Troyens, ny les Sicambriens dedans les paluz Meotides (dont nous ne sçaurions avoir autheur certain ny asseuré, fors quelques Moines) les François furent peuples assis en pays marescageux, comme dit Vopiscan, costoyans d'un costé le Rhin*, la part où ce grand fleuve commence à perdre son nom dedans la mer Oceane, ainsi que recitent & Procope & Agathie : & d'un autre costé (suivant Marcellin) attenans aux Saxons premierement nommez Senois, compris sous l'ancienne division des Sueves. A cause dequoy ils retenoient quelques cas des vieilles façons des Sueves, mesmement lors qu'ils aborderent és Gaules. Car tout ainsi que Tacite tesmoigne que les Sueves avoient pour coustume sacrée & generale, de porter les cheveux longs, par lesquels les plus grands estoient separez & reconnus d'avec leurs serfs, esclaves, & autres gens de basse condition : aussi comme raconte Agathie, les Roys de France, ceux qui estoient de leur sang, portoient une longue chevelure, non pas retorse comme estoit l'ancienne façon des Sueves, mais, comme toute façon se change, esparpillée sur les espaules en signe de Majesté. En laquelle mesme maniere les Princes des Sueves avoient apris de porter leur perruque du tems d'Arcade & Honore Empereurs, comme l'on peut descouvrir par quelques vers que Claudian escrivoit à Stilicon. Semblablement ny plus ny moins que les Sueves, ainsi que recite Cesar, par une profession annuelle, c'est à dire qu'ils faisoient d'an en an, estoient coustumiers d'envoyer nou-

*C'estoit le Pays où sont maintenant les Frisons.

veaux gens-d'armes çà & là pour guerroyer leurs voisins, pour laquelle cause vous voyez long-temps après la mort de Cesar les Lombards avoir occupé une partie de l'Italie, & les Anglois la grande Bretagne, toutes deux nations de Sueves : aussi les François, pour la proximité & voisinage qu'ils avoient avec eux, firent un perpetuel vœu de conqueste, & contre les Gaulois, & contre toutes nations, jusques à ce que finalement ils atteindrent au dessus de la Gaule. Qui est la cause pour laquelle Jornande Evesque & autheur d'assez grande efficace, adjouste à l'ancienne division des Sueves, les François & Thoringiens. Aussi voyez vous en quelques endroits de Marcellin & Europe par diverses fois les François accompagnez des Saxons (qui sont les anciens Senois) avoir entrepris contre la nation Gauloise, pour le voisinage des lieux qu'ils avoient ensemblement. Ausquelles entreprises les François s'abandonnoient plus hardiment, pour deux causes : estans comme dit est, d'un costé favorisez du Rhin : de l'autre, de la mer Oceane : d'ailleurs la pluspart de leurs pays environnez de grands marescages & bois. Qui estoit cause qu'aisément ils assailloient, & en cas de succez, en leurs retraites estoient mal-aisément assaillis par les nations estrangeres, à l'occasion des eaux & difficultez des passages. En cette façon (comme nous apprenons d'un Panegyrique adressé à Maximian Empereur) voyons nous, que par telles commoditez sous l'Empire de Probe Empereur ils coururent la Grece, Asie, Libie, & à leur retour prindrent & pillerent la ville de Syracuse : &, ainsi que dit Nazare en un autre Panegyrique à Constantin, estendirent mesmement leurs forces jusques au pays des Espagnes, en sorte qu'ils tenoient toute la mer Oceane en leur subjection. Au moyen dequoy ils furent sur toutes nations de la Germanie redoutez par les Romains, & à la moindre victoire qu'ils obtenoient encontr'eux, les Orateurs de ce temps-là applaudissans aux Empereurs, entre autres choses leur congratuloient qu'ils avoient rendu les mers coyes & asseurées, ayans repoussé les François, comme si par leur seul moyen, tout l'Ocean fust troublé. Qui est argument assez pertinent, outre les authoritez cy-dessus mentionnées, pour monstrer qu'ils joignirent à la mer Oceane. Et au regard de la proximité du Rhin, nous en sommes accertenez par un pasage d'Agathie au Livre premier, où il dit en termes formels, qu'ils habitoient joignant le Rhin pour leur premiere demeure, & que depuis ils occuperent une grande partie des Gaules. De quoy mesmement Marcellin nous en baille asseurance, quand il dit en la vie de Julian, que lui se fiant tant en son bon-heur, qu'en la vaillantise des siens, ayant passé le Rhin, occupa l'instant mesme l'une des contrées des François qui se nommoient Antuariens. Lesquels par luy surpris, furent totalement vaincus, pour autant qu'ils se confioient en l'assiette de leur pays, & que de leur memoire onques Prince estranger n'y avoit mis le pied, pour la difficulté des advenuës & chemins. Duquel lieu nous pouvons presque rapporter qu'ils joignirent au Rhin. Et combien que cette difficulté de passages soit dite en termes generaux, si la faut-il rapporter aux forests & lieux marescageux, desquels ils estoient environnez, comme nous pouvons voir de Sulpice Alexandrin par le rapport de Gregoire de Tours, & d'autres autheurs dignes de foy. Ainsi ayans & la commodité du Rhin à passer, & estans (si ainsi faut que je le die) fossoyez de toutes parts, & rempatez de la commodité de leurs eaux, baillerent mille secousses au Romain, & specialement vers les parties de la Gaule. Ce qui ne fust pas de tous les autres peuples de Germanie : car aucuns eurent la commodité du Rhin, mais leurs defailloient les retraittes, & les autres, combien qu'ils eussent les marais à propos, ne furent proches voisins de ce fleuve, par l'entreject duquel est separée la Gaule de Germanie. Car (comme dit Paul le Diacre) les Saxons estoient aussi bien que les François en terre marescageuse, toutesfois n'estans attenans du Rhin ne se peurent si facilement adomestiquer de la Gaule, comme firent ces braves François, mais prenans avecques les Anglois la route de la mer Oceane, descendirent de fois à autres en la grande Bretagne, de laquelle ils se firent à la parfin maistres : & les Lombards par les Pannonies usurperent aussi l'Italie. Voilà comment, & par quelles

quelles voyes les François furent redoutez des Romains en la tuition de leur Gaule, leur faisans continuellemeut guerre au moyen de leur assiette. En quoy ils prospererent petit à petit si heureusement, que les Romains, non point sous Valentinian pour combatre les Alains, comme recitent nos Annales, mais auparavant & aprés s'aiderent de leurs armes. Car & Procule, qui usurpa l'Empire au pays de Gaules, se disoit extraict de la nation Françoise: & par la gendarmerie des François qui estoient à la soulde de l'Empereur Constance, Silvain se fit proclamer Empereur en la ville de Cologne. Semblablement Gratian par le moyen de Mellobaudes Roy des François, tua Macrian Roy des Allemans, & aussi desconfit une infinité de Lants. Qui nous donne enseignement en quel bruit & reputation estoient les François envers les Romains, puis que les Empereurs cherchoient si soigneusement leur alliance. Laquelle toutesfois n'estoit de telle durée, que pour aucuns qui se soûmetoient à l'Empire, car ils estoient divisez en plusieurs peuples, comme Saliens & Antuariens, les autres ne passasent souvent le Rhin, pour endommager les Romains, ainsi qu'ils firent sous meilleurs gages, quand ils s'emparerent des Gaules, & de tout le pays que possedoit le Romain en la basse Allemagne.

CHAPITRE VII.

Des courses que firent les François és Gaules, & comment & en quel temps ils s'en impatroniserent.

LA plusplart des Autheurs d'Allemagne qui se sont amusez à discourir sur ce poinct, pensent faire grande banniere encontre nous, lorsqu'ils se vantent que les François issus de la Germanie, ont pour quelquefois reduit sous leur obeïssance les Gaules. Veritablement, il faut que nous tous d'un commun accord reconnoissions & confessions, que ces vieux François furent gens aguerris au possible, & qui de leur proüesse donnerent maintes espreuves, non toutesfois telles qu'il nous en faille desavantager d'aucun poinct. Et de moy, discourant cette affaire en mon esprit, il me semble que toutes les choses de ce monde se reglent par une entresuite, ou pour mieux dire par un éternel jugement de la volonté divine: tellement que tantost nous voyons les Empires estre demeurez en un lieu, tantost avoir forchangé de main, comme il plaist au souverain maistre: & ceux qui furent bien grands, par succession de temps estre venus bien petits. Si que l'on pourroit approprier aux Royaumes, ce que le commun peuple dit des maisons nobles, qu'elles sont cent ans bannieres, & cent ans civieres. Non toutesfois que pour cela il faille mesestimer les nations, qui eurent pour quelque temps du pis, leur estant ce pis de fois à autres procuré par une generale ordonnance des affaires de ce monde. Voire qu'il semble qu'en cecy se découvrent les justes jugemens de Dieu, qui permet, que selon la proportion & mesure que l'on a traicté ses voisins, on reçoive puis aprés mesme traictement. Ce que nous voyons estre advenu au peuple Romain: lequel tout ainsi qu'au tems de sa vogue, se donna toute autre nation en proye, aussi lui bastant puis aprés ma la fortune, se trouva estre la proye de toute nation estrangere. En cette façon nous en prit-il en la Gaule: car tout ainsi que quelquesfois du temps d'Ambigat Roy de Bourges (comme nous avons dit cy-dessus) nous desbordames, tant contre l'Italie sous la conduitte de Bellovese, que contre la Germanie sous Sigovese, plantans en l'un & l'autre pays nos demeures: aussi par succession de temps l'Italien usant premierement de ravage, occupa la domination sur les Gaules, & puis aprés le Germain. Parquoy c'est mal balancer les affaires, de rapporter à nostre deshonneur la surintendance que les François usurperent en la Gaule: veu qu'ils ne joüoyent que la revanche du tort que nous leur avions, a leurs compagnons, long-temps auparavant pourchassé. Et au surplus il se trouvera (je dy cecy par un privilege peculier qui nous a esté octroyé par la fortune) que l'heur de la Gaule a esté tel, que de la mesme main qu'elle a esté subjuguée par l'Italien ou Germain, cette victoire s'est tournée à la foule & oppression, voire entiere servitude de l'Italie ou Germanie, qui se vantoit estre de nous victorieuse. Qu'il soit vray, n'est-il certain que Jules Cesar, qui rendit les Gaules tributaires, soudain au retour de sa grande conqueste envahit l'Empire Romain, au grand dommage & ruïne de toute la liberté? ainçois de toute la chose publique Romaine? Voire jusques à favoriser les Gaulois au desavantage des siens, luy donnant contre l'advis de tous, entrée au Senat & commun Parlement d'affaires? De mesme façon voyez-vous que ce grand Clovis Germain estant venu à chef d'une partie de nos Gaules, non content de telle victoire, ou peut-estre, induit par une destinée Gauloise, s'attacha au mesme pays, duquel il estoit descendu, c'est-à-dire à la Germanie, lors possedée en la plus grande part par l'Alleman: soûmettant le tout par une brave victoire, qu'il eut à la journée de Tolbyac, sous sa puissance: usant de la Gaule en avant de la Gaule comme de son vray manoir, & rendant l'Allemagne à soy tributaire, comme si elle luy eust esté estrangere. Qui est une consideration qui tourneroit grandement à l'honneur de nostre pays, n'estoit que les victoires estans journalieres, c'est à mon jugement, une querelle assez mal fondée de s'estimer de plus ou moins, pour avoir esté quelquefois ou vaincu ou victorieux, quand la vertu n'a failly d'une part & d'autre au besoin. Les Gaulois usurperent premierement une partie de la Germanie. Les Germains depuis nous rendirent par la mesme des François le semblable. Et depuis sous Clovis, & assez long-temps aprés sous Charle-magne, la Germanie fut reduite en toute extremité d'obeïssance sous la Gaule, & dura cette Monarchie jusques vers le temps des Othons. Ainsi changent de main en main les Royaumes, sans que pour cela ils doivent estre vilipendez. Chose que j'ay voulu deduire en passant, afin de couper le broscheaux estrangers & sur tout loüer les sus nous: & à quelques-uns des nostres de s'excuser, lesquels soustiennent (comme fait François Conam honneur de nostre Paris) que les François estoient du vieil estoc des Gaulois, qui sous le Prince Sigovese avoient choisi leur demeure és environs de la forest Hercienne.

Mais pour venir à mon poinct, & parler du temps auquel les François s'emparerent de la Gaule, qui est le principal but & projet de ce Chapitre, il faut que je me plaigne de la fortune & du temps, laquelle semble s'estre du tout formalisée en cet endroit contre nous. D'autant que la pluspart des choses anciennes du temps de devant & aprés l'entrée des François, a eu ces Historiographes, desquels on peut tirer quelque estincelle des faits de nos François. Mais lors qu'ils entrerent és Gaules pour s'y habituer à jamais, avec un general bannissement des Romains (qui est tout l'entrejet de temps depuis l'Empire de Valentinian premier, jusques à Zenon Empereur de Constantinople) il semble qu'avec le declin de l'Empire, les histoires fussent totalement taries. Car de plusieurs endroits nous pouvons diversement recueillir une grande opiniastreté qu'ils eurent à s'empieter de la Gaule. Parce que devant mesmes qu'Aurelian fust investy de l'Empire, c'est à dire, sous Valerian & Galien, ils faisoient plusieurs ravages en ce païs, si nous croyons Vopisque. Et Eutrope, comme j'ay déduit au Chapitre premier passé, raconte que sous Diocletian, ils escumoient toute la mer de la Gaule Belgique & de la petite Bretagne. Aussi Nazare en un sien Panegyrique tesmoigne, que sous Constance pere de Constantin, ils avoient occupé tout le païs de Holande, duquel ils furent par luy dechassez. Et Marcellin en quelque lieu est tesmoin que Julian l'Apostat, estant empesché aux affaires de la Germanie, à son retour les trouva s'estre faits seigneurs de deux villes. E peu aprés il dit que les meme Iulian voulant tourner tout son esprit à la guerre des Germains, la premiere recommandation qu'il eut, fut de s'addresser aux François, qui avoient maintesfois osé entreprendre sur les marches du Romain. Qui sont tous tesmoignages apparens que les François de tout temps s'estoient opiniastrez à l'envahissement de la Gaule. Mesmement, comme tesmoigne encores Marcellin, nouvelles vindrent à Valentinian premier, ainsi que n'agueres je disois, que les François & Saxons, avecques plusieurs gens de guerre, estoient descendus contre nous. Ce neantmoins qui nous ait depuis dit, ny quoy ny comment les choses allerent, au moins, des Autheurs anciens, il est fort mal aisé d'en trouver, ains demeurerent les Histoires accrochées depuis ce gentil Marcellin, iusques vers Procope & Agathie, l'un desquels commence son narré à Theodoric Roy des Gots, qui regnoit en Italie du temps de Clovis, & l'autre à Childebert, Clotaire, Clodomire, & Theodoric fils de Clovis. De sorte qu'entre ces deux temps s'escoulent les quatre premiers Princes que nous ennombrons entre les anciens Roys de France : Pharamond, Clodion, Merouée, & Childeric : & faut presque que deumerant nous jugions par conjectures. Au surplus d'attribuer toute la venuë des François sous un Valentinian premier ou dernier, comme je voy plusieurs Historiens d'Italie maintenir, ce sont certainement abus : d'autant qu'ils n'occuperent les Gaules d'un premier effort ou débord, ains par un assez long progrez, & après avoir donné plusieurs eschecs à l'Empire, finalement le materent. Et pour autant que la venuë & advenement des François & autres peuples provint la ruïne de l'Empire Romain, il me semble qu'il ne sera hors de propos de discourir en ce lieu les moyens par lesquels ces nations estrangeres eschantillonnerent en parcelles l'Estat de Rome, parcequ'encores que le periode du malheur vint vers l'Empire d'Arcade, Honore, & Valentinian le tiers, si est-ce que qui voudra rapporter chaque piece à son vray poinct, certainement il trouvera que la mutation de l'Estat prenoit ses racines de plus loin. Car pour vray dire, les Republiques symbolisent en cecy avecques les corps humains, lesquels bien qu'ils rendent l'ame en certain temps, toutesfois ce desinement leur advient par les humeurs peccantes qu'ils sont de longue main amassées en eux. Aussi se trouve le semblable en cet ordre politique, lequel ayant commencemens & promotions favorables, vient après à défaillir par certains accidens, desquels on peut infailliblement presagir sa fin par demonstrations politiques, qui ne sont pas moins palpables que celles de Mathematique à ceux qui en font profession.

De ma part discourant en moy tous les derniers déportemens de l'Empire, je me suis tousjours fait accroire que l'un des premiers acheminemens de sa ruïne provint de Constantin, encores qu'il ait esté par les nostres surnommé le Grand, qui depuis se continua sans interruption iusques au dernier soupir. Car qui remarquera les guerres civiles qui furent durant son Empire entre luy, Lycinius, & Maxence : le transport de l'Estat qu'il fit de l'ancienne Rome, en la nouvelle, qu'il appella de son nom Constantinople ; la nouvelle institution par luy faite des legions establies sur les limites & frontieres pour faire teste aux courses des Barbares, les transportant de leurs anciennes garnisons au cœur de l'Empire, où il n'en estoit nul besoin : delà qui repassera à la continuation des guerres civiles qui se trouverent entre les enfans de Constantin, & que le tout estant depuis reduit & advenu en la personne de Constance, encores eut-il à guerroyer quelques Princes & grands Seigneurs de ses sujects, voire que pour closture de ses actions, Iulian mesme, qui auparavant luy avoit esté un seur & fort rempart és Gaules contre les advenues des Germains, se rebella contre luy : qui avec ce adjoustera le neantise de Iovinian qui fit une paix si honteuse avec les Perses, que jamais depuis la puissance Romaine ne s'en put remettre sus au Levant : Neantise aconsuivie de prés par celle de Valentinian & Valens successeurs de Iovinian : Princes certainement de peu, & dont les effects firent paroistre qu'ils n'estoient non plus duits à l'exercice des armes, que des bonnes lettres. Qui considerera en après la molesse de Theodose, & les grandes & excessives surcharges qu'il imposa sur son peuple, pour fournir à sa despense extraordinaire, & qu'à Theodose succederent deux jeunes garçons ses enfans, Arcade & Honore commandez, ou pour mieux dire gourmandez, pendant leurs minoritez, par Ruffin & Stilicon, leurs gouverneurs. Qui jettera encores l'œil sur les meurtres & assassins que les Princes faisoient faire par leurs favoris & mieux aimez, sans connoissance de cause, lors qu'ils en estoient las & attediez, car aussi bien fut tué ce grand & brave Capitaine Etius, par le commandement de Valentinian dernier, comme Ruffin & Stilicon, par Arcade & Honore, & que ceux qui entroient en leur lieu n'estoient de plus grand merite que les meurtris & homicidez, ains qu'ils joüoyent à qui mieux mieux au boute-hors, sans porter aucun zele, ny à leur souverain Seigneur ny au public, & que les gouvernemens des Provinces se vendoient, si ainsi le faut dire, à l'enquant au plus offrant & dernier encherisseur. Qui pesera davantage les changemens des Estats, & Offices anciens en nouveaux, la multiplication d'iceux qui se firent à la foule & oppression du peuple sous Constantin & Theodose ; la mutation de Religion qui advint à huis ouvert sous l'un & l'autre de ces deux Princes : & outre ce, les sectes, divisions & partialitez qui estoient mesmes entre ceux qui par une nouvelle permission de leurs Princes, avoient empieté quelque authorité dessus l'ancienne : & qui avecques tout cecy ramenera en memoire les peuples estrangers, dont pendant les troubles & guerres civiles, l'Empereur estoit contraint de s'aider, voire les adopter dans ses legions comme naturels Romains, se les rendant comme domestics. Bref que les affaires de l'Empire estoient arrivées en tel desarroy par la pusillanimité & nonchallance de quelques Princes, que les villes estoient contraintes de se liguer & soudoyer elles-mesmes, & s'exempter de la puissance ancienne des Empereurs, pour s'opposer à ceux qui par un droit de bienseance vouloient usurper nouvelle tyrannie ; comme nommément il advint tant és Gaules, qu'en la grande Bretagne quand un autre nommé Constantin, nouveau tyran, voulut occuper ces deux contrées, au prejudice d'Arcade & Honore, car lors ces deux jeunes Empereurs défaillans de garends à leurs sujets, la plus grande partie des villes & citez, voyans d'un costé qu'elles n'estoient soustenuës de leurs Princes naturels, d'un autre ne pouvans souffrir un illegitime Seigneur, sans faire estat de là en avant de la Majesté Imperiale, ny des Vice-Empereurs qui gouvernoient les Provinces, s'en firent accroire elles-mesmes, & à leurs propres cousts & despens, soustindrent le destroy de la guerre ; s'affranchissans par ce moyen par voyes sombres & couvertes de l'ancienne obeïssance qu'elles avoient en leurs Empereurs, lors qu'elles faisoient contenance de la supporter & favoriser. Qui, dis-je, meslera toutes ces rencontres ensemble, il jugera fort aisément que tout ce grand cahos & meslange d'affaires, couvoit dans soy toute la mutation de la Republique : qui ne s'escloyt pas tout d'un coup, ains par traictée de temps, selon que les occasions en seignerent à l'estranger de choisir son apoinct. Comme aussi n'y a-il la moindre de toutes ces partialitez, qui ne soit suffisante pour subvertir un Estat. Afin que je n'obmette en passant, que ces Empereurs usoient, si je ne m'abuse, plus de la Religion pour la commodité de leurs affaires, que par zele ou devotion, & que les plus advisez se rangeoient du parti le plus affligé, à ce que le prenant sous sa garde & protection, il peust faire fonds plus asseuré de luy contre leurs ennemis. Ainsi trouverez-vous que Constantin le Grand ayant à guerroyer un Licinius ennemy juré de nostre Christianisme, commença d'attirer à soy les Chrestiens, lors grandement rebutez, par le moyen desquels il obtint depuis une infinité de victoires encontre ses corrivaux. Et neantmoins ne receut le Saint Sacrement de Baptesme, qu'un ou deux jours auparavant son decez. Et comme ainsi fut que dedans nostre Religion le diable eust planté un schisme tres-pernicieux par la damnable doctrine d'Arius Prestre d'Alexandrie, & que sous Constantin le party Arien eust esté grandement terrassé par les Catholiques, Constance son fils pour subvenir à la necessité de ses guerres civiles, commença de l'embrasser contre ses adversaires : & d'un mesme conseil Iulian son successeur reprit les anciennes brisées du Paganisme, qui estoit lors aussi grandement avily, par la puissance & authorité que les Chretiens avoient occupé sur eux, bien que sous deux diverses Sectes. Et seroit mal-aisé de dire combien & l'un l'un & l'autre firent de braves exploits d'armes fous cet artifice, ufant de la Religion par difcours. Ne s'advifans pas toutesfois que pendant qu'ils fe joüioient en cette façon de Dieu & de fa Religion, Dieu auffi fe joüoit d'eux à meilleures enfeignes, lequel defirant eftre adoré par un zele interieur de vraye foy, & non pas par difcours politiques, tenoit nud entre fes mains le glaive de vengeance fur eux, qu'il déploya depuis par l'entremife de toutes ces nations eftrangeres, lefquelles butinerent entre-elles la plus grande & meilleure partie de l'Empire. Car pendant que Conftance eftoit empefché à fes guerres civiles, les François, Allemans, & Saxons (comme nous apprenons de Zofime) pillerent quarante ville affifes fur l'orée du Rhin, & enleverent en leurs pays une infinité de pauvres ames, qu'ils reduifirent en fervitude. Pour à quoy donner ordre l'Empereur dépefcha en Gaule Julian l'Apoftat avecques quelques legions : Jeune Prince qui accompagna fa fortune d'une fi fage conduite, que tant & fi longuement qu'il commanda ce fut un fort boulevart contre toutes les advenuës des François. Et neantmoins quelque heureux fuccés qu'il euft encontre eux, fi fut-il contraint de caller la voile à leur tempefte, & mefmes efperant de les gagner par douceur, il en prit plufieurs à fa foulde, les enroulant dedans fes legions : qui ne fut pas une petite place à la longue. Parce que depuis il y eut des plus grands Capitaines de France, qui commanderent fous l'authorité des Empereurs, aux troupes Romaines, comme un Mellobaudes, Bandon & Arbogafte : Arbogafte, dis-je, qui non feulement tua impunément l'Empereur Gratian, mais auffi fit tomber la Couronne de l'Empire és mains d'Eugene. D'apprivoifer au milieu de nous une nation eftrange, belliqueufe & convoiteufe de bien & d'honneur, c'eft une chofe de tres-perilleufe confequence & plus dangereux effet. Or tout ainfi que la prefence de Julian grand guerrier contrint quelque temps tous les peuples de la Germanie dans leurs bornes, auffi aprés fon deceez, ils commencerent de fe deborder plus licentieufement, qu'ils n'avoient fait auparavant. Et fpecialement contre Valentinian premier du nom, lequel pour leur faire tefte renforça fes garnifons le long du Rhin, nonobftant lefquelles il fut déconfit en bataille rangée, dont il fceut aprés avoir fort bien fa revange, car il les défit en une autre journée avec tel carnage & boucherie, qu'il fembloit qu'ils ne s'en deuffent jamais relever. Mais les victoires que les Empereurs obtenoient contr'eux, reffembloient à celle d'Hercule contre l'Hydre, à laquelle ayant couppé une tefte, & lui en revenoit fept autres. C'eftoit une fourmiliere de peuples que l'on ne pouvoit defenger. Valentinian eftant mort delaiffe Gratian fon fils Empereur, & depuis Theodofe fut appellé à la couronne, & aprés luy Arcade & Honoré fes enfans. Tout cet entrejet de temps fut un pefle-mefle d'affaires, non feulement en la Gaule, mais en plufieurs autres pays. La paix honteufe de Jovinian avecques le Roy de Perce, excita un contentement commun & acheminement à une infinité de nations encontre l'Empire : mais les grands efforts vindrent fondre au temps d'Arcade & Honore jeunes Empereurs. Sainct Hierofme qui lors floriffoit, & partant fpectateur de cette tragedie, difoit en la harangue funebre qu'il fit de Nepotian, que les cheveux luy dreffoient en tefte, toutes & quantesfois qu'il fe mettoit devant les yeux les ruïnes generales de l'Eftat de Rome. Qu'il y avoit vingt ans & plus que le Peuple Romain eftoit efpandu, & que les ames franches & nobles fervoient de joüet aux Barbares. Que la Scythie, Thrace, Macedoine, la Dardanique, Dace, la Theffalonique, Achaye, Epire, Dalmatie, & toutes les Pannonies eftoient ravagées par les Gots, Sarmates, Quadiens, Alains, Huns, Vandales & Marcommanes. Et en une Epiftre à Gerontina veufve, où il luy defcrit l'honneur de la Monogamie, tombant incidemment fur les malheurs qui eftoient en Gaule, dit que tout ce qui eftoit enclos dedans l'enceinte du Pyrené, jufques aux Alpes, & du Rhin jufques à l'Ocean, eftoit couru & fourragé par les Gots, Quadiens, Vandales, Sarmates, Alains, Hecubiens, Saxons, Bourguignons, Allemans, & les villes de Mayence, Spire, Amiens, Rheims, Arras, Terouenne, Strafbourg par eux pillées, & la plus grande partie de l'Aquitaine, & des Provinces Lyonnoife & Narbonnoife de nouveau prifes & occupées. En ce paffage nulle mention du François, qui toutesfois s'eftoit auparavant fait affez cognoiftre aux Romains à bonnes enfeignes. Mais la verité eft qu'en cette débauche generale, le Vifigot & le Bourguignon s'eftoient impatronifez devant luy, celuy-là d'une partie de l'Aquitaine & de Languedoc, & ceftuy du pays que nous appellons la Bourgogne, jufques bien avant dans le Lyonnois. Bien eft-il à prefumer que Pharamond premierement, puis fon fucceffeur Clodion, voyans l'Empire en tel defordre, ne demeurerent ce temps pendant engourdis, eftant d'un naturel inftinct, comme tous leurs devanciers, adonnez à entreprifes hautaines. Auffi qu'ils eftoient à cela raifiblement femonds (qui fut la confommation du malheur de tout l'Empire) par les factions & intelligences de Stilicon beau-pere de l'Empereur Honoré, lequel ayant toute fon entente faite à faire tomber la couronne de l'Empire de fon gendre en la perfonne de fon fils Fuchere, braffoit fous main avec les nations eftranges toutes manieres de troubles, afin que plus aifement il peuft venir au deffus de fes attaintes, quand Honore de toutes parts feroit reduit à l'eftroict & anguftie d'affaires. Tellement que de ce temps-là, c'eft à dire fous Honore, il ne fut mal-aifé à Pharamond, puis à Clodion occuper quelques terres que tenoient auparavant les Romains le long du rivage du Rhin, defquels Roys le dernier fit quelques courfes fur le Cambrefy. Car quant à Pharamond, il eft certain, & font toutes doctes perfonnes d'advis, qu'il ne penetra jamais jufques à nous : comme il eft affez facile de recueillir de Paul le Diacre (afin que peut-eftre on ne penfe que je parle par cœur de cecy) en la vie de Gratian : auquel lieu déduifant les menées fourdes de Stilicon avecques les Sueves, Bourguignons, Alains, & Vandales pour moyenner par leurs troubles l'Empire du Ponant à fon fils, » Parquoi (dit-il) l'Efpagne Betique écheut aux Vandales : le pays de Galice, aux Alains & Sueves : aux Gots, le Tholofain & Languedoc : aux Cartiens & Alains, la Catalogne. Pendant lefquelles mutations, Ætius Gouverneur des Gaules (qui n'eftoient tombées en la puiffance du Got ou Bourguignon) entretint toujours en devoir deffous l'Empire, le Tourangeois, Angevin, & le Breton. Ce neantmoins entre les grandes revoltes les François commencerent à lever la tefte, & ores que pour quelques-fois il euffent efté repouffez par Ætius en leurs pays, ce neantmoins voyans leur apoint fous la conduite de Cleon & Neronée redoutans leur force & puiffance, commencerent à courir les Gaules, & dreffer leur fiege & Royaume és villes d'Orleans & Paris ». Là où, à mon jugement, au lieu de Cleon & Neronée, il faut lire Clodion & Meroüée : & à tant peut-on plus prés voir par-là, de quel temps les François aborderent en ce pays, & que Pharamond ne paffa de gueres les bornes du Rhin, ains fans plus Clodion fon fils, & aprés lui Meroüée, qui entre les autres François fe donna la premiere loy de fe promener hardiment par la Gaule, foit que par forces d'armes il s'ouvrit la voye en ce pays, ou que par capitulation faite avec les Romains luy fut donnée affiette en cette Gaule, d'autant que du temps de Valentinian le tiers, il fe trouva avec Ætius en la bataille, qui fut donnée vers Chaalons contre Attile Roy des Huns. Et pour cette caufe nos anceftres de le reconnoiffans quafi comme premier Roy, qui paffa en ce pays, appelloient de luy les François, Meroüingiens. Depuis luy regna Childeric, qui fut chaffé, puis remis, & enjamba affez avant en la Gaule.

Pendant lequel temps Boniface, Gouverneur du pays d'Afrique, pour quelque maltalent qu'il avoit conceu contre Valentinian Empereur III. de ce nom, donna entrée en fon gouvernement à Genferic Roy des Vandales, qui lors eftoient mal menez des Vifigots en Efpagne; ainfi ayant d'un cofté les Vifigots defalqué l'Aquitaine, & Efpagne de l'Empire, les Bourguignons toute la cofte fertile de la Gaule, poffedée devant eux par les Sequanois, les Vandales l'Afrique, les François premierement du temps d'Honore fous Pharamond, les places joignantes au Rhin, puis fous Valentinian le tiers, quelques villes de la Belgique & Celtique, finalement nafquit entre ces Eclipfes, vers le temps de Leon & Zenon Empereurs de Conftantinople ce grand Roy Luduith, ainfi nommé par les Allemans, ou Luduin (en la façon qu'il eft appellé és Epitres de Caffiodore) lequel nous avons, felon la commodité de noftre langue, nommé Clo-

B iij vis,

vis, auquel, à bien dire, nous devons rapporter la vraye entrée & ensemble la promotion des François en cette Gaule ; d'autant que les quatre premiers se tenans tousjours clos & couverts, & ayans la grandeur du nom de cet Empire Romain pour suspecte, n'avoient fait que temporiser, espians (comme je croy) leur opportunité pour s'avancer : laquelle se trouva par la magnanimité & prouesse de ce grand Roy, qui extermina de tout poinct toute la puissance des Romains, sans que depuis ils y ayent eu aucun regret. Et pour autant qu'il luy restoit encores à gagner tout le pays que tenoient les Bourguignons & Visigots, pour le regard des Bourguignons ils furent par deux subsecutives défaites rendus à luy tributaires, & finalement leur Royaume du tout aboly par ses quatre fils. Et quant aux Visigots, ne pouvant demeurer de recoy qu'il n'eust la souveraineté entiere de la Gaule, il leur livra dure guerre, en laquelle Alaric leur Roy fut en champ de bataille mis à mort de ses propres mains. Au moyen dequoy aprés telle routte luy fut aisé d'usurper une grande partie de ses pays : le reste demeurant és mains de Theodoric Roy d'Italie, comme tuteur d'Amalaric, fils d'Alaric, lequel Amalaric, ayant pris à femme l'une des filles de Clovis, & luy donnant mauvais traittement, fut finalement tué en champ de bataille par Childebert, avec si grande perte des siens, que depuis la memoire des Visigots s'esvanoüit en la France, tout le peu qui restoit de cette bataille prenant la fuitte vers les Espagnes. Ainsi n'y avoit plusqu'une partie de la Provence, qui sous ombre d'une curatelle, estoit demeurée és mains des Ostrogots successeurs au pays d'Italie, de Theodoric : toutesfois fut le tout remis és mains des enfans de Clovis, lors que l'Empereur Justinian, par l'entremise de Belisaire, livra la guerre à Theodaat, puis à Vitige leur Roy : craignans iceux Ostrogots, qu'estans d'une part empeschez contre l'Empereur, les François (qui lors estoient fort redoutez) ne leur donnassent d'un autre costé à dos. En effet, voilà comme les François se firent universels possesseurs de cette Gaule : ayans premierement par diverses courses donné mille algarades aux Romains : de-là sous Valentinian premier, s'estans mis en tout devoir de fourrager cette Gaule : puis à meilleures enseignes avec leur Roy Pharamond ayans occupé, du temps d'Honore, les appartenances du Rhin : & sous Valentinian le tiers, une partie de la Gaule, jusques à la venuë de Clovis, qui mit fin à leurs longs projets. Toutesfois pour autant que nous avons n'agueres fait mention des Ostrogots & Visigots, qui tindrent un temps quelques parties des Gaules, il ne sera peut-estre hors de propos, si nous deduisons sommairement ce qui en fut, estant une Histoire, qui tombe ordinairement en propos, neantmoins non de tous entenduë.

CHAPITRE VIII.

De l'entrée, progrès & fin de la Monarchie des Gots.

Quand Dieu voulut démembrer l'Empire de Rome, il suscita une infinité de nations, auparavant, point ou peu connuës de nom, lesquelles joüerent diversement à boute-hors. Car si l'une par droit de bien-seance s'estoit emparée d'un pays, les vaincus n'avoient autres garends de leurs pertes, que les terres de l'Empire. Cela advint aux Gots, anciens Citoyens de la Scythie, laquelle ayant esté envahie par les Huns (gens qui pour quelques années furent un foudre de l'Univers) ils furent contraints de quitter leur originaire manoir, & se jetter aux pieds de l'Empereur Valens, qui leur octroya pour demeure un arriere-coin de la Thrace. Mais pour oster à ces nouveaux hostes tout moyen de rien attenter encontre l'Estat, il les desarma premierement, & d'une mesme main leur osta tous leurs enfans masles moindres de quatorze ans, qu'il confina en diverses villes du Levant, sous la charge & discipline de Jules, homme sage, afin qu'estans distraits de la veuë & connoissance de leurs peres, meres, & parents, ils ne recognussent au long aller, autre pere commun d'eux tous que l'Empereur. Ce fait, il commanda à quelques Capitaines & compagnies de conduire le gros en seureté au pays à eux assigné. Mais au lieu de leur servir de fidelles escortes, ils commencerent de les gourmander, abusans de la beauté & chasteté de leurs femmes, & soustrayans les plus robustes, les envoyerent en leurs maisons pour en faire des esclaves. Ce qui offença tellement les Gots, qu'aprés qu'ils furent logez, ils ne projetterent en eux autre chose qu'une vengeance, & sur cette deliberation, comme un furieux torrent, rompirent toute barriere, & se firent voye par la Pannonie, Macedoine & Tessalie. Et au surplus, s'habituerent non seulement aux lieux tant marescageux que montagnes, qu'on leur avoit baillé pour demeure, mais au beau milieu de la Thrace: dont Valens desirant les chasser, envoya un grand Capitaine, nommé Sebastien, qui s'empara des plus fortes places, faisant estat de temporiser encontr'eux, & escorner tous leurs desseins par longueur. Conseil qui ne fut trouvé bon par les Seigneurs qui estoient prés de l'Empereur : luy conseillans qu'ayant affaire à un peuple barbare, exterminé de son pays, & peu aguerry, il le devoit choquer au premier jour, comme gens dont il viendroit aisement à chef. Les affaires se manierent de telle façon, que la bataille donnée, l'Empereur fut mis en route, & estant avecques quelques-uns des siens bloty dans une bourgade, les autres y mirent le feu. Telle fut la fin des Valens, mais Theodose qui luy succeda au Levant, ne voulant que ce desastre demeurast non vangé, les attaqua si vivement, qu'il se desfit d'une victoire plus sanglante que n'avoit esté celle qu'ils avoient obtenue encontre Valens. Et ce qui sembla estre l'abysme de leur malheur, fut que tous ces jeunes Gots que l'on avoit confinez & espandus és parties Orientales, ayans eu advis de ce qui s'estoit passé, commencerent de se revolter, & eust leur conseil succedé, mais Jesushomme pratic pour les destourner leur promit diverses assiettes de terres, & comme il leur eut assigné une journée generale pour leur en faire les departemens, il donna si bon ordre à son fait qu'en chaque ville il eut des soldats attiltrez, qui les firent tous passer par le fil de l'espée. De maniere que par ces deux heurts de fortune, il sembloit que les affaires des Gots fussent du tout sans ressource. Toutes-fois c'estoit une pepiniere qui repoussoit plus hautement, tant plus on la vouloit ressaper. Et ne peurent les Empereurs si bien joüer leurs personnages, qu'enfin les Gots ne se fissent maistres de la Thrace. Il y avoit entr'eux, & leur ancienne demeure, le traject seulement de la riviere d'Istre, dont ils tiroient tousjours rafraichissement de secours. Et de fait par succession de temps, ils partagerent entr'eux par esperance commune l'Empire. Dont les uns prindrent pour leur lot le Levant, qui furent nommez Ostrogots, c'estoit à dire Gots Orientaux, & aux autres écheut l'Occident, sous la conduite d'Alaric, & furent appellez Visegots, qui vouloit dire en leur langue Gots Occidentaux. Ceux-cy estans arrivez les marches d'Italie, avec vœu exprés de la conquerir, l'Empereur Gratian pour destourner de luy cet orage, leur octroya pour demeure tout le pays d'Aquitaine : duquel se voulans mettre en possession aprés le decés de Gratian, Stilicon (qui comme beau pere d'Honore fils de Gratian, tenoit toutes les affaires de l'Empire Occidental en sa main) épiant son apoint, lors qu'ils voulurent passer les Monts, leur donna un jour de Pasques à dos : qui les irrita tellement, que rebroussans chemin, tournerent visage vers l'Italie, laquelle ils mirent à sac, & prindrent la ville de Rome d'emblée : de là poursuivans leur route plus loin, au milieu de leur entreprise mourut Alaric leur Roy : auquel succeda Ataulphe, qui pour la seconde fois retournant vers Rome, aprés avoir glané tout ce qui y estoit demeuré de la premiere dépouille, enleva Placidie sœur de l'Empereur, & par les prieres d'elle s'achemina suivant leur premier dessein en Aquitaine, dont il se fit possesseur, chassant les Vandales

dales (qui peu auparavant l'avoient usurpée) aux Espagnes. Aprés luy regna Rugeric: puis Vallie, qui chassa les Vandales totalement des Espagnes, puis Theodoric, qui s'estant joint avec Ætius & Merouée, fut tué en la bataille contre Attile: & successivement Thorismond. Theodoric son frere, Euric, Alaric gendre de Theodoric Roy des Ostrogots, & finalement Amalaric son fils, qui fut tué par Childebert Roy de France: auquel faillit en cette Gaule le nom & la puissance des Visigots, qui prindrent de-là en avant leur accroissement en Espagne. Et cependant les Ostrogots (qui tenoient lors l'Italie) depuis la mort d'Alaric s'estoient saisis d'une partie du Languedoc & Provence, sous ombre de la tutelle d'Amalaric: auquel, combien que venu en aage de regner, ils restituassent les terres, si avoient-ils tousjours garnisons, tellement qu'aprés sa mort ils en demeurerent seigneurs. Pour laquelle chose entendre plus parfaitement, il faut sçavoir que les Gots, qui aprés la deffaite de Valens estoient demeurez en la Thrace, eurent plusieurs grandes traverses. Toutes-fois sous leur Roy Theodemir, ils furent en tres-grande vogue, au grand desavantage de l'Empire, & mesme pour quelque mal-talent qu'ils conceurent contre l'Empereur Martian, fourragerent tout l'Illiric. Enfin par traité de paix Theodoric fils de Theodemir fut baillé pour ostage à Martian, & depuis estant renvoyé, les guerres se rallumerent entr'eux plus chaudement que paravant, jusques à ce qu'une autre paix estant derechef concluë & jurée avecques l'Empereur Zenon, & Theodemir allé de vie à trespas, Theodoric son fils & unique heritier fut grandement chery par l'Empereur, pour la longue habitude qu'il avoit euë avec luy durant son ostage, mesmes suivit ordinairement la Cour de cet Empereur. Pendant lesquelles choses Odoacre Roy des Eruliens de simple soldat ayant occupé l'Italie, Theodoric, du consentement de l'Empereur, laissant la Thrace, donna jusques à Odoacre, lequel estant, pour l'abreger, par luy meurtry, il se fit couronner, par l'adveu de Zenon, Roy de toute l'Italie: Prince certainement grand & debonnaire en toutes choses, fors que sur le declin de son âge pour quelque jalousie de regner, il souilla ses mains au sang de Boëce & Symmaque. C'est celuy qu'en l'autre chapitre je disois avoir usurpé sous le nom de son arriere fils Amalaric (car Alaric pere de luy avoit épousé une sienne fille) une partie du Languedoc & de la Provence. Aprés luy regnerent Alaric fils d'Amalasfonte, sa fille, Theodat, contre lequel Justinian Empereur sous les estendars de son grand Capitaine Belissaire entreprit de reduire l'Italie sous l'ancienne obeïssance de l'Empire, lequel Theodat se voyant assiegé d'affaires de tous costez, fit accord avec les François (qui ne sortit toutes-fois pour lors effet, estant prevenu de mort) par lequel fut capitulé qu'il mettroit entre leurs mains le demeurant de la Gaule, qui estoit des appartenances des Gots. A luy succeda Vitige le malheureux, lequel & aussi tout son Royaume, aprés quelques revolutions d'années tomba en la puissance de Belissaire. Ce neantmoins les Ostrogots reprenans depuis cœur creérent Theudibault pour leur Roy, & redoublans leurs forces sous Totille son successeur, coururent toute l'Italie, & reprindrent la ville de Rome. Aprés lequel regna Teie, qui par une rencontre qu'il eut contre Narses Lieutenant de l'Empereur, fut tué avec telle deffaite des siens, que dellors luy fut le nom & la crainte des Gots déracinée de l'Italie. Depuis le partement de Belissaire, & la nouvelle venuë de Narses, les Gots voulans encores joüer des cousteaux pour le recouvrement d'Italie, les Histoires disent qu'adonques craignans que les François fissent quelques troubles ou empeschemens à leur entreprise, ils les investirent du reste des terres qu'ils tenoient en la Provence & Languedoc. A quoy mesmement de son gré condescendit l'Empereur, combien que ces païs fussent de son ancien domaine. Ainsi la fin & ruïne des Visigots & Ostrogots, fut l'avancement des François, qui demeurerent par ce moyen paisibles de toutes les Gaules, perpetuans leur nom & seigneurie jusques à ce jourd'huy sans tomber en main estrangere.

CHAPITRE IX.

Du progrez des Bourguignons en la Gaule, & pourquoy ils furent ainsi appellez.

CE peuple auparavant qu'arriver en la Gaule estoit confinant aux Allemans (car lors la Germanie n'estoit encores appellée Allemagne, d'un païs à part) & eut une coustume fort estrange & farouche à l'endroit de ses Roys avant que d'occuper ce pays: car comme dit Amian Marcellin, il estoit coustumier de les dejetter de la couronne, en cas de malheureux succez, ou mesmement, si la terre leur eust manqué de foy, & failly à leur rapporter pour quelque année. Au surplus en ce grand degel de toutes nations contre l'Empire, ils aborderent en la Gaule, peu aprés que les Visigots se furent emparez de l'Aquitaine, toutes-fois avec une fortune qui leur fut de courte durée: d'autant que leur Monarchie ne se continua en la suite de trois ou quatre Rois pour le plus. L'un des premiers, dont la connoissance est venuë jusques à nous, est Athanaric, puis Goudochie, qui fut tué par Attile en la bataille contre Etius: le tiers Childeric, pere de Clotilde, meurtry par Gondebault son frere, quatriesme Roy, que Clovis rendit tributaire à la couronne de France: & suivivement son fils Sigismond, lequel contrevenant aux accords & pactions passées entre Clovis & Gondebault, fut jetté & toute sa famille dans un puys par les enfans de Clovis. A luy succeda Gondemar son oncle, auquel faillit la race des anciens Bourguignons, tombant le Royaume en une autre nation, c'est à dire es mains des François, de Theodoric Roy de Mets fils de Clovis, & aprés à Theodebert son fils, qui acquit plusieurs villes & seigneuries sur le Pau pendant la guerre des Ostrogots: auquel succeda Thibaut, non de telle faction & entreprise que son pere, lequel decedant sans hoirs procreés de son corps, tout l'Estat de la Bourgogne, comme semblablement de Mets, fut uny en la personne de Clotaire Roy de France. Ils furent nommez Bourguignons, selon l'opinion d'Orose, parce qu'ayans sous la soulde de Druse & Tibere vaincu par plusieurs fois les Germains, ils commencerent à croistre tant en renommée & credit qu'en multitude de peuple. Au moyen de quoy bastissans sur le Germain plusieurs villes, lesquelles ils appelloient Bourgs, furent de leurs voisins appellez Bourguignons. Et de nous autres par maniere de surnom Salez, lequel surnom je croy avoir esté apporté du pays de Germanie en cette Gaule: pour autant que tant qu'ils residerent au pays de delà le Rhin, ils querelloient perpetuellement contre les Allemans, leurs salines. Ce que l'on tire d'un passage d'Amian Marcellin au vingt-huictiesme Livre de son Histoire, où il dit que Valentinian, voyant que les Allemans s'estoient opiniastrez à faire guerre sans cesser aux Romains, s'avisa aprés plusieurs conseils debatus en son esprit, de leur donner en contrecarre les Bourguignons. Parquoy escrivit à leurs Roys quelques lettres pour cet effet, lesquelles furent d'eux (dit cet Autheur) fort bien receuës pour deux raisons; la premiere, pour ce que de toute memoire ils rapportoient leur ancien estre aux Romains, comme s'ils fussent extraits d'eux. Et aussi qu'à l'occasion de leurs salines, & semblablement de leurs frontieres, ils avoient de tout temps infinies querelles avec les Allemans. Qui nous peut donner à penser, que leurs voisins les voyans en ce point picquez, & continuer leurs discordes à l'occasion du sel, s'induisirent facilement à les appeller Salez.

CHAPITRE X.

Que les Romains presagissoient la ruine de leur Empire devoir venir de la Germanie: & de quelque fatalité qu'il y a eu en ce pays-là, pour le declin de l'Empire.

SI je ne m'abuse, j'ay notré deux passages dans Cesar, par lesquels il semble taisiblement monstrer qu'il eust en grand doute les Germains: quoy que soit que tous ses desseins tendoient à ne permettre qu'ils s'empietassent tant soit peu de quelque pays limitrophe au Romain: craignant que ce ne leur fust occasion à entreprise plus hardie au dommage de la Republique de Rome. Au premier livre de ses Memoires de la Gaule, vous trouverez qu'estant venu à chef des Helvetiens (que nous appellons ores Souisses) & les ayans pris à mercy, il leur commanda de retourner en leur pays, & de rebâtir leurs villes, qu'ils avoient auparavant arses, en intention de se rendre paisibles possesseurs de la Gaule. „ Et fut induit Cesar à ce faire, comme il dit, pour autant „ qu'il ne vouloit que ce pays demeurast longuement en friche: „ craignant que ce ne fust occasion aux Germains de se des-„ border de leurs limites, & s'emparer de cette contrée-là, „ qui estoit contiguë à la Provence, lors subjecte au peuple „ Romain „. Et peu après au mesme livre, oyant Cesar qu'Ariovist Germain avoit occupé quelques terres du Sequanois, voulant contre luy entreprendre le party & protection de la Gaule (comme il disoit, mais en verité pour le profit de luy ou de sa patrie, comme l'effect demonstra) après quelques propos fort duisants sur la cause & motif de son entreprise, il adjouste tout d'une main: „ Et d'accoutumé, „ dit-il, petit à petit les Germains à outre-passer le Rhin, & „ aborder en la Gaule avec grand nombre de gens-d'armes, il „ luy sembloit estre chose fort chatoüilleuse, specialement „ pour le peuple Romain. Attendu que ces hommes barba-„ res & farouches, s'estans apprivoisez de la Gaule ne s'en „ garderoient jamais, non plus qu'auparavant les Cimbres & „ Teutones, qu'ils ne donnassent jusques en la Provence, & „ de-là jusques en Italie „. De ce passage j'apprens deux choses, dont l'une n'appartient au present sujet, mais est ce neantmoins notable pour les Princes & grands Seigneurs, qui doivent sur tout empescher que leurs voisins, & ceux dont à la longue ils pourroient encourir mechef, ne s'agrandissent facilement prés de leurs portes, encore que pour l'heure presente cette grandeur ne se tourne à leur desavantage: mais ayans plus d'esgard à l'advenir qu'au present, ils repensent que la convoitise des hommes est sans bride, & que jamais ne trouve assouvissement: si que plus ils croissent en authorité & grandeur, plus veulent-ils s'augmenter en accroissement de leurs pays. Cette maxime fut fort bien entenduë par Cesar, & depuis par ceux, qui ont eu quelque commandement au pays d'Italie, lesquels sont coustumiers faire ligues pour supprimer & aneantir la puissance de celuy qu'ils voyent trop heureusement prosperer, jaçoit que (peut-estre) sur son advenement ils favorisassent son party: comme de la memoire de nos ayeux advint au Roy Charles huictiesme en son voyage de Naples. Quant au discours du present Chapitre, vous pouvez voir par ces deux passages que les Romains avoient ja les Germains pour suspects, comme gens du tout aguerris & exposez au faix & travail de la guerre. Au moyen dequoy ce grand Jules Cesar, d'un esprit militaire, & prevoyant de longue main le desastre, qui par eux pouvoit advenir à l'Empire, leur vouloit coupper toute broche, & oster tout moyen de sortir hors leur pays.

Chose que depuis ses successeurs eurent en mesme recommandation. Car estant l'ordre de la Republique devolu en la personne d'un seul, ils entretindrent bien longuement le long du Rhin sept ou huit legions Romaines, tantost plus, tantost moins, selon les occasions esquelles consistoit la plus grande force de l'Empire, tant pour livrer la guerre aux Germains, que pour leur estre un perpetuel retenail aux courses qu'ils eussent peu faire sur le territoire du Romain, & leur barrer le travers de la riviere du Rhin. Et toutes-fois je ne sçay quel heur il y a eu en ce pays de Germanie: car encore que la pluspart des progrés des Empereurs fussent fichez celle-part, si n'eurent-ils jamais fortune si favorable, qu'ils s'en peussent dire Seigneurs & maistres: au contraire y receurent plusieurs grandes routes & routes: comme fut la desconfiture du temps d'Auguste de trois legions sous la conduite de Quintile Vare, qui fut telle, qu'à peine en reschapa-il un seul pour en venir rapporter nouvelles. Et mesmement quant à Jules Cesar, combien qu'il fut l'un des premiers qui osa percer jusques à eux, toutesfois il ne les fit que reconnoistre sans coup ferir: & encore raconte l'on entre un de ses malheurs, qu'il y perdit deux de ses principaux Capitaines, Titie, & Aronculeie. Bien est vray, que Germanic & plusieurs autres Princes de Rome leur dresserent maintes escarmouches, toutesfois jamais fortune ne permit qu'ils s'en rendissent paisibles. Mesmement incontinent qu'ils les laisserent plus que de coustume en recoy (qui fut après la transmigration de Constantin à Bizance) soudain se trouverent ces Germains dresser à l'Empire Romain cent mille troussis & algarades, ayans de fois à autre du pire, mais ordinairement plus de bon: tant que finalement après avoir esté long-temps d'une part & d'autre en balance, ils demembrerent petit à petit de ce grand Empire une grande partie de leurs Provinces. Sous Honoré, & après sous l'un des Valentiniens les Vandales, Sueves & Alains occuperent les Espagnes: les Gots qui confinoient à l'Allemagne, l'Aquitaine, les Bourguignons, les Sequanois: les François, la Gaule Celtique: les Pictes & Ecossois, celle partie de la grande Bretagne dite Escosse: les Anglois & Saxons, l'autre partie que nous appellons de leur nom Angleterre: & les Lombards sous Justin, la Gaule qui estoit par les Italiens appellée Cisalpine. Voire qu'il semble (voyez que peut un opiniastreté fichée au cerveau d'un peuple usité à la guerre) qu'estant venu à neant tout l'honneur & Empire de Rome, & depuis relevé par nostre Charlemagne, toutes-fois si ont-ils voulu tirer devers eux encores ce tiltre d'Empereur, quasi comme derniere depoüille de la grandeur des Romains. Et la plus grand part des Royaumes, qui depuis furent, & encore sont en vogue au Ponant prindrent leur origine d'eux. Lesquels estans policez de la façon qu'ils sont aujourd'huy, je puis dire que tout ainsi que les jardiniers entent sur sauvageons, greffes dont le fruict est soüef, & du tout contraire à son pied: aussi des gens brusques & grossiers (je les nomme grossiers, eu esgard aux conditions qu'ils avoient, quand ils s'esparpillerent parmy les nations estrangeres) sont issues les Monarchies, comme la nostre Françoise, l'Espagnolle, & l'Angloise qui florissent en bonnes coustumes & ordonnances, sur toutes autres nations.

CHAPITRE XI.

Des Bretons Gaulois, que quelques-uns estiment avoir emprunté leur nom de ceux de la grande Bretagne.

L'Opinion de plusieurs François est (ne sçay en quel endroict peschée) que ceux de la grande Bretagne, estans vers le temps de Theodose & Valentinian, grandement offensez des Pictes & Escossois, & non secourus des Romains, après avoir plusieurs fois imploré en vain leur aide, furent contraincts de creer un Roy de leur nation nommé Voltiger:

Voltiger : par l'advis duquel ils appellerent à leur secours les Anglois & Saxons, peuples de la Germanie, adoncques fort redoutez. Lesquels ayans fait voile vers la grande Bretagne, prindrent la protection du pays sur leurs bras, avec plusieurs heureux exploicts d'armes qu'ils executerent contre les Escossois. En façon que pour leurs victoires, favorisez du Roy Breton, il leur fit assigner pour certain temps quelque territoire, dans lequel, allechez de la fertilité du pays, ils commencerent sous main à se fortifier contre les advenuës des Bretons mesmes. Laquelle chose leur succeda si à poinct, que les pauvres Bretons furent finalement contraincts leur quitter le jeu & la place : demeurant le Royaume és mains des Anglois. Au moyen dequoy quelques-uns, qui se sont meslez d'escrire entre nous, ont imaginé que les vrays habitans, bannis de leurs propres demeures, forcez en tout desespoir de se pourchasser nouveaux sieges, singlerent vers ceste coste des Gaules, que nos ancestres appelloient Armorique : laquelle estant par eux prise d'emblée, la nommerent de leur nom Bretagne. Ceste histoire tient en tout lieu de verité, fors vers la fin. Car d'estimer que les Bretons d'outre-mer occupassent depuis leur desconvenuë, aucune partie de la Gaule, au moins une telle puissance, qu'ils y eussent peu fonder leur nom, c'est une opinion qui a esté controuvée pour la conformité des deux noms. Et est certes la verité recognuë mesmement par les histoires Anglesches, qu'aprés que les Anglois & Saxons eurent entierement reduit sous leur devotion la grande Bretagne, ils confinerent les vrays Bretons en un arriere-coing de la contrée, nommé Galles. Qui fut cause que les Bretons se ressentans tousjours du tort que leur tenoient les Anglois, eurent plus de quatre ou cinq cens ans un Royaume de Galles separé d'avec celuy d'Angleterre. Et depuis estans unis par force sous leur obeissance, tousjours furent les premiers, qui tindrent promptement la main aux seditions & revoltes. Parquoy si onques les Bretons eurent occasion de baptizer l'Armorique du nom de Bretagne, ce qui ne leur advint jamais, ce fut lors, que sous l'aveu de Maxime, qui s'estoit fait proclamer Empereur de Rome en la grand Bretagne, un sien Lieutenant nommé Conan s'en empara d'une partie, avec une infinité de Bretons, sous ferme propos d'y continuer sa demeure. A raison dequoy mesmement pour faire nouvelle peuplée des gens de sa nation, manda querir jusques à unze mille, que femmes, que filles : lesquelles par fortune de mer perirent toutes. Non pourtant que pour cela Conan depuis, ny les Gentils-hommes de sa suite fussent demeus de leur entreprise, ainsi s'habituerent en la Gaule, où ils donnerent commencement au Royaume de nostre Bretagne, laquelle auparavant avoit tousjours esté gouvernée sous la generalité de cette Province Gauloise. Qui est le temps, à mon jugement, qui donna le premier cours à la langue que nous appellons Bretonne Bretonnante, & fit separation entre le Breton Galois, & le Breton Bretonnant, par un redoublement de mesme parole, comme si nos anciens eussent voulu dire, qu'une partie des Bretons qui habitoient és Gaules avoient apris à bretonner à la maniere du Breton d'outre-mer. Car quant au mot de Bretagne, il est certain que la nostre estoit ainsi appellée de toute ancienneté, & du temps mesmes des premiers Empereurs, comme nous pouvons apprendre de Pline en la description des Gaules, qui est long-temps auparavant la venuë de Conan, ny des Anglois. Au contraire je diray cecy pour recommandation de nos Bretons, si nous croyons Bede homme natif d'Angleterre, & qui florist vers le temps de nostre Pepin : ceste isle de la grand Bretagne, auparavant appellée Albion, fut depuis ainsi nommée Bretagne par les Bretons Gaulois, qui s'en estoient faicts maistres long-temps devant la venuë de Jules Cesar. Et à dire le vray, nos Bretons ont esté tousjours gens de guerre, & qui par privilege special seuls entre tous les autres peuples de la Gaule se sont dispensez de la domination des François. Bien est vray, que comme dit Gregoire de Tours, ils furent vaincus par Clovis : & encores sous Chilperic ils estoient gouvernez par Comtes qui obeissoient aux François, toutes-fois dés le mesme temps ils commencerent à se revolter, & ne vouloient de-là en avant dependre que de leur seule authorité & puissance, jusques au temps de Dagobert, qui les rendit tributaires : Toutes-fois depuis ce temps ils eurent tousjours ou Roys ou Ducs extraicts de leur ancien estoc, & n'ont nos Roys establi Gouverneurs en leurs pays, comme aux autres Provinces. Qui est la cause, pour laquelle en cette generale division, & Aristocratie des Pairs, leur Duc n'y fut ennombré, comme celuy qui faisoit ses besognes à part, & qui ne dependoit de l'ancienne police de nos Ducs, lesquels d'une office viagere & temporelle, en firent une perpetuelle, comme j'entends deduire au second Livre de ce mien œuvre. D'autant que le Duc de Bretagne pour s'entretenir en grandeur, temporisa tousjours selon les occasions, tantost ne voulant tenir son authorité que de Dieu & de l'espée, comme l'on vit du temps de Louys le Debonnaire, & de Charles le Chauve, qui pour ceste cause le guerroyerent longuement avec diverses fortunes, tantost s'il se sentoit plus foible, nous recognoissant pour souverains : une autre-fois, si la necessité le torçoit pour quelque desastre qui nous fust survenu, recognoissant tenir ses biens de la couronne d'Angleterre. Comme de la memoire de nos ancestres, nous en vismes un exemple notable, afin que je ne m'amuse aux autres qui sont de trop longue recherche, du temps de Philippes de Valois, entre la maison de Blois, & celle de Mont-fort, qui querellerent longuement pour la succession du Duché, advenuë par la mort de Jean Duc de Bretagne. Philippes de Valois ayant pris en main la cause du Blesien, lequel luy en avoit fait foy & hommage : & Edoüard Roy d'Angleterre, le party de Jean de Mont-fort, qui d'un autre costé advoüoit tenir sa terre de l'Anglois : jusques à ce que ceste querelle ayant pris fin par la mort de Charles de Blois en la journée d'Aulnoy, & le Duché demeurant au Comte de Mont-fort du consentement du Roy Philippes, il nous en fit lors pour luy & ses successeurs recognoissance & hommage, qui s'est depuis continuée jusques à la mort de Madame Anne de Bretagne fille unique du Duc François ; laquelle conjointe en premieres nopces avec Charles huictiesme, & depuis avec Louys douziesme, annexa à la couronne de France le Duché par Madame Claude sa fille aisnée, mariée avec François premier de ce nom, duquel mariage nasquit le Roy Henry deuxiesme, à bien dire premier entre tous nos Roys, qui fut Roy de France & Duc de Bretagne.

CHAPITRE XII.

Des Normans, nouveau peuple de la Germanie, qui occuperent quelque partie de nostre Gaule.

IL sembloit que l'Allemagne deust demeurer quoye dans ses fins & limites : ayans au declin de l'Empire les Alains, Vandales, Bourguignons, Visigots, Ostrogots, François, Anglois, & Lombards (car je vois qu'indifferemment l'on confond ces pays sous la Germanie, encores qu'il y eust quelques-uns qui en fussent voisins) jetté leur feu & donné plusieurs temoignages de leur vaillantise, toutes-fois restoient encores les Daciens ou Danois à faire monstre de leur vertu. Ceux-cy du temps de Theodebert Roy de Mets, firent quelques courses contre les Thoringiens. Depuis ce temps leur nom ne fut grandement renommé en la France, jusques au regne de Charles le Grand, auquel temps ils n'attenterent aucune chose contre la France. Bien est vray qu'ils degasterent en la Germanie ou Allemagne (ces mots nous sont pour le jourd'huy indifferens) quelques pays de nos appartenances : mais craignans la fureur de nostre grand Roy, mirent bride à leurs entreprises, espians temps plus opportun, qui se trouva sous le regne de Charles le Chauve, auquel

quel cette grande ardeur des Martels se trouvoit ja toute refroidie. Et encore davantage sous Carloman, qui fut contrainct pour obtenir d'eux quelque relasche, par une paix ignominieuse leur promettre douze mille livres de tribut. Durant laquelle saison pour les partialitez qui voguoient entre les Roys d'Angleterre, donnerent plusieurs affaires aux Anglois, le plus du temps rapportans d'eux plusieurs belles despoüilles & victoires, & quelques-fois s'enfuyans avecques leur courte honte, selon que le vent de guerroieur donnoit en pouppe, ou non. En quoy ils poursuivirent leurs desseins avecques telle opiniastreté, qu'en fin de jeu ils demeurerent maistres du tablier, c'est à dire paisibles du Royaume d'Angleterre, par l'espace de vingt & huict ans, sous leur Roy Suenon & son fils Danut. Les heureux succez, qu'ils avoient en cette coste d'Angleterre, occasionnerent quelques autres de leur nation à semblable ravage en la France. Partant sous la conduite de Raoul s'achemina à ce degast une grande quantité de Danois appellez Normans, pour autant qu'au pays de Dace, ils tenoient le quartier du Septentrion. C'estoit chose assez familiere aux Germains de se forger nouveaux noms, selon les bandes qui se liguoient ensemblement pour entreprendre nouveaux voyages: comme j'ay discouru cy-dessus du François & de l'Alleman: qui est la cause, pour laquelle les anciens n'ont eu aucune cognoissance de ces Normans, non plus que des François & Allemans. Vray qu'Adon Evesque de Vienne, qui attoucha presque ce temps-là, & qui a concluc son Histoire en la vie de Charles le Simple, faict mention sous Charlemagne d'un Witiginch Prince Saxon, lequel, pour evader le courroux de ce grand Roy, s'enfuit avec quelque trouppe des siens, en Normandie: Et en la vie du Chauve il tesmoigne qu'il eut plusieurs grands affaires à demesler avec les Danois & Normans. Qui me fait esbahir pourquoy Raphaël Volaterian (homme en toutes choses de grande leçon) toutes fois ne veut extraire de la Germanie, ou de Dace, les Normans, ains les dit estre venus du pays mesme de la Gaule, d'un peuple par les anciens appellé Romanduens: ayans, comme il dit, faict de nom Romand, par corruption de langue, un Normand. Estans doncques les Normans (pour retourner au premier fil de mon propos) arrivez en cette contrée avecques leur Capitaine Raoul, si oncques la France se trouva faschée par le trouble de gens estrangers, certainement ce fut lors. Et encores la chose qui plus nous donnoit à penser estoit, que nous estions maniez par un Prince environné de toutes parts d'affaires, mesmes contre les siens, d'ailleurs un Prince, qui pour son peu de sens & conduite, fut de nous appellé le Simple. Au moyen dequoy avecques tant de divorces il ne fut mal-aisé aux Normans de nous donner mille traverses. Ils coururent toute la riviere de Loire: prindrent les villes de Nantes, Tours, & Angers, saccagerent toute la Guyenne, fourragerent une partie de la Bourgogne & des environs de Paris, mirent sous leur obeïssance Roüen: tellement que le Roy estonné de tels degasts & ravages, fut contrainct par personnes interposées de leur demander la paix, en faisant mariage d'une sienne fille nommée Gilette, avecques Raoul, qui moyennant ce, prendroit le sainct caractere de Baptesme: & à tant luy donnoit le Roy, & à ses gens pour assiette le pays de Neustrie, lequel il recognoistroit tenir en foy & hommage de la couronne de France. Les peuples de cette Neustrie (afin qu'avant que m'esloigner plus loing, je discoure quelque peu sur ce nom) n'estoient par les anciens Romains appellez d'un seul mot, mais compris sous plusieurs petites sortes de peuples, comme Lexobiens, Aulerciens, Eburociens, par le nom de chaque cité. Depuis les François arrivans en la Gaule, pour la grandeur de leur Royaume, voulurent designer leurs peuples sous deux noms, dont les uns s'appellerent Ostriens, qui vouloit dire François-Orientaux, & estoient ceux qui tenoient les parties du Rhin: & les autres Westriens, c'estoient François Occidentaux qui resseoient en cette Gaule: en la mesme façon que nous voyons que des Gots, les aucuns s'intitulerent Ostrogots, & les autres Visigots. Vray que pour la proximité que l'N & l'V avoient ensemble, mesmement aux anciens caracteres des François, comme il est facile de voir aux plus vieilles Chartes de plusieurs Eglises, il fut aisé par succession de temps au lieu de deux VV, n'y en mettre qu'un, & puis d'une Vestrie faire Neustrie. De cette ancienne division vient que vous voyez si frequente mention dans nos autheurs, du Royaume d'Austrasie: & mesmement quand le Roy Dagobert mourut, l'on recite qu'à son aisné Sigisbert escheut le Royaume d'Austrasie: & à son puisné Clovis celuy de France Occidentale. De laquelle division y avoit encore apparence, au moins pour le regard de Neustrie, du temps de nostre Debonnaire, quand par accord faict entre ses enfans, à Lothaire escheut Rome, avec l'Italie, Provence & une partie de Lorraine: à Louys, le Royaume d'Austrasie, c'est à dire toute la Germanie jusques au Rhin, & quelques autres de delà: à Charles, toute la Neustrie, qui fut le pays, qui depuis luy se continuant de main en main à ses successeurs, fut par nous appellé le Royaume de France. En quoy nos Historiographes faillent assez lourdement, pour autant que parlans en ce partage de la Neustrie, ils estiment que ce soit seulement le pays que nous appellons Normandie: & neantmoins ils sont d'accord que le Debonnaire ayant laissé à son puisné la Neustrie, ses deux autres fils faschez de cet advantage, après le decez de leur pere, luy firent une tres-cruelle guerre, en laquelle mourut en ancienne journée toute l'ancienne fleur des François. Comme s'il fust à presumer que Lothaire & Louys, qui estoient si richement assortis, fussent entrez en jalousie pour une si petite piece de terre, comme est la Normandie: petite, dis-je, au regard d'une Italie, ou Germanie. Parquoy falloit necessairement que sous le nom de Neustrie, fust lors entenduë la plus grande partie des pays que nous avons depuis le regne du Chauve tousjours compris sous la France. Bien est vray que par traicté de temps, comme toutes choses se changent, d'un nom de pays general, nous en fismes un particulier, qui est celuy qui par la venuë des Normans fut appellé Normandie: estant de-là en avant reiglé par Ducs (Ducs tous-fois, qui recognoissoient le Roy de France pour souverain) desquels le premier fut Raoul, qui au sainct Sacrement de Baptesme eschangea son nom en celuy de Robert, Prince de grande recommandation, soit que nous considerions ses memorables faicts d'armes, soit que nous ayons esgard au commun cours de justice qu'il establit en son pays: bref, tel qu'il falloit pour donner longue continuation à sa posterité & lignée. Auquel succeda Guillaume, secondant assez en vertus & bonnes complexions son feu pere, mais, comme voulut son malheur, il fut tué par les aguets & embusches d'Arnould Comte de Flandres: qui apporta depuis quelques mutations à la Normandie. Car Louys Roy de France prenant à son advantage, que cettuy avoit laissé pour heritier un sien fils agé seulement de deux ans, pretendoit le deposseder premierement par menées, puis par inimitiez ouvertes. Dont s'esmeurent après grandes querelles, qui s'assoupirent par les frequentes desconvenuës de Louys, & finalement par sa mort. Et comme ce Duc eut deux enfans, l'un masle nommé Richard, l'autre femelle appellée Emme: à son Duché succeda Richard, qui fut second de ce nom: & pour le regard d'Emme, elle fut conjointe par mariage avec un Roy d'Angleterre; affinité qui accreut depuis grandement la puissance des Normans. Ce Richard eut pour successeur un autre Richard sien fils, qui fut troisiéme de ce nom; lequel estant assez-tost allé de vie à trepas, le Duché tomba par droit d'heritage és mains de son frere Robert. Cettuy fut pere naturel de Guillaume, qui pour ses grandes conquestes fut surnommé le Conquerant; lequel ayant subjugué l'Angleterre, apprit à ses successeurs le chemin & moyen de tenir une nation mutine en bride, combien que quelque Latineur de nostre temps, qui a redigé les vices des Rois d'Angleterre par escrit, luy veüille tourner cette grande rudesse à blasme, ne connoissant le naturel du Pays, duquel il entreprenoit l'histoire. A la verité, encore qu'il semble que nous autres François (piquez des anciennes querelles qu'eusmes avec les Normans) leur voulions naturellement mal; & qu'en commun propos mesmement nous detestions ceux qui leur ont succedé, si faut-il que je reconnoisse franchement, qu'entre toutes les nations du Ponant, depuis que les autres demeurerent calmes & tranquilles, cette-cy principalement s'adonna d'un cœur gay & magnanime, à nouvelles conquestes. En quoy fortune la favorisa tellement que de ce tige, quasi comme d'un d'un grand sep, se provignerent deux Royaumes, en l'un reur Romain eut par force osté des mains de Constantin son pupile l'Empire de Constantinople) s'estoient mis en possession de toute cette marche; feignans de vouloir ayder à Rhomain, de la subjection duquel s'estoient soustraits les Siciliens. A cause de quoy Guischard, sous ombre de porter faveur à nostre Chrestienté, s'acconduit à cette entreprise, avec un vent si propice, que au grand plaisir de tout le monde, il recourut de la main des Sarrazins toute la Poüille & Sicile. En luy prindrent commencement par une nouvelle police, les Roys de Naples & de Sicile; laquelle forme s'est perpetuée jusques à nous. Peu après le decez de Guischard, fut à Clermont arrestée la grande & premiere Croisade à l'instigation du Pape Urbain second. Parquoy Robert fils de Guillaume le Bastard, esmeu d'un juste devoir, engagea son Duché de Normandie à Guillaume le Roux son frere, pour entreprendre avec Godefroy de Boüillon & autres Princes Chrétiens le voyage, auquel il se porta si vaillamment, qu'après la conqueste de la Terre Sainte, il fut créé premier Roy de Hierusalem : ce qu'il ne voulut accepter, pour l'esperance qu'il avoit de rentrer & en son Duché & au Royaume d'Angleterre qui luy appartenoit de droict fil : tellement qu'à son refus Bouillon emporta seulement ce tiltre; qui ne sont pas traicts de petite loüange pour les Normans. Afinque cependant je ne passe sous silence que Richard, duquel Guillaume estoit trisayeul, au voyage de Hierusalem, conquesta le Royaume de Chipre, dont il investit les Roys de Hierusalem, lorsque leur autorité & puissance se trouva du tout anichilée par le moyen de Saladin. En maniere qu'un peuple Normand se trouve presque quatre Couronnes Royales, desquelles il a esté par sa vaillance possesseur : tant eut de vertu & puissance, ce sang Normand, conjoint avec l'illustre sang de France., qui est l'Angleterre, leur posterité dure encore : & en l'autre, qui est la Poüille & la Calabre, se continua longuement. Et qui plus est, ne tint qu'à Robert Duc de Normandie au premier voyage d'outre-mer, que les Rois de Hierusalem ne prinssent leur commencement de luy, Quant au Royaume d'Angleterre, la conqueste qu'il en fit Guillaume, & l'Escosse qu'il reduisit sous son vasselage, nous en rendent assez asseurez. Et posez le cas qu'en Henry son fils deffaillit sa lignée aux hoirs masles : si reprit-elle racine en Mathilde fille d'Henry, de laquelle issu un autre Henry, qui, tant de la succession de ses pere & mere, que du costé de sa femme, se vit en un temps Roy d'Angleterre, Duc de Normandie & de l'Aquitaine, Comte d'Anjou, Poictou, Mayne & Touraine : qui causa depuis grands travaux à nostre France, jusqu'à la venuë de nostre Philippe Auguste, que Dieu, ce semble, envoya expressément pour faire trouver aux François les forces qui sembloient estre à demy esgarées par la defaillance de cœur de la pluspart de nos Roys. A ce Guillaume le Bastard, combien que le Duché n'appartinst, ains aux plus proches lignages issus de loyal mariage : ce neanmoins pour autant que Robert son pere, allant voir le saint Sepulchre, l'avoit recommandé à Henry Roy de France : la chose fut conduite de façon, que Robert estant decedé avant son retour, Guillaume par l'entremise de Henry succeda à tous les honneurs de son pere : qui fut cause (voyez comme un malheur nous engendre quelques-fois un heur) que Guischard, qui estoit selon le branchage, vray & legitime heritier, fasché du tort qu'on luy tenoit, s'achemina avec quelques compagnies Françoises & Normandes vers la Calabre & Sicile. Ces pays, comme plusieurs autres, estoient lors grandement degastez par les Sarrazins, lesquels (depuis que l'Empe-

CHAPITRE XIII.
Du Pays de Gascogne & du Languedoc.

CE lieu par avanture requiert, après avoir fait mention de quelques autres nations qui butinerent les Gaules, parler semblablement des Gascons, peuples certainement inconnus à nos vieux Gaulois, lors mesmement qu'ils sentirent le debord de tant de peuples estrangers. Et à vray dire, mal-aisément est-il que l'on puisse bien descouvrir en quel temps ils planterent leur demeure en Aquitaine, pour estre leur venuë presque oubliée, ou par l'injure des ans, ou par le nonchaloir de nos ancestres. En quoy mesmement quelques Autheurs varient, d'autant que les aucuns, comme Blonde, ne reconnoissent les Gascons, sinon d'autant qu'ils estiment qu'ils fussent issus des Visigots, qui pour quelque temps occuperent l'Aquitaine, voulant dire que de Visigot se fit à la longue le mot de Visgot, puis de Vascon, que nous avons dit en nostre langage Gascon. Tout de la mesme façon que nous voyons qu'il n'est pas hors de propos d'estimer que le pays de Languedoc estre ainsi appellé, quasi comme langue de Got, pour autant que impareillement les Visigots, ainsi après les Ostrogots firent assez longue demeure, ainsi que j'ay deduit autre part. Quant à moy, je ne fais aucun doute que le païs de Languedoc n'ait esté dit par une transposition & alteration de parole quasi Langue de Got : encore que je sçache bien que l'erreur commune soit telle que l'on estime que ce pays soit ainsi nommé de cette diction Oc, qui signifie entr'eux Ouy, pour laquelle cause quelques ignorans diviserent autrefois la France en Langue d'oc & Langue d'oüy, comme voulant dire que les uns prononcent Oc, les autres Oüy. Mais c'est chose grandement ridicule d'estimer, que par ces deux distinctions affirmatives l'on ait voulu diviser toute la France. Parquoy la verité est, comme j'ay dit, que Languedoc a esté ainsi appellé par une corruption de langage, à cause de la Langue de Got, qui s'estoit insinuée plus familierement en cette contrée qu'en toute autre, pour la domination qu'il c avoit eu le Got. Et de fait, lisez tous les anciens Autheurs de la France, parlant de ce pays, en Latin ils l'appellent *Linguam Gotticam*. Toutesfois, tout ainsi que pour le regard du Languedoc, je suis d'avis qu'il a emprunté son nom des Gots : aussi n'accorderay-je tout au contraire à Blonde que le Gascon ait pris sa derivation de Visigot, d'autant que long-temps auparavant que le nom de Visigot fust en usage, celuy de Gascon estoit connu : car de luy fait mention Tacite au 20ᵉ de ses Annales & Lampride en la vie de l'Empereur Alexandre. Et d'eux parle le Poëte Silie Italien, lorsqu'il dit qu'ils n'estoient coustumiers marchans en bataille que de porter armes en teste. Et Lampride les pleuvit avoir esté grandement experts & entendus en ces superstitieuses divinations que les Ethniques tiroient des oyseaux. Et à ce que l'on peut recueillir de l'ancienneté, le Gascon fut un peuple demeurant dans le Pyrené aux confins & frontieres de l'Espagne, non grandement esloigné de l'Aquitaine, qui fut cause que plus aisément il gagna pied celle part, comme nous pouvons mesmes nous rendre certains de ces Vers que Paulin escrivoit à Ausone.

.... Quid tu mihi vastos
Vasconiæ saltus, & ninguida Pirenæi
Objicis hospitia ? in primo quasi limite fixus,
Hispaniæ regionis agam.

De rapporter seurement au vray poinct le temps de leur premiere arrivée, combien que ce soit chose mal-aisée, comme maintenant je disois, toutes-fois à mon jugement ce peut estre vers le regne du Roy Chilperic, ou peu après: d'autant qu'auparavant nos Autheurs n'en faisant aucune mention, commencerent de les en avant à les mettre assez souvent sur les rangs : mesmes qu'il semble que Gregoire de Tours nous en baille quelque advertissement au septiesme chapitre du neuviesme de ses Histoires, quand il dit, que peu après la mort de Chilperic, du temps que Gontran son frere tenoit une bonne partie de la France, bien qu'il ne s'intitulast que Roy d'Orleans, descendirent les

les Gaſcons des montagnes au plat pays, deſgaſtans les champs labourables & vignes, bruſlans maiſons & villages, & enſemble menans quant & eux une infinité de pauvres captifs avec leur beſtail : contre leſquels ſe preſenta aſſez ſouvent Auſtrovault Duc & Gouverneur d'Aquitaine, combien qu'il y fiſt aſſez mal ſes beſognes. Depuis ce temps-là ils s'empieterent du pays, qui eſt aujourd'huy de leur nom, ne recognoiſſans autre Seigneur que de leur nation, juſques à ce qu'environ quarante ans après ils furent deffaits par Dagobert, & reduits en forme de Province. En laquelle maniere ils durerent longuement ſans grandes revoltes, excepté vers le temps de Charles Martel. Car tout ainſi que Martel entreprenoit toute puiſſance & authorité ſur le Royaume, auſſi à ſon exemple en voulurent faire autant en leur endroit pluſieurs Ducs. En maniere que Martel, qui repreſentoit ſous ſon Eſtat de Maire du Palais la perſonne du Roy, ſe trouva avoir pluſieurs grandes affaires contre Eude Duc d'Aquitaine, aydé en ſes entrepriſes du Duc de Gaſcogne. Vers lequel meſmement Gaïfer & Hunault enfans d'Eude (desheritez du temps de Charlemagne du pays qu'ils affectoient) ſe retirerent, auſquels il donna pour quelque temps aſſez grand confort & aide : tant que finalement ſous noſtre Debonnaire, Loup Duc de Gaſcogne fut pris, & par l'advis des Barons de France confiné en perpetuel exil. En ceſtuy finirent les Ducs de Gaſcogne : car depuis nos Roys, ayans reüny touſces pays d'Eude, & de Loup ſous leur puiſſance, comprindrent de-là en avant le pays de Gaſcogne ſous le gouvernement d'Aquitaine.

CHAPITRE XIV.

De ce que nos Autheurs rapportent l'origine des François aux Troyens.

Tout ainſi que maintenant la plus part des nations floriſſantes veulent tirer leur grandeur du ſang des Troyens, auſſi courut-il quelques-fois une autre commune opinion, par laquelle pluſieurs contrées eſtimoient ne tenir leur ancienne Nobleſſe, que des reliques des Grecs, lors que Hercule & ſes compagnons, comme Chevaliers errans, voulurent voyager tout ce monde. Ainſi rapportoit à luy le Gaulois quelques Roys de la Gaule, diſant que Hercule pourſuivant Gerion aux Eſpagnes, & paſſant par ce pays, eut cognoiſſance de la fille d'un Roy Gaulois, en laquelle il engendra une grande ſuite de Roys, qui depuis gouvernerent cette grande Monarchie. Semblablement les Germains luy faiſoient annuels ſacrifices, comme ayant par ſa veuë embelly la plus grand part de leur pays. Et les Indiens auſſi faiſoient grande ſolemnité de la commemoration de luy. mesmes au voyage d'Alexandre le Grand, diſoient qu'après la venuë d'Hercule & Bacchus, Alexandre eſtoit le tiers fils de Jupiter qui avoit pris terre en leur pays. Au demeurant quant aux Troyens c'eſt vrayement grand merveille que chaſque nation d'un commun conſentement s'eſtime fort honorée de tirer ſon ancien eſtoc de la deſtruction de Troye. En cette maniere appellent les Romains pour leur premier autheur, un Ænée : les François, un Francion : les Turcs, Turcus : ceux de la grand Bretagne, Brutus : & les premiers habitateurs de la mer Adriatique ſe renommoient d'un Anthenor. Comme ſi de là fuſt ſortie une pepiniere de Chevaliers, qui euſt donné commencement à toutes autres contrées, & que par grande providence divine euſt eſté cauſée la ruine d'un pays, pour eſtre l'illuſtration de cent autres. Quant à moy, je n'oſe ny bonnement contrevenir à cette opinion, ny ſemblablement y conſentir librement : touteſfois il me ſemble que de diſputer de la vieille origine des narions, c'eſt choſe fort chatoüilleuſe : parce qu'elles ont eſté de leur premier advenement ſi petites, que les vieux Autheurs n'eſtoient ſoucieux d'employer le temps à la deduction d'icelles : tellement que petit à petit la memoire s'en eſt du tout eſvanouye, ou convertie en belles fables & frivoles. Laquelle faute nous voyons ſemblablement advenir à ceux qui ſe peinent en vain, de nous repreſenter par quelque ſuperſtition & rapport des noms, les fondateurs de chaque ville. Non que je vueille ſouſtenir, que par fois ils ne ſe puiſſent bien dire : mais c'eſt lors qu'un Prince ou grand Seigneur s'eſt de propos deliberé delecté à les diviſer ou baſtir par une magnificence ſinguliere : ainſi qu'une Conſtantinople par Conſtantin : & une Alexandrie en Egypte par Alexandre le Grand. Mais auſſi combien y a-il de villes, leſquelles par progrez de temps, ſoit pour la temperie de l'air, ſoit pour la commodité des navigations & trafiques ; ou que les Princes s'y delectaſſent, ſont arrivées en tel degré de grandeur, qu'elles en ont ſupplanté pluſieurs autres? Desquelles toutes-fois qui ſe voudroit informer, qui auroit jetté la premiere pierre, ſe trouveroit auſſi empeſché comme tous nos Annaliſtes, qui n'ont recours qu'aux Troyens. Et tout ainſi que des villes, auſſi je veux dire des nations, les aucunes eſtre fortuites, pour le moins telles que les premiers habitateurs en ſont totalement incogneus, comme le ſuccez des choſes l'a voulu, les autres avoir pris leurs noms par raiſon, & telle que la trop eſloignée antiquité nous en a faict perdre la cognoiſſance. Ny plus ny moins que nous voyons la Gaule, qui anciennement avoit eſté dicte par les Romains Ciſalpine, avoir eſté depuis appellée Lombardie, pour la grande flotte des Lombards, qui par l'advertiſſement de Narſes desborderent en cette coſte : noſtre Gaule, avoir eſté nommée France, pour la multitude des François qui y vindrent de la Germanie : & les Sequanois tour de la meſme occaſion, Bourguignons. Qui ſont uſurpations de Royaumes de l'un à l'autre, dont la memoire a penetré juſques à nous : mais de paſſer outre, & venir à ceſte vieille antiquité, qui eſt deſja toute effacée, comme de parler de la primitive origine des Germains, François, Lombards, Anglois, ou autres tels peuples de la Germanie, deſquels meſmement le nom ne fut de gueres cogneu, que ſur le definement de l'Empire : je croy qu'il eſt autant aiſé, comme de trouver autheur certain & approuvé, qui nous en baille bon & aſſeuré teſmoignage. Et croy à la verité que ce que nous nous recognoiſſons de l'ancien eſtoc des Troyens, ſoit venu pour autant que nous voulons faire des nations comme des familles, eſquelles l'on fonde le principal degré de nobleſſe ſur l'ancienneté des maiſons. Auſſi les Hiſtoriographes, voulans donner faveur aux pays, deſquels ils entreprenoient le narré, ſe propoſerent extraire leur origine d'une des plus anciennes Hiſtoires, dont les fables Grecques font mention. En quoy toutes-fois ils ont tres-mal jugé : d'autant que ce n'eſt pas grand honneur d'attribuer à ſon premier eſtre à un vaincu Troyen, & euſt eſté de meilleure grace le prendre d'un victorieux Gregeois qui par un naufrage au retour de ſa conqueſte euſt eſté tranſporté en une autre region, comme nous voyons que ſur ce théme Homere prit occaſion de nous baſtir un grand poëme. Mais je demanderois volontiers, ſi Troye ne fut jamais ſaccagée, ainſi que voulut ſouſtenir l'ancien Dion de Pruſe en ſon livre intitulé de Troye non deſtruite ny priſe, vers quel ſainct adreſſerons nous de ce coſté-là nos vœux?

CHAPITRE XV.

Des Roys & Ducs que l'on tient avoir regné sur les François auparavant l'advenement de Pharamond à la Couronne.

JE treuve en cette deduction nos Autheurs n'estre convenables: pour autant que les aucuns sont d'advis que l'ancienne, & premiere police des François fut sous un gouvernement de Ducs, & non de Roys, jusques au temps de Pharamond : & les autres tiennent (qui est l'opinion plus receuë) que depuis la deffaite des Troyens, les François furent tousjours gouvernez par un Monarque, fors environ quarante ans auparavant le regne de Pharamond. Pendant lequel temps ils font Eclypse de Roys: disans qu'en leur lieu furent establis certains Ducs pour le maniement des affaires. Opinions toutes deux chatoüilleuses, qui les voudra considerer de plus prés. Car au regard de cette longue suite de Roys que nous tirons file à file depuis le premier Roy Troyen, il est certain (au moins me semble-il qu'ainsi on le trouvera) que tout ainsi que les François estoient divisez en plusieurs peuples, comme Anthuariens, Saliens & autres, aussi estoient-ils coustumiers d'avoir en mesme temps plusieurs Roys. Et à cette occasion Eutrope au dixiesme de son Histoire raconte, que Constantin, qui fut depuis surnommé le Grand, aprés plusieurs rencontres heureuses contre les François, fit devorer deux de leurs Roys en un spectacle publique par bestes brutes: lesquels se nommoient (comme dit Nazare) Asaric & Comes. Et Marcellin qui ne parloit de cecy par oüy dire, ains comme celuy qui assista en la plus grande partie des expeditions que Julian eut vers le Rhin, recite que cet Empereur ayant reduit sous sa puissance la ville de Cologne (qui avoit esté distraite de sa subjection par quelques Germains) fit paix avec les Roys de France. Semblablement Claudian en un sien Panegyric fait mention de deux Roys de France, qui furent pris en une mesme bataille par Stilicon, dont l'un fut confiné en perpetuel exil vers la Toscane, & l'autre restably en toutes ses prerogatives & Estats : pour autant qu'il jura à Stilicon, de luy mettre és mains tous les pays & appartenances de l'autre. Aussi voyons nous quelques-fois une partie des François avoir favorisé le party Romain, & les autres l'avoir en mesme saison guerroyé. Qui nous peuvent estre advertissemens assez vray-semblables pour nous induire à croire, que les François n'estoient point gouvernez par Ducs, ains par Roys : & par mesme moyen, qu'ils n'estoient point sous le gouvernement d'un seul Roy, ains de plusieurs, selon la pluralité des contrées qu'ils possedoient. Et ce en quoy nos Historiographes se sont davantage oublié, c'est que pour ne s'estre arrestez aux autheurs qui parlerent des choses advenuës de leur temps, ains s'estre seulement amusez en quelques imaginations de Moines, ils ont esté trouver je ne sçay quels Roys supposez, & neantmoins obmis ceux qui avoient esté recitez par gens fideles. Car en quel lieu (je vous prie) trouverez-vous en Triteme & ses semblables estre faite mention de Mellobaudes, lequel toutes-fois Marcellin vit de son temps estre un des Roys de France ? Davantage où lirez-vous un Alaric & Comes, lesquels Roys ce neantmoins Nazare, au Panegyric qu'il prononça devant Constantin, dit avoir esté par son commandement exposez aux bestes? Certainement il falloit pour donner fueille à leur dire, qu'ils inserassent dans le Calendrier de leurs Roys, tout d'une mesme main ceux-cy, lesquels il est certain avoir regné, puisque & Marcellin & Nazare ne parloient de ces Roys à credit, ains comme de ceux qu'ils virent regner de leur temps. Au demeurant quant aux Ducs qu'on nous a mis parmy nos Roys en entre-ligne, il n'est pas hors propos de penser que ce qui donna vogue à ceste opinion, fut parce qu'un peu auparavant le general desbord des François, aucuns de nos Chroniqueurs faisans mal leur profit du Latin, ont trouvé quelques entreprises, qui furent exploictées par les François, sous la conduite de quelques notables Capitaines. Et pour autant que cette diction de Capitaine en langue Latine se represente par le mot de Duc, ils ont ignoramment estimé qu'ils estoient gouvernez par Ducs : non toutes-fois ne s'avisans qu'il n'est pas estrange que les Roys, sans y estre en propres personnes, envoyassent en leur lieu Capitaines generaux pour faire la guerre. Et aussi que ce mot de Duc, pris de telle façon qu'ils le prennent, n'estoit encores en usage, ains fut invention de Romains vers le temps de l'expulsion des Gots de l'Italie, & quelque peu aprés la venuë des François és Gaules. Mais de ceste question, comme semblablement des Troyens, estant plus curieuse que profitable, il me suffira pour ceste heure y avoir donné quelque atteinte.

FIN DU PREMIER LIVRE DES RECHERCHES.

LES RECHERCHES DE LA FRANCE.
LIVRE SECOND.

CHAPITRE I.

Lequel des deux, de la Fortune, ou du Conseil, a plus ouvré à la manutention de ce Royaume de France.

Outes les fois que je considere en moy les traverses qu'a receu nostre Royaume, je ne puis qu'avec grande admiration je ne m'estonne, & ne mette entre les choses qui se sont passées plus miraculeusement en ce monde, comme il a esté possible que sain & entier il se soit perpetué jusques à nous. D'autant que s'il vous plaist repasser la plus part des Royaumes qui se firent grands par les ruines de l'Empire, vous les trouverez avoir esté fort transitoires, & par maniere de dire, en moins de rien s'estre esvanouïs en fumée. Car les Bourguignons qui commencerent à s'accroistre en grandeur sur le temps de Gratian Empereur, se trouverent abastardis environ l'Empire d'Anastasie: qui sont peut estre cent ans. Et les Vandales (appellez par nos anciens Wandales) qui sous Valentinian le tiers, par la semonce de Boniface, avoient avecques leur Roy Gentzerich occupé le pays d'Afrique, en furent totalement expulsez par le grand Belissaire du temps de Justinian, c'est à dire soixante ans apres leur entrée. Semblablement les Ostrogots, qui avecques leur Roy Theodoric, du consentement de l'Empereur Zenon, s'estoient faits maistres de l'Italie, & d'une partie de la Provence, furent de fonds en comble rasez par la derniere rencontre que Narses eut contr'eux du temps de l'Empereur Justin : qui est environ soixante ou quatre-vingts ans pour le plus apres leur premiere venuë. Et les Lombards, qui sous le mesme Empereur à l'instigation de Narses, s'emparerent de la Gaule Cisalpine, prenans leur fin sous nostre preux Charlemagne, ne durerent que deux cens dix ans. Nous seuls, qui avions comme les autres, trouvé nostre grandeur dedans les despoüilles de Rome, sommes demeurez redoutez & florissans jusques à huy, sans avoir enduré la possession d'autres Roys que de ceux qui ont faict estat de la Gaule, comme de leur vray sejour. Certes qui considerera nos affaires, à peine qu'il puisse bonnement balancer, auquel des deux nous sommes plus redevables de cette prosperité & bon-heur, ou à la fortune & hazard, ou à une bonne conduite. Car qui est celuy, je vous prie, qui ne trouve grandement esmerveillable, quand apres la mort de Clovis le Royaume ne commençant encore qu'a naistre, il se trouva par deux fois demembré en quatre parties, avecques une infinité de guerres civiles, neantmoins que la fortune nous fut de tant favorable, qu'aprés tant de divisions, il se reconsolida en fin de compte par la mort des autres Roys en un seul? Au surplus, lors que nos Roys commencerent par leur neantise à s'abastardir, ne fut-ce point chose estrange & non accoustumée d'eschoir, qu'à cette belle occasion aucuns estrangers s'ingerassent d'enjamber dessus nos marches, comme l'on avoit veu auparavant advenir à ce grand Empire Romain? Et s'il nous faut passer plus bas, quel plus grand miracle de fortune sçauroit-on dire, que quand le Royaume fut divisé en tant de Ducs & Comtes, qui depuis Charles le Simple, jusques bien avant sous la lignée de Hugues Capet, faisoient contre-teste à nos Roys, toutes-fois à la fin finale fut le tout reüny à la Couronne, & en la personne du Roy? Je n'adjouste à tout cecy que le Royaume estant au dessous de toutes affaires, le temps a tousjours enfanté quelques braves Princes & Seigneurs, quasi pour relever à poinct nommé la grandeur de cette nostre Monarchie. Tesmoins en sont les Martels & Pepins, pendant l'assoupissement de la generation de Clovis, tesmoing en est un Conquerant, par la vaillantise duquel nos Roys sont demeurez en partie tels que nous les voyons aujourd'huy: combien qu'au precedent pour la multitude des Ducs & Comtes, ils ne servissent quasi que de monstre. Et depuis les Anglois desertans la France par plusieurs ans, se trouva finalement ce gentil Roy Charles

Charles septiesme, qui par la proüesse & prudence de ses bons Capitaines, les en extermina de tout poinct. Qui sont toutes œuvres de la Fortune : car si les choses eussent pris plus longue traicte, sans nous donner à chaque occasion Princes ainsi magnanimes, à la verité il n'y alloit que de la ruine de France. Quand je nomme icy la Fortune, afin que je n'appreste à aucuns occasion de se scandaliser, j'entens les mysteres de Dieu, qui ne se peuvent descouvrir par nostre prudence humaine.

Et toutes-fois qui avecques la Fortune voudra considerer la police, & bonne conduicte de nos Roys, je m'asseure qu'il la trouvera n'avoir cedé à la Romaine. En quoy me semble que pour deduire les choses de leur fondement, il faut que selon les mutations des lignées nous considerions diversement les confirmations du Royaume. Premierement, s'il vous plaist discourir en quel estat furent nos affaires sous Clovis, trouverez-vous plus grand Roy, soit que nous tournions nostre esprit aux armes, soit que nous nous arrestions à la paix & maniement d'une commune police? Lequel ayant forcé par sa vaillance les Gaules, & rendües sous luy paisibles, n'eut chose en plus grande recommandation pour perpetuer la Monarchie, & gaigner le cœur de ses subjects, que de s'accommoder à la commune Justice, & ensemble Religion du pays. Parquoy usans les Gaulois par ancienne observance de la police, qui long-temps auparavant leur avoit esté prescripte par les Romains : & semblablement estans de commune profession Chrestiens : Clovis, comme Prince sage & advisé, n'eschangea rien des Comtes (qui estoit invention Romaine) & entant que touche la Religion Chrestienne, il en prit aussi le vray & saint caractere. Laquelle chose, combien que je pense qu'elle luy vint en partie par zele & devotion, fut (comme je croy) l'un des principaux moyens par lequel il attira le commun peuple de Gaule à luy porter affection. Aussi ont remarqué Procope & Agathie qu'il attouchoient presque son temps, & la Justice, & la Religion, en nos Rois par dessus tous autres Princes qui avoient occupé les Provinces des appartenances de l'Empire. Et à dire le vray, il captiva tellement le cœur des Gaulois, que long temps aprés, combien que ses successeurs ne s'entretinssent envers le peuple que par image, sans avoir l'œil sur leurs affaires, toutes-fois la chose en quoy il se trouva le plus empesché Pepin, voulant faire tomber la Couronne en sa famille, fut à desraciner ceste ancienne opinion que le peuple avoit conceuë de la lignée de Clovis. A quoy dequoy il s'advisa par une gentille invention d'y employer la saincte authorité du Pape. De maniere, qu'estant le Royaume reduict sous la puissance des Martels, outre les armes ausquelles ils furent fort florissans (car ils confirmerent sous nostre vasselage l'Allemagne, gaignerent toute l'Italie, & esbranlerent par plusieurs fois les Espagnes) fut par eux introduitte une notable police sous Pepin & Charlemagne, lesquels en leurs plus urgents affaires, commencerent de faire assemblées leurs scintise de leurs Barons. Je dis assemblées sans feintise : d'autant qu'assez long temps auparavant les Maires, pour tromper le peuple en avoient introduict l'usage : faisant Pepin & son fils communication des affaires publiques à leurs premiers & grands Seigneurs. Comme si avec la Monarchie, ils eussent voulu entremesler l'ordre d'une Aristocratie & gouvernement de plusieurs personnages d'honneur. Ce qui a esté l'un des premiers commencemens des Parlemens que nous avons en ceste France, comme je pense deduire au Chapitre ensuivant. Vray que tout ainsi qu'en la personne de Charlemagne, nostre Royaume se trouva grand en extremité, aussi fut cette grandeur bornée en luy, & ses deux devanciers Pepin & Martel, se trouvant ce grand feu amorty en leurs successeurs. Tellement qu'en Hugues Capet (troisiesme changement de lignée) qui ne fut si grand guerroyeur, se trouverent les grandes polices : là où auparavant nos conquestes estoient furieuses, les estendans sur une Allemagne, Italie, & Espagne, de là en avant nos Roys se contentans de leurs frontieres, commencerent au lieu des armes, à se fortifier par loix pour entretenir leur grandeur. De là fut mise en avant l'opinion des douze Pairs de France, de là l'entretenement des Parlemens en leur authorité & grandeur, à la decision des affaires de la Justice, sous le jugement desquels mesmes se soubmet la Majesté de nostre Prince : puis le renouvellement de la loy Salique, introduction d'appennages aux fils des Roys, interdiction des dons, & alienations du domaine de la Couronne sans cognoissance publique : appellations comme d'abus pour brider sans aucun scandale la puissance des Prelats, entreprenans dessus l'authorité Royale : regalles en Eveschez & Archeveschez, & mille autres telles considerations, lesquelles bien pesées, certainement il se trouvera que toutes les maximes qui sont requises à maintenir en sa grandeur une Monarchie de marque, se trouvent observées en la nostre. De toutes lesquelles choses, ou partie d'icelles, nous parlerons à leur rang, tant en ce deuxiesme Livre qu'aux autres, selon que les occasions nous admonesteront de faire. Qui monstre qu'en nostre Republique, le Conseil ayant esté conjoinct d'une mesme balance avec la fortune, nos Roys sont arrivez à cette grandeur, que nous les voyons aujourd'huy : en laquelle Dieu les vueille continuer, sans foule & oppression de leurs sujects.

CHAPITRE II.

Du Parlement Ambulatoire, & premiere introduction d'iceluy.

TOus ceux qui ont voulu fonder la liberté d'une Republique bien ordonnée, ont estimé que c'estoit lors que l'opinion du souverain Magistrat estoit attrempée par les remonstrances de plusieurs personnes d'honneur, estant constituées en estat pour cet effect : & quant en contr'eschange, ces plusieurs estoient controllez par la presence, commandement & Majesté de leur Prince. Et vrayment qui voudra sainement discourir sur le fait de nostre Monarchie, il semble que cet ordre ait esté quelques-fois tres-estroictement observé entre nous par le moyen du Parlement. Qui est la cause pour laquelle quelques estrangers discourans dessus nostre Republique, ont estimé que de cette ancienne police, qui estoit comme moyenne entre le Roy & le peuple, dependoit toute la grandeur de la France.

Les premiers qui mirent cette noble invention sur les rangs, le firent pour captiver par ce moyen le cœur & devotion des sujets : car nos anciens Maires du Palais, voulans unir en leurs personnes toute l'authorité du Royaume & usans de nos Roys par forme de masque : pour ne se mettre en haine des grands Seigneurs & Potentats, introduisirent premierement une forme de Parlement annuel, qui se tenoit au mois de May, auquel presidoient nos Roys, assistez de la plus grand part de leurs Barons, & donnoient responce tant aux plaintes de leurs subjets, qu'aux Ambassades qui venoient des pays estranges : le tout selon les instructions & memoires que sous mains ils recevoient de leurs Maires. Cette coustume depuis fut assez soigneusement observée par le Roy Pepin, lequel cognoissant qu'à tort il s'estoit emparé du Royaume, pour obvier à toute sedition intestine, & monstrer que de la seule grandeur ne dependoient toutes les affaires de France, assembloit selon les urgentes difficultez qui se presentoient, le corps general de ses Princes & grands Seigneurs, pour passer par leur determination & conseil : ostant par ce moyen toute mauvaise & sinistre opinion que l'on eust peu avoir imprimée de luy, pour l'injuste invasion qu'il avoit fait de la Couronne.

Chose que Charlemagne son fils, qui n'aspiroit pas à petites choses, practiqua plus souvent que luy : specialement lors qu'il s'offroit quelque entreprise de guerre, ou qu'il deliberoit

liberoit ordonner quelque chose à l'avantage de sa famille, ou du Royaume universel. Et estoit l'usance de nos anciens Roys telle, qu'és lieux où la necessité les semonnoit, se vuidoient ordinairement les affaires par assemblées generales des Barons. Telles assemblées s'appelloient, *Parlemens*, comme nous appellons maintenant celles où se fait un traicté de paix, *Pourparler de paix*. Duquel mot de Parlement celebré de la façon que je dy, vous verrez frequente mention dans la vieille histoire de S. Denis és vies de Pepin, Charlemagne, & Louys le Debonnaire.

Or se rendirent tels Parlemens beaucoup plus recommandez qu'auparavant sous le regne du Debonnaire: Car tout ainsi que le Roy estoit plus enclin au soulagement de son peuple, qu'à faire grands exploits & chefs d'armes, aussi voulut-il principalement maintenir sa grandeur par telles solemnelles assemblées. Et à tant commencerent à se pratiquer, deux fois l'an d'ordinaire. Non toutes-fois à jours certains & prefix, comme depuis sous Philippes le Bel, mais selon ce qu'il se trouvoit bon au depart de telles congregations, on advisoit de la ville & du temps qu'on les renouvelleroit. En ce lieu donc se decidoient toutes affaires qui importoient de quelque consequence au Royaume: estoient receuës par le Roy les Foys & Hommages des Princes estrangers: & en cette façon lisons nous en Theodulphe & Adon de Vienne qu'en un Parlement tenu à Compiegne, Thassile Ducde Bavieres avecques plusieurs grands Seigneurs de sa Province vint promettre le serment de fidelité à Pepin & son enfans. Et dit Aimoïnus Religieux de S. Germain des Prez (jadis appellé Annonius par alteration de lettres) que ce mesme Roy ayant reduit les Saxons sous son obeïssance, leur fit promettre de luy amener tous les ans à chaque Parlement general trois cens touffins de tribut. Estoient semblablement emologuées les volontez du Roy, c'est à sçavoir celles qui concernoient le fait general de la France. Aussi pour nourrir paix & concorde entre ses enfans, Charlemagne leur donna assignation de partage en un Parlement, faisant jurer à tous grands Seigneurs & Barons de l'avoir pour agreable: en ce lieu de mesme façon se terminoient les differends des plus grands Princes, & principalement de ceux qui estoient accusez de trahisons, & rebellions & crimes de leze Majesté, & comme il en prit à Tassile du temps de Charlemagne au Parlement qui fut tenu joignant la ville de Mayence, lequel par l'advis de tous les Barons pour ses frequentes & repliquées rebellions, fut condamné à mort. Qui luy fut neantmoins eschangée par la douceur de l'Empereur en un confinement de Religion & monastere, duquel jugement fait honorable mention Paul Æmile. Et du temps du Debonnaire, fut accusé en un autre Parlement, Theadagre Prince & Duc des Abodrites, & Tougon l'un des principaux des Sorabes: comme suscitans l'un & l'autre plusieurs factions & novalitez encontre la Majesté du Roy. A cause dequoy dit Aimoïnus, ou si ainsi le voulez, Annonius, qu'il leur fut donné assignation à un autre prochain Parlement: auquel depuis ils se purgerent. Voire pour autant que le Debonnaire, outre son pere & son ayeul, adjousta en telles assemblées les Evesques & Abbez, se determinoient en icelles plusieurs differends entre les Prelats. A cette cause lit-on qu'une controverse meuë entre les Evesques de Lyon & Vienne pour raison de leurs Eveschez, tomba sous la decision du Roy & de son assistance.

Certainement telles congregations (que nos Historiographes Latins appellerent *Placita*, & nos plus vieilles Histoires Françoises, comme j'ay dit, *Parlemens*) estoient arrivées en tel degré d'administration, que non seulement elles sembloient estre comme une ressource en laquelle respondoient les grands negoces de France, mais aussi les differens mesmes qui tomboient entre les estrangers estoient soubmis à leur arbitrage. C'est pourquoy raconte le mesme Aimoïnus (lequel j'employe icy plus souvent, pour autant qu'il fut du temps de Louys le Debonnaire) qu'en un Parlement que ce Roy tint en la ville de Francfort, auquel lieu se trouverent de toutes parts, François, Allemans, Saxons & Bourguignons, se presenterent deux freres d'une mesme nation, nommée Vuitzes, laquelle par vœu & profession ancienne, exerçoit inimitiez mortelles contre nostre France, lesquels freres sur le debat qu'ils avoient de leur Royaume, s'en rapporterent à l'advis de l'Empereur & de son Parlement, parce que Milegast, l'un des deux contendans, comme aisné avoit esté appellé au Royaume apres le decez de son pere, dont l'on l'avoit depuis dejetté, pour ses exorsions extraordinaires, & en son lieu investi du Royaume Celeadagre son puisné: en laquelle assemblée fut par commun advis & deliberation sentencié en la faveur du puisné. Qui nous apprend & rend certains en quelle reputation estoient les Parlemens envers les nations estranges. Cette police, qui avoit esté entre nous si religieusement observée sous le Debonnaire, fut intermise par l'outrecuidance & orgueil de Charles le Chauve son fils, & depuis ramenée en valeur par Louys le Begue. Au moyen dequoy nos Historiographes racontent qu'il gaigna grandement le cœur de ses subjects à demy alienez, pour avoir esté telles assemblées mises sous pied, & nonchaloir du vivant de son devancier.

Voilà, selon mon advis, la primitive origine & institution des Parlemens, lesquels tout ainsi qu'en un coup ils ne furent jettez en moule, aussi selon la diversité des saisons trouvons nous qu'ils prindrent divers plis sous Hugues Capet & ses successeurs: sous lesquels ils se continuerent encores plus frequentement que devant. Car combien que ce grand Prince eust occupé le tiltre de Roy, si n'en avoit-il presque que le nom: parce que tout de la mesme façon que luy en son endroict, aussi chasque Gouverneur de Province se maintenoit estre vray titulaire du lieu qui estoit demeuré sous sa charge. Et n'y avoit presque ville de laquelle quelque Gentil-homme de marque ne se fust enseigneurié. Chose que ce Roy nouvellement installé, fut contrainct de passer par connivence, n'ayant pas de quoy respondre, comme autres-fois avoit en un Pepin encontre Eude Duc d'Aquitaine, qui voulut faire à l'advenement de luy le semblable. Parquoy Capet plus fin que vaillant, & qui par astuce seulement estoit arrivé à la Couronne, ou au moins qu'il peut une paix avecques tous les grands Ducs & Comtes, qui commencerent dés lors à le recognoistre seulement pour souverain, ne s'estimans au demeurant gueres moins en grandeur que luy. Et certes quelques-uns, non sans grande apparence de raison, sont d'advis que la premiere institution des Pairs commença adonc entre nous.

Estans doncques ces grands Seigneurs ainsi lors unis, se composa un corps general de tous les Princes & Gouverneurs, par l'advis desquels se vuideroient non seulement les differends qui se presenteroient entre le Roy & eux, mais entre le Roy & ses subjects. Qui fut une institution notable pour contenir cette France en union, laquelle estoit ce neantmoins divisée en plusieurs Ducs & Comtes, qui amoindrissoient l'authorité du Roy de tant plus, que hors-mis le baisé main, que par prerogative ils luy devoient, ils ne dependoient au surplus que de leur authorité & grandeur. Tellement que maintes-fois ils guerroyoient particulierement le Roy mesme, & le reduisoient en grandes angusties. Toutes-fois apres plusieurs guerroyemens, chacun se soubmettoit à ce commun Parlement. Laquelle usance (presque de la mesme façon) avoit esté observée par les anciens Gaulois, lesquels combien qu'ils fussent partialisez en ligues, s'avoient-ils tous ensemble un general ressort de la Justice, qui se manioit au pays Chartrain par leurs Prestres, qu'ils nommoient Druydes.

Il seroit mal-aisé d'estimer quel profit apporta depuis cette invention à nos Roys. D'autant que ce moyen, comme d'un Concile general, se gardoit également droict & au Roy, & aux Ducs, & Comtes. Et neantmoins estant ce conseil à la suitte du Roy, comme celuy qu'entre les autres un chacun recognoissoit pour souverain, l'on trouva à la longue moyen de s'entrer en plusieurs terres par Arrests qui emanerent du Parlement, au desavantage de plusieurs Seigneurs, desquels les seigneuries, voire les Duchez & Comtez par desobeïssance & forfaicture estoient declarez acquis & consisquez au Roy. En quoy se rendoient les Princes executeurs de tels Arrests. Car combien que le Roy n'eust quelques-fois force à suffisance pour faire sortir plein effect aux choses arrestées, si estoit-il secouru par les autres Ducs & Potentats, qui estoient facilement induicts à luy donner confort & ayde, comme dependant son droict de la Justice
&

& raison. A maniere que petit à petit nos Roys tempori-sans & faisans, comme l'on dit, d'une main l'autre, sans que ces grands Ducs & Comtes y prinssent garde, remirent à leur domaine toutes leurs terres & pays, demeurans Monarques & uniques Princes de la France. Car les Ducs que nous appellons aujourd'huy, ne sont qu'une image des anciens sans grand effect.

Voire qu'au moyen de cette souveraineté, le Roy s'estant petit à petit rendu le plus fort dans son Royaume, adonc commença de se renforcer la commune police à l'advantage de sa Couronne. A cause dequoy les appellations des Baillifs & Seneschaux ressortissoient premierement au Conseil, Grands jours ou Eschiquiers des Ducs ou Comtes, & de-là en la Cour de Parlement: pour laquelle cause estant cette Cour arrestée dedans Paris, eurent les Ducs & Comtes continuellement leurs Procureurs generaux pour deffendre leurs jugemens. Ainsi trouvons-nous aux plus anciens regitres de la Cour certaine ordonnance, portant qu'és pays que le Roy d'Angleterre tenoit dans les limites de la France, seroient receus les appellans tant en cause civile que criminelle, au Lieutenant du Roy d'Angleterre, ou au Juge qui en cognoistroit en son lieu, & la seconde appellation seroit tousjours à la Cour du Roy de France. Toutesfois si ce Lieutenant en cognoistroit en premiere instance, on en appelleroit à la Cour du Roy. De laquelle chose j'ay trouvé autres-fois un exemple fort notable & digne d'estre icy inseré. Le Vicomte de Bearn ayant deux filles, l'une qui eut nom Matilde, & l'autre Marguerite, celle-là fut donnée en mariage au Comte de Foix, & depuis instituée heritiere universelle par son pere, & cette-cy mariée au Comte d'Armaignac. Le pere estant decedé, le Comte d'Armaignac debat cette institution, s'aydant d'une coustume du pays, par laquelle il pretendoit que quand la succession tomboit en quenoüille elle se partageoit par égales portions. Sur quoy les douze Barons tindrent Cour majeur, & appellerent avec eux les Prelats & autres gens notables du pays. Finalement parties ouyes fut par eux le Vicomte de Bearn adjugé au Comte de Foix à cause de sa femme. Duquel jugement le Comte d'Armaignac appella à Bourdeaux par-devant le Conseil, & se commis au gouvernement de Guyenne de la part du Roy d'Angleterre Duc de Guyenne: où par sentence il fut dit que ce jugement estoit bon & valable, & que mal sans grief Armaignac avoit appellé. De laquelle sentence il appella derechef au Parlement de Paris, où il releva son appel, & en sont les lettres d'appel en la Cour, qui y furent apportées dedans un sac l'an 1443. après la prise du Comte Jean d'Armaignac: auquel sac il y a plusieurs choses concernantes les droits du Roy. Et fut cette letttre apportée par maistre Guillaume Cousinot, lequel par commandement du Roy fut delegué pour inventorier tous les tiltres & enseignemens concernans ce Comté.

Toutes-fois pour ne m'esloigner de mon propos, & reprendre mon premier fil: Tout ainsi qu'en ces Parlemens, le Roy tenoit le premier lieu, aussi estoit-il assisté de plusieurs grands Princes & puissans Seigneurs, que depuis nous avons appellez Pairs ou Peres de France (à l'imitation des Patrices qui furent sous les Empereurs) avec lesquels estoient plusieurs Conseillers & Assesseurs. Et pour autant qu'en ces Parlemens ne se traictoient ordinairement que causes de grand poids, pour celles qui se presentoient communément en la Cour du Roy, l'on avoit de coustume d'employer, non seulement quelques Seigneurs de sa suitte, qui estoient du corps du Parlement, mais le Roy mesme souvtesfois donnoit audience aux parties. Et en cette façon recite le sire de Lonville que S. Louys, après avoir ouy Messe, s'alloit souvent esbattre au bois de Vincenne, & se seoit au pied d'un chesne, faisant asseoir auprès de luy quelques Seigneurs de son Parlement, prestant audience libre à chacun sans aucun trouble ou empeschement: puis demandoit à haute voix s'il y avoit aucun, qui eust partie, & s'il se presentoit aucun, l'escoutoit prononçant sa sentence sur ce qui s'offroit devant luy. Qui est à bien dire un acte digne de Roy, & symbolisant grandement avec celuy de l'Empereur Auguste, ou de l'Empereur Adrian, lesquels non seulement rendoient droict aux parties seans en leur tribunal, mais aussi le plus du temps pendant leur repas, quelques-fois dedans leurs litieres, telles fois couchez en leurs lits. Tant ils avoient peur que justice ne fust administrée à leurs subjects.

Or estoient ces Parlemens de telle & si grande recommandation, que Frederic second Empereur de ce nom, en l'an mil deux cens quarante quatre, ne douta de vouloir remettre à iceluy tous les differens qu'il avoit avec le Pape Innocent quatriesme, auxquels n'y alloit que du nom & tiltre de l'Empire. Et est icy à noter que le Parlement pour lors se tenoit en certain lieu & designé: mais selon les occasions maintenant en une ville, puis en une autre, & destinoient les bonnes festes pour le tenir, tantost vers les festes de Pasques, Pentecoste, tantost vers les festes de Noël, Toussainct, Nostre Dame de my Aoust, selon les necessitez & occurrences. En memoire dequoy, le Parlement ayant esté fait sedentaire, l'on a eu tousjours de coustume les surveilles de telles journées, prononcer en robe rouge quelques Arrests de consequence, pour tenir comme lieu de Loy. Depuis se trouvans les causes en plus grande affluence, Philippes le Bel y voulut donner police telle, que je deduiray au chapitre suivant.

CHAPITRE III.

Du Parlement eſtably dans Paris, & des autres de ce Royaume.

EN ces premiers Parlemens, dont j'ay discouru cy-dessus, se traictoient du commencement toutes matieres d'Estat, avecques les differens de consequence. Les Baillifs & Seneschaux vuidoient és Assises en dernier ressort, la plus grande partie des causes: toutes-fois pour les abus qui s'y commettoient, les plaintes venans puis après aux oreilles des Roys on accueilloit petit à petit tant de causes au Parlement, que pour bien dire il devint un magazin de procez. Et de fait du mot Latin de *Placita*, dont ils usoient pour Parlement, nous avons fait celuy de Plaids, & de cestuy, Exploicter & plaider. Je trouve un reglement fait l'an 1291. au Parlement de la Toussainct, par lequel il fut ordonné que les causes des Seneschaux de droit escrit seroient expediées les jours de Vendredy, Samedy & Dimanche, & enjoinct aux Raporteurs des Enquestes de les voir diligemment en leurs maisons, & se trouver au Parlement s'ils n'y estoient mandez. C'estoit afin qu'ils eussent plus de loisir de vacquer à l'expedition des procès qui leur estoient distribuez. Cela fut cause que le Roy Philippe le Bel, tant pour se descharger de l'importunité des poursuivans, que son pauvre peuple de la despense, qu'il luy convenoit faire à sa suitte, declara en l'an 1302. que son intention estoit d'establir deux Parlemens dans Paris, non pour les tenir sans discontinuation, ains seulement deux fois l'an, aux octaves de Pasques & de la Toussainct, à chaque seance deux mois: & quelque peu après institua deux Chambres: celle du Parlement, que nous appellons la grand Chambre, l'autre des Enquestes, en laquelle il fit deux sortes de Conseillers, dont les uns furent appellez Jugeurs, qui estoient seulement commis pour juger, & les autres Rapporteurs pour rapporter les procès par escrit. Demaniere que toutes les lettres de Chancellerie qui leur estoient adressées portoient: " Aux gens tenans à " present nostre Parlement, lors que le Parlement siegeoit; " & si hors la seance, aux gens qui tiendront nostre prochain " Parlement. Et enfin par un formulaire commun, pour n'y " retourner à deux fois, aux gens qui tiennent & tiendront " nostre Parlement. " Formulaire qui dura jusques bien avant dedans le regne de Charles sixieme, sous lequel le Parlement commença de se tenir sans aucune discontinuation. Ne nous restant aujourd'huy de cette ancienneté que l'image : parce qu'aux octaves de Pasques & de la Toussainct on faict des ceremonies, tout ainsi que si c'estoient ouvertures de Parlement qui eussent esté long-temps intermis. Et à chaque ouverture, le Roy decernoit nouvelles lettres parentes en forme de commission avecques une liste de ceux qu'il vouloit avoir seance : & n'estoit pas dit que celuy qui avoit esté appellé au precedent, y eust lieu au subsequent, sinon qu'il fust compris dans le roolle qu'on y envoyoit. Ny mesmes que tous les ans l'on tint les deux Parlemens, parce que quelques-fois on n'y tenoit qu'une seance, mesmes advenoit de fois à autres que l'on estoit un an entier sans le tenir.

Or tout ainsi qu'au Parlement ambulatoire y avoit eu de tout temps six Pairs Ecclesiastiques & six Laics, aussi fut ce Parlement resseant composé, part de gens Ecclesiastics qu'ils appellerent Clercs, part des Seigneurs qui faisoient profession des armes. Coustume qui estoit encores observée en l'an 1380. comme nous apprenons d'un tombeau qui est dans l'Eglise S. Estienne des Grès, en cette ville de Paris, sur lequel est une statuë armée tout de son long, ayant à costé son espée, & au tour cet Epitaphe.

CY gist noble homme Messire Pierre de la Neu-ville Chevalier Seigneur de Mourry, & jadis Conseiller du Roy nostre Sire en son Parlement, qui trepassa l'an de grace mil trois cens octante, le Lundy neufiesme jour d'Avril.

Je vous ay dit que Philippes le Bel par son Edit de l'an 1302. promettoit d'establir deux Parlemens dans Paris, & d'autant que l'Article contenoit encores d'autres promesses, je le vous veux representer mot pour mot : *Praeterea propter commoditatem subjectorum & expeditionem causarum proponimus ordinare quod duo Parlamenta Parisiis, & duo Scataria Rhotomagensia, & dies Trecenses bis tenebuntur in anno, & quod Parlamentum apud Tholosam tenebitur, si gentes praedicta terra consentiant, quod non appelletur à praesidentibus in Parlamento.* Qui est à dire,
" Item pour la commodité de nos subjects & expedition des
" causes, nous deliberons de faire tenir Parlemens dans
" Paris, deux Eschiquiers dans Roüen, & que les Grandsjours
" de Troyes se tiendront aussi deux fois l'an, & l'on establira
" un Parlement à Tholoze, si les gens du pays consentent qu'il
" ne soit appellé à ceux qui y siegeront ". Ces Eschiquiers à Roüen, & Grands jours de Troyes estoient Assises generales que l'on avoit autresfois tenuës sous ces noms, en Normandie & Champagne, pendant que les Ducs de Normandie & Comtes de Champagne s'en estoient fait acroire. Ausquelles ils avoient leurs Pairs pour juger leurs causes, tout ainsi que nos Roys en leurs Parlemens.

Ce que Philippe le Bel promit lors, fut quelques années apres mis à execution, comme l'on trouve dans un vieux Registre des Chartres du Roy. Et parce que je pense cestuy estre le premier, il me semble qu'il ne sera point hors de propos de le vous rapporter icy en son naturel, & tel que je l'ay trouvé.

" C'est l'ordenance de Parlement. Il y ara ij. Parlemens, li
" uns desquiex commencera à l'octaves de Pasques, & li au-
" tres à l'octaves de la Toussainct ; & ne durra chacun que
" deux mois.
" Il y ara aux Parlemens ij. Prelats. C'est à sçavoir, l'Ar-
" chevesque de Narbonne, & l'Evesque de Rennes, & ij.
" Laiz : c'est à sçavoir le Comte de Dreux, & le Comte de
" Bourgogne.
" Il ara xiiij. Clercs & xiij Laiz sans eux, & seront li xiiij.
" Clercs, Messire Guillaume de Naugaret qui porte le grand
" seel, le Doyen de Tours, &c.
" Li xiij. Laiz du Parlement seront li Connestable, Messire
" Guillaume de Plaisance, &c.
" Aux Enquestes seront l'Evesque de Constance, l'Evesque
" de Soissons, le Chantre ris, & autres jusques à v.
" Il est à entendre qu'ils delivreront toutes les Enquestes
" qui ne toucheront l'honneur du corps, ou heritages. Mes-
" mes prendront-il bien leur Conseil & leur advis ensemble,
" mais ançois qu'ils les delivrent, il en auront le conseil de
" ceux qui tenrront le Parlement.
" Aux Enquestes de la langue doc seront le Prieur S. Martin
" des Champs & jusques à v.

Aux Enquestes de la langue Françoise seront Maistre Raoul de Meilleur, & jusques à v.
Aux Eschiquiers iront l'Evesque de Narbonne, & jusques à x. entre lesquiex est le Comte de S. Pol.
Aux jours de Troyes qui seront à la quinzaine de la sainct Jean, seront l'Evesque d'Orliens, l'Evesque de Soissons, le Chantre d'Orliens, & jusques à viij.
Or est nostre entente que cil qui portera nostre grand seel ordene de bailler ou envoyer aux Enquestes de la langue doc & de langue Françoise, des Notaires tant com il verra que sera à faire pour les besognes depescher.

Tout cela est brusquement couché selon le langage du temps : mais parce que nous ignorons ce que chacun deust sçavoir, l'origine de ce Parlement, qui est la plus riche piece du Royaume, sous l'authorité de nos Roys, & qu'il s'est entre nous insinué une heresie d'en attribuer le premier plant au Roy Louys Hutin, j'ay voulu vous faire part de ce placart tout de son long : Car je ne sais point de doute que parlant de Messire Guillaume de Nogaret qui avoit la garde du grand seel, ce Parlement n'ait esté ouvert sous Philippes le Bel. Nogaret est le grand personnage, qui faisant un mesme attelier des armes & de la justice, prit le Pape Boniface huictiesme pour se venger de l'injure qu'il avoit fait au Roy son maistre. Joinct que suivant cette ordonnance je trouve un eschiquier tenu à Roüen l'an 1306. où assisterent l'Evesque de Narbonne, le Comte de S. Pol, & Anguerrant de Marigny, & autres Seigneurs jusques au nombre de dix, suivant ce qui estoit porté par l'ordonnance de ce Parlement. Qui me fait penser qu'il fut tenu en l'an 1304. ou 1305. Mais tant y a que je ne sais point de doute que ce ne soit sous le regne de Philippes le Bel.

Apres son decés, nous trouvons une ancienne escroüe faite à S. Germain en Laye sous Louys Hutin, dans laquelle apres avoir inseré les noms, premierement des Conseillers du Conseil estroict, puis de tous les autres Seigneurs, Officiers domestiques du Roy, finalement arrivant sur le Parlement, il nomme pour President de la grand' Chambre le Chancelier, & au dessous de luy xij. Conseillers Clercs, & xviij. Laiz. Pour les Jugeurs des Enquestes, les Evesques de Mande & Soissons, Abbez de S. Germain des Prez, & de S. Denis, en outre sept autres Conseillers Clercs, puis six Laiz, & pour Rapporteurs neuf.

Philippes le Long y apporta depuis des reiglemens qui n'y avoient encores esté observez. Au Parlement de l'an 1319. voicy quelle estoit la teneur.

Il est ordené que le Roy en son grand Conseil sus l'estat de son Parlement en la maniere qui s'ensuit.

Premierement, il n'aura nuls Prelats deputez en Parlement : car le Roy fait conscience de eux empescher au gouvernement de leurs spiritualitez.

Item en Parlement aura un Baron ou deux, & desja le Roy y met le Comte de Boulongne.

Item outre le Chancelier & Abbé de S. Denis, y aura huict Clercs & douze Laiz.

Es Requestes aura quatre personnes.

Item aux Enquestes aura deux Chambres : c'est à sçavoir une pour delivrer toutes les Enquestes du temps passé jusques à aujourd'huy, & l'autre pour delivrer celles qui aviendront du jourd'huy en avant. Et en celles deux Chambres aura huict Clercs, & huict Laiz Jugeurs, & xxiiij. Rapporteurs.

Et là sont inserez tous les Conseillers par leurs noms & surnoms. Le Clerc sous la qualité de Maistre, & le Lay sous celle de Monsieur. Du premier article de cette ordonnance est venu, que soudain qu'un President ou Conseiller est fait Archevesque ou Evesque, il faut qu'il desempare la place, & resigne son estat à un autre.

Au Parlement de l'an 1320. outre les vingt Conseillers de la grand Chambre on ordonne pour les Enquestes vingt Conseillers Clercs & trente Laiz, dont les seize seroient Jugeurs, & les autres Rapporteurs. Et pour la Chambre des Requestes, cinq, trois Clercs & deux Laiz, & dans les roolles sont tout ainsi qu'aux precedens, les Clercs qualifiez Maistres, & les Laiz Messires, parce qu'estoient gens suivans les armes, ny pour cette qualité de Messire ou Monsieur, ceux-cy n'estoient plus authorisez que les Maistres,

tres, parce que quand on parloit des Seigneurs de Parlement en leur general, on les appelloit ordinairement Maiſtres du Parlement.

En tous les autres Parlemens je ne voy point leur eſtre preſcrite ſi ample police qu'en cettuy. Car il leur eſt à tous expreſſement commandé d'entrer au matin à l'heure qu'on chante la premiere Meſſe en la Chapelle du Roy, & de n'en ſortir qu'à midy. Que nul Maiſtre ne puiſſe ſortir de la chambre ſans congé de ſon Souverain, c'eſt à dire de ſon Preſident : ny deſemparer le Parlement, ſans la permiſſion du Chancelier & du Souverain tout enſemble. Que les Baillifs, Seneſchaux & Procureurs du Roy comparans, rendent raiſon de leurs charges pardevant deux Maiſtres du Parlement & un Maiſtre des Comptes, pour en faire leurs procès verbaux, & les rapporter chacun en droit ſoy à leurs compagnies. Que leurs cauſes ſoient promptement expediees, afin de les renvoyer en leurs Provinces. Que les cauſes qui ſeront plaidées ſoient jugées le Jeudy, ou pour le plus tard les Vendredy & Samedy enſuivans, afin que l'on ne perde la memoire des plaidoyez. Que nul Maiſtre ne ſe charge de commiſſion ſinon celle qu'il pourra executer de la fin d'un Parlement au renouvellement de l'autre. Entant que touche les procés par eſcrit (qu'ils appelloient Enqueſtes) il eſt ordonné que huict jours avant que le Parlement commence, les Maiſtres du Parlement & des Enqueſtes s'aſſembleront, pour ſçavoir des Rapporteurs combien de procés reſtoient à juger & dont peut provenir ce defaut. Que dés leur arrivée on face inventaire d'iceux, duquel on baillera copie à la Chambre des Comptes : Que les anciennes Enqueſtes ſoient jugées devant que l'on entende à d'autres : Que l'on ne diſtribué qu'une Enqueſte à un Rapporteur, & qu'il ſoit tenu d'en faire ſon rapport avant que de quitter la ville de Paris : Que les gens des Enqueſtes ſoient tenus de venir toutes les apreſdinées depuis Paſques juſques à la S. Michel, & durera cette chambre pour l'affluence des procés par tout l'an du Parlement & dehors : Et neanmoins le Parlement clos, pourront les Conſeillers d'iceluy ſe trouver aux Enqueſtes, pour juger les procés avecques les autres : quoy faiſans ils ſeront payez de leurs ſalaires & vacations extraordinaires.

Comme nous ſommes en un Royaume, auquel pour la facilité de nos Roys, les choſes viennent fort aiſément à l'eſſor : auſſi advint-il à la longue, qu'il n'y avoit ſi petit juge qui fuſten credit, lequel ne vouluſt eſtre immatriculé au nombre des Conſeillers. Et peut-eſtre que la relaſche & diſcontinuation de cette charge leur en donnoit plus grande envie. De-là vint que ſe trouvant un nombre effrené de Maiſtres & Conſeillers, le Roy Philippes de Valois envoya lettres à la chambre des Comptes de Paris le 10. Mars 1344. accompagnées de l'Ordonnance qu'il avoit faite par deliberation de ſon grand Conſeil, ſur l'Eſtat des gens de ſes chambres de Parlement, Enqueſtes, & Requeſtes, laquelle il vouloit eſtre obſervée : Enjoint à les gens des Comptes de la ſignifier & en bailler copie à ſon Parlement. Et ſur les ſermens que vous avez à nous (portent les lettres) pour quelconques impetrations & mandemens ne faites aucune choſe contre ladite ordonnance. ,, Car noſtre entente eſt de la garder ,, ſans rien faire au contraire, c'eſtoit à dire, qu'ils ne ſouf- ,, friſſent aucun eſtre payé des gages, hors que que portoit ,, le roolle. Et là il ordonna qu'il n'y auroit de là en avant en ſon Parlement, prenans gages que quinze Clercs, & quinze Laiz, outre les trois Preſidens qui avoient gages ſeparez, Meſſire Simon de Buſſy, Jacques de la Vache, & Pierre de Denne-ville. En la chambre des Enqueſtes, quarante, xxiiij. Clercs, & ſeize Laiz. Aux Requeſtes du Palais huit, cinq Clercs, & trois Laiz : Et d'autant qu'il y avoit eu grand nombre de perſonnes nommées en ces eſtats auparavant par ſon grand Conſeil, leur accorde l'entrée & ſeance ſans gages. Vray qu'advenant la mort des autres, ils pourroient eſtre ſurrogez en leurs lieux, s'ils eſtoient certifiez capables par le Parlement. Cette ordonnance fut preſentée par Meſſieurs des Comptes le quinzieſme du meſme mois de Mars, avec les noms, & ſurnoms de tous les Maiſtres, & lors s'eſtoit évanoüie la difference de Jugeurs & Rapporteurs des Enqueſtes. Quelques uns ſe font accroire que le Parlement fut dés lors fait perpetuel & ſans aucune diſcontinuation, parce qu'ils voyent ce roolle enregiſtré au regiſ-

tre des anciennes Ordonnances de la Cour, & que autres precedans ne s'y trouvent; ains ſeulement en la Chambre des Comptes, au treſor des Chartres. Qui n'eſt pas une opinion degarnie de quelque raiſon : ayant meſmement (gard que Meſſieurs des Comptes en furent porteurs : Choſe qu'ils n'ont oublié dedans leurs Memoriaux : mais toutesfois opinion deſdite par une demonſtration oculaire : car aux meſmes Memoriaux on trouve lettres du douzieſme Aouſt 1347. adreſſées aux gens des Comptes, par leſquelles le Roy leur mande, d'autant que le Parlement ne ſiegeoit lors, il avoit delegué quelques Conſeillers & Maiſtres, pour faire le procés aux Lombards, Uſuriers, leſquels il vouloit eſtre payez de leurs vacations & ſalaires tels qu'il avoit ordonnez par chacun jour. Par autres lettres du 28. Decembre 1352. le Roy Jean ordonne à maiſtre Jean Hauvere maiſtre des Requeſtes de ſon hoſtel les gages de xxiv. ſols pariſis par jour tant qu'il ſeroit à ſa ſuitte, & qu'aux autres mois auſquels il ne devoit toucher gages, toutesfois il les receut. *Dum tamen eiſdem diebus* (dit le texte) *noſtro præſente Parlamento ſedente, ſicut alii Conſiliarii noſtri dicti Parlamenti pro expeditione cauſarum ejuſdem inſiſtat. Noſtram tamen gratiam prædictam noſtro præſente Parlamento finito, volumus non durare.* Et qui eſt un argument indubitable, c'eſt que pendant la priſon du Roy Jean, Charles V. ſon fils lors Regent, en pleine aſſemblée des Eſtats aprés avoir apporté quelque reglement & police ſur le fait du Parlement, par ſes lettres du huictieſme Février 1356. declare que ſon intention eſtoit de faire que les Chambres du Parlement, Enqueſtes & Requeſtes ſe tinſſent à l'advenir ſans aucune diſcontinuation. Ce fut un conſeil par luy projecté, & deſlors le Parlement ſe tint avec plus grande aſſiduité qu'auparavant : mais non avec ſuppreſſion generale de l'ancienne obſervance. Mais aprés qu'il fut decedé en l'an mil trois cens ſeptante neuf, la minorité du Roy Charles ſixieſme, la foibleſſe de ſon cerveau, les partialitez des Princes furent cauſe, qu'ayans leurs eſprits bandez ailleurs, on ne ſe ſouvint plus d'envoyer nouveaux roolles de Conſeillers, & par ce moyen le Parlement fut continué.

Et deſlors furent miſes ſus les elections de Preſidens & Conſeillers, tenans de là en avant leurs Eſtats à vie : & juſques alors vous ne voyez dedans les regiſtres aucune mention des elections. Il n'eſt pas neantmoins qu'auparavant cette nouvelle police encores il n'y euſt quelque deſordre au nombre des Conſeillers ou Preſidens : Car combien que Charles V. pendant ſa Regence vouluſt reduire le Parlement au nombre prefix par Philippes de Valois, ſi eſt-il contraint d'y laiſſer Dorgemont, quatrieſme Preſident ſupernumeraire avec Buſſy, la Vache & Denne-ville, à la charge que vacation de l'un des Eſtats advenant par mort, cet Eſtat demeureroit ſuprimé. Ce meſme Dorgemont fut depuis fait Chancelier de France. En l'an mil quatre cens ſix, Mauger fut fait cinquieſme Preſident & depuis auſſi Chancelier. Le penultieſme Février, mil quatre cens ſoixante cinq, ſous le regne de Louys unzieſme, Halé receut troiſieſme Advocat du Roy : Et le ſixieſme Avril 1491. fut tenu le Conſeil du Roy en la Chambre des Comptes, où eſtoit le Chancelier avec pluſieurs autres Seigneurs, & entr'autres Maiſtres Pierre Chouard, Jean l'Huillier, Jean le Maiſtre Advocats du Roy en Parlement, & Maiſtre Chriſtofle de Carmonne ſon Procureur general.

D'une choſe me ſuis-je eſbahy, qui merite de n'eſtre teüe, car ailleurs n'ay-je obſervé pareille hiſtoire. Pendant la priſon du Roy Jean, & Regence de Charles ſon fils, depuis cinquieſme Roy de ce nom, les trois Eſtats ſeditieuſement aſſemblez dedans la ville de Paris, firent démettre de leurs charges pluſieurs perſonnages tant du Parlement, que Chambre des Comptes & Finances. Le tout par les factions du Roy de Navarre, qui en cette eſclypſe commandoit aux opinions de la populace. A quoy le Regent callant la voile à la tempeſte, fut contraint d'acquieſcer. Mais depuis les affaires de France reduites en leur calme, ils furent tous reſtablis en leurs dignitez, par lettres patentes du 28. May 1359. Et entre les autres y eſtoit *un Regnaut d'Acy Advocat general, & auſſi de Monſieur* (c'eſt à dire du Roy) *& de nous en Parlement* (c'eſt à dire du Regent) c'eſt le propre texte des lettres : comme ſi la qualité d'Advocat general

general au Parlement euſt eſté diſtincte de celle d'Advocat du Roy, & du Regent.

Le Parlement ayant commencé d'eſtre tenu ſans diſcontinuation, & les Conſeillers continuez en leurs charges, cela fut cauſe que les Seigneurs ſuivans les armes furent contraints de quitter la place, & la reſigner aux gens de robbe longue. Choſe qui introduiſit au Parlement (comme j'ay dit preſentement) les elections, leſquelles eſtoient confirmées par nos Roys. Et de ces deux nouvelles polices, ſourdit auſſi une nouvelle queſtion entr'eux: parce que le dixieſme de Decembre 1410. l'election & proviſion de quelques Preſidens & Conſeillers des Enqueſtes fut retardée, d'autant que les Nobles ſouſtenoient qu'en concurrence de Nobles & roturiers on devoit premier eſlire les Nobles quand ils ſe trouvoient ſuffiſans, les autres ſouſtenans au contraire, que ſans avoir eſgard au lignage, il falloit jetter l'œil ſur la capacité & vertu. Et ſe preſentant cette queſtion devant le Roy, en la balance de deux, il jugea pour celuy qui eſtoit extraict de noble lignage.

D'un autre coſté auſſi n'eſtans plus les Conſeillers diſtincts par l'exterieur des habits, & chacun eſtant reveſtu d'une longue robbe, nos Roys ayant oſté les elections, s'en voulurent faire accroire ſelon les occaſions, gratifians à gens laiz & mariez, des Conſeilleries affectées aux Eccleſiaſtiques, vray eſt que les proviſions eſtoient accompagnées de diſpenſes, que le Parlement eſtoit contrainct de paſſer: non toutesfois ſans contraſte, parce que nous trouvons regiſtre de la Cour du vingt-deuxieſme Avril 1486. par lequel il fut arreſté que nul Lay ne ſeroit plus receu en l'office de Clerc. Et en l'an 1490. quatrieſme de Mars, Turquan fut receu en l'office de Clerc à la charge de non ſoy marier, & s'il faiſoit le contraire, conſentoit d'eſtre privé de ſon Eſtat. Le ſeizieſme Avril 1518. que Creſpin avoit l'office de Clerc ſeroit receu comme Lay : & a commandé le Roy Edict, pour n'en recevoir plus de cette façon, porte le regiſtre : finalement aprés la priſe du Roy François premier, l'an 1523. aux inſtructions de la Cour envoyées à Madame la Regente ſa mere, le dixieſme Avril ſur la reformation de l'Eſtat, entre autres articles eſtoit cettuy-cy. Que l'on ne baillaſt plus les offices de Clercs à gens Laiz. Ce nonobſtant la deſbauche s'y eſtoit avec le temps de telle façon plantée, que c'eſtoit une vraye meſlange des uns & des autres par les diſpenſes que l'on y avoit apportées du temps des Roys François.premier, & Henry deuxieſme, juſqu'à ce que par l'introduction du Semeſtre en l'an 1553. eſtans les Juges redoublez, ce nouvel deſordre reduiſit les choſes à leur ancien ordre. Parceque les Laiz qui auparavant avoient des offices de Clercs prindrent des offices de Laiz nouvellement creez, laiſſans les leurs aux gens d'Egliſe qui voudroient avoir entrée en la Cour, & depuis la reunion des deux Semeſtres, les choſes demeurerent long temps en ce meſme eſtat.

Puis que je me ſuis eſtendu ſi avant en la diſtinction des Conſeillers Clercs & Laiz, je ne veux obmettre de parler d'une troiſieſme eſpece, je veux dire ceux qui ont ſeance au Parlement, & non voix deliberative. Ce ſont les Archeveſques & Eveſques : choſe qui a pris diverſes faces, ſelon la diverſité du temps. Le Parlement ambulatoire, comme j'ay dit, eſtoit compoſé au deſſous des Pairs, de pluſieurs Prelats, Ducs, Comtes & Barons : ny pour cela il ne faut pas eſtimer que ſous la troiſieſme lignée de nos Roys, la porte fuſt ouverte à tous Archeveſques, Eveſques & Abbez, ains à ceux qui eſtoient ſpecialement reſervez. " Je trouve un vieux regiſtre de l'an 1289. par lequel il eſt defendu à Philipot le Commun, & Jean Autre, portiers du Parlement, de ne laiſſer entrer nul y des Prelats en la Chambre ſans le commandement des maiſtres ". Et depuis par ordonnance de Philippe le Long, la porte leur fut tout à fait fermée, comme j'ay deduit cy-deſſus. Au reglement qui fut fait par Charles V. lors Regent en l'an 1359. aprés avoir limité le nom des Conſeillers du Parlement à trente qui prendroient gages, ne voulant qu'il y en euſt davantage, il excepte puis aprés les Prelats, Princes & Barons, dont il y en auroit tant qu'il luy plairoit. D'autant qu'ils ne prenoient nuls gages, & ne chargeoient les finances du Roy. Reſerve qui leur ouvrit puis aprés le pas, de telle façon que les Abbez meſmes y eurent entrée juſques en l'an 1401. que par arreſt du vingt-neuvieſme Avril il leur fut defendu de ſeoir de là en avant avec les Maiſtres. Et depuis l'Abbé de Cluigny ayant preſenté ſa requeſte pour y avoir ſeance, par arreſt du penultieſme Janvier 1482. elle luy fut enterinée, pour cette fois tant ſeulement, en conſideration du grand lieu dont il eſtoit extraict, joint qu'il eſtoit chef d'ordre. Et le meſme an fut par privilege ſpecial permis à l'Archeveſque de Narbonne d'avoir voix deliberative. Ainſi que nous voyons aujourd'huy les choſes eſtre reglées, tous Archeveſques & Eveſques y ont ſeance, & non opinion, fors les ſix Pairs Eccleſiaſtics, l'Eveſque de Paris, & Abbé de Sainct Denis. Privilege qui luy avoit eſté auſſi particulierement accordé par Philippe le Long, lors qu'il ferma la porte à tous autres Prelats. Cela ſera par moy dit en paſſant, comme eſtant une piece que je ne pouvois oublier ſans faire tort à cette hiſtoire.

Je viens maintenant à la Chambre des Requeſtes du Palais, à laquelle (aprés avoir diſcouru tant de la Chambre du Parlement, que de celle des Enqueſtes) je veux donner plus de façon: d'autant qu'outre cette-cy, il y a encore la Chambre des Requeſtes de l'Hoſtel du Roy. Le ſire de Joinville dit que ſainct Louys ſon maiſtre, avoit accouſtumé de l'envoyer avecques les ſieurs de Neſle & de Soiſſons, aux plaidts de la porte, & s'il y avoit quelque choſe qu'ils ne puſſent bonnement vuider, ils luy en faiſoient le rapport, & lors envoyoit querir les parties, & jugeoit leur cauſe. Auparavant que le Parlement fuſt fait ſedentaire, je trouve un roolle des Officiers de la maiſon du Roy, au bout duquel ſont ces mots. " Monſieur Pierre de Sargives, Gilles de Compiegne, Jean Mailliere: ces trois orront les plaidts de la porte, & aura Gilles de Compiegne autant que Monſieur Pierre de Sargives, & mangera avecques le Chambellan. " De ma part je ne fais aucune doute, que ces Seigneurs eſtoient ceux que depuis nous avons appellez maiſtres des Requeſtes: & les plaidts deſla porte, les plainctes & requeſtes que l'on preſentoit au Roy, dont la cognoiſſance leur eſtoit commiſe. Depuis que le Parlement fut fait reſſeant, il y en eut ſix, trois Clercs & trois Laiz. La charge deſquels eſtoit d'eſtre ordinairement par quartier en Cour, & le demeurant de l'année au Parlement ou autres lieux, comme il leur plaiſoit, & eſtoient de telle authorité qu'à la ſuitte du Roy ils ſecondoient le Chancelier, comme auſſi au Parlement, ils preſſeoient tous autres Conſeillers au deſſous des Preſidens. En l'eſcroué du Parlement tenu ſous Louys Hutin, on inſere premierement les Conſeillers du Conſeil eſtroict, & au deſſous on baille ſon lieu particulier au Chancelier, & aprés luy aux ſix maiſtres des Requeſtes, contenant l'intitulation de l'article ces mots: " Clercs ſuivans & Laiz, maiſtre Michel Mauconduit, maiſtre Pierre Bertrand, Maiſtre Pierre de Chappes, Meſſire Jean Darrablay, Meſſire Ferry de Villepeſtre, Meſſire Jean de Courtier, deſquels y aura touſjours à Cour j. Clerc & j. Lay. Liquel prendront à Cour en la maniere accouſtumée au temps du Roy le pere, li autre ſe il vienne, ne prendront riens ſe il ne ſont mandé ". Lors que l'on vient au denombrement des Seigneurs du Parlement, aprés avoir mis le Chancelier devant tous les Conſeillers Clercs, comme chef, on met immediatement aprés luy les trois Maiſtres des Requeſtes Clercs, cy-deſſus nommez, & les trois autres Maiſtres des Requeſtes Laiz deſſus tous les Conſeillers Laiz. Ces Seigneurs eſtoient quelquesfois appellez Suivans, mais d'ordinaire Pourſuivans, non pour les vilipender, ains par un tiltre ſpecial d'honneur: parce que leurs charges entre toutes les autres eſtoient neceſſairement affectées à la ſuitte du Roy, pour recevoir les requeſtes qui luy eſtoient faites. Qui fut cauſe que depuis oubliant le premier tiltre, on les nomma Maiſtres des Requeſtes de l'Hoſtel du Roy. Et parce que ſujet ils ſe diſpenſoient quelquesfois trop legerement, jugeans fort ſouvent des Requeſtes au prejudice des parties, qui giſoient en plus grande cognoiſſance de cauſe, leur fut enjoinct que de toutes les requeſtes de Juſtice que l'on leur preſenteroit ils ſeroient tenus de les renvoyer chacune en leur chacune : c'eſtoit de faire ſeeller lettres qui ſeroient addreſſees aux Juges, auſquels devoit appartenir la cognoiſſance de telles matieres, & non de les decider.

Or tout ainsi qu'en matiere de medailles les antiques sont de plus grande recommandation que les modernes, aussi vous veux-je icy representer l'ancienne ordonnance de Philippe le Long. Non vrayement au mesme langage qu'elle fut faite : car le malheur du temps a voulu, qu'en cette-cy & plusieurs autres par moy alleguées on ait changé le langage, selon le temps qu'elles estoient copiées. Qui est cause que je suis contraint de les vous debiter telles que je les ay trouvées.

„ Philippe par la grace de Dieu Roy de France & de Navarre, faisons sçavoir à tous, nous avoir fait extraire de nos ordonnances faites par nostre grand Conseil, les articles cy-aprés escrits, lesquels nous voulons estre tenus & gardez fermement sans corrompre par nos poursuivans.
„ Premierement avons ordené que deux de ceux des Requestes seront continuellement avec nous suivans la Cour, & non plus, j. Clerc, & j. Lay, lesquels seront tenus de seoir chacun jour à heures accoustumées en leur commun pour ouïr les requestes que faites leur seront, & ne passeront ne souffreront passer aucunes lettres contraires à nos ordonnances.
„ Lesdits poursuivans ne delivreront ne passeront nulles requestes qui touchent nostre Parlement, Chambres des Comptes, ou nostre Tresor, ainçois iceux requereurs renvoyeront aux lieux là où il appartiendra chacun endroit soy.
„ Et pource que moult de requestes ont esté souvent faites à nos predecesseurs & à nous, qui passées ont esté fraudulesement sous umbre d'aucune couleur de raison, lesquelles se discutées eussent pardevant ceux qui sont instruits & ont cognoissance des besongnes, n'eussent pas esté passées : comme de moult de gens qui requierent recompensation de services, restitution de dommages, graces de dire contre les arrests donnez en nostre Parlement, & plusieurs autres choses semblables, où moult de fraudes & deceptions ont esté faites au temps passé. De toutes icelles requestes nous doivent les Poursuivans qui avec nous seront, adviser, afin qu'elles ne passent & qu'elles soient envoyées aux lieux où il appartiendra.
„ Nous avons ordené pour tousjours avoir pleine cognoissance des choses qui se feront pardevant nous, qu'un livre soit fait que l'on appellera Journal, auquel on escrira continuellement tout ce que fait aura esté en nostre Conseil estroit, dont memoire soit à faire. Et à celuy livre faire & garder nous avons ordené maistre Pierre Baux nostre Clerc : Auquel il sera dit & devisé par ceux qui seront presens de nostredit Conseil, ou par l'un des poursuivans si appellé estoit, au cas que les autres fussent absens chacun jour, ce qui fait aura esté en nostredict Conseil, dont mention soit faite, & y seront mis expressément les noms de ceux qui auront esté aux besongnes Conseillers.
„ Et peu aprés : C'est que les Notaires nous poursuivans doivent faire & garder sur les choses qui s'ensuivent.
„ Item que lesdits Notaires ne porteront nulles lettres pour porter sceller, avant qu'elles ayent esté veuës à ceux qui les auront commandées, & ce mesmes doivent faire tous les autres Notaires, combien qu'ils ne poursuivent la Cour. Et toutes ces choses doit chacun desdits poursuivans & Notaires tenir & garder fermement sans corrompre ; & si aucun cas venoit qu'ils ne peussent esclaircir par les articles dessusdits, voulons pour eux acertener sur ce, qu'ils ayent recours à nostre Chambre des Comptes, où nous avons fait registrer nosdites ordonnances, & bailler en garde.

Ce mot de *pour* joinct avecques une autre parole emporte quelque emphase grande, comme nous voyons en ces mots, pour-parler, pour-penser, pour-chasser.

Au demeurant de ces deux pieces, je veux dire du denombrement de Louys Hutin, par moy n'aguerez touché, & de la presente ordonnance, vous pouvez presque recueillir dont viennent leurs charges & fonctions. Car ces Seigneurs estans necessitez d'estre à la suitte du Roy prés du Chancelier, ils furent faicts ses commensaux, voire que pension luy fut assignée pour les recevoir à sa table : aussi estoient-ils comme les Lieutenans pour le sceau: & de là vient que les principales lettres Royaux doivent estre signées en queuë par l'un d'eux. De là qu'ils president au petit sceau es-

tably prés des Parlemens, comme representans la personne du Chancelier absent ; & neantmoins leur presence & authorité n'y est pas requise pour faire que les lettres portent effect de sentence, mais pour ne permettre qu'elles soient seellées, si par le narré d'icelles on voit qu'elles contreviennent aux ordonnances Royaux, & pour le surplus renvoyer l'adresse des lettres pour estre jugées par les Juges selon l'exigence des cas. De là, que tout ainsi que dés le temps de Philippes le Long ils secondoient les Conseillers du grand Conseil qui estoit prés du Roy, comme vous voyez de cette ordonnance : aussi voyez-vous qu'ils font le semblable au Conseil d'Estat qui est aujourd'huy prés du Roy. Et de cela mesme advint le grand Conseil ayant pris nouvelle forme, ils y tindrent les premiers lieux. Et pour achever par où je devois commencer, de l'ordre qui fut tenu dés le temps mesmes de Louys Hutin vient qu'ils siegent au Parlement devant tous les autres Conseillers. Chose qui apporta autrefois une dispute qui est encores indecise. Car comme ainsi fut qu'à l'ouverture du Parlement de la Saint Martin l'an 1407. ne se trouvast aucun President pour recevoir les sermens des Advocats & Procureurs, qui apporta un merveilleux scandale à la compagnie, les Maistres des Requestes, & les Conseillers entrerent lors en contention à qui appartenoit ce premier lieu : ceux-là soustenans que tout ainsi qu'ils estoient les premiers en seance, aussi la preseance leur devoit appartenir. Et ceux-cy que residens perpetuellement au Parlement, le plus ancien de leur college devoir estre preferé aux autres. Surquoy chacun ne voulant rien rabatre de son opinion, on deputa quelques Seigneurs de la Cour pardevers le Roy & son Conseil, pour definir ce different. Toutesfois sans approfondir l'affaire, on trouva cet expedient, de decerner lettres par lesquelles du Drac President aux Requestes fut commis pour presider. Depuis en l'absence des Presidens & des Maistres des Requestes, j'ay veu sans controverse le plus ancien des Conseillers Laiz presider & prononcer les arrests en l'audience, sans que les Conseillers Clercs ayent revoqué cette puissance en doute. Mais pour ne me detraquer du chemin, & n'oublier rien de ce qui concerne l'authorité des Maistres des Requestes, ils eurent cognoissance & jurisdiction contentieuse en deux points ; l'un quand le titre d'un office Royal estoit contentieux entre deux parties, l'autre quand on poursuivoit en action pure personnelle un officier domestique du Roy qui estoit à la suitte de sa Cour. Nous apprenons cela d'une ordonnance de Philippe de Valois de l'an 1344. Et de ces deux est fort aisé d'en rendre raison : car pour le regard des offices il falloit necessairement que les parties eussent recours au Roy pour les en avoir pourveus : Lequel s'en reposoit sur les Maistres des Requestes : comme aussi la faveur de ses domestiques meritoit bien qu'ils ne fussent distraits pour causes legeres du service qu'ils devoient rendre à leur maistre : Partant fut la cognoissance de telles affaires commise pareillement aux Maistres des Requestes. Entre les ordonnances du Roy Jean & cette-cy du 28. Decembre 1359. par laquelle il veut " que toutes „ jurisdictions soient delaissées aux Juges ordinaires, sans que „ les sujets puissent estre travaillez ailleurs, excepté seulement que les Maistres des Requestes de son Hostel auroient „ la connoissance des offices, & aussi des Officiers de son Hostel en actions pures personnelles, en deffendant & non en „ demandant ". Au demeurant ils furent du commencement trois, puis six, & estans creuz en nombre plus grand, Philippes de Valois par son Edict du 8. Avril 1342. declara qu'il ne pourvoiroit plus à nul de ces offices qu'ils ne fussent reduits au nombre ancien de six. Du temps de Charles VIII. ils estoient huict, quatre Clercs, & quatre Laiz. Nombre qui avoit esté continué jusques au Roy François I. sous lequel commença le desordre. Vray que les fois à autres en en creoit des extraordinaires : qui estoit cause que les autres s'intituloient Maistres ordinaires, pour ne laisser enjamber sur leur authorité ancienne.

J'ay voulu de propos deliberé premierement discourir des Maistres des Requestes de l'Hostel, parce que la Chambre des Requestes du Palais, n'est qu'une image des premiers, & à vray dire, a emprunté d'eux la jurisdiction qu'elle exerce pour le jourd'huy. Car quelle rencontre & communauté a l'exercice de leur jurisdiction avecques le mot de Requestes, qui est leur principale qualité ? Or pour entendre cecy de fonds en comble, faut noter qu'aux Parlemens qui furent tenus dans Paris sous Philippes le Bel, & Louys Hutin, je ne voy estre faite aucune mention d'une Chambre des Requestes : car lors les requestes estoient respondües par les Conseillers du Parlement & des Enquestes. Et tout ainsi qu'à la suite du Roy il y avoit les Maistres des Requestes de son Hostel, qui estoient destinés pour juger les Requestes qui luy estoient presentées, sinon les mettre à sa cognoissance si elles estoient de trop grand poids, aussi voulut-on introduire semblable ordre pour les requestes qui seroient presentées au Parlement. C'est pourquoy sous le Roy Philippes le Long, outre les deux Chambres, du Parlement, & des Enquestes, on y crea une troisiesme, qui fut celle des Requestes. En quoy l'on suivit presque la mesme forme, que celle que l'on observoit prés du Roy : Parce que comme du commencement on appelloit telles Requestes, les plaids de la porte du Roy, aussi mit-on la Chambre des Requestes hors l'enclos des deux autres Chambres, comme celle qui estoit introduite pour juger les plaids de la porte du Parlement, qui estoient les Requestes que l'on luy presentoit. Et où ils se trouveroient de l'obscurité, ils devoient en communiquer aux Maistres du Parlement. Du commencement on y mit quatre Conseillers, deux Clercs & deux Laiz, en aprés cinq, trois Clercs, & deux Laiz, & finalement huict, conformément aux huict Maistres des Requestes de l'Hostel du Roy. La plus ancienne Ordonnance qui en parle est celle de Philippes le Long, de l'an 1320. par moy cy-dessus touchée, dont je transcriray les articles.

» Avons ordené & ordonnons sur l'Estat de nos Requestes
» en tel maniere : C'est à sçavoir qu'il y aura trois Clercs &
» deux Laiz : lesquels viendront le matin à l'heure que ceux du
» Parlement, & demourront jusques à midy, s'il en est mestier, & orront continuellement & par bonne deliberation
» lesdites Requestes.
» Si aucune requeste estoit baillée à ceux des Requestes, laquelle ils ne peussent pas bonnement depescher, ils en parleront aux gens de nostre Parlement quand midy sera sonné, & si la requeste estoit si pesante qu'il en convenist avoir greigneur deliberation, en parleront quand l'en sera aux Arrests (c'estoit les jours de Jeudy, ainsi qu'il a esté dict cy-dessus) & le diront à celuy à qui ladite requeste touchera, afin qu'il sçache qu'on ne le face pas attendre sans cause.
» Ceux des Requestes n'entreront en la Chambre du Parlement, fors pour les cas dessusdits, se ils n'y sont mandez, ou se ils n'y ont affaire pour leurs propres besongnes, ou pour leurs amis especiaux : & en ce cas si tost comme ils auront parlé, ils s'en istront, & iront faire leurs offices.

Cette Ordonnance nous enseigne que lors ces Messieurs representoient les Conseillers qui jugent aujourd'huy les instances à la barre. Les grands empeschemens des Maistres des Requestes de l'Hostel du Roy, qui estoient à la suite du grand sceau, furent cause qu'au long aller les causes des domestiques de la maison du Roy qui estoient pendantes devant eux, furent renvoyées aux gens tenans les Requestes du Palais. Il y avoit entre eux symbolization de noms, & de charges sous diverses rencontres. Ceux qui estoient prés du Roy, estoient dicts Maistres des Requestes de l'Hostel du Roy. Les autres Maistres des Requestes du Palais. Ceux-là avoient cognoissance des requestes presentées au Roy. Ceux-cy de celles qui estoient presentées au Parlement. En cette rencontre de noms & de fonctions, il fut aisé de faire changer de main aux procedures que l'on faisoit de la suite de la Cour du Roy. Les Officiers domestiques du Roy pensans avoir plus prompte expedition aux Requestes du Palais, obtindrent commissions, pour intenter leurs causes personnelles, mais tant en demandant qu'en deffendant, comme aussi d'y faire renvoyer celles qui estoient intentées pardevant les Maistres des requestes de l'Hostel. Ces commissions furent dés leur primitive origine appellées *Committimus*. Des personnelles on creut avecques le temps le privilege, & l'estendit-on aux possessoires, & encores aux mixtes, c'est à dire à celles qui tiennent de la personnalité & realité ensemble, comme sont les instances de partages, rescisions, retraits lignagers, & feudaux. Voire voulut-on que les Seigneurs eussent cognoissance du merite du *Committimus*, privativement de tous autres Juges : Je veux dire que si une cause estoit renvoyée pardevant eux en vertu d'un *Committimus*, tout autre juge eust soudain les mains liées, & leur renvoyast la cause, sauf à eux d'examiner si elles estoient de leur cognoissance. Chose que je voy avoir esté ainsi jugée par Arrest dés le 8. Juillet 1367. Auquel temps les *Committimus* commençoient seulement de poindre. Cela se faisoit pour autant que ces Commissaires à cause de leurs Conseilleries faisoient part & portion de la Cour. Et comme ainsi fust que les Requestes de l'Hostel s'en voulussent faire croire au prejudice des autres, ne pouvans bonnement endurer que leur jurisdiction fust en cette façon divisée, le Roy Charles VII. en l'an 1453. evoqua aux Requestes du Palais toutes causes de la nature que dessus, qui estoient pendantes & indecises devant les Maistres des Requestes de l'Hostel. Et le 5. Juillet en l'an 1452. avoit esté faite la publication de l'auditoire des Requestes du Palais par le President Thiboust, & l'Evesque de Paris.

Dessors on reprit la premiere & plus ancienne discipline du Parlement : parce que les Conseillers de la grand Chambre & des Enquestes commencerent de cognoistre des Requestes qui leur estoient presentées : & à cette fin avoient accoustumé de se presenter en la grand salle du Palais prés la porte de la grand Chambre, appuyez sur une grand'barre que l'on voit encores à l'entrée à la muraille, & qui se peut oster quand on veut. Et combien que l'usage de cette barre soit perdu, tant y a que de là vient que nous appellons toutes instances qui sont encores sur les Requestes, instances pendantes à la barre.

Cela soit par moy touché en passant, mais pour revenir à la Chambre des Requestes du Palais, n'y ayans du commencement que les Officiers de la maison du Roy qui peussent jouyr du *Committimus*, chacun vouloit emprunter ce tiltre sous faux gages. Qui fut cause que Charles VI. sous lequel les *Committimus* commencerent d'entrer en plus grand credit qu'auparavant, par son Ordonnance de l'an 1386. voulut que nul ne peust jouyr de ce benefice, s'il ne jouyssoit actuellement des gages. On passa puis aprés plus outre, parce que tous les Conseillers du Parlement & des Enquestes voulurent avoir ce privilege, ensemble les Greffiers, Notaires & Secretaires de la Cour, mesmes il fut dit p'r Arrest du 14. Decembre 1408. que quatre Clercs du Greffe Civil, deux du Criminel, & un des presentations, auroient leurs causes commises aux Requestes du Palais. Les Advocats y voulurent aussi avoir part, & non sans cause : D'autant qu'en une ancienne Ordonnance inserée dans le vieux stile du Parlement, où il est parlé du serment qu'ils doivent faire à la Cour, ils sont appellez Advocats & Conseillers du Parlement : Aussi les Advocats, tant plaidans que consultans sont honorez du chaperon fourré, qui est la vraye remarque du Magistrat du Palais : Et encores on donne aux plus anciens seance sur les fleurs de Lys vis à vis des gens du Roy. Tout ainsi que les Advocats, aussi les Procureurs du Parlement se mirent de la partie. Tant de sortes de personnes voulans avoir part à ce gasteau, cela fut cause que le Chancellier Brissonnet, sous le regne de Charles VIII. declara en plein Parlement le 16. Fevrier 1497. qu'il ne delivreroit plus de *Committimus* qu'aux domestiques du Roy, & specialement qu'il n'en seelleroit plus pour les Advocats, je ne parle point des Procureurs. Qui me fait dire que lors ils ne jouissoient pas de ce privilege. Car il y avoit beaucoup plus de raison de le leur refuser, qu'aux Advocats. Cette mesme querelle a depuis esté soustenuë, tant par le Chancelier Olivier, que de l'Hospital, mais ils ne l'ont peu gagner. Par l'Edit de Moulins de l'an 1566. est fait un article exprés de ceux qui pouvoient jouyr du *Committimus*, où sont compris les principaux Officiers de la Couronne, les Conseillers du Conseil privé, les Maistres des Requestes de l'Hostel, Notaires & Secretaires du Roy, les Officiers domestiques couchez en l'Estat du Roy & de la Royne sa mere, ses freres, sœurs, oncles, tantes, enfans de France. Douze des plus anciens Advocats du Parlement, &

autant

autant de Procureurs. Les Chapitres & communautez des Eglises qui de ce avoient privilege pour les affaires de leurs Eglises. Il ne parle point des Conseillers du Parlement, & autres qui en dependent. Mais il n'estoit besoin de les y comprendre, comme chose assez entenduë, puis que quelques Advocats & Procureurs y estoient compris; & neantmoins encores n'a cet article sorty son effect, parce que sans acceptation de personnes quiconque est Advocat ou Procureur au Parlement, il joüit de ce benefice, je dirois volontiers malefice, pour estre une grande pitié de distraire un pauvre homme de sa jurisdiction ordinaire, quelquesfois de cent & de six vingts lieuës. Nos ancestres aux causes legeres, comme simples personnelles, mesmes en defendant seulement, voulurent que les domestiques du Roy, procedassent devant les Maistres des Requestes de l'Hostel, à la suite de la Cour, pour n'estre destournez du service qu'ils devoient au Roy. D'avoir depuis sur ces personnelles enté les actions possessoires & mixtes, tant en demandant que defendant, & sur ce pied permettre à un officier domestique de quitter sa jurisdiction ordinaire, & choisir celle des Requestes du Palais, afin d'affliger sa partie adverse, paradvanture une chose qui meriteroit reformation, si nostre France en estoit capable: Cela aucunement recogneu par l'Edit du mois de Janvier 1560. sur la doleance des Estats tenus à Orleans, furent tous sieges des Requestes supprimez, establis és autres Parlemens, sors celuy du Parlement de Paris. Ordonnance qui ne sortit jamais effect, au contraire on les a depuis augmentez, ainsi que les occasions s'y sont presentées, mesmes en l'an 1580 Henry III. fit une seconde chambre des Requestes au Parlement de Paris.

Or auparavant que le Parlement fust continuel, il ne faut point faire de doute que Messieurs des Enquestes & Requestes ne tenoient tel rang que Messieurs de la grand Chambre. Les adresses des lettres se faisoient aux gens qui tiennent ou tiendront nostre Parlement, Enquestes & Requestes, comme si ces derniers fussent separez du Parlement. Il n'est pas que l'on ne trouve plusieurs lettres, esquelles aprés les gens du Parlement on mer immediatement les gens tenans les Comptes, puis les Enquestes & Requestes. Et combien que le Parlement faict continuel, ait osté cette diference, & que sous le nom de la Cour de Parlement, on comprenne la grand Chambre avecques les Chambres des Enquestes & requestes: si est-ce que la grand Chambre a tousjours eu de grandes prerogatives sur les autres. Un procez ayant esté conclud & arresté en l'une des Chambres des Enquestes, entre le Mareschal de Rieux, & les Marchands frequentans la riviere de Loire, les Presidens, y trouvans quelque chose à redire, ils en firent plainte à la grand Chambre, laquelle par son Arrest du 7. Janvier 1409. ordonna que le procez seroit reveu avec les Conseillers qui l'avoient jugé: & depuis par autre Arrest du 4. Decembre 1411. fut trouvé que les Enquestes avoient bien jugé. Ils ne pouvoient mettre les appellations au neant, qui est une moyenne voye entre le bien & mal jugé. Cela leur fut permis le 8. Janvier 1422. Et par Arrest du cinquiesme Janvier 1505. il fut ordonné que quand le President de l'une des Chambres des Enquestes seroit absent, il ne seroit permis aux autres d'y presider, ains appartenoit à la grand Chambre d'y commettre celuy qu'elle voudroit. L'autorité de cette grand Chambre est telle, qu'il n'y a celuy des Enquestes qui avecques le temps n'espere & ne desire y avoir seance, comme derniere ressource de ses pensemens. Et y a une histoire fort notable d'un different qui se presenta le 29. May 1422. entre Maistre Jacques Brulard, President aux Enquestes, & Maistre Guillaume Guy Conseiller, à qui auroit le devant de l'autre pour cet effect, Guy combattant l'anciennete de sa reception, qui estoit de dix ans entiers, & Brulard de sa qualité de President. Surquoy les Chambres assemblées fut dit & ordonné que Brulard seroit preferé à l'autre: je dy nommément les Chambres assemblées: parce qu'auparavant que le Parlement fust fait continuel, on ne sçavoit que c'estoit d'assembler les Chambres.

╋╋

CHAPITRE IV.

De plusieurs particularitez qui concernent le Parlement.

JE veux que le Lecteur reprenne icy son haleine, & c'est pourquoy d'un chapitre il me plaist d'en faire deux. D'autant qu'au discours de ce Parlement il y a plusieurs particularitez qui meritent de n'estre oubliées. Car en premier lieu pour donner occasion, & aux Juges de bien juger, & aux parties de ne provigner leurs procez, nos anciens eurent coustume une coustume generale de faire adjourner les Juges pour venir soustenir leur jugé à leurs perils & fortunes. Et faisoient seulement inthimer & signifier l'appel à la partie qui avoit obtenu gain de cause, afin qu'elle assistat au plaidoyé, si bon luy sembloit, pour oster toute occasion au Juge de ne s'entendre & colluder avec l'appellant. Laquelle coustume, ores qu'elle soit perie, si en sont encores demeurées les vieilles traces jusques à nous: Et ce qu'encores pour le present on adjourne les Juges, & inthime-l'on seulement les parties. Qui me fait presque penser(d'autant que je voy cette façon de faire estre observée, tant à l'endroit des Juges Royaux qu'autres Juges guestrez & pedanees) que de vieille & primitive institution estoient aussi bien les Juges Royaux pris à parties comme les autres, & que depuis fut supprimée la rigueur de cette coustume: De sorte que puis aprés elle fut seulement praticquée à l'endroict des Juges non Royaux, comme nous apprenons du vieux stile du Parlement. Et à cette mienne opinion assiste, que par anciennes Ordonnances ils devoient assister en personnes aux jours de leurs Parlemens, pour veoir reformer leurs sentences: Et au droict mesme originel des François, ils eurent une sorte de Juges qu'ils appelloient Rhatimbourgs, expressément destinez pour decider des causes qui se presentoient pour le fait de la Loy Salique. Lesquels se trouvans avoir sentencié autrement que la Loy ne portoit, se rendoient pour cette faute emendables en certaine somme envers celuy contre lequel ils avoient jugé, ainsi que l'on trouve au chapitre soixantiesme de la Loy Salique. Tellement qu'il n'est pas du tout hors de propos d'estimer qu'anciennement tous Juges de quelque qualité qu'ils fussent estoient responsables de leurs jugemens: Et que depuis cette coustume fut restrainte & limitée encontre seulement ceux qui se trouvoient Juges non Royaux: jusques à ce que finalement s'est venue maniere de faire du tout annichilée entre nous, ne nous estant demeuré pour remarque de toute cette ancienneté que les paroles sans effect. Car encores que nous fassions adjourner les Juges comme vrayes parties, si est-ce que cela se fait à present tant seulement pour la forme: demeurant à la personne de l'inthimé le faix & hazard des despens. Et à la mienne volonté que cette ancienne coustume eust repris sa racine en nous, pour bannir les ambitions effrenées qui voguent aujourd'huy par la France en matiere de Judicature.

Aussi eurent nos ancestres une chose qu'ils observerent tres-soigneusement, parce que du commencement il n'estoit permis bailler assignation aux parties adverses, sinon aux jours qui estoient du Parlement de leurs Bailliages ou Seneschaussées. Pour laquelle chose entendre, faut noter que ce Parlement estant fait continuel ne distribua les territoires, ordonnant par tangs certains jours dediez pour rendre droict à chasque Bailliage. Ces jours selon qu'ils estoient ordonnez, s'appelloient jours du Parlement de Vermandois, Touraine, Anjou, Maine, ou autrement. De sorte lors une coustume notable & recogneuë par nos vieilles Ordonnances: Car aprés que l'on s'estoit presenté, on faisoit les rooles ordinaires, dans lesquelles chasque cause estoit couchée à son rang. Se pouvant chascun asseurer d'avoir expedition en justice, selon son degré de priorité ou posteriorité. Et trouve-l'on mesmement Arrest donné long-temps

Rooles ordinaires.

temps après la reseance du Parlement, par lequel dés le neufviéme d'Octobre mil quatre cens trente-six, sur les impetuositez qui se presentoient par les parties qui vouloient enfraindre ce vieil ordre, fut ordonné que les Lundis & les Mardis on plaideroit des causes ordinaires, & non d'autres: Et deffendu à toutes personnes de ne demander les Audiences extraordinaires. Pour lesquelles furent reservez les Jeudis, ainsi qu'il plairoit au President qui tiendroit l'Audience les distribuer en faveur des veufves, orphelins & pauvres. Ordonnance renouvellée par le quarante-deuxiesme article de l'Edit d'Orleans de l'an 1560.

Rooles extraordinaires.

Jours destinez pour la vuidange des procez des Bailliages.

Pour retourner au progrez de mon propos, en cette distribution de Bailliages assignez à certains jours, estoit un chacun astraint de soy contenir dans les bornes de son Parlement, jusques à ce que la subtilité des praticiens trouva une clause de Chancellerie, que l'on a encores de coustume d'inserer dedans les lettres d'appel, par laquelle il est porté de donner assignation à sa partie adverse, posé que ce ne soit des jours dont l'on plaidera au Parlement, ainsi que Jean de Bouteiller vieux praticien nous admoneste de faire en la pratique, intitulée Somme rurale, en laquelle y a plusieurs decisions anciennes tres notables. De là commencerent à sourdre je ne sçay quelles petites chiquaneries (comme les esprits des hommes ne demeurent jamais oiseux és cas où leur profit se presente) sçavoir si cette clause estant obmise, l'impetrant des lettres devoit à son adversaire les despens de l'assignation, comme l'ayant de son authorité privée & sans derogation expresse assigné à jours hors le Parlement: Sur laquelle difficulté Jean Gallus, homme qui florissoit du temps de Charles VI. se vante en quelque endroit des decisions avoir respondu. Et de fait en la question 124. il dispute ce qu'opere cette clause mise dans un relief d'appel.

Anciennement deffendu de plaider par Procureur.

Entre ces honorables coustumes, nos anciens eurent une chose digne de grande recommandation. Car desirans couper toute broche aux procez, ce neantmoins cognoissans que de permettre en cette Cour, qu'il y eust certains hommes qui n'eussent autre vacation que à procurer les affaires d'un estranger, seroit au lieu d'amortir les procez, les immortaliser à jamais, d'autant qu'il est bien mal-aisé qu'un homme ayme à la fin d'une chose dont depend le gain de sa vie; pour cette cause estoit un chascun forcé de venir aux assignations en personne. Et toutesfois là où il n'eust eu si prompte expedition & depesche que les affaires de sa maison desiroient, luy estoit permis creer un Procureur en sa cause. Non pas avec tel abandon qu'à present, ains par benefice du Prince, & encore sous telle condition que le Parlement expiré, s'expiroit aussi chaque procuration. Tant estoient nos ancestres soucieux d'empescher qu'aucun ne fist son estat de vivre à la poursuite & solicitation des causes d'autruy, prevoyans le mal qui depuis en est advenu. Cette usance estoit fort loüable, & à bonne intention instituée: toutefois (voyez comme une chose bonne d'entrée se corrompt par traict de temps) la malice & opiniastreté des plaideurs ne cessant, falloit renouveller d'an en an telles procurations par benefice du seel, dont les Secretaires corbinoient un grand gain. De là est que la premiere lettre qui se trouve au Protecole de Chancellerie, ce sont lettres que nos predecesseurs appelloient Grace à plaidoyer par Procureur, par lesquelles le Roy, de grace speciale permettoit à une partie de plaider par Procureur au Parlement & dehors, jusques à un an. Pour obvier à tels abus, la Cour depuis d'un bon advis, voulut que par Requeste generale presentée par les Procureurs au commencement de chaque Parlement, seroient icelles procurations continuées annuellement par l'authorité de cette Cour, sans que de là en avant il fust besoin avoir recours au seel. Laquelle chose s'est observée jusques en l'an mil cinq cens vingt-huict, que par Ordonnance du Roy François premier furent toutes telles procurations confirmées & continuées jusques à ce qu'elles fussent revoquées expressement par les Maistres. Ainsi sont creus en nombre excessif Procureurs. Au moyen dequoy à bonne & juste raison le Chancelier Olivier, deffendit par Edict expres, sous le regne de François premier, qu'on n'eust à en pourvoir aucuns de nouveau à cet Estat. Lesquelles mesmes deffences avoient esté faites du temps de Charles huictiesme, en l'an mil quatre cens quatre-vingts & sept.

Voilà comment chasque chose a pris divers plis selon diversité des temps & saisons. Outre lesquelles mutations encores s'en sont trouvées d'autres dignes d'estre en ce lieu remarquées. Car les Espices que nous donnons maintenant, ne se donnoient anciennement par necessité. Mais celuy qui avoit obtenu gain de cause par forme de recognoissance, ou regraciement de la Justice qu'on luy avoit gardée, faisoit present à ses Juges de quelques dragées & confitures: car le mot d'Espices pour nos anciens estoit pris pour confitures & dragées, & ainsi en a usé Maistre Alain Chartier en l'Histoire de Charles septiesme, chapitre commençant l'an mil quatre cens trente quatre. Où il dict que » le Roy Charles septiesme sejournant en la ville de Vienne & ayant esté visité par la Royne de Sicile, le Roy luy fit dit-il, grande chere, & vint aprés souper, & aprés que la Royne eut fait la reverence au Roy, danserent longuement, & aprés vint vin & espices, & servit le Roy Monseigneur le Comte de Clermont de vin, & Monsieur le Connestable servit d'espices ». Et en cas semblable Philippes de Commines au second chapitre de ses Memoires, dit que Philippes Duc de Bourgogne donna congé aux Ambassadeurs venus de la part du Roy de France, aprés qu'il leur eut fait prendre le vin & les espices. Lequel mot pris en cette signification, s'est perpetué jusques à nous, és festins solemnels qui se celebrent aux escholes des Theologiens de cette ville de Paris, esque's l'on a sur le dessert accoustumé de demander le vin & les espices. Ces espices doncques se donnoient du commencement par forme de courtoisie à leurs Juges, par ceux qui avoient obtenu gain de cause, ainsi que je disois ores. Neantmoins le malheur du temps voulut tirer telles liberalitez en consequence: Si que d'une honnesteté on fit une necessité. Pourlaquelle chose le dix-septiesme jour de May, mil quatre cens deux, fut ordonné que les espices qui se donneroient pour avoir visité les procez, viendroient en taxe. Et pour autant que les Procureurs vouloient user de mesme privilege sur leurs clients, le dix-neufiesme jour ensuivant furent faictes defences aux Procureurs, de n'exiger de leurs Maistres aucunes choses sous ombre d'Espices: Toutes-fois si les parties estoient grosses, & qu'il eust esté question de matiere qui importast, estoit permis de leur donner deux ou trois livres d'Espices. Depuis les Espices furent eschangées en argent, aimans mieux les Juges toucher deniers que des dragées. Tout de la mesme façon que nous voyons qu'aux doctorandes la plus part de nos Maistres de la Sorbonne aimerent mieux choisir vingt sols qu'un bonnet: ou en cas encores beaucoup plus semblable, ainsi que l'on fait en la ville de Tholose: auquel lieu les nouveaux Docteurs ont accoustumé de faire present de boëttes de dragées aux Docteurs Regens, par forme de gratification de leur nouvelle promotion: Ce que j'ay veu de mon temps plusieurs Regens avoir eschangé en argent.

Or combien que ce lieu ait souvent Parlement ait quelquesfois esté repris pour les chiquaneries & longueurs qui y ont esté introduites entre les parties privées: si a-il esté tousjours destiné pour les affaires publiques, & verification des Edits: Car tout ainsi que sous Charlemagne & ses successeurs ne s'entreprenoit chose de consequence au Royaume que l'on ne fist assemblée & de Prelats, & de Barons, pour avoir l'œil sur cette affaire: aussi le Parlement estant arresté, fut trouvé bon que les volontez generales de nos Roys n'obtinssent point lieu d'Edicts, sinon qu'elles eussent esté verifiées & emologuées en ce lieu. Laquelle chose premierement se pratiquoit sans hypocrisie & dissimulation, deferans nos Roys grandement aux deliberations de la Cour. Et avec ce, l'on prestoit pour les grands & premiers Estats de la France serment en cette Cour. Ainsi trouve l'on és registres, neufiesme Septembre mil quatre cens sept, serment presté par Jean Duc de Bourgogne comme Pair: le septiesme Novembre mil quatre cens dix, reception d'un grand Pannetier; & aussi un Mareschal de France, receu le sixiesme jour de Juin mil quatre cens dix-sept: & le mesme jour un Admiral: Et le seiziesme jour ensuivant un grand Veneur: le troisiesme jour de Fevrier, mil quatre cens vingt & un, le grand Maistre des Arbalestiers, le seiziesme Janvier

vier mil quatre cens trente-neuf, Courtenay receu Admiral : Et qui plus est, un Thresorier & general administrateur des Finances, le seiziesme Avril mil quatre cens vingt-cinq : Et le semblable le treiziesme Octobre mil quatre cens trente-neuf. Laquelle chose nous avons veu s'observer de nostre temps sous le regne du Roy Henry second, en la reception de Messire Gaspard de Colligny, Seigneur de Chastillon, en l'Estat de l'Admirauté. Toutesfois je ne sçay comment nos coustumes se sont par traite de temps sinon du tout annichilées, pour le moins non si estroitement observées comme nos anciens avoient fait. Aussi semble-il que telles coustumes ayent esté plus soigneusement observées lors des minoritez de nos Roys, ou en cas d'alteration de leur bon sens, comme estoient presque toutes les années que j'ay specifiées cy-dessus. Pendant lequel temps l'authorité de la Cour a esté tousjours de quelque plus grande efficace que sous la majorité de nos Roys. Et au surplus au regard des emologations des Edicts, encores que l'usance en soit venuë jusques à nous, si faut-il que nous recognoissions que quelques-fois on ne passe & entherine contre l'opinion de cette Cour. Et l'un des premiers qui à son plaisir força les volontez de la Cour, feignant de luy gratifier en tout & par tout, fut Jean Duc de Bourgongne (fleau ancien de la France) duquel entre autres choses on lit que voulant, pour gaigner le cœur du Pape, faire supprimer les Ordonnances qui avoient esté faictes quelques années auparavant contre les abus de la Cour de Rome, envoya par plusieurs fois sous le nom du Roy, Edict revocatoire d'icelles, que jamais la Cour ne voulut emologuer. Au moyen de quoy Messire Eustache de Laistre, Chancelier, faict de la main de Duc, le Comte de Sainct Pol lors Gouverneur de Paris, le Seigneur de Manteron, vindrent au Parlement le trentiesme jour de Mars mil quatre cens dix-huit : Et firent publier ces lettres revocatoires, sans ouyr le Procureur General & en son absence. Et commanda le Chancelier que l'on y mist *Lecta publicata*, &c. Et aprés son partement vindrent plusieurs Conseillers au Greffier, remonstrer que puis que c'estoit contre la deliberation de la Cour, il ne devoit mettre *Lecta*. Ou bien s'il le vouloit mettre, devoit y adjouster clause, par laquelle il apparust que la Compagnie n'avoit approuvé cette publication ; lequel fit response qu'il se garderoit de mesprendre. Et le lendemain ceux des Enquestes vindrent à la grand Chambre faire pareilles remonstrances. Surquoy fut dict que nonobstant cette publication, la Cour n'entendoit approuver cette revocation, & aussi qu'il y avoit par le commandement du Chancelier. Depuis ce temps les affaires de France furent tousjours en grands troubles, sous la subjection des Anglois. Pendant lequel temps le Duc de Bettfort lors Regent se fit semblablement souvent croire contre la volonté de la Cour. Et les choses estans au long aller reduites sous la puissance de Charles VII. vray & legitime heritier de la Couronne, Louys XI. son fils, entre tous les autres Roys de France, n'usa gueres de l'authorité de cette grande Compagnie, sinon entant que directement elle se conformoit à ses volontez : Voulant estre ordinairement creu d'une puissance absoluë & opiniastreté singuliere. Ainsi que mesmement on lit de luy estant encores simple Dauphin en certaine publication requise au profit de Charles d'Anjou Comte du Maine, beau-frere de Charles VII. Car comme Charles d'Anjou requist, que l'on eust à publier en la Cour la donation qui luy avoit esté faicte par le Roy, des terres de Sainct Maixant, Mesles, Civray & autres, à quoy le Procureur General du Roy fit lors response, que les deux Advocats estoient absens, & que sans leur conseil il ne pouvoir rien : & que par le conseil du Comte fut repliqué qu'il n'estoit besoing de conseil en la cause qui lors s'offroit : il se leva lors un Evesque qui remonstra que le Dauphin l'avoir envoyé expressément, pour faire publier ces lettres. Au moyen de quoy la Cour, veu le vouloir & volonté du Dauphin, qui pressoit ainsi cette affaire, fit enregistrer sur le reply des lettres. *Lecta de expresso mandato Regis per Dominum Delphinum præsidentem in ipsius relatione* : Fait le vingt-quatriesme de Juillet mil quatre cens quarante & un. Mais le Dauphin manda querir soudain les Presidens, & leur dist qu'il vouloit que l'on ostast ce *de expresso mandato*, & qu'il ne bougeroit de Paris jusques à ce que cela fust rayé. Protestant que s'il advenoit quelque inconvenient par faute d'avoir esté la part où il luy avoit esté enjoinct par le Roy, en faire tomber toute la tare & coulpe sur la Cour. A cause de quoy la Cour, temporisant en partie, ordonna le vingt-quatriesme jour de Juillet ensuivant que l'on osteroit le *de expresso* : mais que le registre en demeureroit chargé pour l'advenir. Tellement que ces mots furent seulement rayez de dessus les lettres. Et depuis l'an mil quatre cens soixante-cinq le mesme Louys estant Roy, fit publier bon gré mal gré en pleine Cour par son Chancelier le don qu'il avoit fait au Comte de Charolois, & nonobstant toutes protestations que fissent la plus grand part des Conseillers, il voulut que sur le reply fust mis *Registrata audito Procuratore Regis, & non contradicente*. Telles protestations ont esté depuis assez familieres en cette Cour. Et se trouvent assez d'Edicts portans : *De expresso & expressissimo mandato Regis, pluribus vicibus reiterato*. Laquelle clause tout ainsi qu'elle est adjouttée pour bonne fin, aussi souhaiteroient plusieurs, paraventure non sans cause, que cette honorable Compagnie se rendist quelques fois plus flexible, selon que les necessitez & occasions publiques le requierent.

Grande chose veritablement, & digne de la Majesté d'un Prince, que nos Roys, ausquels Dieu a donné toute puissance absoluë, ayent d'ancienne institution voulu reduire leurs volontez sous la civilité de la loy : & en ce faisant que leurs Edicts & Decrets passassent par l'alambic de cet ordre public. Et encores chose pleine de merveille, que dés lors que quelque Ordonnance a esté publiée & verifiée au Parlement, soudain le peuple François y adhere sans murmure : comme si telle compagnie fust le lien qui nouast l'obeïssance des sujets avec les commandemens de leur Prince. Qui n'est pas œuvre de petite consequence pour la grandeur de nos Roys. Lesquels pour cette raison ont tousjours grandement respecté cette compagnie, encore que quelquesfois sur les premieres avenuës, son opinion ne se soit en tout & par tout renduë conforme à celles des Roys. Voire que comme si cet ordre fust le principal retenail de toute nostre Monarchie, ceux qui jadis par voyes obliques aspirerent à la Royauté, se proposerent d'establir une forme de Parlement la part où ils avoient puissance. Enguerrand de Monstrellet nous raconte que Jean Duc de Bourgongne ayant esté dechassé de la ville de Paris, & de la presence du Roy Charles sixiesme, de laquelle il faisoit pavois, pour favoriser ses entreprises encontre la maison d'Orleans, s'empara puis aprés de plusieurs villes, comme de celles d'Amiens, Senlis, Mondidier, Pontoise, Montlhery, Corbeil, Chartres, Tours, Mante, Meulant, & Beauvais : & tout d'une suite s'estant joinct & uny avec la Royne Isabelle, laquelle estoit lors en dissension avec son fils Charles, qui depuis fut septiesme Roy de ce nom, il advisa d'envoyer Maistre Philippes de Morvilliers dedans la ville d'Amiens, accompagné de quelques personnages notables & d'un Greffier, pour y faire, sous le nom de la Royne, une Cour souveraine de Justice, au lieu de celle qui estoit au Parlement de Paris : afin qu'il ne fust besoin d'aller en la Chancellerie du Roy pour obtenir mandemens, ny pour quelque autre cause qui peust advenir és Bailliages d'Amiens, Vermandois, Tournay, Seneschaussée de Ponthieu, ny és terres qui estoient en sa subjection & obeïssance. Auquel Morvilliers il bailla un seel dans lequel estoit empreinte l'image de la Royne, estant droite, & ayant les deux bras tendus vers la terre : Du costé droict les armes de France my-parties avec celles de Bavieres, duquel lieu elle estoit extraite. Et estoit escrit à l'entour : "c'est le seel " des causes souveraines & apellations pour le Roy." Ordonnant que les lettres s'expedieroient sous le nom de la Royne, en la maniere qui s'ensuit. "Isabel par la grace de Dieu Roy- " ne de France, ayant pour l'occupation de Monseigneur le " Roy le gouvernement & administration de ce Royaume, " l'ottroy irrevocablea nous fut ce fait par mondit Sei- " gneur & son Conseil ." Cette usurpation & monopole de la Royne & Duc de Bourgongne apprit puis aprés la leçon à Charles lors simple Dauphin : Car estans le Capitaine de l'Isle Adam, & les Bourguignons entrez dans Paris de nuict, & par intelligence, il seroit impossible de raconter tout au long les pilleries & inhumanitez qui furent exercées à l'encontre de ceux qui tenoient le party contraire de Bourgongne.

gne. Messire Bernard d'Armignac Connestable, Messire Henry de Marle Chancelier, Jean Gauda Grand Maistre de l'artillerie, les Evesques de Coutance, Senlis & Clermont furent miserablement mis à mort, avec sept ou huit cens pauvres hommes prisonniers: En ce miserable spectacle la pluspart des hommes notables de la Cour de Parlement, & singulierement ceux qui favorisoient sans arriere-boutique le Dauphin, se retirerent avec lui pour éviter la fureur de cette populace. J'ay leu dans l'Historien que j'ay en ma possession, & qui estoit curieux de rediger par escrit les miseres de ce temps-là, que l'an mille quatre cens dix-neuf qui fut deux ans aprés l'entrée de l'Isle-Adam, le Dauphin ayant recueilli ses forces, ordonna pour le fait de la Justice un Parlement dans Poictiers, Presidens & Conseillers: C'est à sçavoir de ceux qui en cette desolation s'estoient garantis par fuite: Et lors fut advisé pour le commencement, que les causes des grands Jours de Berry, Auvergne & Poictou, seroient les premieres expediées. Gardans au demeurant tout le tile de la Cour de Parlement de Paris. Pareillement évoqua-l'on toutes les causes qui estoient pendantes à Paris: au moins celles qui estoient des pays obeïssans au Dauphin: lequel prit dés lors le tiltre de Regent en France. Charles VI. toutesfois, qui estoit adonc mal ordonné de son cerveau, ne laissoit pas d'avoir son Parlement dans Paris, auquel fut estably, par la volonté du Duc Jean, premier President Messire Philippes de Morvilliers, duquel j'ay faict n'agueres mention. Bien est vray que le Parlement chomma sans rien faire depuis l'entrée de l'Isle-Adam, qui fut le vingt-neufviesme de May mil quatre cens dix-sept, jusques au vingt-cinquiesme de Juin: pendant lequel entreget, le peuple usoit des vies des hommes comme si elles leur eussent esté baillées à l'abandon.

Ainsi demeurerent les affaires de France bigarrées l'espace de vingt ans ou environ, y ayant double Parlement; l'un dans Paris pour les Anglois qui possedoient le Royaume de France, & se disoient legitimes heritiers de lui: & dans Poictiers pour les adherans du Dauphin. Depuis que les Anglois en l'an 1436. le 13. jour d'Avril furent dechassez de Paris par le Connestable de Richemont, & autres plusieurs grands Seigneurs partisans de Charles VII. Au moyen de quoy le sixiesme jour ensuivant, ceux de la Cour de Parlement de Paris deleguerent quelques-uns de leur corps vers le Connestable, pour entendre ce qui luy plairoit qu'ils fissent. Ausquels il fit responce qu'il en escriroit au Roy son maistre, & le prieroit de les avoir pour recommandez: mais cependant qu'ils expediassent les causes comme de coustume. Cette graticuleté contenta un chacun: Toutesfois le Roy decerna depuis ses Patentes le 15. de May, par lesquelles le Parlement & Chambre des Comptes furent interdicts. Je trouve dans un livre auquel toutes choses qui advenoient en ce temps-là sont escrites par forme de papier journal, que le jour S. Clement au mesme an, revint le Connestable dans Paris & sa femme, & qu'avec eux estoient l'Archevesque de Rheims, Chancelier, le Parlement du Roy, & entrerent par la porte Bordelle (c'est celle que nous appellons aujourd'huy porte Sainct Marcel) qui lors nouvellement avoit esté desmurée: Et que le jeudy ensuivant vigile de S. André, fut crié à son de trompe que le Parlement du Roy Charles, qui depuis sa departie avoit esté tenu dans Poictiers, & sa Chambre des Comptes à Bourges, se tiendroit desormais au Palais Royal de Paris, en la forme & maniere que ses predecesseurs Roys de France avoient accoustumé de faire. Et dict l'Autheur qu'ils commencerent le premier jour de Decembre ensuivant à le tenir. Auquel mesme jour nos Registres portent que tous les Conseillers firent renouvellement de serment d'estre fidelles & loyaux sujets au Roy Charles VII. Lors que le Parlement de Poictiers revint, Messire Adam de Cambray y estoit premier President, lequel fut employé à plusieurs grandes Legations & Ambassades pour le fait de la paix & union du Roy & du Duc de Bourgongne: Les os duquel personnage reposent dans les Chartreux de Paris.

Or en cette nouvelle reünion des deux Parlemens, pour autant que pendant le tumulte des guerres, plusieurs choses avoient esté en tres-mauvais ordre, mesmement que durant cestuy temps les Requestes du Palais avoient esté supprimées, & sans effect: Charles VII. aprés s'estre rendu paisible, voulant remettre tout en bon estat, ordonna qu'en la grand Chambre y auroit trente Conseillers, quinze Laiz & quinze Clercs: Et en la Chambre des Enquestes quarante, seize Laiz & vingt-quatre Clercs. Remettant sus la Jurisdiction des Requestes, en laquelle il ordonna cinq Conseillers Clercs & trois Laiz, en ce compris leur President. De laquelle il fit publier l'Auditoire le cinquiesme jour de Juillet mil quatre cens cinquante-deux: Et pour autant qu'en la Chambre des Enquestes y avoit deux Presidens, il la voulut diviser en deux pour l'expedition des procez: Enjoignant semblablement qu'en la Tournelle se vuidassent les causes criminelles: A la charge toutesfois que si en definitive il faloit juger d'aucun crime qui emportast peine capitale, que le jugement s'en fist en la grand Chambre. Depuis la multitude des procez fit faire trois Chambres des Enquestes: Et par François premier du nom y fut adjoustée la quatriesme, qu'on appella du Domaine, pource que sous le nom & pretexte du Domaine, il trouva cette invention pour tirer argent de vingt nouvelles Conseilleries qu'il exposa lors en vente.

Or ont tous ces Conseillers un privilege annexé à leurs offices, lors qu'ils y entrent, par lequel ils se peuvent sous le nom d'autruy (qu'ils empruntent pour cet effect) nommer sur tels Evechez & Abbayes qu'il leur plaist, pour avoir (à leur rang & tour) le premier benefice vaquant, & qui se trouvera despendre. Laquelle coustume semble avoir pris commencement du temps que les Anglois gouvernoient, vivant toutes-fois Charles VI. Et à ce propos se trouve dans les registres, que l'an mil quatre cens & vingt, le douziesme jour de Fevrier fut advisé, que pour pourvoir les Conseillers de benefices, l'on escriroit au Roy que son plaisir fust leur donner les benefices vaquans en regale: & aussi d'en escrire aux Ordinaires. Et le 28. de May 1434. Maistre François Lambert requit estre inseré en roole que la Cour envoyoit au Pape, attendu qu'il avoit esté autresfois Conseiller. A quoy fut dit qu'il seroit enroolé: Lequel Indalt je croy leur fut accordé par le Pape, afin que par telle maniere de gratification, la Cour ne s'opposast plus si souvent aux Annates & autres pernicieuses coustumes que le Pape levoit sur le Clergé. Chose que la Cour de Parlement ne voulut aucunement recevoir, & à cause dequoy il y avoit eu mille piques entre la Cour de Rome, & celle de Paris. Et de fait combien que cette cause ne soit expliquée, si est-ce que depuis que cet Indalt eut grand vogue, je ne voy plus que la Cour fist tel estat d'empescher les Annates comme elle avoit fait au precedent. Et neantmoins furent telles nominations de la Cour intermises pour quelque temps par sa nonchalance ou negligence: jusques à ce que sous le regne de François I. Maistre Jacques Spitame Conseiller, homme d'un esprit remuant, ayant fueilleté les anciens registres, & voyant que ce droit leur estoit deu, mais que par long laps de temps il s'estoit à demy esgaré, prit la charge d'en faire les poursuittes & diligences envers le Pape Paul III. Ce qu'il fit si dextrement, que depuis il en apporta belles Bulles à la Cour. Au moyen desquelles elle a depuis jouy pleinement de ce privilege.

Depuis que Charles VII. eut reduit les choses en tel train que j'ay discouru cy-dessus, encores que la Cour de Parlement de Paris semblast avoir toute authorité par la France, si est-ce que pour le soulagement des sujets, le mesme Charles retrancha quelque peu la jurisdiction & cognoissance qu'avoient eu par le passé les Parisiens. Car comme ainsi fut que deslors que le Parlement fut arresté, il estendit sa puissance sur tous les territoires de la France, cestuy Roy premierement éclypsa le pays de Languedoc, & une partie de l'Auvergne, establissant un Parlement dedans la ville de Tholose: Lequel y avoit esté à demy ordonné par Philippes le Bel, non avec tels liens & conditions que sous Charles. A l'imitation duquel, Louys XI. son fils eschangea le Conseil qui estoit tenu dans Grenoble pour le Dauphiné, & l'erigea semblablement en Parlement. Par succession de temps puis aprés, Louys douziesme en crea un autre dans la ville de Bordeaux, pour les pays de Gascongne, Xaintonge & Perigord: un autre en celle d'Aix, pour la Provence: un dans Dijon pour la Bourgongne: & un finalement dans Roüen pour contenir

toute

toute la Normandie en devoir. Demeurant tousjours ce nonobstant au Parlement de Paris le nom de la Cour des Pairs, & semblablement la puissance & authorité d'emologuer les Edicts generaux de la France, comme elle faisoit auparavant. De nostre temps on a plusieurs fois mis en deliberation & conseil de faire un nouveau Parlement à Poictiers, tout ainsi qu'autresfois cette mesme deliberation avoit esté mise en avant sous le regne de Charles septiesme. Et n'est pas chose qu'il faille passer sous silence, que pour les grands frais qui se faisoient souventes fois en cette Cour en cause de petite consequence, le Roy Henry deuxiesme de ce nom au voyage d'Allemagne institua en chaque siege Presidial certain nombre de Conseillers pour decider les procez en dernier ressort, qui monteroient à dix livres de rente, & à deux cens cinquante livres pour une fois. Aussi en l'an mil cinq cens cinquante-quatre, sous ce mesme Roy, par un general changement de face, fut ce Parlement de Paris fait Semestre, & divisé en deux seances, dont l'une estoit destinée depuis le premier de Janvier jusques au dernier de Juin : & l'autre du mois de Juillet jusques à la fin de l'année. Ayant chaque seance ses Presidens & Conseillers particulierement. Tellement qu'au lieu de quatre Presidens qui estoient de tout temps & ancienneté, se virent huit Presidens. Et de la mesme façon que le Roy avoit fait creuës d'Officiers, aussi leur augmenta-il leurs gages, jusques à huict cens livres par an, avec deffences de ne toucher de là en avant aux espices des parties. Qui fut l'une des plus grandes mutations & traverses que receut jamais cette Cour. Je sçay bien qu'on trouve en l'an 1406. sous Charles VI. un Manger receu President cinquiesme & extraordinaire ; & un Maistre Anthoine Minat du semblable, sous François I. Et encore une creuë de vingt Conseillers sous le mesme Roy, & du temps de Louys XI. en l'an mil quatre cens soixante-cinq, Hales receu tiers Advocat pour le Roy. Toutes-fois ceux-cy estoient tousjours unis ensemble, & representans un mesme corps ; mais au Semestre la division estoit telle, que ce que les courtisans ne pouvoient obtenir en une seance, ils le practiquoient en l'autre, rendans par ce moyen l'authorité de la Cour à demy illusoire. Au moyen de quoy fut cette invention annullée, & les choses remises en leur premier estat au bout de trois ans, c'est-à-dire en l'an mil cinq cens cinquante-sept, peu auparavant la reprise de la ville de Calais. Bien est vray que pour la multiplicité des Presidens & Conseillers qui ne pouvoient estre si tost reduits par mort en leur nombre ancien & primitif, l'on advisa de faire une Chambre de Conseil supernumeraire, où se vuideroient les appointez au conseil de la grand Chambre. Tellement qu'ainsi que les choses sont disposées pour le jourd'huy, il y a grand Chambre ordonnée pour la plaidoirie & publication des Edicts : celle du Conseil qui la suit, ausquelles deux chambres indifferemment president les cinq premiers Presidens qui restent aujourd'huy du Semestre. Puis quatre chambres des Enquestes, entre lesquelles est comprise celle que l'on appelle la chambre du Domaine. De toutes lesquelles ensemble on tire la Chambre qui est destinée au criminel. Le tout sans asseurance de certain nombre de Conseillers, pour autant que par Edict publié la veille de la Nostre Dame de Septembre 1560. tous Officiers furent supprimez par mort, & n'est loisible à aucun de s'en demettre és mains du Roy, jusques à ce que les Offices erigez pour subvenir à l'iniquité & injustice des guerres, soient reduits au nombre qui estoit il y a trente ans. Vray que le Roy a depuis donné plusieurs dispenses en contre l'Edict qui estoit bien fort rigoureux.

Lors que je mis en lumiere pour la premiere fois ce second livre de mes Recherches, l'ordre des Chambres du Parlement estoit tel que j'ay deduit : mais depuis en l'an 1568. fut érigée de nouveau une cinquiesme Chambre des Enquestes, & par mesme moyen supprimée celle du Conseil, & furent renvoyez tous les Conseillers aux Chambres des Enquestes dont ils avoient esté tirez. Et en l'an mil cinq cens quatre vingts fut de nouvel aussi érigée une seconde Chambre des Requestes, par le Roy Henry III. Et tout d'une suite creez vingt nouveaux Conseillers, qui furent espars par les Chambres des Enquestes, sans que la necessité publique le conviast de ce faire.

Certainement en ce Parlement, outre les choses par moy discourues, se trouvent plusieurs partialitez notables. Et n'est pas chose qu'il faille oublier, que le 21. jour de Novembre, l'an 1405. par Arrest furent faites deffenses qu'aucun ne s'appellast Greffier de quelque Greffe que ce fust, Royal ou autre, ny Huissier, fors les Greffiers & Huissiers de cette Cour. Se trouve aussi qu'en cette mesme année les Presidens avoient obtenu lettres patentes du Roy, par lesquelles leur estoit permis de corriger & oster les Conseillers quand ils faudroient, toutesfois ne fut obtemperé à icelles : & le dix-huictiesme Fevrier fut arresté que l'on s'excuseroit au Roy.

Cette compagnie, comme j'ay dict, a esté tousjours fort recommandée dans la France, comme celle par laquelle sans esclandre sont verifiées les volontez de nostre Prince. Une chose toutesfois y est fort ennuyeuse, c'est la longueur des procedures, laquelle semble y avoir fait sa derniere preuve par la subtilité de ceux qui manient les causes d'autruy : Lesquels pendant qu'ils ombragent & revestent leurs mensonges de quelques traicts de vray-semblance, mendians d'une contrarieté de loix la decision de leurs causes, tiennent tousjours une pauvre partie en suspens. Estans bons coustumiers prendre en cecy ayde d'une Chancellerie, laquelle fut premierement introduite pour subvenir aux affligez, par beneficie du Roy qui s'en veut dire le protecteur. Neantmoins les plus fins & rusez en usent comme d'une chose inventée, pour tenir en haleine ceux qui sont opiniastrez à leur ruine, pour trouver par ce moyen quelque ressource à une cause desesperée. Tirans & Advocats & Procureurs, de telles longueurs (j'ay cuidé dire langueurs) un grand profit. Qui est cause que plusieurs bons esprits de la France, picquez de l'amorce du gain present, laissent bien souvent les bonnes lettres pour suivre le train du Palais, & s'assoupissent par cette voye, pendant que comme asnes vouez au moulin, ils consomment leurs esprits à se charger de sacs au lieu de livres.

CHAPITRE V.

De l'Ancienneté & Progrez de la Chambre des Comptes.

APrés avoir discouru du Parlement, il faut que je parle à son ordre de la Chambre des Comptes, comme estans deux Compagnies qui fraternisent de tout temps ensemble, bien que sous diverses Charges. Sous la premiere & seconde lignée de nos Roys, & bien avant sous la troisiesme il n'y avoit dedans Paris Chambre des Comptes, non plus que Parlement. Tout cela se manioit à la suite des Roys. Je ne puis mieux comparer cette affaire qu'à ce que nous voyons encores aujourd'huy en la Cour du Roy, où il y a un Conseil de grands Seigneurs que l'on divise en deux. Dont l'un est appellé Conseil de Justice ou des Parties, l'autre des Finances ou d'Estat. Ainsi sous le nom du Parlement qui estoit le Conseil de nos Roys, on exerçoit ces deux Charges prés d'eux. Depuis pour la commodité des sujets, ou par avanture pour le nombre excessif des Seigneurs qui y estoient, il fut trouvé bon d'en descharger la Cour du Roy, & l'establir en certain lieu. Ce fut dans Paris ville Metropolitaine de la France, où l'on fit deux Compagnies souveraines, l'une pour la distribution de la justice de partie à partie, telle que j'ay cy-dessus deduite ; l'autre pour l'ordre des Finances & autres choses dont je parleray cy-aprés. Compagnies qui eurent plusieurs rencontres de l'une à l'autre. Toutes deux furent faites sedentaires sous le regne de Philippes le Bel. Et tout ainsi qu'elles avoient esté tirées d'un mesme corps, quand elles sejournoient prés de nos Roys, aussi furent-elles logées dedans un mesme pourpris, au Palais

lais Royal de Paris. Ces deux Colleges furent du commencement appellez Chambres : mot de tres-grande dignité envers nos anciens dans l'Europe, comme nous pouvons recueillir tant de la Chambre Confiftoriale de Rome, que de la Chambre Imperiale d'Allemagne. Les uns & les autres appellez Maiftres : Ceux-là du Parlement, ceux-cy des Comptes. Autre mot qui prit grand pied fur le declin de l'Empire de Rome. Et comme le Parlement fut compofé, partie de perfonnes Ecclefiaftiques, partie de Laiz, auffi le fut la Chambre. Les Advocats & Procureurs Generaux du Roy eftoient communs pour les deux compagnies jufques en l'an 1454. que pour accompagner les affaires, fut de nouvel erigé un Procureur General pour la Chambre. Ce qui s'eft continué jufques à luy. J'adjoufteray que comme en la Chambre y avoit Rapporteurs des Comptes qui ne jugeoient, ains feulement les Maiftres, auffi fe faifoit le femblable en la Chambre des Enqueftes du Parlement par fa premiere inftitution : Les uns eftans par nos vieilles Ordonnances appellez Jugeurs, les autres Rapporteurs. Les Baillifs, Senefchaux, & Procureurs du Roy des fieges inferieurs, venans rendre raifon de leurs charges tous les ans, il falloit que cela fuft fait par un commun vœu, en la prefence de deux Maiftres du Parlement, d'un de la Chambre des Comptes, qui dreffoient leurs procez verbaux, pour en faire diverfement leurs rapports à leurs compagnies. Pareillement les Baillifs & Senefchaux lors de leur reception, faifoient le ferment, tant au Parlement qu'en la Chambre. Et pource que l'on pourroit dire que cela fe faifoit en la Chambre, d'autant qu'ils eftoient lors comptables du domaine du Roy, je le croy : mais auffi eft-ce la verité que cette couftume dura long-temps apres qu'ils n'exercerent plus cette charge, voire jufques au Regne de Louys XII. En l'une & l'autre compagnie fe font toufjours verifiez les Edicts, eftabliffemens d'Apanages, engagemens du Domaine, & autres affaires qui regardent l'Eftat general de la France. J'adjoufteray que comme l'on envoyoit deux fois l'an, vers Pafques, & la Sainct Michel des Confeillers du Parlement pour tenir l'Efchiquier de Juftice en la Normandie, auffi faifoit-on le femblable des Maiftres de la Chambre, pour le fait & examen des Comptes. Il n'eft pas qu'ils n'ayent quelquesfois pretendu avoir un droict d'indult pour les benefices, finon tel que le Parlement, pour le moins non grandement efloigné d'icelui. J'ay voulu toucher par expres toutes ces particularitez contre-ceux qui fe font accroire qu'auparavant l'eftabliffement de la Chambre dedans Paris, & long-temps apres, les comptes eftoient examinez par les Maiftres d'Hoftel du Roy, & que venans fur leur vieil nage on les gratifioit de cette charge. Chofe dont ils n'ont aucuns regiftres, que de leurs vaines imaginations. Car au contraire il ne fe trouve que jamais Maiftres d'hoftel y foient entrez anciennement, fors un qui tenoit grand rang prés du Roy Jean : Celuy dont je parle fut Meffire Nicolas de Brac, fondateur de la Chappelle de Brac. D'ailleurs ceux qui fement cette opinion, penfent que la Chambre ne peut cognoiftre que de la ligne de Compte : qui eft une herefie en l'hiftoire.

Par quoy pour difcourir de fonds en comble ce qui eft de l'ancienneté & progrez de cette compagnie, il ne faut point faire de doute que ceux qui du commencement eurent cette charge, eftoient à la fuite de nos Roys. Nous eufmes fous le regne de Philippes de Valois un Jean de fainct Juft, Maiftre des Comptes, perfonnage de finguliere recommandation, que je voy avoir efté grandement ftudieux de l'ancienneté, felon la portée de fon temps; parce qu'il nous laiffa un memorial aux archifs de la Chambre que l'on appelle le regiftre de fainct Juft. Cettuy fur quelque obfcurité qui fe prefentoit lors en la Chancellerie entre la Chambre & le College des Secretaires du Roy, efcrivant au Chancelier, entre autres chofes luy remonftre qu'il avoit toufjours entendu de fes anciens, que ceux de la Chambre des Comptes n'eftoient pas refidens dans Paris, fi comme ils avoient efté depuis le temps de Sainct Louys. Il difoit vray : mais il ne cotte point vers quel temps fut fait ce changement. Et il ne faut point douter que ce fuft fous Philippes le Bel, & quelques années auparavant la refeance du Parlement.

Or confiftoit leur charge en trois fubjets, au menagement des finances, dont eft procedé l'ordre que l'on tient aujourd'huy aux Comptes : en celuy du Domaine autrement appellé par nos anciens Trefor, dont eft iffue la police des Treforiers generaux, & finalement en celuy des Monnoyes, dont depuis a efté tirée la Cour des generaux des Monnoyes. Il n'eft pas que les tailles, aides & fubfides ayans efté introduits en cette France depuis l'advenement de la famille des Valois, les principaux reiglemens n'ayent fouvent paffé par cette compagnie. Et pour remarque fpeciale de fa grandeur, je me contenteray de vous en reprefenter trois placards, qui meritent d'eftre gravez dedans la pofterité. Philippes de Valois s'acheminant au voyage de Flandres, par fes lettres patentes du neufiefme Mars 1339. voulut que fans avoir recours au grand feau, la Chambre peuft jufques au jour de la Touffainct enfuivant de fa pleniere puiffance, octroyer plufieurs graces qui defpendoient nuement de l'authorité Royale. La teneur des lettres eftoit telle.

Philippes par la grace de Dieu Roy de France, à nos « amez & feaux les gens de nos Comptes à Paris. Salut & di- « lection. Nous fommes au temps prefent moult occupez « pour entendre au fait de nos guerres, & à la deffenfe de nof- « tre peuple. Et pour ce ne pouvons nous pas bonnement « entendre aux requeftes, delivrer tant de graces, que de juf- « tice, que plufieurs gens tant d'Eglife, de religion que au- « tres nos fujects nous ont fouvent à requerre. Pourquoy nous « qui avons grande & planiere confiance de vos loyautez, « vous commettons par ces prefentes lettres, planier pou- « voir jufques à la fefte de la Touffainct prochaine à venir, « d'octroyer de par nous à toutes gens, tant d'Eglife, de Re- « ligion, comme feculiers, graces fur acquefts, tant faicts, « qu'à faire à perpetuité, d'octroyer privileges & graces per- « petuels, & à temps, à perfonnes feculieres, Eglifes, Com- « munes, & habitans des villes, & impofitions & malefoixes « pour le profit commun des lieux. De faire graces de rap- « pel à bannir de noftre Royaume, de recevoir à traicté & « à compofition quelques perfonnes & communautez que ce « foient, fur caufes tant civiles que criminelles, qui encores « n'auront efté jugées, & fur quelconques autres chofes que « vous verrez que feront à octroyer, de nobiliter bourgeois, « & quelques autres perfonnes non nobles, de legitimer per- « fonnes nées hors mariage, quant au temporel, & d'avoir « fucceffion du pere & mere, de conferver & renouveller « privileges, & donner nos lettres en cire verte fur toutes « chofes devant dictes, & chaque d'icelles à valoir perpe- « tuellement & fermement fans revocation & fans empefche- « ment. Et aurons ferme & ftable tout ce que vous aurez faict « és chofes deffufdictes, & chacune d'icelles. En tefmoin de « laquelle chofe nous avons fait mettre noftre feel à ces pre- « fentes. Donné au bois de Vincennes, le 13. de Mars, mil « trois cens trente-neuf. «

Auparavant la puiffance de la Chambre eftoit, comme encores eft, de verifier telles graces emanées du Roy, en l'entregect du temps porté par ces lettres : c'eftoit de les decerner, tout ainfi que le Roy mefme. Chofe non jamais accordée à autre compagnie fouveraine. Encore trouvé-je unes autres patentes du mefme Roy, par lefquelles il attribué à la Chambre des Comptes une authorité toute Royale au fait des Monnoyes.

Philippes par la grace de Dieu Roy de France à nos amez « & feaux les gens de nos Comptes. Salut & dilection. Nous « voulons & vous mandons que toutesfois & quantes que « vous verrez que bon & profitable fera de croiftre le prix en « or & en argent, & affoiblir le prix des monnoyes d'or, « blanches, & noires, que nous avions n'agueres ordenées « à faire en noftre Royaume, vous le faciez faire : toutesfois « fans muer ne changer l'aloy, ne le poids d'icelles. «

Efcrit à S. Germain en Laye, le dernier jour de Janvier « 1340. Sous noftre feel fecret, en l'abfence du grand. «

Lettres qui furent executées par la Chambre fous diverfes commiffions decernées aux Maiftres des Monnoyes, au mois de Fevrier enfuivant. Et pour venir au dernier paffage que je trouve fort fingulier, anciennement les Gentilshommes, Baillifs, & Senefchaux adminiftroient la Juftice fans Lieutenans de robbe longue. Advint qu'un meffire Godemar

Godemar de Fay, de Chaulmont & Vitry, se trouvant n'estre capable pour exercer cette charge, il fut ordonné par la Chambre qu'il s'en demettroit, dont les termes se trouvent tels.

Car comment qu'il soit bon homme d'armes, il n'a pas accoustumé à tenir plaicts ne assise, & que l'en y pourvoye d'aucune bonne personne qui soit Chevalier, & fut dit lors qu'il seroit bon qu'il y eust deux Baillifs, comme il souloit. Et porte le Memorial peu aprés ces mots. Le trentiesme d'Aoust mil trois cens trente-cinq, Godemar de Fay, Baillyf des Baillies de Vitry & Chaulmont, rendit les seaux desdictes Baillies, en la Chambre des Comptes, presens Monsieur Hugues de Crusy, Monsieur Guy Chevrier, Jean Billonar, Jean Just, Mille de Figuicour, Monsieur Carin, Maistres. Lesquels seaux furent baillez ce mesme jour à Jannot Clarré, Escuyer de Monsieur Pierre de Terrelier: Lequel Monsieur Pierre est estably de par le Roy Gouverneur desdictes Baillies.

Toutes lesquelles particularitez ne sont pas petites pour monstrer de quelle grandeur estoit lors cette Chambre: aussi est-ce la verité que le plus du temps quand il se presentoit quelque grande affaire qui regardoit le general de la France, le Chancelier avec plusieurs Seigneurs du Conseil d'Estat, (que l'on appelloit Grand Conseil) s'y transportoit pour les decider avec les Maistres, & de fois à autres on y appelloit quelques Presidens & Conseillers du Parlement; mais tant y a que la Chambre des Comptes estoit expressement choisie pour cet effect.

Cette Compagnie est composée de diverses sortes d'Officiers, de Presidens, Maistres, Correcteurs, Auditeurs, Advocat & Procureur Generaux, deux Greffiers, Huissiers, Gardes des livres: de tous lesquels je parleray selon leur ordre. En tant que touche les Presidens, ce fut une reigle generale, dez l'institution de la Chambre, qu'il y en avoit deux. Le premier Archevesque ou Evesque, & quelque Seigneur & Chevalier de marque qui le secondoit. Quelquesfois y trouve-je deux Prelats, quelquesfois trois, avec un Seigneur Lay: mais sur tout l'Estat du premier President estoit affecté à la Prelature.

Car pour le regard du second, encore que par les vieux Registres de la Chambre il fust destiné ordinairement pour les Seigneurs Chevaliers, si est-ce qu'avecques le temps il se forma une opinion de l'affecter au grand Bouteiller de France. Les premieres dignitez de la Couronne, comme je discouray en son lieu, estoient celles du Chancelier, Connestable, Grand-Maistre, Bouteiller, & Grand Chambellan. Je trouve que le vingt-septiesme Juillet 1397. Messire Jacques de Bourbon cousin du Roy Charles VI. estant pourveu de l'estat de grand Bouteiller, vint faire le serment à la Chambre. *Et decima sexta die Augusti* (porte le Memorial) *præstitit in camera computorum Parisiensi solitum juramentum primi Præsidentis laici in camera prædicta. Quod officium spectare dicebatur magno Buticulario Franciæ quicumque sit, licet in litteris Regis prædictis de hoc nulla fiat mentio.* Je rendray ce passage Latin en François, afin que cette anciennété soit entendue de tous. Et le 16. jour d'Aoust ensuivant, il fit le serment accoustumé en la Chambre des Comptes de Paris, pour l'Estat du premier President, Lay en icelle. Estat que l'on disoit estre affecté au grand Bouteiller de France quel qu'il fust, ores que ses lettres de provision n'en fissent aucune mention. Je vous puis asseurer comme de chose tres-vraye, que de tous les Presidens Laiz auparavant luy, je n'en trouve un tout seul qualifié grand Bouteiller. Le premier des Seigneurs Laiz que je voy avoir tenu lieu de President en la Chambre sous un Prelat, fut le Sire de Sully l'an 1316 & le Sire de Coussi 1344. Un Pastourel. Un Messire Oudart de Colombs. Ce neantmoins les affaires de la France estans infiniment brouillées sous le regne de Charles VI. la Chambre voulut gratifier un Prince du sang de cet Estat de President, encores qu'il ne fust fondé en tiltre ny en possession, parce que lors de sa reception on n'en parloit qu'à perte de veuë, comme l'on peut recueillir de la lecture du passage. Et s'il y eut quelque subject de besongner de cette façon, c'est qu'un vieux bouquin de la Chambre intitulé *Pater*, en recitant divers droits qui appartenoient au grand Bouteiller, on adjouste qu'il estoit souverain des Comptes. Tant y a que vous pouvez recueillir quelle estoit la grandeur de la Chambre, puis qu'un Prince du sang grand Bouteiller, s'estimoit estre honoré de porter tiltre & qualité de President de cette compagnie. Or depuis que le pas fut ouvert en la maniere que dessus, cette opinion ne tomba pas puis aprés aisement en terre. Car comme toutes choses nouvelles plaisent, aussi fut depuis cela authorisé par deux Edicts, dont le premier qui fut publié le vingt-neufiesme Octobre 1408. portoit cet article. Item, que le nombre ancien de nos Officiers de la Chambre des Comptes y demeure aux gages accoustumez. C'est à sçavoir le President Prelat, & le grand Bouteiller de France, qui ordonné y a esté & y doit estre. Et par le second vingt-uniesme Juillet 1410. on passe plus outre: d'autant que le Prelat est mis hors du compte, & est ordonné qu'il n'y auroit plus que deux Presidens, dont le grand Bouteiller seroit l'un, ainsi que du temps passé avoit accoustumé, & l'autre Maistre Eustache de Laistre. Lors estoit grand Bouteiller Messire Guillaume de Melun Comte de Tancarville, successeur immediat du Seigneur de Bourbon, lequel assez souvent vint tenir son siege en la Chambre. Et aprés luy successivement, Messire Pierre des Essars, Jean de Crouy, Charles d'Albert, Valeran de Luxembourg, Robert de Bar, tous grands Bouteillers de France, firent le serment de President, vray qu'ils en joüissoient plus par honneur que d'effect. Et le dernier auquel je trouve le pas avoir esté clos, est Messire Robert de Bar, vers l'an mil quatre-cens dix-sept, auquel tout ainsi que le nom, la dignité de grand Bouteiller commença de s'affoiblir, aussi ne voy-je plus qu'il soit parlé que tel Estat fust affecté au President Lay. Quoy que soit, le xv. de Novembre 1424. un Jean de Neuf-chastel, Seigneur de Montigny neufiesme en son Estat de grand Bouteiller de France fit le serment en la Chambre, mais nulle mention de l'Estat de President.

La venuë des Anglois dans Paris apporta nouvelle face d'affaires par la France, parce que Charles Dauphin ayant esté contraint desemparer la ville, erigea une Chambre des Comptes dans Bourges, en laquelle y eut deux Presidens, l'un Prelat, l'autre Lay. Et d'autant que la meslange des affaires avoit aussi apporté un desordre en ces Estats, quelque-temps aprés qu'il fut restably dans Paris, par son ordonnance du dix-huictiesme Mars, 1437. il remit l'ancienne coustume de Presidens, Prelat & Lay. Laquelle fut inviolablement observée jusques sous Louys unziesme, qui non seulement pourveut de l'Estat de premier President, Messire Bertrand de Beauvau Sieur de Precigny son grand Chambellan, mais pareillement du second. Et non content de ce y adjousta un supernumeraire sous le nom de Vipresident qui joüissoit de mesmes droicts & prerogatives que les Presidens. Depuis le regne de Louys unziesme, je ne voy que dispenses contre l'ancienne police, parce que tout ainsi que ce Roy conferà à Beauvau l'Estat de President Clerc, aussi Charles VIII. son fils par une contraire dispence donna l'Estat de President Lay à l'Evesque de Laudeve. Et à peu dire l'on voit plus de premiers Presidens mariez, que d'autres. Mesmes sous Louys XII. Messire Jean Nicolaï, Maistre des Requestes de son hostel, fut pourveu de cet office en l'an mil cinq cens six: personnage qui avoit esté employé par le Roy Charles VIII. en plusieurs grandes charges delà les monts, nommément en celle de Chancelier au Royaume de Naples. Et est chose grandement memorable, que cet Estat de premier President ait esté transmis & continué en quatre successives generations de Bisayeul, ayeul, pere, & fils, Messires Jean Aimard, Antoine & Jean Nicolaï. Ce qui n'advint jamais à autre famille de la France.

Icy je me fermeray, pour le fait des Presidens de la Chambre, à la charge d'en dire encores paradventure cy-aprés quelque mot, selon que l'occasion se presentera. Maintenant je viendray aux Maistres des Comptes, lesquels lors de leur premier establissement estoient comme le Parlement my-partis de Clercs & de Laiz. Distinction religieusement observée par une longue suite d'années, iusques à tant que Maistre Clerc de se marier: Et le premier qui faussa cette loy fut Maistre Antoine le Gresle en la Chambre de Bourges, par lettres de Charles VII. du vingt-deuxiesme Juillet 1430.

E iij   La

La police estoit telle, qu'en l'absence des Presidens, le Doyen des Maistres Clercs presidoit, & en l'absence de luy le Doyen des Laiz : Ainsi fut ordonné par Charles VII. en l'an 1436. Les Clercs avoient leur seance du costé droit plus proche du premier President. Nous trouvons que Messire Jean d'Orgemont, fils du Chancelier, & Conseiller au grand Conseil (c'est-à-dire au Conseil d'Estat) & Maistre des Requestes, ayant obtenu lettres de provision de Conseiller, & Maistre des Comptes avecques dispence de preceder tous les autres Maistres, pour le grand rang qu'il tenoit, cette affaire longuement mise en deliberation, tout ce qu'il peut enfin obtenir, fut qu'il siegeroit comme premier au dessus des Maistres Laiz, & non Clercs.

Le nombre des Maistres de leur premiere institution fut de cinq, trois Clercs & deux Laiz. Philippes le Long y adjousta un quatriesme Clerc, qui fut Maistre Jean Mignon, fondateur du College qui porte son surnom en l'Université de Paris. Quelque-temps aprés on y adjousta deux autres Laiz, estans par ce moyen huict Maistres d'ordinaire : Vray que les favoris de nos Roys desirans ambitieusement estre de cette compagnie, on y adjoustoit plusieurs extraordinaires. Qui fut cause qu'avec le temps ceux qui estoient pourveus des vrais & anciens offices s'appellerent Conseillers & Maistres ordinaires de la Chambre des Comptes, à la difference des extraordinaires : Mot que l'on ne peut encores pour le present oublier, combien que ce soit sans propos, car il n'y a plus de Maistres extraordinaires.

Pour oster ces confusions le Roy Louys XII. par son Edict donné à Blois en l'an mil cinq cens onze, voulut que les deux Presidens, & dix Maistres des Comptes, qui lors estoient (dont les deux extraordinaires seroient à l'advenir censez & reputez ordinaires) demeureroient, & deux Correcteurs, seize Clercs & Auditeurs, son Advocat, & son Procureur, deux Greffiers, le Receveur, & l'Huissier. Cet Edict sembloit avoir fermé le pas au desordre : car mesmes il avoit supprimé l'Estat de Vi-president : toutesfois soudain que le Roy François premier de ce nom fut arrivé à la Couronne, il s'en fit croire, parce que bon gré malgré il enfraignit cette reigle : car il fit un Harlin Maistre, & un Refuge Correcteur : l'un & l'autre extraordinaires, & fit revivre l'Estat de Vi-president en la personne de Maistre Helie du Tillet. En l'an mil cinq cens vingt, outre tous ceux-là, il crea de nouveau un tiers President, un Maistre Clerc & Conseiller, un Correcteur, & quatre Clercs & Auditeurs : Et pour donner quelque feuille à cette nouvelle augmentation, il voulut que l'on tint deux Bureaux, le grand & le petit. Sur le reply des lettres il fut mis qu'elles estoient verifiées : *De expressis mandatis dicti Domini nostri Regis, tam verbo quam scripto, sæpius iteratis, usque ad ejus beneplacitum*, laquelle verification fut depuis reformée par autre commandement tres-exprés du Roy en la presence de Messire René, Bastard de Savoye & grand Maistre de France, & furent ces mots rayez : *usque ad ejus beneplacitum*. Cela vous fait paroistre avecques quel creve-cœur cet Edit fut verifié. Depuis que ce Roy eut franchy le pas, non seulement en rendant les Officiers de la chambre extraordinaires, mais aussi en creant d'autres nouveaux, il ne fut plus question de cette distinction ancienne, qui causoit une combustion intestine. Un traict de plume assoupit tous ces differens, mais en les supprimant, il introduisit un plus grand Chaos que celuy qui estoit auparavant : car l'an mil cinq cens quarante-quatre, il transforma l'Estat de Vi-president en celuy de quart President : Et le Roy Henry son second fils en l'an mil cinq cens cinquante & un, multiplia les Estats au double par l'introduction du Semestre. La posterité jugera si en cela, & tout ce qui depuis a esté faict, n'y a point eu beaucoup plus d'extraordinaires, que lors que ce mot estoit en essence sous les autres Roys qui furent devant le regne de Louys douziesme. Il me suffit de toucher cette occasion en passant, pour le peu de plaisir que je prens en la deduction d'icelle.

A-prés avoir parlé des Maistres, il sembleroit que je deusse maintenant parler des Correcteurs qui les secondent en dignité, toutesfois parce que cet Estat ne fut formé que sur le moyen aage de la Chambre, je parleray des Auditeurs qui dés le premier establissement estoient avecques les Maistres. En quoy si j'ay quelque sentiment en cette ancienneté, mon opinion est que les Maistres Clercs estans à la suitte de nos Roys, estoient du commencement & Rapporteurs & Juges des Comptes tout ensemble. Je dy Maistres Clercs par exprés, comme ceux ausquels on avoit plus de creance pour leurs suffisances & capacitez. C'est pourquoy Philippes le Bel par son ordonnance de l'an 1303. voulut que nul compte ne fust examiné que les trois Maistres Clercs n'y assistassent. Or comme ainsi fut que cette charge de rapporter leur fut oneureuse, ils s'en deschargerent sur leurs Secretaires, que l'on appelloit anciennement Clercs : car le mot de Clerc à nos anciens signifioit tantost l'Ecclesiastique, tantost se donnoit à celuy que l'on estimoit sçavant, tantost à celuy que nous appellons aujourd'huy Secretaire. Cela fut cause, si je ne m'abuse, que les Auditeurs furent du commencement appellez petits Clercs, à la difference des Maistres Clercs & Ecclesiastiques. Et fort souvent Clercs d'embas ou d'aval : parce que les Maistres faisoient leur seance au Bureau d'enhaut, & les autres en ceux d'embas. Or de mon opinion j'ay quelques conjectures qui ne sont point hors de propos : car combien que sur l'advenement de la Chambre il y eust cinq Maistres, trois Clercs & deux Laiz, si n'avoit-il que trois petits Clercs : Qui estoit pour revenir au nombre ancien des Maistres Clercs qui les commirent premierement. A ce propos je trouve que Maistre Robert de Loris Secretaire du Grand Conseil, ayant esté pourveu par le Roy Philippes de Valois d'un Estat de Maistre Clerc, il voulut ramener cette ancienneté en usage. Car par ses lettres de provision il estoit mandé aux gens des Comptes, " qu'aprés avoir pris le serment de luy à ce requis & accoustumé, ils le laissassent instituer & mettre sous luy un Clerc, en icelle Chambre. Si (comme porte le texte) les Maistres Clercs de nostredite Chambre les y mettent ". Par l'ordonnance de Philippes le Long, il fut deffendu aux Maistres de tenir aucun petit Clerc avecques soy. Et par un reiglement de l'an 1378. il est porté, que s'il y avoit aucun Clerc d'aval qui eust esté fait par l'un des Maistres, que les Comptes qui seroient rapportez par luy, ne seroient visitez ny clos par le Maistre, si les autres n'y estoient presens. Il n'est pas que par certaine ordonnance du Roy Jean, de l'an mil trois cens cinquante-cinq, ils ne soient appellez Clercs & compagnons d'aval. " Que les compagnons & clercs d'aval ne soient chargez d'autre chose que de leur ordinaire avant disner, & besoinnent jusques à midy ". Toutes lesquelles particularitez me font croire, ou que tous les Maistres ensemble, ou pour le moins les Ecclesiastics se dechargerent du rapport des comptes sur leurs Clercs. Tellement qu'à la longue la nomination venant d'eux, ceux-cy receurent confirmation du Roy : Et enfin furent erigez en tiltres d'offices formez ainsi que les autres, sans avoir plus recours aux Maistres. Or comme peu à peu on appella puis aprés les Maistres simplement sans suitte de ce mot Clerc : Aussi appella-on ceux de ce second ordre Clercs seulement, & sans adjection d'autre parole, & depuis nommez Auditeurs. Mot que je trouve avoir esté pour la premiere fois en usage par l'ordonnance de l'an 1454. Dans laquelle combien qu'il soit faite frequente mention de Clercs, si est-ce qu'au dix-neufiesme article, vous y trouverez par exprés le mot d'Auditeur. De sorte que petit à petit on commença à les appeller Clercs & Auditeurs. Ce que je voy avoir été fort frequent sous les regnes de Louys XII. & François premier, jusques à ce que la Chambre ayant esté sous Henry II. faicte Semestre en l'an 1551. il fut ordonné qu'au lieu de Clerc, on les appelleroit Conseillers du Roy & Auditeurs : Et en l'an ensuivant leur fut permis d'opiner sur les difficultez qu'ils trouvoient aux comptes dont ils estoient Rapporteurs : ce qui ne leur estoit auparavant permis. Je ne veux pas oublier qu'à l'advenement de la Chambre dans Paris, ils estoient seulement trois en nombre, & quelque-temps aprés Philippes le Long y en adjousta huict, & depuis y en eut douze ordinaires, & six chambres en bas où ils besongnoient. Vray que l'on y en introduisoit d'extraordinaires tout ainsi que les Maistres, jusques à ce que Louys XII. supprimant le mot d'extraordinaire en l'an 1511. voulut qu'il y en eust seize, & depuis son regne les choses sont arrivées en telle confusion qu'il y en a aujourd'huy soixante.

L'ordre de la dignité (comme j'ay dict (vouloit que je parlasse

parlasse des Correcteurs, premier que des Auditeurs, mais j'ay suivy celui des ans, pour avoir esté l'estat d'Auditeur en essence long-temps auparavant celuy de Correcteur; Office toutes-fois, lequel bien misen œuvre est le vray nerf par lequel les comptables sont plus retenus en leur devoir. Et encores qu'il ne fust du commencement erigée en titre, si est-ce qu'il s'exerçoit par commission, non d'ordinaire, ains comme la necessité le requeroit, tantost par les Maistres, tantost par les Auditeurs. Par l'Ordonnance de Philippes le Long de l'an 1319. y avoit un article exprés, portant que pour la multitude des comptes qu'il y avoit à corriger, ce que l'on ne pouvoit faire sans plus grand nombre de Maistres Clercs, outre les trois anciens, il en creoit un nouveau, dont il pourveut Maistre Jean le Mignon: & ordonne que les quatre, les deux seroient continuellement en la Chambre, pour ouyr les comptes, & les autres en bas pour les corriger. Ordonnant que tous les Samedys ils vinssent rendre raison de leur correction en plein Bureau: depuis on y employa quelques-uns des Clercs d'embas: Et à ce propos le Roy Jean par une lettre de provision du dix-huictiesme Novembre mil trois cens trente-deux, declare que pour advancer la correction des Estats de sa Chambre des Comptes, il avoit pourveu Maistre Jean de Ver de l'Office de petit Clerc, & veut que l'on prenne de luy le serment. Auquel lieu je fais aucunement doute, sçavoir si ce mot de correction se rapportoit à ce que nous disons aujourd'huy, corriger les comptes, ou bien s'il s'entendoit que ce fust pour les voir & examiner: Et ainsi le voy-je usurpé en plusieurs autres endroits: Mais ce que je reciteray presentement, vous le trouverez dans sa propre signification: d'autant que l'unziesme Janvier 1395. par Reiglement de la Chambre il fut ordonné que Maistres Jean Moulnier, & Jacques de Bussy Clercs, vacqueroient par quelques jours à faire les corrections: & au surplus, pour la multitude des comptes qui estoient à rendre, afin de soulager les dix autres Clercs, elle commist Maistre Nicolas du Pré, & Jean Bouillon. En fin par Edict du 14. Juillet 1410. on en fit un estat formé. " Et parcequ'il est de necessité, pour le texte, pourvoir au faict " des corrections des comptes, qui de long-temps sont de- " meurées à faire, pour la multitude des besongnes, avons " ordonné & ordonnons par ces presentes, qu'en nostre " Chambre aura d'oresnavant deux notables personnes, ex- " perts & bien cognoissans au faict de nosdits comptes, qui " continuellement entendront au faict de nosdites correc- " tions: Et pour icelles corrections faire, nous avons commis " & commettons nos amez & feaux Maistres Estienne le Bray " & Nicolas des Prez„ : Il avoit seulement usé du mot de commis, qui apportoit quelque obscurité en leurs provisions. Au moyen de quoy, par autres lettres du vingt-deuxiesme Aoust ensuivant, le Roi Charles VI declara qu'il avoit tiré ces deux-cy du corps des Clercs d'embas, les ayant faicts Correcteurs pour la necessité des comptes, & surrogé en leur lieu Maistres Antoine Gresle & Jean Bussy sans gages, lesquels il faisoit dessors Clercs en chef. Et parce que de Bray & des Prez craignoient que leurs corrections estans faites & finies, ne demeurassent du tout sans Estats, ne leur ayans esté reservez certains droicts qui appartenoient aux Maistres, ne le nom de Conseiller, le Roy pour ces causes voulut qu'ils jouyssent de ces droicts & prerogatives, ensemble du nom de Conseillers: Et au surplus qu'advenant suppression de nouvel estat de Correcteur, il leur fust loisible de retourner en leurs anciennes Charges de Clercs, sous condition que s'il vacquoit puis-aprés quelques places de Clercs par mort, Bussy & le Gresle en seroient remplis. Je ne voy point que depuis cet estat ait esté supprimé: Er n'estoit leur dignité petite, parce qu'ils avoient continuelle seance au grand Bureau avecques les Maistres: Et qui est un poinct digne d'estre remarqué, ils seoient audessus des Thresoriers de France, comme vous trouverez en certain registre du douziesme Janvier mil quatre cens douze: Et aussi devant les Generaux des Finances & de la Justice, quand selon les occasions ils venoient à la Chambre. " Le Vendredy 20. Avril mil " quatre cens quatorze, aprés Pasques, présens au Burel on " les noms s'ensuyvent, trois Maistres des Comptes Clercs, " quatre Maistres Laiz, (& y sont les noms appofez) Maistres " Estienne de Bray, & Nicolas des Prez Correcteurs, G. To-

reau & G. du Menil Generaux de Finances, H. de Savoysy " & F. Brumel Generaux de la Justice, sur un appoinctement " touchant la ville de Paris, pour le tiers des Aydes de ladite " ville, à eux octroyé par le Roy, il fut dit que tant qu'ils " en jouyroient, les Prevost des Marchands & Eschevins paye- " roient la somme de quinze cens livres : „ Et en une autre seance solemnelle au mesme an le vingt-quatriesme Janvier, où presidoit le Chancelier, ces deux Correcteurs sont mis devant G. de Morroy, Jean de la Cloche, & A. Giffart Thresoriers de France. La coustume des Greffiers estoit lors d'inserer l'un aprés l'autre les noms de ceux qui se trouvoient au Bureau, selon leurs rangs & dignitez. Ainsi continuerent les Correcteurs leur seance, au dessous des Maistres jusques en l'an 1447. que par Edict du dixiesme Juin, Charles VII. voyant que pendant qu'ils affectionnoient de seoir journellement au grand Bureau, ils oublioient ce qui estoit de leur charge, leur en ferma la porte, & voulut qu'ils vacquassent sans discontinuation au faict de leurs corrections. A la charge toutesfois que venans faire leurs rapports en la grand Chambre, ils y auroient seulement seance, ce qu'is'est continué jusques à luy. Ils ne furent du commencement que deux. La Chambre qui fut transferée à Bourges sous Charles VII. fut longuement sans en avoir. Toutesfois en fin, & en l'an mil quatre cens trente-deux, Maistre André le Roy y fut fait Correcteur: Et depuis les choses establis dans Paris, encores n'y en eut-il qu'un jusques en l'an mil quatre cens cinquante-quatre, que l'on y en adjousta un deuxiesme suivant la premiere institution. Maintenant les affaires sont arrivées en tel desordre, qu'il n'y en a que trop.

Quant à l'Advocat & Procureur Generaux, il n'y en avoit point du commencement qui fussent particulierement pourveus pour le service de la Chambre. Bien trouve-je que quelques-uns voulurent de fois à autres crocheter telles Charges. On lit qu'un Maistre Robert Calier en l'an mil trois cens nonante-trois, s'intituloit Procureur du Roy en ses Chambres des Comptes, Thresor & Monnoyes, au lieu de Maistre Pierre du Bourget. Et en l'an 1403. il est fait mention d'un Maistre Jean de Bailly Advocat du Roy en la Chambre, mais furent oiseaux passagers, qui dans leurs tombeaux en sevelirent aussi leurs tiltres. La verité est, que le Procureur General de la Cour de Parlement, s'estoit aussi de la Chambre des Comptes, en laquelle il se trouvoit souvent avec ses compagnons pour y prendre ses conclusions és causes qui le requeroient. Et tout ainsi comme il y a des Substituts au Parlement pour le soulager, aussi trouve-je que l'an mil quatre cens dix-huict, Maistre Jean Aiguevin Procureur General substitua pour luy en la Chambre Maistre Estienne de Novian, lequel y fut receu le quinziesme Septembre. En fin par Edict du vingt-troisiesme Decembre mil quatre cens cinquante-quatre, portant un reiglement general des affaires de la Chambre, fut creé un Procureur du Roy en icelle, & le premier qui porta ce tiltre fut Novian duquel j'ay parlé presentement; Et aprés luy Maistre Jean Aigret Secretaire du Roy en l'an mil quatre cens cinquante-neuf; auquel succede Maistre Guillaume du Moulinet son gendre ; à luy Maistre Gervais, & finalement Maistre Gervais second, se trouvans trois de la famille des Moulinets avoir exercé cette Charge de pere en fils & petit fils : & par la mort du dernier en fut pourveu Maistre Jacques Mangot pour lors Maistre des Requestes du Roy, & aprés luy Maistre Jean Dreux auparavant Conseiller de la Cour des Generaux des Aydes, qui exerce aujourd'huy l'estat. Quant à l'Advocat, il n'y eut lieu en la Chambre que vingt ans aprés ou environ, sous le regne de Louys unziesme. Le premier fut Maistre Pierre Frelet, & aprés luy par une longue succession de l'un à l'autre, Maistre Jean Bauliard, Louys Seguier, Jean Berzeau, Jean de Harlin, François le Fevre, Antoine Minart, Estienne Bouchard, Guy d'Auflevre, Jean Prevost, Jean Bertrand, & Estienne Pasquier Autheur des presentes Recherches, qui depuis a mis cet estat és mains de Maistre Theodore Pasquier son fils aisné.

Car quant est des Greffiers il en a eu tousjours deux dés le premier establissement. Sous Charles V. en l'an 1368. nous y en trouvons un troisiesme, Maistre Jean de Mouton; mais depuis son decez la reigle des deux n'a point failly, jusques à huy. Entre autres est celebre Maistre Jean le Begue

qui

qui exerça cette Charge dignement l'espace de 50. ans : & pour sa longue anciennneté obtint lettres de Charles VIII. en l'an 1454. portans permission à Maistre Jean Aigret Secretaire du Roy d'exercer au lieu de luy son estat, lesquelles furent enterinées, à la charge que le Begue mort, il ne prejudicieroit aux deux Greffiers. Toutesfois estant decedé aagé de 89. ans, Aigret fut continué en cette commission par la Chambre, jusques à ce qu'autrement en eust esté ordonné. C'est luy qui quelque temps aprés fut pourveu de l'estat de Procureur General en la Chambre. Nul ne pouvoit estre Greffier qu'il ne fust par mesme moyen Notaire & Secretaire du Roy. Le premier qui enfraignit cette reigle fut Maistre Louys le Blanc, lequel par lettres de Louys XII. du 16. Avril 1499. obtint permission de se defaire de son estat de Secretaire, avec dispense de pouvoir exercer celuy de Greffier : & ce en consideration des longs services qu'il avoit fait à la Chambre, en laquelle il avoit exercé le Greffe l'espace de trente-deux ans. Le College des Secretaires s'y opposa, disant les Greffes des Cours Souveraines ne pouvoir estre exercez que par ceux qui estoient de leurs corps : En fin les Secretaires s'estans par importunitez & prieres departy de leurs oppositions, la Chambre enterina à iceluy le Blanc ses lettres, ne cognoissant pas que cette verification se faisoit plus de prejudice pour sa dignité, que non pas aux Secretaires. Et comme aprés une premiere ouverture on franchit de là en avant aisément le saut : aussi cettuy mourant resigna son estat à Maistre Estienne le Blanc son fils qui fut receu en l'an 1508. sans estre qualifié Secretaire. Chose dont quelques autres se sont aussi avec le temps dispensez, non sans notable interest de la Chambre : car comme jamais soit que les Arrests des Cours souveraines ne soient jamais seellez au seau, qu'ils ne soient signez d'un Greffier Secretaire du Roy, cela a esté cause qu'avecques le temps on delivra les Arrests sous la simple qualité des Maistres des Comptes, contre l'ancienne coustume, qui estoit de delivrer les Arrests de marque sous le nom & authorité de nos Roys, & les communs sous le nom des Maistres. Chose dont je rafraichy la Memoire à Messieurs de la Chambre 1589. le premier an de ma reception, estimant que cela importoit à leur dignité.

Tout ce que j'ay deduit jusques icy est pour les grands Estats de la Chambre ; ce que je deduiray cy-aprés ne sera pas de telle estofe. Je viens maintenant aux Huissiers qui executent les Arrests & Commissions de la Chambre. La derivaison du mot d'Huissier nous enseigne que ce n'estoit autre chose qu'un portier. Aussi quand aux anciens registres il est parlé de l'Huissier, on entend parler de celuy auquel estoit baillé la garde de la porte de la chambre. On annexa avecques le temps à cet estat par forme de commission, la charge de payer Messieurs de leurs gages, & le premier qui en cette charge eut quelque nom, ce fut Nicolas Malingre par lettres de Charles septiesme, du dernier Janvier 1446. lequel depuis, huict ans aprés, & en l'an 1454. 10 Decembre par composition faite avecques Messieurs, se chargea de faire venir les assignations de leurs gages, moyennant la somme de trois cens livres par chacun an, & depuis par longue succession de temps on l'appelloit l'Huissier & Receveur de la Chambre. Voire qu'en l'an mil cinq cens sept, Pierre Daniel fut receu en l'Office d'Huissier & Receveur du payement des gages des Officiers de la Chambre, & menuës necessitez : Et parce que cet Huissier estoit veritablement Concierge de la Chambre, on luy assigna une Maison pour demeure. Et ainsi le remarquons nous dés l'an 1468. que Simon Malingre estant pourveu de cet estat par la resignation de Nicolas Malingre son pere, on adjousta nommément à sa reception sa maison & demeure avecques l'estat.

Or estoit-il anciennement appellé seulement Huissier, non premier, comme nous faisions maintenant, parce qu'il estoit lors seul, ayant la garde de la porte. Homme toutesfois qui non seulement n'avoit permission d'exploicter, mais qui estoit, on n'y en admettoit aucun qui sceust lire & escrire. Les Memoriaux de la Chambre portent que " Colinet Malingre Huissier de la Chambre obtint dispense " en l'an 1435. par laquelle il luy fut permis exercer comme " devant son estat, parce qu'il estoit Clerc, & que quelques- " uns disoient que selon la coustume & ordonnance ancienne de la Chambre, l'Huissier ne devoit estre Clerc, & se dou- " roit que pource qu'il estoit assez cognoissant en l'escriture, " aucun luy voulust mettre empeschement en sondit Office " pour le temps advenir ". Il n'y avoit lors aussi Huissier ou Sergent en la Chambre pour executer ses contraintes & mandemens, ains estoient pris des Jurisdictions ordinaires, ausquels elle faisoit taxes. Le huictiesme jour d'Aoust 1344. il fut ordonné par le Bureau que les Sergens ou autres qui de là en avant exploicteroient en vertu des ordonnances des sieurs des Comptes ou Thresoriers, auroient chacun huict sols parisis par jour pour la despense d'eux & de leurs chevaux, jusques à ce que les vivres fussent amendez, & que s'ils faisoient quelque mise necessaire elle leur seroit allouée avecques icelle despense, & que tels despens leur passeroient par le compte de la messagerie au Thresor. Ce Registre porte en termes exprés, compte de la messagerie, d'autant que si la Chambre ne commettoit les Sergens, il y avoit des hommes que l'on envoyoit diversement par les Provinces porter les commissions, pour les faire executer sur les lieux par les Sergens des Bailliages & Seneschaussées. Ceux-cy estoient appellez Messagers à pied : Et dés l'an 1425. il y en avoit dix-huict qui se donnoient comme Offices, & prestoient le serment à la Chambre. Louys XII. par ses lettres du 22. Janvier 1511. confirmant leurs Charges, ordonna " que " tous les roolles, mandemens & commissions emanez de la " Chambre des Comptes, pour adjourner & faire tous ex- " ploits contre les Officiers comptables, seroient portez par " ces dix-huict Messagers és lieux des charges & receptes des- " dits comptables, ou de leurs domiciles, & illec feroient fai- " re les adjournemens ou autres exploits à l'encontre desdits " comptables par les Huissiers ou Sergens ordinaires, lesquels " seroient payez par lesdits Messagers de leurs salaires & vaca- " tions, és mains desquels ils seront tenus rendre les exploits, " & taxé pour chacun exploit au sol, qui seroient rendus " ausdits Messagers ; qu'à faute d'Huissier ou Sergent ces Mes- " sagers pourroient exploicter en presence de deux tesmoins : " Et ce seulement és adjournemens simples, & non pour exe- " cution.

Par un autre Edict du 12. de Mars 1514. leur pouvoir est augmenté, leur estant permis de faire tous exploicts en vertu des roolles, mandemens de la Chambre, à l'encontre des comptables, mesmes au pays de Normandie, & de pouvoir faire des executions & exploicts necessaires, soit pour le Domaine, Regale ou autrement. Voulant le Roy qu'ils fussent de tel effect comme les Huissiers de Parlement : Et neantmoins par cet Edict le mot de Messager ne leur tomba, car jusques en l'an 1514. faisant le serment à la Chambre on les appelloit seulement Messagers : Et vers l'an 1526. Huissiers & Messagers de la Chambre, & furent ainsi qualifiez jusques en l'an 1540. qu'l'on commença de les appeller seulement Huissiers, qui fut cause que l'Huissier ancien de la Chambre, fut de là en avant appellé premier Huissier, à la difference des autres. Je ne veux pas oublier une chose qui m'estoit tombée de la plume par mesgarde, que ces dix-huict Messagers, auparavant qu'ils peussent faire aucuns exploicts, obtindrent lettres en Avril 1508. par lesquelles ils furent declarez francs & exempts de tous subsides & imposts mis & à mettre, tout ainsi que les autres Officiers de la Chambre. Aujourd'huy le nombre de ces Huissiers se trouve creu de la moitié.

Encores ne veux-je oublier les autres petits estats : Par l'ancienne police il y a toujours eu en la Chambre un Relieur des livres & comptes. Le 14. Septembre 1425. Guillaume d'Ingouville, est receu par la Chambre, porte le registre, en l'estat de Relieur des livres & comptes, & qu'il n'y feroit rien de mal, ny ne permettroit estre fait. En l'an 1492. on y apporta une particularité plus precise : parce qu'en la reception de Guillaume Oger, on le fist jurer qu'il ne sçavoit escrire ny lire, afin qu'il ne descouvrit les secrets des comptes. Qui estoit la mesme consideration pour laquelle on avoit desiré le semblable à l'Huissier. Chose que je vous veux representer, afin que l'on sçache quelle estoit anciennement la discipline de cette Compagnie. Il restoit d'avoir quelque homme de la fidelité duquel on commit la garde des livres. Le Roy François premier y donna ordre, & en erigea un nouveau en l'an 1520. Le premier qui eut cette char-

ge

ge fut Jean le Comte, auparavant meſſager de la Chambre, lequel depuis avec le temps nous viſmes tenir grand lieu en la Cour du Roy, & avoir porté tiltre d'Intendant de ſes Finances. Au regard des Eſtats de Procureurs, ce ſont charges eſquelles il n'eſt requis d'employer l'authorité du Roy, pour leur promotion, ainſi celle de la Chambre ſeulement. Par une ordonnance du Roy Jean il eſtoit deffendu aux Clercs des Clercs d'embas de dreſſer les comptes des comptables. Il y eut depuis gens à ce par exprés deſtinez : ce furent les Procureurs dont je voy eſtre faite mention par l'ordonnance de l'an 1445. comme de gens qui faiſoient bonne part & portion de la Chambre.

A tant je penſe avoir amplement diſcouru, & paravanture plus que ne porte la patience du François, ce qui regarde cette Chambre, ne vous faiſant nul recit de la police qui y a eſté diverſement obſervée ſelon la diverſité des temps, remettant cela par adventure à un autre mien plus grand loiſir. Une choſe vous puis-je dire (& c'eſt ſur quoy je veux clorre ce chapitre) que liſant leurs anciens Regiſtres & memoriaux, eſquels on trouve une infinité d'affaires d'Eſtat, il faut que les Seigneurs des Comptes ayent eu des premieres dignitez de la France, ou bien qu'ils ayent eu ſur tous les autres Officiers du Roy un ſoin particulier de rediger ſoigneuſement par eſcrit dans leurs archifs tous les negoces de poids qui ſe paſſoient par la France.

CHAPITRE VI.

De l'eſtabliſſement du grand Conſeil, & promotion d'iceluy : Et de celuy qui depuis fut appellé Conſeil privé.

Ayant eſté le Parlement arreſté dans la ville capitale de la France, & le Roy deſgarny (ce luy ſembloit) de ſon ancien Conſeil, pour en avoir voulu accommoder ſes ſubjects, cette nouvelle police donna acheminement à une autre. D'autant qu'il fut neceſſaire au Prince d'avoir gens autour de ſoy pour luy adminiſtrer conſeil aux affaires qui ſe preſenteroient, pour l'utilité du Royaume. Ces perſonnages eſtoient pris tant du corps du Parlement ſedentaire, que des Princes & grands Seigneurs de la France, ſelon les faveurs qu'ils avoient de leur maiſtre. Ce conſeil dans les vieux Regiſtres, eſt tantoſt appellé Conſeil ſecret, tantoſt Conſeil eſtroict, tantoſt grand Conſeil : Je trouve unes lettres de Charles ſixieſme, du vingt-huictieſme Avril mil quatre cens ſept, par leſquelles outre les ſieurs de ſon lignage & les chefs d'office de ſon Royaume, tant au faict de la guerre, comme de juſtice, & de ſon Hoſtel, il reduict ſon grand Conſeil, eſtroict, & privé à vingt & ſept : Qui ſont trois Epithetes dont il uſa lors, toutesfois depuis ce mot de grand Conſeil en fin gaigna le deſſus des deux premiers, parce qu'il eſtoit dedié pour decider toutes les grandes affaires de la France. Voire que tout ainſi qu'auparavant on diſoit que le Roy tenoit ſon Parlement, lors qu'à jours ſolennels il faiſoit convocation des Princes & Prelats, pour terminer quelques differens notables, auſſi trouve-l'on que depuis en cas ſemblable au lieu de Parlemens, on diſoit que le Roy alloit tenir ſon grand Conſeil en tels ou tels lieux, ainſi que bon luy ſembleroit. Maiſtre Alain Chartier en l'hiſtoire de Charles VII. chapitre traitant de l'année 1459.
,, En cedict mois (dit-il) vint le Roy à Vendoſme, & tint
,, ſon grand Conſeil, qu'il avoit ordonné eſtre à Montargis,
,, où il ne vint point à l'occaſion de la grande mortalité qui
,, eſtoit en la cité d'Orleans, audit Montargis, & és pays d'environ : Et là eſtans les grands ſeigneurs, c'eſt à ſçavoir ceux
,, de ſon grand Conſeil, les Pairs de France, & les ſieurs de
,, ſon Parlement, fut condamné le Duc d'Alençon de perdre
,, & confiſquer toute ſa terre, & ſon corps demeurer priſonnier à la volonté du Roy. Et fut mené au chaſteau de Loches en Touraine " : Auquel lieu vous voyez ceſte notable compagnie eſtre appellée ſous le nom du grand Conſeil, & non du Parlement, comme l'on avoit accouſtumé de faire avant que le Parlement fut reſſeant dedans Paris. Non pas toutesfois, afin que le Lecteur ne meſprenne en cecy, qu'il faille eſtimer que le grand Conſeil ne fuſt ainſi dict, que lors que ſe faiſoient telles notables aſſemblées. Car la verité eſt que le grand Conſeil eſtoit ordinairement tenu à la ſuite du Roy ; mais je veux dire que quand ces grandes convocations ſe faiſoient environ la perſonne du Roy, le mot de Parlement eſtoit aboly, & en ſon lieu eſtoit lors pris & uſurpé celuy de grand Conſeil, comme vous voyez par ce paſſage de Chartier.

Mais pour ne m'eſgarer de mes briſées, ce grand Conſeil eſtant ainſi compoſé, je ne puis mieux comparer ces deux ordres, j'entends du Parlement & de ce Conſeil, qu'au Senat qui eſtoit dans Rome : & au Conſeil qui eſtoit à la ſuitte des Empereurs. Car proprement le Parlement repreſentoit quelque choſe de la grandeur de ce Senat, & ce grand Conſeil ſimbolizoit à la police qui fut inſtituée par Adrian, & depuis entretenuë par pluſieurs grands Empereurs de Rome, leſquels avoient en leur Cour pluſieurs hommes d'eſlite, non ſeulement tirez du Senat, mais auſſi quelques autres perſonnes de marque, ainſi qu'il leur plaiſoit les choiſir. Bien eſt vray qu'il y a eu quelque difference. Car le conſeil des Empereurs s'eſteignoit avec la faveur de leurs maiſtres : & ne trouve-l'on point qu'il ſe ſoit tourné en une neceſſité de police : Et de celuy de noſtre France, nous en avons faict à la longue, un perpetuel. Toutesfois pour bien entendre cecy, ce grand Conſeil du commencement n'eſtoit fondé en juriſdiction contentieuſe : car telles matieres eſtoient reſervées pour la cognoiſſance de la Cour de Parlement, ains ſeulement cognoiſſoit de la police generale de France, concernant, ou le faict des guerres, ou l'inſtitution des edicts, dont la verification appartenoit au Parlement. Et dura longuement tel ordre, c'eſt à dire, juſques ſur le commencement des factions qui intervindrent entre la maiſon d'Orleans, & celle de Bourgogne, auquel temps tout ainſi que toutes les choſes de la France ſe trouverent grandement brouillées, & en tres-grand deſarroy, auſſi ceux qui avoient la force & puiſſance par devers eux pour gouverner toutes choſes à leur appetit, faiſoient evoquer les negoces qu'il leur plaiſoit par devers le Conſeil du Roy, qui eſtoit compoſé, ou de Bourguignons, ou d'Orleanois, ſelon ce que les uns ou les autres des deux factions avoient le credit en la Cour du Roy Charles VI. qui lors eſtoit mal diſpoſé de ſon bon ſens. Et par cette voye fruſtroient ceux de la Cour du Parlement des cauſes qui leur eſtoient affectées. Ainſi joüans ces grands Seigneurs à boute-hors, trouve-l'on és regiſtres de la Cour, reſtitution d'offices oſtez, & la cognoiſſance attribuée au grand Conſeil, du 18. Novembre mil quatre cens douze : & au meſme an, le vingt-ſeptieſme jour de Fevrier, la Cour procedant à l'election du Procureur general, vint au Secretaire du Duc de Bourgogne, dire, que Louys lors Dauphin de France, & Duc de Guyenne, vouloit que cette election ſe fiſt au grand Conſeil : pour ce qu'ils avoient envie d'en gratifier un jeune Advocat nommé Rapou, qui depuis fut Preſident en icelle Cour. Et à peu dire, toutes & quantesfois que les Seigneurs qui gouvernoient, avoient envie d'eſgarer quelque matiere en faveur des uns ou des autres, ils en uſoient en cette maniere : Laquelle depuis fut tres-curieuſement gardée par le Duc de Bethfort Regent en France, pendant que les Anglois occupoient une grande partie du Royaume. A cauſe de quoy trouve-l'on és meſmes Regiſtres un different qui ſe preſenta en l'an mil quatre cens vingt & deux, le dixieſme jour de Mars, entre le Chancelier & la Cour, ſur ce que le Chancelier n'avoit voulu delivrer relief d'appel à quelques uns appellans de certaine ſentence contre eux donnée par les Commiſſaires des Conſpirateurs de la paix, s'excuſant le Chancelier, parceque le Duc de Bethfort

Bethfort vouloit que telles causes fussent vuidées & definies au grand Conseil, & non en icelle Cour. Et le vingt & quatriesme Mars, mil quatre cens vingt & sept, se trouve une evocation de tous les dons & provisions qu'avoit auparavant fait le Roy Henry, durant sa conqueste de Normandie. Et plusieurs autres telles causes qui empescherent au long aller de telle façon ce Conseil, que l'on fut contraint, pour la multitude des procés, de faire nouveaux Conseillers, qui commencerent de prester le serment à leur reception, & au Roy, & à la Cour de Parlement, tout ainsi que s'ils eussent esté du corps de cette Cour, & estoient creez Conseillers du grand Conseil à mille livres de gages: De ceux-cy nous trouvons registres: l'un du 4. jour de Janvier mil quatre cens & vingt, autre en l'an mil quatre cens vingt & un, & quelques autres du vingt & quatriesme Juillet mil quatre cens vingt & trois, dudix-huictiesme Aoust mil quatre cens vingt & cinq, dix-huictiesme Fevrier mil quatre cens vingt & huict. Portant le registre, que tel ou tel a esté receu Conseiller au grand Conseil à mil livres, & a presté le serment au Parlement. Ce mesme ordre fut gardé par Charles VII. après que les choses furent reduites, & que le Parlement de Poictiers fut uny avec celuy de Paris: car en cette diversité de differens qui se presentoient de la part de plusieurs qui vouloient estre reintegrez en leurs terres, dont la possession & jouyssance leur avoit esté ostée par la venuë des Anglois: le Roy pour les assoupir renvoyoit la plus grande partie de telles causes en son grand Conseil: lequel pour cette occasion commença de s'enfler tellement en nombre effrené & excessif de procez, que les trois Estats qui furent tenus sur l'advenement du Roy Charles VIII. à la Couronne, requirent qu'il estoit besoin que le Roy eust avec soy un grand Conseil de la justice, auquel presideroit le Chancelier, assisté de certain nombre de notables personnages de divers Estats & contrées bien renommez & experts en l'administration de la justice, lesquels Conseillers feroient les sermens à ce appartenans, & seroient raisonnablement stipendiez. Qui fut cause que Charles VIII. s'advisa depuis de reduire ce grand Conseil en forme de Cour ordinaire. Pour laquelle cause le Chancelier, le seiziesme jour de Fevrier mil quatre cens quatre-vingt dix-sept, vint faire les remonstrances à la Cour de Parlement pour cet effect: & sur icelles fut deslors par Edit general creé le grand Conseil en forme de Cour souveraine, avec creation de dix-sept Conseillers ordinaires. Toutesfois pour autant que peu aprés ce Roy fut prevenu de mort, l'execution de cet Edict estant demeurée en sursceance, le Roy Louys XII. par son Edit du troisiesme Juillet 1498. voulut augmenter le nombre de Conseillers, de deux, & d'un Prelat, qui fut Maistre Pierre de Sacierges, Evesque de Luçon, ordonnant qu'ils fussent Semestre, qui estoit de dix Conseillers pour chaque Semestre outre le Chancelier, & le nombre des Maistres des Requestes de l'Hostel du Roy, pour jouyr de mesmes authoritez & prerogatives que toutes les autres Cours souveraines: & voulut que nuls autres Conseillers de quelque qualité qu'ils fussent, n'y eussent entrée, mesmes aux jugemens des procez, s'ils n'y estoient appellez par le Chancelier: Parquoy, pour bien dire, tout ainsi que le grand Conseil du temps de Philippes le Bel, avoit esté extrait du corps de ceux du Parlement, non pas pour juger le procez, ains pour traicter en la presence du Roy les affaires d'Estat, aussi estant par Louys XII. reduit en ce mesme forme que j'ay dite, il estoit comme un ombre tiré du Conseil du Roy, pour terminer avec le Chancelier les affaires de Justice que se presenteroient à la suite du Roy. Ainsi pour le commencement presidoit le Chancelier en ce grand Conseil, & en son absence les Maistres des Requestes de l'Hostel, selon leurs degrez d'ancienneté. Laquelle coustume dura jusques au regne de François I. sous lequel Messire Guillaume Poyet Chancelier, pour gratifier Maistre Guy Brellay son amy, & homme de grande doctrine, introduisit en faveur de luy un Estat de President au grand Conseil, duquel il l'en fit pourvoir. Mais à l'advenement du Roy Henry, en fut iceluy Brellay depourveu, & les choses reduites en leur ancien train, & les Conseillers presidez par les Maistres des Requestes, jusques à ce que le mesme Henry reprenant les arrhes de son feu pere, y remist les Presidens; ce qui s'est continué jusques à huy. Au demeurant, du regne de François I. y eut Edit, par lequel il vouloit & entendoit que la Cour de Parlement & grand Conseil fraternisassent ensemble, & fussent reputez un seul corps, duquel dependoient toutes les autres Cours souveraines: Et pour cette cause ordonna que les Presidens & Conseillers du Conseil eussent lieu en icelle Cour selon l'ordre de leur reception, & le semblable auroient ceux des Parlemens au grand Conseil. Chose toutesfois que la Cour de Parlement de Paris n'a jamais voulu recevoir. Au moyen dequoy ceux du grand Conseil voyans la porte leur estre fermée en cette Cour, aussi ne lui donnent-ils entrée en leur consistoire: combien qu'ils l'accordent à tous les autres Parlemens, parce qu'ils reçoivent la mesme courtoisie d'eux. Or combien que cette jurisdiction soit grande, si est-ce que pour en dire la verité, elle ne recognoist sa grandeur que par l'indulgence des Chanceliers, lors qu'ils se desbordent quelquesfois en lettres d'evocation. Car estans tous les territoires de France remplis de Parlemens, destinez pour rendre le droit à chacun, tout ainsi que ce grand Conseil fut ambulatoire & sans arrest, aussi n'eut-il (s'il faut ainsi que je le die) certaine asseurance de ce sujet. Mais a-l'on ou augmenté ou retranché la jurisdiction de cette compagnie, selon que les occasions se sont presentées. Aussi à la verité n'y est traictée chose aucune dont les parties ne puissent prendre reglement de leurs Juges naturels & domiciliers, ou bien par les Parlemens. Car les evocations, differens qui procedent des contrarietez d'Arrests, indults de Cardinaux, Archevesches, Evesches, Abbayes, Maladeries, Hospitaux, & autres choses dont nos Roys ont voulu attribuer la cognoissance au grand Conseil, pouvoient estre sans aucuns frais extraordinaires traictez sur les lieux mesmes des parties, n'eust esté que la volonté de nostre Prince, auquel devons toute obeïssance, a esté autre. Et au surplus je trouve que cette jurisdiction s'est grandement enflée de causes, lors que la Cour de Parlement, pour quelques considerations secretes, ne s'est peu bonnement induire à passer & émologuer quelque chose, sinon par plusieurs jussions de nos Roys. En cette façon voyons nous que n'ayant voulu, qu'à toute difficulté, accorder le Concordat qui avoit esté passé entre le Pape Leon & le Roy François I. de ce nom, & encores que l'ayant accordé elle ne le pouvoit digerer qu'à longs traits, le Roy, pour avoir telle depesche & expedition de sa volonté qu'il desiroit, luy interdict toute jurisdiction de procez provenans à raison des Archevesches, Evesches, Abbayes, Priorez electifs & conventuels, & les evoqua à sa personne le 3. Juillet 1523. & le 6. Septembre ensuivant, en attribua toute Cour & cognoissance au grand Conseil. Chose que nous avons veuë de fraische memoire estre encore advenuë en cas non beaucoup dissemblable aprés l'Edit de pacification des Troubles, de l'an 1562. pour plusieurs procez concernans le fait de la Religion, que les aucuns appellent nouvelle, & les autres reformée. Et certes nos Roys se sont trouvez assez empeschez à les occuper, & en ont quelquesfois trenché & coupé, leur donnans, puis leur ostans, ainsi que bon leur sembloit: car le mesme Roy François leur donna la cognoissance des offices Royaux en debat. Laquelle depuis en l'an 1539. il restablit aux Maistres des Requestes de son Hostel, comme estoit l'ancienne usance. Et de mesme façon le Roy Henry leur avoit attribué jurisdictions des decimes & solde de cinquante mil hommes, qu'il a depuis transportée aux Generaux des Aydes sur le fait de la Justice. Depuis la reduction du grand Conseil en tel ordre, nous appellons Conseil privé, celuy qui se tient environ la personne du Roy: auquel Messire Guillaume Poyet Chancelier, qui avoit esté nourry dés le berceau à la suite des procez, apporta tant de chiquaneries, que combien qu'auparavant luy, on ne traitast en ce lieu que matieres d'Estat, si est-ce qu'il commença de prester l'oreille aux parties privées, pour matieres mesmement qui se doivent decider dans un Chastelet de Paris, ou une cohuë de Roüen: Laquelle coustume depuis eut grand vogue sous le Roy Henry II. Tellement que cela a introduit gens à la suite de la Cour, qu'on dit de Procureurs & Advocats en ce Conseil, tout ainsi qu'aux simples jurisdictions subalternes. Voire & y ont esté quelquesfois

Les Recherches de la France. LIV. II.

quesfois taxez les despens par les Maistres des requestes : Coustume veritablement indigne de ce grand Tribunal de la France. A cause dequoy Messire François Olivier (auquel pendant le regne de Henry on avoit subrogé un garde Sçaux) ayant esté r'appellé à l'administration de son Estat de Chancelier sur l'advenement du Roy François II. à la Couronne, la premiere chose qu'il eut en recommandation, fut d'exterminer du Conseil privé toutes telles manieres de procez, renvoyant chacun en sa chacune. Ce qui a esté depuis son decez tres-religieusement observé par son successeur Messire Michel de l'Hospital : Si ne sçauroit-on si bien faire que l'on en espuise ce lieu tout à sec. Au demeurant les affaires du Conseil privé estoient disposées en tel estat, lors que je dressay le premier projet du present chapitre (qui estoit du vivant de François II.) qu'outre ce Conseil, auquel s'assembloient plusieurs Princes & notables Seigneurs, il y avoit encores un Conseil des affaires: auquel trois ou quatre des principaux de la France avoient entrée pour adviser sur le gouvernement general de ce Royaume. Toutefois depuis ce temps-là, les affaires de France ont grandement changé de face pour les guerres civiles & intestines qui ont couru entre nous : lesquelles ont esté causes que ceux qui ont le principal gouvernement du Royaume, pour gratifier aux uns & aux autres, & par ce moyen donner ordre de tranquiliter toutes choses, ont baillé lieu & seance en Conseil à plusieurs personnages d'estofe, augmentans ce lieu de nombre presque superabondans & extraordinaire. Qui me fait prognostiquer (si toutesfois il m'est loisible d'asseoir mon jugement sur chose si haute & illustre) que tout ainsi que la necessité du temps a apporté ce grand nombre : aussi les choses estant petit à petit composées & reduites en meilleur train, une autre necessité nous enseignera, qu'il n'est pas expedient qu'un Conseil estroit d'un Royaume soit communiqué à tant de personnes. Or quant est des Conseillers du Conseil privé, du commencement ils n'avoient seance en la Cour de Parlement, depuis elle fut accordée à ceux qui avoient eu autres fois lieu & entrée en cette Cour : finalement aprés l'assoupissement des tumultes derniers, tout ainsi que les cinq Presidens de la Cour furent receus Conseillers du Conseil privé, aussi fut-il arresté que de là en avant tous Conseillers du Conseil privé auroient voix deliberative en la Cour de Parlement. Quand j'escrivy premierement ce chapitre, l'ordre y estoit tel que dessus. Depuis sous Henry III. on le nomma Conseil d'Estat, auquel on a donné tant de façons, que j'en laisse le discours à ceux qui me survivront.

CHAPITRE VII.

De l'Assemblée des trois Estats de la France, Cour des Aydes, sur le faict de la Justice, Tailles, Aydes, & Subsides.

Encores que quelques-uns qui pensent avoir bonne part aux histoires de la France, tirent l'Assemblée des Estats d'une bien longue ancienneté, voire sur elle establissent toute la liberté du peuple, toutesfois ny l'un ny l'autre n'est veritable. Je sçay & veux recognoistre qu'anciennement en Gaule, & avant la conqueste de Jules Cesar, l'on faisoit des diettes & assemblées generales, qui furent par luy continuées (par une hypocrisie familiere aux Romains) pour faire paroistre qu'il nous entretenoit en nos anciennes franchises & libertez : mais en toutes ces deliberations vous ne trouverez point que le menu peuple y fust appellé, duquel l'on ne faisoit non plus d'estat, que d'un O en chiffre. Pareillement vous trouverez sous la premiere & seconde famille de nos Roys les convocations solemnelles, que l'on appelloit Parlemens, dont j'ay discouru cy-dessus, principal nerf de nostre Monarchie : Mais en icelle n'estoient appellez que les Princes, grands Seigneurs, Nobles, & ceux qui tenoient les premieres dignitez en l'Eglise. Or en nos assemblées des trois Estats, non seulement on y appelle le menu peuple, aveques le Clergé & la Noblesse, mais qui plus est, il en fait la plus grande & meilleure part : & comme tel, ceux qui mirent les premiers cette invention en avant, le voulurent reblandir d'un mot plus doux & moins bas, que nous disons Tiers Estat. Dont vient doncques que depuis quelques centaines d'ans nous luy avons donné place & voix en nos congregations esquelles il s'agit du bien general du Royaume ? Je vous diray.

Ny sous la premiere, ny sous la seconde, ny bien avant sous la troisiesme lignée de nos Roys, nous ne reconnoissons en France l'usage des Tailles, Aydes, & Subsides, tels que nous les voyons aujourd'huy. Je lairray ce qui est des deux premieres, & toucheray seulement ce qui est de la derniere, comme celle de laquelle nous avons des Memoriaux plus fidelles. Nos Roys pour leur entretenement faisoient fonds de leur Domaine, qu'ils appelloient leur Thresor. Et quant aux levées extraordinaires, il s'estoit introduit une coustume, que les Roys passans par les signalées Archeveschez, Evesches, & Abbayes, ils y gistoient & hebergeoient pour une nuit. Chose qui fut eschangée en quelque redevance d'argent, non grande, que l'on appelloit droit de Giste : comme aussi passans pays, le menu peuple estoit tenu pour passade d'une journée, de les ayder de chevaux & charroy, dont quelques bourgs & bourgades se dispensoient par argent, & estoit appellé cela droit de Chevauchée. Coustume que nous avions empruntée des Romains. Je ne veux pas dire pourtant, que le mot de Taille ne fust en usage, mais c'estoit une forme de Taille coustumiere, quand l'un des enfans de France prenoit l'Ordre de Chevalerie (car en autre sujet ne l'ay-je point leu avoir esté pratiqué) & le Pape Alexandre IV. en la premiere constitution decretale sous le tiltre des Immunitez de l'Eglise, defendoit par exprés aux François de ne lever tailles & exactions sur le Clergé, quand il achetoit quelque heritage. C'est ce que nos Roys ont pris de toute ancienneté, pour le droict d'amortissement. Il n'est pas que de fois à autre ils ne contraignissent leurs sujets de leur bailler quelques deniers, que l'on appella aussi Tailles, parce qu'ils estoient levez par capitations & departemens : car le mot de tailler signifie entre nous diviser. Sainct Louys par son testament commandoit à son fils de ne lever tailles sur son peuple, c'estoit de ne lever des deniers extraordinaires. Levées que le peuple ne pouvoit gouster, les appellans Maletoutes, comme deniers mal tollus & ostez : & ceux qui se mesloient de les lever Maletoultiers : ce qui causoit fort souvent des émotions populaires. Pour ausquels obvier les sage-mondains qui manioient les affaires de France, furent d'advis, pour faire aveques plus de douceur avaler cette purgation au commun peuple ; d'y apporter quelque beau respect. Ce fut de faire mander par nos Roys à toutes leurs Provinces, que l'on eust à s'assembler en chasque Seneschaussée & Bailliage, & que la le Clergé, la Noblesse, & le demeurant du peuple, qui fut appellé Tiers Estat, advisassent d'apporter remede aux defauts generaux de la France, & tout d'une main aux moyens qui estoient requis pour subvenir à la necessité des guerres qui se presentoient : & qu'aprés avoir pris langues entr'eux, ils députassent certains personnages de chasque ordre, pour conferer tous ensemble en la ville, qui estoit destinée pour tenir Assemblée generale. En laquelle, ainsi que nous en usons maintenant, aprés que le Chancelier en la presence du Roy a remonstré le desir que Sa Majesté apportoit à la reformation de l'Estat, & les urgentes necessitez qui se presentoient pour le fait de la guerre, il les adjure d'y apporter chacun son talent, & de contribuer d'un commun voeu à ce qu'ils trouveroient necessaire pour la manutention de l'Estat. En ce lieu quelques bonnes Ordonnances que l'on face pour la reformation generale, ce sont belles tapisseries, qui servent seulement de parade à une posterité. Cependant l'impost que l'on accorde au Roy, est fort bien mis à effect. De maniere

Tome I.   F ij

niere que celuy a bien faute d'yeux, qui ne voit que le Roturier fut exprés adjousté, contre l'ancien ordre de la France, à cette assemblée, non pour autre raison, sinon d'autant que c'estoit celuy sur lequel devoit principalement tomber tout le faix & charge : afin qu'estant en ce lieu engagé de promesse, il n'eust puis après occasion de retifver ou murmurer. Invention grandement sage & politique. Car comme ainsi soit que le commun peuple trouve tousjours à redire sur ceux qui sont appellez aux plus grandes charges, & qu'il pense qu'en descouvrant ses doleances, on restablira toutes choses de mal en bien, il ne desire rien tant que l'ouverture de telles assemblées. D'ailleurs se voyant honoré pour y avoir lieu, & chatoüillé du vent de ce vain honneur, il se rend plus hardy promettreur à ce qu'on luy demande : mais ayant une fois promis, il ne luy est pas puis après loisible de resilir de sa parole, pour l'honneste obligation qu'il a contractée avecques son Prince en une congregation si solemnelle. Davantage qui est celui qui ne trouve un Roy plain de debonnaireté, lequel par honnestes remonstrances veut tirer de ses sujets, ce que quelques esprits hagards penseroient pouvoir estre exigé par une puissance absoluë ? Tellement que sous ces beaux & doux appasts, l'on n'ouvre jamais telles Assemblées que le peuple n'y accoure, ne les embrasse, & ne s'en esjouysse infiniment, ne considerant pas qu'il n'y a rien qu'il deust tant craindre, comme estant le general refrain d'iceux, de tirer argent de luy. Et en ces generales convocations il en prend à nos Roys, tout d'une autre sorte qu'il ne fait aux Papes, aux Conciles generaux de l'Eglise : Car l'on dit qu'il ne se fait aucune Concile general, auquel on ne retranche aucunement une partie des entreprises de la Cour de Rome sur les Evesques & Ordinaires, au moins le voyons nous avoir esté faict aux Conciles de Constance & de Basle.

Au contraire jamais on ne fit Assemblée generale des trois Estats en cette France, sans accroistre les Finances de nos Roys à la diminution de celles du peuple. Chose que vous descouvrez plus à l'œil és Provinces de Bretagne, Languedoc, Dauphiné, Provence : où jaçoit que l'on face souvent de telles Assemblées Provinciales, si est-ce qu'elles ne se font que lors que nos Roys leur demandent ayde d'argent.

Le premier qui mit cette invention en avant fut Philippes le Bel, sous lequel advindrent plusieurs mutations, tant en la police seculiere, qu'Ecclesiastique. Cestuy avoit innové certain tribut qui estoit pour la premiere fois, le centiesme, pour la seconde le cinquantiesme de tout nostre bien. Cet impost fut cause que les Manans & Habitans de Paris, Roüen, Orleans, se revolterent & mirent à mort tous ceux qui furent deputez pour la levée de ces deniers. Et luy encores à son retour d'une expedition contre les Flamans, voulut imposer une autre charge de six deniers pour livre de chasque denrée venduë, toutesfois on ne luy voulut obeyr. Au moyen de quoy, par l'advis d'Enguerrand de Marigny grand Superintendant de ses Finances, pour obvier à ces emeutes, il pourpensa d'obtenir cela de son peuple, avecques plus de douceur. Car s'estant fait sage par son exemple, & voulant faire une autre nouvel impost, Guillaume de Nangy nous apprend, qu'il fit eriger un grand échafaut dedans la ville de Paris : Et là par l'organe d'Enguerrand, après avoir haut loüé la ville, l'appellant Chambre Royalle en laquelle les Roys anciennement prenoient leurs premieres nourritures, il remonstra aux Sindics des trois Estats les urgentes affaires qui tenoient le Roy assiegé pour subvenir aux guerres de Flandres, les exhortant de le vouloir secourir en cette necessité publique, où il y alloit du fait de tous. Auquel lieu on luy presenta corps & bien : levant par le moyen des offres liberales qui furent faites, une imposition fort griefve par tout le Royaume. L'heureux succes de ce premier coup d'essay se tourna depuis en coustume, non tant sous Louys Hutin, Philippes le Long, & Charles le Bel, que sous la lignée des Valois, & specialement sous le Roy Jean, aydé en cecy des instructions & memoires de Charles V. son fils, lequel ne fut pas sans raison surnommé le Sage après sa mort, par ce qu'en toutes ses actions il eut cette proposition stable de les faire authorizer par les trois Estats, ou bien en une Cour de Parlement, chose qui n'estoit pas si familiere à nos Roys auparavant luy : Et encores que de fois à autres il receust quelques traverses des Estats, estans à ce instiguez par les solicitations & menées du Roy de Navarre, & fust pour cette cause contraint d'acquiescer contre son opinion à leurs volontez, si est-ce que leurs choleres refroidies, ou l'assemblée dissoluë, il restablissoit toutes choses conformément à son desir. Voilà surquoy les Tailles, Aydes, & Subsides ont pris leur premier fondement, & ont avecques le temps pris tel pied entre nous, qu'elles sont parvenuës au sommet. Du commencement on proceda par impositions que l'on obtenoit des Estats, lesquelles ne duroient qu'un an, que l'on appella Aides & Subsides, parce qu'elles estoient mises sus, pour aider nos Roys au defroy des guerres qui lors se presentoient : Et afin de ne mecontenter le peuple on crea des Officiers populaires, les uns appellez Generaux, & les autres Esluz : & depuis les choses prenans leurs accroissemens pied à pied, d'un on passa à deux ou trois ans, & en fin à perpetuité : Encores ne fut-ce pas assez : Par le mesme advis des Estats on mit une nouvelle charge d'impost sur le peuple qui se leva par capitations & feux, que l'on appella du commencement Foüage. Cela fut levé pour une fois, & à petite somme, par testes. Toutesfois sous Charles VII. on le rendit perpetuel : Et est ce que nous appellons aujourd'huy Tailles, ayant remis en avant le mot ancien en usage, mais d'autre façon qu'il n'avoit esté pratiqué par nos plus vieux ancestres. Chose que je vous verifieray par parcelles.

Philippes de Valois en l'an mil trois cens quarante-neuf, un an auparavant son decez, pour les guerres qu'il avoit contre les Anglois, du consentement du Prevost des Marchans, Manans & habitans de Paris, obtint pour un an un subside de six deniers pour livre sur chaque denrée qui seroit venduë, en & au dedans de la ville, Prevosté & Vicomté de Paris. Par ses lettres patentes du dix-septieme Fevrier, mil trois cens quarante neuf, il proteste que cet impost n'apporteroit à l'advenir aucun prejudice aux privileges & libertez des Parisiens, ny aucun droict nouveau lui seroit acquis encontre eux, ny à eux contre luy : mais qu'il l'imputoit à un Subside gratieux, Il fut prevenu de mort avant que de luy faire sortir effet : Au moyen dequoy le Roy Jean son fils suppléa à ce défaut.

Et d'autant qu'il n'y avoit Juges des differens qui pouvoient resulter de cette levée, il en attribua la cognoissance aux Prevost des Marchands & Eschevins de la ville, à la charge que là où ils ne pourroient accorder les parties, les gens des Comptes en cognoistroient. Ce mesme Ayde fut par lui imposé en mil trois cens cinquante deux, & cinquante trois, tant és Seneschaussees d'Anjou & du Maine, que Bailliage de Senlis, le tout par le consentement des trois Estats des païs : Et comme ainsi fut que la Royne de Sicile alors Dame d'Anjou & du Maine, soustint que cet Ayde ne devoit avoir cours sur ses subjects, le Roy, pour luy clorre la bouche, luy en donna la moitié. De ces lieux particuliers, on s'advisa de passer plus outre, & d'imposer nouvel Ayde, non sur tout le Royaume, ains sur tout le pays de Languedoc & Coustumier. Aussi fallut-il lors avoir recours à une assemblée generale des trois Estats qui fut tenuë en cette ville de Paris. Là il fut accordé au Roy d'augmenter la Gabelle du sel. (Le Roy Philippes de Valois son pere en avoit esté le premier innovateur en l'an mil trois cens quarante-deux) & encores huict deniers pour livre de chaque marchandise qui seroit venduë, (en ce non compris la vente des heritages) laquelle seroit payée par le vendeur. C'estoit un coup fort hardy, lequel aussi receut grand contraste, ainsi que nous apprenons par les lettres sur ce decernées le vingt-deuxieme Decembre, mil trois cens cinquante cinq. Car il fut ordonné, que nul Thresorier ou Officier du Roy n'auroit la charge, direction & maniement de ces deniers, mais que les trois Estats commettroient certains personnages, bons, honnestes & solvables, pour en estre les ordinateurs, selon les instructions qui leur en seroient prescrites : Et qu'outre ces Commissaires generaux, ils establiroient encores en chaque Province, neuf particuliers, trois de chaque Ordre, desquels les trois du Clergé, jugeroient les Ecclesiastiques ; les trois Nobles, ceux qui seroient de leurs qualitez ; &
les

les trois Roturiers, les gens de condition roturiere : Appellez toutesfois chacun en leur endroict leurs autres compagnons au jugement des procez. Et au cas que l'on appellast d'eux, on auroit recours aux deputez Generaux, qui en jugeroient en dernier ressort.

Le Roy jura de ne faire employer à autre usage ces deniers, que pour le fait de la guerre, comme aussi ces deputez Generaux jurerent sur les sainctes Evangiles qu'ils ne les convertiroient ailleurs, nonobstant quelques mandemens qu'ils en eussent du Roy. Et s'il advenoit que sous umbre de quelques impetrations les Officiers du Roy les voulussent contraindre d'invertir en autres usages ces deniers, permis aux deputez Generaux de s'y opposer par voye de fait, voire d'implorer tout confort & aide des bonnes villes circonvoisines à cet effet. Et au suplus ne pourroit rien ces deputez & superintendans Generaux des trois Estats au fait de leur charge & administration, s'ils n'estoient tous d'accord ensemble. Ce neantmoins en cas de discord la Cour de Parlement les pourroit accorder. Je vous laisse une infinité d'autres particularitez concernans la reformation de l'estat, au recit desquelles si je me voulois amuser, j'attedierois le lecteur, parce qu'elles ne furent observées. Je me contenteray de vous dire que sur la fin de l'Edit, ou lettres patentes, on adjousta qu'au 1. jour de Mars ensuivant, les trois Estats se r'assembleroient dans Paris, par eux, ou par Procureurs suffisamment fondez, pour veoir & examiner le compte de ce qui auroit esté baillé & distribué : & à ce jour seroit rapporté par les Deputez Generaux, combien cette Gabelle & Ayde auroit valu, & s'ils voyoient qu'ils ne fussent suffisans pour le deffroy de la guerre, ils pourroient croistre la Gabelle ainsi que la necessité le requerroit suivant l'advis des trois Estats, sans que les deux, ores qu'ils fussent d'accord, peussent lier le tiers. C'estoit un apenty de continuation de Subside : Car comme nous sommes en un Royaume de consequence, il ne faut rien aisément promettre, encores que ce ne soit que pour une fois, que l'on ne le vueille permettre à jamais.

De ce que dessus, vous pouvez recueillir le premier plant des Generaux & Esleus : car les uns & les autres nommez par les Estats, les uns pour avoir l'œil sur l'aide particulier des Provinces, & les autres generalement sur tout le Royaume, le hazard du temps voulut qu'aux uns demeurast le nom de General, aux autres celuy d'Esleu, chose dont il ne faudra d'icy en avant faire doute par les discours que j'enfileray cy-aprés selon la suite des ans & des affaires. La prison du Roy Jean contraignit Charles son fils aisné (qui du commencement prit le nom seulement de Lieutenant general de la France, puis Regent) de faire convoquer les Estats dedans la ville de Paris en Mars 1355. Comme le peuple est fort en bouche, singulierement en telles advertitez, esquelles il pense qu'il faut que les grands ayent du tout recours à luy, aussi le fit-il lors fort bien paroistre : Car jamais ne se trouverent plus grandes esmeutes que celles-là. Et parce que nos Annales les ont discouruës amplement, je vous diray seulement que il seroit impossible de dire combien de propositions hagardes furent mises en avant au desavantage du Roy, à la suscitation du Roy de Navarre. Cestuy pensoit la Couronne luy appartenir du chef de sa femme, & la recouvrer au milieu de cette affliction publique. C'est un secret que nos Roys doivent apprendre de ne faire jamais ouvrir les Estats, quand il y a un Prince, qui pour avoir le vent en pouppe au milieu d'un peuple, se rend chef de part : Mais qu'eust fait en cecy Charles Regent ? Il tenoit proprement le Loup par les aureilles, la necessité presente le convioit de trouver argent pour le defroy & soustenement de la guerre. S'il eust donné congé aux Estats, c'estoit quiter la partie : D'un autre costé de le continuër, il ne pouvoit rien obtenir d'eux qu'il n'acquiesçast à une infinité de demandes & injustes & tortionnaires : Car encores qu'il y en eust plusieurs justes, comme de s'opposer à l'affoiblissement des monnoyes, qui estoit lors la querelle commune du peuple, si est ce que l'on y mesloit de la vengeance contre uns & autres grands Seigneurs, dont on requeroit le desapointement, & de là passans plus outre, ils creoient plusieurs Conseillers du grand Conseil, & vouloient que de là en avant toutes les affaires du Royaume passassent par leurs mains. Le premier advis que prit ce jeune Prince fut de licentier l'Assemblée, & la remettre à une autre fois, esperant obtenir d'eux en un autre temps, ce qu'il ne pouvoit adonocques : Conseil sage, mais defavorisé de la raison qui estoit disposée à sedition. Le peuple commence de se mutiner plus que devant, ayant pour Porte-enseigne Estienne Marcel Prevost des Marchands de Paris. Au moyen dequoy le Regent, faisant comme le sage Pilote, qui pour sauver son vaisseau calle la voile à la tempeste, aussi delibera-il de temporiser à cette fureur. C'est pourquoy il leur bailla la carte blanche, & non seulement leur passa condamnation de tout ce qu'ils desiroient, mais permit qu'elle fut authorisée par la verification du Parlement de Paris. Ce qui ne s'estoit encore veu ny usité en telles affaires, mais aussi pour contr'eschange il obtint des trois Estats tel ayde qu'il desiroit. Vous pourrez recueillir par parcelles, & jour par jour, comme toutes choses se passerent lors, dedans les Annales de Guillaume de Nangy, comme celuy qui fut spectateur de cette tragedie : Et encores dans des lettres en forme d'Edit du 5. Fevrier 1356. verifiées au Parlement, par lesquelles on peut voir tout le bon & le mal qui se passa lors sous le nom de la reformation de l'Estat.

En l'an 1358. le Roy Jean estant encores prisonnier, l'on fut contraint d'assembler derechef les trois Estats dedans la ville de Compiegne, où l'on fit pour la delivrance du Roy un grand impost extraordinaire, qui eut cours sur toutes sortes de personnes : Et lors on ne douta plus d'appeller Generaux ceux qui avoient la charge generale, & Esleuz ceux qui avoient la charge particuliere des Aydes par les Dioceses. Et furent esleuz trois Generaux diversement par chacun des trois Ordres, & au lieu qu'auparavant les Esleuz, Greneriers, Controolleurs, Receveurs & Sergens des tailles estoient payez de leurs vacations par taxations qui venoient à la grande houle du peuple, on commença de leur assigner certains gages pour l'advenir. Les Generaux des Aydes estoient nommez par les Estats, & confirmez par le Roy, entre les mains duquel, ou de ses Officiers, ils faisoient le serment de bien & loyaument exercer leurs charges. Depuis le Roy seul sans autre controolie y pourveut. Auparavant les Aydes que l'on prenoit estoient sur les marchandises & denrées qui estoient venduës en gros ou detail. Charles V. plein d'entendement en l'an 1379. s'advisa de lever de chaque feu, pour un an, un franc, le fort portant le foible, & fut cet impost appellé fouäge. Lequel depuis fut remis en avant par Charles VI. en l'an 1388. mais bien plus rude que le premier qui fut par luy appellé Taille, mot qui n'est point depuis tombé. Charles V. mettant son fouäge en avant, apporta plusieurs reiglemens par ses lettres du vingtiesme Novembre 1379. Et entre autres choses, supprima tous les Receveurs generaux des Aydes, voulant qu'il n'y en eust plus qu'un qui feroit sa residence dans Paris. Defendit aux Esleuz & Receveurs particuliers de nommer Asseeurs & Collecteurs : ains voulut qu'ils fussent nommez par les Paroissiens de chaque Paroisse. Charles VI. par ses lettres de l'an 1388. ordonna que toutes personnes contribuassent à la taille qu'il mettroit sus, fors les Nobles extraits de Noble lignée, portans les armes, les Ecclesiastiques & les pauvres mendians. En tout cecy l'un & l'autre Roy commit de ses favoris tels qu'il luy pleut, pour la levée de ses deniers, les uns estans Maistres des Comptes, les autres d'autre qualité : car il n'y avoit celuy qui ne fust trés-aise d'estre employé en cette charge, pour le gain qu'il en rapportoit : En laquelle aussi ils n'estoient point perpetuez, ains chargez selon qu'il plaisoit au Roy, ou à ceux qui l'attouchoient de plus prés. Et lors ceux qui estoient generaux des Aydes l'estoient, tant pour l'ordination des deniers à quoy ils devoient estre employez, que pour la distribution de la Justice en dernier ressort, quand l'on appelloit des Esleuz ou Greneriers, mesmes fut grandement augmentée leur authorité, car on leur permettoit d'instituer & destituer Esleuz, Greneriers, Controolleurs, Receveurs & Sergens des Aydes, quand ils feroient leurs chevauchées par les Provinces. Et parce que le Roy y en commettoit tantost six, tantost cinq, tantost quatre, la reigle generale n'estoit que pour l'ordination des deniers, il falloit questuous, ou quatre, ou trois pour le moins le consentissent, mais quant à ce qui estoit de la distribution de la Justice, il suffisoit qu'il y en eust deux seulement : Et neantmoins ce qu'ils jugeoient, estoit tenu pour Arrest, sans que la Cour de Parlement le peust reformer, ains falloit que ce fussent ceux-là mesmes qui avoient jugé, & leurs compagnons appellez avecques eux trois ou quatre des Seigneurs du grand Conseil.

Vers ce mesme temps on commença de mettre quelque distinction entre les Generaux des Finances & de la Justice, non toutefois absoluë telle que je deduiray cy-apres, & encores d'authoriser cette charge de chefs, tirez du corps de l'Eglise, comme Archevesques & Evesques, afin que le peuple y eust plus de creance. Par lettres du dernier jour de Fevrier 1388. je voy que Charles VI. y commit l'Evesque de Noyon, Maistres François de Chanteprime, Guillaume Brumel, Guy Chrestien, Jean le Flamant & Pierre Desmier, pour exercer la Justice, voire jusques au nombre de deux comme j'ay dit cy-dessus, & entr'eux choisit Chrestien, le Flamant & Desmier, pour estre ordinateurs des deniers, deffend aux trois autres de s'en entremettre. De façon que les six estoient deputez pour l'exercice de la Justice, mais en particulier les trois autres avoient d'outre plus la charge de la dispensation des deniers. Je cotte nommément ces lettres du dernier de Fevrier, parce que c'est l'un des premiers reiglemens concernant ceste distinction d'Estats, & aussi qu'à la suite de cela il est derechef ordonné qu'il n'y auroit qu'un Receveur general. Qu'en la Chambre des Generaux y auroit un Greffier pour les procez, & quatre Clercs & Secretaires qui signeroient en Finances selon que les trois Generaux l'ordonneroient. Enjoint aux Generaux de faire les uns apres les autres leurs chevauchées par les Provinces, pour voir le bon ou le mauvais menage des Esleuz, Receveurs, Greneriers & Controlleurs. Et enfin que les Generaux sur le faict de la Justice (ainsi les appelle-il) otroyent les causes sommairement & de plein, sans long procez, & feroient faire le semblable aux Esleuz en chasque Election.

Deslors en avant furent faites deux sortes de Generaux des Aydes, les uns appellez les Generaux des Finances sur le fait des Aydes, les autres Generaux de la Justice sur le fait des Aydes. Estats qui commencerent d'estre exercez separément, encores que je sçache bien que la reigle ne fut pas tousjours generalement vraye. Parce que Charles VI. ou pour mieux dire ceux qui le gouvernoient, en tailloient comme il leur plaisoit, mais tant y a que l'ordinaire estoit tel. Par lettres du 28. Aoust 1395. l'Archevesque de Bezançon, Philippes des Essars Maistre d'hostel du Roy, Jean de Chante-prime Thresorier des guerres, sont faits Conseillers Generaux sur le fait des Aydes, sans que les Generaux Conseillers sur le fait de la Justice s'en peussent entremettre. Le semblable le 5. Aoust 1399. où l'Archevesque de Sens, Jean Couran, Guillaume d'Orgemont, & Arnaut Boucher sont commis.

La friandise de manier les deniers fut telle, que les Princes voulurent avoir part au gasteau. Premierement le Sire d'Albret en l'an 1410. Et apres luy Louys Duc d'Orleans frere du Roy par lettres patentes du dix-huictiesme Avril 1402. fut commis pour presider desusces Generaux des Aydes : les Ducs de Berry & de Bourgogne voulurent estre de la partie : Et à vray dire, les jalousies des deux maisons d'Orleans & de Bourgongne, qui depuis causerent la ruine & desolation de la France, furent fondées sur cette querelle. Les Ducs de Bourgongne, Berry & Bourbonnois oncles du Roy, furent aussi à ce deputez, mais enfin tous ensemblement deschargez par lettres du 19. May 1403. Lors que les humeurs de ces Princes se disposoient à sedition intestine, ceux qui desiroient estre mediateurs firent faire un Edict du 7. Janvier 1404. par lequel ils passerent sur la reformation de toute la France, & specialement des Aydes & Subsides : Et fut adoncques ordonné qu'il n'y auroit que trois Conseillers generaux, pour ordonner de la distribution des Aydes, c'est à sçavoir, l'Archevesque de Sens, Maistres Thibaud de Miseray & Jean des Hayes, qui auroient les quatre Clercs ordinaires, & un Receveur general : & pour le fait de la Justice trois Conseillers generaux, & l'Archevesque de Bezançon qui estoit Conseiller au grand Conseil. Les trois Conseillers l'Evesque de S. Flour, Maistre Jean du Drac, & Nicolas de Maulregard, & lequel Evesque de S. Flour presideroit pendant l'absence de l'Archevesque. Je vous laisse toutes les autres particularitez de reiglement porté par icelles lettres, pour vous dire qu'en l'an 1407. qui fut l'année que Louys Duc d'Orleans fut assassiné, on reprit ces mesmes arrhemens de reformation, & fut encores ordonné que par tout le Royaume de Languedoc, il n'y auroit plus que trois Generaux des Finances, quatre Clercs & un Receveur general : pour le faict de la Justice quatre Generaux. Tous lesquels seroient Esleuz par le grand Conseil. Et neantmoins deslors l'Evesque de Limoge est nommé pour President à la Justice. Là il leur est enjoint que s'il se presentoit devant eux quelque matiere d'estose, ils appelleroient avec eux deux Conseillers du Parlement ; & qu'ils n'auroient qu'un Greffier pour enregistrer leurs plaidoiries, & supprima-l'on tous autres Generaux de la Justice auparavant à ce commis. Cela apporta une nouvelle face d'affaires en cette France : car outre les Conseillers qui portoient tiltre & qualité de Generaux de la Justice, on leur bailla pour aides d'autres Juges qui estoient seulement appellez Conseillers, & non Generaux, à moindres gages que les autres. En l'an 1413. nouvelles plaintes & doleances : pareillement nouvelle assemblée des Estats dans Paris : & aussi nouveau pretexte de reformation. L'Université de Paris, qui lors se faisoit ouyr par dessus tous les autres, se plaignit qu'il y avoit sept Conseillers Generaux sur le faict de la Justice. Par la reformation sur ce faite, il fut ordonné qu'il y auroit pour l'advenir seulement un President aux gages de cinq cents livres tournois, & deux Generaux de la Justice aux gages de trois cents livres Parisis, qui seroient Esleuz en la Chambre des Comptes par le Chancelier, appellez avec luy les gens du Grand Conseil, & que pour visiter, conseiller, rapporter, & ayder à juger les procez, il n'y auroit que trois Conseillers, chacun desquels auroit cent livres. Plusieurs années s'escoulerent avant que cette compagnie fust erigée en forme de Cour souveraine, ores que ceux qui y estoient commis jugeassent en dernier ressort, & de cela n'en faut autre tesmoignage que cestuy. Quand Charles VII. rentra dans Paris, qui fut le premier Vendredy d'apres Pasques l'an 1436. en commemoration de cet agreable retour, le Prevost des Marchands & Eschevins de la ville, convient à mesme jour tous les ans, tant la Cour de Parlement que Chambre des Comptes, pour se trouver dans l'Eglise Nostre-Dame, pour en rendre graces à Dieu, & de là, festoyent en l'Hostel de ville les Seigneurs qui y sont envoyez, nulle mention des Generaux de la Justice, qui montre que cette compagnie n'estoit lors estimée faire corps. Les affaires doncques des Aydes furent telles : Du commencement les Generaux qui estoient commis pour l'ordinaire des Finances venans des Aydes, l'estoient aussi pour le fait de la Justice : Et lors estoient appellez Generaux des Aydes. Depuis, ces charges estans divisées entre diverses personnes, on appella les uns Generaux des Finances sur le fait des Aydes, les autres Generaux de la Justice sur le faict des Aydes. Qualité qui resida continuellement en eux jusques sur la fin du regne de François I. qu'ils reprindrent leur ancien tiltre, & se firent nommer Generaux des Aydes sur le faict de la Justice : qui est celuy dont ils usent aujourd'huy.

CHAPITRE VIII.
Des Thresoriers Generaux de France.

L'Ordre du temps & la dignité des Thresoriers de France requeroient que je difcouruffe d'eux, auparavant que de parler des Generaux. Toutes-fois ayant voulu monftrer que les Generaux avoient pris leur fource & origine de l'Affemblée des Eftats, je leur ay donné la premiere pointe par le Chapitre precedent, pour donner puis apres lieu aux Threforiers qui de tout temps & ancienneté avoient l'œil & intendance fur le Domaine. On appelloit anciennement le Domaine de la Couronne, Threfor, comme eftant le vray Threfor fur lequel nos Roys devoient eftablir le fonds de leurs defpences. Et de cette ancienneté encores en avons nous cette remarque en la Chambre des Comptes de Paris, parce qu'entre les fix Chambres des Auditeurs, il y en a une particuliere que l'on appelle Chambre du Threfor, en laquelle on doit diftribuer tous les Comptes concernans le Domaine. La recepte particuliere du Threfor, (ainfi je veux-je icy appeller avec nos anciens,) appartenoit du commencement aux Baillifs & Senefchaux dedans leurs deftroits, & depuis pour ne les deftourner de l'exercice de la Juftice, on fit des Receveurs particuliers pour cet effect, dont les receptes aboutiffoient au changement du Threfor, qui en eftoit le Receveur general, affifté d'un Controolleur que l'on nommoit Clerc du Threfor. De là vint que celuy qui eftoit ordinateur de ces deniers, fut auffi appellé Threforier de France. Et du commencement n'y en avoit qu'un par tout le Royaume que l'on avoit tiré de la Chambre des Comptes. Sous le regne de Philippes de Valois on y en adjoufta un autre, chofe qui fe continua longuement. Du temps du Roy Charles-Quint, d'ordinaire il y en eut trois. Et depuis fon decez il n'y eut rien fi certain que l'incertain en ce nombre, tantoft trois, tantoft quatre, tantoft cinq & fix : Puis on les reduifit au nombre ancien de deux, mais tout foudain l'ordonnance en eftoit enfreinte ; parce que s'eftoient charges dont les Princes, fous l'authorité du Roy, gratifioient leurs favoris, auffi bien que celles des Generaux. Par l'Ordonnance du 1. de Mars 1388. il fut dit qu'il n'y auroit que trois, deux defquels feroient tenus de faire leurs chevauchées tous les ans, pour voir en quel eftat eftoit le Domaine, y remedier fur les lieux, & d'en faire leurs proces verbaux : le troifiefme devoit demeurer dans Paris, pour ordonner des deniers qui eftoient pardevers le Changeur du Threfor.

De leur premiere inftitution, & long-temps apres ils n'avoient aucune jurifdiction contentieufe, toutesfois fe recognoiffans plus anciens Officiers que les Generaux, mefme que leur Charge eftoit beaucoup plus favorable, pour avoir l'intendance des deniers ordinaires, & non extraordinaires, auffi voulurent-ils avecques le temps jouyr de mefme privilege que les autres. Le plus ancien Regiftre où je trouve eftre faict mention des Threforiers fur le faict de la Juftice, eft de l'an 1390. où je trouve unes lettres de l'onziefme Avril, verifiées en la Chambre des Comptes, par lefquelles Charles VI. donne Maiftres Guy Chreftien & Pierre de Mets, pour compagnons à Maiftres Nicolas de Maulregard, Jean Saulnier, & Matthieu de Liviere, lefquels l'avoient long-temps fervy en cette Charge de Threforiers : Veut que Maulregard & Liviere vacquent & entendent principalement au gouvernement & diftribution des deniers : Saulnier, Chreftien & de Mets à l'expedition & vuidange des procez qui concerneroient le Domaine. Depuis ce temps l'exercice de la Juftice demeura pardevers les Threforiers, les uns eftans appellez Threforiers fur le faict des Finances, & les autres fur le faict de la Juftice. Chofe qui fut auffi trouvée abufive : & de faict en deux reformations generales de l'an 1404. & l'an 1407. il fut entr'autres chofes ordonné que il n'y auroit plus que deux Threforiers de France, ainfi que d'ancienneté, & que de là en avant nul ne feroit plus Threforier fur le faict de la Juftice ; mais bien que s'ils furvenoient en leur Chambre quelques differens pour le Domaine, ils pourroient prendre deux Maiftres de la Cour de Parlement ou de la Chambre des Comptes, pour les terminer enfemblement. Ny pour cela ne furent ces Eftats fupprimez tout à faict : Jamais il n'y eut en noftre France plus de corruption qu'il y avoit lors, ny plus de corrections ; car les mefmes corrections faifoient partie de la corruption, n'eftans que belles promeffes reveftuës d'Edict fans effect. Les Princes & grands Seigneurs abufans de la foibleffe du fens de leur Roy, fe donnoient tel jeu qu'ils vouloient, & pouvoient tout ce qu'ils vouloient. Ils faifoient augmenter le nombre des Officiers en faveur de leurs domeftiques, nonobftant les Edicts de fuppreffion, mefmes jouyoient à boute-hors, faifans chaffer ceux qui eftoient en charge, pour leur furroger de leurs gens. Toutes chofes eftans en defordre, on affembla les trois Eftats dans Paris en l'an 1413. où entre autres doleances l'Univerfité de Paris fe plaignit qu'il y avoit fix Threforiers de France fur le faict du Domaine, & 4. fur le faict de la Juftice, qui s'eftoient infiniment enrichis de la defpoüille du pauvre peuple : Pareilles plaintes contre les Generaux des Finances, fur quoy par le premier article de la reformation, le Roy declara qu'il fupprimoit tous autres Threforiers & Generaux, & qu'il n'y en auroit plus que 2. pardevers lefquels refideroit toute la charge des Finances de quelque nature qu'elles fuffent, qui feroient appellez Commis des Finances, lefquels feroient efleus en la Chambre des Comptes par le Chancelier, appellez avec luy quelques Seigneurs du grand Confeil, du Parlement & des Comptes. Quant aux Generaux de la Juftice, il y fut pourveu, comme j'ay dit par l'autre chapitre. Mais pour le regard des Threforiers fur le fait de la Juftice, nulle mention. Et depuis ce temps-là je ne voy point que leur jurifdiction ait eu vogue. Tout ainfi qu'elles'eftoit infinuée de foi-mefme par un droit de bien-feance, auffi s'annichila-elle de foy-mefme : Ce fut un efclair d'hiftoire prefque auffi toft amorty qu'allumé. Et qui de ce en voudra fçavoir la raifon, il eft aifé de la rendre ; car d'un cofté la Cour de Parlement, d'un autre la Chambre des Comptes, pretendoient diverfement chacune endroit foy, cette Charge leur appartenir. D'ailleurs les Senefchaux & Baillifs, fans foule & oppreffion des fubjects, cognoiffoient dans leurs deftroits de matieres domaniales en premiere inftance, & la Cour de Parlement par appel. Il n'en prit pas ainfi aux Efleus & Generaux : car les Tailles, Aydes & Subfides, eftant charges qu'on levoit extraordinairement fur le peuple ; auffi convint-il avoir Juges extraordinaires & nouveaux, pour juger tant en premiere que feconde inftance, les differens qui en provenoient. Au demeurant quant à la Chambre du Threfor, où nous voyons aujourd'huy quelques Confeillers qui jugent du Domaine, c'eft une invention moderne trouvée par le Roy François I. & mife en œuvre pour trouver deniers. Invention qui ne s'eftend que dans les limites de la Prevofté & Vicomté de Paris, Bailliages de Senlis, Melun, Brie-Comte-Robert, Eftampes, Dourdan, Mante, Meulant, Beaumont fur Oife, & Crefpy en Valois.

Mais pour ne m'efloigner de mon but, qui eft des Finances, en cette Affemblée des Eftats en l'an mil quatre cens treize, le Roy Charles fixiefme avoir, comme j'ay dit, promis qu'il n'y auroit plus que deux qui fous le nom de commis ordonneroient des Finances, toutesfois foudain apres la rupture des trois Eftats, on ne s'en fouvint plus. Vray que depuis ce temps-là il y eut prefque ordinairement en cette France quatre Threforiers & autant de Generaux des Finances, qui tenoient grand lieu entre nous ; & continua cet ordre jufques au temps du Roy François, lequel au lieu de Changeur du Threfor & Receveur general des Aydes, crea en l'an mil cinq cens quarante-trois, feize receptes generales, pour recevoir indifferemment toutes fortes de deniers, fuffent du Domaine, ou des Tailles, Aydes & Subfides. Et apresluy le Roy Henry deuxiefme par fon Edict du mois
d'Aouft

d'Aoust mil cinq cens cinquante-trois, adjoustant une dix-septiesme recepte, voulut aussi qu'il y eust dix-sept Ordinateurs des Finances, qui ne porteroient plus qualité separée de Thresoriers & Generaux, ains seroient nommez Thresoriers Generaux de la France, faisant par ce moyen oublier la distinction qu'il y avoit auparavant entre les deniers ordinaires & extraordinaires des Finances. Je vous laisse tout ce qui se passa depuis pour ces Etats sous le mesme Heury deuxiesme, & la confusion & chaos que Henry troisiesme apporta non seulement en la multiplication de ces Estats, mais aussi aux creations nouvelles des Elections & Esleus, resignant cette histoire à celuy qui pourra s'en donner desplaisir, se pourra donner loisir de l'escrire.

CHAPITRE IX.

De l'Ordre des douze Pairs de France, & s'ils furent instituez par Charlemagne, comme la commune de nos Annalistes estime.

Comme l'on voit les nageurs estre souvent emportez bien loing au fil de l'eau, avant qu'à force & rames de bras ils puissent gaigner le bord, aussi me suis-je laissé emporter au fil des ans, & d'une longue anciennete des Parlemens ambulatoires, par une liaison de discours de l'un à l'autre, je suis enfin venu fondre dedans nostre siecle. Parquoy il est meshuy temps que je retourne au port dont je suis sorti, & revienne à la premiere & seconde lignée de nos Roys, pour vous discourir de nos Pairs de France, qui sera le sujet du present chapitre.

La plus grande partie du peuple tient pour histoire tres-certaine, que l'Empereur Charlemagne pour asseurer son Estat, & gaigner le cœur des siens, donna presque semblable authorité qu'à soy à douze de ses principaux, à la charge toutesfois de se retenir la principale voix en chapitre. De ceux-cy on en nomme six Laiz & autant d'Ecclesiastiques, & encore divise le peuple, cette generale police en Ducs & Comtes : c'est à sçavoir les Ducs & Prelats de Rheims, de Laon & Langres : les Comtes & Evesques de Beauvais, Chaalons & Noyon : les Ducs de Bourgongne, Normandie & Guyenne : les Comtes de Flandres, Champagne & Tholose. Veritablement quiconque ait esté inventeur de cette police (si telle a esté reellement & de faict introduite & observée) il deust estre bien grand personnage. Et croy que les premiers qui s'induisirent d'en attribuer la premiere invention à Charlemagne, furent semonds à cette opinion, tant à l'occasion de son bon sens, qu'aussi qu'il esperoit par ce moyen se fortifier contre l'ancienne famille de nos Roys de France, sur lesquels Pepin son pere s'estoit emparé du Royaume. Toutesfois il me semble que ceux qui ont esté de cet advis, ne digererent oncques bien la puissance de Charlemagne, ny comment les affaires de France se demenoient de son temps ; car de ma part je ne presteray jamais consentement à ceux-cy. Et croy à bien dire que ce discours ait esté plustost emprunté de l'ignorance fabuleuse de nos Romans, que de quelque histoire authentique. Qu'ainsi ne soit, il est certain que Charlemagne gouvernoit ses pays de l'authorité de luy seul, & non de la necessité des Ducs & Comtes, lesquels pour lors n'estoient que simples Gouverneurs, & tels qu'il les deposoit à sa volonté. Je sçay bien que lorsque Charles Martel son ayeul commença de rapporter à sa famille sous le nom de Maire du Palais toute la Majesté de France, plusieurs Ducs se mirent de mesme façon en devoir de faire tomber en leurs maisons les Provinces desquelles ils avoient le gouvernement. Toutesfois ils furent successivement rangez par Martel, puis par Pepin : Tellement que toutes rebellions effacées, les Duchez furent reduits selon leur ancienne forme, & donnez & ostez au bon plaisir des Roys de France : Ainsi se seroit abus de penser que Charlemagne eust voulu avoir pour Pairs ou semblables à soy, ceux qui totalement despendoient de son authorité & puissance. Ce neantmoins pour verifier cecy par piece, en quel lieu, je vous supplie, trouverez-vous mention de ce temps-là, d'un Duc de Guyenne separé d'avecques le Comte de Tholose ? Certes il ne s'en trouve chose aucune ; mais est la verité, que sous le nom d'un Duché d'Aquitaine estoit compris, & ce que nous appellons maintenant Guyenne, & la ville mesme de Tholose. Voire que les Comtes alors, & mesmement ceux de Tholose, n'estoient que simples Juges & administrateurs de justice en chaque ville, comme nous deduirons plus amplement au chapitre destiné pour tel subject. Davantage, qui est celuy qui ne sçache que l'on ne parloit point adonc de Normandie, ains fut un nom qui depuis sous Charles le Simple commença d'entrer en credit avec l'erection de Duché qui en fut faite en faveur des Normands ? Et aussi que la Flandre lors à demy inhabitée & deserte estoit gouvernée seulement par un simple Grand Forestier. Afin que je n'adjouste à cecy que la police de ce temps-là estoit telle que ce qui estoit maintenant duché (quand il estoit és mains de quelque Prince gouverneur d'une contrée au nom du Roy) en moins de rien prenoit le nom de Royaume, lors qu'il tomboit au partage d'un fils de France. Estant ce Royaume de telle qualité qu'il ne recognoissoit de là en avant autre Seigneur que Dieu, & son Roy. En cette façon voyons-nous que le pays d'Aquitaine fut pour un temps appellé Duché sous Charlemagne, puis Royaume quand il en investit Louys Debonnaire son fils, lequel dessors commença de tenir ses Estats à part. Et depuis, cettuy Debonnaire faisant partage general à ses enfans, donna l'Italie à Lothaire son fils aisné, le faisant sacrer Empereur. A Louys son second fils, le Royaume de Bavieres & de la Germanie : & à Pepin celuy d'Aquitaine. Verité est que Pepin estant decedé du vivant de son pere, cette Aquitaine se trouvant reunie à la Couronne, fut donnée en partage à Charles le Chauve son dernier fils, avec la plus grande partie de ce que nous nommons la France. Semblablement apres la mort de Louys Debonnaire, Lothaire Empereur partageant ses Royaumes à trois autres siens enfans, à l'aisné qui estoit Louys, il donna l'Empire avec le Royaume de Lombardie ; à Lothaire qui estoit le second, le Royaume de Lorraine : & pour Charle son puisné, il fit un Royaume de la Provence, & de partie de la Bourgongne : Et à peu pres, depuis la venuë de Charlemagne jusques sous deux ou trois lignées successivement, la Majesté de la maison de France estoit telle, que les enfans de nos Roys s'entrepartageoient les Provinces par forme d'Empire ou de Royaumes, & non par forme de Duchez. Et ne lit-on point de la lignée de Charlemagne aucun enfant masle qui se soit contenté d'un simple nom de Duc ou de Comte, ains de Prince souverain & Roy. Voire que Charles le Chauve, sous lequel toute la grandeur de cette noble famille n'estoit pas encores amortie, mais commençoit beaucoup à s'esteindre, donnant le pays de Provence, & partie de la Bourgongne qui luy estoient retournez par le decés de ses neveux à Boson, dont il avoit espousé la sœur, erigea derechef ces pays en Royaume. Et le premier & le dernier d'entr'eux tous, si je ne m'abuse, qui prit la qualité de Duc, fut celuy Charles que Hugues Capet desherita du Royaume : Mais les affaires de France avoient desja pris toute autre forme qu'au precedant, ainsi que je discourray cy-apres. De sorte que pour retourner à mon but, c'eust esté une police frustratoire, si Charlemagne eust voulu faire douze Pairs de cette marque, pour en annichiller la coustume en un instant, & à un simple partage, qu'il eut fait entre ses enfans. Et qui m'induit encores à cette opinion, c'est que combien que dans Theodulphe, qui fut du temps de Charlemagne, & dans Aimoin, soit faite frequente mention des Parlemens qui estoient adonc tenus, si n'ay-je jamais leu que les Ducs y assistassent en cette qualité de Pairs, comme nous en usons aujourd'huy.

Toutes

Toutes lesquelles conjectures m'ont tousjours semond de penser qu'à tort s'estoit le peuple imprimé cette fole persuasion, de rapporter l'introduction de cecy en la personne de Charlemagne. Laquelle chose tout ainsi que je la tiens pour asseurée, aussi est-il fort difficile de pouvoir remarquer le temps sous lequel cette police de douze Pairs, fut introduite. Tellement qu'il nous faut en cecy proceder à l'Academique, je veux dire monstrer par bonnes & vallables raisons ce qui n'est pas, & timidement asseurer ce qui peut estre. Parquoy, pour descouvrir ce que j'en pense, mon opinion est que le mot de Pair s'est insinué entre nous de l'ancienne dignité de Patrice qui fut à Constantinople. Pour laquelle chose deduire tout au long, il faut entendre que sur le declin de l'Empire de Rome, Constantin le Grand voulut introduire, & mettre en honneur la dignité du Patritiat, tout d'une autre façon qu'elle n'avoit esté mise en usage par les premiers peres de Rome, tellement qu'elle ne se donna de là en avant par les Empereurs qu'à leurs favoris & autres personnes qu'ils avoient en recommandation. Et de fait, le grand honneur dont ils pouvoient caresser un Prince estranger, estoit de luy envoyer l'ordre de Patrice en signe de confederation & alliance. Ainsi lisons-nous que l'Empereur Anastase l'envoya au grand Roy Clovis: Et quand Adalgise fille de Didier Roy des Lombards se fut retiré vers Constantin Empereur de Constantinople, il ne le peut mieux honorer que de l'aranger au nombre de ses Patrices. Et envoyoient cet Estat avec un grand appareil de langage, dont le formulaire est inseré au sixiesme des Epistres de Cassiodore. Je ne puis presque mieux comparer cet Estat qu'à l'Ordre de Sainct Michel, que donnent aujourd'huy nos Roys à ceux ausquels ils veulent gratifier, ou pour la faveur qu'ils leur portent, ou pour la vertu qui est en eux. Car tout ainsi que les Chevaliers de Sainct Michel n'ont en consideration de leur Ordre autre commandement sur le peuple, (ainsi en estoit-il quand je mis premierement ce livre en lumiere) sinon que par là ils se ressentent en quelque chose de la Majesté de nostre Prince, aussi les Patrices n'avoient autre prerogative sur le commun, sinon qu'ils attouchoient de bien prés la personne d'un Empereur. Et outre plus, entrans en cette dignité, par la teneur de leur privilege, ils estoient absous & affranchis de la puissance de leurs peres. Or ny plus ny moins que ces Patrices approchoient de prés la lumiere & splendeur des grands Empereurs, aussi leur estoient les grandes charges commises. Non vrayement à cause de l'estat de Patrice, ains pour ce que le Patritiat ne se donnoit gueres qu'à ceux qui estoient les mieux aymez & cheris. En sorte que petit à petit pour autant que d'ordinaire on ne donnoit les Provinces en maniement qu'à tels Patrices, il escheut par succession de temps que les Gouverneurs des Provinces furent de quelques-uns appellez de ce nom de Patrice. Ainsi appelle-l'on ce grand Ætius qui combatit Atille aux champs Catalauniens, le dernier Patrice des Gaules: Voire que ceux mesme qui pendant les troubles de la Republique occuperent les gouvernemens d'Italie, & qui à nom ouvert ne s'osoient nommer Empereurs, s'appellerent Patrices de Gaules. De telle marque sont Avite, Majorian & autres, jusques à Augustule, qui fut chassé par Odoacre Roy des Hetuliens. Et certes tout de la mesme forme que ces Empereurs userent du Patritiat, aussi nos vieux Roys François voulurent pratiquer le semblable pour recompenser les Courtisans qui estoient à leur suite. Et en cette façon Gregoire de Tours au quatriesme livre de ses histoires, dit que Gontran Roy d'Orleans degrada un personnage nommé Agricola, de l'honneur de Patritiat, & donna cette dignité à Celsus: & qu'un Gentil-homme nommé Mommole fut orné de ce mesme Ordre par le mesme Roy. Sainct Gregoire au douziesme de ses Epistres escrit à Aschelpiodare, Patrice des Gaules, qui tenoit le premier rang prés du Roy de France son maistre. Voire qu'à l'imitation des Romains, commencerent nos Roys à donner les grands gouvernemens aux Patrices. Dont vint qu'on usa puis apres des mots de Patrices, & Ducs indifferemment, pour Gouverneurs des Provinces, Pour laquelle cause Aimoin au unziesme livre est autheur, que mesme Gontran au vingtseptiesme an de son regne fit Landegisile Patrice de la Province: Et au 4. il dit qu'aprés que Clotaire II. eut regné trente ans, il fit Garnier, par le moyen duquel il estoit parvenu au Royaume d'Austrasie, Maire de ce pays-là, & donna semblable estat à Rhadon en la Bourgongne. Et au pays Ultrajurain, c'est à dire, qui est outre la montagne de Jura, il institua Herpon Patrice. Et au mesme livre il fait mention d'un autre Patrice Ultrajurain nommé Guillebaud. Ausquels trois passages Patrice se prend pour Duc & Gouverneur: Et au mesme Livre, je trouve qu'il appelle Hunold Patrice d'Aquitaine, lequel peu aprés il nomme Duc du mesme pays. Vrayement je ne fais aucune doute qu'aux generaux Parlemens que tenoient Pepin, Charlemagne, & ses successeurs, tels Ducs & Patrices ne tinssent l'un des premiers degrez, comme ceux ausquels estoient commises les grandes Provinces en charge. Et qu'au lieu de Patrices nous les ayons appellez en nostre vulgaire Ducs & Peres, comme j'ay leu dans une vieille histoire Françoise, & depuis par abreviation Ducs & Pairs de France (ainsi que nous voyons d'un *Magister Palatij*, avoir esté fait un Maistre, & depuis Maire du Palais.) A l'imitation desquels les Ducs & Comtes se firent perpetuels, ils commencerent semblablement (pour authoriser davantage leurs Cours) d'appeller leurs grands Barons Pairs, & leur donner voix & assistance en leurs jugemens: comme nous voyons avoir esté anciennement practiqué au Duché de Normandie, Comtez de Champagne & de Flandres. Et est chose digne d'estre icy remarquée en passant, que le Comte de Champagne eut sept Comtes pour Pairs qui estoient obligez de se trouver toutes & quantesfois qu'il vouloit tenir les Grands jours dans sa ville de Troyes: les Comtes de Joigny, Retel, Portian, Brienne, Braine, Grand-Pré, Roussy, desquels le Comte de Joigny estoit le Doyen. Et en cas semblables les mediocres Seigneurs, qui veulent ordinairement se composer à l'exemple des plus Grands, establirent en plusieurs endroits semblables formes de Pairies, que nos ancestres, au long aller & par corruption de langage, appelloient *Pares curia*, desquels est fait frequent recit dans les anciennes loix des Lombards, qui ont esté en partie mendiées des nostres: & encores en voyons-nous pour le jourd'huy quelques observances en plusieurs particulieres coustumes de ce Royaume, comme en celle du Bailliage d'Amiens, & Senechaussée de Pontieu. Qui a esté cause que quelques-uns ont voulu tirer en conjecture que l'invention de douze Pairs de France fut apportée du pays de la Germanie, par les François, Lombards, & autres peuples Germaniques. Estimans que tout ainsi qu'és fiefs, les anciens François eurent leurs Pairs, aussi les Duchez & Comtez s'estans renduës patrimoniales, nos Roys sur le modelle ancien des fiefs voulurent faire sous leur couronne, un establissement de Pairies, telles que nous les voyons aujourd'huy. Toutesfois j'ay quelque raison qui me semble corrompre vray-semblablement cette opinion, d'autant que je ne voy point des Pairs estre venus en usage, en matiere feodale, sinon lors que les fiefs commencerent à se perpetuer aux familles, qui est depuis la venuë de Capet. Aussi n'est-il pas à presumer, si cette police eust esté entre les François quand ils arriverent és Gaules, que nous n'en eussions eu quelques enseignemens & addressés, par nos anciennes Histoires aussi bien que du Patrice & Patritiat, ce que toutesfois je ne trouve point: Bien sçay-je qu'au troisiesme Livre des Ordonnances de Charlemagne, article 65. il semble y avoir un passage respondant à cette opinion. *Quicunque ex eis qui beneficium Principis habent, Patrem suum contra hosteis communes in exercitu pergentem dimiserit, & cum eo ire vel stare noluerit, honorem suum perdat.* « Tout homme (dit-il) ayant un fief du Prince, qui aura delaissé en la guerre son Pair, s'acheminant contre l'ennemy, & qui ne voudra aller ou demeurer avecques luy, qu'il soit desapointé de son Estat & honneur ». Lequel lieu quelques-uns veulent rapporter aux Pairies que l'on pratique aux fiefs; toutesfois selon mon jugement, jamais l'intention de Charlemagne ne fut telle. Et de fait, entre toutes les loix & edicts de cet Empereur, & du Debonnaire son fils, posé qu'il soit fait infinie mention des benefices ou fiefs, & semblablement de vassaux & beneficiers, ce neanmoins ce passage est le seul & unique auquel l'on trouve ce nom de Pair, & endroits qui traittent de ces benefices. Tellement que je ne me puis persuader aisément si les Pairies eussent esté deslors en vogue és matieres feodales, que nous n'en eussions plusieurs autres sentimens par les mesmes loix. Par quoy mon advis est que ce que l'Empereur Charlemagne deffend au vassal de ne laisser son Pair en la guerre, c'est une police militaire, par laquelle il commande à ses vassaux qui estoient tenus, quand la necessité se presentoit, de porter les armes (comme encores ils sont aujourd'huy) ne laisser leurs compagnons & convassaux à la guerre, sur peine de privation de leurs fiefs. Prenant ce mot Pair, selon sa vraye & naïve signification, sans qu'il pensast oncques de se retirer à l'ordre & police des Pairs. Et en cette mesme façon est prise cette diction au quatriesme livre des mesmes Ordonnances, article 77. lequel Livre est destiné pour les loix de Louys Debonnaire. *Ut in hoste nemo Patrem suum vel quemlibet alium hominem bibere cogat.* Nous deffendons (dit-il) à tous estans au camp d'inviter de boire leurs Pairs, ny aucuns autres quels qu'ils soient. Vrayement je croy que tout homme de bon cerveau me passera condamnation, que l'Empereur le Debonnaire ne voulut point lors deffendre à ses vassaux de boire d'autant à leurs Pairs, ainsi que nous le prenons aujourd'hui, ains que son intention fut pour bannir l'yvrongnerie de son camp, de prohiber à tous soldats de n'inviter à boire tant leurs Pairs & compagnons, que tous autres, jaçoit qu'ils ne fissent profession des armes. Et en la suite de l'histoire de Aimoin, quiconque ait esté celuy qui ait voulu accommoder son labeur sous le nom de cet Historiographe, au chapitre trente-huictiesme du cinquiesme livre, couchant de mot à mot les articles de la trefve qui fut jurée entre le Roy Louys le Begue, & Louys Roy d'Allemagne son cousin, l'on trouve ces deux Grands Roys qui ne dependoient en rien l'un de l'autre, en avoir usé de mesme façon. *Ut autem, quia firmitas amicitiæ & conjunctionis nostræ quibusdam causis præpedientibus esse non potuit, usque ad illud Placitum, quo simul ut conveniamus statutum habemus: talis amicitia inter nos maneat, Domino auxiliante de corde puro, & conscientia bona & fide non ficta, ut nemo suo Pari vitam, regnum, aut fideles suos, vel aliquid quod ad salutem seu prosperitatem ac honorem regni pertinet, discupiat aut male conciliet. Ut si in alterutrius nostrum regnum pagani seu pseudochristiani insurrexerint, uterque veraciter suum Parem ubicunque necessitas fuerit, si ipse rationabiliter potuerit, aut per semetipsum, aut per fideles suos, & consilio & auxilio, ut optimè possit, adjuvet.*

Qui est à dire, » & pour autant que nous ne pouvons pour le present jurer une amitié ferme & stable à jamais (pour quelques raisons qui l'empeschent) jusques à ce que nous nous soyons trouvez au pour-parler que nous avons conclud ensemble: Ce temps pendant toutesfois demeurera entre nous, Dieu aidant, la presente confederation de bon cœur, sincere conscience, & sans hypocrisie. Sçavoir est que nul de nous ne s'estudiera d'oster la vie à son Pair, son Royaume, ou ses fidelles & vassaux, ou attenter chose aucune qui se peut tourner à son deshonneur ou dommage: & si peut-estre les Payens ou faux Chrestiens couroient sur les marches de l'un ou de l'autre de nous, en ce cas chacun d'entre nous sera tenu sans dissimulation ou feintise porter conseil & ayde à son Pair, si le peut bonnement seulement, par luy, ou par l'entremise de ses sujets feaux, le tout au moins mal qui pourra. » En tous lesquels passages l'on voit que le mot de Pair est pris pour compagnon seulement. Et à tant il me semble le semblable avoir esté faict en ce 65. article des Ordonnances de Charlemagne. Ne me pouvant faire accroire (comme j'ay deduit cy-dessus) si la police des Pairs eust lors esté en essence és benefices & fiefs, que nous n'en eussions eu plusieurs autres instructions & memoires du mesme Empereur, les Ordonnances duquel sont presque la plus grand part du temps vouées à traitter de ces benefices & fiefs.

Toutes lesquelles choses j'ay voulu deduire en passant: par ce je voy quelques doctes personnages contrevenir à mon opinion: estimans que non des Patrices, ains des Pairs qui se trouvent observez és fiefs, ayent esté introduits nos douze Pairs de France: Par quoy pour reprendre mon premier but, que la necessité du present discours m'a faict esloigner de l'œil, je ne fais aucune doute que du temps de Charlemagne, & de toute sa lignée, ces Ducs & Patrices de France, que j'appelle Pairs, ne fussent en tres-grand credit, & que pour cette cause ils ne tinssent les premieres seances aux Parlemens & generales Assemblées, qui se tenoient par nos Roys: toutesfois il ne me peut entrer en teste que cette generale police des douze Pairs, tant celebrée par la bouche de tous, fut ny du temps de Charlemagne, ny longtemps après en usage. Reservant au chapitre suivant de discourir comment, & en quel temps je pense, qu'ils prindrent leur origine.

CHAPITRE X.

Comment, & vers quel temps l'ordre des douze Pairs de France fut institué, pour lesquels on appelle le Parlement, Cour des Pairs, & dont vient qu'on requiert leur presence aux sacres, & couronnemens de nos Roys.

SI la vray-semblance doit quelquesfois tenir lieu de verité, és anciennetez où les Livres nous defaillent, il y grande apparence d'estimer, que sous le Roy Hugues Capet, cette police des douze Pairs eust pris son commencement, lors que nous les Ducs & Comtes avoient commué en fiefs perpetuels, les dignitez qu'ils tenoient auparavant sous le bon plaisir de nos Roys. Toutesfois en cette opinion je me sens infiniment combatu d'une objection à laquelle il semble de prime face n'y avoir aucune responce: Parce qu'entre les Pairs Laiz, nous y mettons pour sixiesme, le Comte de Champagne: Et neanmoins c'est une chose tres-certaine, que ny sous Hugues Capet, ny sous le Roy Robert son fils, ny bien avant sous le regne de Henry I. nous ne recognoissions ces Comtes de Champagne, tels que les ans porterent depuis pour faire part de ce grand College. Thibault le vieil, auquel commence le tige de cette race, gendre de Heribert Comte de Vermandois, estoit seulement Comte de Blois, Tours & Chartres: ny luy, ny Eude premier son fils ne dilaterent ailleurs leurs limites. Vray que Eude second se fit nommer Comte de Meaux & de Troyes, sous le regne du Roy Robert par la mort d'Estienne fils de Heribert qui tenoit le dessus de Germain sur luy, & est luy qui commen- ça de prendre pied en Brye & Champagne, & pour cette cause est appelé par Sigebert le Croniqueur *Odo Campaniensis,* Cettuy eut pour fils Thibault deuxiesme, lequel pour les inimitiez qu'il exerçoit encontre le Roy Henry premier, se mit sous la protection d'un autre Henry Empereur d'Allemagne, qui l'honora du tiltre de Palatin de l'Empire (ainsi appelloient les Empereurs ceux qui estoient leurs Conseillers ordinaires.) Qualité qui ne tomba de la famille des Comtes de Champagne, en tous leurs tiltres & enseignemens, laquelle toutesfois repugnoit à celle des Pairs de France, qui sont les premiers Conseillers de nostre Couronne: Voire qu'entre le Roy Louys le Gros, & le mesme Thibault, vous trouverez une guerre continuelle, & encores y en eut plusieurs autres après leur décés, tellement que vous ne pouvez presque corter temps auquel les Comtes de Champagne peussent estre mis en ce rang de Pairs. Tant s'en faut que nous les puissions aggreger sous le temps de Hugues Capet. Et neantmoins nous tenons tous de main en main par une ancienne caballe qu'il y a eu de tout temps en cette France douze Pairs, six Ecclesiastics & six Laiz. Tradition non seulement authentique, ains sacrosaincte, contre laquelle de vouloir faire le sçavant, c'est
une

Les Recherches de la France. LIV. II.

une vraye ignorance. J'adjousteray, que si cette police est veritable, je vous supplie dites moy d'où vient qu'entre tant de Grands Seigneurs qui lors estoient, l'on en tira quatre aux pays de deça, les Ducs de Bourgongne & de Normandie, les Comtes de Flandres & Champaigne, & que delà, faisant un grand sault jusques aux extremitez du Royaume, on y adjousta le Duc d'Aquitaine, & le Comte de Thoulouse, laissant en arriere plusieurs Comtes qui estoient entre-deux, non moins grands terriens que les autres. Dont vient encores qu'entre tant de Prelats de France, qui portent tiltre d'Archevesques, & les aucuns de Primats, on en ait seulement choisi six, qu'il n'y ait qu'un Archevesque: mesmes qu'on les ait seulement pris des Provinces de Picardie, Bourgongne & Champaigne? Car si tous les Archevesques & Evesques avant que d'entrer en leurs charges doivent la foy & hommage à nos Roys à cause de leur Couronne, pourquoy n'en a-l'on aparié quelques-uns à ces six autres, ou pourquoy avons nous borné ce grand & souverain fief de France, seulement de trois Provinces de la part des Ecclesiastics? Je le vous diray au moins mal qu'il me sera possible, & peut-estre que ces deux dernieres objections, non seulement ne destruiront l'opinion que j'apporte de Hugues Capet, mais au contraire en tout & partout la confirmeront, non pas pour vous dire que cet ordre des douze Pairs eust esté par luy jecté en moule, mais à mon jugement c'est luy qui fut les premiers fondemens de cette grande architecture. Chose que je ne vous puis descouvrir sans vous representer comme sur un petit tableau, les troubles, partialitez, & divisions qui advindrent en cette France, depuis la mort de Louys le Begue, qui fut en l'an 878. jusques au couronnement de Hugues Capet.

Louys le Begue mourant, delaissa sa femme enceinte d'un posthume qui fut appellé Charles le Simple, auquel par son testament il ordonna pour tuteur Eude fils de Robert Comte d'Angers. Les Normands affligeoient lors par diverses courses nostre France, dont ils s'estoient trop long-temps apprivoisez à nos despens. Il falloit un Roy guerrier pour leur faire teste. Une Royne-Mere, Princesse estrangere n'estoit suffisante pour ce faire. Veu que nos plus grands Capitaines ne s'y trouvoient que trop empeschez. C'estoit un pretexte fort beau, pour supplanter un petit Prince de ses droicts. Louys & Carloman ses freres bastards se trouvent propres à cet effect, & se font couronner Roys de France. Mourans ils laissent un autre Louys fils de Carloman pour leur successeur, qui mourut quelque temps après sans hoirs procedez de son corps. Tout cet entreregne (ainsi le veux-je appeller) dura sept ou huict ans pour le plus. Grande pitié, & digne d'estre icy ramenteuë. Cette grande famille de Charlemagne, qui avoit fait trembler l'Europe, estoit lors aboutie en deux Charles, l'un surnommé le Gras, l'autre le Simple. Dieu veut que Charles le Gras devienne mal ordonné de son cerveau. De façon qu'en un mesme temps ces deux Princes eurent deux curateurs: l'un pour la foiblesse de son sens, Arnoul Bastard son nepveu, l'autre pour la foiblesse de ses ans, Eude. Voire qu'en cettuy-cy nos ancestres remarquerent encores une imbecillité de sens, estant faict majeur, par le surnom qu'ils luy baillerent du Simple. Or ces deux curateurs, violans le droit de leurs charges se firent proclamer Roys, celuy-là de la Germanie, & cettuy de nostre France: vray que pour y apporter quelque masque, ce fut par l'election & faveur de leur Clergé que Noblesse. Je laisse ce qui est de l'histoire de la Germanie, pour m'arrester à celle de France.

Charles le Simple cependant arrivé au douziesme an de son aage, Hervé Archevesque de Rheims, qui ne couvoit pas moins d'ambition dedans sa poictrine, que Eude, sacre & couronne ce jeune Prince, & tout d'une main se faict Confanonnier de ses armes. Vous pouvez juger quelles guerres civiles apporta lors ce contraste de deux Roys en un mesme Royaume. Eude va de vie à trespas, & avant que de mourir il adjure son frere Robert Comte & Gouverneur de Paris, & tous les autres Grands Seigneurs de la France, de recognoistre Charles le Simple pour leur Roy; à quoy ils acquiescerent, & sembloit que par ce moyen la France fust reduite en son ancien repos. Le malheur du temps ne le voulut permettre. Le Roy avoit peu voir en son bas aage quatre Roys esbranler sa Couronne, davantage il se voyoit depourveu de tout Prince de son sang, qui le secondast, au contraire il estoit assiegé de plusieurs Seigneurs accoustumez pendant le regne d'Eude de ne le recognoistre. Tout cela mis en consideration luy devoit servir de bride, pour se contenir dans les bornes de son devoir, mais son aage de dix-huict à dix-neuf ans, y resistoit; joinct le peu de conseil dont il accompagna toutes ses actions. Flodoart qui vivoit de ce temps-là, duquel j'use en tout ce discours comme d'un fanal pour me servir de conduite dans les obscuritez de cette Histoire, nous raconte que soudain que ce jeune Prince pensa estre au dessus du vent, il embrassa esperduement l'amitié d'un jeune Gentilhomme nommé Aganon, vilipendant tous les Grands Seigneurs, chose qui les indigna de telle façon qu'ils se banderent encontre luy dans Soissons, le reduisant en tel desespoir, qu'il fut contrainct avecques son favory de se retirer chez l'Archevesque de Rheims, aux despens duquel il vesquit l'espace de sept mois entiers. Comme la Majesté d'un Roy ne se peut oublier tout à coup, ains après un premier choc de fortune, ne laisse de se ramenteuoir à ses subjects, aussi advint-il le semblable à Charles. Mais luy opiniastre en son malheur, continua cette mal fondée bien-veillance, mesmes fut si mal advisé de s'aheurter à la famille de Robert, ostant une Abbaye à Rotilde belle-mere de Hugues le Grand pour en gratifier Aganon: Hugues fils de Robert se transporte expressement dans Laon par devers le Roy, pour en tirer quelque raison; & luy voyant qu'il luy prestoit sourde aureille, il delibera d'obtenir par la voye des armes, ce qu'il n'avoit peu par justice. Maladie qui prit son cours dans la France l'espace de soixante dix ans, je veux dire depuis l'an neuf cens dix-neuf jusques en l'an neuf cens octante-sept, que Hugues Capet fut couronné Roy.

Charles le Simple estoit assisté de la justice de sa cause (parce que le subject qui prend les armes contre son Prince n'est jamais excusé envers Dieu) mais il estoit sans experience, sans conseil, sans aucun Prince de son sang. Le plus grand support qu'il avoit, estoit de l'Archevesque de Rheims. La partie est aussi mal faicte, quand un Prestre endosse le harnois, pour combattre un Capitaine, comme si un Capitaine se revestoit d'une chasuble pour contrefaire le Prestre. Au contraire la faction de Robert estoit tres-forte & tres-puissante; car elle n'estoit point fondée sur une volonté esvolée du commun peuple, lequel on peut dire estre un monstre, qui pour avoir trop de testes, est sans teste. Moins encores faisoit-elle estat d'un secours estranger qu'il faut fuyr comme un escueil, lors d'une guerre civile; parce que ce Prince estranger faisant semblant de favoriser le party pour lequel il vient, n'a autre but que de demeurer maistre du tapis par la ruyne des deux. Robert avoit esté faict Comte & Lieutenant general de Paris par le Roy Eude son frere, il estoit pere de Hugues que depuis la posterité surnomma le Grand, beau-pere de Raoul Duc de Bourgongne, & de Heribert qui jouyssoit des villes de S. Quentin, Peronne, & autres forteresses des environs, & en outre de Meaux & Troyes. Davantage ils attirerent à leur cordelle Thibault le Vieil Comte de Chartres & de Blois, brave guerrier dont j'ay parlé cy-dessus, qui se fit gendre de Heribert. Il leur falloit encores un Roy, au moyen de quoy Robert en prend le tiltre comme par un droict successif d'Eude son frere. Vray que pour y apporter plus de fueille, on y proceda par election: & après son decez fut aussi eleu Roy de France Raoul de Bourgongne son gendre. Coustume qui s'insinua, non seulement pour ses Roys extraordinaires, mais qui plus est pour ceux qui estoient les vrays & legitimes, pour Louys d'Outremer, Lothaire son arriere-fils. Qui a causé une heresie à quelques-uns, de penser que tous nos Roys fussent anciennement electifs. Je ne me suis icy proposé de vous estaler par le menu tous les accidens qui advindrent lors. Je vous diray seulement que depuis ce temps-là vous ne voyez qu'un chaos, meslange & confusion de toutes affaires dans la France, tantost tous ces Princes unis ensemble, tantost divisez selon les mescontentemens qu'ils avoient les uns des autres.

Et neantmoins ainsi que je recueille de Flodoart, dont je fais

fais grand fonds, l'air general de tous ces troubles fut tel. Hugues, depuis surnommé le Grand, devint chef de part, faiseur & defaiseur des Roys selon les occasions (tout ainsi qu'autresfois Charles Martel) entre ses partisans. Heribert & Thibault beau-pere & gendre, à face ouverte donnerent les coups orbes : celuy-là ayant fait deux fois Charles le Simple son prisonnier, lequel enfin il fit mourir en prison. Et cettuy Louys d'Outremer son fils qu'il eut en sa garde un an entier dans Laon ; vray que c'estoit par les menées de Hugues le Grand. Les Duc de Normandie & Comte de Flandres estoient arbitres de la querelle, tantost d'un party, tantost d'autre, selon que la commodité de leurs affaires les y convioit. Quant au Duc d'Aquitaine, & Comte de Languedoc (depuis appellé Comte de Thoulouse) ils servoient de fois à autres de retraicte à nos Roys, en cas de malheureux succez : le theatre où se joüoit la tragedie, c'estoit la Picardie, Bourgongne, Champagne. La demeure de Hugues dans Paris dont il estoit Comte ; celle des Roys dans Laon, Rheims & Compiegne : mais sur tout, les chefs tant d'un que d'autre party, affectionnoient la ville de Laon, comme un fort boulevert pour se maintenir contre toutes les advenuës. Au regard des Duchez & Comtez, encore que les Roys pretendissent en pouvoir disposer, vacquation d'iceux advenant par mort, si est-ce qu'on ne les croyoit, sinon de tant qu'ils estoient assistez de la force : ils eurent en fin un Hugues, lequel ayant perdu tous ses corrivaux (hormis Thibault qui le seconda en toutes ses entreprises) s'estoit faict controlleur general de leurs actions : Heribert estant decedé, ses enfans occirent un Raoul que Louys d'Outremer avoit envoyé exprés pour remettre entre les mains les villes & terres dont leur pere estoit mort vestu : Le mesme Roy voulant rentrer dans la Normandie par la mort de Guillaume Duc qui n'avoit laissé qu'un bastard, en fut empesché par Hugues qui eust eu un trop puissant adversaire prés de soy, si cette reünion eust sorty effect. & neantmoins il se fit donner puis aprés le Duché de Bourgongne par le Roy, & sous ce tiltre, luy & ses enfans en joyrent. Le pretexte estoit par devers nos Roys, la force par devers luy : & à peu prés ils avoient le nom & tiltre de Roy sans effect, cettuy l'effect sans le nom : toutesfois il fit en fin la foy & hommage au Roy Lothaire du Duché general de la France ; aprés luy Hugues Capet son fils à Louys dernier Roy de la race des Martels, estans au lieu des Comtes de Paris, appellez Ducs de France, qui n'estoit pas une qualité grandement esloignée de celle de Roy ; jusques à ce qu'enfin aprés plusieurs & diverses disputes, Lothaire regnant, Charles son frere par une ambition sotte & precipitée se fit vassal de l'Empereur Othon second qui erigea en Duché la Lorraine, & l'en investit, luy faisant don d'un pays qu'il ne pouvoit bonnement garder. Ce qui aliena tant Charles du cœur des François, qu'aprés la mort de Louys son nepveu, il fut aisé à Hugues Capet de se faire couronner Roy par le commun vœu & suffrage des Prelats & Seigneurs de la France ; car mesmes Charles froid & lent luy donna le loisir de reprendre halaine quatre ans entiers, aprés qu'il fut monté à ce haut degré. Et toutesfois Charles s'estant depuis mis en armes, eut deux heureux succez contre luy ; car il le vainquit premierement en bataille rangée, & en aprés le chassa de la ville de Laon en laquelle il deliberoit d'establir sa demeure, tout ainsi que ses devanciers ; mais par les menées de Hugues Capet, il fut trahy par l'Evesque lequel le mit avec sa femme entre les mains de son ennemy ; qui fut l'accomplissement de son malheur, d'autant que deslors il fut envoyé prisonnier en la ville d'Orleans où luy & sa femme paracheverent leurs jours.

Par ce dernier chef-d'œuvre, vous pouvez recognoistre qu'il y eut moins de vaillance & plus de prudence en Hugues, pour laquelle aussi il emporta à mon jugement le surnom de Capet. Mon opinion doncques est, que luy se voulant rendre paisible de l'Estat, suivit toutes les mesmes traces qu'il y avoient esté enseignées par son pere : Aussi que quand il y eust voulu proceder autrement, la Noblesse ne l'eust permis : Et comme ainsi fust que Eude, Robert & Raoul, Roys adoptez & non naturels, fussent venus à la Couronne par election, voire que cette mesme procedure eust esté tenuë en Louys d'Outremer, Lothaire & l'autre Louys, aussi luy convint-il faire le semblable, & par une grande sagesse qui luy faisoit perpetuelle compagnie, il choisit, & les Prelats & les Princes qui avoient eu la meilleure part en la querelle, c'est à sçavoir entre tous les Prelats de la France, six qui estoient des Provinces où l'on avoit joüé des mains, dont il fit le chef l'Archevesque de Rheims, chef non seulement par sa qualité, mais aussi que d'ancienneté il consacroit les Roys : au dessous duquel il mit pour second l'Evesque de Laon, pour l'obligation qu'il avoit en luy, & ainsi des autres selon le plus ou le moins de respect qu'il leur portoit. Comme aussi entre les Princes & Seigneurs Laiz, il choisit ceux qui avoient esté principalement employez pour l'un & l'autre party : les Ducs de Bourgongne, Normandie & Guyenne, les Comtes de Flandre & Languedoc, & par special le Duc de Bourgongne qui fut le Doyen de tous ces Seigneurs ; non que le Duché fust de plus grande recommandation que les autres, ains parce qu'Othon son frere en estoit Duc, & par consequent meritoit lieu de primauté ; avec lesquels il adjousta Thibault Comte de Chartres, Blois & Tours, qui n'estoit si grand terrien, mais parce qu'il avoit esté l'un des premiers & plus obstinez entremetteurs à la conduite des troubles : & sa posterité ayant acquis tant par droit successif, que de bien-seance, les pays de Champagne & de Brie, l'on mit puis aprés au rang des autres, les Comtes de Champagne. Voilà ce qu'il me semble du premier establissement de nos douze Pairs.

Or tout ainsi que ceux-cy tindrent les premiers lieux lors que Hugues Capet fut esleu Roy, aussi ne fais-je aucun doute qu'aux Parlemens & Assemblées generales esquelles on vuidoit toutes causes, tant d'Estat, que de Justice, ils y tinssent les premiers rangs : Et comme on est bien aise de n'oublier les noms des anciennes dignitez, ores que la forme en soit perduë, aussi remit-on lors l'ancienne dignité de Patrice ou Pairie en avant, qui estoit tant respectée premierement par les Empereurs, & en aprés par nos Roys de la premiere & seconde lignée. De là le vint que s'il y avoit quelque question entre le Roy & eux pour leurs Pairies & tenures feodales, ou entr'eux mesmes, qu'ils ne decidassent par les armes, ils en remettoient la decision au Conseil general d'eux tous : Et d'autant que d'ordinaire cela se vuidoit en un Parlement, on l'appella Cour des Pairs ; & à l'exemple de cecy, les Ducs & Comtes voulurent aussi, comme j'ay dict, avoir leurs Pairs en leurs Conseils, Eschiquiers & Grands jours ; & au dessous d'eux les Barons voulurent faire le semblable, comme naturellement les petits se rendent singes des grands. Je trouve dans les Memoriaux de nostre Chambre des Comptes unes procedures qui furent faictes l'an 1224. entre la Comtesse de Flandres & le sire de Nesles, qui merite d'estre icy transcripte, encores que le langage ne soit si vieux comme estoit celuy de ce temps-là. " Sur un « differend qui estoit en Parlement entre Jeanne Comtesse de « Flandres, & Jean de Nesles : la Comtesse comparant au jour « proposé, disoit qu'elle n'avoit pas esté suffisamment semon- « ce par deux Chevaliers, fut jugé qu'elle avoit esté suffisam- « ment semonce : Elle demanda depuis le renvoy de sa cause « pardevant ses Pairs qui estoient en Flandres. Jean de Nesles « disoit qu'elle avoit failly de droict par ses Pairs, dont il « avoit appellé ladicte Comtesse, où il estoit prest de la con- « vaincre de defaut de droict ; fut jugé par le Roy que Jean de « Nesles ne retourneroit en Flandres. Lors comparurent le « Chevalier, le Bouteiller, le Chambrier, & le Connestable, « qui sont Officiers de l'Hostel du Roy. Les Pairs soute- « noient qu'ils ne devoient assister au jugement des Pairs de « France : soustenans lesdits Officiers le contraire. Par Arrest « fut dict que lesdicts Officiers y assisteroient & jugeroient ». « Ancienneté dont vous pouvez recueillir que dés pieça l'ordre & police des Pairs estoit lors instituée tant au chef que membres de la Couronne. Au demeurant si ce placard est veritable, il semble que lors le College des Pairs pretendoit qu'à luy seul appartenoit la cognoissance de ses Confreres, veu qu'il n'y vouloit admettre les quatre premieres Dignitez de la France, & mesmement le Chancelier que depuis nous avons recogneu pour chef general de la justice. Et neantmoins ce differend fut jugé par le Parlement : d'autant que ce n'estoit pas la raison que le College des Pairs eust esté juge en sa propre cause. Depuis on n'a point fait de dou-

te que le Corps des Pairs & du Parlement n'estoit qu'un. A te. Ces sages resignations admises dés le vivant des peres,
Voilà quant à la Cour des Pairs : je viens maintenant aux Sacres & Couronnemens de nos Roys, où l'on desire la presence des Pairs. Et combien que cela semble avoir pris son premier traict de l'ellection de Hugues Capet, si ne se continua-il d'un tel fil que l'autre : parce que depuis son Couronnement jusques à la venuë de Philippes second dict le Conquerant, on ne trouve point que ces Pairs ayent fait profession d'assister aux Sacres, quelque chose que l'on s'imagine du Sacre de Louys le Jeune son pere. Et à vray dire, c'est une histoire où il y a autant de tenebres qu'en pas une des nostres. Pour l'esclaircissement de laquelle faut noter que tant & longuement que les troubles durerent entre les deux familles, on proceda par ellection au Couronnement de nos Roys, ainsi que je vous ay cy-dessus touché. Cette mesme procedure fut pratiquée en Hugues Capet nouveau Roy.

Mais luy Prince trés-advisé, cognoissant que de remettre à la mercy d'une election, la Couronne nouvellement transferée en sa famille, c'estoit chose de perilleuse consequence, recherha tous les moyens qu'il peut pour en supprimer l'usage : Et ne trouvant expedient plus prompt que d'agreger avecques soy Robert son fils, il le fit sacrer & B couronner Roy dés son vivant. Coustume qui fut depuis observée en quatre ou cinq generations successives de nos Roys : Parce que le mesme Robert en fit autant à Henry premier, son fils : & luy à Philippes premier. Lequel n'ayant voulu faire le semblable à l'endroict de Louys le Gros, ce jeune Prince se trouva aucunement empesché apres la mort du Roy son pere. D'autant que l'Archevesque de Rheims, & quelques Prelats & Barons voulurent s'opposer à sa reception. Chose dont Yves Evesque de Chartres adverty, prevint leur dessein par un sage conseil, qui fut de le faire promptement sacrer Roy dedans la ville d'Orleans. Et comme apres coup, ils s'en plaignissent, ce Prelat plein d'entendement, & homme d'Estat fit une Apologie, qui est la septantiesme entre ses Epistres, par laquelle il montre qu'il luy avoit esté loisible de ce faire, & que les sacres de nos Roys n'estoient non plus affectez à l'Eglise de Rheims, qu'aux autres Cathedrales ou Metropolitaines du Royaume. Joinct qu'outre la plume de cet Evesque, Louys le Gros estoit un rude jouëur, auquel il ne falloit pas aisément heurter. Et neantmoins luy s'estant fait sage, par soy-mesme, & à ses propres despens, il se donna bien garde de faire la faute qu'avoit fait son pere. Parce que quelques ans avant que de mourir, il fit sacrer Roy, Louys le Jeune son fils. Ce C que pareillement fit Louys envers Philippes II. dit Auguste. firent oublier les elections qui estoient nées dedans les troubles de la France. De maniere que vous ne voyez en tous ces sacres & couronnemens estre faite mention des Pairs, horsmis en celuy de Philippes Auguste, où l'on remarque que Henry le Jeune Roy d'Angleterre s'y trouva comme Pair & vassal de France. Mais c'estoit une honneste submission qu'il faisoit au Roy, pour monstrer qu'il ne se pretendoit souverain des seigneuries qu'il possedoit dedans le Royaume. Bien veux-je croire (& n'est en cecy vaine ma creance) que tout ainsi que ce Roy Philippes II. eut tant qu'il regna la fortune en pouppe, pour laquelle il fut surnommé tantost Philippes le Conquerant, tantost Philippes Auguste, comme s'il eust esté un autre Empereur Auguste entre nous, aussi voulut-il magnifier sa Cour de ce beau tiltre de Pair. Pour le moins le voyez-vous dés & depuis son regne plus en usage que devant. Guillaume de Nangy nous raconte que vers l'an 1259. en paix faisant entre S. Louys, petit fils d'Auguste, & Henry Roy d'Angleterre, il fut accordé que la Normandie, Poictou, Anjou, Maine, & Touraine demeureroient aux François, & la Gascongne, Lymosin & Perigord aux Anglois, à la charge que le Roy d'Angleterre recognoistroit les tenir de nos Roys en foy & hommage, & s'appelleroit Duc d'Aquitaine & Pair de France. Et neantmoins repassez en quatre ou cinq lignées subsequutives : En Louys huit & neufviesme, Philippes troisiesme, Philippes quatriesme dit le Bel, & en ses trois enfans, vous ne voyez les sacres de nos Roys estre honorez de cette parade de Pairs. Parquoy je dirois volontiers, s'il m'estoit permis, que lors qu'ils commencerent de naistre, ils commencerent de renaistre, sçavoir apres que tous les anciens Duchez & Comtez furent reünis à la Couronne, fors & excepté celuy de Flandres. Car voyans nos Roys leur Royaume n'estre plus eschantillonné, ils voulurent representer par image ces anciennes Pairies, vray qu'avecques un discours grandement esloigné : Car au lieu qu'autrefois on avoit erigé les grandes Provinces en Royaumes, pour lotir un enfant de France, & luy mort ses enfans on les reduisoit en Duchez & Pairies, nous erigeasmes depuis en Duchez & Pairies les simples Baronnies : & lors on ne douta de tirer en ceremonie, aux sacres de nos Roys, ce qui avoit esté fait par necessité à l'advenement de Hugues Capet à la Couronne. De maniere que les Prelats demeurerent en leur ancienne prerogative de Pairs, & les nouveaux Pairs Laiz representerent les anciens, comme estant cette representation sans danger.

CHAPITRE XI.
Des Maires du Palais.

NOs François, comme j'ay deduit en quelque partie de cet œuvre, s'estans emparez de cette contrée, n'eschangerent que de bien peu les offices & Magistrats qui lors estoient en credit és Gaules : Voire en emprunterent plusieurs de la maison de l'Empereur de Constantinople. Induicts à mon jugement à ce faire, tant par un brave discours, pour n'estonner point par un remuement de mesnage ceux sur lesquels ils avoient à commander de nouveau, que aussi qu'il semble que lors qu'ils se rendirent paisibles de ce pays, combien qu'auparavant ils eussent sollicité les Romains par plusieurs guerres, si sembloient-ils adonc avoir grande alliance avecques eux. De la vintque Merouëe troisiesme Roy de nos François, se ligua avec Etius, en la bataille contre Atile Roy des Huns, & semblablement qu'apres la mort de Merouëe, au lieu de Childeric, les François créerent sur D eux un Gentil-homme Romain nommé Gillon, qui tenoit en ce temps-là le peu de puissance qui restoit és Gaules, à l'Empire. A laquelle union, les Romains (selon mon advis) furent forcez bon-gré malgré eux : Car se voyans pressez de toutes parts : d'un costé par le Got, de l'autre par le Vandale & Alain, d'ailleurs par les Bourguignon, & en dernier lieu du François, qui les avoit exterminez des environs du Rhin : je croy qu'ils furent contraincts de venir à toute honneste composition avec nous, faisans semblant de laisser de gré, ce qui leur estoit jeu forcé, & mesme pour ces occasions, Procope est Autheur que les legions Romaines se mirent sous la protection & sauvegarde des François, connoissans que toute voye de seureté leur estoit close & interdite pour retourner en leurs maisons. Parquoy soit que d'une prudence militaire, ou que par la commune familiarité que les nostres avoient avec les Romains, ils fussent semonds à ce faire, la verité est que nos François laisserent la plus grande partie des choses en leur entier, non seulement concernans les affaires publiques, mais aussi rapporterent en leur Cour & suitte les Estats des domestiques qui se trouvoient au Palais de l'Empereur Grec, & à leur exemple introduisirent les Maistres du Palais, Comtes d'Estables, Patrices, Ducs, & autres telles sortes d'offices. Toutesfois du commencement les Maistres du Palais, ny les Comtes d'Estables n'estoient Estats de telle grandeur, comme depuis chacun d'eux se fit par succession de temps, mais n'y avoit grand Prince qui n'eust

Les Recherches de la France. LIV. II.

n'eust en sa maison telle maniere d'Officiers, tout ainsi que maintenant Maistres d'hostel & Escuyers de leur Escurie: Vray que le temps, qui change avecques soy toutes choses, augmenta depuis ces estats selon l'opinion de nos Roys. Aussi d'estimer que les Maistres du Palais & Comtes d'Estables fussent tiltres de dignitez conformes, comme quelques-uns de nostre temps veulent donner à entendre pour applaudir aux Grands Seigneurs, c'est une chose mal songée: nous voyons dans nos anciens estre faict estat d'un Maistre du Palais à part, & d'un autre qui estoit Comte d'Estable: lequel n'estoit autre chose que Superintendant de tous les domestiques qui avoient charge de l'Escurie de nostre Prince. Sous Theodoric Roy de Mets, se trouvent dans Aimoin au III. livre de ses histoires, deux personnages nommez Roccon, & Ebroin, Comtes de son Estable: & au IV. livre ensuyvant, Garnier estoit Maistre de son Palais. Du temps de l'Empereur Charlemagne le mesme Autheur nous raconte au mesme livre, que cet Empereur envoya contre les Esclavons, Adalgise son grand Chambellan, Geilon Comte de son Estable, & Gorat Comte de son Palais. *Accitis ad se tribus ministris, Adalgiso Camerario, Geilone Comite stabuli, & Vvorodo Comite palatij, præcepit ut sumptis orientalibus Francis & Saxonibus, orientalium Sclavorum audaciam quanta possent celeritate compescerent.* " Il appella (dit-il) à soy trois officiers, Adalgise Chambellan, Geilon Comte d'estable, Gorat Comte du Palais, leur enjoignant de lever quelques forces de François Orientaux & Saxons, pour avec leur aide appaiser au plutost qu'il leur seroit possible l'audace des Esclavons Orientaux. Sous Louys le Debonnaire dans ce mesme autheur nous trouvons Atalarde Comte du Palais, & après son decés Bertric, & tout de ce mesme temps Guillaume estoit Comte d'Estable. Et à peu dire, au troisiesme livre, cet autheur nous a donné assez à entendre quel fut sur l'advenement de nos François un Comte d'Estable, parlant de Lendegisile qui estoit Comte d'Estable de Gontran, Roy d'Orleans, frere du Roy Chilperic. *Lendegisilius regalium præpositus equorum, quem vulgo Constabulem vocant.* " Lendegisile (dit-il) Superintendant de l'Escurie Royale, lequel on appelle en commun langage Connestable. Au contraire Maistre du Palais (que depuis nous appellasmes Maire par obmission de deux lettres) estoit celuy qui avoit generale superintendance sur toute la famille du Roy. A cause dequoy n'estoient commis à l'exercice de cet estat que les plus favoris. Qui leur donna occasion à la longue, d'entreprendre dessus la Majesté de leur Prince.

Cet Estat commença grandement à croistre sous le Roy Clotaire second, lequel ayant esté en l'aage de deux ans appelé à la Couronne, & depuis par traitte de temps tout le Royaume tant d'Austrasie, que de Bourgongne, tombé sous la puissance de luy seul, commença de faire une generale distribution de ses Provinces à ses courtizans: reservant toutesfois au Maire du Palais, qui estoit joignant sa personne, toute prerogative & honneur. Bien est vray que sous son regne, les Maires n'estoient en telle extremité d'honneur comme depuis ils furent, mais en luy le prindrent premierement leur grandeur. Car au lieu qu'au precedant les Maires du Palais estoient ceux qui avoient commandement sur les domestiques de l'hostel du Roy (comme maintenant un grand Maistre) Clotaire fut le premier qui en fit noms du gouvernement: & dit Aimoin qu'il crea un Garnier Maire du Palais d'Austrasie, pour autant que par la faction de luy, ce Royaume estoit tombé entre ses mains, & Rhadon Maire du Palais de Bourgongne. Tellement qu'en ces deux pays, lesquels peu auparavant estoient appellez Royaumes, y furent envoyez deux personnages pour les gouverner, pour cet effet n'estoient appellez ny Ducs ny Patrices, ains par un tiltre particulier, Maires du Palais de l'un & l'autre pays. Cette dignité depuis le trespas de Clotaire prit encores plus grande racine sous Dagobert: duquel nos ancestres firent plusieurs fables pour ses lubricitez & paillardises. Et encores creut davantage sous le regne de Clovis fils de Dagobert, lequel fut assez tendre & debile de son cerveau: Pendant lequel temps les Maires trouverent assez d'occasion & de loisir d'enjamber dessus la dignité Royale. Tout de la mesme sorte qu'il en prit puis après à nos Roys dessous le regne de Charles le Simple. Car encores qu'après son decés, & Louys, & Lothaire ses successeurs, missent toute diligence de remettre les affaires de France en bon train, lesquelles avoient esté detraquées par l'ambition d'Eude, qui s'estoit fait contre tout droit proclamer Roy de France du temps du Simple, si ne peurent-ils si bien besongner, qu'enfin le Royaume ne tombast en la famille de cet Eude. Aussi depuis la nonchalance de Dagobert, & imbecilité d'esprit de Clovis, ceux qui leur succederent, ne peurent de là en avant si bien faire, que toutes leurs affaires d'importance ne passassent sous le bon plaisir de leurs Maires. Demeurant par devers eux petit à petit le vray effect de toute la principauté: administrans mesmement & controlans la despense de nos Roys, ainsi que bon leur sembloit. " En sa chaire seoit le Roy (dit une ancienne histoire) la barbe sur son pis, & les cheveux epars sur ses espaules: Les messagers qui de diverses parts venoient à la Cour, oyoit, & leur donnoit telle responce comme le Maire luy enseignoit, & commandoit ainsi comme si ce fut de son authorité ". Par lequel passage l'on peut voir que nos Roys n'estoient de ce temps-là que comme images & portraictures: & toutesfois portraictures, lesquelles estant mises, comme en un tableau, devant les yeux de nos Princes pour exemple, leur deussent apprendre de ne se laisser aller tellement à la mercy de leurs plaisirs, qu'ils n'eussent en grande recommandation les negoces de leur Royaume, & semblablement de ne se donner de sorte en proye à la discretion de leurs Gouverneurs, qu'ils ne se reservent le dernier ressort de la connoissance des choses. Car tout ainsi qu'en un mesnage l'on dit, que la presence du Maistre sert beaucoup pour l'amendement de son champ: aussi l'œil que le sage Roy a sur ses Conseillers & ministres, faict que les choses prennent bon traict, & que chacun se tient en son endroict sur pieds. Au contraire, quand il est mené & manié totalement par autruy, estant plus ententif à ses voluptez particulieres, qu'au profit de son Royaume, il eschet ordinairement que ceux qui ont charge sous luy, rapportent toutes les affaires du public à leur profit & utilité privée, par faute d'estre controllez. Dont il advient finalement que le Roy & ses sujets s'estans insensiblement appauvris, se trouve qu'il n'y a que ces seuls Maistres qui se soient enrichis de la ruine du peuple: prenans bien souvent argument d'arracher le sceptre du poing de celuy qui s'est sans aucune reserve, attaché sa confiance sur eux: lesquels pendant que leurs Maistres demeurent endormis au milieu de leurs voluptez, ne veillent à autre chose qu'à jouer au Roy despouillé. Tout ainsi que l'on vit advenir à nos premiers Roys, quand après une trainée de temps, s'estans gouvernez par mines & beaux semblans envers le peuple, ils furent enfin finale supplantez de leur Couronne, par les factions de Pepin Maire du Palais, rejetton de la lignée du Roy Clodion, lequel ayant uny cette Maistrise avec la Majesté Royale, ny plus ny moins que les ruisseaux perdent leur nom par la rencontre & confluant d'une grande riviere, aussi fut desfors en avant non veritablement supprimée cette dignité de Maire, ains reduite au petit pied: Nous l'appellons maintenant Grand Maistre, sans autre suite de paroles. Dequelle façon estoient aussi appellez les Maistres du Palais en la Cour de l'Empereur de Constantinople, comme nous apprenons de Procope au premier livre de la guerre des Perses, où il dit que l'Empereur Anastase estant adverty que Cabades Roy de Perse tenoit assiegée la ville d'Amidas, il y envoya un grand ost, sur lequel commandoient quatre Capitaines, dont l'un estoit *Celer, ordinum in palatio præfectus, quem Roma Magistrum vocant.* C'est-à-dire, Celer Superintendant des Ordres & Estats du Palais, lequel dans Rome on appelle Maistre. Comme s'il eust voulu dire qu'en Constantinople l'on appelloit le Maistre du Palais, Maistre sans autre suite.

CHAPITRE

CHAPITRE XII.

Des Conneſtables, Chanceliers, & autres Eſtats de telle marque, & encores de celuy d'Admiral.

CE que j'ay deduit au Chapitre precedant nous enſeignera que les Maires du Palais & Comtes d'Eſtables (ils me ſeront deſormais Conneſtables) n'avoient rien de commun les uns avec les autres : mais eſtoient les Maires du Palais comme ceux que nous appellons aujourd'huy Grands Maiſtres. Or ſe continuerent ces Eſtats de main en main depuis la venuë de Pepin, juſques à Hugues Capet, ſous lequel les affaires de France commencerent de ſe compoſer en meilleur ordre qu'elles n'avoient faict depuis le regne de Charles le Simple, juſques à luy. Et vrayement je trouve en cette troiſieſme lignée, qu'à meſure que les Gentils-hommes ou Grands Seigneurs attouchoient par la neceſſité de leurs offices de plus prés à la perſonne du Roy, de tant plus eſtoient-ils requis & honorez. Parquoy eſtoient deſſus tous, cinq Eſtats plus eſtimez, le Chancelier, grand Chambellan, grand Maiſtre, grand Eſchançon que nos anciens appelloient grand Bouteiller, & Conneſtable. Nous eſtant par cecy monſtrée une grande œconomie : car auſſi n'y a-il maiſon qui veuille tant ſoit peu paroiſtre, en laquelle ces cinq Eſtats ne ſe trouvent eſtre neceſſaires, encores que ce ne ſoit avec tiltres de telle ſplendeur. Entant que touche le Chancelier, il ſemble que du commencement il fut appellé grand Referendaire : comme nous apprenons d'un paſſage exprés d'Aimoin, au quatrieſme livre. *Addoenus Referendarius fuerat Regis Dagoberti : qui Referendarius ideo dictus eſt, quod ad eum univerſæ publicæ conferentur conſcriptiones : ipſeque eas annulo Regis ſive ſigillo ſibi ab eo commiſſo muniret ſeu firmaret.* " Adoen (dit-il) avoit eſté Referen-
" daire du Roy Dagobert : lequel Referendaire eſtoit ainſi ap-
" pellé, parce qu'on luy apportoit toutes les lettres publi-
" ques, leſquelles il corroboroit & confortoit du cachet du
" Roy, ou bien du ſeel qui luy eſtoit commis. " Et de ce meſme eſtat eſt faict mention dans Gregoire de Tours, au dixieſme livre de ſes hiſtoires, chapitre dixieſme, la part où il deduit l'accuſation & pourſuite qui fut faite encontre Gilles Eveſque de Rheims, auquel entre-autres crimes on imputoit qu'il jouïſſoit à fauſſes enſeignes de quelques terres appartenans au Roy : Luy au contraire ſouſtenant qu'il avoit belles lettres du don qui luy en avoit eſté fait. Parquoy dit l'Autheur, *Proferens Ægidius in publicum chartas, negat Rex Childebertus ſe largitum fuiſſe, requiſitúſque Otho qui tunc Referendarius fuerat (cujus ſubſcriptio meditata tenebatur) affuit, negat ſe ſubſcripſiſſe : Conſtat enim ibi erat manus in hujus præceptionis ſcripto.* " Gille repreſentant (dit-il) le
" Roy Childebert nia qu'il luy euſt faict aucun don : Au moyen
" de quoy fut envoyé querir Othon qui eſtoit adoncques Re-
" ferendaire, duquel on doubtoit s'il avoit ſous-ſigné cette
" lettre. Il compare, & denie l'avoir ſouſcripte, car auſſi
" avoit-on falſifié ſon ſeing en icelle. " Deſquels deux paſſages nous pouvons tirer, & que le Referendaire ſignoit, & pareillement ſeelloit les lettres, n'ayant pour lorſtel abandon de Secretaires comme nous voyons aujourd'huy. Depuis, cet Eſtat eſt creu en toute authorité & grandeur. De maniere que tout ainſi que le Conneſtable entre les Eſtats militaires, obtient le premier rang & degré, auſſi noſtre Chancelier eſt reputé le chef de tous les Eſtats de Juſtice.

Au regard des autres trois Eſtats (je veux dire grand Maiſtre, grand Chambellan, & grand Eſchançon) combien qu'il ne leur ſoit pas ſuccedé de cette façon, ſi eſt-ce que depuis la venuë de Capet, juſques bien avant dedans ſa lignée ils ne furent pas de petit credit. Car auſſi eſt-ce la verité que l'on ne paſſoit aucunes lettres patentes, auſquelles ne fuſt requiſe la preſence de ces trois Eſtats, avecques celle du Conneſtable, & au deſſous eſtoit appoſé le ſeing du Chancelier. Telles ſont ſucceſſivement toutes les lettres que l'on voit des Roys Robert, Henry, Philippes, Louys le Gros, Louys le Jeune, Philippes Auguſte : Et puis dire, que

A combien que lors fuſt grande l'authorité du Conneſtable, ſi eſt-ce que parce qu'il ne touchoit de ſi prés à la perſonne du Roy, que les trois autres (car l'un eſtoit deſtiné pour eſtre le chef de la Chambre, l'autre du manger, & l'autre du boire, & l'autre de ſon eſcurie) encores que j'aye veu pluſieurs lettres, faiſans mention de la preſence des Seigneurs qui eſtoient appellez à telles dignitez & Eſtats, ce neantmoins je n'en ay gueres veu, eſquelles le nom du Conneſtable fuſt inſeré le premier, combien que les autres indifferemment ſoient tantoſt premiers, tantoſt ſeconds, ſelon que l'occaſion ſe preſente. Depuis ce temps-là, les Conneſtables commencerent de s'acroiſtre & amplifier en grandeur. Auſſi en ces premiers Eſtats, il ne faut que trois perſonnages favoriſez ſucceſſivement de leurs Maiſtres, pour acquerir une infinité d'avantages & paſſedroits deſſus les autres. Partant ou la vaillantiſe, ou bien la faveur qu'obtindrent par leur prudence nos Conneſtables, les fit monter à ce grand credit qu'ils tiennent aujourd'huy parmy la France. Et pour autant que l'Eſcurie du Roy ſemble eſtre en partie deſtinée pour les hazards & neceſſitez de la guerre, ils gaignerent au long aller, qu'au lieu où auparavant ils eſtoient ſeulement Superintendans de cette Eſcurie, ils commencerent d'eſtre eſtimez pour Lieutenans Generaux de toute la Gendarmerie de la France : qui n'eſt pas eſtat de petite conſequence en un Royaume. Et commença cette grandeur, ainſi que j'ay peu recueillir des Hiſtoires, ſur le temps du pere de S. Louys, ſous lequel on fait un ſingulier eſtat de Mathieu de Montmorency, au fait de la guerre : Ceſtuy, comme nous enſeignent les Annales des Flamans, eſpouſa une fille du Comte de Henault, nommée Laurence : & ſous le Roy Philippe Auguſte fut en grande eſtime & reputation pour le regard des armes, & ſe trouva en la journée de Bovines contre Othon Empereur d'Allemagne, en laquelle il donna maintes eſprenves de ſa proüeſſe : au moyen de quoy il gaigna depuis grande authorité envers ſon maiſtre : tant que finalement ſous Louys fils de Philippes, la premiere année de ſon regne, il fut creé Conneſtable de France. Depuis ce regne, je ne lis point les Conneſtables, qu'avec tiltre de ſuperiorité & Superintendance des armes, & pour dire le vray, Lieutenans Generaux du Roy. Pour laquelle cauſe Jean de Mehun, introduiſant Nature parlant à l'Archipreſtre Genius, du Seigneur qui l'avoit commiſe pour ſon Vicegerant ſur toutes creatures, dit ainſi :

*Ceſtuy Grand Sire tant me priſe
Qu'il m'a pour ſa chambriere priſe,
Pour ſa chambriere, certes voire,
Pour Conneſtable ou pour Vicaire.*

Je trouve que Bertrand, appellé par quelques-uns, du Keſclin, & par les autres du Claſquin, fit le ſerment de Conneſtable és mains du Roy Charles V. le 2. Octobre 1370. Et le mit le Roy en poſſeſſion de cette charge & dignité, luy baillant une eſpée entre ſes mains, laquelle Keſclin deſdaigna en preſence du Grand Conſeil. Proteſtant qu'il l'employeroit pour le ſervice du Roy, & de ſa Couronne. J'ay la coppie des lettres d'office de Conneſtable qui fut donné par le Roy Charles VII. à Artus de Bretagne Comte de Richemont, par le narré deſquelles on peut recueillir, que le Conneſtable eſtoit le chef principal aprés le Roy pour la conduite des guerres, & que ſelon l'uſage ancien, luy eſtoit commiſe la garde de l'eſpée du Roy, dont il luy faiſoit hommage Lige. Or par ces lettres, qui ſont du 7. de Mars 1424. eſtoit mandé aux Mareſchaux de France, Maiſtres des Arbaleſtriers, Admiral, & tous autres Seigneurs faiſans profeſſion des armes, de luy obeir, pour le fait des guerres.

Or tout ainſi que l'on prenoit anciennement le nom de Conneſtable

Connestable pour un chef general d'une armée, aussi ceux qui commanderent quelquesfois sur quelques bandes, voulurent aussi s'appeller Connestables à l'imitation de leur chef. La vieille histoire S. Denis, en la vie de Louys le Gros : " Il ordonna ses batailles, & mit en chacunes Connestables, & Chevetains ". Le Roy Jean par ses patentes du dernier Avril 1351. faisant un reiglement general pour sa Gendarmerie, ordonna que tous pietons fussent mis par Connestablies & compagnies de 25. & de 30. hommes: Et que chaque Connestable eust & prist doubles gages. Et entr'autres prerogatives que le Roy Charles VI. donna à Jean Duc de Berry son oncle, fut qu'és pays de Berry, Poictou & Auvergne, où il l'avoit constitué son Lieutenant general, il peust instituer & destituer tels Capitaines & Connestables qu'il voudroit.

Maistre Alain Chartier en son Histoire de Charles VII. ayant deduit comme Jean Bureau nouveau Maire de la ville de Bordeaux, après la prise d'icelle, vint faire le serment au Roy entre les mains du Chancelier. " Et aussi fit pareillement (dit-il) Joachin Raoult, le serment, comme Connestable de ladite ville & cité de Bordeaux. Qui est à dire, qu'il vint faire le serment comme Capitaine. Voire prindrent nos ancestres le mot de Connestablie pour escadron ou bataillon : Froissard au premier Tome de son histoire, chapitre 44. Le lendemain les Hannuyers vindrent devant la ville d'Aubeton en trois Connestablies, leurs bannieres devant bien ordonnées ". Et au mesme livre, chapitre 15. recitant le discours qui s'esmeut entre les Archers d'Angleterre, & les Hannuyers à la venuë de Messire Jean de Henault : " Si firent lesdicts Hannuyers plusieurs belles grandes Ordonnances, & leur convenoit aucunesfois gesir tous armez, & par jour tenir en leurs Hostels, & avoir leurs harnois appareillez, & aussi leur convenoit continuellement guetter par Connestablies les champs, & les chemins d'entour la ville. "

Voilà comment ces Estats de domestiques du Roy ont pris diverses revolutions : & comme selon l'entresuitte des temps, les Maires du Palais eurent en premierement la vogue, puis les Connestables à leur rang. Et si puis dire que combien que les Connestables n'ayent jamais atteint au point de grandeur que gaignerent jadis les Maires, si semble-il que cet Estat ait esté pour quelques-temps suspect & odieux à nos Roys, & mesmes qu'ils ayent eu en opinion de le supprimer : Parce que depuis la mort du Connestable de Luxembourg, qui fut du temps du Roy Louys XI. le nom & tiltre de Connestable fut ensevely jusques au regne du Grand François, lequel sur son advenement à la Couronne, voulut gratifier de cet Estat Messire Charles de Bourbon, & depuis Messire Anne de Montmorency, Chevalier sage & advisé, la vie & presence duquel me commande d'en penser plus & moins dire.

CHAPITRE XIII.

Des Ducs & origine d'iceux.

DE toutes les dignitez que je lis avoir, selon le changement des temps, diversifié de façons, je trouve que c'est celle de Duc. Car premierement ce mot ne sonnoit entre les Romains autre chose qu'un Magistrat militaire, comme celuy que nous appellons Capitaine, & la diction du Duché, ce que nous disons Capitainerie. Et ainsi se doivent-ils prendre dans Suetone en la vie de Neron, chapitre trente-cinquiesme, où il dit que l'Empereur Neron fait noyer un sien parent & allié, nommé Ruffin, parce qu'abusant du pretexte de luy, il jouoit les Duchez, c'est-à-dire, les Estats des Capitaines de guerre. Et depuis par traite de temps on en usa pour un certain degré au fait de la guerre, & comme on montast graduellement aux honneurs militaires, après avoir esté soldat on estoit Tribun, puis Duc, puis Legat, ausquels termes je ne m'arresteray pour n'estre de nostre gibier, ains me contenteray d'en donner les addresses à ceux qui en voudront estre plus amplement informez : lesquels pourront, si bon leur semble, trouver ce que je dis veritable, lisans la vie d'Alexandre dans Lampride, & celle de Maximian dans Jules le Capitolin. Or combien que l'on en usast particulierement pour celuy qui devançoit au fait de la guerre le Tribun, & secondoit le Legat, si est-ce que la generalité de ce mot (Duc) ne laissoit pas d'estre employée aux Tribuns, Legats, & autres chefs de guerre : Ny plus ny moins que nous voyons entre nous y avoir Capitaine, Lieutenant & Enseigne : Et toutesfois chascun d'entr'eux separement estre par les soldats appelé Capitaine. Parquoy, tout ainsi que sur le declin de la Republique de Rome cette diction d'Empereur, qui ne signifioit auparavant qu'un General ou Colonel d'une armée, se tourna puis après par factions & guerres civiles pour mot souverain d'honneur, en la faveur de celuy qui usurpa toute la tyrannie sur le peuple, aussi la Monarchie & Empire des Romains commençant grandement à balancer par la venuë des nations estrangeres, les Empereurs se voyans affligez d'une continuel des guerres, furent contraints de donner les grandes charges des Provinces aux Ducs, & à ceux qui au precedent avoient les conduites des guerres. Tellement que le Duc, qui se prenoit premierement pour chef de guerre, commença lors d'estre pris pour Gouverneur, & depuis par succez de temps, pour nom de Principauté. Le premier endroit où j'ay leu le Duc estre pris pour un Gouverneur ou Vice-Empereur, est dans Vopisque en la vie de l'Empereur Bonose, la part où il dit, que cet Empereur avoit esté Duc de la Marche Rhetique. Aussi entre tous les Estats & Gouvernemens des Provinces recitez par Cassiodore aux 6. & 7. livres de ses Epistres, je trouve estre faite mention d'un seul Duc Rhetique. De façon qu'il semble que ce pays-là fut premier, auquel le mot du Duché commença de se prendre pour gouvernement. Et estime que l'occasion de cecy vint, pour autant qu'il estoit exposé à l'embouchure de l'Allemagne, dont sourdoient de jour à autre infinies novalitez : pour ausquelles obvier estoient les Empereurs contraints tirer du corps de leur gendarmerie un Capitaine pour y envoyer : Parce qu'il luy estoit besoin avoir l'œil sur une gendarmerie, comme sur les propres sujets. Et à cette cause nous apprenons du mesme Cassiodore que quand l'Empereur donnoit telle dignité Ducale à celuy qu'il envoyoit en la Marche Rhetique, c'estoit avec une telle preface. " Ce n'est pas mesme chose de commander à une nation quoye, comme à celle que l'on tient pour suspecte, & pour laquelle " l'on est content seulement en vices, ains les guerres. La Rhetique est un boulevard d'Italie, laquelle non sans grand cause se fut ainsi appellée, parce qu'elle est exposée aux nations brutales pour les surprendre, ainsi que les bestes sauvages aux rets & penneaux. En ce pays-là on reçoit les assauts des Barbares, & les met-on en fuitte à coups de sagettes. Au moyen dequoy tels assauts vous sont une perpetuelle chasse, & par maniere de dire jeu, pour les repousser. Pour cette cause nous bien & deuëment informez, de vostre sens, prud'hommie, & suffisance, par ces presentes vous donnons le Duché & charge de la Marche Rhetique : Afin que par vostre moyen nostre gendarmerie vive paisiblement, & qu'avec elle vous courriez diligemment tous les environs de vostre pays. Estimant ne vous avoir point esté donnée petite charge, puis que la tranquilité de nostre Empire depend de la vostre diligence. A la charge toutefois que vos soldats vivent avec nos sujets de gré à gré ". Qui nous apprend que la necessité du pays fut cause de commettre en tel pays un Duc, non seulement pour estre Capitaine general sur une gendarmerie, mais aussi Gouverneur de cette contrée. La mesme necessité apprit puis après aux Romains d'user de mesme façon. Car estans agitez d'infinies guerres, des nations qui les venoient assaillir de toutes parts, ils furent

contraints

contraints donner la charge des villes à leurs Ducs. Et la premiere distribution que je vois en avoir esté faite, ce fut à l'occasion de Totile Roy des Ostrogots, lequel desconfit deux fois les Romains avec une telle cheute & vergongne, que jamais il n'avoit esté presque memoire qu'ils eussent receu semblable proye. Au moyen dequoy, Procope au troisiesme de ses Histoires, dit qu'à la seconde route, eux estans reduits en toute extremité, les Gens-d'armes abandonnerent la campagne, se tenans clos & couverts dans leurs villes, contre les adventures de leurs ennemis. Et dit cet Autheur, que les Ducs & Capitaines prindrent lors chacun en partage la garde des villes, c'est à sçavoir Constantin, celle de Ravenne, Jean celle de Rome, Besse de Spolete, Justin de Florence, Cyprian de Perouse. Laquelle police depuis se continua apres que les Ostrogots furent chassez & reduits à neant par Narses : Car lorsque Longin fut commis au Gouvernement d'Italie par le rappel de Narses, il establit tout un nouvel ordre au pays, d'autant qu'au lieu des Prefects qui tenoient auparavant le Gouvernement des villes, il y commit Ducs & Capitaines, pour tenir par un mesme moyen un chacun en bride, & obvier aux courses de leurs ennemis : & quant à luy, choisissant son domicile dedans la ville de Ravenne, où il prit le nom d'Exarque. De là en avant, commença le nom de Ducs à s'accroistre, & mesmement les François s'estans impatronizez de la Gaule, là apprindrent des Romains à user de ce nom de Duc, pour un Gouverneur de Province, ainsi que nous pouvons apprendre de nos vieilles Histoires Françoises. Gregoire de Tours au huictiesme de ses Histoires, nous atteste qu'au lieu d'un Berulphe, Gontran Roy d'Orleans donna pour Duc aux Poictevins & Tourangeaux un nommé Ennode : & au neuviesme il dict, qu'à l'instigation de quelques-uns, il l'osta depuis. Desquels lieux il est aisé de tirer que le nom de Duc se prenoit lors pour nom de simple Gouverneur, que les Roys mettoient & deposoient à leurs volontez.

Or sans toutes choses ont quelque revolution avec le temps, ces Ducs petit à petit furent mots de Principautez, & non de Gouvernemens. Et les premiers qui userent de telle façon, furent les Lombards : Lesquels, comme recite Paul le Diacre, apres que Cleph leur second Roy fut decedé, (cecy estoit vers le temps de Clotaire premier de ce nom, Roy de France) voulurent estre gouvernez par Ducs, comme par une forme d'Aristocratie. De maniere, que par l'espace de dix ans entiers chaque Duc eut sa cité, de laquelle il recevoit les fruicts : toutefois les dix années expirées, le peuple voulut derechef avoir un Roy. Ce qui fut fait, & luy contribua chaque Duc la moitié de son revenu, pour luy servir de Domaine. Cette police neantmoins ne trouva si-tost lieu en cette France : Car sous la premiere lignée de Clovis, le nom de Duc fut viager & temporel. Bien est vray que sur le declin de cette lignée, de la mesme façon que les Maires du Palais avoient attiré à leur Estat toute la puissance Royale, & l'avoient faite comme hereditaire en leur famille : aussi voulut chaque Duc en faire autant en son endroit. Et de fait se trouve que du temps de Charles Martel, Loup Duc de Gascongne, & aussi Eude Duc d'Aquitaine, s'estoient faits Ducs perpetuels, ne voulans recognoistre le Roy de France à Superieur. Voire qu'à j'ay trouvé en quelque endroit escrit, que lors quelques Ducs se voulurent intituler Roys de leurs pays, tout ainsi que depuis Pepin fit de tout le Royaume de France. Toutesfois ils furent tous reduits l'un apres l'autre à leur devoir, tant par Charles Martel, que par Pepin, & enfin par Charlemagne, & le Debonnaire son fils.

Auquel temps s'introduisit autre nouvelle police des Ducs. Car tous ceux qui estoient dedans le pourpris, & enceinte de ce Royaume, demeurerent comme Gouverneurs des Provinces, desquelles ils estoient appellez Ducs. Et de là vint que (comme j'ay plus amplement deduit au Chapitre des Pairs) vous voyez tantost une Aquitaine estre appellée Duché, quand ce pays estoit regy par grands Seigneurs, puis à un instant Duché, quand Charlemagne en investit à perpetuité par forme de partage son fils Louys le Debonnaire. Toutesfois és pays loingtains, & que l'on ne pouvoit pas si aysément contenir, il y avoit double maniere de Ducs. Les uns possedans les Duchez comme leur propre patrimoine, mais avec certaine reconnoissance ou redevance qu'ils faisoient à nos Roys. Les autres comme Gouverneurs, & de la mesme façon que ceux qui estoient dans la France. Du premier rang estoit Tassile Duc de Bavieres, selon que tesmoigne Theodulphe, duquel je suis content d'inserer les propres mots, pour autant que son œuvre n'est pas imprimé, *Tassilonem in Ducatu Bojoariorum collocavit per suum beneficium : Pepinus autem Rex tenuit Placitum suum in Compendio cum Francis, ibique Tassilo venit Dux Bojoariorum in vassatico se commendans, Sacramento jurans, multas & innumerabiles Reliquias Sanctorum per manus imponens, & fidelitatem Regi Pepino promisit, & filiis ejus, scilicet vassum recta mente, & firma devotione.* " Il donna (dit-il) en fief le " Duché de Bavieres à Tassile, puis tint Pepin son Parlement " en la ville de Compiegne, auquel lieu vint Tassile luy fai- " re foy & hommage, & mettant les mains sur plusieurs " sainctes Reliques, jura de luy garder la fidelité requise & à " ses enfans, telle qu'un bon & loyal vassal est tenu faire à son " Seigneur ». De mesme façon se voit dans Aymoin au quatriesme de ses Histoires un Grimoauld Duc de Benevent en Italie, qui devoit par chacun an à l'Empereur le Debonnaire sept mil escus de tribut. Ce nonobstant au mesme pays d'Italie y avoit quelques Ducs qui ne tenoient les villes que par forme de Gouvernement, comme nous apprenons du mesme Autheur, qui dict au mesme livre, que Sapon Duc de Spolete estant mort, le Roy Louys le Debonnaire envoya Atalarde Comte de son Palais en son lieu. Desquels passages & autres qu'on peut lire dans les anciens, nous apprenons qu'és pays loingtains de la France, les aucuns Ducs (comme j'ay dict) tenoient leurs Duchez par maniere de gouvernement, & les autres à tiltre de principauté pour eux & leurs hoirs à perpetuité. Laquelle derniere coustume s'insinua depuis entre nous en cette grande confusion & chaos, qui advint sous le regne de Charles le Simple. Car estant le Royaume abbayé par plusieurs Grands Princes, tant par le moyen de son bas aage, que sa simplicité & sottise, comme j'ay deduit au dixiesme Chapitre de ce Livre : ce temps pendant chaque Duc, voire chaque Comte en chaque ville, commença de se faire grand par la ruine du Roy. Je ne puis mieux comparer ce temps-là, qu'à cette grande mutation qui advint depuis dans l'Italie, par les guerres du Pape & de l'Empereur Frederic second, sous les noms de la faction des Guelphes & Gibelins. Car tout ainsi que pendant que chacun estoit ententif à mener guerre, s'il se trouva lors quelque puissant personnage qui eust voix & authorité dans la ville, feignant de la garder à celuy duquel il se disoit estre partisan, il l'appropria au long aller à soy & aux siens : Dont vint l'origine des Ducs de Ferrare, Milan, & d'autres villes dont les unes estoient auparavant Imperiales, les autres Papales. Aussi se trouva lors le semblable en cette France : car estant ainsi le Sceptre de la France envié de toutes parts, ceux qui se disoient Ducs & Comtes, faisans semblant de garder les Villes & Provinces desquelles ils estoient Gouverneurs, au profit du Roy & sous son nom, tirerent toute la prerogative, voire toute le Domaine devers eux. En quoy ils se fortifierent : de façon que Hugues Capet occupa le Royaume de France : il trouva une infinité de Ducs, Comtes, & grands Seigneurs, qui concouroient avec lui (par maniere de dire) en grandeur. Bien est vray que par une pacification generale, estant chacun d'eux grand en son endroit, ils recogneurent-ils tous, devoir le baise-main au Roy : demeurans en tout le surplus demy esgaux à Sa Majesté, en leurs Duchez & Comtez. Et par cette mutation se trouverent lors les Roys petits terriens, au regard de ceux qui avoient regné depuis la venuë de Clovis : car au lieu où ils s'estoient veus posseder toute la Gaule, l'Allemagne & l'Italie, tantost le tout, tantost moins, de là en avant sur l'advenement de Capet, ils tenoient seulement en leur pleine possession, une partie de Bourgongne, Picardie, Sologne, la ville de Paris & la Beausse. Si commencerent nos Roys à abbaisser l'orgueil de ces grands Seigneurs, premierement par Louys le Gros, dés le vivant de Philippes son pere, pendant que les plus grands Ducs & Comtes estoient occupez au premier voyage de Jerusalem. A cause de quoy Guillaume de Nangis en les Croniques de France, l'appelle le Batailleux. Et depuis

Philippes

Philippes Auguste conquit la Normandie & l'Aquitaine, qui estoient tombées és mains des Anglois par mariages: Et du mesme temps par l'entremise de Simon Comte de Montfort, reduisit presque à sa devotion Raimond Comte de Thoulouze, & une partie du Languedoc: tant que finallement, soit par alliances, soit par guerres, ou par forfaictures, la plus grande partie de tous les Duchez & Comtez ont esté joincts & reconsolidez à la Couronne: & seroit malaisé de dire quelle utilité apporterent pour cest effect à nos Roys, les premiers voyages d'outremer. Car pendant que plus grande partie des Ducs & Comtes s'estoient d'une devotion esperduë du tout voüez à la conqueste de la terre Saincte, nos Roys qui demeurerent par deçà, sceurent fort bien faire leur profit de cette longue absence, pendant laquelle ils guerroyoient les plus petits, & puis s'attacherent aux plus grands, remettans petit à petit en leurs mains, ce que l'injustice du temps avoit soustrait de leur Couronne.

Cette reünion apporta puis aprés autre forme de Duchez en la France: car au lieu que l'on avoit veu quelquesfois les Duchez estre eschangez en Royaumes, & d'un Royaume estre fait aprés un Duché, depuis par une nouvelle maniere, nos Roys ont faict, de petites villes, bourgades, & Seigneuries, Duchez & Comtez à leur appetit. En cette façon fut erigé Longue-Ville en Duché l'an 1510. Vandosmois en Duché & Pairie le quatorziesme Mars 1514. Guyse au mois de Janvier 1527. Estampes 1536. Nevers en Duché & Pairie en Janvier 1538. & au mesme an, Montpensier aussi en Duché & Pairie : Aumale en Duché & Pairie 1547. Montmorency qui n'estoit que simple Baronnie, en Duché & Pairie 1552. Le tout afin qu'ayans nos Roys incorporé sous leur puissance la plus grand part des anciens Duchez, ils ne semblassent toutesfois avoir effacé les anciennes dignitez de France, par lesquelles ce Royaume sembloit estre illustré & embelly entre les autres, combien qu'à prendre les choses au vray, les Ducs & Comtes qui sont aujourd'huy ne soient qu'images de ceux qui estoient du temps de Hugues Capet: N'ayans ce semble, aucune prerogative sur les autres Seigneurs, sinon par une pompe de nom, & pour les ceremonies exterieures, car le Duc va devant le Comte, & cestuy devant le Baron, Dont est à mon jugement, procedé que quelques-uns nous ont icy apporté certaines maximes qu'ils content par quaternions. Disans qu'il falloit qu'un Empereur eust sous soy quatre Royaumes : un Roy quatre Duchez : un Duc quatre Comtez : un Comte quatre Baronnies: un Baron quatre Chastelenies, & un Chastelain quatre fiefs. Chose inventée à credit par gens plus pleins de loisir que de sçavoir : d'autant que si leur proposition avoit lieu, il n'y auroit gueres de Ducs & Comtes pour le jourd'huy. Car mesmes le Duché d'Angoulmois, que l'on baille pour appanage au tiers enfant de France, n'a que le Comté de la Rochefoucaut dessous soy. Et au surplus encores que sur le premier advenement de nos Roys, les Ducs fussent plus grands que les Comtes en dignitez, si est-ce qu'en cette generale confusion qui vint en la France, quand depuis le regne du Simple, jusques à Capet & ses successeurs, chaque Seigneur prit son eschantillon du Royaume, & au desadvantage du Roy, certainement les Provinces prindrent leur nom, qui de Duchez, qui de Comtez, plus par hazard & fortune, que par discours. Tellement que non moindre estoit en son endroit un Comte de Flandres, ou de Champagne, qu'un Duc de Guyenne, ou de Normandie : ains en égalité de puissances, differoient seulement de noms. Et de faict nous voyons mesmement qu'un Comte de Champagne avoit sous soy sept Comtes pour ses vassaux, comme j'ay cy-dessus remarqué. Et en effect voilà les mutations qu'ont eu diversement les Ducs, estans premierement simples Capitaines, puis par succession de temps Gouverneurs de Provinces, en aprés s'estans faicts presque égaux aux Roys, & finalement estans reduits au petit pied tels que nous les voyons aujourd'huy, au regard de ces autres Grands, qui florirent sur la venuë de Hugues Capet à la Couronne.

CHAPITRE XIV.

Les Comtes, Baillifs, Prevosts, Vicomtes & Viguiers.

LEs Comtez premierement n'estoient dignitez de telle parure comme nous le voyons aujourd'huy, ains de leur primitive institution estoient mots appropriez presque à toutes manieres d'Estats qui estoient autour des Empereurs de Rome, rapportans les anciens, l'effect de cette diction à sa signification Latine. Pour laquelle cause estoient appellez ceux qui avoient superintendance, ou sur le Palais, ou sur l'Escurie, ou sur l'Espargne de l'Empereur, Comtes du Palais, Comtes d'Estable, & Comtes des Largitions, & ainsi presque de tous les autres. Verité est qu'à l'imitation de ceux-cy, les Courtisans, & Gentils-hommes qui estoient pris de la suite des Empereurs pour aller gouverner les Provinces, prindrent semblablement en plusieurs endroits ce tiltre de Comte: comme nous voyons estre faite assez frequente mention des Comtes de la Marche d'Orient. Et petit à petit ce nom s'espandit de telle façon, qu'il n'y avoit ville qui n'eust son Comte pour Juge. Voulant chaque Juge rapporter sa grandeur, comme s'il eust esté tiré de la suite & compagnie des Empereurs. De là vint que les François arrivans aux Gaules, y trouverent presque ceste generale police plantée, laquelle ils ne voulurent changer non plus que plusieurs autres. De ces Comtes ayans ainsi charge & superintendance de la commune Justice, vous trouverez estre souvent faite mention dans les loix de Charlemagne, & de Louys le Debonnaire son fils, lesquelles en la plus part de leurs chapitres, ne chantent d'autres choses que la diligence que les Comtes doivent faire en leurs Comtez à rendre droit à chacun. Et fut cecy cause que sur une mesme ville y avoit un Duc, puis un Comte. Mais le Duc ayant sous soy plusieurs Comtes, comme celuy qui estoit Vice-Roy & Gouverneur, ainsi que j'ay deduit cy-dessus, & les Comtes establis pour le fait de la Justice. Gregoire au chapitre septiesme du troisiesme de ses Histoires, dit qu'Ennode, qui estoit Duc de Tours & de Poictiers, fut osté de sa charge pour le Roy Childebert, à l'instigation & poursuite des Comtes d'icelles villes. Et comme ainsi fust que les Comtes prestassent residence assiduelle sur les lieux, comme Juges ordinaires des villes : & que pour cette cause ils peussent commettre plusieurs abus & malversations, qui ne leur eust faict controolle : Pour y obvier, nos Roys s'adviserent d'une nouvelle police. Ils deleguoient certains Gentilshommes de leur Cour, qui avoient tous leurs territoires distincts, desquels l'office estoit de vaguer par leur ressort, & connoistre si les Comtes exerçoient bien & deuëment leurs offices, & s'il venoit quelque clameur du peuple encontre eux, ils en faisoient puis aprés leur rapport au Roy. Ceux-cy exerçans cet office estoient appellez par nos anciens (*Missi*) desquels il est faict expresse mention en la Decretale premiere, au tiltre des immunitez des Eglises, dans laquelle il est dit en tels termes: *Ut in domibus Ecclesiarum neque Missus, neque Comes, vel judex publicus, quasi pro consuetudine, Placitum teneant, sed in publicis locis domos constituant, quibus placitum teneant.* Qui est à dire: "Nous defendons que l'Envoyé, le Comte, ou autre Juge public, ne tiennent point leurs plaids dans les Eglises, sous pretexte de quelque coustume, ains qu'ils se pourchassent ailleurs un lieu pour ce faire». Qui monstre que lors que cette constitution fut bastie, les Comtes estoient encores juges, & outre plus qu'il y avoit une autre espece de Juges, qui estoient appellez *Missi*. Aimoïn au chapitre 100. du 3. livre, les appelle d'un mot plus elegant (*Legatos*) & au 10. chapitre du 4. *Fideles ac creditarios à latere*. Nos Chroniques Françoises redigées par escrit du temps de Charles VIII. les ont appellez Messagers, & specialement en un lieu, où parlant de l'Empereur

reur Louys le Debonnaire, elles font mention, & des Comtes & des Meſſagers qui eſtoient en cette France commis à l'exercice de la Iuſtice. " Lors (porte le paſſage) n'entrelaiſſa pas l'Empereur qu'il ne penſaſt du profit de la Commune. Car il fit avant, venir ſes Meſſagers qu'il avoit envoyez par tout le Royaume, & s'enquiſt diligemment de chacun comment il avoit exploité. Et quand il ſçeut qu'aucuns de ſes Comtes avoient eſté pareſſeux & laſches de leurs terres garder, & de prendre vengeance des larrons, & des mal-faicteurs, il les condamna par diverſes ſentences, & les punit de telles peines comme ils avoient deſervy pour leurs pareſſes. Si doit-on cecy entendre, que ce n'eſtoient pas Comtes qui fuſſent Princes, ne hauts Barons qui tinſſent Comtez, ne heritages, mais eſtoient ainſi comme Baillifs, que l'on oſtoit & mettoit à certain temps, & puniſſoit de leurs meſſaits quand ils ſe deſervoient ". Auquel lieu il ne faut pas eſtimer que ce qu'il compare le Comte au Baillif, il entende que ce fuſſent meſmes Eſtats: mais le compilateur de ces Chroniques a voulu dire, qu'alors les Comtes n'eſtoient conſtituez en telle dignité & preeminence comme ils furent depuis, ains exerçoient l'Eſtat de Iudicature à leur vie, comme de ſon temps les Baillifs. A laquelle opinion Robert Gaguin & tous autres qui ſont tant ſoit peu nourris en l'ancienneté de nos Hiſtoires, condeſcendent ſans difficulté.

L'Eſtat donc de ces Meſſagers eſtoit, de vacquer par tout leur reſſort (que nos anceſtres appellent *Miſſaicum*) & connoiſtre ſi les Comtes faiſoient bonne & loyale Iuſtice. Pour laquelle cauſe au 4. livre des Ordonnances du Debonnaire, article 64. eſtoit porté en termes Latins. " Que nul Meſſager n'euſt à faire longue demeure, ny convoquer le peuple aux endroits où il trouveroit les Comtes avoir fait bonne Iuſtice, ains qu'il s'arreſtaſt ſeulement és lieux eſquels il trouveroit la Iuſtice avoir eſté mal ou negligemment adminiſtrée ". Outre ce, eſtoit leur Iuriſdiction fondée ſur peages & tributs. Avoient l'œil ſur les Fiefs & vaſſaux du Roy (car les cauſes communes & de legere eſtofe appartenoient aux Comtes) eſtoient chargez de faire ſommaires deſcriptions des cens & rentes qui appartenoient au Prince, & combien de ſerfs & eſclaves eſtoient compris ſous chaque fief. Et ſi paravanture, faiſans le fait de leur charge, il ſe preſentoit cauſe d'importance, eſtoient tenus d'en faire leur rapport au Roy. Comme de toutes ces choſes nous ſommes acertenez par les Ordonnances de Charlemagne, & du Debonnaire. Quelquesfois auſſi leur eſtoit enjoinct de rapporter aux Parlemens ce qu'ils avoient exploité pendant leur voyage, comme nous voyons dans Aimoin au quatrieſme Livre de ſes Hiſtoires Chapitre quinzieſme. " Il commanda (dit-il) à ſes Meſſagers d'aller par chaque Comté, pour toſtuyer le pays d'un tas de meſchans garnimens, qui ne faiſoient que piller: à la charge, que s'ils trouvoient reſiſtance, ils priſſent confort & ayde tant des Comtes, que des gens des Eveſques, pour deffaire cette canaille. Leur enjoignant, que de tout ce qu'ils auroient fait, ils luy en vinſſent faire rapport au prochain Parlement, qu'il devoit tenir en la ville de Worme ". Qui ſont tous actes qui ſe conforment directement à nos Baillifs, & dont nous devons eſtimer leurs Eſtats avoir eſté pris. D'autant qu'encores pour le jourd'huy connoiſſent-ils du fait, & cauſes des Prevoſts qui ſont au lieu de ces Comtes, ont ſpecialement connoiſſance des matieres des Nobles, & des Fiefs, connoiſſent ſeuls entre les autres Iuges, des matieres domaniales du Roy. Et meſmes, tout ainſi qu'anciennement ces Meſſagers viſitoient les Provinces qui eſtoient de leur charge, pour faire droict à chacun, auſſi comme pour image & ſimulacre de cecy, furent pratiquées entre nous les Aſſiſes que les Baillifs avant l'Edict des Iuges Preſidiaux, avoient accouſtumé de tenir de Prevoſté en Prevoſté qui eſtoit de leur Bailliage. Toutes leſquelles choſes ainſi rapportées piece à piece, nous rendent aſſurez dont eſt procedée l'origine de nos Baillifs. Choſe que l'on peut encores deſcouvrir aiſement à l'œil par un vieil paſſage du grand Couſtumier de Normandie. Car comme ainſi ſoit que l'Eſtat du Baillif & du Seneſchal ſoient tout un, & different ſans plus de noms, ſe trouve au chapitre dixieſme, l'Eſtat du grand Seneſchal de Normandie eſtre en cette façon expliqué. " Anciennement

Tome I.

ſouloit deſcouvrir par le pays de Normandie un Iuſticier graigneur, qui eſtoit appellé le Seneſchal au Prince. Il corrigeoit ce que les autres bas Iuſticiers avoient delinqué, gardoit la terre du Prince, les loix & les droits de Normandie il faiſoit garder: Et ce qui eſtoit moins, que dûement faict par les Baillifs, il corrigeoit, les oſtoit du ſervice du Prince, s'il voyoit qu'il les convint oſter: il viſitoit les foreſts & les hayes du Prince, & revoquoit les forfaits, & s'enqueroit comme ils eſtoient traitez: Et la paix du pays fermement il entendoit principalement à faire: Et ainſi en deſcouvrant par Normandie de trois ans en trois ans, viſitoit chacunes parties & Bailliages d'iceluy. A celuy appartenoit en chacun Bailliage d'enquerir de ces excez, & des injures des ſous-Iuſticiers ". Qui monſtre bien qu'eſtans les Baillifs reduits chacun en leurs reſſorts au pays de Normandie, encores fut erigé un eſtat par deſſus eux, qui fut nommé Grand Seneſchal, qui eſt autant que Grand Baillif: lequel faiſoit les meſmes chevauchées qu'avoient fait anciennement les Baillifs. Mais tout ainſi que ceux qui eſtoient particuliers, les faiſoient ſeulement dans les deſtroits de leurs Bailliages, auſſi celuy-là qui eſtoit le grand & general, le faiſoit ſur tout le Duché.

Or furent ainſi appellez à mon jugement ces Baillifs, pour autant que de leur premiere origine, ils eſtoient baillez & envoyez en diverſes Provinces, par nos Roys. Ou bien ſans aucune alteration de lettre, Baillifs, comme conſervateurs & gardiens du bien du peuple encontre les offences qu'il euſt peu encourir des Iuges ordinaires. Tout en meſme façon comme de noſtre temps, le Roy Henry II. voulant eriger un Magiſtrat en chaque Bailliage qui euſt l'œil ſur les Baillifs & Prevoſts, pour en faire ſon rapport au Conſeil privé du Roy, le voulut intituler, Pere du Peuple: Car le mot de Baillif en vieil langage François, ne ſignifioit autre choſe que Gardien; & Baillie, Garde: Iean de Melun en ſon Roman de la Roze.

Cœur failly
Qui de tout dueil eſt Bailly.

Et en autre endroit, où Faux-ſemblant ſe vante que contrainte abſtinence eſt en ſa garde & protection.

M'amie Contrainte abſtinence
A beſoin de ma pourvoyance,
Pieça fut morte ou mal ſortie,
S'elle ne fut en ma Baillie.

De la meſme façon voyons nous que dans la plus grand part de nos Couſtumes de France, nous appellons ceux Baillifs ou Bailliſtres qui ont la garde noble ou bourgeoiſe de leurs enfans. Tellement qu'il n'eſt pas du tout hors propos, de penſer que tels Meſſagers fuſſent de cette deriviaſon nommez Baillifs. Auſſi Iean le Bouteiller vieil Autheur, en tout ſon traité de pratique qu'il intitule Somme rural, appelle Baillies ſeulement, ce que nous appelions Bailliages. Et qui plus eſt, je puis aſſurer comme choſe vraye que l'on ne commença d'uſer du mot de Bailliage que ſous le regne du Roy Iean, & encores fort ſobrement.

Car quant au mot de Seneſchal, qui n'a autre puiſſance ou authorité entre nous que le Baillif, ainſi que je diſois maintenant, quelques perſonnes de bon ſens, comme feu François de Conan, eſtiment que ce ſoit un mot corrompu, my Latin & my François, ſignifiant vieil Chevalier. Qui n'eſt pas une opinion du tout hors propos: parce qu'anciennement tels Eſtats eſtoient ſeulement donnez à vieux Gentils-hommes & Chevaliers: & ce eſtoit la porte fermée aux Advocats & Legites. Voire qu'au vieil ſtile de la Cour de Parlement, il eſt defendu à tous Baillifs & Seneſchaux de commettre pendant leurs abſences, en leurs ſieges, Lieutenans de robe longue. Toutesfois je ſuis preſque ſemonds de croire que ce mot de Seneſchal ait eſté emprunté du vieil langage Anglois, par nous non entendu: Parce que je le voy principalement pratiqué és lieux de la France qui ont eſté autresfois ſous l'obeyſſance des Anglois, voire juſques aux portes preſque de Paris, comme en la Seneſchauſſée de Ponthieu.

Telle fut doncques la premiere police des Comtes & Baillifs. Bien eſt vray, que pour autant que les commencement les Baillifs n'eſtoient pas Iuges qui preſtaſſent reſſéance

H ij

seance ordinaire sur les lieux, ains alloient par certains entrejets de temps faire leurs reveuës : & au contraire les Comtes se tenoient ordinairement sur leurs Jurisdictions, & que d'ailleurs ils avoient (comme nous apprennent les mesmes Ordonnances par moy cy-dessus alleguées) certains fiefs qui estoient annexez à leurs Estats, afin que d'une mesme main ils vacquassent, quand la necessité le requerroit, au faict de la guerre, tout ainsi que de la Justice : pour cette cause il advint que les Baillifs, n'ayans surquoy prendre terre, ne peurent s'accroistre & augmenter de telle façon que firent les Comtes, lesquels commencerent de là en avant de s'arrester seulement aux biens-faits du Roy, laissans la jurisdiction à leurs Lieutenans : dont les uncuns furent appellez Vicomtes, & les autres Viguiers du mot de *Vicarius*, & les autres Prevosts, d'un autre mot Latin que nous appellons *Præpositus*. Car en cette façon nous les voyons nous estre appellez és anciennes lettres de nos Roys, lors qu'elles s'addressoient aux Prevosts. Ayant changé la lettre de P, en V, ainsi que nous avons fait de quelques autres dictions Françoises : Car de *lepus*, *lepusculus*, & *pauper*, *aperire*, & *cooperire*, *recuperare*, *operari*, nous avons façonnez les mots de liévre, lévraut, pauvre, ouvrir, couvrir, recouvrer, ouvrer. Je sçay que plusieurs sont d'advis que la dignité Prevostale a esté tirée des Romains, estimans que lors que les François arriverent és Gaules, ils trouverent chaque cité garnie de ses Prevosts, mais aprés avoir couru tous les Estats que les Romains establissoient sur les Provinces, je ne voy point avec lequel d'entr'eux nous puissions assortir ce mot. Et qui m'induit davantage à penser que c'est un Estat venu en usage depuis le temps de Charlemagne & du Debonnaire : c'est que combien que je voye plusieurs reiglemens en leurs Ordonnances pour les Comtes, en qualité de personnes qui exerçoient la Jurisdiction ordinaire, si est-ce que je ne voy point un seul endroit où il soit parlé des Prevosts. Et ne me puis persuader s'ils eussent esté en essence qu'ils eussent esté oubliez : de maniere qu'il faut que l'Office de Prevost soit venu lors que les Comtes se desmirent de leurs Estats de judicature sur autruy : c'est à dire, lors qu'ils commencerent à se faire grands & à manier les armes, tout de la mesme sorte que les Ducs, qui fut depuis le regne du Debonnaire. Croissans en telle grandeur, que comme j'ay deduit ailleurs, entre ces Grands Ducs & Comtes qui florirent du temps de Hugues Capet, & quelque intervalle au dessous, il n'y avoit pas grande difference pour le regard de l'authorité & preéminence, ains chacun selon que la fortune & hazard du temps luy donna le tiltre, s'estimoit aussi Grand Seigneur, cestuy estant Comte de Flandres, comme l'autre qui se disoit Duc du pays de Normandie.

Au demeurant, entant que touche le mot de Viguier, tout ainsi que nous le voyons estre seulement en usage au pays de Languedoc & és environs, pour representer le Prevost que nous avons en ce pays cy, aussi avoit esté ce mot mis en œuvre en ce pays-là par Theodoric Roy des Ostrogots, lequel feignant de garder une partie du Languedoc à son arriere-fils Amalaric grandement affligé par les guerres du Roy Clovis, y establit un Vicaire, s'il vous le voulez dire, Viguier, general de ceux qui sous son nom avoient le gouvernement du pays. *Constituit* (dit Cassiodore parlant d'iceluy Theodoric) *Gemellum in Gallis Vicarium Præfectorum ad excremenda justitias.*) Il establit (dit-il) aux Gaules Gemelle, Vicaire de tous ses Gouverneurs, pour rendre le droit à chacun. Et combien qu'il die par un mot general, les Gaules, si les faut-il restraindre au pays que possedoit lors Theodoric dedans icelles, qui estoit seulement le Languedoc. Certes cette dignité de Viguier destinée à l'Estat de Judicature, estoit fort familiere aux Gots. Et pour cette cause voyons nous que dans Rome pour mesme effect lors qu'iceux Gots regnoient sur l'Italie, y avoit une telle forme de Magistrat, comme nous apprenons du mesme Cassiodore, au quatriesme de ses Epistres, en une lettre de Theodoric à Jean Archiatre, c'est à dire, premier, ou principal medecin. Qui fut cause, à mon jugement, que les Comtes laissans au pays de Languedoc l'exercice personnel de la Justice pour s'habituer du tout aux armes, il fut aisé d'y insinuer le mot de Viguier, tant pour y avoir esté autresfois planté, que aussi pour ne representer en sa signification autre chose que l'Estat d'un Lieutenant. En l'Ordonnance de Charles sixiesme 1388. "Qu'il n'y ait nul Prevost ou Vicaire parent du Baillif ou Seneschal ".

++

CHAPITRE XV.

Admirauté, Eaux & Forests.

NOus avons en cette France deux grandes Jurisdictions concernans les Eaux : L'Admirauté, pour la marine, havres, & ports maritimes : les Eaux & Forests, pour les Rivieres, Isles, Communes & Forests, & combien que l'Estat d'Admiral soit grand, si ne l'ay-je voulu aggreger par cy-devant avecques nos Connestables, Chanceliers, Pairs, Ducs & Comtes, qui prennent leurs noms, & origines d'un plus ancien estoc. Ce second Livre fut premierement imprimé en l'an 1567. depuis augmenté selon la diversité des impressions, & maintenant en cette année 1615. je luy donneray ce Chapitre par forme de nouvel appentis : car en plus beau sujet ne sçaurois-je employer le temps.

Entant que touche l'Admirauté, je sçay que quelque personnage d'honneur, mien amy, aucunement bien nourry en l'Histoire de cette France, estimoit que le nom & la dignité d'Admiral nostres d'une bien longue ancienneté, & avoit esté en la France dés la seconde lignée de nos Roys. Ayant pardevers luy un vieux Roman manuscrit, dedans lequel le Capitaine Roland, qui attouchoit Charlemagne de proximité de lignage, est appellé Grand Admiral de la mer, ne considerant pas que le Fatiste attribuë ce qui estoit de son temps, au regne de Charlemagne. Car mesmes sans mandier autre loingtain, Eghinard que nous presupposons avoir esté Secretaire de ce Grand Roy, parlant en son Histoire de Roland, & de la journée de Ronsevaux, en laquelle tant de braves guerriers finirent leurs jours : *In quo* (dit-il) *Reginaldus Regiæ mensæ præpositus, Anselmus Comes Palatij, Ruotlandus littoris Britannici præfectus, cum aliis pluribus interficiuntur.*) Si lors le nom & l'Estat d'Admiral eussent esté en vogue chez nous, cet Autheur, en conservant son bien-dire, dont il fait particuliere profession, n'eust pas oublié d'adjouster (*quem vulgo Admiralem vocamus*) pour la nouveauté du mot. Aussi est-ce la verité, que ny dedans Gregoire de Tours qui vesquit sous la premiere lignée de nos Roys, ny dedans Nithart, Tegan, Rheginon, Hincmare, Aymoin, qui vesquirent sous la seconde, ny dedans Flodoart, qui vesquit sous la seconde & troisiesme, ny dedans Glaber Radulphus, ny Rigobert, ny Guillaume le Breton, qui furent sur le commencement de la troisiesme, & quelque temps aprés son advenement, & ces deux derniers qui furent sous le regne de Philippe Auguste. Tous ceux-cy, vous dis-je, n'en font aucune mention dedans leurs escrits.

De ma part je veux croire que toute Republique, soit Royale, Seigneuriale, ou Populaire, a sa police, qui gist, partie en terre, partie en mer, selon les rencontres, & encores beaucoup plus en la mer, comme beaucoup plus subjette aux embuscades, pour la facilité des pillages, si le Magistrat souverain n'y tient la main au contraire. Toutesfois quelles furent leurs Ordonnances pour cet esgard, je ne les voy specifiées. C'est un ouvrage dont les Autheurs se sont remis à la misericorde des ans. Es Republiques de Grece, je voy un Diodore Sicilien, en celle de Rome un Tite-Live, nous representer des guerres navales, mais peu, ou point de leurs polices. La Republique populaire de Rome estant tombée sous la main d'un seul que nous appellasmes

lasmes Empereur, les Jurisconsultes baillerent par forme de commentaire, leurs responses & advis sur l'Edict du Preteur, qui ne portoit condamnation que du simple no quadruple, selon les occurrences, contre ceux qui penoient se faire riches de la despouille d'un naufrage. Dedans les mesmes Jurisconsultes je ly leurs decisions sur la loy Rhodie: & sur tout me plaist le reiglement, que l'Empereur Constantin bailla sur le declin de l'Empire, quand il voulut, que si par fortune il advenoit qu'un vaisseau submergé, fust poussé en quelque rivage, ou abordoit en quelque terroir, il vouloit qu'il appartint au seigneur plus prochain du lieu, non au fisque. Mais encores beaucoup la reformation que l'Empereur Nicephore y apporta sur la fin de l'Empire de Constantinople: Qui est paradvanture l'un des plus beaux placards, que nous trouvons dedans Nicetas. Et pour ne sortir de nostre nation Françoise, je voy nos François, avant leur advenement en la Gaule, & depuis l'envahissement, avoir esté grands nautonniers: Au premier point pour conquerir, au second pour conserver ce qui avoit esté par eux conquis. Mais en tout ce que je vous ay touché cy-dessus, ny aux Romains, ny aux François, nulle mention d'Admiral, ny de son authorité.

Et afin que vous entendiez quels plis eut l'Estat d'Admiral, & comme enfin il fut planté en cette France, vous devez sçavoir que ce fut du commencement un nom de souveraineté entre les Sarrazins. Ainsi trouvons-nous dedans la Chronique de Sigebert le Moine, que du temps de nostre Clovis, *Mahumas Sarracenorum Amiras*, entra en composition avecques Constantin Empereur de Constantinople: Et qu'après son decés, *Girith ejus filius tribus annis principatur*. Et un *Zeuximus Amiras, cum Amorrhæis suis*, avoit assiegé la ville de Constantinople, l'espace de trois ans. Que l'Empereur Constantin & *Habdala, pari infamia, in Orthodoxos desævierant*. Et peu après *Habdala moritur, post quem Moyses annis duobus Sarracenis dominatur*. En cas semblable au quatriesme livre d'Aimoin, l'Admiral Abraham, qui commandoit en l'Afrique, depescha un Ambassadeur vers nostre Charlemagne pour jurer alliance & confederation entr'eux.

Mais comme toutes choses ont leur entre-suitte: les unes grandes venir au raval, les autres petites se faire grandes, ainsi comme il plaist aux ans: Aussi s'estans depuis insinuez entre les Sarrazins, les Califfes, & les Sultans, qui commanderent diversement sur unes & autres Provinces, ces deux commencerent de prendre pied, & l'Admiral diminution: lequel toutesfois ne fut pas petit seigneur prés du Souldan, ores que les grandes charges & capitaineries luy estoient baillées. Gilbert en son histoire de la premiere guerre saincte, qu'il dedia à Lisiord Evesque de Soissons, parlant de la ville d'Antioche, qui fut faite par les Chrestiens, dit que des Sarrazins, *Occubuere duodecim de eorum primoribus, quos vulgo Chaldæi Satrapas, secundum usum, Ammuravisos dicunt*. Qui est à dire qu'en la prise d'Antioche avoient esté occis douze grands Seigneurs, que les Chaldeens appelloient Satrapes, & selon l'usage commun, Amiras. De maniere que je me veux faire accroire, que le Souldan d'Egypte & ses comproviciaux, qui commandoient absolument sur leurs Provinces, és armées navales, qu'ils mettoient au vent, pour nous faire teste, aux voyages qu'entreprenions, pour l'advancement de nostre Christianisme, ils en donnerent ordinairement la charge & conduite à leurs Admiraux. Et à l'exemple des Sarrazins, les Seigneurs qui les attouchoient de plus prés, comme les Gregeois, eurent aussi leurs Admiraux, qui conduisoient leurs armées sur mer. Ainsi le voyez-vous dedans Geofroy de Villardoüin, Mareschal de Champagne, qui nous escrit l'histoire, qui fut non seulement de son temps, ains celle à laquelle pour la necessité de sa charge, il eut bonne part. Car comme ainsi fut que les François, & Veniriens associez, se fussent emparez de la ville de Constantinople, à quoy Theodore Lascry Prince Gregeois, ne voulut jamais condescendre, ains eust faict profession publique de s'armer contre eux: L'autheur est en son vieux ramage François, qu'Escurion estoit Admiral de ses galeres, Escurion (porte le neufviesme livre) *Qui ere Admiralx des galies Toldre Lascari*. Et non content de l'avoir ainsi pleuvy, encore le repete-il une demie page après, *Ne sçay comment Escuriony le Scot li Admiraux di gallies, & Toldre Lascari, si s'en party de l'Esquise*. Et je vous puis dire que ny dedans Sigebert, ny dedans Gillebert, ny dedans Villardoüin, vous ne trouverez chez nous y avoir eu aucun Admiral, encores que Sigebert se fut souvenu de nostre premier voyage d'outre-mer. Je suivray en ce discours l'ordre des temps au moins mal qu'il me sera possible.

Nous entreprismes nostre premier voyage pour la recousse de Hierusalem, & de la Palestine l'an 1098. Cela s'appelle sous le regne de Philippes I. de ce nom, lequel y delegua en son lieu Henry son frere, dit le Grand. Au second d'après, fait l'an 1146. par les longues semonces & exhortations de S. Bernard fondateur & premier Abbé de Clairvaut, se trouverent Conrad Empereur d'Allemagne, & nostre Louys VII. du nom, avecques la Royne Leonord sa femme. Le troisiesme est celuy de Philippes Auguste II. du nom, & de Richard Roy d'Angleterre, l'an 1188. Le quatriesme commença l'an 1198. par les presches de Foulques Curé de Nuilly, distant de trois lieuës de Paris. Et ne trouve nul de nos Roys avoir esté de la partie, ains plusieurs grands Princes & Seigneurs, qui commandoient en divers lieux de la France souverainement, dont Villardouin fait un ample denombrement par son œuvre. Le cinquiesme est du Roy Louys IX. qui s'embarqua avecques la Royne sa femme, l'an 1248. Et le sixiesme de mesme Roy, avecques Messieurs ses enfans, l'an 1270. Vray qu'il ne passa pas l'Afrique, pour faire plaisir à Charles son frere, où il deceda, attaint de la peste, selon les uns, & selon les autres d'un flux de ventre.

Tous ces six voyages furent maritimes, & si jamais nous eusmes affaire d'Admiral pour la conduite de nos armées, ce fut lors. Toutefois il n'y eneut aucun : ny que me fait dire, que lors du decés de Louys IX. 1270. ny auparavant, nous n'avions l'usage d'Admiral en la France. Ce que je vous touche par exprés. Car combien que je voye plusieurs doctes hommes nous avoir parlé de l'Admirauté, toutesfois je n'en voy un tout seul qui nous die en quel temps cet Estat fut premierement introduit chez nous. De maniere que tout ainsi que l'Abeille va succotant les fleurs souefves, dont elle forme son miel: aussi en matiere d'ancienneez, qui en veut avoir cognoissance, il faut succer, ou pour mieux dire, faire son estude, de l'estude d'autruy, & se former une vie en chaque sujet, pour faire revivre les autres, y apportant quelque chose de son jugement. Celuy que je voy nous avoir voulu bailler plusamples memoires des Admiraux, est Maistre Jean le Feron, Advocat au Parlement de Paris, que j'ay veu, & cogneu en ma jeunesse. Cettuy en son traicté des Admiraux, nomme pour premier Admiral Messire Enguerrand de Coussy 1284. & après luy Messire Mathieu de Montmorency, l'an 1286. & après les autres Admiraux, qui suivirent ces deux jusques à son temps. Vray que trouverez és œuvres de du Tillet, Greffier au Parlement, lesquelles long-temps après furent mises en lumiere, au chapitre de l'Admirauté, ces mots sur la fin. Le premier qui tint en office l'Admirauté de France, fut Amaulry Vicomte de Narbonne. Qui n'est pas se rapporter à l'opinion du Feron lequel nous fait premier Admiral Enguerrand de Coussy. Toutesfois, quand je voy de quelle diligence ces deux ont procedé au recit de nos Admiraux, & qu'il n'y a nulle comparaison de du Tillet, avecques celle de Feron, qui en l'an 1555. fit imprimer chez Milchel Vascosan six traictez en cette ville de Paris : Premierement des Connestables, puis des Chanceliers, en après des Grands Maistres de France, en quatriesme lieu des Admiraux, en cinquiesme des Mareschaux de France, & en dernier lieu des Prevosts de Paris, & que je voy le Feron d'une longue suitte, avoir honoré chaques Connestables, Chanceliers, Grands Maistres, Admiraux, Mareschaux, Prevosts, de leurs noms, surnoms, extractions, armoiries, & blasons : Diligence que je ne voy avoir esté pratiquée par l'autre ; je suis contraint de m'arrester au Feron. Et reconnoissant quels estoient les Admiraux lors de nos voyages d'outremet, entre les Turcs & Sarrazins : de quelle façon nostre S. Louys, & les siens furent mal menez en leur premier voyage, & qu'il mourut en son second, l'an 1270. Qu'à luy succeda Philippes III. son fils aisné, aifné, qui avoit eu bonne part en toutes ces calamitez : Que Feron fait premier Admiral de France, l'an 1284. Enguerrand de Couſſy qui eſtoit ſous le regne de Philippes. Toutes les particularitez par moy cy-deſſus deduites concurrantes enſemble, je ſuis contraint d'attribuer le premier plant de l'Admirauté chez nous, au regne de Philippes le Tiers, qui floriſſoit l'an 1284. & puis dire que ſous nos Roys, nous avons en cette France deux grands Eſtats s'avoiſinans en pluſieurs choſes aucunement de la Souveraineté, l'un de Conneſtable ſur la terre, l'autre d'Admiral, ſur la mer.

Et parce que le Feron fait une longue enumeration des Admiraux depuis Enguerrand de Couſſy qui fut l'an 1284. juſques à Gaſpard de Colligny qui eſtoit le dernier de ſon temps, & eſt celuy auquel le Feron finit le nombre des Admiraux par luy recueillis, qui ſont en tout trente-trois, vous noterez qu'en tout ce denombrement, il ne parle aucunement d'Amaulry Vicomte de Narbonne : comme pareillement du Tillet ne fait aucune mention ny d'Enguerrand de Couſſy, ny de Mathieu de Montmorency, & ne fait eſtat que de douze Admiraux, & finit ainſi que l'autre en Colligny, lequel fut occis en l'an 1572. par le moyen des troubles, & par ſon decés fut pourveu de cet eſtat Meſſire Honoré de Savoye : par la reſignation duquel Meſſire Charles de Lorraine duc de Mayenne ſon gendre fut fait Admiral. Qui le reſigna depuis au grand contentement du Roy Henry III. à Meſſire Anne Duc de Joyeuſe & Pair de France, lequel je preſentay en la Cour de Parlement, pour faire le ſerment d'Admiral. Et parce que j'ay eſté ſpectateur, en la reception de Colligny, & preſentateur en celle de Joyeuſe, je vous diray, que Meſſire Gaſpard de Colligny, Gouverneur de la ville de Paris, & Iſle de France, fut preſenté avecques ſes lettres d'Admirauté, le 11. jour de Janvier 1551. en la Cour de Parlement, par Maiſtre Chriſtofle de Tou, qui lors tenoit un grand rang entre les Advocats de la Cour : Et me ſouvient que le preſentant il commença ſa harangue, par trois ou quatre vers d'Horace, de cette Ode, *Fortes creantur fortibus*. Et pourſuivant ſa pointe, il parla des predeceſſeurs de Gaſpard, leſquels avoient eſté grands guerriers, & conſtituez en grands eſtats militaires. Declarant que celuy qui eſtoit par luy preſenté, ne forligneroit en rien de la vaillance de ſes anceſtres, comme il fit apparoir par quelques exemples notables de luy. Requerant enfin ſur le reply des lettres, il fuſt mis qu'elles avoient eſté leuës, publiées, & enregiſtrées, le Seigneur de Chaſtillon receu à faire le ſerment d'Admiral. Sur quoy Maiſtre Pierre Seguier, lors premier Advocat du Roy, s'ouvrant, prit ſon theme ſur l'equivoque du nom d'Admiral, & dit ſur le commencement de ſon plaidoyé, *Admiramur cœlum, admiramur terram, admiramur mare*, & de là s'acheminant ſur l'eſtat d'Admiral, introduit pour mille belles raiſons qu'il deduiſit, il conclud n'empeſcher la verification des lettres, preſtation de ſerment, & reception du Seigneur de Chaſtillon en cet eſtat, ſans paſſer plus outre. Vray que Meſſire Gille le Maiſtre, premier Preſident, apres en avoir communiqué au Conſeil, paſſa plus outre par ſon arreſt. Car ayant eſté ordonné que les lettres ſeroient leuës, publiées, & enregiſtrées, apres avoir fait le ſerment à ce requis, & luy receu à cette dignité, le Preſident luy dit par l'authorité de la Cour, qu'il montaſt & vint prendre ſa place és ſieges d'enhaut, non toutesfois comme Admiral, d'autant que ſes predeceſſeurs n'y avoient jamais eu aucun lieu, ains comme Gouverneur de la ville de Paris, & Iſle de France : qui eſt l'arreſt tant ſolemnizé par la bouche de ceux qui parlent des affaires de France. Du depuis en l'an 1582. Meſſire Anne de Joyeuſe, que j'avois quelque année auparavant preſenté Duc & Pair de France, ayant eſté pourveu de cet eſtat, je le preſentay avec ſes lettres de proviſion en la Cour, & eſtoit lors Monſieur de Tou premier Preſident, lequel par ce moyen eut cet honneur de preſenter comme Advocat, Colligny Seigneur de Chaſtillon, & de recevoir comme premier Preſident, le ſerment du Seigneur de Joyeuſe. Et quant à moy, je vous puis dire de l'avoir preſentée en l'un des plus grands theatres, qui fut jamais en la Cour, pour l'amitié particuliere que le Roy Henry III. luy avoit vouée. Je le dis renouvellé l'Arreſt de la ſeance des Admiraux, & eut ce Seigneur ſa place, non comme Admiral, ains comme Duc de Joyeuſe, & Pair de France. Je vous laiſſe les deux Admiraux ſubſequens de la maiſon de Montmorency, & nommément que l'Admiral du jourd'hui jeune Seigneur eſt l'aiſné de cette grande famille de Montmorency, & que Matthieu de Montmorency fut le ſecond Admiral de France. Que ſi deſirez eſtre plus amplement informez de la grandeur de cet eſtat, je vous envoye au troiſieſme livre du recueil de nos Ordonnances fait par Fontanon au xx. livre du Code Henry du Preſident Briſſon, au premier de la Conference des Ordonnances Royaux, compoſé par Guenois, & à celuy de la Popeliniere, intitulé l'Amiral. Tous ces Meſſieurs vous enſeigneront de quelle façon chacun de nous en ſon endroit ſe doit gouverner ſur la marine, ſous la puiſſance de l'Admiral, & luy ſous celle de ſon Roy.

Mais puiſque je ſuis en ces arrhes, encores vous veux-je conter une grande desbauche ſur mer, laquelle depuis y eut cours, & ſe continua juſques au temps de l'Empereur Andronic, qui eſtoit vers le decrepit de l'Empire, que je vous ay cy-deſſus touché au doigt : & je le vous repreſenteray maintenant tout au long, dont Mireta Senateur de Conſtantinople, nous donne en ſon hiſtoire les inſtructions & memoires. " Il y avoit (dit-il) une damnable couſtume aux Romains, propre à eux ſeuls (comme je penſe) qui eſtoit que les Navires mal menées par la tourmente des vents, non ſeulement ne recevoient aide, ains par orages plus faſcheux eſtoient pillées par les plus proches voiſins des ports, où elles eſtoient portées, s'il y reſtoit quelque choſe. A quoy l'Empereur Andronic voulant donner ordre en plein Senat, il luy fut d'entrée remonſtré par quelques Senateurs, premiers & principaux de la compagnie, que cette maladie avoit pris traict d'une ſi longue ancienneté, qu'elle eſtoit incurable, & que pluſieurs Empereurs, ſes devanciers y avoient voulu mettre la main, mais en vain, comme s'ils euſſent eſcrit leurs Edits ſur les vagues. A quoy l'Empereur reſpondit ſagement, qu'il n'y avoit rien qui ne peuſt eſtre reformé de mal en bien, & debien en mieux par un Empereur, ny crime qui peuſt reſiſter à ſon authorité. Que ſi mes predeceſſeurs (adjouſta-il) n'ont peu parvenir à chef de cet œuvre, il faut de deux choſes l'une : ou que legerement ils euſſent entrepris cette querelle, ou bien paſſé par connivence, ſe contentans de payer les navigateurs de quelque belle hypocriſie. L'Edict fut fait par l'Empereur, verifié en plein Senat, portant expreſſes inhibitions & deffenſes d'uſer de là en avant de pareilles pilleries ſur les vaiſſeaux ſubmergez, à peine d'eſtre pendu & eſtranglé au plus haut du maſt, & s'il n'y en avoit point, au plus haut d'un arbre qui ſeroit pris en la plus proche foreſt : & mis ſur l'orée de la mer, afin que par ce ſpectacle chacun ſe tint aſſeuré de quelle façon il ſe devoit comporter en tels cas. Et au ſurplus, que ceux qui avoient des maiſons plus proches, & voiſines de la mer, ſeroient reſponſables des delits, ores qu'ils n'y euſſent conſenty, ſauf leurs recours encontre les delinquans ".

Et me contenteray de vous dire que cet Empereur uſa, non ſeulement de paroles amadoüantes, ains pleines d'aigreur, accompagnees d'un œil farouche & ſourcilleux, qui monſtroit ſans parler quel eſtoit le fonds de ſon ame. Qui fut cauſe que les Senateurs ſçachans de quelle opiniaſtreté ce Prince ſçavoit mettre ſes volontez à effect, ne firent inſtance au contraire, ores que pour eſtre par leurs maiſons de plaiſir proches de la mer, ils euſſent par adventure part à ces butins, toutesfois l'Edit ayant eſté publié, ils l'envoyerent diverſement aux Juges des lieux, afin que nul n'en peuſt pretendre cauſe d'ignorance, & qu'il fut bien & deuëment entretenu. De maniere que par ce moyen ſe logea la tranquilité dedans la mer, au milieu de la tempeſte.

Ce n'eſt pas aſſez de faire une bonne loy qui ne donne ordre par meſme moyen de la maintenir : choſe malaiſée qui n'y apporte les outils à ce requis & neceſſaires. Singulierement en une mer dedans laquelle y a tant d'embuſches & algarades, pour ne pouvoir eſtre ſi bien controllée, que les plus ſages n'y perdent pied. Voyons doncques s'il vous plaiſt quel ordre nous y gardons en cette France. Je le dis nommément, parce que je penſe les François ſurpaſſer en la police de mer, les Romains, quelque grandeur qui reſidaſt pardevers eux. Sous le regne de François I. de ce nom, par son Edict du mois de Février 1543. entre autres choses estoit porté, que ce qui se tireroit de mer en terre, & en cas semblable, que toutes Navires, & autres marchandises peries, & peschées à flot en la mer, & generalement de tout ce qui seroit allé à fonds de la mer, & qui par engin, ou par force, se pourra pescher ou tirer hors, toutesfois si le Marchand ne poursuit dedans l'an, & jour de sa perte, le tiers appartient à celuy, ou ceux, qui auront tiré les Navires, biens & marchandises, l'autre tiers au Roy, l'autre à l'Admiral. A la verification duquel Edict la Cour de Parlement apporta ces mots. Sur les lettres patentes en forme d'Edict données à Fontainebleau au mois de Février dernier, &c. Au regard du douziesme article, il demeurera & sortira son effect, pour le regard du tiers de celuy, ou de ceux, qui auront tiré, & sauvé les marchandises; mais quant aux deux autres tiers, ils seront mis & exposez és mains de quelque bon & notable Marchand ou Bourgeois resseant, qui se chargera de la garde jusques à deux mois après, pendant lesquels les maistres des Navires, & aussi ceux ausquels appartiennent les biens, & les marchandises estant en icelle respectivement, ou leurs heritiers, pourront reclamer lesdits deux tiers seulement, & venans faire ladicte reclamation pendant lesdits deux mois, leur seront lesdits deux tiers, qui auront esté depozez entre les mains dudit gardien, rendus & restituez. Et là où ils n'iront reclamer dedans lesdits deux mois, & iceux escheus, lesdits deux tiers appartiendront, l'un au Roy, & l'autre à l'Admiral. Le tiers en tout cas demeurera à celuy, ou à ceux, qui auront attiré & sauvé, comme dessus. Fait en Parlement le 10. de Juin 1543. Je trouve l'Edict de l'Empereur Andronic fort beau, mais celuy du Roy François I. plus beau; mais si j'en suis creu, la verification faite par la Cour de Parlement plus belle.

Et ne faut point faire de doute qu'encores qu'anciennement l'Admiral ne fust en usage chez nous, & singulierement sous la premiere & seconde lignée de nos Roys, toutesfois dedans Eginard, comme je vous ay touché cy-dessus, il est parlé de Roland proche parent de Charlemaigne, qui estoit *Præfectus maris Britannici*. Qui monstre que jamais ne fut que nos Roys, par une belle & sage discipline, n'ayent eu l'œil à la conservation tant des navires, que marchandises qui couroient fortune sur mer: Et à ce propos le Greffier du Tillet en son livre des Dignitez de la France, dit que celuy qui anciennement estoit nommé le Forestier de la Flandre, dont est faicte frequente mention par nos Annalistes, avoit toute jurisdiction & puissance en ce pays-là tant sur la terre que sur la mer, nous donnant advis pour cela, que les affaires de France estoient aussi bien policées sur la mer, comme sur la terre.

Mais puisque sommes arrivez sur ce mot de Forestier dont vient nostre Jurisdiction des Eaux & Forests, laquelle après avoir passé par les mains de Lieutenans Generaux en diverses contrées, aboutissent puis après par appel pardevant le Grand Maistre & ses Conseillers establis és Tables de Marbre, aux Palais de chaque Parlement: car, s'il vous plaist y prendre garde, vous trouverez qu'il n'y a pas grande communauté entre les rivieres publiques navigables, & les Forests. Qui nous a induit de n'en faire qu'une Jurisdiction. Quant à moy, je pense n'y avoir plus belle resolution que celle du Jurisconsulte, quand il dit qu'il est mal aisé, voire impossible de dire dont proviennent les choses que nous tenons en foy & hommage d'une longue ancienneté. Et neantmoins, s'il m'est permis de deviner en une matiere obscure, je vous diray avec le Greffier du Tillet au lieu par moy prealleguè, qu'en vieux langage François le mot de forest convenoit aussi bien aux eaux qu'aux forests. Qu'ainsi le voyons-nous en estre usé par nostre Roy Childebert en sa fondation de l'Abbaye S. Vincent, depuis nommée S. Germain, quand il luy donne son Domaine d'Issy, avecques la pescherie de Vanues, & autres choses qui estoient en la riviere de Seine, depuis le pont de la Cité, jusques au ru de Seine, entrant dedans la riviere, telle que sa forest est. Et dit encores du Tillet avoir veu deux anciens tiltres de l'Abbaye S. Denis en France, par lesquels nostre Roy Charles le Chauve luy donna par l'un la Seigneurie de Cavoche en Thierarche, avec la forest des pesches de la riviere de Seine: par l'autre, la Terre & Seigneurie de Ruel, & la forest d'Eau, depuis la riviere de Seine, jusques au lieu amplement designé, &c. Pareillement qu'en l'Abbaye S. Benigne de Digeon y avoit autre tiltre par lequel le mesme Roy donnoit aux Religieux, Abbé & Convent de ce lieu, la forest des poissons de la riviere d'Aische. Tous ces tiltres sont latins, que je n'ay veu, & ne doute point qu'en iceux ne soit usé du mot de forest corrompu pour riviere, tout ainsi que nous voyons en la domination du Roy Childebert de sa Terre & Seigneurie d'Issy, inserée dedans l'Histoire d'Aimoyn le Moyne, chap. 20. livre 1. *Has omnes piscationes*, dit ce Prince, *quæ sunt & fieri possunt in utraque parte fluminis, sicut nos tenemus, & nostra forest's est tradimus ad istum locum.* En ces deux tiltres de S. Denis, & celuy de S. Benigne finit du Tillet. Ausquels j'adjousterois volontiers par forme de commentaire, si me permettez le faire, que ce mot de forest estant anciennement employé, tant pour les eaux, que pour la terre, cette Jurisdiction susdite des Eaux & Forests, & depuis le mot de Forest ayant esté par succession de temps aux bois, esquels il falloit reiglement comme aux eaux, nous apellasmes cette Jurisdiction des Eaux & Forests. Vous me direz que je devine, j'en suis d'accord. Aussi ne vous ay-je fondé mon opinion sur l'asseurance, ains sur une presomption de laquelle vous tirerez tel profit qu'il vous plaira; car quant à moy, je ne pouvois vous cotter cette particularité, soit bonne ou mauvaise, en lieu plus propre qu'après vous avoir parlé de l'Admirauté.

CHAPITRE XVI.

De l'ancienneté des terres tenuës tant en Fief, qu'en Alleud: Escuyers, Gentils-hommes: Du Ban & Arriereban.

TOut ainsi que nous n'avons livres anciens qui nous baillent à poinct nommé certain advertissement des choses que je me suis en ce lieu mis en butte, aussi nous tant que nous sommes n'en parlons que par conjectures tirées de nos particuliers jugemens, lesquels encores le plus du temps nous reiglons par nos particulieres passions. Car premierement, entant que touche les Fiefs, je voy que les aucuns en rapportent la premiere source aux François, Bourguignons, Lombards & autres peuples de la Germanie, qui donnerent dans l'Empire de Rome. Les autres pensans bien ingenieusement bannir une barbarie de leurs discours, adaptent cette invention aux plus anciens Romains, & les autres à nos Gaulois, pour en gratifier à nostre pays. Soustenans chacun en son endroit, les uns, qu'auparavant la venuë des François & autres nations estrangeres, n'estoit mention des Fiefs en la Gaule; & les autres, que dans la ville de Rome & és Gaules, estoit cette police en credit, sinon sous les noms de Seigneurs & Vassaux, pour le moins sous d'autres de mesme office. Certainement qui voudra repasser tout au long l'ancienneté, il trouvera que dés la premiere naissance & fondation de Rome, Romulus premier Roy de ce lieu cognoissant que l'entretenement de toute republique bien composée, depend de la liaison des grands avec les petits, voulut que le menu peuple se mist diversement sous la protection des plus nobles & opulents, avec telles obligations, que tout ainsi que les Nobles estoient tenus de defendre ceux qui s'estoient ainsi adonnez à eux, encontre toutes indignitez & injures, semblablement estoient ceux-cy au reciproque obligez faire leur querelle de celle des Nobles, voire leur subvenir de leur bien en cas que le besoin

soin le requist : lesquelles alliances estoient aux Romains appellées sous les noms de Patrons & Clients, que plusieurs doctes personnages, entre lesquels Guillaume Budé, honneur de nostre Paris, & aprés luy Zaze Jurisconsulte insigne, voulurent approprier aux vassellages que nous observons maintenant. Or si cet ordre fut en quelque recommandation à l'endroit des premiers Romains, encores fut-il plus religieusement observé par nos Gaulois. Car comme ainsi fust que le commun peuple fust tenu comme en nul nombre, & que toute la puissance demeurast tant pardevers les Druides qui avoient la charge de la Religion & de la Justice, que pardevers les Chevaliers qui estoient destinez pour la guerre, aussi ce peuple ordinairement se voüoit sous la protection des uns & des autres Chevaliers, afin qu'estant d'eux authorisé, il se peust revanger de toutes oppressions & encombres que l'on luy eust voulu pourchasser. Et deslors qu'un homme estoit entré en ce veu, il ne faisoit autre estat de sa vie, que celuy qui despendoit de la fortune de son protecteur. Tellement que (comme dit Jules Cesar au troisiesme livre de ses Memoires de la Gaule) l'on n'avoit veu gueres de telles gens retirer à la mort, lors que celuy sous la devotion & clientelle duquel ils s'estoient consacrez, se trouvoit avoir esté meurdry; parce que leur commune profession estoit, dit-il au septiesme livre, de courir toute semblable fortune que luy, & jamais ne l'abandonner, mesmement aux plus grands desastres. Qui sont toutes choses qui simbolisent grandement avec nos Fiefs, & par lesquels le docte Parisien, François de Conan, d'une gentillesse d'esprit, voulut soustenir que cette vieille ordonnance Gauloise donna la premiere entrée aux Fiefs. Laquelle opinion se trouve confirmée de quelque autre presomption qui n'est pas du tout hors de propos. Car de la mesme façon que nous voyons és Fiefs toutes choses retourner à leur poinct, je veux dire au Roy duquel releve & depend directement un grand Seigneur, & de luy plusieurs arriere-vassaux de main en main, aussi ces Clientelles commençoient premierement par les plus grands cantons sous lesquels se voüoient les plus petites Citez & Republiques, selon ce qu'elles en pensoient recevoir plus de faveur & defence : quoy faisans se rendoient sujettes de prendre les armes pour eux, & à cette imitation le peuple se soubmettoit sous la Clientelle des Nobles. Ainsi recite le mesme Cesar au septiesme livre, que par generale diette des Gaulois fut conclud que les Heduens, avec leurs Clients, qui estoient les Secusians, Ambivares, & autres, feroient trente-cinq mille hommes de guerre. Et au sixiesme livre, parlant de la grandeur des mesmes Heduens, il la fonde specialement sur leurs Clientelles. Ne faisant pas moindre estat d'icelles pour le regard de la communauté des Heduens, qu'il fait en un autre passage, prix pour prix pour le regard des Chevaliers, où il dit que plus un Seigneur estoit riche ou d'ancienne lignée, & plus il avoit autour de soy de telle maniere de Clients. Voire que ny plus ny moins qu'à l'occasion des Fiefs, furent introduits par nos ancestres les Bans & Arrierebans, qui est une proclamation publique à vous vassaux de se trouver la part qui leur estoit assignée par le Roy, comme nous dirons cy-aprés, aussi semble-il qu'anciennement en la Gaule y eust une telle forme de Ban. Car aux urgentes affaires se faisoit une proclamation generale, à laquelle tous hommes qui se disoient extraicts de l'ancien estoc des Chevaliers, & qui pouvoient porter armes, estoient tenus de comparoir : Et dont ils furent si estroicts observateurs, que le dernier y venant, pour exemple de sa paresse, estoit exposé à la mort, ainsi que le recite Cesar en propres termes, parlant de l'entreprise que brassoit contre luy Induciomare Roy des Triers. Qui monstre qu'il y avoit és Gaules plusieurs choses qui se conformoient avec nos Fiefs. Toutesfois, à bien dire, je ne voy point qu'en tous ces devoirs de Clientelles, soit que nous tournions nostre esprit à la loy ancienne de Rome, ou que nous nous arrestions à la police des Gaules, il y eust assignation certaine de terres, à raison desquelles seulement en maniere de Fiefs nous nous advoüions hommes de nos Seigneurs Feodaux, & leur faisons les foy & hommage. Au moyen dequoy plusieurs doctes personnes sont d'advis que l'invention de ces Fiefs proceda des possessions que les Empereurs distribuoient à leur gendarmerie, sur les pays frontiers & limitrophes. Laquelle opinion me semble estre la plus probable, encore que les deux autres que j'ay cy-dessus recitées, ayent bons garends qui leur assistent.

Toutesfois pour discourir cette opinion tout au long, faut noter que lors que la Republique de Rome tomba sous la puissance d'un seul, cettuy establit diverses garnisons en toutes les frontieres, tant pour oster à ses subjects toute opinion de revolte, que pour empescher les courses des nations estrangeres. A cette cause lisons-nous qu'il y eut plusieurs legions esparses le long du Rhin, qui faisoit la separation ancienne des Gaules & des Allemagnes. Et pour autant que ces Empereurs fondoient le principal estat de leur authorité & grandeur sur leur gendarmerie, par le moyen de laquelle ils avoient occupé la liberté populaire, Auguste qui premier se fit à tiltre ouvert proclamer Empereur de Rome, pour captiver le cœur des soldats, commença de leur donner certaines assiettes de terres, ainsi que nous pouvons recueillir du lieu où Melibée soy complaignant à Titire dans la premiere Pastorelle de Virgile, disoit que ses terres & possession seroient appropriées à l'impieux gendarme, pendant que luy pauvre & chetif en seroit à tort defraudé. Laquelle coustume depuis fut trés-estroictement observée par les successeurs d'Auguste, comme ceux qui faisoient leur principal fonds sur leurs gens-d'armes, lesquels le plus du temps tumultuairement, & sans conseil deposoient les Empereurs de leur siege, gratifians la couronne de l'Empire à autres de leurs Chefs & Superintendans qui leur estoient plus agreables. Qui fut cause que depuis la posterité, voyant les Empereurs avoir esté mis, non par la grandeur de lignage & honneur, ains par les tumultuaires suffrages & proclamations de gens-d'armes, a dit, & encores disons aujourd'huy que l'Empereur est fait par force, & le Roy par nativité. De ces departemens & distributions faites aux Capitaines & soldats, nous voyons assez frequente mention és anciens Jurisconsultes, comme au chapitre premier du tiltre traitant des Reivendications, & encores au dixiesme livre des Constitutions Imperiales, au tiltre qui est expressement dedié à la deduction des terres limitrophes qui estoient octroyées aux soldats; je dis aux soldats nommement, parce qu'à autres ne se distribuoient telles terres, lesquelles (qui est chose à noter) ne leur estoient du commencement octroyées qu'à vie. Et le premier qui franchit le pas en la faveur des heritiers des gens-d'armes, fut l'Empereur Alexandre Severe, qui permit (comme dit Lampride en la vie de luy) que leurs hoirs jouyssent de ces terres-là, & au cas toutefois qu'ils suivissent les armes, & non autrement. Ordonnant trés-expressement que jamais tels heritages ne peussent tomber és mains de ceux qui meneroient une vie privée. Et quelque temps aprés luy Constantin le Grand au commencement de son Empire, donna à ses principaux Capitaines, & ceux desquels il se pensoit plus prevaloir encontre ses corrivaux, à jamais & perpetuité, les terres qui leur estoient assignées, si nous croyons à Pomponius Lætus, autheur non du tout à vilipender. A dire le vray, tout ainsi que la gendarmerie Romaine estoit grande, & qu'il eust fallu en chaque contrée grand territoire pour en faire part à chacun, ou bien faire les portions fort petites; aussi est-il à presumer que c'estoit premierement aux Chefs de guerre, puis aux bandes de plus grand choix & eslite, qu'estoient faites telles gratieuseretz. Je trouve que sur le declin de l'Empire il y eut principalement deux manieres de gens de guerre qui furent sur tous les autres en reputation d'estre braves au fait des armes : dont les uns furent appellez Gentils, & les autres Escuyers, desquels specialement l'Empereur Julian l'Apostat faisoit compte lors qu'il sejournoit aux Gaules. De ceux-cy parle assez souvent Amian Marcellin avecques marques d'honneur, & expressement au dix-septiesme livre de ses histoires où il raconte que Julian ayant repris la ville de Cologne, il s'en alla hiverner en celle de Sens, en attendant le printemps pour renouveller la guerre, & espandit son armée en divers lieux afin que les vivres ne luy fussent coupez. *Hæc sollicitè expensantem*, dit-il, *hostilis aggreditur multitudo oppidi capiundi spe, in manus accensa : ideo confitentes quod nec Scutarios adesse (prodentibus profugis) didicerant, nec Gentiles per municipia distributos, ut commodiùs verserentur.* Qui est à dire, " Julian

Les Recherches de la France. Liv. II.

» lian soigneusement ententif à ces choses, fut sur ces entres-
» faictes assailly par une troupe d'ennemis qui esperoient pren-
» dre la ville : à cette esperance induits d'autant qu'ils avoient
» entendu par quelques-uns qui s'en estoient enfuys, que les
» Escuyers n'estoient avec luy, ny semblablement les Gen-
» tils, ains tenoient garnison és environs pour plus commo-
» dement vivre ». Au livre vingt-septiesme, parlant de Sal-
vius & Lupicin, deux braves soldats, *Scutarius unus, alter è
schola Gentilium* : " l'un, dit-il, estoit Escuyer, l'autre sorty
» de l'escole des Gentils ». Et au vingtiesme, *De Scutariis &
Gentilibus excerpere quemque promptissimum, & ipse perducere
Scintulæ tunc Cæsaris Stabuli Tribunus jussus* : "Scintulæ Com-
» te de l'Estable de Cesar, dit-il, eut commandement de choi-
» sir des plus bragards & prompts à la main d'entre les Es-
» cuyers & Gentils, & de les conduire ». Et afin que l'on ne
pense point que ce mot d'Escuyer se rapportast aux Escuyers
d'Escuries, qui ont esgard dessus les chevaux du Prince,
parce qu'en ce dernier passage il est dit que Scintule Comte
d'Estable eut charge de choisir des plus braves d'entre les
Escuyers ; c'est que ces Escuyers avoient leur Capitaine à
part & separé du Comte d'Estable : Tellement que ce fut
lors une commission extraordinaire qui fut addressée à Scintule, comme il appert par un passage du quatorziesme livre : *Infamabat hæc suspicio Latinum domesticorum Comitem, &
Agilonem Tribunum Stabuli, atque Scudilonem Scutariorum
Rectorem.* "Cette suspicion, fait-il, diffamoit Latin Com-
» te des domestiques, Agilon Comte d'Estable, & Scudilon
» Conducteur des Escuyers ». Desquels passages l'on voit notoirement que les Gentils & Escuyers furent Compagnies
de guerres, sur lesquelles les derniers Empereurs de Rome
constituoient la meilleure partie de leur force (ainsi qu'anciennement un Souldan d'Egypte sur les Mammelus, maintenant le Grand Turc sur les Janissaires, & nous autres François quelquesfois, tant sur les Archers, que sur les Arbalestriers) & à ce propos recite Procope que vingt & deux
Escuyers desconfirent trois cens Vandales. Qui fut, selon
mon jugement, cause qu'en cette distribution de terres, qui
se faisoit aux soldats, ces Gentils & Escuyers estoient les
mieux assortis comme les plus estimez. Or que ces terres
s'appellassent benefices, comme firent du commencement
les Fiefs entre nous, je ne l'ay pas veritablement remarqué.
Bien trouve-je estre faicte mention des gens-d'armes beneficiers, qui semblent avoir esté seuls ausquels l'on faisoit telles assignations. Et de tels gens-d'armes trouverez-vous
passages exprés, & non grandement esloignez de nostre intention, en la vingt-uniesme & vingt-septiesme Epistre de
Pline à l'Empereur Trajan, & mesmement Valere le Grand
au livre quatriesme, chapitre de la Liberalité, parlant qu'a-
prés l'Asie subjuguée, le Peuple Romain avoit donné ce
pays à Atalus Roy, pour le recognoistre tenir de la Republique de Rome, dit ainsi : *Asiam bello raptam, Atalo Regi
muneris loco, possidendam tribuit Populus Romanus, eò excel-
sius & speciosius urbis futurum imperium credens, si ditissim im
atque amœnissimam partem terrarum orbis, in beneficio, quàm in
fructu suo reponere maluisset.* Que nous pourrions tourner en François, selon l'usage present, que le Peuple Romain aima mieux jouyr de l'Asie feodalement, que doma-
nialement.

Or comme les affaires de la Gendarmerie Romaine se demenoient de cette sorte par la Gaule, d'un autre costé les
Princes de France vindrent occuper ce pays. Ils avoient lors
abandonné leur propre patrie & contrée, en intention de
gagner terre sur les Romains, ayans avecques eux un grand
attirail & suitte de gens-d'armes ; lesquels d'une mesme
devotion s'estoient voüez & consacrez à la conqueste de ce
Royaume. Parquoy, aprés avoir en partie satisfaict à leur
opinion, la raison vouloit bien que nos Roys usassent de
liberalité à l'endroict de leurs soldats, selon leurs degrez &
merites. Pour cette cause en recompense de leurs travaux,
ils leur assignerent certaines terres qu'ils appellerent, benefices. Ainsi pour me recueillir, il n'est pas hors de tres-
poignante suspicion, d'estimer, que tout ainsi que les Romains appelloient leurs gens-d'armes beneficiers, c'est à
sçavoir ceux ausquels ils assignoient les terres frontieres &
limitrophes ; aussi nos Roys voulans user de semblables,
voire plus grandes liberalitez envers les leurs (car comme

victorieux, ils leur firent part de leurs conquestes au beau
milieu de la Gaule) ils appellassent les terres qu'ils leur octroyoient, benefices. Diction que nous voyons estre pure
Romaine, & de laquelle nos premiers François userent familierement, pour nous signifier ce que depuis nous avons
voulu nommer fiefs. De toutes les choses que j'ay cy-dessus
discouruës, selon mon advis, procedaque ny plus ny moins
que ces distributions limitrophes ne se faisoient qu'en faveur du soldat Romain, semblablement n'estoient les benefices & fiefs donnez par nos Roys, qu'à leur gendarmerie. Et mesme de la façon que ces assignations Romaines
estoient viageres seulement, aussi furent du commencement
les benefices donnez à vie par nos Roys. De là aussi proceda
que les Gaulois qui avoient veu durant l'Empire des Romains, les Escuyers & Gentils entre les autres soldats emporter sur les pays frontiers les plus belles pieces de terre,
commencerent (comme il est à presumer) par une accoustumance tirée de ce qu'ils avoient veu observer entre les Romains, d'appeller Gentils-hommes & Escuyers, ceux qu'ils
virent estre pourveus par nos Roys de tels benefices, comme estans principalement baillez à ceux, qui en l'ost &
exercite du Roy reluisoient de quelque proüesse. Et pour
autant qu'ils voyoient ceux-cy n'estre chargez d'aucune redevance pecuniaire, à raison de leurs terres beneficiales envers le Prince, & outre plus qu'à l'occasion d'icelles ils devoient prendre les armes pour la protection & défence de
ce Royaume, le peuple commença de fonder le seul & unique degré de Noblesse, sur telle maniere de gens. De façon
que par long usage de temps nous avons appellez Gentils-
hommes & Escuyers, ceux que nous estimions estre Nobles.
Toutes lesquelles rencontres nous donnent assez à entendre
de quel fonds sourdit l'invention de nos benefices : desquels
est faite ample mention dedans les loix de Charlemagne.
Car d'estimer (je diray cecy en passant) que nous les ayons
empruntées des Lombards, comme je voy la plus part du
peuple se le faire accroire, c'est abus. D'autant qu'il est certain, & sans doute, que du temps de Clovis, cette police
estoit ja en nostre France : comme nous apprenons d'un passage d'Aimoïn au 7. Chapitre du 1. Livre, où
ayant deduit qu'Aurelian avoit esté envoyé par Clovis pour
negotier le mariage de luy & de Clotilde : ce qu'il avoit conduit à chef par ses pratiques & menées, il adjouste : *Unde
cum Clodoveus regnum suum usque ad Sequanam, atque postmodum
usque ad Ligerim fluvios ampliasset = Mildunum castrum eidem
Aureliano cum totius Ducatu regionis jure beneficii concessit.*
» A cause dequoy, (dit-il) ayant Clovis amplifié les bornes
» de son Royaume jusques à la riviere de Seine premierement,
» puis celle de Loire, il donna à Aurelian le Chasteau de Me-
» lun, avec tout le Duché & Gouvernement de cette region,
» pour le tenir de luy par droit de benefice ». Duquel lieu
nous remarquerons que des lors non seulement l'on donnoit
à tiltre de benefice les lieux & places, comme villes, bourgades, & chasteaux, mais les contrées mesmes. Non toutesfois qu'il y faille estimer de la diction de Duché, qui est portée par ce passage, se prenne pour mot de principauté,
comme depuis elle fit sous la lignée de Capet, mais veut cet
Autheur dire que Clovis bailla ce qui estoit du gouvernement de Melun à Aurelian, pour le tenir de luy par forme
de benefice, c'est-à-dire, en foy & hommage. Au demeurant, ce lieu nous monstre apertement que c'est totalement
errer, d'approprier l'origine de ces Benefices ou Fiefs aux
Lombards : lesquels aborderent tant seulement en Italie
sous l'Empire de Justin second, c'est-à-dire, long-temps
aprés le decez de Clovis, qui florissoit du temps de Zenon,
puis d'Anastaise, Empereur de Constantinople : aprés lesquels il y a deux Empereurs de suite, Justin premier, puis
Justinian son successeur, qui tindrent l'Empire prés de quarante-cinq ans, & impererent tous deux auparavant Justin
second ; Tellement qu'il est beaucoup plus croyable que les
Lombards ayent mandié de nous cette invention, que non
pas nous des Lombards. Toutesfois pour autant que jamais
aucun de nos François ne s'ingera de voguer à plaine voile
sur ce sujet, ains que tous ceux qui en ont parlé, l'ont fait
comme à la traverse, & quasi traictans autre chose : Et au
contraire qu'un Orbert de Orto Millanois nous en a laissé
quelque recueil, qui court avec les Livres du droict Civil,
l'ignorance

l'ignorance du temps a voulu que plusieurs ayent attribué aux Lombards l'introduction d'une chose, dont eux-mesmes nous sont redevables.

Estans doncques les François arrivez és Gaules, & s'en estans faicts maistres & patrons, ils establirent double police en cette contrée : l'une tirée du Romain, & l'autre de leur propre estoc. Parquoy ils diviserent les terres en beneficiales & Allodiales, destinans les premieres, pour ceux qui faisoient profession des armes : & celles-cy pour tous subjects indifferemment. Les benefices (comme j'ay dit) de leur primitive origine, furent entre nous viagers : Toutesfois tout ainsi comme au lieu du mot de benefice nous en avons un nouveau, par lequel nous le designons, qui est ce que nous appellons fief : Aussi comme toutes choses varient, au lieu où ces benefices nous estoient du commencement donnez par usufruict seulement, nous les avons depuis faicts & rendus patrimoniaux à nos successeurs. Bien est vray qu'au lieu de cecy il nous en est resté quelque remarque entre nous. Car tout ainsi que ces fiefs & benefices estoient primitivement viagers, pareillement à cet exemple, quand l'Eglise commença de s'enrichir par les aumosnes des gens de bien, l'on appella les Eveschez, Abbayes, Priorez, Cures, Benefices. Par ce que les Ecclesiastiques les possedoient tout de la mesme façon que les anciens gens-d'armes faisoient leurs benefices & fiefs. Et mesmement de cet ordre s'en ensuivit au long aller un desordre : car voyans nos Roys que les Abbayes s'estoient faites tres-opulentes, & qu'elles estoient presque reduites à l'instar de leurs benefices militaires, ils commencerent de les conferer à leurs gens-d'armes. Ce qui se trouva pratiqué depuis le regne de Charles le Chauve, jusques à celuy de Robert. Ne redoutans les Grands Seigneurs qui suivoient les armes de s'appeller Abbez & Doyens non plus que maintenant Ducs, Comtes, Barons ou Chastellains. Si fut cette forme, de viages és fiefs, selon mon advis, introduite avecques tres-grande sagesse. D'autant que nos Roys ne voulans espuiser le fonds de leurs liberalitez, ains retenir sous leur devotion leurs braves Capitaines & soldats sans bourse deslier, ils leur donnoient durant leurs vies, terres & possessions, avec charge expresse de porter les armes pour eux, tant & si longuement qu'ils en seroient detenteurs. Estimans que telles possessions & heritages estoient suffisans, tant pour le deffroy des guerres, que pour passer honorablement le commun cours de cette vie. Et en cette façon Barthelemy Georgievich au Livre où il traitte des moeurs & conditions des Turcs, nous tesmoigne que les Princes & Grands Seigneurs de Turquie, qui ont tousjours admiré sur toutes nations les François, ne possedoient aucune cité ou bourgade par droict successif, ny ne la pouvoient transporter par deces à leurs enfans, sans permission expresse du Grand Seigneur.

Or combien que ces benefices fussent du commencement distribuez aux gens dediez au fait de la guerre, si ne leur estoit-il pourtant deffendu de tenir terres en Alleud : qui estoient terres que l'on tenoit en proprieté, & qu'en mourant l'on transferoit à ses heritiers. Cette diction d'Alleud prit selon mon jugement, sa premiere source d'un ancien mot François, Leud, qui signifioit un sujet. Gregoire de Tours, au huictiesme Livre de ses histoires, recitant comme Gontran Roy d'Orleans vint à Paris pour lever luy les fonts Clotaire fils unique du feu Roy Chilperic son frere, indigné de ce qu'on luy usoit de remises, parce qu'on luy avoit donné premierement assignation au jour & feste de Noël, puis à Pasques, & finalement à la Sainct Jean Baptiste, pour baptizer cet enfant, & neantmoins on luy avoit tousjours failly de parole : *Veni igitur, & ecce absconditur, nec ostenditur mihi. Vnde, quantum intelligo, nihil est quod promittitur : sed, ut credo, alicujus ex Leudibus nostris sit filius, nam si de stirpe nostra fuisset, ad meutique fuisset deportatus.* " Je " suis icy venu (dit-il) & voylà que l'onme le cache, & qu'on " ne me le monstre point. Au moyendequoy, à ce que je voy, " ce sont frivoles dont on me repaist : & doit estre certaine-" ment cet enfant le fils de quelqu'un de nos Leuds : car s'il " fust de nostre lignée, on me l'eust pieça apporté ". Et au livre neufiesme recitant la teneur du traitté de paix qui fut entre le mesme Gontran, & Childebert Roy de Mets son nepveu, *Similiter convenit ut nullus alterius Leudes nec soli-*

citet, nec venientes recipiat. » Il a esté semblablement accordé entr'eux, qu'aucun ne les solicite, ne tire par devers soy les Leuds de son compagnon ". Et au mesme endroict, *Similiter convenit ut secundum pactiones inter domnum Gontranum, & bona memoriae domnum Sigisbertum initas, Leudes illi qui domno Gontrano post transitum domni Clotarii sacramenta praebuerunt, si postea convincuntur se in parte alia tradidisse, de locis ubi manere videntur, convenit ut debeant removeri : similiter & qui post transitum domni Sigisberti sacramenta domno Gontrano praebuisse, & se in aliam partem transtulerint, simili modo removeantur.* " Aussi a esté accordé que selon les traittez & convenances qui furent faites entre Dom Gontran, & feu de bonne memoire Dom Sigisbert, les Leuds qui avoient fait le serment à Gontran aprés le trespas de feu Dom Clotaire, s'ils sont convaincus de s'estre depuis ce temps-là retournez de l'autre costé, qu'ils ayent à vuider les lieux esquels ils semblent avoir assis leurs demeures. Et en cas semblable ceux qui se trouveront aprés le decez du mesme Clotaire, avoir presté le serment és mains de feu Dom Sigisbert, & auront depuis delaissé, qu'ils soient tenus de retourner » . Desquels lieux on voit apertement que la signification de *Leud* entre nos François, se prenoit pour un subject. Comme encores l'on peut tirer clairement d'un passage d'Aimoin 8e chapitre du 3e de ses histoires, *Fuit Gontranus in bonitate praecipuus, leudis suis benevolus, gentibus externis pacatus*. Gontran souverain en bonté, gratieux & debonnaire à ses Leuds, & aux estrangers paisible. De ce mot vint que nos anciens Roys de France faisans és Gaules le departement general des terres appellerent celles estre tenuës en *Alleud*, qui devoient sens & redevance. Estant à mon jugement cet *Alleud*, la pension que l'on payoit pour reconnoissance des heritages en signe de subjection. Pour laquelle occasion furent dites aucunes terres estre tenuës *en franc Alleud*, c'est-à-dire celles qui n'estoient pas de si grande marque que les benefices, lesquelles furent assignées diversement à la commune des François, desquels nos Roys, par un passe droict special, ne voulurent prendre aucune reconnoissance de cens, comme ils firent des Gaulois. Dont advint que s'estans depuis ces deux nations confuses par telle course de temps, qu'il estoit mal-aysé à distinguer l'une de l'autre, on employa ce mot de *Franc Alleud* à toutes terres indifferemment, que par possession immemoriale on maintenoit estre exemptes de cens & rentes. Et en cette façon recite Procope, que les Vandales ayans occupé l'Afrique, le Roy Gentzerich leur donna plusieurs belles terres franches de toutes redevances, que l'on appella de là en avant, *terres des Vandales*. Qui n'est pas chose grandement esloignée *du franc Alleud des François*. De cette diction *Alleud*, est venu que nous appellons *Lotir*, pour partager une chose qui est en censive, & *Lot* pour part & portion. Car quant à ce qu'en cas d'achapt, il faut payer les Lots & ventes, cela est venu d'un autre vieil mot François, *Los*, qui signifie gré & volonté : Duquel encores nous disons Allouer pour la chose que nous avons pour agreable. Et ainsi est usé en la vieille histoire S. Denis, chapitre septiesme, où il est dit, que le Pape Adrian tint un Concile, par lequel il fut ordonné que les Archevesques & Evesques seroient de là en avant investis de leurs prelatures par Charlemagne, & s'ils entrent (porte le texte) par autruy sans son gré & sans Los, qu'ils ne puissent de nully estre sacrez : parquoy nous appellasmes payer Los & ventes, la reconnoissance qui se faisoit par nous à nostre Seigneur direct & foncier, par le gré & Los duquel nous estions impatronisez, & entrions en plaine saisine de la chose qui nous estoit venduë.

Lors de la premiere distribution tant de ces terres beneficiales qu'allodiales, il n'estoit point mention de Tailles, ains estoient les Nobles tenus de supporter à cause de leurs Seigneuries, le faix des armes, & le demeurant du peuple qui n'estoit necessité à ce faire, en recompense payoit par forme de tribut, les cens & Alleuds de nos Roys, pour supporter en partie les frais qu'il leur conviendroit faire. Depuis (comme toutes choses par long usage de temps changent de face) ces benefices ou fiefs se firent perpetuels : prenant cette nation grand advancement sous la lignée de Charlemagne, & sa fin & accomplissement sur la venuë de Capet.

pet. Et deslors les Seigneurs qui tenoient les grands benefices des Roys, commencerent à les subdiviser à autres personnages, desquels ils attendoient service, leur baillans telles conditions de foys & hommages que bon leur sembloit. Adoncques commencerent de s'insinuer entre nous les termes de fiefs & arriere-fiefs (que nous avons ainsi appellez pour la feauté que nous promettons à nos Seigneurs) & de vassaux & arriere vassaux : ces derniers estans appellez à la difference de ceux qui relevent directement & sans moyen, leurs fiefs du Roy.

Aussi commençasmes nous d'appeller les aucuns de ces vassaux, hommes liges, qui sans exception promettroient tout devoir de fidelité à leurs Seigneurs : & les non liges, ceux qui seulement promettoient devoir à raison du fief superieur, dont despendoit le leur qui estoit inferieur. Semblablement vindrent en usage les loix de droict d'aisnesse, non cogneuës par nos François sur leur premiere arrivée. De ces mutations aussi, il advint que par succession & progrés de temps, les gens roturiers, & non Nobles commencerent à posseder fiefs, contre leur ancienne & primitive institution. Qui apporta une question qui fut autrefois traictée en plain Parlement, ainsi que feu Maistre Mathieu Chartier (que je nomme icy par honneur, comme celuy qui par l'espace de quarante-cinq ans a tenu le premier rang d'Advocat fameux en nostre Palais) m'a autrefois asseuré avoir leu dedans quelques vieux registres : Sçavoir si un Gentil-homme estoit tenu prester foy & hommage à un Bourgeois, nouvel acquereur d'un fief, lequel auparavant il recevoit d'un Noble homme. Et toutesfois combien que les roturiers eussent à la longue gagné cet advantage sur les Nobles, si falloit-il neantmoins que du commencement & longtemps aprés, ils impetrassent cecy par benefice du Prince, & luy en payassent finance, tout de la mesme forme & maniere que font les Ecclesiastiques, lors qu'ils veulent amortir par chartres du Roy, quelques terres qu'ils ont acquises. C'est pourquoy nos Roys decernent fort souvent des lettres sur les francs Fiefs & nouveaux acquests, par lesquelles ils commettent certains Juges des Cours souveraines, pour faire vuider les mains des Fiefs que les roturiers ont de nouvel acquis, si mieux ils n'ayment payer finance, pour laquelle ils chevissent & composent avec les Commissaires.

Or tout ainsi que ces Fiefs tomberent sans aucune distinction és mains du Noble & non Noble, du Gendarme, & du Bourgeois : aussi commencerent petit à petit à s'amortir entre nous les loix militaires. Et eust esté un chacun trescontent de jouyr de la franchise de sa terre, & neantmoins se soustraire du faix & travail de la guerre. Au moyen dequoy commencerent à estre mis en avant par nos Roys les Ordonnances du Ban & Arriereban pour raison des Fiefs.

Ce mot de Ban, estoit une vieille diction Françoise, par laquelle nos anciens voulurent signifier une chose qui estoit publique, ainsi que je deduiray plus amplement au 7.e livre, & singulierement approprierent ce mot à une proclamation qui se faisoit parmy le peuple. A cette occasion voyons-nous que pour oster les mariages clandestins, nous faisons faire par nostre Curé en nos Eglises, les bans qui sont annonces publiques du mariage qui se traite entre les futurs espoux, afin que nul n'en pretende aucune cause d'ignorance. A cette mesme occasion se font les adjournemens que nous appellons à ban & cry public. Et en outre les bannissemens, lesquels anciennement se faisoient au son de trompe, afin que le banny n'eust à soy repatrier en la terre de laquelle il estoit exilé. Tout de la mesme façon nos Roys qui dressoient leurs champs de foys beneficiers & vassaux, avoient accoustumé de les faire bannir de la France, c'estoit à dire proclamer : & à cette semonce convenoient tous, la part qui leur estoit ordonnee. Flodoard parlant que Raoul Roy de France, se preparoit à la guerre contre les Normans, *Rodulphus interea de Burgundia revertitur in Franciam, & ut se ad bellum contra Normannos praeparat banno denunciat.* Ainsi voyons-nous en l'ancien Coustumier de Normandie, chapitre 43. estre porté en tels termes : L'ost au Prince de Normandie dés le jour qu'il est banny prolonge les querelles. De là nous appellasmes Bans & Arrierebans les proclamations qui se faisoient des vassaux & arriere-vassaux du Roy, pour luy faire compagnie en guerre. Si (peut-estre) ne voulons dire que cette diction d'Arriereban soit venuë du mot Heriban, dont nous voyons estre faite frequente mention dans la Loy Salique, lors que nos Roys convioient leurs sujets de les suivre à la guerre. Et deslors que telles proclamations estoient faites, chaque vassal estoit tenu de soy presenter en personne en bon equipage, sans user d'exoine, ou de remise, sinon qu'il fust, peut-estre malade : auquel cas il estoit tenu d'envoyer homme suffisant en son lieu. Toutesfois tombans les Fiefs aussi bien en main roturiere comme Noble, nos Rois userent de Bans & Arrierebans, comme d'une forme de taille. Estant loisible à chacun qui tient Fief, d'aller en personne servir le Roy, pour la tuition du Royaume, ou en son lieu, de deleguer homme mettable & de sorte, ou bien en tout evenement fournir argent pour le defroy du Ban & Arriereban, que l'on leve en chaque Bailliage ou Seneschaussée.

CHAPITRE XVII.

Des Nobles, Gens-d'armes, Roturiers, Vilains, Chevaliers, Armoiries de France, & plusieurs autres choses de mesme sujet, concernans la Noblesse de France.

Depuis que les premiers & anciens ordres des Fiefs furent de cette façon alterez, par la passion induë & irreguliere qu'en voulurent prendre les non Nobles : & que nos Roys, d'un autre costé, eurent introduict parmy le peuple, les Tailles sur les personnes roturieres, chacun commença deslors, selon son possible à faire estat de la Noblesse, non toutesfois fondée sur les Fiefs. Car nos Roys voyans que plusieurs cazaniers & Bourgeois, qui ne faisoient estat des guerres, les possedoient par importunitez, ne voulurent prendre cela en payement, mais ordonnerent que les Tailles fussent imposées sur tous hommes qui seroient de qualité roturiere. Tellement qu'il pouvoit advenir qu'un homme qui possedoit plusieurs Fiefs, se trouvast tous taillable, pour autant qu'il estoit roturier : & au contraire, que celuy qui avoit tous ses heritages en censive, en fust exempt parce qu'il estoit de condition Noble. Pour cette cause les plus riches commencerent à obtenir lettres d'Ennoblissement de nos Roys, ou bien de fonder leur Noblesse sur l'ancienneté de leur race (paradventure non connuë, pour avoir changé de pays) verifians que leurs ancestres avoient tousjours vescu noblement, sans estre cottisez à la taille, & sans exercer aucun estat de marchandise. L'on recite qu'entre les loix que Licurgue establit aux Lacedemoniens, il y en eut une principalement par laquelle tous mestiers & arts mechaniques furent delaissez aux serfs & aux estrangers, qui ne joüyssoient du privilege de Bourgeoisie, mettant és mains de ses citoyens & gens libres, seulement l'escu & la lance, & leur interdisant toutes autres communes industries, voire les marchandises & trafiques dont és autres Republiques le commun peuple fait plus grand fonds : pour autant qu'il estimoit que telles vacations devoient appartenir aux esclaves, & autres telles manieres de gens, sur lesquels il ne vouloit employer la severité de ses loix. Le semblable avons nous gardé religieusement en cette France, entre les Nobles. Tenant non seulement pour chose indigne d'une Noblesse, mais aussi estre faict acte derogeant au privilege d'icelle, lors que l'on en trouve aucun, au lieu de l'estat de la guerre, exercer un estat mechanique, ou bien faire train d'une marchandise, c'est à sçavoir en achetant quelques denrées, pour puis aprés les debiter à son profit : car des choses qui nous sont provenuës de nostre creu, le commerce ne nous en fut oncques defendu. Tant est demeurée recommandée

mandée entre nous cette vieille impreſſion des armes, ſur laquelle nos premiers François eſtablirent le fondement de leur Nobleſſe. Tellement qu'encores que depuis que les loix de chiquaneries furent eſparſes par la France, pluſieurs gens de Juſtice & de robe longue, commencerent à prendre dedans leurs familles cette qualité de Nobles, pour les grands eſtats qu'avoient exercé leurs anceſtres, ſi eſt-ce que non ſeulement par les ſuffrages des Courtiſans, mais auſſi par la voix commune du peuple, cette Nobleſſe fut eſtimée comme baſtarde. Parceque tels perſonnages ne font profeſſion des armes. Et pour cette raiſon ceux qui ſe veulent dire eſtre à bonnes enſeignes Nobles, laiſſent les villes, pour choiſir leurs demeures aux champs. Tant à l'occaſion de ce que la plus grand partie de nos Fiefs y ſont aſſis, leſquels, comme j'ay deduit cy-deſſus, il eſtoit ſeulement permis aux Nobles, & gens ſuivans les armes de poſſeder, qu'auſſi que par ce moyen ils penſent ſe garentir de toutes opinions que l'on pourroit avoir d'eux, qu'ils pratiquaſſent ou trafiquaſſent dans une ville : choſe qui obſcurciroit (ce leur ſembleroit) la lumiere de leur Nobleſſe. J'ay leu dans Hugues de Bercy Poëte François, qui florit vers le temps de S. Louys, quelques vers, par leſquels il ſe complaignoit que de ſon tems les Princes & Grands Seigneurs commençoient d'abandonner les villes pour choiſir leur reſidence aux champs.

Mais li Roy, li Duc, & li Comte,
Aux grandes feſtes font grand honte
Qu'ils n'aiment mais Palais ne Salles,
En ordes maiſons & en Salles
Se reponent, & en bocages,
Lors cours & ert pauvres & umbrages,
Or fuyent-ils les bonnes villes.

Cela advint paradventure lors que les Bourgeois, pour contretrancher des Nobles, commencerent d'avoir permiſſion de poſſeder Fiefs : Afin que l'on diſcernaſt celuy, qui au prix de ſon ſang, & non au prix d'argent gagneroit ce degré de Nobleſſe. Car auſſi, à bien dire, entre toutes les vies qui approchent plus prés de la militaire, en temps de paix, c'eſt la champeſtre. A cauſe dequoy nous liſons que les bons vieux peres & preud'hommes Romains, comme Cincinat, & autres perſonnages de tel calibre, eſtoient appellez de leur charruë aux armes, & des armes s'en retournoient à leur charruë. Ainſi nos Gentils-hommes, qui eſtabliſſent le principal point de leur Nobleſſe ſur les armes, s'endurciſſans aux champs, au travail, appellerent Villains, ceux qui habitoient mollement dedans les villes, dont s'eſt depuis faite une diſtinction generale des Eſtats entre nous. Les uns eſtans appellez Gentils-hommes, qui ſont les Nobles, & les autres Villains, qui ſont de condition Roturiere. Comme ſi ce fuſſent choſes incompatibles d'eſtre Noble, & faire ſa reſidence és villes, eſquelles on vivoit en delices & oyſiveté : meſmement s'il advient que nous appellions quelqu'un Gentil-homme de ville, c'eſt par forme de riſée & mocquerie. Quant à moy je ne me ſuis point icy propoſé de vilipender les Eſtats de ceux qui ſuivent la robbe longue, ny generalement de ceux qui ſe ſont habituez és villes clauſes : Car en ce faiſant ſerois-je traiſtre & prevaricateur contre moy-meſme. Auſſi ſçay-je bien que tout homme en tout eſtat, qui faict profeſſion de vertu & de vie ſans reproche, eſt Noble, ſans exception : Toutesfois ſi en une Republique, c'eſt choſe du tout neceſſaire de faire degrez des ordres, & meſmement qu'il ſoit requis de gratifier davantage aux hommes qui ſe rendent plus meritoires, afin qu'à leur exemple chacun ſoit induit à bien faire, je ne ſeray jamais jaloux ny marry, qu'à ceux qui expoſent leur vie pour le ſalut de nous tous, ſoit attribué le tiltre de Noble, pluſtoſt qu'à ceux qui dedans leurs Palais, à leurs aiſes, ſe diſent vacquer au bien des affaires d'une Juſtice. Ceux-là ſe moyennent ce nom de Nobleſſe à la pointe de leurs eſpées, ceux-cy à la pointe ſeulement de leurs plumes. Ceux-là s'abandonnent au vent, à la pluye, & au Soleil, n'ayans le plus du temps autre meilleure couverture que celle qu'ils peuvent impetrer de la miſericorde du Ciel, pendant que ceux-cy regorgent de leurs plaiſirs dans leurs maiſons de parades : Ceux-cy ont les oreilles ententives à la clameur d'un Huiſſier, pour faire monſtre de leur langue dans un Barreau : & quant aux autres, ils ſe reſveillent au ſon des clairons & trompettes, pour combattre à une barriere, ou donner coup de lance à mort. Les uns s'eſtoquent à coups de Canons & de Loix : & les autres s'expoſent & proſtituent à l'eſpreuve d'un canon ou artillerie, qui n'eſpargne ny grands ny petits : Tous nous travaillent tant pour le public, que pour leur honneur : mais en cette conformité de travaux, y a telle difference, que ceux-là en travaillant pour le public, ordinairement s'appauvriſſent, & s'ils acquierent quelques biens, c'eſt de la deſpouïlle de leurs ennemis : Et ceux-cy trouvent dedans leurs travaux, comme dedans une grande miniere d'or, infinies richeſſes, le plus du temps tirées de la ruine des pauvres ſujets du Roy : Et à peu dire, ceux-cy ſont ſeulement eſtat de la vie, ceux-là ſans plus de la mort : ne leur reſtant de recompenſe pour toute conſolation de leurs maux, que l'opinion du lict d'honneur, auquel ils s'acheminerent d'une grande gayeté de cœur. Tellement qu'entre tant de rudeſſes, c'eſt le moins qu'ils puiſſent faire durant leur vie, que de ſe flatter de cette opinion de Nobleſſe, par deſſus le reſte du peuple. Et vrayement ç'a eſté touſjours choſe aſſez familiere à toutes braves nations, de donner au gendarme quelque charactere de Nobleſſe, par deſſus le commun. Plutarque au vie de Licurge eſt Autheur, qu'il n'eſtoit point permis d'eſcrire deſſus le tombeau le nom d'un treſpaſſé, ſinon qu'il fuſt mort en la guerre. Pierre Crinit en vingt & uniéme Livre de ſes Obſervations, traittant de l'honneſte diſcipline, remarque des anciens, qu'il n'eſtoit loiſible d'enſevelir dedans la ville de Rome un Citoyen, ſinon celuy qui par pluſieurs braves exploits d'armes s'eſtoit rendu digne de cette ſepulture. Jean Cuſpinian en ſon traitté des mœurs & conditions des Turcs, nous raconte, qu'au pays de Turquie n'y a aucune diſtinction de Nobleſſe tirée de l'ancien eſtoc des anceſtres, ains que celuy entre les Turcs eſt ſeulement reputé Noble, qui en faict de guerre a donné pluſieurs eſpreuves de ſa vaillantiſe. Afin que je ne recite qu'au pays de Caramanie il eſtoit defendu d'eſpouſer femme, à celuy qui n'avoit fait preſent à ſon Prince de la teſte d'un ennemy : Et qu'en la Scythie, eſtant une ancienne couſtume aux grands banquets & feſtins ſolemnels, d'apporter ſur le deſſert un grand hanap à la compagnie pour boire, qui eſtoit choſe que l'on reputoit à grande ſingularité, & qui ſignifioit quelque traict de grandeur, à ceux auſquels il eſtoit preſenté, toutesfois ſi n'eſtoit-il permis de le prendre, ſinon par ceux qui avoient atteſtation publique d'avoir occis & à mort l'un des ennemis du pays. Parquoy nous ne devons point envier au gendarme, qu'il ſe donne quelque prerogative de Nobleſſe par deſſus nous, moyennant qu'il ne ſe laiſſe point piper d'une folle imagination fondée en la memoire de ſes anceſtres, & que pendant qu'il s'endort ſur la Nobleſſe que luy ont pourchaſſé ſes predeceſſeurs, par leur prouëſſe, il ne s'annéantiſſe point, ains taſche de les ſurmonter, ou pour le moins les eſgaler.

Mais pour retourner aux anciennetez de noſtre France, & ne me perdre point icy en un diſcours qui ne plaira pas à chacun : nos Roys qui ſur leur premiere arrivée avoient (comme j'ay deduit cy-deſſus) recompenſé leurs Capitaines & braves ſoldats en Fiefs nobles, voyans, aprés une grande revolution d'années, que le fonds de leurs liberalitez eſtoit pour ce leur regard mis à ſec (d'autant que toutes les terres de leurs Royaume eſtoient remplies) s'adviſerent de trouver autre forme de recompenſe, non veritablement ſi riche & opulente, mais de plus grand honneur que les Fiefs. Parquoy fut mis ingenieuſement par eux, ou leurs ſages Conſeillers, l'Ordre de Chevalier en avant. Car au lieu où premierement ils recompenſoient leurs ſujets en terres & grandes poſſeſſions, à meſure qu'ils gagnoient les Provinces, de là en avant ils commencerent de les cognoiſtre pour bons & loyaux ſerviteurs, par grandes & amiables careſſes, c'eſt à ſçavoir par acolées de leurs perſonnes. Ces acolées depuis ſe retournerent en Religion. De maniere que lors que nos Roys vouloient ſemondre quelques Gentils-hommes ou braves ſoldats à bien faire le jour d'une bataille : ou bien qu'ils leur vouloient gratifier à l'iſſuë d'une entrepriſe, les careſſoient d'une acolée : Et

en

en ce faifant, avec quelques autres petites ceremonies, ils eftoient repurez Chevaliers. Ayans par ce moyen, comme s'ils fuffent fortis des propres coftez du Roy, autant de primauté & advantage deffus le refte de la Nobleffe, comme la Nobleffe en fon endroit deffus le demeurant du peuple. Cet ordre premierement fut inventé en faveur de ceux qui fuivoient les armes, comme mefmement l'etymologie du mot nous rend certains. Toutesfois tout ainfi comme en la Nobleffe, auffi par traite de temps au fait de la Chevalerie, quelques gens de robe longue y voulurent avoir part, à l'occafion de leurs dignitez & offices. Au moyen dequoy on fift double diftinction de Chevaliers: Les aucuns eftans Chevaliers des armes, & les autres Chevaliers des Loix. Pour laquelle caufe Jean de Mehun en fon Romant de la Roze, au lieu où Faux femblant difcourt les cas, efquels il eftoit loifible de mandier, dit:

> Ou s'il veut pour la Foy defendre.
> Quelque Chevalerie emprendre
> Ou foit d'armes ou de lectures.

Ainfi Froiffard au Chapitre cent foixante & dixfeptiefme du premier Livre de fes Hiftoires parle de trois Chevaliers, dont les deux eftoient d'armes, & le tiers des Loix: " Les deux d'armes, dit-il, Monfieur Robert de „ Clermont gentil & noble grandement, l'autre, le Seigneur „ de Conflans: le Chevalier des Loix, Monfieur Simon de „ Bufly ". Et à ce propos Guillaume de Nangy, qui fut prefque contemporain de Charles V. dit que ceftuy de Bufly eftoit Confeiller au grand Confeil, & premier Prefident en la Cour de Parlement. Qui fut caufe pour laquelle il fut appellé Chevalier de Loix: pour autant que les premiers Prefidens fe difent par privilege ancien avoir annexé à leurs offices l'Eftat de Chevalier. Quant aux Chevaliers d'armes, entre les autres je trouve une forte de Chevaliers qui furent appellez Banerets, qui eftoient ceux entre les Chevaliers, qui pour eftre riches & puiffans, obtenoient permiffion du Roy de lever Banniere, c'eftoit une compagnie de gens de cheval ou de pied. En cette forte dit Monftrelet au quatre-vingts treiziefme Chapitre du premier Tome de fes Hiftoires, parlant du fiege que le Roy Charles VI. mit devant la ville de Bourges, dans laquelle s'eftoient enclos tous les Princes de la faction du Duc d'Orleans. " Là, devant la ville (dit-il) prés du gibet, le Roy „ fit plus de cinq cens Chevaliers, defquels & auffi de plu- „ fieurs autres, qui n'avoient porté banniere, furent imme- „ morables bannieres eflevées „. Le Sire de Joinville recitant comme le Roy Sainct Louys vouloit renouveller fon armée, dit, qu'il luy demanda s'il avoit point encores trouvé aucuns Chevaliers pour eftre avec luy: „ je luy refpondis (fait-il) que j'avois fait demeurer Meffire Pierre de Pont-Moulin, luy tiers en banniere ". Et en un autre endroit plus bas, il raconte que des prifonniers, qui eftoient demeurez devers les Admiraux d'Egypte, en revindrent quarante Chevaliers qu'il mena devers le Roy pour avoir pitié d'eux, & le retenir à fon fervice: & comme quelque perfonnage du Confeil du Roy luy euft dit, qu'il fe devoit deporter de faire telle requefte au Roy, attendu que fon efpargne eftoit lors courte: „ Je luy refponds (recite il „ parlant de foy) que la mal-avanture luy en faifoit bien par- „ ler, & qu'entre nous de Champagne, avions bien perdu au „ fervice du Roy trente cinq Chevaliers tous portans banniere ". Et encores eft cette maniere de Chevaliers trop mieux donnée à entendre par Froiffard, an premier Livre de fon Hiftoire la part où le Prince de Gales eftant preft de combatre, Meffire Bertrand du Kefclin avec Henry Roy de Caftille, fe prefenta devant luy Meffire Jean Chandos: " Là apporta, dit-il, Meffire Jean Chandos fa ban- „ niere entre fes batailles, laquelle n'avoit encores nulle- „ ment boutée hors de l'oft du Prince, auquel dit ainfi: „ Monfeigneur veez cy ma banniere, je la vous baille par „ telle maniere qu'il vous plaife la developper, & qu'aujour- „ d'huy je la puiffe lever: car Dieu mercy, j'ay bien dequoy „ terre & heritage pour tenir Eftat, ainfi comme apparti- „ endra à ce: Ainfi prit le Prince & le Roy Dampierre, qui là „ eftoient, la banniere entre leurs mains, qui eftoit d'argent „ à un picu aiguifé de gueules, & luy rendirent, en difant ainfi: Meffire Jean veez cy voftre banniere, Dieu vous „ en laiffe voftre prou faire. Lors fe partit Meffire Jean „ Chandos, & rapporta entre fes gens fa banniere, & dit „ ainfi: Seigneurs, veez cy ma banniere & la voftre, fi la gar- „ dez comme la voftre. " Qui eft un paffage affez forme, pour nous apprendre quels furent jadis les Chevaliers Banerets.

Au demeurant, pour autant que les factions de la maifon de Bourgongne & Orleans, avoient amené un grand Chaos & defordre à cette ancienne police, parce qu'à chaque bout de champ les uns & les autres faifoient des Chevaliers à leur pofte: Louys XI. pour coupper broche à cette confufion, introduifit dés le premier jour d'Aouft mil quatre cens foixante neuf, un ordre de Chavaliers par forme de confrairie, leur donnant pour patron S. Michel. Induit fpecialement à ce faire: parce qu'il eftimoit que S. Michel avoit efté le principal protecteur de cette France, pendant les guerres des Anglois. Car Jeanne la pucelle (du pretexte de laquelle s'eftoit grandement aidé le Roy Charles VII. pour le recouvrement de fes terres) publioit en tous lieux, qu'elle avoit propos & communication de Confeil, toutes les nuits, avec S. Michel, ainfi que l'on peut lire dedans le procez qui luy fut faict. Tellement que Louys XI. eftimant eftre le plus grand ennemy qu'euffent en les Anglois, c'eftoit ce grand Sainct: lequel mefmement n'avoit laiffé venir en leur fubjection le lieu où de tout temps & ancienneté on luy a dedié un Temple, qui eft le Mont S. Michel, voulut dreffer cette Confrairie, quafi pour eternel trophée & commemoration des victoires que fon pere avoit obtenuës fur les anciens ennemis de France, & pour cette caufe il inftitua d'entrée trente-fix Chevaliers de cet Ordre dont il eftoit le Chef & Souverain: & quant à ceux qu'il voulut honorer premierement d'iceluy, ce furent Charles fon frere Duc de Guyenne, Jean Duc de Bourbonnois & d'Auvergne, Louys de Luxembourg Comte de Sainct Paul, Conneftable de France, André de Laval, Seigneur de Loheac, Marefchal de France, Jean Comte de Sanxerre, Seigneur de Bueil, Louys de Beaumont, Seigneur de la Foreft & Pleffis, Louys de Toute-ville, Seigneur de Torcy, Louys de Laval, Seigneur de Chaftillon, Louys baftard de Bourbon, Comte de Roffillon & Admiral de France, Anthoine de Chabanes Comte de Dammartin, Grand Maiftre d'Hoftel de France, Jean baftard d'Armignac, Comte de Cominges & Marefchal de France, George de la Trimoille, Seigneur de Craon, Gilbert de Chabane, Seigneur de Curton, Senefchal de Poictou, Tanguy du Chaftel, Gouverneur du Pays de Roffillon & de Sardaigne, & le furplus pour accomplir & parfaire le nombre de trente-fix, il fe referva à fa difcretion felon que l'occafion le requeroit. Auparavant cette braue Inftitution le Roy Jean avoit inftitué l'Ordre de l'Eftoile au Chafteau de Sainct Ouen le 6. jour de Janvier 1351. Et portoit chaque Chevalier une Eftoile d'or à fon chaperon, comme ceux de Sainct Michel à leur col. Et prefque de ce mefme temps Edouard troifiefme, Roy d'Angleterre inftitua l'Ordre de la Jartiere, qui eft un Jartier bleu que tout Chevalier de cet Ordre eft tenu de porter au genouil droict. Et eft la devife de cet Ordre, HONNY SOIT-IL QUI MAL Y PENSE: Chofe qui proceda pour autant que le Roy Edouard eftant grandement amoureux de la Comteffe de Salberi, & l'entretenant de paroles, il advint par cas fortuit que l'un des Jartiers de cette Dame tomba, lequel fut par une promptitude affez mal feante à ce Prince, foudainement relevé. Qui apprefta occafion de rire à plufieurs qui luy affiftoient: au moyen dequoy le Roy indigné protefta deflors, que tel s'en eftoit mocqué, qui s'eftimeroit bien-heureux de porter la Jartiere: & de faict, tant pour l'amitié de fa Dame, qu'en haine & defdain de ceux qui en avoient fait rifée, il inftitua cet Ordre de Chevalerie en fon Royaume, avec cette devife, HONNY SOIT-IL QUI MAL Y PENSE, voulant dire que l'amitié qu'il portoit à la Comteffe, & qui luy avoit caufe de lever fa Jartiere, eftoit en tout honneur. Il y a eu auffi quelques autres Ordres de marque, entre autres celuy de la Toifon d'or de la Maifon de Bourgongne, qui fut introduit l'an 1429. par le bon Duc Philippes de Bourgongne. Et femblablement celuy de l'Annonciade en la Maifon de Savoye, inftitué par Amé VI. Comte de Savoye.

Tous lesquels se sont trouvez de grande recommandation, chacun diversement selon la diversité des pays & contrées. Et par special entre nous, ces Chevaliers de S. Michel, lesquels nous appellons simplement Chevaliers de l'Ordre: ausquels toutesfois il s'est rencontré un grand desordre, depuis que le mot de Huguenot a pris vogue parmy cette France. D'autant que là où anciennement on bailloit le collier, avec une grande religion & respect à peu de personnes, l'on a depuis le commencement de ces troubles intestins, faict une infinité de tels Chevaliers, avec un tresgrand abandon. Mais pour ne parler point des vivans, je lairay ce discours à ceux qui sans aucune crainte entreprennent dedans leurs estudes privées, l'Histoire du temps present. Histoire laquelle estant bien escrite, & d'une main non partiale, apportera grande merveille & admiration de ce siecle à tous les siecles qui ont à nous succeder.

Le Roy Henry III. dernier mort ayant inesperement receu deux grandeurs de Dieu, l'une quand le jour de la Pentecoste 1573. il fut aux Comices generaux de Polongne, proclamé Roy de Polongne: l'autre quand par le decez du Roy Charles IX. son frere, l'année suivante ce mesme jour luy escheut la Couronne de France. En commemoration de ces deux grands bien-faits, mesmes pour aucunement reformer la desbauche qui se trouvoit en l'Ordre de S. Michel, introduisit un nouvel Ordre de Chevalerie, appellé tantost l'Ordre, tantost la Milice du S. Esprit, & ce au mois de Decembre mil cinq cens quatre-vingts dix-huict. Et qui en voudra sçavoir les Statuts, voye le dix-huictiesme livre du Code Henry, du feu President Brisson, dans lequel il trouvera vingt & trois tiltres concernans cette matiere.

Mais pour retourner à mon entreprise, tout ainsi que le desarroy qui avoit couru parmy la France, par le moyen de ces deux grandes Maisons & Familles d'Orleans & de Bourgongne, avoit enfanté une infinité de Chevaliers: qui fut cause que les choses estant adoucies, le Roy Louys XI. pour gratifier de quelque tiltre extraordinaire ses favoris, introduisit l'Ordre de Sainct Michel: aussi ce mesme desarroy occasionna le Roy Charles VII. (aprés plusieurs travaux & fatigues) d'establir une nouvelle policeau faict de sa gendarmerie. Jamais ne fut qu'en cette France n'y eust gens de cheval & de pied, pour la conservation du Royaume, toutesfois l'injustice du temps avoit esté telle, premierement par les factions de ces deux Maisons, puis par la survenüe des Anglois, que toute la gendarmerie Françoise estoit presque en confusion & desordre, pillant, rodant & degastant le plat pays sans controolle. Parce que le Roy qui avoit affaire de gens pour faire teste à l'Anglois, estoit contraint de passer outre par connivence. Toutesfois ayant depuis reduit sous sa devotion la plus grande partie des terres de l'ancienne obeïssance de nos Roys, & faict son entrée dedans la ville de Paris, il voulut en l'an mil quatre cens trente-neuf, remettre toute sa gendarmerie en meilleur train qu'elle ne s'estoit trouvée pendant les guerres qui s'estoient peu auparavant passées. "Pour cette cause, dit Maistre Alain Chartier en l'Histoire qu'il a escrite de son temps, voyant le Roy Charles VII. qu'à tenir tant de gens courans sur les champs, ce n'estoit que destruction de son peuple, & qu'à chacun combattant falloit dix chevaux de bagage, de fretin, de pages & valets, & toute telle coquinaille qui ne sont bons qu'à destruire le peuple: si ordonna par grande deliberation de son Conseil, de mettre tous ces gens d'armes és frontieres: chacun homme d'armes à trois chevaux & deux archers, ou trois, & non plus. Et seroient faites leurs monstres, & payez tous les mois, & chassez hors toute demeurant du harpail. Et pour ce faire, & commencer telle ordonnance, le Roy fit bailler & delivrer à tous ses Capitaines argent & artillerie. Et quelques années aprés, sçavoir est, l'an mil quatre cens quarante-quatre, le mesme Autheur nous atteste que ce Roy ordonna que tous ces gens d'armes seroient monstrez, & que des mieux equipez & de plus gens de bien, on en prendroit quinze cens lances & quatre mille Archers, & le demeurant s'en retourneroit en leurs maisons. Chaffant tous les Capitaines, en ordonnant seulement quinze qui auroient cent lances, & au prorata des Archers, lesquels seroient logez par les villes de ce Royaume, & payez & nourris du bien du peuple. Et si hardi d'iceux Gens d'armes & Archers de faire desplaisir, ni rien prendre sur hommes des champs ny des villes". De là commença la police des garnisons qui sont distribuées par les villes de ce Royaume, pour nourrir & alimenter les hommes d'armes. Et de ce mesme ordre il est advenu que nous attribuons au Roy Charles VII. d'estre le premier introducteur d'iceux hommes d'armes, tels que nous les avons pour aujourd'huy en cette France, lesquels furent depuis appellez Gens des Ordonnances, pour le reiglement qui leur convint lors tenir par les Ordonnances de ce Roy. Ce mesme Roy aussi cognoissant en quelle tempeste il avoit passé sa jeunesse, & combien luy estoit necessaire avoir en son Royaume des gens nourris & entretenus aux armes, introduisit les Francs-Archers. "En ce temps (c'estoit vers l'an mil quatre cens quarante-huict) le Roy ordonna, dit le mesme Autheur, d'avoir en chacune Parroisse de son Royaume un Archer armé & prest toutes les fois que bon luy sembloit pour faire guerre à son plaisir, quand il luy seroit besoin. Et à cette occasion, afin qu'ils fussent sujets à ce faire, les affranchit de non payer tous subsides courans en son Royaume. Et fut ordonné aux Baillifs dudit Royaume, chacun en droit soy, choisir en chacun Bailliage & Parroisse, les plus habiles & idoines". Qui n'estoit une invention petite, attendu mesmement que telles gens estoient de petit coust au Roy. Toutesfois pour les abus qui depuis s'y commettoient en l'election de telle maniere de Francs-Archers, cette invention se perdit assez tost entre nous. D'autant que Louys XI. qui estoit d'un entendement particulier & soupçonneux, au lieu de soy ayder des siens, fut celuy qui premier s'ayda des armes des Suisses, laissant les siennes naturelles en arriere. Chose qui ne fut oncques approuvée en tout France bien reformé: pour autant que pendant que nous aguerrissons à nos despens l'estranger, nous aneantissons le cœur des nostres, faisans plus d'estat de leurs bourses que des nostres forces: Dont viennent petit à petit les ruïnes des grandes Republiques & Monarchies. Sur lequel propos il me souvient avoir leu, que du temps du susmentionné Charles VII. la necessité des guerres avoit tellement enduracy au travail des armes nos François, qu'en l'an 1444. ayant le Roy fait une trefve de dix-huict mois avec l'Anglois, il prit conclusion en son Conseil d'aller guerroyer de gayeté de cœur en l'Allemagne, afin que les soldats ne s'assoupissent point cependant dans une lasche oysiveté. Ce qui fut fait & accomply sous la conduite du Dauphin. A laquelle entreprise se joignirent de mesme cœur plusieurs Compagnies Angloises: laquelle chose intimida de telle sorte les Allemans, qu'aprés avoir esprouvé quelques efforts & secousses des nostres, ils furent contraints d'implorer la paix, moyennant certaines sommes de deniers qu'ils fournirent pour le desfroy de la guerre. Qui nous apprend combien pourroit le François de soy-mesme, s'il estoit toujours duict & industrieux aux armes.

Ce lieu m'admoneste, aprés avoir discouru sur les Fiefs, sur la Noblesse, Chevalerie, & Gens des Ordonnances, de donner semblablement icy lieu aux Escussons & Armoiries que nos Nobles & Gentils-hommes portent ordinairement pour une remarque de leur Noblesse ancienne. Ç'a toujours esté une coustume familiere à toutes nations n'avoir eu quelque image, pour estre en temps de guerre une enseigne, sous laquelle se peussent rallier les gens d'armes. Agrippa en son discours de la vanité des sciences au chapitre 9. s'est amusé à nous en amasser plusieurs exemples; disant que les Romains eurent l'Aigle, les Phrygiens le Pourceau, les Thraciens une Mort, les Gots une Ourse, les Alains arrivans és Espagnes un Chat, les premiers François un Lyon, & les Saxons un Cheval. Et certes le premier qui entre les Romains prit l'Aigle pour le rendre perpetuel, ainsi que nous apprenons de Valere, fut le vaillant Capitaine Marius, car auparavant sa venüe, les Romains usoient indifferemment en leurs estendarts, de Loups, de Leopards, & d'Aigles, selon ce qu'il montoit à la fantaisie des Colonnels de leurs osts. Depuis, comme j'ay dit, cet Aigle leur fut une perpetuelle enseigne pour le general de l'armée. Et consecutivement chasques bandes eurent certaines formes d'armoiries distinctes en leurs enseignes, qui furent aussi perpetuelles, ainsi que nous pouvons

vons apprendre du livre qui court és mains des doctes, intitulé la Notice de l'Empire Romain. Toutesfois quant à nous, je ne me puis persuader que ny nos Roys, ny leurs Capitaines, sur leur premiere arrivée en cette Gaule, eussent telles manieres d'enseignes ou armoiries parpetuelles: ainsi est mon jugement tel (combien que je m'en rapporte de cecy à l'opinion des plus sages) que les armoiries anciennes tant de nos Roys, que de leurs sujets, estoient devises telles qu'il plaisoit à un chacun se choisir. Comme de nostre temps nous avons veu le Roy François I. du nom avoir pris pour sa devise la Salamandre, & le Roy Henry son fils le Croissant. Car voyant que tantost quelques Autheurs disent que les armoiries des François estoient trois Crapauds, tantost trois Couronnes, tantost trois Croissants, tantost un Lyon rampant portant à sa queuë un Aigle, je ne puis penser dont procede cette diversité d'opinions, sinon que les Autheurs qui nous devancerent sur le milieu de nos Roys, trouverent quelques - uns d'entre eux porter en ses armes, l'un trois Croissans, l'autre trois Crapauds, & ainsi rapportans cette particularité à une generalité du pays (d'autant que du temps d'iceux Autheurs les armoiries estoient jà faites perpetuelles) ils estimerent chacun en son endroict que les armoiries de France fussent les unes trois Couronnes, les autres trois Croissans, les autres le Lyon, les autres trois Crapauds, jusques à la venuë de Clovis, lequel pour rendre son Royaume plus miraculeux, se fit apporter par un Hermite, comme par advertissement du Ciel, les Fleurs de Lys, lesquelles se sont continuées jusques à nous. Et quasi à mesme propos me souvient que Polidore Vergile en la vie de Guillaume le Bastard, dit que jusques à la venuë de ce brave Roy, tous les Roys d'Angleterre n'avoient armes certaines & arrestées, ains les diversifioient à chaque mutation de regne, ainsi qu'il plaisoit au Roy, sur son avenement à la Couronne. Pour laquelle chose averer, il asseure avoir veu un vieil livre contenant les armoiries particulieres de tous les autres Rois d'Angleterre. Et vrayement dans nos anciens Romans qui ont sous le masque de leurs fables representé les vieux temps, je ne trouve point les Chevaliers avoir armoiries arrestées, & encore moins continuées de pere à fils, ains diversement tirées, ou de la faveur qu'ils recevoient de leurs Dames, ou selon quelque acte de vaillance qu'ils avoient executé, ou bien suivant l'opinion qu'ils se promettoient de bien faire à l'advenir, imprimans chacun sur son Escu, ce qu'il avoit en la pensée: ain qu'en une meslée, il peust estre recognu des autres par sa devise. Chose qui a fait, que depuis ont esté telles remarques appellées entre nous, Armes, Armoiries, Escussons. Toutesfois ny plus ny moins que les Roys d'Angleterre se borneront aux armoiries de Guillaume le Bastard, & les François, en ces Lys miraculeux de Clovis: aussi chaque grande famille, aprés avoir eu quelque personnage de nom, qui par sa prouësse & vertu, donna annoblissement à sa race, s'arresta à la commune devise de luy. Et ceux qui se sont voulu exalter en cas de Noblesse dessus le commun, se sont estimez tenir plus de la grandeur, lors que leurs armes leur estoient données par le devis & opinion de leur Prince. En cette maniere recite le Sire de Joinville, qu'un nommé Messire Arnaut de Comminge, Vicomte de Couserans, avoit ses armes d'or à un bord de gueules: lesquelles il disoit avoir été données à ses predecesseurs, qui portoient le surnom d'Espagne, par le Roy Charlemagne, pour les grands services qu'ils avoient faicts aux Espagnes contre les Infideles. Et tout de cette mesme façon Jeanne la Pucelle, qui pour ses chevaleureux exploits, fut annoblie avec tous les siens, eut pour ses armoiries, du Roy Charles VII. un escu à champ d'azur, avec deux fleurs de Lys d'or, & une espée, la pointe en haut, fermée en une Couronne. Ainsi que les choses vont pour le jourd'huy, l'on tire les armoiries en deux manieres. Dont l'une est prise de l'équivoque des noms, & l'autre fondée sur telle raison, que mal-aisément la peut-on rendre, sinon que de telles armes ont de tout temps immemorial joüy nos ancestres en nos familles. En quoy, combien que ces dernieres soient grandement agreables aux Seigneurs, qui seroient tres-contens de tirer leur Noblesse d'une éternité, ou iroient volontiers chercher leurs predecesseurs (ainsi que Guerin Mesquin son pere) dedans les arbres du Soleil, si est-ce que l'on trouve plusieurs grandes & nobles maisons qui portent leurs armes conformes à leurs noms. Et mesmement les grands Royaumes qui nous sont voisins, en ont forgé de cette marque. Car celuy de Grenade porte seulement neuf Grenades entamées: celuy de Galice, une coupe en forme de Galice, environnée de six Croix: celuy de Leon, un Lyon, & celuy de Castille un Chasteau. Il seroit difficile de dire, combien de noises & debats engendrent quelquesfois entre les Nobles, ces armoiries. Qui fut cause, que autresfois Bartole Docteur és Droicts, en a un traité exprés. Et qu'en cas semblable le facetieux Poge Florentin, se mocquant de telles querelles, dit que deux Gentils-hommes estans sur le point de combattre pour leurs armes, lesquelles chacun d'entr'eux pretendoit estre trois testes de Bœuf, fut par les Mareschaux du Camp trouvé un prompt expedient pour les accorder: adjugeant à l'un trois testes de Bœuf, & à l'autre trois testes de Vache. Aussi à dire le vray sont-ce disputes assez oiseuses & inutiles. Car encore que nos armoiries soient annexées à nos familles, quasi pour un privilege ancien de nos vaillances: si est-ce que nostre prouësse & vertu ne doit despendre d'icelles armes. Et si quelquefois elles nous furent octroyées par le Prince, pour attestation de quelque Chevalerie, faite par quelqu'un de nos bisayeux, c'estoit à luy de les deffendre, & non pas à nous, de nous r'alentir sur cette vaine opinion de nos ancestres, ains devons penser qu'il faut que noblesse despende principalement de nostre fonds: & que pendant qu'assoupissons nos sens sur cette folle imagination, nous nous trouvons petit à petit devancez par gens de plus basse condition, mais de plus haut courage que nous: Ne nous restans le plus du tems, tant des grands biens, que des vertus de nos predecesseurs, pour toute trace, que les armoiries nuës & simples. Laquelle chose (si nous avions autant de sentiment de douleur, comme faisons semblant d'avoir de nostre grandeur) deussions estimer retourner plustost à nostre honte, confusion & improperé, qu'à nostre loüange & honneur.

CHAPITRE XVIII.

Du droit d'Aisnesse, Apanages, Loy Salique, Successions aux anciennes Duchez & Comtez de la France.

M'Estant en ce lieu proposé de deduire une partie de l'ancienneté de la police de France, il me semble que je ne ferai point chose grandement esloignée de mon intention, si je discours en ce lieu, la recommandation en laquelle nos vieux peres eurent l'entretenement & perpetuation de leurs familles. Toutesfois premier que de m'advancer en plus longue estenduë de propos, il faut que je me plaigne en passant, de la commune resolution des Advocats de ce temps-cy, lesquels s'estans aheurtez à un droict Romain, comme à un port de seureté, duquel ils pensent tirer franchise de leurs erreurs, toutes les fois & quantes qu'il s'offre quelque dispute entr'eux, ou des Retraits, ou des Testamens (matieres qui leur sont assez familieres & occurrentes) estiment la question des Retraits estre de soy odieuse, parce qu'elle contrevient, ce leur semble, au droit escrit: & au contraire estre favorable à ce qui a esté ordonné par un testament, comme estant une loy & ordonnance de nos dernieres volontez. Tellement qu'à l'une des questions ils tiennent la bride courte, voire jusques à une superstition tres-estroite. Et l'autre, ils laschent les resnes outre mesure: pour autant qu'ainsi ils ont esté en partie enseignez par ceux qui traitent le droit des Romains. De ma part, je ne veux point
icy

ici controller ce qui a esté opiné par les Jurisconsultes de Rome : mais je dirai franchement que tous ceux qui digerent de telle façon entre nous, & les Retraits, & les Testamens, ne sonderent jamais au vif quel a esté le droict des François. Les Romains eurent leurs considerations peculieres, aussi eurent nos François les leurs. Et si puis dire davantage, que nous les devançames en cecy. Car si sur les ventes, & dernieres volontez, ils voulurent gratifier au particulier consentement & contentement d'un chacun, nousautres d'un plus haut discours, nous fondames sur le commun devoir de nous tous. Ne nous arrestans pas és choses que particulierement nous voulions, & le plus du temps par un jugement effrené, ains à ce qu'il nous estoit bon & expedient de vouloir, pour l'utilité du public. Pour cette cause eusmes nous l'entretenement des familles en grande recommandation, voire sur toutes autres contrées & nations. Du fonds de cette raison sourdit (pour commencer par le chef) la Loy Salique, tant profitable au Royaume, qui ne veut que la Couronne tombe en quenoüille; de cette, les apanages és enfans puisnez de nos Roys; de cette, le droict d'aisnesse entre les Nobles grandement necessaire, pour subvenir aux frais des guerres; de cette, generalement vint l'institution des Retraits, & aussi les interdictions & defences de ne tester à nostre appetit, sinon jusques à certaine quantité du bien que la Loy nous a prefix, ains que par coustume generale les biens aillent aux plus proches lignagers de main en main. Choses à la verité fort bien par nos anciens ordonnées. Car encores que quelquesfois naturellement, c'est à dire, suivant nostre nature & opinion corrompuë, nous soyons plus enclins en la faveur des estrangers que des nostres (qui fut la consideration des Romains) si est-ce que nostre coustume, comme je disois maintenant, considerant de plus prés à ce que nous devons faire, qu'à ce que peut estre par une desordonnée opinion, nous eussions eu envie de faire, s'advisa de trouver frein & moyen à nos passions. Temperant toutesfois les Retraits de telle balance, que sans nous frustrer de la liberté des traffiques, elle nous permettroit de vendre à qui bon nous sembleroit, mais toutesfois à la charge que l'un de la consanguinité y auroit dedans l'an son regrés, si bon luy sembloit, pour mesme prix que le premier acquereur, & en le remboursant de ses frais & loyaux cousts. Et au regard des Testamens, cognoissans que pour le defaut & imbecillité de sens que nous pouvons avoir lors de nostre decez, pourrions commettre plusieurs incongruitez, voulurent, que la coustume qui estoit au suplément de la Loy, en prist la principale charge. Parquoy ne nous fust ostée pleine faculté de disposer à nostre abitrage des choses acquises par nostre industrie : Mais de celles qui nous venoient de l'estoc de nos peres & meres, ou de nos ancestres, voulurent que nous usassions de mesme liberalité envers les nostres, & ceux qui estoient de nostre sang, comme les nostres avoient usé envers nous. Estimans (comme est le commun proverbe François) que le bon sang ne peut mentir. Loy vrayement du tout Platonique, & discouruë amplement par ce grand Philosophe Platon, dedans l'unziesme de ses Loix. Ce qu'entrecognurent mesmement les Romains sur la fin de leur Republique, quand ils introduisirent les Quartes & Legitimes, pour brider la volonté des testateurs. Qui demonstre que trop plus est nostre Loy en cet endroit équitable, que la Romaine. Certes quant au droit d'aisnesse, c'est une question qui tombe souvent en propos, sçavoir si par raison de nature, la Loy doit donner plus de passedroit à l'un des enfans qu'aux autres. Car à dire le vray, il semble que ce soit chose fort estrange, qu'estans plusieurs enfans sortis d'un mesme ventre, un seul soit advantagé au desadvantage des autres. Et combien que cette Loy apporte plusieurs grands profits au Royaume, si est-ce que nos premiers ancestres ne se peurent aisément induire à l'introduire en leur Monarchie. Et de fait, ne furent ny les droits d'aisnesse, ni les apanages, cogneus sous la premiere, ny mesme sous la seconde lignée de nos Roys. Qu'il soit vray, se trouvera qu'aprés la mort du grand Clovis quatre siens fils diviserent par égales parts & portions le Royaume, faisans chacun d'eux diversement leurs sieges à Paris, Mets, Soissons & Orleans, & s'appellans chacun d'entr'eux Rois des villes, esquelles ils avoient establys leurs principales demeures. Lequel partage fut derechef renouvellé aux quatre enfans de Clotaire I. Et qui plus est, pour monstrer que tant s'en faut qu'il y eust lors, ou apanages, ou droict de consanguinité, si estroitement gardez comme nous faisons maintenant, c'est qu'en defaut d'enfans procreez de leurs corps, ils pouvoient mesmement adopter & faire des feintes affiliations, sans s'arrester au droit d'intestat, & proximité de lignage. Car Gontran Roy d'Orleans, au prejudice de ses autres nepveux, adopta son nepveu Childebert Roy de Mets, & moyennant cette adoption le fit heritier universel de tous ses pays & contrées. Aussi voyons nous que Dagobert ayant eut deux enfans masles, Sigisbert aisné, qui fut Roy d'Austrasie, & Clovis son puisné, qui eut pour partage le Royaume de France, se voyant icelui Sigisbert sans enfans, institua pour heritier de son Royaume, un autre Childebert fils de Grimouault, Maire de son Palais. Se donnant par cette ordonnance puissance de frauder les enfans de son frere Clovis, de la succession. Et si nous voulons descendre plus bas, nous trouverons que Louys le Debonnaire fit un partage égal entre ses quatre enfans : & que s'il y eut inegalité, ce fut pour avoir investi de la meilleure piece de tous ses Royaumes, Charles le Chauve son dernier fils : luy donnant pour son partage, ce Royaume de France. Dont ses trois autres freres jaloux, combien qu'ils esmussent grandes querelles contre luy, si est-ce que le partage tint quasi de la mesme façon que leur deffunct pere l'avoit dressé. Tous lesquels exemples nous doivent estre argumens assez suffisans, pour penser que ce droict d'aisnesse ne fut cogneu sous les deux premieres lignées de nos Roys. Au moyen de quoy il semble que cette brave invention, ensemble des Retraits, & inhibitions de tester, soit venuë sous la lignée de Hugues Caper, & qu'estant nostre Royaume divisé en eschantillons & parcelles, chasques Ducs & Comtes pour se prevaloir davantage en leurs necessitez de guerre, voulurent que la plus grande part & portion des Fiefs de leurs vassaux, vint entre les mains de l'un des enfans : & fut cet un approprié en la personne de l'aisné. Et encores que par une consideration familiere & œconomique, le partage égal entre les enfans, semble estre de plus grand merite, si est-ce que pour la protection d'un païs, il est bon qu'entre gens qui sont destinez pour la guerre, comme sont les Nobles, il y en ait un entre les autres, qui ait la plus grande part au gasteau. Parce que cestuy ainsi avancé supporte plus longuement la despence d'une longue guerre. Et les autres qui seulement s'attendent à leur vertu, se hazardent plus advantureusement aux perils, pour trouver moyen de se pousser & estre cogneus de leur Prince. A cette cause voyons nous qu'és endroits où il y eut grands Seigneurs, qui firent pour quelque temps teste à nos Roys, ils eurent ce droit d'aisnesse specialement affecté, comme en la Bretagne, Normandie, Vermandois & autres. Qui nous enseigne, que la necessité des guerres de ces Ducs & Comtes qui estoient en leurs contrées comme Roitelets, nous amena premierement cette invention d'Aisnesse. Car quant aux Apanages qui sont destinez pour les enfans puisnez de nos Rois, Paul Emile diligent perquisiteur de nostre histoire Françoise a remarqué des anciens, que ce fut une invention que nos Roys emprunterent des voyages qui se faisoient outre-mer pour la recousse de la terre sainte. Car au lieu que premierement tous enfans du Roy estoient recompensez en Royaumes pour leurs partages : & que depuis on leur donnoit les grandes contrées par forme de Duchez, avec grandes prerogatives, & soy ressentans au plus prés de la Royauté, sous le nom de Ducs: nos Roys par une invention tres-politique & profitable, pour l'accroissement de ce Royaume, commencerent de retrancher cette grandeur à leurs freres, leur donnans terres & Seigneuries en Apanage. Quoy faisans, ils n'entendoient leur avoir rien donné en partage, fors le Domaine & le revenu annuel. S'estans au demeurant reservez toute jurisdiction, ensemble toute souveraineté & puissance d'imposer sur le peuple parties casuelles, telles que la necessité leur conseilloit. Il se trouve Arrest solemnel donné par les Pairs, & plusieurs personnages de marque, jusques à trente-cinq, en l'année mille deux cens quarante-trois, par lequel fut ordonné que defaillans hoirs masles du corps, les Apanages retournoient au Roy, & non au plus prochain lignager. Cet Arrest prononcé au profit du Roy pour les Comtez de Poictou & Auvergne, qui avoient appartenu à Alphons frere du

Roy

Roy sainct Louys, à l'encontre de Charles Roy de Sicile. Or combien que le droict d'Aineſſe & l'Apanage, ſoient choſes nouvelles au regard de la Loy Salique, ſi eſt-ce que le profit que noſtre Royaume ſent de telles maximes, nous les rapportons toutes communément, comme ſi elles euſſent eſté introduites avec cette Loy Salique, veritablement non ſans grande occaſion. Car encores qu'elle n'en face aucune mention, ce neantmoins la meſme raiſon qui occaſionna nos anceſtres à forclorre les filles de l'eſperance du Royaume, fut cauſe que depuis on voulut attribuer aux aiſnez tout le droict de la Couronne, & que par meſme moyen les freres de nos Roys furent ſeulement appennez. Toutefois pour parler à ſon rang d'icelle Loy, qui eſt tant celebrée à l'advantage des François, il ſemble que pour le jourd'huy cette Loy nous ſoit peculiére à nous tous autres Royaumes. Pour laquelle cauſe quelques-uns (comme Guillaume Poſtel) eſtiment qu'elle prit ſon ancienne origine des Gaules, & qu'elle fut appellée Salique, au lieu de Gallique, pour la proximité & voiſinage que la lettre de G, en vieil moule, avoit avec la lettre S: Il ſeroit mal-aiſé de raconter la diverſité des opinions qui ſe rencontrent en l'etimologie de ce nom. Jean Cenal, Eveſque d'Avranches, qui a laborieuſement recherché pluſieurs anciennetez, & de la Gaule, & de la France, l'a voulu rapporter à ce mot François, Sale: Parce que cette Loy eſtoit ſeulement ordonnée pour les Sales & Palais Royaux. Claude Seiſſel, aſſez mal à propos, a penſé qu'elle vint du mot de Sel en Latin, comme une Loy pleine de ſel, c'eſt à dire de ſapience, par une metaphore tirée du ſel. Un Docteur és Droits nommé Ferrarius Montanus, a voulu dire que Pharamond fut autrement appellé Saliq'. Les autres (comme l'Abbé Veſpergenſe) plus ingenieuſement la tirent de Salogaſt, l'un des principaux Conſeillers de Pharamond. Et les derniers penſans ſubtilizer davantage, diſent que pour la frequence des articles qui ſe trouvent dans icelle Loy, commençans par ces mots, Si aliquis & Si aliqua, elle prit ſa derivaiſon. Combien que la verité ſoit qu'elle fut appellée Salique, à cauſe des François Saliens, deſquels eſt faite aſſez frequente mention dans Marcelin. Choſe qui a eſté fort bien recognueuë par Paul Emile: Car les François, comme nous avons deduit au premier Livre, lors qu'ils ſejournerent ſur le bord du Rhin, furent diviſez en pluſieurs peuples, dont les aucuns furent appellez Anthuariens, & les autres Saliens. Et meſmement ſans ſe donner peine davantage, pour la verification de cecy, on peut apertement diſcourir, dont a pris cette loy ſa ſource: ſingulierement pour le regard du chef qui a banny les femmes de la Couronne, par le paſſage que nos Princes tirent à leur advantage au tiltre, De allodis, où il eſt dit, De terra Salica nulla portio hæreditatis in mulierem tranſit, ſed hoc virilis ſexus acquirit. Nous defendons qu'aucune part & portion de la terre Salique ſoit baillée aux femmes, ains ſeulement que cela ſoit fait propre aux maſles. Ceſte meſme forme de loy excluant les femelles des Royaumes, a eſté approuvée en pluſieurs braves Republiques. Au Royaume des Iſraëlites, encores que la loy de Moyſe fuſt expreſſe (comme il dit par le 27. Chapitre des Nombres) que les enfans maſles ſuccedoient premierement, puis en leur defaut, les filles : à faute d'elles, les collateraux : toutefois on ne trouve point que jamais fille ait tenu le ſceptre entr'eux. Aux Lacedemoniens, Republique fort bien reformée, fut tout le ſemblable obſervé, comme l'on apprend de Plutarque, recitant que le pere de Licurge Roy de Lacedemone, ayant été meurdry par les ſiens, laiſſa pour ſucceſſeur à la Couronne Polidecte ſon fils aiſné, qui mourut laiſſant ſa femme enceinte : Et dit nommément cet autheur, que Licurge ſolicité par quelques-uns, d'apprehender le Royaume par le decez de ſon frere, reſpondit à ceux qui pour lui penſer faire plaiſir l'importunoient de ce faire, que le Royaume ne lui pouvoit appartenir, là & au cas que ſa belle ſœur accouchaſt d'un enfant maſle. De ſorte que l'on peut de ce recueillir, que ſi elle euſt enfanté une fille, Licurge euſt pretendu l'excluſſe de l'expectative du Royaume. Cette meſme loy, pour bien dire, fut pratiquée par nous. Bien eſt vray que l'entretenement d'icelle nous en fut autrefois cher vendu, lors que Philippes de Valois, par le conſeil de Robert Comte d'Artois, la mit en avant, contre Edouart III. de ce nom Roy d'Angleterre, qui avoit eſpouſé Iſabelle fille de Philippes le Bel. Et de cecy fut l'occaſion, pour autant que de toute ancienneté la fortune du temps n'avoit oncques permis (au moins que je voye bien exprimé dans nos hiſtoires) que la Couronne ſe trouvaſt eſtre ſans hoirs maſles en ligne directe, fors depuis la mort de Louys Hutin. Qui fut cauſe que les Flamans, penſans que cette loy fuſt de nouvelle impreſſion, appelloient en leurs forces & joingleries, Philippes de Valois Roy trouvé. Comme ſi par un nouveau droict & non jamais recogneu par la France, il ſe fût fait proclamer Roy. Auſſi ſe trouva un riche citoyen de Compieigne nommé Simon Pouillet (comme dit Gaguin) auquel pour cette occaſion advint de dire, que le Roy Edouart d'Angleterre avoit plus de droit à la Couronne que Philippes. Ce que venu à la cognoiſſance du Roy & de ſon conſeil, il luy fit couper bras & jambes, l'une aprés l'autre, & puis la teſte, laiſſant ſon corps ſeul comme un tronc. Et vrayement s'ils euſſent tous eſté bien informez de l'eficace & ancienneté de cette loy, ils euſſent changé de propos. Car encores que (comme j'ay dit) le cours du temps n'euſt permis que juſques à la mort de Hutin, le Royaume fuſt jamais tombé en quenoüille, ſi eſt-ce ſi nous voulons rechercher les Hiſtoires plus haut, nous trouverons, que non ſeulement les François, mais auſſi la plus part des peuples qui ſortirent du profond de la Germanie, eurent cette loy affectée, & en recommandation ſur toutes autres : bien eſt vray que ſous diverſes modifications. Les Vandales, poſſedans l'Afrique, avoient pour loy & inſtitution ſolemnelle de ne recevoir à leur Couronne que les maſles, non toutesfois les plus proches parens, comme nous, ains ceux qui en la famille des Roys eſtoient les plus anciens du lignage. Les Oſtrogots regnans deſſus l'Italie, ne recevoient à ſucceſſion du Royaume les femelles, mais aymoient encores mieux avoir un enfant pour leur Roy, qu'une femme : tellement que le fils forcluoit la mere. Choſe que nous pouvons aſſez clairement induire de cet exemple. Car eſtant Theodoric Roy des Oſtrogots allé de vie à treſpas, delaiſſée Amalaſſonte ſa fille unique, qui avoit un ſeul fils nommé Athalaric, jeune enfant, aagé ſeulement de dix ans, le Royaume eſcheut à Athalaric, & non à Amalaſſonte ſa mere : meſme depuis la mort d'Athalaric, la Couronne fut deferée à Theodaat, ſans que jamais Amalaſſonte (femme de demeurant trés-adviſée) la quereluſt : Ce qu'elle n'euſt pas aiſément permis, ſi la loy commune du pays luy euſt aſſiſté en cette querelle, veu qu'elle eſtoit grandement cherie & favoriſée de ſes ſubjects, pour la memoire de ſon pere. Et les Anglois arrivans en la grand'Bretagne, bannirent du tout la femme de l'eſperance du Royaume, luy permettans ſeulement de recueillir de la ſucceſſion de ſon pere ſes meubles & precieux joyaux; non en ce grandement eſloignez de noſtre commune obſervance. De façon que nous pouvons preſque dire que ce fut une loy qui couroit generalement entre les Germains, lors qu'ils ſe desborderent encontre l'Empire de Rome, de ne permettre que leur Couronne tombaſt en quenoüille.

Toutes ces choſes par moy cy diſcouruës, ſerviront pour nous apprendre que ceux (car je veux reprendre mes premiers arrhemens) qui en ſe mocquans voulurent revoquer en doute cette grande loy Salique, du temps des Roys Philippes de Valois, & Edouart III. le firent ou par ignorance de l'hiſtoire, ou par la calomnie du temps : Et toutesfois s'il nous faut demeler de ce procez qui fut entre ces deux grands Princes (procez puis-je dire, qui a tant couſté à la France, car de là vindrent ces deux mal-heureuſes journées de Creſſy & Poictiers, eſquelles fut preſque defaicte & ſaccagée toute la Nobleſſe Françoiſe) certainement il eſt tout clair que preſuppoſé que la loy Salique n'euſt eu lieu entre nous, comme elle avoit, ſi eſt-ce qu'Edouart, qui premier voulut mettre cette controverſe ſur le bureau, eſtoit du tout ſans intereſt, & à vray dire debattoit le droict d'autruy, & non le ſien. Auſſi eſt-ce la verité qu'il n'euſt jamais entrepris cette querelle, s'il n'euſt eſté à ce faire induit & ſemond par les ſollicitations & pratiques de Robert d'Artois, lequel en haine de ce qu'il avoit eſté privé par arreſt, de la poſſeſſion du Comté d'Artois, contre Matilde ſa parente (qui avoit meſmement encontre luy averé une fauſſeté) ſe voyant non ſeulement esbranlé de la plus grande partie

tie de son bien, mais aussi de son honneur, se transporta, comme tout forcené pardevers le Roy d'Angleterre. Qui fut cause que ce Roy s'achemina à cette entreprise, non point tant en intention de poursuivre par armes son droict, que pour se vanger de l'injure que Robert pretendoit lui avoir esté faite. Comme sont ordinairement les Princes & grands Seigneurs bons coustumiers de conduire & mettre à effect la vengeance de leurs inimitiez privées, sous le masque du bien public. Et au surplus pour monstrer que l'Anglois ne pouvoit quereller à juste raison nostre Couronne, il convient entendre que Philippes le Bel eut trois enfans masles & une seule fille: C'est à sçavoir Louys Hutin, Philippes le Long, Charles le Bel, & Isabelle, qui fut mariée avec Edoüard. Aprés le Bel vint à la Couronne Louys Hutin son fils aisné, qui eut pour tous hoirs une seule fille, nommée Jeanne, qui fut femme de Louys Comte d'Evreux. Par ainsi si le Royaume fust tombé en quenoüille, cette-cy forcluoit oculairement Isabelle sa tante. Et toutesfois cette question fut deslors vuidée, & le Royaume declaré par l'advis du Parlement appartenir à Philippes le Long: lequel aussi eut trois filles qui ne revoquerent jamais en doute le droit de la Couronne, ains liberalement accorderent que Charles le Bel leur oncle en fust investy. Aussi eut cettuy Charles le Bel une fille nommée Blanche, laquelle se contenta d'avoir pour son partage le Duché d'Orleans. Concurrans doncques unanimement cinq heritieres, qui precedoient cet Edoüard, lesquelles sans aucune controverse s'estoient demises de tous leurs droicts sur les masles: & la pluspart mesmement d'entr'elles au profit de Philippes de Vallois, il n'y avoit pas grand pretexte pour lequel Edoüard deust quereller le Royaume, sinon que contre raison il fust induit à ce faire, à la sollicitation & poursuitte de Robert d'Artois, pour la consideration par moy cy-dessus touchée. Cette querelle appresta à plusieurs gens de bon esprit à escrire, les uns en faveur des François, & les autres en faveur des Roys d'Angleterre. Polidore Virgile, ennemy capital de nostre nation, se crucie & crucifie dans son histoire d'Angleterre, pour le tort qu'il dit que nous tenons aux Anglois: Entre les nostres Paul Emile (homme advisé en tout le cours de son histoire) a plus modestement discouru ce sujet: Claude Seissel Archevesque de Thurin, en a fait un traicté exprez qu'il intitule la loy Salique: mais entre tous j'ay leu un discours escrit à la main, intitulé: Traicté auquel est contenu l'occasion ou couleur pour laquelle le feu Roy Edoüard d'Angleterre se disoit avoir droict à la Couronne: Qui fut composé par un nommé Jean de Monstrueil Prevost de l'Isle, auquel livre sont discourues amplement les raisons qui sont à l'avantage tant de l'un que de l'autre party.

Et certes ce n'est pas chose qu'il faille escouler sous le silence, que combien que jamais n'ayons veu en France, femme qui se dist Royne de France, à cause d'elle, sinon par advanture Catherine fille de Charles VI. par la capitulation qu'il fist (estant lors mal ordonné de son bon sens) avec Henry d'Angleterre, toutesfois cette loy ne se trouva pas tousjours avoir lieu és Duchez & Comtez, bien qu'ils semblent estre membres dependans de nostre Couronne. Car on lit que Henry II. de ce nom Roy d'Angleterre, devint grand en toute extremité, par le moyen de deux filles, & que par l'une d'icelles, qui estoit Matilde sa mere, lui escheut le Duché de Normandie, & par Leonor son espouse fille & heritiere du Duc Guillaume d'Aquitaine, il annexa à sa Couronne les Duché d'Aquitaine & Comté de Poictou. Se trouvera aussi que Charles frere de sainct Louys espousant Beatrix fille du Comte de Provence, eut à l'occasion de sa femme ce Comté. Et Alphonse son autre frere celuy de Tholoze, en mariage faisant de luy avec la fille unique de Raimond: Et semblablement que par la mort de Henry Roy de Navarre Comte de Champagne, & de Brie, Jeanne sa fille, se conjoignant par mariage avec Philippes le Bel, comme seule heritiere de son pere, rapporta à nostre Couronne les pays de Brie, & Champagne qui y sont depuis demeurez, jusques à present. Voire que comme ainsi fust que depuis les Comtes d'Evreux voulussent debatre iceux pays encontre le Roy, soustenans qu'ils leur appartenoient à raison de Jeanne fille unique du Roy Louys Hutin, de laquelle ils estoient descendus, leur fut donné en recompense par Charles VI. la ville de Nemours, avec ses appartenances & dépendances: & fut le tout erigé en Duché. Et en cas semblable, estant le Comté de Flandres tombé en quenoüille, ne se trouve point que Charles le Quint en pretendist lors reünion, mais au contraire il apanagea, au grand dommage de ses successeurs, Philippes son frere, de la Bourgongne, pour en faire mariage avec la Comtesse de Flandres. Qui nous doit assez rendre asseurez que l'article de cette loy Salique, ne fut pas tousjours observé aux membres comme au chef, que par advanture induë usurpation que l'on faisoit sur nos Roys. Toutesfois (comme toutes choses se policent par succession de temps) les affaires de France sont pour le jourd'huy reduites en tel train, que les pays que l'on pretend avoir esté anciennement en apanage aux enfans de France, soit en Duchez ou Comtez (defaillant l'hoir masle) retournent à leur premiere nature, je veux dire à la Couronne, de laquelle ils sont sortis. Et en cette façon le virent nos ancestres pratiquer pour la Bourgongne, lors que par la mort de Charles, dernier Duc de Bourgongne, le Duché tomba és mains de Marguerite sa fille, qui fut mariée avec Maximilian, bisayeul du Roy des Espagnes. Mesmes long temps auparavant (comme j'ay deduit cy dessus) par arrest qui fut donné du consentement de tous les Pairs, contre le Roy de Sicile, les Comtez de Poictou & d'Auvergne, furent reünis à la Couronne par faute d'heritiers masles d'Alphons, combien, qu'à prendre les choses suivant la commune loy des successions, ce Roy de Sicile fust le plus proche habile à y succeder. Et telle question à peu dire, a grandement appresté à jargonner aux Docteurs de Droict: Non pas proprement pur le faict des apanages, mais bien pour sçavoir si tant qu'il y avoit hoirs masles en une ligne, les filles, quoy qu'elles fussent plus proches (voire en ligne directe) devoient estre receües aux successions des Duchez, se trouvans les uns & autres bigarrez en opinions.

CHAPITRE XIX.

Gouvernemens des Roys mineurs par les Roynes leurs meres, Regences & Majoritez de nos Roys.

COmbien que religieusement nous ayons observé cette loy Salique, au desavantage des femmes pour le regard de la succession du Royaume, si ne leur volumes nous oster le gouvernement des Roys leurs enfans, au temps de leurs minoritez, encores que je sçache bien que quelques plumes partiales se soient assez mal à propos, aprés la mort du Roy Henry II. voulu faire accroire du contraire, par une consequence qu'ils tiroient du droict successif du Royaume au gouvernement d'iceluy. Or que ce que je dis soit veritable, nous trouverons que posé que jamais n'ayons veu femme succeder à la Couronne, si en avons veu plusieurs és anciennes histoires avoir eu, & le maniement du Royaume, & la charge de leurs enfans, pendant leurs minoritez, & jusques à ce qu'ils eussent attaint aage de plein commandement. En cette façon tint Amalasonte (dont j'ay parlé cy-devant) le gouvernement de son fils Athalaric entre les Ostrogots, elle toutesfois qui jamais n'avoit aspiré au sceptre. Et entre nous la Royne Fredegonde mania toutes les affaires de France pendant le sous aage du Roy Clotaire son fils: Et le mania si dextrement, qu'il se vit avant que de mourir, Monarque des Gaules, & des Allemagnes. Le semblable fit Nantilde veufve du Roy Dagobert à l'endroit du Roy

Roy Clouis II. de ce nom, son fils: Et long entrejet de temps après Blanche mere de S. Louys, laquelle s'y comporta avec telle sagesse, que tout ainsi que les Empereurs de Rome se faisoient appeller Augustes en commemoration de l'heur qui s'estoit trouvé au Grand Empereur Auguste, aussi toutes les Roynes Meres anciennement, après les decés des Roys leurs maris vouloient estre nommées Roynes Blanches, par une honorable memoire tirée du bon gouvernement de cette sage Princesse. Et s'il nous faut passer plus bas, pendant que le Roy Charles VI. se trouva alteré de son bon sens, le gouvernement fut deferé du consentement de tout le conseil à la Royne Isabelle sa femme. Comme aussi de la memoire de nos peres, pendant la prison du Grand Roy François, à Louyse de Savoye sa mere, laquelle après le retour du Roy son fils, fut tout le reste de la vie honorée de ce grand tiltre de Regente, quand on parloit d'elle: Qui nous rend assez certains que nos ancestres ne vouluient onques balancer les regences, de mesme poids que le droit successif du Royaume. Aussi est-ce la verité qu'ores que les anciens Germains, de l'estoc desquels nous sommes issus, semblassent ne deferer la Couronne qu'aux enfans masles, si avoient-ils accoustumé d'appeller les femmes aux affaires d'Estat, tout aussi-bien que les hommes, comme nous apprenons de Tacite. Et mesmement pour monstrer que l'argument rapporté des successions aux regences, est captieux, nous voyons en cas non beaucoup dissemblable de raison, que de droit primitif & originaire des François, les fiefs estoient seulement destinez pour les masles, comme estans de tout dediez aux necessitez des guerres, ce neantmoins nos anciennes coustumes ne dissifererent après le trespas des peres, de transmettre la garde noble des enfans pupilles, aux meres, c'est à dire le gouvernement de leurs personnes, & de leurs biens, soit qu'ils consistassent en fiefs, ou en rotures.

Après avoir discouru en peu de paroles ce point, il ne sera, ce me semble, hors propos de discourir maintenant, tant de la dignité des Regens, que majorité de nos Roys. Le premier Prince qui se fit appeller Regent de nostre France, fut Philippes le Long, pendant la grossesse de la Royne Clemence sa belle sœur, vefue du Roy Louys Hutin. Depuis ce temps jusques au regne du Roy Jean, ne se presenta occasion pour laquelle il nous fust besoin d'estre gouvernez par autres que nos Roys. Le desastre qui lui advint prés de Poictiers fut cause que pendant sa prison, Charles V. son fils prit la generale surintendance du Royaume, non sous le tiltre de Regent, ains du Gouverneur general seulement: estimant que la qualité de Regent estoit de trop grande authorité. Toutesfois voyant que quelques Princes & Grands Seigneurs abusans de la longue absence du Roy, brouïlloient outre mesure les affaires du Royaume, il fit publier lettres en l'an 1357. au Parlement de Paris, par lesquelles il declara que pour le bien & utilité de l'Estat il prenoit la qualité de Regent. Et de là en avant l'intitulation de toutes les lettres qu'il decernoit tant en la grande que petite Chancellerie, estoit telle: Charles fils de Roy, & Regent du Royaume de France, Duc de Normandie, Dauphin de Vienne. Toutes les expeditions, tant de justice que de graces, se faisans sous son nom seulement, Vray que pour bannir de luy toute jalousie, après le retour du Roy son pere, il obtint de luy lettres patentes du 14. jour d'Octobre 1360. portans confirmation des collations par luy faites des benefices qui avoient vacqué en regale, ensemble des dons, graces, pardons, & remissions par luy octroyées.

Or comme il estoit Prince de grand sens, qui par soy mesme avoit peu connoistre de quelle consequence estoit la dignité du Regent pendant la pupillarité d'un Roy, & qu'il estoit à craindre qu'à la longue, il n'empiestast sur la couronne quelque authorité extraordinaire, aussi voulut-il borner la sous aage de nos Roys jusques à ce qu'ils fussent entrez en 14. an. Quoy qu'il pensoit aussi borner la puissance passagere des Regens. L'Edict en fut dressé au bois de Vincennes 1374. plein de belles raisons & histoires, pour monstrer qu'il n'y vouloit enjamber mal à propos sur la nature. Car il y narré estoit porté que trois ou quatre Roys d'Israel avoient esté oincts & couronnez en fort bas aage: comme aussi entre nous, nostre bon Roy S. Louys, lequel fort jeune estoit venu à chef de ses ennemis: Que la presence d'un Roy de quelque aage qu'il fust, estoit de si grand merite & recommandation envers ses sujets, que deux Roys, l'un de Macedoine, l'autre de France, estant en maillot, portez au milieu de leurs armées, les avoient tant encouragées, que deux victoires demeurerent de leurs costez. Que tous Roys, & specialement ceux de France estoient dés leurs enfances mis en si bonnes mains pour estre instruits, qu'ils s'advantageoient en peu de temps par dessus tous les autres enfans du commun peuple en bon sens, jugement, & conduite. D'ailleurs que les grandes & souveraines puissances ayans esté données par Dieu, aux Princes, aussi estoit-il à presumer qu'il leur bailloit un advantage de jugement par dessus tous les autres, & de meilleure heure, pour le maniement & direction de leurs affaires: Pour ces raisons & considerations il vouloit & ordonnoit, que sans attendre les vingt-cinq ans prefix par les anciennes loix pour la majorité de nous autres, soudain qu'un Roy seroit arrivé à l'aage de quatorze ans, il fut sacré & couronné, comme majeur, & que deslors toutes les affaires de son Royaume se passassent sous son nom & authorité seulement. Cet Edict rehaussé de tant de belles couleurs, encores fut-il authorisé d'une infinité de Princes & grands Seigneurs, & autres personnages de marque le 12. de May 1375. le Roy seant au Parlement de Paris en son lit de Justice: auquel lieu se trouverent le Dauphin de Viennois son fils aisné, le Duc d'Anjou son frere, le Patriarche d'Alexandrie, les Archevesques de Reims & Thoulouse, Evesques de Laon, Meaux, Paris, Cornouaille, Auxerre, Nevers, Evreux, les Abbez de S. Denis en France, l'Estoire, S. Vast, saincte Colombe de Sens, S. Cyprian & Vandosme: Monsieur le Chancelier de France, celuy du Duc d'Anjou, le Recteur de l'Université suyvi de plusieurs Docteurs tant en Theologie, que Decret, les Doyen, Chancelier, & Penitencier de l'Eglise de Paris, & l'Archidiacre de Brie: Les Comtes d'Alençon, & de la Marche, Brienne, l'Isle, de Messieurs Robert d'Artois, & Raimond de Beaufort, & encores des Prevost des Marchands, & Eschevins de la ville de Paris: En la presence de tous lesquels Seigneurs fut l'Edict publié & verifié avec un general applaudissement de tous: mais entendez quelle en fut la suite.

Le Roy Charles V. mourut le 16. Septembre 1380. delaissez deux enfans masles, Charles & Louys, qui n'avoient encores attaint l'aage de quatorze ans. Il avoit trois freres, les Ducs d'Anjou, de Berry, & de Bourgogne, & un beau frere Duc de Bourbon. Deslors l'ambition se logea au milieu d'eux pour le gouvernement du Royaume. Louys Duc d'Anjou, comme aisné, soustenoit luy appartenir la Regence, le Roy Charles VI son nepveu n'estant encores arrivé à l'aage porté par cette Ordonnance. Les autres n'y pouvoient condescendre. En ce nouveau contraste, Maistre Jean des Marais, Advocat du Roy en la Cour de Parlement, bon citoyen & zelateur du repos public, se mit de la partie: Remonstrant que quelque loy, qui eust esté establie, elle pouvoit changer, ou modifier, pour obvier aux inconveniens, & que le meilleur seroit de passer les choses par amiable composition entre ces Princes. Ce qui fut par eux trouvé bon, & se soubmirent au jugement & arbitrage de quelques sages Seigneurs: lesquels jurerent sur les saintes Evangiles d'en donner leur advis sans passion: & les Princes d'entretenir en tout & par tout ce qui seroit par eux arbitré: Ces preud'hommes ayans esté quatre jours ensemblement pour se resoudre, enfin furent unanimement d'advis, que l'Ordonnance de Charles ne pouvoit tellement retarder nos jeunes Roys, qu'ils ne peussent anticiper sur le terme prefix pour leurs sacres & couronnemens: Que pour cette cause le Roy Charles VI. seroit sacré en la ville de Rheims sur la fin d'Octobre (c'estoit l'an 1380.) où tous ses principaux vassaux seroient tenus de se trouver pour luy faire la foy & hommage. Que le faict de la justice se conduiroit sous son nom & seel. Que les personnes du jeune Roy & de son frere seroient gouvernées par les Ducs de Berry, Bourgogne, & Bourbon, qui les seroient nourrir doucement, instruire & endoctriner en bonnes mœurs, jusques à ce qu'ils fussent parvenus à l'aage de puberté. Et au surplus que toutes les finances

finances tant du domaine, que des aides, feroient mifes au thresor du Roy. Mais que pour le regard des meubles, or, argent, joyaux, qui avoient esté delaissez par le feu Roy, ils seroient mis és mains de Louys Duc d'Anjou, en laissant toutesfois au jeune Roy sa provision competante: Et qu'à ce Duc demeureroit le nom de Regent, à la charge toutesfois de decider toutes les affaires d'Estat avec les trois autres Princes. Cette sentence arbitrale redigée par escrit, fut embrassée par les quatre Princes, avec plusieurs actions de graces renduës aux arbitres, de ce qu'avec une si bonne devotion & diligence, ils avoient assopy les differens qui s'estoient presentez entr'eux. Et combien que par cet advis la dignité de Regent fust grandement ravalée, & reduite au petit pied, toutesfois le Duc d'Anjou se voyant estre esclairé de prés par les trois autres, fit publier au Parlement sa puissance ainsi bornée, le 1. jour d'Octobre, & le 4. Novembre, le consentement qu'il prestoit au sacre du Roy, conformement à l'advis des preud'hommes arbitres. Je diray cecy pour fin de ce chapitre: Que jamais loy ne sembloit avoir esté plus sagement ordonnée que celle de Charle V. ny sentence plus politique que celle de ces arbitres, pour parer à l'ambition des plus grands, pendant le sousaage du Roy, si ne peurent-ils lors garentir nostre France de nouveaux troubles, ainsi que je deduiray plus amplement au cinquiesme Livre de ces miennes Recherches. Les loix de nature sont perpetuelles, & ne peuvent estre dementies par nous, quelque prudence d'homme que nous y voulions apporter, pour cuider supleer leur defaut.

FIN DU SECOND LIVRE DES RECHERCHES.

LES RECHERCHES DE LA FRANCE.

LIVRE TROISIESME.

Ncores que voulant icy difcourir des affaires de noftre France, quelques-uns eftimeront de prime face que je m'efloigne de mon but, de traverfer les montagnes, toutesfois qui repaffera fommairement les grandes obligations que noftre Couronne a receu du S. Siege Apoftolic, & celles en contr'efchange que le S. Siege a receu de nous, indubitablement il jugera, que non feulement les difcours que je me fuis maintenant propofez, ne devoient eftre efcoulez fous filence : mais au contraire que les efcoulant, j'euffe fait tort à mon entreprife. Je dis obligations que le S. Siege a receu de nous : car combien que toute puiffance de ce bas eftre foit eftablie de Dieu, & fpecialement cette-cy que nous recognoiffons avoir la primauté, & intendance fur nous, fi eft-ce que fes plus grands efclairs fe manifefterent par l'aide & inftrument de nos Roys. Jamais Principauté ne prit traict d'une origine fi baffe (j'entens baffe quant au monde, non quant à Dieu: car elle fut baftie du commencement fur une pauvreté obftinée, fur une affliction continuë, fur un martire juré) & jamais principauté n'arriva à telle extremité de grandeur, tant en temporel, que fpirituel, ayant quelquesfois fait vacquer les Empires & Royaumes, quand les occafions s'y font prefentées. Et qui eft chofe plus efmerveillable, c'eft que les autres Monarchies qui ont voulu accroiftre leurs frontieres, l'ont fait par les armes : au contraire cette-cy, bien que par fois fe foit defbandée aux armes, fi n'eft-elle en fes communes reigles retenuë par la force & violence humaine, ains par la feule parole qui procede de fa puiffance abfoluë. Je ne veux pas denier que de fois à autres, il n'y ait eu en cecy de l'homme plus que la dignité Ecclefiaftique ne requeroit, toutesfois non feulement ne s'eft l'Eglife demembrée par ce defaut, lors que le chef s'eft trouvé malade, mais par un myftere de Dieu admirable, cette maladie a fervy quelquesfois d'edification au peuple pour le contenir en devoir. Et fi avecques tout cecy il vous plaift adjoufter les obftacles que receut du commencement ce S. Siege, encore vous esbahirez-vous davantage comment il ait efté poffible felon le jugement humain, qu'il foit parvenu à tel accompliffement de grandeur. Car en la premiere diftribution des Evefques, le fuffrage commun des Apoftres tomba fur fainct Jacques dit le Jufte, au premier Concil qui jamais fut tenu. Davantage en ce grand Concil de Nice, qui fut celebré fous l'Empereur Conftantin, femble qu'il y eut un arricle, par lequel on luy bailla pour compagnon l'Evefque d'Alexandrie : voire que s'il vous plaift paffer jufques à nous, combien que noftre Gaule ne fut jamais accufée de defobeïffance contre l'Eglife (car entre autres loüanges que fainct Hierofme nous baille efcrivant contre Vigilance, c'eft que la Gaule n'avoit oncques produit des monftres, voulant dire qu'elle ne produifoit des heretiques) toutesfois je ne voy point fous toute la lignée de Clovis que cette fuperiorité, & primace fuft recognuë abfolument, de la façon que nous avons depuis faict, ains fe paffoient les chofes par Synodes Provinciaux és affaires, où l'authorité du fainct Siege a depuis efté requife : Et nos Roys mefmes avoient bonne part à toutes les Conftitutions Ecclefiaftiques, ainfi qu'il fera deduit en fon lieu. Ce neantmoins chacun fçait la parole qui avoit efté donnée à S. Pierre, quand noftre Sauveur Jefus Chrift luy promit de baftir fur luy fon Eglife, & qu'il luy donnoit les clefs des Cieux. C'eft luy qui fut le premier mandé, luy, le dernier commandé par noftre Seigneur montant au Ciel, de bien-gouverner fes oüailles, luy auquel d'ordinaire il addreffe en particulier fa parole au milieu de tous fes Apoftres, luy qui en contr'efchange fe donne la liberté de l'interroger, pendant que les autres fe taifent, & quelquesfois de le dire par une abondance de zele : luy, dis-je, qui en tous les actes folemnels de fon maiftre, y eft expreffement par luy appellé, & fans y eftre appellé, s'y trouve. Et combien qu'il y ait de fois à autres, & en fes demandes, & en fes actions, quelque fragilité, comme celuy fur lequel noftre Seigneur n'avoit encores efpandu les rayons de fon Efprit, par le merite de fa paffion, fi eft-ce que non feulement il ne voulut tourner cela au fcandale, mais au contraire à l'edification generale de nous tous. C'eft pourquoy on ne fit jamais de doute, que de la chaire S. Pierre defpendoit l'union de noftre Eglife univerfelle. Ainfi l'aprenons-nous de S. Irenée au Livre 2. encontre les heretiques, de Tertulian en fon traicté contre les Gnoftiques, de S. Cyprian en l'Epiftre de l'Unité de l'Eglife, & en une autre à Jubaïan,

Iubaïan, de S. Hierofme au livre 1. contre Iovinian, & en une epiftre à Damafe Evefque de Rome, & de S. Auguftin en l'Epiftre 165. & de S. Ambroife efcrivant à Sirice Pape, & encores fur le 22. chapitre de Sainct Luc. Mefmes combien que Sainct Iacques euft efté efleu pour prefider fur l'Eglife de Hierufalem, fi eft-ce que pour cela la furintendance & primace de Sainct Pierre entre les Apoftres, ne luy fut oftée. Comme de fait en ce premier confeil par moy cy-deffus touché, c'est luy qui ouvre le pas, luy qui fait les propofitions, luy qui les refout, en cela fuivy par S. Iacques, & tous les autres Apoftres. Et neantmoins toutes ces particularitez n'empefcherent pas, que cette grande fuperiorité ne fust quelque temps traverfée en fes fucceffeurs. Tellement que quand je voy les longueurs qui fe font trouvées depuis l'advancement, & progrés de cette grande dignité, & neantmoins que l'Arreft de Dieu ne pouvoit eftre menteur, je ne puis que je ne la compare prefques à la nativité & fuitte qui fe trouve en la propagation de nous autres. Car tout ainfi que Dieu ayant procreé l'homme à fon image, luy donna toutes prerogatives fur tous les autres animaux, & qu'à cette caufe, Nature comme grandement empefchée en l'Architecture d'un fi grand & laborieux baftiment, efleve ce petit corps avec une infinité de difficultez, lefquelles ne fe rencontrent en toutes les autres creatures terreftres : Auffi Dieu voulant authorifer ce S. Siege de grandes preéminences, par deffus les autres, cela ne devoit eftre fait qu'aveques longues racines, lefquelles petit à petit ont jetté & efpandu leurs effects, de la façon que nous avons veu. Et comme ainfi foit que les chofes qui ont efté preordonnées par un jugement très certain de Dieu, ont toutesfois leurs heurts & rencontres fluctuantes & incertaines, ainfi qu'il plaift à fa Majefté qu'elles s'acheminent à leur effect determiné : Auffi puis-je dire qu'au prefent difcours fi l'on y voit quelques traverfes (comme il eft mal-aisé qu'en racontant les hiftoires des hommes, il ne fe trouve en eux paffions, & quelquesfois defmefurées.) Si protefte-je ne le faire en intention de vilipender la grandeur de celuy, que nous avons toujours recogneu, & recognoiffons pour le chef de l'Eglife, mais la neceffité de l'hiftoire me le commande, & que ce font mefmes fautes à celuy qui defcrit l'ancienneté, de pallier un menfonge, comme de taire une verité. Et de ma part, j'eftime que combien que la vertu des premiers peres de Rome ait grandement fervy pour l'accompliffement, & augmentation de ce Siege, toutesfois les vices qui fe font depuis trouvez aux uns, & aux autres Papes, n'en ont en rien diminué l'authorité. Voila pourquoy je fupplieray tout homme qui fe donnera le loifir de lire ce troifiefme livre, d'y apporter mefme candeur, rondeur, & fyncerité que je fais.

CHAPITRE I.

De la preffeance du fainct Siege de Rome, fur l'Eglife Catholique.

QUi voudra confiderer quel fut le premier plant de noftre Religion Chreftienne, aprés que noftre Seigneur eut fatisfait à tous les myfteres cachez, qui avoient efté long-temps auparavant de luy predits, il trouvera que le dernier, & plus folemnel commandement qu'il donna à fes Apoftres, & quafi comme un fideicommis general de fon teftament : ce fut qu'ils efpendiffent par tout l'Univers les femences de la fainte parole qu'il leur avoit annoncée. Depuis eftant monté au Ciel, & ayant en eux imprimé le caractere du fainct Efprit, la premiere chofe qu'ils eurent en recommandation, aprés avoir ordonné des affaires de l'Eglife de Hierufalem, ce fut de partager entr'eux par commune devotion tout le monde. Et leur eftans, & à leurs difciples, efcheuës diverfes Provinces pour cultiver, il feroit impoffible de dire, combien fructifia en peu de temps ce nouveau fruict, par la devotion, diligence, & hardieffe de ces bons & vertueux jardiniers. Et encores que chacun diverfement felon le pays qu'il avoit à traitter, introduifift diverfes ceremonies & couftumes, fi eft-ce qu'eux tous rapportoient leur creance à une unité de principes.

Ceux-cy du commencement eftoient indifferemment appellez Evefques, ou Preftres. Ainfi l'aprenons nous de fainct Luc, au chapitre 15. & 16. des Actes des Apoftres, & au 25. où fainct Paul prenant congé des Ephefiens en la harangue qu'il leur fit, appella fur la fin Evefques, ceux que fur le commencement il avoit appellez Preftres : Vray que cette police ne dura pas entr'eux longuement : Voire prit changement dés le temps mefme des Apoftres, comme nous apprenons du venerable Beda fur le 10. chap. de S. Luc, difant : *Sicut duodecim Apoftolos, formam Epifcoporum præmonftrare nemo eft qui dubitet, fic & hos feptuaginta difcipulos, figuram Presbyterorum, id eft, fecundi ordinis Sacerdotes geffiffe fciendum eft. Tametfi primis Ecclefiæ temporibus, ut Apoftolica fcriptura teftis eft, utrique vocabantur Epifcopi. Quorum unum, fapientia maturitatem, alterum, induftriam curæ paftoralis fignificat*: Paffage que l'on ne peut affez folemnifer pour cette ancienneté. Comme auffi eft-ce la verité, que depuis à l'imitation de cette fainte police, la Religion Chreftienne provignant, & la neceffité requerant divers Miniftres, non feulement fur les Provinces, mais auffi fur les villes, bourgs, & bourgades, l'on commença petit à petit d'y eftablir difference. De là vint que ceux qui avoient l'œil & intendance generale fur les Provinces, furent appellez Evefques : & les autres qui particulierement avoient la charge des quantons des villes, & bourgades, eftoient feulement appellez Preftres. C'eftoient ceux, qui par la permiffion de l'Evefque, avoient puiffance d'adminiftrer la parole de Dieu, & les faincts Sacremens de l'Eglife, la part où leur eftoit diftribuée. Chofe qui eftoit obfervée de le temps mefme de Tertulian, comme il nous enfeigne en fon traicté du Baptefme. Nous les avons depuis nommez Curez. Toutesfois pour autant qu'anciennement l'on ne donnoit l'ordre de Preftrife qu'à ceux qui devoient avoir charges d'ames, & confequemment quelque tiltre : depuis nos Evefques par leur avarice ayans converty en abus cette honorable couftume, diftribuans à toutes occurrences, & fans acception de perfonnes, cette charge à uns & autres, entre toutes ces corruptions encores nous eft demeurée une image de cette belle ancienneté. D'autant que nous difons que l'on ne peut appeller aucun aux ordres de Preftrife, qu'il n'ait tiltre, rapportans à je ne fçay quoy de temporel, ce que ces faincts Peres rapportoient au fpirituel : & nommons encores Presbytaires les maifons deftinées pour l'hebergement des Curez. Auffi entre les Cardinaux de Rome l'on en appelle les aucuns, Preftres, c'est à dire, les Cardinaux qui font pourveus des anciennes Cures de Rome, à la difference de ceux qui font Cardinaux Diacres. On appella par fucceffion de temps le reffort que tenoient les Evefques, Diocefes. Mot dont les anciens Romains ufoient quelquesfois fur le declin de l'Empire, pour Province : & celuy des Preftres, ou Curez, parroiffes, combien que je trouve les Evefques avoir affez fouvent appellé leurs Diocefes du nom de paroiffe, comme s'ils euffent voulu dire que leur charge eftoit une grande Preftrife, & que les Preftres eftoient petits Evefques en leurs charges, par une reduction que l'on appelle du grand au petit pied.

Or eurent-ils une couftume fort familiere : car ayans entrepris de gagner par leurs fainctes exhortations, tout le monde, ils avoient accouftumé de deleguer les plus capables & fuffifans aux principales villes de chaque Province : Dont eft venu que par une police Ecclefiaftique, s'eftant noftre Eglife divifée en Patriarches, Archevefques & Evefques, vous voyez ici nom des Patriarchats, & Archevefchez és villes, où la domination temporelle avoit plus de lieu : & cette mefme raifon apporta puis aprés de grands troubles à la grandeur de l'Evefque de Rome, ainfi qu'il fera dit en fon lieu. Cecy à mon jugement, fut caufe que Rome eftant du temps des Apoftres, le fiege de l'Empire

&

& reſſort general de tout l'Univers : & S. Paul s'eſtant transporté en cette ville par neceſſité, pour reſpondre de ſon faict devant l'Empereur, l'on deputa depuis avec ſainct Pierre pour y venir annoncer la doctrine de Dieu: Auquel lieu, comme chacun ſçait, aprés y avoir faict pluſieurs grands miracles, enfin ils porterent un trés vertueux teſmoignage de leur foy par leurs martires. Lors ſe faiſoient & long-temps aprés les aſſemblées des Chreſtiens en cachette, pour eviter la fureur du Magiſtrat. Car encores que par traicte de temps quelques Empereurs fiſſent contenance de n'exercer leurs cruautez contre nous, ſi eſt-ce que telles douceurs n'eſtoient qu'une amorce pour nous ſurprendre. D'autant que ceux qui ſous cet appaſt s'eſtoient trop deſcouverts en leurs deportemens, à la premiere mutation d'Empereur, il ſe trouvoit un ſucceſſeur qui recommençoit de ſevir, comme au precedent encor'eux. Tellement que chacun eſtoit contraint d'eſtre tenu en ſes actions. Et certes l'Egliſe Romaine ſe rend grandement recommandable en ce poinct cy. Par ce que depuis S. Pierre juſques à Silveſtre, qui fut du temps de l'Empereur Conſtantin, n'y eut Eveſque dedans Rome qui ne ſcellaſt de ſon ſang le teſmoignage de ſa foy. Et encores que quelques-uns ſe trouvaſſent plus foibles à ſupporter le premier heurt des perſecutions, ſi eſt-ce que revenans à leur mieux, & ſecond penſer, ils embelliſſoient leur memoire de quelque bon & brave traict. Comme nous voyons qu'il advint à Marcelin Pape, lors de la grande boucherie & perſecution de Diocletian, lequel pour caller la voile à la tempeſte qui lors couroit, ayant par crainte immolé aux Idoles, en fit depuis penitence publique aux pieds de l'Egliſe. Et non content de cette confeſſion, pour ſatisfaire davantage à ſa conſcience, ſe preſenta devant Diocletian, luy reprochant ſes cruautez, & ſur ce reproche receut volontairement la couronne de martyre.

Je ne trouve qu'adoncques tombaſt la primauté de l'Egliſe en diſpute, ains quelque temps aprés que les Apoſtres furent paſſez de ce monde en l'autre, le premier ordre de l'Egliſe eſtoit des Eveſques, le ſecond des Preſtres, & le dernier des Diacres. Et entre les Eveſques on faiſoit grand eſtat de ceux qui avoient leurs ſieges és lieux, auſquels les Apoſtres, ou leurs diſciples avoient preſidé, & entre iceux, de celuy de Rome principalement pour la dignité de la Chaire Saint Pierre, comme nous l'apprenons expreſſement de Tertulian en ſon livre contre les heretiques. Cette primauté commença d'eſtre aucunement enviée en ce grand Concile de Nice ſous Conſtantin, quand l'exercice de noſtre Religion commença d'eſtre faict à huys ouvert. Car lors ſe trouva l'Eveſque d'Alexandrie qui voulut concurrer en ſeance, aveques celuy de Rome. Depuis ce temps je ne voy point que le Romain n'ait tenu le premier lieu ſur les autres ſans exception ou reſerve. A cette cauſe trouverons nous dans Optat, qui fut ſous les Empereurs Valens, & Valentinian, en ſon premier livre encontre les Donatiſtes, que Donat heretique, ayant preſenté requeſte à Conſtantin pour luy faire juger ſa cauſe par trois Eveſques des Gaules, l'Empereur luy ayant baillé pour juges, Materne Eveſque de Cologne, Rhetice Eveſque d'Autun, & Marin Eveſque d'Arles, ils s'acheminerent à Rome pour decider par expres cette affaire ſous l'authorité de Militiades Eveſque du lieu. Et le meſme Optat, au deuxieſme livre, preſſant de prés ſes adverſaires, qui s'eſtoient diviſez de l'union de l'Egliſe, & avoient créé leur eux un Eveſque : Vous ne pouvez nier (dit-il) qu'en la ville de Rome ne fuſt premierement donnée à ſainct Pierre, la chaire epiſcopale, en laquelle il a tenu le ſiege, comme cheſ de tous les Apoſtres. Puis il recite par honneur d'une longue ſuitte, l'un aprés l'autre, tous les ſucceſſeurs de S. Pierre, deſquels avoit deſpendu l'union de l'Egliſe univerſelle. Choſe que fait en cas ſemblable S. Auguſtin en la cent ſoixante cinquieſme epiſtre à Generoſe. Et Amian Marcellin meſme, qui fut Ethnique, au quatorzieſme livre de ſon hiſtoire, faiſant mention d'une ſentence decretale, qui avoit eſté donnée contre Athanaiſe Eveſque d'Alexandrie par ſes mal-vueillans, à la ſuſcitation & pourchas de l'Empereur Conſtance, qui eſtoit Arien, recite que cet Empereur deſira ſur toutes choſes que cette ſentence fut ſignée de Libere, qui lors ſiegeoit à Rome: Le paſſage eſtant de telle ſubſtance. Combien que cet Empereur euſt attaint au deſſus de ſon entrepriſe, & qu'il ne douteaſt point qu'Athanaiſe ne fuſt deſtitué de ſon Eveſché, toutesfois pour l'authorité que tenoient lors les Eveſques de Rome, il euſt grandement deſiré que Libere euſt ſoubs-ſigné aveques les autres Eveſques contre luy.

Ce qui fit paſſer condamnation plus facile à l'Eveſque d'Alexandrie, en faveur de l'Eveſque de Rome (j'uſeray de ce mot maintenant, en attendant l'occaſion ſelon l'ordre des temps que je le nommeray Pape tout à faict) ce fut la deſunion qui ſe trouva entre les Egliſes du Levant. Deſlors meſme que l'Egliſe commença de n'eſtre plus affligée par la puiſſance ſeculiere, elle s'affligea d'elle meſme. Il y avoit un Preſtre dans la ville d'Alexandrie, nommé Arius, qui avoit eſté degradé de l'ordre de Preſtriſe, lequel indigné de ce rebut, commença de ſe faire chef de part. Et de fait, il ſema une grande zizanie en Egypte, ſur le miſtere de la Trinité, dont depuis ſourdirent grands troubles, partialitez, & diviſions en la Religion Chreſtienne, ſpecialement entre les Egliſes du Levant. Preſque en cette meſme ſaiſon, Donat remua une autre nouvelle erreur, qui partialiſa tous les Afriquains, s'eſtans ces premiers & ſeconds heretiques tellement authoriſez, qu'ils avoient leurs Eveſques à part, les uns Ariens, les autres Donatiſtes. Il ſeroit impoſſible de dire quelle deſolation il envint: par ce que les Eveſques eſtans diviſez en ſectes, ſe forgeans Conciles ſur Conciles, & defaiſans par un Concile ce qui avoit eſté arreſté par l'autre, la vraye definition de la foy s'eſvanoüit preſque entr'eux. Et qui eſt encores un plus grand malheur, pendant que les Prelats n'avoient autres deſſeins que de ruiner leurs adverſaires, au lieu de s'eſtudier à une reconciliation Chreſtienne, & que le Catholic eſtoit excommunié par l'Arien, & cettuy-cy par le Catholic, diviſion qui continua par une tres-longue traite de temps: Mahommet ſe mit aux aguets, & ſur ce ſeul divorce, prit argument d'envahir ſur nous la plus grande partie de noſtre Chreſtienté, & des deux Religions en forma une troiſieſme, de plus pernicieux effect, & conſequence que n'eſtoit l'Arianiſme.

Pendant ces diviſions, tout ainſi que durant les tribulations premieres de noſtre Religion, tous les Eveſques de Rome furent martyrs, auſſi eſt-ce un autre poinct tres-grandement loüable, qu'il ne ſe trouva jamais aucun d'eux, lequel parmy ces diſſenſions Eccleſiaſtiques, fut infecté ny de l'hereſie Arienne, ny de celle des Donatiſtes, ains demeurerent perpetuellement en leur ancienne Religion fermes & ſtables, ainſi qu'un roch au milieu des vagues. Davantage lors que les Eveſques Catholiques du Levant, ou d'Afrique, contre leſquels on joüoit à boute hors, eſtoient exterminez de leurs ſieges par les heretiques, ils n'avoient autre plus ſeur refuge, que par devers l'Eveſque de Rome, lequel leur eſtoit comme leur dernier & ſouverain port de Salut. Or entre les villes qui en furent les plus affligées, ce fut celle d'Alexandrie, où l'hereſie d'Arius avoit pris ſon commencement, en laquelle neantmoins y eut de vertueux Eveſques, comme Alexandre, Athanaiſe, & autres qui porterent vaillamment les chocs, & efforts des ennemis de la foy. Si n'y peurent-ils ſi bien reſiſter, qu'ils ne fuſſent tantoſt bannis de leurs Egliſes, tantoſt reſtablis, puis chaſſez comme devant, ſelon que le bras ſeculier favoriſoit plus ou moins le party Catholique.

La ville de Rome eſtant la plus aſſeurée retraite de tous ces Eveſques, comme celle, en laquelle n'eſtoit cette deſunion: au contraire la ville d'Alexandrie eſtant combatuë de ces flots, cela petit à petit fit choir l'Eveſque d'Alexandrie d'un degré, lequel au Concile de Nice s'eſtoit voulu aucunement appariet à l'autre: & à vray dire, la decroiſſance de l'un, fut l'augmentation de l'autre. A maniere que de là en avant vous trouverez la grandeur de l'Eveſque de Rome beaucoup plus recognuë qu'elle n'eſtoit auparavant. Là vint qu'Athanaiſe eſt accuſé devant Jules Pape, qui donne aſſignation aux parties pour comparoir devant luy à Rome. Auſſi commencerent les Catholics au Levant de faire grand rapport de luy encontre les Ariens. Pour cette cauſe ne voulurent-ils point ſoubſigner les Decrets du Concile tenu à Arimini, par ce entre autres choſes

ses que l'Evesque de Rome n'y avoit presté consentement & assistance. Et Socrate historien Ecclesiastique, pour monstrer qu'un Concile, qui avoit esté tenu en Antioche sous l'authorité d'Eusebe Evesque de Nicomedie, lequel avoit grand credit prés de l'Empereur Constance, ne devoit estre approuvé par l'Eglise : Mais à ce Concile (dit-il, au livre premier de son histoire) ne se trouva Iules Evesque de la grande Rome, ny aucun Legat de part, combien que la reigle Ecclesiastique commande qu'il ne faille celebrer les Conciles outre sa volonté, & sentence. En cas semblable Sosomene au livre 3. dit qu'il y avoit une foy generale en l'Eglise, qui vouloit tous actes estre annullez, qui s'estoient passez au desceu de l'Evesque de Rome. Et le mesme autheur racontant peu aprés, qu'Athanaise avoit esté contraint de se retirer à Rome par la calomnie de ses ennemis, comme pareillement Paul Evesque de Constantinople, Marcel Evesque d'Aurice, Asclepas Evesque de Gaze, nous enseigne que Iules Evesque de Rome ayant entendu les accusateurs des uns, & des autres, & cognoissant que tous les Evesques fuitifs simbolisoient unanimement au Concile de Nice, les receut tous en sa communion, une ayant soin d'eux. Et ce à cause de la dignité speciale de son siege (faict-il) & à chacun d'eux rendit son Eglise. Accusant par lettres les Evesques Orientaux de ce qu'à tort ils avoient chassé ces preud'hommes de leurs Eglises, mesmes qu'ils observoient les decrets du Concile de Nice, & enjoint à quelques-uns d'entr'eux de comparoir par devant luy, pour leur monstrer que le jugement par luy prononcé, estoit juste. Les menaçant au surplus de ses censures s'ils ne vouloient se desporter de tels troubles & novalitez. A quoy les Evesques Ariens firent responce qu'ils recognoissoient l'Eglise Romaine tres-liberale envers tous, comme celle qui toujours avoit vescu apostoliquement, & qui de tout temps & ancienneté avoit esté destinée mere de pieté : toutesfois qu'il ne les falloit point postposer à elle pour n'avoir ny tant ny de si grandes Eglises comme elle, veu qu'ils ne luy cedoient nullement en qualité. Desquelles choses l'on peut recueillir que les Catholics portoient lors l'Evesque de Rome sur leurs espaules, pour faire teste aux Ariens : & qu'à l'opposite les Ariens s'en deffendoient comme ils entendoient. Car peu aprés ce mesme autheur nous tesmoigne que les Evesques Orientaux schismatiques excommunierent l'Evesque de Rome, parce qu'il avoit receu en communion Athanaise : & toutesfois que la sentence de l'Evesque de Rome fut de poids, que par le moyen d'icelle, Athanaise & Paul r'entrerent dans leurs Evesches. Et depuis ayant esté Athanaise poursuivy par ses ennemis, & s'estant rendu fuitif à Rome, Iules blasma rigoureusement ceux, qui contre son sceu s'estoient assemblez dans la ville d'Antioche, veu qu'ils sçavoient, ou devoient sçavoir, que les saints Canons defendoient de decreter rien aux Conciles, sans son consentement & authorité. Qui est pour revenir à ce que Socrate avoit dict comme cettuy-cy.

Ainsi croissoit de jour en jour à veuë d'œil l'authorité du sainct Siege, luy ayant l'Evesque d'Alexandrie en toutes choses cedé : & neantmoins belle fut la contention de ces deux sieges, parce que ce qui avoit en cette façon, authorisé l'Alexandrin entre les autres, estoit que dés lors de l'advenement de S. Marc, premier Evesque d'Alexandrie, toujours avoit esté cette Eglise autant bien edifiée en bonnes, & sainctes institutions, que nulle autre. Et de fait, en icelle furent premierement introduits les Precepteurs, & Maistres d'Escoles, & nourris aux despens de l'Eglise. Pareillement en cette ville se poussa une pepiniere de gens Religieux & devots, dont depuis sourdirent les Ordres des Monasteres & Religions, qui entreprindrent d'introduire entre eux une forme de gouvernement, à l'instar de la Republique, qui fut du commencement entre les Apostres. Et vrayement cette dispute estoit honorable. Parce que ces deux Grands Evesques piequez d'une belle & saincte ambition, joüoient chacun à qui mieux mieux, l'un pour estre collateral, & l'autre pour n'avoir point de compagnon & pareil. Ce que je deduiray maintenant à quelque peu plus de l'homme.

J'ay dit cy-dessus que plus les villes estoient grandes, plus y estoient grands les Evesques, soit que la grandeur & au-

thorité des lieux en fust cause, ou bien que la necessité leur apprist d'y commettre gens, non seulement nourris aux affaires de l'Eglise, ains du monde, lesquels estans tels, gaignoient avec le temps de grands advantages sur les autres. Je trouve sur le declin de l'Empire trois villes, qui devindrent fort grandes par le remuëment de mesnage que fit Constantin de la ville de Rome en Grece : Constantinople, Milan, & Ravenne. Constantinople, pour autant que les Empereurs y establirent leur principal sejour : Milan, parce que quand l'on trouvoit deux Empereurs fraternisans, dont l'un prit la protection du Levant, l'autre celle de l'Occident, celuy qui s'habituoit en Italie sejournoit ordinairement à Milan, ou bien passoit les monts pour venir demeurer aux Gaules : Ravenne, d'autant que les nations Barbares s'estans desbordées contre l'Empire, & les Ostrogots faits Maistres de l'Italie, Theodoric leur premier Roy y constitua sa demeure : & depuis estant cette nation chassée, & l'Italie commençant d'estre gouvernée par un Gouverneur, qu'ils appelleront Exarque, il choisit son habitation en la mesme ville. Cela fut cause que les Evesques qui presidoient en ces trois villes, vouloient aussi faire leur profit de l'amplitude & dignité de leurs sejours. Et tout ainsi que leurs villes chacune à leur tour, avoient precedé en superiorité temporelle, aussi soustenoient-ils chacun en leur endroit, le Constantinopolitain devoir preceder, ou pour le moins s'apparier avec celuy de Rome, & les deux autres, de ne le recognoistre pour superieurs, ains estre francs & exempts de sa puissance spirituelle. Voyez je vous prie comme la diversité des siecles apporta diversité de mœurs & d'humeurs. Lors que l'Evesque Alexandrin vouloit estre conservé en sa grandeur, c'estoit en consideration de sa longue ancienneté, & maintenant ces trois villes-cy vouloient estre authorisées pour leur nouveauté.

Grande & ambitieuse fut la contention de l'Evesque de Constantinople contre le Romain. Celuy-là alleguoit la Noblesse de sa ville, pour avoir esté tousjours illustrée de la presence de l'Empereur. Que de toutes les villes de l'Empire cette-cy se pouvoit dire vrayement Chrestienne : Parce que des lors que Constantin y avoit planté, & son nom, & son siege, à l'instant mesme y avoit-il aussi planté la Foy & la Religion Chrestienne. Et ne pouvoit-on depuis remarquer temps, sous lequel on eust faict exercice de l'Idolatrie, fors quelques mois sous Julian l'Apostat : mais soudain s'estoit cela, par la mort de luy, evanouy en fumée. Soustenant pour ces considerations l'Evesque de Constantinople, qu'il devoit preceder, ou à tout le moins esgaler en tout & par tout, l'Evesque de Rome. Toutesfois contre tout cecy le Romain avoit grandes defences : l'authorité de S. Pierre entre les Apostres, duquel il estoit successeur, la reverence des SS. Peres de Rome, qui tous avoient esté exposez à mort pour le soustenement du nom de leur Maistre, la continuation de leurs successeurs en leur foy sans varier, lors des schismes & divisions de l'Eglise, les preeminences qui luy avoient esté accordées tant au Concile de Nice, qu'autres : & à peu dire, combien que la ville de Constantinople fust reparée de la presence de l'Empereur, si est-ce que la seule memoire de la grandeur ancienne de Rome (bien qu'elle fust lors comme ville-gaste) effaçoit la dignité de cette ville nouvelle. Aussi voyons-nous infinis passages dans les anciens, ausquels parlans de la ville de Rome, ils l'appelloient *urbem æternam*, parole qui sortit de la bouche des Payens mesmes, comme si Dieu eust voulu par leur organe predire une autre nouvelle grandeur qu'elle couvoit dans son sein, telle que nous avons depuis veuë. Ce differant fut terminé au Concile General de Constantinople, dessous l'Empereur Theodose, où aprés avoir condamné l'heresie de Macedonius, il fut arresté que la premiere General appartenoit à l'Evesque de Rome. Et combien qu'auparavant aprés luy, eust lieu l'Evesque d'Alexandrie, puis d'Antioche, puis de Hierusalem, toutesfois il fut ordonné qu'immediatement aprés le Romain, seroit l'Evesque de Constantinople, les trois autres descheans par ce moyen chacun en leur endroict, d'un degré. Cela fut cause que depuis Sozomene, Evagre, & autres Autheurs Ecclesiastics parlans de ces cinq sieges, comme des chefs de la Chrestienté, suivent tousjours ce mesme ordre d'Evesque de Rome,

Constantino-

Constantinople, Alexandrie, Antioche, & Hierusalem. Concil que l'on ne peut dire sans calomnie, n'avoir esté tres-Sainct & tres-juste en ce jugement, de tant que l'Evesque de Rome n'y estoit, ny autre pour luy, par l'entremise duquel il eust peu sous main se conserver cette authorité. Et neantmoins fut cette primauté confirmée sans contredict par le commun suffrage de quinze Evesques qui y assisterent, comme aussi fut elle ratifiée par l'Empereur Justinian, en sa cent trente & uniesme nouvelle constitution. Grande pitié : l'ambition en cecy fut telle, que les Grecs pour gratifier à leur Patriarche falsifierent ce Concil : & se trouverent quelques-uns si impudens de dire, que par ce Concil le premier lieu de l'Eglise fut adjugé à l'Evesque de Constantinople, & le second à celuy de Thalasie.

Jusques icy tout le different de ces deux Prelats estoit sans plus de la Primauté, & non de la Principauté, & ne s'estoit encores insinué en nostre Eglise à face ouverte le tiltre d'œcumenique, ou universel. Voicy à mon jugement, qui en donna l'ouverture. En ce Concil de Constantinople furent arrestez des degrez Ecclesiastics entre les Prelats, & à cette fin trouvez nouveaux mots, peu ou point usitez au precedent. Car au lieu où l'ancienneté respectoit par honneur ces cinq grands sieges, on commença depuis ce Concil à les honorer par police. Car si nous croyons Nicephore, l'on ordonna lors ces ordres de Patriarchats, Archevesches, & Evesches, c'est à sçavoir que ces cinq grands sieges seroient erigez en Patriarchats, qui auroient sous eux divers Archevesches, & les Archevesches des Evesches. Laquelle police, bien que specieuse, si ne pouvoit-elle estre du commencement goustée par plusieurs Eglises, craignans que ce nom veritable de Primauté, tant honoré par la primitive Eglise, se tournast en quelque extraordinaire puissance sous le nom de Principauté : & de fait, au Concil de Carthage, qui fut celebré par 217. Evesques, trente ans aprés, auquel fut condamnée l'heresie de Pelagius : entr'autres articles, il fut par exprés defendu aux Prelats, qui tenoient leur degré de Primace, de s'intituler Princes des Evesques, ains seulement Primats. Toutesfois ce Decret demeura sans effect, & avec le nouveau nom de Patriarche, qui signifie Prince des Peres, nasquit aussi en l'Eglise une nouvelle puissance. Car au lieu, où auparavant on pourvoyoit aux Archevesches & Evesches, par l'advis des Prelats comprovinciaux, les Patriarches commencerent à se donner loy d'en ordonner comme ils trouvoient bon de faire, sans prendre autre advis que d'eux-mesmes. Ainsi lisons-nous que Sainct Jean Chrysostome, Patriarche de Constantinople, voyant qu'il y avoit treize Evesques en la Licie & Phrygie, qui par voye Symoniaque estoient parvenus à leurs Evesches, les en priva de tout poinct, & en installa d'autres : voire establit Heraclide en l'Archevesché d'Ephese, & Pansophie en celle de Nicomedie, aprés en avoir chassé Geronce. Et à l'exemple de luy Protle l'un de ses successeurs, le siege de Cesarée vacquant au pays de Capadoce, qui estoit l'un des premiers du Levant, & en pourveut Thalasie. Qui estoient traits, non de Primauté souveraine. De là vint que quelques-uns des Patriarches prindrent depuis par succession de temps le tiltre d'œcumeniques, c'est-à-dire universels, non que par cela ils pretendissent avoir commandement sur toutes les Eglises de l'Univers : mais bien qu'en ce qui dependoit de leurs Patriarchats, ils estoient universels, je veux dire qu'ils avoient universellement autant de puissance sur tous les Archevesches & Evesches, comme particulierement chaque Evesque dans le destroit de son Diocese, & de faict, c'est à mon jugement errer en l'Histoire, d'estimer que depuis le Concil de Constantinople, tenu sous Theodose le grand, le Patriarche de Constantinople eust opinion de donner la loy au Pape de Rome, encores qu'il se fist appeller universel, comme aussi voyons nous qu'au sixiesme Concil de Constantinople, tenu sous Constantin Pogonat, le Pape de Rome, & le Patriarche de Constantinople, sont tous deux diversement appellez Evesques Oecumeniques & universels, dans les Mandemens qui leur sont envoyez par l'Empereur. Chose qui eust esté inepte, si on ne les eust estimez universels, chacun en leur endroit dedans leurs destroits & ressorts : toutesfois afin de n'enjamber sur l'ordre du temps, & que cette Histoire qui depuis a engendré plusieurs divorces en quelques esprits contumaux, soit cogneuë de poinct en poinct & par le menu, il me semble qu'elle merite bien son Chapitre particulier, pour faire reprendre haleine au Lecteur.

CHAPITRE II.

Comme & vers quel temps le tiltre d'Evesque universel se planta dedans l'Eglise, & en quelle façon les choses se passerent pour cet esgard.

Tout ainsi que sous le moyen aage de nostre Eglise le tiltre de Patriarche fut introduit en ces cinq grands Sieges : aussi commença-l'on à les honorer diversement de cette qualité de Prelats universels, ainsi que j'ay presentement touché : mais comme les coustumes ne sont pas jettées en moule, ains prennent leur accroissement par un raisible progrez, & alluvion : ainsi ne s'insinua ce mot tout d'un coup entre nous. Celuy qui en fut premierement honoré, fut le Pape Leon I. de ce nom au Concil General de Chalcedoine tenu sous l'Empereur Marcian par six cens Evesques, où fut condamnée l'heresie Eutichienne. Sainct Gregoire escrivant à l'Empereur Maurice, dit que ce tiltre avoit esté accordé à Leon par le suffrage commun du Concil : toutesfois dans le Concil qui court par nos mains, je n'en trouve un tout seul article : mais bien trouverez-vous que ceux du menu Clergé, qui lors presenterent requestes au Concil, mirent en la suscription d'icelles, *Sanctissimo & Beatissimo universali Archiepiscopo, & Patriarchæ magnæ Romæ, & sanctæ universali Synodo.* Tiltre que Leon n'accepta, mais aussi ne le refusa. Je ne voudrois pas certes dire, que ce grand personnage S. Gregoire se fust mespris : car mesmes il attoucha de prés ce temps-là, & y auroit à penser que le Concil tel qu'il nous est representé, a esté par adventure corrompu par la nonchalance des ans : mais soit l'un, ou l'autre, ce n'est point un petit advantage pour le Pape, voire peut-estre plus grand de la façon que nous lisons dans les actes de ce Concil. Car si par le suffrage commun des Evesques ce tiltre luy eust esté accordé, il sembleroit que c'eust esté à sa solicitation, & poursuite, comme une qualité qu'il eust ambitieusement mendiée : mais ce tiltre estant emané par l'organe de ce petit peuple : il n'y a homme si aveuglé qui ne voye que ce fut pour un respect, honneur & devotion qu'il portoit singulierement au siege de Rome : voire par dessus celuy de Constantinople, en faveur duquel Anathole Patriarche de lieu, fit glisser par brigues, & menées un article, dont la teneur estoit telle, laquelle j'ay icy rapporté mot à mot en nostre langage. En ensuivant & par tout les Decrets des Saincts Peres & la sanction Canonique n'agueres leuë, nous avons advisé d'ordonner & statuer des privileges en faveur de la tres-Saincte Eglise de Constantinople, nouvelle Rome. Car aussi nos anciens Peres voulurent à bon droict octroyer des privileges au siege de la vieille Rome, parce qu'elle commandoit : " Et tout " d'une mesme consideration cent cinquante venerables Eves- " ques, tres-fideles serviteurs de Dieu accorderent privileges " esgaux au siege de la nouvelle Rome, cognoissant fort bien " que cette ville, qui est honorée du tiltre de l'Empire, & " du Senat, devoit jouyr de pareilles prerogatives que la vieil- " le Rome : voir qu'és choses Ecclesiastiques, elle ne devoit " estre moins extollée que l'autre tenant le second lieu aprés " elle. A maniere que les Metropolitains d'Alsacie, & de " Thrace, & encore tous les Evesques constituez és pays Barbares devoient estre ordonnez du S. Siege de Constantinople : c'est à sçavoir que chaque Metropolitain avecques ses

ses Comprovinciaux, puissent consacrer les Evesques de sa Province, comme il est statué par les Saincts Decrets & Canons, que le Metropolitain soit confirmé par le Patriarche de Constantinople, après que l'election faite canoniquement luy aura esté rapportée ». Duquel article vous ne pouvez recueillir autre chose par cet entrelas de paroles, sinon que le Patriarche de Constantinople voyant que toutes les grandes prerogatives estoient accordées au Pape de Rome, recherchoit tous moyens de l'égaler en authorité sur ceux de son Patriarchat. Et à tant tout ainsi que le menu Clergé avoit au Concil de Chalcedoine donné au Pape Leon le tiltre d'Universel : aussi les Patriarches de Constantinople, le voulurent puis après usurper. Qui causa une infinité de dissentions entre les deux Sieges. Car pour bien dire, encores que cette qualité eust esté donnée à Leon I. toutesfois ny luy, ny longuement après, ses successeurs ne la mirent en usage : mais bien l'Archevesque de Constantinople. Je diray cecy en passant, & peut-estre ne seray-je desadvoué de ceux qui sans passion ont feuilleté l'Histoire Ecclesiastique, que la grandeur du Siege de Rome creut du commencement par la saincte vie des Saincts Peres qui y presiderent, & par devotion que les bonnes gens leur porterent: Et quant à celuy de Constantinople, encores qu'il y ait eu quelques Prelats, gens de bien, si est-ce que la plus part donnoit ordre d'accroistre ce Siege plus par brigues, & ambition qu'autrement, & ce pour le lieu qu'ils tenoient prés des Empereurs. Le premier d'entr'eux qui le prit à face ouverte, fut un nommé Jean, personnage de grande recommandation, tant en jugement & doctrine, qu'à bien escrire. Plus ces Prelats se rendoient recommandez en grandeur de sens, plus affecterent-ils de former la grandeur en leurs Sieges, ainsi que vous voyez par ces quatre grands personnages, Leon Evesque de Rome, Cyrille Evesque d'Alexandrie, Chrysostome, & Jean Evesques de Constantinople. Ce tiltre fut non seulement pris par Jean, ains plausiblement accordé par le cinquiesme Concil de Constantinople : auquel Concil le Pape de Rome ne fut appellé, tellement que Jean y presida. Qui me fait presque juger ce fut pour s'authoriser de ce nouveau tiltre, d'autant que vous y trouverez une infinité de fois cette qualité d'œcumenique, & universel luy estre donnée, tantost par quelques particuliers du Clergé, tantost par le Concil mesme, & entre autres y a un acte de telle substance. *Domino nostro sanctissimo, & beatissimo, Patri Patrum, Archiepiscopo, & œcumenico Patriarcha Joanni, Synodus in hac Imperiali civitate congregata, in Domino salutem.* Qui est à dire : " A nostre Sanctissime, & Beatissime Seigneur, Pere des Peres, Archevesque, & Patriarche universel Jean, tout le Concil de present assemblé en cette ville Imperiale, desire salut en Dieu ». A quoy s'opposa vertueusement, premierement le Pape Pelage II. & après son decez, S. Gregoire son successeur, lequel ayant opinion que l'Empereur Maurice favorisoit aucunement la cause du Constantinopolitain, prit cestuy seigneur en main, & luy en escrivit vertueusement, ensemble à l'Imperatrix Constance, & specialement escrivant à Maurice, après avoir recueilly tous les passages de la Saincte Escriture, par lesquels on voit que la primauté de l'Eglise avoit esté donnée à S. Pierre, il adjouste, *& tamen universalis Apostolus non vocatur : & vir sanctissimus Consacerdos meus Joannes, universalis Episcopus vocari conatur, exclamare compellor, ac dicere, ô tempora ! ô mores ! &c.* " Et toutesfois (dit-il) S. Pierre ne fut appellé Apostre universel, & Reverend pere en Dieu Jean mon confrere tasche de se faire nommer Evesque universel. Et vrayement je suis contrainct de m'escrier, & dire, ô temps ! ô mœurs ! &c. " Non content de cela, encores escrit-il à Jean, qu'il eust à bannir cette ambition insupportable de sa teste : Et estant advenu à Euloge Patriarche d'Alexandrie d'appeller en l'une de ses lettres, Gregoire Evesque universel, il l'en reprend tres-aigrement. Pour tout cela neantmoins ne laissa le Patriarche de Constantinople de continuer ce tiltre par luy usurpé en son Siege. Et à l'imitation de luy nous trouvons dedans le trente-troisiesme Livre de Nicephore, qu'au premier Concil d'Ephese, qui fut tenu sous Theodose II. Cyrille Patriarche d'Alexandrie, grand personnage de son temps, & qui fut prié par le Pape Celestin de tenir son lieu, en cette assemblée se fit donner pareil tiltre d'E-vesque universel. Tiltre (dit-il) qui fut usurpé depuis long-temps après par tous ses successeurs en ce Siege. Cela fut cause que le Pape ne douta plus de là en avant de prendre cette mesme qualité, non seulement pour ne deschoir du degré qui luy avoit esté adjugé par dessus le Constantinopolitain, & les autres, mais aussi qu'il estimoit qu'elle luy estoit loyalement deuë : & passeront les choses de façon, que le Grec en langue Gregeoise se faisoit appeller Oecumenique, & le Romain en Latine, Universel. Ce que je dis expressément pour respondre à ceux qui se persuadent que Maurice premierement adjugea ce tiltre d'Universel au Patriarche de Constantinople, au prejudice de l'Evesque de Rome, & que son successeur Phocas luy osta, pour le rendre au Romain. Encores que je sçache bien que Reginon en ce'st Abbé, & après luy Adon de Vienne facent mention de ce jugement de Phocas. Car je ne me puis persuader que Nicephore, qui a escrit l'Histoire Ecclesiastique jusques à la mort de Phocas, eust passé par oubliance le jugement de Maurice, luy qui d'ailleurs pour favoriser son pays, a falsifié le Concil de Constantinople tenu sous le grand Theodose, disant qu'en cestuy fut la primauté de l'Eglise adjugée au Patriarche de Constantinople : & S. Gregoire, qui descouvrit brusquement à Maurice ce qu'il en pensoit, n'eust oublié de luy en toucher quelque mot. Joinct que depuis ces deux Empereurs, cette qualité passa en tel usage, qu'au sixiesme Concil de Constantinople, tenu par l'authorité de l'Empereur Constantin Pogonat, ces deux Prelats, (comme j'ay dit) sont diversement appellez, l'un Oecumenique, l'autre Universel, & neantmoins en cette concurrence de tiltre, les Legats, & Vicegerans du Pape sont en la soubscription nommez les premiers, & après eux les Patriarches de Constantinople, Alexandrie, Antioche, & Hierusalem.

Depuis petit à petit, à mesure que les Empereurs de Constantinople decheurent de leur Majesté, aussi d'une mesme balance declina l'authorité du Patriarche, comme celuy qui n'avoit tiré sa grandeur que par les brigues des Empereurs. Toutesfois il ne voulut jamais demordre ce tiltre ; car au Concile mesmes de Basle tenu en l'an 1435. Joseph Patriarche Constantinopolitain, envoya une Bulle sous plomb, dans laquelle il se qualifioit par la grace de Dieu Archevesque Metropolitain & Patriarche universel de la nouvelle Rome. Enfin tout ainsi que nostre Religion Chrestienne a presque perdu son cours par tout le Levant, aussi se sont par mesme moyen esvanouyes & annichilées les authoritez, prerogatives & grandeurs de ces quatre grands Sieges, esquels on ne peut voir autre chose que l'image d'un Patriarche. Estant la grandeur de l'Eglise universelle devolue par effect en la dignité Pontificale de Rome. En quoy après avoir discouru ce qui appartient à l'Histoire, je feray pour conclusion cette remarque qui ne desplaira, comme j'espere, à ceux qui sont touchez d'un meilleur enclin envers l'Eglise Catholique. Tout ainsi que nostre Seigneur Jesus-Christ appella Sainct Pierre premier de tous ses Apostres à sa suite, aussi luy promit-il de bastir sur luy son Eglise. En consequence de ce grand Arrest, je trouve une chose memorable de luy, qui merite d'estre remarquée. Par ce que l'Histoire Ecclesiastique nous enseigne qu'il presida successivement en trois Sieges. Premierement quelque peu de temps en Antioche, puis en Alexandrie, jusques à ce que finalement il vint conflër & sa demeure, & sa vie à Rome : aussi trouvez-vous que ces trois Sieges furent erigez en Patriarchats, comme premiers & generaux des Eglises, avecques celuy de Hierusalem, receptacle és miracles de la Passion de nostre Sauveur ; car quant à celuy de Constantinople, je pense qu'il y eut plus de l'homme pour son progrés & advancement, que de la Religion : mais tout ainsi que Sainct Pierre establit en fin son principal siege dans Rome, & que les deux autres ne luy avoient esté que comme passagers & transitoires, aussi toutes les puissances des autres Patriarchats sont en fin abouties en ce grand Siege de Rome, ainsi que nous avons veu. Au demeurant ceux qui principalement provignerent cette grande puissance entre les Papes, furent Leon, Gregoire, & Nicolas, tous trois premiers de leurs noms, que la posterité ne sçauroit assez dignement recommander.

CHAPITRE

CHAPITRE III.

Dont vient que par succession de temps nous avons appellé l'Evesque de Rome, Pape, & que parlans à luy nous usons de ces mots, Vostre Saincteté.

Comme la grandeur de l'Evesque de Rome ne se fust manifestée à chacun, & que sans controverse elle eust obtenu le dessus de tous les autres Evesques, aussi par traicte de temps commencerent des'insinuer en sa faveur ces grands & magnifiques tiltres de Pape & Vostre Saincteté, quand on parle à luy. En quoy, pour n'obmettre rien de l'ancienneté, si je puis, faut noter que les Ecclesiastiques faisans au commencement un vœu general d'obeissance, plus ils furent appellezà grands honneurs, plus ils refuserent les hauts & superbes tiltres. Et de fait tous les noms qui eurent cours sous la primitive Eglise, estoient plustost noms de charges que d'honneur. Car le mot d'Evesque en Grec ne signifie qu'Intendant, ou ayant l'œil sur quelque chose; le Diacre, Ministre, parce qu'il administroit aux tables des veuves & orphelins; le Prestre, Vieillard, pour monstrer qu'il ne falloit appeller à cette charge que les anciens. Depuis sous le second aage, nostre Eglise prenant nouvelle discipline par nouvelle devotion, l'on commença de mettre entre nous le mot de Pere, pour gratifier à ceux qui avoient les premiers lieux; ainsi vint le mot de Patriarche en avant, qui veut dire *Prince des Peres*; ainsi celuy d'Abbé qui ne sonne autre chose que Pere, dont S. Hierosme toutesfois se plaignoit sur le cinquiesme chapitre de l'Epistre de S. Paul aux Galates, disant que les nouveaux Religieux de son temps, par une ambition extraordinaire & irreguliere, se vouloient attribuer mesme tiltre que nostre Seigneur avoit donné à Dieu son Pere, quand il l'avoit appellé *Abba Pater*. Tout de cette mesme façon se planta dans nostre Christianisme le mot de Pape, lequel aussi ne signifie autre chose que grand Pere, & gagna ce tiltre du commencement vogue à l'endroit des Evesques, j'entends de ceux qui pour leur aage ou doctrine avoient acquis quelque credit & authorité dessus les autres. Ce que l'on peut descouvrir d'une infinité de passages des Autheurs Ecclesiastiques en leurs Epistres, d'un S. Cyprian, S. Hierosme, S. Augustin, S. Gregoire, & par especial de Sidonius Apollinaris Evesque de Clairmont en Auvergne, dans les Epistres duquel ne le voyez escrire à aucun Evesque, que ce ne soit avec ce tiltre de Pape: Et mesmement au livre 6. escrivant à S. Loup qui avoit tenu le Siege de Troyes l'espace de cinquante ans, non seulement il le qualifie Pape, ains Pere des Peres, & Evesque des Evesques. Qui a faict que quelques-uns, & paravanture non sans apparence de raison, ont estimé que ce mot de *Papa* ait esté composé de deux mots. Car comme ainsi fust que l'on appellast quelquesfois les vieux Peres avec tiltre & preface d'honneur *Patres Patrum*, & que par une abbreviation on mist à quelques inscriptions *Pa. Pa.* Aussi avecques le temps on en composa puis aprés ce mot de *Papa*, & ce encores de tant plus que tombant en la personne du Pape, comme il fit, il sembloit estre merveilleusement propre à cet effect, comme celuy-qui pour sa dignité se pouvoit vrayement dire estre le Pere des Peres. Qui est un discours sinon vray, pour le moins trouvé avecques quelque belle rencontre. Et ainsi Yves Evesque de Chartres, escrivant au Pape Urbain en sa douziesme Epistre, l'appelle *Patrem Patrum*. Cette epithete de Pape estant doncques deferée aux Evesques qui tenoient quelque rang entre les autres, depuis par tiltre de prerogative singuliere tomba en la personne de celuy que par succession de temps on respecta par dessus tous les autres Prelats de l'Eglise, le tout en la mesme façon que le mot de Sainct ou de Saincteté, que premierement on avoit accoustumé d'approprier à toutes personnes vivantes, qui devotement faisoient profession de nostre Religion Chrestienne, ainsi que nous lisons dans les Actes des Apostres, & en plusieurs passages de S. Paul. Chose depuis fort familiere aux Chrestiens, comme nous le voyons dans Tertulian, S. Hierosme & autres.

Depuis avec le temps, ce mot fut specialement adapté aux Evesques: Sidonius au quatriesme livre de ses Epistres, parlant de l'eslection d'un Evesque, en laquelle il y avoit eu de grandes brigues: " S. Patient & Euphrone ont enfin esleu, dit-il, S. Jean, personnage recommandable en toute honnesteté, humanité & douceur ». S. Hierosme escrivant à Florence: " S. Evagre Prestre vous presente ses affectionnées recommandations». Et de la suite de cecy vint, que quand on parloit aux Evesques, c'estoit avec cet honneste éloge, Vostre Saincteté. Ainsi le trouverez-vous par exprez en toutes les Epistres de Cassiodore, toutes & quantes fois que Theodoric, Athalaric, Theodaat, ou Vitige Roys d'Italie, escrivoient à quelques Evesques de leur Royaume. S. Gregoire escrivant au Patriarche d'Antioche, use tantost de ces mots *Vestra Beatitudo*, tantost à l'Evesque de Milan qui tenoit grand lieu dedans l'Italie, *Vestra Sanctitas*: Aux autres communs Evesques *Vestra Fraternitas*. Socrate au sixiesme livre de son histoire Ecclesiastique s'excuse de ce que parlant des Evesques, il ne les avoit honorez de cette epithete de Sanctissimes, ou telle autre sorte de tiltres que l'on avoit accoustumé de leur bailler: Au contraire Theodoric par tout le discours de son histoire ne parle guères des Evesques, qu'il ne les accompagne de ces mots Saincts ou Beats, encores qu'ils fussent vivans. Et tout ainsi que du peuple Chrestien, ce tiltre s'estoit faict particulier aux Evesques, aussi finalement des Evesques aboutit-il en la personne de l'Evesque de Rome, non toutesfois du premier coup. Car dans les Epistres d'Yves, il luy donne diverses qualitez de grandeur, comme de Beatitude, Paternité, Majesté, & entr'autres de Saincteté, qui luy est pour le jourd'huy aussi commun, comme celuy de Majesté aux Roys & Monarques: toutesfois les Papes au contraire voulans donner à entendre qu'ils n'affectoient ces grands tiltres, ains faisoient profession d'humilité, sur laquelle leur grandeur avoit pris pour premier & principal fondement, plus ils se trouverent estre grands, plus choisirent-ils termes esloignez de l'ambition, & se qualifierent Serfs des Serfs: paroles d'humilité, lesquelles toutesfois n'ont pas moins d'effect dessus nous, que celles qui au pays de Perse estoient données à leur Prince, quand on l'appelloit Roy des Roys. Et le premier qui en usa entre les Papes, fut Damase, & l'autre qui luy donna cours & regne, fut Gregoire I. tous deux personnages de grand poids, & singuliere recommandation.

CHAPITRE IV.

Comme & avecques quel progrez les Papes s'impatroniserent de Rome, & d'une partie d'Italie.

Aux discours qui se sont cy-dessus passez, il n'estoit question de toucher au temporel, ains cette superiorité si vertueusement soustenuë par l'Evesque de Rome, regardoit seulement le spirituel, & ne pensoit lors ce Prelat à s'impatroniser de la ville de Rome, & des environs, & moins encore de donner loy aux Empereurs & Roys: mais les

les occasions selon les changemens des temps & regnes, le poussèrent à cette grandeur. Ie ne sçay comment il advient que humant l'air d'une contrée, nous transformons par mesme moyen les effects de nostre Religion aux mœurs du pays sous lequel nous sommes nourris. Iamais n'avoit esté, du temps mesme du Paganisme, que l'Egypte ne fust estimée superstitieuse, la Grece aiguë & subtile, comme celle qui avoit produit plusieurs Sectes de Philosophes, Rome ambitieuse le possible, & qui dés sa première enfance sembloit estre née pour commander : aussi quelque temps aprés que la Religion Chrestienne fut establie en l'Egypte, ce pays nous produisit plusieurs esprits sombres & melancoliques qui faisoient des miracles par la commune usance des autres : la Grece plusieurs heresies qui ont mesme par suite de temps apporté la division entre l'Eglise Latine & la Grecque : Et Rome de mesme façon au milieu de ses ruines couvoit d'une seule ville, aisi espars par toutes les Provinces au gré & contentement des Empereurs, Roys & Princes souverains : Estat qui sans estre gardé par les armes, a fait trembler & passer sous sa misericorde les plus grands Monarques du Monde. Iamais histoire ne contint plus de Religion & de Saincteté, que celle que les Evesques de Rome apporterent premierement pour gagner ce haut degré que depuis ils ont tenu en l'Eglise ; & iamais histoire ne fut pleine de tant de prudence, que celle que nous reciterons maintenant pour le temporel ; outre ce, qu'ils trouverent les temps commodes, &, si ainsi le faut dire, furent conduits par la main pour executer leurs desseins. Parquoy le contentement ne sera petit, ce me semble, de sçavoir par quels moyens ces SS. Peres sont parvenus à si grande seigneurie, que mesmes ont voulu enjamber avec le temps toute puissance & authorité sur les Roys, iusques à faire vacquer les Royaumes.

Constantin le Grand ayant donné fin à toutes ses guerres civiles, soit qu'il vist plusieurs Peuples Orientaux se revolter contre l'Empire, ou qu'il fust d'une nature disposée à nouveautez, delibera de chercher lieu commode sur l'embouchure de la mer, par lequel il peust donner ordre aux courses & surprises des Barbares. Ce lieu par bonne & meure deliberation fut trouvé en la ville de Byzance laquelle non seulement il fortifia de tout poinct, mais la rebastit toute à neuf, la faisant nommer de son nom Constantinople : & non content de l'avoir embellie de Palais & superbes bastimens, il y transporta de la ville de Rome plusieurs belles antiquailles ; & qui plus est, luy & ses successeurs y firent ordinaire demeure : de sorte que là où les Empereurs magnifioient auparavant, & Rome, & l'Italie, ce pays fut peu aprés reduit en la mesme forme que les autres Provinces, & regi par Ducs & Gouverneurs. Car quand mesmes il y avoit deux Empereurs, dont l'un demeuroit en l'Orient, & l'autre en Occident, si est-ce que ie ne sçay par quelle fatalité ils choisissoient plustost toute autre habitation que la ville de Rome, les uns s'habituant à Milan, les autres en nostre ville de Paris, les aucuns en celle d'Arles, & les autres, comme les Roys des Ostrogots, en la ville de Ravenne. Ie ne puis rendre raison de cecy, sinon qu'il sembloit que la fortune de Rome lasse d'estre commandée par les armes, vouloit faire preuve à quelle grandeur elle pourroit parvenir estant gouvernée par gens qui feroient seulement profession de la parolle de Dieu & de l'Escriture.

Du changement de ce siege Imperial plusieurs nations estrangeres prindrent sujet & argument d'assaillir l'Italie, peut-estre par un juste courroux du Ciel, pour joüer la vengeance de plusieurs siecles passez, & faire desgorger le butin de tous autres peuples, dont par tant de centaines d'ans les Italiens estoient enflez. A cette occasion fut l'Italie trois fois ravagée par les Barbares, & autant de fois Rome prise & saccagée. Premierement sous Alaric Roy des Visegots, puis sous Ataulphe son successeur ; finalement par Genseric Roy des Vandales, qui se donna le loisir de ruiner cette ville l'espace de quatorze jours entiers. Cela fut cause que les Empereurs, soit qu'ils fussent lors aneantis, ou que le desastre de l'Empire fust tel, commencerent de tenir la plus part des Provinces de l'Occident comme demy abandonnées. Tellement que les Alains, Bourguignons, François, Pictes, Anglosaxons, & les Vandales & Visegots prindrent diversement leur chanteau és Gaules, en la grande Bretagne & Espagne ; & commença l'Estat des Empereurs de s'esbranler grandement en Italie. Au moyen dequoy, comme si ce pays leur eust esté totalement arraché des poings par ces trois inondations & ravages, ils oublierent à la longue d'y commander en personnes. Cependant par occasion il se leva une vermine de petits tyrans en ce pays-là, qui pour n'offencer la Majesté de l'Empire, n'osoient prendre le tiltre d'Empereurs, aussi ne se vouloient-ils donner qualité si basse que de simples Gouverneurs : mais nageans entre les deux, par un mot comme mitoyen se firent appeller Patrices : Dignité qui secondit aucunement l'Imperiale, ainsi que j'ay deduit au Livre precedent, & dont Constantin avoit esté le premier Autheur. Ceux-cy furent Avite, Majorian, Severian, Antheme, Olibre, & quelques autres jusques à un Orestes, pere Augustule son fils, qui fut tué par Odoacre Roy des Heruliens, lequel entre les estrangers fut le premier qui à descouvert prit tiltre, & qualité du Roy d'Italie, & y regna quatorze ans, & depuis du vouloir & consentement de Zenon Empereur fut tué par Theodoric Roy des Ostrogots, qui fut investy du pays d'Italie par le mesme Empereur, où luy, & deux ou trois de ses successeurs regnerent, establissans leur demeure en la ville de Ravenne : iusques à ce que Iustinian Empereur premier de ce nom, espiant son apoint, par l'entreprise de son grand Capitaine Bellissaire, reprit Rome, laquelle fut encores depuis reprise par Totilas, l'un des successeurs de Theodoric, & par lui demantelée de murailles par une indignation forcenée : deliberant la rayer rez pieds rez terre, & rendre pastis à bestes, s'il n'en eust esté destourné par les lettres, & honnestes remonstrances de Bellissaire, le priant de ne pouloir ruiner tout à faict la ville, en laquelle il le pouvoit à l'advenir commander, si tant estoit que le douteux succez de la guerre le voulust favoriser. Ainsi delaissa-il son premier propos : mais adverty que ce grand guerrier approchoit, duquel Vitige son devancier Roy avoit à bonnes enseignes esprouvé les forces (Car Bellissaire l'avoit pris en champ de bataille, depuis mené en triomphe dedans la ville de Constantinople) quitta la place, & enleva quant & soy la plus grande partie des Senateurs de Rome, les autres, les espandit avecques leurs femmes, & familles, çà & là, laissant la ville toute deserte & inhabitée. Depuis Bellissaire y estant entré sans aucun destourbier, la repara, & rempara au moins mal qu'il lui fut possible, r'alliant petit à petit le pauvre peuple tout esgaré & esperdu.

Aprés tant de heurs ainsi repliquez, je ne voy point que les Empereurs du Levant fissent grand estat de la ville de Rome, estant ce leur sembloit, comme une espave exposée à la misericorde de celui qui la pouvoit premier occuper. Et de fait Narses ayant exterminé de tout poinct le nom des Gots de l'Italie, & Longin estant envoyé en son lieu pour y commander, ne la daigna jamais passer par la ville de Rome pour la reparer de ses cheutes. Et qui y apporta le dernier accomplissement de ruine, fut Constant fils de Constantin II. lequel ayant esté mis en route par les Lombards (qui nouvellement s'estoient empietez du pays d'Italie, à la semonce de Narses) repassant par la ville de Rome, comme s'il eust voulu faire sa derniere main, enleva en 5. jours qu'il y sejourna le peu de bon, & de beau qui y restoit de ses memorables ruines. Et disent les Historiographes qu'en ce peu de temps il fit plus de deluge à la ville, que n'avoient fait tous ces grands desbords barbaresques, que j'ay presentement recitez.

Le peu d'œil que les Empereurs eurent de là en avant sur cette ville, & les grandes secousses qu'elle avoit souffertes tant de fois, furent cause que les Papes, qui y avoient voüé perpetuelle demeure (joinct le credit qu'ils avoient gagné sur les Eglises) y prindrent de grandes puissances, mesmes sur le fait de la police. Car encores que l'on n'appellast aux Archevesches & Evesches que ceux qui estoient en reputation des preud'hommes, si est-ce que, comme j'ay dit ailleurs, les anciens estoient tres-aises de choisir gens habiles, & disposez pour manier les affaires du monde, & c'est dont se
plaignoit

plaignoit S. Hierofme en fon Livre premier, contre Jovinian, qu'és ellections des Prelats on s'amufoit quelquesfois plus à choifir des fage-mondains, que des gens de bien. Cela fe faifoit pour autant qu'aux affaires qui fe prefentoient en une ville, on avoit accouftumé de les envoyer en Ambaffade par devers le Prince. Et difoit à ce propos Sidonius efcrivant à Evagrius, parlant de l'Eflection de l'Evefque de Bourges, qui avoit efté remife à fon arbitrage, que s'il euft efleu quelque Moine, on lui euft imputé à vice. D'autant que ceftuy euft efté plus propre de jouer le perfonnage d'un Abbé, que d'un Evefque, qu'il lui euft efté plus feant d'interceder pour nos ames envers le Juge celefte, que de harenguer pour nos corps envers le Prince terrien. Eftans doncques tous perfonnages de marque ceux qui eftoient appelez au Pontificat de Rome, il ne leur fut pas trop mal-aifé à la longue de s'agrandir aux defpens de la Couronne Imperiale. Mefmes depuis la venuë des Lombards, contre lefquels les Papes eftoient contraints, avec l'Eglife, de fe defendre, pour le moins de racheter d'eux la paix au prix de leurs bourfes. Il y a tantoft vingt-fept ans (difoit Sainct Gregoire, efcrivant à Conftance troifiefme, femme de Maurice) qu'en cette ville de Rome nous fommes environnez des armes des Lombards, en quoi je ne vous veuz point dire combien l'Eglife fournit d'argent chaque jour, afin de vivre feurement au milieu d'eux. Et efcrivant depuis à l'Empereur Phocas, il comptoit trente-cinq ans. Et tout ainfi que les Empereurs pour les raifons cy-deffus deduites, s'accouftumerent de faire peu d'eftat de Rome, parcillement ce peu de mecontentement enfeigna au Pape de ne refpecter les Empereurs de la façon qu'il avoit faict, lors qu'ils eftoient paifibles de l'Italie. Auffi adoncques commencez vous de voir, & un Pelage fecond, & un Gregoire premier entrer en l'exercice de leurs charges, après leurs ellections, auparavant qu'ils euffent efté confirmez par l'Empereur. Ce qu'ils n'euffent pas ofé entreprendre auparavant, les chofes eftans quoyes & tranquiles en ces pays-là. Et pour toute reparation en font quites par une excufe pretextée de la crainte qu'ils avoient des Lombards. Et Conftantin troifiefme voyant combien fon authorité eftoit diminuée à l'endroit des Papes, quafi par un jeu forcé, mais couvert du manteau d'une volonté liberale, accorda que l'ellection des Papes fuft bonne & vallable, fans attendre fon confentement, ou de fon Lieutenant. Et diminua encores cette Majefté Imperiale envers les Romains de tant, que fous Juftinian fecond, fils de Conftantin, l'Exarquat, qui avoit duré 64. ans, ceffa, & fut reduit par les Lombards fous leur puiffance. C'eftoient les Villes de Ravenne, Cezenne, Creme, Forin, Imole, Bolongne, Modene, & quelques autres. Qui plus eft, les Empereurs Grecs non feulement ne tenoient rien de la vieille Majefté de l'Empire, mais fembloient eftre un rebut ou mocquerie de fortune. Car le mefme Juftinian, dont j'ay prefentement parlé, fut chaffé par Leonce Patrice lequel (luy ayant fait couper le nez, & les aureilles) l'envoya en exil. Le mefme Leonce chaftié de pareille peine, dont il avoit ufé contre fon Seigneur fouverain, fut emprifonné par Tibere, qui occupa fur lui l'Empire. Toutesfois, & Leonce, & Tibere pris par Juftinian, il les fit tous deux mourir, & luy tout eftaurcillé, & enazé qu'il eftoit, & reintegré en fa Couronne. Après luy Philippique ayant imperé un an, & quelques mois, on luy creve les yeux, & le reduit-on à fon premier rang. Anaftaife fon fucceffeur eft contrainct de fe tondre, & faire vœu de Religion. Comme faict le femblable Theodofe qui lui fucceda. Pendant toutes lefquelles desbauches, & que fortune prenoit plaifir au defplaifir de ces pauvres Princes, il ne faut trouver eftrange fi le Pape s'eftablit en grandeur dedans la ville de Rome. Et ce qui le fit plus hardiment contemner leur authorité, c'eft que l'Empire enfin tomba és mains de Leon, qui fit guerre jurée aux Images: en vangeance dequoy le Pape luy fit autre guerre par fulmination & cenfures Ecclefiaftiques.

Adoncques prenoit grand pied dans la France la famille des Martels, lors qu'entre toutes les nations du Ponant, les François s'eftoient rendus redoutables, auffi entre tous les François floriffoit Charles Martel, lequel pour la neceffité de nos Rois, avoit fous le nom de Maire du Palais introduit par devers foy la Majefté de la Couronne, tellement qu'il ne luy manquoit que le nom de Roy feulement. Gregoire le tiers voyant que d'un cofté il avoit pour ennemy mortel l'Empereur de Grece, duquel il ne redoutoit pas tant les forces, pour eftre plus efloigné de luy: d'un autre cofté que Luitprand Roy de Lombardie, avoit denoncé la guerre aux Romains: mefmes avoit mis le fiege devant Rome, il penfa qu'il luy falloit choifir nouveau party. Pour cette caufe fe mit fous la protection de Martel, à la perfuafion duquel, Luitprand fe defifta de fon entreprife, & tout le refte de fa vie traitta debonnairement les Romains. Cette premiere ouverture apporta depuis de grands biens à la Papauté, voire que je vous puis prefque dire que l'affeurance de leur grandeur temporelle vient de là: Tellement que tout ainfi qu'à Gregoire I. l'on doit l'affeurance de la fuperiorité de l'Eglife, auffi à Gregoire le tiers eft deu l'un des plus grands traicts, qui ait oncques efté entrepris par les Papes pour la temporalité, d'autant qu'il faut eftre du tout menteur en l'Hiftoire, ou recognoiftre que la premiere grandeur des Papes en leur temporel, procede tant de la protection que liberalité des François.

Or ne pouvoit eftre confederation plus à propos que celle qui lors traictée entre les Papes & les Martels: parceque les uns & les autres afpiroient chacun endroict foy à mefme but. Les uns d'eftre les premiers en Italie, & les autres en cette France. Ceux-là avoient affez de pretexte, mais non de force: & ceux-ci plus de force qu'il ne leur falloit, mais avoient befoin de pretexte. Ces deux defauts furent fuppleez l'un par l'autre, par cette nouvelle alliance.

A Childeric Prince de peu d'effect & valeur, eftoit efcheüe la Couronne de France, & fous l'authorité de Pepin fils de Martel fe manioit tout l'Eftat de France; toutesfois d'ofer remuer quelque nouveau mefnage contre le Roy, il eftoit fort mal aifé. Car la reverence du feul nom de Clovis qui avoit chaffé le Romain des Gaules, fupplanté le Bourguignon, Vifegoth, & encores vaincu l'Alemant, auparavant indomptable, eftoit tellement empreinte au cœur des François, que combien que fa pofterité forlignant, ne fervift lors prefque que d'image, fi eft-ce que la feule memoire de ce grand guerrier, & la devotion que le commun peuple avoit envers fes fucceffeurs pour le refpect de luy, faifoit tenir les Princes & grands Seigneurs en cervelle. D'un autre cofté le Pape, qui avoit toute voix & authorité dedans Rome, pour l'infuffifance des Empereurs de la Grece, & neantmoins n'avoit la force pour faire tefte aux Lombards, qui vindrent derechef luy faire la guerre après de Luitprand, fous la conduite d'Aftolfe leur Roy, ne pouvoit bonnement parvenir à fes deffeings, s'il n'avoit fecours eftranger. Pour cette caufe Pepin desja allié avec les Papes, par la confederation d'entre Gregoire le tiers & fon pere, defirant appropier à foy & aux fiens, non feulement l'effect, mais le nom de la Royauté, defpecha deux hommes d'Eglife par devers Zacharie Pape, pour le rang & authorité qu'il tenoit entre les Prelats, afin d'interpofer fon Decret, & donner advis auquel des deux appartenoit mieux le Sceptre, ou à celuy, qui fans aucun foin laiffoit fluctuer les affaires de fon Royaume à la mercy de tous vents, & qui en toutes fes actions, outre la recommandation de fes anceftres, n'avoit rien que la parade exterieure d'un Roy, ou bien à l'autre, qui avec moindre faveur de parentelle, portoit le faix & charge de tout le Royaume. Zacharie qui eftoit fur le poinct d'appeler Pepin à fon ayde contre les Lombards, ne voulut mefprendre de parole à celuy qu'il efperoit luy devoir affifter d'effect. Parquoy il fentencia pour & en faveur du fecond, & que c'eftoit celuy-là auquel la Couronne devoit loyaument appartenir. Grande eft certes l'autorité d'un Prelat de quelque Religion qu'il foit, pour lier la confcience d'un peuple, qui a l'œil fiché deffus luy. Cette fentence eftoit donnée par forme d'advis feulement, toutesfois Pepin en fçeut bien faire fon profit: & les Papes mefmes depuis la fceurent fort bien tirer en confequence, pour monftrer qu'ils avoient puiffance de conferer le Royaume, felon que les occafions de ce faire fe prefentoient. Cette mefme fentence requeroit plus ample execution pour la ceremonie: cette execution fe rencontre à poinct nommé. Aftolfe Roy des Lombards preffoit journellement la ville de Rome. Au moyen dequoy Eftienne fucceffeur de Zacharie eft contraint de venir

L. iij

nir en France, pour implorer l'ayde de Pepin. Et vrayement il falloit pour authoriser l'establissement de ce nouueau Roy, que celuy par l'authorité duquel il s'estoit mis en possession du nom, & des armes de France, fust grand. Parquoy Pepin pour n'oublier rien de son deuoir, va à pied au deuant du Sainct Pere, entrant dans Paris, & non content de cette honneste submission, meine son cheual par les resnes, jusques au Palais. Pepin à cette nouuelle entrée, est Sacré & Couronné Roy par le Pape, en l'Eglise de Sainct Denis, & le Royaume à luy confirmé, & à sa posterité. En contr'eschange dequoy s'achemine auec Estienne en Italie contre les Lombards, où il sceut si bien faire ses besongnes, qu'il reprit sur eux l'Exarquat, & reduisit leurs affaires en plus grande modestie, que jamais auparauant, asseurant par ce moyen l'Estat des Papes encontre eux. L'Empereur qui lors commandoit à la Grece preuoyant ce qui aduint puis apres, depesche Ambassadeurs par deuers le Roy, pour le prier de ne fauoriser point tant la cause de l'Eglise, qu'il frustre l'Empire de l'Exarquat, ensemble de la ville de Rome. Toutesfois Pepin sçachant que la grandeur du Pape estoit la sienne (car plus seroit le Pape estably en puissance & authorité, plus seroit asseurée la Couronne à sa famille) presta l'oreille sourde à ces remonstrances, donnant auant que de partir toutes les terres de l'Exarquat au Pape. Et dés lors Paule Epiatre Chambellan de l'Empereur, commença de saigner du nez, n'osant plus prendre le nom de Duc, ou Gouuerneur dans la ville de Rome, ny mesmes manier en aucune façon les affaires sous le nom, & authorité de son Maistre. Voylà la premiere & plus signalée donation, qui ait jamais esté faite aux Papes, & qui lors commença de les auantager à nuis ouuert, en authorité temporelle. Ny pour cela toutesfois ne furent-ils rendus proprietaires de Rome: mais leur ayant esté donné l'Exarquat en pleine proprieté, tout ainsi qu'après l'expulsion des Gots, ceux qui tenoient le premier lieu dans l'Italie, estoient les Exarques, aussi le Pape estant fait Exarque par cette donation, tenoit certainement grand rang entre les puissances temporelles.

Les affaires donc d'Italie estoient telles. Au Pape appartenoit l'Exarquat en proprieté, dont Pepin estoit demeuré souuerain. Les Lombards possedoient une bonne partie du pays où ils auoient planté leur premiere & ancienne demeure: La Poüille & la Sicile estoient és mains de l'Empereur: Et quant à la ville de Rome, elle balançoit, ne desaduoüant tout à faict l'Empereur de Grece à Seigneur, mais aussi le recognoissant auec si peu de remarques, qu'il estoit malaisé de juger s'il en estoit Seigneur, ou non. Cependant la fortune du temps, qui sembloit s'estre du tout voüée à l'aduancement de la Papauté, ne peut permettre que Didier Roi des Lombards demeurast quoyement dans ses bornes, ains voulut reprendre de plus beau anciennes querelles des siens contre les Romains. Adrian qui lors estoit Pape appella à son secours les François, sur lesquels commandoit Charles fils de Pepin, qui depuis pour sa generosité, & hautes cheualeries, merita le surnom de Grand. Ce Prince prend la charge de cette affaire, & delibere de coucher de sa reste. Pour faire court, les choses lui succederent si à propos qu'il extermina de tout point Didier, & sa race. Reduisant sous l'obeïssance des François tout le pays d'Italie, fors la Poüille, & la Sicile. Ce coup apporta nouuelle face aux affaires de l'Occident, pour autant que la Maison des Martels, & la famille des Papes fraternisoient tellement ensemble, que leurs grandeurs temporelles despendoient reciproquement l'une de l'autre. Cela fut cause qu'Adrian Pape pour oster à l'Empereur de Grece toute opinion de retour en Italie, se delibera par la voix du peuple faire tomber és mains de Charles (nous le nommons Charlemagne d'un mot corrompu du Latin) la ville de Rome, qui depuis quelques années n'obeïssoit que par contenance aux Gregeois: Toutesfois de lui octroyer le tiltre d'Empereur du premier coup, c'estoit une entreprise trop hardie, & ne pouuoit faire cela sans s'exposer à l'enuie de plusieurs nations. Au moyen de quoy il le faict eslire Patrice de Rome, faisant reprendre vigueur à la ville par où mesmes elle auoit failli. Car s'il vous en souuient j'ay dict cy-dessus qu'apres les premieres courses des Barbares, il y eut quelques moyens Seigneurs, comme Auite, Antheme, Majorian, & autres qui s'impatroniserent de la ville, & de l'Italie, lesquels pour n'oser prendre la qualité d'Empereurs, se firent appeller patrices, sur lesquels Odoacre enuahit l'Estat d'Italie. Et tout ainsi que par eux il faillit, aussi pour restablir les choses en leur ancienne dignité, Adrian pourchassa ce tiltre de Patriciat à Charlemagne (ne luy donnant du commencement le tiltre d'Empereur, pour n'irriter l'Empereur de Grece:) mais auec toutes prerogatiues de grandeur: Tellement qu'au lieu, où anciennement l'Empereur pretendoit la confirmation tant du Pape, qu'autres Euesques luy appartenir, cela fut accordé à Charlemagne, & ses successeurs: mesmes que nul ne pourroit estre sacré Archeuesque ou Euesque, en quelque prouince de son obeïssance, qu'il n'eust esté par luy inuesty. En ce voyage pour recompense, Charlemagne confirme au Saint Pere, l'auantage qui luy auoit esté fait par Pepin. Ainsi fut entr'eux partagé le gasteau, aux despens de l'Empire, à l'un estant confirmé l'Exarquat, comme de son propre, à l'autre le Patriciat, pour jouyr du reste de l'Italie: & neantmoins qu'il commanderoit sur toute l'Italie, sans exception en toute souueraineté, fors sur le pays de la Poüille.

Estant Adrian allé de vie à trespas, & à luy succedé Leon, soudain qu'il eut esté esleu, il enuoya les clefs de l'Eglise de Sainct Pierre à Charlemagne, & la banniere tant pour le prier de vouloir confirmer son eslection, qu'aussi qu'il luy pleust enuoyer à Rome quelque Seigneur, pour receuoir le serment de fidelité des Romains. Sur ces entrefaites le peuple courroucé le voulut destituer de son siege, luy imputant plusieurs choses mal conuenables à sa dignité. La cognoissance de ce different est sursise jusques à la venuë de Charles que l'on attendoit de jour à autre dans Rome, auec une merueilleuse deuotion & attente de plusieurs peuples, qui accouroient de toutes parts en cette ville, pour voir son entrée magnifique, & sembloit par ce seul spectacle que Rome eust esté restablie en son ancienne splendeur. En ce mesme temps Irene Imperatrice de Constantinople auoit cruellement fait creuer les yeux à l'Empereur Constantin son fils, & par ce moyen joüyssoit à tort sous le nom de luy, du droict de l'Empire. Chose qui luy auoit apporté une haine publique de tous. La presence d'une femme commandant à un tel Empire contre l'ordre ancien, la cruauté barbaresque d'une mere contre son fils, & haine publique de tous encontr'elle, donnerent occasion au Pape, & au Roy de passer outre, & de Patrice prendre le tiltre d'Empereur: Mais auparauant il falloit que Leon satisfist au peuple, & se purgeast deuant le Roy. Il importoit certes à la grandeur future des Papes que cette accusation aduint pour en auoir si braue issuë. Estant donques Charles arriué à Rome, & receu auec telle pompe & magnificence que la Majesté requeroit, quelques jours apres les preparatifs de l'accusation dressez, il s'assiet en un haut throsne, oit les parties d'une part & d'autre, mais quand ce vint à la prononciation de son arrest, luy qui n'aspiroit à choses basses, sçachant que plus il exalteroit le Pape, plus il se faciliteroit une voye à la grandeur qu'il projettoit, declara que c'estoit à luy de juger de celui qui auoit les clefs des Cieux en main, lequel ne deuoit receuoir autre juge que de sa seule conscience. Partant remettoit la decision de cette accusation au serment du Saint Pere. Ce jugement estoit loüé de chacun. Leon se leua sur pieds, & monté sur une chaire, afferma que tout ce qu'on luy auoit imposé estoit une pure calomnie: & sur cette sienne declaration fut absous à pur & à plain. L'on se souuenoit encores des jugemens de Constantin, & Valentinian qui en auoient usé tout de la mesme façon. Ce ça esté une reigle fort familiere aux Ecclesiastics de tirer à necessité ce que du commencement on leur auoit accordé par deuotion. Leon estant declaré par priuilege special juge, tesmoin & partie en son propre faict, & ne pouuans ses jugemens estre controolez par autre que de luy seul, l'on ne fit pas lors grande doute d'executer ce qui restoit. Ainsi receut Charlemagne la Couronne de l'Empire, & fut sacré Empereur par les mains du grand Pontife de Rome auec un applaudissement general de toute l'Europe. Et pour autant qu'Irene voyoit que ce luy estoit jeu forcé, elle luy accorda liberalement ce tiltre auec la joüyssance de Rome, & de l'Italie, hors la Poüille & la Sicile. Pratiquant sous main le mariage de luy, & d'elle, le. A quoi il ne voulut entendre, & en cette façon le Pape, & le Roi se donnans l'esteuf l'un à l'autre, s'enrichirent des despoüilles de l'Empire, & de là en avant commença nouvelle face d'Estat à l'Empire, se trouvant party en deux principautez, qui n'avoient nulle correspondance de l'une à l'autre, comme on avoit veu autrefois, y ayant lors deux Empereurs continuellement divers, l'un du Levant, & l'autre de l'Occident.

Cet exemple depuis servit aux Papes. Car tout ainsi que Pepin, & Charlemagne avoient emprunté leurs prétextes pour se faire maistres & seigneurs souverains, premierement de la France, puis de l'Italie : aussi Robert Guischard Normand s'estant emparé du Royaume de Naples, au prejudice du vray heritier, pour asseurer son estat à sa posterité, eut recours à l'authorité du S. Siege, & se fit vassal de la Papauté. Ce qui s'est perpetué jusques à luy.

La famille de Charlemagne estoit creüe en trois Princes consecutifs, Charle Martel, Pepin, & Charlemagne, sous lequel elle avoit atteint au comble de sa grandeur : elle decreut par mesmes degrez en trois autres Princes, Louys le Debonnaire, Charles le Chauve, & Louys le Begue. Car le demeurant de cette lignée ne fut qu'un rebut de fortune, & à mesure qu'elle declina, aussi de mesme proportion se dispenserent les Papes des confederations, & promesses, qui avoient esté par eux jurées avec Pepin & Charlemagne. A Leon succeda Estienne quatriesme, puis Paschal premier, & tout ainsi que lors du declin des Empereurs de Grece, Pelage second s'estoit le premier des Papes ingeré en l'exercice de sa charge, sans attendre la confirmation de l'Empereur de l'Orient : aussi cettuy Paschal prit le premier la hardiesse de joüyr de la Papauté, sans attendre la consentement du Debonnaire, lequel en fit plainte par ses Ambassadés : Mais le Pape cognoissant le Prince, avec lequel il avoit à demesler le fuseau, leur fit responce, qu'il ne falloit point tirer en perpetuelle consequence les loix qui avoient esté introduites pour la necessité du temps, & sceut bien pallier ses excuses (joint que le cœur genereux des autres Roys manquoit grandement en cettuy) que non seulement le Debonnaire prit en payement ces paroles, mais qui plus est quelques-uns disent que par une liberalité inepte il renonça au droit de confirmation des Papes. Et ce qui authorisa encores davantage la puissance des Papes dans Rome, apres le decez de Louys le Debonnaire, fut que pendant que Lothaire, Louys, & Charles le Chauve ses enfans combatoient les uns encontre les autres pour leur partage : du temps de Leon quatriesme, les Sarrazins qui lors rodoient presque tout le monde, vindrent donner jusques à Rome, qu'ils pillerent, & mirent à sac, sans que celuy qui tenoit lors tiltre d'Empereur entre nous, fist contenance de les secourir. Qui fut cause que le Pape la fit reparer és Eglises, & fortifier de boulevers : mesme bastit un chasteau en forme de roquette, que nous appellons le chasteau S. Ange, & luy mesme alla en personne à la guerre. Sigisbert Croniqueur dit qu'il fit une nouvelle Rome, qui est celle que l'on a depuis habitée, laquelle il fit appeller de son nom Leonine.

Depuis ce temps je ne voy point que les Papes ayent tenu grand conte de la lignée de Charlemagne, en quelques contrées qu'elle fust esparse. Et les divisions mesmes qui peu apres coururent par la France, entre Charles le Gras, Eude, & Raoul, chacun d'eux prenant diversement le tiltre de Roy de France, abastardirent presque toute la reputation que nos Empereurs avoient acquise par leur vaillance & sagesse dedans l'Italie. Tellement que vous voyez que l'on commence de là en avant à les mater par loix, & ordonnances Decretales. Parce que Nicolas premier ordonna que les Empereurs & Princes seculiers n'eussent aucun lieu aux Concils, sinon qu'il fust question de la foy. Que les seculiers ne jugeroient de la vie des Clercs : que le Pape ne pouvoit estre lié, ou delié par puissance humaine. Er Adrian second son successeur, que nulle puissance seculiere se devoit immiscer en l'election des Patriarches Metropolitains, ou Evesques, comme estant chose contre Dieu. En parlant de la Papauté : car puis qu'il donnoit la loy aux Roys, & Empereurs, il ne faisoit point de doute qu'ils n'avoient aucune jurisdiction, ou cognoissance de cause sur luy, ny sur ses successeurs. Et lors se reigloient toutes choses fort aigrement contre les Princes par anathemes & censures Ecclesiastiques.

Toutesfois encores n'estoient les Papes du tout affranchis de la crainte de cette grande lignée. Pour s'en asseurer de tout poinct, la fortune du temps suscita dedans l'Italie, une racaille de tyrans, un Guy, Lambert, Berenger, un Louys, puis un Hugues seigneur de la Provence, un Raoul de Bourgongne, un Berenger second, tous lesquels remuerent ce pays-là, avec une infinité de maux. Au moyen dequoy le Pape a recours aux Othons d'Allemagne, qui lors commençoient de poindre, comme nouveaux rejettons de fortune. Car pendant que les Berengers avoient d'un costé remué l'Estat d'Italie, les Allemans esleurent Empereur sur eux Conrad, lequel en mourant designa pour son successeur Henry Duc de Saxe, auquel succeda Othon premier grand guerrier. Cettuy appelé par les Romains chassa tout à fait les Berengers, & leurs corrivaux d'Italie. La ruine de tous ces seigneurs, & le peu de sejour qu'Othon faisoit en Italie, rendit les Papes beaucoup plus asseurez que devant, encores que ce ne fust sans coups ferir. Mais vous ne les voyez gueres de là en avant passer par la mercy des autres Princes.

En ces Othons vous commencerez de trouver nouvelle face d'affaires. Car ayant l'Empire continué de pere en fils par droict successif du premier au second, & du second au troisiesme Othon, Gregoire V. s'avisa de rendre l'Empire electif. Il semble que ce nom de Gregoire ait esté fatal pour l'accroissement de la Papauté en six ou sept Gregoires, premier, troisiesme, cinquiesme, septiesme, neufviesme, onziesme, & de nostre temps en Gregoire treiziesme. Parquoy fut celebré un Concil du consentement de tous les Princes de la Germanie, par lequel il fut arresté, & conclud qu'advenant la mort de l'Empereur, on y pourvoyroit par la voye d'election, qui seroit commise à six Princes d'Allemagne, dont les trois seroient Ecclesiastics les Archevesques de Mayence, Treves, & Cologne, & les trois seculiers c'estoient les Marquis de Brantbourg, Duc de Saxe, & Comte Palatin. Et s'ils estoient partisans voix, on y adjousteroit pour septiesme le Duc de Boesme pour les departir. A la charge qu'apres que l'Empereur seroit esleu, il recevroit confirmation, puis couronnement par le Pape. Ainsi par succession de temps voila la chance tournée. Car au lieu, où auparavant les Empereurs s'estoient donnez la loy d'elire, ou de confirmer les Papes esleus, maintenant par de decret conciliaire, ils ont cette mesme confirmation à l'endroit des Empereurs, & ne fait-on plus de doute qu'en l'election du Pape n'y soit plus requise l'authorité Imperiale. Depuis cette constitution ainsi faite l'on n'a point veu que les Papes n'ayent tres-grande puissance temporelle dans Rome, dessus les Empereurs : & encores que les aucuns leur voulussent envier cette grandeur, si est-ce que les Papes s'en sont fait accroire, quelque resistance que l'on leur ait faite.

Il seroit impossible de dire combien en temps-là produisit de divisions & discordes aux principaux Estats de l'Europe. Car d'un costé nostre France estoit infiniment embrouillée par les factions d'Eude, & ses successeurs, qui ouvrirent la porte au Royaume à Hugues Capet. D'ailleurs chacun dans l'Italie sembloit joüer à boute-hors, autant que tantost un Guy, & Lambert occupent l'Estat, tantost apres eux Berenger premier, puis Louys, qui en est encores chassé par le mesme Berenger, luy d'une mesme fortune par Raoul Bourguignon, & Raoul par Hugues Comte d'Arles, & cettuy-cy par Berenger second petit-fils du premier. En cas semblable l'Estat de Rome estoit en mesme combustion. Car apres que la femme Angleshe sous l'habit d'homme eust esté impudente d'imposer aux yeux de toute la Chrestienté, Formose ayant esté quelques années apres creé Pape avecques le mescontentement de plusieurs seigneurs de la ville, Estienne son sixiesme successeur annulla tous les Decrets par luy faits, & non assouvy de cette vengeance, par une inhumanité estrange fit tirer le corps du tombeau, & revestir d'ornemens Pontificaux : puis en forme de degradation le fit depoüiller publiquement piece apres piece, & reduire en habillement laïcal, sous lequel il luy fit recevoir sepulture, apres luy avoir fait coupper deux doigts, & jetter dans le

Tibre

Tibre. Au contraire Romain successeur d'Estienne, restablit tout ce qui avoit esté annullé par son predecesseur. Et ainsi par trois ou quatre successions de Papes, chacun defaisoit ce que son predecesseur avoit fait & ordonné en ce grand theatre de Rome, à la veuë de tous les Chrestiens.

Au bout de ces longs troubles & divorces, comme ainsi soit que des corruptions viennent les generations ; & des grands desordres, les grands ordres : aussi se planterent nouvelles polices en l'Occident. Car tout ainsi qu'en la Germanie furent establis six Magistrats pour Electeurs de l'Empire, qui ont grande authorité pour la conservation de cet Estat : aussi quelque temps apres la venuë de Hugues Capet, qui fut presque vers le même temps, s'insinua entre nous en cette France le departement de nos douze Pairs, six Ecclesiastics, & six Laiz, pour estre comme Conseillers, & Intendans generaux des affaires de nostre France : & de mesme façon les Papes, qui de toute ancienneté s'estoient habituez dans Rome, voyans que par devers eux demeuroient les prerogatives, & anciennes remarques de l'Empire, voulurent avoir autour d'eux un Conseil, de la façon que les Empereurs. Pour cette cause commença d'estre grandement eslevé en authorité & grandeur, vers le temps de Jean XIX. pour toutes les affaires du S. Siege, le consistoire des Cardinaux. Toutesfois parce que cette compagnie, pour le rang qu'elle tient entre nous, merite bien d'avoir sa remarque à part : j'en discourray en un autre chapitre ce que j'en pense devoir estre dit.

Or combien que depuis que l'Empire fut electif, le Pape donnast presque la loy aux Empereurs, & que par ce moyen nul Prince Chrestien ne s'osast parangonner en authorité avec luy, si avoit-il une bride en sa maison qui l'empeschoit : c'estoit le peuple Romain, lequel licentieusement se dispensoit de fois à autre encontre luy. Car estant perpetuellement en luy empreinte la memoire de son ancienne liberté, il pensoit que par nul laps de temps elle ne pouvoit estre prescripte. Parquoy pour aucunement contenter ses opinions desbordées, fut érigé un nouvel estat dans Rome qui fut appellé Senateur, dont encores aujourd'hui en voit-on quelques remarques. C'estoit une image du Patritiat, qui avoit esté autrefois deferé à Charlemagne. Et combien qu'en cettuy l'on ne vist, pour dire le vray, que le masque d'un Magistrat, toutesfois encores ne pouvoient avec luy les Papes tel controlleur à leur porte. A cette cause Lucius second, voulant par force bannir cet office de Rome, fut à coups de pierre outragé par la commune, de telle façon qu'il en mourut. Et Eugene troisiesme son successeur, ayant excommunié le peuple, avec Jourdain leur Senateur, fut contraint d'abandonner la ville, & s'en venir en cette France, ressource ancienne des Papes lors de leurs afflictions : Nous en voyons encores une epistre expresse de S. Bernard qu'il escrivit au peuple de Rome, le blasmant tres-aigrement de ce qu'ils s'estoit ainsi indiscretement bandé contre son Chef. Et en fut mesmement Adrian IV. en grande altercation avecques les Romains. Toutesfois ayans les Papes puis apres recueilli en ce fait leurs esprits, & pourpensé que cette dignité n'estoit qu'un amusoir de peuple, mesmes que la voulant supprimer tout d'un coup c'estoit se heurter contre une folle populace, qui est comme un torrent, lequel plus reçoit d'obstacles & barrieres, plus faict de violens efforts. Pour cette cause ils estimerent qu'ils viendroient à la longue mieux à chef de leur intention par une sage tolerance. Ce qu'ils firent, & succeda ce conseil si à propos, que non seulement ce Senateur passa puis apres en toutes choses par où ils voulurent, mais en sceurent fort bien faire leur profit quand les occasions le requirent, estant un nom de Magistrat sans effect, qu'ils presentoient toutesfois aux Princes estrangers, quand ils les vouloient allecher de venir en Italie, pour prendre leur querelle en main encontre leurs ennemis. Car ainsi en userent-ils à l'endroit de Charles Comte d'Anjou, pour exterminer de Naples la posterité de Frederic second : & encores depuis envers Pierre d'Arragon, pour chasser celle de Charles quand ils furent las. Enfin cette belle qualité de Senateur, s'estant par traicté de temps changée en simple tiltre (parce que la cholere du peuple s'estoit matée petit à petit) demeura par devers les Papes tout l'Estat de Rome & des environs sans aucune contradiction : Et en effect voilà les procedures par lesquelles ils s'impatroniserent par le menu de cette grande ville. Et à cecy j'adjousteray pour conclusion de ce discours, que la beauté que je trouve en Platine historiographe des Papes, & que dés le commencement de son histoire, & en la continuation d'icelle, avant quede parler du Pape qu'il s'est mis en bute, par chaque chapitre, il touche sous quel Empereur il vivoit, & quels furent ses exploits les plus signalez, puis tout d'une suite enfile la vie du Pape par luy projettée, comme si ce grand Empire de Rome couvait un second Empire en la Papauté, tel que l'on a veu depuis s'estre esclos par traitte de temps.

CHAPITRE V.

De la dignité de Cardinal introduite en l'Eglise Romaine.

Lors des premiers departemens, & distributions de l'Eglise, il n'y avoit nulle difference entre l'Evesque & le Prestre, ains nous voyons és sainctes lettres, indifferemment estre appellez par les Apostres, tantost Prestres, tantost Evesques, ceux qui tenoient le premier rang de l'Eglise : Cette police toutesfois ne demeura pas longuement en essence, comme j'ay remonstré cy-dessus au premier chapitre de ce Livre. A quoy je puis adjouster que sainct Hierosme escrivant à Evagre, nous tesmoigne que dés le temps mesmes de sainct Marc, ou peu apres en Alexandrie fut deferée la Primauté de l'Eglise à l'Evesque, & le second lieu aux Prestres, qui avoient la charge des petites Eglises separées de la grande Eglise. Comme aussi nous apprend Sozomene Livre premier. Police qui s'espandit depuis par la plus grande partie des Eglises de tour l'univers. Parce que Tertullian qui estoit sept ou huict-vingts-ans apres la Passion de nostre Seigneur Jesus-Christ, en son traité du Baptesme disoit, que la premiere puissance de baptiser residoit en l'Evesque, & apres luy aux Prestres, non toutesfois sans authorité de l'Evesque. Aussi voyons nous lettres de S. Cyprian escrites aux Prestres, & Diacres de son Diocese : & au Concil de Carthage qu'il tint par la question, de sçavoir s'il falloit rebaptizer celuy qui avoit esté baptizé par des heretiques, se trouverent des Evesques, Prestres, & Diacres.

Institution qui estoit aussi desors fort frequente en l'Eglise Romaine, parce que comme nous apprenons d'Eusebe au sixiesme Livre, Corneille Evesque de ce lieu, contemporain de S. Cyprian, escrivant à Fabian Evesque d'Antioche, de l'impudence de Novat Heresiarche, qui s'estoit fait sacrer Evesque dans Rome. "Il se deust (dit-il) souvenir qu'en l'Eglise Catholique de Rome, n'y a qu'un Evesque : quarante six Prestres, sept Soudiacres, quarante deux Acolites, cinquante deux Exorcistes & Lecteurs". Et à tant je m'estonne où Gratian Moine, auquel je desirois quelquesfois, ou plus de jugement, ou plus certaine information de l'ancienneté, nous a esté dans son Decret trouver une Epistre de Denis à l'Evesque de Cordube, où il se fait premier introducteur de cette discipline dans Rome : Denis (dis-je) qui fut le quatriesme Pape en ordre, apres Corneille.

En l'Assemblée generale des Prestres gisoit le Senat, ou conseil commun de chaque Evesché. Car les Colleges de Chanoines qui depuis ont esté introduits en chaque Eglise Cathedrale, n'estoient adoncques en usage, ains est une police beaucoup plus nouvelle : encores que je sçache bien que quelques doctes personnages de nostre temps ayent pensé le contraire. Toutesfois ne voyant aucun Concil ancien qui parle de ces Chanoines, ains seulement vers le temps de Charlemagne, je ne me puis persuader que leur introduction soit si ancienne. Car malaisément que comme hommes, ils ne se fussent destraquez de fois à autres de leurs devoirs,

voirs, & qu'il n'euſt eſté requis pour leur diſcipline, y apporter quelques reiglemens, par les Conciles, comme vous voyez que l'on fit aux Moines: tellement que je rapporte cette invention bien avant ſur le declin de l'Empire, & advenement de nos Roys de France. Tant y a que Gregoire de Tours, ſur la fin de ſon Hiſtoire nous teſmoigne qu'en l'Egliſe de Tours, qui eſtoit Metropolitaine, l'une des plus recommandées de la France, Baudin ſeiziéſme Archeveſque du temps du Roy Clotaire premier, inſtitua le College des Chanoines en ſon Egliſe: joinct que je ne croiray jamais que ceux-là fuſſent eſtimez comme premiers Senateurs de leurs Egliſes, qui n'eſtoient neceſſitez d'eſtre Preſtres. Mais ſi je m'abuſe, c'eſtoit une pepiniere de gens d'honneur, que les Eveſques avoient autour d'eux, les uns Diacres, autres Soudiacres, pour les tranſplanter puis aprés ſelon les occaſions aux autres Egliſes, en les faiſant Preſtres: je veux dire en leur conferant les Egliſes qui n'eſtoient deſtinées qu'aux Preſtres, que depuis nous appellames Curez. Vray que depuis, comme toutes choſes ſe changent aveques le temps, on auroit fait des Colleges de Chanoines. Mais encores leur eſt demeurée cette ancienne remarque, qu'ils peuvent tenir des Prebendes & Chanoinies ſans eſtre Preſtres. Cela ſoit par moy touché en paſſant.

Ces Preſtres doncques dont j'ay parlé eſtoient ceux par l'advis deſquels ſe faiſoient du commencement par l'Eveſque les reſolutions generales, qui concernoient ſon Egliſe. Ainſi voyons-nous ſainct Cyprian s'excuſer envers les Preſtres & Diacres de Carthage de ce que combien qu'il n'euſt accouſtumé de donner les ordres de Preſtriſe, ſans avoir premierement leur advis, toutesfois il les prie trouver bon qu'à leur deſceu il euſt faict Aureille, Lecteur, pour l'avoir trouvé en ſa conſcience digne de plus grand charge. Eſtoient appellez aux Concils pour y avoir voix deliberative, comme de faict au Concil de Carthage, tenu ſous le meſme ſainct Cyprian, ils s'y trouverent. Et l'Eveſché venant à vacquer, ceux-là meſmes eſtoient aſſemblez, & par leur commun ſuffrage l'un d'entr'eux eſtoit eſleu. Couſtume que S. Hieroſme diſoit avoir eſté inviolablement obſervée dans Alexandrie, depuis la mort de S. Marc, juſques à Heraclit & Denis Eveſques.

Cette meſme couſtume s'obſerva religieuſement dedans Rome, où ils firent eſtat de leurs Preſtres, comme d'un bien grand Senat. Tellement que lors qu'il ſe preſentoit matiere de poids, en laquelle y avoit quelque obſcurité, ils tenoient leur conſiſtoire aveques eux. Et de ce en voyons nous un exemple trés-ſignalé dans S. Gregoire au Livre unzieſme de ſes Epiſtres, où il dit que Probus s'eſtant voulu rendre hermite, & ſequeſtrer du monde à volonté ſeulement, toutesfois avant eſté par S. Gregoire faict Abbé lors que moins il y penſoit, on ne luy avoit donné le loiſir de diſpoſer de ſes biens avant que d'avoir faict vœu de Pauvreté. Pour cette cauſe il preſenta une requeſte à S. Gregoire, narrative de ce que deſſus, par laquelle il demandoit permiſſion de pouvoir ordonner de ſon bien pour une fois, tout ainſi qu'il luy eſtoit loiſible auparavant. Cette requeſte priſe par S. Gregoire, il la communique au conſiſtoire, & par l'advis (porte le texte) de quelques Eveſques de l'ancien Archeveſché de Rome, & des Preſtres, il fut permis à Probus de diſpoſer de ſon bien pour les cauſes portées par la ſentence. Pareillement aſſiſtoient preſque ordinairement aux Concils qui ſe tenoient dedans Rome. Ainſi liſons nous dans Euſebe, livre quatrieſme, qu'en celuy qui fut tenu contre l'hereſie de Novat, il y avoit ſoixante Eveſques; autant de Preſtres & quelques Diacres. Le ſemblable en ceux que tindrent S. Gregoire, Martin I. & Gregoire II. Bref vous en voyez peu dedans cette ville là, où on ne leur deferaſt cet honneur. En tous leſquels ils ne ſont encores appellez Preſtres Cardinaux, ains Preſtres de telle, ou telle Egliſe, c'eſt-à-dire Curez, comme l'on pourra plus amplement recognoiſtre, qui voudra avoir recours à la lecture de ces Concils.

Ceux-cy doncques qui du commencement furent appellez dans Rome Preſtres, prindrent avec le temps tiltre & qualité de Preſtres Cardinaux. Et voicy comment: Lors que le barbariſme ſe logea dans la langue Latine, & que ceux qui penſoient mieux parler Latin le parloient auſſi mal que bon: ils uſerent de ce mot de Cardinal pour premier, ou plus grand, voire furent ſi hardis d'en faire un verbe *Cardinala-*re, pour donner la premiere ſeance, ou plus haut lieu à quelqu'un. Mots incognus à ceux qui auparavant avoient fait profeſſion de bien dire, & neantmoins derivez d'une diction Latine trés-elegante. Vous trouverez frequente mention du mot de Cardinal dans S. Gregoire, lors qu'il veut ſignifier une dignité premiere: Au ſecond livre de ſes epiſtres, en la troiſieſme il appelle l'Eveſque de Naples, *Epiſcopum Cardinalem*, pour autant qu'il eſtoit Archeveſque, & par conſequent l'un des premiers Eveſques de la Poüille. Au meſme livre, és epiſtres 15. 77. & 79. Au livre troiſieſme, chapitre 25. ordonnant divers Eveſques, tant en la Sardaigne qu'autres endroits, il les appelle tantoſt, *Cardinales Sacerdotes*, tantoſt, *Cardinales Presbyteros*: parce que l'Eveſque eſtoit le plus grand de tous les Preſtres. Le ſemblable fait-il, parlant des Archidiacres. Car au livre premier, epiſtre octante & uniéſme, il exhorte Januaire Eveſque de donner le dernier lieu entre les Diacres à Reparat, puis que ſi ambitieuſement il pourſuivoit d'eſtre Cardinal Diacre. Et au 5. livre à Fortunat Eveſque de Naples, il uſe du mot de *Cardinalare*, & luy mande qu'il a eſtably dedans Naples un quidam Cardinal Diacre. C'eſtoit qu'il l'avoit fait ou premier Diacre, ou Archidiacre. Paroles que le meſme autheur confond au commencement du deuxieſme livre.

Tous leſquels paſſages ne rapporterent ny aux Preſtres, ny aux Diacres Cardinaux de Rome, leſquels auſſi n'eſtoient lors, ny longuement aprés en eſſence: mais la confuſion & deſordre qui advint depuis en l'Egliſe en apporta l'uſage. Parce qu'au lieu que nul auparavant n'eſtoit fait Preſtre, qui ne fuſt pour meſme moyen chargé d'un tiltre, je veux dire auquel ne fuſt commiſe la garde d'une Egliſe, que nous appellons maintenant Paroiſſe, les Prelats par leur avarice commençans de tirer argent de leurs Ordres Eccleſiaſtics, mirent auſſi ces meſmes Ordres en grand deſordre, & abandon: & commença l'on de faire en l'Egliſe une infinité de Preſtres volans, & ſans tiltres. Cela fut cauſe que le nom de Preſtre reſidant tant aux premiers, que derniers indifferemment, l'on fut contrainct dedans Rome, pour y mettre diſtinction, qualifier les premiers d'un plus haut tiltre. Et à cette raiſon mirent-ils en œuvre le mot de Cardinal pour les premiers, les appellans Cardinaux Preſtres, comme les plus grands Preſtres de l'Egliſe Romaine, à la difference de ceux qui eſtoient ſimples Preſtres, & ſans dignité: & nous autres François, auſquels la diction de Cardinal n'eſtoit ſi familiere qu'aux Romains, les appellaſmes *Presbyteros Parochiales*, Preſtres Parochiaux, comme ceux qui jouyſſoient actuellement de certaines Paroiſſes & Egliſes. Et d'eux eſt faite mention expreſſe au troiſieſme Concile de Tours article 45. & un autre tenu à Valence ſous le Roy Lothaire, article neufieſme, & encores au 15. article de celuy de Chaalons ſur Saulne, du temps de Charles le Grand. Et davantage ſe trouve paſſage par lequel en ce pays nous uſames du meſme mot de Cardinal de la façon que deſſus dans Rome, en un Concile tenu à Mets ſous Charles le Chauve, article cinquante & quatrieſme, portant: *Vt tituli Cardinales in vrbibus, vel ſuburbijs conſtituios. Epiſcopi, canonicè & honeſtè fine retractatione ordinent & diſponant.* Que les Eveſques ordonnent tiltres Cardinaux tant és villes, qu'en leurs fauxbourgs, canoniquement, & par honneur, ſans aucune retractation. C'eſtoit à dire que les Eveſques euſſent à eſtablir en certains lieux des Curez, leſquels il appelle Cardinaux. Rheginon Abbé qui vivoit du temps de Charles le Simple, parlant d'un Hilduin, qui fut depuis fait Archeveſque de Cologne au pourchas de Charles le Chauve, dit que pour luy faire obtenir cet Archeveſché il le fit auparavant *ordinare Presbyterum ad titulum ſancti Petri prædicta Metropolis*. Ce que nous voyons avoir eſté fort commun dans Rome, quand ils joignent ce mot de Cardinal, & de tiltre enſemble, les appellans *Cardinales Presbyteros tituli ſancti Laurentis, ſancti Joannis*, & ainſi des autres.

Voila pour le regard des Preſtres Cardinaux: mais il y peut avoir plus d'obſcurité aux Diacres, qui eſtoient ſimples aſſeſſeurs des Preſtres: voire que par les anciens Canons leur eſtoit defendu de s'aſſeoir avec les Preſtres, & de n'entreprendre aucun miniſtere des ſaincts Sacremens, ſinon en leur abſence ſur peine d'Anatheme. Toutesfois qui repaſſera icy ſommairement comme les choſes ſe manient particulierement

Tome I. M en

en l'Eglife de Rome, il s'en trouvera aifément fatisfait. Combien que cette Eglife abondaft en Preftres titulez, fi eut-elle toufiours peu de Diacres. Et de fait Nicephore au livre douziefme de fon Hiftoire nous refmoigne que les Romains garderent longuement cette ancienne inftitution des Apoftres, de n'avoir en leurs Eglifes que fept Diacres, combien que par tout ailleurs les Evefques fe donnaffent Loy d'en creer tant qu'il leur plaifoit. Et de fait vous voyez en l'Epiftre de Corneille Pape par moy cy deffus alleguée, que de fon temps mefme il difoit qu'il y avoit dans Rome quarante fix Preftres, & fept Diacres feulement. Le nombre effrené des Preftres qui y eftoient (difoit S. Jerofme efcrivant à Evagre) le peu qu'il y avoit de Diacres, rendit ceux-là contemptibles, & ceux-ci au contraire refpectez. Tellement que ce grand perfonnage fe plaignant des prerogatives que les Diacres s'eftoient donnez dedans Rome, dit qu'ils pouvoient en ce lieu porter tefmoignage contre le Preftre, & qu'il avoit veu quelquesfois un Diacre s'affeoir dans l'Eglife au rang des Preftres, & en un difner benir la table en la prefence d'un Preftre fans fcandale : Bref fe parangonner avecques les Preftres, ce que l'on n'euft ofé nullement faire en toutes les Eglifes de la Chreftienté. De là vint que les Diacres eftant dans Rome en petit nombre, & pour cette caufe authorifez de la façon que deffus, ayant efté donné aux Preftres le tiltre de Cardinal, auffi fut ce mefme tiltre pris par les Diacres, qui furent appellez Cardinaux Diacres, comme les autres Cardinaux Preftres.

Les Evefques de l'ancien, & originaire Diocefe de Rome ne prenoient lors le tiltre de Cardinaux : & neantmoins ne laiffoient en cette qualité d'Evefques d'eftre mis devant les Preftres, & Diacres, jaçoit qu'on les appellaft Cardinaux. Comme vous en verrez un exemple notable dans Luithprand du temps d'Othon premier Empereur, au Concile tenu à Rome, contre Jean Pape X. du nom. Qui monftre que ce n'eftoit pas l'ambition qui euft premierement introduit le mot de Cardinal en l'Eglife Romaine, ains la neceffité, pour mettre la diftinction par moy cy-deffus touchée entre les deux fortes de Preftres. Toutesfois croiffant avecques le temps la dignité du chef en grandeur, auffi s'accrent par mefme proportion celle des membres, tournant en tiltre de grandeur de Cardinalat. Et cela, fi je ne m'abufe, advint depuis que Hugues Capet fe fut emparé de la Couronne de France. J'ay leu en un vieil fragment d'hiftoire d'un Religieux de Clugny nommé Glaber Radulphus, qui eftoit fous le

A regne de Robert fils de Capet, qu'un Legat fut envoyé en France du S. Siege à la folicitaton de Foulques Comte d'Anjou pour faire la dedicace d'une Eglife que luy baftie. *Mifit* (dit-il parlant du Pape) *cum eodem Fulcone ad prædictam Bafilicam facrandam, unum ex illis, quos in beati Petri Apoftolorum principis Ecclefiæ, Cardinales vocant.* Il envoya, fait-il, avecques Foulques pour facrer cette Eglife, l'un de ceux qu'ils appellent Cardinaux en l'Eglife de S. Pierre chef des Apoftres. Duquel paffage vous pouvez recueillir que l'ambition commençoit lors de fe loger dans ce mot, & que cela eftoit aucunement trouvé infolent par les noftres.

Depuis ce temps je ne voy point que les Cardinaux n'ayent efté en trés-grand vogue, avecques lefquels les Evefques de l'ancien diocefe de Rome fe mirent de la partie. Car eftans les Papes au deffus du vent, encontre les Empereurs, Nicolas II. ordonna que l'election des Papes feroit feulement du peuple. Car comme le Pape euft fecoüé de fes pieds la poudre des Princes eftrangers, fi ne vouloit-il induire le peuple à revolte encontre luy. Et quelque entrejet de temps aprés, Innocent IV. voulut que ces Cardinaux pour remarque de leur grandeur, fuffent habillez de pourpre, comme reprefentans le Senat ancien de Rome. Et finalement Jean XIX. ordonna que toutes les affaires de la Papauté paffaffent par leur confiftoire : Qui eftoit aucunement reprendre les arrhemens de la primitive Eglife, mais non avecques pareille fimplicité. En quoy je puis dire que le Siege de Rome s'eftant eftably en la grandeur que nous le voyons maintenant, ce n'a pas efté peu de chofe la dignité de Cardinal pour le maintenir. D'autant que par ancien privilege des Papes, les Cardinaux pouvans tenir pluralité de benefices qui n'avoient charge d'ames, davantage n'eftans tenus de refider dans Rome, finon de tant qu'il leur plaifoit, ou avecques urgentes de l'Eglife les y femonnoient, il n'y a grand Prince ou Seigneur bien aymé de fon Roy en quelque Province que ce foit, qui ne s'eftime à grand honneur de voir l'un de fes enfans pourveu du chapeau. Et n'en voyez gueres honorez de ce tiltre, qui ne tiennent grand rang & lieu prés de leur Prince fouverain. A maniere que ce grand confiftoire & Senat eft par ce moyen efpandu par tous les Royaumes de la Chreftienté : & autant de Cardinaux font autant de gonds, & aides pour le fouftenement de leur Chef envers les autres Princes Chreftiens. Police qui ne fut jamais pratiquée en autre Republique que celle-là.

CHAPITRE VI.

Vers quel temps la Religion Chreftienne fe vint habituer chez nous.

Que la Religion Payenne de la Gaule fuft de toute ancienneté exercée par le minifere des Druydes; nous n'en faifons aucune doute : Mais de vous dire quand la Chreftienne s'y vint eftablir, c'eft un joug je me trouve aucunement empefché. Combien que je fçache noftre opinion commune eftre d'en attribuer l'advenement & promotion, à S. Denis l'Areopagite, que nous tenons y avoir efté martirizé non loin de Paris. Or qu'il ne faille aifément contrevenir à telles antiquitez, c'eft une leçon qu'avons apprife d'une longue main. Toutesfois par ce que cela eft un article d'hiftoire, non de foy, je vous reciteray icy ce que j'en trouve, fauf d'en paffer par l'advis des plus clair-voyans. Si vous parlez à Eufebe, il vous dira que ce fut Crefcent qui s'acheminna le premier en la Gaule pour cet effect, & Sainct Denis l'Areopagite y eftoit demeuré en Athenes. *Memoratur è comitibus Pauli* (dit-il fur le commencement du troifiefme livre de fon Hiftoire Ecclefiaftique) *Crefcens quidam ad Gallias effe profectus: Linus vero, & Clemens, urbe Roma, Ecclefia præfuiffe: Qui comites, & adjutores ejus fuiffe ab ipfo Paulo perhibentur: Sed & Dionyfium Areopagitam, apud Athenas, quem Lucas defcripfit, primum Paulo prædicante credidiffe, & inter focios fuiffe, & Ecclefia Athenienfium facerdotium fufcepiffe.* Vous voyez que cet Auteur attribué le premier plan de noftre foy à Crefcent. Et neantmoins je ne voy eftre faicte

mention de cettuy, en aucun autre Hiftoriographe, foit ancien, ou moderne : Qui me faict emerveiller grandement. Si vous en difcourez avecques Flodoart Preftre, & Chanoine de Rheims, fous le regne de Louys d'Outre-Mer, il vous enfeignera au premier livre de fon Hiftoire des Evefques de Rheims, que *Beatiffimus Ecclefiæ Chrifti princeps Petrus*, envoya exprés fainct Sixte à Rheims pour y enfeigner la parole de Dieu, & fut le premier Evefque, fecondé par Hirfiminus fon compagnon auffi premier Prelat de Soiffons. Et neantmoins encores trouve-je dedans le cinquiefme livre d'Eufebe, que depuis cet entre-jet de temps, s'infinuerent dedans les villes de Lyon, & de Vienne, plufieurs notables Chreftiens, qui pour le fouftenement de leur foy, furent expofez à divers martyres : Mefmes que Photin fut Evefque dedans Lyon, & aprés luy Athanafin qui ne fut grandement efloigné du fiecle de nos Apoftres. Remarques defquelles nous apprenons que noftre Religion ne fut jettée en moule, & tout d'un coup en ce pays-cy, ains à diverfe fois, felon que les occafions fe prefentoient. Vray que quelques-uns de nos modernes demeurerent en noftre ancien Sainct Denis : Ainfi le trouverez-vous au dix & feptiefme livre de l'Antropologie de Raphaël Volaterran : *Dionyfius Areopagita* (dit-il) *præful Athenienfis, difcipulus Pauli, ut fcribitur in actibus Apoftolorum, folus Paulo concionante, è Philofophis,*

qui

qui aderant crediderit : Et après avoir faict quelque autre recit de luy, il adjouste. *Missus postea in Galliam ; Evangelij gratia, una cum Rustico, & Eleutherio à Clemente Pontifice , sub Domitiano, in eodem loco Martyrio afficitur.* Et après luy Nicolas Vegnier au premier tome de sa Bibliotheque Historiale, sous le mesme Empereur, l'an de nostre Seigneur & Redempteur JESVS-CHRIST, octante quatre, Denis Areopagite, Rustic, & Eleutherius, preschoient en ce temps-là l'Evangile és Gaules, où ils fonderent les Eglises. De mesme façon le Cardinal Baronius, au premier tome de son histoire Ecclesiastique, dit que sous la quinziesme année de Domitian, qui fut la derniere de son Empire, Denis l'Areopagite, *Fortassis Ioannis consilio, Romam ad Clementem Pontificem se contulit, ab eodemque, cum Rustico & Eleutherio, in Gallias mandatum, fidem facimus, qui ex antiquioribus monumentis, ejus res gestas scripsit, memoriæ prodiderunt.* Que si ainsi estoit, la verité est que ce grand sainct homme ne s'estant transporté és Gaules, que sous le dernier, long-temps auparavant Crescent compagnon de sainct Paul (si vous en croyez Eusebe) & encores Sixte ; en la ville de Rheims, si vous adjoustez foy à Flodoart. Et neantmoins la Religion, & Convent de sainct Denis, ne doutent que c'est à S. Denis l'Areopagite, & ses deux compagnons que nous devons la foy Chrestienne en la Gaule (depuis appellée France) & sur ce pied, je trouve au livre des Arrests de la Cour tiltre troisiesme, que Messieurs de nostre Dame de Paris, & de sainct Denis, estans en dispute sur la possession du chef par arrest du mois de May de l'an 1410. fut dit que le chef de sainct Denis le Corinthien residoit en l'Eglise de Nostre-Dame : Qui estoit à dire, que celuy de sainct Denis l'Areopagite sejournoit en celle de sainct Denis.

Le premier qu'entre les anciens je voy avoir revoqué cette opinion en doute, fut Pierre Abellard grand personnage entre les siens, non toutesfois bien estimé de sainct Bernard. Cettuy s'estant fait Religieux de sainct Denis par force, pour couvrir aucunement sa pudeur, toutesfois s'y estant habitué, ne laissa de faire des leçons publiques tout de la mesme façon qu'il avoit fait autresfois en la ville de Paris. Et de faict laissant les Actes des Apostres au passage où sainct Luc dit (c'est au 17. chapitre) qu'en la ville d'Athenes, nul de tous les grands Philosophes ne s'estoit fait Chrestien par le sermon de Paul, fors Denis l'Areopagite : tomba incidemment sur cette question, sçavoir s'il falloit estimer que le chef de sainct Denis l'Areopagite, ou le Corinthien fust logé en cette Abbaye, & fut d'advis avecques le venerable Beda (dit-il) que celuy de l'Areopagite n'y estoit. Chose à quoy les Religieux ne vouloient condescendre : *Et se Hilduinum Abbatem suum , veriorem habere testem, qui pro hoc investigando , Græciam diu perlustraverat, & rei veritate agnita, in gestis illis quæ conscripsit , nihil omnino dubitationem removit.* Surquoy Abellard interrogé, auquel ces deux il croyoit le plus, à Beda, ou à Hilduin, il respondit que c'estoit à Beda, tant approuvé par nostre Eglise. Alors (dit Abellard en ses Epistres) ils commencerent de s'escrier contre moy, que je perdois l'honneur, tant de leur Monastere, que de toute nostre France. *Et videlicet eum honorem auferens, quo singulariter gloriaretur, cum eorum Patronum Areopagitam fuisse denegaret.* Enfin dit que celuy estoit une chose indifferente que ce fust l'Areopagite, ou le Corinthien, moyennant que l'un des deux eust esté martyrizé pour la foy de Dieu. Les Moynes revoquans cette proposition à injure, en font plainte à leur Abbé, qui est bien aise de s'en venger aigrement, comme jaloux , tant de sa grandeur, que de tout le reste du pays: Et pour cette cause fait tenir un Chapitre general, auquel Abellard mandé, l'Abbé luy denonce qu'il en advertiroit le Roy : Afin que ce nouveau Religieux fust chastié , comme mesfait sous pieds l'honneur de la couronne de France. Au moyen dequoy Abellard de nuict prit la fuite, & se retira sur le territoire de Thibauld Comte de Champagne, duquel il avoit autresfois esprouvé quelques courtoisies & gratieusetez.

Histoire que j'ay empruntée du mesme Abellard, pour vous en faire maintenant part. Et neantmoins s'il m'estoit permis d'adjouster quelque chose du mien contre cette ve-
Tome I.

nerable ancienneté, je dirois que s'il ne faut rapporter l'advenement de nostre foy à S. Denis l'Areopagite, nous ne devons non plus faire estat de S. Denis le Corinthien, qui florirent diversement sous les douze premiers Empereurs, & peut-estre quelques années après. Mais qu'il nous faudroit rechercher cette histoire sous l'Empire de Dece, qui fit une persecution generale des Chrestiens dedans son Empire. Et de faict nostre Gregoire Archevesque de Tours, le plus ancien qu'ayons de nos Historiographes François, dit au 1er livre de son histoire, que sous Dece furent envoyez de Rome és Gaules, sept grands personnages pour y prescher & annoncer nostre Evangile, Gratian à Tours, Teophine à Arles, Paul à Narbonne , Denis à Paris, Saturnin à Toulouse, Martial à Limoges, Stremonius en Auvergne. Esquels endroits ces prud'hommes nous enseignerent les rudimens de nostre foy Chrestienne, chacun d'eux portant en son endroit le tiltre d'Evesque és villes cy-dessus mentionnées: dont les deux furent Martyrs , Saturnin, & Denis, & les cinq autres moururent Confesseurs : Saturnin que depuis on a appellé par abreviation de langage, sainct Sernin, mourut trainé d'un furieux taureau, par sentence des Capitoux de Toulouse : *Et de his Beatus Dionysius , Parisiorum Episcopus, diversis pro Christi nomine affectus pœnis præsentem vitam gladio imminente finivit.* S'il vous plaist repasser sur le premier livre de ce sainct pere de Tours , vous trouverez qu'il n'a rien oublié de ce qui appartenoit à la Passion de nostre Seigneur Jesus-Christ , ny à sa Resurrection , ny à la prescence qui fut donnée dedans la ville de Rome , à sainct Pierre & sainct Paul, & comme depuis ils furent martirisez en un mesme jour, l'un à la Croix, l'autre par le Glaive, sous l'Empire de Neron, qui fut la premiere persecution de nostre Christianisme , la seconde sous Domitian, la troisiesme sous Trajan : Mesmes que sous Adrian son successeur, nous eusmes part à ces persecutions és Gaules. *Sed & in Gallis* (dit-il). *multi pro Christi nomine sunt per martyrium, gemmis cælestibus coronati , quorum , passionum historia , apud nos fideliter usque hodie retinentur. Ex quibus & ille primus Lugdunensis Ecclesiæ Photinus Episcopus fuit , qui plenus dierum, diversis afflictus suppliciis, pro Christi nomine passus est. Beatissimus vero Irenæus hujus successor Martyris, qui à Beato Polycarpo ad hanc urbem directus est, admirabili virtute enituit. Qui in modici temporis spatio , prædicatione sua , maxime in integro , civitatem reddidit Christianam.* Et quelques clauses après, il adjoute les sept Prelats dont je vous ay cy-dessus parlé. Se peut-il faire que ce grand & sainct Prelat qui ne douta de dire que sainct Irenée par ses sainctes exhortations, avoit converty toute la ville de Lyon à nostre foy Chrestienne , eust oublié d'en dire autant de sainct Denis l'Areopagite, tant recommandé par nostre ancienneté , si tant est qu'il fust venu à Paris sous l'Empereur Diocletian, pour y venir planter la parole de Dieu, luy dis-je , qui avoit esté disciple de sainct Paul, & par luy converty dedans Athenes ? Chose qui m'appreste aucunement à penser en cette histoire , & induit presque de croire qu'il ne faut raporter nostre foy Parisienne à sainct Denis l'Areopagite, ains au sainct Denis Evesque de Paris, dont parle Gregoire , qu'il dit estre mort Martyr par le glaive. Car je ne sais aucune doute , que sainct Denis nostre Evesque , par nos anciens tant celebré, mourut Martyr, comme nous apprenons par l'Eglise de sainct Denis de la Chartre , & par la montagne de Montmartre, proche de Paris. Et n'est pas certes sans grande raison que le Parisien a estimé , & estime , un sainct Denis premier Evesque de Paris, avoir jetté en cette ville les premiers fondemens de nostre Eglise , & neantmoins du depuis avoir esté rudement traité : Et de cette ancienneté nous en voyons encores les remarques és Eglises circonvoisines de Paris, dediées à l'honneur & commemoration de sainct Denis. Mais si cela se doit raporter ou à l'honneur de l'Areopagite , ou de celuy du temps de Dece, je m'en remets au jugement du bon & favorable lecteur, n'y voulant rien apporter du mien. Tant y a que pour ne m'esloigner de mon but , laissant à part ce qui restoit des vieilles antiquailles des Druydes, lors que les François arriverent és Gaules , il y avoit deux Religions ordinaires. La Catholique Apostolique Romaine , qui estoit exercée par le general de la Gaule , & l'Arienne , tenuë
M ij   par

par les Visegots & par les Bourguignons, lesquels occupoient diversement une bonne partie des Gaules : & les François Payens arrivans y en introduisirent une autre troisiesme, aux lieux où ils commanderent. Qui est ce dont nous discourrons cy-aprés.

CHAPITRE VII.
Quelle fut la Religion de la premiere lignée de nos Roys.

WAramon, ou bien Pharamond est mis par nos Historiographes, pour le premier Roy de nos François, qui s'impatronizerent aucunement de l'Estat : mais d'autant qu'il y a quelques-uns, qui revoquent cette histoire en doute, une chose vous puis-je dire, que Clogion, ou Clodion, qui fut surnommé le Chevelu, pour les grands & longs cheveux qu'il portoit, porta le tiltre de Roy, & vint aux pays bas avecques ses forces Françoises par le moyen desquelles il conquist plusieurs villes, dont ses jeunes enfans furent investis sous la qualité de nos Roys : S'estant Meroüée son successeur reservé pour son partage les villes que par sa proüesse il pourroit reduire sous sa puissance és Gaules. A luy succeda Childeric son fils, depuis chassé pour sa petulance par les siens : & quelques années aprés restably, tous lesquels vesquirent chez nous, en leur paganisme : jusques à ce que Clovis se fit Chrestien : Et voicy comment. Il avoit esté prié plusieurs fois par la Royne Clotilde sa femme, de vouloir recevoir le sainct Caractere de Baptesme, mais à toutes ses prieres sourde aureille, jusques à ce qu'en la journée de Tolbiac, la victoire se trouvant en balance contre les Allemans, il fit vœu à Dieu de se faire Chrestien, s'il plaisoit à sa Majesté luy envoyer pleine victoire encontre ses ennemis. Ce qu'ayant pleinement obtenu, à l'issuë de cette bataille, il se mit entre les mains de Sainct Remy, Evesque de Rheims de la Religion Catholique, Apostolique & Romaine, duquel luy & tous les siens receurent le Sainct Sacrement de Baptesme, & vesquirent de là en avant Catholiques, sans aller recevoir par procuration des coups de bastonnades à Rome depuis Miserere jusques à Vitulos. Il n'y avoit lors aucun, qui de pauvre se voulust rendre riche, & advantager aux despens de sa patrie. Paradventure que Clovis, & sa posterité, depuis ce grand coup ainsi jetté se contenterent de leur Baptesme, ou bien s'ils continuerent en leur Chrestianisme, ce fut pour la crainte des censures de Rome. Et vrayement, je ne me lasseray jamais de celebrer l'authorité du sainct Siege de Rome, non seulement pour les raisons par moy cy-dessus deduites, mais aussi que si en chacun ordre de Religion Monastique, il y a un Superieur qui peut commander absolument à tous les Monasteres de cet ordre, pourquoy ne ferons nous le semblable en nostre Eglise Chrestienne, qui est la grande Republique de Dieu ? Et neantmoins la verité est, que nos Roys approuvans la Religion de Rome ne l'allerent de là en avant mandier en cette ville, ains l'exercerent dedans leur Royaume. Encores que si censures furent jamais necessaires, ou contraint d'icelles, ce fut sous nostre premiere lignée. Parce que lors il y eut de l'homme en nos Roys, je veux dire, & en Clovis, & en Childebert, & en Clotaire premier, & en Chilperic, & en Theodorich, beaucoup plus qu'il ne falloit : Et toutesfois vous ne verrez en toutes nos anciennes histoires, que jamais le Pape interposa son authorité contr'eux. Au contraire aprés que les Evesques avoient passé en ce qui estoit de leurs charges, en & au dedans de leurs Dioceses; s'il y avoit en aprés quelque dispute & contention contr'eux, cela se passoit en cette France par divers Conciles, desquels nos Roys faisoient la premiere ouverture. Depuis le Baptesme du Roy Clovis, fut faict le premier Concile dedans Orleans de trente-trois Evesques : Or si vous encroyez Hincmare ce Grand Archevesque de Rheims en la vie de S. Remy, parlant de Clovis. *Per Consilium* (dit-il) *Remigij, in Aureliana civitate, Episcoporum synodum convocavit, in quo conventu, multa utilia constituta sunt* : Et par malheur, nulle mention de l'Evesque de Rome. Sous Childebert Roy de Paris, & ses freres, enfans de Clovis, fut tenu un autre Concil en la mesme ville d'Orleans, dont le commencement estoit tel. *Cum ex præceptione gloriosissimorum Regum in Aurelianensem urbem, de observatione Legis Catholicæ tractatur, Deo auxiliante convenimus, ibique quid de antiquis regulis, quid de novis ambiguitatibus, pro captu intelligeretur, illuminante Domino senserimus, expressissimus sigillatim, descriptisque constitutionibus, quæ Deo propitio, in posterum sunt observanda, ex veterum Canonum authoritate conscripsimus* : Et à la suite de cela sont les Constitutions Canoniques de nos Evesques François, trente en nombre, & à la fin de tout cela sont ces mots : *Kalend. Julij, anno 22. Domini Childeberti Regis.* Autre Concil tenu en la ville de Clairmont en Auvergne par la permission du Roy. *Apud Ecclesiam Avernensem* (porte le texte) *sub die sexta iduum Novembr. post Consulatum Paulini junioris, cum in Dei nomine, congregante Sancto Spiritu, consentiente gloriosissimo, pioque Rege Theodeberto, in Alverna urbe, Synodus convenisset, ibique flexis in terra genibus, pro Rege, pro ejus Regno, & longævitate, & pro populo, Dominum deprecaremur, ut qui nobis congregandis tribuerat potestatem, Regno ejus Dominus fœlicitatem tribueret, Imperium regeret, & in justitia gubernaret, in Ecclesia ex more consedimus, inspectisque Canonibus, id nobis rationabile visum est, ut quamvis Ecclesiastica regula pænè omnia comprehendant, quædam tamen, vel adderentur nova, vel repararentur antiqua.* Autre Concil tenu à Mascon sous le Roy Gontran, porte en teste. *Synodus habita in civitate Matisconensi, anno 29. Regni gloriosissimi Gontrani* : Et aprés tous les Statuts Conciliaires, soixante & un Evesques soubsignent, non seulement du Royaume de Gontran, ains d'autres. Et vous en laisse plusieurs autres, tenus sous cette lignée en la France, (pour ne vous affliger de longueur) ésquels trouverez en cet usage de Conciles (grand lien de nostre Religion) permission de nos Roys de les ouvrir, teneure d'iceux par nos Evesques de France, & de malheur, nulle mention de l'Evesque de Rome, bien que les Roys, & leurs sujets vesquissent en la Religion Catholique en la France : Vous me direz, que ce n'estoient que simples Concils Nationaux, ou Provinciaux : Appellez les comme il vous plaira. Mais tant y a qu'en toute la France, vous n'en trouverez autres sous la premiere famille de nos Roys. Et mesmement vous voyez l'Eglise sainct Pierre & sainct Paul, (depuis nommée saincte Genevieve) celle de sainct Vincent (depuis dite sainct Germain) & encores celle de S. Denis, diversement basties par les Roys Clovis, Childebert, & Dagobert. Qui nous sont certains tesmoignages de leur Catholicité. J'adjousteray que sous cette premiere famille, si nos Ecclesiastiques avoient affaire de quelques privileges, pour lesquels nous allons maintenant à Rome, ils les obtenoient par Concils Provinciaux, qui se faisoient entre les Prelats d'un mesme Diocese, & ainsi le voyons nous avoir esté pratiqué par Germain Evesque de Paris, lors qu'il voulut dispenser l'Abbaye sainct Vincent de la Jurisdiction ordinaire de l'Evesché de Paris : Privilege qui se continua en la seconde lignée, en laquelle nous voyons le semblable avoir esté faict aussi par Landry Evesque, en faveur des Religieux, Abbé, & Convent de Sainct Denis.

Je sçay bien que quelques uns qui au milieu de l'ignorance sont les sçavans, disent que sous cette lignée la Baronnie d'Yvetot fut erigée en Royauté par nostre Roy Clotaire premier de ce nom, pour n'encourir les censures du Pape Agapit, dont il estoit par luy menacé : En second lieu, que l'Hostel-Dieu de Dijon fut confirmé en ses Privileges par Gregoire premier, comme pareillement ceux de l'Eglise Sainct Medard de Soissons. Le tout ainsi que nous apprenons

apprenons des lettres de ce grand Sainct. Et vrayement, sicela est ainsi, comme ces nouveaux souffleurs nous veulent faire entendre, c'est une grande pitié qu'en toute cette premiere lignee on ne trouve que ces trois exemples dont on se puisse prevaloir contre la coustume qui lors s'observoit en la France. Nous eusmes anciennement trois grands Prelats dedans Rome, chacun d'eux du nom de premier, Leon, Nicolas, Gregoire, ausquels la Papauté doit beaucoup, entre lesquels Gregoire passa d'un long entrejet les deux autres, & neantmoins que sous luy n'y eust que ces trois exemples de la grandeur de la Papauté, ce seroit faire tort au S. Siege, si ceux qui tiennent ce grand lieu & Siege Romain, n'estoient plus sages que ne sont nos nouveaux sçavans. Et afin mesmement que tous ces discours ne se logent aux testes de nos François, entant que touche la Royauté d'Yvetot, vous ne trouverez que tous ces bons vieux Peres qui ont traité de nostre Histoire Françoise, n'ayent jamais parlé, je veux dire Gregoire de Tours, Rheginon, Adon de Vienne, Fredegaire, Aimoïn, Sigebert en ayent jamais touché un seul mot, ny entre nos modernes, un Paule Emile, ny le Greffier du Tillet, que seroit de tres-grand poids. Le premier qui nous servit de cette opinion, fut Robert Gaguin Ministre des Mathurins sous le regne de Charles huictiesme, lequel dit ainsi, au second livre de son Histoire, sur la fin de la vie du Roy Clotaire premier. *Sed priusquam à Clotario discedo, illud non pratermittendum reor, quod maximè cogniti dignum, & mirari licet, à nullo Franco scriptore fuisse commendatum.* Et tout d'une mesme suite met en avant cette belle histoire d'Agapit, Clotaire, Gaultier, & du Royaume d'Yvetot. Ce que vous pouvez recueillir que Gaguin, presque nostre contemporin, est le premier qui nous en a abreuvé, sans nous coter quelque Autheur devant luy dont il ait puisé. Et combien que quelques-uns l'ayent suivy à la trace, toutesfois Belle-forest trouvant ce conte bizarre, est contraint de dire ces mots au premier de ses Annales Françoises. Or si cecy est vray ou non, jem'en rapporte aux lettres Patentes de ce Roy : Le President Faulchet plus judicieux que les autres en ses antiquitez Françoises, sur la vie de Clotaire premier, chapitre huictiesme, nous dit qu'en ce temps-là les François ne faisoient des voyages encontre les Sarrazins, ny mesmes ne recevoient correction Ecclesiastique de leurs Evesques. Comme ne me puis imaginer, dit-il, comme ce Roytelet ait osé prendre ce haut tiltre. Et au bout de tout cela, encores s'abusoit-il en ce mot de Roytelet. Car si vous transportez pardevers le Seigneur de Langé, celuy auquel appartient de pere à fils cette Seigneurie, il vous dira que ny luy, ny les siens n'eurent jamais aucuns tiltres justificatifs de cette imaginaire Royauté dont aussi ils ne joüyrent jamais. Tout cela proposé devant le sainct Consistoire de Rome, composé de plusieurs barbes sages & blanches, est suffisant pour le faire rire, & soustenir que l'opinion contraire à la mienne est excusable à un jeune escolier aprenty, mais non à un Cardinal, sinon qu'il se voulust mocquer du Sainct Siege.

Car quant à l'Hospital de Dijon duquel les Privileges furent confirmez par Sainct Gregoire, si vous en croyez nostre Cardinal. *Quand la Royne Brunechilde*, dit-il en sa harangue, *& le Roy Theodoric son fils, voulurent faire confirmer les Privileges de l'Hospital d'Authun, que la mesme Brunechilde avoit fondé, & obliger les Roys futurs, par l'authorité du Sainct Siege Apostolique, à les conserver inviolez, sans les contrevenir par aucun sacrilege, le Pape Sainct Gregoire le Grand, à leur instance escrivant ces mots en l'Epistre* A SENATOR, *qui est la dixiesme, en l'onziesme livre de ses* Epistres : Nous les concedons & confirmons, ordonnans que nul des Roys, nul des Prelats, nul de quelconque dignité qu'il soit, ne puisse rien diminuer ou oster des choses qui ont esté données au mesme Hospital que nos suscits tres excellens fils Roys. Et peu aprés : Et si quelqu'un des Roys, Prelats, Juges ou autres personnes seculaires estans informez de cette nostre Constitution, attente d'y contrevenir, qu'il soit privé de son pouvoir & authorité. A tant par ces mots finit nostre Cardinal. O que bel est le proverbe François, par lequel nous sommes enseignez qu'il faut laisser le moustier où il est, voulant dire qu'il ne faut rien aisément remuer de l'ancienneté! De moy lisant les Epistres de Gregoire, & y trouvant cette Epistre, encores que j'y trouvasse quelque chose qui me semblast difforme à la verité du faict, toutesfois je ne voulus jamais remuer ce mesnage. Mais maintenant que je voy un Cardinal François, oubliant les biens qu'il a receu de nos Roys, en vouloir faire son profit à leur prejudice, & de ce qui s'observoit lors en la France, je vous diray franchement que j'ay tousjours estimé & estime cette pretenduë confirmation estre une piece supposée, & inserée en l'onziesme livre des Lettres de Sainct Gregoire long-temps aprés son decez. Chose qu'il ne faut trouver estrange, car ce Cardinal mesme est d'accord par sa harangue, que la confirmation des Privileges de l'Abbaye de Sainct Medard de Soissons pendant le regne de Brunechilde, & Theodoric son fils, a esté adjoustée au douziesme des Lettres de ce grand Sainct.

Or avant que d'entrer en cette grande dispute d'adveu ou desadveu, je pourrois dire du commencement, qu'en vain on nous repaist de cette confirmation. D'autant que Brunehaud estoit Espagnole & non Françoise, & selon nos anciennes histoires vivoit avecques Theodoric son fils Roy de Bourgongne, non de France. Je ne vous diray encores que selon le rapport commun de nos historiographes, aprés Fredegaire & Aimoïn, cette promesse fut consite de toutes sortes de scelerateste. Tellement qu'avecques le desmembrement de son corps, on eust beaucoup fait pour elle, si sa memoire eust esté par mesme moyen mise en pieces. Je vous adjousteray que Theodoric son petit fils pour se faire Roy d'Austrasie, fit cruellement mettre à mort Theodebert son aisné & ses enfans. Considerations toutesfois qui ne sont de petite consideration. Et neantmoins je veux escouler tout cela sous silence. De tant que Brunehaud, bien qu'Espagnole, fut toutesfois vesve de Sigebert lequel fut pour quelque temps Roy de Paris, & au surplus luy & Theodoric son petit-fils prindrent leur extraction de Clovis Roy de France. C'est pourquoy si la confirmation de ces Privileges fust lors passée dedans Rome, comme ce Cardinal presuppose, je passe tous les crimes par eux commis sous silence, comme n'ayans rien de commun avecques ce present discours.

Mais d'autant que ce docte homme se vante par sa harangue, ne discourir ce qui a deu estre fait, ains seulement ce qui a esté fait, je fonderay ma memoire sur la sienne, & vous monstreray au doigt & à l'œil, que la lettre faite A SENATOR, est supposée. Lisez-la, il n'est par icelle faitement, ny aux Brunehaud, ny que Theodoric son arriere-fils, ayent onques requis cette confirmation, ny mesmes que Senator eust escrit un seul mot touchant ce requisitoire. Vous voyez icy une lettre escrite à un Senator que l'on dit Abbé, mais de quelle Abbaye, cela est demeuré au bout de la plume de l'Escrivain. Davantage sans jour, mois & an : & dea, où vistes-vous jamais une confirmation faite sans datte, mesmes en un temps auquel telles confirmations n'estoient dedans cette France en usage ? Grande pitié, que Brunehaud eust voulu demander la confirmation de cet Hospital, & non du Monastere des Religieuses, par elle aussi bien basty que cet Hospital, comme nous apprenons de la huictiesme lettre de l'onziesme de S. Gregoire, lequel escrivant à la Royne Brunehaud, dit ainsi: *Epistolis vestris indicantibus, agnoscentes Ecclesiam S. Martini in suburbano Augustodunensi, atque Monasterium ancillarum Dei, nec-non & Xenodochium construxisse.* Et ce qui me fait croire de plus en plus cette pretenduë confirmation avoir esté supposée, nous voyons quinze ou seize lettres, avoir esté diversement escrites par Gregoire à Brunehaud, à Childebert son fils, à Theodebert & Theodoric arriere-fils; mais principalement à Brunehaud. Or l'air general de ses lettres, estoit de loüer la pieté de Brunehaud envers Dieu, & bon mesnage qui estoit entre elle & ses enfans, & à eux l'obeïssance filiale qu'ils luy rendoient. Mais presque en toutes, il les prie de bannir de leur Royaume la Symonie qui n'y estoit que trop familiere; & pareillement de ne permettre que les hommes fussent faits Evesques du jour au lendemain qu'ils avoient esté promeus aux Ordres de Prestrise, qui estoient en bon langage les male-façons, lesquelles n'estoient que trop communes aux Royaumes d'Austrafie & de Bourgogne: Que fi l'authorité du Pape euft efté lors telle que ce nouveau commentateur prefuppofé, Gregoire y euft à bonnes enfeignes interpo é fon Decret, fans y proceder par humbles fupplication. Quoy plus? Tant s'en faut qu'il y interpofaft fon Decret, comme ayant toute puiffance fur eux, qu'au contraire nos Roys adoncques ordonnans l'ouverture de leurs Conciles dedans leurs Royaumes, comme j'ay deduit cy-deffus, S. Gregoire efcrivant aux Roys Theodebert & Theodoric en fa cent quatriefme lettre du fep.iefme livre, dit ainfi: *Qua de re omnipotenti Dom.no, munus valeatis offerre, Synodum congregari præcipue*. Que fi Gregoire euft eftimé avoir lors tant de puiffance fur nos Roys, il ne les euft priez d'affembler un Concile en France, pour l'extirpation de ces deux grands vices, ains luymefme y euft interpofé fon authorité à bonnes enfeignes. Car en toutes les lettres qu'il efcrit à Princes & à cette Princeffe, il joüa le perfonnage de tres-humble Prieur, aveques toute moderée foubmiffion; mais en celle que l'on dit avoir efté par luy efcrite à Senator, c'eft tout autre jeu. *Hujufmodi privil. g.a*, dit-il, *præfentis authoritatis noftræ Decreto indulgemus, concedimus atque confirmamus ftatuentes nullum Regem, nullum Antiftitem, nullum quacunque præditum dignitate vel quæmquam alium, de his quæ Xenodochio à fu prædictis præcellentiffimis filiis noftris Regibus donata funt, vel in fut ro à quibufvis aliis, de proprio jure in jure collata, fub cujuflibet caufæ occafionive fpecie, minuere vel auferre, five fuis ufibus applicare, vel aliis piis caufis, pro fua avaritia excufatione poffe concedere*. Belle leçon veritablement, mais que ne trouverez aucunement fe rapporter aveques fes autres humbles fupplications à l'endroit de la mere & de fes petits enfans? Qui ne fait eftimer, aveques les autres circonftances cy-deffus deduites, cette pretenduë confirmation n'eftre de luy, ains d'un autre qui a voulu fauffement abufer de fon nom & authorité.

Aprés avoir parlé de la confirmation des Privileges de l'Hofpital d'Authun, que le Cardinal dit avoir efté faite à Senator, à la requefte de Brunehaud & Theodoric fon petit-fils, telle eft la fuite de fon difcours: *Je ne me veux point fervir des Bulles de l'Aub ye de Soiffons, à autant qu'elles ne font point inferées dedans les Regiftres des Epiftres de S Gregoire; mais ont efté prifes des Archives des Moines de S Medard, & adjouftées hors d'œuvre aprés la fin du Regiftre, comme il appert par les anciennes impreffions au mefme Regiftre, & par la citation que Gregoire VII. qui vivoit il y a plus de cinq cens ans aprés, fait de l'Epiftre à Senator, fans parler de celle de Soiffons*. Par ce paffage j'apprens que & autres diverfement ont adjoufté quelques pieces aux œuvres de Gregoire premier: qui ne m'eft pas un petit poinct pour croire ce que j'ay touché cy-deffus. Vray que ce grand homme fe ferme en Gregoire VII. Livre 8. Epiftre vingt & unieme. Mais j'euffe fouhaitté qu'il euft allegué un autre Prelat que Gregoire VII. qui entre tous les Papes de Rome, fit profeffion horrible de vengeance contre l'Empereur Henry IV. de ce nom. Il dit qu'il y a cinq cens ans qu'il fut aprés S. Gregoire, lequel fut en l'an 590. & Gregoire VII. 1073. qui difent quatre cens quatre vingt fept ans, pendant lequel temps il y eut tant d'horreur dedans Rome, que je ferois honteux de le reciter: une Jeanne Anglefche, que l'on dit avoir joüé le perfonnage de Pape en habillemens defguifez: un Formofe Evefque craignant de paffer fous la feverité du Pape Eftienne V. du nom, avoit quitté l'Italie, & puis de retour privé de toute Dignité Ecclefiaftique, & reduit au rang des laiz, & quelque temps aprés reftably en fon Evefche, non par fa vertu, ains à beaux deniers comptans, & depuis creé Pape. Difant en cet endroit Platine, qu'il fçait comme il advint lors, *ut una cum induftria Imperatorum, fimul etiam Pontificum virtus & integritas defecerit*. Aprés Formofe Boniface VI. vingt & fix jours feulement. Et aprés luy Eftienne VI. lequel abrog a tout ce qui avoit efté ordonné par Formofe, voire par Concile exprés fait de fon ordonnance, fut le corps de Formofe tiré du tombeau, & defpouillé des Habits Pontificaux, fut enfeveli comme une perfonne laye, luy ayant fait ronger les deux doigts de la main droicte, dont les Preftres font facrez, qu'il fait jetter dedans la riviere du Tibre. A Eftienne VI. fucceda Romain I. qui dés fon advenement anulla tout ce qui avoit

efté ordonné par Eftienne; comme le femblable firent Theodoric fecond, & aprés luy Jean X. Chofe qui cuida exciter dedans la ville de Rome de grands troubles. Et encores depuis Jean, ayant efté creez Papes l'un aprés l'autre Benoift IV. Leon V. Chriftophle I. & à lui fucceda Sergius III. Pape, il condamna de telle façon tout ce qui avoit efté faict par Formofe, qu'il contraignit derechef les Preftres reprendre les faincts Ordres, qui avoient efté auparavant facrez par Formofe, ny ne fut feulement content de cette ignominie à l'endroit de luy, mais faifant tirer fon cadavre du fepulchre, il luy fit trancher la tefte, tout ainfi que s'il euft vefcu, fit jetter fa carcaffe dedans le Tibre, comme indigne de recevoir fepulture humaine, & puis au milieu de ces divorces & autres dont je ne veux faire aucune inventaire, vous trouverez eftrange que la confirmation des Privileges de l'Hoftel-Dieu d'Authun ait efté inferée fous faux gages dans le Regiftre de S. Gregoire, d'autant que Gregoire VII. en a faict eftat par fes lettres? Au contraire toutes chofes furent lors loifibles à ceux qui les voulurent entreprendre. Joinct que jamais Gregoire n'oublia rien, ny par les armes, ny par la plume, ny par la cenfure, de ce qu'il penfoit appartenir à l'advantage de la Papauté, & defadvantage des autres Princes Souverains.

Mais pour vous dire ce qu'il me femble de la confirmation des Privileges de l'Abbaye S. Medard de Soiffons, j'eftime que le Cardinal n'a faict traict de fageffe plus grand, de n'avoir voulu par fa harangue induire cette pretenduë confirmation. Je veux doncques maintenant fuppleer fon defaut. Car eftans luy & moy François, & eftans enfans du S. Siege, & humbles ferviteurs & fujets de noftre Roy, nous devons eftre tres-aifes que rien ne foit caché au Lecteur François de la verité de cette Hiftoire. Dedans le douzieme livre des Lettres de S. Gregoire, vous y trouverez une Epiftre adreffée à tous les Evefques, en laquelle aprés avoir fait honorable mention de Gairauld Abbé de Sainct Medard de Soiffons, Gregoire confirme les Privileges de cette Abbaye, mais d'une façon nouvelle, & la commemoration de laquelle fait tort au Sainct Siege. Car ce n'eft point Gregoire feul qui l'a fait, ains aveques luy trente Evefques pris de diverfes Provinces de cette partie. *Ego Gregorius Romana Sedis Antiftes huic Privilegio fubfcripfi: Eleutherius Aretenfis Epifcopus fubfcripfit: Gregorius Portuenfis Epifcopus fubfcripfit*, & ainfi de tous les autres, jufques à ce que aprés eux font ces mots: *Theodoricus Rex fubfcripfit: Brunechildis Regina fubfcripfit*: & tout fuivamment: *Ego Petrus Sanctæ Romanæ Sedis, fubfcripfi & figillavi. Datum 7. Cal nd. Junii, Anno ab Incarnatione Domini DCXIII. Indict. undecima.*

Je vous ay fidellement reprefenté le paffage, mais je vous prie me dire, en quel lieu cette confirmation fut paffée: Il n'en eft faite mention en acte fi figné que ceftuy. Quelle qualité à ce Petrus, qui dit l'avoir receu & clos? Nulle: c'eft à vous de le deviner, & neantmoins il faut neceffairement que ce fuft un Dataire. Que fi cet acte fut paffé, nous devons eftimer que ce fut à Rome. Je vous demande encores un coup, pourquoy cette ville n'y fut nommée? Que fi elle fut paffée à Rome, en quel Hiftoriographe trouverez-vous que jamais, ny le Roy Theodoric, ny la Royne Brunehaud fon ayeule, ayent efté a Rome, ny ayent eu le loifir de quitter le Royaume pour y aller? C'eft une negative que je propofe à celuy, qui pour fa fuffifance ne manquera de prouver l'affirmative, puis qu'il en a voulu faire fon profit.

Mais je fi vous veux accorder que cette confirmation foit vraye. On voit par tant de fignatures d'Evefques, que l'ancienneté des François, fous la premiere lignée de nos Roys, n'eftimans le Pape feul euft une puiffance abfoluë de confirmer lui feul les Privileges de nos Eglifes, ains falloit qu'aveques luy, plufieurs autres Evefques foufbfignaffent, & pareillement nos Roys mefmes, fous lefques étoient eftablies les Eglifes. Donnez doncques telles façon qu'il vous plaira, & à l'Epiftre concernant l'Hofpital d'Autun, & à l'autre de S. Medard, vous trouverez que ce font chifres.

Et pour conclufion, fi lors la grandeur du Siege de Rome eftoit telle en cette France, que cette nouvelle harangue a voulu publier, he certes ce nous feroit une grande honte,

honte, que fous ce fainct Pape Gregoire premier, l'on ne trouve que ces deux confirmations, qui portent tant de nullitez quant & foy. Et en ce faifant, c'eft faire le procez à ce grand Pape, qui fouftient fa grandeur de foy mefme, fans la mandier des plumes d'autruy. Sur ce propos quelque mutin me dira que je fuis un fchifmatique, qui fous le mafque du Papifme, ay proferé tout ce que deffus. Car c'eft l'objection de ceux qui fe trouvent lourches. Quant à moy je defire qu'on fçache que je fuis franc Catholique, non pour m'agrandir en bombances dont je fais litriere, ains pour demeurer en moy mefme, fous l'obeïffance du Pape, & de mon Roy, dedans cette mienne petiteffe, je feray toufjours pour la verité.

CHAPITRE VIII.

Des libertez de l'Eglife Gallicane devant & fous la premiere lignée de nos Roys.

Jamais dignité ne monta à telle grandeur que la Papauté, & jamais dignité ne fut tant combattuë en ce monde, comme celle-là, non par armes materielles, ains par les fpirituelles, par opinions d'uns & d'autres: les aucuns luy donnans (ainfi que quelques-uns eftiment) plus qu'il ne luy appartenoit, ores qu'il luy en appartint beaucoup, & les autres beaucoup moins. Je dy expreffement combattuë par uns & autres: parce que ce n'eft pas petite queftion de fçavoir lequel des deux lui a plus nui, ou celuy qui nourry en Cour de Rome par flateries courtifanes luy a voulu trop donner, ou l'autre qui habitué és parties Septentrionales, luy a moins accordé. Car encores que le premier faifant contenance de fouftenir la grandeur de fon Maiftre, apportaft en faveur de luy une infinité de propofitions prejudiciables, tant aux Roys, Princes, & Potentats, qu'aux Patriarches, Archevefques & Evefques, fi eft-ce que le temps nous a enfeigné qu'il reffembloit en cecy au Lierre, lequel embraffant étroitement une paroy, femble la fouftenir pour quelque temps aux yeux de ceux qui la regardent, toutesfois petit à petit la mine interieurement: auffi le femblable eft-il advenu au fait prefent. Car combien que pour quelque temps ces propofitions ayent porté coup à l'advantage du Pape & defadvantage de tous autres Princes, toutesfois nous avons cogneu puis après qu'elles couvoient fous elles, finon la ruine, pour le moins quelque diminution de fa dignité. Et ont efté caufe qu'au long aller plufieurs peuples fe font voulu fouftraire de fon obeïffance. Tellement que celui qui lui en a voulu trop bailler, l'a mis au hazard de tout perdre, au grand fcandale de l'Eglife, dommage de la Chreftienté, & defolation de tous les Eftats Politics. De ma part ne m'eftant icy propofé de juger des coups, je me contenteray de reciter comme toutes chofes fe font paffees en cet endroict, laiffant au jugement des plus fages, & clairs-voyans, fi elles fe devoient en cette façon efcouler.

Il ne faut faire nul doute que les Papes n'ayent toufjours eu le premier Siege de l'Eglife Chreftienne, & pour tels recogneus de toute l'ancienneté. Ils furent pour tels recogneus, toutesfois avec cette honnefte modification, qu'il n'eftoit en leur puiffance de terraffer les autres Evefques. Mefmes encore que pour le jourd'hui nous appellions le Siege de Rome, Siege Apoftolic (mot que nous n'approprions à nul autre) fi eft-ce que comme j'ay dit ailleurs, tous les Sieges du commencement, aufquels les Apoftres, ou leurs Difciples avoient prefidé, eftoient nommez Apoftolics. Et depuis ce mot fut fpecialement adapté par fucceffion de temps feulement aux Sieges de Rome, Alexandrie, Antioche & Hierufalem, comme nous recueillons des Hiftoires Ecclefiaftiques de Socrate, Sozomene, & Theodoric, jufques à ce que les trois dernieres villes eftans tombées fous la puiffance des Sarrazins, aufquelles ne reftoit plus, fi ainfi je l'ofe dire, qu'un tiltre imaginaire d'Evefchez, il n'y a aujourd'huy Eglife entre nous qui porte ce tiltre de fainct Siege Apoftolic, fors celuy de Rome.

Au demeurant ne laiffoient les autres Evefques & Pafteurs d'eftimer, que chacun d'eux dans leurs Diocefes eftoient de mefme autorité & authorité fur leurs brebis, comme tous les Evefques Apoftolics dedans leurs confins. C'eft la caufe pour laquelle, combien que fainct Cyprian Evefque d'Affrique recogneuft avec tout honneur & refpect, & Cornelian Evefque de Rome, fuperieur de toute l'Eglife, & qu'à cette occafion luy & quarante un Evefques l'euffent fupplié par lettres de trouver bon que l'on admift à la Communion de l'Eglife ceux qui pour la crainte des tourmens s'en eftoient diftraits, mais eftoient revenus à penitence: & qu'en autre endroit efcrivant au mefme Pape, il confeffe que la Chaire de fainct Pierre eft l'Eglife principale, dont eftoit iffuë l'unité facerdotale. Toutesfois en la mefme Epiftre il fe plaint que Feliciffime heretique Affricain, s'eftoit venu juftifier à Rome, au prejudice des Evefques d'Affrique, dont il eftoit jufticiable, & par lefquels il avoit efté excommunié. Luy mefme efcrivant encores à Cornelian Evefque de Rome, & le priant de recevoir quelqu'un à fa communion, il adjoufte tout fuivantment: " Je " veux dire, fait-il, l'unité de l'Eglife Catholique. Et en " autre lieu à Jubaïan. Car Dieu, dit-il, authorifant S. Pier- " re, fur lequel il edifia fon Eglife, & dont il voulut que l'E- " glife univerfelle prift fa fource, lui donna cette puiffance, " que tout ce qui feroit par luy lié fur la terre, feroit auffi " lié aux Cieux ". Qui font tous paffages formels, par lefquels on voit en quelle reverence ce fainct perfonnage avoit le Siege de Rome: ce neantmoins il ne voulut jamais paffer condamnation, que pour cela l'Evefque de Rome peuft decreter chofe aucune fur les diocefains des autres Evefques en ce qui eftoit de leurs diocefes. Ainfi voyez vous qu'efcrivant à Antonian, il dit que l'Eglife de Dieu eft un grand Evefché compofé de plufieurs Evefques, qui fimbolifent en ce tout enfemble. Et au Concil qu'il tint dans Carthage, fur la queftion de fçavoir s'il falloit rebaptizer le Chreftien, qui avoit efté baptifé par un Evefque heretique, il fut arrefté que nul ne fe devoit nommer Evefque des Evefques, ny tyranniquement attirer fon compagnon à fon opinion: comme eftans tous les Evefques expofez au jugement de Jefus-Chrift, lequel avoit feul, & pour le tout, puiffance d'eftablir les Prelats aux gouvernemens de fes Eglifes, & juger de leurs actions. Pareille refolution trouvons nous dans fainct Hierofme, efcrivant à Evagre, quand il dit que le moindre Evefque eftoit auffi grand dedans fes fins & limites, que le plus grand de la Chreftienté. Et toutesfois il ne faut douter qu'il n'eftimaft la Chaire de fainct Pierre eftre la premiere de toute l'Eglife, ainfi que nous recueillons par exprés de l'Epiftre qu'il efcrit à Damafe Pape. " Banniffons (difoit-il) de nous l'envie de cet- " te puiffance de Rome, efloignons nous de l'ambition: j'ay " maintenant affaire avec le fucceffeur d'un pefcheur, dif- " ciple de la Croix. Quant à moy, ne me reprefentant autre " premier que Jefus-Chrift, je fais veu de communion per- " petuelle avecques voftre Saincteté. Je veux dire avecques " la Chaire de fainct Pierre. Je fçay, & veux recognoiftre " que fur cette Pierre l'Eglife de Dieu eft baftie, & que qui- " conque mangera l'Aigneau Pafchal hors cette maifon, fera " excommunié. Car auffi s'il advient que pendant le deluge " aucun foit mishors l'Arche de Noé, il eft noyé ". Tous lefquels paffages nous enfeignent avec quelle devotion ces bons vieux Peres embraffoient la grandeur de l'Evefque de Rome, entre tous les autres: toutesfois avec cette condition qu'il ne pouvoit rien entreprendre fur les autres Evefques.

Or ne faut-il point douter qu'entre toutes les nations, celle de la Gaule ne favorifaft infiniment le Sainct Pere de Rome, avec une honnefte difpenfe de lui faire des remonftrances, tantoft humbles, tantoft aigres, & rigoureufes, felon selon que nous le voyons plus ou moins s'emanciper du devoir commun de l'Eglise. De là vient qu'au 5ᵉ Livre de l'Histoire Ecclesiastique d'Eusebe, vous voyez le Clergé de Lyon admonester doucement Eleuthere Evesque de Rome d'acquiescer à la raison, & ne se separer de la communion de quelques autres Eglises, comme il avoit fait. De là au mesme Livre, que Victor Evesque de Rome ayant excommunié les Eglises du Levant, qui ne s'accordoient avec lui, sur quelques ceremonies des jours concernans la celebration des Pasques, est mesme admonesté par sainct Irené Evesque de Lyon, mais tres-aigrement repris d'apporter cette division en l'Eglise. Passages dont on peut sans flatterie, ou calomnie, remarquer, & l'authorité qu'avoient deslors les Evesques de Rome, & la liberté honneste qui estoit en l'Eglise Gallicane, de controoller sobrement leurs actions lors qu'elles se mettoient à l'essor. Quelques seditieux & mutins de nostre siecle ont voulu soustenir que le mot d'Eglise Gallicane estoit une chimere, non recognuë par les anciens autheurs, toutesfois vous en trouverez expresse mention dedans Yves Evesque de Chartres, en ses 94. 116. & 118. Epistres, & dans Sigebert sur le commencement de sa Chronique, & le Pape Hormisda parle *de Canonibus Gallicanis, in c. si quis Diaconus* 50. *distinct.*

La proposition generale de nostre Eglise Gallicane fut de reduire toutes ses pensées à l'union de l'Eglise Romaine, la reconnoistre la premiere, symboliser aux articles de la foy, & aux principes generaux, & universels de l'Eglise, avecques elle, comme estant la vraye source & fontaine, dont il les falloit puiser, laquelle n'avoit jamais esté troublée par les damnables & malheureuses heresies de l'Orient. Mais en ce qui despendoit de la discipline Ecclesiastique, nous n'estimions qu'il fallust l'aller mandier à Rome, ains que chaque Evesque avoit puissance de l'establir modestement dans son diocese. Et s'il y avoit quelque obscurité, qui resultast de ce, ils avoient accoustumé de la resoudre par Concils Nationaux, ou Provinciaux, ausquels on ne mendioit aucunement l'authorité du sainct Siege, ains des Evesques des Gaules. Comme en cas semblable les Abbayes voulans estre exemptes de la jurisdiction de leurs Evesques, on ne passoit point les monts pour obtenir leurs exemptions. Car ainsi trouvons-nous és Archifs de sainct Germain des Prez, que quand le Roy Childebert voulut exempter cette Abbaye de la puissance de l'Evesque de Paris, il y interposa seulement l'authorité de cest Evesque, assisté de sept ou huict autres qui tous sous-signerent cette exemption: & le semblable fut faict par Landry Evesque de Paris, pour l'exemption de sainct Denis en France, comme on voit par un autre tiltre ancien, qui est au Tresor de cette Abbaye. Et vivans en cette façon, nous eusmes beaucoup de choses distinctes & separees quant aux mœurs de l'Eglise Romaine.

Ainsi voyons-nous qu'auparavant le temps de Charlemagne, le chant de l'Eglise Gallicane, estoit autre que celuy de l'Eglise Romaine: Ainsi usant l'Eglise de Rome du Psaultier de la version des septante sept Interpretes, soudain, apres que sainct Hierosme l'eut traduit, l'Eglise Gallicane prist pour son usage cette traduction. En quoy les choses nous succederent si à propos, que tout ainsi que nous laissasmes par traicte de temps nostre premier, & ancien chant pour prendre celuy de l'Eglise Romaine, aussi à nostre imitation l'Eglise Romaine quitta la version des septante deux Interpretes, pour se tenir à celle de S. Hierosme. En cas semblable furent plusieurs choses introduites en nostre Eglise Gallicane, qui depuis furent transportées delà les monts: Car le premier que l'on dit avoir jamais composé des Hymnes, & Cantiques, pour les chanter en l'honneur de Dieu, & de ses Saincts és Eglises, fut sainct Hilaire Evesque de Poictiers, & celuy qui après lui se voulut en cecy conformer à luy, fut sainct Ambroise Evesque de Milan: Pareillement celuy qui premier inventa les Rogations, que nous celebrons la sepmaine avant l'Ascension, fut Mamerque Evesque de Vienne. Institution qui depuis fut trouvée si bonne, qu'elle s'est par une raisible alluvion espanduë par toutes les Eglises, & specialement en la Romaine. Et se rendirent aucuns des nostres tant admirables en saincteté, qu'ils firent mesme teste aux Empereurs, lors qu'ils les voyoient degenerer de la justice. Sulpice Severe nous enseigne que Maxime ayant occupé l'Empire, premierement en la grande Bretagne, puis és Gaules, où il commanda librement, à la honte des vrais & legitimes Empereurs, il fut pour cette cause excommunié par nostre grand sainct Martin, qui ne le voulut jamais recevoir à communion, que premierement il ne l'eust deuëment informé que pour la seureté de sa vie, il avoit esté contrainct de s'impatroniser de l'Estat, & que s'il ne l'eust fait, les Legionaires l'eussent mis à mort. Et le semblable fit-il contre Itachius, & Ursatius Evesques, lesquels contre les anciens Canons de l'Eglise avoient opiné à la mort des Priscilianistes. Excommunication qui fut de tel effect, que ces deux Evesques par plusieurs importunitez solliciterent l'Empereur de moyenner leur reconciliation avec ce sainct homme, laquelle l'Empereur Maxime, ny eux, ne peurent jamais obtenir, jusques à ce qu'ils eussent changé d'opinion, & fait penitence de leur erreur. Tant estoit grande & venerable la reputation de ce grand personnage és Gaules. N'estant pas moins redoutée l'excommunication venant de sa part, que depuis celles des Papes venant de Rome. Tout de cette mesme façon voyons nous que pour purger les heresies, on eut quelquesfois recours à nostre Eglise Gallicane, aussi bien comme à la Romaine. Adon Archevesque de Vienne raconte que les Pelagiens troublans la foy de la grande Bretagne, nous leur envoyasmes Sainct Germain, & Sainct Loup, Evesques d'Auxerre, & de Troyes, qui par leurs sainctes & Chrestiennes exhortations nettoyerent le pays de cest erreur.

Et ce qui de plus en plus authorisa nostre Eglise Gallicane fut, que selon la diversité des temps elle produisit des Prelats, qui pour leur saincteté furent grandement respectez de toute la Chrestienté. Uns Irené Evesque de Lion, Hilaire Evesque de Poictiers, Saturnin Evesque de Tholose, Martial, de Limoges, Denis, puis Germain de Paris, Gratian, & Martin de Tours, Medard de Soissons, Germain d'Auxerre, Loup de Troyes, Remy de Rheims, Arnoul de Mets, tous enregistrez au catalogue des Saints: sans faire icy estats de plusieurs autres de grands personnages, qui par leurs merites se rendirent fort recommandez de toute l'ancienneté: Mamerque, & Avité à Vienne, Sidon Appollinaire en Auvergne, Salvian Prestre à Marseille, Gregoire en la ville de Tours. Afin que je ne face aussi mention de ceux qui furent sous les deux, & troisiesme lignée de nos Roys, pour lesquels j'apporteray en son lieu autre discours que celuy qui s'offre, quand l'occasion s'y presentera. Tous ces Saincts hommes vivans en l'union de la foy approuvée par les saincts Concils generaux, & consequemment en celle de l'Eglise Romaine: toutesfois ils ne permirent jamais que l'on entreprist dedans Rome sur leurs superioritez. Je ne veux point dire, ne permirent (ce mot sans y penser s'est escoulé de ma plume) mais bien le Pape ne donna jamais permission d'enjamber sur leurs puissances, & authoritez ordinaires: Au contraire les laissa vivre en cette honneste, & saincte liberté de Concils, tantost Nationaux, tantost Provinciaux, qu'ils avoient recommandez de l'Eglise primitive, & continuez de pere à fils. Car afin que je ne fouille dans une longue & obscure ancienneté, où peut-estre nous ne recognoistrions rien qu'à tatons, je commenceray mon discours par Leon premier, qui pour avoir grandement authorisé le Sainct Siege, emporta le surnom de Grand, il y eut quatre Concils tenus de son temps en la Province de Narbonne, & encores deux autres és villes de Carpentras, & Arles, esquels non seulement il ne presida, mais qui plus est au second article du deuxiesme Concil, il fut dit que qui ne voudroit acquiescer à la sentence de son superieur, il falloit qu'il eust recours au Concil, sans faire mention de Rome. Chose que je ne penseray jamais que Leon eust passé par connivence (luy qui d'ailleurs avoit receu au Concil de Chalcedoine par quelques Clercs le tiltre d'Evesque, & Patriarche universel, & qui encores se le donna escrivant à Eudoxie Emperiere) s'il n'eust infere qu'il ne devoit entreprendre sur les libertez de nostre Eglise. Comme aussi en donna-il jugement ouvert, quand respondant à la demande qui luy avoit esté faite par Rustique Evesque de Narbonne, il luy escrivit que celuy n'estoit
Evesque,

Evesque, qui n'avoit esté esleu par le Clergé, & confirmé par son Metropolitain: Ne mettant icy rien de reserve pour l'authorité du Sainct Siege à cette confirmation, & neantmoins vous voyez par cette question que les nostres y avoient recours pour estre esclaircis des obscuritez qui se presentoient entre-eux.

Cette Eglise Gallicane s'estant en cette façon bastie par longue succession de temps, Clovis Roy de France, apres avoir receu le Sainct Sacrement de Baptesme, ny toute sa posterité n'eschangerent rien de cette ancienne liberté: & ne trouverez dessous toute cette lignée un seul Concil entre nous qui soit assemblé sous l'authorité du Sainct Siege, ains souscelle de nos Roys, esquels presidoit par fois le Metropolitain du lieu, par fois celuy, qui entre les Prelats pour sa saincte vie estoit en plus grande reputation, & par fois celuy qui estoit plus agreable au Roy. Il y en eut cinq notables en la ville d'Orleans. Le premier par commandement de Clovis, où se trouverent trente-trois Evesques: & là entre autres choses fut arresté, que les Abbez estoient subjects à la cohertion des Evesques, & que s'ils commettoient quelque irregularité, les Evesques les pouvoient chastier. Le second sous Childebert I. auquel presida Honorat Archevesque de Bourges, où entr'autres articles fut renouvellée l'ancienne police de l'eslection des Evesques Metropolitains, qui s'estoit perdue par la nonchalance du temps. C'est à sçavoir que le Metropolitain seroit esleu par les Ecclesiastics, & par le peuple de la Province, & en apres confirmé par ses Evesques comprovinciaux, & qu'il seroit tenu de faire tous les ans un Concil Provincial. Le troisiesme sous le mesme Childebert le vingt-sixiesme an de son regne, où presida Loup Archevesque de Lion, auquel furent ramenez en usage plusieurs anciens Canons de l'Eglise, defenses faites de vendre les biens de l'Eglise, voire aux Abbez mesmes, sans l'expresse authorité de l'Evesque. Le quatriesme sous le mesme Childebert, où il fut derechef enjoint aux Metropolitains, de renouveller an en an leurs Synodes, avecques leurs comprovinciaux. Le cinquiesme celebré le trente-huictiesme an du regne du mesme Roy, auquel par l'article xvij. il fut dit que les appellations du Metropolitain seroient jugées & terminées par le Concil Provincial, qui se devoit tenir tous les ans, & defendu à tous Evesques, un siege vaquant, de rien attenter au prejudice de son successeur, tant au temporel, que spirituel. A l'exemple dequoy furent diversement tenus plusieurs autres Concils, selon que les affaires & necessitez Ecclesiastiques le desiroient. A Clairmont, où il fut conclud que l'Evesque seroit esleu par le Clergé, & confirmé par son Archevesque. Pareillement plusieurs en la ville de Tours, où mesme par le second Concil furent faictes inhibitions & defenses de laisser vaguer les pauvres d'une ville à autre, ains que chaque ville seroit tenuë de nourrir les siens: En la ville de Paris, où adjoustant aux eslections des Evesques, il fut derechef ordonné que l'Evesque seroit esleu par le Clergé, & confirmé par l'Archevesque: Mais on y adjousta ces deux mots, sans que l'authorité du Roy y fust interposée. Et au surplus que l'on ne donnast au peuple, un Evesque qui luy fust desagreable. Sous le Roy Gontran, deux à Lyon, deux à Mascon, un à Valence. En tous lesquels furent principalement traictées & decidées les affaires qui concernoient la discipline de l'Eglise, tant pour le regard des chefs, que des membres. Et outre ce, au dernier Concil d'Orleans, furent les heresies Eutichienne, & Nestorienne condamnées. Concils, puis-je dire, infiniment honorez par nostre anciennité, & dont Gratien le Moine sceut fort bien faire son profit dans son Decret. Aussi sont-ils inserez avec tous les autres Concils, comme estans approuvez, & authorisez par l'Eglise universelle, encores que l'authorité du Sainct Siege n'y intervint. Et neantmoins nous pouvons remarquer en iceux une reigle generale, qui estoit qu'en apportant une honneste police à l'Eglise Gallicane, toutesfois ils embrassoient tres-estroitement les bonnes instructions & memoires du Sainct Siege. Comme nous pouvons recueillir du troisiesme Concil d'Orleans.

Et parce que paradvanture l'on pourroit dire que c'estoient simples Concils Provinciaux, esquels n'estoit requise l'authorité du Sainct Siege, encores y a-il passage exprés d'Evesque qui florissoit de ce temps-là, & qui tenoit l'un des premiers lieux de la France, tant pour dignité de luy, que de son Siege, qui nous esclaircit grandement de ce poinct. Celuy dont je parle est Gregoire de Tours, lequel ayant esté envoyé par Childebert second, en Ambassade avec autres Prelats & Seigneurs, par devers Gontran Roy d'Orleans, executant le fait de la charge, entr'autres choses fit ces remonstrances à Gontran, comme luy-mesme atteste au neufiesme Livre de son histoire: "Vous avez, dit-il, notifié à Childebert vostre nepveu, qu'il eust à faire assembler en un lieu tous les Evesques de son Royaume, parce qu'il y a plusieurs difficultez, dont il se faut esclaircir: toutesfois il estoit d'advis que selon la coustume ancienne des Saincts Decrets, chaque Metropolitain assemblast ses Evesques Comprovinciaux, & que lors ce qui se trouveroit de male-façon en chaque Province fust reformé par sanctions Canoniques. Car quelle raison y a-il de faire maintenant si grande congregation, veu qu'il n'y a nul peril eminent à nostre Eglise, & qu'il ne se presente aucune nouvelle heresie? Quelle necessité y a-il doncques que tant d'Evesques s'assemblent? A quoy le Roy fit responce: Il y a plusieurs choses, dont il faut cognoistre. Et lors il ordonna que le premier jour du quatriesme mois ensuivant le Concil fust tenu." Passage par lequel on peut indubitablement recueillir que non seulement les Concils particuliers, & Provinciaux, mais aussi Generaux, Nationnaux, esquels il s'agissoit de la foy, s'ouvroient par l'authorité de nos Roys. Car Gregoire ne fait nulle doubte par ce discours, s'il y eust eu quelque necessité apparente pour quelque nouvelle heresie, qu'il eust bien esté d'advis d'assembler ce Concil General, mais non autrement: & neantmoins Gontran s'en fit croire.

Or servoit encores l'usage de ces Concils à autre chose. Car si un Prelat estoit prevenu en justice, on assembloit soudain un Concil par l'authorité du Roy, & en cette assemblée legitime estoit faict le procez à ce Prelat, lequel par les voix & suffrages des Evesques estoit condamné, ou absous, quelquesfois au contentement de nos Roys, quelquesfois contre leur volonté. Gregoire Archevesque de Tours accusé d'avoir dit que Gontran Archevesque de Bourdeaux avoit incestueusement abusé de Fredegonde, Royne de France, son procés luy est faict en l'Eglise Sainct Pierre de Paris (nous l'appellons aujourd'huy du nom de Saincte Genevievfe) & là, bien que Chilperic & Fredegonde sa femme desirassent le contraire, il est absous de cette fausse imputation. Au contraire Pretexat Archevesque de Roüen est en un autre Concil tenu à Paris, condamné à la solicitation, & poursuite du mesme Roy. Auquel Concil (si vous lisez Gregoire de Tours) vous trouverez combien peut la solicitation du Roy, pour corrompre une Justice, quand telle est son intention. Autre Concil, par lequel Urcissin Evesque de Cahors est destitué de son Evesché, pour avoir esté mis en la ville Gondebault Roy putatif. Cest Urcissin est celuy, pour la restitution duquel Sainct Gregoire escrivit depuis à Theodebert, & Theodoric Roys, nepveux du Roy Gontran. Autre Concil tenu à Lyon sous le mesme Gontran, où Salon, & Sagitaire, Evesques d'Ambrun, & de Gap, furent aussi condamnez. Autre en la ville de Verdun sous Childebert second, où Gilles Archevesque de Rheims fut demis de son Archevesché, pour avoir voulu attenter contre la vie du Roy. Bref c'estoit une coustume si familiere à la France, que ce seroit du tout errer contre l'anciennété, qui la voudroit ignorer.

Et n'est pas chose qu'il faille aisément passer sous silence, qu'en toute cette premiere famille de nos Roys, je ne voy point qu'aucun d'eux familiarisast avecques les Papes par lettres, ou autrement, fors la Royne Brunehault. Childebert son fils, & Theodebert, & Theodoric, enfans de Childebert, à l'endroict de Sainct Gregoire. Cette Royne, l'une des plus malheureuses Princesses que la terre porta jamais, pensa couvrir les meschancetez envers Dieu, & les hommes, pour avoir recours à ce grand Sainct homme. Platon disoit en ses loix qu'il y avoit trois especes d'Atheistes: les uns qui du tout soustenoient n'y avoir des Dieux: les autres, qu'il y en avoit, mais qu'ils ne se soucioient des affaires humaines, ains les laissoient vaguer à l'incertain: & les

derniers

derniers qui croyoient y avoir des Dieux qui avoient soin de nous tous, mais qui facilement estoient appaisez par prieres. Non que par cette derniere espece ce grand & sage Philosophe voulust bannir de nos consciences les prieres : mais il s'attouchoit à ceux qui pensent toute meschanceté leur estre permise, & en estre quittes par une chimagrée exterieure des prieres, recidivans neantmoins de jour à autre en leurs pechez. Vice fort familier quelquesfois aux plus grands. Et croy que ceste mesme opinion fit retirer Brunehault par devers ce Sainct personnage, joinct la reputation en laquelle estoit son Eglise. Qui est cause que Saint Gregoire luy adresse plusieurs lettres, par lesquelles il loue infiniment le zele qu'elle portoit à la Religion Chrestienne : & à la suitte de cela, à Childebert, Theodebert, & Theodoric, pour le respect qu'ils porroient à leur mere & ayeule. Ou bien paradvanture en consideration de ce que Childebert guerroya quelque-temps les Lombards, par lesquels l'Eglise de Rome estoit grandement affligée, comme voisins puissans & factieux.

CHAPITRE IX.

Du Pallium que le Pape Gregoire I. envoya à quelques Prelats de la France, & que l'ambition d'un costé, & l'affliction des Prelats d'un autre, cuiderent intervertir sous la premiere lignée de nos Roys, les libertez de nostre Eglise Gallicane.

LA familiarité tant de cette Royne, que de ses enfans, avecques le Pape, encores que ce ne fust, si ainsi le faut dire, qu'un esclair, si cuida-elle couster quelque chose aux Libertez anciennes de nostre Eglise Gallicane, par l'ambition de quelques particuliers Evesques. Il y a deux choses qui ont nuit à nos libertez selon la diversité des temps : l'ambition, & en après l'affliction des uns & des autres : & ces deux particularitez se sont aucunement trouvées en cette premiere lignée.

Car pour deduire sommairement le premier poinct, il ne faut faire nulle doute, qu'encores que nos privileges fussent tels que j'ay cy-dessus discourus, & que nos Prelats passassent toutes les affaires de leurs Eglises dedans l'enclos de ce Royaume, si est-ce qu'il ne faut douter que le Sainct Siege de Rome ne fust infiniment respecté par toutes les Eglises de l'Europe, & specialement en cette France. De là vient que quand on escrivoit aux Evesques, toute la plus belle remarque d'honneur qu'on leur pouvoit bailler, estoit de les dire dignes du Siege Apostolic de Rome : Et ainsi Clovis escrivant aux Evesques de France, à l'ouverture du premier Concil d'Orleans, disoit : *Dominis sanctis, & Apostolica sede dignissimis.* De là, si en leurs Concils ils ramenoient en usage quelque Decret ancien, ils pensoient beaucoup faire pour eux de le puiser de l'Eglise de Rome, comme de la source, & fontaine de nostre foy, ainsi que vous pourrez voir par le troisiesme & vingt-cinquiesme articles du troisiesme Concil d'Orleans. Et à peu dire, ce grand Gregoire de Tours parlant de la retraicte que Brice fit à Rome : *Ad Papam urbis dirigit* (dit-il) sans faire mention de Rome. Lesquelles paroles ne peuvent estre renduës de telle force en nostre langue, comme elles sont en la Latine : mais si je ne m'abuse, sortans de la bouche d'un si grand Prelat, nous pouvons aucunement par cet eschantillon juger que ce Siege estoit grandement respecté & honoré par les nostres.

Or s'estoit lors, & quelques années auparavant introduict une coustume en l'Eglise de Rome d'envoyer le *Pallium* à uns & autres Evesques, qui estoient ses Diocesains : ceux ausquels il estoit envoyé se ressentoient presque de mesmes prerogatives & authorité que le Sainct Siege, comme si c'eussent esté les Collateraux du Pape. Presque de la mesme façon qu'estoient à l'endroit des Empereurs sur le declin de l'Empire ceux qui estoient par eux honorez de la dignité de Patrice, laquelle estoit non seulement donnée à ceux qui estoient de la suitte des Empereurs, mais aussi diversement à uns, & autres Princes estrangers. Ce fut la cause pour laquelle quelques Evesques Bourguignons, & Provençaux, desirerent en ceste France estre gratifiez de cest honneur par Sainct Gregoire, afin de preceder tous les autres Evesques de ceste France par une nouvelle entreprise. Le premier qui le poursuivit fut Vigile Archevesque d'Arles, & interposa à cest effect l'authorité du Roy Childebert deuxiesme du nom, qui en escrivit à S. Gregoire : lequel ne voulant perdre l'occasion d'user de son benefice, par le moyen duquel il gaignoit autant, en donnant, comme l'autre en recevant, le luy confera tres-volontiers. Mais avecques un grand appareil de langage, comme estant une nouvelle leçon qu'il vouloit enseigner à la France, laquelle vous trouverez au quatriesme de ses Epistres. " Nous vous commettons (escrivoit-il à Vigile) pour nous representer avecques l'aide de Dieu en tout le Royaume de Childebert nostre fils, comme il est aussi observé en tous les Metropolitains par ancienne usance, vous envoyant le *Pallium*, pour en user seulement dans l'Eglise, lors qu'on celebrera la Messe. Que si quelque Evesque veut deguerpir son Diocese, & aller voyager bien loing, defenses à luy de ce faire sans vostre permission. Et au surplus s'il se presente quelque difficulté sur la foy, ou autres causes de consequence qui ne puissent estre bonnement vuidées par un seul, appellez douze Evesques avecques vous pour la terminer, & si en vostre assemblée n'en pouvez venir à chef, renvoyez le tout à nostre Sainct Siege ".

Cette legation ainsi donnée à Vigile sous le pretexte de *Pallium*, sainct Gregoire en escript puis après à tous les Evesques des Gaules, & leur enjoint de luy obeïr comme à un Vicegerant du sainct Siege. Mesmes que s'il intervenoit quelque different entre les Evesques, il soit decidé par Vigile. Et specialement que toutes & quantesfois qu'il voudroit assembler un Concile par la France, on eust à luy obeïr. Et au bout de tout cela, il escrivit à Childebert, que pour le gratifier, il avoit donné à Vigile le privilege tel que dessus. C'estoit en bon langage une entreprise nouvelle sur les anciennes franchises & libertez de nostre Eglise Gallicane en trois articles. L'un en ce si cela eust sorty effect, on prejudicioit à tous les Metropolitains de France, ausquels on donnoit au chef, lequel pouvoit prendre Jurisdiction sur ceux qui n'estoient de la Province. Le second que l'on ostoit l'usage des Conciles Provinciaux, remettant au Consistoire des douze Evesques tel qu'il eust pleu à Vigile de choisir, la decision tant des causes, que de la foy. Et finalement S. Gregoire vouloit que les grandes causes fussent renvoyées devant luy à Rome. Ce qui n'estoit jamais auparavant advenu : car le dernier ressort de tous les differens de la Cour d'Eglise en cette France, estoient les Conciles qui se faisoient par le Metropolitain avecques les Evesques Provinciaux.

De mesme façon voulut-il gratifier Hiagre Evesque d'Autun, par les prieres & intercession de Brunehault. Toutesfois je ne trouve point que oncques l'indult octroyé à ces deux Prelats, ait porté coup, ne qu'ils eussent jamais joüy de cest privilege extraordinaire, & ay mesmes de propos deliberé feüilleté tous les Conciles de ce temps-là, pour voir si en la soubscription, Vigile & Hiagre auroient eu quelque particuliere preseance, mais je n'en ay trouvé un tout seul. Qui monstre que ce fut seulement un tiltre de parade, qui demeura par devers eux sans aucun effect.

Voila l'un des premiers traicts, par lequel l'ambition de quelques Prelats de la France voulut prejudicier à nos anciennes libertez : & ainsi que l'ambition des uns, aussi l'affliction des autres nous faillit d'y apporter quelque dommage & nuisance. La grandeur des Papes s'est faite par deux voyes du tout contraires. Au spirituel, pour avoir supporté les plus foibles contre les Ecclesiastics, les plus forts, & authorisez de de puissance, leur baillant aisément la main pour semondre un chacun à les reclamer. Au temporel, en s'alliant des Princes les plus forts, & laissant le party des plus foibles, quelque alliance qu'ils eussent auparavant avecques eux. J'ay dit que l'affliction de quelques-uns faillit de nous prejudicier. Ce fut que quelques Evesques condamnez par la voye ordinaire de France, je veux dire par les Conciles Provinciaux, ne s'en voulurent contenter, ains brisans la discipline commune, choisirent la voye de Rome. En quoy neantmoins nos affaires se conduisirent de telle façon, ou que les Papes sagement n'en voulurent prendre connoissance, comme ne pensans qu'ils le deussent faire, ou s'ils le firent, cela n'eut pas longue suitte. Or de ceux-cy, encores n'y eut-il pas de grands exemples, non plus que des ambitieux, & neantmoins il y en eut quelques-uns. Le premier des nostres que vous y voistre retiré à les reclamer, fut Maxime Evesque Gaulois devant la venuë de nos Roys, lequel estant accusé de l'heresie Manichéene, & luy ayant esté baillée assignation pour comparoir à un Concile que l'on devoit assembler à cette fin, se retira par devers le Pape Boniface premier, pensant par ce moyen rompre le coup à la poursuitte que l'on faisoit contre luy : mais le Pape ne voulut prendre aucune cognoissance de son fait, ains pria par lettres nos Evesques de lui vouloir accorder certain delay pour comparoir devant eux : A la charge que s'il defailloit dans le temps qui luy seroit prefix, il seroit declaré atteint & convaincu du cas à luy imposé. Il y avoit beaucoup d'apparence au Pape de se mettre de la partie en la cause de Brice successeur de sainct Martin, lequel ayant esté dechassé par le peuple de son Archevesché sans cognoissance de cause, pour un adultere dont on l'accusoit, & s'estant retiré en la ville de Rome, vous trouverez que le Pape n'interposast jamais son Decret. Mais bien Brice temporisa 7. ans dans Rome à son infortune, jusques à ce qu'adverty de la mort d'Anthoine, qu'on avoit surrogé en son lieu, & du changement de la volonté de ses ennemis, il retourna à son Siege, auquel il fut restably tout de la mesme façon qu'il en avoit esté jecté, sans cognoissance de cause. Ceux qui semblent avoir fait la plus grande bresche à nos privileges sous la premiere lignée de nos Roys, furent deux Evesques recognus tres-scelerats par l'ancienneté, Salon Evesque d'Ambrun, Sagitaire Evesque de Gap, dont l'Histoire est escrite dans le septiesme livre de Gregoire de Tours. Ces deux-cy accusez par un autre Evesque nommé Victor, de plusieurs outrages qu'ils luy avoient faits & à d'autres, firent contenance de s'en vouloir purger : & à ceste fin prierent le Roy Gontran, duquel ils n'estoient point mal voulus, comme l'evenement le monstra, que leur fait passast par Concil. Ce que leur ayant accordé, ils furent par Concil tenu à Lion, privez de leurs Eveschez. Mais eux ayans quelque part qu'ils avoient esté injustement condamnez, luy remonstrerent qu'ils avoient esté injustement condamnez, le supplians de leur permettre de se retirer par devers le Pape : A quoi le Roy condescendit, comme celuy qui leur portoit, & avoit conceu un maltalent de cette condamnation. Estans doncques arrivez à Rome devant le Pape Jean, ils luy remonstrerent qu'à tort ils avoient esté chassez de leurs Sieges : Au moyen dequoy sans plus ample cognoissance de cause, le Pape, auquel cette cause avoit esté sous main recommandée par le Roy, commanda qu'ils fussent restablis, nonobstant le Decret Conciliaire de nostre Eglise. Ce que Gontran qui conduisoit sourdement cette orne, fit executer du jour au lendemain, & en outre, moyenna une reconciliation entre Victor accusateur, & les accusez, pour apporter quelque pretexte à la sentence extraordinaire. A quoy les Evesques de France ne peurent resister, ores qu'ils y obeissent mal gré eux : & toutesfois encores ne se peurent-ils lors rendre. Car ils ne s'attacherent pas à ces deux qu'ils voyoient estre notoirement portez par le Roy : Mais bien excommunierent Victor. D'autant que luy accusateur au prejudice de la sentence donnée à son instigation & pourchas, avoit receu ces deux pretendus Evesques à sa communion. Et au surplus Dieu plus juste, sans comparaison que les hommes ne sont injustes, monstra bien par l'evenement, combien peu lui plaisoit le jugement donné à Rome. Parce que soudain que ces deux Evesques furent restablis en leurs Sieges, ils recividerent plus que devant. Tellement que tout ainsi que le Roy d'une puissance absoluë assisté de l'authorité du sainct Siege les avoit remis, aussi puis aprés par une volonté de Dieu plus absoluë, il fut contraint de les confiner en des monasteres, & leur bailler gardes, pour leurs deportemens vitieux. Je n'ay point leu d'acte ny devant, ny durant la premiere lignée de nos Roys, plus hardy que cestui-cy, par lequel ceux qui presiderent dans Rome s'en voulurent faire croire contre les Libertez anciennes de nostre Eglise Gallicane. Et toutesfois qui voudra meurement sonder cette Histoire, il ne s'en esmerveillera pas grandement. Parce que toute cette tragedie se conduisoit par la volonté de Gontran. Et c'est une reigle generale dont on se doit perpetuellement souvenir, que toutes & quantesfois que quelques mignons, & favoris de la Cour conjoignirent par brigues le consentement de nos Roys avecques l'authorité du Sainct Siege, pour obtenir quelque chose qui contrevint à nos privileges, c'est là où nos anciens Evesques se trouverent infiniment empeschez. Et au surplus ce passage, qui semble de prime face combattre nos Libertez, fait, si je ne m'abuse, grandement pour nous. Car aprés cette sentence Synodale de Lyon, ces deux Evesques n'eosent pouvoir à Rome, sans expresse du Roy. Qui nous enseigne que ce fut par privilege special qu'ils se pourveurent, & non par le droit ordinaire & commun de la France : car autrement il n'eust esté besoin d'obtenir cette permission.

Et afin de vous faire toucher au doigt, & voir à l'œil cette liberté ancienne de nostre Eglise, je vous la representerai icy comme sur un grand tableau par un exemple notable. Il n'y a nul, selon mon advis, à qui la Papauté doive tant pour l'accroissement de sa grandeur en spirituel, qu'à sainct Gregoire. Car combien qu'il combatist la qualité d'Evesque œcumenique & universel contre Jean Patriarche de Constantinople, & qu'il soustint qu'il n'appartenoit à nul Primar de le dire tel : toutesfois sous le tiltre de Serf des Serfs qu'il emprunta de Damase, il exerça par effect ce tiltre d'Universel sur ceux qui estoient de l'ancienne obeïssance de Rome. Adonc la Sicile, la Dalmatie, la Sardaigne, & une bonne partie de l'Afrique se recognoissoient estre exposées sous la primace du sainct Siege, ainsi que l'Egypte sous le Patriarchat d'Alexandrie, & la Palestine sous celuy de Hierusalem. Lisez toutes les Epistres de sainct Gregoire, il destine tantost un Pierre Soudiacre, tantost un Maximian Evesque de Syracuse, Legat en la Sicile, pour representer par tour ce pays-là, & prendre connoissance de toutes causes, tout ainsi qu'il eust peu faire, fors & excepté toutesfois qu'il se reserve la decision des plus grands, qu'il veut lui estre renvoyez. Il confere des Eveschez à uns & autres de sa propre authorité, sans attendre l'election du Clergé, ny la confirmation du Metropolitain. Il commande que Reparat soit esleu Evesque en la ville de Salonne en Dalmatie, autrement il ferme les mains aux Electeurs, transporte ainsi que bon luy semble les Eveschez d'un lieu à un autre : unit quelquefois une, deux, trois Paroisses à un monastere, à la charge que les Religieux y auront des Vicaires bien & deuëment stipendiez : Les Eveschez estant ruinés à l'occasion des guerres, il recompense les Evesques d'autres Eveschez, sans attendre autre consentement : prend cognoissance des Moines au prejudice de leurs Ordinaires : confere Diaconez, Archidiaconez, & Cures (qu'ils appelloient lors Prestrises) assises en & au dedans des Eveschez de son obeïssance : delegue œconomes, qu'il appelle Visitateurs, aux Eglises veufves & denuées de Pasteurs (pendant que l'on procede aux elections) ausquels il donne toute puissance, fors de conferer les Ordres, dispensant selon que les occasions l'admonestent : cognoist de la cause de Paule Evesque d'Afrique, que Colombe Evesque de Numidie, & ses Comprovinciaux avoient condamné, & le restitue en entier sans s'arrester à leur sentence : commet Hilaire Moine d'Afrique pour cognoistre d'une cause contre Argence Evesque, de ce qu'en l'Eglise il avoit preferé en l'ordre de Diacre, deux Donatistes, à deux Catholiques, & luy enjoinct à cette fin d'assembler un Concile : commande à Sylvere, Patriarche d'Aquileïe de venir à Rome, pour faire penitence condigne de l'opinion erronée, en laquelle il estoit inadvertemment tombé : enjoinct à Maria Evesque de Ravenne de venir proceder devant lui en Cour de Rome, pour une controverse qu'il avoit contre un certain Abbé, & lui remonstre qu'il ne falloit point qu'il qu'il eust honte de ce faire, veu qu'autresfois le Patriarche de Constantinople avoit suby pareille Jurisdiction : & en un autre endroit il exhorte l'Evesque de Corinthe, de ne prendre plus argent pour les Ordres Ecclesiastiques, ou bien qu'il exerceroit contre luy la severité de la coerction Canonique. Il mande à Noël Evesque de Salone, qu'il ait à restablir Honoré en son Archidiaconé, dont il l'avoit destitué, & s'il ne le fait, qu'il le priera de l'usage du *Pallium*, duquel il l'avoit gratifié, & si aprés cela il persevere en son opiniastreté, il luy interdira la communion de l'Eglise. Et ce fait, dit-il, nous verrons puis aprés si cette excommunication n'emporte à la longue quant & soy perte du tiltre de l'Evesché.

Toutes lesquelles rencontres, (qui ne sonnent autre chose que la puissance d'un Evesque universel, & souverain) ny aucunes d'elles ne se trouvent avoir esté pratiquées par ce grand Pape encontre aucun des Evesques de France, encore qu'il addressast diverses lettres à uns & autres, & que comme vous avez entendu cy dessus en ce que j'ay discouru de Vigile & Hiagre, il ne fust pas sans desir d'estendre sa puissance Apostolique dessus les Prelats de la France, tout ainsi que sur ceux que j'ay presentement recitez. Urcissin condamné sous le Roy Gontran au Concile tenu à Lyon, s'estoit retiré par devers luy pour en rapporter quelque aide, toutesfois sainct Gregoire se donne bien garde de cognoistre de la cause, mais seulement en escrit à Theodebert, & Theodoric Roys, à ce qu'ils le veulent remettre en son ancienne dignité, comme aussi prie-il Hiagre Evesque d'Autun, qui avoit grande part en la bonne grace de Brunehault leur ayeule, qu'il voulut se rendre intercesseur envers elle pour ce pauvre destituë. Il n'en ust pas ainsi (comme j'ay dit cy-dessus) à l'endroit de Colombe Evesque de Numidie, & ses Comprovinciaux en la cause de Paule.

Il y avoit lors deux vices en cette France, qui s'estoient rendus fort familiers aux élections des Evesques; la Simonie, & l'abus que l'on commettoit en faveur des Grands Seigneurs. Parce que sous le nom d'election on vendoit par brigues sourdes les Archevesches & Evesches. Quoy que soit les Roys y interposans leurs authoritez, ceux qui les approchoient, s'en faisoient trop plus que souvent croire, au grand scandale de l'Eglise : & de là ensuivit un autre desordre. Car les Seigneurs s'estans rendus asseurez pour celuy, pour lequel estoit tissuë la tresne, on luy bailloit les Ordres du jour au lendemain, en intention de le faire tout à coup chef de l'Eglise. Ce dernier poinct avoit esté autrefois pratiqué en faveur de S. Ambroise, à Milan, & de Nectarius à Constantinople, mais non par brigues, ains par leurs grandes suffisances & capacitez. D'ailleurs les benedictions, que Dieu par sa saincte grace, distribuë à quelques-uns, ne se communiquent pas à tous, & est grandement errer de les vouloir tirer en consequence pour les autres. Ces vices doncques regnans grandement en nostre Eglise de France, Sainct Gregoire n'y apporte point le cautere, comme il faict contre les Evesques de Corinthe & de Salonne : Mais par une bonté naïfve qui estoit en luy, prie Vigile Archevesque d'Arles, prie Hiagre Evesque d'Authun, bien venus envers nos Roys, des'estudier totalement à l'extermination de ces deux monstres. Et non content de ce, en escrit lettres expresses à Brunehault, & en aprés à Theodebert, & Theodoric, les suppliant (si ainsi le faut dire) à jointes mains, qu'ils voulussent donner ordre à la reformation de tels abus, & ne permissent que cette zizanie provignast en un Royaume Chrestien comme cettuy. Et certes je ne penseray jamais quece grand & vertueux personnage y eust procedé d'un pied si mol, ne qu'il eust tourné sa puissance absoluë en humbles prieres, pour deux si grands & scandaleux vices, s'il eust estimé que cela dependoit de sa jurisdiction, luy (di-je) qui n'obmist jamais la moindre occasion qu'il pensast pouvoir servir à l'augmentation de la dignité du sainct Siege. De toutes lesquelles choses je croy qu'il n'y a si peu clairvoyant qui ne voye que devant, & durant la premiere lignée de nos Roys, encores que nous vescussions tous la Foy Catholique & Apostolique de Rome, comme dependant d'elle l'unité de l'Eglise universelle : si est-ce que ny nos Roys, ny nos Evesques n'estoient tenus de passer les monts, ni pour le faict de la discipline de leurs Eglises, ny pour les causes Ecclesiastiques. Et à tant je feray ici une pose pour reprendre un peu mon haleine, & vous discourir cy-aprés quelle fut la police de nostre Eglise Gallicane sous les deux autres lignées de nos Roys.

CHAPITRE X.

Quelle correspondance eut le sainct Siege de Rome avecques la seconde lignée de nos Roys, & quelle fut leur Religion.

IL est certain que sous la premiere famille de nos Roys, depuis le baptesme de Clovis, ces grands Princes vesquirent à la Catholique, sans crainte toutesfois des censures de Rome : vray qu'en la seconde lignée, il semble y avoir un peu d'obscurité, pour les comportemens qui se trouverent entre le Sainct Siege, & cette famille. La premiere lignée s'estoit par succession de temps affessée, remettant le maniement de ses affaires sur le Maire du Palais, se contentant seulement de ce pretexte de beaux semblans envers ses sujets pour regner. D'un autre costé on ne fit jamais de doute que l'exercice de nostre foy Chrestienne n'eust bonne part en la ville de Rome, avecques un grand respect que les autres Evesques portoient au Sainct Siege. Mais non que le Pape peust pretendre aucun droit sur la propriété de la ville, qui appartenoit aux Empereurs, dés & depuis qu'ils se furent impatronizez de l'Estat. La varieté des temps apporta des mutations, car les Empereurs affairez au Levant furent contraints de leur douce retraite à Bizance, qui fut par le peuple, nommée Constantinople, du nom de l'Empereur Constantin le Grand, lequel premier y avoit planté son siege. Du depuis les Heruliens, les Gots, les Lombards s'emparerent diversement d'Italie : Et furent lors creez les Exarques, qui commanderoient sur le peu qui restoit à l'Empereur dedans le pays, lesquels establirent leur demeure en la ville de Ravenne, & fut mis dedans Rome un Gouverneur, qui porteroit le tiltre de Duc. De cet Exarquat les Lombards à la longue se firent maistres, & les Sarrazins, d'une bonne partie de la Sicile. De maniere que l'Empereur Gregeois n'avoit plus rien en Italie, que la ville de Rome, & quelque pays lesquels s'estoit conservé par l'authorité des Papes, lesquels s'estoient habituez à Rome, pour la necessité de leurs charges. Et deslors aussi commencerent de mesler leur spirituel, & le temporel tout ensemble. Chose dont le Lombard indigné envya aux Papes la grandeur qu'ils empietoient à veuë d'œil, & leur fit dix mille algarades, l'affligeant tant par diverses courses, que sieges. Ce que pouvez recognoistre par les Historiographes, & mesmes par quelques lettres de Sainct Gregoire à l'Empereur Maurice, afin qu'il luy pleust de le secourir contre les advenues des Lombards. Mais lors la sourdité estoit logée à l'Empire, qui faisoit que les Empereurs ne pouvoient prester leurs aureilles à ces requestes.

Tout ce trouble-menage se maniant de cette façon, tant en France entre les Roys, & leurs Maires, qu'en Italie entre les Papes, & les Lombards, advient que Pepin tant par le decés de Charles Martel son fils, que Monachation de son frere Carloman, se voyant seul Maire du Palais des deux Frances, projetta de se faire Roy au prejudice d'un Childeric Faineant, és deportemens duquel on pouvoit trouver l'image d'un Roy, non un Roy. C'est pourquoy il depesche vers le Pape Zacharie, un Ambassadeur pour luy bailler son advis, auquel des deux devoit appartenir la Couronne, ou à celuy qui n'estoit Roy que par contenance, ou à l'autre qui sans porter le nom l'estoit actuellement. A quoy le Pape Zacharie sage & accort, ne voulant desplaire à celuy duquel il se promettoit recompense, sententia pour l'effect, fuît, encontre la mine. Et deslors Pepin assisté de cette sentence, confina Childeric en un Monastere reclus, & se fit proclamer Roy par la voix du Clergé & de la Noblesse. Et pour se revanger de cette liberale sentence, soudain après la mort de Zacharie, sous le Pape Estienne second, il guerroya tout aussi-tost le Roy Astolphe Lombard, ennemy des Papes, & par sa prouësse extorqua de ses mains l'Exarquat, dont il fit present au Pape; l'asseurant d'une mesme main de la iouïssance paisible de Rome. Ceux qui se disent du tout Romains, estiment que nos seconds Roys doivent leur Royauté aux Papes, & se ferment en cette creance. Quant à moy, j'estime celuy-là estre un vray escolier, qui pense le Pape avoir donné un Royaume auquel il n'avoit rien: & me sais accroire que ce fut un troc pour troc, & que Pepin ayant esté creé Roy par cet advis, le Pape en contr'eschange fut faict par Pepin, pacifique de Rome, & maistre de tout l'Exarquat. L'un & l'autre n'ayans rien aux beneficences par eux faites, horsmis que Pepin avoit besoin de pretexte dedans sa force, & le Pape avoit le pretexte sans la force, dont il fut secouru par Pepin.

Tout de mesme façon, Charlemagne fils de Pepin fut faict Empereur du Ponant, par le Pape Leon III. Car Didier ayant succedé au Roy Astolphe, comme pareillement Charles à Pepin son pere, le Lombard commença de vouloir remuer les armes contre le Pape Adrian deuxiesme & se donna plusieurs avantages. Dont Charles adverty sous main par le Pape, il reprend les arrhemens d'Italie, où il fit passer toutes ses forces, livra bataille à Didier qu'il fit avecques sa femme & enfans, son prisonnier, reduit sous sa puissance toutes les villes par le Lombard possedées, dont il investit le sainct Siege: lequel de-là en avant n'eut plus crainte, ny du Lombard, ny de l'Empereur du Levant: se confiant aux François, qui sous se faisoit croire par tout le Ponant. Et n'y avoit plus que le Pape de Rome, lequel ne pouvant supporter les deportemens de Leon III. successeur d'Adrian II. delibera de luy faire son procez extraordinaire, à quoy il proceda sans aucune dissimulation : mais le Pape comme sage Prelat, manda sous main nostre Roy Charles, lequel y vint avecques bonnes forces : Et comme il n'aspiroit en son ame à petits desseins de ce costé-là, aussi fut-il d'advis que le Pape n'avoit autre superieur pour juger sa cause que luy-mesme, partant fut son accusation terminée par son serment, & luy par ce moyen absous: mais quelque peu après le Pape, pour se demeurer ingrat de cette grande liberté, luy mist la Couronne Imperiale du Ponant sur le chef, & fut par ce moyen declaré Empereur de tout l'Occident, au desavantage du Gregeois, les affaires duquel estoient reduites au petit pied. Et c'est ainsi que sans flater cette histoire, pour complaire aux grands, les Papes se firent maistres de Rome, & d'une bonne partie d'Italie, par les moyens de Pepin, & Charlemagne, & de ces deux, l'un Roy, l'autre Empereur par la sagesse des Papes.

Et à la verité la reciprocation qui se trouva entre la Papauté, & nostre Couronne, rendit & les Papes, & nos Roys plus familiers qu'ils n'avoient esté auparavant. Et neantmoins ne faites doute qu'en la seconde lignée les mesmes reigles de nostre Religion furent observées, comme en la premiere. Et ainsi trouvez-vous en la Chronique d'Adon de Vienne, que sans aller rechercher la ville de Rome, l'Empereur Charlemagne fit faire cinq Concils solemnels dans cinq villes de son Empire. Concilia (dit Adon parlant de Charlemagne) *quinque jussione ejus, super statum Ecclesiasticum per totam Galliam ab Episcopis celebrata sunt. Quorum unum Maguntiæ, alterum Rhemis, tertium Turonis, quartum Cabilonis, quintum Arilatæ constitutum est. Et constitutiones, quæ singulis factæ sunt, ab Imperatore confirmatæ, quas qui nosse voluerit, in supradictis civitatibus invenire poterit. Quanquam & earum exemplaria in archivis Palatij habeantur.* Par ce passage vous voyez, que par le commandement de Charlemagne, ces cinq Concils furent tenus és Gaules, par luy depuis confirmez, chacun d'eux enregistré en chaque ville, & eux tous ensemblement au Palais du Prince: Nulle mention du sainct Siege, auquel toutefois quelques mal advisez disent que Charlemagne devoit son Empire, & moy seulement le pretexte, recompensé par la force & puissance du nouvel Empereur.

Et qui est chose qu'il ne faut oublier, Flodoart és vies des Evesques de Rheims, livre second, chap. 18. parlant de celuy qui fut tenu en la ville de Rome sous Walfaire qui lors y siegeoit. *Hoc etiam, Walfario præsule præsidente, congregatum reperitur Rhemis, ab Imperatore Carolo Magno, Concilium plurimorum Patrum, in quo constitua 43. leguntur capitula: In quibus de fidei ratione atque de Ecclesiæ honore, Rectorumque ipsius, ac ministrorum dispositione, Regumque fidelitate, atque totius regni utilitate tractatum est.* Vous apprenez une partie de ce qui fut lors traité sous l'authorité de Charles.

J'adjousteray qu'en plus forts termes, outre ces cinq grands Concils, le mesme Empereur Charlemagne fit le premier Livre de ses Constitutions Imperiales, toutes Canoniques, & ayans esté par luy faites, il commanda à tous les Evesques de les observer dedans leurs Dioceses: *Quapropter* (dit-il en sa Preface, leur escrivant) *& nostros, ad vos, direximus Missos, qui ex nostri nominis authoritate una vobiscum corrigerent, quæ corrigenda essent: Sed & aliqua capitula, ex Canonicis institutionibus, quæ magis necessaria videbantur, subjunximus. Ne aliquis quæso hujus pietatis admonitionem esse præsumptuosam judicet, qua non errata corrigere, superflua rescindere, recta cohortari studemus, sed magis benevolo charitatis officio suscipiat.* Il faict Ses Loix Canoniques, les accommodant de son authorité, & les envoye par ses Baillez, ou Baillys, diversement à tous ses Evesques pour en donner leur advis. Au bout de cela vous voyez cent trente-cinq articles mis en lumiere. Que si Charlemagne eust estimé tenir du Pape son Empire, il n'eust dressé tous ces articles, ny publié sans avoir premier son advis. Ny pareillement Louys le Debonnaire son fils, lequel vous voyez en tout & par tout, avoir par un second livre, suivy la piste de son pere. Et qui est une chose qui ne se doit passer sous silence, combien que la grandeur du Pape fust grande sous cette seconde lignée, toutesfois ny le Clergé, ny la Noblesse, ne luy voulurent jamais permettre de rien entreprendre sur le temporel, sur lequel ils s'estimoient les Papes n'avoir aucune cognoissance de cause. Les enfans du Roy, & Empereur Louys le Debonnaire, prierent le Pape Gregoire quatriesme de venir en France pour excommunier le Roy, & les Prelats qui luy assistoient. Mais tous les autres Evesques luy manderent avant qu'il fust venu en Cour, que s'il venoit pour excommunier leur Roy, il pouvoit hardiment reprendre la route de Rome, parce que luy-mesme s'en retourneroit excommunié: Parole brusque, je vous confesse, mais qui provenoit de la part de ceux qui estimoient les fautes de nos Roys ne pouvoir estre condamnées, ou absoultes dedans Rome, ains par le Clergé de France, bien & deuëment assemblé. Et pour cette cause, dit Flodoart au Livre troisiesme, Chapitre dix-neuviesme, que tous ces Evesques *Improperantes Ludovico peccata sua, abstulerunt ei gladium à femore suo, induentes eum cilicio.* Et le Pape pour n'encourir l'indignité de tous ces Prelats de France, dit qu'il estoit seulement venu pour pacifier toutes choses: Et de faict moyenna la paix pour quelque temps entre le pere, & les enfans.

Plus hardie fut la reponse de la Noblesse Françoise au Pape Adrian deuxiesme, quand sur une querelle juste il voulut excommunier le Roy Charles le Chauve. Lothaire Roy d'Austrasie, estant allé de vie à trespas, delaisse Loüys son frere, Empereur, & Roy d'Italie son heritier, le Roy Charles le Chauve leur oncle, s'empara du Royaume d'Austrasie, par un droit de bien-seance seulement. Louys eut recours au Pape, qui prit la cause pour luy, & admonesta le Roy Charles de faire droict à son nepveu, à peine d'excommunication. Toutesfois Charles ne luy obeït, au moyen dequoy le Pape voulut interposer ses censures avec aigres comminations. Mesmes sçachant la grande authorité qui residoit en l'Archevesque Hincmare, luy enjoignit de ne l'admettre à sa communion, sur peine d'estre privé de la sienne. Jamais Ordonnance ne fut plus juste & saincte que cette-cy. Car quel pretexte y avoit-il qu'un oncle frustrast son nepveu de la succession de son frere, que par droict de nature luy estoit escheuë? Toutesfois jamais Ordonnance fut plus mal receuë, que cette-cy. D'autant qu'Hincmare ayant communiqué les lettres Apostoliques à plusieurs Prelats & Barons de la France, pour sçavoir comment ils se devoient comporter en cette affaire, il escrivit au Pape ce qu'il avoit recueilly de leurs opinions. Et nommément qu'eux tous se scandalisoient de son decret, disans que jamais on n'avoit veu tels commandemens, bien que les Roys fussent heretiques, schismatiques ou tyrans. Soustenans que les Royaumes s'acqueroient par la poincte de l'espée, & non par les excommunications de Rome, & quand je leur couche (disoit Hincmare) de la puissance donnée par nostre Seigneur, à Sainct Pierre, & ses successeurs, ils me respondent: *Petite Domnum Apostolicum, ut quia Rex, & Episcopus simul esse non potest: & sui antecessores, Ecclesiasticum ordinem (quod suum est) & non Rempublicam (quod Regum est) disposuerunt; non præcipiat nobis habere Regem, quem nos in sic longinquis partibus adjuvare non possimus, contra subitos & frequentes paganorum impetus, & nos Francos jubeat servire, cui servire non volumus: Quia istud jugum sui antecessores, nostris antecessoribus non imposuerint. Quoniam scriptum in sanctis libris audivimus, ut pro libertate, & hæreditate nostra ad mortem certare debeamus.* Et peu après: *Propterea si Domnus Apostolicus vult pacem quærere, sic quærat, ut rixam non moveat.* Et après tout cela Hincmare ferme sa lettre en ces mots: *Et ut mihi experimento videtur, propter meam interdictionem, vel propter linguæ humanæ gladium, nisi aliud obstiterit, Rex noster, vel ejus regni primores, non dimittent, ut quod cœperunt, quantum potuerint non exequantur.* Je ne veux que cet exemple pour vous monstrer qu'en nostre seconde lignée nos François vivans Catholiquement, sçavoient maintenir la grandeur de leurs Roys contre tous assauts estrangers, voire contre ceux-là mesmes de Rome.

CHAPITRE XI.

Des libertez de l'Eglise Gallicane sous la seconde famille de nos Roys.

ESTANT la grandeur du Pape telle que j'ay cy-dessus discouruë, & infiniment respectée en ce qui dependoit de la foy, pour la grande religion qui toujours avoit reluy dedans Rome, cela fut cause que Pepin qui avoit la force de France en ses mains, desirant faire tomber la Couronne en sa famille, eut recours au Pape de Rome, (ainsi que j'ay deduit en un autre chapitre) par lequel il fut proclamé Roy de France, & après son decez Charles son fils fut aussi couronné Empereur. Tellement que de là en avant les Papes commencerent de s'accroistre dedans ce Royaume, en prerogative & grandeur d'une autre façon qu'auparavant. Car plus d'authorité leur donnoit-on, & plus l'on confirmoit la Royauté de nouvel adjugée à cette seconde famille, à la confusion de la premiere. Et lors commencerent aussi de prendre tiltres plus hauts. Parce que tout ainsi que du commencement, ils avoient esté seulement appelez Evesques de Rome, puis Papes: aussi dès lors en avant on commença de les appeller, tantost Apostoles, tantost Apostolics, sans autre suitte de paroles: & eux-mesmes quand ils parloient de leurs actions, avoient accoustumé d'user de cette maniere de parler: *Nostre Apostolat ordonne telle, ou telle chose.* Outre que cela se remarque fort souvent dans l'ancienneté, il n'y a lieu toutesfois, qui soit plus digne d'estre notté que de Rheginon Abbé, qui estoit sur la fin de cette lignée, vers le regne de Charles le Simple. Cettuy au premier Livre de son Histoire, où il parle sommairement de la premiere famille de nos Roys, n'a autre mot dans la plume que celuy de Pape quand il parle du siege de Rome: mais quand au 2. il descend à la lignée de Pepin, tout aussi-tost commence-il à l'appeller le Pape ores Apostole, ores Apostolic, & sur tout n'use jamais du mot de Pape, qu'il ne l'appelle Pape universel, voire que quelques Evesques se rendans honneur condigne au Siege de Rome, dit qu'ils blasphemoyent contre le Pape: & encores que ce changement de style procede plus en cet Autheur d'une simplicité Monachale, que de discours: si est-ce que de cette simplicité nous pouvons recueillir la verité de l'histoire. Ayant Rheginon escrit de cette façon selon le moins, ou le plus d'authorité qu'il voyoit avoir esté prise par les Papes, selon la diversité des temps & saisons.

Or combien que l'authorité du sainct Siege Apostolic fust lors tres-grande, si ne faut-il estimer que pour cela s'esvanoüist l'ancien usage de nos Conciles, ny par consequent de nos privileges, ains furent diversement tenus sous Pepin, Charlemagne, & Louys le debonnaire sans en rien changer la forme qui avoit esté suyvie sous nos premiers Roys, voire de plus grande efficace en plusieurs articles. Car entre autres choses il fut celebré un Concile à Verdun, pour la reformation de toutes les Eglises de France, & d'Allemagne, par lequel en reprenant les arrhemens des anciens Peres, il fut ordonné qu'il n'y auroit qu'une Eglise qu'un Evesque: que les Evesques obeïroient aux Metropolitains, que l'Evesque auroit toute jurisdiction sur son Clergé, tant regulier que seculier: Que deux fois l'an on obtiendroit Concile en France, les premiers jours de Mars & d'Octobre, en telle ville qu'il plairoit au Roy: Que les Monasteres tant d hommes, que de femmes vivroient selon les reigles de leurs ordres, & s'ils refusoient de ce faire, que l'adnimadversion en demeureroit par devers l'Evesque, & par appel par devant les Metropolitains, que le Roy entendoit constituer dessus les Provinces: Que les differends, qui pourroient sourdre entre le Metropolitain & l'Evesque, seroient vuidez par la decision d'un Concile: Qu'une Abbesse n'auroit qu'une Abbaye, & defence à elle de sortir sinon par necessité, & encores avecques le congé de son Evesque. Que l'excommunié ne pourroit entrer dans l'Eglise, ny manger, ny boire avecques un Chrestien, ny le saluër, ou approcher de luy pour prier Dieu, qu'il ne se fust premierement reconcilié avecques son Evesque. Et si dedans certain temps il ne se mettoit en devoir de faire lever les censures Ecclesiastiques, que l'on imploraft le bras seculier encontre luy.

En ce Concile general passerent plusieurs autres articles notables, esquels n'est faite mention des Papes, non plus qu'en ceux qui furent tenus sous Charlemagne, & Louys le Debonnaire, és villes de Paris, Compostelle, Strasbourg, Arles, Aix, Mayence, Tours, Châlon, & autres situées, part en France, part en Allemagne, & en Espagne, lesquelles estoient sous la domination de ces deux Roys, & Empereurs. Et par especial est fait grand estat de cinq Conciles, qui furent celebrez sous Charlemagne. *Concilia quinque jussu ejus* (dit Rheginon, & après luy Adon de Vienne)*super statum Ecclesiarum per totam Galliam ab Episcopis celebrata sunt: quorum unum Moguntiæ, alterum Rhemis, tertium Turonis, 4. Cabilonis, 5. Arelate, congregatum est, & constitutiones, quæ in singulis facta sunt, ab Imperatore sunt confirmata, quas qui nosse voluerit in supradictis civitatibus invenire poterit, quanquam & earum exemplaria in archivo Palatij habeantur.* "Les Evesques (dit-il) par le commandement de l'Empereur assemblerent cinq Conciles parmy la Gaule, dont l'un fut à Mayence, l'autre à Rheims, le tiers à Tours, le quart à Châlon, & le cinquiesme à Arles. Et toutes les constitutions qui furent faictes en chaque Concile, furent confirmées par l'Empereur, desquelles qui voudra avoir plus certaine information, il les pourra trouver en icelles villes, combien qu'il y en ait autant és archifs & thresor du Palais". Passage merveilleusement recommandable, pour monstrer que non seulement la police Ecclesiastique de France passoit en ce temps-là par nos Conciles, mais aussi que l'on y requeroit l'authorité du Prince, tant pour l'ouverture, que confirmation d'iceux: Tout ainsi que pour le jourd'huy l'emologation d'une Cour de Parlement: Chose qu'il ne faut pas trouver estrange. Car aussi est-ce la verité que ces Conciles reconnoissoient prendre authorité par nos Roys, determinoient indifferemment ce qui concernoit tant la police seculiere qu'Ecclesiastique. Qui fut à mon jugement cause que le mesme Rheginon, que j'ay cy-dessus allegué, confond les mots de *Synodus, & Placitum*: combien que celuy-là fut seulement destiné pour les Ecclesiastiques, &

cettuy

cettuy pour les feculiers. De là est pareillement venu qu'An-segife Evesque reduisant par escrit les anciennes constitutions de Charlemagne, & Louys le Debonnaire son fils, mesle & le spirituel, & le temporel dans icelles, le tout par un entrelas de puissance, afin que tout ainsi que nos Prelats, par la tolerance, ou permission de nos Roys, jettoient l'œil quelquefois sur le reiglement de la police seculiere, comme si elle eust esté de leur fond : aussi le Roy par le consentement general de tous les Prelats se donnoit luy sur toutes les deux. Car il ne faut faire aucune doute que nos Roys n'eussent adoncques cognoissance de la discipline de leur Clergé. Et c'est aussi ce que nous enseigne Aimoïn au cinquiesme de son Histoire, quand il dit, que le Debonnaire sit publier un livre concernant la discipline Ecclesiastique. Ce dont cet autheur pouvoit seurement parler, d'autant qu'il estoit de mesme temps. Or dans ces loix de Charlemagne, & Louys, vous y pourrez recognoistre une infinité de sainctes constitutions, dignes de la grandeur de nos Roys. De quelle marque sont celles-cy. Qu'il ne fust loisible à un Evesque de promouvoir à l'ordre Ecclesiastique un Esclave, sans le gré & consentement de son maistre : Que les Vierges que l'on vouloit faire Religieuses ne fissent profession qu'elles n'eussent attaint le vingt-cinquiesme an de leur aage : Que nul ne fust faict Prestre qu'il n'eust trente ans passez, & accomplis, & que pareillement il n'eust esté bien & deuëment examiné : Injonction aux Prestres, c'est à dire aux Curez, de donner à entendre au menu peuple l'Oraison Dominicale, afin qu'en priant Dieu, il sceust ce qu'il luy demandoit : Que les Evesques fussent esleuz par le Clergé & le peuple : & les Abbez par les Religieux : Commandement aux Evesques d'anoncer la saincte parole de Dieu à leur peuple : defences de recevoir les enfans Religieux, ou Religieuses sans l'exprés consentement de leurs peres : Que les hommes de franche condition ne peussent prendre clericature de l'Evesque sans prealable permission du Roy : & ce pour autant qu'il y avoit entendu que plusieurs prenoient cette qualité, non tant par devotion qu'ils eussent à Dieu, que pour s'exempter des charges seculieres qu'il leur convenoit supporter pour le service du Roy. Que chaque Seigneur fust tenu de nourrir des mendians invalides sur sa terre & seigneurie, sans permettre qu'ils vaguassent ailleurs : Que les Eglises servissent à tous de franchise. De ne publier legerement, & sans grande cause des censures Ecclesiastiques : De n'ensevelir les morts dedans les Eglises, ains seulement aux Cimetieres : Que les Evesques ordonnassent ordre d'avoir escholes publiques en leurs dioceses pour l'instruction des enfans aux bonnes lettres : defences d'aliener le bien de l'Eglise, & aux Tabellions d'en recevoir les contractz, sur peine de banissement : Que les dismes fussent conservées aux Eglises : Et plusieurs autres ordonnances de mesme sujet que je passe pour briefveté sous silence, par lesquelles vous pourrez voir que ce n'est de ceste heure que nos Roys sont en possession d'avoir l'œil, & intendance sur la police Ecclesiastique.

Toutesfois les affaires de la France ne demeurerent pas longuement en cet estat sous cette famille. Car tout ainsi que toutes choses violentes ne sont jamais de durée, aussi cette famille estant en peu de temps arrivée en une extremité de grandeur, elle esprouva sous trois Roys, trois aages, sa jeunesse sous Pepin, sa virilité sous Charlemagne, sa vieillesse sous Louys le Debonnaire. Car tous ceux qui leur succederent, ne firent, à mon jugement que radoter, ainsi que nous voyons quelques-uns par leur aage decrepit reenfantiller. Ce ne furent que partialitez, que divisions tantost entre les freres, tantost entre les cousins, puis avecques leurs propres sujectz, jusques à ce que pour closture de ces tragiques spectacles, ils descheurent en fin totalement de leur estat, par la promotion de Hugues Capet, sous la lignée duquel on establit une nouvelle forme de Republique. Pendant lesquelles divisions, le Pape qui par la confederation qu'il avoit faite avecques les trois premiers Roys, communiquoit fort souvent avecques les François, se donna plusieurs grandes authoritez sur nos Roys, auparavant incogneuës : & encores dessus nos Prelats, lesquels mesmement tournans en abus les Conciles de la France, & ce qui estoit de devotion, s'oublierent tant que pour gratifier à l'ambition detestable des enfans de Louys le Debonnaire (qui ne sit jamais faute aux siens que par une trop longue simplicité, que nous avons couvert du mot de Debonnaire) firent un Concile à Lyon, quelques-uns disent à Soissons, où ils excommunierent leur Roy, & le declarerent incapable, & indigne tant de l'Empire que du Royaume, permettans à ses enfans de s'en emparer. Ce qui fut aprés cher vendu à nos Ecclesiastiques. Parce que depuis cet ambitieux Concile, je ne voy plus gueres en usage cette dignité ancienne de Conciles, ou par une juste vengeance de Dieu, pour avoir ainsi temerairement abusé de leur authorité au prejudice de leur Roy, ou bien que les Roys mesmes faits sages par cet exemple, en voulussent retrancher l'authorité & l'usage. Car combien que l'on celebrast puis aprés quelques Conciles, si ne furent-ils de telle efficace que les anciens. Quoy que soit, depuis ce temps là les Papes gagnerent grande puissance dessus nos Prelats, & au lieu où auparavant quelques-uns d'entre eux affligez s'estoient retirez en la ville de Rome comme en une ressource de leurs afflictions pour en tirer quelque honneste support, & ayde, ainsi que firent Maxime, Brice, Salon, Sagitaire, Vircissin, on commença de là en avant d'abreger ce mot, & d'une ressource en faire un ressort, & appeller au Pape des torts & griefs, que les Ecclesiastics pretendoient leur avoir esté faits par leurs confreres. Pareillement le Pape eut souvent des Legats en France, qui s'en faisoient croire. Chose à quoy la porte fut d'autant plus aisée à ouvrir qu'avecques l'ambition s'estoit en ce temps-là logée l'ignorance chez nous. Car Rheginon nous tesmoigne que deux Legats du Pape estans retournez de France à Rome, rapporterent au Pape Nicolas premier, que jamais ils n'avoient trouvé tant d'asnerie, que celle qui estoit lors en nostre Eglise : n'y ayant un tout seul Prelat qui fust sainement nourry aux constitutions Canoniques. Au contraire à peine que Rome eut jamais un Pape de plus grand sens que Nicolas (je n'en excepteray ny Leon I. ny Sainct Gregoire) en ce mesmement qui appartenoit à l'accroissement du siege de Rome. J'ay dit en quelqu'autre endroit qu'entre tous les Papes, y en eut trois, ausquels la Papauté estoit grandement redevable, qui furent premiers de leurs noms, Leon, Gregoire, & Nicolas, dont les deux premiers furent par la posterité surnommez les Grands. Leon comme Grand Prelat qu'il estoit, pour le respect qu'on luy portoit, fut le premier de tous les Papes qui receut le tiltre d'Universel au Concile de Chalcedoine, par ceux qui presenterent requestes. Et ores que Gregoire premier combatist fortement contre ce tiltre, craignant que le Patriarche de Constantinople ne le prist, & que par ce moyen il ne se voulust prevaloir d'un degré dessus l'Eglise de Rome, comme celuy qui avoit quelque faveur prés de l'Empereur Maurice : si est-ce que Grand & sage Prelat Romain couvoit cette mesme grandeur dans sa poictrine, comme j'ay deduit ailleurs, mesme qu'en l'une de ses Epistres il soustient que le Constantinopolitain estoit sujet au Pape de Rome. Toutesfois ce procez, qui sembloit estre pendu au croc, fut bravement, & hardiment jugé par Nicolas premier, escrivant tant à Michel Empereur de Constantinople, qu'à Photius Patriarche pour la defence d'Ignace, qu'il jugeoit avoir esté sous un Concile feint, & simulé mal exterminé de son siege. Car il leur monstre par vive raison que le sainct Siege Apostolic estably dedans Rome, ville par les anciens nommée Eternelle, tenoit ses privileges, non par emprunt d'un Concile de Constantinople, ou de Chalcedoine, ains en proprieté de Dieu, & de la saincte Escriture. Partant qu'il n'estoit en la puissance d'aucun Prince terrien de les desraciner. Qu'à Sainct Pierre duquel luy, & les Papes estoient vicaires, avoit esté baillée puissance de par Dieu universellement sur toutes les Eglises du monde, & que le seul mot de l'Eglise Romaine contenoit ce que ce Grand Seigneur vouloit estre compris sous le nom de toutes les Eglises, desquelles pour cette cause luy appartenoit avoir le soin. Qu'il n'y avoit en tout cet Univers, authorité quelle qu'elle fust, qui se peust parangonner à l'Apostolique, & que ce qui s'estoit passé par jugement, ne pouvoit estre en aucune façon retracté. Que les anciens Canons avoient voulu que de tous les climats du monde on peust appeller au sainct Siege de Rome, mais que nul ne pouvoit appeller de luy. Et adjoustoit puis aprés, que nulle reigle, nulle coustume n'enseignoit que l'on peust
sans

sans l'exprés consentement du Pape annuller une sentence par luy donnée. Bien la pouvoit-il luy mesme reformer selon l'exigence des affaires. Que de toute ancienneté les Papes estoient en possession de cette grandeur dés le bersmesme de nostre Eglise. Qu'ainsi Victor, qui n'estoit grandement esloigné du temps des Apostres, avoit excommunié les quartodecimains de l'Asie: Que Jules avoit donné assignation à Arhanaise, & ses Coevesques de comparoir à Rome pardevant luy: A quoy liberalement ils obeïrent. Que Felix avoit destitué Acarius de son Evesché de Constantinople: & Agapit condamné Antoine Evesque du mesme lieu. Pour ces causes, que ce qui estoit ordonné par le sainct Siege de Rome de son propre mouvement, & puissance absoluë, ne pouvoit estre revoqué en doute, quelque coustume à ce contraire que l'ignorance du temps eust apportée.

Plusieurs autres raisons alleguoit ce grand Prelat, authorisées de maints exemples, dont ores que les aucuns peussent recevoir quelque contredit pour l'histoire seulement, si est-ce que qui lira ces discours, il les trouvera pleins de fonds, jugement & entendement, pour le sujet qu'il traite: & si j'ay quelque sentiment en cette affaire, & que l'on me permette d'y interposer mon jugement, je croy qu'à cet-tuy appartenoit le surnom de Trés-grand, non qu'il excedast de sens, Leon & Gregoire premiers: mais il en eut autant qu'eux, tant de naturel que d'acquis, és choses, où il vouloit donner atteinte. Et outre ce il trouva le temps propre, & favorable, pour mettre à execution ses desseins, qui est le poinct qui nous fait paroistre plus grands entre les hommes. Car il ne faut pas estimer que Pirrhus & Annibal fussent moindres en vaillance, ou conduitte qu'Alexandre de Macedoine, ou Jules Cesar: mais lors que les deux premiers heurterent leur fortune contre l'Estat de Rome, il n'estoit encore disposé à prendre coup, pour une infinité de raisons, comme il fut du temps de Jules Cesar, & celuy d'Asie du temps d'Alexandre. Aussi ne fais-je aucune doute que si Leon ou Gregoire fussent tombez sous le siecle de Nicolas, où les affaires de nostre Eglise estoient en desarroy, ils n'eussent faict ce que fit Nicolas, & luy en leurs temps ce qu'ils firent & non plus. Mais puis que cettuy couronna l'œuvre, tout ainsi que ces trois Papes furent premiers de nom, & d'effect, aussi penserois-je faire tort à l'histoire, si je ne donnois au troisiesme sinon le tiltre de Trés-grand, pour le moins le tiltre de Grand, tout ainsi qu'on faict aux deux autres.

CHAPITRE XII.

Du deschet & debauche de nos privileges, sous la seconde lignée de nos Roys.

L'Ignorance de nos Prelats envelopée des guerres civiles (qui ne produisent ordinairement autre chose que la desolation de l'Estat Ecclesiastic) cette ignorance, dis-je, commençant à tomber au temps de ce grand Nicolas, il ne faut pas trouver estrange s'il ne fut adoncques mal-isé de nous faire deschoir d'un degré ou deux de nos anciens privileges. Aussi certainement est-ce luy dessous cette seconde lignée qui y donna la premiere atteinte, & pour une tres-juste cause que l'on ne doit passer sous silence, afin que ce nous soit une leçon pour nous apprendre de n'abuser des benefices, qui nous sont accordez de Dieu. Je vous ay n'agueres recité un abus qui fut fait au Concil de Lyon, ou bien de Soissons, tenu contre Louys le Debonnaire, je vous en raconteray maintenant un autre qui fut commis en la ville d'Aix, pour gratifier à la passion d'un Roy, qui n'estoit pas veritablement Roy de France, mais estoit l'un des successeurs de Charlemagne, & si renoit son Royaume dedans l'enclos de nos Gaules. Il prit opinion au Roy Lothaire second, petit fils du Debonnaire, de repudier la Royne Tutbergue sa femme, voulant espouser Waldrade sa concubine, de l'amour de laquelle il estoit infiniment esperdu. Ce qu'il ne pouvoit faire sans scandale: car la Royne estoit apparentée de plusieurs grands Princes. Cela fut cause qu'il y voulut employer un faux pretexte de l'Eglise, & abuser du remede commun de la France, je veux dire de l'authorité d'un Concil. Waldrade estoit niepce de Gontier Archevesque de Cologne, & Grand Aumosnier du Roy, qui prend cette affaire en main, & pour parvenir à son dessein, attire à sa cordelle Tutgrand, Archevesque de Treves. Le Concil est encommencé premierement dans Cologne, puis parachevé à Aix la Chapelle (Siege du Royaume de Lothaire) où par commune resolution de toute l'assemblée ce divorce fut approuvé, & le mariage trouvé bon d'entre le Roy & Waldrade. Les parens de la pauvre Royne ne s'en peurent taire. Ils vont au recours des affligez en la ville de Rome: où ils trouverent le Pape Nicolas trés-disposé à embrasser leur complainte, lequel dés l'instant mesme delegua Hagayer, & Rodoal Evesques, Legats en cette France pour s'informer comme le tout s'estoit passé. C'estoit à parler François entreprendre de huys ouvert sur nos anciens privileges. Car auparavant vous ne trouverez point que jamais le semblable eust esté pratiqué en la France. Lothaire craignant la fulmination Apostolique s'excuse sur les Evesques de son Royaume, dit qu'il n'a rien fait que par leur adveu & authorité. Ces deux Legats luy consillent d'envoyer par devers le Pape les deux Archevesques qui avoient presidé en ce Concil, afin (comme il est à croire) que la punition qui seroit exercée sur eux, servist de bride non seulement aux autres Prelats, mais aux Roys. Le Roy les croit, & de faict envoye Gontier & Tutgrand à Rome, pour prendre raison de leur faict. C'estoit un second deschet de nos privileges. Ils avoient affaire à un trés-advisé Prelat, lequel, bien qu'il estimast ses sentences n'estre sujettes à controolle que de luy seul, comme il avoit escrit à l'Empereur de Constantinople, si ne voulut-il franchir le pas pour le premier coup contre nous: Mais pour n'estre veu deroger de plain saut à nos privileges, ne voulut employer la puissance absoluë, ains nous combattant de nos mesmes armes, fit faire un Concil, par l'advis duquel il anathematiza ces deux Prelats, les priva de leurs Archevechez, degrada l'Ordre de Prestrise, & reduisit pour tout soulas à la communion des Laiz. Et combien que ce jugement ne fust pas agreable à tous, comme nouveau, & non jamais au precedent veu dans la France, & que ces deux Prelats s'en plaignissent à l'Empereur Louys, frere de Lothaire, disans que jamais Metropolitain n'avoit esté destitué de son siege entre nous, sans le vouloir du Prince, accompagné de la sentence des autres Metropolitains. Ce nonobstant, ce decret sortit son plain effect, & ne peurent jamais ces deux Evesques obtenir restitution du Pape, encores que par deux & trois fois ils s'allassent jetter à ses pieds. Jugement certes tres-sainct, & tres-juste. Car si Dieu oste les Royaumes, & les transmet d'une main à autre, pour le peché des Roys, comme nous en voyons plusieurs exemples dans la Bible, hé vrayement quand il eust permis que tout à faict nous fussions descheuz de nos privileges anciens, nous n'eussions esté chastiez que selon nos demerites. L'exemple que je vous viens de reciter, servit puis aprés de grande planche. Car à la suite de ce jugement, Nicolas voyant que Lothaire persevereroit en son peché, depescha Arsenius autre Legat, lequel passant, outre que les deux autres, assembla de l'authorité Apostolique un Concil encontre Lothaire, l'exhorta d'abandonner sa concubine, & de retourner à sa vraye espouse, sur peine d'encourir les censures Ecclesiastiques. Ce que Lothaire fut contrainct de faire. Et en ce mesme Concil le Legat excommunia Eugiltrude femme de Bosson, laquelle avoit quitté pour adherer à Wanger, l'un de ses vassaux: Adjurant tous les Prelats des Gaules, Germanie, & Neustrie, par l'authorité de Dieu tout puissant, de Sainct Paul, & de Nicolas Pape universel, de ne recevoir cette Princesse en leurs Eglises.

Voilà comment nostre Eglise Gallicane descheoit de ses anciennes

anciennes libertez: Et combien que le S. Siege eust lors attaint à tout ce que l'on pouvoit souhaitter de grandeur, comme mesme l'on peut remarquer par le huictiesme Concil general de Constantinople tenu sous Adrian second, toutesfois nostre Eglise ne pouvoit aisément souffrir que le Pape entreprist sur nos Ordinaires: & de ce s'en trouve un exemple fort notable sous le mesme Adrian second, du temps de Charles le Chauve, n'estant encores Empereur. Il s'estoit fait donner quelques biens de l'Eglise de Laon par Hincmare, lors Evesque de ce lieu. Don qui avoit esté bien & deuëment emologué. Depuis il redonna ces mesmes terres à un Gentil-homme duquel, l'Evesque induit d'une repentance, les vouloit repeter: mais luy n'en voulant passer condamnation, fut soudain excommunié par l'Evesque. C'estoit un baston, dont lors & après escrimerent trop librement les Superieurs de l'Eglise, & qui fit venir par succession de temps ces excommunications en nonchaloir, pour en user indifferemment, & les mettre en œuvre sans discretion. Le Gentil-homme en appella, & releve lors appel pardevant Hincmare Archevesque de Rheims, lequel fut tres-grand personnage de son temps. Après que l'Archevesque eut cogneu du merite de cette cause, & comme les choses s'estoient passées à l'endroict du Roy, il annulla la sentence, & renvoya le Gentil-homme absous des censures Ecclesiastiques. Dont l'Evesque de Laon indigné, appella en Cour de Rome. Cette appellation trouvée insolente, & nouvelle, Charles le Chauve s'en remuë, & fait assembler les Prelats de la Province à Rheims, où par l'advis du Concil cet appel fut declaré non recevable, ny vallable, d'autant que par les anciens decrets de l'Eglise Gallicane, les causes ne devoient outrepasser les limites du Royaume, où elles avoient esté encommencées. Chose dont le Pape Adrian indigné, blasma grandement Hincmare Archevesque, & en escrivit mesmement lettres au Roy, pleines de courroux, & contumelie. Parquoy enjoignit à l'un & à l'autre par puissance & authorité Apostolique, qu'ils deferassent à cet appel, & que les parties eussent à se trouver à Rome, pour y estre la cause jugée. A quoy Charles aydé, comme il est vray-semblable, des instructions de l'Archevesque, respondit assez brusquement, que c'estoit contre tout l'ordre ancien de Rome, & de la France, que le Roy ordonné de Dieu pour reformer toutes les fautes de ses sujets, permist que celuy eust recours à Rome, qui avoit esté condamné par un Synode Provincial en presence de son Metropolitain, & que jamais ses predecesseurs Roys de France, n'estoient tombez en cet accessoire: que les saincts decrets anciens, mesmes de Rome, resistoient à cette nouvelle entreprise. Parquoy desiroit faire, non ce que le Pape, mais bien l'Eglise ancienne de Rome ordonnoit. L'exhortant pour conclusion qu'il eust à l'advenir à se deporter de lettres de telle substance envers luy, & ses Prelats, afin qu'ils n'eussent occasion de l'esconduire.

Telle fut donques la responce de Charles, beaucoup plus forte & vertueuse que celle qu'il fit puis après, estant Empereur. L'ambition extraordinaire meurdriere de tous les Estats, n'hebergeoit hors en son cerveau, ny le temps, & l'occasion ne luy avoient encores suggeré les memoires, qu'il pratiqua depuis la mort de Louys Empereur d'Italie son nepveu. Cet Empereur decedant avoit delaissé trois enfans, Carloman, Louys & Charles le Gras, ausquels par droict successif devoit appartenir cet Empire; toutesfois Charles le Chauve par brigues & moyens sinistres, les supplanta, & se fit couronner Empereur de Rome par le Pape Jean VIII. avec lequel ayant lié sa fortune, il la voulut estayer par nouvel advis, & rendre grand à son possible celuy qu'il avoit gratifié de beau tiltre d'Empereur.

Ce Prince d'un esprit remuant, fantasque & bisarre, homme de peu d'effect, auquel la famille des Martels doit principalement sa ruine, voulut, pour se magnifier en qualité d'Empereur, faire tenir un Concil general en un lieu nommé Pontigon, où il se trouva lors en personne, habillé à la Françoise, non à la Grecque, & avec lui Jean Evesque de la Toscane, Legat du Pape Jean VIII. lequel dés la premiere seance fit faire la lecture des Bulles Apostoliques, par lesquelles le Pape leur permettoit l'ouverture du Concil: & aussi deleguoit Ansegise Evesque de Sens pour son Legat, tant sur les Gaules, que Germanie, approuvoit & avoit pour agreable tout ce qui seroit par luy faict, luy permettant d'y faire celebrer les Concils, comme le Pape y eust esté en personne. Les Evesques grandement estonnez de cette nouvelle commission, demanderent avant que de passer plus outre, d'en avoir coppie. Ce que le Roy, qui s'entendoit avec le Pape, refusa, & ordonna que puis que sa Saincteté l'avoit ainsi ordonné, Ansegise tinst la primace de toutes les Gaules, & en cette qualité lui fit bailler siege par dessus tous les autres Prelats, baillant à l'Evesque de la Toscane le costé droict. Hincmare Archevesque de Rheims se leve sur pieds, & s'oppose fortement à cette entreprise, soustenant hautement que c'estoit directement contrevenir aux Decrets anciens de l'Eglise Gallicane. Bref les choses se passerent lors au contentement des Prelats, nonobstant l'intervention manifeste du Roy. Dont luy irrité retournant à cette assemblée, lors habillé à la Gregeoise (comme Prince plein de vanité qu'il estoit) somma derechef ses Prelats de satisfaire au vouloir du Pape en faveur d'Ansegise. A quoy ils respondirent que jamais ils n'avoient obeyé aux commandemens reguliers du Pape, ny de ses predecesseurs. Et comme il les pressa davantage de franchir le pas, il ne peut obtenir d'eux non plus en la derniere session, qu'il avoit faict en la premiere. Qui monstroit qu'en eux n'estoit encore du tout esteinte cette ancienne vertu, & liberté de nostre Eglise Gallicane. Et comme Jean huictiesme ne s'en fust voulu taire, ains eust escrit lettres pleines de commination aux Eglises, & Clergé de France, pour n'avoir voulu endurer son Legat, Hincmare fit une response concernant les Privileges de nostre Eglise, & c'est ce que veut dire Flodoart, parlant de luy, quand il dit: *Respondit etiam ad capitula quædam Episcopis Regni Francorum à Joanne Papa transmissa, de privilegiis sedium, per capitula septem: quoniam idem Papa i jsus fuerat Ansegisum Senonensem Episcopum, primatem constituere, & Apostolica vice per Gallias, & Germanias fungeretur, cui conatui venerabilis hic Præsul Hincmarus obstitit.* " Il respondit (fait-il) à quelques articles envoyez aux Evesques de France par le Pape Jean, sur les Privileges des Eglises Cathedrales, & ce par sept Chapitres. D'autant que ce Pape s'estoit efforcé d'establir Ansegise Evesque de Sens Primat, & son vicegerant par toutes les Gaules & Germanies. Auquel dessein ce venerable Prelat Hincmare resista: & neantmoins parce que l'on luy improperoit calomnieusement que defendant nos Privileges si fortement, il avoit en cela mespris contre le S. Siege de Rome. Qui est une opinion qui peut aisément entrer en un cerveau morfondu. Voicy qu'en dit le mesme Flodoard: *Scripsit Apologeticum contra obtrectatores suos qui calumniabantur eum diversis obtrectationum appetitionibus, scilicet apud Joannem Papam, quod nollet authoritatem recipere, & Decreta Pontificum Sedis Romanæ, atque & tunc in Synodo Tricassina, & postea in hoc Apologetico respondit, refellens convitiatores suos, & se Decretalia Pontificum Romanorum à Sanctis Conciliis recepta, & approbata recipere, & sequi discreté prout sunt sequenda depromens.* " Il escrivit (dit-il) un Apologetic contre ces mesdisans, qui le calomnioient diversement envers le Pape Jean, comme s'il n'eust voulu recevoir les Decrets du Siege Apostolic de Rome. Chose dont il se purgea tant au Concil tenu à Troyes, que par cet Apologetic, declarant qu'il adheroit aux Decrets des Papes, receus & approuvez par les saincts Concils, enseignant comment il falloit distinctement obeïr. Qui sont passages dignes d'estre notez pour l'ancienneté de nos Privileges. Et à la mienne volonté que ce Livre fust en essence. Et certes on ne peut oster à Hincmare qu'il ne fust un tres-grand personnage, & l'un des plus grands protecteurs en ce temps-là de nos Privileges: mais si vous tournez le fueillet, vous le trouverez aussi avoir esté sur son advenement, & selon les occasions, l'un des plus grands perturbateurs d'iceux. Et parce que parlant de luy avec personnages de ce temps, studieux de l'antiquité, je ne leur pouvois faire accroire cela, & je vous veux representer par un exemple digne aussi du present subject. Ebon Archevesque de Rheims avoit esté l'un des principaux entremetteurs de la conspiration qui fut dressée contre le Debonnaire par ses enfans, qui fut cause que cet Empereur estant depuis restably en ses Estats, s'en voulut ressentir contre luy, & le fit priver de son Archevesché par le Pape Sergius deuxiesme, & en son lieu fut mis Hincmare. Encores

que

que ce personnage fust infiniment bien duict, & nourry aux Privileges anciens de nostre Eglise Gallicane, & qu'il ne fust pas d'advis de les changer aisément, comme vous avez peu entendre par les choses que je vous ay presentement discourues, si est-ce que prevoyant ce qui advint depuis, & desirant se rendre asseuré de tout point, non seulement ne se contenta des voix, & suffrages du Clergé, assistez de l'authorité de l'Empereur: mais voulut recevoir confirmation par le Pape, auquel l'Empereur addressa lettres patentes pour cet effect, si ne peut-il toutesfois de telle façon obvier aux inconveniens, que le Debonnaire estant mort, Lothaire son fils Empereur ne fist restituer Ebon en son ancien Siege, avec le consentement de quelques Evesques, lequel aussi non content de ce, alla à Rome, où il fut receu par le Pape en sa communion, & de là retourna à l'exercice de sa charge, en laquelle il promeut quelques-uns aux Ordres, & aux autres il confera divers benefices selon que l'occasion s'estoit presentée. Mais aussi-tost qu'Ebon fut decedé, & Hincmare de retour en son Archevesché, il les priva de tous les biens, degrez, & honneurs qu'ils avoient receus du deffunct, comme avans esté conferez par celuy qui n'avoit eu pouvoir de ce faire. Ce pauvre peuple ne s'en peut taire, & fut la matiere de telle chose ventilée, que l'on en vint jusques à un Concil qui fut tenu à Soissons, auquel lieu, parce que la cause traictoit contre le Metropolitain, il fut dit que les parties contreviendroient de deux ou trois Juges, sous l'arbitrage desquels seroit la question terminée en la presence du Concil. C'estoit la forme qui estoit prescripte, tant par un Concil Africain, que par les loix Synodles de Charlemagne. Chose à quoy Hincmare condescendit liberalement, mais avec une protestation telle que l'on lit dans les actes de ce Concil, qui fut telle: *Ego Hincmarus sanctæ Metropolitanæ Ecclesiæ Rhemorum Episcopus in hac dumtaxat causa, quæ ventilatur de his qui se à Domino Ebone depositionem suam asserunt ordinatos, eligo mihi judices, quos Canones Electos appellant, Weinlonem Senonensem Archiepiscopum, Paratisum dioeceseos nostræ Laudunensem Coepiscopum servantem locum nostrum in judicio, nostræ authoritati salvo in omnibus primatis Metropolis Rhemorum Ecclesie jure, & manente in suo statu, quod quidem jus cum aliis Metropolitanis mihi à sacris Canonibus est collatum: salva etiam reverentia Apostolicæ Sedis, quæ in omnibus caussis debet reverenda adhiberi, sicut Innocentius Papa ad Victricum Rhotomagensem scribit Episcopum, & sancti etiam Canones præfigere dignoscuntur.* C'estoit en bon langage un huis de derriere qu'il se reservoit, & un recours au Siege Apostolique, s'il luy fust mesadvenu de sa cause, contre l'ancienne usance de France. Là furent deduites plusieurs choses sur la destitution, & restitution de Ebon, & à vray dire, toutes les flesches que l'on descochoit d'une part & d'autre, ne concernoient que la grandeur & authorité du Siege Apostolique. Parce que Hincmare remonstroit que Sergius Pape avoit reduit Ebon en une communion laïcale, & privé de son Archevesché, mesmes sur ce que la congregation des Evesques de France luy en avoit escrit. Au contraire qu'il avoit esté receu, & installé en ce siege par eslection du Clergé, & lettres patentes du Roy, ensemble par confirmation du mesme Sergius. Que suivant cela il avoit receu l'honneur du *Pallium* du sainct Siege: Que tout ce que ces adversaires alleguoient de la restitution faite par Lothaire & quelques Evesques, estoit en partie supposé, & en partie contre les Canons Ecclesiastiques. Sur quoy, après avoir ouy meurement les parties, il fut sentencié pour Hincmare, & ordonné que les destitutions tiendroient. Toutesfois Hincmare non content de cela, en advertit encore le sainct Siege, & fit confirmer par Benoist Pape tout ce qui avoit esté arresté en ce Concil. Et non content de cela, Benoist donna d'abondant ce Privilege à Hincmare, que nul de ses diocesains après avoir souffert sentence de condamnation de luy, n'en peust appeller. Quoy faisant, il derogeoit grandement à nos Privileges, en ostant la voye ancienne d'appel du Metropolitain au Concil Provincial. Hincmare pensoit s'estre de cette façon asseuré pour avoir d'un costé suivy la vieille discipline de France, j'entens d'avoir fait confirmer par Concils ses sentences: & encores la nouvelle forme, ayant faict par une abondance de seureté ratifier par le Pape, tout ce qui s'estoit passé à Soissons. Toutes-fois ses parties adverses ayant faict consultation pour eux sur la protestation du mesme Hincmare vont à Rome, discourent leur faict avecques humble supplication au Pape Nicolas premier successeur de Benoist, lequel casse & annulle cette sentence Synodale contr'eux donnée, & les restitue en entier. Parce qu'il ne falloit imputer à ces pauvres gens à vice, si suivans la foy du public, & l'erreur commun de tous, qui vient au supplément du droict, ils avoient pris provision de celuy qui estoit par la commune voix du peuple en opinion d'estre leur vray superieur. Nicolas estoit un Grand Pape, mais ils s'attachoit aussi à un bien Grand Archevesque, lequel revenant comme d'un profond sommeil, & cognoissant la faute qu'il avoit commise en soy departant de nos anciens privileges, pour avoir recherché delà les monts ce qui naissoit en nostre France, escrivit une lettre bien ample à Nicolas (avec tel honneur toutesfois que requeroit la dignité qu'il soustenoit, car il l'appelle son unique Seigneur, Pere des Peres) par laquelle lettre il luy remonstre modestement, sans rien toutesfois obmettre, qu'il ne devoit retracter ce qui avoit esté passé & conclud en un Concil National, le tout ainsi que nous apprenons plus amplement de Flodoard.

A quel propos tout cecy? non à autre, sinon pour monstrer comme les affaires de nostre Eglise Gallicane se trouverent adoncques vagues & fluctuantes pour l'injure du temps, & que pour vray dire, il n'y avoit rien si certain que l'incertain. Parce que ceux qui en tenoient la plus forte clef, embroüilloient à leur appetit la serrure, faisans sur un mesme subject le faict & defaict. Car vous voyez ce Grand Prelat avoir du commencement sa retraicte à Rome, pour la manutention & asseurance de sa dignité, craignant quelque aigarade de Lothaire lors qu'il seroit Empereur: & davantage, qu'il proteste avoir recours vers le Pape en ce Concil de Soissons, à cause se trouvant en balance. Toutesfois depuis s'estans avecques le temps asseuré de la volonté de l'Empereur, il en ferma du tout la porte de Rome à l'Evesque de Laon: comme au contraire Charles le Chauve du commencement ne portant que tiltre de Roy, sous Adrian deuxiesme favorisa nos privileges, contre lesquels depuis il s'arma en faveur du Siege de Rome sous Jean huictiesme, par lequel il avoit esté sacré Empereur. Et qui approfondira cette Histoire, trouvera qu'il n'y eut que l'ambition en l'un & l'autre, qui leur fit oublier l'ancienneté de nostre Eglise. Et afin que l'on ne pense que ce soit une charité que je leur preste sous faux gages, Rheginon parlant du Sacre & Couronnement de Charles le Chauve, dit qu'il l'achepta à beaux deniers comptans, pour defrauder de l'Empire les vrays & legitimes heritiers. *Carolus senior* (dit-il) *Romam secundò profectus, ubi jampridem Imperatoris nomen à præsule sedis Apostolicæ ingenti pretio emit.* " Charles l'aisné vint à Rome pour la seconde fois, " où dés pieça il avoit achepté du Pape le tiltre d'Empereur " grande somme d'argent ". Auquel lieu il appelle Charles l'aisné à la difference de Charles le Gras l'un de ses nepveux fils de l'Empereur. De mesme semblable Leon quatriesme pour attirer de toutes les façons qu'il peut Hincmare à sa devotion, luy envoya le *Pallium* avec une prerogative extraordinaire qu'il n'avoit jamais octroyée, comme Flodoart, faisant grande commemoration de luy, nous enseigne en ces paroles, quand il dit que, *Pro sua sanctitatis, & sapientiæ reverentia, per interventionem Lotharij Imperatoris, Pallium ad quotidianum susceptum usum à sanctæ Leone Papa, à quo jam aliud perceperat, ut designatis sibi solemnitatibus servandum: quem quotidianum Pallij usum nulli unquam Archiepiscopo se concessisse, vel deinceps concessurum esse, idem Papa in Epistola ad eum directa testatur.* C'est à dire, " Que " pour la reverence de la saincteté & sagesse qui estoit en luy, " Leon quatriesme luy avoit envoyé le *Pallium* par l'entremise " de l'Empereur Lothaire, pour en user tous les jours, " lequel il avoit une autresfois receu pour en user aux solemnitez à ce dediées, & protesta lors le Pape par lettres à Hincmare qu'il n'avoit jamais octroyé, ny n'octroyeroit à l'advenir cette prerogative à nul autre ". Il ne falloit point dire que Leon ne l'eust jamais octroyé. Car la verité est qu'auparavant nul n'en avoit usé de cette façon. Et de faict sainct Gregoire en osta l'usage à l'Archevesque de Ravenne, ne, qui maintenoit luy eftre permis par ancien privilege d'en ufer tous les jours. Que s'il vous plaift rapporter chaque chofe à fon temps, il fera fort aifé de cognoiftre d'où proceda l'entreprife qui fut faite par l'un & l'autre au prejudice de noftre Eglife. Car lors que Charles fit tenir ce deuxiefme Concil, dont j'ay parlé cy-deffus, ce fut fous Jean, dont il avoit achepté la Couronne de l'Empire : & le Concil de Soiffons fut celebré fous Benoift fucceffeur de Leon, lors que la memoire n'eftoit encores effacée en l'efprit de Jean, du bien-faict qu'il avoit receu de fon predeceffeur, voulans chacun endroit foy favorifer ceux aufquels ils fe fentoient obligez, aux defpens de noftre liberté ancienne; & l'un des grands inftrumens qui fe trouva & lors, & depuis pour afferuir nos Prelats, fut le *Pallium*, dont chacun fe rendoit par une ambition particuliere efclave, afin d'eftre Vicegerans du fainct Siege en France : mefmes que les Papes fe difpenfoient fort aifément de l'envoyer non feulement aux Metropolitains, mais auffi aux fimples Evefques. Quoy faifans, c'eftoit apporter prejudice à ces Metropolitains, aufquels les Evefques chargez de cet honneur, fe vouloient parangonner par le moyen de cette gratification. Chofe dont Foulques Archevefque de Rheims fe plaignit envers Formofe Pape, difant que cela apportoit deux maux, c'eft à fçavoir, la confufion & defordre en l'Eglife Gallicane, & l'aviliffement de cet honneur en la Romaine, pour eftre conferé fans acception de perfonnes autant aux indignes, comme à ceux qui meritoient, & aux Evefques, comme aux Archevefques.

Les affaires de la France n'eftoient lors arrivées à tel periode, où elles tomberent puis aprés : mais toutes ces chofes n'eftoient qu'un fondement de la mutation, qui devoit puis aprés advenir tant en l'Eftat Ecclefiaftic, que feculier, dont le Chauve fut l'un des premiers Autheur : auffi ne me peut-on defnier que le lot qui luy efcheut en partage, n'ait efté prefque celuy dont nos Roys furent affortis, & que nous appellafmes depuis Royaume de France. Or depuis l'Empire du Chauve, jufques à la venuë de Capet, ne recherchez une vraye & affeurée face d'Eftat, ny en la France, ny en Allemagne, ains feulement un preparatif general de changement. Ce ne fut qu'un Chaos & meflange qui dura plufieurs longues années. En tout cet entreject de temps, vous voyez un Boffon faict Roy de Provence, un Baudoüin fe faire Comte de Flandres, un Raoul le Normant occuper l'Eftat du pays, que nous appellons Normandie; un autre du mefme nom, celuy de Bourgongne; Guy, & Berenger, le Royaume d'Italie; Eude, & aprés fon frere Robert celuy de France, & aprés luy Raoul fon gendre : Arnoul Baftard, chaffer Charles le Gras fon oncle vray Empereur d'Allemagne, pour s'en impatronifer. Pendant lefquelles confufions, tout ainfi que la Majefté Royalle eftoit tellement rabaiffée, qu'à peine recognoiffoit-on le vray Roy de France, auffi s'efvanoüit la dignité de l'Eglife & des Prelats. Car combien que l'on fift contenance de proceder par eflection aux Evefchez, fi eftoient elles briguées, non par menées fourdes, pour couvrir la honte & pudeur, ains par la force & violence publique des plus grands : efquelles toutesfois pour apporter quelque affeurance, ils avoient recours à la voye qu'avoit fuivy Hincmare. C'eftoit de les faire confirmer & ratifier par le Pape, l'authorité duquel eftoit lors arrivée en tel credit, que foudain qu'elle y eftoit paffée, on eftimoit que toutes les fautes precedentes eftoient couvertes. Et là où auparavant nous recherchions Rome ordinairement par devotion pour veoir les faincts lieux, nous la recherchafmes de là en avant, pour courir & faire fortir effect à noftre ambition. Chofe que je vous veux monftrer par un feul exemple pour tous ; parce qu'en toute mon Hiftoire je ne me fuis propofé de cotter les plus fignalez exemples d'entre plufieurs, & mefmement tirez des Autheurs qui furent ou du temps, ou fort proches des chofes que je raconte. Seulphe (quatriefme en ordre en l'Archevefché de Rheims aprés Hincmare) eftant allé de vie à trefpas. le Comte Hubert qui lors tenoit grand lieu en France, moyenna, par les trafiques d'Abbon, & Bonon Evefques de Soiffons, & Chaalons, que Hugues fon fils, qui n'avoit encores attaint l'aage de cinq ans, fuft efleu Archevefque de Rheims : & pendant le fous-aage de cet enfant, Raoul Roy, bailla à fon pere par forme d'œconomat, le gouvernement du revenu de l'Archevefché : mais parce que cette election eftoit indubitablement vitieufe, Heribert depefche meffagers pardevers Jean Pape, accompagnez d'Abbon, lefquels avec trés-humbles fupplications, le requirent qu'il luy pleuft par un privilege fpecial confirmer cette eflection. Ce qu'il fait : mais veut par mefme moyen qu'Abbon fuft Vicegerant, & fift tous actes d'Archevefque en ce lieu au fpirituel, jufques à ce que Hugues euft attaint l'aage complet pour eftre facré. C'eftoit mettre en œuvre à bonnes enfeignes la propofition de Nicolas premier, lors qu'il difoit que tout ce qui eftoit ordonné par le Pape, ne pouvoit eftre caffé, & qu'il donnoit difpenfe, ainfi qu'il trouvoit bon de faire, felon la qualité des perfonnes qui fe retiroient devers luy. Cela eftant ainfi depefché, Heribert commença de ravager en cette Eglife, comme un loup affamé au milieu d'un trouppeau de brebis, & deftitua Flodoard Chanoine de l'Eglife de Rheims, (duquel j'ay emprunté cette Hiftoire) & autres fiens compagnons, pour n'avoir voulu affifter à cette eflection. Et depuis Oldaric Evefque d'Aix s'en eftant fuy de fon Diocefe, pour la perfecution des Sarrazins, le mefme Heribert luy fit commettre au lieu d'Abbon à l'adminiftration du fpirituel, luy laiffant pour fes aliments le fimple revenu d'une prebende & d'une petite Abbaye. L'indignité de cette procedure fut caufe que Louys d'Outremer arrivé à la Couronne voulut faire proceder à nouvelle eflection, par laquelle Artolde fut efleu & mis au lieu de Hugues, & peut eftre n'y avoit-il pas plus de devotion en cette-cy qu'en la premiere. Car Heribert eftoit celuy qui avoit fait mourir en prifon Charles le Simple pere de Louys : toutesfois il y avoit plus de pretexte en cette-cy qu'en l'autre, pour la qualité des mœurs & de l'aage. Artolde donc eftant entré en la joüiffance de cet Archevefché, il en eft jetté dehors par Heribert, & Hugues le Grand fon beau-frere, & à l'inftant mefme pour ofter tout obftacle, Hugues eft remis en fort bas aage & facré Preftre, puis Archevefque. Et vrayement, & l'eflection, & la confirmation de Hugues, & tout ce qui avoit efté faict à la fuite de cecy par les fuperieurs de l'Eglife, eftoit tant efloigné de droict divin & humain, qu'en cette concurrence de deux Prelats, il n'y avoit que tenir pour luy : toutesfois encore n'ofa l'on rompre ce qui avoit efté faict, que par les mefmes voyes dont l'on avoit ufé en faveur de luy. Ce fut d'avoir recours à un Concil Naitonnal dans Verdun, non toutesfois authorifé des Metropolitains, comme eftoit noftre premiere couftume, mais fous l'authorité de l'Archevefque de Treves, prefidant, non en cette qualité d'Archevefque, mais comme Legat du Sainct Siege. Et en ce Concil fut Hugues deftitué de fon Archevefché comme incapable.

Et fi les Evefchez eftoient en cette façon mal menagés, encores y avoit-il aux Abbayes, & autres moindres benefices plus grand defordre. Parce que les Roys s'eftoient licentiez de conferer les Abbayes aux Princes, Seigneurs & Gentils-hommes, pour les tenir leur vie durant comme les Fiefs. Et comme en tels defordres generaux chacun veut faire le Roy, le femblable faifoient les autres Seigneurs à l'endroict de leurs favoris, pour raifon des moindres benefices. Ainfi lifons nous que Baudouin Comte de Flandres ofta plufieurs Eglifes Parochiales aux vrais titulaires, pour en gratifier de fa propre authorité ceux que bon luy fembla. Desbauche qui eftoit un prognoftic trés-certain du changement de cette feconde lignée. Car il n'y a rien qui excite tant le courroux de Dieu, que de voir fes Eglifes profanées, & tomber en la main de ceux qui font voüez au fervice du Prince temporel, & non du fpirituel. Il me fouvient avoir leu dedans Luithprand, que Hugues Comte de Provence, ayant efté infiniment heureux en tout le cours de fes affaires, (car il avoit adjoinct fans grande difficulté à fon eftat toute l'Italie) Manaffes Archevefque d'Arles fon coufin le vint trouver, où aprés luy avoir faict quelques fervices, Hugues pour le rendre grand, luy donna les Evefchez de Veronne, Tarente, & Mantoüe. Lifez la fuite de cette Hiftoire, qui eft expreffément dediée pour ce Prince, vous trouverez que depuis qu'il eut en cette façon licentieufement abufé des dignitez de l'Eglife, jamais il ne profpera, ains

ains allerent toujours ſes affaires en decadence juſques au dernier ſouſpir de ſa vie. Au contraire ce meſme Luithprand en ſon quatrieſme Livre nous recite que Othon premier Empereur de ce nom eſtant conſtitué en grandes anguſties de guerre contre Henry ſon frere, & Gilbert ſon beau-frere Duc de Lorraine, un ſien grand Seigneur Comte qui l'avoit ſuivy & ſervi fidelement en toutes ſes guerres, le pria par lettres de luy vouloir donner une Abbaye lors vacante, riche & opulente en biens & poſſeſſions temporelles, afin que par le revenu d'icelle il euſt moyen de ſtipendier ſes ſoldats, & en ſouſtenir plus aiſément le deſroy de la guerre. A quoy l'Empereur d'un viſage riant dit au Gentil-homme porteur de la lettre, qu'il avoit envie de faire reſponſe à ſon Maiſtre pluſtoſt de bouche que par lettre. Ce qu'entendu par ce Comte il fut infiniment rejoüy, tenant ja pour accordé le Benefice qu'il avoit demandé. Et de ce pas s'achemina devers l'Empereur, le rechargeant de meſme requeſte. Auquel ce Prince en preſence de tout le peuple : " Il faut " (dit-il) plus obeïr à Dieu qu'aux hommes. Car qui eſt ce-" luy ſi peu clair-voyant qui ne voye que la requeſte que me " faites maintenant, n'eſt pas tant requeſte, qu'une taiſible, " & ouverte menace pour la neceſſité en laquelle vous me " voyez reduit? Mais il eſt eſcrit, ne donnez point aux chiens " ce qui eſt ſanctifié, lequel paſſage eſtant par les Docteurs pris en ſens allegorique, j'eſtimerois donner aux chiens, ſi " je donnois à celuy qui ſuit la guerre temporelle, un Mo-" naſtere, qui eſt dedié pour les Religieux qui guerroyent ſous " les eſtendarts de Dieu ſeulement. Pour cette cauſe je veux " bien que ſçachiez en preſence de tout ce peuple, que vous, " qui me demandez aveqcues telle arrogance un don tant deſ-" raiſonnable, ne l'obtiendrez jamais de moy, ny autre cho-" ſe dont me requeriez. Partant s'il vous vient à plaiſir de " prendre vol vers ces autres rebelles, le pluſtoſt ſera le meil-" leur „. Ces choſes eſtans proferées d'une magnanimité digne d'un ſi Grand Empereur, ce Comte non ſeulement ne tourna viſage vers l'autre party, mais ſe jette aux pieds de ſon maiſtre, le priant tres-humblement de luy vouloir pardonner la faute, en laquelle il eſtoit inadvertemment tombé. Et à tant vivant cet Empereur en ce ſainct propos, & ayant Dieu pour ſon protecteur au lieu des hommes, non ſeulement vint à chef de ſes ennemis, mais qui plus eſt chaſſa ſans eſperance de retour, & Hugues, & Berenger de l'Italie, la remettant ſous l'Empire, dont elle avoit eſté diſtraite par deux ou trois ſucceſſions d'Empereurs. Au contraire la poſterité de Charlemagne faiſant lictiere des Eveſchez & Abbayes, perdit la Couronne, & fut cauſe d'eſchanger l'ancienne diſcipline de noſtre Egliſe en une nouvelle, dont nous parlerons cy-après.

CHAPITRE XIII.

Troiſieſme lignée de nos Roys, & quelle a eſté la ſuitte & progrez de leur Religion, enſemble de toute la France.

Aprés vous avoir diſcouru comme ſe gouvernoient les deux premieres familles de nos Roys en leur Religion Catholique, ſelon la verité, non ſcholaſtique, ou ſophiſtique, je viens maintenant à noſtre troiſieſme. La premiere de ces trois lignées fut appellée, tantoſt Meroüienne, tantoſt Meroüingienne, à cauſe du grand guerrier Meroüée, auquel on doit la primauté, & advancement de la premiere lignée : La ſeconde Carlienne, en faveur de Charles Martel, & de Charlemagne ſon petit fils, ou bien que cette lignée porta pluſieurs Charles : Et la derniere Capetienne, en l'honneur de Hugues Capet, qui par ſa ſageſſe s'empara de noſtre Eſtat au deſadvantage des Carliens, & lors ne faut faire aucune doubte, que les Papes favoriſez du deſcher de noſtre ſeconde lignée ne priſrent grand avancement. Mais ayant à parler de cette derniere, il ne ſera ce me ſemble hors de propos de vous dire de quelle durée fut chacune de ces trois familles. La premiere depuis l'advenement de Pharamond, juſques à la degradation de Childeric dernier Roy, dura trois cens trente ſix ans. La ſeconde depuis la venuë de Pepin juſques à la cloſture de Louys ſixieſme, deux cens trente ſept. Et la troiſieſme depuis que Hugues Capet ſe fut faict Maiſtre de noſtre France juſques à huy, ſix cens vingt ſept ans. Choſe eſtrange de prime face, que les deux premieres lignées durerent ſi peu de temps, au regard de la troiſieſme. Que ſi deſirez en ſçavoir la cauſe, je la vous diray. Les deux premieres produiſirent, chacunes d'elles en leur endroict, quelques Roys magnanimes & guerriers, mais non la police de meſmes. Et cette derniere produiſit aveqcues la force & magnanimité, la police, divers voyages outre mer qui firent apparoir de la magnanimité & force : fondations de Parlemens & Univerſitez, dedans la plus part deſquelles la Theologie eſt encloſe. Qui ne ſont pas petits traicts de police pour nous conſerver. De maniere que les deux premieres familles jointes enſemble ne durerent que cinq cens ſeptante ans : & la derniere ſix cens vingt & ſept : Sans en ce faire eſtat de la propagation, & provignement qu'elle fera cy-après.

Or la maxime generale de noſtre France deſlors de la venuë de Capet, fut de reſpecter diverſement la puiſſance du ſainct Siege au ſpirituel, & celle du Roy au temporel, contre lequel le Pape ne pouvoit rien attenter. Et de faict vous ne trouverez en l'Hiſtoire, que Capet s'eſtant enſeigneurié de la France, il allaſt blandir le Pape, ou pour eſtre par luy inveſty du Royaume, ou bien confirmé : ains exercer ſa nouvelle Royauté ſous le droict des armes, qui ſert de tiltre & promotion, puis de confirmation aux plus forts : Royauté qui depuis a eſté continuée à nous. Vray que ſous les ſix ou ſept premiers Roys, les peres eurent cette reigle perpetuelle en eux, de faire de leur vivant couronner Roys avec eux, leurs fils maſles aiſnez, leſquels après leur decez devoient regner.

Je ne dy pas cependant que le Pape n'euſt quelque authorité & prerogative ſur nos Roys, en ce qui dependoit du ſpirituel. Authorité qu'il voulut conſerver aveqcues grande circonſpection. Car noſtre Roy Philippe premier, ayant repudié Berthe ſa premiere femme, fille de Baudoüin Comte de Holande, & eſpouſé une Bertrude, de l'amour de laquelle il eſtoit demeſurément eſpris, fut vrayement excommunié par le Pape Urbain deuxieſme en la ville de Clairmont en Auvergne : Mais non de ſa ſeule authorité, ains que par un Concil general de la France, d'Archeveſques, Eveſques, & Abbez : & deſlors fut par meſme moyen concluë la guerre contre les Infidelles, pour la recouſſe de Hieruſalem, & de la Paleſtine.

Et afin que chacun entende (ſi tant eſt que ce mien diſcours ait cette faveur de tomber en diverſes mains) quelle a eſté, & eſt la Religion commune de noſtre France, ſignamment ſous cette troiſieſme lignée, je veux qu'on ſçache que le François vit, & a par cy-devant veſcu en ſon ancienne doctrine, oreſque elle ait eſté traverſée par autres eſprits : Et en cette ſuperiorité recognoiſtre noſtre ſainct Pere de Rome, comme Chef, & Souverain Paſteur de l'Egliſe : comme celuy qui eſt pour tel advoüé par nos premiers, & grands Docteurs, dedans leurs eſcrits, quand les occaſions ſe ſont preſentées. Toutesfois nous recognoiſſons en luy cette ſuperiorité de telle façon que le Concile general & univerſel de l'Egliſe eſt ſur luy, nonobſtant la nouvelle Secte, laquelle hypocriſant noſtre Religion Catholique, ſouſtient pour s'agrandir en biens & poſſeſſions le contraire. O que belle eſt cette premiere propoſition engravée en nos conſciences ! Nous venons après à nos Roys: Contre leſquelles nous ſouſtenons ne pouvoir eſtre rien attenté en leurs perſonnes par qui que ce ſoit: ny par conſequent en leur Royaume. Eſtans par authorité de Dieu ſeuls Seigneurs du temporel de leur Royaume : joüyſſans d'iceluy d'un coſté comme Maiſtres & proprietaires, & de l'autre ſeigneurialement

ment par les mains d'autruy. Et combien qu'ils soient Seigneurs du temporel, si est-ce qu'ils peuvent apporter beaucoup du leur en la discipline Ecclesiastique. Ce qu'ils ont apris mesmes d'un Concil general tenu dedans Paris, dont le Moine Gratian a bien sçeu faire son profit au Canon *Principes seculi 23. quest. 5.* se donnant bien garde, comme Italien, de dire qu'il l'eust emprunté de nous. Et finalement quelque superiorité que les Papes ayent au spirituel, toutesfois ils ne peuvent par leurs consequences mesler à leur advantage le temporel dedans leur spirituel, ny transferer nostre Royaume, d'une main à autre, quelque forfait qu'ils pretendent avoir esté commis par nos Roys contr'eux. Sous A ces propositions & maximes, nostre France s'est heureusement maintenuë sous la puissance des Papes, & de nos Roys: Et les Papes ont sagement vescu en leur superiorité, tant en Rome & Italie, qu'és autres Eglises, ainsi qu'il estoit de Dieu ordonné. Tellement que nos Roys ont porté tout honneur & reverence au sainct Siege, sans rien perdre de leur authorité, & peuvent dire,

Divisum Imperium cum Jove Cæsar habet.

Telle est nostre ordinaire creance, & en icelle tout bon François veut vivre & mourir.

CHAPITRE XIV.

De l'authorité que les Papes se donnerent depuis la venuë de Hugues Capet, sur les Empereurs & Roys ; interdiction des Royaumes, & autres discours de mesme sujet.

L'Authorité de S. Pierre, les martyres continuels & de suite, que souffrirent nos premiers Saincts Peres de Rome jusques à Silvestre, la Religion vraye & Catholique, en laquelle leur posterité fut ferme contre les furieux assauts des heretiques, l'humanité dont ils avoient embrassé tous les Evesques à tort affligez, la ruine des Eglises Apostoliques du Levant, premierement par les heresies, en aprés par les Mahometistes, les particularitez & divisions des Princes Chrestiens en la France, Allemagne, & Italie, l'ambition desreiglée & ignorance de nos Prelats, la desbauche de nostre Eglise Gallicane procurée par nos Roys mesmes, l'humble soubmission du commun peuple: Toutes ces particularitez mises ensemble, furent de tel effect & vertu, que non seulement le Pape fut jugé avoir toute puissance sur les Evesques, mais aussi sur tous les Princes & Potentats de la Chrestienté. Et de fait, Dante & Occan furent declarez heretiques, parce qu'ils avoient soustenu que l'Empire, pour le temporel ne dependoit de la Papauté. Nicolas I. avoir dit qu'il falloit regarder ce qu'ils estoient, non ce qu'ils faisoient. Et l'opinion commune des peuples estoit, que soudain qu'un Prelat estoit monté à ce haut degré, toutes ses ordonnances estoient sainctes, bonnes, juridiques & non sujettes à controlle. Jamais Prince ne fut plus mal traicté de l'Eglise Romaine que l'Empereur Henry IV. (comme je deduiray cy-aprés) & paravanture sans grande raison; toutesfois quelque personnage d'honneur de son temps qui escrivit sa vie, sans se nommer, discourant comme Gregoire VII. l'avoit traicté indignement: *Quin etiam & hoc addidit (fait-il) absolvit omnes à juramento qui fidem Regi juraverant, ut contra eum impelleret absolutio, quos fidei tenebat obligatio. Quod factum multis displicuit, si tamen cui displicere licet quod Apostolicus facit.* C'est à dire: Il ajousta cecy à tout ce que dessus, remettant à tous les sujets de luy le serment de fidelité, dont ils luy estoient obligez: afin que cette absolution les excitast contre luy envers lequel l'obligation du serment les retenoit en obeïssance. Chose qui despleut à plusieurs, si toutesfois il est loisible à aucun de trouver mauvais ce qui est fait par nostre Pere l'Apostolic. Il ne sera doncques hors de propos (ce me semble) de vous discourir par le menu de quelle façon les Papes se voulurent authoriser en grandeur par dessus les Roys & Monarques, voire de conferer les Royaumes qui ne leur appartenoient.

Ainsi que leurs prerogatives, authoritez & grandeurs s'establissoient dedans Rome, combien que leur Estat semblast grandement s'augmenter, toutesfois les Empereurs ne se pouvoient bonnement laisser mettre la poudre aux yeux, ny passer par connivence plusieurs choses qu'ils estimoient despendre de leurs Majestez. Car encore que par la nouvelle police, qui avoit rendu sous Gregoire cinquiesme les Empereurs electifs, l'Empire eust esté faict d'hereditaire, viager, & que tout d'une suite le Pape se fut affranchy de la Puissance des Empereurs, je veux dire que l'on ne desi-raft plus leur consentement aux elections du Pape: ce nonobstant quelques Empereurs des Esleuz plus opiniastres s'en voulurent faire croire, & r'entrer dans leur ancien privilege, non seulement pour l'eslection du Pape: mais aussi pour la domination & seigneurie de Rome. Toutesfois ils trouverent un tel mort, qui par les ruines des Princes s'estoit rendu tres-puissant dedans l'Italie. Si ne demeura neantmoins cet article sans dissentions & disputes assez souvent reïterées. Parce que du temps de Clement deuxiesme, Henry troisiesme Empereur, aprés avoir esté couronné, contraignit les Romains par serment, de renoncer au droict d'election des Papes, & de ne s'en entremettre à l'advenir. Et de faict quelque temps aprés, le Siege vacquant par le decez de Damase successeur de Clement, l'Empereur voulut y envoyer Leon IX. Allemant, auparavant nommé Brunon, pour tenir le Siege Romain: mais Hugues Abbé de Clugny, & Hildebrand, l'un de ses Religieux, allerent au devant, l'admonestant de ne faire ce tort à l'Eglise. D'autant que ce n'estoit à l'Empereur d'eslire les Papes, ains au Clergé & peuple Romain. A quoy Brunon acquiesça, & entra comme personne privée dans la ville. Entrée si agreable au peuple, qu'en reconnoissance de ce, par commun suffrage de tous il fut esleu Pape, & dés son advenement fit Hildebran Cardinal sous le tiltre de sainct Paul. Cestuy sera par cy-aprés Gregoire VII. l'un des plus hardis propugnateurs du Siege de Rome, qui oncques fut auparavant luy. Car depuis à sa persuasion les Papes à face ouverte firent teste aux Empereurs, non seulement en ce qui concernoit la manutention de l'Eglise, mais aussi à l'avilissement de la Majesté de l'Empire. C'est luy, sous lequel Matilde parente de l'Empereur Henry donna au sainct Siege, les villes de Luques, Ferrare, Parme, Rege & Mantouë, qui furent depuis appellées le Patrimoine de sainct Pierre.

Ce Grand Gregoire au lieu que ses predecesseurs n'avoient faict que parer aux coups des Empereurs pour l'Election du Papat, voulut se rendre assaillant: parce que non seulement il ne fit doute que le Pape ne devoit estre Esleu par les Empereurs: mais passant outre, soustint que ce n'estoit à eux d'investir les Evesques, & excommunia tous les Princes qui pretendoient ce droict d'investiture. Alors estoit Empereur Henry IV. Grand Prince, lequel regna cinquante ans, & combattit à enseignes desployées plusieurs fois. Il ne voulut pas permettre que sa posterité l'accusast que sous luy la Majesté de l'Empire eust receu une si grande playe. Il s'oppose à cette interdiction, specialement pour celles des investitures. Le Pape contre cette irreverence interpose son Decret Apostolic, par lequel il l'excommunie, & non content de ce, tout d'une suite le prive de sa dignité Imperiale, absout tous ses subjects du serment de fidelité qu'ils avoient en luy, & expose tous ses pays en proye, à la discretion de celuy qui les pourroit envahir. Il n'estoit plus icy question de commander dedans l'Italie, ce commandement s'estendoit plus loing, c'estoit donner un Empire, qui ne luy

luy avoit pas beaucoup cousté à gaigner. Toutesfois ces censures se trouverent de telle vertu, que non pas un estranger, ains son propre fils s'empara de l'estat de son Pere. Piteux spectacle veritablement, mais par lequel vous pouvez recueillir combien lors estoit grande la puissance des Papes. Il y avoit assez de subject pour contenter l'opinion de Gregoire; toutesfois non assouvy, il fait degrader ce pauvre Prince de ses ornemens Imperiaux par les Evesques de Mayence, Colongne, & Wormes. Et depuis l'ayant reduit en une estroite prison, où il mourut, les Liegeois l'ayans fait inhumer en terre saincte, sont excommuniez par le Pape. Pour lever laquelle sentence d'interdiction, ils le deterrent, & fut son corps porté à Spire, & mis en un cercueil de pierre hors l'Eglise, comme estant mort excommunié. Ce fut un coup d'aprentissage, & de chef d'œuvre tout ensemble: qu'un Empereur, qui avoit imperé cinquante ans, s'estoit trouvé en tant de batailles rangees, eust esté vaincu en une querelle qu'il pensoit tres juste, par les fulminations d'un seul homme, lesquelles avoient peu induire le fils à faire la guerre à son pere, & que cette punition non seulement n'eust pris fin par sa mort, mais qu'elle eust encore esté executee contre ses os & son tombeau. Les anciens Evesques à la verité avoient bien usé de quelques censures contre les Princes terriens: parce que Fabian Pape ferma la porte de l'Eglise, à Philippes Empereur: comme fit Saint Martin à Maxime autre Empereur, Saint Ambroise à Theodose, & Saint Germain à Aribert Roy, jusques à ce qu'ils se fussent reconciliez, & faict confession publique des fautes par eux commises: mais nul d'eux ne pensa jamais toucher à l'Estat, comme aussi n'eussent-ils osé l'entreprendre. Depuis cest exemple horrible de Gregoire, les Papes n'excommunicerent presque jamais Prince, qu'ils ne missent aussi ses terres & Seigneuries au ban de la Papauté, comme pretendans estre Seigneurs temporels & spirituels de toute la Chrestienté, & comme si les Empereurs, Roys & Monarques tinssent d'eux en foy & hommage leurs Couronnes. Et à vray dire, je desirerois depuis ce temps-là, je ne sçay quoy de plus modeste en leur domination. Parce que nous ne voyons le plus du temps, que guerre, que sang, que violence, en l'Eglise, les Papes tantost victorieux, tantost vaincus, & se donner de tres-grands advantages sur les autres Princes, lesquels ils sçavoient combattre par leur glaive spirituel. Par le moyen duquel, captivans la conscience des sujets, ils despouilleroient souvent les foibles Princes de leurs Royaumes & Principautez, pour en revestir les plus forts. En quoy ils eurent une leçon generale, c'est à sçavoir que s'ils avoient conceu quelque mal talent contre un Prince, ils se pourvoyoient premierement par censures Ecclesiastiques contre luy, puis s'il ne se reconcilioit avec luy, ils le faisoient declarer heretique; & apres abandonnoient son Royaume à celuy qui le pourroit premier occuper. Qui n'estoient pas petits artifices pour parvenir à leurs desseins. Parce que combien que les sujets aiment naturellement leur Seigneur souverain, s'il est-ce que poussez d'un plus haut zele, qui est la religion, il n'y a rien qui leur enseigne plus à le mespriser, voire abhorrer, que quand ils le voyent distrait de l'Eglise, & mis au rang des heretiques. De sorte qu'il n'y avoit meilleur moyen de faire perdre au Prince le cœur de son peuple, & tout d'une suitte le destituer de ses forces, que par cestuy-là: veu que la principale force de tout Roy gist en la devotion, & amour de ses sujets. D'un autre costé il estoit fort mal-aisé en telles affaires, qu'il ne se trouvast tousjours quelque autre puissant Seigneur, aux aguets, pour prendre cette querelle en main. Estant l'ambition de cette nature, qu'elle ne demande qu'un tiltre coloré avecques la force, pour s'emparer des terres, & Seigneuries d'autruy. Ainsi le Pape joignant la puissance spirituelle, & temporelle ensemblement, encontre la seule temporelle, n'avoit pas petit advantage encontre son ennemy.

Joint que parmy ces remuëmens extraordinaires, se logea un nouveau Conseil aux Papes de faire publier les Croisades, quand ils se trouvoient les plus foibles. La pluspart des mauvais exemples prennent leur source, & origine de commencemens honnestes & specieux. Ces Croisades premierement avoient esté inventees, quand on se vouloit armer encontre les Infidelles pour conquerir la Terre Saincte.

Car alors ceux qui s'acheminoient en ces voyages, comme si c'eussent esté pelerinages de devotion, non de guerre, après s'estre rendus confez entre les mains de leurs Pasteurs, chargeoient la Croix, & le bourdon, s'asseurans d'une vie eternelle, comme Martyrs, s'ils mouroient en telles entreprises. Les Papes tournerent puis après cecy à autre usage, pour executer leurs jugemens encontre leurs ennemis, qu'ils avoient declarez heretiques, donnans plusieurs indulgences, & pardons, à ceux qui sous ces arrhes se ligueroient pour leur querelle.

Il seroit mal-aisé de dire combien sous ces propositions ils se rendirent redoutez, & combien de fois à autres ils reduisirent les Princes en piteux estat. Un Henry quatriesme, dont j'ay cy-dessus parlé, un Jean Roy d'Angleterre, Raymond Comte de Tholose, un Guillaume fils de Roger Roy de Naples, un Mainfroy, un Louys de Baviere, les Galeaces enfans de Matthieu Duc de Milan, un Pierre d'Arragon, un Frederic premier Empereur de ce nom, un Andalo Duc de Venise, en eussent peu porter tesmoignage. Et encores que les Papes n'obtindrent pas sur tous ceux ce qu'ils desiroient, si leur taillerent-ils de la besongne, qui rendit leurs Estats infiniement estonnez. Mais sur tout, miserable fut le spectacle des guerres qui advindrent en Italie, entre le Pape, & l'Empereur Frederic second, sous le nom des Guelphes, & Gibellins. Ceux-là tenans le party du Pape, ceux-cy celuy de l'Empereur. Qui apporta telle confusion, & desordre dans l'Italie, qu'entre tous les Ducs, Marquis, & Comtes que l'on y a veus s'establirent de la calamité de ces guerres. Car jouans les uns & autres (si ainsi le faut dire) aux barres, l'un entrant en une ville pour la laisser desolee à son ennemy, & cestuy pour l'abandonner à l'instant: finalement après plusieurs changemens, les villes estans par divers sacs reduites en toute extremité de disette, & ces longues guerres prenans assopissement plus par la ruine de l'Estat, que par faute de volonté, ceux qui sur la declinaison de la maladie se trouverent commis en la deffence d'unes & autres places, se firent par un droict de bien-seance accroire qu'ils en estoient les vrays Seigneurs, & à tant prindrent tiltres, qui de Ducs, qui de Marquis, qui de Comtes, les uns soubs l'adveu de l'Empereur, les autres sous celuy du Pape. A la charge de les tenir diversement d'eux, en foy & hommage.

Les choses pendant le temps de sept ou huict vingts ans, tomberent en tel desarroy dedans la ville de Rome, que Jean Sire de Joinville apprend que Sainct Louys estant en Chipre, le Roy de Tartarie luy envoya Ambassadeurs, pour l'advertir qu'il avoit receu le Sainct Sacrement de Baptesme: Chose dont Sainct Louys tres-joyeux, donna advis au Pape Innocent, lequel depescha sur le champ plusieurs doctes Theologiens pour convertir le demeurant des Tartares. Et comme tous les jours ils trompetassent que le Pape estoit Vicaire de Dieu en terre, & que le Roy de Tartarie estreu de ce grand & sainct tiltre, deliberast envoyer Ambassadeurs exprés vers Innocent pour le saluer avecques humbles soubmissions, ces Theologiens rompirent ce voyage: Craignans (comme dit Joinville) que si ces nouveaux Chrestiens venoient à Rome, après avoir consideré les mœurs corrompues qui y regnoient, ils ne conseillassent à leur Roy de retourner à sa premiere Religion.

Toutesfois Dieu regardant d'un œil de pitié son Eglise, la voulut soulager par la devotion generale des inferieurs, pendant que le chef estoit ainsi travaillé d'une fievre continue. Parce que depuis le Roy Philippe premier, sous lequel fut entrepris le premier voyage d'outremer, jusques au regne de Sainct Louys (qui sont cent ou six vingts ans d'intervalle) se planta une pepiniere d'Ordres en nostre Christianisme, les Templiers, les Hospitaliers, les Ordres de Cisteaux & Clugny, Grammont, Premonstré, Sainct Bernard, des Chartreux, & pour closture de tout cecy, les quatre Ordres des Mendians. Qui fut cause, que bien que le chef se fust aucunement desbandé, toutesfois les membres s'estans retenus en leur ancien devoir, lors qu'il sembloit que la Religion deust estre plus affligee, ce fut lors qu'elle prospera grandement. Et c'est peut-estre la cause, pour laquelle Jean Bocace Florentin rencontrant aucunement sur le conte du Sire de Joinville, dedans son Decameron nous raconte

conte qu'un Juif nommé Melchisedech voulant estre baptisé, eut envie d'aller à Rome pour voir le Pape. Ce dont il fut dissuadé d'un sien amy Chrestien, craignant que voyant les deportemens de ce lieu, il changeast de propos, toutesfois le Juif s'en faisant croire, alla jusques à Rome, où ayant descouvert plusieurs choses dignes d'estre plustost teuës, que dictes, ne laissa à son retour de se faire baptiser. Dont son amy infiniment estonné, le Juif luy dit que plus volontairement il se faisoit Chrestien, de tant qu'il avoit veu le chef de la Chrestienté grandement malade, & la Religion prosperer nonobstant cette maladie. Conte qui estoit fait à plaisir, mais par celuy qui de son temps voyoit encores une bonne partie de toutes ces calamitez.

Quelques-uns paradvanture voudront mal menager ce que j'ay presentement discouru, & le tourner au desadvantage du siege de Rome, comme je voy plusieurs esprits y estre trop licentieusement disposez, toutesfois je les prieray recevoir cet advertissement de ma part. J'ay tousjours estimé que combien que la vertu rende un Prelat grandement recommandable, si est-ce que le vice qui abonde en uns, & autres, ne faict nul tort à leurs dignitez Ecclesiastiques. Estant l'homme naturellement assiegé de tant de passions desreglées, que quelque grand personnage qu'il soit, on ne le peut nommer parfaict, ains seulement pouvons dire cettuy estre de plus grand merite, qui est le moins imparfait. Au surplus, je ne pense qu'en toute l'histoire des Papes y ait placart dont nous devions tant faire estat que de cettuy, non point au prejudice d'eux, ains au profit de nostre Eglise generale, & universelle, pour monstrer une juste vengeance que Dieu exerça contre la puissance terrienne, par la puissance Ecclesiastique. C'est pourquoy je vous supplie vouloir icy faire une pause, & remarquer la revolution & entresuitte des affaires. Les Papes du commencement souloient estre confirmez par les Empereurs, & sans leurs consentemens exprés ne s'osoient immiscer en leurs charges : Les Empereurs puis après non seulement perdirent ce privilege, ains par autre rencontre d'affaires furent confirmez par les Papes. Les Empereurs trop imperieux avoient autresfois voulu cognoistre des choses jugées par l'Eglise, comme le faict Donat Heresiarche appella à l'Empereur de la sentence qui avoit esté donnée au Concil contre luy : & les Papes renverserent depuis les jugemens donnez par les Empereurs, comme il advint de la sentence de Frederic, contre Robert Roy de Naples. Les Empereurs par une insolence extraordinaire, avoient quelquesfois bravé les Papes à tort, jusques à les bannir, ou fustiger, comme il en prit à Libere, & Vigile, & tout de cette mesme façon il y eut Pape qui petilla Frederic Empereur premier de ce nom aux pieds. Bref les Empereurs s'estoient donnez loy de conferer les Archevesches & Evesches, ausquelles ils n'avoient aucun droit : & Dieu permit en contr'eschange que les Papes conferaient les Principautez, & Royaumes, ausquels ils n'avoient nulle part. De maniere que nous pouvons par cela juger que si aux deportemens de ces grands Prelats il eut quelques violences brusques, ce fut par un jugement caché de Dieu, & à vray dire une justice de Dieu exercée par l'injustice des hommes, pour enseigner au Magistrat seculier de se contenir modestement dans ses bornes, & n'entreprendre tyranniquement dessus l'Ecclesiastic : Comme aussi ces mesmes entreprises de l'Ecclesiastic sur la puissance seculiere ont nuit aux Papes, comme je deduiray en son lieu.

Mais pour reprendre ma premiere route, voila comment les Papes se firent grands. Toutesfois restoit encores à leur grandeur un poinct : c'estoit que leurs constitutions, que nous appellons Decretales, estoient esparses çà & là. Tout ainsi que l'Empereur Justinian avoit fait ramasser dans un tome, que nous appellons le Code, toutes les loix & ordonnances de ses predecesseurs, par la diligence de Tribonian son grand Chancelier : aussi la Majesté de l'Empire estant sous le nom d'une Saincteté reduite en la personne du Pape, Gregoire IX. par le ministere & aide de frere Raimond son Chappellain, de l'Ordre de Saint Dominique, fit compiler toutes les constitutions Pontificales de ses devanciers en cinq livres, qui furent appellées Decretales. Auparavant Burcard, Yves de Chartres, & Gratian avoient amassé plusieurs anciens Canons, dont Gratian par succession de temps a emporté le dessus. Son œuvre est appelé le Decret, qui s'est trouvé fort agreable. Toutesfois je desireray tousjours que tout homme qui s'amusera à le lire, y apporte plus de jugement, qu'en la lecture des Decretales, pour avoir en divers endroits rapiecé son œuvre de plusieurs eschantillons, que l'on tire de luy comme vrays, dont toutes-fois tout homme qui aura à bonnes enseignes mis l'œil dans l'ancienneté, fera grand doute. Gregoire ordonna que ses Decretales fussent receuës par toute la Chrestienté, tant és escholles qu'és sieges de justice. Et à l'imitation de lui, Boniface VIII. sous le nom de Sexte, Clement V. sous le nom de Clementines, Jean XXII. sous celuy d'Extravagantes, firent pareilles compilations : Chose qui ne fut de petite prudence. Car y ayant plusieurs Universitez de loix espanduës par toute l'Europe, ésquelles estoient enseignées les loix Imperiales, pour servir de guidon à ceux, qui puis après vouloient manier les affaires de la Republique : aussi voulurent les Papes que d'une mesme balance on y enseignast leurs Constitutions Canoniques, & Pontificales, & à cet effect adjousterent la faculté de Decret, tout ainsi que de droit Civil, laquelle ils favoriserent de telle façon, qu'uns Urbain V. & Innocent VI. Papes, Docteurs en Decret furent pour leur doctrine en cette faculté appellez à la Papauté. Et tout ainsi que les Papes precedent aujourd'huy les Empereurs, aussi la faculté de Decret precede celle du droit Civil, aux assemblées, & congregations generales. Pareillement ainsi que les Roys donnerent Conservateurs Royaux aux Universitez pour la protection des Escoliers, aussi donnerent à mesme fin les Papes, des conservateurs Apostolics. Qui estoit, en ce faisant, bastir, je ne diray point autant de supposts, ains de supports pour le soustenement de leur siege.

CHAPITRE XV.

Que le Pape ne doit mesler dedans sa vengeance, la grandeur de sa dignité, exemple memorable de Dieu.

JE veux avant que de passer outre, reciter le texte entier de l'un de nos Cardinaux : Car à tout seigneur, tout honneur, dit nostre Proverbe François. *Quand Pierre* Roy d'Arragon, (dit-il) outre plusieurs intelligences, qu'il avoit avec des infideles eut fait violer la saincteté du jour de Pasques par l'horrible massacre des vespres Siciliennes, le Pape Martin quatriesme (dit Paul Emile, & aprés luy du Haillan) acquitta, & absolut les Arragonnois du serment de fidelité qu'ils avoient fait audit Pierre : Et Philippe le Bel prit les armes pour l'execution de la censure, & mourut en l'executant. Et me le Cardinal en un jeu cet exemple, pour monstrer aveques quelle facilité nos Roys se sont rendus protecteurs de ces censures. Quant à cet exemple je diray : Le Pape a exercé, & peu exercer ses censures contre l'Arragonnois, doncques il les peut exercer contre nos Roys, & la France : je vous nie la consequence. Les libertez de nostre Eglise Gallicane contre-disent, que jamais Papes ne censurerent nos Roys, & qui plus est, ne peurent faire sortir effect à leurs censures, ores qu'ils en eussent volonté. Et neantmoins puis qu'un François nous repaist de ce bel exemple au desadvantage de nos Roys, en faveur de la saincteté, je ne seray si court que luy, ains bailleray à cette histoire toutes ses façons, pour monstrer qu'il n'y eut lors que de l'honneur, & au Pape, & au Roy de France, & au Roy d'Arragon. Et au surplus que Dieu nous enseigna lors quelle estoit sa puissance contre ceux qui mal à propos abusoyent de leurs dignitez ; tants'en faut que

que l'on puisse mettre cet exemple en avant pour favoriser telle maniere de vengeances.

L'histoire nous est assez commune, & notoire, comme Charles Comte de Provence, & d'Amiens, frere de S. Louys, fut honoré du Royaume de Naples par le Pape, & des victoires qu'il obtint en batailles rangées, contre la posterité de Frederic II. Empereur, Roy de Sicile. De sorte qu'il ne restoit plus de cette famille, qu'une fille de Mainfroy occise, mariée avecques Pierre Roy d'Arragon, qui par le moyen de ce mariage pretendoit le Royaume de Sicile luy appartenir. Charles estant en la Toscane un jour de Pasques, sur les vespres, au son du tauxin, furent par les Italiens tous les François, leurs femmes, & enfans mis à mort à l'impourveu. Et depuis Pierre couronné Roy de Sicile, & Charles, Roy de Naple, & de tout le pays adjacent. Ces deux Roys eurent de grandes prises l'un contre l'autre, fondées sur diverses raisons, forces bastantes des deux costez, plus de prouësse en Charles, & en Pierre plus de finesse. Charles aidé de la force, qu'il pouvoit tirer de ses Comtez d'Anjou, & Provence, & encores du Roy Philippe troisiesme son neveu. Et outre du Pape Martin quatriesme, qui faisoit son propre fait de celuy de Charles. Pierre de son Royaume d'Arragon, & de l'affection des Siciliens, lesquels outre l'obeïssance qu'ils luy avoient vouée, estoient ferus d'une crainte de pis, si Charles retournoit en ses anciennes possessions de la Sicile : Et davantage Paleologue Empereur de Constantinople luy assistoit. Charles auquel il pesoit d'avoir esté fait un si ample massacre des siens, en un jour si grand & devot que celuy de Pasques, & perdu par ce mesme moyen la Sicile, ne respiroit en soy que la vengeance contre celuy qu'il estimoit avoir tramé cette entreprise contre luy, afin d'exciter de plus en plus le Roy Philippes son neveu, auquel il pesoit y avoir plus du Lombard qu'il ne devoit, pour leur proximité de lignage, voicy un nouveau trait qu'il pratique. Philippes avoit espousé la sœur du Roy Pierre d'Arragon : Chose qui le rendoit moins disposé de guerroyer son beau frere, vray que de ce mariage il avoit eu deux enfans masles, Philippes du depuis surnommé le Bel quatriesme du nom, & Charles Comte de Valois, auquel il donna en mariage l'une des filles de Charles le Boiteux son fils ; & en faveur d'iceluy leur donna le Comté d'Anjou : Qui n'estoit pas une petite obligation au Roy Philippes, pour porter confort & aide à son oncle : Encores ne fut-ce pas assez. D'autant que par nouvelle recharge, il moyenna que le Pape Martin censure l'Arragonnois, & tout d'une mesme main met les Royaumes d'Arragon, & de Sicile en interdiction. Donne à Charles Comte de Valois, tout l'Arragonnois, en faveur du mariage par luy de nouveau contracté : Qui estoit pour induire plus aisement à prendre les armes pour son neveu : Et quant à la Sicile il la reserve à Charles qu'il favorisoit. Et est la premiere interdiction faite en consequence des censures, & donation d'un Royaume Chrestien faict par le Pape, auquel il n'avoit rien. *Causam etiam*, (dit Æmile) *Francorum sanctiorem id effecit, quod Pontifex maximus, Petrum nominatim, numero impiorum habendum sancit, sacrum in eum bellum decernit, jus regni etiam Tarraconensis ei abrogat, idque Carolo Valesio Comiti, Regis Franci, ex sorore Petri filio, attribuit, ne in alienam cognationem transferri sceptrum conquererentur, eosque à vinculo fidelitatis, jurisque jurandi religione solvit, qua se Petro obligarant, & accessit eò non parum momenti, ad avertendos Francorum animos ab Italia, Siciliaque, ad ipsum caput rerum. fontemque belli Tarraconense regnum petendum, quod Nicolaus frater Petri, Balearium Rex, ad Regem Francorum transierat Regno exactus ab Alphonso Petri filio.* Grande armée pour effectuer l'interdiction du Pape. Philippes troisiesme Roy de France, Philippes son fils Roy de Navarre, Charles Comte de Valois, Charles Roy de Naples, Jacques frere de Pierre Roy d'Arragon. *Milites pro sacra militia, cruce pro insigni belli utebantur.* Tant la cruauté eut esté grande de la part des Siciliens contre la nation Françoise, mesmes en un jour solemnel de Pasques selon aucuns, ou selon les autres, de l'Annonciade : Qui estoit pour grandement mettre en l'ame de cette grande armée la vengeance, joint que le voyoit le Pape y avoir interposé son authorité d'une façon fort estrange : Mais à quoy aboutit tout cecy? Car je vous laisse pour l'Arragonnois ses excuses fondées sur la vengeance des execrables deportemens precedents de Charles, tant contre le Prince Courradin par l'advis du Pape, que contre toute la Noblesse de Sicile ; laissant, vous dis-je, cecy à part ; Pierre se mocquant de cette grande & furieuse entreprise, s'intitula de là en avant Roy d'Arragon, & de Sicile, & encores Seigneur de la mer : mais Dieu le maistre des maistres, pour monstrer combien luy estoit desagreable le deportement du Pape dedans sa grandeur, fit mourir en une mesme année, Martin Pape, Philippes Roy de France, Charles Roy de Naple. Tellement que toute cette grande entreprise s'esvanouit en un instant en fumée, & demeura l'Estat de Sicile à la posterité de Pierre. Je vous cotte par exprés cet exemple, comme estant le premier de ce nom en ce sujet. Et ainsi l'estime l'Evesque du Tillet en son abregé de Chronique, quand il dit : *Bellum Tarraconense, ubi primùm imperio Papæ adversùs Christianos Hispanos, perinde atque antea adversùs Sarracenos crucis insigne acceptum.*

✠✠✠

CHAPITRE XVI.

Des remedes dont les Princes estrangers userent contre les censures Apostoliques, & interdictions de leurs Royaumes, ensemble de ceux que nous y avons apporté sous la troisiesme lignée de nos Roys.

Vous avez peu recueillir par les precedents chapitres de quelle façon les Empereurs, Roys, & Princes estrangers furent mal menez par les Papes, & le peu de moyen qu'ils eurent de s'en garentir : Chose à mon jugement qui provint, parce qu'ils leur voulurent faire teste par la voye de fait seulement. Les aucuns prenans les armes en main pour les combattre : les autres estimans avoir beaucoup fait pour eux, quand ils avoient empesché que le Legat envoyé de Rome, ne peust entrer dans leur pays, pour publier les fulminations ; & les derniers en leur opposant des Antipapes. Remedes nullement propres à ce mal. Parce que ceux qui s'armoient, perdoient de plus en plus le cœur de leurs sujects, voyans leurs Princes non seulement excommuniez, encores affliger par armes ouvertes du sainct Siege. Et quant aux seconds, ils se trompoient grandement. Car le son de la trompette de Rome pouvoit donner jusques à eux, & les derniers non seulement ne fermoient la playe, mais introduisoient un nouveau schisme en l'Eglise. Nous seuls entre toutes les autres nations, avons eu ce privilege special de n'estre exposez aux passions dereglées de ceux qui pour estre prés des Papes vouloient abuser de leur authorité à nostre desadvantage. Car nous avons eu de tout temps & anciennement, trois grandes propositions qui nous ont servi de bouclier : Propositions non point fondées sur la voye de fait, ains de droict, n'ayans opposé aux censures Apostoliques que le glaive spirituel. La premiere est que le Roy de France ne peut estre excommunié par l'authorité du Pape. La seconde, que le Pape n'a nulle jurisdiction ou puissance sur le temporel des Roys : La derniere que le Concil general & universel est dessus le Pape. En tant que touche le premier poinct, je ne veux pas dire que nos Roys soient francs & exempts de censures Ecclesiastiques, & que nos citoyens ils se puissent donner toute bride : mais bien qu'ils ne peuvent estre censurez par la seule main du Pape. Sous la lignée du grand Clovis nos Roys ne cognoissoient en rien les fulminations de la Cour de Rome, encores qu'en leur histoire il y ait eu deux ou trois particularitez qui meritoient bien d'estre censurées, Et combien que sous la seconde lignée, les Papes eussent commencé de s'appriuoiser de la France, par la correspondance qui avoit esté entr'eux & le Roy Pepin, & que depuis sous la troisiesme lignée ils y eussent pris grand pied, si est-ce que jamais nous ne voulusmes tolerer en France, qu'ils excommuniassent nos Roys de leur authorité absoluë. La police que l'on y tient, fut d'envoyer un Legat en France, & de faire assembler un Concil National, par lequel nos Roys estoient excommuniez s'ils vouloient s'opiniastrer en leur faute. Ainsi fut-il pratiqué contre le Roy Lothaire, de la famille de Charlemagne, par le Pape Nicolas I. Ainsi contre le Roy Philippes I. par Urbain II. au Concil de Clairmont. Proposition que je verifieray plus amplement au prochain chapitre.

Au regard du temporel, nous en avons encores moins douté, toutesfois parce que les courtisans de Rome tiennent formellement le contraire, je vous veux ici representer un placart digne d'estre enchassé dans ce livre. Sous le regne de Charles cinquiesme, dit le Sage, fut fait un livre en Latin, plein d'erudition & de doctrine, appellé le Songe du Verger, dans lequel l'autheur represente deux Roynes, la puissance Spirituelle, & la Temporelle, qui soustenoient diversement leurs grandeurs devant le Roy, par deux Advocats, dont l'un portoit le nom de Clerc, pour la puissance Spirituelle, l'autre, celuy de Chevalier pour la Temporelle. Et parce que la memoire de cet œuvre est à demy ensevelie, il me plaist de la ressusciter. Le Clerc par plusieurs grandes authoritez soustient que le Pape a toute puissance sur les Roys, & Monarques, non seulement sur leurs consciences, mais aussi sur leurs temporels & Royaumes. Chose qu'il prouve non point par authoritez sophistiques, telles qu'un tas de copistes ignorans de Cour de Rome, ont voulu faire passer pour Constitutions Decretales, quand ils disent qu'il y a deux grands luminaires, le grand & le petit, plus que *In principio Deus creavit cœlum & terram*, & que S. Jean n'avoit point dit *In principiis*, pour monstrer que le Ciel & la terre obeissoient au seul Siege de Rome, & autres telles frivoles qui viennent plus au scandale, qu'augmentation de la dignité du sainct Siege. Mais bien d'une plus haute luite pour terrasser le Chevalier, il remonstre que nostre Seigneur Jesus-Christ estoit Seigneur de toutes choses spirituelles & temporelles, auquel estoit par l'organe du Roy David, Prophete de Dieu, dit : "Demande-moy, & je donneray gens & heritage, & seront tes possessions jusques à la fin de la terre, & ailleurs qu'il y estoit Seigneur des Seigneurs, & Roy des Roys; & en un autre passage, qu'au Seigneur appartenoit la terre, & toutes ses appartenances". Leçon qui n'estoit point escrite de la main des hommes, ains envoyée de Dieu, & dictée par son sainct Esprit. De laquelle nous pouvions recueillir l'authorité du sainct Siege. Parce que nous ne revoquions point en doute que sainct Pierre ne fust le Grand Vicaire de nostre Seigneur Jesus-Christ. Consequemment que tous ces mesmes privileges avoient esté transmis en luy & ses successeurs. Qui ne sont pas petites remarques, pour monstrer que le Pape ne se donne point sous faux titre cette authorité sur les Roys. Toutesfois le Chevalier y respond si pertinemment, que je m'asseure que celuy qui lira ces presens discours, sans estre preoccupé de passion, luy donnera gain de cause. "Parce, dit-il, qu'il faut considerer en nostre Seigneur deux temps, celuy d'humilité avant sa mort & Passion, celuy de gloire, non qu'apres sa Resurrection il fut monté aux Cieux. Que tous les passages que l'on allegue de David se rapportent au temps de sa gloire, mais quant à son estat d'humilité, il ne se voulut jamais donner aucune prerogative sur les biens, & encore moins sur les Princes & Seigneurs terriens. Et c'est pourquoy estant semons par quelques particuliers de vouloir estre arbitre de leurs partages, il respondit qu'il n'estoit venu en ce bas estre à cet effect, & refusa de s'en mesler. D'ailleurs il dit qu'il falloit rendre à Cesar ce qui appartenoit à Cesar, & à Dieu, ce qui appartenoit à Dieu. Et estant mesme devant Pilate, il recognut franchement que son Royaume n'estoit de ce bas monde. Concluant ce Chevalier que quand nostre Seigneur fit sainct Pierre son Vicaire, c'avoit esté pour le representer en l'estat d'humilité, non en celuy de sa Majesté & gloire. Comme aussi luy donna-il fermement les clefs des Cieux, non de la terre, pour nous enseigner qu'il lui donnoit seulement la charge du spirituel". A quoy je puis adjoûter non mal à propos que quand sainct Pierre poussé d'un zele extraordinaire, frappa Malchus de son glaive pour secourir nostre Seigneur, il en fut blasmé par luy, comme n'establissant pas son regne sur les armes materielles. Chose mesme qui fut trouvée de si mauvaise grace, que trois Evangelistes ne l'oserent nommer recitant cette histoire pour le respect qu'ils luy portoient, & sceussions que c'estoit l'Apostre, si sainct Jean ne se fust donné la liberté de le dire, par une authorité trés-grande qu'il avoit entre les autres trois Evangelistes. J'adjouteray qu'il ne faut point plus asseuré commentaire de cette saincte leçon, que le titre que la posterité de sainct Pierre voulut choisir, quand les Papes en leur premiere & ordinaire qualité s'intitulerent Serfs des Serfs, pour nous monstrer qu'ils espousoient le tiltre d'humilité, auquel nostre Seigneur avoit surrogé sainct Pierre. Toutes lesquelles considerations nous enseignent que c'est à juste raison que nostre Eglise Gallicane a de toute ancienneté soustenu que la puissance temporelle de nos Roys ne despendoit en rien de l'authorité du sainct Siege. Reste doncques le dernier poinct par lequel nous croyons aussi que le Concil general & universel est par dessus le Pape. Jamais en la faculté de Theologie de Paris n'eut un plus grand Theologien, que Maistre Jean Gerson, duquel nous avons un discours, dont le tiltre est, *De Auferibilitate Papæ ab Ecclesia*, par lequel il nous enseigne, non qu'il faille supprimer le Pape de l'Eglise Catholique, mais bien qu'il estoit en la puissance du Concil general assemblé, de le faire demettre selon les occurrences d'affaires : & de faict, ainsi fut-il jugé & ordonné par le grand Concil de Constance.

Voilà en somme les trois propositions par lesquelles nous avons fait bouclier contre les assauts de la Cour de Rome, lors que sans sujet elle s'est voulu armer contre nous. De maniere qu'en telles induës entreprises nous appellasmes des Censures Apostoliques au Concile futur general : auquel combien que le Pape deust presider, si est-ce que la pluralité des voix le pouvoit & devoit emporter. C'estoit encore un brin de nos premiers privileges ; parce que nous ressouvenans de nos anciens Conciles, nous pensasmes qu'il y falloit avoir recours comme à un ancre de dernier respit. Et seroit impossible de dire combien cette ressouvenance profita depuis à l'Eglise Chrestienne. Tesmoin le Concile de Constance par moy presentement touché, tesmoin le Concile de Basle. Et se comportans nos Roys en cette façon, non seulement ne leur prejudicia l'excommunication de l'Eglise Romaine (car l'appel en suspendoit l'effect) & encores moins furent estimez heretiques, mais au contraire demeurerent en reputation de trés-fideles & Catholics, & fils aisnez du S. Siege Apostolic, & comme tels furent, entre tous les Princes Chrestiens, appellez Roys trés-Chrestiens, leur apportant cela un autre grand bien ; car ny les Prelats, ny la Noblesse, ny le demeurant du peuple ne se desbanderent d'eux, quelque respect & reverence qu'ils portassent au S. Siege. Je veux dire quand les sujets ne couvoient aucune ambition particuliere en leurs ames au prejudice de la Couronne, & qu'il n'y alloit que de la querelle de Rome encontre nous. En cas semblable les Princes estrangers qui à la suitte de telles Censures & Interdiction d'un Royaume, aiguisent aisément leurs cousteaux contre le Prince excommunié, toutesfois ne s'oserent jamais mettre de la partie contre nous. Voire nous succederent les choses à si à propos que combien que les Papes se formalisassent en toute extremité contre les Empereurs, pour les investitures des Evesques, si ne nous oserent-ils jamais heurter pour nostre Regale, qui ne s'esloigne pas grandement des investitures.

Il n'est pas qu'un Bachelier en Theologie nommé Maistre Jean Tanquerel, en l'an 1561. ayant au College de Harcourt entre autres articles de ses propositions, mis cettuy : Qu'il estoit en la puissance du Pape d'excommunier un Roy, & donner son Royaume en proye, & d'affranchir ses sujets du serment de fidelité qu'ils avoient en luy, quand d'ailleurs il se trouvoit favoriser les heretiques. Cette proposition avoit esté mise en advant pour estre disputée par le pour & par le contre, sans faire une resolution affirmative : toutesfois le Parlement estant adverty de ce qui s'estoit passé, ne peut passer

passer par connivence que les escoliers fussent si osez que de mettre la grandeur du Roy en dispute, & de faict par Arrest du quatriesme Decembre 1561. cette proposition fut declarée seditieuse: Et d'autant que ce Bachelier n'avoit peu estre pris au corps, pour s'estre sauvé de vistesse, il fut ordonné que le Bedeau de la Sorbonne, habillé d'une chappe rouge, en presence de la Cour & de quatre Conseillers, & des principaux de la Faculté de Theologie, declareroit que temerairement & follement cette proposition avoit esté soustenuë: & parce que cette question avoit esté mise sur le tablier, & soustenuë au College de Harcourt, defenses furent faites d'y disputer publiquement de la Theologie, l'espace de quatre ans ensuivant. Verité est que depuis cinquante ans en ça, se vint planter au milieu de nous une nouvelle Secte portant le nom de Jesuites, laquelle a ses propositions du tout contraires aux nostres, à la ruine de nostre Estat. Et parce qu'en l'an 1564. l'Université de Paris me fit cet honneur de me choisir pour son Advocat, & que je plaidai en plein Parlement sa cause encontre eux, j'ay reservé pour la closture de ce troisiesme livre, le plaidoyé que j'en fis lors, le voulant faire passer pour chapitre.

Au demeurant pour fermer ce que je pense appartenir au present sujet, encores veux-je adjouster cecy. Tout ainsi comme aux Jeux & Comedies qu'on represente sur un Theatre, chacun y entre pour son argent, & se donne loy de juger des bien ou mal-seances des Comediens, ainsi en advient-il aux Republiques. Les Grands en maniant les affaires d'Estat, joüent tels roolles qu'il leur plaist. Les petits en sont spectateurs à leurs despens, & pour n'estre employez aux grandes charges, il leur reste seulement loisir de juger des coups. Permettez-moy doncques, je vous prie, de dire ce qu'il me semble de ce que l'on fait: Les vrayes armes dont les Papes veulent user contre les Princes souverains, sont les Censures, à la suitte desquelles ils couchent de l'interdiction des Royaumes, dont ils laissent l'execution à ceux qui ont les armes en main, pour s'en impatroniser, sous leur adveu & authorité. Hé vrayement il faut que la maladie soit merveilleusement aiguë, en laquelle on employe cette medecine. Or puis qu'il faut employer, nul n'a tant d'interest qu'elle fasse ses operations que le Pape, autrement il diminuë d'autant de reputation envers tous les peuples: & n'y a rien qui la fasse tant operer dans nos ames, que le respect que nous luy portons. C'est pourquoy si j'estois capable de conseiller en si haut sujet, je dirois qu'il y a trois circonstances qu'il faut soigneusement garder en cette affaire. Premierement que vos Censures ne soient trop communes & triviales. Secondement que ne fermiez point trop rigoureusement la porte aux Princes qui vous reblandissent avecques humbles soubmissions. Et finalement que dedans vos Censures il n'y ait point d'ambition cachée en faveur de quelque autre Prince dont vous esperez commodité, ou craignez incommodité. Le premier poinct cause le mespris. Le second fait oublier le chemin de Rome; tellement qu'en interdisant un Royaume, vous mettez sans y penser une ville en interdiction, qui n'est riche que des deniers qui proviennent des autres Princes. Miserable est la vengeance, quand en vous vengeant d'un ennemy, vous vengez de vous mesmes. J'adjousteray que cependant pour ne laisser fluctuer en incertitude les Dignitez Ecclesiastiques d'un pays, & afin qu'elles ne demeurent veufves & denuées de Pasteurs, la necessité fait trouver des voyes extraordinaires pour y pourvoir, lesquelles par un long usage se peuvent tourner en ordinaires, n'y ayant plus violent & certain tyran sur nos actions, que l'accoustumance. Et ne considerez pas que fermant la voye de Rome, faites ouverture à une chose que tous les Politics souhaitent, qui est de ne transporter point l'or & l'argent hors de leur Royaume, sous pretexte des provisions beneficiales. Le plus grand secret qu'il y a en cette affaire, est, que tout ainsi que Dieu, qui ne desire rien tant que d'estre appellé le Pere commun de nous tous, & comme tel, ouvre ses bras à ceux qui le reclament dignement, aussi le Pape estant son Vicaire, & portant pareil tiltre de Pere, doit pratiquer la parabole de l'enfant prodigue à l'endroit du Prince qui retourne pardevers luy: & penser que les ceremonies que les Courtisans y desirent, font oublier la devotion. Bref, que comme l'enfant doit obeïssance à son pere, aussi le pere est obligé de n'irriter point son enfant. Car pour le regard du dernier poinct qui concerne les factions secrettes que l'on couvre du masque de censures, je ne veux ny ne puis croire qu'elles se logent dedans Rome. Parce que si elles s'y logeoient, ce seroit l'accomplissement de malheur, qu'un Prince fournist à son ambition detestable, sous le nom & au despens de la Religion Catholique de Rome. Cela pouvoit autresfois passer sans scandale, lors que les consciences estoient plus retenuës en l'obeïssance des Papes, mais maintenant c'est tout autre discours. Le Siege de Rome est comme une grande butte contre laquelle plusieurs peuples descochent aujourd'huy leurs flesches. L'heresie de Martin Luther & de Jean Calvin bastie sur quelques abus, les y convie comme à un festin: Et Dieu sçait si ceux-là avoient le moindre sentiment de cette scandaleuse negation, esguiseroient & leurs esprits, & leurs plumes pour declamer contre ces Censures. Je ne pense point certes qu'il y ait arme qu'il faille tant craindre dans Rome que la plume. C'est où je finiray ce chapitre: & Dieu veuille que ces miens discours soient digerez par ceux qui tiennent le gouvernail du Sainct Siege, de mesme devotion comme je les ay escrits.

CHAPITRE XVII.

Qu'il est bien seant, & aux Papes & à nos Roys, d'exercer une paix mutuelle ensemble, & le tort qu'ils se sont pourchassez faisans le contraire.

CEs presens discours me font souvenir d'une solemnité que les anciens Romains pratiquoient en leurs processions de parade, devant lesquelles y avoit ordinairement un homme qui alloit seul devant les autres, chargé sans plus de dire *Hoc age*, voulant exhorter tous ceux qui assistoient à cette grande ceremonie, de n'avoir leurs cœurs fichez ailleurs qu'à ce pourquoy se faisoit cette solemnelle procession. J'escris icy pour le Romain, en ce qui est de sa grandeur: j'escris pour le François en ce qui est la sienne. Les autres Republiques se defendront de ce qu'elles pensent les concerner. Car je ne veux jetter mes yeux sur elles. Or en ce qui concerne ces deux grands Estats de Rome & de France, je vous diray que chaque Republique a ses loix, par le moyen desquelles elle se maintient. Le François ne doit pas peu au Romain pour sa conservation, ny pareillement le Romain au François pour la sienne. Mais tout ainsi que le François ne s'ingere nullement d'entreprendre sur le Romain en quelque façon que ce soit, aussi le Romain doit faire le semblable sur la France; sinon qu'en nous voulant perdre par quelques opinions bizarres, il se veuille perdre soi-mesme. On ne peut desnier au Pape sa superiorité sur le spirituel, ny à nostre Roy sur le temporel, en & au dedans les limites de son Royaume. Qui fut cause qu'Innocent III. parlant des Roys de France, est d'accord qu'en leur temporel, ils ne recognoissent autre Superieur que Dieu & l'espée. Et m'estonne pourquoy quelques escoliers revestus de plus hauts apareils, ont estimé que ces mots ont esté proferez par le Pape par forme historique seulement. Je les mettrois volontiers avec ce sot Glossate quand il dit que nos Roys jouïssent de ce droit *de facto, non de jure*: car quant à moy j'estime celui estre heretique, qui estime nos Roys n'avoir esté establis de Dieu, pour commander à leurs subjets absoluëment: & mesme que ce grand Innocent III. qui entre les Papes se peut donner le premier lieu en matiere d'Estat & encores en la cognoissance des Constitutions Canoniques, eust fait cette declaration pour nos Roys, & que Gregoire

IX.

IX. euſt depuis voulu faire de cette declaration une Sentence Decretale au chapitre *Pervenerabilem. Qui fil. ſunt leg.* s'ils euſſent eſtimé cette ſuperiorité abſoluë appartenir à nos Roys par forme d'hiſtoire ſeulement & non par ordonnance divine, dont nous avons une infinité de paſſages de la ſaincte Eſcriture pour cet effect.

Noſtre reigle generale eſt qu'en France nous devons vivre en la Religion Catholique, Apoſtolique Romaine : & celle de Rome, que le Pape ne peut rien attenter ſur nos Roys, ny ſur leur Royaume à leur prejudice. Jean du Tillet Greffier du Parlement de Paris, perſonnage qui a beaucoup merité en noſtre hiſtoire, dit ainſi ſur le commencement des memoires qu'il a faits, parlant des libertez de noſtre Egliſe Gallicane. *Tant qu'en France l'Egliſe a eſté gouvernée & policée ſous l'authorité des Roys Trés-Chreſtiens, & non ſous celle des Papes, elle eſtoit approchante de la premiere & Apoſtolique & la moins & plus tard corrompuë que nulle autre.* Le mal depuis eſt procedé, quand la puiſſance abſoluë des Papes a eſté receuë ou conduite en ce Royaume. Qui nous enſeigne cette leçon? Du Tillet, paradventure Huguenot en ſon ame? Au contraire leur ennemy formel de notorieté de fait permanent. Mais peut-eſtre le dit-il par une opinion nouvelle? Je vous renvoye à noſtre Maiſtre Jean Gerſon, en ſon Traicté *De examinatione Doctrinarum,* quand il dit : *Si dixerit aliquis : fiet, fiet recurſus ad Sedem & Curiam Summi Pontificis. Non negabimus hoc. Si Theologia illic habuerit ſuos Doctores, non parriales, non ſeductos, non faſtuoſos, non queſtuoſos, aut invidos, non poteſtati ſeculari, non ſpirituali, plus quàm veritati faventes; aliquin tolerabilius eſſet nullos habere, quàm tales pati.* Et parce qu'il eſt mal-aiſé, voire impoſſible d'en avoir de tels, vivons, je vous ſupplie, & en Rome & en France, dedans les deſtroits des maximes de nos Republiques.

Et pour vous monſtrer combien il nous a couſté pour ne vouloir embraſſer ces reigles, je vous dirai qu'il advint au Pape Boniface huictieſme, auſſi grand remueur de meſnage, qu'autresfois le Pape Gregoire VII. d'eſcrire une lettre en forme de Bulle, à noſtre Roy Philippes le Bel, dont la teneur eſtoit telle.

Bonifacius Epiſcopus, ſervus ſervorum Dei, Philippo Francorum Regi. Deum time & mandata ejus obſerva : Scire te volumus quod in ſpiritualibus & temporalibus nobis ſubes ; Beneficiorum & Prabendarum ad te collatio nulla ſpectat. Et ſi aliquorum vacantium cuſtodiam habeas, uſumfructum earum ſucceſſoribus reſerves, & ſi qua contuliſti, collationem haberi irritam decrevimus, & quatenus proceſſerit revocamus. Aliud credentes fatuos reputamus. Datum Laterani, quarto nonas Decembris, Pontificatus noſtri anno ſexto.

A quoy le Roy reſpondit par autres lettres latines, mais d'une bravade plus grande.

Philippus Dei gratia Francorum Rex, Bonifacio ſe gerenti pro ſummo Pontifice, ſalutem modicam, ſive nullam. Sciat tua maxima fatuitas, in temporalibus nos alicui non ſubeſſe. Aliquorum Eccleſiarum & Præbendarum, vacantem collationem ad nos jure Regio pertinere, & percipere fructus earum contra omnes poſſeſſores utiliter nos tueri. Secus autem credentes, fatuos reputamus atque dementes. Datum, &c.

Les lettres de Philippes furent envoyées, & par meſme moyen appellé de Boniface mal conſeillé ; mais la beauté de ce conte eſt que Philippes non content de cela, depeſcha tout auſſi-toſt Nogaret ſon Chancelier, lequel avec une flote de gendarmes, s'empara de la perſonne de Boniface dedans la ville d'Agavi, le conſtituant priſonnier. Et ayant monſtré ce que France pouvoit, il l'eſlargit quelque temps aprés par une liberalité vrayement Françoiſe. Quelques-

uns flatans mal-à-propos le Pape, diſant que le Bel n'appella de Boniface comme Pape, ains comme de celuy qui ſous faux tiltre prenoit la qualité de Pape. De moy, je veux recognoiſtre que Philippes luy reſcrivit en ces mots, *Pro ſummo Pontifice ſe gerenti,* non qu'il ne l'eſtimaſt vrayement Pape, ains d'autant que Boniface par ſes Bulles avoit eſté ſi mal conſeillé de faire ce grand Roy ſon ſujet au temporel, ainſi qu'au ſpirituel. Car pour bien reciter ce qui eſt de cette hiſtoire, nul ne fait aucune doute que Boniface ne parvinſt au Papat *malis artibus,* & que Celeſtin ſon predeceſſeur, par voix ſuppoſées du Ciel, ſe demit de ſa Dignité dont depuis Benoiſt Cajetan fut gratifié, qui ſe fit appeller Boniface. Mais que pour cela il ne fut annombré au Catalogue des Papes, c'eſt une ignorance craſſe & ſupine, nouvellement controuvée. Qu'ainſi ne ſoit, luy non content des anciennes Decretales que Gregoire neufvieſme avoit fait mettre en cinq livres, pour ſuppleer ſon defaut fit compiler cinq autres livres compris ſous un tome portant le tiltre du Sexte. Diſant ſur la preface de l'œuvre, que ce qu'il en avoit fait, eſtoit pour eſclaircir les obſcuritez & ambages qui pouvoient reſulter des Decretales de Gregoire Sexte, qui a eſté approuvé de tous, comme provenant d'un grand Pape. Et qui fut meſme à noter, c'eſt que nous avons emprunté de luy en nos Parlemens le chapitre *Quamvis. De Pact. extra.* contre toutes les anciennes reſolutions des Empereurs Juriſconſultes.

Laiſſant doncques à part ces nouvelles ergoteries, & venant à ce qui eſt de la verité du fait, le Pape Boniface ſe voyant eſlargi, & oubliant la liberalité que Nogaret avoit exercée envers luy en l'eſlargiſſant, delibera de ſe venger à bonnes enſeignes, & des lettres qui luy avoient eſté envoyées par le Bel, & de l'excez qu'il pretendoit luy avoir eſté fait dans Anagrive quand il fut priſonnier de guerre. C'eſt pourquoy il cenſura le Roy d'une main, & de l'autre mit ſon Royaume en interdiction, dont il fit preſent à l'Empereur Albert, lequel lors ſe preparoit pour en avoir piece ou lopin, tel qu'il pourroit attraper. Mais ce grand Roy non moins ſage que magnanime, fit ſoudain appeller ſon Clergé & ſa Nobleſſe, & fut par eux generalement recognu leur vray, legitime & naturel Seigneur, & que telles manieres de cenſure & interdiction, ne pouvoient emaner des Papes au prejudice de nos Roys, ny de leur ſujeɥ. Quoy voyant Boniface, & que ſes furieuſes ſentences reuſſiſſoient à neant, il en mourut de regret. Et ſes ſurvivans pour le ſalarier de mal en pis, dirent qu'il eſtoit mort de rage.

Mais peut-eſtre que ſes ſucceſſeurs de Boniface s'en ſont reſſentis. Rien moins. Au contraire recognoiſſans qu'il n'y avoit rien plus injuſte que ce qui avoit eſté eſcrit par le Pape, ni plus juſte, que les lettres de Philippes, ſoudain aprés le decés de Boniface, Benoiſt unzieſme ſon ſucceſſeur, qui Papiſſa ſeulement huit mois, leva de ſon propre mouvement, & la cenſure, & l'interdiction. Et Clement cinquieſme qui fut Pape prochain aprés luy, tranſporta le ſiege de Rome en cette France, où leurs affaires furent maniées par l'eſpace de ſeptante ans. Qui fut une noble vengeance pour nous, quant au monde. Car nul ne ſçait combien douce eſt la vengeance de celuy qui a receu le tort. Mais non pour le regard de Dieu. Par ce que ce nouveau remuëment de meſnage nous cuida couſter la ruïne de noſtre Chriſtianiſme, comme il ſera deduit cy-aprés. Mais belle leçon cependant au ſainct Siege de ne vouloir rien entreprendre au prejudice de nos Roys, & de noſtre France, & à eux de luy porter toute obeïſſance filiale. Comme eſtant deux Eſtats qui ſe devoient une correſpondance mutuelle, chacun à leur endroit.

CHAPITRE XVIII.

Que nos Roys ſont francs, & exempts des cenſures de la Cour de Rome.

LA dignité de nos Roys eſt ſi grande, que je ne me puis eſtancher en ce que j'ay cy-deſſus diſcouru, ains veux y adjouſter le preſent commentaire, pour monſtrer qu'ils ſont de toute ancienneté affranchis des excommunications de la Cour de Rome. Propoſition qui ſemblera de prime-face trés-hardie, je ne diray point à ceux, qui pour s'advantas'advantager en credit dedans Rome, veulent introduire une nouvelle Papauté en la France, mais aussi aux ames plus calmes, qui sans partialitez reconnoissent nostre S. Pere le Pape, chef de nostre Eglise Catholique & Universelle. Comment? me diront-ils : Tu accorde toute primace & superiorité au S. Siege, en ce qui concerne le spirituel : Mesmes vos Roys de France, de tout temps immemorial se disent estre les enfans aisnez de l'Eglise Catholique, Apostolique Romaine. Et neanmoins tu ne les veux exposer sous les verges de ce grand Siege, qui sont, premierement les excommunications & censures, quand ils se desvoyent de bon chemin : Et en aprés l'interdiction de leur Royaume, en consequence du peché du Roy ? A ceux-cy je respondray de cette façon, & les supplie vouloir prendre ma responce de bonne part. Mes amis, nous recognoissons en France le Pape, pour chef de nostre Eglise Universelle, mais pour cela il n'est point hors de propos, que nos Roys soient francs & exempts de censure. Ainsi que nous voyons tous les Monasteres anciens estre naturellement sujets à la jurisdiction de leurs Diocesains : & neantmoins qu'il y en a plusieurs, qui par privileges speciaux en sont exempts. Nos anciens Roys furent les premiers protecteurs de l'Eglise Romaine, tant contre la tyrannie des Empereurs de Constantinople, que contre les courses des Lombards, qui estoient journellement aux portes de Rome. Un Roy Pepin gaigna tout l'Exarquat de Ravenne, dont il fit present aux Papes : Delivra leur ville du long siege qu'Aïtolphe Roy des Lombards y avoit mis : Et Charlemagne son fils chassa de la Lombardie, leur Roy Didier, & toute sa race, se faisant Roy de la ville de Rome, & de toute l'Italie, où il fut depuis couronné Empereur de l'Occident, par le Pape Leon, lequel il remit tout d'une main en sa liberté contre l'insolence du Peuple Romain, qui le gourmandoit. Et deflors fut arresté que les Papes esleus ne pourroient entrer en l'exercice de leurs charges, qu'ils ne fussent avant tout œuvre confirmez, par luy & ses successeurs. Je m'asseure aussi que deflors luy & sa posterité furent affranchis des excommunications du sainct Siege. Et encores que nous n'en voyons la constitution expresse, si est-ce qu'on le peut tirer de l'Ordonnance de ce mesme Empereur representée par Yves Evesque de Chartres, en ses Epistres 125. & 195. *Si quos culpatores Regia potestas, aut in gratiam benignitatis receperit, aut mensæ suæ participes fecerit, hos & sacerdotum, & populorum conventus suscipere Ecclesiastica communione debebit : Ut quod principalis pietas recepit, nec à Sacerdotibus Dei extraneum habeatur.* Si le Roy, dit-il, reçoit quelqu'un en sa grace & faveur, ou admet à sa table quelques pecheurs, il faut aussi qu'ils soient receus par les Prestres, & tout le peuple en la communion des fidelles : Afin que ceux que la pieté du Prince embrasse ne soient rejettez de l'Eglise, comme Ethniques. Que si la table ou faveur de nos Roys rendoit l'excommunié franc des censures Ecclesiastiques, il faut bien dire que nos Roys estoient hors de toutes excommunications. Ils adjoustent droit de confirmer les Papes aprés leurs elections. Droit, dis-je, que les Papes disent leur avoir esté par eux remis : Aussi ne nous doit-on non plus envier, que de tout temps immemorial on ait quitté dedans Rome à nos Roys, toutes excommunications que l'on voudroit faire contre leurs Majestez.

Tant nous embrassames de toute ancienneté ce privilege pour nos Roys, que je le vous pleuvy, où estoit nay avec nostre Couronne deflors que Clovis fut fait Chrestien, ou bien sous la seconde lignée, peu aprés que Pepin, & en aprés son fils Charlemagne eurent pris en main la protection de l'Eglise Romaine, contre les Empereurs de Grece & les Lombards. Et afin qu'entendiez de fonds en comble, comme les choses se sont passées entre nous, entant que touche la premiere lignée de nos Roys, qui tous depuis le decés de Clovis vesquirent Catholiquement, encores que plusieurs d'entr'eux eussent commis grandes fautes, je ne diray point dignes d'une animadversion exemplaire (car cela ne pouvoit tomber en leurs qualitez) ains d'excommunication & censure, toutesfois vous ne trouverez en cette genealogie un seul Roy, ou Royne, ni Prince ou Seigneur de la France avoir esté censurez : & sans faire estat des autres, dont je ne trouve rien dans l'histoire,

le premier Pape que je voy s'estre abouché avec nos Princes & Princesses, fut Gregoire premier avec la Royne Brunehault, le Roy Childebert son fils, Theodebert & Theodoric ses petits enfans, ainsi que nous recueillons de dix ou douze lettres de luy en son registre : Mais avecques telle sobrieté qu'il n'estoit point lors question de censures, ains d'honnestes soubmissions, pour les captiver. Car quant à la seconde lignée, il y eut plus d'obscurité, d'autant que les Papes & nos Roys ayans plus familiarizé que devant, pour les reciproques secours qu'ils avoient receus l'un de l'autre, adoncques les Papes se voulurent mettre de la partie pour interposer leur authorité selon l'occurrence des cas : comme l'on vit en la querelle qui fut entre Louys le Debonnaire & ses enfans en la ville de Compiegne : A quoy nostre Clergé formellement s'opposa, & fut contraint le Pape de le croire : Et l'un de ses successeurs voulant pratiquer le semblable contre Charles le Chauve, pour avoir esté par lui occupé un Royaume sous faux gages, encores en fut-il empesché par la Noblesse de France, ainsi que nous apprenons des lettres de l'Archevesque Hincmare. Et neantmoins qui voudra reconnoistre l'Histoire de ce temps-là, il trouvera tant d'indignitez, & guerres civiles entre les freres, oncles, neveux, cousins, voire de fils à pere, & de Seigneurs estrangers contre nos vrays & legitimes Roys. En tous lesquels actes nous ne voyons les Papes avoir usé de censures, comme chose qui ne les regardoit. Et tout ce qu'au cas de present on peut objecter contre cette seconde famille, est que le Roy Lothaire qui en estoit, fut excommunié par le Pape Nicolas premier de ce nom, pour avoir repudié Tutberge sa vraye femme, & espousé par amourettes Waldrade. Et je vous responds en peu de paroles que cet exemple me profite plus, qu'il ne nuit. Car outre que Lothaire ne porta jamais tiltre de Roy de France, ains de Lorraine, parce que c'est de luy que le pays prit le nom de Lotharingie, toutesfois estant extrait de la lignée de Charlemagne, bien que son peché fust enorme, & meritast grande reprimende, toutesfois le Pape n'osa jamais entreprendre de le censurer, ains par un entrelas de puissances de lui, avec l'Eglise Gallicane, fut fait un Concil general en France, auquel presidoit le Legat du Pape, & par l'advis general d'eux tous fut Lothaire excommunié, s'il ne reprenoit sa premiere femme. Et pour bien dire, c'est la premiere bresche, qui fut jamais faite non seulement à cette seconde famille, ains aux libertez de nostre Eglise Gallicane. Et toutesfois cette excommunication fut faite comme j'ay dit, par une puissance mitoyenne du Pape, & des Ecclesiastiques de la France : Et quand je dy du Pape, je parle de Nicolas premier, le plus hardy en ce sujet que porta jamais le sainct Siege, comme nous apprenons de ses escrits. La desbauche qui fut en nostre Eglise Gallicane sous cette seconde famille, dés l'advenement de Charles Martel, qui conferoit les Archevechez & Eveschez, non aux plus dignes, ains à ses favoris, ores qu'ils portassent les armes : (Desbauche qui prit trait & confirmation sur le declin, & encore plus sur la fin) apporta nouvelle face d'affaires en nostre Eglise, telle que nous avons veuë & voyons. Et neantmoins dedans cette meslange les Papes furent si sages, que jamais ils ne s'oublierent contre nos Roys : D'autant que je trouve dedans l'ancienneté deux de nos Roys, Philippes premier, & second diversement censurez, pour avoir mis à propos repudié leurs vrayes & legitimes femmes : Mais le Pape tres-sagement se donna bien garde de le faire de sa nuë & privée authorité, mais la premiere fut faite en la ville de Clairmont en Auvergne sous Urbain deuxiesme où intervindrent les Archevesques, Evesques, & Abbez de la France. Et là fut concluë par leur advis l'excommunication contre le Roy, s'il ne vouloit reprendre sa legitime espousé. La seconde, faite contre le Roy Philippes, dit Auguste, il y eut plus de façons : car il y eut trois Concils pour cet effect, à Paris, Dijon, & Soissons, esquels bien que le Pape envoya diversement ses Legats, toutesfois sagement nos Archevesques & Abbez furent avecques eux de la partie, jusques à ce que le Roy reprit de son authorité privée Ingeburge sa femme dedans la ville de Soissons, sans prendre congé de ceux qui se disoient estre ses Juges.

C'est

C'est ainsi que nostre France vesquit anciennement sous cette troisiesme lignée, & le premier des Papes qui s'en voulut faire accroire au prejudice de cette troisiesme lignée, fut Gregoire, le tout ainsi qu'avez peu plus amplement entendre par le precedent Chapitre, qui apporta plusieurs troubles en nostre Christianisme. Car quoy que ce soit, nos Roys ont tenu pour proposition infaillible, que dés la premiere naissance de cette troisiesme famille Royale, Hugues Capet, ny les siens n'allerent mandier à Rome, ny l'advis du Pape, ny son approbation. Aussi tous les Roys de cette lignée ont successivement pretendu n'estre sujets aux censures de Rome, ny qu'en consequence d'icelles nostre Royaume peust estre transferé d'une main à autres, encore que le Pape l'eust ainsi ordonné. Chose que je vous verifieray presque de fil en aiguille. Philippes le Bel decedé, & aprés luy Louys Hutin son fils qui luy succeda; Philippes le Long son Frere, & immediat successeur, depescha à Rome Maistre Raoul de Presles l'un de ses Maistres des Requestes, pour s'informer de la verité de ce fait, & y trouva ce qu'il desiroit pour nous. Charles cinquiesme, dit le Sage, advoüa le Livre dit le Vergé, & en Latin *Viridarium*, lequel sous l'entreparler du Clerc, & du Noble, est amplement arresté quelle estoit la puissance du Pape au spirituel, & quelle celle du Roy en son temporel, nonobstant toutes partialitez qui sont deduites par quelques decretales & extravagantes, faites à l'advantage des Papes, & desadvantage des Roys. Depuis le decez du Roy Charles cinquiesme, le Pape Benoist treiziesme, dit en son nom Pierre de la Lune, tenant son Siege Pontifical en Avignon sous le regne de Charles sixiesme, se trouva autant mauvais marchand, que Boniface huictiesme. Car ayant censuré le Roy Charles sixiesme, & baillé son Royaume en proye à celuy qui l'occuperoit, le Roy seant en son lit de Justice au Parlement de Paris, par Arrest du 29. May 1408. fut ordonné que la Bulle seroit lacerée, Gonsalve, & Conselous porteurs d'icelle seroient eschaffaudez & preschez publiquement, & qu'on remonstreroit au peuple que le Roy ne pouvoit estre excommunié. Ce qui fut executé au mois d'Aoust, le plus ignominieusement que l'on sçauroit dire, portans ces deux Nonces sur leurs Mytres ces mots : *Ceux-cy sont desloyaux à l'Eglise & au Roy.*

Proposition si arrestée, qu'au traicté de paix qui fut faict en la ville d'Arras 1481. entre nostre Roy Louys XI. d'une part, & Maximilian Archiduc d'Austriche, & les Estats du pays bas d'autre part, les Deputez de Maximilian, & les Estats *stipulerent des nostres, que le Roy promettroit d'entretenir le traicté, & à cette fin, luy & son fils se soubmettroient à toutes censures Ecclesiastiques, nonobstant le privilege des Roys de France, par lequel, ny eux, ny leur Royaume de France ne pouvoient estre contraints par censures Ecclesiastiques, (ce sont les propres mots portez par la capitulation.*) Traicté depuis confirmé le mesme an par le Roy Louys, au Plessis-lez-Tours, portant la confirmation ces mots : *Avons soubmis, nous & nostre fils, pour l'entretenement dudit traicté, nonobstant le privilege qu'avons, que nous & nos successeurs, & nostre Royaume, ne devons estre soubmis, ny contraints par censures.*

Le Pape Jules II. voulut depuis suivre la piste de Boniface VIII. contre le Roy Louys XII. (surnommé aprés son decez le Pere du peuple, pour sa preud'hommie.) Par l'assemblée generale tenuë en la ville de Tours, les censures de Jules furent censurées. Et tant s'en faut que nostre bon Roy Louys XII. trouvast la condamnation faite à Tours de mauvaise digestion, qu'au contraire luy qui portoit tout respect & honneur au Sainct Siege, toutesfois voulant demeurer dedans la grandeur de sa Royauté, & connoissant quel estoit Jules au jugement des gens de bien, fit courir dedans la France & l'Italie, cette Antique, dedans laquelle estoient ces mots : *Perdam Babylonis nomen.* Voulant dire que tant & si longuement que Rome auroit cet homme de bien pour Patron, elle auroit nostre Roy Louys pour ennemy. L'un des nostres qui n'a grandeur ny faculté que de nos Roys, pour se monstrer grand Catholique, dit que cette Medaille fut ainsi commandée par Louys, d'autant que Jules en avoit fait au precedent une autre contre Louys portant ces mots: *P. Julius à tyranno liberat*, entendant parler de Louys : mais s'il eust chaussé ses bezicles, il eust trouvé que cette antiquaille avoit esté faite contre les Bentivoilles qui avoient auparavant occupé la ville de Boulongne, laquelle ayant esté recoüssé par le Pape sur Bentivoille, qui lors s'en disoit Seigneur, Jules fit aussi voguer cette Antique par l'Italie, portant ces parolles : *Bonon. P. Julius à tyranno liberat.* Mot de Bonon. qui monstre que toutes les autres paroles y avoient esté adjoustées en haine de la tyrannie qui y habitoit. Car jamais Louys ne pretendit aucun droit sur cette ville.

Ny pour cette inimitié qui se trouva entre le Pape Jules II. & nostre Roy Louys XII. nos affaires de France ne se trouverent plus mal. Tous les bons Papes ayans interest d'estre en bon mesnage avecques nous, & pour vous faire paroistre que nos Roys ne peuvent estre censurez par les Papes, Charles Cardinal de Lorraine pour immortaliser sa memoire, sous le Roy Henry II. en un trés-noble sujet, fonda une Université dedans la ville de Rheims, dont il estoit Archevesque. Ce qui luy fut premierement permis par le Roy, puis par le Pape Paul III. en ce qui regardoit le spirituel. Lequel decerna ses Bulles trés-amples, qui portoient entre autres mots ceux-cy: *Nos igitur pium, & laudabile Henrici, & Caroli Cardinalis desiderium, plurimum commendantes, præfatum Henricum Regem à quibusvis excommunicationis suspensionis, & interdicti, aliisque Ecclesiasticis sententiis, & censuris, pœnis à jure, vel ab homine, quavis occasione, vel causa latis, si quibus, quomodolibet innodatus existat, ad effectum præsentium duntaxat consequendum, harum serie absolventes.* Plus grande courtoisie ou faveur ne pouvions-nous esperer de Rome que celle-là. Que nostre Roy sans aucune supplication, fust absous de toutes excommunications qu'il avoit peu encourir de droict ou de faict, toutesfois de mesme liberalité qu'elle fut offerte, elle fut refusée par la Cour de Parlement de Paris. D'autant qu'à la verification, tant des Bulles, que lettres patentes du Roy, il fut dit par Arrest du penultiesme Janvier 1549. *A la charge que nonobstant cette pretenduë absolution, on ne pouvoit inferer que le Roy eust esté, ou peust estre à l'advenir aucunement, ny pour quelque cause que ce fust, sujet aux excommunications & censures Apostoliques, ny prejudicier aux droits, privileges, & preeminences du Roy & de son Royaume.* Lorsque cet arrest fut prononcé, les Lutheriens & Calvinistes estoient trés-griefvement punis & chastiez par la France, & singulierement par les arrests de cette grande Cour de Parlement de Paris. Sans nous esloigner de nostre temps, certaines censures vindrent de Rome l'an 1591. contre nostre Roy Henry le Grand quatriesme du nom, estant lors d'autre Religion que la nostre. Le Pape par ses Bulles qu'il envoya en cette France, le voulut lors censurer. Ceux qui estoient à la suite du Roy, & tous ses Juges, tant subalternes, que souverains, faisoient profession expresse de la Religion Catholique, Apostolique & Romaine. Toutesfois par Arrest du Parlement qui seoit en la ville de Tours, representant l'ancien de Paris, il fut ordonné que cette Bulle seroit arse & bruslée en pleine place. Comme elle fut le jour mesme, par l'executeur de la haute Justice, au grand contentement de tous : & mesmement de celuy qui suivoit lors la fortune du Roy, par la liberalité duquel luy fut baillé un Evesché qu'il sçeut depuis fort bien faire provigner.

Nostre Henry le Grand fut depuis par une grande benediction de Dieu converty, & lors fut Sacré, & Couronné Roy, tant en l'Eglise de Chartres, que de Sainct Denis: car lors la ville de Rheims estoit en main estrange. Et quelque peu aprés entra dedans Paris, bien-aymé de tous ses sujets Parisiens, avecques une admirable facilité & felicité de ce Grand Prince. Lequel mettant sous pieds toutes les injures passées, embrassa tout son peuple d'une belle devotion. Il pensoit estre de requoy: toutesfois un Jean Chastel nourry au College de Clairmont, pendant nos Troubles, ayant failly de tuer nostre Roy le jour de Sainct Jean l'Evangeliste 1594. son procez luy ayant esté fait & parfait par la Cour de Parlement de Paris, ce meschant garçon ayant esté condamné à mort, telle que porte l'arrest du 29. Decembre 1594. executé le mesme jour. La condamnation entr'autres choses portoit : *Que pour reparation du crime, Chastel estoit condamné de faire amende honorable devant la principale porte de l'Eglise de Paris, nud en chemise, tenant une torche ardente du poids de deux livres, illecques à genoux dire & declarer, que mal-heureusement & proditoirement il a at-*

tenté ledit trés-inhumain, & trés-damnable parricide, & blessé le Roy d'un cousteau en la face, & par fausses & damnables instructions il a dit au procez estre permis de tuer les Roys, & que le Roy Henry à present regnant n'est en l'Eglise jusques à ce qu'il ait l'approbation du Pape; dont il se repent, & demande à Dieu pardon, & à Justice. Ce fait estre mené & conduict dedans un tombereau en la place de Greve, &c.

Amende honorable qui fut executée selon sa forme & teneur en Chastel: Et condamnation, par le moyen de laquelle il faut necessairement que l'on face le procez à bon escient à je ne sçay quels nouveaux gastepapiers, qui sous ombre de leurs chapeaux rouges, nous veulent enseigner une nouvelle leçon dans la France, ou bien qu'il soit fait au Parlement de Paris, grand & ancien soustenement de nostre Royaume sous la troisiesme lignée.

Et afin que cognoissiez quelles racines cette proposition a pris en nous. La verité est que nostre Parlement ne trouva jamais bon que l'on mist cette question en dispute entre nos Theologiens. Il estoit advenu que Maistre Jean Tanquerel Bachelier en Theologie, demeurant au College de Harcourt, ayant dedans ses Theses proposé cet article, pour estre disputé *in utramque partem*, le Parlement ayant esté depuis adverty par le Procureur general du Roy, de ce qui s'estoit passé, ne peut ny ne voulut passer par connivence, que les escholiers fussent si osez de mettre la grandeur de nos Roys en dispute. Et de faict Tanquerel s'estant garenty par la fuite, fut par plusieurs fois envoyé à Maistre Nicolas Maillard Doyen, & autres plus anciens Docteurs de la Faculté de Theologie, de representer ce fuyard: y ayans declaré l'avoir peu faire, nonobstant les diligences, par eux faites, toutesfois ils representerent une declaration de Tanquerel avant son partement, par laquelle il desavoüoit ses propositions. Au moyen de quoy la Cour par son Arrest du 2. Decembre 1561. ordonna, *Que suivant la declaration baillée par Maistre Jean Tanquerel, signée de sa main, & pour son absence au lieu de luy, le Bedeau de la Faculté de Theologie, declareroit en pleine Sorbonne, en presence des Doyen & tous les Docteurs de la Faculté, mesme dudit Cayn, & Bachelier de cette licence prochaine, qui seroient pour cet effet congregez & assemblez: sur peine d'estre privez des privileges à eux octroyez par le Roy & ses predecesseurs, assistans l'un des Presidens, deux Conseillers du Roy en icelle Cour, & le Procureur general dudit Seigneur: Qu'il desplaist audit Tanquerel d'avoir tenu telle proposition, qui sera leue; qu'indiscretement, & inconsiderément ladite proposition a esté tenuë & disputée, & qu'il est certain du contraire. Supplieroit trés-humblement au Roy luy pardonner l'offence qu'il avoit faite, pour avoir tenu ladite position, & icelle avoir mise en dispute. De ce fait leur seroient par ladite Cour, faictes deffences à l'advenir de tenir telles positions. Et d'abondant que deux d'entr'eux seroient deputez pour aller devers le Roy. afin de le supplier trés-humblement qui leur voulust pardonner l'offence en laquelle ils pouvoient estre encoureux, pour avoir permis ladite dispute, & les tenir en sa bonne grace, en laquelle ils desvoient demeurer, comme ses trés-humbles & trés-obeissans sujets & serviteurs.*

A l'execution duquel arrest ayans esté commis Messire Christofle de Thou, Conseiller du Roy, & President en cette Cour de Parlement, & Maistres Charles des Dormans, & Barthelemy Faye Conseillers, & Juges deputez par icelle Cour, prindrent avec eux Maistre Gille Bourdin Procureur general & Maistre Claude Berruier l'un des quatre Notaires de la Cour, Borat premier Huissier. Tous ces Seigneurs le Vendredy 12. jour de Decembre 1561. se transporterent dés les sept heures du matin en la grande salle de Sorbonne, en presence de Maistre Nicole Maillard, suivy de trente huit Docteurs en Theologie, quatorze Bacheliers: Bourdin se mist sur pieds, & prenant la parolle, je ne leu jamais harangue mieux faicte, ny plus docte que celle-là. Et aprés luy Berruier ayant lu l'arrest par l'ordonnance de Messieurs les Commissaires, il fut par eux commandé à Borat premier Huissier de lire, & faire prononcer à Pierre Goust Bedeau de la Faculté, nud teste & sur pieds, la declaration qui s'ensuit. *Je declare en l'absence de Jean Tanquerel, & pour & en son lieu. qu'il me desplait d'avoir tenu la position ensuivant: Quod Papa Christi Vicarius Monarcha spiritualem, & temporalem habens potestatem, Principes, suis præceptis rebelles, Regno, & dignitatibus privare potest: Et qu'indiscretement & inconsiderément, j'ay icelle proposition tenuë & disputée, & suis certain du contraire. Supplie trés humblement au Roy me pardonner l'offence que j'ay faite, pour avoir tenu ladite proposition, & icelle mise en dispute.* Et furent faites inhibitions & deffences aux Docteurs de tolerer de là en avant telle maniere de disputes, qui ne tendent à l'edification de nos ames, ains à une ruine generale de l'Estat. A quoy fut respondu par le Doyen pour tous les Docteurs, qu'ils estoient tous trés-humbles, & trés-obeissans sujets, & fideles serviteurs du Roy, & luy obeïroient, & à la Cour, de telle façon qu'ils seroient contens. Faict le 12. Decembre 1561. Ainsi signé Ruellé: Par le commandement du Doyen, & Docteurs de la Faculté de Theologie de Paris.

Fust-il jamais arrest plus beau que cestuy, ny personnages plus Catholiques, Apostoliques Romains, que Messieurs de Thou, des Dormans, Faye, Bourdin, ny personnages qui entreprindrent de plus grande gayeté l'execution de cet arrest, que ceux-cy? Et neantmoins il est advenu à l'un des nostres, (qui par ses imaginations particulieres pense estre plus sage que tout le demeurant de la France,) de dire que Monsieur le Chancelier de l'Hospital fit tous donner des arrests. Je n'avois jamais ouy dire, que la Cour donna les arrests sur les opinions d'un selon sa Religion & prudence. Et si ainsi elle fit, lors il faudroit chastier, tiers, & non celuy, qui se donne la loy de parler d'une si venerable compagnie, sans estre fondé en autres memoires, qu'en ses vaines imaginations. Mais sans sortir des bornes de cet exemple, & portans tel honneur que devons, & à un grand Chancelier tel que cestuy, & à une Cour de Parlement de Paris, Messire Michel de l'Hospital fit son testament le 12. Mars 1573. depuis lequel temps nous avons couru diverses fortunes.

Quorum animus meminisse horret, luctuque refugit.

Enfin nostre Henry le Grand r'entra dedans Paris en l'an 1594. par sa sage conduite & proüesse. En l'an 1595. Frere Florentin Jacob Prestre, Religieux de l'Ordre Sainct Augustin, Bachelier en Theologie, fit imprimer des positions, pour icelles soustenir le 10. jour de May ensuivant, en la dispute du Grand Ordinaire de la Sorbonne, sous Maistre Thomas Blanzi Docteur en Theologie, Principal du College de Caluy, dont le cinquiesme article contenoit ces mots: *Huic porro si. di, in qua sedet etiam nunc Clemens hujus nominis octavus, omnium Pontificum Maximus & Supremus: qui cum in terris vices Dei gerat, ab eodem esse spiritualia & temporalia, non est ambigendum. Spiritualem enim & temporalem in omnes habet potestatem: eique vivent, omnes Cardinales, Episcopi, & omnes omnis generis homines parere & obedire, & veluti membra capiti adhærere perpetuo debent.* Et au neuviesme: *Domus Ecclesiastica cum duplici gladii habeat potestatem eam ad bonorum defensionem, & malorum exterminium, Regibus & Magistratibus concedit.* Articles par lesquels ce Moine vouloit sous l'authorité de son Docteur Regent, soustenir que la puissance du spirituel & temporel appartenoit aux Papes, & que d'eux les Roys & autres Magistrats empruntoient celle qu'ils tenoient sur le temporel. Chose dont la Cour de Parlement ayant eu advis, elle fit aussi-tost saisir Jacob Bachelier, & Blanzy Docteur qui devoit presider, ausquels prisonniers à la Conciergerie du Palais, elle fit le procez extraordinaire.

Adoncques estoit decedé le Chancelier de l'Hospital, il y avoit 21. ou 22. ans, & avions encores les mains sanglantes de nos troubles & divisions, & à peine estions rentrez en nostre meilleur souvenir par une generale concorde, que la Cour aprés avoir oüy les deux prisonniers, & veu les conclusions de Monsieur le Procureur general, ordonna par son arrest de cette façon.

Il sera dit que ladite Cour a declaré & declare lesdits cinq & neufiesme articles desdites positions, faux, Schismatiques, contraires à la parole de Dieu, saincts Decrets, constitutions Canoniques, & Loix du Royaume, tendans à la rebellion & perturbation du repos public. Condamne ledit Jacob pour les avoir composez, & fait imprimer, & presentez pour les soustenir en ladite du grand Ordinaire, estre conduit des prisons de la Conciergerie en la grand salle de Sorbonne, en laquelle les Doyen, Scindic, Docteurs, Licenciez, & Bacheliers seront assemblez au son de la cloche, & illecques estant teste nuë, & à genoux, assistans ledit

ledit Blanzy teste nuë dire, & declarer: Que temerairement & indiscretement il a composé, & publié lesdites positions pour estre disputées, & par luy soustenues en sondit acte de grand Ordinaire, dont il se repent, & en demande pardon à Dieu, au Roy, & à la Justice. Ce fait feront lesdites positions rompuës & lacerées: Fait ladite Cour inhibitions & deffences à tous Bacheliers d'en composer & presenter de semblables, ou autres contre la puissance du Roy, & obeïssance à luy deuë par tous ses sujets, establissement de l'Estat Royal, & droits de l'Eglise Gallicane: & aux Doyen, Scindic, & Docteurs de la Faculté, de les recevoir, ny permettre qu'elles soient imprimées, ne disputées: sur peine d'estre declarez criminels de leze Majesté, & indignes de tenir des privileges octroyez à la Faculté de Theologie, par les Roys predecesseurs du Roy regnant & confirmez par luy. Ordonné que ce present arrest sera escrit és Registres d'icelle Faculté, & leu par chacun an à la premiere assemblée de la Sorbonne, par le Bedeau de ladite Faculté. Enjoint au Scindic de certifier ladite Cour de la lecture, dedans trois jours aprés qu'elle aura esté faite, sur peine de desobeissance aux arrests, & sera le present arrest receu par l'un des Presidens, & quatre Conseillers de ladite Cour, en presence du Procureur general du Roy. Fait en Parlement le Mercredy 19. jour de Juillet 1595. Et le mesme jour, mois & an, Messire Jean Forget President, Maistre Estienne de Fleury, Hierosme Angenoust, Hierosme Heuron, & Prosper Bovin, commis par icelle Cour pour cet effet, procederent à l'execution de cet arrest, appellé avecques eux Monsieur de la Guesle Procureur general, qui fit une bien longue harangue, & seroit impossible de reciter, non ce qu'il dist, mais ce qu'il ne dist point, pour monstrer que ces deux articles estoient erronez, & que nostre Eglise Françoise & Gallicane se gouvernoit tout à une autre façon. Execution qui fut faite en la presence de Maistre Denys Camus Doyen, accompagné de trente six Docteurs, & trois Bacheliers; tous, tant Docteurs que Bacheliers, nommez par leurs noms & surnoms dedans le procez verbal de l'execution de l'arrest qui fut donné par la grand Chambre, & Tournelle, assemblée comme l'on voit par la teneur d'iceluy.

Jamais arrest ne fut plus grand & plus solemnel, ny plus solemnellement executé que cestuy, soit que l'on considere la façon, ou l'estoffe, & veux croire que nos nouveaux corrigeards ne le nommeront plus sur le moule de leurs imaginations, Arrest de Monsieur le Chancelier de l'Hospital, ains de la Cour de Parlement, ou pour mieux dire, d'Estat, sinon que voulions dire, & justement, le Parlement de Paris avoir esté de toute ancienneté & estre la pierre fondamentale de la conservation de nostre Estat. Et d'autant que je voy l'autre arrest avoir esté baptizé du nom de l'Hospital, non pour favoriser, ains vilipender sa memoire, je vous diray franchement ce que j'en pense, & le vous diray de tant plus, que j'ay eu cet honneur de le gouverner, & reconnoistre en luy ce qui estoit de bon & de mal, lors de sa plus grande vogue. Premierement je vous le pleuvy pour un personnage tres-catholic, qui ne desiroit autre chose sinon que la Religion Catholique, Apostolique & Romaine, eust son ancien cours en France: toutesfois son heur mal-heureux voulut qu'il fust appellé en ce grand Estat de Chancelier de la France, en un temps le plus miserable, & calamiteux, qui onques eust esté veu auparavant, nostre Royaume estant gouverné par une grande Princesse, mais estrangere; de trois petits Princes ses enfans, tous constituez en un fort bas aage, voire Charles leur aisné qui estoit nostre Roy. La minorité bien basse de ces trois Princes, ou bien le mal-heur du temps, voulut que nostre Religion Chrestienne commença de se remuer, les uns estans pour la commune & ancienne, les autres pour celle qui fut appellée, ores nouvelle, ores la reformée, & avoit chacun d'eux ses parains pour soustenir le pour & le contre. Prés du Roy estoient les Duc de Guise, Montmorency Connestable de France, & le Mareschal de sainct André. D'un autre costé Chastillon assisté d'un grand Prince pour le soustenement de son opinion, & ne manquoient diversement de supports qui plus, qui moins, mais chacun se persuadant qu'il en avoit assez pour faire teste à son adversaire: Au contraire ce grand Chancelier, qui dedans sa Religion Catholique ne tendoit qu'au repos general, voyant que de quel-

que costé que fust la victoire, c'estoit à la ruine du Roy & de Messieurs ses freres, combatoit hardiment contre ces nouvelles entreprises, desirant pacifier toutes choses au moins mal qu'il luy seroit possible, mais envain, ayans ces trois grands Seigneurs qui luy faisoient teste, & entreautres le Connestable, auquel il advint en plein Conseil de dire à Monsieur de l'Hospital, que ce n'estoit à luy de parler de la guerre, parce qu'il ne l'avoit jamais conduite. A quoy ce grand Personnage respondit promptement & sur le champ: Que ce que disoit Monsieur le Connestable estoit vray: car il n'avoit à luy il n'avoit jamais manié la guerre, mais qu'il sçavoit bien quand il la falloit faire; voulant dire qu'en ce bas aage d'un Roy, il falloit autant craindre les Seigneurs qui estoient prés de Sa Majesté obtenans victoire, que les autres qu'on estimoit nous guerroyer, lors qu'ils fussent venus au dessus de leurs affaires, & ne fut en cecy trompé. Car un Roy de Navarre, Messieurs de Guise, Connestable & Mareschal d'un costé, Monsieur le Prince de Condé, & Monsieur l'Admiral d'un autre, & autres leurs partisans, moururent tous de morts violentes, & par ce que ce grand Chancelier ne peut condescendre à l'opinion de ces trois grands Seigneurs, suivis par la populace, il fust estimé Huguenot par plusieurs, ores qu'il n'en tint aucune tache, & je m'en croy pour avoir cest honneur de le voir, & halener.

Et c'est pourquoy si je ne m'abuse, Monsieur le Cardinal du Perron a imputé l'Arrest donné contre Tanquerel à Monsieur le Chancelier de l'Hospital, comme voulant dire que sans l'authorité de luy, la Cour ne l'eust voulu donner tel, dont toutesfois il est amplement dedit par celuy de l'an 1595. par moy cy-dessus mentionné: & suis marry que ce Cardinal ait voulu terrasser nostre France, par foy historique seulement comme il dit, luy qui se doit souvenir de ce qu'il a esté autresfois au milieu de nous, & de sa promotion, que nul de nous ne luy envie. Mais avant que de finir ce Chapitre, je veux parler de luy comme à luy, je veux dire comme à celuy que je sçay aimer & cherir la verité, que de rien devenir quelque chose, & de quelque chose beaucoup, c'est un trait inimitable de fortune, par lequel celuy qui en est gratifié, doit dedans une asseurance de tout craindre tout, & avoir perpetuellement empreinte en son ame cette belle sentence que j'ay aprise, non d'un vieux poëte Latin, ou d'un moderne Italien, ou Espagnol, ains de nostre grand Ausone Gaulois.

Fortunam revereter habe, quicumque repente
Dives ab exili progrediere loco.

Car quant à ce qui me regarde, je veux qu'on sçache, que je respecte, & honore le sainct Siege de Rome, non pour m'advantager par quelque acte contrevenant à l'honneur de ma patrie, mais à la vieille Gauloise, & ainsi qu'ont fait nos ancestres. Et qui le pratique autrement, je ne l'estime, ny bon François, ny vray Catholique. Et si en si haut subjet il m'estoit loisible de dire ce que j'en pense, je le dirois volontiers. Je voy plusieurs nations s'estre du tout dispensées de l'authorité du sainct Siege, & qui pour se garentir d'une extremité, sont tombées en une autre plus fascheuse. C'est pourquoy je le supplie tres-humblement, pour l'obeïssance que je luy ay vouée, de ne tomber d'ores en avant en pareils desarrois, en se flattant mal à propos sous umbre de quelques opinions pedantesques, qui n'ont rien de commun avec la manutention, ni de la Papauté, ni de nostre Royauté, sans que l'une ne puisse bonnement subsister sans l'autre, ains se doivent reciproquement aider, & demeurer les Papes & nos Roys en & au dedans de leurs prerogatives, sans enjamber les uns sur les autres. Et vous ay discouru tout ce que dessus, non pour la malveillance que je porte au S. Siege, plustost m'envoye Dieu la mort, ains pour ... us monstrer que nostre Roy porte avec la Couronne son sauf conduit, & n'est sujet aux embusches de ses ennemis prés des Papes. Placard que j'ay icy enchassé tout exprés, contre ces nouveaux brouillons & troublemesnages, qui pour se faire grands dedans Rome, aux despens des Princes & Potentats Souverains, nous enseignent que leurs Royaumes peuvent estre transferez d'une main à autre par les Papes. Je ne seray point marry que cette puissance s'execute par tout ailleurs

leurs où il leur plaira, moyennant que ce ne soit, ny encontre nos Roys, ny contre noſtre Royaume. Et neantmoins il ne faut que pour tout cela nos Roys forlignent de leur devoir, parce qu'il y a un plus grand Juge que le Pape, qui transfere les Royaumes, & ſçait chaſtier non ſeulement les delinquants, mais auſſi les enfans, des fautes commiſes par les peres. Mais il eſt meſhuy temps que ſans nous laiſſer tranſporter à ce qui eſt de noſtre ſiecle, je reprenne les anciens arrhemens de ce qui s'eſt paſſé par la France.

CHAPITRE XIX.

Que depuis la venuë de Hugues Capet, juſques au regne de ſainct Louys les Papes s'authoriſerent plus en grandeur ſur les Eveſques & Ordinaires, qu'ils n'avoyent fait auparavant, & d'où en proceda la cauſe.

Dés le temps de l'Empereur Arnoul, avoit eſté fait un Concil en la ville de Tibour l'an 895. portant entr'autres articles ceſtuy: *In memoriam beati Petri Apoſtoli honoremus ſanctam Romanam & Apoſtolicam Sedem, ut quæ nobis Sacerdotalis dignitatis mater eſt, debeat eſſe magiſtra Eccleſiaſticæ rationis. Quare ſervanda eſt cum manſuetudine humilitas, ut licet vix ferendum, ab illa ſancta Sede imponatur jugum, feramus & pia devotione toleremus.* Ce Concil fut tenu en Allemagne, & ne ſçay s'il fut obſervé ſelon ſa forme & teneur: bien vous diray-je que tout ainſi que nos Eveſques de France ne s'y trouverent, auſſi n'en ſceuſmes nous l'uſage, tant que la ſeconde lignée de nos Roys dura: Vray que ſous la troiſieſme, ce fut tout autre diſcours: Car jamais les Papes n'eſtoient arrivez à telle extremité de grandeur, comme ils ſe virent l'eſpace de cent ou ſix vingts ans, & me ſemble qu'il y eut deux cauſes qui les y pouſſerent. Nos voyages d'outremer, & le provignement de nouveaux Ordres de Religions & Monaſteres. Les voyages d'outremer produiſirent une infinité de Capitaines & Soldats, qui avec les armes materielles ſe promirent ſous l'authorité du S. Siege de replanter la Religion Chreſtienne au Levant: & les nouveaux Ordres de Religions, infinis guerriers, qui avec les ſpirituelles firent eſtat de reſtablir la diſcipline de l'Egliſe, qui par les calamitez & deſbauches des guerres, eſtoit tombée en deſolation.

Les voyages d'outremer commencerent ſous Philippes Roy de France, premier de ce nom, à l'inſtigation de Pierre l'Hermite, natif d'Amiens, ſous l'authorité d'Urbain ſecond, en un Concil tenu dans la ville de Clairmont en Auvergne. Auquel voyage le conſentement general de tous les peuples Chreſtiens condeſcendit. Et à la ſuite de ceſtuy en eut cinq autres, dont je parleray en leur lieu. En ces voyages pour les authoriſer davantage, on avoit le premier recours au S. Pere de Rome. Puis chargeoit-on la Croix, le Bourdon, & l'Eſcharpe, comme ſi ce ne fuſt pas tant une guerre, qu'on alloit faire, qu'un pelerinage. Et s'eſtans ces pelerins rendus diverſement confez, ils s'acheminoient gais, & gaillards à cette entrepriſe, comme aſſeurez d'acquerir par ce moyen Paradis. Ce que le Pape meſmes leur promettoit, leur donnant plenieres abſolutions de leurs pechez, & non ſans cauſe. Car mourans en ces voyages pour la Foy & Religion Chreſtienne, ils mouroient comme Martyrs. Or comme ainſi ſoit que deſlors du premier voyage, chacun ſe voüaſt au S. Siege de Rome, & que par ſon advis, il euſt eſté entrepris, au milieu de noſtre Egliſe Gallicane, auſſi rapporta-l'on puis après à luy tous les fruits qui en provindrent. Dedans ces voyages ſe formerent quatre Ordres Religieux portans les armes pour la defence & protection de noſtre Religion Chreſtienne, les Chevaliers du ſainct Sepulchre, les Chevaliers de ſainct Jean de Jeruſalem, autrement Chevaliers de Rhodes, les Templiers, les Teutoniques, & Allemans, autrement Chevaliers de la Vierge Marie. Tous leſquels voulurent recognoiſtre pour leur ſeul Chef & Superieur le Pape.

Tout de cette meſme façon noſtre Egliſe eſtant tombée en grand deſordre par l'ignorance de nos Prelats, ſe planta une nouvelle devotion entre les bons & fideles Chreſtiens, de fonder Ordres nouveaux de Religions & Monaſteres. Qui fut l'accompliſſement de la grandeur du ſainct Siege, deſſus tous les Eccleſiaſtics de la France. Car ceux-cy voyans le peu de ſoing qu'avoient eu les Eveſques en la diſcipline Eccleſiaſtique ſur leurs Dioceſes, d'ailleurs que toutes les Abbayes anciennes, leſquelles avoient pris ſource de ſainct Benoiſt, & ſes diſciples, eſtoient indifferemment données auſſi bien aux gens Laiz & ſeculiers, comme aux Eccleſiaſtics, pour ne tomber en ce deſarroy, ſe voulurent affranchir des Ordinaires, qui leur eſtoient mauvais garends envers les Roys & avoir recours à la ville de Rome, ſous la protection de laquelle ils ſe mirent, recognoiſſans le Pape, principalement entre tous les autres. En contreſchange de quoy les Papes ne furent avaritieux en leur endroit. Car ils exempterent les aucuns de la puiſſance de leurs Eveſques, contre les couſtumes anciennes de l'Egliſe, affranchirent les autres des diſmes qui eſtoient deuës naturellement aux Curez par la ſeule monſtre de leurs clochers. Et de ces nouveaux Ordres le nombre n'en eſt pas trop petit, Clugny, Grandmont, la Chartreuſe, Ciſteaux, Premonſtré, qui tous meſmement prindrent leur ſource & origine de cette France. Et depuis ſe ſont grandement eſpandus par toute l'Europe.

Tellement que qui voudra conſiderer les affaires de noſtre France de prés, ce n'eſt pas ſans grande raiſon que l'on a donné à nos Roys le tiltre de Roys trés-Chreſtiens de tout temps immemorial: Parce que chaque famille de nos Roys a dequoy ſe le vendiquer. La premiere, d'autant que quittant le Paganiſme, auquel elle eſtoit nourrie, ſe voüa non ſeulement à la foy Chreſtienne, mais encores pouſſée d'un trèsbon inſtinct, ne degenera point en l'erreur Arrienne, ainſi que firent pluſieurs peuples qui butinerent l'Empire Romain. La ſeconde, pour autant qu'elle planta la Papauté en France. Et la troiſieſme, pour avoir eſté l'un des principaux motifs de ces voyages d'outremer, & que ſous elle toutes ces grandes & ſainctes Religions furent fondées en cette France: à la ſuite deſquelles vindrent auſſi les quatre Ordres des Mendians, qui pareillement eurent recours, ainſi que les autres, à Rome. Leſquels depuis apporterent une infinité de fruicts à la Chreſtienté par leurs ſainctes exhortations. Qui m'a fait mille fois eſmerveiller pourquoy Guillaume de ſainct Amour, & aprés luy Jean de Meun en ſon Roman de la Roſe, les abhorroient, pour avoir voüé une pauvreté, tant en general qu'en particulier. Car la mendicité dont ils font profeſſion, n'eſt une mendicité telle qu'eſt celle d'un tas de mendians valides & vagabonds, qui pour demeurer perpetuellement inutiles à la republique, vont caimandans par les maiſons. Au contraire ce pauvre peuple vacquant journellement au ſervice de Dieu, & aux preſches, il remet à la devotion des gens de Dieu, de luy faire aumoſnes, ſelon qu'ils penſent le meriter. Et n'y a plus grand moyen pour ruiner la devotion, que la grandeur des biens, & poſſeſſions terriennes, que l'on donne à perpetuité aux Egliſes. Parce que ſoudain que nature ſe trouve gorgée, & à ſon aiſe, elle quitte fort aiſément ce qui dépend de la neceſſité de ſa charge, pour s'addonner à oiſiveté, comme l'experience a depuis monſtré en la plûpart des autres Religions, leſquelles comblées de biens, ſemblent eſtre demeurées en friche, en ce qui dependoit de leur devoir: eſtant tout le Faix tombé ſur ces quatre Ordres derniers. Pour laquelle cauſe quelques-uns voyans les demeures, enſemble les déportemens de tous ces Moines, dirent, que les Benedictins qui furent les premiers Religieux, prindrent pour leur partage les villes eſquelles ils avoient choiſi leurs domiciles: Et la plus part des autres

autres Ordres, les champs, forests, & montagnes : Tellement que s'estans de cette façon accommodez des choses terriennes, ces derniers, qui portent le nom & tiltre de Mendians, prindrent pour leur lot seulement le Ciel. Toutesfois soudain que l'on leur ouvrira la porte à la joüyssance des biens & possessions, comme il semble que l'on ait fait par le Concil de Trente, & qu'ils s'en trouveront remplis, il y a grandement à craindre qu'il ne leur en prenne comme aux autres. Si ne faut-il pas desnier cependant que les premiers aussi bien que ces derniers, n'ayent apporté tres-grande utilité à nostre Religion Chrestienne. Car ce fut le principal instrument, par lequel nostre Eglise fut reformée, & reduite en un meilleur train, du grand desbaux qui s'estoit trouvé en la France, sous la lignée de Charlemagne. Aussi au lieu que sous la premiere famille de nos Roys, & devant, on parloit des grands Evesques : sous cette derniere on parla principalement des grands Abbez, & Religieux qui florirent tant en cette France qu'ailleurs. D'uns, Bernon, Odon, Odilon, trois premiers Abbez de Clugny, d'un Brunon fondateur de la Chartreuse, d'un sainct Bernard de Clairvaux, d'un sainct Dominique extirpateur par ses presches de l'heresie Albigeoise, pour laquelle cause ceux de sa famille furent depuis appellez freres Prescheurs : d'un sainct François I. dont vindrent les freres Mineurs : d'un S. Bonaventure restaurateur de cet Ordre : d'un S. François II. qui fut autheur des Hermites, que nous appellasmes Bons-hommes, parce que lors que ce sainct homme vint en France à la semonce de Loüys XI. la commune voix du peuple l'appella pour sa preud'hommie, Bon-homme. Et encores dans Hugues, & Richard Religieux de Sainct Victor, d'uns Gratian, Raymond, Durand, Sigebert, Hugues Chartreux, Albert le Grand, & sainct Thomas d'Aquin son disciple, tous deux de l'Ordre des freres Prescheurs, & une infinité d'autres que l'on peut recueillir de l'ancienneté, qui par oubliance ne tombent maintenant sous ma plume. Voire que les Evesques quittoient quelquesfois leurs Evesçhez pour choisir cette saincte conversation, comme fit Hugues Evesque de Grenoble coadjuteur de Brunon, & Albert Patriarche de Constantinople, l'un des premiers ordinateurs de la Religion des Carmes. Au contraire de leurs Religions estoient souvent appellez aux premieres dignitez de l'Eglise, voire jusques à la Papauté. Car Eugene tiers avoit pris l'habit de l'Ordre de Clairvaux de S. Bernard, & avons leu plusieurs Dominicains, & Franciscains estre montez jusques à ce haut & premier degré de l'Eglise. Sous la premiere lignée, c'estoit une forme de peine que de tondre & reléguer en une Religion un enfant d'ancienne maison. Sous cette derniere, ce fut honneur. Et tout ainsi que sous les deux premieres lignées de nos Roys, les Evesques gouvernoient quelquefois leurs Maistres, aussi sous cette derniere vit-on Hildebrand Moine de Clugny dans Rome, en cette France Sugger Abbé de sainct Denys, manier toutes les affaires, celuy-là de la Papauté, cestuy de nostre Royaume, & plusieurs autres de mesme qualité pour les grands advantages qu'ils avoient aux lettres & sciences, soit en la Theologie, soit pour les anciens Decrets, & constitutions de l'Eglise, & pour les Histoires qui semblerent s'estre confinées dans leurs Cloistres. Et mesmes sembloient thesauriser en livres dans leurs Monasteres, desquels jaçoit que l'ancienneté des ans, & le malheur de nostre temps nous en ait fait esgarer plusieurs, si recucillie-l'on de leurs Bibliotheques encores plusieurs beaux brins, dont l'on peut embellir le public.

Tous ces Abbez & Religieux ayans reduit leurs Republiques devotes sous l'arbitrage du sainct Siege, & les Evesques estans à demy reduits dès la seconde lignée de nos Roys, les Papes attaignirent lors au comble de grandeur sur tous les Benefices de la France, dont ils furent estimez les Generaux & Universels protecteurs, & non seulement sur les Benefices, mais aussi sur tout ce qui sembloit appartenir à la police Ecclesiastique. Et de la mesme façon que les Religieux, le semblable fut pratiqué par les Chanoines des Eglises Cathedrales. On avoit quelques siecles auparavant erigé en Colleges, les Clercs, qui assistoient aux Evesques en leurs Eglises, que l'on appella Chanoines : ceux-cy pareillement se mettans sous l'authorité du S. Siege, commencerent de se separer de table d'avec leurs Evesques, & leur faire teste. Tellement que les choses se passans en cette sorte, nous allasmes chercher dans Rome les Pardons & Indulgences, la confirmation de tous nouveaux Ordres de Religion : à nul qu'au Pape ne fut permis de canoniser la memoire des ames beatifiées, à luy seul appartint la planiere ouverture des Concils Generaux, & plusieurs autres choses de mesme subject, que nous ne pouvons ny ne devons luy envier pour une infinité de raisons que je laisse aux Theologiens, m'estant icy proposé seulement d'escrire l'Histoire de la Papauté, & comme elle a pris divers plis.

CHAPITRE XX.

Des Evesches, Abbayes, & autres charges Ecclesiastiques, que nous appellons Benefices, & de la nouvelle forme de Republique qui se planta dans nostre Eglise depuis que ce mot de Benefice fut mis en usage.

EN l'Ordre premier de nostre Eglise, il n'y avoit distinction entre l'Evesque & le Prestre. Quelque temps apres l'Evesque tint la premiere dignité, & le Prestre la seconde. Et deslors on ne promouvoit nul à la dignité d'Evesque, que ce ne fust par ellection. Bien est vray que de fois à autres en mourant, quelques Prelats nommoient leurs successeurs au Clergé, comme dans Rome, Linus, Anaclet, & luy, Clement : dans Alexandrie Athanaise, Pierre qui avoit contribué à ses afflictions. Nominations qui estoient admises par le Clergé, non qu'il fust contraint de ce faire, ains par une curialité, pour le respect qu'il portoit à la memoire du defunct. Mais quant aux ellections, elles se faisoient de necessité. C'estoit une leçon qui nous avoit esté enseignée par les Apostres, lors que pour remplacer l'Apostolat de Judas, ils esleurent S. Matthias. Coustume trouvée si recommandable à la posterité, qu'à nostre exemple, l'Empereur Alexandre Ethnique n'envoyoit aucun Vice-Empereur par ses Provinces, que premierement il ne l'eust nommé au peuple, afin que chacun peust proposer contre luy tout ce qu'il sçavoit de sa vie. Disant qu'il luy eust esté tres-mal seant de ne le faire, veu que les Chrestiens procedoient par ellections en leurs premieres dignitez. C'estoit la forme que l'on observoit pour les Evesques, non toutesfois pour les Prestres, que nous appellasmes depuis Curez. Parce que les Evesques les nommoient en leurs Dioceses. La devotion des gens de bien introduisit au milieu de ces deux Ordres, un troisiesme, qui fut de ceux qui voulurent mener vie solitaire, & se confinoient en lieux escartez avecques leurs confreres, pour vacquer plus aisément à leurs prieres & oraisons, lesquels furent par les anciens appelez d'un mot Grec, Moines : dont Helisée fut le premier instituteur, auparavant la venuë de nostre Seigneur Jesus-Christ : & depuis sainct Jean-Baptiste. Ordre qui prit depuis de grands advancemens dedans les deserts d'Egypte, sous la conduite des Saincts Anthoine, Julian, Paule, Macaire, & Hilarion. Et à leur suite nous eusmes au Levant Saincts Gregoire Nazianzene, & Basile, qui firent proviger & espandre cette devotion par les Villes, & en l'Occident Sainct Benoist, instituteur de l'Ordre des Benedictins, desquels, comme d'une grande fontaine, la plus grande partie de ceux qui furent depuis introduicts sous autres noms, emprunterent leurs premiers fondemens, jaçoit qu'on adjousta à leur ancienne institution quelques articles de nouvelle regle. En tous ces Monasteres, il y eut tousjours un Chef, que nous appellames, Abbé, lequel estoit esleu par les Religieux. Et combien qu'ils se fussent du tout voüez au service de Dieu, si est-ce que de leur primitive & originaire institution, ils n'estoient mis au nombre des Ecclesiastics, qui fut cause que l'on ne les eut en telle estime entre nous, que le Clergé : Car combien que les eslections fussent tousjours entretenuës pour les Evesques, & que par nos Concils Gallicans il eust esté ordonné que les Abbez seroient esleuz par les Moines, toutesfois les choses arriverent en tel abus, que nos Roys s'en faisoient croire comme ils vouloient. Mesme on commença d'obtenir d'eux, par forme de privilege les eslections des Abbez. En l'Abbaye de Tournuz pays de Mâconnois, ils ont un vieux tiltre, par lequel Charles le Chauve leur octroya ce privilege. *Caterum eidem congregationi* (porte le texte) *licentiam concedimus, de se semper eligendi Abbatem, secundum regulam sancti Benedicti*. Desbauche qui estoit dés le temps mesme de la premiere lignée de nos Roys : ainsi que nous apprenons de Flodoart, quand il dit qu'un Archevesque de Rheims, ayant fondé une Abbaye en l'honneur de Saint Pierre & tous les Apostres, il obtint ce privilege du Roy Clovis second : *Ut ipsi Monachi potestatem haberent, prælatum sibi regulariter eligendi, quemadmodum in descriptione ipsius privilegii continetur*. Or comme un abus en produit aisément un autre, aussi advint-il que d'une mesme licence, on donna les Abbayes aux Gentils-hommes & Capitaines, voire nos Roys ne faisoient conscience de les donner à des femmes : car comme j'ay dit ailleurs, le premier mescontentement de Hugues le Grand, fut que Charles le Simple avoit osté à Rotilde sa belle mere une Abbaye qu'elle avoit, pour en revestir Haganon. Et lors que nos Roys exerçoient ces liberalitez indeuës, on disoit qu'ils avoient baillé telles Abbayes, *jure Beneficij*, c'estoit à l'instar des Fiefs, que l'on appelloit lors Benefices. Rheginon parle d'une Abbaye que Charles le Chauve avoit donnée à un particulier *in Beneficium* : Et Flodoart dit que Foulques Archevesque de Rheims, ayant conferé l'Evesché de Chaalons à un Herilande, au prejudice de Bertaire, qui avoit esté canoniquement esleu, Formose Papel'en reprit : *Successus quod hunc vocatum canonicè, noluisset consecrare, sed in transitu defuncti Episcopi, Herilando, Beneficiali more ferebatur Episcopatum contulisse*. Depuis les choses se passerent de cette façon, que le mot de Benefice se vint loger dedans nostre Eglise, laissant son ancien domicile des Fiefs. Tellement que l'on pouvoir dire y avoir double espece de Benefices viagers entre nous, les uns Seculiers pour les gens de Guerre, les autres pour les gens d'Eglise. Et tout d'une suite introduisismes une nouvelle forme de Republique en nostre Eglise, sous l'authorité du Saint Siege : qui fut d'admettre les resignations des Benefices à uns & autres. Parquoy la police Ecclesiastique devint telle. Les Archevesches & Evesches furent electifs, comme auparavant, quand vacation en advenoit par mort, & que les Prelats ne les avoient resignez. Le semblable fut-il des Abbayes, non en consideration de leur premiere institution, mais par le moyen des nouveaux Ordres entez sur celuy de S. Benoist, qui se mirent sous la protection du Saint Siege, afin de n'estre plus exposez aux flots des Princes Seculiers qui en mes-usoient. Et falloit que les eslections fussent confirmées, ou bien les resignations admises en Cour de Rome. Car quant aux autres Benefices : s'ils vacquoient par mort, on se pourvoyoit, ou en Cour de Rome, par prevention, ou par devant les Diocesains & Ordinaires : & si par resignations, les unes estoient pures & simples que l'on adressa aux Ordinaires, les autres en faveur de quelques-uns, permutations de Benefices, retention de pensions sur iceux, pour lesquels nous fusmes contraints d'aller reblandir le Sainct Siege, parce que toute paction en matiere Beneficiale est reputée Simoniaque, & n'y avoit que les Papes qui nous en peussent dispenser. Tout d'une suite nous y allames rechercher les dispenses de l'age, de pluralité de Benefices, de Regulier en Commande, & de Commande en Regulier, bref toutes choses que l'on peut souhaicter de grandeur pour cest effect, auparavant incogneuës, & non jamais mises en usage dedans la France. Et tout ainsi que ces propositions regardoient plus le bien que les mœurs, aussi vous puis-je dire, & est vray, qu'en la plupart des Concils qui furent depuis faicts, vous y trouverez autant d'articles & plus, concernans l'edification des procés, que l'edification de nos ames, sur lesquels on a depuis basty une bonne partie des Decretales, du Sexte, des Clementines & des Extravagantes. De maniere, que là où auparavant nous recherchions la ville de Rome, pour y puiser, comme d'une vive source, le repos de nos consciences, nous commençames de la recognoistre, comme un grand Ocean de procés : Chose qui produisit à la longue une pepiniere de Docteurs, que nous appellasmes Canonistes, lesquels furent si excellens en ce subject, que nous leur faisions cest honneur de dire, que les Jurisconsultes Romains passent en decisions, mais qu'en contr'eschange ils passent les Jurisconsultes en pratique, & instruction de procez. Honneur qui à mon jugement, leur doit retourner à pudeur. Le malheur veut qu'il n'y ait point tant de chicaneries en tout le reste de nos affaires, & dont on ne puisse moins desveloper qu'en matieres Feodales & Beneficiales, qui deussent toutesfois de leur premiere origine estre franches de tous procez. Cecy soit par moy touché en passant. Voilà donc ques comme depuis la venuë de Hugues Capet l'on commença de menager les affaires de nostre Eglise, tout d'autre pied qu'auparavant. Menage toutesfois sagement institué selon l'occurrence qui se presentoit, mesmes pour les Resignations d'un benefice. Car puis que par un taisible consentement de tous, on les avoit approuvées, & qu'elles ne faisoient qu'un invention que les Evesques pourveussent ceux qui leur estoient nommez de bouche par les resignans, ou par escrit. A quoy ils n'estoient contraints d'acquiescer, sous le pretexte de Simonie, ains en gratifioient leurs serviteurs ou amis : pour ne frustrer celuy qui resignoit en faveur d'un autre, on trouva l'expedient d'aller à Rome, où le Pape pour la plenitude de sa grace, ne fermoit les bras à aucun. Ce que je deduiray au prochain chapitre appresta plus grand subject de mescontentement à nostre Clergé.

CHAPITRE XXI.

Des entreprises de la Cour de Rome sur les libertez de nostre Eglise Gallicane, depuis la venuë de Hugues Capet, jusques au regne de S. Louys, & comme le Clergé de France ne s'en pouvoit taire.

JE vous ay dit qu'au Concil de Chalcedoine furent ordonnez cinq Patriarches par tout l'Univers, desquels le Pape de Rome estoit le premier. Ceux-cy s'aparioient en & au dedans de leurs Dioceses à luy, & faisoient, comme luy, porter la Croix devant eux, quand ils alloient par les ruës, & donnoient le *Pallium* à leurs Diocesains, de mesme façon que le Pape. Cette puissance leur fut moderée par le Concil de Latran, tenu sous Innocent troisiesme, avant leur estant deffendu d'entrer en charges, qu'ils n'eussent tout œuvre fait profession de leur foy, & esté receus par le Pape, & que par mesme moyen ils n'eussent receu de luy le *Pallium*, remarque principale de Sa Majesté. Quand tout cela auroit esté faict, permis à eux de faire porter la Croix devant eux, fors dans la ville de Rome, & en tous lieux où le Pape seroit present, ou sinon Legat *à Latere*. Comme aussi pourroient bailler le *Pallium* à leurs Evesques suffragants, après avoir receu leur profession de foy. Le tout toutesfois comme Vicaires du Sainct Siege de Rome. Que toutes les appellations de leurs Archevesques & Evesques seroient relevées devant eux, mais à la charge qu'en cas que l'on appellast

pellast d'eux au Sainct Siege, ils seroient tenus de deferer à l'appel. Par mesme Concil il fut ordonné, que si les Chanoines exempts de la Jurisdiction de leurs Evesques se rendoient refractaires & contumax au service divin, leurs Archevesques les pourroient chastier par censures : Non en qualité de Metropolitains, ains comme Vicegerans du Sainct Siege. Estant par ces canons l'authorité des Patriarches & Metropolitains reduicte au petit pied, il ne faut point trouver estrange, si de là en avant les Papes se donnerent toute loy dessus les Evesques. Les choses passerent de façon, que l'on recevoit à Rome toutes les appellations de la Cour d'Eglise, & y falloit aller plaider nonobstant la distance des lieux : & si quelqu'un ne pouvoit obtenir en la France par les voyes ordinaires de droict, ce qu'il demandoit, il avoit recours à l'extraordinaire de Rome, où les Papes estans Juges absolus par dessus la loy, en ordonnoient comme il leur plaisoit : voire quelquefois sans ouyr les parties, donnoient leurs jugemens sur une requeste qui leur estoit presentée, ny n'estoit loisible d'impugner leurs sentences, sinon de tant & entant qu'il plaisoit à leurs Sainctetez, il suffisoit qu'ils eussent ainsi voulu. Le Clergé de France voyoit tout cela, mais de remede, point de nouvelles. Il ne luy restoit que la voix pour s'en plaindre : voix toutes-fois qui ne pouvoit estre oüye dans Rome, pour le long intervalle des lieux. Sous le regne du Roy Robert estoit Glaber Radulphus Religieux de Clugny, lequel au second livre de son histoire nous raconte, que Foulques Comte d'Anjou, ayant fait bastir une Eglise prés la ville de Tours, en l'honneur des Cherubins & Seraphins, il la voulut faire consacrer par l'Archevesque : qui l'en refusa tout à plat, jusques à ce qu'il eust rendu aux Eglises les biens & deniers qu'il leur avoit mal tollus. Chose dont Foulques irrité s'advisa de suivre le conseil ancien des mal contens de la France, & prendre la route de Rome, où ayant faict plusieurs grands presens au Pape, il obtint de luy ce qu'il n'avoit peu de l'Archevesque, toutesfois parce que le fragment de cette histoire n'est imprimé, je trouve le passage si beau, que je ferois tort à l'autheur, si je ne l'enchassois tout au long dedans ce chapitre : & à la mienne volonté qu'il fust engravé dedans les ames des superieurs & souverains de nostre Eglise. *Qui protinus misit* (parlant du Pape) *cum eodem Fulcone, unum ex illis, quos in beati Petri Apostolorum Principis Ecclesia, Cardinales vocant, nomine Petrum : Cui etiam præcepit, veluti Romani Pontificis authoritate assumpta, quidquid agendum Fulconi videbatur, ut intrepidè expleret. Quod utique audientes Galliarum Præsules præsumptionem sacrilegam cognoverant, & cæca cupiditate processisse, dum videlicet unus rapiens, alter raptorem suscipiens, recens in Romana Curia, schisma creavisset. Universi etiam pariter detestantes, quoniam nimium indecens videbatur, ut hic qui Apostolicam regebat sedem, Apostolorum primitus & Canonum transgrederetur tenorem : Cum insuper multiplici sit antiquitus authoritate roboratum, ut non quispiam Episcoporum, in alterius Diocesi, istud præsumat exercere, nisi Præsule consentiente, permittente. Igitur die quadam mensis Maij congregata est innumerabilis populi multitudo, ad dedicationem prædictæ Ecclesiæ, ex quibus etiam plures, illuc Fulconis terror, ob suæ elationis pompam, venire compulit : Episcopi tantum qui religione premebantur, interfuere. Cœpta igitur die constituta ex ejusmodi pompæ dicatione, missarumque ex more solemnibus celebratis, postmodum quique ad sua rediere. Denique imminente jam diei hora nona cum flabris lenibus, serenum undique cælum consisteret, repente supervenit à plaga Australi vehementissimus turbo ipsam impellens Ecclesiam, ac replens eam turbido aere, diu multumque concutiens. Deinde vero solutis laqueribus, universa Ecclesia trabris tegentes pignam templi ejusdem Occidentalem, in terram corruentibus, eversum ierunt. Quod cum multi per regionem factum comperissent, nulli venit in dubium, quin insolens præsumptionis audacia, irritum constituisset votum. Simulque præsentibus ac futuris quibusque, ne hinc simile agerent, evidens judicium fuit. Licet namque Pontifex Romanæ Ecclesiæ, ob dignitatem Apostolica sedis, cæteris in orbe constitutis, reverentior habeatur, non tamen ei licet transgredi in aliquo, canonici moderaminis tenorem. Sicut enim unusquisque Orthodoxæ Ecclesiæ Pontifex ac sponsus propriæ sedis, uniformiter speciem gerit Salvatoris, ita nulli generaliter convenit quidquam in alterius patrare Diocesi Episcopi.* Passage que nous ne

sçaurions assez solemniser. Il n'estoit point lors question de toutes les heresies que le mal-heur du temps nous a depuis apportées contre le Saint Siege. Ny Wiclef, ny Hus, ny Luther, ny Calvin, n'estoient encores venus pour troubler le repos de nostre Eglise, toutesfois vous voyez comme ce Sainct homme en parle avec toute franchise & liberté de sa conscience, portant neantmoins tout honneur & respect au Saint Siege. Mesmes qu'il tourne à miracle, quand par permission de Dieu il advint que tout le comble de cette Eglise, vers la partie de l'Occident, tomba par les horribles bouffées des vents : & moy je le tourne en image du malheur qui devoit advenir en nostre Eglise Occidentale, dont plusieurs nations se sont desunies, pour les grandes entreprises de la Cour de Rome, au prejudice des Roys & des Evesques.

Lors que Philippe premier de ce nom regnoit en France, il se presenta une question entre Yves & Geoffroy, tous deux pretendans devoir estre Evesques de Chartres. De vous dire par quels moyens, ce me sont lettres clauses. Bien vous diray-je qu'Yves s'estant presenté devant Richer Archevesque de Sens, il refusa de le consacrer, estimant qu'en ce faisant, il eust fait tort à Geoffroy. A ce refus, la voye ordinaire estoit d'avoir recours à un Concil Provincial, & là deduire ses moyens. Mais Yves pour abreger la matiere, voulut prendre un plus long chemin, qui fut celuy de Rome, où sans ouyr Geoffroy on consacra Yves en cet Evesché. Je ne vous recite que ce que j'ay appris de luy dans ses Epistres. Richer porta cela impatiemment. Au moyen de quoy le Pape Urbain s'en excuse à luy par lettres. Ce nonobstant Richer assembla un Concil Provincial dans Estampes, où il le condamnent tout ce qui s'estoit fait à Rome, comme prejudicial aux droicts du Roy, & de sa Couronne. Yves en escrit à Urbain, & le prie vouloir soustenir sa querelle, se donnant tel jeu qu'il luy plaist dans sa lettre, pour favoriser sa cause : mais quant à moy, il me suffit que l'histoire soit telle, comme je la recueille de luy : Voire que pour couvrir son faict il dit en quelque lieu que son election avoit esté ratifiée par le Roy. Voila comment il employa la grandeur extraordinaire de Rome, au prejudice de nos anciennes libertez. Et neantmoins depuis que par concordat ou autrement il fut asseuré de l'Evesché, il ne laissa pas de remonstrer aux Papes, les plaintes que la France faisoit encontre leurs entreprises. En sa cinquante-troisiesme Epistre il escrivit au Pape Paschal que le bruit de la France estoit, *Sedem Apostolicam non subditorum quærere sanitatem, sed suam aut collatilium quærere commoditatem.* En la 63. au Pape Urbain s'excusant envers luy d'une charité qu'on luy avoit prestée : *Nihil aliud intendi* (fait-il) *nisi propter crebras invectiones & murmurationes adversus Romanam Ecclesiam, quibus quotidie tinniunt aures meæ.* Passages qui nous rendent tres-asseurez combien peu plaisoient aux nostres les entreprises de la Cour de Rome, veu qu'Yves ne s'en peut taire, qui d'ailleurs estoit creature du Pape. Sainct Bernard qui estoit du temps du Roy Louys le Jeune escrivant à Eugene Pape, le reprend tres-aigrement de ce qu'il employoit plus de temps à ouyr les plaids, qu'aux prieres, qu'à la doctrine de Dieu, qu'à l'edification & avancement de son Eglise : & que lors la ville de Rome estoit une butte, où tous les ambitieux, avaricieux, symoniaques, sacrileges, concubinaires, incestueux (ce sont tous les mots dont il use) deschoient leurs flesches pour obtenir, ou retenir les dignitez de l'Eglise. Et parce que les choses estoient arrivées à ce periode, que les Papes se dispensoient de faire toutes choses, qui leur venoient à gré, que soudain qu'un rescrit emané d'eux estoit accompagné de ces mots *De proprio motu*, il ne falloit plus avoir recours ny à l'authorité de la loy, ny de la raison, comme ce mouvement estant sorty de la part de celuy qui ne pouvoit errer, & qui par son seul vouloir pouvoit rendre licite & legal ce qui d'ailleurs eust semblé estre illicite. Le mesme Saint Bernard au troisiesme livre de la consideration, s'attachant vertueusement à ce poinct y, luy remonstre qu'il faut en tout la cour de nos actions considerer trois choses. L'une, ce qui est loisible, l'autre, ce qui est seant, & le tiers, ce qui est expedient de faire : Disant qu'en la Philosophie Chrestienne il ne falloit rien reputer bien seant, sinon ce qui estoit loisible, ny expedient que ce qui estoit bien seant. Et toutesfois que combien que quelque chose nous fust loisible, si ne falloit-il tout soudain estimer qu'elle fust seante, ou expediente. Puis rapportant ces propositions à son subject, luy monstre combien il est mal convenable d'user de sa volonté pour la loy, & sous ce pretexte qu'on ne pouvoit appeller de luy, user d'une puissance absoluë à la confusion de la loy. Quoy faisant, c'estoit plus vouloir faire que J.C. sur l'exemple duquel il devoit dresser toutes ses actions, lorsqu'il disoit qu'il n'estoit venu pour accomplir sa volonté en ce monde. Et neantmoins que ce n'estoit le moyen d'approcher en cecy du celeste : mais qu'il y avoit bien plus du terrestre, & brutal, de rapporter les actions non à un jugement, ains à un appetit sensuel, comme si l'on fust forbanny de l'usage de la raison. Adjoutant à tous ces discours, qu'il estoit indigne de luy, que tenant tout, il ne fust content de ce tout, mais taschoit encores de s'approprier un tas de petites & menuës parcelles de cette totalité. Et finalement se desbondant : *Vide quàm verus sit sermo ille : omnia mihi licent, sed non omnia expediunt. Quid ? si fortè nec licet. Ignosce mihi, non facilè adducor licitum consentire, quod tot illicita parturit. Tu ne denique tibi licitum censeas suis Ecclesias mutilare membris, confundere ordinem, perturbare terminos, quos posuerunt patres tui. Erras si ut summam, ita & solam justitiam à Deo vestram Apostolicam sedem existimas; si hoc sentis, dissentis ab eo, qui ait, non est potestas nisi à Deo : proinde quod sequitur : Qui potestati resistit, Dei ordinationi resistit : & si principaliter pro se facit, non tamen, singulariter. Denique idem ait, omnis anima potestatibus sublimioribus subdita sit, non ait sublimiori tanquam in uno, sed sublimioribus tanquam in multis. Non ergo tantum tua potestas à Domino, sunt & mediocres.* Qui monstre que ce grand & sainct personnage, bien qu'il embrassast avec toute humilité l'authorité du S. Siege, si ne pouvoit-il trouver bonnes les entreprises que l'on faisoit dans la ville de Rome sur les Evesques, & Ordinaires de la France. Prevoyant que tout ainsi qu'il advient au corps humain qu'un membre (quelque dignité qu'il ait sur les autres) prenant trop de nourriture, il ne peut faire qu'à la diminution des autres, qui cause avec le temps la ruine, tant de celuy qui prend trop, que des autres qui n'ont assez : aussi qu'en l'Eglise de Dieu le chef se voulant accommoder de tant de choses pour ne laisser peu aux autres membres, cela pourroit aporter à la longue la dissipation du corps general de l'Eglise.

Or combien que ces entreprises fussent telles, toutesfois le remede estoit mal-aisé. Et tout ce que l'on y pouvoit faire, estoit d'avoir recours seulement aux plaintes, comme recueïllez de ce que j'ay maintenant discouru. Et encores d'un autre lieu du mesme auteur, au troisiesme livre, où il se plaint des appellations que l'on relevoit de France en Cour de Rome. Et que le remede qui avoit esté premierement introduict pour reformer les choses de mal en bien, on le tournoit tout au contraire, & que de contre-poison s'estoit tourné en venin. Que la voye d'appel estoit ouverte à Rome pour un adulterin, un incestueux mariage, pour ne priver un Symoniaque de son Benefice : & que ceux qui estoient appellez aimoient mieux perdre leur cause, que d'y aller, tant parce qu'ils estoient asseurez, que pour convier les hommes à trouver leurs recours à Rome, on favorisoit plus l'appellant, que l'appellé, comme aussi que les frais qu'il falloit faire en si long voyage, & autres choses de luy estoient tant insupportables, & la ressource, que l'on en faisoit sur la partie adverse, si petite, que l'on aimoit mieux du tout quitter la partie dés l'entrée. Et fait tout particulierement l'histoire qui estoit advenuë dans Paris, de son temps, d'un homme de bonne maison, lequel estant sur le poinct d'espouser en face de saincte Eglise, tous les parens & amis assemblez, se presenta un quidam non cognu, qui appella à Rome de ce que l'on faisoit. Qui fut cause, & que le Prestre n'osa passer outre, & que l'appareil des nopces fut perdu. Chacun s'en retournant estonné en sa maison, sous pretexte d'une appellation frivole, que l'on interjetta en Cour de Rome. Despendans lors par ce moyen les meilleures familles de la France de la discretion des meschans, qui se joüoient de gayeté de cœur de telles appellations. Et outre les incommoditez que chacun sentoit particulierement en

à sa famille par ces voyes extraordinaires, toute la France en general en estoit infiniment affligée, par l'espuisement qui se faisoit des deniers hors du Royaume, tant pour courir les benefices, que pour poursuivre les causes d'appel, & obtenir dispenses contre le droict commun : aussi que les Papes s'estoient dispensez de faire passer par un mesme alambic la plus grande partie des questions, qui concernoient le temporel. Qui produisit une vermine de peuple, lequel abusant de l'authorité du sainct Siege, faisoit une banque de tromperie dedans la ville de Rome : D'autant mesmes qu'au milieu de ces involutions, & labyrinthes d'affaires, ceux qui estoient autour des Papes commencerent de trouver certaines inventions de tirer argent du menu Clergé, sous umbre des visitations qu'ils se venoient faire en nostre Royaume. Alexandre III. escrivant à des Archidiacres, leur mandoit qu'aprés qu'ils auroient fait la cueïllette du denier deu à sainct Pierre, ils se donnassent bien garde de rien exiger pour leur visitation, & de là se forma un abus trés-grand. Car s'il y avoit un Prelat particulier en la Cour des Papes qu'ils voulussent gratifier, ils le deleguoient pour aller visiter tous les Beneficiers d'un & deux Royaumes, luy faisans presens de tous les profits & emolumens qui en provenoient. Lequel passant par les Provinces, rafloit les pauvres Beneficiers sous ce qu'il vouloit pour droict de visitation. Le mesme sainct Bernard en sa 290. Epistre, escrivant au Cardinal Jourdain, Evesque d'Ostie, Legat du Pape, qui avoit passé en Allemagne, France, & Normandie, jusques à Roüen, leur reproche qu'il avoit remply toutes ces Regions, non de l'Evangile, ains de sacrileges, & commis une infinité d'exactions pleines de vergongne & ordure, ayant spolié les Eglises, & promeu plusieurs jeunes gars aux dignitez d'icelles : & que les pauvres Beneficiers alloient au devant de luy, comme font les villageois au devant des gens-d'armes, pour se racheter à beaux deniers, & moyennant qu'il ne passast sur leurs marches. Mesmes qu'il extorquoit par personnes interposées, argent de ceux qu'il n'avoit peu visiter. Qui fut cause qu'aprés le decés de sainct Bernard au Concil de Latran, tenu sous Innocent III. fut faict article exprés, pour y apporter quelque ordre, qui estoit neantmoins un desordre, car il portoit que si le Benefice n'estoit suffisant, pour fournir aux frais du Legat Apostolic, que deux ou trois Beneficiers se peussent cotiser ensemblement, pour contribuer au defroy : Ainsi en font aujourd'huy les villageois, quand on leur baille quelque gendarme pour hoste. Cela fut cause de faire esclater les Poëtes de ce temps-là, voire ceux qui estoient confinez dedans leurs cloistres, & esloignez de tout soupçon d'heresie. Helinan Religieux de Cisteaux, qui fut du temps de Louys le Jeune, en son hymne de la mort (que maistre Anthoine Loisel mon singulier amy a voulu garantir de la mort) addressant sa parole à elle.

Va moy saluër la grand Rome,
Qui de ronger ades se nomme,
Et fait aux Simoniaux voile.

Et Hugues de Bersy sous le regne de S. Louys, en sa Bible Guiot, registre de tous les vices de son siecle.

Li Duc, & li Comte, & li Roy,
Se devroient bien conseiller,
Grand consaux y auroient mestier.
Rome nous succe & nous transgloust.
Rome traict, & destruist tout,
Dont sourdent tous li mauvais vices.

Je vous laisse le demeurant du chapitre. Suffise vous que tout ainsi que les courtisans de Rome se dispenserent en toute licence contre nos anciennes libertez, aussi les nostres se donnerent toute liberté encontre cette licence : & neantmoins les choses n'estoient lors arrivées à l'extremité du desordre, auquel depuis elles se debordarent. Chacun voyoit la maladie, chacun estoit d'advis qu'il y falloit remedier, mais d'y trouver le remede, il estoit presque impossible. D'autant qu'eux tous retenus de la crainte de leurs consciences, estimoient que le remede ne pouvoit estre pris d'ailleurs que de celuy qui estoit le malade principal, ou source de la maladie. Toutesfois la necessité du temps nous enseigna la leçon telle que vous entendrez.

CHAPI-

CHAPITRE XXII.

De l'ordre que S. Louys apporta pour la manutention des libertez de nostre Eglise Gallicane.

Depuis la venuë de Capet, jusques à sainct Louys il y avoit eu plusieurs belles Ordonnances, & constitutions Synodales, qui s'estoient passées en l'Eglise pour la reformation des vices qui s'y estoient insinuez sous la famille des Martels : mesmes par deux Concils tenus dans Rome, en l'Eglise saint Jean de Latran, l'un sous Alexandre troisiesme, & l'autre sous Innocent troisiesme : mais l'on n'osoit aucunement toucher aux abus que l'on voyoit de jour à autre proviguer en l'Eglise Romaine. Car par le Concil de Latran, tenu sous Alexandre, furent faites defences aux Prelats de ne se grever les Curez, & autres Beneficiers, inferieurs en faisant les visitations accoustumées dans leurs Dioceses. Que les Prelats ne pourroient imposer tailles, ou exactions sur le Clergé. Que l'on pourroit appeller aucun à l'ordre de Prestrise, qu'il n'eust tiltre dont il se peust subsranter. Que nul ne pourroit toucher aucun denier pour l'administration des Saincts Sacremens, encores que l'on pretendist estre fondé en une ancienne coustume, que l'on appelloit loüable. Defences de tenir plusieurs Benefices ensemble : Comme pareillement aux gens laiz de pouvoir induëment occuper les dismes, ainsi qu'ils s'en estoient faits croire de par le passé. Que pour bannir l'ignorance, qui lors estoit trop familiere parmy le Clergé, il y auroit en chaque Eglise un Maistre, ou Escolastre destiné pour enseigner gratuitement les bonnes lettres, tant au Clergé, qu'aux pauvres escoliers de leurs Dioceses. Et en l'autre Concil de Latran, qui fut tenu sous Innocent, environ soixante ans apres, en renouvellant les anciens Decrets, & Canons, fut enjoinct aux Metropolitains de tenir tous les ans en leurs Provinces, un Concil avecques leurs Evesques suffragants, & comprovinciaux, pour reformer les mœurs du Clergé. Et afin que cela peust estre mieux executé, qu'ils eussent à establir personnes idoines pour chaques Dioceses, qui s'informeroient de la vie, & mœurs des Beneficiers, & autres personnes Ecclesiastiques, & en feroient leurs procés verbaux, qui seroient rapportez aux Concils. Et encores en adjoustant à l'autre Concil qu'il y auroit non seulement un Escolastre, mais aussi un Theologal, & qu'à chacun d'eux seroit une prebende affectée en chaque Eglise Cathedrale, pour leur substantation & nourriture. Ce qui seroit aussi exercé és Eglises Collegiales, qui le pourroient porter. Et par ce que l'on craignoit que la devotion de former nouveaux ordres de Religion ne se tournast petit à petit en abus, defenses furent faictes d'en plus innover, mais que celuy qui auroit envie de suivre la vie monastique & solitaire, seroit tenu de se ranger sous la banniere de l'une des autres Religions, qui avoient esté approuvées, & authorisées par l'Eglise. Qui estoient certes constitutions tres-sainctes, & faictes à l'honneur, & exaltation de l'Estat Ecclesiastic. Mais qui touchast aux abus que l'on voyoit en Cour de Rome, nul ne l'osoit entreprendre. D'autant qu'en ce dernier Concil de Latran, qui est l'un des plus solemnels que jamais fut tenu dans Rome, (Car si nous croyons à Platine, s'y trouverent les Patriarches de Constantinople, & Jerusalem, septante Metropolitains, quatre cens quarante qu'Evesques, qu'Abbez, que Prieurs conventuels, sans les Ambassadeurs des Roys de France, Espagne, Jerusalem, Chipre, & Angleterre) en ce Concil, dy-je, le Pape fut declaré Ordinaire des Ordinaires, comme j'ay touché ailleurs, avec des prerogatives tres-grandes, mesmes dessus les Patriarches. Ceux qui avoient quelque sentiment en l'Eglise, croyoient diversement selon la diversité des temps, & saisons. Et specialement S. Bernard vertueusement, comme celuy qui avoit receu cet honneur, que le Pape, auquel il escrivoit, estoit & son disciple, & luy son Religieux : mais c'estoient voix entenduës sans effect, comme il advient assez souvent aux meilleurs prescheurs. Ce nonobs-tant lors qu'il sembloit que nous fussions plus esloignez de tout remede, & au dessous de toutes affaires, ce fut lors que Dieu miraculeusement permist que l'on y apportast quelque ordre en cette France, non par schisme, ou heresie, mais par le plus Catholique Roy que nostre France eust jamais porté. Ce fut par le Roy S. Louys, lequel attoucha presque du doigt au temps de la Papauté d'Innocent, qui mourut vers l'an 1216. & ce Roy fut appellé à la Couronne, l'an 1224. ou 26. Cettuy est celuy entre nous autres, qui bastit une infinité d'Eglises, Monasteres, & Hospitaux : Dans Paris, la saincte Chappelle, les quatre Mendians, l'Eglise de saincte Croix, les Chartreux, les Blancs Manteaux, les Filles-Dieu, l'Hospital des Aveugles, que l'on appelle quinze vingt, l'Hostel-Dieu : en l'Evesché de Beauvais, l'Abbaye de Royaumont, les Hostels-Dieu de Compiegne, Pontoise, Vernon, l'Abbaye sainct Mathieu à Rouen. Donna à nostre saincte Chappelle plusieurs beaux, & riches thresors, la Couronne d'espines de nostre Seigneur, une partie de la vraye Croix, l'esponge, le fer de la lance, qui sont les plus beaux joyaux qui soient demeurez à nos Roys, & à la conservation desquels ils se doivent autant & plus estudier, qu'à la conservation de leur Couronne. Et d'une mesme devotion pour monstrer que tout le but, où il visoit, n'estoit qu'à une charité Chrestienne, il n'employa point ses forces de Chrestien, contre Chrestien, ains encontre les Turcs, & Sarrazins par deux voyages, qu'il y fit, pour le recouvrement de la terre saincte. Tellement que l'on luy doit sans controverse donner le premier lieu de Catholique, & Chrestien entre nos anciens Roys. Cettuy de pareille devotion qu'en toutes ses autres actions, voyant comme les Eglises de son Royaume voguoient en incertitude, pour la grande authorité que la Cour de Rome avoit empietée sur les Ordinaires, s'estant donné toute prerogative au prejudice tant des eslections, que collations, voulut par l'advis de son Clergé, & des principaux de son Royaume, reduire les choses en leur ancienne dignité, au moins mal qui luy seroit possible : & fit cette belle Ordonnance que quelques-uns appellent la Pragmatique Sanction de saint Louys, de laquelle nous trouvons la teneur telle au vieux stile du Parlement de Paris. *Statuimus & ordinamus, ut Prælati regni nostri patronique beneficiorum collatores jus suum plenarium habeant, & unicuique sua jurisdictio servetur Insuper Ecclesiæ Cathedrales ; & aliæ regni nostri, liberas electiones habeant, & earum effectum integraliter prosequantur, promotionesque, collationes, provisiones & dispositiones prælaturarum, dignitatum, & aliorum quorumcumque beneficiorum Ecclesiasticorum regni nostri secundum ordinationem, & dispositionem juris communis, sacrorum Ecclesiæ Dei conciliorum, atque institutorum sanctorum Patrum fieri volumus, & ordinamus.* Nous voulons (dit-il) & ordonnons que les Prelats de nostre Royaume, & tous Patrons de benefices, & collateurs jouyssent paisiblement de leurs droits, & qu'à chacun d'eux soit gardée sa jurisdiction : pareillement que les Eglises Cathedrales, & autres de nostre Royaume exercent librement leurs elections, & qu'elles sortissent leur plein & entier effect : comme aussi les promotions, collations, provisions, & dispositions des prelatures, dignitez, & tous autres benefices Ecclesiastics de nostre Royaume : Le tout selon la disposition de droict commun, & saincts Concils de l'Eglise, & constitutions de nos bons peres. Nicolas Gilles en la vie de ce Roy, y adjouste un article concernant les exactions, & impositions de Cour de Rome sur les benefices, qu'il defend, & prohibe estre faits : suivy en cecy aucunement par Maistre Charles du Moulin, l'un des premiers Jurisconsultes de nostre France, en son traicté des petites Dates de Rome.

Les Anciens ont dit que celuy qui a bien, & heureuse-ment

ment commencé, a la moitié de l'accomplissement de son œuvre. Ceste premiere pierre estant de cette façon jettee pour le restablissement de l'ancienne dignité de nostre Eglise Gallicane, les passages en furent de là en avant beaucoup plus ouverts, qu'ils n'avoient esté au precedent. Et le temps sembloit en cecy nous conduire plus aisément par deux nouveaux instrumens, qui s'establirent en nostre Republique Françoise. Le premier de ces deux est le Parlement qui fut rendu perpetuel dedans la ville de Paris, avec les grandeurs & authoritez que je vous ay representées au second livre de mes Recherches: Auquel nos Roys, qui succederent à sainct Louys, doivent trois, & quatre fois plus qu'à tous les autres Ordres politics. Et toutes & quantesfois que par opinions courtisanes ils se desuniront des sages conseils & remonstrances de ce grand corps, autant de fois perdront ils beaucoup du fonds & estoc ancien de leur Majestez, estant leur fortune liée avec cette compagnie. L'autre fut l'Université de Paris, qui commença de poindre quelque peu de temps auparavant le regne de sainct Louys, dans laquelle sous le mesme Roy avoit esté plantée par Robert de Sorbonne cette pepiniere de Theologiens, qui depuis apporta une infinité de bien à l'Eglise: Car ores qu'elle ait fait un perpetuel vœu & profession de vivre sous les reigles de l'Eglise Catholique, Apostolique de Rome, si s'estudia elle toujours à l'extirpation des abus, aussi bien que des heresies: estant d'une mesme balance autant ennemie de l'un que de l'autre. Et en s'opposant aux abus, elle pensa grandement vacquer à l'exaltation du S. Siege. Et fut la cause pour laquelle Jean de Meun au Roman de la Roze disoit:

Si n'estoit la bonne garde
De l'Université qui garde
Le Chef de la Chrestienté
Tout eust esté bien tourmenté.

Et neantmoins il ne faut pas estimer que ce seul coup apporta medecine accomplie. Car le mal avoit pris ses racines de trop loing. Et encores Dieu vouloit affliger son Eglise d'une grande trainée de maux, qui dura presque cent ou six-vingts ans, comme je deduiray cy-après.

CHAPITRE XXIII.

Des Graces expectatives, Mandats, Indults Apostolics, Exactions faictes en Avignon, & du remede que nostre Eglise Gallicane y apporta.

JE ne veux point que l'on pense que j'aye fait ce chapitre au desavantage du Siege de Rome: au contraire c'est son exaltation, pour monstrer que la primace de nostre Eglise ne pouvoir estre exercée, qu'au lieu que sainct Pierre avoit choisi pour luy & ses successeurs, sans qu'il en advint un scandale. Belle chose & digne d'estre trompetée aux aureilles de tout le monde, que Dieu establissant sa vraye Religion, voulut que la ville de Rome, Siege ancien de l'Empire, fust aussi le premier siege de son Eglise, sur lequel toutes les nations jetteroient leurs veuës. N'attendez de moy en tout ce chapitre qu'un chaos, pesle mesle & confusion des affaires de nostre Eglise, dont nous fusmes en cette France les premiers forgerons. Toutes & quantesfois que nos Roys paterent aux coups de Rome par les armes de nostre Eglise Gallicane, toutes choses leur succederent à point sans scandale. Mais quand ils y voulurent apporter de l'homme, & manier nostre Religion, comme une affaire d'Estat, ils gasterent tout. Je vous ay cy-dessus discouru la querelle de Boniface VIII. & Philippes le Bel, & comme les desseins du Pape esté rendus illusoires. Toutesfois Boniface estant decedé & l'interdiction levée par Benoist XI. son successeur, qui ne siegea que huict mois, Clement V. Gascon estant fait Pape, tout le soing de Philippes le Bel fut de s'entretenir non seulement en bon menage avecques luy, mais par un nouveau dessein, pour ne tomber à l'advenir au desarroy où il s'estoit veu, projetta de l'attirer en France avecques toute sa Cour, afin que là en avant les Papes & les Roys de France eussent occasion de vivre en perpetuelle alliance. Ce qui en facilitoit le passage, estoit que Jeanne Comtesse de Provence avoit fait present de la ville d'Avignon & du Comtat, au sainct Siege.

Je ne sçay par quel destin le pays de Provence semble avoir presque toujours eu sa fortune liée avec celle d'Italie. C'est la premiere de la Gaule qui fut conquise par les Romains long-temps auparavant qu'ils eussent designé de s'impatroniser du rest du pays. Et laquelle leur estoit si agreable, qu'entre toutes les autres Provinces à eux sujectes, ceste-cy fut d'un mot special appellée Province sans suitte de parole, comme la recognoissant pour cela, l'une des plus belles Provinces qu'ils eussent. Et depuis, bien qu'elle se fust separée de la domination d'Italie par l'envahissement que les Visegots en firent & de tout le Languedoc: Toutesfois Theodoric Roy des Ostrogots ayant usurpé l'Italie, reünit derechef avec l'Italie ce mesme pays de Provence, estant faict tuteur d'Atalaric Visegot son arriere fils. Pareillement au partage des trois enfans de Louys le Debonnaire, à Lothaire son fils aisné escheut l'Italie avecques la Provence. Et jaçoit que depuis selon les mutations des regnes, il fut erigé en Royaume par Charles le Chauve, & donné à Bosson son beau-frere: si est-ce qu'encores advint-il que Louys de Bosson se fit Roy d'Italie, & après luy Hugues, l'un de ses successeurs: En cas semblable long temps après furent les Estats de Naples, Sicile, & de Provence, unis sous mesmes seigneurs. Et tout ainsi qu'au temporel, le semblable advint au spirituel. Par ce que dés les temps mesmes de Sainct Gregoire l'Eglise Romaine avoit quelques biens, & heritages à elle appartenans dont l'Evesque de Vienne avoit occupé partie: Duquel bien S. Gregoire parle assez souvent en ses Epistres, l'appellant *Patrimoniolum*, le recommande à ceux, ausquels il avoit quelque part en France. Et envoya Vincent Soudiacre pour le gouverner. Pareillement les premiers Evesques des Gaules, qui embrasserent la grandeur & authorité du sainct Siege, sont ceux de Provence (quand je dis Provence, j'entends aussi le Dauphiné, qui n'estoient vers ce temps là separez) & les lettres les plus frequentes que verrez estre addressées par S. Gregoire à nos Evesques, sont principalement à ceux de Provence. Et finalement fut donné aux Papes Avignon, & autres villes adjacentes par un certain instinct, & pour entretenir cette ancienne liaison, voir que l'on dit encores Provence estre un pays d'obeyssance de la Papauté.

Suivant le nouveau conseil de Philippes le Bel, le Pape Clement V. se retire en la ville d'Avignon où ayant par mesme moyen attraict tout l'attirail de Rome, bien que le Roy pensast par ce moyen avoir mieux estably ses affaires, si est-ce que le plus grand malheur qui advint jamais à l'Eglise, fut cette retraicte. Car le Pape estimant que le Roy luy estoit grandement redevable de cette gratification, se persuada aussi qu'il le devoit en contr'eschange gratifier de tout ce qui luy seroit agreable. Chose dont il ne l'eust osé esconduire. De sorte que lors commencerent à venir en desordre les Mandats, & Graces expectatives, tant generales, que particulieres: & pareillement les exactions de Cour de Rome sur les Beneficiers: (car encores que le Siege se tint dans Avignon, si l'appelloit on tousjours Cour de Rome) & de mesme suitte les Decimes, que depuis l'on imposa dessus le Clergé. Estans les choses arrivées en tel excés, que nul homme de vertu ne pouvoit obtenir, voire esperer un seul benefice, ains tomboit le tout à la table des Cardinaux d'Avignon. A quoy mesmement prestoient l'espaule les plus grands Seigneurs du Royaume qui avoient part au gasteau.

Ces Graces expectatives estoient Mandements, par lesquels les Papes lioyent les mains des Ordinaires, leur enjoignans que le premier Benefice vacquant de telle ou telle condition, fust conferé à ceux, qui leur estoient par eux recommancommandez. Et ne sçavoit-on anciennement que c'estoit de telles reservations en l'Eglise. Qui faict qu'en tout le Decret de Gratian il n'en est faicte nulle mention. Depuis on les mit dans Rome en avant, mais avecques quelque sobrieté, premierement par prieres, puis par commandemens exprés. Et n'avoit accoustumé un Pape de grever, sinon une fois une Eglise, & encores d'un benefice tant seulement. Pour cette raison estoit coustumier d'adjouster tousjours ceste clause, moyennant que nous ne vous en ayons point escrit pour un autre. Avec le temps on passa plus outre, & neantmoins voyant que les Ordinaires se rendoient quelquesfois refractaires à ces Mandemens, s'il estoit advenu qu'au prejudice d'un Mandataire les Evesques en eussent pourveu un autre, le Pape vouloit qu'ils fussent contraints de bailler pension à son denommé, jusques à ce qu'il eust esté remply du premier Benefice vacquant. Et pour encores estre mieux obey, il envoyoit premierement lettres monitoriales, ou preceptoriales à l'Evesque, & s'il se rendoit difficile à y obeyr, il decernoit puis aprés des lettres executoriales. C'estoit qu'il adressoit ses bulles à un Abbé, ou autre ayant une dignité Ecclesiastique, pour mettre à execution ses bulles, & pourvoir son mandataire à la premiere vacquation qui adviendroit d'un Benefice. La meilleure de toutes ces constitutions Decretales estoit contre tout ordre de droict; toutesfois un tas de Canonistes Courtizans, les voulurent flatter de propositions plus hardies, soustenans que c'estoit une chose de mesme effect & vertu, de voir un benefice mis en reserve par le Pape, comme s'il eust vacqué en Cour de Rome. Et depuis cette invention ne mit au desbord, & fut la derniere preuve en France, ainsi que je disois maintenant dessous le siege d'Avignon.

Comme pareillement fut celle des exactions, lesquelles estoient de trois especes. L'une qui venoit sous le pretexte des visitations, l'autre sous le nom de vacquans des premieres années des Benefices, que nous appellasmes depuis Annates; & la derniere sous celuy des Decimes. Entant que touche la premiere, elle prit son estoc de plus loing, & voicy comment. Le principal soing des Evesques est d'avoir l'œil sur leurs ouailles, & par special sur les personnes Ecclesiastiques. Et à cette cause leur estoit enjoinct par tous les plus anciens Conciles de visiter tous les ans leur Clergé; c'est une charge fonciere qui est annexée à leur mitre, tant s'en faut que leurs inferieurs leur en doivent payer chose aucune. Toutesfois comme il eschet ordinairement que les plus foibles soient tousjours opprimez par les plus forts, aussi petit à petit advint que les Evesques faisans, ou en personnes, ou par l'entremise de leurs Archidiacres leurs visitations, ils se firent payer quelques deniers pour le defroy de leur despence. Chose qui fut tres-estroictement defenduë par l'Eglise Gallicane en un Concile tenu à Chaalons sous la lignée de Charlemagne. Qui monstre que des lors l'abus commençoit à naistre. Or le Pape se pretendant Ordinaire des Ordinaires, avoit dés pieça attiré pardevers soy ce droict de visitation, lequel on tourna en coustume depuis le siege d'Avignon; car fust que l'on visitast ou non, il falloit payer au Pape le droict de ces visitations appellées autrement Procurations. Chose dont les Beneficiers avoient passé condamnation volontaire. De tant qu'ils sentoient beaucoup moins de charge & incommodité en leurs Benefices, n'estans visitez, que s'ils l'eussent esté.

De cette mesme hardiesse Jean vingt-deuxiesme, successeur de Clement cinquiesme, introduisit sur les Benefices les Annates : qui estoit que de tous les Benefices vacquans en & au dedans le Royaume de France, il pretendoit que le revenu de la premiere année luy estoit deu. C'est luy qui fit dresser les Extravagantes, tout ainsi que Clement les Clementines, de la lecture desquels livres on peut aussi aisément recueillir quel estoit l'estat de ce temps-là. Et au milieu des corruptions telles que dessus, encores s'en engendra une autre de plus pernicieux exemple que celles-cy, & qui à la longue a presque apporté la ruïne & desolation de l'Eglise. Ce fut d'imposer des Decimes par les Papes sur tout le Clergé, lesquelles auparavant on n'avoit accoustumé de lever que par devotion pour subvenir aux voyages d'outremer; & comme un abisme en produit aisément un autre, aussi l'abus s'y planta à perte de veuë. Boniface IX. confirma les Annates à toute la posterité par une Sentence Decretale. Clement septiesme d'un autre costé ordonna que de tous les Benefices de la France, il prendroit la moitié du revenu pour l'entretenement de son Estat & de ses Cardinaux, sur peine de privation totale des Benefices à ceux qui s'opposeroient; & eut l'Abbé de S. Nicaise de Rheims cette commission : davantage fit plusieurs autres exactions non auparavant cogneuës par l'ancienneté. Nous trouvons une Ordonnance de Charles sixiesme, de l'an mil trois cens octante cinq, où il recite que trente-trois Cardinaux creatures de Clement VII. en Avignon, prenoient la plus grande partie des fruicts & emolumens des Benefices de la France, parce qu'ils en avoient ailleurs, defraudans par ce moyen les gens doctes des Universitez du talent qui leur estoit deu. Davantage, que combien qu'un Evesque peust tester & creer un executeur de son testament, & delaisser sa succession à un heritier ab intestat : toutesfois soudain qu'il estoit decedé le Pape envoyoit arrester par un Collecteur tous ses biens meubles & immeubles, tant propres qu'acquests, & les approprioit à son usage, sans en reserver une seule parcelle pour la reparation de l'Eglise, & sans payer les debtes du defunct, comme s'il n'en eust peu contracter aucune au prejudice de ses droits. Et le semblable faisoit à l'endroit d'un Abbé estant decedé, auquel son Eglise devoit succeder. D'ailleurs tant & si longuement qu'une Abbaye vacquoit, & jusques à ce que son successeur eust pris possession paisible, le Pape en percevoit les fruicts. Adjoustant que les Collecteurs levoient au profit du Pape le premier an de tous les Benefices vacquans par resignation, permutation, ou autrement, en quelque façon que ce fust, voire encore qu'ils vacquassent en Regale ou en Patronage lay, & que les Cardinaux prenoient pensions enormes sur les Benefices, ne laissans moyens aux titulaires d'eux nourrir & alimenter. Pour ces causes le Roy veut & ordonne que les Juges ordinaires procedent par voye de saisie sur ces pensions, ensemble sur le temporel des Eglises, pour proceder aux reparations du consentement des personnes Ecclesiastiques : veut aussi que les heritiers des Evesques leur succedent, & les Monasteres aux Abbez, & que le Pape ne puisse rien prendre sur les Benefices qui estoient en Regale ou Patronage lay, c'estoit aucunement se garentir du desordre, mais non tout-à-fait, comme depuis nous fismes sous le Pape Benoist treiziesme : car à la verité en ce grand besoin l'Eglise Gallicane monstra à bonnes enseignes ses forces.

CHAPITRE XXIV.

De quelle vertu l'Eglise Anglicane proceda pour exterminer le grand Schisme qui advint pendant le siege d'Avignon, & des vertueuses procedures faites contre Pierre de la Lune, dit Benoist treiziesme.

Lors estoit l'Université de Paris en grande vogue, & peut-estre trouva-elle plus sa grandeur dedans ces particularitez, pour n'avoir jamais encliné qu'à ce qui estoit de l'honneur & edification de l'Eglise. Aussi nourrissoit-elle dans son sein quatre grands Theologiens, Maistre Jean Gerson, Jean Petit, Gilles des Champs, & Nicolas de Clamengis, ennemis capitaux de cette desolation publique. Estant sous Benoist XIII. cette affaire mise en deliberation en presence de tous les Prelats dans Paris, l'Université estoit d'advis pour le repos universel & union de l'Eglise, qu'il falloit proceder à la demission des deux Papes. On envoya à Benoist les Ducs de Berry & Bourgongne oncles du Roy Charles VI. & avec eux Maistre Gilles des Champs, & autres supposts de l'Université, pour le convertir à cette cession & déportement, mais il n'y voulut entendre. Ce que voyant le Roy, il depesche Ambassadeurs aux Roys & Princes d'Allemagne, Angleterre, & de toutes parts pour les advertir quelle estoit la resolution generale de son Eglise, laquelle fut depuis suivie comme la vraye & la plus seure. Il seroit mal-aisé de raconter combien de tours & artifices furent inventez par Benoist, pour rompre le coup à ce bel advis. La necessité du temps avoit produit quatre instrumens pour defendre les anciens privileges de nostre Eglise Gallicane. Le Roy pour chef, ou pout le moins faisant une des bonnes parties de son Eglise, les Prelats, la Cour de Parlement de Paris, & l'Université de ce mesme lieu. Quant aux Prelats, encores que la querelle les touchast principalement, si estoient-ils tant harassez par les exactions, comminations & fulminations de Rome, qu'ils n'osoient bonnement faire espaule à ce beau dessein. Restoient doncques les trois autres, que Benoist vouloit sur toutes choses gaigner, asseuré d'avoir puis après aisément victoire contre les assauts qu'on luy livreroit. Il pense de les attirer à sa cordelle par divers moyens; le tout toutesfois aux despens, perils & fortunes des pauvres Ecclesiastiques de la France. Il octroye d'un costé un decime au Roy, à prendre sur tout le Clergé de la France : d'un autre, il octroye aux Universitez, roolles pour avoir provisions de Benefices sur les Ordinaires, comme dit la Mer des Histoires : invention qui pour estre issuë d'une mauvaise cause, produisit toutes-fois à l'advenir de bons effects. Et pareille permission donna-il à ceux du Parlement de Paris pour le moins vers ce temps-là ; & quelques années après l'on commence de parler des irrotulations des Benefices qui leur estoient accordez. Car vous trouverez aux registres de la Cour du 7. Septembre 1402. roolle des Benefices de ceux de la Cour, dont n'avoit esté faite nulle mention au precedent. Qui est ce que l'on a depuis appellé l'indult de la Cour de Parlement, dont j'ai parlé au second livre. Tout cela ne profita pas grandement pour ce coup-là, d'autant que Benoist ne voulant entendre à l'union de l'Eglise, fut tenuë dedans la ville de Paris une assemblée generale de Prelats en 1398. où fut conclud qu'on soustrairoit non-seulement à Benoist la collation & pleine disposition des Benefices, mais qui plus est, on luy feroit planiere soubstraction de toute obeissance, & que l'Eglise Gallicane seroit reduite en ses anciennes libertez. C'est à sçavoir, que les Ordinaires confereroient les Benefices estans en leur collation, & par ce moyen cesseroient toutes expectatives & reservations, & qu'aux Benefices electifs on procederoit par voye d'election & en appartiendroit la collation aux Ordinaires. Après lequel Decret vacqua l'Abbaye S. Denis, par le decez de Guy Abbé, & en son lieu fut esleu Guy de la Vilette. On doutoit si l'Evesque de Paris pourroit confirmer cette election, pour estre cette Abbaye exempte de la jurisdiction de l'Evesque : toutesfois pour ce coup, & sans le tirer en consequence, il fut dit que la confirmation tiendroit. Depuis ces Ordonnances Royales ainsi publiées, les Ordinaires par une avarice qui leur est quelquesfois ordinaire, commencerent à gratifier leurs valets des Benefices. Dont sourdit encores un murmure plus grand, & apprestá occasion à l'Université d'en crier, disant qu'il estoit encores plus supportable que les Cardinaux d'Avignon en fussent pourveus, que les serviteurs des Evesques. Qui fut en partie cause (joint les menées des plus grands qui sous main favorisoient Benoist XIII.) qu'en l'an 1403. fut publiée l'annullation de cette soubstraction. En suite de quoy Benoist vouloit casser & annuller toutes les élections, confirmations, consecrations, benedictions, collarions & provisions, qui avoient esté faites pendant le temps de cette soubstraction. Mais l'Eglise de France s'y opposa, & fut advisé que le Roy defendroit les possesseurs en leurs possessions, qui avoient titre, & qu'on ne souffriroit qu'on s'aidast au contraire des Bulles Apostoliques. Outre furent derechef prohibées & defenduës les

exactions d'argent que faisoit Benoist en vacquans ou autrement, & en ordonna le Roy ses Lettres Patentes le 29. Decembre en cet an. C'estoit luy faucher l'herbe sous le pied & ne pesoient pas moins à Benoist ses defences, que si totalement l'on se fust soubstrait de son obeïssance. Au moyen de quoy estimant qu'il n'avoit de plus fort ennemy que l'Université de Paris, il se voulut armer de pareilles forces, & fut de l'Université de Tholose ; mais la partie estoit mal faite, detant que Tholose est moindre que la ville de Paris.

En l'an 1406. il depesche un Cardinal d'Avignon, & quelques deputez de l'Université de Tholose, dont le chef fut nommé Flandrin, portans lettres pleines d'opprobres signamment de cette Université : ce que venu à la cognoissance de l'Université de Paris, elle delegue Maistre Jean Petit pour faire remonstrances contraires en la Cour de Parlement. Chose dont il s'acquita fortement, persistant en la soubstraction du Pape Benoist, telle qu'autresfois elle avoit esté arrestée. Et Juvenal des Ursins Advocat du Roy, requit l'Epistre estre lacerée. Pour la faire court, par Arrest donné en Juillet, furent les conclusions des Gens du Roy suivies, & ordonné que l'original de cette Epistre seroit lacéré dans Paris, & le transsumpt, tant en la ville de Tholose, que sur le pont d'Avignon; ce qui fut faict. Et le 17. d'Aoust ensuivant fut reiterée la soubstraction de Benoist entant que touchoit les Finances, & defendu de ne luy en transporter aucune, & qu'à cet effect seroient deputez gardes par les portes & ponts limitrophes, pour fouiller les passans. Et dessors fut advisé que tous les Evesques, Prelats & Chapitres s'assembleroient dans Paris à la Sainct Martin lors prochainement venant, pour adviser touchant le party de l'Eglise & de Benoist que nos Historiographes dés là en avant ne daignent plus appeller de ce nom de Benoist, ains sans plus, Pierre de la Lune. Et chascun s'y estant trouvé mesmes les Chapitres par leurs Syndics, & les premiers de l'Université : la fut le fort de la meslée. Parce que le Roy ordonna que devant luy en son grand Conseil, il y en eut douze qui soustinssent le parti de Benoist, & que l'on ne devoit soustraire de lui, & les autres le contraire. Maistre François aux Bœufs Parisien Docteur en Theologie, & de l'Ordre de Sainct François, commença, suivi de Maistre Jean Petit. Tous deux soustenans que Benoist devoit ceder & se demettre de la Papauté ; autrement que l'Eglise Gallicane se confondroit & devoit purement & franchement soustraire de son obeïssance, & que le Roy en son Eglise de France pouvoit par ses Prelats pourvoir aux Benefices qui tomboient en election ou collation, selon la forme ancienne. Et à cette mesme opinion condescendit Messire Jean de Cremaux Evesque de Poictiers. Adoncques le Roy par l'organe de son Chancelier, demanda aux partisans du Pape qu'ils vouloient dire, & leur fut donné delai jusqu'au Lundi suivant, pour y respondre. Auquel jour parla premierement Maistre Guillaume Filastre Docteur en Canon, & Doyen de l'Eglise de Rheims, parlant grandement au advantage du Roy & de son Eglise de France, pour soustenir le Pape; mais il ne respondit aux raisons des autres. Et à la suitte de cettui, le Bruel Archevesque de Tours, le quatriesme Decembre, respondit aux raisons de ceux qui estoient d'advis de la cession & soubstraction. Et l'onziesme du mesme mois, Maistre Pierre d'Ailly Docteur en Theologie (qui depuis fut Evesque de Cambray) reprit les arrhemens de cet Archevesque, concluant qu'il falloit passer les choses par un Concile & non par une voye de faict. Ce n'estoit pas une petite opinion, & paradventure la plus saine. A quoy l'Université respondit par la bouche d'un Abbé de Sainct Michel en Normandie, Docteur en Decret, puis par Maistre Pierre Placet Docteur en Theologie, monstrans l'un & l'autre quelle estoit la puissance & authorité d'un Roy de France en tels desordres. Ausquels repliqua le Doyen de Rheims, commençant sa harangue par ce verset *Manete in mea dilectione*, & l'Evesque de Poictiers luy respondant, commença par cet autre : *Si servaveritis mandata mea, manebitis in mea dilectione*. Le Chancelier ordonna que les Gens du Roy seroient ouïs par eux. A quoy satisfaisant Maistre Juvenal des Ursins Advocat l'un des plus grands personnages de sa robbe qui fust de son temps, commença aussi par ce verset qui est du trente & uniesme Pseaume de
David

David. *Viriliter agite, confortetur cor vestrum omnes qui sperant in Domino.* Concluant pour la puissance du Roy, & adherant avec l'Université de Paris. Les choses estans en cette façon disputées, & à bien assailli bien defendu, avant que d'y interposer aucun Decret, il fut advisé d'implorer la grace du Sainct Esprit. A cette fin fut fait le 16. Janvier une procession generale où y avoit soixante-quatre qu'Archevesques, qu'Evesques, qu'Abbez, & le 18. Fevrier, le tout estant passé par meure & saincte deliberation de Conseil, fut le Concile general arresté pour reformer l'Eglise, tant au Chef, comme aux membres, & neantmoins cependant que soubstraction seroit faite de Pierre de la Lune dit Benoist, & l'Eglise de France reduite en ses anciennes franchises & libertez, & qu'en se faisant les Ordinaires confereroient les Benefices qui estoient en leurs collations, & aux electifs pourvoiroient par elections & confirmations au desir des Constitutions anciennes & Canoniques. Vray est que cette ordonnance ne fut si tost publiée, pour l'empeschement qu'y donnerent les Princes & grands Seigneurs qui favorisoient sourdement le parti de Benoist. Et en l'an 1408. le Roy pourveut à la forme & maniere de conferer les Benefices aux supposts des Universitez, pour oster l'abus qui s'estoit auparavant en pareille reformation introduict entre eux, qu'aux Indults & gratifications qu'ils en faisoient à gens indignes, pour recompenser de leurs services, en defraudant ceux-là qui avoient bien merité des bonnes lettres. Pierre de la Lune ne se voulut pour cela rendre, & sommé premierement de se demettre de la Papauté pour le repos du public, il respondit brusquement qu'il n'en feroit rien, & que ce n'estoit de nous qu'il devoit recevoir la Loy, ains nous de luy. Et d'une mesme main despeche les Legats en France, qui apporterent une longue Bulle de sa part, par laquelle il mettoit le Roy & tout son Royaume en interdiction, pour s'estre soustraits de son obeïssance. Au moyen de quoy le Roy le vingt & uniesme jour de May 1408. vint au Palais en son Lict de Justice, où assisté de plusieurs Princes du Sang & autres Seigneurs de son grand Conseil, il presenta la Bulle d'interdiction. Et là devant sa Majesté un Docteur de Theologie, nommé Courtecuisse, monstra par plusieurs raisons les abus de cette Bulle. A maniere que par Arrest fut dit qu'elle seroit publiquement lacerée, puis arse; & que Gonsalve & Conseloux qui l'avoient apportée, seroient pris, eschaffaudez, mitrez, & preschez publiquement. Ce qui fut fait le plus ignominieusement que l'on pourroit dire, au mois d'Aoust ensuivant. Et dit Enguerrand de Monstrelet qu'ils furent emmenez du Louvre au Palais sur une claye, vestus d'habillement (j'ay leu dedans un papier journal de ce temps-là, d'une tunique de toile) où estoient figurées les armes de Pierre de la Lune, à l'envers; & à la pierre de marbre, aux pieds des grands degrez du Palais, fut un eschaffaut levé, & illecque monstrez à tout le peuple, estant escrit sur leurs mitres : *Ceux-cy sont desloyaux à l'Eglise & au Roy.* Enfin l'Arrest executé en tout selon sa forme & teneur. Et aprés cela Maistre Ursain Talvande, Docteur en Theologie, fit une longue harangue devant tout le peuple, par laquelle il representa le motif de cette histoire au grand contentement d'un chacun.

Comme les affaires de l'Eglise Gallicane se mesnageoient de cette façon en France, d'un autre costé pour reduire les choses en un meilleur union, fut en l'an mil quatre cens & sept tenu un Concile en la ville de Pise où se trouverent huict vingts Evesques & Abbez, six vingts Docteurs en Theologie, & une infinité de Docteurs Canonistes & Civilistes, quelques Ambassadeurs des Princes Chrestiens; & là, Gregoire XII. & Benoist XIII. citez ne comparans, furent pour leurs contumaces destituez de leurs Papautez, & en leur lieu creé Alexandre V. de l'Ordre des Freres Mineurs. L'aposthume n'estoit encores meure. Ce nouvel ordre apporta un plus grand desordre; car les deux Ordres n'y obeïssans, & cettuy-cy se faisant accroire qu'il estoit le Pape legitime, se trouverent trois Papes en un mesme temps. Et ce tiers mesmement au lieu de despoüiller l'ambition de sa teste, soudain aprés sa promotion envoya en France pour lever deux Decimes sur l'Eglise Françoise, mais le grand Conseil & l'Université ne les luy voulurent accorder, & s'y opposa l'Université pour le Corps general du Clergé, & suivant son opposition luy furent delivrez mandemens du Roy, adressez à tous Dioceses, pour chasser ceux qui feroient cette demande. Ce Pape ne vesquit qu'un an, & fut aprés son decez creé Jean XXIII. homme d'une vie trés-damnable, & lequel fut accusé d'avoir empoisonné son predecesseur, pour parvenir par corruption à cette Dignité Pontificale, à laquelle aussi-tost qu'il fut appellé, il commanda une Decime, & encores declara que toutes despoüilles des Ecclesiasticstrespassez, luy appartenoient. L'Université prit encores vertueusement cette querelle en main, & pource s'assembla au College de S. Bernard (c'estoit le lieu où premierement se faisoient les Congregations du Recteur,) & là est ramenée à effect l'Ordonnance de mil quatre cens six, encontre Pierre de la Lune, par laquelle il avoit esté arresté que l'Eglise Françoise estoit franche, & par consequent quitte & exempte de tous Dixmes, Procurations, Exactions & Subsides en quelque façon que ce fust, & furent deputez aucuns de ce Corps, pour remonstrer au grand Conseil & au Parlement, que c'estoit à eux de defendre les droits du Roy. Que si le Pape vouloit contraindre par Censures Apostoliques le Clergé de France, il en faudroit appeller au futur Concile General : & s'il y avoit personnes Ecclesiastiques ausquelles fust commise la charge de cette collecte, il les faudroit punir par saisie & annonciation de leurs biens. Et à cette fin requetoient l'adjonction du Procureur General du Roy, declarans toutesfois que là où le Pape allegueroit necessité apparente en l'Eglise, seroient assemblez les Prelats pour contribuer par forme de subside charitable seulement, & que les deniers seroient consignez és mains de certains preud'hommes à ce par eux deputez pour les menager & distribuer ainsi que l'on trouveroit bon de faire. Depuis le Roy passa par cet advis nonobstant les remonstrances de l'Archevesque de Pise Legat du Pape, qui soustint que qui voudroit empescher cette cueillette & levée de deniers, il ne seroit pas vray Chrestien. A quoy resista l'Université fort & ferme, comme contrevenant cette proposition aux anciens Decrets & Canons, à la Majesté du Roy & privileges de nostre Eglise, demandant que le Legat eust à revoquer sa parole, ou permission aux Facultez de Theologie, & Decret d'escrire contre luy: offroit neantmoins pour l'union de l'Eglise Latine & Gregeoise, ou pour la conqueste de la Terre Saincte contribuer; comme estans les deux cas, pour lesquels seulement le Pape pouvoir user d'imposition dessus le Clergé, en dit l'Histoire que le Roy acquiesça pour ce coup aux remonstrances de l'Université. Mais avant que passer plus outre, il me semble que la longueur de ce Chapitre merite bien de faire une pose pour advertir tous les Princes Chrestiens, & specialement les nostres de la faute qu'il me semble qui fut commise par Philippes le Bel, lors qu'il attira la Papauté dedans Avignon, source premiere de tous maux. Discours que je reserve par exprés au Chapitre suivant.

+++

CHAPITRE XXV.

Continuation des calamitez que produisit le Siege, tenu dans Avignon, & du grand Schisme qui en provint.

Jamais conseil ne fut receu avec plus de faveur & applaudissement que celuy de Philippes le Bel, lors qu'il attira dans nostre France la Papauté, & jamais conseil ne despleut tant à Dieu, que celuy-là, comme l'evenement le monstra. Ores que la Religion soit l'un des principaux instrumens par lequel toute Republique se contienne en son devoir,

devoir, toutesfois c'est une impieté d'user de nostre Religion Chrestienne, comme d'une affaire d'Estat.

Clement V. venant establir sa demeure en France, lors qu'il fit son entrée dans Lyon, fut accueilly d'une infinité de Princes & grands Seigneurs. Les Roys de France, d'Angleterre, d'Arragon, Jean Duc de Bretagne, s'y trouverent pour l'accueillir. Il est conduit par la ville d'un magnifique appareil; & tout ainsi qu'Estienne Pape venant en France pour confirmer la Couronne Royale à Pepin; ce nouveau Roy pour authoriser cette confirmation davantage envers le peuple, s'humilia de telle façon, qu'allant à pied, il conduisoit le cheval du Pape par la bride, lors qu'il entra dans Paris: aussi à cette entrée du Pape Clement, les deux freres du Roy tenoient les resnes de son cheval des deux costez: toutesfois le malheur voulut qu'un pan de muraille tomba pendant qu'ils passoient, qui tua une infinité de peuple, mesme le Duc de Bretagne, blessa les deux freres du Roy, fit tomber la Couronne du Pape qui estoit dessus sa teste, où estoit une escarboucle de valeur inestimable, qui fut perduë. Les uns disent que ce fut au passer, les autres dedans l'Eglise: mais soit l'un ou l'autre, c'estoit un prognostic tres-certain des ruïnes & calamitez que cette nouvelle face d'affaires devoit apporter à nostre Eglise, mesmes qu'au long aller la Papauté perdroit la principale bague & joyau de son estat par ce nouveau conseil. Je vous ay dit en l'autre Chapitre, & suis tres-aise de le vous dire, que l'on ne vit plus de là en avant en ce Royaume, voire par toute l'Eglise generale, qu'une meslange & desbauche de toutes choses. Le Pape & le Roy fraternisans en conseils, se jettoient l'esteuf l'un à l'autre au prejudice du Clergé. Le Pape accordoit levées des Decimes au Roy sur le Clergé beaucoup plus à l'abandon que l'on n'avoit fait auparavant, sous pretexte des voyages imaginaires d'outremer. Et le Roy en contr'eschange connivoit aux Graces expectatives, & provisions extraordinaires du Pape sur les Benefices, ensemble aux exactions qu'il faisoit dessus tous les Beneficiers pour entretenir son Estat. Ce nouveau changement advint vers l'an mil trois cens & six; & tout ainsi que tels remuëmens de mesnage ne s'entreprennent aisement que sous la conduite de quelques hardis entrepreneurs, aussi ne peut-on desnier que Clement cinquiesme ne fust un grand homme, & qui pendant sa Papauté en fit plusieurs braves demonstrations. Il fit empescher la Croisade contre quelques heretiques qui regnoient encores de son temps dans les montagnes de Piedmont, reliques des anciens Vaudois, & en extermina la race. Dés son entrée (suivant les capitulations qui estoient entre eux deux) il donna planiere absolution au Roy Philippes, & leva à pur & à plain toutes les Censures Ecclesiastiques de Boniface contre le Royaume, fit le procez aux Venitiens qui s'estoient emparez de l'Estat de Ferrare, & les excommunia tous, les reduisant en cette extremité, que François d'Andule leur Duc fut contraint de se prosterner à ses pieds pour luy venir demander mercy. Chose dont ce Pape ne fut satisfaict, mais (si quelques Historiographes disent vray) il usa de luy en forme de marchepied quand il vouloit monter à cheval. Il celebra un magnifique Concile en la ville de Vienne où se trouverent une infinité d'Evesques, Abbez & Docteurs en Theologie, & y fut condamné l'Ordre des Templiers, & la Secte des Beguines, conclud un voyage d'outremer pour la recouste de la Terre Saincte, & de là passa sur la reformation de l'estat exterieur de l'Eglise: mesmes pour s'authoriser davantage, non seulement à l'endroit des vivans, mais de toute la posterité, il fit compiler le Livre que l'on appelle les Clementines, lequel il voulut estre leu par toutes les fameuses Universitez, tout ainsi que les Decretales de Gregoire neufviesme, & le Sexte de Boniface huictiesme. Mais si au bout de cela il vous plaist de considerer toutes ses actions, tout ainsi qu'il fut d'un grand entendement, aussi l'attacha-il aux entrefaictes, tantost de vertu, tantost de vice, selon qu'il en vouloit faire emploicte. Car la condamnation des Templiers ne s'est peu garentir, que plusieurs histoires anciennes ne l'imputent à une inimitié particuliere que Philippes le Bel avoit conceuë encontre eux, conjointe à une avarice, pour s'enrichir d'une partie de leurs despoüilles: & le voyage d'outremer qui fut lors conclud, n'estoit qu'un faux pretexte mis en avant pour tirer une Decime du Clergé, mesmes que le traict pratiqué contre le Duc de Venise (s'il est veritable) ne se peut bonnement excuser. Bref, jamais l'Eglise de France n'avoit esté auparavant tant chargée d'exactions extraordinaires de la Cour de Rome, comme elle fut lors, pour subvenir aux opinions insupportables de ce Prelat. Leçon qui fut depuis fort bien suivie par tous ceux qui luy succederent dedans Avignon, qui furent Jean XXII. Benoist XII. Innocent sixiesme, Gregoire onziesme, Clement sixiesme, & Benoist treiziesme. Et qui fait grandement à peser, c'est que pendant cette desbauche extraordinaire, de laquelle les gens de bien ne se pouvoient taire par leurs escrits, le Schisme se logea dans l'Eglise, sur lequel se planta l'heresie. Voyez, je vous prie, combien un premier inconvenient en entraisne d'autres quant & soy: Louys Empereur d'Allemagne, peut-estre conduict de devotion, peut-estre d'ambition, voulant reduire les affaires de l'Eglise en leur ancienne dignité, fit creer un Pape dans Rome, durant le Siege de Jean douziesme, qui fut nommé Nicolas cinquiesme; tant s'en faut que cela apportast remede, qu'au contraire il procura un nouveau desordre, parce qu'ils commencerent tous de joüer à belles Censures l'un contre l'autre: mais enfin le champ de bataille & la victoire demeura à Jean. Ce mesme malheur survint aprés le decez de Gregoire onziesme, lequel d'un meilleur enclin desirant remettre l'Estat de l'Eglise en son premier train, quitta la ville d'Avignon, & ramena dedans Rome toute sa Cour, & ores qu'il semblast que son Conseil luy eust aucunement reüssi, si est-ce que la racine de cette calamité n'estant tout-à-faict amortie, elle commença aprés sa mort de rejetter plus que devant. Car les Cardinaux au Conclave se trouvans particularisez en brigues, les François pour vouloir se maintenir en leur possession de je ne sçay combien d'ans, depuis laquelle on n'avoit veu Pape que de la Nation Françoise, au contraire les Italiens craignans de tomber au mesme accessoire qu'auparavant, si on élisoit un François, jettoient toutes leurs opinions sur un qui fust de leur Nation. Et fin fut esleu Urbain sixiesme Italien, homme superbe au possible, & lequel pour avoir en peu de temps offensé tout l'Ordre, les Cardinaux abandonnerent, & procederent à une nouvelle election d'un autre, qui fut Clement sixiesme, lequel tint son Siege à Avignon: de maniere que l'on vit lors d'ordinaire deux Papes en un mesme temps, l'un demeurant dans la ville de Rome, qui estoit suivi de l'Allemagne & de l'Italie: l'autre en celle d'Avignon, duquel la France, l'Espagne, l'Angleterre, & l'Escosse prindrent le parti: & lors à beau jeu beau retour, chacun jouoit, non à qui mieux mieux, mais à pis faire, ayant diversement partisans qui s'employoient les uns en faveur de Clement, les autres pour Urbain; lesquels estans mis en la balance, ne valoient pas mieux l'un que l'autre. Le commencement de ce Schisme advint (si je ne m'abuse) vers l'an mil trois cens septante-six, & dura quarante ans entiers, au veu de tout le monde, sans qu'on y peust mettre remede bien à poinct. Urbain eut successeurs Boniface neufviesme, Innocent septiesme, Gregoire douziesme: à Clement succeda Pierre de la Lune, (tant rechanté par nos anciennes histoires) appelé Benoist treiziesme. Les Princes seculiers voyans ce desordre qui couroit à la honte, confusion & desolation de toute la Chrestienté, y veulent mettre la main. L'Empereur Sigismond & le Roy Charles sixiesme s'entrevoyent à cet effect en la ville de Rheims. La reünion de l'Eglise est entre eux concluë: on depesche Ambassadeurs vers le Pape Gregoire XII. & Benoist XIII. pour y apporter mesme devotion de leur part: & à cette fin est choisie la ville de Pise pour y besogner. Les deux Papes font contenance d'y vouloir entendre, mais y apportent tant de remises & longueurs, qu'il n'y eut celuy qui ne vist que c'estoient toutes hypocrisies dont ils entretenoient ces deux Princes. Quoy voyans tous les Cardinaux tant de l'un que de l'autre costé, se trouverent en la ville de Pise où ils tindrent un Concile auquel furent les deux Papes destituez de leurs charges par defaux & contumaces, & à l'instant mesme fut esleu Alexandre cinquiesme. Il sembloit que cela deust apporter quelque fin à tous ces troubles, toutesfois ce fut un rejetton de plus grande division, parce que nonobstant ce Concile les deux Papes

Papes anciens se voulurent faire croire comme devant : & neantmoins le dernier pensant estre le vray Pape, prit mesme qualité que les autres, de façon qu'il y avoit lors trois Papes dedans nostre Eglise, Benoist treiziesme, Gregoire douziesme, & Alexandre cinquiesme, auquel succeda Jean vingt-trois. Chacun d'eux renvioit de sa reste. Car comme ainsi fust que leur grandeur despendist de l'authorité de leur Consistoire, aussi croioent-ils à l'envy des Cardinaux par troupeaux. Et à la suite de cecy il falloit trouver une infinité d'inventions extraordinaires sur le pauvre Clergé, pour fournir au desroy de toutes ces grandeurs. Tous les Princes Chrestiens voyoient cela, nul n'y osoit bonnement toucher, parce que c'estoit le haut poinct : toutesfois nous autres François y apportasmes la premiere emplastre par l'Ordonnance de l'an mil quatre cens & six, dont j'ay parlé au Chapitre precedent, & qui est un poinct infiniment remarquable, pour monstrer la grandeur des jugemens de Dieu. Tout ainsi que ce fut en l'an mil trois cens six que Clement cinquiesme se vint habituer en France, premiere interversion de l'Estat Ecclesiastique ; aussi en l'an mil quatre cens six fut le premier restablissement. Dieu permit que cent ans entiers son navire fut agité des flots & vents, mais non toutesfois submergé.

CHAPITRE XXVI.

De l'heresie de Jean Hus qui se planta dans le Schisme, & avec quelle dignité le Concil de Constance proceda à l'extirpation tant du Schisme que de l'heresie, par l'entremise de nostre Eglise Gallicane.

Pendant cet interjet de temps, tout ainsi que les grands Prelats se joüoyent de leur ambition aux despens de l'Eglise Universelle, aussi le Diable qui estoit aux aguets, enta sur ce schisme, un arbre de plus malheureux & damnable effect, dont la consequence a pris traict jusques à nous. Ce fut l'heresie de Jean Wiclef Docteur Anglois, qui commença d'escrire, & crier contre les traditions de l'Eglise. Les Docteurs, gens de bien de ce temps-là, ne doutoient de crier contre le schisme, ny d'accuser ceux qui en estoient le motif, encores qu'ils tinssent grand lieu, & authorité en l'Eglise : mais cestuy-cy commença de toucher à la chose mesme, ne se donnant peine de personnes. En quoy il eut pour successeurs Jean Hus, & Hierosme de Pragues, natifs du pays de Boëme, jusques à ce que finalement Martin Luther reprenant, du temps de nos Peres, leurs anciens arrhemens, remit sus cette heresie, à la desolation non seulement de la Papauté, mais de la plus part des Royaumes Chrestiens, tesmoins les afflictions d'Allemagne, Angleterre, Escosse, & finalement de nostre France. Et qui est une chose grandement à remarquer, c'est que Dieu pour se venger du tort que nous fismes à l'Eglise, quand par un nouvel artifice des hommes, nous voulumes transplanter la Papauté en cette France, pour nous faire à demy Papes, Dieu, dis-je terrassant nostre conseil, a voulu que depuis, le Siege ayant esté restably dans Rome, nul Cardinal François n'ait esté esleu Pape : Voire que ç'a esté un vœu general du Consistoire, de nous en frustrer, pour la crainte que l'on a eu du retour d'Avignon : Car quant à moy je l'attribuë à un juste jugement de Dieu, pour nous enseigner, que quand nous serions affligez par l'Eglise de Rome en cette France, il ne faudroit avoir recours aux conseils des hommes, mais à l'Eglise mesme : je veux dire, trouver le remede dedans celle qui sembleroit estre cause du mal, & refugier aux anciens privileges de nostre Eglise Gallicane, lesquels combien que l'on ait opposez aux entreprises de la Cour de Rome, si est-ce que ce n'est une Eglise distincte, & separée d'avec la Romaine. Et à tant toute la desbauche, qui fut en ce temps-là, nous doit servir d'instructions, & memoires de nos deportemens, tant pour la conservation de nostre Estat, que de l'Eglise Catholique Universelle.

Ce conseil fut depuis trouvé le meilleur, & plus expedient. Les cris de l'Université de Paris furent si grands, que tous les Princes Chrestiens conspirerent unanimement à un Concil general, par une belle, & saincte conjuration, conduite sous l'authorité, & entremise de l'Empereur Sigismond, que l'on ne sçauroit assez dignement loüer. Car je voy que par icelluy sans passion, & d'un mesme poids on s'estudia d'extirper de l'Eglise, l'Erreur, & l'Abus. Toutesfois devant que d'en venir à chef, il y eut plusieurs grands destourbiers, & empeschemens dedans cette France.

Je ne sçay comment nostre fortune est tellement liée avec celle des Papes, que j'ay observé une chose qui me semble ne devoir estre passée sous silence. L'un des plus grands, & mal-heureux schismes de l'Eglise de Rome, fut celuy qui advint sous la seconde lignée de nos Roys, de Formose Pape, & d'Estienne son successeur : Auquel schisme par trois ou quatre successions de Papes, l'un defaisoit tout ce qui avoir esté statué & ordonné par son predecesseur. Et lors aussi furent les grands troubles, & divisions, qui estoient en nostre France, entre la seconde famille de nos Roys, & Eude, qui se fit proclamer Roy : & depuis au long aller transmit la Couronne à Hugues Capet. Le semblable advint-il au temps dont nous parlons maintenant. Car tout ainsi que nous vismes l'Eglise de Rome fluctuer dans cette division, aussi Dieu voulut que vers l'an mil quatre cens & quatre commença la division en cette France d'entre la Maison d'Orleans, & de Bourgongne, fondée sur le gouvernement de l'Estat, pendant que Charles VI. estoit mal ordonné de son cerveau par certains intervalles de temps : Querelle qui causa la mort au Duc d'Orleans frere du Roy, & depuis une guerre intestine par toute la France, en laquelle l'on ne peut dire que le tort ne fust du costé de Jean Duc de Bourgongne, encores que par un mauvais jugement il fust assisté des Parisiens. Chose que je ne puis lire, ou escrire, que je ne m'en courrouce infiniment contre les miens, de voir qu'une telle fureur ils eussent embrassé la cause d'un tres-mauvais Prince contre la memoire d'un Prince innocent, qu'il avoit fait proditoirement meurdrir. Et tout ainsi que par un assassin qualifié il entreprit le gouvernement des affaires de France, aussi s'entretint-il en cet estat par meurdres, prisons, seditions, carnages, qu'il executoit par l'entremise de je ne sçay quels bouchers. Il n'estoit pas que le bourreau ne luy servist quelquefois de Capitaine general, pour la conduire, & execution de telles cruautez, ayant des Prescheurs à gages, qui luy servoient de trompetes au milieu du peuple pour donner fueille à tous ses mauvais desseins. C'est celuy duquel vrayement je puis dire, que l'Eglise Gallicane n'eut jamais plus grand ennemy de ses privileges. Car comme ainsi fust qu'il se fust allié des Papes, pour excuser par leur authorité son forfait, aussi les gratifioit-il le plus qu'il pouvoit pendant la maladie de nostre Roy, aux despens de nos privileges. Ce bel Edict tant solemnisé entre nous, concernant la manutention de nos Libertez, contre les abus de la Cour de Rome, estoit de l'an mil quatre cens six, lors que Louys Duc d'Orleans estoit en regne, & manioit les affaires. Soudain qu'il eust esté tué, & que le Duc de Bourgogne s'empara de la personne du Roy, vous trouverez une nouvelle mutation pour ce regard : parce que la desordre recommença entre nous, tout ainsi comme auparavant : mesmes soudain aprés le Sacre, & Couronnement de Jean XXIII. homme qui est mis entre les meschans Papes, lequel n'oublia un seul poinct de gratification envers les grands de la France pour faire supprimer l'Ordonnance de l'an 1406. Je trouve que tout ainsi que la Cour de Parlement lors de l'advenement de Benoist XII. s'estoit pourchassée un Indult sur les Benefices, aussi fit le

le femblable la Chambre des Comptes en l'an 1410. fous ce Jean XXIII. & qu'elle luy prefenta requefte à mefme effect. Jean Juvenal de la famille des Urfins, perfonnage de finguliere recommandation en fon hiftoire de Charles VI. dit ainfi: " En l'an 1414. le Pape Jean XXIII. envoya en
» France pour rompre l'Ordonnance des Ordinaires, & fu-
» rent annullées. Car le Roy, la Royne, & le Dauphin eurent
» nominations pour leurs ferviteurs, & pareillement l'Uni-
» verfité de grandes prerogatives. Et au regard des Prelatu-
» res, le Roy, & les Seigneurs eftoient Papes: pource que le
» Pape faifoit ce qu'ils vouloient, & ne tenoit pas à argent,
» & les Eglifes fe bailloient au plus offrant, & dernier enche-
» riffeur. Il n'y avoit Laboureur qui ne baillaft argent pour
» avoir une grace expectative ".
Si vous confiderez la datte de ce paffage, ce fut par exprés au mefme an que l'on avoit deftiné pour l'ouverture du Concil general, que le Pape craignoit fur toute chofe, fçachant bien qu'il ne pouvoit conclure qu'à fa confufion, & pour cette caufe n'efpargna le verd, ny le fec, pour rompre cette belle entreprife. Toutesfois Dieu voulut qu'à ce mefme an fut faite la paix de Pontoife avec les Orleannois, qui lors entrerent en grace prés du Roy, tellement que le Duc de Bourgongne fut contraint de leur quitter la place. Or tout ainfi que ceux-cy fuivoient la meilleure voye, & eftoient pour cette caufe fouftenus par Maiftre Jean Gerfon, contre les feditieufes harangues de Maiftre Jean Petit, auffi commencerent-ils de remettre en jeu les Privileges de noftre Eglife, contre les entreprifes, & abus des Papes qui lors eftoient: & neantmoins on ne peut dire qu'ils n'y euffent beaucoup d'obftacles, & empefchemens. Car combien qu'ils poffedaffent lors le Roy, fi eft-ce que le Bourguignon avoit laiffé dans Paris une infinité de perfonnes feditieufes, qui portoient fourdement fon party. Mais fur tout, faut donner le principal honneur & gloire de ce qui advint puis aprés, au Parlement de Paris, lequel voyant que par les brigues, & menées ouvertes du Cardinal de Pife lors Legat en France, l'Ordonnance de l'an mil quatre cens fix, avoit efté rompuë, ne fe peut taire, ains remonftra au Roy, & à fon Confeil, les inconveniens qui adviendroient de cette rupture. De maniere que par l'advis du Confeil du Roy, les Chambres affemblées au Parlement, & de plufieurs Docteurs, & Maiftres de l'Univerfité de Paris (ainfi porte le texte) fut faite une autre Ordonnance du vingtcinquiefme Decembre mil quatre cens dix-fept, par laquelle pour reformer les abus qui eftoient en Cour de Rome, le Roy ofte toutes les Refervations qui eftoient faites au prejudice des Ordinaires, veut que les Elections euffent lieu és Benefices electifs, & aux collatifs, que l'on y pourveuft par prefentations, collations, & inftitutions des Ordinaires, nonobftant icelles reformations, refervations, ou graces expectatives. Auffi ofte toutes exactions qui fe faifoient en Cour de Rome fous pretexte des vacquans: & dés lors fut advifé d'en envoyer autant aux Ambaffadeurs de la France, qui eftoient au Concil de Conftance, avecques injonctions expreffes de n'accorder chofe aucune des reiglemens, fous aux charges qui eftoient portées par cet Edit. Encores ne fe peut cette Ordonnance paffer fans coup ferir. Car l'Univerfité tournant fa robbe d'un autre fens, qu'elle n'avoit fait par le paffé, en voulut faire quelque inftance, foit qu'elle fuft indignement traictée par les Ordinaires, ou bien qu'elle fuft gaignée fous main par le Duc de Bourgongne, lequel elle favorifoit plus que les Orleannois, & Armaignacs. Et de fait elle en appella au Pape, à l'occafion dequoy le recteur, & fes fuppofts par commandement du Parlement furent conftituez prifonniers en Febvrier mil quatre cens dix-fept. On ne fçauroit affez haut loüer la vertu, dont le Parlement ufa lors. Que pleuft à Dieu que depuis il euft toujours efté en toutes fes actions auffi fort, il en feroit mieux la France. L'Univerfité tenoit lors tel rang, qu'elle fe faifoit mefme croire aux affaires d'Eftat: elle eftoit en cecy fupportée fous main par les Bourguignons. Davantage nous eftions lors expofez au deffous de tous affaires par le moyen de la luctueufe journée d'Azincour, où toute la fleur de la Nobleffe de France avoit efté faccagée par l'Anglois. Toutesfois toutes ces rencontres n'empefcherent que le Parlement n'exerçaft contre l'Univerfité toute rigueur de juftice, la voyant par brigues & menées fe fourvoyer de fon ancienne vertu. Or comme chofes fe manioient en cette façon dans la France pour le reftabliffement de la dignité de l'Eglife, d'un autre cofté l'Empereur Sigifmond ne demeuroit point oifeux à parachever le Concil qui avoit efté ouvert dedans la ville de Conftance, à fon inftigation & pourfuitte. En ce Concil fut premierement condamnée la memoire de Wiclef, lors decedé, & ordonné que fes os feroient deterrez & jettez hors de la terre faincte, s'ils pouvoient eftre difcernez d'avec les autres. L'opinion de Jean Hus, & de Hierofme de Prague condamnée, & declarez heretiques: que leurs livres feroient bruflez publiquement, eux degradez en la prefence du Concil, pour ce fait eftre mis és mains du Magiftrat feculier pour eftre par luy ordonné ce qu'il verroit eftre à faire par raifon. Chofes certes dignes de grande recommandation à toute la pofterité: Que lorsque la Papauté eftoit infiniment affligée par le fchifme, & toute la Chreftienté par la Papauté, l'Eglife univerfelle prift la caufe du Pape en main, & la fouftint vertueufement encontre l'herefie & erreur, de la façon que deffus. Si ne peut-on fi bien befongner, que dés-lors le pays de Boëme ne fe fouftrahift totalement de l'obeïffance du faint Siege. A quoy elle avoit efté premierement fubornée par les prefches, & remonftrances de Hus. Et tout ainfi que ces bons Peres combattirent l'herefie, auffi ne voulurent ils efpargner le fchifme, & divifion de l'Eglife, & pour y mettre la main à bonnes enfeignes, & ofter l'ambition qui regnoit au College des Cardinaux, il fut ordonné que fi on donnoit fentence definitive contre les trois Papes (c'eftoient Benoift treiziefme, Gregoire douziefme, & Jean vingt & troifiefme:) portant vacation de leurs dignitez Pontificales, il ne feroit nullement procedé à nouvelle election, finon par authorité du Concil general de Conftance. Et par autre Decret fut ordonné que le Concil ne fe romproit que l'on n'en euft efleu un autre. Ce fondement ainfi jetté on prononce une fentence contre Jean vingt-troifiefme, par laquelle fon procez luy eftant fait par couftumace, il eft declaré privé du tiltre de Pape; à celle de Benoift treiziefme, on adjoufte qu'il eftoit declaré fchifmatique, & heretique, & deffenfes fur peine d'anatheme de le recognoiftre autre que privé. Car quant à Gregoire douziefme, volontairement il fe demit de la Papauté par procuration fpeciale. En contemplation dequoy on authorife jufques là tout ce qui avoit efté fait par luy, fes Cardinaux, & Officiers, & fi fut créé Legat de la Marche d'Ancone. Et ne voulurent point paffer outre à nouvelle election, que ce ne fuft fous cette proteftation publique, qu'avant que deguerpir le Concil, le futur Pape affifté de ces preud'hommes, determineroit avecques eux fur le nombre des Cardinaux, fur les Collations, Referves & Graces expectatives de la Cour de Rome, la confirmation des Eflections, Annates, caufes que l'on pouvoir traicter en Cour de Rome, appellations que l'on y devoir relever, exemptions, ou unions faites pendant le fchifme, commandes, fruits efcheus pendant la vacquance d'un Benefice, extirpation de la fymonie, difpenfes, indulgences, decimes, & finalement pour quelles caufes, & comment un Pape pouvoit eftre corrigé & depofé. De tous lefquels articles ils prindrent les premiers memoires du Pape. Parce que c'eftoient les points qui avoient efté extraordinairement agitez par l'Univerfité de Paris pendant ces divifions, & mefmes Maiftre Jean Gerfon Docteur en la Faculté de Theologie, & Chancelier de l'Univerfité de Paris, avoit compofé un Livre en Latin, intitulé de l'Auferibilité du Pape, non que par cela il vouluft dire qu'il falloit ofter la Papauté, & que fans elle noftre Eglife peut fubfifter, comme quelques Lucianiftes de noftre temps l'ont voulu calomnier: mais bien que felon les neceffitez, on pouvoir pour le repos de l'Eglife fous l'authorité d'un Concil general, faire demettre un Pape de fa dignité, comme j'ay touché en un autre lieu. Qui fut auffi la conclufion de ce grand Concil de Conftance. Et toutes ces chofes en cette façon propofées, fut efleu Eude de la famille des Colonnes, Cardinal, depuis appellé Martin cinquiefme: & aprés fon eflection, il fut advifé fur la plus part de tous ces articles, mefmes que toutes les unions des Eglifes faites depuis le tref-

pas

pas de Gregoire unziesme seroient cassées & annullées, si elles ne se trouvoient estre faictes avec juste raison : Que les fruits & revenus des Benefices vacquans iroient à ceux, ausquels ils devoient appartenir de coustume, ou par privilege, non au Pape, ou à la Chambre Apostolique : Que celuy qui se trouveroit avoir esté promeu par symonie, perdroit tout le droit d'un Benefice, avec restitution des fruits : Que nonobstant les Dispenses auparavant données par les autres Papes, ceux qui estoient appellez aux Archevesquez & Evesquez, se feroient consacrer dans six mois, sur peine de privation de leurs Benefices : Que le Pape ne pourroit lever Decimes sur le Clergé, & autres telles impositions, si ce n'estoit avec grande cognoissance de cause, pour la subvention & ayde de l'Eglise universelle : & encores du consentement des Prelats de la Province, sur lesquels on vouloit faire cette cueillette, & plusieurs autres saincts Decrets, non toutesfois en tout & par tout tels que l'on avoit auparavant proposé, ny si amples que l'Empereur Sigismond & le Roy Charles desiroient : Car pour biendire, ceux qui estoient habituez en Cour de Rome, ne pouvoient bonnement prendre cette medecine. Qui fut cause que ces Princes faisans, non du tout ce qu'ils desiroient, ains ce qu'ils pouvoient, il fut pour conclusion arresté, que l'on ouvriroit un autre Concil dans certain temps, en la ville de Pavie, pour la reformation generale du Clergé.

Soudain après que Martin cinquiesme eust esté couronné Pape, il depescha Ambassadeurs en France, pour nous advertir de son eslection. Auquel fut faict response par le Roy, assisté de plusieurs Seigneurs de son Parlement, & grand Conseil, qu'il avoit tousjours desiré entre tous les Princes de la Chrestienté, l'union, & que c'estoit où son Eglise avoit principalement travaillé. Que son intention estoit de demeurer envers l'Eglise Romaine en aussi grande obeïssance qu'avoient onques fait ses predecesseurs : toutesfois qu'il craignoit qu'ayant esté esleu, ç'eust esté à l'appetit du Roy des Romains son ennemy. Parquoy attendroit le retour de les Ambassadeurs, pour avoir responce certaine à celuy qui estoit envoyé de Rome. Et neantmoins afin de faire paroistre que des lors il n'entendoit se rendre refractaire à ce qui avoit esté faict, il luy declara, que quant aux benefices effectifs, il seroit procedé par eslections, ou postulations des Chapitres, lesquelles seroient confirmées par le souverain sans moyen : Et quant aux benefices collatifs, il y seroit pourveu par collation des Ordinaires, nonobstant les Reservations, & Graces expectatives de Cour de Rome. C'estoit une mediocrité entre deux extremitez, parce qu'és Benefices effectifs, on lioit les mains au Pape, de n'en pouvoir disposer au prejudice des Eslections : mais aussi ostoit-on la confirmation qui estoit deuë d'anciennete au Metropolitain, & l'envoyoit-on au Pape. Conseil plus sage, que devot : mais toutesfois pour bannir le mescontentement de Rome. Le Parlement supplia le Roy, & le Dauphin, de vouloir religieusement faire garder cette Ordonnance, & que qui impetreroit benefice contre la voye ainsi prescripte, il fust arresté prisonnier. Et outre de ne souffrir qu'aux Eslections fussent faictes aucunes menaces, violences, ou impressions. Ce qu'ils accorderent liberalement.

Toutesfois les choses ne demeurerent pas longuement en cette devotion, sans recevoir nouvelles algarades. La France estant (comme j'ay dit cy-dessus) bigarrée en deux ligues, le 22. May en l'an 1418. L'Isle-Adam, l'un des Capitaines du Duc de Bourgongne, surprit la ville de Paris par l'intelligence de quelques bourgeois, exerçant depuis tant de cruautez contre ceux qui portoient le party contraire, que la memoire en est encores toute sanglante : & furent mesmement la plus part des Seigneurs du Parlement contraints de prendre la fuite, avecques nouveau conseil de s'habituer sous l'authorité de Charles Dauphin de France, en la ville de Poictiers, où fut fait un Parlement qui dura jusques en l'an 1436. Les choses ne pouvoient estre en pire estat qu'elles estoient. Un Duc de Bourgongne faisoit le Roy, le Dauphin estoit banny de Paris, l'Anglois au milieu du Royaume, la Noblesse de France, ou morte, ou prise à Azincour, grands meurtres commis par L'Isle-Adam & ses complices, mesmes contre les principaux Magistrats de la France, la fuite des autres Seigneurs du Parlement devoit rendre ceux qui estoient demeurez dans Paris peu asseurez. Ce neantmoins tous ces miserables objets ne peurent jamais fleschir cette Cour, que tousjours elle ne portast sur ces espaules (ainsi qu'un Atlas la voute du Ciel) les privileges de nostre Eglise Gallicane contre tous les assauts que l'on luy voulut puis après livrer, qui ne furent pas petits. Car les Bourguignons qui possedoient le Roy, pour l'imbecilité de son cerveau, estoient bien contens de se prevaloir encontre leurs ennemis de la faveur de l'Eglise de Rome, ayans mesmement attiré à leur cordele la plus part des Chefs principaux de l'Université, laquelle de là en avant commença de saigner du nez, ne se rendant plus si ferme protectrice de nos privileges, comme elle avoit fait autresfois : Mais la Cour de Parlement suppla à ce defaut, comme si toute la force & vertu de France se fust lors accueillie au cœur de cette compagnie. Le Duc de Bourgongne n'eut pas si tost mis à execution toutes les cruautez qu'il fit exercer dans Paris par l'entremise de L'Isle-Adam, que soudain le Roy depescha un Edit, de la revocation de l'Ordonnance faite en faveur des Ordinaires. Sur quoy par Arrest du 13. Mars 1418. fut dit que l'on en escriroit au Roy, & par mesme moyen le Procureur general s'oppose à la publication de ces lettres : le 29. du mesme mois le Chancelier vint à la Cour pour les faire publier : le lendemain la Cour opine en sa presence, & s'en trouverent 29. (qui estoient plus que les deux parts, dont les trois faisoient le tout) qui furent d'advis qu'on ne les devoit publier sans ouyr le Procureur general en son opposition : le Chancelier remonstra, que le vouloir du Comte de S. Pol Gouverneur de Paris, qui lors avoit toute la force en main, estoit qu'elles fussent publiées, & que s'ils ne le vouloient faire, il l'en advertiroit, pour sa descharge. Cette menace d'un Courtizan, ne les fit changer d'opinion. Qui fut cause qu'un jour après, le Chancelier retourna au Parlement, accompagné du Comte de S. Pol, lesquels firent de puissance absoluë publier ces lettres, sans ouyr le Procureur general, lequel se comporta en cecy si vertueusement, qu'il ne se voulut du tout trouver à cette publication. Et commanda le Chancelier mettre sur le reply des lettres l'ancien *Lecta publicata* : mais il ne fut si-tost party que la plus part des Conseillers vindrent au Greffier remonstrer, que puis que ce qui avoit esté fait, c'estoit contre la deliberation de la Cour, il ne devoit mettre le *Lecta*, ou pour le moins devoit inserer cause, par laquelle il apparust que la Cour n'avoit approuvé cette publication : mais il respondit qu'il n'estoit que simple Ministre, & qu'il se garderoit de mesprendre. Au moyen de quoy le premier jour d'Avril, toutes les Chambres assemblées, fut dit, que par cette publication, la Cour n'entendoit approuver ces lettres, comme estans passées par force. Recherchez telle constance qu'il vous plaira en toute l'ancienneté, vous n'en trouverez point de plus grande. Les dons & Indults du Pape ne l'avoient autresfois peu fleschir, & lors les intimidations, & les armes n'eurent non plus de puissance envers cette compagnie. Ne pensez point que cette Arrest ne fut depuis de grande force & effect contre les furieux assauts des plus grands.

Pendant que cecy se manioit en cette façon dedans Paris, on traictoit d'un autre costé par la France le mariage de Henry Roy d'Angleterre V.e de ce nom, & de Catherine de France, fille du Roy Charles VI. le tout à la ruine & confusion de Charles Dauphin. Le mariage conclud & solemnisé en face de saincte Eglise, & par les conventions matrimoniales, le Royaume donné aux futurs mariez, Henry Roy decedé en Aoust 1421. & en Octobre ensuivant Charles VI. toutes les affaires commencerent lors à passer par les mains du Duc de Bethfort Regent en France, oncle du jeune Roy Henry VI. lequel pour rendre son party plus fort contre Charles VII. sçachant que le principal retenail de nostre Republique, lors de la minorité d'un Roy, dependoit de l'authorité de ce Parlement, il passa condamnation volontaire en faveur des Ordinaires. Et fut faite derechef une Ordonnance, par laquelle il fut dit, que les Ordonnances faites pour la tuition & defense des Eglises, seroient gardées & les procez intentez, jugez selon icelle, & que l'on ne pourroit alleguer qu'elles eussent esté cassées ny revoquées, nonobstant la publication cy-dessus mentionnée. Et davantage le 12. d'Aoust ensuivant, furent faites deffenses à tous Juges de n'aller au contraire de cecy.

Il sembloit que cette Ordonnance tant de fois reiterée eust esté, comme l'on dit, fichée à cloux de diamans: toutesfois voicy encores nouvel obstacle. Le Duc de Bethfort voyant sa Regence asseurée par le temps, depuis gagné par les importunitez des plus grands, qui avoient leurs intelligences dans Rome, envoye autres lettres Patentes, concernans, comme il disoit, la liberté des Eglises: à la publication desquelles le Procureur general s'opposa: d'autant qu'en icelles la puissance des Ordinaires estoit derechef transportée au Pape. Et le sixiesme, la Cour par son Arrest, dit qu'elles ne pouvoient estre verifiées, & qu'il seroit signifié au Chancelier, que son plaisir fust de venir en la Cour entendre les raisons, pour lesquelles ces lettres ne pouvoient passer. Quelques jours après le Chancelier envoye ses excuses, pourquoy il n'estoit bon qu'il se trouvast en cette deliberation. Parce qu'il avoit charge du Roy, & du Duc de Bethfort, qui lors estoient en Angleterre, de les faire emologuer: & que ce que le Regent en faisoit en faveur du Pape, c'estoient affaires d'Estat, dont lui seul pouvoit rendre raison, qu'il n'estoit besoin de communiquer à la Cour: mesmes que ces lettres avoient esté par luy expediées par l'advis du grand Conseil du Roy, & qu'il n'eust esté honneste que lui qui pourchassoit la verification, se fust trouvé aux opinions. La Cour après avoir entendu ses excuses, dit par son Arrest du neufiesme de Mars, que les lettres ne devoient estre entherinées, & neantmoins estant advertie que le Regent le prendroit mal, elle ordonna qu'elles seroient publiées, sans prejudice de l'opposition & protestation du Procureur general du Roy. Et à la publication d'icelles le Procureur du Roy forma encores son opposition. Sur quoy il fut dit qu'elle seroit enregistrée. Elle fit lors contenance de caller la voile à la tempeste, pour obvier à plus grand scandale: mais qui considerera cet Arrest, il ne contient pas moins de force & vertu, que de prudence. Car accordant de parolle à un estranger ce qu'il desiroit, sous la misericorde duquel les affaires de France passoient lors, si est-ce que d'effet elle resistoit à son intention. Aussi nonobstant cela, le dix-neufiesme Juillet ensuivant, fut jugée la maintenuë d'un Benefice par la Cour en vertu de l'Ordonnance faicte sur la reformation de l'Eglise, comme aussi par autres Arrests donnez les 24. Novembre, & 7. de Fevrier 1426. demeurant la Cour de Parlement de Paris au milieu de ces afflictions le seul rempart, & propugnacle de la liberté de l'Eglise, contre les entreprises de la Cour de Rome. Et si elle se fust comportée autrement, jamais on ne fust venu à chef de cette œuvre. Car combien que par le Concil de Constance on eust fait plusieurs belles & louables promesses de ce que l'on devoit faire, soudain que le Pape seroit esleu, de ce que pour la reformation des entreprises de l'Eglise de Rome, si est-ce que Martin estant esleu, il commença d'user de remises, estant demeuré une grande esperance aux Papes de retourner puis après sur leurs anciens deporremens.

CHAPITRE XXVII.

Du Concil tenu en la ville de Basle, quelques ans après le Concil de Constance, dont fut extraicte une bonne partie de la Pragmatique Sanction faicte à Bourges du temps du Roy Charles VII.

A L'issuë du Concil de Constance il avoit esté arresté d'en renouveller un autre en la ville de Pavie à la premiere commodité. La peste fut cause que l'on le transfera à Sienne, & de Sienne en la ville de Basle. Et le fit le Pape Martin publier l'an 1431. par les frequentes semonces & importunitez des Princes Chrestiens de l'Europe. Le temps sembloit lors couver sous soy une reformation generale, tant en l'Eglise Romaine, qu'en la France. Le poinct, & periode s'y trouva és années mil quatre cens trente-cinq, & trente-six. Car en l'année trente-cinq fut faite l'ouverture du Concil, & en l'an trente-six furent ouvertes les portes de Paris à Charles VII. & les Anglois chassez de la ville. Eugene successeur de Martin avoit fait semblant d'approuver du commencement ce Concil: mais par toutes voyes & manieres il s'estudia de le destourner, bien est vray que ce fut en vain. Depuis le Concil de Constance, il n'y a rien que les Papes ayent tant craint que les Concils generaux, comme ceux qui se voüoient ordinairement à les reformer, par une proposition que l'on y observoit, & que l'on avoit empruntée de la faculté de la Theologie de Paris: Que l'authorité du Concil general est par dessus l'autorité du S. Siege. Proposition qui ne plaist pas à ceux qui frequentent la Cour de Rome. En ce Concil furent faits plusieurs beaux Decrets, & Ordonnances Ecclesiastiques. Le Pape Eugene avoit excommunié tous ceux qui se trouveroient à ce Concil là. Le Concil revoque toutes ces excommunications, & est le Pape cité au Concil: en confirmant certain Decret du Concil de Constance, il est dit, que l'on celebreroit des Concils generaux: le 1. cinq ans après cestuy-là, le 2. sept ans après l'autre, le 3. dix ans après, & ainsi de dix en dix ans. Que le Pape durant le Concil ne pourroit creer Cardinaux (c'estoit pour oster les brigues, qui se pourroient faire par la multiplicité des nouvelles creations, & nouveaux suffrages.) Que seant le Concil, & advenant ouverture de la Papauté, on ne pourroit proceder à eslection d'un nouveau Pape hors le Concil: Qu'en renouvellant l'ancienne coustume de l'Eglise, le Diocesain feroit tous les ans un Concil en sa Province, sur la discipline des mœurs de son Clergé: & de deux ou trois en trois ans le Metropolitain avec ses Evesques Comprovinciaux. Là aussi fut decidé des Annates, des pacifiques possesseurs triennaux, des Benefices, des Appellations, Collations, des causes, & controverses des Prestres concubinaires, des Reservations, tant generales que speciales. En ce Concil tous les Cardinaux creez par Eugene quatriesme sont cassez, & quant à luy premierement suspendu, puis desposé de son Siege, & en son lieu Amedée Duc de Savoye, qui fut depuis appellé Felix cinquiesme. Et pour conclusion arresté que le Concil estoit par dessus le Pape, en ces termes: *Qualecunque nomen dignitatis, aut potestatis de Papa reperitur, ad particulares quoscunque homines, & singulares Ecclesiasticos referendum est, non supra universalem Ecclesiam: ita ut potius Papa Ecclesiæ, quàm Ecclesia tota, Papæ obedire cogatur. Nam etsi major sit in Ecclesia, non tamen major est totâ Ecclesiâ.* C'est à dire: "Quelque nom de dignité, ou puissance qui se trouve au Pape, cela se doit rapporter aux hommes particuliers, & à chacun des Ecclesiastiques, non pas à l'Eglise universelle, de telle façon que le Pape doit estre plustost contraint d'obeir à l'Eglise universelle, que l'Eglise universelle au Pape. Car combien que le Pape soit le plus grand qui soit en l'Eglise, si n'est-il toutesfois plus grand que toute l'Eglise". Et neantmoins est derechef condamnée l'heresie de Jean Hus, qui pulluloit grandement en Allemagne sous le nom des Hussiens & declarée plus pernicieuse que celle des Nicolaites, Gnostiques, Cerdoniens, Marcionites, Arriens, comme celle qui pervertissoit tout droit divin & humain, & qu'il ne falloit nullement revoquer en doute la puissance du S. Siege de Rome, comme estant le seul & unique Vicaire de Dieu en terre.

Anthoine Archevesque de Florence, parlant de ce Concil, dit que tout ce qui fut ordonné du commencement d'iceluy estoit sainct, & bon, mais que depuis il fut en plusieurs façons alteré, & corrompu par les menées d'Eugene. Et de faict ce Concil n'apporta pas le remede diffinitif à la maladie: au contraire produisit un schisme. Parce qu'Eugene

gene decedé on crea dans Rome Nicolas cinquiesme, en faveur duquel, pour oster le schisme, Felix de bonne & heureuse memoire se demet de sa Papauté. Exemple grand de saincteté contre toutes les ambitions effrenées & detestables de ceux qui aspirent aux honneurs. Qui fut cause que les affaires de France estans restablies en meilleur train par l'extermination des Anglois : & l'Eglise Gallicane ne pouvant plus supporter tant de divisions, & discordes qui flottoient en l'Eglise Romaine, se delibera, sous l'authorité & puissance de Charles septiesme, s'assembler en la ville de Bourges en l'an mil cinq cens trente huict où se trouverent plusieurs Prelats, Princes, & autres gens du grand Conseil : & furent extraits des Concils de Constance, & de Basle, les Canons qui estoient les plus saincts pour la conservation de la discipline Ecclesiastique : Là fut arresté tout à faict que le Concil general estoit au dessus du Pape : Que pour les Eglises Metropolitaines, Cathedrales, & Collegiales, & autres dignitez effectives, il seroit procedé par ellection, qui seroient confirmées par leurs superieurs : Que le Pape n'attenteroit rien sur cela, sinon pour une tres-grande raison, & tres-urgente necessité, dont seroit faite mention en ses Bulles : & neantmoins que les confirmations seroient apportées à Rome, pour passer sous l'authorité du sainct Siege, dont toutesfois les Officiers de Cour de Rome ne prendroient rien : Que toutes Reservations generales de dignitez effectives estoient prohibées, par lesquelles estoit ostée la libre faculté d'eslire, & de confirmer : comme aussi estoient ostées les particulieres des autres communs Benefices, & les Collations d'iceux reservées à leurs Evesques & Ordinaires : fors toutesfois qu'en cas de prevention, le Pape pourroit conferer un Benefice vacquant : comme aussi pourroit-il donner un Mandat d'un Benefice, au lieu où il y en auroit dix à conferer, & de deux, où il y en auroit cinquante. Et pour le regard des procez, que l'on ne pourroit estre distraict de la France en Cour de Rome, & que le Pape seroit tenu de deleguer Juges *In partibus*, quand on appelleroit à luy. Que nul ne pourroit estre evocqué outre quatre journées hors son Diocese & domicile : Que les Annates, Deports, & autres telles charges seroient totalement bannies de l'Eglise : & furent par mesme moyen les mains liées aux Ordinaires en certains cas : leur estant enjoinct d'avoir Chanoines Theologaux, pour enseigner la parole de Dieu, ausquels fut commandé de faire deux fois la sepmaine leçon en Theologie. Davantage, qu'en toute Eglise Cathedrale, la troisiesme partie des Prebendes seroit affectée aux Graduez, qui seroient tenus chaque Caresme, d'insinuer leurs Nominations aux Dioceses, sur lesquels ils se feroient nommez, & la premiere vacquante leur appartiendroit, & les deux autres à ceux qui seroient pourveus par les Ordinaires.

Cette Pragmatique Sanction apporta quelque repos à nostre Eglise Gallicane, mais non à la Cour de Rome, qui ne trouva jamais bonnes telles Constitutions. Et ceux mesmes qui auparavant leur dignité Pontificale, les trouvoient bonnes, soudain après leur promotion, changerent de propos, comme l'on vit d'Æneas Sylvius, lequel, comme grand personnage qu'il estoit, s'estant trouvé au Concil de Basle, où plusieurs de ces propositions avoient esté arrestées, fit un livre exprés, pour monstrer qu'il n'y avoit rien en tous ces articles que de sainct, & plein de pieté : Toutesfois depuis qu'estant fait Pape, il eut changé son propre nom en celuy de Pie II. il se retracta : Aussi combien que l'ordinaire de la France fust de passer par les Decrets de cette Pragmatique Sanction, toutesfois estions eschappoit-il à quelques-uns d'avoir leur retraicte à Rome. Et depuis nos Roys voyans qu'elle n'estoit autre chose qu'un abregé des Concils generaux de Constance, & Basle, dont ils estoient les vrais & premiers protecteurs, delibererent de n'avoir plus recours pour cet effect à nouvelles assemblées Synodales, mais bien d'y apporter remedes par leurs Edicts verifiez en leurs Parlemens. Comme nous voyons qu'il advint sous le regne de Louys XI. Car comme ainsi fust que l'on voulust remettre sus, les Exactions, & Graces expectatives, il fit en l'an 1464. deux Edicts, l'un du treiziesme jour d'Aoust, l'autre du dixiesme Septembre, par lesquels fut ordonné, que toutes exactions de Cour de Rome cesseroient, & qu'elles ne seroient prises ny sur les Beneficiers, ny autres sujets de la France. Et si aucuns, soy disans Commissaires, ou executeurs d'aucunes Bulles, lettres, mandemens, ou commandemens Apostoliques, se vouloient efforcer de les mettre à execution, & proceder contr'eux par censures, excommunimens, fulminations, ou autrement en quelque maniere que ce fust, pour les contraindre à payer, composer des despoüilles, & incompatibilitez de commandes, ne autres telles, ou semblables exactions, qu'il ne fust obey à ces executeurs : mais que defenses leur fussent faites de passer outre, à peine de confiscation de corps, & de biens, & avecques ce qu'ils fussent arrestez, & detenus prisonniers, & condamnez en amende envers le Roy, & que l'on se saisist, & mist entre les mains de la Justice les Bulles. Et par le second Edict furent renouvellées les defenses d'aller à Rome obtenir graces expectatives, n'autres Bulles, ou lettres Apostoliques equipolens à icelles, fust sous couleur de Reservations generales ou speciales, n'autrement, en quelque maniere que ce fust sur les benefices tant du Royaume, que de Dauphiné : pareillement d'aller à Rome obtenir Eveschez, Abbayes, dignitez, ou autres benefices effectifs sans premier avoir la permission du Roy de ce faire. Et depuis cette reformation generale ainsi faite en nostre Eglise pour tousjours obvier aux mesmes entreprises de Cour de Rome, sur les Ordinaires, on n'a jamais receu Legat en France que ces Facultez n'ayent esté approuvées, & verifiées en la Cour de Parlement. Or quant est de la Pragmatique Sanction, elle se continua jusques au regne du Pape Leon X. & du Roy François I. de ce nom, par Concordat qui fut fait entr'eux sur toutes les ellections, qui furent unies, & incorporées à la Majesté des Roys, à la nomination desquels les Papes donnent tous Eveschez, Abbayes, & Benefices, qui estoient anciennement effectifs : & en contr'eschange de ce, fut le vacquant de la premiere année de toutes ces dignitez accordé au Pape. Concordat fondé seulement sur les abus qui se faisoient aux ellections, lesquelles estoient instituées de droict divin. Que s'il convenoit pour les abus qui se trouverent non seulement en nostre Eglise, mais en tous Estats extirper le tige, ce seroit pesle-mesler toutes choses, & peut-estre qu'en ce changement les dignitez Ecclesiastiques y auroient la meilleure part.

CHAPITRE XXVIII.

De la nomination que les Graduez des Universitez ont sur les Ordinaires, & dont procede ceste ancienneté.

PAr la Pragmatique Sanction l'on extirpa tout d'une main, & les abus de Cour de Rome, & ceux qui estoient en France és Cours des Ordinaires, specialement par la nomination des Graduez aux Evesques, bon gré mal gré estoient tenus de pourvoir à leur tour, sans gratifier leurs valets : Toutesfois parce que ceste police fut incognuë anciennement en l'Eglise, & que ce sont presque les premiers fondemens qui en furent jettez, que ceux que nous recueillons de cette Pragmatique Sanction, il me semble n'estre hors de propos, si je vous en dis deux mots en passant. Benoist XIII. voyant que tous les Ordres de la France s'estoient ahurtez à la soubstraction de son obeïssance, & qu'en ce fait il n'avoit point de plus fort, & redoutable ennemy que l'Université de Paris, qui lors ne tenoit pas petit rang, il remua toutes sortes d'avis à part soy pour destourner de luy cette tempeste. Et à cette cause fit present à

uns

uns & autres de choses qui ne luy coustoient pas beaucoup, aux despens des Ordinaires : & entre autres, comme j'ay touché cy-dessus, envoya une forme d'Indult à l'Université de Paris, par lequel il luy permettoit de se nommer sur les Benefices des Diocesains. Cette liberalité fut magnifiquement contemnée par elle : car aussi fut-elle faite vers l'an 1396. je veux dire lors que l'Université n'avoit encores eu le loisir d'esprouver l'ingratitude des Prelats de la France, comme elle fit puis après : mais cecy luy servit d'amples instructions, & memoires, pour s'en fortifier encontre les Ordinaires. En l'an 1398. fut arrestée la premiere soubstraction de l'obeïssance de Benoist par l'Eglise Gallicane, & les Ordinaires remis en leurs anciennes, & primitives libertez pour la collation des benefices : Toutesfois dés lors ils commencerent d'en abuser, & de les conferer à gens indignes, ne mettans en nulle ligne les gens & supposts de l'Université, laquelle pour cette cause dés l'an ensuivant, en fit plainte au Roy : Et voyant que l'on ne luy faisoit nulle provision sur sa requeste, cessa de faire leçon tout un Caresme. C'est le premier mescontentement de cette Université. Depuis par les practiques des grands, fut cette Ordonnance supprimée en l'an 1400. & neantmoins deux ans après, remise sus : Toutesfois les Evesques s'oublians encores ce coup-cy à l'endroict de l'Université : & mettans au rang des pechez oubliez les personnages de merite, distribuoient leurs benefices à gens de peu d'effect, & valeur. Qui fut cause que l'Université commença de retirer son espingle de cette querelle, & au lieu où par le passé elle avoit crié, & justement, contre les entreprises des Papes, elle cria encores plus justement encontre les abus que commettoient en cecy les Ordinaires. Vray qu'elle s'en dispensa licentieusement. Qui luy fut d'un costé cher vendu, d'un autre cela leur servit puis après au cas de present. Comme ainsi fust qu'en l'an 1464. le Pape Jean XXIII. eust obtenu en la Cour du Roy la suppression de l'Ordonnance de l'an 1406. & neantmoins que depuis elle fut derechef publiée en Parlement le 15. Fevrier 1417. l'Université indignée que l'on remettoit les Ordinaires en leur ancienne franchise, dont elle recevoit si peu de bien, s'en formalisa, & appella de l'Ordonnance du Roy, de la reformation des abus de Rome, devant le Pape. Quoy faisant, elle commettoit double faute, l'une appellant de l'Ordonnance du Roy publiée au Parlement, l'autre d'en appeller au Pape. En haine dequoy la Cour fit derechef publier cette mesme Ordonnance, le vingt-septiesme du mesme mois. A quoy se trouvans le Recteur, & autres supposts de l'Université, un nommé des Portes proposa : lequel après plusieurs paroles, dit qu'il estoit appellant des Evesques, qui se vouloient attribuer toutes collations de leurs benefices, & n'en bailloient point aux Graduez, requerant qu'on le laissast pourvoir pardevant le Pape, comme au precedent. Advoüé en cecy par le Recteur, & supposts, qui exhiberent publiquement l'acte de leur appellation. Sur cela, l'Advocat du Roy prenant la parole remonstra qu'ils avoient encouru un crime de leze Majesté, entreprenans sur les droits du Roy, & que de luy on n'appelloit point. Le Dauphin qui lors estoit present, fit saisir, & arrester le Recteur en la maison d'un chantre de la saincte Chapelle, & quant à des Portes, il fut envoyé en la Conciergerie du Palais, & ensemble tous les autres qui l'avoient advoüé. Le premier jour de Mars ensuivant l'Université supplie la Cour pour les prisonniers : le deuxiesme renouvellement de prieres, & dit qu'elle n'avoit jamais entendu appeller des constitutions du Roy, ains seulement des Evesques, enfin les prisonniers furent eslargis : mais à la charge qu'ils se transporteroient vers Monsieur le Dauphin, & luy declareroient que jamais ils n'avoyent eu opinion d'appeller des Ordonnances Royaux, ausquelles ils vouloient obeyr, & entant que besoin estoit, se deportoient de leur appel. C'est paraventure le premier encombre que receut l'Université durant ces tumultes publics : mais encores apporta-elle de ce mal un grand bien. Car combien qu'au Roy & au Parlement demeurast la victoire, comme il estoit raisonnable, toutesfois ne desirant plus revenir en cet accessoire, & pour apprester occasion à l'Université de contentement, jamais on ne parla depuis de la reformation des entreprises que l'on faisoit à Rome sur les Ordinaires, qu'il ne fust aussi mis en avant de celles que faisoient les Ordinaires, au prejudice des gens d'honneur, & sçavans de la France, qui avoient pris leurs promotions, & degrezdans les Universitez fameuses. Et ce fut la cause, pour laquelle il en fut faire mention expresse en la Pragmatique Sanction : & encores les choses mieux policées pour eux par le Concordat, comme le temps apporte tousjours polissure aux affaires, qui fur leur commencement semblent brusques.

CHAPITRE XXIX.

De l'Université de Paris.

Quand je considere à part moy comme les affaires de l'Eglise Romaine, & Gallicane se passerent depuis le regne de Saint Louys, cecy me fait souvenir des divisions qui furent dans la ville de Rome fort familieres entre le Senat & les Tribuns, esquelles pendant que le Senat soustenoit son authorité encontre le peuple, & les Tribuns combatoient pour la liberté populaire contre la grandeur du Senat, ils furent par les grands appellez seditieux, & perturbateurs du repos public, & toutesfois ceux qui à meilleures enseignes, & sans passion ont discouru de ceste Republique, sont d'advis que dans ces dissensions se trouva l'entretenement de son repos & grandeur : Parce que les questions que les Tribuns mouvoient aux premieres rencontres faisoient que les Consuls, & Senat estoient plus retenus en leurs actions. Parquoy demeuroit chacun en cervelle, & dans les bornes de son devoir : Tellement que par ce contrepoids florit longuement ceste republique. Ainsi en est-il advenu à nos deux Eglises. Car si vous parlez à celuy qui est seulement nourry en Cour de Rome, il dira que l'Eglise Gallicane a esté perturbatrice du repos general de l'Eglise Romaine, pour s'estre opposée aux entreprises du Pape: Aussi n'approuvent-ils dans Rome nos maximes en cet endroict : & neantmoins s'il vous plaist approfondir toutes choses à leur vray poinct, vous ne ferez nulle doute qu'à ceste France ne soit deuë la restauration generale de l'Eglise Romaine. Car qui eust laissé en cette façon fluctuer toutes les affaires, comme elles faisoient, certainement le siege de Rome voulant prendre son vol trop haut, se fust abyimé. Et de fait, encores n'y sceussimes nous donner si bon ordre, qu'il n'y ait perdu de ses plumes. Car le grand schisme de trente-huict à quarante ans, & les miserables exactions qu'il produisit, aliena de tout le cœur des Bohemiens, de la Papauté, & crea par mesme moyen l'heresie Hussienne, laquelle bien qu'elle semblast estre esteinte pour quelques années, si est-ce que tout ainsi que le feu couvert sous une chaude cendre, se descouvrant produit une chaleur plus forte qu'auparavant : aussi ceste mesme opinion ayant repris air par la venuë de Luther, a depuis esloigné du Pape presque toute l'Allemagne, l'Angleterre, & l'Escosse, du sein de nostre Eglise: Luther, dy-je, prenant mesme fondement que Jean Hus, sur je ne sçay quels abus du Pape Leon X. Nous seuls qui perpetuellement avons faict teste à l'Eglise de Rome en tous les accessoires, sommes toutesfois demeurez ses trés-humbles, & trés-obeïssans enfans. Quand je dis nous, j'entends nos Roys, Prelats, Princes, grands Seigneurs, Cours de Parlemens, qui sont les principaux nerfs de la Republique Françoise. Car quant au peuple, encores que le malheur de ce temps nous ait divisé en deux Religions, si est-ce qu'il y en a sans comparaison beaucoup plus de sectateurs de l'ancienne. Tellement que l'on peut dire justement (car la verité est telle) que tant s'en faut que par les privileges, & libertez de nostre Eglise, nous soyons autres que nous devons envers l'E-
glise

glise Romaine, qu'au contraire c'est par une grande abondance d'humilité, & obeïssance envers le Saint Siege, que nous les appellons *Privileges* : veu que cette *liberté* tant rechantée par les nostres, n'est autre chose que le droit commun, & ordinaire. Et c'est la cause pour laquelle chacun par un commun consentement, s'est induit à appeller les Evesques, *Ordinaires*, comme ne faisans rien dans leurs Dioceses, qui ne fust de droict ordinaire, & que ce que l'on entreprenoit sur eux, estoit extraordinaire. Or parce qu'en ceste devote discorde des deux Eglises, qui ne tendit jamais qu'à une union, & accord, l'Université de Paris ressembla les Tribuns de Rome (car & l'un, & l'autre, par honnestes concions, & harangues, excita chacun à son devoir) il me semble qu'elle merite bien que nous luy donnions un chapitre, pour descouvrir, non ce qui est de son menage (cela se verra au plaidoyé que je fis pour elle 1564.) mais de son ancienneté, & du grand lieu qu'elle tint autresfois par la France.

Ceux qui en ont parlé devant moy, disent que l'Empereur Charlemagne en jetta les premieres traces, & qu'estans arrivez quatre Anglois, ou Escossois, disciples du venerable Beda, en France, Alcuin, Rabam, Jean, & Claude, surnommé Clement, qui croyoient qu'ils avoient de la science à vendre, cet Empereur les ayant oüys, à leur instigation, & semonce, establit dans Paris une Université, où ces quatre grands Docteurs donnerent les premiers advancemens, & progrez aux bonnes lettres. C'est l'opinion de Robert Gaguin, puis de Nicolas Gilles, & de Boëce Historiographe Escossois, lequel, pour illustrer sa patrie, dit que l'Université de Paris doit à l'Escosse son commencement, & que Clement fut Escossois. Certes je veux croire que Alcuin homme docte, selon la portée de son temps, a esté à la suite de Charlemagne : Mais que ceste Université ait jamais esté fondée par cet Empereur, je ne me le suis jamais peu persuader, encores que pour ne me desmouvoir de ceste commune opinion, j'aye voulu rechercher pour elle tous les advantages qu'on luy sçauroit donner. Car ce ne seroit pas petite rencontre pour l'exaltation de nostre ville, que l'Université eust un tel patron, comme ce grand Prince. Toutesfois je ne voy, ny qu'Eguinarth, ny Aimoin, ny Rheginon, ny Adon, ny Sigebert en facent aucune mention. Car quant à l'histoire qui court sous le nom de Turpin, indubitablement elle est supposée par quelques Religieux de Sainct Denis, & neantmoins encores n'en parle-elle point. Chose qu'à mon jugement ils n'eussent escoulé sous silence, s'il en eust esté quelque cas, estant ceste fondation non moins digne de commemoration, voire plus que plusieurs autres particularitez, qu'ils ont soigneusement deduictes, en recitant ses faicts, & gestes. Mesmes qu'Eguinarth, qui a fait sa vie, semble avoir laissé aux autres Historiographes la deduction des exploicts militaires de cet Empereur, & pris pour son partage seulement ce qui regardoit le sçavoir, & bonnes lettres, qui estoient en cet Empereur, nous discourant qu'il avoit esté nourry non seulement en sa langue naturelle, mais aussi en plusieurs estrangeres, & specialement que la Latine luy estoit familiere comme sa langue maternelle. Et quant à la Grecque, qu'il l'entendoit, ores qu'il ne sçeust prononcer : comme pareillement il avoit esté instruict aux arts liberaux, en la Grammaire par Pierre Pisan, & aux autres disciplines par Albin, surnommé Alcuin, voire avoit l'intelligence de l'Astronomie : Qu'il fit la vie des Roys de France en vers: Donna à son vulgaire les noms des mois, & des vents : Qu'à ses repas, pour ne perdre temps, il se faisoit lire, ou reciter quelque belle histoire. Bref estant la plus belle remarque dont Eguinarth embellisse la vie de Charlemagne, que le soin qu'il avoit eu aux bonnes lettres, je ne me puis persuader, qu'il n'eust à la queuë de cecy parlé de cette Université, s'il eust esté fondateur, tant pour la dignité du lieu, qu'il en est establie (ancien sejour des Roys de France, dés l'advenement de Clovis) que pour l'excellence mesme d'un tel œuvre. Estant la plus belle closture que cet historien eust peu adjouster à la suitte d'une telle narration. Joinct que combien que par les loix, & ordonnances du Debonnaire, il soit enjoinct aux Evesques d'avoir escoliers en leurs Eglises, suivant ce qu'ils luy avoient promis de faire au Parlement par luy tenu à Latigny, & que mesmes au Concil celebré sous Lothaire Empereur son fils, dedans la ville de Paris, soit fait pareil commandement. Toutesfois je ne trouve point que l'on se soit oncques souvenu de ceste Université, ny mesmement qu'elle ait jamais produit un seul homme de marque, ou un seul fruit sous toute la lignée de Charlemagne, ny bien avant sous celle de Hugues Capet. Et mesmes en la seconde partie de ce Concil tenu à Paris, Article douziesme, les Evesques le prient, qu'en ensuivant les traces de son pere, & afin qu'une intention si loüable du deffunct ne devint en friche, il voulust ordonner que sous son authorité on establist des Escoles en trois villes les plus commodes du Royaume. Quoy faisant, il procureroit un grand bien, & honneur à l'Eglise, & quant à luy, qu'il se rendroit à tout jamais recommandable à la posterité. Ce Concil estant tenu dedans la ville de Paris, l'on parloit de l'institution des Escoles publiques, sous l'authorité du Roy. Si Paris eust ja receu cet honneur d'avoir une Université de la main de Charlemagne, il ne me peut entrer en teste que l'on n'en eust fait expresse mention pour exciter Lothaire Empereur à faire le semblable. Adjoustez que descendant beaucoup plus bas, on n'en trouve un seul mot ny dedans Yves Evesque de Chartres, ny dedans S. Bernard, homme studieux le possible, & dans les œuvres duquel on recueille plusieurs choses, qui appartiennent à l'ancienneté. Bien escrit-il à Hugues de S. Victor, qui lors estoit en estime dedans Paris, (car vers ce temps commençoient les lettres de poindre dans ceste ville) & encores s'atacha-il à Pierre Abelard grand personnage, fors qu'il tenoit quelques propositions erronées : Mais qu'il nous ait jamais baillé le moindre esclair, dont nous puissions recueillir je ne sçay quoy de la fondation ancienne de ceste Université, il n'y en a rien. Toutes lesquelles raisons me font non seulement penser, ains croire qu'en nos historiographes il y a eu pareil erreur au discours de l'Université comme des Parlemens, & Pairs de France : & neantmoins erreur grandement louable, d'avoir rapporté l'origine de ces trois grands Ordres à un si grand patron, que l'Empereur Charlemagne.

Mon opinion doncques est que ceste Université commença de jetter les premieres racines sous Louys septiesme, & de les espandre grandement sous le regne de Philippes Auguste son fils, que l'on sçait entre nos Roys s'estre grandement addonné à l'establissement, & illustration de nostre ville, & sur tout, qu'elle en doit les premieres promotions à Pierre Lombard, Evesque de Paris, & à son Eglise: Evesque, puis-je dire, qui fut l'un des plus grands personnages de son Ordre. Opinion que je mis en avant dés l'an 1564. plaidant la cause de l'Université encontre les Jesuites. Non toutesfois que ceste Université ait esté fondée tout d'un coup, non plus que le Parlement, ny les douze Pairs, mais comme Dieu resveille les esprits sur un sujet en un tems plus qu'en un autre, il semble que les lettres vers ceste saison commençassent à se desgourdir.

D'autant que sous le regne de Louys VII. vous eustes plusieurs personnages d'erudition tant dedans que dehors la France. Et tout ainsi que ce siecle produisit plusieurs gens doctes, aussi se reveilla la devotion des Superieurs de l'Eglise en faveur des bonnes lettres.

Sous la seconde lignée de nos Roys, je trouve dedans le second Livre des Ordonnances de Louys le Debonnaire, en l'article cinquiesme, ces mots qu'il addresse au Clergé : *Scholæ sanè ad filios instruendos, sicut nobis præterito tempore ad Attiniacum promisistis, & vobis injunximus, in congruis locis ad multorum utilitatem & profectum, à vobis ordinari non negligantur.* C'est à dire : Je souhaite que suivant la promesse que me fistes à Attigny, & ainsi que je le vous commanday, vous establissiez en lieux convenables des Escoles, pour l'instruction de la jeunesse, au profit & advancement de plusieurs. Toutesfois je ne vois point que sous cette lignée, ce commandement fust de grand effect. Celuy qui porta plus de coup, fut le Concil general tenu en l'Eglise S. Jean de Latran dans Rome, sous Alexandre III. par lequel il fut ordonné que les Evesques auroient en chacune de leurs Eglises un precepteur à leurs gages pour enseigner tant la Theologie, que la Philosophie & autres bonnes lettres. En consequence duquel en un autre depuis tenu en la ville de Rheims sous Eugene III. du temps du Roy Louys VII. à l'instigation de de S. Bernard, il fut conclud & arresté touchant les erections des Escoles & estudes publiques en unes & autres villes. Ces commandemens si souvent reïterez, il ne faut faire nulle doute que la pluspart des Eglises se voulurent acquitter en cecy de leur devoir, & sur toutes celle de Paris, comme exposée au premier theatre de la France, sejour ordinaire de nos Roys. Et lors se firent deux grands partis dedans Paris en faveur des bonnes lettres: l'un en l'Eglise Cathedrale, l'autre en l'Abbaye de S. Victor de fraische memoire lors richement dotée par Louys le Gros: laquelle sous le regne de Louys VII. son fils, fut un receptacle de gens d'honneur: tant en la faculté de Theologie, qu'autres bonnes lettres. Tesmoins uns Hugues, Adam, Richard, & l'autre Richard, tous surnommez de S. Victor, parce qu'ils estoient Religieux de S. Victor: tous quatre tres-grands Theologiens, non despourveus de braves escoliers, comme l'on peut recueillir de l'Epitaphe d'Adam, gravé en l'airain dedans le cloistre.

Hæres peccati, natura filius iræ,
Exiliique reus nascitur omnis homo,
Vndè superbit homo? cujus conceptio culpa,
Nasci pœna, labor vita, necesse mori.
Vana salus hominis, vanus decor, omnia vana:
Inter vana nihil vanius est homine.
Dum magis alludit præsentis gloria vitæ,
Præterit, immo fugit, non fugit, immo perit.
Post hominem vermis, post vermem sit cinis, heu heu!
Sic redit ad cinerem gloria nostra simul.
Hic ego qui jaceo miser, & miserabilis Adam,
Vnam, pro summo munere, posco precem.
Peccavi, fateor, veniam peto, parce fatenti:
Parce pater, fratres parcite, parce Deus.

Sous ces mots de pere & freres, il entendoit son Abbé & ses freres Religieux. Et certes j'oppose ceste piece à tous Epitaphes, tant anciens que modernes, & à tant soit que le Religieux luy mesme se fust basty son tombeau pendant sa vie, ou quelqu'un de ses escoliers apres sa mort, nous pouvons de cet eschantillon juger que les bonnes lettres estoient lors à bonnes enseignes, logées dans ce monastere. Chose que vous pouvez encores recueillir de cette belle & excellente Bibliotheque qu'ils y commencerent de bastir, & depuis par succession de temps enrichie de tous livres rares, tant celebrée par nos anciens. Que si ces bons Religieux se rendoient lors recommandables par le peuple dedans leur cloistre, hors la ville, par leurs estudes umbratiles: ne doutez point que la grande Eglise exposée au beau milieu de la ville à la lumiere du soleil, n'en voulust rapporter le dessus. Comme aussi est-ce la verité que l'on ne faisoit en ce tems-là exercice des lettres & des leçons qu'en la maison Episcopale, & ainsi l'apprenons-nous de Pierre Abelard, auquel j'ay voüé son chapitre cy-apres: Auquel lieu y avoit adoncques deux grands Precepteurs, Maistre Aseaulme qui lisoit en la Theologie, & Guillaume de Champeaux, autrement de Campellis Archidiacre de l'Eglise de Paris, en Philosophie, qui avoit pour escolier Pierre Abelard. Ce second mesla la devotion de religion & estude des bonnes lettres ensemblement, se fit Religieux profez en l'Abbaye Sainct Victor, comme m'aprend Gemmeticensis, Religieux de Sainct Benoist en son addition sur la Chronique de Sigebert, & là il ne laissa d'enseigner la Philosophie tout ainsi comme devant selon le tesmoignage d'Aldebert aussi son Escolier: Ny pour tout cela n'estoit lors l'Université formée. C'estoit un embrion que l'Eglise de Paris couvoit dans son sein, pour en esclorre l'Université, de laquelle elle fut la mere sous l'authorité de nos Roys: Et de là est venu que les degrez de Doctorie & licence, ont accoustumé estre pris au logis de l'Evesque: & que le premier juge & censeur de la doctrine, & mœurs des Escoliers, que nous appellons Chancelier de l'Université, est du corps des Doyen, Chanoines & Chapitre de cette Eglise: De là que tous nos Colleges, hormis cinq ou six, pour le plus furent fondez par personnes Ecclesiastiques, & que quand il fut question de proceder à la reformation de l'Université, l'an 1452. on y employa l'authorité du Cardinal de Toute-ville Legat en France. De là aussi que tous les principaux de Colleges, Docteurs & Regens de l'Université,

ne pouvoient entrer en lien de mariage pendant leurs professions. Comme si les Principautez, Doctories, & Regences, eussent esté affectées à l'Eglise, dont elles avoient pris leur premiere source. Coustume qui fut estroittement observée par toutes les Facultez, jusques à la nouvelle police qui fut introduite par le Cardinal de Toute-ville Legat en France. Car il permit par privilege special, aux Docteurs en Medecine, de pouvoir estre mariez. Les Docteurs en Decret presenterent leur requeste à l'Université le 9. Decembre, 1534. afin d'avoir pareil privilege, dont ils furent deboutez: Sauf à eux de se pourvoir en la Cour de Parlement, pour en estre par elle ordonné ainsi que bon luy sembleroit: Et toutesfois absolument arresté pour la Faculté, tant des Arts, que de Theologie, que, *Vxorati à Doctoratu, & regentia arcendi erant.* Depuis le Parlement permit le Mariage aux Docteurs de Decret, & le premier de cet ordre, que nous vismes marié, fut la Riviere vers l'an 1552. depuis pourveu de l'Estat de Lieutenant de Chastelleraud.

Tout cela a esté par moy discouru en passant pour monstrer que le premier fondement de l'Université a esté l'Eglise de Paris: J'adjousteray que celuy qui en jetta la premiere pierre, fut Pierre Lombard Evesque de Paris, en commemoration dequoy l'Université luy fait tous les ans un anniversaire en l'Eglise Sainct Marcel où ses os reposent: C'est luy qui composa ce beau livre des Sentences (fondement de la Theologie scholastique) tant celebré par ses survivans. Et sur lequel la Faculté de Theologie de Paris establit en partie, sa profession. Il eut pour contemporain Pierre Gomestor autheur de l'histoire Scholastique, qui fut enterré à Sainct Victor: & aussi un Galterus insigne Poëte, qui escrivit en vers Latins, la vie d'Alexandre, sous le titre d'Alexandreide, grand imitateur de Lucain. C'est luy dans les œuvres duquel nous trouvons un vers souvent par nous allegué, sans que plusieurs sçachent qui en fut l'Auteur.

Decidit in Scyllam, cupiens vitare Charibdim.

Ce grand Evesque commença de florir vers la fin du regne de Louys septiesme, & s'accreut en reputation sous celuy de Philippe son fils, qui pour la grandeur de ses merites emporta par la voix des doctes le surnom d'Auguste: & par une rencontre mutuelle de l'un à l'autre donnerent plus grande vogue aux bonnes lettres qu'auparavant. De maniere que dés & depuis ce temps-là, l'Université qui avoit receu par le moyen la polissure, se trouva toute formée. Quoy que soit vous en voyez frequente mention dont au precedent ne n'avoit parlé. Et trouverez un jugement du mesme Auguste de l'an 1200. donné à Betizy contre des particuliers qui avoient tué quelques escoliers de Paris: Et par ce mesme Arrest il defend au Prevost de Paris de prendre jurisdiction & cognoissance de leurs forfaits, luy enjoignant de les renvoyer à leur juge en la Cour d'Eglise. Sauf à decider puis apres, si le cas estoit de telle qualité que la cognoissance en deust appartenir au juge Royal. Et à la suitte de cettuy nous trouvons qu'en l'an 1215. le Cardinal de Sainct Estienne, Legat en France, defendit à tout homme, de monter en chaire pour prescher, qu'il n'eust attaint l'aage de 25. ans: & que nul ne peust lire en Theologie, qu'il ne fust aagé de trente cinq ans, & estudié par huit ans en cette Faculté.

Et ayans les bonnes lettres trouvé lieu dedans Paris, sous le nom d'Université, elle fut apres esparse par toute la ville, & non au recoin qu'on luy assigne maintenant. En tesmoignage dequoy voyons nous encore le College des bons Enfans en la Ruë S. Honoré prés du Louvre, l'Eglise Sainct Germain de l'Auxerrois, que l'on appelle l'Escolle, & celle de Saincte Catherine, que l'on surnomme du Val des Escoliers, nous servent de belles remarques, & mesmes en tous les Monasteres de la ville, où le Recteur fait sa procession, il ne le fait sinon de rare que ce sont lieux qui sont du corps de l'Université de Paris: vray que depuis que Jeanne Reyne de Navarre, femme de Philippes le Bel eut construire le College de Navarre vers la rue de la montagne de Paris, en l'an 1304. ceux qui apres s'adonnerent au mesme sujet, comme il y en eut une infinité vers le regne de Charles VI. lors que l'Université estoit en grande vogue, ils choisirent ce mesme quartier, pour y estre l'air vray semblablement plus sain, qu'en la fondriere qui est accompagnée

pagnée des efgouts de ville. Chofe qui a depuis apporté entre nous la difference que nous mettons entre la Ville, Cité, & Univerfité : Auffi que dés fon premier eftabliffement elle faifoit fes congregations au College des Bernardins, que l'on a depuis reduites aux Mathurins pour la commodité du lieu.

Depuis les Roys à l'envy femblerent luy vouloir diverfement gratifier : parce que Philippes le Bel par Edit de l'an 1295. ordonna que quelque emprunt qu'il fit pour la neceffité des guerres, il n'entendoit que l'Univerfité fuft comprife en ce mandement, en l'an 1299. que pour une debte reelle, on ne pourroit gager un Efcolier en fes meubles : Et l'an 1311. que le Chevalier du Guet, dés fon advenement jureroit de garder en tout & par tout les privileges de l'Univerfité. Et Louys Hutin fon fils, qui regna feulement un an, Que tous Efcoliers peuffent tranfporter leurs befongnes en tous endroits, où ils voudroient, fans trouble, ou inquietation d'aucun. Mais fur tous, grand fut le privilege que Philippes de Valois leur donna l'an 1340. par lequel il les exempta de tous peages, tailles, impofitions, couftumes, ou autres telles charges perfonnelles, & qu'en tous leurs procés ils ne peuffent eftre evocquez de la ville de Paris, afin qu'ils ne fuffent diftraicts de leurs eftudes : pour conservation de leurs privileges, leur fut baillé pour Juge le Prevoft de Paris, lequel pour cette caufe fut appellé Confervateur des privileges Royaux de l'Univerfité de Paris. Et trouve-l'on aux vieux regiftres de l'Univerfité, le formulaire du ferment que le Prevoft de Paris eftoit tenu de faire fur fon advenement és mains du Recteur de l'Univerfité, pour confervation de fes privileges. Mais elle creut grandement en authorité, tant par le fchifme de trente huict ans, qui regna en l'Eglife depuis le trefpas de Gregoire unziefme, jufques à Martin cinquiefme, que par les troubles & divifions qui furent en France, entre les maifons d'Orleans, & de Bourgongne. Pour le premier, faifant vrayement ce qu'elle devoit, & au fecond, abufant de l'authorité, qui luy eftoit fous main baillée par les chefs de part. Il n'y eut du commencement lors ordre en cette France qui rabatit tant les coups du Pape de la Lune, qui fut Benoift XIII. comme cefte Univerfité. Et Jean Duc de Bourgongne voyant l'authorité qu'elle avoit par ce moyen gagnée parmy le peuple, dreffant une partie contre Louys Duc d'Orleans, la voulut fagement procurer encontre fon ennemy. Qui fut caufe que Louys dés l'an 1402. depefcha Gentil-homme vers elle, pour la prier de vouloir bien & diligemment examiner cette affaire, avant que de luy donner le blafme. Ce voyant qu'elle preftoit l'aureille fourde à fon ambaffade, il fe retira puis aprés pour quelque temps (dit Alain Chartier en la vie de Charles feptiefme) vers le Pape de la Lune, pour fe liguer avec luy encontre l'Univerfité, avec laquelle ce Pape faifoit profeffion expreffe d'inimitié. Et creut en telle grandeur, que les gens de Meffire Charles de Sanoify grand Chambellan de France, & l'un des plus favoris du Roy, s'eftans temerairement attachez à quelques efcoliers, en une proceffion que l'Univerfité faifoit en l'Eglife fainte Catherine du Val des Efcoliers, & en y ayans bleffé quelques-uns, par Arreft du Roy, des Princes de fon fang, & de fon grand Confeil, donné en l'an 1404. il fut dit que fa maifon feroit demolie, & Sanoify tenu de fonder une Chapelle en faveur de l'Univerfité, de cent livres de rente, & en mil cinq cents livres envers les bleffez, & mil livres envers l'Univerfité. Monftrelet adjoufte que Sanoify feroit banny & exterminé de la Cour du Roy, & tous ceux qui luy appartenoient de parentelle, & avec ce, privé de tous les Offices Royaux. Ce qui fut executé, & cette maifon demolie, depuis reédifiée du confentement de l'Univerfité, qui eft aujourd'huy celle que l'on appelle l'hoftel de Lorraine : Toutesfois ce fut à la charge qu'il auroit un tableau attaché contre la paroy, au devant de l'Eglife fainte Catherine : dans lequel feroit contenuë toute l'Hiftoire de ce jugement, que l'on y peut encores aujourd'huy voir. Et fut pareillement defappointé Sanoify quelques mois de fes eftats, pour contenter l'Univerfité, mais puis aprés reftably.

Quelques années aprés, je veux dire en l'an 1407. Meffire Guillaume de Tignon-ville Prevoft de Paris fit prendre deux Efcoliers, eftudians en l'Univerfité de Paris, l'un nommé Leger du Mouffel Normand, & l'autre Olivier Bourgeois Breton, tous deux mal-giffans, qui avoient tué un homme de fens froid, lefquels ayans demandé leur renvoy, comme Efcoliers, pardevant leur Juge, Tignon-ville fans y avoir efgard, les condamna d'eftre pendus, & eftranglez au gibet Montfaucon, où il les fit conduire dés l'inftant mefme, à jour failly, avec la lumiere des torches. Craignant que s'il remettoit du jour au lendemain cette execution, ils ne fuffent recous du Roy, en faveur de l'Univerfité. Chofe dont elle appella, & en fit l'efpace de quatre mois telle inftance, qu'il fut ordonné par Arreft en l'an 1408. qu'ils feroient defpendus, comme il fut fait. Et dit Alain Chartier que le Prevoft y fut en perfonne, & les baifa en la bouche, & envoya avec fes fergents, depuis le gibet jufques à Mouftier, où ils furent inhumez, eftans leurs corps emmenez dans une biere, fur une charrette, & eftoit le bourreau fur le cheval, veftu d'un furplis comme un Preftre. Monftrelet adjoufte, que pour garder les privileges de l'Univerfité il fut dit que les corps feroient rendus à l'Evefque, & au Recteur : comme il fut fait au Parvis de Noftre-Dame, & là, enfevelis au cloiftre des Mathurins, où l'on voit encores la tumbe. Le mefme Monftrelet dit, que Tignon-ville en perdit fon eftat : mais Juvenal des Urfins Advocat du Roy, qui eftoit mieux nourry aux affaires de la France que l'autre, comme celuy qui eftoit de ce temps-là, dit en la vie de Charles fixiefme, que ce fut un pretexte exquis par Jean Duc de Bourgongne pour le chaffer, de tant qu'il favorifoit aux Orleannois, pour faire mettre en fon lieu Pierre des Effars, l'un de fes confidents. Jamais punition, hors la mort, ne fut plus griefve envers un Juge, qui n'avoit peché que pour un grand zele qu'il avoit eu de bien faire : Mais l'authorité de l'Univerfité eftoit lors montée à tel degré, qu'à quelque condition que ce fuft, il la falloit contenter. Elle eftoit tellement peuplée, que le mefme Juvenal des Urfins attefte, que ayant faict une proceffion en l'an mil quatre cens & neuf, de l'Eglife de fainte Genevefve, à celle de fainct Denis pour l'affoupiffement des troubles, qui adoncques voguoient par la France, l'affemblée fe trouva fi grande, que le Recteur eftoit encores devant les Mathurins, lors que ceux qui tenoient les premiers rangs, eftoient en la ville de S. Denis. Et adjoufte Alain Chartier, aprés avoir raconté l'Hiftoire de Tignon-ville, ces deux ou trois lignes : Ladicte Univerfité avoit grande puiffance pour ce temps-là. Tellement que quand ils mettoient la main à une befoigne, falloit qu'ils en vinffent à bout, & fe vouloient mefler du gouvernement du Roy, & autres chofes. Cet Auteur, qui fut l'un des premiers de fon fiecle, n'en parloit point comme aveugle des couleurs, parce que cela fe verifia depuis par effect en une infinité d'actions qui fe prefenterent. Et fignamment en l'affaffinat qui fut commis en l'an mil quatre cens fept, à la porte Barbette en la perfonne de Louys Duc d'Orleans frere du Roy Charles fixiefme de ce nom. Jamais meurdre n'avoit efté plus deteftable que cettuy-cy, toutesfois la haine publique eftoit telle contre le defunct, que non feulement Jean Duc de Bourgongne inftigateur, en fut excufé, ains grandement louë. Peu de gens fi fcavent la caufe, & merite bien d'eftre fceuë. Le Duc Louys eftoit un jeune Prince volontaire, qui de fon vivant s'eftoit abfolument voulu faire croire en plufieurs chofes, à quoy l'Univerfité de Paris, pour la grandeur qu'elle tenoit lors s'oppofoit. Pour luy faire tefte il fe tranfporta l'an 1405. en Avignon vers le Pape de la Lune, pour luy vouloir donner aide contre elle, laquelle pourchaffoit toutes voyes pour luy faire abjurer le droit de Papauté par luy pretendu. Tout ainfi que ce jeune Prince mal confeillé s'eftoit voulu liguer avec ce pretendu Pape contre l'Univerfité, auffi aprés fon decés elle fe ligua contre fa memoire. Et le premier qui entreprit la querelle, fut maiftre Jean Petit, l'un des premiers Docteurs de la Faculté de Theologie, qui prit la caufe du Duc Jean en main, & fouftint le 8. Mars 1407. au milieu du Parvy Noftre-Dame de Paris, par plufieurs raifons fophiftiques, que ce meurdre eftoit advenu par jufte jugement de Dieu. Et depuis ce mefme Duc s'eftant emparé du Roy, & ayant donné ordre de faire effoigner de la Cour tous les autres Princes du fang, qui portoient le party le plus foible, s'allia du tout avec l'Univerfité, & ayant perfuadé au Roy que tous ces Princes avoient confpiré contre Sa Majefté, & deliberé

deliberé de creer un nouveau Roy à la France, Charles VI. en escrivit promptement à l'Université sa fille, la priant de faire prescher & publier cette conjuration au peuple, & qu'elle voulust prendre la protection de sa cause : A laquelle semonce tous les Prescheurs aiguisans & leurs langues, & leurs esprits, commencerent à crier enconrre les Armignacs. Car ainsi furent-ils nommez du Connestable Armignac, l'un des plus forts, & puissans guerriers de la faction des Orleannois : Presches qui gagnerent avecques tel advantage le cœur des Parisiens, que jamais ils ne peurent se reconcilier avec les Princes, encores que leur querelle fust la plus juste, jusques à ce que toutes choses estans en desolation & ruine, ils s'apperceurent, mais à tard, de la faute qu'ils avoient faite, supportant le party du Duc Jean.

Mais pour ne m'esloigner de mon but, & monstrer tousjours quel rang tenoit lors l'Université, l'on trouve que le 7. jour de Febvrier, l'an 1413. assistée du Prevost des Marchands & Echevins de la ville de Paris, elle vint remonstrer à la Cour de Parlement, qu'auparavant les Finances du Roy avoient esté mal gouvernées, & qu'elle avoit deputé certains personnages notables, pour en faire remonstrances au Roy, suppliant la Cour en faire le semblable de son costé. A quoi la Cour de Parlement sagement luy fit responce, que c'estoit à elle de faire justice à ceux qui la luy demandoient & non de la requerir, & qu'elle feroit chose indigne de soy, si elle se rendoit partie requerante, veu qu'elle estoit juge. Cela fut cause que l'Université ne prenant cette responce pour payement, voulut avoir sa retraicte vers son garend ordinaire, qui estoit le Duc de Bourgongne, à l'instigation duquel le Roy fit une assemblée, & convocation generale dedans la ville de Paris, sur la reformation des Estats, où se presenta frere Eustache Pavilly Carme, Docteur en Theologie, portant la parole pour l'Université, avec telle vehemence, qu'il passa sur tous les Etats, monstrant les abus qui estoient, mesme exhiba un ample roolle, dont il estoit porteur, dans lequel estoient declarez par le menu les grands & excessifs gages de tous les Officiers de la France, & que la multiplication de tant d'Officiers qu'il y avoit, ne tendoit qu'à la subversion de l'Estat.

Ceux qui lors avecques plus de nez jugeoient des affaires, cognoissoient fort bien que jamais la France n'avoit nourry dans son sein un plus certain ennemy que le Bourguignon, pendant qu'il pretextoit ses actions du masque d'un Roy mal ordonné de son bon sens, lequel il avoit en sa possession. Le premier qui oza remedier à ce mal dedans la ville de Paris, fut maistre Juvenal des Ursins Advocat du Roy, personnage qui en son temps fit une infinité de bons offices au public, tant aux armes, comme en la justice. Cettuy, après avoir longuement couvé un crevecœur dedans soy, voyant le commun peuple attedié des grandes tyrannies, & extorsions, qui se faisoient dans la ville par les Bouchers & Cabochiens, sous l'authorité du Duc Jean, qui lors estoit prés du Roy au bois de Vincennes, delibere d'en venir à effect. Et pour y parvenir, encores est-il contrainct d'avoir recours à l'Université. Pour le faire court, avecques l'aide d'elle, il y besongne de telle façon, qu'il separe le Roy d'avecques le Duc de Bourgongne, & faict dissiper, & esvanoüir à un clin d'œil tous ces mauvais garnimens, qui tenoient la ville sous leurs pieds, donne ordre que les prisons soient ouvertes à des plus grands Seigneurs de la France qui estoient dans la Bastille, destinez d'estre defaits quelques jours prochains. Et tout d'une suitte fait approcher du Roy tous ces pauvres Princes qui avoient esté bannis de sa presence, les uns pour poursuivre une juste vengeance de la cruelle mort qui estoit advenuë à leur pere, les autres pour prester l'espaule à une querelle si bonne que celle-là. Et comme il n'y a rien qui soit plus doux au cœur de l'homme, que se ressentir d'un tort qu'il a souffert, aussi soudain aprés le retour de ceux-cy, ce fut de joüer à beau jeu beau retour, & user de mesme pretexte que l'autre, pour combattre leur ennemy, c'estoit la presence du Roy. Et neantmoins encores pour y frapper coup, fallut-il interposer l'authorité de l'Université. J'ay leu unes lettres patentes qui furent lors despeschées sous le nom de Charles VI. par lesquelles il advertissoit de tous les costez ses principaux Officiers de la deliberation qu'il avoit prise en son Conseil de faire la guerre au Duc Jean, au bas desquelles es-toit escrit : A la relation de son grand Conseil tenu du commandement de la Royne, & de Monseigneur le Duc de Guyenne, auquel le Roy de Sicile, Messieurs les Ducs d'Orleans, & de Berry, Louys Duc de Bavieres, les Comtes de Vertus, & de Richemont, de Vendosme, & plusieurs du grand Conseil, & du Parlement, le Recteur, & plusieurs de l'Université estoient. Qui remonstre que l'on les appelloit quelquefois au conseil des affaires d'Estat : & depuis comme le naturel du François est de s'attacher aux extremitez, le Parisien recevant pareil traictement des Armignacs, comme il avoit fait des Bourguignons, encores voulut-il reprendre ses anciennes brisées, & introduisit de nuit Lisle-Adam, qui fit tels ravages, comme l'histoire de ce temps-là en est chargée.

Or comme ainsi soit que toute personne qui se donne plus de puissance, se donne par mesme moyen fort aisément plus de volonté qu'il ne doit, & qu'en nos actions il soit fort aisé de glisser d'une liberté (encores qu'elle soit honneste du commencement) en une licence effrenée : Aussi cette Université passant plus outre, se mit enfin à l'effort : d'autant qu'irritée des indignitez qu'elle enduroit des Ordinaires, elle appella de l'ordonnance de l'an 1417. faite en faveur d'eux : mais elle trouva icy un obstacle par l'authorité de la Cour de Parlement qui fit arrester le Recteur en la maison du chantre de la saincte Chappelle, & constituer prisonniers en la Conciergerie ceux qui tenoient rang plus bas. Ce qui rendit de là en avant l'Université quelque peu plus retenuë, non toutesfois de telle maniere qu'encores elle ne se voulust ressentir mesmement contre le Parlement : mais en fin trouva qu'elle avoit trop forte partie à combattre. Parce qu'en la mesme année ayant obtenu du Roy des privileges trop advantageux, & les voulant faire verifier, la Cour de Parlement ne le voulut faire. D'autant qu'il y avoit quelques clauses pour esmouvoir à sedition, & manda querir aucuns des chefs & principaux de l'Université, pour le leur remonstrer : mais ils ne se voulurent contenter de ces remonstrances, & persisterent en leur requeste, disans que si on ne les publioit, ils cesseroient leurs leçons. Nonobstant ce, ils n'obtindrent à leur intention, s'estant mesmement le corps de la ville de Paris opposé à cette verification, & presenté requeste, afin d'estre receu partie : sur laquelle il auroit esté ordonné que les parties viendroient plaider au premier jour. Quoy voyant l'Université, & que ses affaires ne reussissoient selon son desir, tourna sa pensée à nouveau conseil, soustenant qu'elle ne devoit plaider en la Cour, & qu'elle avoit ses causes commises par devant le Prevost de Paris, Conservateur de ses privileges. A l'instant mesme le Prevost la vendique, & demande le renvoy par devant soy, pour luy faire puis aprés droit sur ses privileges. Cecy estoit du 25. Juin 1417. Pareille requeste le 4. Juillet, autre le 13. ensuivant, afin qu'on leur rendist leurs privileges. La Cour craignant quelque esmeute (car ce fut l'an que Lisle-Adam estoit entré dans Paris) ne voulut interposer expressément son authorité sur ce renvoy : mais tirant prudemment les choses en longueur, en fin avecques la cholere, s'evanoüit aussi la requeste en fumée, & se presentant nouveau succés d'affaires en la France par le meurdre du Duc Jean en la ville de Montereau, aussi prit-on nouveaux desseins : & neantmoins fut cette querelle de l'Université totalement assopie par l'Edict de Charles VII. verifié le 2. May 1446. par lequel fut ordonné que la Cour cognoistroit des causes d'icelle, quand le cas y escherroit.

Les Anglois s'estans en l'an 1420. impatronizé de l'Estat, par le mariage qui fut fait avec Catherine de France, je ne voy plus que l'authorité de l'Université soit telle, comme elle estoit auparavant en telles affaires. Bien luy communiqua l'on de tous les principaux actes du procés que l'on faisoit à Jeanne la Pucelle, dedans la ville de Roüen. C'estoit parce que les Anglois pretendoient que Jeanne pour avoir pris l'habit d'homme, estoit heretique & qu'il y estoit question du fait de la Religion, dont on a tousjours estimé en France qu'il en falloit avoir l'advis de l'Université, depuis qu'elle fust establie : Finalement tous ces anciens troubles estans avecques le temps assopis, & les Anglois chassez du Royaume, par la vaillance des grands Capitaines de Charles septiesme tout ainsi que dedans ces dissensions estoit née,

aussi

auſſi avec leur mort s'eſtaignit cette grandeur plus oyſeuſe, que profitable à cette Univerſité, eſtant par ce moyen reduite en ſon premier ordre, & ſe contenant dedans ſes anciennes bornes. Elle fut reformée en l'an 1452. par le Cardinal de Toute-ville Legat en France. Et certes qui voudra repaſſer par toutes les Univerſitez de l'Europe, il n'en trouvera une ſeule qui revienne au parangon de cette-cy, laquelle nous pouvons dire que tout ainſi que du cheval de Troye ſortirent innumerables Princes, & braves guerriers, auſſi nous a-elle produit une infinité de grands perſonnages, dont la poſterité bruira tant que le monde ſera monde. En la Theologie, un Gerſon, un Clamengis. Car je ne veux faire mention de Pierre Lombard pere de tous, qui eſt ſans pair : en la faculté de Decret, un Rebufy, un Quentin : en la Medecine, un Sylvius, un Fernel, un Tagault, un Gonteric: en la Philoſophie, & en toutes bonnes lettres, un Guillaume Budé, auquel, outre l'accompliſſement qu'il eut de toutes les diſciplines, on doit l'inſtitution des Lecteurs (que nous appellons Profeſſeurs du Roy) ſous le Roy François I. comme celuy qui luy en donna les premiers memoires, un Jean Faber, un Adrian Turnebus, un Pierre Ramus, un Robert Eſtienne : és Mathematiques, un Oronce : en la langue Grecque, le meſme Budé, & un Tuſan : en l'Hebraïque, un Vatable, & ce non comparable Mercerus, afin que je ne parle des vivans, dont ceux qui viendront aprés nous, pourront parler ſans envie. Car quant à l'œconomie de cette Univerſité, & concernant la diſtribution de ſes dignitez & autres menuës parcelles, on les pourra plus amplement entendre par mon Plaidoyé encontre les Jeſuites.

CHAPITRE XXX.

De la puiſſance que nos Rays ont ſur la diſcipline & mœurs de leur Clergé, & comme s'ils veulent regner heureuſement, il eſt requis qu'ils n'en meſ-uſent.

JAmais la France ne receut tant de traverſes ſans changement d'Eſtat, comme elle fit ſous Charles VI. voire qu'il ſembloit que toutes choſes y fuſſent diſpoſées, un Roy mal ordonné de ſens, les deux premieres, & plus grandes familles de la France en diſſentions, chacune deſquelles pour ſouſtenement de ſes affaires ſe targeoit de l'authorité du Roy, ſelon qu'il la pouvoit empieter, guerres civiles, à la queue deſquelles l'Eſtranger s'eſtoit emparé de la plus grande partie du Royaume (comme c'eſt preſque fin & aboutiſſement de telles communes deſbauches) & Eſtranger meſme mant ancien, & capital ennemy de la France, qui commandoit dedans Paris, ville avec laquelle la fortune de nos Roys ſemble eſtre liée : & qui eſt encores davantage à conſiderer, c'eſt que par avanture nous euſmes jamais Roy de moindre effect que Charles ſeptieſme. Car au milieu de toutes ces calamitez & tempeſtes, il entretenoit au veu & ſceu de toute la France, une belle Agnes, & eſtoit de ſi peu de tenuë en toutes ſes actions, que tous les ans il changeoit de nouveaux favoris : meſmes s'eſtoit rendu, ſi ainſi faut que je le die, ſi contemptible envers ſes Seigneurs, que Tanneguy du Chaſtel fut ſi hardy de tuer en ſa preſence dans ſon Conſeil le ſieur du Bueil, de la Maiſon de Sanxerre, qui lors avoit la meilleure part au Roy : & neantmoins Dieu luy envoya de ſi bons & fideles Capitaines, que tout ainſi que les enfans d'Iſraël par la conduite de Moyſe furent delivrez de la tyrannie des Pharaons, auſſi furent le Roy, & tous ſes ſujets affranchis de toutes ces extorſions & pilleries, qu'avoient produict ces guerres inteſtines, & les Anglois exterminez tout à fait. Au contraire ſous Louys d'Outremer & Lothaire ſon fils, ſous leſquels il n'y avoit tant d'apparence de mutation d'Eſtat (car l'un & l'autre eſtoient pleins de ſens, ores qu'ils euſſent la fortune rebouſſée & traverſiere à leurs deſſeins) toutesfois Dieu leur oſta le ſceptre des mains, pour le tranſporter en une autre famille. Et vrayement quand je conſidere toutes ces particularitez, & qu'au milieu de ces orages, je voy que les Benefices eſtoient à l'abandon en France ſous Louys & Lothaire, & diſtribuez par l'authorité, ou connivence du Prince aux Capitaines, gendarmes, & guerriers : & que ſous les regnes de Charles ſixieſme, & ſeptieſme, tous les vœux generaux de la France ne viſoient qu'à reformer les abus qui eſtoient en l'Egliſe, non point à coups de dagues, ou eſpées, qui n'eſt pas la voye qui nous a eſté preſcrite de Dieu, ains par Concils, par Preſches, Aſſemblées de preud'hommes, s'accordans en une meſme devotion : il me ſemble qu'il eſt fort aiſé de juger dont vint la condamnation des uns, & reſtabliſſement des autres. C'eſt à ſçavoir, pour autant que les premiers n'ayans au ſoing de la maiſon de Dieu, ains en faiſant un hebergement de chevaux, Dieu auſſi n'eut ſoing de la leur : comme au rebours il prit en main la defenſe de celle qui avoit, non point par mines exterieures, ains vivement defendu la ſienne. Tellement que les premiers fondemens en ayant eſté jettez ſous Charles ſixieſ- me, & l'edifice parachevé ſous ſon fils par la Pragmatique Sanction, Dieu leur voulut attribuer cette bonne devotion, reſtituant plus par miracle, que par main d'homme, tout le Royaume à Charles ſeptieſme. De façon que depuis ce Roy proſpera touſjours, au contentement de tout le monde, s'eſtant rendu recommandé à la poſterité, comme l'un des plus grands Roys de la France.

Auſſi ſeroit-il mal-aiſé d'apporter plus grande, & ſage police en noſtre Egliſe, que celle qui fut moyennée par cette Pragmatique Sanction, ny meſmes par voye plus douce. Car tout ainſi qu'aux anciens Concils, que nous celebrions dans Paris, Orleans, Tours, Arles, Chaalons, Rheims, & autres villes, ſelon les occurrences des affaires, nous y aportions peu du noſtre, ains eſpuiſions nos Conſtitutions Synodales des Concils generaux, ou particuliers du Levant, approuvez par toute l'Egliſe : auſſi empruntames nous cette Pragmatique Sanction de deux Conciles generaux, de Conſtance, & de Baſle. Par ainſi demeurans ſous l'authorité du ſainct Siege, & recognoiſſans l'Egliſe Romaine, comme Premiere, Univerſelle, & Catholique en ce qui concernoit la foy & religion Chreſtienne, nous bannimes ce qui cauſoit la confuſion. Sur quoy quelques particuliers avoient pris choſes par moy cy-deſſus diſcourues, il reſtoit encores la reformation des mœurs, & falloit au moins mal qu'il ſeroit poſſible, exterminer l'avarice & l'ambition de noſtre Egliſe : l'avarice en la diſtribution des ſaincts Sacremens, & autres choſes qui dependent du miniſtere, & adminiſtration des Eccleſiaſtics : l'ambition en pluſieurs rencontres qui dependoient de l'exercice de leurs juſtices. Pour dire la verité, c'eſtoit au Clergé meſme d'y mettre la premiere main : ſen ce defaut, il n'eſt pas impertinent d'avoir recours au ſouverain Magiſtrat ſeculier.

Et par eſpecial en la France, en laquelle de toute ancienneté nous avons recogneu nos Roys, ſinon pour chefs de leur Egliſe, pour le moins comme faiſans l'une des meilleures, & pluſſaines parties d'icelles. Qui eſt la cauſe, pour laquelle l'ouverture de nos premiers, & anciens Concils, tant ſous la premiere que ſous la ſeconde lignée, ſe faiſoit ſous leur authorité, & quelquesfois y preſiderent : & meſme en trois Concils, dont l'un fut ſous Louys le Debonnaire, tenu en la ville d'Aix, l'autre ſous l'Empereur Lothaire ſon fils, en la ville de Paris ; le troiſieſme en la ville de Mayence, ſous Arnoul, qui fut en Allemagne, le dernier rejecton de la lignée de Charlemagne. Il fut dés la premiere entrée accordé, que le corps de toute l'Egliſe eſtoit diviſé en deux dignitez, en la Sacerdotale & en la Royale, portant ſignamment le ſecond article du Concil de Paris : *Principaliter totius Eccleſiæ corpus in duas perſonas eximias, Sacerdotalem videlicet, & Regalem, diviſa eſſe novimus*. Et pour cette cauſe, aprés avoir diſputé de la dignité Sacerdotale, ils touchent à ſon rang ce qui concernoit la Royale, comme ſi l'u-ne

ne ne se pouvoit passer de l'autre : & entre autres Decrets de ce Concil, il fut par l'article deuxieme arresté, qu'aux Roys de France appartenoit d'avoir l'œil sur la discipline Ecclesiastique, lors que le Clergé se rendoit nonchalant à le faire : estant l'article de cette substance & teneur : *Principes saeculi nonnumquam intra Ecclesiam potestatis adepta culmina tenent, ut per eandem potestatem, disciplinam Ecclesiasticam muniant. Caeterum intra Ecclesiam potestates necessariae non essent, nisi ut quod non praevalet sacerdos efficere per doctrinae sermonem, potestas hoc imperet per disciplinae terrorem. Saepe per regnum terrenum coeleste regnum proficit : ut qui intra Ecclesiam positi, contra fidem, & disciplinam Ecclesiae agunt, rigore principum conterantur. Ipsamque disciplinam quam Ecclesiae utilitas exercere non praevalet, cervicibus superborum potestas principalis imponat, & ut vim rationem mereantur, virtutem potestatis impertiatur. Cognoscant principes saeculi se Deo debere rationem propter Ecclesiam, quam à Christo tuendam suscipiunt.* " Les Princes & Sei-
" gneurs temporels (dit-il) quelquesfois exercent dedans l'E-
" glise le haut poinct de la puissance qu'ils ont, afin que par
" elle ils reparent la discipline Ecclesiastique. Au demeurant
" les puissances & authoritez ne seroient desirées en l'Eglise,
" sinon de tant que ce à quoy l'Ecclesiastic ne peut parvenir
" par Presches & sainctes exhortations, il faut que le Magis-
" trat le commande, & face executer par la crainte de sa poli-
" ce. Assez souvent le Royaume des Cieux sent profit par l'ai-
" de du Royaume terrestre. C'est à sçavoir quand ceux qui au
" milieu de l'Eglise vivans contre la foy & discipline Eccle-
" siastique, par la rigueur du Magistrat sont opprimez, & qu'à
" cette discipline, que l'Eglise ne peut exercer à son utilité,
" sont reduits les plus hautains & superbes, par la puissance du
" Prince : lequel par ce moyen se rend venerable envers un
" chacun. Que les Princes donques entendent qu'ils rendront
" quelque jour compte à Dieu de l'Eglise qui leur a esté par luy
" baillée en garde.

Passage que j'ay voulu copier & rendre François mot pour mot de cet ancien Concil de Paris, parce qu'il fut expressement dressé pour nos Roys dans sa ville capitale de France. Qui me fait en passant esbahir, pourquoy Gratian en son Decret l'attribue à Isidore Autheur Espagnol, lequel ne le tient en foy & hommage d'autres que de nous : & eust esté plus seant à ce Moine de puiser de la fontaine, & de plus grande authorité, en la recognoissant d'un Synode.

Or est la puissance de nostre Roy estimée estre de tel effect & merite sur son Eglise, que tout le Clergé. Et pour conclusion, ce grand Concile de Paris prie le Roy de vouloir establir des Escoles publiques par son Royaume en trois villes, c'estoit ce que depuis nous appellasmes Universitez. Qu'il luy pleust pareillement de restablir quelques Eglises Episcopales, lesquelles non seulement demeuroient veufves, & destituées de Pasteurs, mais par l'injure du temps sembloient estre du tout supprimées, & reduites à neant : & aussi que les Abbez, & Abbesses, ensemble les Chanoines, tant Reguliers, que Seculiers fussent par luy admonestez serieusement de servir de bon exemple au peuple, & ne faire rien qui fust mal seant à leurs ordres & professions, qu'ils tinssent en bon, & suffisant estat les lieux qui leur estoient communs. Quoy faisant il ne falloit faire nulle doubte que les affaires de la France ne prinssent puis après bon train. Et de ce mesme fonds, proceda que les Roys Charlemagne, & Louys le Debonnaire, firent plusieurs constitutions Canoniques pour leur Royaume, lesquelles furent confirmées en un autre Concil tenu à Aix sous Pepin fils du Debonnaire : pareillement que les constitutions conciliaires n'avoient lieu, sinon de tant, & entant qu'elles estoient confirmées par nos Roys, & mises aux archifs de leurs Palais : comme nous voyons qu'il fut fait pour les cinq Concils tenus diversement par le gouvernement du Debonnaire. Et de fait en ce mesme Concil d'Aix il est dit que les Canons par eux promulguez sortiront leur entier effect par authorité Pontificale, & Royale Majesté.

CHAPITRE XXXI.

Des Coustumes que le Clergé appelle Loüables pour quelquesfois couvrir la pudeur de son avarice.

Toutes les considerations par moy cy-dessus discourues, ont fait que l'on ne douta jamais que nos Roys, assistez des premieres Dignitez de la France, ne peussent reformer leur Clergé lors qu'ils le virent desvoyé par ambition ou avarice extraordinaire. Et parce que je voy les Ecclesiastiques couvrir la plus grande partie de leurs fautes, sur des coustumes que nos ancestres appellerent Loüables, je pense qu'il ne sera hors de propos si je vous en touche quelque mot.

Il est certain que sur l'advenement de nostre Religion, nous estions tous non seulement conformes en foy, mais aussi en ceremonies. Toutesfois nous ne demeurasmes longuement en cet estat, parce que les Apostres & leurs Disciples s'estans acheminez aux Provinces qui estoient eschouées en leurs partages, trouverent les hommes diversement preparez à recevoir le saint charactere de la Foy. Cela fut cause que faisans comme le bon medecin lequel prend advis de la saison, de la temperie de l'air, de l'aage, de l'habitude & qualité de son malade, accommodant la medecine au sujet qu'il traite : aussi ces bons vieux peres voyans quelques nations plus farouches, & les autres plus traitables, furent contraints d'apporter quelques observances diverses pour allecher ce pauvre peuple encores neuf & rude, à la Religion Chrestienne, selon le plus ou le moins qu'ils le voyoient estre capable. D'elles nous voyons frequente mention dedans les anciens Docteurs de l'Eglise ; Sainct Hierosme respondant à Lucinius sur ce qu'il luy demandoit s'il estoit bon de jeusner & communier tous les jours, comme on faisoit en quelques endroits, luy manda qu'il falloit suivre les traditions de chaque Eglise, specialement celles qui ne resistoient à nostre foy, ainsi qu'elles avoient esté baillées d'ancienneté. Et Sainct Augustin en sa cent & dix-neufviesme Epistre escrivoit à Januaire, que la plus certaine reigle que l'on pouvoit pratiquer en telles affaires, estoit de non seulement rejetter, mais an contraire tres-estroitement embrasser ce qui ne se trouvoit ny contre nostre foy, ny contre les bonnes mœurs, & neantmoins contenoit en soy quelque aiguillon de pieté pour nous exciter à bien vivre. Le semblable trouverez-vous dans Sainct Gregoire és quarante & un & septante-cinq du premier Livre de ses Epistres : & de telle diversité d'observances, y en a un grand discours dans Nicephore au douziesme, & dans Eusebe Livre cinquiesme de leurs Histoires Ecclesiastiques. Elles estoient appellées Loüables Coustumes, parce que c'estoient observances introduites en l'honneur de Dieu : comme quand nous voyons un jeusne estre observé en un Diocese, & en l'autre non, une feste solemnisée d'une façon en un lieu, qui ne l'est en l'autre. Or comme toutes choses par succession de temps vont de bien en mal, & de mal en pis, aussi l'avarice s'estant logée dans nostre Eglise, & plusieurs appellez aux Dignitez Ecclesiastiques n'ayant autre devotion dans leurs ames que leur profit particulier, voulurent couvrir leur honte de quelque tiltre specieux, appellans leurs constitutions pecuniaires, Loüables Coustumes qu'ils tiroient d'une longue ancienneté ; comme s'il y pouvoit avoir rien de loüable en chose où l'avarice regne contre les anciens Canons & Decrets ; & que nostre Seigneur chassant les marchands du Temple, ne nous eust pas voulu donner à entendre qu'il ne desiroit rien tant que de voir l'avarice hors de sa maison. Du masque de ces loüables coustumes prindrent leur source les Decimes, Annates de la Cour de Rome, les Deports des Archidiacres, les Proficiats & Cathedratiques que les Evesques prenoient pour leurs bien-venuës. Les deniers que les Curez pretendoient leur estre deus pour l'administration

ministration des Saincts Sacremens. A quoy le Parlement s'est tousjours vertueusement opposé, mesmes il ne trouva jamais bon tous les statuts capitulaires qui se tournoient seulement au profit des particuliers, & non au bien general de l'Eglise. Chose qu'il me suffit de vous remonstrer maintenant au doigt, à la charge d'y donner encores quelque touche lors que je parleray des appellations comme d'abus.

CHAPITRE XXXII.

Des entreprises anciennes que faisoient les Ecclesiastics sur la Jurisdiction seculiere.

Tout ainsi que l'avarice se vint loger dedans nostre Eglise, aussi fit l'ambition : ambition neantmoins qui couvoit en soy de l'avarice, parce que les Ecclesiastiques empieterent avec le temps grande puissance au prejudice, tant de la Justice Royale, que de toute autre Seculiere, dont ils rapportoient honneur & profit tout ensemble. Leur Jurisdiction premiere estoit limitée ès choses qui concernoient le spirituel, toutesfois ils l'avoient estenduë en tant d'affaires & matieres, que les faux-bourgs estoient trois fois plus grands que la ville, s'estans dispensez de prendre toute cognoissance des causes qui concernoient les vefves & orphelins, & celles où le Clerc avoit tant soit peu d'interest, encores que le demeurant des parties fussent gens lais, voire ne doutoient mesmes de cognoistre de lay à lay : & encores se donnoient loy particuliere de mettre tous testamens à execution, au prejudice de tous autres, & par consequent de faire les inventaires & proceder par voye de scellé sur les Biens meubles, tiltres & enseignemens delaissez par le defunct. Yves de Chartres en sa cent trente-huictiesme Epistre, soustenoit que la cognoissance des adulteres & usures leur appartenoit ; & és Epistres cent nonante-deux, cent nonante-trois, & cent nonante-sept, ils cognoissoient des matieres temporelles, & deux cens trente-huict, cognoissent des matieres Royales. Qui venoit grandement à l'enervation de la Jurisdiction temporelle. A quoy la voye leur avoit esté facilitée par plusieurs & divers moyens. Car premierement pour le regard des Clercs, ils avoient certaines propositions que le privilege Ecclesiastic appartenoit tant au public, que quand bien ils eussent voulu, ils n'eussent peu decliner la Jurisdiction de la Cour d'Eglise, pour subir celle de la Cour Laye : par ainsi comme privilegiez entre tous privilegiez, ils attiroient quant & soy toutes les autres parties collitigantes: & pour le regard des vefves & orphelins, comme personnes pitoyables, & par special recommandées à l'Eglise ils se faisoient accroire que c'estoit un privilege qui leur estoit octroyé de Dieu, aussi ne defailloient-ils en cecy d'exemple ; car aux Epistres de Sainct Gregoire l'on trouve plusieurs recommandations qu'il faisoit à ses Sousdiacres (par devers lesquels estoit lors le mesnage de l'Eglise) de prendre le faict en main de quelques vefves & orphelins. Et encores que des causes de lay à lay, cela se trouvast sans exemple, si est-ce que le temps leur en avoit faict l'ouverture telle que je vous discourray maintenant. Il n'y eut jamais chose plus recommandée par l'ancienneté, en nos actions, que l'entretenement du serment. Cela fut cause que nos ancestres contractans revestoient ordinairement leurs promesses de leurs sermens. Chose dont les Ecclesiastiques firent fort bien leur profit, disans que c'estoit une taisible soubmission à leur Jurisdiction, joinct qu'à eux seuls appartenoit la cognoissance de la rupture du serment. De là vint qu'ils cognoissoient presque de toutes matieres, tant en action, qu'en rescision de contracts, & aussi de toutes Causes Feudales, comme celles qui estoient naturellement fondées sur le serment de fidelité du vassal envers son Seigneur. De là passans aux ordonnances des dernieres volontez, ils n'estoient non plus despourveus de pretextes ; parce que le testament ne se fait ordinairement que pour le repos de nos ames lors que chacun se dispose à la mort, mesmes semble que les executions testamentaires incogneuës aux anciens Jurisconsultes de Rome, ayent esté mises en usage par les Ecclesiastiques. Au moyen dequoy ils pensoient estre une chose vrayement de leur fonds, que de cognoistre des executions testamentaires. Et comme il est fort aisé de sauter de l'un à l'autre, aussi par traicté de temps avoient-ils enjambé toute Cour & Jurisdiction sur les causes reelles, mixtes & personnelles, que l'on intendoit devant eux ; ayans un grand moyen de se maintenir en cette possession, car qui les eust voulu troubler, soudain ils avoient recours aux excommunications, non seulement contre les parties qui vouloient decliner leurs Jurisdictions, mais aussi encontre les Juges.

Plusieurs cognoissoient ces entreprises indeuës, nul toutesfois n'y osoit donner atteinte. Avant que d'y appliquer le cautere, on y apporta plusieurs deliniemens. Premierement quant aux contracts, on trouve aux vieux Registres du Viguier de Tholose, voyant que sous pretexte du serment que l'on inseroit dedans les contracts, les Ecclesiastiques entreprenoient sur sa Jurisdiction, fit deffence à tous les Notaires de Tholose, de faire jurer les parties ; dont le Clergé appella au Parlement, & par jugement donné l'an mil deux cens quatre vingt-dix, aux Arrests de la Purification nostre Dame, il fut dit que le Viguier n'avoit en cecy faict aucun tort à l'Evesque de Tholose, moyennant que les contracts peussent subsister sans protestation de serment. Et en un autre endroict pour aucunement mettre bornes à la Jurisdiction Ecclesiastique, le Roy voulut que pour le regard des Fiefs & autres causes où il y alloit du serment, il seroit permis au Juge d'Eglise de cognoistre seulement du parjure, & le chastier, mais non du Fief ny de l'heritage, ou du debte dont il seroit question. Aussi permettoit-il aux vefves & orphelins de se pourvoir pardevant ses Juges ou en la Cour de Chrestienté, c'estoit à dire, en Cour d'Eglise. Ainsi porte le vieux Registre, dont je fais icy mon profit. Semblablement en plusieurs Bailliages pour sortir de ce labyrinthe de Cour d'Eglise, où l'on immortalise les causes par chicaneries, l'on fit plusieurs articles portans que l'executeur testamentaire pouvoit estre contrainct par prevention de rendre compte pardevant le Juge Royal ou Ecclesiastique, comme l'on voit és Coustumes de Sens & de Troyes, & en l'ancienne d'Orleans. Le premier qui se hazarda de franchir le pas, fut Maistre Pierre de Congneres Advocat du Roy en la Cour du Parlement de Paris : j'ay dict exprés, qui se hazarda, d'autant que ce n'estoit pas une petite entreprise de s'attacher à un tel corps comme estoit celuy des Prelats, chacun desquels pesoit quelque chose en son endroict, & unis tous en general, ils sembloient estre invincibles, mesmes que les affaires de France sont telles, qu'il n'y a Roy qui ne soit tousjours gouverné de quelque personnage constitué en Dignité Ecclesiastique.

CHAPITRE XXXIII.

Des appellations comme d'abus, remede introduict, tant contre les entreprises des Ecclesiastiques, que reformation de leurs mœurs.

SUr la plainte que fit Congneres de tous ces abus en l'an mil trois cens vingt-neuf, le Roy Philippes de Valois en vertu de ses Patentes, fit donner assignation à tous les Prelats de la France en son Parlement. A l'assignation qui escheoit à la huictaine ensuivant aprés la Sainct André, luy seant en son lict de Justice, assisté de plusieurs Princes & grands Seigneurs, & de sa Cour de Parlement, Maistre Pierre de Congneres ayant pris son theme sur un passage de la Saincte Escriture fort à propos, *Reddite Cæsari quæ sunt Cæsaris, & Deo quæ sunt Dei*; aprés s'estre estendu sur cette proposition, & remonstré que la Jurisdiction de Cour d'Eglise n'avoit rien de commun avec la temporelle, il proposa assez simplement & sans fard plusieurs articles esquels il requeroit estre apporté quelque ordre, & reformation encontre les Ecclesiastiques. C'est à sçavoir que plusieurs fois ils faisoient emprisonner un homme lay comme mal-faicteur, & aprés luy avoir faict son procez d'office à la requeste du Promoteur, ils ne le vouloient eslargir que premierement il n'eust payé tous les frais de Justice, & toutes les façons des enquestes & procedures. Que sans cognoissance de cause ils faisoient à toutes heures des Clercs tonsurez, bastards, adulterins, enfans d'esclaves, pour dilater les bornes de leurs Jurisdictions. Qu'ils envoyoient çà & là leurs Notaires sur les Justices tant Royales, que des Barons & autres Seigneurs, lesquels passans des contracts, soumettoient tousjours les contractans à la Jurisdiction de Cour d'Eglise. Que le premier meurdrier ou larron qualifié, qui se disoit estre Clerc, & sous ce tiltre demandoit son renvoy pardevant l'Official, il falloit qu'il fust renvoyé sur peine d'excommunication, encores qu'il n'eust esté pris en habit Clerical, & qu'il ne fist apparoir de ses Lettres de Tonsure. Que soudain qu'un homme estoit entré en prison Ecclesiastique, par la porte de fer, il en sortoit par la porte d'argent. Qu'un homme estant excommunié, les Officiaux prenoient plaisir de citer tous ceux qui avoient depuis communiqué avecques luy, & ainsi mettoient quelquefois toute une contrée en desarroy par leurs induës citations. Qu'ils faisoient accroire aux plus gens de bien qu'ils estoient usuriers, & en cette qualité s'en faisoient les poursuites pardevant eux. Que si un homme riche estoit decedé, bien qu'il eust faict testament, & receu les Saincts Sacremens de l'Eglise, toutesfois on luy faisoit desnier terre saincte aprés son decez, sous quelques fausses imputations d'usure, ou autrement: & pour se remedier de cette vexation barbaresque, les amis & heritiers du deffunct estoient contraints foncer le poignet des Officiaux, Archidiacres & autres Juges d'Eglise. Alleguoit aussi plusieurs autres deportemens pleins de mauvais & dangereux exemples. A toutes lesquelles choses respondit premierement l'esleu Archevesque de Sens, puis Messire Bertrand Evesque d'Authun, & par special Bertrand, lequel commença ses Remonstrances par ce verset: *Deum timete, Regem honorificate*; puis recapitula en deux chefs tout ce qui avoit esté dit par Congneres, disant que le premier concernoit l'entreprise de Jurisdiction, que l'on pretendoit estre faire par les Ecclesiastiques sur le Roy, Princes, Barons & Seigneurs de la France: & le second, les abus qui estoient commis par les Ecclesiastiques ou leurs Officiers. Pour le regard du premier poinct, qu'on ne leur pouvoit envier, comme estant acquis par disposition de droict divin & humain, aidé d'une plus qu'immemoriale possession qui s'estoit tournée en coustume laquelle equipolloit à la Loy, à la nature & tiltre. Bref, que toutes choses qu'on sçauroit desirer, concurroient en leur faveur, & puis que de tout temps ils avoient eu cognoissance de toutes ces causes contre quelque personne que ce fust, c'eust esté les affliger d'une nouvelle tyrannie, qui les eust voulu spolier: mais quant aux abus que l'on disoit avoir esté commis par leurs Officiers, tant s'en falloit qu'ils les voulussent excuser, qu'au contraire ils vouloient & entendoient en estre les premiers reformateurs, comme des choses qui n'estoient jamais venuës à leur cognoissance. La cause estant en cette façon plaidée d'une part & d'autre, & les parties appoinctées à mettre leurs pieces pardevers le Roy, le Clergé dressa une petite requeste contenant sommairement ses moyens, accompagnée d'une protestation, que ce qu'ils avoient dict, estoit pour informer seulement la conscience du Roy, & sans qu'ils entendissent se soubmettre de cette affaire à sa Jurisdiction. Pour le faire court, sur cet appoinctement ne fut prononcé aucun Arrest: mais comme il advient ordinairement que les Roys sollicitez d'un costé en une mauvaise cause par l'importunité des plus grands, d'un autre espoings d'un interieur remord de leurs consciences, balançans entre la faveur & la Justice, sont contraints de bailler bonne parole aux uns & aux autres: ainsi en advint-il au cas de present; parce que les Prelats se presentans quelques jours aprés au Roy dans le bois de Vincennes, & ayans eu responce de luy que son intention estoit de les conserver aux privileges qu'ils monstreroient leur appartenir, tant de droict, que de coustume bonne & raisonnable: eux cognoissans qu'en cette resolution il n'y avoit rien pour eux, firent supplier le Roy de se vouloir plus au long ouvrir, lequel pour les contenter aucunement, leur faict dire par l'Archevesque de Bourges, qu'ils ne se devoient estonner, d'autant qu'il ne seroit rien attenté durant son regne encontre eux, comme celuy qui delibereroit estre leur protecteur, ne voulant servir de planche à ses successeurs pour affliger l'Eglise. Les Ecclesiastiques pensans par cette responce avoir le dessus de leurs pensées, supplierent le Roy que les registres de cette cause fussent biffez, comme estans indignes que la posterité en eust cognoissance; à quoy il presta aureille sourde: mais d'un autre costé enjoignit sous main à la Cour de Parlement de faire ce que la Justice luy commanderoit; & sur tout recommanda aux Prelats de reformer ce qu'ils verroient à faire dans leurs Dioceses, & en certifier dedans certain temps, pendant lequel il n'innoveroit chose aucune à leur prejudice. Ainsi se partirent uns & autres, pensans avoir diversement la victoire de leurs opinions: mais sur tous, les Ecclesiastiques, qui sont ceux qui firent rediger cette histoire par escrit, que j'ay empruntée d'eux, & encores pour vengeance de cette poursuitte, firent mettre un marmot en un coing de nostre Dame de Paris, que nous appellons par une rencontre & equivoque de surnom, où il est mis, Maistre Pierre du Coignet, n'ayans toutesfois par ce sobriquet effacé le nom & utilité que ce grand Advocat du Roy pourchassa à tous les siecles à venir. Et au contraire le Roy Philippes de Valois estant decedé, le firent surnommer le Catholique.

Du depuis la Cour de Parlement ne fit doute de restraindre la Jurisdiction Ecclesiastique, & reformer les abus qui se trouvoient aux Ministres & Officiers de l'Eglise. Et comme ainsi fust que Congneres sur le commencement de son plaidoyé, avec toute modestie eust seulement dit que les articles qu'il bailloit, contenoient les torts & entreprises dont usoit le Clergé sur le Roy, & que Bertrand en adoucissant eust par ses defenses tourné ce mot de *tort* en *abus*, disant que l'un des chefs de Congneres regardoit *les entreprises*, l'autre *les abus*, nous emprutasmes de luy le mot d'*abus*: vray qu'au lieu qu'ils n'en avoient faict qu'une espece, nous en fismes un genre, appropriant ce mot non seulement à la desbauche de leur discipline, mais aussi à toutes entreprises induës que les Ecclesiastiques font, tant sur les moindres de leur Ordre, que sur les personnes layes. Auquel mot Maistre Jean Gerson donna principalement sauf-conduit en son traicté qu'il fit au Concile de Constance, *de la Puissance Ecclesiastique*. Et ayant ce mot pris cette façon entre nous par
l'authorité

l'authorité de ceux que nous sçavons n'avoir jamais vacilé contre la Foy & Religion de l'Eglise Romaine, de là est venu puis aprés l'*Appel comme d'abus*, quand nous appelons des Ecclesiastiques pardevant le Roy en son Parlement, par les raisons qui seront cy-aprés par moy deduites en leur rang, comme luy en appartenant naturellement la cognoissance par les anciens Conciles & reglemens de cette France.

Toutesfois il ne vous faut pas estimer que ce remede d'appel fust en nature des lors de Philippes de Valois, ny plus de sept ou huict vingts ans aprés; car vous n'en trouvez nulle mention, ny dans les Registres de la Cour, ny dans le Recueil des Arrests que fit Jean Gallus Advocat du Roy au Parlement de Paris, du temps de Charles VI. ny dans celuy d'Estienne Aufrerius President au Parlement de Tholose, ny en ses Decisions de la Chapelle Tholosane, ny dans celles de Guidon Pape pour le Parlement du Dauphiné. Et neantmoins encores que le formulaire n'en eust esté trouvé, si ne laissoit le Parlement de reformer les abus qui se trouvoient en Cour d'Eglise, comme chose qui estoit de son vray ressort, sous le nom & authorité de nos Roys. Ainsi trouvons-nous és Registres de la Cour, que le sixiesme Fevrier mil trois cens septante-neuf l'Université de Paris se vint plaindre en plein Parlement, que leur Chancelier prenoit argent pour faire des Maistres és Arts ou Docteurs: ainsi recite Gallus en sa question trois cens trente-six, qu'en l'an mil trois cens huictante-trois, les Chanoines du Mans furent deboutez de ce qu'ils se pretendoient estre en possession de n'aller point avec leur Evesque en procession. Et en la question deux cens soixante-deux, qu'au mesme an l'Archidiacre de Paris fut condamné par saisie de son temporel, de rendre à Mathieu le Beul la somme de cent cinquante livres qu'il avoit mal exigée de luy, pour avoir esté trouvé avec autre femme que la sienne. Et en la question trois cens soixante-trois, Que l'Archevesque de Rheims n'estoit recevable de dire qu'il estoit en possession d'appeller devant luy, & constituer prisonnier une personne laye quand il luy plairoit. Aussi trouve-l'on és Registres de la Cour, que du premier jour de Mars mil quatre cens un entre les Eschevins d'Abeville, & l'Evesque d'Amiens, il fut donné Arrest par lequel le Parlement jugea & arresta ce que l'Evesque devoit prendre pour lettres de bans, mariages & espousailles: & pareillement que le neufviesme Mars mil quatre cens onze fait reiglement entre le Chevecier & Chanoines de Chinon contre les habitans du lieu, de ce que les Chanoines devoient prendre.

Le plus signalé Arrest par lequel je voy l'entreprise des Ecclesiastiques avoir esté chastiée, est celuy du Parlement de Paris du treiziesme Avril mil trois cens septante-deux. L'Archevesque de Rouen faisoit publier en trois endroits de la grande Messe le chapitre *Quoniam intelleximus, de immunit. Eccl. lib. 6.* translaté en François; & sous le gage avoit usé de plusieurs censures & interdits contre Oudart d'Atteinville Baillif de Rouen & Gisors. Par cet Arrest le tout fut revoqué, cassé & annullé, & l'Archevesque condamné en quatre mille livres tournois, & son Official en quatre cens; le Promoteur advoüé par l'Archevesque, hors de Cour & de procez.

Autre Arrest du dix-neufviesme Mars mil quatre cens neuf, portant defences à l'Evesque d'Amiens de n'exiger argent pour donner congé aux nouveaux mariez de continuer avec leurs femmes, & de n'empescher la sepulture des decedez *ab intestat*, ny de contraindre les executeurs testamentaires de rendre compte devant luy ou son Official, ains qu'il seroit loisible de se soubmettre à la Justice Laye ou Ecclesiastique. De ne citer pardevant Juges Ecclesiastiques, les infracteurs de leurs Mariages. Arrest du cinquiesme Mars mil trois cens huictante-huict. Qui sont toutes choses qui appartiennent tant à la Discipline Ecclesiastique, qu'aux entreprises de Cour d'Eglise, dont le Parlement prenoit cognoissance, sans qu'il fust faite mention de l'*Appel comme d'abus*, lequel depuis vint en usage vers le regne de Louys XII. seulement; car du temps mesmes de Charles VIII. il n'estoit encores en estre, comme nous pouvons clairement recueillir de l'appel qui fut interjetté par le Procureur general de Nanterre, de la legation de la Balve dont il sera maintenant parlé.

Quelques-uns de prime-face penseront, parce que nous couchons icy du mot d'une appellation, que ce que je traicte en ce lieu, appartienne seulement à la pratique ou à quelque chicanerie; & vrayement je n'estime qu'il y ait plus grand & fort nerf de nostre Republique Françoise, ny plus asseuré rempart que cestuy; car auparavant qu'il fust en vogue, nous estions grandement empeschez de resister aux entreprises que l'on faisoit en Cour de Rome sur nous. Si c'estoit une question d'Estat qui se presentast entre le Pape & nous, & que le Royaume eust esté par luy interdit, nous avions nostre commun refuge à un appel que nous interjettions au futur Concile general. Si en caste, non de telle estofe, je trouve qu'au Concile de Tribour, sous l'Empereur Arnoul, estant par article exprés passé que le Pape pouvoit disposer de toutes choses, sur tous les Evesques, l'on advisa neantmoins que si quelque Prestre ou Diacre apportoit quelques mandemens extraordinaires de Rome, & que vray-semblablement on estimast estre subreptifs ou desrobez, l'Evesque du lieu pourroit arrester le porteur, ou le mettre en seure garde, jusques à ce que l'on eust eu nouvelles plus amples de Rome, de la volonté du Pape. Qui estoit un moyen pour aucunement retrancher telles sortes de mandemens, en intimidant les porteurs, sous une apprehension de prison. Car si les grands Seigneurs ne trouvoient de hardis executeurs de leurs volontez absoluës, ils seroient plus retenus en leurs commandemens, qu'ils ne font: toutesfois nous n'eusmes jamais recours à ce remede, ains le resignasmes aux Princes estrangers. Semblablement sous le regne de Charles VIII. se voulant Maistre Jean de Nanterre Procureur general opposer à la legation du Cardinal de la Balve, il se trouva merveilleusement empesché du formulaire qu'il devoit tenir. Parce que l'on trouve aux Registres de la Cour que le vingtiesme jour d'Aoust mil quatre cens huictante quatre, aprés avoir soustenu que les Roys estoient creez de Dieu pour la protection & defense de leurs Eglises & de leurs sujets, & que le Pape sans le consentement du Roy ne pouvoit envoyer un Legat en France, d'autant que cela se faisoit à la diminution des droits des Ordinaires, contre le Decret *de Caussis* de la Pragmatique-Sanction, il appella du Pape Sixte, à son mieux penser, ou à celuy, ou à ceux ausquels appartenoit la cognoissance de cet appel, pour luy, pour tous ceux qui se voudroient joindre avec luy. Qui monstre clairement que lors n'estoient encores en usage ces manieres d'*Appel comme d'abus*: & par mesme moyen l'on peut recueillir en quelle perplexité nous estions exposez en telles occurrences d'affaires; car d'appeller de toutes entreprises du Pape à un Concile general futur, c'estoit une trés-petite peine. Et en fin comme nous voyons l'Ours en leschant souvent ses petits, les rendre en la perfection de leur espece, lesquels auparavant ne paroissoient estre qu'une lourde masse de chair: aussi discourans souvent dans le Parlement des abus qui se commettoient en Cour d'Eglise, & rebelutans cette mesme paste, furent formées entre nous sur la fin du regne de Louys XII, ces *Appellations comme d'abus*, la naissance desquelles donna fin & assoupissement à toutes ces difficultez par moy maintenant recognuës, et les establismes sur quatre pilliers sur lesquels aussi sont fondées les libertez de nostre Eglise Gallicane; quand il y a contravention aux Saincts Conciles & Decrets receus & approuvez en la France, Ordonnances Royaux, ou bien que l'on entreprend sur la Jurisdiction temporelle, ou que l'on contrevienne aux Arrests du Parlement.

Je dis expressément saincts Concils & Decrets receus & approuvez par la France. Car encores que l'authorité de tous Concils soit grande, si n'est-il pas de necessité que l'on les observe par tout. Qu'ainsi ne soit, au grand Concil de Carthage tenu sous Saint Cyprian, de rebaptizer ceux qui avoient esté baptizez par les heretiques hors l'Eglise, ne fut jamais approuvé de l'ancienneté. Et tant s'en faut que l'on authorisast le second Concil tenu à Ephese, qu'au contraire l'on ne douta de l'appeller publiquement brigandage, & ainsi l'appelloit le Pape Nicolas I. de ce nom en ses Epistres: voire que Saint Gregoire, bien que devant sa venuë on eust tenu plusieurs & divers Concils, si n'en avoüoit-il que quatre, les Concils de Nysse, Ephesin I. Constantinopolitain II. & celuy de Chalcedoine. Et n'est chose nouvelle, que le souverain Magistrat politic interpose son authorité pour donner advancement aux Concils. Car le semblable fut pratiqué par Justinian Empereur, en ses Constitutions nouvelles, pour le regard de ces quatre mesmes Concils, lesquels il veut estre en tout & par tout suivis. Et encores moins faut-il trouver estrange que nous fassions en cette France le semblable, où nos Roys ont tousjours esté comme Generaux, & Superintendans de leur Eglise. Entre tous les anciens Concils nous faisons grand estat des quatre, dont j'ay presentement parlé, en ce qui despend de la Foy. Et pour le regard de la police, honorons grandement la Pragmatique Sanction, que nous avons alambiquée des Concils de Constance, & de Basle.

Entant que touche les Ordonnances, encores y apportons nous certaine temperature. Car jamais nous n'entendismes forclorre les Ecclesiastiques de la forme de leurs procedures pour les necessiter de suivre celles du Roy, ny que les Edicts que nos Roys font pour les textures des procés, s'estendent aux Jurisdictions & Cours d'Eglise, ains seulement quand ils contreviennent aux Ordonnances qui ont esté faites sur la police & discipline de l'Eglise en certains cas. Car nos Roys, selon l'exigence des cas, donnent aussi ordre sur l'Eglise en ce qui est de la discipline, comme j'ay dit. Delà vient qu'en l'an mil quatre cens quarante & un, Charles septiesme defend aux quatre Ordres des Mandians de tenir contre leur vœu & profession, Benefices en France, nonobstant quelque dispense qu'ils pretendent avoir de Cour de Rome. Delà, que le mesme Roy avoit auparavant, & dés l'an mil quatre cens trente & un, par autre Edict, prohibé à tous estrangers, & aulbains, de tenir Benefices en France : Et depuis leur ayant esté laschée la bride par dispenses fondées sur la corruptelle du temps, fut par l'Edict publié en l'an mil cinq cens cinquante-quatre, fait defenses aux estrangers de pouvoir commettre Vicaires, n'autres Officiers sur leurs Benefices qui ne fussent natifs du Royaume : Delà, que par l'Edict d'Orleans : tant de l'an mil cinq cens soixante & un, soubs Charles neufiesme, que celuy de Bloys en l'an mil cinq cens septante sept, sous le Roy Henry troisiesme, à la postulation des Estats, furent faits plusieurs beaux & notables articles, pour la manutention de l'ordre, & discipline de l'Eglise : ausquels il ne faut faire nulle doute que le Clergé contrevenant, on ne le puisse reformer par l'appel comme d'abus. Et à la mienne volonté, que ces nouveaux Edicts eussent esté bastis à chaux, & à sable. Car ce malheur du temps a fait que, tout ainsi que le mesnager avaricieux ne tend sa tapisserie dans sa salle sinon aux jours qu'il festoye quelques estrangers, pour en faire monstre : aussi n'usons nous maintenant de toutes ces belles Ordonnances que par forme de parade, pour faire paroistre, ou aux nations estrangeres, ou à la posterité, combien ce siecle a esté malheureusement heureux.

Car quant à l'entreprise de Jurisdiction, on la considere, ou pour raison des personnes, ou de la matiere. Des personnes, quand celuy sur lequel le Juge d'Eglise veut entreprendre Jurisdiction, n'est notoirement son justiciable, pour estre une personne Laye, ou bien quand il le seroit, que la matiere n'est du nombre de celles dont l'Eglise puisse cognoistre. En quoy l'on a grandement reduit la Jurisdiction Ecclesiastique au petit pied, au regard de ce dont elle se faisoit croire anciennement, luy ayant seulement laissé ce qui est du sien ; sans luy permettre d'extravaguer en aucune façon. Car elle cognoist des causes personnelles sur les Clercs, non des reelles & petitoires, fors en matiere beneficiale, & generalement des dixmes non infeodées sur toutes personnes, & de l'entretenement, nullité ou dissolution des mariages, & autres choses sacrées, sans le pouvoir toutesfois estendre qu'au simple cas de Sacrement, gisant leur principale cohertion aux censures, aprés lesquelles, selon l'exigence des cas, on peut implorer le bras seculier encontre ceux que l'on voit estre notoirement contumax : non toutesfois sans grand advis, & maturité du Conseil, pour estre aussi les Censures arrivées en tel excés, que combien qu'elles soient naturellement du fonds & estoc de la puissance Ecclesiastique, si se peuvent-elles ordonner en tel cas, qu'il y a abus, & que l'appel en peut estre justement receu. A ce propos, il me souvient d'avoir leu dans le Sire Joinville que les Prelats de la France, par la bouche de l'Evesque d'Auxerre, requirent au Roy Sainct Louis, que quand un homme auroit esté excommunié an & jour, les Juges Royaux le contraignissent de se faire absoudre. A quoy le Roy sagement respondit, que volontiers il le feroit, moyennant que les Juges avant toute œuvre, cognoussent si la sentence du Juge d'Eglise estoit juridique ou non. Les Prelats, aprés avoir entr'eux consulté sur ces offres, declarerent que jamais ils ne souffriroient que leurs sentences passassent par l'estamine des Juges Royaux. Et lors le Roy leur repliqua qu'aussi ne vouloit-il pas qu'ils peussent donner Loy à ses Juges, & qu'il sentiroit sa conscience chargée, s'il falloit que sur la conscience des Juges Ecclesiastics, les Juges Royaux sententiassent sans cognoissance de cause.

Or quant aux Arrests de la Cour de Parlement, pour lesquels en cas de contravention à iceux, encores y a-il abus? Cela nous apprend qu'il y a plusieurs particularitez, qui ne dependent, ny des Concils, ny des Ordonnances, ny de l'entreprise de Jurisdiction, qui peuvent estre dites abusives par une Cour de Parlement. Car autrement si cette espece estoit confuse dedans ces trois, elle seroit superfluë. Et toutesfois non seulement elle n'est telle, mais au contraire il n'y en a point de toutes les autres qui s'estende plus loing que cette-cy. D'autant que les autres ont leurs limites certains & limitez, tant par les Concils, qu'Ordonnances Royaux : Mais en ce qui concerne les Arrests, c'est tout un autre sujet. Car toutes & quantes fois que le Parlement voit, que sous le masque de Statuts ou loüables Coustumes le Clergé couvre quelque avarice ou ambition particuliere qui se tourne à la honte & pudeur de l'Eglise en son general, il y peut apporter le remede par ses Arrests, comme representant souverainement le Roy en ce qui est de la Justice. Et quand il y a quelque Arrest baillé sur telles occurrences d'affaires, on ne fait point de doubte qu'il y a abus en ce qui contrevient à iceux. Ny pour cela le Parlement n'a les mains liées : car quand il n'y auroit arrest precedent, toutesfois selon les cas qui se presentent il peut en ce sujet interposer son authorité, ainsi qu'il pense de raison.

CHAPITRE XXXIV.

Du Concil de Trente, & que l'Appel comme d'abus, est un moyen par lequel on se peut pourveoir contre toutes les entreprises qui se font au prejudice des Libertez de nostre Eglise Gallicane.

IL y a doncques quatre pilliers sur lesquels est fondé l'appel comme d'abus, la contravention aux Saints Decrets, aux Ordonnances Royaux, aux Arrests du Parlement, & l'entreprise de Jurisdiction sur la seculiere. Pilliers que nous ne pouvons dire estre nouveaux en cette France. Car jamais ne fut que n'ayons combatu pour la manutention, & des Saints Decrets, & des Ordonnances du Roy, & des Arrests du Parlement depuis son establissement. Et quant à l'entreprise de Jurisdiction, bien que nous fussions relaschez toutesfois depuis la venuë de Maistre Pierre de Congneres Advocat du Roy au Parlement, on ne passa plus par connivence ce desordre. Vray que tout ainsi que le Diamant brusque reçoit polissure par la main du bon Lapidaire, aussi l'Appel comme d'abus nous a appris de les sçavoir mettre en œuvre quand les occasions le requierent. Qu'ainsi ne soit, s'il advenoit maintenant qu'un Pape voulust de son authorité envoyer en France un Legat, sans ample consentement du Roy, & de ceux qui y ont le principal interest en la France, nous ne tomberions en ce labyrinthe, auquel se trouva Nanterre d'appeller du Pape à sa Saincteté mieux conseillée : mais appellerions comme d'abus de l'execution (ou pour user du mot ordinaire de la fulmination) de cette Legation, comme estant une entreprise sur les Ordinaires, au prejudice des Saincts Decrets, qui leur ont baillé leurs authoritez en & au dedans de leurs Dioceses. En cas semblable, s'il estoit advenu que par mal talent le Pape mit en interdiction le Roy, & son Royaume, l'exposer en proye au premier occupant, encores que nous fussions sur nos pieds d'en appeller au Concil futur : si est-ce que sans entrer en cette involution, choisissans la plus courte voye, l'Appel comme d'abus nous y peut apporter remede, comme estant cecy une entreprise faire, non seulement contre les Saincts Decrets, mais contre la parole expresse de Dieu, qui est plus forte, par laquelle il ne veut point que la juridiction Ecclesiastique ait aucune puissance sur la Temporelle. Pour le faire court, nous pouvons sur ces modelles nous pourvoir contre toutes les entreprises qui pourroient estre faites en la Cour de Rome, tant contre le Roy que les Ordinaires, voire contre les dispenses mesmes, quand on voit que par surprise, & obreption que l'on fait au Sainct Siege, elles tournent plus à la destruction, qu'edification de l'Eglise : Autrement, disoit Gerson, ce n'est user de la plenitude de puissance, mais abuser plainement de sa puissance. Et generalement nous pouvons user de ce remede contre tout ce qui viendra de Rome, qui sera prejudiciable à l'une de ces quatre propositions, esquelles nous avons reduit toutes les Libertez anciennes de nostre Eglise Gallicane. Et c'est pourquoy encores que le Pape en tous les mandemens qu'il decerne aux Ordinaires, leur enjoigne de proceder par authorité Apostolique, quoy faisant ce seroit apporter prejudice à nos privileges : nous deduisons l'execution de cette puissance Apostolique à l'Ordinaire, pour y observer les voyes Juridiques de France. Que si le Juge par luy delegué en usoit d'autre façon, & que l'on en appellast comme d'abus, on casseroit indubitablement tout ce qui auroit esté par luy edifié sur ces Bulles : voire que nous passons encores plus outre. Car combien que par les decisions communes de toute l'Eglise, le Concil general & universel soit par dessus la puissance du Pape : Toutesfois nous ne sommes tenus en cette France d'obeir à tels Concils, s'ils innovoient chose aucune au desadvantage de ces quatre fondemens generaux. Cela fut cause qu'au Concil de Constance fut envoyé Maistre Jean de la Riviere Advocat, pour estre Procureur du Roy & depuis en son lieu, commis Maistre Jean Champenois le vingtsixiesme Juin mil quatre cens seize, pour defendre les droicts & privileges de nostre Roy. Et parce que cette proposition pourra sembler trop hardie, il me plaist de la vous prouver par un exemple qui est né depuis trente ans en çà au milieu de nous.

Chacun est assez informé quel a esté le Concil de Trente, Concil, puis-je dire, qui est accompagné de plusieurs belles, & sainctes resolutions : & mesmes en tout ce qui regarde la doctrine de nostre Foy, je puis dire comme chose tres-veritable, que c'est un abregé & un recueil de tous les anciens Concils qui sont approuvez de l'Eglise. Or comme ainsi soit qu'aprés plusieurs remises, il en fut enfin parachevé & conclud au plus fort des troubles de cette France, & que la plus part de nos querelles procedassent de ce que ceux, qui se sont separez de nostre Religion, tendent principalement au rarrassement du Sainct Siege de Rome, mesmes que les pays d'Allemagne, Angleterre, & Ecosse s'en soient distraits, ceux qui se trouverent en ce Concil, pour faire contre-teste aux autres, voulurent de tant plus s'estudier à l'exaltation de la Papauté. Et de fait en toutes les reformations qu'ils apporterent à l'Eglise, ils voulurent que
" les Archevesques & Evesques y procedassent en leurs Dio-
" ceses de l'authorité Apostolique, & comme Vicegerans du
" Pape, pour monstrer en quel honneur, respect, & reverence, il falloit avoir le sainct Siege : Qu'ils peussent d'une
" Eglise parrochiale en faire deux en forme de secours, si la

necessité les semonnoit de ce faire, au contraire de deux en " faire une, quand la pauvreté estoit si grande à chacune, " qu'il n'y avoit assez pour substanter leurs Pasteurs : Qu'il " leur fust loisible de bailler Vicaires aux Curez negligens, les " salarier deuëment du revenu de la Cure : De mettre nombre " suffisant de Prestres en une Eglise qui le merite, pour la " grandeur & frequence de peuple : de transferer une Eglise " ruinée par guerre, ou anciennerré, d'un à autre, quand " d'ailleurs elle ne peut estre restablie en son ancien manoir : " Qu'il leur fust permis de reformer les Abbayes, & Prevostez de leurs Dioceses par saisie de leur temporel : Davantage " qu'ils fussent executeurs de toutes dispositions pitoyables " faites tant par donations entre vifs, que prenans traict à " mort, eussent toute intendance sur les Hospitaux, Maladeries, Colleges, Confrairies, & de toutes choses qui dependoient des Aumosnes, & Charitez : Ouïssent les comptes " mesmes des Marguilliers, & Fabrique, nonobstant que l'exercice de toutes ces choses en appartinst à gens Laiz : nonobstant tous Privileges, ou Coustumes à ce contraires, sinon " que par la fondation de l'Eglise, ou Fabrique, il eust esté autrement ordonné : Auquel cas en rendant compte à d'autres, " toutesfois si faudroit-il appeller l'Evesque, sur peine de nullité : Que les Evesques s'informeroient de la suffisance des " Notaires Apostoliques, Imperiaux, & Royaux, & ne les " trouvans suffisans, ou qu'ils eussent commis faute en leurs " estats, ils les pourroient destituer ou suspendre, selon l'exigence des cas, nonobstant oppositions, ou appellations quelconques, & sans prejudice d'icelles ". En toutes lesquelles particularitez nous avons trouvé tant de repugnance, & contravention à nos anciennes libertez, que jamais nous ne peusmes nous induire à recevoir ce Concil. Car premierement, d'oster à l'Evesque la reformation des Eglises de son Diocese, & ne luy en bailler sinon de tant qu'il luy en est distribué du Sainct Siege, nous estimons que c'est contre les anciens Decrets, & Canons, approuvez de nostre Eglise Gallicane. Ainsi c'est fouler les Evesques, & encores leurs inferieurs : de tant qu'en les reformant leur pretendiment leur estre fait quelque grief, ce seroit leur oster le moyen d'avoir recours par appel au Superieur de leur Evesque, qui est contre la texture, & police des procedures, qui nous sont prescrites par la Pragmatique Sanction, qu'on a esté en cecy supprimée par le Concordat fait entre le Pape Leon, & le Roy François I. Davantage laissant à part ceste entreprise, qui se fait d'Ecclesiastique sur Ecclesiastique, ne pouvons establir-on icy un nouveau Royaume, au prejudice des Roys, Princes, Barons, & des Jurisdictions temporelles, voulant que les Evesques procedent par saisie du temporel : Eux qui n'ont de droict divin, que la censure pour toute coherition & reprimende. Qu'ils cognoissent sur gens Laiz de reddition de comptes, ores qu'il n'ayent Jurisdictions sur eux que des choses qui concernent les Sacremens de l'Eglise, & au bout de tout cela qu'ils puissent deposer les Notaires Imperiaux, & Royaux. Qui seroit en bon François reduire les choses en ces anciens abus, qui furent reformez sur les memoires de Congneres, afin que je ne discoure icy plusieurs autres particularitez de mesme sujet, lesquelles je passe de propos deliberé, me contentant seulement de monstrer que nos privileges sont tels, que si un Concile, voire fust-il general, entreprend chose aucune sur eux, nous ne sommes obligez de le suivre. Et cecy me fait souvenir d'une opinion, que tint autresfois Maistre Nicole de Clamengis Docteur en Theologie de Paris, en une Epistre qu'il escrivoit à un sien amy escolier, sur le Concil de Constance, quand il disoit qu'il eust esté plus expedient de restituer la paix en l'Eglise, que de faire tant de constitutions nouvelles, que l'on avoit faites en ce Concil, lesquelles n'avoient esté jamais cogneuës aux autres Concils precedans. Estans les nouveautez en tous schismes, tres-dangereuses, & souhaittoit que les actes eussent esté authorizez, ou de la saincte Escriture, ou des Saincts Decrets, ou des Concils approuvez, ou bien qu'ils eussent rendu quelque raison de leur dire. En quoy paravanture estoit ce bon Docteur trop difficile à contenter. De ma part, encores que je sçache bien que selon la corruption des mœurs il faut proceder à nouveaux remedes, si seray-je tousjours d'avis qu'il faut esprouver en chaque sujet toutes extremitez, avant que d'annuller une loy ancienne, & qu'il n'y a chose

chose en la Republique, où le souverain Magistrat doive apporter tant de circonspection, crainte, & prudence, qu'en la novalité de sa loy. Je ne suis point icy exposé pour controller ce grand Concil de Trente : mais j'eusse souhaité (je le diray si je puis avec le gré & congé de ceux qui liront mes Recherches) que la devotion qu'on y apporta, eust esté accompagnée de toutes les parties, que les sages desirent en un bon zele, & qu'en anathematizant ceux qui s'en heurtez contre le Saint Siege, ils n'eussent appresté matieres aux autres, qui ne s'en veulent soustraire, de n'obeïr à ce Concil, pour la plus part des constitutions qui y sont comprises, dont l'ancienneté n'avoir jamais esté reüé. C'est en ce faisant, on a armé les adversaires du Saint Siege, de ses propres armes contre luy. Et qui admettroit tous ces Decrets, au lieu de moyenner un ordre, on y apporteroit un desordre, & une Monarchie, non jamais veuë au milieu de la nostre. C'est pourquoy sagement nous ne l'avons voulu admettre en France, encores qu'à chaque occurrence d'affaires les courtisans de la ville de Rome nous couchent tousjours de la publication de ce Concil, par lequel en un traict de plume le Pape acquerroit plus d'authorité qu'il n'auroit peu faire dés & depuis la fondation de nostre Christianisme.

Que si les libertez de nostre Eglise Gallicane sont de telle efficace & vertu, que ny l'authorité d'un Pape, ny d'un Concil, ne les puisse abroger, comme estans fondez sur une raison saincte & generale, qui ne peut recevoir alteration par le temps : raison dy-je, qui ne tend qu'à l'edification de l'Eglise universelle, & destruction des schismes, avarice, & ambition, meres nourrices de l'heresie & de l'erreur, certes il ne faut trouver estrange si nous avons introduit entre nous cet *Appel comme d'abus*. Car lors toutes choses iront, & sainement, & sainctement en l'Eglise de Dieu, quand chacun demeurera dedans les bornes de son devoir, pour l'entretenement duquel fut *l'Appel comme d'abus*, inventé. Et si en tels objects & rencontres d'affaires il se trouve y avoir de l'abus, nul laps de temps, nul pretexte emprunté d'une longue ancienneté, nulle excuse rejettée sur la dignité de ceux qui s'en prevalent, ne le peut authoriser.

CHAPITRE XXXV.

De l'ancienneté de Regales en matiere des Archevesches & Evesches.

JE ne fais aucune doute que ceux qui auront les aureilles trop delicates, ne trouvent estrange ces mots d'appellations comme d'abus, Regales, Oblats, & Dismes infeodées, comme estans, ce leur semblera, mots plus propres pour l'usage commun des pladoiries du Palais, que d'une Histoire, & encores auront plus d'occasion de s'en esbahir, quand ils entendront que la Regale est un droict annexé à la Couronne de France, comme l'un de ses plus beaux fleurons, par lequel advenant vacquation de certains Archevesches, & Evesches de France, au Roy en appartiennent les fruicts, & collation des Dignitez, Prebendes & Chappelles, jusques à ce que l'Evesché soit rempli d'un nouveau successeur, & qu'il en ait presté le serment de fidelité au Roy. L'Oblat est le soldat ou gendarme pauvre, qui au service du Roy est demeuré perclus, & estropié de l'un de ses membres, en recognoissance dequoy le Roy luy peut assigner ses aliments sur quelques Abbayes & Monasteres, qui se trouvent de la nature. Et les Dismes infeodées sont celles que les Laiz, & personnes non Ecclesiastiques peuvent legitimement posseder. Car si l'Eglise a ses biens, & fonctions diverses d'avec les personnes Seculieres, qui est celuy ie vous ptie qui n'ait juste occasion de s'esmerveiller de cet Ordre, lequel semble de prime-face n'apporter qu'une confusion à l'Eglise la Regale aux Evesques, & Ordinaires, l'Oblat aux Abbez, les Dismes aux Curez? Sous lesquelles trois qualitez semble presque estre comprise nostre Eglise Universelle : & toutesfois, je puis icy dire, que tout ainsi que des fragments souterrains l'on recueille le plus souvent plusieurs antiquailles d'une Republique ; aussi de ces Regales, Oblats, & Dismes, pouvons-nous recognoistre quelques anciennetez notables de la France, que le temps semble avoir ensevelies dedans le tombeau d'oubliance.

Entant que touche la Regale, je confesserai vrayement que pour estre un subject qui passe souvent entre les mains de ceux qui manient les affaires du Palais, il y a plusieurs hommes qui en ont fait divers traictez, pour nous enseigner quand, comment & en quel temps un benefice vacque en Regale, & quels sont les Archevesches, & Evesches qui y sont sujets : mais qui nous en ait donné l'ancienneté je ne l'ay encores veu, non sans cause. Car s'il y a obscurité en nostre Histoire c'est en cette-cy. Les uns en rapportent l'origine à Clovis, disans qu'aprés qu'il eut desfaict les Visegots, au Concil qui fut tenu sous luy en la ville d'Orleans, le Clergé luy octroya ce privilege : mais nous avons ce Concil en nos mains, & neantmoins il n'en fait nulle mention. Les autres l'attribuënt au Concil, qui fut celebré dedans Rome sous le Pape Adrian, lors que pour gratifier Charlemagne, on luy permit de pouvoir investir les Evesques, n'ayans ceux-cy autre tesmoin de leur dire que Gratian, lequel au lieu où il fait mention de ce Concil, dit avoir emprunté cela d'une vieille Histoire, mais qui en a esté l'Auteur, il nous le taist. C'est la cause pour laquelle quelques-uns sont d'avis qu'il faut dire de la Regale, ce que presque estoit de la Loy Royale du temps des Empereurs de Rome. Car tout ainsi que cette loy fut grandement solemnizée par les Jurisconsultes Romains, publians que par cette Loy le peuple de Rome avoit transporté en la puissance d'un seul homme tout ce qui estoit de sa Majesté ancienne du temps de la Republique, sans que toutesfois l'on cotte bonnement le temps que fut faicte cette cession, & transport aux Empereurs : aussi combien que nostre Regale suy fraternise de nom avec que l'autre, soit grandement celebrée par la bouche des Advocats de la France, comme une Loy, par laquelle les Prelats ont cedé à nos Roys ce droict de collation des benefices : toutesfois nous ne pouvons bonnement descouvrir le temps de son origine.

De ma part, afin que je le tranche court, j'ay tousjours estimé que ce nom de Regale ne luy fut point temerairement donné, & à dire bien, que tout ainsi que nous nommons ce droict, Regale; aussi est-il nay avecques nostre Royauté, au moins dés lors que nos Roys eurent receu le sainct Sacrement de Baptesme. Droict qui est tant specialement affecté à la Royauté, que combien qu'un Prince Regent ait toute puissance souveraine au milieu de nous, si ne peut il conferer les benefices vacquans en Regale. Ainsi fut-il ordonné en l'emologation de la Regence de Dame Louyse de Savoye, mere du Roy François premier. Pareillement Charles V. Regent pendant la prison du Roy Jean son pere, fut contraint aprés le retour du Roy, d'obtenir un Edict confirmatif de toutes les provisions qu'il avoit faites en matiere de Regale. Qui fut du quatorziesme Octobre 1360. verifié en la Chambre des Comptes le quinziesme Janvier ensuivant. Vray que comme toutes autres choses, aussi cette-cy a pris divers plis, selon la diversité des temps, jusques à ce que finalement elle s'est fermée en la maniere que nous observons aujourd'huy. Car s'il vous plaist reprendre les choses de plus haut, on nedoit faire aucune doute que sous la lignée de Clovis nul ne pouvoit estre esleu, & receu à Evesque, sans la permission de nos Roys. Meilleur, ne plus fidelle tesmoin ne pouvons nous avoir pour cecy que le grand Gregoire de Tours, qui fut de ce temps-là. Que s'il vous plaist repasser, & courir toute son Histoire, à peine que vous trouviez une seule provision d'Archevesché, ou Evesché, que ce ne soit par commandement du Roy, quoy que soit, de son consentement. Qu'ainsi ne soit, vous y lirez uns Onomace, Theodore, Procule, Divisé, en la ville de Tours; Monderic, Papole, dans celle de Langres; Cantin à Clairmont; Theodoze, Innocent à Rhodez; Domnoleau Mans, Sulpice

Sulpice à Bourges, Dodon à Bourdeaux, Lœre à Arles, Vice à Vienne, Paſcenne à Poictiers, Nomuches à Nantes, avoir eſté ſucceſſivement Eveſques, mais par le vouloir de nos Roys, nonobſtant que les elections des Prelats euſſent lieu en France, ſuivant les anciens Canons & Decrets. Et eſt cela ſi certain & arreſté en cet Auteur, qu'en tous les endroits où il parle des proviſions des Prelats, il dit cettuy avoir eſté pourveu par le commandement du Roy, cettuy-là par ſon conſentement, l'autre pour avoir eſté de luy choiſi : & ſur tout, le Clergé pour un general refrain ſe rend ſuppliant envers le Roy, qu'il luy plaiſe avoir pour agreable l'Election de luy, comme eſtimant qu'elle ſeroit de nulle valeur ſi le Prince n'y interpoſoit ſes parties. Couſtume qu'il ne faut point trouver eſtrange, qui conſiderera comme les affaires de l'Egliſe paſſoient adonc que, d'autant que nous les empruntaſmes nommément des mœurs de l'Empire. Car c'eſtoit une regle generale, que nul Eveſque ne s'oſoit immiſcer en ſa charge, ſans que premierement l'Empereur l'euſt receu : & eſt une choſe certaine que de tous les peuples, qui butinerent l'Empire, il n'y en eut jamais aucun qui rapportaſt toutes les remarques de la Majeſté Imperiale, comme les François. Et tant furent nos Roys jaloux de ce droict, que combien que les Gouverneurs des Provinces euſſent preſque toute puiſſance en leurs gouvernemens, toutesfois ils ne leur donnoient le pouvoir de conſentir à telles elections, ains voulurent que l'on euſt recours à eux. Et c'eſt la cauſe pour laquelle nous liſons qu'apres la mort de Ferrobe evesque en Provence, Dinamé Gouverneur de ce pays-là, ayant fait pourvoir Albin en cet Eveſché, ſans advertir le Roy, Jovin receut commandement exprés de luy, d'y en commettre un autre : mais Albin eſtant decedé avant ce commandement receu, & Dinamé ayant preveu Jovin, & fait pourvoir Marcel Diacre, il en fut dechaſſé, comme le droict ſe donnoit de confirmation dependant nuëment de la volonté du Roy, & non d'autre. Propoſition qui s'eſt depuis à bonnes enſeignes ramentuë ſous la troiſieſme lignée de nos Roys.

Si ce privilege fut en nos Roys ſous leur premiere famille, il ne faut pas eſtimer qu'il fuſt perdu ſous la ſeconde. Car au contraire ceux-cy diſpoſerent des Eveſchez avec plus de liberté. Le defaut que l'on reprenoit aux premiers eſtoit, qu'ils en gratifioient les Courtiſans, & ceux qui auparavant n'avoient jamais fait profeſſion de Clergie. Tellement qu'eſtans deſtinez par le Roy, du jour au lendemain ils prenoient la tonſure, puis les ordres, pour eſtre conſacrez. Et c'eſt la grande clameur qu'en fait ſainct Gregoire par ſes Miſſives à la Royne Brunehaut, & au Roy Childebert ſon fils, ne s'eſtant au ſurplus jamais plaint en aucune de ſes Epiſtres, de l'authorité que nos Roys interpoſoient en telles affaires. Qui me ſemble un grand poinct pour le fondement de noſtre Regale. Le premier qui apporta de l'abus fut Charles Martel, n'ayant encores tranſporté en ſa famille le nom & tiltre de Roy, ains ſeulement de Prince des François, ou Maire du Palais. Car il priva licentieuſement Rigobert de ſon Archeveſché, pour le donner à Milon Capitaine, qui l'avoit ſuivy és guerres contre les Sarrazins, & dict Flodoard à la ſuite de cecy : *Hic Carolus ex ancilla ſtupro natus, ut in Annalibus Regum de eo legitur, cunctis qui ante ſe fuerant, audacior Regibus, non ſolum ipſum, ſed etiam alios regni Epiſcopatus Laicis hominibus, & Comitibus dedit.* " Ce Charles (dit-il) qui fut engendré d'une ſervante, comme nous liſions és Annales des Roys, fut plus hardy que tous les Roys du paſſé : Par ce qu'il donna non ſeulement cettuy, mais auſſi les autres Eveſchez de France à des gens Laiz, & des Comtes ». En un Concil tenu ſous Pepin, le quatrieſme an de ſon regne, à Vernes, il fut ordonné que les Eveſques chaſtieroient les Religieux ou Religieuſes diſcoles, ou on ce defaut les Metropolitains, que le Roy entendoit diſtribuer par les Provinces. Dans Rheginon, Charles le Chauve donne l'Archeveſché de Treves à Hilduin Abbé, l'un de ſes favoris. Brefil ne faut point faire de doute que nos Roys ſous cette lignée n'euſſent auſſi bonne part aux promotions des Eveſques, qu'ils avoient ſous celle de Clovis : & ne me puis perſuader qu'ils l'euſſent par privilege d'Adrian Pape, en un Concil celebré à Rome. Car il euſt donné une choſe dont luy, ny tous ſes devanciers, n'avoyent jouy en ce Royaume, & meſmement à ceux qui en eſtoient en poſſeſſion : & auſſi que ſi cette liberalité euſt eſté vraye, elle n'eſtoit point de ſi peu de recommandation, que les Hiſtoriographes, qui floriſſent ſous cette lignée (je veux dire Aimoin, Rheginon, & Flodoard) n'en euſſent laiſſé quelques memoires à la poſterité. Deſquels toutesfois nous n'en avons aucuns, fors de Gratian, qui eſt moderne, au regard d'eux, lequel comme j'ay dit, ſe vante avoir pris l'échantillon qu'il nous en donne, d'une ancienne hiſtoire, ſans nous donner le nom de l'Auteur. Joinct que de ce Concil, qui toutesfois eſtoit de marque, pour l'importance, on n'en trouve rien en tous les quatre tomes des Concils. Parquoy on me le pardonnera, ſi en cecy, où je voy l'ancienneté le deſdire, je n'adjouſte foy à Gratian, non plus qu'en la renonciation, qu'il dit avoir eſté faite par le Debonnaire, dont il eſt le premier Auteur, la rejettant ſur les pactions qu'il dit avoir eſté faites entre les Papes & ce bon Roy, deſquels mais que je voye les panchartes bonnes, & aſſeurées, j'y croiray, & non pluſtoſt. Auſſi de le croire en cecy, c'eſt une choſe indifferente, & qui ne tombe en article de foy. Ce n'eſt pas le premier qui en telles affaires pour faire plaiſir aux plus grands, s'en eſt voulu faire accroire. Nicephore pour favoriſer ſon Prelat, fut ſi impudent de dire qu'au deuxieſme Concil de Conſtantinople la Primace de toutes les Egliſes fut donnée à l'Eveſque Conſtantinopolitain, au prejudice du Romain. Au contraire au ſixieſme Concil qui fut tenu en la ville de Cartage ſous le Pape Boniface premier, les Eveſques eſtans en peine de trouver les anciens Canons du vray Concil de Nice, Fauſtin Legat du Pape voulut perſuader à toute la compagnie, que par le Concil de Nice, il avoit eſté arreſté, que ſi un Eveſque accuſé eſtoit condamné par ſes Eveſques comprovinciaux en plain Concil, & qu'il en appellaſt à Rome, la cauſe pouvoit eſtre derechef examinée par le Pape, ou par le Legat qu'il delegueroit ſur les lieux, diſant qu'il l'avoit ainſi apris. Toutesfois ſous cet article remis à ce que ces Canons ſeroient extraicts de l'original du Concil, que l'on diſoit eſtre en la ville de Conſtantinople, par lequel fut trouvé qu'il n'y avoit rien de verité en ce que diſoit ce Legat.

Que ſi lors que l'ambition n'avoit gaigné tel pied en l'Egliſe, comme elle a fait depuis, on voulut falſifier les Concils, à l'advantage des autres : je dy Concils meſmement ſi ſolemnels, que ceux de Nice & Conſtantinople, combien devons-nous apporter de craintes & regards auparavant que de paſſer condamnation de toutes les choſes que Gratian nous a baillées pour anciennetez aſſeurées, lors meſmes qu'elles ſont ſans autheur ? Quant à moy, pour ne ſortir des termes, & limites de mon diſcours, je ne puis me perſuader que le Debonnaire ait fait la renonciation, dont ce Moine parle, en faveur des Papes, pour n'en voir rien qui ſoit approuvé. Joinct qu'ils n'euſſent pas laiſſé paſſer ſi long-temps par connivence les Inveſtitures des Eveſques faictes par les Empereurs, ſi ce droict leur euſt eſté delaiſſé, leſquelles toutesfois eurent cours ſans détourbier juſques à l'Empereur Henry IV. Et au regard du Concil que l'on pretend avoir eſté fait ſous Adrian, s'il eſt vray (comme je n'y puis facilement condeſcendre) tant y a que de penſe que nos Roys faiſoient plus pour les Papes, que non les Papes pour eux, recognoiſſant tenir de la Papauté un droict, qu'auparavant ils tenoient de leur Royauté : tout de la meſme façon, que les Empereurs avoient eſtimé tenir les Inveſtitures des Eveſques, de la Majeſté de l'Empire.

Mais pour retourner à mon premier diſcours, encores que la débauche de l'Egliſe ſourdiſt principalement ſous ceſte ſeconde famille en la France, ſi eſt-ce que la poſterité de Charles Martel fut plus retenuë que luy en la conceſſion des Eveſchez, ne permettant pas aiſément qu'elles tombaſſent és mains de perſonnes layes, ains ſans plus les Abbayes, Doyennez & autres dignitez de l'Egliſe. Et neantmoins ſe donnoient les Eveſchez, tantoſt par la pure liberalité de nos Roys, tantoſt par elections confirmées par eux. Le premier improuvé par les Concils qui furent lors tenus entre nous, & le ſecond approuvé. Car au premier Concil tenu dans Paris les elections du Clergé, & peuple, furent par l'article huit ramenées en uſage, & deffendu nommément que nul ne peuſt eſtre appellé à la dignité Epiſcopale, que par le commandement du Roy, avec injonctions expresses à tous les Evesques suffragans, & Comprovinciaux, de n'en recevoir par autre voye, sur peine d'excommunication. Et au cinquiesme Concil d'Orléans art. 10. estoit porté : *Ut nullum Episcopatum donis, aut comparatione liceat adipisci, sed cum voluntate Regis, juxta electionem Cleri, ac plebis, sicut in antiquis Canonibus scriptum continetur, consensu Cleri, ac plebis, à Metropolitano vel quem Vice sua miserit, cum provincialibus Pontifex consecretur*, "Que nul (dit-il) ne parvienne aux Eveschez par dons, ou argent, ains par election du Clergé, & du peuple, avec le vouloir du Roy, ainsi qu'il est escrit aux anciens Canons, qu'il soit par le consentement du Clergé, & peuple consacré par le Metropolitain, ou son Vicegerant, avec les autres Evesques". Qui est un Concil Gallican, par lequel vous voyez l'authorité du Roy estre receuë pour les Eveschez, moyennant qu'elle soit jointe avec les elections. Suivant lequel on trouve une Epistre du Pape Formose à Foulques, Archevesque de Rheims, en laquelle il le reprend de ce qu'il ne vouloit consacrer Bertaire qui avoit esté appellé à l'Evesché de Chaalons par election du Clergé, & consentement du Roy Eude. Et Hincmare, predecesseur de Foulques, qui siegea à Rheims l'espace de trente-cinq ans, escrivit à Hilduin Abbé, qu'il moyennast envers Charles le Chauve, que l'on pourveust à l'Evesché de Terouanne par election : & depuis à Hugues autre Abbé, qu'il fist le semblable envers les Roys Loüis, & Carloman, pour l'Evesché de Noyon suivant les anciennes traces de leurs predecesseurs, & dit Flodoard qu'il adjousta à sa lettre ce qui s'ensuit : *Adjungens sacrorum Canonum promulgatam super electione canonica authoritatem, & ostendens quod non Episcopi de palatio præcipiantur eligi, sed de propria qualibet Ecclesia : & quod de ordinando Episcopo, non Regis, vel Palatinorum debet esse commendatio, sed Cleri, & plebis electio, & Metropolitani in electione dijudicatio : deinde terreni Principis consensio, & sic fieri Episcoporum manus impositionem.* Qui est à dire, "Adjoustant à toutes ces remonstrances l'authorité ancienne des sainctes Canons sur le faict des elections, & monstrant que ce n'estoit pas de la Cour du Roy qu'il falloit prendre les Evesques, ains de leurs propres Eglises & Dioceses : & qu'en l'ordination d'un Evesque, il ne falloit les recommandations ny du Roy, ny des Courtisans, mais l'élection faite par le Clergé, & le peuple, puis la confirmation par l'élection faicte par le Metropolitain, & en aprés le consentement du Prince terrien. Et ce faict, les autres Evesques procedent puis aprés à l'imposition des mains dessus cest esleu". Qui est un passage merveilleusement poignant, & à propos, pour monstrer de quelle façon on procedoit lors regulierement dans ce Royaume aux provisions des Evesques : Et sur tout, que nul Evesque ne pouvoit recevoir l'imposition de la main, jusques à ce que le consentement du Roy y eust passé.

De toutes lesquelles choses nous pouvons recueillir que jamais l'on ne fit, ny sous la premiere, ny sous la seconde lignée de nos Roys doute, qu'ils n'eussent bonne part à la promotion des Archevesques & Evesques. Car quant aux Abbayes, cela leur estoit tellement tourné non en coustume, ains en nature (comme il sera touché en son lieu parlant des Oblats) que nos Roys faisoient estat, qu'à eux seuls appartenoit la collation d'icelles. Au demeurant ne faut faire doute qu'ils n'approppriassent à eux le revenu des Eveschez quand ils vacquoient, & ce, peut-estre, pour autant qu'estant l'Eglise veufve & destituée de son espoux, & pasteur, elle n'en pouvoit pendant son interject de temps avoir plus fidele, & certain, que le Roy general patron, pasteur de ses Eglises. A ce propos lisons nous dans Flodoard, que Foulques Archevesque de Rheims, ayant l'œil, & l'aureille du Roy Charles le Simple son maistre à commandement, obtint unes bulles du Pape Formose, par lesquelles il vouloit qu'avenant le decez d'un Archevesque de Rheims, il ne fust permis aux Roys d'employer à leurs usages le revenu de l'Archevesché, ains qu'il fust reservé au futur successeur. Privilege que l'Archevesque de Rheims ne pouvoit obtenir, sinon pour se dispenser du droict commun de la France, introduit en faveur de nos Roys. Privilege toutesfois qui s'esvanouit en fumée par la mort de Foulques, avec sa faveur. Parce que nonobstant ces bulles, il est certain que l'Archevesché de Rheims vacqua en Regale. Et n'estoit cette coustume mal receuë de nos Prelats, ains d'une chose se plaignoient-ils seulement, que nos Roys non contens de cette jouïssance des fruits, surpris par les embusches de leurs courtisans, pendant cette possession se disposoient d'aliener les autres biens immeubles des Eglises, lesquels ils assignoient à uns & autres en fiefs : Comme nous lisons qu'avoit fait Charles le Chauve pendant la destitution d'Ebon Archevesque de Rheims : & neantmoins à la postulation, & requeste d'Hincmare depuis restitua ce qui avoit esté par luy aliené. Et voyons en un Concil tenu à Metz sous le mesme Roy, que les prieres & supplications des Prelats tendirent principalement à ce qu'il luy pleust deleguer par les Provinces des Baillifs (qu'ils appelloient *Missos*) pour cognoistre des alienations indues de telle nature de biens, afin de les reïncorporer aux Eglises, dont elles avoient esté éclipsées.

CHAPITRE XXXVI.

De l'ordre des Regales sous la troisiesme lignée de nos Roys, serment de fidelité, que les Archevesques & Evesques leur doivent avant que d'entrer en leurs charges, & des investitures que les Empereurs d'Allemagne faisoient des Archeveschez & Eveschez.

VOILA en effet comme les affaires de la Regale se passoient en France sous la premiere & seconde famille de nos Roys, je veux dire comme nos Roys eurent tousjours bonne part à la promotion, tant des Evesques, que des Abbez : & adoncques n'estoit ce droict restrainct ou limité à certains benefices, ains s'espandoit generalement par toute la France. Je recognoistray lors je ne voy point que toutes les façons en fussent pratiquées, que nous avons depuis apportées sous la troisiesme lignée de nos Roys, sous laquelle sont les grandes polices de la France, par le moyen desquelles cette lignée seule a plus duré que les deux autres. Or sous cette-cy, comme la principale estude de nos Roys fut de ne perdre rien de leurs droicts, & neantmoins remettre toutes choses de l'Eglise en leur ordre, aussi pratiquerent-ils en ce faict cy le semblable : car ils laisserent les élections au Clergé, mais demeurans dans les termes de ce qui avoit esté approuvé par les institutions Canoniques de France, ils desirerent deux choses auparavant qu'un Evesque peust apprehender la dignité : L'une que le Clergé voulant proceder à l'élection d'un Abbé, il eust permission du Roy de ce faire : L'autre que quand l'Evesque seroit esleu & confirmé, il seroit tenu de prester le serment de fidelité entre les mains du Roy. Pour le regard du premier, nous en avons & exemples & ordonnances expresses dans l'ancienneté. Car nous lisons qu'après le decez d'Almeric, Pierre s'estant faict pourvoir de l'Archevesché de Bourges, par Innocent Pape, le Roy Louys septiesme non seulement l'empescha en la jouïssance, mais qui plus est, ne peut jamais estre dict Archevesque en France, pour avoir esté par luy en cecy negligé le consentement du Roy. Et comme il n'y a rien si sainctement introduit en quoy l'on ne commette quelquefois de l'abus, belle fut en ce sujet la colere de sainct Bernard contre le mesme Roy Louys septiesme, lequel ayant donné permission d'élire, & l'élection estant faite

faite en faveur d'un autre, vouloit par les brigues & importunitez de quelques ambitieux poursuivans, que l'on procedast à nouvelle élection. Ce à quoy s'opposa vivement sainct Bernard. Et comme ainsi soit que les instigateurs de ce nouveau conseil voulussent faire trouver au Roy de mauvaise digestion ce qu'en faisoit ce sainct homme, comme intervertissant les droicts de la Couronne de France : adoncques il escrivit au Roy une lettre pleine de zele & de colere, dont le commencement & une partie de la lettre estoit telle: *Volui ego* (dit-il) *unquam in aliquo imminui honorem Regis, dignitatem regni? Deus scit, nec vestra, ut confido, conscientia id vobis respondet. Videte ne illi magis contra vos faciant, qui electiones disturbant, ne sint in Ecclesiis qui serviant Regi, sed ipsis de Ecclesiarum reditibus serviatur.* Et peu après: *Neminem prorsus arbitror assuisse illi celebritati, qui de assensu vestro dubitaret, cum eum idem assensus vestris litteris tueretur: Quis enim hoc vel cogitare posset, repetendum alterum consensum, nec sufficere unum, praesertim ubi nulla ex tunc intervenit altera electio? Nunquid quoties dissenserint Clerici, totiens erit requirendus favor Regis? Nec ratio, nec consuetudo hoc habet.* Duquel passage nous pouvons inferer que sainct Bernard ne faisoit aucune doute qu'il n'appartinst au Roy d'interposer son authorité en telles élections, & que qui eust voulu soustenir le contraire, il offenseroit les Loix du Royaume : mais il desiroit aussi d'oster la corruption & abus que l'on y vouloit introduire sous le pretexte du Roy, & qu'ayant esté procedé à l'élection d'un Evesque, suivant la permission qu'il en avoit faicte, il voulust pour gratifier à quelques-uns, que l'on procedast à une autre ; qui estoit totalement mettre sous pied la discipline de l'Eglise, & oster l'asseurance qu'il y avoit en matiere d'election. Cela mesme se trouve averé par la dispence de la Regale que Philippes Auguste accorda aux Evesques d'Arras en l'an 1205. par laquelle entre autres choses, il permit aux Doyen, Chanoines, & Chapitre de pouvoir librement proceder à l'election des futurs Evesques, sans luy en demander congé, ny à ses successeurs.

Or après cette élection bien & deuëment confirmée par le Metropolitain, il estoit requis que l'Evesque fist le serment de fidelité au Roy auparavant qu'il peust entrer en l'exercice de sa charge, ainsi que nous recueillons de la mesme dispence d'Arras. *Canonici praedictae Ecclesiae liberè poterunt eligere non requisita à nobis, vel à successoribus nostris licentia eligendi: sed electum suum confirmatum nobis praesentabunt, ut nobis fidelitatem faciat, sicut alii Episcopi nobis facere consueverunt.* Et encores en trouvez-vous un autre passage très-beau du temps du Roy Philippes I. dans Yvon Evesque de Chartres en sa 206. Epistre qu'il escrivit au Pape Paschal. L'Archevesché de Rheims estant contentieux entre Gervais & Raoul, le Roy & son Conseil favorisoient le premier : au contraire Yvon portoit le party de Raoul : & provenoit de la faveur de cettuy, non qu'il n'eust le tiltre le plus apparent, mais d'autant qu'il soustenoit n'estre tenu, entrant en ce Benefice, de faire la foy & hommage au Roy. La cause pour la consequence, fut remise au prochain Parlement, qu'on devoit tenir vers les festes de Noël, dans la ville d'Orleans, où tous les Princes & Seigneurs bassouërent l'opinion de cet Evesque, soustenans que Raoul devoit estre forclos de l'Archevesché, s'il ne vouloit faire le serment de fidelité & mains du Roy. Et parce que le passage me semble fort singulier, tant pour l'ancienneté de nos Parlemens, que du present sujet, je le veux transcrire tout de son long. Le Roy (dit ce Prelat) supplié par nous de vouloir faire droit à Raoul: *Adquievit tandem precibus nostris, & concessit ut Radulphum ad Curiam suam, quae Aurelianis, in Natali Domini congreganda erat, securè adduceremus, & ibi cum eo & cum Principibus Regni sui, de hoc negocio, quantum fieri posset, salva Regni integritate tractaremus. Factum est, ut conditum erat, & convenientes in curiam, multiplicatis intercessoribus, petitionem nostram semel & sapius replicavimus. Sed reclamante curia plenariam pacem impetrare non potuimus, nisi praedictus Metropolitanus, per manum & sacramentum, eam fidelitatem Regni faceret, quam praedecessoribus suis Regibus Francorum, antea fecerunt Rhemenses Archiepiscopi, & caeteri, Regni Francorum, quamlibet religiosi & sancti Episcopi. Quod persuadentibus & interpellantibus totius Curiae Optimatibus, & si propter mandatorum vigorem minus licebat, factum est tamen, quia Ecclesiasticae paci, & fraternae dilectioni sic expediebat. Cum enim plenitudo legis sit charitas, in hoc legibus obtemperatum esse credimus, in quo charitatis opus impletum esse cognovimus. Petimus ergo flexis genibus, ut hoc eodem intuitu charitatis & pacis veniale habeat paterna moderatio.*

C'estoit que le Pape Paschal avoit commandé à Raoul de ne faire la foy & hommage au Roy : & à Yvon de luy estre en cecy parrain. Mais ny l'un ny l'autre n'en furent creus, comme chose trop prejudiciable aux droicts de nostre Couronne. Aussi le mesme Yvon escrivant au Pape Urbain en la 65. Epistre, luy remonstre qu'en telles soubmissions de fois & hommages, l'Eglise n'y a aucun interest, quand les Roys n'entendent rien attenter sur le tiltre qui regarde la puissance spirituelle. *Quae submissio* (dit-il) *sive fiat manu, sive lingua, sive virga, quid refert? Cùm nihil spirituale se dare intendat, sed tantum aut votis potentium annuere, aut villas Ecclesiasticas & alia bona exteriora, quae de munificentia Regum obtinent ipsa Ecclesia, ipsis electis concedere.* Et en l'Epistre 238. *Si quis verò Laicus ad hanc prorumpit insaniam, ut in datione vel acceptione virgae putet se posse tribuere sacramentum, vel rem sacramenti Ecclesiastici, illum prorsus judicavimus haereticum, non propter manualem investituram, sed propter praesumptionem diabolicam.* Tellement quand je voy la longue contestation qu'eurent les Papes avec toute opiniastreté contre les Empereurs d'Allemagne, pour les investitures des Eveschez, voire jusques à venir aux mains, au grand scandale de toute la Chrestienté, & de n'avoir pas fait grande instance contre nos Roys pour le serment & fidelité par eux requis, ce fut pour autant que les Empereurs investissans les Evesques avec l'anneau & le baston pastoral, dont leur faisoient present, estimoient conferer le tiltre contre l'authorité du Saint Siege : ainsi l'apprenons-nous du Moine Sigebert dedans sa Chronique. Chose expressément deffenduë par le Concil de Latran, tenu sous Alexandre III. Et que pour nostre regard, nous desirions le serment de fidelité, tant à cause de leur temporel, que d'autant qu'entrans en ce grade, ils devoient estre des premiers Conseillers de nostre Couronne.

Or outre ce serment de fidelité, que tous les Archevesques & Evesques de la France doivent, encores estoient, la plus part d'eux, anciennement tenus de fournir à nos Roys, gens de guerre, quand la necessité le requeroit. Nous trouvons que l'Archevesque de Sens devoit quatre Chevaliers, l'Evesque d'Orleans, deux, de Chartres, trois, Paris, trois, Troyes, deux, Noyon, cinq, Beauvais, cinq, Lizieux, vingt, Bayeux, vingt, Avranches, cinq, & le semblable presque en la plus part des Abbayes du pays de Normandie. C'est pourquoy en l'exemption de la Regale que Philippes Auguste accorda aux Evesques d'Auxerre en l'an 1206. il adjousta expressément cette particuliere reserve, *Salvo servitio nostro equitationis exercitus & submonitionis* (il faut lire *subventionis*) *sicut Episcopi Altissiodorenses nobis fecerunt.* Et en celle de Nevers, de l'an 1208. *Praeterea exercitus & procurationes, sicut nos & praedecessores nostri ea solent & debent habere.* Ces mots de subvention & Procuration, portez par le premier & second tiltre, peuvent engendrer quelque obscurité, mais elle vous sera levée par la dispence de la Regale accordée aux Evesques d'Arras par le mesme Roy Philippes en l'an 1203. par laquelle leur quittant le service de la guerre, il ne leur veut pas remettre cet autre droit de servitude, ou Procuration. *Has autem praedictas libertates Episcopo & Ecclesiae Atrebatensi in perpetuum concedimus, retenta tamen nobis procuratione nostra, quam Episcopus Atrebatensis nobis debet singulis annis, si ad illam accesserimus.*

C'estoit un droict que plusieurs Evesques & Abbez devoient à nos Roys, quand ils passoient sur leurs Eveschez ou Abbayes, qu'ils appelloient en langage François droicts de Giste. *Abbas Majoris Monasterij Turonensis debet unum gistum, taxatum sexaginta libras Turonenses, l. vandas quolibet anno, si Rex visitaverit Ecclesiam.* Et quelquesfois les Eglises s'abonnoient à leur payer ce droict, soit que les vinssent visiter ou non. *Archiepiscopus Turonensis debet unum taxatum C. libras, nec potest Rex levare gistum, nisi semel ad vitam cujuslibet Archiepiscopi, prout in littera Archiepiscopi continetur,*

cujus

cujus transcriptum in registro continetur. Il n'est pas que le Comte de Champagne ne se fust donné pareil privilege sur quelques Eglises situées dedans ses terres. De ces droits, le livre Croix de la Chambre des Comptes dont j'ay extrait les precedens passages, nous en fait le dénombrement en un lieu, puis en un autre, où il recite ceux que le Roy sainct Louys avoit levez en certaine année. Droits qui estoient encores en essence sous le regne de Charles VI. ainsi que nous recueillons de ce qui s'ensuit, porté par le memorial. *L. Anno Domini 1382. in mense Novembri, illustrissimus Princeps Dominus Carolus, Dei gratiâ Francorum Rex, accedens apud Atrebatem, jus suæ Procurationis, quam Dominus Episcopus Atrebatensis debebat, eidem ad dictum locum accedenti, per suas litteras dedit, Magistris Petro Mauchat, & Joanni Montargij suis Secretariis, cum quibus reverendus pater Dominus P. Mazerij Episcopus Atrebatensis, pro eis, dato jure Procurationis supra scripta composuit in ducentis & quadraginta Francis auri, Franco 16. solidorum. Et de quibus satisfactum extitit ipso Domino Regissante Atrebati. Et in testimonium præmissum dem̃ reverendus pater, litteras Regias prædictas habuit & habet penes se, cum litteris quitationis Secretariorum prædictorum.* Cela fut produit en la Chambre des Comptes, aveecques la copie collationnée à l'original de l'exemption de la Regale d'Arras, en le mois de Juillet mil quatre cens cinquante-trois. Sur ce que Messieurs des Comptes avoient expedié leur commission pour proceder par voye de saisie sur le temporel de l'Evesché d'Arras comme vaquant en Regale. Le temps a depuis la mettre en oubly tant les services militaires, que ces droicts de gistes, au lieu desquels on a introduict l'Octroy des decimes sur tout le Clergé, n'estant demeuré de cette ancienneté, que la prestation de serment au Roy, qui doit estre faite par tous les Prelats de la France lors de leurs advenemens

+-+

CHAPITRE XXXVII.

Des benefices que nous avons dit vaquer en Regale sous la troisiesme lignée de nos Roys.

COmbien que tous les Archevesques & Evesques doivent le serment de fidelité au Roy avant qu'ils entrent en leurs charges, & qu'à faute de le faire, le Procureur general du Roy de la Chambre des Comptes puisse faire saisir leur temporel, si est-ce que tous les Archevesches & Eveschez de la France ne sont estimez tomber en Regale, vacation d'iceux advenant: Ores que quelques-uns estiment le contraire. Opinion de prime-face plausible, pour favoriser les droits du Roy, mais erronée, bien qu'elle ne soit destituée de bons parrains: Car Maistre Jean le Bouteiller en sa Somme Rurale, l'estima ainsi, & de nostre temps Monsieur de Pibrac Advocat du Roy au Parlement, a bien voulu faire passer par Edict, mais il en fut desdict. Il ne faut rien oster à l'Eglise, pour le donner par une nouveauté à nos Roys, ny leur oster pour le donner à l'Eglise. La plus seure guide de nos actions, est la longue ancienneté. Or que toutes les Eglises Cathedrales ne tombent en Regale, nous avons plusieurs ordonnances qui le nous enseignent. Celle de Philippes le Bel, 1302. portant entre autres articles, cettuy: *Item: quantum ad Regalias quas nos & prædecessores nostri consuevimus percipere & habere in aliquibus Ecclesiis regni nostri, quando eas vacare contingit.* Et là il enjoint aux Receveurs, qui manient le temporel pendant l'ouverture de la Regale, d'user de la couppe des Bois, & pesche des Estangs, comme bons peres de famille. Et Philippes de Valois par autre ordonnance de l'an 1334. declare qu'és Eveschez, esquels il avoit droict de Regale, il pouvoit conferer les benefices à simple tonsure vaquans de faict ou de droict: Charles VII. par une autre, que je transcriray cy-aprés, parle des Eveschez où il avoit droict de Regale. Et Louys XII. par Edict de l'an 1499. »Nous defendons à tous nos Officiers (dit-il) qu'és Arche- »veschez, Abbayes, & autres benefices de nostre Royaume, »esquels n'avons droict de Regale, ils ne se mettent dedans »ny és fortes places, sinon és benefices & fortes places qui se- »roient assises és pays limitrophes de nostre Royaume. » Bref qui soustient l'opinion contraire, est plustost un Maistre de Cour, que Jurisconsulte François. Aussi en vain disputeroit-on des Regales au Parlement, si sans exception, tous les Archevesches & Eveschez vaquoient en Regale. La difference qu'il y a entre l'Evesché qui tombe en Regale, & celuy qui n'y tombe point, est, qu'au premier cas soudain que l'Evesque est decedé, le temporel du benefice estant saisi à la requeste du Procureur General en la Chambre des Comptes, les fruicts appartiennent au Roy, & peut conferer les benefices à simple tonsure, vaquans, jusques à ce que la Regale soit close: mais en l'Evesché non tombant en Regale, quelque saisie que l'on face du temporel, c'est pour conserver les fruicts au futur Successeur, lesquels ne commencent de tomber en pure perte sinon aprés que l'Evesque estant entré en possession ne rend le serment de fidelité au Roy: Et au surplus, le Roy ne peut en ce cas conferer aucuns benefices.

Le plus ancien passage où je trouve estre faite mention de telle espece de Regales, sous la troisiesme lignée de nos Roys, est la dispense que donna le Roy Louys le Gros à l'Archevesque de Bourdeaux & ses Evesques suffragans, & tous d'une suitte le Roy Louys le jeune son fils. *In nomine sanctæ & individuæ Trinitatis, Amen. Ludovicus Dei gratiâ Francorum Rex, tibi dilecte in Domino, Gaufride Burdegalensi Archiepiscope, cum suffraganeis Episcopis, Raimundo Agennensi, Lamberto Angolismensi, Guillelmo Xantonensi, Guillelmo Pictaviensi, Guillelmo Petragoricensi, necnon Abbatibus Burdegalensis Provinciæ, vestrisque successoribus imperpetuum, Regia majestatis est, Ecclesiarum quieti, piâ sollicitudine providere, & ex officio suscepte à Domino potestatis, earum libertates tueri, & ab hostium seu malignantium incursibus defensare. Sic nimirum Regalis apicem dignitatis, nobis à Domino, à quo omnis potestas est, consecutos esse constabit, si juxta Evangelicam institutionem & Apostolicam doctrinæ traditionem, in sanctâ Dei Ecclesiæ ministerium accincti, pro ejusdem contuenda libertate, quâ Christus eam liberavit, & pacis quieti operam demus. Ea propter petitionibus vestris, communicato prius Episcoporum, Abbatum & Procerum nostrorum consilio, assentiente Ludovico filio nostro jam in Regem sublimato, duximus annuendum, & in sede Burdegalensi, & in prædictis Episcopalibus sedibus, & Abbatiis ejusdem Provinciæ, quæ defuncto illustri Aquitanorum Duce, Comite Pictaviensi Guillelmo, per filiam ipsius Alienoram, jamdudum filio nostro Ludovico, sorte matrimonij cedit, in Episcoporum & Abbatum suorum electionibus canonicam omnino concedimus libertatem, absque hominij, juramenti, seu fidei per manum data, obligatione. Porrò de cedentium Archiepiscopi, & suffraganeorum ipsius Episcoporum, sive Abbatum decedentium res universas successorum usibus, Regia authoritate servari volumus, & concedendo præcipimus illibata. Hoc quoque adjicientes, ut omnes Ecclesiæ infra denominatam Provinciam constitutæ, prædia, possessiones & universa ad ipsas jure pertinentia, secundum privilegia, justitias & bonas consuetudines suas, habeant & possideant illibata. Quinimo Ecclesiis ipsis universis & earum ministris, cum possessionibus suis, Canonicam in omnibus concedimus libertatem. Quod ut perpetuæ stabilitatis obtineat munimentum, scripto commendari, & sigilli nostri authoritate, & nominis nostri charactere corroborari præcipimus. Actum Parisiis in Palatio nostro publicè, anno incarnationis Verbi M. C. XXXVII. Regni nostri XXVII. Ludovico filio nostro in regem sublimato, anno IIII. In præsentia Gaufridi venerabilis Carnotensis Episcopi, & Apostolicæ Sedis Legati, Stephani Parisiensis Episcopi, Augerij Abbatis beati Dionysii, Girardi Abbatis Josephati, Algrini & Jacobi nostris. Astantibus in Palatio nostro, quorum nomina subtitulata sunt & signa. Signum Radulphi Viromanduorum Comitis, & Dapiferi nostri. Signum Guillermi Buticularij, S. Hugonis Camerarij, S. Constabularij. Data per manum Stephani Cancellarij.*

Remise qui fut confirmée, voire transcripte mot pour mot

mot par le Roy Louys le jeune, dont le commencement eſtoit tel.

In nomine ſanctæ & individuæ Trinitatis : Amen. Ego Ludovicus Junior, magni Ludovici filius, Dei gratiâ Rex Francorum & Dux Aquitanorum : Tibi dilecte in Domino Gaufride, &c. Et à la fin de ce tiltre. *Actum Burdegali, in Palatio noſtro publicè, anno incarnati Verbi M. C. XXXVII. Regni noſtri IV. In præſentia Gaufridi Burdegalenſis Archiepiſcopi, Heliæ Aurelianenſis Epiſcopi, Raimundi Agennenſis Epiſcopi, Lamberti Angoliſmenſis, & Guillermi Xantonenſis Epiſcoporum, Augerij Abbatis Sancti Dionyſij, adſtantibus in Palatio noſtro quorum nomina ſubtitulata ſunt & ſigna. S. Radulphi Viromanduorum Comitis & Dapiferi noſtri, Signum Guillermi Butticularij, S. Hugonis Conſtabularij. Data per manum Stephani Cancellarij.*

Octrois que je penſerois avoir eſté faits en un meſme jour par le pere & le fils, n'eſtoit que je voy l'un fait dans Paris, & l'autre dans la ville de Bordeaux. Siege, comme il eſt vray-ſemblable, de Louys le Jeune, qui avoit eſpouſé l'heritiere de la maiſon d'Aquitaine. Joinct qu'il y a plus d'Eveſques preſens au dernier qu'au premier. Et combien que ce ſoient les deux tiltres les plus anciens, ſi recueille-je d'eux une plus longue ancienneté : car je me perſuade que les Ducs d'Aquitaine pendant leur ſouveraineté, jouyſſoient des droits de Regales en & au dedans leurs deſtroits, & que ce Duché eſtant de nouveau reüny à la Couronne par le mariage de Louys le Jeune : ces deux Roys, pour rendre leurs Eveſques plus enclins & devots à leur obeïſſance, exercerent envers eux cette nouvelle liberalité. Ce n'eſt pas ce pays ſeul où les Ducs firent le ſemblable : car par le traicté qui fut fait entre le Roy ſainct Louys & Pierre Mauclerc Duc de Bretagne, les collations des benefices en Regale furent reſervées à ce Duc dedans ſon Duché. Et paſſeray encores plus outre pour la Normandie : Car quand je voy que tout ce pays-là eſt ſujet à la Regale ſans exception & reſerve d'aucun Eveſché, il me ſemble voir les Ducs en jouyr, & que par la reünion du Duché à noſtre Couronne, nos Roys continuerent cette meſme poſſeſſion.

J'adjouſterois volontiers que non ſeulement quelques Eveſchez, mais auſſi quelques Abbayes eſtoient tenuës en Regale. Parce que le meſme privilege que les Princes donnent aux Eveſques, eſt pareillement eſtendu deſſus les Abbez. Et depuis Philippes Auguſte fils de Louys le Jeune voulant ſortir de la France pour s'acheminer au voyage d'outremer, baillant toute charge & intendance à la Royne ſa femme & à l'Archeveſque de Rheims ſon oncle, entre autres prerogatives, leur donna cette-cy par exprés : *Si verò contigerit ſedem Epiſcopalem vel Abbatiam in Regaliâ vacare, &c.* Touteſfois la memoire, pour le regard des Abbayes, s'en eſt effacée avec le temps.

Entre les threſors des ancienneteż de la France, je n'en trouve point de plus riche que les memoriaux de noſtre Chambre des Comptes, & ſpecialement pour la matiere des Regales. C'eſt pourquoy outre les deux paſſages precedents, je vous veux encores eſtaler ce que j'en ay peu recueillir, & tenir d'eux en foy & hommage la plus grande partie de ce chapitre. Quel eſt l'uſage de la Regale, comme elle s'ouvre & ſe ferme, de quelle façon il y faut proceder, vous le trouverez au Memorial cotté C, en ces mots Latins groſſement couchez, & touteſfois je les vous repreſenteray tels qu'ils ſont : Je deſire qu'il y ait moins de mignardiſe en ce que j'eſcris au preſent chapitre, & plus de reſpect pour vous repreſenter au naïf, en ſujet de ſi haute eſtoffe, la venerable ancienneté.

Dum Epiſcopus alicujus Epiſcopatûs, ubi Dominus Rex habet Regaliam, abhumanis decedit, immediatè per obitum ipſius, eſt Regalia in dicto Epiſcopatu aperta, & ſuccedit Rex loco boni & legitimi adminiſtratoris, in omni temporalitate dicti Epiſcopatûs, conferque beneficia non curata, & hoc durante tempore ipſius Regaliæ. Quæ quidem Regalia debet vigere, & habere locum in dicto Epiſcopatu, donec & quouſque futurus ſucceſſor Epiſcopus legitimè intrans ſuum debitum fidelitatis juramentum dicto Domino noſtro Regi, prout tenetur, fecerit. Quodque litteræ Regiæ atteſtantes dictum juramentum ſic fuiſſe factum, præſentatæ, regiſtratæ, & publicatæ, fuerint in Camera Comptorum. Et quod Receptor ſeu Commiſſus ad ipſius Regaliæ receptum receptum receperit mandatum à dicta Cameræ emanatum, per quod ei mandatur, ut levet manum Regis, & permittat dictum Epiſcopum uti & gaudere, ponendo ipſam temporalitatem ad plenam deliberatiam : nec ante receptionem hujuſmodi mandati à dicto Receptore ſeu commiſſo reputatur dicta Regalia clauſa : Sed uſque ad diem ipſius receptionis tenetur reddere comptum & rationem de fructibus hujuſmodi temporalitatis, & confert Rex beneficia non curata tanquam in Regalia vacantia. Et hoc de jure & conſuetudine Regis & ſua Corona.

Il parle ſeulement de l'Egliſe vacquante par mort, comme eſtant la plus ſignalée vacation. Non que pour cela il entende de forclorre les autres qui adviennent par reſignations, forfaictures, promotions d'un Eveſché à autres, dont nous voyons diverſes inſtructions dans les meſmes Regiſtres.

Au demeurant par les inſtructions portées par l'article cy-deſſus recité, nous ſommes enſeignez que le Roy jouït du temporel, & confere les benefices qui n'ont charges d'ames : & que cette Regale dure juſques à ce que le futur ſucceſſeur ait fait le ſerment de fidelité au Roy. Collation de Benefices qui ſemble eſtre aucunement contraire à noſtre Droict Canon, & neantmoins tant favoriſée en cette France, que ſi le Roy fait cette grace à un Prelat de le recevoir à foy & hommage par Procureur, il entend par cette reception luy donner pleine main-levée de ſon temporel, mais non de la collation des benefices, ainſi que nous apprenons de l'Ordonnance de Charles VII.

« Charles par la grace de Dieu Roy de France. A nos amez &
« feaux Conſeillers les gens tenans & qui tiendront noſtre Parlement
« à Paris, les Maiſtres des Requeſtes de noſtre Hoſtel,
« aux Prevoſt de Paris, Baillifs de Vermandois & d'Amiens, &
« à tous nos autres Officiers & Juſticiers, ſalut & dilection. Il eſt
« venu à noſtre cognoiſſance qu'à l'occaſion de ce que nous oc-
« troyaſmes à feu le Cardinal Eveſque de Teroüenne, qu'il
« nous peuſt faire le ſerment de feauté dudit Eveſché de Te-
« roüenne, par Procureur. Ce qu'il fit, & par ce moyen luy
« delivraſmes les fruicts & revenus de la temporalité d'iceluy
« Eveſché, que paravant tenions en noſtre main, à cauſe & par
« le moyen de noſtre droict de Regale, ledit feu Cardinal ou
« ſes Vicaires ſous couleur & au moyen de ladite delivrance par
« nous à luy faicte deſdicts fruits (combien qu'il ne nous euſt
« fait le ſerment en preſence) euſt donné & conferé pluſieurs
« prebendes & autres benefices vaquans à la collation dudit
« Eveſque, depuis la reception dudit ſerment de feauté par
« Procureur, & la delivrance deſdits fruits : Et pareillement
« les avons donnez & conferez à autres par le moyen de noſ-
« tredit droict de Regale. Sur quoy ſe ſont meuz & aſſis pluſieurs
« procés pardevant vous avec ceux qui ont eu collation
« dudit Cardinal & de ſes Vicaires : Et à cette occaſion ſont
« pluſieurs deſdites prebendes & autres benefices contentieux
« en grande involution de procez, au grand prejudice & detriment
« de ladite Egliſe & du ſervice divin. Et pour ce que
« voulons & deſirons pourvoir à la confuſion & detriment deſ-
« dits benefices, & multiplication deſdits Procez, & auſſi
« pourvoir à l'entretenement dudit ſervice divin, & à la con-
« ſervation de noſdits droicts de Regale, & qu'avons eſté ad-
« vertis & acertainez des droicts de noſtre Couronne, & de l'uſa-
« ge ancien avoir eſté & eſtre, qu'és Eveſchez où avons droict
« de Regale, meſmement quant à la collation des benefices, la-
« dicte Regale demeure touſiours ouverte, juſques à ce que
« les nouveaux Eveſques nous ayent faict en perſonne les ſer-
« mens de feauté, quelque delivrance qu'on en ſoit fait par
« Procureur, & quelque delivrance que faſſions des fruicts de
« la temporalité. Avons declaré & declarons que par la recep-
« tion du ſerment de feauté dudit Cardinal par Procureur, &
« par la delivrance à luy faicte des fruicts du temporel dudit
« Eveſché, nous n'avons entendu, ne n'entendons nous eſtre
« departis ne deſiſtez de la collation des benefices dudit Eveſ-
« ché, comme vaquans en Regale, ne la transferer audit Car-
« dinal. Aincois eſtoit & eſt noſtre intention de donner & con-
« ferer leſdits benefices comme vaquans en Regale, juſques
« à ce que ledit Cardinal nous euſt fait en perſonne le ſerment
« de feauté, ainſi qu'il eſt accouſtumé de faire en tel cas. Si
« vous mandons & expreſſement enjoignons que noſtre pre-
« ſente declaration vous entretenez & gardiez, & faictes en-
« tretenir & garder ſelon ſa forme & teneur ſans aucunement
« venir au contraire : Car ainſi nous plaiſt-il eſtre fait, non-
« obſtant quelconques lettres ſubreptrices impetrées ou à im-

„ petrer à ce contraire. Donné au Montil lez-Tours le qua-
„ torziesme Fevrier mil quatre cens cinquante & un, & de
„ nostre regne le trentiesme.

Ordonnance qu'il m'a semblé devoir icy estre tout au long inserée pour estre unique en son espece, que j'ay tirée du Memorial cotté L, en la marge duquel, Budé garde des Chartres du Roy, mit ces mots: *Habui originale pro ponendo in thesauro Chartarum Regis.* Ainsi signé, Budé. Chose que j'ay voulu remarquer pour vous monstrer combien cette Ordonnance fut recommandée. Je vous diray maintenant en gros, quels sont les Archevesches & Eveschez qui tombent entre nous en Regale. Dans le livre Croix, sont ces mots.

Dominus Rex, prout constat per antiqua scripta Cameræ, consuevit capere Regalia cum vacabunt in Provinciis & Diœcesibus quæ sequuntur.

In tota Provincia Senonensi & ejus suffraganeis, excepta Diœcesi Altissiodorensi, in qua Decanus & Capitulum dicuntur fecisse permutationem cum Rege.

In tota Provincia Rhemensi, excepta Diœcesi Cameracensi.

In tota Provincia Bituricensi, excepta Lemovicensi, Carnutensi, Rutenensi, Albiensi, Mimatensi.

In tota Provincia Turonensi, excepta Macloviensi, Trecorensi, Corisopitensi, Burcensi, Venetensi, Rhedonensi, Dolensi.

In Provincia Burdigalensi solum. Verum de Pictaviensi computatum fuit anno 1306. sed Rex per litteras totum istud præcepit restitui Episcopo.

In tota Normania habet Regale.

In Provincia Auxitana & Arelatensi, & per consequens in tota lingua Occitana nihil habet.

Ecclesiæ cadentes in Regaliam.

Senonensis.	Suessoonensis.	Eduensis.
Parisiensis.	Bellovacensis.	Cabilonensis.
Carnotensis.	Laudunensis.	Rothomagensis.
Aurelianensis.	Ambianensis.	Abricensis.
Ældensis.	Noviomensis.	Constantiensis.
Trecensis.	Silvanectensis.	Lexoviensis.
Rhemensis.	Bituricensis.	Bajocensis.
Morinensis.	Claramontensis.	Saginensis.
Catalaunensis.	Turonensis.	Ebroicensis.
Tornacensis.	Cenomanensis.	

La preface de ce present placard monstre qu'il avoit esté extrait de quelques autres vieux Registres de la Chambre, & à tant, qu'on y doibt adjouster plus de foy.

Par le quatriesme article il est porté que le Roy a droict de Regale, *In tota Provincia Turonensi,* excepté *Macloviensi, Trecorensi, Corisopitensi, Burcensi, Venetensi, Rhedonensi, Dolensi.* Qui sont sept Eveschez assis au pays de Bretagne, dependans de l'Archevesché de Tours: Et ne faut trouver estrange cela, parce que lors que cet article fut fait, nos Roys n'estoient Ducs de Bretagne. Et neantmoins la verité est que par le traicté & accord qui fut fait entre nostre Roy sainct Louys, & Pierre Mauclerc Duc de Bretagne, le droict de Regale fut par exprés reservé au Duc sur les Eveschez qui estoient en & au dedans sa Province. C'est pourquoy ce Duché estant aujourd'huy uny & incorporé à la Couronne de France, ceux qui soustiennent que tous ces Eveschez peuvent vacquer en Regale, ne sont pas destituez de raison. Tant y a que depuis quelques années, les Thresoriers & Chantres de la saincte Chappelle de Paris (selon le privilege à eux octroyé, dont je parleray en son lieu) ayans faict saisir sous le nom & authorité du Procureur general de la Chambre des Comptes de Paris, le temporel de l'Evesché de Nantes, comme estant l'Evesché tombé en Regale, Messire Louys du Bec Evesque, avoit obtenu main-levée ens gens des Comptes de Bretagne: dont le Procureur General du Roy du Parlement de Paris auroit appellé, la cause plaidée, & appointée au Conseil, depuis par Arrest du 23. donné au rapport de Monsieur le Voix Conseiller, il fut dit qu'en faisant droict sur l'appel, il avoit esté mal, nullement & incompetemment procedé & ordonné, bien appellé par le Procureur general, la saisie faite de l'Ordonnance de la Chambre des Comptes de Paris, le 18. Decembre 1594. declarée bonne & valable : Ordonné que les fruits & revenu temporel de l'Evesché de Nantes saisis seroient baillez & de-

livrez aux Thresorier & Chanoines de la saincte Chapelle, depuis l'ouverture de la Regale, jusques à la closture deuëment faite, ou la juste valeur & estimation d'iceux.

Cecy soit par moy remarqué en passant, mais pour reprendre les brisées de ce vieux Memorial que je vous ay voulu icy patronner, je ne veux pas dire que ce soit une leçon en tout & par tout asseurée: Car depuis la Cour de Parlement par ses Arrests y a adjousté ou diminué, selon les occurrences des procez dont elle a peu informer sa Religion. Si puis-je dire que ce Memoire est comme un fanal qui apporte grande lumiere à l'obscurité qui se trouve en nos Regales. Et de faict Monsieur le President le Maistre en a fait banniere en son traicté des Regales, Or en tous les precedens Articles je n'y trouve difficulté qu'en celuy où il parle de la Province de Bourdeaux, auquel il semble n'y avoir point de sens parfaict pour l'obscurité qui resulte de ce mot (*Solum.*) Celuy qui nous redigea ce placard par escrit, voulut dire que toute la Province de Bourdeaux estoit franche de la Regale, toutesfois que l'on avoit compté pour l'Evesché de Poictiers, mais que puis aprés le Roy fit rendre les deniers. Qui estoit en bon langage declarer que tant l'Archevesque de Bourdeaux que ses suffragans en estoient exempts.

Et parce qu'au premier Article il dit que tout l'Archevesché de Sens y estoit sujet, fors & excepté l'Evesché d'Auxerre, & que le Roy en avoit fait un eschange avec le Chapitre, il s'abuse. Le Roy Philippe Auguste luy remit la Regale de sa pleine liberalité, comme nous apprenons du mesme Livre Croix, par moy cy-dessus allegué.

In nomine sanctæ & individuæ Trinitatis, Amen. Philippus Dei gratiâ Francorum Rex: Noverint universi præsentes pariter & futuri, quòd nos intuitu pietatis & ob remedium animæ nostræ & parentum nostrorum, damus & concedimus in perpetuum Ecclesiæ Altissiodorensi quidquid juris habebamus in Regalibus Altissiodorensibus, vacante Sede. Itaque Decanus & Capitulum, eidem Ecclesiæ custodient Regalia, sede vacante, & omnes proventus qui exinde procedent, & Præbendas, si quas interim vacare contigerit, ad opus futuri Episcopi. Salvo Servitio nostro Equitationis exercitus & subventionis, sicut Episcopi Altissiodorenses nobis fecerunt. Quod ut perpetuum robur obtineat, sigilli nostri authoritate, & Regij nominis Charactere inferius annotato, præsentem paginam confirmamus. Actum Parisiis, Anno Domini M. CC. VI. Regni verò nostri anno XXVII. adstantibus in Palatio quorum nomina subscripta sunt & signa, Dapifero nullo, signum Guidonis Buticularij, Signum Matthæi Camerarij, Signum Droconis Constabularij, Data vacante Cancellaria. Et au dessous est la signature du Roy Philippes par une abreviation de son nom, telle que nos Roys souloient faire diversement, à Arras. Le mesme Roy exerça pareille liberalité envers l'Eglise de Nevers, ainsi qu'il apparoist par la Chartre portée au memorial cotté D.

In nomine sanctæ & individuæ Trinitatis, Amen. Philippus Dei gratiâ Francorum Rex. Noverint universi, præsentes pariter & futuri, quòd nos dilecto & fideli nostro Guillermo Nivernensi Episcopo, totum jus illud quod habebamus in Regalibus Nivernensibus concedimus, & quittamus in perpetuum ipsi & successoribus suis, & donationes etiam Præbendarum. Ita quod vacante sede nihil de mobilibus, vel immobilibus per nos, vel per alium capiemus in domibus Episcopi, nec in castellis & villis ejusdem, neque in hominibus Regalium, nec in rebus eorundem, neque in prædictis Regalibus aliquid prorsus retinemus, præter exercitus & procurationes, sicut nos & prædecessores nostri ea solent & debent habere. Concedimus etiam ut vacante sede eadem Regalia sint in manu Decani & Capituli Nivernensis, ut tam ea, quàm Præbendæ & Dignitates, si quæ interim vacaverint, ad opus futuri Episcopi, salva & integra reserventur. Quod ut perpetuæ stabilitatis robur obtineat, sigilli nostri authoritate, & Regij nostri characteris inferius annotati præsentem paginam confirmamus. Actum apud Fontem Belliaudi, Anno Incarnationis Dominicæ M. CC. VIII. Adstantibus in Palatio quorum nomina suppositæ sunt & signa. Signum Guidonis Buticularij, Signum Matthæi Camerarij, Signum Droconis Constabularij. Data regui nostri anno XXX. vacante Cancellaria, per manus fratris Guarini. Et au dessous est un pareil seing qu'à l'autre.

Pour le regard du second Article portant que tout l'Archevesché de Rheims estoit sujet à la Regale, fors & excepté l'Evesché de Cambray, il s'abuse. Car encores trouvons

vons nous la remise qu'en fit le Roy Philippes aux Evesques d'Arras, dont la teneur estoit telle.

In nomine sanctæ & individuæ Trinitatis, Amen. Philippus Dei gratiâ Francorum Rex. Noverint universi, præsentes pariter & futuri, quod vacante quocumque modo sede Atrebatensi, medio tempore, Capitulum Atrebatense reservabit penes se ad opus Episcopi qui substituetur ibidem, omnia Regalia & omnes reditus & proventus Regalienses, & quicquid ad Episcopatum noscetur pertinere: Ita quod nec in homines Episcopi, nec in eorum res, pro aliquo quod pertineat ad Regalia, manum mittemus. Et si medio tempore aliquam Præbendam, vel plures Præbendas vacare contigerit, similiter reservabuntur substituendo Episcopo conferenda postmodum cum ad electionem fuerit perventum, & Canonici prædictæ Ecclesiæ liberè poterunt eligere, non requisita à nobis, vel à successoribus nostris, licentia eligendi: sed electum suum confirmatum nobis præsentabunt, ut nobis fidelitatem faciat, sicut alii Episcopi nostri nobis facere consueverunt. Quia verò Radulphus ipsius Ecclesiæ Electus, & Canonici Atrebatenses, nos humiliter rogaverunt, ut intuitu Dei expeditionem & exercitum nostrum ipsi Electo & suis successoribus quitaremus: Nos amore Dei, & ob remedium animæ nostræ, ipsi Electo & suis successoribus, illud in perpetuum quitavimus & quitamus. Has autem prædictas libertates Episcopo & Ecclesiæ Atrebatensi: Retenta tamen nobis procuratione nostra, quam Episcopus Atrebatensis nobis debet singulis annis, si ad illum accesserimus. Quod ut perpetuum robur obtineat, sigilli nostri munimine, Regii nominis caractere inferius annotato, præsentem paginam præcepimus roborari. Actum Parisiis, anno Incarnati Verbi, millesimo ducentesimo tertio, Regni verò nostri vigesimo quinto. Adstantibus in Palatio nostro, quorum nomina supposita sunt & signa. Dapifero nullo, Signum Guidonis Buticularii, Signum Matthæi Camerarii, Signum Droconis Constabularii nostri. Data vacante Cancellaria.

De vous particulariser icy tous les Arrests qui ont esté donnez en matiere de Regale, je ne me suis proposé non plus que toutes les reigles que l'on y observe. Je vous renvoye pour cet effect aux traictez de Maistre Arnoul Ruzé jadis Conseiller en la Cour de Parlement de Paris, Philippes Probus Docteur, Regent en l'Université de Bourges, Messire Gilles le Maistre, Premier President, & Maistre René Chopin Advocat au mesme Parlement en son Livre, *De sacrâ Politiâ,* & encores Maistre Louis Charondas en ses Pandectes Françoises. Je me contenteray seulement de vous inserer icy tout au long l'Ordonnance de Philippes de Valois, (fondement de la maxime generale que l'on pratique en cette matiere,) tirée du Memorial de la Chambre des Comptes, cotté B.

„ Philippes par la grace de Dieu Roy de France, Sçavoir fai-
„ sons à tous presens & à venir, que comme il ait esté en doute
„ par aucuns, se nous avons droict, & à nous appartient de
„ donner les Provendes, dignitez & benefices quand ils avoient
„ esté ou estoient trouvez non occupez, vacans, & unis de
„ faict tant seulement on temps de nostre Regale, és Eglises de
„ nostre Royaume esquelles nous avons droict de Regale, & se
„ ceux à qui noz predecesseurs ou nous les avons donnez, en
„ devoient jouir. Nous nous tenons, & sommes suffisamment
„ & deuëment informez que nos devanciers Roys de France,
„ pour cause de l. Regale & de la Noblesse de la Couronne de
„ France, ont usé & accoustumé, & ont esté en possession &
„ saisine de donner les Provendes, dignitez & benefices, quand

„ ils ont esté trouvez en temps de Regale, vacquans de droict,
„ & de faict, ou de droict tant seulement, ou trouvez non
„ occupez, unis & vacquans tant seulement, & que nous
„ aussi en avons usé, usons, & entendons à user, comme de
„ nostre droict Royal, toutesfois que aucun cas semblable ou
„ quelconque cas dessusdict escherra: & donnons toute au-
„ dience de plaid à tous ceux, qui à nosdicts usages accoustu-
„ mez par nos devanciers Roys de France, & par nous con-
„ tinuez, & aux droicts Royaux, qui en tel cas nous appar-
„ tiennent pour cause de nostre Couronne, & aux collations
„ par nous, nos devanciers ou successeurs, faictes ou à faire
„ és cas dessusdicts ou aucuns d'iceux. Et se voudroient oppo-
„ ser, & que plaids ou procez sur aucun des cas dessusdicts
„ quelconques soient pendants au Parlement, ou devant quel-
„ conques nos Commissaires, nous les appellons & mettons
„ du tout au neant, & deffendons à nos amez & feaux les
„ gens qui tiendront d'ores en avant nos Parlemens à Paris, &
„ aux dessusdicts Commissaires, que ils de ces cas ne sembla-
„ bles ne teignent Cour, ne cognoissance ores ne autres fois.
„ Et voulons & ordonnons que d'ores en avant nul pourveu
„ de cas dessusdicts, si ce n'est par vertu de provision & colla-
„ tion Royale qu'il ait de nos devanciers ou de nous, ou de
„ nos successeurs Roys de France, ne soit receus à plaid, ou
„ ouïs en opposition, contre ceux qui és cas dessusdicts ou en
„ aucun d'iceux sont pourveus par nos devanciers ou par nous,
„ ou seront pourveus au temps à venir par nous ou nos succes-
„ seurs Roys de France, pour quelconques lettres ou octroy,
„ qu'il ait ou empetre de nous, se expresse mention n'est fai-
„ te mot à mot de ces presentes. Et voulons que d'ores en
„ avant tous ceux qui en semblable cas, dessusdits & chacun
„ d'iceux ont collation de nos devanciers ou de nous, ou de
„ nos successeurs Roys de France, soient tenus & gardez en
„ possession & saisie, paisible des benefices à eux donnez non-
„ obstant opposition d'autre, qui par vertu d'autre collations y
„ sont opposé, ou opposent à present, ou vueillent opposer
„ au temps à venir, & ce avons nous ordonné & ordonnons
„ de certaine science enformez de nos droicts & usage dessus-
„ dits, & mandons par la teneur de ces presentes à nos amez
„ & feaux les gens qui tiendront nostre prochain Parlement,
„ & les Gens de nos Comptes, que à perpetuelle memoire fa-
„ cent ces presentes enregistrer en nos Chambres de Parle-
„ ment & des Comptes, & mettre & garder pour original au
„ thresor de nos Chartres & de nos lettres. Et à ce que ce soit
„ chose ferme & stable à tousjours-mais, nous avons fait met-
„ tre nostre scel en ces presentes lettres. Donné à Vincennes,
„ au mois d'Octobre l'an de grace 1334».

En suite de laquelle Ordonnance, le Roy Philippe donna son Arrest au bois de Vincennes le septiesme jour d'Octobre mil trois cens trente & quatre, entre Maistre Louys de Melun Regaliste, le Procureur du Roy joinct avecques luy, & Maistre Philippes Nicolas, pourveu par le Pape, de la Chantrie de Chartres, par lequel le benefice est adjugé au Regaliste, & veut le Roy, que son Arrest soit enregistré au Parlement, Chambre des Comptes, & Thresor des Chartres, pour servir de guidon à la posterité. Pour conclusion de ce chapitre, s'il vous plaist considerer tout ce qui a esté par moy cy-dessus deduict, vous trouverez que toute-fois de nos Roys du nom de Philippes, donnerent grande vogue & advancement à la Regale, Philippes second, quatriesme & sixiesme.

CHAPITRE XXXVIII.

De l'institution des Chanoinies & Prebendes, & dont vient que pendant l'ouverture de la Regale nos Rois les peuvent conferer.

Usques icy je pense avoir assez amplement discouru, comme sans le consentement de nos Roys, nul ne pouvoit estre Evesque en France. Reste maintenant à deduire dont vient que non seulement ils perçoivent les fruicts des Eveschez vacquans en Regale: mais aussi ont droict de conferer les prebendes, & autres benefices à simple tonsure, & non les Cures & Benefices, qui ont charges d'ames. En quoy semble qu'il y ait plus d'obscurité, non seulement pour la qualité du collateur, qui est homme Lay, auquel l'on donne en ce faisant les charges, & fonctions d'une personne Ecclesiastique: mais aussi qu'il semble de prime face que si on lui voulut donner anciennement cette authorité, il y avoit plus d'apparence qu'il conferast les Cures, & s'abstint des Chanoinies & Prebendes, à tout le moins de celles qui sont és Eglises Cathedrales, qui sont destinées pour les Conseillers generaux des Evesques: car ainsi estiment plusieurs, que quand sainct Hierosme disoit que l'Eglise avoit un Senat de cent personnes, il entendoit parler des Colleges des Chanoines. Et mesmes que par les reigles modernes des Canonistes, celuy qui a Cure, & Prebende, est dispensé de desservir sur sa Cure, moyennant qu'il reside actuellement en la grande Eglise dont il est Chanoine. Toutesfois qui voudra considerer comme les choses de l'Eglise anciennement se passerent, il sera aisé d'y donner bonne & prompte solution.

La dignité des Evesques & Prestres n'estoit qu'une du commencement de nostre Religion Chrestienne, & lors ils avoient autour d'eux les Diacres, Lecteurs, Acolythes, Exorcistes, Huissiers, qui tous faisoient part, & portion de l'Eglise. Depuis la necessité requerant que l'on en fist deux charges separées, l'on appropria le mot d'Evesque à celuy qui avoit l'œil & intendance generale sur toute la Province, & celuy de Prestre à ceux qui seroient destinez pour administrer la parole de Dieu, & saincts Sacremens, en unes & autres Eglises particulieres sous les Evesques. Or se faisoient les Prestres de tous ces Clercs, qui residoient en la maire & principale Eglise, montans par degrez de l'un à l'autre. Les Prestres doncques residoient sur leurs Eglises, fors qu'en cas de necessité, ils se trouvoient avec leur Evesque, pour leur servir de conseil és choses qui estoient d'importance. Et tout le demeurant, je veux dire de ces Diacres, Lecteurs, Acolythes, Exorcistes, & Huissiers, residoit en la grande Eglise, pour aider à l'Evesque au service divin, dependans en tout de sa volonté, & estoient nourris & alimentez du revenu de l'Evesché, tout ainsi que l'Evesque, & encores souz un mesme toict, comme estans la vraye famille de l'Evesque: Voire estimoient luy attoucher de si prés pour la necessité de leurs charges, que l'Evesque decedant, ils pensoient estre seuls heritiers de tous ses biens meubles. Pour cette cause tournans tout cecy en une coustume abusive, soudain que l'Evesque estoit mort, ils se donnoient en proye tous les biens de sa maison, par forme de desconfiture. Ce qu'il leur fut prohibé en un Concil tenu à Aix la Chapelle, sous Louis le Debonnaire, en l'an huict cens seize. Et comme toutes choses se sont changées avec que le progrez du temps en l'Eglise, aussi advisa l'on de faire de ce commun Clergé, des Colleges, lesquels seroient toutesfois logez en Cloüestres, joignant la maison de leur Evesque, tout ainsi comme les Moines prés de leur Abbé. Et eclipsa-l'on avec le temps du revenu, & temporel de chaque Evesché, pour en faire une table separée en faveur de ceux-cy, qui seroit par eux mesnagée, ainsi qu'ils trouveroient bon de faire. Police certainement qui ne fut establie tout en un coup, ny longs-temps aprés le declin de la primitive Eglise. L'on trouve qu'en l'Eglise de Tours (qui estoit estimée l'une des premieres de la France) tout ce Clergé, que nous appellons maintenant Chanoines, ne fut erigé en cet ordre de College, sinon sous Baudin XVI. Archevesque, qui fut du temps du Roy Clotaire I. ainsi que Gregoire de Tours nous enseigne au 10. Livre de son Histoire, & Flodoard en son 2. Livre dit, que Rigobert Archevesque de Rheims establit vivres, & heritages, & thresor commun aux Chanoines de Rheims, & combien ils devoient avoir de gens pour leur service, estant le passage de cette teneur: *Hic nonnulla in Episcopatu collapsa reparavit, & Canonicam Clericis Religionem restituit, & sufficientia Victualia constituit, & prædia quædam illis contulit, necnon ærarium eorum usibus commendans instituit, ad quos has villas delegavit, &c.* Et aprés avoir denombré plusieurs villages, qu'il leur donna, il adjouste tout de suite: *Scilicet ut in sua transitus die sufficiens eis inde refectio pararetur. Quæ superessent ipsis communiter dividenda cederent; famulos quoque, & eorum colonias, ad necessaria Canonicorum servitia deputavit.* Auquel lieu vous voyez presque une nouvelle police, qui fut instituée par Rigobert en cette grande Eglise de France, & la separation qu'il fit d'entre l'Evesque & tout ce commun peuple, que du commencement il appelle Clercs, puis Chanoines: Clercs, pour autant qu'en ces Colleges nul d'eux n'estoit Prestre, non pas que sous le mot de Clerc ne soit compris le nom de Prestre, comme une espece sous son genre: mais quand il est question à l'ancienneté de parler de ceux qui estoient Prestres, on leur fait tousjours cet honneur, à cause de leur dignité d'en faire remarque speciale. Et les appelle encore Chanoines, non point pour la pension que l'on appelle autrement Canon, qui leur estoit attribuée, mais par un mot digne de l'Eglise, parce qu'en les erigeant en College, on leur donna plusieurs belles reigles, & institutions Canoniques. Comme de faict nous voyons dans plusieurs Concils tenus, tant sous Charlemagne, que sous Louis le Debonnaire son fils: Par celuy de Mayence, tenu en l'an 813. sous Charlemagne, portant le 10. article: *In omnibus igitur, quantùm humana permittit fragilitas, decernimus, ut Canonici Clerici canonicè vivant, observantes divinæ scripturæ doctrinam; & documenta sanctorum Patrum, & nihil sine licentia Episcopi sui, vel Magistri eorum compositi agere præsumant in unoquoque Episcopatu, & ut simul manducent, & dormiant, ubi facultas id faciendi suppetit, vel quæ de rebus Ecclesiasticis stipendia accipiunt, & singulis diebus manè ad lectionem veniant, & audiant quid eis imperetur.* "En toutes choses doncques (dit-il) entant que l'humaine fragilité " le peut permettre, nous ordonnosque les Chanoines Clercs " vivent canoniquement, observans la doctrine de l'Escriture saincte, & les enseignemens des bons Peres, & qu'ils ne " soient si osez de rien entreprendre sans le congé de leur Evesque, ou de celui qui leur est donné pour superieur, & maistre en chaque Evesché, & qu'ils mangent & dorment ensemble, s'ils ont moyen de ce faire, ou qu'ils ayent assez de " biens de l'Eglise pour l'effectuer, & qu'ils aillent tous les " jours du matin à la leçon, & prestent l'aureille, à ce qui " leur sera commandé". Passage qui monstre presque au doigt, & à l'œil l'occasion pour laquelle on les appella Chanoines: & davantage que sous ces mots de Clercs Chanoines, l'on ne parloit point des Prestres, lesquels, pour le rang qu'ils tenoient lors en l'Eglise, on n'assujettissoit ny d'aller tous les jours aux leçons, pour avoir ja passé ces destroicts, ny d'obeïr à autres maistres qu'à leurs Evesques. Ce que l'on recueille encores mieux du 52. article du Concil de Mets, tenu sous Charles le Chauve, l'an 845. estant de telle substance: *Canonicorum, qui in Parochiis tonsurantur, & erudiuntur, interdum etiam & ordinantur sine authoritate, dignitas Regalis in suum periculum non dignetur recipere.* "Que " des Chanoines (dit-il) qui sont tonsurez, & instruits aux " Paroisses, & mesmes par fois appellez aux ordres de Prestrise sans authorité, qu'il plaise à la Majesté Royale de n'en " prendre la protection".

Tous lesquels articles, & plusieurs autres, que l'on tint au Concil celebré sous le Debonnaire à Aix la Chappelle, nous rendent certain tesmoignage que ce grand College des Eglises Cathedrales n'estoit composé de Prestres: partant n'estoit le Conseil general de l'Evesque, comme quelques-uns ont mal estimé, ains une pepiniere de Clercs nourris en la grande Eglise, que l'on distribuoit puis après par les Eglises Parochiales, lors qu'ils avoient esté faits Prestres. Et de cette ancienne coustume vient qu'encores aujourd'huy nous disons qu'une Chanoinie est un benefice à simple tonsure.

Ceux-cy doncques estans du commencement simples Clercs; d'ailleurs les biens qui leur estoient assignez pour leurs vivres, que l'on appella en vieux François Provendes, & en Latin Prebendes, ayans esté premierement tirez du fonds & ancien temporel des Eveschez, dont le revenu appartenoit à nos Roys, tant & si longuement que les Eveschez estoient sans Pasteur, on estima qu'à eux aussi appartenoit la collation de ces Benefices, & de tous autres qui estoient à simple tonsure. Et combien que selon les ordonnances du droict Canon, la collation de tous Benefices soit estimée faire part & portion des fruicts, si ne voulurent nos Rois toucher aux Cures, & autres Benefices qui avoient charges d'ames, par une modestie qui leur a fait perpetuelle compagnie, sinon lors que par importunité de leurs favoris ils s'en sont quelquefois détraquez. Et fut à cette occasion faite l'Ordonnance de Philippes de Valois que l'on appelle la Philippine par moy couchée tout de son long au precedent Chapitre.

Et ne faut pas trouver estrange que telles Collations soient tombées en la main d'un Roy, que l'on estime personne Laye. Car qui voudra repasser sur l'ancienneté, il trouvera que ce fut une coustume fort familiere à tous Roys,
&

& qui se tourna en nature, d'adjoindre à leur Royauté l'entremise des choses sacrées & spirituelles, pour se rendre plus reverez de leurs sujets. Car afin que j'écoule sous silence plusieurs exemples de ce sujet, & m'attache seulement aux plus notables, ores que les Romains eussent dechassé leurs Roys de leur Republique, avec un vœu & serment solemnel de ne retomber jamais sous la puissance d'un seul, si eurent-ils cette proposition en telle recommandation, & ils estimerent tant, que nul sacrifice ne pouvoit estre fait sans l'authorité d'un Roy, & lors mesmes que plus ils avoient en horreur le nom de Roy, ils introduisirent pour leurs ceremonies un Roy qu'ils appellerent le Sacrificateur. Et long-temps après Jules Cesar ayant envahy la liberté populaire, & transmis la tyrannie à sa posterité, ses successeurs Empereurs estimerent qu'ils seroient courts de puissance, s'ils n'unissoient à leur Majesté la puissance Pontificale. Mais tout cela se faisoit sous une autre banniere que la nostre. Car nous estans nez sous la vraye Religion il faut que nous l'entretenions par zele & devotion Chrestienne, non par discours politics, si nous ne voulons gaster tout. Et certes, s'il vous plaist considerer les graces & privileges qu'il pleut à Dieu distribuer particulierement à nos Roys, il n'y a rien d'extraordinaire, en toute cette discipline, que nous observons en la Regale. Parce que par un mystere caché jamais ne fut que nous ne les ayons eus en opinion de personnes, qui ont grande participation avec l'Eglise, par le sceptre qu'ils portent en la main. Pour cette cause sont ils oints de la saincte Ampoulle à leurs sacres, guerissent des Escroüelles par leurs attouchemens, en plusieurs Eglises sont reputez Chanoines, par le seul tiltre de leur Couronne, comme en celles d'Angers, & du Mans, & ès Eglises de S. Martin de Tours, & S. Hilaire de Poictiers : Voire qu'en la distribution de leur Justice souveraine, qui represente leur Majesté, leur Parlement est un corps mixte, & composé, part de Juges Ecclesiastics, part de Laiz, pour nous enseigner qu'autant s'estend la puissance bien reiglée de nos Roys sur les Ecclesiastics, comme sur les Laiz. Toutes lesquelles considerations nous apprennent que combien que de prime-face cette police de Regale semble estre du tout Françoise, comme vrayement elle est : toutesfois ce n'est pas grande raison, qu'elle est nostre. Et c'est la cause pour laquelle les Papes sçachans que nos Roys joüissent de la Regale, non par benefice du S. Siege, ains par un droict qui est là dedans, & avec la Couronne, jamais ils ne nous la querellerent, ains seulement aux Empereurs d'Allemagne. Et n'y eut qu'un Boniface VIII. qui nous le voulut mal à propos revoquer en doute, dont il en fit le premier la penitence.

CHAPITRE XXXIX.

Du profit & émolument des Regales, qui appartient aujourd'huy aux Thresorier & Chanoines de la Saincte Chappelle de Paris.

Il ne faut point faire de doute qu'anciennement les fruits qui provenoient des Eveschez vacquans en Regale estoient estimez, purs Domaniaux. C'est pourquoy par une vieille Ordonnance du premier jour de Mars, mil trois cens quatre-vingt huict, il fut expressément ordonné que les deniers qui se recevroient des Regales par les Receveurs particuliers du Domaine, seroient par eux baillez au Changeur du Thresor, qui estoit, comme j'ay dit ailleurs, Receveur general du Domaine par toute la France. Et par autre de Charles VI. du vingt-huictiesme May, mil quatre cens dix-sept, il voulut que toutes & quantes fois que les Regales seroient ouvertes, elles fussent gouvernées tant en jurisdiction que recepte : C'est à sçavoir en Jurisdiction ordinaire par les Baillifs & Seneschaux, & le fait des Eaux & Forests par le Maistre des Eaux & Forests : & les receptes par les Receveurs ordinaires des lieux, esquels s'estendroit la Regale, & defenses faites d'y commettre autres receveurs par Commission.

La saincte Chappelle de Paris fut bastie par le Roy sainct Louys, d'une architecture admirable telle que nous la pouvons voir. J'ay autresfois ouy dire à Maistre Jacques Androüet dit du Cerceau, l'un des plus grands architectes qui se soient jamais trouvez en la France, qu'entre tous les bastimens faits à la moderne, comme une Eglise nostre Dame de Paris & autres tels, qui sur nouveaux desseins furent introduits depuis le declin de l'Empire de Rome, n'ayans rien emprunté de toutes ces parades qui estoient auparavant, telles que celles dont depuis le sieur de Claigny voulut embellir le Louvre, sejour ordinaire de nos Rois dedans la ville de Paris. Outre cette architecture je souhaitte que l'on considere les vitres de ce lieu, qui furent faites de telle façon, que les vitriers tiennent pour certain que l'usage & manufacture d'icelles, en a esté du depuis perdu. Cela soit par moy dit en passant. Long-temps après S. Louys eut basty cette Chappelle, elle fut depuis grandement annoblie par Charles V. C'est luy qui obtint du sainct Siege permission au Thresorier d'icelle d'user de mitre, anneaux & autres ornemens Pontificaux (excepté la crosse) & donner benediction, tout ainsi qu'un Evesque, celebrant le service divin dedans le pourprix de cette Ste Chappelle.

Or luy mesme par lettres du vingtiesme Novembre 1364. ordonna que tous les restes des Comptes seroient destinez pour les reparations tant du Palais, que de la saincte Chappelle, commandant par exprés que cette Ordonnance fust enregistrée en la Chambre des Comptes, & qu'elle ne peust estre enfrainte en quelque terme de paroles qu'il decernast lettres à ce contraires. Or comme cette saincte Chappelle est vrayement Royale de fondation, aussi nos Roys la voulurent par succession de temps honorer des fruits & émolumens des Regales. Le premier qui l'en gratifia fut Charles VII. non à perpetuité, ains pour trois ans seulement : lesquels estans expirez, il les continua à autres trois ans, par ses patentes du premier de Mars 1452. Le tout pour estre employez moitié pour le service divin, & l'autre moitié pour l'entretenement des bastimens & edifices. Et par autres subsequentes du dix-huictiesme Avril, 1458. il luy continua cet octroy pour quatre ans, portans les lettres que le revenu fust receu par ses Receveurs ordinaires plus proches des lieux où escherroient les Regales, & par eux baillez au Changeur du Thresor, pour estre par luy convertis à la refection & reparation des ornemens, & vestemens de la saincte Chappelle du Palais de Paris, ainsi qu'il seroit par les Seigneurs des Comptes ordonné. Louys XI. soudain après le decez de son pere, voulant passer outre par ses lettres du 13. Septembre 1465. leur accorda tant qu'il vivroit le profit des Regales, pour employer la moitié à la continuation du service divin, & l'autre moitié à l'entretenement des ornemens, vestemens & linge de l'Eglise, & pour soustenir les vitres d'icelle. Ces lettres presentées à la Chambre, elle ne les voulut verifier tout à fait, ains les restraignit à neuf ans par son Arrest du 6. Novembre 1465. Depuis ce temps on ne fit doute de leur accorder cet octroy à la vie de chaque Roy : Et de fait quasi par un vœu solemnel tous les successeurs de Louys XI. à leurs advenemens octroyerent tous ces profits tant qu'ils vivroient, & ne firent doute à la Chambre de les verifier les lettres. Charles VIII. par ses Patentes du quatriesme Decembre 1483. Louys XII. le second an de son regne le 12. de Juillet 1498. François I. le 18. de Mars 1514. Henry son fils le 2. de Novembre 1547. Jusques à ce que Charles IX. par son Edict de Moulins 20. de Fevrier 1565. ordonna que dés là en avant tous ces fruits appartiendroient à perpetuité à la sainte Chappelle. Toutes ces lettres bien & deuëment verifiées en la Chambre des Comptes de Paris : Comme celle qui de tout temps & ancienneté a eu la charge du mesnage de ce temporel, tout ainsi que le Parlement la cognoissance des differens qui se presentoient pour les Benefices vacquans en Regale. C'est elle qui fait saisir le temporel de l'Evesché vacquant en Regale, elle seule qui en donne main-levée, le serment de fidelité fait au Roy par le nouvel Evesque, & qui s'en fait rendre compte pour la conservation des droits de la Couronne. Il se trouve une lettre du Roy Philippes le Long du premier Octobre, enregistrée aux Comptes le vingt-neufiesme Octobre 1321. dont l'inritulation est telle, *Philippus Dei gratiâ Francorum & Navarræ Rex, dilectis & fidelibus nostris gentibus computorum Parisiensium, custodibus Regaliarum nostrarum salutem & dilectionem.* Là où il leur mande de bailler main-levée à l'Evesque de Paris de son temporel: Parce qu'il avoit esté par luy receu en foy & hommage. Depuis que nos Roys eurent tourné en coustume de donner tant qu'ils regnoient, aux Thresorier, Chanoines, & Chapitre de la saincte Chappelle les fruicts des Eveschez vacquans en Regale, la Chambre par son Arrest du douziesme Mars 1529. ordonna que les Commissions qui seroient de là en avant par elle decernées pour saisir le revenu des Eveschez vacquans en Regale, seroient mises és mains des Thresorier & Chanoines de la saincte Chappelle pour les faire mettre à execution sous le nom du Procureur General de la Chambre. Et ainsi s'est toujours manié ce mesnage, tellement que combien que la poursuite s'en face à leur diligence, si n'en peuvent-ils accorder la main-levée, ny mesme chevir & composer par transaction des fruicts qui leur appartiennent, sans l'authorité de la Chambre.

CHAPITRE XL.

Des Oblats ordonnez par nos Roys en certains Monasteres.

Puis que la place de l'Oblat en un Monastere, & les Dismes infeodées furent anciennement destinées pour ceux qui faisoient profession de la guerre, je ne ferois peut-estre chose mal à propos, si je les accouplois ensemblement par un Chapitre: toutesfois pour donner temps & loisir au Lecteur de se recueillir, je leur donneray discours & Chapitres divers. Jamais ne fut que les Princes & Republiques n'ayent pris soing de ceux, qui avoient esté rendus impotens par leurs guerres, en faisant service au publique. Plutarque dit que Pisistrat ayant usurpé la tyrannie en la ville d'Athenes, ordonna que celuy, qui en la guerre avoit esté mutilé de ses membres, fust tout le demeurant de sa vie nourry aux despens de la chose publique. Ce qui avoit esté autresfois ja commencé en la personne de Terlippé à la suasion de Solon. Aussi dict Aristote au second de ses Politiques passant plus outre, que tant aux Atheniens, que Milesiens, les enfans mesmes de ceux qui estoient morts pour la Republique, estoient alimentez du public. Et Alexandre le Grand se voüant à la conqueste de Persepoly, aprés avoir reduit sous son obeïssance plusieurs pays, se presenterent à luy quatre mil soldats Gregeois, aux aucuns desquels les ennemis avoient coupé le nez, aux autres les aureilles, aux autres les pieds, le suppliants d'avoir pitié d'eux, & de les vouloir dispenser de ce long voyage: Et comme ce Roy estoit & liberal & debonnaire, il fit donner à chacun monture, & bonne quantité de deniers pour retourner en leur païs. Mais eux (dit Quinte Curse) cognoissans qu'il n'y avoit pays tant propre & convenable aux miserables personnes, que la solitude, ores qu'il y en eust quelques-uns qui fussent poussez d'un desir de revoir le lieu de leur naissance, si est-ce que la plus grande & meilleure partie fut d'advis de demander à Alexandre lieu propice, auquel esloignez de la veuë de toute la Grece, ils pourroient cacher la deformité de leurs corps. Ce qu'Alexandre leur accorda, & qui plus est leur assigna biens & heritages pour leur nourriture & alimens. Autant en fit nostre bon sainct Louys, pour les trois cens Chevaliers Chrestiens, ausquels les infideles avoient crevé les yeux. Cette mesme consideration a fait entre nous, que s'il se trouve quelque pauvre soldat qui soit demeuré estropié de l'un de ses membres au service de la Republique en la guerre, nos Roys ont pleine puissance de leur assigner une place de Religieux, pour leur vivre & sustentation en certaines Abbayes, comme n'y ayans lieux plus propres, où se puisse couvrir leur calamité. Tel Religieux est par nous appellé Oblat, ou Religieux Lay, auquel ordinairement les Abbez, ou Prieurs, ordonnent pension à l'arbitrage des Parlemens, plus, ou moins, selon la necessité du temps & saisons. Et sont nos Roys de tout temps en pleine possession de ce faire. Chose à mon jugement qui vient d'une trés-longue ancienneté. Car il ne faut faire nulle doute que du temps de la premiere institution des Abbez & Moines, c'estoient personnes seculieres, qui ne tenoient nul degré en l'Eglise, encore que toute leur profession fust de prier Dieu en leurs cellules. Ce que l'on peut amplement apprendre de plusieurs passages de sainct Hierosme, & par especial au Livre premier contre Jovinian, où parlant des dignitez Ecclesiastiques, il dit que l'Evesque, le Prestre, ou Diacre sont mots de charge plus que d'honneur, ne mettant en nul rang les Abbez. Ce qu'aussi nous apprenons de plusieurs Concils: & non seulement nul Moine n'estoit Prestre, mais il estoit defendu aux Prestres de se faire Moines, comme nous apprenons de sainct Gregoire au troisiesme Livre de ses Epistres en l'unziesme Epistre. Et mesmes lorsque l'on appella à l'Ordre de Prestrise les Religieux, c'estoit pour une necessité urgente, par faute d'autres personnes suffisantes, comme l'on voit en autre passage de sainct Gregoire. Et ce encores avec une grande circonspection & dispense des superieurs & Evesques. Et depuis ils eurent permission expresse d'estre Prestres par les Concils, & par succession de temps, cela s'est tourné en necessité, estant leur profession Monastique unie avec la Prestrise. Or fut cette premiere institution cause à mon jugement que nos Roys, tant sous la premiere que seconde lignée, ne porterent jamais tel respect aux Abbayes, comme aux Eveschez. Et combien qu'és Eveschez ils estimassent qu'il falust proceder par Election, & que quelques Concils ordonnassent le semblable pour les Abbayes, toutesfois ils ne garderent cette Loy si estroitement pour les Abbez. Car mesmes ils les mettoient quelquesfois au rang des vassaux, lors qu'ils decernoient leurs mandemens à uns & autres. A ce propos Aymoin au Livre cinquiesme dit que Charlemagne *ordinavit per totam Aquitaniam Comites, Abbatesque, necnon alios plurimos, quos vassos vocant, ex gente Francorum, eisque commisit curam regni, prout utile judicaverunt.* Qui est à dire: " qu'il establit par toute l'Aquitaine des Comtes & Abbez, & plusieurs autres que l'on appelle Vassaux, & donna ces charges à des François, pour avoir soing du Royaume, ainsi qu'ils trouveroient bon de faire ". Chose qui occasionna nos Roys sous la seconde lignée de tourner ces Abbez en abus, conferans les Abbayes à Capitaines & guerriers. Mais tout ainsi que cela fut trouvé de mauvais, & pernicieux exemple par les anciens prud'hommes, au contraire jamais vous ne trouverez en l'ancienneté que l'on se soit scandalisé que nos Roys de leur puissance absoluë conferassent les Abbayes, moyennant que ce fust à personnes dignes & recommandables, tant en suffisance, que bonnes mœurs, comme nous recueillons par exprés de la seconde partie du Concil tenu à Aix, l'an 833. sous le Debonnaire, où parlant de la fonction & puissance ordinaire des Roys de France, *Similiter poscimus* (porte le huictiesme article) *ut in Abbatissis constituendis, & Rectoribus Monasteriorum, vestrum principaliter caveatis periculum.* Semblablement nous vous supplions (dirent les Evesques au Roy) que preniez garde à vostre ame, lorsque vous constituerez des Abbesses, & des Recteurs, & Gouverneurs de Monasteres. Au Concil tenu dans Paris de ce mesme temps, il avoit esté arresté que quiconque seroit pourveu par les Roys seuls aux Archeveschez & Eveschez, fust declaré inhabile de les tenir: d'autant qu'il y falloit parvenir par election du Clergé, ſſiſtée du conſentement du Prince : mais icy pour les payes on dicte toute autre leçon.

Tellement que cela s'eſtant tourné en un long uſage, & l'un long uſage en Loy, fut cauſe que nos Roys ſe diſpenſerent plus librement à l'endroict des Abbayes que des Eveſchez. Et tout ainſi que ſous la lignée de Martel ils confererent les Abbayes à des Capitaines, quand il leur pleut, auſſi eſtiment quelques-uns que deſlors ils ſe donnerent permiſſion d'y mettre des ſoldats, au lieu des Religieux, quand il leur vint en fantaiſie. Et ne s'eſloigne pas grandement de cette opinion, Claude Seiſſel en la vie du Roy Louys douzieſme, quand il dit, que eſtant au pays de Languedoc en une Abbaye dont je ne me ramentoy du nom, il entendit que les Religieux de ce lieu tenoient de main en main pour Hiſtoire tres-veritable, que Charlemagne fit tuer l'un de leurs Abbez, pour avoir refuſé de recevoir dans ſon Abbaye un ſoldat, qu'il luy avoit envoyé. Choſe qui peut eſtre vraye, toutesfois je croy que cette invention d'Oblats eſt principalement deuë à la troiſieſme lignée de nos Roys. Et voicy comment. La Couronne de France eſtant devoluë en la famille de Capet, & les polices tant Eccleſiaſtiques que temporelles s'acheminans à meilleur train, les nouveaux Ordres de Religion, qui lors furent antez par la France ſur celuy de ſainct Benoiſt, aveecques charges & conditions expreſſes, que les Abbez ſeroient eſleuz par les Religieux, furent cauſe qu'il n'y eut plus de diſtinction, & que de-là en avant l'on proceda par Election, tant aux anciens Monaſteres, que nouveaux. De là ſourdirent deux nouvelles polices. Car les Elections eſtans ſubrogées au lieu des Collations, nos Roys voulurent que tout ainſi qu'il n'eſtoit procedé aux Elections d'un Eveſque ſans avoir premierement leur permiſſion : auſſi le ſemblable s'obſervaſt aux Elections des Abbez, comme nous apprenons du teſtament de Philippes Auguſte. Au ſurplus quitrans ce grand tiltre qu'ils avoient de conferer les Abbayes, ils voulurent tourner leur privilege en une aumoſne pitoyable, ne ſe donnans pas permiſſion d'y mettre tel Religieux Lay que bon leur ſembleroit, & ſans cauſe : mais cognoiſſans que le bien des Monaſteres n'eſtoit pas ſeulement dedié aux Moines & Abbé, ains que les reparations, & les pauvres y avoient auſſi leur part, ils voulurent que ſi aucun pour leur avoir fait ſervice és guerres, ſe trouvoit perclus de l'une de ſes membres, ils le pourroient recompenſer d'une place de Religieux Lay. Quoy faiſant c'eſtoit accommoder & l'Egliſe, & le public enſemblement. L'Egliſe, en l'excitant à une choſe, qu'elle meſme ſans aucune ſemonce du Roy devoit faire. Le Roy, en le deſchargeant de l'obligation qu'il avoit envers ce pauvre ſoldat eſtropié, & donnant par meſme moyen courage aux ſiens de bien ſuire. Ayans ſeulement retenu nos Roys cet eſchantillon, pour eſtre un memorial à toute la poſterité de la preéminence qu'ils avoient eu autresfois ſur les Monaſteres. Et de fait ſi vous y prenez garde, ils reſerverent ſeulement ce droict d'Oblat ſur les Monaſteres Electifs, & non ſur les autres. Comme ſi l'on euſt voulu dire que puis que la collation, qui appartenoit à nos Roys en ce Monaſtere, s'eſtoit tournée en Election : le moindre honneur que l'on pouvoit en cecy faire à nos Roys, eſtoit qu'ils peuſſent auſmoner une place de Religieux à un pauvre ſoldat impotant, pour le ſalarier de ſes pertes. Et pour cette meſme conſideration les Abbayes des Religieuſes eſtans auſſi originairement en la collation de nos Rois, ils eurent pareillement ce privilege anciennement, de pouvoir colloquer une pauvre Damoiſelle en chaque Religion des Nonains. On trouve un Arreſt donné à la Purification noſtre Dame 1274, dont la ſubſtance eſtoit telle : *Cum dominus Rex utendo ſuo jure proprio in principio ſui regiminis poſt ſuam coronationem, in Abbatia ſui regni de gardia ſua, poſſit ponere, videlicet in Monaſteriis Monachorum, unum Monachum, in Manaſteriis Monialium, unam Monialem, ac Moniales de Cuſſi..co in Monaſterio ſuo, Abbatiſſa regimine deſtituto, recipere non vellent quandam domicellam, quam Dominus recipi miſerat, dicentes quod Abbatiſſa carebant : Ordinatum fuit quod dicta domicella poneretur in dicta Abbatia, & de bonis ipſius viveret, ſed non veſtiretur donec creata eſſet Abbatiſſa.* Depuis je ne voy pas que l'on ait continué ce privilege pour les femmes, mais bien aux hommes ſeulement, & encores en cas de neceſſité ſignalée telle que deſſus. Bien eſt vray que nous paſſons en cecy plus outre, par les Arreſts de la Cour de Parlement qui a ſceu balancer l'un par l'autre : d'autant que le Roy peut mettre un Oblat non ſeulement és Monaſteres de ſa garde, & qui ſont de fondation Royale, mais auſſi en ceux qui ſont de fondation Ducale, & Comtale, moyennant qu'ils ſoient electifs, comme dit a eſté, & qu'ils vaillent de revenu mil, ou douze cens livres pour le moins. Au demeurant je ne veux pas oublier que ce ſeroit grandement s'oublier, qui voudroit maintenant pourvoir les Capitaines & Seigneurs d'Abbayes, ſur ce que j'ay dit, que ſur le premier eſtabliſſement d'icelles, c'eſtoient gens Laiz, & non Eccleſiaſtics qui s'y habituoient. D'autant que depuis la neceſſité du temps a apporté en cecy toute autre diſcipline que celle-là. Parce que non ſeulement nous appellons les Abbez & Religieux à l'ordre de Preſtriſe : mais qui plus eſt, ils ſemblent par l'uſage commun avoir partagé avec les Curez, le devoir commun de l'Egliſe, eſtant demeurée aux Curez l'adminiſtration des ſaincts Sacremens, & aux Religieux celle de la parolle de Dieu. Et toutes & quantesfois que vous verrez les Roys permettre aux Capitaines & gens de guerre, de joüyr par perſonnes interpoſées des biens de l'Egliſe, croyez que c'eſt un Pronoſtic tres-certain d'une mutation tres-grande de l'Eſtat, tout ainſi que nous viſmes autresfois en cette France ſous la ſeconde lignée de nos Roys.

CHAPITRE XLI.

D'une nouvelle forme de ſervitude non cogneuë par les anciens Romains, introduite long-temps aprés noſtre Chriſtianiſme.

CE que je vous ay tracé des Oblats, me fait ſouvenir d'un diſcours que je veux faire maintenant. Lors que le Chriſtianiſme ſe logea chez nous, combien que les ſervitudes, tant perſonnelles que foncieres, ne fuſſent de nous exterminées, toutesfois l'ordinaire diviſion des perſonnes Chreſtiennes eſtoit, que nous nommions les aucunes Eccleſiaſtiques, & les autres (qui faiſoient le plus grand nombre) Seculieres. Survint en tiers-pied une eſpece de gens, qui ſe diſoient vouloir abandonner le monde, pour mener une vie Monaſtique, leſquels toutesfois ſur leur commencement n'eſtoient eſtimez Eccleſiaſtiques, comme depuis leurs devotions, & leurs vœux les y infinuerent. Or leur commune profeſſion eſt de voüer Chaſteté, Pauvreté, & Obeïſſance, qui a introduict une forme de ſervitude entre les Chreſtiens, pour faire un libre ſervice envers Dieu. Et s'il vous plaiſt conſiderer comme leurs affaires ſe paſſent, tous hommes en leurs particuliers, dedans leurs devotions ſont ſerfs, quant au monde, mais le Couvent en ſon general eſt libre pour le maniment des biens & poſſeſſions. Mais ſur le moyen aage de noſtre Religion, fut introduite ſous eux une nouvelle maniere de ſervitude du tout incogneuë aux Romains. Laquelle je trouve dedans le Chartulaire de l'Abbaye de la Trinité à Vendoſme, au Chapitre portant ſur le front, *de Reinaldo*. C'eſtoit que toute une famille mariée ſe voüoit, aveecques tout ſon bien au ſervage d'un Couvent en ſon general. Ny pour cela n'eſtoient enfraints les mariages auparavant contractez entre les perſonnes. Et en ce changement de vie, y eſtoient apportées certaines ceremonies, telles que j'ay recueillies de ce vieux Chartulaire, dedans lequel ſont les vieux tiltres & enſeignemens de l'Abbaye, & entr'autres ceſtuy, *De Reinaldo*, qui ſe deduit.

Noverit (porte le texte) *omnis cœtus Cœnobii Vindocinenſis, quod*

quod Rainaldus Monachorum famulus; cum esset vir ingenuus, recognoscens quod Monachorum famulatu à puero altus & nutritus fuerat, & omnia quæ habebat sub eorum dominio acquisierat, obtulit Deo & Sanctæ Trinitati omnia sua, atque semetipsum ad servum, eligens magis esse servus Dei, quam liber seculi. Firmiter sciens & credens, quod servire Deo regnare est, summaque ingenuitas sit in qua servitus comprobatur Christi. Quod prius quidem fecit in capitulo, ac deinceps in monasterio. Involvens, juxta morem, collum suum chorda signi, coram testibus subscriptis : Omne capitulum. Odo, & Joselinus sartores, & autres. Factum hoc an. M. XXXIX. 6. Idus Martij. Et en un autre tiltre, De Ingebaldo servo.

Scimus omnes, & fideliter credimus quod quisquis aliquid de rebus suis exterioribus, devotâ Deo mente donaverit, mercedis apud ipsum retributione, pro certo gaudebit. Quanto magis sperare debemus, imò firmiter tenere illum potioris recompensationis, mercedis, de bonitate donandum, qui non solum res transitorias, sed etiam seipsum Domino Deo perseveranter mancipaverit servitium. Quod ego Ingebaldus diligenter considerans, cum quidem naturalem secundum seculum, à progenitoribus habeam libertatem, voluntate propria me in servum trado Domino Deo, & loco, in nomine, & honore S. Trinitatis, unius, & summi Dei, apud Vindocinum constructo. Cum vero istud occasione conceperim, cunctis fidelibus volo manifestari ad gloriam Dei, & habendam erga eundem locum reverentiam, omnibus Christianis venerabiliorem : Contigit mihi, ægritudinem corporis adeo gravem incurrere, ut desperatus, spem recuperandæ salutis prorsus perdiderim : vovi igitur si me Deus convalescere de infirmitate illa donaret, quod me illi in servum traderem, apud præfatum Vindocinum monasterium, sancto ipsius nomini donatum. Quod ego molestia corporis urgente distractus, promiseram, hoc factum sospes & incolumis libenter exolvo. Neque enim bonitati illius ingratus esse debui, qui me de mortis consinio, benignitate miserandissima liberavit. Dono etiam mecum, eidem venerabili loco, universa quæ possessionis meæ sunt hodie, vel esse in tota vita mea justè poterunt. Quæ dare legaliter, & possum, & debeo. In cujus facti memoriam quatuor denarios de capitagio meo, sicut mos secularis est talibus facere, super altare dominicum prædicti loci gratanter imponens, funem quoque signi collo meo devote circumplicans, chartulam istam scribi in testimonium postulavi; manuque mea confirmavi : Addita insuper congerie testium, juxta humanæ opinionis æstimationem idoneorum, quorum ista sunt nomina : Higoldus de Cousinot, Hugo Planus, &c. Actum Vindocini in capitulo sanctæ Trinitatis, anno dominicæ Incarnationis M. LXXX. 10. Id. Octob. die natalis sancti Mauricij.

En ce dernier tiltre, il fait mention de quatre deniers mis par celuy qui se rendoit esclave, non au premier : mais en tous les deux, vous voyez que Renauld & Ingebalde, quitans leurs libertez naturelles, pour se rendre, non Moines, ains serfs de Moines se mirent en leurs cols funem signi, ainsi qu'on avoit accoustumé de faire en tels cas, portent leurs tiltres. Ancienneté qui merite de trouver son commentaire en passant. C'estoit que celuy qui se rendoit serf lioit au tour de son col, lors de la passation du contract, une corde des cloches de l'Eglise, pour monstrer que lors qu'elles sonneroient, il ne faudroit de se trouver à l'Eglise pour servir Dieu, nos anciens entendans sous ce mot de signum, le son de cloche. Ainsi Voyez-vous dedans Gregoire de Tours livre dixiesme chapitre 23. qu'un Prestre ayant oüy signum, ad matutinas fuit : C'estoit qu'il avoit oüy sonner les Matines : Et en la vie de sainct Loup Evesque de Sens, en termes beaucoup plus exprés : Clotharius Rex ubi comperit signum, vel campanam S. Stephani, sonum edere gratissimum, jussit eam Parisios transferri, ut ejus tinnitu delectaretur, combien que par les deux tiltres cy-dessus specifiez soit faite mention expresse de ce signal, toutesfois j'en trouve d'autres esquelles il n'en est nullement parlé, comme vous verrez par cettuy. De Gauterio & Avellina servis, chap. CXI.

Quoniam nihil justius est quam ut creatura serviat creatori, laudabile nimis, & utile videtur ut magis spontanea voluntate, quam coacta necessitate devota se subdat illius obsequijs. Cujus jugum quanto gratantius excipitur, tanto levius ab excipiente portatur. Quod multi hominum perpendentes, cum essent apud servientem mundi libertatem miseri, sponte se tradiderunt sui creatoris liberæ servituti. Ex quibus hic unum nomine Ganterium, cum uxore sua nomine Avellina, monasterio S. Trinitatis, quod est apud Vindocinum descripsimus à seipso traditum spontanea voluntate, videlicet in servum & ancillam, cum omni filiorum, filiarumque progenie, quam genuerint, ab istius traditionis die : Acceperunt igitur à monachis, ad adjutorium stipendij sui, duos solidos denariorum, quatuor sextarios frumenti, & tres seguli. Tradiderunt ergo se Domino Abbati Oderico, circa consuetudinem servorum, coram subscriptis testibus in capitulo. Postea verò firmata testibus ista traditionis sua charta, traditi quoque seipsis altari, manu propria præsentem chartam superposuerunt altari. Nomina quidem testium, qui præsentes interfuerunt hic nominatim expressa sunt, Robertus Clericus, &c.

Tiltre qui me semble avoir deu estre icy inseré tout de son long, car par les deux premiers, vous ne voyez point, que ceux qui se rendoient serfs du monastere fussent mariez, mais icy vous voyez l'homme & la femme mariez se rendre esclaves de la Trinité de Vendosme, ensemble leurs enfans tant fils que filles, & d'autant qu'ils manquoient de facultez, estre secourus par les Religieux de certaines facultez, pour les ayder à vivre. Au demeurant comme nos Religions se manient, je voy qu'il y a trois ordres : Premierement les Religieux, Abbé & Couvent en leur general, ou bien au lieu de l'Abbé un Prieur. Tous lesquels en leur general se dans la pauvreté par eux voüée sont riches, car ils jouyssent de tous les biens qui leur ont esté aumosnez. Le second est des Religieux pris en leur particulier, qui sont obligez de vivre entant qu'à eux en la Pauvreté, Chasteté, & Obeïssance par eux voüée, & sont ceux-cy, les uns Religieux Profez & Prestres, les autres non, mais deliberez de faire les trois s'ils se trouvent en estre capables, & les pouvoir supporter. Pour le troisiesme sont ceux que nous appellons Religieux Laiz, destinez non pour estre Prestres, ains seulement à servir les Moines en leur general, & neantmoins, comme les autres font profession de Moines, & portent l'habit tout ainsi comme les autres. Par ce que je vous ay cy-dessus discouru, vous voyez qu'en unes & autres Religions, il y en avoit une quatriesme de ceux & celles, qui se faisoient serfs & serves de l'Eglise à laquelle ils donnoient tout leur bien, pour vaquer à leurs oraisons, & neantmoins n'estoient ny Moines, ny ne portoient l'habit comme les autres. Particularité vrayement dignement, qui s'est évanoüie avecques les ans, au lieu dequoy je puis dire que nos Oblats presentez par nos Roys aux Eglises, ne doivent paraventure estre censez de moindre merite, quand un pauvre soldat ayant fidellement servy son Roy à la guerre, se trouve estre chargé de coups, non de bien, & confiné par le Roy pour y vivre, & faire service actuel. Car quant à moy j'estime ceux-cy en un certain genre de personnes, non moins loüables, qu'autre, mais que l'on bannisse en celles-cy toute fraude quand elles obtiennent leurs lettres de presentation. C'est la cause pour laquelle à la suitte du chapitre concernant les Oblats, je vous ay voulu faire part de cettuy.

CHAPITRE XLII.

Des Dismes infeodées.

Jusques icy nous avons deduict une police introduite en faveur des pauvres guerriers, qui s'est perpetuée jusques à nous, & la recompense que l'on leur fait sur les Religions & Monasteres, sous le bon plaisir de nos Roys. Reste maintenant à discourir des Dismes infeodées, autre recompense, qui fut faite sur les Cures, en faveur des mesmes guerriers. Je recognoistray que tout ainsi que les Curez doivent residence actuelle sur leurs benefices, pour l'administration des saincts

saincts Sacremens, aussi à eux appartiennent les dismes par la seule monstre de leur clocher, de droict divin & primitif. Toutesfois ces dismes receurent selon la diversité des lieux, & des temps, divers changemens. Car quelquesfois les Evesques par une main plus forte & puissante, les firent tomber sous leur puissance, comme generaux Pasteurs, & en frustrerent les Curez. Qui fut cause qu'en l'an mil cinq cens soixante, en l'assemblée qui fut tenuë en la ville d'Orleans, les trois Estats en firent plaintes & doleances par leurs cahiers, au Roy Charles IX. Mais le Roy craignant par ce nouveau remuëment, d'aporter des troubles entre les Ecclesiastics, passa cette requeste par connivence, avec promesse d'y faire droict en temps & lieux. D'un autre costé aussi la commune police de l'Eglise permit que ces dismes peussent estre prescriptes par les autres Eglises, ores qu'elles ne fussent parochiales, par une possession de quarante ans. Pareillement s'estans sur le moyen aage de nostre Christianisme faicts nouveaux Ordres de Religions, plusieurs Evesques leur donnerent diverses Cures, esquelles ils pourroient commettre gens sous eux, qui seroient appellez Vicaires perpetuels, & administreroient en leur lieu les saincts Sacremens, se contentans d'une pension congruë pour leurs alimens : demeurans par devers ces Monasteres le droict de dismer, sur tous les climats de la paroisse, comme estans Curez primitifs, encores que la charge, & deservissement residast par devers leurs Vicaires perpetuels. Entre ces divers changemens s'en fit un plus grand & extraordinaire en la France. Car combien que les hommes Lays soient par disposition canonique incapables de tenir Dismes, toutesfois il y a certains territoires en France, où ils reçoivent des Dismes, que nous appellons Infeodées. Ne leur estant cette possession revoquée en doute par les Ecclesiastics, voire sont ces Dismes si privilegiées, que si un Curé veut agir contr'eux, soustenant qu'elles luy doivent appartenir, & qu'à cet effect il les fasse convenir par devant le juge d'Eglise, auquel la cognoissance des Dismes appartient naturellement : Toutesfois si ceux qui sont convenus alleguent que ce soient Dismes Infeodées, ils ferment totalement la bouche à l'Official, lequel doit renvoyer les parties par devant le juge Royal, pour voir s'il en doit retenir la cognoissance, ou non, autrement il commettroit abus.

Or dont soit procedée ceste espece de Disme, c'est par avanture la chose la plus obscure qu'il y en ait en nostre Histoire : Parce que la commune opinion est attachée à Charles Martel, lors qu'il recompensa la Noblesse qui l'avoit suivie encontre les Sarrazins. Disant que depuis la possession s'en est continuée entre les Seigneurs temporels jusques à nous. A la verité ceux qui ont esté de cet advis ne sont denuez de bien grand pretexte. Car le mesme Prince passant plus outre, se desborda de telle façon, qu'il fut le premier qui donna des Archevesches & Evesches aux Capitaines. Toutesfois ne nais nulle doute que cette opinion ne soit fausse. Parce que nous n'avons pas manqué d'Historiographes, dont les uns nasquirent dans la seconde lignée de nos Roys, & les autres y attoucherent de prés ; un Aimoin, Rheginon, Flodoard, Adon, Sigebert, & neantmoins nul d'eux ne s'est souvenu de remarquer cette induë liberalité en Charles Martel, ny mesme Flodoard, qui d'ailleurs ne l'espargne nullement dedans son Histoire. Car parlant de luy, il luy impropere d'avoir osté l'Archevesché de Rheims à Rigobert son pasteur, & encores qu'au chapitre des Regales j'aye copié une partie de ce passage, si est-ce qu'avecques la permission du Lecteur, je le coucheray icy tout au long. *Hic Carolus ex ancillâ stupro natus, ut in annalibus Regum de eo legitur, cunctis qui ante se fuerant audacior Regibus, non solùm istum, sed etiam alios Episcopatus regni Francorum, Laicis hominibus & Comitibus dedit : ita ut Episcopis nihil potestatis in rebus Ecclesiarum permitteret : verùm quod contra hunc virum sanctum & alias Christi Ecclesias perpetravit malum, justo judicio Dominus refudit in caput ejus.* Et là il discourut comme l'on le tenoit pour damné, par la revelation qui en avoit esté faire par sainct Richer. Si sous ce passage vous voulez comprendre les Dismes, il me semble que c'est errer. Car cette usurpation induë meritoit bien d'estre expliquée plus ouvertement par cet Autheur, qui en un autre passage monstre combien on abhorroit d'exposer les Dismes au commerce, voire à une personne Ecclesiastique. Car Hincmare Archevesque de Rheims, ayant entendu que les Religieux, Abbé & Convent de sainct Denis vouloient vendre à un Curé une Disme à eux appartenante, voicy ce que le mesme Flodoard en dit. Je suis bien-aise d'inserer tout au long les passages signalez des Autheurs manuscripts, & qui ne courent par les mains du peuple : *W. ligise cum cæteris sancti Dionysij monachis, de eo quod audierat eos à quodam Presbytero, pretium quærere pro decimâ : unde maximam verecundiam dicit se habere, propter alios homines qui hoc audituri erant. Quod quantum periculum sit, eis ex divinâ ostendit authoritate, & canonum promulgatione. Ac inde, inde absit (inquit) fratres, ut alij Eccl. fastici & Religiosi viri hoc audiant, & quia monachi de sancto Monasterio S. Dionysij decimam dereliquerunt, ut de ipso pretio infernum comparent. Multo magis autem absit ut Laici audiant. Quod nemo etiam peccatis publicis implicatus in suâ parochiâ facere audet. Si enim aliquis de illo monasterio, quam de nostro* (Hincmare parle ainsi, d'autant qu'il estoit Religieux de sainct Denis) *hoc attentare, quanto magis facere præsumeret, eum ab omni communione & parochiâ meâ excommunicarem.* Vous voyez combien Hincmare qui vivoit du temps de Charles le Chauve detestoit ce conseil, & combien il craignoit qu'il ne vint à cognoissance du peuple, pour le scandale, & neantmoins ce n'estoit qu'un changement de Disme de Religieux à un Curé : Flodoard a fort bien fait son profit de cet exemple. N'estimez point que si de son temps les gens Laiz eussent possedé des Dismes, cela luy fust demeuré au bout de sa plume. J'adjousteray qu'en tous les Concils qui furent faits sous Charlemagne, Louys le Debonnaire, Lothaire, Louys second Empereur de ce nom, & Charles le Chauve, il n'en est faire mention, combien que la pluspart d'iceux soient remplis de la desolation, qui commencent d'estre en nostre Eglise, & de l'ordre qu'ils entendoient y devoir estre remis. Je sçay bien que les compilateurs de Madbourg de l'Histoire Ecclesiastique, en la huictiesme Centurie, remarquent qu'au Livre second des Concils, on trouve que Carloman fit faire une assemblée de Prelats, en l'an 742. portant entre autres cet article, *Decimas occupatas à prophanis restituimus*, c'est-à-dire, « nous restituons les Dismes qui ont esté occupées « par les gens Laiz ». Que si cet article est veritable, il n'y auroit pas grande difficulté pour ceste opinion. Car ce Concil auroit esté tenu soudain aprés le decez de Charles Martel. Toutesfois j'ay voulu diligemment rechercher, & ce Concil, & cet article, certes je ne l'ay trouvé en tous les quatre tomes des Concils. Et m'esbahy infiniment, si ce Concil est veritable, dont vient qu'en tous les autres il n'en ait esté parlé, pour reformer une chose tant prejudiciable à l'Eglise, comme celle-là. Au Concil tenu à Aix, le quatriesme an du regne de Pepin, article dixiesme, il est dit, que si les Abbez sont si mols de laisser tomber leurs Abbayes és mains des personnes Layes, & les Moines pour le salut de leurs ames en veulent sortir, faire le pourront par le congé de l'Evesque : & en ce faisant seront translatez en autres Monasteres convenables. Au Concil celebré à Aix sous le Debonnaire, il est (comme j'ay deduict cy-dessus) prié de ne conferer les Abbayes des hommes, & femmes, qu'à personnes dignes, presupposant par là, le defaut qui ja estoit en l'Eglise. Aussi dés son temps mesmes trouve-l'on un Hilduin son grand aumosnier, outre les autres communs benefices, avoir eu les Abbayes de sainct Denis en France, sainct Germain des Prez de Paris, & sainct Medard de Soissons. En celuy tenu à Paris est faicte mention des gens Laiz, ausquels les Abbayes commençoient d'estre baillées, & prie-l'on le Roy de tenir la main que cela ne se face à l'advenir. En un autre celebré à Metz sous Charles le Chauve, on se plainct des exactions, & coustumes induës, que les Officiers du Roy tiroient du Clergé, & aussi des alienations du bien de l'Eglise, qui avoient esté faictes par les Roys, ensemble des Religions, & Monasteres, qui s'estoient mis pour les guerres sous la protection du Roy, dont le service divin avoit esté supplanté tout à faict. Bref tout ce Concil est confit des abus & entreprises que les Laiz faisoient sur les Ecclesiastics. Et en plus forts termes au Concil de Paris, sous Louys deuxiesme, petit fils du Debonnaire, il est parlé des Seigneurs, qui de leur privée authorité avoient osté les

Dismes des vrayes, & anciennes Eglises, pour les transporter à des nouvelles par eux basties : & est ordonné qu'elles seroient restablies en leur premier estat : & neantmoins en toutes ces assemblées n'est parlé un tout seul mot, des Dismes, qui avoient esté occupées par les Laiz. En quoy selon mon advis, il gisoit plus de reformation, qu'en toutes ces particularitez.

Par ainsi je ne doute aucunement qu'encores que sous la seconde lignée de nos Roys la desbauche de nostre Eglise fut trés-grande, toutesfois cet octroy de Dismes, que nous avons depuis appellées Infeodées, leur fut du tout incognu. Et si seray encores plus hardy : car nous fusmes prés de cent ans depuis la venuë de Hugues Capet sans les cognoistre. Ne me pouvant persuader, si elles eussent esté en usage, que l'on ne leur eust donné quelque attainte en ce grand Concil qui fut tenu sous Urbain second l'an 1097. dans la ville de Clairmont, où pour l'avancement de nostre Religion Chrestienne, fut concluë la premiere Croisade, mesmes fut censuré le vice du Roy Philippes premier, & croy que l'on n'eust oublié la hardiesse des Laiz, qui à face ouverte possedoient non le simple temporel, ains le bien spirituel des Eglises. Maistre Jean de Luc, personne d'honneur, en son Recueil des Arrests en donne la premiere invention à Philippes Auguste, lors qu'aprés avoir longuement guerroyé il voulut recompenser ses Capitaines aux despens de l'Eglise, mais il s'abuse. Car l'on ne trouve jamais le remede qu'aprés la faute commise, ny la medecine devant la maladie. Philippes Auguste commença de regner l'an 1181. & dés l'an 1179. avoit esté tenu le Concil de Latran, qui avoit condamné telles usurpations. C'est pourquoy aprés avoir consideré tout le temps, je demeure fixe en cette opinion, que ces Dismes Laïcales furent introduites lors que nous entreprismes le premier voyage d'outre-mer. Auquel chacun pensoit faire œuvre trés-meritoire envers Dieu d'y contribuer de tous ses moyens & faculté ; & à tant que plusieurs Curez pour exciter les Seigneurs des villages où estoient leurs Cures, leur firent present de leurs Dismes pendant leurs vies : dont ces Gentils-hommes & Seigneurs se seroient approprié à jamais par un droict de bien-seance. Chose qui fut passée par connivence l'espace de quatre-vingts ans, ou environ, jusques à ce qu'au Concil de Latran, tenu sous Alexandre troisiesme par l'article quatorze, on ne fait non seulement doute que les hommes Laiz ne puissent posseder des Dismes, mais est en outre prohibé à ceux qui les possedoient d'une longue ancienneté de les pouvoir transporter à autres personnes de leur qualité, ains seulement aux Eglises. La teneur de l'article estoit telle : *Prohibemus ne Laici decimas, cum animarum suarum periculo retinentes, in alios Laicos possint aliquo modo transferre ; si quis verò receperit, & Ecclesiæ non tradiderit, Christianâ sepulturâ privetur.* Depuis ce Concil nous n'avons point douté en France qu'il n'estoit plus permis aux gens Laiz de faire nouvelles infeodations de Dismes, mais est une regle generale, que si quelqu'un en possede qui luy soient disputées par un Curé, doit outre sa longue ancienneté alleguer qu'il les possede devant le Concil de Latran, autrement sa prescription, voire de deux & trois cens ans luy seroit inutile : D'autant que toute prescription est bastie sur une possession : & c'est une regle trés-certaine que le Lay est personne du tout incapable de posseder, & consequemment de prescrire une Disme. A la suite de ce Concil, en Mars, 1279. Sainct Louys fit un Edict, par lequel il ordonna que si les Dismes feodales retournoient aux Eglises, elles reprendroient leur originaire nature, sans pouvoir puis aprés estre possedées par gens Laiz. Edict que nous avons entendu seulement pour les Eglises parochiales, par plusieurs Arrests, & non pour les autres, ausquelles elles ne sont naturellement deuës. Au demeurant, parce que ceste matiere n'est commune, qui voudra estre plus amplement informé des regles d'icelle, je le renvoye au docte du Moulin, en son Traité des Fiefs, chap. 46. Et neantmoins encores vous feray-je part de l'Ordonnance de S. Louys telle quoje l'ay extraicte du vieux registre de S. Just qui est en la Chambre des Comptes.

» Louys par la grace de Dieu Roy de France. Nous faisons à sçavoir à tous ceux qui sont cy-presens, comme à ceux qui sont à venir, que nous pour le regard de l'amour divine & pour le salut & remede de nostre ame, & ensemblement pour le salut & pour la remembrance des ames du Roy Louys nostre pere, & de la Royne Blanche nostre mere, & de nos autres predecesseurs. Nous voulons & octroyons que toutes les personnes Layes qui ont la possession des Dismes des autres gens de nostre terre, & en nos fiemens qui muevent au mehain ou sans mehain, qu'ils le puissent delaisser, & donner, ou en quelque autre maniere que ce soit droicturiere & convenable octroyer à Eglises à tenir sans requeste nulle qui en soit faite desormais à nous ne à nos successeurs en telle maniere que nos hoirs ou nos successeurs ne se puissent opposer en nulle maniere encontre nostre octroyement que nous en faisons maintenant, ny empescher de oresen avant. Et afin que ce soit chose ferme & estable & permaigne à perdurableté, nous y fismes mettre nostre seel. Ce fut fait en l'an 1279. au mois de Mars.

+++

CHAPITRE XLIII.

De la secte des Jesuites.

AYANT dedié ce Livre aux libertez de l'Eglise Gallicane, je ne pense faire chose eloignée de mon intention de discourir de la secte des Jesuites, laquelle a propositions toutes contraires aux nostres, à la subversion de nostre estat. Aprés que les Jesuites eurent recueilli le grand legs, qui leur avoit esté fait par Messire Guillaume du Prat, Evesque de Clairmont, ils achepterent l'Hostel de Langres, ruë sainct Jacques, en la ville de Paris, où ils establirent à leur guise une forme de College, & de Monastere, sous divers domiciles, & s'estans donné liberté de lire & enseigner la jeunesse sans authorité du Recteur, ils solliciterent plusieurs fois l'Université, pour estre incorporez avecques elle. A quoy n'ayans peu parvenir, ils presenterent en l'an 1564. leur requeste à la Cour de Parlement aux mesmes fins. L'Université me fit cet honneur de me choisir en plaine Congregation pour son Advocat. Quand je me preparay de la cause (armé du sainct Decret que la Faculté de Theologie avoit prononcé encontr'eux en l'an 1554. où avoient assisté ces deux grands arboutans de nostre Religion Catholique, nostre Maistre Picart, & nostre Maistre Maillart) je pensay que je pouvois avecques toute seureté de ma conscience combattre en camp clos, ce Monstre, qui pour n'estre ny Seculier, ny Regulier, estoit tous les deux ensemble, & partant introduisoit dedans nostre Eglise, un ordre Hermaphrodite. Nous plaidasmes par deux matinées, Maistre Pierre Versoris, & moy : Luy pour les Jesuites, moy pour l'Université, à la veuë d'une infinité de personnes, qui attendoient quel seroit l'evenement. Maistre Baptiste du Menil advocat du Roy, duquel on ne sçauroit assez honorer la memoire, fut pour moy. Par mon plaidoyé je remonstray la profession anomale qui se trouvoit en eux, le jugement que la Faculté de Sorbonne en avoit fait dix ans auparavant, l'opposition deflors formée par Monsieur le Procureur General Brulard, à leur reception, que leur vœu contrevenoit du tout au nostre, que les nourrissans au milieu de nous, c'estoit y introduire un schisme, & encores autant d'espies Espagnoles, & ennemis jurez de la France, dont nous sentirions les effects au premier remuëment que le mal-heur du temps nous pourroit apporter. Ce nonobstant pour la consequence nous fusmes appointez au Conseil : chacun perdit & gagna sa cause. Car ils ne furent agregez au corps de l'Université, mais aussi ne leur fut-il deffendu de continuer leurs lectures publiques. Quand Dieu veut affliger un Estat, il plante de longue main les racines. Ces nouveaux hostes gagnent le cœur du peuple,

par

par chimagrées, & belles promesses. Car mesmes, comme s'ils eussent eu le don des langues que le Sainct Esprit espandit dessus les Apostres, ils se vantoient d'aller prescher l'Evangile au milieu des Sauvages: eux qui à peine sçavoient parler leur langage maternel. Sous ces beaux appas, chacun se laissoit prendre par eux, à la pipée. Mais comme ils avoient introduit une Religion bigarrée, de Regulier, & Seculier, troublans par ce moyen tout l'Ordre Hierarchique de nostre Eglise, aussi s'estudierent-ils de là en avant de vouloir à bonnes enseignes troubler tous les Estats Policis de la Chrestienté. D'autant que par une nouvelle regle, ils commencerent de mesler l'Estat avec leur Religion, & comme il est fort aisé de glisser d'une liberté en une licence effrenée, aussi planterent-ils sur ceste irregularité une heresie la plus detestable que l'on sçauroit dire. Soustenant qu'il estoit permis de tuer un Prince qui ne se conformoit à leurs principes. Mettant sous pieds & la reprimande que nostre Seigneur fit à sainct Pierre, quand il tira son glaive pour le deffendre, & l'article du grand Concil de Constance qui anathematisoit tous ceux qui mettoient cette proposition en avant. Lors que je plaiday la cause, je ne fis estat de ces deux propositions encontr'eux. Car combien qu'ils les couvassent dans leurs ames, si ne les avoient-ils encores escloses. Bien disois-je qu'il ne falloit rien esperer de bon de ce Monstre : mais qu'ils nous eussent voulu ramener à effect, ny la maxime du vieux de la Montagne, lequel lors de nos guerres d'outre-mer distribuoit par les Provinces ses sujects nommez Assasins, pour tuer les Princes Chrestiens, ny l'abominable Anabaptisme qui sur nos jeunes ans provigna dedans l'Allemagne, certes je ne l'eusse jamais pensé. Toutesfois l'une & l'autre proposition a esté par eux pratiquée au veu & sceu de toute la Chrestienté. Car quant à la premiere, il n'y a celuy de nous qui ne sçache, qu'ayans pris pied dans le Portugal sous la regle, non de Jesuites, ains d'Apostres, ils soliciterent par toutes sortes d'impostures le Roy Sebastien, de vouloir faire une loy generale, que nul ne fust appellé à la couronne, s'il n'estoit de leur Société, & encores qu'il ne fust esleu par les voix & suffrages d'icelle : A quoy ils ne peurent attaindre, bien qu'ils fussent tombez en un Prince bigot & superstitieux le possible. Et pour ne m'esloigner de nostre France, ils furent les premiers boute-feux de ceste malheureuse Ligue qui a ruiné de fonds en comble nostre Royaume. Elle fut chez eux premierement concertée, & ayant esté conclud, ils deleguerent leurs Peres Matthieu, Lorrain, & Odon Pigenat (ainsi appellent-ils leurs Prestres plus anciens) pour leur servir de trompettes par toutes les nations estranges. Et depuis se declarerent à huis ouvert Espagnols, tant par leurs presches, que leçons publiques: En faveur desquels ils voulurent mettre en œuvre leur seconde proposition qui estoit de faire tuer nostre Roy, non pas lors qu'il estoit esloigné de nostre Religion (car ils sçavoient que ce luy estoit un obstacle qui l'empeschoit de regner) mais soudain qu'ils le virent reduit au sein de l'Eglise, ils subornerent un Pierre Barriere, homme determiné quant à la main, mais d'une ame & conscience foible, lequel ils firent confesser dedans leur College, puis communier, & aprés l'avoir confirmé d'une promesse certaine de Paradis, comme un vray martyr, s'il mouroit sur ceste querelle, laissent aller le vaillant combatant, qui par trois fois fut sur le poinct d'executer sa malheureuse entreprise, & par trois fois Dieu luy retint miraculeusement la main, jusques à ce qu'en fin ayant esté pris dans Melun, il fut puny en l'an 1593. ainsi qu'il meritoit. Je ne dy rien que je n'aye veu, ayant mesmement parlé à luy lors qu'il estoit prisonnier. Recherchez toutes les impietez qu'il vous plaira: vous n'en trouverez une seule si barbaresque comme cette-cy, conseiller une impieté, & la revestir d'un masque de pieté tel que celuy-là, & à peu dire perdre une ame, un Roy, un Paradis, & nostre Eglise tout ensemble, pour donner lieu à leurs marranes desseins. Toutes ces nouvelles productions furent cause que la ville de Paris estant reduite sous l'obeïssance du Roy, l'Université voulut reprendre contr'eux les anciens arrhemens de son appoincté au Conseil. La cause est plaidée fortement & dignement par Maistre Anthoine Arnault : mais comme l'on estoit sur le jugement du procés, voicy une autre nouvelle piece qui le fait juger tout à fait. Jean Chastel Parisien aagé de 19. ans, rejetton de ce malheureux Seminaire, frape d'un coup de cousteau nostre Roy Henry IV. dedans sa maison du Louvre, au milieu de sa Noblesse ; il est pris, son procez fait & parfait, intervient arrest du 29ᵉ Decembre, 1584. dont la teneur s'ensuit.

Veu par la Cour, les grand Chambre & Tournelle assemblées, le procez criminel commencé à faire par le Prevost de l'hostel du Roy, & depuis parachevé d'instruire en icelle, à la requeste du Procureur general du Roy, demandeur & accusateur à l'encontre de Jean Chastel natif de Paris, Escolier, ayant fait le cours de ses estudes au College de Clairmont, prisonnier és prisons de la Conciergerie du Palais, pour raison du trés-execrable & trés-abominable parricide attenté sur la personne du Roy, interrogatoires & confessions dudit Jean Chastel, oüy & interrogé en ladite Cour ledit Chastel sur le faict dudit parricide, ouys aussi en icelle Jean Guerret Prestre, soy disant de la congregation & Société du nom de Jesus, demeurant audit College, & cy-devant Precepteur dudit Jean Chastel, Pierre Chastel & Denize Hazard, pere & mere dudit Jean. Conclusions du Procureur General du Roy & tout consideré. Il sera dict que ladite Cour a declaré & declare ledit Jean Chastel, attaint & convaincu du crime de leze Majesté divine & humaine au premier chef, par le trés-meschant & detestable parricide attenté sur la personne du Roy : pour reparation duquel crime a condamné & condamne ledit Jean Chastel à faire amende honorable devant la principale porte de l'Eglise de Paris, nud en chemise, tenant une torche de cire ardente du poids de deux livres, & illec à genoux, dire & declarer que malheureusement & proditoirement il a attenté ledit trés-inhumain & trés-abominable parricide, & blessé le Roy d'un cousteau en la face : & par fausses & damnables instructions il a dit audit procez estre permis de tuer les Roys, & que le Roy Henry IV. à present regnant n'est en l'Eglise jusques à ce qu'il ait l'approbation du Pape: dont il se repent, & demande pardon à Dieu, au Roy, & à la Justice. Ce fait, estre mené & conduit en un tombereau en la place de Greve. Illec tenaillé aux bras & cuisses, & sa main dextre, tenant en icelle le cousteau duquel il s'est efforcé commettre ledit parricide, coupée, & aprés son corps tiré & demembré avec quatre chevaux, & ses membres & corps jettez au feu & consumez en cendres, & les cendres jettées au vent. A declaré & declare tous & chacuns ses biens acquis & confisquez au Roy: Avant laquelle execution sera ledit Jean Chastel appliqué à la question ordinaire & extraordinaire, pour sçavoir la verité de ses complices, & d'aucuns cas resultans dudit procés : " A faict & faict inhibition & defenses à toutes personnes de quelque qualité & condition qu'elles soient, sur peine de crime de leze Majesté, de dire ne proferer en aucun lieu public, ny autre, lesdicts propos : lesquels ladicte Cour a declaré & declare scandaleux, seditieux, contraires à la parole de Dieu, & condamnez comme heretiques par les saincts Decrets. Ordonne que les Prestres & Escoliers du College de Clairmont, & tous autres soy disans de ladite Société, comme corrupteurs de la jeunesse, perturbateurs du repos public, ennemis du Roy & de l'Estat, vuidront dedans trois jours aprés la signification du present Arrest hors de Paris, & autres villes & lieux où sont leurs Colleges, & quinzaine aprés hors du Royaume, sur peine où ils seront trouvez ledit temps passé, d'estre punis comme criminels & coupables dudit crime de leze Majesté. Seront les biens tant meubles qu'immeubles à eux appartenans, employez en œuvres pitoyables, & distribution d'iceux faicte ainsi que par la Cour sera ordonné. Outre fait deffenses à tous sujects du Roy d'envoyer des Escoliers aux Colleges de ladite Société, qui sont hors du Royaume pour y estre instruits, sur la mesme peine de crime de leze Majesté. Ordonne que la Cour que les extraicts du present Arrest seront envoyez aux Bailliages & Senechaussées de ce ressort, pour estre executé selon sa forme & teneur. Enjoint aux Baillifs & Senechaux, leurs Lieutenans generaux & particuliers, proceder à l'execution, dedans le delay contenu en iceluy, & aux Substituts du Procureur general tenir la main à ladite execution, faire informer des contraventions, & certifier ladite Cour de leurs diligences au mois, sur peine de privation de leurs estats.

Signé DU TILLET.

Prononcé

Prononcé audit Jean Chastel, executé le Jeudy vingt-neufiesme Decembre, mil cinq cens quatre vingts-quatorze.

Pendant la procedure sur laquelle intervint cet Arrest, quelques Seigneurs du Parlement furent deputez pour se transporter au College de Clairmont, lesquels ayans fait saisir plusieurs papiers, trouverent entre autres, des livres composez par maistre Jean Guignard Prestre, Jesuite, contenans plusieurs faux & seditieux moyens pour prouver qu'il avoit esté loisible d'assassiner le feu Roy Henry III. & inductions pour faire tuer le Roy Henry IV. son successeur. En effect voilà la fin des maistres Jesuites, & de leur mal-heureux escolier. A l'exemple dequoy, la Seigneurie de Venise les a aussi chassez: & m'asseure que quelque jour la ville de Rome n'en sera pas moins, & trouvera qu'elle nourrit dedans son sein un ver, qui à la longue rongnera son estat. Maintenant je vous veux faire part du Plaidoyé que je fis en l'an 1564. pour l'Université de Paris encontr'eux, que je veux faire passer icy pour chapitre, dans lequel si vous y trouvez quelque placard de ce mien livre, il ne le faut trouver estrange, estant un mesme sujet, & à vray dire ce mien Plaidoyé est un abbregé de mon livre.

CHAPITRE XLIV.

Plaidoyé de l'Université de Paris, encontre les Jesuites.

MEssieurs, je souhaitterois grandement que tous tant d'Advocats que nous sommes, n'eussions en recommandation les causes de nos parties privées, sinon entant que nous les verrions se rapporter à l'utilité generale & universelle de tous: ce neantmoins, je ne sçay comment ce vice s'est infinué entre nous, & mesme est reputé par quelques-uns à vertu, de mettre toutes choses en nonchaloir, pourveu que nous parvenions au dessus de nostre entreprise. Je ne veux pas dire pourtant, que Maistre Pierre Versoris, Advocat des Jesuites, soit tombé en cette faute, le recognoissant grandement zelateur du public, singulierement és choses qui concernent la Religion Catholique: vray est que je desirerois en luy, puis que sa cause estoit si juste, comme il l'a voulu trompeter sur le commencement de son Plaidoyé, que sans arriere-boutique il eust descouvert les moyens par lesquels il entendoit arriver à ses fins & conclusions, afin que de nostre costé nous nous fussions apprestez de luy respondre pleinement. Toutesfois par un nouveau style, après avoir fait en ce lieu une grande levée de bouclier sur la saincte profession de ses parties, il a tout soudain sonné la retraicte, ayant nuëment & simplement recité le contenu de sa requeste, esperant, comme il est aisé de voir, par cet inusité artifice racourcir les moyens des deffences que nous entendons proposer. Car quelle responce sçaurions-nous donner à celuy qui ne vous combat d'arguments? Et toutesfois Versoris (s'il faut que je vous die cecy comme amy) si vous avez esté induit à ce nouveau stratageme par une seule envie de vaincre, sans autre consideration du Public, je le vous pardonne ayséement, d'autant que ce vice vous est familier avec les plus gaillards esprits. Si par une devotion qui est empreinte en vous de la Religion des Jesuites (ainsi que je m'en fais accroire). encore vous veux-je plus excuser. Car lors que nous sommes frappez d'un zele de Religion, nous pensons quelquesfois faire grand sacrifice à Dieu, voire quand par voyes inaccoustumées & obliques, faisons gagner vogue à nos opinions. Or voyez, je vous supplie, combien mon jugement est en cecy esloigné du vostre. Vous, pour estimer avoir bonne cause, ne vous donnez pas grande peine par quelle façon en emportiez le dessus, moyennant que ce dessus vous demeure. Ne vous advisant pas cependant que plusieurs de cette compagnie estiment que par faute de bon droit vueilliez obtenir par ruse, ce que ne pouvez de bonne guerre. Et de moy, pour juger aussi la mienne estre infailliblement bonne, j'estime au rebours de vous, que le plus bel artifice dont je puisse user en ce lieu, est de n'user point d'artifice, pour autant que si vostre cause est telle que la publiez, si elle est sans fard, si l'issuë & evenement d'icelle se doit tourner au profit, & edification de nous tous, je prie Dieu, l'autheur de tout bien, qu'il luy plaise reduire l'opinion de toute cette grande assistance à vostre advantage. Mais si au contraire le fait de vos Jesuites est plein de dissimulation & hypocrisie, que dés l'entrée de cette cause vous nous en avez donné certain advertissement par le traict qu'avez pratiqué, si leur secte n'est point pour l'advenir qu'un seminaire de partialitez entre le Chrestien & le Jesuite, bref si leur but & intention ne tend qu'à la desolation & surprise de l'Estat, tant Politic, qu'Ecclesiastic, je prieray celuy duquel ils se disent à fausses enseignes porter le nom, qu'il luy plaise d'exciter l'opinion des Juges à nostre justice & faveur: & croy par mesme moyen, qu'il n'y aura fidelle Chrestien, ou bon & loyal citoyen en cette France, qui ne trouve les conclusions de l'Université justes & raisonnables: c'est à sçavoir que non seulement ce nouveau monde, qui par tiltre special, arrogant & ambitieux se dit estre de la Societé de Jesus, ne doit estre adopté au corps de nostre Université, mais que l'on le doit totalement bannir, chasser & exterminer de la France. Toutesfois parce que ce discours est d'une assez longue haleine, je deduiray premierement quelques points des anciennes ordonnances & statuts de nostre Université: puis de l'origine, progrez & establissement de nos parties adverses, afin que par la confrontation de l'une & de l'autre police, la Cour puisse tout au long cognoistre s'il y a moyen de les incorporer avecques nous. Et en dernier lieu, quelle utilité & profit il en peut reüssir à nostre Christianisme, & par special à nostre France en donnant introduction & cours à ces nouveaux freres. Toutes lesquelles choses j'espere discourir de telle façon, qu'il est impossible de les unir & aggreger avec nous. Et quand possibilité y auroit, que la consequence qui peut advenir de leur secte, les en doit du tout forclorre. Moyennant qu'il plaise à la Cour me donner cette favorable audience que son accoustumée debonnaireté me promet, & que la grandeur & importance de cette matiere desire.

L'Université de Paris, soit qu'elle ait pris son commencement sous le grand Empereur Charlemagne (ainsi que le vulgaire de nos Annales estime) ou sous cet autre grand Philippes Auguste, sous lequel les bonnes lettres prindrent grand advancement & progrez, specialement en cet ville, par le moyen de Messire Pierre Lombard Evesque du lieu (en faveur duquel nous celebrons tous les ans un anniversaire dedans l'Eglise sainct Marcel) a tousjours esté grandement cherie, aymée, & favorisée de nos Roys. Et certainement non sans cause: car si les Roys ont esté ordonnez par Dieu pour contenir leurs peuples en devoir & obeïssance par leurs Loix, ceux qui plus sainement ont discouru sur le fait des Republiques, ont esté d'advis, ou que les Loix sont du tout frustratoires, ou pour le moins de petit effect, si elles ne prennent leur commencement & racine, en une sage conduite & prudente institution de la jeunesse. C'est la cause pour laquelle le grand Philosophe Platon en l'une & l'autre de ses Republiques, a sur toutes choses soin que ses enfans soient bien dignement instruits. Et a esté cette maxime fort bien recogneuë par ceux qui premiers mirent la main à la police & reglement de cette Université. Car cognoissans que tout le repos des sujets dependoit de l'endoctrinement des enfans, & neantmoins qu'il y avoit deux fondemens, sur lesquels estoit establie toute Republique bien ordonnée, qui estoient la Religion & la Justice, ils establirent deux sortes de gens pour enseigner la jeunesse, les uns qui estoient Seculiers, & les autres nuëment Reguliers & Religieux. Ceux-là afin que les enfans qui seroient par eux façonnez, peussent quelque jour estre appelez au maniement de la Justice; & ceux-cy aux presches & exhortations Chrestiennes d'un peuple: voire eurent en cecy une si religieuse police, que pour contenir toutes choses en leur devoir, ils ne voulurent point permettre aux Religieux de vaguer & courir par la ville pour ouyr la leçon des Seculiers. Ny semblablement qu'ils peussent faire leçon aux gens Laiz. Mais ordonnerent pour une bien-seance publique que les Seculiers fussent destinez pour les Seculiers, & les Reguliers pour ceux qui estoient de leur Ordre. L'on trouve aux anciennes pancartes de nostre Université, que les Freres Prescheurs, que l'on appelle Jacobins, se voulurent anciennement donner loy de lire en toutes chaires, & à toutes occurrences de personnes. Les Recteur & supposts de l'Université s'opposerent, & fut leur opposition allouée par arrest de cette Cour, & enjoint à ces Religieux de lire seulement dedans leurs cloistres à huys clos. Et de fait, depuis ce temps-là chasques Ordres des Religions ont eu leurs Colleges distincts & separez, comme les quatre Mendians, Clugny, Mairemonstier. Voilà le College de S. Bernard qui est notable, auquel il y a diversité de belles & grandes classes, plus qu'en nul autre, toutesfois la porte n'en est pas ouverte à tous Escoliers allans & venans. Ains est le College voüé pour ceux qui ont fait ou veulent faire profession sous l'Ordre de S. Bernard: lesquels sont envoyez par les Monasteres de leur Ordre pour estudier en cette ville de Paris. Ce qui s'observe en cas semblable en tous les Ordres qui sont incorporez avec nous. Et afin que l'on ne pense point que cecy ait esté introduit par une curiosité superstitieuse, mais bien par une police tres-Chrestienne, jamais ne fut que les Chrestiens n'ayent grandement abhorré la diversité des sectes de Religions. Du commencement de nostre Christianisme, nous n'estions point divisez en ligues, mais adoraient les Chrestiens leur Createur en lieux sombres selon que la commodité leur permettoit de recevoir & les saincts Sacremens & ministres l'administration des saincts Sacremens. Adonc on recognoissoit le Chrestien comme Chrestien, & n'avions voeux & professions separées les uns des autres, mais sous un commun estendart de Jesus-Christ, chacun s'exposoit au martyre. Les affaires de la Republique Chrestienne commencerent petit à petit de s'ouvrir. Tellement qu'il n'y avoit presque nul qui ne fust imbuë plus ou moins de nostre Religion. Toutesfois les Chrestiens se trouvans assez souvent affligez par la cruauté & tyrannie des Empereurs, ceux qui nous ont redigé par escrit l'histoire Ecclesiastique, nous sont autheurs, que cela appresta occasion à plusieurs de se retirer en lieux escartez & du tout separez du peuple, lesquels furent par les anciens appellez du mot Grec (Moines) qui veut dire en sa primitive signification, Solitaire. Et leurs superieurs & Abbez Archimandrites, c'est à dire, superintendants de ceux qui habitoient aux grottes & cavernes. Et le premier instituteur de ceux-cy que l'on remarque aux histoires de nostre Eglise fut sainct Anthoine, à l'exemple duquel plusieurs s'habituerent és deserts, menans une vie monastique. Bien sçay-je que depuis luy, sainct Basile par un nouveau zele les voulut redresser dedans les villes. Qui fut cause que plusieurs commencerent à se bigarrer en Religions & Monasteres. Toutesfois nos sages ancestres cognoissans que la multiplicité des sectes n'apportoit que divisions entre les Chrestiens, ne voulurent facilement leur ouvrir la porte, singulierement dedans les bonnes Citez. Sçachans bien que la vraye profession des Moines, est de se retirer des villes & de mener vie solitaire. Et combien que l'opinion de ces sages personnages air esté de fois à autres modifiée par la facilité des temps (chose qui a procuré de grandes querelles) toutesfois ayant esté nostre Université contrainte d'incorporer avec soy plusieurs Ordres de Religieux qui s'estoient venus ranger dedans Paris, ce fut avec cette modification, qu'ils ne pourroient aisément se rendre communicables au peuple; mais tout ainsi qu'aux deserts ils n'auroient pas facile accés sinon à ceux qui estoient de leur suite, aussi ne leur seroit-il permis d'endoctriner dedans leurs repaires, que ceux qui seroient de leur Ordre & profession. Car autrement si on leur eust permis de faire lecture par tout, mesme à une enfance qui trouve tous objects presens beaux & bons, ils eussent induit la plus grande partie du peuple à estre de leur suite plus par ceste communication, que par zele & devotion, au tres-grand prejudice du commun trafic & commerce de cette Société generale & universelle. Et voilà pourquoy nos predecesseurs dés le premier establissement de l'Université, par un sage conseil & prudence firent separation du Seculier & Regulier, avec loix totalement distinctes & separées.

Outre cette premiere police, nous en avons encores quelques autres, qui sont aussi grandement considerables, à la deduction de cette cause. Parce que l'Université est divisée en quatre Facultez, de Theologie, Decret, Medecine, & des Arts. Cette derniere est un acheminement aux trois premieres, symbolisant en quelque chose avec l'escolle de ce grand Philosophe Pythagore, de laquelle l'on recite, que l'on y estoit premierement condamné d'escouter avec un perpetuel silence, puis que l'on commençoit d'entrer en la cognoissance des Mathematiques & sciences, & en fin estoit permis de discourir sur la nature de tout ce grand Univers. Par laquelle cause estoient les Escoliers appellez Auditeurs, puis Mathematiciens, puis Physiciens. Aussi pour n'enseigner point tumultuairement en nostre Université les bonnes lettres, il y a certains degrez de commencement & progrez. Car l'on commence premierement par la Grammaire, de là on suit à la Rhetorique & explication des bons Autheurs, puis on dresse ses pensées aux autres sciences, jusques à ce que finalement on arrive à la Physique, qui estoit la derniere classe de l'escolle de Pythagore: & encores apres avoir satisfait à nos estudes, nous avons certains ordres & degrez de promotions, Bacheleries, Licences & Doctorandes, qui sont approbations communes des plus doctes en chaque Faculté, sans lesquelles il est defendu à tout homme, ou de s'exposer à la chaire, ou au maniement public d'un Estat. Je sçay bien que tout esprit brusque & gaillard, pensera que police despend d'une superstition. Parce que la responce que fit l'Empereur Adrian à celuy qui luy demandoit permission de respondre du droit, rid à plusieurs, *huc non peti, sed præstari solere, & ideo si quis fiduciam sui haberet, populo se ad respondendum de jure præbet.* Toutesfois tant s'en faut que cette maxime doive gagner vogue entre nous, que si on la recevoit, ce seroit introduire un chaos & confusion en tous les Estats. Car si és mestiers & arts mecaniques nous demandons un chef-d'œuvre & experience de celuy qui veut estre receu à maistrise, combien plus és sciences & disciplines liberales? Parquoy l'opinion de l'Empereur Justinian a tousjours esté reputée la meilleure *in L. magistros, C. de professorib. & medicis.* Là où il veut que *antequam quis ad docendam aliquam artem admittatur, is de ea re ab ordine interrogetur, atque adeo specimen aliquod edat ejus artis quam professurus est.* Et de fait, en ceste façon voyons nous que du temps de Justinian il y avoit certains ordres, *Litæ, Prolitæ.* Je veux doncques icy conclure que telles distinctions de degrez, telles approbations de suffisance & capacitez des personnes, ont esté introduites par nos anciens, pour bonnes & valables raisons. Chose que je pense par cy aprés rapporter en temps & lieu à son poinct.

Nous avons encores autres loix & statuts, pour autant qu'en cette division de Regulier & seculier, nous voulons que les Seculiers reçoivent les degrez de Bachelerie, Licence, & Maistrise, auparavant qu'ils puissent faire profession publique de leur sçavoir, ainsi qu'il a esté dit maintenant. Et au contraire par un passe-droit special, les Religieux non seulement ne sont necessitez de se faire, mais du tout on leur deffend & interdit de passer Maistre és Arts, parce qu'on veut qu'ils ne fichent point leurs esprits sur les fleurettes des lettres humaines: ains que du tout ils s'adonnent à la lecture des sainctes lettres, & de la Theologie: induits par avanture nos ancestres à ce faire, à l'imitation de S. Hierosme, auquel en songeant fut d'advis qu'il estoit flagellé par un Ange, pour estre trop ententif à la lecture des œuvres de Ciceron: ou pour mieux dire, pour autant que les premiers fondateurs de nostre Université, voulurent reduire chaque Moine à la premiere police des Moines, desquels parlant Sozomene au 11. chap. du 1. livre de l'Histoire Tripartite, dit ainsi: *Præcipuè verò insignissimam Ecclesiam demonstraverunt, & dogma dilataverunt vitâ & virtutibus, qui conversatione Monachica illo tempore fruebantur: utilissima namque res ad homines venit à Deo ista Philosophia, quæ multarum doctrinarum & Dialectica artis studia despicit, tanquam sit minuta & melioris operis tempus impediat, atque ad recte vivendum nihil ostendat.* Et certes en cette police ils y ont eu tel esgard, que combien que les Pauvres de Montagu, que l'on appelle autrement Capettes, ne soient liez à aucun vœu de Religion particuliere autre que la commune de tous nous autres Chrestiens, toutesfois pour autant que pendant leur premiere estude ils se diversifient d'habillemens d'avec nous, il faut qu'ils laissent la cuculle lors qu'ils veulent participer au degré de Maistrise, & facent par ce moyen paroistre qu'ils sont totalement Seculiers, autrement leur y seroit la porte close.

Telles ont esté les premieres institutions de nostre Université, esquelles elle a esté de tout temps & anciennété nourrie, & tant qu'elle y a esté entretenuë, je puis dire d'elle ce que disoit Ciceron de l'escole d'Isocrates, que *ex universa ejus schola tanquam ex equo Trojano innumeri Principes extiterunt*. De là sortirent en la Faculté de Theologie les Gersons & les Clamengis; en la Faculté de Decret les Belleperches, Quintins & Rebufis; en la Medecine les Tragaux & les Fernels; & en celle des Arts, les Budez, Vatables, & Tusans, & une infinité de braves esprits, dont la posterité sçaura rendre meilleur tesmoignage que moy. Sans vouloir parler des vivans, dont les noms se rendent recommandables par toute l'Europe. Telles ont esté (dis-je) nos premieres institutions, & tant que nous avons vescu de cette façon, quand les superieurs de l'Eglise ont voulu abuser de leur authorité au prejudice de la Majesté du Roy, l'Université de Paris authorisée de cette Cour leur a tousjours fait contreteste sous le nom de l'Eglise Gallicane, comme si c'eust esté un Concil general, qui eust esté perpetuellement establi dedans cette ville, pour le soulagement des Sujets, & avons tousjours vescu en tranquilité, graces à Dieu, jusques à luy. Maintenant voicy ces nouveaux Freres, qui sous un tiltre splendide, & un beau masque exterieur, veulent enjamber sur nostre repos. Toutesfois avant que de passer plus outre, puis que nous avons sommairement touché quelques points de nostre police, il faut pour traicter chaque chose à son rang, que maintenant nous venions à celles des Jesuites, & leur origine & progrez.

Ignace fut un Espagnol, du temps de nos Peres, qui tout le temps de sa vie avoit esté un guerrier. Il advint qu'il fut navré dans la ville de Pampelune, lors que nous y mismes le siege. Pendant que l'on se pensoit, il s'amusa à lire la vie des Peres, car pour l'ignorance qui estoit en luy, à plus haut sujet ne pouvoit-il dresser son esprit. Sur le modele de ce livre, il luy prit opinion de façonner de là en avant tout le discours de sa vie; non pas à la verité, tant pour un zele & devotion qu'il eust à cette nouvelle austerité, que pour autant qu'il se voyoit par cette navreure estropié, & impotent de l'un de ses membres, quoy que soit, mal duit à la suite des armes. Il s'accosta de quelques-uns, & entr'autres d'un Maistre Pasquier Brouez, n'é natif de la ville de Dreux, homme qui horsmis quelques chimagrées exterieures, n'avoit rien de litterature au dedans, soit en lettres humaines, soit en Theologie. Et de ce, je m'en croy, comme celuy qui l'ay halené il y a dix ou douze ans, & lequel m'est autheur de ce que je raconte maintenant. Ces deux hommes accompagnez de quelques autres, commencerent à jurer une Ligue ensemble, firent quelques voyages en cette ville de Paris, à Rome, en Hierusalem, & finalement sonnerent quelque peu de temps aprés leur retraicte dedans Venise, ville qui pour estre exposée à tous les vents & flots de la mer, est par quelques Autheurs Italiens recogneuë pour receptacle de plusieurs indignitez & choses perverses. Là ils hypocrisent pour un temps quelque austerité superficielle de vie, & voyans que leur superstition commençoit à estre suivie (car jamais une nouveauté ne trouve faute de suite parmy un peuple) ils prindrent la hardiesse de se transporter à Rome, où ils commencerent de publier leur Secte, & combien que la plus part d'entr'eux, *ne in primis quidem rudimentis Grammatices initiati essent, nedum in sacris Theologiæ ministeriis versati*, toutesfois ils commencent de promettre à pleine bouche deux choses, l'une de prescher aux mescreans l'Evangile, pour les convertir à la Foy, l'autre d'enseigner les bonnes lettres aux Chrestiens, le tout gratuitement & sans rien prendre. Prennent pour cette cause le nom de Religieux, sous la Societé de Jesus, comme si tous ceux qui n'adheraissent à leur Secte, fussent separez de cette Compagnie & Societé. Ils se presenterent au Pape Paul troisiesme, vers l'année mil cinq cens quarante, c'estoit lors que les Allemans commençoient à se distraire de l'obeïssance du Pa-

pe, qui est un temps grandement à considerer, pour monstrer de quelle renardise & finesse ces saincts Freres se sont insinuez entre nous : Et voyans que nostre Sainct Pere ne s'esmouvoit grandement de ces deux belles protestations (parce qu'il estoit lors ententif à la guerre qui se brassoit en Allemagne, pour le soustenement de sa puissance entre les Catholiques & Protestans,) ils s'advisent d'une nouvelle ruse pour captiver sa benevolence. Ils voyent que l'authorité du Saint Siege estoit revoquée en dispute par les Lutheriens, Parquoy par une profession toute contraire, ils remonstrent à ce sage Pape, que le premier vœu qu'ils faisoient, estoit de recognoistre le Pape, par dessus toutes autres choses qui fussent en ce bas territoire. Qu'il n'y avoit Prince vivant & terrien, qu'il n'y avoit Concil, quoy que general & œcumenique, qui ne deust passer & fleschir soubs ses Loix, Statuts, & Decrets. Cela resveilla quelque peu les sens du Pape Paul, auparavant endormis au faict de ces Freres. Car à la verité, il ne se pouvoit en aucune façon induire à les recevoir. Toutesfois voyant qu'autant de Religieux de cet Ordre, luy estoient autant de nouveaux vassaux, mesme en ce temps-là, il pensa que le meilleur estoit de ne les frustrer du tout de leur entreprise. Ce neantmoins, en leur faisant ouverture ce fut avec certaines limitations. Parce que du commencement pour fonder le gay, il leur permit de pouvoir prendre le nom & qualité de Religieux. Mais à la charge qu'ils ne pourroient estre de cet Ordre plus de soixante. Toutesfois depuis gagné par leurs importunitez, il leur ouvrit plaine porte en l'an 1543. Et aprés luy, Jules troisiesme en l'an 1550. Or comme choses se manioient de cette façon dedans la ville de Rome, il advint que feu Messire Guillaume du Prat Evesque de Clairmont, voyant ces nouveaux Freres estre grandement favorisez du Saint Pere, voulut semblablement leur gratifier en quelque chose. Au moyen dequoy il luy prit opinion de planter semblablement cette Secte dedans nostre ville de Paris, & prit à cette occasion à sa suitte ce Maistre Pasquier Brouez, dont j'ay maintenant parlé, avec deux ou trois autres. Pasquier Brouez (dis-je) qui est le premier Maistre & Recteur qu'ils ayent en cette ville. Et à la mienne volonté, que tout ainsi qu'un Pasquier a esté le premier qui a voulu planter cette Secte superstitieuse en cette florissante Université, aussi que la posterité entende, qu'un Advocat portant le surnom de Pasquier, ait esté le premier qui publiquement se soit estudié de nous extirper cette mal-heureuse engeance. Ce Brouez & les siens, sur leur premier advenement se logerent premierement & quoyement en une chambre au College des Lombards, depuis ils establirent leur habitation en la maison de Clairmont rue de la Harpe, par le benefice du Prelat qui les avoit premier introduits : & voyans que leurs affaires leur succedoient assez à propos, ils commencerent de lever les cornes, & de faict se presenterent par plusieurs fois en cette Cour afin d'estre receus, & que leur Secte fust approuvée, tant en qualité de Religion, que de College. A toutes leurs Requestes s'opposa formellement ce grand Cato, & Aristarque, feu M. Noël Brusland Procureur general du Roy en cette Cour. Il leur remonstra plusieurs fois, que s'ils avoient le cœur tant esloigné du fait du monde, ils pouvoient sans introduire nouvelle Secte faire vœu & profession, sous l'une des anciennes Religions, qui estoient approuvées par les saincts Concils. Qu'il y avoit les Ordres des Benedictins, des Bernardins, de Clugny, de Premonstré, les quatre Ordres des Mendians, & plusieurs autres, desquels la Chrestienté avoit ja recueilli plusieurs fruits, & quant à celuy qu'ils vouloient de nouveau provigner, il estoit plein d'un evenement incertain. La Cour non contente de ces remonstrances eut en cette matiere recours aux experts, c'est à dire, à la Faculté de Theologie. Laquelle aprés avoir plainement & meurement deliberé sur cette affaire, interposa son advis, par lequel elle resolut, que cette Secte estoit pleine d'une superstition & ambition damnable, & introduite à la desolation de tout Estat Regulier & Seculier. Estans de cette façon rebutez, ils mirent tout leur faict en sursseance, attendans, comme il est à presumer, leur appoint, ainsi que l'experience nous en faict sages. Il advint sur ces entrefaictes que l'Evesque de Clairmont decede, & fait un testament par lequel il legue une infinité de biens à ceux-cy, qui par leur vœu

vœu original font profession de pauvreté, tant en particulier que en commun. Ce legs est par eux recueilli, survinnent semblablement les Troubles, au commencement desquels furent assemblez plusieurs Prelats dedans la ville de Poissy. Les Jesuites qui dés leur premier abord sont en possession de croistre aux ruines d'autruy, tout ainsi que lors des guerres intestines de l'Allemagne, ils s'empieterent à Rome, aussi voyans le grand brasier qui s'alloit allumer par la France, estiment qu'il estoit adonc temps d'interrompre leur long silence, pour mettre le pied ferme & stable dans cette ville de Paris. Parquoy ils commencent à ourdir une nouvelle tresme, & mener à chef leur intention. Ils s'advisent de presenter nouvelle requeste à la Cour, afin que son plaisir fust, de recevoir & authoriser leur Secte, non pas en forme de Religion, mais bien en forme de College. A la charge qu'ils n'entendoient rien entreprendre au prejudice du Roy, des Evesques, Curez & Chapitres, & que de leur part, ils protestoient de renoncer à tous privileges, qui leur avoient esté octroyez à ce contraires. Car aussi, qu'est-ce qu'ils n'eussent point lors promis plustost qu'ils ne fussent parvenus à leurs fins, se voyans gorgez & remplis de tant de richesses? La Cour cognoissant, que cette requeste concernoit le fait de l'Eglise generale de France, les renvoya avec leur requeste à l'Assemblée de Poissy. En cette Assemblée, presidoit comme le plus ancien, un Prelat, lequel aussi par un nouveau zele avoir leur fait en grande recommandation: mesmes avoit estably une maison de Jesuites, en une ville de laquelle il portoit le tiltre. Cestuy prend leurs affaires en main, fondé le gay de tous costez, pour voir quelle issue pourroit avoir cette requeste, il trouve les opinions de tous les Prelats assez mal disposées à sa volonté. Cette requeste fut baillée à un qui avoit lors en pensée, de soy deffaire de son Evesché, & me fait-on dire que jamais elle ne fut rapportée en pleine & generale Assemblée de tous. Chose dont peuvent porter asseuré tesmoignage, une infinité de personnes notables, qui avoient esté convoquez à ce Colloque de Poissy, aussi n'est cette requeste signée que du Rapporteur & du President. President pouvions nous dire, auquel il eust esté peut-estre plus seant de s'en deporter du tout, comme celuy qui ne pouvoir presider en la cause de ceux desquels il estoit protecteur, & si ainsi le faut dire autheur, fauteur, & promoteur. Non toutesfois que je vueille suggiller en quelque façon son honneur, le recognoissant personnage de marque, & tel qu'on le doit recognoistre, mais il estimoit, qu'ayant l'opinion d'une douzaine de la troupe, cela estoit suffisant pour faire tenir lieu de Decret, & conclusion generale pour la question qui s'offroit. Et neantmoins combien que le Prelat eust pris la cause des Jesuites du tout en main, & qu'il en eust communiqué, non pas à tout le Corps des appelez, ains à quelques particuliers seulement, si ne peut-il gagner autre chose par la resolution qui fut
» baillée, " Sinon que cette Compagnie des Jesuites estoit
» receuë par forme de Societé & College, & non par forme
» de Religion nouvellement instituée, à la charge, qu'ils
» seroient tenus de prendre autre tiltre que des Jesuites, ou de
» la Societé de Jesus. Aussi, qu'ils seroient tenus de soy conformer en tout & par tout, à la disposition du droict commun, sans entreprendre chose aucune, ny au spirituel, ny
» au temporel, au prejudice des Evesques, & qu'au preala-
» ble ils renonceroient par exprés aux privileges portez par
» leurs Bulles. Autrement qu'à faute de ce faire, ou que pour
» l'advenir, ils en obtinssent d'autres, cette approbation se-
» roit nulle, & de nul effect ". Estans doncques les Jesuites garnis de cette approbation dont j'ay recité mot aprés mot toutes les paroles, ils se presenterent derechef en cette Cour, laquelle à la verité leur emologue le Decret en tout & par tout, selon sa forme & teneur. Soudain ayans obtenu cet Arrest, ils achepterent un Hostel assis en la ruë sainct Jacques, pour y establir leur demeure, appellée vulgairement la Cour de Langres. Mais quoy? se mettent-ils cependant en aucun devoir d'observer les conditions qui leur avoient esté enjointes? Non vrayement : & tant s'en faut qu'ils en ayent fait quelque estat, qu'au contraire, mettans en nonchaloir ce Decret, comme s'ils eussent obtenu victoire de leur longue entreprise, ils sont avec une honte

effacée, apposer sur le portail de leur College quasi pour eternel trophée, cet escriteau. *C'est le College de la Societé du nom de Jesus.* Reçoivent toutes sortes d'enfans, tant pensionnaires que dehors le College, auxquels ils lisent. Font publier un Catechisme sous le nom de Maistre Emond Auger, Frere de la Societé du nom de Jesus, & non seulement le font publier, mais le lisent publiquement dans leur maison. Non contens de cette premiere irregularité & desobeissance, ils administrent les Saincts Sacremens de l'Autel, & Confession. Et pour induire le peuple à leur suite, ils affigent des placards par les carrefours, à ce que si aucun avoir envie de recevoir ces saincts ministeres par leursmains, ils se retirassent en l'Hostel de Langres vers cette Compagnie. Il y a quatre ou cinq qui reluisent dessus tous les autres Freres en quelque sçavoir & doctrine. Ces trois ou quatre nourris en la lecture de quelques livres particuliers, ont accoustumé d'estre distribuez par le General de leur Ordre, aux Provinces esquelles l'on veut commencer de planter un College de Jesuites. Là ils debitent le peu de sçavoir qu'ils ont accueilli de long-temps. Et quand leur denrée est venduë, ils s'acheminent és autres lieux, par ainsi il est mal-aisé que ils ne demeurent en quelque reputation envers le peuple. Parce qu'auparavant que leur marchandise s'esvente, ils changent de lieu & demeure, traictans toujours un mesme sujet, lequel estant souvent par eux traicté, il est fort mal-aisé qu'en remuant une mesme escrime, ils ne se rendent assez admirables à ceux qui les escoutent pour une fois, & qui n'ont descouvert le fard. Si virent ce gouvernement du temps de nos peres & ayeuls, quelques Predicateurs passagers qui voyageoient de lieu à autre. Ayans seulement trois ou quatre Sermons dans leurs manches, dont ils repaissoient le pauvre peuple, lesquels combien que pour quelque temps gagnassent bruit parmy le peuple, si est-ce que par traite de temps, estant leur ruse descouverte, furent explaudez d'un chacun, ne nous estant demeuré autre profit de leur memoire, sinon un tiltre vil, quand d'un commun consentement en haine de leur piperie, nous les appellasmes porteurs de rogatons.

Les trois ou quatre Jesuites arrivez, commencerent de se mettre en chaire, & ores que par les institutions & ordonnances qui leur sont prescrites, desquelles ils se disent estre de si grands observateurs, ils ne deussent lire en nostre Université, sans adveu & permission du Recteur, ce neantmoins continuant de mal en pis, & se monstrans toujours discoles selon leurs premiers arrhemens, sans aucune permission du Recteur, sans aucune approbation de leurs suffisances & capacitez, sans avoir distinction des professions, telle que nous pratiquons de tout temps & ancienneté, & meslans, si ainsi faut dire, le Ciel & la terre, ils commencerent de faire lectures publiques, celuy-là de la Grammaire, cestuy-cy de la Theologie, l'autre de la Metaphysique, & le dernier pour faire monstre de sa grande & excellente doctrine, s'attache aux Emblesmes d'Alciat, tellement que nous pouvons dire d'eux, tout ainsi comme Taurus Philosophe dans Aulugelle, *Nunc isti qui repente pedibus illantis ad nos diverterunt, non est hoc satis quod sunt omnino ἀπαίδευτοι, ἄμουσοι, καὶ ἀγεωμέτρητοι, sed legem etiam sibi dant qua Philosophari velint*, si bien ou mal, je m'en rapporte à ce qui en est. Bien puis-je dire, que la plus belle de leurs lectures est, qu'ils ne sonnent aux aureilles des escoliers autre chose, sinon qu'ils veulent & entendent lire au peuple gratuitement. Sous ce honorable pretexte, plusieurs vont à leurs leçons, les frippons & bons compagnons, pour cuider corbiner tous les mois un sol ou un carolus que l'on paye aux autres colleges à l'entrée de leurs, les autres par un esprit de curiosité. L'Université de Paris voyant toutes ces petites menées qui ne viennent qu'au desadvantage non seulement d'elle, mais de tout le general de la France, comme à se vouloir opposer à toutes leurs indues entreprises. Et parce que c'estoient gens nouveaux, gens ramassez de toutes pieces, dont l'un estoit extraict d'Espagne, qui d'Angleterre, qui d'Italie, gens qui en toutes choses corrompoient les ordres generaux de la discipline ancienne, on leur fait interdiction par le Recteur, de plus lire. Ce nonobstant ils ne laissent de passer outre, & par un stratageme hardy au lieu où on les assailloit auparavant, ils commencerent

cerent de se rendre assaillans. Ils presenterent leur requeste à l'Université, & en cecy, je prie la Cour qu'il luy plaise remarquer quels en sont les termes. " Supplie le Principal & College de la Compagnie de Jesus, dit de Clairmont, qu'il vous plaise les incorporer en l'Université, joüyssans des privileges d'icelle ". Ce tiltre leur avoit esté interdit par l'approbation, en vertu de laquelle ils se presentoient pour estre incorporez avec nous, ce neantmoins faisans comme la chatte d'Esope, ils ne se peuvent contenir, qu'ils ne retournent à leur ambitieuse superstition, à laquelle toute leur compagnie encline. L'Université pour cette requeste furieuse, fut lors solemnellement congregée. A cette congregation se trouverent les principaux des Jesuites. On leur demande s'ils n'entendoient point abjurer ce nom partial de Jesuite, suivant la teneur du Decret. Ils respondirent, qu'ils se remettent à ce Decret pour leur forme de vivre en France, voulans de là inferer par une sophistiquerie affectée, qu'en France, ils seroient Collegiaux & Boursiers, & en Italie Religieux. On les somme qu'ils eussent à respondre categoriquement sur ce poinct, & mesmement s'ils estoient, ou Religieux, ou Seculiers.

Car à bien dire, puis qu'ils vouloient se joindre avec nous, le premier reiglement que pouvions prendre avec eux, estoit de cognoistre leur qualité, pour ne broüiller & pervertir les ordres de nostre Université, tels que nous avons cy-dessus deduits. A cela ils dirent en termes generaux, qu'ils ne pouvoient respondre autrement que suyvant l'Arrest, & en paroles Latines, *tales quales eos Curia declaravit*. Interrogez derechef s'ils estoient ou Reguliers, ou Seculiers, on ne peut tirer autre responce d'eux, sinon qu'ils estoient *tales quales*. Tellement que cette responce souvent reïterée, ils ont appresté un commun proverbe qui court maintenant par la bouche des escoliers, qui est que les Jesuites sont, *tels quels*. C'est à dire non dignes d'estre couchez en l'inventaire de nostre Université. Parquoy l'Université cognoissant, que pour satisfaire à leur requeste, le premier reiglement qu'elle pouvoit prendre avec eux, estoit de sçavoir, s'ils estoient Reguliers, ou Seculiers (car elle ne peut recevoir un Corps & College hermaphrodite, je veux dire, qui ne soit ny l'un ny l'autre, & qui soit tous les deux ensemble comme ces Messieurs) declara qu'elle ne pouvoit, ny devoit les unir & incorporer avec soy. Au moyen dequoy depuis, ces demandeurs se sont advisez de presenter requeste à la Cour, afin d'obtenir par son authorité ce dont ils avoient esté refusez par l'Université. Et en effect, c'est la Requeste qui se traite en ce lieu maintenant.

La Cour doncques à peu pleinement entendre par les choses qui ont esté cy-dessus discourues, quelle est en partie la commune police de nostre Université, quelle a esté l'origine & progrez de ces Jesuites, & dequelle façon cette cause a esté introduite en cette Cour. Reste maintenant à deduire, qu'a esté aussi leur police, afin que par le rapport & comparaison de la leur, & de la nostre, on voye s'il y a quelque compatibilité, pour laquelle on les puisse joindre avec nous, & combien qu'en cecy ils aillent clos & couverts, d'autant que facilement ils ne veulent descouvrir les mysteres de leur Ordre, sçachans bien qu'il n'y a homme de bon esprit, qui ne les improuve, si est-ce que de ce que j'ay peu recueillir, tant par leurs pieces, que du Plaidoyé de leur Advocat, & mesmement par livres qu'ils font courir à leur advantage, je trouve que cette pretenduë Compagnie & Societé de Jesus, est composée de deux manieres de gens, dont les premiers se disent estre comme de la grande Observance, & les autres de la petite. Ceux de la grande Observance, sont obligez à quatre vœux. Parce qu'outre les trois ordinaires d'obeïssance, pauvreté & chasteté, ils en font un particulierement en faveur du Pape. Qui est de luy obeyr, & le reconnoistre sur toutes autres choses qui sont icy en ce bas estre, sans exception ou reserve, en tout ce qu'il leur voudra commander, & sont ces gens de bien si austeres, qu'ils font vœu de pauvreté, tant en general qu'en particulier, tout ainsi que les Franciscains. Ceux qui sont de la petite Observance, sont sans plus astraincts à deux vœux, l'un regardant la fidelité qu'ils promettent au Pape, & l'autre l'obeïssance envers leurs superieurs & ministres. Ces derniers ne voüent pas pauvreté, ains leur est loisible

de tenir Benefices sans dispence, succeder à peres & à meres, acquerir terres & possessions, comme s'ils ne fussent obligez à aucun vœu de Religion. Et cecy est la voye par laquelle ils ont acquis tant de biens & richesses en ce nouvel Ordre. J'attens déja que l'on me demande, s'il se peut faire que ces tant Saincts hommes qui font profession de pauvreté, tant en commun qu'en privé, puissent posseder aucuns biens. Mais à ceux-cy je responds, que la verité en est telle, & voicy le moyen qu'ils y tiennent. L'exercice de leur Ordre gist exterieurement en deux poincts. Par le premier, ils promettent de traicter le fait de la Religion, administrer les saincts Sacremens, tant de Penitence, que de l'Autel, exhorter les infideles. Le deuxiesme c'est, d'enseigner les Arts liberaux. Parquoy celuy qui premier mit la main à l'establissement de cette Secte, trouvant la pauvreté telle qu'il avoit voüée, de trop difficile digestion, par un esprit sophistique, s'advisa de faire une distinction, c'est à sçavoir que puis que l'exercice de sa profession estoit double, tant pour la Religion, que pour les bonnes lettres, devoir son Ordre consister, tant en Monasteres, que Colleges. Et que les Monasteres seroient quelques petites Chapelles ou Cellules, comme estant le moindre de son opinion, & les Colleges amples & spacieux Palais. Et qu'en qualité de Religieux ils ne pourroient rien posseder, n'en general, n'en particulier, mais bien en qualité d'escoliers, & neantmoins que l'administration de ce bien appartiendroit aux Religieux profez, pour estre distribué comme ils verroient estre bon à faire. Ainsi tous ceux du petit vœu, qui sont les Collegiaux, sont quelquesfois quinze & vingt ans, avant que de franchir le pas de la grande profession, selon qu'il plaist au general de leur Ordre. Pendant lequel temps, ils se gorgent, puis quand ils se sont faits riches, si le superieur les trouve dignes, ils sont contraincts comme membres, de rapporter au corps general de leur Ordre tout ce qu'ils avoient acquis. Et mesmement afin que la Cour entende que leur premier Legislateur n'a rien obmis de prudence humaine, en ce qui servoit pour l'enrichissement de sa Secte, est besoin de remarquer icy une autre subtilité qu'il a semblablement introduicte. Toutes les autres Religions ont appris de donner un an entier à leurs Novices, ayans attaint aage de mediocre cognoissance, pendant lequel les jeunes hommes se donnent Loy, & loisir de sonder & comparer leur portée, avecques le faix qu'ils voyent leur estre preparé. Et au bout du temps s'ils se trouvent trop foibles pour ce fardeau, il leur est permis resilir de leur entreprise, & sont tenues toutes choses pour non advenues. Cette reigle ne se practique pas quant aux Jesuites, mais au lieu de s'il y en a aucun qui par un nouveau zele paravanture indiscret, ou pour l'imbecillité de son aage, ou par un esprit de curiosité, vueille estre agregé avec eux, soudain on le prend à la chaudecole, le presente-l'on à un des Prestres profez, qui luy chante telle leçon qu'il luy plaist, & n'est pas certes à presumer que ce soit au desavantage de son Ordre. Car jamais l'on ne vit homme dissuader à autruy le joug auquel il est entré. Ce pauvre esprit cependant de cette façon chevalé, se laisse aller à la volonté & discretion de celuy qui le meine d'une parole amadoüante. Voire le desrobent à leurs peres & meres, & pour en disposer ainsi qu'il leur plaist. Pour le faire court, dés l'entrée, sans aucune probation, ce pauvre abusé est receu aux deux vœux de la petite profession. Deslors il est pris aux rets, sans qu'il s'en puisse deschevestrer, tout le demeurant de sa vie. Et neantmoins dix & vingt ans aprés, il n'est pas receu au grand Ordre, sinon qu'il plaise à celuy qui a la superintendance. Qui fait qu'un pauvre homme ne puisse venir au repentir. Cette mesme Ordonnance fait, que toutes sortes de personnes peuvent estre de cette Religion. Car comme ainsi soit qu'en cette petite Observance l'on ne face vœu, ny de virginité, ny de pauvreté, aussi y sont indifferemment receuz Prestres & gens Layz, soient mariez ou non mariez, voire ne sont tenus de resider avec les grands Observantins. Mais leur est permis d'habiter une partie du peuple, moyennant qu'à jours certains & prefix, ils se rendent en la maison commune d'eux tous, pour participer à leurs chimagrées. Tellement que suivant cette loy & reigle, il n'est pas impertinent de voir toute une ville Jesuite.

Voilà

Voila en somme les points generaux de leur police que j'ay peu recueïllir de leurs Livres, afin ce temps pendant que je ne passe par oubliance un autre, par lequel il est permis à leur General de changer ses Loix & Statuts de sa seule authorité, ainsi qu'il estime servir à l'utilité de son Ordre. Ordonnance qu'ils sçavoient mieux mettre en œuvre que tous les autres Statuts. D'autant que par le moyen de cet article ils estiment leur estre permis de desguiser toutes choses selon les occasions, moyennant que ce desguisement se tourne au profit de leur Secte. De là est venu que combien que Maistre Ponce Congordan leur Provincial en cette ville, assisté de deux ou trois de ses Freres, ait presenté la Requeste à nostre Université, dont a esté cy-dessus parlé, par laquelle luy & ses compagnons se font intitulez Jesuites, toutesfois voyant que cette qualité nuisoit à son entreprise, ce Maistre Ponce se lavant dextrement les mains de cette Requeste, s'est fait maintenant desadvoüer par son Advocat, c'est à dire qu'il s'est desadvoüé soy mesme : ny ayant autre que luy qui administre memoires à Maistre Pierre Versoris.

A tant la Cour par ce qui a esté cy-dessus discouru, a peu tout au long entendre une bonne & meilleure partie, tant de la discipline de nostre Université, que de celle des Jesuites, ensemble leur origine & progrez. Toutes lesquelles choses nous avons esté contraincts de reciter tout au long, afin que l'on puisse cognoistre les moyens qu'il y a de les adopter avec que nous. Quoy faisant nous esperons qu'aurons amplement satisfaict à ce, pourquoy nous sommes icy appellez. Nous disons doncques maintenant deux choses. La premiere, qu'en rapportans nos polices piece à piece, il est impossible d'associer le Jesuite avec nous. La seconde, que quand possibilité y auroit, l'utilité publique, le devoir que nous avons à Dieu & à la Religion Chrestienne y repugnent, & à peu dire toutes choses pour lesquelles nous devons plustost combattre, que pour nos propres personnes".

Entant que touche le premier poinct, nous avons, comme j'ay deduit cy-dessus, deux sortes de Maistres & Regens, les uns Seculiers qui lisent dedans leurs Colleges à tous allans & venans, tant les lettres humaines, que la Philosophie. Car en ces deux ministeres est bornée leur vacquation. Les autres qui pour estre Religieux sont confinez dans leurs clouestres, ausquels il n'est permis de lire à ceux de leurs Ordres, pour oster la confusion. Nos Jesuites qui se disent Religieux, & comme tels font les trois vœux ordinaires, & un quatriesme d'abondant qui est le superlatif, observent-ils cette reigle ? Non vrayement. Quoy doncques : Leurs chambres sont ouvertes à tous enfans qu'on leur baille en pension, & leurs Colleges à tous Martinets & galoches. S'ils veulent vivre comme nos Regens seculiers, pourquoy doncques font-ils ces vœux ? S'ils se publient Religieux, que ne se tiennent-ils comme les autres, clos & couverts dans leurs Monasteres? & pourquoy se dispensent-ils en lectures à tous objects contre nostre ancienne discipline ? Davantage il n'est permis à tous Regens Seculiers de tenir Classes, qu'ils n'ayent fait preuve de leurs suffisances & capacitez és Escoles publiques introduictes pour cet effect, & pris le Bonnet de Maistrise. Et combien qu'ils soient passez Maistres ès Arts, si leur est-il defendu de faire leçons de la Theologie, s'ils ne sont Docteurs en cette Faculté. S'est-il jamais trouvé un tout seul de nos Jesuites, qui ait suby l'examen de nostre Université, soit pour parvenir au degré de Maistrise és Arts, ou à celuy de Doctorat en Theologie ? Et neantmoins eux qui sont un peuple ramassé de toutes nations, se donnent permission de lire, voire mesmes en la Theologie. Ils appellent leur College un Seminaire. Et certes je leur accorde : Car en usant de cette façon, c'est le vray moyen pour introduire un Seminaire d'heresie & impieté au milieu de nous, ainsi que je l'ay remarqué sur le commencement de ce discours. Mais ils dirent (me dira-l'on) parce que leur Société n'estoit incorporée avecques nous. Cette responce est trop foible, la porte estoit ouverte comme encores elle est à chacun, pour passer par les examens & alambics de nostre Université : En tout cecy je ne touche à leur Religion, ainsi ce qui concerne l'instruction de la Jeunesse. Introduisez donc cet Ordre entre nous, vous y introduisez par mesme moyen un desordre, cahos, & confusion. Nostre Université est composée de Seculiers & Religieux : il faut estre tout un ou tout autre : nous n'y admettons point de metiz. Davantage, quelle remarque exterieure ont ces nouveaux Moines pour estre distincts de tous les autres, sinon une agraphe au bout de leurs robes? Enseigne trés-manifeste que tout ainsi que le Pescheur prend avec son hameçon garny d'un appas, le poisson, aussi ceux-cy nous appatellans de belles promesses, sont destinez pour agrapher tous nos biens, & se gorger de nos dépouilles.

Mais par avanture vous traicté-je trop rudement. Non : je veux m'accommoder à vous au moins mal qu'il me sera possible, afin que vous traictant en cette façon, soyez les premiers juges de vostre condamnation. Puis que d'une telle facilité que j'ay cy-dessus touchée, vous vous donnez loy de bastir Loix & Statuts, pour puis les abroger, voire en vous desadvoüans vous-mesmes selon vos bons poincts & aisances, quittons quelque chose de la rigueur de cette cause. Je vous ay jusques icy qualifié Moines, & soustenu comme tels il ne vous estoit permis de vivre dedans vostre College comme vous faictes. Venons doncques à vos abjurations. Vous me dites qu'estes prests d'abjurer ce tiltre orgueilleux de la Société du nom de Jesus, comme il vous avoit esté enjoinct : Vous me dites encores, que ne demandez ny le legs de l'Evesque de Clairmont, ny ce College comme Religieux, ains comme simples Escoliers. Car ainsi l'a declaré vostre Advocat. Magnifique protestation, & digne d'estre celebrée, moyennant qu'elle soit bien entenduë, mesmes par moy qui me sens d'un esprit lourd & grossier, & pour cette cause je seray bien aise de la reprendre & resumer. Vous requerez doncques que le College que n'agueres vous appelliez de la Société de Jesus, & maintenant de Clairmont, lequel estoit depuis peu de temps affecté à des Religieux, & de jourd'huy à des Escoliers de vostre Ordre, soit incorporé avec nous. Vous recognoissez encores qu'en qualité de Religieux vous ne le pouvez tenir, car l'arrest mesme sur lequel establissez le fondement de vostre cause vous l'interdict, voyons icy je vous prie quel est cettuy College dont parlez. Et certes vous ne me nierez pas, que ce College est un lieu qui a esté ordonné par le feu Evesque de Clairmont, avec une infinité de richesses, pour ceux qui ont faict le vœu que font tous ceux de vostre Ordre. Premierement qu'on vous demande, si ce vœu n'est pas en vous un charactere indeleble. Mais faisons qu'il se puisse effacer. Si pour cuider maintenant retenir le bien qui vous a esté legué, vous voulez abjurer, & vostre vœu, & vostre Bulle, vous contrevenez au tout & par tout à l'intention du vostre fondateur, qui n'a entendu faire cet ample legs, qu'en faveur de ceux qui se voüent & lient à la suitte de cette Bulle. Vostre Bulle est vostre femme qui vous a faict en si peu de temps doüer d'une infinité de biens & richesses : *Si uxorem dimittitis, dotem reddatis oportet*, ainsi que disoit Marc Aurelle Empereur. Et par ainsi frustratoirement combattez vous pour un College, auquel n'avez aucune part. Il faut doncques necessairement que vous vous confessiez Religieux, sinon de la Societé du nom de Jesus, pour le moins compris tant dedans la Bulle du Pape, que dedans le testament du fondateur de vostre College. Or si tels vous estes, il est sans doute que ne pouvez estre incorporez avec nous, pour les raisons par moy cy-dessus discourues.

Parquoy c'est à vostre prudence, Messieurs, de peser lequel des deux est plus expedient au public, ou que nostre Université soit maintenuë en ses anciennes prerogatives, contre ces nouveaux Moines composez de toutes pieces, ou bien de les gratifier en leurs Statuts, pleins de hazard & incertitude, au prejudice des nostres. Car si en cette disproportion de Statuts, vous les voulez incorporer avecques nous, ce ne sera pas les unir, mais bien aggreger l'Université avecques un arrogant Espagnol, avecques un chatemite Italien, celuy-là en nemy ancien capital, cettuy-cy messager perpetuel de la France. Bref avecques une troupe de Sophistes, qui sont entrez comme timides Renards au milieu de nous, pour y regner dorésnavant comme furieux Lyons. *Majores nostri* (car il me plaist finir ce discours parce Decret ancien de Rome, donné contre les nouveaux Rheteurs) *quæ liberos suos discere, & quos in ludos itare vellent, instituerunt. Hac nova quæ præter consuetudinem & morem*

majorum

majorum fiunt, neque placent, neque recta videntur. Nonobstant ce Decret, ces Rhetoriciens Maistres, & enseigneurs d'un babil affeté, gaignerent petit à petit credit dedans Rome, aussi petit à petit perdirent-ils l'Estat, selon le jugement de tous les Politics : Et vous Messieurs, n'en devez pas moins attendre de ces Jesuites, si n'en extirpez dés le commencement, & la race, & la racine.

Ce que j'ay deduit cy-dessus concerne principalement l'escole & institution de la jeunesse, qui est beaucoup en soy, & neantmoins peu au regard de ce que je deduiray cy-apres. Je veux maintenant toucher le haut poinct, qui est nostre Religion. Car si par leur institution ils restablissent l'Estat de nostre Eglise, je passe condamnation, & souhaite qu'ils ayent quelque passe-droict entre nous : J'oublie ce que les anciens Canons ont ordonné contre tous nouveaux Ordres de Religions, ce ne me seroient que fleurettes, puis que je voy, que nonobstant ces Decrets, nostre Eglise en a approuvé plusieurs. Et nous seroit mal seant d'envier l'entrée à cettuy, si tant est que nostre Eglise en doive recevoir quelque fruict, encores que toutes nouveautez soient de perilleuse consequence, & specialement en nostre Religion Catholique. Or au cas qui se presente, je ne suis pas si temeraire d'y interposer mon jugement de moy-mesme. Je veux avoir recours à nostre venerable Faculté de Theologie de Paris : C'est mon but, c'est mon asyle, c'est la franchise de ce que j'ay maintenant à dire. La Cour en l'an 1554. se trouvant assiegée des importunitez de ces nouveaux Freres, qui estoient porteurs des Bulles du Pape Paul troisiesme de l'an mil cinq cens quarante trois, & de celles de Jules le tiers de l'an mil cinq cens cinquante, renvoya la cause à cette Faculté, afin de luy en donner advis. Laquelle ayant fait chanter la Messe du sainct Esprit, interposa de cette façon son Decret, toutesfois sous un preambule de submission, telle qu'elle devoit porter au sainct Siege. Chose que je vous liray tout au long, pour la necessité de ma cause.

Anno Domini 1554. die verò prima Decembris Sacratissimæ Theologiæ Facultas Parisiensis post Missam de sancto Spiritu in æde sacra Collegij Sorbonæ ex more celebratam, jam 4. in eodem Collegio per juramentum congregata est ad determinandum de duobus diplomatibus, quæ duo sanctissimi Domini summi Pontifices Paulus tertius, & Julius tertius his qui Societatis Jesu nomine insigniri cupiunt, concessisse dicuntur. Quæ quidem duo diplomata Senatus, seu Curia Parlamenti Parisiensis dictæ Facultati visitanda & examinanda, misso ad eam rem Hostiario commiserat.

Antequam verò ipsa Theologia Facultas tanta de re, tantique ponderis tractare inciperet, omnes & singuli magistri nostri palam apertoque ore professi sunt nihil se adversus summorum Pontificum authoritatem & potestatem aut decernere, aut moliri, aut etiam cogitare velle, imò verò omnes & singuli ut obedientiæ filij ipsum Romanum Pontificem, ut summum & universalem Christi Jesu Vicarium & universalem Ecclesiæ Pastorem (cui plenitudo potestatis à Christo data sit, cui omnes utriusque sexus obedire, cujus decreta venerari, & pro se quisque tueri & observare teneantur) ut semper agnoverunt & confessi sunt, ita nunc quoque sincerè, fideliter & libenter agnoscunt & confitentur: sed quoniam omnes, præsertim verò Theologos paratos esse oportet ad satisfactionem omni poscenti de his quæ ad fidem, mores & ædificationem Ecclesiæ pertinent, dicta Facultas poscenti, mandanti & exigenti Curiæ prædictæ satisfaciendum duxit.

Itaque utriusque diplomatis omnibus frequenter lectis articulis, repetitis & intellectis, & pro rei magnitudine per multos menses, dies & horas pro more prius diligentissimè discussis & examinatis, tum demum unanimi consensu, sed summa cum reverentia & humilitate rem integram correctioni sedis Apostolicæ relinquens ita censuit.

Hæc nova societas insolitam nominis Jesu appellationem peculiariter sibi vendicans, tam licenter & sine delectu quaslibet personas, quantumlibet facinorosas, illegitimas & infames admittens, nullam à secularibus Sacerdotibus habens differentiam in habitu exteriore, in tonsura, in horis Canonicis privatim dicendis aut publicè in templo decantandis, in claustris & silentio, in delectu ciborum & dierum, in jejunijs & alijs varijs legibus ac ceremonijs (quibus status Religionum distinguuntur & conservantur) tam multis tamque varijs privilegijs indultis & libertatibus donata præsertim in administratione Sacramenti Pœnitentiæ & Eucharistiæ,

idque sine discrimine locorum aut personarum, in officio etiam prædicandi, legendi & docendi in præjudicium Ordinariorum & Hierarchici ordinis, in præjudicium quoque aliarum Religionum, imò etiam Principum & Dominorum temporalium, contra privilegia Universitatum, denique in magnum populi gravamen, Religionis Monastica honestatem violare videtur, studiosum pium & necessarium, virtutum, abstinentiarum, ceremoniarum & austeritatis enervat exercitium, imò occasionem dat liberè apostatandi ab alijs Religionibus, debitam Ordinarijs obedientiam & subjectionem subtrahit, dominos tam temporales quàm Ecclesiasticos suis juribus injustè privat, perturbationem in utraque politia, multas in populo querelas, multas lites, dissidia, contentiones, æmulationes, rebelliones, variaque schismata inducit. Itaque his omnibus atque alijs diligenter examinatis & perpensis, hæc Societas videtur in negotio fidei periculosa, pacis Ecclesiæ perturbativa, Monasticæ Religionis eversiva, & magis in destructionem quàm in ædificationem.

Voilà en effect la censure de cette grande Faculté. Il n'estoit point lors question d'incorporer ces Jesuites avec nous, & ne se doutoit-on nullement de ce que nous voyons aujourd'huy. Tellement que l'on ne peut dire que preoccupée de passion, elle ait donné cet advis. Autresfois l'on a veu quelques particuliers abbayer contre les nouveaux Ordres de Religions. Un Maistre Guillaume de sainct Amour, un Maistre Jean Poulliar, un Jean de Mehun crier encontre les quatre Ordres de Mendians. Toutesfois leurs opinions furent condamnées : Mais quel jugement est cettuy? De tout un College. De quel College? De nostre alme Faculté de Theologie, par l'advis de laquelle, non seulement nos Roys, ains les Papes, non seulement les Papes, ains les Concils generaux se sont ordinairement guidez és choses qui regardoient l'Estat de nostre Foy Chrestienne. Mais elle besogna peut-estre tumultuairement? Rien moins, elle fut par quatre divers jours assemblée dans la Sorbonne, presta le serment solemnel, fit, comme dit est, celebrer une Messe du sainct Esprit. Et vrayement il faut bien qu'il y ait en nos Jesuites du descher, puis qu'ils ont receu de ces grands personnages cette atteinte, qui n'avoit oncques esté donnée en l'introduction de tous les autres nouveaux Ordres de Religion.

Partant je ne rougiray jamais de lier ma conscience à celle de cette venerable Compagnie, & soustenir avec elle qu'il n'y eut oncques Secte plus partiale & ambitieuse, & dont les propositions fussent de plus pernicieuse consequence, que cette-cy : Je seray encore plus hardy. Car, pour bien dire je suis du nombre de ceux qui sans user de circonlocution appellent pain ce qui est pain, & vin ce qui est vin. Je dirois volontiers que cette Secte est en ses principes schismatique, & consequemment heretique. Heresie bastie par Ignace une ignorance de l'ancienneté de nostre Eglise. Toutesfois puis que nostre Faculté de Theologie n'a voulu user de ces mots, aussi n'en veux-je user. Bien vous diray-je qu'Ignace de Loyola introduisit un erreur au milieu de nostre Eglise aussi dangereux que celuy de Martin Luther. L'un & l'autre nasquirent sous une mesme centaine d'ans. Celuy-là en l'an 1483. cettuy en l'an 1491. à huict années l'un prés de l'autre. Tous deux bastirent leurs Sectes, disans qu'ils rapportoient leurs principes à nostre Eglise primitive, afin d'attirer plus aisément le simple peuple à leur cordelle. Et sur ce pied l'un voulut du tout abroger l'authorité du S. Siege de Rome, & l'autre par un vœu particulier luy en donner plus que le general de nostre Eglise ne donnoit. Martin voulut supprimer la confession auriculaire, & plusieurs constitutions canoniques receuës d'une longue & saincte ancienneté. Au contraire Ignace non seulement les approuva, mais comme grand Capitaine & confannonnier de nostre Eglise, voulut que luy & les siens administrassent les saincts Sacremens de Penitence & de l'Autel. Je suis fils de l'Eglise Romaine : Je veux vivre & mourir en sa Foy. Ja à Dieu ne plaise que j'en forligne d'un seul point. Ce neantmoins je soustiens qu'Ignace n'a pas moins esté partial & perturbateur de nostre Religion, que Luther. J'adjousteray que sa Secte est plus à craindre que l'autre, d'autant que soudain que les consciences timorées entendent parler de Luther ou Calvin, elles se tiennent sur leurs gardes, & comme l'on dit en pratique, se gardent de mesprendre. A l'opposite elles se laissent fort aisément surprendre

prendre & enyvrer du poison des Ignaciens, pour les estimer premiers protecteurs de nostre Religion encontre les heretiques, ores qu'ils en soient les premiers dissipateurs. Je les compare proprement au lierre, qui attaché à une vieille parois fait monstre exterieure de la soustenir, & neantmoins la mine interieurement. Ainsi est-il des Ignaciens, lesquels faisans contenance de soustenir l'Eglise de Dieu, la ruinent & ruineront de fonds en comble au long aller. Toutesfois parce que ma proposition sembleroit peut-estre hazardée à quelques ames chatouilleuses, je vous supplie humblement, Messieurs, vouloir suspendre vos jugemens, jusques à ce qu'ayez tout au long entendu mes raisons.

La verité est qu'Ignace ne sçachant encores un seul mot de Latin, mais se promettant de s'en rendre capable avec le temps, estant seulement nourry en la lecture de la Legende dorée, delibera de quitter les armes, & d'épouser une nouvelle vie qui estoit, ainsi qu'il disoit, de suivre au plus prés qu'il pourroit les traces de nostre Seigneur Jesus-Christ, & pour cette cause s'intitula Jesuite.

Or d'autant qu'il avoit entendu que les Apostres avoient esté les premieres trompettes de nostre Evangile, mesmes avoient administré le sainct Sacrement de Communion, qui devoit estre devancé par celuy de Penitence & Confession, il voulut aussi que luy & les siens pussent administrer ces deux Sacremens, & évangelizer par tout le monde nostre Religion Chrestienne. Il adjousta qu'ils peussent aussi instituer les petits enfans, sans rien prendre. Promesses certainement braves. Sur cette imagination il se prosterna en l'an mil cinq cens vingt & trois, aux pieds du Pape Adrian sixiesme. En l'an mil cinq cens vingt-quatre, il commença d'estudier en la Grammaire, l'espace de quatre ans entiers: Quel progrez il y fit, je ne sçay, bien sçay-je qu'en l'an mil cinq cens vingt-huit, il vint en cette ville de Paris pour estudier en Philosophie jusques en l'an mil cinq cens trente-sept, & lors il ferma son estude, parce qu'il employa le demeurant de sa vie à voyager en divers pays pour faire provigner sa Societé jusques à ce que finalement il establit sa demeure dedans Rome, où il mourut en l'an mil cinq cens cinquante-six. Ne pensez pas toutesfois qu'encore, qu'il fust ignorant lors qu'il commença d'estudier en cette ville, & que sa Secte ne fust approuvée & authorisée dans Rome, il delaissast avecques les siens d'exercer sa Religion dedans cette Ville. Cela fut veu par nous estans fort jeunes en la chappelle qui est en la premiere Cour de nos Chartreux, où les Prestres qui estoient de sa suite, aprés avoir chanté leurs Messes, confessoient & communioient tous les Dimanches ceux qui se presentoient devant eux. J'adjousteray qu'Ignace voyant que ny dans Rome, ny ailleurs, les superieurs de nostre Eglise ne pouvoient gouster sa doctrine, il fit un vœu particulier en faveur du Pape, non commun à tous les autres Chrestiens, afin de se rendre à luy agreable. Car pour vous dire le vray, encores qu'il fust ignorant, si le vous pleuvy-je pour l'un des plus sages mondains, & advisez de nostre aage. Voila en peu de paroles les propositions, les causes, les temps & le fondement de cette saincte Societé. Permettez-moy doncques, s'il vous plaist, Messieurs, de faire un Commentaire, tel que le devoir de ma conscience me commande, tant sur cette Histoire, que sur le Decret de nostre Sorbonne. Parce que j'espere vous monstrer que cette Secte par toutes ses propositions ne produit qu'une division entre le Chrestien & le Jesuite, entre le Pape & les Ordinaires, entre tous les autres Moines & eux, & finalement que les tolerans, il n'y a Prince ou Potentat qui puisse asseurer son Estat encontre leurs attentats. Je vous ay dit, & est vray que cette Secte a esté bastie sur l'ignorance d'Ignace. J'adjousteray qu'elle a esté depuis entretenuë par l'orgüeil & arrogance de ses Sectateurs.

Je commenceray par la qualité qu'ils se donnent, puis je viendray à leurs propositions. Premierement ils se qualifient Jesuites au milieu des Chrestiens. Bon Dieu, n'est-ce point faire le procez aux Apostres? Ces grands Peres avoient eu cet heur & honneur de voir nostre Seigneur Jesus-Christ en face, de participer tous les jours à ses sainctes exhortations, & aprés qu'il fut monté aux Cieux, de recevoir de luy son sainct Esprit. Et toutesfois sçachans avec quelle humilité ils devoient honorer ce grand & auguste nom de Jesus, ils ne s'oserent jamais nommer Jesuites, ains seulement Chrestiens; dedans la ville d'Antioche, ainsi qu'il fut par eux arresté. Les affaires de nostre Religion se comporterent depuis de telle façon, que tout ainsi que dedans Rome, les Papes ne prindrent jamais le nom de Sainct Pierre, pour l'honneur & reverence qu'ils porterent à leur chef, aussi en tout nostre Christianisme ne se trouva jamais Chrestien qui fust baptizé du nom de Jesus. Sçachans bien tous nos bons vieux Peres que c'eust esté un blasphéme d'attribuer à la creature, le nom qui est deu au seul Createur & Sauveur du genre humain. Il faut doncques que vous, Messieurs les Ignaciens, recognoissiez, que blasphemez encontre l'honneur de Dieu quand vous vous intitulez Jesuites. Voire mais nous ne prenons pas le nom de Jesus (me direz-vous) ains seulement de Jesuites, pour faire entendre au peuple que nous sommes Sectateurs de Jesus. Quoi? les Apostres, les autres Disciples de nostre Seigneur, & ceux qui leur succederent immediatement, bref tous les bons vieux Peres de nostre premiere Eglise, en estoient-ils moins Sectateurs que vous, qu'il faille que par privilege particulier vous ayez emprunté ce tiltre, & non eux? Davantage, je sçaurois volontiers si pour ne nous astraindre aux vœux de vostre superstition arrogante, nous sommes forclos de la Societé de nostre Seigneur Jesus-Christ.

Et toutesfois ne pensez pas, Messieurs, qu'ils se soient seulement contentez du nom de Jesuite, parce qu'en Portugal & aux Indes ils se font appeller Apostres. Ne cognoissans pas toutesfois que nostre Seigneur a esté si jaloux & de son nom, & de la prerogative de ses disciples, que lorsque quelques hypocrites ambitieux par une arrogance trop grande, ou ignorance trop lourde, voulurent prendre le nom de Jesuite, ou d'Apostre, il permit que leur entreprise vint de soy-mesmes à neant. En l'an 1262. s'esleva en la ville de Sienne une Secte de gens ignorans, qui pour n'avoir autre chose de Jesus, que souvent ce mot en la bouche, se firent nommer Jesuates. Volaterran nous enseigne qu'il y en eut d'autres qui se dirent de la suite de S. Sauveur. Eusebe dit qu'anciennement y eut un Manes dont sourdit l'heresie des Manicheens, lequel pour contrefaire la puissance de nostre Seigneur, marchoit toujours accompagné de douze Apostres. S. Bernard nous raconte que de son temps il s'estoit eslevé une sorte de gens vagabonds, qui se faisoient appeller la compagnie des Apostres. Mais que sont devenuës toutes ces arrogantes Sectes? Dieu les ayant mises en tens reprouvé, les a aussi abysmées: & n'en devons attendre autre chose de cette-cy, quelque prudence qu'elle apporte pour sa manutention. Le premier poinct des Jesuites est un blaspheme qui se commet encontre l'honneur de Dieu. Car pour nostre regard, nous nous confessons Chrestiens, militans en ce bas pourpris sous l'enseigne & estendard de nostre grand Capitaine Jesus-Christ. Si l'on nous demande quels sont nos parens, quels noms nous portons, qui nous sommes; à tout cecy nous respondrons, comme fit anciennement un brave Diacre nommé Sanctus, lors qu'on le menoit au supplice dedans la ville de Lyon, que nous sommes enfans de Chrestiens, que nostre nom est Chrestien, yssus du pays de la Chrestienté. Ne voulans recognoistre Jesus sans Christ, ni Christ sans Jesus, le tout ainsi que nos vieux peres ont fait. Certainement quand il n'y auroit que ce nom de Jesuite, que vous Messieurs les Ignaciens, vous estes si ambitieusement approprié, & souvent avez promis abjurer en cette France, sans nous avoir tenu promesse, vous meritez d'estre punis de mesme peine, à laquelle un Ignace Evesque condamna autresfois les Priscilianistes, je veux dire de mourir d'une mort honteuse.

Venons maintenant aux propositions d'Ignace. Il se promettoit que luy & les siens, iroient prescher l'Evangile comme les Apostres par tout l'Univers, & les passeroient encores d'un poinct, parce qu'ils instituëroient la jeunesse és bonnes lettres. Mais quand commença-il à faire cette promesse? Lors qu'à peine il sçavoit escrire. Car il est certain, & en sont ses disciples d'accord, qu'il commença d'estudier en l'an 1524. en la ville de Barcelonne, & puis en celle d'Ascala, pays d'Espagne, l'espace de quatre ans entiers, à la fin desquels se trouvant aussi sçavant, comme quand il y estoit arrivé, il s'achemina en la ville de Paris, où dés son entrée, il se mit de la plus basse classe du College de Montaigu

Sabel. 19. lib. 9. Ennead. Paternorme 55. conseil Eccles. Tome I. lib. 7. hist. cap. 27. Sermon 66. dessus les Cantiques.

taigu en Fevrier 1528. recognoiſſant ſon ignorance, & apres avoir donné quelques années à l'eſtude de la Grammaire, & de la Philoſophie, il retourna à ſon pays. Car quant à la Theologie, il ne ſe donna jamais le loiſir d'y eſtudier. Auſſi ne voyez vous un ſeul livre de ſa façon, qu'il ait laiſſé à la poſterité. Ce neantmoins j'excuſe ces deux belles promeſſes : C'eſtoient de beaux appas pour nous attraper. Mais comment peut-on excuſer qu'il donnaſt authorité à luy & à ſes diſciples qui eſtoient Preſtres, d'adminiſtrer les Sainſts Sacremens, tant de Penitence que de l'Autel, meſmes en qualité de Religieux? Eſtoit-ce reduire les choſes au premier Ordre de noſtre Egliſe, ou bien introduire un nouveau deſordre & confuſion? Mais les Apoſtres premierement, puis leurs diſciples en uſerent de cette façon. Les Apoſtres ont ainſi veſcu, doncques il vous eſt permis de ce faire? Je le vous nie. Au contraire d'autant qu'ils en uſerent ainſi, deſquels vous n'eſtes ſucceſſeurs, ains les Eveſques dont vous vous dites exempts, vous eſtes autant & plus perturbateurs du repos de noſtre Religion, que ceux qui ont voulu faire une Egliſe ſeparée d'avec nous. Deſſeillons, je vous prie, nos yeux. Tout bon & fidelle Catholique doit embraſſer le ſainſt Sacrement de l'Autel, & celuy de Confeſſion. Mais ce doit eſtre de la meſme façon que noſtre Egliſe les a approuvez, c'eſt à dire ſous l'authorité de nos Eveſques & Curez, auſquels ſeuls en appartient l'adminiſtration. Quiconque ſe ſepare de cette propoſition, plante un ſchiſme & diviſion dedans noſtre Egliſe. Et parce que voſtre erreur ne provient que d'une ambitieuſe ignorance, afin d'oſter d'icy en avant la taye des yeux de ceux qui vous favoriſent, je veux qu'ils apprennent cette leçon de moy.

Qui voudra conſiderer quel fut le premier plan de noſtre Religion Chreſtienne, il n'y a celuy de nous qui ne ſçache que noſtre Seigneur Jeſus-Chriſt choiſit prés de ſoy les douze Apoſtres, pour annoncer aprés luy ſa ſainſte parole par tout l'Univers. Depuis eſtant montez au Ciel, & ayant en eux imprimé le charactere du ſainſt Eſprit, ils partagerent par commune devotion tout ce monde. Et ne pouvans ſeuls fournir à cette grande entrepriſe, ils furent contraints de commettre ſous eux en diverſes Provinces des preud'hommes, qui aprés avoir receu l'impoſition de leurs mains cultiverent noſtre Religion. Ceux-cy furent appellez Eveſques, ſous leſquels aveques le temps furent auſſi commis dans les villes, bourgs, & villages des Preſtres que nous appellaſmes Curez. A tous leſquels fut donnée la charge de l'adminiſtration des ſainſts Sacremens de l'Egliſe, & non à autres. Je ſçay bien que ſur le moyen aage de noſtre Religion ſe planterent divers Ordres de Monaſteres de la part de ceux, qui par une devotion particuliere ſe voulurent ſeparer d'habits, & d'habitation, & de mœurs d'aveques la commune uſance. Mais auſſi ſçai-je bien que fur leur advenement tant s'en faut qu'ils peuſſent adminiſtrer les ſainſts Sacremens, que meſmes ils n'eſtoient reputez du corps du Clergé. *Alia eſt cauſa Clerici* (diſoit ſainſt Hieroſme à Heliodore) *alia Monachi: Clerici oves paſcunt, ego paſcor*: & ailleurs: *Nemo poteſt Eccleſiaſticis officiis deſervire, & in Monaſtica regula ordinate perſiſtere.* Meſmes eſtimerent ces bons vieux pers l'un eſtre ſi eſloigné de l'autre, que deſlors qu'un Moine eſtoit appellé au miniſtere Eccleſiaſtic, il luy falloit quitter ſon Monaſtere. Au contraire le Clerc ſe voiiant en un Monaſtere, perdoit le rang qu'il avoit entre les Eccleſiaſtics. Et à peu dire, je vous envoye à ce grand ſainſt Hieroſme lequel eſcrivant à Paulin de l'inſtitution du Moine, diſoit : *Si officium vis exercere Presbyteri, ſi Epiſcopatus te, vel opus, vel honor forte delectat, vive in urbibus & caſtellis, & aliorum ſalutem fac lucrum animæ tuæ. Sin autem cupis eſſe, quod diceris, Monachus, id eſt, ſolus, quid facis in urbibus quæ utique ſolorum habitacula non ſunt, ſed multorum?* Et peu aprés : *Epiſcopi & Presbyteri habeant in exemplum, Apoſtolos & Apoſtolicos viros. Nos autem habeamus propoſiti noſtri principes, Paulos, Antonios, Julianos, Hilariones, Macarios.* Si voſtre autheur euſt eſté tant ſoit peu nourry en l'ancienneté de noſtre Religion, il euſt trouvé que ce n'eſtoit pas Apoſtolizer, mais bien Apoſtatizer, que luy Religieux vouluſt comme les Apoſtres adminiſtrer les ſainſts Sacremens, meſmes au milieu des villes reveſtu d'un habillement qui n'a rien de commun avec les Moines.

Je ſçay bien (afin que je ne flatte ma cauſe à credit, car j'appelle Dieu à teſmoin, que je n'ay aucun mal-talent contre vous, ſinon de tant que je vous voy perturbateurs de l'Eſtat Eccleſiaſtic) je ſçay bien (dis-je) que la ſuitte des ans permit aux Moines d'eſtre Preſtre & de ſe confeſſer l'un l'autre : & de s'entrecommunier, mais non d'exercer telles charges & miniſteres ſur tout le demeurant du peuple : au contraire on anathematiza en un Concil de Chalcedoine tous les Moines qui en uſeroient autrement. Comme auſſi fit depuis ce grand Innocent III. Je ſçay encores & veux recognoiſtre que depuis noſtre bon ſainſt Louys on permit aux quatre Ordres des Mandians de confeſſer. Mais jamais en noſtre Egliſe on ne diſpenſa ny Moyne ny Preſtre d'adminiſtrer le ſainſt Sacrement de l'Autel, ſinon du conſentement exprés ou de l'Eveſque, ou du Curé dedans leurs deſtroicts. Voire furent nos anciens François ſi eſtroits obſervateurs de la regle, qu'il n'eſtoit permis à aucun d'oüir la Meſſe d'un Curé s'il n'eſtoit ſon paroiſſien. Ny pareillement à un Curé de celebrer une Meſſe en la paroiſſe d'un autre. Voyez doncques ſi vous ſuivez vrayement le pas de noſtre Sauveur Jeſus-Chriſt, vous qui par une nouvelle inſtitution troublez tout l'ordre Hierarchique de ſon Egliſe, vous qui Religieux profez entreprenez ſur le miniſtere de nos Eveſques, vous qui eſtes perturbateurs de la diſcipline Monaſtique, quand vous vaguez comme des Preſtres au milieu de nous tous ſans aucune diſtinſtion d'habits & de tonſure.

Mais pourquoy ne confondrez-vous tous nos Ordres, ſi en vos ames vous vous mocquez des prieres que nous tous faiſons à Dieu dedans nos Egliſes, eſquelles nos anciens eſtablirent le Chœur pour les Preſtres, & la Nef pour le demeurant du peuple? Et vous pour n'avoir point de cœur au ſervice de Dieu, auſſi avez banny de vos Egliſes les Chœurs, eſtimans que vous feriez tort à voſtre inſtitution, ſi vous vous conformiez à la pieté & diſcipline generale de noſtre Egliſe.

Je voy bien que pour parer ce coup, vous me direz que par les Bulles de Rome il vous eſt permis en qualité de Moyne, d'adminiſtrer les Sacremens de Penitence & de l'Autel, meſmes d'aller en habillemens de Seculiers parmy le monde. Toutes & quanteſfois que vous le direz, autant de fois voudrez-vous introduire un ſchiſme & diviſion entre l'Egliſe Romaine & la Gallicane. Nous recognoiſſons en France le Pape pour chef & Primat de l'Egliſe Catholique & Univerſelle, comme celuy qui eſt ſucceſſeur de ſainſt Pierre, que noſtre Seigneur voulut particulierement favoriſer entre ſes Apoſtres, mais avec cette modification honneſte, nous croyons qu'il ne peut rien entreprendre dedans ceſte France au prejudice de nos Eveſques & Ordinaires. Le Conſulat de noſtre Egliſe Chreſtienne s'exerce dans la ville de Rome, & le Tribunal dans la France : & tout ainſi que les oppoſitions des Tribuns dedans la Republique de Rome, contre les Conſuls furent cauſe que chacun demeura dedans les bornes de ſon devoir, choſe qui conſerva longuement l'Eſtat, auſſi le ſemblable eſt-il advenu en noſtre Republique Chreſtienne. Privilege qui nous eſt acquis, non depuis quelques centaines d'années, ains dés le berſ de noſtre Religion. Ainſi voyons-nous Euſebe le Clergé de Lyon admoneſter doucement Eleuthere Pape d'acquieſcer à la raiſon, & de ſe ſeparer de la Communion de quelques autres Egliſes, comme il avoit faict. Ainſi Victor Pape ayant excommunié les Eveſques du Levant pour ne s'accorder aveques luy en quelques ceremonies qui concernoient le jour de la celebration des Paſques, eſt non ſeulement admoneſté par ſainſt Irenée Eveſque de Lyon, ains trés-aigrement repris d'avoir apporté ceſte diviſion en l'Egliſe : Ainſi fut blaſmé par noſtre grand ſainſt Martin Eveſque de Tours, le Pape qui favoriſoit l'opinion de quelques Ignaciens qui lors eſtoient. Et ainſi ne faut-il trouver mauvais ſi maintenant noſtre Faculté de Theologie a interpoſé ſon advis contre nos nouveaux Ignaciens, aprés avoir veu & conſideré les bulles tant du Pape Paul, que de Jules : Ce ſont les privileges & libertez de noſtre Egliſe Gallicane dont nos Roys premierement, puis ceſte grande Cour de Parlement, en aprés l'Univerſité de Paris ſont les protecteurs ; & tant s'en faut que par ces privileges & libertez, nous ſoyons autres que nous devons envers l'Egliſe Romaine, qu'au contraire

traire c'eſt par une abondance d'humilité & obeïſſance envers le ſainct Siege, que nous les appellons privileges. Veu que ceſte liberté tant rechantée par les noſtres, n'eſt autre choſe qu'une reduction au droict commun & ordinaire, & que ce que l'on entreprenoit ſur eux eſtoit extraordinaire. Et c'eſt la cauſe pour laquelle chacun par un commun conſentement s'eſt induict d'appeller nos Archeveſques & Eveſques, Ordinaires. Il n'eſt permis au Curé, d'adminiſtrer le ſainct Sacrement de l'Autel hors ſa paroiſſe, & à l'Eveſque hors ſon Dioceſe, combien que l'un & l'autre ſoient pour cet effect fondez de tout temps & anciennété, au droit commun, & il ſera permis à ce nouveau peuple de les adminiſtrer en toutes Provinces? Qu'eſt-ce autre choſe cela que de faire ſuperintendans des Eveſques en leur donnant plus de permiſſion qu'à eux? introduire une zizanie en noſtre Chriſtianiſme, & au lieu de rappeller les choſes à leur premier poinct, bouleverſer toute noſtre Egliſe? Je ſouſtien qu'il ne ſe doit faire, & vous appelle Meſſieurs à garends, comme ceux qui eſtes protecteurs des privileges de noſtre Egliſe Gallicane. Auſſi eux meſmes nous en paſſent condamnation par un raiſible remords de leurs conſciences, quand par leur requeſte, avec une parole fardée ils vous promettent qu'ils n'entendent vacquer à l'adminiſtration des ſaincts Sacremens, ny entreprendre choſe aucune au deſadvantage du droict des Eveſques & Curez. Mais à cecy je vous demande, Meſſieurs les Ignaciens, vous qui n'eſtes aujourd'huy que cinq ou ſix en cette ville, qui voulez, ſous le maſque d'un College, donner vogue à voſtre Religion, pouvez-vous ſans le Superieur General, & encores ſans aſſemblée generale de voſtre Ordre faire cette proteſtation? Voſtre promeſſe eſt doncques captieuſe pour nous encheveſtrer dans vos rets. D'ailleurs qu'eſt-ce que vous promettez, que n'ayez autresfois promis? Voire qui ne vous ait eſté enjoinct au Colloque de Poiſſy, par nos Prelats? Et toutesfois nous avez-vous gardé parole? & vrayement, encores que balanciez le poinct de voſtre Religion au contrepoids de l'utilité, & que pour cette cauſe ſelon les occaſions menagiez voſtre dict & voſtre dédict, ſi eſt-ce que n'oſeriez eſtre ſi impudens de deſnier que depuis ce grand Colloque, n'ayez retranché au ſainct Sacrement de l'Autel & de Confeſſion une infinité de perſonnes. Ainſi puis que ſur voſtre advenement vous nous avez fait faillite, ne trouvez point eſtrange ſi nous ne voulons que ſoyez de nos perſonniers, vous, dis-je, que nous pouvons recognoiſtre pour bons & loyaux marchands.

Je viens maintenant à leur autre vœu, par lequel ils ſont eſtimé clorre la bouche à tous ceux qui leur voudroient faire teſte, parce que tous les autres Religieux ſe lient ſeulement à trois vœux, de pauvreté, chaſteté, & obedience envers leurs Superieurs. Mais ceux-cy en font un autre ſupernumeraire, qui eſt de recognoiſtre le Pape par deſſus toutes les autres dignitez. Je ſçaurois volontiers qui eſt celuy d'entre nous autres Catholics qui ne le recognoiſſe pour tel? Que leur eſtoit-il de beſoin de faire ce nouveau vœu? Il faut doncques qu'il y ait quelque anguille ſous roche, que le commun peuple n'entend. Je le vous diray, Meſſieurs. Ne penſez pas que ce vœu ſoit une choſe oyſeuſe & ſans effect. Ce qui ſeroit s'ils entendoient en uſer tout ainſi que nous. Que recognoiſſoient-ils doncques par ce vœu? Ce ſont des nouveaux vaſſaux qui advoüent le Pape avoir toute authorité & puiſſance ſur nous tous, que tout ce qu'il veut il le peut. Que ſans entrer en l'eſcrain de ſes penſées, il luy faut en toutes choſes obeyr: qu'il peut ſans aucun controlle ravaller l'authorité non ſeulement de tous les autres Prelats, mais des Empereurs, Roys & Monarques. Qu'il luy eſt loiſible de ſon authorité abſoluë transferer les Royaumes d'une famille à autres. Bref que ſi le Pape leur commande de faire quelque choſe, ils ſont tenus d'y obeyr, ſans aucune cognoiſſance de cauſe. Propoſition qu'ils tiennent ſi aſſeurée, que leur Pere Ignace avoit accouſtumé de dire en ſes communs propos, que ſi au milieu d'un orage & tempeſte, le Pape luy commandoit d'entrer en une nef deſgarnie de pilote, maſt, cordages, voiles, & autres affuſts, il n'y voudroit contrevenir, parce que ſon vœu particulier l'y obligeroit. Quoy doncques? ſi nous ne ſommes de ce vœu, nous ne ſommes vrays enfans du Pape & de l'Egliſe Romaine? Y eut-il jamais propoſition plus dangereuſe que

cette-cy, ne qui puiſſe procurer tant de maux? Le mal-heur a voulu que ces deux ou trois ans nous ayons veu une guerre civile au milieu de cette France ſous deux mal-heureux noms de faction, de Huguenot & Papiſte: celuy qui uſa du mot de Papiſte eſtoit un menteur, car nous combattions ſeulement pour l'authorité de noſtre Egliſe Catholique, dans laquelle eſtoit veritablement compriſe la dignité du ſainct Siege; mais non telle que nos Jeſuites nous veulent figurer. Qu'aviendra-il deſormais? Que ſous une meſme Egliſe nous verrons une guerre civile, entre le Papiſte qui ſera Jeſuite, & le vray Catholic François. Et pourquoy doncques? Parce que noſtre creance eſt toute autre. Nous recognoiſſons en cette France le Pape pour chef & Primat de noſtre Egliſe univerſelle avec tout honneur & devotion; mais ſi nous toutefois qu'il eſt ſujet aux Decrets des Conciles generaux & œcumeniques: Qu'il ne peut rien entreprendre ſur noſtre Royaume, ny contre la Majeſté de nos Roys, ny contre l'authorité des Arreſts de cette Cour, ny pareillement au prejudice de tous nos Dioceſains dedans leurs fins & limites: En ſommes-nous pour cela moins Catholics? Au contraire, nos Roys ont eſté de toute anciennété intitulez Tres-Chreſtiens, & reputez dedans Rome fils aiſnés de noſtre ſainct Pere. Quand je vous dy que le Pape eſt au-deſſous du Concil general, fay-je faute? Le plus grand Theologien que nous euſmes jamais en France, fut Maiſtre Jean Gerſon qui florit ſous le regne de Charles ſixieſme: Et entre ſes autres œuvres nous en trouvons un, dont le tiltre eſt: De auferibilitate Papæ ab Eccleſia. Non qu'il vouluſt ſouſtenir qu'il falloit ſupprimer l'authorité du Pape de noſtre Egliſe, comme quelque Lucian de noſtre temps le voulut aucunement ſuggiler: Mais parce qu'il nous enſeigne par expres qu'il eſt en la puiſſance d'un Concil general d'oſter un Pape de ſon Siege, & d'y en eſlire un autre, pour ſubvenir aux affaires de noſtre Egliſe Catholique, comme de faict il fut pratiqué aux Concils de Conſtance & de Baſle. Quand je dy que le Pape ne peut entreprendre choſe aucune au prejudice des droicts de nos Ordinaires au dedans de leurs Dioceſes, ne ſuis-je icy aſſiſté de noſtre Pragmatique Sanction, vray guidon de noſtre diſcipline Eccleſiaſtique. J'ay leu dedans un Religieux de l'Ordre de Clugny, nommé Glaber Radulphus, qui fut du temps du Roy Robert fils de Capet, qu'un Comte d'Anjou voulut baſtir aux environs de la ville de Tours une Egliſe en l'honneur des Cherubins & Seraphins. Cettuy avoit grandement foulé ſon peuple de daces & maletroutes, & penſoit en faiſant ce Temple ſe reconcilier de ſes fautes avecques Dieu. Il pria l'Eveſque de Tours de vouloir dedier cette Egliſe. Ce qu'il refuſa de faire, juſques à ce que ce Seigneur euſt rendu au pauvre peuple ce qu'il avoit tiranniquement extorqué de luy. Sur ce refus il ſe retira à Rome vers le Pape qui envoya un Legat pour celebrer cette Dedicace. Ce que tous les Eveſques de France trouvoient tres-eſtrange. *Nam tametſi* (dit ce Religieux) *Pontifici Romanæ Eccleſiæ ob dignitatem Apoſtolicæ ſedis, cæteris in orbe ſitis major reverentia habeatur, non tamen ei licet in aliquo transgredi canonici moderaminis tenorem. Sicut enim unuſquiſque orthodoxæ Eccleſiæ Pontifex ac ſponſus propriæ ſedis uniformiter ſpeciem gerit Salvatoris, ita generaliter nulli convenit quidpiam in alterius patrare Epiſcopi Diœceſi.* Quand je vous dy qu'en noſtre France nous ne ſouffrons que le Pape ſe donne puiſſance de toucher à la Majeſté de nos Roys, ny de donner en proye le Royaume au premier Prince eſtranger qui le pourroit occuper, ce n'eſt point une doctrine nouvelle, que j'eſpande pour noſtre France. Dés le regne de Charles ſixieſme, ſous lequel nul heretique ne revoquoit en doute la primace & grandeur de Rome, fut fait un livre expres par Maiſtre Raoul de Preſle, Maiſtre des Requeſtes de l'Hoſtel du Roy, par lequel il ſouſtenoit que c'eſtoit une propoſition erronée de dire que le Roy de France & ſon Royaume fuſſent ſujets au Pape és choſes qui concernoient le temporel. Sous Charles cinquieſme fut faict le Songe du Verger, depuis traduict en Latin, auquel le Gentil-homme & l'Eccleſiaſtic deviſans de ce ſujet, enfin ils concluent qu'il faut recognoiſtre le Pape non en la plenitude de grace telle que noſtre Seigneur Jeſus-Chriſt eut, eſtant monté au Ciel, & à laquelle on rapporte ce verſet de David, *Domini eſt terra & plenitudo ejus*: Mais bien telle qui ſe voulut donner lors qu'il se revestit d'un corps humain pour nous estre un miroir & exemple d'humilité. Parce qu'il se fit le Melchisedech de nostre Eglise, mais non pour commander à la domination des Roys, & Princes souverains. Qui fut cause qu'il enseigna à ses Apostres de rendre à l'Empereur de Rome le bien & honneur qui luy estoit deu : & estant devant ses Juges il recogneut que son regne n'estoit de ce bas monde. Et à peu dire, sommé par quelques-uns de vouloir estre Juge & Arbitre de leurs partages, il leur respondit franchement qu'il n'avoit esté envoyé de Dieu son pere à cet effect.

Voilà les propositions regulieres & canoniques que nous tenons en cette France, ny pour cela nous ne sommes reputez heretiques. Toutesfois elles ne plaisent pas à ceux qui sont nourris en Cour de Rome. Car lors leurs maximes sont que dedans le sein du Pape, comme dedans un grand thresor, sont enclos toutes les puissances tant spirituelles que temporelles, qu'il peut commander non seulement aux Evesques, ains aux Empereurs & Roys, transferer les Royaumes de l'un à l'autre, & les mettre en pleine interdiction. Quoy ? si le mal-heur du temps nous renvoyoit un autre Boniface VIII. qui voulust censurer le Roy & sonner une croisade encontre la France, en faveur d'un Roy illegitime & estranger, ayans ces nouveaux vassaux de la Papauté, n'auriez-vous point autant d'ennemis profez dedans vostre sein, qui suborneroient par leurs presches le simple peuple encontre nostre Estat ? Que deviendront desormais nos anciennes appellations au Concil general futur ? Que deviendront nos appellations comme d'abus, principaux nerfs de nostre Republique sans scandale, contre les entreprises induës qui se peuvent faire en Cour de Rome ? Sous le regne de Charles VI. le Pape Benedict XI. delegua en cette Cour de Parlement, l'Archidiacre de Narbonne, chargé des Bulles par lesquelles il censuroit le Roy & tout son Royaume. Le Parlement les renvoya à nostre Université qui les declara schismatiques : Et par Arrest du 19. de May 1408. il fut ordonné que les Bulles seroient publiquement lacerées, & que l'Archidiacre les ayant penduës au col seroit amende honorable, puis seroit traisné par une claye aux hales où il seroit pillorié. Arrest qui fut executé selon sa forme & teneur. Pourrons-nous desormais user de ce privilege ayans ces Jesuites dedans cette ville ? Nous serons partialisez en brigues, les uns portant devant le party du Pape & les autres celuy du Roy. Anciennement Charlemagne par loy expresse deffendit à ses sujets de se faire Moines sans sa permission, disant que c'estoit par ce moyen perdre autant de ses hommes, qui de là en avant ne porteroient les armes pour luy. Que diroit-il maintenant s'il revenoit en ce bas monde, quand il verroit au milieu de son Royaume des hommes soudoyez aux despens de la France, pour s'armer encontre luy & les siens ? Je ne parle point seulement pour la France, je parle pour tous les autres Royaumes & Republiques. Introduisez-y ces Messieurs, vous y establissez autant d'ennemis, si le mal-heur veut que le Pape les veuille guerroyer. Je ne veux rien mal presagir du sainct Siege, mais en matiere d'Estat, il faut en une asseurance de tout, craindre tout. Les histoires ne racontent-elles la furieuse vengeance que Hildebrand, dit Gregoire VII. & son successeur, firent au pauvre Empereur Henry quatriesme, quand non contens de le despouïller de sa Couronne, ils voulurent que ce fust par l'entreprise de son propre fils, & poursuivirent leur inimitié jusques apres sa mort, quand ils firent deterrer son corps de terre Saincte ? Ne lisons-nous pas qu'un Alexandre Pape petilla Federic Empereur, lors qu'il se vint prosterner devant luy à ses pieds, pour se reconcilier avec luy ? A la verité nous n'avons pas eu de telles secousses en France, parce que nos propositions & maximes nous ont conservez, si pouvons-nous dire toutesfois que nous eusmes un Boniface huictiesme, uns Jules deuxiesme, & troisiesme, qui furent nos ennemis capitaux. N'attendons doncques point que nous tombions en tels accessoires. Le plus beau, c'est de prevenir sagement les maladies, & que ne soyons contraints de dire quand elles seront advenuës, je n'y pensois pas.

Je sçay bien que ceux, ou qui par esprit de curiosité, ou par le peu de prevoyance qui est en eux, s'attachent seulement à la superficie des choses, me diront qu'il ne faut rien attendre de sinistre d'eux, attendu la simplicité dont nous les voyons se gouverner & maintenir avec nous. Ils advocassent les simples femmes pour eux. Toutesfois je vous supplie, Messieurs, considerez de quelle simplicité ils ont mené tout leur faict. Car quant à moy je ne veux faire simplicité, ny à leur robbe agraphée, ny à leurs chimacrées exterieures ; mais à ce que j'apprends du dedans. Et ne se couvre ce dedans que par leurs constitutions, par leurs statuts & ordonnances, & à peu dire par les preceptes, au moyen desquels ils sont arrivez au rang qu'ils tiennent aujourd'huy.

Apres avoir doncques discouru sur le vœu d'obedience examinons s'il vous plaist celuy qui regarde la pauvreté. Appellez-vous simplicité de faire comme Religieux vœu de pauvreté, tant en general qu'en particulier, & neantmoins qu'il vous soit permis par le moyen d'un College tenir terres & possessions ? N'est-ce pas icy un sophisme par lequel non seulement vous surprenez ce pauvre peuple, ains faite gerbe de foire à Dieu ? Gentils Cincinnats, qui ne voulez point avoir de bien comme Religieux, mais qui voulez commander à ceux qui en auront. Je vous supplie dictes-moy quand c'est que l'on vous a veu mandier depuis cet heureux legs qui fut fait à vostre ordre par vostre Evesque de Clairmont. Car encores que vous soyez grandement repeus de la grace du Sainct Esprit, comme Apostres de Dieu, aux Indes, & en Portugal, & comme Jesuites & Religieux en Italie, si a-il fallu qu'en cette France vous ayez esté nourris de quelque viande materielle, comme simples boursiers & collegiaux. Dequoy est-ce que vostre Congordan, & quatre ou cinq autres de vostre sequelle qui se disent estre du grand vœu, ont vescu sinon du bien du College ? Et que j'appelle simplicité vostre secte, n'y voyant qu'une renardise ? Je ne le feray jamais, je ne permettray que devant mes yeux passe cela par connivence sans le discourir à un peuple.

Et pour ne m'arrester à ce seul poinct, venons au demeurant de vos Loix. Vous promettez par vos Bulles de lire gratuitement. *Magnifica vero Verba*. Car comme dit le proverbe, *Nemo suis stipendiis militat*. Et certes cette promesse est si grande pour gagner le cœur d'une pauvre & idiote populace, que moy-mesme dés le premier abord de cette cause me trouvay aucunement surpris. Toutesfois apres avoir quelque temps discouru en moy que dés leur premier advenement en cette France, lors qu'ils voulurent estre ceus & authorisez par la Cour, ils faisoient les mesmes protestations & promesses : Ce neantmoins que la Cour leur fit un perpetuel refus, je pensay que cette sage compagnie ne s'estoit point induite à ce faire sans grande & meure occasion. Puis ayant ramené devant mes yeux tout ce qui s'est passé, & que lors qu'ils vindrent en cette ville pour lire & former leur ordre, qui est depuis dix ou onze ans en çà, ils estoient pauvres comme la mesme pauvreté, & toutesfois maintenant qu'il n'y a College, voire compagnie qui soit plus riche que cette-cy, je commençay lors d'haleiner leur fard, & dire comme Martial :

Qui potes insidias dona vocare tuas ?

Dois-je appeller liberalité de ne prendre un souls tous les mois pour l'entrée de vostre College, & neantmoins vous estre rendus en dix ans riches de cent mille escus ? Où est le College de toute nostre Université qui soit parvenu depuis deux cens ans à telle richesse ? D'ailleurs faictes-vous en cecy chose qui n'ait esté pratiquée devant vous, & encores ne le soit aujourd'huy, par les Professeurs du Roy ? Nommez-vous liberalité de n'estre contens de vingt & trente escus pour la pension d'un enfant, mais d'en exiger quatre-vingts & cent tous les ans ? Est-ce liberalité de ne prendre un denier ou un double pour examiner en confession la conscience d'un homme, & neantmoins extorquer de luy par forme de don gratuit, vaisselle d'argent, & infinité d'autres dons precieux, qu'il n'est maintenant besoin de raconter en ce lieu ? En cette façon le gend'arme liberal, quand par honnestes promesses, il attire son ennemy en ses embusches pour en faire un piteux carnage. Ainsi est le brigand liberal, qui chevale par beaux semblans le pauvre passant, jusques à ce que le tenant à son advantage, il luy oste

---

Calius 15.
quæst. 6.
c. novi
de judic.
ext. ca.
ad A-
postolica
de re ju-
dic. l. 6.
Cl. pas-
toralis
de re Ju-
dic. C.
unam
sanctam
de Ma-
jor. &
obed.

oste miserablement & sa vie & son avoir. Ainsi est le pescheur liberal qui donne à une mer un veron pour en rapporter un gros poisson. Ainsi est vostre liberalité trop pire & plus dangereuse, que si à pleine bouche vous veniez crier par la ville que vous avez du sçavoir à vendre: comme l'on recite avoir esté autresfois faict par un Alcuin, & deux ou trois de ses compagnons du temps de l'Empereur Charlemagne. Car à dire le vray cette promesse est une piperie publique, à laquelle il faut que le sage Magistrat tienne la main. Ces gens de bien (ils penseront que je me mocque) qui se disent ne vouloir posseder biens, ny en particulier, ny en public, veulent lire *gratis*. Mais en quel lieu de la saincte Escriture est-ce qu'ils trouveront cette charité imprimée, veu que par passages du tout formels nous sommes admonestez que *Mercenarius dignus est mercede sua: Et qui servit altari de altari vivere debet*? Vous estes doncques, ou plus que celuy duquel vous empruntez le nom, ou bien publics imposteurs (il faut que cette parole m'eschappe) de publier vostre liberalité gratuite: car cette liberalité ne procede que d'un mesme fonds que vostre vœu de pauvreté. Parquoy je puis dire en ce lieu comme a fait quelque Poëte de nostre temps:

Vestra datis cum verba datis, nam fallere vestrum est:
Et cum verba datis, nil nisi vestra datis.

Au demeurant ne considerez-vous point, Messieurs, combien il importe à la France que vos enfans ne soient nourris avecques eux? On leur lit quelques livres d'humanité & Philosophie, cependant on leur enseigne parmy cela toutes propositions contraires à l'ordre Hierarchique, tant de nostre Religion, qu'Estat, & à peu dire on en fait une pepiniere pour estre ennemys du Roy quand les occasions s'y presenteront. Ceux qui sont versez en l'histoire d'Italie sçavent que les trois jeunes hommes qui tuerent Ludovic dernier Duc de Milan au milieu du Dome, ne furent induits à ce faire que par les leçons de leur Maistre, qui ne leur preschoit ordinairement autre chose, sinon combien il estoit loüable & meritoire d'assassiner un tyran. Les premieres opinions que l'on seme dans les cœurs des jeunes gens, leur plaisent du commencement, comme n'ayans plus beaux objects que leurs precepteurs, & en aprés, prennent longues racines dans eux. Adjoustez qu'il sera fort aisé de les transplanter en leur Ordre, bongré, malgré leurs peres & meres, les ayans ainsi avec soy. Ce qu'advenant, vous porterez dans vos maisons la triste penitence de vostre peché. Il n'y a Moine qui ne soit tres-aisé de gagner & attirer à sa cordelle tous ceux qui se presentent à luy. Chose toutesfois qui ne peut advenir aux autres Monasteres si aisément, dans lesquels les Religieux menent vie separée de tout le demeurant du peuple.

La Cour doncques peut entendre par les choses susmentionnées, que cette Secte est une vraye illusion faicte à la desolation tant de l'Estat Ecclesiastic que Politic, si nous considerons leurs noms, leurs vœux & l'exercice de leur superstition. Toutesfois ne nous arrestons à cecy, ne penetrons si profondement aux secrets de leurs ministeres, qu'ils ne veulent pas estre descouverts à chacun. Mais pour autant qu'ils ne chantent aux aureilles des femmelettes que leur pieté, laquelle ils attachent au bout de leurs robbes à une agraphe ou esguillette, voyons encores s'il vous plaist s'ils se trouveront tels par effect, comme ils se publient de parole. Nous avons les Benedictins, Bernardins, Dominiquains, Franciscains, & autres tels Ordres. Dés l'entrée de leurs professions leurs autheurs furent de si saincte vie, que du commun consentement de l'Eglise ils furent enregistrez au Calendrier des saincts. Qui fut cause que plusieurs induicts par leurs bonnes vies, se voulurent mettre de leur suite. Paravanture si nous trouverons-nous que les premiers qui ont esté de cette Secte des Jesuites auront esté d'une vie si saincte & austere, que tant s'en faut que nous leur fermions nostre porte, qu'au contraire nous appeterons d'estre incorporez avec eux. Il y a environ dix ou douze ans que l'un de vos anciens supposts s'achemina en cette ville, homme qui vous passe de tant en sçavoir, comme vous les simples manœuvres. C'estoit Maistre Guillaume Postel. Nous le vismes prescher, lire, & escrire, il avoit une grande sou-

tane jusques à la my-jambe, la robbe longue agraphée, le bonnet à l'Episcopale, accompagné en toutes ses actions d'un visage blesme & sec, qui ne descouvroit que grandissime austerité. Et nous celebroit une Messe avec plusieurs ceremonies estroites, non communes à nostre Eglise. Cependant que nous rapporta-il? Une mere Jeanne, une impieté, une heresie la plus detestable dont on ait oncques oüy parler depuis l'advenement de nostre Sauveur Jesus-Christ. Les Donatistes, les Arriens, les Pelagiens n'y firent jamais œuvre. Où preschoit-il? ce n'estoit point en lieux montaignards ou deserts, esquels on a accoustumé de planter une nouvelle Religion: c'estoit au beau milieu de la France, en cette ville de Paris. De quel ordre estoit-il? De cette venerable Société de Jesus: Hé vrayement si vostre Société produit de tels monstres, si elle nous engendre de si damnables effets, ja à Dieu ne plaise que nous soyons jamais de cette Société de Jesus. Et s'il vous plaist que j'attache mon plaidoyé à quelque haut suject, nous avons veu un autre des vostres, voire l'un des plus estimez d'entre-vous, avoir l'espace de quatorze ans entiers, dissimulé toute austerité sous le manteau de vostre hypocrisie, & avoir non seulement pris le nom de Jesuite, mais encores celuy de Theatin? En fin quand il fut arrivé au dessus de toutes affaires, que nous apporta-il? Paravanture une paix & union generale en nostre Chrestienté? helas! une guerre la plus estrange & malheureuse dont il fut oncques parlé. Et vray dire depuis qu'il nous eut envoyé en cette France un gendarme masqué de l'habit d'un Cardinal, pour nous apporter une espée, jamais nous n'avons eu en cette France que toutes sortes de maux & calamitez. Et à qui en devons nous rendre graces? à ce demy Jesuite. Je ne veux point rechercher exemples loingtains, ou sortir hors des murailles de vostre College. Depuis deux mois en ça vostre Metaphysicien Maldonat, a voulu par l'une de ses leçons prouver un Dieu par raisons naturelles, & en l'autre par mesmes raisons, qu'il n'y en avoit point. Faire le fait, & le defait sur un si digne sujet. Je demanderois volontiers auquel il y a plus d'impieté & transcendance, ou en la premiere, ou en la seconde leçon? Et en effect ce sont les saincts mysteres esquels vous reluisez sur le peuple, ce sont les belles semences que vous dispersez entre nous. Par quoy estans desja acertenez du fruict que produict vostre Secte, par les exemples familiers qui se presentent devant nos yeux, que nous vous recevions avec nous, en cette incompatibilité de polices qui se trouvent entre vous & nous, en cette profession publique qui contrevient à nostre Christianisme, & à la grandeur de nostre Prince? Nous ne pouvons, nous ne devons: & si autrement nous le faisons, nous estimerions estre criminels de leze Majesté divine & humaine.

Ainsi puis que vous avez, Messieurs, tout au long entendu les moyens par lesquels nous pensons estre bien fondez encontre nos parties adverses, je diray ce seul mot pour conclusion: Nous trouvons par les Registres de cette Cour de Parlement, qu'anciennement les Advocats és causes de marque & parade avoient accoustumé de commencer leurs Plaidoyez, par themes tirez de la saincte Escriture, ainsi que maintenant nos prescheurs. Il y en eut un fort solemnel qui fut fait autresfois, si je ne m'abuse, sous le regne de Charles sixiéme, pour nostre Université. Auquel, l'Advocat, qui portoit la parole pour nous commença par ce verset: *Tu es qui restitues hereditatem meam mihi*: Il me plaist finir mon Plaidoyé par où celuy-là commença le sien, & dire non pas que vous nous rendiez nos heritages & possessions: Mais que vous nous entreteniez en iceux: C'est à dire en nos privileges, franchises, & libertez. La cause qui se traicte maintenant ne regarde point tant le corps de nostre Université, que l'interest de nous & de nos enfans, bref de toute la posterité. Je ne doute point que les demandeurs pour s'insinuer avec nous, ne masquent toutes leurs actions de paroles amadoüantes, & beaux pretextes exterieurs. Car aussi quelle est la Secte qui n'ait tousjours esté accompagnée de telle hypocrisie, quand elle a voulu se planter & habituer en quelque lieu? l'hypocrisie est celle qui fait planche à toutes nouvelles opinions, & qui leur donne puis aprés vogue & leur accés parmy les simples femmelettes. Ce mal-heureux Empereur Julian l'Apostat ne s'estoit-il s'estoit-il pas sur son premier aage rendu Moine, accompagnant lors toute la teneur de sa vie de toutes œuvres charitables, & quand il fut parvenu au dessus de ses attentes, y eut-il jamais homme qui procura tant de mal à nostre Chrestienté comme luy ? Parquoy c'est à faire au sage Magistrat de ne s'esmouvoir de ce qui reluit exterieurement. C'est à luy de sonder les affaires jusques à leur vif, prevenir les inconveniens, & d'enjamber sur les choses futures par un rapport & discours de celles qui se sont passées. Il n'y a celuy de nous qui ne se souvienne, & ne s'en souvienne à son grand regret, des maux & calamitez que nous avons puis n'agueres encouruës, sous une diversité de Religions, qui occupent nos esprits : Je vous supplie, Messieurs, vous representer le passé, & en vouloir tourner les enseignemens au profit de la Republique, & edification de nous mesmes. C'est une chose certaine que l'on n'a jamais veu partialité en nostre Christianisme qui n'ait apporté une tierce Secte, ou pour mieux dire un monstre beaucoup plus dangereux & damnable que la mesme partialité. En cette façon par les divorces & dissensions qui estoient entre l'Homoustian & Omioustian, prit Mahomet occasion de façonner sa Secte detestable par une forme de neutralité. D'un mesme discours, de nostre temps sur les divisions du Catholique & du Lutherien, les Anabaptistes introduisirent leur mal-heureuse heresie, qui depuis pourchassa tant de maux & de miseres en toute la Germanie. Et de ma part, je ne me puis faire accroire autre chose, sinon que de ce mesme artifice veulent maintenant les Jesuites s'accroistre dans cette France, par les ruïnes de deux Religions : Et quel en doit estre l'evenement, leur entrée, leurs pratiques, leurs vœux, leurs professions, vous en doivent rendre asseurez.

" Ils lisent au milieu de nous, & nul ceux qui se sont
" poussez pour l'ouverture de leurs leçons ne passa jamais par
" les degrez de Bachelerie, Licence, Maistrise & Doctora-
" de. Ils se disent faire vœu de pauvreté, tant en general,
" que particulier, ainsi qu'anciennement les quatre Ordres
" de Mandians. Ce neantmoins vous les verrez comblez de
" richesses. Ils administrent les saincts Sacremens tant de Pe-
nitence que de l'Autel, par tout où ils veulent, & toutesfois ils ne sont Evesques, ny Curez. Ils se publient Religieux, & comme tels sont trois vœux. Ce nonobstant ils sont habillez au milieu de nous comme Prestres. Ils celebrent le service divin dedans leurs Eglises, desquelles toutesfois ils ont banny les Chœurs, ancienne institution de toutes nos Eglises. Ils se meslent de confesser : Mais confessant ils apprennent à ceux qui pour leurs delicts sont condamnez à mort, qu'ils ne sont tenus de reveler au Magistrat leurs fautes moyennant qu'ils les ayent confessées au Prestre, voire qu'ils les peuvent franchement desnier. Ils font un vœu particulier au Pape, nous declarans par consequent n'estre de ses enfans par faute de faire mesme vœu. Et en le faisant ils ruïnent toutes les anciennes propositions Catholiques de nostre France. Conclusion, ils se disent vrayement de la Societé de Jesus. Quoy faisant ils nous exterminent taisiblement si nous ne sommes de leur suite. Vous, Messieurs, voyez tout cela, & le voyans le tolerez. Et vous, Messieurs, serez aussi quelque jour les premiers juges de vostre condamnation, quand par le moyen de vostre connivence verrez ces mal-heurs qui en adviendront non seulement en la France, mais par toute la Chrestienté.

Que si toutes ces remonstrances ne vous esmeuvent, nous appellons pour conclusion de nostre plaidoyé, Dieu à tesmoin, & protestons devant le monde que nous n'avons failly à nostre devoir. Afin que si les choses prennent autre traict qu'à poinct, pour le moins la posterité cognoisse que ce siecle n'a esté despourveu d'hommes, lesquels ont de longue main, & comme d'une eschauguette, preveu la tempeste future. Et esperons que par mesme moyen il sera trompetté aux oreilles de nos survivans, que tout ainsi que cette grande Université de Paris est la premiere de toute la France, voire de tout l'Univers, aussi ne fut-elle oncques laisse, comme encore ne se lassera jamais de combattre contre toutes sortes de Sectes & novalitez, premierement pour l'honneur & soustenement de Dieu, & de son Eglise, puis pour la Majesté de nostre Prince, & finalement pour le repos & tranquillité de l'Estat.

CHAPITRE XLV.

Quelle compatibilité il y a entre la profession des Jesuites, & les regles tant de nostre Eglise Gallicane, que de nostre Estat.

QUand je plaiday cette grande cause, en ce boüillon d'action, inspiré d'une plus haute chaleur, il m'advint de dire que les Jesuites ouvriroient quelque jour la porte aux troubles de la France, entre le Catholic Romain, & le Catholic François : Toutesfois depuis refroidy par leurs deportemens exterieurs, par lesquels ils faisoient contenance de n'avoir autre but en leurs ames, qu'une devotion Chrestienne, escrivant au Seigneur Foussomme l'un de mes premiers compagnons d'escole, comme le tout s'estoit passé au Parlement entre l'Université de Paris, & eux, je fermay ma lettre par ces mots : " Quant à moy je n'estime point
" que les Huguenots ayent de petits adversaires en ceux-cy :
" Comme ainsi soit qu'entre toutes les Religions, la Chres-
" tienté se doive gagner par prieres envers Dieu, exem-
" ples, bonnes mœurs, & sainctes exhortations envers le
" peuple, & non par le tranchant de l'espée. Paroles qu'expressément j'adjoustay, parce que le Huguenot defendoit lors sa cause par les armes au milieu de cette France. Depuis voyant que les Jesuites ne m'avoient rendu menteur en mon pronostic, ayans esté les premiers boutefeux de nos troubles de l'an 1585. contre le feu Roy Henry troisiesme, Prince tres-Catholic entre tous les Roys Catholics : Mesmes que depuis la reduction de nostre grand Roy Henry quatriesme, sous l'authorité du sainct Siege ils avoient attenté par deux fois contre sa vie : l'une pendant la trefve de l'an 1593. à Melun, par la Barriere, à cela guidé tant par les instructions de Varade, lors Recteur des Jesuites de Paris, que du Pere Jacques Commolé son Compagnon : L'autre dedans Paris en pleine paix, par Jean du Chastel rejetton de leur Seminaire sur la fin de 94. je recognoistray franchement que la patience m'eschappa, quand j'augmentay mes Recherches. En l'an 1560. je fis imprimer le premier livre : & en 62. le deuxiesme. En l'an 1596. j'y en adjoustay quatre autres, & glissay sur la fin du troisiesme, les deux chapitres precedens : En cette presente année 1606. qu'ils sont r'imprimez, j'y adjouste de plus cettuy-cy : Non pour haine que je leur ay vouée, & j'en appelle Dieu à tesmoin, ains pour l'amitié que je porte à ma patrie. Je veux qu'au peu de vie qui me peut rester dedans une longue ancienneté de mon aage, chacun cognoisse que je luy rends le devoir auquel je suis obligé. Nous avons certaines regles par lesquelles nostre estat s'est de tous temps, & fortement, & prudemment, & sainctement entretenu sous l'authorité du sainct Siege : les Jesuites ont les leurs, par lesquelles en peu de temps ils se sont infiniment agrandis, sous la mesme authorité, & singulierement dedans Rome. Grandeur que je ne leur veux envier, moyennant qu'ils ne s'advantagent au desadvantage de nous. Tout bon & fidelle Chrestien doit souhaiter, que nous & eux combatans par commun vœu, la doctrine de Martin Luther, & Jean Calvin, sous la banniere de nostre sainct Pere de Rome, symbolizions au demeurant en toutes choses, & ne soyons bigarrez en propositions, qui engendrent au long aller les Schismes, à la ruïne non seulement des Republiques, mais aussi de l'Eglise generale & universelle. Grandement me plaist la leçon que j'apprend d'eux, qu'en en exhortant leurs confreres, ils disent : *Idem sentiamus, idem dicamus omnes, Doctrina differentes non admittantur, nec verbo, in concionibus, vel lectionibus*

Les Recherches de la France. Liv. III.

lectionibus publicis, vel libris. Je les somme de vouloir pratiquer en cette France avecques nous, ce qu'ils desirent estre observé entr'eux. Je veux mettre sous pieds le maltalent que la souvenance de nos derniers troubles nous peut apporter, dont ils se recognoissent par leurs livres avoir esté les premiers autheurs. Quant à moy je veux imputer ce malheur à nos pechez, quoy que soit, à une Ordonnance tres-expresse de Dieu, pour nous admonester de mieux vivre.

Si leur profession est telle qu'ils trompettent, si leur congregation est plus approchante que toutes les autres de l'Eglise que Jesus-Christ voulut bastir au milieu de ses Apostres, pour laquelle cause ils se donnerent le tiltre particulier de la compagnie de Jesus ; hé ! vrayement je ne me puis assez estonner dont vient qu'à leur advenement en l'an 1554. lors que l'on brusloit sans respit tous ceux qui se devoyoient de l'Eglise Catholique, Apostolique, & Romaine, ils furent condamnés avec paroles tres-aigres, par la venerable faculté de Theologie de Paris, vraye touche de nostre foy. Je vous ay tout au long representé mon Plaidoyé, sa censure. J'adjousteray que nostre Eglise Gallicane estant assemblée à Poissy, où sage Cardinal de Tournon presidoit comme Archevesque de Lyon, & Primat de France, secondé par le grand Cardinal de Lorraine Archevesque de Rheims, tous deux ennemis capitaux de l'heresie moderne, toutesfois par leur sentence decretale, donnée par les voix, & suffrages communs de toute l'assemblée des Prelats de France, au rapport de l'Evesque de Paris, le 15. Decembre, 1561. cette compagnie de Jesus receut pareille condamnation, non veritablement avec telles paroles d'aigreur, mais de mesme substance : Par laquelle leur est expressement defendu de prendre cette qualité de la Societé de Jesus, ny de tenir comme Religieux, ains comme escoliers qui seroient reglez sur le pied general des Universitez de la France. Decret depuis confirmé par la Cour de Parlement de Paris. Je recognoistray que poursuivans en l'an 1564. d'estre admis au corps de l'Université de Paris, la cause fut appointée au Conseil par le Parlement pour la consequence. Mais tant y a qu'eux mesmes recognoissent que lors par un conflus des mesmes volontez, ils eurent neuf parties, qui leur firent teste : l'Université de Paris en son general, la Faculté de Theologie en son particulier, l'Evesque de Paris, le Gouverneur, tous les Curez, les quatre Ordres des Mandians, les Hospitaux, l'Evesque de Beauvais, & l'Abbé de saincte Genevieve, tous deux anciens conservateurs des privileges de l'Université: Il n'y avoit pas quinze mois passez, que nous avions bruslé à l'envy, les chaires, & bancs du Patriarche, & Popincourt (maisons ausquelles les Huguenots avoyent exercé leur Religion) fait decapiter Gabaston Chevalier du Guet, pour s'estre rendu leur protecteur, & pendre les Cagers pere & fils, confanionniers de leurs entreprises. Se peut-il faire qu'en si peu de temps, tant de Compagnies & Seigneurs eussent tourné leurs robbes, & voulu guerroyer à yeux bandez ceux qui se vantoient estre Champions du Sainct Siege, pour le defendre contre tous ceux qui le voudroient attaquer, & qu'à ce faire ils n'eussent esté induits que pour une apparence insolite d'une nouveauté, sans approfondir leurs merites, ou demerites ? Non vrayement, mais au contraire ayans les yeux plus aigus que nous, ils recogneurent que la grandeur de cette nouvelle compagnie seroit bastie sur la ruine de nostre estat. Et voicy comment. Par les choses qui ont esté par moy cy-dessus discourues & verifiées, vous avez entendu.

I. Que nous recognoissons en cette France dés le bers de nostre Religion Chrestienne, nostre S. Pere le Pape pour Chef, Primat, & Pere des Peres de l'Eglise Catholique & Universelle.

II. Mais toutesfois sous condition que nos Roys ne peuvent estre par luy excommuniez de sa puissance absoluë.

III. Qu'il ne peut interdire nostre Royaume de France.

IV. Moins encores le transferer d'une main à autre.

V. Qu'il n'a aucune jurisdiction & authorité sur le temporel de nostre Royaume.

VI. Que quelque grandeur qui reside en luy, il ne peut rien entreprendre au prejudice de nos Ordinaires, qui tiennent la puissance, non de luy, ains de nostre Seigneur Jesus-Christ, lors que montant aux Cieux, il commanda à ses Apostres, desquels ils sont successeurs, d'espandre par tout l'Univers la semence de sa saincte doctrine.

VII. Que son Legat, que l'on appelle *à Latere*, qu'il envoye selon les occasions en France, n'a aucune puissance chez nous, qu'elle ne luy soit auparavant accordée par le Roy, & verifiée par les Cours de Parlement souveraines, chacune, aux destroicts de leurs jurisdictions.

VIII. Que si le Pape entreprend quelque chose au prejudice de ce que dessus, il nous est loisible d'appeller comme d'abus, non veritablement de luy, pour l'honneur & reverence que luy portons, mais bien de l'execution de ses Bulles, en quoy nous apportons encores telle soubmission, que ne la qualifions pas execution, ains fulmination, comme procedant d'une main plus haute que tous les autres Potentats.

IX. Que le Concil general est par dessus luy.

X. Et ores qu'il soit dessus luy, toutesfois nous ne le recevons en France, là & au cas qu'il entreprenne sur les droits ou de nos Roys, ou de nostre Eglise Gallicane.

XI. Et c'est pourquoy nous admettons fort bien en France le Concil de Trente, en ce qui concerne les articles anciens de nostre Foy, mais non la nouvelle discipline que l'on y a voulu apporter: Le tout pour les raisons par moy plus amplement cy-dessus touchées.

Voila la Foy generale que nous gardons de tout temps & anciennété en cette France, pour laquelle nous ne fusmes jamais estimez heretiques: au contraire nos Roys entre tous les Roys ont esté tenus pour fils aisnez de l'Eglise Romaine: Et vivans en cette façon, avons non seulement maintenu vertueusement en son entier nostre Estat, mais celuy mesme du S. Siege, lors que quelques premiers Prelats voulurent abuser de leurs dignitez.

XII. J'adjousteray une chose dont je n'ay parlé en ce livre pour ne s'en estre l'occasion presentée: Qu'il n'est permis aux communautez Ecclesiastiques posseder biens temporels & les unir à leurs tables, soit par donations entre-vifs, ou testamentaires, ny par acquisitions, sans la permission expresse du Roy, lequel peut, s'il veut, leur enjoindre d'en vuider leurs mains, afin que ces biens ne tombent point en main-morte. Que s'il leur veut permettre d'en jouir, anciennement c'estoit à la charge de luy en laisser le tiers par l'Ordonnance de Charles sixiesme de l'an 1402. Charge qui par succession de temps a esté reduite au revenu de trois annees pour le moins: Et c'est ce que nous appellons Amortissement, dont Messire Gille le Maistre premier President au Parlement de Paris, a faict un beau traicté, tiré des Archifs, & Memoriaux de la Chambre des Comptes de Paris.

Toutes ces propositions & maximes ne plaisent à ceux qui s'habituent en la Cour de Rome. Les Papes ont leurs Decretales, par lesquelles ils soustiennent estre non seulement Primats generaux de l'Eglise, ains Princes temporels & spirituels de toute la Chrestienté. Comme de faict par la Bulle du Jubilé de l'an 1600. du feu Pape Clement VIII. sainct Pierre, & S. Paul, desquels ils sont successeurs, sont appellez Princes de toute la terre. Nous n'approuvasmes ceste clause, & neantmoins embrassames avec une devotion admirable ce grand & sainct Jubilé. Ce fondement de Principauté passé en forme de chose jugée dedans Rome, toute voye leur est ouverte au prejudice de nos anciens droicts. Et ne doutent point qu'ils ne puissent excommunier tous Roys, & tous Empereurs, interdire leurs Royaumes & Empires, & les transferer d'une main à autre, toutes & quantesfois qu'ils le trouvent bon. Qu'ils sont dessus les Conciles generaux, que les Patriarches, Archevesques & Evesques dependent d'eux en tout & par tout, comme estans leurs Vicegerents. En consequence de quoy ils peuvent charger leurs dioceses, quand ils veulent. Que le Concil de Trente doit estre receu sans aucun retranchement. Et finalement que c'est directement combattre la liberté ancienne Ecclesiastique, de mettre bride aux acquisitions qui peuvent estre faictes par les Eglises, ou en faveur d'elles. c'est ce grand differant qui court aujourd'huy entre l'Estat de Rome & de Venise, & pour lequel nostre Sainct Pere le Pape Paul V. a interdit la Seigneurie de Venise par ses Bulles du dix-septiesme Avril 1606. Ausquelles les Venitiens

tiens ont respondu par un manifeste sous le nom d'un Theologien. Et à la mienne volonté que pour éviter un scandale, tout cela fust ensevely dedans le cercueil d'oubliance.

Ce qui rend les Jesuites plus recommandez dedans Rome, c'est l'obeïssance aveuglée qu'ils rendent au sainct Siege, par eux appellée *Obedientia cæca*, qui m'estoit incogneuë quand je plaiday la cause contr'eux, parole Latine plus fascheuse à digerer que celle dont on use en François. Et pour cette cause leur sage Richeome en son Apologetic l'appelle Obeïssance aveuglée, comme celle qui n'eut jamais lumiere en ce subject pour voir si ce qui leur estoit commandé estoit, ou bien ou mal faict: Et leur bon Ignace l'appelloit une sage folie. Obeïssance qu'ils promettent rendre à *Maffée en la vie d'Ignace l. 3. c. 1. art. 2.* sa Saincteté entrans en cette compagnie, à un seul clin-d'œil sans parole, tout ainsi comme en nostre Seigneur Jesus-Christ, voire à ce commandement de ne se donner le loisir de parachever une lettre encommencée, mais d'y obeïr tout œuvre cessant, despoüiller son propre jugement pour espouser celuy de nostre sainct Pere le Pape, & se laisser emporter à cette obeïssance, tout ainsi que le corps mort *En la sixiéme partie de leurs Constit. c. 1. ar. 2.* ou le baston par celuy qui le manie. Je ne dy rien qui ne soit par leurs constitutions Latines plus estroittement ordonné. Et est l'un des premiers vœux ausquels ils s'obligent entrans en leur Religion. Regle que Ignace de Loyola leur autheur leur soustenoit devoir estre si stable, comme j'ay dict en mon plaidoyé, que si au milieu d'un orage le Pape luy eust commandé d'entrer en un petit esquif sans gouverneur, il se fust tres-volontiers exposé, & que le semblable devoit estre fait par les siens. Bref leur principale ambition est d'estre recogneus pour les premiers & fidelles vassaux de la Papauté. Et pour cette cause à chaque mutation de Pape, leur *Maffée en la vie d'Ignace l. 1. chap. 7.* General renouvelle entre ses mains nouveau serment de fidelité. Il ne faut doncques point faire de doute qu'ils approuvent tout ce que les Decretales attribuent à la Papauté, ores qu'elles tendent à l'eversion generale des propositions par lesquelles nous avons soustenu nostre Estat.

Chose qu'ils ne dissimulent nullement par leurs livres. Par ce que Montaigne soustient que le Pape peut transferer tout Royaume à qui luy plaist, quand il le trouve le devoir *Au livre de la verité defend. ch. 15.* faire. Qui dit tout n'en excepte pas un, ny par consequent le nostre. Mais un nouveau gladiateur & escrimeur à toute outrance, des leurs, a voulu renvoyer dessus luy, deschochant particulierement ses flesches contre nostre Roy à present vivant, & contre nostre Royaume. Celuy dont je parle est un *Carolus Scribanius* Recteur des Jesuites d'Anvers, lequel sous le nom de Clarus Bonarsius, (qui est en l'anagramme du sien) a faict trois livres Latins qu'il intitule *Amphitheatrum honoris*, & moy je l'appelle l'Amphiteatre d'horreur, parce que dés le tiltre mesme il le recognoist estre un couppe-gorge de tous ceux qui n'adherent à leur saincte Société, lesquels il soustient estre Calvinistes. Quoy faisant il reduit grandement au petit pied l'estenduë du sainct Siege de Rome. Par ce qu'il y a une infinité de gens de biens & d'honneur, tres-Catholiques, qui abhorrent sur toutes choses les Jesuites. Or cette sage teste sur le chapitre 12. de son premier livre met ce tiltre.

Calvinista. Societas evertit Gallia Regnum, cum docet Pontificiam excommunicationem in Gallia Reges validam.

Societas. Magnorum impetigini nescit adulari, non dignitati decrescere, fontem expandit, ut calamum, nulli subjecta, quare nec quicquam adscribit Pontifici non testatum omni memoria.

Et sur ce pied continué d'une longue enfilure son theme, faisant le procez à nostre ancienneté immemoriale, à cette grande Cour de Parlement de Paris, aux traictez, par nous faicts avec les Princes estrangers, & par especial à nostre grand Roy Henry IV. du nom. Mais comme il advient ordinairement que les Jesuites meslans les affaires d'Estat avec leur Religion, se trouvent toutesfois de vrais escoliers nourris en la poussiere de leurs Colleges, aussi s'est trouvé le semblable en cestuy, lequel en deffendant la grandeur du Pape contre nos Roys, luy fait toutesfois en cet endroit son procez, plus qu'à nous. Car estimant que sous la proposition par nous mise en avant, que nos Roys ne peuvent estre excommuniez par le Pape, nous leur laschions toute bride à mal faire, pour desmentir nostre proposition; voici le premier mets dont ce Jesuite nous sert.

Neque ego hic aliis verbis utar, quàm primi Galliæ melioris vitæ parentis (il entend parler de sainct Remy Archevesque de Rheims) *ille nos doceat quid possit Episcopus in Galliæ Regem. Si Regium genus quod ad honorem sanctæ Ecclesiæ & defensionem pauperum, unà cum fratribus meis, & Coepiscopis omnibus Germaniæ, Galliæ, atque Neustriæ, in Regia Majestatis culmen, perpetuo regnaturum elegi, baptizavi, à fonte suscepi, donoque septiformis spiritus consignavi, & per ejusdem sacri chrismatis ordinavi in Regem. Si inquam aliquando genus illud Regium, per benedictionem meam toties consecratum, mala pro bonis reddens, Ecclesiarum Dei perversor, destructor, depopulator, gravis aut contrarius existere voluerit, convocatis Rhemorum Episcopis, primum moveatur, & deinde Ecclesia Rhemensis, adjuncta sibi sorore Ecclesia Trevirensi, iterum conveniat: tertio vero Archiepiscopis tribus, aut quatuor convocatis, princeps ille quicumque fuerit admoneatur. Quod si deinceps incorrigibilis contumacia spiritum non deposuerit, & se per omnia Deo subdens benedictionibus Ecclesiæ participare noluerit, elogium segregationis à Christi corpore ei ab omnibus porrigatur, totumque quod in persona Judæ traditoris Domini nostri Jesu Christi cantare solet Ecclesia, per singulas ei decantetur Ecclesias, fiantque dies ejus pauci, & principatum ejus accipiat alter.* Beau passage certainement que ce Jesuite nous met en main, par lequel j'apprends que nos Roys peuvent estre excommuniez, non par le Pape (car il n'en faict aucune mention) ains par nostre Eglise Gallicane seulement, & non encores en toutes occurences de fautes, mais quand ils se voüent à la ruine des Eglises de Dieu. Voila comment nos nouveaux Jesuites faisans semblant d'honorer le sainct Siege, pour s'aggrandir, le ruinent de fonds en comble. Mais quant à nous autres François qui sommes les vrais, legitimes, naturels & anciens enfans de l'Eglise Catholique, Apostolique, Romaine, & non nouvellement adoptez, nous en usons tout autrement. D'autant que nous ne desnions pas que nos Roys ne puissent estre censurez, ny pareillement que le Pape ne puisse estre de la partie en telles censures (comme toutesfois le Jesuite l'en forclost par ce passage) mais bien qu'ils ne peuvent estre de la main absoluë du seul Pape. Et comment doncques? C'est qu'avec son authorité, on y interpose celle de nostre Eglise Gallicane: tout de la mesme façon qu'il fut fait contre Lothaire Roy d'Austrasie, sous Nicolas premier du temps de la seconde lignée de nos Roys, & contre le Roy Philippes premier de ce nom sous Urbain II. en la troisiesme lignée, ainsi que j'ay touché cy-dessus plus amplement.

Or comme les Jesuites sont sans frein, & se laissent emporter à la mercy de leurs plumes, aussi ce grand gladiateur, pour ne laisser son Amphiteatre oiseux & en friche, aprés la premiere demarche, entre en une seconde, qui est que les Roys de France peuvent estre non seulement privez de leur Royaume, mais de leurs vies par leurs subjets, selon la diversité des occasions & circonstances. Leçon certes brutale, monstrueuse, & digne d'un esprit Jesuite, qui a pris sa nourriture entre les sauvages des Indes: mais non d'un cœur noble & genereux du François, que les estrangers ont honoré de cet Eloge particulier: *Francis id proprium ac peculiare, nullos unquam externos pati Principes: suos autem usque adeo amare & colere, ut pro eorum dignitate ac Majestate tuenda, non opes tantum, sed vitam ipsam profundere possint.* Je vous laisse à part, que tout ainsi que le Diable ne manque jamais *En son sur les vies Emp. reur.* de passages de la saincte Escriture, mal pris pour surprendre la conscience d'une ame foible, aussi ce grand Atheologien pour revestir sa detestable opinion de quelque pretexte, s'aide de quelques exemples du vieux Testament. Se donnant bien garde d'avoir recours au nouveau, qui doit estre le guide & fanal de nos deportemens: Au demeurant ne pensez pas que ce Jesuite d'Anvers, qui a l'esprit à l'envers, soit seul entre les Jesuites de cet advis. C'est une cabale qu'ils font trophée. L'un des plus signalez Peres de *En livre intitulé Summi sumtif. &.* leur Société est Emmanuel. Sa Docteur en Theologie, lequel se vante en ses Aphorismes de Confession, avoir esté quarante ans entiers, à nous fabriquer ce sainct œuvre, qu'il estime indubitable en ses propositions, puis qu'il les appelle Aphorismes. Voyons doncques quelle est la façon qu'il nous enseigne sur ce propos.

XIII. *Rex potest, per Rempublicam privari ob tyrannidem, &*

si non facit officium suum cum est aliqua caussa justa, eligi potest alius à majori parte populi. Quidam tamen solam tyrannidem putant.

XIV. *Tyrannicè gubernans lata sententia potest deponi à populo, etiam qui juravit ei perpetuam obedientiam, si monitus non vult corrigi.*

De ces maximes ils font gloire: car l'un de leurs plus favoris, Petrus Mathæus leur donne leur premiere loüange par ces deux mots: *Tyrannos aggrediuntur.* Paſſage amplement commenté par Montaigne, en sa Verité defenduë, où pour donner air à cette proposition, il faict les distinctions entre les vrays Roys & Tyrans. O pauvres Roys qui de toute ancienneté, par privilege exprez de Dieu, donnez la Loy à vos ſujets: Combien est aujourd'huy voſtre condition miſerable, puis que ſur les instructions & memoires de ces nouveaux Sires, vos peuples ont non ſeulement juriſdiction ordinaire, mais extraordinaire ſur vous. Et ſeront deſormais une anatomie de vos actions, pour ſçavoir ſi eſtes dignes, & de regner, & de vivre. Comme ils eſtiment cette proposition indubitable, & vray Aphoriſme d'Eſtat, auſsi luy ont-ils pluſieurs fois voulu faire ſortir effect contre la deffuncte Royne Elizabeth d'Angleterre, uns Campian, Parry, Squirre, & de fraiſche memoire contre leur Roy à preſent regnant par Garnet, & ſans ſortir des limites de noſtre Royaume, deux fois encontre noſtre grand Roy Henry. La Theologie Gallicane n'eſt point carnaciere. Elle nous enſeigne d'obeyr à nos Roys, ſoit bons ou mauvais (encores que graces à Dieu, nous n'en ayons jamais euz, que de bons,) Leçon qu'elle a appriſe du Sage dedans ſes Proverbes, de ſainct Pierre en ſa premiere Epiſtre, de ſainct Paul aux Romains, à Titus, à Timothée: du Prophete Baruth parlant à Nabuchodonozor, que Dieu avoit fait tomber en ſens reprouvé, du bel exemple de David perſecuté à tort par ſon Roy Saül. Nous eſtimons que tels que Dieu donne les Princes Souverains, tels ils les faut-il recevoir par les ſujets, ſans entrer en cet examen, s'ils ſont Roys ou Tyrans. Que celle-là eſt la vraye doctrine de Jeſus-Chriſt, lequel interrogé par Pilate, s'il ne cognoiſſoit pas avoir toute puiſſance ſur luy, reſpondit: Tu ne l'aurois pas, ſi elle ne t'eſtoit donnée d'en haut: Pilate meſchant entre les meſchans, beſongnoit ſoubs l'authorité d'un Tibere Empereur Payen, qui jouïſſoit de l'Eſtat de Rome, au prejudice du peuple Romain. Toutesfois ſans entrer en cognoiſſance de cauſe, ny de la qualité Payenne de l'Empereur, ny de ſon induë uſurpation, il fit joug: parce que cette puiſſance luy eſtoit octroyée de Dieu. Auſsi fut par le Concil de Conſtance, à l'inſtigation de noſtre grand Gerſon, Chancelier de l'Univerſité de Paris, celuy-là declaré heretique qui ſouſtenoit eſtre permis au ſujet de tuer ſon Roy exerçant tyrannie, quelque ſerment de fidelité qu'il luy euſt fait. La Compagnie des Jeſuites remua noſtre Eſtat en l'an mil cinq cens quatre-vingt-cinq, par ſes pratiques, & quelque temps aprés ces mal-heureux Livres d'Emmanuel Sa, & Petrus Mathæus furent expoſez en lumiere, pour enſeigner ſous faux tiltre leur deteſtable leçon aux François. Et à tant vous voyez par cecy la Prophetie de noſtre venerable Faculté de Theologie de Paris accomplie, quand par ſa cenſure elle predit, ,, que cette nouvelle Secte priveroit injuſtement ,, les Seigneurs, tant ſpirituels que temporels de leurs droicts, ,, & exciteroit pluſieurs troubles, partialitez & diviſions par- ,, my les peuples,, .

Mais recognoiſſons, s'il vous plaiſt, quelle eſt la ſuitte de ce beau livre d'Emmanuel: Nous ne fiſmes jamais de doute en cette France, que le peuple François, de quelque qualité qu'il fuſt, je veux dire, ou Seculier ou Eccleſiaſtique, eſtoit naturel ſujet de nos Roys: verité eſt, que l'Eccleſiaſtique commettant quelque delict, que nous appellons Commun en practique, on lui faict quelques paſſe-droicts en faveur de l'Egliſe: Mais aux crimes, & ſpecialement à ceux qui touchent le haut poinct, comme quand ils machinent contre le Roy ou ſon Eſtat, nous ne doutaſmes jamais qu'ils ne fuſſent reputez criminels de leze Majeſté, & comme tels ne peuſſent eſtre exemplairement chaſtiez, tout ainſi que les Laiz, tant par nos Juges Royaux, que Cours ſouveraines. Choſe entre nous tant privilegiée, que combien que le Confeſſeur ne doive en aucune façon reveler ce qui lui a eſté dict en Confeſsion, toutesfois il eſt tenu de venir à revelation de ceſtuy, autrement il encourroit le meſme crime de leze Majeſté. *Salus populi ſuprema lex eſto.* Du ſalut de noſtre Prince depend le ſalut general de nous tous. Faiſons donques derechef entrer ſur l'eſchaffaut ce grand Theologien Jeſuite, qui a baſty ſes Aphoriſmes par l'ordre Alphabetic.

XV. *Clerici rebellio in Regnum non eſt crimen laſæ Majeſtatis: quia non eſt ſubditus Regi.*

XVI. *Cognito magno Reipub. periculo per confeſsionem, ſufficit generaliter monere ut caveatur. Poteſt & is cui paratum eſt malum moneri, ut caveat tali loco, & tempore, modò non ſit periculum ut perdatur pœnitens.*

Conſiderez je vous prie en quel piteux deſarroy nous mettent ces nouveaux Religieux d'Eſtat, qu'ils aiment mieux que le Roy & ſon Eſtat ſe perdent, que celuy qui ſe diſpoſe de les perdre. Et introduiſent entre nous une eſpece de gens qui ne peuvent eſtre declarez criminels de leze Majeſté, conſpirans contre ſa Majeſté dedans ſon Royaume. Ces quatre dernieres propoſitions frappent ouvertement, tant contre le Chef, que le gros de noſtre Eſtat. Ce que je repreſenteray cy-aprés, ruïne la police commune de la France. Repaſſons encores ſur ces Aphoriſmes.

XVII. *Clerici familia ejuſdem eſt cum ipſo fori.*

XVIII. *Clerici bona poſſunt per judicem Eccleſiaſticum confiſcari, in caſibus in quibus Laici, ſic per leges puniuntur.* Par l'ordre Alphabetic.

XIX. *Clericus ob falſum teſtimonium coram judice ſeculari non poteſt per eum puniri.*

XX. *Clericus percuſſus à Laico, poteſt agere coram judice Eccleſiaſtico.*

XXI. *Clericus poteſt uti conſuetudine & ſtatuto Laicorum ad ſuam utilitatem.*

Voulant dire que la couſtume ne le lie s'il ne luy plaiſt.

XXII. *Epiſcopus poteſt ſub pœna excommunicationis cogere ſibi exhiberi teſtamenta defunctorum, eaque exequenda curare.*

XXIII. *Epiſcopus poteſt imponere Beneficio quod confert penſionem ad alendum pauperem Clericum.*

XXIV. *Fœmina non ſolet ſuccedere in feudo.*

XXV. *Inteſtato Clerico non habenti cognatos, ſuccedere debet Eccleſia cui ſerviebat, ſed forté jam ſuccedit Camera Apoſtolica.*

XXVI. *Ad ſupplicium ductus Reus non tenetur fateri quod male negavit, niſi alioqui grave damnum ſequeretur.*

XXVII. *Reus non eſt cogendus à Confeſſore fateri crimen.*

Le Cardinal Bellarmin en ſon traicté de l'Exemption des Eccleſiaſtics, chap. 1. Propoſitions 3. & 4.

XXVIII. *Non poſſunt Clerici à Judice ſeculari judicari, etiam ſi leges civiles non ſervent.*

XXIX. *Bona Eccleſiaſtica, quàm ſæcularia Clericorum libera ſunt à tributis Principum ſæcularium.*

Toutes propoſitions qui derogent formellement au droict commun de noſtre France: & leur donnant cours c'eſt bouleverſer noſtre Eſtat. Mais ſur tout je vous prie de conſiderer de quelle conſequence eſt l'impieté des vingt-ſixieſme & vingt-ſeptieſme articles. De ſouſtenir que celuy qui eſt preſt de rendre ſon ame en l'autre monde, ne ſoit tenu à la mort de recognoiſtre pardevant le Magiſtrat, la verité qu'il avoit fauſſement deniée: & que ſon Confeſſeur le doive adſtraindre de la recognoiſtre. C'eſt à dire qu'il donne abſolution à celuy qu'il voit emporter avecques ſoy un peché mortel & criminel devant Dieu. Les Jeſuites preſchent aux Egliſes, inſtituent toutes ſortes de perſonnes dedans leurs Colleges, peuvent faire imprimer leurs livres ſous l'adveu de leur General, & ſur tout ſont Maiſtres paſſez en matiere de Confeſsions. Bon Dieu! quelles poiſons peuvent-ils ſemer en public parmy le peuple, par leurs preſches, leçons, & livres: & beaucoup plus en particulier par leurs Confeſsions à l'endroit d'une pauvre conſcience timorée, qu'ils meneront à baguette par leurs foudroyantes menaces! Je ſçay bien que quelque flagorneur Jeſuite, qui aura l'aureille de ſon Maiſtre, deſadvoüera les livres par moy cydeſſus touchez, comme diſcours d'uns & autres particuliers des leurs, qui ne peuvent prejudicier à toute leur Compagnie. Car pour bien dire, le deſadveu leur eſt autant familier, que de publier à face eſhontée leurs conceptions. Mais à cecy je reſponds, que nous devons tenir pour chose tres-aſſeurée,

asseurée, que jamais livre ne vient de leur part, qu'il n'ait esté approuvé par leur General. *Libri edi non poterunt (disent leurs Constitutions) sine Approbatione, & consensu præpositi Generalis, qui eorum examinationem tribus committit.* Et combien que leurs Ordonnances soient telles, toutesfois il ne faut trouver estrange leurs desadveuz en telles affaires pour trois causes. La premiere d'autant que hors-mis leurs vœux, ils peuvent pecher sans pecher, quand cela se tourne au profit & utilité de leur Société. Cela s'appelle en leur Caballe, un peché faict en l'honneur de Dieu: *Nimirum (porte le pretexte) ut loco timoris offensæ succedat amor & desiderium omnis perfectionis, & ut major gloria, & laus Christi creatoris, ac Domini nostri consequatur.* La seconde, que par leurs vœux, ils sont tenus d'obeïr à leur General, d'une obeïssance autant aveugle & absoluë, comme à nostre sainct Pere le Pape. De maniere que le General n'ayant autre but en la teste, que l'advancement de son Ordre, il ne faut point faire de doute, qu'envoyant ses supposts par unes & autres Provinces, pour provigner leur Societé, il ne les charge de desadvoüer toutes choses, qu'ils verront prejudicier à leur faict, encores que la verité soit contraire, à quoy ils sont obligez d'obeïr. Parce qu'en la rencontre & concurrence de ces deux, le merite de l'obeïssance de l'inferieur au Superieur, efface autant aveugle le demerite de la materie. Et finalement pour se garentir d'un mensonge, ils sont trouvé un nouveau formulaire, de dire d'un, & penser d'autre, qu'ils appellent equivoquer. Venin dont ils ont tellement empoisonné les pauvres Catholiques Anglois, sous la conduite de Garnet leur Archi-prestre, que la plus part d'eux ne contractent aujourd'huy ensemble qu'avec cette protestation expresse: qu'ils entendent besongner sans aucune equivocation. Tel est le terme de leur pays. C'est en bon langage ce que disoient les meschantes ames des Payens: *Juravi lingua, mentem injuratam habeo:* Parolle desjors detestée par tous les gens de bien, ores qu'ils ne fussent Chrestiens.

Ce que j'ay cy-dessus discouru, regarde le salut de nos Roys, & de leur Estat: Car quant aux autres incompatibilitez qui sont entre les Jesuites, & nous, je vous renvoye à mon Catechisme, auquel trois des leurs faisans contenance de vouloir respondre (non à tout, ains à une quatriesme partie pour le plus) le premier a dedans son livre de la Chasse, representé un chien enragé, qu'ils ont tout aussitost estoufé, l'autre dedans son Apologetic, une pie babillarde empennée des plumes d'un oyseau qu'on appelle Duc, & le dernier dedans son Amphitheatre, une beste sauvage allouvie, revestuë de la peau de l'Asne d'Apulée. Seulement prié-je le Lecteur, que despoüillant toute passion, il lise leurs livres, & le mien, & les compare piece à piece, afin qu'ils puisse juger sainement, qui est celuy de nous sur lequel doit demeurer le dementir. Et cependant sçachant combien ils ont faict pour moy par leurs escrits, ores que j'aye esté contre leurs intentions, toutesfois pour n'en estre ingrat, je leur fay present de ce quatrain qu'ils insereront s'ils me croyent sur le commencement de leurs livres.

Peres, Chasseur, Charlatan, Escrimeur,
Qui deffendez fort mal le Jesuisme,
O combien peu vous doit vostre Imprimeur;
O combien plus vous doit mon Catechisme!

En la derniere impression de ces miennes Recherches, qui fut en l'an 1607. je finy ce troisiesme Livre, & le present Chapitre de la façon que dessus. Je supplie maintenant les Jesuites, & les adjure au nom de ce grand Jesus, qu'ils portent pour leurs enseignes, de mettre la main sur leurs consciences, & d'entrer en une conference Chrestienne & amiable avecques moy. Deslors commença de courre un livre d'un je ne sçay quel Marane, Jean Mariane Espagnol de la Societé de Jesus, sous tiltre de l'institution du Prince, Livre escrit en termes Latins non inelegans, qui donnent assez d'envie au Lecteur de jetter l'œil dessus. Ce meschant homme non content de trois ou quatre Aphorismes d'Emanuel Sa Jesuite, que je vous ay cy-dessus representez, les voulut r'envier de deux longs commentaires, je veux dire,

de deux chapitres en son premier Livre, par le premier desquels il recite par tenans & aboutissans de la mort de nostre bon Roy Henry troisiesme, execrablement commise par un Frere Jacques Clement Jacobin, qu'il canonise, & colloque entre les ames bien-heurées. De-là continuant le fil de son discours, il deduit le pour & le contre de la mort des Roys, & enfin ferme sa question sur l'affirmative, & soustient qu'il est permis au sujet de tuer son Roy, regnant d'autre façon que celle qu'il propose. Vous sçavez l'execrable parricide inopinement advenu au milieu des joyes publiques dedans la ville de Paris en la personne de nostre Grand Roy Henry, depuis trois ou quatre mois, *cujus animus meminisse horret, lectúque refugit.* De moy je veux croire, & tenir pour proposition tres-certaine, que nul des Jesuites habituez dedans la France n'y a presté aucun consentement, veu les obligations qu'ils avoient tous, tant en general qu'en particulier à ce grand Prince. Mais tant y a que nul, voire de ceux qui plus ont favorisé leur party, ne revoque aucunement en doute ce meschant monstre, qui a commis ce detestable parricide, ne l'ayt faict sur les instructions de ce Marane, par lesquelles les deux interlocutoires de Barriere, & de Chastel se sont malheureusement tournez en une diffinitive. Je voy que le Pere Coton Jesuite, pour destourner ce coup des siens, a depuis exposé en lumiere un certain petit manifeste, par lequel il entend prouver de divers passages, que l'opinion commune de leur Societé est toute autre. S'il est ainsi, il faut faire le procez au Pere Claude Aquevive leur General, sans l'authorité duquel, ou de ceux par luy commis, il n'est permis aux Jesuites de faire imprimer aucun livre sur les peines portées par leurs Constitutions. Comme de faict vous le voyez estre icy practiqué par ce placard, mis au frontispice du livre de ce Marane, dont la teneur est telle: *Stephanus Hojeda Visitator Societatis Jesu in Provincia Toletana, potestate speciali facta à nostro Patre Generali Claudio Aquaviva, facultatem ut imprimantur libri tres quos de Rege, & Regis institutione composuit P. Joannes Mariana ejusdem Societatis, quippe approbatos prius à viris doctis & gravibus ex eodem nostro ordine. In cujus rei fidem has litteras dedi meo nomine subscriptas, & mei officii sigillo munitas. Madriti in Collegio nostro, quarto Nonas Decembris M.D. LXXXXVIII.* Et d'autant que j'ay voulu que cecy fust notoire à tout le monde, je l'ay ainsi traduit de mot à mot. "Je Estienne Hojeda Visiteur de la Societé de Jesus en la Province de Tolede, par le pouvoir special de nostre Pere General Claude Aquevive, permets de faire imprimer les trois livres que Jean Mariana Pere de la mesme Societé a composé, du Roy & de son Institution; Et ce pour autant que ils ont esté approuvez par cy-devant, par des gens doctes & graves de nostre mesme Societé. En tesmoignage dequoy j'ay donné ces lettres soubs-signées de mon nom, & seellées de mon Seau à ce requis. De nostre College de Madrid le 5. Decembre 1598. Signé Estienne Hojeda Visiteur". Outre laquelle permission vous verrez leur Provincial de Onna l'avoir entant que besoin estoit de plus en plus approuvé, par le tesmoignage qu'il en donne, & qu'on a mis au commencement du Livre.

Le Pere Coton par les Constitutions de leur Ordre, doit une obeïssance aveugle aux ordonnances de son General, sans qu'il soit loisible d'entrer en cognoissance de cause, si bien ou mal il a ordonné. C'est pourquoy je remets au jugement du Lecteur d'examiner s'il est en sa puissance par un petit manifeste de desadvouer ce qui a esté trouvé bon, non tant par celuy qui a esté commis par Aquevive, que par le Provincial de Tolede, & encores par les plus doctes de leur Compagnie, comme vous voyez estre arresté par le placard cy-dessus collationné; singulierement en esgard que cela mesme qui a esté observé en ce livre dans l'Espagne, se garde par toutes les autres nations, esquelles Aquevive commet examinateurs des Livres que l'on veut faire imprimer, parce que les quatre Assistans qui sont prés de luy dedans Rome pour cet effect n'y pourroient fournir, & neantmoins je à Dieu ne plaise, les affaires de France estans en l'estat que je les voy aujourd'huy, qu'il soit rien innové au prejudice de leur famille.

FIN DU TROISIESME LIVRE DES RECHERCHES.

LES RECHERCHES DE LA FRANCE.
LIVRE QUATRIESME.

CHAPITRE I.

Du Gage de Bataille dont userent anciennement les François, pour la verification de leurs faicts, & par especial és matieres criminelles.

Out homme de bon entendement, sans voir une histoire accomplie, peut presque imaginer de quelle humeur fut un peuple, lors qu'il lit ses anciens Statuts & Ordonnances, & d'un mesme jugement peut tirer en conjecture quelles furent ses loix, voyant sa maniere de vivre. Car à dire le vray, les loix bien ordonnées en un pays, forment aux sujets une habitude de mœurs, qui semble au long aller estre en eux empraintes par la disposition de leur nature. Quand Cyrus Roy de Perse voulut abastardir les Lydiens, qui luy avoient donné par le passé tant d'affaires, il leur ordonna loix de danses, de femmes & de cabarets, avec interdiction de toutes sortes d'armes : tellement qu'en peu de temps les hommes auparavant aguerris le possible, commencerent au lieu de leurs glaives, à manier le fuseau exerçans offices de femmes. Et au contraire Lycurge voulant rendre le peuple de Lacedemone duict à tous les travaux militaires, fit en sorte par ses ordonnances que les femmes mesmes estoient plus promptes & disposées à supporter le faix de la guerre, que plusieurs autres hommes de la Grece. Ayant autresfois entendu par les bouches d'autruy que nos François bannirent à jamais des Gaules les Romains, exterminerent de tout point la famille des Bourguignons, chasserent les Visigots, puis conquirent l'Allemagne, l'Italie, & partie des Espagnes, je presumois en moy-mesme que ceux qui avoient eu charge de leurs loix, avoient esté sur toutes choses studieux de les nourrir perpetuellement aux armes, leur apprenans à ne faire non plus d'estat d'une mort honorable, que d'une penible vie. Et depuis goustant à meilleures enseignes nos histoires, je trouvay mon imagination n'estre vaine, & que tout ainsi que volontairement ils s'exposoient au lict d'honneur, aussi estoient toutes leurs anciennes Ordonnances militaires. Je trouvay, pour commencer par le chef, que les Roys arrivans à la Couronne, au lieu des Sacres somptueux, & despensifs, qui depuis furent observez par la France, estoient par les Princes, & grands Barons, portez sur leurs boucliers, ou escussons par le camp, & mis en cette maniere en veuë de toute leur gendarmerie, pour faire entendre à chacun que sur l'appuy des armes ils devoient fonder l'entretenement de leur Estat. Je trouvay qu'aux afiliations (les Latins les nomment adoptions) qui se faisoient entre les Roys, Princes, & autres grands Seigneurs, ils s'entrepresentoient une hache, donnant par cela le percè à cognoistre à celuy qu'il prenoit à fils, qu'il vouloit que luy succedant en ses biens, il les conservast par le glaive : & de ces institutions miliaires est venu que nos Roys sont armez faisans leurs entrées dans Paris. Parquoy voyant toutes ces choses, je ne trouvay trop estrange que la preuve & decision de leurs causes, & specialement Criminelles, despendissent du trenchant de leurs espées. Qui est le sujet du present Chapitre.

Je ne veux approuver cette forme de Justice : mais tant y a que l'ancienne observance non seulement és matieres extraordinaires, telle que je diray cy-aprés, mais aussi en quelques Civiles estoit, de faire entrer en camp clos deux champions par authorité du Juge ordinaire, pour le soustenement de nos droits. Chacun se rendant asseuré de la justice de sa cause, par la decision du combat : Comme si Dieu n'eust voulu octroyer la victoire que la part où estoit le bon droict : & m'esbahi comme cette ancienneté soit passée devant les yeux du docte Alciat, sans la voir, au traicté qu'il a faict de la Monomachie, luy (dy-je) qui avoit esté plusieurs années Docteur Regent en l'Université de Bourges. Le premier lieu où je trouve ces combats singuliers avoir esté condamnez, fut au Concil tenu en la ville de Valence 855. sous le Roy Lothaire, où l'on excommunie celuy qui en telles affaires tueroit son ennemy, & declare-l'on le cadaver du tué indigne de recevoir sepulture en terre saincte. Adoncques ce mesme Lothaire

Lothaire qui s'estoit separé d'avecques sa femme Torbergue, pour quelque soupçon d'adultere, vouloit soubmettre le gain de ceste cause au jugement de l'espée. Le Pape Nicolas premier de ce nom luy remonstra par lettres, que ceste voye estoit contre les ordonnances de Dieu, & non aucunement tolerable. Ce neantmoins les choses depuis se passerent de telle façon, que non seulement les procez se vuiderent à la pointe de l'espée, mais aussi se trouve qu'un point de droit fut jugé par ceste mesme procedure au pays d'Allemagne. Le Moyne Sigebert nous raconte qu'il se presenta une question devant l'Empereur Othon I. de ce nom, sçavoir si en succession directe representation avoit lieu ; en la resolution de laquelle les Docteurs se trouvans empeschez, il fut trouvé bon de remettre la decision de ceste obscurité au jugement des armes, & furent choisis deux vaillans combattans pour le soustenement du pour & du contre. Combat qui succeda si à propos, que la victoire demeura à celuy qui estoit pour la representation, qui fut cause que l'Empereur ordonna que les arriere-fils & filles succederoient à leurs ayeuls & ayeules, avecques leurs oncles & tantes, tout ainsi qu'eussent fait leurs peres & meres s'ils eussent vescu. Cela est esmerveillable, mais vous ne vous esbahirez pas moins quand vous entendrez que quelquesfois la Cour d'Eglise les authorisa. Ainsi le trouverez-vous dans Yves Evesque de Chartres, escrivant à l'Evesque d'Orleans : *Clerici vestri* (dit-il) *nuper ad nos revertentes, qui causa Comitis Theobaldi Aurelianis interfuerunt, retulerunt nobis quod quidam miles Domini Radulphi quemdam militem Comitis, ad Monomachiam provocaverit, & hanc provocationem Ecclesia vestra judicio confirmaverit, & diem peragendæ Monomachiæ constituerit.* Chose dont Yves la reprend aigrement. Et en une autre lettre escrivant à Guillaume Archidiacre de Paris, il l'admoneste de tenir la main, à ce qu'on ne donne Gage de bataille pour une cause pecuniaire. Mais sur tout est fort notable ce qu'il escrit à Raimbert Archevesque de Sens, disant qu'il s'estoit meu pardevant luy une question, entre le Comte Rotrou, le Vicomte de Chartres, & le Seigneur de Courville, pour raison de quelque teneur feodale, où après avoir ouï les parties, il les renvoya par devers le Juge de la Comtesse de Chartres, d'autant que la matiere estoit disposée de passer par le Gage de bataille. Le texte du passage est tel : *Qua altercatio cum aliquandiu durasset, præcepimus judicium fieri, judicatumque, quia hæc caussa sine Monomachia terminari non poterat, & judicium sanguinis nobis agitare non liceret, ut utraque pars iret in curiam Comitissæ, ad quam talia judicia pertinebant, & de cujus feudo ista tenebant.* Quand je vous allegue Yves Evesque de Chartres, je le vous pleuvy pour l'un des premiers personnages de son siecle, lequel ne s'offence pas trop de cette monomachie, sinon qu'il pense que la cognoissance n'en peut appartenir au Juge d'Eglise, non qu'il estimast ce fust bien fait, car ailleurs il recognoist que c'estoit offenser Dieu de vouloir sonder ses secrets par telles voyes induës, mais parceque le commun usage de nostre France estoit tel. Il est tombé entre mes mains un livre escrit à la main, dont j'ay deux coppies de mesme substance, portant intitulation. "Ce sont les establissement le Roy de France que li Prevost de Paris, & Orleans tiennent en lor plaits. Dans lequel vous trouverez. Nous deffendons bataille par tout nostre Royaume en toute querelle, mais nous n'ostons mie les clains, les responds, & contreclains, ne tous autres contrevenans, qui ont esté accoustumez en Cour Laye jusques à ores, selon les usages de divers pays, fors itant que nous en oftons les batailles, & en lieu des batailles nous mettons preuve de tesmoins, & de chartes. Et peu après. En querelle de servage cil qui demande homme comme son serf, il fera sa demande, & poursigra sa querelle jusques au point de la bataille : Et en lieu de bataille, cil qui prouvoit par bataille, prouvera par tesmoins & chartes. Et en un autre endroit. Se aucuns appelle son Seigneur de faute de droit, il conviendra que la de-faute de droit, soit prouvée par bons tesmoins & leaux lettres, & non mie par la bataille." Desquels passages on peut recueillir qu'auparavant ces deffenses, il y avoit certaines matieres où l'on employoit pour preuve, l'espée, au lieu de la plume, quand la plume testimoniale ou litterale n'estoit suffisante.

Car quant aux matieres criminelles, le style commun estoit d'user des Gages de batailles, aux delits ausquels estoit question de perte de corps, ou de membre. Ainsi le trouverez-vous en la mesme Ordonnance de Paris, & d'Orleans, où après avoir inseré un long article de l'ordre judiciaire, qui devoit estre à l'advenir observé quand il seroit question d'un meurdre, il adjouste : "En itel maniere va l'en avant querre les cas de haute Joustice, que nous nommerons, de Trahison, de Rat, d'Arçon, de Larrecin, de Muertre, & de tous crimes, où il y a peril de perdre la vie, ou membres, là où l'on faisoit la bataille, & en tous ces cas devant dits y seront tesmoins amenez". Ce qu'il appelle Rat & Arçon, veut dire Rapt & Incendie. Qui monstre qu'auparavant l'ordre commun de Justice estoit de prouver le crime par le Gage de bataille. La police que l'on y tint après ces deffenses est telle qu'il est porté par un article, parlant du meurtre. "Nous commandons que se aucuns veut appeller aucuns de muertre, qu'il soit ouiz attentivement. Et quand il viendra faire sa clamor, que l'en ly die, Se tu veux nully appeller de muertre ou de trahison, tu seras ouïy, mais il convient que tu le lies à souffrir mesmes peines que tes adversaires souffreroit se il estoit attaint, & sois bien certain que tu n'auras point bataille, ains te convaincra prueuer par bons tesmoins jurez, & convient que tu en ayes deux pour les mains, & bien amene tant de tesmoins qu'il te plaira à pruever, tant que tu cuidras qu'il ayder te doye, & si te vale ce qui se doit valoir : Car nous ne t'ostons nulles prueves qui ont esté receuës en Cor Laye, fors le Gage de bataille, & en lieu de la bataille, sçache bien que tes adversaires pourra bien dire contre tes tesmoins s'il veut. Et se cil qui appellera veut quand l'en ly ara enfy dit, ne veut pour ligier sa clamor, laissier la puet sans peine, & sans peril, & s'il veut sa clamor poursigre, il le sera, & aura son respit, & celuy qu'on appellera aura tes deffenses, & ses contremans selon la coustume dou pays, & de la terre. Et quand vendra au point où la bataille souloit venir, cil qui par bataille prueva se bataille fut, si pruevera par bons tesmoins, & la Joustice ly fera venir ses tesmoins aux cousts de celuy qui le requiert, se ils sont de son pouvoir. Et se cil contre qui les tesmoins seront amenez, veut aucune chose dire contre les tesmoins, l'en l'orra. Et se la raison est bonne & aperte, & communément sceuë, les tesmoins ne seront pas receus. Se la raison n'est communement sceuë, & elle est niée de l'autre partie, l'en enquerra les tesmoins de l'une partie, & de l'autre, & seront li dit publié aux parties".

Article qui nous enseigne l'ordre que l'on commença de pratiquer en matiere criminelle, tant en la Prevosté de Paris, que Bailliage d'Orleans. Or le premier des nostres qui deffendit ceste police fut sainct Louys, & après luy Philippes le Bel son petit fils, lequel par son Ordonnance de l'an 1303. dit que suivant les traces du Roy sainct Louys son ayeul, il deffendoit tous ces Gages, nonobstant toute coustume à ce contraire, qui devoit estre plustost reputée une corruptelle de mœurs, & ce par l'advis de ses Prelats, & Barons. Ce nonobstant encores ne peut-il y apporter si bon ordre qu'il ne fust puis après contraint d'y donner quelque relasche : tant a de tyrannie sur nous une coustume de longue main enracinée en un pays : D'autant que par autre Edit fait en l'an 1306. sur ce qu'on luy donna à entendre que l'on commettoit plusieurs meurtres en cachette, pour la verification desquels on ne pouvoit trouver tesmoins, les meschans se promettans impunité de mal-faire par le moyen du precedent Edit : Pour ceste cause il permit encores les Gages de bataille, en quatre circonstances concurrans ensemble, que le crime fust de telle suite, qu'il emportast peine de mort, que le fait eust esté commis proditoirement, & tel qu'il fust mal-aisé d'en faire preuve par tesmoins, qu'il y eust quelques presomptions violentes, non toutesfois concluantes encontre le prevenu : & finalement que ce fust chose certaine que le delit eust esté commis. Depuis ces deffenses generales ainsi faites, il decerna ses lettres Patentes au Seneschal de Tholose, afin qu'il eust à renvoyer toutes telles causes devant luy au Parlement de Paris.

De pouvoir icy raconter toutes les solemnitez par lesquelles on y procedoit, ce seroit chose fort mal-aisée, que je ne die impossible, attendu la disette que nous

avons

avons de nos Histoires, toutesfois voicy la forme que je trouve avoir esté tenuë au pays de Normandie, ainsi que j'ay tiré de l'ancien Coustumier, qui est le Livre de tous ceux que j'ay jamais leuz, qui nous en baille les plus fideles instructions. Quiconque entreprenoit l'accusation de quelqu'un pour cas qui meritast mort, falloit que tout d'une main il offrist verifier le crime par armes de sa personne à personne. Et estoit tenu l'accusé de comparoir personnellement devant le Juge au jour qui luy estoit assigné, auquel lieu aprés avoir entendu la plainte de l'accusateur en termes bien conceuz, l'accusé desnioit le fait, sur cela estoient jettez les Gages d'une part & d'autre en plaine justice, & estoit premierement pris par le Juge le Gage du deffendeur, puis celuy du demandeur. Dés l'heure les deux champions estoient confinez en la prison du Duc, jusques au jour du combat: & estoit le haut Justicier tenu de leur administrer armes sortables & necessaires. Pouvoient ce neantmoins tous deux estre mis en la garde des gens de bien, qui estoient tenus les presenter vifs ou morts au jour du combat. Et si cependant il advenoit à l'un d'eux quelque mechef, les gardes en estoient punis s'ils s'en trouvoient coulpables, portant telle peine que le combattant eust enduré, s'il eust esté vaincu, qui estoit ordinairement de mort ou d'infamie. Ne laissoit toutesfois celuy qui s'estoit rendu fuitif d'estre proclamé à son de trompe & cry public, & à faute de comparoir estoit declaré ou faux denonciateur, ou attaint, & convaincu du cas que l'on luy imputoit. Au demeurant le jour du combat se devoient les deux champions representer devant le Juge avant l'heure de midy, armez à la legere, & falloit qu'ils eussent les cheveux couppez trois ronds au-dessus les oreilles, se pouvoient oindre devant qu'entrer en jeu pour avoir les membres plus souples. Là revoyoient-ils leurs demandes & deffenses, y adjoustans ou diminuans, selon ce qu'ils pensoient avoir plus ou moins dit. Puis entroient au camp clos, auquel y avoit quatre Chevaliers par eux esleuz pour la garde d'iceluy. Le surplus du peuple estoit hors la lice. Adoncques se faisoit le cry du Duc, afin qu'aucun n'eust à nuire en dit, fait, ou signe, à aucuns d'eux: Les deux champions entrez au camp s'entretenans par les mains, s'agenoüilloient, & juroient chacun en son endroict avoir bonne cause. Lors leur estoient demandez leurs noms, & s'ils croyoient pas en Dieu le Pere, le Fils, & le Sainct Esprit: & aprés avoir dit reciproquement que oüy, le deffendeur disoit: Escoute homme que je tiens (l'appellant par son nom) ce Dieu m'aist, je n'ay point commis le forfait, duquel tu m'accuses: l'autre luy respondant par son nom, luy disoit qu'il en avoit menty. Puis juroient d'user sur foy d'aucunes sorcelleries: Alors l'on bailloit à tous deux leurs armes, & se separoient les quatre Mareschaux du camp, se mettans à l'heure entre eux deux, pendant lequel temps se mettoient tous deux devotement en oraison. Quoy fait, les quatre Mareschaux se retiroient aux quatre coings du camp, & lors crioit-on par le Duc, Laissez-les aller. A laquelle parole decochoient l'un contre l'autre, & joüoient à qui mieux mieux de leurs cousteaux. Le vaincu estoit ignominieusement trainé hors du camp, & pendu à un gibet, ou bruslé, selon l'exigence du cas. Car, & l'accusateur, & l'accusé estoient de mesme loy pour ce regard. Bien est vray que l'accusé estoit de meilleure condition, en ce que s'il n'estoit vaincu quand les Estoilles apparoissoient, il estoit reputé victorieux, & est chose fort notable & digne de grande recommandation, que j'ay veu avoir esté religieusement gardée par les Normans, lesquels en tous Gages de bataille, permettoient de parler de Paix, & la faire par le congé de la Justice en tout temps, jusques à ce que la bataille fust menée à fin, excepté en suite de Trahison, ou de Larcin, comme de crimes trop lasches, & pour lesquels n'y escheoit entre gens de bon cœur, pardon. Toutes ces choses se faisoient quand il y avoit accusateurs: Et quand il n'y en avoit, & que neantmoins quelqu'un soupçonné par signes & conjectures poignantes d'avoir commis un delit, estoit apprehendé par justice, il estoit nourry an & jour, en prison, au pain & à l'eau: ce qui estoit fait là, & au cas qu'il ne se soubmist à l'inquisition de Justice: Que si peut-estre il s'y soubmettoit, alors estoient appellez sous main les tesmoins, sans les advertir à quelle fin on les appelloit.

Telle estoit la commune usance qui s'observoit au pays de Normandie és matieres de crime, de laquelle paravanture on peut imaginer au plus prés quelle fut la façon de faire en tel cas par tout le reste de la France. Car encores que les pays & contrées ayent leurs Coustumes locales, toutesfois ordinairement le style & forme de proceder est universel, hors-mis que l'on y adjouste ou diminuë en chaque endroit plus ou moins.

Depuis la prohibition generale de Philippes le Bel, s'il offroit quelque question de Gage de batailles, les Juges ordinaires eurent les mains closes, & n'y avoit que le Roy en son Grand Conseil, ou la Cour de Parlement, qui en peust cognoistre. Et est grandement celebré le combat qui fut accordé par le Parlement en l'an 1585. entre le Seigneur de Carrouges & Jacques le Gris. Et parce qu'en telles affaires on eut recours à gens qui manioient la plume, pour prendre langue & conseil d'eux, aussi on y trouva des subtilitez, ou pour mieux dire des chicaneries. De là vint que l'on disputa si un homme ayant appellé un autre au combat, jettoit son Gage en Justice, il estoit permis à autre que sa partie adverse de le relever, & si pour l'avoir relevé il n'encouroit point l'amende. De là, un homme estant appellé pour un delit, ne donnant un dementir à celuy qui le provoquoit, si par ce defaut il prejudicioit à sa cause, comme confessant tassiblement le crime. Sur quoy furent donnez deux Arrests rapportez par Jean Gallus en la premiere partie de ses Decisions: & d'une mesme main on apprenoit au demandeur à se donner garde de mesprendre. Et pour cette cause il devoit sur toute chose se garder de conclure à tuer, & vaincre le deffendeur. D'autant qu'il se fust obligé à tous les deux: Qu'il protestast de combattre de sa personne à personne, ou par advoüé. Car n'adjoustant ce mot advoüé, il se fust necessité au combat de sa personne. Qu'il declarast entendre combattre à pied ou à cheval: autrement il ne se soubmettroit qu'à l'une des deux conditions. Aprés lesquelles conclusions, l'Advocat du deffendeur proposoit ces communes demarches, que l'on appelle en l'escrime de pratique, Declinatoires, & Dilatoires, & empeschoit par tous moyens que le crime ne tombast au hazard du combat. Et neantmoins s'il accordoit liberalement d'y descendre, falloit premier que faire aucune offre de combattre, qu'il niast le fait qu'on luy imputoit, afin qu'il ne semblast l'avoir confessé. Et davantage ne falloit qu'il conclust non plus que le demandeur à rendre son ennemy vaincu & mort: parce qu'il fust entré en obligation de s'acquitter de l'un & de l'autre: Et neantmoins entant qu'à luy estoit, il suffisoit qu'il se maintinst vain & sauve, jusques à ce qu'il eust vaincu jusques au raiz de la nuit. Car en ce cas il estoit estimé estre arrivé au-dessus de la victoire. Celuy qui sera soucieux d'entendre par le menu toutes les particularitez des demandes & deffenses, pourra lire le vieux style de Parlement.

Toutes lesquelles subtilitez ont esté depuis retranchées: Car aussi n'y a-il plus que le Roy qui puisse decerner les combats, & encores entre Gentils-hommes, lesquels font profession expresse de l'honneur. Car il n'est plus question de crime, ains seulement de se garantir d'un desmentir, quand il est baillé. En quoy les affaires se sont tournées de telle façon, qu'au lieu où les anciens accusans quelqu'un, le deffendeur estoit tenu de proposer ses deffenses par un desmentir, ny pour cela il ne perdoit pas sa qualité de deffendeur. Au contraire si impute aujourd'huy quelque cas à un homme, & qu'il me desmente, je demeure dés lors l'offensé, & faut que pour purger ce desmentir, je demande le combat. Tellement que mon ennemy n'est plus fondé que sur la deffensive. Ayant un grand advantage sur moy. Parce que pour joüer le personnage de deffendeur, il a le choix des armes, & moy seulement du champ de bataille: & se peut aguerrir sous main à telles armes qu'il luy plaist, dont il me saluë à l'impourveu le jour du combat. Qui n'est pas un petit advantage pour luy: Et ainsi le vismes-nous pratiquer en l'an 1547. au combat de Jarnac, & la Chastigneraye, au parc de S. Germain en Laye devant le Roy Henry II. Cela est cause, que combien que les Advocats ne soyent plus appellez en telles matieres, si est-ce que tous ces Messieurs qui traittent les armes, apportent une infinité de sophistiqueries, pour faire tomber le desmentir sur leur ennemy, afin s'il est possible que le choix des armes demeure par devers eux.

CHAPI-

CHAPITRE II.

De l'attouchement du fer chaud, autre maniere de preuve que l'on observoit quelquesfois és causes Criminelles.

NOus eusmes trois sortes de preuves pour la verification des crimes, l'une qui estoit en tout & par tout guerriere, dont j'ay cy-dessus parlé. L'autre pleine de damnable superstition, dont je parleray maintenant, & la troisiesme pleine de Religion, que je reserve au Chapitre suivant. Celle dont j'entends traicter en ce lieu estoit d'averer le crime par l'attouchement du fer chaud. Car si l'accusé le supportoit patiemment sans se brusler, il estoit en voye d'absolution, autrement il perdoit sa cause. Et de là paravanture est venu ce commun proverbe entre nous, quand voulans asseurer une chose pour tres-veritable, nous disons, que nous en mettrons bien nostre doigt au feu. Or estoit cette loy tres-ancienne, parce que l'un des articles de la Loy Salique redigée par Ansechise Evesque, portoit : *De manu ab aneo redimenda* ; Quelques-uns lisent, *Ignio*, d'un mot barbare. Soit l'un ou l'autre, c'estoit que l'on rachetoit quelques-fois en Justice, la rigueur du fer ou airain chaud, moyennant certaine somme de deniers. Le Moine Gratian au C. Memnam, dit que S. Gregoire escrivant à la Royne Brunehaut, du procez que l'on vouloit faire à Menna Evesque de Tholoze, detestoit cette procedure. *Vulgarem denique* (porte le Canon) *& nulla canonica sanctione fulcitam legem, ferventis scilicet aquæ, sive frigidæ, ignitique ferri contactum, aut cujuslibet popularis inventionis, exhibere te nolumus*. Je trouve ce mensonge loüable, ayant tous interests d'estimer ce grand sainct Pape condamna cette superstition. Toutesfois l'Epistre huictiesme de l'unziesme Livre de S. Gregoire, dont l'on pretend avoir esté extrait ce Canon, n'en fait nulle mention. Gratian le doit à Yves Evesque de Chartres en sa 91. Epistre, lequel l'attribuë au Pape Alexandre troisiesme, qui fut long-temps aprés S. Gregoire. Le passage plus notable que j'ay remarqué pour ce sujet du Supplément d'Aimoin, où parlant de l'ambition extraordinaire de Charles le Chauve, qui non content d'avoir contre tout ordre de Droit spolié ses nepveux de l'Empire d'Italie, les vouloit encores frustrer du Royaume de la Germanie, estant de là le Rhein à grand ost, envoya à Charles son oncle des Ambassades, pour le semondre d'une paix, dont estant refusé, luy & tous les siens se mirent en jeusnes & oraisons, & par mesme moyen, *decem homines cum aqua calida, & decem cum ferro calido, & decem cum aqua frigida, ad judicium misit, petentibus omnibus ut Deus in illo judicio declararet, si jus & æquum, ille deberet habere portionem de regno, quam pater suus illi dimisit ex ea parte quam cum fratre suo Carolo, per consensionem illius, per sacramentum accepit. Qui omnes illæsi reperti sunt* : Et à tant trouva Louys que la justice estoit par devers luy, & le tort par devers son oncle. Depuis, je trouve que cette superstition fut grandement & longuement en usage sous la troisiesme lignée de nos Roys : Gilbert qui estoit du temps de Philippes I. en son Histoire de la guerre saincte dict, qu'un Moine qui avoit jetté le froc aux orties, surpris avecques une fille de joye, & convaincu par l'examen du fer chaud, fut condamné par jugement de l'Evesque du Puys, & des Seigneurs qui l'assistoient, d'avoir le foüet avecques la garce par tous les carrefours du Camp. Les Epistres d'Yves de Chartres qui vivoit sous ce mesme regne en sont pleines : En l'une escrivant à Heribert Evesque du Mans soupçonné d'avoir voulu trahir sa ville, & le Roy d'Angleterre, desirant qu'il s'en purgeast par l'attouchement du fer chaud, Yves l'admoneste qu'il se donnast bien garde de le faire, comme n'y ayant Loy ou Coustume qui voulust que l'homme d'Eglise passast par cet examen. En la deux cens trente-quatriesme Epistre il parle d'un

homme auquel aprés avoir espousé une femme, on imputa d'avoir auparavant cogneu charnellement la mere d'elle. Puis adjouste : *Audivimus quod vir ille de objecto crimine, examinatione igniti ferri se purgaverit, & à læsione ignis illæsus repertus fuerit : Quod si ita est, & in sacramento purgationis suæ posuit quod numquam cum matre uxoris suæ una caro fuerit contra divinum testimonium, nullum ulterius investigandi intelligo esse judicium*. Là il requiert deux choses pour n'estre recherché, prestation de serment, & atouchement du fer chaud. Mais entre toutes je trouve fort belle pour ce propos la 254. à Raoul Archevesque de Rheims, où il luy discourt d'un mary qui sur un soupçon d'adultere vouloit divertir de sa femme. Ce que le pere ayant entendu voulut purger sa fille par le serment, que le mary ne voulut accepter. Au moyen dequoy à la chaudecolle il offrit que sa fille s'en purgeroit par l'examen du fer chaud. Cette cause depuis agitée en Cour d'Eglise : Sçavoir si la femme estoit obligée de passer par cet examen. Les aucuns estoient d'avis que non, *quod in hujusmodi causa, non esset admittenda talis examinatio, in qua nulla, judiciario ordine, facta præcessisset accusatio*. Les autres de contraire opinion, soustenans que puis que volontairement la femme s'y estoit offerte, elle n'avoit sujet de se plaindre. Enfin Yves y interposant son jugement conclud en cette façon : *Non negamus quin ad divina aliquando recurrendum sit testimonia, quando præcedente ordinaria accusatione, omnino desunt humana testimonia : Non quod lex hoc instituerit divina, sed quod exigat incredulitas humana*. Et en la septante quatriesme lettre, parlant de mesme matiere : *Cum talis examinatio fit in Deum tentatio, non est mirum si divino auxilio deseritur, cum incauté & sine judiciali sententia suscipitur*. Bref encores que ce grand personnage allegue en divers lieux les authoritez d'Estienne, Sylvestre second, & Alexandre troisiesme Papes, qui condamnoient cette superstition comme introduite pour tenter Dieu, si est-ce que sa resolution generale estoit, qu'elle pouvoit estre permise, qu'en defaillant preuve entiere, le Juge vouloit plus amplement informer sa conscience par l'attouchement du fer chaud, eau chaude ou froide. Enfin fut cette coustume totalement supprimée par le Concil de Latran tenu sous Innocent troisiesme quelque peu auparavant le regne de Sainct Louys, portant le dix-huictiesme article ces mots : *Nec quisquam purgationis aquæ ferventis vel frigidæ, seu ferri candentis, ritum cujuslibet benedictionis impendat*. C'estoit que l'on y apportoit quelques prieres de l'Eglise avant que d'entrer en ce jeu. Telles sont les impostures du diable de pretexter tousjours de quelques ceremonies de l'Eglise. Depuis ce temps je ne voy point que l'on ait mis en œuvre ceste damnable coustume : en laquelle je me trouve aussi estonné comme il estoit possible qu'une personne touchast un fer chaud ou eau chaude sans sentir mal : comme au contraire exposant sa main dans de l'eau froide, il pouvoit estre blessé : L'un estant aussi mal-aisé que l'autre. Bien vous diray-je que ce n'est par le seul endroict où la superstition trouva lieu. Car Solin raconte qu'au pays de Sardaigne y avoit une fontaine, par laquelle on descouvroit celuy qui avoit commis un larcin. Et au Livre des Nombres dans la Bible, vous voyez que le mary accusant sa femme d'adultere s'il se trouvoit court de preuve, comparoissant par devant le Prestre de la Loy, la preuve du crime se faisoit par eau, avecques je ne sçay quels exorcismes, laquelle le Prestre faisoit boire à la femme, & si elle estoit innocente, elle s'en retournoit saine & sauve : Si au contraire coulpable, elle tomboit promptement en une hydropisie & enflure qui luy apportoit la mort.

CHAPITRE III.

De l'authorité du serment, & d'une maniere de preuve qui se faisoit quelquefois par iceluy.

L'Authorité du Serment doit estre de telle recommandation en toutes nos actions, qu'il me plaist maintenant exercer ma plume sur ce sujet de toutes façons. L'on recite qu'au pays d'Egypte anciennement le parjure estoit puny par la mort, comme estant violateur de la pieté envers Dieu & de la foy envers les hommes, pour n'y avoir lieu si estroit de cette humaine societé que l'entretenement du serment. A ce propos Ciceron en ses Offices disoit qu'il n'y avoit rien qui obligeast tant nostre promesse que la prestation de serment. Chose qui estoit averée en tous les actes solemnels, fust en paix faisant avecques nos ennemis, ou en l'exercice de la Religion ou de la justice. Voire sembloit estre si obligatoire qu'encore qu'il eust esté exigé par fraude ou force, on estimoit que nous n'en pouvions resilir. L'exemple de la fraude y est manifeste dans Herodote, quand il dit qu'Ariston Roy de Sparte s'estant enamouré de la femme d'Aget, promit de luy donner tout ce qu'il luy demanderoit : moyennant qu'Aget de son costé voulust jurer qu'il feroit le semblable envers luy. Ce que l'autre luy promit ; ne pensant point que cette promesse reciproque regardast en aucune façon les femmes, parce qu'ils estoient tous deux mariez. Ayant doncques Aget demandé l'un des precieux joyaux d'Ariston, il l'obtint : mais à l'instant mesme, Ariston luy demanda sa femme pour espouser. A quoy Aget faisant instance, pour n'avoir estimé qu'en leurs pactions il y allast du fait des femmes, si fut-il condamné à y obeir, pour s'y estre obligé par serment, ores qu'Ariston l'eust extorqué de luy par fraude. Non moins esmerveillable ce que l'on conte de Manlius, lequel ayant chassé de sa maison un sien fils, comme lourdaut & mal-plaisant, le Tribun luy ayant faict donner jour devant le peuple de Rome, pour venir respondre sur cette cruauté paternelle ; le fils de ce adverty, ne voulant souffrir que son pere à son occasion receust quelque escorne, vint visiter de nuict le Tribun, qui le receut d'un favorable accueil, estimant qu'il luy voulust fournir des memoires pour sa cause. Mais l'enfant plein de charité filiale tira un poignard sur luy, disant qu'il l'occiroit presentement, si par serment il ne se vouloit obliger de soy desister de l'accusation qu'il brassoit encontre son pere. Chose que le Tribun pour eviter la mort, fut contraint de faire, & sur cette promesse ainsi extorquée de luy parforce, ne passa plus outre à son entreprise. Parce qu'il y avoit interposé le serment. Admirable pieté, que ny la fraude, ny la force, n'excusa point de sa promesse celuy qui avoit juré. Nous voyons un semblable exemple dans Jean Sire de Joinville en la vie de sainct Louys, lequel ayant par colere juré qu'un Chevalier ne r'entreroit jamais dans sa maison, fut prié par le Connestable de luy pardonner. A quoy le Sire de Joinville respondit qu'il le vouloit bien, mais qu'auparavant il falloit qu'il eust dispense du Legat de Rome. Ce neantmoins le Legat dit qu'il ne le pouvoit dispenser, parce qu'il avoit juré. Toutesfois ce serment n'estoit, si ainsi le faut dire, volontaire, mais par une colere. Que ce ne fust pecher, je n'en doute, mais qu'un tel peché ne peust recevoir quelque relasche à celuy qui la demandoit au Legat, & de la luy avoir refusée, cela nous monstre de quel respect & reverence leur estoit l'entretenir du Serment. Ainsi le mot mesme nous l'enseigne, parce qu'en nostre Religion nous n'avons point plus grands & saints instruments pour sa manutention, que les Sacremens de l'Eglise. Or avons nous par un special privilege de nostre foy appellé entre les Chrestiens, *Sacramentum*, ce que les Payens appelloient *Jusjurandum* : & de ce mot de Sacrement nous avons fait par racourcissement celuy de serment : Mots que sainct Ambroise au troisiesme de ses Offices, chapitre douziesme, voulut marier ensemble, quand il disoit, *Sepe plerique constringunt se jurisjurandi sacramento*. Il ne faut doncques point trouver estrange si entre les Ethniques, & depuis entre les Chrestiens, on remit quelquesfois la decision des causes du serment. Platon au dixiesme de ses loix disoit, que Rhadamante Roy de Lycie fut mis au rang des plus saints juges, Parce que prenant le serment des parties d'une part & d'autre, il donnoit prompte & seure fin aux causes. Qui me fait penser que les Payens ne faisoient si bon marché de leurs consciences comme nous faisons aujourd'huy : ou bien que l'ordre que Rhadamante observoit en ses jugemens, estoit ridicule. Sainct Paul exhorte les Chrestiens de vuider leurs causes par leurs sermens.

Diodore Sicilien sur la fin de son premier livre nous dit qu'en la Sicile y avoit un Temple appellé Palice, auquel les plus grands & religieux sermens se faisoient, & s'il y avoit quelqu'un si meschant & temeraire de s'y ozer parjurer, la punition s'en ensuivoit incontinant, & qu'il y en avoit eu autresfois qui estoient sortis du pourpris du Temple aveugles pour s'y estre parjurez. Et à peu dire toute la devotion & reverence que l'on portoit à ce lieu estoit si grande, que ceux qui avoient des procez, quand ils pensoient avoir affaire à plus forte partie qu'eux, vuidoient leurs procez, & decidoient leurs querelles, en deferant le serment à leurs parties adverses, & à la charge d'estre par elle fait en & au dedans de Temple, pour l'opinion qu'ils avoient que le parjure estoit tout aussi-tost accompagné de sa peine : Que si le diable avoit telle puissance sur les personnes par la semence de ses superstitions, pour la forfaicture d'un serment, quelle crainte en doit avoir le Chrestien au milieu de la vraye & saincte Religion ?

Je trouve qu'avecques le Gage de Bataille, & l'atouchement du fer chaud, on voulut adjouster une troisiesme espece de procedures & preuves, qui se faisoit par le serment, esquelles celuy qui estoit accusé, jurant quelquesfois avecques siens parens, & desavoüant par serment le fait estoit declaré innocent. Du premier l'exemple est beau dans un ancien autheur escrivant la vie de l'Empereur Louys le Debonnaire, où Bernard grand Chambellan ayant esté soupçonné & accusé d'abus avecques l'Emperiere Judith, declara devant le Roy se vouloir purger par le gage de bataille, & à faute de trouver champion qui voulust entrer contre luy en champ clos, il s'en purgea par son serment. *Bernardus imperator adiens*, (porte le texte) *modum se purgandi ab eo quærebat, more Francis solito, scilicet crimen objicienti se objicere volens, armisque impactâ diluere. Sed cum accusator, licet quæsitus deesset, cessantibus armis purgatio facta est juramento.* Ce fut en un Parlement où cette affaire fut traictée, pour l'importance du fait. Quant au serment, auquel on adjoustoit celuy des proches parens, cela se pratiquoit specialement en matiere de mariages. Car quand la femme estoit accusée d'adultere, on estimoit qu'il ne falloit point traicter cette cause avec plus de longueur que par le serment d'elle & de ses parens. Toutesfois cette regle n'estoit pas perpetuellement infaillible. Car en la vieille Cronique de S. Denis, un seigneur accusant sa femme d'adultere, qu'il appelle Advourrie, " Elle requit (dit le texte) son pere, sa mere, & ses parens à aide & secours, & ceux qui saine & innocente la cuiderent de cette chose, jurerent à son Baron & à ses amis sur saincts, en l'oratoire sainct Denis, qu'elle n'avoit coulpe en ce dont on l'accusoit ". Toutesfois la suitte du passage porte que les parens du mary n'y voulurent adjouster foy, & ne dit l'Historiographe quelle fut l'yssuë de cette accusation. Le vieux Coustumier de Normandie au chapitre octante quatriesme disoit que cela se pratiquoit és matieres criminelles, legeres de faict ou de dit. Luitprand au sixiesme livre de son Histoire nous enseigne qu'un Pape Jean ayant conceu une mauvaise opinion contre l'Empereur, luy envoya des Ambassadeurs, avec charge expresse de luy dire qu'il estoit prest de se purger par le gage de bataille ; ou par le serment, contre la fausse imputation qu'on luy

luy mettoit fus. *Quia omnia* (dit l'autheur) *ordinatim prout eis injunctum fuerat enarrantes non juramento, non duello, Papa satisfactionem recipere voluit, sed in eadem, qua fuerat, duritia permansit.* L'Empereur Charlemagne ne fit pas semblable au Pape Leon, lequel accusé par le peuple Romain, voulut qu'il se purgeast devant tout le monde par serment, & qu'il fust son juge, & son tesmoin tout ensemble. Le semblable fit depuis l'Evesque d'Albe accusé, qu'estant Legat du sainct Siege, il avoit vendu les ordres de Prestrise. Ce que nous apprennons d'Yves de Chartres en son Epistre 260. Mais il ne faut jamais rapporter un petit modelle à un grand. Beaucoup de choses sont bien-seantes aux grands, qu'il ne faut pas permettre au commun peuple. Paraventure cette coustume fut cause, afin d'oster la facilité de parjurer, qu'au quatriesme livre des loix du Debonnaire, & de Lothaire son fils, article 95. il estoit dit, *De eo qui perjurium fecerit se sciente, nullam redemptionem habeat, nisi manum perdat & emendare studeat.* Qui estoit à bien dire tomber d'une fievre tierce en chaud mal. J'estime que cette loy ne fut jamais executée, non plus que celle des Romains qui vouloit que le debiteur banqueroutier fust mis en pieces, & ses membres distribuez à ses creanciers. Laquelle au rapport de toute l'ancienneté, jamais ne sortist effet. Or comme ainsi soit que ceste deffense qui procedoit du serment, eust aussi bien lieu en la Germanie, qu'entre nous: aussi trouvé-je une loy, par laquelle il semble qu'Othon premier le voulut aucunement abroger. *Antiquis est constitutum temporibus, ut si chartarum inscriptio, qua constabat ex prædiis falsa ab adversario diceretur, sacrosanctis Evangeliis tactis verum esse ab offensore charta probaretur, sicque prædium sine deliberatione judicium vendicabat. Qua ex re mos detestabilis in Italia improbusque non imitandus exolevit, ut sub legum specie, jurejurando acquireretur, qui Deum non timendo, minimè formidaret perjurare.* C'est pourquoy il veut & ordonne, que s'il n'y a preuve contraire litterale, ou par bons, & vallables tesmoins, la decision de cette cause soit terminée par le gage de bataille : Quoy que ce soit, ceste coustume s'est fort aisément perduë entre nous, tout ainsi comme en Italie. Car il y avoit peu de seureté de remettre malgré nous nostre bon droict, sur la conscience de nostre partie adverse, & de ses proches parens.

Cette consideration m'admoneste de discourir en peu de paroles sur les sermens que nous faisons aujourd'huy en nos causes. Le Romain avoit deux sortes de sermens judiciaires. L'un decisif de la cause, quand de nostre consentement nous nous en rapportions au serment de nostre partie adverse. L'autre que l'on appelloit le serment en cause, ou de calomnie, quand dés l'entrée de toute cause chaque partie juroit devant la face du Juge, qu'il n'entroit point en cette lice par calomnie, ains parce qu'il pensoit estre en tout & par tout bien fondé. Au Concil de Valence sous le Roy Lothaire, l'an 855. le serment en cause que l'on exigeoit des parties fut osté. Ce neantmoins ne laissant d'estre pris par les Juges, au Concil de Latran sous Alexandre III. il fut deffendu pour les Clercs, & personnes Ecclesiastiques. Le temps depuis le bannit de toutes causes entre toutes sortes de personnes, jusques à ce que l'Edict de Roussillon, en l'an 1564. le voulut ramener en usage. En cas semblable anciennement en la France, nul n'estoit tenu de se condamner par sa bouche. Et mesmement aux monitions que l'on obtenoit, on y adjoustoit ordinairement cette clause, *Dempta parte, & consilio.* Le Chancelier Pouyet par l'ordonnance de l'an 1539. voulut que tout homme fust tenu en chaque partie de la cause de respondre par sa bouche après serment par luy fait, sur les articles qui luy seroient proposez par sa partie adverse. Et de là est venu puis après qu'en matiere de monition on n'excepte plus, ny la partie, ny son conseil. Car puis que nul ne se peut dispenser de subir l'interrogatoire, pourquoy doncques en vertu d'une monition de l'Eglise ne viendra-l'on à revelation ? Mais quelle est la loy meilleure, ou celle que nous observons aujourd'huy, ou l'ancienne ? la nostre de prime-face a un beau regard. Car puis que nous ne tendons à autre but que de nous esclaircir de la verité que les parties envelopent par Sophistiqueries, pour attaindre à leurs fins, que pouvoit-on trouver de meilleur que d'informer la conscience d'un juge par un venerable serment, ou bien, par la crainte d'une censure Ecclesiastique & l'un à l'autre ne promettans qu'une perdition eternelle de nos ames, voulans sauver nos biens passagers, si nous pensons obscurcir ce qui est de la lumiere de la verité. Consideration certes qui n'est pas de petit effect. Toutesfois si vous revenez à vostre second penser, peut-estre trouverez-vous que nos ancestres soustenans le party contraire, ne furent pas moins Religieux que nous. Que diriez-vous si je les estimois plus ? Car combien qu'ils s'estudiassent autant à la recherche de la verité comme nous, si est-ce que pour la consequence, ils ne voulurent ouvrir à toutes heures la porte, tant au serment, qu'aux censures : ne les faire venir au contemnement, & mespris du commun peuple : & comme disoit l'Empereur Justinian en l'une de ses constitutions, pour ne permettre que facilement on prevariquast contre la Majesté de Dieu : En quoy certes leur opinion n'a esté grandement trompée : car je ne voy point que les juges soient plus esclaircis de la verité, & le peuple en est devenu plus meschant, mettant sous peds la reverence, & du serment, & des censures Ecclesiastiques : voulant à quelque prix que ce soit ne se faire pauvre par sa bouche. Et est une chose fort notable, & digne d'estre trompettée à une posterité, que Messire Christofle de Thou, premier President en la Cour de Parlement de Paris, interrogeant un homme prevenu de crime, ne voulut jamais prendre de luy le serment, sçachant que pour sauver sa vie, il seroit mal-aisé qu'il ne se parjurast. Et à la mienne volonté que l'on pratiquast le semblable à l'endroict de tous les nouveaux Conseillers qui entrent en la mesme Cour, & que jamais on les fist jurer sçavoir s'ils ont acheté leurs Estats.

CHAPITRE IV.

De quelques sorts que pratiquoient nos anciens François, pour s'informer des choses qui leur estoient à venir.

LA superstition du fer chaud que j'ay cy-dessus racontée, m'en a remis une autre en memoire, que je ne veux passer sous silence. Les anciens Romains sous les Empereurs eurent une certaine maniere de deviner les choses futures à l'ouverture du livre, par la rencontre de la ligne qu'ils avoient auparavant designée : Chose qui se pratiquoit ordinairement sur les œuvres de Virgile. Et pour cette cause appelloient cette façon de faire, les Sorts Virgilians. De cette divination usa l'Empereur Adrian, encores simple Capitaine, pour s'asseurer du bon vouloir qu'avoit envers luy l'Empereur Trajan, & ayant ouvert le fueillet, rencontra des vers Latins, que j'ay voulu rendre François.

Mais qui est celuy-là qui porte dans sa main,
Le sainct rameau d'Olive : à son menton chenu,
Et son poil je cognois que c'est le Roy Romain,
Qui de lignage bas à ce haut lieu venu,
Premier enta ses loix dans la ville de Rome,
Auquel succederas.

Desquels vers Adrian prit certain prognostic de son futur Empire. Et Claude Aubin, qui usurpa l'Empire és Gaules, se rendit presque asseuré du mal-heur qui luy devoit advenir, quand il tomba sur ce vers, dont la substance estoit telle :

Je vois tout forcené dresser cent mille alarmes,
Aussi quelle raison trouve-l'on dans les armes ?

Quant à nous, combien que pour n'estre nez dans les tenebres

nebres de ces anciens Payens, nous n'avons voulu fonder la superstition de telles divinations sur un Poëte Ethnique, si en avons nous eu une espece qui fut assez familiere à nos vieux peres François, que nous tirasmes des sainctes lettres. Ce fut une chose commune à nos premiers Chrestiens, pour inviter les foibles esprits à nostre Religion, de passer par connivence plusieurs coustumes tirées du Paganisme, ou Judaïsme, & de les nous approprier, toutesfois sous autres ceremonies: Coustumes dont l'Eglise s'estant avec le temps fortifiée : ou du tout, elles ont esté abolies par les Concils, ou d'elles-mesmes se sont supprimées. De ceste marque est celle dont nous avons à parler maintenant. Parce qu'au lieu des Sorts Virgilians, que nos François eussent douté mettre en usage, comme une idolatrie Payenne, ils voulurent couvrir ce defaut, usans des livres de la saincte Escriture. Et leur fut cette superstition aucunement reprochée par Procope, lequel leur improperoit que combien qu'ils eussent esté faicts Chrestiens, si suivoient-ils encores plusieurs traces du Paganisme. Pource entre autres choses qu'en celebrant leurs solemnels sacrifices, ils s'adonnoient à vaticinations. Ils estoient doncques coustumiers ès grands affaires de prendre trois divers livres de la sainte Escriture qu'ils mettoient dessus un Autel, & apres leurs prieres publiques, ou particulieres, apprenoient le hazard de l'ouverture du livre, une partie des choses qu'ils avoient envie de sçavoir, en quoy ils n'estoient quelquesfois deceus de leur attente, comme nous voyons par deux exemples racontez par Gregoire de Tours, dont l'un advint de son temps, & l'autre non gueres devant, le premier desquels est de Cran, fils de Clotaire I. lequel ayant pris les armes contre son pere, pria Tetrique Evesque de Chaalons de luy vouloir dire quel succez il estimoit de cette douteuse entreprise. Pour à quoy obeïr, l'Evesque mit trois livres sur l'Autel, les Propheties, sainct Paul, & les Evangiles, & apres avoir fait avec tout son Clergé prieres solemnelles à Dieu, à ce qu'il luy pleust leur manifester ce qui devoit advenir à ce mal conseillé Prince, il ouvrit premierement le livre des Propheties, où il trouva en termes Latins, " Je " t'osteray de dessus la terre avec desolation: Puis de l'Apos-

tre, " Vous sçavez mes freres, que le periode du Seigneur " venu tout ainsi qu'un cachette, & sans y penser, le larron " vient de nuict. Et quand on vous parlera de paix, c'est lors " que vous serez surpris d'une mort soudaine. De l'Evangile, " Qui ne preste l'aureille à mes commandemens, ressemblera " à un escervelé qui bastit sur du sable, quand soudain vient " une grande tourmente, & ravine d'eau, qui luy enleve son " edifice rez terre ". L'autre exemple est de Meroüée fils de Chilperic, qui vouloit oster la couronne à son pere, lequel s'estant mis en franchise dedans l'Eglise sainct Martin de Tours, pour evader la fureur de son pere, voulant sçavoir quelle yssuë auroient ses affaires, mit sur la chasse de saint Martin le Psautier, les livres des Roys, & les Evangiles: & apres avoir jeusné trois jours en toute priere, & oraison, ouvrit le livre des Roys, où il trouva : " Pourautant qu'avez " mis en oubly vostre vray Dieu pour adorer autres Dieux es- " trangers, vous addonnans à choses meschantes & perverses, " pour ceste cause vostre Seigneur Dieu reduira ès mains " de vos ennemys: Du Psautier ; " Seigneur Dieu tu leur as " envoyé desolation pour leurs pechez, & les as renversez " lors qu'ils se cuidoient eslever, & dés qu'ils se sont veus en " tribulation, soudain ils ont perdu le cœur, & sont peris " pour leurs meschancetez. Et de l'Evangile, Mes amys vous " sçavez qu'avant que trois jours se soient escoulez, l'on ce- " lebrera les Pasques, & sera delivré le fils de l'homme pour " souffrir mort & passion ". Tous lesquels passages cy-dessus recitez, tout ainsi qu'ils ne promettoient rien de bon, ains moururent peu apres & Cran, & Meroüée miserablement, comme il est plus amplement descouvert par leur histoire. Cette superstitieuse coustume de deviner ayant esté observée sous toute la lignée de Clovis, depuis fut par loy expresse defenduë par Louys le Debonnaire au 4. livre de ses Ordonnances, art. 46. *Ut nullus in Psalterio, vel Evangelio, vel aliis rebus sortiri praesumat, nec divinationes aliquas observare.* Nous deffendons, dit-il, à tout homme de jetter au sort, ou se mesler de deviner sur le Psaultier, ou Evangile, ou sur telles autres choses.

╬╬╬╬╬╬╬╬╬╬╬╬╬╬╬╬╬╬╬╬╬╬╬╬╬╬╬╬╬╬╬╬╬╬╬╬

CHAPITRE V.

De l'Estat & condition des personnes de nostre France, avecques un sommaire discours des servitudes trés-foncieres qui se trouvent en quelques-unes de nos Provinces, & de leurs manumissions.

Ayant par ce chapitre entrepris de discourir sur la condition des personnes de nostre France, je ne le puis bonnement faire sans en outre-passer les limites, & puiser les presens discours dans une bien longue anciennité. Du droict primitif & originaire de nature, toutes personnes naissoient libres. Toutesfois par succession de temps s'engendra dedans leur simplicité l'envie de s'accroistre du grand, dont sourdit le droict des armes, qui introduisit l'usage des serfs, quand un homme ayant esté fait prisonnier de guerre, on trouva plus expedient de le conserver, que tuer. Mais pour ne rendre cette prise infructueuse, on le reduisit en une penible servitude sous l'authorité de son maistre, qui de là en avant se donna toute puissance de vie & de mort sur luy, presque par toutes les nations, sans controlle du Magistrat souverain, & singulierement en la Republique de Rome. Vray que depuis on y mit bride sous les Empereurs. Ces servitudes du commencement s'exerçoient de maistres à valets dedans les maisons, & ne trouve-l'on en toutes les Pandectes de Justinian, estre faite mention d'autres. Toutesfois sur le declin de l'Empire en fut introduite une nouvelle. Qui estoit qu'une nation ayant esté subjuguée, les Empereurs laissoient les possesseurs en la possession de leurs heritages, & ancienne liberté, mais avecques des redevances & charges serviles, non auparavant cognuës par les Romains. Ainsi escrivoit l'Empereur Probus dedans Vopiscus, au Senat de Rome, apres qu'il eut reduit sous son obeïssance quelques

peuples de la Germanie: *Omnes jam Barbari vobis arant, vobis serunt, illis sola relinquimus sola, nos eorum omnia possidemus.* Le mesme Vopisque en la vie de l'Empereur Aurelian nous enseigne qu'au pays d'Hetrurie jusques aux Alpes maritimes il y avoit plusieurs contrées pleines de broussailles & en friche. *Statueratigitur Aurelianus* (poursuit-il) *Dominis locorum incultorum, qui tamen vellent pretia dare, atque illic familias captivas constituere, vitibus montes conserere, atque ex eo opere vinum dare, ut nihil reditum fiscus acciperet, sed totum populo Romano cederet.* De cette maniere de serfs est pleine le Titre du Code *De Agricolis & censitis*: lesquels estoient diversement appellez, *Servi censiti, adscriptitij, addicti glebæ*: Et je les veux en nostre vulgaire appeller serfs Trés-fonciers, comme dependans de nostre trés-fonds. Et de cette police y avoit de tout temps & anciennété, une image en la Republique de Sparte, dans laquelle Lycurge (dit Plutarque) voulant accoustumer les citoyens au fait des armes, laissa le mesnage de la terre à une maniere de gens qui furent appellez Ilotes, pardevers lesquels gisoit le labour, avec certaines redevances au public. Police qui fut depuis fort familiere aux Germains, ainsi que nous apprenons de Tacite traitant de leurs mœurs. *Caterum* (dit-il) *servis, non in nostrum modum per familias descriptis, ministerijs utuntur. Suam quisque sedem, suos penates regit; frumenti modicum Dominus, aut pecoris, aut vestium, ut colono injungit; & servus hactenus apparet. Cætera domus officia uxor & liberi exequuntur.* Qui est une vraye image de celle de nostre France, dont nous parlerons cy-après. Tacite vivoit sous l'Empire de Trajan, lequel escrivant les mœurs du Germain, dit qu'ils usoient d'autre façon de leurs servitudes qu'on ne faisoit dedans Rome, qui monstre que ces servitudes foncieres n'y estoient de son temps introduites.

Aprés vous avoir discouru tout ce que dessus par forme d'avant-propos, je viens maintenant à parler de nostre France, en laquelle il faut tenir pour proposition indubitable que toutes personnes naissent libres, fors en quelques Provinces dont je parleray cy-après. Grande chose & digne d'une remarque speciale, qu'en toute la saincte Escriture vous ne voyez estre faite mention de cette servitude penale, sinon dedans le vieux Testament, quand Noë pour se vanger de Cam l'un de ses enfans, qui avoit voulu descouvrir sa vergongne à ses deux freres, laquelle ils ne voulurent voir, il le maudit, & par mesme moyen condamna luy & sa posterité d'estre serfs de ses deux freres, & de ceux qui leur appartiendroient.

Et combien que nostre Religion Chrestienne n'approuvast telles servitudes tyranniques, ou si ainsi le voulez, tels servages farouches & sauvages, toutesfois après son premier plant, ne fut tout d'un coup plantée cette pleniere liberté, qui regne entre les Chrestiens, Chose qui ne merite de preuve pour estre de soy trop asseurée. Et neantmoins en ce qui concerne l'ancienneté de nostre France, je vous en veux icy representer deux placards qui pourront apporter quelque contentement au Lecteur. Entre les manumissions les plus signalées de Rome, il y en avoit une qui se faisoit *in sacrosanctis Ecclesiis*, introduite par l'Empereur Constantin, comme nous apprenons de Sosomene dedans sa vie. De cette-cy nous en avions une remarque trés-belle, sur un pillastre de l'une des portes de saincte Croix d'Orleans avant qu'elle eust esté ruinée par les Huguenots, portant ces mots : *Ex beneficio Sanctæ Crucis per Joannem Episcopum, & per Albertum Sanctæ Crucis casatum, factus est liber Lantbertus teste hac sancta Ecclesia* : Manumission qui alloit à la premiere servitude des Romains. De laquelle je vous ay representé trois exemples formels cy-dessus au livre second, Chapitre des Oblats : Et au regard de la seconde que j'appelle icy Trés-fonciere, la remarque en est trés-belle que nous apprenons de Gregoire, livre sixiesme, Chapitre quarente-troisiesme, quand le Roy Chilperic envoya sa fille Rigonde pour estre mariée avecques le fils de Leuvichilde Roy d'Espagne, entre autres presens dont il luy voulut doter, ce fut de telle maniere de serfs, qu'il nomme Fiscalins, comme estans naturellement affectez au fisc & domaine du Prince. Passage qui merite d'estre icy representé tout au long. *Ipse verò regressus Parisios* (il parle de Chilperic) *familias multas de domibus fiscalibus auferri præcepit, & in plaustris componi. Multos quoque flentes & nolentes abire, in custodiam retrudi jussit, ut eos facilius cum filia transmittere posset. Nam ferunt multos sibi ob hanc amaritudinem vitam laqueo extorsisse, dum de parentibus propriis auferri metuebant. Separabantur autem filius à patre, mater à filia, & cum gravi gemitu ac maledictionibus discedebant. Tantus planctus in urbe Parisiaca erat, ut planctui compararetur Ægyptio. Multi verò majores natu, qui vi compellebantur abire, testamenta condiderunt, resque suas Ecclesiis deputantes, atque petentes, ut cum puella in Hispanias introisset, statim testamenta illa, tamquam si jam essent sepulti, reserarentur*: Duquel passage vous apprenez que combien que ce Roy eust toute puissance sur le corps de ses hommes & femmes *Fiscalins*, toutesfois il leur estoit loisible de tester. D'autant que l'ordre & police de testament ne fut jamais observée avecques telle Religion en France, comme en la Republique de Rome, ainsi que mesmement nous pouvons recueillir par toutes ses coustumes. Et cela mesme se voit encore observé és Provinces esquelles les servitudes Trés-foncieres ont lieu, desquelles je discouray cy-après. Et n'estoient point ces serfs pris dans la ville de Paris ny du Parisy, pays circonvoisins, ains de toutes les autres villes, comme faisans part & portion de leurs Domaines. Et de fait Chilperic ayant occupé quelques villes sur Childebert Roy de Mets son nepveu, dont il vouloit avoir la raison : dedans le mesme Chapitre vous trouvez qu'il luy envoya Ambassadeurs exprés, pour le sommer de n'envoyer aucuns de ses serfs avecques les autres. *Interea legati Regis Childeberti Parisios advenerunt, contestantes Chilperico Regi, ut nihil de civitatibus, quas de regno patris sui tenebat, auferret, aut de thesauris ejus in aliquo filiam muneraret, ac non mancipia, non equos, non juga boum, neque aliquid hujuscemodi de his auderet attingere.* Police tyrannique qui estoit encores en usage bien avant sous la seconde lignée de nos Roys, voire aux portes de Paris. La seigneurie de Charronne avoit esté aumosnée aux Religieux, Abbé & Convent de sainct Magloire, que le Roy Louys septiesme voulut affranchir de tous truages, & portoit le tiltre ces mots : *Volumus quòd villa quæ dicitur Carronna, quam dedit Robertus cum vineis, terris, torcularibus, & servis, & ancillis, & liberis ejusdem villæ, & hospitibus, à teloneo, de rebus quas pro usu suo vendiderint vel emerint, dispensentur.* Et sur la fin : *Non audeat aliquis homines tam ingenuos quàm servos, super terram dictæ villæ habitantes capere, sed omnia in potestate & dominatione Abbatis consistant. Actum Parisiis, anno ab incarnatione millesimo centesimo quinquagesimo nono, adstantibus in Palatio quorum nomina subintitulata sunt. Signum Comitis Theobaldi Dapiferi : Signum Guidonis Buticularij : Signum Matthæi Constabularij. Data per manum Hugonis Cancellarij.* Titre par lequel vous voyez deux especes de sujects dedans Charronne, dont les uns estoient francs & libres, les autres serfs.

Servitude qu'il faut rapporter à la fonciere, dont nous parlerons cy-après. Car quant à la manumission emprainte en l'Eglise saincte Croix d'Orleans, elle se rapportoit à la premiere servitude de Rome, comme je vous ay cy-dessus touché.

Je vous ay discouru tout ce que dessus, pour vous monstrer comme les coustumes ont pris divers plis, tant dedans Rome qu'en nostre France. Et peut estre que quelqu'un dira, que les Faux-bourgs de ce chapitre sont beaucoup plus grands que la ville. Ce m'est tout un, moyennant que ce que j'ay discouru serve à l'edification du Lecteur. Maintenant comme les affaires de la France vont, toute personne y est libre dés sa naissance, fors en quelques Provinces. Des libres, les uns sont nobles, les autres roturiers. Et est tout homme reputé roturier s'il ne prouve sa noblesse, qui s'acquiert ou par le mesnage de la plume, c'est à dire par le benefice & lettres patentes du Prince, ou par les armes, quand on prouve par trois diverses generations d'ayeul, pere, & petit fils, avoir esté faite profession des armes, pour le service du Roy & de sa patrie, & nul d'eux n'avoir esté imposé à la taille. De ces deux qualitez de Nobles & Roturiers, nous avons fait un tiers d'Ecclesiastics, selon que la devotion nous y porte, chose trés-saincte ; ou bien la commodité de nos affaires seulement, chose damnable, qui ne nous est toutesfois que trop familiere. De façon que l'Estat de France ne consiste qu'en trois manieres de personnes ; Roturiers, Nobles, & Ecclesiastiques.

Vray que nous avons quelques coustumes particulieres, où les servitudes foncieres ont lieu, comme en celles de Meaux, Troyes, Chaumont en Bassigny, Bourgongne, Nivernois, la Marche, en toutes lesquelles il faut adjouster pour quatriesme espece les serfs tres-fonciers que nous appellons autrement gens de Main-morte condition, dont les uns sont taillables, les autres de for-mariage, les autres mainmortables, & les autres de Poursuite. Particularitez que je vous expliqueray piece à piece. Quoy faisant par avanture feray-je grand plaisir à tel qui sait le bien entendu, & neantmoins ne les entend.

Des taillables, il y en a deux especes : Les uns taillables à volonté, les autres abonnez, c'est le mot courant des coustumes. Les taillables à volonté sont ceux sur lesquels les Seigneurs levent tous les ans une taille, tantost moindre, tantost plus grande : Toutesfois non à leur pure discretion, qui se pourroit tourner en tyrannie, mais bien appellez avecques eux trois ou quatre preud'hommes restans sur les lieux, qui sçavent les facultez & moyens du serf, & quelle a esté la recolte de son année. Ainsi le portent toutes les coustumes particulieres que le serf est taillable à la volonté du Seigneur : & c'est la cause aussi pourquoy on y adjouste ce mot *Raisonnable* : C'est à dire qu'il est taillable à la volonté raisonnable de son Seigneur.

Les Abonnez (que je pense devoir estre dicts Abornez) sont ceux qui par une longue prescription & laps de temps, ou par des contracts se sont abornez avecques leurs Seigneurs à certaines tailles annuelles : Et c'est pourquoy si j'en estois creu, on les appelleroit Abornez, non abonnez. Et combien que ce mot de taille ne doive tomber pour le regard des Seigneurs qu'à l'endroit des gens de serve & main-morte condition, toutesfois és coustumes de Bourbonnois & Auvergne, il tombe aussi sur les sujects qui sont de condition libre en quatre cas. Quand le Seigneur haut justicier est fait Chevalier : Quand il fait le voyage outre-mer pour visiter le sainct Sepulchre : Quand il est fait prisonnier de guerre, pour acquitter sa rançon : Taille autant de fois reiterable que le Seigneur est fait prisonnier. Finalement quand il marie l'une de ses filles en premieres nopces. Le tout neantmoins à dire & advisés preud'hommes, n'estant cette taille imposable à la seule volonté du Seigneur.

Quant aux serfs de for-mariage, ce sont ceux qui ne se peuvent marier sans le consentement de leur Seigneur à autres, qu'à personnes qui sont de pareille condition qu'eux. Car si de leur privée authorité ils se marient à personnes franches, ou bien de serve condition, mais habituées sous autres Seigneurs, ils doivent une amande à leurs Seigneurs, telle que porte l'ancien usage de la Seigneurie. Et ces deux especes de serfs peuvent rester de leurs biens à gens de pareille condition qu'eux, demeurans en & au dedans de la Seigneurie, où ils testarront font leur residence, j'entens des biens dont la coustume permet de disposer, tout ainsi qu'aux personnes franches.

Je diray ce mot premier que de passer plus outre, qu'au dixiesme livre des Epistres de sainct Gregoire, Epistre vingthuictiesme addressée à Romain, Procureur Fiscal, vous trouverez cette mesme Loy de for-mariage avoir esté par luy prescrite aux enfans d'un serf de son Eglise, qui par luy avoit esté affranchy, qui est chose en plus forts termes, que ce qu'on pratique en nostre France. *Petrus quem defensorem fecimus, quia de massa juris Ecclesiæ nostræ, qua Vitellus dicitur oriundus sicut experientia tuæ bene est cognitum. Et idem, quia ita circa eum benigni debemus existere, ut tamen Ecclesia utilitas non ladatur, hac tibi præceptione mandamus, ne filios suos quolibet ingenio, vel excusatione, foris alicui in conjugio sociare præsumat, sed in ea massa cui lege & conditione ligati sunt, socientur. In qua etiam & tuam omnino necesse est experientiam esse sollicitam, atque eos terrere, ut qualibet occasione de possessione cui oriundo subjectisunt, exire non debeant.* Passage, que je vous ay cotté icy mot pour mot exprés, pour vous monstrer que la famille de celuy dont sainct Gregoire parle, estoit de condition de for-mariage avant qu'elle fust affranchie : Et neantmoins que l'affranchissant en tout le demeurant, il voulut qu'elle n'eust plaine liberté de se marier autrement que par le passé.

La troisiesme espece de serfs est de ceux que particulierement on appelle Mainmortables. Car combien que le mot de mainmorte soit un genre, qui semble s'estendre à toutes especes de serfs tres-fonciers, toutesfois il y a coustume particuliere, où l'on appelle Mainmortables les serfs qui mourans sans enfans yssus de bon & loyal mariage, ne peuvent tester au profit de qui que ce soit, fors jusques à la somme de cinq sols, & leur succede en tout & par tout leur Seigneur. Et de ceux-cy quelques-uns sont Mainmortables envers leurs Seigneurs, en tous biens meubles & immeubles quelque part qu'ils soient assis, suppose que les heritages soient en franc-alleud, ou censive : Les autres sont seulement Mainmortables en meubles : auquel cas aussi le testateur n'ayant enfans ne peut tester outre cinq sols, le demeurant des meubles revenant au Seigneur. Et de ces deux especes de Mainmortables est parlé en la Coustume de Troyes article quatriesme & sixiesme, sous le tiltre de l'Estat & condition des personnes.

Tous les serfs dont j'ay cy-dessus parlé sont par moy appellez Tres-fonciers : Parce qu'ils sont declarez tels, à cause des terres & heritages qui furent baillez à leurs predecesseurs ou à eux sous ces conditions serviles. Et c'est pourquoy sagement la coustume de la Marche chapitre dix-sept parlant des hommes francs & serfs mainmortables, il dit que toutes personnes sont de franche condition, & que ceux qui sont reputez serfs & mainmortables, c'est à cause des terres & heritages baillez sous cette condition. Tellement que je veux croire qu'abandonnans leurs biens & leurs domiciles, & s'allans habituer en lieu où il n'y a telle servitude, ils en demeurent francs & quittes, sont reduits comme les roturiers en plaine liberté & franchise.

Vray qu'il y a une derniere espece de serf, laquelle non seulement regarde les heritages, mais aussi les personnes. Tellement que nous pouvons appeller les servitudes en eux personnelles. Voire d'une condition plus estrange que n'estoient les serfs de Rome, qui estoient seulement tenus pour serfs quand ils estoient nez d'une femme esclave (j'entends de ceux qui n'avoient esté reduits en servage par le moyen des guerres.) D'autant que par la coustume de Nivernois, pour faire declarer un homme de serve condition, il suffit que le pere ou la mere soient serfs. Car pour rendre l'enfant de franche & libre condition, il faut que le pere & la mere soient libres. Et est telle maniere de serfs appellée Serfs de Poursuite : d'autant qu'ils ne peuvent desemparer leurs domiciles sans l'exprés vouloir & consentement de leurs seigneurs : voire s'allassent-ils confiner aux limites du Royaume, la condition de serfs reside tousjours en eux, & les peut leur seigneur poursuivre & vendiquer, comme ses serfs, & contraindre à luy payer la taille, selon le plus, ou le peu de biens qu'ils possedent en quelque lieu que ce soit, voire quand ils seroient denuez de tous meubles & immeubles, selon les emolumens qu'ils peuvent tirer de la manufacture de leurs bras & mains. Et de cette servitude vous trouverez mention expresse en la Coustume de Troyes, chapitre premier, traitant de la condition des personnes, article troisiesme ; en celle de Chaumont en Bassigny sous pareil tiltre, article troisiesme. Et sur tout en la Coustume de Nivernois, chapitre huictiesme, traictant des servitudes personnelles, tailles, poursuites, mainmortes, & autres droicts d'icelles.

En ce droict de Poursuite, ces Coustumes ont grande conformité avecques le droict ancien des Romains. Car il est certain que quelque depaysement que fist l'Esclave, il ne se pouvoit affranchir au prejudice de son maistre, nonobstant le lapsde temps dont il se voulust prevaloir. Et de cecy l'Histoire est tres-veritable de Barbarius Philippus, recitée par Suidas & Ælian neufviesme, lequel pendant le triumvirat d'Octave, Marc Anthoine, & Marc Lepide, s'estant rendu fuitif de son maistre, vint dedans la ville de Rome, comme s'il eust esté franc & quitte, & s'estant insinué aux bonnes graces de Marc Anthoine, il mania ses affaires, de sorte que par le moyen de luy il fut fait Preteur. Advient que par fortune son maistre arrive en la ville de Rome, le trouvant assis en son tribunal, il le tire par sa robbe, luy faisant tres-expresses defenses de passer outre, comme estant son esclave. De cecy le bruit court par toute la ville, & deslors fut une grande question de sçavoir, si les sentences par luy données devoient sortir leur effect. Car d'un costé pour la negative faisoit qu'un serf n'estoit personne capable de sententier : Au contraire pour l'affirmative, que qui sous ce beau pretexte voudroit casser & annuller ses sentences, c'estoit introduire un chaos & confusion par toute la ville.

Or cette Histoire representée au Jurisconsulte Ulpian, il fut d'advis qu'il n'avoit rien fallu remuer de ce mesnage, pour ne troubler le repos public. Resolution dont les Docteurs tirerent cette regle generale, que *error communis facit jus.*

Par les choses, Messieurs, que j'ay cy-dessus deduites, je pense vous avoir descouvert l'air general des quatre servitudes foncieres de la France. Toutesfois lors qu'elles tomberont en dispute, il faut avoir recours aux coustumes, sous lesquelles elles sont assises toutes en general. Et combien que chaque coustume soit pour ce regard fondée en ses particulieres propositions, si est-ce que je n'en voy point de plus notables en ce sujet, que celles de Nivernois, chap. 8. & de la Marche, chap. 17.

Or peuvent les gens de main-morte condition, estre manumis par leurs seigneurs, mais à la charge de faire confirmer leur manumission par lettres patentes du Roy, qui soient en aprés verifiées par la Chambre des Comptes de Paris, en payant par le manumis au Roy telle finance qu'il est advisé. Car tout ainsi que l'Eglise acquerant maison, terre, & heritage, pour rendre son acquisition stable, il faut qu'elle paye indemnité au seigneur immediat de la chose acquise,

& en outre fasse amortir son acquisition par le Roy : Aussi en cette matiere de manumissions, il faut que la main du seigneur, & puis celle du Roy y passent, avant qu'elles puissent sortir leur plein & entier effect : & obtenir lettres patentes, qui doivent estre enterinées par Messieurs des Comptes.

Ie trouve en la Chambre des Comptes de Paris, sous le memorial cotté K, une commission du seiziesme Avril mil quatre cens quarante-deux, par eux adressée aux Baillif de Troyes, Procureur & Receveur du Roy, ou leurs Lieutenans, portans qu'entre les autres droits du Roy luy appartenoient les hommes & femmes de corps, qui se disoient avoir esté manumis par leurs premiers seigneurs, fussent gens d'Eglise tenus de faire foy & hommage, ou serment de feauté audit sieur, ou qui cheoient en Regale, & aussi de tous autres seigneurs temporels : Et combien (porte tout d'une suite la commission) qu'auparavant les guerres & divisions du Royaume, vos predecesseurs ayent de ce fait grandes diligences, dont grands profits en ont esté rendus au Roy nostre seigneur par ses Receveurs dudit Bailliage és temps passez ; toutesfois depuis aucun temps en çà n'ayez faire aucune ou tres-petite diligence, au grand dommage des droits d'iceluy seigneur ; pour cette cause vous mandons de poursuivre sans faveur tous lesdits hommes & femmes de corps, que par information trouverez avoir esté ainsi manumis, comme dit est, & que les mettiez & appliquiez au domaine dudit sieur, à telles charges qu'ils estoient auparavant lesdites manumissions, dont vous Receveur rendrez doresnavant tous les profits en l'ordinaire de vostre dite recepte, comme les autres domaines d'icelle, &c.

Ie trouve plusieurs manumissions anciennes verifiées en la Chambre ; mais entre toutes, je n'y voy aucun formulaire plus beau que celuy qui est inseré au Memorial cotté V, dont la teneur est telle : Pierre le Blanc demeurant à Sainct Amant, Diocese de Chaalons, a presenté sa Requeste à la Chambre, requerant qu'elle le voulust manumettre, & affranchir de la servitude en laquelle il estoit retourné envers le Roy, par le moyen des manumissions & affranchissemens, qui luy avoient esté faits de sa personne, par les Chanoines & Chapitre de Chaalons, desquels il estoit auparavant homme de serve condition. Et aprés qu'il nous est apparu des lettres de ladite manumission, & aussi de celles de l'Evesque de Chaalons, par lesquelles il a donné, & conferé tonsure clericale audit Pierre : Nous consentons, approuvons & ratifions ladicte manumission, & iceluy Pierre le Blanc manumettons & affranchissons par ces presentes de toute la servitude en quoy il pourroit estre retourné envers le Roy à cause dessusdite, moyennant & parmy la somme de deux escus d'or sol, qu'il a pource payez comptans au thresor dudit seigneur par descharge d'iceluy. Donné à Paris le 27. de Iuin 1500.

CHAPITRE VI.

Bourgeoisies du Roy, droits de Jurée en Champagne, & que nous avons en France quelques images des anciennes libertez de Rome.

PUisque par le Chapitre precedent j'ay discouru des Servages, tant de la ville de Rome, que de nostre France, il me semble n'estre hors de propos, si maintenant tout d'une suite je discoure, combien de diverses manieres de libertez il y eut pour quelque temps dedans Rome, & comme sans y penser nous les representons en la France.

Iaçoit que du droit primitif & originaire des Romains il n'y eust dedans Rome qu'une maniere de liberté, dont indifferemment jouïssoient tous ceux qui de leurs naissances estoient libres, que les affranchis, toutesfois la chiquanerie en apporta par succession de temps trois especes : La grande, par le moyen de laquelle l'esclave par son affranchissement jouïssoit de mesmes privileges, franchises & libertez, que celuy qui l'avoit affranchi, jouïssant par ce moyen du droit de Bourgeoisie de Rome. La moyenne estoit celle qui leur moyennoit pendant le cour de leurs vies, les privileges ordinaires de la liberté commune, mais arrivans au periode de la mort, leur fermoit les mains : Tellement qu'il ne leur estoit loisible de tester (qui n'estoit pas une petite disgrace) & n'avoient autres heritiers que leurs premiers Seigneurs & Maistres : Par la derniere, qui estoit appellée la moindre des trois, l'affranchy pendant sa vie estoit sujecte sous la puissance de son Maistre, comme son serf & esclave : Mais avant sa mort luy estoit permis de tester, & à faute de testament ses proches parens habiles à luy succeder, apprehendoient sa succession. Distinction de personnes que l'Empereur Iustinian supprima par son Ordonnance, comme un trouble-mesnage d'Estat, & reduisit la liberté à son premier pied.

Or combien qu'en ceste France nous ne soyons sujets au droit des Romains, toutesfois ceste mesme police s'y est dés pieça insinuée & continuée, mais sous diverses qualitez & considerations, és Bourgeoisies du Roy en Champagne, Aulbains & estrangers par tout le Royaume, femmes mariées au pays coustumier. La grande liberté de Rome est representée en la province de Champagne, quand l'homme de serve condition acquiert le droit de Bourgeoisie du Roy, ainsi que je discourray cy-aprés en son lieu.

Car quant à l'estranger de nation, que nous appellons Aulbain, toutes & quantesfois qu'il se vient habiter en la France, & n'est naturalizé par lettres patentes du Roy, bien & deuëment verifiées en la Chambre des Comptes de Paris, il peut tant & si longuement qu'il est sain, vendre & disposer par donations entre vifs de ses biens, comme il luy plaist, tout ainsi qu'un vray & naturel François : mais non par testament & ordonnance de derniere volonté : mesmes n'a autre successeur que le Roy en tous & chacuns les biens qu'il a dedans ce Royaume. C'est un droict qui eschet au Prince par une prerogative speciale de sa Couronne. Ce que j'appelle image de la seconde & moyenne liberté de Rome : mais beaucoup mieux reiglée (selon mon jugement) que celle de Rome, pour n'estre exercée que contre celuy qui ne nous est naturel sujet.

Au contraire la femme au pays coustumier, exposée sous la puissance de son mary, tant & si longuement qu'elle est mariée, ne peut de son authorité privée disposer entre vifs de ses biens, je veux dire, les vendre, donner, aliener, n'y engager, mais en ces cas est requise l'authorité de son mary sur peine de nullité. Toutesfois luy est loisible de tester, de tous & chacuns ses biens selon le desir des Coustumes où ils sont assis, tout de la mesme façon que son mary peut faire des siens : Qui est une autre image de la derniere, & plus petite liberté de Rome. Particularitez que j'ay estimé devoir estre par moy remarquées, comme celles qui sont par nous veuës sans les voir.

Ie veux doncques maintenant venir à nos droits de Iurée : & Bourgeoisies du Roy, principal sujet du present chapitre, qui representent la grande liberté de Rome.

CHAPITRE VII.

Des droicts de Jurée, & Bourgeoisie du Roy.

PAr toutes les coustumes de Champagne, je dy de Troyes, Meaux, Chaumont en Bassigny, & par celles de Sens, & Auxerre, il n'y a rien si frequent que quand elles nous enseignent y avoir deux sortes de gens, les uns Nobles, les autres non Nobles, & des non Nobles les aucuns estre de franche, les autres de serve condition: & au surplus que ceux qui sont francs se peuvent advoüer pour Bourgeois du Roy. Et à cet adveu, il y a quelques-unes de ces coustumes qui s'y donnent plus ample carriere que les autres. Et parce qu'en la Coustume du Bailliage de Troye, il me semble y avoir plus d'obscurité, voire estre celle qui par dessus toutes les autres s'en est plus voulu faire accroire au prejudice des Seigneurs hauts Justiciers, je la toucheray particulierement.

, Les aucuns sont Nobles, & les autres non Nobles (portent
, le premier & second articles d'icelle) les non Nobles sont
, en deux manieres : Car les uns sont franches personnes, &
, les autres de serve condition : Lesquelles franches personnes, tant comme elles demeureront sous le Roy, oüés ressorts du Bailliage de la Prevosté de Troyes, sous aucun haut
, Justicier, non ayant en sa terre les droicts Royaux, sont ap-
, pellez Bourgeois du Roy, & sont ses Justiciables ordinaire-
, ment en tous cas personnels, Criminels & Civils, & rede-
, vables de Jurée, s'ils ne sont Clercs, ou autrement privile-
, giez. Et par les neufviesme & dixiesme articles subsequens,
, les Bourgeois du Roy se peuvent tels advoüer par simple ad-
, veu, sans monstrer par escrit leur Bourgeoisie, excepté au
, Comté de Joigny, où celuy qui se veut advoüer pour tel,
, doit avoir lettres de Bourgeoisie du Baillif de Troyes, ou
, son Lieutenant ». Ceste Coustume fut redigée par escrit en pleine assemblée des trois Estats du Bailliage de Troyes par Maistre Thibaut Baillet President, & Maistre Roger de Barme, Advocat du Roy au Parlement de Paris, & lors de la redaction Milon Advocat, tant du Clergé, que de la Noblesse, s'y opposa, disant que si ces articles passoient, ce seroit annichiler, & reduire à neant toutes les Jurisdictions hautes & moyennes des Seigneurs. D'autant qu'en leurs Justices y avoit sujets de quatre qualitez diverses, c'est à sçavoir les Nobles, les Clercs, les Roturiers, & les Serfs, qui estoient gens de morte-main: Qu'il estoit notoire que les Nobles ils n'exerçoient Jurisdiction, sur les Clercs encores moins, parce qu'ils estoient exempts de la Jurisdiction temporelle: Sur les Roturiers, par ceste Coustume il leur estoit prohibé: Car les Roturiers, s'ils n'estoient Clercs, ou de morte main, estoient faits Bourgeois du Roy: Parquoy si cet article demeuroit pour coustume, ils n'auroient Jurisdiction que sur les serfs, hommes & femmes de corps. Et aussi que par les Ordonnances du Roy sur le faict des Bourgeoisies, les Bourgeois du Roy estoient sujects à plusieurs choses que l'on n'observoit qu'elle estoit telle que l'article portoit. Ils n'avoient garde de dire le contraire. Car cet article sortant effect enfloit grandement leurs practiques, & par consequent leurs gibbecieres. Milon en peu de paroles avoit beaucoup dit, & moy en moins de paroles je diray que je n'entendy jamais les deux premiers articles, & estime que si ceux qui les dresserent, revenoient en vie, ils seroient grandement empeschez de le nous déchifrer. Pareille obscurité, mais non si perplexe, se trouva en l'an 1555. lors de la reformation de la Coustume de Sens. Mais n'ayant entrepris de demesler ce fuseau, je me contenteray de toucher ce qui est de l'ancienneté. Toutes les Coustumes par moy cy-dessus touchées, parlent des Bourgeoisies du Roy : celle de Troyes particulierement du droict de Jurée. Recognoissons doncques, s'il nous est possible, comment furent introduicts ces droicts, & en quoy ils consistoient.

Je vousay par le Chapitre precedant discouru comme sur A le declin de l'Empire, fut par les Empereurs introduite une maniere de servitude tres-fonciere, sur les pays par eux de nouveau conquis, le François entrant dans les Gaules, rendit au Romain ce qu'il avoit presté aux autres.

C'est pourquoy furent faits trois sortes d'hommes en la Champagne, & quelques autres contrées des Gaules : Les vaincus qui furent faits serfs, ausquels on laissa leurs terres, mais avec tant de charges pesantes, qu'ils sembloient estre plus à leurs Seigneurs qu'à eux-mesmes, & pour ceste cause furent appellez tantost gens de main-morte condition, tantost hommes & femmes de corps : & les Capitaines & plus grands Seigneurs qui avoient contribué de leur vaillance à la conqueste avecques nos Roys, eurent pour leurs departemens, les Fiefs desquels dependoient ces serfs : & la troisiesme espece fut des soldats François, qui pour ne tenir tel rang que les Capitaines, n'eurent pas les places Nobles, mais aussi ne furent-ils de si basse condition comme les Gaulois, & serfs, ains conserverent la liberté en laquelle ils estoient nez, leur demeurant leur nom originaire de Francs, comme si on eust voulu dire que tous Francs ou François estoient naturellement de condition libre. Mot qui depuis s'est perpetué de main en main jusques à nous, voire avec un tel privilege, que nous opposons la franche condition à la servile, comme choses directement contraires. Et de là vint encores une autre distinction pour les terres : car comme ainsi soit que le mot de *Leud* entre les François signifiast subject, & que des terres les unes fussent Seigneuriales & Feodales, les autres Allodiales, qui vouloit dire Censuelles, on en fit une troisiesme espece, de celles qui estoient tenuës en Franc-alleud, c'est à dire des terres qui estoient tenuës par les Francs, non veritablement Nobles, comme les Fiefs, mais aussi non serviles comme les autres, & tant que l'on n'en payoit aucuns droicts, & devoirs censuels. Et de ceste espece est aussi faite fort frequente mention dans la plus part des Coustumes par moy cy-dessus alleguées. Par ainsi en ce pays-là il y avoit trois especes de personnes, Nobles, Francs, & Serfs; & autant d'especes de terres, Nobles, Censuelles, & en Franc-alleud. Et quant aux Serfs, ayant esté manumis, ils se disoient Bourgeois du Roy, comme je diray cy-après.

Or comme les Royaumes se changent en diverses faces par B longue succession de temps, aussi fit le nostre sous la troisiesme lignée de nos Roys, sous laquelle une infinité de grands Seigneurs voulurent avoir part au gasteau, tout ainsi que Hugues Capet : mesmes petit à petit se fit un Comté de Champagne façonné de plusieurs pieces, lesquelles remises en un, les Comtes de ce pays-la tindrent un grand rang par la France, s'approprians plusieurs droicts de Souveraineté, avecques la reserve du baise-main, & vasselage envers nos Roys. Toutesfois pendant leur domination, on ne peut dire que le Baillif de Troyes, ny tous les autres de la Champagne pretendissent avoir en leurs Bailliages des Bourgeois du Roy, qui deussent subir leur Jurisdiction. Car ils n'estoient lors Juges Royaux, & ne l'ont esté que de puis que le Comté de Champagne a esté reincorporé à nostre Couronne.

Parquoy au lieu de ceste Bourgeoisie du Roy (dont nous parlerons en son lieu) ils introduisirent un droict de Jurée, qui estoit une prestation annuelle qui se faisoit aux coffres du Comte par ceux qui se rendoient ses justiciables. Tout ainsi que le Serf foncier ne pouvoit changer de demeure au prejudice de son Seigneur, duquel il estoit homme de corps & de suite : aussi au contraire, soudain qu'il estoit affranchy, D il avoit les portes ouvertes, & luy estoit permis de choisir tel domicile qu'il luy plaisoit, & en ce faisant, subir nouvelle Jurisdiction. Chose que je recueille d'un vieux tiltre d'un Thibaut Comte de Champagne, dont la teneur s'ensuit.

Nos Theobaldus Dei gratia Rex Navarræ, Campaniæ, & Briæ Comes Palatinus, notum facimus universis præsentes litteras inspecturis: Quod cum Gillo Draperius filius defuncti Andreæ drea de Champagne, & Alix uxor ejus, de Meriaco essent homines de corpore dilecti, & fidelis nostri Simonis de Meriaco, ipsi se, & hæredes suos, tam procreatos, quàm procreandos, de corporibus eorum redemissent à dicto Simone, uxore ejus, & hæredibus eorundem, & possent facere sibi dominum quemcunque voluissent, nos ad instantiam, & petitionem ipsorum, detinemus ipsos sub nobis pro decem solidis, quos dicti Gillo, Alix uxor ejus & hæredes eorum nobis & hæredibus nostris reddent annuatim, in festo S. Remigij, & pro dictis decem solidis ipsos quittavimus & quittamus ab omni talia, tolta, demanda, custodia, villa, turris, & gabiola ab exercitu, & chevaucheia, & ab omni alia exactione: facimus rei testimonium litteris annotatum, sigilli nostri munimine fecimus roborari. Actum anno Domini 1239. mense Maio.

Ce n'estoit doncques point, qu'estant affranchy il fust soudain Bourgeois du Comte, mais il estoit en son choix & option, ou de se faire Bourgeois de luy, ou bien d'un autre Seigneur: vray que voulant estre justiciable immediat du Comte, il estoit requis outre le domicile, qu'il luy payast certaine redevance par chacun an, qui estoit appellé *Droict de Jurée*, pour l'honneur qu'il recevoit sortant fraischement d'une servitude, d'estre mis au rang de ceux qui estoient anciens Bourgeois. Tellement que pour joüir de ceste qualité il estoit requis deux choses, l'une que laissant son premier & ancien domicile, il s'habituast en une ville du Comte, de laquelle il seroit de là en avant justiciable en toutes demandes personnelles & criminelles qu'on voudroit intenter contre luy: Duquel privilege il joüiroit tant & si longuement qu'il y seroit demeurant: Qui estoit reduire les choses au droict commun de la Justice: L'autre qu'il payast par chacun an le droict de Jurée, s'il n'estoit Clerc ou Noble, ou autrement noble & deüement privilegié. Parce que si le manumis estoit puis après annobly, ou tonsuré, il estoit aussi affranchy de ceste protestation de Jurée. De maniere que l'article de la vraye & originaire Coustume de Champagne estoit, " que tant & si longuement que telles sortes d'affranchis demeureroient sous le Comte en la Prevosté de Troyes, „ ou d'une autre ville Comtale, ils estoient Bourgeois du „ Comte, & se justiciables en tous cas personnels & criminels, „ & par mesme moyen redevables de Jurée, s'ils n'estoient „ Clercs, ou autrement privilegiez ". Je dy en tous cas personnels; parce que s'il estoit question d'une Petitoire, il falloit renvoyer pardevant le Juge des lieux, où les heritages estoient assis. Ceux qui reformerent ceste Coustume en l'an 1509. suivirent aucunement ces traces, changeans fort à propos le nom du Comte en celuy du Roy, pour estre reüny à la Couronne, mais toutesfois avec un tel entrelas, & embarassement de paroles, que l'on voit au doigt & à l'œil, que feignans de faire la mesnagerie du Roy, ils ne firent autre chose qu'une mangerie pour eux au prejudice des Seigneurs, & de leurs sujets. Les choses estans reduites à tel poinct, que soudain qu'un fuyard à fondé le gay de sa cause pardevant son Juge ordinaire, s'il la pense perdre, il s'advoüé Bourgeois du Roy, & par ce moyen la fait renvoyer pardevant le Bailliff de Troyes, qui n'est pas une petite affliction pour le commun peuple.

Or estoit ce droict de Jurée de six deniers pour livre des meubles, & deux deniers tournois des immeubles, sinon que l'on se fust dés le commencement aborné à certaine somme avec le Comte. Ainsi l'ay-je appris d'une sentence donnée en l'an 1420. par le Bailliff de Troyes, sur un different qui se presenta entre le Procureur du Roy demandeur en execution, contre Jean Margoulet boulanger, Jean Cailler Orfeuvre, & Jean Houry tissier deffendeurs: Par laquelle après que les parties eurent escrit d'une part & d'autre, & les deffendeurs verifié leur abornement contre la pretention des six, & deux deniers par an, alleguée par le Procureur du Roy, les defendeurs gagnerent leur cause, & furent condamnez pour une fois payer les dix sols, à quoy leurs predecesseurs avoient esté abornez. Et en ce procez fut produite la Charte du Comte Thibaut par moy cy-dessus rapportée. Au demeurant ce droict de Jurée fut ainsi nommé, parce qu'il est vray-semblable que ceux qui se rendoient justiciables du Comte, faisoient un nouveau serment pardevant le Juge des lieux, ou bien que ceux qui estoient tous les ans esleuz pour faire le departement sur ceux qui estoient

contribuables à cette redevance, faisoient le serment d'y proceder sans faveur, comme nous apprenons de ce que j'ay presentement recité. Et combien que l'Ordonnance fust de payer six deniers pour chaque livre des meubles, & deux pour les immeubles: toutesfois il y avoit une maxime generale, que nul ne payoit plus de vingt livres par an, à quelque valeur que se montassent les meubles & immeubles. Il pouvoit bien payer au dessous, mais non au dessus: & est une chose qu'il ne faut passer sous silence, que jaçoit que par la reünion du Comté de Champagne à la Couronne, le Bailliff de Troyes eust esté faict Juge Royal, si est-ce que long-temps après le Bailliff de Sens pretendoit que s'il y avoit quelques-uns au Bailliage de Troyes sujets des Ecclesiastics, qui se pretendissent Bourgeois du Roy, ils devoient payer le droict de Bourgeoisie en la recepte ordinaire de Sens, & non en celle de Troyes.

Ce qui apporta une belle dispute & plaidoirie en la Chambre des Comptes le dix-neufiesme de May, 1462. entre le Procureur du Roy de Sens d'une part, & le Procureur du Roy de Troyes d'autre. Sur ce que le Procureur du Roy de Sens disoit que le Roy, à cause de sa Couronne avoit la garde & protection des Eglises de son Royaume, & la cognoissance de leurs questions & differents, en ressort pardevant ses Bailliffs Royaux, mesme que quand on avoit faict quelques Appannages on avoit tousjours reservé par exprés les gardes, patronages, souveraineté, & ressort des Eglises de fondation Royale, & de leurs terres: & nommément au traicté faict à Arras entre le Roy Charles VII. & le Duc de Bourgongne. Disoit outre que l'Evesque & Chapitre de Troyes, & d'autres Eglises estans au Comté de Champagne estoient sujettes au Roy, & sans moyen à cause de sa Couronne & du Bailliage, ressort & Prevosté de Sens, en tous lesquels lieux le Roy, à cause de sa Couronne, avoit ses Bourgeois, qui devoient chacun an à sa recepte de Sens douze deniers Parisis de Bourgeoisie, & qui appelloit des Juges de leurs terres, les appellations se relevoient directement pardevant le Bailliff de Sens, & entr'autres villes. Qu'à l'Evesque de Troyes appartenoient les Seigneuries de Valants, & Villiers, & au Chapitre celle de sainct Cyre, & la Chapelle sainct Pere, esquels lieux le Roy avoit ses Bourgeois, qui payoient chacun an lesdicts douze deniers Parisis à Sens; que nonobstant cela le Procureur du Roy de Troyes avoit obtenu lettres au mois de Decembre, lors dernier passé, afin de faire payer les droits de Jurée en la recepte de Troyes sur lesdictes terres: chose dont icelluy Procureur du Roy de Sens s'estoit plaint aux Advocat, & Procureur generaux du Parlement, aux presentations des jours de Sens, & de Champagne, & depuis par leur advis s'estoit retiré en la Chambre. Partant concluoit ce qu'inhibitions & defenses luy fussent faites, d'entreprendre sur ces droicts de bourgeoisie, sous pretexte du pretendu droict de Jurée. Contre lesquelles conclusions, le Procureur du Roy de Troyes, comme Comte de Champagne, disoit que le Comte de Champagne, à cause de son Comté, avoit droict de prendre Jurées par chacun an dans les limites de son Comté, sur tous les manans & habitans d'icelui, s'ils n'estoient Clercs ou Nobles, ou autrement privilegiez: c'est à sçavoir six deniers pour livre de meuble, & deux deniers pour livre d'immeuble: toutesfois le plus puissant pouvoir estre quitte pour vingt livres par an, & de ce il avoit joüy de tous temps: Que le Comte avoit droict de lever les Jurées sur les habitans de Valants, Villiers, sainct Cyre, & les Chapelles sainct Pere, estans de la Prevosté de Troyes, & que de ce il avoit joüy jusques à quelque peu de temps auparavant, que le Procureur du Roy de Sens avoit appellé au Parlement de l'assiette d'icelles Jurées: Que de son dire il apparoissoit par les papiers & livres de Jurées, & Comptes ordinaires de Troyes, tant vieux que nouveaux, estans en icelle Chambre des Comptes, mesme de l'an mil trois cens soixante deux, mil trois cens soixante trois, mil quatre cens neuf, & mil quatre cens dix. Davantage disoit que la Jurée estoit de plus grand profit que les Bourgeoisies: Que le Roy pouvoit beaucoup gagner par l'un, & perdre par l'autre. Concluant par ces moyens & autres, à fin d'absolution. Le Procureur du Roy de Sens par ses repliques desnioit la joüissance alleguée par sa partie adverse: & quant au profit, disoit foit que la Bourgeoifie croiffoit & décroiffoit felon le nombre de ceux qui payoient Bourgeoifie, ce qui n'eftoit en ceux qui payoient la Jurée. Et finalement que la Bourgeoifie eftoit droict Royal infeparable de la Couronne, & la Jurée droict du Comté de Champagne, qui fe pouvoit feparer par Appanage, ou autrement, & qu'il valloit mieux un denier non muable, que deux deniers muables, & que les Clercs payoient les droicts de Bourgeoifie, & non de Jurée.

Cette caufe plaidée au grand Bureau de la Chambre, prefens les Advocats, & Procureur du Roy du Parlement, après avoir veu toutes les pieces, il fut dit, & ordonné, que de là en avant le Receveur ordinaire de Sens recevroit comme par main tierce, & fouveraine és lieux de Valans, Villiers, fainct Cyre, & la Chapelle fainct Pere, icelles Bourgeoifies, & feroit recepte en fes Comptes, fans prejudice de droicts des parties, & des appellations interjettées au Parlement, le tout par maniere de provifion.

Voila ce que je penfe appartenir au faict de la Jurée de Champagne. Refte maintenant de parler des Bourgeoifies du Roy, efquelles on vouloit practiquer en Champagne l'Ordonnance de Juftinian. Car tout ainfi que cet Empereur oftant toutes les obfcuritez qui fe trouvoient en la difference des libertez, vouloit que tout homme qui eftoit affranchy de la ville de Rome, fuft eftimé Citoyen Romain, & jouift de mefmes franchifes que fon Maiftre. Qui n'eftoit pas un petit privilege à l'effect mefmement des Jurifdictions. Car vous fçavez que lors que fainct Paul s'advoua Citoyen de Rome, il ferma la bouche au Proconful de la Paleftine, qui renvoya la cognoiffance de fon faict à l'Empereur, quelque diftance de lieuës qu'il y euft de la ville de Hierufalem à Rome. Le femblable advint-il en France, parce que les Serfs ayans efté manumis par leurs Maiftres, fe maintiendront à la longue, Bourgeois du Roy, & par ce moyen ne pouvoient eftre ailleurs pourfuivis que pardevant les Juges Royaux fouverains, que nous appellons maintenant Suzerains. Ainfi voyons-nous eftre porté par le cent trente-cinquiefme article de la Couftume de Sens, qu'une franche perfonne fe peut advoüer & faire Bourgeois de la Bourgeoifie de Sens, fi celle eft de la Prevofté ou du reffort dudit Sens, en faifant les devoirs de Bourgeoifie, & des folemnitez en tels cas requifes : Et le femblable au trente & cinquiefme article de la Couftume d'Auxerre. Quelles devoient eftre ces fubmiffions, nous le recueillons de l'Ordonnance de Philippe le Bel de l'an mil trois cens deux. Par laquelle il eftoit permis à tout homme de s'advoüer Bourgeois du Roy, en faifant les fubmiffions à ce requifes, qui eftoient de fe venir prefenter pardevant le Juge Royal de la ville, dont il deſiroit eftre dict Bourgeois, & que là en prefence de deux ou trois notables Bourgeois, il promit d'achepter une maifon en la ville dedans l'an & jour : chofe dont il bailleroit caution, & de ce feroit faict acte que l'on mettroit és mains d'un Sergent qui le fignifieroit au Seigneur de la Jurifdiction duquel ce nouveau Bourgeois entendoit eftre exempt, & luy en bailleroit coppie, afin qu'il n'en pretendift caufe d'ignorance, & jufques à ce qu'il euft fatisfaict à ce que deffus, il ne pouvoit jouyr du droict de Bourgeoifie. Et neantmoins paffant plus outre, il eftoit encores porté, que de là en avant luy & fa femme devoient prefter refidence actuelle au lieu de la Bourgeoifie, pour le moins depuis le jour & fefte de la Touffaincts jufques à la fainct Jean Baptifte, fi non qu'ils en fuffent empefchez par maladie, pelerinage, ou autre legitime empefchement, lequel ceffant, ils feroient tenus de retourner trois ou quatre jours après pour le plus tard en leur maifon : & leur eftoit permis de s'abfenter de la fainct Jean Baptifte jufques à la Touffaincts, pour faire leurs foings, moiffons, & vendanges, & que s'il eftoit poffible ils fe trouvaffent en leurs Bourgeoifies aux Feftes folemnelles de l'année, & auffi après avoir efté receuz Bourgeois, fi aucun s'en vouloit fouftraire, il feroit tenu de payer les charges ordinaires, tant au lieu de fon premier domicile, que celuy de fa Bourgeoifie. Au demeurant cette nouvelle Bourgeoifie ne s'exemptoit de la Jurifdiction de fon Seigneur, pour la pourfuite des droits, & devoirs Seigneuriaux, ny en action petitoire pour les heritages qui eftoient affis en fon ancien domicile, pour les excez par luy commis trois mois auparavant que d'eftre faict Bourgeois. Ordonnance depuis en tout & par tout confirmée par le Roy Jean en l'année mil trois cens cinquante & un. Chofe certes trés-juridique, & par laquelle en confervant ce qui eftoit de la dignité Royale, n'eftoit faict aucun tort aux Jurifdictions des Seigneurs hauts Jufticiers, ny aux fujets que l'on veut aujourd'huy diftraire de leurs Jurifdictions ordinaires, fous ombre d'un fimple adveu de Bourgeoifie, fans plus ample information. La plus belle couftume pour ceft effect, & plus approchante de cefte Ordonnance eft celle d'Auxerre, à laquelle le Lecteur pourra avoir recours, depuis le trente-cinquiefme article jufques au 41. inclus. Le commencement de l'Ordonnance de Philippe le Bel eftoit tel : *Hæc ordinatio facta eft per nos, & confilium noftrum de mandato noftro fuper modo tenendi, & faciendi Burgefias regni noftri ad removendam, ac tollendam fraudem, quæ olim fuerat occafione, feu caufa dictarum Burgefiarum, ratione quarum aliquando fubjecti noftri graviter opprimebantur, ad nos fuas querimonias deferentes.* Et en la fin: *Actum Parifiis die Lunæ poft mediam quadragefimam. Anno Domini* 1302.

CHAPITRE VIII.

Des Ordonnances de Charlemagne, pour obvier aux fraudes que l'on pratiquoit en France fous le pretexte des Clericatures.

LE Chapitre precedent m'a remis en memoire quelques fraudes que l'on pratiquoit anciennement en la France, fous le pretexte des Clericatures, aufquelles il fut pourveu par noftre Empereur Charlemagne, tout ainfi que Philippe le Bel voulut s'oppofer à celles que l'on avoit introduict en France, fous le mafque de Bourgeoifies du Roy : Mais parce que ce difcours prend fes racines de plus haut, il convient noter que les anciens Romains, au moins fur le moyen aage de leur Jurifprudence, furent fort empefchez de refoudre fi celuy qui avoit obtenu plaine franchife & liberté de fon Maiftre, devoit eftre tout d'une main reputé Citoyen de Rome, qui eftoit une liberté outrepaffant toutes les autres. Le premier qui franchit le pas fut l'Empereur Conftantin, lequel par un privilege fpecial de noftre Religion Chreftienne voulut que celuy qui eftoit affranchy au fein de noftre Eglife, jouyft de cette plaine liberté, qui n'avoit jamais auparavant efté communiquée à quelque perfonne que ce fuft : Et comme ainfi foit que tous les mauvais exemples prennent leur fource de beaux & fpecieux commencemens, auffi advint-il le femblable en cet affaire. Car au commencement cette liberté fe donnoit du confentement du Maiftre, avec l'intervention de l'Eglife pour l'authorifer davantage : Toutesfois par fucceffion de temps les Ecclefiaftics s'en voulurent faire accroire, & le ferf eftant manumis par eux obtenoit plaine liberté malgré fon Maiftre. Dont les Maiftres irritez en faifoient leurs plaintes aux Eglifes : A quoy on fe trouva bien empefché. Car eftant cette difficulté propofée en un Concile de Carthage, fçavoir fi les ferfs qui avoient recours aux Eglifes, pouvoient eftre affranchis fans attendre le vouloir de leurs Seigneurs, & fi après cette manumiffion leurs Maiftres les pouvoient rappeller à leur ancienne fervitude, il n'en fut rien refolu, ains par les 67. & 85. articles fut cette difficulté remife à la volonté, & decifion de l'Empereur : ce qui caufoit l'obfcurité eftoit que les chofes mifes en balance d'un cofté, de donner par une Eglife liberté à un efclave, fous pretexte des Ordres facrez, c'eftoit priver un Maiftre, fans fon confentement, de ce qui luy appartenoit. Au contraire, de le reduire en fon ancienne fervitude, c'eftoit troubler la dignité Ecclefiaftique. Depuis noftre Charlemagne y voulut apporter police. Car le vingt

vingt & troisiesme article du premier Livre de ses Loix, il deffendit par exprés de n'apeller à l'Ordre Clerical ou Monachal un homme sans le vouloir & consentement de son Maistre. Et par l'article 82. il ordonna que nul Evesque ne promeust aux Ordres de Prestrise un serf, que premierement il n'eust esté affranchy par son Maistre. Le texte du 23. article est tel : *Ut servum alterius nullus suscipiat ad Clericalem ordinem*, & en l'article 28. *Statuimus ut nullus Episcoporum servos ad sacros ordines promovere possit, nisi prius à Domino libertatem consequuti sint.* Et si l'Evesque avoit contrevenu à cette Ordonnance, il estoit par le mesme article permis au maistre un an aprés la consecration, de reduire son serf à sa premiere qualité, sinon que celuy le sçachant, n'y eust voulu du commencement apporter obstacle. Car en ce cas il estoit estimé y avoir presté taisible consentement, & par consequent non recevable à s'en plaindre. Ce mesme Empereur voulut encores passer plus outre. Car tout ainsi qu'il deffendit que le serf peust estre receu aux Ordres qu'il n'eust permission de son Maistre, aussi ne voulut-il que celuy qui estoit né de condition franche peust entrer en ce mesme Ordre Clerical, sans avoir congé de luy. Et parce que cela importe à l'Estat, il merite bien que nous inserions icy l'article tout de son long, qui est le 113. du 1. Livre. *De liberis hominibus , qui ad servitium Dei se tradere volunt , ut prius hoc non faciant , quam à nobis licentiam postulent : hoc ideo quia audivimus aliquos ex illis non tam causa devotionis fecisse , quam pro exercitu , seu alia functione fugienda : quosdam verò cupiditatis causa ab his , qui res illorum concupiscunt circumventos audivimus , & hoc ideo prohibemus.* Qui est à dire : " Nous deffendons à toutes personnes de franche condition de se faire d'Eglise, s'ils n'en ont eu congé de nous, & ce d'autant que nous avons entendu que quelques-uns d'entr'eux l'ont fait , non tant par devotion , que pour s'exempter de l'armée & autres charges Royales , mesmes qu'il y en a les uns d'eux , lesquels surpris par l'avarice de ceux qui affectionnoient leur bien y sont entrez, & c'est pourquoy nous le deffendons ". Maurice Empereur de Constantinople en avoit fait une non grandement esloignée de cette-cy. Car il deffendit à tout homme appellé en charge publique de ne se faire promouvoir aux dignitez de l'Eglise. Davantage que celuy qui estoit enroollé en sa gendarmerie ne se peust faire Moine , s'il n'avoit accomply le temps entier de la Milice , ou que pour estre valetudinaire & maladif , il eust eu permission de se retirer en sa maison. Chose qui donna sujet à sainct Germain au 1. Livre de ses Epistres, de luy mander que pour le regard du 1. article, il ne le pouvoit assez loüer. Parce que celuy qui vouloit au lieu de sa dignité seculiere entrer en une Ecclesiastique , n'abandonnoit pas le monde, ains le changeoit. Mais quant au 2. il ne le pouvoit approuver. D'autant que pour la vie solitaire , un Moine renonçoit à toute mondanité, pour vivre au repos de sa conscience. En quoy s'il m'estoit permis d'interposer mon jugement , je dirois volontiers que l'un & l'autre avoit quelque raison sous divers regards : Sainct Gregoire parlant pour ceux qui sans arriere-boutique se voüent à Dieu : & l'Empereur Maurice voulant s'opposer à ceux qui sous le masque d'un froc, vouloient se descharger du faix de la guerre.

CHAPITRE IX.

Des Bonnets qu'on prend aux Licences , & Maistrises des Escoliers , Estreines , Banquets , que l'on faict à la feste des Roys.

LEs franchises & libertez dont j'ay parlé cy-dessus , me feront maintenant discourir de celles que les Escoliers acquierent en nos Universitez par leurs Maistrises & degrez de Licences. Par les deux precedens Chapitres j'ay esté homme du Palais, je seray maintenant Escolier. Quand un jeune homme a esté longuement sous la verge de son pedagogue, aprés avoir passé sa jeunesse sous l'alambic d'une Grammaire, Rhetorique & Philosophie , à quoy certains temps sont prefix dans l'Université de Paris , par la reformation du Cardinal de Toute-ville, il n'y a Escolier qui ne desire de passer Maistre , pour estre de là en avant à soy. Cette ceremonie se fait tous les ans en Caresme aprés la feste de sainct Gregoire. J'ay veu en mon jeune aage qu'il n'y avoit College , où il n'en passast vingt & trente, maintenant il y en a beaucoup moins. Parce que soudain que nos enfans ont esté quelques ans à l'estude d'humanité , nous les envoyons aux Universitez des Loix, pour leur faire puis aprés suivre le barreau , dont on attend plus de profit. Or en ces Maistrises on baille à chacun le Bonnet aux grandes Escholes , avec quelques autres solemnitez , & ce fait , on a acquis toute liberté , c'est à dire que l'Escolier n'est plus sujet à la verge de ses Superieurs. Qui estoit une espece de servitude, par laquelle on dependoit en tout & par tout de leur volonté ; & commencent d'estre appellez Maistres, tout ainsi que ceux de la puissance & authorité desquels ils despendoient auparavant. Tellement que par le commun mot de l'Université, quand on dit , il a pris le Bonnet , c'est autant comme si l'on disoit il est passé Maistre. Chose que nous avons empruntée des Romains, lesquels entr'autres manieres d'affranchir leurs serfs, en avoient une particuliere qui estoit de donner le bonnet. Ainsi l'apprenons nous de Seneque au sixiesme de ses Epistres , où parlant de plusieurs bons & recommandables services que les Maistres avoient receus de leurs serfs, aprés avoir haut loüé leur fidelité : *Dicet aliquis* (fait-il) *me vocare ad pileum servos.* Le semblable fait Macrobe au premier de ses Saturnales, où aprés avoir desrobé tout le discours de Seneque, il finit par mesme conclusion que luy : *Dicet aliquis nunc me dominos de fastigio suo dejicere, & quodammodo ad pileum servos vocare.* Comme si l'un & l'autre eussent voulu dire, on dira que je veux donner le bonnet aux serfs au prejudice de leurs Maistres , qui est à dire la liberté.

Or en cette ancienneté il n'y a rien qui ne soit loüable : je crains que le semblable ne soit à ce que je veux maintenant deduire : Car toutes & quantesfois que nous empruntons quelques Coustumes de Payens, & les adjoignons à nos jours de festes , je ne le puis trouver bon. Nous penserions faire tort au premier jour de l'an , auquel nous celebrons la Circoncision de nostre Seigneur, si nous ne l'accompagnions d'Estreines : c'est à dire , de dons que nous envoyons les uns aux autres. Ce qui fut observé avec telle devotion par nos ancestres, que nous recognoissions plus le premier jour de l'an sous le nom d'Estreines , qu'autrement, Nous tenons cette Coustume en foy & hommage du Payen. Suetone en la vie de Tibere , *Prohibuit strenarum usum ne ultra Calendas Januarias exercerentur.* Or que cela se soit depuis perpetué en l'Estat de Rome, nous le recueillons de Theodoret en son Histoire Ecclesiastique , quand il dit que l'Empereur Julian voulant discerner le Soldat Chrestien d'avec le Payen , il les estreinoit parfois le premier jour de sa nativité , & en recevant estreines de luy, il vouloit que les Soldats *incensum* , c'estoit ce que nous appellons encens) *ei offerrent. Erat enim ante eum positum thus.* Symmaque au 6. de ses Epistres , nous dit que les Estreines se bailloient dans Rome le premier jour de l'an , & qu'elles furent ainsi appellées , *Quia viris strenuis dabantur.* Au demeurant que telles Estreines fussent mises entre les actes d'idolatrie, nous en avons un grand Maistre , c'est Tertulian , lequel , au livre qu'il a fait de l'Idolatrie , dit que le Precepteur Chrestien , qui enseigne aux Escholes Ethniques est idolatre, adjoustant ce mot , *etiam strena captandae sunt*, voulant dire qu'à l'imitation des Payens il faudroit qu'il prist des Estreines. C'estoit, comme il est vraisemblable, une coustume familiere aux Payens, qui enseignoient la jeunesse , de prendre tous les ans des Estreines, comme nous voyons maintenant les Regens des Colleges prendre tous les ans des dons & presens de leurs disciples, sous le nom de Lendiz.

Encores

Encores y a-il plus d'excuse en cette Coustume, qu'en celle des Roys, laquelle nous solemnisons avec une infinité de desbauches de bouche, qui emportent ordinairement quant & soy plusieurs autres sortes de hontes & pudeurs. Et faut neantmoins que ceux qui en furent les premiers introducteurs fussent gens de lettres par toutes les rencontres qui se trouvent en ce deduit. Nous commençons dés la veille, non de prier Dieu, mais de faire bonne chere. Celuy qui est le maistre du banquet a un grand gasteau, dans lequel y a une febve cachée, gasteau, dy-je, que l'on coupe en autant de parts qu'il y a de gens conviez au festin. Cela fait, on met un petit enfant sous la table, lequel le Maistre interroge sous ce nom de Phebé, ce fut un qui en l'innocence de son aage representast une forme d'Oracle d'Apollon. A cet interrogatoire l'enfant respond d'un mot Latin Domine; sur cela le maistre l'adjure de dire à qui il distribuera la portion du gasteau qu'il tient en sa main, l'enfant le nomme ainsi qu'il luy tombe en la pensée, sans acception de la dignité des personnes, jusques à ce que la part est donnée à celuy où est la febve, & par ce moyen il est reputé Roy de la compagnie, encores qu'il fust le moindre en authorité. Et ce fait, chacun se desborde à boire, manger & danser. Il n'y a respect de personnes, la festivité de la journée le veut ainsi. Qu'il n'y ait en cecy beaucoup de l'ancien Paganisme, je n'en fais doute. Ce que nous representons ce jour là est la feste des Saturnales que l'on celebroit dedans Rome sur la fin du mois de Decembre & commencement de Janvier. Les anciens Romains eurent cette opinion, que sous le regne du Roy Saturne tous biens estoient en commun, & qu'il n'y avoit ny mien ny tien entre les vivans, & moins encores estoient ces qualitez de Maistres, & Serfs en usage. C'est pourquoy on appelloit son siecle un age d'or,

& en commemoration de ce, en solemnisant sa feste tous les ans, toutes choses sembloient communes dans les maisons entre les maistres & les valets. Ce n'estoient que festins & allegresses: les maistres despouilloient leur grandeur, & les serviteurs leurs bassesses, voire commandoient lors à leurs maistres, si le sort de ce faire avoit rencontré sur eux. Seneque au 6. de ses Epistres, en la 47. Epistre disoit: *Nec illud quidem videtis quam omnem invidiam majores nostri dominis, omnem contumeliam servis detraxerint: dominum patremfamiliæ appellârunt, servos, (quod etiam in mimis adhuc durat) familiares. Instituerunt diem festum non quo solum dominis cum servis vescerentur, sed quo etiam honores illis in domo gerere, jus dicere permiserunt, & domum pusillam Rempublicam esse judicaverunt.* C'estoit en la feste des Saturnales, de laquelle Tacite disoit au 13. Livre de ses Annales, *Festis Saturno diebus inter alia æqualium ludicra regnum lusu sortientium, evenerat ea sors Neroni.* Cela monstre qu'en rendant tout le monde esgal dans les maisons, encores faisoient-ils lors un Roy. Chose que l'on voit au doigt & à l'œil s'estre transplantée chez nous, non vrayement au mois de Decembre, ains en celuy de Janvier son plus proche, & en la Feste des Roys sur la rencontre du nom: Car quant à ce que nous y employons la febve, nous l'avons emprunté de la Grece. Xenophon au Livre des dits, & actes de Socrates, nous enseigne que dans la ville d'Athenes les Magistrats estoient creez au sort de la febve: Paravantur leur servoit-elle de balote, & c'est pourquoy quand Pythagore nous enseignoit *à fabis esse abstinendum*, il entendoit parler des Magistrats. Ainsi l'explique Erasme en ses Chiliades, comme s'il eust voulu dire qu'il y avoit plus d'asseurance en une vie privée, qu'en celle qui estoit exposée aux flots & tempestes publiques.

CHAPITRE X.

Pourquoy en matiere de cession de bien l'on fait abandonnement de sa ceinture devant la face du Juge.

LA cession de biens est une infamie de faict, non de droict, disent nos Docteurs, c'est-à-dire qu'elle blesse la reputation d'un honneste homme, mais pour cela ne luy faict encourir les taches qui accompagnent les infamies de droict. C'est pourquoy encores qu'il ne soit permis de fermer la porte à ceux qui veulent faire cession de biens, si est-ce que nos anciens par un sage esprit ne voulurent permettre qu'elle fust aisément ouverte, pour le moins y voulurent-ils apporter quelques pudeurs, afin que chacun dedans sa maison ne fust facilement induit à ce remede des miserables, comme ressource de ses maux. Les Docteurs d'Italie disent qu'en leur pays celuy qui faisoit abandonnement de ses biens, estoit tenu de frapper trois fois du cul sur une pierre en la presence du Juge: Qui estoit une demie amende honorable. Dans la ville de Lucques l'on portoit un chapeau, ou bonnet orenger: Et en ceste France par la Coustume de la Val, un bonnet verd, comme signe que celuy qui faisoit cession de biens, estoit devenu pauvre par sa folie. Ainsi fut-il jugé de nostre temps par sentence du Juge de la Val, contre Guillaume Butugny au Bailliage de Marin le Moine le 9. Septembre 1580. Laquelle fut depuis confirmée par Arrest du 26. Juin 1582. Or entre nous, nostre Coustume n'est pas si rude que celle du bonnet verd, mais encores y apportons-nous une ceremonie, qui est que celuy qui abandonne ses biens, est tenu par mesme moyen d'abandonner sa ceinture en justice. En l'Arrest donné par le Grand Conseil le 25. May 1453. contre Jacques Cueur, il estoit porté nommément qu'il feroit amende honorable sans chaperon & ceinture. Il n'estoit pas lors question d'une simple cession de biens, ny de pur, & neantmoins il fait mention expresse de la ceinture avec le chaperon, l'un representant l'honneur qui gisoit au chaperon, l'autre les biens, qui gisoient en la ceinture, comme si on eust voulu que par la perte de la ceinture il perdroit aussi tous ses biens: Mais d'où vient ceste ancienne usance? La ceinture nous estoit comme une

lettre hieroglyphique des biens: car aujourd'hui ainsi que nous en usons, il n'y a rien qui symbolise avec cela. Maistre Guillaume Fournier Docteur Regent d'Orleans a fait sur ce sujet un chapitre exprés, au second Livre de ses Selections, où il va rechercher ceste coustume mal à propos dans les anciennetez de Rome. Je laisse ce qu'il en a dit, sans rien vouloir emprunter de luy: Mon opinion est que cela vient de ce que nos ancestres avoient accoustumé de porter en leurs ceintures tous les principaux outils de leurs biens. L'homme de robbe longue, son escritoire, son cousteau, sa gibbeciere, ses clefs: l'escritoire pour gaigner sa vie, le cousteau pour vivre, la gibbeciere pour retirer ses deniers, les clefs qui ouvroient, ou fermoient sa maison, & ses coffres. Le semblable faisoit le marchand, & le gendarme son espée, & son escarcelle. Tellement que si de nostre ceinture dependoient tous les instrumens qui servent à vivre, à conserver & entretenir nos biens, il ne faut point trouver estrange que l'on estimast l'abandonnement de la ceinture, representer aussi l'abandonnement de nos biens. Et de ce pouvez-vous presque estre asseurez d'un passage d'Enguerrand de Monstrelet au 18. Chapitre du premier Livre de son Histoire, où il dict "que Philippes premier de ce nom, Duc de " Bourgongne estant mort, sa vefve renonça à ses biens " meubles, craignant les debtes, en mettant sur la repres- " entation sa ceinture, avecques sa bourse, & ses clefs, comme il " est de coustume, & de ce demanda acte à un Notaire public, " qui estoit là present ". Ce sont les propres mots du texte. Il n'est pas, qu'en commun langage, quand nous voulons dire qu'une femme a renoncé à la communauté de son mary, & elle, nous disons qu'elle a mis les clefs sur la fosse. Qui me fait dire qu'avecques la renonciation judiciaire, il falloit encores la ceremonie exterieure des clefs. Et à ce propos j'estime que pour luy user de la cession de biens, il faudroit en quittant la ceinture, quitter par mesme moyen son escarcelle, & ses clefs: Car quant au cousteau, & à l'escritoire, cestuy-là cestuy-là estant l'outil dont nous usons pour manger, & cestuy pour procurer nostre vie, nos creanciers ne nous peuvent envier, ny l'un ny l'autre: Au contraire nous leur pourchassons leur bien, revenans en une plus heureuse fortune, par le moyen de laquelle, en nous acquittans de nos debtes, nous pouvons r'entrer dans nos biens, s'ils ne sont vendus. J'ay touché ce discours dans l'une de mes lettres, mais non si simplement comme en ce lieu.

CHAPITRE XI.

Sçavoir si la proposition que l'on tient aujourd'huy au Palais, que le Roy ne plaide jamais dessaisi, a esté tousjours observée en France.

PUis que l'on tient aujourd'hui au Palais par commune reigle, que le Roi ne plaide jamais dessaisi, je veux croire que la proposition est très-bonne. Le temps qui polit toutes choses nous l'a appris. Bien diray-je que nos anciens Roys ne nous enseignoient pas ceste leçon: & de cela j'ay plusieurs remarques que je rapporteray icy des vieilles Ordonnances de la France, telles que je les trouve en Latin. Au quatriesme Livre des Loix de Louys le Debonnaire, article quatriesme. *Si servi quorumlibet dominorum ad fiscum nostrum confugerint, & à Dominis, vel eorum advocatis repetantur, si fisci nostri procuratori visum fuerit quod hi ad dominium nostrum pertineant, eos de fisco nostro expellat, & postquam à repetitoribus recepti fuerint, cum eis legitimam actionem habeat, ac eos si possit, in dominium nostrum evendicet.* Les Serfs anciennement faisoient part & portion de nostre tres-fonds, & estoient desnombrez dans nos anciens adveuz, tout ainsi que les autres choses que nous tenions de nos Seigneurs feodaux. Voilà comme Louys le Debonnaire declaroit qu'il n'entendoit pas que si son Procureur pretendoit qu'ils luy appartinssent, il les saisist & arrestast, mais vouloit qu'ils fussent rendus à leurs pretendus Seigneurs, pour puis faire telle poursuite en Justice par son Procureur qu'il penseroit de raison. Je vous ay cy-dessus discouru les anciens droicts de Bourgeoisie du Roy, & fait estat de l'Ordonnance de Philippes le Bel de l'an 1302. Voyez celle qu'il fit à la suitte de celle-là. *Volumus quod ordinatio Burgesia per nos, & consilium nostrum facta, dicta est, super Burgensibus custodiatur, & firmiter teneatur, & si contingeret quod emergeret quæstio, quod gentes nostræ requirant aliquem, tanquam Burgensem nostrum, recredentia fiat de illo, per eum qui illum tenet: Si ita sit quod in caussa recredentiæ teneatur. Et inquisita veritate super negotio, vocatis his qui fuerant evocandi, negotium executioni demandetur, ut jus, & bona consuetudo patriæ postulabunt, servata tamen ordinatione Burgesiarum per consilium nostrum edita. De qua copiam habebit qui eam voluerit habere, & legere.*

Cela veut dire que si un serf est demeurant en & au dedans de la Seigneurie d'un Seigneur haut Justicier, la recreance luy en sera adjugée, nonobstant qu'il fust vendiqué par le Procureur du Roy, comme aussi le semblable seroit fait au profit du Roy, si celuy pour lequel la cause auroit esté intentée, se tenoit en une ville Royale: & en termes beaucoup plus formels, fut l'Ordonnance de Philippes de Valois 1344. pour toutes occurrences de cas.

Hac in perpetuum valitura constitutione sancimus ut si quis procurator noster movere voluerit, vel moveat litem super re, vel jurisdictione quacumque contra possidentem, non dessaisiatur, neve turbetur possidens, nisi prius causa cognita, nec ad manum nostram res litigiosa ponatur, nisi in casu in quo si lis esset inter privatos, res ipsa contentiosa ad ipsam manum tanquam superiorem poni deberet: Et si possidens, vel saisitus lite pendente utatur in casu præmisso jurisdictione, vel re contentiosa, declaramus ipsum non posse, vel debere super attentatis impeti propter hoc, vel etiam molestari. L'on tient que ceste proposition s'est changée avecques le temps, mais tousjours a esté grandement celebré le jugement de l'Empereur Auguste duquel Suetone recite, *Quod bona publica juris ambigui, possessoribus adjudicavit, id est, de quibus ambigebatur an privatorum essent, an ad publicum pertinerent: Quia nimirum possessorum melior esset conditio.*

CHAPITRE XII.

D'une coustume ancienne que l'on observoit en France en matiere de prisonnier de guerre.

PAr l'Edict du Roy Jean, lors que par l'advis des trois Estats il fit la premiere augmentation de la Gabelle sur le sel, & imposition pour un an de huict deniers pour livre sur toute denrée venduë, entre autres articles il y en avoit un, par lequel il deffendoit aux Connestables, Admiraux, Maistres des Arbalestiers de ne prendre part & portion de ce qui auroit esté pris par les Soldats sur l'ennemy, nonobstant le droict par eux pretendu, si ainsi n'estoit qu'eux ou leurs gens eussent esté en la besongne. C'estoit que le Connestable qui a toute charge sur les gens de cheval, & le Maistre des Arbalestiers qui estoit Colonnel de l'infanterie, avoient droict de prendre sur les prises faites sur les ennemis, ainsi que nous voyons aujourd'huy les Admiraux, tant du Ponant, que Levant, l'avoir sur celles qui ont esté faictes en mer, estans declarées de bonne prise. Outre cela je trouve que ce fut une coustume ancienne en ceste France, que toutesfois & quantes que la rançon de guerre excedoit dix mille livres, le prisonnier appartenoit au Roy, en payant par luy les dix mille livres au maistre du prisonnier, pour le moins le tiré-je d'un passage qui me semble à ce propos fort notable. Quand Jeanne la Pucelle fut prise devant Compiegne par le bastard de Vendosme, qui en saisit Messire Jean de Luxembourg, l'un des principaux favoris du Duc de Bourgongne, l'Evesque de Beauvais les interpella de la mettre entre ses mains, afin de luy faire & parfaire son procez, comme ayant esté prise en & au dedans de son Diocese: Pour les inviter à ce faire il dit que le Roy Henry offroit de bailler à Jean de Luxembourg 6000. livres, & assigner au bastard de Vendosme 300. livres de rente de son Estat. Qui n'estoit point peu de recompense à l'un & à l'autre, eu esgard à la pauvreté & disette qui estoit provenuë de la longueur des guerres: Puis il adjouste dedans l'acte de sommation ces mots: "Et où par la maniere avant dire, ne vueillent, ou soient contens d'obtemperer à ce que dessus, combien que la prise d'icelle femme ne soit semblable à la prise du Roy, Princes, ou autres de grand estat, lesquels toutesfois se pris estoient, ou aucun de tel estat, fut Roy, le Dauphin, ou autres Princes, le Roy les pourroit, s'il vouloit, selon le droict, usance & coustume de France, avoir moyennant dix mille livres, ledit Evesque somme, & requiert les dessusdits au nom que dessus que ladite pucelle luy soit delivrée, en baillant seureté de ladicte somme de dix mille francs, pour toutes choses quelconques".

Cette sommation est l'une des premieres pieces qui se trouvent au procez de la Pucelle, & ne pense point que l'Evesque de Beauvais eust esté si impudent de proposer ceste coustume, mesme contre des Seigneurs de marque, si elle n'eust esté vraye: Tellement que pour ce point je le croy, mais non qu'il fust en sa puissance de faire le procez à une prisonniere de guerre, quelque sophistiquerie que les Escoliers eussent sceu trouver pour faire tomber la vie de cette brave guerriere à la mercy des Anglois.

CHAPITRE

CHAPITRE XIII.

Qu'il y eut certain siecle en France, pendant lequel la signature estoit incogneuë.

CEtte proposition semblera de premiere rencontre estrange, si elle est vraye. Ie l'ay appris autresfois par plusieurs vieux & anciens tiltres, esquels on ne voyoit que le seel, & armes de ceux qui avoient fait quelque disposition, sans qu'avec ce, le nom & seing y fussent adjoustez ainsi que depuis on a usé par la France. Et ne faut point estimer que ce fust l'ignorance du temps qui en fut cause, ains une coustume qui par je ne sçay quel long usage s'estoit insinuée entre nous. Sainct Bernard le premier de son siecle, en la doctrine des sainctes lettres, en sa trois cens trentriesme Epistre, *Sigillum non erat ad manum, sed qui legit agnoscet stilum, quia ipse dictavi.* "Ie n'avois point mon cachet en ma main (dit-il) mais qui me lira, cognoistra mon stile, car j'ay dicté cette lettre". Si au dessous de la lettre il eust mis son nom, il n'eust esté besoin de renvoyer la faute de son cachet pour le stile. Le semblable se trouve en l'Epistre trois cens trente-neufviesme, qu'il escrit à Baudoüin Evesque de Noyon. *Materies locutionis pro sigillo sit: Quia ad manum non erat.* Il vouloit dire que le sujet & le stile feroient paroistre ce qu'estoit luy qui escrivoit à faute de son cachet. Cela mesme s'observe encores aujourd'huy presque par toute l'Allemagne, & Souisse. Et cecy ne se pratiquoit point seulement és escritures privées, ains publiques, comme nous apprenons de cet article de l'Ordonnance de Philippes A le Long, de l'an 1319. où il veut que les forfaictures seront converties à payer les aumosnes deuës de son thresor, & qu'il n'entend donner de son domaine, si ce n'est au cas que faire il doive. Puis adjouste: "Et est à entendre que sceaux, & escritures sont de nostre propre domaine, & seront tenus les Seneschaux, & Baillifs signifier aux gens des Comptes les valeurs desdites forfaictures, & en quoy elles seront, & quand elles escherront, dedans le mois qu'elles seront advenuës au pluftost convenablement qu'ils en pourront avoir faict inventaire, & qu'ils appellent aveqcues eux deux preud'hommes à la confection de cet inventaire, lesquels (porte le texte) mettront leurs sceaux avec les sceaux desdits Baillifs, & seront leurs noms escrits dedans lesdits inventaires". Il ne parle ny de seing ny de paraphe au dessous de l'inventaire, ains seulement du seel: & neantmoins veut que dans l'inventaire les noms des preud'hommes soient inserez avec celuy du Baillif: & quand je voy que les contracts passez pardevant Notaires ne portent execution que par le moyen du seel, je me fais presque accroire que les Tabellions ne signoient. Toutesfois les autres en jugeront à leur fantasie. Qui est une ancienneté qu'il ne faut aisément B contemner, pour les obscuritez qui en peuvent provenir au Palais, sur les vieux tiltres que l'on produit, esquels il n'y a que le seel sans autre signature.

CHAPITRE XIV.

D'où vient que l'on a estimé les Greffes, & Tabellionnez estre du Domaine du Roy, ensemble sommaire discours sur les Notaires & Clercs des Greffes.

DE tous les Estats de la France, ceux-cy sont particulierement estimez domaniaux à nos Roys, & non point du regne de Henry troisiesme dernier mort seulement, sous lequel pour faire deniers ils furent alienez: mais dés le temps mesmes de Philippes le Long, par son Ordonnance de l'an mil trois cens dix-neuf, dans laquelle y avoit article exprés portant ces mots. "Et est à entendre que sceaux, & escritures sont de nostre Domaine: Et plus bas: Item tous sceaux, & escritures seront vendus d'oresnavant par encheres à bonnes gens & convenables": mais d'où vient que tous les autres Offices sont mis entre les parties casuelles, & C ceux-cy particulierement reputez domaniaux? Cela procede d'une ancienneté, qui prend ses racines de l'Empire de Rome, sous lequel tous ceux qui estoient serfs, & gens de main-morte condition estoient par nous possedez, tout ainsi que toute autre chose qui estoit de nostre Domaine. De maniere qu'ils pouvoient estre par nous vendus, & alienez. Or est-il qu'entre les serfs il y en eut une espece de publics, c'est-à-dire de gens qui estoient destinez pour le service des villes: dont les aucuns furent Greffiers destinez à recevoir les appointemens & sentences des Juges des lieux, & les autres Tabellions, pour recevoir les contracts qui se faisoient entre les parties. Pour le regard des Greffiers, nous l'apprenons de Jules Capitolin en la vie de l'Empereur Gordian, parlant d'un Arrest du Senat de Rome, qui avoit esté passé par la main d'un Senateur, & non d'un Greffier, afin qu'il ne fust divulgé, lequel pour cette cause appelle-il, *Senatusconsultum tacitum. Non scriba* (dit-il) *non servi publici, non censuales exceperunt.* Et c'est la cause pour laquelle Æmilius D Probus en la vie d'Eumenes disoit: *Scriba munus apud Graios fuisse honorificentius, quam apud Romanos. Nam apud nos sicut sunt, mercenarii existimantur, & apud illos contra, nemo ad id officium admittitur, nisi honesto loco, fide, & industria requisita. Quod necesse est eum omnium Consiliorum esse participem.* Et les premiers qui entre les Empereurs de Rome les voulurent affranchir, furent Arcade, & Honoré en la loy unique, *De scribis & holographis,* au Code Theodosian. Ils estoient par les anciens appellez *Scribæ, Censuales, Logographi, Holographi,* mais le mot plus familier estoit celuy de *Scriba.* Vopisque en la vie de l'Empereur Probus se vante avoir recueilly une partie de son Histoire, *Ex regestis Scribarum,* c'est-à-dire des Regiftres du Greffe: Et de là vient qu'encores és Jurisdictions Ecclesiastiques nous appellons Scribe celuy, qui est le Greffier, que nous avons entre nous appellé du mot Grec.

Au demeurant tout ainsi que les Greffiers, aussi estoient les Tabellions, serfs publics. Et de faict le tiltre du Code Theodosian conjoint les Tabellions avec les Scribes, & Greffiers. Et cela a produit une coustume, dont plusieurs ignorent la raison. De disposition ordinaire du droict des Romains, nul ne pouvoit stipuler que pour soy-mesme. Regle qui recevoit une particuliere exception, parce que les serfs, qui estoient de nostre Domaine pouvoient stipuler pour nous. En France nous voyons que les Notaires qui sont les Ministres des Tabellions, stipulent pour nous, encores que nous soyons absens. Parce que les Tabellions estoient reputez serfs publics, & par consequent pouvoient diversement stipuler pour chacun selon les occurrences des affaires. Quand les François s'impatroniserent des Gaules subjectes auparavant de l'Empire, ils ne trouverent point alors, comme il est grandement vray-semblable, ces Greffiers & Tabellions affranchis: Et y a grande apparence que l'ordonnance d'Arcade, & Honoré fut introduite pour les villes de Rome, & Constantinople, où ils avoient toute l'authorité publique sous leur puissance, & non pour prejudicier aux villes, qui particulierement avoyent telles sortes de serfs publics. Au moyen dequoy nos Roys ayans transporté en eux tout ce qui estoit de l'authorité publique des villes, ils estimerent les Greffes, & Tabellionnez estre de leur vray estoc & Domaine. Chose que l'on a tousjours estimé, encores que par succession de temps ils ayent esté exercez par gens de franche condition.

condition. Cecy se doit nommément entendre pour les Greffes des Juridictions ordinaires qui sont les Prevostez, Vigueries, & Vicomtez, & non pour les Greffes des Bailliages, Seneschaussées, ou Elections, & moins encores des Cours souveraines : Qui sont Ordres que la necessité des affaires a depuis introduits en la France, comme pareillement leurs Greffiers, lesquels ne furent jamais mis au nombre des serfs, ny par consequent ne doivent estre reputez domaniaux. Certes celuy qui pour advantager ses affaires, les fit exposer en vente par le feu Roy Henry III. comme domaniaux, meriteroit, s'il vivoit, qu'on luy fist son procez extraordinaire, afin de servir d'exemple à la posterité. Car je vous puis dire que sur la vente de ces Greffes fut entrée la ruine de nostre Estat.

Mais pour prendre le fil du present chapitre, & que l'on cognoisse aussi dont sont provenus les Notaires qui sont ceux qui reçoivent aujourd'huy les minutes des contracts, lesquels sont puis aprés grossoyez par les Tabellions, afin d'estre mis à execution par le moyen du seel qui est par eux apposé : La verité est que ces Tabellions ne pouvans seuls fournir aux affaires, furent contraincts de prendre gens en leurs maisons pour les seconder : Tout ainsi que les Greffiers avoient aussi gens qui escrivoient sous eux, lesquels faisoient part & portion de leurs familles, & qui demeuroient avecques eux. Ceux qui demeuroient avecques les Tabellions, furent à la longue appellez Notaires. Les autres qui avecques les Greffiers furent appellez Clercs, mots de mesme signification pour ceux qui sçavent manier la plume. Et de là vient que nos anciens en cas toutesfois plus auguste appelloient les Secretaires de nos Roys, Clercs, & Notaires, comme ceux qui faisoient seulement profession d'escrire dessous leur authorité. Les Notaires premierement se desmembrerent d'avecques leurs maistres, choisissans des demeures particulieres, & depuis par successions de temps on les erigea en estats pour recevoir les notes, & minutes des contracts. Ceste separation n'advint pas si-tost aux Greffiers. Car sans aller chercher exemple plus loingtain, sous le regne de François premier, tous les Clercs de Maistre Helie du Tillet Greffier Civil du Parlement de Paris, se tenoient encores chez luy, il couchoit, nourrissoit, chauffoit, le tout en la mesme façon que l'on voit les Clercs des Advocats, & Procureurs. Le Premier Greffier du Parlement, sous lequel se changea cette ancienne coustume, fut Maistre Jean du Tillet, parce que ses Clercs s'habituerent en autres maisons que la sienne, & se marierent. Vray que tout ainsi que leurs predecesseurs en leurs maisons ordonnoient des charges diverses de leurs Clercs : aussi fit cettuy le semblable, combien qu'ils ne demeurassent chez luy, jusques à cette grande desbauche des Greffes, qui advint sous le regne du Roy Henry troisiesme, quand il les erigea en Offices, tout ainsi comme auparavant avoient esté les Notaires. Et de la vente d'iceux en fit un present à la Royne Catherine de Medicis sa mere.

CHAPITRE XV.

Jeu de Paulme, Bonnets ronds.

AU milieu des affaires serieuses il n'est point hors de propos de donner quelque relasche à son esprit : Je veux que ce chapitre soit de cette marque, & par forme de passe-temps conjoindre les jeux de Paulme, avec les Bonnets Ronds. Car aussi est-ce un deduict qui est ordinairement aimé par les escoliers. Il me plaist doncques icy discourir dont vient que nous appellons jeux de Paulme, les Tripots, où nous prenons nostre esbat avec des Raquettes, & non avecques la paulme de la main, & les Bonners que portent les gens de robbe longue, Bonnets ronds, combien qu'ils soient quarrez. Cela est estrange maintenant, & sera paravanture plus à l'advenir, & tel se mocquera de telles recherches, comme tout bas, qui peut-estre en commun propos ne sera marry d'en faire son profit.

Lors que les Tripots furent introduits par la France, on ne sçavoit que c'estoit de Raquette, & y joüoit-on seulement avec le plat de la main, & de pelotes : chose que je descouvre d'un vieux livre en forme de papier journal, dont » je m'aide souvent en ces miennes Recherches. " En l'an » 1427. (dit-il) vint à Paris une femme nommée Margot » aagée de vingt-huict ans, qui estoit du pays de Hainault, » laquelle joüoit mieux à la Paulme qu'oncques homme eust » veu, & avec ce joüoit de l'avant-main, & de l'arriere-main » trés-puissamment, trés-malicieusement, & trés-habile- » ment, comme pouvoit faire homme, & y avoit peu d'hom- » mes qu'elle ne gagnast, si ce n'estoit aux plus puissans joüeurs, » & estoit le jeu de Paris, où le mieux joüoit en la rüe Gar- » nier sainct Ladre, qui estoit nommé le petit Temple ». Passage que vous voyez authorizer en tout & par tout mon opinion, de laquelle je me croy davantage, parce qu'autresfois parlant à un nommé Gastelier, il me fit un discours qui est digne d'estre recité. Cet homme en sa jeunesse avoit esté bon joüeur de Paulme, & depuis fut long-temps Huissier de la Cour, & venant sur l'aage, resigna son estat : mais quelque ancienneté d'aage qu'il eust (car quand il m'aprit ce que je diray, il estoit aagé de 76. ans & plus) si ne pouvoit-il oublier son premier deduict. Et de fait il n'y avoit jour que s'il y avoit quelque belle partie en son quartier, il n'en voulust estre spectateur. C'estoit un plaisir auquel il finit ses jours, & moy jeune homme qui n'y prenois pas moins de plaisir que luy, le gouvernois de fois à autre par occasion. Un jour entre autres il me compta qu'en sa jeunesse il avoit esté des premiers joüeurs de Paulme de son tems, mais que le deduit en estoit tout autre, parce qu'ils joüoient seulement de la main, & poussoient de telle façon la pelote que fort souvent elle estoit portée au dessu des murailles, & les uns joüoient à mains descouvertes, & les autres pour se faire moins de mal y apportoient des gands doubles. Quelques-uns depuis plus fins, pour se donner quelque advantage sur leurs compagnons y mirent des cordes, & tendons, afin de jetter mieux & avec moins de peine la balle. Ce qui se pratiqua tout communément. Et finalement de là s'estoit introduite la Raquette telle que nous voyons aujourd'huy, en laissant la sophistiquerie du Gand : Ha ! vrayement dis-je lors à parmoy, il y a grande apparence d'estimer que le jeu de Paulme vient de là : parce que l'exercice consistoit principalement au dedans de nostre main ouverte, que nous appellons Paulme, depuis lisant le passage que je vous ay cy-dessus recité, j'en fus du tout confirmé.

Pareille mutation est advenuë aux Bonnets que nous appellons Bonnets ronds, combien qu'ils soient quarrez. Car anciennement les plus grands portans les Chapperons sur leurs testes, l'usage estoit à petit s'en estant perdu, cela demeura seulement aux gens de robbe longue, en quoy l'on s'aidoit du Bourlet qui est rond, lequel environnoit le circuit de nos testes, & ce surplus du chaperon pendoit d'un costé, & de l'autre on environnoit son col : Chose qui ne se peut mieux representer que par des petits Marmouzets qui sont encores au commencement des barreaux de la Chambre dorée du Parlement de Paris. Cela estoit penible & une grande charge de teste, au moyen dequoy il fut trouvé bon de retrancher tous ces grands apentis du Chaperon, & se reserver seulement ce qui representoit le Bourlet pour couvrir la teste. C'est pourquoy on s'advisa de faire avec grandes aiguilles des Bonnets ronds qui representoient le Bourlet, & paravanture furent-ils appellez Bonnets au lieu de Bourlets par un doux eschangement de l'un à l'autre) ce qui continua longuement. Car encores de ma jeunesse les plus vieux Theologiens prenans à Religion de ne rien changer des vieilles coustumes, en portoient. Et y avoit un petit monde de peuple qui en vivoit en cette grande rüe des Cordelieres, aux faux-bourgs sainct Marceau de Paris, lesquels

lesquels furent fort long-temps en mauvais mesnage avec les Escoliers, jusques à faire une forme de guerre civile les uns contre les autres. A ces Bonnets ronds on commença d'y apporter je ne sçay quelle forme de quadrature grossiere & lourde, qui fut cause que de mes premiers ans j'ay veu que l'on les appelloit Bonnets à quatre brayettes : le premier qui y donna la façon, fut un nommé Patroüillet, lequel se fit fort riche Bonnetier aux despens de cette nouveauté, & en bastit une fort belle maison en la rüe de la Savaterie, qui appartient aujourd'huy à Monsieur du Val Conseiller. Depuis, le Bonnet ayant changé de forme, luy est toutesfois demeuré le nom de Bonnet rond. Coustume toutesfois tres-inepte, mesmes que nous reparions nos testes rondes de Bonnets quarrez. En quoy l'on peut dire que par une grande bigarrerie nous avons par hazard trouvé la quadrature du cercle, amusoir ancien des Mathematiciens, où ils ne peurent jamais donner atteinte.

CHAPITRE XVI.

D'une Coustume ancienne qui estoit en France de crier Noüel pour signification de joye publique.

Entre tous les mysteres de nostre Evangile, il n'y en a pas un auquel nous apportions plus de devotion qu'en la Nativité de nostre Seigneur. Car encores que sa mort & passion soit le vray point où commença de reluire nostre Christianisme plus qu'en tous les autres, comme dit sainct Augustin, & qui produisit des miracles lesquels n'avoient point esté faicts auparavant ce sacré mystere, comme l'abandonnement de nos biens au profit de l'Eglise : Toutesfois nostre Eglise apporte plus de soufmissions dans le Symbole des Apostres que l'on dit devant l'elevation du *Corpus Domini* à la Messe, en l'article de la Nativité, qu'en tous les autres. Parce qu'en ces mots, *Et homo factus est*, chacun avecques une soufmission de sa teste s'agenoüille. Ce qu'il ne fait en tout le demeurant du *Credo* : Et tout ainsi que nous sommes six sepmaines à faire abstinence le Quaresme avant la Passion de nostre Seigneur, aussi ne sommes nous pas moins de temps à nous esjouyr devant les festes de Noël, que nous appelons les Avans : Et en ma jeunesse c'estoit une coustume que l'on avoit tournée en ceremonie, de chanter tous les soirs presque en chaque famille des Noüels, qui estoient chansons spirituelles faites en l'honneur de nostre Seigneur. Lesquelles on chante encores en plusieurs Eglises pendant que l'on celebre la grand Messe le jour de Noüel, lors que le Prestre reçoit les offrandes. Or cette allegresse se manifesta encores hors les Eglises. Parce que le peuple n'avoit moyen plus ouvert pour denoter sa joye, que de crier en lieu public Noüel, quand il vouloit congratuler à un Prince. Aux registres de la Chambre des Comptes, le Greffier soucieux d'enregistrer ce qui se faisoit de solemnel dans la ville de Paris recitant le Baptesme de Charles VI. dans l'Eglise S. Paul dit que le 3. Decembre 1368. nasquit Charles sixiesme, qui fut tenu sur les fons en l'Eglise S. Paul lez Paris, par Charles Seigneur de Montmorency, & que lors y avoit une grande multitude de peuple qui commença de crier Noüel. " Jean Duc de Bourgongne aprés " avoir fait assassiner le Duc d'Orleans, revint dans Paris. " Monstrelet dit au chapitre 37. du premier livre que les Parisiens en furent si joyeux, qu'à son arrivée les petits enfans " crioyent par les rües Noüel. Et l'an 1429. Philippes Duc " de Bourgongne ramena sa sœur au Duc de Bethfort dans " Paris, à la venuë duquel fut faite moult grand joye des " Parisiens (dit le mesme Monstrelet) si y crioit-on Noüel " par tous les carrefours où ils passoient. Quand Charles VII. " fit son entrée dans Paris 1437. il y avoit (dit le mesme Autheur) si grande multitude de peuple par les rües qu'à peine pouvoit-on passer. Lequel en divers lieux crioit à haute " voix tant qu'il pouvoit Noüel pour la joyeuse venuë de leur " Roy, & naturel Seigneur, & de son fils le Dauphin ". Cela mesme est fort frequent dans l'Histoire de Louys XI. que l'on appelle la mesdisante laquelle on a chastrée en quelques endroits.

CHAPITRE XVII.

De la distribution des Offices & confirmations d'iceux à l'advenement de Roys, Prevostez en garde, ou en ferme, & autres choses de mesme sujet.

Quand je voy que sainct Louys par son Ordonnance de l'an 1256. fit defenses de ne vendre à l'advenir les Estats de Judicature, j'infere qu'auparavant on les vendoir. Car nous n'usons des medecines que pour purger les maladies. Ces offices estoient les Prevostez, Vicomtez, & Viguieries. Depuis son regne on y apporta nouvelle police: parce que tantost on les bailloit à ferme à certain temps au plus offrant & dernier encherisseur, tantost en garde, selon les opinions de ceux qui gouvernoient les affaires de France. Au premier il y avoit plus de profit, au second plus d'honneur pour nos Roys. Sous Philippes le Bel, & le Long, ils furent baillez à ferme, puis Philippes de Valois du commencement en garde, puis en l'an 1349. à ferme. Pendant la prison du Roy Jean en l'assemblée des trois Estats par Edict du cinquiesme Fevrier 1356. furent telles formes deffenduës, & ordonné que les Prevostez, Vicomtez, & Clergies seroient baillées en garde à la nomination des gens du pays : Edict depuis revoqué par Charles V. l'an 1366. & les fermes remises sus, afin d'avoir moyen d'acquitter les debtes. Enjoint aux gens des Comptes de Paris d'envoyer leurs mandemens par toutes les Provinces, à tous les Baillifs & Receveurs de proceder aux proclamations judiciaires d'icelles Prevostez, & recevoir les cautions, avec deffenses aux Prevosts en garde d'exercer leurs charges du jour que les baux à ferme seroient faits. Charles VI. remit sus les gardes par son Ordonnance du 29. Octobre 1408. Mais avecques une Religion plus grande que sous ses predecesseurs, voulant que ces Prevostez fussent derechef baillées en garde, & que l'on y mist bons & suffisans personnages des lieux & pays, ou plus prochains par bonne & meure election qui s'en feroit en la Chambre des Comptes de Paris, presens & appellez à ce quelques Seigneurs tant du grand Conseil, que Parlement, & les Thresoriers de France, & qu'ils leur ordonnassent gages. Ce nonobstant quelques années aprés, je veux dire en l'an 1415. ce mesme Roy annulla cette Ordonnance. Bref il n'y eut jamais rien si certain que l'incertitude en ce faict-cy. Les villes affectionnoient les Prevosts en garde, comme ceux qui pour leur preud'hommie estoient appellez à cette charge sans bourse deslier. Lors que Philippes de Valois remit les habitans de Laon en leurs anciens privileges, en Mars 1331. avecques plusieurs grandes modifications, il leur bailla un Prevost, qui tiendroit son estat en garde, non en ferme : Et sur ce pied les habitans de Bourges obtindrent de Louys XI. privilege le 11. Septembre 1471. par lequel ils n'auroient de là en avant que des Prevosts en garde dans leur ville: Mot qui estoit encores en usage sous Louys XII. lequel en l'an 1499. ordonna que les Prevosts en garde seroient eleus aux Auditoires

Auditoires des Bailliages & Seneschaussées. Et de cette ancienneté encores nous reste-il quelque remarque dans nostre ville de Paris, où le Prevost est appellé par les lettres du Roy garde de la Prevosté & Vicomté de Paris. Le mal qui provenoit des fermes fut tel qu'à la longue nos Roys gratifierent leurs favoris à bon compte des Prevostez, Vicomtez, & Vigueries, lesquelles ils rebailloient puis apres à des sous-fermiers cherement : Et de cela nous voyons tout le regne de Louys XI. plein, dedans nos Registres de la Chambre des Comptes, comme Prince qui se laissoit fort aisément aller à la mercy de ses volontez absoluës. Voila le mesnage que l'on observa plusieurs aux Prevostez, Vigueries, & Vicomtez : Car quant aux autres estats on ne sçavoit que c'estoit de les vendre ou donner à ferme.

Les Baillifs & Seneschaux estoient du commencement comme simples Commissaires que le Roy envoyoit par les Provinces, pour s'informer des deportemens des Prevosts, Vicomtes, & Viguiers, & en faire leur rapport au Parlement & Conseil du Roy. Depuis on les y establit par forme d'Officiers en tiltre, mais non à perpetuité, ains à certain temps & tant qu'il plaisoit à nos Roys, & c'est pourquoy par nos anciennes Ordonnances on leur deffendit de se marier ou faire aucunes acquisitions en & au dedans de leurs Baillies (ainsi appelloit-on les Bailliages) tant & si longuement qu'ils seroient en telles charges. On ne peut dire que lors ces Estats fussent venaux, non plus que de leurs Lieutenans, qui n'estoient point creez en tiltres d'Offices, ains se faisoient par les choix & option des Baillifs, comme l'on apprend des Ordonnances de Philippes le Bel 1302. de Charles cinquiesme Regent 1356. & de Charles sixiesme 1388. Comme aussi estoient les Sergens faits par les Baillifs & pareillement les Notaires, quelque temps apres qu'ils se furent separez des Tabellions. Ainsi voyons-nous que Philippes le Bel veut que le nombre effrené des Sergens soit reduit de vingt à quatre : & que si l'un d'eux meurt, les Baillifs en surrogent un autre à leurs perils & fortunes : & tout d'une suitte il leur deffend de creer nouveaux Notaires pour le grand nombre qui estoit lors. Car quant aux Thresoriers de France ils exerçoient leurs Estats par forme de Commissions quelques années seulement, selon qu'il plaisoit à nos Roys. Et les receptes du Domaine s'exerçoient ordinairement par les Baillifs & Seneschaux, & aux lieux où il y avoit Receveurs du Domaine, qui n'estoient Baillifs, la Chambre des Comptes de Paris y pourvoyoit : Authorité qui lui fut ostée par Philippes le Bel, puis renduë par Charles sixiesme. Pour le regard des Generaux sur le faict des Finances, c'estoient Offices populaires qui se creoyent du commencement par l'advis des trois Estats, dés & depuis le regne du Roy Jean, lors que les Tailles, Aydes, & subsides commencerent d'avoir cours en France, lesquels estoient confirmez par les Roys, & depuis cette authorité estant transmise en eux, encores n'estoient-ils commis en l'exercice de telle charge qu'à certain temps : & qui est grandement à noter, & à qui estoient commis les Eleus, Grenetiers, Controlleurs du sel, Receveurs & Sergens des Tailles : tous lesquels ils pouvoient instituer & destituer. Quant aux Parlemens, bien qu'ils eussent esté Sedentaires, l'un dans Paris, l'autre dans Tholoze, si ne siegeoient-ils que deux fois l'an, & au renouvellement des Parlemens d'an en an, aussi renouvelloit-on fort souvent les Conseillers.

Tellement que presque tous les Offices, horsmis des Prevosts, Vicomtes & Viguiers s'exerçoient plus par forme de Commission que de tiltre. Qui fut cause que nos Roys avoient accoustumé d'inserer dans leurs lettres, *pour en jouyr tant qu'il nous plaira*. Clause qui n'estoit lors trouvée de mauvais exemple, & que je voy souvent avoir esté mise en usage sous l'entre-regne des Anglois dans Paris. Et depuis les Estats estans creez en titre d'Office, encores l'y adjoustel'on suivant les anciennes traces : Et sur ce pied le Roy Louys unziesme se licentia de desapointer tous ceux qu'il luy plaisoit sans acception de personnes. Qui occasionna Cour de Parlement de luy en faire remonstrance. De maniere que par Edict du 22. Octobre 1467. verifié au Parlement le 23. & en la Chambre des Comptes le 24. Novembre il fut ordonné que nonobstant cette clause nul Estat ne vacqueroit, si ce n'estoit par mort, resignation ou forfaiture.

Aussi de cette mesme ancienneté prit son origine la confirmation des Offices apres le decez de nos Roys. Car comme ainsi fust que les Offices ne fussent baillez que sous leur bon plaisir : Aussi ceux qui leur succedoient à la Couronne ne pensoient estre obligez de maintenir les anciens Officiers s'il ne leur plaisoit : Tellement que vous verrez apres la mort d'un Roy estre faite mention expresse des Conseillers que l'on trioit pour demeurer en l'exercice de leurs Estats. Cela fust cause que nous eusmes recours pour la confirmation de nos Offices aux Roys nouvellement appelez à la Couronne, & le premier sous lequel je trouve cette coustume avoir eu lieu, fut Charles V. Ses lettres patentes par lesquelles il confirma aux gens tenans le Parlement, Enquestes, Comptes, Thresoriers Generaux, sont du 17. Avril 1364.

Cela ainsi pratiqué entre nous, l'avoit esté pareillement dedans Rome, & paraventure ne sera hors-de propos, d'en ramentevoir icy la memoire. Suetone en la vie de l'Empereur Titus : *Cum ex instituto Tiberii omnes dehinc Cæsares, beneficia à superioribus concessa, aliter rata non haberent, quam si eadem iisdem & ipsi dedissent, Primus Titus præterita omnia uno confirmavit edicto, nec à se peti passus est.* Et dedans la 10. des Epistres de Pline : *Extat edictum Divi Nervæ confirmantis beneficia à Domitiano concessa.* Aurelius Victor en la vie du mesme Nerva : *Cum donata, concessave à prioribus principibus firmare insequentes solerent, simul ac imperium cæpit, possidentibus edicto sponte cavit. Et inde etiam nunc in more propositum est omnium gentium ferè, ut mortuo principe, à successore ejus, initio principatus, immunitates, beneficia, privilegia, honores superioribus confirmentur, petentibus cum privatis, tum civitatibus, collegiis, corporibus, societatibus; non petentibus adimantur, nisi benignè Princeps præveniat petitionem :* Tous ces passages ne se rapportent pas proprement aux offices (ausquels les Romains observoient un autre ordre en police que nous) ains aux privileges & octroys des Empereurs tant envers les particuliers que communautez. Toutesfois cecy estant une image de ce qui fut depuis faict par nos Roys en matiere d'office, je l'ay voulu ici inserer : Comme aussi est-ce la verité que ce qui se pratiquoit par les Romains en la confirmation des actions, se pratique aussi en la France par nos Roys.

Mais pour reprendre mes premiers arrhemens de la venalité des Estats, par Ordonnance du vingt & septiesme Fevrier mil trois cens cinquante-cinq, de Charles cinquiesme lors Regent, sur la reformation du nombre des Officiers de la France, il fut par expres ordonné que les Maistres & les Clercs de la Chambre des Comptes, Thresoriers, Maistres des Monnoyes, Receveurs, & autres Officiers qui regardoient le faict des Comptes, ou des Finances, seroient mis par le Roy en son Conseil : & le semblable fut-il ordonné pour Messieurs de la Cour de Parlement & des Requestes, Baillifs, Seneschaux & autres Ministres du fait de Justice. Quand il parle des Receveurs, il entend des Receveurs du Domaine, parce que les Receveurs des Aydes n'estoient encores erigez en tiltres formez : Et depuis sous Charles sixiesme, par Edict de l'an mil trois cens octante & huict, il fut ordonné que les Baillifs, Seneschaux, & Prevosts, & autres Juges seroient eleus & instituez par deliberation de son grand Conseil : Edict qui ne fut observé pour les Prevosts, comme dict a esté cy-dessus. Lors de cet Edict les Baillifs & Seneschaux n'estoient encor perpetuels, ains annuels, quoy que soit à certain temps. D'autant que par le mesme Edict il veut qu'apres que leurs charges seront finies, ils demeurent quarante jours sur les lieux, pour respondre devant leurs successeurs des plaintes que le peuple voudroit proposer encontre eux. Par autre Edit du mesme an il voulut qu'advenant vacation d'Advocat ou Procureur du Roy d'un Bailliage, on y procedast par élection aux Sieges, serment avant toute œuvre faict sur les Sainctes Evangiles, & que l'on luy en nommast deux ou trois des plus idoines & suffisans, pour gratifier celuy que bon luy sembleroit. Par Edict du septiesme Janvier mil quatre cens quatre, publié en la Chambre des Comptes le vingt-neuf Octobre mil quatre cens huict, en la presence du Roy de Sicile, Ducs de Berry, Bourbonnois & autres grands Seigneurs du grand Conseil, il fut ordonné que les Eleuz & Receveurs des Aydes

des feroient pris & faicts de bons Bourgeois, riches hommes, & preud'hommes, & qu'ils feroient creés non seulement par l'Ordonnance des trois Generaux des Finances, mais auſsi par le conseil des gens de la Chambre des Comptes : Et le semblable seroit fait des Greneriers & Controlleurs à sel. Et qu'en cas semblable les Receveurs du Domaine feroient pris & esleus de bonnes personnes suffisantes & bien resseantes, & que si faire se pouvoit, ils seroient pris des pays où s'exerçoient leurs receptes, afin qu'ils fussent mieux contens de leurs gages sans aucuns dons, & seroient esleus par gens des Comptes & Thresoriers. Par la mesme Ordonnance, il est dit qu'il n'y auroit que quatre Maistres des Monnoyes, ceux qui estoient les plus anciens, suffisans, & mieux cognoissans au fait des Monnoyes. Et au regard de la Cour de Parlement, que quand les lieux des Presidens & des autres gens de son Parlement vacqueroient, le Chancelier se transporteroit au Parlement, & qu'en sa presence il seroit procedé à l'election d'hommes suffisans: & que l'on y mettroit principalement des Nobles hommes qui se trouveroient suffisans, mesmes qu'on les choisiroit, si faire se pouvoit de tous les pays du Royaume, pource que les coustumes estoient diverses, & afin que de chaque Province y eust gens qui peussent respondre. Le semblable fut-il ordonné pour ceux des Comptes: & au surplus qu'il fust pourveu aux Seneschaux & Baillifs par le Chancelier en la Cour de Parlement, & que les Prevostez feroient baillées en garde à Notables personnages des lieux & des plus prochains par bonne election des gens de la Chambre des Comptes, appellez avecques eux quelques Seigneurs du Conseil. Et finalement est deffendu à tous Officiers du Roy de ne vendre par resignation leurs Offices tant de Judicature, que de Recepte.

Voila le plus solemnel Edict qui ait esté pour la distribution des Offices, tant de Judicature, qu'autres: & depuis je voy les Elections avoir esté fort frequentes, tant au Parlement que Chambre des Comptes, combien qu'en tout le demeurant les affaires de France fussent infiniment brouillées, & adjousteray comme chose que l'on recueille des Registres de la Cour de Parlement, qu'auparavant les elections y avoient eu quelquesfois lieu. Le dix-septiesme Septembre 1400. le Roy Charles sixiesme nomme dix Conseillers à la Cour de Parlement, & lui mande qu'elle choisisse le plus capable. Et maistre Nicole Baye l'un des plus dignes Greffiers qui fut jamais au Parlement fut eleu Greffier le dix-septiesme Novembre ensuivant, par le scrutin tant des Seigneurs du Parlement, que du grand Conseil, où se trouverent quatre-vingt personnes: En sem- blable Messire Jean de Popincourt premier President estant allé de vie à trespas, & Maistre Henry de Merle troisiesme ayant esté pourveu en son lieu par lettres du deuxiesme de May mil quatre cens trois, par le Roy, il declara n'en vouloir user, sinon de tant que la Cour l'eust pour agreable. Et y vint le Chancelier, és mains duquel s'opposa Lochet second President, sur quoy le Chancelier dit que le Roy vouloit qu'on esleust de Merle: attendu le grand aage & indisposition de Lochet: Et pource que les Conseillers ne vouloient elire publiquement, ils se retirerent l'un aprés l'autre, prés du Chancelier, & fut eleu de Merle, & au lieu de luy maistre Jacques du Tailly President des Requestes. Le douziesme jour de Novembre mil quatre cens quatre fut ordonné, que combien que le Roy eust donné l'Office de Greffier Criminel, toutesfois qu'il seroit passé outre à l'election : Et le lendemain fut eleu du Boys, presens les Advocats & Procureur du Roy, & le sieur Roman auſsi eleu Conseiller. Cela fut faict auparavant l'Edict de l'an mil quatre cens huict. Depuis lequel les elections eurent trés-grande vogue. L'an 1409. Maistre Simon de Nanterre Conseiller & Controlleur de la Chancellerie est eleu President, & en son lieu Maistre Jean de la Marche, à la charge qu'il se desroit de l'Estat de Controlleur. L'unziesme Decembre mil quatre cens dix, election de plusieurs Conseillers des Enquestes, laquelle avoit esté retardée, parce que les Nobles soustenoient qu'on devoit premier elire des Nobles, quand ils se trouveroient suffisans. Chose qui prit depuis plus long traict. Car comme ainsi fust que l'on eust procedé à l'election de quelque personne de condition roturiere, Milon fut receu Conseiller le 23. Avril, combien qu'il n'eust esté esleu, nonobstant l'opinion de l'esleu & des gens du Roy, attendu sa Noblesse & sa suffisance & vertu. Pour lesquelles considerations le Roy vouloit qu'il fust receu. Vray qu'en ces Elections les Princes y voulurent quelquefois apporter du leur au prejudice de l'Ordonnance: Car comme l'on procedoit à l'election de deux Conseillers, il y eut deux qui furent esleus à la solicitation de Louys Duc de Guyenne & Dauphin, Maistre Thibaut de Vitry, & Adam de Cambray, signamment fut esleu Cambray au lieu de Servilly, nonobstant la resignation qu'il avoit faite au profit de Maistre Guillaume Caly. Et le 27. Fevrier procedans à l'election du Procureur General au lieu du decedé, un Secretaire du Duc de Bourgogne vint dire que Monsieur le Dauphin vouloit que cette election se fist au Conseil, vers lequel quelques Seigneurs du Parlement furent deleguez pour luy faire remonstrances. Il ordonna que l'election fust apportée au Conseil. Quelques Parisiens briguoient pour faire elire un jeune Advocat nommé Rapouel: toutefois l'authorité du Parlement gaigna lors, & fut esleu Maistre Jean Aigue-vin. Mais plus solemnelle fut l'election du Chancelier, au lieu de Messire Eustache de Laistre, lequel l'avoit esté par les fonctions & menées du Duc de Bourgogne, au lieu de Messire Arnault de Corbie, qui avoit dignement exercé cet Estat l'espace de vingt-cinq ans, & estoit lors aagé d'octante-huict ans. Iceluy de Laistre creature du Bourguignon, s'estant avec luy retiré de Paris, l'on trouve que le 8. d'Aoust 1413. le Roy Charles VI. aprés sa Messe entra en la Chambre du Conseil: là où de Merle premier President eut vingt-huit voix, Nanterre vingt, Maistre Jean de Saux six, Messire Arnault de Corbie dix-huict, & eust eu toutes les voix s'il l'eust encores voulu exercer. Au moyen dequoy de Merle fut fait Chancelier, & de là procedant à l'election du premier President, Mauger eut vingt-huict voix, Nanterre dix-sept, Juvenal des Ursins Advocat du Roy une, Buffier dix-sept, Quatremairs quinze, Bailly quatorze, Longueil neuf, Guillier une, Marchand une, le Sueur une: Et la quatorziesme du mois cette Election presentée au Roy, il commanda que l'on despeschast des lettres de provision à Mauger, & touchant le quart, parce que le Bailly avoit moins de quatre voix que Buffier & Nanterre, le Roy, le Dauphin, le Seigneur de Fay, & autres Seigneurs du Conseil luy donnerent leurs voix, par le moyen dequoy il fut pourveu de l'Office. C'estoit une sophistiquerie que les courtisans firent apporter aux Elections, mais en laquelle il n'y avoit je ne sçay quoy de crainte, pour ne vouloir à face ouverte enfraindre cette police d'Election.

En cette façon se traictoient les Elections en la Cour de Parlement, quant au dedans la Chambre des Comptes je n'y voye une diligence si continué, si est-ce que je les voy avoir abhorré la vente de leurs Estats, voire dés auparavant l'Edict de l'an 1408. Parce que les Thresoriers de France ayans esté interdits par lettres de l'unziesme de Juin mil quatre cens trois, verifiées en la Chambre le seize sur une bonne opinion que le Roy avoit eue de reduire ces Offices à deux, ainsi que d'anciennetè: comme de faict aprés cette suspension Gontier Col, & André Moulin furent commis à cette charge: Ce neantmoins Raoul d'Augueton-ville, Jean de la Cloche, qui estoit de ceux que l'on avoit interdicts, se firent restablir moyennant la somme de cinq mille livres, leurs lettres presentées à la Chambre, avec recommandations de l'Evesque de Chartres President, qui disoit avoir receu commandement trés-exprés des Ducs de Berry & de Bourgogne de les faire recevoir, pour avoir touché ces deniers qu'il falloit lors promptement delivrer à certains soldats du pays de Galles, & encores fut envoyé un Seigneur, pour faire de la part de ces deux Princes nouvelle recharge. Toutefois la Chambre refusa d'y entrer, & delegua quelques Maistres pour remonstrer, que cette ouverture de financer deniers pour des Estats estoit de trés-pernicieuse consequence, & que pour une petite somme on corrompoit l'Ordre general de la France. Ceste cause fut long-temps promenée, mais comme les grands Princes s'en font souvent croire bon gré malgré les compagnies, enfin Augueton-ville, & la Cloche furent receus. Mais sur tout est fort recommandable un autre exemple de la mesme Chambre,

Chambre, pour monstrer combien elle eut en horreur la vendition des Offices. Le septiesme Septembre 1372. il vint à sa cognoissance qu'au mois de Mars 1366. Messire Amaulry de Condé, & Messire Jean Blanchet Prestres avoient ensemble traicté pour un Estat d'Auditeur des Comptes, & que Blanchet avoit promis à Condé pour la resignation de cest Office, de luy payer six queües de vin, & soixante livres tous les ans. Il y avoit six ans entiers que Blanchet avoit esté reccu à l'exercice de cest Estat par la Chambre, qui ne sçavoit rien de cette paction: mais soudain qu'elle en fut advertie, elle les mande, & après les avoir ouys, le procès prenant traicté, Condé qui produisit unes lettres du Roy, du 1. d'Aoust 1371. qui estoit quatre ans & demy après la resignation, par lesquelles le Roy declaroit avoir pour agreables icelles promesses. Finalement le tout veu, & à ce appellez plusieurs Seigneurs du Parlement, & du Conseil, en presence du Chancelier, & les Advocats, & Procureur general du Roy de la Cour de Parlement oüys, il fut dit que Messire Jean Blanchet rendroit les clefs qu'il avoit de la Chambre, lesquelles suivant le commandement qui en fut fait, il rendit, & mit sur le Bureau, defences à luy de venir plus à la Chambre, & ordonné que les lettres obligatoires entre eux passées demeureroient en icelle Chambre, cassées & annullées, & defences à Messire Amaulry de Condé de s'en pouvoir aider: Arrest certes digne d'estre solemnisé tant pour la grande, & notable compagnie, qui s'y trouva, que pour avoir destitué un Auditeur, après avoir exercé six ans ceste charge, soudain que l'on fut adverty de la malefaçon. Et tout cela long-temps auparavant le reglement de l'an 1408.

Voyant le grand chaos qui fut introduit en la France, & specialement dans la ville de Paris, lors qu'elle fut nuictamment surprise par Lisle-Adam en l'an 1417. j'estimois que dans les massacres qui lors advindrent, eust esté ensevelie la discipline des elections, toutesfois la Cour de Parlement pour cela ne ravalla point son authorité. Pour qu'en ce mesme an se meut une question en icelle sur l'election d'un President des Enquestes. Les aucuns estans d'advis que l'on pouvoit nommer un homme Lay, les autres que cest Estat estoit affecté au Clerc. Sur quoy ayant esté conclud pour le Clerc, le lendemain 20. Aoust, fut esleu Vivian : & le 14. Octobre, sur ce que deux Chevaliers vindrent au Parlement pour faire recevoir un qui avoit esté pourveu par le Roy d'une Conseillerie, leur fut respondu que la Cour accoustumé d'y proceder par election; & que quand ce viendroit à eslire, on y auroit esgard pour l'honneur que l'on portoit au Roy, & au Duc de Bourgogne qui le desiroient: Et à peu dire, je voy la continuation des elections avoir esté jusques à l'alliance qui fut faite avec l'Anglois, par le mariage de Henry cinquiesme Roy d'Angleterre, avec Catherine de France, fille du Roy Charles sixiesme : Parce que depuis elles ne furent plus observées, ains dans les provisions qui se faisoient par eux tant és Estats de Judicature, qu'autres, portoient d'ordinaire que *c'estoit tant qu'il plairoit au Roy*. Et depuis la regle generale que l'on y observa assez long-temps fut d'en nommer trois au Roy, les Chambres estans assemblées, afin d'en estre par luy pourveu ainsi qu'il verroit bon de faire. Neantmoins encores cela se tourna quelquefois en fraude. Car un enfant de bonne maison, se trouvant foible de suffisance, se faisoit nommer par la Cour, & obtenant lettres de provision, il n'estoit tenu ny à l'examen de la Cour, ny à l'information de sa vie, & mœurs, depuis introduite par l'Ordonnance de Louys douziesme.

Au demeurant, le tout ainsi que ces elections furent approuvées aux Cours souveraines, aussi avoient-elles lieu aux jurisdictions subalternes. Maistre Jean de Clamecy, maistre des Comptes fut esleu Prevost de Paris par le Chancelier, & plusieurs tant du grand Conseil, que du Parlement, & des Comptes: le tout en assemblée faite en la Chambre des Comptes le dixiesme Mars mil quatre cens dix-huict. Et le huictiesme Octobre ensuivant election d'un autre Prevost par la demission de Clamecy: Et le vingt & sixiesme jour d'Avril mil quatre cent dix-huit, le Chancelier blasma fort la Cour de Parlement de ce qu'elle n'avoit point pourveu à l'Office de Lieutenant Criminel depuis la mort du dernier decedé. Chose qui avoit causé plusieurs maux dedans la ville de Paris : Pour à quoy pourvoir, au mois de Novembre fut commis un Conseiller de la Cour pour exercer cette charge. Nos Roys ayans depuis remis sous leur puissance & authorité les provisions des Lieutenans, des Baillifs, & Seneschaux, encores voulurent-ils que ces Offices se conferassent par elections qui se feroient aux Bailliages, & Seneschaussées. Par l'ordonnance de Louys douziesme de l'an 1499. article 47. Nous ordonnons que l'election des Lieutenans, des Baillifs, Seneschaux, & autres nos Juges se fera en l'Auditoire desdits sieges, appellez nos Baillifs, Seneschaux, & autres nos Officiers dedans quinze jours après les vacations desdits Offices, si nos Baillifs, Seneschaux, ou Juges estoient presens, ou s'ils estoient absens dedans un mois après. Depuis le mesme Roy y apporta quelque limitation : Car par son Edict de l'an 1512. voulut qu'en chaque siege l'on en nommast trois des plus idoines, afin que la nomination faite il peust en gratifier celuy des trois qu'il luy plairoit. Ordonnance que l'on voulut ramener en usage par l'Edit d'Orleans, sous Charles IX. par l'advis des trois Estats : mais avec les Officiers du Siege, on vouloit que les Maires, Eschevins, Consuls, & Capitoux des villes y fussent aussi appellez. Charles VII. par son Edict de l'an 1453. article 104. ordonna que les Baillifs & Seneschaux, avant que d'entrer en l'exercice de leurs charges fussent tenus de prester le serment és Cours de Parlement : Et Charles IX. à Moulins 1566. article 12. & Henry III. aux Estats tenus à Blois, articles 263. & 264. Que nul ne fust pourveu d'Estats de Baillifs, & Seneschaux des Provinces, qu'il ne fust de robbe courte, Gentilhomme de nom & d'armes, aagé de trente ans pour le moins, & qui auparavant n'eust commandé en l'Estat de Capitaine, Lieutenant, Enseigne, ou Guidon des gendarmes des Ordonnances, lesquels offices ne pourroient estre vendus directement sur les peines des Ordonnances : Mais tous ces derniers Edicts ont esté Edicts de parade sans effect. Car jamais la venalité des Estats ne fut en si grand desbord, comme sous le regne de Henry III.

Nicolas Gilles, qui fut sous le regne de Louys XII. nous apprend que ce Roy fut le premier qui exposa les Estats en vente, en quoy il s'abuse, parce que Philippes de Commines dans ses Memoires, detestant l'ambition des Parisiens, dit que de son temps il y avoit tel Estat sans gages dans Paris, qui se vendoit quinze & seize cens escus. Toutesfois il se peut faire que sous Louys douziesme ceste venalité fut plus en usage. Ce Roy, comme il estoit du tout adonné au soulagement de son pauvre peuple, estima qu'il ne pouvoit mieux soulager, que de mettre une taille sur l'ambition des plus riches, en achetant les Estats, ne s'advisant pas toutesfois de la consequence. Aussi est-ce la verité qu'il s'en repentit puis après. D'autant que par son Ordonnance de l'an 1498. il declara tous les congez, & privileges qu'il avoit octroyez de vendre ses offices, estre nuls, & n'entendre déroger aux Ordonnances sur ce faictes par ses devanciers, ains que telles lettres fussent estimées avoir esté obtenuës par importunitez, ou autrement induëment: Tellement que si par surprises elles se trouvoient avoir esté seellées, il n'entendoit qu'elles fussent enterinées és Cours de Parlement, ou ailleurs. Ce fut luy qui ordonna que quand il pourvoiroit à un office de President, ou de Conseiller, la Cour de Parlement eust à proceder à l'examen, & inquisition tant sur la vie, & mœurs, que sur le sçavoir de celuy qui estoit pourveu. Auparavant il ne falloit point les interroger sur ces particularitez. Car estans esleuz par commun suffrage de la Cour, ils estoient assez approuvez, & n'y restoit que la provision du Prince.

La necessité, ou, pour mieux dire, l'injustice du temps a depuis fait passer toutes ces loix par oubliance. Car là où sous Charles sept & huictiesme s'estoient voulu imposer loy expresse de ne vendre en aucune façon les Estats, la subtilité de ceux qui voulurent subvenir au deffroy des guerres, apporta explication à toutes ces bonnes ordonnances, disans que le commerce des Estats estoit defendu de privé à privé, mais loisible au Prince de les vendre, ny plus, ny moins que par les loix anciennes de Rome il estoit permis, pour monte raux honneurs, promettre, ou donner quelque chose à la Republique. Ce qui ne se pouvoit faire entre les personnes

personnes privées sans forfaire contre la loy qui estoit publiée contre les ambitieux.

Le premier qui à face ouverte se dispensa de les vendre, fut François premier, qui pour cette cause inventa plusieurs Estats nouveaux pour faire fonds de deniers. Aussi est-il celuy qui mit sus en l'an mil cinq cens vingt & deux, le Thresorier des parties casuelles, incognu à tous ses predecesseurs. Le second qui le passa d'un long entrejeét, fut Henry second, & au Roy Henry troisiesme, la France doit le desbordement general : car il seroit impossible de dire en combien de façons il fut en cet endroict ingenieux à la ruine de soy & de son Estat. Or combien que tous ces Estats soient notoirement venaux, non seulement de la part du Prince, mais de particulier à particulier : Toutesfois au milieu de ceste calamité, n'estant resté à la Cour de Parlement, qu'une esperance de revoir quelque jour le siecle d'or, auquel les Estats se donnoient sa main d'ajoustée au poids de la vertu, non de l'argent, toutes & quantesfois qu'elle reçoit un Conseiller, ou autre Officier de judicature, elle prend de luy le serment, sçavoir si pour obtenir l'Estat, il a baillé, ou fait bailler deniers à son resignant, & n'y a celuy qui ne jure n'en avoir baillé, encores que notoirement on sçache le contraire. Tellement que tombans d'une fievre tierce en chaud mal, pour tout le fruict de ceste belle ancienneté, ne nous reste que le parjure dont nous saluons quelquesfois la compagnie, avant que d'entrer en l'exercice de nos Estats. Chose qui m'occasionna autres-fois de faire cet Epigramme, au premier Livre de mes Epigrammes Latins.

Nulla Magistratus venales vidit avorum
Ætas, qui parteis judicis obtineant.
Quisque cooptabat Rex in consortia Patrum,
Jurabant nullo rem sibi mancipio.
Sed tamen hic nostris usus descivit ab annis,
Prostat & argento plurimus emptus honos.
Nec reliqui est, quam quod, qui prensat, juret honorem,
Additá nullum prostituisse manu.
Connivet tacitis oculis amplissimus ordo,
Quod sibi restitui tempora prisca velit.
Aspice quid speres à Judice, limine in ipso
Quem non ulla Dei vox metuenda ferit.

CHAPITRE XVIII.

Du Couvre-feu, autrement appellé Carfou, introduict en plusieurs villes de la France.

NOus avons deux sons de cloche extraordinaires en plusieurs villes, je veux dire non anciennement cogneuz par nostre Eglise, l'un à midy, auquel les bonnes gens se ramentoivent à Dieu par une *Patenostre & Ave Maria*: L'autre en Hyver sur les sept heures du soir, que l'on dit sonner le *Carfou*. Quant au premier, il fut introduit par l'Ordonnance du Roy Louys unziesme, afin que pour avoir la paix, le peuple par cet advertissement adressast la Salutation Angelique à la Vierge Marie, en laquelle il avoit grande confiance. Je l'apprends de Robert Gaguin en ses Chroniques de France, auquel j'adjouste plus de foy, d'autant qu'il en pouvoit estre tesmoin. Quant au second, je m'y trouve empesché, encores que cet empeschement ne me couste pas beaucoup : d'autant qu'il y a plus de curiosité en ceste recherche, que d'utilité. Nous disons sonner le Carfou, le rintin d'une cloche qui se faict en Hyver sur les sept heures du soir. Qui est une abreviation de parole, tournée par succession detemps en corruption, comme ainsi soit qu'anciennement on appellast cela sonner le Couvre-feu, & depuis on l'abregea en Courfeu, & finalement de Courfeu, nous fismes ce mot corrompu de Carfou. Qui est un advertissement que l'on donnoit au peuple de ne vaguer plus par les ruës, ains de se renfermer dedans sa maison jusques au lendemain. Je trouve ce Couvre-feu avoir esté d'une longue ancienneté, practiqué en ceste France, entre autres, en la ville de Laon, laquelle ayant commis quelque forfaicture contre le Roy Philippes le Bel, fut par luy privée de tous ses Privileges de Commune & Eschevinage, lesquels luy furent depuis restablis en Mars 1331. par le Roy Philippes de Valois, avecques plusieurs grandes modifications : Car il luy osta, & fit despendre la cloche du Beffroy qui estoit en une grande Tour, qu'il destina pour les prisons de la Prevosté. Ordonnant que les deux autres cloches qui estoient en la Tour de la Porte-Martel, une grande, & une petite, demeureroient perpetuellement là où elles estoient. La grande, pour sonner le Couvre-feu au soir, & le point du jour au matin : Et la petite, pour sonner un petit ayant le Couvre-feu, afin de faire venir & assembler le Guet au lieu accoustumé. Mon opinion est que les seditions, & tumultes donnerent lieu à ceste police : Et de ce en ay-je une conjecture fort belle, qui n'est point à negliger, laquelle je tire de Polidore Virgile en son Histoire d'Angleterre, où il dit que Guillaume le Bastard, voyant qu'il avoit affaire à un peuple grandement mutin, & se faisant sage par les dommages advenus à ses devanciers, l'une des polices dont il s'advisa, fut de les desarmer, & d'envoyer leurs armes en l'Hostel de ville, & en outre deffendit à tous de sortir de leurs maisons, depuis les sept heures du soir, dont ils auroient certains advis, de la cloche que l'on sonneroit, & si je ne m'abuse, cet Historiographe dit, que cela fut lors appellé Couvre-feu. Car les Normans qui estoient de la suite de ce grand guerrier, planterent dedans l'Angleterre plusieurs parolles Françoises, tesmoing leur Titleton teveure, Livre où est deduicte la nature des Fiefs d'Angleterre, dans lequel vous trouverez plus de parolles Normandes, que Anglesches : vray que comme transplantées d'un pays à autre. Qu'il eust emprunté ceste coustume de nous, je ne le croy : Que nous la tenions de luy, je le croy: Toutesfois nous nous rencontrons avecques luy au mot de Couvre-feu : Que si l'on veut prendre icy ma devination pour Histoire, je me persuaderois volontiers que cecy commença d'estre faict du temps de Charles sixiesme, lors que les Orleannois, & Arrnignacs ayans descouvert la conspiration qui fut faicte contre eux, par Maistre Nicolas d'Orgemont, & ses complices dans Paris, ils firent plusieurs polices pour obvier à tels inconveniens, dont je parleray au cinquiesme Livre: & y a grande apparence d'estimer que lors fut aussi introduict ce Couvre-feu. Tant y a que ceste coustume fut depuis en usage, & l'estoit sous le regne de Charles septiesme. Parce qu'en l'un des articles, sur lesquels Jeanne la Pucelle fut interrogée par les Anglois, on luy demanda combien il y avoit qu'elle n'avoit ouÿ la voix, par laquelle elle regloit toutes ses actions: A quoy elle respondit, que le jour precedent elle l'avoit entenduë trois fois, à midy, à vespres, & au soir, lors que sonnoit pour l'*Ave Maria*.

CHAPITRE XIX.

Vers quel temps un tas de gens vagabonds, que les aucuns nomment Ægyptiens, les autres Bohemiens, commencerent de roder ceste France.

IL est tombé un vieux Livre entre mes mains en forme de papier journal, par lequel un Theologien de Paris, soigneux de recueillir les choses qu'il voyoit, nous redigea diligemment par escrit tout ce qui advint de son temps, specialement en la ville de Paris, de l'authorité duquel je me suis aidé en quelques endroits de cet œuvre : Mais je veux à present inserer tout au long, & transcrire de luy mot à mot certain passage, par lequel on peut aisément voir de quel temps ces Egyptiens que nous voyons encore vaguer par la France, commencerent à y entrer, & quelle fueille ils donnerent à leur pelerinage. " Le Dimanche d'aprés la my-Aoust (dit-il) qui fut le dix-septiesme jour d'Aoust, mil quatre cens vingt-sept, vindrent à Paris douze Penanciers, comme ils disoient, c'est à sçavoir un Duc, & un Comte, & dix hommes tous à cheval, & lesquels se disoient trés-bons Chrestiens : & estoient de la basse Egypte, & encore disoient que n'avoit pas grand temps que les Chrestiens les avoient subjuguez, & tout leur pays, & tous faits chrestienner, ou mourir ceux qui ne vouloient estre. Ceux qui furent baptisez, furent Seigneurs du pays, comme devant, & promirent d'estre bons, & loyaux, & garder foy à Jesus-Christ jusques à la mort, & avoient Roy & Royne en leur pays, qui demeuroient en leurs Seigneuries. Item vray est, comme ils disoient, qu'aprés aucun temps qu'ils orent pris la foy Chrestienne, les Sarrazins les vindrent assaillir. Quand ils se veirent comme pou fermes en nostre foy, à trespou d'achoison sans endurer gueres les guerres, & sans faire le devoir de leur pays deffendre que trespou, se rendirent à leurs ennemis, & devindrent Sarrazins comme devant, & renoncerent à Jesus-Christ. Item il advint aprés que les Chrestiens, comme l'Empereur d'Allemagne, le Roy de Poulaine, & autres Sieurs, quand ils sçorent qu'ils orent ainsi faussement laissé nostre foy, & qu'ils estoient devenus si-rost Sarrazins, & Idolatres, leur coururent sus, & les vainquirent tantost comme cils qui cuidoient qu'on les laissast en leur pays, comme à l'autre fois pour devenir Chrestiens : Mais l'Empereur, & les autres Seigneurs, par grande deliberation de conseil, dirent que jamais ne tenroient terre en leur pays, si le Pape ne le consentoit, & qu'il convenoit que là allassent au sainct Pere à Rome : & là allerent tous petits & grands à moult grand peine pour les enfans. Quand là furent, ils confesserent en general leurs pechez. Quand le Pape ot oiiye leur confession, par grande deliberation de conseil, leur ordonna en penitence d'aller sept ans ensuyvant parmy le monde, sans coucher en lit, & pour avoir aucun confort pour leur despense, ordonna, comme on disoit, que tout Evesque, & Abbé portant crosse, leur donneroit pour une fois dix livres tournois, & leur bailla lettres faisans mention de ce aux Prelats de l'Eglise, & leur donna sa benisson, puis se departirent, & furent avant cinq ans par le monde, qu'ils vinssent à Paris. Et vindrent le dix-septiesme jour d'Aoust l'an mil quatre cens vingt-sept, les douze devant dits, & le jour sainct Jean Decolace vint le commun. Lequel on ne laissa point entrer dans Paris, mais par Justice furent logez à la Chappelle sainct Denys, & n'estoient point plus en tout d'hommes, de femmes & d'enfans, de cent ou six vingts, ou environ. Et quand ils se partirent de leurs pays, ils estoient mille ou douze cens : Mais le remenant estoit à en la voye, & leur Roy, & leur Royne, & ceux qui estoient en la voye, avoient encore esperance d'avoir des biens mondains : car le sainct Pere leur avoit promis qu'il leur donneroit païs pour habiter, bon & fertile : mais qu'ils de bon cœur achevassent leur penitence. Item quand ils furent à la Chappelle, on ne vit oncques plus grande allée de gens à la benisson du Lendit, que là alloit de Paris, de sainct Denys, & d'entour Paris pour les voir.

Et vray est que le plus, & presque tous avoient les oreilles percées, & en chacune oreille un annel d'argent, ou deux en chacune, & disoient que c'estoit gentillesse en leur pays. Item les hommes estoient trés-noirs, les cheveux crespez, les plus laides femmes que l'on peut voir, & les plus noires, toutes avoient le visage deplayé, cheveux noirs comme la queuë d'un cheval, pour toutes robbes, une vieille Hossoye trés-grosse, d'un lien de drap, ou de corde, liée sur l'espaule, & dessus un pauvre roquet, ou chemise pour paremens: Bref c'estoient les plus pauvres creatures que l'on veit oncques venir en France, d'aage d'homme, & neantmoins leur pauvreté, en la compagnie avoit sorcieres qui regardoient és mains des gens, & disoient ce qu'advenu leur estoit, ou à l'advenir, & meirent contensen plusieurs mariages. Car elles disoient, Ta femme t'a fait coup : & qui pis estoit, en parlant aux creatures par art magique, ou autrement par l'ennemy d'Enfer, ou par entreject d'habilité faisoient vuider les bourses aux gens, & les mettoient en leurs bourses, comme on disoit. Et vrayement j'y feuz trois ou quatre fois pour parler à eux, mais oncques ne m'apperceu d'un denier de perte, ne les vey regarder en main. Mais ainsi le disoit le peuple par tout. Tant que la nouvelle en vint à l'Evesque de Paris, lequel y alla, & mena avec luy un frere Prescheur nommé le petit Jacobin, lequel par le commandement de l'Evesque feit là une belle predication ; en excommuniant tous ceux & celles qui se faisoient, & qui avoient creu, & monstré leurs mains, & convint qu'ils s'en allassent, & se partirent le jour de nostre Dame en Septembre, & s'en allerent vers Pontoise ". A tant l'Autheur.

Duquel passage nous pouvons aisément tirer, qu'auparavant ce voyage les Parisiens n'avoient esté repeuz de telle maniere de gens, lesquels jusques à nous ont continué successivement & de main en main leurs voyages, sous ombre de leur penitence à mon jugement fabuleuse, mais toutesfois telle que de la mesme façon que cet Autheur en fait recit : Aussi de nostre temps Monster en sa Cosmographie en a fait une mention non beaucoup esloignée de ceste-cy : Et c'est une chose estrange, que ces miserables voyageurs, sans asseurance de feu & lieu font une perpetuelle profession de mendicité, de larcin, & d'oisiveté, & encores plus estrange qu'au veu & sceu de nos Magistrats, ils ont rodé en ceste France par l'espace de cent ou six vingts ans & plus, sans avoir autre adveu de leur penitence, sinon celuy que par une sotte renommée, ils avoient imprimé dedans la teste d'aucuns de nos testes: disans que les sept ans de penitence qui furent ordonnez aux premiers, alloient de succession en succession: Toutesfois de nostre temps par l'Edict des Estats tenus à Orleans, & publié le 3. Septembre 1561. il fut pourveu à cet abus : Pour autant que par l'article cent troisiesme de cet Edict, il fut enjoinct à tous Baillifs, Seneschaux, ou leurs Lieutenans, & autres Officiers du Roy, chacun en son destroict, faire commandement à tous tels imposteurs qui empruntoient le nom de Bohemiens, ou Egyptiens, leurs femmes, enfans, & autres de leur suite de vuider dedans deux mois de ce Royaume, à peine des Galeres, & de punition corporelle : Au reste je ne veux obmettre que Raphaël Volaterran, au douziesme de sa Geographie, dict que ceste sorte de gens estoit extraicte des Uxiens, peuples assis & situez dans la Perfide, induit à le croire de l'authorité de Syllax, qui a escrit l'Histoire des Empereurs de Constantinople, lequel recite que Michel Traule Empereur avoit appris d'eux, que la Couronne de l'Empire devoit tomber entre ses mains. Qui estoit une Secte, laquelle esparse par la Mesie, disoit à chacun sa bonne, ou mauvaise advanture : *Quos aliena juvant, proprijs habitare molestum.*

CHAPITRE

CHAPITRE XX.

Dont vient qu'anciennement en la France representation n'avoit lieu tant en ligne directe, que collaterale.

IE seray en ce Chapitre, & Advocat, & Historien tout ensemble. Tout ainsi que nature nous a separez d'Italie d'un grand entrejet de montagnes, aussi sommes nous en une infinité de choses, distincts & separez des propositions de droict. Laissant à part plusieurs autres rencontres, je toucheray seulement ces deux cy, que je me suis mis en butte par ce Chapitre. La representation en matiere des successions, & la Communauté de biens d'entre le mary, & la femme. Si vous prenez le droict des Romains, representation avoit lieu en ligne directe, jusques à une infinité de lignes, chose certes tres-juste : & en succession collaterale, jusques aux enfans des freres & sœurs : Car les nepveux succedoient avecques leurs oncles en souches, c'est à dire que quatre ou cinq enfans plus ou moins representoient leurs peres & meres : Mais si tous les oncles estoient morts, & qu'il n'y restast que des cousins, la question estoit s'ils succederoient par testes, ou par souches : L'opinion d'Azon estoit d'y parvenir par testes ; celle d'Accurse, par souches. Or par le droict ancien de nostre France, nous ne recognoissions aucune representation, tant en succession directe, que collaterale, & le fils excluoit l'arriere-fils és successions des peres & meres, & l'oncle pareillement son nepveu en une succession collaterale. Chose infiniment rude, voire cruelle pour le premier cas, & neantmoins tant approuvée, qu'elle s'observoit en la succession de nostre Couronne. Car il est certain que l'Empereur Charlemagne eut deux enfans, Pepin son aisné, & Louys le Debonnaire puisné : Pepin deceda du vivant de son Pere, delaissé un seul fils nommé Bernard, auquel si representation eust eu lieu, devoit appartenir tant le droict d'Empire, d'Italie, & Germanie, que de la Couronne de France : Toutesfois Charlemagne estant decedé, on ne douta jamais que Louys ne deust estre le principal heritier (comme il fut) & pour tout partage Bernard eut tant seulement l'Italie : Coustume qui se pratiqua aussi par toutes les Seneschaussées & Bailliages de France. Vray qu'estant trouvée trop rude, on y apporta avec le temps quelque moderation & attrempance. De tant qu'és contracts de mariages que l'on faisoit, on avoit accoustumé d'y adjouster cette clause, que là où les futurs mariez iroient de vie à trespas auparavant leurs peres & meres, les enfans qui naistroient d'eux succederoient à leurs ayeuls, & ayeules, avec leurs oncles, nonobstant toutes coustumes à ce contraires. Clause qui fut depuis trouvée devoir operer pour tous les autres enfans : Car s'il fust advenu qu'en mariant l'un des autres enfans on eust oublié d'apposer cette reservation dans leur contract de mariage, toutesfois il suffisoit que l'un d'entr'eux eust esté autrefois rappellé, pour faire jouyr de mesme privilege ses autres freres : & ainsi le jugeoit-on par les Arrests de la Cour, jusques à ce qu'aux reformations de Coustumes qui furent faites l'an 1507. par Monsieur Baillet President, cet article fut biffé, & en son lieu mis, que de là en avant representation auroit lieu en ligne directe *in infinitum*. La Coustume d'Amiens a encore perseveré en l'ancienne : car combien qu'en l'an 1567. elle fut reformée par Monsieur le premier President de Thou : Toutesfois par article exprés, il est dit que representation n'a lieu en ligne directe, si elle n'est expressément stipulée par contract de mariage. Mais Charles du Moulin en ses Annotations rendant raison de cet article dit fort à propos, que jaçoit que ceste Coustume semble de prime-face estrange, si est-elle pleine de raison, pour empescher que les enfans ne se marient sans le consentement de leurs peres & meres. Dedans la Chronique du Moine Sigebert, l'on trouve que cette mesme question ayant esté agitée devant l'Empereur Othon premier, les Docteurs en Droict de la Germanie s'y trouverent tant empeschez, qu'il la convint juger par les armes, & enfin celuy qui estoit pour le party de la representation obtint la victoire.

Et neantmoins cette question advint plusieurs centaines d'ans aprés, entre nos Princes François de la maison d'Anjou, qui tenoient le Royaume de Naples. Car entre les autres enfans masles du Roy Charles deuxiesme, qui furent neuf en nombre, il eut Charles Martel son fils aisné, Louys son second qui fut Evesque de Tholoze, & lequel pour avoir espousé une vie Ecclesiastique ne pretendoit rien en la succession de son pere. Le Troisiesme fut Robert Prince de Salerne. Pendant la vie du pere Charles Martel Roy de Hongrie decedé, delaissé un fils nommé Charles par les Hongrois, & par les Italiens Carobert, mot composé de Charles & Robert, l'un empruntant le premier de son pere, & le second de Robert son oncle & parrain. Aprés la mort de Charles second, Robert se fit investir Roy de Naples par le Pape Clement cinquiesme, tenant son siege en Avignon. Carobert son nepveu pretendoit le Royaume luy appartenir, comme representant au droict d'aisnesse son pere Charles Martel. Il fait adjourner son oncle pardevant l'Empereur Henry septiesme, où l'oncle ne compare : & par son jugement declare la Couronne n'appartenir à Robert. Arrest depuis cassé & annullé par le Pape Clement, fondant sa sentence sur ce que Robert n'avoit esté oüy, & neantmoins luy-mesme estoit tombé en mesme faute, parce qu'il n'avoit oüy Carobert. Quelques Docteurs Italiens pour excuser ce dernier jugement dirent que le Pape avoit esté meu d'ainsi le sententier, d'autant que Carobert se devoit contenter du Royaume de Hongrie, partant qu'il n'estoit pas malseant d'adjuger celuy de Naples à Robert son oncle Prince sage, pour l'utilité des sujects. Qui eust esté une absurdité telle que le Gouverneur du Roy Cyrus dedans Xenophon declara, Quand deux hommes, l'un grand, l'autre petit, disputerent devant ce jeune Roy, deux robbes, l'une grande, & l'autre petite, sans approfondir la cause il adjugea la grande au grand, & la petite au petit. Sur quoy il fut grievement repris & blasmé par son gouverneur : luy disant que la cause avoit deu estre par luy jugée, non sur un droict de bienseance, ains sur le merite du droict de portion. C'est pourquoy je veux croire que l'Empereur jugeant contre Robert, establit son jugement sur la representation de pere, & le Pape sur la proximité du sang. Tellement que chacun d'eux à son endroit avoit quelque grande apparence de raison au soustenement de son opinion. A quoy j'adjousteray ce mot en passant par forme de remplissage, & peut estre ne sera ce discours oiseux. Carobert mourant laissa deux enfans, Louys son aisné Roy de Hongrie, & Audrasse son puisné. D'un autre costé Robert n'eut qu'un fils nommé Charles dit Sans-terre qui le preceda, delaissées trois filles, Jeanne, Marie, & Marguerite : Robert mourant par son testament ordonna Jeanne son heritiere universelle au Royaume de Naples, à la charge qu'elle espouseroit Audrasse son cousin, comme elle fit aprés sa mort. Et cette Ordonnance testamentaire dernier jugement de Robert, me fait dire qu'en sa conscience il recognut lors avoir fait tort à Carobert son nepveu : Cecy soit par moy touché en passant, pour les successions directes.

Quant à la ligne collaterale, toutes les Coustumes anciennes demeurerent en leur estat, jusques à ce que le mesme Thou President obtint Commission lors du Semestre, pour reformer quelques-unes, & en toutes celles où il besogna, il fut dit que representation auroit lieu en ligne collaterale, jusques aux enfans des freres & sœurs, tout ainsi que du droict civil des Romains, & que les cousins germains succedans en mesme degré viendroient par testes, non par souches, & aux autres qui n'ont esté reformées, on suit ce qui estoit de l'anciennete. Voila ce qui est tant de l'ancien usage que moderne, en matieres de successions directes & collaterales.

Mais dont estoit procedé cette Coustume, que nulle re-

Cc iij presenta-

presentation n'avoit lieu en quelque lignée que ce fust? Je vous diray en peu de paroles. C'est une Loy generale de cette France en tout pays Coustumier, quand il s'agit des successions: *Que le mort saisit le vif, & le plus prochain habile à succeder.* En consequence de laquelle il falloit, ou qu'elle n'eust point de lieu, ou bien l'ayant, que les petits enfans ne succedassent aux biens de leur ayeul & aycule, avec leurs oncles qui estoient plus proches en degré, ny pareillement en ligne collaterale les nepveux. C'est ce qui fut amplement disputé en la cause du Comte de Blois, & Jean Comte de Montfort pour le Duché de Bretagne. Actur deuxiesme de ce nom Duc de Bretagne mourant delaissa trois enfans, deux de Beatrix Vicomtesse de Limoges sa premiere femme, nommez Jean & Guy: & un autre appellé aussi Jean d'Yoland de la Comtesse de Montfort sa seconde femme. Actur estant decedé, Jean son fils aisné luy succeda au Duché qui fut troisiesme de ce nom. Guy de Bretagne Comte de Pontievre decedé quelque temps aprés, delaissée Jeanne la Boiteuse sa fille, qui fut mariée à Charles de Chastillon Comte de Blois, nepveu du Roy Philippes de Valois. Jean Duc de Bretagne decedé sans enfans. Par son decez Jean Comte de Montfort son frere fut dans la ville de Nantes proclamé Duc de Bretagne par les Prelats & Barons, & depuis dans la ville de Renes receut la Couronne Ducale. Il voulut faire la foy & hommage au Roy, à quoy Charles de Blois s'opposa du chef de sa femme soustenant le Duché luy appartenir. Cette opposition renvoyée par le Roy en sa Cour de Parlement pour y estre jugée par luy & ses Pairs: Charles proposoit que par les uz & coustumes notoires de Bretagne en successions feodales entre nobles personnes, quand il y avoit plusieurs freres, l'aisné succedoit en tous les Fiefs de quelque grandeur & Noblesse qu'ils fussent, & estoit seulement tenu de faire provision de vivres à ses freres puisnez, ou de les appanager selon leur estat; & valeur de la terre. Disoit que le frere aisné trespassé sans hoirs procreez de son mariage, tout son bien estoit transmis au second d'aprés luy, ou à ses enfans, qui venoient en tel droict d'aisnesse, comme si leur pere eust vescu. Que ce n'estoit chose nouvelle de voir en France les filles succeder aux grands Duchez & Comtez, comme on avoit veu advenir és Comtez de Tholoze, Champagne & Arthois, & mesmement en la Bretagne, en laquelle la femme de Pierre Mauclerc avoit recueilly le Duché par la mort de son pere, sans aucune contradition : Que Jean Comte de Montfort n'estoit conjoinct du deffunct Duc, que du costé paternel, & Jeanne Comtesse de Blois des deux costez: Qu'elle estoit fille de Guy qui secondoit en aage Jean le dernier mort; qu'à luy eust vescu eust appartenu le Duché, consequemment que l'on ne le pouvoit denier à sa fille unique, qui representoit son pere. A cela Jean Comte de Montfort respondoit en un mot, Que par la Coustume generale du Royaume du mort saisissoit le vif son plus prochain lignager, du costé dont venoient les heritages, en excluant tous autres, estans de plus loingtain degré, ores qu'ils fussent parens de l'un & de l'autre costé. C'estoit à dire en bon langage, que representation n'avoit point de lieu, puis que luy comme plus prochain devoit estre saisi du Duché. Disoit outre que la coustume notoire de France, la femme ne devoit estre receuë à succession de Fiefs & dignitez feudales en ligne collaterale, quand il y avoit hoirs masles qui l'en excluoient, voire quand ils seroient en pareil degré. Et que pour le regard des Comtez de Tholoze, Champagne, Arthois, esquels les femmes avoient succedé, c'estoit en succession directe, comme aussi au Duché de Bretagne la femme de Pierre Mauclerc, ayans mesmement succedé à leurs peres au prejudice des collateraux.

Raisons certes tres-pertinentes, & si j'ose dire indubitables, & lors mesmes il estoit-certain que representation n'avoit point de lieu en ligne directe, à plus forte raison il n'y avoit propos de l'admettre en ligne collaterale : & quant au second point de ses repliques, par lequel en matiere de Fiefs, mesmes en ces grandes dignitez, le masle excluoit la femelle, la cause avoit esté fraischement jugée au profit de Philippes de Valois pour la Couronne de France, contre Edoüard d'Angleterre, fils d'Ysabelle & nepveu de Charles le Bel : Toutesfois par Arrest donné à Conflant le septiesme jour de Septembre, 1341. le Roy Philippes de Valois estant en son lict de Justice avecques ses Pairs, fut Charles Comte de Blois à cause de Jeanne sa femme declaré Duc de Bretagne, & le Comte de Montfort debouté. Dont il appella à Dieu : car combien que pour complaire à un Roy, les hommes luy eussent osté ce que justement luy appartenoit selon les Coustumes de France, Dieu le luy conserva, & aprés plusieurs guerres demeura le Duché à luy, & à sa posterité. Cela soit par moy discouru pour le faict de la representation.

CHAPITRE XXI.

De la Communauté des biens meubles, & conquests immeubles qui est en nostre France entre le mary & la femme.

SI vous parlez aux Romains, encores qu'ils declarassent le mariage estre une societé individué d'entre le mary & la femme, toutesfois ils avoient separation de biens, & n'alloit elle individuité qu'aux corps. Si aux François, combien que le mary & la femme soit separez des biens paternels, maternels, & collateraux qui leur sont escheuz, & qui leur escheront pendant leur mariage, ils sont neantmoins communs en tous meubles, & encores aux conquests immeubles par eux faits ensemblement. Si vous me demandez quelle des deux on doive estimer la plus juste loi : je vous renvoyeray à cette belle dispute qui fut traictée entre les Grecs & Indois Calatiens devant Darius Roy de Perse. Car comme ainsi fust que les Calatiens pensassent grandement honorer la memoire de leurs peres & meres, aprés leurs deceds de manger leurs corps, n'estimans qu'ils peussent recevoir plus digne & honorable sepulture que dedans les enfans, les faisans, si ainsi le faut dire, revivre par eux mesmes; & les Grecs fissent brusler leurs corps, pour puis loger leurs cendres dedans un cercueil. Quoy faisans ils pensoient les garantir à jamais de la pourriture: Darius demandant aux Grecs ce qui leur sembloit de la sepulture des Calatiens, luy respondirent qu'elle estoit pleine d'impieté: & au contraire les Calatiens, que celle des Grecs estoit bastie sur une cruauté barbaresque. Interrogez ceux qui sont nourris au pays du droict escrit, ils vous diront que la separation de biens est sans comparaison meilleure que la communauté, & ceux du pays coustumier donneront leur arrest en faveur de la communauté de biens : Tant a de tyrannie sur nous un long & ancien usage. Mais en cette diversité de mœurs & d'humeurs, me plaist grandement l'opinion du grand Aristote au troisiesme de ses Politiques, lequel nous enseignant quelles doivent estre les fonctions du mary & de la femme, pour l'entretenement & manutention de leurs familles, dit que le propre du mary est d'acquerir, & de la femme de conserver. Puis doncques qu'en ce menage commun chacun y contribué du sien, il semble merveilleusement raisonnable que celle qui a part au labeur, participe aussi au profit. Et à tant que nos anciens n'introduisirent pas sans grande raison cette communauté de biens entre les gens mariez.

Ceux qui pensent fouiller bien avant dedans l'ancienneté, la vont rechercher dedans les Gaules, lesquelles lors qu'on se marioit, chacun apportoit du bien de son costé, auquel succedoit celuy qui estoit survivant des deux. Qui n'est pas representer la communauté dont nous parlons. Aimoin le Moine au quatriesme livre de son Histoire, dit que Pepin Maire du Palais du Roy Sigisbert, fut delegué vers le Roy Clovis son frere, pour partager les thresors du Roy Dagobert leur pere, & que dedans la ville de Compiegne les
partages

partages en furent faits par efgales portions, *Tertia parte tamen ex omnibus, quæ Dagobertus acquifierat, poftquam Nantildem fibi fociaverat, ipfi Reginæ fervata.* Qui monftre que deflors par commun ufage de communauté alloit pour le tiers aux femmes. Ce que le Roy Louys le Debonnaire voulut faire paffer par loy, au quatriefme livre de fes Loix, & du Roy Lothaire fon fils article 9. *Voluurus* (dit le texte) *ut uxores defunctorum poft obitum maritorum tertiam partem collaborationis, quam fimul in beneficio collaboraverunt, accipiant.* Loy du depuis encores obfervée en la femme des Roys fubfequens : ainfi l'apprenons nous de Flodoard, la part où parlant de Raoul Roy de France : *Rodulphus.* (dit-il) *Rex Franciæ Placitum tenuit ad Attiniacum; Tunc inde profectionem parans in regnum Lotharij, gravißimo languore corripitur, cujus vi recidiva penè defperatus à pluribus, Rhemis ad fanctum Remigium fe deferri petiit, ubi nonnulla dona largitus eft. Cæterum præter uxoris partem, quicquid fibi thefaurorum fupererat, per Monafteria Franciæ, Burgundiæque direxit.* Il ne cotte pas quelle part, & portion devoit appartenir à la Royne :

Mais de ce paffage je recueille qu'il n'eftoit pas en la puiffance du mary, de difpofer à fon plaifir de tous les biens de la communauté au prejudice de fa femme : Puifqu'un Roy de France y apporta tant de refpect qu'aumofnant diverfement à unes & autres Eglifes pour le recouvrement de fa fanté, il ne voulut, ou n'ofa toucher à la portion congruë de la Royne fa femme. Comme les chofes fe font du depuis paffées, je ne voy point qu'il y ait eu communauté entre nos Roys & nos Roynes, ils acquierent diverfement fous leurs noms, & n'y a rien de commun entr'eux pour cet efgard, ny aux acquefts, ny aux meubles. D'un autre cofté ce qui alloit anciennement au tiers pour la femme, par fucceffion de temps eft allé à la moitié parmy le peuple, & Provinces aufquelles la communauté a lieu; & au furplus le mary peut ordonner de tous les meubles, & conquefts au profit de qui que foit, moyennant que ce ne foit une perfonne qui luy attouche de proximité de lignage, & par contract entre vifs : Car quant aux difpofitions prenans traict à mort, il ne luy eft loifible d'outrepaffer fa moitié à qui que foit.

CHAPITRE XXII.

Sommaire deduction de nombres François. Et pourquoy par V. nous fignifions cinq, & par X. dix, par L. cinquante & par D. cinq cens.

GEoffroy Thory, homme qui en fon Livre du Champ Fleury, difcourant fur les lettres Antiques ou Attiques, s'eft par mefme moyen eftudié de nous enfeigner quelques chofes appartenantes à l'embelliffement de noftre France, entre autres poincts, où il difcourt dont procede qu'en noftre Arithmetique Françoife nous faffions valoir la lettre de V. pour cinq, & celle de X. pour dix, D. pour cinq cens, & L. pour cinquante, qui femblent n'avoir aucun rapport aux nombres, pour lefquels elles font employées, eftime que le V. fut employé pour cinq, parce que c'eftoit la cinquiefme voyelle, & de-là paffe en plufieurs divinations fantafques, aufquelles je renvoye le Lecteur s'il fe veut donner le loifir de les lire. Je ne m'amuferay pas grandement à le contredire, ains diray feulement que fi fa conjecture avoit lieu, je demanderois volontiers dont vient que nous ne mettons les autres quatre voyelles A. E. I. & O. pour defigner felon l'ordre Abecedaire, les premier, deux, trois, & quatriefme nombres, tout ainfi que nous employons V. pour le cinquiefme. Pourquoy encores fignifions nous le nombre premier par I. qui eft la troifiefme voyelle. Je veux donques dire (& le difant je ne feray defadvoüé) que le difcours de noftre Arithmetique a prís fon origine de la mefme Nature, laquelle nous apprit premierement de compter par nos doigts, un, deux, trois, & quatre : chacun defquels reprefente la figure d'un I. & fi vous venez du doigt que l'on appelle Indice à celuy du Pouce, vous y voyez la figure & remembrance d'un V. antique, en efplanifiant voftre main. De-là à mon jugement eft venu que quand nos anciens, voire les Romains compterent, ils employerent I. pour les quatre premiers nombres. Par exemple I. II. III. IIII. pour fignifier un, deux, trois, & quatre, & uferent puis aprés de l'V. pour le cinquiefme nombre, reprefenté entre le Pouce, & le doigt qui luy eft le plus proche. Or que par I. on repréfentaft mefmes aux Romains tantoft un, tantoft deux, trois, & quatre nombres, nous l'apprenons de ce vers de Martial au fecond livre de fes Epigrammes où il dit, Que fi quelqu'un trouve fon premier & fecond livre trop briefs, il le peut garentir de cette faute, oftant un I. du fecond livre.

Vnum de titulo tollere Iota potes.

C'eft à dire, au lieu de ces deux I. qui fignifioient deux, que l'on y en miftun feulement. Cette demonftration oculaire me faict tomber à la divination de mon V. pour cinq. Si bonne ou mauvaife, je m'en rapporte au jugement du Lecteur. Bien vous diray-je que puis que par une leçon de nature nous avons pris nos quatre I. de nos quatre doigts, comme eftant le premier ject & calcul qui defpend de nous, j'ayme mieux l'emprunter de là, que de V. cinquiefme voyelle. Cette maxime prefuppofée, comme premier fondement de nos nombres, il eft aifé de juger pourquoy la let-

tre de X. fut employée pour le nombre de dix. Parce qu'en fa figure elle reprefente haut & bas deux V. Tout de cette mefme raifon la lettre C. eftant mife pour fignifier le nombre de cent l'on fit valoir L. pour cinquante, faifant la moitié d'un C. reprefenté en quelques vieux characteres fous cette figure L. Et ainfi l'ay-je autrefois veu, moy eftant Efcolier à Tholoze en quelques vieux Epitaphes, & je le puis encores voir dedans Paris, au Monaftere S. Germain des Prez, au foubaffement de l'Autel de la Chapelle de S. Germain, en certaines anciennes lettres gravées en pierre de taille, autour d'une Croix qui y eft, aufquelles on pourra avoir recours.

Sur ce mefme modele faut dire que M. reprefentant la premiere lettre de mille, fut employée ℳ pour figurer ce nombre : & D. pour cinq cens, comme faifant la moitié de la lettre ainfi figurée en nos vieux moules François. Tellement que mettans toutes ces lettres enfemble, M. DC. LXVIII. nous pourrons dire qu'elles fignifient Mil fix cens foixante & huict : vray que nos anciens arrivans fur le nombre de neuf mettoient un I. devant X. voulans nous donner à entendre que tout ainfi que I. mis au deffous de X. fignifioit unze ; auffi mis au deffus de la mefme lettre, il ne fignifioit que neuf, par la fubftraction qui eftoit faite d'un I. & aprés le dix reprenoient les quatre unitez : & pour fignifier unze, douze, treize, quatorze mettoient XI. XII. XIII. XIIII. jufques au nombre de quinze, qu'ils figuroient en cette façon XV. & ainfi de tous les autres nombres : nous fignifions vingt, par deux XX. trente par trois XXX. & puis cinquante par une L. & quant à quarante par XL. & nonante XC. le tout pour la mefme raifon que le IX. dont j'ay cy-deffus difcouru. Monftrant que chacun des deux nombres eft moindre de dix que le cinquante & centiefme. Et n'eft pas chofe qu'il faille icy oublier, ores que de petite confequence, que quand nos anceftres efcrivant ce mot *un*, ils y adjouftent un g. derriere en cette façon *ung*, qui n'a nulle correfpondance à ce mot qui vient du Latin, ny au fon des oreilles : mais cette maniere d'efcrire fut introduite pour ofter l'equivoque qui pouvoit fourdre entre ce mot, & le nombre de fept. Car lifez tous les Livres anciens François manufcrits, c'eftoit une couftume familliere aux Copiftes de mettre les nombres par abbregement : & s'il eftoit queftion d'efcrire un, deux, trois, quatre, cinq, fix, fept, huict, neuf & dix, on y mettoit I. II. III. IIII. V. VI. VII. VIII. IX. & X. ainfi de tous les autres : Et depuis l'invention de l'impreffion nous les couchafmes tous de leur long. De façon que ceux qui premierement au lieu de mettre la figure de I. voulurent pour fignifier l'unité efcrire le mot *d'Vn*, ils y adjoufterent, (comme il eft vray-femblable) le *g*, pour ofter l'ambiguïté qui fe fuft peu rencontrer avec le nombre de fept, efcrit en lettre commune avecques un *u*, & une *n*, qui reprefente deux I.

CHAPITRE

CHAPITRE XXIII.

Des Epithetes que nos ancestres donnerent à quelques-uns de nos Roys par honneur, aux autres par attache. Depuis quel temps aprés leur decez leurs Epithetes se sont tournez en ceremonie, ensemble sommaire discours sur les surnoms.

Ceux qui nous ont laissé par escrit les ancienneret des Egyptiens, nous racontent que lors que leur Roy estoit allé de vie à trespas, c'estoit une coustume ordinaire d'exposer son corps à la veuë de tout le peuple, afin qu'il fust loisible à chacun de le loüer ou accuser publiquement des choses que l'on estimoit avoir esté par luy bien ou mal faites. Et si par cas d'adventure il se trouvoit qu'en cette balance de loüange & d'accusation, la pluralité des voix passast pour ceux qui se plaignoient de ses extorsions & tyrannies, alors luy estoit toute sepulture interdite. Qui estoit l'une des choses qu'ils redoutoient le plus, non seulement pour l'ignominie qui leur estoit faite par ce moyen: mais aussi que la commune opinion estoit que leurs ames estoient sans cesse vagabondes, jusques à ce que leurs corps fussent mis au cercueil selon leurs ceremonies. Cela fut cause que les Princes estoient semonds de n'extravaguer hors les bornes de leur devoir, pour la peine qu'ils voyoient leur estre preparée aprés leur mort: laquelle n'estoit, ce leur sembloit, passagere, ains duroit à perpetuité. Quant à nous qui sommes nourris en la vraye doctrine de Dieu, encores que ne devions avoir autre crainte pour nous inviter à bien faire que celle que nous rapportons des Evangiles: toutesfois voyant que la plus grande partie des Nobles, & grands Seigneurs s'enyvrent tellement de l'honneur mondain, que sans l'alechement d'iceluy, ils oublieroient plusieurs choses de leur devoir: si j'osois employer mon souhait à l'endroit de nos Roys, je voudrois non pas qu'ils fussent exposez de la façon des Egyptiens: mais bien que sans flaterie on leur donnast tiltres, aussi bien tirez de leurs vices, que de leurs vertus, afin que tout ainsi que les tiltres d'honneur seroient envers leurs successeurs, comme un esperon de vertu, aussi les taches leur servissent comme d'une bride pour les destourner de mal faire.

Et vrayment si nous voulons icy remarquer l'ancienneté de la France és Epithetes que nous donnons à nos Roys aprés leurs trespas, nous trouverons que du commencement ils se donnoient sans aucune solemnité, par un taisible consentement de tout le peuple, selon les merites ou demerites qu'on avoit veu regner en eux. De là vint que par la voix commune de tous, ce grand guerrier Charles, pere de Pepin, fut surnommé Martel, du nom de Mars, & son petit fils Charles le Grand, autrement Charlemagne, d'un mot François, & my-Latin. Et sous la troisiesme lignée de nos Roys, Hugues Capet, pour le bon sens qui estoit en luy: Philippes II. le Conquerant, parce qu'il avoit conquis & reüny à la Couronne tout ce que les Anglois possedoient en & au dedans de la France. Et si nous fusmes liberaux en ces loüables Epithetes envers ceux qui le meritoient, nous ne fusmes non plus avaricieux de leur donner des attaches sur les defaux qui estoient en eux. Nous appellasmes un Charles le Simple, & un Louys le Faineant. Quelques-uns estiment que Louys VII. pere de Philippes le Conquerant eust esté surnommé le Jeune, parce que sur un umbrage tel quel, il avoit repudié Leonor sa femme, seule heritiere du Duché de Guyenne, & Comté de Poictou, laquelle se maria depuis à Henry II. Roy d'Angleterre: accroissant grandement par ces deux pieces son Estat, au grand dommage de la France: mais en ceste opinion ils s'abusent, d'autant qu'il fut appellé le Jeune à la difference de Louys le Gros son pere. Ayant esté du vivant de luy fait & couronné Roy de France. Chose que l'on voit à l'œil par le privilege de la Regale qu'il octroya à l'Archevesque de Bourdeaux, portant ces mots: *Ego Ludovicus junior, Magni Ludovici filius*, duquel j'ay cy-dessus parlé au troisiesme Livre. Et neantmoins il meritoit vrayement le tiltre de Jeune, par la repudiation par luy faite. Voylà quant aux Epithetes concernans les fautes de l'esprit. Car quant à ceux qui touchoient les vices du corps, je souhaitterois que ne les eussions remarquez, comme quand nous disines Pepin le Brief, Charles le Chauve, Louys le Begue, Louys le Gros.

Or n'estoient tous ces Epithetes donnez par ceremonie. Nos Roys en joüissoient lors par la voix commune du peuple en bien, ou en mal faisant, & dura cela jusques à Philippes de Valois: car comme Philippes quatriesme fut appellé Philippes le Bel, & de ses trois enfans, l'un Hutin, l'autre le Long, l'autre encores le Bel, remarquez que l'on tiroit en eux, ou du corps, ou de l'esprit, le premier pour lequel commença ceste ceremonie d'Epithetes par flatterie, fut Philippes de Valois, lequel du commencement fut appellé le Fortuné par tout le peuple: parce que Fortune l'avoit ce sembloit conduit par la main à ce haut tiltre de Roy par la mort de ses trois Cousins qui estoient decedez sans hoirs masles, luy qui sembloit lors du decez de Philippes le Bel estre grandement esloigné de la Couronne. Depuis il fut nommé l'Heureux, par la grande victoire qu'il avoit eüe contre les Flamans: Toutesfois tous ces tiltres d'honneur s'esvanoüirent avec sa vie, & luy en resta seulement un seul. Il avoit esté solicité, ainsi que j'ay deduit ailleurs, par Maistre Pierre de Congneres lors son Advocat en la Cour de Parlement, de refrener les Jurisdictions Ecclesiastiques, en ce qu'elles entreprenoient sur les droits du Roy & de ses sujets: Et de faict ceste cause fut solemnellement plaidée & d'autre devant luy au bois de Vincennes: Toutesfois aprés avoir oüy les parties, il declara que pour lors il ne remueroit rien de nouveau, ains lairroit les Ecclesiastics en leur ancienne possession. Chose qui leur fut si agreable qu'ils commencerent à le haut loüer sur tous les autres: tellement qu'aprés qu'il fut decedé, comme si la foy Chrestienne eust despendu de la manutention de telles Jurisdictions, il fut par cry public surnommé le Catholique, lequel tiltre ne luy est point depuis tombé, voire fut engravé sur sa sepulture, comme l'on peut voir en l'Eglise des Jacobins de Paris, dans laquelle fut son cœur ensevely: Et toutesfois à prendre sans hypocrisie les choses, luy-mesme durant sa vie fut surnommé tel qu'il estoit. Car aprés la mal-heureuse journée de Cressy, s'enfuyant de la bataille au Chasteau de la Broye, le Chastelain voulant sçavoir qui estoit celuy qui luy demandoit l'entrée, parce qu'il estoit ja nuict close, il luy respondit que c'estoit la Fortune de la France: Et certes non sans grande raison: Car depuis ceste defaicte n'advindrent que toutes miseres au Royaume.

Depuis que le Clergé eut faict ceste ouverture, on tira cela en Coustume, & chercha l'on aprés le decez de nos Roys dans leur vie passée, la plus grande vertu qui eust reluy en eux pour les en surnommer, à cry public & son de trompe, comme nous voyons que Jean fils de Philippes de Valois, fut aprés son decez appellé le Bon. Charles V. le Sage & le Riche: parce que l'on remarquoit en luy, qu'il avoit eu des affaires de guerre autant & plus qu'aucun autre de ses devanciers: davantage avoir construit plusieurs grands bastimens tant en Eglises que Chasteaux: Et outre ce avoit faict plusieurs belles donations & fondations: Et neantmoins se trouvoit qu'au bout de toutes ses affaires & despences, il avoit laissé aprés son decez un fonds infiny de deniers: Au moyen dequoy, à bonne raison sembloit-il que l'on deust appeller Sage & Riche: combien que pour le regard de la Sagesse il fit un grand pas de Clerc, qu'il espousa pour son plaisir Jeanne de la maison de Beau-Jeu, estant en son choix d'espouser la fille & unique heritiere de Flandres, qu'il laissa espouser à son frere Philippes Duc de Bourgongne. En cas semblables fut Charles VI. surnommé le Bien-aimé,

aimé, parce, comme je croy, que le hazard du temps ne luy donna jamais le loisir de se faire hayr de son peuple: D'autant qu'il entra au Royaume en aage de minorité, & estant sous le gouvernement des Ducs d'Anjou & de Berry ses oncles, & peu après se trouvant alteré de son bon sens, l'on remettoit les fautes qui estoient commises plustost sur ses Gouverneurs que sur luy. Louys XII. pere du peuple, François I. le Clement, & Zelateur des bonnes Lettres: Henry son fils le Belliqueux. Nous ne sçaurions assez honorer nos Roys. Bien diray-je que quand par flatterie nous voulusmes honorer leurs memoires, les affaires de nostre France ne s'en sont pas mieux portées.

Or n'emportent tels Epithetes aucune remarque des surnoms, ains sont seulement tiltres honorables, dont on revest nos Roys après leur decez. Aussi ne se trouve-il point qu'ils ayent jamais usé de surnoms, ny mesmes les Princes, qui leur attouchoient de quelque degré de consanguinité en ligne masculine. Car ce que nous appellasmes la ligne des Roys n'agueres regnans sous le surnom de Valois, & nostre Roy à present regnant HENRY DE BOURBON, comme aussi tous les autres Princes qui luy attouchent de proximité de lignage, ce sont surnoms tirez de leurs principales Seigneuries. Et est cecy cause que nos Roys & tous les Princes ne soussignent que de leurs noms. Et certes il n'y a rien où je me trouve tant empesché, qu'en la varieté qui s'est rencontrée aux surnoms. Repassez par la Republique de Rome auparavant qu'elle fust asservie sous la puissance d'un Empereur, ils avoient quelquesfois trois noms, comme Marcus Tullius Cicero, & d'ordinaire deux. Descendez quelques deux ou trois cens ans sous l'Empire, vous n'y trouverez le plus souvent qu'un seul. Mesmes tous ces grands personnages, dont les uns firent profession des armes sous l'Empereur Justinian, les autres du droict, ne se trouvent qualifiez que d'un nom, Belissaire, Joannes Tribonian, Theophile, Dorothée: & peut-estre n'est-il hors de propos d'estimer que nos premiers François n'usoient non plus de surnoms: au moins n'en trouverez-vous aucuns en tous nos Livres anciens. N'estoit que nous voulussions dire que nos ancestres n'eussent voulu inserer leurs surnoms par contemnement & mespris, ains se contentaissent sans plus d'estre designez par leurs noms. Car nous voyons un Jean de Mehun avoir seulement pris celuy de la ville en laquelle il estoit né, combien qu'il fust surnommé Clopinel. En cas semblable le Sire de Joinville qui nous escrivit la vie de sainct Louys, semble avoir voulu oublier le sien au commencement de son œuvre, posé que par son Histoire il fasse mention d'un sien frere appellé Messire Jean le Brun Connestable de France: & tout de cette mesme façon ces doctes Religieux qui florirent en l'Abbaye de sainct Victor joignant Paris, se contenterent de mettre au lieu de leurs surnoms, le nom du Monastere, auquel ils faisoient profession tant de la Religion, que des disciplines, comme nous voyons que Hugues, Adam, & Richard, personnages celebrez en leur siecle, pour tout surnom s'appellerent de sainct Victor. Toutesfois c'est une chose émerveillable qu'en tous ces bons vieux autheurs, dans un Gregoire, Adon, Aimoin, Reginon & autres, vous ne trouverez un seul nom accompagné de surnom: Et plus encores comme il soit depuis advenu qu'il n'y ait aujourd'huy famille Roturiere en nostre France, qui n'ait son surnom. Si vous parlez à du Tillet, il vous dira que ces noms ont esté donnez à uns & autres par forme de sobriquets. Il faut doncques qu'ils soient tous intelligibles, & neantmoins de cent mille, il n'y en a pas cent qui ayent aucune signification: Tellement qu'il semble que ce soit un, je ne sçay quel Daimon qui nous les ait imposez.

CHAPITRE XXIV.
Invention de l'Artillerie & Imprimerie.

ENcores que l'invention de ces deux manufactures ne soit nostre, si est-ce que leur usage nous estant familier & commun, de l'une pour le fait de la guerre, & de l'autre pour la paix, je croy que l'on ne trouvera point mauvais, si je vous touche icy deux mots de ceux qui en furent les inventeurs, & en quel temps. En quoy je vous puis dire cela estre advenu de mesme façon, que j'ay veu advenir en la France sous le regne de Henry deuxiesme, quand l'envoyé à Rome, Malras autresfois Marchand Tholozan, & depuis Maistre d'Hostel de la Royne sa femme, & l'Evesque d'Aix à Constantinople. Celuy-là pour estre Ambassadeur de nostre sainct Pere le Pape, & cestuy-cy, prés du Grand Turc. Vous jugerez par cette premiere demarche que je me mocque. Non fay certes. Le semblable est-il advenu sur le suject qui se presente. D'autant que l'inventeur de l'Artillerie, fut un Moine, & de l'Imprimerie un Chevalier: l'un & l'autre Allemans. N'est-ce pas en cecy vrayement l'histoire d'un monde renversé? Le Moine se nommoit Bertold Scuvards de l'Ordre de S. François, qui vivoit en l'an mil trois cens cinquante quatre. Et pense en ma conscience qu'il estoit yssu de ce mal-heureux Salmonée, lequel pour avoir voulu representer les foudres de Jupiter, est depeint par les Poëtes anciens tres-mal traitté en leurs enfers. Il est vrayement il ne fut pas dit sans raison par un grand Philosophe, qu'il falloit que celuy qui se vouoit à la solitude, fust, ou un Dieu, ou un diable: ny par les nostres en commun proverbe, que l'habit ne faict pas le Moine.

Au regard de l'Impression, si vous parlez à celuy qui a fait l'histoire du Royaume de Chine, és Indes Orientales, il vous dira que de toute ancienneté l'impression y estoit en usage, & long-temps auparavant qu'elle prist pied en l'Europe. Ce que l'on ne peut dire de tout le demeurant de l'Univers. Et par especial en nostre Christianisme nous n'avions (si ainsi voulez que je le die) autres Imprimeurs que les Monasteres, aux Libraires desquels avions recours, comme magasins des Livres manuscripts, qui plus, qui moins, selon le zele & devotion que les Religieux avoient apporté à l'estude des bonnes lettres. Le premier qui nous garentit de cette necessité, fut Jean Guttemberg Gentil-homme demeurant en la ville de Mayence, faisant profession des armes. Ainsi nous l'enseigne Polydore Virgile, en son second Livre des inventeurs des choses. Munster en sa Cosmographie y adjouste ceste particularité, qu'ayant inventé la maniere d'imprimer il ne la voulut tout aussi-tost esventer, ains demeura plusieurs ans, l'estouffant de toutes façons, afin que son invention voyant l'air ne s'évanoüyt point en fumée: & dir de mesme autheur qu'il la divulga l'an mil quatre cens cinquante-sept. Nostre docte Veigner, au second tome de la Bibliotheque historiale est de mesme opinion, & neantmoins dit que quelques-uns en attribuoient l'invention à un Joannes Faustius. Je veux croire qu'il y a faute en l'impression, & qu'au lieu de Faustius, il faut lire Fustius. Qui ne seroit pas hors de propos. Parce qu'il est autresfois tombé entre mes mains un Livre des Offices de Ciceron, imprimé sur du parchemin, à la fin duquel Livre estoit ce placard: *Præsens Marci Tullij clarissimum opus, Joannes Fust. Moguntinus civis, non atramento, non plumali canna, neque area, sed arte quadam pulchra, manu Petri Genrisfeni pueri mei, fœliciter effeci. Finitum anno mill. iiiic. lxvj. quarta die Februarij.* Eloge duquel vous pouvez recueillir qu'en ce Livre fut fait le premier coup d'essay de l'impression, lors fraischement inventée. Autrement il eust esté un grand sot d'en faire un si grand fanfare. Et à tant pour ne me detraquer de l'opinion commune, je me fay accroire qu'à Jean Guttemberg est deuë la premiere invention de l'Imprimerie, & que Jean Fust est celuy qui en fit la premiere espreuve sur la leçon qu'il avoit apprise de l'Autheur. Ces deux inventions sont en tout & par tout l'une à l'autre contraires, l'Artillerie estant inventée pour la guerre, l'Imprimerie pour la paix: celle-là faisant mourir les hommes illustres qui vivent: & cette-cy leur redonnant la vie aprés qu'ils sont morts.

CHAPITRE XXV.

Contre l'opinion de ceux qui estiment que l'invention du Quadrant des Mariniers, est moderne.

LE Quadrant des Mariniers, appellé par les Italiens Boussole, est une invention admirable qui court sur mer pour se recognoistre lors que l'on a perdu tout jugement de son adresse. Or quel moyen ils y tiennent, je le vous diray. L'estoile Polaire, qui fait la queuë de la Ourse, ainsi nommée, pour estre la plus prochaine de celles qui sont prés du Pole Artique, est appellée en la mer Mediterranée, par les Italiens, Tramontane. L'Aimant est une pierre noire tirant sur la nature du fer. Et a en soy un esprit vif respondant aux quatre parties du monde, ainsi que les Philosophes estiment. De sorte que l'aiguille de fer frottée de la pierre d'Aimant, tourne, & vire incessamment dans son Quadrant, ou Boussole, jusques à ce que la pointe ait esté opposée à la Tramontane : car lors elle demeure toute coye. Qui fait que les Mariniers usans de cette estoile fixe, comme d'un centre, auquel s'addresse toute la circonference de leur navigation, aprés avoir jugé où est le Septentrion, ils jugent tout d'une suitte où est leur midy, qui luy est opposite : & pareillement le Levant, & le Couchant. Chose qui leur sert de guide certain à leur navigation. Cette aiguille se met chez nous dans une figure quarrée. Qui est la cause pour laquelle nous l'appellons Quadrant. Les Italiens la mettent dans une petite boüette, qu'ils appellent en leur langage Boussole. Quelques-uns estiment que ce soit invention moderne trouvée par les Portugais, depuis leurs grandes navigations és terres incogneuës à nos anciens Geographes : Toutesfois la verité est qu'ils s'abusent. Car dés le temps mesme de Jean de Mehun cette invention estoit en usage, comme nous apprenons de ces trois vers.

Un Marinier, qui par mer nage,
Cherche mainte terre sauvage,
Tant il a l'œil en une estoile.

Cela est dit par luy en passant, & comme nous monstrant au doigt que dés lors les Nautonniers avoient recours à ceste estoille, pour s'asseurer de leurs addresses. Mais Hugues de Bercy, qui estoit sous le regne de sainct Louys, nous en fait une ample description en sa Bible Guyot, quand il souhaitte que le Pape ressemblast à ceste estoille.

De nostre pere l'Apostoile,
Voulsisse qu'il semblast l'Estoile,
Qui ne se muet, moult bien le voyent
Le Marronniers qui s'y avoient :
Par celle Estoile vont & viennent,
Et lor sens, & lor voye tiennent,
Celle est attachée, & certaine,
Ils l'appellent la Tremontaine. (:)
Toutes les autres se remuent,
Et lor lieux rechangent, & muent,
Mais ceste Estoille ne se muet.
Un art sont qui mentir ne puet,
Par vertu de la Mariniere,
Une pierre laide, & noiriere,
Où le fer volontiers se joint, (:)
Et si regardent le droit point,
Puis que l'aiguille l'a touchié,
Et en un festu l'ont fichié.
En liau le mettent sans plus,
Et li festu se tient dessus :
Puis se tourne la pointe toute
Contre l'Estoille, si sans doute
Que japer rien ny faussera,
Ne Marronniers n'en doubtera:
Quand la nuict est obscure & brune,
Qu'on ne voit Estoille, ne Lune,
Lors font à l'aiguille allumer, (:)
Puis ne peuvent ils s'égarer :
Contre l'Estoille va la pointe,
Parce sont li Marronniers cointe
De la droitte voye tenir :
C'est un art qui ne puet mentir :
Là prennent la forme, & le molle,
Que celle Estoille ne se crolle,
Moult est l'Estoille belle, & claire :
Tel devroit estre le Sainct Pere,
Clercs deveroit estre, & estable.

Là vous voyez que Bercy appelle l'Aimant la pierre Mariniere, comme unique, quoy que soit principal instrument de leur conduite, & la Tramontaine, cette Estoille que l'on appelle autrement le North : Puis nous enseigne qu'une aiguille de fer ayant esté frottée de cet Aimant, tourne tousjours jusques à ce qu'elle ait arresté sa pointe vers cette Estoille. Tellement que quand pour l'obscurité de la nuict les Nautonniers ne voyans ny Ciel, ny terre, ny mer, ont perdu toute cognoissance de leur route, aprés avoir fait allumer une chandelle & dressé leur Quadrant, ou Boussole, ils jugent là estre le North, où ils voyent la pointe de leur aiguille s'arrester : & de là ils font jugement de la voye qu'ils doivent tenir. Toutesfois il faut noter qu'en cette description il y a une particularité qui n'est aujourd'huy en usage : Parce que lors on mettoit trois ou quatre festus l'un sur l'autre dans l'eau, & sur iceux asseoit-on l'aiguille : maintenant nous la mettons sur une petite pointe de leton dans nostre Quadrant : Mais tant y a que de ce passage vous pouvez recueillir que l'usage de la Tramontaine, & Boussole, n'est une invention nouvelle, ains trés-ancienne sur la marine.

CHAPITRE XXVI.

De la fatalité qui se trouve quelquefois és noms.

PAravanture semblera-il à aucuns que le present discours soit plus digne de risée, que d'observation, si ne le veux-je passer sous silence, parce que l'on trouve quelques exemples en nostre France qui concernent telle matiere. Et neantmoins je ne veux pas soustenir qu'il y ait presage aux noms. Bien puis-je dire qu'il y a eu quelques rencontres, esquelles la fortune du temps a voulu que sous le mesme nom de Prince, les Royaumes, ou Empires prinssent leurs commencemens, & pareillement leurs fins. Un Brutus moyenna au peuple Romain la liberté par l'extermination des Roys, & un autre de mesme nom voulut la conserver, quand en plain Senat il tua Jules Cesar, usurpateur d'une nouvelle tyrannie. Auguste, comme chacun sçait, premier à banniere desployée se fit proclamer Empereur de Rome : & la fortune voulut que sous un autre Auguste, qui fut communement appellé Augustle, ce nom se perdit dans la mesme ville, & au lieu du mot d'Empereur, on appella ceux qui y commandoient Patrices. Constantin le Grand, fils d'Heleine, fut fondateur & de l'Empire des Grecs, & de la ville de Constantinople : & sous Constantin Paleologue fils d'une autre Heleine, la ville, & l'Empire de Constantinople furent reduits sous la puissance des Turcs. Tout de la mesme me façon en est-il souvent advenu aux nostres. Car tout ainsi que sous Charles Martel sa lignée prit premier accroissement de grandeur, & que sous un Charles le Grand son petit fils, elle vint en toute extremité, aussi sous Charles le Simple commença-elle à perdre sa force, & sous un Charles que Hugues Capet frustra du Royaume qui luy appartenoit, elle perdit toute authorité. Philippes Auguste gagna sur les Anglois, & reünit à sa Couronne la Normandie, l'Aquitaine, l'Anjou, Touraine, le Maine, & Poictou contre un Roy Jean, dit Sans-terre, & les Anglois en contr'eschange faillirent de nous ruiner, pendant qu'un Jean regnoit en France. La ville de Hierusalem fut prise par les François à la suscitation du Pape Urbain second, & au contraire durant le siege d'Urbain troisiesme elle retourna en la servitude des Turcs, & infideles. Voire que tout ainsi que Baudoüin fut le premier des Roys de Hierusalem qui chargea la Couronne sur sa teste (car Godefroy de Boüillon son frere n'avoit pris la hardiesse de ce faire, encores qu'il fust appellé Roy) aussi sous Baudoüin le Lepreux vint le premier choc de fortune à ce Royaume, pour le moins qui soit de grande marque. Depuis lequel les Roys de Hierusalem ne se peurent oncques relever, ains de-là en avant alla tousjours le Royaume en ruine, jusques à ce qu'il ne demeura aux Roys de toutes leurs possessions, que le tiltre. Lesquels exemples se font encores manifestez de nostre temps en une ville de Calais, laquelle fut premierement fortifiée par Philippes Comte de Boulongne, oncle de sainct Louys, en la façon que depuis elle s'est rendue admirable, perduë par Philippes de Valois, depuis assiegée l'espace de quatre mois sans rien faire par Philippes deuxiesme de ce nom Duc de Bourgongne, & finalement regagnée en l'an mil quatre cens cinquante sept, contre Philippes d'Austriche Roy d'Espagne, lors mary de Marie Royne d'Angleterre. Jean Duc de Bourgongne fut le premier promoteur de la ruine de France, quand pour donner plus aisément lieu à son ambition detestable il fit tuer en l'an mil quatre cens sept Louys Duc d'Orleans à la porte Barbette dans Paris: Parce que depuis ce temps les troubles, guerres, & divisions regnerent en France, & sous deux personnes de mesme nom fut le Royaume estably: premierement par la venuë de Jeanne la Pucelle, & pour accomplissement par Jean bastard d'Orleans, Comte de Dunois, qui reduisit enfin la Normandie & la Guyenne sous l'obeïssance de Charles VII. Exemples certes sinon beaucoup profitables, pour le moins quelque peu delectables, & qui nous peuvent apprester à penser sur les mysteres de Dieu.

CHAPITRE XXVII.

D'une maniere assez familiere aux anciens François, & mesmement aux Advocats au commencement de leurs Plaidoyez d'importance, & des harangues qui se font par les gens du Roy, en la ville de Paris à l'ouverture des Parlemens.

D'Autant que l'artifice inusité fait tenir le juge sur ses gardes, les longues harangues de tout temps & ancienneté ont esté defenduës aux Cours souveraines de France, comme jadis en la ville d'Athenes: Mais au lieu d'icelles les anciens Advocats eurent une solemnelle coustume ès matieres de consequence, d'en commencer leurs plaidoyez par quelque passage de la saincte Escriture: Dont il me plaist de rapporter en ce lieu quelques exemples des causes les plus notables. En l'accusation qui fut intentée devant Louys Hutin contre Enguerrand de Marigny, Maistre Jean de Meheye Advocat, accusateur commença par ce verset, *Non nobis Domine, non nobis, sed nomini tuo da gloriam.* Poursuivant tout le fil de sa harangue sur ce que Enguerrand s'estoit attribué toutes prerogatives Royales: Et à tant avoit commis infinis crimes de leze-Majesté: Et la cause qui fut traittée devant Philippes de Valois sur la reformation des entreprises de l'Eglise contre l'authorité du Roy, Maistre Pierre de Congneres Advocat du Roy en son Parlement de Paris prit ce theme, *Reddite Cæsari quæ sunt Cæsaris, & quæ sunt Dei, Deo.* Et Messire Jean Bertrand Archevesque de Sens, qui plaidoit pour le Clergé, *Deum timete, Regem honorificate.* De la mesme façon en un plaidoyé notable qui fut tenu en plein Parlement, 1432. pour les privileges de l'Université de Paris, commença l'Advocat d'icelle de cette façon: *Tu es qui restitues hereditatem meam mihi.* Quand Maistre Jean Petit vint au Parlement pour justifier le Duc de Bourgongne de l'assassin qu'il avoit fait faire à Louis Duc d'Orleans, il commença par ce verset le 4. Mars, 1407. *Proximi ad proximum.* Et quelques jours après Maistre Jean Cousinot plaidant pour la veufve & enfans du defunct, prit son theme par ces mots. *Hac vidua erat, quæ vidisset dominus, misericordia commotus est super eam.* Chose qui fut non seulement observée par les Advocats, mais aussi ès solemnelles harangues: Comme en une question qui se presenta contre le Pape Benedict, tenant son siege en Avignon, sur ce que plusieurs des Prelats de la France estoient d'avis qu'il se falloit soustraire de sa puissance, si volontairement il ne se vouloit demettre du Pontificat, Maistre Jean Juvenal des Ursins Advocat du Roy commença par ce Pseaume: *Viriliter agite, confortetur cor vestrum, omnes qui speratis in Domino.* Concluant pour la puissance du Roy, & adherant avec l'Université de Paris. En ce mesme temps après l'accord fait en la ville de Bourges entre la maison d'Orleans, & celle de Bourgongne, les Estats estans assemblez pour confirmer cette union, & neantmoins requerir argent pour faire teste aux Anglois, Maistre Benoist Gentian Advocat envoyé par les Parisiens, commença, *Imperavit ventis & mari, facta est tranquillitas.* Aussi après la mal-heureuse journée d'Azincour, pendant que les Bourguignons rodoient devant Paris, Maugier premier President proposa devant Louys Dauphin pour le faict des gendarmes, & pour la desolation du Royaume par le moyen des Anglois, commençant son theme par ces mots: *Domine salva nos.* Et aux Estats tenus en la ville de Tours devant le Roy Charles huictiesme, maistre Jean de Reilly Docteur en Theologie, & Chanoine de Nostre-Dame de Paris, éleu & deputé pour porter la parole pour les trois Estats, commença le theme de sa harangue par ce verset d'Eldras, *Benedictus Deus qui dedit hanc voluntatem in cor Regis:* Comme semblablement en une autre harangue faicte par maistre Jean Gerson, Chancelier de l'Université de Paris, proposant pour l'Université devant le Roy Charles VI. il commença par ces mots, *Vivat Rex, Vivat Rex, Vivat Rex,* III. *Regum.* 1. Laquelle coustume combien que pour le jourd'huy soit demeurée seulement aux Prescheurs en leurs sermons, si est-ce qu'encores y en restoit-il quelques traces sous le regne du Roy François premier de ce nom, devant lequel maistre Jean Bouchard Advocat en la Cour de Parlement de Paris plaidant pour les Eglises conventuelles contre le Concordat fait avecques le Pape Leon, commença par ce verset addressant à Dieu sa parole: *Domine scis quia dilexi, scis quia non tacui, scis quia ex animo dixi, scis quia flevi, cum dicerem, & non audirer.* Remonstrant sur ce theme avec une hardiesse admirable, la desolation & débauche qui adviendroit en l'Eglise par la rupture de la pragmatique Sanction, extermination des Elections, qui estoient de droict divin. Soustenant qu'il n'estoit en la puissance d'homme vivant, quelque dignité qu'il eust, de les pouvoir supprimer. La suitte des ans a depuis apporté autres façons aux plaidoyez dont je ne parleray.

Bien veux-je avant que clorre ce chapitre vous discourir dont sont venuës les harangues que les Advocats du Roy font deux fois l'an aux ouvertures generales de plaidoyez en en la Cour de Parlement de Paris. Car c'est une chose dont j'ay veu la naissance & accroissement de mon temps. Lors que je vins au Palais (qui fut au mois de Novembre, 1549.) ceste façon de haranguer n'estoit en usage. Mais en ouvrant le pas aux octaves de la S.Martin, & de Pasques, si entre les deux Parlemens, les gens du Roy avoient observé quelques fautes aux Advocats, Procureurs, ou Sollicireurs en l'exercice de leurs charges, le premier Advocat du Roy, après la lecture des Ordonnances, remonstroit sommairement tout ce qu'il pensoit estre de ce sujet : prenant conclusions convenables. Alors le President se levoit pour prendre l'advis des Conseillers, & après avoir fait quelque Remonstrance, prononçoit l'Arrest sur la reformation requise. Ce fait, les autres Advocats venoient aux prises, & plaidoient tout ainsi qu'aux autres jours ordinaires. Car cette ceremonie estoit courte, de laquelle encores nous retenons une remarque. D'autant que combien que l'Advocat du Roy contente quelquefois plus ses opinions, que celles du Barreau, si est-ce que le President se leve tout ainsi qu'anciennement, pour recueillir les voix des Conseillers, comme s'il estoit question de faire un Arrest, & neantmoins son projet n'est que de respondre aux discours faits par l'Advocat du Roy.

Le premier qui y apporta de la façon fut maistre Baptiste du Mesnil, en l'an 1557. personnage de singuliere recommandation. Il me souvient qu'il nous entretint une demie matinée de quelques passages d'Asconius Pedianus, pour monstrer la difference qu'il y avoit dedans Rome entre l'Advocat, & le Procureur. Quelque temps après deceda maistre Aimond Boucherat son compagnon, & par son decés fut pourveu de son Estat, maistre Guy du Faur, Seigneur de Pibrac, dont le nom depuis a esté en grande vogue par la France. Cettuy ayant obtenu de Monsieur du Mesnil, par forme de courtoisie, de faire l'ouverture du Parlement le lendemain d'une Quasimodo, se voulut donner plus ample carriere que n'avoit fait son compagnon. Et lors ces deux beaux esprits commencerent de haranguer à l'envy l'un de l'autre, à qui mieux mieux. Du Mesnil à la sainct Martin, & Pibrac après Pasque. Chose depuis tournée en coustume en leurs successeurs. Au sieur de Pibrac par la demission maistre Barnabé Brisson, homme de profonde lecture, succeda, qui le voulut renvier sur son resignant, mais d'une eloquence plus sombre, & moins relevée. Il resigna son estat à maistre Jacques Faye, Seigneur d'Espesse, lequel bien qu'il manquast aucunement en l'action, si ne devoit-il rien aux autres. Il estoit d'un cerveau solide, & avoit beaucoup veu, leu, & retenu, & les passoit en belles similitudes esquelles il estoit inimitable. Tous ces braves esprits furent diversement conviez à ceste nouvelle eloquence par Messire Christofle de Thou premier President : qui prenoit une infinité de plaisir à les escouter, & leur respondre. Simbolizans tous en un point, qui estoit de remplir leurs harangues d'eschantillons de divers Autheurs. Chose du tout incogneuë aux anciens Orateurs, tant Grecs, que Romains : & dont me plaignant un jour à Monsieur d'Espesse (duquel j'estois voisin & amy) il en fit une à l'antiquité en l'an 1586. qui est la neufiesme des siennes, sur la loüange & recommandation de l'Eloquence : Et me dit après que cette seule luy avoit plus cousté à faire, que trois des autres precedentes, qu'il avoit rapicées de plusieurs passages. Le sieur de Pibrac fit imprimer de son vivant, deux des siennes : Et après le decés du sieur d'Espesse, ses amis firent imprimer toutes les siennes, qui sont dix en nombre, plus belles paraventure, à lire, qu'elles n'avoient esté à prononcer. En l'an 1585. Maistre Jacques Mangot luy fut baillé pour compagnon, par la promotion de Maistre Augustin de Thou en l'estat de President. Cettuy au sortir de son enfance avoit esté mis par ses pere & mere en la garde de maistre Pierre Picheret, Docteur en Theologie, grand personnage, tant en mœurs, qu'erudition : lequel pour bannir de soy toute ambition s'estoit confiné en un arrierecoin de la Champagne. Là ce jeune enfant ayant eu pour miroir ce sainct object, eut depuis pour precepteur aux lettres Grecques & Latines, maistre Denis Lambin professeur du Roy en l'Université de Paris, & en Jurisprudence le grand Cujas. Il estoit fils de Maistre Claude Mangot l'un des premiers Advocats de nostre temps : sous lequel après son retour des Universitez, il voüa un silence quatre ans entiers assidu en toutes ses consultations sans mot dire : & depuis se jettant au barreau, fit reluire en luy une jeunesse admirable entre les Advocats. Quelque peu après il fut maistre des Requestes de l'Hostel du Roy, & en mesme temps Procureur general de la Chambre des Comptes de Paris. Par le moyen desquels deux estats, il eut entrée au Conseil privé du Roy, Cour de Parlement, & Chambre des Comptes. C'est pourquoy luy qui avoit beau jugement, grande memoire, les inventions en main, la lecture des autheurs Grecs, Latins, & François, mesmes les memoriaux les plus signalez de la Chambre des Comptes, dont il avoit fait fidelles extraicts, il se rendit universel, & se forma une habitude des affaires d'Estat, de la Justice, & bonnes lettres tout ensemble. De maniere que ses vertus qui reluisoient particulierement en chacun des autres, se trouverent generalement accomplies en luy. N'y ayant qu'un vice dont on le pouvoit reprendre, de ne se pouvoir estancher, mais vice qui provenoit de l'abondance de son esprit. Parler trois heures continuës ne luy estoit rien : aussi frais au partir de là, qu'au commencement : A l'ouverture d'un Parlement il fit une longue harangue, (premiere & derniere des siennes, car il fut depuis prevenu de mort) laquelle bien menagée par un autre, il en feroit à bonne mesure, trois & quatre. C'estoit pour bien dire un grand vin dedans un fraisle vaisseau, qui ne pouvoit estre de durée : Tout ainsi que je le vous pleuvy pour tel, aussi soudain, après son decés, ce grand & judicieux d'Espesse, qui l'avoit comme son compagnon d'armes haleiné vingt mois au Parquet, ne douça de faire l'ouverture du Parlement à la sainct Martin ensuivant, l'an mil cinq cens quatre-vingts & sept, sur la seule commemoration des vertus de cette belle ame. Ce qui n'avoit jamais esté faict pour nul autre. Estimant ne pouvoir proposer plus beau miroir aux Advocats que celuy-là. A quoy Messire Achilles de Harlay premier President, sceut fort bien repartir par une belle contrebaterie. Je ne vous parleray de ceux qui ont survescu ces Seigneurs : Leur presence me recommande d'en plus penser, & moins dire. Me contentant de vous avoir monstré au doigt, cette admirable & saine plantée. Peut-estre adviendra-il que tout ainsi qu'elle s'insinua inesperément entre nous, aussi se deffera-elle de soy-mesme. Quoy que soit, je sçay par la bouche de feu Monsieur l'Advocat Marion, personnage de grand esprit, & admirable en belles pointes, qu'il desiroit pour son regard reprendre les anciens arrhemens du Parquet.

CHAPITRE XXVIII.

De quelques maladies dont les aucunes furent autresfois incogneuës, & les autres ont eu seulement une fois cours par la disposition de l'air.

CE n'est pas chose nouvelle que l'intemperie de l'air, qui est selon les Philosophes causée de la constellation des astres, nous apporte maladies, dont nos ancestres n'ouyrent oncques parler, lesquelles par fois se continuent d'une longue trainée de temps, par fois ne demeurent en vigueur que bien peu, & quasi se passent ainsi comme une undée de Mars. Au voyage que fit Charles huictiesme en Italie, la plus part de ses soldats pour avoir mal couché avecques des femmes impudiques, rapporterent une maladie contagieuse, que nous appellasmes mal de Naples, parce que ce fut le lieu où il commença : & les Italiens, mal François, d'autant que les François en furent les premiers partis. Qui fut une maladie incogneuë devant ce temps là, & sur son commencement incurable, laquelle court encores entre nous, non toutesfois avec si difficile cure, comme elle estoit au temps passé : Pour autant, comme estiment plusieurs Medecins,

Medecins, que les corps celestes qui reiglent les inferieurs ne sont disposez à telle infection. Et partant petit à petit selon le decours des astres est-elle aussi venuë à decadence. C'est l'opinion de ce grand Philosophe, Medecin, & Poëte Fracastorius en sa Siphilis. Quelques autres en attribuent la guerison à la necessité, qui à la longue a fait trouver l'experience, & tout d'une suite la science de bien penser ceux qui se trouveroient affligez de ce mal. Je n'ignore point que plusieurs pour rendre raison de ceste maladie la disent provenir de la putrefaction des humeurs que l'homme & la femme cohabitans ensemble empruntent l'un de l'autre, si est-ce chose fort esmerveillable qu'auparavant ce voyage fait à Naples, on n'avoit jamais ouï parler de ce mal, horsmis que l'on a depuis descouvert qu'au pays où croist le Gayac, telle maladie y est aussi familiere, comme entre nous autres les fievres, ayant nature par une grande prevoyance contre la contagion de l'air faict croistre dans le mesme pays le bois de Gayac, qui est l'un des plus propres, & singuliers remedes que l'on y puisse employer. Procope au deuxiesme livre de la guerre Persique nous raconte qu'une année entre autres sous l'Empire de Justinian commença dedans la ville de Peleuse en Egypte une maladie, qui depuis s'espandit par tout l'Univers: Sur le commencement de laquelle celuy qui en estoit touché pensoit voir certains fantosmes, voire luy sembloit avoir esté par eux frappé. Qui estoit cause que plusieurs pensans estre molestez des malins esprits faisoient user sur eux de prieres, & paroles sainctes, comme si on eust voulu conjurer les diables: Toutesfois peu leur profitoit ce remede: Parce qu'ils se trouvoient incontinent surpris d'une fievre très-vehemente, & qui est chose de grand merveille, combien qu'il semble que les fievres ne soient en nous causées que par intemperance d'une chaleur qui surabonde en nous: toutesfois lors de ce grand accés, le patient ne sentoit aucun changement en soy ny de chaleur naturelle, ny mesmes de sa couleur: Mais au lieu de cela estoit afflige d'une toux extreme qu'il le tenoit depuis le matin jusques au soir. Et ce jour mesme, ou le lendemain, commençoit à se descouvrir sur luy une aposteme, & incontinent aprés entroit en une fureur, se tourmentant infiniement, comme celuy qui estoit en une perpetuelle resverie, luy estant advis qu'on le venoit assaillir de toutes parts, & en cet estat trespassoit tout furieux: Laquelle maladie courut l'espace de trois mois dedans la ville de Constantinople, causant telle mortalité que si cet Historiographe dit vray, pour un jour moururent cinq ou six mille citoyens: estans les Constantinopolitains reduicts en telle calamité, qu'à la parfin la plus grande partie d'entr'eux mouroient sans estre ensevelis. Depuis, cette maladie s'est esvanouye, & nul de nous ne sçait que c'est. Ce que je veux ici raconter de nostre France n'a pas esté si dangereux. Es Registres de Parlement on trouve que le vingt-sixiesme jour d'Avril, l'an mil quatre cens trois, y eut une maladie de teste & de toux, qui courut universellement si grande, que ce jour là le Greffier ne peut rien enregistrer, & fut-on contraint d'abandonner le plaidoyé: tout ainsi que nous vismes en l'an mil cinq cens cinquante-sept en plain Esté s'eslever par quatre jours entiers un theume, qui fut presque commun à tous, par le moyen duquel le nez distilloit sans cesse comme une fontaine, avec ques un grand mal de teste, & une fievre qui duroit aux uns douze, & aux autres quinze heures, que plus, que moins, puis soudain, sans œuvre de Medecin on estoit guery: laquelle maladie fut depuis par un nouveau terme appellée par nous Coqueluche. Il me souvient, & est vray que lors Messieurs Mangot, de Montelon, Bechet Advocats, & moy, ayans sous divers personnages à plaider une cause aux Generaux des Aides, concernant le Diocese d'Autun: nous fusmes inopinément surpris de cette fluxion & toux, de telle façon que pour ce jour, & deux ensuivans nous eusmes surseance d'armes. En l'an mil quatre cens onze, y eut une autre sorte de maladie, dont une infinité de personnes furent touchées, par laquelle l'on perdoit le boire, le manger & le dormir, & toutesfois & quantes que le malade mangeoit il avoit une forte fievre: ce qu'il mangeoit lui sembloit amer ou puant, tousjours trembloit, & avec ce estoit si las & rompu de ses membres qu'il ne l'osoit toucher en quelque part que ce fust: Aussi estoit ce mal accompagné d'une forte toux, qui tourmentoit son homme jour & nuit, laquelle maladie dura trois sepmaines entieres, sans qu'aucune personne en mourust. Bien est vray que par la vehemence de la toux plusieurs hommes se rompirent par les genitoires, & plusieurs femmes grosses accouchement avant le terme. Et quand venoit au guerir, ils jettoient grande effusion de sang par la bouche, le nez & le fondement, sans qu'aucun Medecin peust juger dont procedoit ce mal, sinon d'une generale contagion de l'air, dont la cause leur estoit cachée. Cette maladie fut appellée le Tac: & tel autrefois a souhaité par risée ou imprecation le mal du Tac à son compagnon, qui ne sçavoit pas que c'estoit. L'an mil quatre cens vingt-sept, vers la Saint Remy, cheut un autre air corrompu qui engendra une très-mauvaise maladie, que l'on appelloit Ladendo (dit un Autheur de ce temps-là) & n'y avoit homme ou femme qui presque ne s'en sentist durant le temps qu'elle dura. » Elle commençoit aux reins, comme si on eust eu une forte gravelle, en après venoient les frissons, & estoit-on bien huict ou dix jours qu'on ne pouvoit bonnement boire ne manger, ne dormir. Après ce venoit une toux si mauvaise, que quand on estoit au Sermon, on ne pouvoit entendre ce que le Sermonneur disoit par la grande noise des tousseurs. Item elle eut une très-forte durée jusques aprés la Toussaincts bien quinze jours ou plus: Et n'eussiez gueres veu homme ou femme qui n'eust la bouche ou le nez tout eslevé de grosse rogne, & s'entremocquoit le peuple l'un de l'autre, disant: As tu point eu Ladendo ». A tant l'Autheur. Au demeurant, telles maladies qui se surviennent ainsi par maniere de dire, que d'un mauvais vent, & qui se rendent presque communes à tout un peuple, sont appellées par les Medecins, Populaires, sans les specifier d'autre nom, & du peuple ordinairement baptisées de diverses sobriquets, sur lesquels on ne peut asseoir non plus de raison, que sur le motif de la maladie.

CHAPITRE XXIX.
De quelques secrets de nature dont il est mal-aisé de rendre la raison.

Sainct Augustin au vingt & uniesme livre de la Cité de Dieu, nous raconte quelques miracles de nature dont il est impossible aux Philosophes de rendre raison: Et dit qu'és Salines de la ville d'Agrigente en Sicile, si le sel qui en provenoit estoit mis devant le feu, il se resolvoit en eau, mais si on le mettoit dans l'eau il petoit comme si c'eust esté du feu: Du premier il ne se faut pas trop esmerveiller. Car la neige qui semble estre un corps solide, se liquefie devant le feu: mais le second porte son irresolution quant & soy. Il adjouste qu'aux Garamantes il y avoit une fontaine dont l'eau estoit si chaude de nuict que l'on ne l'eust ozé toucher, & de jour si froide, que l'on n'en pouvoit boire: Qu'en Capadoce certaines Jumens concevoient du vent, dont les Poulains vivoient trois ans. Qu'en Epire une fontaine estei-gnoit une torche allumée en l'approchant d'elle: puis l'allumoit estant esteincte. Et adjouste au septiesme chapitre avoir appris de quelques-uns, que prés de Grenoble és Gaules y avoit une autre fontaine de pareille vertu. Puis que ce grand personnage & sainct Evesque voulut donner jusques à nous, je ne douteray d'entrer en pareille lice que luy. Entre la ville de Paris & le Chasteau de sainct Germain en Laye, nous avons un bois taillis au milieu duquel y a un chemin passant, dont d'un costé prenez une branche, elle flottera sur l'eau, ainsi que tout autre bois, de l'autre prenez une autre branche, elle ira au dessous de l'eau comme une pierre: Et l'appelle le commun pour ceste cause, le Bois de la trahison. Disant que pour une trahison qui y avoit esté autrefois commise, Dieu l'avoit voulu chastier de cette façon.

Allez

Allez à Poictiers à deux lieuës prés, joignant l'Abbaye de sainct Benoist, il y a un arpent tout semé de pierres (car il ne produict autre fruict) qui sont pesle-mesle ensemble: Prenez-en les aucunes, encores que bien petites, elles enfoncent dans l'eau, ainsi qu'est la nature de la pierre, Au contraire, vous en trouverez de bien grosses, qui flottent ainsi que le bois dessus l'eau. Tel qui pensera estre bien grand Philosophe me dira que la raison de cette diversité de pierre & bois provient de ce qu'en ces pierres flottantes y a des pores tout ainsi qu'au bois, & au bois qui va dessous l'eau il n'y a point de pores. Mais je demanderois volontiers comment Nature larronnesse de ce qui est propre en chacune de ces especes, ait permis qu'un mesme terroir produisist & bois & pierres contraires à leurs naturels. Au pays d'Auge en Normandie, Bailliage de Caen, y a une terre appellée Bieux-ville & saincte Barbe, où l'herbe de certains prez croist à veuë d'œil du jour au lendemain, tellement que si le soir l'herbe se trouve broutée, & que vous y couchiez un baston, le matin il se trouvera demy couvert d'herbe: & specialement au Printemps. Pour ceste cause, on y fait tres-grande nourriture de bœufs & bestes à corne que l'on debite par toute la France. Au village de Colombiers à deux lieuës de Tours y a de grandes caves obscures dans le Roc, où l'eau perpetuellement distille du haut en bas, & se congele, voire aux plus chauds jours de l'Esté, produisant une infinité de diverses formes transparentes, comme le sucre candit. L'Angoulmoisin se glorifie de sa riviere de Touvre, contenant deux lieuës de long, profonde de quatre pieds seulement : où les Comtes d'Angoulesme faisoient nourrir anciennement des Cignes pour leur plaisir. Et disoit-on que cette riviere estoit tapissée de Cignes, pavée de Truites, & bordée d'Escrevices. Mais c'est une chose merveilleable qu'il ne se peut porter un bateau de diverses pieces qu'il ne soit en peu de temps rongnonné, & perdu par des vers qui s'y engendrent, & faut necessairement qu'il soit composé d'une seule piece de bois, petit veritablement, mais tel que l'on y peut heberger sans danger. Le long des murailles de Veron, petite Bourgade, non grandement esloignée de la ville de Sens, est assise une fontaine d'une source vive tres-plaisante à voir, dont l'eau belle & claire s'escoulant çà & là aveques le gravier qu'elle attaine, conglutinant aveques du bourbier, & de la mousse se transforme en pierre. De sorte que l'on voit quelquesfois une partie petrifiée: & l'autre aucunement verdoyante herbue & bourbeuse preste de recevoir pareille forme que l'autre. Ce chapitre peut estre sans fin & closture. Je veux qu'il serve de jeu à ceux qui le voudront remplir d'autres exemples.

CHAPITRE XXX.

Que les Sergens faisans leurs exploicts portoient anciennement des manteaux bigarrez.

AU Concil tenu dans la ville de Vienne sous le Pape Clement cinquiesme l'on fit inhibitions & deffenses aux Clercs tonsurez de porter habillemens de deux couleurs sur peine de deschoir de leur privilege de Clericature: L'article du Concil les appelle *Vestes Virgatas & diversis coloribus partitas* : dont nous avons faict le mot de bigarrer, qui nous estoit auparavant incognu : Tesmoin que les Carmes à leur advenement en France portoient leurs chappes bigarrées de blanc & de noir, toutesfois nous ne les appellasmes les Bigarrez, ains les Barrez. Anciennement il estoit deffendu à tous Sergens de faire exploicts, qu'ils n'eussent leurs manteaux bigarrez. Coustume qui estoit encores en essence du temps que fut faite la Farce de Patelin, comme nous recueillons de ces quatre vers du bon Berger Agnelet, parlant à Jousseaume son maistre qui l'avoit fait adjourner.

Mais qu'il ne vous veuille desplaire,
Ne sçay quel vestu desvoyé,
Mon bon Seigneur, tout desroyé,
Qui tenoit un foüet sans corde,
M'a dict, &c.

Voulant dire qu'un Sergent portant une verge & un habillement bigarré, l'avoit adjourné. La Cour de Parlement de Paris par Arrest du vingt-sixiesme Fevrier mil cinq cens trente-sept, voulut r'amener ceste mesme coustume en usage, enjoignant aux Sergens de ne faire aucun adjournement ou exploict qu'ils ne fussent ainsi habillez. Chose qui s'observe encore pour aujourd'huy aux Bedeaux des Eglises qui portent ordinairement faisans leurs charges une robbe mypartie de deux couleurs. Dont fut provenuë ceste coustume il y a diverses leçons. Les uns la vont rechercher dans les anciennetez de Rome sur le declin de l'Empire. Parce qu'entre les constitutions de Gratian & Theodose au tiltre 10. du livre quatriesme du Code Theodosian, il y en avoit une dont la teneur estoit telle : *Officiales per quos statuta complentur ac necessaria, uti quidem penulis jubemus, verum interiorem vestem admodum cingulis observare, ita tamen ut discoloribus p. tuis pectora contegentes, conditionis suæ necessitatem, ex hujusmodi ignitione testentur.* Passage qui se rapporte bien expres à gens de pareille condition que nos Sergens qui sont destinez pour executer les Mandemens des Juges. Les autres descendans plus bas, l'empruntent du privilege de Clericature dont on les voulut priver. Il n'y a rien que nos ancestres craignissent tant que quand un homme ayant mesfaict devant la face d'un Juge Royal, en vouloit estre quitte pour un renvoy en Cour d'Eglise, sous pretexte de sa Clericature, qui luy servoit comme d'une franchise d'impunité. Ce fut la cause pour laquelle en une vie l'Ordonnance du Roy Philippes fils de sainct Louys l'an 1277. portant plusieurs reglemens, entre autres articles cettuy y estoit exprez : " Nus ne soit ouys en la Cour du Roy, por plaidier per autre, ce n'est teuz personne ni puisse estre justicee par justice seculiere, s'il est repris en li mesfait. Se n'est par adventure aucuns Clercs qui plaide por soy, ou por s'Eglise, ou por personnes qui luy soient conjonctes par affinité, ou consanguinité, ou porion seigneur de cui heritage il tienne, ains ceste constitution faite... dedans le vieux Registre de la Cour qui se commence sous ce mot *Olim*, estoit porté qu'en l'an 1286. *Ordinatum fuit per Consilium Regis quod Duces, Comites, Barones Archiepiscopi, Episcopi, Abbates, Capitula, Collegia, Artes, & generaliter omnes, in regno temporalm jurisdictionem habentes, ad eam exercendam, Ballivos, Præpositos, & Servientes Laicos, & nullatenus Clericos instituat, ut si ipsi delinquant, superiores sui possint animadvertere in eosdem: & si qui Clerici sint in eisdem amoveantur.* Ils portoient lors de reverence au privilege de Clericature que nous ne faisons maintenant : car si un Advocat, Procureur ou autre personne avoit aujourd'huy delinqué en l'auditoire d'un Juge, & qu'il voulust estre renvoyé devant son Juge d'Eglise, il en seroit debouté. Or pour cet ancien respect que l'on portoit aux tonsures des Clercs, on voulut que le Sergent portast un manteau bigarré, afin que si en exploictant il avoit commis quelque faute, il en peust estre chastié par le Juge seculier, sans qu'il se peust prevaloir de son renvoy en Cour d'Eglise, s'il n'estoit Clerc tonsuré. Et sur ce mesme propos voyons nous l'Ordonnance du Roy François I. de ce nom faite en Janvier 1518. sur le fait des eaux & forests, portant que les Clercs solus ne pourroient obtenir Offices de Sergens aux eaux & forests, & que ceux qui en estoient pourveus, seroient tenus dans trois mois aprés la publication de l'Edict se demettre de leurs Offices, ou de se marier ou bien de porter bigarrure, & où ils n'auroient fait ledit temps passé, estoient leurs Offices declarez vacquans impetrables. Ceste mesme consideration exerça la plume d'Aufrerius en ses decisions de la Chapelle Tholozane, sçavoir si le Capitoux de Thoulouze devoit perdre son privilege de Clericature pour porter robbe bigarrée en l'exercice de sa charge.

CHAPITRE XXXI.
Du Jeu des Eschecs.

Jean de Mehun en son Romand de la Roze discourant & la suitte, & la prise de Corradin, qui se pretendoit Roy de Naple, & de Henry fils du Roy d'Espagne, dit ainsi :

Ces deux comme sols garçonnets,
Et Fols, & Rocs, & Pionnets,
Et Chevaliers au jeu perdirent,
Et hors de l'eschiquier saillirent,
Telle peur eurent d'estre pris,
Au jeu qu'ils s'eurent entrepris :
Mais qui la verité regarde,
D'estre pris ils n'avoient pas garde,
Puis que sans Roy ils combatoient.
Eschec & Mat point ne doutoient.

C'est une continuë metaphore tirée du jeu des Eschecs, par laquelle cet Autheur voulant dire que Corradin ayant esté desconfit par Charles Comte d'Anjou, il avoit esté contraint de s'enfuir, & neantmoins qu'il n'avoit peu avoir Eschec & Mat, parce qu'il n'estoit point Roy, je rendray cy apres raison de ceste conclusion. Nous pouvons à la suitte de ces deux derniers vers adjouster la belle rencontre de l'un de nos Roys, lequel est ut pressé & sommé de se rendre par son ennemy en une bataille, respondit qu'un Roy n'estoit jamais pris seul au jeu des Eschecs. Il faut doncques dire que lors ceste reigle estoit observée, toutesfois aujourd'huy j'ay veu plusieurs bons joüeurs tenir le contraire, qui soustiennent qu'un Roy se peut non prendre, ains mater, ores qu'il soit despouillé de toutes ses pieces : Et certes quiconque fut inventeur de ce jeu, je le vous pleuviray pour tres-grand Philosophe, je veux dire pour sa personne, lequel sous cet esbat d'esprit a representé la vraye image, & pourtraicture de la conduite des Roys. Il y a un Roy & une Dame, assistez de deux Fols, qui sont leur route de travers, & apres eux deux Chevaliers, & au bout de leurs rangs deux Rocs, que l'on appelle autrement Tours. Car aussi entre Tour, Roque, & Roquette, il n'y a pas grande difference. Devant eux il y a huict Pions qui sont pour applanir la voye, comme enfans perdus. Que voulons nous representer ce Philosophe ? Premierement quant aux Fols, que ceux qui approchent le plus prés des Roys, ne sont pas ordinairement les plus sages, ains ceux qui sçavent mieux plaisanter. Et neantmoins combien que les Chevaliers se soient pas quelquefois les plus prochains des Roys, il est que tout ainsi que les Chevaliers au jeu des Eschecs donnans par leur saut, Eschec au Roy, il est contrainct de changer de place, & dont il se peut exempter en tous les autres Eschecs, en se couvrant de quelques pieces, aussi n'y a-il rien qu'un Roy doive tant craindre en son Estat que la revolte de la Noblesse. D'autant que celle du menu peuple se peut aisément estouffer, mais en l'autre il y va ordinairement du changement de l'Estat. Quant aux Tours, ce sont les villes fortes qui servent à un besoin de derniere retraite pour la conservation du Royaume. Il vous represente un Roy qui ne demarche que d'un pas, pendant que toutes les autres pieces se mettent tant sur l'offensive, que deffensive pour luy, afin de nous enseigner que ce n'est point à un Roy, de la vie duquel depend le repos de tous ses sujets, de s'exposer à toutes heures aux hazards des coups, comme un Capitaine ou simple Soldat, voire que sa conservation lui permet de faire un saut extraordinaire de sa cellule en celle de la Tour, comme en une place forte & tenable contre les assauts de son ennemy. Mais sur tout faut icy peser le privilege qu'il donna à la Dame de pouvoir prendre tantost la voye des Fols, tantost celle des Tours. Car pour bien dire il n'y a rien qui ait tant d'authorité sur les Roys que les Dames, dont ils ne sont honteux de se publier serviteurs. Je n'entens pas de celles qui leur sont conjointes par mariage, mais des autres dont ils s'enamourent. Et pour ceste cause je suis d'avis que celuy qui appelle ceste piece Dame, & non Royne, dit le mieux. Finalement tout se termine au Mat du Roy. Si toutes les autres pieces ne se tiennent sur leurs gardes, elles peuvent estre prises, & par mesme moyen on les oste de dessus le tablier, comme mortes, ny pour cela le Roy n'a pas perdu la victoire : il peut quelquefois la rapporter avec le moindre nombre des pieces, selon que son armée est bien conduite. Au demeurant on ne fait au Roy ce deshonneur de penser seulement qu'il soit pris, ains le reduit-on en tel destarroy, qu'estant denué de tout support, il ne peut demarcher ny çà ny là. Quoy faisant on dit qu'il est Mat : Pour nous monstrer que quelque desastre qui advienne à un Roy, nous ne devons attenter contre sa personne. Et c'est pourquoy Jean de Mehun voulant executer l'indignité que Charles d'Anjou avoit exercée faisant mourir Corradin, il denie fort bien la qualité de Roy en ce jeune Prince, ores qu'il le pretendist : Et à tant soustient qu'il n'y pouvoir avoir en luy, Eschec & Mat. Quant au surplus le Mat du Roy est la closture du Tablier, encores qu'il fust au milieu de toutes ses pieces. Qui est à dire que de la conservation ou ruine de nostre Roy depend la conservation ou ruine de nostre Estat. Une chose ne veux-je oublier, qui est la recompense des Pions, quand ils peuvent gaigner l'extremité de l'Etchiquier du costé de nostre adversaire, comme s'ils eussent les premiers franchy le saut d'une bresche : car en ce cas on les surroge au lieu des pieces d'honneur qui pour avoir esté prises, sont jettées hors le Tablier. Car c'est en effet representer tant les guerdons, que peines qui doivent estre en une Republique, aux bien ou mal-faisans. Hierosme Vidas representa en vers Latins par forme de bataille ce beau jeu, vers qui semblent estre vrays, & legitimes enfans de Virgile, & Louys des Masures les rendit en vers François. Chose que l'on eust peu te ne pouvoir estre faite : mais plus esmerveillable est ce que l'on dit qu'il y a quelques Espagnols si duits & nourris à ce jeu, qu'ils y joüent sur leurs chevaux, n'y employans autre Eschiquier pour la conduite, que leur memoire & jugement, avec la parole. Je ne sçay que la Grammaire, & non la Rhetorique de ce jeu. Bien vous diray-je avoir veu un Lyonnois oster toutes les pieces d'honneur, & ne retenir que le Roy avec les Pions, desquels joüant deux fois contre une, il rapportoit la victoire contre de tres-bons joüeurs. Je luy ay veu mettre un anneau sur un Pion, sous ceste stipulation qu'il ne pourroit mater le Roy qu'avec ces ce Pion ; une autrefois passer plus outre, & mettre encores un anneau autour d'un Pion de son adversaire, à la charge qu'il le forceroit de le mater aveques ceste piece ; & en l'un & l'autre jeu rapporter victoire de son opinion, contre un homme qui n'estoit point mis au rang des petits joüeurs.

CHAPITRE XXXII.
De l'An & Jour que l'on desire és matieres de retraicts lignagers & de Complainte.

JE me suis mille fois estonné dont venoit que pour intenter une action de Retraict lignager, ou de Complainte en cas de saisine & nouvelleté, on requist que l'on y vint dedans l'An, & Jour de la vente, ou du trouble, & pourquoy nos ancestres de se contentans de l'année y voulurent adjouster le Jour. Et de fait nostre vieux Jean Bouteiller en son Somme Rural se plaignoit, de ce que dedans l'ancienneté il ne trouvoit en matiere de Retraict que l'an, & neantmoins que de son temps on disoit par ineptitude An & Jour. Toutesfois pour bien dire, ceste mesme ceremonie n'a point esté

esté seulement requise en ces deux matieres par les Practiciens, mais aussi en plusieurs autres, & d'une bien longue ancienneté. Au 4. Livre des Loix de Charlemagne, celuy qui avoit confisqué son bien par defaux & contumaces, s'il ne se presentoit en Justice dedans l'An & Jour, que le Jugement estoit venu à sa cognoissance, n'estoit puis apres recevable, pour purger la contumace à l'effect de la confiscation : *Cujuscunque hominis proprietas ob crimen quod idem habet commissum in bannum fuerit missa, & ille re cognita, ne justitiam faciat venire distulerit, Annumque & diem in eo banno illam esse permiserit, ulterius eam non acquirat, sed ipsa fisco nostro societur*, & aux Loix de Pepin Roy d'Italie, qui estoit aussi des nostres : *De rebus forsactis, quæ per diversos comitatus sunt, volumus ut ad palatium pertineant, transacto Anno & Die.* Dedans le vieux Coustumier de Normandie, cela mesme estoit fort frequent. Au 17. Chapitre parlant de Varech, il veut que la Nef qui est prise sur mer soit mise en seure main par le Juge, & que la marchandise soit gardée An & Jour auparavant qu'elle soit acquise à un tiers. Au Chapitre 19. Choses gaives qui ne sont appropriées à aucun usage d'hommes, & qui sont trouvées, si elles ne sont reclamées dedans l'An & Jour, appartiennent à celuy qui les a trouvées. Et au 20. Homme ne peut estre accusé d'usure qui An & Jour a cessé d'exercer l'usure. Il faut que ceste Coustume soit venuë, ou d'une trop exacte diligence de droict, ou d'une absurde ignorance. Quant à moy j'inclineray plustost à la derniere opinion qu'à la premiere. Parlez au docte Tiraqueau en son traicté des Retraicts, il vous dira que cela nommément fut ainsi fait, *ad submovendam controversiosissimam controversiam, utrum dies termini computetur in termino*: usant de propos deliberé de cet insolent adjectif pour monstrer avec quelle sagesse nos ancestres avoient mis l'An & Jour ensemble : & cela mesme semble estre tiré d'une ancienne reigle de droict des Romains, qui vouloit que celuy qui estoit condamné à payer dedans deux mois, sous certaine peine, payant dedans le 61. jour, il s'estoit acquité de sa promesse : Opinion certes qui n'est pas de peu de recommandation, & y adjousterois volontiers foy, si ceste reigle d'An & Jour n'estoit observée sur nos actions des Retraicts, & instances possessoires : Mais quand je voy que dés le temps de Charlemagne elle eut lieu en autres matieres, & encores sous les premiers Normans, qui n'eurent jamais le loisir d'approfondir toutes ces subtilitez du droict des Romains, lesquelles se sont depuis insinuées entre nous par succession de temps, je me fais accroire que ce fut l'ignorance qui introduisit ceste Coustume, & que ces bons Peres voyans qu'en tous actes qui estoient redigez par escrit, on avoit accoustumé d'y apposer l'An & Jour, aussi en tous ces actes qui devoient passer par Justice, esquels on desiroit un an de temps & delay, il falloit tout d'une suite apposer le jour. Peut-estre que me formant à ceste opinion je seray estimé plus ignorant qu'eux. Tant y a que je ne me puis persuader que tous ces bons vieux Peres fussent si fins, comme les represente le bon homme Tiraqueau.

CHAPITRE XXXIII.
Du droict de Chambellage porté par quelques Coustumes, & dont il procede.

LE Chambellage est un droict qui se paye par le vassal au Seigneur feodal, advenant changement de main, ainsi que nous voyons en celles de Meaux, Senlis & Mante, & nommément par celle de Mante, c'est un escu qui est deu au Seigneur, par celle de Senlis vingt sols Parisis, le tout selon les cas plus particulierement specifiez par icelles, mais dont en est peu proceder, & le mot & l'usage. Je vous ay dit au deuxiesme de ces miennes Recherches, qu'il y avoit cinq Estats prés de nos Roys anciennement fort authorisez depuis la venuë de Hugues Capet. Les Chancelier, grand Chambellan, grand Maistre, grand Bouteiller & Connestable. Authorité qui se continua jusques bien avant sous le regne de S. Louys. Or eurent-ils divers droicts qui leur furent diversement attribuez, & entr'autres le grand Bouteiller à chaque mutation d'Archevesque, Evesque, Abbé ou Abbesse, avoit droict de prendre cent sols. Quoy soit, je trouve au plus ancien Registre de la Chambre des Comptes, intitulé le Livre Croix, que ce droict fut payé à Jean Dacre grand Bouteiller, par les Archevesques de Rheims, Sens, Bourges, Tours, Lyon, & Roüen : Par les Evesques de Langres, Laon, Beauvais, Chaalons, Noyon, Paris, Soissons, Tournay, Senlis, Teroüenne, Meaux, Chartres, Orleans, Auxerre, Troyes, Nevers, Mascon, Chaalon sur Saulne, Autun, Arras, Clermont, Limoges, Amiens : Abbez de S. Denis, S. Germain des prez, S. Genevievse; S. Magloire, S. Cornille à Compiegne, S. Medard de Soissons, l'Abbé de Corbie, de Montreil sur la mer, S. Sulpice de Bourges, de Tournay, S. Messan, Ferriere, S. Colombe de Sens, de Valery, de Montigny les Estampes : Abbesses de Cheles, de nostre Dame de Poissy, Montmartre, Faresmoutier. Or tout ainsi que le grand Bouteiller, aussi eut le grand Chambellan un certain droict sur les vassaux qui relevoient nuëment du Roy leurs Fiefs en foy & hommage. Car comme ainsi soit que le vassal se presentant à la Chambre du Roy, pour estre receu en foy, fust introduict par le grand Chambellan, ou autres Chambellans : aussi pour recognoistre ceste courtoisie, les vassaux luy faisoient present de certaine somme de deniers. Et comme il advient ordinairement que toutes choses qui sont du commencement introduites de curialité, & comme disent les Ecclesiastics, d'une loüable coustume, se tournent par progrez du temps en obligation : Aussi fut-il par arrest de l'an 1272. ordonné que les Chambellans auroient droict de prendre de tous vassaux qui relevoient du Roy, vingt sols pour un fief de cinquante livres de rente, & au dessous : cinquante sols pour un fief qui vaudroit cent livres de revenu, & cent sols, le tout Parisis, pour celuy qui valoit cinq cens livres, & au dessous. Ancienneté que je recueille du registre de S. Just, Maistre des Comptes. De laquelle encores avons nous une remarque en la Chambre des Comptes de Paris, parce que nos Roys s'estans voulu garantir de ceste importunité de recevoir entre leurs mains le serment de fidelité de leurs vassaux : & ayans remis cette charge à la Chambre des Comptes lors qu'elle fut establie à Paris, toutes & quantesfois qu'un vassal y est introduict par le premier Huissier, ou son Commis, pour y faire l'hommage, il luy doit Chambellage en deniers, que l'on appelle le Chambellage, & ce, à mon jugement, pour autant que ce droict estant deu au Chambellan, parce qu'il introduisoit le vassal au Roy : Aussi les premiers Huissiers faisans le semblable envers la Chambre, ils se firent accroire qu'ils devoient joüyr de mesme droict.

Cela soit par moy dit, afin de ne rien oublier de ce que je pense appartenir au present sujet. Mais pour finir ce Chapitre par où je l'ay commencé, l'une des plus solennelles foys & hommages, qui fut jamais faicte en France, est celle de François Duc de Bretagne, à nostre Charles VII. en la ville de Chinon, le 14. de Mars 1445. où le Seigneur de Varennes Grand Chambellan fit approcher le Duc, luy disant telles paroles : Monsieur de Bretagne vous faites la foy & hommage lige au Roy vostre souverain Seigneur cy-present, à cause de sa Couronne, de vostre Duché de Bretagne, ses appartenances & dependances, & luy promettez foy & loyauté, & le servir envers & contre tous, sans aucun excepter. A quoy le Duc respondit, adressant la parole au Roy. Monsieur, je vous fais la foy & hommage telle & semblable; que mes predecesseurs Ducs de Bretagne ont accoustumé de faire à vos predecesseurs. Auquel hommage il fut receu en ceste façon, & luy en furent decernées lettres. Je vous represente par exprez cet exemple, pour vous monstrer qu'en ces hommages signalez, le grand Chambellan estoit celuy qui avoit la charge d'introduire les vassaux au Roy.

FIN DU QUATRIESME LIVRE DES RECHERCHES.

LES RECHERCHES DE LA FRANCE.
LIVRE CINQUIESME.

CHAPITRE I.

Des admirables exploits de guerre du grand Roy Clovis, forlignement de sa posterité, & comment la Couronne de France fut transportée de sa famille, en celle de Charles Martel.

Lodion deuxiesme Roy des François mourant, laissa trois petits Princes ses enfans, Ranchaire, Renaut, & Aulbert, sous la conduite de la Royne leur mere, & cognoissant la foiblesse du sexe de la mere, & du bas aage de ses enfans, il leur ordonna pour Gouverneur Merouée sien parent, grand Capitaine. Lequel prenant ceste occasion à son advantage, se fit proclamer Roy des François. De maniere que la pauvre Princesse fut contrainte de se blotir avecques ses enfans dedans quelques villes du Pays-bas, conquises par le feu Roy son mary, où ils prindrent le nom & tiltre de Roys de Cambresy, Tournay, & Cologne: mais au petit pied. Tiltre qui ne leur fut envié par Merouée, comme celuy qui pour avoir les forces en main, aspiroit à plus hauts desseins, se promettant de s'habituer avec les siens à bonnes enseignes dedans le pays de la Gaule comme il fit. Ce Prince se trouva si brave guerrier, que de luy la premiere famille de nos Roys fut appellée Merouïngienne, & eut pour son successeur Childeric son fils, pere de nostre grand Roy Clovis, qui arriva à la Couronne aagé seulement de quinze ans. Et desors par un fort instinct de nature qui le poussoit au fait des armes, il commença de nourrir de grandes ambitions & esperances en son ame. En quoy il ne fut aucunement deceu de son opinion.

Les Romains avoient souvent harcelé par guerres les Germains, depuis appellez Allemans, toutes-fois n'y avoient jamais sceu bailler attainte apoint, quelques hypocrisies, dont les Empereurs voulussent revestir de fois à autres leurs grandeurs, se surnommans tantost Germaniques, tantost Allemaniques, comme s'ils se fussent rendus Maistres & Seigneurs de leurs pays, dont toutesfois vous n'en trouverez aucune remarque precise dedans l'ancienneté. Au contraire jamais Auguste premier Empereur ne receut telle escorne, & affliction en son esprit, que quand Varenus son Lieutenant general en la Gaule perdit trois legions Romaines contre le Germain. A quel propos tout cecy? Pour vous dire que ce grand trophée estoit par les Cieux reservé à nostre Clovis; lequel en la journée de Tolbiac obtint une si sanglante victoire contre eux, que depuis il leur fut presque impossible de se relever, & furent contraincts d'avoir recours à Theodoric Roy des Ostrogots dedans l'Italie, qui se rendit intercesseur pour eux par les œuvres de Cassiodore, & obtint pour eux une partie de ce qu'il desiroit. S'estimant ceste Province tres-heureuse d'estre tributaire de ce grand Roy Clovis. Au regard de la Gaule, elle estoit sur l'advenement de ce Prince commandée par quatre diverses nations. L'Aquitaine par le Visigot, le Lyonnois qui n'estoit de petite estenduë par le Bourguignon, la ville de Soissons avecques ses despendances & apparenances par le Romain: Et le demeurant par les François partializez en deux ligues: L'une des Merouïngiens qui avoient la plus grande part au gasteau: L'autre des Clodionistes qui avoient la moindre. Et tous les peuples y habitans estoient gouvernez par trois diverses Religions (permettez-moy pour m'expliquer d'user de ce mot, encores que des trois il n'y en eust qu'une qui meritast d'estre nommée Religion) la Catholique, l'Arrienne, & la Payenne. La Catholique estoit d'une longue main & ancienneté, exercée par l'ordinaire des Prelats, & du commun peuple de la Gaule; l'Arrienne par les Princes Visigots & Bourguignons, qui diversement affligeoient leurs sujets sur ce sujet, estans par ce moyen plus craints qu'aymez: La Payenne par les François, tant de l'un que de l'autre party.

Il falloit que nostre Clovis, auquel les mains demangeoient, eust des pretextes coulourez pour attaquer les Princes de ces nations. Ces pretextes luy manquoient, horsmis contre ceux qui estoient les moindres en puissance, je veux dire les Princes issus de Clodion. Nos anciens Evesques, Abbez,

Abbez, & Religieux qui prindrent la charge de nostre His-toire, nous representent Clovis pour un Prince accomply de toutes les pieces qu'on pouvoit desirer en un grand guerrier : Chose tres-vraye. Ils y adjoustent une grande devotion, dont je douterois, n'estoit que je ferois conscience de desmentir la venerable ancienneté. Bien diray-je (& je supplie le Lecteur de le prendre de bonne part) que dedans sa Religion il y avoit beaucoup du sage-mondain, & de l'homme d'Estat, comme ses effects nous en porterent tesmoignage.

Estant nourry en l'Idolatrie Payenne, il fut souvent prié, sommé, & sollicité par la Royne Clotilde sa femme, de vouloir pour le salut de son ame espouser la Religion Chrestienne, mais quelle des deux, de la Catholique ou Arrienne, c'est en quoy je suis empesché. Car je ne trouve point estre expressément specifié par nos Historiographes, laquelle des deux estoit par elle embrassée, & ce qui m'appreste encores plus à penser, est ; que je la voy dés sa naissance & enfance, nourrie par le Roy Chilperic son pere & la Royne sa mere, & aprés leurs decez par le Roy Gondebaut son oncle, Princes & Princesses Bourguignons infectez de l'heresie Arienne. Je ne veux pas vous debiter ceste opinion pour veritable ; ja à Dieu ne plaise que je croye la Royne Clotilde avoir esté autre que Catholique, ains me suffit de vous dire que Clovis se trouvant pressé par son ennemy Alleman en la bataille de Tolbiac, ayant fait vœu, en cas qu'il obtint la victoire, de se reduire au sein de nostre Eglise, il se choisit pour parrein & instructeur de sa conscience S. Remy Archevesque de Rheims (Prelat tres-Catholique entre tous les Prelats de la Gaule) soit qu'il fust à ce poussé par la volonté expresse de Dieu) comme nous est plus seant d'ainsi le croire, ou par un trait de prudence humaine, n'estant pas un petit secret aux Princes nouveaux conquereurs, ou qui projettent de conquerir, de symboliser en religion avec leurs sujets. Tant y a que sur ce pied de la Religion Catholique, il seroit mal-aisé de dire combien il se donna d'avantage. Car premierement, ce luy fut beau pretexte de guerroyer les Bourguignon, puis le Visigot pour extirper l'Arrianisme de la Gaule : & en aprés un merveilleux advancement contr'eux, qui possedoient les biens, terres, & domaines de leurs Royaumes, mais non le cœur de leurs subjets. Et Clovis tout au rebours auparavant ses victoires estoit entré en pleine possession & jouïssance des cœurs, tant des Ecclesiastiques, que du demeurant du peuple Gaulois.

Ayant premierement exterminé le Romain, contre lequel la haine commune des nations estranges combattoit, puis le Visigot, rendu le Bourguignon tributaire. Bref, reduit sous son obeïssance toute la Gaule, depuis appellée la France, fors & exceptez quelques petits eschantillons, qui estoient sous la domination des successeurs de Clodion, Clovis n'avoit aucun sujet de les envahir, tant pour le peu de pays par eux possedé, que pour n'avoir jamais receu d'eux aucune injure. Au contraire avoit esté secouru par Regnacaire en la bataille, contre Siaifre Romain, & par Sigebert en celle de Tolbiac, où il avoit esté fait bourgeois, tous deux petits fils de Clodion.

Toutesfois prevoyant que par traite de temps, la memoire du tort qui leur avoit esté fait par Meroüée son ayeul, se pourroit ramantevoir dedans sa posterité, il se voulut lascher toute bride, & sans marchander donna ordre de faire assassiner Regnacaire, Cacaric, & Sigebert ses parens, Roys issus de l'estoc & ligne de Clodion. Voire ne douta de mettre en œuvre la main du fils contre le pere. Car il est certain que par son Conseil Sigebert Roy de Cologne chassant, fut assassiné par l'entremise de son fils unique, à l'instigation de Clovis, & le fils tost aprés par gens attirez par Clovis. Je ne vous dy rien en tout ce narré que je ne le tienne en foy & hommage de nostre Gregoire Evesque de Tours, au deuxiesme Livre de son Histoire, Chapitres quarante, quarante & un, & quarante & deuxiesme. Cruautez certes barbaresques, & indignes d'un Chrestien, par le moyen desquelles il s'impatroniza du peu de pays que ces pauvres Roys possedoient. Chose qui me fit presque croire, que quand recevant le S. Sacrement de Baptesme, il se fit Catholique & non Arrien, il y avoit en luy plus de la sagesse mondaine, que de la devotion, pour la raison par moy cy-dessus touchée.

En ces grands coups d'Estat, tels que ce dernier de Clovis, il faut tout ou rien, & non y besongner par moitié: comme ce grand Roy avoit fort bien recogneu. Car ayant nettoyé le pays de ces trois Princes, qui auparavant leurs meurtres estoient autant d'espines à son opinion, il commença en communs propos de condamner ses soudainetez, comme s'il en fust venu au repentir. Disant que par ses conseils precipitez, il s'estoit forclos de tout confort & ayde, qu'auparavant il pouvoit tirer de ses propres parens en cas de mal-heureux succez contre ses ennemis. Protestation par luy faite, non à autre intention (dit Gregoire) que pour attraper ceux qui par une sotte creance eussent voulu sous cet appas estre enregistrez dedans ce Calendrier.

Plus grand & sage conseil ne pouvoit estre par luy pris selon le monde, pour la conservation de son Estat, que cestuy, si vous en parlez à Machiavel, & ses escoliers. Or voyez je vous prie comme la sagesse du monde est une vraye follie envers Dieu. La posterité de Clovis venant par succession de temps à forligner, les uns par la foiblesse de leurs sens, les autres par la foiblesse de leurs ans, les Maires du Palais ayans peu à peu empieté l'authorité Royale, pendant que nos Roys par leur fetardise se blotissoient en leurs serrails, pour donner lieu à leurs voluptez, Dieu voulut que la Mairie aprés avoir changé de diverses mains aux despens du sang d'uns & d'autres, aboutit finalement en Pepin, rejetton de la famille de Clodion : Et voicy comment. Le troisiesme des enfans de Clodion nommé Aubert eut un fils du nom Waspert, duquel nasquit Ausebert, Seigneur en partie de la Mosellane, lequel voyant de quelle façon ses cousins estoient mal menez par Clovis, pour eschever ce coup s'enfuit à Rome, où estant recogneu pour Prince du sang des François, fut par le Roy Theodoric fait Senateur de Rome.

La fureur des meurtres esteinte par la mort de Clovis, ce pauvre Prince fugitif trouva moyen d'estre reintegré en ses biens : Et lors quittant la qualité de Roy, cause de la ruine des siens, se contenta de celle de Senateur Romain, qu'il continua jusques au dernier souspir de sa vie. Cestuy fut pere d'Arnoul grand personnage au pays d'Austrasie, tant en bonnes mœurs que doctrine, Precepteur du Roy Dagobert pendant son bas aage, & depuis Maire de son Palais, & sa femme estant decedée fut pour sa preud'hommie & saincteté fait Evesque de Metz. C'est celuy dont la posterité a canonizé la memoire, & en l'honneur duquel fut fondée l'Abbaye de sainct Arnoul, dedans la ville de Metz. De son mariage nasquit Ansegise qui espousa Becca fille unique de Pepin le Vieux, grand Seigneur dedans le pays d'Austrasie. Tous ces Seigneurs selon les occasions & rencontres, furent ores Maires du Palais d'Austrasie, où ils avoient pris leur naissance, ores de la Westrie, que nous appellons la France : ores de l'un & l'autre Royaume. D'Ansegise & Becca nasquit Pepin le Gros, Prince sage & de valeur, qui prés avoir couru diverses fortunes, fut enfin Maire des deux Royaumes, au gré & contentement de tous les peuples.

Cestuy ayant par son testament ordonné que Dreux son fils legitime, engendré de Plectrude son espouse, fust Maire du Palais de nostre France, & Charles Martel son fils naturel fust Maire du Palais d'Austrasie. Dreux estant allé de vie à trespas delaissé Theodoric son fils jeune Prince, Plectrude son ayeule donna ordre de faire mettre en prison Charles Martel dedans la ville de Cologne, comme n'estant raisonnable qu'un bastard succedast à si grande charge. Et adoncques elle tint seule quelque temps le gouvernail de toutes les affaires des deux Frances. Histoire vrayement piteuse, & lamentable, qui nous monstre au doigt & à l'œil, de quel poid estoit lors la Majesté de nos Roys, puisque une Dame, vesve d'un Maire du Palais, non mere de Roy, prit la hardiesse sous le pretexte d'un enfant son petit-fils, de vouloir commander à la France.

C'est pourquoy premier que de passer outre, je vous prieray me permettre de faire icy ceste entreligne, pour puis reprendre au moins point le fil de ceste genealogie, à certe fin. Les affaires de nostre Couronne estoient lors arrivées en tel desarroy, que les Maires du Palais n'ayans corrivaux, laissoient leurs Mairries à leurs enfans, comme Seigneuries hereditaires,

hereditaires, ou bien en difpofoient par leurs teftamens comme il leur plaifoit, fans attendre le gré de leur Roy : Et leur fuffifoit qu'ils euffent un Roy à leur pofte, qui leur fervift de pretexte à l'exercice de leurs Mairies, c'eft-à-dire de leurs volontez. Apres le decez de Clovis, & Clotaire premier, vous voyez par deux diverfes fucceffions noftre Royaume avoir efté partagé en quatre lots : Paris, Orleans, Soiffons, & Metz. Et lors la proximité du fang n'empefchoit qu'il n'y euft guerres civiles, entre les freres, oncles, & nepveux, par une convoitife deteftable d'enjamber les uns fur les autres : mais depuis que la faineantife commença de fe loger en leurs ames, point, ou peu de guerres entr'eux dedans nos anciennes Hiftoires : mais prou entre les Maires du Palais pour leur dignité. La plus part des Princes du fang eftoient nourris à petit bruit, prés des Roys, ou és Moineries, pour en eftre tirez comme d'un referuoir, par les Maires du Palais, lors que leur garand leur failloit par mort, & qu'il eftoit befoin d'affeurer leur grandeur par un nouveau mafque. Voire fuppofoient quelquesfois un faux Roy, fous l'authorité duquel ils exerçoient leurs tyrannies.

Il falloit que je donnaffe air à ma jufte douleur par ce difcours. Or pour reprendre la fuite de mes premiers arrheftemens, la regence de Pleftrude ne dura pas longuement. Car Charles Martel ayant trouvé les moyens de fortir de prifon, luy qui fut un autre Clovis en proüeffe dedans fa famille, fceut fi bien mefnager fa fortune, tant contre cefte Princeffe & fon fils, que par deux fois contre les Sarrazins, & en aprés contre Eude Duc d'Aquitaine, puis contre les Seves & Saxons, que non feulement la qualité de Maire du Palais luy fut accordée, fans controlle d'aucun Seigneur, mais qui plus eft en plein Parlement, & affemblée des premiers Seigneurs, fut declaré Prince de toute la France. De faict, luy eftant decedé, ores que non Roy, fut enterré en l'Eglife S. Denys, tombeau venerable & magnifique de nos Roys, & fon effigie honorée d'une Couronne, tout ainfi que s'il euft efté Roy.

Il mourut ayant deux enfans grands guerriers, Carloman, & Pepin, delaiffant par fon ordonnance & derniere volonté à l'aifné la Mairie de l'Auftrafie, & au puifné celle de France. Freres qui par un vœu commun, & devotion pour le fouftenement de l'Eftat firent plufieurs beaux exploits d'armes. Vray que quelques années aprés Carloman fe fit Chevalier de Dieu, & fe rendit Moine de l'Ordre de S. Benoift en Italie, au Mont Caffin : demeurant par ce moyen tout le maniement des affaires, tant de la France, que de l'Auftrafie, pardevers Pepin fon frere, qui leva à la fin tout à fait le mafque, & fceut fi bien joüer fon rolle, ayant pour protocolle le Pape Zacharie, qu'il confina le Roy Childeric fon Seigneur (dernier de la lignée de Clovis) en une vie Monaftique, fous d'une fuite fit tomber de Clodion pourroit à la longue fupplanter la fienne, & pour y obvier fit affafsiner trois Roitelets de cefte famille, par moy cy-deffus touchez. Toutesfois il n'y peut fi bien pourvoir que fa prevoyance ne fuft renduë illufoire par un jufte jugement de Dieu. Ce qui fut par luy executé contre les Princes Clodioniftes, fut un grand coup d'Eftat, & ce qui advint à Pepin un grand coup du Ciel. Belle leçon certes à tous Princes, pour leur enfeigner de ne feparer les affaires d'Eftat, d'avec celles de Dieu, & tous les miracles dont nos Moines ont gratifié la memoire de noftre Clovis, particulierement ceftuy. Non toutesfois qu'il faille rejetter ce qui en eft efcrit : car Dieu fouvent exerce fes miracles, non en confideration des Roys, ains du Royaume qu'il favorife. Ainfi vit-on un Saul fils de Cis meneur d'afnes, prophetizer entre les Prophetes, quand Dieu l'eut deftiné à regner fur le peuple d'Ifraël. Ainfi Vefpafian fit des miracles en la Paleftine, aprés qu'il eut efté nommé Empereur par le Senat, ores qu'il fceuft cefte qualité luy avoir efté baillée. Et n'eft pas hors de propos de croire que Dieu fit le femblable en celle dont nous avons cy-deffus parlé, Dieu voulant par fon caractere de Baptefme exalter les Roys de France en grandeur.

CHAPITRE II.

Que la Cour de Bernard Roy d'Italie petit-fils de l'Empereur Charlemagne fut une mort d'Eftat, contre l'opinion commune de nos Hiftoriographes.

CHarlemagne auparavant que de mourir avoit faict Pepin fon fils aifné, Roy d'Italie, & Louys fon puifné Roy d'Aquitaine. Ce fut une Loy depuis obfervée en cefte famille, qu'à l'aifné qui devoit fucceder à l'Empire eftoit donné le Royaume d'Italie, voire dés le vivant du pere mefme. Ainfi fut-il baillé par l'Empereur Louys le Debonnaire, à Lothaire fon fils aifné, ainfi par le mefme Lothaire à Louys auffi fon aifné. Le tout de la mefme façon que nous appellons aujourd'huy Roy des Romains, celuy qui eft deftiné à l'Empire aprés la mort de l'Empereur : Tiltre qui a efté emprunté de cefte longue ancienneté. Car entre le Roy d'Italie & des Romains, il n'y auroit pas grande difference qui accompagneroit le Roy des Romains de l'effect. Advintque le Roy Pepin meurt du vivant de Charlemagne fon pere, & par fa mort tranfmit le Royaume d'Italie à Bernard fon fils : auquel confequemment fi le droict de reprefentation euft lors eu lieu, la Couronne Imperiale eftoit deuë. Nos Hiftoriographes nous enfeignent que Louys dés le vivant de fon pere avoit efté par luy affocié, & faict compagnon de fon Empire : ce que je veux croire avec eux, encores que le Prince Nitard petit fils de Charlemagne par fa fille Berthe, n'en face aucune mention en fa vie, *Regnavit* (dit-il parlant de Charlemagne) *per annos duos & triginta, Imperiique gubernacula cum omni fœlicitate per annos quatuordecim poffedit. Hæres autem tantæ fublimitatis Ludovicus filiorum ejus ex jufto matrimonio fufceptorum noviffimus, cæteris decedentibus fucceffit. Qui ut pro certo patrem deceffiffe comperit, Aquas ab Aquitania protinus venit, quo undique ad fe venientem populum fuæ ditionis addixit.* S'il euft efté fait Empereur dés le vivant du pere, ce placard meritoit bien d'eftre icy enchaffé. Et à vray dire, qui prendroit ce paffage par la fimple lettre, fans y apporter quelque commentaire, il fembleroit que Louys demeurant dedans l'enceinte de France, ayant eu les premieres nouvelles de la mort de fon pere, euft gaigné le devant de Bernard fon nepveu qui refidoit en Italie, & l'euft fupplanté de la benediction de fon ayeul.

Or combien que je ne vueille pas aifément defdire en cet endroit l'opinion commune de cefte affociation d'Empire, toutesfois je fouftiendray librement, que jamais il n'y eut chofe qui affligea tant l'Empereur Louys en fon ame, que Bernard, lequel il fit quelque temps aprés mourir, feignant qu'il s'eftoit voulu rebeller contre luy. Qui eftoit une accufation fuppofée pour apporter quelque excufe à cefte mort. Je fçay bien qu'à cefte parole j'arrefteray tout court le Lecteur, pour eftre le premier de ce nom qui mette cefte opinion en avant. Je ne me veux point icy chatoüiller : mais voyez fi mes conjectures font bonnes, que j'emprunte de ceux mefmes qui accufent Bernard de rebellion.

Premierement la queftion n'eft pas petite de fçavoir fi ce crime de rebellion pouvoit tomber en celuy, qui fe pouvoit pretendre eftre fondé en jufte tiltre par le moyen du droict d'aineffe qu'il penfoit eftre fondu en luy par la reprefentation du Roy Pepin fon pere, fils aifné de Charlemagne. Mais laiffant cefte particularité en arriere, qui eftoit toutesfois

Les Recherches de la France. LIV. V.

toutesfois le motif de la crainte du Debonnaire, ceux qui nous ont redigé sa vie par escrit, disent que ce Bernard reduit aux termes de desespoir, voyant son oncle s'armer contre luy, le vint trouver en ceste France, & se prosternant à ses pieds, le supplia tres-humblement de luy vouloir pardonner sa faute : comme firent semblablement tous ses complices, & entre autres un Reginard son Connestable : Toutesfois qu'ils ne le peurent de luy obtenir, ains furent mis entre les mains de la Justice, qui condamna entre les autres, Bernard à mort, & que l'oncle meu de pitié, voulut qu'il eust seulement les yeux crevez, dont ce jeune Prince indigné, mourut trois jours aprés de regret. Voilà le courant de ceste histoire.

Par tout le discours de la vie de Louys le Debonnaire, on le represente un Prince calme le possible, lent & tardif à se courroucer, prompt à se reconcilier, enclin à la misericorde, qui ne refusa jamais pardon à celuy qui luy demandoit, quelque conjuration qu'il eust auparavant brassée. Ainsi en usa-il envers Guinemark qui avoit fait revolter la Bretaigne contre luy : Ainsi à l'endroict de Berca Comte de Barcelone convaincu de crime de leze Majesté : ainsi à ceux qui avoient suivy le party de Lothaire son fils, commuant la condamnation de leurs morts en bannissemens, & ainsi à une infinité d'autres Seigneurs factionnaires. Bernard seul se trouva ne pouvoir jouir de ceste clemence, lequel se tenant clos & couvert dedans son Royaume d'Italie, pouvoit longuement amuser les forces de l'Empereur, qui mieux aimoit le repos d'une Chambre, que la poussiere des champs : toutesfois comme asseuré de sa conscience, il se vint jetter entre ses bras : dont vient que l'oncle fut chiche de sa misericorde envers son nepveu, luy dis-je, qui en estoit prodigue envers ceux qui ne luy attouchoient de proximité de lignage ? Je n'en rendray point la raison, ains le lairray juger par celuy, qui non preocupé d'opinion, se donnera le loisir de me lire. On me dira que pour me flatter j'adjouste icy à la lettre, & que Bernard ne se presenta à l'Empereur, que lors qu'il ne sçavoit plus de quel bois faire fleches. Belle objection vrayement, qui la pourroit lier avecques ce qui s'estoit passé. Car quand Bernard vint en France, il n'avoit encores senty aucuns efforts de la guerre, ains seulement sur un bruit que son oncle s'armoit sous un faux donner à entendre que Bernard s'estoit remué contre luy. Tout cela, ce sont paroles (me dira quelque autre) bonnes à estre contestées en un barreau par des Advocats qui combattent pour la vray-semblance, & non pour la verité. Or entendez je vous prie ce que j'ay maintenant à vous dire. Charlemagne, outre Pepin & Louys ses deux enfans legitimes, avoit trois bastards, Dreux, Hugues, & Thierry. Voyez ce qu'en recite Nytard duquel je fais tres-grand fonds en ceste histoire : lequel aprés avoir touché, & la venuë de Louys en la ville d'Aix, & la reception qui luy fut faite par ses sujets, comme je l'ay icy dessus representé, dit ainsi : *Fratres quoque adhuc tenera atate Draconem, Hugonem, & Theodoricum participes mensæ esse, quos & in Palatio una secum nutriri præcepit, & Bernardo nepoti suo Pepini Regnum Italiæ concessit. Qui quoniam paulo post, ab eo defecit, capitur, & à Bertimondo Lugdunensi monasterio præfecto immaniter pariter & vita privatur. Hinc autem metuens ne post dicti fratres, populo solicitante eadem facerent, ad conventum publicum eos venire præcepit, totondit, ac sub libera custodia commendavit.* Pour le regard des bastards, on voit à l'œil une moinerie, ou pour mieux dire mommerie d'Estat, pardevant un Parlement & assemblée generale des Princes & grands Seigneurs : Et quant à la mort de Bernard, il y apporte quelque excuse en ceste parole *Defecit*, comme aussi escrivant l'Histoire de son temps, & de son oncle, il luy eust esté aucunement mal-seant de ne donner quelque lustre à ceste mort. Mais le subsequent des bastards me fait juger de l'antecedant pour Bernard, & qui me fortifie plus en mon opinion, c'est que l'Autheur qui donna entre les anciens plus de façon à ceste histoire de rebellion, nous enseigne que le Debonnaire quelque temps aprés espoint d'un bon instinct de sa conscience, en un solemnel Parlement qu'il tint en son Palais d'Attigny, fit confession & penitence publique de ces deux fautes par luy commises. *Anno subsequenti* (dit cet Autheur) *domnus Imperator conventum generalem coire jussit in loco cujus vocabulum est Attiniacus : In quo, convocatis ad consilium Episcopis, Abbatibus, spiritualibusque viris, necnon Regni sui proceribus, primò quidem fratribus reconciliari studuit, quos invitos attonderi fecerat. Post hæc autem palàm se errasse confessus, & imitatus Imperatoris Theodosij exemplum, pœnitentiam spontaneam suscepit, tam de his, quam quæ in Bernardum proprium nepotem gesserat :* S'il y avoit eu de la rebellion au nepveu, il ne falloit point de penitence à l'oncle. La juste condamnation de l'un estoit la justification de l'autre. Et à peu dire entre les chefs, pour lesquels il fut depuis degradé de sa dignité Imperiale par le Clergé dedans la ville de Soissons, à l'instigation de Lothaire son fils aisné, cestuy concernant ses freres & son nepveu estoit le premier. *Eo quod fratribus & propinquis* (portoit le narré de l'Arrest) *violentiam intulerit, & nepotem suum, quem ipse liberare poterat, interficere permiserit :* Passage qui ne porte pas que l'Empereur eust fait mourir le Roy son nepveu, ains que le pouvant empescher il ne l'avoit fait. Qui monstre qu'en ceste mort il y avoit plus du fait des hommes, que de Dieu, ou de la Justice. Aussi estoit-ce l'un des points que Thegan Coadjuteur de l'Evesque de Triers, reprenoit en luy particulierement, que pendant que comme devot il s'amusoit trop à Psalmodier, & comme adonné aux bonnes lettres, il consommoit la meilleure partie du temps à la lecture des Livres, ses conseillers & favoris luy faisoient accroire tout ce qu'ils vouloient. *Omnia cautè & prudenter agens* (dit cet Autheur parlant de luy) *nihil indiscretè faciebat, præterquam quod consiliarijs suis magis credidit quàm opus esset. Quod ei fecit Psalmodia occupatio, & lectionum assiduitas.*

Bernard ayant esté occis, son corps fut porté en la ville de Milan, où il repose. Et combien que toute l'Italie fust de là en avant du tout exposée sous la puissance du Debonnaire, & que la mort du jeune Prince fust excusée par les courtizans, sous le pretexte de rebellion, toutesfois au veu & sceu de l'Empereur on l'honora de cet Epitaphe dans la principale Eglise: *Bernardus civilitate mirabilis, caterisque pijs virtutibus inclytus Rex, hic quiescit. Regnavit an. 4. mens. 5. Obiit 15. Cal. Maij, indict. 11. filius piæ memoriæ Pepini.* Epitaphe, si je ne m'abuse, qui faisoit le procez au procez qu'on luy avoit fait. Et qui me fortifie de plus en plus à mon opinion, c'est qu'Adon Evesque de Vienne qui florit vers le temps de Charles le Chauve, & s'estoit du tout voüé à la celebration de cet Empereur, luy donna bien garde en sa Chronique de parler, ny de la mort de Bernard, ny de la degradation des trois freres bastards, comme estans pieces qu'il ne pouvoit debiter sans obscurcir cette histoire. Ce Roy Bernard laissa un fils unique, nommé Pepin, qui eut trois enfans, Bernard, Pepin, & Heribert Comte de Vermandois (que le commun de nos Annales appelle par abreviation Hebert) Cestuy entre autres siens enfans eut un Aldebert fils puisné. D'un autre costé Louys le Debonnaire fut pere de Charles le Chauve, duquel nasquit Louys le Begue, & de luy Charles le Simple. Admirable justice de Dieu qui se trouve entre ces deux familles. Car soit, ou que pour asseurer son Estat sous le masque de rebellion, ou non, Louys le Debonnaire eust consenty à la mort du Roy Bernard son nepveu, tant y a que ceste playe saigna longuement : parce que Dieu voulut en ramentevoir la vengeance en la troisiesme generation de l'une & de l'autre famille, je veux dire, jusques à Charles le Simple, que Heribert fit mourir dedans les prisons de Peronne : Et pour accomplissement de vengeance (chose pleine de honte & pudeur) Ogine veufve de Charles, convola en secondes nopces avec Aldebert fils d'Heribert. Qui estoit assassiner tout à fait la memoire de son mary. En effet voilà quel jugement je fais de ceste Histoire que je supplie tout favorable Lecteur vouloir prendre de bonne part.

CHAPITRE III.

Guerres civiles, entre l'Empereur Louys le Debonnaire & ses enfans.

Soudain aprés que Louys eut esté recogneu heritier Souverain & Vniuersel de l'Empereur Charlemagne son pere, dedans la ville d'Aix la Chappelle, il chassa d'auprés de soy je ne sçay quelle engeance de femmes dont la Cour de son pere estoit pleine : & quelque peu aprés donna ordre à la reformation de la discipline Ecclesiastique, qui estoit aucunement en desordre. Et pour le regard des armes reduisit sous son obeïssance les Bretons qui s'en estoient soustraicts. Tous actes dignes de recommandation : mais en ce dernier il fit vn hola. Car en tout le demeurant de sa vie, il se monstra d'vne façon assez setarde, qui cousta depuis grandement à ceste France, comme vous pourrez remarquer par ce que je vous reciteray presentement.

Combien qu'il ne fust permis à vn nouueau Pape, aprés auoir esté esleu, d'entrer en son throsne Pontifical, qu'il n'eust esté auparauant confirmé par lettres patentes de l'Empereur, qui estoit l'vn des plus beaux fleurons de la Couronne Imperiale, toutesfois le Pape Paschal I. de ce nom pour le peu de courage qu'il recognoissoit en nostre Empereur, ne douta de s'installer de son authorité priuée en son siege, sans le reblandir, & en fut quitte pour telles quelles excuses dont il le paya. C'est l'vn des premiers coups de massuë que nostre France receut dedans la ville de Rome. Qui fut secondé par vne autre recharge non moins dure. Car l'Empereur ayant depuis enuoyé vers le mesme Pape, Lothaire son fils aisné, pour estre par luy honoré de la Couronne Imperiale, il receut nouuelles, qu'aprés son retour, Paschal auoit dedans son Palais de Latran fait creuer les yeux à Theodore son premier Secretaire, & à Leon son Nomenclateur, & tout d'vne suite fait mourir l'vn & l'autre : non pour autre raison, sinon que Lothaire seiournant à Rome, ils luy auoient fait demonstration de plusieurs grands & affectionnez seruices. Cruauté tenuë pour tres-asseurée par toute l'Italie. Toutesfois aprés quelques ceremonies d'Ambassades, dont nostre Empereur se flattoit ordinairement, il se contenta pour toute satisfaction d'vn desadueu faict par le Pape, reuestu de son serment : Ores qu'il fust desdit par le seul recit de l'Histoire, & par la voix generale & vniuerselle de tout le peuple : Les Italiens qui en s'aggrandissant par effect de nos despouïlles, ne furent chiches de belles paroles, voulurent attribuer cecy à vne pieté, & pour ceste cause l'honorerent du mot Latin *Pius*, & les Sages-mondains de nostre France l'imputans à vn manque & faute de courage, l'appellerent le Debonnaire. Couurans sa pusillanimité, du nom de Debonnaireté. Sur ce propos il me souuient que le Roy Henry troisiesme disoit en ses communs deuis, qu'on ne luy pouuoit faire plus grand despit que de le nommer le Debonnaire. Parce que ceste parole impliquoit sous soy je ne sçay quoy du sot. Le prenant de ceste façon, c'est emporter la piece à cet Empereur. Et neantmoins de l'accuser de sottise tout à fait, ce seroit grandement errer, s'il vous plaist remarquer les deux grands coups d'Estat, dont j'ay parlé au precedent Chapitre, quand pour asseurer son Empire il fit mourir son nepueu Bernard qui estoit plus à craindre, d'vne mort naturelle, & ses trois freres bastards, qui estoient de plus foible alloy, d'vne mort ciuile. Or voyez, je vous prie, comme Dieu se mocque de la sagesse des hommes, il n'est qu'vne folie enuers luy. Et vrayement ce n'est pas sans raison qu'aux prieres de nos Eglises nous le supplions de ne se vouloir souuenir, ny de nos pechez, ni de ceux de nos peres & meres, & n'en faire tomber la punition sur nous. Le Debonnaire selon le monde s'estoit affranchy de la crainte de ceux qui luy pouuoient plus nuire. Dieu veut qu'il ne soit affligé, ny par son nepueu, ny par ses freres bastards, ains par ses propres enfans, & que ceste playe saigne contre toute la posterité jusques au dernier souspir, tant en la France, qu'Allemagne, qui est le sujet du present chapitre.

Pour ne confondre ceste histoire, faut noter que le Debonnaire eut trois enfans masles d'Herningarde sa premiere femme, qu'il assortit de diuers Royaumes. Car à Pepin son second fils, il donna celuy d'Aquitaine, à Loys son troisiesme, celuy de Bauiere, & pour le regard de Lothaire son fils aisné, il le designa son heritier principal en tout le demeurant de ses terres & Seigneuries, luy donnant mesmement deslors le tiltre de Roy d'Italie, & d'Empereur. Hermingarde estant decedée, il conuola en secondes nopces aueques Iudict, dont il n'eut qu'vn seul fils, nommé Charles, qui fut vn nouueau sujet de tragedie. Car elle possedant son mary, moyenna de luy vne donation de tous les pays d'Austrasie, en faueur de son fils, c'est celuy que nous auons depuis appellé le Chauue. Les enfans du premier lict sont irritez de ceste immense donation. Je vous traceray le crayon de ceste histoire en gros, laissant les autres particularitez à ceux qui en ont cy-deuant escrit. Nouuelle guerre suscitée par les enfans contre le pere, dont le succez fut tel, que Iudict est renduë Religieuse voilée à saincte Radegonde de Poictiers, sous la puissance de Pepin : & le Debonnaire & Charles demeurent sous celle de Lothaire. Depuis se fait entr'eux quelque surseance de mauuaises volontez, l'Empereur & sa femme restablis en leurs dignitez, par l'entremise de Pepin & Louys seulement. Iudict, rongeant vne vengeance mortelle contre Pepin, en la garde duquel elle auoit esté confinée pendant son affliction, fait donner le pere à son fils Charles le Royaume d'Aquitaine, au lieu de l'Austrasie. Quoy faisant c'estoit defrauder le titulaire de celuy qui luy estoit dés pieça acquis. Seminaire d'vne autre guerre, mais beaucoup plus furieuse que la premiere, qui produisit des espouuantables effects. Car en moins de rien les enfans rendus les plus forts se saisirent en la ville de Compiegne, tant de l'Empereur que de l'Imperatrice, enuoyant Iudict à Tortonne ville de la Lombardie, pour y tenir prison close. Ce fait, Pepin & Louys retournerent en leurs Royaumes, laissans leur pere és mains de leur frere aisné, qui luy fit faire & parfaire son procés par le Clergé. De maniere qu'en l'Eglise S. Medard de Soissons, au milieu d'vne infinité de peuple, il fut degradé de sa dignité imperiale.

Quelque temps aprés, les deux freres puisnez ayans pitié du mauuais traittement que leur pere receuoit par Lothaire, se liguent ensemblement contre luy à la suscitation de Pepin, auquel toutesfois l'injure auoit esté faicte, & donnerent si bon ordre à leur faict, que l'Empereur & sa femme furent reintegrez, nonobstant les destourbiers & empeschemens que leur frere aisné y apportast. Si en ceste histoire tragique il y auoit eu quelque lieu de reprimende, c'estoit en la personne de Lothaire, qui s'estoit continuellement opiniastré à la ruine de son pere; & si quelque lieu de repremiation, c'estoit en faueur des deux puisnez, lesquels aprés les rebellions estoient reuenus à recognoissance & honnestes submissions enuers leur pere, lui donnans confort & aide sur son restablissement. Toutesfois par vn jugement rebours l'opiniastreté profita à Lothaire, & les submissions nuisirent à ces deux puisnez. Pepin decede quelque temps aprés, delaisse vn sien fils du mesme nom que luy pour son successeur au Royaume d'Aquitaine. Iudict qui d'vn costé ne respiroit en son ame qu'vne grandeur pour son fils Charles à quelque condition que ce fust, mais qui d'vn autre auoit senti combien la main de Lothaire estoit pesante, s'aduisa d'vn nouueau conseil : qui fut de l'attirer à soy en la façon qui s'ensuit. Il est mandé to l'Italie par l'Empereur qui luy proposa sa volonté estre telle, de faire vn partage de tous ses pays entre luy & Charles, fors & excepté celuy de Bauieres qui appartiendroit à Louys : A la charge que tout ainsi qu'il auoit tenu son plus ieune frere sur les fons baptismaux, aussi seroit-il tenu d'estre son parrain en la protection quy escherroit en son lot. Offre non seulement acceptée franchement, mais aussi promise & jurée solemnellement par Lothaire. Et sur ces conuentions fut faict le le partage entr'eux au souhait de l'Imperatrice, dans lequel entre autres contrées escheut particulierement à son fils la Neustrie, qui est la France que nos Roys possedent aujourd'huy. Par ce partage la part & portion de Louys Roy de Bavieres estoit raccourcie au petit pied, sans esperance de ressource, advenant la mort de son pere. Et quant au jeune Prince Pepin, il demeuroit louche, son Royaume d'Aquitaine estant confus en celuy de Charles le Chauve son oncle. Occasion pour laquelle le Clergé & la Noblesse d'Aquitaine envoyerent par devers l'Empereur, l'Evesque de Poictiers & quelques autres Prelats, pour le supplier vouloir avoir pitié de son petit fils. La response qu'ils eurent de luy, fut qu'il auroit esgard à leurs remonstrances, au prochain Parlement qu'il tiendroit en la ville de Chaalons, & qu'en attendant sa responce ils s'en retournassent en leurs pays. Promesse faicte, mais non tenuë, & de faict le Parlement rompu, il s'en va avecques sa femme en Auvergne faisant partie de l'Aquitaine, où les Prelats & principaux de la Noblesse firent le serment de fidelité à Charles. De là il arrive à Poictiers en deliberation de recevoir le semblable des Poictevins; mais sur ces entrefaictes nouvelles luy vindrent que Louys son fils avoit pris les armes, & remuoit nouveau mesnage contre luy. Au moyen de quoy il fut contraint de rebrousser chemin pour luy faire teste; mais comme il estoit en cette deliberation, vaincu de l'aage & de despit prés de Mayence, il fut surpris d'une maladie dont 40. jours aprés il mourut.

Jamais il n'y eut plus d'injustice de pere envers ses enfans, que cette-cy, d'apparier en tout & par tout un cadet avec son aisné, tenir Pepin son petit fils pour un chiffre, & Louys pour une piece de rebut. Nonobstant les grandes obligations qu'il eust en luy, l'Imperatrice Judith n'avoit autre plus grande asseurance pour le soustenement de son fils que Lothaire. Toutesfois Dieu veut qu'il en soit le premier infracteur, & lors voicy un nouveau mesnage qui se pratique entr'eux. Car Louys & Charles se liguent contre leur aisné, avecques lequel Pepin son nepveu se mit de la partie, esperant que pour closture du jeu il se trouveroit en luy quelque ressource contre Charles. Il ne fut point lors question de passer leurs affaires à l'amiable. Leur different se vuida en la campagne de Fontenay, à trois lieuës prés d'Auxerre, où fut livrée une bataille la plus sanglante qui fut jamais en cette France, en laquelle mourut la fleur de la Noblesse de tous leurs pays : de là en avant ce fut rat en paille. Car ces Princes ayans affaire de guerriers, & les guerriers de places à leurs bien-seances, ils s'en firent accroire tant que leurs Roys les en ozassent bonnement desdire. En fin ils acheverent leurs querelles par où ils devoient commencer, & s'en rapporterent à quelques Seigneurs de marque, lesquels aprés avoir loti Lothaire comme aisné & Empereur, laisserent à Louys la plus grande partie de toute l'Allemagne, lequel de là en avant prit titre non de Roy de Bavieres, ains de la Germanie, & à Charles advint la Neustrie & autres pays circonvoisins, prenant pour ceste cause qualité de Roy de France. Car comme j'ay dict, nostre France Occidentale estoit lors appellée Westrie, & depuis Neustrie, à la difference de la France Orientale que l'on appella du commencement Ostrie, & par succession de temps Austrasie. Et vray dire, c'est en luy auquel commença le plant de la France, tel que l'on a depuis veu continuer en la lignée de Hugues Capet. Or se donnerent-ils par leur partage la peau de l'Ours qui estoit en vie. Je veux dire non seulement ce qu'ils possedoient reellement & de faict, mais aussi ce qu'ils ne possedoient, ains pretendoient devoir posseder à tort ou à droit. Tellement que la paix generale entr'eux arrestée, estoit un acheminement de nouvelles guerres, contre uns & autres Seigneurs possesseurs, dont ils ne devoient avoir autres garends de leurs lots, que leurs glaives, ny pour ce partage toutesfois ils ne laisserent d'enjamber les uns sur les autres quand les occasions s'y presenterent. Qui fut cause pendant leurs divorces intestins, de donner voye aux Sarrazins dedans l'Italie, aux Hongres dedans l'Allemagne, aux Danois (que nous appellasmes Normans) tant en la France, qu'Allemagne : Et combien qu'auparavant ces derniers vinssent, si ainsi voulez que je le die, en nostre France à tatons, ils y vindrent sous Charles le Chauve en flottes, & depuis continuerent leurs inundations guidez tantost de la riviere de Loire, tantost de celle de Seine, sur l'orée desquelles ils establirent leurs demeures premierement en la ville de Blois, puis en celle de Rouen & des environs.

Mais pour n'anticiper sur le temps, Charle le Chauve garny de son partage se voulut avant tout œuvre heurter contre Pepin son nepveu Roy d'Aquitaine; mais voyant qu'il y faisoit mal ses affaires, tourna visage tant contre les Bretons qui s'estoient donnez un nouveau Roy, que contre les Normans qui rodoient le pays d'Anjou, & de Touraine. Ausquels il voulut opposer Robert grand Capitaine, yssu de Saxe, luy assignant un grand territoire sous le nom & tiltre de Marquisat, comme celuy qu'il destinoit pour defendre contr'eux les marches & limites de la Touraine & Anjou. Ce choix cousta puis aprés la ruine totale des siens dedans ceste France. Car c'est de luy dont de main à autre nasquit le Roy Hugues Capet. Ce que Charles le Chauve n'avoit peu gaigner par armes contre Pepin son nepveu, il pourpensa de l'obtenir par pratiques sourdes. Comme de faict ce jeune Roy trahy luy fut livré par les siens, l'accusant d'exercer une cruelle tyrannie contr'eux, & tout d'une main fut rendu Moine par son oncle en l'Abbaye sainct Medard de Soissons où il paracheva ses jours : le Chauve se faisant couronner Roy d'Aquitaine dedans la ville de Bordeaux, Dieu ne le voulut pas rendre exempt de la punition qu'il devoit porter pour l'injustice par luy commise envers son nepveu. Parce que Carloman l'un de ses enfans le guerroya quelque temps aprés. Vray qu'en fin vaincu, il fut condamné par le pere d'avoir les yeux crevez. Supplice auquel le pere avoit part, aussi bien comme le fils, ou bien nature manquoit en luy. Il n'est pas qu'il ne sentist une algarade du Roy de Germanie son frere sous le mesme pretexte que celuy avoit exercé contre son nepveu, d'autant qu'il fut sollicité par quelques Seigneurs de la France de vouloir s'emparer de l'Estat, pour mettre fin aux tyrannies que le Roy Charles exerçoit sur ses sujects. Sur ceste sollicitation les portes de la France luy sont ouvertes, où sans autre destourbier il fut ordonné Roy dedans la ville de Sens, pendant que le Chauve estoit empesché contre les Normans, & advança grandement ses affaires, favorisé d'un esclair de fortune qui luy fut courte compagnie. Car ayant eu advis d'une nouvelle revolte qui se faisoit en Allemagne contre luy, pour y remedier, il y envoya ses gensdarmes & sujets qui luy estoient trés-fonciers, estimant que ceux qu'il s'estoit fraischement acquis le conserveroient en sa nouvelle dignité. En cecy grandement trompé de son opinion, parce que de la mesme façon qu'ils s'estoient rendus à luy, ils s'en soustrahirent : Se reduisans sous l'obeïssance originaire de leur vray & legitime Roy. Et par ainsi se reconcilierent les deux freres par beaux semblans, en attendant commodité plus propice, pour empieter l'un sur l'autre. Je vous recite cecy, ne gardant point l'ordre des temps, pour monstrer en quel mesnage estoient lors les affaires de cette famille dedans nostre France.

L'Empereur Lothaire voulant faire penitence des torts & injures qu'il avoit procurées au Debonnaire son pere se rend Moine, delaissant tous & chacuns ses biens à ses enfans. Dont Louys son aisné fut Roy d'Italie, & Empereur, Lothaire son second, Roy du pays d'Austrasie, qui depuis emprunta de luy le nom de Lotharingie, & Charles son dernier, Roy de Provence, Dauphiné, Savoye, & d'une partie du Lyonnois. Charles meurt quelque temps aprés, & delaisse son Royaume à ses deux freres qui le partagerent entr'eux sans fraude & malengin. Et luy suivy quelques ans aprés par Lothaire qui n'avoit autre plus proche heritier que Louys l'Empereur son frere, lequel lors estoit empesché dans l'Italie à la defendre contre les Sarrazins, comme semblablement Louys Roy de Germanie son oncle encontre quelques siens sujects nouvellement revoltez. Il n'estoit pas adoncques question de le secourir par Charle le Chauve ainsi qu'il estoit obligé de faire, mais luy abusant de ces occasions, donna si bon ordre à son faict qu'en peu de temps il se rendit maistre & Seigneur du Royaume de Lothaire, & comme tel se fit couronner Roy d'Austrasie ou Lotharingie dedans la ville de Mets. Nouvelle discorde entre les deux oncles, non pour rendre à Louys leur nepveu le bien qui luy appartenoit, ains pour le partager ensemble; & pour n'en venir aux mains, à Louys de Germanie eschent rent les villes & contrées attenans le Rhin, & au Chauve, la Provence, le Dauphiné, & la Savoye.

Cet Empereur Louys ainsi frustré par ses oncles decede n'ayant qu'une seule fille nommée Hermingarde: Charles le Chauve, qui estoit aux escoutes, adverty de cette mort negotie son fait de si bonne sorte aveques le Pape Jean huictiesme de ce nom, que moyennant une grande somme de deniers dont il luy fit present, ce Pape le couronna Empereur & Roy d'Italie le jour de Noüel l'an 876. luy vendant un droict auquel il n'avoit aucun droict. Toutesfois le seul tiltre couloure de l'authorité de ce grand Prelat, luy rendit ceste qualité asseurée: lequel tout d'une suite s'achemine à Pavie, où en presence de tout le Clergé & de la Noblesse du pays, il se fit proclamer & couronner Roy de Lombardie. Je vous laisse icy les divisions & rumeurs qui se trouverent pour cette cause entre luy & le Roy de Germanie son frere: comme Carloman son premier fils voulut venir en l'Italie pour envahir l'Estat, & plusieurs autres particularitez, n'ayant icy entrepris de vous escrire toute cette histoire, ains de la vous monstrer au doigt en passant. Et me contenteray de vous dire, que tout ce qui fut lors entrepris contre le Chauve fut en vain: La fortune ne voulut permettre à Carloman de passer plus outre.

Sur ces entrefaites Louys Roy de Germanie va de vie à trespas, delaissez Carloman, Louys & Charles, depuis surnommé le Gras, qui tous porterent diversement titres & qualitez de Roys. Ce que je vous reciteray cy-après est un inventaire des morts violentes, & non naturelles qui se trouverent en ceste famille. Charles le Chauve meurt après en l'an huict cens septante huict, empoisonné par Zedechie Juif son medecin lors qu'il retournoit d'Italie. Auquel succeda Louys le Begue son fils unique, qui fut couronné Empereur par le Pape Jean, mais à vray dire il n'en porta que le masque. Il regna seulement deux ans, & mourut aussi de poison, tout ainsi comme son pere. Il eut deux enfans bastards, Louys & Carloman, & un legitime nommé Charles le Simple qui nasquit après son deces. Cela fut cause que les deux freres bastards entreprindrent sur luy la couronne de France, & regnerent quelques années. Louys monté sur un bon coursier, poursuivant à toute bride par forme de jeu une Damoiselle, elle se lance dans une maison, ferme la porte sur soy, & ce Prince ne pouvant retenir son cheval fort en bride, se heurta de telle façon, qu'il se rompit les reins, dont il mourut. Après sa mort Carloman son frere chassant fut tué par un sanglier, n'ayant qu'un fils nommé Louys, qui mourut dedans l'an de son regne. Et par ces trois morts, à Charles le Simple vray & legitime heritier devoit appartenir la couronne de France. Voila de quelles façons moururent ces quatre Princes chez nous. Ne pensez pas que les Princes Allemans furent de beaucoup meilleure condition. Car des trois enfans de Louys Roy de Germanie, Carloman mourut le premier, delaissé seulement Arnoul son bastard, auquel il donna pour son appanage la Carinthie. Louys le Jeune eut un seul fils portant le mesme nom que luy, qui mourut du vivant de son pere d'une mal-heureuse mort. Car folastrant dedans une chambre aveques quelques Seigneurs de son aage, il tomba casuellement du haut en bas d'une fenestre & se rompit le col. Suivy peu après de son pauvre pere esploré. De maniere que toutes les grandes terres, Seigneuries & possessions qui estoient hors le pourprix de ce Royaume de France escheurent à Charles le Gras restant seul & unique des Princes de ceste famille qui habitoient outre le Rhin: Comme aussi dedans ceste France ne restoit plus autre rejetton de cette grande famille des Martels que Charles le Simple.

Je commenceray par Charles le Gras, & puis acheveray par l'autre. Jamais ne se vit un si grand conflus de bonnes fortunes qu'en cettuy du commencement, & jamais Prince ne fut en fin touché d'un si mal-heureux revers que luy mesme, quand la fortune luy voulut tourner visage. Car en moins de rien il se vit par le decés de ses deux freres, Empereur & Roy de tous les pays qui avoient esté possedez par Charlemagne son bisayeul. Manquoit à sa grandeur nostre Royaume de France, lors affligé par les courses des Normands: nostre Charles le Simple ne se trouvant assez suffisant pour leur faire teste, les François appellerent à leur secours l'Empereur Charles le Gras, & l'establirent Roy de la France, vray qu'il n'y fit pas grand sejour. Ainsi plaisoit-il à fortune, pour rendre la puissance de ce Roy generalement absoluë. Mais peu de temps après, elle luy joüa un tour de son mestier. Car en moins d'un clin d'œil il fut abandonné de soy, & de sa femme, de sa sœur Hildegarde, & de ses principaux favoris, & par mesme moyen de tous ses sujets. Je dis abandonné de soy: Parce qu'à un instant il devint stupide, & perclus de son cerveau: Je dis de sa femme, laquelle le voyant par ceste indisposition, estre tombé au mespris de tous les siens, se fit separer d'aveques luy en plain Parlement, où elle jura que pendant dix ans qu'ils estoient demeurez ensemble, ils ne s'estoient cognus par attouchemens mutuels. Chose dont son mary fut d'accord. Je dis par Hildegarde sa sœur, laquelle d'un esprit bizarre, indignée du changement inopiné de son frere, au lieu de luy subvenir, sollicita à face ouverte ceux ausquels il avoit plus de fiance, de se soustraire de son obeïssance. Ce qu'ils firent, luy baillans pour son gouverneur, Arnoul bastard son nepveu, lequel sous ce tiltre s'empara des Royaumes de la Germanie & Italie, se faisant proclamer Empereur. N'estant resté pour tout partage que la mendicité à ce pauvre Prince, lequel fut contraint d'avoir recours, non aux armes pour le recouvrement de son Estat; ains aux larmes, & tres-humbles supplications, afin qu'il pleust à Arnoul luy bailler quelques terres pour son entretenement, ce qu'il fit, mais d'une main assez chiche. Tant ce pauvre Prince estoit tombé au mespris de tous. Histoire pleine de compassion & pitié, en laquelle se remarque deux Charles avoir esté grands terriens: Le premier surnommé le Grand, & l'autre le Gras: mais tout ainsi qu'en l'un residoit la vivacité de cœur, & en l'autre la pesanteur de corps & d'esprit, aussi produisirent-ils deux effects du tout contraires.

Arnoul mourant laissa Louys son fils unique, successeur de son estat, aagé seulement de sept ans, qui mourut, l'an neuf cens douze, en l'aage de dix-huict ans, sans hoirs procreez de son corps. En luy finit toute la posterité de Charlemagne qui habitoit outre le Rhin. Que si les loix introduites en faveur des successions, eussent lors eu lieu, il est certain que Charles le Simple, comme son plus proche parent luy devoit succeder. Mais ce fut un autre joüet de fortune, non moins miserable que Charles le Gras. Tant y a que par la mort de Louys, Conrad Duc de Franconie fut créé Roy d'Allemagne, & après luy Henry Duc de Saxe, duquel vindrent les Othons, nouveau plant de Royauté en Allemagne.

Restoit en ceste France Charles le Simple; autre vray portraict entre les Princes de calamité & misere, dont premierement son bas aage, puis sa sottise furent autheurs & architectes. Car pendant son enfance, ses freres bastards usurperent sur luy la couronne, & depuis Eude son tuteur se fit couronner Roy de France, lequel mourant le restablit par son testament. Restably qu'il fut, il oublia tous les malheurs de son bas aage & favorisant un Aganon simple gentil-homme, par dessus tous les Princes & grands Seigneurs de la France, il engendra en si grand despit dans leurs ames, qu'en haine de ce seul object, Robert frere d'Eude comme son heritier se fit proclamer Roy de France, titre qui fut continué après sa mort en Raoul Duc de Bourgongne son gendre. La France estant lors generalement affligée par le conflit de ces nouveaux Roys, contre le Simple, & en tiers-pied par les Normans, qui sceurent fort bien faire leur profit de ces longs troubles: enfin ce pauvre Roy finit ses jours dedans les prisons de Peronne, par les artifices d'Heribert arriere-fils de Bernard Roy d'Italie. De maniere que la Royne Ogine sa veufve fut contrainte de se retirer chez le Roy d'Angleterre son frere, aveques Louys son petit enfant, auquel pour ceste cause la posterité donna le surnom d'Outremer. Hugues le Grand, fils de Robert qui sans porter titre de Roy, faisoit trophées de nos Roys, semond Ogine de retourner en ceste France avec promesse de recevoir son fils en son Throsne, comme il fit quelque peu de temps: Et neantmoins il ne fut au long aller gueres mieux traicté que son pere. Car laissant à part le demeurant de son histoire, Hugues luy fit tenir prison clause, un entier dedans la ville de Laon, sous la garde de Thibault Normand soldat

soldat de fortune, qui dans les troubles s'estoit fait Comte de Chartres, homme du tout voüé à la faction de Hugues. Finalement ce jeune Roy estant remis en liberté, aprés avoir esté diversement traversé, courant un loup, son cheval luy faut des quatre pieds, & le tua. Il avoit deux enfans masles, Lothaire & Charles, celuy-là qui fut Roy de France par image tout ainsi que Louys d'Outremer son pere, cettuy-cy Duc de Lorraine, qui recognent tenir son Duché en foy & hommage de l'Empire. Quelque temps aprés Lothaire est empoisonné, auquel succede Louys son fils qui mourut de pareille mort. Et par son decez Hugues Capet fils de Hugues le Grand, s'impatronisa de l'Estat, sans qu'autre Prince luy fist contre-teste. Vray que deux ans aprés Charles oncle de Louys, se souvint de s'y opposer, & prit les armes contre luy, mais un peu trop tard. Joinct qu'il avoit accueilli la haine publique des François, pour s'estre rendu imperialiste en son Duché. Fortune en fin pour abandonner de tout poinct ceste famille, le fit livrer és mains de Hugues Capet, par la trahison d'Adalberon Evesque de Laon, auquel il avoit mis toute sa fiance. De-là fut mené prisonnier avec sa femme & ses enfans en la ville d'Orleans, où ils moururent. Ainsi prit fin ceste grande famille de Charles Martel avec ce dernier Charles : & ainsi prindrent accroissement deux autres nouvelles familles : l'une des Othons dedans l'Allemagne, & celle de Hugues Capet dedans cette France. Pepin fils de Martel fut couronné Roy de France en la ville de Soissons l'an 750. Louys dernier Roy de ceste famille mourut l'an 981. 75. ans aprés la mort de l'autre Louys, qui fut aussi le dernier Roy des Carliens en Allemagne. La famille des Martels regna 237. ans en nostre France : celle de Capet jusques à huy, qui est la fin de l'an 1606. l'espace de 616. ans. Non sans recevoir unes & autres algarades, dont avec l'aide de Dieu elle s'est autant de fois garentie.

CHAPITRE IV.

Que le Roy Charles le Chauve fut l'un des principaux instrumens de la ruine des Martels, & changement de leur Estat en ceste France.

JE vous supplie Lecteur, vouloir faire icy une pause pour considerer combien de couronnes Charles le Chauve portoit sur son chef. Car outre celle de France dont il estoit le vray titulaire, il se fit contre tout ordre de droict, Roy d'Aquitaine, Lotharingie, Italie, & Lombardie : Qui estoient en tout cinq couronnes, non en ce comprise l'Imperiale, qu'il usurpa induëment sur son nepveu par les pratiques de luy avecques le Pape Jean. Chose que Adon de Vienne s'est bien donné garde d'escrire dedans sa Chronique, pour ne faire tort à la renommée de ce Prince, sous le regne duquel il vivoit. Et comme son ambition estoit inexpuisable & sans frain, aussi voulut-il avoir un nouveau Roy pour vassal. Parce que mariant Boson son beau-frere avec l'Infante Hermingarde fille unique de l'Empereur Louys, outre la despence prodigieuse qu'il fit pour l'exaltation de leurs nopces, il erigea la Provence en Royaume, dont il investit Boson qui luy en fit la foy & hommage. Toutesfois pour vous dire franchement ce que j'en pense, Charles le Chauve est celuy auquel nous devons attribuer plus qu'à nul autre la ruine de ceste famille que nos ancestres appellerent Carlienne. Nous avons eu cinq Charles dedans cette France, Charles Martel, Charles le Grand, Charles le Chauve, Charles le Simple, & Charles Duc de Lorraine (car quant à Charles le Gras qui porta le tiltre de Roy dedans nostre France, ce fut un Roy passager) & tout ainsi que le Chauve fut au milieu des cinq, aussi est-ce à luy, que comme à un centre, je rapporte les principaux mal-heurs, & changemens de cette lignée, soit ou que son ambition en fust cause, ou le desastre de son mesnage, ou tous les deux ensemblement. Voire que son aage d'innocence fust le premier motif des mal-heurs : car comme vous avez entendu, les deux premieres donations que sa mere Judith luy procura, furent cause des deux guerres que les enfans du premier lict firent au Debonnaire leur pere : & de la troisiesme se provingnerent les troubles cruels qui furent entre les freres, aprés le decés du pere, pronostic trés-certain de la desolation future de l'Estat. Et comme le commencement de ces maux prit de luy sa premiere source, aussi estant arrivé en aage plus meur, il fut continuellement porté à cette ruine : Mesme lors qu'il pensoit mieux faire. Il estoit de son naturel coüard, mais ambitieux le possible. J'ay leu une vieille histoire laquelle le comparoit à un lievre; & qui pour supplément adjoustera qu'en astuces & tromperies, il estoit un autre renard, ne sera de tout hors de propos. Or pendant que par ces indeus artifices, il espioit toutes les occasions pour s'enrichir de la despouille de ses plus proches parents, les Normands commencerent sous son regne de prendre pied ferme en cette France, & depuis opiniastrerent leurs conquestes. De maniere que de ceux qui de son temps s'habituerent vers la Loire, & se dirent Comtes de Blois, sourdit avec le temps la famille des Comtes de Champagne, & de ceux qui depuis devers la Seine se logerent en la ville de Roüen & pays circonvoisins, vindrent les Ducs de Normandie, nouveaux fleaux des Roys qui succederent au Chauve. Il me suffit de dire que sous luy cette race de Normands planta ses premieres racines dans la France. Et comme son ambition causa une infinité de troubles dés son vivant entre les siens, aussi mourant fonda-il deux obits en la famille des Martels. L'un quand poussé d'une vaine gloire il erigea en Royaume la Provence en faveur de Boson, l'autre quand il s'empara du Royaume de Lotharingie, qui avoit appartenu à un autre Roy Lothaire ; auquel, dis-je, quiappartenoit à l'Empereur Louys son nepveu : comme plus proche de sang à Lothaire son frere. Car pour le regard du premier, Louys & Charles le Chauve freres estans decedez, Carloman, Louys, Charles le Gras, Louys le Begue, leurs enfans estimans qu'il n'appartenoit qu'à la lignée de Charlemagne de prendre le tiltre de Roy, se liguerent contre Boson, qui leur fut un long amuseur de guerres, sans en rapporter grand profit. Et quant au second obit, Hugues fils bastard de Lothaire (la question n'est pas petite de sçavoir s'il estoit legitime ou non) venu en âge de maturité ne voulut pas laisser croupir l'injure qu'il pensoit luy avoir esté faite, ains remua toutes sortes de pierres pour en avoir la raison tant contre les enfans de Louys Roy de Germanie, que contre Louys le Begue fils du Chauve, & encores contre Boson, auquel le Chauve avoit fait present de la Provence, membre dependant du Royaume de Lotharie. Querelle qui receut divers heurts, jusques à ce que Hugues, & Godefroy Duc de Frise son beau-frere, furent proditoirement tuez par Henry Duc de Saxe Lieutenant General de ce grand Empereur Charles le Gras.

Je vous ay touché toutes ces particularitez, pour vous monstrer de combien de maux fut cause l'ambition de Charles le Chauve. Il ne fut pas qu'en son mesnage le mal-heur ne l'accompagnast, quoy que soit que ce mal-heur ne produisist nouveaux changemens en la France. C'est en luy auquel je remarque la premiere introduction des Ducs de Guyenne, Comtes de Tholoze, & autres. Car aprés qu'il se fut fait couronner Roy d'Aquitaine dedans la ville de Bordeaux (estant rappellé à la France pour les guerres, tant des Normands que Bretons) il y establit un Duc, qui seroit secondé de plusieurs Comtes pour l'assister de conseil. Et de là prindrent leurs premieres origines, les Ducs de Guyenne, Comtes de Tholoze, Poictou, Auvergne, Xaintonge, Angoulesme, Perigueux, pays exposez sous le Royaume d'Aquitaine. Dignitez qui depuis ne tomberent à terre ; ains se perpetuerent aux familles, plus ou moins, selon le plus ou le moins de la magnanimité de ceux qui y commanderent. Le semblable advint-il, mais avecques plus d'indigniré pour la Flandre. Car Judith veufve d'un Roy d'Angleterre, & fille du Chauve, s'estant laissée enlever au desceu de luy, par Baudoüin gouverneur de la Flandre, non seulement il ne vengea cette injure qui luy avoit esté faite aux yeux de toute la France, mais au contraire afin que sa fille veufve du Roy ne manquast de dignité, il erigea le gouvernement de Flandres en tiltre de Comté hereditaire, dont Baudoüin & ses successeurs joüirent. Or cettuy est l'un des premiers fleurons qui par le nouveau mesnage de ce Roy fut démembré de nostre couronne sous la seconde lignée, ayant rendu feodal à un tiers ce qui estoit auparavant patrimonial à nos Roys. Sur ce modelle, comme nous sommes en un Royaume de consequence, Charles le Simple ne douta depuis de faire le semblable, en faveur de Raoul le Normand moyennant le mariage de luy avec Gillette sa fille, luy donnant tout le pays que nous avons appellé Normandie, & l'erigeant en Duché. Je vous ay dit que le Chauve donna la Provence à Bosson, & en fit un Royaume sujeét à son Empire. Encores que par succession de temps, le nom de Royaume se soit effacé en ce pays-là, & de l'ony eust planté celuy de Comté seulement, si demeura-t'il tousjours separé de nostre France, & exposé sous le Vassellage de l'Empire, jusques à ce que par la sage conduicte de nostre Roy Louys XI. il fut annexé à sa Couronne.

Le mesme Chauve trouva dés son advenement la Bretagne à luy rebelle, & je ne voy point que depuis ce temps-là elle ne fit table à part, & separée d'avecques nos Roys, jusques à ce que par le mariage de la Duchesse Anne avecques le Roy Louys XII. elle a esté unie à nostre Royaume, & leur posterité. Conclusion, la troisiesme lignée de nos Roys n'a joüy du Royaume de France, que sur le modelle de celuy qui fut delaissé par Charles le Chauve, avec quelques racourcissemens. Mais sur tout fait grandement à peser que les familles qu'il choisit pour son secours, lors de ses affaires, furent au long aller les ruines de la sienne.

Estant tourmenté tant des Bretons rebelles, que des Normands, le long de la riviere de Loire, il choisit Robert extraict du pays de Saxe, brave Capitaine, pour leur faire teste, & luy assigna un grand territoire és environs de la Loire, sous le nom de Marquisat ou Comté pour supporter les frais de la guerre : où il s'employa vaillamment, mesmes en defendant la querelle du Roy son maistre, il y fut occis. & c'est de luy duquel par diverses generations nasquit Hugues Capet, qui enfin se fit Roy de France, au prejudice de la posterité du Chauve, comme je deduiray par le menu au Chapitre subsequent.

Outre Bosson Roy de Provence, le Chauve avoit en Italie deux creatures, Guy Duc de Spolete, & Beranger Duc de Frioul, appellé par les anciens Foriules, desquels il avoit receu le serment de fidelité, aprés qu'il fut couronné Roy de Lombardie dedans la ville de Pavie, & ces deux Seigneurs furent les principaux outils dont la fortune se joüa pour ruiner l'Italie. Luitprand au premier livre de son histoire nous tesmoigne que dés le vivant mesme de ce Roy ils partagerent ensemblement par une esperance affamée ses Royaumes, Guy ayant pris pour son partage celuy de France, & Beranger celuy d'Italie : Or combien que soudain aprés son decés ils n'eussent peu faire sortir effect à leurs desseins, toutesfois Louys le Begue estant decedé (qui fut le dernier de la lignée de Charlemagne, qui dans la France porta le tiltre d'Empereur) & quelques années aprés ses bastards l'ayans suivy, n'y ayant plus que Charles le Simple enfant pour regner, Beranger se fit couronner Roy d'Italie dedans Rome, & Guy Roy de France, & comme estant entré en la Bourgongne pour exercer sa Royauté, il eut advis que Eude fils de Robert avoit esté esleu Roy, estimant que son acheminement luy seroit inutile, il rebroussa chemin vers l'Italie, où trouvant son grand amy Beranger avec un plus heureux succés que luy estre entré en la joüissance du Royaume, il commença de broüiller son jeu & s'opposer à sa grandeur, nonobstant quelque amitié qu'ils se fussent auparavant voüée. De maniere que de là en avant se trompenerent trois Princes qui joüoient au boutehors pour l'Estat d'Italie, Guy, Beranger, & Arnoul bastard Roy del'Allemagne. Je n'ay icy entrepris de vous reciter les tours & retours, estant une histoire de trop longue haleine : Suffise vous que les principaux entremetteurs de cette tragedie furent les nourrissons du Chauve. Qui me fait dire (& c'est par où je veux finir ce chapitre) que ce ne fut point sans cause que l'année qu'il nasquit, il y eut une infinité de prodiges extraordinaires, tant au ciel, comme en la terre, l'Empereur le Debonnaire ayant pris en payement le serment de Paschal Pape pour les morts de Theodore & Leon, & luy renvoyant ses Ambassadeurs : *Imperator ergo natura misericordissimus* (dit l'Auteur ancien qui escrivit tout au long sa vie) *occisorum vindictam ultro persequi non valens, ab inquisitione hujuscemodi cessandum existimavit, & cum responsis congruis, Missos Romanos absolvit. Eodem tempore quædam prodigiosa signa apparentia animum Imperatoris sollicitabant : Præcipue terræ motus palatij Aquensis, & sonitus inau...i nocturno tempore, & puellæ cujusdam jejunia duodecim mensibus omni cibo penitus abstinentis, crebra & inusitata fulgura, lapidum cum grandine casus, pestilentia hominum & animalium, propter quæ singula piissimus Imperator, crebro fieri jejunia, orationumque instantia, atque eleemosynarum largitionibus, divinitatem per sacerdotum officium monebat placandam, certissimè dicens, per hac portenta magnum humano generi futuram cladem. Quo etiam anno, mense Junio, natus ei est filius ex Judith Regina, quem tempore baptismi Carolum vocitare placuit.* L'Auteur dont j'ay tiré ce passage, parle de cette naissance par forme d'histoire seulement : & de moy j'en fais mon profit par forme de commentaire, & veux croire que tous ces prodiges estoient les pronostics des mal-heurs qui proviendroient du Prince qui nasquit le mesme an.

ADVIS.

ON ne doit pas s'estonner si ce cinquiesme Livre est plus gros que dans les Editions precedentes, veu que l'on a restably dans ces deux derniers ce que l'on n'avoit pû faire dans les autres, & que l'on a fait suivre icy tous les Chapitres du Livre dixiesme, qui n'estoient que le Supplement de celuy-cy, & qui avoient esté rejettez sur la fin, pour n'avoir esté trouvez dans la Bibliotheque de Monsieur Pasquier, que lors que l'impression de ces Recherches estoit presque achevée : de sorte qu'il n'y a point de Livre dixiesme en cette Edition, puisque les Chapitres d'iceluy composent entierement le cinquiesme, qui estoit entierement imparfait, sans cette jonction de Chapitres, lesquels ont une grande connexité avec le sixiesme Livre.

CHAPITRE V.

Admirables secrets de la toute-puissance de Dieu, qui se trouve en la premiere famille de nos Roys.

ENcore ne me puis-je estancher aux discours de ceste premiere famille, en laquelle j'observe deux particularitez merveilleusement contraires; En ses affaires domestiques de grands vices: és autres esquelles il falloit faire teste à l'Estranger, de grandes vertus. Un Meroüee tuteur & curateur supplanter la benediction des mineurs, qui luy avoient esté baillez en garde par le Roy Clodion son parent. Un Childeric son fils abuser de la femme du Roy de Turinge son hoste, qui le conserva contre tous les assauts de fortune pendant son affliction de huit ans, & en aprés l'avoir espousée. Un Clovis issu de ce mariage massacrer tout ce qu'il pensoit rester de la lignée de Clodion, ores qu'elle luy attouchast de proximité de lignage, & eust receu d'elle plusieurs bons offices, quand les occasions de guerre s'estoient presentées: n'ayant autre sujet de ceste nouvelle querelle, que sa demesurée ambition. Uns Childebert & Clotaire ses enfans, assassiner leurs deux jeunes neveux, enfans de feu Clodomir leur frere, presque dedans le sein de la Royne Clotilde mere des assassins, & ayeule des assassinez, Vites-vous jamais en Histoire une suite & liaison d'actes si inhumains que ceux-cy? Es autres nous voyons quelques grands guerriers avoir fait voye à leur grandeur par sceleratesse & meschanceté, mais s'estans investis d'un Estat, soudain aprés leur decez, leurs enfans avoir reduit leurs vies, au train ordinaire des autres.

Icy vous voyez quatre generations successives des Roys avoir mis toutes pieces en œuvre pour parvenir à leurs malheureuses intentions: mais pendant qu'ils se caressoient de ceste façon dedans leurs maisons, Dieu permit qu'ils prosperassent avecques tant d'heur & d'honneur contre les Estrangers, qu'ils se mirent en bute, qu'aprés plusieurs grands exploits d'armes ils exterminerent tout-à-fait de la Gaule, le Romain, le Visigot, le Bourguignon, rendirent l'Allemagne à eux tributaire, firent trembler à diverses fois l'Italie, & l'Espagne. Bref de toutes les nations qui s'agrandirent des despoüilles de l'Empire Romain, il n'y en eut une seule qui vint au parangon de ceste-cy.

Et qui est une chose, je ne diray plus esmerveillable, ains espouvantable, ces quatre generations fonditent en la personne de Clotaire, qui est celuy des deux oncles meurtriers, qui souïlla ses mains dedans le sang de ses deux pauvres neveux, ores que Childebert son coadjuteur espoint d'un nouveau remords de sa conscience, aprés le meurtre du premier, le priast de vouloir pardonner au second. C'est celuy qui pour n'avoir autre Dieu en son ame, que ses desordonnées volontez, lascha toute bride à ses paillardises incestueuses, les revestans d'un faux manteau de mariage: car il repudia Radegonde sa premiere femme (depuis canonizée par l'Eglise) pour espouser Ingonde veufve de Clodomir son frere, mere des deux petits Princes par luy impetueusement mis à mort, & d'elle eut Charibert, Gontran & Sigebert. Et comme ceste Princesse l'eut de bonne foy supplié de vouloir trouver à sa sœur Arigonde party sortable, ayant jetté sur elle ses yeux, feru de son amour l'espousa: alleguant pour ses excuses qu'il n'avoit peu plus à propos condescendre à la requeste de sa femme, que par ce mariage pour le grade & rang qu'il tenoit dedans ceste France. De sorte que par ceste escorne la pauvre Royne fut contrainte de quitter son lict à sa sœur, de laquelle il eut Chilperic. Et pour n'oublier aucune maniere d'incestes, estant las de ceste troisiesme, il convola en quatriesmes nopces avecques Waldrade veufve de Theodoric Roy d'Austrasie son arriere-neveu. J'adjouste qu'il eut un autre fils nommé Cran de Crousene, que quelques-uns luy donnent pour femme & espouse, les autres pour concubine: Vit-on jamais tant d'incestes eshontement desbordez, ny Prince qui si licentieusement abusast du sacré nom de Mariage, que cestuy? & non content de ses beaux traits il les voulut couronner d'une cruauté barbaresque. Car comme ainsi soit que Cran mal conseillé se fust revolté contre luy, & puis tombé entre ses mains, il le fit dedans la cassine d'un pastre attacher sur un banc, avecques sa femme & deux petites filles innocentes, & commanda que à la veüe de tous la cassine, le mary, la femme & les enfans fussent bruslez. Je sçay bien qu'un homme d'estat me dira que le fils s'estant de telle façon oublié contre son pere, on ne peut imputer au pere qu'il se soit oublié contre luy, & ce pour la consequence; & je luy respondray comme escolier, qu'en toute l'anciennetté on ne trouveray une punition si execrable que ceste-cy. Aussi est-ce la cause pour laquelle nostre Gregoire remarque fort sagement que l'année d'aprés jour par jour Clotaire estoit decedé, comme si ce fust une vangance exemplaire que Dieu eust voulu prendre de luy. Que si ce Roy fut en plusieurs rencontres desvoyé, entendez maintenant comme les affaires de France se passerent en la premiere, seconde, & troisiesme generations de luy, vous verrez des Histoires non moins hideuses; mais sur tout vous trouverez deux Princesses avoir sur ce grand theatre de la France joüé leurs rolles pleins d'effroy & de lamentation. Histoires vrayement paradoxes, & contre le sens commun: mais premier que de passer outre, je prie le Lecteur de surseoir son jugement, jusques à la closture finale du compte, dedans laquelle il verra un grand jugement de Dieu qui est le vray & principal but de ces miens discours, encore qu'en ceste narration les faux-bourgs se trouveront beaucoup plus grands que la ville.

CHAPITRE VI.

Deportemens extraordinaires tant bons que mauvais, de la Royne Fredegonde, selon la commune leçon de nos Historiographes.

JE donneray par ce Chapitre & le suivant, lieu à la commune leçon de nos Histoires, pour vous deduire puis aprés ce qu'il m'en semble. Car combien que j'y adhere en plusieurs parcelles, si n'ay-je peu tant gaigner sur moy de la recognoistre pour vraye en tout: cependant je vous serviray icy de la commune opinion.

Le Roy Clotaire premier decedé delaissa quatre enfans qui partagerent entr'eux le Royaume sur le mesme pied que les quatre du grand Roy Clovis leur ayeul. Et ayans jetté au lot (car ainsi trouvé-je que les partages se faisoient lors entre les enfans de nos Roys) à Charibert escheut le Royaume de Paris, à Gontran celuy d'Orleans, à Chilperic celuy de Soissons, & à Sigebert celuy de Metz, ment d'Austrasie. Cestuy-cy espousa Brunechilde, autrement appellée Brunehaud, ainsi que du nom de Mathilde, nos ancestres firent une Mahaut. Chilperic Prince mal né espousa trois femmes, la premiere fut Audouere extraicte de bas lieu: mais une tres-preude Princesse, avecques laquelle il entretenoit une jeune Damoiselle nommée Fredegonde dont il abusa. Advint qu'estant allé en quelque expedition,

dition, sa femme pendant son absence acoucha d'une fille, & sur l'obscurité de trouver marreine de marque, Fredegonde artificieuse luy remonstra qu'elle se travailloit en vain : portant quant & soy ce qu'elle desiroit en une autre, parce qu'elle pouvoit tenir sur les Fonts Baptismaux son enfant : ce que ceste bonne & simple Princesse fit. Conseil donné expressément par ceste Damoiselle malicieuse, pour mettre la Royne en mauvais menage avecques le Roy, ainsi que l'evenement le manifesta : car luy retournant, Fredegonde vint au devant ; & comme si elle eust esté bien marrie, luy raconte le mal-heureux accident qui luy estoit advenu par l'imprudence de la Royne, & comme il ne pouvoit plus cohabiter avecques elle, par les Constitutions de l'Eglise. La Royne d'un autre costé pensant bien-veigner son mary, luy faict present de sa fille : mais il luy tourne visage & luy reprochant la faute par elle faite, la relegue en la ville du Mans, apportionnée de quelque pension annuelle pour son vivre, & quant à l'enfant l'envoye à Poictiers vers Radegonde Abbesse, afin d'en faire une Nonnain : Quelques-uns disent, & telle est l'opinion d'Aimoin, que des-lors Chilperic espousa Fredegonde, les autres non : De ma part j'adhere à ceste seconde opinion. On luy improperoit, qu'il avoit en premieres nopces espousé une fille de bas lieu. Au moyen dequoy pour reparer ceste faute, il poursuit en secondes nopces Galsonde sœur aisnée de Brunehaud, avecques promesses & sermens sur les Evangiles par ses Ambassadeurs, qu'il garderoit inviolablement foy maritale à sa future espouse, laquelle sur ses promesses luy est envoyée par le Roy d'Espagne son pere, avecques plusieurs beaux joyaux dignes d'elle. Les premiers embrassemens de ce mariage passez, ceste Princesse en vient bien-tost aprés au repentir. D'autant qu'elle trouva une compagne de lict, qui non seulement la mesprisoit, ains maistrisoit ; au moyen dequoy elle prie tres-instamment son mary de la renvoyer à son pere, & de vouloir retenir par devers soy toutes les bagues & precieux joyaux qu'elle luy avoit apportez. Car Chilperic à l'instigation de Fredegonde la renvoye pardevers son vray pere : mais luy en renvoy tres-funeste ; car elle se trouva en un matin estranglée dedans son lict.

Ce fait il espousa Fredegonde qui commandoit absolument à ses opinions. Advient la mort de Charibert (autrement Cherebert, ou Aribert) Roy de Paris, qui deceda sans enfans, sa succession escheant par ce moyen à ses enfans. Pour laquelle Gontran Roy d'Orleans & de Bourgongne, qui estoit d'un esprit calme, ne fit grande instance. Le gasteau se devoit partir entre les deux autres freres, mais chacun d'eux desiroit de gaigner la febve sur son compagnon. Grosse guerre s'esmeut entr'eux, Sigebert estoit plus rude joüeur, Chilperic sçavoit plus de tours de souplesse : & ainsi l'un & l'autre joüans leurs personnages à leurs advantages, selon que les occasions se portoient, Sigebert chassa Chilperic de Soissons, & se fit proclamer Roy dedans Paris, où ayant laissé la Royne Brunehaud sa femme avecques Childebert sur fils, aagé seulement de cinq ans, il reprend ses premiers arrhemens contre Chilperic, qui fut contraint de se blotir dedans la ville de Tournay avecques sa femme & ses enfans : où Sigebert le tint si estroitement assiegé, qu'il fut reduit au termes de desespoir, Fredegonde s'adresse à deux soldats determinez, les somme, les adjure, les prie de se vouloir desfaire du tyran, qui les tenoit en tel destroit, œuvre lequel par eux mis à effect seroit pour un tousjours, mais solemnizé dedans la posterité, leur promettans monts & merveilles s'ils revenoient sains & saufs de ceste saincte entreprise, que si par mal-heur ils y mouroient, elle leur procureroit un grand heur, & feroit dire tant de services en l'Eglise pour leurs ames, qu'indubitablement ils se pouvoient asseurer d'un Paradis en l'autre monde. Jamais conseil ne fut mieux pris, ny ne reüssit plus à souhait que cestuy. Et quand je vous en fais part, ce n'est pour faire le proces à la memoire de Fredegonde : car en telles craintes de mort, tous expediens pour sauver sa vie sont estimez bons & valables. Les soldats executent ce qui leur estoit commandé, & sur le champ furent mis en pieces. Brunehaud advertie du meurtre de son mary fait sagement & à petit bruit descendre dedans une corbeille Childebert son enfant sur les murs de la ville : qui est en seureté conduit en la ville de Metz,

par l'entremise de Gondoubaut l'un des Capitaines du deffunct : où il fut tout aussi-tost proclamé Roy d'Austrasie. Chilperic voyant lors sa fortune au large, prend la route de Paris, où les portes luy furent non seulement ouvertes, mais en outre plusieurs Seigneurs Austrasiens se jetterent entre ses bras craignans pis, pour estre tombez sous la domination d'un enfant. Il estimoit entrant dans Paris se saisir, & de la mere & de l'enfant ensemblement, & par mesme moyen s'impatroniser de l'Estat d'Austrasie, mais se trouvant deceu de son opinion d'outre moitié de juste prix par la sage conduite de la mere, il l'envoya sur le champ à la chaude colle à Roüen pour y finir le reste de ses jours. Mais il comptoit sans son hoste : il avoit eu de sa premiere femme trois enfans, Childebert, Merouée, & Clovis, desquels le premier avoit esté occis à quatre lieuës d'Angoulesme en bataille rangée par les gens du Roy Sigebert quelque temps avant sa mort. Tellement que luy restans les deux autres, il depescha tout aussi-tost Merouée avecques gens, pour en ceste nouvelle peur reduire sous son obeïssance le Poictou, & autres Provinces qui avoient appartenu à Sigebert : Mais ce jeune Prince qui avoit envisagé d'un bon œil Brunehaud avant son partement de Paris, & trouvée agreable à ses yeux, aprés avoir salüé sa mere en la ville du Mans, rebroussa chemin, & s'en vient à Roüen, où sans marchander longuement ensemble l'espouse : ayans pour principal Ministre de leur mariage Pretextat Evesque du lieu. Chose qui apporta nouveaux tintoins en la teste du pere, lequel tout aussi-tost s'y transporte, & les separant l'un de l'autre faict mettre la Princesse en une plus estroite garde qu'auparavant, & quant à son fils le fait tondre & reclurre en un Monastere : mais quelque temps aprés les Austrasiens sous le nom de leur jeune Roy Childebert, envoyent Ambassades pardevers Chilperic, à ce qu'il eust à leur rendre & mettre en pleine liberté leur Royne mere, autrement qu'il en faudroit venir aux mains. Chilperic estimant que la prison d'une seule femme ne devoit causer tant de maux la rendit.

Ceste Princesse restablie, les cheveux creurent au jeune Prince Merouée, & par un mesme moyen l'opinion de rentrer en sa premiere Principauté. Voilà comment Chilperic, Merouée & Brunehaud joüoient diversement leurs personnages, quand Fredegonde estima devoir estre de la partie. Elle importune à toute reste de son mary, à ce que le proces soit fait à Pretextat, en assemblée Conciliaire de Prelats dedans Paris, ce qu'elle obtint. Pour vous le faire court, ce Prelat fut non degradé de sa dignité ; ains banny en une isle non loing de Coutance, estimant qu'elle devoit asseurer l'Estat à ses enfans, elle fait soubs main tuer Merouée, & pour donner couleur à ce meurtre, fait courir un bruict que luy-mesme s'estoit fait tuer par un des siens, qui luy estoit un autre soy-mesme, & ce pour ne tomber sous la fureur de son pere qu'il voyoit presente. Passant outre fait pareillement poignarder Clovis son frere puisné, & donne ordre que le poignard luy fust laissé dans ses flancs ; afin qu'on eust opinion que luy-mesme s'estoit meffait, & qu'affoibly il n'avoit peu le retirer. Et non assouvie de ces deux cruels assassinats, fit tout d'une suitte mettre à mort la pauvre Royne Audoüere leur mere, pour effacer de sa memoire de ceste famille. Elle pensoit par ces sinistres moyens asseurer l'Estat aux enfans qu'elle avoit lors eus de Chilperic : mais Dieu spectateur de ces meschantes & mal-heureuses actions, par une juste vangeance les luy osta tous. Rendant par ce moyen toutes ses esperances affamées, illusoires & sans effect : mais elle pour ne demeurer en friche, & suppleer ce deffaut, voulut mettre un nouvel ouvrier en besongne. Ce fut Landry Maire du Palais avecques lequel elle abusa licentieusement de son corps & de son honneur, & se conduisirent les affaires de telle maniere, que Fredegonde accoucha d'un enfant qui fut nommé Clotaire, avant que d'estre porté sur les fonts, par une grande fatalité : car aprés avoir couru diverses rencontres de fortune, desquelles il fut garenty, tant par les astuces de sa mere, que benignité de l'astre sous lequel il estoit né, il se vit enfin Monarque & Roy des deux Frances. A sa naissance furent les prisons ouvertes à tous prisonniers attaints de crimes, & les debtes du Roy remises à ses debiteurs. Mais ceste joye ne fut fur de longue durée, parce que le Roy au village de Chelles non loing de Paris s'esbattant au deduit de la chasse, un matin y voulant aller, soit ou que ses chevaux ne fussent prests, ou bien poussé de l'amour qu'il portoit à sa Fredegonde, ainsi qu'elle lavoit en son cabinet ses cheveux, la vint trouver avant que partir, & par maniere de mignardise la frappa doucement sur l'espaule d'une baguette. Mais elle sans tourner la teste, estimant que ce fust son mignon de couche, luy dit : vous n'estes pas sage Landry, car le Roy est à peine party, & estes si mal advisé de me venir voir. Ceste parole n'estoit pas encore achevée, que le Roy grommelant fort : Et lors la Royne tournant la face, cogneut qu'elle s'estoit grandement mesprise. Au moyen dequoy elle mande quelque heure apres Landry, & luy conte le mal-heur que sans y penser luy estoit advenu, auquel il auroit bonne part, s'il n'y estoit par eux promptement remedié. Partant fut entr'eux conclud de faire massacrer le Roy au retour de la chasse. Ce qui fut dextrement executé par les meurtriers, favorisez de l'obscurité de la nuict, qui commencerent à s'escrier quec'estoient gens apostez par Childebert, & d'une mesme main se mettant à poursuivre dedans la forest ceux qu'ils sçavoient n'y estre point. Deslors du coup quelques Thresoriers de la Maison du Roy, se transportent avecques leurs deniers en Austrasie, & d'un autre costé Fredegonde trousse aussi-tost bagage, & se loge dedans l'Eglise de Paris pour s'asseurer de sa personne, & lors Raguemonde Evesque la prit en sa garde & protection, non pour amitié particuliere qu'il luy portast, ains pour la conservation des privileges de son Eglise, communs à toutes grandes Eglises qui servoient de franchises à ceux qui s'y refugioient. On fait divers commentaires sur ceste retraite : car quelques-uns estiment que ceste Princesse vaincuë d'un remords de sa conscience, d'une crainte esperduë se jetta entre les bras de l'Eglise. Et les autres (qui n'est pas sans apparence) qu'elle s'estoit fait sage aux despens de la Royne Brunehaud, laquelle pour n'avoir fait le semblable apres la mort du Roy Sigebert son mary fut faite prisonniere de guerre par Chilperic, & comme telle envoyée en la ville de Roüen. Par ainsi ayant Fredegonde le Roy Childebert pour son ennemy mortel, qui pourroit survenir, elle ne vouloit tomber en ses mains.

Or s'estant de ceste façon asseurée de sa personne, & son petit enfant, elle depesche tout aussi-tost vers le Roy Gontran son beau-frere, pour luy donner avis de son nouveau desastre, le suppliant en l'honneur de Dieu de vouloir prendre en protection la mere, l'enfant, & son Royaume. A ceste semonce ce Roy debonnaire vient à Paris bien accompagné, & favorablement accueilli, où ne voulant remuer aucun mesnage au desadvantage de l'enfant, prenant plustost la deffense de luy, de sa mere, & de tout ce qui les concernoit. A peine estoit-il entré par l'une des portes de la ville, que Childebert bien suivy vouloit entrer par une autre, pour y faire ses jeux contre la mere & l'enfant : mais il trouva visage de bois. Je vous laisse plusieurs entremets de ceste histoire, pour lesquels je vous renvoye à nos autres historiographes, voulant principalement toucher à mon but, concernant les cruautez de Fredegonde premierement, puis de Brunehaud. Bien vous diray-je que Fredegonde ayant receu quelques algarades de Gontran, sceut à la longue si bien menager son fait, qu'en fin ce bon Roy se remit sur la mere, du gouvernement de l'enfant, & sur Landry, du Royaume. Estant Fredegonde de ceste façon affranchie de sa premiere peur, ne pensez pas que selon ses occasions elle ne voulut de fois à autres attenter, tant sur la vie du Roy Gontran (mettant sous pied l'obligation qu'elle luy avoit) que sur celle de Brunehaud & du Roy Childebert son fils, voire dedans les Eglises ; pensant que ces Princes & Princesses s'y tiendroient moins sur leurs gardes pour l'asseurance du lieu : mais Dieu voulut que ses desseins s'esvanouirent en fumée, & que les entrepreneurs descouverts furent diversement chastiez selon leurs demerites.

Entre tous il me plaist vous faire part de cestuy-cy : Elle avoit attitré un Oleric, homme pratic en matiere de trahisons, luy commande de se retirer vers Brunehaud, luy enseignant l'ordre qu'il devoit tenir pour la surprendre. Ce qu'il fait, & s'estant presenté à elle luy dit qu'il avoit quitté le service de la Royne Fredegonde pour ses fascheux deportements, suppliant tres-humblement la Royne Brunehaud le vouloir recevoir au sien. Il estoit homme bien emparlé, & sceut de telle façon chevaler ceste Dame, qu'elle luy enterina sa requeste, & la gouvernoit de fois à autre, espiant l'occasion pour executer ce qui estoit commencé : Mais ne s'estant presentée, comme ceste trahison se trainoit en longueur, on eut quelque sentiment de la verité de son fait qu'il confessa puis apres estant exposé à la question : mais il sceut si bien joüer du plat de la langue, qu'il fut renvoyé à la premiere Maistresse sain & sauf. A laquelle ayant representé comme tout s'estoit passé, elle lui fit coupper pieds & mains pour avoir failly à une noble entreprise. Pretextat avoit esté envoyé en exil, & depuis r'appellé par la debonnaireté du Roy Gontran : Rappel que Fredegonde tourna en injure. Au moyen dequoy un jour de Pasques comme on celebroit le Service Divin en l'Eglise de Roüen où estoit l'Evesque, il fut par le commandement d'elle tué. Je vous laisse le demeurant de l'Histoire, qui fut pleine de pitié & compassion. Bref, rien ne lui estoit impossible pour mettre en execution tous ses desseins, & pour faillir à quelques-uns, elle ne mettoit en sursceance les autres.

Advient la mort du bon Roy Gontran qui delaissa deux neveux, Clotaire Roy de Paris & Soissons : Childebert Roy d'Austrasie & de Bourgogne. Adoncques fut veu un nouveau visage d'affaires. N'estans plus les deux jeunes Princes retenus (ou pour mieux dire leurs meres) de la venerable ancienneté de ce bon Roy leur oncle : Childebert rongeoit en soy la vengeance du meurtre proditoirement commis en la personne du Roy Sigebert son pere. Davantage tenoit pour arresté que Clotaire estoit seulement enfant putatif du Roy Chilperic son oncle ; Comme de faict il l'avoit souvent soustenu, tant par lettres que de bouche, au Roy Gontran, lequel y avoit presté sourde oreille. Sous ceste opinion Childebert arme à face ouverte, mais il trouva chaussure à son pied, je veux dire une Princesse qui par une magnanimité de courage luy fit teste, estant son armée conduite par Landry. Et pour monstrer qu'elle ne manquoit non plus d'esprit que de cœur, elle harangua ses gens en plein champ, accostée du Roy son fils, qui sans parler, parloit en sa presence beaucoup. Leur remonstrant l'obligation naturelle qu'ils lui avoient, non seulement pour estre leur Roy ; ains meschamment affligé par une Brunehaud sa tante, & Childebert son cousin germain, n'ayans autre titre de leur nouvelle querelle, que la foiblesse de son aage : Dont elle esperoit que Dieu par sa saincte grace le garentiroit, avec le support & ayde de ses bons sujets : Que de sa part elle avoit porté le Roy son fils neuf mois avec les douleurs & tranchées des meres pendant leurs grossesses, & depuis sa naissance senty neuf ans entiers une infinité de bourasques dont il estoit traversé, & neanmoins elle en estoit venu à chef ; mais maintenant elle se deliberoit pousser de sa reste, & entrer pesle-mesle avec le Roy son fils au milieu des troupes pour avoir part aux coups tout ainsi comme les autres, & par ce moyen leur servir à tous de miroir.

CHAPITRE

CHAPITRE VII.

Quel aage pouvoit avoir le jeune Clotaire lors que Fredegonde sa mere en fit parvois contre ses ennemis.

JE vous ay sur la fin de l'autre Chapitre recité un traict de sagesse & magnanimité admirable de Fredegonde : quand assistée de la presence du Roy Clotaire son enfant, elle fit teste à Childebert Roy d'Austrasie. Mais la question n'est pas petite, de sçavoir quel aage ce jeune Prince pouvoit avoir. Si vous parlez à Aimoïn le Moine, il vous dira au troisiesme livre de son Histoire, qu'il estoit encores à la mammelle. *Placuit,* dit-il, *cunctis quod dixerat Regina, & ex consilii sententia, regem adhuc sugentem matris ubera, ferrata sequuntur agmina :* & quelques lignes aprés ; *Interea Fredegundis Clotarium filium suum propriis gestans ulnis, usque ad locum certaminis præcedebat exercitum.* Cela vous monstre que ceste Royne estant à la teste de son armée, portoit son enfançon entre ses bras qui estoit encore au berceau. Les autres lui donnent huict ou neuf ans. Et c'est la cause pour laquelle nostre Ronsard en sa Franciade, balançant entre ces deux opinions, nous voulut servir de ces huict vers, parlant ainsi de Fredegonde.

> *Elle sans peur, ny de Dieu, ny des Loix,*
> *Toute effrontée, ayant encor les doigts*
> *Rouges du sang de son mary, pour taire*
> *Par un beau faict le meurtre, & l'adultere,*
> *Ira guerriere au milieu des combats,*
> *Tiendra son fils de six ans en ses bras,*
> *(Traistre pitié) pendant à sa mamelle,*
> *Dont son paillard aura pris la tutelle.*

Quant à moy je suis tres-aise pour flater nos Chroniques, de croire que Clotaire estoit encore à la mammelle, afin que nostre Fredegonde soit la seconde de ce nom, qui sous pareilles arrhes se rendit victorieuse de ses ennemis : car la premiere avoit esté Royne de Macedoine.

Et de fait de ceste mesme creance fut nostre Roy Charles cinquiesme, & tout son Conseil, quand par son Edict de la majorité de nos Roys à quatorze ans, verifié en sa Cour de Parlement le vingt septiesme du mois de May mil trois cens septante-cinq, pour monstrer qu'il n'entendoit par fols discours enjamber sur la puissance ordinaire de la nature, il dit que Dieu distribuoit à largesse ses graces aux Roys, dont il estoit eschars envers tous les autres. Et adjouste tout d'une suite qu'on avoit autresfois veu en France, & en Macedoine, deux petits Roys en berceroles avoir obtenus deux grandes victoires. Toutesfois s'il vous plaist vous arrester au calcul & supputation des années, il est certain & sans doute que Clotaire n'estoit lors à la mammelle. Car le Roy Chilperic son pere fut tué l'an cinq cens quatrevingt-huict. Auquel temps ce petit Prince estoit seulement aagé de quatre mois. Le Roy Gontran son oncle mourut l'an cinq cens nonante-sept. Et Aimoïn demeure d'accord que la bataille dont j'ay parlé fut seulement baillée aprés son decez. Il est donques vray de dire que Clotaire estoit lors aagé de neuf ans pour le moins. Je vous touche ceste corde par forme d'une longue parenthese, mais non sans propos ; car cestuy est un des placards de nostre histoire de plus grande & singuliere recommandation : Maintenant je discourray de la Royne Brunehaud ainsi que le porte la commune de nos Histoires.

CHAPITRE VIII.

Deportemens dereiglez de la Royne Brunehaud, suivant la commune leçon de nos Histoires.

LA Royne Fredegonde ayant gouverné les siens de la façon que je vous ay dit, elle voulut adjouster à son cœur de Lion beaucoup de celuy du Renard. Renardise toutesfois grandement louable, ainsi qu'entendrez presentement. En ce temps-là les paysans menans paistre leurs bestes à cornes aux champs, leur pendoient une clochette au col : l'ost de la Royne estoit esloigné une grande journée de l'ennemy : lequel par ce moyen se donnoit le loisir de dormir plus à son aise. Mais elle d'une belle prevoyance commanda aux gens de cheval de prendre tous une clochette sur leurs cheveaux, & d'une vitesse admirable fit marcher toute nuict son camp, & passant par un bois voulut que tous les soldats se saisissent chacun d'une branche : Elle estoit à la teste de son armée avec son fils, & sur la diane approchant de celle de l'ennemy, la sentinelle pensant resver de voir si proche d'elle un nouveau bois, & neantmoins s'asseurant par les clochettes qu'elle estimoit estre de bestes bovines, à l'instant fut taillée en pieces, & Fredegonde descochant d'une furie sur ses ennemis en fit une grande boucherie, ne donnant loisir aux uns de se reveiller, & faisant passer au fil de l'espée ceux qui se mettoient en defenses, & quant aux autres qui se sauverent par la fuite, il ne leur prit pas envie de retrouver ce chemin. Ainsi demeura elle victorieuse : qui ne lui estoit pas un petit avantage. Mais elle non assouvie de ses esperances, estimant que par la mort d'un seul ou de deux, elle pouvoit mieux asseurer l'Estat à son fils, que par la decision d'une autre bataille, se mettre au hazard de tout perdre, donna ordre de faire empoisonner le Roy Childebert & sa femme, & telle est l'opinion commune ; parce qu'auparavant elle avoit deux & trois fois voulu attenter sur leurs vies : mais en vain. Il ne faut rien oublier de cette histoire, ce bel œuvre estant mis à chef, voyant qu'il n'y avoit plus que deux petits Princes de reste, elle leur livre une bataille, & en obtint le dessus. Mais lors ce luy fut un Hola ; car elle fut appellée en l'autre monde, non d'une mort violente, ains naturelle : Qui me semble estre un miracle, en une personne qui s'estoit jouée de la vie de tant de Princes ; & en outre fut enterrée joignant son mary en l'Eglise de S. Vincent, depuis nommée S. Germain.

Jusques icy l'histoire de Brunehaud semble estre aucunement muette, fors en deux poincts. L'un quand de nuit elle fit sortir le jeune Roy Childebert son fils de la ville de Paris : L'autre quand elle espousa Meroüée fils aisné du Roy Chilperic : maintenant nous n'en parlerons que trop à son desadvantage, si ce que nous recueillons d'elle d'une longue ancienneté est veritable. Childebert mourut delaissez deux enfans, Theodebert son aisné qui fut faict Roy d'Austrasie, & Theodoric Roy de Bourgongne. Avec lesquels Brunehaud du commencement vesquit en fort bon mesnage, & lors les deux freres pendant leur union, poursuivans la querelle hereditaire de leur maison contre le jeune Clotaire, qui avoit perdu sa mere arboutant de toutes ses forces, le reduisirent par une grande bataille en telle extremité, que pour se garentir de la perte du tout, il fut contraint de leur abandonner les deux parts de son Royaume, dont il ne se fust jamais relevé, si Brunehaud qui luy devoit estre sa principale ennemie, n'eust esté le principal instrument de son restablissement, & voicy comment. Elle se tenoit lors prés de Theodebert l'aisné, où ayant fait tuer un Guin-

trion

rion Seigneur de valeur, le Roy Theodebert indigné de cefte mort la chaffa de fa Cour. De maniere qu'elle fut contrainte fe retirer honteufement devers Theodoric fon autre petit fils : où s'eftant habituée, elle fut la mefme Brunehaud qu'elle avoit efté avec fon aifné. S'amouracha d'un Protade Gentil-homme Romain, qui ne manquoit d'entendement, & le veut faire Maire du Palais de Bourgongne, au prejudice de Bertaud Seigneur de finguliere recommendation, tant au fait de guerre que de paix. De le faire defappointer elle ne pouvoit, pour s'eftre par fes braves exploits guerriers rendu trop neceffaire à fon Maiftre; D'en avoir le deffus par fa mort, elle n'ofoit pour n'avoir encore affez empieté de credit prés du Roy fon petit fils. C'eft pourquoy feignant de le favoriter, par le confeil de fon Protade, elle donne ordre de le faire employer en commiffions ruineufes, lefquelles pour fa reputation il ne pouvoit honneftement refufer, & neantmoins s'en fceut fort bien developper. Il voyoit tous ces artifices qui ne tendoient qu'à fa ruine, & s'affeuroit qu'au long aller l'ayeule obtiendroit de fon petit fils ce qu'elle defiroit : qui lui euft efté une grande honte. Au moyen dequoy aimant mieux perdre fa vie & fon eftat enfemblement, que fon eftat fans fa vie, fit un trait de grand Capitaine qui ne peut eftre affez haut loüé : Landry commandoit à une armée fous Meroüée fils aifné de Clotaire. Bataille eft donnée prés d'Eftampes, en laquelle Bertaud commandoit fous l'authorité du Roy Theodoric fon Maiftre, lequel joüant à quite ou à double, entre peflemefle dedans les gros de l'ennemy, fuivi de plufieurs braves Cavaliers qui furent tous occis avec luy : Mais vendirent fi cherement leurs vies, que mourans, leurs ennemis furent mis en route, Meroüée fils de Clotaire pris, dont depuis il ne fut parlé : Landry fe fauve de viteffe, Theodoric vient à Paris le bien receu par le Parifien. Ainfi ce brave Bertaud obtint pour Roy contre fon ennemy une grande victoire : Mais beaucoup plus grande pour fon ennemie Brunehaud, laquelle foudain aprés fa mort fit pourvoir fon Protade de la Mairie du Palais.

Dorefnavant vous ne verrez que tragedies funeftes en la Cour de ce jeune Roy, dont Brunehaud fut la fatifte. Un Protade fon favory s'enrichit par nouvelles exactions de la ruine du pauvre peuple, feignant de favorifer les affaires du Roy fon Maiftre. Inimitiez publiques contre luy conceuës. Brunehaud efclorre la vengeance qu'elle avoit quelque temps couvée contre le Roy Theodebert qui l'avoit honteufement chaffée de fa Cour. Et maintenant elle le veut chaffer de fon Royaume, faifant entendre qu'il eftoit fils d'un Jardinier, & non du Roy Childebert. Partant que Theodoric fe devoit armer, pour lui faire rendre le païs que fous faux titre il occupoit. Protade la feconde en cecy, & par ce moyen s'accueillit de plus en plus la haine contre luy : car la Nobleffe ne pouvoit goufter cette nouvelle divifion entre les deux freres, & fur cefte querelle fut occis par plufieurs Gentils-hommes, qui depuis en perdirent la vie. Pour cela la forcenée Brunehaud ne fe defifte de fa furieufe pourfuite, & befogne de forte que les deux freres en viennent aux mains, & fut mis Theodebert pour la premiere fois en route, & encore pour une feconde, jufques à ce qu'ayant fait fa retraite dans la ville de Colongne, il il fut traiftreufement occis par l'un des fiens, lequel luy ayant levé la tefte de deffus les efpaules en fit prefent à Theodoric. En fes enfans il luy prefentee les fit mener en la ville de Mets, où Brunehaud qui lors y eftoit les fit cruellement maffacrer. Mefme battant une muraille de la tefte du plus petit lui fit fortir la cervelle. Entre tous ces enfans y avoit une jeune fille accomplie de plufieurs finguliers beautez de corps & d'efprit, que par pitié cefte cruelle tygreffe conferva pour eftre cy-aprés motif de fa ruine & de toute fa famille. Theodoric auparavant avoit eu guerre avoit eu quatre baftards de quatre garfes, & concubines, Sigebert, Childebert, Corben, & Meroüée : Un bon Religieux, nommé Colombain, qui du pays d'Hibernie en Efcoffe eftoit venu dreffer en Bourgongne une efcole de vie folitaire à plufieurs perfonnes devotes, ne pouvant fupporter les ordures de ce jeune Roy, le vint aboucher, & luy remonftra rudement quel tort il fe faifoit tant envers Dieu, que le monde par la continuë de fes paillardifes, & ordes amours. Et que pour fe reconcilier à Dieu, il luy falloit neceffairement trouver une efpoufe. A quoy il acquiefça & efpoufa Hermenberge fille du Roy d'Efpagne. Mais Brunehaud craignant de trouver en cette nouvelle femme, une nouvelle corrivale de fa grandeur, par charmes & forcelleries (nous avons depuis appellé cela noüer l'aiguillette) befongna de forte que le Roy ne la peut aucunement cognoiftre par attouchement marital, & la renvoya à fon pere l'année puis eftant expiré. Le bon homme Colombain opiniaftrement retourné, & luy predit que s'il perfiftoit en fes furieux deportemens, Dieu luy ofteroit avant la revolution de trois ans, & la vie, & le Royaume : Et Brunehaud opiniaftrement luy faifant tefte le fait bannir & exterminer du pays, qui mourut quelque temps aprés, & mis au rang & kalendrier de nos Saincts. Mais comme il avoit predit il advint : car ce jeune Roy fe voyant eftre deux fois Roy, de Bourgongne, & d'Auftrafie, aprés avoir envifagé la jeune Princeffe fille du Roy Theodebert il en devint amoureux, & la voulut efpoufer, mais Brunehaud s'y oppofa fort & ferme : difant qu'il ne lui eftoit poffible de ce faire par les conftitutions Canoniques d'autant qu'elle eftoit fa niepce. Adonc la patience efchappant au Roy : Comment mefchante (lui dit-il) tu m'as cy-devant fouftenu que Theodebert n'eftoit mon frere, & foubs tel donner à entendre le l'ay pourfuivy jufques à fa mort, & maintenant tu me chantes tout autre note. A cefte parole il mit tout forcené la main aux armes pour la tuer, mais en fut empefche par quelques Seigneurs qui arrefterent le coup, & par les autres qui firent voye à la Royne Brunehaud pour fe fauver, laquelle craignant que le Roy n'executaft fon maltalent encontr'elle, le fit empoifonner voulant prendre fon vin, ainfi qu'il fortoit d'un bain.

Brunehaud par ce beau chef-d'œuvre eftimoit avoir attaint à l'accompliffement de fes defirs, n'ayant plus que 4 petits Princes, aufquels elle commanderoit ce luy fembloit à la baguette : Mais voicy comment elle fans y penfer, trouva grandement defcheuë & deceuë de fon opinion. Parce que Pepin & Arnoul deux des principaux Seigneurs d'Auftrafie, commencerent de negocier fous main avec le Roy Clotaire fur l'obeyffance qu'ils entendoient luy voüer. D'autre cofté Brunehaud depefche Garnier Maire du Palais & Aubain (aufquels elle avoit toute confiance) pour voyager par toutes les provinces de fon obeyffance avec fon Roy Sigebert aifné des enfans, & y prendre le ferment de fidelité. Mais comme elle eftoit d'une ame double, efcrivit lettres à Aubain à ce qu'il ne falliuft de faire tuer Garnier : lettres leuës & defchirées par Aubain, les pieces furent recuëillies par un Gentil-homme amy de Garnier, qui en abute avec de la cire, & y ayant trouvé la mort confpirée contre luy, tout auffi-toft les luy apporte : Et adonc par un changement d'opinion, il tourne fa robbe, capitule d'un cofté avec Clotaire fous certaines conditions, & de l'autre folicite le peuple à revolte. Cependant fur cefte confiance Clotaire fe met aux champs au pays de Champagne, où trouve Garnier avec fes troupes : Mais quand fe vint à joindre il baiffe les mains, fe rend avec fa fuite à Clotaire & par mefme moyen luy prefente les 3. baftards du Roy Theodoric, qui eftoient Sigebert, Corben, & Meroüée. Car quant au 4. nommé Childebert, s'eftoit fauvé de viteffe, & neantmoins depuis n'en fut oüy vent ny voix & pour le regard des trois autres, Sigebert & Corben fon tuez par le commandement de Clotaire, & Meroüée fauvé, & baillé en garde à l'un de fes domeftiques : parce qu'il eftoit fon fillol : Mais ne voyant qu'il en foit depuis faite aucune mention dedans nos Hiftoriens, je veux croire qu'il couru foubs le rideau mefme difgrace que fes freres. Brunehaud prife par les fiens, amenée au Roy, il luy fait faire fon procez par les plus grands Seigneurs de fa fuite, & en vertu d'un Arreft contr'elle donné, elle fut mife fur un chameau & ainfi portée honteufement à la veuë de toute l'armée, & fin liée par les cheveux & les bras à la queuë d'un jeune cheval non domptée, qui a la premiere ruade l'ecervela, & d'une courfe la trainant par buiffons, brouffailles, monts & vaux fut fon corps diffipé en pieces. Elle s'appelloit de fon premier nom Brune, & depuis Brunechilde, & Brunehaud & la Sibylle avoit predit d'elle (ainfi que nous apprenons d'Aimoin & Sigebert Moines) ce que depuis luy advint

Venu

Veniet Bruma de partibus Hispaniæ, ante cujus conspectum gentes vel gentium Reges peribunt, Ipsa vero calcibus equorum peribit. Ainsi prit la Royne Brunehaud fin de sa vie, & de sa famille : Clotaire II. demeurant seul Roy de France, tant deçà, que delà le Rhin, dont il joüit paisible 14. ans par provision, c'est à dire le reste de sa vie, en attendant la diffinitive du Ciel.

CHAPITRE IX.

Sommaire recueil des vices qu'on impute à Brunehaud.

POur ne flatter mal à propos l'histoire de Brunehaud, je veux premier que passer outre, recapituler icy tout ce que je trouve de medisance contr'elle. Les deux plus anciens Historiographes des nostres que je voy nous en avoir fait part, j'entends de ceux qui sont arrivez jusques à nous, sont Fredegaire dit le Scholastique, puis Aimoin le Moine qui le seconda de temps : Car uns Rheginon, Adon, Sigebert, & autres qui les ont suivis, n'en ont escrit que par les instructions de ces deux, desquels partant je feray icy les sommaires extraits, pour puis les estaler plus amplement cy-après, quand le temps & le lieu le requerront.

Aimoin lib. 3. c. 4. Brunehaud fut conjointe par mariage l'an 565. avec Sigebert Roy d'Austrasie, & à luy amenée d'Espagne par Godin Maire de son Palais preude Chevalier ; toutesfois quelque peu après son mariage consommé elle procura sa mort envers le Roy son mary.

Fred. c. 18. Aimoin l.3.c.85. Elle fait mourir Guintrion à tort & sans cause, l'un des premiers Princes du Royaume d'Austrasie. Au moyen dequoy elle ; est honteusement chassée par le Roy Theodebert son petit fils de la Cour.

Fred. c. 29. Aimoin l. 3.c.86. Vaguant seule par les champs çà & là, ayant trouvé un pitaud de village, elle fut par luy conduite vers Theodoric Roy de Bourgongne son autre petit fils. Pitaut qui depuis fut fait Evesque d'Auxerre à la poursuite de ceste Dame, en recognoissance du service qu'elle avoit receu de luy.

Fred. c. 27. Aimoin l. 3.c.88. Aigila Patrice mis à mort sans sujet ; ains pour complaire seulement à ceste Princesse, & les biens de luy confisquez.

Didier sainct homme Evesque de Vienne banny.

Aimoin l.3.c.90 Luy restably de son appel lapidé publiquement par le commandement de ceste Dame.

Fred. c. 24. Brunehaud vieille amoureuse de Protade jeune Gentilhomme Romain, luy moyenne la Mairrie du Royaume de Bourgongne, & fait entendre au Roy Theodoric, que Theodebert Roy d'Austrasie n'estoit son frere ; ains fils d'un simple jardinier, pour nourrir partialitez & divisions entre les deux Roys. Et de ce qui en advint. *Fred. c. 24. 26. 27. Aimoin l. 3. c. 91. & 92.*

Theodoric marié avec l'Infante Hermenberge fille de Berteric Roy d'Espagne, ne peut avoir sa cognoissance charnelle maritale, par les charmes & sorcelleries de Brunehaud, jalouze de luy estre baillée une corrivale à sa grandeur. Au moyen dequoy elle fut renvoyée au Roy d'Espagne son pere. *Fred. c. 39. Aimoin l. 9. c. 94.*

Auparavant ce mariage, Theodoric avoit eu de 4. diverses concubines 4. bastards, Sigebert, Childebert, Corbe, Merouée, & après le delais de sa femme, continuant les paillardises, luy & Brunehaud son ayeule en sont tres-aigrement repris deux & trois fois par le bon homme Colombain, qui pour ceste cause fut banny du Royaume à la poursuite de Brunehaud. *Fred. c. 36. Aimoin l. 3. c. 95.*

Après que Theodoric eut obtenu victoire absoluë en la journée de Tolbiac contre Theodebert Roy d'Austrasie son frere, & qu'il eut esté traistreusement occis par les siens, Brunehaud fit assassiner tous ses enfans en la ville de Mets, & nommément un petit qui n'avoit encores receu baptesme. *Aimoin l. 3. c. 97*

Non contente de ces meurtres inhumains elle fit depuis empoisonner le Roy Theodoric, duquel elle avoit auparavant receu toutes sortes de bons offices. *Aimoin l. 3. c. 82.*

Et finalement quand elle fut exposée au supplice par l'Ordonnance du Roy Clotaire, on la chargea d'avoir fait mourir dix Roys des François. *Fred. c. 43. Aimoin l. 4. c. 1.*

Histoire certes en tout & par tout lamentable, si nous adjoustons foy aux memoires qui nous en sont baillez par ces deux Historiographes.

CHAPITRE X.

Comparaison des deportemens de Fredegonde & Brunehaud, Roynes, selon l'ancienne leçon.

QUand je considere ces deux Princesses, dont nos Histoires ont tant parlé, je trouve en elles deux ambitions grandement contraires, soubs lesquelles toutesfois nostre France fut contrainte de flechir les genoux : en Fredegonde une ambition relevée, en Brunehaud une ambition mousse & ravalée ; & tant de malefaçons en toutes les deux, que les papiers de ceux qui ont escrit, doivent rougir, ou de honte, ou du sang qu'elles firent espandre pour la conservation de leurs grandeurs sous divers regards. Une Fredegonde simple Damoiselle, faite par mariage femme & mere de Roy, n'avoir jamais guerroyé les siens ; ains seulement ceux qu'elle estimoit pouvoir nuire à la future royauté de ses enfans, quand elle en avoit plusieurs, & finalement de son fils Clotaire, reste demeurant de tous les autres. En quoy elle mit toutes pieces en œuvre, sans espargner le Sang Royal : Princesse qui ne douta d'un cœur guerrier & magnanime se trouver au milieu des combats. Quoy faisant elle conserva à son fils non seulement son Estat, mais qui plus est il se vit enfin Monarque des deux Frances ; au bout de tout cela après une infinité de traverses, & la mere, & le fils moururent de leurs morts naturelles en leurs lits. Au contraire une Brunehaud fille, femme, mere, ayeule, bisayeule de Roys, avoir non seulement fait la guerre à ses serviteurs domestiques, ains à ses propres enfans, semant entre les freres des divisions, par le moyen desquelles elle pensoit maintenir sa toure-puissance sur eux. Et combien qu'elle fortifiast ses actions, non par coups de main, comme l'autre ; ains d'une bigoterie, & masque de Religion, qui n'est pas un petit secret pour gaigner le cœur de la populace ; toutesfois pendant qu'elle affligea de telle façons les siens, elle favorisa de tant plus les affaires du Roy Clotaire son ennemy. Tellement que pour fin de jeu, ses enfans perdirent, & leurs vies, & leur Royaume, & la malheureuse mere mourut par les mains d'un bourreau : Ceste-cy est la commune leçon de tous nos Historiographes : Je vous discourray en un autre lieu quelle est mon opinion.

Histoires vrayement prodigieuses, mais quand je repasse à bon escient sur celle de Fredegonde & Clotaire, je n'en trouve une seule en son tout dedans l'ancienneté qui soit esmerveillable comme ceste-cy. De maniere que lisant Machiavel, en son traicté du Prince au Chapitre où il discourt des Seigneurs, qui par scelerateffe & meschanceté s'estoient faits grands (discours qui ne luy est desagreable) il devoit ce me semble choisir pour archetype en ce sujet, non un Cesar Borgia fils du Pape Alexandre sixiesme, ains nostre Fredegonde. En celuy-là veritablement il recite plusieurs meschancetez,

meschancetez, dont il accompagnoit toutes ses actions, par le moyen desquelles il se fit Maistre de quelques villes, & se promettoit de se faire Duc de la Toscane. Esperance dont il fut toutesfois deceu par soy mesme: Car ayant convié quelques Cardinaux à souper dont il se vouloit deffaire, il commanda à son sommelier de leur donner à boire du vin qui estoit dans quelques bouteilles empoisonnées: estimant qu'ayant la fin de tous ces Cardinaux, il viendroit puis après à chef de ce qu'il brassoit dessus la Toscane : Mais Dieu voulut que le sommelier prenant l'une des bouteilles pour l'autre, donna du vin empoisonné au Pape Alexandre VI. son pere, dont il mourut, & les Cardinaux furent conservez. Et par ceste mort Borgia perdit son bras dextre, & d'une main ses detestables esperances & furieuses executions. Mais en nostre Fredegonde, combien que son histoire soit composée de mesmes façons de meschancetez que l'autre, voire plus hardies, si est-ce que l'estoffe en est bien plus riche, & les evenements plus heureux.

Premierement il eust trouvé en elle l'histoire, non d'un homme, ains d'une femme, consequemment plus admirable, & non d'une Royne, de son premier estre, ains d'une simple Damoiselle, qui par ses doux allechements s'estoit du commencement faite Maistresse du Roy Chilperic, & depuis facilité toutes voyes à la Royauté, & souverain degré de grandeur. Une Audoüere premiere femme de Chilperic repudiée par l'artifice de ceste-cy : la seconde estranglée à son instigation : Enfin mariage du Roy avec elle. Un Roy Sigebert sagement assassiné par son conseil lors que son mary & elle estoient au dessous de toutes affaires. Princesse qui après ceste mort fit mourir les Princes Merouée, & Clovis enfans du premier lit de son mary : tout d'une suite leur mere, ensemble tous les Seigneurs qu'elle pensoit avoir part en leurs bonnes graces. Et en après donnant toute bride à ses voluptez avec son Landry, & qui depuis pour couvrir son adultere vint faire tuer son mary. Mais c'est icy où Machiavel se pouvoit sous meilleurs gages joüer de sa plume : car ceste Dame estant demeurée chargée d'un enfant de 4. mois seulement, soupçonnée de ce meschant meurtre, accusée de sa conscience, poursuivie par le Roy Childebert fils de Sigebert son ennemy, sceut si bien joüer son rolle, qu'elle se developpa à la fin de toutes ces perplexitez, tant par une sanglante renardise, dont elle tenoit en cervelle les amis & ses ennemis, que par un cœur masle & guerrier, quand les occasions s'y presenterent. Et après tous ces tours de souplesse, Dieu permit qu'elle mourut d'une mort calme dans son lict, contre l'ordinaire de ceux qui se meslent de tels mestiers. Toutes les meschancetez par elle commises furent pour conserver la Couronne à son fils Clotaire. Or voyez en quel champ eust esté maintenant Machiavel. Fredegonde mere allant de vie à trespas laissa Clotaire seulement aagé de 14. ans, aage foible, & partant aucunement sujet à mutations selon le monde. D'ailleurs sa Couronne conservée par les meschancetez de sa mere, consequemment sujette à revoltes selon les jugemens de Dieu. Toutesfois jamais Roy pendant sa vie ne se trouva plus heureux que cestuy-cy. Son heur voulut que Brunehaud son ennemie, par un jugement sot & bizarre se fit ennemie de ses propres enfans. Moyen par lequel elle conserva non seulement le Roy Clotaire & sa Couronne, ains luy fit voye en celle de ses enfans : Et finalement pour s'asseurer de toutes craintes, il fit mourir par un grand coup d'Estat, & la bisayeule, & les enfans bastards de Theodoric son petit fils. Achevant sa fortune par où l'Empereur Auguste commença la sienne : quand avec Lepide & Marc-Antoine ses associez il fit mourir, non seulement leurs ennemis, ains amis qui pouvoient apporter quelque obstacle à l'acheminement de leurs grandeurs, quoy faisant après la mort de ses compagnons s'estant fait maistre universel de l'Empire Romain, il continua sa vie au gré & contentement de tout le peuple, & après son trespas lors de la promotion des nouveaux Empereurs, on souhaittoit par acclamations publiques, qu'il fust aussi plus heureux qu'Auguste : Au contraire Clotaire après plusieurs traverses de la fortune fit mourir les Princes qui le pouvoient vray-semblablement inquieter : mais tout soudain se moyenna, tout ainsi qu'Auguste, tout repos en sa Monarchie, & mourut d'une douce mort comme luy. Et le Greffier du Tillet escrivant sa vie l'honore de ceste qualité de grand Clotaire. Vray qu'il eut une particularité dessus Auguste, d'autant que dés l'aage de 4. mois il fut fait Roy, & Auguste seulement Empereur en l'aage de 20. à 21. an. Vit-on jamais procedures telles, ny catastrophe de Tragedie historiale pareille à ceste-cy ? Et c'est pourquoy je dis & soustiens hardiment que Machiavel se devoit mettre ceste Fredegonde en bute dedans son chapitre de la Sceleratesse, comme parangon de toutes les autres.

CHAPITRE XI.

Folles amours de la Royne Fredegonde avecques Landry Maire du Palais. Meurtre du Roy Chilperic par eux procuré. Histoires fabuleuses.

EN tout ce que j'ay cy-dessus deduit du fait qu'on attribuë aux Roynes Fredegonde & Brunehauld, j'en ay parlé comme celuy qui adheroit à l'opinion commune de nos Historiographes, empruntée de deux anciens que je cotteray cy-après. Dores-en avant je vous en diray ce que j'en pense, & le vous disant je tascheray de m'en acquiter par raisons bonnes & persuasives. A cette fin je commenceray par cette histoire qui nous est fort familiere, des folles amours qui furent entre la Royne Fredegonde & Landry Maire du Palais, dont sourdit le meurtre cruel du Roy Chilperic. En quoy j'apprens une grande querelle, & neantmoins sur un suject foible : car qu'importe à nostre France de sçavoir si cette histoire est veritable, ou non. C'est ainsi que je me joüe de ma plume : mais toutesfois sous bons gages.

Je vous ay par les deux precedens Chapitres estalé en gros, la marchandise concernant la Royne Fredegonde, je la veux maintenant debiter en detail, & vous dire le Marchand qui me l'a fournie : car voulant excuser cette Princesse aux deux points qui se presentent, je l'accuseray en plusieurs autres, & pense avoir un tres-asseuré garend, tant de l'excuse, que de l'accusation. Quant à moy je n'en trouve un singulier estat de ceux qui escrivent l'Histoire de leurs temps, moyennant qu'ils ne soient aux gages de leurs Princes, sous le nom d'Historiographes du Roy: car il n'est pas croyable qu'un Roy baille gages à qui que ce soit, pour publier ses vices, ains pour les flater ou cacher. Or entre nos Historiographes j'honore singulierement nostre Gregoire Evesque de Tours, par especial en ce qui regarde les vies des Roys Chilperic & Sigebert, & de Fredegonde & Brunehaud leurs femmes. Car il estoit non seulement de leur temps, mais qui plus est avoit bonne part aux deliberations publiques. Personnage d'ailleurs qui pour sa preud'hommie a esté mis au catalogue des Saincts. N'estant jamais allegué par le Greffier du Tillet que sous cette qualité de Sainct. Cestuy est aujourd'huy le plus ancien qui nous soit resté de ceux qui devant luy avoient escrit l'Histoire des François, duquel comme d'une grande fontaine nous devons puiser l'ancienneté de la premiere famille de nos Roys: car quant aux autres qui l'ont suivy, ce ne me sont que ruisseaux. Voyons doncques quel tesmoignage nous pouvons rapporter de luy, tant des amours de Fredegonde & Landry, que du meurtre de Chilperic.

Entant qui touche les amours, je n'en trouve un tout seul mot dedans luy, non pas mesmes qu'il luy soit advenu de parler en son livre en bien, ou en mal de Landry. Au contraire il n'a douté de dire que plusieurs avoient opinion que Bertran Evesque de Bourdeaux, & Gontran Bosson avoient plus de privauté avecques cette Princesse que ne portoit l'honneur de sa pudicité. Davantage s'il en eust esté
quelque

quelque chose, il n'est pas que le peuple n'en eust eu quelque sentiment : car comme on dit en commun proverbe, nul feu sans fumée : & encores beaucoup plus au faict des Princes & Princesses, dont les actions sont exposées à la veuë de tout le monde. Partant en eust peu le Roy Gontran avoir quelques nouvelles, quand à la semonce de sa belle sœur il vint à Paris, & ne l'eust si favorablement traitée comme il fit. Toutesfois par le tesmoignage d'Aimoin, duquel tous nos Historiographes ont emprunté l'histoire de ses amourettes, non seulement ce Roy ne luy en fit aucun semblant, ains qui plus est la prit en sa protection avecques son enfant, & encore quelque temps apres, bailla l'enfant en garde à la mere, & le Royaume sous le gouvernement de Landry Maire du Palais.

Car quant à la mort de Chilperic, je representeray en Latin le passage de Gregoire, dont je fais grand estat, afin que le Lecteur y ait plus de creance, & tout d'une suite le rendray en nostre vulgaire, à ce qu'il soit de tous bien entendu. Au livre 6. chapitre 46. *Hac præda pergentibus, Chilpericus noster Nero temporis & Herodes ad villam Callensem quæ distat ab urbe Parisiaca, quasi centum stadiis, ibique venationes exercebat. Quadam verò die regressus à venatione jam sub obscura nocte, dum de equo susciperetur, & unam manum super scapulam pueri retineret, adveniens quidam cum cultro, percutit sub assellam, iteratoque ictu ventrem ejus perforat, statimque profluente copia sanguinis, tam per os, quàm per aditum vulnerum, iniquum emisit spiritum.* Qui est à dire : Ceux-cy doncques s'en allans avecques leurs proyes, Chilperic l'autre Neron & Herode de nostre temps s'en vint au village de Chelles, non grandement esloigné de la ville de Paris, pour prendre son deduict de la chasse. Et comme un jour entr'autres il en revint dedans l'obscure de la nuit, ainsi qu'il descendoit de son cheval, & avoit la main sur l'espaule de l'un de ses gens, survint un je ne sçay qui, lequel le frappa sous l'aisselle du glaive, & redoublant le coup, luy bailla au travers du ventre. Adoncques sortant le sang en abondance, tant de la bouche, que de l'ouverture des playes, il rendit sa meschante ame en l'autre monde.

En ce passage n'est fait nulle mention, ny de Fredegonde, ny de Landry, ny de leurs folles amours, ny de l'assassinat par eux procuré. Le premier qui nous en a repeu est Aimoin, qui n'en escrivit que par ouyr dire, ou par la plume d'autruy, & vous sçavez que par la reigle commune de Droict, il faut plus adjouster de foy à un tesmoing de l'œil, qu'à dix de l'ouye. Peut-estre me direz vous qu'il estoit bien aisé à Gregoire de blasonner Chilperic de telle façon qu'il fist, comme celuy qui ne se pouvoit plus revanger : mais qu'il n'eust osé donner aucune attainte aux deux vivans. Singulierement eu esgard qu'il sçavoit combien la Royne estoit opiniastre en ses vengeances : Tesmoin la mort de Pretextat, & luy-mesme en avoit fait quelque espreuve, quand il fut prevenu en Justice d'avoir parlé des amours d'elle avecques Bertrand : dont il fut contrainct de se purger en plein Consistoire de Prelats. Il y a deux temps en l'Histoire de Gregoire que nous devons considerer, l'un auquel Chilperic trouble-mesnage s'estoit emparé sur le Roy Childebert de la ville de Tours ; & ce fut lors que ce Prelat fut contrainct de se justifier, de ce qu'on luy imputoit mesdit de Fredegonde. Mais depuis la ville ayant esté reduite sous l'obeïssance de Childebert, il estoit employé aux plus grandes Ambassades de luy, comme vous cognoistrez par ses derniers livres, & adoncques n'y avoit obligation, ny crainte qui l'empeschassent de parler d'elle selon le deub de sa conscience. Ainsi le trouverez-vous par tous ses livres en plusieurs particularitez, dont les siens n'importoient guere moins à son honneur, que les deux dont est question. J'ay par le precedant Chapitre esté homme d'Estat, mettant és mains de Machiavel, instruction pour rehausser son discours de la Scelerateté du Prince. Je seray maintenant homme d'estude, & vous produiray par forme d'Inventaire les lieux esquels Gregoire parlant de ceste Princesse, n'oublie rien de ce qu'il pensoit estre de la verité. Car de vous coucher tout au long ses passages, ce ne seroit que remplissage de papier & perte de temps. Suffise vous que ce Chapitre vous servira d'adresse pour les trouver.

Galsonde sœur aisnée de Brunehaud deuxiesme femme de Chilperic est estranglée dedans son lit à l'instigation de Fredegonde lors sa paillarde & depuis sa femme & espouse.

Le procez extraordinaire est fait à Pretextat Evesque de Rouën par plusieurs Evesques, qui n'osoient opiner comme ils vouloient. *Timebant enim Regina furorem, cujus instinctu hæc agebantur.* — Greg. de Tours l. 4. c. 18

Au mesme Chapitre elle envoye argent à Gregoire pour le corrompre & gaigner sa voix. Ce qu'il ne veut prendre. — Lib. 5. cap. 18.

Meroüée fils aisné du premier lit de Chilperic, & tous ses favoris occis par le commandement de cette Princesse. — Lib. 5. cap. 59.

Et en apres Clovis puisné, & tout d'une suite Audouëre leur mere premiere femme de Chilperic.

Elle depesche un homme d'Eglise pour assassiner Brunehaud, & par faute de l'avoir fait, luy fit à son retour couper mains & pieds. — Lib. 7. cap. 20.

Un pescheur denonce au Roy Gontran, comme Fredegonde avoit fait jetter le corps du jeune Clovis son neveu dedans la riviere de Marne, & comme par hazard il l'avoit pesché. — Lib. 8. cap. 10.

Quelques paysans presentent au mesme Roy un buletin, donnant avis à Fredegonde de faire mourir Brunehaud, & le Roy Childebert son fils. — cap. 28.

Elle fit affiler deux cousteaux pour cet effect, & froter de poison, qu'elle mit és mains de deux hommes d'Eglise. — cap. 29.

Homme attitré par les Ambassadeurs de Fredegonde surpris dedans une Eglise qui avoit charge de tuer Gontran. — cap. 44.

Elle veut cruellement mettre à mort de ses propres mains sa fille Rigonde, & l'avoit desja presque fait, si quelques Gentils-hommes arrivez aux cris de la fille ne l'en eussent destournée. — Lib. 9. cap. 34.

Un homme d'Eglise par elle envoyé pour tuer Childebert. — Lib. 10. cap. 18.

Elle fait assassiner Pretextat Evesque de Rouën en la grande Eglise le jour de Pasques, comme on celebroit le service divin, & non contente de ce detestable meurtre voulut repaistre ses yeux de ce Prelat porté en sa chambre demy mort, feignant de le vouloir consoler. Chose que ce pauvre Seigneur ne prit en payement, ains luy improperera sa mort, & de plusieurs autres. Enfin ayant rendu l'ame à Dieu, comme quelque Gentil-homme vint à cette Princesse pour luy en faire plainte, elle faisant contenance de le bien-veigner luy fait prendre son vin, dans lequel elle fit mettre du poison, dont il mourut un quart d'heure apres. — Lib. 8. cap. 31.

Je vous raconte cestuy comme chef & couronnement de ses œuvres, ores qu'il fut depuis suivi de plusieurs meschancetez par moy cy-dessus cottées selon le denombrement des livres portez maintenant sur la marge.

Toutes les particularitez par moy cy-dessus representées, vous les trouverez dedans Gregoire avec beaucoup plus de jour que je ne leur baille.

Estimez-vous que si elle eust consenty à la mort de son mary, que Gregoire eust mis ce crime execrable au rang des pechez oubliez ? Quant à moy je ne le puis croire.

Le premier de nos anciens Historiographes, au moins de ceux qui courent par nos mains, qui donna vogue à cette Histoire, est Aimoin, comme je vous ay cy-dessus touché ; & neantmoins le fait ainsi qu'il est par luy posé, semble porter son dementir quant & soy. Car premierement il vous represente une Royne Fredegonde qui dedans son cabinet vouloit laver ses cheveux, quand estant frappée d'une baguette sur l'espaule par le Roy, estimant que ce fust son Landry, elle luy dit : Landry vous n'estes point sage, car le Roy n'est encores party. Cette Princesse se pouvoit-elle employer à ce bel ouvrage qu'elle ne fust assistée de quelques Damoiselles ou filles de chambre, qui pouvoient voir le Roy entrer, & le saluer avant la mignardise du coup, ou bien le voyant en donner avis sur le champ à leur Maistresse ? Ceux qui ont escrit depuis Aimoin pour radouber cette faute, ont dit qu'elle se peignoit. Je ne suis homme de Cour ; toutesfois je me persuade que nos Roynes ne furent jamais sans Damoiselles qui les servissent pour ce sujet : veu que les moindres Dames & Damoiselles communément, ne manquent de servantes dont elles s'aydent pour cet effect. Davantage se peut-il faire que ce Roy ayant descouvert inopinement cette meiche, eust esté si retenu de ne faire dés lors quelque demonstration de son maltalent, ou si sot & fetard de courre le cerf dedans la foreſt juſques à nuit cloſe ? Luy (dis-je) qui par les paroles de ſa femme ſe voyoit, non cerf, ains vray ſerf de paillardiſes, qui comme les cerfs, portoit cornes : Cette patience ſe loge mal-aiſément au cœur d'vn mary. Et à tant d'auoir ſur ce nouueau martel promené ſes penſées vn jour entier dedans la foreſt juſques bien auant dedans la nuit, cela ſeul me feroit preſque croire, que ce conte eſt vne hiſtoire de Moine, qui ne ſçauoit combien telles algarades excitent de tintoins aux teſtes de gens mariez. Mais outre toutes les particularitez par moy cy-deſſus touchées, encore en ay-je vne autre qui me ſemble ne receuoir contredit. Childebert auoit ſouuent imputé cette mort à Fredegonde deuant le Roy Gontran ſon oncle : & ne deſiroit rien tant que de l'en conuaincre. Aduint qu'en ſa Cour on fit le procez extraordinaire à vn Sonnegiſile accuſé de pluſieurs crimes, & entr'autres de ceſtuy-cy, lequel eſtant pluſieurs jours expoſé à vne longue & inhumaine torture, recogneut auoir eu part au meurtre du Roy Chilperic, & quelque autre particularité. Que ſi Fredegonde euſt eſté de la partie, croyez qu'il ne l'euſt oubliée : car en ce faiſant il euſt grandement contenté l'opinion de la mere & du fils qui l'auoient fait appliquer à cette tortionniere queſtion. Le paſſage merite d'eſtre icy tranſcrit, pour l'importance du fait. *Sunnegiſilus verò iterum tormentis addicitur, ac quotidie virgis* B *loriſque cæditur, & cum putreſcentibus vulneribus, comprimuntur decurrente puta, cœpiſſent ipſa vulnera claudi, iterum renouabantur ad pœnam. In his tormentis non ſolùm de morte Chilperici Regis, verùm etiam alia crimina ſe admiſiſſe confeſſus eſt. Interquas confeſſiones addidit etiam Ægidium Remenſem Epiſcopum ſocium fuiſſe cum illo Rauingi, Vrſionis, & Bortefredi conſilio ad interficiendum Childebertum Regem.*

De tout ce que deſſus je conclurrois volontiers, mais je n'oſe, que tout ce que l'ancienneté a chanté à la ſuite d'Aimoïn, de la mort de Chilperic procurée, par Fredegonde & Landry, eſt vne fable, laquelle toutefois par long laps de temps s'eſt tellement tournée en hiſtoire, que de ſouſtenir le contraire, c'eſt vne eſpece d'hereſie. Et neantmoins mon mal-heur eſt tel, que voulant excuſer cette Princeſſe, tant des amours de Landry, que du meurtre de Chilperic, je ſuis contrainct pour ſa juſtification de l'accuſer d'vne infinité d'autres crimes. De maniere que reuenant aujourd'huy en vie, elle auroit plus de ſujet de ſe meſcontenter de moy, l'excuſant, que de ceux qui l'en ont accuſée.

Or ſi la conjecture de l'ancien Juriſconſulte Caſſius, *Cui bono*, tant ſolemniſée par les plaidoyez de Ciceron auoit lieu, il y auroit beaucoup plus d'apparence de l'imputer à Brunehaud. Car pour bien dire c'eſtoit vne pareille qu'elle C deuoit à Fredegonde. Vray qu'en ſouſtenant cette opinion on pourroit tomber en vn autre inconuenient, & m'objecter que ſi Gregoire auoit voulu gratifier la memoire de Brunehaud en l'obmiſſion de ce fait, il pouuoit auſſi auoir fait le ſemblable en tous les autres, qui ſeroit pour effacer vne propoſition que j'entends cy-apres ſouſtenir à l'aduantage d'elle, que Gregoire n'a nullement meſdit d'elle, ou s'il en a meſdit, ç'a eſté fort ſobrement. A la verité Aimoïn dit que les traiſtres qui firent le coup s'eſcrierent tout auſſi-toſt, qu'il y auoit du fait de Childebert en cecy. Cry qui eſt aſſez croyable, afin de donner la berluë aux autres. Mais tant y a que je ne voy, ny dedans Gregoire, ny dedans Aimoïn, ny du depuis cette opinion fuſt tombée en la teſte d'aucun : non pas meſme de Fredegonde ennemie capitale de Brunehaud, & du Roy Childebert ſon fils. Car le Roy Gontran deſirant eſtre eſclaircy de ceſte mort, elle accuſa nommément Eberulfe Chambellan du Roy Chilperic. Et Gontran diſoit Theodoric Eueſque auoir eſté l'vn des complices, & n'eſt point à preſumer que ſi Brunehaud en fuſt meſlée, elle euſt fait bailler vne ſi cruelle geſne à Sonnegiſile, pour en extorquer d'elle la verité. Et à peu dire ce ſeroit choſe ridicule d'eſtimer que Gregoire euſt voulu cacher cette hiſtoire en la perſonne de Brunehaud. Car quelle honte y auoit-il de ſa part : veu que ſelon la reigle des ſages-mondains, c'eſtoit vne vengeance qu'elle deuoit à la memoire de ſon mary ? Joinct que ce bon Eueſque n'auoit douté d'eſcrire l'inceſte commis par cette Princeſſe en face de ſaincte Egliſe, ſous le maſque d'vn mariage par elle contracté auecques Meroüée fils aiſné de Chilperic : ſous vn meſme propos, comme il eſt grandement à croire, de ſe venger du pere ſon ennemy, par le moyen de ſon propre fils.

B Partant je diray pour arreſté, que ny Fredegonde, ny Brunehaud, ne participerent jamais au meurtre de Chilperic. Que ſi me demandez qui luy cauſa doncques ce mal-heur ? je vous reſpondray comme fit Gregoire à Gontran : que non autre que luy meſme. Le Roy Gontran accuſant en pleine aſſemblée Theodoric Eueſque, & luy deſſendant tres-expreſſement d'auoir entrée au Concil qu'on eſtoit ſur le point d'ouurir, adjouſta cette cauſe. Parce qu'il le ſçauoit pour certain auoir eſté l'vn des premiers outils & inſtrumens de la mort du Roy Chilperic ſon frere. Auquel Gregoire repartit d'vne admirable liberté : *Et quis Chilpericum interemit, niſi malitia ſua ?* Et qui a tué Chilperic ſinon ſa meſchante vie ? Ce Roy entre tous les Roys de la France fut reputé pour le plus malgiſſant, & tel que noſtre Ronſard nous a repreſenté ſur fidelles memoires par ſa Franciade : comme auſſi Gregoire l'appelle le Neron & Herode de ſon temps. Il auoit offenſé ſes ſujets de toutes ſortes de meſcontentemens, & n'eſt pas hors propos de croire qu'apres vne longue patience quelques-vns s'eſchapperent à eux-meſmes, & vangerent ſur ce meſchant coup, le tort qu'il tenoit tant generalement à ſon peuple, qu'à luy-meſme en ſon particulier. Quelques nouueaux Theologiens appellent cela coup du Ciel, comme ſi ce fuſt vne Juſtice de Dieu executée par C l'injuſtice des hommes. Mais les anciens l'appellent coup du Diable, n'eſtant pas loiſible au ſujet de prendre aucune Cour, Juriſdiction & cognoiſſance ſur les actions de ſon Prince, lequel il doit honorer, tel qu'il plaiſt à Dieu le donner. Et neantmoins il n'eſt pas dict que les bons Roys ne puiſſent de fois à autres courir pareille fortune, par vn taiſible Jugement de Dieu, ſur lequel de vouloir aſſeoir ſon jugement, c'eſt n'auoir point de jugement.

CHAPITRE XII.

Diuerſes leçons en l'Hiſtoire de la Royne Brunehaud, auecques vn ſommaire diſcours de ce qu'on trouue à ſon aduantage, tant dedans Gregoire de Tours, que S. Gregoire Pape.

Aprés vous auoir diſcouru & juſtifié ce que je penſe veritable en l'hiſtoire de Fredegonde, je viens maintenant à celle de Brunehaud : en laquelle je ſupplie le Lecteur s'armer de patience, juſques à la cloſture de mon conte, me promettant que pour fin de jeu il trouuera matiere pour ſe contenter. Jamais lignée ne fut affligée de telle façon comme celle de Brunehaud par la famille de Fredegonde. Galſonde ſa ſœur aiſnée deuxieſme femme de Chilperic, eſtranglée dedans ſon lict, Sigebert ſon mary aſſaſſiné, Childebert fils de luy empoiſonné, le tout par les artifi-ces de Fredegonde. Et aprés ſon decez les enfans de Theodoric fils de Childebert occis, & leurs Royaumes empietez par Clotaire fils de Fredegonde, & finalement Brunehaud D cruellement miſe à mort. Grandes certes, & merueilleuſes afflictions : mais cette-cy parauenture non moindre, qu'aprés la mort eſpouuentable de ceſte Princeſſe, le battu a payé l'amende. Car la plus part des anciens Autheurs, qui depuis Gregoire de Tours ont eſcrit noſtre hiſtoire, luy imputent tous les mal-heurs qui lors, & aupararauant eſtoient aduenus en la France, & la publient pour la plus furieuſe

Megere,

Megere, qu'oncques comparut sur la face de la terre. Ce que j'oze attribuer, non tant à la verité de l'histoire, qu'au bon-heur du Roy Clotaire son ennemy, pour excuser l'inhumanité barbaresque dont il la traicta à sa mort. Et qui est encore plus esmerveillable, c'est que si ceste Royne fut cause pendant sa vie de plusieurs guerres, & divisions entre les Roys Theodebert & Theodoric ses petits enfans, ainsi que le porte la commune leçon, elle n'excita pas moins de partialitez entre ceux qui escrivirent sa vie. Uns Fredegaire, Aimoin, Gaguin & Gilles, du tout voüez à mesdire d'elle: au contraire nostre gentil Paule Æmile, & du Tillet Evesque de Meaux à l'excuser, & soustenir que la plus part de ce que les anciens en avoient mesdit estoit faux. Il n'est pas qu'entre ceux qui de plus fraische memoire ont mis la main à la plume, il n'y ait pareilles partialitez. Car Pierre Masson, qui par un nom emprunté de Tite Live, s'est appellé Papirius Massonius, & aprés luy Jean Mariana Espagnol sont formellement pour le dernier party : contre lesquels Haillan, Veignier, Belle-forest, Serre & Fauchet sont pour le premier. Je donne cet ordre à ces cinq, non sur le poids de leurs merites, ains selon qu'ils mirent leurs œuvres en lumiere : quant à moy sans m'arrester à ceux-cy, desquels toutesfois j'entens parler avecques tout honneur, je me delibere de deduire par ce Chapitre, ce que j'ay trouvé de bon & mal d'elle dedans deux Autheurs qui sont sans reproche, pour avoir vescu pendant la vie de ceste Princesse.

Le premier que je voy en avoir parlé est Gregoire Evesque de Tours, quand il dit que Sigebert Roy d'Austrasie, plus sage que les trois autres freres qui s'adonnoient en amours lubriques, rechercha en mariage Brunehaud fille d'Athanaïlde Roy d'Espagne. *Erat enim puella elegans opere, venusta aspectu, honesta moribus, atque decora, prudens consilio, & blanda colloquio.* Car elle estoit (fait-il) accompagnée d'une bien-seance en ses actions, belle à qui la regardoit, bien morigenée, sage en ses conseils, & d'un doux entregent. Cela mesme est confirmé par Fortunat Evesque de Poictiers l'un des premiers Poëtes de son temps, quand au sixiéme Livre de sa Poësie parlant d'elle il dit:

Pulchra, modesta, decens, solers & grata, benigna, Ingenio, vultu, nobilitate potens.

Et ayant esté ceste Princesse de ceste façon depeinte par Gregoire, il dit que aprés avoir esté catechisée, & espousé la Religion Catholique, au lieu de l'Arrienne en laquelle elle avoit esté nourrie en Espagne chez son pere, le Roy Sigebert tout d'une suite l'espousa. Et tant & si longuement que ce Roy vesquit, je ne voy dedans Gregoire, qu'il soit parlé en bien ou en mal d'elle. Qui ne luy est pas un petit honneur. Car à bien dire, la femme n'est peu honorée, qui sans mettre ses deportemens à l'essor, reduit toutes ses volontez à la volonté de son mary. Soudain aprés le decez de luy, je la voy mise sur les rangs en deux actes : l'un quand advertie de ceste mort inopinée, elle fait sortir de nuict à petit bruit sur les murailles de la ville dedans une corbeille, Childebert son fils, lequel par l'entremise du Capitaine Gondebaut, fut conduit à Metz, & couronné Roy d'Austrasie, agé seulement de cinq ans : l'autre quand Chilperic insolent en sa bonne fortune, advenuë de l'assassinat commis en la personne de Sigebert, confina ceste Princesse en la ville de Roüen, pour y terminer ses jours : où elle espousa quelque peu aprés Meroüée, fils aisné de Chilperic. Le premier fut un acte de bonne & sage mere : le second fut conduit par deux ames aveuglées de passions, l'une de l'amour en Meroüée, l'autre de la vangeance en Brunehaud. Car si ce mariage luy eust reüssi suivant son souhait, c'eust esté un admirable traicté de vangeance digne d'une trompeté dedans une longue posterité, se vangeant de la mort de son mary, par le fils contre le pere son ennemy. Mais il y eut trés-grande faute de prudence : d'autant que le mariage se fit estoit sujet au Roy victorieux, & le peu de gens de main qu'ils avoient pour leur faire espaule, les devoit destourner de ceste entreprise, comme l'evenement leur monstra. Que s'ils l'eussent differée jusques à ce que ceste Princesse eust esté restablie en sa ville de Metz, comme elle fut depuis, croyez qu'elle eust taillé prou de besongne à son ennemy. Ce que je vous dis je le tiens en foy & hommage de Gregoire Evesque de Tours, qui ne m'est pas un petit parrein, cela estant advenu de son temps. Et neantmoins ne pensez qu'il l'ait espargnée, quand l'occasion s'y est presentée. Qu'ainsi ne soit le Roy Gontran ayant avecques grande ceremonie adopté le Roy Childebert son neveu, il luy conseilla avant que partir, de ne se fier à la Royne Brunehaud sa mere, comme celle qu'il sçavoit avoir quelques sourdes intelligences avecques Gondebaud son ennemy capital, lequel sous ombre d'une longue chevelure, qu'il ajençoit à la Royale, se maintenoit estre fils du Roy Clotaire premier. C'estoit l'opinion que Gontran avoit lors, vraye ou non, c'est la question : mais il y avoit bien grande apparence du non, n'estant pas à presumer qu'une mere eust voulu favoriser celuy qui luy estoit incogneu, au desavantage de son fils. Joint que je la voy sur ce mesme subject avoir esté depuis calomniée. Car Gondebaud ayant esté mis à mort en la ville de Comminge, on fit depuis entendre à Gontran que Brunehaud avoit fait depuis forger un bouclier d'or massif, enrichy de plusieurs pierres precieuses, pour le donner au fils de Gondebaut. Chose qui mit Gontran en cervelle, & sur ce rapport envoya guettes de toutes parts, mais il trouva en fin de compte, que ce bouclier estoit destiné pour le Roy d'Espagne qui attouchoit Brunehaud de proximité de lignage. Et de fait nonobstant ces pretendus soupçons, elle eut tousjours bonne part aux affaires du Roy Childebert son fils. Elle intervint au traicté de reconciliation qui fut faite entre les deux Roys, & y est establie sous ce titre de *Gloriosissima Regina*, & que je veux rendre en nostre langue Françoise : trés-grande, & trés-haute Royne : & par le discours du traicté, entr'autres particularitez il est dit, qu'advenant que Childebert allast le premier de vie à trespas, Gontran prenoit à sa protection Brunehaud mere, sa lennebne femme, & ses enfans. Gilles Evesque de Rheims est degradé des Ordres de Prestrise, privé de son Evesché, & banny, pour avoir conspiré contre la vie de Brunehaud. Bref je ne voy aucun passage en Gregoire de Tours, par lequel il ait grandement fustigillé l'honneur & reputation d'elle, depuis son mariage fait avecques Sigebert l'année 565. jusques au decez de Gontran l'an 597. qui disent trente-deux ans. Et depuis ce temps vous trouverez une amitié contractée de sa part avecques sainct Gregoire Pape, qui dura jusques en l'an 604. que ce grand Prelat rendit l'ame à Dieu. Nous voyons seize lettres de luy dedans son Registre (ainsi appelle-t'on le livre) diversement esparses à Brunehaud, Childebert, & à ses enfans : mais principalement à la mere.

Or l'air general de toutes ces lettres estoit de haut loüer premierement la pieté de la mere envers Dieu, puis sa sagesse en la conduite de ses enfans, & à eux l'obeyssance filiale qu'ils rendoient à leur mere. Et presque en toutes il les prie de bannir de leurs Royaumes la symonie qui n'estoit que trop familiere aux Eveschez, & de ne permettre que les hommes Laïz, de plein saut, fussent faicts Evesques, sans avoir preallablement passé bien & deuëment par les Ordres de Prestrise : qui estoit en bon langage frapper au mesme lieu où estoit leur mal. Car nos Roys adoncques tenoient en telles matieres plein ban : tolerans à veuë d'œil la symonie aux Eveschez, voire y ayans quelquesfois part : Et au surplus conferoient selon leurs grez, le plus du temps à gens Laïz & illetrez, lesquels selon la corruption du siecle prenoient du jour au lendemain les Ordres de Prestrise, & tout aussi-tost chargeoient la Mytre & la Crosse d'Evesques. Puisque ce grand sainct homme loüant ceste Royne & ses enfans, leur improperà tout franchement les deux fautes que l'on commettoit aux Eglises de leurs Royaumes, je ne me puis faire accroire qu'il eust passé par connivence les vices, que l'on a depuis imputez, avecques une grande largesse, à la mere.

Par tout ce que je vous ay cy-dessus discouru, depuis l'an 565. mariage de Brunehaud, jusques en l'an 604. mort de sainct Gregoire, je voy en ceste Histoire deux Gregoires : chacun en son endroict grand Prelat, l'un Evesque, l'autre Pape, tous deux canonizez par l'Eglise. Celuy-là n'avoir grandement navré l'honneur de ceste Dame, lequel finit son Histoire de nos Roys au baptesme du Roy Clotaire second qui fut fait l'an cinq cens nonante-cinq. Cestuy-cy l'avoir celebrée

celebrée comme Princesse sans pair, en matiere de devotion, dont les Eglises par elle basties au Royaume de Bourgongne seruoient de bons tiltres & enseignemens. Mais sur tout nulle tache de cruauté remarquée par ces deux Prelats en ceste Princesse.

Cela est cause que Papirius Massonius en son Histoire de la France, soustient qu'il falloit, ou que ceste Princesse eust esté pleine de grande pieté, ou sainct Gregoire d'impieté, de nous l'auoir par ses lettres pleuuie autre qu'elle n'estoit. Au contraire le docte Cardinal Baronius dict, (sans toutesfois le nommer: mais on voit bien que c'est luy auquel s'addresse ce pacquet) qu'il se mocquoit de cette opinion: comme s'il n'eust peu aduenir que depuis le decez de ce grand Gregoire elle fust depuis tombée en sens reprouué, & qu'il eust esté garend des fautes par elle du depuis commises. Paroles par lesquelles il recognoist raisiblement qu'il ne la falloit rechercher du passé. Quant à moy tout ainsi que je ne la veux totalement excuser, aussi ne la puis-je totalement accuser. Le tout ainsi que vous pourrez entendre par les particularitez que je discourray cy-aprés.

CHAPITRE XIII.

Qui sont les Autheurs qui ne condescendent à la farouche opinion des vices & cruautez qu'on impute à Brunehaud.

Combien que je sçache l'honneur & le respect que l'on doit à l'ancienneté, & en quel hazard je m'expose, luy voulant faire son procez, toutesfois je ne douteray de franchir le pas. Et afin que l'on ne m'accuse d'une nouuelle temerité ou ignorance, je declareray premierement les parreins dont je fais estat en ceste querelle, puis combattray de leurs propres armes, ceux contre lesquels je veux entrer en champ clos. Et d'autant que je sçay combien il est mal-aisé d'effacer une opinion qui est d'une longue ancienneté empreinte dedans nos esprits, pour monstrer de quelle rondeur j'entends proceder, je veux rien par ce chapitre y apporter du mien, ains vous representer mot pour mot les passages de ceux, sous le pavois desquels j'entens me terger. Remettant à la censure du docte & sage Lecteur de juger des coups: car c'est à luy auquel je voüe ce chapitre, & non à la populace.

Le premier Autheur qui prit la cause de Brunehaud en main, fut Boccace Italien, lequel en son Livre, *de Claris Mulieribus*, chap. 104. qui est le penultiesme de son œuure, aprés auoir fait vn long recit de 103. femmes de marque, tant en bonne que mauuaise part, fait entrer sur l'eschaffaut ceste Royne toute esplorée, se plaignant d'auoir esté par luy mise en oubly. Et aprés quelque pourparler fait entr'eux, il luy resigne sa plume, se pour purger & deduire sommairement, ce qu'elle pensoit faire à sa justification: Et comme ceste Dame parlant de la mort de Theodoric Roy de Bourgongne son petit fils, dit qu'il auoit esté empoisonné par vn tres-juste jugement de Dieu, pour le punir des fautes par luy commises. Boccace l'interrompist luy dit qu'elle oublioit quelque chose à dire, qui estoit, que Theodoric luy auoit improperé quelque male-façon, & elle craignant qu'il ne la fist mourir, auroit preuenu ceste mort, par le poison qu'elle luy auoit pourchassé. Donc la Royne s'escria à chaudes larmes combien elle estoit mal-heureuse, & que sa malefortune luy auoit non seulement rauy tous ses biens, & ses enfans, ains la creance qu'on deuoit auoir en son fort. Je vous coucheray le passage tout de son long. *Cui ego (repartit Boccace) istud profectò non inficior, Sic est de morte, sed illud quod omiseras supplebo. In te, tuum crimen objecit, tamen illud veneno, gladioque purgasti. Illa autem fæcundiùs emittens Lachrymas, inquit : Me miseram, quàm infælix sum! A me mendacium existimat dictum esse. Sic fortuna facit, horum verbis aufert fidem, quibus bona catera abstulit.* Et poursuiuant sa pointe se plaint en gros & en tasche, des calomnieuses imputations qu'on luy auoit mises sus. Remonstrant comme elle Espagnolle & non Françoise, auoit esté jugée, non par ses Juges, ains ennemis, & condamnée en vne mort, non seulement honteuse, ains du tout hideuse, & que jamais n'en auoit esté veuë sa pareille. Boccace estant le premier qui auoit deffendu l'innocence de la Royne Brunehaud, contre tous ces broüille-papiers, se donna bien garde de les desmentir à face ouuerte, ains de l'esprit gay & gaillard qui estoit en luy, fit tout industrieusement jouer & rouler à ceste pauure Princesse, & se ferma au dire d'elle.

Nostre Paule Æmile au premier Livre de son Histoire Françoise, aprés auoir fait recit des deux sanglantes batailles, livrées entre Theodebert Roy d'Austrasie, & Theodoric Roy de Bourgongne freres, & comme Theodoric auoit eu le dessus de Theodebert, il poursuit en ceste maniere sa route.

Victor semel atque iterum Theodoricus, fratrem transrhenanas gentes petentem, ut eorum auspiciis bellum redintegraret, assequutus, retractum in custodiam misit, detractis Regiis insignibus, duorumque amplissimorum regnorum potens, immemor recentis fœderis, ut universæ Galliæ solus jura daret, in Clotharium mouere cogitabat. Interea dum Theodeberti filiam ducere uxorem statuit dysenteria morbo decessit. Alij meram tragædiam concinunt, & non modò quicquid unquam impiè sceleseue, in numero, mortalesque peccatum est, sed quacumque dici singiue de perditissimis quibusque possunt, ea uni Brunechildi adscribunt, eam fuisse facem belli inter nepotes, quod diceret Theodebertum, non ex Childeberto Rege, sed quodam olitore procreatum, auertisse animum Theodorici à colenda uxore Hermemberga, ut una apud nepotem omnia posset, minus pellices formidans, oppressumq Desiderium, Columbanumque exactum, eadem impellente, Theodebertum Coloniæ in custodiam datum, quem vita donatum, Cauillonem in custodiam missum ostendi; Addunt fabulæ, reliquos Theodeberti filios eam necasse. Cumque ejus filiam sibi Theodoricus jungere vellet, Brunechildem in scelere piam dixisse, in cestum futurum conjugium, illum furore percitum, in eam strictio ferro ruisse ac subjecisse. Atqui fratrem eum negabas, quasi ex alio incujante, res per se ipsa non loqueretur, si non ex patre, saltem ex matre fratrem extitisse. Eamdem tunc intercursu optimatum seruatam, paulò post nepotem veneno sustulisse, quem dysenteria interijsse Authores habeo. Adeo ad portenta prodenda plerique scriptores, & ad excipienda, imperitum vulgus, obediente mendacio inclinant. Ea mulier præterquam quod à Divo Gregorio, ejus tempore æquali Pontifice Maximo, laudibus effertur ipsa, nepotesque Reges, captiuos suâ pecuniâ redemptos, multosque domum remisit, ædes sacras permultas, partim novas condidit, partim vetustate labentes restituit : Et tost post saculis, non temerè venit in mentem Boccacio, Poëtici quidem ingenij Authori, sed antiquitatis cognoscendæ studiosissimo, contendere eam externam mulierem temporibus perditissimis, alienorum scelerum flagrasse invidiâ. A Burgundionibus, Austrasiisque Ducibus adductam ad se, Clotharius (si vera tragædia est) supplicio tradidit. Cauda indomiti equi capillo religata periit, concitato equo, exacta ætate mulier distracta, quod supplicium de Fredegonde matre Clotharij, erant sumpturi Austrasiani Reges, si uniuerso bello vicissent, ab ipsis sæpe ad pœnas exigendas petita. Et ne Clotharius defendere posset meritas pœnas exactas, Sigebertum, Corbumque, Theodorici parvos liberos necavit, tertium Meroüeum, ut finis tragici commenti sit, quod se patrem vocitaret, ab eo sacrâ aquâ imbutum vitâ donavit.

Messire Jean du Tillet Evesque de Meaux en sa Chronique abregée:

Theodoricum dysenteria quidam sublatum, alij veneno putant. Annales & Historia narrant hoc loco Brunechildis mortem, & tragica scelera quæ magna ex parte fabulosa puto.

Papirius Massonius en termes beaucoup plus hardis au premier livre de ses Annales :

Brunechilde urgentibus fatis, & magno natu mulier, ab insidiis proceribus prodita crudeli supplicio discerpta est. Scholasticus in appendice proditionis ac pœna meminit. Et mirabile quidem esset

esset Brunechildem caudæ equinæ alligatam, dilaceratamque, nisi res humana præposterè plerumque se se haberent. Victoria enim semper cæca, & apud hostem innocentia, magnum sæpe crimen est. Multa sanè pietatis extant monumenta pro Brunechilde: Gregorij Romani profero testimonium, cujus hæc sunt verba. Excellentiæ vestræ prædicandam ac Deo placitam bonitatem, & gubernacula regni testantur, & educatio filij manifestat, cui non solùm rerum temporalium gloriam provida solicitudine conservastis, verùm etiam æternæ vitæ præmia providistis, dum mentem ipsius veræ fidei radicem, materna, ut decuit, & laudibili institutione plantastis. Alijs litteris. Plus (inquit) alijs gentibus gentem Francorum asserimus fœlicem, quæ sic bonis omnibus præditam meruit habere Reginam. Igitur, aut Brunechildem piam fuisse oportet, aut Gregorium certè impium, qui hoc postremum ad eam scripserit, paulò ante Mauritij cædem. In suburbano Augustoduni, templum Martino, & intra urbem Xenodochium ab ea constitutum, idem mihi Author est Gregorius. Quin ipsius, & Theodorici filij precibus Monasterium Medardi, in civitate Suessionum siti, caput Monasteriorum totius Galliæ constituit, in Synodo Romæ habita, anno à partu Virginis quingentesimo nonagesimo tertio, indictione undecima, ut ex litteris ad Gairaldum perspici potest, Epist. lib. 11.

Ceste opinion ne plaisant au Cardinal Baronius, dit ainsi:

Risimus recentiorem Authorem qui conatus est eamdem Brunechildem excusare, Æthiopem lavans; Quæ ab omnibus historijs hujus temporis sacrilega, sanguinaria, & ubique nefaria conclamatur. Neque enim Gregorij laudes, crimina postea commissa purgant.

Nonobstant l'opinion du Cardinal, Jean Mariana Espanol, lequel aprés avoir fait une sommaire mention, qu'il estimoit avoir esté faussement attribuée à Brunehaud, paracheve par ceste fin:

Adeo ad portenta prodenda scriptores Gallici, ad accipienda vulgus proclives fuerunt, pudenda securitate, si mendacium deprehensum non putarunt, si secus impudentia mirabili. Meram tragœdiam Authores idonei confirmant, nullo judicio ex populi rumoribus constatam, quæ scelera à Fredegunde sunt facta, quod supplicium tulisset victoribus Austrasianis, ea mentiente fama, quæ nomina commutant, re afflicta Brunechildi arbitror, fœmina Religiosa probaque, uti indicio sunt genuina à Gregorio Pontifice ad eam litteræ plena verissimis laudibus. Multa magnifica templa ejus sumptibus in Gallia constituta, exornataque, magnus captivorum numerus redemptus. An hæc facta negabis? Sed certa monumenta monstrabimus. An quisquam hæc aut ab impia, & crudeli fœmina facta inducat in animum? Majus argumentum accedit Gregorij Turonensis æqualis, de his flagitijs silentium. An id gratiæ datum putabis, à Gallico scriptore, magneque authoritatis viro? An qui Fredegundis scelera omnia & dolos exposuit, externæ fœminæ pepercisset? Non arbitror. Sisebutum ais in vita Desiderij Viennensis Episcopi, Brunechildis scelera multa, cujusque ab ea Martyrem accusasse, ab equisque raptatam periisse, tandem ultore numine. Rectè, si Authoræ ejus vitæ Regem fuisse confirmares, & non potius eo nomine alius, eos vulgi rumores collegisse se affirmaret, minori quam pro Regis authoritate, diligentiaque, ætate posterior. Sit ergo constitutum Brunechildem innocentem fuisse, & perditissimis tamen temporibus alienæ invidiæ flagrasse: uti primus Boccacius consideravit, Poëtici quidem ingenij scriptor, sed antiquitatis cognoscendæ studio incitatus præstanique.

Voilà cinq Autheurs qui sont pour le party de Brunehaud, Boccace, Emile, Tiller, Masson, Mariane. Mais leur authorité m'est bien peu, si ce qu'ils disent en gros n'est verifié par le menu. C'est le lot que j'ay pris icy pour mon partage, auquel je veux que chacun entende que je tiens pour maxime & proposition arrestée, que depuis le mariage de Brunehaud, qui fut 565. jusques à la mort de sainct Gregoire qui advint l'an 604. on ne peut remarquer en elle aucune chose de malefaçon. Et en cela je me conforme à l'opinion du Cardinal Baronius, quand sur la fin du passage de luy par moy cy-dessus allegué, il dit que toutes les loüanges dont S. Gregoire l'avoit honorée, n'empeschent pas que toutes les meschancerez par elle depuis commises ne soient veritables. Et neantmoins à ce qu'il dit estre depuis advenu, qu'il abhorre de telle façon que je vous ay coppié de luy; c'est en quoy je le gouverneray cy-aprés, pour examiner si son opinion est telle qu'il presuppose.

CHAPITRE XIV.

Premier traict de cruauté trés-damnable faussement imputé à Brunehaud.

LEs deux premiers qui firent deux histoires mesdisantes contre ceste Princesse, au moins qui soient arrivées jusques à nous, furent Fredegaire & Aimoin. Et combien que la primauté du temps soit deuë à Fredegaire, toutesfois celle de mesdisance appartient à Aimoin, lequel pour monstrer de quelle cruauté Brunehaud estoit accomplie, dit que sur l'advenement du Roy Sigebert, à la Couronne d'Austrasie, il fut supplié par la noblesse de vouloir honorer de la Mairie de son Palais, Chrodin Seigneur de singuliere recommandation, & comme le Roy eut entheriné leur requeste, ce personnage seul s'y opposa, & refusa tout à plat la dignité qui luy estoit deferée. Au moyen dequoy le Roy voyant en luy une retenuë admirable, se remit sur sa conscience, de luy en trouver un qu'il penseroit digne de ceste charge. Ce qu'il fit, & nomma Gogon, qui à sa nomination en fut pourveu, & s'y comporta avec toute reputation. Et comme le Roy se voulut marier, il l'envoya par-devers Athanaïlde Roy d'Espagne, pour luy demander en mariage l'Infante Brunehaud sa seconde fille. Ambassade qui luy succeda si à propos, que ceste Princesse luy fut baillée, avecques plusieurs grands & riches joyaux, & amenée par luy au Roy son Maistre, qui la receut & espousa avecques tous les favorables accueils & fanfares que l'on pouvoir desirer.

Or combien que ceste nouvelle Royne eust receu ce grand & signalé service de Gogon; toutesfois bien-tost aprés elle le prit en tel desdain, qu'elle luy fit premierement hayr par le Roy son mary, & ne cessa ceste poursuite jusques à ce que finalement il fut mis à mort. Jamais premier coup d'essay de cruauté ne se trouva si detestable que cestuy: Qu'un Seigneur appellé & choisi sans brigue à ceste grande dignité par un personnage de choix, Seigneur qui jusques là avoit conduit sa fortune au gré & contentement du Roy, & de tous, Seigneur auquel ceste Princesse avoit tant d'obligation, eust esté occis à son instigation & poursuite. Aussi est-ce la cause pour laquelle Aimoin poursuivant sa pointe dit que l'on trouvoit dedans quelque livre d'une Sybille, que des parties d'Espagne devoit arriver en France une Dame du nom de Brune, par le moyen de laquelle se commettroient une infinité de meurtres & assassinats, & au bout de tout cela seroit enfin trainée à la queuë d'un cheval, & en ceste façon rendroit l'ame en ce monde.

Qui est bien une autre chance que celle qui nous avoit esté en peu de paroles, livrée par les deux Prelats, Gregoire & Fortunat. Et vrayment si la cruauté de ceste Dame fut lors telle, qu'Aimoin l'a representée, chacun se devoit asseurer quel seroit de-là en avant le demeurant de sa vie. Toutesfois depuis ce temps qui fut l'an cinq cens soixante & cinq, jusques en l'an six cens deux, je ne trouve, ny en Fredegaire, ny dans Aimoin, aucune cruauté qui luy soit par eux improperée. Voire en plus forts termes vous verrez en elle dedans Aimoin un traict de debonnaireté admirable dont le cas est tel, recité seulement par ce Moine, & non par l'Evesque de Tours, & c'est pourquoy je le mettray icy plus librement sur le tapis.

Quelque peu aprés la mort de Chilperic, Gontran son frere arrivé dans la ville de Paris, sur quelque fascheux rapport qu'on luy fit de Fredegonde, il la consina en un certain bourg du territoire de Roüen, en deliberation de luy faire

faire illecques finir ſes jours, où elle fut miſe en une eſtroi-te garde. Ce neantmoins elle fut veuë par pluſieurs grands Seigneurs de la Cour du feu Roy ſon mary, qui tous pro-mirent de luy aſſiſter, & de preſter le ſerment de fidelité au Roy Clotaire ſon fils. Mais elle ſe voyant ainſi mal me-née, ne pouvant temporiſer à ſa defaveur, indignée de la grandeur de Brunehaud, depeſche par devers elle un qui-dam nommé Oleric, (Maiſtre paſſé en tromperies) pour ſe preſenter à la Royne Brunehaud, afin qu'eſtant entré en ſon ſervice, il trouvaſt temps à propos, & moyen de l'aſ-ſaſſiner. Lequel ſuivant les inſtructions & memoires de ſa Maiſtreſſe ſe tranſporte vers Brunehaud, & luy fait enten-dre, qu'il s'eſtoit tranſporté devers elle pour ſe garentir des cruautez eſtranges de la Royne Fredegonde ſa Maiſtreſſe: Et ſceut ſi bien pateliner, que Brunehaud le receut à ſon ſervice: bien aimé & favoriſé de tous pour quelque temps, pendant lequel il eſpioit ſon apoint: Mais il ne ſceut ſi bien joüer ſon perſonnage, qu'enfin ſon jeu ne fuſt aucunement deſcouvert, & appliqué à la queſtion, recognuſt tout ce qui eſtoit de la verité. Si jamais y eut matiere de faire mourir juſtement un homme, c'eſtoit celuy-là. Toutesfois elle le renvoya à ſa Maiſtreſſe, lequel luy ayant raconté comme toutes choſes s'eſtoient paſſées, elle luy fit coupper mains & pieds: Pour contenter (dit Aimoïn) Brunehaud, com-me deſadvoüant ce forfait: mais en verité, d'autant qu'il ne l'avoit peu mettre à execution.

En effect voila ceſte deteſtable furie, repreſentée par ce Moine en la mort du pauvre Gogon, maintenant plus dou-ce que l'une des trois Charites & Graces pour ſauver cet homme ſceleré. Conſiderations qui me ſemblent aſſez ſuffi-ſantes pour m'excuſer, ſi je ne puis adjouſter foy à ceſte pretenduë mort de Gogon. Mais encore ay-je beaucoup plus de ſujet de luy, de la meſcroire, quand je voy un Gregoire de Tours, qui vivoit en ce temps-là, & en eſcrivoit l'hiſtoire, n'en faire aucune mention. Se peut-il faire que luy qui eſ-toit la pluſpart du temps en la Cour des Roys, euſt ignoré ceſte ingrate cruauté, & que deux cens ans aprés (que plus que moins) elle fuſt venuë à la cognoiſſance d'un Moine dedans ſon Cloiſtre, ou bien que Gregoire l'euſt ſceuë, & neantmoins teuë? Luy (dis-je) que nous voyons dedans ſon œuvre ne pardonner à la verité, ſans acception de per-ſonnes: Comme auſſi au cas de preſent, tant s'en faut qu'il euſt trouvé ſujet de meſdiſance contre Brunehaud: qu'au contraire il n'y a placard en ſes dix livres où les Princes & Princeſſes ſoient aveccques un ſi bel eloge loüez comme eſt celuy de Brunehaud.

Et vraymant il me ſemble, que pour ſupplanter l'autho-rité de Gregoire, Aimoïn devoit alleguer quelque Autheur de marque qui luy euſt enſeigné ceſte nouvelle leçon, je dis nouvelle eu eſgard au temps. Toutesfois il a eſté en cecy creu & ſuivy par quelques-uns qui ont eſcrit aprés luy. Je ſçay quel honneur je dois à l'ancienneté: mais auſſi ſçay-je que je ne le dois reſpecter, quand elle eſt combatuë d'une plus ancienne ancienneté, comme ceſte-cy.

CHAPITRE XV.

Seconde cruauté ſignalée, fauſſement improperée à Brunehaud.

JE vous feray icy part d'une autre cruauté, non moins farouche, ainçois plus prodigieuſe que celle-là. Car elle emporte la piece quant à ſoy. Fredegaire parlant de la mort du Roy Childebert fils de Brunehaud, dit en termes generaux que quatre ans aprés avoir eſté appelé à la Cou-ronne de Bourgongne, il eſtoit allé de vie à treſpas, ſans ſpecifier le genre de mort. Aimoïn adjouſte que le bruit commun eſtoit que c'avoit eſté par poiſon, ſans dire par qui. Le ſemblable font Paule Æmile & Gaguin. Du Tillet Eveſque franchit le pas, & l'attribué à Fredegonde: com-me celle qui n'eſtoit apprentie en ce meſtier. Joinct qu'au-paravant elle avoit voulu, mais en vain, attenter par plu-ſicurs aſſaſſinats ſur ſa vie. Un Nicolas Gilles devant cet Eveſque dit que Brunehaud ſelon le commun bruit, avoit empoiſonné dans un bain Childebert ſon fils, & ſa femme. Sur quoy Belle-foreſt en ſes grandes Chroniques de Fran-ce, a fait ce beau commentaire. Childebert (dit-il) eſtant au vingt-cinquieſme de ſon regne (il entend parler de celuy d'Auſtraſie, non de Bourgongne) & de noſtre ſalut ſix cens, il ſe voit accourcir le temps de ſa vie par poiſon, & eſtoit-l'on que ſa propre mere Brunehaud fut celle qui le bouconna, à cauſe que ce Roy ne vouloit plus qu'elle commandaſt, & eſloignoit ceſte inſolente femme des affai-res, ſuivant le conſeil de Gontrant ſon oncle, & afin que la tutelle & garde noble des enfans du deffunct ne tombaſt en autres mains qu'és ſiennes (voyez comme ceſte fine fe-melle eſtoit friande à gouverner) ſçachant combien elle eſtoit haïe, & craignoit que la mere des heritiers n'euſt ceſte charge, elle la fit paſſer par le meſme chemin que ſon eſ-poux, & par ce moyen fut regente des deux Royaumes d'Auſtraſie, & de Bourgongne, & tutrice des Roys futurs: mais la vraye ruine, & d'eux & de leurs pays.

Je deſirerois volontiers ſçavoir de quel ancien ce nouvel Autheur a emprunté le meſcontentement du fils contre la mere, aprés qu'ils eurent veſcu enſemblement treize ans en-tiers en une union & concorde, & que ſainct Gregoire Pa-pe quelque peu auparavant le deceds du fils, ſe congratu-loit de la proſperité de leur Royaume, provenant de l'o-beyſſance que le fils portoit à ſa mere. Il n'y a remede, il faut que la cholere m'eſchape: Je ne vis jamais une igno-rance ſi lourde, ny menterie ſi effrontée que ceſte-cy en une hiſtoire. Car quand cette Princeſſe fut preſentée par ſes en-nemis au Roy Clotaire ſecond, pour luy eſtre fait & par-fait ſon procez extraordinaire, tout ce dont ils la charge-rent, fut que elle avoit fait mourir dix Roys, quoy que ſoit, avoit eſté cauſe de leurs mors. Ces dix ſont racontez d'ordre par Fredegaire, Sigebert ſon mary, Merouée fils aiſné du Roy Chilperic, le meſme Chilperic, Merouée fils aiſné de Clotaire, Theodebert Roy d'Auſtraſie, & ſon fils, Theodoric Roy de Bourgongne, & 3. ſiens enfans, Sige-bert, Corbe, & Merouée. Nulle mention ny dedans cet Autheur, ny dedans Aimoïn que ceſte Dame euſt procuré la mort au Roy Childebert. Aimoïn, vous dis-je, qui en ſon quatrieſme livre chapitre premier, prit un ſingulier plaiſir au recit & aigriſſement de ceſte accuſation: Et neantmoins en l'un & l'autre Autheur nulle mention de ce parricide. Se peut-il faire que les ennemis de ceſte Dame, qui pour la faire mourir d'une mort cruelle, s'eſtoient voüez à ceſte accuſation, euſſent oublié ce placard, qui ſeul pouvoit eſ-tre principale piece de ceſte accuſation? Qu'une mere n'ayant qu'un ſeul fils maſle, ſon Roy aveccques lequel elle avoit veſcu treize ans entiers en tout dignité, & honneur, euſt eſté enfin ſi deſnaturée de non ſeulement le faire tuer, mais auſſi ſon eſpouſe, Princeſſe aimée, reſpectée, & honorée de tous? Ceſte ſeule conſideration nous teſmoigne claire-ment, que de luy imputer aujourd'huy ces deux morts, c'eſt une nouvelle calomnie qui eſt née dedans noſtre ſiecle. De laquelle toutesfois il ne ſe faut esbahir: car le mal heur de ceſte pauvre Princeſſe veut, que comme ſur les parties de nous offenſées ou mal affectées, toutes les mauvaiſes hu-meurs de nos corps deſcendent; auſſi la memoire de ceſte Dame eſtant de longue-main ulcerée, il ne faut trouver eſ-trange, ſi nous faiſons tomber contre elle toutes les faſcheu-ſes conjectures qui naiſſent dedans nos eſprits ſur ce ſujet.

Ces deux pretenduës cruautez, tant en la perſonne de Gogon, que du Roy Childebert & la Royne Falenbe ſa femme, furent executées auparavant la mort de S. Gregoire: Par-tant ſelon l'opinion du Cardinal Baronius, joint les raiſons par moy cy-deſſus deduites, ne doivent paſſer en ligne de compte, contre l'honneur de ceſte Royne: Mais nous aurons doreſnavant plus long & faſcheux chemin à exploiter. Car c'eſt icy où Fredegaire & Aimoïn, n'ayans plus Gregoire de

de Tours pour controlleur, se sont laschez telle bride qu'il A se, & ont porté leurs escrits, grand coup encontre sa me-
leur a pleu au prejudice de ceste mal-heureuse Princes- moire.

CHAPITRE XVI.

Troisiesme cruauté dont faussement on accuse Brunehaud.

FRedegaire, & aprés luy Aimoïn, disent que trois ans aprés que Theodebert fils aisné du Roy Childebert fut arrivé à la Couronne d'Austrasie, Brunehaud son ayeule fit mourir à tort & sans cause Guintrion l'un des premiers de sa Cour. En haine dequoy luy & son Conseil la chasserent, mais avecques une incroyable indignité, je veux dire sans suite d'homme, ny de femme, comme une pauvre Damoiselle deschirée, laquelle vagüant çà & là (grande pitié,) sans sçavoir quel chemin tenir, tombe en fin de bonne fortune és mains d'un paysan; auquel ayant tout au long discouru sa desconvenuë, elle le pria de luy servir de guide, & de la conduire jusques vers le Roy Theodoric son autre petit fils. A quoy il obeyt, & l'y ayant renduë, aprés avoir esté la mieux que bien receuë, l'Évesché d'Auxerre venant à vac- B quer, elle en fit pourvoir le paysan, homme du tout illetré, en reconnoissance du bon & agreable service qu'il luy avoit fait.

Qui est un vray monstre d'histoire: Que ceste Dame auparavant tant retenuë l'espace de trente huit ans, se fust tout à coup laissée eschapper à la cruauté contre le sang innocent; & le fils se fust d'une si estrange façon oublié en la vengeance contre la Royne son ayeule, & encore ceste Princesse en la recompense d'un homme ignorant. Car à vray dire combien que la faute eust esté grande de la part d'elle envers Guintrion, la punition fut plus enorme de la part du fils envers sa mere, qui pouvoit estre esloignée de luy avecques plus de respect. N'estoit que j'excuse le bas aage du fils qui lors n'avoit que treize ou quatorze ans pour le plus, pendant lequel temps il advient souvent, que les grands Seigneurs qui sont proches de la personne des Roys abusent de leurs bas aages, & authoritez.

De maniere que je vous confesseray librement que ceste histoire m'est grandement suspecte, & pour m'en esclaircir, il me semble estre requis de considerer si on la devoit estre advenuë devant ou aprés le decez de sainct Gregoire. Car si aprés, j'en passe condamnation avec le Cardinal Ba- C ronius, mais non autrement. Or que ces deux medisans Autheurs nous ayent publiée comme advenuë auparavant, je prens droict (je seray en ces mots Advocat) par le calcul des ans par eux faict, quand ils disent que ce fut la 3. année de l'advenement de Theodebert à la Couronne. Ce fut donc l'an 602. car le Roy Childebert son pere estoit decedé l'an 600. partant pendant la vie de sainct Gregoire, qui mourut l'an 604. Et pour vous monstrer clairement que ce fut de son vivant, s'il vous plaist repasser sur les Missives vous trouverez qu'elles s'adressent premierement, tant à Childebert fils, qu'à la Royne Brunehaud sa mere, & ce Roy estant allé de vie à trespas, il escrit à Theodebert & Theodoric ses enfans, par lettres communes aux deux freres, pour mesme sujet. Qui monstre qu'ils n'estoient lors divisez d'opinions. Depuis vous y appercevez quelque changement, d'autant que sans se souvenir de Theodebert, ses lettres s'adressent, ores à Brunehaud, ores à Theodoric. Qui me fait croire que Brunehaud se tenoit lors avecques Theodoric.

Le fait cy-dessus posé estoit trop horrible entre personnes de telle marque, pour n'estre cogneu non seulement dedans la France, ains par toute l'Europe. Et à tant s'il eust esté vray je ne fais aucune doute que sainct Gregoire en eust baillé quelque attache à Brunehaud, tant de la mort de D Guintrion innocent, que promotion du paysan ignorant à l'Evesché (mescontentement ordinaire de ses lettres) & tout d'une main à Theodebert, d'avoir si mal traité sa mere. Non qu'elle meritast quelque reprimende, ains avec procedures moins deshonnestes: En toutes ses lettres vous n'en trouvez un seul mot. Partant je vous supplie ne trou-

ver mauvais, si en cet endroit je suis de dure creance. Je pourrois icy me fermer sur ceste opinion par la raison que dessus, mais encore passeray-je plus outre.

Car si me permettez de discourir librement ce que j'en pense, je vous dirois volontiers que depuis la mort de Childebert, Brunehaud ne fit sa demeure avec Theodebert. qui lors estoit aagé de douze ans ou environ, & Theodoric de 9. Opinion que pourrez trouver nouvelle (car nul n'a encore touché ceste corde) mais je vous prie vouloir entendre mes conjectures. Soudain aprés le decez du pere les deux freres jetterent au lot, ainsi qu'estoit lors la commune usance entre les enfans de nos Roys, & à Theodebert escheut le Royaume d'Austrasie, & à Theodoric celuy de Bourgongne. Austrasie, de l'ancien estoc du pere, partant selon les droits ordinaires de nature, plus asseuré: Bourgongne de nouvelle liberalité, consequemment moins; je ne trouve en aucun Autheur ancien ou moderne, que jamais les deux freres depuis leurs couronnemens eussent faict Cour commune ensemble. Ceste Princesse, comme leur ayeule, avoit toute intendance sur leur conduite, & est grandement croyable qu'elle choisit sa demeure avec celuy, qui pour la foiblesse de son aage, & manutention de son Estat en avoit plus de besoing.

J'adjouste que S. Gregoire escrivant aux deux freres, fait sur l'inscription de ses lettres passer le puisné devant l'aisné, en ces mots, *Theodorico, & Theodeberto Francorum regibus*. Chose que j'estime avoir esté par luy faite, non par ignorance de leurs aages & prerogatives; ains parce qu'il voyoit la mere & le puisné se tenir ensemble. Davantage je ne voy point qu'elle qui faisoit profession exterieure de devotion (car quant à l'interieur du cœur, il n'y avoit que Dieu qui en peust juger) eust jamais basty aucune Eglise en Austrasie, ains seulement en la Bourgongne, le Monastere d'Aulnay prés Lyon, l'Abbaye sainct Vincent à Laon, qui estoit de la domination Bourguignonne, & par especial le Monastere S. Martin hors la ville d'Autun, & l'Hospital, qu'elle manda à S. Gregoire avoir esté achevez, dont il luy congratula, & rend graces à Dieu par ses lettres. Ouvrages qu'on ne jette point en moule en un ny en deux ans.

Particularitez qui me font croire qu'auparavant l'an 602. auquel on figure sa fuite d'Austrasie, ceste Princesse hebergeoit au Royaume de Bourgongne avec Theodoric. Et par ainsi que le mauvais traitement de Theodebert envers son ayeule est fabuleux. Adjoustez que trois ans aprés ceste pretenduë disgrace de Brunehaud les deux freres par une mutuelle correspondance manierent rudement le Roy Clotaire leur cousin, & reduisirent ses affaires au petit pied, par une grande victoire qu'ils obtindrent encontre luy, & depuis vesquirent en concorde ensemblement par le tesmoignage mesme d'Aimoin, qui dit que dix ans aprés du regne de Theodoric, Brunehaud ayant moyenné la Mairie du Palais à Protade son favory, elle fit, pour se vanger, entendre à Theodoric que Theodebert ne luy attouchoit en rien de proximité de lignage; ains estoit fils d'un jardinier. Esperant par ce moyen qu'il prendroit les armes contre luy, comme il fit. Et vrayement il est mal croyable, qu'une Princesse outrageusement offensée comme ceste-cy, & par consequent infiniment ulcerée, eust couvé huit ans entiers ceste vengeance sans l'esclorre. Toutesfois parce que ceste histoire d'enfant de jardinier est mise en avant, comme premier seminaire des divisions qui furent entre les deux freres, dont sourdit en fin leur ruine, je luy donneray un chapitre à part, & ne vous discourray cecy, que sur ce que j'emprunte des deux Autheurs mesdisans, ny ne le contrediray que par eux mesmes.

CHAPITRE

CHAPITRE XVII.

Sur ce que l'on impute à Brunehaud, que pour se vanger elle fit entendre à Theodoric, que Theodebert estoit fils d'un jardinier : Qui fut le seminaire des divisions des deux freres.

Les deux Historiographes meldisans nous ont servy de ce placard ; afin que ce leur fust une fueille pour authoriser leur mensonge du different d'entre Brunehaud & Theodebert. Et neantmoins ce fait estant de la façon qu'il estoit posé, semble porter son dementir quant & soy. A la verité si soudain après avoir receu l'injure Brunehaud se fust armée d'une vangeance, il y auroit sujet de le croire : car nul ne sçait combien douce est la vangeance que celuy qui a receu l'injure. Mais d'avoir si longuement patienté, comme nous tesmoignent Fredegaire & Aimoin, sans s'en estre voulu ressentir, cela est bon pour le persuader à des Moines, ausquels la patience est enjointe par le vœu de leur obeyssance : mais non à ceux qui vivent au milieu, & de la Cour des Roys, & moins encore aux Roys & grands Seigneurs, quand ils pensent avoir esté offensez. De maniere que tant s'en faut que cela contredise à mon opinion, qu'au contraire cela me fait estimer que c'est un conte fait à plaisir comme le premier. Davantage je voy les Historiographes varier en cet endroit : car l'Abbé Rheginon dit que Brunehaud pour faire prendre les armes à Theodoric, luy fit entendre que Theodebert estoit enfant illegitime du Roy Childebert, & les deux autres, qu'il n'estoit son frere. Deux opinions grandement contraires ; toutesfois l'une & l'autre sans jugement. Parce qu'entant que touche la premiere il est certain, que sous la premiere lignée, les bastards enfans de Roy, n'avoient pas moins de part au gasteau que les legitimes. Tesmoin Theodoric fils aisné & bastard du Roy Clovis, qui fut pour son partage lors du Royaume d'Austrasie, qu'il transmit à deux generations successives des siens. Et quant à la seconde opinion, encore y avoit-il moins d'apparence en sens commun, de vouloir faire accroire qu'un Childebert Roy estimé tres-advisé entre les siens, eust voulu advouër un enfant de jardinier pour sien : Luy (dis-je) auquel & la nature, & la loy en avoit donné un autre. Comme aussi ne failloit-il que sous ce faux pretexte, l'ayeule fut instigatrice de nouveaux troubles : parce qu'ils se semoient fort aisément d'eux mesmes entre les enfans de nos Roys : ce qui provenoit de l'égalité de leurs partages. Estant adoncques beaucoup plus aisé aux freres de vouloir enjamber les uns sur les autres, que si le Royaume fust tombé entre les mains de l'aisné, & les puisnez eussent esté assortis d'apannages, comme depuis on a usé sous la troisiesme lignée. Tant y a que sous la premiere, sans autres instigateurs, que de leurs ambitions particulieres, on voit les enfans de Clovis se malmener l'un l'autre, & pareillement ceux de Clotaire premier avoir fait le semblable, après le decez du Roy Charibert leur frere : Et à peu dire l'histoire de Gregoire de Tours est pleine des doleances, que les Roys faisoient, les uns aux autres, des injustes enjambemens qu'ils pretendoient estre faits sur leurs marches. Et cela mesme advint puis apres entre Theodoric & Theodebert freres, non que la Royne Brunehaud en fust promotrice, ainsi que quelques Docteurs contemplatifs font entendre, ny que Theodoric se mist le premier aux champs contre son frere, mais bien Theodebert contre luy, ainsi que je verifieray cy-apres en son lieu. Mais pour n'enjamber sur les temps, & par ce-moyen entrer en une confusion de discours, je reprendray mon histoire selon la suite des ans cottée par ces deux Historiographes mesdisans. Seulement vous diray-je icy que depuis l'an six cens deux, jusques en l'an six cens seize les deux freres vesquirent en paix, sans faire demonstration exterieure de mal talent l'un contre l'autre, horsmis l'an six cens dix que Protade Maire du Palais mit en la teste du Roy Theodoric son Maistre, de prendre les armes contre le Roy Theodebert son frere. Qui ne fut qu'une levée de bouclier : car aussi-tost qu'il eust esté mis à mort par la Noblesse Bourguignonne, aussi-tost fut l'armée rompuë, s'en retournant chacun à sa chacune : Et depuis nulle mention de guerre entre les deux freres jusques en l'an 616, ainsi qu'entendrez plus amplement par le chapitre prochain.

CHAPITRE XVIII.

Autres, tant cruautez que amourettes, imputées à Brunehaud sur sa vieillesse.

ON adjouste à tout ce que dessus que ceste Princesse fit tuer Brasile Patrice de sens froid, & non pour autre cause, que pour s'accommoder de ses biens par forme de confiscation. En passant plus outre on dit, que Didier Evesque de Vienne, Prelat de saincte conversation, apres avoir esté envoyé en exil par elle, & depuis revoqué, toutesfois elle donna ordre qu'il fust furieusement lapidé apres son retour. Au moyen dequoy apres sa mort, comme Martyr, on le colloqua au Catalogue des Saincts. Et depuis ces detestables cruautez, on saute sur ses nouvelles amours.

Grande pitié certes ! que ceste Dame, qui pendant ses Prime-vere, Esté, & Automne, avoit mené une vie devote, ou bien hypocrisé une longue devotion, eust dedans son Hyver logé une paillardise chez soy, s'estant donné pour mignon de couche Protade Gentil-homme Romain, qu'elle avança aux honneurs, voire le fit pourvoir de la Mairie du Palais, apres la mort du grand Capitaine Bertoulde. Protade dis-je vrayment industrieux, mais qui se rendit infiniment odieux pour deux vices : L'un an inventant plusieurs nouvelles daces, par le moyen desquelles faisant contenance de favoriser les affaires du Roy son Maistre, il s'enrichissoit grandement de la despoüille du pauvre peuple : L'autre, que s'estant faict grand & puissant, par la faveur de la Royne, il vilipendoit, & faisoit litiere de la Noblesse Bourguignonne. Vices qui luy causerent sa mort à la maniere qu'entendrez. Theodoric par un nouveau dessein, ou bien desir de s'agrandir contre son frere, s'estant armé, & Protade par une flatterie de Cour, inclinant à ceste opinion, contre l'adult general des autres Seigneurs, il fut par eux advisé qu'il valoit beaucoup mieux amortir ce feu par la mort d'un seul homme, que d'exposer les vies de tant de gens de bien au hazard d'une bataille. Quoy faisant c'estoit en plein champ joüer, comme sur une table à un coup de dé, la grandeur de l'un & l'autre freres. Suivant ceste resolution plusieurs gens d'armes & soldats se presentent devant la tente du Roy, dedans laquelle Protade joüoit aux dames, en bonne deliberation de le tüer. Chose dont le Roy estonné commande tout aussi-tost à Unselen l'un des premiers Seigneurs de Bourgongne, de leur faire inhibitions & deffences de sa part de passer outre, sur peine de la hard. Mais luy qui estoit de la partie, leur dit qu'il avoit charge du Roy de leur commander de mettre Protade à mort. Aussi-tost dit,

dit, aussitost fait & executé. Mort qui depuis luy fut cher vendu, car par sentence renduë, à la poursuite de Brunehaud, comme l'on dit, il fut rendu impuissant de ses mains, & pieds, & tous & un chacun ses biens declarez acquis & confisquez au Roy : Et Volfe qui l'avoit secondé en ceste entreprise condamné à mort, laissant à celuy là qui avoit plus forfait une miserable & penible vie, pour porter une plus longue penitence de sa forfaicture, & à l'autre une plus courte par la mort. En tout cecy il n'y a rien de cruauté : car ce furent deux punitions exemplaires qu'on prenoit de deux Seigneurs pour leurs demerites. Deslors comme j'ay dit au chapitre precedent, se rompit l'armée, & depuis ne fut propos d'aucune guerre entre les deux freres, jusques au temps par moy cy-dessus touché. Qui monstre (je diray cecy en passant, joinct ce que j'ay deduit cy-dessus) que quand depuis ils combattirent, il n'estoit plus question de la fable du fils de jardinier. Pareillement je ne voy dedans les histoires mesdisantes, nouvelles amours estre entrées au cœur de ceste Princesse. Mais faut noter qu'elle tolera que Theodoric son fils se plongeast toute sa jeunesse dedans la paillardise, ayant eu quatre enfans bastards, Sigebert, Childebert, Corbe, Meroüée, de quatre diverses concubines, tant le change luy estoit agreable. Il y a plus : car depuis le Roy par un taisible remords de sa conscience, ayant espousé l'Infante Hermemberge, fille de Berrich Roy d'Espagne, Brunehaud ne pouvant endurer une corrivale de sa grandeur par un nouveau mariage, besongna de telle façon par charmes & sorcelleries, qu'elle empescha la cohabitation maritale de luy avecques sa femme : Au moyen dequoy il la renvoya vers son pere dedans l'an de la benediction nuptiale : qui estoit un grand preparatif de guerre, si le pere n'eust esté prevenu de mort. Trompetez les meschancetez de Brunehaud tout ainsi qu'il vous plaira, quant à moy je pense ceste-cy estre l'outrepasse des autres. Car Theodoric retourna sur ses premiers arrhemens de folie, perdant, & ame, corps, & reputation tout ensemble envers tout le monde. Cela estoit veu & consideré d'un chacun, & specialement par le bon pere Colombain, qui dedans sa vie solitaire nourrissoit une singuliere liberté d'esprit. C'est pourquoy il se transporta deux fois devers eux, & d'une admirable liberté, leur remonstra que le Roy perdant son ame de ceste façon, perdroit par un mesme moyen son Royaume. Et combien que ces sainctes remonstrances se deussent tourner en edification, toutesfois Brunehaud endurcie en son peché, les revoquant en injures, ne cessa de là en avant, jusques à ce que ce sainct homme eust esté tout à fait banny & exterminé du Royaume de Bourgongne. Mais parce que ceste histoire est d'une plus longue haleine, & qu'en voulant accuser ceste Dame du tort que contre Dieu & raison elle pourchassa à ce grand S. homme, j'entens tout d'une main l'excuser de plusieurs autres crimes que on luy impropere. Je remettray la decision de ce different à l'autre chapitre que je ne veux attribuer à ma plume, ains à celle de Fredegaire, pour avoir pris de luy le trente-sixiesme chapitre de son livre, & rendu François, tant pour l'estoffe de la bonne vie de Colombain sainct homme, que pour la consequence que j'en veux tirer en faveur de Brunehaud.

CHAPITRE XIX.

Vie du bon Pere Colombain, & bannissement indigne contre luy procuré par la Royne Brunehaud.

L'An quatorziesme du regne de Theodoric (dit Fredegaire) la renommée du bon pere Colombain s'estoit grandement espanduë par toute la Gaule, & l'Alemagne, estant par la bouche de tous en reputation d'un grand preud'homme. Personnage d'une venerable presence : De maniere que le Roy Theodoric le venoit souvent voir à Luxeuil, le suppliant avecques toute humilité de luy vouloir faire part à ses prieres & oraisons envers Dieu. Et le frequentant de ceste façon, cet homme de Dieu commença de se courroucer contre luy de ce qu'il aimoit mieux souiller son ame és paillardises envers unes & autres femmes impudiques, que de se conjoindre par mariage avecques quelque honneste Princesse, dont il pourroit avoir lignée qui luy succederoit par honneur, & non se faire honteusement des successeurs qui proviendroient du bordeau. Et comme le Roy luy promit de vouloir suivre ses commandemens, & de quitter tous attouchemens illicites : Adonc Brunehaud poussée de ses vieilles & detestables tentations du diable, commença d'ourdir une nouvelle tresme contre le bon homme : voyant que le Roy s'estoit du tout disposé à le suivre. Advint donc un jour entre autres que le sainct homme estant venu visiter Brunehaud, elle luy presenta les enfans illegitimes du Roy son fils, pour leur vouloir bailler sa benediction. Ce qu'il refusa tout à plat : luy disant, ja à Dieu ne plaise que je donne ma benediction à ceux qui sont issus de fort-mariage : M'asseurant que Dieu jamais ne permettra qu'ils arrivent à la Couronne. Paroles dont la Royne à demy forcenée s'en retourna tout court avecques les enfans. D'un autre costé le bon homme s'en voulant retourner, à peine avoit-il passé la porte du Palais, qu'aussi-tost se fit un petit tremblement de terre, qui en estonna plusieurs, mais non la Royne Brunehaud, laquelle deslors commença de dresser toutes sortes d'embusches contre le sainct homme. Deffendant à tous les Religieux circonvoisins de sortir de leurs Monasteres, pareillement que nul ne fust si osé de recevoir aucun des Moines de Colombain, ny de luy prester assistance. Ce que voyant l'homme de Dieu, il s'achemine tout aussi-tost en Cour, afin de destourner le Roy, & la Royne de leur mal-heureuse opiniastreté. Et leur ayant esté rapporté que le sainct homme estant arrivé, ne s'estoit voulu loger dedans la maison du Roy. Si ainsi est (dit le Roy Theodoric) le meilleur sera d'honorer l'homme de Dieu de vivres à propos, que si je n'en tenois compte d'encourir l'ire de Dieu. Pour ceste cause il commanda qu'il fust servy magnifiquement & à la Royale. Et suivant ce commandement luy furent apportées viandes & vin d'eslite. Le sainct homme tout estonné, demande à quel jeu se faisoit ce grand appareil. Respondent les Gentils-hommes servans, que tel estoit le vouloir du Roy ; Mais luy abhorrant ceste marchandise, comme chose desplaisante à Dieu : Il est escrit, dit-il, que Dieu abhorre les dons des meschans. Et se faut soigneusement donner garde, que les serviteurs souillent leurs mains dedans les dons de celuy, qui non seulement deffend aux siens ; ains à tous les autres de converser aux maisons de Dieu, & sur ceste parole rompt & fracasse tous les vases, & jette par terre toutes les viandes & vins. Dont les Gentils-hommes servans estonnez, estans retournez vers le Roy, luy racontent comme le tout s'estoit passé, lequel estant tout effrayé le vint sur le point du jour visiter avecques toute sa Cour, & le suppliant de leur vouloir pardonner le passé, & qu'à l'advenir ils donneroient ordre à l'amandement de leurs fautes. Ce que le preud-homme ayant pris en payement, il s'en retourna fort content à son Monastere : mais ils n'entretindrent pas long-temps leur promesse : Parce que le Roy peu apres reprend les arrhes de sa paillardise. Dont le beat pere ayant eu advis, il luy escrit lettres pleines d'aigreur, voire le menace d'une excommunication, s'il perseveroit en son peché. Ce dont Brunehaud plus que devant indignée, recherche tous les artifices pour exciter l'indignation du Roy contre luy : y apportant premierement tout ce qu'elle peut du sien, puis y employant les Princes & grands Seigneurs de la Cour, & finalement les Prelats, qui soustindrent que la reigle Monastique de Colombain estoit dyscole, & non admissible en nostre Eglise. Tellement que le Roy vaincu de toutes ces importunitez & persuasions, visite le bon homme en son Monastere

Monastere, luy reprochant qu'il avoit introduit un nouvel ordre de Religion, non commun avecques tous ses autres comprovinciaux, ne permettant qu'aucun homme lay eust entrée dedans son Cloistre : à quoy le beat pere comme personnage sans crainte luy respondit fortement : qu'à la verité telles manieres de gens ne pouvoient entrer dedans son Cloistre ; mais qu'au lieu de ce il avoit logis hors son Monastere pour les recevoir. A quoy le Roy : Si vous desirez avoir part à mes bien-faicts, je souhaite qu'ouvriez la porte à tous, sans acception & exception de personnes. L'homme de Dieu luy respond : Si vostre opinion est d'enfraindre ce qui a esté jusques à huy observé par une discipline bien reiglée, je ne veux faire aucun estat de vos liberalitez, & si vous n'estes venu en ce lieu cy, qu'en deliberation de ruiner les Eglises & maisons de Dieu, sçachez que vostre Royaume tombera de fonds en comble avecques tous vos enfans. Prognostic qui fut depuis certain, & averé pour l'evenement. Car dés l'instant mesme le Roy, par une trop hardie entreprise, contre la Reigle du Convent estoit entré dedans le Cloistre, avecques sa suite, & neantmoins estonné de ce fascheux prognostic il en sortit tout aussitost, & lors l'homme de Dieu reprend le Roy fort aigrement, lequel luy repartit en ceste façon. Tu penses par tes propos m'induire à te faire mourir comme un Martyr, mais je ne suis pas si fol de faire ceste meschanceté, ainçois par un plus sage conseil je feray ce que je pense plus expedient & utile, qui est que celuy qui ne peut endurer chez soy aucun homme Lay, ait à reprendre ses premieres brisées, & s'en retourner par où il estoit venu. Et sur ce tous les Courtisans d'une commune voix s'escrierent, qu'ils ne souloient avoir en leur quartier un homme, qui ne se rendist communicable à tous. Et lors le bon pere leur dit : Qu'il n'estoit resolu de quitter son Monastere, si on ne l'en chassoit par force. Sur ces propos le Roy s'en part, laissant un Seigneur nommé Baudulfe, lequel y estant demeuré, chasse du Monastere le sainct homme, & le conduit à la ville de Vesonce, pour y passer le temps de son bannissement, jusques à ce qu'il pleust au Roy d'en ordonner autrement. Ces choses ainsi passées, ce bon homme se voyant n'estre en la garde d'aucun : parce que chacun voyoit les vertus de Dieu reluire en luy, & que ceste cause nul ne l'osoit offencer, ny ne vouloit participer au tort qui luy avoit esté fait. Parquoy un jour de Dimanche de bon matin il monte fort malaisément au plus haut de la montagne, car ceste ville estoit bastie le long d'un mont, aux pieds duquel passoit une riviere, & le sommet un roch sans maisons, où le bon homme ayant sejourné jusques au midy pour recognois- tre s'il n'y avoit nul homme en bas commis pour luy empescher son retour, & voyant qu'il n'y en avoit nul, il passa avec les siens au travers de la ville, & s'en retourne en son Monastere. Chose dont Brunehaud & Theodoric irritez, commandent au Comte Bertaire, & à Baudulfe de le tenir en une plus estroite garde, lesquels arrivez au Monastere le trouverent psalmodiant en l'Eglise avec ses Religieux, & le gouvernerent en ceste façon. Nous vous supplions de n'obeir tant aux commandemens du Roy qu'à nos prieres, & vouloir retourner és lieux dont sorties premierement pour vous adomestiquer aux nostres. Je ne pense (dit-il) qu'il plaise au Createur de ce monde que je retourne au pays dont je suis sorty pour son honneur, & advancement de son nom. Ces deux Seigneurs cognoissans qu'il n'estoit deliberé de les croire, s'en partirent, delaissez prés de luy quelques soldats. Mais eux au lieu de le forcer, le prierent tres-humblement vouloir avoir pitié d'eux : d'autant que par malheur on les avoit laissez en lieu, afin de l'exterminer tout à fait, & ne le faisant ils couroient risque de leurs vies, & luy à eux. J'ay souvent (dit il) protesté me de deguerpir ceste place, sinon contraint de toute force. A quoy ces pauvres gens tenans le loup par les oreilles, & assiegez d'une part & d'autre de crainte, les uns touchans devotement ses habits, les autres se prosternans à genoux devant luy, les larmes aux yeux le supplierent tres-humblement de leur vouloir pardonner leur faute : comme à ceux qui n'executoient rien en cet endroit de leurs particulieres volontez ; ains estoient forcez d'obeyr aux commandemens du Roy. Partant l'homme de Dieu voyant qu'il y auroit danger pour ces pauvres soldats, s'il s'opiniastroit davantage en sa premiere resolution, sortit du Monastere, estant suivy d'une infinité de pleurs d'un chacun. Accordant que ses gardes luy fissent compagnie, jusques à ce qu'il fust hors le Royaume de Bourgongne, entre lesquels estoit Ragumond qui l'accompagna jusques en la ville de Nantes, & ainsi banny du Royaume de Theodoric, il delibera de reprendre la route de son pays d'Hibernie, puis vint en Italie, où il bastit un Monastere, & enfin plein de saincteté & d'années il rendit son ame à Dieu.

A tant Fredegaire. Or fut le dernier acte de ceste tragedie jouée l'an 615. & adjoustent quelques Historiographes que ce grand sainct homme passant par la ville d'Auxerre, pendant un disner declara haut & clair à ses gardes, que dedans trois ans pour le plus tard on verroit Theodoric, ses enfans, & Brunehaud perdre leurs vies, & leur Royaume. Prophetie qui depuis sortit son plein & entier effect.

CHAPITRE XX.

Que du precedant chapitre on peut recueillir qu'on attribuë faussement plusieurs cruautez à Brunehaud, & autres male-façons de sa vie.

NE pensez pas, je vous prie, que pour une sorte curiosité j'aye rendu ce chapitre François, & le vous aye icy representé tout de son long : car il n'y a piece qui face tant pour la justification de Brunehaud contre les crimes de cruauté que l'on luy impute, que ceste-cy, de quelque façon que je vueille tourner ma plume. Je commenceray par Brunehaud, & finiray par le S. homme Colomban. Si ceste Princesse faisoit si bon marché de la vie des hommes signalez, si la cruauté luy estoit autant familiere comme on dit ; se peut-il faire qu'elle eust apporté tant de façons pour faire non mourir, ains bannir celuy qui selon le monde l'avoit estrangement bravée ? Un simple homme qui deux & trois fois avoit repris les fautes de l'ayeule & du petit fils, avecques paroles d'aigreur : qui sur ce pied avoit refusé de bailler sa benediction aux enfans de Theodoric à luy presentez pour cet effect par leur bisayeule, qui d'une bravade avoit fait litiere des viandes & vins à luy envoyez par le Roy, mesme avecques paroles de refus offensives : Et vrayement il ne faut point faire de doute que Brunehaud en fut infiniment ulcerée en son ame. Aussi fut-ce la cause pour laquelle elle employa tous les nerfs de son esprit, pour introduire le Roy à ce qu'il en eust la vengeance. Car outre ce que comme son ayeule elle pouvoit beaucoup d'elle-mesme envers luy, elle y employoit d'abondant, & la Noblesse, & les Prelats de la Bourgongne. Et neantmoins toute ceste vengeance pour-pensée par ceste grande meurtriere, n'aboutissant à une mort ; ains seulement à un bannissement qui luy fut accordé par le Roy Theodoric son petit fils. Peut-estre, me direz-vous (car je ne veux icy sous mauvais gages flatter mon opinion) que ceste Dame voyant son fils avoir du commencement grandement respecté ce sainct homme, pensa estre plus expedient de temporiser à ses cruautez ordinaires : je le veux. Mais en ce que je diray maintenant, il n'y a aucune responce.

Le sainct homme avoit esté banny par la bouche mesme du Roy : bannissement executé, toutesfois sans aucun rappel il estoit licentieusement retourné de son authorité privée en son Monastere, vilipendant par ce moyen l'authorité de son Roy. Estoit-ce pas un moyen suffisant de mort ? Je ne diray point à l'endroit d'une Princesse, laquelle faisoit

soit profession expresse de cruauté, ains à toutes personnes, selon les reigles ordinaires de droict & de judicature. Toutesfois ceste grande meurtriere ne pourchassa point la mort du sainct homme, ains seulement que les portes luy fussent ouvertes, pour s'en retourner au pays dont il estoit premierement sorty. Hé! vraymcnt toutes ces considerations me font croire que c'est une charité que l'on luy preste, quand on l'accuse de cruauté.

Mais encore suis-je bien plus confirmé en ceste creance, quand je voy ce grand sainct homme Colombain, le principal observateur & reformateur des mœurs de ceste Princesse, n'avoir rien trouvé en elle digne de reformation remarquable, que la connivence qu'elle apportoit aux paillardises du Roy Theodoric son petit fils. L'année six cens quatorze fut par luy opiniastrement employée en ces sainctes exhortations, avec paroles d'aigreur, nonobstant tous les mescontentemens du Roy, & de son ayeule, dont il se voyoit menacé. En celle d'après il quitta la Bourgongne, sans esperance de retour, suivant le commandement à luy faict. En toutes ces remonstrances nulle mention des cruautez: auparavant l'année six cens quatorze il n'y avoit que deux ans passez, selon le tesmoignage de Fredegaire chap. vingt-quatre, que Didier Evesque de Vienne avoir esté lapidé par le commandement exprés de Brunehaud. Certainement si ceste execrable inhumanité commise à la veuë de toute la France estoit vraye, ce preud homme eust esté grand mocqueur s'il n'en eust baillé quelque attache à ceste Princesse. Voyons donc quelles fautes elle peut commettre en ce sujet depuis que ce preud homme fut expatrié jusques en l'an 618. qui fut la fin & dernier periode de la vie de Brunehaud.

CHAPITRE XXI.

Que sans calomnie on ne peut remarquer en Brunehaud qu'elle fut cause de la ruine des Roys Theodebert & Theodoric ses petits enfans : ainsi que la commune de nos Historiographes soustient.

CEux qui de guet à pens ont voüé leurs plumes pour assassiner la reputation de Brunehaud, sur le fait des assassinats, luy imputent entr'autres choses, voire peut-estre principalement, qu'elle fit entendre à Theodoric, que Theodebert n'estoit son frere; ains fils d'un simple jardinier, dont sourdirent les divisions qui furent entre les deux freres, & d'elles la ruine totale de leur famille. On dict que celuy qui fait profession de mentir doit estre accompagné de memoire, afin qu'il ne se trouve disconvenable en ses propos. Je veux assasiner ces menteurs par leurs propos mesmes. Repassez sur Fredegaire & Aimoin, vous trouverez que depuis la mort du Roy Childebert pere, qui fut l'an six cens, Theodebert & Theodoric ses enfans vesquirent en perpetuelle paix jusques en l'an six cens dix, que Theodoric leva les armes contre Theodebert, sur le faux donner à entendre de Brunehaud, qui estoit fils d'un jardinier : car ainsi l'apprens-je d'Aimoin. Si de la levée d'armes je le croy, mais que ce fut sur ce sujet je le nie, par les raisons par moy cy-dessus deduites, & pour l'evenement que je vous representeray maintenant. Tant y a que ceste levée d'armes fut un feu de paille, aussi-tost esteint, qu'allumé. Car par la mort de Protade Maire de son Palais, l'armée fut aussi-tost licenciée, & ne trouverez que depuis Theodoric se soit souvenu de la mettre aux champs sous le pretexte de ceste fausse imputation. Au contraire Theodebert fut le premier promoteur de leurs partialitez en l'an six cens quinze, dont depuis il paya le premier la folle enchere : Et de ce je ne veux plus asseuré tesmoin qu'Aimoin. Voyons donc ce que nous apprenons, & ce qu'il en avoit appris de Fredegaire : car l'un & l'autre symbolizent en cette particularité.

Anno decimo quinto regni sui (dit le Moine chapitre nonante-cinq, livre troisiesme) *Theodebertus aliqua sibi de fratris Theodorici possessionibus adjungere parans, eum in se excitavit. Veruntamen provido prudentium consilio virorum, electus est locus, cui Saloyssa cognomen, ut fratres ad destinatum locum cum paucis, sed Franciæ primoribus, convenientes, quæ pacis essent eligerent. Ibi Theodoricus cum decem millibus virorum solùm, Theodebertus verò cum magna Austrasiorum assuit manu : bello etiam si frater petitis annueret, turbare pacem volens. Theodoricus tanta multitudinis contemplatione perturbatus, quæ ille cupiebat concessit. Conventus Fratrum hujusmodi fuit, ut Alesatio, & Sugitensi, Turonensi quoque, ac Campanensi cederet Comitatu Theodoricus, & ad Theodebertum jus omnium horum transiret. Inde cum gratia, sed simulata, discessum est, ac se invicem salutantes, uterque ad sua regna sunt regressi.*

Passage que je rendray François au moins mal qu'il me sera possible, afin que chacun y ait part.

Theodebert le 15. an de son regne se voulant accommoder de quelques terres de Theodoric son frere, le resveilla contre soy, toutesfois par l'advis de quelques preud-hommes, fut choisi un certain lieu appellé Saloisse, où les deux freres se trouveroient avec peu de suite (& singulierement qu'il y eust des François) où les deux freres s'aboucheroient ensemblement pour vuider leurs differens à l'amiable. Là se trouva Theodoric suivy de dix mil hommes seulement: mais Theodebert d'une forte & puissante armée, en bonne deliberation de troubler la paix, quand bien son frere luy passeroit condamnation de toutes ses demandes. Choses dont Theodoric estonné fut contrainct de caller la voile, & d'acquiescer à toutes les pretensions de Theodebert, quoy faisant luy furent adjugez les Comtez d'Azas, Sagitense, Touraine & Champagne, & par ce moyen se partirent contens l'un de l'autre : mais d'un contentement simulé.

Quels estoient ces Comtez-là, & en quoy ils gisoient, j'en laisse la decision à quelques plus curieux que moy. Suffise vous qu'on voit par cela que Theodoric ne fut le premier demandeur ou complaignant en ceste querelle, ains Theodebert. Et à tant que c'est une vraye ignorance, ou imposture de l'improperer à Brunehaud. Mais considerons quel progrés elle eut, & en quoy nous pouvons nous aheurter contre ceste Princesse. Le mesme Aimoin recite tout au long comme les choses depuis se passerent entre les deux freres au chapitre suivant qui est le 96. & parce qu'il est trop long je penserois icy abuser de vostre loisir, & du mien de le vous copier comme l'autre ; ains me contenteray de vous dire que j'apprens de cet Autheur, que peu aprés Theodebert fit mourir sans aucune cause Brunechilde sa femme, pour espouser Thendephilde. Et que Theodoric se voulant ressentir de l'affront & superchcrie qui luy avoient esté faits, s'arma à bon escient contre luy. Cruelle bataille entr'eux prés la ville de Thou, par laquelle Theodebert fut mis à vauderoute. Quelque temps aprés autre plus cruelle prés de Tolbiac, où Theodebert fut tout à fait vaincu sans esperance de ressource. En toutes lesquelles procedures je ne voy rien engagé de la reputation de Brunehaud. Mais voicy maintenant le grand coup auquel je demeure moy-mesme engagé : Quelle fut la mort de Theodebert, quelle celle de son fils, ou de ses enfans. Si vous en parlez à Fredegaire, il le fait prisonnier de Bertaire Chambellan du Roy Theodoric qui en fit present à son Maistre, lequel l'envoya aussi tost lié & garotté à Chaalons sur Saone, & pour tous enfans ne luy en donne qu'un bien petit, auquel il fit escraser la teste en la ville de Metz : & là se ferme cet Autheur en cet endroit. Mais Aimoïn fait tuer traistreusement Theodebert dedans la ville de Cologne, par l'un de ses sujets qui fit present de sa teste à Theodoric, & luy donne plusieurs enfans masles, dont le plus petit enfançon fut meurtry par sa bisayeule, la teste contre une muraille, une fille belle en perfection conservée : des autres enfans masles, il n'est plus faite memoire : qui monstre que c'est un coup de plume traverser d'un Moine. Mais en bonne foy, auquel des deux adjousterons-nous plus de creance, ou à Fredegaire qui attoucha de plus prés le temps dont il parloit, ou à Aimoïn qui en fut beaucoup plus éloigné, que vous voyez estre contrepointez l'un à l'autre ? Ainsi perit la famille de Theodebert, & ainsi s'impatroniza Theodoric de son Estat d'Austrasie.

Voyons maintenant quel jugement nous ferons de sa fin. Fredegaire le fait mourir d'une caquesangue. Aimoïn le fait mourir par le poison qu'industrieusement luy brassa son ayeule. De moy je ne demanderay jamais pardon, si j'adjouste plus de foy à l'ancien Autheur qu'au moderne. Singulierement eu esgard que je voy Aimoïn par les deux chapitres de luy que j'ay cy-dessus alleguez, n'avoir ignoré les deux opinions de Fredegaire, dont il fait mention sans le nommer. Toutesfois pour ne forligner de sa bonne coustume il choisit les deux pires au prejudice de ceste Princesse. Et neantmoins puis qu'il avoit à desdire celuy duquel il emprunte en cet endroict la plus part de ses mesdisances, il me semble qu'il devoit cotter quelque Autheur de marque, sur lequel il asseurast son desmentir, sans le vouloir authoriser de soy-mesme, puis qu'il contrevenoit par sa confession mesme à l'ancienneté.

CHAPITRE XXII.

Quel jugement nous pouvons faire de la vie de Brunehaud, par le livre de l'Abbé Jonas, qui escrivit la vie de S. Colombain ; observation non à rejetter.

JE n'ay pas entrepris de vous representer icy une Brunehaud franche & quitte de tout vice, mais bien des execrables cruautez dont les nostres la tiennent pour attainte & convaincuë sur les tesmoignages de Fredegaire & Aimoïn : c'est pourquoy j'ay recogneu deux Autheurs pour en esclaircir le Lecteur. Gregoire Evesque de Tours, qui en a escrit l'Histoire dés & depuis l'an cinq cens soixante-cinq, que ceste Princesse fut conjointe par mariage avec Sigebert Roy d'Austrasie, jusques en l'an cinq cens quatre-vingts-dix-sept que Gontran Roy de Bourgongne deceda : qui est la fin du dixiesme livre de cet Autheur, le demeurant estant voüé, non pour nos Roys ; ains pour les Evesques de Tours : Et aprés cet Autheur j'employe Gregoire premier Pape de ce nom, depuis l'année cinq cens quatre-vingts dix-sept, jusques en l'an six cens quatre, qu'il alla de vie à trespas : à sa suite depuis ce temps jusques en l'an six cens quinze que le bon pere Colombain fut tout à fait banny & exterminé du pays de Bourgongne, je recognois les censures de ce grand preud-homme sur la vie & mœurs de ceste Princesse. Ces trois personnages sont par nostre Eglise colloquez au Catalogue des Saincts, lesquels diversement, & selon diversité des temps observerent ce qui estoit de bon & de mauvais en Brunehaud. Ceux-cy ne chargerent aucunement ceste Dame des cruautez, dont les Histoires de Fredegaire & Aimoïn sont parsemées, desquelles ceux qui depuis mirent la main à la plume, enrichirent les leurs.

Or non content de tout ce que dessus, encore fais-je grand estat de l'Abbé Jonas. Cet homme fut le premier, & plus ancien de tous les disciples du bon Colombain, qui vint avecques luy du pays d'Hibernie en la Bourgongne sous le regne de Theodoric. Dont ayant esté ce preud-homme tout à fait chassé par les indeuës importunitez de Brunehaud, Jonas luy succeda en son Abbaye de Luxeüil, comme nous apprenons de l'Abbé Tritheme, & encore aprés son decez escrivit sa vie, comme tesmoin oculaire de ce qui s'estoit passé contre son Maistre. Qui me fait y adjouster plus de foy qu'à ceux qui n'en parlerent que par oüir dire. C'est luy duquel Fredegaire emprunta la plus grande partie du chapitre parlant de Colombain, que je vous ay cy-dessus traduit en François. En quoy neantmoins (je diray cecy premier que de passer plus outre) mon opinion est que le Lecteur doit apporter quelque prudence en lisant les Histoires, esquelles l'Autheur habille souvent la verité à sa guise. Ainsi ay-je observé en l'Histoire de Rome, un Empereur Constantin avoir esté grandement vilipendé par Zozime, Historiographe entre les Payens non de peu de merite ; au contraire infiniment haut loüé, & honoré du surnom de grand, par Eusebe, Socrate, Theodoric, & Sozomene, Historiens Ecclesiastiques : En cas semblable les trois derniers faire litiere de l'Empereur Julian, & neantmoins Marcelin qui fut l'un de ses Capitaines, nous le pleuvir comme un autre Jules Cesar de son temps. Dont vint je vous supplie ceste contrarieté, en mesme rencontre d'Histoires ? Constantin favoriza à huis ouvert la Religion Chrestienne, au desavantage du Paganisme : Et c'est pourquoy les Payens le detesterent, & les nostres le respecterent. A l'opposite Julian ennemy formel de nostre Christianisme, l'offensa plus par sa plume sans effusion de sang, que Neron & Diocletian par leurs glaives sanglans. Qui fut cause aussi que les nostres s'armerent sanglantement de leurs plumes contre luy, & celuy qui estoit de sa folle Religion, le reblandit de flatterie.

Je ne sçay comment en cela je puis dire ce que dit anciennement Hypocrat, lequel estant mandé par un Roy de le venir secourir d'une maladie dont il estoit dés pieça affligé, pria Democrite son intime amy, que pendant son absence, il voulust avoir l'œil sur sa femme, non qu'il ne la recogneust pour pudique, & tres-preude femme, ains seulement d'autant qu'elle estoit femme. Le semblable veux-je dire des Historiographes, qui escrivent les Histoires de leur temps, je les pense tous buter à la verité : mais tant y a qu'ils sont hommes, & comme tels l'habillent le plus souvent à leur guise, & luy baillent plus ou moins de couleur ainsi qu'il leur plaist. A quel propos tout ce propos ? Pour vous dire que si Jonas qui escrivit la vie de Colombain son Abbé & precepteur, donna quelques atteintes à Brunehaud, vrayes ou non, je les luy pardonne : s'il estoit à ce instigué par une juste douleur du mauvais traitement que son Maistre avoit receu d'elle : que s'il en parla sobrement, je repute cela pour une piece justificative de l'innocence de ceste Dame. Voyons donc de quelle façon il l'a bien ou mal traictée.

Le Roy Theodoric acquiesçant aux sainctes exhortations du pere Colombain, luy avoit promis de quitter toutes ses putains, & de se reduire sous le sainct lien de mariage avec quelque honneste Princesse. Ceste promesse (dit Jonas) estonna Brunehaud son ayeule, une seconde Jezabel, & le vieux serpent se logeant en son ame, la transforma toute en gloire. Marrie que le Roy Theodoric obeyst aux sainctes exhortations de l'homme de Dieu ; car elle craignoit que s'il abandonnoit ses paillardes, il prendroit une Princesse à espouse qui auroit toute superiorité & intendance d'honneur & de dignité dessus elle. Par ce mot de Jezabel vous voyez que Jonas estoit ulceré en son ame, & qu'il ne faut estimer qu'il espargna la reputation de ceste Princesse quand l'occasion s'y presenta dedans son Histoire, laquelle j'ay voulu exactement fueilleter, & ay trouvé trois fautes seulement qu'il luy impute. La premiere, que Brunehaud jalouze de sa grandeur, & craignant qu'une nouvelle Royne n'empietast quelque authorité sur elle, empescha par tous moyens à elle possibles, que Theodoric ne se mariast. Les deux Autheurs mesdisans enrichissent ceste faute d'une autre beaucoup moins supportable, que Theodoric ayant (suivant ces sainctes exhortations espousé Hermemberge fille du Roy d'Espagne, il fut empesché charnellement par les charmes & sorceleries de son ayeule, Jonas sur ce subject de continuation de paillardises l'avoit appellée Jezabel. Se peut-il faire que si ce fait eust esté veritable, il eust esté si pauvre de sens d'oublier ceste signalée particularité ? En second lieu, il luy impropre les furieuses sollicitations qu'elle fit

fit envers Theodoric pour bannir ce sainct homme Colombain, non seulement de son Abbaye, ains du Royaume de Bourgongne, dont elle vint à chef. Grand creve-cœur à Jonas : ceste Princesse avoit du commencement fait bannir Didier de son Evesché de Vienne, & depuis fait lapider apres son r'appel de ban, si en croyez Fredegaire (car Aimoïn n'en parle point) le tout ainsi que ceux qui depuis ont voulu commenter ce chapitre, en haine de ce qu'avecques une trop grande liberté, il l'avoit voulu reprendre de ses fautes.

Si jamais piece merita d'estre enchassée avecques une autre, c'est ceste-cy, avecques le bannissement de Colombain, pour faire paroistre combien ceste Dame estoit obstinée en son peché. Ce qui n'a pas esté fait par Jonas : & à tant je l'estime piece depuis de nouveau trouvée dedans l'estude de Fredegaire l'Escolier : mais voicy la consommation de l'œuvre, Fredegaire parlant de la ruine de Theodebert Roy d'Austrasie, fait un hola en sa prison. Disant qu'apres que Theodoric l'eut pris il l'envoya à Chaalons sur Saone, & en cela se ferme sans passer outre. Aimoïn le fait assassiner par ses sujets de Colongne. Jonas seul nous enseigne qu'estant envoyé à Chaalons Brunehaud le fit mourir de sang froid quelque temps apres qu'elle l'eut fait estre Prestre ou Moine, car ainsi veux-je expliquer ce passage. *Persequutus est Theodoricus Theodebertum, & suorum proditione captum, ad aviam Brunechildem remisit, quæ cum faveret partibus Theodorici, furibunda Theodebertum Clericum fieri voluit, & post dies non multos, cum jam esset Clericus, nimis impiè perimendum curavit.* Passage qui me semble grandement contenter mon opinion. Car vous voyez quelle anatomie il fait de la reputation de ceste Princesse en ce parricide. Ne pouvoit-il point en passant pour luy donner plus de lustre, faire estat des autres s'il y en eust eu ; afin que chacun cogneust de plus en plus son impieté ? Toutesfois cestuy est le seul qui luy est impropre. Adjoustez que si elle eust esté du commencement si honteusement chassée de la Cour du Roy Theodebert son fils, comme les deux plumes mesdisantes nous font entendre, en consequence de ceste indignité, rongée de longuemain dedans son ame contre luy ; c'estoit lors qu'il en falloit faire estat, quand Brunehaud le fit mourir, veu qu'en consequence de ceste injure, elle l'avoit depuis plevuy fils d'un jardinier seulement. Icy nulle parole de cela, ains seulement qu'elle le fit mourir : d'autant qu'elle favorisoit le party de Theodoric. Qui me fait croire que ce fut depuis une invention de la nouvelle impression, trouvée dedans l'estude de quelque escolier. Toutes ces particularitez que je recueille des deux Gregoires, & des deportemens de Colombain, & de Jonas son Historiographe, me font croire que l'opinion de Boccace, Paule Æmile, du Tillet Evesque, de Massonius, & de Mariana est veritable : Vray que j'ay cy-apres un plus fascheux chemin à exploiter, sur la mort de dix Roys, dont elle fut accusée, estant exposée au supplice.

CHAPITRE XXIII.

Procedures extraordinaires inexcusables, & faicts calomnieux, sur lesquels la Royne Brunehaud fut exposée à un impiteux supplice.

HE vrayement ! il ne faut trouver estrange, que la memoire de ceste Princesse eust esté de ceste façon deschirée, sur faits calomnieusement controuvez contr'elle apres sa mort, veu que dés son vivant elle ne se peut exempter d'autres calomnies, sur lesquelles elle fut condamnée à mort, & son corps cruellement mis en pieces. Histoire que je recueille de Fredegaire & Aimoïn ; Autheurs souvent par moy cy-dessus alleguez, qui est le subject de ce present chapitre.

Le Roy Theodoric allant de vie à trespas delaissa quatre enfans qu'il avoit eus de quatre concubines, Sigebert, Childebert, Corbe, Merouée & avecques eux la Royne Brunehaud son ayeule. Apres le decez de luy, le Roy Clotaire s'estant emparé des Royaumes de Bourgongne, & d'Austrasie, & de la bisayeule, & de trois des arriere-petits enfans : le tout par la trahison de Garnier Maire du Palais de Bourgongne, lesquels luy ayans esté presentez, il fit soudain mettre à mort Sigebert & Corbe, devant les yeux de leur bisayeule, & au regard de Merouée qu'il avoit tenu sur les fonts baptismaux, luy sauva la vie en consideration de ceste filiation spirituelle, & le bailla en garde à un sien Secretaire : toutesfois depuis ce temps je ne voy ny voix, ny vent de luy dedans nos Histoires, non plus que de Childebert second fils, qui auparavant s'estoit garenty par la fuite sur un fort destrié. Non content de ceste belle employte il fit sommairement & de plain le procez extraordinaire à la Royne Brunehaud, sur dix chefs d'accusation qui furent contre elle proposez par ses ennemis. C'est à sçavoir qu'elle avoit fait mourir, quoy que soit esté cause de la mort de dix Roys : Entendans sous ce mot, non qu'ils fussent tous qualifiez Roys, mais bien les uns estans Roys, & les autres extraicts de sang Royal ; C'est à sçavoir Sigebert son mary, Merouée & Chilperic son pere, un autre Merouée fils du Roy Clotaire, Theodebert, & son fils Clotaire, Theodoric, & ses trois enfans (ainsi sont-ils, & de tel ordre les nombrez par Fredegaire, car quant à Aimoïn, encore qu'en gros il fasse mention de dix Roys : toutesfois il ne les particularize, se contentant d'agir l'affaire avec la Rhetorique claustrale, en quelques-uns des Roys dont il parle.) Sur ces accusations le Roy du jour au lendemain, la condamne en son Conseil d'estre par trois jours tourmentée en sa personne à huis clos, puis conduire sur un chameau par tout le camp, non tant afin que son armée fust spectatrice de sa misere, que pour luy servir en sa misere d'opprobre, mocquerie & illusion. Et finalement qu'elle fust attachée par les bras & cheveux à la queuë d'un cheval fougueux, & trainée par les voiries, jusques à la fin de sa vie. Ainsi jugé, & aussi-tost en tout & par tout executé : & ceste Princesse ainsi liée, au premier coup d'esperon donné au cheval, elle eut la teste ecervelée, & de là sans conduite de frain, trainée par halliers, hayes, buissons, broussailles & rochers, son corps deschiré & mis en pieces de telle sorte, qu'à peine en resta-il la carcasse.

Cette Histoire a esté par succession de temps, & de main en main representée, non seulement par les nostres, ains reblandie comme ayant esté pris un juste supplice de cette Dame : Et de moy je l'estime la plus honteuse, inhumaine, & detestable, qui fut jamais couchée sur le papier. Si Clothaire l'eust fait passer au fil de l'espée, comme les arriere-petits enfans, peut-estre y auroit-il excuse comme d'une mort d'Estat, je veux dire comme de celle par laquelle, selon le monde, il vouloit asseurer de tout poinct l'Estat par luy de nouveau conquis : Mais de l'avoir voulu revestir d'un faux pretexte de Justice, je dis & soutiens que ce fut non seulement violer le droict des gens & des armes, ains tout droit divin & humain, de quelque façon qu'il vous plaise mesnager cette Histoire. Premierement à qui est fait le procez ? A une Royne & Princesse souveraine : Doncques non justiciable de celuy entre les mains duquel elle est tombée. Partant devoit son mal-heur aboutir, ou à une rançon seulement, ou bien à une longue prison, & detention de sa pesonne, ou en tout evenement à une mort, mais non cruelle, & exemplaire, comme cette-cy. Par qui est fait ce procez ? non seulement par celuy qui estoit le juge, ains la partie, car pour tel vous est-il figuré par Aimoïn, quand il en parle. Surquoy estoit l'accusation fondée ? sur dix morts de Roys. Paradventure furent tous les chefs de cette accusation averez ? Rien moins : mais aussi-tost proposez : aussi-tost la Princesse exposée à mort. Et qui est chose pleine d'une compassion admirable, non seulement ils ne furent averez, ains au contraire la calomnie s'y voit à l'œil : car quant à ce qu'en premier lieu on luy objecta, qu'elle estoit

cause

cause de la mort du Roy Sigebert son mary, comme l'ayant induit à la guerre contre le Roy Chilperic son frere, qui auroit occasionné l'assassinat depuis advenu en sa personne, c'est un vray songe & fantosme. Parce qu'en toute l'Histoire de Gregoire vous ne trouverez estre parlé d'elle depuis son mariage, sinon lors qu'advertie de la mort du Roy son mary, elle fit sagement evader de Paris le jeune Roy Childebert son fils. Et au surplus, le mesme Auteur nous enseigne que Chilperic fut le premier boute-feu de leurs guerres. Jusques à ce qu'enfin ce grand guerrier Sigebert fut assassiné par les embuches de Fredegonde, comme nous avons plus amplement discouru ailleurs : Et neantmoins voila le premier mets de son accusation dont on nous repaist, pour rendre l'innocence de cette pauvre Princesse inexpiable, pour avoir fait mourir son mary. Vous pourrez par cela juger quel est le demeurant du service. On luy objecte en second lieu la mort de Merouée fils aisné du Roy Chilperic. Je vous ay cy-dessus recogneu, & encores recognois franchement, que pour se vanger de la mort du Roy son mary, elle espousa le fils de son ennemy, esperant par son moyen trouver par luy sa vangeance contre le pere: & encore que son intention ne luy reussist à souhait, toutesfois il n'y avoit en cecy matiere de luy faire son procez, non plus qu'à la Royne Fredegonde qui reellement & de fait avoit faict mourir Sigebert. Adjoustez qu'aprés la rupture de ce mariage, Brunehaud ayant esté reintegrée en sa ville de Mets, on ne pouvoit plus luy rien imputer. Comme aussi est-ce la verité recogneuë par le mesme Gregoire, qui m'est en ce sujet un autre Evangeliste, si ainsi me permettez de le dire, que Merouée fut tué, non par le commandement de son pere, ains à son deceu, par les menées de Fredegonde sa belle mere. Car quant à la mort de Chilperic, jamais on n'en soupçonna Brunehaud. Recours à toute l'Histoire du mesme Gregoire, voire à celle de Aimoin, qui fait tomber & meurtre sous le glaive de Fredegonde & Landry. Et de fait toute la querelle que Childebert avoit dedans Gregoire contre son oncle Gontran, estoit afin qu'il permist la porte luy estre ouverte à se vanger contre Fredegonde & Clotaire son fils, tant de la mort du Roy Sigebert son pere, que de celle du Roy Chilperic son oncle. Et pour monstrer que ce n'estoit feintise, soudain que Gontran eut les yeux clos, Childebert leva les armes contre eux. On accusa en quatriesme lieu cette Princesse, d'avoir fait mourir un autre Merouée fils de Clotaire, je vous prie de considerer la sortie de cet impropere. Il y eut prés de la ville d'Estampes une bataille donnée entre les Roys Clotaire & Theodoric, l'armée de Clotaire estoit conduite par Landry Maire de son Palais, sous l'authorité de Merouée son fils, celle de Theodoric sous sa banniere & authorité par Arnoul Maire de son Palais grand Capitaine, lequel y mourut, mais en mourant obtint la victoire au Roy son Maistre, & de l'autre costé fut pris Merouée : Quelle fut depuis sa fin, l'Histoire n'en parle point, au moins on se fait accroire qu'on le fit mourir en prison, & y en a tresgrande apparence : Mais de l'attribuer à Brunehaud, il n'y en a nulle preuve, au contraire si en ces obscuritez la vraysemblance tient souvent lieu de la verité, il y a bien grande apparence que pour vanger la mort qui luy avoit procuré une si grande victoire, il s'estoit voulu vanger sur la vie de Merouée. Aimoin rudoyant par aigres paroles Brunehaud, objecte à Brunehaud que par ses frequentes & souvent reïterées importunitez, donnant à entendre à Theodoric que Theodebert n'estoit son frere, avoit semé la zizanie de division entr'eux, cause de la ruine fatale de Theodebert : induisant par cela que Theodoric estoit l'agresseur. Au contraire celuy qui fut promoteur des guerres d'entre les deux freres, fut Theodebert (esquelles rendit les abois) par le resmoignage du mesme Aimoin. Pour cinquiesme chef de son accusation, on luy mit sus qu'elle avoit fait mourir le Roy Theodebert son petit fils. Si vous parlez à Fredegaire, il fut fait prisonnier par Theodoric, & confiné de Cologne en la ville de Chaalons sur Saone : Nulle mention de sa mort : Si à Aimoin, il fut traistreusement meurtry par l'un des citoyens de Cologne, qui fit tout aussi-tost present de sa teste à Theodoric. Les choses estans telles, comment y pouvez-vous engager le fait de la Royne Brunehaud ? Et neantmoins pour ne haster sous faux gages son histoire, je veux croire que luy ayant esté envoyé elle luy fit prendre la tonsure de Clerc, & quelque temps aprés tuer pour faire plaisir au Roy Theodoric, car ainsi l'apprens-je de Jonas en la vie de S. Colombain : Jonas dis-je qui florissoit de ce temps-là. Pour septiesme chef on luy impute qu'elle avoit fait mourir Theodoric, puis trois de ses enfans. Quant à Theodoric, à la verité telle est l'opinion d'Aimoin, mais desmenty par Fredegaire son devancier qui le declare estre mort d'un flux de sang : cestuy pareillement par Jonas qui dit que ce fut d'un coup de foudre. Et pour le regard de ses trois enfans, fut-il jamais histoire plus digne d'un Escolier, ou d'un Moine claustral que ceste-cy ? qu'à la veuë de tous Cloatire en fit mourir deux, & le troisiesme sous main, feignant de le vouloir conserver, & neantmoins que ces trois cruautez soient rejettées sur ceste malotruë Princesse ? Joint que ce ne fut elle qui fit prendre les armes par le Roy Clotaire contre ses enfans, & de ce je n'en veux meilleur tesmoin qu'Aimoin. Or combien que selon le droit commun du genre humain il ne fut en la puissance du Roy Clotaire de faire se procez extraordinaire à cette Dame, Royne & Princesse souveraine, & ores qu'en sa puissance il eust esté, toutesfois que toutes ces imputations fussent fausses & calomnieuses, hormis une, sans en faire aucune perquisition, sans avoir esgard, ny à son sexe, ny à la longueur de son aage, qui estoit de 73. ans, ny à sa qualité de fille, femme, mere, ayeule, & bisayeule de Roys, elle fut horriblement traictée de la façon que je vous ay cy-dessus discouru. Cruauté qui n'eut oncques sa pareille en son tout. Et qui est plus espouvantable, c'est qu'elle proceda de la part d'un Roy, non seulement debonnaire & clement, ains la mesme debonnaireté par dessus tous nos Roys de la premiere lignée. Qui a fait estimer à quelques-uns, que cette histoire estoit fabuleuse. Discours que je reserve au chapitre prochain.

+++

CHAPITRE XXIV.

Dont procederent les calomnieuses accusations contre la Royne Brunehaud, & qui fut la vraye cause de la cruauté exercée contre elle.

Nous avons deux Roys ausquels l'ancienneté donna le tiltre de Grand : Sous la premiere lignée, Clotaire II. (Car ainsi est-il honoré par le Greffier du Tillet, & sous la seconde, Charles I. de ce nom, depuis appellé Charlemagne. Et tout ainsi que pour exalter les faits heroïques de Charles se trouverent plusieurs gaste-papiers, les uns qui par leurs Romans, les autres qui sous le nom d'Histoires, nous repeurent de plusieurs mensonges concernans l'Estat à l'avantage de ce Roy, comme de l'introduction des Pairs, des Parlemens, de l'Université de Paris, & autres particularitez, dont les vrays Autheurs de son temps, & ceux qui n'en furent esloignez n'ont parlé : Aussi les personnes Ecclesiastiques & Moines, qui sous la premiere lignée, & long-temps aprés s'estoient donné toute jurisdiction sur la plume en cette France, controuverent diverses fables pour couvrir la honte & pudeur de la furieuse cruauté, que Clotaire avoit exercée sur la Royne Brunehaud. Et comme par mal-heur chacun se plaist plus sur la mesdisance, aussi ceux qui depuis ont escrit, l'ont renvié les uns sur les autres. Toutesfois quelques-uns plus retenus ont reconnu cette cruauté estre du tout fabuleuse, ne se pouvans faire accroire qu'elle eust peu se loger en une ame si debonnaire, comme estoit celle du Roy Clotaire. Chose dont il ne faut meilleur ny plus prompt tesmoignage que de Fredegaire le meditant, lequel aprés avoir descouvert

descouvert les cruautez barbaresques executées contre Brunehaud par le commandement exprés de Clotaire, nous faict part tout soudain d'un traict de sa clemence admirable, que je ne die inimitable, qui fut tel.

Lendemon Evesque de Sion envoyé par Alethée Patrice de Provence, pour suborner la Royne Bertrude femme de Clotaire luy dit : que par le calcul exact qu'il avoit faict des Astres, il trouvoit que le Roy son mary devoit mourir dedans l'an, & que s'il luy plaisoit entendre au mariage d'elle, & Alethée, extraict de la race des Anciens Roys de Bourgongne, & enlever quant & soy tous les tresors, il estoit prest de l'espouser, & feroit mourir sa femme : Quoy faisant Alethée se promettoit d'arriver à la Royauté. Ce dont la Royne preude Princesse ayant donné advis au Roy, l'Evesque en ayant eu le vent se sauva de vistesse. Jamais crime de leze-Majesté ne fut circonstancié de tant d'ordures, vilenies, & meschancetez que cestuy, un Prelat contrefaire devin, mesme sur la mort du Roy son Seigneur, pour parvenir à sa mal-heureuse intention, de là devenir maquereau, pour non seulement suborner la pudicité d'une saincte Royne, ains pour mettre le divorse entre le Roy son mary & elle, brasler un autre mariage, fondé sur la mort future d'une autre femme ; le tout sous une esperance de troubler l'Estat par nouveaux troubles & divisions. Toutesfois Clotaire par sa debonnaireté prit pour le regard de l'Evesque en payement, les humbles supplications & prieres à luy faites par un Abbé : Ordonnant pour toute peine qu'il seroit de là en avant residence actuelle en son Evesché, qui estoit luy imposer pour supplice, & que c'estoit du deub de sa charge. Et quant à Alethée il se contenta de sa teste, sans autres tortures des membres. Toutesfois ce fut toute autre leçon en la Royne Brunehaud. Aimoïn s'est bien donné garde de toucher cette corde d'Alethée, sçachant que cette clemence si proche desmentoit la cruauté precedente. Vray Dieu ! dont pouvoit provenir cette contrarieté d'opinions en un mesme esprit, & presque en un mesme temps ? car pour bien dire, il n'y eut pas moins de faute en la trop grande clemence que ce Roy exerça contre le Patrice, & l'Evesque, qu'en la trop grande & excessive cruauté contre la Royne Brunehaud, je le vous diray en peu de paroles. Tout cecy est deu à la detestable garnison de Garnier Maire du Palais de Bourgongne.

L'an de la conqueste du Royaume d'Austrasie sur Theodebert à peine estoit expiré, que Theodoric le conquerant alla de vie à trespas l'année six cens dix-sept, delaissé quatre siens enfans naturels, Sigebert, Childebert, Corbe, & Merouée, & la Royne Brunehaud son ayeule, ainsi que j'ay touché par l'autre Chapitre, & suis encore contraint de le dire. Sigebert l'aisné aagé d'unze ans, Childebert de dix, Corbe de neuf, Merouée de six, & Brunehaud de soixante & douze ans. En tous lesquels y avoit grande foiblesse d'aages, és Princes, pour le peu d'ans qui estoit en eux, & en la Princesse pour le trop. De là consequent peu de ressource en eux tous, en cas de mal-heureux succez. C'est pourquoy les Austrasiens & Bourguignons commencerent à projetter un nouveau party. Qui fut de se soubmettre sous la puissance du Roy Clotaire, aagé lors de trente ans ou environ, lequel s'estoit grandement accommodé pendant les divisions des deux freres.

Les Austrasiens maniez par Arnoul & Pepin deux des principaux Seigneurs du pays, aucunement excusables, tant pour avoir veu la detestable cruauté que Theodoric avoit sur son avenement pratiqué contre son neveu orphelin, fils du Roy Theodebert, que pour estre ses nouveaux subjects non encore duicts à luy obeyr, quand il fut prevenu de mort. Soubs quelles conditions ces deux Princes conducteurs de cette orne, entrerent en ce nouveau party, nos Histoires n'en parlent point. Mais quant aux Bourguignons qui avoient tousjours esté ses naturels & anciens subjects, ils ne s'en pouvoient excuser : estans mesmement à ce induits & conduicts par les sourdes persuasions & menées de Garnier Maire du Palais, soubs la protection duquel la Royne Brunehaud s'estoit mise avecques ses quatre arriere-petits enfans ; & soubs cette asseurance ayant fait proclamer en la ville de Mets, Sigebert l'aisné Roy de Bourgongne, & de Austrasie, elle le laissa és mains de Garnier pour le conduire & recognoistre Roy és villes de la nouvelle conqueste,

qui estoient l'orée de la riviere du Rhin, dont elle n'estoit encore grandement asseurée. Mais au lieu de rendre ce bon & fidele service à son Maistre, il negotia le contraire, & fit promettre aux premiers Seigneurs de se reduire sous la principauté de Clotaire. L'enfance des Princes, leur illegitimité, l'ancienneté de la Royne, sans aucun soustien, luy facilitoient en cela la voye de son dessein. Et sur l'asseurance qu'il prend d'eux, joint la secrette intelligence qu'il avoit avecques les autres Princes d'Austrasie, il ne douta de capituler avecques Clotaire : Mais soubs tel si & condition, qu'il seroit confirmé en son Estat de Maire du Palais, & qu'il n'en pourroit estre deposé, tant & si longuement qu'il vivroit. Chose qui luy fut aisément promise soubs grands sermens par Clotaire : lequel par ce moyen se faisoit Maistre des deux Royaumes à fort bon compte & petit bruit. Soubs cette asseurance Clotaire arme, & entre dedans les pays de Bourgongne & Austrasie, les fourrageans. Brunehaud qui lors sejournoit en la ville de Wormes, le somme par Ambassades de ne point passer plus outre. Mais luy asseuré des promesses qui luy avoient esté faites, declare qu'il n'en feroit rien, & qu'il ne vouloit estre creu, ny la croire de leurs differens, ains s'en rapportoit à la Noblesse, tant de Bourgongne, que d'Austrasie pour les juger. Sur cette responce elle faict lever des gens, pour faire teste à son ennemy, soubs la conduite de Garnier, auquel elle avoit aprés Dieu mis toute sa fiance, & luy consigne mesmement ses quatre enfans, pour les proteger.

Les armées s'approchent l'une de l'autre, en bonne resolution (ce sembloit il) de joüer des cousteaux : Mais quand il vint a joindre, Garnier & ses partisans saignerent du nez, & se rendirent à celuy, qui les receut fort aisément à mercy, comme siens. Et pour rendre cette trahison tout accomplie, Garnier mit és mains de Clotaire, tous les enfans de Theodoric, horsmis Childebert, lequel monté sur un bon roussin se garentit de vistesse, & toutesfois ne fut depuis veu. Selon la supputation des Chroniques, il ne devoit estre lors aagé que de dix ans pour le plus, neanmoins en ce bas aage il eut le sens & la force de se sauver des embusches du meurtre. Des trois autres presentez au Roy je vous ay discouru par le precedent Chapitre ce qu'ils devindrent. Ainsi s'impatroniza le Roy Clotaire des Royaumes de Bourgongne & Austrasie, se faisant Monarque des deux Frances, tant de deça, que de là le Rhin. Restoit la Royne Brunehaud, qui s'estoit sauvée en la Franche-Comté, ou és environs. Espine aucunement en la teste du Roy Clotaire : car advenant que Childebert fust retrouvé & retourné on craignoit qu'il ne remuast quelque nouveau mesnage avecques sa bisayeule. C'est pourquoy Garnier pour complement de son bon & agreable service, la fit chercher par Herpon Comte d'Estable de Bourgongne (c'estoit lors ce que nous avons depuis appellé premier Escuyer du Roy) ayant esté trouvée, elle fut par Garnier presentée au Roy qui en fit l'execution telle que je vous ay discouruë. Tout ce que je vous ay icy presentement discouru, je l'ay emprunté d'Aimoïn. Vray que j'ay oublié le Roy qui y est : car il dit que soudain aprés que Brunehaud eut chargé Garnier & Alboin, un autre sien confidentaire, de conduire Sigebert le long du Rhin, pour le faire recognoistre Roy par les villes de la nouvelle conqueste, elle escrivit tout aussi-tost des lettres à Alboin, luy commandant de le faire mourir. Lesdites lettres estans par luy leuës, & aussi-tost deschirées en la presence de plusieurs Seigneurs, les pieces en furent sur le champ curieusement ramassées par un valet de Garnier, qui se donna le loisir de les adjuster ensemble sur une table avecques de la cire, & ayant trouvé qu'elles contenoient la mort de son Maistre, il les luy bailla. Ce qui l'occasionna de tourner sa robe, & de joüer tout autre rolle qu'il n'avoit promis de faire.

De ma part je ne doute point que Garnier qui estoit homme meschant, pour pallier sa trahison, ne mit du depuis ce faux pretexte en avant : mais il y en a si peu d'apparence que c'est manque de sens commun d'y adjouster foy. Ceux qui veulent donner quelque passe-port à ces lettres, disent que depuis le departement de Garnier la Royne estoit entrée en defiance de luy, sur un nouvel advis que l'on luy avoit donné. Quand ainsi eust esté, que non ; Alboin personnage

sonnage de choix, & creature de la Royne, avoit peu lire ces lettres en presence d'autres Seigneurs, ne sçachant qu'elles contenoient: Mais apres les avoir leuës, voyant ce qu'elles contenoient, & qu'il les eust deschirées & mises en pieces devant eux, il est mal-aisé de le croire: Ny plus ny moins que du valet qui se trouva à point nommé pour recueillir les pieces, & en apres se donna la patience de les rabienner sur une table, lui qui ne sçavoit qu'elles concernassent le faict de son maistre. Et vrayement il y a tant d'artifice exquis & affecté en ce discours, que l'homme le moins clair-voyant le jugera, non histoire, ains conte fait à plaisir, tel que l'on trouve dedans les histoires fabuleuses d'Herodote. Comme aussi est-ce la verité que si la Royne pendant le voyage du Roy Sigebert, fust entrée en quelque nouveau soupçon de Garnier, le voyant à son retour plein de vie, elle se fust bien donnée garde (en ce grand coup d'Estat contre Clotaire) de luy laisser le commandement absolu sur son armée, & moins encores de mettre entre ses mains, non seulement son aisné, ains ses autres enfans puisnez pour les proteger. Et à vray dire ceste seule consideration monstre qu'il y a eu beaucoup du Moine en Aimoin, quand il a voulu faire passer à la monstre ceste farce pour histoire.

Et tout ainsi que pour donner fueille à sa trahison, Garnier trouva ce faux pretexte, aussi pour la rendre de tout point excusable, il falloit figurer à Clotaire une Brunehaud pour la plus meschante & mal-heureuse Princesse, qui oncques eust esté veuë sur la terre. Or que Garnier avecques ses adherans fut celuy qui la fit depuis chercher, & estant trouvée en fit present au Roy Clotaire, pour la faire malmener de la façon qu'elle fut, vous le trouverez dedans le mesme Aimoin faisant son propre fait de la mort de ceste Princesse. Quelques-uns, comme j'ay dit, estiment que ceste mort soit une fable, pour l'enormité du supplice, singulierement de la part d'un Prince, qui en matiere de clemence fut le parangon de tous les autres, & mesme sur les calomnieuses accusations. Toutesfois la grande obligation que Clotaire avoit à Garnier, qui l'avoit franchement fait Roy de Bourgongne & d'Austrasie, sans coup ferir: Garnier vous dis-je, qui avoit interest de faire estimer par toute la populace, ceste Princesse la plus detestable du monde, pour monstrer avecques quelle juste raison il avoit affranchy son peuple de sa servitude, vous trouverez qu'il y avoit subject de la part du Roy, pour le grand contentement de son bienfaicteur d'une punition beaucoup plus griefve. L'atrocité de la peine faisoit croire que les delits dont ses ennemis la chargeoient, estoient veritables: Et à tant loüoient la nouvelle revolte de Garnier. En somme, pour finir ce Chapitre és deux Roys Clotaire & Charlemagne, par lesquels je l'ay commencé, il y eut sous leurs regnes deux grands traistres, Garnier sous Clotaire, Ganes sous Charlemagne. Contre cestuy-cy tous les Romains qui en ont escrit degenerent, d'autant que par sa trahison le Roy Charlemagne courut une mal-heureuse fortune en la journée de Roncevaux. Au contraire Garnier estoit infiniment honoré par la plume des Moines: Parce que sa trahison avoit tres-heureusement reüssi à l'advantage du Roy Clotaire. Et neantmoins Dieu ne voulut pas laisser, ny ceste trahison, ny ceste cruauté impunies, non point en la personne de Garnier, qui mourut de sa mort naturelle Maire du Palais de Bourgongne, ains de Godin son fils. Histoire que je veux vous discourir en passant avant que clorre ce Chapitre.

Ce jeune Seigneur soudain apres la mort de Garnier son pere, s'amouracha de Berthe sa belle mere, & l'espousa, dont le Roy Clotaire desmesurement indigné commanda qu'on le mist à mort. Toutesfois il obtint sa grace par les intercessions & prieres de Dagobert fils aisné du Roy Clotaire, à la charge qu'il quitteroit sa nouvelle espouse: ce qu'il fit. Mais elle d'un cœur malin tout aussi-tost l'accusa, qu'il avoit conjuré d'attenter contre la vie du Roy. Et ores que par plusieurs sermens par luy faicts solemnellement sur les Sainctes Evangiles és Eglises de sainct Medard de Soissons, sainct Vincent de Paris, sainct Martin de Tours, & sainct Aignan d'Orleans, il se fust purgé, combien que ce serment fust l'une des voyes que l'on practiquoit en ce temps-là, pour la justification de celuy qui se pretendoit innocent, toutesfois le Roy sans plus amplement s'en esclaircir, permit qu'il fust assassiné par gens attirez, au milieu d'un festin dedans la ville. Si justement ou injustement, je m'en rapporte à ce qui en est. Tant y a que Dieu punit souvent les enfans pour les fautes commises par leurs peres: Ainsi prit en Godin fin la race & racine masculine de Garnier, & en tout ce que je vous ay par plusieurs Chapitres discouru, je voy la Justice de Dieu executée par l'injustice des hommes, pour se vanger des fautes par eux commises: Un Theodebert qui avoit violé le droict des armes au desadvantage de Theodoric son frere, estre avecques un sien fils par luy cruellement mis à mort. Et pour punir ceste cruauté Theodoric mourir d'un coup de tonnerre, & en moins d'un an ensuivant ses enfans & son ayeule estre exposez à la mort par la trahison de Garnier, & commandement de Clotaire; Garnier puny apres sa mort en la personne de son fils, pour ne faire la parole de l'Eglise menteuse, quand elle dit: *Ne reminiscaris peccata nostra, vel parentum nostrorum.* Restoit à executer les vengeances, tant contre les anciennes cruautez de Fredegonde mere, que nouvelles du Roy Clotaire son fils: Dieu en fit une punition à la Royale. Car sans le chastier en sa personne, il voulut que dedans sa grandeur fust logé le commencement de la ruine de luy & de sa posterité, ainsi que j'ay plus amplement touché par l'un des precedens Chapitres.

CHAPITRE XXV.

Qu'entre tous les Roys de France Clotaire second semble avoir esté le plus heureux, & neantmoins qu'en luy commença la ruine de la premiere famille de nos Roys.

Combien que ce Roy Clotaire second ne fust ny grand guerrier, ny justicier pardessus les autres, toutesfois je le vous pleuvy pour le plus heureux de nos Roys. Je n'en excepte, ny le grand Clovis sous la premiere lignée, ny Charlemagne sous la seconde, ny Philippes Auguste sous la troisiesme. Premierement il eut ceste prerogative d'estre Roy, tant & si longuement qu'il vesquit, c'est à dire quarante & quatre ans, fors & excepté quatre mois. Privilege à nul autre de nos Roys octroyé. Aage toutesfois grand obstacle à l'acheminement de son heur. Car selon l'opinion des sages-mondains, il n'y a rien qu'il faille tant craindre dans un Royaume, que quand il tombe soubs la minorité d'un Roy. A plus forte raison d'un Roy qui estoit seulement aagé de quatre mois.

Mais au cas qui s'offre il y avoit plusieurs autres grandes considerations qui le devoient arrester tout court. La haine publique qu'on portoit à la memoire du Roy Chilperic son pere, pour les extraordinaires tyrannies par luy exercées sur son peuple, & plusieurs grands vices particuliers qui regnoient en luy. Pareille haine contre la Royne Fredegonde, non seulement principale ministre de ces tyrannies, ains pour avoir aux yeux de tous souillé ses mains dedans le sang Royal. Davantage simple Damoiselle, qui par ses paillardises estoit arrivée au mariage du Roy Chilperic, laquelle pourtant n'estoit secondée d'aucun sien parent d'estoffe, pour la secourir en ses necessitez & affaires. Vray qu'elle suppleoit aucunement ce defaut par ses artifices. Et au bout de cela ayant un ennemy capital Childebert Roy d'Austrasie, qui pour vanger la traistreuse mort du Roy Sigebert son pere, mettoit toutes pieces en œuvre envers le Roy Gontran son oncle; toutesfois Dieu voulut que ce Roy ayant baillé sa parole de protection, il ne voulut aucunement enfraindre, ains comme un roch au milieu des vagues, soustint ce petit Prince contre toutes les bourasques dont on le voulut affliger.

affliger. Et en cecy gist le premier establissement du bonheur de Clotaire. Mais en ce que je diray cy-aprés il y avoit beaucoup plus d'obscurité. Car pendant ceste enfance Gontran le tenoit pour son neveu : mais depuis il changea avec le temps grandement d'opinion.

Parce que quelques années aprés n'ayant enfans il adopta le Roy Childebert son vray neveu, luy mettant devant tout le monde certaines armes au poing, suivant la coustume qui lors estoit en telles affaires, & luy dict : Voila un tesmoignage qui vous servira de tiltre aprés mon decez, pour commander à tous les pays qui sont soubs mon obeyssance. Puisque nostre mal-heur a voulu pour nos pechez que soyez seul demeuré de nostre lignée. Partant succederez à mon Royaume, sans esperance qu'autre que vous y ait part. Opinion en laquelle il fut depuis grandement confirmé. Car ayant esté trois & quatre fois semonds pour tenir l'enfant de Clotaire sur les fonts, autant de fois eut-il la baye. Voyons ce qu'en dit Gregoire.

Aprés ces choses ainsi passées (dit-il) le Roy Gontran vint en la ville de Paris, & parla en ceste façon devant tous. On dict que feu mon frere Chilperic mourant laissa un enfant, que la mere & ses gouverneurs m'ont prié de tenir sur les fonts, premierement au jour & Feste de Noël, puis de Pasques, & en aprés de la S. Jean-Baptiste: en toutes lesquelles assignations ils ne s'y sont trouvez. Maintenant ils m'ont derechef semonds pour mesme effect, en un temps importun & fascheux, & neantmoins encore me cachent-ils l'enfant. Qui me fait croire que c'est un enfant supposé, emprunté de l'un de nos sujects. Car s'il eust esté de quelqu'un des nostres, on n'eust jamais tant tergiversé à le representer. Partant je veux que vous sçachiez que je ne le tiendray sur les fonts, que je ne sois acertené de la verité du fait. La Royne Fredegonde l'ayant oüy tenir tels propos, pour le relever de ce doubte, luy presenta tout aussi-tost trois Evesques, & trois cens preu-d'hommes de sa Cour, lesquels tous unanimement jurerent, que l'enfant estoit vray fils du Roy Chilperic. Et par ainsi demeura le Roy Gontran content.

Et certes ce n'estoit pas sans raison que tant de tergiversations & remises appresstassent à penser au Roy Gontran. Et quelque chose que dict Gregoire, je ne doute point que le Roy Gontran ne prit pas lors en payement les sermens qui luy furent faicts. Parce que l'enfant ne fut lors non plus baptizé qu'auparavant.

Or quelque beau serment qu'il fit adoncques, si ne le voy-je point depuis plus asseuré de la legitimité de l'enfant. Qu'ainsi ne soit estant quelques années aprés gouverné par Gregoire, & Felix Evesques, Ambassadeurs qui luy furent envoyez de la part du Roy Childebert, & que plusieurs propos se fussent entr'eux passez ; tant sur l'adoption de Childebert, que pour le bon accueil que Gontran faisoit aux Ambassadeurs du Roy Clotaire, dont Childebert avoit grand subject d'estre mal-content : le Roy Gontran pour les contenter leur dit, qu'il mesnageroit leurs affaires de telle façon, qu'il n'en sourdroit aucun scandale. Dabo enim Clotario (porte la langue Latine) si eum meum nepotem esse cognovero, duas aut tres civitates in parte aliqua, ut nec hic videatur exharedari de regno meo, ne huic inquietudinem præparet quæ ei dedero. Je donneray (dit-il) à Clotaire, si je le trouve estre mon neveu, deux ou trois de mes villes, afin qu'il ne pense pas que je l'aye exheredé de tout point : Ny pour cela l'autre (il entendoit parler de Childebert) n'en dormira pas moins à son aise, pour le don que j'auray faict. Or ne trouvera-t'on, ny dans Gregoire, ny dans Aimoin, ny dans aucun autre des anciens, que jamais Gontran ait gratifié Clotaire d'aucune sienne ville. Partant c'est chose asseurée qu'il ne l'estima jamais estre son neveu. Adjoustez les attentats qui furent contre luy brassez par Fredegonde, qui ne luy furent point incogneus. Bref, vous trouverez en Gregoire qu'ayans esté certains articles de paix confirmez entre Gontran, Childebert & Brunehaud. Et bien (dit Gontran demy courroucé à Felix l'un des Ambassadeurs) vous avez donné bon ordre d'entretenir ma sœur Brunehaud en amitié avecques Fredegonde ennemie de Dieu & du monde. Ce que Felix deniant, Gregoire l'autre Ambassadeur prenant la parole pour luy respondit : Que ceste pretenduë amitié estoit lors toute telle entre les deux Princesses que par tout le passé. D'autant que la mesme haine qui y estoit se reverdit de jour à autre. Et à la mienne volonté (poursuivit-il) Gontran Roy, que vous tinsiez moindre compte d'elle. Car comme nous avons souventesfois experimenté, vous faictes plus d'estat de ses Ambassadeurs que de nous. A quoy le Roy repartit: Sçachez homme de Dieu, que je ne reçois point de telle façon ses Ambassades, & que je me donne bien garde d'oublier la charité dont je suis obligé envers son neveu Childebert. Car comment pourrois-je m'attacher d'amitié avecques celle, que je sçay souventesfois avoir attitré des hommes pour attenter sur ma vie? *Nam illi,* (porte le Latin) *amicitias ligare non possum, de qua sæpius processerunt qui mihi vitam præsentem auserunt.*

De toutes lesquelles choses vous pouvez recueillir que Gontran n'estimoit luy appartenir de proximité de lignage: D'ailleurs qu'il vouloit mal de mort à la Royne Fredegonde sa mere, tant pour les conjurations qu'elle avoit encontre luy tresfinées, que parce qu'il la cognoissoit n'avoir autre Dieu & Religion en son ame, que la commodité de ses affaires. Que si sur ceste opinion il eust joint les deux puissances ensemble, je veux dire la sienne & celle de Childebert qui estoit son neveu, qui ne desiroit autre chose que la soudaineté de la jeunesse, arrestée par la sage conduite du vieillard, & la vieillesse poussée par la prompte execution du jeune Prince, eussent peu aisément desarroyer l'Estat du Roy Clotaire. Mais son bon-heur porta que jamais Gontran n'oza, ou ne voulut l'attaquer, ores qu'il fust souvent prié, sommé, & conjuré par Childebert son neveu de s'armer, ou de luy permettre qu'il s'armast.

Je diray plus, qu'ores que tous les deportemens de Fredegonde luy despleussent, toutes-fois estant pour la derniere fois prié par elle de vouloir estre parrein de son fils, il ne l'oza refuser; & neantmoins lisez le passage de Gregoire, vous trouverez qu'en ce dernier acte Gontran y venant y apporta plusieurs circonspections & asseurances : car avant que de partir, il envoya trois Evesques à Paris, comme avant-coureurs pour sonder le gué, & luy arrivé ne voulut sejourner dedans la ville, ains se vint loger avecques sa Cour au village de Ruel, & voulut que le baptesme fust fait à Nanterre, tant luy estoient les actions de la Royne Fredegonde suspectes. Bref tant & si longuement qu'il vesquit il ne fit aucune bresche à la Royauté de Clotaire, ny ne voulut permettre que Childebert, auquel les mains demangeoient en fit, tant fut lors la fortune de ce petit Prince heureuse.

Mais cet heur passa bien plus outre. Car le Roy Gontran ant allé de vie à trespas, & le Roy Childebert ayant par I nort uny le Royaume de Bourgongne au sien, adoncques tout obstacle luy estant levé, & laschant toute bride, il se desborda furieusement comme un torrent, sur les terres du Roy Clotaire (qui lors n'avoit que huict ou neuf ans pour le plus) les ravageant, pillant & ruinant. Mais tout aussi-tost il fut arresté par la camisade que luy bailla sur la diane, la Royne Fredegonde, ainsi que vous avez peu entendre cy-dessus. De maniere que tous les desseins par luy de longue main projettez, furent en un instant renversez par ceste Amazone. Quelque temps aprés le Roy Childebert & la Royne Falenbe sa femme decederent en un mesme jour, delaissez deux petits Princes ses enfans, sous la tutelle & puissance de la Royne Brunehaud leur ayeule, Theodebert l'aisné auquel escheut le Royaume d'Austrasie, & Theodoric puisné, qui fut fait Roy de Bourgongne : Et lors Fredegonde qui n'oublioit rien de ses advantages, remporta une autre victoire sur eux : mais quelque peu aprés vaincuë d'une longue vieillesse, elle perdit la vie, delaissé Clotaire son fils aagé seulement de quatorze ans, & jusques-là ne voy rien en luy de fascheux succez : mais non long-temps aprés sa fortune commença de grandement chanceler. Car les Capitaines qui estoient prés de Brunehaud prenans ceste occasion en main, le heurterent si chaudement par une cruelle bataille, qu'ayans obtenu une victoire absoluë sur luy, il fut contraint d'exercer une marchandise trés-honteuse avecques ses deux cousins. Car par la capitulation il fut contraint de leur quitter les deux parts de son Royaume, dont les trois faisoient le tout. Piteux Estat vrayement au bas aage de ce

Tome I.   Ii   jeune

ieune Prince ! toutesfois ayant callé la voile à ceste furieuse tempeste, il commença puis aprés de calfeutrer peu à peu avecques le temps son vaisseau : Et finalement les deux freres par une trés-sotte ambition, prenans grand plaisir de se ruiner l'un l'autre, le Roy Clotaire estoit aux escoutes, r'apieça tout à faict son Royaume auparavant emmorcelé, jusques à ce que pour fin de compte Theodoric s'estant faict maistre absolu du Royaume d'Austrasie, & mis à mort cruellement son frere Theodebert & les siens : Et quelque peu aprés estant Theodoric decedé, ayant delaissé quatre jeunes siens enfans sous l'authorité de la Royne Brunehaud leur bisayeule, Clotaire fut faict Roy de Bourgongne sans coup ferir : mais par la trahison de Garnier Maire du Palais de Bourgongne, & ses adherans. En quoy combien qu'il y eust beaucoup de honte pour les ames genereuses, toutesfois la proposition qui de tout temps se pratique en matiere des Principautez, eut lieu. *Dolus, an virtus quis in hoste requirat ?* Et mesmement que ce ne luy estoit pas un petit heur de s'impatronizer de deux grands Royaumes sans aucune effusion de sang d'une part ny d'autre. Et pour oster toutes espines de sa teste, il fit mourir les enfans de Theodoric qui luy pouvoient nuire : & tout d'une suite leur bisayeule, afin qu'elle ne remuast quelque nouveau mesnage contre luy, qui estoit un autre grand coup d'Estat, lors non moins familier aux Roys de la premiere lignée, que maintenant au Grand Turc, quand sur son advenement il veut asseurer sa Couronne. Et encore que toutes ses cruautez soient subjectes à quelque controle, toutesfois elles se pouvoient excuser sur la bonne fortune d'Auguste premier Empereur de Rome, lequel deliberant de s'investir de l'Empire avecques ses deux associez, Lepide & Marc-Anthoine, fit passer par le fil de l'espée tous ceux qu'il estimoit pouvoir servir de destourbier à leur dessein, tant amis, que ennemis. Et sur ce pied obtindrent de la fortune ces trois Seigneurs tout ce qu'ils desiroient. Vray qu'enfin le tout fut uny en la personne d'Auguste. Et nostre Clotaire executa tellement & de fait ce mesme conseil, mais aprés que il se fust empieté des deux Royaumes. La cruauté barbaresque d'Auguste n'empescha pas que depuis il n'empietast heureusement sur les siens, qui fut cause que depuis aux Couronnemens de ses successeurs, on leur souhairoit autant d'heur comme à luy.

Ceste cruauté aussi en nostre Clotaire n'empescha pas qu'il regnast avecques mesme heur sur les siens. Car se voyant Maistre & Seigneur d'autant de païs que le Roy Clotaire son ayeul, il commença de regner au gré & contentement, non seulement de ses anciens, ains nouveaux subjects, tous lesquels il traicta d'une mesme balance, mettant sous pieds toutes les injures passées, & communiquant aux grands Seigneurs les dignitez avecques une telle sagesse, qu'il bannit la jalouzie de leurs opinions, & de soy toutes les craintes des Princes ses corrivaux, les aucuns estans decedez de leurs morts naturelles, & les autres de la façon que je vous viens de toucher. Or regna puis aprés quatorze ans tout seul pacifiquement, & enfin rendit l'ame en l'autre monde d'une mort calme.

Estranges mysteres de Dieu ! qu'une grandeur bastie sur tant de meschancetez, tant de la part de la mere que du fils, eust pris une fin si douce, & son commencement dés l'aage de quatre mois. Hé ! vrayement si les choses fussent demeurées fermes & stables en cet estat, il y avoit assez dequoy à une ame foible d'en murmurer, & de vouloir faire le procez au Ciel.

Or voyez je vous prie quelle fut la catastrophe de ces jeux tragiques. Ce Roy restoit lors seul de la race de Clovis, & possedoit les quatre Royaumes de Paris, Orleans, Soissons, & Metz, qui estoient aprés le decez de ce grand Roy escheuz à ses quatre enfans. De maniere qu'il se pouvoit dire trés-grand Roy : toutesfois en ce grand Clotaire fut la closture de la grandeur de la premiere lignée de nos Roys.

Dieu aprés avoir longuement patienté, & esté spectateur de toutes ces detestables procedures, voulut que celuy sur lequel selon le monde on pensoit avoir estayé l'orgueil de ceste famille, fust le premier fondement de sa desolation & ruine. Car en luy commencerent de se boucler les grandes victoires auparavant tant familieres à ses devanciers. Le Roy Gontran avoit pris sur les Lombards deux villes limitrophes à nostre France : qui luy payoient encore de plus douze mil escus de tribut par chacun an. Soudain qu'ils virent Clotaire seul Roy, ils despescherent vers luy Ambassadeurs, pour le supplier leur vouloir rendre les deux villes, & leur quitter le tribut. Ces Messieurs sçeurent si bien & dextrement negocier avecques le Conseil de Clotaire par corruptions & presens, qu'ils obtindrent ce qu'ils demandoient sans coup ferir, à nostre trés-grande honte. Ces deux villes estoient les dernieres de nos conquestes en un pays estranger, & ce furent les premieres esquelles nous bornasmes nos esperances en ce subject. Car depuis qu'elles furent renduës, & le tribut quitté, n'attendez plus, ny en Clotaire, ny en tout le demeurant de sa famille aucune conqueste en pays estranger. Et pour le regard du dedans de nostre France, Clotaire est celuy sous lequel la Mairie du Palais jetta ses plus fortes racines au prejudice de nos Roys. Car auparavant elle estoit destituable à la volonté du Prince. Cestuy la rendit non hereditaire, ains viagere : car ainsi avoit-il promis à Garnier par les articles secrets entr'eux passez, qu'estant fait Roy de la Bourgongne il l'y establiroit Maire de son Palais, sans qu'il le peust destituer tant & si longuement qu'il vivroit. Parole qu'il luy tint aprés s'estre rendu paisible des deux Royaumes d'Austrasie & de Bourgongne, & eut lors trois Maires du Palais, Landry sur les Royaumes de France & de Soissons, qui dés pieça avoient esté reünis en un : Garnier sur celuy de Bourgongne, & Herpon sur celuy d'Austrasie. Ces deux derniers pour les bons services qu'ils luy avoient faicts, à la reddition de ces deux Royaumes. Ces trois Mairies estans faictes en eux viageres ; aussi ce Roy las des longues fatigues qu'il avoit auparavant soufferies se reposa sur leurs suffisances : chacun d'eux en son endroict s'en faisant accroire comme il luy plaisoit. Et deslors en avant, tout ainsi que la Majesté de nos Roys alla au raval par leur neantise & negligence, au contraire la grandeur des Maires du Palais s'accreut par leur diligence. Jusques à ce qu'en fin ils s'emparerent de l'Estat, le tout ainsi que je vous ay plus amplement discouru par le precedent. Et c'est le second miracle que je remarque avoir esté fait en ceste premiere famille de nos Roys.

CHAPITRE XXVI.

Qui furent Fredegaire & Aimoin les mesdisans.

IE veux estre par ce Chapitre du tout Escolier Latin. Aussi est-il dedié à deux, dont le premier fut surnommé le Scolastique, & le second fut un Moine ; Fredegaire, & Aimoin, qui se lascherent toute bride à la mesdisance contre Brunehaud, mais Aimoin plus que Fredegaire. Suivis depuis par ceux qui escrivirent nostre Histoire. Quant à Fredegaire, il fut du commencement adjousté par forme de supplement, pour unziesme livre sans nom, à la suite des six de Gregoire, & eut de cette façon vogue plusieurs ans. Voire que de nostre temps le docte Veignier aux quatre Livres qu'il fit imprimer de nostre Histoire l'an mil cinq cens septante-sept, ne l'allegue que sous ce titre de Supplement : mais depuis fut trouvé par ceux qui fureterent les Bibliotheques des Moines, qu'il se nommoit Fredegaire le Scolastique. Et neantmoins pour vous monstrer quelle foy on luy doit adjouster, je ne veux que le troisiesme Chapitre du peu qu'il nous a laissé par escrit. *Cumque Guntrano perlatum fuisset, eo quod frater suus Chilpericus esset interfectus, festinans perrexit Parisios, ibique Fred. gundem cum filio Chilperici Clotario ad se venire praecepit, quem in Ruillo villa baptizari jubet,*

bet, & eum de sancto baptismate excipiens in regnum patris firmavit. Par ce passage vous voyez qu'il vous figure un Clotaire fils de Chilperic tenu sur les fonts par Gontran son oncle, soudain aprés le meurtre advenu en la personne du Roy Chilperic son pere. Et neantmoins la verité est qu'il ne fut baptizé que huit ou neuf ans aprés, comme nous apprenons de Gregoire livre huictiesme chapitre neufiesme. Et quand par le vingt-huictiesme chapitre du mesme Autheur livre dixiesme il fut tenu sur les fonts : *Quo mysterio celebrato, invitatum ad epulum, parvulum multis muneribus oneravit. Similiter & Rex* (c'estoit Gontran) *ab eodem invitatus plerisque donis refertus abscessit, & Cabilonem urbem redire statuit.* Entreveües faictes par les deux Roys, & don, faicts d'une part & d'autre, qui monstrent que Clotaire lors de son baptesme avoir attaint de l'aage, & estoit grandelet, & à tant que Fredegaire ne nous devoit sur le commencement de son Livre repaistre d'un mensonge, s'il vouloit estre creu de tout le demeurant.

Car quant à Aimoïn il n'y a Autheur en toute l'ancienneté, qui ait apporté plus de noise sur son faict que luy, je veux dire sur son nom, sur sa demeure, & encore sur la generale œconomie de son œuvre. En ma jeunesse il couroit sous le nom d'Annonius Monachus, sous lequel il est souvent allegué par nostre Paule Æmile, & ainsi avoit-il esté nommé par nos ancestres, deux ou trois cens ans auparavant. Depuis par la diligence de Nicot Aimoïnus, & par celle de Fauchet Aimoïnus : n'n'est pas que quelques-uns ne le nomment Aimoënus selon les occurrences. Que si en son nom on s'est trouvé empesché, le semblable a-il esté en son habitation : d'autant que tous sont d'accord qu'il fut Religieux de l'Ordre de sainct Benoist : mais en quel Monastere, c'est en quoy on demeure court. Les aucuns disent que ce fut en celuy de sainct Benoist le Flory sur Loire. Opinion qui n'est pas sans apparence : car il dedia son œuvre à Abbon Abbé de ce lieu. Les autres le font Religieux profez du Monastere sainct Germain des Prez de Paris, & est tel jugement de frere Nicolas du Brueil. Et à la mienne volonté qu'il eust esté aussi candide en mon endroit, comme je suis envers luy, quand dedans les Antiquitez de Paris il me desroba neuf œilletz sans me nommer; parlant de l'institution du Parlement de Paris, & des Maistres des Requestes, tant de l'Hostel du Roy que du Palais. Mais laissant ceste querelle à part, il est induit à le croire Moine de sainct Germain. Parce entr'autres choses, que dedans son Histoire est faite frequente mention des Abbez & Abbayes sainct Germain, & nulle de celle de Floriac sur Loire: & qu'il se trouva quelque accident, par le moyen duquel luy fut permis de se retirer à Floriac. A cause dequoy dressant son Histoire, il la dedia à Abbon qui en estoit Abbé. Opinion toutesfois qui ne demeure pas sans responce : car ceux qui sont du premier advis, disent & soustiennent, que le denombrement des Abbez & privileges de sainct Germain, est une addition faite par quelque Moine du lieu, sur Aimoïn qui estoit en leur Librairie. Que l'on trouve encore dedans sainct Benoist sur Loire, un Aimoïn manuscrit, n'en faisant aucune mention, & qui plus est, le titre portoit anciennement : *Aimoini Monachi Floriacensis cœnobij*. Qui ne sont pas petits argumens pour convaincre la seconde opinion : laquelle des deux soit la vraye, je m'en rapporte à ce qui est pour le peu d'interest que le public y peut avoir.

Mais pour le regard de l'œconomie generale de son œuvre, il a cours entre nous sous le nombre de cinq Livres. Chose que du Brueil soustient estre veritable horsmis ce qui regarde l'Histoire de Philippes Auguste. *Quo* (dit-il en l'Epistre liminaire qu'il a faict sur cet Autheur) *ut bis libenter assentiar, qui librum quintum, usque ad nativitatem Philippi Augusti, id est annum redemptionis orbis MCLXV. protensum, non esse Aimoini, sed alterius, aut plurium appendicem asserunt.* Par cela vous voyez que par la confession de du Brueil on presta quelques charitez à Aimoïn. Mais j'en voy un autre avoir fait une plus belle anatomie de ces Livres. Celuy dont je parle, est Gulielmus Ranchinus, au premier livre de ses diverses leçons chapitre quinziesme. *Quisquis Aimoinum legis* (dit-il) *adverte quæ nunc dicam, & gratiam habe pro judicio. Non solus Aimoinus ejus historiæ author, quæ illius nomine circumfertur, sunt alij posteriores, ijdemque, incerti omnes, atque ignoti, cuncti tamen Monachi si vera conijcio. Eos autem sic distinguimus. Scripsit Aimoinus usque ad initium regni Pipini, ut clare ipse testatur in limine sui operis, libris quatuor divisi, unde sequitur, ut major libri quarti pars, in qua de Pipini Caroli Magni Ludovici Pij, rebus gestis agitur, itemque totus liber quintus, alijs authoribus tribuendus sit. A quo autem capite separatio sit facienda, disquiram ut potero. Sunt & qui ex cap. 42. libri quarti, Aimoinum decurtent: sed ij verius librum castrant & detruncant. Plurimum quidem tribuo libro Floriacensi, cujus id authoritate fieri dicitur, sed plus tribuo ipsi Aimoino, qui usque ad id temporis opus Pipinus, Caroli Magni pater regnare cœpit, historiam suam se producturum monet: in eo autem capite, non modo, non ad Pipinum, sed quidem ad Carolum Martellum illius parentem perventum est. Si igitur finis Annalium Aimoini, caput quinquagesimum quartum, aut sexagesimum primum. Sine dubio, alterum è duobus, quodnam autem affirmare vix audeo.*

Aprés cela il fait une enumeration particuliere, de combien de diverses mains il estime l'ouvrage qui court sous le nom d'Aimoïn, avoir esté fait. Et par ses conjectures estime & avoir en cinq divers Autheurs, sans toutesfois les specifier. Je ne sçay qui a le premier escrit, ou Ranchin, ou du Brueil : car soustenans deux diverses opinions ils ne font mention l'un de l'autre, & neantmoins en ceste diversité encore sont-ils d'advis chacun en leur endroit, qu'il y a eu de l'addition à Aimoïn.

Mais sur tout me plaist le jugement qu'en fait le docte Pierre Pitou, lequel en la recherche de telles antiquailles se rendit admirable, & beaucoup plus judicieux en l'examen d'icelles, tellement qu'il m'est en ce subject un autre Aristarque. Il eut un Aimoïnus manuscrit dedans sa Bibliotheque, lequel est depuis tombé és mains de Messire Jacques Auguste de Thou, President, Conseiller d'Estat, & Intendant des Finances, & de la Direction, vraye lumiere de nostre siecle en toute erudition & doctrine; voicy qui est escrit de la main de Pitou sur le commencement du Livre en la façon qui s'ensuit :

Monachus S. Dionisij ait : Suum quisque sibi fecit Aimoïnum.
In Codice Dionysiano : Aimoini non sunt ea, quæ à capite vigesimo libri secundi, ex Codice Monasterii Divi Germani adscripta sunt, quæ ad Monasterium illud pertinent.
Libro 4. inserta sunt plura capitula de Dagoberto, quæ ne in Germaniciano, aut impressis ex eo reperiuntur, atque incipit esse diversus stylus.
Gesta Ludovici Pij, ex quibus confectus est totus pene lib. 5. Aimoini in impressis exemplaribus, ex Germaniciano primum exscripta sunt.

Aimoïnus purus, putus.
Incipit Prologus Historiæ Francorum, Aimoïni Monachi Floriacensis Cœnobii.
Domino venerabili, & in Christi dilectione fundato. Abboni, Abbati totius gregis, illi à Deo concessi, minimus Aimoinus, perpetuæ munus fœlicitatis.

Voilà quelle estoit l'opinion du docte Pitou, qui ne fut jamais en ses estudes vendeur de parfums, & à tant je veux avecques luy croire que le nom de ce deuxiesme Autheur fut d'Aimoïn, Religieux de l'Abbaye de sainct Benoist de Floriac, & non de sainct Germain des Prez. Et au surplus suivant l'opinion du Moine de sainct Denis, chaque Monastere a voulu habiller Aimoïn à sa guise les uns par chapitres entiers, les autres par apostilles mises en marges, depuis placées dedans les textes, non seulement en ce qui concernoit la grandeur d'uns sainct Germain, & sainct Denis, & autres Monasteres: mais aussi en plusieurs particularitez, esquelles les Moines escrivains se sont par leurs ignorances flattez, au desavantage de ceux qui sous le nom de cet Autheur voudroient leur adjouster foy. Et c'est pourquoy diversement ceux qui ont quelque nez trouvent, qu'en tout ce qui concerne l'Abbaye de sainct Germain, & sainct Denis, a esté adjousté au Livre, & signamment plusieurs chapitres qui regardent le Roy Dagobert, & generalement tout ce qui touche le regne de Pepin, & de sa posterité, pour ne faire Aimoïn menteur de la promesse qu'il avoit faite en son Epistre liminaire à son Abbé de Floriac. A quoy quelqu'un me pourra dire, & non paravanture sans propos, que toutes

toutes ses additions sont depuis le temps de Brunehaud, & de Fredegonde, & n'ont rien de commun avecques ces Princesses. Repassons donc s'il vous plaist sur leurs temps, chose que je voüe au chapitre suivant.

CHAPITRE XXVII.

Quelle creance on doit avoir en Aimoïn parlant du temps de Fredegonde & de Brunehaud.

PRemierement je ne puis passer condamnation que Fredegonde & Landry eussent pourchassé la mort à Chilperic, comme Aimoïn en fait un ample chapitre. Et neantmoins Gregoire n'en fait aucune mention : luy qui estoit du mesme temps, & ne pardonne à la Royne Fredegonde quand l'occasion se presente.

Secondement au cas qui s'offre Gregoire au sixiesme Livre de son Histoire sur la fin parlant du Roy Chilperic, & de quelle ineptie il composoit quelques fois des vers Latins : *Confecit* (dit-il) *duos libros (quasi Sedulium imitatus) quorum versiculi nullis pedibus subsistere possunt, in quibus dum non intelligebat, pro longis syllabis breves posuit, pro brevibus longas statuebat.* Aimoïn au seiziesme chapitre de son troisiesme Livre, recitant quelque miracle fait par sainct Germain aprés son decez, il continuë son fil de ceste façon. *Ingrediente postmodum Chilperico Rege, urbem Parisiorum, sequenti die postquam Rex ingressus est civitatem, paralyticus, qui in porticu sancti Vincentij residebat, dirigitur, mane autem facto, spectante populo, beato Antistiti gratias referebat. Quod cum Regi nunciatum fuisset, magna cum devotione illuc adveniens, & tanto gavisus miraculo ejus Epitaphium his distichis rithmis composuit.*

Ecclesiæ speculum, patriæ vigor, ara reorum.
Et pater, & medicus, pastor, amorque gregis.
Germanus, vitute, fide, corde, ore, beatus,
Carne tenet tumulum, mentis amore, polum.
Vir cui dura nihil nocuerunt fata sepulchri,
Vivit enim, nam mors quem tulit ipsa timet.
Crevit adhuc potius justus post funera ; nam qui
Fictile vas fuerat, gemma superba micat.
Hujus ope & merito, mentis data verba, loquuntur
Redditus & cæcis prædicat ore dies.
Nunc vir apostolicus rapiens de carne trophæum,
Jure triumphali considet arce throni.

Par vostre foy y eut-il jamais plus de risée qu'au cas qui s'offre ? La prose du chapitre dit que Chilperic fit l'Epitaphe de sainct Germain en vers rimez, & tout soudain il nous sert de ces douze : ne sont-ce pas vers notoirement adjoustez, comme n'ayans rien de commun avecques les rimez qui estoient en usage de ce temps-là, joint qu'on les disoit avoir esté composez par Chilperic, lequel d'ailleurs Gregoire vous avoit representé pour un Poëte trés-impertinent, qui faisoit pour son ignorance un pesle-mesle des syllabes longues & brefves dedans ses vers ? Je n'entre en cognoissance de cause si le chapitre total est du nombre de ceux qui furent adjoustez par quelques Moines & Religieux de sainct Germain : mais tant y a que l'on ne peut dire que cet Epitaphe ne soit une addition manifeste, mais trés-inepte.

Autre erreur que je vous monstreray au doigt & à l'œil. Car aprés le meurtre commis en la personne du Roy Chilperic, le Roy Gontran son frere estant arrivé à Paris à la priere & instance de Fredegonde, afin qu'il luy pleust prendre la protection du fils, de la mere, & du Royaume : *Priores de regno Chilperici* (dit Gregoire livre 7. chapitre 7.) *ut erat Ausoaldus, & reliqui, ad filium ejus, qui erat, ut superius diximus, quatuor mensium se collegerunt, quem Clotarium vocitaverunt, exigentes sacramenta per civitates, quæ ad Chilpericum prius aspexerant, ut scilicet debeant fideles esse Guntrano ac nepoti suo.* Oyons maintenant parler Aimoïn : *Principes sane Chilperici, è quibus Ausaldus primus erat, acceptum ejus filium Clotarium, per civitates Regni circumduxerunt, & sacramenta nomine ipsius, atque Guntrani susceperunt.* Gregoire avoit seulement dict qu'Ausoalde & autres des principaux de la Cour du Roy Chilperic avoient couru par les pays qui luy obeyssoient lors qu'il vivoit, afin qu'ils recognessent aussi l'enfant Clotaire leur vray Roy, soubs l'obeyssance de Gontran son oncle : ce qu'ils avoient fait. Aimoïn adjouste par maniere de remplissage, qu'ils porterent quant & eux ce petit Prince agé seulement de quatre mois. Et certes il est impossible de croire, qu'une mere qui n'avoit asseurance de sa grandeur, & de son repos qu'en cet enfançon, l'eust voulu esloigner de son sein, ny qu'elle eust osé commettre un si foible age à la mercy de l'air, du vent, & d'un si long chemin. Car en ce faisant asseurer son Estat, c'estoit perdre & le Roy, & le Royaume tout ensemble. Qui me fait presque estimer que ce soit une addition de quelque petit Moine ignorant : que si cet ut Aimoïn, il manquoit en ce passage de sens commun, voulant par ce nouveau voyage dementir Gregoire, qui avoit parlé des choses par luy veües.

Autre erreur d'Aimoïn, en ce que je vous reciteray presentement. Depuis que le Roy Childebert fut arrivé à quelque aage de cognoissance, il ne respiroit rien tant en son ame, que la vengeance de l'assassinat, commis en la personne du Roy Sigebert son pere, qu'il sçavoit avoir este fait au pourchas de Fredegonde ; toutesfois tant & si longuement que le Roy Gontran son oncle & pere adoptif vesquit, il en détourna sagement le coup, mais soudain qu'il fut allé de vie à trespas, Childebert n'ayant plus cet obstacle devant ses yeux, & outre estant par la mort de Gontran, fait Roy de Bourgongne, nouveau Royaume annexé à celuy d'Austrasie, qui estoit de son ancien estoc ; adonc il mit sur les champs une puissante armée, en bonne deliberation d'avoir l'accomplissement de ses desirs. Mais il trouva chaussure à son pied en Fredegonde, assistée de Landry Maire du Palais, & avant qu'en venir aux mains, voicy ce que dit Aimoïn : car quant à Gregoire il ferme son œuvre aprés le baptesme du Roy Clotaire second. *Cum interim Fredegundis* (dit Aimoïn livre 3.chap. 82.) *evocatis qui sibi parebant Francis, ascito etiam Linderico, (qui tutor à Guntrano, ut supra meminimus, Clotario filio suo datus fuerat) facta concione, sic versos alloquitur, & præ se puerum gestans, rogat ne infantiam relinquant, meminerintque se non contemptum pueritiæ promissæ, sed venerationem majestatis Regiæ ; soverent porro honurem, quem conferendum in cunis adhuc posito assimavissent, ne in matura ætate, vacuus potestatis, plenus ignominia, Rex remaneret. Se certe quibus posset modis remunerationis pro filio non desuturam, quæ spectatrix cunctorum ac testis uniuscujusque, vel ignavia, vel virtutis in eminentiori constituta loco, desuper pugnam spectaret.* Je vous laisse quelques autres lignes suivantes aprés lesquelles Aimoïn adjouste. *Placuit cunctis quod dixerat Regina, Regem adhuc matris sugentem ubera ferrata sequuntur agmina.* Par cela vous voyez une Royne qui allaitoit encores son enfant : qui est un autre mensonge palpable : car quand Gontran fut son parrain il avoit pour le moins neuf ans, comme nous apprenons du dixiesme Livre de Gregoire, & lors Gontran estoit decedé. Hé ! vrayement je voudrois volontiers sçavoir quelle creance on doit apporter à cet Autheur mensonger ; mensonge neantmoins qui nous est plausible, dont la France a esté trés-aise de se repaistre, pour la nouveauté d'un si magnanime exploit.

CHAPITRE

CHAPITRE XXVIII.

Qu'Aimoin faisant mention de Brunehaud, en parle avec passion contre l'honneur d'elle.

FRedegaire qui pour sa premiere demarche nous sert dés l'entrée de son Livre d'une menterie, & aprés luy Aimoin, desgoisent comme ils ont voulu, une infinité de mesdisances atroces, contre la memoire de Brunehaud. Mais sur tout j'observe Aimoin avoir voulu gaigner le dessus de son devancier en ce beau mestier; autrement il eust estimé faire faute, & pecher (si ainsi me permettez de le dire) contre le S. Esprit. Aprés que Gontran Roy d'Orleans & de Bourgongne eut adopté Childebert Roy d'Austrasie son neveu, & fait son heritier, avec les solemnitez telles que le grand ouvrage requeroit, finalement il le prit à part, & descouvrit par maniere de leçon à ce jeune Prince, les Seigneurs de sa Cour ausquels il se devoit fier, & ceux dont il se devoit deffier, & pour conclusion adjousta, comme nous apprenons de Gregoire: *Ne ad matrem accederet, ne forte aliquis daretur aditus, qualiter ad Gondobaldum scriberet, aut ab eo scripta reciperet.* Ce Gondebaud estoit un nouveau Roy imaginaire, lequel arrivé de Constantinople en France, par ses longs cheveux, & quelques autres conjectures, soustenoit estre le cinquiesme enfant du Roy Clotaire I. de ce nom: & partant qu'il devoit quintoyer au Royaume avec les quatre autres enfans. Et sur ce donner à entendre attira plusieurs grands Seigneurs à sa cordele: Qui excita un estrange gargoüille par toute la France. Que si Brunehaud fut de sa partie (comme toutesfois il est mal-aisé de croire, pour l'affection maternelle qu'elle portoit naturellement à son fils) mais accordons qu'elle eust esté de la partie, paraventure y auroit-il sujet de ne luy imputer à crime, ains de se remetre sur une conscience timorée qui estoit en elle, estimant qu'on faisoit tort à Gondebaud de ne vouloir recognoistre. Au moyen de quoy elle ne douta d'adherer à ce nouveau Prince, voire au desadvantage de son propre enfant: au contraire Gontran soustenoit qu'il estoit un imposteur, & sous ceste opinion jamais ne cessa qu'il ne l'eust fait mettre à mort. Or soit que Brunehaud favorisast la cause de Gondebaud ou non, vous voyez que Gontran conseilla à son neveu Childebert de se deffier de la Royne Brunehaud sa mere, parce que cela importoit à son Estat, comme nous apprenons du 7. livre de Gregoire chap. 53. Voyons maintenant de combien Aimoin le voulut renvier, lequel aprés avoir tout au long emprunté de luy l'ordre que l'on tenoit en l'adoption, & comme le tout s'estoit passé entre l'oncle & le neveu, poursuit ainsi son discours livre 3. chap. 68. *Denique instruens eum, quos fidelium de rebus agendis consuli, quosve à consilio removeret amoveri, seu quibus corporis curam committi, Ægidii Episcopi fraudulentiam, ac perjuria, matris Brunechildis versutias cavendas premonuit.* Gregoire s'estoit bien gardé d'user de ces mots; Aimoin ne pouvoit faire ce discours sans se prevaloir.

Aimoin voulant reciter l'assassinat commis en la personne du Roy Chilperic, par le pourchas de la Royne Fredegonde sa femme: *Erat autem*, dit-il, *præfata Fredegundis, formâ egregia, consilio callida, dolis (exceptâ Brunechilde) parem non agnoscens.* Il ne peut faire ce discours sans donner quelque atteinte à Brunehaud, ores qu'il n'en fust question, tant estoit sa plume voüée à la mesdisance d'elle.

Passons plus outre, & voyons de quelle façon il s'est comporté avec Fredegaire qui luy avoit mis plusieurs pieces de ses mesdisances és mains. Fredegaire chap. 38. parle en cette façon de l'execution de la victoire que Theodoric Roy de Bourgongne eut contre son frere Theodebert Roy d'Austrasie vers Tolbiac. *Dirigensque Theodoricus ultra Rhenum, post tergum Theodeberti, Bertharium cubicularium: qui diligenter insequens, cùm jam cum paucis fugeret, Theodebertum captum, Coloniam, in conspectum Theodorici præsentat. Exibitum vestes regales, Theodebertus expoliatus, equusque ejus cum statura Regis, hoc totumque Berthario à Theodorico conceditur: Theodebertus vinctus, Cabilonem destinatus, filius ejus, nomine Me-rovei, parvulus, jussu Theodorici apprehensus à quodam, per pedem, ad petram percutitur, cerebroque ejus capitis erupto, emisit spiritum.* Cruauté vrayement barbaresque, & neanmoins Theodebert n'a icy qu'un petit enfant. Oyons maintenant Aimoin discourir sur mesme subject, chap. 99. du 3. liv. *Theodoricus, ubi factum est indicium Theodebertum evasisse, incentivum accelerandi itineris accessit, ut conficiendi belli compendium putaret, si Dux & populus bello promptior interciperetur. Adveniens itaque cum suis in Ripuariorum fines sese immisit, occurrentia quæque devastans, vel exurens. Cujus incolæ ad eum venerunt rogatum, ne ob unius culpam, dissidium pararet eis, quos suos fore sciret jure victoria. Quibus ille: Non (inquit) vobis, sed Theodeberto, interitus paratur, cujus caput, si meam prothereri vultis gratiam, vos necesse est auferre, aut ipsum vivum, vinctumque ad me perducere. Illi Regiam Coloniam introgressi, Theodeberto taliter loquuti sunt. Sic (inquiunt) mandat Theodoricus frater tuus. Si (ait) recipere meruero thesauros paternos, quos Theodebertus adhuc injustè retinet, pervasa, proprias festinus repedabo domos. Ideo hortamur te, Domine Rex, ut portione quæ debetur reddita, nostra eum non sinas infestare domicilia. His Theodebertus dictis credulus, pro vero prolata arbitratus, locum quo regalis continebatur gaza, pariter cum ipsis ingressus est. Eo igitur perscrutante, quid fratri opportunius, sine sui damno, posset restituere, unus è circumstantibus, evaginatum gladium cervici illius illidens, caput abstulit, acper muros Coloniæ circumtulit. Quod cernens Theodoricus, ipse confestim urbe potitus, Regias invasit opes, & primates civitatis, in sua sibi verba, jurare compellit.* Vous voyez en cette histoire double leçon: parce que Fredegaire fait Theodebert prisonnier de guerre envoyé lié & garoté à Chaalons sur Saone, siegere du Royaume de Bourgongne de Theodoric: Et Aimoin le rend occis dedans la ville de Cologne, par ses sujets. Accordez, je vous prie, ces deux histoires: mais n'estant le but où je vise, je passeray plus outre. *Compositis (dit Aimoin) ex sententia rebus, inde cum multis spoliis progressus, secum adduxit filios fratris sui, cum filia, quæ specie nitebat decora. Dum Metas advenisset, reperit aviam suam Brunechildem inibi unquam obviam venisse. Quâ arreptis Theodeberti filiis eos sine mora neci tradidit, & minorem quidem natu, Merovei nomine, in albis adhuc positum, lapidi illisum, coegit exhalare spiritum. Regnavit itaque Theodebertus annis 17. Quidam verò Authores scripserunt Theodebertum, post illam Theodorici victoriam, suamque ærumnam, Rhenum transivisse, & Theodoricum captâ Coloniâ, Bertharium cubicularium suum ad comprehendendum eum misisse, à quo comprehensus, & ad Theodoricum perductus, indumentisque suis regiis exutus, Cabilonas dicitur esse in exilium relegatus, ob compensationem autem tam præclari operis Bertharius equum ejus, cum structura regia fertur à Theodorico percepisse.*

Ceste seconde opinion estoit celle de Fredegaire; à laquelle Aimoin devoit adjouster que l'enfant Meroüée avoit esté meurdry par le commandement de Theodoric son oncle: ce qu'il s'est bien donné garde de faire, tant il estoit aheurté à la mesdisance contre Brunehaud. Mais voyez de combien plus il faict valoir ce mestier sur l'autre, qui n'avoit donné qu'un Meroüée enfant à Theodebert; car icy ce Moine luy en donne plusieurs, qui tous sont occis par le commandement de Brunehaud leur bisayeule, & Meroüée de la façon piteuse que dessus. Mesme qu'il semble que ceste Princesse se fust transportée de propos deliberé à Mets, pour faire ces magnifiques exploits contre son propre sang: & signament contre le petit enfant Meroüée qu'elle fit ecerveler, n'estant encore baptizé. Car ainsi explique Nicolas Gilles, & autres aprés luy ces mots, qu'il estoit encore *in Albis*.

Fredegaire parlant de la mort de Theodoric: *Theodoricus* (dit-il chap. 39.) *Metis profluvio ventris moritur.* Entendez maintenant quel commentaire a fait Aimoin sur cette mort, liv. 3. chap. 100. car chacun a interest de le sçavoir. *Interea* dum Metis moraretur Theodoricus, amore filiæ fratris Theodeberti (quem Coloniæ capitiuauerat) deperire cœpit. Quin cum sibi copulare vellet, ab auia ne hoc faceret prohibebatur. Cui ille: Et quid (ait) incurram offensionis, si illam uxorem duxero? Ad hæc Brunechildis: Non (inquit) fas est fratris progenitam habere te coniugem Ad hæc Theodoricus, ut audiuit, sic le commotus, tali ei respondit modo: Nonne tu Deo odibilis, cunctisque inuisa bonis, mihi dixeras eum fratrem non esse meum, ut quid imposuisti mihi tam graue onus fratricidii? Et euaginato ense, voluit eam percutere: quæ à circumstantibus erepta, ac manibus damno elapsa, mortis quidem euasit discrimen, sed nepoti, dolos parauit temeritate fœminea. Nam egredienti è balneo, per manus ministrorum pecuniâ corruptorum, veneni porrexit poculum. Quo hausto, sic pœnitens scelerum suæ gesserat, vita sortitus est terminum, quam criminibus fœdauerat. Tradunt verò memorati scriptores, eum ad Metensem urbem, dum contra Clotarium expeditionem agere meditaretur, disenteriæ morbo interiisse 18. regni sui anno. Celuy dont Aimoin entend parler tant par les 99. que 100. chap. du 3. liu. de Fredegaire. Ie demanderois volontiers pourquoy sans le nommer il n'a voulu dementir en ces deux dernieres particularitez, luy qui d'ailleurs emprunte la pluspart de son mesdire, de Fredegaire, sinon qu'en ces deux dementirs il se pensoit auantager de reputation sur luy: d'autant qu'il mesdisoit dauantage de Brunehaud: Et neantmoins au bout de ces contes fascheux il est contraint de dire, aprés que ceste pauure Princesse eut esté cruellement traittée en sa mort, au liu. 4. chap. 1. *Non tamen ex toto vecors extitit, quin Dei ac Sanctorum ejus, memorias à prædecessoribus structas, venerabiliter excoleret, ipsaque nouas fabricando deuotè multiplicaret. Nam in suburbano Laudunensi, basilicam in honorem S. Vincentii constituit, & apud Augustodunum, aliam sancto inædificari Martino iussit, usa sanctis ad id opus ministeriis, venerabilis viri Siagrii prædictæ urbis Episcopi. Multis quidem & aliis in locis sub nomine S. Martini magnificas fundauit Ecclesias, illum sibi præ cæteris adiutorem sibi confidens, & confidendo exposcens. Ædificia sanè ab ipsa constituta, usque in hoc tempus durantia, ostenduntur, tam innumera, ut incrodibile videatur, ab una muliere, & in Austria* tantummodo, *& Burgundia regnante, tanta, in tam diuersis Franciæ partibus, construi potuisse.* Quelqu'un pourra par ce passage inferer que tout ce qu'Aimoin auoit auparauant mesdit d'elle, ne doit estre creu, veu qu'il n'a oublié sur la fin de luy donner un eloge si magnifique. Quant à moy je recueille de ce placard, que tous ceux qui ont diuersement rapetassé du liure d'Aimoin, se sont abusez representans Brunehaud cruelle, de la façon comme ils font: car toutes ces Eglises ne peuuent estre basties que par une ame deuote enuers Dieu, & ses Saints. Et combien que dedans telles ames la paillardise n'ait accoustumé de loger, si aduient-il quelquesfois le contraire par l'instigation du Diable; car combien que ce peché soit formellement contre Dieu, toutesfois il ne l'est contre la nature, j'entens nostre nature depravée & corrompuë. Mais la cruauté en soy est contre Dieu, & ceste nostre nature tout ensemble. Et à tant il se peut faire que Brunehaud s'estant eschappée à soy mesme, s'amouracha d'un Protade, qui apporta scandale à l'Estat. Mais qu'elle se fust desbordée en toutes les cruautez plus que brutales, qui se trouuent dedans Fredegaire & Aimoin, je ne le puis croire. Dedans Fredegaire (dis-je) non seulement pour le peu de nom qui est en luy, mais aussi que dés l'entrée de son liure, je le voy broncher en l'Histoire. Dedans Aimoin non seulement par trois fautes, que je voy en luy de mesme parure, mais aussi pour auoir esté eschantillonné de tant de pieces, qui me sont toutes suspectes, si elles ne se rapportent au sens commun; & signamment je ne me puis rapporter à leurs opinions, en ce que je les voy discorder à Gregoire Evesque de Tours, au grand Gregoire I. Pape de ce nom, & des remonstrances du bon Colombain, tous trois beatifiez & mis au Kalendrier des Saincts, qui parlerent tous trois de ce qu'ils virent, ou peurent voir. Et combien que n'ayans rien escrit de la main de Colombain, toutesfois je ne vous ay rien dit de luy, que je ne l'aye coppié de Fredegaire, & Aimoin, je veux dire les remonstrances que ce bon & sainct homme fit à Brunehaud, dedans lesquelles nulle mention de sa cruauté, qu'il n'eust oublié si elle se fust trouuée en elle, telle que nos Annalistes la qualifient.

CHAPITRE XXIX.
Cheute de la seconde famille de nos Roys.

IE laisse à nos autres Historiographes les conquestes, glorieuses victoires, & superbes arrois de ceste seconde famille: car quant à moy j'ay maintenant pris pour mon partage ses ruines: Quoy faisant je ne pense rapporter peu de profit à nos Princes & grands Seigneurs, quand de bon-heur ils se feront sages par la folie d'autruy. Nous sommes les gettons des Roys, qu'ils font valoir plus ou moins, comme il leur plaist, & les Roys sont les gettons de Dieu: Iamais famille ne receut plus de faueur, & benediction du ciel, que celle des Martels en trois Princes consecutifs, Charles Martel, Pepin, & Charlemagne; & jamais elle ne fut tant terrassée qu'en trois autres, qui les suruesquirent, Louys le Debonnaire, Charles le Chauve, & Loüis le Begue. Je nomme entre ces six Charles Martel, ores qu'il ne portast jamais titre de Roy entre les siens, mais ce fut luy qui par sa prouësse & sage conduitte, fit voye aux siens à la Royauté. Joint qu'aprés son decez, sa statuë fut honorée d'une Couronne Royale, en son tombeau, comme l'on peut voir en l'Eglise, & Abbaïe de S. Denys. Les trois premiers furent torrens de fortune, qui l'augmenterent: les trois derniers precipices qui la rauallerent: car quant aux autres qui leur succederent, ce ne furent que des auortons qui ne firent que contenance de regner sans regner. Et combien qu'en Charlemagne fust l'accomplissement de la grandeur de ceste famille, toutesfois je dirois volontiers, s'il m'estoit loisible, qu'il jetta les premiers fondemens de la ruine. Vous entendrez les raisons pourquoy.

Le Roy Pepin mourant laissa deux enfans, Charles & Carloman: ausquels par partage fait entr'eux escheut tout ce qui estoit compris és Gaules dedans l'enceinte du Rhin, monts Pyrenées & Apennin: & à Carloman tout ce qui nous appartenoit au delà du Rhin. Cestuy-cy mourut trois ans aprés le decez de son pere, delaissez de la Royne Berthe sa femme, deux enfans. Et adonc Charles, par un droict de bienseance, s'empara de tous & chacuns leurs pays. Chose dont la vefue voulant auoir premierement sa raison, se retira auec ses enfans vers Tassilon Duc de Bauiere; mais l'ayant trouué trop foible pour venir à chef de cette vengeance, elle prit sa route vers Didier Roy des Lombards, qu'elle pensoit auoir juste cause d'indignation contre luy; d'autant qu'ayant espousé en premieres nopces Theodore sa fille, il la luy auoit renuoyée dedans le premier an de leur mariage. Toutesfois le mal-heur voulut, que Didier ayant esté desconfit à la semonce du Pape Adrian par Charles, & despouillé de son Royaume, fut auec sa Royauté enseueli le tort que Charles tenoit à ses neueux. Ceste histoire est aucunement touchée par nos Annalistes, & toutesfois mise au rang des pechez oubliez, comme si ce ne fust qu'une peccadille d'auoir mis à nud ses neueux en la succession de leur pere. Peché neantmoins qui fut rudement vangé sur les siens par un juste jugement de Dieu.

Aprés auoir repudié la fille du Roy Didier, il espousa consecutiuement trois femmes, dont de la premiere il eut six enfans, Charles, Pepin, Louys, Bertrude, Berthe, & Gillette: de la seconde, Tetrude, & Hildude: & de la troisiesme, nuls. Charles mourut du viuant du pere, sans hoirs procreez de soy: Pepin son second fils Roy d'Italie mourut pareillement le pere viuant, delaissé son fils Bernard son successeur: De maniere qu'à Charles (depuis dit Charlemagne, pour la magnanimité de ses faicts) ne restoit plus
de

de masle que Louys pour son fils, & Bernard pour arriere-fils. Or est-ce la verité qu'aprés le decez de sa quatriesme femme il se ferma en matiere de mariage. Mais comme il est mal-aisé de tenir une bonne fortune en bride, aussi ce grand Prince ayant attaint au dessus de tous ses desirs, par les grandes victoires qu'il avoit rapportées de ses ennemis, commença de n'avoir dedans sa maison, autre plus grand ennemy que soy-mesme. Se donnant à la veuë de tous diverses garces, desquelles il eut trois bastards, Dreux, Hugues, & Theodoric, sans faire estat des bastardes. Et à l'exemple de luy, ses propres filles ne manquerent de serviteurs, non plus que la plus part des autres Dames. De maniere que la Cour de ce grand Empereur, n'estoit qu'une banque de toute honte & pudeur. Qui le fit tomber en telle nonchalance de son devoir, que combien qu'en luy fust l'accomplissement de ceste famille: toutesfois la fin de sa vie fust le commencement de sa ruine.

François Petrarque fort renommé entre les Poëtes Italiens, discourant en une Epistre Latine son voyage de la France, & de l'Allemagne, nous raconte que passant par la ville d'Aix la Chapelle, il apprit de quelques Prestres une histoire prodigieuse, qu'ils tenoient de main en main pour trés-veritable. Qui estoit que Charles le Grand, aprés avoir conquesté plusieurs pays, s'esperdit de telle façon en l'amour d'une simple femme, que mettant tout honneur & reputation soubs pieds, il oublia non seulement les affaires de son Empire, mais aussi le soing de sa propre personne, au grand desplaisir de chacun. Estant seulement ententif à courtiser ceste Dame, laquelle par bonheur commença de s'allier d'une fort grosse maladie qui luy apporta la mort. Dont les Princes & grands Seigneurs furent grandement resjoüis. Esperans que par ceste mort Charles reprendroit comme devant, & ses esprits, & ses affaires en main. Toutesfois il se trouva tellement infatué de cet amour, qu'encores cherissoit-il ce cadaver, l'embrassant, baisant, & accolant de la mesme façon que devant, & au lieu de prester l'aureille aux legations qui luy survenoient, il l'entretenoit de mille bayes, comme s'il eust esté plein de vie. Ce corps commençoit desja, non seulement de mal sentir, mais aussi se tournoit en putrefaction, & neantmoins n'y avoit aucun de ses favoris qui luy en osast parler: dont advint que l'Archevesque Turpin mieux advisé que les autres, pourpensa que telle chose ne pouvoit estre advenuë, que par quelque sorcellerie. Au moyen dequoy espiant un jour l'heure que l'Empereur s'estoit absenté de la chambre, commença de foüiller le corps de toutes parts: Finalement trouva dedans sa bouche au dessous de sa langue un anneau, qu'il luy osta le jour mesme. Charlemagne retournant sur ses premieres brisées se trouva fort estonné de voir une carcasse ainsi puante. Parquoy, comme s'il se fust reveillé d'un profond sommeil, commanda que l'on l'ensevelist promptement. Ce qui fut fait, mais en contr'eschange de ceste folie, il tourna tous ses pensemens vers l'Archevesque porteur de cet anneau, ne pouvant estre de là en avant sans luy, & le suivant en tous les endroits. Quoy voyant ce sage Prelat, & craignant que cet anneau ne tombast és mains de quelque autre, le jetta dedans un lac prochain de la ville. Depuis lequel temps l'on tenoit que l'Empereur s'estoit trouvé si espris de l'amitié du lieu, qu'il ne desempara la ville d'Aix, où il bastit un Palais, & un Monastere, en l'un desquels il parfit le reste de ses jours, & en l'autre voulut y estre enseveli: ordonnant par son testament que tous les Empereurs de Rome eussent à se faire sacrer premierement en ce lieu.

Que cela soit vray ou non, je m'en rapporte, tout ainsi que le mesme Petrarque, à ce qui en est: si estoit-ce un commun bruit, qui lors couroit en la ville d'Aix, lieu où reposerent les os de Charlemagne. De laquelle histoire ou fable Germantian a fort bien sçeu faire son profit, pour averer & donner quelque authorité à l'opinion de ceux qui soustiennent les malins esprits se pouvoir enclorre dedans des anneaux. Or que Charlemagne fust grandement adonné aux Dames sur la fin de son aage, mesme que ses filles qui estoient à sa suite fussent quelque peu entachées d'amourettes, Aimoin le Moine, vivant du temps du Debonnaire, nous en est tesmoin authentique; qui dit, qu'à l'advenement de ce Prince à la Couronne, la premiere chose qu'il eut en recommendation, fut de bannir de la Cour les grands troupeaux des filles de joye qui y estoient demeurez depuis le decez de Charlemagne son pere, & aussi de confiner en certains lieux ses sœurs, qui ne s'estoient peu garentir des mauvais bruits, pour la dissoluë frequentation qu'elles avoient euës avec plusieurs hommes. Quelque grandeur de souveraineté qui soit en un Roy, ores que comme homme, de fois à autres il s'eschape, si doit-il tousjours rapporter ses pensées à Dieu, & croire qu'il est le vray juge de nos actions, pour le punir quelquesfois en nous de nostre vivant, ou bien à nos enfans aprés nos decez. Chose que trouverez averée en ce que je discourray cy-aprés. N'attendez doncques de moy au recit de ce present suject, que des injustices, partialitez & divisions entre les peres & les enfans, guerres civiles de freres à freres, oncles qui malmenerent leurs neveus, tromperies entremeslées de cruautez, le tout basty par juste jugement de Dieu. Et parce que des trois enfans masles de Charlemagne il ne restoit que Louys le Debonnaire son fils, & Bernard son petit fils, c'est en cestuy auquel je commenceray les discours de ceste histoire tragique.

FIN DV CINQVIESME LIVRE DES RECHERCHES.

LES RECHERCHES DE LA FRANCE.
LIVRE SIXIESME.

CHAPITRE I.

De la fatalité qu'il y eut en la lignée de Hugues Capet au prejudice de celle de Charlemagne: & contre la sotte opinion de Dante Poëte Italien, qui estima que Capet estoit issu d'un Boucher.

Ntre toutes les nations de la Germanie, ou d'Allemagne, il n'y en eut point qui donna tant d'exercice à Charlemagne, que celle de Saxe, & entre les Seigneurs de Saxe principalement Witikind. Les Saxons furent plusieurs fois vaincus, & autant de fois se rebellerent. N'ayans autre plus signalé entremetteur de leurs rebellions que ce grand guerrier. Lequel ne voulut jamais rendre les abois, quelque victoire que Charlemagne eust obtenuë contr'eux: ains en ses desastres avoit son ordinaire retraicte à Dannemarc, & par l'aide des Danois reprenoit haleine, & souvent s'en faisoit accroire pour luy & les siens: Les Saxons selon leurs appoints & occasions firent plusieurs capitulations avec Charlemagne, ausquelles Witikind ne voulut estre compris. Ne respirant autre chose dedans son ame que la liberté ancienne de son pays. Toutesfois en fin aprés plusieurs & diverses secousses de fortune, voyant toute la Saxe avoir receu le sainct Sacrement de Baptesme, & s'estre reduicte sans esperance de respit sous l'obeyssance de l'Empereur Charlemagne, il le vint trouver à Atigny, où aprés avoir esté chrestienné, il luy fit le serment de fidelité. Et commencerent deslors luy & sa posterité de s'adomestiquer de la France. Je remarque specialement ceste opiniastreté de rebellion en ce Saxon, d'autant qu'il semble que sa famille fut depuis destinée pour la fin & closture de celle de Charlemagne, comme vous pourrez entendre par ce que je vous deduiray presentement. Ce grand Witikind eut un fils nommé Theodorich ou Thierry, duquel entre autres enfans nasquirent Witikind II. & Matilde, autrement Mahault. De ce second Witikind vint Robert premier. C'est celuy qui fut commis par Charles le Chauve à la deffense des marches d'Anjou & Touraine contre les Normands, sous le tiltre & qualité de Marquis, selon les uns, ou de Comté selon les autres. Charge en laquelle il acquit tres-grande reputation: & de fait mourut vaillamment en ceste querelle. Cela moyenna credit aux siens dedans ceste France, qui succederent à la dignité. Il laissa deux enfans, Eude & Robert II. Cettuy-là fut donné pour tuteur & curateur au jeune Charles le Simple, sur lequel il usurpa la Couronne & se fit proclamer Roy de France, & aprés luy Robert son frere. Cettuy fut pere de Hugues le Grand, & luy de Hugues Capet, qui transmit aux siens la couronne de la famille de Charlemagne.

Voila pour le regard du dedans de la France, voyons ce qui fut du dehors. Cette famille estoit fondué en Charles le Gras, sur lequel pour l'alteration de son cerveau, Arnoul bastard son neveu empieta l'Estat d'Allemagne. Auquel succeda Louys son fils, lequel decedant sans enfans, & en luy prenant fin la lignée de Charlemagne, Conrad Duc de Franconie fut éleu Roy d'Allemagne par l'advis d'Othon Duc de Saxe beaufrere de Louys. Conrad decedant sans hoirs voulut par son ordonnance testamentaire recognoistre en Henry fils d'Othon le plaisir qu'il avoit receu de son pere, & le nomma pour successeur. Cet Henry fut conjoint par mariage avecques Mahault sœur de Witikind second, & d'eux par diverses generations vindrent les Othons I. II. & III. qui furent Roys, & Empereurs, & en fin transporterent l'Empire en Allemagne. Nouveau discours d'histoire en ce pays-là, tout ainsi que de la posterité de Capet en ceste France. Les uns & les autres ayans pris leurs racines d'un mesme tige, qui fut Witikind premier.

De cecy vous pouvez recognoistre la fatalité qu'il y eut en cette famille depuis son commencement jusques à la fin, au desavantage de celle de Charlemagne. Et au surplus combien Dante Poëte Italien fut ignorant, quand au livre par luy intitulé le Purgatoire, il dit que nostre Hugues Capet avoit esté fils d'un Boucher. Laquelle parole, ores que par luy escrite à la traverse, & comme faisant autre chose, si est-elle tellement insinuée en la teste de quelques sots, que

plusieurs

plusieurs qui ne sonderent jamais les anciennetez de nostre France, sont tombé en ceste mesme heresie. François de Villon plus soucieux des tavernes, & cabarets que des bons livres, dit en quelque endroit de ses œuvres :

Si feusse des hoirs de Capet,
Qui fut extrait de boucherie.

Et depuis Agrippa Alleman en son livre de la Vanité des sciences, chap. de la Noblesse, sur ceste premiere ignorance declame impudemment contre la genealogie de nostre Capet. Si Dante estima Hugues le Grand, duquel Capet estoit fils, avoir esté un boucher, il estoit mal habile homme. Que s'il usa de ce mot par metaphore, ainsi que je le veux croire, ceux qui se sont attachez à l'escorce de ceste parole sont encores plus grands lourdaults. C'est luy qui donna tant d'algarades à Charles le Simple & aux siens, & mesla tellement les cartes à son profit, qu'enfin Hugues Capet son fils demeura maistre du tapis. Conjoignez ce chapitre avec celuy de nos Pairs, vous trouverez que jamais Prince ne fut plus propre pour remuer un Estat que luy. Parce que je le voy en toutes ses actions avoir esté accompagné d'une prudence, vaillance, & heur, autant que Seigneur fut onques. Pour le regard de la prudence, combien qu'il fust jeune & fils de Roy, consequemment que par un bouillon de son aage, il deust affectionner la couronne, toutesfois il fut tant retenu après la mort du Roy Robert son pere, que Raoul Duc de Bourgongne son beau-frere ayant esté esleu Roy, il ne fit jamais contenance de s'y opposer. Prevoyant que par ce contraste qui pourroit estre entr'eux nouveaux usurpateurs de la couronne, ce seroit asseurer les affaires de Charles le Simple, vray & legitime heritier du Royaume : Heribert Comte de Vermandois Seigneur d'un esprit remuant tenoit grand rang entre ceux de leur party, pour se faire proclamer Roy après le decés de Raoul. Or Hugues le Grand son beau-frere estant creu d'aage, & d'authorité tout ensemble, jaçoit qu'auparavant il eust passé par connivence la Royauté de Raoul, si se donna-il lors bien garde de la laisser tomber és mains de Heribert ou autre de leurs partizans. Parquoy par un sage conseil il donna ordre que les vrays heritiers de la couronne fussent couronnez : mais avecques telle condition qu'il les tenoit en bride, pour l'authorité que le temps, & sa sage conduicte luy avoient acquise. En fin Heribert son corrival estant decedé, il commença de lever le masque, & au lieu du tiltre de Comte de Paris qu'il portoit, il fut appellé Duc de France, dont il fit la foy & hommage au Roy Lothaire, comme d'un grand fief. Ne luy restant à avoir que le nom de Roy dont les effects residoient en luy.

Quant à sa vaillance, non seulement il ne reboucha jamais aux coups, mais qui plus est il en vint à chef. En la bataille qui fut baillée entre le Roy Robert son pere, & le Roy Charles le Simple, Robert y mourut & demeura sur la place prés de Soissons, mais la victoire demeura pardevers Hugues le Grand, & fut le Simple contraint de fuir à vauderoute, & se retirer hors la France. Et ne trouverez bataille par luy donnée où il ne fist plusieurs grands exploicts de Chevalerie par dessus les autres. Toutes lesquelles particularitez luy firent acquerir le surnom de Grand. Or si la prudence & la vaillance luy firent perpetuelle compagnie, encores ne fut-il pas moins accompagné de bon-heur, mais bon-heur qui prenoit fonds de la prudence. Parce qu'après que Rotilde sa premiere femme fut morte il épousa en secondes nopces la fille du Roy d'Angleterre, belle sœur de Charles le Simple, & en troisiesmes, Emmode fille puisnée de l'Empereur Othon I. dont le Roy Louys d'Outremer avoit espousée l'aisnée. Tellement que s'il ne porta le tiltre de Roy, si fut-il beau-frere de deux Roys. Et soit, ou que par heur, ou par discours ces deux mariages eussent esté par luy procurez, tant y a que telles alliances empeschoient ces Princes estrangers de venir au secours des vrais Roys contre luy. Adjoustez que par la longueur de son aage ayant survescu tous ses partisans, il empicta tel credit, que combien qu'il ne fust Roy, si estoit-il faiseur & desfaiseur des Roys. Bref, vous ne voyez rien avoir esté pratiqué par Charles Martel contre la lignée de Clovis, que Hugues le Grand n'ait pratiqué contre celle de Martel. Charles Martel ne se disoit Roy, ains seulement Maire du Palais, & sous ceste qualité donnoit telle loy qu'il vouloit aux vrais Roys. Le semblable fit Hugues le Grand sous le tiltre premierement de Comte de Paris, puis de Duc de France. Martel mourant delaissa son fils Pepin Maire du Palais, puis Roy : Hugues aussi allant de vie à trespas laissa Hugues Capet son fils qui fit la foy & hommage au Roy Lothaire en celle mesme qualité de Duc de France, & en fin se fit declarer Roy de France. Pepin confina en une Religion Childeric dernier Roy de la race de Clovis : & Hugues Capet en une prison, Charles dernier Roy de la lignée de Martel, auquel par droict successif appartenoit nostre Couronne. De maniere que l'on peut dire, que ce fut un vray jugement de Dieu : & en effect voila le Boucher dont Hugues Capet est extrait.

Le passage de Dante leu & expliqué par Louys Alleman, Italien devant le Roy François premier de ce nom, il fut indigné de ceste imposture, & commanda sur le peril, voire fut en esmoy d'en interdire la lecture dedans son Royaume. Mais de ma part pour excuser cet autheur je voudrois dire que sous ce nom de Boucher, il entendoit que Capet estoit fils d'un grand & vaillant guerrier. Car à vray dire en matiere de guerre, quand on a fait en une bataille un grand carnage, nous disons d'un autre mot boucherie, & appellons aussi un grand meurdrier & carnassier, grand Boucher, & de ceste mesme façon ay-je leu qu'Olivier de Clisson estoit ordinairement nommé Boucher par les nostres. Parce que tous les Anglois qui tomboient entre ses mains il n'en prenoit aucun à mercy, ains les faisoit tous passer au fil de l'espée. Et de nostre temps François de Lorraine Duc de Guyse, l'un des plus redoutez Capitaines de nostre siecle, estoit ainsi appellé par les Huguenots ses ennemis, quand par une contumelie ils taschoient d'obscurcir sa gloire. Si ainsi Dante l'entendoit, je luy pardonne ; si autrement, il estoit un Poëte fort ignorant.

CHAPITRE II.

Qu'il n'y a rien à craindre en une Republique, que la minorité d'un Roy.

CE que je vous discourray maintenant me sera non un Livre, ains une meslange d'affaire selon qu'elles me sont venuës en l'esprit, & paradvanture non moins agreables que si j'eusse observé l'ordre des ans. Je commenceray doncques ce Chapitre par la minorité des Roys, & vous diray que ce fut une question ancienne traitée par quelques personnages de marque, sçavoir lequel estoit plus expedient au public d'avoir un Prince foible de sens, assisté de sages Seigneurs, ou bien des Seigneurs de foible conseil, commandez par un Prince sage. Question certes qui peut trouver divers partains, pour le soustenement du pour, & du contre : Car il se trouve tel Prince, lequel foible d'entendement a restably son Estat, qui estoit au dessous de toutes affaires, comme en cette France on vit autresfois un Charles septiesme, lequel plus ententif à faire l'amour à sa belle Agnes, qu'au restablissement de son Royaume : Toutesfois fut remis sus par la sage conduite premierement de Jean Bastard d'Orleans, & en après par un Connestable de Richemont, la Hire, Poton, & autres Capitaines, dont la fortune l'accommoda plus que le conseil : Au contraire il se trouve plusieurs Princes qui par leurs sens, & suffisance peuvent beaucoup, toutesfois assiegez de plusieurs mauvais conseillers, sont quelquesfois reduits en toutes miseres & calamitez. Or en cette question si j'en estois creu, j'aymerois mieux estre pour le dernier

dernier party. Car encores que les Roys ne voyent que par les yeux, n'oyent que par les oreilles de ceux qui leur assistent, si est-ce qu'il y a plus d'asseurance en un Roy sage, quelque mauvais conseil dont il soit environné, qu'en un fol, quelques sages personnes qu'il ait prés de soy. Il n'a point esté dit sans cause que l'œil du Maistre engraisse & son champ & son cheval. Le Prince sage, encores qu'il ne puisse de soy donner ordre à tout, si fait-il contenir aucunement les plus desbordez de ses serviteurs en leur devoir : Et celuy que l'on voit manquer de sens, fait que ceux qui estoient du commencement les plus retenus, apprennent peu à peu à s'oublier, & tout d'une suite abuser de l'imbecilité de l'aage, ou de l'entendement de leur Maistre : Bref, s'il en advient autrement, c'est plus par hazard, que discours. De cela nous eusmes un bel exemple sous le regne de Charles sixiesme, lequel fut appellé à la Couronne n'ayant encores que douze ans, & depuis venant en âge de plus grande maturité, Dieu permit qu'il tomba en alteration de son bon sens. Je vous prie doncques de considerer quel fruict en rapporta la France. Jamais Roy ne fut plus sage entre les nostres que Charles cinquiesme : car il fut aprés son decez par les uns intitulé le Sage, & par les autres le Riche, deux tiltres qui ont quelque correspondance de l'un à l'autre : Parce que sans sa sagesse il n'eust pas aisément laissé son Royaume riche & opulent. Ce grand Prince prevoyant toutes les calamitez qui peuvent sourdre du bas âge d'un Roy, y voulut apporter tous les remedes que l'on pouvoit desirer en sens commun : & par especial fit une loy magnifique, publiée en son Parlement le vingt uniesme de May, mil trois cens soixante & quinze en sa presence, & de tous les Princes de son sang, ensemble de plusieurs Archevesques, Evesques, & d'autres plus signalez Seigneurs de la France, par laquelle il fut ordonné qu'un Roy de France seroit estimé majeur en l'âge de quatorze ans, & pourroit deslors estre sacré Roy. Il pensoit par là asseurer l'Estat aux siens à clouds de diamant, ne se souvenant que les loix de Nature sont immuables, quelque changement que nous y pensions apporter par la loy civile, & qu'il luy estoit impossible de faire qu'un enfant ne fust tousjours enfant, quelque ceremonie de Sacre, & Couronnement que l'on y apportast, pour suppléer le defaut de son aage. Et neantmoins j'estime que s'il y avoit remede dont l'on se peust prevaloir en tel cas, c'estoit celuy dont s'advisa ce sage Roy. Or non content de cela, voulant encores avant que de mourir, apporter quelque asseurance particuliere à ses enfans, il choisit son frere Louys Duc d'Anjou qui le secondoit en aage, pour avoir l'œil sur les affaires du Royaume, pendant la minorité de son fils, lequel dés le premier jour d'Octobre mil trois cens octante, vint prendre possession de sa Regence en plein Parlement, & jamais commencement de gouvernement ne fut de plus belle promesse que cestuy-cy. Car comme ainsi fust que l'estat de Chancelier fust vacquant par le decez de Messire Guillaume des Dormans, Louys nouveau Regent, voulut que par bon scrutin il fust procedé à l'election d'un Chancelier, & y fut nommément esleu Milon des Dormans son frere, Evesque de Beauvais, President des Comptes, & quelques jours aprés il ordonna que combien que le Roy ne fust en aage, toutesfois il seroit Sacré, & Couronné Roy, comme agé, & que toutes les affaires de là en avant se manieroient sous son nom : Toutes lesquelles choses de grand Duc en sa presence voulut estre publiées, ratifiées, & authorisées le quatriesme Novembre ensuivant en plein Parlement, où se trouverent la Royne Blanche, la Duchesse d'Orleans tante du Roy, Messieurs les Ducs de Berry, Bourgongne, & de Bourbon, & pareillement les Comtes de Sarrebruche, Dampmartin, & de la Marche, & tous Messieurs de Parlement, & de la Chambre des Comptes, & Thresoriers de France, Prevost de Paris, & le Prevost des Marchands, & Eschevins, le tout en presence d'une infinité de personnes. De là Charles sixiesme fut Sacré Roy en la ville de Rheims, & quelque temps aprés Couronné dans Sainct Denis ; A la suite de cecy les Ducs d'Anjou, Berry, Bourgongne, & Bourbon, le dernier jour de Novembre au mesme an, capitulent ensemblement, & arrestent qu'ils seroient tous les jours un conseil, & que par leurs advis, ou de trois, ou de deux, les Finances de France seroient maniées, & qu'ils elliroient douze Seigneurs, pour estre au Conseil du Roy, & adviser avecques eux, d'instituer Capitaines, Gardes de Chasteaux, Baillifs, Seneschaux, Receveurs, & autres Officiers. Que ces Princes ne pourroient aliener le Domaine du Roy à vie, sans le consentement des quatre, & de tout le Conseil. Que par eux seroit fait un inventaire secret de la finance, & de tous les joyaux du Roy, & qu'ils seroient gardez à son profit, jusques à ce qu'il fust en aage de cognoissance. Que la garde de sa personne, & de Monsieur de Valois son frere (c'estoit Louys qui depuis porta le tiltre de Duc d'Orleans) demeureroit aux Ducs de Bourgongne, & de Bourbon, & pour cette cause pourroient leur donner Officiers, par le gré toutesfois des Ducs d'Anjou, & de Berry. Jamais plus beaux devis & projets ne furent mis en avant pour le soustenement de l'Estat d'un jeune Prince, & avec plus de ceremonie : ce nonobstant en moins de rien tout cela ne fut que fumée : Car cette interposition de nom du Roy n'estoit qu'un masque, qui non seulement ne profita au public, mais y nuisit davantage : Parce que ces Princes se donnans la main l'un à l'autre, s'en faisoient croire comme ils vouloient, pour ne pouvoir estre controllez par leur Roy : & neantmoins donnoient plus de voye, & franchise à leurs actions, y employans l'authorité de son nom : Et à peu dire, jamais ne fut une plus grande desbauche sous un Roy que dessous cettuy. Premierement à l'issue de la grande assemblée tenuë au Parlement, furent decernées lettres Patentes du Roy, par lesquelles il donnoit toute puissance de Roy au Duc de Berry : Car par icelles il le fit son Lieutenant general de Berry, Auvergne, Poictou, Guyenne, luy donnant pleine puissance de pouvoir instituer, & destituer toutes sortes d'Officiers de quelque qualité qu'ils fussent, & aussi de pouvoir donner lettres de graces, de Justice, d'Estat, de respit, sauve-garde, sauf-conduit aux ennemis, bailler lettres d'abolition à un criminel de leze Majesté, rapel de ban, permission de legitimer tous enfans qui seroient engendrez d'un attouchement illicite, de creer des Notaires Royaux, & de les destituer puis aprés si bon luy sembloit, d'amortir les lettres des Eglises, permettre aux personnes roturieres de pouvoir tenir des fiefs, conferer tous Benefices, estans au patronnage du Roy, de mettre oblats, & autres personnes aux Abbayes, ordonner des hospitaux, & maladeries, tout ainsi comme le Roy. Bref de joüyr de tous les droicts Royaux, fors & excepté qu'il ne pourroit aliener le Domaine de la Couronne. Voila un premier coup d'essay de desbauche, qui fut quelque temps aprés suivy d'un autre. Car combien qu'il eust esté arresté entre ces quatre grands Princes, que l'on feroit inventaire de tous les thresors du Roy Charles cinquiesme, pour les conserver à l'aage de discretion du Roy, toutesfois le Duc d'Anjou les espuisa tous au voyage d'Italie qu'il fit pour conquerir le Royaume de Naples, ancien & mal-heureux amusoir de l'ambition de nos Princes : & dit-on qu'il trouva en ces thresors la somme de quatorze millions de livres. Je vous laisse que quelque temps aprés le Roy donna au Duc de Berry tous les restes des comptes tant ordinaires qu'extraordinaires du Languedoc, & qu'il le fit encores son Lieutenant general és pays de Lymosin, Xaintonges, Angoulmois, Perigord, Quercy, Agenois, Bourdelois, Bigorre, & autres par de là la riviere de Garonne, outre son premier Gouvernement, & qu'il decerna pareille puissance sur la Normandie au Duc de Bourgongne son autre oncle: Tout cela, ce furent les premiers fruicts qui rapporta le bas aage de ce pauvre Prince : Mais quand depuis croissant d'ans il diminua de cerveau, maladie qui luy dura tout le temps de son regne, bien que de fois à autres il eust quelque surséance de fureur, alors ce fut l'accomplissement du mal-heur de nostre France. Chose qui me semble meriter son discours particulier, que je reserve au Chapitre suivant.

CHAPITRE

CHAPITRE III.

Des furieux Troubles qui advindrent en France sous le Regne de Charles sixiesme.

CE que j'ay deduit au Chapitre precedent n'estoit que croze, au regard de ce que je deduiray maintenant. Mais parce que je veux donner toutes les façons que je pourray à sujet de si haute estoffe, je reprendray les choses de leur premier estre, & Dieu vueille que cecy puisse servir de leçons aux nostres, & qu'au milieu de nos Troubles, nous nous puissions faire sages aux despens de nos ancestres.

Comme le Roy faisoit un magnifique tournoy en son Hostel des Tournelles, qui commença l'apresdisnée un jour de Feste-Dieu, le festin s'estant continué en banquets, & danses, jusques à une ou deux heures après minuict, Messire Pierre de Craon, qui estoit aux aguets il y avoit quatre jours en une sienne maison prés le Cimetiere Sainct Jean, se jette sur le Connestable de Clisson, son ennemy, retournant avec peu de compagnie en sa maison, lequel il blessa griefvement, & pensant avoir tué, s'enfuit avec ses complices en la Bretagne. Soudain après son partement, son procez luy est fait, & parfait, & par sentence de Folle-ville Prevost de Paris, du vingt-sixiesme Aoust, mil trois cens quatre-vingts douze, luy & tous ses adherans furent bannis de la France: Mais le Roy non satisfaict de cette condamnation, voulut en poursuivre la vangeance par voye de fait, deliberant d'assaillir la Bretagne, que Craon avoit choisie pour sa franchise: Mais comme il s'acheminoit à cette entreprise, avecques une puissante, & forte armée, Dieu permit que son esprit se troublast. Trouble qui apporta depuis de merveilleux Troubles en la France: Car dés lors les Princes du Sang commencerent de vouloir donner voye à leur ambition, comme la bonde leur estant plainement ouverte. Clisson estoit l'un des principaux favoris du Roy, & de ce mesme party estoient le sire de la Riviere, le Begue de Villenne, Jean le Mercier, sire de Montant, Jannet de Toure-Ville, & Jean de Montagu. Le premier mets dont ils sont servis, fut par des lettres du vingt-cinquiesme Septembre mil cinq cens nonante deux, & presence des Ducs de Berry, Bourgongne, Orleans & Bourbon, par lesquelles le Roy leur oste tous les gages & pensions qu'ils avoient de luy. Et quelque peu après firent emprisonner dans la Bastille les sires de la Riviere & Montant, puis eslargir l'an ensuivant, à la charge qu'ils seroient tenus de vuider le Royaume. Ayans les Princes nettoyé la Cour de tous les Mignons du Roy, ils commencerent de tramer une plus grande entreprise. Car pour bien dire ils n'avoient plus contre qui buter, que contr'eux-mesmes. Chacun d'eux desiroit de manier les affaires à l'envy l'un de l'autre. Celuy qui attouchoit de plus prés de proximité de lignage le Roy, estoit Louys Duc d'Orleans son frere: le Roy ayant quelque relasche de son mal, le fit superintendant general de toutes les Finances de la France. De telle sorte qu'il n'estoit loisible d'en disposer sans Ordonnance. Certainement c'estoit mettre par un furieux (si ainsi m'estoit permis de le dire) un glaive és mains d'un autre furieux. Parce que ce jeune Duc estoit un Seigneur volontaire qui croyoit plus ses opinions qu'il ne devoit. Il n'y eut Prince du Sang qui ne fust grandement jaloux de cette grandeur extraordinaire. Mais sur tous, Philippes Duc de Bourgongne son oncle, & comme ce jeune Prince pensast estre au dessus du vent, aussi dés sa premiere demarche il fit plusieurs pas de clerc: Car ne considerant qu'il estoit abbayé des autres, il voulut sous main affoiblir les monnoyes, & mit dés son arrivée une taille extraordinaire sur le peuple: Non content de ce, il voulut s'allier avecques Pierre de la Lune, qui siegeoit en Avignon, sous le nom de Benoist treiziesme, contre lequel quelques ans auparavant le Parlement, par l'advis de l'Université de Paris, avoit jugé la subtraction de l'Eglise Gallicane. Et de faict il l'alla voir de propos deliberé jusques en Avignon, luy promettant tout confort & aide encontre l'Université. Ceste puissance extraordinaire d'un costé avoit excité l'envie des grands contre luy: Ceste imposition nouvelle de taille, l'inimitié du commun peuple, & la conference avecques Benoist, la haine de l'Université de Paris. Le Duc de Bourgongne s'oppose à la taille que l'on avoit imposée dessus ses pays, & d'une mesme main trouvant le Roy à son appoinct en l'an mil quatre cens trois, se fit donner pareil pouvoir sur les Finances, que celuy du Duc d'Orleans. Deslors l'on vit deux partis formez par la France: Tellement que le Connestable & le Chancelier craignans que les choses s'acheminassent à pis, vindrent lors en la Cour de Parlement, puis en la Chambre des Comptes prendre le serment de fidelité de tous les Officiers: Grande querelle entre ces deux Princes pour le gouvernement, prests d'en venir aux mains, grande assemblée de gens d'une part & d'autre: Toutesfois sur ce que Louys promit que le Royaume seroit gouverné par la Royne, & tous les Princes du Sang, les choses se pacifierent entr'eux pour quelque temps. Sur ces entrefaites meurt Philippes Duc de Bourgongne, qui delaisse Jean son fils, successeur tant de ses Estats que de cette querelle intestine. Tout ce qui s'estoit passé estoit adoucir le mal & non le guerir. La Royne Isabelle de Baviere, & le Duc d'Orleans estans à Melun, envoyent querir le Dauphin à Paris. Le Duc de Bourgongne l'empesche, disant qu'on le vouloit enlever de la France, pour le transporter en Allemagne. Enfin accord par l'entremise des autres grands Seigneurs, & specialement du sieur de Montagu Grand Maistre: Et pour penser les divertir de ces opinions, il fut advisé que ces deux Princes iroient guerroyer l'Anglois, l'un en Angleterre, l'autre à Calais, ce qu'ils firent: mais aussi-tost reprindrent le chemin de Paris, où advint l'accomplissement de mal-heur: Parce qu'en mil quatre cens sept, deuxiesme de Novembre, le Duc d'Orleans estans party de son Hostel, prés Sainct Paul sur les huict heures du soir, pour aller voir la Royne qui estoit en couche, à son retour il est meurdry prés la porte Barbette en la vieille ruë du Temple par dix assassins, conduits par Raoullet d'Orqueton-ville. Ils avoient esté seize jours cachez en une maison, lesquels à l'instant se retirerent en l'Hostel d'Artois, pour leur servir de franchise. Le Duc d'Orleans assassiné, ce meurtre produisit une grande rumeur parmy le peuple, d'autant que l'on sceut à l'instant mesme qu'il avoit esté procuré par le Duc Jean, lequel se trouvant estonné partit tout aussi-tost de la ville, & prit la route de ses pays. Peu après la Doüairiere d'Orleans demanda justice au Roy, lequel s'y opposa avec tout son Conseil. Quelques Princes parens & amis du Duc Jean luy conseilloient, ou de nier tout à plat qu'il eust esté participant du delict, ou s'il le vouloit recognoistre, pour le moins qu'il procedast par humbles supplications, comme estant le vray moyen de pacifier toutes choses. Du commencement il fut en balance, mais après avoir donné lieu à son second penser, il se resolut de soustenir devant le Roy, que non seulement il en avoit esté l'autheur & promoteur, mais qui plus est, que justement il l'avoit faict: Parce que le Duc d'Orleans avoit conspiré la mort du Roy par plusieurs voyes sinistres. Pour à cette resolution vint à Paris, pour se donner occasion à ses ennemis de s'avantager prés du Roy par son absence, amenant avec luy Maistre Jean Petit Theologien, grand Prescheur, qui soustint cette proposition tant en la presence du Roy, que depuis au Parvy nostre Dame, devant tout le peuple. Cette cause plaidée devant le Roy en l'an mil quatre cens huict, la Doüairiere d'Orleans eut pour son Advocat Maistre Guillaume Cousinot. L'assassin commis en la personne du Duc d'Orleans estoit abominable devant Dieu & devant les hommes. Toutesfois la haine publique que la ville de Paris avoit accueillie contre luy, pour les raisons cy-dessus touchées, fut de tel effect, que le Duc de Bourgongne non seulement fut excusé, mais qui plus est grandement loüé: Les Prescheurs de Paris se rendans protecteurs dans leurs chaires

chaires de ce cruel meurtre. Qui fut cause que la Duchesse d'Orleans voyans ses affaires ne luy succeder comme elle s'estoit promis, quitta la Cour du Roy, retournant en sa maison où elle mourut de dueil quelque tems après, laissant trois enfans masles mineurs, Charles Duc d'Orleans, Philippes Comte de Vertus, & Jean Comte d'Angoulesme. Et par sa mort fut sa cause grandement affoiblie. On commence d'adoucir les choses, plus par la crainte que par Justice, dedans la ville de Chartres, où fut concluë une paix entr'eux, moyennant laquelle Louys Dauphin de France, & Duc de Guyenne espousoit la fille du Duc Jean, & Charles Duc d'Orleans, Isabelle fille de Charles VI. Le Cardinal de Bar apporta un Messel ouvert, sur lequel ils jurerent l'entretenement de cet accord : mais un bouffon qui là estoit present, fit un plaisant traict : Car à l'instant mesme il leur presenta une paix bordée de fourrure, & la leur fit baiser, disant, que c'estoit une paix fourrée.

Dés lors le Bourguignon estimant estre au dessus du vent, commence d'empieter le gouvernement de toutes les affaires au prejudice de tous les autres Princes du sang. Qui les occasionna de se joindre avec les Orleannois, lesquels couvoient tousjours une vangeance dedans leurs poictrines. On faict une seconde paix au Chasteau de Vincestre en l'an mil quatre cens dix. Paix toutesfois qui fut si courte, que l'on ne la remarque point bonnement pour telle : parce que nonobstant icelle le Duc Jean fait decerner mandement sous le nom du Roy à tous Seneschaux & Baillifs de lever gens contre les Princes : Eux d'un autre costé se voyans ainsi mal-menez, font entreprise sur Paris, laquelle n'ayant reüssi se retirerent au pays de Berry, & de Bourbon, les Comtes d'Alençon, d'Armignac, & d'Albret, Messire Jean de Bar frere du Duc de Bar, tous lesquels portoient la Bande pour remarque de leur association, & manderent à leur secours les Anglois contre le Duc Jean qui masquoit toutes ses actions de l'authorité du Roy, qu'il possedoit, assisté des Ducs de Guyenne, Lorraine, Baviere, de Bar, & Comte de S. Paul.

Dés lors on commença d'appeller les Orleannois, tantost Bandez à cause de la Bande qu'ils portoient, tantost Armignacs, d'autant que comme il est à croire le Comte d'Armignac estoit l'un de ceux qui se faisoit plus craindre aux Bourguignons. Le Duc Jean ne se voulut point seulement armer du pretexte du Roy, mais aussi fit estat des Bourgeois de Paris, & entr'eux des Bouchers, dont les plus signalez furent les Gois, les Saintions, les Tiberts, lesquels prindrent l'enseigne du Bourguignon, qui estoit la Croix sainct André, & sous la conduite du Gois, ruinerent le Chasteau de Vincestre, appartenant au Duc de Berry, de la façon comme nous en voyons encores pour le jourd'huy les ruines. Le Duc de Bourgongne qui prenoit tous les advantages pour soy, faict courir un bruict, que tous ces Princes s'estoient assemblez au pays de Berry pour y créer un nouveau Roy. Le Roy le croyant, en escrit à l'Université, luy commandant de prescher pour luy, & d'une autre main les declare en plein Parlement criminels de leze Majesté, & tous leurs biens acquis & confisquez au Roy. Pour executer cet arrest plusieurs Capitaines sont despeschez pour lever gens, mesmes l'on charge l'Oriflambe, que l'on ne portoit à la guerre qu'aux extremes necessitez. Le siege est mis devant la ville de Bourges, qui prit long traict : pendant que les affaires se manioient de telle façon, jamais ne fut plus grande fureur dans Paris, où l'on excommunioit les Dimanches aux Prosnes les Armignacs, & en quelques lieux ils furent excommuniez à clochettes sonnans, & chandelles allumées que l'on esteignoit. On mettoit aux ornemens des Images la Croix sainct André, de laquelle plusieurs Prestres usoient en faisant les ceremonies de la Messe, ou baptizans, tant ils estoient acharnez à ce party : à peine osoit-on donner Baptesme aux enfans de ceux que l'on soupçonnoit estre des amis des Armignacs : Si un homme riche avoir un ennemy, il ne falloit que crier après luy, voila un Armignac, & aussi-tost estoit sa maison saccagée : Voila comme la ville de Paris se gouvernoit pendant le siege de Bourges, lequel se tirant à long traict, finalement Louys Dauphin Duc de Guyenne, ayant entendu que les Anglois venoient pour secourir leurs ennemis, fait parler de paix, qui est concluë & jurée dans la ville de Bourges, & depuis confirmée dedans celle d'Auxerre par les Princes d'Orleans, qui estoient absens lors du traicté. Jamais paix ne fut plus solemnelle que ceste-cy, parce que l'on y manda plusieurs Seigneurs du Parlement, de la Chambre des Comptes, de l'Université de Paris, le Prevost de Paris, le Prevost des Marchands, & Echevins, & plusieurs Deputez des autres villes, tous les Princes jurerent sur les Evangiles de l'entretenir, ils s'entrevoyoient & joüoyent ensemble, mesmes les Ducs d'Orleans & de Bourgongne furent veus se promener ensemblement sur leurs chevaux par la ville, qui sembloit promettre une asseurance de reconciliation entr'eux, & par mesme moyen de repos general par toute la France : Mais le Diable qui s'estoit mis en possession de leurs cœurs, l'empescha. Par ceste paix chacun devoit rentrer dans tous ses biens, Offices, & Benefices. Cela demeura pour la plus grande partie inexecuté. Le Roy retourne dans Paris, suivy des Ducs de Berry, Bourgongne, Bourbon, & Comte de Vertus. Quant au Duc d'Orleans, il reprit le chemin de sa maison.

Jusques icy les affaires s'estoient menées de ceste façon par l'ambition detestable du Duc de Bourgongne, qui pour empieter le gouvernement des affaires avoit premierement fait tuer Louys Duc d'Orleans frere du Roy : Surquoy fut faite la premiere paix entre les Princes dedans Chartres : Depuis voulant enjamber sur l'authorité des Ducs de Berry, Bourbon & autres Princes du Sang, il leur avoit fait quitter la place, lesquels s'estoient retirez vers le jeune Duc d'Orleans & ses freres. Qui causa puis après la seconde paix de Bourges confirmée en la ville d'Auxerre. Restoit de s'attacher encores au haut point, c'estoit au Dauphin de France son gendre. Ce jeune Prince commençoit de croistre d'aage, & estant ordinairement assisté de tous les Princes du Sang, le Duc de Bar, le Duc Louys de Baviere, & Philippes Comte de Vertus luy conseillerent de prendre la charge des affaires, que son rang, son aage, sa suffisance luy commandoient de ce faire. A quoy il presta volontiers l'oreille, comme aussi y avoit-il ja quelque temps que les deportemens du Duc de Bourgongne son beau-pere commençoient de luy deplaire. Tellement qu'il desapointa Maistre Jean de Nelle Seigneur de Olain son Chancelier, pour quelques paroles aigres qu'il avoit euës avec Messire Arnaut de Corbie Chancelier de France. Le Duc de Bourgongne voyoit que tous ces preparatifs se faisoient pour le desarçonner du credit qu'il avoit occupé prés du Roy, au moyen de quoy voyant une taisible ligue qui se faisoit contre luy par tous les Princes du Sang, mesmes par le fils aisné de France, il attacha toute sa fortune au peuple de Paris, je dy à ceux qu'il cognoissoit estre les plus seditieux de la ville : En ceste nouvelle faction Lionnet de Jacqueville creature du Duc de Bourgongne paré du tiltre de Lieutenant general de la ville, cestuy secondé d'un Jean Caboche escorcheur de bœufs, de Maistre Jean de Troyes Chirurgien de Paris, Concierge du Palais, & Denys Chaumont, suivis d'une grande troupe de populace, viennent en la maison du Dauphin, là le somment pour le bien du Roy, de luy & du Royaume, qu'il eust à leur delivrer plusieurs traistres qui estoient chez luy : Et aprés plusieurs contrastes, enfin fut contrainct de mettre en leurs mains, Messire Jean de Vailly son nouveau Chancelier, Edoüard Duc de Bar, cousin germain du Roy, Messire Jacques de la Riviere frere du Comte de Dampmartin, & plusieurs autres de ses favoris. A ceste execution estoit present le Duc de Bourgongne, auquel le Dauphin se plaignit fort aigrement, luy imputant toute ceste conjuration. Ces Seigneurs leur estant baillez, ils mirent gardes au logis du Dauphin, à ce qu'il ne peust deguerpir la ville, & en conduisans ces prisonniers firent trois ou quatre meurtres signalez de quelques uns qui se presenterent devant eux, comme estans du party contraire. Cela ne fut qu'un premier coup d'essay, car en aprés fortifiant leur dessein de plus en plus sous l'authorité du Duc Jean qui les instiguoit à ce faire, ils demanderent audience au Roy, suivis de dix ou douze mille Bourgeois, & presenterent un rolle au Dauphin, contenant les noms, & surnoms de ceux qu'ils vouloient leur estre livrez, entre lesquels estoit Louys de Baviere frere de la Royne Isabelle. Qui tous leur furent baillez

lez & constituez prisonniers, tellement que la Bastille & le Louvre regorgeoient de la multitude des Seigneurs qui y estoient, On leur baille douze Commissaires pour faire & parfaire leurs procez, entre lesquels fut Messire Pierre des Essars, auquel je veux particulierement bailler un placart, pour servir de fidele exemple à tous ceux qui se rendent induëment ministres des passions des Princes. Cestuy avoit esté Gentil-homme de la maison du Duc de Bourgongne, qui le fit Prevost de Paris, par la destitution de Folle-ville, afin d'avoir un Seigneur à sa devotion dans Paris, comme à la verité il l'eut, car l'espace de trois ou quatre ans les commandemens du Duc Jean son Maistre estoient la seule justice qu'il exerçoit: & de faict pour luy gratifier, il fit decapiter injustement le grand Maistre de Montagu sans ordre judiciaire, aprés l'avoir plusieurs fois exposé à la geine, luy qui avoit auparavant tenu l'un des premiers rangs prés du Roy, & la principale faute dont on l'accusoit, estoit qu'il avoit abusé des Finances de France l'espace de dix ou douze ans. Or voyez, je vous supplie, comme Dieu vengea puis aprés ceste injustice, mais avec une grande usure. Des Essars estoit arrivé aux grands honneurs, car il fut fait grand Bouteiller de France, Grand Maistre des Eaux & Forests, Superintendant general des Finances: Bref, toutes choses passoient par son entremise: Le Duc de Bourgongne eut opinion qu'au pourparler de paix de Bourges il avoit tourné sa robe, & donné advis aux Princes qu'il s'alloit faire mourir s'ils n'y prenoient garde: soit que cela fust veritable, ou non, ou bien qu'il fust las de son amitié, tant y a qu'il commença de l'esloigner de ses bonnes graces. Qui fut cause que des Essars se retira au Chasteau de Chierbourg, toutesfois depuis il revint dans Paris, sous l'asseurance que luy bailla le Dauphin, & se logea dans la Bastille, dont il estoit Capitaine: Si ne peut-il si bien faire, qu'en fin il n'en sortist par doux allechemens & belles promesses: A peine en estoit-il sorty, qu'il fut constitué prisonnier en la Conciergerie du Palais. Il y avoit douze Commissaires du tout vouez aux passions du Duc de Bourgongne, pour faire & parfaire le procez à tous ces nouveaux prisonniers, & specialement à Pierre des Essars, pour avoir mal manié les Finances du Roy: Cestuy recommandé par dessus les autres, fut aussi condamné des premiers, mais avec un Arrest fort estrange: Car les autres en furent quittes pour leurs testes sur un eschaffaut (qui n'est pas un petit gage de nos vies) mais a cestuy, on y adjousta quelques traits d'ignominie, avant que de le faire mourir, desquels Monstrelet n'a fait aucune mention: Mais dans les Memoriaux de Maistre Nicole Baye Greffier au Parlement de Paris, je trouve qu'il fut trainé sur une claye, la teste raze depuis la Conciergerie du Palais, jusques aux Halles, où il fut decapité.

Voyez combien les Jugemens de Dieu sont grands. Cestuy pour gratifier au Duc de Bourgongne son Maistre, avoit fait mourir le sieur de Montagu, & maintenant à l'instigation du mesme Prince il meurt: l'autre fut condamné à mort sous un pretexte d'avoir mal mesnagé les Finances du Roy, & cestuy pour mesme raison, & finalement la verité est que Montagu fut mis en chemise lors qu'il fut decapité: icy la male fortune de des Essars s'envie sur ceste honte, estant trainé sur une claye & razé devant sa maison, auparavant que d'arriver au lieu du dernier supplice. Quelques autres furent aussi executez. Messire Arnaut de Corbie, qui avoit avec toute integrité exercé l'Estat de Chancelier l'espace de vingt-deux ans, fut desapointé, & en son lieu surrogé Maistre Eustache de Laistre President des Comptes, creature du Duc de Bourgongne. Tout cela se faisoit à la barbe des Ducs de Guyenne, Berry, & autres Princes, qu'ils osassent les contredire. L'Université estoit lors en grand credit, laquelle desavoüa tout ce qui avoit esté faict. Chose qui commença de leur faire reprendre leurs esprits, & de faict ils avoient adverty sous main les Ducs d'Orleans, Bretagne, & Bourbon, de s'armer pour secourir le Dauphin, que l'on tenoit en telle serre, qu'il estoit comme prisonnier en sa maison, & mesmes les sieurs de Baviere & de Bar, qui estoient en une tres-estroite prison. Ces Princes recommencent de lever gens à Verneüil, & depuis s'acheminent à Pontoise. Je vous supplie jetter vos yeux sur les mysteres de Dieu, & comme quand il veut il fait esvanoüir en fumée tous les conseils que nous pensions avoir bastis à chaux & à sable. Jamais Prince n'avoit gaigné tant d'authorité sur le peuple au prejudice du Roy, & des siens, comme le Duc de Bourgongne. La plus part des autres Princes s'estoient pour les deportemens extraordinaires de luy, bannis volontairement de la Cour & presence du Roy: & quant aux autres, les uns estoient prisonniers, qui avoient Juges pour leur faire leur procez, les autres bien qu'ils ne fussent proprement gardez, si estoient-ils tellement regardez par uns Jacqueville, Caboche, de Troyes, & autres seditieux de la populace, qu'il n'y avoit point grande difference entre les gardez & les regardez. Les Princes de Baviere & de Bar destinez à la mort, plusieurs autres pauvres Seigneurs se trouvoient de mesme party. Tout cecy se voyoit, les gens de bien lamentoient dans leurs ames, mais nul n'osoit lever seulement les yeux pour faire contenance de le trouver mauvais. Comme les Juges estoient sur le point d'interposer leurs jugemens à l'apetit de leur Maistre: un seul homme de robe longue osa prendre la querelle du repos public en main: Histoire certes memorable.

Maistre Juvenal des Ursins Advocat du Roy au Parlement, personnage de singuliere recommandation, avoit esté autresfois Prevost des Marchands de Paris, je dy lors que la Prevosté fut restablie: Car comme vous pouvez sçavoir, elle avoit esté supprimée par la journée des Maillotins, advenuë contre les Daciers du Roy. Suppression qui dura plusieurs ans, estant ceste authorité unie en la personne du garde de la Prevosté de Paris, & aprés quelques années remise: pour l'exercice d'icelle fut choisi Maistre Juvenal, pour les singulieres vertus qui reluisoient en luy. Estat qu'il exerça plusieurs années, pendant lesquelles il se rendit infiniment agreable au peuple: je luy ay voüé un chapitre à part, afin de n'embarrasser cestuy-cy de conte sur conte. Il fut depuis appellé à l'Estat d'Advocat du Roy, & pour la necessité de la charge avoit souvent l'oreille du Roy, lequel lors qu'il estoit en son bon sens portoit fort impatiemment tous les deportemens du Duc Jean: Mais les affaires estoient arrivées en tel desarroy qu'il n'en eust osé parler qu'à ses confidens, entre lesquels estoit le Seigneur des Ursins. Celuy estant en perpetuel pensement de remettre les affaires de la ville sus, se presenta souventesfois au Duc Jean, le priant tres-instamment qu'il lui pleust assopir toutes ces seditions, & comme une fois entr'autres le Duc luy eust faict responce qu'il ne tenoit pas à luy, & ne demandoit autre chose, Juvenal des Ursins avec une hardiesse inestimable, luy remonstra que pour y parvenir il falloit deux choses, l'une qu'il recogneust avoir mal faict, faisant mourir le Duc d'Orleans, & ne fust-ce que pour les maux qui en estoient depuis survenus, l'autre qu'il esloignast de soy ceste vermine de Bouchers, & le faisant qu'il trouveroit cinq cens notables Bourgeois qui luy assisteroient en toutes ses affaires. A quoy le Duc respondit, que pour le regard du premier, il ne le vouloit, & quant au second il ne le pouvoit, ny ne devoit faire: Pour cela ce preud'homme ne se rend, mais ayant toute sa fiance en Dieu, advint une nuict entr'autres que comme il s'endormoit, il eut perpetuellement en sa bouche ce verset de David, quand il exhorte ceux qui mangent du pain de douleur & de tristesse de se lever. Et à son reveil sa femme luy dit qu'il n'avoit fait toute la nuict que resver & ravasser à ce Pseaume. Ce sage Seigneur prenant cela pour un bon & certain augure de ce qu'il devoit faire, s'advise de pratiquer quelques Quarteniers gens de bien, & les voyant disposez à son opinion, il s'achemine droict vers le Roy qui lors joüissoit de quelques heures de son bon sens, luy remonstre que le Duc d'Orleans & ses partisans estoient au Pont de l'Arche, & que ce seroit une chose fort necessaire pour son service & conservation de son Estat, de pacifier toutes choses. Il ne falloit grandement hocher la bride aux autres Princes, parce qu'ils avoient esté cause que les Orleannois s'estoient remis sur les champs: C'est pourquoy le Roy commanda que l'on dressast des articles de paix: Ce que le Duc Jean voulant empescher, faict par les Cabochiens, qui soustiennent qu'il n'y falloit nullement entendre, sinon que l'on envoyast premierement aux autres une liste de tout ce qu'ils avoient mesfait, afin qu'ils entendissent la grace qu'ils recevroient du Roy en paix faifant. Qui eſtoit en bon langage une traverſe pour rompre toute pacification. Des Urſins qui voyoit cela, ne fit pas grande inſtance au contraire, mais dit que le meilleur feroit de s'aſſembler pour ceſte effect en l'Hoſtel de ville. Ceſte propoſition populaire ne peut eſtre par eux contredite. L'aſſemblée ſe fait, où le rolle eſt repreſenté par les Cabochiens contenant un ample diſcours de tout ce qu'ils vouloient imputer aux Armignacs, ou Orleannois : Mais quelques uns ſuſcitez par des Urſins, furent d'advis qu'il falloit communiquer cela par chaque quartier, où ſe feroit autre aſſemblée particuliere des dizaines, pour puis le tout rapporté au Bureau general de la ville, en eſtre ordonné ce que l'on trouveroit le meilleur. Choſe qui eſtoit empeſchée par les Gois, & Sanctions, & Tiberts Bouchers, avecques paroles de bravade. Les choſes en arriverent à tel poinct, qu'un Guillaume Cicaſſe Charpentier, Quartenier, demeurant au Cimetiere ſainct Jean leur reſpondit bruſquement, Que s'ils penſoient d'une puiſſance abſoluë maiſtriſer la ville, il y avoit autant de frappeurs de Congnée, que d'aſſommeurs de Bœufs & Vaches dans la ville : Et ſur ceſte parole, pour eſviter plus grande noiſe, fut arreſté que l'on en parleroit par les quartiers. Ce cartel depuis envoyé à tous les Quarteniers, voicy ce qui advint. Au quartier de la Cité eſtoit Jean de Troyes, ceſtuy eſtoit lors Eſchevin & Quartenier en la Cité, Concierge du Palais, & à peu dire l'un des chefs de tous les Cabochiens, il aſſemble tous les principaux Bourgeois de ſon Quartier, toutesfois bien garde d'y faire appeller le Seigneur des Urſins, qui y avoit ſa demeure, ſçachant que ce luy euſt eſté un deſtourbier à ce qu'il projettoit de faire. Pour cela les Urſins ne laiſſe de pourſuivre ſa premiere pointe de s'y trouver. Choſe que l'on ne pouvoit trouver mauvaiſe pour le rang qu'il tenoit. En ceſte aſſemblée Jean de Troyes s'adviſe de propoſer un nouvel advis, non du tout ſans apparence. Qui eſtoit qu'il ſeroit tres-bon de preſenter au Conſeil du Roy ce cartel : s'aſſeurant que nul des Seigneurs n'euſt oſé deſdire le Duc Jean : Mais Juvenal des Urſins qui deſcouvrit ceſte embuſche, ſouſtint que pour parvenir à une bonne paix il falloit oublier tous les mal-talens d'une part & d'autre, & fut paſſé par cette opinion qui courut depuis de bouche en bouche par tous les autres quartiers où la concluſion fut de meſme, nonobſtant l'effort des Bouchers. C'eſtoit un ſage conſeil combattre le peuple par le peuple, qui n'eſt pas un petit ſecret en matiere de ſeditions. Les choſes luy eſtans de ceſte façon ſuccedées à ſon deſir, il s'achemine vers le Roy avec trente notables Bourgeois, & luy raconte comme le tout s'eſtoit paſſé, & qu'il ne reſtoit plus que d'y interpoſer ſon authorité, mais que le meilleur ſeroit qu'il s'en vouluſt repoſer ſur le Dauphin. Ce que le Roy trouva bon, & non le Duc de Bourgongne, auquel ceſte affaire peſoit, qui dit au ſieur des Urſins que ce n'eſtoit pas la voye qu'il y falloit tenir, lequel avec une honneſte hardieſſe, luy reſpondit : Excuſez moy mon Seigneur, vous en verrez bien-toſt l'iſſuë, & ce de pas, ſuivant le commandement du Roy il va trouver le Dauphin, auquel apres avoir le tout diſcouru, il l'exhorte de ſe charger de ceſte affaire, & que s'il le faiſoit, toutes choſes s'achemineroient à une paix. L'ayant diſpoſé à ce conſeil, luy donne advis de ſe faiſir des clefs de la Baſtille & du Louvre, qui eſtoient és mains du Duc Jean. Ce qu'il fit, & le lendemain il ſe promene par la ville, ſuivy du Duc de Berry, du Recteur, des Suppoſts de l'Univerſité, & de pluſieurs autres Seigneurs, meſmes du Sieur des Urſins, qui tenoit le gouvernail de ceſte entrepriſe. La preſence de ce Prince eſtonna tellement ces deſeſperez Bouchers, que le cœur leur faillit en un inſtant, & les portes tant de la Baſtille que du Louvre, furent, ſi ainſi le faut dire, ouvertes d'elles-meſmes aux pauvres priſonniers, entre leſquels eſtoient les ſieurs de Bar, & de Bavieres, le lendemain reſervez à la mort, ſi Dieu ne les euſt regardez d'un œil de pitié. A la ſuite du Dauphin eſtoit Gervaiſot Dionnois Tapiſſier, qui rencontra Jean de Troyes accompagné de pluſieurs de ſa faction, contre lequel il deſgaina ſon eſpée, & luy dit : Paillard, à ce coup me vangeray-je de toy, & des tiens : A laquelle parole les Cabochiens furent ſi confus qu'en un tour de main ils ſe diſparurent, ſans plus oſer lever la teſte. Quelques-uns eſtoient d'advis de les pourſuivre, & de fermer les portes de la ville pour en faire un piteux maſſacre : mais le Seigneur des Urſins l'empeſcha, diſant qu'il leur ſeroit malſeant d'acquerir une paix par le ſang de leurs concitoyens. De-là ils s'en vont en l'Hoſtel de ville, où par le commandement du Dauphin, cet homme de bien fit un long diſcours des ſeditions qui s'eſtoient paſſées, & qu'il les falloit oublier. Pour concluſion il fut ordonné que André de Parnom Prevoſt des Marchands, & deux des Eſchevins demeureroient. Mais quant à Jean de Troyes, & du Belloy, ils ſeroient oſtez, & en leur lieu mis Guillaume Cicace, & Gervaiſor Dionnois Quarteniers. Sur cela la paix eſt faite, & concluë avec les Ducs d'Orleans, Bourbon, & autres Seigneurs, qui lors eſtoient dans Pontoiſe, c'eſt pourquoy on l'appella la paix de Pontoiſe. Le Duc de Bourgongne s'enfuit, le ſemblable firent Jacqueville, de Laiſtre, de Troyes, Caboche, & les Bouchers, & auſſi tous ces Juges qui avoient eſté commis pour faire le procez aux Seigneurs de Baviere, & de Bar, & autres priſonniers, & commença-l'on de voir une nouvelle face d'affaires : Parce qu'au lieu du Bourguignon, les Ducs d'Orleans, Berry, Bourbon, Alençon, Comtes de la Marche, Richemont, Armignac, & Vendofme commencerent de gouverner. Et quant aux offices de marque, il n'y eut que le Chancelier de Laiſtre deſapointé, ſuppoſt du Duc de Bourgongne, & fut pourveu de ſon eſtat Meſſire Henry de Merle premier Preſident, & du ſien, Maiſtre Robert Mauger, qui auſſi eſtoit Preſident. De celuy de Mauger, Maiſtre Jean Vailly Chancelier du Dauphin, en la place duquel fut mis Maiſtre Juvenal des Urſins : & là où auparavant dans Paris on avoit chargé la Croix S. André en faveur du Duc de Bourgongne, on commença lors de porter la Bande, qui eſtoit le ſignal, & remarque des Orleannois.

Grande pitié, qu'il eſt plus mal-aiſé de ſupporter ſa bonne, que mauvaiſe fortune, juſques-là tout s'eſtoit paſſé par une modeſtie admirable : Depuis le peuple commença petit à petit d'y vouloir apporter du ſien, & par meſme moyen de l'inſolence, qui gaſta tout. Il n'y a animal plus farouche & fort en bride qu'une populace enflammée, qui penſe ne pouvoir eſtre controllée par le Magiſtrat. En l'an 1414. l'on fait une confrairie de ſainct Laurent dans les Blancs-Manteaux, où ſe trouverent le 3. d'Aouſt quatre cens hommes tous bandez : Car auſſi portoit-elle le nom des bandez. Le 4. Septembre il advint qu'un jeune homme ayant oſté une bande qui avoit eſté miſe à l'image S. Euſtache, & l'ayant miſe en piece, en deſpit de ceux qui la luy avoient baillée, fut auſſi-toſt pris, & par ſentence du Prevoſt de Paris, eut le poing couppé ſur le Pont Alais devant l'Egliſe ſainct Euſtache. Le Roy leve l'Oriflambe, qu'il met és mains de Meſſire Guillaume Martel Seigneur de Bacqueville, en deliberation de guerroyer le Duc de Bourgongne : Et comme les affaires ſe manioient en ceſte façon, Louys Dauphin, avec les Princes & Seigneurs, eſloigne du Conſeil la Royne Iſabelle de Baviere ſa mere, & luy amoindriſſant ſon Eſtat, la confine en la ville de Tours. Le Duc Jean qui n'avoit autre choſe en teſte que de r'entrer par quelque moyen que ce fuſt, prenant ceſte diſgrace à ſon advantage, s'empare des villes d'Amiens, Abbeville, Senlis, Montdidier, Monthlery, Corbeil, Pontoiſe, Chartres, Tours, Mante, Meulan, & Beauvais : Et en toutes ces villes deffendoit de payer aydes, & ſubſides, fors du ſel, qui eſtoit un moyen aſſeuré pour gaigner du commencement le peuple, & luy cauſer puis apres ſa ruine. Et eſtablit en la ville d'Amiens un Parlement, dont les Arreſts ſe delivreroient ſous le nom de la Royne Iſabelle, prenant tiltre & qualité de Regente en France, & y eſtablit pour premier Preſident, Meſſire Philippes de Morvilliers.

Pendant ceſte grande deſbauche l'Angloís, qui n'eſperoit autre choſe que de s'aggrandir par noſtre ruïne, vint deſcendre au pays de Normandie avecques une puiſſante armée, la premiere ville qu'il prit fut Harfleur. Toutesfois apres quelque ſejour eſtant aſſiegé de la faim, il vouloir reprendre les briſées de ſon pays, moyennant que ce fuſt bagues ſauves. Les jeunes Princes de France n'en furent d'advis, ils combattent prés d'Azincourt le 22e jour d'Octobre 1415. & ſont vaincus, & là demeurerent ſur la place ce quatre mille des nostres: & entr'autres furent les Ducs d'Alençon, de Bar, & Brabant, le Connestable d'Albret, les Comtes de Vendosme, de Merle, de Nevers, & une infinité de grands Seigneurs pris, mesmes les Ducs d'Orleans, & de Bourbon: aprés victoire l'Anglois se rendit maistre de plusieurs villes de la Normandie. Jamais la France ne s'estoit veuë en un plus piteux desarroy. Le Dauphin s'estoit ligué contre sa mere, elle encontre son mary, plusieurs Princes qui pris, qui pris, la fleur de nostre Noblesse perduë, & une bonne partie de la Normandie. A la suite de cela, Louys Dauphin meurt, & quelque peu aprés, Jean son frere qui le secondoit d'aage, comme pareillement Jean Duc de Berry aagé de 90. ans. Le Roy mal disposé de son esprit, abandonné presque de tous les siens, fors de Charles le Dauphin, qui luy restoit seul de ses enfans masles. Adoncques le Duc Jean conduit de son ambition ancienne, estimant qu'il avoit plus beau jeu que jamais, commence d'ourdir ceste tresme. Il y avoit deux de ses freres tuez en la bataille d'Azincourt, il leve gens, disant qu'il vouloit vanger leur mort contre l'Anglois: mais les Seigneurs qui estoient prés du Roy voyans que c'estoit contr'eux qu'il vouloit descocher ses flesches, firent decerner lettres Patentes, par lesquelles le Roy deffendoit à tous Princes de son Sang l'entrée de Paris. Sur cela on ferme les portes de Meaux au Duc Jean, y voulant entrer. Le Roy depesche Maistre Simon de Nanterre, & Jean de Vailly Presidens, pour luy faire entendre sa volonté, qui estoit qu'il n'y passast outre: Mais il leur respondit brusquement qu'il n'y obeyroit, sinon de tant, & entant que l'honneur, & profit du Roy le permettroit.

Ceux qui gouvernoient lors le Roy estoient en trés-mauvais mesnage avecques les Parisiens, tant pour l'amitié ancienne qu'ils avoient porté au Duc de Bourgongne, dont ils se voyoient frustrez, que pour le mauvais succez des affaires qui estoit advenu à Azincourt pendant leur gouvernement. On commence de brasser une conjuration encontr'eux, qui estoit telle. Il y avoir gens apostez qui devoient à certain jour courir la ville, & crier, A l'aide au Roy, & au Dauphin. Et en ceste esmeute tuer tous ceux qui estoient souspçonnez de porter le party des Bandez. Cecy estant descouvert, le Parlement y met ordre le 5. Decembre 1415. & l'unziesme ensuyvant l'on reçoit advis que Jean venoit à main armée, & fut pris un Paticier, qui luy avoit mandé de se haster: Parce qu'il y avoit 1400 hommes à sa devotion dans Paris. Maistre Almery d'Orgemont Conseiller au grand Conseil, & President des Comptes, fils du Chancelier, & frere du feu Evesque de Paris, se trouve des premiers de ceste conjuration. Son procez luy est fait & parfait au Parlement. Et par Arrest du dernier jour d'Avril ensuivant 1416. il fut amené de la Bastille en l'Auditoire du Chapitre de Paris, & de là conduit en un Tumbereau aux Halles avec Robin le Geay, & Renaut Millet, lesquels en sa presence furent decapitez, & luy rendu à son Evesque pour le faire taire, & declaré attaint & convaincu du crime de leze Majesté, privé de tous Offices, & Benefices, & en outre condamné à perpetuelle prison, au pain & à l'eau, & en quatre mil escus d'amande envers le Roy. En haine de ceste conjuration, les chaisnes des ruës sont ostées, & la grande Boucherie de la porte de Paris abbatuë, parce que les Bouchers se trouverent avoir esté des premiers complices. On met dans Paris quatre cens hommes d'armes en garnison, dont Tanneguy du Chastel Prevost de Paris estoit la Capitaine, & pour obvier à pareils inconveniens, fut deffendu à son de trompe, & cry public, de faire assemblée de nopces, sans l'authorité du Prevost de Paris, comme aussi d'avoir aux fenestres, jardins, pots, ny bouteilles de vinaigre: Et depuis par Arrest du Parlement, sur les remonstrances faites par l'Université de Paris, il est deffendu le seiziesme jour de Septembre 1416. de tuer, ny publier qu'il fust loisible de tuer sans authorité de justice. Au mesme mois fut arresté que ceux de la Cour de Parlement iroient à la Couture sainct Martin des Champs, pour voir combien ils pouvoient estre de gens armez. Le 24. May ensuyvant lettres du Duc de Bourgongne furent interceptées pleines de sedition. Le 21. Juillet il est dit par Arrest qu'elles seroient lacerées comme seditieuses, & scandaleuses contre le Roy: Commandement à tous les Baillifs & Seneschaux qui en avoient receu quelques-unes, de les brusler, & deffenses à tous n'en retenir la coppie sur peine de la hard, & de non jamais les reciter. On renouvelle le serment des Officiers du Roy, & les fait-on jurer de demeurer feaux: & le seiziesme du mesme mois furent par Arrest du grand Conseil plusieurs Conseillers du Parlement envoyez hors la ville comme souspçonnez d'estre partisans du Duc Jean: combien que le Parlement asseurast le Roy de leur innocence, & les suppliast de ne les licentier: Chose qu'on ne peut obtenir de luy, ains fut advisé qu'ils auroient sauf-conduit, par lequel le Roy mandoit qu'il les envoyoit en autres lieux pour ses affaires. Entre lesquels fut le Procureur General nommé Aiguevin, au lieu duquel fut commis en l'exercice de son Estat Maistre Guillaume le Turc. Bref on y observa tout ce que l'on pouvoit de conseil humain pour contenir le peuple de Paris en obeïssance, & luy oster toute facilité de meffaire.

Tout cecy estoit un avant-jeu de la tragedie qui depuis fut jouée dans la ville, & pouvez recognoistre par les choses cy-dessus discouruës, que combien que l'on voulust contenir les Parisiens en leur devoir par toutes voyes politiques, eu esgard à ceste inesperée conspiration qui avoit esté descouverte, toutesfois le cœur du peuple n'y estoit aucunement disposé, & pour vray dire, il n'attendoit de jour à autre que l'occasion de pouvoir secoüer le joug, estant dés pieça voüé à un certain sainct. Ceste occasion se trouva par le moyen que je vous diray: L'argent faillit pour souldoyer les gendarmes de Tanneguy du Chastel, on fait assemblée de ville, afin de lever un emprunt pour la solde seulement d'un mois: A quoy nul ne voulut entendre. Qui fut cause qu'on fut contrainct de les envoyer en la Brie, pour vivre sur le bon homme. En mesme temps quelques Officiers de la maison du Roy avoient offensé Perrinet le Clerc, fils de Pierre le Clerc, Marchand Ferronnier, & Quartenier de Paris, demeurant sur le petit Pont. Le Prevost de Paris n'en voulut faire justice. Messire Jean de Villiers, seigneur de l'Isle-Adam Capitaine de Pontoise, l'un des suppots du Duc de Bourgongne, estoit lors à Vaugirard avecques ses troupes, & le Duc au village de Vanves: Pierre le Clerc, comme Quartenier avoit les clefs de la porte de Bussi en garde: Son fils donne le mot à l'Isle-Adam, & desrobe les clefs à son pere, comme il dormoit, & à l'instant vient ouvrir la porte à l'Isle-Adam, qui y entra la nuict du 19. May 1417. suivy de trois cens hommes: Qui estoit peu pour prendre une si grande ville, mais elle estoit ja prise d'elle-mesme: Ceux-cy commencerent à crier, *La paix mes amis, la paix, Vive Bourgongne.* Ils entrerent sur les dix heures de nuict: & les conduisit Perrinet jusques au petit Chastelet, ils furent accueillis de quatre mille hommes Bourgeois armez, tous lesquels portoient la Croix S. Andrié, blanche, & s'acheminerent à l'Hostel de S. Paul, dont ils rompirent les portes, se saisirent du Roy, qu'ils firent monter sur un cheval, luy faisant faire une piteuse monstre par la ville: & comme ils estoient ententifs aprés luy, Tanneguy du Chastel enleva Charles le Dauphin en chemise, & le sauva dans la Bastille, & de là en la ville de Melun avec ses principaux serviteurs, où il fit depuis long sejour.

Ce temps pendant l'Isle-Adam, & les siens joüent leurs jeux. Dés leur arrivée ils meinent prisonniers Bernard Comte d'Armignac, Connestable, Henry de Merle Chancelier, & l'Evesque de Constance son fils, Jean Gaulde Maistre de l'Artillerie, Maistre Robert de Tuilliers, Oudart Baillet Maistre des Comptes, les Evesques de Clermont, & Senlis, l'Abbé sainct Denis: Bref une infinité de Seigneurs & Prelats. Il seroit impossible de dire combien de meurdres & larcins furent faits en ceste esmeute. Quelques-uns disent que l'on tua huict cens personnes, les autres quinze cens, & les autres seize cens, c'est à dire en ceste diversité d'opinions qu'il en fut tué si grand nombre qu'il y avoit sujet d'erreur. Le bruit court dans Paris que le Dauphin qui estoit à Melun envoyoit forces pour recourre tous les Seigneurs prisonniers. A ce bruit chacun court aux portes, & mesmes les Parisiens creent sur eux Capitaine un Potier d'estain, homme audacieux, nommé Lambert, lequel avecques

ques ſes complices, vient aux priſons, & tire tous ces Seigneurs & Prelats des priſons, meſmes les Conneſtable, & Chancelier, qu'ils font tous paſſer par le trenchant de l'eſpée. De là ils ſe tranſporterent au petit Chaſtelet où ils meurtrirent les Eveſques de Conſtance, Clermont, & Senlis. Somme il ne fut pas pardonné à aucun.

Aprés ce tragique exploict, pour remercier Dieu de la victoire qu'il leur avoit envoyée contre leurs ennemis, ils firent une confrairie en la paroiſſe S. Euſtache le neufieſme Juin enſuivant. Voyez comme ils tranſformoient leurs paſſions furieuſes en une folle devotion. Celuy qui avoit eſté puny par les Bandez, ce fut parce qu'il avoit oſté la bande qui eſtoit ſur l'image de S. Euſtache, & meſme eut le poing coupé en la paroiſſe S. Euſtache. Maintenant pour ſe venger les Bourguignons font une confrairie dans la paroiſſe de S. Euſtache, chacun qui eſtoit de ceſte confrairie avoit un chapeau de rozes vermeilles: Et tant s'y mit de gens (dit l'hiſtoire) que les maiſtres de la confrairie diſoient avoir fait faire plus de ſoixante douzaines de chappeaux, c'eſtoient ſept cens tant de perſonnes: qui eſtoit renvié contre la confrairie des Bandez, où il n'y en avoit que 400.

Le Duc Jean arrivé dans Paris, remet Euſtache de Laiſtre en ſon eſtat de Chancelier, fait deux Mareſchaux de France, l'Iſle-Adam & Charluz, met un Admiral, & un grand Veneur, à ſa poſte. En ceſte extraordinaire eſmeure le Parlement ceſſa depuis le 29. de May, juſques au 25. de Juin, qu'il commença de reprendre ſes eſprits, & preſida à l'ouverture de Laiſtre Chancelier, ſecondé par Meſſire Philippes de Morvilliers premier Preſident. Le vingtieſme d'Aouſt autre eſmeute de populace malgré le Duc Jean, ſur ce que l'on ne faiſoit juſtice de ceux qui avoient favoriſé le party Arminagc, & que l'on avoit eſlargy quelques-uns. De cette emotion nouvelle ſe fait chef Capeluche, bourreau de la ville: autres-fois Caboche eſcorcheur de bœufs, avoit eſté le Gonfanonnier, & maintenant voicy un bourreau. Ils vont aux priſons le 20. Aouſt 1418. tuent & maſſacrent tout ce pauvre peuple qui y eſtoit, ſans acception, ou exception de perſonnes. Le Parlement s'en fit pour ce coup croire plus qu'il n'avoit faict contre Caboche: parce que Capeluche eſtant pris, & quelques autres, ils ſont condamnez à mort, & fut decapité le vingt-ſixieſme du meſme mois, & le trentieſme tous les bouchers de Paris font le ſerment de fidelité au Duc de Bourgongne, s'excuſans les uns envers les autres de ce qui eſtoit advenu.

Juſques là toutes les affaires avoient ry au Duc de Bourgongne, à la ruine & confuſion de l'Eſtat. Il y avoit donques lors trois partis dedans la France, celuy du Duc de Bourgongne fortifié de la preſence du Roy, & de la devotion des Pariſiens, & par ſpecial de la Royne, qui avoit juré une haine mortelle encontre ſon fils, celuy du Dauphin à Melun (aſſiſté de pluſieurs Seigneurs, tant de l'eſpée que de robbe longue) qui avoit fait un trés-grand amas de gensd'armes, & le dernier de l'Anglois, lequel faiſoit fort bien ſes affaires, pendant que les deux autres eſtoient acharnés à ſe deſfaire l'un l'autre: & de fait, ſous ſes arrhemens en l'an 1418. le 18. Janvier il prit la ville de Roüen. Deſlors le Dauphin commença de s'intituler Regent de la France. Titre que le Parlement ne luy voulut accorder. Le Duc Jean n'ayant plus pour object ſon ancien ennemy le Duc d'Orleans, qui eſtoit priſonnier en Angleterre, & tous les principaux partiſans de luy ayans eſté mis à mort, ne deſiroit autre choſe qu'une paix avec le jeune Dauphin, ſe promettant qu'eſtant reconcilié avec luy, il gouverneroit autant & plus que jamais. Il jette pluſieurs pourparlers de paix en vain. Le Dauphin n'y pouvoir bonnement condeſcendre pour l'injure qui luy avoit eſté faicte par l'Iſle-Adam. Ces deux Princes ſe voyent à Poüilly le fort prés Melun, où le Duc luy fit toutes les humbles ſoubmiſſions que l'on pouvoir deſirer d'un ſuject: Et ſe departirent l'un de l'autre avec une aſſeurance de paix qui fut concluë entr'eux, dont fut chanté un *Te Deum* en l'Egliſe de Paris, le douzieſme de Juillet, & le dernier la ville de Pontoiſe priſe par les Anglois, qui de là en avant venoient courir juſques

aux portes de Paris ſans deſtourbier: d'un autre coſté le Dauphin ſe ſaiſit vers le meſme temps de la ville de Tours. J'ay recueilly d'un regiſtre du Parlement du 9. Aouſt 1419. ces paroles: " Courſe des Anglois devant Paris, qui eſtoit une grande honte aux Princes: parce que par leurs partialitez les inconveniens eſtoient ſi grands au Royaume, qu'onques auparavant n'en avoient eſté de pareils, & qui plus eſt l'un d'entr'eux avoit puiſſance aſſez ſuffiſante pour reſiſter à la force des Anglois: Mais ils aymoient mieux la ruine de l'un d'eux, que celle des Anglois, avec leſquels le Duc de Bourgongne avoit puis n'agueres de grandes intelligences, & promeſſes de donner l'une de ſes filles en mariage à Henry V. de ce nom Roy d'Angleterre, leſquels unis enſemble devoient à moitié de profit conquerir le Royaume, & en priver le Dauphin. Toutesfois Henry n'avoit grande envie de luy traicter ce luy que le Roy luy vouſiſt donner ſa fille Catherine de France avec les Duchez de Normandie, & Guyenne à les tenir ſans ſouveraineté. Ce que jamais le Roy ne voulut accorder, combien que pour cecy il y euſt de grandes allées, & venuës ". Paſſage que j'ay voulu tranſferer tout au long, pour monſtrer qu'encores au milieu de telles tempeſtes il y a touſjours quelque noble cœur, auquel il faut que la patience eſchappe. Ce placart eſtoit trés-dangereux au milieu de ces coupe-gorges, & neantmoins je le voy enchaſſé au regiſtre du Parlement par le Greffier de ſon propre inſtinct pour un juſte creve-cœur du mal public qui l'affligeoit. Jean qui ſe cognoiſſoit trop foible pour faire un troiſieſme party ſeul, balançoit de ſçavoir s'il mettroit le Roy & la Royne en la puiſſance de l'Anglois, ou bien du Dauphin, & luy rendroit par un meſme moyen toutes les villes qu'il occupoit. La Dame du Grat ſa mignonine luy conſeilla de prendre la voye du Dauphin à Montereau Faut-Yonne. Il depeſche Ambaſſades pardevers luy le 8. Septembre, & le 10. ils s'abbouchent ſur le pont avec certaines barrieres qui eſtoient entr'eux afin de ne ſe méfaire. Or eſtoit le Dauphin ſuivy de pluſieurs Seigneurs, & Gentils-hommes anciens ſerviteurs du feu Duc d'Orleans: qui tous avoient juré la vengeance de ſa mort. Comme de fait ils avoient failly à faire execution au Chaſteau de Poüilly, mais ce ne fut qu'une ſurſeance. En cette derniere entreveuë ſe trouverent Tanneguy du Chaſtel, Guillaume Batillier, François Granault, Amboiſe de Loré, Jean Louvet Preſident de Provence, le Vicomte de Narbonne, tous compagnons de meſme eſcrime ſous le feu Duc d'Orleans. Comme le Duc Jean ſe preſentait, Tanneguy du Chaſtel luy dreſſe une querelle d'Allemant, diſant qu'il ne rendoit au Dauphin l'honneur qu'il luy devoit, & avec cela luy donna tel horion ſur la teſte, qu'il en mourut. Cela fut le 10. du mois. J'ay leu que tout ſon conſeil n'eſtoit d'advis qu'il y allaſt, meſme qu'un Juif, qui ſe mesloit d'Aſtrologie judiciaire, l'en voulut deſtourner, luy diſant que s'il y alloit, il mourroit: Toutesfois ſon heure eſtant lors venuë, le conſeil de la Dame du Grat ſa maiſtreſſe emporta le deſſus de tous les autres, & luy advint ce que le Juif luy avoit predit.

Ceſte mort fut la conſommation de noſtre mal-heur, car le Duc Philippes ſon fils ſe faiſant heritier de la vengeance qu'il devoit à la memoire de ſon pere, à face ouverte ſe fit Anglois. Dés la premiere nouvelle qui arriva dans Paris, les Pariſiens firent le ſerment au Comte de S. Paul, Lieutenant general de la ville. Le Duc Philippes commence de traicter une paix entre les deux Roys, & pour premiere deſmarche ſont faictes trefves entr'eux le 29. Fevrier. Le 30. d'Avril traité de paix, lequel fut juré és mains de Meſſire Philippes de Morvilliers premier Preſident, & le 20. de May, par tous les Officiers du Parlement en preſence des Ambaſſadeurs d'Angleterre, & publié par les carrefours à ſon de trompe, & cry public, & le 21. du mois contract de mariage entre Henry d'Angleterre, & Catherine de France. Qui cauſa puis aprés une meſlange, & confuſion generale par toute la France, dont je parleray au chapitre ſuivant.

CHAPI-

CHAPITRE IV.

Du reſtabliſſement de l'Eſtat ſous Charles ſeptieſme, & comme en cecy il y eut du miracle trés-exprés de Dieu.

IL eſt meshuy temps que je reprenne mon haleine de la longue carriere que je me ſuis donnée par le chapitre precedant; chapitre, dis-je, plus long que n'eſtoit ny mon premier projeſt, ny la portée de ce livre, mais depuis pouſſé d'une juſte douleur je l'ay fait de propos deliberé, comme eſtant une vraye image des mal-heurs qui voguent aujourd'huy par la France.

Tout ainſi qu'aprés avoir eſté agité d'une grande maladie, il eſt requis un long-temps avant que de recouvrer plaine gueriſon, auſſi pour reſtablir un Eſtat deſolé, comme eſtoit le noſtre, il n'y falloit pas peu de temps aprés, & convint le regaigner par les meſmes outils qu'il avoit eſté perdu, je veux dire par les armes, le tout ſe tournant touſiours à la charge & affoibliſſement du peuple, remede toutesfois trés-neceſſaire tout ainſi que la medecine, qui tourmente nos corps pour les guerir: En quoy je veux recognoiſtre qu'il y eut du miracle de Dieu trés-exprés. Car ſi nous conſiderons Charles ſeptieſme, ſous le regne duquel advint ce grand reſtabliſſement, quelque choſe que l'on ſe perſuade de luy, ce n'eſtoit un ſubjet capable pour cet effet. Premierement il eſtoit au milieu de ſes afflictions du tout addonné à ſes voluptez, faiſoit l'amour à une belle Agnés, oubliant par le moyen d'elle toutes les choſes neceſſaires à ſon Eſtat: & dit-on que ce brave Capitaine la Hire venant un jour botté, crotté, battu de pluye, & du vent, le ſaluer pour luy conter quelques exploits de guerre par luy faits, il le trouva au milieu des Dames menant ſa maiſtreſſe à la danſe (je me mocque certes de moy, quand j'appelle une ſimple Damoiſelle, maiſtreſſe d'un Roy) lequel demandant à la Hire ce qu'il luy ſembloit de ceſte belle compagnie, il luy reſpondit d'une parole bruſque & hardie, que jamais ne s'eſtoit trouvé Roy qui perdiſt ſi joyeuſement ſon Eſtat, comme luy: Outre cette particularité vicieuſe, il avoit, ſi je ne m'abuſe, une foibleſſe de ſens non vrayement telle que ſon pere, mais ayant eſté paiſtry d'une paſte d'homme foible d'entendement, il en portoit quelque quartier en ſon eſprit: Pour le moins trouvé-je que de deux ans en deux ans il avoit nouveaux gouverneurs, qui tenoient les premiers rangs prés de luy, voire que les extremitez qu'il y apportoit, cauſerent de fois à autres des jalouſies particulieres en ſes Princes, qui cuiderent renverſer ce qui luy reſtoit du Royaume. Les deux principaux miniſtres de ſes actions, & peut-eſtre de ſa ruine furent Tanneguy du Chaſtel, & Louvet Preſident de Provence, car ils furent cauſe de la mort du Duc Jean. Ceux-cy le poſſederent longuement par deſſus les autres, meſmes Tanneguy du Chaſtel, avec une arrogance infinie, lequel abuſant de la facilité de ſon maiſtre, tua en ſa preſence, & en ſon conſeil le Comte Dauphin d'Auvergne, l'an 1424. dont les Princes & Seigneurs courroucez, la Royne de Sicile belle mere du Roy, le Conneſtable de Richemont, & autres Seigneurs de marque l'abandonnerent. Qui fut cauſe que Tanneguy fut contraint de quitter la place, demeurant Louvet ſeul en ſon lieu: Mais le voyant aſſiegé de meſme haine, & ne pouvant reſiſter aux grands Seigneurs ſe retira en Avignon, & onc puis ny l'un ny l'autre ne furent veus. Ce dernier eſtoit beau-pere du baſtard d'Orleans: ainſi ſe racointerent en Cour la Royne, & le Conneſtable, accordans que le ſire du Grat demeuraſt gouverneur du Roy, au lieu du Preſident: mais le Grat deſplaiſant aux grands fut traitté plus rudement que les deux autres, parce qu'il fut pris & noyé par le Conneſtable: & depuis le Seigneur de la Trimouille eſpouſa & ſa veufve, & la bonne grace du Roy. Quelque peu aprés il entre en diſgrace, & eſt pris en ſa chambre par le ſieur de Bueil ſon nepveu, qui luy fit payer ſix mille eſcus de rançon: Et entra au gouvernement en ſon lieu Meſſire Charles d'Anjou frere puiſné du Roy René de Sicile, Comte de Provence: Bref, tant de changemens de gouverneurs me font juger la foibleſſe de ſon jugement. Au demeurant pendant le debat qui advint contre Tanneguy, & Louvet, fut priſe la ville du Mans par les Anglois. Le regiſtre de Parlement du huictieſme Aouſt mil quatre cens vingt-quatre porte: "La ville du Mans renduë aux Anglois, leſquels eſtoient du tout ou peu s'en falloit au deſſus des François, lors fort diminuez de puiſſance, & quaſi tous deffaits, & mis en deſconfiture ". De jalouſie dont l'on conceut contre le ſieur de la Trimouille, les Comtes de Clermont & de la Marche, prennent la ville de Bourges d'emblée, & comme ils avoient mis le ſiege devant la groſſe Tour, eſtant ſecouruë par le Roy & le Seigneur de la Trimouille, les autres furent contraints de ſonner la retraitte en leurs maiſons. Jeux qui ſe jouoient entre les ſujects du Roy contre luy à la veuë des Anglois, & peut-on de cela recueillir quel advantage on leur donnoit. Ce neantmoins Dieu nous regardant d'un œil de pitié, luy envoya des Capitaines guerriers, qui prindrent ſa querelle en main lors que peut-eſtre moins il y penſoit: Entre-autres Jean baſtard d'Orleans, & Ponton de Xaintrailles (quelques-uns l'appellent de Sainéte Treille) & Jean de Vignoles dit la Hire, tous deux extraicts de bas lieu, celuy-là du pays de Xaintonge, ceſtuy de Champagne, qui du commencement ſe firent Capitaines d'eux meſmes, & ſans auctorité du Roy, & depuis acquirent tant de reputation contre les Anglois, qu'ils les redoutoient par deſſus les autres, & non content de cela, Dieu voulut encores y apporter une particularité plus grande: car il y envoya la Pucelle Jeanne, par le miniſtere & entremiſe de laquelle nous reconquiſmes la plus grande partie des villes qui avoient eſté ſouſtraictes par l'Anglois, à laquelle j'entends bailler ſon Eloge particulier au chapitre ſuivant.

Mais quant à preſent je diray qu'aprés la mort du Duc Jean, jamais Prince ne ſe trouva plus affligé que Charles lors Dauphin de France, d'autant qu'il fut exheredé par Charles VI. ſon pere par le contract de mariage de Henry Roy d'Angleterre, & Catherine de France, leſquels furent inſtituez heritiers du Roy, & accordé que Henry s'intituleroit cependant Regent en France, & heritier de la couronne, que nulle paix ne ſeroit faicte avecques Charles de Valois, ſinon par aſſemblée de trois Eſtats, & du conſentement des deux Roys, & du Duc de Bourgongne, qui eſtoit reduire les choſes à une impoſſibilité: Car d'aſſembler les Eſtats legitimement au milieu des armées, à peine qu'on le vit jamais, & au ſurplus l'eſperance d'un grand Royaume qui eſtoit deſja preſque arrivé à ſon accompliſſement d'un coſté, & la vengeance que l'autre Prince couvoit dedans ſa poitrine pour la mort de ſon pere, eſtoient telles, que c'eſtoit mettre les affaires hors de toute opinion de paix. Ces conventions ainſi paſſées, & le mariage ſolemnizé en face de la ſaincte Egliſe, il falloit interpoſer l'authorité du Parlement devant que le Roy d'Angleterre partiſt pour s'en aller en ſon pays. Les deux Roys viennent au Parlement, où Maiſtre Nicolas Roulin Advocat de la Douairiere de Bourgongne inſtitué une accuſation à huis ouvert contre Charles de Valois, & aprés luy Maiſtre Pierre de Marigny Advocat du Roy, conclud à ce qu'il fuſt proclamé à trois briefs jours à la Table de Marbre du Palais, pour l'homicide par luy commis en la personne du Duc Jean. Ce qui est faict à son de trompe & cry public, & aprés tout l'ordre judiciaire à ce requis, & observé, il est par arrest declaré indigne de succeder à la couronne. Arrest dont il appella devant la face de Dieu, & fit vœu de relever à la pointe de son espée, mais certes ce ne fut pas sans une infinité de travaux de luy, & de tous les siens. Or aprés que le Roy d'Angleterre fut sorty de Paris, cette tragedie se joüant de telle façon prés du Roy, le cœur ne faillit au Dauphin, parce qu'il fit Tanneguy du Chastel Gouverneur des villes qui luy obeïssoient en Brie & Champagne, & le Comte de Fouës, de celles de Languedoc, lequel en chassa le Prince d'Orenge qui en avoit occupé plusieurs. Tellement que le Dauphin possedoit le Languedoc, la Guyenne, le Dauphiné, Touraine, le Maine, Anjou, Poictou, Berry, la haulte & basse Marche, Angoulmois, Perigort, Limosin, l'Auvergne, & prenant tiltre & qualité de Regent, il establit du commencement son principal siege dans Tours, mais depuis il le divisa en deux, transferant son Parlement en la ville de Poictiers, & sa Chambre des Comptes dans Bourges. L'Anglois possedoit presque le demeurant de la France, car mesmement aprés le partement du Dauphin, il se reduisit sous sa puissance les villes de Sens, Melun, Meaux, Montereau & Moret, sans grand destourbier; jamais ne fut un plus grand chaos par la France. L'Anglois, le Bourguignon, & une partie des François symbolisoient à la ruine du Dauphin: toute seule cost subsistoit aidé de la vraye Noblesse Françoise & de l'eslite d'Escosse, qui commença lors d'apprendre le chemin de la France si heureusement, qu'en commemoration & recognoissance de ses bons & agreables services, est demeurée prés de nos Rois une garde Escossoise: Plusieurs & diverses rencontres : tantost du bon, tantost du mauvais. La veille de Pasques l'an mil quatre cens vingt & un, en une rencontre prés de Baugé furent tuez par les nostres le Comte de Clarence frere du Roy d'Angleterre, le Comte de Cam, les sieurs de Grey & de Ros, & plusieurs autres, jusques au nombre de quinze cens hommes, & fut lors le Comte de Bouquam Escossois pour ses braves exploicts fait Connestable de France: au contraire quelque temps aprés ce Comte de Bouquam est pris & mis en route prés la ville de Crevam.

Mais pour n'enjamber sur l'ordre du temps, faut notter que Henry cinquiesme deceda le 29. Aoust 1422. delaissa Henry sixiesme son fils aagé seulement de seize mois, & ordonna Regent en France le Duc de Bethfort son frere: En Angleterre le Duc de Clocestre son autre frere, & au Duc de Warvith aussi son frere donna le gouvernement de la personne de Charles VI. lequel Duc ne le survesquit pas longuement, car il mourut le 21. d'Octobre ensuivant. Dés lors furent les deux Princes intitulez Roys de France, & au milieu de cette division ce n'estoient que feux, volleries, pilleries, carnage: Bref jamais au Royaume ne fut veu un plus piteux desarroy que cestuy: mais specialement toutes choses arrivoient à poinct nommé au Duc de Bethfort, qui premierement prit Compieigne, puis Crotoy, desconfit Poton de Xaintrailles prés Guysé, & le prit, d'une mesme furie obtint une grande victoire devant Vernueil au Perche, où il fit passer au fil de l'espée quatre ou cinq mil François, Bretons, Gascons, Dauphinois, Escossois, le Vicomte de Narbonne, le Comte d'Aumale, les Ducs d'Alençon, & Mareschal de la Fayette pris. Le bon-heur de l'Anglois commença de s'arrester en l'an 426. au siege de Montargis, dont il ne peut venir à fin, ny pour cela ses affaires n'en empirerent de beaucoup, parce que le Comte de Salbery luy ayant amené nouvelles forces d'Angleterre, il prit Jargeau & Join-ville. De-là mit le siege devant Orleans, où encores quelques François voulans aller secourir la ville, furent defaicts prés de Rouvray. A maniere que le Roy Charles septiesme estoit reduit au desespoir de toutes choses, estant mesmement assiegé par les divisions de sa Cour (or voyez comme Dieu inesperement le regarda d'un œil de pitié) voicy Jeanne la Pucelle qui se presente à luy dans Chinon habillée en homme, laquelle choisit le Roy au milieu de tous les autres, ores qu'il se fust desguisé, & aprés l'avoir salüé luy declara qu'elle estoit envoyée de Dieu, pour remettre sus ses affaires. Au commencement chacun s'en mocquoit, pensant que ce fust une folie, & nul ne vouloit adjouster foy à ses promesses. Toutesfois par importunitez on luy baille gens & armes: Cela estoit en l'an mil quatre cens vingt-huict, au mesme temps que l'Anglois tenoit estroittement assiegée la ville d'Orleans. Dés lors la Pucelle escrivit unes lettres de bravade aux Duc de Bethfort, Comte du Suffort, Talbot & autres, les exhortant de vuider la France, leur promettant que là où ils ne le voudroient croire d'amitié, elle les feroit sortir par force. " Je suis icy envoyée " (portoit une parcelle de la lettre) par Dieu le Roy du Ciel, " pour vous mettre hors de toute la France, & si voulez obeïr, " je vous prendray à mercy. Et n'ayez point en vostre opinion " que vous tiendrez le Royaume de France, ains le tiendra " le Roy Charles vray heritier. Car Dieu le Roy du Ciel, " fils de Saincte Marie le veut ». Les Anglois n'en ayans fait compte, elle s'achemine avecques l'ost du Roy à Orleans. Ce fut dés lors tout nouveau visage d'affaires, parce que dés son arrivée elle renvitaille la ville, prend plusieurs forts qui la bloquoient. Là mourut le Comte de Salbery, sur lequel reposoit lors la premiere esperance des Anglois: & le Comte de Suffort, ayant pris sa place, fut quelque peu aprés pris des nostres. Ce ne fut plus qu'un torrent de victoires. Parce que l'ennemy ayant levé le siege d'Orleans, nous reprismes, si voulez ainsi que je le die, en moins d'un clin d'œil, Jargeau, Join-ville, Baugency, defismes en bataille rangée l'Anglois, où furent tuez quatre mille des leurs & plus, & signalement Talbot, Reveston, & l'Estably leurs principaux Capitaines pris. Et d'une mesme route furent reduites sous l'obeïssance du Roy, les villes de Gien, Auxerre, Troyes, sainct Florentin, Chaalons, Rheims, où le Roy fut sacré & couronné le vingt-neufiesme Juillet ensuivant, ce grand flot de bonne fortune guidé par la Pucelle, comme par la main de Dieu. Les villes, lors que le Roy passoit, luy venoient apporter les clefs. Ainsi se rendirent à luy Compieigne, Creil, Beauvais, Soissons, Chasteau-Tierry, Provins, Crespy en Valois, Aumale, le Pont sainct Maixance, Choisy, Gournay sur Aronde, Senlis. Et dit Enguerrant de Monstrelet, que s'il fust lors allé vers sainct Quentin, Corbie, Amiens, Abbeville, la plus part des habitans estoient disposez de se rendre. Au sortir de Senlis il vint loger à sainct Denis, où la Pucelle luy conseilla d'assaillir la ville de Paris chaudement, se promettant qu'il l'emporteroit. Il livre l'assaut. A bien assailly, mieux deffendu, & est contraint de sonner la retraitte. Le Roy ayant failly à cette entreprise, reprend le chemin de Touraine & Berry, laissant garnisons aux villes par luy de nouveau reprises. En cet assaut de la ville de Paris commença la fortune de la Pucelle s'arrester; parce qu'elle y fut blessée & quelque temps aprés prise devant Compieigne, jusques à ce qu'elle fut executée à mort à Roüen : Et quant à celle du Duc de Bethfort, elle commença aussi grandement à avaler, d'autant que les Parisiens se defians de ses forces, le confinerent au gouvernement de Normandie, & voulurent pour gouverneur le Duc de Bourgongne. Ce Duc Anglois se voyant en cette façon malmené, prend un advis fort convenable pour remettre sus ses affaires. Il donne ordre de faire venir en France le petit Roy (qui jusques là s'estoit toujours tenu en Angleterre) esperant que par sa presence ses affaires seroient plus authorisées. Il arrive le quatriesme de May à Calais, & le vingt-cinquiesme du mois la Pucelle faisant une saillie sur les Anglois qui avoient mis le siege devant Compieigne. Tellement que c'estoit un grand esclair qui sembloit estre en la fortune de ce jeune Roy, d'estre arrivé à poinct nommé en France, lorsque le grand Daimon de nos affaires avoit esté pris & reduit dessous sa puissance. Pour la prise de la Pucelle on chante un *Te Deum* dedans l'Eglise de Paris, & se preparoient les Parisiens de recevoir en toute joye & allegresse leur Roy: Toutesfois il s'achemina premierement à Roüen pour commander (comme il est vray-semblable) que l'on tinst soigneusement la main à faire mourir la Pucelle. Le jugement de mort estant depuis contre elle donné & executé, il sembloit que toutes choses favorisassent l'Anglois, toutesfois ce fut le commencement de ses mal-heurs: car au mesme an que cette pauvre fille innocente fut executée, soudain aprés que l'on eut envoyé sa sentence de mort à Paris, pour y estre enregistrée, Dieu par un juste jugement

permit

permit que le Parlement se mutina sur une question de ses gages, lequel s'en estoit aucunement remué dés l'an 1429. Mais la nouvelle arrivée du Roy luy en avoit faict entr'oublier le maltalent. Cette plainte recommença de plus beau l'an ensuivant, & fut conclud de n'entrer plus au Palais, si l'on n'estoit payé des gages, portant le registre du Greffe ces mots, *& in hoc signaverunt indissolubile vinculum charitatis, & societatis, ut sint socij constitutionis, & laboris.* Cela fut du douziesme Fevrier, & le vingt-septiesme d'Avril cessation de plaidoirie, c'est vers le temps que la Pucelle fut condamnée, pour le moins sa sentence est du mois de May. Messire Louys de Luxembourg Chancelier adverty de cette extraordinaire desbauche, vient à toute bride à Paris pour y donner ordre, remonstre les necessitez urgentes du Roy, promet de les faire payer d'une partie de leurs gages, & de l'autre leur faict bailler des heritages en recompense. Aprés qu'il fut sorty, on delibera de cette affaire, & fut arresté que s'ils n'estoient payez pour un an des arrerages, ils chommeroient tout à faict, & fut le premier President chargé d'en faire rapport au Chancelier : non contens de cela, ils depeschent encore quelques Conseillers par devers le Roy, qui en revindrent aussi peu contens qu'ils y estoient allez. En Novembre mil quatre cens trente & un, fut disputé de l'entrée du Roy. Je veux icy coucher tout au long le registre du Parlement qui en fait mention, car il le merite bien, pour monstrer le peu de compte que l'on faisoit de ce Roy. Le vingt-troisiesme Novembre l'entrée du Roy à Paris où ceux de la Cour allerent au devant, & partirent entre neuf & dix, & trouverent le Roy au Moulin à vent en allant vers sainct Denis, & là proposa le premier President, & ce faict s'en retournerent comme ils estoient venus : au demeurant de l'entrée neant par faute de parchemin. Car quant aux registres de la Chambre des Comptes, vray thresor des choses notables de la France, & specialement de Paris, ils n'en font aucune mention. Je vous ay voulu exprés cotter ce passage, d'autant que soit ou que par faute de parchemin, ou de bonne volonté, il fut ainsi conceu, c'estoit un pronostic taisible que la puissance de l'Anglois prendroit bien-tost fin dedans Paris. Ce neantmoins l'entrée ne laissa d'estre assez pompeuse & pleine de ces feintes que l'on avoit accoustumé de faire lors. Et quelques jours aprés Henry sixiesme fut couronné Roy dedans sainct Denis. Ny pour cela il n'avança de rien plus ses affaires, ains sa fortune declina tousjours delà en avant, comme estant lors arrivée au plus haut de son periode, & voicy comment. La colere du Duc de Bourgongne s'estoit avec le temps refroidie : & de fait quelque temps auparavant il avoit fait trefve de six mois avec le Roy Charles. Davantage vers le mesme temps que Henry fit son entrée, Anne femme du Duc de Bethfort sœur du Duc de Bourgongne mourut, & par sa mort mourut par mesme moyen l'amitié qui estoit entre les deux Ducs. Poton, & la Hire, deffont, & tuent huict cens Anglois. En ce mesme temps le bastard d'Orleans s'empare de sainct Denis, Houdam, & du Pont S. Maixant : & neantmoins pour tous ces advantages le Roy ne s'enfloit de rien plus : Car au Concile de Basle il offrit de laisser aux Anglois toute la Normandie, & toutes les villes, qu'ils possedoient en la Guyenne, moyennant qu'ils vouluss ent les recognoistre tenir de luy en foy & hommage. A quoy ils ne voulurent condescendre : de sorte que sur ce refus il prend sur eux les villes de Chartres, Dieppe, Fescan, Harfleur, Longue-ville, Tancar-ville, Corbeil, & Brie-Comte-Robert, sans destourbier, comme s'il eust envoyé ses fourriers seulement pour marquer ses logis. Les approches d'une bonne paix commencent de se dresser entre les François & les Bourguignons. Premierement les Ducs de Bourgongne & Bourbon, & Comte de Richemont beaux freres la jurent ensemble à Nevers : Celle du Roy est remise en la ville d'Arras : la ville de Ruë prise sur les Anglois 1435. au mesme an le Comte d'Arrondelle est desconfy devant Gerberoy sur la Hire. En fin la paix conclué au mesme an dans la ville d'Arras, entre le Roy & le Duc de Bourgongne, à laquelle le Duc de Bethfort ne voulut entendre, quelque semonce que luy en fist le Cardinal de saincte Croix Legat en France. Quelque peu aprés meurt Isabelle veufve du Roy Charles sixiesme, en son jeune aage l'une des premieres allumettes des guerres civiles, & quelques mois aprés le Duc de Bethfort le plus fort arcboutant de Henry qui lors n'avoit que treize ou quatorze ans pour le plus, & n'y avoit plus que les Evesques de Terouenne, Paris, & Beauvais, qui conduisoient l'orne. Le Parlement mal-content, comme j'ay dit, en cet estrif les nostres ayans pris le pont de Charenton : les Parisiens se voyans sans chef, voulurent tirer des prisons messire Jean de la Haye pour le faire Capitaine general de la ville. Ce qui fut empesché par le Parlement pour la consequence. Tous ces divorces estant tels, & les Bourgeois de Paris se voyans esloignez de remedes, & proches de leur ruine, voicy sur ces entrefaictes ce qui advint. Le Seigneur de l'Isle-Adam, c'estoit de l'an mil quatre cens trente deux, rendu bon François, bien venu du Roy, & continué en son Estat de Mareschal de France. Le Vendredy d'aprés les festes de Pasques l'an 1436. luy, le Comte de Richemont Connestable de France, & le bastard d'Orleans deffirent 800. Anglois, qui estoient sortis de Paris, pour aller faire un degast general en tous les villages d'alentour, pour couper chemin aux nostres de vivres & munitions. De ce pas ils vindrent à la porte S. Jacques, & sommerent les portiers de la leur ouvrir. Ils avoient intelligence au dedans, de maniere que le Seigneur de l'Isle-Adam y entra le premier par une grande eschelle qu'on luy avalla, & mit la Banniere de France sur la porte, criant *Ville gaignée.* Lors estoit Prevost des Marchands Michel l'Allier Maistre des Comptes, qui fit armer le peuple pour le Roy. Le cœur ne failloit aux Anglois. En cette premiere esmeute ils se diviserent en trois batailles, dont la principale estoit conduite par l'Evesque de Terouenne, mais les chaisnes qu'on avoit tenduës par les ruës leur firent perdre toutes leurs forces. Joinct que le peuple par les fenestres les assommoit à coups de pierres, au moyen dequoy ils furent contraints de se retirer dedans la Bastille : Et combien que les François eussent deliberé de mettre à sac la ville de Paris, si est-ce qu'ils y entrerent avec trés-grande modestie, esmeus d'une compassion & pitié, parce qu'ils virent rompre à force la porte sainct Jacques en leur faveur, & en entrant, les Parisiens furent remerciez de l'honneste soubmission, dont ils avoient usé envers leur Roy leur naturel & legitime Seigneur, & à l'instant mesme furent faictes defences par les carrefours à son de trompe de loger és maisons des Bourgeois, ne d'y manger contre leur volonté, ne d'user d'aucun reproche, ou faire desplaisir à quelque homme de quelque qualité qu'il fust s'il n'estoit Anglois ou soldat.

Voila comme Paris fut reduit : mais je vous supplie me permettre de faire icy une saillie, car en plus beau sujet ne sçaurois-je employer ma plume, pour vous monstrer comme Dieu se joüa lors des cœurs de nos Princes : parce que s'il vous plaist y prendre garde de prés, vous trouverez qu'il employa les mesmes outils pour le restablissement de l'Estat qu'il avoit fait pour la ruine. Philippes Duc de Bourgongne, qui pour vanger la mort du Duc Jean son pere, avoit mis le Roy Charles, sa femme, sa fille, & à peu dire, la plus grande partie du Royaume entre les mains de l'Anglois, est celuy qui l'en retire, sinon en tout, pour le moins en la plus grande partie, par la paix & reconciliation qui fut entre luy & les nostres. En cas semblable l'Isle-Adam, qui avoit chassé de Paris Charles VII. en l'an 1418. quand il y entra en faveur du Duc Jean, est celuy qui y entre pour y establir le Roy. Mais avec des effets fort contraires : car y entrant la premiere fois en faveur d'un tyran, il traicta les sujets du Roy d'une façon trés-cruelle ; & la seconde pour un Roy, il les traicta comme un pere fait ses enfans : & finalement Henry V. du commencement, ne demandoit que la joüyssance de la Normandie & de la Guyenne sans souveraineté, ce dont il fut refusé par les nostres, qui agrandit ses affaires, de sorte qu'au lieu de ce qu'il avoit demandé il se vit, par le mariage de luy avecques Catherine de France, posseder le Roy, la Royne, & la plus grande partie du Royaume. Le semblable advint à Charles VII. car ayant offert la Normandie à l'Anglois, & ce qu'il tenoit en Guyenne, n'ayant l'Anglois voulu accepter ceste offre, le Roy reconquit puis aprés entierement tout son Royaume.

Or aprés que Paris fut ainsi mis és mains du Roy, le Parlement delegua quelques Seigneurs de la Cour par devers le Connestable

Connestable de Richemont, pour sçavoir de luy comme ils se devoient comporter. Ausquels il fit response qu'ils exerçassent leurs estats tout ainsi que devant, jusques à ce qu'ils eussent lettres du Roy. Les Anglois qui estoient dedans la Bastille, sortirent le 17. Avril, & depuis le Parlement & Chambre des Comptes de Paris interdits par lettres patentes du Roy du 15. de May, mais restablis le 16. Novembre ensuivant, c'estoit que le Roy vouloit donner loisir aux Officiers qu'il avoit pres de luy, de retrouver le chemin de leurs maisons: Et le Jeudy veille de Sainct André fut crié à son de trompe que le Parlement qui avoit esté tenu à Poictiers, & la Chambre des Comptes à Bourges, se tiendroient desormais au Palais Royal de Paris en la forme & maniere que ses predecesseurs Roys de France avoient accoustumé de faire: & commencer le jour S. Eloy 1. de Dec. & furent r'appellez par douceur quelques Bourgeois que l'on avoit mis hors aprés la departie des Anglois, parce qu'ils avoient trop favorisé leur party: Ainsi furent les compagnies tant de Paris que de Poictiers & Bourges reünies: & le lendemain sainct Martin d'Hyver, le Roy Charles & son fils Louys firent leur entrée dans Paris (armez tout à blanc) par la porte sainct Denis, en laquelle ville le Roy n'avoit esté depuis le 29. de May, mil quatre cens dix-huict, lors qu'il fut contrainct la quitter par les gens du Duc de Bourgongne.

Pour s'estre faict Maistre de la ville de Paris, encores qu'il eust grand advantage sur la partie, si n'estoit-il paisible de plusieurs autres places & villes de son Royaume. Pour y donner ordre il fait son Lieutenant General par toute la France, le Comte de Dunois, par le moyen duquel il reconquit toute la Normandie, & la derniere ville de la conqueste fut Chierbourg le douziesme Aoust 1450. & l'an d'aprés fut concluë & arrestée dans la ville de Tours la conqueste de la Guyenne, dont fut pareillement baillée la charge au Comte de Dunois, lequel pays il reduisit sous l'obeïssance du Roy, & la derniere ville qu'il prit fut Bayonne. Le huictiesme d'Aoust 1452. Talbot brave Capitaine entre les Anglois ne voulut pour cela quitter la partie: par intelligence qu'il avoit avecques quelques factieux citoyens, il reprend la ville de Bordeaux, & plusieurs autres. Le Roy retourne en Guyenne, pour le faire court, combat entre les François & Anglois devant Chastillon, où Talbot fut tué, & sa compagnie desconfite: En la mort de ce grand guerrier finit toute la fortune des Anglois: parce que dessors Bordeaux & le demeurant de la Guyenne furent du tout faits François. Au demeurant j'ay dit sur le commencement de ce chapitre qu'il y eut du miracle trés-exprés de Dieu au restablissement des affaires de la France. En ce que sous un Roy aucunement addonné à ses plaisirs, & qui par une foiblesse d'opinion se laissoit assez mal à propos gouverner par uns & autres favoris, Dieu luy envoya de bons & fideles Capitaines pour le secourir, mesme nostre Pucelle: mais le miracle eust esté plus grand, si Henry V. nouveau conquesteur d'une grande partie de la France eust peu transmettre sa conqueste à sa posterité, laissant par sa mort pour successeur de ses Estats, un enfant aagé seulement de seize mois, encores que comme sage Prince il eust apporté par son testament tout ce que l'on pouvoit desirer pour la conservation de son fils & de ses deux Royaumes.

CHAPITRE V.

Sommaire du procés de Jeanne la Pucelle.

GRande pitié, jamais personne ne secourut la France si à propos, & plus heureusement que ceste Pucelle, & jamais memoire de femme ne fut plus deschirée que la sienne. Les Anglois l'estimerent, & sorciere & heretique, & sous ceste proposition la firent brusler. Quelques-uns des nostres se firent accroire que ce fut une feintise telle, que Numa Pompilius dans Rome, quand il se vantoit communiquer en secret avecques Egerie la Nymphe, pour s'acquerir plus de creance envers le peuple, & telle est l'opinion du Seigneur de Langey au troisiesme Livre de la Discipline Militaire chapitre 3. A quoy les autres adjoustent & disent que les Seigneurs de la France supposerent cette jeune garce, feignans qu'elle estoit envoyée de Dieu pour secourir le Royaume, mesme quand elle remarqua le Roy Charles à Chinon entre tous les autres, on luy avoit donné un certain signal pour le recognoistre. J'en ay veu de si impudens & eshontez, qui disoient que Baudricourt Capitaine de Vaucouleur en avoit abusé, & que l'ayant trouvée d'entendement capable, il luy avoit fait joüer ceste fourbe: Quant aux premiers je les excuse, ils avoient esté mal-menez par elle, & nul ne sçait combien douce est la vengeance que celuy qui a receu l'injure. Quant aux seconds, bien qu'ils meritent quelque reprimande, si est-ce que je leur pardonne aucunement, parce que le mal-heur de nostre siecle aujourd'huy est tel, que pour acquerir reputation d'habile homme, il faut Machiavelizer. Mais par le regard des troisiesmes, non seulement, je ne leur pardonne, mais au contraire ils me semblent estre dignes d'une punition exemplaire, pour estre pires que l'Anglois, & faire le procez extraordinaire à la renommée de celle à qui toute la France a tant d'obligation. Ceux-là luy osterent la vie, ceux-cy l'honneur, & l'ostent par un mesme moyen à la France, quand nous appuyons le restablissement de nostre estat sur une fille deshonorée. De ma part je repute son histoire un vray miracle de Dieu. La pudicité que je voy l'avoir accompagnée jusques à sa mort, mesme au milieu des troupes, la juste querelle qu'elle prit, la proüesse qu'elle y apporta, les heureux succez de ses affaires, la sage simplicité que je recueille de ses responses aux interrogatoires qui luy furent faits par des Juges du tout voüez à la ruine, ses predictions qui depuis sortirent effect, la mort cruelle qu'elle choisit, dont elle se pouvoit garentir, s'il y eust eu de la feintise en son fait. Tout cela, dis-je, me fait croire (joinct les voix du Ciel qu'elle oyoit) que toute sa vie & histoire fut un vray mystere de Dieu: Aussi est-ce la verité que son pere avoit songé que ceste fille devoit quelquesfois vivre au milieu des soldats, comme je remarqueray en son lieu. J'ay veu autresfois la copie de son procez en la Librairie de sainct Victor, puis en celle du grand Roy François 1. à Fontainebleau, & depuis ay eu en ma possession l'espace de quatre ans entiers le procez originaire, auquel tous les actes, lettres patentes du Roy Henry, advis de l'Université de Paris, interrogatoires faits à la Pucelle estoient tout au long copiez, & au bout de chaque fueillet y avoit escrit, *Affirmo, ut supra, Boisquille*, c'estoit le Greffier, & à la fin du registre estoient les seings, & seaux de l'Evesque de Beauvais, & de l'Inquisiteur de la Foy, ensemble celuy du Greffier. Qui fait que j'en puis parler plus hardiment. Je veux doncques icy raconter comme les choses se passerent, & vous discourant les principaux poincts de son procez, vous pourrez aussi recueillir par ses responses tout ce qui fut de sa maison & de son histoire particuliere.

Aprés que le Duc de Bourgongne eut esté créé Lieutenant General de Paris, il mit le siege devant Compiegne, où il trouva à qui parler, car en fin il fut contraint de le lever, vray qu'en une sortie que firent le Capitaine Poton & la Pucelle, le mal-heur voulut que l'un & l'autre y furent pris. Quant à Poton il courut la commune fortune des autres gens de guerre, d'en estre quitte pour sa rançon, ou d'estre changé pour un autre, mais non ceste pauvre Pucelle, la prise de laquelle fut si agreable aux Anglois, qu'ils en firent chanter un *Te Deum* dans l'Eglise Nostre Dame de Paris, & quittans la forme ordinaire que l'on observe aux prisonniers de bonne guerre, luy voulurent faire son procez. Le bastard de Vendosme l'avoit prise, qui la monstra au Duc de Bourgongne, lequel la bailla en garde à Messire Jean de Luxembourg, auquel il avoit plus de fiance. Des lors elle commença d'avoir deux maistres. Les Anglois desiroient de l'avoir, afin de la sacrifier au feu. Le Duc n'y donnoit pas grand obstacle, mais bien Luxembourg & le bastard, ne voulans estre defraudez de la rançon, les uns combattans pour la vie, les autres pour la bourse. Messire Pierre Cauchon Evesque de Beauvais, territoire pour l'un des Anglois, faisoit toute instance ce qu'elle luy fust delivrée, comme heretique, qui avoit esté prise dans son Diocese. Le jeune Roy se met de la partie, pour le moins ceux de son conseil : à fin elle est mise en ses mains, moyennant cinq mille livres, qui furent baillées à Messire Jean de Luxembourg, & trois cens livres de rente au bastard de Vendosme. L'Université de Paris desiroit que ceste cause fust renvoyée à Paris : Toutesfois le Roy par ses lettres patentes du 30. Janvier 1430. donne toute charge à l'Evesque de Beauvais, c'estoit celuy qui peu auparavant avoit esté envoyé és prés en Angleterre pour l'amener en France. Le 9. ensuivant l'Evesque demande aux Doyen, Chanoines, & Chapitre de Roüen, territoire pour rendre la cause plus exemplaire, le siege Archiepiscopal estant lors vaccquant. Ce qui luy fut tres-volontiers accordé. En cecy il est assisté de frere Jean Magistri, de l'Ordre des Freres Prescheurs, Vicegerent de frere Jean Graverant Inquisiteur general de la Foy : Messire Jean Estinet Evesque de Bayeux est faict Promoteur en ceste cause. Or pour garder l'ordre judiciaire, la Pucelle est citée devant l'Evesque au 21. Fevrier, afin de venir respondre aux faits proposez encontre elle par le Promoteur. Ceste pauvre fille avoit tant de crainte de Dieu en son ame, qu'avant que de subir interrogatoire, elle demanda d'ouyr la Messe. Ce qui luy fut refusé, de tant qu'elle portoit l'habit d'homme, qu'elle ne vouloit delaisser. Je reciteray les principaux articles, sur lesquels elle fut interrogée, à la charge que s'il n'y a tant de grace, il y aura paraventure plus de creance pour ceux qui liront ce Chapitre. Les faits du Promoteur furent couchez en Latin, comme est l'ordinaire en Cour d'Eglise, & fut son interrogatoire fait à diverses journées, selon les instructions & memoires, qu'en donnoit le Promoteur, & à dire le vray, jamais une personne accusée ne fut tant chevalée par un Juge pour estre surprise, & toutesfois jamais personne ne respondit plus à propos que ceste-cy : monstrant assez par cela qu'elle estoit assistée de Dieu, au milieu de ses ennemis. En la plus part des demandes qu'on luy faisoit s'il y avoit de l'obscurité, elle demandoit jour d'advis pour communiquer aux sainctes, avec ques lesquelles elle parloit, comme en cas semblable, si les Juges se trouvoient empeschez sur ses responses, ils en escrivoient à l'Université de Paris, afin d'avoir son opinion, laquelle s'assembloit tantost aux Bernardins, tantost aux Mathurins, & pour ceste cause le procez est plein d'une infinité de ses advis, qu'il n'est besoin d'inserer icy. Je me contenteray seulement de vous representer l'ame de ce procez, au moins mal qu'il me sera possible.

Interrogée sur le premier article de dire verité, respondit que ses pere, & mere elle les diroit, mais ses revelations, que non, & qu'elle les avoit dictes à son Roy Charles, & que dans huictain elle sçauroit bien si elle les devoit reveler. Interrogée de son nom, elle dit qu'en son pays on l'appelloit Jeannette, & depuis qu'elle vint en France fut appellée Jeanne Darc, du village de Dompré : que son pere s'appelloit Jacques Darc, & sa mere Isabelle : que l'un de ses parrains estoit appellé Jean Lingue, l'autre Jean Berrey. De ses marraines, l'une Jeanne, l'autre Agnés, l'autre Sibille, & qu'elle en avoit eu encores quelques autres, comme elle l'avoit oüy dire à sa mere : Qu'elle estoit lors de l'aage de vingt & neuf ans ou environ, Lingere & Fillandiere de son mestier, & non bergere, alloit tous les ans à confesse, oyoit souvent une voix du Ciel, & que la part d'où elle l'oyoit y avoit une grande clarté, & estimoit que ce fust la voix d'un Ange. Que ceste voix l'admonestoit maintesfois d'aller en France, & qu'elle feroit lever le siege d'Orleans, luy dit qu'elle allast à Robert de Baudricourt, Capitaine de Vaucouleur, lequel luy donneroit escorte pour la mener, ce qu'elle fit, & le cogneut par ceste voix. *Item dixit quòd bene scit quòd Deus diligit ducem Aurelianensem, ac etiam quòd plures revelationes de ipso habuerat, quàm de alio homine vivente, excepto illo, quem dicit Regem suum* : Qui est à dire, " item elle dit qu'elle sçavoit bien que Dieu aimoit le Duc " d'Orleans, & qu'elle avoit eu plus de revelations de luy, " que de nul autre vivant, fors & excepté de celuy qu'elle appelle son Roy ". Recognoist avoir fait une escarmouche à jour de feste devant Paris : Interrogée si c'estoit bien fait, elle dit, passez outre : Interrogée quand elle ouy la voix, elle respond, hier trois fois, la premiere au matin, la seconde sur le vespre, & la troisiesme, *quum pulsaretur pro Ave Maria de sero*. On l'interroge si elle a veu des Fées, dit que non, qu'elle sçache : mais bien qu'une sienne marraine femme du Maire d'Aulbery se vantoit les avoir quelquesfois venües vers l'arbre des Fées, joignant leur village de Dompré. Qui estoient ceux ou celles qui parloient à elle, dit que c'estoit saincte Catherine, & saincte Marguerite, lesquelles elle avoit veuës souvent, & touchées depuis qu'elle estoit en prison, & baisé la terre par où elles estoient passées, & que de toutes ses responses elle prenoit conseil d'elles : Qu'elle avoit pris la robbe d'homme par exprés commandement de Dieu : Qu'elle fut blessée au col devant la ville d'Orleans : *Item dicit quòd antequam sint septem anni, Anglici dimittent majus vadium quàm fecerunt coram Aurelianis, & quòd totum perdent in Francia : Dicit etiam quòd praefati Anglici habebunt majorem perditionem, quàm unquam habuerunt in Francia, & hoc erit per magnam victoriam, quam Deus mittet Gallis*. Qui est à dire, " Item elle dit devant qu'il soit sept ans, les " Anglois delaisront un plus grand gage que celuy qu'ils fi- " rent devant Orleans, & qu'ils perdront tout ce qu'ils ont " dans la France. Dit en outre qu'ils feront une perte plus " grande en France qu'ils n'avoient fait auparavant, & que " cela adviendra par une grande victoire que les François au- " ront sur eux ". Interrogée si elle portoit quelques armoiries, dit qu'non, ains seulement son estendart : mais que le Roy en avoit donné à ses freres, c'est à sçavoir un escu en champ d'azur, auquel il y avoit deux fleurs de Lys d'or, au milieu une couronne. Je diray cecy en passant, que le Roy d'Angleterre escrivant une lettre aux Prelats, concernant la presomption de ceste Pucelle. " Elle avoit esté (dit-il) si auda- " cieuse de charger les fleurs de Lys en ses armes, qui est un " escu à champ d'azur, avec des fleurs de Lys d'or, & une es- " pée la pointe en haut tenu en une couronne ". Au demeurant elle dit à l'Evesque que son pere un jour entre les autres songea qu'elle iroit avec des gensdarmes : ce que craignant il la tenoit ordinairement de court, & disoit souvent à ses fils que s'il pensoit que deust avenir, il auroit beaucoup plus cher qu'on le noyast. On luy impute qu'estant prisonniere à Beaurevoir, elle avoit sauté du haut en bas de la tour pour se tuer, elle confesse le fait, mais que c'estoit en esperance de se sauver. Elle demande d'oüir la Messe, & puis de recevoir Dieu à la feste de Pasques, ce qu'on luy accorde, en reprenant l'habit de femme ; mais elle n'y veut entendre. Sur le fait de l'adoration, dit que si quelques-uns avoient baisé ses mains, ou sa robbe, ce n'avoit point esté de son consentement. Dit qu'à l'arbre des Fées, & à la fontaine prés de Dompré elle fut parlé à la saincte Catherine, & Marguerite, mais non aux Fées : Et y commença de parler dés l'aage de treize ans. Que quelquesfois on luy avoit bien imputé d'avoir parlé aux Fées, mais qu'il n'en estoit rien, & ainsi l'avoit dit à un de ses freres. Qu'au vingtiesme an de son aage elle alla à Neuf-Chastel en Lorraine, où elle demeura chez une hostesse nommée la Rousse, & là menoit les bestes aux champs, mesmes les chevaux paistre, & abreuver : & ainsi apprit de se tenir à cheval : que pendant qu'elle estoit à Neuf-Chastel, elle fut citée par devant l'Official de Toul pour un mariage, mais qu'elle gaigna sa cause : qu'aprés y avoir servy cinq ans, elle retourna chez son pere, puis malgré luy s'en alla à Vaucouleur, où Robert de Baudricourt ne tint compte d'elle pour la premiere, ny la seconde fois, mais à la troisiesme, il la receut & l'habilla en homme, puis luy bailla vingt Chevaliers, un Escuyer, & quatre

quatre valets qui la menerent au Roy estant à Chinon. Sollicitée par ses Juges de reprendre l'habit de femme, elle respond qu'elle ne requeroit d'avoir de cet habit qu'une chemise apres sa mort. Derechef solicitée de laisser l'habit d'homme, & qu'en ce faisant on la recevroit au S. Sacrement de Communion : *Noluit huic præcepto obsequi, in quo apparet pervicacia ejus, & obduratio ad malum, & contemptus Sacramentorum.* A la fin elle accorde de reprendre une robe de femme pour oüyr la Messe, mais à la charge que l'ayant oüye elle reprendroit celle d'homme. *Ad hoc fuit ei dictum quod ipsa caperet habitum muliebrem simpliciter, & absolutè. Ad quod ipsa respondit, Tradatis mihi habitum ad modum unius filiæ Burgensis, scilicet unam Houpelandam longam, & similiter Capitium muliebre, & ipsa accipiam pro audiendo missam.* Dicebat se mallè mori, quàm revocare id quod Dominus fecit sibi fieri, hoc est ut ferret habitum virilem. Dit qu'elle avoit promis au Roy lors qu'elle le salua la premiere fois de faire lever le siege d'Orleans, de le faire sacrer Roy, & qu'elle le vengeroit de ses ennemis. Luy fut improperé que tousjours elle avoit empesché la paix avec l'Anglois. Ce qu'elle accorda, disant que la paix ne se pouvoit faire qu'ils ne vuidassent du tout de la France. Le Promoteur luy reproche qu'elle avoit faict cacher derriere l'Autel de saincte Catherine de Fierbois une espée qu'elle envoya querir après qu'elle eut parlé au Roy pour le tromper : *Quod ipsa negat, scilicet se fecisse hoc dolosè :* Bien confesse-elle qu'avant qu'aller à Chinon, elle avoit oüy trois Messes ce lieu de saincte Catherine : luy reproche davantage qu'elle se disoit avoir esté envoyée de Dieu pour faire la guerre. Chose du tout contrevenante à sa volonté pour n'avoir rien tant en horreur, que l'effusion de sang. Respond que par les lettres qu'elle avoit escrites au Roy d'Angleterre, & Princes de son sang, elle avoit premierement demandé la paix, & depuis faict la guerre. La teneur de la lettre est transcrite au procez : Qu'elle avoit faict mourir un Franquet, dict que c'estoit un voleur : que pour tel recogneu, il fut desfaict par sentence du Bailly de Senlis: Qu'elle avoit plusieurs fois receu le *Corpus Domini* en habit d'homme, & aussi qu'elle avoit flechy le genoüil devant lesdictes voix, ce qu'elle recogneut, & confessa. *Item quod ipsa Joanna in tantum suis adinventionibus Catholicos seduxit, quod multi in præsentia ejus eam adoraverunt ut sanctam, & adhuc adorant in absentia, ordinando in reverentiam ejus Missas & Collectas in Ecclesiis: imò dicunt eam majorem esse omnibus sanctis Dei post beatam Virginem, elevant imagines, & repræsentationes ejus in basilicis sanctorum, ac etiam in plumbo, & alio metallo repræsentationes ejus super se ferunt.* A quoy elle respondit qu'elle s'en rapportoit à Dieu. *Contra præceptum Dei assumpsit dominationem supra viros, constituendo se caput exercitus.* Elle dit que si elle avoit esté Chef de guerre, c'avoit esté pour battre les Anglois : dict en outre que son estendart estoit de toille, ou boucassin bordé de velous, avec un champ semé de fleurs de Lys, au milieu d'iceluy un Dieu figuré, tenant un monde costoyé de deux Anges revestus de blanc, & au dessous estoit escrit, *Jesus Maria.* Il n'y avoit en ceste responce aucun mal, toutesfois les Juges tournans tout ce qui avoit esté par elle fait ou dit en venin, luy remonstrerent que *Voluerat attribuere tales vanitates Deo, & Angelis, quod est contra reverentiam Dei & Sanctorum :* Et si sa fiance estoit en son estendart : à quoy elle respondit sagement, que toute sa fiance estoit en celuy dont elle portoit l'image. Pourquoy elle tint seule cet estendart sur l'Autel, quand le Roy fut couronné, *Illud fuerat* (dit-elle) *in pœna, & ideo rationabile erat quod esset in honore.* Qu'ayant esté blessée devant Paris, elle offrit depuis, & fit appendre dans l'Eglise sainct Denis son harnois par gloire, dit que par devotion elle l'offrit à sainct Denis, comme font tous ceux qui sont blessez en guerre, aussi que S. Denis est le commun cry de la France, S. Denis Mont-joye. On luy demanda si elle se vouloit rapporter au jugement de l'Eglise militante : Elle dit que oüy, pourveu qu'elle ne luy commandast rien impossible, *Scilicet declarata per eam de visionibus, & revelationibus, quas dixit se fecisse ex parte Dei, quas nollet revocare pro quocunque, & si Ecclesia diceret istas visiones esse illusiones, nollet tunc se referre ad hominem, sed ad Deum.*

Les articles tirez des confessions de la Pucelle estoient,

qu'elle aagée de treize ans, disoit avoir veu sainct Michel, saincte Catherine, & saincte Marguerite, mesme une grande troupe d'Anges. Que ces sainctes luy conseillerent depuis d'aller trouver Charles VII. pour le secourir, & de charger l'habit d'homme, lequel elle avoit mieux aimé porter que d'oüyr la Messe, ou recevoir le precieux Corps de nostre Seigneur, & avoit refusé en cela de se soubmettre au jugement de l'Eglise militante, ains s'estoit rapportée au seul Dieu. *Item quod dicit quod ipsa est certa de quibusdam rebus contingentibus, & occultis, & quod cognovit per voces, quas nunquam ante viderat. Ulterius dicit quod ex quo habeat de mandato Dei deferre habitum istum, oportebat eam accipere tunicam brevem, c. putium, Gipponem, bracchas, & caligas cum aiguilletis, capillis suis super aurium summitates scissis in rotundum.* Davantage qu'elle s'estoit precipitée du haut en bas de certaine tour, aymant mieux mourir que de tomber és mains des ennemis : *Et quod non tantum audivit, & vidit, sed etiam tetigit corporaliter & sensibiliter Catharinam, & Margaretam, & osculata erat terram, super quam gradiebantur.*

Enfin apres que le Promoteur eut pris telles conclusions qu'il luy pleut par sentence de l'Evesque, & du Vicegerant de l'Inquisiteur, il est dit que tout ce qui avoit esté faict par la Pucelle, n'estoit que factions, & tromperie, pour seduire le pauvre peuple, ou bien invention du Diable, & qu'en tout cecy elle avoit commis blaspheme contre l'honneur de Dieu, impieté contre ses pere & mere, idolatrie contre l'honneur de nostre mere saincte Eglise. Autre blaspheme d'avoir mieux aimé ne recevoir le Corps de Dieu, & communier au S. Sacrement de l'Autel, que de quitter l'habillement d'homme. A ce jugement opinerent les Evesques de Constance & Lizieux, le Chapitre de l'Eglise Cathedrale de Roüen, seize Docteurs, & six tant Licentiez que Bacheliers en Theologie, & unze Advocats de Roüen. Ceste sentence envoyée à l'Université de Paris, pour donner advis sur icelle, elle s'assembla au College de sainct Bernard, sous l'authorité de Maistre Pierre de Gonda Recteur, & apres avoir le tout veu, la Faculté de Theologie fut d'advis par l'organe de Maistre Jean de Troyes, celle de Decret par celuy de Maistre Guerrauc Boissel leurs Doyens, que la Pucelle estoit vrayement heretique & schismatique, & fut ceste resolution l'Université depescha deux lettres du quatorziesme jour de May, mil quatre cens trente & un. L'une au Roy Henry, l'autre à l'Evesque de Beauvais, afin de la faire mourir : Toutesfois cet advis ne fut suivy pour cecoup, mais ayant esté la Pucelle admonestée de se soubmettre au jugement de l'Eglise, elle fait response qu'elle entendoit se soubmettre à toute raison, que quant à elle avoit tousjours protesté par son procez : On l'exposa sur un eschafaut public, où apres avoir esté preschée, elle dit lors qu'elle se soubmettroit au jugement de Dieu, & de nostre sainct Pere le Pape. Puis voyant que l'on vouloit passer outre, elle protesta de tenir tout ce que l'Eglise ordonneroit, disant plusieurs fois que puis que tant de gens sçages soustenoient que les apparitions n'estoient pas de Dieu, elle vouloit aussi croire, & fit une abjuration publique inserée tout au long au procez. A quoy intervint autre sentence, par laquelle elle est absoulte du lien d'excommunication, & condamnée à perpetuelle prison, *Ut cum pane doloris ibi commissa defleret.* Et deslors elle reprit l'habit de femme, & l'envoya-l'on en une prison les fers aux pieds : Ce neantmoins furent mis ses habillemens d'homme prés d'elle, pour voir quels seroient ses deportemens. Elle ne fut pas si-tost seule, & revenuë à son second penser, qu'elle fit penitence de son abjuration, & reprit ses premiers habits d'homme. Le lendemain au matin visitée, estant trouvée en son ancien appareil, & interrogée sur ce changement, elle respond l'avoir faict par le commandement exprés des Sainctes, & qu'elle aimoit mieux obeïr aux commandemens de Dieu, que des hommes. A ce mot on la declare heretique relapse, & tout d'une suite elle est renvoyée au bras seculier, où elle fut condamnée d'estre bruslée toute vifve par sentence du trentiesme May 1431. depuis envoyée au Parlement de Paris, pour y estre enregistrée. Les Normans non contens de l'avoir condamnée à mort, la voulurent mitrer lors qu'ils l'envoyerent au gibet, & estoient ces mots escrits sur la mitre, *Heretique, Relapse, Apostate, Idolatre,*

& au devant d'elle un Tableau plein d'injures & contumelies, ne se pouvans assouvir de sa seule mort, ores qu'elle fust tres-cruelle. L'Université de Paris voulant aussi joüer son rolle, fit une procession generale le jour de sainct Martin d'Esté à sainct Martin des Champs, où un Frere Dominicain fit une declamation encontre ceste pauvre fille, pour monstrer que tout ce qu'elle avoit faict c'estoient œuvres du Diable, non de Dieu.

Au milieu de tous ces fleaux toutesfois, pendant qu'on luy faisoit son procez, vint à Paris une femme nommée Peronne, qui estoit du pays de Bretagne, laquelle soustint publiquement que la Pucelle avoit esté envoyée de Dieu, & que de ce elle avoit plusieurs revelations par l'Ange, qu'elle voyoit souvent habillé de robbe blanche : Et parce qu'elle ne voulut jamais desmordre ceste creance, elle fut eschaffaudée, & preschée le troisiesme de Septembre, mil quatre cens trente, & le jour mesme bruslée. C'estoit six ou sept mois auparavant la condamnation de la Pucelle. Depuis les affaires de la France estans devenuës plus calmes par l'extermination des Anglois, Maistre Robert Cibole Docteur en Theologie, Chancelier de l'Université, par Livre exprez escrivit en l'an mil quatre cens cinquante six, contre tous ceux qui l'avoient declarée heretique, j'en ay veu autresfois le Livre és mains du Feron, ce grand rechercheur d'armoiries.

Mais puis qu'un Theologien, & Chancelier de l'Université n'a douté d'accuser tous ces Messieurs là d'impieté, pourquoy ne suivray-je ses traces ? S'il vous plaist recueillir ce que j'ay discouru cy-dessus, tout le motif de sa condamnation fut pour deux causes : L'une pour s'estre contre les commandemens de S. Paul habillée en homme, l'autre pour avoir adjousté foy aux voix, qui se presentoient à elle de nuict. Or pour le regard de ces voix, on ne peut dire que ce fust artifice, cela pouvoit estre dit, quand elle se presenta au Roy, afin d'exciter les Capitaines & soldats, à se plonger de meilleur cœur dans la querelle de leur Prince : Mais estant és mains de la Justice, se pouvant garantir de la mort, comme elle avoit fait en quittant les habillemens d'homme, & neantmoins le lendemain les ayant repris, où luy estoit une asseurance de mort tres-cruelle, il ne faut point faire de doute, qu'elle r'entra sur ses alteres par l'advis qu'elle en eut la nuict, comme elle confessa à ses Juges. Quel jugement doncques pouvons-nous en cecy faire d'elle, je dy pour en parler sans passion ? Non autre certes, sinon qu'elle estimoit que toutes ces voix venoient de Dieu, luy avoit du commencement commandé de prendre l'habit d'homme pour sauver le Roy, & puis ne le laisser quelque crainte de mort que l'on luy mist devant les yeux : Et c'est pourquoy elle dit tant de fois, que combien qu'elle se soubmist au jugement de l'Eglise militante, toutesfois elle vouloit embrasser premierement celuy de Dieu : Mais ceste voix estoit-elle de Dieu, ou du Diable ? Je sçay bien que le Diable se transforme assez souvent en l'Ange de Dieu pour nous piper. C'est ce que l'Evangile nous enseigne : puis qu'il joüe de fois à autre ce personnage, il faut doncques croire que Dieu envoye aussi quand il veut ses bons Anges sous telles images qu'il luy plaist, pour nous induire à bonnes choses. La Bible est toute pleine de tels exemples. Le mesme Dieu qui estoit lors, est celuy qui gouverne cet Univers, pourquoy douterons-nous que sa puissance ne soit telle, & par consequent ses effects ? En tout ce procez par moy discouru, vous ne remarquez autre chose qu'une ame toute Catholique, qui ne demande que confession, oüir la Messe ; recevoir Dieu, moyennant que ce soit en l'habit qui luy est commandé par les voix : Parce qu'elle estime que ce soit un commandement exprés & particulier de Dieu qui luy est fait. Mais pourquoy prit-elle l'habit d'homme ? Estoit-ce pour un meschant œuvre ? Pour porter confort & ayde à son Roy, contre l'induë usurpation des Anglois. Davantage voyez comme illuminée des rayons du sainct Esprit par ces voix, elle predit des choses qui advindrent : Car je vous laisse à part, qu'elle recogneut premierement Baudricourt, puis le Roy, que elle n'avoit jamais veu, cela pouvoit estre sujet à caution, & pourra quelque sage-mondain dire que c'estoit une partie joüée par l'entremise de quelques-uns, qui luy avoient servy sous main de protecoles : Quant à moy,

je veux croire que ce fut par inspiration de Dieu, puis qu'est tout ce que je diray cy-aprés, je n'y voy nulle hypocrisie. Elle dit au Roy qu'elle estoit envoyée de Dieu pour dégager Orleans du siege, puis pour faire sacrer, & couronner le Roy à Rheims, ne le fit-elle ? Par les lettres que sur son advenement elle escrivit au Roy d'Angleterre, elle luy manda que s'il n'entendoit à la paix, il verroit le Roy Charles entrer en tout honneur dans Paris, & qu'ainsi luy avoit esté revelé, cela n'advint-il puis aprés ? Par une de ses responses elle dit à ses Juges que le Duc d'Orleans estoit bien aimé de Dieu, comment pouvoit-elle juger cela que par l'inspiration divine ? Elle dit encores à ses Juges qu'avant le terme de sept ans, l'Anglois seroit exterminé de la France. S'il ne le fut de la France, ne le fut-il de Paris en l'an mil quatre cens trente-six, ville capitale de la France, par le moyen dequoy le Roy Charles gaigna quarante-cinq dessus la partie ? Mais sur tout me plaist quand ceste guerriere pour braver ses Juges par une belle saillie, leur dit que le Duc d'Orleans qui estoit leur prisonnier il y avoit quinze ans passez, estoit le bien aymé de Dieu. Voyons si ceste parolle fut menteuse. Il sortit de prison l'an mil quatre cens quarante, & à son retour espousa en la ville de sainct Omer, Catherine de Cleves, niepce de Philippes Duc de Bourgongne, dont il eut un seul fils du nom de Louys. Auparavant sa prison il avoit eu un enfant naturel Jean Comte de Dunois, appellé communément par nos Historiographes, le Bastard d'Orleans, qui depuis és années mil quatre cens cinquante & deux, reduisit sous la puissance du Roy Charles les pays de Normandie & Guyenne. Et quant au legitime ce fut nostre bon Roy Louys douziesme de ce nom, qui pour ses bons & doux deportemens fut aprés son decez honoré du bel Eloge du Pere du Peuple, qu'un Claude de Seissel Evesque de Marseille ne douta par livre exprés de parangonner à tous les autres Roys de France. Un Prince pouvoit-il estre mieux aimé de Dieu, que de luy envoyer deux enfans, ausquels nostre France fut depuis tant redevable ? Et puis au bout de cela aprés tant de bons actes, aprés tant de predictions veritables, en une querelle si juste, aprés tant d'heureux succez, nous dirons que c'estoient illusions du Diable ? Certes il ne faut point avoir de pieté en la teste qui le soustiendra. Adjoustez, & cestuy est un trait d'Histoire fort memorable : si les anciennes Histoires sont vrayes, on trouve unes Semiramis & Jeanne, qui sous habillemens d'hommes exercerent, celle-là une Royauté, ceste-cy la Papauté : Toutesfois avant que la partie fust parachevée, elles nous servirent d'un plat de leur mestier : Parce que chacune fit un enfant, chose qui leva leur masque. Mais nostre Jeanne, encores que l'Anglois recherchast tous moyens de la calomnier, si ne luy improprera-il impudicité par tout le discours de son procez, jaçoit qu'elle eust vescu au milieu de plusieurs grandes armées, où telle desbauche est plus que souvent en usage. Et c'est pourquoy la posterité non sans grande raison luy donna le tiltre de Pucelle, qui luy est demeuré jusques à huy. Ce neantmoins il y a aujourd'huy quelques plumes si eshontées qui ne doutent de la pleuvir pour garce de Baudricourt. Au demeurant je ne veux oublier que sa memoire fut de si grande recommandation entre nous aprés sa mort, qu'en l'an 1440. le commun peuple se fit accroire que la Pucelle vivoit encores, & qu'elle estoit eschappée des mains des Anglois, qui en avoient fait brusler une autre en son lieu : Et pour ce qu'il en fut trouvée une en la gendarmerie en habillement desguisé, le Parlement fut contraint la faire venir, la representer sur la pierre de Marbre du Palais, au peuple, pour monstrer que c'estoit une imposture.

Je serois ingrat envers la memoire du Roy Charles premierement, puis de ceste miraculeuse guerriere, si pour closture de ce Chapitre, je n'y enchassois cet Eloge, qui me semble d'une singuliere recommandation. Elle avoit trois freres, Jaquemin, Jean, & Pierre dit Pierrelot, dont les deux derniers s'embarquerent à pareille fortune que leur sœur, faisans profession des armes. Le Roy en consideration des grands & signalez services qu'il avoit receuz de la Pucelle, tant à la levée du siege d'Orleans, que son Sacre, dont elle avoit esté la principale porte-banniere, l'annoblir, ensemble ses pere, mere, freres, & leur posterité,

tant

tant masculine que feminine, par ses Patentes en forme de Chartre, données à Mehun sur Yevre, au mois de Decembre mil quatre cens vingt-neuf, verifiées le seiziesme de Janvier ensuivant, en la Chambre des Comptes de Paris, lors transferée à Bourges. La teneur des lettres est telle : *Consideranres laudabilia grataque servitia n bis ac regno nostro tam per dictam Joannam puellam multimode impensa, & qua in futurum impendi speramus, certisque aliis causis ad hoc animum nostrum inducentibus, præfatam puellam, Jacobum Darc patrem, Isabellam ejus uxorem, matrem, Jacqueminum, Joannem & Petrum Perrelo, fratres ipsius pucllæ, & totam suam parentelam, & lignagium, & in favorem & pro contemplatione ejusdem & eorum, posteritatem masculinam, & fœmineam in legitimo matrimonio natam & nascituram nobilitavimus,* & peu après: *Concedentes eisdem & eorum posteritati, tam masculinæ, quam fœmineæ, in legitimo matrimonio procreatæ, & procreandæ, ut ipsi feoda & retrofeoda, & res nobiles à nobilibus, & aliis quibuscumque personis acquirere, & tam acquisitas, quàm acquirendas retinere ac possidere perpetuò valeant.* Privilege admirable, & non jamais octroyé à autre famille. Bien trouvons-nous un Eude le Maire natif du village de Challo sainct Mas prés d'Estampes, & ses successeurs tant en ligne feminine que masculine avoir esté dispensez de toutes taces : mais non pour cela reputez Nobles, ni joüy du Privilege de Noblesse. Jamais service fait à la France ne vint au parangon de celuy de la Pucelle. Aussi jamais lettres d'annoblissement ne furent de tel poids & mesure que celles-cy. Annoblissement tellement embrassé, que comme ainsi soit qu'en la Normandie, il y ait quelques hommes issus des filles de ceste lignée, ils joüissent de ce privilege. Et ainsi voy-je, uns Robert Fournier, Lucas de Chemin, oncle & nepveu, aprés ample cognoissance de cause, & examen de leur genealogie, avoir fait enregistrer ces lettres d'annoblissement pour eux & les leurs en la Cour des Aydes de Normandie, le 13. Decembre 1608. depuis que le Privilege d'Eude le Maire a esté supprimé.

Or pour plus signalée remarque de ceste gratification, le Roy Charles voulut que les freres de la Pucelle portassent en leurs armoiries un escu en champ d'azur, auquel y auroit deux fleurs de Lys d'or, & au milieu une Couronne: & en outre, qu'au lieu de surnom Darc qu'ils avoient apporté du ventre de leur mere, ils fussent de là en avant surnommez du Lys: Comme si la Couronne de France, & le Lys eussent par les paradoxes exploicts & chef-d'œuvres de la Pucelle repris leur ancienne force, dignité & vertu. Chose que je descouvre par un extraict tres-notable dont je vous veux faire part. Dés l'an mil quatre cens vingt-cinq, on avoit baillé à six livres de rente fonciere par chacun an, le marc d'argent revenant à sept livres, une Isle assise sur la riviere de Loire, contenant deux cens arpens, vulgairement appellée l'Isle aux Bœufs, dont les Receveurs du Domaine d'Orleans, faisoient estat par leurs comptes : Advient que les detempteurs s'en departent le vingt & sixiesme Juillet, mil quatre cens quarante-trois, & la remettent és mains de Charles Duc d'Orleans pere de Louys, qui fut depuis Roy de France douziesme du nom, lequel deux jours aprés en fit don à Pierre frere de la Pucelle, verifié le vingt-nefiesme par Maistre Jean le Fuzelier General de ses finances, pour en joüir par luy & Jean son fils leurs vies durant, en consideration dequoy ceste partie depuis mise en recepte fut couchée à neant, tant & si longuement qu'ils vesquirent. Comme de faict vous trouverez tout cela amplement narré par le compte de l'an mil quatre cens quarante-quatre, rendu en la Chambre des Comptes, par Maistre Robin Gaffard, portant entr'autres choses l'article de recepte ces mots qui servent à mon intention. " Laquelle Isle mondict Seigneur le Duc a donné à Messire Pierre du Lys Chevalier; Ouye la supplication dudit Messire Pierre, contenant que pour acquiter la loyauté envers le Roy nostredit Seigneur, & Monsieur le Duc d'Orleans, il se partit de son pays pour venir au service du Roy nostredit Seigneur, & de Monsieur le Duc en la compagnie de Jeanne la Pucelle sa sœur, avec laquelle jusques à son absentement, & depuis jusques à present il a exposé son corps & ses biens audit service, & au fait des guerres du Roy, tant à la resistance des anciens ennemis du Royaume, qui tindrent le siege devant la ville d'Orleans, comme à plusieurs voyages faicts & entrepris par le Roy nostredit Seigneur, & ses chefs de guerre, & autrement en plusieurs & divers lieux ". Je vous laisse le demeurant de l'article, auquel est pareillement fait mention de Jean du Lys fils de Pierre : Me contentant qu'on voye que ce Pierre surnommé du Lys estoit frere de la Pucelle. Surnom que je voy luy avoir esté baillé & à son fils en tous les comptes subsequens faisans mention d'eux.

Je ne me puis faire accroire que cestuy ayant affaire à un grand Prince du Sang eust osé changer son surnom Darc en celuy du Lys: sans que luy & ses freres eussent permission expresse de ce faire, par le benefice du Roy: Mais sur tout me plaist qu'on trouve par quelques anciens tiltres que plusieurs des leurs qui les survesquirent, aprés avoir mis le surnom du Lys, adjoustoient tout suivamment ces mots: *Dits la Pucelle,* pour monstrer qu'ils estoient de sa lignée. Au demeurant comme par succession de temps ceste famille fut casuellement espandüe en diverses branches par la France, tant en lignée masculine que feminine. Aussi Maistre Charles du Lys, Conseiller du Roy, & son Advocat general en la Cour des Aydes de Paris, a pardevers soy plusieurs enseignemens, par lesquels il se treuve & prouve en estre un des rejettons.

CHAPITRE VI.

De deux traitz de liberalitez remarquables.

IL n'est pas dit que tousjours il faille estre agité des flots de la mer, quand on a esté traversé d'une tempeste. A l'issuë des Troubles par moy cy-dessus discourus (vray miroüer des mal-heurs qui de nostre temps ont vogué par la France) il ne sera hors de propos de nous rafraischir maintenant, ainsi qu'à un port, en ces deux exemples que je me suis proposez par ce present Chapitre. On dit qu'il n'y a plus beau moyen pour representer la grandeur de Dieu qu'exerçant une liberalité envers les pauvres. De ceste vertu Henry frere aisné de celuy Thibaut, qui depuis fut gendre de sainct Louys, s'aida si bravement, que pour sa grande largesse il fut surnommé par le commun peuple, le Large. De luy se fait un conte sur ce sujet fort memorable. Il y avoit un Bourgeois riche & opulent sur tous les autres dans la ville de Troyes, nommé Artaut, qui par les bienfaits de son Maistre avoit fait bastir un Chasteau de singuliere beauté, qui fut appellé Nogent, & du nom de son Maistre vulgairement Nogent l'Artaut. Advint qu'un jour de Pentecoste, le Comte allant oüyr la Messe à sainct Estienne de Troyes, se presenta devant luy à genoux un pauvre Gentil-homme qui luy requit au nom de Dieu l'aumosne pour marier deux siennes filles, lesquelles il luy presenta, surquoy Artaut qui estoit derriere son Maistre, sans attendre aucune responce du Comte, s'ingera de respondre au Gentil-homme, qu'il avoit tort de demander argent au Comte, qui pour ses liberalitez excessives estoit tant à l'estroit d'argent, qu'il ne luy estoit presque demeuré aucuns deniers dans ses coffres : Toutesfois le Comte courroucé d'une responce faite ce luy sembloit

bloit si mal à propos, par laquelle ce mignon esperoit retrancher sa liberalité, se tourna devers luy: Maistre vilain (luy dit-il) vous mentez faussement de dire que je n'ay plus que donner, si ay dea, car j'ay encores vous mesmes à donner. C'est pourquoy je vous donne presentement à ce pauvre Gentil-homme que je voy prosterné devant mes pieds. Et à l'instant mesme se saisit de luy, disant : Gentil-homme mon amy tenez, je le vous donne, & le vous garentiray. A laquelle parole le Gentil-homme se leve, & apres avoir faict une honorable reverence, & remercié trés-humblement le Comte, prit Artaut, lequel fut contraint de payer sa rançon pour marier les deux Damoiselles. Il est seant à ceux qui ont l'oreille d'un Prince de mesnager le bien de luy, mais non aux despens de sa reputation: & neantmoins encore ay-je mieux se tourna le conseil d'Artaut, que d'un tas de sangsuës qui n'apprennent à un Roy que la prodigalité : car pendant que par cet excez ils espuisent toute son Espargne, il faut qu'il ait recours de ses fautes sur son pauvre peuple, & est certain que l'augmentation des tailles est la diminution de la bonne volonté des sujets envers leur souverain Seigneur.

Or à la suite de l'exemple du Comte Henry, il me plaist d'en enfiler un autre de Messire Georges d'Amboise Cardinal, l'un des principaux Conseillers du bon Roy Louys douziesme. Ce preud'homme joüissoit du lieu de Gaillon, dependant de son Archevesché de Roüen, qu'il augmentoit, & accommodoit de tout son possible comme maison de plaisance, relasche de ses plus serieuses occupations. Il y avoit un Gentil-homme sien voisin grandement affairé, lequel pour se mettre au large, parla à l'un des domestiques du Cardinal, à ce qu'il voulust moyenner envers son Maistre qu'il achetast une sienne terre qui estoit grandement à la bien-seance de Gaillon. Or comme la nature de tous Courtisans est prompte en telles negotiations, cestuy en advertit soudain son Maistre, l'advisant qu'il pourroit avoir à bon compte ceste terre, dont il luy portoit parole: A quoy le Cardinal d'une face gaye, & riante, luy respondit qu'il ne demandoit pas mieux que de communiquer ceste affaire avec le Gentil-homme vendeur, & que partant on le conviast à diner: Commandement qui fut incontinent mis en œuvre par le Courtisan: & de faict quelques jours apres le Gentil-homme ayant pris sa refection avec ce bon Seigneur, les tables levées, & un chacun retiré pour les laisser deviser à leur aise, sur ce qu'ils avoient à faire, le Cardinal commença de luy tenir propos de ceste terre, l'admonestant comme voisin & amy de ne se vouloir desfaire de ce lieu qui estoit de son ancien estoc; l'autre au contraire insistant, alleguoit pour ses raisons, qu'il esperoit rapporter de ceste vente trois profits, l'un en gaignant par ce moyen sa bonne grace, l'autre parce que d'une partie de l'argent il marieroit une sienne fille, & la derniere qu'il employeroit le reste de ses deniers en rentes courantes, qui luy profiteroient tout autant comme le revenu de sa terre entiere, & pource Monseigneur (adjoustoit-il) qu'elle vous est trop plus seante qu'à nul autre, je me suis adressé à vous, pour vous en faire tel marché que souhaiterez. Voire-mais mon voisin (respondit le Cardinal) si vous aviez argent d'emprunt pour loger vostre fille en bon lieu, n'auriez vous pas beaucoup plus cher que la terre vous demeurast ? A quoy luy ayant le Gentilhomme fait responce que ce luy seroit une autre difficulté de rendre à jour nommé l'argent qu'il auroit emprunté. Mais si on vous attermoyoit à tel temps (poursuivit le Seigneur) que sans vous mal-aiser peussiez acquitter vostre debte, que diriez-vous? Ha Monseigneur (repliqua l'autre) vous dictes bien, mais où sont maintenant ces presteurs? Et ainsi estans tombez en une paisible altercation de la vente & du prest, en fin ce bon Legat s'escria : Et vrayement ce seray-je, & non autre qui vous feray ce party. Ce qu'il fit: car il luy presta argent convenable, avec ques terme si long, que comblant, comme l'on dit, de la terre ce fossé, ce Gentil-homme maria sa fille à son desir, sans se despouiller de sa place : & comme font toutes gens de Cour soucieux d'advantager leurs Maistres par un droict de bien-seance au prejudice des autres, sortans de ce conseil estroit, survint celuy qui estoit l'entremetteur, lequel en particulier demande à son Maistre s'il avoit convenu de prix: Oüy, luy respondit ce preud'homme, & y pense avoir trop plus gaigné que vous n'estimez : Car au lieu de la Seigneurie dont vous m'aviez parlé, j'ay faict acquisition d'un amy, aimant trop mieux un bon voisin, que toutes les terres du monde. Qui rendit mon pauvre Courtisan si confus, que desja en avant ne luy souvint de s'esmoyer de telles voyes, pour penser gratifier à ce bon Seigneur. O exemple digne d'un Aristides, ou Caton, lequel à la mienne volonté tous Seigneurs eussent enchassé dans leurs testes: & toutes-fois en mourant il regrettoit avec pleurs & larmes le temps qu'il avoit employé plus à la suite de la Cour d'un Roy, que d'endoctriner ses brebis.

CHAPITRE VII.

De quelques tromperies de Princes par mots à double entente.

Voulant deduire quelques tromperies gentilles tirées de mots de deux sens entre les François, il m'est tombé en la memoire une Histoire de mesme sujet d'Aurelian Empereur de Rome, lequel ayant mis le siege devant la ville de Thiane, pour donner cœur à ses soldats, protesta publiquement que si ceste ville estoit prise, il ne pardonneroit à un seul chien: de laquelle parole les soldats faisans leur profit (car ils pensoient qu'un chacun passeroit au fil de l'espée) s'encouragerent de telle sorte qu'ils forcerent la place : Toutes-fois ce sage Empereur cognoissant de combien il empireroit sa renommée, & aussi quel tort il feroit à sa conscience de perdre tant d'ames tout d'un coup, soudain fit proclamer à son de trompe de ne tuer aucun homme ny femme : Et comme quelque Capitaine s'adventura de luy dire que ce n'estoit pas la promesse qu'il leur avoit faite avant qu'ils livrassent l'assaut, l'Empereur luy respondit que suivant sa promesse il donnoit puissance de mettre tous les chiens à mort sans aucune exception. Presque de ceste mesme façon se trouva escorné Louys Duc d'Anjou, qui avoit esté adopté par Jeanne Royne de Sicile, & Comtesse de Provence: Ce Prince desirant se mettre en possession du Royaume de Sicile, qui luy avoit esté delaissé, tira vers ceste coste-là avec une grande armée contre Charles, qui avoit espousé la niepce de la feuë Royne Jeanne, lequel seul comme plus proche habile à succeder, luy donnoit empeschement. Or s'estoit-il emparé de toutes les places plus fortes, & gardoit ceste reigle de ne faire aucune saillie, combien qu'il fut souvent sommé par Louys de venir en champ de bataille, afin que par la decision d'une journée l'on peust cognoistre auquel des deux appartenoit à juste tiltre le Royaume, d'autant que son armée mourant de faim & longues maladies, alloit tous les jours à veuë d'œil en empirant & diminuant, Quoy voyant Charles cauteleux, qui vouloit donner la baye à son ennemy, importuné de plus en plus de donner la bataille, manda un jour par un Roy d'armes de Louys, qui estoit venu pour cet effect, que puis que son Maistre avoit si grande envie de choquer, qu'il l'asseurast de sa part de la certain jour qu'il luy nomma, il le verroit armé en blanc, & en tel equipage qu'il n'y auroit que redire, laquelle response fut fort agreable à Louys, qui pour ceste cause fit tous ses preparatifs,

ratifs, & le jour venu ordonna ses gens en bataille rangée, attendant le semblable de son ennemy : Mais luy pour satisfaire à une partie de sa promesse, toutes-fois d'un autre sens que ne prenoit le Duc d'Anjou, monta sur un bon coursier, & armé de haut appareil vint voltiger en la face du Duc, luy mandant qu'il luy avoit tenu parole. De ce pas r'entra par un autre lieu dans la ville, dont Louys confus & despit, voyant son armée estre minée & defaicte par l'injure du temps, que par l'effort de son ennemy, delibera de reprendre l'adresse de France, & à son retour mourut. D'une telle tromperie furent deceus plusieurs François par les Anglois, mais avec plus grande compassion : Car Henry Roy d'Angleterre après avoir espousé Catherine de France, fille de Charles VI. luy estant accordé le Royaume en faveur de son mariage, voulut reduire sous sa puissance toutes les villes, desquelles Charles Dauphin de France s'estoit emparé. Dedans la ville de Melun au nom du Dauphin s'estoit mis le gentil Capitaine Barbezan, accompagné de plusieurs braves Seigneurs, qui soustindrent de telle furie le siege du Roy Henry, que ny par assauts, ny par mines, ne peut jamais la ville estre forcée. Au moyen dequoy l'Anglois tourna toutes ses pensées à les affamer. En quoy il besongna de sorte qu'au long aller ils furent contraints un mois entier faire abstinence de pain, vivans seulement de la chair de leurs chevaux, lesquels encore au lieu de foin & avoine ils nourrissoient des pailles de leurs liéts coupées menu : Et neantmoins en ceste disette de vivres, lors que leurs ennemis sonnoient quelque allegresse ou fanfare dedans leur camp : ceux-cy ausquels manquoient clairons & trompettes pour estre bien entendus, leur respondoient hautement au carillon de leurs cloches. Qui rendoit l'ennemy esbahy à merveille de la magnanimité des tenans. D'autant que par plusieurs pauvres gens, qui par necessité de maladie avoient esté contraincts vuider la ville, ils avoient eu certains advertissemens de la defaillance des vivres. Enfin estans reduits en toute extremité, force leur fut de venir à quelque honeste composition, & à tant furent deleguez quelques-uns d'entr'eux pour parlementer avecques les Anglois, qui leur permettoient s'en aller le baston au poing : mais jamais les autres n'y voulurent condescendre, aymans trop mieux choisir la mort que tel party. Parquoy le Roy Henry finalement leur accorda qu'ils sortiroient leurs vies & bagues sauves. Ce que les pauvres Gentils-hommes François entendans sainement, luy envoyerent les clefs : Toutesfois luy estant entré dans la ville, leur dit qu'il ne faulseroit sa foy, & qu'ils s'en iroient leurs vies & bagues sauves, mais en perpetuelles prisons, ausquelles il les confina dedans Paris. Exemple certes barbaresque & indigne d'un gentil Prince : car la magnanimité d'eux, employée au service de leur souverain Seigneur, les devoit garentir d'un tel tour : & à dire le vray cet acte estoit aussi peu honorable, que de celuy qui avoit promis surseance d'armes de quinze jours, durant lesquels il fourageoit toutes les nuicts les terres de son ennemy, disant que dans sa capitulation il n'avoit esté faicte aucune mention des nuicts.

CHAPITRE VIII.

D'un Royal apophthegme du Roy François premier de ce nom, & aussi d'une rencontre que luy fit un Moyne de Marcoucy.

L'On raconte que sainct Louys ayant accordé une remission à un malfaicteur par les importunitez d'un sien favory, tombant sur un Verset du Psalmiste, par lequel il exhorte les Princes de rendre la Justice à leurs subjects, revoqua soudain son ordonnance, & voulut que punition fust faicte du delict. Le bon esprit du Roy François premier de ce nom luy apporta mille responses Royalles & dignes de sa grandeur, entre lesquelles, celle que je veux deduire est digne de grande celebration : car ayant esté Jean des Marests meurtry par le Seigneur de Talart, de haute & ancienne lignée, & Gentil-homme supporté de plusieurs grandes alliances, & nommément de Messire Jean du Bellay Cardinal qui en faisoit son propre faict, il sembloit que l'expedition de la Justice n'en fust si prompte comme la vangeance l'exigeoit. L'ayeule du pauvre defunct ayant son seul recours au Prince, se jetta à genoux devant luy toute éplorée à Fontainebleau. Dequoy le Roy estonné luy demanda quelle chose elle vouloit de luy, Justice, Sire, (respondit-elle) s'il vous plaist : A laquelle parole il luy commanda de se lever promptement, & s'addressant vers toute la compagnie qui l'environnoit : Foy de Gentil-homme (dit-il) ce n'est pas raison de ceste Damoiselle se prosterner devant moy, me demandant une chose que pour le deu de mon Estat je luy dois : mais c'est à faire à ceux qui m'importunent sur les remissions & abolitions, lesquelles je ne luy dois sinon de grace & puissance Royale. Parquoy après l'avoir longuement entenduë sur le discours de sa requeste, qui tendoit seulement à fin de briefve Justice, & la luy ayant promise, il monstra que la parole d'un tel Roy se trouva en tout accomplie par l'evenement qui s'en ensuivit. D'autant que ne pouvant estre flechy par aucune priere de ceux qu'il favorisoit, ny mesme par Ambassadeurs estrangers, voulut la punition en estre faite, telle que la gravité du delict portoit. Comme de fait je vey decapiter Talart aux Halles de Paris, en l'an mil cinq cens quarante six.

Si l'Apophthegme de ce grand Roy est beau à l'endroit d'une pauvre Damoiselle, la rencontre d'un petit Moine envers un grand Roy n'est pas moins belle. Le mesme Roy passant par les Celestins de Marcoucy, s'informant de quelques Moines de leans, qui avoit fondé ce Monastere, luy fut par aucuns respondu que c'estoit Messire Jean de Montaigu grand Maistre de France, sous le regne de Charles sixiesme. Ce Seigneur avoit esté autrefois pendu au gibet de Paris, à la solicitation du Duc de Bourgogne qui lors gourmandoit toute la France. Le Roy François, comme bon coustumier qu'il estoit de tenir tousjours quelque propos de merite, dit à la compagnie qui s'emerveilloit grandement comme cestuy qui avoit longuement gouverné le Roy son maistre, avoit esté condamné à mort, veu qu'après quelque suite d'années ses os furent ensevelis avec honneur en ce lieu, par ordonnance de Justice: & qu'il falloit bien conclure par cela que les Juges avoient mal jugé. A quoy il eut un Moine qui respondit au Roy d'une parole assez brusque, qu'il s'abusoit aucunement, parce que le procez du sieur de Montaigu n'avoit esté fait par Juges, ains seulement par Commissaires, comme s'il eust voulu inferer en son lourdois que tels Commissaires deleguez à l'appetit d'un Seigneur qui pouvoit lors toutes choses, n'apportoient leurs jugemens la conscience ordinaire des bons Juges. Soit que ceste parole fust proferée par un Moine en son gros lourdois, ou par un artifice affeté, elle appresta à rire, combien qu'elle se deust tourner à edification : car à bien dire les Commissions, encores qu'elles ne soient practiquées, si sont-elles tousjours suspectes envers toutes personnes graves, & semble à plusieurs que tels Juges soient choisis à la poste de ceux qui les y font commettre pour en rapporter tel profit, ou telle vangeance qu'ils se sont projettez dessous le masque de Justice. Ce que mesmement recogna par le Parlement, pour obvier aux scandales & foules du peuple qui ordinairement en adviennent, en une Mercuriale qui fut faite de

nostre

noſtre temps, il fut par ſerment ſolemnel arreſté qu'aucun Conſeiller de la Cour n'entreroit en commiſſion, ſi tous les Commiſſaires & Deputez n'eſtoient tirez du meſme corps, & non mandiez d'unes & autres Cours ſouveraines. En quoy neantmoins ce n'eſt du tout apporter medecine à la maladie, ains quelque temperament ſeulement. Au demeurant ſi ce Religieux euſt eſté nourry en l'Hiſtoire, il pouvoit dire qu'un ſeul des Eſtats Prevoſt de Paris, Juge lors voüé aux paſſions du Duc de Bourgongne, avoit condamné Montaigu à mort.

CHAPITRE IX.

Du procez extraordinaire fait, premierement à Meſſire Philippe Chabot Admiral de France; puis à Meſſire Guillaume Pouyet Chancelier.

CE que j'ay deduit cy-deſſus regarde les belles pointes des mots, ce que je deduirai ci-apres regardera les belles rencontres des faits, pour enſeigner tous les Juges d'en accommoder leurs volontez en jugeant aux volontez extraordinaires des Roys leurs Maiſtres. Des Eſſars fit mourir Montaigu, pour contenter l'opinion de celuy dont il eſtoit lors idolatre: Et Dieu permit que depuis il fut decapité, mais avec une ſuitte beaucoup plus ignominieuſe que celle dont il avoit traitté Montaigu, comme j'ay plus amplement diſcouru ailleurs. Je feray un ſaut du regne de Charles VII. à celuy de François I. m'aſſeurant que ce que je diſcourray ne deſplaira aux Lecteurs. Entre ceux qui eurent bonne part en ſes bonnes graces, ce fut Meſſire Philippe Chabot, & ne trouve Seigneur de tout ce temps-là ny depuis qui eut approché des Roys, lequel ait eſté tant chargé de dignitez que ceſtuy. Car il eſtoit Chevalier de l'Ordre, Admiral de France, Lieutenant general du Roy au pays & Duché de Bourgongne, Conſeiller au Conſeil Privé, & en outre Lieutenant general de Monſieur le Dauphin aux Gouvernemens de Dauphiné & de Normandie. Telles trouvay-je les qualitez par l'Arreſt contre luy donné dont je parleray cy-apres. Le Roy ne croyoit qu'en luy ſeul, entre ceux qui avoient ſon oreille. Toutesfois comme les opinions des Roys ſe changent ſans ſçavoir quelquefois pourquoy, auſſi commença-il avecques le temps de ſe laſſer de luy, & enfin il luy depleut tout à fait. De maniere qu'un jour entr'autres il le menaça de le mettre és mains de ſes Juges, pour luy eſtre fait ſon procez extraordinaire. A quoy l'Admiral ne remettant devant ſes yeux combien c'eſt choſe dangereuſe de ſe joüer à ſon Maiſtre, luy reſpondit d'une façon fort altiere, que c'eſtoit ce qu'il demandoit, ſçachant ſa conſcience ſi nette, qu'il ne pouvoit eſtre faire aucune breſche, ny à ſes biens, ny à ſa vie, ny à ſon honneur: Ne ſe ſouvenant pas du Verſet du Roy David, quand parlant à Dieu il diſoit:

Si tu veux par rudeſſe
Nos pechez meſurer,
Seigneur, Seigneur qui eſt-ce
Qui pourra plus durer?

Ceſte reſponce depleut tant au Roy, que ſoudain il fit decerner une commiſſion contre luy: & combien qu'és commiſſions extraordinaires les Chanceliers n'ayent jamais accouſtumé de preſider, pour faire le procez criminel à quelque Seigneur que ce ſoit, ains ſeulement quand la Cour de Parlement y vaque, auquel cas un Chancelier ſelon les occaſions y preſide, comme chef de la Juſtice. Toutes-fois en ceſtuy-cy que le Roy affectionnoit pour l'irreverence dont il eſtimoit l'Admiral avoir uſé envers luy, le Chancelier Pouyet fut de la partie: avecques vingt & quatre que Preſidens, que Conſeillers triez de divers Parlemens. Et le Roy eſtant lors à Fontaine-bleau, & le procez inſtruict en la ville de Melun, par le narré de l'Arreſt qui fut puis apres donné contre l'Admiral, on trouve que deux & trois fois il fut interrogé par le Chancelier, lequel y preſida lors du Jugement, & qui eſt choſe grandement remarquable, en tout le procez nul article par lequel on luy imputaſt crime de felonnie & leze-Majeſté, ains quelques exactions induëment par luy faites ſur quelques peſcheurs, ſous pretexte de ſon Admirauté: Qui fut cauſe que du commencement il n'y avoit aucune aigreur de la part des Juges: mais le Chancelier voyant que le Roy affectionnoit la condamnation de leur priſonnier, commença de ſe roidir contre ſon innocence, aux yeux de toute la compagnie, qui s'en offença aucunement; d'autant qu'à face ouverte il taſchoit de reduire toutes les opinions à la ſienne, en quoy ores qu'il ne fuſt du tout creu, ſi en attira-il quelques-uns à ſa cordelle. Tellement que l'Admiral ne fut pas condamné à mort, mais bien traitté fort rudement, & comme les opinions euſſent balancé, les unes au plus, les autres au moins, en cet eſtrif, le Chancelier indigné, que les choſes ne luy ſuccedoient à point nommé, quand ce vint à luy d'opiner, il pria la compagnie de l'en diſpenſer. Ce qu'elle ne luy voulut accorder, de ſorte que voyant que ce luy eſtoit un faire le faut; en deux mots il declara qu'il paſſoit à l'opinion la plus ſevere. Avant que l'Arreſt fuſt ſigné, le Rapporteur du procez luy en apporta la minute, non pour la corriger tout à fait, mais bien pour voir s'il y avoit quelques omiſſions par inadvertence. Toutesfois pour contenter ſon opinion, ſe donnant pleine carriere, le change ſelon que ſa paſſion le portoit, & eſtant de ceſte façon radoubé, l'envoye à tous les autres Conſeillers pour le ſoub-ſigner. Ce que du commencement ils refuſerent de faire, mais le violentant d'une continué, & de menaces eſtranges, ils furent contraints de luy obeyr. Voire que l'un d'eux mit au deſſous de ſon ſeing, un petit V, au commencement, & vers la fin un I, ces deux lettres jointes enſemble faiſans un VI, pour denoter qu'il l'avoit ſigné par contrainte. J'ay voulu repaſſer ſur l'Arreſt, par lequel je remarque une animoſité tres-expreſſe, & ſur le commencement, & ſur le milieu; le commencement de l'Arreſt eſt tel.

" François par la grace de Dieu Roy de France, à tous ceux qui ces preſentes lettres verront, ſalut. Comme ſur les plaintes à nous faites de pluſieurs infidelitez, déloyautez & deſobeïſſances envers nous, oppreſſion de noſtre pauvre peuple, forces publiques, exactions induës, commiſſions, impreſſions, ingratitudes, contennement & meſpris, tant de nos commandemens, que defenſes, entrepriſes ſur noſtre authorité, & autres fautes, abus, & malverſations, crimes & delits que l'on diſoit avoir eſté commis & perpetrez par Philippes Chabot, &c. Sçavoir faiſons que nous avons dit & declaré, diſons & declarons iceluy Chabot eſtre attaint & convaincu, mal, induëment, illicitement, injuſtement & infidelement, contre les defenſes par nous de noſtre bouche à luy faites, & par impreſſion & force publique, ſous ombre de ſon Admirauté, pris & exigé és années mil cinq cens trente & ſix & trente & ſept, vingt ſols ſur les peſcheurs de la coſte de Normandie, qui eſdictes années ont eſté aux harangaiſons, & la ſomme de ſix livres ſur chacun batteau qui eſtoit allé aux macquereaux, combien que luy euſſions, comme dict eſt, defendu de bouche ne rien prendre ".

Autres plus grands chefs d'accuſation ne vois-je. Je ne veux point excuſer ſes fautes, mais il n'y a Seigneur en France ſous lequel ſes miniſtres & ſerviteurs ne puiſſent tomber en tel deſarroy, ny pour cela je ne voy point qu'ils ſoient

foient recherchez ; Unes lettres patentes d'abolition à petit bruict les enfevelit fans qu'il en foit jamais parlé. Auffi au cas qui s'offre le Chancelier ne trouvant grand fujet de condamnation en l'Admiral fut contrainct de cotter nouvelle qualité de crime en luy, comme *d'ingratitude*. Vice vrayement que l'on abhorre naturellement, mais pour lequel on ne fit jamais le procez extraordinaire à un homme : Le Chancelier estimoit en ce faifant apporter contentement à fon Maistre, & toutesfois Dieu voulut qu'au contraire de fon intention le Roy ayant veu l'Arrest commença de fe mocquer des Juges, & fur tout de fe courroucer contre le Chancelier qui luy avoit promis monts & merveilles. Ce grand Roy, comme il eft grandement vray-femblable, fouhaittoit en l'Arrest condamnation de mort, pour accomplir puis après un trait abfolu de mifericorde envers celuy dont il ne pouvoit oublier l'amitié, encores qu'il l'euft voulu faire repentir de la refponfe trop brufque, dont l'Admiral avoit ufé envers luy : & s'eftans les chofes paffées de la façon que deffus, le Roy le manda querir pardevers foy, & fans ufer de plus longs propos, luy dict :
« Pour contenter voftre opinion j'ay faict faire voftre proccz, & avez veu le fuccez qu'en avez eu pour trop vous croire : Maintenant je veux contenter la mienne, & d'une puiffance abfoluë vous reftablir en tel eftat qu'eftiez auparavant l'arreft ». A quoy l'Admiral repartit ; Pour le moins, Sire, je louë Dieu qu'en tout mon procez il n'y a un feul mot de felonnie que j'aye commife, ou voulu commettre contre voftre Majefté. Cefte parole arrefta tout court le Roy, lequel pour en eftre efclaircy decerna nouvelle commiffion à autres Juges pour fçavoir s'il n'avoit point efté attaint & convaincu de ce crime. Les Commiffaires voyent les procedures & pieces, aufquelles ils n'en trouvent aucune mention, & fans y avoir recours, l'arreft mefme portoit un ample tefmoignage qu'il n'en eftoit rien. Au moyen dequoy après avoir ouy leur rapport, le Roy decerna fes lettres Patentes, par lefquelles il le remettoit en fa bonne fame & renommée telle comme auparavant : fur lefquelles fut donné arreft, prononcé en robbe rouge aux grands Arrefts de Pafques le 29. jour de Mars 1541. Le coup toutesfois du premier Arreft l'ulcera de telle façon qu'il ne furvefquit pas longuement.

Adonc commença la fortune de livrer nouvelle chance, car le Roy renvoya en fa maifon Meffire Anne de Montmorency Connettable de France ; & voulut le procez eftre fait au Chancelier, à la requefte de fon Procureur general en fa Cour de Parlement de Paris : Plufieurs memoires font apportez contre luy, mais les plus fignalez & picquans furent les extraordinaires deportemens dont il avoit ufé envers les Juges au procez de l'Admiral : Mefmes furent contre luy produits à tefmoins, quelques Confeillers qui avoient efté de la partie, & n'y eut rien qui tant luy nuifit que cela en fa condamnation. Comme on procedoit à fon procez, la veufve & heritiers de l'Admiral obtindrent lettres Patentes addreffées aux mefmes Juges, pour faire revoir le procez, fe conftituans demandeurs en declaration d'innocence.

« De maniere que le vingt-troifiefme Avril 1545. fut donné arreft contre luy, par lequel pour les entreprifes par luy faites outre fon pouvoir, abus & exactions, il fut privé de l'Eftat de Chancelier, & declaré inhabile à tenir office Royal ; & encores condamné à la fomme de cent mille livres envers le Roy, & à tenir prifon jufques à plein payement, & confiné jufques à cinq ans en tel lieu & feure garde qu'il plairoit au Roy. Arreft qui fut prononcé en la grand Chambre, l'Audience tenant, par Berruyer l'un des quatre Notaires & Secretaires de la Cour ». A la prononciation duquel le Chancelier fut prefent, & comme tous les aftres avoient lors conjuré contre luy, auffi fut par les mefmes Juges, à la pourfuitte de la veufve & heritiers de l'Admiral, donné un autre arreft, par lequel celuy de Melun fut declaré nul. Belle leçon à tout Juge pour demeurer en foy, & ne laiffer fluctuer fa confcience dedans les vagues d'une imaginaire faveur, qui pour fin de jeu le fubmerge.

Je vous ay recité deux Hiftoires dont pourrez recueillir deux leçons : L'une que quelque commiffion qu'un Juge reçoive de fon Prince, il doit toujours buter à la Juftice, & non aux paffions de celuy qui le met en œuvre, lequel revenant avec le tempts fon mieux penfer, fe repent après de fa foudaineté, & recognoift tout à loifir celuy eftre indigne de porter le tiltre de Juge, qui abufe de fa confcience pour luy complaire : L'autre que jamais un Seigneur qui pour avoir eu bonne part en la faveur du Roy fon Maiftre, a efté employé aux grandes affaires, tombant en fon indignation, ne doit permettre, s'il luy eft poffible, de tomber és mains de la Juftice, & qu'on luy faffe fon procez, quelque innocence qu'il penfe refider en luy. D'autant que ce qu'il eftimoit, pendant fa vogue, un peccadille, venant devant les yeux des Juges, eft non feulement eftimé peché mortel, ains criminel. Cela fe manifefta aux deux Seigneurs, qui foubs le Roy François tindrent deux des premieres dignitez de la France : en l'Admiral Chabot, & au Conneftable de Montmorency. Celuy-là ayant brufquement refpondu, qu'il falloit pavois de fa confcience contre tous les Juges : Et ceftuy quand fe voyant difgracié, il reblandit avec toute humilité la bonté du Roy fon Maiftre, & le fupplia de fe contenter, qu'il fe retiraft en fa maifon. Qui eftoit une punition tres-griefve de le priver de fa prefence. Non qu'il fe fentift moins innocent que l'autre, mais s'eftant fait fage aux defpens de la hardieffe de fon compagnon.

Cecy me fait fouvenir d'un confeil que je donnay à Monfieur le Marefchal de Montmorency fon fils aifné, lequel ayant efté envoyé prifonnier par le commandement exprés du Roy Charles IX. à la Baftille, fentant fa confcience faine (car ainfi puis-je dire, comme chofe tres-veritable, que je ne vy jamais grand Seigneur accompagné de plus grande preud'hommie que luy, & en ay haleine plufieurs) voulut demander Juges, & pour diftribution de Confeil, feuz Meffieurs Mangot & de Montelon, & moy. Et m'envoya fous main, Sublet fieur de fainct Eftienne (qui avoit efté precepteur de Madame fon efpoufe, aujourd'huy Ducheffe d'Angoulmois) aveques un petit billet d'une ligne, pour fçavoir fi je voudrois eftre de la partie. Car pour bien dire en telles piteufes affaires chacun craint d'approcher ces pauvres Seigneurs affligez. A quoy je luy refpondis que non feulement j'en ferois tres-volontiers, ains reputois à grand honneur, qu'il m'euft choifi aveques ces deux miens compagnons : Et que deflors comme fon Advocat, le premier confeil que je luy donnois eftoit de ne demander, ny Juges, ny diftribution de Confeil : mais au contraire, que nuls Juges ne luy fuffent bons. Parce qu'en telles prifons, que j'appellois prifons d'Eftat, fondées fur le maltalent de fon Roy, il falloit tirer les chofes en longueur. Pendant laquelle la colere du Roy s'eftanchant, auffi fe diminuoit l'opinion du delit. Confeil qu'il ne mit fous pieds, affifté en cecy de la bonté de Monfieur le premier Prefident de Thou, perfonnage dont on ne peut affez favorifer fa memoire, lequel par fa debonnaireté & prudence, donna ordre qu'on ne remuaft rien contre luy. Et depuis, le Roy Charles decedé, & Henry troifiefme fon frere luy ayant fuccedé, après que l'on eut mis fous pieds tous courroux, les prifons luy furent à pur & à plain ouvertes.

CHAPITRE

CHAPITRE X.

Qu'il est trés-dangereux au sujet quel qu'il soit de se faire craindre par son Roy ; exemple memorable en la personne du Connestable de sainct Pol.

Jamais Seigneur non souverain ne fut eslevé en si haut degré de fortune que cestuy-cy, & jamais Seigneur ne se trouva si mal user de sa bonne fortune que luy. Il estoit extrait de ceste grande illustre maison de Luxembourg, qui avoit produit quatre ou cinq Empereurs de suite, beaufrere du Roy Louys unziesme, Seigneur d'une infinité de grandes terres, Connestable de France, appoincté du Roy de quarante-cinq mille florins par an, qui estoit beaucoup en ce temps-là, avoit quatre cens hommes d'armes entretenus & soudoyez, dont luy seul estoit le Commissaire & Controolleur, chose dont le Roy temporisant à ses importunes grandeurs ne l'osoit desdire. Possedoit les villes de Bohains, & Hams, & encores celle de sainct Quentin absolument, qui luy servoit de leurre, pour repaistre les esperances d'uns & autres Princes. Levoit un escu pour pippe de vin passant dedans ses villes, pour estre transportée aux païs bas, & soustenu du vent de tant de faveurs, nageant entre deux eaux, commandoit, ou pour mieux dire, gourmandoit un Roy de France, & un grand Duc de Bourgongne, les nourrissant par sourdes brigues en perpetuelles divisions, & par ce moyen estoit par eux contrainct & debouté. Opinion vrayement folle. Car l'homme sage ne doit rien tant craindre que d'estre craint de son Roy. Celuy qui en use autrement se trouve enfin de jeu mauvais marchand, comme il advint à ce grand Seigneur dont je parle. D'autant que les deux Princes, aprés plusieurs connivences se voyans ainsi par luy malmenez commencerent de conspirer à sa ruine, pendant la negotiation d'une trefve dedans la ville de Bovynes. Et en fut le premier promoteur sous main le Roy Louys envers les favoris du Duc de Bourgongne, & specialement envers le Seigneur d'Imbercourt qui avoit receu mal à propos un desmentir de luy en la ville de Roye. Et de cela on peut recueillir quelle estoit la grandeur de ce Connestable, veu qu'à face ouverte le Roy son maistre ne luy osoit faire teste.

En tels traictez quelque silence que l'on y desire, les parois ont yeux, langues, & aureilles. Il eut quelque vent de cette pratique, & aussi tost en fit sa plainte à l'un & à l'autre Prince. Qui appresta sujet d'une nouvelle défiance entr'eux, pour sçavoir celuy qui avoit descouvert ce secret, tant ils craignoient de luy desplaire. La partie est tenuë en surseance : & comme le Roy estoit plein de moyens artificieux, pour le developper d'un mauvais affaire, aussi voulut-il bien faire paroir au Connestable, bien qu'il fust son sujet, qu'il n'avoit jamais rien brassé au desavantage de luy. Et pour s'en esclaircir il fut question de les aboucher ensemble. L'orgueil du Connestable fut tel qu'il voulut entrer en mesme paction avec son Roy, comme autrefois avoit fait Jean Duc de Bourgongne, avec Charles septiesme, lors Dauphin, sur le pont de Montereau Fault-Yonne. Le jour est arresté entre Noyon & la Fere, sur la chaussée d'une petite riviere, où fut mise une forte barriere. Là arrive le Connestable le premier, armé d'une cuirace sous un habillement volant, accompagné de trois cens gensdarmes. Le Roy n'y arrive si tost, & faisant cent fois plus qu'il ne devoit, avant que d'y arriver, luy envoye des Ambassadeurs pour s'excuser s'il tardoit tant. Et quelque temps aprés il y vient, suivy du Comte de Dampmartin grand Maistre de France, & de six cens Gentils-hommes d'eslite. Là fut le pour-parler entr'eux, en presence de cinq ou six Seigneurs, tout le demeurant faisant alte. Pour conclusion il fut arresté que tous umbrages seroient ensevelis : & de ce pas le Connestable franchit la barriere, & passant du costé du Roy vint loger ce mesme jour avec luy en la ville de Noyon, & le lendemain reprit ses brisées vers sainct Quentin, son repaire & giste ordinaire. Je vous prie vouloir balancer en passant auquel des deux y eut plus faute, ou à l'orgueil du sujet envers son Roy, ou en l'humilité du Roy envers son sujet. Toutes & quantesfois que nous voyons nostre Prince s'humilier plus que l'ordinaire envers nous, en une asseurance de tout, nous devons tout craindre.

Jusques icy vous avez entendu les grandeurs de ce Connestable, entendez maintenant sa ruine. Le Roy revenu à son second penser commença de se hontoyer, estimant avoir fait un pas de Clerc de s'estre de ceste façon demis à l'endroit de son Connestable. Qui luy accreut un maltalent beaucoup plus grand qu'auparavant. L'aposthume se meurissoit de plus en plus aux coeurs des deux Princes, à laquelle il falloit avec le temps donner air. Trefve de neuf ans est concluë entr'eux à Vervins, par laquelle il fut arresté la livraison du Connestable és mains du Roy par le Duc. Et suivant cet arrest il fut quelques jours aprés livré à l'Admiral de France bastard de la Maison de Bourbon, qui le conduisit jusques à la Bastille de Paris, sur la fin du mois de Novembre, mil cinq cens septante & cinq.

J'en reciteray tout au long l'histoire, comme celle de laquelle tous grands Seigneurs, s'ils sont sages, peuvent bien faire leur profit. Là il fut receu par les Seigneurs Doriole Chancelier, & Boulanger l'un des Presidens, & quelques autres sieurs du Parlement. Mesme par le sire Denis Hesselin (ainsi le nomme l'ancienne histoire) Maistre d'hostel du Roy, Esleu de Paris, & Prevost des Marchands de la ville, qui estoient lors toutes qualitez de grande marque. Baillé en garde à Philippes l'Huillier, & au Seigneur de S. Pierre. Son procez ne fut pas de longue durée, d'autant que par Arrest du 19. Decembre aprés avoir narré tous les points dont il estoit accusé & convaincu, il fut dit. " Que la Cour le deposoit de l'office de Connestable, & tous offices Royaux, & le decairoit criminiel de crime de leze-Majesté. Le condamnoit à avoir la teste tranchée sur un eschaffaut en la place de Greve, & tous ses biens confisquez envers le Roy " : & pour l'honneur de son dernier mariage, la Cour de grace ordonnoit que le corps seroit ensevely en terre saincte. Ce sont les propres mots & suite du dispositif de l'arrest que j'ay voulu de propos deliberé inserer tout au long. Par ce qu'aujourd'huy le formulaire des arrests, en tels cas, est de declarer premierement le Seigneur qui est prevenu, attaint & convaincus du crime de leze-Majesté, & en consequence de cela le degrader des honneurs & dignitez dont il avoit esté auparavant pourveu par le Roy, & en cestuy on le dépose premierement, & puis on le declare criminieux de leze-Majesté : Comme n'ayans voulu que ceste grande dignité de Connestable eust esté infectée du crime de leze-Majesté.

Le mesme jour que l'Arrest fut donné, ce Connestable est amené au Palais par les sieurs de sainct Pierre, & de Touteville Prevost de Paris, eux deux montez sur chevaux, luy au milieu. Arrivez qu'ils y furent, il monte les grands degrez, receu par les Seigneurs de Gaucourt & Hesselin, qui le conduisirent au lieu où le Chancelier l'attendoit, lequel l'ayant par une honneste preface admonesté de vouloir estre constant, comme un Seigneur tel qu'il estoit, le somma de luy rendre l'Ordre de sainct Michel, qu'il avoit du Roy: A quoy il satisfit promptement. Puis luy demanda son espée, principale remarque de sa dignité de Connestable : mais il respondit qu'elle luy avoit esté ostée deslors de son emprison-

emprisonnement. A ceste parole le Chancelier le quitta, & aussi-tost arriva Maistre Jean de Popincourt President qui luy fit lire son Arrest. Je vous laisse plusieurs particularitez qui se passerent entr'eux, pour vous dire que soudain apres il fut mis és mains de quatre Docteurs en Theologie, frere Jean Sourdun Cordelier, un Augustin, le Penitentier, & Maistre Jean Hué Curé de sainct André des Arts. Il vouloit avant que de mourir recevoir le Corps de nostre Seigneur, mais la Cour ne le voulut permettre, & au lieu de ce fut celebrée une Messe, & baillé du pain beny & de l'eauë benistre. Ce fait, il fut consolé par les quatre Peres, jusques à ce que sur les deux heures apres midy il descendit du Palais, & remonta sur son cheval pour aller à l'hostel de ville, devant lequel estoient dressez les escharfauts pour son execution. Estant conduit au bureau, aprés avoir donné lieu à la nature, & à ses regrets, il fit son testament sous le bon plaisir du Roy, qu'il pria estre escrit sous luy par le Seigneur Hesselin. Sur les trois heures il entre sur l'escharfaut, où il se mit à genoux, jetta les yeux sur l'Eglise de nostre Dame, fit devotement son oraison, baisa plusieurs fois la Croix qui luy estoit presentée par le Cordelier: jusques-là il avoit eu les mains franches, mais soudain qu'il se fut levé, l'executeur de la haute justice les luy lia avec une petite corde. Je trouve qu'à ceste mort estoient presens, outre le Chancelier, les sieurs de Gaucourt, de Toute-ville, sainct Pierre, Hesselin, le Greffier de la Cour, & quelques autres Officiers, en la presence desquels il demanda pardon au Roy. Puis s'agenouïlla sur un petit carreau de laine aux armes de la ville, qu'il remua de l'un de ses pieds pour le mettre à son apoint, & lors qu'il fut les yeux bandez, il avoit la teste levée. Il avoit par son testament ordonné d'estre inhumé aux Cordeliers, où Hesselin donna ordre de faire sur le champ porter la teste & le corps conduit de quarante torches, & assista à l'enterrement, & le lendemain aux Obseques qu'il fit celebrer avec tout l'honneur commun que l'on pouvoit desirer. Et parce que ce Seigneur Hesselin fut des premiers entremetteurs de ceste grande histoire, je diray de luy pour closture de ce chapitre, qu'il a esté bisayeul de Maistre Louys Hesselin Conseiller du Roy & Maistre en sa Chambre des Comptes de Paris, personnage de singuliere recommandation, & dont je fay grand estat.

Voilà l'histoire tragique de ce grand Seigneur, que je vous ay representée pour servir de leçon, à un subject, à un Prince souverain. A celuy-là, pour luy enseigner que quelque grandeur qui soit en luy, il n'y a rien qu'il doive tant craindre que de se faire redouter & craindre par son Roy: & au Prince souverain, que sur tout, ores qu'il le puisse d'une authorité absoluë, toutesfois il se doit bien donner garde de faire mourir un sien subject sans cognoissance de cause, & comme l'on dit d'une mort d'Estat. Qui ne produit ordinairement que mescontentement general du peuple, & le mescontentement, troubles, & guerres civiles, closture ordinaire de l'Estat. L'abouchement du Duc Jean de Bourgogne, avec Charles Dauphin sur le pont de Montereau Fault-Yonne, & le coup de Tanneguy du Chastel, quand sur le champ par une querelle d'Allemand il tua le Duc, devoient selon quelques sages-mondains, servir de leçon au Roy Louys II. pour se défaire promptement, par personne interposée, de son Connestable, lors que sans respect de sa Majesté, il se voulut par conference, aucunement apparier à luy. Il se donna bien garde de le faire, ains s'en reserva la vengeance par la justice de son Parlement. Aussi produisirent ces deux morts deux divers effets. Car de la fosse du Duc Jean sourdit un seminaire de guerres, qui fut la desolation de nostre Royaume: & de celle du Connestable, un repos aux ames des deux Princes, & ensevelissement de tous les maux qui prenoient leurs vies par sa vie.

CHAPITRE XI.

Qu'il est quelquefois dangereux de mesler les affaires d'Estat & du Palais ensemble, exemple icy representé, par le grand procez qui fut au Parlement de Paris, entre Madame la Regente Louyse de Savoye, mere du Roy François premier, & Charles Prince du sang, aisné de la maison de Bourbon, Connestable de France.

LE Comte de Sainct Pol qui fut executé à mort l'an 1475. avoit ensevely avec luy la dignité de Connestable, jusques en l'an 1514. que le Roy François premier de ce nom sur le commencement de son regne la fit revivre en Charles Prince du sang, aisné de la maison de Bourbon. Ces deux Connestables esmeurent de grands troubles, mais comme le second estoit dans nostre France de plus grande estoffe, aussi porta-il plus de coup que le premier. Histoire dont j'ay le souvenir en horreur, laquelle toutesfois merite d'estre enchassée dedans cest œuvre. Peut-estre servira-elle de quelque leçon à ceux qui sont prés des Roys. Et parce que le commencement de ceste grande tragedie fut joüé par gens de robbe longue, & le demeurant par gens faisans profession des armes, je veux donner le present chapitre à la plume, & estre homme du Palais, & l'autre suivant à l'espée, & me faire homme d'Estat: Et d'une mesme main vous enfiler sommairement la genealogie des aisnez de la maison de Bourbon, & quelques actes que je pense appartenir au present discours, sans lesquels je ne pourrois vous faire bonnement entendre ce que je me suis projetté.

Du mariage de Robert (qui fut appennagé par le Roy Sainct Louys son pere du Comté de Clairmont en Beauvoisis) & de Beatrix, Dame de la Baronnie de Bourbon, nasquit Louys premier de ce nom: En cestuy on remarque deux choses: Une, qu'il fit eriger la Baronnie de Bourbon en Duché & Pairie, y annexant plusieurs villes & seigneuries pour le soustenement de ceste grande dignité: L'autre, que là où auparavant Robert son pere, & lui portoient le surnom de Clairmont, il prit celuy de Bourbon, pour luy & sa posterité, retenant toutesfois à soy les armes de France au baston de gueule, tesmoignage asseuré à ses survivans de son extraction Royale: & de là en avant ce fut une loy en ceste famille, que le pere portoit le tiltre de Duc de Bourbon, & son fils aisné celuy de Comte de Clairmont. Ce Prince eut deux enfans, Pierre aisné, & Jacques puisné, qui est celuy auquel prit commencement l'illustre maison de Vendosme, dont nostre grand Roy Henry IV. prit sa source.

De Pierre Duc de Bourbonnois nasquit Loys second, & de luy Jean premier de ce nom, lequel en l'an 1400. espousa Marie fille unique de Jean Duc de Berry & d'Auvergne (oncle du Roy Charles VI.) lequel par le contract de mariage donna à sa fille (suivant la permission qu'il disoit avoir du Roy) le Duché d'Auvergne, faisant partie de son appennage, & encore le Comté de Montpensier qui estoit de son acquest. Et Louys donna aussi à Jean son fils le Duché de Bourbonnois, avec ques les Comtez de Clairmont & Forest. L'une & l'autre donation faicte en faveur des enfans masles qui descendroient des futurs mariez. Et le jour mesme le Duc Louys fit une declaration, par laquelle il ordonna qu'avenant que Jean son fils, & autres enfans masles nez ou à naistre, allassent de vie à trespas, sans hoirs masles, tellement que la ligne directe de masles vinst à faillir, en ce cas les Duché

ché de Bourbonnois, Comtez de Clairmont & Forest fussent unis à la Couronne. C'estoit à bien dire un troc, & au lieu du Duché d'Auvergne ancien domaine de France qui ne pouvoit tomber en quenouïlle, ny par consequent és mains de la Princesse Marie, faire tomber en contreschange à la Couronne le Bourbonnois & Forest, ausquels elle n'eust eu aucune part défaillans les masles, sans ceste nouvelle Ordonnance du Duc Louys deuxiesme de ce nom: car quant au Comté de Clairmont, il n'en falloit aucune declaration, comme estant un appanage de France.

Du mariage de Jean de Bourbon & Marie de Berry vindrent deux enfans, Charles & Louys, & par partage fait entr'eux le troisiesme Fevrier 1417. Charles laissa à Louys son frere puisné le Comté de Montpensier, seigneurie de Combraille & autres qu'il n'est besoin icy de specifier.

Charles premier eut plusieurs enfans, mais entr'autres trois, dont nous avons maintenant affaire. Jean second qui fut marié en l'an 1450. avec Jeanne de France, fille du Roy Charles VII. Pierre sire de Beaujeu qui espousa en l'an 1474. (son frere vivant encores) Anne de France, fille aisnée du Roy Louys unziesme. Et Marguerite qui fut conjointe par mariage avec Philippes Comte de Bresle, & depuis Duc de Savoye, dont issirent deux enfans, Philebert qui succeda à son pere au Duché, & Loïse de Savoye mere du Roy François I. de ce nom.

De Louys Comte de Montpensier nasquit Gilbert, qui eut cinq enfans, Louys, Charles, François, Loyse & Renée: Charles qui par la mort de Louys fut faict l'aisné de la maison de Montpensier, Loyse qui fut mariée à Louys Prince de la Roche-sur-Yon, puisné de la maison de Vendosme, dont sont issus successivement Louys qui fit eriger le Comté de Montpensier en Duché, François son fils, & finalement Henry qui mourut en la ville de Paris en l'an mil six cens huict, sur la fin du mois de Fevrier, auquel est faillie la ligne masculine de Montpensier.

Je vous ay dict que le Roy Louys unziesme avoit baillé en mariage Anne de France sa fille aisnée à Pierre. Chose qui de premiere rencontre pourroit sembler estrange au Lecteur. Qu'un Roy de France eust voulu choisir pour son gendre un puisné de Bourbon, qui ne portoit qualité de Duc, Marquis, ou Comte, ains de simple sire de Beau-jeu, mesmement Duc Jean son frere estant encore plein de vie: toutesfois quand vous entendrez la suitte de ceste negociation, vous y verrez un Roy Louys unziesme tiré tout de son long au naturel. Il voyoit d'un costé Jean Duc de Bourbon, marié dix & neuf ans n'ayant enfans, & presque hors d'esperance d'en avoir: d'un autre costé un Pierre de Bourbon aucunement necessiteux: Parquoy comme il estoit Prince accort qui sçavoit aussi dextrement choisir ses advantages pour les mesnager sur du parchemin, que ses predecesseurs par les armes, il estima ne devoir laisser envoler l'occasion qui se presentoit. Tellement que ce qui par un jugement commun le devoit destourner d'y entendre, au contraire par un particulier l'y porta: Le contract de mariage est fait & passé, auquel il ne voulut estre present, afin qu'à l'advenir on ne disfast sa presence eust esté une contraincte cachée, mais pour suppléer ce defaut, quelques Seigneurs de marque negocierent ce faict pour luy. Par le traicté de mariage entre autres conventions, le Roy donne pour les deniers dotaux de sa fille, cent mille escus, suivant la coustume de la maison de France (porte le contract) & en consideration de ce que Pierre espousa une fille de Roy, il consent & accorde entant qu'il le touchoit ou pourroit toucher (ce sont les propres paroles du mesme contract) que tous les Duchez, Comtez, & Vicomtez de la maison de Bourbon, advenant qu'il n'eust enfans masles de son mariage, appartinssent au Roy, & ses successeurs. C'estoit un Prince non grandement riche, qui recevoit manuellement cent mille escus, somme suffisante pour reparer aucunement les bresches de ses affaires, & exerçoit liberalité d'un bien auquel il n'avoit lors rien que par esperance. Qui ne fut pas un petit coup de rét jetté par Louys unziesme: vray que par la clause portant ces mots, *En tant qu'il touchoit Pierre, ou le pouvoit toucher*, apporta une obscurité, sçavoir s'il avoit entendu prejudicier à toute la famille de Bourbon, ou bien aux filles seulement qui descendroient de son mariage. Paroles qui appresterent matiere aux Advocats pour se jouër diversement de leurs langues au Parlement de Paris.

Le Duc Jean mourut quelques années après sans hoirs procreez de son corps delaissant par ce moyen pour son heritier son frere Pierre, lequel n'eut qu'une seule fille de son mariage qui fut appellée Suzanne, laquelle devoit estre mal lotie après la mort de son pere par le moyen de la clause cy-dessus mentionnée. Cela fut cause que sur l'advenement du Roy Louys douziesme à la Couronne, le Duc Pierre obtint en l'an 1498 trois patentes diverses, de mesme datte & substance, l'une pour le Duché de Bourbonnois, l'autre pour celuy d'Auvergne, & la 3e pour le Comté de Clairmont, par lesquelles le Roy permettoit que sans avoir esgard à la declaration de Pierre portée par son contract de mariage, Suzanne sa fille, & les enfans masles ou femelles, qui descendroient d'elle, peussent jouyr des deux Duchez & du Comté. De ces lettres presentées à la Cour de Parlement de Paris, les deux concernans l'Auvergne & Clairmont ne furent publiées, ains seulement celles qui concernoient le Bourbonnois, & à la publication s'opposa Louys aisné de la maison de Montpensier, dont il eut acte, & pour le surplus fut dit qu'elles estoient leuës, publiées & verifiées entant que touchoit l'interest du Roy seulement. Sage arrest, pour ce que la Cour estima que le Bourbonnois estoit naturellement de l'ancien estoc & patrimoine des Seigneurs de Bourbon, ausquels nos Roys ne pouvoient rien pretendre sans la cause contractuelle de Pierre, à laquelle le Roy pouvoit facilement renoncer, & faire retourner les choses en leur premiere nature: mais quant au Duché d'Auvergne, & Comté de Clairmont, qui originairement estoient du Domaine de la France, c'eust esté pecher contre les reigles fondamentales de nostre Estat de les faire tomber en quenouille.

Le Duc Pierre voyant ce refus fiança en l'an mil cinq cens, sa fille âgée seulement de huict à neuf ans, avecques Charles de Vallois Duc d'Alençon, esperant par l'union de deux familles, de Vallois & Bourbon, estayer de telle façon sa cause, que par multiplicité de jussions, il obtiendroit enfin du Parlement, ce dont il avoit esté refusé. Il meurt en l'an mil cinq cens trois, delaissée Anne de France sa vefve, chargée de sa fille, & encore de Charles de Bourbon son nepveu, Comte de Montpensier, jeune Prince, qui lors n'estoit aagé que de quinze ans, lequel avoit esté nourry & eslevé dés son bas aage en la maison du Duc Pierre, la grande jeunesse ne permettroit qu'il eust cognoissance de ses affaires, & quand il en eust esté esclaircy, l'obligation qu'il avoit en ceste famille, luy ostoit la volonté de reprendre les arrhemens de l'opposition formée par feu Louys son frere aisné. Toutesfois Louys, Prince de la Roche-sur-Yon son beau-frere, s'en remua pour luy, & supplia Anne Duchesse, Doüairiere, de ne vouloir trouver mauvais, si pour la conservation des droicts de la maison de Montpensier il obtenoit lettres Royaux en forme de complaincte, sous le nom de Charles son beau-frere, pour la faire assigner en qualité de tutrice & curatrice, naturelle- & legitime de sa fille Suzanne en la Cour de Parlement, sur ce qu'il pretendoit que tous les grands biens de la maison de Bourbon estoient fondus par la mort du Duc Pierre en la personne du Comte Charles de Montpensier, aisné de ceste famille. Ceste premiere demarche estonna aucunement la Duchesse, & la fit tenir sur ses gardes, toutesfois priée & interpellée plusieurs fois d'en communiquer avec son Conseil, enfin elle luy lascha la bride, ce qu'elle ne pouvoit empescher: Les lettres sont obtenuës, signifiées, & assignation à elle baillée en la Cour de Parlement à la requeste de Charles Comte de Montpensier.

Ceste nouvelle escarmouche tint aucunement la Cour du Roy en rumeur. Au moyen de quoy le Roy Louys douziesme, Prince debonnaire s'il en fut oncques un en France, ne voulant que ce nouveau trouble qui pourroit apporter plus grands troubles, passast plus outre, fit assembler plusieurs Seigneurs, tant de l'espée que de la plume pour examiner ce qui pouvoit estre de leurs droicts. Lesquels après avoir eu communication des titres & enseignemens, furent par un sage conseil d'avis que sans approfondir plus amplement les droicts des parties, il falloit faire un mariage des deux jeunes Prince & Princesse. Quoy faisant, en reünissant les deux branches, c'estoit bannir toute l'obscurité qui pouvoit estre entre les deux familles, issuës d'une mesme tige. Conseil qui ne despleut au Roy, & moins à la Duchesse mere, & peut-estre ce mesme project estoit entré en sa teste, quand elle permit d'obtenir les lettres. Cognoissant ce jeune Prince, qui estoit sa nourriture, estre de mœurs tres-agreables, & promettre beaucoup de luy: Les articles du mariage furent dressez au mois de Janvier 1504. du consentement du Duc d'Alençon, en presence du Cardinal George d'Amboise Archevesque de Roüen, Legat en France, des Evesques de Clairmont & de Rodés, des Ducs de Vendosme, & Longueville, Comte de Nevers, & autres grands Seigneurs: Et selon mon petit jugement, jamais plus de prudence ne fut apportée en contract qu'en cestuy-cy. Car combien que dans iceluy on attribuast seulement à Charles la qualité de Comte de Montpensier, & à Suzanne, celle de Duchesse de Bourbonnois, comme si elle en fust Dame, toutesfois doüaire de dix mille livres par an luy est assigné sur les Duché d'Auvergne & Comté de Clairmont, & Anne de France mere fut assignée par le futur espoux de ses deniers dotaux sur le Duché de Bourbonnois. Tellement que par ce sage entrelas ils laisserent à l'arbitrage du Lecteur de juger qui l'on devoit estimer estre Seigneur ou Dame de toutes les Duchez & Comtez. Chacun d'eux l'estant & ne l'estant point sans se faire tort l'un à l'autre, & au surplus les deux futurs espoux, par l'advis exprés de tous ces Seigneurs, à ce expressement commis & deleguez par le Roy, se firent donation mutuelle de tous & chacuns leurs biens presens & à venir, au survivant l'un de l'autre, comme pareillement fit la mere de tous ses biens, dont lors de son decés elle n'avoit disposé: le Roy n'y estoit present, parce qu'il estoit grandement affligé de ses gouttes; mais les articles luy estans apportez, il les soubsigna, & au mois de May ensuivant, mil cinq cens cinq, fut le mariage consommé: la mere, la fille, & le gendre, faisans une demeure ensemble: la mere pretendant estre usufruitiere de Bourbonnois, Auvergne & Clairmont par les trois lettres patentes de l'an mil quatre cens quatre vingts dix-huit. En l'année 1519. Suzanne se voyant aucunement mal disposée de son corps, fit son testament, par lequel elle institua son mary son heritier universel, confirmant les conventions portées par son contract de mariage, à la charge que l'usufruict pretendu par sa mere, fust en elle continué. Deux ans apres, je veux dire en l'an 1521. elle alla de vie à trespas: Et par son decés la mere se pretendoit heritiere de sa fille par le moyen du SC. Tertulian en tous les biens du droict escrit, comme pareillement aux meubles & acquests au pays coustumier, la coustume generale de France, & singulierement en tous & chacuns les meubles: Parce que leur domicile estoit en la ville de Moulins, & qu'en matiere de meubles tous les autres, en quelque pays qu'ils soient, suivent la nature du domicile des parties: Droits qu'elle ceda puis apres & transporta avant que de mourir, ensemble le Vicomté de Chastelerault & Comté de Gien de son acquest, à Charles son gendre.

Jamais Seigneur en ceste France, n'estant fils de Roy n'estoit arrivé à si haut degré de fortune que luy, Prince du sang, Connestable de France, Gouverneur de Languedoc, doüé de plusieurs belles & rares vertus, tant de corps, que d'esprit, Seigneur Souverain de Dombes, Duc de Bourbonnois, & d'Auvergne, Comte de Clairmont en Beauvoisis, Forest, la Marche, Montpensier, Prince Dauphin d'Auvergne, Vicomte de Morat & Carlat, Seigneur de Beaujoulois, Mercœur, Combrailles, la Roche en Renier, & de Bourbon-Lanceis, Pair & Chambrier de France. Terres & Seigneuries dont luy & sa belle-mere joüirent l'espace d'un an, par une mutuelle concorde, sans aucun destourbier, quand voicy son mal-heur luy luy dresse inopinement ceste nouvelle embusche. Je vous reciteray une Histoire non escrite, mais que nous tenons depuis ce temps-là de main en main pour vraye, par forme de tradition.

Toutes ces singularitez que l'on voyoit reluire en ce Prince lors aagé seulement de trente-deux ans, convierent Louyse de Savoye mere du Roy François premier de ce nom, de souhaitter son mariage. Chose dont elle luy fit rechercher avecques une tres-grande instance. A quoy il ne voulut entendre; de vous en dire la raison, ce me sont lettres clauses, refus que ceste Princesse porta fort impatiemment en son ame, bien deliberée de s'en vanger à quelque prix & condition que ce fust.

*Manet alta mente repostum
Judicium Paridis, spretæque injuria formæ.*

Elle estoit Dame absoluë en ses volontez, desquelles, bonnes, ou mauvaises, elle vouloit estre creuë. Qui fut cause que par la voix commune du peuple on fit cet Anagramme de son nom & surnom, sans changement & transport d'aucune lettre, *Loyse de Savoye*, *Loy se desavoye*. Elle estoit assistée de Messire Antoine du Prat Chancelier de France, qui avoit pris la premiere nourriture dedans le Palais de Paris, accroissement de fortune par la maison d'Angoulesme, sous le regne de Louys douziesme, & accomplissement de grandeur sous celuy de François premier. De maniere qu'il s'estoit du tout voüé aux opinions de sa maistresse, & la voyant resoluë à la ruine de ce Prince, ou du mariage, il luy bailla ce conseil. Que les biens dont joüyssoit le Connestable estoient de deux natures. Les uns provenans de l'ancien estoc de la famille de Bourbon, ausquels ceste Princesse devoit succeder, comme plus proche lignagere, & les autres sujets à reversion à la Couronne par conventions contractuelles: Partant y devoient estre reincorporées. Qui seroit un party que le Procureur General soustiendroit pour la necessité de sa charge. Au demeurant qu'il y avoit une ancienne leçon dedans l'escole du Palais, que jamais le Roy ne plaidoit dessaisi. Et par ces moyens il pourroit advenir que sans entrer en involuntion de procez, le Connestable seroit tres-aise d'entendre au mariage dont estoit question, tout ainsi que la Duchesse Anne avoit fait pour sa fille Suzanne, lors qu'elle fut mariée avecques luy.

Voilà le premier plan de ceste cause, dont la suite fut telle que je vous deduiray presentement. Tout ainsi qu'au faict de la guerre deux armées ennemies estans campées l'une devant l'autre, on attaque plusieurs escarmouches, avant que de livrer la bataille, aussi fut fait le semblable en ceste cause. Le Lundy onziesme jour d'Aoust mil cinq cens vingt-deux, apres que le premier Huissier eut appellé à l'Audience l'intitulation des Rolles du Bourbonnois, Auvergne, Chastelerault, Clairmont, la Marche, sous les noms de Charles de Bourbon, & Anne de France Doüairiere & usufruitiere, Maistre Guillaume Poyet Advocat de Loyse de Savoye mere du Roy s'y opposa, & forma complainte en cas de saisine & nouvelleté, soustenant toutes ces qualitez devoient tomber en sa partie. Ce jour y eut contestations d'une part & d'autre, & par Arrest la partie fut remise au lendemain par l'organe de Messire Jean de Selva lors premier President au Parlement. Auquel jour Poyet reprenant les arrhemens du jour precedant particularisa tout au long ses moyens, par lesquels il pretendoit la succession devoir eschoir à la mere du Roy demanderesse. Bouchard pour Anne de France soustint que par le benefice de Tertulian, comme tous les biens assis au pays de droict escrit luy devoient appartenir, pareillement les meubles & acquests au pays coustumier. Adjoustant à tout cela qu'elle estoit Dame usufruitiere de tous & chacuns les biens. Maistre François de Montelon Advocat du Connestable, que tous ces grands biens ne pouvoient tomber en quenoüille, les uns de leur nature essentielle tenus en appanage, les autres par conventions & dispositions anciennes: Partant luy appartenoient comme plus prochain masle & principal heritier. Eu esgard mesmement à son contract de mariage, & testament de feuë sa femme; & neantmoins demandoit delay, pour venir deffendre peremptoirement & à toutes fins. Maistre Pierre Liset Advocat du Roy, pour le Procureur General, requit communication des titres, disant que tel faisoit souvent lever le lievre, qu'il ne prenoit pas, ains tomboit inesperement és mains d'un autre qui n'y pensoit. Que cela pouvoit advenir en la cause qui se presentoit, qu'apres qu'on les titres auroient esté par luy veus, peut-estre se trouveroit-il, que les deux parties disputeroient de la Chappe à l'Evesque (ce sont les mots dont il usa) & que nul n'y avoit aucun droict que le Roy. La Cour par son Arrest ordonna que toutes les parties viendroient deffendre la complainte le lendemain de sainct Martin. Pendant lequel temps le Procureur General auroit communication des titres & enseignemens

mens desquels seroit fait inventaire. Ce qui est faict. Advient entre tant, que Madame Anne de France decede, faschée tant de la mort de sa fille qui luy pesoit sur le cœur, que de ceste nouvelle moleste, & par son decés Charles de Bourbon son donataire universel fut fait maistre & seigneur de tous & chacun ses biens, & mesmement des pretentions que ceste grande Princesse avoit sur ceux de sa fille. La cause estant appellée à l'Audience l'unziesme de Decembre ensuivant, Montelon demanda nouveau delay pour y venir, afin d'estre suffisamment informé des droicts nouvellement escheus à sa partie. Chose empeschée par Poyet, soustenant que c'estoit une hypocrisie du barreau, & que Montelon par son premier plaidoyé s'estoit tellement ouvert que mal-aisément y pourroit-il apporter aucune chose de plus. Il fut ordonné par Arrest qu'on s'en viendroit au lendemain des Roys. Je trouve en Montelon deux grands traits de prudence : l'un quand le 12. d'Aoust faisant contenance de ne vouloir defendre, il estala toutes-fois de telle maniere son fait, qu'obtenant le delay par luy requis, il laissa pour closture de son plaidoyé, une bonne bouche de sa cause à toute la compagnie. L'autre quand l'unziesme de Decembre, combien qu'il fust armé de toutes pieces pour parer aux coups de son adversaire, ce neantmoins il rechercha tous les moyens à luy possibles, pour n'entrer en lice, voyant & la puissance, & l'animosité de la Princesse contre laquelle il avoit affaire. Qui est un secret que tout Advocat doit apprendre en telle occurrence, non qu'il ne faille estimer tous Juges estre gens de bien, qui ne voudroient detraquer leurs consciences du bon chemin : mais tant y a qu'ils sont hommes, quand j'ay dit cette parole j'ay tout dit, & doit le sage en tels accessoires esquiver le plus qu'il peut, tout ainsi que le Nautonnier calle le voile à la tempeste.

De vous representer maintenant toutes les fleurettes des plaidoyez de ces grands Advocats, telles que portoit la Rhetorique de leurs temps, ny les raisons par eux diversement deduites, c'est un ouvrage que je n'ay icy entrepris. Je me contenteray de vous dire que Poyet plaida pour la proximité de lignage : Montelon pour la Masculinité, ores qu'en plus esloigné degré, & Lizet pour le droict de reversion au Roy & à sa Couronne. Voilà quel estoit l'air general des trois plaidoyez, & celuy qui sera quelque peu nourry au barreau, pourra recueillir du discours que j'ay cy-dessus fait, & pieces par moy alleguées, les raisons sur lesquelles chaque Advocat se fondoit.

Grande cause veritablement, si jamais il s'en presenta de grande en la France, soit que vous consideriez la grandeur du sujet, ou des Parties, ou des Advocats. Car il estoit question de deux Duchez, quatre Comtez, deux Vicomtez, plusieurs Baronnies, & Chastellenies, & une infinité d'autres Seigneuries. Trois illustres parties, une mere de Roy, un Prince du sang Connestable, & finalement le Roy mesme. Trois signalez Advocats, Poyet, depuis Chancelier, Montelon Garde des Seaux, Lizet premier President au Parlement de Paris. Une chose sans plus me desplaist que je ne puis passer sous silence. Les conventions concernans leurs droits estoient claires, sans art, sans fard, avec une naïveté telle que l'on pouvoit souhaiter en Princes non nourris en la poussiere des escoles. Toutes-fois quand ce vint aux lances baisser qui fut le 22. Fevrier 1522. je voy que ces trois grands guerriers s'armerent d'une Jurisprudence pedantesque, mandiée d'un tas d'escoliers Italiens que l'on appelle Docteurs en Droict, vrays provigneurs de procez (telle estoit la Rhetorique de ce temps-là.) Et tout ainsi qu'il est aisé de s'egarer dedans un touffe de bois, aussi dedans un pesle-mesle d'allegations bigarrées, au lieu d'esclaircir la cause, apporta tant d'obscuritez & tenebres qu'en fin par Arrest donné sur le commencement d'Aoust, les parties furent appointées au Conseil, & cependant par provision ordonné que tous les biens contentieux seroient sequestrez. Ce n'estoit pas saisir le Roy, mais bien mettant toutes ces Duchez, Comtez, Vicomtez, Baronnies & Seigneuries en main tierce, c'estoit une provision, qui sembloit reduire au petit pied definitivement la grandeur de ce Prince. Quoy faisant, combien que la mere du Roy deust avoir la moindre part au gasteau, si obtint-elle victoire de ses pensées. S'estant par ce moyen vangée de celuy que, pour avoir desdaigné son mariage, elle avoit sur tous les hommes du monde à contrecœur. Vengeance qui fut depuis cherement venduë à la France, comme vous entendrez par le Chapitre prochain.

CHAPITRE XII.

Histoire tragique de Charles, aisné de la maison de Bourbon, Connestable de France.

PEndant toutes ces procedures qui durerent au Parlement l'espace de unze mois & plus, à divers jours & audiences, Charles cinquiesme nouvel Empereur, (qui dés sa premiere jeunesse nourrissoit dedans son ame un cœur de Renard) estoit aux escoutes pour voir quel evenement auroit ceste cause. Il voyoit un jeune Roy de France magnanime n'avoir autre dessein que le recouvrement du Duché de Milan, suivant la leçon qu'il avoit apprise du Roy Louys son beau-pere, & que si en l'execution de ce Conseil, la fortune luy venoit à point, il avoit à craindre qu'il voulust passer plus outre, & donner sur les Royaumes de Naples & Sicile, anciennes pretentions du Comté de Provence, dont il estoit possesseur. Partant pour obvier à ces entreprises, il estima qu'il les falloit prevenir, & ne laisser perdre l'occasion qu'il avoit en main. C'estoit en troublant le Royaume de France dedans les entrailles, ou du tout oster l'envie au Roy d'enjamber dessus l'Italie, ou s'il estoit si mal advisé de sortir de ses pays, qu'il seroit tres-aisé de troubler son Estat pendant son absence. C'est pourquoy il s'allia avecques Henry VIII. Roy d'Angleterre, & estima qu'il falloit associer en tierpied avecques eux, le Connestable, pour la grande creance que la Noblesse de France avoit en luy. Il envoye à cet effect le Seigneur de Beaurein son premier Chambellan, qui entre travesty en France, avecques lettres de sa part, & amples instructions de ce qu'il avoit à negotier, dont le subject principal estoit que l'Empereur le voyant indignement traicté par le Roy desiroit l'attraire à soy, & luy donner en mariage, Madame Leonor sa sœur, Royne Doüairiere de Portugal, avecques tous les advantages qu'on pouvoit souhaiter d'un beau-frere d'Empereur. Sur ceste offre, joint la passion dont le Connestable estoit enyvré, il ne falloit pas grand prescheur pour persuader celuy, qui ne l'estoit que trop de soy-mesme. Les articles sont signez & à luy baillez par Beaurein, lequel luy discourt les moyens qu'ils devoient tenir, pour effectuer leurs desseins, qui estoient que l'Empereur envahiroit la France par le Languedoc, le Roy d'Angleterre par la Picardie, & pour le regard du Connestable, qu'il remuëroit dedans le Royaume tous ceux qui estoient à sa devotion, & qu'à ceste fin luy seroient envoyez deniers par les deux Princes. Au demeurant que le mariage s'accompliroit en la ville de Perpignan. Ainsi s'en va le Sieur de Beaurein bien content, accompagné de Sainct-Bonnet l'un des Gentils-hommes de la maison du Connestable, portant lettres de tres-humbles remerciemens à l'Empereur, & acceptation des belles offres qui luy avoient esté faictes.

La capitulation ainsi arrestée, le Connestable depesche gens de toutes parts, pour attirer à sa cordelle uns & autres Gentils-

Gentils-hommes, & nommément envoya Leurcy, l'un de ses principaux Secretaires, en Normandie avecques lettres de creance. Lequel visita plusieurs maisons, & entre autres vit les sieurs de Matignon, & Dargouges, les priant de la part de son maistre, de se vouloir trouver à certain jour dedans la ville de Vendosme, en une hostellerie qu'il leur nomma, auquel lieu ils recevroient l'advis de ce qu'ils auroient à faire. Les deux Gentils-hommes estimans que ce fust pour suivre le Duc au voyage de Milan, se mirent en bon equipage, & vindrent ensemble de compagnie en la ville de Vendosme, au jour & maison qui leur avoient esté prefix, où ils trouverent Leurcy, qui les adjura sur les sainctes Evangiles de ne revelet ce qu'il avoit à leur descouvrir de la part de Monsieur le Connestable. Et comme ils le luy eussent promis leur declara par le menu toute l'affaire qui se presentoit, les priant de vouloir assister son maistre en la Normandie, & que l'entreprise reüssissant, ils ne pouvoient faillir d'estre grands Seigneurs à l'advenir. Plusieurs autres propos eurent-ils ensemble, qu'il n'est besoin de reciter : seulement vous diray-je que le lendemain ces deux Gentils-hommes rebroussterent chemin vers leurs maisons, bien estonnez de ceste nouvelle pratique.

Il n'y a feu, si petit soit-il, sans fumée : aussi ne se peut ceste conjuration du Connestable cacher qu'il n'en vint quelques sourds bruits aux oreilles du Roy, qui ne s'en estonna, mais faisant ses apprests du voyage d'Italie, promettoit de s'esclaircir quand il passeroit par Moulins : où le Connestable contrefaisoit le malade, afin de n'estre du voyage, & que pendant iceluy il eust moyen de troubler la France au profit de celuy qu'il trouva depuis estre son beau-frere par imagination seulement. Il est visité par le Roy passant par Moulins, lequel, en cet abouchement, luy recita les bruicts qui couroient de luy, ausquels toutes-fois il ne vouloit adjouster foy, comme estant trop asseuré de sa loyauté. Luy remonstrant que l'Arrest du Parlement ne le devoit effaroucher, & que pour l'amitié qu'il luy portoit, quelque suite qu'eust le procez, il estoit resolu de le restablir en tous & chacuns les biens par luy auparavant possedez. A quoy le Connestable, aprés l'avoir trés-humblement remercié de ceste bonne volonté, luy dit que c'estoit une nouvelle calomnie de ses ennemis, lesquels non assouvis de l'avoir induëment despoüillé de la plus grande partie de ses biens, le vouloient priver des meilleurs, qui estoient la bonne grace de son Roy, & son honneur. Choses qu'il avoit plus cheres que sa propre vie. Que luy-mesme à son grand regret en avoit eu quelque advis, dont il eust esté le porteur au Roy, si la disposition de sa personne le luy eust permis. Mais qu'ayant recouvré sa santé, il le suivroit de-là les monts, pour faire mentir tous ceux qui luy avoient presté ceste charité. Ainsi se despartirent les deux Princes, estimans chacun l'un de l'autre ce qui leur pleut. Nonobstant ceste response, quelques Seigneurs qui avoient bon nez, furent d'advis que le Roy se devoit saisir de toy : ce qu'il ne voulut, porté, ou d'une clemence qui luy estoit familiere, ou parce qu'il estimoit ceste opinion n'estre fondée, que sur un simple vaudeville : mais au lieu de ce luy laissa le Seigneur de Warty pour luy faire compagnie, lorsqu'il le viendroit trouver à Lyon. C'estoit à bien dire non pour le garder, ains pour regarder ses deportemens dedans la ville de Moulins. Ce que le Connestable recognoissant, usa d'une contreruze : car feignant de ne desirer rien tant que d'aller trouver le Roy, ores bien qu'il ne fust guery, entra dedans sa littiere, & se fit porter jusques à la Palisse, où estant il trouva son mal luy estre rengregé, de maniere qu'il luy estoit impossible de passer outre : au moyen dequoy il escrivit lettres au Roy, portans le desir qu'il avoit eu de le venir joindre, mais que le rengregement de sa maladie l'avoit arresté tout court : & pria Warty d'en estre le porteur. Qui fut une espine qu'il osta de sa teste par cet artifice. A vray dire il avoit jusques-là assez sagement conduit son affaire : horsmis les fumées qui s'estoient en quelques lieux de la France espanduës du feu qu'il vouloit allumer. Et craignant que peu à peu elles ne s'accreussent davantage, & estimant Moulins ne luy estre ville de seureté, en cas que sur un nouveau bruict le Roy voulust s'asseurer de sa personne, prit nouveau conseil de se retirer à Chantelle, sur les limites d'Auvergne,

Chasteau à luy appartenant qu'il pensoit estre un seul boulevert, contre toutes les avenuës dont on le voudroit saluër. Et y estant arrivé, adoncques par une impatience Françoise, esloignée de toute dissimulation, il envoya Hurault Evesque d'Autun l'un des principaux Conseillers de son Conseil, & Faciendaires, avecques lettres, par lesquelles il supplioit humblement le Roy de vouloir asseurer de sa feauté, moyennant qu'il fust reintegré dedans les biens. Le Roy fut aussi-tost adverty de ce nouveau logis, & aussi-tost commença de croire ce dont il avoit auparavant douté : Partant envoya gens de toutes parts pour se saisir des ponts, ports & passages. Tellement que l'Evesque d'Autun estant arrivé à la Pascaudiere fut pris avecques son bagage, & envoyé au Roy, lequel aprés avoir veu les lettres, & memoires dont l'Evesque estoit chargé, cogneut que ce n'estoient pas simples lettres, ains un taisible cartel de deffy, au cas que le Connestable n'obtint ce qu'il desiroit : pour ceste cause depescha quelques compagnies de gens de guerre pour l'investir dedans Chantelle : mais voicy l'accomplissement de son malheur.

Je vous ay dit cy-dessus que Matignon & Dargouge retournerent tout court de Vendosme en leurs maisons, bien estonnez de ce qui leur avoit esté descouvert par Leurcy : lesquels se voyans en leurs consciences reduits en deux extremitez contraires : ou dereveler, suivant l'obligation qu'ils avoient de droict divin & humain à leur Prince, chose qui tant importoit à son Estat, ou bien de la taire suivant le serment par eux faict sur les Evangiles, en cet estrif ils s'estimerent qu'ils se devoient presenter à un homme d'Eglise, comme ils firent, & par leurs confessions luy declarerent ce qui estoit du faict de Prince sans le nommer, ensemble des entreprises brassées avecques luy par l'Empereur, & le Roy d'Angleterre : le prians pour le salut du Roy & de la France, d'en donner advis à Messire Louys de Breze, Lieutenant General du Roy en Normandie sous le Duc l'Alençon Gouverneur. Ce qu'il fit, sans dire les noms des deux Gentilshommes, ny pareillement du Prince, mais les figurant avecques les remarques qu'on luy avoit touchées par les deux confessions. Le sieur de Breze depesche soudain un courrier en Cour, avecques lettres par lesquelles il donnoit advis au Roy de tout ce que dessus, & entre autres choses, que le Prestre l'avoit asseuré que les deux Gentils-hommes estoient trés-zelateurs du repos de la France, mais que d'une conscience timorée, ils n'avoient ozé reveler cela qu'entre les mains de leur confesseur. Le Roy estoit party quand le Courrier arriva, qui presenta son paquet en la ville de Clery, à Madame la Regente mere du Roy. Les lettres ouvertes & veuës, elle mande tout aussi-tost par le Courrier à Breze, de s'informer qui estoient les deux Gentils-hommes, & de les luy envoyer promptement, avecques promesse qu'elle qu'ils ne recevroient aucun mal : lequel s'en estant informé par le Prestre, les envoye, & se presenterent à la Regente en la ville de Blois, où ils furent examinez par le Chancelier, & leurs depositions receuës par Maistre Estienne Roberter, Secretaire des Finances. Ceste nouvelle arresta tout court le Roy, & une partie de ses desseins dedans la ville de Lyon : car quant au Connestable qui estoit dedans Chantelle, se voyant assiegé, & son entreprise eventée, il estima qu'il n'estoit plus temps de gaigner gens pour perdre la France : mais bien de gaigner les champs, pour se garentir par la fuite. Il sort une belle nuict, deguisé, avecques le sieur de Pomperant, qui faisoit le maistre, & luy le valet, laissant en Chasteau, & une infinité de meubles precieux impreciables à la mercy des Seigneurs qui l'avoient assiegé, lesquels ils firent depuis tenir au Roy. Et au regard du Connestable qui trouva tous les passages clos, il fut contrainct d'aller cannillant çà & là, non la part où il desiroit, ains où il peut, jusques à ce qu'en fin il arriva à Mantoüe, où le Marquis son cousin germain le remonta d'armes, chevaux & train. D'un autre costé le Roy tourna visage devers Paris : auquel lieu fut faict le procez extraordinaire par defaux & contumaces au Connestable en la Cour de Parlement, & par Arrest du seiziesme Janvier mil cinq cens vingt-trois, le Roy seant en son lict de Justice, au milieu des Princes, & ses Pairs, fut donné un Arrest dont aprés avoir narré les procedures extraordinaires qui avoient esté faictes contre luy,

luy, le dispositif estoit tel. "Dict a esté que lesdits defaux " ont esté deuement obtenus, & par vertu & au nom d'iceux " le Roy seant en sadite Cour, a adjugé audit Procureur Ge- " neral tel profit. C'est à sçavoir qu'il privé & debouté ledit " de Bourbon de toutes exceptions & deffenses, qu'il eust peu " dire, alleguer & proposer en ceste maniere, & l'a tenu & " reputé pour atteint & convaincu desdits cas, & l'a declaré " & declare criminel de leze Majesté, rebellion, & felon- " nie : & a ordonné & ordonne que les armes & enseignes " appropriées particulierement à la personne dudict de Bour- " bon, affichées és lieux publics en son honneur en ce Royau- " me, seront rayées, & effacées, & l'a privé & prive de la re- " cognomination de ce nom de Bourbon. Comme ayant no- " toirement degeneré des mœurs & fidelitez des antecesseurs " de ladite Maison de Bourbon, & abolissant sa memoire & " renommée à perpetuité, comme criminel du crime de " leze Majesté : Et au surplus a declaré & declare tous & cha- " cuns ses biens feodaux qui appartiennent audict de Bour- " bon, tenus de la Couronne de France, mediatement, ou " immediatement, estre retournez à icelle, & tous les autres " biens meubles confisquez. Et au dessous de l'Arrest estoient " ces mots : Prononcé par Messire Anthoine du Prat Cheva- " lier, Chancelier de France ledict jour, & depuis par le " Greffier criminel suivant l'Ordonnance du Roy". Je vous " ay voulu icy representer mot pour mot la teneur de cet Ar- rest, pour l'importance de ceste matiere.

Or avant que de passer plus outre je feray icy une pause, & vous prieray de considerer comme Dieu se mocque de nous, & renverse le conseil de ceux qui pensent estre les plus sages, quand il les veut affliger. Il me souvient avoir leu que dans la Republique de Rome, estant sur le poinct de tomber, se mit entre les bras du grand Pompée, Seigneur qui auparavant par sa magnanimité & prudence avoit ac- creu l'Estat de moitié, en grandes Provinces, toutesfois lors de cette derniere emploicte jamais Capitaine ne fit tant de pas de Clerc que luy, jusques au dernier souspir de sa vie, qui fut aussi la fin & dernier souspir de la liberté ancienne de Rome. Par l'Histoire dont il est maintenant question, qui contient la ruine particuliere de ce grand Prince, & affliction generale de nostre France, vous y trouverez autant de fautes que d'exploicts.

Je commenceray par le Connestable, que je voy grande- ment ulceré & par adventure non sans cause, pour avoir esté despossedé de la plus grande & meilleure partie de ses biens : si ne falloit-il pour cela jetter le manche aprés la congnée, & se soustraire de l'obeïssance de son Roy, quel- que disgrace qu'il eust receuë. Disgrace non advenuë par la volonté absoluë du Roy, ains par Arrest de son Parlement, qui est un instrument mitoyen entre le Roy & ses sujets. Mais comme hommes, qui avons nos ames composées de diverses pieces, les unes sages, les autres folles, laschons la bride à la douleur qui luy commandoit, & le dispensons (si toutesfois il nous est permis de ce faire) de la reigle qui nous est commandée de Dieu envers nos Roys : ne man- quoit-il de sens commun de croire qu'un grand Empereur d'Allemagne, Roy, Duc, & Comte de plusieurs Royau- mes, Duchez, & Comtez souveraines, non reduit en aucune angustie d'affaires, eust voulu bailler en mariage sa sœur veufve de Roy à un Prince, nouveau rebut de fortune, & en faire l'un des plus grands Seigneurs de sa Cour? Hé! vraye- ment celuy a faute de jugement, qui ne voit que s'estoit un leurre dont il le repaissoit vainement. Davantage quel es- toit le subject de cette tragedie? Une conjuration pour ruiner de fonds en comble l'Estat general de la France. Cela ne pouvoit estre mis à execution par luy seul, ains reque- roit une infinité de complices & adherans, par lesquels bon gré, mal-gré, la mine estant esventée, il estoit trés-mal-aisé, voire impossible qu'elle jouast, comme aussi l'evenement le monstra : Car au lieu de representer un grand Prince, beau-frere futur d'un Empereur, s'en estant fuy, il se vit en un instant sans femme, sans biens, & si j'ose dire, sans honneur, & sans honneurs, ayant pour toute recousse es- pousé un espoir & desir de vengeance. Chose douce de premiere rencontre à celuy qui a receu l'injure, mais qui aprés une prompte execution, attire quant & soy une lon- gue repentance, lors que l'on se donne le loisir d'en venir à son second & meilleur penser. Voyons si tout cecy se trou- vera en nostre Connestable, pour puis parler de nostre grand Roy François. Quant à moy je me fais accroire, veu le pi- teux estat auquel je le voy sortir nuictamment de son Chas- teau de Chantelle, en qualité de valet, que deslors mesmes il en estoit au repentir, mais trop tard. Et quant au lieu de Perpignan, où estoit son rendez-vous, je le voy fondre en la ville de Mantoüe, pour estre remis en equipage de Prince, je ne fais aucune doubte que en soy-mesme il n'eust pitié de sa miserable Principauté & grandeur, mais plus je vois en avant avecques luy, plus je me trouve engagé en cette mienne creance.

Sortant de Mantoüe, il fut accueilly par Charles de l'Aul- noy Vice-Roy de Naples (nouveau Gouverneur du Mila- nois par la mort de Prospere Colonne) avecques telle ceremo- nie exterieure de l'honneur que pouvoit desirer un Prince: Toutesfois en cette heureuse victoire que l'Empereur obtint contre l'Admiral de Bonivet, & les nostres, où fut occis le grand Capitaine Bayard, le Connestable s'y trouva comme simple Seigneur volontaire, sans charge sous les estendars de l'Aulnoy, qui ne portoit tiltre de Prince, ains de Gentil- homme, mais honoré de la qualité de Lieutenant general de l'Empereur. Aprés la retraicte de l'Admiral que nos ennemis appelerent fuitte, je remarque au jeune Empereur un traict de renardise admirable, lequel desirant s'esclaircir des intelligences, que le Connestable se vantoit avoir dans la France, qui donna gens, argent, & qualité de Lieutenant general pour envahir la Provence. Il y vient en bonne de- liberation de faire paroistre combien il avoit encores de suf- fragans de sa grandeur au Royaume, mais tous luy saigne- rent du nez. De maniere qu'il fut contrainct de trousser ba- gage avecques sa grande honte. Il ne se souvenoit pas que sa fuitte, & son absence leur avoit faict oublier la memoire de sa grandeur : Joinct l'Arrest de nouveau donné contre luy, qui les faisoit contenir dans les bornes de leur devoir. Si vous parlez à Messire Martin du Bellay, qui a escrit nostre Histoire, il vous dira que le Connestable fut Lieutenant general de l'Empereur en ce voyage. Si à Guicchardin (qui a seulement effleuré cette Histoire au regard de l'autre) que luy ayant esté faict Lieutenant general, le Marquis de Pes- caire declara qu'il ne vouloit marcher sous son estendart, au moyen dequoy luy fut cette puissance tolluë & transmise au Marquis, que l'Empereur ne vouloit mescontenter. Soit l'une ou l'autre des deux opinions veritable, ce ne fut pas peu de honte à leur nouveau refugié. Depuis ce temps je ne voy point que l'Empereur fit conte de luy, que par mi- nes & beaux semblans. Et de faict en la bataille de Pavie donnée le jour de sainct Mathias, l'an mil cinq cens vingt & quatre (jour fatalement heureux à l'Empereur) le Con- nestable s'y trouva, ne tenant autre rang que de combattant volontaire, sous le mesme l'Aulnoy, tout ainsi qu'en l'es- carmouche contre l'Admiral. Ressentiment honteux de vangeance, de voir un grand Prince combattre contre son Roy, & sa patrie en cette simple qualité, & non General de l'armée. Nostre Roy François premier de ce nom fut pris en cette mal-heureuse bataille, & mené au Chasteau de Pisse-queton sur la riviere d'Adde. L'Empereur enflé de cette victoire auparavant inesperée, envoya incontinent en poste le Comte de Reu, l'un de ses principaux favoris, avecques une grande liste de demandes extraordinaires, en- tre lesquelles il demandoit que le Roy donnast à Charles de Bourbon, & à sa posterité, la Provence & le Dauphiné, desquels, annexez avecques le Bourbonnois, Auvergne, Fo- rest, Beaujoulois, la haute & basse Marche, & autres Do- maines qu'il possedoit auparavant, seroient erigez en Royau- me, auquel il ne recognoistroit autre souverain que Dieu & l'espée. Coup que le Roy prisonnier de corps r'abatit avec- ques un floret par une grande franchise d'esprit, disant qu'il s'en pouvoit retourner en poste tout ainsi qu'il estoit venu, & voy son Maistre estoit un mocqueur. Aussi est-ce la ve- rité que depuis l'Empereur n'en fit instance. Quelque temps aprés le Roy fut mené par l'Aulnoy en Espagne, & mis au Chasteau de Madrid. Pendant lequel temps le Connestable vint baiser les mains de l'Empereur, où il eut loisir de voir qu'entre les principaux articles du Traicté des deux Prin- ces, fut conclud le mariage de la Royne Leonor, avecques nostre

noſtre Roy, & meſmes que les fiançailles en furent faictes avant ſon retour en France, lors qu'il bailla ſes deux premiers enfans pour oſtages.

Une choſe trouvay-je pleine de pitié en l'infortune de noſtre Conneſtable, dont toutesfois Guicchardin fait banniere pour remarquer le grand rang que ce Prince tenoit prés de l'Empereur. Comme la nature de toute victoire eſt d'eſtre ordinairement orgueilleuſe & inſolente, auſſi ſe trouva cette particuliere rencontre en l'Empereur, lequel ſe mocqua des articles qui avoient eſté paſſez entre luy & le Roy d'Angleterre lors de leur confederation : Et quant à noſtre Roy ſon priſonnier, il extorqua de luy tout ce qu'il voulut. Qui fut cauſe que pour rabattre cet orgueil, & barrer aucunement ce grand torrent de fortune, le Roy eſtant retourné, & ſes deux enfans baillez en oſtage, luy, le Pape Clement ſeptieſme, le Roy d'Angleterre, le Venitien, le Soüiſſe, & le Florentin firent une ligue entr'eux, qui fut appellée Sainte Ligue : Non pour reſtablir le Duché de Milan à noſtre Roy qui en avoit eſté chaſſé, ains pour le conſerver à Sforce, fils de Ludovic, qui eſtoit dedans la roque de Milan, tenu à l'eſtroict par les Imperiaux. Leſquels s'eſcans faict Maiſtres de la ville abuſoient licencieuſement de leur puiſſance contre les pauvres Citoyens. L'Aulnoy Lieutenant general du Milanois pour l'Empereur, s'eſtoit retiré de la preſſe, lors que ſagement il entreprit la conduicte du Roy ſon priſonnier en Eſpagne, & avoit laiſſé en ſon lieu le Marquis de Peſcaire, qui mourut de ſa mort naturelle quelque temps aprés, laiſſant ceſte charge au Marquis du Gouaſt ſon couſin, & au Seigneur Anthoine de Leve, leſquels ne manquoient, ny d'experience, ny de valeur au faict de la guerre, ny de bons & braves ſoldats, ains ſeulement d'argent pour les ſoudoyer. Et à vray dire il ſembloit que l'Eſtat de Lieutenant general du Milanois fuſt lors une eſpave qui tomboit, non és mains du premier occupant, ains de celuy qui s'en rendoit le plus digne. Les ſoldats, & les Citoyens eſtans ſous divers regards, logez à l'enſeigne du deſeſpoir, reſtoit ſeulement de leur envoyer un Lieutenant general de meſme calibre. Ceſtuy fut trouvé en la perſonne du Seigneur de Bourbon, auquel l'Empereur donna ceſte charge, non ſous autre opinion ſinon qu'il le penſoit d'une inimitié irreconciliable envers le Roy, qui eſtoit l'un des premiers Directeurs de la Saincte Ligue. Soudain qu'il fut arrivé à Milan, au grand contentement des deux autres, qui ne ſçavoient de quel bois faire fleſches, & ſouhaittoient ſur toute choſe, que quelqu'un leur levaſt le ſiege, il ſe trouve ſoudain aſſiegé des ſoldats qui vouloient eſtre ſoudoyez : d'un autre coſté, du pauvre peuple, qui crioit à la faim, ſe plaignoit des extortions tyraniques dont les ſoldats ſans diſcipline uſoient contre luy. Au milieu de ces hurlemens, Bourbon voyant que les armes ſon pouvoir n'eſtoit rien, ny les armes ſans argent, faict une aſſemblée de ville, en laquelle aveques toutes ſubmiſſions & curialitez, il prie les Citoyens de le vouloir ſecourir de trois cens mil eſcus, en la neceſſité qui ſe preſentoit pour l'Empereur ſon Maiſtre, aveques ceſte proteſtation, que c'eſtoit une fois pour toutes, & qu'il prioit Dieu luy envoyer la male mort au premier ſiege de ville, ou bataille en laquelle il ſe trouveroit s'il leur manquoit de parole. Les Citoyens vaincus de ceſte promeſſe, ſe reſouvenans du bon traictement qu'ils avoient receu de luy, lors qu'il avoit eſté employé à pareille charge ſous le Roy François, ouvrirent liberalement leurs bourſes, & luy baillerent les trois cens mille eſcus qu'il demandoit, leſquels il fit diſtribuer aux ſoldats, eſtanchant pour quelque temps leur ſoif. Mais ils ne demeurerent pas longuement en ceſte bonace. Car eſtans depuis paſſez ſix mois entiers ſans recevoir paye, ils retournerent à leurs premiers cris, bien deliberez (diſoient-ils) de piller la ville & puis roder la campagne pour vivre. Le Prince de ceſte façon mal-mené, s'attache à une extremité inexcuſable. Car au milieu d'une nuict, il ſe ſaiſit des principaux & plus riches Bourgeois de la ville, qu'il applique à la queſtion pour extorquer d'eux des deniers, mais ils avoient eſté tellement eſpuiſez, qu'il en tira des pleurs, cris & larmes, non de l'argent. Se voyant pauvre Prince eſcorné par les beaux, mais faux ſemblans de l'Empereur, il commença de corner une autre guerre, qui fut de battre la queſte par le plat pays, ſe rendre ſoldat de fortune, piller les villes eſquelles il entreroit, & en faire curée à ſes ſoldats pour les contenter. Qui eſtoit vrayement joüer à la deſeſperade, entrepriſe toutesfois par luy pretextée, ſur ce qu'il ſe vantoit attaquer les villes de la Saincte Ligue. Comme de faict il s'y eſſaya, mais en vain, contre la ville de Plaiſance (lors Papale) & celle de Florence : En fin voulant joüer à quitte ou à double, il donne juſques à la ville de Rome, où le Pape Clement partiſan aveques les Cardinaux, s'eſtoit bloty dedans le Chaſteau Sainct Ange. La verité eſt qu'il avoit auparavant faict trefves aveques le Vice-Roy de Naples. Ce que le Conneſtable mit ſous pieds : Car de-là en avant toutes villes luy eſtoient de bonne priſe. Meſme ſi ceſte entrepriſe de Rome luy euſt reüſſi, le bruit commun eſt, que ſon intention eſtoit de donner juſques au Royaume de Naples, & s'en inveſtir s'il euſt peu pour ſe vanger de l'Empereur. Dieu arreſta tout court ſes deſſeins, & exauça la priere qu'il avoit faicte en l'aſſemblée de ville de Milan. Car eſchelant les murs de Rome il receut un coup de balle qui luy tranſperça l'une de ſes cuiſſes, dont il cheut à terre, & mourut ſur le champ. Il eſtoit ſecondé par Philebert de Chalon Prince d'Aurange, qui conduiſoit les Allemans, leſquels à la chaude cole prindrent, pillerent, & ſaccagerent la ville, & ſe rendit le Pape leur priſonnier. Un ſiege ſi mal-heureux & damnable ne pouvoit eſtre expié que par ceſte mort. Et la priſon de ce Pape doit ſervir de leçon à ſes ſucceſſeurs, que ce n'eſt à eux d'endoſſer le corcelet pour faire la guerre, ains empoigner la chaſuble Pontificale, pour moyenner la paix entre les Princes Chreſtiens. Voila quelle fut la fin de ce Prince, pippé par les appas de ſa paſſion, eſtayée des belles promeſſes d'un cautelaux Empereur, qui en fit un jouët de fortune.

Encores ne puis-je eſtancher pour les ſingularitez que trouve en cette Hiſtoire : Je remarque en ce Prince une jeuneſſe merveilleuſement favoriſée de fortune, & ſon moyen aage eſtrangement diſgracié, juſques au dernier periode de ſa vie. En ſon bas aage eſlevé par le Duc Pierre, qui tenoit le deſſus de Germain ſur luy, & depuis par Anne de France ſa veufve, qui le cheriſſoit comme ſon propre enfant, pour les bonnes parties qui eſtoient en luy, de puiſné eſtre faict aiſné de ſa Maiſon par la mort de Louys ſon frere, en l'aage de quinze ans, marié aveques la Ducheſſe Suzanne, fille unique du Duc, agée ſeulement de treize ans, & ce par l'advis du Roy, & des Seigneurs de ſon Conſeil, & conſentement de la mere, voire du Duc d'Alençon, auquel elle avoit eſté fiancée dés le vivant du pere, chery & aymé par le Roy Louys douzieſme, qui pour ſes proüeſſes & valeurs le deſtinoit à l'Eſtat de Conneſtable, toutesfois prevenu de mort ne le peut faire : Mais au lieu de cela le Roy François premier ſon ſucceſſeur l'en pourveut ſoudain qu'il fut arrivé à la Couronne, en ſon abſence, & avant qu'il luy euſt baiſé les mains, agé lors de vingt & quatre ans ſeulement. Sage en capitulations & conſeils, vaillant, prompt à la main, & heureux aux executions militaires, eſquelles il eut bonne part, en toutes les rencontres qui ſe preſenterent ſous l'un & l'autre Roy, & ſpecialement en la bataille donnée l'an mil cinq cens neuf, par le Roy Louys contre les Venitiens, en laquelle il avoit fait ce jeune Prince Capitaine de deux mille Seigneurs penſionnaires de ſa Majeſté, qui par ſa ſage conduitte & proüeſſe, remit le cœur à noſtre avant-garde eſbranlée, & preſte de tourner viſage : de ſorte qu'enfin la victoire nous demeura, aveques le recouvrement des villes que les Venitiens occupoient indéument. Ce jeune Prince eſtant lors ſeulement aagé de dix-neuf ans, mais qui avoit de braves guerriers aveques luy, par le conſeil deſquels il acheminoit toutes ſes actions & deportemens. J'adjouſteray les deux journées de Marignan contre les Suiſſes en l'année mil cinq cens & quinze, ſoubs l'eſtendart du Roy François premier de ce nom, où il monſtra ſur tous les autres Princes & Seigneurs de la France, ce qu'il pouvoit en ce beau meſtier. Choſe que le Roy recognoiſſant, aprés avoir obtenu la victoire, & d'une meſme ſuitte recous le Duché de Milan, luy mit entre les mains, avant que partir d'Italie, le gouvernement du Duché : Où ce Prince apporta tant de diligence & ſageſſe à la police generale de l'Eſtat, & aux fortifications des villes, que l'Empereur
Maximilian

Maximilian estant de propos deliberé entré avecques une tres-puissante armée dedans la Lombardie pour assieger la ville de Milan, & reduire tout le Milanois soubs sa puissance, aprés avoir recogneu soigneusement l'ordre que le Prince avoit mis en son Gouvernement contre toutes les advenuës ennemies, estima luy estre plus expedient de retourner sans coup ferir, vers le pays d'Allemagne, dont il estoit sorty, que d'engager davantage, & son armée, & son honneur. Tellement que pour le garantir d'une honte, il se sauva par une autre honte.

Fut-il jamais une liaison de plus heureuse fortune en un Prince non souverain, que celle-cy, mesme en ceste derniere contre l'Empereur Maximilian, n'estant lors nostre Connestable aagé que de vingt-six ans? Et neantmoins ceste-cy qui devoit estre son accroissement fut le premier acheminement de ses defaveurs. Il advertit le Roy comme le tout s'estoit passé à son advantage. Ce n'est pas le plus grand heur qui puisse arriver aux Princes du sang, quand employez aux grandes charges, toutes choses leur succedent à point nommé. Les Roys dont ils ont cet honneur d'estre parens, craignans d'avoir des collateraux de leurs gloires, souventesfois en sont jaloux, ores que nul de leurs sujets ne puisse entrer en comparaison avecques eux. Cecy se trouva averé en ce grand Duc. Il avoit affaire à un jeune Roy, plein d'une noble ambition, desireux que les affaires signalées de son Royaume se passassent non par Procureurs, ains s'y estre en propre personne, pour en rapporter le premier honneur. C'est pourquoy ayant receu les nouvelles de ce grand & heureux succez, ores qu'il en fust trés-joyeux, toutesfois voyant tant de flux de bonnes fortunes en ce Prince, il voulut luy rongner les aisles, afin de ravaler son vol. Et soudain aprés le revoqua de sa charge, interrogeant en son lieu Messire Odet de Foix Seigneur de Lautrec, Mareschal de France, grand guerrier, sous lequel toutesfois l'Empereur Charles cinquiesme conquit l'Estat de Milan. Mal-heur qui fut un heur au Connestable ça desaveur, d'estre sorty à son honneur de ce pays sans y avoir receu aucune algarade.

Mais pour n'entresmesler ceste Histoire, & n'enjamber sur le temps, le Duc estant retourné en France vers le mois de May mil cinq cens seize, non seulement n'est accueilly du visage, ny recompensé de sa grande despense, ainsi qu'il se promettoit, mais tout au rebours il trouve que l'on avoit rayé dessus l'Estat dés le mois de Janvier pour toute l'année ses gages de Connestable de vingt & quatre mil livres par an, & de Gouverneur de Languedoc de quatorze mil escus, & pension de pareille somme. Retranchement qui fut continué pour les années subsequentes, & qu'il ne peut jamais faire restablir quelques importunitez & prieres qu'il apportast envers le Roy, qui le payoit de belles paroles seulement. Et qui fut le comble de ses mescontentemens, le Roy ayant baillé en mariage Madame Marguerite sa sœur à Charles de Valois Duc d'Alençon, fit de là en avant tomber és mains de son beau frere, toutes les charges de la Connestable à la guerre, quand les occasions se presentoient. Nouvelle metamorphose, d'un Charles de Bourbon en un Charles de Valois: Celuy-là estant Connestable en tiltre sans effect: & cestuy-cy l'estant par effect, sans tiltre. Qui n'estoit pas un petit creve-cœur au Prince qui avoit faict tant de recommandables services à la France. Le Ciel sembla vouloir estre de la partie pour se formaliser contre luy. Parce que sa femme estant accouchée d'un enfant masle l'an mil cinq cens dix-sept, qu'il pensoit devoir estre la ressource de ses desconvenuës, pour la manutention de sa Maison, il mourut l'année d'aprés: Et en 1519. ceste Princesse avorta de deux enfans: jusques à ce qu'en fin affligée de corps & d'esprit, elle alla de vie à trespas en l'an 1521. Nouveau rengregement de douleur en ce Prince. Mescontentemens toutesfois qu'il supportoit avec une grande sagesse: Car combien qu'il ne fust dressé de ses appointemens, & qu'il se vist frappé par le pied de l'exercice de son Estat de Connestable, il ne laissa-il pour cela de rendre tous les bons services au Roy qu'il pouvoit desirer de luy, comme Connestable, en toutes les ceremonies exterieures. Qui ne luy estoit pas petite despense. Et pour le regard de la perte de sa femme, la grande amitié que sa belle mere luy portoit, estancha aucunement sa douleur: Mais quand avec ce grand flot d'afflictions, il eut perdu sa belle mere, & qu'il se vit despouillé presque de toutes ses grandes terres & Seigneuries; mesmes sous un pretexte exquis & affecté de Justice, pour contenter l'opinion d'une mere de Roy (car ainsi le croyoit-il, encore qu'il n'en fust rien) adoncques la patience luy eschappa, & se lascha toute bride pour en avoir la vengeance, dont il fut deceu d'outre moitié de juste prix, sans toutesfois en pouvoir estre relevé: S'il eust eu pour agreable le mariage de la mere du Roy, ceste Princesse pouvoit reparer toutes les bresches de ses mescontentemens, & le faire dresser non seulement de ses appointemens, mais aussi de l'exercice de son Estat de Connestable, comme celle qui commandoit aux opinions du Roy son fils. D'ailleurs n'eust remué ceste grande querelle fondée principalement sur une vengeance. Et en outre eust apporté à la table de luy les Duchez d'Angoulesme & d'Anjou, & le Comté du Maine à elle baillez pour ses deniers dotaux & son doüaire. Quoy faisant il eust esté le plus grand Seigneur terrien de la France aprés le Roy: Son mal-heur ne permit pas qu'il entendist à ce mariage, & depuis allerent tousjours ses affaires de mal en pis. Conclusion, je trouve que deux mariages & un Gouvernement de Milan, sous divers regards le perdirent. Le mariage d'une mere de Roy, mal à propos refusé, celuy d'une sœur d'Empereur apprehendé sans propos. Et quant au gouvernement, ayant esté premierement commis à ceste charge, par le Roy François, toutes choses luy estans heureusement reüssies, ce fut sa premiere disgrace, & en aprés commis à la mesme charge par l'Empereur, toutes chose luy estant mal-heureusement succedée, pour le desordre qu'il y trouva, ce fut la consommation de ses infortunes, jusques à ce qu'en fin il mourut devant la ville de Rome de la façon que j'ay dit.

Depuis qu'il se fut desvoyé du bon chemin, je trouve quatre grands Arrests donnez contre luy. Le premier par le Roy François seant en son lict de Justice: Le second par le grand Capitaine Bayard, lequel en la retraicte de l'Admiral Bonnivet, ayant eus les reins fracassez d'une balle, couché au pied d'un arbre, le visage vers l'ennemy, le Connestable passant par là, cuidant le consoler: Capitaine Bayard (dit-il) j'ay grande pitié de vous voir reduit en ce piteux estat, aprés tant de braves exploits d'armes par vous mis à fin: A quoy le preux Chevalier reprenant ses esprits, luy repartit d'une forte haleine: Ce n'est de moy que devez avoir pitié, ains de vous. Car graces à Dieu, je meurs pour le service du Roy mon Maistre, au lict d'honneur, pour acquerir une vie immortelle en la bouche des gens de bien. Et vous Prince faisant le contraire, menez une vie honteuse, dont les ans, à mon grand regret, ne pourroient amortir la memoire. Le troisiesme est qu'aprés la journée de Pavie, ayant fait voile en Espagne, & esté favorablement recueilly par l'Empereur, mesme son commandement logé au plus beau Palais de Seville; combien que l'inclination naturelle du courtisan soit de complaire aux opinions de son Prince, voire à un seul clin de ses yeux, toutesfois tous les Seigneurs qui estoient à la suitte de l'Empereur ne peurent trouver bon ce bel accueil, ny caresser nostre Connestable, l'appellans en leurs communs propos infame, desloyal, & traistre à son Roy. Et son hoste mesme disoit, qu'ores que ce luy eust esté jeu forcé de le loger, ce neantmoins il n'estoit en la puissance de l'Empereur d'empescher qu'il ne bruslast sa maison; ne voulant luy estre reproché ny aux siens d'avoir logé un traistre chez soy. Cela estoit par luy dit aux gens du Connestable, & par eux rapporté à leur Maistre: Vous jugerez quelle consolation ce luy devoit estre. Et le dernier Arrest est celuy de Dieu, quand representant par effect la fable des anciens Geants, eschelant les murs de la ville de Rome (sejour du chef de nostre Eglise) feru d'un coup de harquebuse, tresbucha du haut en bas. Closture mal-heureuse, & de sa penible vie, & de ses espoirs sans espoir.

Aprés avoir amplement discouru l'histoire de ce pauvre Prince, mal content, mal traicté, & plus mal conseillé, il est meshuy temps que je vienne à nostre Roy François I. que j'ay cy-dessus laissé seant en son lict de Justice dedans son Parlement de Paris, assisté de ses Princes & Pairs, bien content d'avoir chastié à la Royale son sujet, qui deserteur de sa patrie, s'estoit jetté entre les bras de son ennemy. Une mere de Roy plus contente de se voir jouïr, & du bien, & de l'absence de celuy auquel elle avoit voüé une inimitié immortelle. Et un Chancelier tres-content d'avoir esté leur protecole aux deux theatres representez : en l'un desquels estoit intervenu l'Arrest de sequestre, en l'autre celuy de reünion & confiscation. Je ne parleray du second ; car il estoit necessaire pour l'exemple, le Connestable s'estant de ceste façon oublié. Je jette seulement les yeux sur le premier pour vous en dire ce qu'il m'en semble. Plus beau mesnage ne pouvoit-on faire pour la France, si vous en parlez à ceux qui sont seulement nourris en la pratique du Palais, que de reünir à la Couronne l'ancien appanage de la maison de Bourbon, & faire tomber le demeurant des autres biens és mains d'une Princesse dont le Roy seroit heritier aprés son decez. Ces deux points gisoient, l'un en droict, l'autre en fait : & sans entrer au merite ou demerite de la cause, il y avoit prou de textes communs pour exercer les esprits, langues, & plumes des Advocats, qui ne furent mis en l'Espargne. Mais il y en avoit une secrette, non à ceux peut-estre cognuë, à celuy qui les sit mettre en besongne : Que sur toutes choses il se faut garder de reduire un Prince en desespoir, singulierement un Prince du sang, dont les François sont naturellement idolatres. Et qui contre ceste leçon pense faire le mieux, fait le moins. J'estime que l'arrest de sequestre estoit juste. Encores qu'un espinocheur pourroit paradvanture dire, qu'il n'y avoit nul lieu de sequestre és biens despendans de l'ancien appanage, estant Charles de Bourbon notoirement issu par diverses successions de la branche des enfans aisnez du Duc Robert, fils de Sainct Louys : Et que le contract de mariage de l'an 1400. de Jean de Bourbon premier, & Marie de Berry, & la declaration faite au mesme instant en faveur de la Couronne par Louys II. pere de Jean, apportoient tres-grande lumiere aux obscuritez que l'on proposoit contre Charles. Adjoustez le contract de mariage fait entre luy & Suzanne sa future espouse en l'an 1504. par l'advis du Roy, des Prelats, Princes & grands Seigneurs, portant donnation mutuelle de tous & chacuns leurs biens au survivant l'un de l'autre. Testament de la femme de l'an 1519. en faveur de son mary, par lequel elle l'institua son heritier universel, & confirma leurs conventions matrimoniales. Succession ab intestat de la mere aprés la mort de sa fille au pays du droit escrit dont elle avoit fait present à son gendre avant que de mourir : Quelque pointilleur (di-je) pourra dire que toutes ces particularitez concurrans ensemble, il n'y avoit pas grand lieu de sequestre, ny de depossedar par provision ce Prince de ses Duchez, Comtez, Vicomtez, & peut-estre adjoustera-il, que Dieu pour vanger ceste injure, permit que nous receusmes depuis le desastre de la journée de Pavie, dont je parleray cy-aprés. Jà à Dieu ne plaise que je sois de ceste opinion : car quand un arrest est passé, je seray des disciples de Pythagoras : Il l'a dit, doncques il y faut adjouster foy.

Bien vous rapporteray-je icy un exemple qui ne sera hors de propos, qu'autrefois du temps du Roy Philippe de Valois fut donné à Conflans un arrest luy seant en son lict de Justice, au profit de Charles de Chastillon, Comte de Blois son nepveu, & Jeanne la boiteuse sa femme de la Maison de Pontievre, contre Jean de Montfort 1341. Par lequel le Duché de Bretagne, fut adjugé au Comte de Blois, & sa femme. Arrest que Polidore Virgile en son Histoire d'Angleterre soustient par plusieurs belles raisons, avoir esté un arrest du temps pour complaire au Roy Philippe : En l'execution duquel, Dieu permit que le Comte de Blois fut tué en une bataille rangée & que la femme de Jean de Montfort se maintint pendant la prison de son mary contre les forces du Roy. Je n'entreray point icy pour le fait qui se presente en ceste consideration : Bien diray-je que je seray tousjours de l'advis du sage Salomon, qu'il y a certaines choses esquelles il ne faut estre trop juste, & autres selon l'opinion de Sainct Paul, qui sont permises, & n'est toutesfois expediant en user : nous voulons enseigner l'un & l'autre, que la prudence doit estre guide de nos actions, comme elle fut vrayement lors que sous le Roy Louys XII. on

conjoignit les deux branches de la famille des aisnez de Bourbon ; sans entrer en l'examen, & discussion à qui appartenoient les biens, en un Prince & Princesse non disproportionnez d'aages, mesmes selon le commun cours de nature en esperance d'avoir lignée. Considerons, je vous prie, quel fruit en rapporta de ce gand mesnage tant souhaité par la mere du Roy. Un desespoir d'un grand Prince, qui fut premierement sa ruine, successivement une playe qui saigne encores en la France. Desespoir fondé sur un sequestre, & le sequestre paraventure sur les importunitez d'une Dame qui ne respiroit qu'une vangeance en son ame, & ne vouloit estre vaincuë. J'adjousteray qu'à la suite de l'Arrest de sequestre, le Roy fit une grande faute. Car estant aucunement asseuré du mescontentement du Prince, & ayant eu advis par les bruits de l'entreprise qu'il brassoit, il se devoit asseurer de sa personne à Moulins, comme on luy conseilloit. D'autant qu'és affaires de telle consequence il faut tout, pour se garentir du rien, & ne besongner à demy : Dieu ne le permit pas, voulant affliger, & le Roy, & son Royaume, la seule capture de ce Prince pouvoit faire esvanouïr en fumée tous les desseins de l'Empereur.

Desvelopons s'il vous plaist ces fuzeaux. L'Empereur pour asseurer son Estat d'Italie, n'osoit pas seul nous assaillir dedans la France. Il luy falloit un second. C'est pourquoy il eut recours au Roy d'Angleterre, lequel n'y vouloit du commencement entendre : mais comme le jeune Empereur par un instinct naturel nourrissoit dedans sa poictrine un sommaire de dissimulation, pour parvenir à ses intentions, aussi trouva-il un moyen pour engager l'Anglois, qui fut que le Duc de Bourbon mal-content seroit de la partie, lequel par ses intelligences brouïlleroit les affaires du François dedans son Royaume, pendant que ces deux Princes donneroient sur les flancs, l'un du costé de Languedoc, & l'autre de la Picardie, lors que le Roy seroit sorty de la France, pour guerroyer le Milanois. Proposition belle sur laquelle l'Anglois se laissa emporter, & leva gens tout ainsi que l'Empereur, pour effectuer leurs desseins. Sur ces entrefaites la conspiration du Connestable fut descouverte : chose dont l'Empereur se ne donna pas grand peine, se contentant d'avoir esbranlé l'Anglois qui ne se pouvoit aisement retirer du jeu, ayant fait une grande levée de gens. Or quant au fait du Connestable, il luy suffisoit qu'il servist d'espouventail à la France. En quoy il ne fut nullement deceu de son opinion. Parce que le Roy voyant les preparatifs que ces deux Princes faisoient contre luy, d'ailleurs le suite du Connestable, il se trouva grandement estonné, ne sçachant quelles reliques de sa grandeur son nouvel ennemy avoit laissé dedans la France. Cela fut cause qu'il fit halte dedans la ville de Lyon, avecques son armée sans se joindre à celle de l'Admiral qui estoit de-là les monts, espandant diversement ses forces par les Provinces, pour faire teste à ses ennemis. Par ainsi nous vismes la France grandement affligée, la Picardie pilée, & ravagée par l'Anglois, le Languedoc, & la Provence par les Imperiaux, secondez par tels Adventuriers François. Car en tels accessoires, le soldat qui deffend ne fait pas moins de degast que l'assaillant, hormis qu'il vaut mieux un pays gasté que perdu. Et pour le regard de l'Italie, l'Admiral non secouru (pour les raisons par moy presentement touchées) fut contrainct de faire une honteuse retraicte, avecques grande perte de nos Capitaines de marque. Retraicte qui asseura grandement l'Estat Milanois à l'ennemy. Nostre jeune Roy François, Prince tres-magnanime, pour reparer toutes ces breches, se voulut trouver en personne, contre l'advis des plus sages guerriers, à la journée de Pavie, où l'Empereur se donna bien garde d'y estre (qui estoit joüer du tout à la moitié) & là fut pris. Je ne vous discourray icy, ny les morts, ny les prisons des Princes, grands Seigneurs & Capitaines, vous en trouverez le denombrement dedans les memoires de Messire Martin du Bellay : Suffise vous que c'est la journée en laquelle le Roy François fut fait prisonnier de l'Espagnol, accomplissement general de nos mal-heurs par le traité fait à Madrid. Somme sur le mesnage pratiqué dedans le Palais, au contentement d'une Princesse ulcerée, nous bastismes la desbauche general de nostre Estat, que je ne veux appeller ruine. Tant y a que la playe saigne encores aujourd'huy. Car l'Espagnol l'Espagnol se fait acroire que nous perdismes par le traicté, la souveraineté de Flandre, ancien Heuron de la Couronne. Et se vit mesme la mere du Roy lors Regente sur le point de A perdre la Regence, pour la haine qu'on luy portoit, si le Duc de Vendosme semonds à ce faire, eust voulu croire la plus part des principaux Bourgeois de Paris.

CHAPITRE XIII.

Procedures tenuës en la foy & hommage, que fit Philippes Archiduc d'Austriche, à nostre Roy Louys douziesme.

LE malheur qui nous advint en la journée de Pavie, & le traicté qui fut fait à sa suitte, veulent que je vous represente en ce lieu la derniere foy & hommage, qui nous fut fait par Philippe Archiduc d'Austriche. Paravanture que quelques-fois la fortune jouant autrement son rolle, ce Chapitre pourra enseigner à la posterité, de quelle façon elle se devra comporter. Et vrayement je me transformerois volontiers tout à fait, en celuy dont j'ay emprunté ceste Histoire : Laquelle representée au jour & naïf de son ancienneté, peut-estre y aura-il moins de grace au langage : mais aussi plus de foy & creance. L'Autheur de ce mien discours fut un Maistre Jean Avis, Notaire & Secretaire du Roy, qui non seulement fut de la partie, ains eut commandement exprez, comme il nous tesmoigne, de Monsieur de Rochefort, Chancelier de France, de rediger par escrit la presente Histoire, dont je coppieray mot pour mot les principaux articles, afin que le Lecteur se puisse informer de quelques anciennetez que nous n'observons aujourd'huy.

Messire Guy de Rochefort Chancelier sous le regne de nostre bon Roy Louys XII. partit de la ville de Dourlens pays de Picardie, pour aller en celle d'Arras, où il arriva le 1. jour de Juillet 1499. accompagné des Seigneurs de Ravastain, & de la Gruture, de deux Maistres des Requestes du Roy, sept Conseillers du grand Conseil, deux Procureurs generaux du Parlement, & grand Conseil, du grand Rapporteur de la Chancelerie, du Baillif d'Amiens, & de cinq Notaires & Secretaires du Roy : Je vous les specifie ainsi que je le trouve par la memoire, & vous laisse à mettre leurs noms & surnoms : D'autant que ce ne seroit à me semble, que remplissage de papier.

„ Et ainsi que mondit sieur le Chancelier (dit Avis) fut „ à toute sadite compagnie, comme à lieuë & demie de la „ Cité d'Arras, chevauchant en bon ordre, ayant au devant „ de luy, l'Huissier du grand Conseil, portant sa masse des- „ couverte, armoyée des armes du Roy, & après luy le Chauf- „ fecire qui portoit le seel, ainsi qu'il est accoustumé quand „ mondit sieur le Chancelier va par les champs : Et lequel „ Chauffecire estoit costoyé de deux Roys d'armes : c'est à „ sçavoir Mont-joye premier Roy d'armes, & Normandie,,.

Je vous ay rapporté ceste clause tout de son long, afin que connoissiez en passant quel ordre tenoient anciennement les Chanceliers allans par pays és actes de ceremonie, ayans pour suitte ordinaire l'un des Chauffecire : Car ce qu'il en dit icy, il le repete cy-après, en un autre endroit. Or estant le Chancelier à une lieuë prés de la ville, Messire Thomas de Pleurre Evesque de Cambray, Chancelier de l'Archiduc, accompagné du Comte de Nassau, & plusieurs autres Seigneurs de Marque, le vindrent saluer de la part de leur Maistre. En ceste premiere entreveuë, mille curialitez : & arrivez aux faux-bourgs d'Arras, l'Archiduc suivy de plusieurs Chevaliers de son Ordre, & Seigneurs de son Conseil, vint accueillir le Chancelier qu'il embrassa, ayant tousjours le bonnet au poing, & luy dit qu'il estoit le bien venu, luy demandant en ceste maniere, Comment se porte Monsieur le Roy ? A quoy mondit sieur le Chancelier respondit, Que tres-bien graces à Dieu, comme il avoit intention de plus amplement luy dire.

De là plusieurs grandes caresses de la part de l'Archiduc, aux Seigneurs de Ravastain & la Gruture, & Messieurs des Requestes, & du grand Conseil, & jamais il ne se voulut couvrir, sinon que le Chancelier fust le premier couvert, puis l'Autheur poursuivant sa route.

„ Monsieur le Chancelier (dit-il) & l'Archiduc se mirent „ eux deux ensemble, pour entrer en la ville, le Chancelier „ tousjours à dextre, & chevauchant au devant de luy l'Huis- „ sier du grand Conseil, sa masse haute & descouverte, & le „ Chauffecire ayant le seel du Roy sur son dos, comme il est „ de coustume, quand mondit sieur le Chancelier chevauche „ par le Royaume, & deux Rois d'armes en leur ordre : sans „ qu'entre mesdits sieurs le Chancelier & Archiduc y eust au- „ tre. Quelle chose estoit, & fut bien regardée, tant par les „ gens & Officiers de l'Archiduc, que par le peuple, dont il „ y avoit grand nombre, tant hors la cité, que dedans, illec „ venus pour voir l'entrée. Et mena & conduit mondit sieur „ l'Archiduc, mondit sieur le Chancelier tousjours parlant à luy, „ en soy souvent descouvrant, sans ce qu'il se couvrist, que „ mondit sieur le Chancelier ne fust aussi-tost couvert, jus- „ ques à l'entrée du cloistre de la grande Eglise. Voulant mon- „ dit Seigneur l'Archiduc à toute force le mener jusques à la „ maison Episcopale, en laquelle mondit Seigneur à tous- „ jours esté logé. Nonobstant les requestes & prieres que mon- „ dit Seigneur le Chancelier luy fist de soy contenir de l'hon- „ neur qu'il luy avoit fait en faveur du Roy. Et sur ces paro- „ les se departit mondit sieur l'Archiduc, & s'en alla en la „ ville d'Arras en son logis de S. Vast, & mondit Seigneur le „ Chancelier en ladite maison Episcopale, accompagné du „ sieur Comte de Nassau, & autres grands personnages de la „ maison de mondit sieur l'Archiduc, & après chacun de la „ compagnie, & bande de mondit sieur le Chancelier s'en „ alla au logis qui luy estoit ordonné,,.

Vous pouvez voir par cela avec quel respect le Chancelier fut accueilli par l'Archiduc. Trois jours se passent, pendant lesquels l'Archiduc, & le Comte de Nassau le vindrent visiter, pour concerter ensemblement sur quelques obscuritez que M. Jean Burdelot Procureur general au Parlement, avoit proposées. Desquelles s'estans esclaircis, le Jeudy 4. Juillet le Chancelier leur declara qu'il desiroit que le lendemain se presentast pour faire la foy & hommage qu'il estoit tenu de porter, pour raison de la Pairrie & Comté de Flandres, & semblablement des Comtez d'Artois, & de Charroulois, & autres terres & Seigneuries tenuës & mouvantes de la Couronne de France. Ce qui fut par l'Archiduc trouvé bon. Le jour, lieu, & heure arrestez, le Chancelier ordonna pour le lieu & place la seconde salle de son logis, qu'il fit revestir d'une riche tapisserie, & rehausser le lieu où l'hommage seroit fait de deux marches, où fut mise une chaire de velours semé de fleurs de Lys, en laquelle il seroit assis devant la reception, & les paroles qui seroient proferées par l'Archiduc. Le lendemain sur les 10. heures, estant en chambre environné de Messieurs des Requestes de l'Hostel, gens du grand Conseil, Baillif d'Amiens, & autres cy-dessus nommez, il fut adverty par l'Evesque, que l'Archiduc estoit party de son Hostel, pour venir faire l'hommage, & par deux autres fois il receut pareil advis par quelques autres Officiers de l'Archiduc, qui luy dirent que leur Maistre estoit en chemin pour cet effect. Enfin adverty par les sieurs de la Gruture, Flammezelles Chambellan du Roy, & Ravastain, qui l'avoient accompagné depuis son logis jusques en ce lieu, qu'il estoit entré jusques à la premiere niere falle. Adoncques le Chancelier vestu d'une robbe de veloux cramoisy, son chapeau en teste se partit de sa chambre, en la maniere qui s'ensuit. Et ainsi l'ay-je coppié mot pour mot de l'Autheur, dont j'ay recueilly l'Histoire.

" Ayant au devant de luy ledit Huissier du grand Conseil, portant sa masse descouverte, & haut criant au peuple qui là estoit assemblé en grand nombre. Devant, devant, faites place. Et aprés luy alloient les deux Rois d'armes du Roy nostredit seigneur, vestus des cottes d'armes dudit sieur. Puis marchant mondit sieur le Chancelier, & aprés Messieurs des Requestes, les Conseillers du grand Conseil, Notaires & Secretaires du Roy, avec lesquels j'estois (poursuit l'Autheur) & parce que mondit sieur le Chancelier m'avoit ordonné auparavant son partement de ladite Chambre, me mettre en lieu & place, pour estre present à la reception dudit hommage, pour oüyr les paroles, tant de luy, que de mondit sieur l'Archiduc, qui y seroient dites & proferées par eux deux, prendre le commencement des lettres à ce necessaires, je m'avançay pour le faire. Et est à sçavoir qu'ainsi que mondit sieur le Chancelier approcha de la chaire où il devoit seoir, mondit sieur l'Archiduc qui auprés d'icelle estoit, attendant mondit sieur le Chancelier, osta incontinent le bonnet de sa teste: Disant à mondit sieur le Chancelier ces mots: Monsieur, Dieu vous doint bon jour, & en ce disant baissa fort la teste: Et mondit sieur le Chancelier sans rien proferer, ou dire mot, mit seulement la main à son chapeau, qu'il avoit en la teste: Et incontinent l'un desdits Rois d'armes, ainsi qu'ordonné luy avoit esté par mondit sieur le Chancelier, cria à haute voix par trois fois: Faites paix. Ce fait mondit sieur l'Archiduc se presenta à mondit sieur le Chancelier pour faire ledit hommage, disant: Monsieur le Chancelier, je suis icy venu devers vous pour faire l'hommage, que tenu suis faire à Monsieur le Roy touchant mes Pairries & Comtez de Flandre, d'Artois, & Charroulois, lesquels je tiens de Monsieur le Roy, à cause de sa Couronne. Et lors mondit sieur le Chancelier, ainsi assis qu'il estoit en sadite chaire, tout couvert de bonnet & chapeau, luy demanda, s'il avoit ceinture, dague, ou autre baston. Lequel mondit sieur l'Archiduc en levant sa robbe qui estoit sans ceinture, dit que non. Ce dit mondit sieur le Chancelier luy mit les deux mains entre les siennes, & icelles ainsi tenans & jointes, mondit sieur l'Archiduc se veut encliner, monstrant apparence de se vouloir mettre à genoux. Ce que mondit sieur le Chancelier ne voulut souffrir, ains en le soustenant par lesdites mains, qu'il tenoit comme dit est, luy dit ces mots. Il suffit de vostre bon vouloir. Puis mondit sieur le Chancelier luy dit en ceste maniere, luy tenant tousjours les mains jointes, & ayant mondit sieur l'Archiduc la teste nuë, & encores s'efforçant tousjours de se mettre à genoux. Vous devenez homme du Roy, vostre souverain Seigneur, & luy faites foy & hommage lige, pour raison des Pairries & Comtez de Flandre, & aussi des Comtez d'Artois & de Charroulois, & de toutes terres que tenez, & qui sont mouvantes, & tenuës du Roy à cause de sa Couronne: Luy promettez de servir jusques à mort, inclusivement envers & contre tous ceux qui peuvent vivre & mourir sans nul reserver, de procurer son bien & éviter son dommage, & vous induire & acquiter envers luy, comme envers vostre souverain Seigneur. A quoy fut par mondit sieur l'Archiduc respondu: Par ma foy ainsi le promets-je, & ainsi le feray. Et ce dit mondit sieur le Chancelier luy dit ces mots, Et je vous le reçoy, sauf le droit du Roy en autre chose, & l'autruy en toutes. Puis tendit la joüe, en laquelle mondit sieur l'Archiduc le baisa: Puis mondit sieur l'Archiduc requit & demanda lettres à mondit sieur le Chancelier, lesquelles il me commanda de luy faire, & icelles luy depescher. Lors mondit sieur le Chancelier se leva de sadite chaire, & se descouvrit du chapeau & bonnet, & fit reverence à mondit sieur l'Archiduc, luy disant ces mots: Monsieur je faisois n'agueres office de Roy, representant sa personne, & de present je suis Guy de Rochefort, vostre tréshumble serviteur, tousjours prest de vous servir envers le Roy, mon souverain Seigneur & Maistre en tout ce qu'il vous plaira me commander. Dont mondit sieur l'Archiduc le remercia, luy disant: Je vous remercie Monsieur le Chancelier, & vous prie qu'en toutes mes affaires envers mondit sieur le Roy, vous me vouliez tousjours avoir pour recommandé. Tesmoin mon seing manuel cy mis le 1. jour d'Aoust l'an 1489. Sic signatum Avis ". L'ordre qui fut lors tenu m'a semblé digne d'estre icy enchassé. Les grands Seigneurs joüent leurs rolles ainsi qu'ils veulent, par cet Univers, & les petits qui sont spectateurs de leurs jeux, se donnent quelques-fois la loy de juger des coups. Monsieur le Chancelier de Rochefort estoit un grand personnage, non sujet à faute en ce qui luy estoit enjoint & commandé par son Maistre, toutes-fois la question n'est pas petite de sçavoir, si luy representant lors la personne du Roy son Seigneur (comme luy-mesme fut d'accord par ses derniers propos) fit acte digne de soy, ou pour mieux dire de Roy, quand il ne voulut permettre que l'Archiduc le conduisit jusques à la maison Episcopale pour s'heberger: & que faisant la foy & hommage, il ne voulut permettre qu'il s'agenoüillast, comme il vouloit faire, & estoit le deu de son vassellage: Parce que si ces deux poincts n'estoient en cet acte, la closture d'iceluy eust esté bien plus magnifique, quand il dit qu'auparavant il faisoit office de Roy, & depuis il estoit un simple Guy de Rochefort, &c. Et toutesfois je veux croire que tout ce que fit ce grand Chancelier, ce fut par un jeu mesuré qui luy avoit esté prescrit avant son partement par le Roy en son Conseil. Autrement sa faute eust esté trés-grande, & inexcusable.

CHAPITRE XIV.

Deux exemples memorables de Clemence, l'un du Roy François premier, en la punition du fait du Connestable de Bourbon, l'autre de nostre grand Roy Henry quatriesme en celle du Mareschal de Biron.

JE serois un grand lourdaut, de vouloir faire entrer en comparaison la qualité d'un Mareschal de France, avecques celle du Connestable, & plus encores si je mettois en contrecarre un simple Gentil-homme ou Seigneur avecques un Prince du Sang. Et neanmoins à la suitte du Chapitre precedent, je puis dire comme chose trés-vraye, que le Connestable de Bourbon, & le Mareschal de Biron, tous deux grands Capitaines, & guerriers, furent amorcez aux entreprises qu'ils brasserent, celuy-là, par les appas du mariage de la sœur d'un Empereur, & cestuy-cy sous l'esperance d'espouser la fille du Duc de Savoye à present vivant. Vray qu'en ceste communauté de rencontres, ils eurent cela de disconvenable, que le premier avoit eu auparavant quelque sujet de mescontentement, & l'autre non, ayant tousjours esté embrassé par le Roy son Maistre d'une singuliere affection & faveur. Tous deux furent chastiez, l'un en son absence par defaut, & coutumaces, l'autre en personne. Les deux Roys y apporterent chacun en son endroict, un formulaire de clemence, mais l'un de l'autre divers. Histoire qu'il ne sera hors de propos de vous representer

enter à la suitte du precedent Chapitre. Je remets à vos arbitrages de juger lequel des deux fit acte le plus signalé en ce sujet.

Je commenceray par le Roy François, & vous diray que combien que le fait du Connestable, pour le grand rang qu'il tenoit, tant de son ancien estoc, que par le grade qu'il portoit, tint toute la France en une extréme crainte, toutes-fois jamais l'opinion du Roy François ne fut d'en rendre la punition sanglante, ains de chastier par prisons & crainte de morts, ceux qui estoient soupçonnez d'avoir adheré à ceste conspiration. Qu'ainsi ne soit, non seulement il se saisit de tous ses principaux domestiques, mais aussi des Seigneurs, qui luy estoient plus favoris, d'uns Seigneurs de la Vaulguion, & de Prié, tous deux Capitaines de cinquante lances : & sur tous de Messire Jean de Poitiers, Seigneur de Sainct Vallier, Chevalier de l'Ordre du Roy, Capitaine de cent Gentils-hommes de sa Maison : auquel le procez extraordinaire fut fait & parfait, tout ainsi que au Connestable : Enfin par Arrest du seiziesme Janvier mil cinq cens vingt & trois, le Connestable fut degradé de tous ses honneurs, & ses biens acquis à la Couronne, le Roy seant en son lict de Justice. Et par autre Arrest Sainct Vallier condamné à mort, toutes-fois lors que l'on voulut proceder à l'execution, le Roy par ses Patentes luy convertit la peine de mort en une perpetuelle prison : & depuis furent les prisons à pur & à plein ouvertes à tous les autres prisonniers.

Quelqu'un me pourra dire en passant, que pour le regard du Connestable, il ne faut attribuer à clemence, s'il ne fut condamné à mort, ains à la qualité de Prince du sang qu'il portoit. Toutes-fois ceste reigle n'est pas observée quand un Prince du Sang se trouve avoir voulu attenter contre le Roy & son Estat. Ainsi que nous trouvons avoir esté autrefois pratiqué sous le regne du Roy Charles VII. contre Jean de Valois Prince du Sang, Duc d'Alençon, lequel par Arrest du dixiesme Octobre mil quatre cens cinquante huict, donné par le Parlement, & Pairs de France à Vendosme, ayant esté declaré criminel de leze-Majesté, pour avoir voulu introduire en France, l'Anglois, fut condamné à estre decapité, & tous ses biens confisquez. Vray que le Roy Charles changea ceste mort en une prison perpetuelle, & donna à la veufve, & aux enfans du condamné tous, & chacuns les biens à luy adjugez. Tellement que je veux croire que le Roy François seant en son lict de Justice au Parlement de Paris, à la conclusion de l'Arrest, ne voulut par sa debonnaireté, qu'on touchast au sang de celuy, qui meritoit de perdre la vie. Or quant à sainct Vallier, combien que l'arrest contre luy baillé frapast à sa mort, toutes-fois je m'asseure que sur le champ mesmes les juges eurent advis du Roy, de la clemence qu'il vouloit exercer en luy. Et de cela j'en ay un argument qui me semble indubitable. Car combien qu'à la suite de l'arrest, y eust dedans le registre un retentum de la Cour, portant qu'il seroit appliqué à la question, avant que d'estre exposé au dernier supplice, afin d'indiquer ses autres complices, toutesfois jamais ceste question ne luy fut presentée. Ce que la Cour n'eust obmis de faire, si elle n'eust eu sous main le mot du Prince, qui arrestoit leur arrest.

Le recit de l'histoire du Connestable de Bourbon, m'a remis en memoire les procedures qui furent depuis quelques années en ça, pratiquées par nostre feu grand Roy Henry quatriesme, au faict du Mareschal de Biron. Je vous ay dit que la premiere desconvenuë en la tragedie de Bourbon, provint pour avoir mal à propos meslé la pratique du Palais avecques les affaires d'Estat, par une avarice mal reiglée d'une grande Dame, & d'un Bonnet quarré. Je vous diray maintenant que nostre Roy Henry, Prince pratic aux affaires d'Estat, & non du Palais, aprés l'execution de l'arrest donné contre le Mareschal de Biron, fit don au frere de luy tous, & chacuns ses biens confisquez. Duquel don le donataire demandant la verification à la Chambre des Comptes de Paris, comme est la commune usance en telles matieres, Monsieur Nicolaï premier President, avecques quelques Maistres des Comptes, & les gens du Roy, commis pour faire remonstrances à sa Majesté, luy remonstra que ce don estoit contre les anciennes reigles de la chambre, laquelle n'avoit jamais appris de verifier telles manieres de dons faits aux heritiers de ceux qui avoient esté condamnez à mort, pour crime de leze-Majesté au premier chef. A quoy faire nos ancestres avoient esté sagement induits, pour destourner tous les sujects de tels execrables attentats, afin que leurs proches parens habiles à leur succeder, n'esperassent trouver ressource en la liberalité de nos Roys, sur les biens qui avoient esté confisquez. Remonstrances certes belles, & dignes d'une grande compagnie, toutesfois le Roy aprés nous avoir ouys : je trouve (dit-il) vostre reigle pleine de zele, & discretion, mais quant à moy je veux qu'on sçache, ce que n'a esté, ny l'or ny l'argent, ny les biens qui m'ont semonds à la mort du defunct, ains la vengeance publique en celuy qui avoit conspiré contre le repos general de moy, & de mon Royaume. Et pour ceste cause ay-je voulu que son procez luy fust fait, & parfait, afin de servir d'exemple à chacun : Maintenant il me plaist de gratifier son frere du bien à moy adjugé, pour l'exciter à bien faire, tout ainsi que par le mort du defunct il doit estre destourné du mal. Apophthegme digne d'un grand Roy, qui eust fermé la bouche à celuy, qui donna les memoires à Madame la Regente, pour terrasser mal à propos le Prince, qui auparavant avoit tousjours bien merité du public.

Car quant au reste des procedures, qui est le principal sujet du present chapitre, à la verité le Roy François par sa clemence obligea grandement tous ceux de la conjuration de Bourbon, lors que sans effusion de sang il leur fit ouvrir les prisons. Vous jugerez de quelle recommendation & merite fut celle de nostre feu Roy Henry. Parce qu'il ne voulut qu'on emprisonnast aucun que l'on soupçonnoit avoir esté de la partie, fors un secretaire du sieur de Biron. Et de ceste histoire je m'en croy : D'autant que lors que nous luy fismes les remonstrances de la part de la Chambre sur le don cy-dessus mentionné, aprés nous avoir payé d'une monnoye Royale telle que dessus, il adjousta ces mots particulierement à deux de la compagnie dont j'estois l'un : On me disoit que si je permettois qu'il fust executé à mort (parlant du Mareschal de Biron) ma Cour demeureroit deserte, pour la creance qu'il avoit à la Noblesse, & la Noblesse en luy, & jamais je ne la vis si pleine qu'elle est, chacun se presentant devant moy pour dire qu'il n'avoit jamais esté de la conjuration, chose que je suis tres-content de croire, encores que je sçache le contraire. Trait admirable de clemence & sagesse tout ensemble. En celuy du Roy François exerçant sa debonnaireté, il offensa aucunement ceux qui avoient esté prisonniers, si toutesfois ce mot d'offenser peut, & doit tomber en ce grand suject dans ma plume. En celuy de nostre Roy Henry, leur pardonnant sans mot dire, il ne les voulut offenser, pour se les rendre plus obligez. Et par ce moyen assopit, & tranquilisa toutes choses à petit bruict.

CHAPITRE XV.

De la mort de Marie Sthuart Royne d'Ecosse, veufve en premieres nopces de François second de ce nom Roy de France.

COmbien que par le present discours je feray une saillie de nostre France en Angleterre, toutesfois je ne pense faire chose esloignée de mon but, si je parle de ceste Princesse qui avoit en premieres nopces espousé l'un de nos Roys. L'histoire du Connestable de S. Pol a engendré dedans mon ame un pesle-mesle de despit & compassion : Despit, le voyant en sa bonne fortune trop oublieux de son devoir : Compassion, quand apres tant de grandeurs dont il estoit comblé, je voy sa fin estre aboutie à un mal-heureux eschafaut. Semblables effects a produit en moy l'histoire tragique du Duc de Bourbon. Mais en celle que je discourray maintenant, il me semble n'y avoir que pleurs : & paravanture se trouvera-il homme qui en lisant ne pardonnera à ses yeux.

Apres que ceste pauvre Princesse eut esté detenuë prisonniere en Angleterre l'espace de dix-neuf ans (si sous bon, ou mauvais tiltre, je m'en raporte à ce qui en est) elle fut accusée en l'assemblée des Estats (qu'ils appellent Parlement) d'avoir voulu attenter par personnes interposées, contre la vie de la Royne d'Angleterre. Sur ceste querelle son procez luy ayant esté faict & parfaict, par arrest elle est condamnée à mort. Lequel luy fut deslors signifié, & toutesfois l'execution sursise par le commandement de la Royne. Ceste pauvre Princesse avoit esté (comme un roc au milieu des vagues & flots) constante pendant ses malheurs, en nostre Religion Catholique, Apostolique, Romaine. Qui rendoit les Seigneurs d'Angleterre estonnez, lesquels pour faire profession, les uns du Lutheranisme, les autres du Calvinisme, craignoient que s'il mesadvenoit à leur Royne, & que si ceste-cy, comme plus proche par droit de sang, arrivast à la Couronne, elle troubleroit tout d'une main, & le repos de leurs consciences, & celuy generalement de l'Estat, ils soliciterent à toute bride leur Royne de vouloir, sans plus delayer, faire sortir effect à l'arrest. Laquelle vaincuë de leurs importunitez fit decerner sa commission le premier jour de Febvrier 1587. Qui fut mise és mains de Robert Beesle, l'un des Secretaires du Conseil, avec commandement tres-exprés aux Comtes de Scherosbery, Kent, Arby, Comberlan, Pambrox, d'y prester confort & aide : Tous Seigneurs voisins du lieu de Poteringay, où elle avoit esté depuis l'arrest confinée & gardée plus estroictement qu'auparavant par le sieur Amias Pooler. Beesle arrive le quatriesme du mois, & presente la commission au Comte de Kent, le 6. va trouver le Comte de Scherosbery, grand Mareschal d'Angleterre. Le Mardy 7. ces Milords, arrivez au Chasteau envoyerent dire à la Royne d'Ecosse sur les trois heures de relevée, qu'ils desiroient parler à elle pour une affaire de grande importance. Adoncques ceste Dame asseurée que c'estoient nouvelles de sa mort, s'armant d'une magnanimité de courage, leur mande qu'ils seroient les tres-bien venus, & pour donner audience aux Ambassadeurs de sa mort, s'assiet dedans une chaire. Où le Comte de Scherosbery, nuë teste avecques ses compagnons, luy fit recit du commandement exprés qu'ils avoient receu de la Royne leur Dame, & Maistresse : la suppliant ne vouloir trouver mauvais qu'on luy en fist la lecture : Requeste qu'elle leur entérina d'une grande franchise d'esprit. La commission ayant esté leuë : je n'eusse jamais pensé (dit-elle) que la Royne ma sœur eust voulu acquiescer à un acte tant impiteux, que cestuy, contre celle qui n'est en aucune façon sa justiciable, toutesfois je la remercie, & prend à tres-grande obligation l'injustice que l'on exerce en ma personne, par le moyen de laquelle je feray un briz de prison à tous mes mal-heurs, pour entrer en une beatitude eternelle. Et apres plusieurs propos, mettant la main sur les Evangiles elle jura n'avoir jamais pourchassé la mort de la Royne d'Angleterre, & de ce appelloit Dieu à tesmoing. Le Comte de Kent luy voulut bailler un Ministre pour la consoler, mais elle d'un œil sourcilleux le rejetta. Et comme leurs discours se promenoient d'une bouche à autre, advint à ce mesme Milord, qui seul d'entre ses compagnons la vouloit catechiser, de dire, qu'elle avoit mal recogneu les honneurs par elle receus de la Royne sa Maistresse : & que sa vie estoit la mort de leur Religion : comme au contraire sa mort en estoit la vie. A ce mot ayant mis fin à son pourparler, la Royne luy demanda quand elle devoit mourir : à quoy luy fut respondu par le Seigneur de Scherosbery, que ce seroit le lendemain matin sur les huict heures. Elle les pria avant que partir de luy rendre son Aumosnier pour la confesser, & Melvin son maistre d'hostel pour communiquer de ses affaires. Du premier on luy en fait refus tout à plat : du second on luy fit promesse de le luy presenter avant que de mourir. Estant doncques demeurée avecques le peu qui luy estoit resté de ses gens, l'heure de soupper venuë, or sus (dit-elle) il faut qu'on haste mon soupper, afin que je donne ordre à mes affaires. Elle se mit peu apres à table, & souppa sobrement selon son ordinaire coustume. Et voyant ses serviteurs & Damoiselles plongez en larmes, elle d'une chere hardie leur dit, Mes enfans, il n'est plus temps de me pleurer. Ces larmes devoient estre espanduës lors de ma misere, & longue prison : mais maintenant que me voyez je au point de sortir de ce labyrinthe, vous devez vous tous esjouir & loüer Dieu : & apres les avoir consolez, elle addressa particulierement sa parole à Bourgoin son Medecin, en cette façon. Avez-vous pris garde combien la force de la verité est grande ? Ils me font, disent-ils, mourir pour avoir voulu attenter sur la vie de leur Royne, & neantmoins ils m'ont asseuré (dit-elle) Milord Kent ne s'est peu retenir qu'il ne m'ait assez donné à entendre qu'ils n'ont autre sujet de ma mort, que la crainte de leur Religion. Monstrant assez par cela qu'il est un tres-mal-habile homme : mais plus encores d'estimer qu'en ce dernier acte de ma vie, je vueille avecques le corps perdre mon ame, par un changement de ma foy. Elle beut à la fin du soupper à tous ses gens, leur commandant de la pleger. A quoy obeïssans ils se mirent à genoüil, & meslans leurs larmes avecques leur vin, beurent à leur Maistresse, luy demandans humblement pardon de ce qu'ils la pouvoient avoir offensée. Ce qu'il leur accorda de bon cœur, les priant de luy rendre le contr'eschange. Il seroit mal-aisé de dire qui estoient les plus empiteux, ou eux à se lamenter, ou elle à les consoler. La nappe levée elle repassa sur son testament, l'augmentant & diminuant selon le plus ou moins du service des siens ; & tout d'une suitte se fit rapporter l'inventaire de ses meubles, bagues & joyaux, l'apostillant en la marge des noms de ceux ausquels elle les destinoit. Distribua quelques deniers manuellement à uns & autres. Pria par lettres son Aumosnier de vouloir prier Dieu pour elle. Commença d'escrire une lettre au Roy Henry son beau-frere, qu'elle acheva le lendemain matin : luy recommandant à divers articles ses serviteurs & damoiselles. L'heure de coucher arrivée, elle se mit dans son lict, & apres avoir dormy d'un court somme employa le reste de la nuict en prieres & oraisons.

Le lendemain huictiesme du mois jour de son supplice, voicy l'ordre qu'elle voulut tenir. Elle avoit un mal de pieds ordinaire pour lequel on y appliquoit des unguents. Sçachant

chant qu'aprés son decez il la faudroit despoüiller, pour n'oublier rien de sa bien-seance, elle se les fit laver le matin. De-là, comme si elle fust allée aux nopces, se fait bailler les habillemens dont elle avoit accoustumé se vestir, recevant quelques Seigneurs de marque par la permission de la Royne, ou pour se mettre en son bon point aux festes solemnelles : & se fit apporter un mouchoir brodé d'ouvrages d'or pour se faire bander les yeux. Et aprés avoir despesché quelques menuës affaires à part soy, appella tous ses serviteurs, Officiers, & Damoiselles, fit lire son testament devant eux, les priant de se contenter, estant tres-marrie de n'avoir meilleur moyen de les gratifier, toutes-fois esperoit qu'en sa faveur ils trouveroient aprés sa mort des amis : cela faict elle tourne tout son esprit à Dieu, s'agenoüille dans son oratoire, fait ses oraisons & prieres. Mais ne pouvant longuement se tenir à genoux pour la foiblesse de son corps, son Medecin la pria de prendre un peu de pain & de vin pour la soustenir. Ce qu'elle fit, le remerciant de ce dernier repas, & deslors mesmes retourna à ses prieres. Où estant on vint heurter à la porte pour le semondre de sortir. Qu'ils se donnent quelque peu de patience, fit-elle : je satisferay bien-tost à leur opinion. Ils ne demeurerent pas long-temps sans nouvelle recharge, tant le peu de vie qui luy restoit leur sembloit long. Ouvrez-leur (dit-elle) la porte, il est meshuy temps que je sorte de ceste terrestre prison. Adonecques le Prevost qu'ils appellent Scherif, la trouva encores à genoux, laquelle se levant prend entre ses mains une petite Croix garnie d'un Crucifix d'yvoire qui estoit sur l'autel, qu'elle baise, puis la baille à un sien valet de Chambre pour la porter devant elle. Son Medecin Bourgoin la prend sous un bras pour la conduire, mais aussi-tost luy vint un remords de ce qu'il faisoit, la conduisant pour la mettre és mains de ses ennemis : pour ceste cause la supplia les larmes aux yeux, qu'il luy pleust le dispenser de ce dernier service. Ce qu'elle eut pour tres-agreable, & deslors la prindrent deux serviteurs de Poolet pour la soulager. Descendu ainsi mal qu'elle peut, entrant en la salle, trouva au bas son maistre d'hostel tout esploré. Encores est-ce un trait de courtoisie (dit-elle) que je reçoy inesperément de mes ennemis. Et à la mienne volonté qu'ils eussent fait le semblable de mon Aumosnier pour luy confesser mes pechez, & recevoir de luy sa benediction. Alors elle parla assez long-temps à ce pauvre Gentil-homme, auquel la parole estoit morte en la bouche, luy commandant d'aller trouver le Roy son fils, pour luy faire service, comme elle s'asseuroit qu'il luy avoit fait. Que ce seroit celuy qui le recompenseroit, puis qu'elle ne l'avoit peu faire de son vivant : qui estoit l'un des principaux regrets, qu'elle emporteroit quant & soy en l'autre monde. L'en-chargeant de luy porter sa benediction qu'elle fit à l'heure mesme, faisant le signe de la Croix. L'asseurer de sa part que quelque jugement qui eust esté donné, elle n'avoit jamais rien luy deust desplaire à la Royne d'Angleterre sa sœur. Que le semblable devoit-il faire, & ne se departir de son amitié. Et pour conclusion que jamais elle n'avoit rien tant desiré depuis sa prison, que le repos des Royaumes d'Angleterre, & Escosse, & que quelque jour ils fussent unis ensemble. Que cestuy estoit le general refrain de toutes ses prieres à Dieu. A ceste parole elle se teut, & ce pauvre Gentil-homme portant la queuë de sa robbe, la conduisit jusques à l'escharfaut, où estant montée elle s'assiet sur une petite selle couverte de drap noir, & lors l'Arrest & la Commission estans leus, elle se leve sur pieds, & en presence des Comtes, & deux ou trois cens personnes qui estoient dedans la sale, d'une voix forte & hardie, elle fit en ces termes le procez à ceux qui avoient fait le sien.

Milords, je suis Royne née, non subjecte à vos loix, Doüairiere de France, presomptive heritiere d'Angleterre, qui aprés avoir esté detenuë dix-neuf ans prisonniere contre tout droit divin & humain, par celle vers laquelle je m'estois refugiée, comme à l'ancre de ma seureté, sans avoir aucune jurisdiction sur moy, & sans que l'on m'ait receuë en mes justifications, m'a condamnée à mort pour avoir voulu entreprendre sur sa vie. Chose à quoy je ne pourpensay jamais. Et de ce je me demanderay pardon à Dieu, devant lequel je vais rendre raison de mes actions. Et quand je l'aurois faict, dites-moy, je vous supplie, si je n'avois subject de le faire ? Je suivray l'ordre des temps, & commenceray par ma prison. Sous quel titre me deteniez-vous prisonniere ? Estoit-ce comme vostre sujecte ? Il n'y a homme des vostres qui fust si ozé de le dire. Ceste prison estoit-elle de bonne guerre ? Vray Dieu, quand est-ce que jamais je fis prendre les armes aux miens contre vous ? Quand est-ce que je ne vous ay respectez dedans ma bonne fortune, je veux dire vostre Royne, comme celle à laquelle j'estois plus proche à succeder ? Donnons que j'eusse pris les armes, & que par un desastre de guerre je fusse tombée en vos mains, que despendoit-il de ceste prise ? A prendre les choses à leur pis, j'en devois estre quitte pour une rançon, à laquelle vous ne me voulustes jamais mettre. Je n'estois ny vostre sujette, ny prisonniere de bonne guerre, pourquoy me voulustes-vous confiner en une perpetuelle prison ? Si j'avois commis quelque faute, estois-je vostre justiciable pour vous en rendre compte ? Ce n'est point cela, ce n'est point cela (je parle à vous Puritains, qui d'un cœur devot, & contrit, plus sages que tous vos ancestres, allambiquez une quinte-essence de nostre Religion Chrestienne) il y eut quelque autre anguille sur roche qui me causa ceste prison. Et quand quelque faute y eust eue, dont je vous responsable qu'à Dieu, certainement la prison de dix-neuf ans estoit un temps trop plus que suffisant pour expier par une longue penitence le peché envers Dieu, & meriter quelque pardon envers les hommes, qui considerera le rang que j'ay soustenu, & qu'un seul jour de prison m'a esté plus penible, que la mort extraordinaire que je vais souffrir. Et non assouvis de ceste prison, vous m'avez pourchassé ceste mort, où j'estimez m'estre honteuse, & moy, je la prend à gloire : si tant est qu'en ce piteux estat où je suis reduite, ceste vanité se doive loger dans mon ame. Et puisque de toutes ces grandeurs il ne me reste maintenant que la parole, je vous auray malgré vous ceste obligation de m'oüir. J'ay conjuré (dites-vous) contre vostre Royne. Je vous ay dit qu'il n'en est rien, & le confirme derechef sur ma part de Paradis. Mais je veux l'avoir entrepris. Premierement où trouvez-vous que ce mot de conjuration puisse estre dit & approprié de Souverain à Souverain ? Cela s'adapte seulement à un sujet, lors qu'il entreprend quelque faction contre son Prince. Davantage qu'est-ce dont vous m'avez accusée, sinon qu'en me deffendant je vous aye voulu assaillir ? Vous vouliez non seulement me tenir captive, mais aussi par une cruauté barbaresque, captiver en moy & tenir en prison un naturel instinct de la liberté, qui est commun avecques tous les autres animaux. J'avois plusieurs fois fait prier vostre Royne sur la delivrance de ma personne. A toutes mes prieres sourde-oreille. Et vrayement je ne pense point qu'ayez eu autre information pour me condamner, sinon une presomption violente, qu'il estoit impossible de toute impossibilité que le desir de vengeance ne fust entré en ma teste contre le tort desreiglé qui m'estoit fait. Quoy ? si estant en pleine liberté, j'eusse tresné à coste ouverte quelque entreprise contre vostre Royaume, & qu'en icelle il me fust advenu autrement qu'à point, voire que je fusse tombée entre vos mains, m'eussiez-vous peu contraindre faire mon procez, ou mourir ? Ma condition estoit-elle empirée, pour estre tombée par vostre perfidie dedans vos prisons ? Mais je suis recidivée (dites-vous) depuis l'Arrest contre moy donné. Quelques miennes lettres depuis surprises ont acceleré ma mort, contre la volonté de vostre Royne. O impudence esmerveillable! Peut-il tomber en teste d'homme, que moy qui estois plus estroictement, & gardée, & regardée qu'auparavant, à laquelle on avoit osté plume, papier, & ancre, veillée jour & nuict, environnée des plus fideles creatures de la Royne, j'eusse eu moyen, ou d'escrire, ou de rien conspirer de nouveau contr'elle ? Tout cela est un jeu fait à poste, pour donner fueille à une cruauté qu'avez voulu executer contre une Princesse innocente. Vous Messieurs les Puritains qui mesnagez les affaires de vostre pays, vous estes faits sages par la calamité des Catholics Anglois. Car voyans qu'aprés la mort de la Royne Marie, vostre Royne Elizabeth ayant esté tirée d'une miserable prison, planta dés son avenement l'heresie de Martin Luther, & que pour l'asseurer elle fit voler les testes à une infinité de pauvres Catholics, qui n'y pouvoient condescendre, & les autres exiler, avez pensé qu'autant en pendoit-il sur vos chefs, avenant la mort de vostre Royne. Vous avez veu que la langueur d'une traistreuse prison n'avoit de rien alteré en moy, ny l'effort de mon courage envers Dieu, ny de ma Religion Catholique, que selon le cours de la nature, & de la loy, le Royaume me devoit quelque jour escheoir. C'est pourquoy estimans qu'il me seroit lors plus aisé de remettre sus nostre Religion en sa possession ancienne, qu'il n'auroit esté de l'exterminer, pour y en establir une nouvelle, & qu'en ce restablissement il y auroit lors du danger de vos vies, vous les avez voulu asseurer aux despens de la mienne. Et à tant pour y parvenir, avez qu commencement apporté le masque d'une premiere conjuration, & depuis renvié d'une seconde pour ne faillir à vos desseins, ne vous estudians point tant au repos general de vostre Royaume, qu'au particulier de vous autres. Aussi n'avez-vous pensé si dextrement couvrir vostre jeu, que par le second article des Remonstrances qu'avez faites à vostre Royne, ne luy ayez mis devant les yeux le fait de la Religion, & que deviez craindre qu'une Princesse nourrie en la Religion Papistique (ainsi appellez-vous la nostre) fust à l'advenir appellée au gouvernement absolu de l'Estat : Et vous, Milord de Kent vomistes hier ce mesme venin contre moy. Ma mort doncques a esté pourchassée, non par la voye ordinaire de la Justice, quelques Estats que l'on ait fait assembler à cette fin, mais d'autant qu'estimiez ceste mort estre vrayement une mort d'Estat. Car cette mal-heureuse & damnable proposition est emprainte en l'opinion des plus grands, qu'en telles affaires toutes choses doivent passer, dont pensons rapporter profit encores qu'elles soient injustes. Or avez-vous maintenant ce que desirez, immolans mon innocence aux pieds de Dieu tout puissant, que je supplie par sa clemence, retribuer à mon cher fils le tort qui m'est fait par vous autres, ausquels je pardonne d'aussi bon cœur, que je prie mon Createur me vouloir pardonner mes pechez.

Elle ne se pouvoit estancher poussée d'une juste douleur, qui fut cause que le Comte de Kent l'interrompit, luy disant, qu'il n'estoit plus temps de se souvenir du passé, ains devoit seulement jetter ses yeux sur la vie future. Partant luy presenta au bas de l'eschafaut le Doyen de Preterbourgth Ministre pour la conseiller & consoler : mais elle tout aussi-tost tourna visage d'un autre costé : priant ces Messieurs de ne la vouloir au peu de vie qui luy restoit, indueement importuner contre sa conscience, laquelle luy estoit un inexpugnable rempart encontre toutes leurs embusches : Et lors joignant les mains & levant les yeux au Ciel, fit plusieurs prieres à Dieu, tantost en François, tantost en Latin. En fin commanda à l'une de ses filles (cela estoit sur les neuf à dix heures du matin) de luy bander les yeux du mouchoir qu'elle avoit expressément dedié pour cet effect. Bandée, elle s'agenouille, s'accoudant sur un billot, estimant devoir estre executée avecques une espée à la Françoise, mais le Bourreau assisté de ses sattellites, luy fit mettre la teste sur ce billot, & la luy couppa avecques une doloire. Le jour mesme fut envoyé Henry Talbot fils du Comte de Scherosbery, porter nouvelles à la Royne de tout ce qui s'estoit passé, lequel arriva le lendemain à Richemont où elle estoit. Ces nouvelles ne furent long-temps celées. Car dés les trois heures de relevée, toutes les cloches de Londres commencerent de sonner, & furent faits feux de joyes par toutes les ruës, & banquets publics en signe de resjouïssance.

Je ne leu jamais tant de rigueur (je ne diray cruauté) comme celle qui fut exercée contre cette Dame, ny de constance comme celle qui se trouva en elle : Rigueur, qu'une pauvre Royne affligée d'une prison de dix-neuf ans, eust esté exposée à mort par jugement d'une autre Royne, en laquelle selon le commun cours de nature devoit resider plus de misericorde. Et que pour la faire mourir tous les jours de mille morts, on luy eust prononcé sa sentence trois mois devant, la resserrant en une prison plus estroitte. Constance durant sa vie, & que pendant sa prison elle eust vescu avecques une liberté de sa conscience, en la Religion de ses pere & mere. Sçachant que si elle l'eust voulu tourner à gauche, les prisons luy eussent esté ouvertes : plus grande constance en sa mort, que l'execution de sa sentence luy ayant esté signifiée pour le lendemain, non seulement elle n'eut besoin de consolation des siens, au contraire les consola. Quoy faisant elle triompha non seulement de la mort, ains de la Royne mesme d'Angleterre, & ensevelit d'une mesme main, tous les bruicts sinistres dont les mal-vueillants s'estoient prevalus encontr'elle.

De moy, comme nos pensées sont libres, je ne fais aucune doute, que tout ce qu'on mit en la bouche de ceste Dame avant son decez ne soit veritable : Et pour ceste cause voyant ces durs traittemens exercez sur elle, je croyois que le son de ces cloches seroit un tauxin, & les feux, un flambeau de guerre qui s'espandroit quelque jour par toute l'Angleterre : toutes-fois le temps m'a depuis enseigné que j'estois un tres-mauvais faiseur d'Almanachs. Car, & elle, & eux ont eu l'accomplissement de leurs desirs : la Royne desiroit en mourant que les deux Royaumes fussent unis en la personne de son cher fils, aprés le decez de la Royne d'Angleterre : Et les autres n'aspiroient qu'à un repos futur du Royaume, & asseurance de leurs vies en l'exercice libre de leur Religion. Tous deux leur sont advenus, & qui sans passion approfondira ceste affaire, il cognoistra qu'ils ne pouvoient arriver ensemble que par ceste mort.

CHAPITRE XVI.

Des mots dorez & belles sentences de maistre Alain Chartier.

IL n'est pas dit que je vous doive seulement servir des faits memorables qui se sont passez par la France. Les mots & sentences dorées d'uns & autres ne sont de moindre instruction. Le sujet donc de ce chapitre sera de Maistre Alain Chartier, Autheur non de petite marque, soit que nous considerions en luy la bonne liaison de paroles & mots exquis, soit que nous nous arrestions à la gravité des sentences : grand Poëte de son temps, & encores plus grand Orateur, comme l'on peut voir par son Curial & Quadrilogue, lesquels deux œuvres il nous laissa pour eternelle memoire de son esprit. Et florit sous le regne de Charles septiesme, duquel il escrivit la vie, commençant son histoire à l'année mil quatre cens deux, qui fut l'an de sa nativité, auquel lieu le mesme Chartier dit que lors il estoit agé de seize ans. Au moyen dequoy nous pouvons dire qu'il nasquit en l'an mil trois cens quatre-vingts six. Depuis il fut Secretaire du Roy, ainsi qu'il appert par le commencement de son Quadrilogue, estant grandement favorisé de plusieurs grands Seigneurs pour son bien dire. A cause dequoy mesmement on recite une chose memorable qui luy advint un jour entr'autres : car estant endormy en une salle, par laquelle Marguerite femme du Dauphin, qui depuis fut appellé le Roy Louys XI. passant avecques une grande suitte de Dames & grands Seigneurs, elle l'alla baiser en la bouche. Chose dont s'estans quelques-uns esmerveillez, parce que pour dire le vray, nature avoit enchassé en luy un bel esprit dans un corps laid & de mauvaise grace, ceste Dame leur dit qu'ils ne se devoient estonner de ce mystere, d'autant qu'elle n'entendoit avoir baisé l'homme qui estoit laid & mal proportionné de ses membres, ains la bouche de laquelle estoient issus tant de mots dorez : En quoy

quoy certes elle ne s'abusoit nullement. Je vous en veux doncques icy remarquer quelques-uns que j'ay recueillis de ses œuvres. Dedans son Curial il dit que « toutes choses retournent de leger à leur principe, & retiennent par naturelle inclination l'empreinte de la fin à quoy leur Createur les ordonne. Et en un autre endroict donnant advertissement aux Roys : qui diroit (faict-il) que Seigneurie fust entreprise par la violence des plus forts sur les moindres ? Peu de merveille seroit voir subvertir ou muer chose fondée sur si petit & inique commencement. Et peu après : Principauté n'est fors commission revocable au plaisir du conseil de là sus, pour ce transporte Dieu les Royaumes d'une main en autre : Ailleurs, A Prince sans Justice, peuple sans discipline. Et vingt ou trente fueillets après : Si tu me demande quel est le sens des Roys, je responds, qu'il est plus en bien croire conseil, qu'en le donner : car bien conseiller est propre à toute personne privée, mais choisir le bon conseiller, & eslire du sens des autres conseil profitable, appartient à celuy qui doit ouyr chacun, & pour chacun exploicter. Au mesme lieu : Or est le cornard ravy en ceste deive, qu'il cuide estre fait pour enseigner le monde, & luy semble que ses responses soient Loix Imperiales, & ses fantasies sentences d'Evangile : Et quand il a tout fait, ses esperances sont comme mer d'estoupe, & son sens tourné à neant, comme songe d'homme qui a dormy : Adoncques apprend que mieux vaut chercher autruy conseil par humilité douteuse, qu'au sien s'arrester par arrogante outrecuidance. Parlant contre la Justice : Tres-doux Dieux, qui eust cuidé voir la justice si esbranlée, qui est le principal pilier & soustenement du commun ? Or est-elle venue & ne tient plus qu'à petites estayes toutes pourries de corruption, pour faire de la publique pauvreté, privées richesses. Contre les abus des Ecclesiastics : Ils sont à present tirans d'argent, & negociateurs de la terre. La saincte conversation du Clergé esmeut pieça les courages des Princes, & des conquereurs à leur donner, & la dissolution des Clercs enhardit maintenant chacun à leur tolir. Puis doncques qu'ils n'honorent leur dignité, qui les honorera ? En autre lieu, destestant les sacrileges, & ceux qui pillent le bien des Eglises. Trop ne pourrois-je detester cestuy horrible mesfait, dont l'offense est à Dieu seulement, & à luy seul reservée la vengeance : car Religion est de si grande excellence, que mesme des Temples de Payens forcer, Dieu a souffert avenir punitions publiques, & combien que les Idolatres attribuassent divinité à choses vaines, toutes-fois n'a-il pas voulu que mespris ou force fust faite sans peine, en lieu dedié par eux en titre de Deité, pour ce que les mescreans ne devoient sainement villener, ny mescraindre ce que par erreur ils adoroient comme Dieu tout-puissant. Devisant de l'ignorance des Princes : on nourrit les jeunes Seigneurs & delices & fetardise dés qu'ils sont nez, c'est-à-dire, dés qu'ils apprennent à parler ils sont à l'escole de goullardise & vils paroles. Les gens les couvrent és berceaux, & les duisent à mescognoistre eux-mesmes & autruy. La sottise d'un petit homme ne nuit gueres qu'à luy seul, & peu d'autres se soubtilent à le decevoir : mais Prince non sçachant, trouble l'Estat d'un chacun, & est la targe des mauvais, & la couverture des crimes. Doncques doit avoir sçavance de tout cognoistre, celuy qui tout a en garde. Accusant les communs vices des François : Vos conseils sont sans liberté & sans ordre, vos opinions par affection, vos conclusions sans arrest, & vos ordonnances sans exploict. Sur l'oysiveté des jeunes gens : Moult est marastre & perilleux adversaire, molle paresse, & combien qu'elle soit à tous contraire, toutes-fois est-elle formelle ennemie de jeunesse, & de l'adolescence, à qui le temps du labour & semaille appartient pour preparer les moissons à vieillesse. Autre part discourant amplement sur la creance des Payens, & sur le motif d'icelle : Il n'est si dure ne tant violente introduction, que traict de temps ne tourne à semblance de nature, ne si grand erreur à qui impression de parole continuelle ne donne face de verité. Les enfans suivoient leurs peres à l'abusion des faux Dieux, & où raiso.. les admonestoit, la foy de leurs predecesseurs vainquoit par authorité de doctrine inviolable. Sur le franc vouloir de l'homme : O quelle prerogative, & combien digne excellence donna Dieu à l'homme, quand il mit en son vouloir l'addressement & le choix de son pouvoir ! les autres non ayans ame, ont leur pouvoir reglé ce qu'ils peuvent par institution de servitude, mais le pouvoir de l'homme est reiglé en ce qu'il veut selon droit de franche seigneurie. Sur l'honneur que les creatures portent au souverain Seigneur : Tu les vois aux chants des oyseaux, qui jettent leurs voix & leurs cris vers les Cieux, & en leur endroict ensuivent les Planettes, & les herbes qui s'enclinent vers le Soleil, quelque part qu'il se tourne, & rendent par signe l'honneur à leur Createur, duquel nature nous a donné vocale loüange. Sur les prieres & oraisons que nous addressons au Seigneur : Dieu veut, & souffre estre prié d'humble affection temporelle & humaine, mais il veut exaucer selon sa raison eternelle & divine. Tu ne le peux prier, ainsi que tu sens : il ne veut exaucer sinon en ce qu'il doit ; fragilité & defaut sont tousjours de ta priere : & puissance, & perfection sont la source de ses dons. Dieu donne, non pas tout ce qui te defaut, mais ce qui te faut, non pas ce que tu demandes, mais ce que doibs demander. Parlant de l'eternelle Essence de Dieu : Pource t'appelles-tu iré, ou courroucé à la semblance des hommes, quand tu sens ses punitions, & dis qu'il est appaisé lors que son Hael il cesse. Beaux amis ceste mutation n'est pas en luy. Deduisant comme est venuë à perfection la cognoissance de Dieu : Et combien qu'au premier celle gent demy brute qu'eust sa substentation de vivre ains que la cognoissance de Dieu, comme l'estre des choses est enchainé, ils entrerent par la cognoissance des choses à eux necessaires au desir de cognoistre les parfaites. En regardant donc les choses profitables d'embas, & contemplant les choses merveillables d'en-haut, ils cogneurent grossement que leur soustenement despendoit de plus haute puissance que celle d'homme. Peu après voulant taisiblement arguer les grandes possessions que tient à present l'Eglise : Pource ne prindrent point les Prestres de la lignée de Levy leur partie en la terre de promission, quand l'heritage fut departy aux lignées d'Israël, ains receurent de l'universel peuple les disnes & offertes, & nulle partie ne leur fut assignée sur le tout, ne fut partie d'iceluy heritage : mais ils eurent tout sur les parts de chacun, entendant par ce dernier mot les disnes de leurs biens & fruicts de ceux qui ont aumosné aux Eglises. Ne je n'entends pas pourtant blasmer les preud'hommes seculiers, qui de devotion parfaite ont donné à l'Eglise les possessions : car ils se sont deschargez pour monter vers Dieu en esprit plus legerement, & le Clergé en a pris si grand faix & si grosse charge sur ses espaules, qu'il la courbe tout vers la terre, & le destourbe à regarder aux Cieux. Autres plusieurs notables Sentences peut-on lire dans ses œuvres, comme quand il dit : Qui se fie autrement que par la divine esperance, marche sur la glace d'une nuictée, & s'appuye au baston de rouzeau. Si ta beauté te delecte, c'est aujourd'huy herbe, demain foing. Telle fleur est plustost passée que venuë. La force faict un droict à part soy, & outrecuidance l'usurpe, & s'attribuë honneur sans deserte. Bien est deceuë la folle fiance de ceux qui cuident faire grand œuvre, quand ils s'offrent à l'Eglise en vieillesse ce qu'ils ont en leur jeune aage mal acquis. La monstre du sacrifice est és choses qui sont offertes, mais sacrifice est en la conscience ». Et une infinité d'autres belles sentences, desquelles il est consit de ligne à autre que je ne le puis mieux comparer qu'à l'ancien Seneque Romain.

CHAPI-

CHAPITRE XVII.

Sommaire de la vie de Pierre Abelard, & des amours de luy, & d'Heloïse.

L'Univerſité de Paris n'eſtoit encores formée, mais bien commençoit de poindre ſous le regne de Louys le Jeune qui regna quarante-trois ans depuis le decez du Roy Louys le Gros ſon pere. Ce temps-là produiſit pluſieurs grands maiſtres qui en jetterent les premiers fondemens, & entre autres le Pierre Abelard auquel j'ay voüé ce chapitre. Jamais homme de ſa qualité ne fut d'un eſprit plus aigu & plus remuant, auſſi n'y eut-il jamais homme de ſa qualité d'une fortune plus traverſée que luy. Jean de Mehun en fit un placard dedans ſon Roman de la Roze. Il eſt tombé entre mes mains un livre de ſes Epiſtres manuſcrit, & entre icelles y en a une, par laquelle il fait un diſcours general de ſa vie à un ſien amy, dont je vous veux faire part. Car il me ſemble que ceſte piece merite d'eſtre miſe en œuvre, non ſeulement en conſideration de luy, mais auſſi parce que l'on peut recueillir en quel eſtat eſtoient lors les eſcoles de Paris.

Pierre Abelard naſquit au pays de Bretagne au village de Palais diſtant de Nantes de quatre lieuës, fils aiſné de Beranger & Luce ſes pere & mere, dont celuy-là aprés avoir fait profeſſion des armes ſe rendit Moine, & ſa femme Nonnain voilée. Quelque temps aprés leur fils par une autre devotion quitta à ſes freres ſon droict d'aineſſe pour s'adonner du tout aux lettres. Et ſur ce propos vint à Paris, qui commençoit d'eſtre en credit pour les ſciences. Il y avoit lors deux grands perſonnages qui enſeignoient en la maiſon de l'Eveſque, maiſtre Anſeaume en la Theologie, & maiſtre Guillaume de Champenu, autrement Campelenſe en la Philoſophie, qui avoit eſté diſciple de l'autre. Je dis nommément en la maiſon de l'Eveſque: Parce que comme j'ay deduit ailleurs, elle fut l'un des premiers fondemens de noſtre Univerſité. Abelard arrivé à Paris voüa toutes ſes penſées à Campelenſe: mais il ne l'eut pas long-temps ſuivy, qu'il commença de le contredire en la pluſpart de ſes propoſitions. Acquerant par ce moyen grande reputation parmy les jeunes eſcoliers, mais mauvais nom en la bouche des anciens, qui blaſonnoient en tous lieux ſon impudence. Au moyen dequoy il fut contraint de quitter la ville, & ſe venir camper à Corbeil, où il exerça quelque temps ſes lectures, ſuivy d'une bonne troupe de jeunes garçons. Cependant Campelenſe ſe fait moine. Qui fut cauſe que Abelard retourne à Paris, où reprenant ſon ancienne route, il fait derechef teſte à ſon premier Maiſtre. En quoy il gaigna tant de pied, que celuy auquel Campelenſe avoit reſigné ſa chaire, la luy ceda, & devint ſon auditeur. Choſe qui appreſta à ſes ennemis nouveau ſujet de l'affliger. De façon qu'il abandonna derechef la ville, & ſe retira à Melun avecques une grande ſuitte de ſes partiſans. Campelenſe eſt eſleu Eveſque de Chaalons où il alla demeurer: retraitte qui donna occaſion de retour à Abelard, mais ayant trouvé ſa place priſe par un autre, il ſe retira aux Fauxbourgs, où il leut publiquement: & pour vous monſtrer en quel eſtat la ville de Paris eſtoit lors: *Extra civitatem* (dict-il) *in monte Sanctæ Genovefæ, Scholarum noſtrarum caſtra poſui, quaſi eum obſeſſurus, qui noſtrum occupaverat locum.* Campelenſe adverty, rebrouſſe chemin, pour luy faire lever le ſiege. Nouvelles eſcarmouches d'une part & d'autre, l'un combattant d'authorité & ancienneté de ſon aage, & l'autre de ſubtilité, & d'une gaye jeuneſſe. Toutesfois il fut enfin contraint de quitter la partie, & de choiſir autre party. Il ſe rallie eſcolier d'Anſeaume qui liſoit en Theologie, mais avec un vœu & ferme propos de le controoller comme l'autre. Tout ainſi qu'il ne pouvoit eſtre oiſeux, auſſi eſtoit-il naturellement noiſeux: aprés l'avoir quelque temps oüy, il s'inſtale en la chaire de Theologie, en laquelle il n'eſpargna aucunement ſon precepteur, eſtimé en cela de pluſieurs, mais auſſi s'expoſant à la meſdiſance des autres. Luy qui flattoit ſes opinions, les appelloit calomniateurs. Anſeaume eut deux grands eſcoliers, Alberic né de la ville de Rheims, & Lutulfe de Lombardie, qui ſe vangerent puis aprés à poinct nommé d'Abelard, ainſi que je diſcourray en ſon lieu.

Or voyez, je vous ſupplie, comme Dieu ſe voulut mocquer de ce grand Philoſophe & Theologien. Il enſeignoit la Theologie avecques un grand theatre, & applaudiſſement d'eſcoliers, dont il s'orgueilliſt de façon, qu'il ne penſoit avoir ſon pareil au monde. Ce que luy-meſme recognoiſt franchement parlant de ſoy. Comme il liſoit en l'Eveſché, un Chanoine nommé Foulbert, qui avoit chez ſoy une ſienne niepce fort bien nourrie en la langue Latine, le prie de luy vouloir donner tous les jours une heure de leçon. Ce qu'il accepta volontiers: aprés avoir quelque temps continué ce meſtier, amour ſe mit de la partie entre eux. En quoy les choſes arriverent en tel poinct qu'il engroſſa Heloïſe (tel eſtoit ſon nom) & l'ayant nuitamment enlevée de la maiſon de ſon oncle, il l'envoya en Bretagne chez une ſienne ſœur, où elle accoucha d'un fils qui fut nommé Aſtralabre. Abelard voyant ſon oncle infiniment courroucé ſe preſente, le ſuppliant de luy vouloir pardonner ceſte faute, laquelle il repareroit par un futur mariage, à la charge touteſfois qu'il ne viendroit à la cognoiſſance du peuple. Ce que le Chanoine prit en payement, luy promettant le meſme ſilence qu'il deſiroit de luy. Suivant cet arreſté fait entr'eux, Abelard va trouver ſa mieux aimée, en deliberation expreſſe de la ramener à Paris pour l'eſpouſer, mais elle d'un eſprit plus ſolide que luy, n'y vouloit aucunement entendre, pour une infinité de raiſons fondées ſur le danger qu'elle prevoyoit nonobſtant quelque promeſſe de ſon oncle. Joinct que le mariage eſtant deſcouvert, ce ſeroit la cloiſture, & de ſes leçons, & de ſa fortune. Je ne vous repreſenteray toutes les raiſons dont elle le voulut gaigner, bien vous diray-je que je ne leu jamais en Orateur tant de belles paroles & ſentences perſuaſives pour parvenir à ſon intention que celle qu'elle y apporta: Nonobſtant leſquelles Abelard ſe fit croire, & eſtant de retour à Paris l'eſpouſa en la preſence de l'oncle, & de quelques ſiens amis, ſous la promeſſe qu'ils ne divulgueroient le mariage. Toutesfois il ne fut ſi-toſt conſommé en face de ſaincte Egliſe, qu'ils le trompeterent par la ville, pour couvrir la honte & pudeur de la fille. Mais elle par une amitié extréme qu'elle portoit à ſon eſpoux, voyant combien le titre de mariage deſarroyeroit ſes affaires, le denioit fort & ferme. Qui aigrit tellement ſon oncle, qu'il exerça pluſieurs grandes rigueurs & indignitez contr'elle. Au moyen dequoy pour l'en garentir de tout point fur entr'eux pris un nouveau conſeil. Il y avoit un Monaſtere de Nonnains au Bourg d'Argentueil, auquel Heloïſe avoit pris ſa premiere nourriture, il fut adviſé qu'elle y retourneroit, & prendroit tous les habits de Religieuſe, horſmis le voile. Quoy faiſans ils ſe promettoient bannir d'eux toutes les opinions qui couroient de leur mariage, ſous eſperance toutesfois d'en reprendre les premiers arrhemens quand les occaſions ſe preſenteroient. Ainſi qu'ils le projetterent, fut-il executé. Mais le Chanoine eſtimant recevoir par ce nouveau conſeil, nouvelle eſcorne, delibera de s'en venger à outrance. Et pour y parvenir corrompt un valet d'Abelard, qui luy ouvre de nuict la porte de ſa chambre, comme il dormoit, eſtant de ceſte façon entré luy fait couper la partie par laquelle il avoit peché. Cela fait il s'enfuit. Mais la juſtice
non

non endormie en fit prompte punition, car le serviteur d'Abelard & celuy du Chanoine perdirent, & les yeux, & les genitoires. Abelard est visité par une grande procession de gens, & par special de ses escoliers qui en firent les haux cris. Mais luy plus combatu dedans son ame de la honte, que de sa playe exterieure, s'avisa d'un nouveau conseil. Il avoit auparavant fait prendre l'habit de Nonnain à sa femme, sans faire le vœu, en attendant, comme j'ay dit, que la commodité de ses affaires portast pleine ouverture de leur mariage: mais se voyant frustré de ceste esperance, il estima qu'il falloit tout à fait franchir le pas. Et pour ceste cause se rendit Moine profez en l'Abbaye de S. Denis, & Heloïse Religieuse voilée au Prioré d'Argentueil: où pour sa suffisance elle fut quelques ans après esleüe Prieure. Mais sur tout la confusion de ce grand personnage merite d'estre icy inserée. *In tam misera contritione positum confusio (fateor) pudoris potius, quàm devotio conversionis, ad monasticorum latibula claustrorum compulit.* Ainsi en prend-il à plusieurs qui se rendent Moines, ou par despit, ou par desespoir.

Nonobstant ce nouveau changement de vie il fut prié par quelques-uns de ses disciples de vouloir continuer ses leçons. A quoy il condescendit, & se retirant en arriere-coin du Monastere, lisoit tantost en Philosophie, tantost en Theologie, ayant un grand auditoire. Toutesfois parce que de sa vie on peut recueillir des anciens instituts de nostre Université de Paris, voicy, qu'il dit sur cet article. *Cum autem in divina scriptura non minorem mihi gratiam, quàm in seculari, Dominus contulisse videretur, cœperunt admodum ex utraque lectione Scholæ nostræ multiplicari, & cætera omnes vehementer attenuari. Unde maxime Magistrorum invidiam atque odium mihi concitavi. Qui in omnibus quæ poterant mihi derogantes, duo præcipua absentī mihi semper objiciebant: Quod scilicet proposito monachi valde sit contrarium secularium librorum studio detineri. Et quod sine magistro ad magisterium divinæ lectionis accedere præsumpsissem: ut sic mihi omne doctrinæ scholaris exercitium interdiceretur.* Passage dont vous povez voir que desja on commençoit à mettre distinction entre les lectures qui se faisoient par les Seculiers, & les Reguliers, & que pareillement avant que d'estre receu à lire en Theologie, il falloit avoir esté receu par un Superieur, & passé par quelque degré. Qui sont deux particularitez, que j'objecteray aux Jesuites au plaidoyé que je fis contre eux pour l'Université de Paris: de vouloir lire les lettres humaines, & la Philosophie à tous venans: & encores d'enseigner la Theologie, sans en avoir suivy l'examen ainsi qu'on avoit accoustumé de faire. Que si j'eusse eu lors ce passage en main, il m'eust grandement servy. Je vous coste icy ce passage encores que j'en face cy-après mon profit au premier chapitre du sixiesme livre.

Mais pour reprendre le fil de ceste presente histoire, Abelard se voyant suivy de plusieurs escoliers, commença de semer une opinion tres-meschante & tres-erronée. Car il composa un livre de la Trinité, laquelle il vouloit prouver par raisons humaines, soustenant qu'on ne devoit croire une chose, dont on ne pouvoit rendre raison. Qui estoit en bon langage destruire le fondement general de nostre foy. *Nihil posse credi*, disoit-il, *nisi primitus intellectum, & ridiculosum esse aliquem prædicare aliis, quod nec ipse, nec illi quos docerent intellectu capere possent: Domino ipso arguente quod cæci essent ductores cæcorum.* Comme ordinairement toutes nouveautez plaisent, aussi ne despleut ce livre aux ames foibles. Toutesfois il fut condamné par un Concil tenu en la ville de Soissons. Le tout à la poursuitte d'Alberic & Lutulfe disciples d'Anseaulme, & mesmes fut ordonné que le livre seroit publiquement jetté dans le feu par Abelard, & luy confiné en l'Abbaye de sainct Medard, comme en prison clause. Auquel luy nonobstant ceste condamnation il fut receu d'un bon accueil, tant il avoit de grandes parties qui attrayoient à soy uns & autres. Il n'est pas que quelques Cardinaux & Evesques de Rome ne l'excusassent, dont nostre grand S. Bernard se plaignoit fort aigrement en ses 190. 191. & 194. Epistres. Les choses toutesfois se passerent de telle sorte qu'après avoir faict quelque sejour à S. Medard, l'Evesque de Preneste Legat en France le renvoya en son monastere, où il ne fut pas si-tost arrivé qu'il appresta sujet de nouvelle querelle, qui merite d'estre tout au long recité, comme appartenant aucunement à l'ancienneté de nostre France. Nous tenons de main en main que le chef de S. Denis est le chef de Denis l'Areopagite. Et de faict de Luc dedans son recueil des Arrests recite que comme les Doyens, Chanoines, & Chapitre de Paris pretendissent que chez eux reposoit le chef de l'Areopagite, soustenu le contraire par les Religieux, Abbé & Convent de S. Denis: Pour les accorder il fut dit par Arrest du Parlement de Paris, que le chef de l'Areopagite reposoit en l'Eglise de S. Denis: & celuy du Corinthien, en l'Eglise de Paris. Advint qu'Abelard expliquant un passage de Beda sur les Actes des Apostres, où il soustient que S. Denis fut plustost Evesque de Corinthe que d'Athenes, les Religieux commencerent de luy en faire la guerre, comme introduisant une nouvelle heresie en leur Eglise, & que Beda soustenant ceste opinion estoit un vray imposteur. Aimans mieux croire Huldoüin leur Abbé, qui de propos deliberé avoit voyagé jusques en la Grece, pour s'en esclaircir, & ayant trouvé le contraire en avoit fait un livre exprés. Surquoy Abelard interrogé auquel des deux il vouloit adjouster plus de foy, respondit que c'estoit au venerable Beda, tant honoré par nostre Eglise. Adoncques les Religieux d'une commune voix s'escrient, qu'il estoit un heretique qui perdoit non seulement l'honneur de leur Abbaye, ains de toute la France, revoquant en doute que le chef de S. Denis l'Areopagite fust en leur Eglise. Abelard leur ayant repliqué que ce luy estoit chose indifferente que ce fust l'Areopagite, ou le Corinthien, moyennant que S. Denis eust esté exposé au martyre pour le nom de nostre Sauveur Jesus-Christ, les Religieux en firent plainte à leur Abbé. Lequel de fait appeller en plein Chapitre, où il le bafoüa avec plusieurs paroles d'aigreur, & luy denonce qu'il en advertiroit le Roy, afin qu'il fust chastié, non comme estoit l'ordinaire des autres Religieux malfaisans, ains d'une punition exemplaire, comme perturbateur de l'honneur general de la France. Sur ceste nouvelle, Abelard craignant l'indignation du Roy, & de son Abbé tout ensemble, se retire vers Thibault Comte de Champagne, se mettant sous sa protection en un Prioré de Troyes. Et quelque peu après fait prier son Abbé de luy vouloir pardonner sa faute, & permettre de se retirer en tout Monastere, autre que celuy de S. Denis, pour les rancunes & inimitiez que les Religieux avoient contre luy conceües. Ce qu'il ne peut obtenir, au contraire luy commanda de retourner promptement sur peine d'excommunication. Sur ces entre-faites l'Abbé meurt, & après son decez, l'Evesque de Meaux fait pareille requeste pour Abelard envers le nouveau successeur, mais il le trouva plus roide que l'autre. Au moyen dequoy il fut contraint d'avoir recours au Roy, qui luy permit de demeurer en tel lieu solitaire qu'il voudroit, à la charge de se recognoistre tousjours Religieux de S. Denis.

De cette permission vint la premiere fondation de l'Abbaye du Paraclit de Nogent sur Seine. Car luy ayans esté prés de ce lieu quelques terres aumosnées, il y bastit du commencement un petit Oratoire (si ainsi voulez que je le die) de boüe & crachard: en deliberation d'y mener une vie solitaire, avec un petit clergeau, qui l'aidoit à faire le service divin, pour s'affranchir par ce moyen des rancunes & inimitiez que les anciens luy portoient. Toutesfois ses escoliers advertis de sa nouvelle demeure, quitterent les leurs, pour se venir habituer prés de luy, & deslors sur le modelle de son Oratoire, s'accommoderent de petites cellules, & à son imitation, *pro delicatis cibis* (porte le texte de l'Epistre dont j'ay extraict ceste histoire) *herbis agrestibus, & pane cibario victitare, & pro mollibus stratis, culmum & stramen comparare, & pro mensis glebas erigere cœperunt, ut verè priores Philosophos imitari crederes.* Admirable devotion de jeunesse envers son Maistre & precepteur. Vray que le nombre croissant peu à peu, aussi commencerent-ils d'accroistre, & l'Oratoire, & leurs Cellules, & le bastir de meilleurs estoffes, & par mesme moyen de changer l'austerité de leur vie en une plus douce. *Administrans vivres & vestemens* à celuy qui leur faisoit leçon tous les jours. En tout cela il n'y alloit rien que de la pieté de sa part. Mais comme il ne pouvoit desmordre ses opinions, aussi se ressouvenant de son livre de la Trinité, qui avoit esté condamné à Soissons, il en voulut renouveller la memoire par son

Oratoire,

Oratoire, qu'il fit appeller Trinité, paraventure non tant par devotion, que vengeance contre ses Juges. Mais depuis recognoissant que ce lieu avoit esté le premier respit de sa consolation il le fit nommer Paraclet : c'est ce qu'il dit dans sa lettre : *Quia ibi profugus, ac jam desperatus, divinæ gratiæ consolationis aliquantulum respirassem, in memoriam hujus beneficii, ipsum Paracletum nominavi.* Nom particulierement attribué en nostre Eglise au benoist S. Esprit. L'ignorance du commun peuple le nomma Paraclit. Comme aussi je veu qu'en mes jeunes ans dedans les Eglises, on appelloit le S. Esprit. *Spiritum Paraclytum*, non *Paracletum*, deux mots qui tout contraires, l'un fignifie flateur, & l'autre consolateur. Mesmes peu aprés que je vins au Palais, un Maistre Jean Sabelat Chanoine de Chartre, homme nourry aux bonnes lettres, prononçant en la celebration de sa Messe, le Paraclet, & non Paraclit, il en fut suspendu *à divinis*, par l'Evesque, dont il en appella comme d'abus, & pour le soustenement de sa cause fit un trés-docte manifeste, que j'eus en ma possession quelque temps : & depuis fut la cause accordée entr'eux par quelques amis de l'Evesque, afin qu'il ne servist de risée au peuple. Je dy cecy en passant pour monstrer quelle tyrannie exerce sur nous le commun usage.

Abelard ayant donné à son Oratoire tiltre & qualité du Paraclet, aussi-tost encourut-il la mal-veillance des nos Evesques & Prelats, lesquels luy improperoient que c'estoit une nouveauté qu'il introduisoit en nostre Religion. Car combien disoient-ils que toutes Eglises sous les noms d'uns & autres Saincts & Sainctes, fussent generalement basties en l'honneur de Dieu, toutesfois on n'en voyoit une seule qui portast particulierement le nom de Dieu le Pere, Dieu le Fils, & sainct Esprit. On le presche, on le deschrie en toutes les chaires, de telle façon qu'il desplaisoit à tous Seigneurs, tant Ecclesiastics que Seculiers. Chose qui se fit entrer en tel desplaisance de soy, qu'il luy prit envie d'aller demeurer en Turquie, où il se promettoit qu'en payant tribut, il luy seroit loisible d'exercer sa Religion en liberté de conscience. *Quos tanto magis* (dit-il) *propitios me habituros credebam, quanto me minus Christianum ex imposito mihi crimine suspicarentur, & ob hoc facilius me ad Sectam suam inclinari crederent.* C'estoit une mal-heureuse ressource d'une ame desesperée.

Estant en ces termes de desespoir, une Abbaye de la basse Bretagne sous le nom de S. Gildaise vient à vacquer, où il fut du consentement du Comte de Bretagne (ainsi le qualifie-il) esleu Abbé. Voila le commencement d'une autre fortune qui sembloit luy vouloir rire. Mais comme il estoit né sous une planette traversiere, encores en sent-il lors les effects. Car comme il trouva les Moines fort desbordez en mœurs, & le revenu occupé par un Gentil-homme voisin : ce nouvel Abbé voulant remettre les choses en leur ancien train, ne voyoit que cousteaux pancher sur sa teste de tous les costez : & commença de regretter son ancienne vie.

Comme les choses se manioient de ceste façon en la Bretagne, Sugger Abbé de sainct Denis chasse toutes les Nonnains d'Argenteüil pour leur desbauche, & y transporte une nouvelle peuplade de Moines de son Abbaye. Heloïse en estoit Prieure, ce mal-heur luy fut cause d'un trés-grand heur. Car Abelard de ce adverty (qui nourrissoit toujours en son ame l'amitié qu'il luy avoit vouée, retourne en son Oratoire du Paraclit, (ainsi sera-il par moy appellé selon la commune parole du peuple, ores qu'il le convint nommer Paraclet) duquel il luy fait present, & aux Religieuses qui estoient à sa suite. Donation qu'il fit emologuer par l'Evesque de Troyes, & encores en Cour de Rome par le Pape Innocent. Et deslors par son opiniastreté il gaigna le dessus de tous. D'autant que le nom du Paraclit demeura à cette Eglise, qui s'est perpetué sans scandale jusques à huy, & fut establie une Abbaye de Nonnains, dont Heloïse fut la premiere Abbesse, laquelle y vesquit avec telle austerité, que les Evesques la tenoient pour leur fille, les Abbez pour leur sœur, & les hommes laiz pour leur mere. N'estant veuë ny visitée d'aucuns, qui la rendit tant recommandée qu'en moins de cinq ou six ans ce Monastere creut en grands biens, par les aumosnes qui luy furent faites par les gens de bien. Abelard mourant, par son testament ordonna d'estre inhumé dans son Monastere dont il estoit fondateur, où pareillement les cendres d'Heloïse reposent, & lors il s'estoit faict par un nouveau privilege Religieux de Clugny. Son Epitaphe est de dix vers, duquel je vous feray part seulement de deux.

*Ille sciens quicquid fuit ulli scibile, vicit
Artifices, artes, absque docente, docens.*

L'Autheur de cet Epitaphe vouloit dire qu'Abelard avoit le rond & accomplissement de toutes sciences, mesmes qu'en tout ce où il reluissoit, il avoit esté son precepteur & disciple ensemble. Mais luy qui n'avoit que trop bonne opinion de soy, se vantoit qu'il n'y avoit passage si obscur, qu'il ne peust bien aisement deschifrer. Dont Accurse se mocquant en la Loy *Quinque. Finium regund. C.* disoit. *Petrus Abellardus qui se jactavit quod ex qualibet, quantumcunque difficili littera traheret aliquem intellectum, hic dixit, Nescio.* Remarque qui m'a semblé ne devoir estre oubliée.

Or tout ainsi que la fortune de ce personnage se rendit admirable pour les diverses secousses qu'il receut se trouvant tantost au dessus du vent, tantost au dessous, aussi suis-je bien empesché de sçavoir quel jugement de bien ou de mal je dois faire sur son Heloïse. Car combien qu'elle se fust grandement oubliée de son honneur avecques luy, toutesfois je me fais presque accroire que ce ne fut point tant par une passion desreiglée, que pour les bonnes & signalées parties d'esprit qui estoient en Abelard. Et qui me fait entrer en ce jugement, c'est quand elle quitta son espoux, pour espouser une autre vie, aux yeux de toute la France, auparavant l'infortune de luy. J'ay une lettre qu'elle luy escrivit en Latin, aprés qu'il se fut fait Moine, c'est à dire lors qu'elle se voyoit du tout forbannie de l'esperance de leurs attouchemens mutuels, & neantmoins vous la verrez autant passionnée comme au plus chaud de leurs amours. Le dessus de la lettre est tel : *Domino suo, imò patri, conjugi suo, imò fratri, ancilla sua, imò filia, ipsius uxor, imò soror, Abelardo, Heloyssa.* Là elle dit avoir leu tout au long la lettre par luy escrite à un sien amy, dans laquelle il faisoit un ample discours de toute sa vie & de ses mal-heurs. Pour à quoy respondre, elle proteste que tout ce qu'elle avoit fait avecques luy n'estoit pour contenter sa volonté, ou volupté, ains celle seulement d'Abelard : Et que combien que le nom d'espouse fust sans comparaison plus digne, toutesfois pour ne faire bresche à la dignité de luy ; *Cultius mihi fuit amicæ vocabulum, aut, si non indignere, concubinæ, vel scorti :* Afin que plus je m'humiliois devant toy, plus je te fusse agreable. Et finalement elle adjouste que quand l'Empereur Auguste reviendroit au monde pour la vouloir espouser, elle aimeroit mieux estre reputée la garce de grand Abelard, qu'Imperatrice de ce grand Univers : & conclud en ces mots, qui me semblent trés-beaux : *Non rei effectus, sed efficientis aff ctus in crimine est : nec qua fiunt sed quo animo fiunt, æquitas pensat.* Voila une resolution d'amour paradoxe. Car lors qu'elle escrivit cette lettre, les Monasteres où l'un & l'autre s'estoient voüez, & l'infortune d'Abelard cognuë à tous, la garantissoient de toute opinion d'impudicité, toutesfois passant par dessus toutes les hypocrisies que les femmes ont accoustumé d'apporter en telles affaires, elle recognoist franchement n'avoir autre idée en soy, que celle qui despendoit de celuy qu'elle avoit tant aimé, & honoré.

Pour conclusion philosophant sur les deportemens de l'un & de l'autre, je recognois Abelard avoir esté d'un esprit fort universel, & pour ceste cause l'un des premiers de son siecle en toutes sortes de bonnes lettres : Mais au milieu de son sçavoir, je le trouve avoir faict un traict de folie admirable, quand il suborna d'amour Heloïse son escoliere, abismé de la fortune en laquelle il estoit eslevé : Et au contraire Heloïse dedans sa folie avoir esté extremement sage, quand mettant sous pied le nom de mariage (voile de sa lubricité) elle se rangea avecques les Religieuses voilées avecques le froc, sans le vœu, premiere ressource de son honneur, dont à la longue sourdit le comble de son bon-heur : Ayant esté non seulement premiere Abbesse du Paraclit, mais Abbesse d'une saincte & religieuse vie.

CHAPITRE

CHAPITRE XVIII.

Traict memorable de Chevalerie, courtoisie, & liberalité du Chevalier Bayard.

Aprés avoir mis quelques discours des bonnes lettres sur le mestier, il ne sera hors de propos si pour contr'eschange, je donne icy lieu aux armes. J'ay au Chapitre precedent discouru sur la vie de Pierre Abelard, extraict d'une noble famille de Bretagne : Je vous representeray maintenant un Pierre de Bayard Gentil-homme du Dauphiné : Tous deux parangons, celuy-là aux bonnes lettres, cestuy-cy au faict des armes. Le premier sçavant & superlatif dessus les sçavans, mais d'un esprit bizarre, irrequiet, & presomptueux : Qui luy fit encourir plusieurs censures & reprimendes de ses superieurs. Le second vaillant dessus les vaillans, mais d'un esprit modeste, calme, & bien reglé : Qui le fit aymer des grands, & honorer des petits : & par mesme moyen rapporter le tiltre de *Bon Chevalier sans peur & sans reproche*. Son trisayeul mourut aux pieds du Roy Jean en la journée de Poictiers, son bisayeul en celle d'Azincour sous Charles VI. son ayeul en la bataille de Montlhery, & son pere griefvement blessé en celle de Guinegaste. Belle production certes d'une Genealogie, pour rendre recommandable le Gentil-homme dont je parle, & neantmoins peu de chose, si sa recommandation principale ne provenoit de son propre fonds. Toutes les loüanges que nous mandions de nos ancestres sont pauvres, quand nous manquons à nous mesmes. Jamais ne fut guerrier en son tout, accomply de tant de bonnes parties que luy. Les uns se trouvent accompagnez de proüesse, mais en eux quelquefois defaut, ou le lignage, ou la prudence. Et oresque les deux s'y rencontrent, toutesfois le mestier de la guerre engendre souvent le mespris de Dieu, & des hommes, en ceux qui pensent estre quelque outrepassé sur leurs compagnons. J'adjouste que pour le mettre plus aisément sur le monstre, ils logent avecques l'ambition d'honneur, souventes-fois l'avarice, aux despens du pauvre peuple, & tout d'une suitte, tantost la cruauté, tantost la paillardise selon les occasions. Tous vices esloignez de nostre bon Chevalier, qui n'avoit autre impression en son ame, premierement que l'honneur de Dieu, puis le service de son Roy, pour la deffence de sa Couronne. Liberal & courtois le possible, rendant aux Dames tels devoirs que l'on peut desirer d'un preux Chevalier, & jeu sans vilenie. En toutes les escarmouches se trouvant tousjours à la pointe, pour faire teste à l'ennemy, & aux retraites le dernier, pour servir d'espaule aux siens : N'oubliant un seul point de bien obeïr à ceux qui avoient puissance de commandement sur luy, ny de bien commander aux gendarmes qui estoient sous sa charge : Sage en ses advis aux deliberations de la guerre : Magnanime & prompt à la main aux executions : Magnanimité ordinairement suivie d'un heureux succez. Aimé non seulement des nostres, mais aussi de nos ennemis qui le redoutoient. Il poussa pied à pied sa fortune, premierement gendarme de la compagnie du Comte de Ligny, puis guidon, en aprés chef d'une compagnie de gendarmes : & finalement Lieutenant de Roy. Servit trois Rois, Charles VIII. Louys XII. François I. Et singulierement pour les paradoxes vertus qu'il recogneut en luy, le choisit pour recevoir l'Ordre de Chevalerie par ses mains. Plus belle closture ne pouvoit estre de son histoire que celle-là. Je n'ay pas icy entrepris de vous pourtraire tout au long sa vie, qui fut escrite d'une plume hardie en l'an 1527. par homme qui ne se voulut nommer, ains me contenteray de vous en faire un traict par chapitre, la memoire, que je voy presque ensevelie par l'ingratitude des ans.

Pendant les guerres que nous eusmes sous le Roy Louys XII. en Italie contre les Venitiens, c'estoit un vray jeu de barres : tantost les villes prises par les uns, puis par les autres reprises. Entr'autres, la ville de Bresce estant retombée és mains des Venitiens, le Duc de Nemours Lieutenant general du Roy en la Lombardie, mit toute son entente à la remettre és mains de son Maistre, & y ayant mis le siege, comme il fallut aller à l'assaut, il avoit esté advisé par le conseil des Capitaines, que le Seigneur de Molart avecques ses gens de pied conduiroit la premiere pointe : Mais ayant chacun opiné, Bayard prit la parole, & dit au Duc de Nemours : Monseigneur, sauf vostre reverence, & de tous Messeigneurs, il me semble qu'il faut faire une chose dont nous ne parlons. Interrogé par le Seigneur de Nemours que c'estoit. C'est, dit-il, que vous envoyiez Monsieur de Molart faire la premiere pointe. De luy je suis asseuré qu'il ne rebouchera pas, ny beaucoup de gens de bien qui là avecques luy. Mais si les ennemis ont gens bien aguerris avecques eux, sçachez qu'ils les mettront à la pointe, & pareillement leurs harquebuziers : Or en telles affaires, il ne faut jamais reculer : & si d'aventure ils repoussoient les nostres, & qu'ils ne fussent soustenus par la gendarmerie, il en pourroit sourdre un grand desordre. Parquoy je suis d'advis qu'avecques Monsieur de Molart on mette cent, ou cent cinquante hommes d'armes, lesquels seront pour beaucoup mieux soustenir le faix, que les gens de pied qui sont armez à la legere. Lors le Duc de Nemours : Vous dites vray, Monsieur de Bayard, mais qui est le Capitaine qui se voudra hazarder à la mercy de leur arquebuttes ? Ce sera moy s'il vous plaist (respondit Bayard) & croyez que la Compagnie dont j'ay la charge, fera aujourd'huy tel service au Roy & à vous, qu'aurez sujet & matiere de vous en contenter. Quand il eut ainsi parlé, tous les Capitaines se regarderent l'un l'autre grandement estonnez de ceste offre si perilleuse. Toutesfois ayant demandé la charge, elle luy demeura : Le Capitaine de Molart & ses gens vont à l'assaut, & sur les aisles estoit Bayard avecques les siens à pied tous gens de choix & eslite : car la plus part de ses gendarmes avoient esté, ou Capitaines en chef ou des principaux membres des Compagnies : mais ils aimerent mieux estre de sa compagnie que de commander, tant ils honoroient ses vertus. A bien assailly, bien deffendu : Et se jetta Bayard d'une telle furie, qu'il entra le premier, & passa le rampart, & aprés luy plus de mille soldats. De sorte qu'ils gagnerent le premier fort. Mais ceste hardiesse luy fut cher venduë. Car il receut un coup de picque dedans le haut de la cuisse, qui entra si avant que le bout rompit, & demeura le fer, & un bout du fust dedans. Bien pensoit-il estre blessé à mort : Au moyen dequoy il dit à Molart : Compagnon, faites marcher vos gens, la ville est gaignée, de moy, je ne sçaurois tirer outre, car je suis mort. Le sang luy ruisseloit en grande abondance, lequel luy fut estanché par deux de ses archers, avecques leurs chemises qu'ils deschirerent, & en la premiere maison qu'ils trouverent desmonterent un huis, sur lequel ils le chargerent, & le plus doucement qu'ils peurent, avecques l'aide de quelques autres le porterent en une maison plus apparente qu'ils virent là à l'entour. C'estoit le logis d'un fort riche Gentil-homme, qui s'en estoit fuy en un Monastere : & sa femme estoit demeurée au logis, avecques deux belles filles qu'elle avoit, lesquelles s'estoient cachées en un grenier sous du foin. Quand on vint heurter à la porte, la Damoiselle resoluë d'attendre la misericorde de Dieu : voyant ce Chevalier qu'on portoit ainsi blessé luy ouvrit elle-mesme la porte, laquelle il fit aussi-tost refermer, & y mit les deux archers, leur disant : Gardez sur vostre vie, que personne n'entre ceans, si ce ne sont de mes gens. Je suis asseuré quand on sçaura que c'est mon logis, nul ne s'efforcera d'y entrer.

entrer. Et d'autant que pour me fecourir, je fuis caufe que vous faillez à gaigner quelque chofe, ne vous fouciez, vous n'y perdrez rien, & je vous recompenferay d'ailleurs. Les Archers firent fon commandement: Et il fut porté en une fort belle chambre où la Damoifelle le conduifit. Puis fe jettant à genoux devant luy, parla en cefte maniere, rapportant fon langage au François. Noble Seigneur je vous prefente cefte maifon, & tout ce qui eft dedans: Car je fçay bien qu'elle eft voftre, par le devoir de la guerre: mais je fupplie, trés humblement voftre Seigneurie, qu'il vous plaife me fauver l'honneur & la vie, & de deux jeunes filles que mon mary & moy avons, qui font preftes à marier. Bayard que je vous ay figuré pour miroüer de Chevalerie & d'honneur, luy refpondit: Mademoifelle je ne fçay, fi je pourray efchapper de ma playe. Mais tant que l'ame me battra au corps, à vous, ny à vos filles, ſne fera faict defplaifir, non plus qu'à moy: gardez les feulement mes chambres, & donnez ordre qu'elles ne foit veuës: Il n'y a homme en ma maifon qui s'ingere d'entrer en lieu, que ne vueillez, vous affeurant au demeurant qu'avez en moy un Gentil-homme qui non feulement ne vous pillera, mais vous fera toute la courtoifie qu'il pourra. Quand la bonne Damoifelle l'ouyt en cefte façon parler, elle fut toute affeurée. Je vous laiffe à part aveques quelle fureur fut prife la ville de Brefce, non feulement fous l'efperance du pillage, mais auffi pour le regret de la perte de noftre grand Achilles, chacun eftimant que le bon Chevalier Bayard fuft mort: Cela n'eft point de mon fujeet. Je me contenteray de vous dire, que la Damoifelle fit venir un bon Chirurgien fien voifin qui vifita la playe de Bayard grande & profonde, toutesfois l'affeura qu'il eftoit hors du danger de mort. Au fecond appareil le vint trouver le Chirurgien du Duc de Nemours qui le panfa, & en fit trés-bien fon devoir: & quelques jours aprés fit retourner en fa maifon fon hofte: Auquel il dit qu'il ne fe donnaft point de melancolie, n'ayant chez luy logé que de fes amis. Le Duc le venoit fouvent vifiter pour le confoler: & fur la rencontre de divers propos, luy raconta entr'autres chofes, le defir que le Roy Louys douziefme fon oncle avoit que pour l'affeurer du Milanois, en exterminaft tout à faict l'Efpagnol de la Lombardie. Et que la conclufion de fes lettres eftoit d'une bataille: A laquelle le Duc s'eftoit refolu par l'avis general de tous fes Capitaines, & fouvent difoit à Bayard: Monfieur de Bayard mon amy, penfez de vous guerir: car je fçay bien qu'il faudra que donnions une bataille aux Efpagnols entre cy & un mois, & fi ainfi eftoit, j'aymerois mieux avoir perdu tout mon bien que n'y fuffiez, tant j'ay grande fiance en vous. Bayard refpondit: Croyez Monfeigneur que s'il eft ainfi qu'il y ait bataille, tant pour le fervice du Roy mon Maiftre, que pour l'amour de vous, & pour mon honneur qui va devant, je m'y ferois pluftoft porter en litiere que je n'y fuffe. Le Duc luy fit plufieurs prefens, felon fa puiffance, & pour un jour luy envoya cinq cens efcus, que Bayard donna aux deux Archers, qui eftoient demeurez aveques luy quand il fut bleffé, & aprés avoir donné ordre aux affaires de la ville s'en partit en bonne deliberation d'accomplir le commandement du Roy qui luy eftoit faict pour mettre fin à la guerre. Cefte refolution fit une autre playe en l'efprit de Bayard, non moindre que celle du corps, craignant que pour l'incommodité de fa perfonne il ne peuft eftre de la partie. Luy venant chacun jour nouvelles du camp des François comment ils approchoient les Efpagnols. Il avoit gardé cinq femaines le lit fans en partir: Mais fur ces nouvelles, il fe fit lever pour fonder fes forces, & fe promena quelque peu par la chambre. Et combien qu'il fe trouvaft foible, toutesfois le grand cœur qu'il avoit ne luy donnoit le loifir d'y fonger. Il envoya querir le Chirurgien qui le panfoit, & luy dit: Mon amy je vous prie me dire, s'il n'y a point de danger de me mettre en chemin, il me femble que je fuis guery, ou peu s'en faut, & vous promets ma foy qu'à mon jugement, le demeurer d'orefnavant me pourra plus nuire qu'amander: Car je me fafche merveilleufement. Ses ferviteurs avoient ja dit au Chirurgien le grand defir dont il bruiloit d'eftre à la bataille, & que tous les jours il ne regrettoit autre chofe que de ne s'y trouver: Parquoy pour contenter aucunement fon opinion, joinct l'eftat de fon mal, luy dit en fon langage: Monfieur, voftre playe n'eft pas encores claufe, toutesfois par dedans elle eft toute guerie. Voftre barbier vous verra habiller encore cefte fois, & mais que tous les jours au matin & au foir, il y mette une petite tente de lin, en emplaftre dont je luy bailleray l'oignement, il ne vous empirera point, & fi il n'y a nul danger: Car le plus grand mal de la playe eft au deffus, & ne touchera à la felle de voftre cheval. Qui euft donné un Royaume à Bayard, il n'euft pas efté plus content. Son Chirurgien fut plus que bien contenté, & fe delibera de partir dans deux jours, commandant à fes gens que pendant ce temps ils miffent en ordre tout fon cas.

La beauté de ce conte eft, que fon hofteffe qui fe tenoit toufjours prifonniere, comme auffi fon mary & fes enfans, & que leurs biens meubles eftoient fiens (car ainfi en avoient faict les François aux autres maifons, comme elle fçavoit bien) eut plufieurs imaginations, eftimant que fi fon hofte les vouloit traiter à la rigueur il tireroit d'eux à fon partement plus de dix ou douze mille efcus, eu efgard à la grandeur de leur bien & revenu, fe delibera de luy faire quelque honnefte prefent, fe promettant, veu fes honneftes deportemens, & la gentilleffe de fon cœur, qu'il s'en contenteroit. Le matin dont le Chevalier devoit deflogcr l'apresdiner, la Damoifelle aveques un fien ferviteur portant une petite boëtte d'acier, entra en fa chambre, où elle trouva qu'il fe repofoit en une chaire, aprés s'eftre fort promené, pour toufjours effayer fa jambe, elle fe jetta à deux genoux, mais incontinent il la releva, & ne voulut jamais fouffrir qu'elle dift une parole, que premier ne fuft affife auprés de luy, & puis commença fon propos en cefte maniere. Monfeigneur, la grace que Dieu me fit en la prife de cefte ville, de vous adreffer en cefte voftre maifon, ne me fut pas moindre, que d'avoir fauvé la vie à mon mary, la mienne, & de mes deux filles, aveques ce qu'elles doivent avoir plus cher qui eft leur honneur. Davantage depuis qu'y arrivaftes ne m'a efté fait, ny au moindre de mes gens une feule injure, mais toute courtoifie, & n'ont pris vos gens, des biens qu'ils y ont trouvé, la valeur d'un feul denier fans payer. Monfeigneur, je fuis affez advertie, que mon mary, moy, mes enfans, & tous ceux de la maifon fommes vos prifonniers, pour en faire & difpofer à voftre bon plaifir, enfemble des biens qui font ceans. Mais cognoiffant la nobleffe de voftre cœur, à qui nul autre ne pourroit atteindre, fuis venuë pour vous fupplier trés-humblement qu'il vous plaife avoir pitié de nous, en elargiffant voftre accouftumée liberalité. Voicy un petit prefent que nous vous faifons: il vous plaira le prendre à gré. Alors prit la boëtte que ce ferviteur portoit, & l'ouvrir devant le Chevalier qui la vit pleine de beaux ducats. Mais luy d'un cœur genereux n'avoit jamais fait conte d'argent, fe prit à rire, puis luy dit: Mademoifelle, combien y a-il de ducats en cefte boëtte? La pauvre femme ayant peur qu'il fuft courroucé d'en voir fi peu, luy dit: Monfeigneur, il n'y en a que deux mille cinq cens: mais fi vous n'eftes content, nous en trouverons plus largement. Alors il dit: Par ma foy, Madamoifelle, quand me donneriez cent mille efcus, vous ne m'auriez pas tant faict de bien, que de la bonne chere que j'ay euë ceans, & de la bonne vifitation que m'avez faicte. Vous affeurant qu'en quelque lieu que je me trouve, aurez tant que Dieu me donnera vie, un Gentilhomme à voftre commandement. De vos ducats je n'en veux point, & vous remercie, reprenez-les. J'ay toute ma vie plus aimé les perfonnes que les efcus, & ne penfez que je ne m'en aille auffi content de vous, que fi cefte ville eftoit en voftre difpofition, & me l'euffiez donnée. La bonne Damoifelle fut bien eftonnée de fe voir efconduite: Si fe remit encores à genoux, mais gueres ne l'y laiffa le bon Chevalier: & relevée qu'elle fut, luy dit: Monfeigneur, je me fentirois à jamais la plus mal-heureufe femme du monde, fi n'importoit le peu de prefent que je vous fais, qui n'eft rien au prix de la courtoifie que m'avez cy-devant faicte, & faictes encores de prefent par voftre grandebonté. Quand le Chevalier la vit ainfi ferme, & opiniaftre en fa liberalité luy dit: Bien doncques Madamoifelle, je le prends pour l'amour de vous, maisallez moy querir vosdeux filles: car je leur veux dire adieu. La pauvre femme qui cuidoit eftre en Paradis de ce que fon prefent avoit efté en fin accepté, alla querir fes filles, lefquelles eftoient belles, bonnes, & bien enfeignées,

gnées, & avoient beaucoup donné de passe-temps au Chevalier durant sa maladie : Parce qu'elles sçavoient fort bien chanter, joüer du lut, & de l'espinette. Si furent amenées devant luy, lequel pendant qu'elles s'accoustroient avoit faict mettre les ducats en trois parties és deux, à chacune mil ducats, & à l'autre cinq cens. Elles arrivées se jettent à genoux, mais incontinent furent relevées : Puis la plus aisnée des deux commença de dire : Monseigneur, ces deux pauvres filles, ausquelles avez tant faict d'honneur que de les garder de toute injure, viennent prendre congé de vous, en remerciant tres-humblement vostre Seigneurie, de la grace qu'elles ont receuë, dont à jamais (pour n'avoir autre puissance) seront tenuës de prier Dieu pour vous. Le Chevalier quasi larmoyant, en voyant tant de douceur & d'humilité en ces deux belles filles, respondit : Mes Damoiselles vous faictes ce que je devois faire, c'est de vous remercier de la bonne compagnie que m'avez faicte, dont je me sens fort vostre obligé. Vous sçavez que gens de guerre ne sont pas volontiers chargez de belles besongnes pour presenter aux Dames. De ma part il me desplaist grandement, que je n'en suis bien garny, pour vous en faire present. Madamoiselle vostre mere m'a donné deux mille cinq cens ducats, que voyez sur ceste table. Je vous en donne à chacune mille pour ayder à vous marier : & pour ma recompense, vous prierez s'il vous plaist Dieu pour moy, autre chose je ne vous demande. Si leur mit les ducats en leurs tabliers voulussent ou non, puis s'addressa à la mere à laquelle il dict. Madamoiselle je prendray ces cinq cens ducats à mon profit, pour les departir aux pauvres Religions des Dames qui ont esté pillées, & vous en donne la charge : car mieux entendez où sera la necessité que tout autre, & sur cela je prends congé de vous, & leur toucha en la main à la mode d'Italie, lesquels se mirent à genoux, plorans si tres-fort qu'il sembloit qu'on les voulust mener à la mort. Lors dit la mere : fleur de Chevalerie, à qui nul ne se doit comparer, le benoist Sauveur & Redempteur Jesus-Christ qui souffrit mort & passion pour tous les pecheurs, le vous vueille remunerer en ce monde, & en l'autre. Aprés se retirerent en leurs chambres. Il fut temps de disner. Le Chevalier fit appeller son Maistre d'hostel, auquel il commanda que tout fust prest pour monter à cheval sur le midy. Le Gentil-homme du logis qui ja avoit entendu par sa femme la grande courtoisie de son hoste vint en sa chambre, & le genoüil en terre le remercia cent mille fois, en luy offrant sa personne & tous ses biens, desquels il pourroit disposer comme siens. Chose dont le Chevalier le remercia, & le fit disner avecques luy. Et aprés ne demeura gueres qu'il ne demandast ses chevaux, tant luy tardoit qu'il n'estoit avecques sa compagnie par luy tant desirée, ayant belle peur que la bataille se donnast avant qu'il y fust : Ainsi qu'il sortoit de la chambre pour monter, les deux belles filles descendirent, & luy firent chacune un present qu'elles avoyent ouvré pendant sa maladie. L'un estoit de deux bracelets faicts de cheveux, d'or & d'argent tant proprement que merveilles : L'autre estoit une bourse sur satin cramoisy ouvrée subtilement. Grandement les remercia, & leur dit que les deux presens venoient de si bonnes mains, qu'il les estimoit hors de prix : & pour plus les honorer se fit mettre les bracelets aux bras, & mit la bourse en sa manche, avecques promesse que tant qu'ils dureroient il les porteroit pour l'amour d'elles. Sur ces paroles monta à cheval & vint trouver le Duc de Nemours qui l'attendoit avecques bonne devotion, & certes je ne pense point que l'on puisse representer Histoire diversifiée de tant de belles fleurs, comme ceste-cy : & pour dire en un mot, de ce seul exemple vous pouvez recueillir quel fut le demeurant de sa vie.

CHAPITRE XIX.

De l'honneste amour du Capitaine Bayard envers une Dame, de la sage retraicte de luy en l'execution d'un amour vitieux.

Bayard aagé de treize ans avoit esté presenté par l'Evesque de Grenoble son oncle au Duc Charles de Savoye, lequel six mois aprés en fit present au Roy Charles huictiesme, pour la singuliere prouesse de Chevalerie qu'il voyoit poindre en ce jeune Gentil-homme : En quoy il ne se trompa nullement, croissant aux yeux de tous sa vertu avecques son aage, comme je vous pourrois discourir plus particulierement. Mais mon opinion n'est pas de vous bastir icy une Histoire entiere de sa vie, ains de vous en remarquer quelques signalez placards. C'est pourquoy je me contenteray de vous dire, que le Roy Charles huictiesme estant decedé, Lonys douziesme son successeur s'achemina deux ans aprés en Italie pour le recouvrement de la Duché de Milan, qui luy appartenoit du chef, & estoc de la Duchesse Valentine son ayeule. Voyage qui luy succeda si heureusement, qu'en peu de temps il se fit Seigneur de l'Estat, & tout d'une main contraignit Ludovic Sforce qui en joüissoit, de se blotir dedans l'Allemagne. Enflé de cette grande victoire, il retourne en France, laissant en la Lombardie plusieurs garnisons de François, entre lesquelles estoit la compagnie de gens d'armes du Comte de Ligny, dont Bayard portoit le guidon. Or luy prit-il envie d'aller saluër la veufve de son premier Maistre, nommée Blanche, qui lors tenoit escole d'honnesteté dedans Carignan, ville de Piedmont, sur laquelle luy estoit assignée une partie de son doüaire. Comme l'amour & les armes sympathisent ensemblement, aussi Bayard jeune page en la Cour du Duc s'estoit enamouré d'une Damoiselle de mesme aage, qui luy rendoit une affection reciproque. Ceste-cy aprés son partement fut mariée avecques le Seigneur de Fluxas. Et lors qu'il arriva à Carignan, il trouva le mary & la femme avoir merveilleusement bonne part à l'oreille de la Duchesse, laquelle le receut tres-favorablement ; Et aprés qu'il luy eut rendu le devoir avecques tout honneur & humilité, il le voulut aussi rendre à la Dame de Fluxas, & adoncques l'amour honneste qu'ils s'estoient portez en leurs bas aages, commença par leurs devis de se ramentevoir dedans leurs ames. Ceste gente Dame accomplie en beauté, & doüée d'un tres-bel esprit, luy ramentevoit les exploits d'armes, pour lesquels il s'estoit acquis une renommée infinie, tant par la France que l'Italie : Et un jour entr'autres continuant ce propos, luy dit : Monsieur de Bayard mon amy, voicy la maison où avez pris vostre nourriture ; Ce vous seroit une grande honte, si ne vous y faisiez cognoistre, aussi-bien qu'avez faict ailleurs. Bayard la prie de luy dire ce qu'elle desiroit de luy. Il me semble (dit-elle) que devez faire un Tournoy en ceste ville, pour l'honneur de Madame, qui vous en sçaura tres-bon gré. Vrayement (repliqua-il) puis que le voulez, il sera faict. Vous estes la Dame en ce monde qui a premier conquis mon cœur à son service, par le moyen de vos bonnes graces. Je suis tout asseuré de n'en avoir jamais que la bouche & les mains : car de vous requerir d'autre chose, je perdrois ma peine. Aussi, sur mon ame aimerois-je mieux mourir que de vous solliciter de vostre des-honneur. Bien vous prie-je me donner l'un de vos manchons pour gage de nostre amitié. La Dame qui ne sçavoit ce qu'il en vouloit faire le luy bailla franchement. La plus grande partie de la nuict se passa en danses, & la Princesse devisa longuement avecques sa nourriture : & s'estant le Chevalier retiré en sa chambre, passa le demeurant de la nuict pour sçavoir comment il conteroit tenteroit ſa Maiſtreſſe. Parquoy il depeſcha le lendemain un Trompette à toutes les villes des environs où il y avoit garniſon, pour ſignifier aux Gentils-hommes, que s'ils ſe vouloient trouver quatre jours aprés, qui eſtoit un Dimanche, à Carignan, en habillement d'hommes d'armes, il donnoit un prix, qui eſtoit le manchon de ſa Dame, où pendoit un rubis de la valeur de cent ducats, à celuy qui ſeroit trouvé le mieux faire à trois courſes de lance ſans lice, & douze coups d'eſpée. Le Trompette s'acquita de ſa charge, & rapporta les noms de quinze Gentils-hommes, qui avoient promis & ſigné de s'y trouver. Cela venu à la cognoiſſance de la Princeſſe, elle fut tres-contente, & fit dreſſer un eſcharfaut ſur la place où ſe devoient faire les jouſtes, & le combat. Au jour aſſigné ſe trouva Bayard armé de toutes pieces, & trois ou quatre de ſes compagnons, comme auſſi pluſieurs Gentils-hommes, & ſe paſſa l'apreſdinée en ce noble deduit. Commandant la Princeſſe au Seigneur de Fluxas de prier à ſouper chez elle tous ces vaillans combattans; L'aprés ſouper avant que commencer le bal, convint de donner le prix à celuy qui l'avoit gaigné: Le Seigneur de Fluxas & Grammont qui en eſtoient juges, par l'ordonnance de la Princeſſe, recueillirent les voix, tant des Gentils-hommes & Dames, que meſmes des combattans: Qui furent tous d'opinion de l'adjuger à Bayard. Parquoy les deux juges le luy vindrent preſenter: Mais luy d'une honte aſſeurée le refuſa, diſant qu'à tort & ſans cauſe luy eſtoit attribué cet honneur. Mais que s'il avoit aucune choſe bien faite, cela eſtoit deu à la Dame de Fluxas, qui luy avoit preſté ſon manchon, & qu'à elle, entant qu'à luy eſtoit, il remettoit de donner le prix où bon luy ſembleroit. Le Chevalier qui n'aimoit ceſte Dame que par honneur, ne douta de faire ceſte declaration à ſon mary, lequel aſſeuré de ſon honneſteté, & de la ſageſſe de ſa femme, n'en eut aucun mal en ſa teſte: Mais ſuivant l'Arreſt prononcé par le Chevalier, le Seigneur de Grammont en preſence du mary, dit à la Dame: Monſieur de Bayard, auquel on a adjugé le prix du Tournoy, a dit que c'eſtoit vous qui l'aviez gaigné, par le moyen du manchon que luy baillaſtes. Partant il le vous renvoye pour en faire ce qu'il vous plaira: Elle qui en cecy ſentoit ſa conſcience nette, ne s'en eſtonna aucunement, ains le remercia humblement de l'honneur qu'il luy faiſoit. Et puis qu'ainſi eſt (dit-elle) que Monſieur de Bayard me faict cet honneur de croire que mon manchon luy a faict gaigner le prix, je le garderay pour l'amour de luy: Mais du rubis, puiſque pour le mieux faiſant il ne le veut accepter, je ſuis d'advis qu'il ſoit donné à Monſieur de Mondragon: parce qu'on tient que c'eſt luy qui a mieux fait aprés luy. Ainſi qu'elle ordonna fut accomply, ſans qu'on oüit aucun murmurer. Si fut la Princeſſe fort joyeuſe d'avoir fait ſi bonne nourriture. Les Gentils-hommes François demeurerent encores cinq ou ſix jours à Carignan, faiſans bonne chere. Enfin le Chevalier prit congé d'elle, luy jurant qu'il n'y avoit Prince, ny Princeſſe en ce monde, aprés ſon ſouverain Seigneur, qui euſt plus de commandement ſur luy qu'elle y en avoit, dont il fut grandement remercié. Ce faict, convint auſſi prendre congé de ſes premiers amours qui ne fut ſans larmoyer d'une part & d'autre: Et depuis dura ceſte honneſte amitié juſques à la mort, ne ſe paſſant année qu'ils ne s'entre-viſſent par lettres, & preſens.

En tout le diſcours que je vous ay faict cy-deſſus, vous n'y voyez que de l'honneur; en celuy que je vous deduiray preſentement, il y a quelque peu de honte, mais reparée ſur le champ avec une telle ſageſſe, que je diroi volontiers qu'elle fit honte à l'honneur. Noſtre bon Chevalier aprés une longue ſuitte de guerres, auſquelles il avoit eu bonne part, retournant d'Italie en France, vint viſiter l'Eveſque de Grenoble ſon oncle, où ayant fait quelque ſejour, il luy prit envie de ſe donner au cœur joye: & commanda à un ſien valet de chambre de luy trouver quelque belle fille pour paſſer une nuict avecques elle. Suivant ce commandement le valet s'addreſſe à une pauvre gentil-femme qui avoit une belle fille, de l'aage de dix & ſept ans. La mere pour la pauvreté en laquelle elle eſtoit reduicte, conſent la livraiſon de ſa fille, qui n'y vouloit du commencement entendre, toutesfois enfin vaincuë par les remonſtrances violentes de ſa mere, elle paſſa par ſa volonté, & de ce pas conduite par le valet, & miſe en une garderobbe. Le temps venu de ſe retirer, le Chevalier qui avoit ſoupé en un banquet, retourné en ſon logis, ſon homme luy dit qu'il avoit trouvé l'une des plus belles filles de la ville, meſme qui eſtoit gentil femme. Il entre dedans la garderobbe, où il la trouve infiniment belle, mais, auſſi infiniment eſplorée. Comment m'amie (luy dit-il) ne ſçavez-vous pas bien pourquoy vous eſtes icy venuë? La pauvre Damoiſelle ſe mit à genoux, & luy reſpondit: Helas oüy Monſeigneur, ma mere m'a dit que je fiſſe tout ce que voudriez, toutesfois je ſuis vierge, & ne fis jamais mal de mon corps, & n'avois volonté d'en faire ſi je n'y fuſſe contrainte. Mais nous ſommes ſi pauvres ma mere & moy, que mourons de faim. Pleuſt ores à Dieu que je fuſſe morte: Au moins ne ſerois-je au nombre des mal-heureuſes filles, & en deshonneur toute ma vie. Diſant ces paroles, elle fondoit en larmes de telle ſorte qu'on ne la pouvoit eſtancher. Ny la nuit, ny l'occaſion & commodité, ny la beauté de la Damoiſelle, ny le deſir extraordinaire dont il eſtoit poſſedé, ne firent outrepaſſer au Chevalier les barrieres de l'honneſteté, mais à demy larmoyant luy dit: Hé vrayement m'amie je ne ſeray ſi meſchant, que je vous oſte ce bon & ſaint vouloir. Et changeant le vice en vertu, la priſt par la main, & luy fit affubler un manteau, & ſon varlet prendre une torche, & la mena luy-meſme coucher chez une Damoiſelle ſienne parente, voiſine de ſon logis: & le lendemain au point du jour envoya querir la mere, à laquelle il dit: Venez-ça m'amie, ne me mentez point, voſtre fille eſt-elle pucelle? Qui reſpondit: Sur ma foy Monſeigneur quand voit eu cognoiſſance d'homme. Et n'eſtes-vous pas donques bien malheureuſe (repartit le Chevalier) de la vouloir faire meſchante? La pauvre Damoiſelle eut honte & peur, & ne ſçachant que reſpondre, ſinon de s'excuſer ſur ſa pauvreté. Or dit le Chevalier, ne faictes jamais ſi laſche tour de vendre voſtre fille, vous qui eſtes Damoiſelle devriez eſtre plus griefvement chaſtiée qu'un autre. Venez-ça, avez-vous perſonne qui la vous ait jamais demandée en mariage? Oüy bien (dit-elle) un mien voiſin honneſte homme, mais il demande ſix cens florins, & je n'en ay pas vaillant la moitié. Et s'il avoit cela, l'eſpouſeroit-il? (dit le Chevalier.) Ouy ſeurement (reſpondit-elle.) Adonques il tira d'une bourſe trois cens eſcus, diſant: Tenez m'amie, voila deux cens eſcus, qui valent ſix cens florins, & cent eſcus pour l'habiller. Et en aprés fit encores compter cent autres eſcus, qu'il donna à la mere. Et commanda à ſon homme de ne les perdre de veuë, juſques à ce qu'il euſt veu la fille eſpouſée. Ce qu'elle fit trois jours aprés, & depuis un tres-honorable meſnage, retirant avec elle ſa mere en ſa maiſon. Repaſſez ſur toute l'ancienneté, peut-eſtre ne trouverez-vous une hiſtoire plus memorable que ceſte-cy ſur ce ſujet.

CHAPITRE XX.

Traits de liberalité du Capitaine Bayard.

LOrs que le Roy Louys XII. conquit pour la premiere fois la Duché de Milan, il donna au Comte de Ligny les villes de Vaugaire & Tortonne. Quelque temps aprés Ludovic Sforce, qui avoit esté chassé se retira en Allemagne, dont il tira grandes forces à greffe d'argent. De maniere qu'en peu de temps, & à petit bruit il r'entra dedans Milan : Et adoncques la plus grande partie des villes se revolterent contre nous, & specialement celles de Vaugaire & Tortonne : Quelque temps aprés Sforce ayant esté pris par les nostres, & mené au Chasteau de Loche prisonnier, où il finit pauvrement ses jours, tout l'Estat de Milan estant reduit sous nostre puissance, le Seigneur de Ligny qui avoit esté l'un des premiers entrepreneurs de ceste conqueste, voulut visiter ses rebelles, suivy du Seigneur Louys Dars Lieutenant, & Bayard guidon de sa compagnie : Bien deliberé d'en faire vengeance exemplaire. Et estant dedans Alexandrie, vingt des principaux bourgeois de la ville de Vaugaire se presenterent à luy pour obtenir de luy pardon de la faute par eux commise. Mais il ne les voulut ny voir ny oüir. Quoy voyant ce pauvre peuple, pria le Seigneur Dars à jointes mains de vouloir estre leur intercesseur : Ce qu'il promit, comme de faict il l'obtint le soir. Le lendemain il luy presenta ces bourgeois, lesquels agenoüillez devant le Seigneur de Ligny, s'escrierent tous d'une voix : Misericorde. Et l'un d'eux portant parole pour ses compagnons, excusant au moins mal qu'il luy fut possible, ce qui avoit esté par eux faict, protesta que jamais ils ne retourneroient en ceste faute, obtenans misericorde de luy. Or avoient-ils estalé sur une table une grande quantité de vaisselle d'argent, pour luy en faire present, laquelle il desdaigna de voir : mais d'une face farouche, leur dit : Comment meschans, lasches & infames, estes-vous si hardis d'entrer en ma presence, qui comme faillis de cœur, vous estes sans semonce de l'ennemy revoltez contre moy ? Quelle asseurance puis-je desormais esperer de vous ? Et aprés plusieurs propos le Seigneur Dars un genoüil à terre, le supplia de les vouloir prendre à mercy, se rendant pour eux caution de leur devoir pour l'advenir. A quoy tout ce peuple s'escria : Monseigneur il sera ainsi. Le Comte de Ligny meu de leur clameur, & quasi larmoyant leur dit : Allez, pour l'amour du Capitaine Louys Dars qui m'a fait une infinité de services, je le vous pardonne, & n'y retourner plus. Mais au regard de vostre present je ne le daignerois prendre, car vous ne le meritez pas. Toutes-fois advisant ceux qui estoient autour de luy, il jette l'œil sur Bayard, & luy dict : Prenez toute ceste vaisselle, je la vous donne. A quoy il respondit soudainement : Monseigneur je vous remercie tres-humblement du bien que me faictes : Mais ja à Dieu ne plaise que biens qui viennent de gens si meschans entrent dedans ma maison : car ils me porteroient malencontre. Si prit la vaisselle piece à piece, & en fit present à ceux qui estoient là, sans rien retenir, & porte son histoire combien qu'il n'eust pas lors peu finer de dix escus : chose qui fit esbahir toute la compagnie ; & estant sorty de la chambre, le Seigneur de Ligny, qui l'aimoit infiniment, comme celuy qu'il avoit eslevé sous le regne de Charles VIII. commença de dire à ceux qui estoient demeurez : Que voulez-vous dire de ce jeune Gentil-homme : ne merite-il pas un Royaume ? Par quoy non content de ce qu'il luy avoit donné, il luy envoya le lendemain à son levé une robbe de velours cramoisy, doublée de satin, un fort & excellent coursier, & 300. escus dedans une bourse : Qui ne luy durerent gueres : car les recevant d'une main, il les distribua de l'autre à ses compagnons. Pareille liberalité exerça-il au Royaume de Naples, où ayant esté laissé en garnison à Monarville par le Seigneur Louys Dars, pour commander à la compagnie pendant son absence, ayant mis le Seigneur Dom Allouce de Sottomajore Gouverneur de la ville d'André son prisonnier à mille escus de rançon, soudain qu'ils furent apportez, Allonce avant son partement les vit distribuer devant soy, sans que Bayard en retint un tout seul denier.

Adverty pas ses espions qu'un Thresorier portoit au Capitaine Gonsale Ferrande, Lieutenant general du Roy d'Arragon quinze mille ducats en or, & devoit passer à trois ou quatre mille de sa garnison, il se delibera d'y avoir bonne part, & sur les trois heures du matin s'embuscha aveques vingt & cinq cuiraces dont il ne pouvoit estre veu, entre deux terres, donnant ordre que Tardien gendarme de sa compagnie conduisist d'un autre costé quelques Albanois, afin que le Thresorier avec son escorte, ne peust eschapper, ayant à passer l'un ou l'autre pas. La fortune veut qu'il passe prés de Bayard sur les sept heures du matin, lequel donne sur luy & sur son escorte de telle furie, que luy, son homme & son argent furent pris, les autres s'estans sauvez de vistesse : Et se trouverent les quinze mille ducats es boëttes : Ausquels Tardien pretendoit la moitié, ayant esté d'un autre costé commis à l'execution de ceste entreprise. Ce que Bayard ne luy voulut accorder, comme celuy lequel commandant à la garnison soustenoit toute la prise luy appartenir, pour en disposer à sa volonté. Ceste question remise au jugement du Seigneur d'Aubigny, Lieutenant general du Roy au Royaume de Naples, aprés les avoir oüis, il sententia pour Bayard. Et depuis tous deux retournez à Monarville, Bayard fit desployer les 15. mille ducats sur une table, disant à Tardien en se sous-riant : Voicy pas belle dragée. Mais plus il se gauffoit, & plus l'autre se courrouçoit, ne pouvant prendre en payement ceste monnoye : Et entr'autres propos luy advint de dire, que s'il avoit seulement la tierce partie de ses deniers, il seroit homme de bien toute sa vie. Comment compagnon, (dit Bayard) ne tient-il qu'à cela que ne soyez asseuré de vostre vie ? Or vrayement si n'avez peu obtenir de haute luitte, je le vous donne de bien bon cœur, & en aurez non le tiers, ains la moitié. Si luy fit compter sur le champ sept mil cinq cens ducats. Tardien qui auparavant pensoit que ce fust une mocquerie, se jette à deux genoux : ayant de joye la larme à l'œil, & luy dit : Helas Monsieur mon Maistre, comment pourray-je jamais recognoistre le bien que me faictes ? Oncques Alexandre le Grand ne fit pareille liberalité. Taisez-vous compagnon (respondit Bayard) car si j'avois la puissance, je ferois mieux pour vous, Cela ainsi faict il departit le demeurant de l'argent aux autres gens-d'armes selon leur valeur & merites, sans en rien retenir pardevers soy. Puis dit au Thresorier : Mon bon amy, je sçay bien que si je le voulois, j'aurois bonne rançon de vous, mais je me tiens content de ce que j'ay eu. Quand vous voudrez, vous & vostre serviteur partirez, & vous feray conduire seurement où il vous plaira, ne voulant rien de ce qu'est sur vous, ny que l'on vous foüille. Qui fut bien aise, ce fut le Thresorier : car il avoit vaillant sur soy en bagues & argent 500. ducats : & fut conduit par un trompette que luy bailla Bayard jusques à Barlore, avec son homme : Bien joyeux, veu la fortune qui luy estoit advenuë, d'estre tombé en si bonne main. En somme Bayard distribua tout l'or & l'argent aux autres, se gardant seulement pour son lot la peine & hazard de la guerre. C'estoit un jeu qui luy estoit ordinaire & familier.

CHAPITRE XXI.

De quelle ruze le grand Capitaine Bayard sauva la ville de Maisiere contre les forces de l'Empereur Charles cinquiesme.

L'Empereur Charles cinquiesme estoit en paix avecques nostre Roy François Premier de ce nom. Avient que Robert de la Marc Seigneur de Sedan, qui pour lors estoit au service du Roy, fit quelques courses sur les terres de l'Empereur, lequel pour en avoir sa revange leva une armée de quarante mille hommes, à laquelle commandoit le Comte de Nassau, & le Comte Francisque Gaillard qui lors estoit en reputation de grand guerrier: Qui prindrent sur luy Florenge, Boüillon, Longnes, Messancourt, & firent passer au fil de l'espée tous les Capitaines & soldats qui estoient dedans. Ce premier effort & grande levée de gens apresta aucunement à craindre au Roy François qui estoit desarmé, toutesfois pour luy en lever toute crainte, passans ou logeans és maisons des François ils payoient leurs hostes, comme ceux qui se disoient n'avoir aucune charge de leur Maistre d'enfraindre la paix: Et neantmoins tout à coup prindrent la ville de Mozon, proche de celledé Maisiere, qui n'en devoit pas moins attendre si on n'y eust promptement pourveu. Au moyen dequoy le Roy s'avisa d'en commettre la deffense à celuy auquel il voyoit un conflux de fidelité, prudence, proüesse, diligence, & experience ensemble, ce fut au grand Capitaine Bayard, qui accepta ceste charge d'un cœur gay: Bien deliberé d'empescher l'ennemy de la prendre, quoy que soit de ne la rendre, & tirer le siege en longueur, jusqu'à ce que son Maistre eust gens en main pour le faire lever. Entré dedans la ville avec quelques troupes, tant d'hommes de cheval que de pied, tous gens lestes de & choix, mesmes de quelques jeunes Seigneurs volontaires, & entr'autres du jeune Montmorency Seigneur de grande proüesse, qui fut depuis Connestable de France, il mit en besongne, & le soldat & le citoyen pour fortifier la ville, avec si prompte diligence que le peu de temps luy pouvoit donner. Trois jours apres le siege est mis en deux lieux, l'un du costé de deça l'eau, où commandoit le Comte de Nassau avec vingt mille hommes, l'autre de-là, commandé par le Comte Francisque, suivy de quinze ou seize mille hommes. Bayard sommé par un heraut avec plusieurs belles protestations, s'en mocque, dont les deux Seigneurs irritez, en moins de quatorze jours font tirer cinq mille coups de canon, ceux de la ville ne demeurans pas cependant oiseux à leur respondre, selon la quantité qu'ils estoient. Mais sur tout Francisque logé sur un haut endommageoit plus la ville. Ce que recogneu par Bayard il pourpensa en soy-mesme, comme il pourroit trouver moyen de luy faire repasser l'eau: Parquoy il escrivit une lettre à Messire Robert de la Marche, dont la teneur estoit telle: Monsieur mon Capitaine, je croy qu'estes assez averty comme je suis assiegé en ceste ville par deux endroits: car d'un costé est le Comte de Nassau, & deça la riviere le Seigneur Francisque. Il me semble que depuis deux ans m'avez dit que vouliez trouver moyen de le faire venir au service du Roy nostre Maistre, & qu'il estoit vostre allié: d'autant qu'il a le bruit d'estre brave guerrier & bon Capitaine, je le desirerois grandement, mais si cognoissez que cela se puisse conduire à effect, vous ferez bien de le sçavoir de luy, plustost aujourd'huy que demain. S'il en a le vouloir, j'en seray trés-aise, & s'il n'a autre, je vous advertis, que devant qu'il soit vingt & quatre heures, luy & tout ce qui est en son camp sera mis en pieces. Car à trois petites lieuës d'icy viennent coucher douze mil Souïsses, & douze cens hommes d'armes, & demain à la pointe du jour doivent donner sur son camp: & je feray une saillie de ceste ville, de façon qu'il sera bien habile homme s'il se sauve. Je vous en ay bien voulu advertir, mais je vous prie que la chose soit tenuë secrette: Estant cette lettre escritte il baille un escu à un paysant, auquel il dit: Va-t'en à Sedan, il n'y a que trois lieuës d'icy, porter cette lettre à Messire Robert, & luy dy que c'est le Capitaine Bayard, qui la luy envoye: Le bon homme s'en va incontinant, ne prevoyant aucun danger de sa personne, mais celuy qui le mettoit en besongne sçavoit bien qu'il luy seroit impossible de passer sans estre pris par l'ennemy: comme aussi le fut-il avant qu'il fust à deux jects d'arc hors la ville, & incontinant amené par devant le Seigneur Francisque, qui luy demanda où il alloit. Le pauvre homme bien estonné, comme celuy qui se voyoit en danger de mort luy respondit: Monseigneur, le grand Capitaine qui est dedans nostre ville, m'envoye à Sedan porter ces lettres à Messire Robert, lesquelles il tira d'une boursette. Le Seigneur Francisque les ayant leuës fut tout esbahy, & commença à douter que le Comte de Nassau luy avoit fait passer l'eau, afin de se desfaire de luy: Parce que peu auparavant y avoit eu quelque picque entr'eux, iceluy Francisque ne voulant pas bien obeïr au Comte. A peine avoit-il achevé la lecture qu'il commença de dire tout haut: Je cognois bien à cette heure que Monsieur de Nassau ne tasche qu'à me perdre, mais il n'en sera pas ainsi. Et appella sur le champ six de ses plus privez, leur monstrant la lettre, qui furent autant estonnez que luy. Il ne demanda point de conseil, mais fit sonner promptement le tabourin, & s'estendant charger tout le bagage, & se mist au passage de l'eau. Chose que le Comte de Nassau estonné envoya sçavoir que c'estoit par un Gentil-homme, lequel luy vint redire ce qu'il en avoit appris: Et lors faisant une nouvelle recharge par le mesme, prie le Seigneur Francisque de ne remuer son camp, qu'ils n'eussent premier parlé ensemble, autrement que c'estoit mettre leurs affaires en desarroy, & faire un mauvais service à leur maistre. Le messager luy dit sa charge, mais Francisque tout esmeu & courroucé luy respondit: Retournez dire au Comte de Nassau, que je n'en feray rien, & qu'à bon appetit je ne demeureray pas icy à la boucherie. Que s'il me veut garder de loger auprés de luy, nous verrons par le combat auquel demeurera le camp à luy, ou à moy. Cela raporté au Comte, ne sçachant dont provenoit cette nouvelle querelle, fit mettre tous ses gens en bataille pour n'estre surpris: Cependant passerent ceux du Seigneur Francisque, & eux passez se mirent aussi en bataille, faisant sonner tambours d'une part & d'autre, comme s'ils eussent esté sur le point de combattre, qui donna loisir au bon homme d'eschapper, & de se retrouver dans Maiziere, où il s'excusa de bonne foy au Capitaine Bayard, de ce qu'il n'avoit rendu les lettres: pour avoir esté surpris, luy recitant tout au long comme le tout s'estoit passé, & la rumeur qui en estoit entre les deux camps des ennemis. Bayard se prit lors à rire, & cognut que sa lettre avoit servy de medecine à sa maladie: Parquoy se mit sur le rampart avec quelques Gentilshommes pour avoir le passe-temps de ce nouveau jeu, mesme fit tirer quelques coups de canon au travers d'eux, lesquels par l'entremise de quelques-uns se reconcilierent & logerent ensemble. Mais le lendemain trousserent bagage, & leverent le siege, tant pour la crainte du nouvel advis porté par la lettre, que pour la valeur du Grand Capitaine Bayard, qui tint les ennemis en abboy trois sepmaines sans y ozer livrer aucun assaut: pendant lequel temps le Roy leva une forte & puissante armée, & y vint luy-mesme en personne pour les combattre, où le grand Capitaine Bayard luy

luy alla faire la reverence, & en paſſant, non content de luy avoir conſervé Maiziere, reprit la ville de Mozon. Voila comment la prudence de ce vaillant Chevalier ſupplea le defaut des forces. A ſon arrivée le Roy luy fit un merveilleux bon recueil, & pour le recompenſer le fit Chevalier de l'Ordre de Sainct Michel, & luy donna une compagnie de cent hommes d'armes en chef : puis marcha contre ſes ennemis, auſquels il donna la chaſſe juſques dedans la ville de Valentiane, où ils ſe blotirent. En ce que je vous diſcourray ſur le commencement du Chapitre ſuivant, vous n'y trouverez pas tant de ſageſſe, & neantmoins un heureux ſuccez, dont il fut accompagné pendant le cours de ſa vie.

CHAPITRE XXII.

Quelles courtoiſies reçeut le Capitaine Bayard non ſeulement des François, mais auſſi de ſes ennemis, avecques un ſommaire diſcours de ſa mort.

COmme Dieu avoit produit Bayard pour eſtre un parangon de Chevalerie, accompagné de toutes ſortes de vertus, qui le fit aimer ſucceſſivement de trois Roys qu'il ſervit, Charles VIII. Louys XII. & François premier & honorer de toute la gendarmerie Françoiſe, par deſſus tous les autres grands Capitaines & guerriers, auſſi eut-il cette particuliere benediction de Dieu, d'eſtre non ſeulement craint & redouté de ſes ennemis, mais auſſi aimé tant durant ſa vie, qu'aprés ſa mort : Choſe dont je vous raconteray deux traits qui ne meritent de mourir avecques luy.

Ludovic Sforce ayant eſté chaſſé du Milannois, par noſtre Roy Louys XII. & faict ſa retraicte en Allemagne, il trouva moyen tant par amis, qu'argent, de mettre nouvelle armée en avant : & y beſongna ſi bien qu'en peu de temps il fut reſtably. Comme le Roy ſe preparoit pour paſſer les monts, la fortune avoit voulu que Bayard fuſt delong-temps auparavant demeuré en garniſon, avec quelques braves cavaliers François en la Lombardie. Lequel ayant eu advis que dedans Bivas y avoit trois cens chevaux qui ſeroient aiſez à deffaire, pria ſes compagnons de vouloir battre les chemins aveq luy : ce dont il ne fut eſconduit : Et ſe mirent cinquante ou ſoixante de compagnie, tous gens leſtes, bien deliberez de mettre quelque belle entrepriſe à chef. Meſſire Jean Bernardin Carache brave Capitaine, commandoit à la ville de Bivas, lequel ayant advis par ſes eſpions de cette ſaillie, ſe mit aux champs, en bonne deliberation de leur donner la muſe. A l'aborder y cut d'une part & d'autre une trés-perilleuſe charge : & dura cet eſtour quelque temps ſans que l'on euſt ſçeu juger vers qui balançoit la victoire. Qui occaſionna le Capitaine Bayard d'exhorter les ſiens à y coucher de leurs reſtes, leſquels donnerent de telle furie, que les Lombards, ou par ruſe, ou crainte, feignans de parer aux coups, ſe retiroient peu à peu prés de la ville de Milan, de laquelle ſe voyans non grandement eſloignez, tournerent tout à ce coup viſage, & à toute bride entrerent dedans la ville, ſuivis de nos trouppes Françoiſes juſques bien prés des murailles : & lors fut crié par l'un des plus anciens des noſtres : Tournez hommes d'armes, tournez. A quoy chacun obeït, fors Bayard, qui comme un Lyon entra peſle-meſle au milieu d'eux, les chaſſant, juſques devant le Palais du Seigneur Ludovic. Environné de l'ennemy, & ſagement abandonné par les ſiens, il fut pris par Jean Bernardin, & mené en ſon logis, où il le fit deſarmer, qui le trouva fort jeune Gentil-homme, comme eſtant juſque & deux à vingt & trois ans, dont il s'eſmerveilla meſmement comme il eſtoit poſſible que tel aage portaſt tant de proüeſſe qu'il avoit recognuë en luy. Ludovic ayant entendu comme le tout s'eſtoit paſſé, & ſpecialement luy ayant eſté fait grand eſtat de la vaillance & magnanimité de ce jeune Gentil-homme priſonnier, commanda qu'il luy fuſt amené le lendemain : ce qui fut fait par Bernardin non moins courtois que bon guerrier, l'ayant reveſtu de l'une de ſes robbes, & mis en ordre de Gentil-homme, le vint luy-meſme preſenter au Seigneur, lequel s'en eſbahit infiniment, & adreſſant vers luy ſa parole : Venez-ça (luy dit-il) mon Gentil-homme, qui vous amene en cette ville ? Par ma foy Monſeigneur (reſpondit Bayard) je n'y penſois pas entrer tout ſeul, & eſtimois eſtre ſuivy de mes compagnons, mais ils ont mieux entendu la guerre que moy : Parce que s'ils euſſent fait ainſi que j'ay fait, ils fuſſent comme moy priſonniers. Toutes-fois je me loüe de mon infortune qui m'a fait tomber entre les mains d'un ſi bon maiſtre, que celuy qui me tient. Car c'eſt un trés-vaillant & aviſé Chevalier : Ainſi tombans de l'un à l'autre propos, Ludovic s'informa de luy quelle eſtoit l'armée Françoiſe, & de combien d'hommes compoſée. A quoy le Chevalier luy reſpondit, qu'il y avoit quatorze ou quinze cens hommes d'armes, & dix-huict mille hommes de pied, tous gens d'eſlite, qui ſe promettoient d'aſſeurer à cette fois l'Eſtat de Milan au Roy leur maiſtre. Et me ſemble Monſeigneur, que ſeriez bien en auſſi grande ſeureté en Allemagne au large, que d'eſtre icy à l'eſtroit, vos gens n'eſtans pas ſuffiſans de nous faire teſte. Parlant le Chevalier d'une telle aſſeurance, que le Seigneur prenoit plaiſir à l'ouyr, ores qu'il y euſt ſujet à ſe dire de l'eſtonner : mais pour faire paroiſtre qu'il ne s'en ſoucioit, luy repliqua : Sur ma foy mon Gentil-homme je ſouhaite que nos armées ſe joignent : Afin que par la deciſion d'une bataille on puiſſe cognoiſtre à qui de droit appartient cet heritage : car je n'y voy point d'autre moyen. Par mon ſerment (repartit le Bayard) je voudrois Monſeigneur que ce fuſt dés demain : pourveu que je fuſſe hors de priſon. Vrayement à cela (repliqua le Seigneur Ludovic) ne tiendra-il, car je vous mets dehors preſentement, & chevriray avec voſtre maiſtre. Demandez moy ce que voudrez & je vous le donneray. Bayard ſe genoüil en terre l'en remercia, luy diſant : Monſeigneur, je ne vous demande autre choſe ſinon que ſi voſtre courtoiſie ſe vouloit tant eſtendre, que de me faire rendre mon cheval, & mes armes, & me renvoyer ainſi devers ma garniſon qui eſt à vingt mille de cette ville, m'obligeriez tant à vous, que horſmis le ſervice de mon Roy, & mon honneur ſauf, j'expoſerois ma vie pour vous, quand il vous plairoit me le commander. En bonne foy (dit le Seigneur) vous aurez preſentement ce que demandez. Et commanda à Bernardin que promptement on luy rendiſt ſon cheval, armes, & tout ſon fait : A quoy ayant obey, Bayard s'arma, monta ſur ſon cheval ſans mettre le pied à l'eſtrié, puis demanda une lance, qui luy fut baillée. & levant ſa veuë dit à Ludovic : Monſeigneur je vous remercie humblement de la courtoiſie qu'il vous a pleu me faire : Dieu vous la veuille rendre. Il eſtoit en une grande cour, & lors commença de donner l'eſperon au cheval, lequel fit quatre ou cinq ſauts, tant gaillardement, qu'impoſſible ſeroit de mieux, & puis luy donna une petite courſe, en laquelle il rompit ſa lance contre terre en cinq ou ſix pieces. Dont Ludovic ne s'eſjoüit pas trop, & dit tout haut : Si tous les hommes d'armes de France eſtoient pareils à cettuy, ce me ſeroit un mauvais party : Puis luy fit bailler un Trompette, pour le conduire en ſa garniſon. Voila comment une hardieſſe imprudente au fait des armes fit prendre Bayard priſonnier, & comme une ſage hardieſſe de parler luy moyenna ſa liberté. Mais je vous prie dictes moy quelle fut plus grande la hardieſſe du Chevalier, ou la courtoiſie du Seigneur Ludovic.

Bien vous diray-je que depuis la proüeſſe faiſant ſon perpetuel

petuel sejour en ce guerrier, il aprist avec le temps d'apporter de la temperance, & sagesse, dont il acquist telle reputation qu'apres sa mort encores fut-il honoré par nos ennemis : nul n'avoit rendu plus de devoir contre l'Espagnol que luy, fust en particulier ou en general : Tesmoing le combat qu'il eut en camp clos contre Alfonce de Sotto Majore, brave Capitaine au Royaume de Naples, qu'il mit à mort, ores qu'il fust lors affligé d'une fievre quarte, tesmoing le combat de treize Espagnols, contre treize François, où il fit tant d'armes qu'autre des siens ayans perdu leurs chevaux, luy second d'un autre Cavalier mit en route les Espagnols. Tesmoing la garde du pont faicte par luy seul avec sa picque, contre deux cens Espagnols, en attendant le secours de ses compagnons. Tesmoing la ville de Maiziere qu'il reserva au Roy François I. contre toutes les forces de l'Empereur Charles V. par une sagesse admirable, & autres infinies, braves & sages exploicts d'armes, qui le rendirent crainct, aimé, & honoré, voire par les mesmes Espagnols, qui de leur naturel sont sobres admirateurs d'autruy. Il avoit accoustumé, comme j'ay dit ailleurs, d'estre tousjours à la pointe quand il falloit entrer au combat, & ce pour donner courage aux siens, & en cas de retraicte, estoit derriere, comme le berger aprés son troupeau, pour soustenir les efforts de l'ennemy qui se pouvoient presenter. Ainsi qu'il fit lors que l'Admiral de Bonivet, Lieutenant general du Roy en la Lombardie, y faisant mal ses affaires, fit estat de retourner à la France avec son Ost. Où le Chevalier asseuré comme s'il eust esté enclos de murailles, faisant marcher ses gensdarmes, & tournant tantost le visage vers l'ennemy, tantost suivant à petit pas nostre armée, il fut salué d'un coup d'arquebuze à croc, qui luy rompit le gros os de l'eschine. On dit en commun proverbe que telle vie, telle mort, ce qui se trouva lors en ce brave guerrier : car aussi-tost il s'escria : Helas mon Dieu ! je suis mort, & prenant son espée par la poignée, baisa la croisée en signe de la Croix, avec cette humble Oraison à Dieu : *Miserere mei Deus secundum magnam misericordiam tuam* : Sentant les forces de son corps defaillir en luy, toutesfois d'un esprit fort qui ne l'avoit abandonné, il commanda à un sien maistre d'hostel de le descendre de son cheval, & le coucher au pied d'un arbre le visage devers l'ennemy.

Les nouvelles de sa blesseure s'espandirent tout aussi-tost en l'armée Espagnole : Au moyen dequoy le Marquis de Marignan, qui secondoit en cette escarmouche le Seigneur de Laulnoy, Lieutenant general de l'Empereur, le vint voir, & avec une larme à l'œil luy dist, qu'encores qu'en sa mort l'Empereur son maistre fist un gain inestimable, toutesfois qu'il voudroit avoir racheté sa vie d'une grande partie de son bien, voire de son propre sang. Et est chose qui merite d'estre racontée. Car tout ainsi que l'employte de sa vie luy estoit heureusement reüssie pour le service de trois Roys ses maistres, aussi luy advint-il le semblable à sa mort. D'autant que les Espagnols ayans eu advis de son infortune, soit qu'ils fussent desireux de l'envisager avant son decez, ou qu'ils pensassent avoir obtenu pleine victoire par sa disgrace, ou bien tous les deux ensemble, laisserent la poursuite qu'ils faisoient contre les nostres, leur permettans de retrouver leurs anciennes brisées de France sans destourbier : Et lors le visiterent à la foule, comme en une procession, disant en leur langage, *Mouches Grisonnes, & paucos Bayardos*. Son maistre d'hostel qui ne l'abandonna, le voulut faire transporter de dessous l'arbre en quelque cassine prochaine, mais il ne le voulut permettre pour les douleurs qu'il sentoit estre remué. Qui fut cause que les Espagnols luy firent tendre en ce lieu un riche pavillon, & un lict de camp, sur lequel il fut couché, & aprés avoir esté confessé par un homme d'Eglise & visité par le commun de l'armée, regretté & consolé par les plus grands, il rendit l'ame à Dieu. Son corps fut porté avec tout honneur en l'Eglise, où il furent faites ses obseques l'espace de deux jours, & depuis rendu à ses gens, qui le firent transporter en Dauphiné, où il avoit pris sa naissance, & dont il estoit lors Gouverneur, & y fut inhumé par le Parlement, avec telle ceremonie, que meritoient sa valeur, & sa dignité. Et à la mienne volonté que luy voulant icy redonner la vie à demy ensevelie par l'ingratitude des ans, il la donne pareillement à ce mien œuvre, par le plaisir que le Lecteur pourra recevoir en voyant quelque marqueterie de son histoire.

CHAPITRE XXIII.

De la juste vangeance de Dieu, pour une impieté commise de fils à pere, & au contraire repremiation pour pieté.

Combien qu'il ne soit en nous d'assoir nostre jugement sur les jugemens de Dieu, toutesfois pour autant qu'il commanda par exprés à celuy qui veut vivre heureusement, de porter toute obeïssance à son pere, je me suis advisé d'inserer en ce lieu deux exemples fort recommandables pour cest effect, tous contraires, & escheus en deux freres germains, Robert & Henry, celuy-là fils aisné, & cestuy puisné de ce grand Guillaume le Bastard. Lequel par sa vaillantise & proüesse, ayant reduit sous son obeïssance le Royaume d'Angleterre, & rendu l'Escosse tributaire, Robert paravanture ennuyé que son pere pour sa longue vie ne luy quittoit la place, ou bien poussé d'un mauvais vent, entreprit de guerroyer au pays de Normandie, aidé à ceste entreprise de la faveur du Roy de France Philippes I. du nom, qui volontiers eust empesché d'agrandir à veuë d'œil un voisin si prés de ses portes : Laquelle guerre fut conduite jusques à tel poinct, que le pere & le fils avecques leurs gens, descendirent en champ de bataille, qui ne prit fin sinon par la rencontre du pere & fils, sans se cognoistre. En quoy fut la meslée telle que Robert blessa griefvement son pere. Ce que fils l'instant mesme venu à sa cognoissance par le haut cry que jetta Guillaume pour la douleur qu'il sentit, Robert esmeu d'une juste compassion, soudain luy demanda pardon, & ainsi larmoyans & l'un & l'autre par une taisible instigation de leur sang, entrerent en reconciliation : Ce neantmoins Dieu duquel les promesses ne furent jamais menteuses, depuis luy donna tout le loisir de recognoistre sa faute, pour avoir faict la guerre à son pere. Car estant Guillaume decedé, pendant que Robert voyageoit en la Germanie : combien que par droict de nature la Couronne luy appartinst, si est-ce que Guillaume le Roux sien frere, qui le secondoit en aage, l'en frustra. Qui causa entre les deux freres depuis grandes guerres, & querelles, pour lesquelles assopir fut finalement arresté qu'à Robert demeureroit le Duché de Normandie, & à Guillaume le Royaume d'Angleterre, à la charge que le premier d'eux mourant sans hoirs procreez de son corps, le survivant luy succederoit. Les choses sembloient estre par ceste capitulation en bon train : Toutesfois voyez comme l'on ne peut fuir son malheur, estant depuis ceste grande croisade jurée, qui fut faicte du temps de Godefroy de Boüillon, entre les Princes Chrestiens, Robert pour n'estre veu demeurer derriere, engagea son Duché de Normandie à son frere, pour tenir compagnie aux autres Princes Pelerins, auquel voyage aprés plusieurs memorables exploicts d'armes, il fut d'un commun consentement de tous, esleu Roy de Hierusalem. Toutesfois adverty de la mort de Guillaume, il n'accepta le Royaume qui luy estoit offert, esperant rentrer en celuy d'Angleterre tant par le moyen de son droict d'aisnesse, que par les

traictez

traictez & accords qui s'estoient passez entr'eux. Ainsi retournant plein d'espoir, trouva neantmoins le Royaume & son Duché possedez par Henry son plus jeune frere, qui le mena par plusieurs guerres à telle raison, que finalement il le prit, & fit tenir sous seure garde, l'espace de 25. ans, en laquelle ce pauvre Prince desherité de tous ses Estats, & honneurs, finit ses jours miserablement.

Au contraire, Henry prospera de là en avant en toutes ses affaires d'un grand heur. Ayant esté sa prosperité continuée à la Couronne jusques à nous: Faveur du Ciel que quelques Autheurs ont voulu attribuer à un acte de pieté qu'il observa envers son pere decedé, ainsi qu'il ne le portoit en terre, avec toutes pompes & magnificences, en un Monastere qu'il avoit fait bastir, se presenta un Gentil-homme, qui comme demy forcené s'opposoit à cest enterrement, disant que le lieu où avoit esté construite ceste Eglise, luy appartenoit, & que par force, & authorité absoluë il avoit esté par Guillaume depossedé de son bien, sans qu'il en peust du vivant de luy avoir recompence. Parquoy requeroit qu'on eust à luy en faire raison pour la descharge de l'ame du trespassé. Pendant laquelle controverse, survint une si grande ravine d'eau du Ciel, qu'un chacun abandonna ce grand Roy, hors mis son fils Henry, lequel esmeu d'une pieté filiale, tint compagnie à ce pauvre corps, jusques à ce qu'il le vit posé au lieu où il faut que chacun de nous face estat de s'acheminer. O miserable condition de ce genre humain! puis qu'un si grand Prince & Seigneur se trouva au dernier service qu'on luy devoit, non seulement laissé des siens, mais à peine peut trouver un coin de terre pour donner repos à ce corps qui tout le temps de sa vie avoit couru une infinité de travaux: Et vrayement à bonne raison ce grand Souldan d'Egypte mourant par son testament ordonna qu'avant d'estre ensevely, son successeur fist porter parmy tout son camp, au bout d'une lance, le linceul duquel il devoit estre ensevely, faisant à sçavoir à chacun que de toutes ses conquestes il ne rapportoit autre despoüille que ce drap. Or pour ne m'esgarer de mon propos, on tient que depuis ceste pieté pratiquée par le fils envers le pere, toutes ses entreprises prospererent de là en avant tres-heureusement, tout ainsi comme au rebours depuis la desobeïssance de Robert, tous ses projets & desseins s'esvanoüirent avec le vent en fumée.

CHAPITRE XXIV.

Combien les maledictions des peres & meres contre leurs enfans, sont à craindre.

ENcores que par le discours que j'entens icy faire, je passeray les bornes de nostre Royaume, si est-ce que l'exemple que j'ay cy-dessus raconté me commande de le faire, pour vous monstrer que tout ainsi que Dieu permit que Henry duquel je faisois n'agueres mention, ait eu une longue suite, & continuation de lignée au Royaume d'Angleterre, pour la pieté qu'il exerça envers son pere: aussi au contraire il voulut que pour l'abus qu'il commit en espousant sa femme, ses heritiers se trouvassent agitez de perpetuelles tempestes, & discordes les uns encontre les autres. Cecy doncques est un abregé de l'histoire generale d'Angleterre, depuis Henry premier fils de Guillaume le Bastard, jusques à la Royne Elizabeth à present regnant: abregé toutesfois qui aboutira à l'histoire de nostre France.

Or pour discourir tout de son long ceste histoire, convient entendre que Henry premier ayant gaigné le Royaume d'Angleterre dessus son frere Robert, qui pour lors sejournoit à la conqueste de Hierusalem, il luy prit envie d'espouser Mathilde sœur d'Edgare Roy d'Escosse, laquelle long-temps auparavant s'estoit renduë Nonnain voilée en un Monastere, partant la fit plusieurs fois instamment demander: Mais comme ceste devote Princesse demeura en ferme propos de son vœu, oncques ne luy fut possible d'y attaindre, jusques à ce que Edgare craignant la fureur de Henry, fut contraint d'y faire condescendre sa sœur: laquelle voyant que ce luy estoit jeu forcé, fit priere à Dieu que la posterité qui viendroit d'eux fust en perpetuelles querelles. Que les benedictions ou maledictions des peres & meres emportent quelque consequence, l'exemple present nous en fait sages, d'autant que cette maudisson de Mathilde ne s'estendit pas seulement jusques à la troisiesme ou quatriesme generation, mais bien jusques à nostre temps: de façon qu'il ne s'est depuis trouvé Roy regnant dessus l'Angleterre, qui pour quelque seureté n'ait esté contrainct ou induict de tuer ses freres ou proches parens, quoy que soit qu'il n'ait pour quelque temps esprouvé des seditions civiles. Choses qu'il me plaist reciter, encores que par adventure le narré en soit plus espouventable, que plaisant. En premier lieu, il est certain que par la mort de Henry, le Royaume appartenoit à Mathilde sa fille unique, femme de Geofroy Comte d'Anjou: Ce neantmoins Estienne Comte de Boulongne, fils du Comte de Blois & d'Adelle l'une des filles de Guillaume le Bastard, usurpa sur elle la Couronne. De faire icy long recit des guerres, qui pour ceste cause furent entre l'Angevin & l'Anglesche, ce seroit tramer une histoire de trop plus long fil que je ne me suis projetté: Mais tant y a qu'aprés plusieurs guerres, par traicté de paix Estienne durant sa vie est reputé Roy de tout le pays d'Angleterre, duquel l'usufruict, & proprieté furent aprés son decez reconsolidez en la personne de Henry deuxiesme fils de Mathilde. Il sembloit que la fortune favorisast en tout ce jeune Prince, ayant du chef de sa mere ce grand Royaume d'Angleterre, ensemble le Duché de Normandie; & de la part de son pere, le Maine, Anjou, & Touraine: d'ailleurs par sa femme, toute l'Aquitaine & le Poictou: Ce neantmoins la fortune se souvenant de l'imprecation de la premiere Mathilde, ne le voulut laisser en paix, ains suscita contre luy ses propres enfans, desquels l'aisné nommé Henry, ayant par luy de son vivant esté sacré Roy, voulut peu aprés defrauder son pere de sa Couronne, disant que ce dernier Sacre il s'estoit volontairement demis sur luy de toute la superintendance du Royaume: Guerre qui dura longuement jusques à ce qu'en la mort de ses fils Henry, elle se trouva assopie: Tellement que Richard, aprés la mort de ses pere & frere, estant arrivé à la Couronne en pensant avoir tous ses Estats asseurez, entreprit avec nostre Philippes Auguste le voyage de Hierusalem, au retour de laquelle entreprise fut pris par le Duc d'Austriche, & longuement detenu prisonnier, qui occasionna Jean son frere de luy donner mille traverses, & fascheries durant sa longue prison. Cela fut cause que Richard estant de retour, se voyant prez de sa fin crea pour heritier universel son nepveu Artur, Duc de Bretagne, dont sourdirent grandes querelles: car Jean estant creé Roy par les Anglois, & au contraire Artur favorisé des Angevins, Tourengeaux, & Manceaux, donna mille affaires au Roy Jean, qui eussent pris plus longue traite sans la miserable desconvenuë d'Artur, lequel en une escarmouche fut pris, & par la trahison de Jean mis à mort. Outre lesquelles querelles je puis tout d'une suitte adjouster que sur le declin du Royaume de Jean, plusieurs de ses Princes & Seigneurs quitterent son party, & appellerent à leur aide Louys pere de nostre sainct Louys, pour s'emparer de tout le droict du Royaume: laquelle entreprise bien qu'elle ne sortit effect par la mort prompte & inopinée de ce miserable Roy Jean, & que son fils Henry III. luy succeda, si est-ce qu'encor ne peut-il evader la revolte de ses sujects, lesquels sous la conduite d'un Richard, se rendirent à Leolin. Et quelque temps après, par une autre sedition il fut constitué prisonnier avec son fils Edoüart. Bien est vray que cest Edoüart depuis appellé à la Couronne, passa assez heureusement sa vie : mais en contrebalance, Edoüart II. son fils receut une infinité de travaux : au moyen de quoy il fit couper plusieurs testes à ses plus proches parens, mesmes à Thomas Comte de Lanclastre son cousin germain, & propre fils d'Aimond frere du I. Edoüart. En quoy toutesfois il eut par traite de temps si vent si contraire, que sa propre femme Isabelle fille de France, & Edoüart son fils troisiesme du nom le depossederent de son Royaume, & envoyerent tous ses favoris au giber, & luy en une resserrée prison, en laquelle par personnes interposées il finit miserablement ses jours. A la verité ce tiers Edoüart, comme bien aymé de fortune, conduisit de là en avant assez sagement les affaires de son Royaume, & toutes-fois encor ne peut-il se garentir qu'il ne souillast ses mains dedans le sang d'Aimond son oncle, luy mettant par legeres imputations à sus qu'il avoit conspiré contre luy en faveur d'Edoüart son frere puisné. Et certes combien que pour les vaillances de cestuy, fortune durant sa vie ne luy pourchassast aucune sedition de ses subjects, ou des Princes de son sang, ains au contraire en toutes choses le favorisast, si est-ce qu'après son decés elle fit bien cher comparoir à ceux qui luy succederent, la mort de son pere, & de son oncle. Pour autant qu'aux enfans de cest Edoüart commença la premiere division de la maison de Lanclastre, & d'Yort, sous les enseignes de la Roze rouge, que l'on attribua à Lanclastre, & la Roze blanche, que l'on appropria à la maison d'Yort : Division, dis-je, qui depuis fut presque cause de l'entiere & universelle ruine d'Angleterre, comme l'on peut voir dans ceux qui ont fondé leur subject en la deduction de telles histoires. Toutesfois pour ne me divertir de mon Richard, ayant succedé à Edoüart son pere, outre mille indignitez qu'il endura de son peuple, pour les extorsions qu'il faisoit, non content encores de cela, pour se forligner de ses devanciers, fit prendre, & puis pendre en la prison Thomas son oncle, Duc de Glocestre, & bannir de son pays Henry Comte d'Erby, fils de Jean, Comte de Lanclastre son oncle : Qui fut contraint de se retirer pour quelques années en France, jusques à ce que rappellé souz main par les Citoyens de Londres, à son retour il se saisit de la personne du Roy Richard, lequel il contraignit de luy resigner la Couronne en pleine assemblée des Estats, & non content de cela, le fit en fin mourir en prison. A cestuy Henry succeda son fils Henry cinquiesme de ce nom, lequel combien que tout ainsi qu'un Edoüart troisiesme fit voler son bruit, & renom bien avant dedans nostre France, si est-ce qu'encore sentit-il la conjuration de Richard Comte de Cantabrige, laquelle posé que pour lors ne sortit effect par l'exemple & punition qu'il fit prendre de luy, ce neantmoins elle fut mise en pleine execution Henry sixiesme son fils, lequel s'estant veu, ce luy sembloit, tout d'un coup Roy de France & d'Angleterre, perdit premierement la France par la prudence & vaillantise des nostres soubs Charles septiesme, puis son Royaume d'Angleterre, par le moyen de Richard Comte de Warvich : De sorte que l'Estat, après le hazard de plusieurs batailles, tomba és mains d'Edoüart, extraict de la maison d'Yort, qui fut le quatriesme de ce nom. Et depuis dix ans après, le mesme Warvich poussé d'un mescontentement, l'en extermina, restablissant le Roy Henry sixiesme, lequel six mois après en fut encor chassé par le mesme Edoüart, perdant & son Royaume, & toute esperance de ressource. Edoüart regna vingt & deux ans ou environ, ayant deux freres, Georges, qu'il fit Duc de Clarence, & Richard, Duc de Glocestre. Le malheur qui fut tel, qu'un Devin luy dit son successeur devoir porter pour premiere lettre de son nom un G. Qui fut cause qu'il condamna à mort Georges, lequel voulut finir ses jours dans une Pipe de Malvoisie, nouvelle delicatesse de mort. Ce Roy delaissa quatre enfans, deux masles, Edoüart sonaisné, & Richard, & encores deux filles, Marguerite & Elisabeth, lesquels il mit en la garde du Duc de Glocestre son frere : Qui fit le serment de fidelité és mains du Roy Edoüart cinquiesme son nepveu, & neantmoins quelque temps après le fit mourir avec son frere Richard, faisant declarer en pleine assemblée les deux filles bastardes, & ayant la force pardevers soy, se fit proclamer Roy d'Angleterre, au grand mescontentement de tous les gens de bien. En ce faisant, la Prophetie du Devin fut aucunement veritable, parce que cestuy portoit pour premiere lettre le G. sinon en son nom, pour le moins en sa seigneurie : C'est ainsi que les malins esprits se mocquent de nos folies. Il sembloit que le Royaume luy fust asseuré de tout poinct : Car à bien dire, de toute la maison de Lanclastre ne restoit plus qu'un seul Prince Henry, Comte de Richemont, que le Duc de Bretagne detint en sa Cour comme prisonnier : Toutesfois deux ans après la promotion de Richard, le peuple de Londres indigné de ses meschans deportemens, sollicite souz main ce Comte, qui fait voile en Angleterre, assisté des François & Bretons, & en moins de rien combatit l'Estat sur l'autre, & le mer à mort, & fut par les siens appellé Henry septiesme. Dés son arrivée, par un sage conseil, afin d'oster tous les divorces des deux familles, il voulut espouser Elisabeth, de la maison d'Yort, de laquelle il eut trois enfans, Artur, Henry, & Marguerite. Artur espousa Marie tante de l'Empereur Charles cinquiesme. Cestuy mourut tost après ce mariage, & pour entretenir l'alliance avec ce grand Empereur, on fit espouser ceste Princesse avec Henry, qui de nostre temps fut appellé huictiesme de ce nom. Ce mariage protesté tant pour le bien de la paix, que aussi qu'on mettroit en avant qu'il n'y avoit eu aucune copulation charnelle du premier lit. De ce mariage vint Marie. Marguerite fille de Henry septiesme fut mariée avec Jacques Roy d'Escosse, ayeul de Marie Stuart. Je vous laisse qu'Edoüart, puis Marie, & finalement Elisabeth, enfans de divers lits de Henry huictiesme, furent successivement appellez à la Couronne après son decez, & toutes les tragedies qui furent diversement excitées tant en temporel, que spirituel, pour n'estre le but de ce mien chapitre. Je me contenteray seulement de vous dire que combien que par le mariage de Henry septiesme, & Elisabeth, les deux rozes blanche, & rouge eussent esté reünies ensemble, pour ensevelir les divisions des deux factions : Toutesfois encores ne s'est peu le Royaume garentir de la malediction de Mathilde, femme de Henry I. parce qu'en l'an 1587. la Royne Elisabeth à present regnant fit mourir Marie Stuard Royne d'Escosse, la cousine, après l'avoir detenuë en ses prisons l'espace de dix-sept à dix-huit ans. Quel sera le succez par cy-après des affaires d'Angleterre, c'est un appenty du present chapitre, que je laisse à ceux qui me survivront.

CHAPITRE XXV.

Du Royaume de Hierusalem, & pourquoy les Roys de Naples, & Sicile, se pretendent Roys de Hierusalem.

LE sault est grand de France en Angleterre tel qu'au precedent chapitre, & maintenant d'Angleterre en Hierusalem, & de Hierusalem en Sicile, pour en fin revenir en France : Toutesfois tout cela regarde la grandeur de nostre France, à laquelle sont principalement deubs les voyages que l'on fit pour conquerir la Terre Saincte : Joint que nos
Normands,

Normands, qui commanderent premierement à la Sicile, puis succesivement les deux familles d'Anjou, je veux dire celle de Charles frere de S. Louys, puis celle de Louys frere de Charles cinquiesme, tout cela est de nostre estoc.

Au premier voyage que nous fismes en la Palestine, les affaires nous succederent si à propos, qu'eusmes moyen d'y establir un nouveau Royaume sous le tiltre de Hierusalem. L'on presenta premierement la Couronne à Robert, fils de Guillaume le Bastard, qui la refusa, & à son refus, Godefroy de Bouillon fut faict Roy, & neantmoins ne voulut jamais charger la Couronne sur sa teste, disant que à Dieu ne pleust qu'il se vist couronner Roy en un lieu, où l'on avoit faict porter une Couronne d'espines à nostre grand Roy Jesus-Christ. A luy succeda son frere Baudoüin, puis Baudoüin deuxieme son cousin. A luy Foulques Comte d'Anjou son gendre, auquel succeda Almeric son frere, qui eut trois enfans, Baudoüin le Lepreux, qui fut aprés troisiesme Roy de ce nom, Sibille & Isabelle. Sibille fut mariée deux fois, & en premieres nopces avecques Guillaume de Montferrand, dont elle eut Baudoüin quatriesme. Puis à Guy de Lusignan. Baudoüin le Lepreux decedant recommanda son nepveu Baudoüin au peuple, le laisse pour son heritier, & le met en la garde de Raimond Prince de Tripoly. Il n'y a rien qui soit tant à craindre, que quand un Royaume tombe entre les mains d'un enfant: chacun en son particulier veut joüer au Roy despoüillé. Cela advint soubz ce jeune Prince, qui regna seulement un an, non sans grande suspicion qu'il avoit esté empoisonné par Guy de Lusignan son beau-pere, lequel lors s'empara de l'Estat: mais Raimond tuteur luy fit teste: Guerre civile entre ces deux Princes; Raimond plus foible appelle à son secours Saladin Souldan d'Egypte. Cestuy faisant contenance de favoriser son party, s'impatronise de la plus grande partie de nos anciennes conquestes, mesmes de la ville de Hierusalem, aux despens de l'ambition de ces deux Princes mal conseillez. Cela s'appelle 88. ans aprés que nous en estions rendus maistres. Ce temps pendant meurt Sibille, par la mort de laquelle Guy son mary perdit le tiltre de Roy, reprenant pour ceste cause la route de France: mais à son retour il trouva par bonheur le Roy Richard d'Angleterre, qui luy fit present du Royaume de Chipre, qu'il avoit nouvellement conquis: Adoncques Henry Comte de Champagne avoit espousé Isabelle sœur puisnée de Sibille, lequel se fit proclamer Roy de Hierusalem en ce peu de pays qui nous restoit: Mais mourant, Almeric frere de Guy espouse sa veufve, & par mesme moyen le Royaume, chose toutesfois qu'il negligea: Parce que quelque peu aprés il se demit de la couronne entre les mains de Jean de Braine, mary d'Yoland fille aisnée d'Isabelle: mais luy ne pouvant supporter les indignitez & secousses que l'on faisoit aux Chrestiens, s'en retourna de deçà, où il maria sa fille unique avecques Frederic Empereur second de ce nom, Roy de Naples & de Sicile, lequel par le moyen de ce mariage fut aussi intitulé Roy de Hierusalem. Le Royaume de Sicile tombant depuis és mains de Charles d'Anjou, il prit aussi le titre de Roy de Hierusalem: Et voicy pourquoy, parce que Marie, seconde fille d'Isabelle du premier lit, pretendoit la couronne luy appartenir, à laquelle le Pape ordonna une pension sur le Royaume de Sicile, moyennant laquelle elle renonça à tous droicts qui luy pouvoient appartenir au Royaume de Hierusalem, lesquels, pour bien dire, estoient lors plus imaginaires, que par effect. Voilà comment depuis ce temps-là, les Roys de Naples & Sicile, se sont qualifiez Roys de Hierusalem.

CHAPITRE XXVI.

Quel fruict nous rapportasmes des voyages d'outremer, que nos ancestres appelloient Croisades.

JE trouve que nous fismes six voyages notables, tant pour aller conquerir que conserver la Terre Saincte, lors que nous l'eusmes conquise. Le premier sous le regne de Philippes premier, le second sous Louys le Jeune, le tiers sous Philippes second dict le Conquerant, le quart par Baudoüin Comte de Flandres, les cinq & sixiesme par S. Louys. Je supplie tout homme qui me fera cet honneur de me lire, vouloir suspendre son jugement jusques à la fin du chapitre: parce que je me suis icy mis en bute une opinion du tout contraire à la commune. Car qui est celuy qui ne celebre ces voyages, sur toutes autres entreprises, comme faicts en l'honneur de Dieu & de son Eglise? Et quant à moy, s'il m'estoit permis de juger, je diroys volontiers (toutesfois sous la correction & censure des plus sages) que ceux qui les entreprindrent à dessein, y gaignerent, & la plus part des autres qui s'y acheminerent par devotion, y perdirent. Je seray encore plus hardy, & diray que ces voyages ont causé presque la ruine de nostre Eglise, tant en temporel que spirituel. J'appelle user par dessein, ceux qui trouverent bons ces voyages, mais les laisserent exploicter par autres, ou bien y allerent tant seulement par contenance. De ce premier rang furent Philippes premier, & second, Henry premier de ce nom Roy d'Angleterre, Thibaut de Champagne, Baudoüin Comte de Flandres. Du second furent Herpin Comte de Berry, Robert Duc de Normandie, le Comte de Clairmont en Auvergne, Louys le Jeune, Richard Roy d'Angleterre, S. Louys, Henry Comte de Champagne.

Au premier voyage Herpin Comte de Berry vendit son Comté au Roy Philippes premier pour le deffroy de son pelerinage: Comté qui ne rentra oncques puis en la famille du vendeur. Le Comte de Clairmont engagea son Comté à l'Evesque, qui en joüit depuis, & tous ses successeurs, jusques à ce que de nostre temps, l'Evesque en fut evincé par la Royne Catherine de Medicis: Robert fils de Guillaume le Bastard, ne voulut accepter la couronne de Hierusalem, qui luy fut presentée premier qu'à Godefroy de Boüillon, se promettant à son retour d'estre Roy d'Angleterre, & Duc de Normandie. Toutesfois retourné qu'il fut, il trouva que Henry son plus jeune frere s'en estoit emparé pendant son absence. Tellement que le pauvre Prince, pour toute ressource de ses esperances, espousa une rigoureuse prison, en laquelle il finit ses jours. Tournons maintenant le feüillet. Le premier voyage fut grandement profitable à Philippes premier, lequel par un sage conseil voulut demeurer dans la France, & surrogea en son lieu Hugues son frere pour y aller, & seroit impossible de dire combien il accommoda ses affaires par ce bon advis. Car je puis dire que ce fut le premier restablissement de la grandeur de nos Roys. Lors que Hugues Capet usurpa sur la lignée de Charlemagne, plusieurs grands Seigneurs voulurent avoir part au gasteau comme luy, sous autres tiltres que de Roy: se faisans neantmoins accroire qu'ils estoient comme souverains sous ces qualitez de Ducs, & Comtes: il n'estoit pas que quelques moyens Seigneurs ne se dispensassent de mesmes licences. Nostre France estant par le moyen de ce voyage espuisée d'une bonne partie des grands, desquels les petits se targeoient contre l'authorité de nos Roys, le Roy Philippes, & Louys le Gros son fils commencerent de les harasser, ou pour mieux dire, terrasser: & specialement Louys surmonta un Hugues sieur de Puisay en Beausse, Bouchard Seigneur de Montmorency, Milles Comte de Monthery, Eude Comte de Corbeil, Guy Comte de Rochefort, Thomas Comte de Merles. A l'exemple desquels tous les autres communs Seigneurs se reduirent soubz la totale obeyssance de nos Roys. Et pour cela (dit Guillaume de Nangy) Louys le Gros fut par les siens appellé le Bataillleux. Tant furent estimées ses victoires, ores que de peu de merite, si nous considerons les siecles suivans.

Le second voyage fut entrepris à la semonce & exhortation de sainct Bernard par Conrad Empereur d'Allemagne, & Louys le jeune Roy de France, qui tous deux y allerent en personnes : Et jamais chose n'apporta plus de dommage que celle-là. Tout ainsi que le premier voyage avoit esté conclud en un grand Conseil tenu dans la ville de Clairmont en Auvergne, aussi le fut cestuy-cy en un autre tenu à Vezelay en Bourgongne, où sainct Bernard Abbé de Clairvaux fit un ample recit des maux que les Chrestiens avoient nagueres receuz des Turcs. & lors chacun picqué de ses remonstrances fit vœu, de charger la redemption des nostres, entre lesquels principalement ces deux Princes. L'Empereur se mit le premier en chemin avecques une tres-puissante armée, mais dés son arrivée fut battu par le Souldan d'Egypte avecques une perte telle, que de soixante mille hommes, il ne luy en resta pas la dixiesme partie : Et mesmes fut non seulement trahy par Manuel Empereur de Constantinople qui le vendit à nos ennemis : mais encores feignant de luy administrer des farines, pour la nourriture de son armée, il y mesloit du plastre, chose qui causa la mort à une infinité de personnes. Au moyen dequoy il fut contraint de retourner tout court en ses pays. Louys le jeune eut du commencement un meilleur succés, mais non de longue durée, estant puis aprés mis en route : Perte qui ne fut rien au regard de celle que je discourray maintenant. La Royne Leonor sa femme l'avoit accompagné en ce voyage : il entre en une extreme jalousie d'elle, & du Prince d'Antioche, qu'il imprima de telle façon dans sa teste, qu'à son retour il la repudia, fondant toutes fois son divorce sur ce qu'il disoit, qu'ils estoient dans un degré de consanguinité prohibé, ayans deux filles de leurs mariage. Par ceste repudiation nous perdismes la Guyenne, la Gascogne & le Poictou, qui tomberent souz la domination de l'Anglois par le mariage qui fut fait d'elle avecques Henry Roy d'Angleterre troisiesme du nom. Voila le fruict que nous rapportasmes de la devotion de Louys.

Il ne nous en prit pas ainsi au troisiesme voyage, qui fut conclud l'an 1188. en un Concil de Paris entre Philippes Auguste, & cest Henry troisiesme, & depuis executé par Richard Roy d'Angleterre son fils aprés la mort de son pere : car combien que l'un & l'autre s'y fussent depuis acheminez, toutesfois soudain aprés la ville d'Acre prise, Philippes rebroussa chemin vers la France sur un mescontentement à luy exquis & affecté, laissant le Roy Richard engagé dedans la querelle : lequel à la verité acquit du commencement beaucoup de reputation : Car y allant il prit le Royaume de Chipre, dont il investit Guy de Lusignan, & tout d'une suite se rendit si redoutable aux Turcs, qu'aprés son partement, quand leurs femmes vouloient faire peur à leurs petits enfans, elles les menaçoient de Richard : Mais voyez, je vous prie, quelle fut la fin & issue de ce jeu. Philippes à son retour, aprés avoir consideré comme les affaires des Anglois alloient par la France, commence de brouiller leur Estat, occasionné de ce faire sur l'absence du Roy Richard : Entreprise qu'il n'intermit jusques à ce qu'aprés plusieurs accidens en fin il en vint à chef. Au contraire Richard de ce advertisty, voulant reprendre les brisées de son pays, fut pris par Henry Empereur, & contraint de payer cinquante mille marcs d'argent pour sa rançon. En ce voyage Henry Comte de Champagne se trouva tres-mal appointé : Parce que pendant son pelerinage, Thibaut son frere le supplanta de son Comté : pour toute recompense resta à Henry le Royaume de Hierusalem, lorsqu'on ne le possedoit plus que par image : Et tout ce qu'aprés son decez sa veufve peut obtenir de Thibaut, pour ses conventions matrimoniales, fut la somme de deux mille livres de rente en assiette d'heritage.

Le semblable n'advint pas à Baudoüin Comte de Flandres au quatriesme voyage, lequel plus poussé par discours que devotion, comme l'evenement le monstra, faisant semblant d'aller secourir les Chrestiens de la Terre Saincte, se fit Empereur de Constantinople : Empire qu'il transmit à sa posterité l'espace de soixante tant d'ans : car quant aux cinq & sixiesme voyages qui furent entrepris par S. Louys : tout ainsi qu'il n'y eut qu'une bonne devotion qui l'y conduisit, aussi furent-ils tous deux mal-heureux, parce qu'au premier il fut pris & paya une grosse & longue rançon pour se delivrer, & au second il mourut, voyages qui cousterent la ruine generale de la France.

De tous ces voyages, jamais voyage ne fut entrepris de plus grande allegresse que le premier. Chacun y couroit à l'envy : Gilbert qui florissoit de ce temps là, dit qu'il y eut une flotte de Sauvages qui aborderent en France, lesquels pour ne pouvoir estre entendus en leur barraguoin, monstrerent par un croisement de leurs doigts qu'ils venoient expressément pour estre de ceste partie; & que Pierre l'Hermite promoteur de cette entreprise estoit en telle veneration, que passant parmy les ruës, le menu peuple arrachoit du poil de son mulet pour en faire comme des Reliques. Encores trouvez-vous au second une devotion qui secondoit le premier. Parce que Nicetas autheur Constantinopolitain nous dict qu'entre les troupes de l'Empereur Conrad qui passerent par la Grece, il y avoit des compagnies de femmes armées, & montées sur des chevaux tout ainsi comme les hommes. On usoit de tels voyages non pas proprement comme d'une guerre, ains comme d'un vœu & pelerinage, pour la recousse de la Terre Saincte : Et de faict ceux qui y entroient se presentoient confez selon leurs qualitez, les uns devant leurs Evesques, les autres devant leurs Curez, & prenoient d'eux le bourdon, comme si c'eussent esté Pelerins, non soldats : Et outre la devotion, on proposoit certains guerdons à ceux qui y alloient, & aux autres certaines charges. Au Concil de Clairmont en Auvergne, aprés que le premier voyage eut esté conclud, le Pape Urbain second voulut que tous les Pelerins, au lieu de l'escharpe, chargeassent la Croix, pour monstrer que c'estoit pour la propagation de nostre Christianisme que se faisoit ceste entreprise ; signal qui fut depuis continué, & de-là vient que l'on disoit que ceux qui s'y enrolloient, se croisoient, & que l'on appella ces voyages, Croisades. Le mesme Pape donna lors pleine absolution des pechez à tous ceux qui firent le vœu, & excommunia les autres, qui aprés avoir fait le vœu, ne le paracheverent. Et pour y apporter encores quelque esperon, il fut arresté au Concil qu'il y auroit sursceance de tous procez petitoires l'espace de trois ans en faveur de ceux qui iroient. Chose qui tourna dans Normandie en coustume, parce que dans le vieux Coustumier il y avoit article exprés, portant donques qu'en tel cas il y auroit tresve de procez sept ans durant, sinon que l'on apportast information sommaire de la mort : depuis on commença de fouïller aux bourses de chacun sans acception, & exception de personnes, car aussi que pouvoit-on ne donner pour si devotes entreprises, esquelles il ne s'agilloit d'autre chose que de l'accroissement de nostre Religion Chrestienne ? A la nouvelle que nous eusmes que Saladin avoit pris Hierusalem, & la plus grande partie de la Palestine, pour faire levée de gens, fut imposée ceste grande disme, que la posterité nomma la Disme Saladin, qui estoit " que chacun qui demeuroit en la France, devoit payer la dixiesme partie de son revenu, & lors (dit un vieux Historiographe) par le conseil de Philippes Roy de France, & des Barons du Royaume fut commandé, crié, & establey, que pour l'aide des Pelerins à aller à la Terre Saincte, & les biens, & les meubles de toutes manieres de gens fussent dismez, & que chacun payast la Disme de ce qu'il eust : C'est à sçavoir de tous ceux qui en la Terre Saincte ne pourroient, ou ne voudroient aller : laquelle chose tourna à grand dommage : car il advint que plusieurs de ceux qui les Dismes requeroient efforcément les Eglises aggravoient, & pis qu'à autres gens leur faisoient ". A tant l'Autheur. En ce grand Concil de Latran tenu dans Rome sous Innocent troisiesme, toutes sortes de gens furent exhortez d'entreprendre ces voyages. Aux Ecclesiastiques qui iroyent, permis de jouïr trois ans durant du revenu de leurs benefices, sans les desservir en personnes. Que les Roys, Ducs, Marquis, & Comtes, qui n'iroyent, comme aussi les corps des villes seroient tenus de stipendier des gendarmes durant ce temps de trois ans : pareillement seroit prise la Disme du revenu des benefices, le tout pour la remission de leurs pechez, & que le Pape mesme, & les Cardinaux seroient tenus d'y contribuer.

Qr

Or en ces voyages on commençoit premierement par une publication de Croisade, qui se faisoit sous l'authorité & permission du sainct Siege : Et parce que ceux qui s'y vouloient acheminer, avant que de s'y exposer se rendoient confez & repens, les uns entre les mains de leurs Evesques, & les autres de leurs Curez, comme j'ay dit, l'Eglise de Rome leur bailloit absolution generale de leurs pechez, & promesse certaine de Paradis, laquelle par la parole de Dieu est encloses dans une bonne confession accompagnée d'une penitence & restitution des forfaits. Et à la suite de cela, on levoit (comme j'ay dit) des Decimes sur le Clergé, pour le souldoyement de l'armée Chrestienne. Car aussi puis que la guerre s'entreprenoit pour la manutention & soustenement de l'Eglise, c'estoit chose tres-raisonnable qu'elle contribuast au defroy des armées : ce que l'on avoit appris de faire auparavant. Tout cela sembloit specieux & plein de Religion ; toutes-fois le mal-heur voulut que le Levant fut le tombeau des Chrestiens, que nos Croisades se soient evanoüyes en fumée, & que tous les pays qu'esperions convertir par les armes soient demeurez en leurs anciennes mescreances, & qui plus est, que nous ayons tourné avecques le temps ces premiers fondemens des Croisades en une ruine & desolation de nostre Eglise. Parce en premier lieu que depuis les Papes exerçans inimitiez particulieres contre quelques Princes souverains, lors qu'ils s'en voulurent vanger les excommunierent, puis à faute d'absolution les declarerent heretiques, & à la suite de cela firent souvent trompeter des Croisades contre eux, comme s'ils eussent esté Infideles : afin que les autres Princes Chrestiens s'armassent, & s'emparassent de leurs Principautez & Royaumes. Ce qui causa une infinité de divisions, troubles & partialitez en nostre Chrestienté. Davantage lors que les Courtisans de Rome vouloient sous fausses enseignes faire un grand amas de deniers, on faisoit publier une Croisade contre les Turcs, & pour exciter un chacun à y aller ou contribuer à ceste Saincte Ligue, les Papes envoyoient par toutes les Provinces plusieurs gens porteurs de leurs Indulgences, afin d'en faire part plus ou moins, selon le plus ou le moins de deniers que l'on financeroit pour l'expedition de tels voyages. Comme de fait il advint sous Clement cinquiesme : car ayant esté une Croisade concluë au Concil de Vienne, il la fit prescher par un Cardinal en ceste France, & se trouverent une infinité de Seigneurs qui se voüerent à ce pelerinage. Entre autres choses celuy qui donnoit un denier avoit pardon d'un an, douze deniers, de douze ans, & qui donnoit autant comme il convenoit pour defrayer un homme de guerre avoit planiere Indulgence & absolution de tous ses peschez, & disposa personnes desquelles il se sioit, pour recevoir telles offrandes cinq ans durant : pendant lesquels il leva une incroyable somme de deniers. Mais au bout du temps le voyage fut rompu par occasion, & dit le Livre dont j'ay tiré ceste Histoire, la plus grande partie de ces deniers fut donnée par le Pape à un sien nepveu. Et tout ainsi qu'en Cour de Rome on tiroit profit sous pretexte de ces Indulgences, aussi firent les Roys & Princes seculiers sur le Clergé, par ce qu'ils faisoient semblant de voüer un voyage outre-mer, & sur ce pied obtenoient permission du Pape de lever une & deux Decimes, ou bien d'en lever une, deux ou trois ans consecutifs, & puis ces levées estans faites leurs vœux & voyages s'evanoüissoient en fumée : ainsi en fit le Roy Philippes de Valois. Et les Papes mesmes se dispenserent de lever telles cueillettes sur les Ecclesiastiques sans necessité, comme j'ay traicté ailleurs. Or voyez quel fruict nous avons rapporté de tout cecy. Alexandre sixiesme ayant faict sonner une Croisade par toute l'Allemagne, France, Espagne, & Italie, avecques une distribution de plusieurs Indulgences à ceux qui financeroient deniers pour ce sainct voyage, que l'on vit depuis ne sortir effect, ains les deniers qui en estoient provenus avoir esté par luy donnez à une sienne niepce : Martin Luther commença de crier contre cet abus par l'Allemagne, & tombant d'une fievre tierce en chaud mal, il bastit son heresie contre la Papauté sur ce mesme abus. Heresie qui s'est espanduë presque par toute l'Allemagne, Polongne, Angleterre, Escosse, Flandres, & quelque partie de la France. Comme en cas semblable les Roys avec le temps ont commencé de faire fonds des Decimes qu'ils levent dessus le Clergé, tout ainsi que des tailles sur le commun peuple. En effect voila comme par ces voyages, nostre Eglise s'est trouvée & trouve affligée tant au temporel, que spirituel. Afin que je vous laisse à part, les Dismes infeodées que j'attribuë au premier voyage d'outre-mer, & pour closture, l'Idolatrie des Templiers qui fut condamnée au Concil de Vienne, encores que je sçache bien que quelques-uns ont estimé qu'en ceste condamnation il y eut je ne sçay quoy de l'homme, toutes-fois puis que ces Templiers furent condamnez par un Concil general, je veux croire que ce ne fut sans juste sujet.

Mais dont peut proceder qu'une si bonne & saincte plainte ait rapporté des fruits si fascheux ? Je n'ay pas entrepris de vous en rendre raison, ains de vous raconter l'Histoire : Et neantmoins je vous diray avec toute humilité ces deux mots, suppliant tout bon & fidele Chrestien les vouloir prendre de bonne part, à la charge, si mon opinion n'est bonne, de la reduire à la meilleure. Je ne me puis persuader qu'il faille advancer nostre Religion par les armes, celle de Moïse fut destinée à tel effect, celle de Jesus-Christ au contraire s'est accreuë par prieres, exhortations, jeusnes, pauvreté & obeïssance : & luy-mesme nous en donna le premier advis, lorsque S. Pierre desgaina son glaive, quand il luy commanda de le rengainer, disant que s'il eust esté le moyen d'avancer sa Religion, il pouvoit souslever une infinité de legions d'Anges qui eussent pris les armes pour luy. Au milieu de la desbauche des armes, l'impieté se loge aisément, laquelle ne sçauroit produire fruict qui vaille, encores qu'un zele indiscret de nostre Religion nous y alleche : Et à peu dire, pendant que le Catholic, & l'Arrien se combattoient anciennement, Mahomet prit sujet avec le temps d'introduire une troisiesme Religion : Et de nostre temps l'Empereur Charles V. s'estant armé contre les Lutheriens, il se forma une Secte d'Anabaptistes de plus perilleuse consequence que l'erreur de Martin Luther. Il y a trente-quatre ans & plus que nous avons pris les armes en ceste France, les uns pour le soustenement de la Religion ancienne & Catholique, les autres pour la nouvelle, que d'un mot specieux ils appellent la Reformée : que si vous me permettez d'en dire ce que j'en pense, je ne voy point que nous en ayons rapporté autre chose qu'un Atheïsme & contemnement de l'une & l'autre Religion. Je ne doute point que telles guerres ne soient entreprises d'un zele, mais zele du tout furieux. S. Gregoire au premier de ses Epistres escrivant à Virgile & Theodore Evesques de Marseille, sur un advis qu'il avoit eu qu'ils contraignoient plusieurs Juifs dans leurs Dioceses d'estre baptisez. *Intentionem quidem hujusmodi, & laude dignam censeo, & de Domini nostri dilectione descendere profiteor. Sed hanc eandem intentionem, nisi competens Scripturæ sacræ comitetur effectus, timeo ne aut mercedis opus inde non pervenit, aut animarum quas eripi volumus, quod absit, dispendia subsequantur. Dum enim quispiam ad baptismatis fontem, non prædicationis suavitate, sed necessitate pervenerit, ad pristinam superstitionem remeans, inde deterius moritur, unde renatus esse videbatur.* Je vous laisse le demeurant. Que si ce grand & sainct Pape ne trouvoit bon que l'on fist chrestienner un Juif par force, combien eust-il plus blasmé que par armes nous eussions voulu provigner nostre Religion Chrestienne ? Et de la mesme opinion que je suis, est Messire Guillaume du Bellay en son premier Livre sur le faict de la guerre, quand il dit, que ce n'est pas à coups d'espées que les Infidelles se convertissent, & chrestiennent, ainsi que l'exemple & le parler y peuvent plus que la force (ce sont les mots dont il use) & que la force qu'il leur faudroit faire, ce seroit seulement pour deffendre nos marches quand ils se voudroient assaillir, ou entrer plus avant sur nous.

CHAPITRE XXVII.

De la famille d'Anjou qui dés & depuis le temps de Charles frere de sainct Louys commanda au Royaume de Naples, & des traverses qu'elle receut.

JE vous ay dit sur la fin du treiziesme Chapitre que le Royaume de Hierusalem fondit en nostre Charles d'Anjou lors Roy de Sicile, & par quel moyen ce tiltre d'honneur luy fut acquis & à sa posterité. C'est pourquoy je ne pense estre hors de propos (après le precedent Chapitre dont je vous ay repeu par forme d'entremets) si j'enfile celuy qui s'offre à la suite des Roys de Hierusalem. Histoire pleine de tragedies, que je vous veux discourir, ores qu'elles n'ayent esté joüées sur le theatre de la France, ains d'Italie. Toutesfois parce que les premiers personnages d'icelles, furent de la premiere famille d'Anjou, extraite du sang de nos Roys, je pense faire œuvre de merite, vous representant, non le tout, ains un sommaire abregé de ceste Histoire, pepiniere de plusieurs mal-heurs advenus par succession de temps à la France. Fuzeau fascheux à desmesler, bien qu'il tombe ordinairement en nos bouches. Pour le desvelopement duquel je deduiray le nombre & suitte des Roys, & leurs genealogies, & les revers qu'ils receurent de la fortune.

Je trouve en ceste famille y avoir eu onze tant Princes que Princesses, qui porterent le tiltre de Roys, & Roynes de Naples, Charles premier, Charles second, Robert, Jeanne premiere, André, Louys premier, Louys second, Charles troisiesme, Marguerite, Ladiflao, Jeanne seconde, qui tous furent tirez du tige de Charles premier, & Jacques de Bourbon Comte de la Marche mary de Jeanne deuxiesme.

Charles I. frere de nostre bon Roy S. Louys, fut Comte d'Anjou de son estoc, & par Beatrix sa femme Comte de Provence.

De luy & d'elle nasquit Charles II. dit le Boiteux, qui espousa Marie fille unique d'Estienne Roy de Hongrie, & de ce mariage nasquirent quatorze enfans, neuf masles & cinq filles, desquels toutes-fois je ne toucheray que quatre, Charles, Robert, Philippes & Louys.

Charles fils aisné surnommé Martel, fut aprés le decez d'Estienne son ayeul maternel, couronné Roy de Hongrie, du consentement de ses pere & mere.

Robert qui après le decez de Charles le Boiteux son pere se fit proclamer Roy de Naples.

Philippes Prince de Tarente.

Louys Duc de Durazzo.

De ces quatre Princes enfans de Charles II. sourdit la suitte des autres Roys & Roynes.

Charles Martel Roy de Hongrie eut un fils nommé Charles, Nombert, autrement Charrobert, d'un mot composé de Charles nom de son pere, & de Robert son oncle & parrain: Cestuy ne fut Roy de Naples, mais de luy nasquirent deux enfans Louys & André, qui par la rencontre du temps & des affaires, porterent diversement ce tiltre.

Du Roy Robert vint Charles seul fils qui preceda son pere, delaissées trois filles, Jeanne, Marie, & Marguerite, dont la premiere & derniere furent intitulées Roynes.

De Philippes Prince de Tarente nasquit un seul fils nommé Louys, qui fut aussi Roy de Naples.

Louys Duc de Durazzo eut Charles, duquel nasquit un autre Charles qui porta le tiltre de Roy: & de luy vindrent Ladiflao, que nous appellons en nostre vulgaire Lancelot, & Jeanne II. tous deux qualifiez Roy & Royne. Genealogie ausquelles trouverez les Couronnes diversement advenuës, à quelques-uns par le Droit reiglé de nature, aux autres par le desreiglé de fortune, selon que les occasions leur mirent le sujet en main.

Les Papes attediez de longues guerres & differens qu'ils avoient eu contre Federic second Empereur du nom, Roy de Sicile, voulurent exterminer sa race en la personne de Mainfroy son bastard, lequel par voyes induës s'estoit emparé du Royaume au prejudice de Conradin son nepveu & pupille. Pour y parvenir fut en l'an 1262. par eux appellé Charles Comte d'Anjou, Prince d'une magnanimité admirable, mais aussi d'une ambition desmesurée, & sans frein. Luy promettant de l'investir du Royaume, s'il pouvoir chasser Mainfroy. Sur ceste promesse, il s'y achemine: toutes choses luy rient sur son advenement. Mainfroy par luy desconfit, & occis en bataille rangée, Charles & Beatrix sa femme couronnez Roys par le Pape le jour & feste des Roys, l'an 1265. moyennant certain grand tribut, qu'ils promirent par chacun an au sainct Siege. En quoy il y a diverses leçons: car les uns disent quarante mille ducats, les autres quarante-huit, & les autres une hacquenée seulement par honneur, pour recognoissance de son hommage. Outre cela luy est conferé l'Estat de Senateur de Rome dedans la ville, & de Vicaire de l'Empire par toute l'Italie. Celuy-là premier Estat politic de la ville, & cestuy-cy du plat pays. Il est en outre gratifié du Roy Marie du tiltre de Roy de Hierusalem, que ses successeurs n'oublierent en leurs qualitez de parade. Se fait continuer le tribut payé par la ville de Tunes à ses devanciers. Et comme il n'aspiroit qu'à hautes entreprites, aussi se promettoit-il l'Empire de Constantinople sur les Paleologues. Vainquit en champ de bataille Conradin: Victoire qu'il estimoit l'asseurance de son Estat: mais comme il est plus mal-aisé de mesnager sa bonne, que sa mauvaise fortune, aussi mettant sous pieds tout droict de guerre, auquel tous Princes Souverains sont obligez, il souilla ses mains dedans le sang du jeune Conradin, & de Henry Duc d'Austriche son proche parent ses prisonniers de guerre, qu'il fit decapiter en plein marché, comme s'ils eussent esté les justiciables. Le semblable fit-il à plusieurs Seigneurs de leur suite, non seulement du Royaume, mais aussi des pays estrangers, & abattre tous les Chasteaux, tant des Gentils-hommes presens, qu'absens: esperant que par les morts, ruines & abbatis la voye seroit esclaguée à sa domination. Playe qui saigna depuis longuement en luy, & toute sa posterité. Sujet du present discours, auquel j'ay donné quelque atteinte au Chapitre des Vespres Siciliennes, Livre 7. mais non si ample qu'en cestuy.

Dieu permit que Pierre Roy d'Arragon mary de Constance, fille de Mainfroy, s'impatronisa du Royaume de Sicile, par les pratiques & intelligences des Gentils-hommes mal contens du pays, qui s'estoient garentis par une bonne & prompte fuite, lesquels en un jour entr'eux assigné, au son d'un toxin general par tout le pays, massacrerent tous les François, sans exception de sexe, ny d'âge, ne pardonnant pas mesmement aux femmes Siciliennes qui se trouvoient estre enceintes de leur faict. De maniere que là où au precedent ce Royaume estoit compris sous le nom de la Sicile, on commença d'en faire deux lots. L'un qui estoit au delà le Far, occupé par l'Arragonnois, auquel on continua le nom de Sicile, & l'autre au deçà, qu'on appella Royaume de Naples, qui demeura és mains de Charles & des siens: lequel au lieu de conquerir l'Empire de Constantinople, comme il s'estoit promis, alla delà en avant tousjours en empirant en toutes ses affaires jusques au dernier souspir de sa vie, & les Papes mesmes petit à petit luy retrancherent les grandeurs qu'ils luy avoient du commencement octroyées.

Ce Roy desirant estre tout ou rien, somma par cartel de deffi le nouveau Roy de Sicile, d'entrer en champ clos contre luy, afin que leur different fuſt vuidé par la deciſion de leurs eſpees ſeulement. Gage de bataille accepté par l'Arragonnois, du conſentement du Pape qui leur bailla pour juge le Roy d'Angleterre : occaſion pour laquelle l'aſſaillant choiſit pour lieu du combat la ville de Bourdeaux, dont l'Anglois jouïſſoit lors. Avant que de partir il laiſſa le gouvernement de ſon Royaume à Charles le Boiteux ſon fils, aveques trés-expreſſes inhibitions & deffences de faire aucune ſortie, ains de ſe tenir clos & couvert en attendant ſon retour. L'Arragonnois laiſſe en la Sicile la Royne Conſtance ſa femme, aſſiſtée de Doria ſon Admiral, Capitaine grandement duit & pratic au faict de la guerre marine. Les deux Princes ayant donné ordre à leurs Royaumes, tel qu'il leur avoit pleu, font voile, & nommément le Roy Charles arrive à Bourdeaux à jour prefix, en bonne deliberation de combattre, mais l'Arragonnois, plus retenu y defaut. Au moyen dequoy Charles eſtimant avoir ſatisfaict à ſon devoir, s'en part de la ville, & quelques jours aprés ſon ennemy y arrive, qui ne deliberoit d'entrer au combat que par mines. Et à vray dire Charles avoit en ce party quelque advantage ſur l'honneur de l'autre, mais de mal-heur, ce n'eſtoit pas le recouvrement de ſon Royaume perdu. Au contraire Doria pendant ce temps attaquoit le Royaume de Naples aveques une puiſſante armée de mer, attirant le plus qu'il luy eſtoit poſſible au combat Charles le Boiteux, auquel les mains demangeoient, nonobſtant les commandemens à luy faicts par le Roy ſon pere, enfin la patience luy eſchappe, & rame en plaine mer, ſuivy de toute ſa Nobleſſe. Pour le faire court les deux armées ſe heurtent : la victoire demeure à Doria, qui prend priſonnier le jeune Prince, lequel il envoya à la Royne Conſtance aveques neuf de ſes principaux favoris : & quant aux autres il fit decapiter ſur le champ deux cens Gentils-hommes Napolitains.

Quelque temps aprés Charles I. va de vie à treſpas l'an 1484. mort certes merveilleuſement piteuſe. Car il vit avant que mourir à la fleur de la Nobleſſe Napolitaine avoir aux deſpens de ſa vie contregagé la cruauté inſolente de luy : ſon fils unique entre les mains de ſes ennemis, la moitié de ſon Royaume perduë : & l'autre grandement eſbranlée, ſi par un doux remords de vengeance on euſt exercé en ce jeune Prince, ce que le pere avoit fait contre Conradin. Comme de fait par Arreſt du Conſeil d'Eſtat de Sicile, luy & neuf Seigneurs de ſa ſuite, furent condamnez à mort. Arreſt toutes-fois dont la Royne Conſtance, d'une puiſſance abſoluë remit l'execution à la volonté du Roy ſon mary, auquel elle rendit tous les priſonniers. Clemence accompagnée d'une grande ſageſſe, que Dieu depuis retribua à ſa poſterité.

La priſon fut de quatre ans, au bout deſquels elle fut ouverte à Charles II. dit le Boiteux, moyennant les paches capitulez entre les deux Princes : & quelques mois aprés mourut le Roy Pierre, delaiſſez trois enfans, Auſur, Jacques & Federic. Auſur decede peu aprés, tellement que Jacques ſucceda au Royaume d'Arragon, & Federic à celuy de Sicile. Ce nouvel accident apporta nouvelle face d'affaires : grandes guerres entre les deux Roys : finalement aſſopies ſoubs ceſte condition que Federic jouïroit ſeulement ſa vie durant de la Sicile, laquelle aprés ſa mort retourneroit à la famille de Charles. C'eſtoit luy donner prou de loiſir pour s'aſſeurer du cœur des ſubjects, & conſequemment de tout le pays.

Charles II. fut conjoint par mariage aveques Marie ſeule fille d'Eſtienne Roy de Hongrie, & mourut en l'an 1309. delaiſſez quatorze enfans. Or combien que la multitude des enfans procreez en loyal mariage, ſoit l'une des premieres benedictions de Dieu en ce bas eſtre, toutes-fois ceſte belle regle faillit en ceſte famille : car vous n'y verrez dores-en avant que troubles, partialitez, & diviſions, pendant leſquelles la Maiſon d'Arragon aſſeura ſon Eſtat. Et qui eſt choſe digne d'eſtre remarquée, celuy que les Hiſtoriographes eſtiment avoir eſté entre les Roys de Naples le plus preud'homme, qui eſt Robert, en fut la premiere ſource.

Des enfans de Charles II. y en eut trois, dont le premier nommé Charles Martel fut du conſentement de ſes pere & mere, fait Roy de Hongrie, aprés le decez du Roy Eſtienne ſon ayeul maternel. Louys II. fils fut Eveſque de Tholoſe, & le troiſieſme fut Robert. Charles Martel alla de vie à treſpas avant ſon pere, delaiſſe Charles Nombert, ou Charrobert ſon ſeul fils, qui fut auſſi aprés la mort de ſon pere Roy de Hongrie. A luy par droict de repreſentation de ſon pere devoit appartenir le Royaume de Naples, ſuivant la diſpoſition du droit commun des Romains obſervé de toute ancienneté dedans l'Italie, toutes-fois Robert ſon oncle le puiſné s'en empare, non comme plus proche habile à y ſucceder, mais comme plus proche ſur les lieux pour y ſucceder. C'eſt le premier traict d'injuſtice que je voy avoir eſté commis en ceſte famille aprés la mort de Charles II. qui produiſit une grande querelle pour eux. Car Charrobert, voiſin de Henry VII. Empereur d'Allemagne, l'attira à ſa cordelle, lequel par Arreſt declara Robert uſurpateur & incapable de la Couronne de Naples. Au contraire Robert qui eſtoit dedans Avignon l'hoſte du Pape Clement V. obtint de luy Arreſt à ſon profit, par lequel le Pape caſſa & annulla celuy de l'Empereur, ſur quelques nullitez & formalitez, ſans entrer au merite du fonds : comme l'on peut voir par la Clementine *Paſtoralis. De re judicat.* De moy, pour en parler ſans paſſion, je croy que le plus beau jugement eſt celuy, qui fut donné par Robert. Il avoit eu un fils nommé Charles qui le predeceda, delaiſſées trois filles, Jeanne, Marie, & Marguerite. Et le Roy Robert eſtant ſur le point de ſa mort, meu d'un ſindreſſe de ſa conſcience, inſtitua par ſon teſtament pour heritiere univerſelle, Jeanne l'aiſnée de ſes arriere-fils, à la charge d'eſpouſer André ſon couſin fils puiſné de Charrobert, lequel, comme j'ay remarqué cy-deſſus, avoit eu deux enfans maſles, Louys & André. Jugement plein de ſageſſe, & de doctrine, comme noüant par iceluy ſa famille aveques celle à laquelle pour ſon droict d'aineſſe appartenoit la Couronne à juſte tiltre.

Ny pour cela toutes-fois les choſes n'en furent pas mieux eſtablies. Car ce mariage ayant eſté conſommé, Jeanne qui eſtoit d'un deſir inſatiable au plaiſir du lict, & ſon mary pour eſtre d'une matiere flouette ne pouvant fournir à l'appointement, ceſte mal-heureuſe Princeſſe donna ordre de le faire eſtrangler de nuict d'un cordon de ſoye par elle tiſſu. Et qui eſt choſe digne d'eſtre recitée, ainſi qu'elle le tiſſoit, le Roy André luy demandant à quoy eſtoit bon cet ouvrage : pour vous eſtrangler (reſpondit-elle en ſe ſouſriant) parole que le mary tourna en riſée, qui ſortit toutes-fois ſon effect. De faire contenance, ny du dueil de ce cruel meurtre, ny de la recherche du meurdrier par une ſage hypocriſie, ce fut une leçon à elle incogneuë. Au contraire elle convola du jour au lendemain en ſecondes nopces, quoy que ſoit non long-temps aprés, aveques Louys Prince de Tarente ſon couſin tenant le deſſus de germain ſur elle. Mariage qui aveques les deux autres circonſtances, aſſeura ce dont on avoit auparavant douté. Choſe que Louys Roy de Hongrie frere aiſné d'André, prenant à cœur, & ſemonds, tant du devoir d'une juſte vengeance, que par les prieres de tout le peuple, indigné d'un aſſaſſin ſi deteſtable, s'achemine aveques une puiſſante armée à la Poüille. La Royne Jeanne & le Roy Louys ſon mary, ſe voyans denuez de toutes forces ſortables pour faire teſte à leur ennemy, aprés avoir donné la charge à Charles Duc de Durazzo leur couſin de tout le Royaume, s'enfuyent en leur pays de Provence, où ils ſe blotirent, pendant que ce torrent des Hongres s'eſcouleroit. Ainſi le veux-je appeller, parce que Louys Roy de Hongrie, aprés avoir levé quelque obſtacle, qui luy vouloit barrer le cours, ſe fit voye par tout le pays, comme un torrent, tant eſtoient les volontez des ſujets à luy voüées contre la Royne & ſon mary. Le premier mets dont il ſe reput, fut de la teſte de Charles Duc de Durazzo, qu'il luy fit trancher, tant pour avoir participé à la mort d'André, que d'eſtre inceſtueuſement comporté aveques la Royne ſa couſine. Et en moins de trois mois ſe fit proclamer Roy de Naples & de Hieruſalem.

La Royne Jeanne premiere & ſon mary reduits aux termes de deſeſpoir ſe jettent entre les bras du Pape Clement VI. comme derniere reſſource contre leur mal-heur. Luy qui eſtoit grand ſage-mondain ne voulut laiſſer envoler l'occaſion qu'il voyoit eſtre à ſon poinct. Il leur promet toute faveur & aſſiſtance, mais en la promettant, leur ramentevoit

tevoit le tribut ſtipulé par le Pape Clement IV. du Roy Charles I. quand il l'inveſtit du Royaume : Tribut pour lequel eſtoient deus infinis arrerages, deſquels il compoſe aveccques eux, & pour en demeurer quittes par une cortemote taillée, Jeanne luy cede & tranſporte la ville & Comtat d'Avignon, appartenances & dependances. Voilà comme le ciel & la terre s'armerent contre ceſte meſchante Princeſſe, pour vanger la mort d'un pauvre Prince innocent. Le contract en eſtant fait & paſſé, il ne couſta pas beaucoup au Pape d'inveſtir Louys Tarentin & Jeanne ſa femme des Royaumes de Naples, Sicile & Hieruſalem : Et neantmoins ne laiſſa de procurer une paix pour les reintegrer dedans leur Eſtat. En quoy il euſt eſté tres-empeſché ſi le mal-heur du temps ne luy euſt facilité la voye. Parce qu'il ſurvint dedans toute l'Italie une peſte la plus eſpouvantable qui oncques euſt eſté auparavant veuë, telle repreſentée par Bocaſſe, ſur le commencement de ſon Decameron, & par Petrarque dedans ſes Epiſtres. Qui occaſionna le Roy de Hongrie de deguerpir le pays, après y avoir laiſſé pour Gouverneur le Vaivode, l'un de ſes plus ſignalez Capitaines, & emmena quant & ſoy Charles de Durazzo jeune Prince, fils unique du decapité. Tout ainſi que les Napolitains à la chaudecole luy avoient voüé une admirable bien-vueillance, grandement confirmée par ſa preſence, auſſi leur colere s'eſtant refroidie, l'ayans ineſperément perdu, ceſte violente affection commença de ſe refroidir, & de tourner par meſme moyen leur courroux en une pitié envers leur Royne, qu'ils voyoient ainſi mal menée par la fortune. Meſmes que le Pape y avoit envoyé ſon Legat pour pacifier toutes choſes. C'eſt pourquoy le Roy de Hongrie cognoiſſant la legereté des Napolitains, l'inopiné changement de leurs volontez, la grande diſtance de la Hongrie à la Poüille, davantage que le Pape s'engageoit dedans ceſte querelle, & qu'en voulant conſerver ſa foy le Royaume de Naples, il ſe mettoit en danger d'en perdre deux, il condeſcendit en fin à la paix : mais à la charge que la Royne venant à faillir, le Royaume reviendroit à luy & aux ſiens. Belle hypocriſie pour couvrir la honte de cet accord, afin qu'en tout ce qu'il avoit acquis en la Poüille, on ne l'eſtimaſt avoir eſté un champignon de fortune.

En ceſte façon fut la Royne Jeanne premiere reſtablie avec le Roy Louys ſon mary, qui mourut quelque temps après tout alengoury, pour avoir voulu faire trop grande preuve de ſes forces ſur celle qui ne pouvoit, ny ſe vouloit rendre. Et elle ne pouvant demeurer longuement en friche, ſe remaria en troiſieſme nopces avec un Jacques d'Arragon, Infant de la Majorque, beau Prince, & bien proportionné de ſes membres, ſous condition touteſfois qu'il ſe contenteroit ſeulement du tiltre de Duc de Calabre, lequel elle feit mourir pour une jalouſie qu'elle conceut, qu'il faiſoit bon marché de ſon corps à quelques autres Dames de ſa Cour. Elle reſſembloit proprement au cheval Sejan, que l'ancienneté diſoit avoir eu ce malheur, que tous ſes Maiſtres qui l'avoient monté eſtoient peris de morts violentes. Enfin elle eut pour quatrieſme mary un Othon de la Maiſon de Saxe, portant qualité de Duc de Bronzvic, lequel ne prit auſſi tiltre de Roy pendant ſon mariage.

Avant que de paſſer plus outre, je feray une ſaillie, non peut-eſtre mal à propos, puis que l'occaſion s'eſt preſentée de vous avoir cy-deſſus touché comme les Papes ſe firent Seigneurs proprietaires de la ville & Comtat d'Avignon. Ceſte ville eſtoit de l'ancien patrimoine des Comtes de Provence, juſques au Siege & Pontificat de Clement VI. Ce neantmoins Clement V. s'y eſtoit habitué avec toute la Cour de Rome, dés l'an mil trois cens. Et vraiment je ſuis contraint de dire, que ce Pape fut d'un eſprit merveilleuſement bizarre, & d'une volonté bizarrement abſoluë, d'avoir quitté ceſte grande ville de Rome premiere de la Chreſtienté, de laquelle ſes predeceſſeurs, par une longue poſſeſſion, s'eſtoient acquis la domination ſouveraine, pour ſe venir loger, par forme d'emprunt, en un arriere-coin de la France, dedans la ville d'Avignon, nid à corneille au regard de l'autre. Car meſmes outre le deſordre & changement apporta à noſtre Egliſe, ceſte longue abſence d'Italie occaſionna une infinité de petits tyrans, par faute de controlle d'un plus grand, de ſe faire Seigneurs abſolus d'unes & au-

tres villes, au grand prejudice, tant du Sainct Siege, que de l'Empire. Abſence qui commença de prendre fin ſoubs Gregoire unzieſme Limoſin, & voicy comment. Ce Pape plein de zele & de devotion, deviſant aveccques un Eveſque, luy dit qu'il feroit beaucoup mieux pour le devoir de ſa conſcience, s'il reſidoit ſur ſon Eveſché, laquelle demeuroit par ſon abſence veufve de ſon eſpoux. A quoy fut reſpondu par l'Eveſque : Que tout ce qu'il faiſoit en cecy eſtoit à l'exemple de luy, lequel auſſi ne faiſoit ſa reſidence en ſon grand Eveſché de Rome. Ceſte reſponſe toucha ſi fort le cœur du Pape, que deſlors il ſe voüa du tout au retour, lequel il executa ſi dextrement, qu'au deſceu de tous ſes Cardinaux il arriva à Rome, laquelle avoit ſenty l'eclypſe de ſon Soleil l'eſpace de 70. ans. Car en l'an 1306. Clement V. s'eſtoit venu loger en Avignon, & en l'an 1352. Clement VI. en achepta la proprieté. Et Gregoire XI. en quitta la demeure l'an 1376. Ce bon Pape fut receu par le peuple Romain, aveccques une infinie d'applaudiſſemens & acclamations publiques, & mourut l'an 1378. au tres-grand regret de ce meſme peuple, qui perdit lors ſon vray pere. Les Cardinaux entrans au Conclave, furent priez par le peuple de ſe ſouvenir que la ville de Rome eſtoit le vray ſiege des Papes, & pour ceſte cauſe qu'ils jettaſſent leurs yeux ſur un Pape Italien : Le nombre des Cardinaux Italiens eſtoit petit au regard de celuy des François. Les Romains pour ſuppleer ce defaut, feignans de vouloir aſſeurer le Conclave mettent pluſieurs gendarmes aux environs, mais en verité c'eſtoit pour intimider les François, à ce qu'ils n'appellaſſent à la Papauté autre Prelat que de la nation d'Italie. L'affaire eſt ourdie & conduite de telle façon, que par le ſuffrage volontaire des uns, & par la crainte des autres fut eſleu Pape Urbain VI. Italian, qui eſtablit ſon Siege dedans Rome. Les Cardinaux François & Provençaux ne peuvent en leurs ames bonnement digerer ceſte elſection. Et diſſimulans leurs intentions ils obtindrent congé du Pape, d'aller prendre l'air ailleurs pour leurs ſantez, eſtans (ainſi qu'ils diſoient) inaccouſtumez à celuy de Rome. Se tranſportent premierement en la ville d'Ananie, puis en celle de Fundi, où par un monopole fait avec la Royne Jeanne, qui ne vouloit priver ſon Comté de Provence de ceſte grande Cour de Rome, fut par eux eſleu celuy qui depuis ſe fit nommer Clement VII. dont nos Hiſtoriographes Eccleſiaſtics n'ont fait eſtat en noſtre Egliſe, non plus que de Benoiſt XIII. ſon ſucceſſeur, comme eſtans Anti-Papes. Ceſte Royne Jeanne eſtoit ſi mal née, que tous ſes deſſeins viſoient à mal faire. Ce fut ainſi que ce dernier coup d'elle cauſa une infinité de maux au ſainct Siege, auſſi fut-ce l'accompliſſement & dernier periode de ſes mal-heurs.

De ces diverſes elections, & habitations de Papes naſquit un honteux ſchiſme en l'Egliſe, qui prit traict l'eſpace de quarante ans. Urbain indigné contre la Royne Jeanne l'excommunie, & declare indigne du Royaume de Naples, au contraire Clement VII. l'abſout de toutes ces cenſures, & confirme en tous ſes Eſtats. Grande authorité de l'un, & non moindre de l'autre en pluſieurs lieux. Pour accommoder ces deux grandes puiſſances ſpirituelles, chacun endroit ſoy, on eut recours aux temporelles. Urbain ſomme par Ambaſſades Louys Roy de Hongrie de reprendre la poſſeſſion du Royaume qui loyaument luy appartenoit. Clement conſeille la Royne pour ſa protection & deffenſe, d'adopter à fils un autre Louys Duc d'Anjou Regent en France, & oncle du Roy Charles VI. lors mineur. Quoy faiſant voulant aſſeurer l'Eſtat de la Royne, il aſſeuroit le ſien dans la France. Gaignant par ce moyen la bonne grace de celuy lequel ſembloit eſtre le reſſort general des affaires, comme Regent. Touteſfois au choix de ces deux partis il y avoit bien plus de force en celuy de Hongrie qui eſtoit Roy par effect, qu'en l'autre qui eſtoit ſeulement par image. Comme auſſi les evenemens non ambigus en dirent bon teſmoignage. Car Charles de Durazzo ayant eſté fait General de l'armée du Roy de Hongrie ſon couſin, donna ſi bon ordre à ſon fait qu'entrant dedans la ville de Naples par une des portes, Othon mary de Jeanne s'enfuit par l'autre. Bataille entr'eux deux : où Othon eut du pire & fut pris. Et quelque peu après ceſte Princeſſe qui s'eſtoit retirée dedans la roque de Chaſteau-neuf ſe rendit

à luy

à luy prisonniere, estimant qu'il luy feroit bonne guerre, & telle que sa qualité requeroit. Toutesfois apres avoir eu l'advis du Roy Louys, il la fit pendre & estrangler au mesme lieu qu'elle avoit fait estrangler le Roy André son mary, & encores d'un cordon de las de soye, tout ainsi comme elle avoit faict : & tout d'une suite fit trancher la teste à Marie sœur de Jeanne, veufve de Robert Comte d'Arthois, pour ses desbordées impudicitez, mais paravanture pour asseurer son Estat, ayant espousé Marguerite troisiesme sœur de ces deux Princesses. Ainsi fut-il investy par le Pape Urbain VI. Roy de Naples : & ainsi faisant les affaires du Roy son maistre & cousin, fit-il les siennes propres. Luy qui estoit Prince du sang, & avoit espousé celle à laquelle apres le decez de ses deux sœurs, sembloit devoir appartenir le Royaume. Louys Duc d'Anjou I. de ce nom fils adoptif de Jeanne entra dedans l'Italie, faisant contenance de vouloir guerroyer le Roy Charles III. du nom, mais son voyage ne fut qu'entrée & issue. Discours que je reserve pour une autre fois.

Voila la fin, & du regne, & de la vie de la Royne Jeanne, & commencement de la Maison de Durazzo qui regna depuis longuement dedans la Pouille & la Calabre. Or comment il advient souvent qu'en une grande famille des Princes du sang en un Royaume, les premiers estans richement assortis, ceux qui les suivent d'aages ne sont pas lotis de mesme : Aussi advint-il le semblable aux neuf enfans masles du Roy Charles le Boiteux. Car apres que Charles Martel son fils aisné eut esté fait Roy de Hongrie, & Louys son second Archevesque de Tholose, & que Robert III. en rang, se fut empieté de l'Estat de Naples, tous les autres qui les suivirent d'aages prindrent diverses qualitez, si vrayes ou non, je m'en rapporte à ce qui en est. Tant y a qu'ils furent Princes du Sang, tiltre qui apres celuy de Roy, est l'outre-passe de tous les autres. Entre ces neuf freres y eut un second Louys que les uns appelleront Duc, les autres Comte de Durazzo, ayeul de Charles III. nouveau Roy : Mais en quel lieu fut situé ce Duché, ou Comté, nulle mention dedans les histoires. Si vous lisez Platine en la vie de Clement VI. il l'appelle *Carolum Dyrachinum.* Qui seroit le rapporter à la ville de Dyrachium, tant solemnisée par la victoire qu'obtint Pompée contre Jules Cesar. Mais ceste ville estoit assise en la Macedonie. Quoy qu'il en soit, ceste famille de Durazzo obtint assez longuement la domination de Naples. Car Charles III. commença de regner absolument l'an 1380. & se continua ceste domination jusques à la mort de Jeanne de Durazzo sa fille, qui fut en l'an 1432. qui sont 52. ans.

Quelque temps apres l'advenement de Charles à la Couronne de Naples mourut Louys Roy de Hongrie, delaissée une seule fille nommée Marie, du commencement pour son bas aage exposée sous la puissance & authorité de la Royne sa mere. Les Hongres ne pouvoient bonnement gouster que leur Couronne tombast en quenoüille : & de fait pour monstrer combien cela leur estoit à contre-cœur, parlans de leur Royne, ils en faisoient un masculin, l'appellans le Roy Marie : Placard digne d'estre remarqué. En fin cognoissans qu'entre les collateraux du deffunct, il n'y avoit Prince plus proche habile à luy succeder (ceste jeune Princesse sa fille ostée) que Charles III. Roy de Naples, il fut par les Seigneurs de Hongrie appellé à leur Royauté : Semonce si luy agreable, & fut par eux favorablement receu : Voire par les deux Princesses, dont la fille renonça franchement en faveur de luy à tout le droit qu'elle pouvoit pretendre à la Couronne. Mais Isabeau sa mere ne pouvant porter patiemment ceste indignité fit un tour de Maistre. Car apres que Charles eut esté couronné Roy, estant en la ville de Bude, il est par elle convié en un grand banquet, & ainsi qu'il estoit à table, fut par un homme, par elle attitré, tué d'un coup de hache, qu'il luy donna sur le chignon du col, dont il rendit l'ame sur le champ.

Mourant il laissa deux enfans, Ladislao & Jeanne sous le gouvernement de la Royne Marguerite leur mere. Mais les nouvelles de sa mort arrivées, les Napolitains, pour ne deschoir du privilege de legereté qui leur est de toute ancienneté familier, se revolterent. En cecy secondez, & d'un nouveau mescontentement que le Pape Urbain avoit conceu contre le deffunct, & d'une nouvelle opinion de changement, en faveur de Louys II. Duc d'Anjou qui pretendoit la Couronne luy appartenir comme heritier de Louys I. son pere, fils adoptif de la Royne Jeanne. Toutesfois la mort du Pape Urbain advenuë, qui eut pour successeur Boniface IX. il investit & couronna Ladislao Roy, soustenant sa cause envers & contre tous. Guerres intestines dedans le pays, les aucuns de la Noblesse soustenans le party du Roy Ladislao, sous l'authorité du Pape Boniface, & les autres celuy de Louys assisté du Pape Clement VII. Villes partialisées, pour l'un, qui pour l'autre, toutesfois enfin Ladislao demeura Maistre du tapis. Et comme Prince qui estoit l'un des plus grands Guerriers & Capitaines de son temps, apres qu'il se fut rendu paisible de son Royaume de Naples, non toutes-fois de son esprit, il se voulut rendre Maistre & Seigneur de la ville de Rome, ainsi qu'il fit en l'an 1413. & lors de la prise d'icelle, il raffla tous les deniers & meubles des Florentins qui y hebergeoient. Et ce pour une haine particuliere qu'il leur portoit. Qui luy cousta puis apres la vie. Car s'estant enamouré de la fille d'un Medecin, avec laquelle il prenoit souvent son esbat, le pere gaigné par quelques Florentins, moyennant grande somme de deniers, promit d'empoisonner le Roy. Et pour y parvenir voicy la police qu'il y tint. Il donna un certain poison à sa fille, qu'il disoit estre un oignement amatoire, de laquelle frottant sa nature, elle gaigneroit de plus en plus le cœur du Roy, quand il auroit sa cognoissance. A quoy la jeunette obeïssant, comme à un conseil de pere, à l'issuë du premier combat, le Roy & elle se trouvans empoisonnez moururent d'un mesme coup. Tel fut la fin de ce grand guerrier, qui ne pouvoit mourir par les armes.

Il laissa Jeanne de Durazzo sa sœur son heritiere, seconde Royne de ce nom, veufve qui faisoit banque de paillardise & impudicité dedans sa maison. Et ne fust jamais arrivée à ce haut point, n'eust esté qu'elle se trouva environnée de seize mille hommes de guerre, commandez par Sforce I. l'un des grands & signalez Capitaines de son temps. Vous ne verrez en son regne que guerres, non civiles, ains domestiques. Et c'est pourquoy en elle finit dedans ce Royaume la premiere famille d'Anjou. Et estoit gouvernée par deux, ausquels selon le bruit commun, elle faisoit part de son honneur, Par Pandolfe Aloppe son Chambellan, & par le mesme Sforce au grand despit & regret de tout le peuple. Du premier on ne faisoit nulle doute, du second, le jeu estoit plus couvert. Mais elle pour assopir les bruits, delibera de se marier, & choisir pour mary Jacques de Bourbon, Comte de la Marche, à la charge que l'espousant il ne changeroit le tiltre de Comte. Ce qu'il promit, mais le mariage accomply, il s'en voulut faire croire. Car sous le tiltre & qualité de Roy de Naples, il fit mourir Pandolfe, mettre en prison le Capitaine Sforce, & appliquer à la question, pour s'esclaircir des bruits sourds qui couroient de luy, tint la Royne recluse dedans une chambre, ne luy permettant d'avoir aucune communication des affaires d'Estat, mesmes n'avoit la compagnie d'elle que par jeux mesurez, & fort sobrement. Le tout par la suggestion d'un Jules Cesar Gentil-homme Capoüan qui s'insinua aux bonnes graces du Roy dés son arrivée. Et pour comble de ses insolences, il osta les charges publiques aux Napolitains, pour en revestir les François. Qui tint en cervelle tous les Italiens contre luy : mesmes les Jules Cesar dont j'ay presentement parlé.

Or est-il que le Roy ayant grande confidence en cestuy l'avoit par exprez commis pour faire compagnie à la Royne sa femme, c'est à dire pour observer ses actions & deportemens : Avec lequel elle estoit en mauvais mesnage, quelque beau semblant qu'elle luy fist, comme celle qui le sçavoit avoir esté le premier autheur & promoteur de tout ce nouveau mesnage du Roy, & aussi qu'on le luy avoit baillé pour controleur : mais luy d'un esprit remuant, indigné d'un costé de l'avancement des François au prejudice de ceux de sa nation, d'ailleurs desirant d'entrer en la bonne grace de la Royne qu'il sçavoit estre sa Dame naturelle, commença d'ourdir une tresme, & projetter d'assassiner le Roy. Et parce qu'il estimoit que ce dessein ne seroit desagreable à la Royne, ainsi mal menée par son mary, comme dit est, la chevala à diverses fois par ambages, pour sçavoir quelle pourroit estre son opinion sur pareilles affaires. Enfin la trouvant assez souple & disposée, sur ce qu'il luy proposoit en general, prit la hardiesse de luy esclorre en particulier ce qu'il couvoit en sa pensée. Le tout pour le service de vous (disoit-il) Madame, & de vostre delivrance. Ce que la Royne fit contenance d'avoir pour tresagreable, mais elle qui auparavant avoit dissimulé son maltalent avec une patience vrayement Italienne, pourpensa de se vanger de deux personnes tout d'un coup, de son mary, & de cestuy-cy. Car ceste deliberation ainsi prise, elle la descouvre au Roy, & pour luy en faire preuve apparente le fit retirer dedans son cabinet, avecques quelques Seigneurs bien armez: Lors faict venir pardevers elle Jules, & demande quelle police il entendoit tenir pour mettre son entreprise à effect. Ce mal-heureux qui ne pensoit estre aguetté, luy discourt tout au long & par le menu, quand, comment, & en quel lieu il entendoit y proceder. Adonecques le Roy, juge, tesmoin, & partie, & les Seigneurs qui estoient avec luy, sortent de leur embusche, & se saisissent du traistre, qui est aussi-tost mis entre les mains du Juge, & exposé au supplice. Voila le premier traict de vengeance de la Royne, entendez maintenant le second.

Le Roy estimant par cet acte, avoir recogneu en sa femme une fidelité admirable, commença de se donner le tort, & de luy lascher la bride. Et elle se voyant au large, s'entretient par faux semblans, & cependant gaigne soubs main un Otin Carraccioli, & un Hennequin Morinelle, celuy-là chef de part des Nobles, cestuy-cy du commun peuple; Nobles, dis-je, & menu peuple, tous deux ayans unanimement conceu une haine mortelle contre le Roy pour avoir advantagé les François, à leur honte & desavantage: Ces deux personnages bien suivis se mettent en pleine place, avec leurs confidens bien armez, & massacrent à l'impourveu tous les Officiers de la nation Françoise. Et quant au Roy, il est par eux, si non gardé, pour le moins soigneusement regardé, & ordonné qu'il licencieroit d'autour de luy tous les François, fors quarante. Tout d'une main les portes de la prison sont ouvertes au Capitaine Sforce. La Royne pour payer son mary de mesme monnoye qu'il luy avoit prestée, luy prescript l'ordre qu'il devoit tenir toutes & quantesfois qu'elle le voudroit admettre avec elle. Bref, le reduit au mesme pied pour l'examen des affaires, qu'elle avoit esté reduite par luy. Ce pauvre Prince voyant toutes choses conjurer contre luy dedans Naples, mesme qu'il seroit mal-aisé que Sforce puissant ennemy ne se voulust ressentir des outrages par luy receuz dedans la prison, se derobe à petit bruit une belle nuit, vogue en pleine mer, arrive à Marseille, de là vient en sa maison, & comme il estoit Prince qui s'attachoit aux extremitez, quelques mois après se rendit Moine, par desespoir ou devotion.

D'un autre costé la Royne ayant, ce luy sembloit, vent en poupe, fait voile à ses desordonnez appetits, retournant fort aisément à son premier naturel. Car mettant sous pieds, & son honneur, & les mauvais bruits, elle s'enamoure d'un Jean Carraccioli Gentil-homme Napolitain, & le faict grand Seneschal de son Royaume. Auquel la grandeur de Sforce estant suspecte, il luy donne ordre de le faire desarçonner. Nouveau sujet de Tragedie: car le Pape Martin V. irrité contre la Royne Jeanne, la declara vers ce mesme temps decheüe du droict de la Couronne par elle pretendu, & en investit Louys III. Duc d'Anjou: Qui arriva en Italie avec une grande armée pour en prendre possession. La Royne se voyant sur les bras trois puissans ennemis, le Pape, le Duc d'Anjou, & Sforce, pour obvier à ceste tempeste, adopte & prend à fils, Alphonce Roy de Sicile, lequel arrive dans le Royaume avec une grande armée, favorablement accueilly dedans la ville de Naples. Bataille livrée entre les deux, le Roy Alphonse mis en route, plusieurs Barons & Capitaines pris par Sforce dont la rançon valoit quatre-vingt mille escus pour une fois payée. A ceste victoire, Sforce Conducteur de l'orne, sonna un Hola, ne pouvant mettre en oubly les anciennes faveurs qu'il avoit receu de la Royne, laquelle aussi deslors se reconcilia sous main fort aisément avec luy, sans toutesfois que pour l'heure il retournast en sa Cour. Victoire qui demeura par ce moyen infructueuse à l'Angevin, le Capitaine Sforce luy faillant de garand.

La Royne estimant par ce Hola, & taisible reconciliation, toutes choses luy estre asseurées, vivoit dedans la ville de Naples avec Alphonse son fils adoptif, se donnant cependant toute carriere avec son Carraccioli. La guerre estrangere assopie, Dieu luy en livre une nouvelle dedans sa maison. Alfonse qui est mis entre les Roys, l'un des plus sages & accomplis de son temps, voyant la continuation de ses sottises, se resout de ne les plus passer par dissimulation. Il contrefait le malade, & est trois jours sans sortir de sa chambre. La Royne desirant sçavoir comme il se portoit, luy envoye Carracioli, lequel estant entré dans la chambre est pris au corps, avec toute sa suitte, hors-mis un, lequel estant eschappé court de toute vistesse vers la Royne, à laquelle ayant faict recit de ce qui s'estoit passé, commande aussi-tost de fermer les portes du son chasteau, dont bien luy prit. Car à peine en fermoit-on l'une, que le Roy estoit sur le pont-levy pour y entrer. Il se fait maistre de la ville, & assiege la Royne dedans son chasteau: elle appelle à son aide Sforce, qui y vient à grandes journées. Bataille donnée entr'eux dont Sforce obtint le dessus, Alfonse est contraint de se fermer avec Carracioli son prisonnier dedans la citadelle du Chasteau-neuf. Ces deux guerriers jouërent au boute-hors, tantost l'un chassé de la ville de Naples, puis aussi-tost restably à la ruine & desolation generale de tous. Il y avoit parmy ces troubles deux sortes de prisonniers, les Capitaines & Seigneurs Napolitains qui estoient entre les mains de Sforce, dont la rançon estoit grande, & entre celles du Roy Alfonse, le bien-aimé Carracioli: mais il y en avoit une plus estrange, c'estoit la Royne, prisonniere de Carracioli, lequel elle ne pouvoit lors oublier. Pour se delivrer lors de prison, elle moyenne que Sforce rendroit tous ses prisonniers sans rançon, & qu'Alfonse en contr'eschange mettroit en pleine liberté Carracioli: Quoy faisant il ne restoit plus que la Royne sa prisonniere. Sforce condescend à la volonté de la Princesse, qui pour recompense des rançons luy faict present de quelques chasteaux & bourgades.

Les affaires se passans de ceste façon, Alfonse se voyant disgracié de la Royne, s'en retourne à son Royaume de Sicile, & laisse la garde de la ville de Naples és mains de Pierre son frere. La Royne qui estoit és environs avoit une puissante armée pour l'envahir. Et par le conseil de Sforce, revoque son testament, & exherede Alphonse, comme ingrat, & en son lieu fait Louys III. de nom Duc d'Anjou son fils adoptif, & l'institué son heritier universel non seulement au Royaume, mais aussi en la Provence, & generalement en tous & chascuns ses biens, terres & Seigneuries, dont furent passez instrumens authentiques. Sforce faisant nouvelle entreprise pour la Royne contre le party Arragonnois passant à gué le fleuve de Pescara, ainsi qu'il vouloit aider un qui se noyoit vers l'embouchure de la mer, le train de derriere faillit à son coursier. De sorte qu'il fut tiré au fonds par la violence du fil de l'eau, & n'estant secouru de personne fut noyé, & oncques puis son corps ne fut veu. La Royne eut lors recours à autres grands Capitaines, entre lesquels fut Francisque Sforce fils du defunct & Jacomo Caldora, qui reduisirent, & la ville de Naples, & le Royaume soubs la puissance d'elle.

Estant de ceste façon paisible, elle fit Louys III. son fils adoptif, Duc de Calabre, bien aimé & courtizé tant de la Noblesse que du menu peuple pour la debonnaireté de ses mœurs. En mesme temps fut fait le mariage du fils de Carracioli, avec l'une des filles de Jacomo Caldora avec une despense infinie telle que l'on eust peu desirer en un grand Monarque.

Au bout de tout cela voicy tout nouveau discours qui se presente au Royaume. Parceque Carracioli logé au chasteau de Cappuana, pensant triompher de la fortune, quelques-uns par le commandement de la Royne, l'allerent trouver de nuict, & comme ils le pressassent de se lever pour aller parler à elle, qu'ils disoient estre en grand danger de mort, pour un accident qui luy estoit de nouveau survenu: Luy se levant hastivement pour se vestir, la porte de sa chambre ouverte, il est tout aussi-tost par eux assassiné. Puis son corps porté à demy chaussé, sur un aiz, hors du chasteau,

chasteau, sans aucun honneur, & comme un belistre. Et ne fut en aprés informé, ny de la cause de sa mort, ny de l'Autheur, ny des executeurs. Argument tant d'une grande inimitié ancienne du peuple, que d'une nouvelle de la part de la Royne contre luy.

Quelque temps aprés Louys III. son fils adoptif surpris d'une fiévre chaude mourut en l'an 1434. sans delaisser aucuns enfans, ou heritiers de son corps, regretté de tous les Seigneurs du Royaume. Ainsi la Royne demeurée comme seule, passa au mesme an de ceste vie en l'autre, ayant regné vingt ans, & en elle finit la race de la premiere famille d'Anjou, qui avoit joüy du Royaume dés & depuis l'an 1266. jusques à ceste année 1434. (qui disent 151. an) avec toutes sortes d'encombres, miseres, & calamitez. J'attendois en ceste Princesse quelque mort honteuse ou tragique: toutes-fois Dieu se contenta qu'en elle ceste grande famille prit fin.

CHAPITRE XXVIII.

Des pretensions de la seconde famille d'Anjou sur le Royaume de Naples, & des ruineux voyages qu'elle y fit.

LE Comté d'Anjou baillé en apanage à Charles de France, depuis Roy de Sicile, aprés son decés, Charles II. son fils mariant Marguerite sa fille aisnée avecques Charles Comte de Valois, frere puisné du Roy Philippes le Bel, il leur bailla en faveur de mariage ce Comté, duquel mariage nasquit le Roy Philippes de Valois, & par ce moyen le Comté reuny à la Couronne. Le Roy Jean fils de Philippes, mourant delaissa quatre enfans masles.

Charles son fils aisné, auquel écheut la Couronne: Louys qui le secondoit d'âge fut apanné du Duché d'Anjou (ainsi fut-il lors appellé) & du Comté du Maine: Jean du Duché de Berry & d'Auvergne: & Philippe du Duché de Bourgongne. Charles V. mourant delaissa deux enfans moindres d'ans, Charles VI. Louys Duc d'Orleans, & l'ordre tenu aprés son deceds fut que Louys aisné des trois freres auroit la charge generale des affaires de l'Estat & des finances de France, & Jean & Philippes ses freres puisnez le gouvernement des personnes du Roy & de son frere. Et parce que ce chapitre est voüé à la seconde famille d'Anjou, je suivray la mesme trace que j'ay faict en la premiere, & la vous representeray depuis son premier tige jusques à la fin.

Louys premier, Duc d'Anjou & Comte du Maine.

Louys second son fils marié avec Yoland d'Arragon fille unique de la maison d'Arragon & de Bar.

De ce mariage nasquirent trois enfans, Louys troisiesme, René & Charles.

Louys troisiesme deceda sans hoirs procreez de son corps, delaissez pour ses heritiers René & Charles ses freres.

René marié avec Isabeau de Lorraine fille unique de Charles Duc de Lorraine. Duquel mariage nasquirent Jean & Yoland d'Anjou.

Jean deceda avant René son pere, delaissé pour son heritier Nicolas son fils, qui mourut pareillement avant son ayeul.

De maniere que les deux successeurs de René d'Anjou & Isabeau de Lorraine aboutirent en Yoland d'Anjou leur fille unique.

René, comme j'ay dict, eut un frere nommé Charles auquel il bailla pour son partage entr'autres biens le Comté du Maine.

A Charles premier succeda Charles second son fils, que René avant que de mourir institua son heritier au Comté de Provence. Cestuy est le dernier Prince masle de ceste seconde famille, lequel mourant sans hoirs yssus & procreez de son corps, delaissa son heritiere *ab intestat* Yoland d'Anjou sa cousine Germaine, vray qu'il fit auparavant que de mourir un testament dont sera parlé en son lieu.

Ce premier plant ainsi jetté, je viens maintenant au sujet du Royaume de Naples, que je pretends n'avoir esté qu'un amusoir de l'ambition de nos Princes, & leurre de nostre ruine.

Louys premier ayant esté adopté par Jeanne premiere du nom Roine de Naples, & consequemment institué son heritier universel en tous & chacuns ses grands biens, se fit Comte de Provence par la mort de sa mere adoptive, comme estant de ce pays en sa bienseance. Mais pour le regard du Royaume de Naples, dont Charles de Durazzo s'estoit impatronizé, il leva une puissante armée de cinquante mille hommes, selon la voix commune des Historiens, qu'il fit passer en Italie, qui fut recueillie par son ennemy d'une main hardie. Ceste guerre traina l'espace de trois ans ou environ, pendant lesquels plusieurs rencontres & escarmouches. Enfin bataille livrée, victoire sanglante obtenuë par Durazzo. Le Duc Louys navré de cinq playes dont il mourut cinq jours aprés. Le Roy l'honore de funerailles & obseques, convenables à sa grandeur, & en porta le duëil un mois durant. Cela s'appelle porter le duëil exterieur, par ceremonie, & grand contentement dedans l'ame, d'estre asseuré de son Estat par la mort de son ennemy. Ce Prince adopté par la Royne Jeanne en l'an mil trois cens septante neuf, entreprit le voyage l'an mil trois cens octante deux, mourut l'an mil trois cens octante quatre, & demeurent tous les Historiographes d'accord que ce voyage épuisa tous nos grands thresors se montans à douze millions de livres de monnoye forte, que le sage & riche Roy Charles cinquiesme avoit amassez. Ce que ce grand Roy avoit épargné pendant son regne par sa sagesse, fut en moins de rien dissipé par la folie d'un sien frere. Permettez-moy que sans hypocrisie il me soit permis user de ce mot (car pour bien dire sur cette premiere folie nous en entasmes aprés plusieurs autres.) Une juste douleur me fait user de ce mot, estant specialement marry, que les Papes chefs de nostre Eglise ayent esté le plus souvent les premiers boute-feux de nos entreprises pour nous y laisser embourber, ainsi que pourrez plus amplement entendre par ce que je vous discourray cy-aprés.

Charles de Durazzo s'estant rendu pacifique du Royaume vint adorer à Rome le Pape Urbain sixiesme pour le secours qu'il avoit receu de luy. Et le Pape en contre-échange le visita en la ville de Naples, pour le congratuler de l'heureux succez de ses affaires. Mais comme ce voyage estoit faict à autre dessein, aussi aprés les caresses ordinaires passées, le Pape le pria de vouloir accorder à Butolo son nepveu la Principauté de Capoüe. Chose à quoy le Roy ne voulant entendre tira sa responce en longueur: Jusques à ce qu'en-fin pressé par le Pape, qui en vouloit estre resolument esclaircy il en fut absolument écondoit. Et dessors se forma une inimitié mortelle entr'eux d'eux.

Histoire certes pitoyable, mais que je ne puis passer sous silence pour le devoir de ma plume. Le Pape estant en la ville de Nocerre decerne un adjournement personnel contre le Roy, en bonne deliberation de luy faire & parfaire son procez. A l'assignation il compare, mais accompagné d'une puissante armée devant la ville, luy mandant qu'il ne s'estoit voulu rendre contumax encontre le commandement à luy faict par sa Saincteté, Diverses escarmouches: Le nepveu du Pape pris, & mené en seure garde à Naples. Le Pape craignant qu'à la longue ses affaires se portassent mal en cette ville se retire en celle de Fondy, où il excommunie le Roy & tous ses adherans (armes communes des Papes qui portent quelquesfois grand coup) parce qu'il y avoit quelques Cardinaux dont il se défioit, après les avoir fait appliquer à la question, il extorque de leurs bouches ce qu'il desiroit, il en fit noyer cinq, & décapiter trois autres dont les corps furent seichez dedans un four chaud, & leurs carcasses portées devant luy sur trois mulets, leurs chappeaux rouges au dessus, pour servir de crainte & exemple à tous autres, afin de ne rien entreprendre contre son authorité.

Quelque tems après le Roy Charles est assassiné dedans la ville de Bude en Hongrie, ainsi que je vous ay discouru par le precedent chapitre. Nouveau remuement de mesnage au Royaume de Naples contre la Royne Marguerite sa veufve, & Ladislao & Jeanne ses enfans, lesquels sont excommuniez par Urbain VI. Croisade sonnée, le Royaume donné en proye au premier Prince qui le pourroit occuper. Ce Prince se trouva en Louys II. Duc d'Anjou, qui fut couronné Roy de Sicile, Naples & Hierusalem par Clement septiesme Antipape, seant en Avignon. Fut-il jamais plus belle semonce de fortune que cette-cy? Prince qui s'estimoit Roy droicturier du Royaume par le moyen de l'adoption faicte de luy par la Royne Jeanne premiere, Prince invité à cette entreprise par les deux Papes, par l'excommunication, & croisade cornée par celuy de Rome, & par le commandement de celuy de France: Bref avoir affaire à une vieille Princesse, & deux jeunes Princes seulement abandonnez, comme il sembloit, du Ciel, & de la terre tout ensemble, par la mort cruelle & inopinée du feu Roy. Or voyez comme Dieu se mocqua de luy. Urbain inesperément de vie à trespas, qui eut pour successeur Boniface neufiesme, lequel annichila tout ce qui avoit esté decreté par son predecesseur contre la mere & les enfans, se reconciliant par ce moyen au commun peuple, prend leur querelle en main, & faict par son Legat couronner Roy Ladislao dedans la ville de Caïette, & ce jeune Prince plus advisé que son aage ne portoit, voyant une forte guerre qui devoit tomber sur ses bras pour subvenir aux fraiz d'icelle, espouse une Dame non tenant tel rang que luy, mais comblée de bagues, or, & argent monnoyé & non monnoyé. Louys second, secondé par ses partisans du pays, arrive avec ses gens au Royaume, où après avoir faict quelque demonstration de vouloir joüer des mains, soit ou que le cœur, ou la finance luy defaillist, il tourne visage vers la Provence, faisant gouverner par Procureurs le peu qu'il tenoit au Royaume. Et Ladislao tirant à son profit ceste absence le rendit quelques mois après Seigneur universel, ne restant de ce deuxiesme voyage au Prince Louys qu'une honte.

Mais encore sera cette-cy plus grande au troisiesme voyage, que je vous reciteray maintenant. Ladislao né grand Capitaine, & guerrier dés le ventre de sa mere, s'estant rendu paisible du Royaume, non toutes-fois de son esprit, commence par nouveau conseil de se vouloir rendre Seigneur & maistre de la ville de Rome. Comme de faict il la prit, & en jouyt quelque temps: Nouvelle ligue contre luy jurée par le Pape, le Florentin, le Sienois, avecques lesquels Louys II. est de la partie. Qui s'achemine en Italie avec un grand ost. Siege mis devant la ville qui est reduite sous l'obeïssance du Pape. Louys est embrassé de tous ses associez d'un trés-favorable accueil, prend à sa soulde le grand Capitaine Sforce, qui lors pour la creance qu'il avoit acquis entre les Princes d'Italie luy donnoit la loy ainsi que bon luy sembloit. Ladislao les attend de pied quoy: Les deux armées se heurtent l'an mil quatre cens unze. Ladislao mis en route, & plus grandepartie des siens, qui tuez, qui prisonniers, mesmes les plus signalez Seigneurs, & luy reduict aux termes de desespoir s'il eust esté poursuivy. Mais Louys content de ce qu'il avoit esté par luy si heureusement exploicté, se retire en son logis, où par une debonaireté (vous jugerez si bonne ou mauvaise) il licentia tout aussitost les gens de guerre par luy pris, qui reprindrent leur adresse vers le Roy, lequel petit à petit reprit aussi & son haleine, & ses forces. Victoire non chaudement poursuivie par Louys, ou par sa nonchallance admirable, ou par un artifice de Sforce, estant tout Capitaine gagé trés-content de ne voir la fin d'une guerre, non plus que le Praticien d'un procés. Et de faict Ladislao conduisit depuis ses affaires de telle sorte, qu'il revint sur pieds, tout ainsi comme devant. Disant en commun propos que si Louys eust poursuivy à la chaudecole sa victoire, le jour que la bataille fut donnée, il se fust rendu maistre, & de luy & du Royaume: si le lendemain, du Royaume, & non de luy: si le troisiesme jour, ny de luy, ny du Royaume. Par ainsi si j'en suis creu, plus cette victoire fut grande, & plus elle fut honteuse pour nostre Louys.

Le Roy Ladislao meurt l'an mil quatre cens quatorze, delaissée Jeanne sa sœur son heritiere, seconde Royne de ce nom, laquelle ayant esté investie, tombe en mauvais mesnage avecques le Pape Martin cinquiesme, luy pour se venger d'elle, somme Louys troisiesme pour recevoir par ses mains les trois couronnes, à luy loyaument escheuës par le decez du Roy Louys deuxiesme son pere. Il y accourt, est investy, & prend le commandement du Pape le mesme Sforce pour estre Lieutenant general de son camp. Lequel passant avecques son armée le long des murailles de Naples, la Royne estant en une fenestre luy reproche son ingratitude. Luy au contraire s'en deffent, rejettant sur Carracioli favori d'elle, tout le mal qui se presentoit entr'eux. Et neantmoins il promet de luy faire une guerre douce. La Royne pour destourner le grand orage qu'elle voyoit sur le poinct de s'esclater sur sa teste: Ayant le Pape l'Angevin & Sforce pour ennemis qui estoit en campagnée, adopta Alfonce Roy de la Sicile par instrumens authentiques l'an mil quatre cens vingt & un, lequel vint à son secours avec une puissante armée, en laquelle il prit Braccio grand Capitaine pour faire teste à Sforce. L'Italie portoit lors dedans son sein une engeance de guerriers qui estoient à qui plus leur donnoit. Uns Sforce, Braccio, Baldora, Piscino, lesquels issus de bas lieux se firent grands par les armes, & s'enrichirent de la ruine d'Italie. Louys troisiesme estoit cependant dans Rome se repaissant des caresses & favorables accueils du Pape: & au regard de son armée s'en reposoit du tout sur Sforce par luy fraischement pris à ses gages, lequel compagnon d'armes de Braccio, capitula avecques luy une paix secrette, & tout d'une main avecques la Royne & Alfonse.

Je vous ay par le precedent chapitre sommairement discouru les rancunes qui avecques le temps se logerent aux cœurs de la mere adoptive, & de son nouveau fils adoptif, qui s'estoit saisi de Carracioli, ne pouvant plus voir les sottises qui se passoient entre la Royne & luy. Chose qui esmeut nouvelle guerre entr'eux, en laquelle la Royne ne douta de s'aider à face ouverte de Sforce, par le conseil duquel elle exhereda l'Arragonnois, comme ingrat, & choisit un autre nouveau fils, qui fut Louys III, qu'elle institua son heritier universel: que depuis Sforce se noya, Carracioli fut assassiné par le commandement de sa Maistresse, que Louys mourut l'an mil quatre cens trente-quatre, & quelque peu après la Royne, se trouvant par ce moyen nouveau visage d'affaires en ce Royaume.

Louys III. avoit laissé René son second frere plus proche à luy succeder, lequel par consequent pretendoit le Royaume luy appartenir. Partant se trouverent lors deux grands corrivaux, chacun d'eux ayant assez de moyens & subject pour exercer & la langue & la plume d'un Advocat, si la cause eust deu estre terminée par la voye de pratique, & non des armes. Car Alfonce soustenoit avoir esté bien & deuëment adopté par la Royne, & d'une mesme main institué son heritier universel au Royaume. Double qualité qui le rendoit Roy après le decés d'icelle, ny ne luy pouvoit nuire que depuis par une injuste colere, elle l'eust exheredé, comme ingrat. Car aucune ingratitude ne pouvoit-on trouver en luy pour laquelle il deust encourir la peine d'exheredation. D'autant que tout ce qu'elle luy pouvoit imputer, estoit la prison de Carracioli, lequel impudemment abusoit aux yeux de tous de l'honneur de cette Princesse, dont il ne vouloit plus asseuré tesmoin que la voix commune du Peuple. Parquoy tant s'en falloit que ce qui avoit esté faict par luy fust subject à reprimande, qu'au contraire il meritoit repremiation & guerdon. Grandes raisons certes de la part d'Alfonse, mais non moindres de celle de René.

René. Car il souftenoit qu'il ne falloit coucher de cefte nouvelle adoption d'Alfonce. Parce que la famille d'Anjou, dés piéça & auparavant avoit efté appellée , & au Comté de Provence , & au Royaume de Naples par la Royne Ifabelle I. du nom. En confequence de quoy Louys I. fon ayeul s'eftoit aprés la mort d'elle mis en poffeffion du Comté de Provence , & combien qu'il n'euft pas fait le femblable du Royaume, ç'avoit efté pour les obftacles & deftourbiers, qui luy avoient efté faits & à fes fucceffeurs, lefquels s'eftoient opiniaftrez à la recouffe d'iceluy. Tefmoins le premier voyage de Louys premier, les fecond & troifiéfme de Louys deuxiefme , & le quatriéfme de Louys troifiefme dernier mort, depuis adopté & inftitué heritier par la Royne Jeanne feconde. Adoption & inftitution qui ne luy pouvoit prejudicier my aux fiens. Car pour icelle il n'entendoit pas renoncer à fon ancien droict, pour lequel il s'eftoit acheminé avecques fon armée en Italie. Mais bien qu'ayant deux cordes en fon arc , il fe pourroit faciliter les moyens de joüir de fon Royaume fans coup ferir. Au demeurant qu'Alfonce ne fe pouvoit aucunement excufer de la faute par luy commife envers fa mere adoptive : d'autant que ce n'eftoit à luy de defcouvrir fa turpitude, quand bien il s'y en fuft trouvé , non plus qu'à Cam celle de fon pere Noé , qui fut caufe de fon exheredation. Tout cela s'appelle, à bien affaillir, bien deffendre. Et à vray dire fi cette caufe euft deu eftre vuidée par la plume , je veux croire que celle du Prince Angevin eftoit la meilleure. Mais ayant à eftre decidée par les armes, l'Arragonnois avoit un tiltre plus fort. Qui eftoit que tout ainfi que fon Royaume de Sicile atouchoit de plus prés celuy de Naples , auffi eftoit Alfonce, par la commodité de fes affaires, plus proche habile à y fucceder. Car en telles matieres d'Eftat , un fimple tiltre coloré , avecques la force, va devant tous autres tiltres.

Or comme ces deux Princes avoient diverfes raifons pour le fouftenement de leurs droicts , auffi ne manquerent-ils de partifans d'une part & d'autre , qui tenoient grand rang dedans le Royaume. Douze perfonnages d'honneur furent nommez en la ville de Naples, pour donner ordre à la Police, qui favorifoient le party Angevin. Mefmes pour cuider rendre fa caufe plus forte , fuppoferent un faux teftament de la Royne en faveur de luy , outre fes anciennes pretenfions (ainfi que mettent en avant quelques malignes plumes, ce que je ne veux croire : Car il avoit trop de bons droicts fans cela) & luy envoyerent Ambaffades pour le prier de venir en toute diligence prendre poffeffion actuelle de fon Royaume : Ce qu'il ne peut : car de mal-heur il eftoit lors prifonnier d'Antoine de Lorraine Comte de Vaudemont. Je vous toucheray cy-aprés le motif de leur different : Ny pour cefte prifon toutes-fois fes affaires n'en empirerent pas grandement. Eftant affifté d'une Ifabeau de Lorraine fon efpoufe , vraye Amazone, qui dans un corps de femme portoit un cœur mafle , & fit tant d'actes genereux pendant cette prifon , que je penfe cette piece devoir eftre enchaffée en lettres d'or , dedans les Annales de Lorraine. Soudain qu'elle eut ceft advis de fon mary , elle pria Philippes Duc de Milan de vouloir embraffer les affaires de leur maifon , & à l'aide de luy , fit mettre garnifon dedans Caiette (ville qui en grandeur & authorité fecondoit celle de Naples) dont elle eftoit la premiere entremetteufe. Alfonce d'un autre cofté ne dort pas , & prend la prifon de fon ennemy, pour un fien grand avantage.

Et parce qu'au port de Caiette y avoit plufieurs Nauz marchandes Genevoifes , & plufieurs riches marchands de Gennes, fur quoy il y avoit beaucoup à gaigner , il mit le fiege devant cette ville , efperant par la prife en rapporter un butin , qui feroit fuffifant pour fournir au defroy general de cefte guerre. Les Genevois au contraire implorent le fecours de leurs concitoyens , qui lors s'eftoient mis fous la protection du Duc de Milan. Ils y envoyent une armée navale qui rencontre celle d'Alfonce, lequel tenoit la ville affiegée par terre , & par mer. Bataille par mer eft donnée , en laquelle les affaires fuccedent fi à propos aux Genevois, qu'ils en rapportent pleine victoire, le Roy pris avecques deux de fes freres, & plufieurs autres grands Seigneurs qui furent tous envoyez au Duc de Milan pour en difpofer à fa volonté. Imaginez, je vous prie , en quel piteux eftat pouvoit lors eftre le Royaume de Naples , les deux Princes qui le pretendoient eftans diverfement prifonniers. Et à vray dire l'Angevin fembloit avoir le deffus , par la prefence de la Royne fa femme, qui eftoit dedans la ville de Naples, & le fiege de Caiette levé , foudain aprés le defaftre de l'Arragonnois. Que fi le Duc de Milan qui s'eftoit du commencement rendu parrein du Roy René n'euft point tourné fa robbe, indubitablement il falloit qu'Alfonce tiraft le rideau, car la farce eftoit tout à faict joüée pour luy.

Or voyez comme Dieu renverfa inopinément tous ces advantages, mefmes voulut que celuy fur lequel René fondoit fa grandeur fuft l'inftrument de fa ruïne. Le Roy Alfonfe eftoit Prince fage, auquel, ny l'efprit , ny la parole ne manquoient au befoin, & comme il gouvernoit de fois à autres le Duc , il luy remonftra que la confequence de fa prifon ne le concernoit point tant , comme elle concernoit le Duc. Que luy demeurant maiftre & Seigneur du Royaume de Naples , il ne feroit pas affez puiffant pour le guerroyer, mais que le plus grand heur qui luy pourroit advenir pour fa manutention feroit d'eftre fon confederé : Et qu'en ce faifant ils fe pourroient par leur confederation conferver en leurs Eftats. Qu'au contraire le Duc René rendu paifible, eftant François, mefmes extraict du fang Royal, advenant que pour quelque nouveau fubject il luy convint tirer forces de France, le Duché de Milan ferviroit de planche & paffage, & en tel acceffoire y avoit danger qu'en paffant , le Roy de France ne s'en vouluft faire croire. De maniere qu'il adviendroit que le Duc de Milan auroit deux ennemis, l'un en tefte qui feroit le Roy de France , l'autre en queüe qui feroit le Prince Angevin Roy de Naples. Ces remonftrances digerées par loifir par le Duc luy firent changer de propos , & fe pafferent les affaires de telle forte que dés l'heure le Roy Alfonce , & Philippe Duc de Milan, jurerent une amitié fraternelle entr'eux , qui ne prit fin que par la mort du Duc, lequel mit en pleine liberté Alfonfe & tous les autres prifonniers. Alfonfe , dis-je , qui raporta un grand heur de fon malheur. Comme auffi vers ce mefme temps le Roy René fortit de prifon, moyennant le mariage de fa fille Yoland d'Anjou , avec Ferry de Lorraine fils d'Antoine Comte de Vaudemont. Ainfi eftans ces deux Princes au large commencerent à joüer des coufteaux à qui mieux mieux, l'un tantoft victorieux, & puis l'autre. Et ne fut jamais un plus grand chaos, meflange & confufion d'affaires en ce Royaume : Cela dura environ fix ans, chacun des deux Princes fe donnant titre & qualité de Roy és lieux par luy poffedez. René ayant un advantage fur Alfonce, en ce qu'il poffedoit Naples ville metropolitaine du Royaume, mais l'autre en efchange ayant la commodité d'un plus prompt fecours que luy , comme auffi favorifé en cecy de la fortune, il reprit la ville fans grande effufion de fang par un aqueduct, c'eft-à-dire , par la mefme voye que le grand Belliffaire l'avoit autres-fois reduite fous la puiffance de l'Empereur Juftinian fon maiftre. Je remarque ces fix ans pour la crife de la maladie en faveur d'Alfonfe. Car enfin, le Roy René & fa femme aprés s'eftre efpuifez de tous moyens furent contraincts de quitter la partie , & de faire leur retraite à Marfeille. Non toutes-fois fans envie & efperance de retour , mais en vain. Et ceftuy eft le cinquiefme voyage de Naples, qui porte plus ample nom que de voyage, car le fejour fut de fix ans, mais non de plus heureux fuccez que les autres.

Ils eurent un fils nommé Jean, qui portoit titre & qualité de Duc de Calabre. Prince doüé de plufieurs bonnes & grandes parties , tant de corps que d'entendement , lequel fut faict gouverneur de l'Eftat & ville de Gennes , les Genevois s'eftans mis fous la protection de noftre Roy Charles feptiefme. Ce jeune Prince fe comporta avecques une telle modeftie envers fe peuple hagard , qu'il gagna grandement fa bonne grace. Advint en l'an 1458. la mort du Roy Alfonce, qui par fon teftament inftitua fon heritier Jean fon frere aux Royaumes d'Arragon & de Sicile , & Ferdinand fon fils naturel en celuy de Naples. Si vous parlez à Pandolfe en fon hiftoire de Naples , c'eft Ferdinand : fi à Machiavel en celle de Florence, c'eft Ferrand : fi à Jovinian Pontan , qui eftoit l'un de fes Confeillers & a efcrit fon hiftoire, c'eft Ferdinand , & tel auffi me fera-il en ces

Rr iiij   prefens

preſens diſcours. Ce jeune Roy trouva ſur ſon advenement la fortune merveilleuſement rebourſé. Car outre ce qu'il n'eſtoit enfant legitime, le Pape Calixte III. qui deſiroit faire tomber la Couronne de Naples és mains de Pierre Louys Borgia ſon fils ou nepveu, excommunia Ferdinand, & deffendit aux ſubjects ſur peine d'excommunication de luy faire le ſerment de fidelité. Le Roy Alfonſe auparavant ſon decez avoit oſté quelques villes & bourgades à Jean Antoine Prince de Tarente, qui s'en voulut lors reſſentir. Il attire à ſa cordelle les Ducs de Seſſe, & Marquis de Cotrion, & ſollicite, tant le Roy René, que Jean ſon fils de ne perdre l'occaſion qui ſe preſentoit pour le recouvrement du Royaume qui loyalment leur appartenoit. Que jamais temps ne ſe trouveroit plus à propos que ceſtuy. Ayant affaire à un baſtard, excommunié par le Pape, & hay par la plus grande partie de la Nobleſſe. Meſmes qu'ils eſtoient trois grands chefs de part liguez contre luy. Toutes ces rencontres y firent entendre le Duc Jean, aſſiſté outre les forces du Roy René ſon pere, de celles des Gennevois tant en vaiſſeaux de mer comme argent.

Pendant ces menées, advient la mort de Calixte aagé de quatre vingts ans, au lieu duquel fut fait Pape Æneas Silvius, qui ſe fit nommer Pie deuxieſme, homme grand faciendaire, ainſi qu'il avoit bien faict paroiſtre par ſes deportemens, auparavant qu'il fuſt appellé à cette grande & ſouveraine Prelature. Les Picenins s'eſtoient emparez de quelques terres & Seigneuries du Sainct Siege. Ferdinand par un meur & ſage conſeil s'arme contre eux, & donne ſi bon ordre à ſon faict qu'il les en chaſſe, & faict que le tout retourne à l'ancien eſtat de l'Egliſe, & tout d'une main marie une ſienne niepce avecques Anthoine Piccolomini nepveu du Pape: en faveur duquel mariage il leur donne les Comtez de Melfe, & de Colano: rend quelques villes, que le Pape pretendoit appartenir au Sainct Siege. Brief manie ſes affaires d'une ſi ſage conduite, qu'il eſt abſous des cenſures Eccleſiaſtiques, & tout d'une main inſtalé au Royaume de Naples par le Pape Pic, qui de-là en avant fit ſon propre faict du faict de luy. Car comme ainſi fuſt, qu'en la generale aſſemblée des Princes Chreſtiens tenuë en la ville de Mantouë, pour faire la guerre au Turc, le Roy Charles, & le Roy René, y euſſent envoyé leurs Ambaſſadeurs, qui avant tout œuvre euſſent fait inſtance du tort qui leur eſtoit fait en l'Eſtat de Naples, induëment occupé par Ferdinand: Le Pape ne s'en fit que rire, leur monſtrant qu'ils n'avoient aucun ſubject de s'en plaindre. Qui fit retourner les Ambaſſadeurs malcontens ſans attendre la concluſion de l'aſſemblée.

Nonobſtant cette confederation avecques le Pape, les autres ne laiſſent de pourſuivre leur premiere pointe. Et de faict le Duc Jean aprés avoir donné ordre à ſon gouvernement partit de Gennes en Octobre mil quatre cens cinquante-neuf, avecques ſa flote, & eut ſi bon vent que peu de jours aprés il ſurgit au Royaume de Naples. Accueilly à ſon arrivée, non ſeulement de trois grands Seigneurs cy-deſſus nommez, qui luy avoient ouvert le chemin, mais auſſi de pluſieurs autres. Ce peuple naturellement diſpoſé à novalitez, diſoit que par commun bruit, c'eſtoit un jeune Prince bien né, doux, agreable, pieux & vaillant, extraict du ſang Royal de France, lequel venoit s'oppoſer à l'uſurpation induë de Ferdinand, baſtard, d'une extraction Eſpagnole, dont la domination à la longue ſe trouvoit inſupportable, quelques apparences de doux appas qu'elle produiſiſt du commencement. Au moyen de quoy pluſieurs ſur ces gages ſe licentians de l'obeyſſance de Ferdinand, ſe ſoubmirent ſoubs celle de Jean.

Pour le faire court, jamais Prince François ne s'eſtoit auparavant trouvé en ſon tout, accompagné de tant de faveurs de fortune, & neantmoins le fruict final que rapportaſmes de cette entrepriſe, fut que les Genevois, non moins deſireux de nouveautez que les Napolitains, trouverent moyen pendant l'abſence de Jean de ſe ſoubſtraire de la protection des François: de maniere que par un meſme moyen, nous perdiſmes, & la recouſſe du Royaume de Naples, & la manutention de l'Eſtat de Gennes: n'eſtant demeuré en l'eſprit de Jean, qu'un remords & deſir de vengeance contre le Roy Louys unzieſme, qu'il diſoit avoir de propos deliberé deſdaigné de le ſecourir. Et depuis pour s'en vanger, ſe mit du party des Princes, qui s'eſtoient contre luy liguez ſouz le maſque du bien public: mais avant qu'il quittaſt la partie, il ſe vit abandonné de ſes trois partiſans qui firent leur paix l'un aprés l'autre avecques le Roy Ferdinand, meſmes le Prince de Tarante, que le Roy fut trés-aiſe d'embraſſer, au lieu de le chaſtier, afin d'aſſeurer ſon Eſtat de tout point. Depuis ce temps les Princes Angevins ne reprindrent les briſées de Naples: car Jean mourut en l'an 1470. & Nicolas ſon fils en 1473. delaiſſé le Roy René leur pere & ayeul chargé d'ans, & d'ennuis, qui mourut n'ayant pour toute conſolation qu'une ſeule fille Yoland d'Anjou pour ſon heritiere.

CHAPITRE XXIX.

Fin de la ſeconde famille d'Anjou, avec un Sommaire diſcours tant ſur le Comté de Provence eſcheu à nos Roys, que des voyages de Naples par eux entrepris.

PAr cette Princeſſe Yoland, la ſeconde famille d'Anjou fondit en celle de Lorraine, & voicy comment.

Jean dix & neufieſme Duc de Lorraine, eut deux enfans, Charles ſon fils aiſné qui luy ſucceda aprés ſon decez, & Ferry Comte de Vaudemont, puiſné.

De Charles naſquit Iſabeau de Lorraine qui fut conjointe par mariage avec René Duc d'Anjou, qui ſe donnoit qualité de Roy de Sicile.

De ce mariage naſquirent Jean & Yoland. Car quant à une Marguerite femme d'un Roy d'Angleterre, je n'en ſay miſe, ny recepte, comme eſtant une piece hors œuvre.

Jean d'Anjou mourut auparavant René ſon pere, & eut un fils nommé Nicolas, qui mourut pareillement auparavant ſon ayeul. De maniere que toute la maiſon de René eſtoit aboutie en une ſeule Princeſſe Yoland d'Anjou.

De Ferry Comte de Vaudemont premier de ce nom, naſquit Anthoine, & de luy Ferry ſecond.

Iſabeau de Lorraine femme de René pretendoit aprés le decez de Charles ſon pere, que le Duché de Lorraine luy appartenoit, comme ſeule fille & heritiere du Duc.

Anthoine au contraire ſouſtenoit que ce Duché eſtoit un fief affecté aux maſles qui ne pouvoit tomber en quenoüille. Partant qu'ores qu'il fut ſeulement iſſu du puiſné, touteſfois eſtant maſle il forcluoit cette Princeſſe. Nouveau ſubject de guerre entre luy & René. Auquel enfin René ſe trouva avoir du pire. Et ayant eſté priſonnier d'Antoine, pour moyenner ſa delivrance, il accorda le mariage d'Yoland ſa fille avec Ferry fils d'Antoine. Quoy faiſant on unit les deux branches de l'aiſné & puiſné de Lorraine enſemble. Sage conſeil pour faire ceſſer les differents qui eſtoient entre eux. Mariage toutes-fois que jamais René ne peut bonnement gouſter pour avoir eſté extorqué de luy. Tellement que tous ſes projets ne tendoient qu'à coupper les aiſles à ſon gendre. Et de faict Philippes de Commines nous teſmoigne, que s'il n'euſt eſté prevenu par le deſaſtre qui advint à Charles Duc de Bourgongne contre les Souiſſes, il se fust donné à luy. Qui eust esté un mauvais party pour la France.

Or avoit-il un frere puisné nommé Charles, auquel entre autres biens il laissa pour son partage le Comté du Maine, la Baronnie de Mayenne la Jovais, la Ferté Bernard, Sablé, & autres grandes terres & Seigneuries. Ce Seigneur eut un fils portant le nom de Charles comme luy, que René par son testament de l'an mil quatre cens septante-huict, institua son heritier universel: lequel choisit pour son domicile la Provence, dont il estoit Seigneur souverain, & y mourut quatre ans aprés, & par son testament à l'instigation de Palamedes Forbin Seigneur de Soliers, qui avoit grande part en ses bonnes graces, institua son heritier particulier au Comté de Provence, le Roy Louys unziesme & ses successeurs Roys de France.

En ce Prince Charles dernier masle, prit fin, & le nom, & la famille d'Anjou, & fondit en celle de Lorraine par le mariage d'Yoland avecques Ferry de Lorraine, dont sont issus ces grands Princes Lorrains, que nous voyons aujourd'huy. Famille d'Anjou, (vous dis-je) enflée, tant en pretensions, que d'effect de trois Royaumes, Sicile, Poüille, & Hierusalem (& encore de celuy d'Arragon, si on eust faict droict à Yoland d'Arragon femme de Louys deuxiesme) de trois Duchez, Anjou, Lorraine, & Calabre, de trois Comtez, Provence, le Maine, & Bar; dont le dernier fut depuis erigé en Duché. Et furent les pieces esmorcillées à divers Princes: l'Arragonnois se lotit de la Sicile, Poüille & Calabre: le Lorrain de la Lorraine & du Barrois, & encores de plusieurs autres Seigneuries esparses, tant au pays du Maine, Provence, que plusieurs autres endroicts de la France. Le Roy Louys unziesme de la Provence, par le moyen du testament de Charles, & des Duché d'Anjou, & Comté du Mayne par nostre droict de reversion à la Couronne, comme estans de l'ancien Domaine de France, qui ne tomboient en quenoüille. Car quant au Royaume de Hierusalem, ce fut un titre de parade, dont ny la premiere, ny seconde lignée d'Anjou, ne jouyt actuellement. Et comme le Roy Louys XI. estoit Prince qui ne laissoit perdre les occasions de s'advantager quand elles se presentoient, aussi se voulut-il faire accroire, que les quatre Baronnies du Duché de Bar luy appartenoient en proprieté, la force estoit par devers luy: car quant au bon droit je m'en remets à ce qui en estoit. Tant y a que par accord faict entre luy, & René Duc de Lorraine, le Seigneur de la Jaille le 14. de Mars 1479. pour le Roy de Sicile mit entre les mains de Louys pour six ans, la ville de Bar, pour en jouyr pendant ce temps, & y mettre telle garde qu'il luy plairoit. Et le lendemain les manans & habitans firent le serment de fidelité au Roy, conformement au traité faict & passé entre les deux Princes. Et tant & si longuement que Louys vesquit le Prince Lorrain ne s'en oza plaindre.

Quelque temps aprés son decez Charles huictiesme son fils, luy ayant succedé à la Couronne en l'aage seulement de quinze ans, René Duc de Lorraine vint en Cour, & en plein Conseil du Roy (auquel estoit Philippes de Commines, comme Conseiller d'Estat, duquel j'ay emprunté ce Placard) fit instance, pour luy faire bailler le Duché de Barrois, qu'il soustenoit luy avoir esté indueument occupé par le feu Roy, que pour le Comté de Provence qu'il disoit luy devoir appartenir du chef de la Royne Yoland d'Anjou sa mere, qui avoit esté plus proche habile à succeder à Charles d'Anjou son cousin germain. Et ce nonobstant le testament par luy faict en faveur du Roy Louys unziesme, comme n'en ayant peu disposer par les anciens statuts de Provence.

Particularité que je vous touche icy par exprés contre l'opinion de ceux qui se font accroire que le Roy s'en estoit emparé sur un droict de bien-seance seulement & sans tiltre. Car si cela eust esté vray, le Duc de Lorraine ne l'eust oublié, non plus que du pays de Barrois. Mais au cas qui lors se presentoit, il demeura d'accord le testament avoir esté faict, & revoqua seulement en doubte, sçavoir s'il avoit peu estre faict au prejudice de la plus proche lignagere. De moy je vous puis dire l'avoir eu, veu, & leu en bonne forme & authentique, en la cause du Vicomte de Martygues, que par trois diverses matinées d'uns Lundy, Mardy, & Jeudy, nous plaidasmes au Parlement de Paris, l'an mil cinq cens septante-trois à huis ouvert, en la presence de tous les Princes & Princesses Lorrains & Lorraines residents en cette France, moy plaidant pour Messire Henry de Lorraine Duc de Guyse, & Maistre Claude Mangot grand & excellent Advocat, pour la fille unique de Messire Sebastien de Luxembourg. Testament qui servoit à la decision de nostre cause, lequel fut fait par Charles, le dixiesme Decembre mil quatre cens octante & un, dedans lequel il institua le Roy Louys unziesme son heritier particulier au Comté de Provence, & aprés luy, tous ses successeurs Roys de France. Tellement qu'il ne faut point revoquer en doute, si ce testament a esté faict, puisque René en demeuroit d'accord, mais bien si Charles en avoit peu gratifier nos Roys par son Ordonnance testamentaire. En quoy il n'y avoit aucune obscurité, d'autant que la Provence est un pays de droict escrit, auquel il est loisible à chacun de disposer de tous & chacuns les biens, par son testament. Et mesmement avoir esté cette cause prejugée en cas individu par deux diverses dispositions: La premiere du Comte Beranger au profit de Beatrix femme de Charles d'Anjou, frere de sainct Louys, au desadvantage de ses trois sœurs qui la precedoient d'aage: La seconde par la Royne Jeanne premiere Comtesse de Provence en faveur de Louys Duc d'Anjou premier de ce nom. Lequel en jouyt apres le decez d'elle, & le transmit à ses successeurs. Qui estoit du tout clorre la bouche du Prince Lorrain. Comme aussi sagement & justement le Conseil du Roy fut d'advis de luy rendre le Duché de Bar, mais non le Comté de Provence. Vray que pour luy oster toute opinion de remüement de mesnage, Pierre Duc de Bourbon beau-frere du Roy Charles huictiesme, qui lors avoit tout le gouvernement des affaires de France en main, luy fit bailler une Compagnie de cent Gendarmes, & pension de soixante mille livres pour quatre ans. Leçon qui luy avoit esté exprés enseignée par le Roy Louys son beau-pere, avant que de mourir, luy enjoignant que sur toutes choses il empeschast qu'on ouvrist la porte aux armes de dedans son Royaume, tant & si longuement que son fils seroit en bas aage. Comme aussi n'y a-il rien qu'il faille tant craindre, que la guerre, pendant la minorité d'un Roy.

Nostre Roy & le Duc de Lorraine diversement assortis des biens, terres, & Seigneuries de la maison d'Anjou, restoit à partager entre eux l'esperance des trois Royaumes & du Duché de Calabre, chacun d'eux pretendans y avoir la meilleure part: car combien que les François se l'adjugeassent en consequence du testament de Charles d'Anjou, toutesfois les Princes Lorrains n'en voulurent lors quitter le tiltre. Ainsi Yoland s'intitula Royne de Sicile, jusques au jour de son decez, qui fut l'an mil quatre cens quatre-vingts neuf, & aprés elle René son fils: Le tout au veu & sceu de nos Roys sans aucune contradiction. Et d'un autre costé combien que Charles huictiesme cornast la guerre contre l'Arragonnois pour la recousse du Royaume de Naples, toutesfois jamais René ne fit protestation contraire. Voire en plus forts termes, sommé & interpellé par les Napolitains qui s'estoient revoltez contre leur Roy Ferdinand, de s'armer & joindre ses forces avecques les leurs, comme celuy qui y avoit le principal interest, il saigna du nez, soit qu'il estimast cette querelle estre la nostre, ou qu'il se fust faict sage par les folastres voyages des Princes d'Anjou ses predecesseurs.

Tellement que ce fut une chasse morte aux Lorrains: mais non à nous autres François, & le premier de nos Roys qui s'engagea à cette querelle fut Charles huictiesme (contre l'advis des plus sages) poussé d'un boüillon de sa grande jeunesse, & de je ne sçay quels mignons apprentis au fait de la guerre. Voyage qui eut une entrée heureusement courte, & une retraicte plus heureuse que ne se promettoit la sagesse de tous les Potentats d'Italie. Toutesfois je ne voy point que nostre France rapportast de ce voyage autre fruict, que la perte du corps & des biens. Car c'est celuy auquel on doit l'origine de cette mal-heureuse maladie, que quelques-uns nommerent depuis mal de Naples, pour y avoir premierement mis son siege, & les autres mal des François, parce qu'ils en porterent les premieres marques. Et pour le regard des biens, nous devons au mesme voyage le premier engagement du Domaine de la Couronne pour subvenir aux affaires

affaires de la guerre. Car le Roy Charles eſtant ſorty du Royaume à la vanvole, ſans auparavant recognoiſtre quel eſtoit le fonds de ſes finances, ſe trouvant en la ville de Plaiſance court d'argent, decerna ſes lettres patentes en Octobre mil quatre cens quatre-vingts quatorze, pour engager de ſon Domaine juſques à la ſomme de ſix-vingts mil eſcus. Et parce que c'eſtoit un chemin non encores frayé par la France, il voulut authoriſer ſes lettres de l'advis de treize Seigneurs ſes principaux Conſeillers. Ces lettres envoyées au Parlement furent du commencement trouvées de tres-faſcheuſe digeſtion, toutesfois la neceſſité n'ayant point de loy, il fut trouvé bon pour deſgager noſtre Roy de ce perilleux voyage de tolerer ceſt engagement, pour ce coup tant ſeulement, & ſans le tirer en conſequence, portoit la verification du vingtieſme Novembre au meſme an. Belle proteſtation ſans effect. Et de moy toutes & quantesfois & que je lis cette ſage clauſe portant un, *Sans le tirer en conſequence*, pour faire paſſer & donner cours à une ouverture nouvelle, je m'en ris: comme eſtant une clauſe contrevenante au naturel de ce Royaume, qui eſt un Royaume de conſequence. Ce que nous avons depuis eſprouvé en ce meſme ſubject: car combien que le Domaine de la Couronne ſoit une choſe ſacroſaincte, & que l'alienation n'en ſoit faicte qu'à faculté de rachapt perpetuel, ſans aucune limitation de temps: toutesfois ce meſnage par ſucceſſion de temps eſt arrivé à tel desbord & deſarroy entre nous, que hormis les tiltres generaux du Domaine, pour le regard des terres particulieres, à peine en trouverez-vous aujourd'huy aucunes eſquelles nos Roys ſe puiſſent heberger.

Diſcours qui n'eſt pas du preſent ſubject: mais pour reprendre mes briſées, l'obſervation que je fais en tous ces voyages de Naples, eſt une belle promeſſe de fortune ſur nos arrivées, mais faſcheuſes fins pour cloſture de nos entrepriſes. Apres le decez du Roy Charles, trois Roys ſucceſſivement & l'un apres l'autre s'y voüerent, uns Roys Louys douzieſme par l'entremiſe du Seigneur d'Aubigny, François premier par le Mareſchal de Lautrec, & Henry deuxieſme par le Duc de Guyſe, tous grands Capitaines & guerriers. Et ces trois Roys ſe trouverent ſucceſſivement, & l'un apres l'autre deceuz de leurs eſperances, apres avoir faict une deſpence infinie, & perte d'une infinité de Seigneurs & Capitaines de marque: j'excepte le dernier voyage, par ce qu'il fut interrompu par un changement de volonté du Pape Carraffe qui nous y avoit appellez. Que ſi nous euſſions employé, quand les occaſions s'y ſont preſentées, au recouvrement des pays qui nous atrouchent, & ſont de noſtre ancien eſtoc, tout l'argent qu'avons deſpendu en la recherche de ce Royaume de nous ſeparé, & de mœurs, & d'un long entrejet de chemins, il nous en fuſt beaucoup mieux pris. Liſant les Hiſtoriographes qui en ont eſcrit, vous trouverez de grandes fautes advenuës de la part de ceux qui prés de nos Roys eſtoient eſtimez les plus ſages. Et quant à moy je les impute à noſtre mal-heur, y ayant eu quelque Ange qui par le vouloir exprés de Dieu, s'oppoſa aux deſſeins qu'entrepriſmes de là les Monts, & tint en bride ceux que pouvions ſelon les rencontres, aiſément executer à nos portes aux pays bas.

CHAPITRE XXX.

Qu'il n'eſt pas expedient pour un Prince, de mettre ſes Commandemens faicts par colere en prompte execution.

L'On recite que l'Empereur Theodoſe, ayant eſté adverty que les Theſſaloniens l'avoient joüé ſur un eſcharfaut, irrité de cette nouvelle commanda que l'on les miſt tous à mort. Ce qu'ayant eſté executé à la chaude cole, il en fut aprés aigrement repris par S. Ambroiſe Eveſque de Milan, qui ne le voulut recevoir à la Communion des fideles, qu'il n'en euſt premierement faict penitence en la preſence de toute l'Egliſe. Ce qu'il fit, & ordonna que ſes Commandemens de là en avant ne ſortiſſent effect, ſinon quelques jours aprés qu'il les auroit faicts, c'eſt-à-dire, lors que ſa colere eſtant refroidie, il auroit recueilli ſes eſprits en ſoy. Il appartient au Prince de ſagement commander, & au ſubject de ſagement executer les Ordonnances de ſon Prince, ores que ce ne ſoit à luy d'entrer en cognoiſſance de cauſe de la volonté de ſon Maiſtre, ainſi que je vous veux repreſenter par ce preſent chapitre. L'Hiſtoire eſt commune des guerres qui furent entre la maiſon de Montfort, & celle de Blois, pour le Duché de Bretaigne, leſquelles prindrent fin par la mort du Comte de Blois, & priſe de ſes enfans, qui furent confinez en Angleterre par Jean Comte de Montfort, & Duc de Bretaigne. Meſſire Olivier de Cliſſon, Breton, & Conneſtable de France, qui dans ſon ame n'aſpiroit à petites entrepriſes, conſeilloit de jour à autre au Duc de delivrer des priſons Jean & Guy de Bretaigne ſes couſins, ſuivant ce qu'il avoit promis au traité fait à Guerrande, & que pluſtoſt il impoſaſt une taille ſur ſes ſujets pour fournir à leur rançon: Toutesfois le Duc n'y vouloit entendre, craignant qu'eſtans delivrez, ils ne remuaſſent quelque nouveau meſnage encontre luy. Quoy voyant Cliſſon, il ſollicite ſous main le mariage de Marguerite ſa fille avecques Jean, & moyennant ce, promet payer & acquiter ſa rançon. L'affaire eſt conduite de telle façon, que Jean de Bretaigne delivré, eſpouſe la fille du ſieur Cliſſon. Ce qui offença tellement le Duc de Bretaigne, & paravanture non ſans cauſe,

qu'il delibera s'en venger à quelque prix que ce fuſt. Pour y parvenir il fit proclamer ſes Eſtats à certain jour en la ville de Vannes avec mandement exprés à tous ſes Barons & vaſſaux de s'y trouver, leſquels s'y trouvent au jour aſſigné, & apres avoir decidé entr'eux ce qui leur avoit eſté propoſé, & les Eſtats clos, le Duc les feſtoya tous en ſa maiſon; & le lendemain le Conneſtable fit le ſemblable, où ſur la fin du diſner le Duc vint trouver la compagnie: Or faiſoit-il luy baſtir à l'un des autres bouts de la ville un fort Chaſteau, qu'il nommoit l'Ermine, ſi leur dit qu'il deſiroit qu'ils le vinſſent voir, afin de luy en donner leur jugement: chacun ſe met à ſa ſuite, & arrivez qu'ils y furent, il les promena par tout le logis: eſtans à la principale Tour, le Duc s'arreſte à l'entrée, & dit au Conneſtable qu'il y entraſt pour juger ſi la place eſtoit de deffenſe contre les avenuës de la Mer. Soudain qu'il y eſt entré, & monté à un eſtage, il eſt ſaiſi par des gendarmes, leſquels ſe ſaiſiſſent de luy, & le mettent aux fers, & quant & quant l'on ferme ſa porte ſur luy: le meſme compagnie eſtoit le Seigneur de Laval, Beau-frere du Conneſtable, lequel bien eſtonné, commence d'en faire inſtance au Duc, qui luy commanda de vuider promptement, ſçachant bien ce qu'il avoit deliberé de faire. A quoy le Seigneur de Laval replique, qu'il ne partiroit de ſa ville ſans ſon beaufrere. Le Conneſtable eſt baillé en garde au Seigneur de Bavalan, auquel le Duc enjoignit de le faire noyer ſur le minuict à petit bruit. Le Seigneur de Bavalan Gentil-homme adviſé, le ſupplie qu'il luy pleuſt remettre l'execution de ce commandement au temps qu'il ne ſeroit plus courroucé. Meſmes que le meilleur ſeroit qu'on luy fiſt ſon procez, & que s'il ſe trouvoit que le Conneſtable euſt deſſervy la mort, il la ſouffriſt. Quoy faiſant on ne pourroit rien imputer au Duc: mais luy d'un courage forcené, luy repartit qu'il n'en feroit rien, & qu'il n'y avoit autre que luy qui ſceuſt combien le Conneſtable luy peſoit ſur le cœur. Bavalan ce neantmoins

moins ne se veut rendre, & luy dit qu'il valoit mieux le garder vif que mort: Monseigneur (luy dit-il) attendez encores quelque peu, il n'a garde de vous eschapper: Si vous l'aviez fait mourir, & puis en vinssiez au repentir, il n'y auroit plus de remede, vous luy auriez osté la vie, que ne luy pourriez plus rendre. Allez (dit le Duc) & ne m'en parlez plus, faites ce que je vous commande, autrement je vous monstreray que je suis le Maistre. A cette parole Bavalan promit de le faire, & combien que ce commandement fust absolu, si deliberat-il de s'acquitter de sa charge, comme bon & loyal serviteur. Ce jour mesme, comme le Duc se vouloit coucher, se presente le Comte de Laval à ses pieds, armé de plusieurs belles prieres & remonstrances telles que l'Histoire qui s'estoit passée entr'eux, & la necessité presente, luy pouvoit suggerer: Et pour conclusion, Monsieur (dit-il) je vous supplie tres-humblement, puis que mon beau-frere est venu icy sur la foy publique de vous, sous un pretexte des Estats, qu'au moins il vous plaise de luy conserver la vie: & neantmoins s'il a forfaict en quelque chose contre vous, qu'il le repare par la bourse, & rende toutes les places & forteresses qu'il tient contre vostre volonté; chose dont dés à present je me rends pleige & caution pour luy. Le Duc ne prenant toutes ces remonstrances en payement, commande au Comte de se retirer, luy disant que la nuict luy donneroit conseil, & que le lendemain il luy feroit response: C'estoit à dire que revenant le lendemain, il luy donneroit nouvelle de la mort. Pendant ces choses Bavalan voyant la fureur de son Maistre, & s'asseurant que quelque jour estant revenu à soy, il seroit grandement marry de cette mort, mesmes qu'il seroit une tache perpetuelle à sa reputation, il se resolut de differer l'execution de cette mort, jusques à ce qu'il vist en luy une perseverance de volonté de quelques jours : & neantmoins luy faire cependant entendre qu'il avoit obey à son commandement. Après que le Duc eut fait son premier somme, estant aucunement revenu à soy, il commença de combatre entre la raison & la colere, inclinant tantost à la mort, tantost à la vie. Pour la mort, faisoit le mariage de Jean de Bretaigne, que le Connestable avoit brassé par exprés, afin d'empieter l'Estat, & que jamais il n'auroit plus de moyen d'obvier à cette entreprise que lors, estant le Connestable de Clisson du tout en sa puissance: Que morte la beste, mort est pareillement le venin : mais d'un autre costé remettant devant ses yeux les procedures dont il avoit usé pour le faire tomber en ses laz, sous quelle foy l'autre estoit venu, & qu'il estoit grandement à craindre que le Roy à face ouverte n'entreprist la vengeance de cette mort, voire qu'en cette affaire les Anglois luy faillissent de garends, comme estans en mauvais mesnage avec luy pour le traicté de paix n'agueres fait entre le Roy & luy; en cest estif il passa toute la nuict sans sçavoir sur quel pied il devoit asseoir sa resolution. Discours qui estoit tres-inutile si sa volonté eust esté executée aussi promptement comme il avoit commandé. Sur le poinct du jour il manda à soy Bavalan pour sçavoir si le Connestable estoit mort. Qui luy respondit qu'oüy. A laquelle response le Duc sans le porter plus loing, commença de faire mille regrets accompagnez d'une infinité de larmes. De ce pas, afin qu'il n'y eust que luy seul tesmoing de sa douleur, & pour luy donner plus de lieu, fait sortir Bavalan, deffendant l'ouverture de sa porte à tous. Tout le jour se passa en pleurs & gemissemens sans boire ny manger, & sans que le peuple sceust le motif de ce mescontentement, jusques à ce que sur le soir Bavalan ne pouvant plus permettre que le Duc passast la nuict de cette façon, le vint retrouver, & dés son arrivée luy dit, qu'il se devoit consoler, & y avoit remede à tout. A quoy le Duc respondit, fors la mort, voulant s'imputer la mort du Connestable: mais l'autre d'un visage riant luy repliqua qu'il n'estoit en ces alteres, & que prevoyant ce qu'il voyoit lors, il avoit superfedé de luy obeyr, jusques à ce que revenu à son second penser, il l'eust veu perseverer en cette mesme volonté de mort: bref, que le Connestable estoit plain de vie: Auparavant le Duc avoit larmoyé de dueil, & lors il pleura toutes de joye: & promit recognoistre le sage service qui luy avoit esté faict par Bavalan. De vous raconter maintenant les traictez & accords qui furent faits pour la delivrance du Connestable, ce n'est le subject du present chapitre. Face Dieu que cest exemple puisse servir de miroüer aux Princes de ne rien commander en colere, qui est une demie fureur : & à leurs serviteurs domestiques, d'executer leurs commandemens avec mesme sagesse & discretion que Bavalan.

CHAPITRE XXXI.

Que les Royaumes ont esté quelques-fois conservez, pour avoir esté les jeunes Princes mis soubs la protection & tutelle de leurs ennemis.

IL n'y a rien plus à craindre en une Republique que quand elle tombe soubs la puissance d'un enfant, comme estant une ouverture à l'ambition des grands qui sont prés de luy, vray seminaire de guerres civiles, dont provient à la longue, ou la mutation de l'Estat, ou de la famille du Prince. Les anciens Romains estimoient qu'après Dieu, le premier devoir de pieté en ceste societé humaine, gisoit en la conjonction des peres, & de leurs enfans, le second en celle des tuteurs envers leurs pupilles. C'est pourquoy quand il est question de creer un tuteur, on fait une assemblée des plus proches parens & amis, par l'advis desquels on choisit ordinairement celuy que l'on pense le plus digne de ceste charge, pour la proximité du lignage. Je ne sçay si ceste maxime est bonne pour la conservation d'un Estat. Car donnant à un jeune Prince celuy qui luy est le plus proche parent, il luy est beaucoup plus aisé d'empieter le Royaume sur son pupille, pour les intelligences qu'il a dedans le pays, que non à un Prince estranger. Lequel quand il voudroit entreprendre quelque chose au prejudice de son mineur, par menées, si ne luy seroit-il si aisé, pour l'obstacle qui luy seroit faict par les Princes du Sang. Ainsi n'est-il pas peut-estre hors de propos que l'authorité & regence demeure par devers celuy qui ne peut nuire, & la force par devers ceux qui n'ont pas l'authorité. Ce que je dy semblera de premiere rencontre paradoxe, mais il a esté averé par deux exemples signalez.

L'un des plus grands ennemis qu'eust l'Empereur Arcade, fut Isdigerte Roy des Perses. Aussi y avoit-il une inimitié de toute ancienneté entre le Romain & le Persan, pour les souverainetez & limites. Arcade avoit par plusieurs grands exploits esprouvé la valeur de son ennemy, mais aussi avoit-il fait plusieurs preuves de sa preud'hommie, & mourant craignoit, s'il ne le reconcilioit à l'Empereur par quelque honneste demonstration d'amitié, qu'il donnast plusieurs algarades au jeune Valentinian son fils. Pour y remedier, il prie par son testament Isdigerte de vouloir accepter la garde, & tutelle de son fils, ce qu'il eut pour agreable, & le prit à tel honneur, que mettant sous pieds toutes les querelles du passé, au lieu de guerroyer le Romain, il rendit l'Empire paisible à son pupille, le plus qu'il luy fut possible, en toutes les parties du Levant. Chose certes pleine de merveilles, que cet Empereur obtint après sa mort par un papier de bien vueillance, ce qu'il n'avoit peu faire durant sa vie par la fureur & colere des armes.

Pareil advis suivit l'Empereur Maximilian du temps de nos bisayeux, lequel mourant delaissa Charles d'Austriche son

son petit fils succeſſeur de tous ſes païs, meſmes de celuy de Flandres, ſur lequel il voyoit les Roys de France jetter la veuë de tout temps, comme choſe de leur ancien domaine: eſtimant qu'au bas aage de ce jeune Prince, ſe pouvoit rencontrer de faire nouveau deſſein ſur ce païs, il penſa de deſtourner cet orage par une nouvelle obligation: Qui fut de prier par ſon teſtament le Roy Louys VII. de vouloir accepter la tutelle de Charles: Tutelle que ce bon Roy accepta, & n'eut depuis rien tant en recommandation que la conſervation de ſon mineur: Et parce qu'il n'y pouvoit fournir en perſonne, choiſit le Seigneur de Chievres, l'un des plus attrempez perſonnages de ſon temps, pour la conduite de ce jeune Prince: lequel deſlors fit profeſſion de le nourrir aux affaires, combien que ſon bas aage ſemblaſt n'y eſtre encores diſpoſé. A maniere qu'il vouloit que tous les paquets fuſſent par luy ouverts, & rapportez à ſon conſeil, afin qu'il s'accouſtumaſt de ne manier ſon Eſtat par Procureurs quand il ſeroit venu en aage plus meur: Et comme ainſi fuſt qu'un Seigneur de la France luy remonſtraſt qu'il chargeoit trop la jeuneſſe de ce jeune Prince, il luy reſpondit ſagement, que pendant que luy mineur eſtoit ſous ſa tutelle, il luy vouloit enſeigner de ne tomber ſous la tutelle d'un autre quand il ſeroit fait majeur: Leçon dont Charles ſceut fort bien faire ſon profit aux deſpens de noſtre France, depuis qu'il fut fait Empereur.

Je veux à la ſuite de ceſte hiſtoire y en attacher une autre, encores qu'elle ſoit precedente de temps. Jean V. Duc de Bretagne de ce nom, ſurnommé le Conquereur, avoit porté grande inimitié à Meſſire Olivier de Cliſſon Conneſtable de France. Toutesfois en mourant il l'ordonna pour tuteur & curateur à ſes enfans avec Philippes Duc de Bourgongne ſon proche parent. Soudain que Cliſſon receut ces nouvelles, il eſt viſité par la Comteſſe de Pontievre ſa fille, laquelle luy remonſtra que le temps eſtoit lors venu de pouvoir r'entrer dans le Duché à bon compte par le moyen de ceſte nouvelle tutelle. Ce bon & ſage Seigneur entra en une telle colere, qu'il luy dit: Ah meſchante & mal-heureuſe, tu ruineras ta maiſon d'honneur, & de bien tout enſemble! Et d'une grande fureur ſe ſaiſit d'un eſpieu, dont il l'euſt frappée, ſi elle n'euſt prevenu le coup d'une prompte fuitte, & en fuyant ſe rompit une jambe dont elle fut depuis boiteuſe: Et dés lors la prophetie de ſon pere commença de trouver effect. Or voyez quel fut le progrés de ceſte hiſtoire. Jeanne de Navarre vefve du feu Duc, convole en ſecondes nopces avec Henry IV. de ce nom Roy d'Angleterre: Par le moyen de ce mariage y avoit grand danger de l'envahiſſement du Duché, pendant la minorité de ces jeunes Princes: Toutesfois par la ſageſſe de Cliſſon toutes choſes leur furent conſervées, & fut le Duc marié avec l'une des filles de Charles VII. & mourant quelques années aprés, Marguerite de Cliſſon Comteſſe de Pontievre, penſant eſtre au deſſus du vent ſurprit par tromperie le Duc, & Richard l'un de ſes freres, & les detenant priſonniers, elle eſt aſſiegée dans ſon chaſteau de Chantoiſſeaux par tous les Seigneurs de la Bretagne, laquelle ſe voyant reduite en toute extremité, rend par capitulation le Duc & les autres priſonniers: promet d'eſtre à droit au Parlement pour ſubir telle condamnation qui ſeroit trouvée bonne. Et à ceſte fin donne pour oſtage de ſa comparution le dernier de ſes enfans nommé Guillaume. La place renduë eſt demolie rez pieds, rez terre, ſans meſmes pardonner aux Egliſes. Le procez eſt fait & parfait par defaux & couſtumace à ceſte Dame, & à deux de ſes enfans, qui avoient eſté les premiers entremetteurs de ceſte conjuration, ils ſont tous declarez criminels de leze Majeſté, & ordonné que leurs chaſteaux ſeroient raſez. Arreſt qui fut prononcé en la preſence du petit Guillaume ſon fils, lequel deſlors fut reduit en une obſcure, & cruelle priſon à Aulroy, où il demeura l'eſpace de vingt-ſept ans, & y perdit la veuë. Les chaſteaux de Guincamp, Lembale, la Rochederian, & autres Seigneuries du Comté de Pontievre demolies. Admirable certes fut la preud'hommie dont uſa Cliſſon envers ſes mineurs, & neantmoins fait aucunement à conſiderer qu'il pouvoit avoir pour controleur de ſes actions Philippes Duc de Bourgongne: Mais beaucoup plus eſt eſmerveillable ou ſa Prophetie, ou la malediction qu'il donna à ſa fille quand elle luy conſeilla d'occuper le Duché par le moyen de ceſte nouvelle tutelle.

CHAPITRE XXXII.

Du traictement que receut Jean de Bourgongne, Comte de Nevers par Baſaith Roy des Turcs, & de celuy que receut depuis le meſme Baſaith par Tamberlan.

CEt exemple eſt fort notable, & qui devroit rendre les Princes ſages de ne s'oublier pendant leurs heureuſes affaires. Advint ſous le regne de Charles ſixieſme, que les Hongres manderent Ambaſſadeurs vers le Roy, pour le prier de leur vouloir eſtre aidant contre une groſſe armée des Turcs qui leur venoit tomber ſur les bras, ſous la conduite de Baſaith, que les aucuns ont voulu nommer Bajazeth, & les noſtres l'Amorabaquin. Or comme ainſi ſoit que nos Roys ne furent onques avares de ſecours envers les eſtrangers, meſmes lors qu'il eſt queſtion de prendre en main la deffence de noſtre Religion: Ainſi fut-il lors reſolu entre les Princes de s'acheminer à ceſte brave entrepriſe, à la charge de paſſer plus outre, & delivrer la Terre Saincte de la ſubjection des Turcs, ſi leurs premieres affaires leur ſuccedoient à propos. Parquoy pour ce voyage fut eſleu chef & Capitaine general de toute l'armée Jean Comte de Nevers, qui depuis fut Duc de Bourgongne, lequel eſtant ſuivyde la plus grande partie de la Nobleſſe Françoiſe fit pluſieurs braves exploits d'armes, & prit pluſieurs villes de marque: Et qui eſt choſe fort memorable en ce voyage, mille François par l'aſtuce & proüeſſe du ſire de Couſſi deſconfirent mille Turcs. Toutesfois la fortune voulut que les François enflez de ceſte premiere victoire, ayans eu certaines nouvelles de la venuë de Baſaith, penſans du premier coup foudroyer, & mettre à ſac toute ſon armée, luy voulurent courir ſus contre l'opinion de pluſieurs ſages Capitaines qui eſtoient d'advis d'eſpier leur commodité, & à point. A maniere que ſe trouvans en ceſte rencontre de toutes parts environnez de leurs ennemis furent menez de telle furie par les Turs, que la playe en a depuis longuement ſaigné, & par la France, & par toute la Chreſtienté. En ceſte bataille moururent pluſieurs gens de bien, & pluſieurs autres furent pris, entre leſquels ſe trouverent trois cens Chevaliers de nom, qui quatre jours aprés de ſang froid furent amenez en chemiſe devant Baſaith, & par ſon commandement miſerablement mis à mort. Quelques-uns ont voulu dire que ſon intention eſtoit de les faire paſſer indifferemment par le tranchant de l'eſpée, toutesfois que par l'advis d'un devin il fut deſtourné de ceſte opinion, lequel lors que ſe vint à recognoiſtre les priſonniers, ayant jetté ſa veuë ſur le Comte de Nevers, dit au Turc, que la vie de ceſtuy apporteroit à l'avenir trop plus de dommage à la Chreſtienté que ſa mort. Choſe qui ſe trouva averée par les grands troubles que depuis il ſuſcita en la France. Quoy que ſoit ce Prince fils du plus grand Duc qui fuſt lors par toute l'Europe, ſe vit pour ceſte heure là au plus grand danger de ſa perſonne qu'il ſeroit poſſible de dire. Toutesfois aprés pluſieurs humiliez, il obtint avec grande difficulté ſa grace, & ſemblablement celle des Seigneurs d'Eu, de la Marche, Couſſi, de Bar, & la Trimouille: & voulut Dieu par bonne adventure que le Mareſchal de Boucicaut que l'on menoit à la boucherie avec les trois cens Chevaliers, eſtant recogneu par le Comte, fut par ſes ſupplications, & prieres recous de ce ſupplice qu'il voyoit luy eſtre preparé. Recevant de ce coſté-là

quelque

quelque courtoisie de Bafaïth : Lequel en toute autre chofe exerça toutes fortes d'indignitez à l'endroit de ce pauvre Comte, voire jufques à le faire mettre quelquesfois, quand l'envie luy en prenoit, entre les mains d'un bourreau, & effendre fur un pofteau, comme fi on luy euft voulu trancher la tefte avec une doloüere. Cruauté vrayement barbarefque ; & de laquelle peu aprés cefte mefme fortune, qui tant l'avoit favorifé, luy fit payer tout à loifir aux propres defpens de fon corps, les dommages & interefts. Car depuis cefte grande route, Tamberlan s'eftant efveillé ès marches de la Scithie, & ayant occupé la plus grand part de la Natolie : par une journée qu'ils fe donnerent l'un à l'autre, Bafaïth fut totalement defconfit, & luy, & fa femme reduits fous la captivité de Tamberlan, lequel de-là en avant, (comme s'il euft efté envoyé de Dieu pour venger l'injure des Chreftiens) au lieu des inhumanitez que Bafaïth avoit pratiquées, le fit porter enchaîné dedans une cage de fer, fe fervant de fon efchine tout ainfi que d'un marche-pied, toutes les fois qu'il vouloit monter à cheval : Et non content de ce, aprés avoir donné fin à plufieurs guerres, & entreprifes, luy de retour en fes pays, fit un feftin general à tous fes Princes & Barons, auquel lieu il fit apporter Bafaïth dedans fa cage pour fervir à tous de fpectacle ; & pour luy augmenter fa douleur, voulut eftre fervy de la femme de luy, à laquelle il fit couper tout le devant de fes habits, tellement qu'il eftoit facile à chacun de defcouvrir toutes fes parties honteufes, mefmes par le miferable Bafaïth, lequel fe voyant en cefte façon eftre une bute de mifere, & de rifée, par un jufte creve-cœur, (luy eftant ofté tout autre moyen de fe mesfaire) fe heurta tant de fois la tefte contre les pilliers de fa cage, que finalement il fe fit fortir la cervelle, & en cefte façon mourut. Qui eft une Hiftoire digne de compaffion, & qui doit apprendre à tous grands Seigneurs, qu'ils font fouventes-fois punis des mefmes verges dont ils ont chaftié les autres. Certes tous Hiftoriographes font d'accord (je diray cecy en paffant) que lors de la defaicte de Bafaïth, lesaffaires des Turcs fe trouverent fi defefperées, que fi l'Empereur de Conftantinople, avec l'aide d'autres Chreftiens, euft voulu parachever cefte route encommencée par Tamberlan, le nom, & la race des Turcs euft efté totalement defracinée.

CHAPITRE XXXIII

D'un amour prodigieux de Charlemagne, envers une femme.

Aprés avoir difcouru cy-deffus des affaffins du corps, il ne fera hors de propos de parler des affaffins de nos ames. Car fi nous croyons aux Poëtes, l'amour eft le meurdre d'icelles. François Petrarque fort renommé entre les Poëtes Italiens, difcourant en une Epiftre fon voyage de France, & de l'Allemagne, nous raconte que paffant par la ville d'Aix, il apprit de quelques Preftres une Hiftoire prodigieufe qu'ils tenoient de main en main pour trés-veritable. Qui eftoit que Charles le Grand, aprés avoir conquefté plufieurs pays s'efperdit de telle façon en l'amour d'une fimple femme, que mettant tout honneur & reputation en arriere, il oublia non feulement les affaires de fon Royaume, mais auffi le foing de fa propre perfonne, au grand defplaifir de chacun : eftant feulement attentif à courtifer cefte Dame : laquelle par bon-heur commença à s'aliter d'une groffe maladie qui luy apporta la mort : Dont les Princes, & grands Seigneurs furent fort réjoüis, efperans que par cefte mort, Charles reprendroit comme devant, & fes efprits & les affaires du Royaume en main : Toutesfois il fe trouva tellement infatué de cet amour, qu'encores cheriffoit-il ce cadaver, l'embraffant, baifant, accollant de la mefme façon que devant ; & au lieu de prefter l'oreille aux legations qui luy furvenoient, il l'entretenoit de mille bayes, comme fi elle euft efté pleine de vie. Ce corps commençoit defja non feulement à mal fentir, mais auffi fe tournoit en putrefaction, & neantmoins n'y avoit aucun de fes favoris qui luy en ofaft parler : dont advint que l'Archevefque Turpin mieux advifé que les autres, pourpenfa que telle chofe ne pouvoir eftre advenué fans quelque forcellerie. Au moyen dequoy efpiant un jour l'heure que le Roy s'eftoit abfenté de la chambre, commença de foüiller le corps de toutes parts, finalement trouva dans la bouche au deffous de fa langue un anneau qu'il luy ofta. Le jour mefme Charlemagne retournant fur fes premieres brifées, fe trouva fort eftonné de voir une carcaffe ainfi puante. Parquoy, comme s'il fe fuft refveillé d'un profond fommeil, il commanda, que l'on l'enfevelift promptement. Ce qui fut fait : mais en contr'efchange de cefte folie, il tourna tous fes penfemens vers l'Archevefque porteur de cet anneau, ne pouvant eftre de là en avant fans luy, & le fuivant en tous les endroits. Quoy voyant ce fage Prelat, & craignant que cet anneau ne tombaft és mains de quelque autre, le jetta dans un lac prochain de la ville. Depuis lequel temps on dit que ce Roy fe trouva fi efpris de l'amour du lieu, qu'il ne fe defempara de la ville d'Aix, où il baftit un Palais, & un Monaftere, en l'un defquels il parfit le refte de fes jours, & en l'autre voulut eftre enfevely. Ordonnant par fon teftament que tous les Empereurs de Rome euffent à fe faire facrer premierement en ce lieu. Que cela foit vray, ou non, je m'en rapporte, tout ainfi que le mefme Petrarque, à ce qui en eft. Si eftoit-ce un commun bruict, qui lors couroit en la ville d'Aix, lieu où repofent les os de Charlemagne. De laquelle hiftoire ou fable, Germantian a fort bien fceu faire fon profit, pour averer, & donner quelque authorité à l'opinion de ceux qui fouftiennent les malins efprits fe pouvoir enclorre dans des anneaux. Or que Charlemagne fuft grandement donné aux Dames fur la fin de fon âge, mefmes que fes propres filles, qui eftoient à fa fuite, fuffent quelque peu entachées du peché d'amourettes, Aimoin le Moine vivant du temps du Debonnaire nous en eft refmoin authentique : Qui dit qu'à l'advenement de Louys Debonnaire à la Couronne, la premiere chofe qu'il eut en recommandation fut de bannir de fa Cour les grands troupeaux de femmes qui y eftoient demeurées depuis le decez de feu fon pere, & auffi de confiner en certains lieux fes fœurs, qui ne s'eftoient peu garentir de mauvais bruits, pour la diffolue frequentation qu'elles avoient eüe avecques plufieurs hommes.

CHAPITRE XXXIV.

Du Gouvernement des Provinces qui tombe ès femmes, & de la magnanimité ancienne de quelques Princesses.

Tout ainsi qu'une principauté tombant sous la minorité d'un Prince, est exposée à plusieurs hazards : aussi l'est-elle estant gouvernée par une Princesse : En l'un, on craint la foiblesse de l'âge, en l'autre la foiblesse du sexe, & en tous deux l'imbecilité de leurs sens. Je ne fouïlleray point dedans l'ancienneté, remarquez seulement ce qui s'est passé depuis trente-cinq ans par l'Europe, en laquelle Dieu voulant commencer une subversion, ou mutation d'Estats, ou de familles, vous vistes d'une mesme assiette cinq ou six grands Royaumes regis & gouvernez par femmes : nostre France par Catherine de Medicis Roine mere, l'Angleterre par la Roine Elizabeth regnant encores à present, l'Escosse par la Roine Marie, le Portugal tombé és mains de l'Infante, fille de la Roine Leonor : le Navarrois, & Bearn par la Roine Jeanne, & finalement la Flandre, & autres pays bas par la Duchesse de Parme, sœur bastarde de Philippes Roy d'Espagne : Nous avons veu tout cela, & tout d'une suitte un pesle mesle, & confusion de toutes choses en ceste France, en Escosse, en Flandres, en Portugal, qui est aujourd'huy tombé en mains Espagnoles. Que les femmes en ayent esté les motifs, je ne le veux pas dire, mais bien qu'elles ont esté les outils dont on s'est servy : encores que la plus part de ces Princesses n'ayent failli point de jugement en la conduite des affaires : Et toutesfois pour rendre cette Histoire esmerveillable à une posterité, c'est qu'au milieu de toutes ces Dames, qui ont veu sous leurs gouvernemens les Provinces affligées, où elles commandoient, une seule Elizabeth, qui ne se voulut jamais exposer sous la puissance d'un mary, non seulement a garenty son Royaume de toutes guerres & oppressions civiles, mais qui plus est, en a estendu les limites jusques à Hollande, & Zelande, pays qu'elle a conquis sur Philippes Roy d'Espagne, le plus grand terrien, & pecunieux qui se soit veu entre les Monarques, depuis trois ou quatre cens ans. En quoy l'on peut descouvrir combien sont grands les mysteres de Dieu. Vray que je crains bien qu'aprés le decez de ceste Dame, l'Angleterre n'ait part aux calamitez comme nous : Car à bien dire son repos ne despend que du filet de la vie de ceste Princesse. On vit presque en une mesme saison deux Roines en France, Brunchaut, & Fredegonde : l'une qui fit mourir six ou sept Princes, & broüilla toutes leurs Provinces de divisions, & guerres intestines : Au contraire une Fredegonde non seulement conserva le Royaume à Clotaire second son fils, qui estoit en berceroles, lors que Chilperic son pere fut tué : mais qui plus est, avecques le temps se vit seul Roy & Maistre de toutes les Provinces, qui avoient esté par deux fois partagées en quatre, depuis la mort de Clovis. Isabelle de Bavieres assistée du Duc de Bourgongne, troubla infiniment ce Royaume pendant les troubles d'esprit de Charles sixiesme son mary : De maniere que le Duc de Guyenne son fils aisné venu en aage de cognoissance fut contrainct de la confiner en Touraine. Au contraire la Roine Blanche mere de Sainct Louys conduisit avec une telle sagesse les affaires de France, qu'elle conserva heureusement le Royaume à son fils, qui n'avoit que quinze ou seize ans quand il vint à la Couronne, & croy qu'en pour ceste cause les Roines meres depuis se voulurent nommer Roines Blanches, comme tiltre specieux qu'elles se pouvoient donner pendant leur viduité. Il y a és femmes par fois des defauts, par fois aussi des vertus non moindres qu'aux hommes. J'ayme mieux estre leur paranymphe, que ressembler Jean de Mehun, qui en son Romant de la Roze fit profession expresse de les blasmer. Je veux doncques icy discourir la magnanimité & proüesse de quelques Dames. Je commenceray par la Roine Fredegonde, laquelle je ne veux excuser de la mort de son mary qu'on luy impute : Mais le sujet de ce Chapitre estant dedié aux Dames, qui se sont renduës recommandables par les armes, je donneray à ceste-cy selon l'ordre des temps le premier, & plus ancien lieu. Sigebert Roy de Mets tenoit assiegé son frere Chilperic dedans la ville de Cambray, l'ayant reduit en tel desarroy, qu'il ne luy restoit autre espoir que de tomber à la misericorde de son ennemy. Quoy voyant la Roine Fredegonde, elle attitre deux Gentils-hommes pour aller assassiner Sigebert, leur faisant plusieurs grandes promesses de biens, s'ils y venoient à la fin de ceste entreprise sans danger : & s'il advenoit qu'ils y mourussent, elle les asseuroit d'un Paradis par les intercessions & aumosnes qu'elle feroit faire pour la redemption de leurs ames. Ces Gentils-hommes vaincus par telles remonstrances s'y acheminerent, ils tuent le Roy Sigebert. Le fruict de ceste entreprise fut que ceux-cy y demeurerent pour les gages : mais aussi-tost fut le siege levé. En cecy il y avoit du renard, en ce que je diray cy-aprés il se trouve beaucoup du lyon. Aprés le meurdre de Chilperic, Fredegonde se trouva mere de Clotaire second, qui lors estoit au berceau. L'opinion que l'on avoit, estoit que cet enfant n'estoit fils du Roy Chilperic. Qui occasionna Childebert Roy de Mets de luy faire la guerre à outrance : Et comme les deux Osts fussent sur le point de s'entreheurter, Fredegonde montée sur un grand destrier se promena au milieu de tous les rangs, portant son enfant entre ses bras, les exhortant d'avoir pitié de leur petit Prince, & les sceut tellement animer, que pour conclusion elle obtint icy la victoire. Encore merite d'estre recité en stratageme & ruse de guerre qu'elle exerça lors, commandant à tous ses gens de prendre un rameau en leurs mains, & pendre au col de leurs chevaux une clochette : Ce que elles les conduisit droict vers ses ennemis, où arrivant sur la diane, les sentinelles estimans que ce fussent bœufs, & vaches qui fussent en des pastis, elle les surprend si à propos, que Childebert fut contrainct de s'enfuir : Ceste Princesse de là en avant conduisant si à propos les affaires de son fils, qu'aprés Clovis, en toute la premiere lignée de nos Roys il n'y eut Prince plus grand terrien que luy.

Fredegonde avoit fait tuer son mary, comme l'on dit, parce qu'il avoit descouvert les amourettes d'elle avecques Landry. Celle dont je parleray maintenant en la mesme façon, sinon semblable, pour le moins non du tout dissemblable, en une querelle plus juste. Isabelle fille du Roy Philippes le Bel fut mariée avecques Edoüard le tiers d'Angleterre, Prince de toutes façons abandonné à ses plaisirs, mesme qui pour user d'une volupté preposterre, à l'instigation de Hues le despensier, ministre de ses passions, traictoit infiniment mal sa femme : D'ailleurs exerçoit une infinité de cruautez, n'y ayant presque Prince, ou grand Seigneur, auquel il ne fist trancher la teste. Isabelle ne pouvant plus supporter les hontes & indignitez qu'elle recevoit de luy, s'enfuit avecques son fils Edoüard Prince de Galles en France par devers le Roy Charles le Bel son frere, afin qu'il luy voulust donner secours pour guerroyer son mary. Ce que luy ayant refusé, elle se retire au pays de Hainaut, qui la favorisa en toute ceste entreprise. Ayant doncques assemblé grand nombre de Hennuyers, ils passerent en Angleterre : Là fut le Roy assiegé en la ville de Bristoye avecques Hues le despensier, par la Royne, de telle façon que la ville luy fut enfin renduë. Elle envoya lors son mary sous bonne & seure garde à Londres, & prit le chemin de Herfort, où estant

tant arrivée, elle fit faire le procez à Hues le despenfier, lequel par Arreft fut condamné à mort, & là fut un efchaffauteur le membre & les genitoires coupez (comme deteftable Sodomite) qui furent dés l'inftant mefmes en fa prefence jettez dans un feu, & en aprés il fut vif ouvert par le ventre, le cœur tiré hors, & jetté dans le mefme feu : Puis on luy trancha la tefte, & fon corps mis au gibet. Sa tefte prife & portée à Londres : le jour de Noël enfuivant par deliberation des Eftats tenus à Londres, le Roy Edoüard fut demis de fa Couronne Royalle, & Edoüard fon fils couronné Roy : c'eft celuy qui depuis fit tant de guerres à Philippes de Valois, pretendant que le Royaume luy appartenoit, comme plus proche de Couronne de France.

Aux magnanimitez de deux Princeffes, dont j'ay cy-deffus parlé, il y a eu quelque chofe à redire : En la premiere, la mort du mary, en la feconde la prifon : Mais celle que je reciteray maintenant eft digne d'eftre mife au parangon de toutes les Dames, qui furent jamais en quelque pays, & nation que ce foit. Aprés l'Arreft de Conflans donné au profit du Comte de Blois contre Jean Comte de Montfort, pour le Duché de Bretagne, le Roy Philippes de Valois prit les armes pour le Comte de Blois fon nepveu. Advient que par trahifon le Comte de Montfort eft pris dedans Nantes vers l'an mil trois cens quarante deux, & mené prifonnier à Paris dans la groffe tour du Louvre, où il demeura deux ans entiers, & depuis eftant evadé il mourut, delaiffée la Comteffe de Montfort fa veufve, fœur du Comte de Flandres, chargée d'un petit enfant, qui portoit auffi le nom de fon pere. Pour avoir perdu fon mary, elle ne perdit pas le courage : parce qu'elle reprit plufieurs villes & chafteaux, mefme la ville de Rennes, devant laquelle le Comte de Blois mit le fiege, aidé des forces de France. Quoy voyant la Comteffe de Montfort, elle a recours au Roy d'Angleterre, avec lequel elle braffe le mariage de fon fils avec fa fille. Pendant lequel pourparler Rennes eft renduë au Comte de Blois, qui vint mettre le fiege devant la ville d'Hembouft, où lors eftoit la Comteffe de Montfort avec fon fils, il livre l'affaut, qui eft fortement fouftenu par ceux de la ville : pendant lequel, la Comteffe, qui eftoit armée de toutes pieces, alloit fur un courfier par toutes les ruës pour donner courage à fes gens, & n'y avoit Dame ny Damoifelle, qui ne fervift de quelque chofe : les unes portoient des pierres fur les murs, les autres des eaux boüillantes pour jetter fur les ennemis : mais cefte Princeffe non contente de cela, fit encore un traict de plus fignalée entreprife : Car aprés eftre montée fur le haut d'une tour, pour confiderer la contenance de fes ennemis, voyant leurs tentes vuides, & tous les Seigneurs eftre ententifs à l'affaut, elle remonte à cheval fuivie de 60. hommes armez, & fortant par une poterne d'un cofté de la ville, qui n'eftoit affiegé, donna droit jufques aux pavillons de fon ennemy qu'elle brufla. Quoy voyant le Comte de Blois, qui penfoit eftre trahy, fe retira de l'affaut, & quelques jours aprés leva le fiege pour l'aller mettre devant Aulroy, laiffant feulement quelque nombre de foldats pour boucler Hembouft, lefquels affauterent contre la ville quelques engins de guerre, qui endommagerent tellement ceux de dedans, qu'ils eftoient refolus de fe rendre fans les inftantes prieres que leur fit cefte vertueufe Princeffe de fuperfeder leur deliberation jufques à quelques jours, pendant lefquels elle fe promettoit avoir fecours des Anglois, lequel arrivé, les François furent contraincts de lever le fiege, & encores que les hazards de la guerre fuffent depuis longuement tenus en balance, fi eft-ce que pour fin, & clofture du jeu, le Duché de Bretagne demeura en la Maifon de Montfort. Le femblable n'advint pas à la fille de René Duc d'Anjou, & Comte de Provence, femme de Henry fixiefme, qui s'intituloit Roy de France & d'Angleterre : car combien que fon mary eftant pris par Richard, elle euft enlevé fon fils à la fureur de fon ennemy : & encore elle feule garenty des brigands au milieu d'une foreft, & depuis eut la victoire de Richard en plein champ de bataille, auquel elle fit depuis couper la tefte : fi eft-ce que puis aprés, abandonnée des fiens, elle perdit fon mary & fon fils, & demeura le Royaume és mains d'Edoüard fils de Richard.

CHAPITRE XXXV.

De l'honnefte & vertueufe liberté dont ufa quelques-fois, tant la Cour de Parlement de Paris, que Chambre des Comptes, pour la confervation de la Juftice.

Combien que le Duc de Lorraine foit Prince fouverain dedans fon pays, fi eft-ce que nos Rois ont de toute anciennete pretendu qu'une partie du Barrois relevoit de la Couronne de France : & nommément nous fouftenions anciennement que la ville de Neuf-Chaftel en Lorraine recognoiffoit le Roy pour fon fouverain : il feroit mal-aifé de dire combien de difputes en foudirent au Parlement. La caufe y fut autresfois traictée, & par Arreft du 9. Aouft 1389. entre le Procureur general du Roy, & le Duc de Lorraine, les parties furent appointées en contrarieté de faits, & cependant par maniere de provifion ordonné que la ville feroit regie fous la fouveraineté du Roy, & le Duc condamné de bailler fon adveu & denombrement dedans certain temps. Cela produifit plufieurs differens entr'eux dont les Regiftres de la Cour font pleins. Toutes-fois cefte querelle fut affopie par la relafche que le Roy Louys XI. luy fit en l'an 1465. par lettres qui furent verifiées au Parlement, Cela foit par moy dit en paffant. Or advint fous le regne de Charles VI. quelque peu aprés l'Arreft par moy cy-deffus mentionné, qu'un Sergent ayant fait un exploit dans cefte ville de Neuf-Chaftel fous le nom du Roy, & appofé fes panonceaux, le Duc de Lorraine les fit lacerer, & mettre en prifon ce Sergent. Au moyen dequoy la Cour de Parlement luy fit fon procez, & par defaut & contumaces le declara avoir commis crime de felonie, le bannit à perpetuité du Royaume, & confifqua Neuf-Chaftel au Roy. L'imbecilité de fens qui lors eftoit en noftre Roy, faifoit que les pechez criminels eftoient reputez veniels, mefmes par ceux qui eftoient en la bonne grace du Duc de Bourgongne, du nombre defquels eftoit le Duc de Lorraine, auquel le Bourguignon ayant promis de faire paffer le tout par oubliance, le Duc de Lorraine vint à Paris pour faire la reverence au Roy ; mais le Parlement de ce adverty delegua Maiftre Jean Juvenal des Urfins Advocat du Roy pour le fupplier de ne faire playe à l'Arreft : que le tort dont eftoit queftion avoit efté fait à fa Majefté, & que de paffer cela par connivence, au prejudice de l'Arreft, ce feroit redoubler la malfaçon de la faute. Combien que les affaires de la France fuffent lors fort embroüillées, & dependiffent de la volonté d'un feul Duc, fi n'avoit-il des mouchars, & efpieurs de nouvelles au Parlement, pour luy rapporter ce que l'on y avoit paffé. Qui fut caufe que cefte refolution conduite avec un doux filence, le Duc de Bourgongne n'en ayant eu aucun advis, le Seigneur des Urfins arriva, fuivy de fes deux compagnons, au mefme poinct que le Duc de Lorraine fe prefentoit pour faire la reverence au Roy. Quand le Chancelier les apperceuvant, leur demanda qu'ils amenoit en ce lieu : furquoy le Seigneur des Urfins, fans autrement marchander & luy refpondre, fe jette de genoux aux pieds du Roy, luy faict un long recit de l'affaire, le supplie tres-humblement de ne vouloir faire bresche ny à sa Majesté, ny à l'authorité de son Parlement. Le Duc de Bourgongne, auquel rien n'estoit difficile prés du Roy, commence de se courroucer, disant avec paroles d'aigreur, que ce n'estoit la voye que l'on y devoit observer: Auquel le Seigneur des Ursins respondit doucement, qu'il estoit tenu d'obeir à l'Ordonnance de la Cour, en chose mesmement, où il alloit du service exprez du Roy. Et à l'instant mesme haussant sa parole requit, que tous bons & loyaux serviteurs du Roy vinssent se joindre de son costé, & que ceux qui estoient contraires au bien & repos du Royaume, se tirassent du costé du Duc de Lorraine. Ceste parole prononcée d'une grande hardiesse, estonna de telle façon le Duc de Bourgongne, que soudain il quitta sa prise (car il tenoit le Duc de Lorraine par la manche pour le presenter au Roy, & se retira du costé des Ursins avec tous les autres Princes & Seigneurs, se trouvant le Duc de Lorraine seul & abandonné de tous. Ce fut doncques lors à luy de jouër son personnage, non à petit semblant, ains à bon escient. Il s'agenouille devant le Roy, & la larme à l'œil, le supplie humblement de luy vouloir pardonner; que de sa part il n'avoit jamais consenty à tout ce qui s'estoit passé dans la ville de Neuf-Chastel, qu'il promettoit d'en faire une punition convenable. Pour le faire court, aprés plusieurs soumissions & protestations, il obtint du Roy ce qu'il demandoit, avecques le consentement du Parlement, sçachant que les choses s'estoient passées devant le Roy, sans dissimulation & hypocrisie.

La plus grande partie de ceste vertu est deuë à un Advocat du Roy, qui sceut dextrement jouër son rolle: monstrant combien grand est l'effort de la Justice, quand il tombe en un brave sujet. Ce que je diray maintenant va à tout le corps du Parlement. Les nouveaux Edits de tout temps & anciennete ne prennent vogue parmy le peuple, qu'ils n'ayent esté premierement verifiez, tantost au Parlement, tantost en une Chambre des Comptes, selon que les affaires le desirent. On recite que Louys XI. Prince qui s'attachoit opiniastrement à ses premieres volontez, ayant un jour entrepris de faire emologuer certaine Ordonnance au Parlement, qui n'estoit point de Justice, aprés plusieurs refus, indigné, il luy advint de jurer à la chaude-cole son grand Pasque-Dieu, & dire que s'ils n'obeïssoient à son vouloir, il les feroit tous mourir. Ceste parole venuë à la cognoissance du Parlement, il fut arresté qu'on se presenteroit au Roy avec une resolution tres-expresse de mourir plustost que de verifier cet Edit. Luy doncques estant au Louvre, tout le Parlement s'achemine en robbes rouges par devers luy, lequel infiniment esbahy de ce nouveau spectacle, en temps & lieu indeu, s'informe d'eux de ce qu'ils luy vouloient demander. La mort, Sire (respondit le Seigneur de la Vacquerie, premier President, portant la parole pour toute la compagnie) qu'il vous a pleu nous ordonner, comme celle que nous sommes resolus de choisir, plustost que de passer vostre Edit contre nos consciences. Ceste parole rendit le Roy fort souple, ores qu'en toutes choses il s'en voulut faire croire absolument, & leur commanda de s'en retourner, avec promesse de ne les importuneroit plus sur ce fait, ny de faire de là en avant presenter lettres, qui ne fussent de commandement Royal, je veux dire de Justice.

Je croy que ceste histoire est tres-vraye, parce que je la souhaite telle, & à la maisme volonté qu'elle soit empraine au cœur de toute Cour souveraine. Bien vous en representeray-je une autre de nostre Chambre des Comptes, dont je suis tesmoin oculaire: & peut-estre en ay-je fait la plus grande part & portion. Comme sous le feu Roy Henry troisiesme (que Dieu absolve) nostre France fut malheureusement peuplée d'une je ne sçay quelle vermine de gens, que nous appellions Partisans, ingenieux à la ruine de l'Estat, lesquels trouvoient à regrater sur toutes choses, par Edits, & inventions extraordinaires, pour s'enrichir en leur particulier de la despouille du pauvre peuple; aussi enfin ces sangsuës conseillerent au Roy de pousser, si ainsi faut que je le die, de son reste, & vouloir rendre hereditaires tous les offices qui n'estoient de judicature, en payant finance. Quoy faisant, c'estoit accueillir la haine publique contre leur Maistre en temps indeu, & tout d'une suite faucher l'herbe sous les pieds à ses successeurs. Il envoye à cet effect en la Cour de Parlement un Edit accompagné de plusieurs autres qui estoient donnez à ses favoris Courtisans. Cela se faisoit en l'an 1586. depuis les Troubles encommencez sous le nom de la saincte Ligue. Estans ces Edicts presentez au Parlement, ils sont plusieurs fois refusez: finalement le Roy se transporte au Palais avecques quelques Princes du Sang, où en sa presence, le tout est emologué. Il restoit de le passer en la Chambre des Comptes: Car pour bien dire, c'estoit le grand coup que l'on y pouvoit frapper, d'autant que les Estats des Comptables valent deux ou trois fois plus que toute la menuë denrée des autres. Nous sommes advertis que le Roy y devoit envoyer quelques Seigneurs de son Conseil. Et nommément Monsieur le Comte de Soissons, Prince du Sang eut ceste charge, où estoient l'Archevesque de Bourges, les Seigneurs de Villequier, Gouverneur de Paris, & Isle de France, les sieurs de la Vauguion, & de Lansac, qui firent leur proposition telle qu'ils voulurent par la bouche de l'Archevesque. Je m'estois, comme Advocat du Roy, preparé de plaider la cause contre la verification de l'Edit qui me sembloit tendre à la desolation de l'Estat: & desployay le peu qui estoit en moy, ainsi qu'une juste douleur m'en administroit les memoires. Ce qui contenta la compagnie, & de fait toutes choses furent suspenduës jusques au lendemain, pendant lequel temps les Seigneurs promirent de faire rapport au Roy des difficultez que j'avois proposées: nonobstant cela, le lendemain ils retournent, & declarent que le Roy s'estoit fermé en son propos de l'emologation de tous ces Edicts. Quelques-uns des Presidens demanderent à Mr le Comte de Soissons, s'il n'entendoit pas que nous opinast sur ce qu'en toutes autres affaires. A quoy ce jeune Prince respondit qu'il n'en avoit nulle charge, ains seulement de faire verifier les Edicts. Alors Monsieur Dolu, l'un des Presidens replicqua, que puis qu'on ne vouloit prendre leurs opinions, il n'estoit aussi besoin de leurs presences. Et à ce mot, sans autrement marchander, toute la compagnie se leve & se retire au second Bureau, en bonne deliberation de ne consentir, ny de parole, ny de presence à ceste publication. Les Seigneurs du Conseil se voyans demeurez seuls, avec Monsieur le premier President Nicolai, qui ne desempara sa place, se trouverent grandement estonnez. Enfin s'estans levez de leurs chaires, la compagnie se presenta à eux, les priant de ne prendre de mauvaise part ce qu'ils en avoient fait, parce que c'estoit pour la conservation de l'Estat, à quoy ils estoient obligez. Ainsi se partirent ces Seigneurs tout ainsi qu'ils estoient venus. Dieu sçait quel contentement eut le Roy en son ame. Dés l'instant mesme quelques-uns du Conseil d'Estat estoient d'advis qu'il nous falloit tous declarer criminels de leze-Majesté: Cet advis ne fut suivy: mais au lieu de ce, on despesche le jour au lendemain lettres patentes du Roy, par lesquelles nous sommes tous interdits, & deffences à nous d'entrer en la Chambre. Le refus que nous fismes à ces Seigneurs fut le vingt-sixiesme de Juin 1586. & le lendemain les lettres d'Interdiction nous furent signifiées par le sieur de Bully Guibert, l'un des Greffiers du Conseil d'Estat. Tout de la mesme façon que nous avions desemparé le Grand Bureau le jour precedent, aussi sortismes nous de la Chambre, estimans que c'estoit chose qui se tourneroit grandement à nostre honneur d'estre chastiez pour un acte si genereux. L'opinion de Messieurs du Conseil estoit, que ce chastiment n'apporteroit autre prejudice qu'à nous: parce que dés le premier jour du mois de Juillet ensuivant devoit commencer l'autre Semestre, auquel se pourroient trouver plusieurs Maistres, qui n'avoient esté de nostre partie: consequemment non interdicts. Nostre refus est publié, & haut loüé par toute la ville de Paris. Les nouvelles en viennent au Roy qui sejournoit lors à sainct Maur. Sa colere commence de se refroidir, & il trouve par mesme moyen que ce que nous avions fuict n'estoit esloigné de son service. La conclusion & catastrophe de ce jeu fut aprés quelques ceremonies de restablissement, (lesquelles l'on ne doit aisément denier à un Roy) que quelques jours ensuivans l'Interdiction fut levée, & chacun de nous restably en l'exercice de sa charge. Le fruict que nous rapportasmes de ceste vertueuse liberté

berté fut la suppression de ce mal-heureux Edict des Estats hereditaires, au lieu duquel, comme le Roy ne pouvoit estre vaincu en ses volontez, il introduisit une image d'iceluy, qui fut l'Edict des Survivances, à la charge qu'il n'auroit lieu qu'à l'endroict des volontaires : En l'autre, bon gré malgré, il falloit racheter son Estat, ou s'en demettre sur celuy qui nous remboursoit de l'argent par nous desboursé, qui estoit entré aux coffres du Roy. Il me souvient qu'une grande Princesse de France, que je vy quelque temps après, me dist qu'elle estoit tres-marrie du mescontentement que le Roy avoit de moy, d'autant qu'auparavant j'avois part en sa bonne grace autant qu'homme de mon bonnet : Ce fut le mot dont elle usa. A quoy je luy respondis que l'issuë de cecy seroit telle que d'un amoureux, lequel ayant esté esconduit par sa Dame, du poinct que passionnément il pourchasse, s'en va infiniment mal content, mais revenant puis après à soy, l'aime, respecte, & honore davantage. Qu'ainsi m'en adviendroit, & que quand nostre Roy seroit revenu à son second & meilleur penser, il m'en regarderoit de meilleur œil : chose en quoy je ne fus trompé. Cela soit dit de moy en passant, non par vanterie, ains occasion, afin d'exciter ceux qui nous survivront de bien dignement exercer leurs charges.

CHAPITRE XXXVI.

De quelques traicts miraculeux, tant pour garentir l'innocence de la calomnie, que pour averer en Justice un delict, qui ne se pouvoit presque descouvrir : Exemple dernier advenu en nostre temps en la personne d'un nommé Martin Guerre.

IL me plaist sur le mesme Seigneur des Ursins, dont j'ay parlé en l'autre Chapitre, bastir le commencement de cestuy. Je ne luy veux servir de trompette, bien diray-je que sa vie seroit digne d'une Histoire particuliere pour nous induire tous à bien faire. Ce personnage extraict de la grande famille des Ursins de la ville de Rome, avoit eu un oncle Evesque de Mets, & son pere nommé Napolitain des Ursins qui fut tué en la journée de Poictiers pour le service de nostre Roy Jean. Cestuy ayant eu plusieurs enfans, entr'autres eut Maistre Jean Juvenal des Ursins, qui du commencement par privilege special fut Garde de la Prevosté des Marchands de Paris, & depuis Advocat du Roy au Parlement. Or comme il estoit sur tout zelateur du repos public, & fort, pour s'opposer aux deportemens de Jean Duc de Bourgongne : Aussi ce Prince resolut de le ruiner de vie & de biens, comme il avoit fait plusieurs autres. Les grands Seigneurs ne manquent jamais de ministres qui applaudissent à leurs passions. Le Duc de Bourgongne donna charge à deux Examinateurs du Chastelet de Paris d'informer encontre ce grand personnage. Ceux-cy oyent plusieurs tesmoins apostez, qui desposent plus que l'on ne desiroit. Ce fait, rapporterent au Duc que l'information estoit faite, ne restant plus que de la grossoyer, & mettre au net : mais luy qui ne demandoit qu'une prompte depesche de Juvenal, leur respondit qu'il suffisoit que la minute fust mise par devers les gens du Roy du Parlement, pour prendre leurs conclusions contre luy : mais eux cognoissans en leurs consciences que ce preud'homme estoit tout autre qu'on ne le representoit par ces informations, tirerent l'affaire en longueur. Parquoy fut commission du Conseil fut delegué un Advocat Auvergnac, nommé Maistre Jean de Landriguet, pour exercer en ce procez l'Office du Procureur du Roy. Tout cecy se brassoit sous main au desceu de Juvenal, mesme avecques une diligence sans respit. Car en moins de deux jours furent faictes toutes ces depesches, & le lendemain il devoit estre pris au corps pour estre emmené au bois de Vincennes devant le Roy, où sa condamnation eust esté prompte. Mais en ces entrefaictes, Dieu voulut que ceux qui manioient ceste affaire se transportassent en un cabaret de la Cité : là, l'un de ces Examinateurs mit sur le bout de la table les charges, & (comme l'on dit en commun proverbe) après bon vin, bon cheval : ils commencerent de gausser : de façon que folastrans ensemblément les pieces tomberent à terre, sans qu'aucun d'eux s'en apperçeust : lesquelles recueillies d'un jeune chien, il s'en batit les machoüeres en la ruelle d'un lict. Eux partis, & la nuict venuë, la Dame du logis trouve ces papiers qu'elle monstre à son mary, lequel voyant que ce pacquet s'adressoit au Garde de la Prevosté des Marchands, se transporte à son logis, & luy communiqua le tout. Le lendemain à peine estoit le Seigneur des Ursins hors du lict, qu'on l'adjourne de comparoir le mesme jour en personne devant le Roy à Vincennes. Chacun commença lors de murmurer par la ville pour l'amitié qu'on luy portoit : & de fait luy s'acheminant fut suivy de quatre ou cinq cens Bourgeois, au bois de Vincennes, auquel lieu l'Auvergnac avecques un grand appareil de paroles commence à desgorger de furie contre luy, suivant les instructions & memoires, qui luy avoient esté baillez : A quoy Juvenal respondit avecque toute modestie, que pour manifester la calomnie de son adversaire, il employoit seulement les charges & informations : A ceste parole l'autre eut soudain recours aux deux Examinateurs du Chastelet qui l'assistoient, eux à leur sac, mais ils n'y trouverent que du vent : Au moyen dequoy du commun advis de tous, Juvenal fut renvoyé absous par le Roy, de ceste calomnieuse accusation, & depuis comme Dieu veut que toutes choses viennent avec le temps à revelation, les tesmoins esmeus d'un juste remords de leurs consciences, se confesserent de leurs fausses depositions au Penitencier de Paris, lequel pour l'enormité du cas les renvoya devers le Pape, afin d'avoir absolution : Adonc estoit Legat en France Messire Pierre de la Lune, qui depuis fut Pape en Avignon, auquel ils se reconcilierent & leur donna absolution, leur enjoignant pour penitence d'aller requerir pardon en chemise au Seigneur des Ursins le Vendredy Saint, lesquels toutesfois voilez, ce qu'ils firent par la bouche de l'un d'eux, sans nommer leurs noms, comme ne leur estant commandé : mais luy qui avoit veu les charges, les nomma tous par noms & surnoms, dont ils furent si estonnez, qu'adoncques ils luy reciterent tout au long ceux qui avoient esté les subornateurs de leurs tesmoignages.

Voila comme un homme innocent se garantit sans y penser d'une colomnie, dont la suitte n'estoit qu'un acheminement à sa mort. Voyons maintenant comme Dieu quelques-fois permet que les crimes soient averez, lors que les Juges pensent estre plus esloignez de la preuve. En la ville d'Artigues, Diocese de Rieux, ressort du Parlement de Tholose, advint qu'un Martin Guerre ayant esté marié l'espace de dix ou onze ans avec Bertrande Rossi, depuis par un je ne sçay quel mescontentement qu'il eut de son pere, abandonna sa maison, se retirant au service de l'Empereur Charles V. & depuis du Roy Philippes son fils, où il fut l'espace de douze ans, jusques à ce qu'à la prise de S. Quentin il perdit une jambe, & y ayant environ huict ans que sa femme n'avoit eu vent ny voix de luy, un nommé Arnaut Tillier, natif du Comté de Foix que quelques-uns estimoient avoir esté nourry en la Magie, prit argument de joüer le personnage de Martin Guerre, aidé en cecy tant
de

de la longue abſence de luy, comme auſſi que les traicts & lineamens de ſon viſage ſe rapportoient aucunement à ceux de l'autre. S'eſtant preſenté à la femme, du commencement elle ne le vouloit recognoiſtre : mais outre les conformitez du corps, il luy diſcourut tant de privautez qui s'eſtoient paſſées entr'eux deux, meſmes la premiere nuict de leurs nopces, voire juſques aux hardes qu'il avoit laiſſées dans un coffre lors de ſon partement : Choſes qui ne pouvoient eſtre ſceuës que par le vray mary : tellement qu'enfin non ſeulement elle, mais la plus part de ſes proches parens & amis, le recogneurent pour Martin Guerre : & en ceſte opinion s'eſcoulerent quatre ans entiers, ſans aucune contradiction : Au bout deſquels un ſoldat paſſant par là, dit que Martin Guerre avoit perdu une jambe. Peu auparavant ceſte femme eſtoit entrée en quelque deffiance de ſon mary putatif : au moyen dequoy elle prit acte ſous main pardevant deux Notaires, de la declaration du ſoldat. Ceſte depoſition pour bien dire eſtoit évolvée : premier mal-heur toutesfois de ce miſerable Tillier. Car comme il eſt mal-aiſé à un menteur de ne varier, auſſi recueillit la femme pluſieurs propos de luy, qui la firent eſbranler contre luy, & de faict ſolicitée par Pierre Guerre, oncle de Martin, non ſeulement l'abandonne, mais le pourſuivit extraordinairement pardevant le Seneſchal de Rieux, où il fut condamné à mort, par ſentence de laquelle il appella au Parlement de Tholoſe, qui ſe trouva infiniment perplex ſur la nouveauté de ce faict. Car d'un coſté Tillier deſcouvroit de poinct en poinct toutes les particularitez qui s'eſtoient paſſées entre luy & ſa femme devant ſa deſbauche, les diſcours qu'ils avoient eus enſemble, ment le premier ſoir de leurs nopces, nommoit ceux qui leur avoient apporté le lendemain matin le Chaudeau : qu'on leur avoit noüé l'aiguillette l'eſpace de huict ans entiers : laquelle leur fut depuis denoüée par le moyen d'une vieille, racontant par le menu le temps, le lieu, les perſonnes, qui avoient eſté employées à cette affaire. Que depuis eſtans allez aux nopces d'un de leurs parens aux champs, pour autant que le lieu eſtoit trop eſtroict pour les coucher, & qu'il falloit que ſa femme couchaſt avec une autre, il fut entr'eux adviſé que lors que les autres ſeroient endormis, il iroit ſe joüer avec ſa femme : qu'ils avoient eu un enfant, nommant le nom du Preſtre qui le baptiza, & des parrains qui l'avoient tenu ſur les fonts : le tout d'une telle franchiſe & aſſeurance, que la femme y perdoit pied : adjouſtant les motifs de ſon partement, les fatigues qu'il avoit euës tant en Eſpagne qu'en France. Toutes leſquelles particularitez ſe trouverent depuis eſtre vrayes par le rapport de Martin Guerre. Et ce qui rend ceſte Hiſtoire plus eſmerveillable, c'eſt que ce ſuppoſé mary n'avoit jamais familiariſé avec l'autre. Les preſomptions qui combattoient encores pour luy, eſtoient une dent gemelle, un ongle enfoncé en la main dextre, certains pourreaux, & en l'œil une tache rouge, tout ainſi comme Martin Guerre : meſmes qu'il reſſembloit aucunement à ſes ſœurs. Leſquelles s'eſtoient tellement aheurtées à une ſotte opinion, qu'elles l'avoüoient pour leur frere. D'un autre coſté faiſoit contre luy la depoſition du ſoldat, une infinité de teſmoins produits par la femme, entre leſquels un hoſtellier d'une ville prochaine depoſoit que le cognoiſſant, & l'ayant veu paſſer, il l'avoit appellé Arnault par ſon nom, il le pria en l'aureille de ne le nommer ainſi, mais bien Martin Guerre : Outre cela ſe trouva autre preuve d'un ſien oncle, lequel le voyant en voye de perdition, vint tout eſploré devers luy pour l'admoneſter de ſa faute, & qu'il ne vouluſt achever de ſe perdre. Ce neantmoins ces preuves n'eſtoient ſi poignantes, qu'elles annullaſſent les autres : car à toutes les objections qu'on luy faiſoit, il reſpondoit conſtamment, rejettant tout l'artifice de ce qu'on le tourmentoit contre Pierre Guerre ſon oncle, lequel le lavoit quelque temps auparavant menacé de luy faire rendre compte de la tutelle & curatelle qu'il avoit autresfois euë de luy. Et pour donner feuille à ſon dire, il requiſt que ſa femme fuſt aſſermentée, ſçavoir ſi elle ne le vouloit recognoiſtre pour ſon vray mary, declarant qu'il remettroit ſa vie, ou ſa mort au ſerment qu'elle feroit. Ce qui l'eſtonna tellement, qu'elle ne le voulut accepter. Circonſtances qui eſmeurent tellement les Juges en la faveur de l'accuſé, qu'ils firent mettre en priſons ſeparées l'oncle & la niepce, afin qu'ils n'euſſent à prendre langue l'un de l'autre. Eſtimans que cette femme avoit eſté ſubornée à faire cette accuſation par les menées de l'oncle, qui eſtoit en danger de ſa perſonne. Or comme les Juges eſtoient en ceſt eſtrif, il advient que le vray Martin Guerre retourne en ſa maiſon, où il fut dés la premiere ſalutation recognu de tous ſes parens, & voiſins, & dés l'inſtant adverty de l'affront que l'autre luy avoit fait, il s'achemine droict à Tholoſe, où il preſente requeſte pour eſtre receu partie. Dés-lors les Juges ſe trouvent plus eſtonnez qu'auparavant : Parce que Tillier avec une honte effacée ſouſtenoit que ceſtuy eſtoit un affronteur atiltré par ſes parties adverſes. C'eſtoit proprement la rencontre de Mercure & Soſias dedans l'Amphitrion de Plaute. En ceſt eſtrif, les Juges pour s'aſſeurer, firent attaindre de priſon l'oncle tout paſſé & defait, & mirent Martin Guerre au milieu de quelques autres, habillez de meſme parure que luy, pour voir s'il le recognoiſtroit : mais ſoudain il le vint choiſir avec une infinité de careſſes, & accolades : ſemblable fit puis aprés Bertrand, luy requerant pardon du tort qu'elle luy avoit faict inſciemment : Toutesfois le mary ne prenant ces paroles en payement, d'un mauvais œil commença de la blaſmer. Comment eſt-il poſſible (luy dit-il) que tu ayes preſté conſentement à ceſt abbus ? Car & en mon oncle, & en mes ſœurs, il y peut avoir quelque excuſe : Mais nulle en l'attouchement de l'homme à la femme. Et en cette aigreur perſevera longuement, nonobſtant quelques remonſtrances qu'on luy fit. Ce qui flechit le cœur des Juges, & leur donna aucunement à penſer que cette violente douleur eſtoit une trés-poignante preſomption pour le recognoiſtre vray mary. Toutesfois ce qui les tint aucunement en ſuſpens, fut que les Commiſſaires de la Cour interrogeans Martin Guerre s'il avoit jamais eu le Sacrement de Confirmation, reſpondit qu'oüy, en la ville de Palmiers, & cotta le temps, l'Eveſque, & ſes parrains & maraines. A quoy Arnault ſeparément fit toute pareille reſponſe. Ce nonobſtant enfin par arreſt du mois de Septembre 1560. il fut declaré attaint & convaincu du faict dont il eſtoit accuſé, & en ce faiſant condamné à faire amende honorable en chemiſe, la torche au poing en plain Parlement, & en aprés devant la porte de la principale Egliſe d'Artigues, & puis à eſtre pendu & eſtranglé, & ſon corps bruſlé, & converty en cendres. Jugement qui fut prononcé aux grands arreſts de Tholoſe en la my-Septembre, & depuis exécuté, ayant ce malheureux homme auparavant de mourir recogneu toute la verité de l'hiſtoire. Maiſtre Jean Corras, grand Juriſconſulte, qui fut rapporteur du procés, nous en repreſenta l'hiſtoire par eſcrit, avec certains Commentaires pour l'embellir de poincts de droict. Mais je demanderois volontiers ſi ce Monſieur Martin Guerre, qui s'aigrit ſi aſprement contre ſa femme, ne meritoit pas une punition auſſi griefve qu'Arnault Tillier, pour avoir par ſon abſence eſté cauſe de ce mesfait ? Si le Preteur de Rome Piſon en euſt eſté juge, il n'en faut point faire de doute. Car on recite de luy, que deux hommes s'eſtans combatus l'un contre l'autre, il advint qu'un d'eux ayant grandement bleſſé ſon ennemy, penſant l'avoir bleſſé à mort s'en fuit. Tellement qu'il n'en fut nouvelle de quatre ans. Cependant la Juſtice s'eſtoit ſaiſie du bleſſé, auquel on fit le procés extraordinaire, penſant qu'il euſt tué l'autre. Les choſes s'eſtans acheminées en longueur, il eſt enfin condamné à mort par Piſon, & comme l'on vouloit proceder à l'execution de la ſentence, il advint que celuy que l'on eſtimoit mort, ſe trouva encore en une hoſtellerie, qui eſtoit au marché : lequel aprés avoir entendu que l'on devoit executer ſon compagnon, pour un homicide que l'on pretendoit avoir eſté commis de luy, vint remonſtrer au Bourreau que l'on faiſoit mourir le pauvre patient ſous fauſſe cauſe : Parce que luy qui parloit, eſtoit celuy que l'on pretendoit avoir eſté occis. Sur cela, le Bourreau demeure tout court, & va remonſtrer à Piſon ce que deſſus, lequel ce nonobſtant ne voulut reformer ſa ſentence ſur cette nouvelle production : Mais au contraire le rengregeant, ordonna qu'avec le condamné, ceſt homme mouruſt auſſi, pour avoir eſté par abſence, cauſe de la condamnation de l'autre, & tout d'une ſuite le Bourreau, pour avoir eſté ſi osé de superseder l'execution de son jugement sur le donner à entendre de l'autre. Je serois grandement marry d'approuver ce mal-heureux jugement ; Car pour bien dire , il euft esté digne de grande recommandation à la posterité , si ce cruel Juge se fuft par un mesme moyen condamné à mort. Mais au cas qui se presente , il en va tout autrement. Car il ne doit point estre permis à un homme de quitter sa femme sans cause , mesmes d'une si longue absence , & au bout de cela d'en avoir esté quitte pour une colere representée devant ses Juges : il me semble que c'estoit une vraye mocquerie , & illusion de Justice. Or tout ainsi que le Jugement de Pison a esté trompeté par la posterité, comme tres-monstrueux : au contraire si Martin Guerre eust esté condamné à mort, parce qu'estant le vray mary , il avoit sans raison abandonné sa femme l'espace de dix ans : absence qui avoit esté le principal argument, & subject de toute cette imposture : J'estime que nos survivans eussent solennisé cest arrest comme tres-sainct : pour le moins m'asseuré-je que les femmes n'en eussent esté marries.

CHAPITRE XXXVII.

Preuve miraculeuse advenuë tant au Parlement de Roüen, que de Paris, pour deux crimes dont la preuve estoit incognuë aux Juges.

JE veux sauter de la ville de Tholose, à celle de Roüen , & de Roüen à Paris. Maistre Emery Bigot Advocat du Roy au Parlement de Roüen, personnage de singuliere recommandation, qui exerça dignement l'espace de cinquante ans cest estat, me raconta autresfois une histoire de mesme subject. Il me dist les noms & surnoms des personnes, que j'ay oubliez, me souvenant seulement de la substance du fait. Il y avoit un Marchand Luquois, qui s'estoit habitué dés long-temps dans l'Angleterre, auquel ayant pris envie d'aller mourir avec ses parens, il les pria par lettres de luy apprester une maison, se deliberant de les aller voir dedans six mois pour le plus tard, & finir avec eux ses jours. Vers ce mesme temps il part d'Angleterre, suivy d'un sien serviteur François, avec tous ses papiers & obligations, & descend en la ville de Roüen, où apres avoir fait quelque sejour, il prend la route de Paris : mais comme il est sur la montagne prés d'Argenteuil, il est tué par son valet, favorisé de la pluye, & du mauvais temps qui lors estoit, & lors jette le corps dans les vignes. Comme cela se faisoit, passe par là un aveugle, conduit de son chien, lequel ayant entendu une voix qui se dueilloit, il demanda que c'estoit : à quoy le meurdrier respond que c'estoit un malade qui alloit à ses affaires. L'aveugle passe outre, & le Valet chargé des deniers, & papiers de son maistre se fit payer dans Paris comme porteur des obligations, & scedules. On attendit dans Luques un an entier ce Marchand, & voyant qu'il ne venoit, on depesche homme exprés pour en avoir des nouvelles, lequel entendit dedans Londres le temps de son partement, & qu'il avoit fait voile à Roüen : Où pareillement luy fut dit en l'une des hostelleries, qu'il y avoit environ six mois qu'un Marchand Luquois y avoit logé, & estoit allé à Paris. Depuis quelque perquisition qu'il fist, il se trouva en defaut, & ne peut avoir vent ny voye de ce qu'il cherchoit. Il en fait sa plainte à la Cour de Parlement de Roüen, laquelle commence d'embrasser cette affaire, commandant au Lieutenant Criminel d'en faire diligente recherche par la ville, & à Monsieur Bigot au dehors. La premiere chose que fit le Lieutenant, fut de commander à l'un de ses Sergens de s'informer par toute la ville s'il y avoit point quelque homme, qui depuis sept ou huit mois en là eust levé une nouvelle boutique. Le mouchard ne faut au commandement, & rapporte au Juge qu'il en avoit trouvé un, duquel ayant sceu le nom, le Lieutenant fait supposer une obligation, par laquelle ce nouveau Marchand s'obligeoit corps & biens de payer la somme de deux cens escus dans certain temps, & en vertu d'icelle, commandement luy estant fait de payer, il respond que l'obligation devoit estre fausse, & qu'il ne sçavoit que c'estoit. Le Sergent prenant cette responce pour refus, le constitué prisonnier, & comme ils alloient de compagnie, il advint au Marchand de luy dire qu'il ne sçauroit bien defendre cette procedure : Mais n'y a-il point autre chose ? adjousta-il , Le Sergent dresse son exploict, & rapporta au Lieutenant Criminel comme le tout s'estoit passé, lequel s'attachant à ces paroles, s'il n'y avoit point autre chose ; dés lors commanda qu'on luy amenast le prisonnier, & arrivé devant luy, il fait retirer un chacun, & d'une douce parole luy dist qu'il avoit fait retirer tous les autres, voulant traiter doucement cette affaire avec luy : Qu'à la verité il l'avoit fait mettre en prison sous une obligation supposée, mais qu'il y avoit bien autre anguille sous roche : Car il sçavoit pour certain que le meurdre du Luquois avoit esté par luy commis : Que de cela il n'en avoit certaine preuve : Toutesfois desiroit manier cette affaire avec toute douceur : Que le defunct estoit estranger, despourveu de tout support : Partant il estoit fort aisé de faire passer toutes choses par oubliance, moyennant que le prisonnier voulust de son costé s'aider : Cela se disoit de telle façon, comme si le Juge l'eust voulu sonder pour tirer argent de luy, à quoy il n'avoit veine qui tendist. A cette parole le prisonnier sollicité d'un costé d'un remords de sa conscience, d'un autre estimant que l'argent luy serviroit en cecy de garend, respondit au Juge qu'il voyoit bien qu'il y avoit en cecy de l'œuvre de Dieu : puis que si il n'y avoit autre tesmoin sa conscience venu à connoissance, & que sur la promesse qui luy estoit faite, il recognoistroit franchement ce qui estoit de la verité. A cette parole le Juge estimant estre arrivé à chef de son intention, mande querir le Greffier : mais le prisonnier cependant voyant qu'il avoit fait un pas de fol, apres que le Juge luy eut fait lever la main pour dire la verité, commence de jouër autre roolle, & de soustenir que toute cette procedure estoit pleine de calomnie & faussetez. Le Juge se voyant aucunement frustré de son opinion, renvoya le Marchand aux prisons, en attendant plus ample preuve. Mais luy, apres avoir pris langue des autres prisonniers, (qui sont maistres en telles affaires) appelle de son emprisonnement, & prend à parties tant le Sergent que le Lieutenant Criminel. Je vous laisse à penser si la cause estoit sans apparence de raison. Il s'inscrit en faux contre l'obligation. Il n'y falloit pas grande preuve, parce que les parties en estoient d'accord : & de faict, le Lieutenant vint par exprés au Parlement, où il discourut tout au long comme les choses s'estoient passées. La Cour qui cognoissoit la preud'hommie de cest honneste homme, suspendit le cours de cette poursuitte jusques à quelque temps : Pendant lequel, elle donna charge à Monsieur Bigot de s'informer sur tout le chemin de Roüen à Paris, s'il en pourroit sçavoir nouvelles : Ce qu'il fit avec toutes les diligences à ce requises. Enfin passant par Argenteuil, le Bailly luy dist que depuis quelques mois on avoit trouvé un cadaver dans les vignes my-mangé des chiens, & corbeaux, dont il avoit fait son procés verbal, duquel le sieur Bigot prit la copie. Sur ces entresfaites survint l'aveugle, demandant l'aumosne en l'hostellerie, où il estoit logé, lequel entendant la perplexité en laquelle ils estoient, leur discourut amplement ce qu'il avoit veu vers la montagne, & en mesme temps entendu sur la montagne. Bigot luy demande s'il s'il recognoistroit bien la voix : l'autre respond qu'il estimoit qu'oüy. Sur cela il le faict mettre en trousse sur un cheval, & l'ameine en la ville de Roüen. Jamais trait n'avoit esté plus hardy en Justice que celuy du Lieutenant Criminel, toutesfois grandement subject à calomnie. Celuy que je reciteray maintenant ne sera de moindre effect. Le Sieur Bigot estant de retour, aprés avoir rendu raison de sa commission, on se delibere d'oüyr cest aveugle, & en aprés de le confronter au prisonnier. Luy doncques ayant tout au long discouru ce qu'il avoit entendu sur la montagne, & ce qu'on luy avoit respondu, interrogé s'il recognoistroit bien la voix, respond qu'oüy. On le confronte de loing au prisonnier sans le faire parler. Et aprés que l'aveugle se fut retiré, on demande à l'autre, s'il avoit moyens de proposer reproches contre luy. Dieu sçait s'il fut lors en beau champ. Car il remonstra que jamais on n'avoit practiqué tant d'artifices, pour calomnier l'innocence d'un homme de bien, comme l'on avoit faict contre luy. Que premierement le Lieutenant Criminel, en vertu d'une fausse obligation, l'avoit fait constituer prisonnier, puis luy avoit voulu faire accroire, avoir fait teste à teste, une cognoissance particuliere de ce qui n'estoit point : & au bout de cela, de luy representer maintenant un aveugle pour tesmoin, c'estoit outrepasser toutes les regles de sens commun. Non-obstant cela, la Cour voyant qu'il ne disoit autre chose, on fait parler une vingtaine d'hommes les uns aprés les autres, & à mesure qu'ils se teurent, on demanda à l'aveugle, s'il recognoissoit leurs voix. A quoy il fit responce, que ce n'estoit aucun d'eux. Enfin, le prisonnier ayant parlé, l'aveugle dit, que c'estoit la voix de celuy qui luy avoit respondu sur la montagne prés d'Argenteüil. Ce mesme broüillement de voix ayant esté deux & trois fois reïteré, l'aveugle tomba tousjours sur un mesme poinct, sans varier. Prenez separément toutes les rencontres de ce procez, vous y en trouverez beaucoup qui sont pour l'absolution : Mais quand vous aurez meurement consideré le contraire, il y a une infinité de circonstances qui vont à la mort. Un nouveau citoyen qui avoit dressé nouvelle boutique, quelque temps aprés la disparition du Luquois, la preud'hommie du Lieutenant Criminel cogneuë de tous, la deposition par luy faite, assistée de celle du Sergent, mais sur tout la miraculeuse rencontre de l'aveugle, qui se trouva tant à la mort du Luquois, que depuis en l'hostellerie où estoit Bigot, & finalement que sans artifice, il avoit recogneu la voix du meurtrier au milieu de plusieurs autres ; toutes ces considerations mises en la balance, firent condamner ce pauvre mal-heureux à estre roüé ; & auparavant estant mis sur le mestier, il confessa le tout à la descharge de la conscience de ses Juges, & fut le jour mesme executé à mort.

Je vous en raconteray un autre, non moins miraculeux que cestuy. En l'an 1551. la nuict de Noël, un homme nommé Moustier du village de Sainct Leup, prés de Montmorency, assomma d'un marteau prés de l'Eglise de Saincte Oportune dans Paris, une jeune femme allant à la Messe de minuict, & luy osta ses bagues. Ce marteau avoit esté desrobé le mesme soir à un pauvre Mareschal voisin, qui se nommoit Adrian Doüé, lequel pour cette cause soupçonné d'avoir fait ce meurdre, fut trés-rudement traité par la Justice : Car pour en tirer quelque preuve, on l'exposa à une torture extraordinaire avec des presomptions violentes qui couroient encontre luy : De maniere qu'on le rendit estropié, luy ostant le moyen de gagner sa vie : & mourut ainsi miserable, aprés avoir esté reduit en une grande pauvreté. On demeura prés de vingt ans sans recognoistre le mal-faicteur : & sembloit que la memoire de cest assassin eust esté ensevelie dans la fosse de cette pauvre femme. Or entendez comme cela vint enfin à cognoissance, mais à vray dire, bien tard.

Jean le Flameng Sergent des tailles de Paris, qui depuis fut premier Huissier en la Cour des Generaux des Aydes, estant au village de Sainct Leup, pour executer une commission des Esleuz, un jour d'Esté pendant son souper, en presence de quelques habitans du lieu, racontoit en quel estat il avoit laissé sa maison : Que sa femme y estoit malade, assistée seulement d'un jeune garçon : il y avoit lors ce vieillard, & un sien gendre, lesquels sur cette parole, partent à la nuict, portans chacun d'eux un coffin plein de cerises, & un oison, & arrivent sur les dix heures du matin à la maison du Flameng : là ils buquent : La femme se met aux fenestres pour sçavoir qui c'estoit, ils luy respondent qu'ils avoient charge de son mary de luy apporter cet oison, & des cerises. A cette parole la porte leur estant ouverte, par le jeune gars, ils la referment sur luy, & à l'instant mesme luy coupent la gorge. Ce pauvre enfant se debatant, la femme oyant ce debat, se met en une gallerie, qui respondoit sur sa chambre, pour voir que c'estoit : elle apperceut un flux de sang dans sa cour, l'un d'eux luy dist que c'estoit du sang de l'oison : Cependant l'autre montoit de viste-sse pour penser la surprendre : Elle se doutant de la verité du faict, regagne promptement sa chambre : ferme sa porte au verroüil, & commence de s'escrier par la fenestre qu'on la vint secourir, & qu'il y avoit des voleurs dedans la maison. Ces deux mal-heureux voyans qu'ils avoient failly à leur entreprise, veulent sortir avant que la rumeur fust plus grande. La porte s'ouvroit & fermoit à clef par dedans. Dieu veut que la voulant ouvrir, la clef se rompt dedans la serrure. Se voyans pris, comme le rat dedans la ratiere, toute leur esperance fut d'avoir recours aux cachettes. Le plus jeune se musse au sommet d'une cheminée, le vieillard au profond d'une cave, & se descend dans le puis par un soupirail qui y regardoit. Le tumulte se faict grand par tout le voisinage. Plusieurs y accourent aveques armes. La porte enfoncée dedans, on trouve le corps du jeune garçon estendu sur la place. On court par toute la maison : Celuy qui estoit dans la cheminée fut le premier pris, & aprés une longue recherche l'autre, qui ne monstroit que la teste au profond du puits. Ils sont menez au Chastelet, le procés leur est faict & parfait du jour au lendemain, condamnez à estre roüez, & en trois cens livres de reparation envers le Flameng : Appel : la sentence confirmée par arrest : ils sont menez aux Halles pour estre executez. Comme ils estoient sur l'eschafaut, le vieillard requiert qu'on luy amenast la vefve du Mareschal, dont j'ay n'agueres parlé. Venuë qu'elle est, il luy demande pardon, dit qu'il ne veut mourir sa conscience chargée de cest autre meurdre. Que c'estoit luy qui avoit tué la jeune femme prés saincte Oportune. Le Greffier redige tout au long tant qu'il est escrit sa confession. Ce fait, ils sont roüez. Je vous ay jusques icy discouru comme ces miserables furent pris par un exprés miracle de Dieu, & qu'en fin ce meschant vieillard s'accusa du mal-heureux meurdre par luy commis, il y avoit vingt ans passez. Ce que je diray maintenant paradventure, merite bien de vous estre representé. La vefve du Mareschal demande pardevant le Prevost de Paris, reparation sur les biens du vieillard. Qui luy est par sentence adjugée, jusques à la somme de quatre cens livres. De la sourd une autre question, d'autant que cette vefve soustenoit, devoit estre payée devant les trois cens livres du Flameng, & ainsi fut jugé pour elle ; dont le Flameng ayant appellé, sa cause fut par moy plaidée contre Maistre Jean Chipart, Advocat de la vefve, pour laquelle il disoit que le delict avoit esté commis vingt ans passez, & puis que son mary innocent en avoit porté la tare ; raison vouloit bien aussi que les trois cens livres fust la premiere payée, embellissant de plusieurs autres belles raisons sa cause : Au contraire je soustenois qu'il ne falloit aisément adjouster foy à la deposition du vieillard, au prejudice du Flameng : Car lors il estoit une personne morte civilement, joinct que mourant sur la poursuite qu'en avoit fait le Flameng, ce meschant homme pouvoit avoir esté induit à faire cette deposition pour se venger de luy. Qu'en matiere de delicts, il n'y avoit point d'hypotheque : & finalement que sans la poursuite faire par le Flameng, jamais le vieillard ne fust venu à recognoissance. Que tout ainsi que celuy qui fait des impenses necessaires pour la conservation d'une maison, est payé auparavant tous autres creanciers hypothequaires, encor qu'il leur soit subsequent de date : Aussi devoit-il estre le semblable au cas present en faveur du Flameng. Sur cela les parties appointées au Conseil ; enfin s'ensuivit arrest, par lequel il fut ordonné, qu'elles seroient payées par desconfiture, c'est-à-dire, aux souls la livre sur les biens de ce vieillard.

CHAPITRE

CHAPITRE XXXVIII.

Qu'il est quelquefois expedient pour le bien de la chose publique, passer par dessus les formalitez de Justice.

MAistre Jean Juvenal des Ursins, dont j'ay parlé cy-dessus en tout honneur, me semond de luy donner encores icy un placard. Il y a peu de gens qui ne sçachent les seditions qui advindrent dans Paris du temps de Charles VI. pour les nouveaux subsides & imposts que l'on y establissoit. S'ils ne le sçavent, pour le moins ont-ils souvent ouy parler de la journée des Maillets, pour laquelle les Parisiens furent depuis surnommez Maillotins. Or est-il que le Roy Charles retournant victorieux de la guerre de Flandres, contre Pierre Atteuille, prit une vengeance trés rigoureuse de la ville de Paris, & entr'autres choses la destitua de la Prevosté des Marchands, & Eschevinage, Estats populaires, pardevers lesquels reside toute la police de la riviere dans Paris. Cela fut en l'an 1382. & fut ceste police unie à la Prevosté & Vicomté de Paris. Plusieurs longues années aprés, le maltalent s'estant passé, & Jean de Folleville Prevost de Paris, remonstrant qu'il estoit accablé d'affaires en l'exercice de ces deux charges, le Roy voulut restablir le Prevost des Marchands, non sous ce nom de Prevost, ains de Garde de la Prevosté des Marchands, & y commit par exprés Maistre Jean Juvenal des Ursins, Advocat, qui continua plusieurs années cette charge, lequel dés-lors choisit sa demeure dedans l'Hostel de ville, où ayant feuilleté tous les privileges, dont les aucuns s'estoient esgarez par le nonchaloir de ses devanciers, & les autres par la longue suppression de son estat, il obtint plusieurs beaux arrests au profit de la ville, & entr'autres un, contre tous ceux qui par moulins & écluses empeschoient la navigation de la riviere. A l'execution de cest arrest donné en termes generaux, s'opposerent en la Cour de Parlement plusieurs particuliers, qui se pretendoient proprietaires des moulins: lesquels il falloit necessairement ouyr, selon les regles communes & ordinaires de la Justice. Instances qui eussent pris long traict, & cependant demeurant l'execution de cest arrest suspenduë, le public y eust senty une infinité de dommages. Parquoy pendant que les autres s'amusoient aux procedures du Palais, Juvenal fait sous main amas de gendarmes, & manœuvres aux champs, & en une nuit abbattre tous les moulins qui estoient sur la riviere, rendant par ce moyen la navigation trés-libre. Cette entreprise hardie offensa aucunement le Parlement, qui se disoit avoir esté par ce moyen vilipendé: Toutesfois le grand profit qui en reüssit pour la ville, & dont l'on s'apperceut en peu de temps, fit puis aprés trouver cette procedure trés-bonne: De sorte que les particuliers s'estans rendus contens de le temps, par argent qui leur fut baillé au lieu de leurs heritages, chacun eut part au contentement.

Le saut sera grand d'un simple citoyen à un Empereur, si le franchiray-je maintenant. Pendant les grandes divisions qui estoient en France, sous le regne de Charles VI. Sigismond Empereur d'Allemagne, qui avoit en partie par ses poursuittes, procuré l'union de l'Eglise au Concil de Constance, voulut faire le semblable entre nos Princes de France. Partant il vint avec une grande Cour visiter le Roy à Paris, où il fut receu avec tous les festoyemens, & allegresses dont on se pouvoit adviser. Pendant son sejour il desira entrer au Parlement, chose qui luy fut favorablement accordée; & de fait, le premier jour de Mars, mil quatre cens quinze, s'y transporta, & gardant le rang d'Empereur, s'assit au dessus du premier President, la grand'Chambre magnifiquement tapissée pour le recueillir avec tout honneur, & la tapisserie bordée du corps de toute la Cour. Là fut plaidée une belle cause touchant la Senechaussée de Beaucaire entre deux personnages, dont l'un estoit extrait de trés-noble & ancienne lignée, mais non si capable que l'autre, qui se nommoit Maistre Guillaume Signet, personnage de singuliere recommandation, tant en mœurs, que suffisance. Il y avoit assez de sujet aux Advocats pour se jouer de leurs esprits: car le premier soustenoit le party de la Noblesse devant un grand Empereur, contre laquelle se prevaloit du merite de sa vertu & doctrine, principales parties de tout homme que l'on veut appeller à l'Estat de Judicature: Toutesfois il devoit perdre sa cause par les loix anciennes de la France, qui vouloient qu'en balance du Noble, avecques le Roturier, le Noble le doit emporter. Et comme ainsi fust que l'Advocat du premier ne couchast que cette Noblesse, dont l'un estoit souvent les aureilles de l'assistance, l'Empereur s'advisa d'un brave traict. Il se fit apporter une espée qu'il fit bailler à Signet, luy faisant chausser des esperons dorez, puis luy donnant l'accolade, il le declara Chevalier. C'estoit une production nouvelle faite inesperément, pour aider la vertu contre la formalité de la loy.

Adoncques le premier President addressant la parole à l'autre Advocat, Passez outre (luy dit-il) & n'empeschez plus la Cour de ce poinct: car la raison que vous alleguiez cesse maintenant. Ainsi gagna de nouveau Chevalier sa cause. Mais encores qu'il n'y ait comparaison, ny rencontre d'un simple citoyen à un Empereur, lequel des deux à vostre advis fut plus hardy, ou des Ursins, d'avoir de son auctorité privée passé outre par voye de fait, nonobstant les oppositions qui se traittoient en la Cour de Parlement, ou l'Empereur, d'avoir annobly un roturier au milieu de ce grand Senat, premiere seance de nos Roys? Car pour bien dire, l'un sembloit entreprendre contre l'auctorité de la Cour, & l'autre sur la Majesté de nos Roys, comme aussi y en eut-il plusieurs prés du Roy qui ne le peurent trouver bon, non plus que la seance qu'il avoit prise: mais ne m'estant icy proposé de juger ce procez, j'en lairray la decision à ceux qui manient les affaires d'Estat, & peut-estre y aura-il assez dequoy amuser leurs esprits.

CHAPITRE XXXIX.

Que ce n'est pas un petit secret à un homme d'Estat, d'avoir des Predicateurs à poste.

IAmais meurdre ne fut plus mal-heureux & meschant que celuy de Louys Duc d'Orleans en l'an 1407. dont Jean Duc de Bourgongne avoit esté instigateur. Chacun crioit harou contre luy, & specialement les Princes & Grands Seigneurs: Tellement qu'en la premiere colere, il fut contraint de quitter Paris & se retirer en ses pays, où apres avoir aucunement recueilly ses esprits, & sçachant l'accusation que la Doüairiere d'Orleans avoit instituée contre luy devant le Roy, il delibera de se justifier, & retourna à la ville, où il n'eut autre Advocat qu'un Maistre Jean Petit Theologien, grand Predicateur: & fut sa justification non de denier l'assassin, car il estoit trop averé, ains de soustenir qu'à bonne & juste cause il avoit esté commis, c'est à sçavoir, pour le bien du Roy & de l'Estat; proposition qui estoit fausse, & qui du commencement fut trouvée de fascheuse digestion: mais l'ayant depuis soustenuë au Parvy Nostre Dame de Paris, en presence d'une infinité de personnes, elle se trouva si plausible, que tout ce que firent de là en avant ceux qui soustenoient le party d'Orleans, estoient tenus pour rebelles par le peuple: Et comme ainsi fust que quelques personnages d'honneur improperassent à Petit ce qu'il en avoit faict, il leur respondit qu'il avoit douze ou treize moyens pour le soustenir, mais que le principal estoit l'obligation qu'il avoit au Duc de Bourgongne, ayant esté entretenu par luy aux estudes, & estant encores à ses gages, raison certes tres-digne d'un Caphard. Le Duc de Bourgongne voyant quel fruit luy avoit apporté ceste premiere demarche, n'eut de là en avant autre plus grand soin que de captiver la bien-vueillance de l'Université de Paris, dans laquelle se trouveroit une infinité de rejettons tels que Petit, qui guerroyerent par leur caquet dans leurs chaires les pauvres Princes d'Orleans, de telle façon que la porte de la Justice leur estant clause, ils furent contraincts d'avoir recours aux armes pour se la faire à eux-mesmes: empirans par ce moyen leur marché: & enfin voyans le peu d'advancement qu'ils gagnoient par les armes, userent du mesme artifice que leur ennemy, qui fut de se mettre sous la protection du grand Gerson, lequel prenant leur cause en main, fit declarer au Concil de Constance la proposition tenuë par Petit, comme heretique & erronée. Ce Maistre Jean Petit Predicateur apporta les troubles sous Charles sixiesme en France. Un autre y apporta une bonne partie du repos sous Charles septiesme. Il y eut un frere Richard Cordelier; (Monstrelet le fait Augustin, soit l'un, soit l'autre, il ne m'en chault) cestuy apres avoir suivy quelque temps le party Anglois dans Paris, se rendit enfin des nostres, faisant (si ainsi le faut dire) des miracles par sa langue pour le service du Roy: mais parce que Monstrelet n'en escrit dit qu'un mot, & que j'ay recueilly une partie de ceste Histoire d'un livre escrit à la main, dont je m'aide selon les occurrences, je vous en feray ce petit discours. Ce Moine avant que se faire Royal, vint à Paris en l'an mil quatre cens vingt-neuf, où il prescha au charnier de sainct Innocent avec une admiration infinie de tous, & estoit son Sermon de six heures d'ordinaire. Je vous veux representer tout de son long le passage dont j'ay recueilly ceste Histoire. " Item le Cordelier devant dit, preschoit le jour sainct Marc à Boulongne la petite, & là se trouva tout le peuple que j'ay dit: & pour vray icelle journée à revenir dudit Sermon furent les gens de Paris tellement tournez en devotion, qu'en moins de trois ou quatre heures eussiez veu plus de cent feux, en quoy les hommes ardoient tables, & tabliers, cartes, billes, billars, & toutes choses à quoy on se pouvoit courroucer, & maugreer à jeu convoiteux. Item celuy jour, & le lendemain, les femmes ardoient toutes les atours de leurs testes, & les pieces de cuir, ou Baleines qu'elles mettoient en leurs chaperons pour estre plus roides, les Damoiselles laissoient leurs cornes & leurs queuës, & grand foison de leurs pompes: & vrayement dix Sermons qu'il fit à Paris, & un à Boulongne tournerent plus le peuple à devotion que tous les Sermonneurs depuis cent ans n'avoient fait. Le dernier Sermon qu'il fit à Paris fut le lendemain sainct Martin vingtsixiesme Avril mil quatre cens vingt-neuf, & dit au depart, que l'an qui seroit apres on verroit les plus grandes merveilles qui furent oncques ". A tant l'Autheur. Or ce Religieux plein de persuasion s'estant depuis retiré pardevers le Roy Charles septiesme, marchoit à la teste de l'armée: mais le bon du compte est que les Parisiens le voyans jouër nouveau roolle, aussi voulurent-ils faire de leur costé le semblable. Car en despit de luy ils retournerent sur les bombances & jeux qu'ils avoient quittez, estimans que c'eust esté pecher contre le S. Esprit, s'ils eussent reformé leurs vices par les exhortations de ce frere. Exemple qui n'est pas petit au sujet present, pour monstrer de quelle puissance sont les prescheurs, specialement pendant les guerres civiles.

Je ne veux pas dire qu'il n'y en ait de gens de bien: mais tant y a qu'ils sont hommes, par consequent tantost possedez d'avarice, tantost d'une ambition dereglée: & n'est pas certes sans raison que nous appellons en Latin leurs Sermons, *Conciones*: car tout ainsi qu'en la ville de Rome les Tribuns estoient ceux qui par leurs seditieuses Harangues, que l'on appelloit *Concions*, remuoyent les humeurs du peuple, contre les grands, sous le masque de la liberté qu'ils luy proposoient: aussi font souvent nos Prescheurs de mesme, sous le faux pretexte du service de Dieu, ou du bien public, selon que les Princes achepterent leurs langues, lesquels n'ont quelquefois autre Religion en eux que celle que la commodité de leurs affaires leur enseigne. Sur ces arrhes, ceux qui sont du mestier de Sermonneurs & Prescheurs trouvent toujours quelque eschantillon mal pris dans la saincte Escriture, qui leur sert d'eschapatoire pour soustenir leur zele, jette l'œil sur eux, & se laisse mener par l'aureille avec une simplicité qu'il tourne puis aprés en fureur selon les occasions. On dira que cestuy est un pretexte de Machiavel, qui seroit beaucoup meilleur teu que dit, mais je suis contraint de le corner à son de trompe en ceste calamité où nous nous sommes veuz plongez. Parce que si vous oyez les Predicateurs du jourd'huy dedans leurs chaires, ils n'ont autres declarations dans leurs bouches que celles qu'ils font encontre Machiavel: & neantmoins il n'y a celuy d'eux qui ne soit vrayement Machiaveliste, si nous appellons Machiavelist quand un Predicateur est aux gages d'un grand Seigneur pour induire le peuple à le suivre.

CHAPITRE XL.

Histoire memorable d'un jeune homme de prodigieux esprit.

IL faut que j'enfile tout d'une suitte avecques le chapitre precedant ce que j'ay maintenant à deduire, pour estre retiré d'un mesme Autheur: & vous representant cette Histoire en sa simplicité, sans y apporter aucun fard, vous y adjousterez plus de foy: car autrement peut-estre la penseriez-vous outrepasser toute humaine opinion. " Item ce-
" luy an (dit-il parlant de l'an mil quatre cens quarante-cinq)
" vint un jeune homme qui n'avoit que vingt ans ou environ,
" qui sçavoit tous les sept Arts Liberaux par le tesmoignage
" de tous les Clercs de l'Université de Paris, & si sçavoit jouer
" de tous les instrumens, chanter & deschanter mieux que
" nul autre, peindre, & enluminer mieux que nul autre qu'on
" sçeust à Paris ne ailleurs. Item en fait de guerre, nul plus
" expert, & joüoit de l'espée à deux mains si merveilleuse-
" ment, que nul ne s'y comparast: car quand il voyoit son
" ennemy, il ne failloit point assaillir sur luy vingt ou vingt-
" quatre pieds à un sault. Item il est Maistre en Arts, Maistre
" en Medecine, Docteur en Loix, Docteur en Decret, Doc-
" teur en Theologie: & vrayement il a disputé à nous au Col-
" lege de Navarre, qui estions plus de cinquante des plus par-
" faicts Clercs de l'Université de Paris, & plus de trois mille
" autres Clercs, & si a hautement respondu à toutes les ques-
" tions qu'on luy a faites, que c'est une droitte merveille à
" croire qui ne l'auroit veu. Item il parle Latin trop subtil,
" Grec, Hebreu, Caldaïque, Arabique, & plusieurs autres
" langages. Item il est Chevalier en armes; & vrayement si
" un homme pouvoit vivre cent ans sans boire, sans manger,
" sans dormir, il n'auroit pas les sciences qu'il a du tout par
" cœur apprises, & pour certain, il nous fit tres-grand freor:
" car il sçait plus que ne peut sçavoir nature humaine: car il
" reprend tous les quatre Docteurs de saincte Eglise: Bref,
" c'est de sa Sapience, la nompareille chose du monde: Et nous
" avons en l'Escriture que l'Antechrist sera engendré de pere
" Chrestien, & de mere Juifve, qui se feindra Chrestienne,
" & chacun croira qu'elle le soit, il sera né de par le Diable en
" temps de toutes guerres, & que tous jeunes gens seront des-
" guisez d'habit, tant femmes qu'hommes ". Vous voyez comme cest Autheur estonné de ce grand esprit, craint que celuy duquel il parloit ne fust cest Antechrist dont Lactance nous a baillé les premiers advertissemens: qui me donne à penser que ce n'est point une histoire controuvée à plaisir, ains telle qu'elle advint ce temps-là. Car ce qu'il dit que l'Antechrist devoit naistre du temps que les femmes changeroient d'habit, c'estoit en haine de Jeanne la Pucelle, que cest Autheur n'avoit jamais peu gouster. Et ce qui me rend ce passage plus croyable, c'est que Georges Chastelain, qui fut du temps de Charles VII. en une recollection des choses merveilleuses qui advindrent de son temps A parlant, ce semble, de ce mesme personnage, dit en la façon qui s'ensuit:

J'ay veu par excellence
Un jeune de vingt ans
Avoir toute science,
Et les degrez montans,
Soy se vantant sçavoir dire
Ce qu'oncques fut escrit
Par seule fois le lire
Comme un jeune Antechrist.

Et n'est pas à contemner une chose que recite Jean Moulinet en la suitte de cette recollection de Chastelain, quand il dit qu'il avoit veu homme chantant d'une mesme teneur, & promptitude de voix le Dessus & la Taille d'une Chanson:

J'ay veu, comme il me semble,
Un fort homme d'honneur
Luy seul chanter ensemble
Et Dessus & Teneur,
Olbeken, Alexandre,
Jossequin, ne Bugnois,
Qui sçavent chants espandre,
Ne sont tels esbanois.

Qui est un autre miracle de nature, auquel j'adjouste de tant plus de foy que Mouliner estoit aussi bon Musicien que Poëte. Il n'y a pas douze ou treize ans qu'il est mort un bouffon, nommé Constantin, qui representoit presque toutes sortes de voix, tantost le chant des Rossignols, qui n'eussent pas mieux sceu desgoiser leurs ramages que luy, tantost la Musique d'un asne, tantost les voix de trois ou de quatre chiens qui se battent, & en fin le cry de celuy, qui pour estre mords par les autres, se va plaignant. Avecques un peigne mis dans sa bouche il representoit le son d'un cornet à bouquin: Toutes ces choses si à propos, que ny l'asne, ny les chiens en leur naïf, ny un homme jouant du cornet à bouquin, n'eussent eu l'advantage sur luy. J'en parle comme celuy qui l'ay veu souventesfois en ma maison: mais sur tout estoit admirable qu'il parloit quelquesfois d'une voix qu'il tenoit tellement enclose dedans son estomach sans ouvrir que bien peu les baleures, à maniere qu'estant prés de vous, s'il vous appelloit, vous eussiez creu que c'eust esté une voix qui venoit de bien loing, & ainsi ay-je veu quelques miens amis trompez par luy. Ce qui ne merite pas moins estre sçeu, que le Musicien de Moulinet.

CHAPITRE XLI.

D'une grossesse prodigieuse advenuë de nostre temps en la ville de Sens.

A L'issuë du precedant chapitre, dans lequel je vous ay fait recit d'un esprit miraculeux qui fut veu autresfois en nostre France, je vous veux pour contreschange servir maintenant d'une grossesse & enfantement, tout au rebours plus prodigieux, que le miracle n'avoit esté veu grand en l'autre. Les anciens discoururent de plusieurs monstres, qui avoient esté produicts contre le commun cours de nature, mais je ne pense que jamais y ait eu accident monstrueux

trueux en femme, tel que celuy dont je vous veux faire part.

Dedans la ville de Sens demeuroit une femme nommée Columbe Chatri, qui vesquit en lien de mariage l'espace de quarante-huit ans aveques Louys Carita cousturier de son mestier. Advient qu'elle est engrossée de son mary, & sent en soy les premieres remarques d'un enfant encommencé: car incontinent elle vint à une suppression de ses purgations naturelles, qui estoient auparavant en elle bien reiglées, fut travaillée le premier mois d'un appetit de choses estranges, sentit au temps qu'il faut le remuement de l'enfant, & par diverses fois. Cependant son ventre & ses flancs grossissoient peu à peu, & le laict ensuit ses mammelles. Peu s'en falloit que le temps & cours de sa vraye grossesse ne fut parachevé, qu'elle commença d'estre violentée, comme du travail de son accouchement, & pressée rudement des trenchées du ventre. Elle fut quelques jours sans rendre aucune urine, (chose qui apprestoit grandement à penser aux Medecins) laquelle quelque temps apres se desbonda d'elle, comme d'un petit torrent, entremeslée d'un grand amas de sang figé. Quoy voyans les Sages-femmes, qui auparavant se promettoient une heureuse couche, demeurerent fort estonnées. Depuis cette trompeuse grossesse, cette pauvre femme demeura au lict malade trois ans: Et jusques au dernier poinct de sa vie ne porta jour de santé. Faisant plainte incessamment de son enfleure, des tranchées de son ventre, qu'elle donnoit à manier aux premiers Medecins, ou Chirurgiens qui se rencontroient: faisoit ses doleances de cette grosse charge & inutile, qui tomboit deçà, delà, & suivoit le remuement divers de son corps. Et neantmoins estant en ses gayes pensées, disoit de fois à autres à ses voisines, qu'elle portoit dedans ses flancs un enfant qui feroit mourir la mere. Elle porta cette grossesse vingt & huit ans, fut mariée l'espace de quarante-huit, mourut au soixante-huittiesme de son âge, delaissé son mary, lequel desirant s'esclaircir de cet accident qui avoit fait si longue & fascheuse compagnie à sa femme, la fit ouvrir par deux Chirurgiens de la ville de Sens, lesquels de prime face faisoient estat de cela, comme d'une tumeur schirreuse, toutesfois plus ils allerent avant, plus ils se trouverent trompez: & tirerent de la matrice, le corps d'une petite fille tout formé, mais petrifié. Corps qui fut monstré à qui desiroit le voir. Mesmes Maistre Jean d'Alibour lors Medecin tres-fameux en la ville de Sens, & depuis premier Medecin de nostre Roy Henry IV. redigea cette histoire par escrit, comme tesmoin oculaire, duquel je l'ay prise & apprise: & tout d'une main tasche de rendre raison par nature de cette metamorphose: Comme aussi fit le semblable à sa suitte Maistre Simeon de Provenchere, lors son compagnon en la ville. Tous deux personnages de marque en leur profession. Repassez par toutes les histoires prodigieuses qui furent oncques, cette-cy est l'outrepasse des autres. Que cela ait esté faict, puis qu'il est advenu, je n'en doute; mais d'en pouvoir rendre la raison comment & pourquoy, c'est en quoy je ne me puis satisfaire. Bien desirerois-je sçavoir auquel des deux il y a plus de merveille, que cette masse de chair se fust transformée en pierre portant la figure de fille, ou bien que cette pauvre femme l'ayant dedans ses entrailles, ait peu vivre l'espace de vingt & huit ans. Cette histoire est moderne, comme advenue de nostre temps, mais elle se fera vieille par la suitte des ans.

CHAPITRE XLII.

Des Seigneurs de Seissomme & d'Origny freres jumeaux conformes de face, & façons en toutes choses.

CE que j'ay deduit par le precedent Chapitre, est estrange, & espouventable: Ce que je discourray maintenant est estrangement admirable: l'un & l'autre discours de difficile creance, & toutesfois tres-veritables, comme choses advenuës, & veuës de nostre temps. Entendez seulement l'Histoire, que j'ay apprise par le Seigneur d'Origny, Gentil-homme de marque, & d'honneur, aimé, & honoré de tous.

Messire Henry de Roussi Seigneur de Seissomme, issu de l'ancienne tige, & est des Comtes de Sarbruch, & de Roussi demeurant à Seissomme derniere ville de l'Isle de France, située au Bailliage de Vermandois prés de Laon, espousa Dame Jaqueline de Lanoy, de laquelle il eut deux enfans, Messire Nicolas & Claude de Roussi freres jumeaux, qui depuis eurent pour leur partage, l'aisné, la terre & Seigneurie de Seissomme, le puisné, celle d'Origny, & nasquirent le septiesme jour d'Avril 1548. aveques une telle ressemblance, que leurs Nourrices furent contraintes de leur bailler Bracelets divers de couleurs, pour recognoistre leurs nourritures. Conformitez qu'ils apporterent du ventre de leur mere, non seulement en ce qui estoit de la taille, & des traits de visage, mais aussi de leurs mœurs, humeurs, gestes, ports, volontez, affections, & inclinations. Qui fut cause à leurs pere & mere, de les faire habiller de mesmes parures: Tellement que non seulement l'estranger, ains eux-mesmes estoient fort empeschez de les distinguer. Ils furent tous deux nourris premierement au College, puis en Cour, le sieur de Seissomme, page de la Chambre d'Antoine de Bourbon, Roy de Navarre, & le sieur d'Origny, du jeune Henry de Bourbon, son fils, depuis Roy de France, tous deux grandement cheris & aimez de nostre Roy Charles neufviesme, lequel souvent prenoit plaisir au milieu de cinq cens Gentils-hommes, de les mettre tous deux ensemble, & les considerer longuement pour y trouver en apres quelque marque de difference; mais apres les avoir faict passer & repasser dedans la foule, & se representer l'un & l'autre, ne peut jamais, ny aucun de la troupe, discerner au vray. Leurs confidens du depuis en leurs plus serieuses & secrettes affaires les prenans l'un pour l'autre, ne voulans aisément recognoistre ce qui estoit de la verité, nonobstant les remonstrances qu'on leur fist de leur mesprise. Le Seigneur de Seissomme estoit grand amy des Seigneurs de Fervaque (depuis Mareschal de France) & d'Antrague. Les premieres femmes de ces deux Seigneurs abusées, prindrent le Seigneur d'Origny pour son frere aisné: & afin de ne rechercher tesmoignage és personnes decedées, la Damoiselle du Tillet fille vivante, qui par un vœu special a fait profession de n'estre tout le temps de sa vie mariée, cognoissant privément par honneur le sieur de Seissomme, passant sur le Pont au Change, où le sieur d'Origny achetoit en quelque boutique de la vaisselle d'argent, il fut par elle salué comme vray Seissomme, & comme l'autre qui ne la cognoissoit, ne luy rendit pareil salut, elle luy imputa qu'il se vouloit dissimuler: de maniere qu'apres plusieurs attestations, le Seigneur d'Origny eut grande peine d'extorquer d'elle la non cognoissance de la verité: & ainsi se partirent contens l'un de l'autre. Je veux remarquer en eux deux choses de tres-grande admiration. L'une, qu'ayans esté comme Gentils-hommes duits dés leur jeunesse en toutes sortes d'exercices honnestes, entr'autres en celuy du jeu de la paulme, auquel ils s'estoient rendus grands maistres, le Seigneur d'Origny se trouva surpasser son frere, qui faisoit de fois à autre des parties mal à propos, esquelles il se voyoit succomber: Pour à quoy remedier, il sortoit du jeu, feignant d'aller à quelque

que necessité de nature : & peu aprés faisoit entrer son frere en sa place, qui estoit des regardans, lequel relevoit & gaignoit la partie, sans que nul, ny des joüeurs, ny de ceux qui residoient à la galerie, y cogneussent rien du changement. L'autre, que s'estant le Sieur d'Origny voüé à la recherche de la Vicomtesse d'Esclavole, belle, riche, & vertueuse Dame, pour l'espouser, ceste mesme devotion entra tout aussi-tost en l'ame du Sieur de Seissomme, qui ne sçavoit que son frere s'y fust engagé, mais en ayant eu advis changea promptement de propos, au profit & advantage du Seigneur d'Origny, qui l'espousa. Aussi les mesmes accidens qui arriverent à l'un pendant le cours de sa vie, arriverent pareillement à l'autre ; mesmes maladies, mesmes blesseures, à mesme instant, en mesmes endroits de leurs corps. Et lors que le Seigneur de Seissomme tomba malade de la maladie dont il mourut, au trentiesme an de son aage, le Seigneur d'Origny se trouva au mesme temps atteint de mesme maladie, au grand danger de sa personne, vray qu'il en reschapa par l'industrie de son Medecin : Et comme ils ne sceussent, à cause de leurs esloignemens l'estat auquel ils estoient pour lors, ils s'envoyerent reciproquement Messagers, afin de sçavoir comme ils se portoient. En fin le Seigneur de Seissomme, mal traicté de son Medecin, estant allé de vie à trespas, & le Seigneur d'Origny en ayant eu la nouvelle quelque temps aprés, tomba en telle syncope, qu'on estimoit qu'il fust mort, toutes-fois il en reschappa. Le Seigneur de Seissomme mourant delaissa deux enfans, dont l'un est aujourd'huy vivant. Et auparavant que les deux freres fussent malades, un bon peintre les representa tous deux dans un tableau tels qu'ils estoient, c'est-à-dire, tressemblables de corpulence & visage : Et le Seigneur de Chandieu d'un bel esprit, fit sur ce tableau les vers Latins qui s'ensuivent, desquels je vous fais part :

Quas credis esse has ? non sunt binæ tabulæ,
Quam credis esse hanc ? non est una tabula;
Partus unius partes duas (Viator) aspicis
Haud simulares quidem , sed usque adeo similes,
Ut bis quidem fœtum edidisse dixeris,
Fœcundum matrem , hos quæ gemellos peperit.
Quippe unum spirantes amorem , duo conjuges
Efficiunt amantes, unum exprimere, similique duos.
Hos ego , naturam bis imitatus artifex ,
Eadem in tabula ; unum expressi, similique duos.
Postquam diu multumque versans oculos
Si quam dissimilitudinis notarem modo notulam ,

Qua ubi nulla nostra patuit industria ,
Ecce Sissomios fratres Comitum Roussiorum genus
Apud Certas , antiqua , & præcipui nominis prosapiæ,
Opera mea vides esse unum , & esse duos ,
Ac si contingat meo , quod Thimantis operi,
Quo plus intelligendum quam videndum præbuit,
Unum ingenium , geniumque notaret duplex tabula,
Et Castoris atque Pollucis revocaret nomina ;
Eosdem numeraret casus , eadem pathemata :
Ut alter præ alterius vita , vitam suam despicit,
Et quasi præ amore , uterque utrique Narcissus foret
Uterque in utroque seipsum jugiter aspicit ,
Adeo utrique in utroque sanè quam liberalis facies,
Utrique in utroque ingenij placet amœnitas,
Denique hos gemellos morbus idem corripit ;
Sors una ; mors una utrumque penè abstulit.
Sed dissimilem vitæ exitum, dissimilis fecit curatio,
Hic longiorem vitam habuit : ille sobolem ,
Una ut progenies binis superaret fratribus ,
Quos vides uno vultu , moribus, humoribus ;
Hac autem habet orba sobole , patruum superstitem ;
Ut post parentem , paternus amor viveret.

SONNET.

Sous un mesme Ascendant deux jumeaux enfantez,
Furent pareils en corps , & pareils en visage ,
Pareils en actions , & pareils en langage ,
Pareils en accidens, pareils en volontez.
Leurs plus beaux traicts estans l'un de l'autre empruntez ;
Le peintre les a peints tous deux en une image ;
La seule mort voulust enfraindre cet ouvrage ,
Nos yeux ayans esté trompez des veritez.
Qui voit Seissomme vif, voit Seissomme inhumé ;
Le corps vif veut revoir le corps mort rallumé ,
Le mort appelle à soy le vif qui luy ressemble.
Une ame , & un amour vivoient en deux ressorts :
Mais comme un seul tableau figure icy deux corps ;
Un seul corps vif fait voir les deux esprits ensemble.

Fut-il jamais un plus bel, & excellent artifice de nature, que cestuy-cy ? Le Seigneur d'Origny me recita cesta Histoire en presence de quelques Gentils-hommes, qui le pouvoient sagement desdire, si la verité eust esté autre : mais ils y acquiescerent, quelques-uns d'entr'eux ayans esté diversement spectateurs des choses par moy recitées.

CHAPITRE XLIII.

Du malheureux succez d'Anguerrand de Marigny, & de quelques autres exemples de mesme tragedie.

O Singulier exemple de l'inconstance des choses humaines, & qui nous doit rendre certains que nostre grandeur, n'est fondée que dessus l'arrest d'une boule ! Cestuy qui fut en premier lieu Chevalier & Comte de Longueville, seul superintendant des Finances , seul entremetteur des grandes negociations du Royaume, par la bouche duquel, & non d'autre, un Philippes le Bel respondoit à tous Ambassades : cestuy qui pendant sa faveur avoit pris la hardiesse d'accostoyer sa statuë de celle d'un Roy de France, au Palais Royal de Paris : Bref celuy qui avoit tenu la volonté de son Roy en sa main, comme la sienne propre, incontinent que son Maistre eut acquité le commun tribut que nous tous devons à Nature, fut coffré en une prison, & depuis son procez fait & parfait , finalement estant au gibet de Montfaucon qu'il avoit fait establir à neuf, quasi pour luy servir de tombeau , & sa statuë qu'il avoit apposée à costé du Roy, au portail des grands degrez du Palais de Paris, rompuë, brisée, & dejettée du haut en bas, ainsi comme l'on peut encores voir. Cest exemple m'en faict tomber une infinité d'autres en memoire. Que pleust à Dieu qu'ils fussent ainsi engravez aux cœurs de tous ceux qui approchent nos Roys, comme je me delibere les rediger en ce lieu par escrit. Peut-estre leur seroit-ce un tableau, par la representation duquel ils apprendroient , de ne desborder quelquesfois leur authorité au desadvantage d'un peuple, lequel les voit ordinairement aprés un temps calme & tranquille, estre agitez d'infinis estourbillons & orages. Aussi à la verité repassant les Histoires anciennes, à peine je le trouve aucun grand Seigneur estre arrivé en extremité de credit envers son Prince, que sur la fin , Fortune remuant sa roüe, ne luy ait donné quelque soubre-saut. Et pense que l'occasion en vienne, pour autant que nous voyans favorizés sur tous autres, sommes fort faciles à sortir des gonds de nous-mesmes, & les Roys d'un autre costez si aisez à concevoir jalousie

loufie de leur grandeur, que d'un commencement bon & profpere, nous voyons de jour à autre, par un eftrange changement de volonté, la fin eftre miferable & digne de compaffion. Adjouftez que le plus du temps les amitiez des Princes vieilliffent avec leurs ans, & que tout ainfi que fouvent ils ne fçavoient qui les avoit induits à cherir leurs favoris, auffi fur un mefme pied, & modelle, ils les oublient puis apres. Joinct que la Nature non feulement des Princes, ains de tout le refte du peuple eft de fi farouche condition, qu'une feule injure commife, amortira à un inftant une infinité de fervices. De là vint que Parmenion, fans lequel Alexandre auparavant n'eftoit jamais venu à chef de quelque memorable exploit, fut par fon commandement mis à mort, avec fon fils Philotas. De là auffi un Sejan, que Tybere avoit choifi comme pair & compagnon de fon Empire, à un inftant, & quafi à un tour de main fe trouva degradé de fa vie & de fes Eftats: & de mefme façon fous Valentinian le tiers, afin que d'une longue revenuë je ne coure fur tous les Empereurs de Rome, ce fage Senateur Etius, qui tenoit tout le gouvernail de l'Empire, & par la bonne conduite duquel ce grand fleau de tous les peuples, Attilas avoit efté mis en route, enfin de compte pour tout falaire de fes longs & fideles fervices, fut tué par le commandement de l'Empereur Valentinian fon Maiftre: & peu de temps apres ce grand Capitaine Belliflaire, qui avoit defconfit les Perfes, commandans fur la plus grand part du Levant, reduit par deux braves victoires foubs l'obeïffance de l'Empire, l'Affrique lors empietée par les Vandales & Alains, rompu la force des Gots en Italie, & mené en triomphe leur Roy dedans la ville de Conftantinople fous l'Empereur Juftinian, ne rapporta autre fruict de toutes fes grandes victoires, (fi nous croyons à quelques anciens Autheurs) qu'une jaloufie & maltalent de fon Prince, lequel luy fit fur fes vieux ans crever les yeux, le reduifant en telle mendicité, qu'il fut contrainct de caimander fa pauvre & miferable vie. Quelques autres attribuent cefte mal-heureufe fortune à Joannes autre Seigneur, qui avoit auparavant difpofé des volontez de ce mefme Empereur. Et s'il faut mefmement defcendre jufques à noftre temps, la fin mal-heureufe d'Hebraïm Baffa tant chery & careffé d'un Soliman, & quafi reputé comme un autre foy-mefme, nous doit fervir d'un bel exemple. Comme en Angleterre quafi de la mefme faifon foubs Henry huictiefme du nom, la cheute du Cardinal d'Yorth, qui fut contrainct de fon propre motif abreger fes jours, pour ne tomber en mort plus honteufe, combien que durant fa grande vogue, vilipendant un chacun, il fit par couftume ordinaire reverer en fon anti-chambre fon chapeau par fes furvenans. Afin cependant que je ne remuë la memoire de ce grand Admiral Chabot, fous le regne du grand Roy François. Toutes lefquelles Hiftoires deuffent eftre un bon miroüer à tous grands Seigneurs, afin que d'un perpetuel penfement il remafchaffent en eux les effects de la fortune, pour leur apprendre à fe contenir dans les bornes de leurs devoirs. Mais quoy! tels exemples ne nous tombent jamais devant nos yeux pendant l'heureux cours de nos affaires, & fi peut-eftre il advient qu'en noftre profperité nous les lifons, c'eft pour les mettre en nonchaloir, ou en faire feulement nos comptes. Si pendant noftre adverfité, alors baiffans les oreilles nous en tirons telle patience que la neceffité nous enfeigne, trompans noftre mal-heur par une comparaifon de noftre fortune à celle des autres: combien que devant noftre defconvenuë, il euft efté beaucoup meilleur de faire noftre profit du dommage d'autruy.

CHAPITRE XLIV.

Des Songes.

CE font icy des meflanges. Il n'eft pas dit qu'une prairie diverfifiée d'une infinité de fleurs, que nature produit fans ordre, ne foit auffi agreable à l'œil, que les parterres artiftement elabourez par les Jardiniers. Je veux que Guillaume de Lory entre le premier fur cet efchaffaut habillé à la vieille Françoife.

Maintes gens dient que en fonges
N'a finon fables, & menfonges:
Mais on puet tels Songes fonger
Qui ne font mie menfonger,
Ains font apres bien apparent.
Si en puis bien traire à garant
Un Acteur qui ot nom Macrobe,
Qui ne met pas Songes à lobe.

Il dit vray, car Macrobe au premier de fes Saturnales, nous baille cinq diverfes efpeces de Songes, dont l'une n'eft autre chofe qu'une prediction de ce que nous devons faire, ou qui nous doit advenir; Prediction, dis-je, qui fe fait comme par une infpiration divine. Il ne faut point aller en cecy mandier l'authorité des Ethniques, la feule Hiftoire de Jofeph (qui pour cefte caufe fut furnommé le Songeur) nous en porte fidele refmoignage, quand prifonnier, fur deux fonges qu'avoient fait les deux compagnons, il dit que l'un fignifioit fa mort ignominieufe, & la delivrance de l'autre avec honneur, comme il advint, & depuis par l'explication qu'il fit du fonge de Pharaon, il garentit l'Egypte de la famine durant la fterilité ineftimable de fept années. Le mefme trouvons-nous en Daniel. Et à peu dire, fur les vifions qui fe firent à Jofeph mary de la Vierge Marie, en fon dormant, il garantit noftre Seigneur Jefus-Chrift lors enfant, de la fureur du Roy Herode, quand il le tranfporta en Egypte, & trois ans apres fut confeillé de retourner en la Paleftine, apres le decez de ce Roy. Plus belles confirmations ne pouvons-nous rapporter de cefte propofition que celle-là que nous tirons tant du vieux que du nouveau Teftament. Je loüe grandement la fentence d'Homere, ce grand Demon de Nature, quand faifant parler ce fage Neftor, d'un Songe qui avoit efté faict par le Roy Agamemnon, il luy fait dire, qu'il faut croire à un Songe d'un Roy, toutes & quantes fois qu'il fe rapporte à l'Eftat, ou de luy, ou de fon Royaume. Ce qu'il a dit d'un Roy, peut eftre rapporté à tous ces grands perfonnages genereux, lefquels ores qu'ils ne poffedent de faict les Royaumes, fi eft-ce qu'ils font dignes de les poffeder. Ainfi trouvons-nous que le grand Themiftocle Athenien, ayant efté banni de fon païs, ayant efté fort bien appointé du Roy de Perfe, haï toutes-fois de plufieurs grands Seigneurs de la Perfide, deliberant defcendre aux baffes Provinces vers la mer fut agueité par le Gouverneur de la haute Phrygie, qui avoit attiltré quelques matois pour le tuer lors qu'il pafferoit par la ville de Teftelion: comme il dormoit un jour fur le midy, s'apparut à luy la mere des Dieux, qui luy dift: Themiftocle donne toy bien garde de paffer par la ville de Teftelion: Surquoy s'efveillant en furfaut, fit fa priere à la Deeffe, & fe deftournant du grand chemin il paffe à quartier par de là le Bourg, où fes ennemis l'attendoient de pied quoy, en bonne deliberation de ne luy pardonner: eftimant par ce moyen avoir paffé le peril dont il eftoit adverty, & s'eftant logé durant la nuict en la campagne, advint qu'un de fes fommiers qui portoit fa tente, tomba par cas fortuit dedans la riviere. Au moyen dequoy fes valets de chambre eftendirent les tapifferies toutes moüillées à la Lune pour les fecher au moins
mal

mal qu'ils pourroient. Ces assassins ayans eu advis que Themistocle estoit passé outre, le voulurent poursuivre, & pensans qu'il fust dans cette tente, ils y allerent droict les armes aux poings, estimans qu'il y dormist: car ils n'avoient peu avoir certaine cognoissance de ce fait au clair de la Lune. Quand ils furent à l'approcher, les espées nuës, les gens & serviteurs de Themistocle leur courent sus, & les prennent. Aussi se trouva-il bien prés du danger, tout ainsi que prés de la ville. Lequel il faut croire qu'il eut evité s'il y fust entré. Plusieurs autres exemples se pourroient reciter sur ce sujet: mais aprés avoir par mesmes discours voyagé hors de ceste France, je veux maintenant retourner chez nous. Nous trouvons que Louys le Jeune, la nuict que sa femme accoucha de Philippes Auguste, songea qu'elle estoit accouchée d'un enfant qui presentoit à tous les Princes & grands Seigneurs de cette France, un hanap plein de sang humain, & aprés en avoir beu, leur en faisoit aussi boire. Dont l'on prit un certain prognostic que ce Prince quelque jour mettroit des sanglantes adventures à fin, comme il fit. Il me souvient autres lieu, que le Roy Alexandre ayant tenu le siege l'espace de six mois devant la ville de Tyr, qu'ils appelloient en Grec Tyros, sans y frapper coup à point, estant presque reduict au desespoir de toutes choses, la nuict en tr'autres se presenta à luy, un Satyre qui luy faisoit mille accueils. Dont le lendemain au matin ayant faict un recit à ses Devins, ils luy dirent, qu'il devoit prendre bon courage sur l'equivoque du mot de Satyros en Grec, qui signifioit que la ville de Tyr seroit sienne. Sur cet advis il commande à ses gens de donner l'assaut, ce qui fut par eux fait d'une telle furie, qu'ils se firent maistres de la ville. Pareille chose advint à Madame Marguerite de Bourgongne: mais non pas si heureux succez. Elle avoit esté jeune, promise au Roy Charles VIII. & delivrée entre ses mains pour estre son espouse, lors qu'elle seroit en aage. Pendant ce temps, Anne heritiere unique de l'Estat de Bretagne se presenta, estant au choix de nostre Roy de prendre l'une ou l'autre pour femme. Il fut trouvé plus expedient que le Roy espousast la Duchesse Anne: d'autant que par ce mariage unissant le Duché de Bretagne à nostre Couronne, nous assoupirions plusieurs diferens qui s'estoient vuidez par le passé à la pointe de l'espée. Or entendez le Songe notable que fit Marguerite de Flandres, qui lors demeuroit au chasteau d'Amboise. Ceste jeune Princesse se promenant un matin au jardin, suivie de plusieurs Gentils-hommes & Damoiselles, qui la trouvoient plus melancolique que d'ordinaire, quelqu'un des siens prit la hardiesse de luy demander dont pouvoit proceder ceste melancolie: A quoy elle respondit avoir passé la nuict en grande inquietude d'esprit: D'autant qu'en dormant il luy estoit advis qu'elle estoit dedans un grand parc, au milieu duquel il y avoit une marguerite, dont on luy avoit baillé la garde, estoit arrivé un Asne qui luy avoit donné mille traverses pour enlever ceste fleur. Auquel elle avoit resisté de tout son possible, toutesfois il l'auroit enfin mangée. Chose qui l'auroit tant esperduë, que s'esveillant en sursaut, elle se seroit trouvée si travaillée, qu'encores luy pesoit ce songe sur le cœur. Lors que ce conte fut par elle fait, nul de toute la compagnie ne pensoit à ce qui depuis advint: Toutesfois le mariage qui depuis fut d'Anne de Bretagne, au prejudice de Marguerite, monstra bien que sur l'équivoque des noms, ce songe ne fut illusoire.

CHAPITRE XLV.

De quelques memorables Bastards qui ont esté en cette France, & autres discours de mesme subject.

L'Opinion de quelques-uns est, que les Bastards sont naturellement plus forts & plus vigoureux, que les enfans procreez en loyal mariage: & rendent raison de cecy, d'autant que la grande & continuë frequentation qu'il y a du mary à la femme, les rend plus tiedes & nonchalans au mestier de faire enfans, comme chose à quoy ils doivent satisfaire, plus par maniere d'acquit qu'autrement. Au contraire les autres qui n'y vont que par emprunt y apportent leurs corps, leurs esprits, & leurs ames sans exception & reserve. Que ceste raison soit vraye, ou non, je m'en rapporte à ce qui en est, pour le peu d'interest que j'y ay: Mais tout ainsi que j'ay voüé la fin du precedent Chapitre à une grande Dame, je veux aussi donner cestuy à quelques genereux Bastards. Grande chose, que la pluspart des grandes Monarchies ayent prins leur commencement, ou advancement des Bastards. De ceste marque furent Romule fondateur de l'Empire de Rome, Theodoric Ostrogot Roy d'Italie, Genzeric Roy des Vandales, Artaxerxes, qui du temps de l'Empereur Alexandre transporta la Monarchie des Parthes aux Perses, Artus Roy de la grande Bretagne. Or entre les nostres je vous mettray premierement Theodebert Roy de Metz, lequel premier de tous les François fit trembler l'Italie: en aprés Clotaire second, fils de Fredegonde: Car encores qu'il fust conceu pendant le mariage, d'elle avecques le Roy Chilperic, & que pour ceste cause il ait esté reputé enfant legitime par toute la posterité: Toutes-fois ny Gontran Roy d'Orleans, frere du deffunt Roy, ny plusieurs autres du mesme temps ne le pouvoient bonnement croire. Comme vous le trouverez en mots couverts rapporté par Gregoire de Tours, encores que par la conduite & magnanimité de sa mere tout le Royaume luy fut depuis conservé. Le troisiesme Bastard dont nous ne faisions point de doute fut Charles Martel, lequel bien qu'il ne portast jamais tiltre de Roy, si sceut-il commander aux Roys, & est celuy auquel la seconde lignée de nos Roys doit sa promotion en grandeur: Car quant à Guillaume Duc de Normandie, qui conquit l'Angleterre, la qualité de Bastard que nos anciennes Histoires luy bailleront, monstre qu'il n'estoit extraict de loyal mariage, & en dernier lieu nous ne sçaurions assez haut loüer Jean Comte de Dunois, Bastard d'Orleans, auquel nous devons la closture du restablissement de l'Estat sous Charles VII. Mais oserois-je adjouster avec tous ceux-cy, ce grand Clovis, qui nous fut un autre Hercule? Nos anciens le couchent entre les legitimes, toutes-fois ils ne s'advisent pas, qu'en faisant le recit de sa vie, ils chantent tout le contraire. Qu'il ne soit vray, ils sont tous d'accord que Childeric ayant esté chassé du Royaume pour ses extorsions & tyrannies, se retira à Toringe, où ayant esté honorablement recueilly du Roy, il devint amoureux de la Royne Bazine sa femme: Tellement qu'estant depuis rappellé par les François, il l'enleva, & espousa, violant par ce moyen tout droict des gens, & d'hospitalité: toutes-fois de ce mariage nasquit ce grand Clovis, & paravanture que ceste Dame fut à se faire induire par une faisible cognoissance qu'elle avoit des choses futures, prevoyant le grand bien qui devoit provenir de ce mal: D'autant que tous nos Historiographes sont d'accord qu'à la requeste de ceste Princesse, leur premiere nuict se passa sans aucun jeu de mariage, priant son mary de vouloir considerer ce qu'il pourroit voir en la Cour de leur Palais: Ce à quoy condescendant, il rapporta à sa femme avoir veu trois diversitez d'animaux, dont les premiers estoient Licornes & Lyons, les deuxiesmes, Ours, & Loups ravissans, & les troisiesmes, des petits Chiens qui s'entremordoient l'un l'autre. Lesquelles

quelles visions rapportées par le mary à sa femme, elle luy dit que tout cela representoit l'image de la posterité qui descendroient d'eux, parce que les premiers, d'un cœur genereux, representeroient des Lyons, & bien que les seconds fussent forts & puissans, toutesfois il n'y auroit en eux le cœur, & la valeur des premiers, & les derniers par leur neantise succomberoient. Et ainsi comme elle predit, il advint : Car la France, comme j'ay dit, ne porta jamais plus grand Prince que Clovis, & se trouve que ses descendans allerent en ravalant selon la prediction de ceste Princesse. Qui me fait dire que prevoyant le grand Prince qui devoit provenir de ce mariage, elle abandonna son premier mary, pour adherer au second. Voilà le jugement que j'en fais; un autre sera jugement du mien tel qu'il luy plaira. Bien vous veux-je reciter icy une autre Histoire, qui ne s'esloigne de ceste-cy, encores que ce ne fust entre personnes de pareille estoffe. On trouve aux Histoires de Perse (j'entends durant l'Empire de Rome) qu'un Panachius pauvre courroyeur, qui avoit quelque cognoissance des choses à venir, ou par les astres, ou par la familiarité qu'il avoit avec les Demons; un jour entr'autres, passant un advanturier par sa maison, nommé Samnes, il cogneut que de sa semance devoit issir un enfant, qui arriveroit à la Monarchie; & comme cestuy hebergeant en sa maison, ils familiarissassent ensemble, Panachius se plaignit à luy qu'il ne pouvoit avoir enfans de sa femme, & contre tout devoir marital le sollicita de prendre pour une nuict son lict, ce qu'ayant esté gayement accepté par le soldat, il engrossa sa femme d'un enfant qui fut nommé Artaxerxes, lequel depuis par son heur & vaillance se fit couronner Roy; transporta l'Empire des Parthes aux Perses dont il estoit. Je ne veux asseurement dire que ceste mesme science fust en la Royne Bazine : Mais tant y a que je n'ay point dit cy-dessus sans cause qu'elle nous produisit un autre Hercule : Car tout ainsi que Hercule Gregeois extermina les monstres du monde, aussi Clovis d'une mesme hardiesse chassa les Romains des Gaules sans esperance de retour, rendit les Bourguignons à soy tributaires, expulsa de l'Aquitaine les Visigots, & reduisit sous son obeissance toute l'Allemagne: Chose auparavant attentée, mais non jamais mise à fin par le Romain : & à peu dire, il n'y eut oncques un tout seul de ses successeurs, qui vint au parangon de luy: Car quelque valeur qui depuis fut en Charlemagne sous la seconde lignée, mon opinion est qu'il n'eust osé s'apparier à luy, s'ils fussent tombez en mesme temps.

CHAPITRE XLVI.

De la charité de six notables Bourgeois de la ville de Calais, envers leurs Citoyens.

Memorable fut, & digne de compassion singuliere le faict de ces six Bourgeois. Car estant la ville de Calais du temps de Philippes de Valois reduicte en telle angustie, qu'il ne luy restoit plus aucune esperance de secours, ny de vivres, Messire Jean de Vienne qui y commandoit pour le Roy, commença de parlementer sur la reddition d'icelle: Requerant qu'on leur permist de s'en aller bagues sauves. Ce que rapporté au Roy Edoüard d'Angleterre, qui par l'espace d'unze mois avoit tenu la ville assiegée, luy qui estoit despité au possible qu'une seule ville eust tenu si long-temps ses entreprises en surseance, & aussi ramenant en memoire plusieurs efforts, que par le passé les siens avoient receu sur la mer par ceste ville, tant s'en faut qu'il leur voulust accorder leur requeste, qu'au contraire se resoudoit de faire passer tous les habitans de ce lieu par le trenchant de l'espée, n'eust esté qu'il en fut diverty par quelques sages Seigneurs de son Conseil, qui luy remonstrerent que pour avoir esté bons & loyaux serviteurs envers leur Roy, ils ne meritoient telle punition. Parquoy Edoüard tournant sa premiere deliberation en plus doux repos, promit d'user de misericorde envers eux, moyennant que six des plus notables Bourgeois de la ville luy apportassent les clefs; la teste & pieds nuds, ensemble la hard au col, sous condition qu'il pourroit disposer de leurs vies à sa volonté. Chose, dont estant Jean de Vienne adverty, soudain se transporta en la grande place, & ayant fait sonner le Befroy pour illec faire convenir le peuple: Adonc tout piteux & perplex il leur raconta de poinct en poinct les articles à luy envoyez sur la delivrance de tous, laquelle ne se pouvoit accomplir que par la mort de ces six: Desquelles nouvelles chacun estant diversement affligé, & menant un deuil nompareil, soudain se leva un de la troupe nommé Eustache de S. Pierre, l'un des plus riches & apparens, lequel dit à toute l'assistance : Seigneurs, je remercie Dieu des biens qu'il luy a pleu me faire par le passé: & par especial à ceste heure, en laquelle il m'a presté si bonne fortune, que j'espere promptement vous donner à entendre combien j'ay la vie de vous tous, plus chere que la mienne propre. A la parole duquel se leva un Jean Daire, & quatre consecutivement, qui firent semblables offres, non sans plusieurs pleurs & lamentations du commun peuple, qui les voyoit d'une telle gayeté pour le salut public, quitter le leur particulier : & dés l'instant mesme sans plus longuement marchander s'acheminerent avec les clefs vers le Roy d'Angleterre, non sous autre opinion que de la mort: De laquelle bien qu'ils se tinssent asseurez, si y alloient-ils comme aux nopces. Et toutesfois Dieu attendrissant le cœur de l'Anglois, par les prieres de sa femme, & de quelques autres sieurs, ils furent renvoyez sains & sauves, de la part qu'il leur plairoit tenir. Et puis qu'on die que nostre France ait esté desgarnie de ses Horaces, Quintes-Curses, & Deces? Nous avons les nostres comme le Romain: Mais une certaine setardise qui est en nous, d'apprendre plustost les singularitez des estrangers, que les nostres, nous les fait ignorer. On fit faire maison neufve aux citoyens de Calais, & fut la ville toute repeuplée d'Anglois. Nous trouvons qu'en l'an 1347. le Roy Philippes de Valois ordonna que tous les Offices qui vacqueroient, fussent baillez à uns & autres de ces pauvres expatricez, & que Maistre Pierre de Hangest Conseiller Clerc au Parlement, & Maistre Jean Cordier Maistre de la Chambre des Comptes, furent executeurs de ce ceste Ordonnance.

CHAPITRE XLVII.

Excellente responce d'une femme à un Frere Prescheur, pour induire les hommes à bien faire seulement pour l'honneur de Dieu.

Aprés la prise de Sainct Louys vers Damiette, & qu'il se fut retiré en la ville d'Acre, ayant souffert plusieurs indignitez des Sarrazins, l'intention du Roy fut de mettre aux champs une nouvelle armée, pour se revanger des torts & outrages que luy & ses gens avoient soufferts : A cecy, semonds d'avantage par les Ambassadeurs du Souldan de Damas, qui luy promettoient de la part de leur Maistre tout aide. Ce neantmoins ne se voulant du tout confier en eux, il despecha vers le Souldan un Religieux de l'Ordre des Freres Prescheurs, nommé Frere Yves le Breton, homme fort entendu au langage Sarrazinois, lequel ayant sa depesche se retira vers les Ambassadeurs du Souldan, pour les advertir de sa charge. Pendant lesquelles entrefaites est chose fort notable qu'il s'y trouva cheminant en la ruë, une femme fort ancienne, qui portoit en la main dextre une escuelle pleine de feu, en la senestre une fiole pleine d'eau : A laquelle ce Religieux demanda ce qu'elle vouloit faire de ces deux Elemens contraires : & elle luy fit responce, que du feu elle vouloit brusler Paradis, & de l'eau esteindre le feu de l'Enfert. A quoy Frere Yves luy demanda derechef, qui l'esmouvoit ce dire ? Pour autant, respondit-elle, que je voudrois que desormais aucun ne s'induisît de faire bien sous esperance seulement d'un Paradis, ou de mal faire sous la crainte du feu d'Enfer ; mais que nous tous fussions semonds à la vertu, parce que Dieu ainsi l'ordonne, & pour la parfaite reverence que nous devons avoir, en luy qui est le souverain bien & qui tant nous a aimez, qu'il a pris humaine Nature pour souffrir mort & passion pour nous. Combien que dans ce discours il semblast de prime-face qu'il y eust quelque humeur melancholique en ceste femme, comme celle qui feignoit vivre en imagination de consommer choses non jamais perissables : si est-ce que sa resolution estoit fort bonne, & digne de tout homme Chrestien : veu mesmement que les sages Payens, qui n'avoient aucune cognoissance de la vraye lumiere, sinon celle qui leur estoit suggerée dans les tenebres de leurs sens naturel, estoient d'advis qu'il ne falloit aimer la vertu, sinon d'autant qu'elle se rendoit de soy-mesme aimable. Et moy je seray tousjours d'advis qu'il la faut honorer, & suivre, & respecter, parce que Dieu nous le commande.

CHAPITRE XLVIII.

De deux accidens casuellement advenus au Parlement de Paris, portans presages des malheurs qui depuis advindrent en la France.

DE l'un, je vous en compteray par livre, de l'autre pour l'avoir veu. Vous sçavez les grands troubles qui commencerent en ceste France entre la Maison d'Orleans & de Bourgongne en l'an 1407. pour le mal-heureux assassinat qui fut fait de Louys Duc d'Orleans frere du Roy Charles VI. par le commandement exprés de Jean Duc de Bourgongne. Or je vous prie remarquer un cas qui advint au mesme an, à l'ouverture du Parlement le lendemain de S. Martin 12. de Novembre. Il y avoit lors cinq Presidens, dont Mauger faisoit le cinquiesme & extraordinaire : C'estoit nombre plus que trop suffisant, pour faire que l'un d'eux se trouvast à cette ceremonie : Toutesfois lors qu'il convint recevoir le serment des Advocats & Procureurs, en la maniere accoustumée, la fortune voulut que nul de ces cinq ne s'y trouvast. Tellement que le Parlement se trouvant sans chefs, l'on fut contraint d'avoir recours au Roy, qui sur le champ depescha ses lettres, par lesquelles il commit du Drac, President aux Requestes pour presider en la grand' Chambre, & recevoir le serment d'eux tous. Cela estoit un tres-sinistre presage qui ne s'estoit jamais veu : Aussi commencerent en ce mesme an, les divisions de ces deux maisons qui ruinerent de fonds en comble nostre France, & peu s'en fallut que la Couronne ne fust trasportée en une main estrangere. Tant y a que par calamitez enchaînées de l'une à l'autre, les guerres dureront prés de 50. ou 60. ans au milieu de nous, tantost par les divisions intestines des deux Maisons, tantost par l'introduction de l'Anglois contre le François, tantost par l'extermination du vray fils & legitime heritier de la Couronne, à l'exaltation de nostre ancien ennemy, & finalement par autres guerres renouvellées avecques la Maison de Bourgongne.

Histoire dont devez estre plus particulierement & asseurément informez, car il me semble qu'elle le merite. La verité est qu'il n'y avoit auparavant au Parlement de Paris que quatre Presidens du Mortier, & de la grand'Chambre, toutesfois le Roy Charles VI. y en adjousta un cinquiesme, nommé Mauger, contre le gré des anciens. En ce mesme an, Messire Henry de Merle premier President fut envoyé à l'Eschiquier de Roüen pour y presider, & restoient les trois autres qui ne se voulurent trouver à la reception des sermens, en haine du cinquiesme, lequel aussi ne s'y oza presenter pour estre nouvellement receu contre la volonté de la compagnie, le Registre de la Cour porte ces mots, dont j'ay fait cest extrait. Le 12. Novembre 1407. ne se trouverent aucuns Presidens de la Cour, combien qu'ils fussent 5. Parce qu'il y en avoit un extraordinaire, & n'y en avoit aucun d'eux empesché fors le premier President, dont le Roy & sa Cour furent mal contens. Ledit jour, du Drac President des Requestes, eut commission du Roy d'aller presider en la grand' Chambre en l'absence des autres. Et y est la commission inserée. Ce Registre ne fait aucune mention de l'Eschiquier de Roüen : mais en voicy le supplément : Maistre Nicole de Baye, personnage de merite & d'honneur, qui faisoit un memorial par années, non seulement de ce qui se faisoit au Parlement, ains des choses les plus signalées du Royaume, lequel j'ay eu longuement en ma possession, & fait copier avant que le rendre : Cestuy (dis-je) remarquant ce qui advint ce 12. jour de Novembre ainsi. *Duodecima Novem. 1407. nullus fuit Præsidentium in curia Parlamenti, primo Præsidente occupato in Scatario, aliis in commissionem exeuntibus, unde scandalizata fuit Curia, & ordinatum quod Præsidens Requestarum præsideret, eorum absen-*

Tome 1.

tiâ durante, per Cancellarium. Vnde nonnulli de Parlamento indignati, quod de antiquioribus laicis aliqui non præsidebant, murmurantibus nonnullis Magistris Requestarum, dicebant ex officio suo debere præsidere. Passage qui peut servir de commentaire à ce qui est du Registre. Comme aussi furent l'vn & l'autre passage, faits de la main d'vn mesme ouurier, qui fut la Baye, lors Greffier : Et voyez que l'empeschement du premier de la Cour, prouenoit de l'Eschiquier, & que les autres trois pretexterent leurs absences de commissions supposées, pour ne desplaire en tout & par tout au Roy. Le Registre porte que le 14. de Nouembre les Maistres d'vne part, & les Conseilles d'vne autre, firent leurs remonstrances au Conseil du Roy, chacun d'eux soustenant son party, mais ne fut faite aucune resolution en faueur des vns ou des autres. Car ce mesme different aduint en l'an 1589. dont je puis parler, non seulement pour en auoir esté spectateur, ains pour y auoir eu bonne part.

Je vous diray doncques qu'en l'an 1587. le douziesme de Nouembre, je veux dire à l'ouuerture du Parlement de la Sainct Martin, tous Messieurs les Presidens & Conseillers oyans la Messe, auec leurs robes d'escarlate, & chaperons fourrez, combien qu'après l'eleuation du *Corpus Domini*, on ait de tout temps & ancienneté accoustumée, de leur apporter la platine (ce que nous appellons ordinairement la paix) pour la baiser, Dieu permit que ce jour là, par inaduertance, elle ne fut presentée à aucun d'eux. Je fus spectateur de cet acte. Et soudain que la Messe fut parachevée, je dis à quelques miens amis : Auez vous pris garde que la Paix n'a point esté presentée à Messieurs ? Je meure si cela ne nous promet je ne sçay quoy de malheureux par la France. Ainsi le dis-je, & ainsi aduint-il le mesme an & depuis : Car nous en sus au mois de May ensuiuant, l'arriuée du sieur de Guise en cette ville de Paris, puis la journée des Barricades, la retraite fascheuse du Roy Henry III. du nom, les morts des deux Princes Lorrains, en Decembre, bref la reuolte generale de la plus grande partie des villes, ou pour mieux dire, vn chaos & pesle-mesle de toutes affaires. Au moyen dequoy nous fusmes contraints de diuiser les compagnies en deux, dont l'vne soustint la cause du Roy, & l'autre celle des Seigneurs contraires. Nous establismes dedans la ville de Tours vne Cour de Parlement, & vne chambre des Comtes, des Seigneurs & des deux ordres qui s'estoient diuersement voüez à la suitte du Roy leur Prince, & des pays qui estoient diuersement demeurez sous son obeïssance : Et la ville de Paris auec quelques autres Prouinces, auec ses compagnies voulut soustenir vn party contraire. Dispute qui a grandement cousté à la France l'espace de cinq ans & plus. De moy voyant cette extraordinaire desbauche pretextée d'vne paix, non paix, generale parmy la France, & d'vne assemblée d'Estats dedans la ville de Blois ; je quittay le 12. d'Octobre 1588. Paris, lieu de mon ordinaire residence, pour suiure de là en auant la fortune de mon Roy, que je trouuay toute desarroyée, nonobstant quelque contenance, & faux pretexte de restablissement du Royaume, que l'on mit en auant sous le masque de trois Estats. Aduint à Blois la fin des Estats par la closture de l'Assemblée le 15. Januier 1589. & dans Paris le mesme jour, la fin de l'Estat, par l'emprisonnement du Parlement fait en corps dedans la Bastille par vn Bussy le Clerc, & ses consorts, si Dieu par sa saincte grace n'y eust auec le temps remedié. Cependant les deputez ausquels tous nos depportemens ne plaisoient, prennent langues les vns auec les autres, quatre, font entr'eux je ne sçay quel party à la ruine de l'Estat. Quelque peu après les deux freres sont tuez, feu allumé, & guerre sonnée de toutes parts dedans ceste France, & diuision des compagnies souueraines, comme je vous ay touché cy-dessus, les vnes dedans Tours, les autres dedans Paris ; Qui est pour vous parler du 2e poinct, pour lequel j'ay entrepris les discours de ce mien Chapitre.

La seance du Parlement est establie fort à propos en l'Abbaye de S. Julian : Celle des Comptes en la Thresorerie de S. Martin, & à l'ouuerture du Parlement, le Roy Henry III. s'y trouua en son lict de Justice, suiuy des Princes qui estoient prés de luy, & de Monsieur de Montelon garde des Seaux, où Monsieur d'Espesse Aduocat du Roy fit la harangue ; personnage auquel, par vn bon naturel qui l'accompagna dés le temps de sa naissance, fauorisé d'vn acquis, il n'aduint jamais de malfaire en toutes ses actions. Le lendemain Monsieur le Cardinal de Vandosme, depuis appellé Cardinal de Bourbon, accompagné de Monsieur le Garde des Seaux, vint faire l'ouuerture de nostre Chambre des Comptes, en laquelle je portay aussi la premiere parole, comme Aduocat du Roy, après que les lettres patentes furent publiées, pour en requerir l'enterinement & verification. Nostre Chambre des Comptes estoit lors beaucoup mieux fournie que le Parlement : D'autant qu'il y auoit deux Presidens, Messieurs Tambonneau, & Guiot, sept Maistres des Comptes, trois Auditeurs, & moy qui sous ma qualité representois le Procureur general du Roy, lors absent. Ceste mesme police ne se trouua pas au Parlement de nouueau transporté, & establi en la ville de Tours. Car de malheur il n'y auoit aucuns Presidens de la grande Chambre, ains seulement quelques Maistres des Requestes, & Conseillers, les vns Ecclesiastics, les autres Laiz, & Monsieur l'Aduocat d'Espesse, qui representoit ses deux autres compagnons. Tellement que la mesme dispute se presenta lors entre les mesmes Maistres des Requestes de l'Hostel du Roy, & Conseillers Laiz, comme elle auoit fait en l'an 1407. & toutesfois n'y auoit moyen de la vuider, & ne fut l'Audience tenuë par faute de President, lequel eust recueilli les voix des Conseillers assistans, & prononcé les Arrests : En quoy gist l'vne des principales dignitez de la grand'Chambre. Ne voulant le Roy offenser les vns & les autres, en la disette des Juges qui estoient prés de luy, ordonna vn sequestre en tier-pied, comme on auoit fait sous le regne de Charles VI. Et demeurerent quelque temps les affaires du Palais ainsi en suspens, jusques à ce que pour bannir ceste jalousie, il fut trouué bon que Monsieur d'Espesse se fist pouruoir par le Roy, d'vn nouuel Estat de President, & qu'il trouuast homme capable, sur lequel il se demettroit de celuy d'Aduocat du Roy. En ceste resolution la Cour de Parlement me fit cet honneur de me semondre de le prendre. Et à cet effect Monsieur de Merles Maistre des Requestes, aujourd'huy Conseiller d'Estat, & feu Monsieur Loppin Conseiller d'Eglise aagé lors de 77. ans, me vindrent voir de sa part, afin que j'acceptasse l'Estat, ayant moyen de le recompenser par la vente du mien, auec quelque moderée finance, dont il faudroit secourir, tant le Roy, que le resignant. A quoy je leur fis responce, (je le diray par occasion, non par vanterie) que je remerciois la Cour, qui m'auoit faict tant d'honneur de jetter les yeux sur moy, mais que je le suppliois humblement ne trouuer mauuais, si je desirois demeurer dedans le calme de ma fortune, n'ayant autre ambition en moy que d'estre ce que j'estois : Quelques jours après, Monsieur d'Espesse fut fait President, & Monsieur Seruin Aduocat du Roy, personnage digne non seulement de cet Estat, ains d'vn plus grand, comme vn autre Demon de ce temps. Et adoncques on commença de plaider à huis ouuert. Particularitez que je ne pouuois passer sous silence, au sujet du present Chapitre.

FIN DU SIXIESME LIVRE DES RECHERCHES.

LES RECHERCHES DE LA FRANCE.
LIVRE SEPTIESME.

CHAPITRE I.
De l'origine de nostre Poësie Françoise.

Prés avoir par les six Livres precedens discouru plusieurs particularitez concernans nos anciens Gaulois, & François, les polices, tant seculieres, qu'Ecclesiastiques de nostre France, & à leur suite quelques anciennetez qui ne regardent l'Estat en son general, puis une meslange d'exemples signalez, qui peuvent servir d'edification au Lecteur ; il me semble n'estre hors de propos, si je jette maintenant l'œil sur nostre Poësie Françoise. En quoy je pense faire œuvre de merite, de tant plus que si les Poëtes par leurs livres font revivre ceux qui sont morts, j'auray par un privilege special de ma plume, donné la vie à nostre Poësie, recitant son origine, ancienneté, & progrez. Qui est le subject auquel j'ay voué ce septiesme Livre, & le huictiesme à nostre langue Françoise.

Je diray doncques que la Poësie par nous observée a esté, & dés pieça en regne dedans nostre France, mais tout d'une autre façon que celle des Grecs & Romains, qui faisoient leurs vers mesurez de certains pieds, & nombres sans rime, & nous faisons les nostres rimez sans nombres, ny pieds : Chose commune non seulement au François, mais aussi à l'Italien, Espagnol, Alleman, Anglois, Escossois, & à toutes nations, qui se meslent de Poëtiser.

Dont cela soit procedé, je le vous diray au moins mal qu'il me sera possible : Et faut en cecy avoir recours, comme en plusieurs autres choses, aux Romains, desquels sous diverses faces nous rapportasmes plusieurs belles choses à nostre usage, qui ne leur furent pourtant familieres. Quintilian au premier Livre de ses Institutions Oratoires, dit que la Grammaire ne peut estre, qu'elle ne soit accompagnée de la Musique, puis qu'elle doit traicter des vers & des rithmes. Qui s'attacheroit seulement à l'escorce de ces paroles, il penseroit qu'il y eust dessors quelques especes de richmes, dont nous accommodons nos vers, veu que ce passage faict à fraterniser les rithmes avecques les vers mesurez Latins, mesmes qu'il dit que par leur douceur, ils avoient grande communication avec la Musique, qui est celle par laquelle on donne le lustre, ou bien (si ainsi voulez que je le die) l'âme à toutes sortes de vers. Toutesfois la verité est que ce mot de *rithme* n'estoit approprié au vers, comme nous recueillons du mesme autheur, livre 9. & d'Aulugelle livre 15. de ses Veilles Attiques. Diomede le Grammairien voulut depuis passer plus outre. Car il ne douta au premier livre de sa Grammaire, Chapitre 1. de marier la rime & le vers ensemble sous ce titre de *Poetica, Rithmis & Metris*, mettant par ce moyen l'un & l'autre sous un mesme predicament de la Poësie. Or ce qu'ils appelloient *rithmes*, estoient certaines clauses que les Orateurs sçavoient mesnager dans leurs Plaidoyez, ou Harangues, pour contenter les aureilles des escoutans : Clauses (dis-je) doux coulantes, mais non liées, & plus libres que les vers mesurez, qui estoient bornez de certaine quantité de pieds, longs & briefs, ny pour cela ils n'entendoient que la fin des clauses fust subjette de tomber en paroles de mesme terminaison, (qui est toutesfois ce que nous appellons aujourd'huy richmes en nostre langue) par ce que cela estoit reservé aux Omiotelesres, dont nous parlerons cy aprés. De ces clauses doncques nous empruntasmes nos vers, qui se soustiennent, si ainsi voulez que je le die, sans pieds. Lisez ces deux vers de douze à treize syllabes.

Puisque Dieu qui les cœurs des grands Roys illumine,
Sire, vous fait avoir pitié de vos subjects.

Ou de dix.

Qui voudra voir comme un Dieu me surmonte,
Comme il r'englace, & r'enflame mon cœur.

Il n'y a aux uns, ny aux autres rien de pareille terminaison aux dernieres paroles, & toutesfois vous ne laissez pas d'y sentir je ne sçay quelle douceur qui ne se peut exprimer : comme

comme mesmes nous voyons que de nostre temps a faict Blaise Viginelle en sa traduction des sept Pseaumes. Je le vous veux representer par un exemple, qui de prime rencontre, vous semblera ridicule, & neantmoins sert grandement à mon propos. J'ay leu dans un vieux art Poëtique François, qu'entre les especes de nostre Poësie, il y en eut une que l'on appelloit Baguenaude, qui sembloit avoir esté de propos deliberé introduite en despit de la vraye Poësie, de quelle marque il baille pour exemple ces vers cy :

    Qui veut tres-bien plumer son coq
    Bouter le faut en un bouzeaux,
    Qui boute sa teste en un sac,
    Il ne voit goutte par les trouz :
    Sergens prennent gens par le nez,
    Et moustarde par les deux bras.

Quand vous lirez un long Poëme faict sur ce moule, vous n'y trouverez ny rithme, ny raison : Ce neantmoins vous y trouverez de la douceur telle que Quintilian entendoit par les clauses bien compassées des Orateurs qu'il appelloit du nom Grec de Rithme. Or outre la douceur qui provenoit de telles clauses, entre les traicts, & asseteries de la Rhetorique, il n'y en avoit point qui chatoüillast tant les aureilles du peuple, que ce que les Grecs appellerent ὁμοιοτέλευτα, les Latins *Similiter desinentia*, & nous par adventure non mal à propos, Clauses qui tombent sous mesmes consonances. C'estoit ce en quoy les Advocats de Rome se joüoient plus de leurs esprits, quand ils vouloient reveiller leurs Juges. Voyez cette piece de Ciceron en son plaidoyé pour Milon, *Est enim hac Judices, non scripta, sed nata lex &c.* Vous la trouverez venir au parangon des plus beaux vers de toute l'ancienneté. Ce qui se tourna depuis en telle affectation, & abus, que Lucilius Poëte Satyrique s'en mocque fort bravement en l'une de ses Satyres, dont Auluggelle rapporte les vers au treiziesme livre de ses Veilles. De là vint que la Langue Latine arrivant sur son declin, encores estoit ce une maniere d'escrire infiniment affectée. Ainsi le verrez vous dans les œuvres de sainct Augustin, Symmaque, Sidonius Apollinaris, & Cassiodore, qui pensoient estre des mieux disans de leur temps. Chose mesmement qui s'insinua dedans nostre Eglise : par ce que les Proses que l'on chante en la Messe sont vers rithmez de cinq, six, sept & huict syllables : Cela à mon jugement fut cause que quand nous entasmes la langue Latine sur nostre Gauloise, nous fismes un meslange de ces clauses choisies que l'on appelloit *Rhithmi*, des Omioteleftes, lesquelles unies ensemble, se trouverent si agreables, que l'on les estima outrepasser les vers mesurez des Grecs & Romains : Et à tant se provigna par toute l'Europe en tous les Vulgaires, une Poësie telle que nous pratiquons en vers que nous appellons rithmez, par la rencontre, & correspondance qui se trouve aux deux derniers mots, encores que ce ne soit la signification originaire du mot *Rhithmi* De sorte qu'il semble que quand Quintilian faisoit fraterniser en sa langue Latine le *Rhithmus* & *Metrum*, dont il parle au premier, & neufiesme livres, c'estoit un taisible pronostic que le mot de rithme seroit quelque jour mis au rang de la Poësie, aussi bien que le vers mesuré, qui estoit ce qu'il appelloit *Metrum.*

CHAPITRE II.

Des vers Latins rimez que nos ancestres appelloient Leonins, & pourquoy ils furent ainsi appellez.

OR fut trouvée cette Poësie rimée si agreable, que ceux qui poëtisoient en Latin, negligeans les traces anciennes, eussent pensé leurs Poësies n'estre dignes de recommandation, si elles n'eussent esté rimées. Et furent ces vers par eux appellez Leonins, du nom de Lyon, comme plus hautains, selon l'opinion de quelques-uns. De moy (encores qu'en la recherche de cette ancienneté, il y ait plus de curiosité, que de profit) je trouve que sous le regne de Louys septiesme vers l'an mil cens cinquante quatre, nous eusmes un brave Poëte dans Paris, lequel en ses œuvres manuscrits, est tantost nommé Leoninus, tantost Leonius, qui fut du commencement Chanoine de Sainct Benoist, & depuis Religieux de Sainct Victor. Cestuy composa douze Livres en heroïques sur la Bible, commençant depuis la creation du monde, jusques au Livre de Ruth, dont le commencement est tel.

    Historiæ sacræ gestas ab origine mundi
    Res canere, & versu facili describere conor.

Poëme, certes, plein de beaux traicts qui ne ressentent en rien de la Barbarie des siecles precedens. Je trouve une Elegie de luy, dont le tiltre est, *De annulo ei dato ab Henrico Cardinali.*

    Annule qui sacri datus es mihi pignus amoris,
    Qui modo parvus eras, tu modo magnus eris.
    Parvus es, & magnus, nihil impedit hæc simul esse
    Hoc opifex, hoc te dat tuus, esse dator.
    Quem manus artificis arctum contraxit in orbem,
    Ampliat in toto nobilis orbe manus.
    Quod faber invidit, dator hoc indulsit & una,
    Laudibus innumeris, laus tibi major erit.
    En ex te rutili fulgor micat igneus auri,
    Gemmaque purpurea luce suaverubet.

    Tam multo natura parens perfudit utrumque
    Lumine, tam larga fovit utrumque manu.
    Ut bene si spectes innatum cuique leporem,
    Penè nihil toto clarius orbe putes.
    Tanta tamen præbet operis miracula splendor,
    Tantus & adjunctis surgit ab igne decor :
    Ut natura suo faveat licet ipsa labori,
    Humaná victam se fateatur ope.
    Magna loquor, suus arte nitor geminatur utrumque,
    Et duplici pariter junctâ nitore nitent.
    Sic aurum gemma, seque auro gemma coaptat,
    Natura credas esse, nec artis opus.

Et ainsi va le demeurant de l'Elegie, qui contient cinquante six vers. Et en une Epistre où il convie un sien amy de se trouver au banquet de son baston.

    Hanc tibi, quæ sine te, rara est mihi, mitto salutem,
    Quæ, nisi te salvo, vix erit ulla mihi.
    Ecquid ut audisti mittentis nomen amicum,
    Est tibi gratanti charta recepta manu ?
    Nec dubito quin te, chartâ juvet ante solutâ,
    Omnia de nostro quærere vera statu.
    Ex his pauca tibi referam, sed mira relatu,
    Cætera dum venias prætereunda puto.
    Accipe rem dulci gratam novitate fidemque
    Res habeat, major sit licet ista fide.

Aprés cela il deduit tout au long ce qui luy estoit advenu, & contient ce petit Poëme six-vingts tant de vers, tout d'une continuation de mesme style, subtilité, & beauté, que je n'ay voulu icy rapporter, pour n'estre le but où je vise. Bien pouvez recognoistre par ces eschantillons qu'il estoit Poëte de marque, entre ceux qui florirent de son temps.
                                             Toutesfois

Toutesfois escrivant aux Papes Adrian quatriesme & Alexandre troisiesme, le siecle estoit tant charmé de cette sorte de carmes rimez, qu'il eust pensé faire tort à sa plume s'il leur eust escrit en autres vers. Il avoit prié Nicolas de Breskeare Cardinal Anglois passant par Paris, pour son Eglise de sainct Benoist. Ce qu'il promist de faire, estant à Rome : mais aussi-tost qu'il fut arrivé, on le crea Pape. De maniere que nouvelles affaires luy firent oublier sa promesse, laquelle il luy ramentoit par cette Epistre rimée :

Papa meas, Adriane, preces, si postulo digna,
Suscipe tam vultu placido, quam mente benigna:
Non novitatis amor huc me tulit, aut levitatis
Impetus, aut etiam propriæ spes utilitatis.
Non peto præbendas, nec honores Ecclesiarum,
Suntque modesta precum, sunt & pia vota mearum,
Pauperis Ecclesiæ, cujus pro jure laboro,
Justus ut es, memor esse velis, nihil amplius oro.

De mesme fil est la suite qui contient quarante deux vers: Alexandre troisiesme auparavant Cardinal de sainct Marc, s'estoit rendu Advocat pour luy, & avoit obtenu ce qu'il demandoit : depuis promeu à la dignité Pontificale, Leonin l'en remercie, mais d'une rime beaucoup plus hardie que l'autre.

Summe parens hominum, Christi devote minister,
Pastorum pastor, præceptorumque magister,
Quem rigor & pietas, quem noti fama pudoris,
Et lucri calcatus amor, pars magna valoris,
Cæteraque ut taceam, dos maxima mentis & oris,
Invitum ad summum traxerunt culmen honoris,
Quas tibi me laudes non ficto pectore noris,
Nec malè querendi studio cecinisse favoris,
Nam nisi me justi cohiberent fræna timoris,
Ne qua verecundi fierent tibi caussa ruboris,
Altius aggrederer opus, & lima gravioris,
Laudibus ire tui per singula membra nitoris,
Nec bene decerpti libamen sumere floris,
Sed sanare omnes, gustu tam suavis odoris,
Sic licet ingenium mihi vena pauperioris.

Suffise-vous, qu'il y en a encores trente de suite sur le moule de cette rime *oris*, & en aprés sous autres divers tons, jusques à ce qu'enfin il conclud son Epistre par ces vers:

Quod nequit ergo manus, indoctaque lingua veretur,
Mens pia persolvet, comes hanc dum vita sequetur:
Nam prius aer aves, pisces mare non patietur,
Sydera subsident, tellus super astra feretur,
Pectore quam nostro tuus hic amor evacuetur,
Aut meritis ingrata tuis oblivio detur.

Par cela vous voyez que Leonin s'estudioit de se rendre admirable en ce subject, oresque ridicule, au regard des autres vers par luy composez à l'antique. Qui me faict croire veu le nom qu'il pouvoit avoir acquis entre les siens, que s'il fit beaucoup d'ouvrages de cette trempe, de luy furent ces vers Latins rimez appellez Leonins, mot qui s'est perpetué jusques à nous, entre ceux, qui remuent l'ancienneté. Car de dire qu'ils ayent emprunté ce tiltre du Lyon, je ne le puis, ny ne le veux croire.

CHAPITRE III.

De l'ancienneté, & progrez de nostre Poësie Françoise.

L'Usage de la Poësie rimée est d'une trés-longue ancienneté entre nous. Je vous ay dit au premier livre que nos vieux François habitoient originairement la Germanie, dont quelques braves guerriers premierement se desbanderent aveques suite de soldats pour servir uns & autres Empereurs, & depuis aveques le temps se dispenserent de leurs services, les guerroyans par diverses courses, jusques à ce qu'enfin ils se firent maistres & Seigneurs des Gaules: & non contens de cela, advint qu'en une grande bataille que l'on appella la journée de Tolbiac, nostre grand Clovis obtint une generale victoire, contre les Germains: De maniere qu'il reduisit toute la Germanie sous sa domination : A quoy jamais les Romains n'avoient peu attaindre : Ce fut lors qu'il promit à Dieu de se faire Chrestien, en cas qu'il vint à chef de ses ennemis. Promesse qu'il executa, & depuis ayant esté baptizé, il est grandement vray semblable, qu'il voulut reduire au mesme point, sinon toutes, pour le moins, quelques nations par luy subjuguées, & entre autres celle dont ses ancestres estoient extraits: Je ne vous fais ces discours sans propos. Parce que *Beatus Rhenanus*, en son traicté *Rerum Germanicarum*, Livre second, voulant monstrer que la vieille langue des François symbolizoit aveques celle des Germains, dit ainsi: *Germanicâ Francos usos fuisse linguâ cum innumera alia argumenta probant, tum verò manifestè convincit Liber ille insignis Evangeliorum Francice; hoc est, Germanicè versus, quem nos nuper dum comitia Romani Imperij Carolus Cæsar celebraret apud Augustam Rhetiæ superioris, Fruxini in Vindelicis, quam hodie Frinsingam appellant, in Bibliotheca divi Corbiniani obiter reperimus. Nam Livianarum Decadum gratiâ fueramus illic profecti. Ejus codicis hic est titulus. Liber Evangeliorum in Theodiscam linguam versus. Constat autem ex rithmis totus. Atque ut antiquitatem ejus tralationis non ignores, deprehendi librum exscriptum ab hinc annos ferè sexcentos, ut tum compositum credam, cum Christo primum Franci nomen dedere. In fine enim ascriptum erat: Waldo me fieri jussit: Sigefridus presbyter scripsi. Numeratur autem inter Frisingenses Episcopos Waldo, ni fallor, decimus. Habet ipsum opus elegantissimam præfationem, cujus hoc initium est, nulla littera mutata.*

Nuwilich scriban unserheil
Evangeliano deil
So vuit nu hiar bigunnon
In Frekifga zungun.

Qui Germanicè callet satis intelligit ista verba, nisi quod hodiè aliter scribimus & proferimus, non addentes alicubi tot vocales, alicubi plures adjicientes. Item paulo post.

Hiar hores jo zi guate
Was got imo gebiete
Was wir imo hiar sungun
In Ferenkisga zungun.
Nu fruves si hes alle
So Werso Wola Woole.
Joth Wer si hold in muate
Franco thute.

Item paulò post comparantur Franci Romanis animositate, nunquam hoc negaturis Græcis.

Sic sint so fama kuani
Selpso thio Romani.
Nu darfmun thaz ouch redinon
Tas Kriachi nith es Widaron.

Item alio loco prædicantur ad arma prompti, & viri fortes omnes.

omnes. Nam hoc significat Thegan Francis. Undè Deganberti *five* Dagoberti *nomen & Degenhardi.*

Si wafane snelle
So sint hic thegan alle.

Nec libet plura addere. Nam ista satis evincunt quod fortassis apud nonnullos controversum esse poterat. Hoc omittere nequeo, volumen istud egregium esse antiquitatis thesaurum.

Vers dont le sens est tel, mot pour mot.

Ores veux-je escrire nostre salut
De l'Evangile partie,
Que nous icy commençons
En Françoise langue.
Icy escoutez en bonne part,
Ce que Dieu vous commande,
Qu'icy nous vous chantons
En Françoise langue,
Or se resjouisse tout homme
Qui au vers bien voudra,
Et qui le retient en un courage franc.
Ils sont aussi preux ou braves
Comme les mesmes Romains:
On ose bien aussi en dire cela
Que les Grecs ne contrediront.
Aux armes prompts, & habiles:
Ainsi sont ils vaillans tous.

Beatus Rhenanus tira tous ces vers de la preface, que le traducteur avoit faicte sur les Evangiles par luy traduites en rime Françoise, toute telle que ceste preface, pour monstrer que la langue des François, lors de cette traduction, n'estoit autre que celle des Germains que nous appellons Allemans: & quant à moy, je recueille d'eux que desfors les vers rimez estoient en usage. Rime qui s'est continuée de main en main jusques à nous en nostre vulgaire François, qui fut composé de trois langues, Walonne, Latine, & Françoise. Yve Evesque de Chartres, qui vivoit sous le regne du Roy Philippe premier, escrivant au Pape Urbain en sa soixante & huictiesme lettre, & parlant d'un jeune gars malgisant, dit que l'on avoit faict des Vaudevilles de luy qui se chantoient par tous les carrefours. *Quidam enim appellantes eum Floram, multas Rithmicas cantilenas de eo composuerunt, quæ à fœdis adolescentibus, per urbes Franciæ in plateis & compitis cantitantur.*

Encoresque la rime fust lors en usage, comme vous voyez par ce passage, toutesfois je ne trouve point de nom en ce temps là, ny assez long temps après. Les arts & sciences ont leurs revolutions & entresuites, ainsi comme toutes autres choses, & voyagent de pays à autres. L'ignorance avoit croupy longuement chez nous, quand sous Louys septiesme du nom, & sous Philippe Auguste son fils, les bonnes lettres commencerent de se resveiller, & signamment en la Poësie Latine nous eusmes, un Leoninus, comme aussi un Galterus qui fit l'Alexandreide Latine: & tout ainsi qu'en Latin, aussi commença grandement de poindre la Poësie Françoise. Il n'est pas que ce grand Pierre Abelard, auquel j'ay au livre precedent donné son chapitre, ne voulust estre de la partie. Il se joüoit de son esprit comme il vouloit, & pour attremper ses plus serieuses estudes faisoit des vers d'amour en rime Françoise, que l'on mettoit en musique, & se chantoient par uns & autres. C'est ce que j'aprens de Heloïse, laquelle s'excusant d'avoir abandonné ses voluntez à celle d'Abelard, après avoir fait un long recit des perfections d'esprit qui estoient en luy, par lesquelles il pouvoit attirer à soy les plus grandes Dames & Princesses, enfin elle adjouste ces mots. *Duo autem, fateor, specialiter tibi inerant, quibus fœminarum quarumlibet animos statim allicere poteras: dictandi videlicet & cantandi gratia, quam cæteros Philosophos minime assequutos novimus. Quibus quidem quasi ludo quodam, laborem recreans exercitij Philosophici, pleraque amatoria metro & rithmo composita reliquisti carmina, quæ præ nimia suavitate tam dictaminis, quàm cantus sæpe frequentata, tuum in ore omnium nomen incessanter tenebant, ut illiteratos etiam melodia tua dul-* *cedo tui non sineret immemores esse. Atque hinc maxime in amorem tuum, fœmina suspirabant, & cum horum pars maxima nostros decantaret amores, multis me regionibus brevi tempore nunciavit, & multarum in me fœminarum accendit invidiam.* C'estoient les Amours de luy & d'Heloïse qu'il avoit composées en rimes Françoises mises en musique, qui estoient chantées & passoient par les mains tant des doctes, que du commun peuple, des femmes mesmes.

Sous Philippe Auguste nous eusmes Helinan, natif de Beauvoisin Religieux de l'Abbaye de Fremont, ordre de Citeaux: duquel Vincent de Beauvois fait ce tesmoignage en son Mirouer historial, parlant de l'an 1209. qui est sous le regne de nostre Philippe Auguste. *His temporibus in territorio Belvacensi, fuit Helinandus Monachus Frigidi montis, vir religiosus & facundia disertus, qui & illos versus de Morte, in vulgari nostro (qui publicè leguntur) tam eleganter & utiliter, ut luce clarius patet, composuit.* Vous voyez le beau jugement qu'il en faict. Le mal-heur avoit voulu que son Poëme de la mort fust mort par la negligence, ou longueur des ans, toutesfois Maistre Anthoine Loisel, grand Advocat au Parlement de Paris, l'un de mes plus singuliers amis, luy a redonné la vie, par une diligence qui luy est propre & peculiere en matiere d'ancienneté. Ayant fait imprimer ce livre au mesme langage ancien qu'il avoit esté composé: Dans lequel vous verrez une infinité de beaux traicts, non toutesfois agreables à tous pour n'estre habillez à la moderne Françoise. Qui fait que je souhaitterois qu'on les mist d'un costé en leur jour naturel, & d'un autre vis à vis on les fit parler comme nous parlons maintenant, en la mesme maniere que voyons avoir esté pratiqué par Blaise Viginel quand il voulut ressusciter l'ancienne histoire du Mareschal Vilhardoüin. Or ce qu'Helinan tint un grand lieu entre les Poëtes François, nous le pouvons recueillir de ces vers tirez d'un vieux Roman. Chose fort bien remarquée par Loisel.

Quand li Roy ot mangié, s'appella Helinand
Pour ly esbanoyer commanda que il chant,
Cil commence à noter ainsi com ly jayant
Monter voldrent au Ciel, comme gent mescreant.
Entre les Diex y ot une bataille grand,
Si ne fust Jupiter à sa foudre bruyant
Qui tous les desrocha, ja ne eussent garent.

Je vous cotte ces sept vers pour deux causes: L'une, afin que l'on sçache en quelle recommandation estoit Helinan, veu qu'entre tous les Poëtes François on le nomme particulierement pour chanter quelque belle chanson devant le Roy: L'autre, pour nous monstrer quelle estoit la texture de vers aux œuvres de l'histoire des Grands, que vous voyez estre faits d'une longue suitte de mesmes rimes. Comme aussi l'ay-je trouvé ainsi dans les Romans d'Oger le Danois, Daris, & Profelias, & par especial en celuy de Pepin & Berte, où j'en ay cotté cinquante trois finissans en *hier*, & soixante un en *ée*, qui seroit chose ennuyeuse de vous transcrire en ce lieu: Toutesfois que s'il n'est pas mal-seant de representer l'ancienneté en sa naïfve simplicité, je me contenteray de vous en bailler seulement un chapitre, où l'autheur de ce Roman s'estudia de pourtraire au naïf les affections brusques d'un païsan. Car comme ainsi fust qu'avant le mariage de Pepin & Berte, il fasse que cette pauvre Princesse venant de Hongrie en France, se rende fuitive pour se garentir des aguets de la Gouvernante, laquelle puis après fit marier sa fille au Roy Pepin au lieu de la vraye Berte, cette Royne supposée commença de tyrannizer le peuple; & advenant que quelque temps après Blanchesleur mere de Berte, vint en France pour visiter sa fille, elle receut plusieurs plaintes des pauvres subjects: estimans que celle qui les molestoit fust sa propre fille: Au moyen dequoy l'autheur suit sa route de cette façon:

Or s'en va Blancheflor qui ot le cuer certain,
Mult forment luy ennuye de sa fille Bertain,
Dequoy la gent se plaint de toutes parts à plain.
Emmy la voye encontre un païsan vilain,
Ou qu'il voit Blancheflor, si la prend par le frain:

Dame

> *Dame mercy, par Diex, de vo fille me plain,*
> *N'avoye qu'un cheval, dont gaignoye mon pain,*
> *Dont je me nourriſſoye & ma femme Margain,*
> *Et mes petits enfans qui or' mourront de faim,*
> *A Paris apportoye chaulme, buche & eſtrain,*
> *Seſſante ſous couſta un an a per certain,*
> *Or me la faiſt tollir, Diex luy doint mal demain,*
> *A meſchef l'ay nourry, ceſt hyver de mon grain:*
> Matin. *Mais par ceſt Sainſt Seignor qui d'Adam ſut Evain,*
> *Je la mauudiray tant & au ſoir & au main,*
> *Que vengeance en auray du Seignor Souverain.*
>
> *Pitié en ot la Dame, & de duelle cuer vain,*
> *Cent ſoz ly fait donner tous errans en ſa main,*
> *Cil en baiſé de joye l'eſtrier & le lorain:*
> *Dame Diex vos benie, qu'or ay cuer lie & ſain,*
> *Mais ne maudiray Berte par le corps Sainſt Germain.*

Je vous baille ceſt exemple pour tous, auquel vous voyez vingt & un vers d'une tire, tombans ſous une meſme rime. Et faut noter que cela s'obſervoit principalement aux vers de douze & treize ſyllabes, que nous appellons Alexandrins, leſquels ne ſe mettoient lors gueres en uſage d'autre façon, encores que par ſucceſſion de temps nous ne nous y eſtraignions maintenant. Le chemin de ces longues rimes telles que deſſus, leur avoit eſté enſeigné par le Poëte Leonin en ſes vers Latins dediez au Pape Alexandre le tiers.

Au demeurant nos anciens eurent encores une autre maniere de faire, qui merite de n'eſtre teuë: Car ſi quelqu'un avoit encommencé un œuvre de merite, & qu'il fuſt prevenu de mort avant que de le parachever, il ſe trouvoit quelque bel eſprit qui y mettoit la main, pour ne laiſſer l'ouvrage imparfaict. En ceſte façon ſe trouva la vie d'Alexandre tranſlatée de Latin en François, premierement par Lambert Licors, & parachevée par Alexandre de Paris: & ſes faits & geſtes compoſez par Pierre de S. Cloct & Jean li Nevelois: comme auſſi le Roman de la Roze encommencé par Guillaume de Lorry, parachevé 40. ans aprés par Jean Clopinet de Mehun.

Dés & depuis le regne de Philippe Auguſte, juſques à celuy de Philippe le Bel, nous euſmes une infinité de Poëtes, entre leſquels ceux de Pierre de S. Cloct & Jean li Nevelois eurent grande reputation ſur les autres. Je n'ay pas eu ceſt heur de les lire, mais voicy le jugement qu'en faict Geoffroy Tory en ſon livre du Champ flori qui fut imprimé en l'an 1526. livre plein d'erudition & doctrine ,, au ſujeſt qui y eſt traiſté. " Ces deux autheurs (dit-il) ,, en leur ſtyle une grande majeſté de langage avoient, & croy ,, que s'ils euſſent eut le temps en fleur, de bonnes lettres, ,, comme il eſt aujourd'huy, qu'ils euſſent excedé tous au- ,, theurs Grecs & Latins. Ils ont, dy-je, en leurs compoſi- ,, tions dont accomply de toute grace en fleurs de Rhetori- ,, que & Poëſie ancienne. Jaçoit que Jean le Maire ne faſſe ,, aucune mention d'iceux, toutesfois ſi a-t-il priſé & emprun- ,, té d'eux la plus grande part de ſon bon langage: comme ,, on pourroit voir en la lecture qu'on feroit attentive- ,, ment és œuvres des uns & des autres ,, . Jugement qui n'eſt pas petit. Parce qu'en Jean le Maire, nous trouvons une infinité de beaux traits dont il a illuſtré noſtre langue dedans ſes Illuſtrations de la Gaule, Que s'il les emprunta des deux autres, comme Tory recueilloit par leurs correſpondances, croyez qu'ils n'eſtoient pas petits maiſtres & ouvriers en l'art de bien dire. Et qui me faict luy adjouſter plus de creance, c'eſt que leur Poëſie fut trouvée ſi agreable, qu'ayant eſté inventeurs des vers de douze ſyllabes, par leſquels ils avoient eſcrit la vie d'Alexandre, la poſterité les nomma vers Alexandrins, mot qui eſt demeuré juſques à huy en uſage.

Dedans l'entrejet de ces regnes des deux Philippes, nous euſmes un Hugues de Bercy Religieux de Clugny qui fit la Bible Guiot, Satyre d'une longue haleine, dedans laquelle il deſcrit d'une plume merveilleuſement hardie, les vices qui regnoient de ſon temps en tous les eſtats, comme vous le pourrez recognoiſtre par la premiere demarche qu'il fait ſur le commencement de ſon livre.

> *Dou ſiecle puant & horrible*
> *M'eſtuet commencer une Bible,*
> *Per poindre & per aiguillonner,*
> *Et per bons exemples donner:*
> *Ce n'eſt pas Bible loſengere,*
> *Mais fine, & voire, & droituriere:* Trompeuſe, bonne & vraye.
> *Mirouer eſt à toutes gens.*

Et aprés avoir faict le procez à tous, il ſe le faict ſur la fin du livre à ſoy meſmes, par une gentilleſſe d'eſprit.

> *Hugues de Bercy qui tant a*
> *Cherché le ſecle çà & là,*
> *Qu'il a veu que tout ne vaut rien,*
> *Preſche ore de faire bien:*
> *Et ſi ſçay que li pluſour*
> *Tenront mes ſermons à ſolour:*
> *Car'il ont veu que je amoye*
> *Plus que nuz biau ſoulas & joye,*
> *Et que j'ay auſſi grand meſtier*
> Comme. *9. Nuz de moy preſchier.*

En ces mots gaillards il finiſt ſon livre: & du commencement & de ceſte concluſion vous pouvez juger quel fut le milieu de l'ouvrage. Ce livre s'appelle la Bible Guiot, par erreur des premiers copiſtes, au lieu de Bible Huguiot. Il eut pour ſon contemporain Huion de Mery, Religieux de S. Germain des prez de Paris, qui en ſon Tournoyement de l'Antechriſt fit combattre les vertus ſouz l'enſeigne de Jeſus-Chriſt, contre les vices ſous celle de l'Antechriſt, & enfin les vertus en rapporterent la victoire. De ce meſme temps (je veux dire ſouz le regne de S. Louys) nous euſmes Guillaume de Lorry, & ſous Philippe le Bel, Jean de Mehun, leſquels quelques-uns des noſtres ont voulu comparer à Dante Poëte Italien: Et moy je les oppoſerois volontiers à tous les Poëtes d'Italie, ſoit que nous conſiderions, ou leurs mouëlleuſes ſentences, ou leurs belles loquutions, encores que l'œconomie generale ne ſe rapporte à ce que nous pratiquons aujourd'huy. Recherchez-vous la philoſophie Naturelle ou Morale? elle ne leur defaut au beſoin: Voulez-vous quelques ſages traits? les voulez-vous de folie? vous y en trouverez à ſuffiſance; traits de folie toutesfois dont pourriez vous faire ſages. Il n'eſt pas que quand il faut repaſſer ſur la Theologie, ils ſe monſtrent n'y eſtre aprentifs. Et tel depuis eux a eſté en grande vogue, lequel s'eſt enrichy de leurs plumes, ſans en faire ſemblant. Auſſi ont-ils conſervé, & leur œuvre, & leur memoire juſques à huy, au milieu d'une infinité d'autres, qui ont eſté enſevelis avec les ans dedans le cercueil des tenebres. Clement Marot les voulut faire parler le langage de noſtre temps, afin d'inviter les eſprits flouëts à la lecture de ce Roman. Qui n'eſt autre choſe qu'un ſonge dont le principal ſubject eſt l'Amour. En quoy on ne ſçauroit aſſez loüer ceſte invention. Car pour bien dire les effects de l'amour ne ſont entre nous que vrais ſonges. C'eſt pourquoy Guillaume de Lorry, preſuppoſe que ce fut en la primevere, ſaiſon expreſſément dediée à ceſt exercice. Ceſtuy n'eut le loiſir d'advancer grandement ſon livre: mais en ce peu qu'il nous a baillez, il eſt, il ſe faut, l'oſe dire, inimitable en deſcriptions. Liſez celle du Printemps, puis du Temps, je deffie tous les anciens, & ceux qui viendront aprés nous, d'en faire plus à propos. Jean de Mehun eſt plus ſçavant que Lorry, auſſi eut-il plus de loiſir & de ſujet que ſon devancier. Mais parce que ce chapitre n'eſt pas voué ſeulement à la commemoration de ces deux Poëtes, je vous diray que noſtre Poëſie Françoiſe ne ſe logea pas ſeulement aux eſprits du commun peuple, ains en ceux meſmes des Princes & grands Seigneurs de noſtre France. Parce qu'un Thibaut Comte de Champagne, Raoul Comte de Soiſſons, Pierre Maucleric Comte de Bretagne, voulurent eſtre de ceſte brigade: quelques-uns y adjouſtent Charles Comte d'Anjou, frere de S. Louys. Et ſur tous, nous devons faire grand eſtat du Comte de Champagne. Lequel s'eſtant donné pour Maiſtreſſe la Roine Blanche, mere de ſainct Louys, fit une infinité de chanſons amoureuſes en faveur d'elle, dont les aucunes furent tranſcrites en la grande Sale du Palais de Provins, comme nous apprenons des grandes Croniques de France dediées au Roy Charles huictieſme. Et qui eſt une choſe

chose grandement ramarquable, c'est qu'au commencement du premier couplet de plusieurs Chansons, il y a les notes de Musique telles que portoit ce temps là pour les chanter.

Et ores que je m'asseure qu'en cest amour, il n'y eust qu'honneur entre eux, (car cette grande Princesse estoit tres-sage) si est ce que pour ne rendre sa plume oiseuse, il en fait fort le passionné. Sa premiere chanson est telle :

Source.

Au rinouuiau de la doulsour d'esté
Que reclaircit li doiz à la fontaine,
Et que sont vert bois & verger & pré
Et li Roziers en May florit & graine,
Lors chanteray que trop m'ara grevé
Ire & esmay qui m'est en cuer prochaine
Et fins amis à tort atoisonnez.
Et mult souvent de leger effréez.

Bons amis. Atodiez

C'estoit que ses fidelles amis le conseilloient de ne mettre son cœur en une si grande Dame, pour les inconveniens qui en pouvoient survenir.

Le second couplet.

Dieu.

Doulce Dame, car m'ottroyez pour Dé
En doux regard de vous en la semaine,
Lors attendray en bonne seureté
Joye d'amours, car bons eurs me y maine;
Membrer vous doit 9 laide cruauté
Fait, qui occit son lige homme demaine, *Domaine.*
Douce Dame d'Orgueil vous defendez,
Ne trahissez vos biens ne vos beautez.

Souvenir vous doit comme.

Ainsi va le demeurant de la chanson que je vous ay voulu icy remarquer. Parce que Arioste, & le Tasso par les huictains de leurs Poësies ont representé la mesme suite, & ordonnance de rimes de nostre Comte de Champagne. Encores vous reciteray-je ce premier couplet de sa seconde chanson.

Voire.

Cil qui d'amour me conseille
Que de luy doye partir
Ne sçait pas qui me resveille
Ne quel sont mi grief souspir,
Petit à sens & voidie
Cil qui me voult chastier
N'oncques n'ama en sa vie,
Si fait trop nice follie
Qui s'entremet du mestier
Dont il ne se sçait aidier.

Dedans le premier livre de mes lettres, il y en a une que j'escris au Seigneur de Ronsard, par laquelle j'ay amplement discouru qu'elle estoit l'œconomie du livre, mesmes les questions & responses que Thibault, & Raoul Comtes de Soissons se faisoient en vers : & y ay transcrit des chansons de luy toutes entieres, & encores un amas de belles paroles d'amour que j'avois, comme des fleurs recueillies de son beau jardin, lesquelles je ne douterois point de transplanter icy, parce que tel lira mes Recherches qui paraventure n'aura communication de mes lettres. Comme quand il appelle en son vieux langage, *sa Dame sa douce amie ennemie*, qu'il dit qu'*Amour l'a toullu à soy-mesme*, & neantmoins ne fait compte de le retenir en son service, ains que la beauté de sa Dame pour exalter sa loy, veut retenir ses amis sans en avoir mercy, laquelle mercy toutesfois il penseroit trouver en elle, s'il y en avoit aucune en ce monde : que Dieu mist si grande plante de graces en elle, qu'il luy convint oublier les autres : qu'il a ses beautez d'elles escrites en son cœur, que de mil souspirs qu'il luy doit de rente, elle luy en veut remettre & quitter un tout seul : que sa beauté le rend si confus & esbahi que lors qu'il pense venir le mieux apris devant elle, pour luy descouvrir son torment, toutesfois il ne luy peut tenir aucun lan-

gage : que du premier jour qu'il la vit, il luy laissa son cœur en ostage : que les faveurs ou desaveurs d'elle luy apprennent à chanter ; qu'il veut eslire dans Amour le meilleur cœur qu'il ait, pour loyaument servir sa Dame : Et une infinité d'autres gentillesses d'Amour dont son livre est plein. Qui monstre que les belles fleurs ne se cueillent point seulement des livres, mais que d'elles mesmes elles naissent dans les beaux esprits. Ce que je vous ay icy discouru monstre que ce grand Seigneur n'estoit pas un petit Poëte. Je trouve que cest entre-temps produisit aussi un grand homme en ce subject. Celuy dont je parle fut Chrestien de Troye, tel tesmoigné par Huon de Mery sur le commencement de son Tournoyement de l'Antechrist.

Car tel matiere ay apensée
Qu'oncques mais n'ot en la pensée
Ne Sarrazins, ne Chrestiens.
Parce que mort ert Chrestiens
De Troye qui tant ost de pris.

Et en un autre endroit :

Lesdits Raoul & Chrestiens
Qu'oncques bouche de Chrestiens
Ne dit si bien comme ils faisoient,
Car quand ils dirent, ils prenoient
Li bon François trestout à plain
Si com il leur venoit en main,
Si qu'ils n'ont rien de bien guerpy.
Si j'ay trouvé aucun espy
Aprés la main aux Hennuyers
Je l'ay glané mult volentiers.

Ce Raoult n'est pas le Comte Raoul de Soissons dont j'ay cy-dessus parlé, ains un autre qu'on appelloit Raoul de Houdan qui fit le Roman des Esles : Et Chrestien, le Chevalier à l'espée, & le Roman de Perceval, qu'il dedia au Comte Philippe de Flandres ainsi que j'apprend de Geoffroy de Tore, car je n'ay jamais veu ces deux livres. Plusieurs autres en eusmes nous, dont Maistre Claude Fauchet premier President aux monnoyes, par un livre particulier, fit un recueil, auquel le calcul se monte à cent vingt & sept, vray qu'il mist plusieurs au rang des Poëtes, qui ne firent jamais plus de vingt ou trente lignes. Et estoient ordinairement appellez Jongleurs, specialement ceux qui frequentoient la cour des Comtes de Flandre. Ainsi le trouve-je au Roman d'Oger le Danois, parlant combien les Poëtes de ce temps-là estoient redevables à Guy Comte de Flandre.

Li Jongleour de veront bien plorer
Quand il mourra : car mult pourront aller
Ains que telle pere puissent mais recouvrer.

Et neantmoins deslors ils commençoient de perdre leur credit, comme je ly dedans le mesme Roman.

Cil Jongleours qui ne sorent rimer,
L'histoire firent en plusiour lieux changer.

Et en celuy d'Atis & Profelias, l'Autheur se ventant qu'il mettroit en avant une histoire qui avoit esté traitée par autres Poëtes, mais mal à propos,

Cil Jongleours vous en ont dit partie,
Mais ils n'en sçavent valissant une allie.

Mot qui depuis arriva en tel mespris, qu'il fut seulement approprié aux basteleurs. Cette grande troupe d'escrivains qui indifferemment mettoient la main à la plume fut cause, que petit à petit nostre Poësie perdit son credit, & fut negligée assez long-temps par la France.

CHAPITRE IV.

De la Poësie Provençale.

OR tout ainsi qu'en ces pays de deçà, nous exercions la Poësie en nostre vulgaire François, aussi faisoient le semblable en leur langue les Provençaux, & ne faut point faire de doute qu'en ce subject ils empieterent un grand rang. Car les Italiens sobres admirateurs d'autruy sont contraincts de recognoistre tenir la leur en foy & hommage de cette cy. Ainsi le trouvez vous dedans Equicola en ses livres d'amour, dedans Pierre Bembe en ses Proses, dans Speron Speronne en son Dialogue des langues. Puis qu'ils le confessent, il les faut croire : Et ce qui nous en rend encores plus certains, c'est que quand Dante & Petrarque commencerent de se mettre sur la monstre, ce fut lors que les Papes establirent leur Cour en Avignon : Auparavant lequel temps la Poësie Provençale avoit esté dés pieça en vogue, sous les Comtes de Provence, & specialement sous Raimond Beranger dernier de ce nom. Tellement que les Italiens emprunterent de nos Provençaux plusieurs belles pieces qu'ils transplanterent dedans leur vulgaire.

Or puis que les Italiens nous ont voulu franchement quitter la partie de ce costé-là, hé! vrayement je serois merveilleusement ingrat envers nostre France, si je ne contribuois avecques eux à ceste mesme devotion. Je vous diray doncques que la plus grand part des Poëtes qui escrivoient leurs conceptions en langage Provençal, estoient ou Gentils-hommes, ou grands Seigneurs, esquels on ne pouvoit facilement remarquer une Poësie Pedantesque : d'ailleurs vouoient ordinairement leurs affections à Dames de haut parage. Et estoit cette Poësie en credit, mesme du temps de l'Empereur Frederic premier, devant lequel le Comte Raimond Beranger (qui avoit espousé Richelée sa niepce) ayant fait chanter plusieurs chansons Provençales, elles luy furent si agreables, que descrivant par une Epigramme en cette langue, les choses qu'il avoit trouvées diversement belles en voyageant, entre autres particularitez il loüoit la Poësie Provençale.

Plus mi Cavalier Francés,
Et la donna Catalana,
Et l'ouvrar del Ginois,
Et la Cour Castellana,
Lou cantar Provençales.

Leurs Poëtes estoient appellez, Troubadours, à cause des inventions qu'ils trouvoient. Et gisoit leur Poësie en Sonnets, Pastorales, Chansons, Syrventes, Tensons. Les Syrventes c'estoient Satyres, à eux grandement familieres, contre les Empereurs, Roys, Princes, & par fois contre les Ecclesiastics, s'ils y trouvoient à redire : Tensons estoient disputes d'Amour, les uns soustenans un party, les autres un autre : Qui estoient puis aprés jugées, par des Seigneurs & Dames d'honneur qui tenoient, comme Juges souverains, Cour ouverte pour cet effect, tant à Pierrefeu, que Romans, & se nommoient les resolutions qu'ils y apportoient, *Lous Arrests d'Amour*. Ayant cours, cette Poësie, non seulement dans le pourpris de la Provence, ains de Dauphiné, Languedoc, Guienne & autres Pays circonvoisins : De nostre temps s'est trouvé Jean de Nostre-Dame de la ville d'Aix, qui a fait un ample discours de ces Poëtes, & y en met soixante & seize de nombre : Comme aussi il est tombé entre mes mains un papier qui est encores en ma possession de la teneur est telle. Extrait d'un ancien livre qui fut au Cardinal Bembo. *Los noms daquels que feront Tansons & Syrventes*. Et y en met quatre vingts & seize : Vray qu'il y en a quelques-uns oubliez par Nostre-Dame, tout ainsi que cestuy, fait pareillement estat d'autres qui ne sont nommez par le Cardinal. Et plusieurs nommez par l'un & par l'autre : De maniere qu'aprés les avoir confrontez ensemblement il y en a de compte faict six vingts & plus, entre lesquels je trouve des Empereurs, Rois, Marquis, Comtes, uns Frederic Empereur premier de ce nom, Richard Roy d'Angleterre surnommé cœur de Lyon, la Comtesse de Die, Raimond Beranger Comte de Provence, un Roy d'Arragon, un Dauphin d'Auvergne, un Comte de Poictou, & les principaux Seigneurs de sa Cour. Non qu'ils eussent composé des Poëmes entiers en Provençal, ains comme ceux qui de fois à autres passoient leur temps à faire quelques Epigrammes Provençaux.

Mais sur tout me plaist ce qu'en dit Petrarque, lequel aprés avoir faict, au 4. Chapitre du Triomphe d'Amour, un sommaire denombrement des Poëtes Grecs, Latins, & Italiens, qui par leurs escrits avoient honoré l'Amour, repasse aprés, non sur tous nos Poëtes Provençaux, ains sur quinze ou seize les plus signalez, & y met pour le premier Arnaut Daniel.

Era tutti, il primo Arnaldo Daniello
Gran Maestro d'Amor, ch'à la sua terra,
Anchor fa honor col' dir' polito & bello.
Ean'vi quei, qu'Amor si leve afferra,
L'un Pietro, e l'altro, e' men famoso Arnaldo;
E quei, che sur con usi con piu guerra:
J dico l'uno, & l'altro Raimbaldo
Che cantar pur Beatrice in Monteferrato:
El vecchio Pier' d'Alvernia con Giraldo.
Folchetto, ch'a Marsiglia il nome ha dato,
Et à Genova tolto, & à l'estremo
Cangio per miglior patria habito & stato:
Giausre Rudel, ch'uso' la vela e'l remo
A cercar la sua morte: & quel Gulielmo
Che per cantar lp'al fior de sui si scemo:
Amergio, Bernado, Vgo, & Anselmo;
Et mille altri ne vidi, a qui la lingua,
Lancia, & spada fu sempre, è si cudo, e e'lmo.

Vous voyez que concluant ce discours, il met en ces Poëtes Prvençaux la langue & la lance ensemble, pour moustrer qu'avecques la plume, ils faisoient profession des armes. Vers certainement dignes d'un bon & fidele commentaire : Comme quand vous voyez que Petrarque dit que Geoffroy Rudel avoit mis la voile au vent pour trouver sa mort. Geoffroy Rudel Gentil-homme Provençal & grand Poëte suivoit le Comte Geoffroy frere du Roy Richard d'Angleterre, duquel il recevoit tous les bons traictemens qu'un bel esprit pouvoit desirer. Plusieurs pelerins revenans du Levant luy reciterent les graces, beautez, vertus de la Comtesse de Tripoly : Au moyen dequoy sans jamais l'avoir veuë, il en fut grandement fetu, & fit en faveur d'elle plusieurs vers qu'il donna ordre de luy faire tenir. Il est grandement vray-semblable que ce n'estoit sans remerciemens de la Dame, par lettres : Qui fut cause que ce Gentil-homme commandé de plus en plus par l'Amour, delibera de faire voile vers elle, mais pour ne servir de mosquerie aux siens, il voulut couvrir son voyage d'une devotion, disant qu'il alloit visiter les Saincts lieux de Hierusalem : Et à cet effect choisit un second soy-mesme pour l'accompagner, Bertrand surnommé Allamanon. Le Comte Geoffroy l'en voulut destourner, mais en vain. Les deux pelerins chargent l'escharpe & le bourdon, & en cet equipage s'embarquent. Advint par mal-heur que Geoffroy tombe malade de telle façon, que les Nautonniers furent en opinion d'en descharger leur navire, & de l'abandonner aux vagues, toutesfois ceste deliberation tenuë pour quelques jours en surseance, ils surgirent en fin au port de Tripoly: Où estans arrivez, Allamanon en apporta les nouvelles à la Dame: Laquelle tout aussi-tost se trasporta vers la nef, où ayant pris la main de ce pauvre Gentil-homme allengoury, soudain qu'il eut entendu que c'estoit la Comtesse, les esprits commencerent à luy revenir, & pensoit-on que ceste presence luy serviroit de Medecine, mais la joye en fut fort courte. Car comme tout foible, il se voulust mettre sur son beau parler, pour la remercier de l'honneur qu'il recevoit d'elle, sans l'avoir merité; à peine eut-il ouvert la bouche, que la parole luy meurt, & rend l'ame à l'autre monde. Vray Martyr certes d'amour, & qui au Paradis imaginaire des Amans meritoit de trouver sa place. La Dame toute esplorée luy fit eriger un tombeau de Porphire, sur lequel fut mis un Epitaphe en langue Arabesque, & depuis ne fit jamais demonstration de bonne chere. Toutesfois pour la consoler, Alamanon luy donna le reste des Poësies du deffunt, dans lesquelles elle voyoit ses perfections estre tout au long enchâssées. Voilà pourquoy Petrarque disoit que Geoffroy Rudel s'estoit exposé sur la mer, pour y rencontrer sa mort.

En un autre vers il dit, que Raimbaut avoit celebré par ses œuvres la Princesse Beatrix de Montferrat: Histoire gaye & qui n'a rien de commun avecques la precedente: Cestuy, vers l'an 1218, demeuroit en la Cour de Mossen Boniface, Marquis de Montferrat, duquel il receut plusieurs biens-faits. Raimbaut estoit non seulement Poëte, ains Gentil-homme extraict de bonne part, Seigneur de Vacheres: Aussi ne douta-il de choisir pour sa Maistresse, Beatrix sœur du Marquis, laquelle ne prit du commencement à desplaisir, ny cet amour, ny les vers qui estoient par luy faits en faveur d'elle. Toutesfois depuis mariée, ne voulant encourir aucun mauvais soupçon envers son mary, elle pria Raimbaut de s'en vouloir de là en avant deporter: luy au contraire s'opiniastrant, & la Dame ne le trouvant bon, ce Gentil-homme voyant qu'il n'avoit plus aucun franc accez devers elle, s'en voulut vanger, mais d'une vangeance qui merite d'estre sçeuë. Car tout ainsi que la Dame avoit changé d'opinion, aussi pour montrer que le changement luy estoit agreable, il fit une chanson, où à chaque couplet il changeoit de langage. Le premier en langue Provençale, & disoit:

Aras quau vey verdeiar.

Le second en langue Toscane,
I son quel che ben non ho.
Le troisiesme en François,
Belle douce Dame chere,

Le quatriesme en Gascon,
Dauna, yeux my rend a bout.
Le cinquiesme en Espagnol,
Mas tan temo vuestro pleito.

Et le dernier couplet fut une meslange de mots empruntez de ces cinq langues. Invention si gaillarde, que si elle eust esté presentée aux Chevaliers, & Dames juges d'Amour, je veux croire, qu'ils eussent sentencié pour le renoüement des Amours de Beatrix avec ce gentil Poëte. C'est la chanson par laquelle il prit le dernier congé de sa Dame.

Ceste Poësie fut longuement en credit, & specialement sous le Comte Raimon Beranger beau pere de Sainct Louys, non seulement grang Poëte, mais aussi pere de tous les Poëtes, & commença de prendre fin specialement par la mort de Jeanne premiere, Reine de Sicile, Comtesse de Provence. Parce que ny Louys I. de ce nom, par elle adopté, ny Louys II. son fils & successeur, ne firent pas grand estat des Poëtes. Ostez la recompense, ou de l'honneur ou du bien aux beaux esprits, ils ne produiront aucuns fruits. Et par ainsi il ne nous en reste autre honneste commemoration qu'en ont fait les Italiens, à laquelle j'ay voulu adjouster par forme d'apenty, ce placard.

La fin de ceste Poësie fut le commencement de celle des Italiens. Car tous ceux qui auparavant Dante, Aligere de Florence, avoient mis la main à la plume, meritoient plus le nom de Rimeurs, que de Poëtes. Cestuy est vrayement le premier, qui les mit, ainsi le faut dire, hors de page. Lequel nasquit l'an mil deux cens soixante & cinq, & mourut l'an mil trois cens vingt. Auquel succeda François Petrarque aussi Florentin, qui nasquit l'an 1304. & devint amoureux de Laura Damoiselle Provençale l'an 1327. comme nous apprenons de luy, au Sonnet 177. sur la fin.

Mil trecento ventisette apunto,
Su l'hora prima, a-il di festo d'Aprile
Nel labyrinto intrai, ne veggio ondesca.

C'estoit le jour du Vendredy oré, comme luy mesme tesmoigne au troisiesme de ses Sonnets: & l'année d'après, il receut la couronne de Laurier dans Rome par la main du Comte de Languinaire Vicaire du Pape. Je vous fais de propos deliberé mention de ces deux Poëtes, pour avoir esté les deux vrayes fontaines de la Poësie Italienne: mais fontaines qui prindrent leurs sources de nostre Poësie Provençale.

CHAPITRE V.

Des Chants Royaux, Ballades, & Rondeaux.

TEl fut le cours de nostre Poësie Françoise, tel celuy de la Provençale. Et tout ainsi que ceste-cy prit fin quand les Papes se vindrent habituer en Avignon, qui fut sous le regne de Philippes le Bel: Temps auquel, & un Dante, & un Petrarque se firent riches des plumes de nos Provençaux, & commencerent de planter leur Poësies Toscane en la Provence, où Petrarque se choisit pour Maistresse la Laura Gentille-femme Provençale: Aussi le semblable advint-il vers le mesme temps à nostre Poësie Françoise, pour le nombre effrené d'un tas de gaste-papiers qui s'estoient meslez de ce mestier. Au moyen de quoy au lieu de la Poësie qui souloit representer les exploits d'armes des braves Princes & grands Seigneurs, commença de s'insinuer entre nous une nouvelle forme de les escrire en prose sous le nom & tiltre de Romans, les uns en l'honneur de l'Empereur Charlemagne, & de ses guerriers, les autres du Roy Artus de Bretagne, & des siens qu'ils appellerent Chevaliers de la table ronde. Livres dont une plume mesnagere pourroit bien faire son profit si elle vouloit, pour l'advancement & exaltation de nostre langue. Vray que comme toutes choses se changent selon la diversité des temps, aussi après que nostre Poësie Françoise fut demeurée quelques longues années en friche, on commença d'enter sur son vieux tige, certains nouveaux fruits auparavant incogneus à tous nos anciens Poëtes: Ce furent Chants Royaux, Ballades, & Rondeaux. Je mets en premier lieu le Chant Royal comme la plus digne piece de ceste nouvelle Poësie, & se faisoit, ou en l'honneur de Dieu, ou de la Vierge sa mere, ou sur quel-autre grand argument, & non seulement la plus digne, mais aussi la plus penible. Et parce que depuis le regne de Henry deuxiesme nous avons perdu l'usage de ces trois pieces, je vous en representeray icy le formulaire. Au Chant Royal

Royal le farifte, (ainſi nommerent-ils le Poëte d'un mot François ſymbolizant avec le Grec) eſtoit obligé de faire cinq onzaines en vers de dix ſyllabes, que nous appellons heroïques, & ſur le modele de ce premier, il falloit que tous les autres tombaſſent en la meſme ordonnance qu'eſtoit la rime du premier, & fuſſent pareillement accollez mot pour mot du dernier vers, qu'ils appelloient le Refrain. Et enfin fermoient leur Chant Royal par cinq vers, qu'ils nommoient Renvoy, gardans la meſme reigle qu'aux autres, par leſquels, les adreſſant à un Prince, ils recapituloient en bref ce qu'ils avoient amplement diſcouru dedans le corps de leur Poëme. Par exemple, Clement Marot en fit quatre, dont le premier eſtoit ſur la Conception.

Lors que le Roy par haut deſir & cure
Delibera d'aller vaincre ennemis,
Et retirer de leur priſon obſcure
Ceux de ſon oſt à grands tourmens ſoubmis,
Il envoya ſes fourriers en Judée
Prendre logis ſur place bien fondée :
Puis commanda rendre en forme facile,
Un pavillon pour exquis domicile :
Dedans lequel dreſſer il propoſa
Son lict de camp, nommé en plein Concile,
La digne couche où le Roy repoſa.
 Au pavillon ſur la riche peinture,
Monſtrant par qui nos pechez ſon remis :
C'eſtoit la nuë ayant en ſa cloſture
Le jardin clos, à tous humains promis.
La grand cité des hauts Cieux regardée,
Le Lys Royal, l'olive collodée,
Avec la tour de David immobile.
Parquoy l'ouvrier ſur tous le plus habile,
En lieu ſi noble aſſit & appoſa
(Mettant à fin le lict de la Sibylle)
La digne couche où le Roy repoſa.

Les trois autres qui ſuivent ſont tous de ceſte meſme parure : & finalement, pour concluſion, le renvoy s'adreſſe au Prince.

Prince je prens en mon ſens puerile,
Le pavillon pour Saincte Anne ſterile :
Le Roy pour Dieu, qui aux Cieux repoſa :
Et Marie eſt (vray comme l'Evangile)
La digne couche où le Roy repoſa.

Servitude certes, que je ne die geſne d'eſprit admirable, & neanmoins ils en ſortoient à leur honneur. Quant à la Ballade, c'eſtoit un chant Royal racourci au petit pied, auquel toutes les reigles de l'autre s'obſervoient & en la ſuite continuelle de la rime, & en la cloſture du vers, & au Renvoy, mais ils ſe paſſoient par trois ou quatre dizains, ou huitains, & encores en vers de ſept, huit, ou dix ſyllabes à la diſcretion du fariſte, & en tel argument qu'il vouloit choiſir. Au regard du Rondeau, il avoit ſon logis à part, de la façon qu'eſt celuy de Marot au Seigneur Theocrenus liſant à ſes diſciples.

Plus profitable eſt de t'eſcouter lire,
Que d'Apollo ouyr toucher la lire,
Où ne ſe prend plaiſir que pour l'oreille :
Mais en ta langue ornée & nompareille,
Chacun y peut plaiſir & fruict eſlire.
Ainſi d'autant qu'un Dieu doit faire & dire
Mieux qu'un mortel, choſe où n'ait que redire :
D'autant il faut eſtimer ta merveille.

 Plus profitable.

Bref ſi dormir plus que veiller peut nuire,
Tu dois en toz par ſus Mercure bruire :
Car il endort l'œil de celuy qui veille :
Et ton parler les endormis eſveille,
Pour quelque jour à repos les conduire,

 Plus profitable.

Si ces trois eſpeces de Poëſie eſtoient encores en uſages, je ne les vous euſſe icy repreſentées, comme ſur un tableau : vous les recevrez de moy comme d'une antiquaille. Toute mon intention eſtoit, & eſt, de vous monſtrer dont provenoit, que combien que les Chants Royaux & Ballades ne parlaſſent en aucune façon des Princes, toutesfois leurs concluſions aboutiſſent ſeulement en eux.

Et parce que de cecy depend la cognoiſſance d'une ancienneté qui eſt incognuë, la verité eſt qu'en telles matieres d'eſprit, les noſtres ont toujours eſté ſur toutes autres nations deſireux de l'honneur. C'eſt pourquoy dés le temps meſme de Juvenenal, dedans Lyon, ceux qui faiſoient profeſſion de declamer, ſembloient ſubir une ignominie quand ils eſtoient vaincus.

Aut Lugduneſem Rhetor dicturus ad aram.

Il n'eſt pas qu'en ma jeuneſſe és diſputes qui ſe faiſoient entre nous dedans nos Claſſes, celuy qui avoit mal reſpondu, eſtoit par nous appellé *Reus*, comme ſi on luy euſt faict ſon procez. Il en prit autrement à nos vieux Poëtes. Car comme ainſi fuſt qu'ils euſſent certains jeux de prix en leur Poëſies, ils ne condamnoient point celuy qui faiſoit le plus mal, mais bien honoroient du nom, tantoſt de Roy, tantoſt de Prince, celuy qui avoit le mieux fait, comme nous voyons entre les Archers, Arbaleſtiers, & Arquebuſiers eſtre fait le ſemblable. Ainſi l'autheur du Roman d'Oger le Danois, s'appelle Roy.

Icy endroict eſt cil livre finez,
Qui des enfance Oger eſt appellez :
Or veille Dieux qu'il ſoit parachevez,
En tel maniere Keſtre n'en puiſt blaſmez.
Li Roy Adams par Ki il eſt rimez.

Et en celuy de Cleomades.

Ce livre de Cleomades
Rimé-je le Roy des Adenes ;
Meneſtré au bon Duc Henry.

Mot de Roy qui ſeroit trés-mal approprié à un Meneſtrié, ſi d'ailleurs on ne le rapportoit à un jeu de prix : & de faict, il ſemble que de noſtre temps, il y en euſt encores quelques remarques, en ce que le mot de Jovingleur s'eſtant par ſucceſſion de temps tourné en batelage, nous avons veu en noſtre jeuneſſe les Jovingleurs ſe trouver à certain jour tous les ans en la ville de Chauny en Picardie, pour faire monſtre de leur meſtier devant le monde, à qui mieux mieux : Et ce que j'en dis icy n'eſt pas pour vilipender ces anciens Rimeurs, ains pour monſtrer qu'il n'y a choſe ſi belle qui ne s'aneantiſſe avec le temps.

Toutesfois ceſte ancienneté ſe pourra encores mieux averer par le moyen des Chants Royaux, Ballades, & Renvois d'iceux, dont je parlois maintenant. Tous ces Chants, comme j'ay dit, eſtoient dediez à l'honneur, & celebration des Feſtes les plus celebres, comme de la Nativité de noſtre Seigneur, de ſa Paſſion, de la Conception de noſtre Dame, & ainſi des autres : la fin eſtoit un couplet de cinq, ou ſix vers que l'on adreſſoit à un Prince, duquel on n'avoit fait aucune mention par tout le diſcours du Chant. Choſe qui peut appreſter à penſer à celuy qui ne ſçaura ceſte ancienneté. La verité doncques eſt (que j'ay appriſe du vieux art Poëtique François par moy cy-deſſus allegué) que l'on celebroit en pluſieurs endroits de la France des jeux Floraux, où celuy qui avoit rapporté l'honneur de mieux eſcrire, eſtant appellé tantoſt Prince, quand il falloit renouveler les jeux, donnoit ordinairement de ces Chants à faire, qui furent pour ceſte cauſe appellez Royaux, d'autant que de toute leur Poëſie, ceſtuy eſtoit le plus riche ſujet qui eſtoit donné par le Roy, lequel donnoit auſſi des Ballades à faire, qui eſtoient comme demy Chants Royaux. Ces jeunes Fariſtes ayans compoſé ce qui leur eſtoit enjoinct, reblandiſſoient à la fin de leurs Chants Royaux & Ballades leur Prince, afin qu'en l'honorant ils fuſſent auſſi par luy gratifiez, & lors il diſtribuoit Chapeaux & Couronnes de

Xx iij fleurs,

fleurs, uns & autres, selon le plus ou le moins qu'ils avoient bien-faict. Chose qui s'observe encores dans Tholose, où l'on baille l'Englentine à celuy qui a gaigné le dessus, au second la Soulcie, & quelques autres fleurs par ordre, le tout toutesfois d'argent: Et porte encores cet honneste exercice, le nom de jeux Floraux, tout ainsi qu'anciennement.

Ces Chants Royaux, Ballades, Rondeaux & Pastorales, commencerent d'avoir cours vers le regne de Charles cinquiesme, sous lequel tout ainsi que le Royaume se trouva riche & florissant, aussi les bonnes lettres commencerent de prendre leur force, lesquelles il eut en telle recommandation, qu'il fit mettre en François la plus grande partie des œuvres d'Aristote par Maistre Nicole Oreisme, qu'il fit Evesque de Lizieux. Celuy que je voy avoir grandement advancé ceste nouvelle Poësie, fut Jean Froissard qui nous fit aussi present de ceste longue Histoire que nous avons de luy, depuis Philippes de Valois jusques en l'an 1400. Et m'estonne comme il n'ait esté recommandé par l'ancienneté en cette qualité de Poëte: Car autres-fois ay-je veu en la Bibliotheque du grand Roy François à Fontainbleau un grand Tome de ses Poësies, dont l'intitulation estoit telle: " Vous devez sçavoir que dedans ce livre sont contenus " plusieurs dictiez ou traittez amoureux & de moralité, lesquels " sire Jean Froissard Prestre & Chanoine de Canay, & de la " nation de la Comté de Hainaut & de la ville de Valentianes, " a faict dicter & ordonner à l'aide de Dieu & d'Amours, & " la contemplation de plusieurs Nobles & vaillans, & les " commença de faire sur l'an de grace 1362. & les clost en " l'an de grace 1394. Le Paradis d'Amour, le Temple d'Honneur, un traité où il loüe le mois de May, la fleur de la " Marguerite, plusieurs Laiz amoureux, Pastorales, la pri- " son amoureuse, Chansons Royalles en l'honneur de nostre " Dame, le Dicté de l'Espinette amoureuse, Balade, Virelaiz, " & Rondeaux, le Plaidoyé de la Roze, & de la Violette ". Je vous ay voulu par exprés cotter mot aprés mot ceste Intitulation : d'autant que depuis ce temps-là, toute nostre Poësie consistoit presque en toutes ces mignardises. Aprés luy, sous Charles VII. fut Maistre Alain Chartier Secretaire du Roy, qui escrivit en Vers & en Prose, auquel j'ay donné son chapitre particulier au 5. de ces presentes Recherches. Tout cet entrejet de temps, jusques lvers l'advenement du Roy François I. de ce nom, nous enfanta plusieurs Rimeurs, les uns plus, les autres moins recommandez par leurs œuvres : Arnoul, & Simon Grebans freres nez de la ville du Mans, Georges Chatelain, François de Villon, Coquillard Official de Reims, Meschinot, Moulinet, mais sur tous me plaist celuy qui composa la Farce de Maistre Pierre Patelin, duquel encore que je ne sçache le nom, si puis-je dire que ceste Farce tant en son tout, que parcelles, fait contrecarre aux Comedies des Grecs & Romains. Le premier qui à bonnes enseignes donna vogue à nostre Poësie, fut Maistre Jean le Maire de Belges, auquel nous sommes infiniment redevables, non seulement pour son Livre de l'Illustration des Gaules, mais aussi pour avoir grandement enrichy nostre langue d'une infinité de beaux traicts tant Prose, que Poësie, dont les mieux escrivans de nostre temps se sont sçeu quelques-fois fort bien aider. Car il est certain que les plus riches traits de cette belle Hymne que nostre Ronsard fit sur la mort de la Roine de Navarre, sont tirez de luy, au jugement que Pâris donna au trois Déesses. Cet Autheur florit sous le regne de Louys XII. & vit celuy de François premier. Nostre gentil Clement Marot en la seconde impression de ses œuvres, recognoissoit que ce fut luy qui luy enseigna de ne faillir en la coupe feminine au milieu d'un vers. Le mesme Marot en une Epigramme qu'il fit à Hugue Salel son Concitoyen, à l'imitation de Martial, fait estat de quelques Poëtes tant anciens, que de son temps.

De Jean de Mehun s'enfle le cours Loire,
En Maistre Alain Normandie prend gloire,
Et plaint encor' mon arbre paternel,
Octavian rend Coignac eternel.
De Moulinet, de Jean le Maire, & Georges,
Ceux de Hainaut chantent à pleines gorges,
Les deux Grebans ont le Mans honoré,

Nante la Brete en Meschinot se baigne,
De Coquilart s'esjoüit la Champagne,
Quercy, de toy Salet, se vantera,
Et comme croy de moy ne se taira.

Je voy que les deux Grebans freres dont Marot fait mention furent grandement celebrez, par les nostres. Car Jean le Maire, en sa preface du Temple de Venus, les mit au nombre de ceux qui avoient mieux escrit en nostre langue. Le semblable fait Geoffroy Toré en son Champ flory, & neantmoins recognoissoit n'avoir rien veu de leur façon, fors une oraison d'Arnoul qui estoit dedans un tableau dans l'Eglise des Bernardins à Paris, addressée à la Vierge Marie, dont le commencement estoit. *En protestant.* Et que les premieres lettres du dernier couplet contenoient son nom & surnom. *Arnaldus Grebansme.* L'Autheur du vieux art Poëtic François recite tout au long une complainte par luy faicte, dont je copiay seulement trois couplets en la ville de Blois, où j'eus communication du livre.

A vous, Dame, je me complains,
Je vois pleurant par vaux & plains,
Je ne cognois que pleurs & plains
Puis que je vis.

Vostre gent & gratieux vis,
J'aime mieux estre mort que vis,
Neantmoins plus volontiers qu'ennis
Je me soubmets.

Au Dieu d'Amour, qui desormais
Me fait servir d'estranges mets
De danger & de refus, mais
C'est pour aimer.

Et ainsi vont plusieurs autres couplets que je regrette grandement n'avoir copiez, n'estimant pas lors que ce fust une piece dont je me deusse un jour aider. Joinct que l'Autheur dit que cest Arnoul fut le premier inventeur en ceste France de ceste maniere de rime, qui n'estoit pas pauvre.

Le Roy Louys douziesme estant decedé, luy succeda le grand Roy François I. de ce nom, qui fust restaurateur des bonnes lettres, & son exemple excita une infinité de bons esprits à bien faire, mesmes au subject de la Poësie Françoise, entre lesquels Clement Marot, & Melin de Sainct Gelais eurent le prix : aussi sembloient-ils avoir apporté du ventre de leurs meres la Poësie : Car Jean Marot pere de Clement fut Poëte assez elegant, duquel j'ay veu plusieurs petites œuvres Poëtiques qui n'estoient de mauvaise grace: Et Octavian pere de Melin mit en vers François toutes les Epistres d'Ovide : C'est pourquoy Clement Marot disoit que la Normandie plaignoit son arbre paternel, & qu'Octavian rendoit Coignac eternel. Or se rendirent Clement & Melin recommandables par diverses voyes, celuy-là pour beaucoup & fluidement, cestuy pour peu & gratieusement escrire. Ce dernier produisoit de petites fleurs, & non fruits d'aucune durée, c'estoient des mignardises qui couroient de fois à autres par les mains des Courtisans & Dames de Cour, qui luy estoit une grande prudence. Parce qu'aprés sa mort, on fit imprimer un recueil de ses œuvres, qui mourut presque aussi-tost qu'il vit le jour : Mais quant à Clement Marot, ses œuvres furent recueillies favorablement de chacun. Il avoit une veine grandement fluide, un vers non affecté, un sens fort bon, & encores qu'il ne fust accompagné de bonnes lettres, aussi que ceux qui vindrent aprés luy, si n'en estoit-il desgarny qu'il ne les mist souvent en œuvre fort à propos. Bref, jamais livre ne fut tant vendu que le sien, je n'en excepteray un tout seul, de ceux qui ont eu la vogue depuis luy. Il fit plusieurs œuvres tant de son invention que traduction, avec un trés-heureux Genius : Mais entre ses inventions je trouve le livre de ses Epigrammes trés-plaisant : Et entre ses traductions il se rendit admirable en celle des cinquante Pseaumes de David, aidé de Vatable Professeur du Roy és lettres Hebraïques, & y besongna de telle main, que quiconque a voulu parachever le Psautier, n'a peu attaindre à son parangon : C'a esté une Venus d'Apelles. Ce bel esprit eut pour ennemy de sa vertu un Sagon, qui se mesla d'escrire contre luy, mais il y perdit sa peine. Ce mesme regne enfanta aussi d'autres nobles esprits, entre lesquels je fais grand compte d'Heroët en sa Parfaite amie : Petit œuvre, mais quoi en sa petitesse surmonte les gros ouvrages de plusieurs. Aussi florit de ce temps-là Hugue Salet qui acquit grand nom par sa traduction d'unze livres de l'Iliade d'Homere. Quelques-uns honoroient Guillaume Cretin, duquel je parleray plus amplement au dernier Chapitre. Je mettray entre les Poëtes du mesme temps, François Rabelais : car combien qu'il ait escrit en prose les faits Heroïques de Gargantua & Pantagruel, si estoit-il mis au rang des Poëtes, comme j'apprens de la response que Marot fit à Sagon sous le nom de Fripelipes son valet :

Je ne voy poinct qu'un sainct Gelais,
Un Heroet, un Rabelais :
Un Brodeau, un Seve, un Chapuy,
Voisent escrivans contre luy.

Cestuy, és gayetez qu'il mit en lumiere, se mocquant de toutes choses, se rendit le nompareil. De ma partie recognoistray franchement avoir l'esprit si folastre, que je ne me lassay jamais de le lire, & ne le leu onques que je n'y trouvasse matiere de rire, & d'en faire mon profit tout ensemble.

Je vous laisse à part Estienne Dolet, qui traduit en François les Epistres de Ciceron, Jean Martin, les Azolains de Bembo, & l'Arcadie de Sannazar, & Jean le Maçon, le Decameron de Boccace : Parce qu'ils n'eurent autre sujet que de traduire, & neantmoins nostre langue ne leur est pas peu redevable : mais sur tous à Nicolas de Herberay, sieur des Hessars aux huit livres d'Amadis de Gaule, & specialement au huictiesme Roman dans lequel vous pouvez cueillir toutes les belles fleurs de nostre langue Françoise. Jamais livre ne fut embrassé avec tant de faveur que cestuy, l'espace de vingt ans ou environ : neantmoins la memoire en semble estre aujourd'huy esvanoüie. Du Bellay l'honora d'une longue Ode dans son recueil : Qui est la plus belle de toutes les siennes. Mais pour clorre la Poësie qui fut lors, je vous diray qu'encores fut elle honorée par le Roy François I. lequel composa quelques chansons non mal faites, qui furent mises en Musique : mesme fit l'Epitaphe de la Laure, tant honoré par les Italiens, qu'il n'y a eu depuis presque aucun Petrarque imprimé, où ce petit eschantillon ne soit mis au frontispice du livre. Et sur tout faut que nous solemnizions la memoire de cette grande Princesse Marguerite sa sœur, Royne de Navarre, laquelle nous fit paroistre par sa Marguerite des Marguerites (ainsi est-il intitulée sa Poësie) combien peut l'esprit d'une femme, quand il s'exerce à bien faire : C'est elle qui fit encore des Contes à l'imitation de Boccace.

CHAPITRE VI.

De la grande flotte de Poëtes que produisit le Regne du Roy Henry deuxiesme, & de la nouvelle forme de Poësie par eux introduite.

Tous ceux dont j'ay parlé cy-dessus estoient comme une pepiniere, sur laquelle furent depuis entez plusieurs autres grands Poëtes sous le regne de Henry deuxiesme. Ceux-cy du commencement firent profession de ne contenter leurs esprits, que l'opinion du commun peuple. Le premier qui franchit le pas fut Maurice Seve, Lionnois, lequel ores qu'en sa jeunesse eust suivy la piste des autres, si est-ce qu'arrivant sur l'aage il voulut prendre autre train. Se mettant en butte, à l'imitation des Italiens, une Maistresse qu'il appela du nom de Delie, non en sonnets, (car l'usage n'en estoit encore introduict) ains par dixains continuels, mais avecques un sens si tenebreux & obscur, que le lisant je disois estre tres-content de l'entendre, puis qu'il ne vouloit estre entendu. Du Bellay le recognoissant avoir esté le premier en ce subject, disoit en un Sonnet qu'il luy adressa :

Gentil esprit, ornement de la France,
Qui d'Apollon sainctement inspiré,
T'es le premier du peuple retiré
Loin du chemin, tracé par l'ignorance.

Et au cinquante-neufiesme sonnet de son Olive il l'appelle Cygne nouveau, voulant dire que par un nouveau dessein il avoit banny l'ignorance de nostre Poësie : & toutes-fois la verité est qu'il affecta une obscurité sans raison. Qui fut cause que son Livre monrut avec luy, au moins ne vois-je point que depuis il ait couru par nos mains. Vers ce mesme temps estoit Theodore de Beze, brave Poëte Latin & François, Il composa sur l'advenement du Roy Henry en vers François, le Sacrifice d'Abraham, si bien retiré au vif, que le lisant, il me fit autresfois tomber les larmes des yeux. Et la traduction du demeurant des Pseaumes de David monstre ce qu'il pouvoit faire, encores qu'il n'ait si heureusement rencontré que Clement Marot en ses cinquante. Auparavant qu'il eust changé de religion, il avoit pour compagnon Jacques Pelletier du Mans, qui commença aussi d'habiller nostre Poësie à la nouvelle guise, avec un tres-heureux succés. C'est luy qui remua le premier des nostres, l'Ortographe ancienne de nostre langue, soustenant qu'il falloit escrire comme on prononçoit, & en fit deux beaux livres en forme de Dialogues, où l'un des pour-parlers estoit Beze. Et aprés luy, Louys Meigret entreprit ceste querelle fortement : mesme contre Guillaume des Autels, qui sous le nom retourné de Glaumalis du Veselés, s'estoit par Livre exprés mocqué de ceste nouveauté. Querelle qui fut depuis reprise & poursuivie par ce grand Professeur du Roy Pierre de la Ramée, dit Ramus, & quelque temps aprés par Jean Antoine de Baïf. Tous lesquels ores qu'ils conspirassent à mesme poinct d'Ortographe, & qu'ils tinsent pour proposition infaillible qu'il falloit escrire comme on prononçoit, si est-ce que chacun d'eux usa de diverses Ortographes, monstrans qu'en leur reigle generale, il n'y avoit rien si certain que l'incertain, & de fait leurs Ortographes estoient si bizarres, ou pour mieux dire si bigarrées, qu'il estoit plus mal-aisé de lire leurs œuvres que le Grec. Cecy soit par moy dit en passant, comme estans choses qui fraternisent ensemble, que la Poësie, & Grammaire.

Ce fut une belle guerre que l'on entreprit lors contre l'ignorance, dont j'attribuë l'advant-garde à Seve, Beze, & Pelletier, ou si le voulez autrement, ce furent les avant-coureurs des autres Poëtes. Aprés se mirent sur les rangs, Pierre de Ronsard Vandomois, & Joachin du Bellay Angevin, tous deux Gentils-hommes extraits de tres-nobles races : ces deux rencontrerent heureusement, mais principalement Ronsard. De maniere que sous leurs enseignes plusieurs se firent enroller. Vous eussiez dit que ce temps-là estoit du tout consacré aux Muses. Uns Pontus de Tiart, Estienne Jodelle, Remy Belleau, Jean Anthoine de Baïf, Jacques Tahureau, Guillaume des Autels, Nicolas Denisot, qui par l'Anagramme de son nom se faisoit appeller Comte d'Alcinois, Louys le Carond, Olivier de Magny, Jean de la Peruse, Claude Butet, Jean Passerat, Louys des Masures qui traduisit tout le Virgile : moy-mesme sur ce commencement, mis en lumiere mon Monophile qui a esté

esté favorablement recueilly, & à mes heures de relasche, rien ne m'a tant pleu que de faire des vers Latins ou François. Tout cela passa sous le regne de Henry II. Je compare ceste brigade à ceux qui font le gros d'une bataille. Chacun d'eux avoit sa maistresse qu'il magnifioit, & chacun se promettoit une immortalité de nom par ses vers, toutesfois quelques-uns se trouvent avoir survescu leurs Livres.

Depuis la mort de Henry, les Troubles qui survindrent en France pour la Religion, troublerent aucunement l'eau que l'on puisoit auparavant dans la fontaine de Parnasse, toutesfois reprenant peu-à-peu nos esprits, encores ne manquasmes-nous de braves Poëtes que je mets pour l'arrieregarde, uns Philippes des Portes, Scevole de Saincte-Marthe, Florent Chrestien, Jacques Grevin, les deux Jamins, Nicolas Ramin, Jean Garnier, le Seigneur de Pibrac, Guillaume Saluste Seigneur du Bertas, le Seigneur du Perron, & Jean Bertaut, avec lesquels je ne douteray d'adjouster mes Dames des Roches, de Poictiers mere & fille, & specialement la fille, qui reluisoit à bien escrire entre les Dames, comme la Lune entre les Estoilles.

Auparavant tous ceux-cy, nostre Poësie Françoise consistoit en Dialogues, Chants Royaux, Ballades, Rondeaux, Epigrammes, Elegies, Epistres, Eglogues, Chansons, Estreines, Epitaphes, Complaintes, Blasons, Satyres, en forme de Coq-à-l'Asne. Pour lesquels Thomas Sibilet fit un Livre qu'il appella l'Art Poëtique François, où il discouroit de toutes ces pieces, & la pluspart desquelles despleut aux nouveaux Poëtes. Parce que du Bellay en son second Livre de la deffense de la langue Françoise commande par exprés au Poëte qu'il veut former, de laisser aux Jeux Floraux de Tholoze, & au Puy de Roüen, les Rondeaux, Ballades, Virelais, Chants Royaux, Chansons, & Satyres en forme de Coq-à-l'Asne, & autres telles espisseries (ce sont ses mots) qui corrompoient le goust de nostre langue, & ne servoient sinon à porter tesmoignage de nostre ignorance. Et au lieu de cela, introduisismes entr'autres deux nouvelles especes de Poësie. Les Odes dont nous empruntasmes la façon des Grecs & Latins: & les Sonnets, que nous tirasmes des Italiens. Mot toutesfois qu'ils tiennent de nostre ancien estoc, comme apprenons d'une Chanson du Comte Thibaut de Champagne, qui estoit long-temps devant Petrarque pere des Sonnets Italiens.

Autre chose ne m'a amour mery.
De tant que j'ay esté en sa baillie,
Mais bien, m'a Diex, par sa pitié gary,
Quand eschappé je suis sans perdre vie,
Onc de mes yeux, si belle heure ne vy,
S'en oz-je faire encor maint y gent party,
Et maint Sonnet, & mainte recordie.

C'estoit à dire qu'il vouloit encore faire & recorder maintes belles Chansons. Car pour bien dire, & le mot d'Ode qui est Grec, & celuy de Sonnet ne signifient autre chose que Chansons: Combien que l'Italien ait depuis faict distinction entre le sonnet & Chanson. On retint de l'ancienne Poësie, l'Elegie, l'Eglogue, l'Epitaphe, & encores la Chanson, nonobstant l'advis de du Bellay.

Celuy qui premier apporta l'usage des Sonnets, fut le mesme du Bellay, par une cinquantaine dont il nous fit present en l'honneur de son Olive, lesquels furent trés-favorablement receus par la France, encores que je sçache bien que Ronsard en une Elegie qu'il adresse à Jean de la Peruse, au premier Livre de ses Poëmes, l'attribué à Pontus de Thiart: mais il s'abusé, & m'en croy, pour l'avoir veu & observé. L'Olive couroit par la France deux ans, voire trois, avant les Erreurs amoureuses de Thiart. Et pour le regard de l'Ode, si vous parlez à Ronsard il se vante en la mesme Elegie, en avoir esté le premier inventeur, en laquelle faisant mention comme Dieu avoit resveillé les esprits à bien escrire:

De sa faveur en France il resveilla
Mon jeune esprit, qui premier travailla
De marier les Odes à la Lire.

Si à du Bellay, il vous dira que ce fut Pelletier: Ainsi le a dit-il escrivant à Ronsard contre les Poëtes envieux de son temps: Auquel lieu il se trompette aussi, avoir esté le premier sonneur de Sonnets.

Pelletier me fit premier
Voir l'Ode dont tu és Prince,
Ouvrage non coustumier
Aux mains de nostre Province,
Le Ciel voulut que j'appriusse
A le raboter ainsi,
A toy me joignant aussi,
Qui cheminois par la trace
De nostre commun Horace,
Dont un Daimon bien apris,
Les traits, la douceur & la grace
Grava dedans tes esprits.
La France n'avoit qui pust
Que toy remonter de cordes
De la Lyre le vieil fust,
Où bravement tu accordes
Les douces Thebaines Odes.
Et humblement je chantay
L'Olive, dont je plantay
Les immortelles racines,
Par moy les graces divines
Ont fait sonner assez bien
Sur les rives Angevines
Le Sonnet Italien.

Quand à la Comedie & Tragedie, nous en devons le premier plant à Estienne Jodelle: Et c'est ce que dit Ronsard en la mesme Elegie.

Aprés Amour, la France abandonna,
Et lors Jodelle heureusement sonna
D'une voix humble, & d'une voix hardie,
La Comedie avec la Tragedie,
Et d'un ton double, ores bas, ores haut,
Remplit premier le François eschaufaut.

Il fit deux Tragedies, la Cleopatre, & la Dion, & deux Comedies, la Rencontre, & l'Eugene. La Rencontre ainsi appellée, parce qu'au gros de la meslange, tous les personnages s'estoient trouvez pesle-mesle casuellement dedans une maison; fuzeau qui fut fort bien par luy demeslé par la closture du jeu. Ceste Comedie, & la Cleopatre furent representées devant le Roy Henry à Paris en l'Hostel de Reims, avec un grand applaudissement de toute la compagnie: Et depuis encore au College de Boncourt, où toutes les fenestres estoient tapissées d'une infinité de personnages d'honneur, & la Cour si pleine d'escoliers que les portes du College en regorgeoient. Je le dis comme celuy qui y estois present, ayant Jean Tornebus en une mesme chambre. Et les entreparleurs estoient tous hommes de nom: Car mesme Remy Belleau, & Jean de la Peruse, joüoient les principaux roullets. Tant estoit lors en reputation Jodelle envers eux. Je ne voy point qu'aprés luy beaucoup de personnes ayent embrassé la Comedie: Jean de Baïf en fit une sous le nom de Taillebras, qui est entre ses Poëmes: Et la Peruse une Tragedie sous le nom de Medée, qui n'estoit point trop descousuë, & toutesfois par malheur, elle n'a esté accompagnée de la faveur qu'elle meritoit.

Tu vins aprés (dit Ronsard) enchoturné Peruse,
Espoinçonné de la Tragique Muse,
Muse vraiment qui t'a donné pouvoir
D'enfler tes vers, & grave concevoir
Les tristes cris des miserables Princes,
A l'impourveu chassez de leurs Provinces,
Et d'irriter de changemens soudains
Le Roy Creon, & les freres Thebains,
Ha cruauté! & de faire homicide
De ses enfants la sorciere Colchide.

Il ne fait aucune mention de Robert Garnier: D'autant qu'il ne s'estoit encores presenté sur le Theatre de la France ce : Mais depuis que nous l'eufines veu, chacun luy en donna le prix, fans aucun contredit, & c'eſt ce que dit de luy-meſme Ronſard ſur ſa Cornelie.

> *Le viel Cothurne d'Euripide*
> *Eſt en procez entre Garnier,*
> *Et Jodelle, qui le premier*
> *Se vante d'en eſtre le guide,*
> *Il faut que ce procez on vuide,*
> *Et qu'on adjuge le Laurier*
> *A qui mieux d'un docte goſier*
> *A beu de l'onde Aganipide.*
> *S'il faut eſplucher de prés*
> *Le vieil artifice des Grecs,*
> *Les vertus d'un œuvre, & les vices :*
> *Les ſubject & le parler haut,*
> *Et les mots bien choiſis, il faut*
> *Que Garnier paye les eſpices.*

Il dit vray, & jamais nul des noſtres n'obtiendra Requeſte civile contre cet Arreſt. Au demeurant, Garnier nous a fait part de huit Tragedies toutes de choix & de grand poids, de la Porcie, de la Cornelie, du Marc Anthoine, de Hippolite, la Troade, l'Antigone, des Juifves, & de la Bradamante. Poëmes qui à mon jugement trouveront lieu dedans la poſterité.

Quand aux Hymnes, & Poëmes Heroïques, tel qu'eſt la Franciade, nous les devons ſeuls & pour le tout à Ronſard : Lequel ne pouvoit eſtre du commencement gouſté, les uns diſoient qu'il eſtoit trop grand vanteur, les autres trop obſcur : Obſcurité touteſfois qui n'eſtoit telle que celle de Seve : D'autant qu'elle provenoit de ſa doctrine & hautes conceptions : Et eut Melin de ſainct Gelais pour ennemy, lequel eſtant de la volée des Poëtes du regne de François Premier, par une je ne ſçay quelle jalouſie, degouſtoit le Roy Henry de la lecture de ce jeune Poëte, & par un Privilege de ſon aage, & de ſa barbe, en fut quelque temps creu. Qui fut cauſe qu'en cette belle Hymne que Ronſard fit ſur la mort de la Royne de Navarre, aprés avoir imploré tout ſecours & aide de cette ame ſanctifiée, il conclud par ces trois vers.

> *Et fais que devant mon Prince,*
> *Deſormais plus ne me pince*
> *La tenaille de Melin.*

Ce dernier vers fut depuis changé en un autre, aprés leur reconciliation : Car à vray dire Ronſard ſurmonta en peu de temps, & l'envie, & la meſdiſance. Entre Ronſard & du Bellay eſtoit Eſtienne Jodelle, lequel ores qu'il n'euſt mis l'œil aux bons livres comme les deux autres, ſi eſt-ce qu'en luy avoit un naturel eſmerveillable : Et de faict ceux qui de ce temps là jugeoient des coups, diſoient que Ronſard eſtoit le premier des Poëtes, mais que Jodelle en eſtoit le Daimon. Rien ne ſembloit luy eſtre impoſſible, où il employoit ſon eſprit. A cauſe dequoy Jacques Tahureau ſe jouant ſur l'Anagramme de ſon nom & ſurnom, fit une Ode dont le refrain de chaque couplet eſtoit :

> *Jo le Delien eſt né.*

Et du Bellay le loüant comme l'outrepaſſe des autres au ſubject de la Tragedie, Comedie, & des Odes, luy addreſſa un Sonnet en vers rapportez, dont les ſix derniers eſtoient :

> *Tant que bruira un cours impetueux,*
> *Tant que fuira un pas non fluctueux,*
> *Tant que ſoudra d'une veine immortelle*
> *Le vers Tragic, le Comic, le Harpeur,*
> *Raviſſe, coule, & vive le labeur*
> *Du grave, doux, & copieux Jodelle.*

Telle eſtoit l'opinion commune, voire de ceux qui mettoient la main à la plume, comme vous voyez par ce Sonnet : Telle eſtoit celle meſme de Jodelle : Il me ſouvient que le gouvernant un jour entre autres ſur ſa Poëſie (ainſi vouloit-il eſtre chatoüillé) il luy advint de me dire, que ſi un Ronſard avoit le deſſus d'un Jodelle le matin, l'aprés-diſnée Jodelle l'emporteroit de Ronſard : & de fait il ſe pleut quelquesfois à le vouloir contrecarrer. L'une des plus aggreables chanſons de Ronſard eſt celle qui ſe trouve au ſecond livre de ſes Amours, où il regrette la liberté de ſa jeuneſſe.

> *Quand j'eſtois jeune, ains qu'une amour nouvelle*
> *Ne ſe fuſt priſe en ma tendre moelle,*
> *Je vivois bien-heureux ;*
> *Comme à l'envy les plus accortes filles*
> *Se travailloient par leurs flames gentilles*
> *De me rendre amoureux.*
> *Mais tout ainſi qu'un beau poulain farouche,*
> *Qui n'a maſché le frein dedans ſa bouche*
> *Va ſeulet eſcarté,*
> *N'ayant ſoucy ſinon d'un pied ſuperbe*
> *A mille bonds fouler les fleurs & l'herbe,*
> *Vivant en liberté.*
> *Ores il court le long d'un beau rivage,*
> *Ores il erre en quelque bois ſauvage,*
> *Fuyant de ſaut en ſaut :*
> *De toutes parts les Poutres hanniſſantes*
> *Luy font l'Amour, pour neant blandiſſantes*
> *A luy qui ne s'en chaut.*
> *Ainſi j'allois deſdaignant les pucelles*
> *Qu'on eſtimoit en beauté les plus belles,*
> *Sans reſpondre à leur vueil :*
> *Lors je vivois amoureux de moy-meſme,*
> *Content & gay ſans porter face bleſme,*
> *Ny les larmes à l'œil.*
> *J'avois eſcrite au plus haut de la face,*
> *Avecques l'honneur, une agreable audace*
> *Pleine d'un franc deſir :*
> *Avec le pied marchoit ma fantaſie*
> *Où je vouloir, ſans peur ne jalouſie,*
> *Seigneur de mon plaiſir.*

Par le demeurant de la chanſon il recite de quelle façon il ſe fit eſclave de ſa Dame, & la miſere en laquelle il fut depuis reduit : Au contraire Jodelle ſur la comparaiſon du meſme cheval voulut braver Ronſard : & monſtrer combien la ſervitude d'amour eſtoit douce : Le premier couplet de la chanſon eſt :

> *Sans eſtre eſclave, & ſans touteſfois eſtre*
> *Seul de mon bien, ſeul de mon cœur le maiſtre,*
> *Je me plais à ſervir,*
> *Car celle-là que j'ayme, & ſers, & priſe,*
> *Plus que tout bien, plus que toute franchiſe,*
> *Me peut à ſoy ravir.*

Je vous paſſeray icy pluſieurs autres ſixains, pour venir à ceux auſquels il s'eſt eſgayé en la comparaiſon du cheval dompté, encontre le Poulain farouche.

> *Moy maintenant (combien que paſſé j'aye*
> *Des premiers ans la ſaiſon la plus gaye)*
> *En mes ans les plus forts,*
> *Non au Poulain ſemblable je veux eſtre,*
> *Mais au cheval qui brave ſert ſon maiſtre,*
> *Et ſe plaiſt en ſon mords.*
> *Ayant henny de joye aprés ſa bride,*
> *Cognoiſt la main qui adroite le guide,*
> *Le peuple à l'environ*
> *L'orgueil premier de ſon marcher admire,*
> *Et plus encor' quand on le volte & vire*
> *Au gré de l'eſperon.*
> *Laiſſant ce peuple en un moment derriere,*
> *Comme un vent vole au bout de ſa cariere,*
> *Les courbetes, le bonds,*
> *La bouche freſche, & l'haleine à toute heure*
> *Vont teſmoignans, qu'en œuvre encor' meilleure*
> *Il eſt bon ſur les bons.*

Doux au monter, & plus doux à l'estable;
Au maniment, & craintif, & traitable,
Aux combats furieux.
Sans cesse il semble aspirer aux victoires,
Presque jugeant que du maistre les gloires
Le rendront glorieux.
Je ne suis point presomptueux, de sorte
Que tout cecy je vueille qu'on raporte
D'un tel cheval, à moy.
Mais je diray que l'amour qui commande
A mon esprit, autant comme il demande
Le sent prompt à sa loy.
Tel frein luy plaist, tel esperon l'excite,
Il s'orgueillit sous l'amour du merite
De son gentil vouloir.
Portant l'Amour, sa charge il ne dedaigne,
Ains volontaire, en sa sueur se baigne,
S'en faisant plus valoir.

Cela s'appelle à bien assaillir, bien deffendre. Il y a plusieurs autres couplets, que de propos deliberé je laisse. Il estoit d'un esprit sourcilleux, & voyant que tous les autres Poëtes s'adonnoient à la celebration de leurs Dames, luy, par un privilege special, voulut faire un livre qu'il intitula Con'ramours, en haine d'une Dame qu'il avoit autrefois affectionnée, dont le seul premier Sonnet faisoit honte à la plus part de ceux qui se mesloient de Poëtiser, tant il est hardy.

Vous, qui à vous presque egalé m'avez
Dieux immortels dés la naissance mienne,
Et vous Amans, qui souz la Cyprienne
Souvent par morts amoureuses vivez:
Vous que la mort n'a point d'Amour privez,
Et qui au fraiz de l'ombre Elisienne,
En rechantant vostre amour ancienne,
De vos moitiez les umbres resuivez.
Si quelquesfois ces vers au Ciel arrivent,
Si quelquesfois ces vers en terre vivent,
Et que l'Enfer entende ma fureur:
Apprehendez combien juste est ma haine,
Et faites tant que de mon inhumaine,
Le Ciel, la Terre, & l'Enfer ait horreur.

Vous pouvez juger par ce riche eschantillon quel estoit le demeurant de la piece. Bien vous diray-je qu'il m'en recita par cœur une vingtaine d'autres, qui secondoient cestuy de bien prés. Et toutesfois pour avoir desdaigné de mettre en lumiere ses Poësies de son vivant, ce que le Seigneur de la Motte Conseiller au grand Conseil en recueillit aprés son decez, & dont il nous a fait part, est si esloigné de l'opinion qu'on avoit de luy, que je le mescognois: Je ne dy pas qu'il n'y ait plusieurs belles pieces, mais aussi y en a-t'il une infinité d'autres, qui comme passevolans, ne devoient estre mises sur la monstre. Et me doute qu'il ne demeura que la memoire de son nom en l'air comme de ses Poësies.

Quant à Pontus du Tiard, ses Erreurs amoureuses furent du commencement fort bien recueillies, mais je ne voy point que la suite des ans luy ait depuis porté faveur. Aussi semble que luy-mesme avec le temps les condamna, comme celuy qui adonna depuis son esprit aux Mathematiques, & en fin sur la Theologie. Entant que touche Remy Belleau, je le pense avoir esté en matiere de gayeté un autre Anacreon de nostre siecle. Il voulut imiter Sannazar aux œuvres dont il nous a fait part. Car tout ainsi que Sannazar Italien en son Arcadie, fait parler des Pasteurs en prose, dedans laquelle il a glassé toute sa Poësie Toscane: Aussi a fait le semblable nostre Belleau dans sa Bergerie. La Poësie de Philippes des Portes est doux-coulante, mais sur tout je louë en luy, qui est Abbé de Bon-port, la belle retraicte qu'il a faite, & comme il est surgy à Bon-port, par sa traduction de tous les Pseaumes de David en nostre langue Françoise. Marot nous en avoit seulement donné cinquante: Beze tout le demeurant, & des Portes seul a fait tous les deux ensemble. Au regard de tous les autres, encores que

A diversement ils meritent quelque eloge en bien ou en mal, si ne veux-je asseoir mon jugement sur eux, pour ne donner sujet aux autres de juger de moy. Je me contenteray seulement de dire que jamais chose ne fut plus utile & agreable au peuple que les Quadrains du Seigneur de Pibrac, & les deux Sepmaines du Seigneur du Bartas: Ceux-là nous les faisons apprendre à nos enfans pour leur servir de premiere instruction, & neantmoins dignes d'estre enchaslez aux cœurs des plus grands: Et quant à du Bartas, encores que quelques-uns ayent voulu controler son style comme trop enflé, si est-ce que son œuvre a esté embrassé d'un trés-favorable accueil, non seulement pour le digne sujet qu'il prit à la loüange non d'une Maistresse, ains de Dieu, mais aussi pour la doctrine, braves discours, paroles hardies, traits moüelleux & heureuses deduction dont il est accompagné.

Mais sur tout on ne peut assez haut loüer la memoire du grand Ronsard. Car en luy veux-je parachever ce chapitre. Jamais Poëte n'escrivit tant comme luy, j'entens de ceux dont les ouvrages sont parvenus jusques à nous: & toutesfois en quelque espece de Poësie, où il ait appliqué son esprit, en imitant les anciens, il les a ou surmontez, ou pour le moins esgalez. Car quant à tous les Poëtes qui ont escrit en leurs vulgaires, il n'a point son pareil. Petrarque s'est rendu admirable en la celebration de la Laure, pour laquelle il fit plusieurs Sonnets & Chansons: Lisez la Cassandre de Ronsard, vous y trouverez cent Sonnets qui prennent leur vol jusques au Ciel, vous laissant à part les secondes & troisiesmes Amours de Marie & d'Helene. Car en ces premieres, il voulut contenter son esprit, & aux secondes & troisiesmes vacquer seulement au contentement des sieurs de la Cour. Davantage Petrarque n'escrivit qu'en un subject, & cestuy en une infinité. Il a en nostre langue representé uns Homere, Pindare, Theocrite, Virgile, Catulle, Horace, Petrarque, & par mesme moyen diversifié son style en autant de manieres qu'il luy a pleu, ores d'un ton haut, ores moyen, ores bas. Chacun luy donne la gravité, & du Bellay la douceur. Et quant à moy il me semble que quand Ronsard a voulu doux-couler, comme vous voyez dans ses Elegies, vous n'y trouverez rien de tel en l'autre. Quant aux œuvres de du Bellay, combien que du commencement son olive fut favorisée, si croy-je que ce fut plustost pour la nouveauté que pour la bonté: car ostez trois ou quatre Sonnets qu'il deroba de l'Italien, le demeurant est fort foible. Il y a en luy plusieurs belles Odes & Chants Lyriques, plusieurs belles traductions, comme les quatre & sixiesme Livres de Virgile, toutesfois il n'y a rien de si beau que ses Regrets qu'il fit dans Rome, auxquels il surmonta soy-mesme. En Ronsard, je ne fais presque nul triage. Tout y est beau, & ne m'émerveille point que Marc-Antoine de Muret, & Remy Belleau, tous deux personnages de marque, n'ayent estimé faire tort à leurs reputations, celuy-là en commentant les Amours de Cassandre, & cestuy, celles de Marie. Ses Odes, ses Sonnets, ses Elegies, ses Eglogues, ses Hymnes, brief, tout est admirable en luy: mais sur toutes choses ses Hymnes (dont il fut le premier introducteur) & entre elles celles des quatre Saisons de l'année: entre ses Odes, celles qu'il fit sur la mort de la Royne de Navarre, qu'il appelle Hymne triomphal, & l'autre qu'il adressa à Messire Michel de l'Hospital, depuis Chancelier en France. Il n'est pas qu'en folastrant il ne passe d'un long entrejet des Poëtes qui voulurent faire les sages. Lisez son voyage de d'Erceüeil, où il contrefaict l'yvrongne, en une drolerie qu'il fit avec tous ceux de sa volée, rien n'est plus accomply ny plus Poëtique. Lisez un petit Livre qu'il intitula, les Folastries, où il se dispensa plus licentieusement qu'ailleurs de parler du mestier de Venus (& pour cette cause l'a depuis retranché de ses œuvres) il seroit impossible de vous en courroucer sinon en riant. Il desroboit hardiment des traicts d'uns & autres Autheurs, mais avecques un larcin si noble & industrieux, qu'il n'eust point craint d'y estre surpris: le premier plant des quatre Saisons de l'année est dans une vaingtaine de vers Maccaronées de Merlin de Cocquaio. Et sur ce plant il a basti quatre Hymnes qui sont des plus belles de toutes les siennes.

Aprés qu'il se fut reconcilié à l'envie, il eut cette faveur du Ciel, que nul ne mettoit la main à la plume, qui ne le celebrast

celebrast par ses vers : & sur la recommandation de son nom aux jeux Floraux de Tholose, on luy envoya l'Englantine. Soudain que les jeunes gens s'estoient frottez à la robbe, ils se faisoient accroire d'estre devenus Poëte. Qui fit puis aprés trés-grand tort à ce sacré nom de Poëte. D'autant qu'il se presentoit tant de petits avortons de Poësie, qu'il fut un temps, que le peuple se voulant mocquer d'un homme, il l'appelloit Poëte. Les Troubles estans survenus vers l'an 1560. par l'introduction de la nouvelle Religion, il escrivit contre ceux qui estoient d'advis de la soustenir par les armes. Il y avoit plusieurs esprits gaillards de cette partie, qui par un commun vœu, armerent leurs plumes contre luy. Je luy imputois à mal-heur, que luy auparavant chery, honoré, courtisé par tant d'escrits, se sust fait nouvelle bute de mocquerie : mais certes il eut interest de faire ce coup d'essay, parce que les vers qu'il escrivit contre luy, esguiserent & sa colere, & son esprit de telle façon que je suis contraint de me desmentir, & dire qu'il n'y a rien de si beau en tous ses œuvres que les responses en tout l'Univers, soit à repousser leurs injures, soit à haut loüer l'honneur de Dieu, & de son Eglise. Conclusion, luy qui d'ailleurs en commune conversation estoit plein de modestie, magnifie sur toutes choses son nom par ses vers, & luy promet immortalité en tant de belles & diverses manieres, que la posterité auroit honte de ne luy enteriner sa requeste. Ses envieux s'en mocquoient, ne cognoissans que c'est le propre d'un Poëte de se loüer, mesme qu'il a diversifié cette esperance en tant de sortes, qu'il n'y a placard plus riche dans ses œuvres que cestuy-cy. Grand Poëte entre les Poëtes, mais trés-mauvais juge, & Aristarque de ses livres : Car deux ou trois ans avant son decés estant affoibly d'un long aage, affligé des gouttes, & agité d'un chagrin & maladie continuelle, cette verve poëtique, qui luy avoit auparavant fait bonne compagnie, l'ayant presque abandonné, il fit reimprimer toutes ses Poësies en un grand & gros volume, dont il reforma l'œconomie generale, chastra son livre de plusieurs belles & gaillardes inventions qu'il condamna à une perpetuelle prison, changea des vers tous entiers, dans quelques-uns y mit d'autres paroles, qui n'estoient de telle pointe, que les premieres : Ayant par ce moyen osté le garbe qui s'y trouvoit en plusieurs endroicts : Ne considerant que combien qu'il fut le pere, & par consequent estimast avoir toute authorité sur ses compositions : si est-ce qu'il devoit penser qu'il n'appartient à une fascheuse vieillesse de juger des coups d'une gaillarde jeunesse. Un autre peut-estre reviendra aprés luy qui censurera la censure, & redonnera la vie à tout ce qu'il a voulu supprimer. J'entens qu'il y a quelqu'un (que je ne veux nommer) qui veut regratter sur ses œuvres quand on les réimprimera. S'il est ainsi, ô miserable condition de nostre Poëte ! d'estre maintenant exposé sous la jurisdiction de celuy qui s'estimoit bien honoré de se frotter à sa robbe quand il vivoit.

CHAPITRE VII.

Quelques observations sur la Poësie Françoise.

JE vous ay dit, & dis derechef que la difference qu'il y a de la Poësie des Grecs & Romains avec la nostre, est que celle-là mesure ses vers par certains nombres de pieds composez tant de longues que briefves syllabes sans rime. Nous au contraire faisons entrer dedans nos vers toutes sortes de syllabes, soient longues ou briefves sans aucun triage, ains suffit qu'ils aboutissent en pareille terminaison, que nous appellons Rimes.

Quant à moy je me donneray bien garde de soustenir que les vers Grecs & Latins soient de plus mauvaise trempe que les nostres. J'admire en eux, non la façon, ains l'estoffe. Je vous dire les braves conceptions qui ont esté par eux exprimées, par uhs, Homere, Hesiode, Pindare, Euripide, Catulle, Virgile, Horace, Ovide, Tibulle, Properce. Mais quand je considere qu'il n'y a eu que deux nations, la Gregeoise, & la Romaine, qui ayent donné cours aux vers mesurez, sans rime, au contraire qu'il n'y a nation en tout l'Univers, qui se mesle de Poëtizer, n'use en son vulgaire, de mesmes rimes que nous au nostre, & que cela s'est naturellement insinué aux aureilles de tous les peuples dés & depuis sept ou huict cens ans en çà, voire mesme dedans Rome, & dans toute l'Italie, je me fay aisément accroire, qu'il y a plus de contentement pour l'aureille en nostre Poësie qu'en celle des Grecs & Romains. Leurs vers, si ainsi m'est permettez de le dire, marchent & vont avec leurs pieds, & les nostres glissent & coulent doucemement sans pieds, voire quand bien il n'y auroit point de rime, en laquelle toutesfois gist l'accomplissement de nos vers. Chose que Ronsard nous voulut representer par cette Ode, qui est la douziesme du troisiesme livre des Odes, sur la naissance de François premier, fils du Roy Henry deuxiesme.

En quel bois le plus separé
Du populaire, & en quel antre,
Prens tu plaisir de me guider,
O Muse, ma douce folie,
Afin qu'ardent de ta fureur,

Et du tout hors de moy je chante
L'honneur de ce Royal enfant :
J'escriray des vers non sonnez
Du Grec, ny du Latin Poëte,
Plus hautement, que sur le Mont
Le Prestre Thracien n'entonne
Le cor à Bacchus dedié,
Ayant la poictrine remplie
D'une trop vineuse fureur.

Je vous laisse le demeurant, pour vous dire que cette Ode contient une longue texture & trainée de vers qui n'ont point de pieds, comme les Grecs & Romains, & sont pareillement sans rimes, esquelles gist la principale grace des nostres : Ce neantmoins vous les voyez nous succer l'aureille par leur douceur, autant & plus que tous les Exametres & Pentametres des autres, desquels pour cette cause il ne faut mandier les vers mesurez : car de combien se rend nostre Poësie plus douce, quand elle est accomplie de la rime, en laquelle, comme j'ay dit, reside sa principale beauté ?

Vous ayant mis devant les yeux ce premier fondement, je ne douteray de vous discourir les particularitez, que l'on trouve en nostre Poësie Françoise, laquelle, comme vous sçavez, gist en vers, & est faict par les dictions : la diction par les syllabes ; Je commenceray doncques par les syllabes, & vous diray que nostre vers peut estre composé de deux, ou trois, ou quatre, cinq, six, sept, huit, dix & douze syllabes. Toutes ces especes de vers nous sont frequentes & familieres, horsmis celles de deux syllabes, dont toutesfois nous trouvons exemples dedans Marot en ses 24. & 25. Chansons, & en l'une de ses Epigrammes commençant par ce mot *Linote* : Je vous representeray icy seulement sa vingt-quatriesme Chanson :

Quand vous voudrez faire une amie,
Prenez là de belle grandeur :
En son esprit non endormie,

En son tetin bonne rondeur :
Douceur
En cœur,
Langage
Bien sage,
Dansant, chantant par bons accords,
Et ferme de cœur & de corps.

Et quant aux vers de douze syllabes, que nous appellons Alexandrins, combien qu'ils proviennent d'une longue ancienneté, toutesfois nous en avions perdu l'usage. Car lors que Marot en insere quelques-uns dedans ses Epigrammes ou Tombeaux, c'est avec cette souscription, *Vers Alexandrins*, comme si c'eust esté chose nouvelle & inaccoustumée d'en user, pource qu'à toutes les autres, il ne baille point cette touche. Le premier des nostres qui les remit en credit, fut Baïf en ses *Amours de Francine*, suivy depuis, par du Bellay au livre de ses *Regrets*, & par Ronsard en ses *Hymnes* : & finalement, par du Bartas, qui semble l'avoir voulu renvier sur tous les autres en ses deux *Sepmaines*, auquel toutesfois je trouve beaucoup, non de Virgile, ains de Lucain.

Et est une chose qu'il nous faut grandement noter, que jamais l'aureille Françoise ne peut porter des vers de neuf syllabes, dont la derniere finit en rime masculine, comme qui diroit :

Je respecte sur tous mon Ronsard,
Car je le trouve plein de grand art.

Y ayant en cecy je ne sçay quelle discordance de voix, qui ne peut estre mesnagée par nous. Sur l'avenement du Roy Charles neufiesme, y eut un certain homme que l'on nommoit en François de Poëiz, & en Latin *Podius*, qui se frottoit aux robbes de nos meilleurs Poëtes, lequel ne pouvant attaindre à leur parangon, voulut par un esprit particulier escrire en cette enjance de vers, mais il y perdit son François. Le semblable est-il entre nous, des vers d'unze syllabes. Car combien que la beauté de la Poësie Italienne gise en ses vers, empruntez des Hendecasyllabes Latins, ésquelles Catulle s'est fait appeler le Maistre : Mesmes que l'Italien les employe ordinairement en ses œuvres Heroïques, comme nous voyons Arioste l'avoir fait en son *Roland le furieux*, & Tasso en sa *Hierusalem recouffe*. Toutesfois nous n'en avons jamais peu faire nostre profit en France. Bien sçay-je que d'un vers dont le masculin est de huict syllabes, vous en pouvez faire un feminin de neuf, pour exemple :

Ne verray je point que ma France,

Comme en cas semblable d'un vers masculin de dix syllabes, vous le faites feminin de unze, comme par exemple :

Tu m'as rendu la force & le courage.

Mais c'est pour autant que ces deux vers finissent par l'E feminin, auquel les deux dernieres syllabes sont tenuës seulement pour une, par ce cest E mis en la closture d'un vers ne represente qu'un demy son.

Il n'y a voyelle en nostre vulgaire, qui nous soit si familiere que l'E, dont nous faisons l'un masculin, qui se prononce tout de son plein, comme René, Aimé, Honoré : & l'autre que nous appellons feminin, lequel par un racourcissement de langage ne se prononce qu'à demy, comme femme, Rome, homme, orme. Mais laissant à part l'E masculin, la proposition est trés-vraye & trés-certaine en nostre Poësie Françoise, que tous mots qui ne tombent point soubs la terminaison derniere de l'E feminin, sont appellez masculins, de quelque genre, & partie d'oraison qu'ils soient. Ce dont il nous faut souvenir pour les raisons que pourrez cy-aprés entendre.

Or entre tous ces vers il y en a quelques-uns où l'on observe la cesure. Nous appellons cesure une petite pause que l'on fait sur le milieu des vers. Et faut noter qu'il n'y en a que deux especes ausquelles elle soit necessaire. C'est à sçavoir, aux quatre premieres syllabes du vers de dix syllabes, A que Ronsard en son art Poëtic a appellé vers Heroïque, & aux six premieres des Alexandrins, Par exemple, pour vers Heroïque :

Entre les traicts de sa jumelle flame
Je vey Amour, qui son arc desbandoit.

Pour l'Alexandrin.

Puisque Dieu qui les cœurs des grands Roys illumine,
Sire, vous a fait voir des vostres la ruine.

Si vous ostez la cesure, je veux dire l'hemistich & demy vers qui se trouve en ces deux manieres de vers, non seulement vous en ostez la grace, mais qui plus est, ne sçauriez recognoistre les vers, ainsi que le pourrez voir par ces deux lignes :

Je me veux ramentevoir à vous deux,

Cestuy est de dix syllabes.

Je vous ayme par dessus toutes les beautez.

Cestuy est de douze syllabes, & neantmoins de l'un & de l'autre vous ne pouvez recueillir que deux lignes, & non deux vers. Bien sçay-je que Baïf en l'une de ses Chansons, voulut faire des vers de dix syllabes sans observer cette regle.

Oyez amans, oyez le plus nouvel ennuy
Que jamais ayez ouy,
De moy lors que me plain n'ayans dequoy :
Le ciel n'a rien laissé de ses riches thresors
Pour m'orner esprit & corps
Qui ont assujetti à mon mal mal-heur
Tant d'hommes de valeur.

Ainsi va le demeurant de la Chanson, dans laquelle en chaque couplet, le troisiesme vers qui est de dix syllabes, est sans l'observation de la cesure au demy vers. Je voy bien que ce fut d'un propos par luy deliberé, toutesfois sans propos si j'en suis creu : Car en cela je ne voy aucune forme de vers. En tous les autres, horsmis de ces deux especes, la cesure n'est point necessaire.

Quelques-uns ont estimé que ces Hemistiches, ou demy vers estoient de pareille nature que la fin du vers, & que quand ils se terminoient par l'E feminin, il ne falloit point craindre de les faire suivre d'une consonante, comme si cest E se fust mangé de soy-mesme, tout ainsi qu'en la fin du vers. Posons par exemple au vers Heroïque.

Si de mon ame quelque pitié avez.

Ou en l'Alexandrin.

Si mon ame jalouze vers tous les vents se tourne.

Qui est un vice. Car il faut pour rendre le vers accomply, que l'E feminin soit embrassé par une voyelle suivante. Parquoy je diray :

Si de mon ame avez quelque pitié
Si mon ame jalouze à tous les vents se tourne.

Et de cecy la raison est, d'autant que l'E feminin fermé dedans le corps du vers, suivy d'une consonnante, fait une syllabe entiere. Nous appellons cette cesure qui tombe en l'E feminin, la Couppe feminine, en laquelle Marot par la seconde impression de ses œuvres, recognut avoir failly par la premiere, & que de ce, il avoit été adverty par Jean le Maire de Belges en cest hemistiche : *O Melibée*, de la version du Titirus de Virgile. Et pour cette cause corrigeant cette faute en la seconde impression, mist :

O Melibée, amy doux & parfait,

Et en un autre suivant,

O Melibé, je vey ce jeune enfant.

Ostant

Oſtant par une apoſtrophe l'E feminin, pour ne retomber en cette premiere faute.

Tout ce que j'ay cy-deſſus deduit, regarde particulierement les ſyllabes dont nos vers prennent leur naiſſance: je veux maintenant parler de l'Economie generale qui ſe trouve en noſtre rime: Laquelle eſt double, l'une qu'on appelle rime plate, l'autre croiſée, la plate eſt quand, ſans aucun entrelas de rimes, nous faiſons deux vers d'une meſme conſonance, puis deux de ſuite d'une autre, & ainſi de tout le demeurant de l'œuvre: rime dont ſont compoſez les Poëmes de longue haleine, comme la Franciade de Ronſard, ſes Hymnes, les deux ſepmaines de du Bartas, les deux premiers livres de la Metamorphoſe d'Ovide de la traduction de Marot, les quatre & ſixieſme de Virgile, tranſlatez par du Bellay. Et y a encores certaines autres pieces non de ſi longue tire, eſquelles ceſte eſpece de rime eſt employée, comme aux Epiſtres, Elegies, Eglogues, Panegyrics, Complaintes, Dialogues, Comedies, Tragedies, voire de fois à autres, aux Epigrammes, Tombeaux, & Odes par un droit de paſſe-partout dont elle eſt privilegiée, fors touteſfois aux Sonnets.

Quant à la rime croiſée, c'eſt celle en laquelle nous entrelaſſons nos rimes les unes dedans les autres, laquelle eſt proprement deſtinée pour les Poëmes qui ſe font par couplets: Mot qui eſt de noſtre ancien eſtoc, & dont il me plaiſt pluſtoſt uſer que de celuy de Stance, que par nouvelle curioſité nous mandions ſans propos de l'Italien. Tels ſont nos Quatrains, Sixains, Huictains, Dixains: Tels les autres couplets de cinq, ſept, neuf, unze, douze, & quatorze vers, dont nous diverſiſions nos Odes, Chanſons, & Sonnets, & anciennement nos Chants Royaux, Balades, & Rondeaux.

Icy je vous prie de peſer, qu'en ces deux manieres de rimes, nos Poëtes anciens ne faiſoient aucun triage du maſculin & feminin. Car quelqueſfois en la rime plate, ils mettoient une longue ſuite de maſculins, ſans l'E feminin, puis pluſieurs E feminins enſemble ſans maſculins, ainſi qu'il leur tomboit en la plume, voire aux chanſons meſmes. La plus belle chanſon que fit Melin de ſainct Gelais, eſt celle qui ſe commence: *Laiſſez la verte couleur, ô Princeſſe Cytherée*. En laquelle vous ne trouverez aucun ordre des maſculins & feminins, ains y ſont mis peſle-meſle enſemblement: Qui eſt une grande faute aux Chanſons, qui doivent paſſer par la meſure d'une meſme muſique. Cela meſme fut pratiqué par du Bellay, non ſeulement en ſa traduction des deux livres de l'Eneide, mais auſſi en ſon Olive, & encores en ſes premiers vers Lyriques: Ce dont il ſe voulut excuſer en une Epiſtre liminaire. Mais je ne puis recevoir cette excuſe en payement, de la part de celuy, que l'on diſoit eſtre venu pour apporter nouvelle reformation à la Poëſie ancienne. Joint que luy-meſme non ſeulement ne s'en excuſe, mais impute à ſuperſtition le contraire en ſon deuxieme livre de la Defenſe, & illuſtration de la langue Françoiſe.

Le premier qui y miſt la main fut Ronſard, lequel premierement en ſa Caſſandre, & autres livres d'Amours, puis en ſes Odes, garda cette police de faire ſuivre les maſculins & feminins ſans aucune meſlange d'iceux. Et ſur tout dedans ſes Ordres, ſur le reglement du maſculin & feminin, par luy pris au premier couplet, tous autres qui ſuivent vont d'un meſme fil. Quelqueſfois vous en trouverez de tous feminins, quelqueſfois de tous maſculins: choſe touteſfois fort rare, mais tant y a que ſur le modelle du premier couplet, ſont compoſez tous les autres. Et au regard de la rime plate, il obſerva touſjours cette ordonnance, que s'il commençoit par deux feminins, ils eſtoient ſuivis par deux maſculins, & la ſuite tout d'une meſme teneur, comme vous voyez en ſa Franciade. Si par deux maſculins, ils eſtoient ſuivis par deux feminins ſans entreveſchure. Ordre depuis religieuſement obſervé par du Bellay,

Baïf, Belleau, & ſpecialement par des Portes, Bartas, Pibrac. Et cette difference de l'ancienne Poëſie d'avecques la nouvelle, vous la pourrez plus amplement remarquer en deux diverſes traductions d'un meſme autheur. Hugues Salel, ſoubz le regne de François premier, traduiſit de Grec en François, unze livres de l'Iliade d'Homere: Traduction qui fut du commencement, careſſée d'un trés-favorable accueil. Et touteſfois la meſme confuſion du maſculin & feminin y eſtoit, comme en celle de Marot des deux livres de la Metamorphoſe d'Ovide, Amadis Jamin ayant repris les arrhemens de Salel, & tranſlata le demeurant de l'Iliade, avecques toute l'Odyſſée: vous n'y trouvez rien de cette meſlange ancienne, ains avoir en tout & par tout obſervé la nouvelle ordonnance de Ronſard ſur la ſuite du maſculin & feminin.

Je ne veux interpoſer icy mon jugement, pour ſçavoir ſi cette nouvelle diligence eſt de plus grand merite & recommandation, que la nonchallance de nos vieux Poëtes. Celuy qui ſera pour le nouveau party, comparera noſtre Poëſie à ces beaux parterres qui ſe font par allignemens en nos maiſons de parade. Et l'autre qui favoriſera l'ancien, dira que noſtre Poëſie eſtoit lors ſemblable aux prez verds qui ſont peſle-meſle diverſifiez de pluſieurs fleurettes, dont la naïfveté de nature ne ſe rend moins agreable, que l'artifice des hommes qui ſe trouve dans nos jardins. De moy je ſeray pour la nouvelle reformation, puiſque tel en eſt aujourd'huy l'uſage.

Mais je ne paſſeray ſoubs ſilence, ce que j'ay obſervé en Clement Marot. Car aux Poëmes qu'il eſtimoit ne devoir eſtre chantez, comme Epiſtres, Elegies, Dialogues, Paſtorales, Tombeaux, Epigrammes, Complaintes, Traduction des deux premiers livres de la Metamorphoſe, il ne garda jamais l'ordre de la rime maſculine & feminine. Mais en ceux qu'il eſtimoit devoir, ou pouvoir tomber ſoubs la muſique, comme eſtoient ſes Chanſons, & les cinquante Pſeaumes de David, par luy mis en François, il ſe donna bien garde d'en uſer de meſme façon, ains ſur l'ordre par luy pris au premier couplet, tous les autres furent de meſme cadence, voire que le premier couplet eſtant, ou tout maſculin, ou tout feminin, tous les autres ſont auſſi de meſme. Suivant cette leçon, Eſtienne Jodelle, en la maniere des anciens Poëtes, en ſa Comedie d'Eugene, & Tragedie de Cleopatre, & Didon, de fois à autres, mais rarement a obſervé la nouvelle couſtume, mais en tous les Chœurs qu'il eſtimoit devoir eſtre chantez par les jeunes gars ou filles, il a faict ainſi que Marot en ſes Chanſons. Et vrayement je ne m'eſmerveille point qu'entre une infinité de livres François, je n'en voy un tout ſeul qui ait eſté autant de fois imprimé comme Marot. Car combien qu'il n'euſt le ſçavoir correſpondant à Ronſard, ſi avoit-il une facilité d'eſprit admirable, qui l'a fait tellement honorer par les noſtres, que s'il ſe preſente quelque Epigramme, ou autre trait de gentille invention, dont on ne ſçache le nom de l'Autheur, on ne doute de le luy attribuer, & l'inſerer dedans ſes œuvres, comme ſien.

C'eſt un heur qui luy eſt peculier entre les François, comme Auſone entre les Latins. Il fut le premier Poëte de ſon temps, Ronſard eſt celuy que je mets devant tous les autres, ſans aucune exception & reſerve. Car ou jamais noſtre Poëſie n'arriva, & n'arrivera à ſa perfection, ou ſi elle eſt arrivée c'eſt en noſtre Ronſard qu'il la faut telle recognoiſtre. Et touteſfois pour monſtrer que l'eſtat on doit faire de Marot, il fit un Panegyric ſur la victoire obtenuë par François de Bourbon Seigneur d'Anguen, à Carignan. Victoire pareillement depuis trompetée par Ronſard en la ſeptieſme du premier livre de ſes Odes. Je ſouhaitte que le lecteur ſe donne patience de les lire tous deux, pour puis aprés juger des coups. Car encores que le ſtyle de Ronſard ſoit beaucoup plus relevé, que celuy de Marot, ſi trouvera-il ſubject loüant, l'un, de ne mettre en nonchaloir l'autre.

CHAPITRE VIII

Si la Poësie Italienne, a quelque advantage sur la Françoise.

Jean le Maire de Belges, en la dedicace de ses deux temples de Venus & de Pallas, nous raconte par forme d'avant-jeu, qu'il s'estoit trouvé en un lieu où deux beaux esprits disputoient, laquelle des deux langues devoit emporter le dessus, ou la Françoise, ou la Toscane. Chacun d'eux apportant diverses raisons de merite pour le soustenement de leurs dires : mesmes celuy qui estoit pour le party François soustenoit que nostre langue n'estoit pas moins suffisante que l'autre, pour exprimer en bons termes, ce que l'on sçauroit dicter ou excogiter, fust en amours, ou autrement ; & alleguoit pour ses garends uns Jean de Mehun, Froissart, Meschinot, les deux Grebans freres, Moulinet, & Chastelain : l'autre au contraire qu'il n'y avoit aucune rencontre de l'une à l'autre, & que la Toscane passoit d'un grand avant-pas la Françoise, comme celle qui mieux à point sçavoit representer ses passions amoureuses & autres conceptions tant en vers, qu'en prose, en quelque subject que ce fust : Et à cette fin produisoit uns Dante, Petrarque & Boccace, qui n'estoient de petits parreins. Grand procès certes, contre lequel on ne peut alleguer, ny prescription, ny peremption d'instance ; parceque c'est un renouvellement de querelle qui se fait de jour à autre, entre les François & les Italiens quand les occasions se presentent. Au demeurant, ny l'Italie ny la France n'avoient lors produit une infinité de beaux esprits, qui ont diversement embelly leurs vulgaires par leurs escrits. Partant il ne nous sera malseant sur ce differend des parties, de faire une nouvelle production : & sur le peu que je produiray d'une part & d'autre donner à penser au Lecteur quel jugement il en doit faire. Car pour vous bien dire, je ne voy point que l'Italien ait aujourd'huy grand argument de se glorifier dessus nous, par la comparaison des pieces que je vous representeray icy. L'un de leurs plus grands Poëtes est Arioste en son Roland le furieux, qui a divisé son livre par chapitres, qu'il appelle Chant, & chaque chapitre en divers huitains : entre lesquels chapitres, le plus digne est le troisiesme, où le Poëte se dispose de discourir de l'advenement & avancement de la race d'Este ; c'est à dire, des Ducs de Ferrare, en l'honneur desquels il avoit dressé son Poëme, Voyons donques de quel pied il nous salue :

Chi mi dara la voce e le parole
Convenienti à si nobli suggeto!
Chi l'ale al verso prestera, che vole
Tanto chariui à l'alti mio concetto?
Molto maggior di quel furor, che suole
Ben hor convien, chi mi riscaldi il petto,
Che questa parte al mio Signor si debbe,
Che canta gli avi onde origine hebbe :

C'est à dire, qui me donnera la voix, & les paroles pour un subject si noble ? Qui me prestera des aisles pour me faire voler, de sorte que je puisse arriver au point de ma haute conception ? Il me faut icy beaucoup plus de fureur que mon ordinaire, pour me rechaufer la poitrine ; car je dedie à Monseigneur ce present Chant, dedans lequel je veux discourir, dont ses ancestres prindrent leur source. Ces huict vers furent heureusement representez, par ce Sixain de du Bellay, sur l'entrée de la Complainte du desesperé.

Qui prestera la parole
A la douceur qui m'affole,
Qui donnera les accens
A la plainte qui me guide,
Et qui laschera la bride,
A la fureur que je sens ?

Sixain qui semble contre-balancer le Huitain de l'Arioste. Mais qui lira le premier couplet de nostre Ronsard en son Hymne triumfal, qu'il avoit fait cinq ou six ans auparavant, sur la mort de la Royne de Navarre ayeule de nostre Roy Henry le Grand, il dira n'y avoir rien de tel, ny en l'Arioste ny en du Bellay.

Qui renforcera ma voix,
Et qui fera que je vole
Jusqu'au ciel à cette fois
Sous l'aisle de ma parole ?
Or mieux que devant il faut
Avoir l'estomach plus chaut,
De l'ardeur qui ja m'enflame
D'une plus ardente flame :
Or si il faut que le frein
De Pegase qui me guide,
Estant maistre de la bride
Fende l'air d'un plus grand train.

Si une amitié que je porte à ma pattrie, ou à la memoire de Ronsard ne me trompe ; vous le voyez icy voler par dessus les nuës, & Arioste se contenter de rouler sans plus sur la terre. Le semblable dirois-je volontiers d'un Sonnet qu'il emprunta des Amours de Bembe :

Si comme suol, poi chel verno aspro e rio
Parte e da loco a le stagion migliori,
Uscir col giorno la Cerveta suori
Del suo dolce boschetto, almo natio.
Et hor super un colle, hor longo d'un rio,
Lontana de le case e da pastori,
Gir secura pascendo herbette & fiori,
Ouunque più la porta il suo desio.
Ne teme de saetta, ò d'altro inganuo,
Se non quando é colta in mezo il fianco,
Da buon arcier, chedi nascosto scocchi.
Cosi seus a temer futuro affanno,
Moss'io, Donna, quel di, che bei vostr' ochi
M'empiagar lassa, tuto'l lata mancho ;

C'est à dire, "comme le meschant hyver nous ayant quitté pour faire place à une meilleure saison, la Biche sort avecques le jour, du doux bosquet son naïf repaire, & ores sur une colline, ores sur l'orée d'un rivage, loin de maisons, & de pastres se va paissant en toute seureté, d'herbelettes & de fleurs, la part où son desir la meine, ne craignant ny fleches, ny tromperies, sinon lors qu'elle se trouve feruë au travers du flanc, par un fin archer qui estoit aux embusches. Ainsi m'en allois-je ne me desfiant d'aucun mal futur, le jour que vos beaux yeux, helas, me transpercerent le costé gauche ; il veut dire le cœur". Voyons je vous prie de quelle sorte Ronsard voulut mesnager ce Sonnet, au 59. des ses premieres amours.

Comme un Chevreüil, quand le printemps destruit
Du froid hyver, la poignante gelée,
Pour mieux brouter, la fueille emmiellée,
Hors de son bois, avec l'Aube s'enfuit.
Et seul, & seur, loing des chiens, loin de bruit,
Or sur un mont, or dans une valée

Or' prés d'une onde, à l'escart recelée,
Libre, folastre, où son pied le conduit :
De rets, ne d'arc, sa liberté n'a crainte,
Sinon alors, que sa vie est atteinte
D'un traict meurtrier, empourpré de son sang,
Ainsi j'allois sans soupçon de dommage,
Le jour qu'un œil, sur l'Avril de mon aage
Tira d'un coup, mille traicts dans mon flanc.

Bembe fut l'un des premiers personnages de son temps en quelque sujet où il s'adonna, tant en Latin que Toscan; toutesfois je veux croire que s'il revenoit au monde, il voudroit bailler, & son Sonnet, & deux autres de resfoute en contr'eschange de cestuy. Baïf au second livre de sa Francine voulut suivre la piste de Ronsard, mais non avec pareille grace.

Comme quand le Printemps, de sa robbe plus belle
La terre parera, lors que l'Hyver depart,
La biche toute gaye, à la Lune s'en part
Hors de son bois aimé, qui son repos recele :
De là va viander, la verdure nouvelle,
Seure loin des bergers, dans les champs à l'escart,
On dessus la montagne, ou dans le val là part
Que son libre desir, la conduit & l'appelle.
Ny n'a crainte du traict, ny d'autre tromperie,
Quand à coup elle sent, dans le flanc le boulet,
Qu'un bon arquebusier, caché d'aguet luy tire.
Tel comme un qui sans peur, de rien ne se deffie,
Dame j'allois le soir, que vos yeux d'un beau traict,
Firent en tout mon cœur une playe bien pire.

Sonnet que je ne veux pas dire n'estre beau, mais si j'en suis creu, il ne sert que de feuille à l'autre. Tout de la mesme façon que Baïf, aussi voyant ces deux Sonnets, j'ay voulu ces jours passez en faire un troisiesme, qui est tel :

Comme le Cerf, lors que l'Hyver nous laisse
Pour faire place, à la verde saison,
Avec le jour, sort gay de son buisson,
Afin que d'herbe, & de fleurs il se paisse.
Et or'les monts, or'les eaux il caresse,
Loin des bergers, loin de toute maison,
N'ayant pauvret, que les champs pour prison,
Et çà, & là, où son franc pied l'adresse.
De l'arc il n'a, ny de surprise, peur,
Quand à couvert, l'harbalestrier trompeur,
Le vient servir, d'une meurdriere flesche :
Ainsi allois-je, helas ! quand je te vis,
Et qu'en mon cœur, impetueuse, tu fis,
De tes beaux yeux, une sanglante bresche.

Je me donneray bien garde de dire que cestuy soit de meilleur alloy que celuy de Baïf, car le disant je serois un fot : Bien diray-je que le sien & le mien n'excedent, pour le moins ne cedent-ils en rien à celuy de Bembe. Des Portes s'est voulu joüer sur ce Sonnet qu'un Poëte Italien fit pour un bracelet de cheveux qui luy avoit esté donné par sa maistresse.

O chiome, parte de la treccia d'oro
Di qui fè Amour il Laccio, ove fui colto
Qual semplice angeletto, e da qual sciolto
Non spero esser mai pui, se pria non moro.
Io vi bacio, io vi stringo, io vi amo, e adoro,
Perche adombrasti gia quel sagro volto,
Che a quanti in terra sono il pregio ha tolto,
Ne lascia senza invidia il divin choro.
A voi dirò gli affanni, & y pensier miei,
Poi che longi è ma Donna, è parlar sero
Mi nega aspra fortuna, è gli empi Dei.
Lasso guarda se amor mi fa ben ciero,
Quanto cercar de sciogliermi io do vrei,
La rete porto, & le catene mero.

Le sens de ce Sonnet est. O cheveux ! faisans part de la tresse d'or, dont amour fait ses laz, par lesquels je fus pris comme un petit oiseau, sans espoir de m'en descheveftrer que par ma mort, je vous baise, vous estreins, vous aime & adore, pour avoir quelquesfois servy d'umbre à ceste sacrée face, qui surpasse toutes les autres en beauté, non sans quelque jalousie des Anges. Je vous raconteray mes fascheries & pensées, puis que mon mal-heur, & les Dieux cruels ne me permettent joüyr de la presence de ma Dame pour la gouverner. Helas ! je vous prie de considerer si l'amour m'a bien aveuglé ; veu que lors que je devrois chercher les moyens pour me delivrer, je porte sur moy mes rets & mes chaisnes.

Ceste invention est beaucoup plus riche & pleine de belles pointes que celle de Bembe, laquelle des Portes a voulu imiter en ceste façon.

Cheveux, present fatal de ma douce contraire,
Mon cœur plus que mon bras, est par vous enchaisné,
Pour vous je suis captif, en triomphe mené,
Sans que d'un si beau rets, je cherche à me deffaire.
Je sçay qu'on doit fuir le don d'un adversaire,
Toutesfois je vous ayme, & me tiens fortuné,
Qu'avec tant de cordons, je sois environné :
Car toute liberté, commence à me desplaire.
O cheveux mes vainqueurs, vantez-vous hardiment
D'enlacer dans vos nœuds, le plus fidele amant,
Et le cœur plus devot, qui fut onc en servage :
Mais voyez si d'Amour, je suis bien transporté,
Qu'au lieu de m'essayer à vivre en liberté,
Je porte en tous endroits, mes ceps & mon cordage.

Mettez cestuy en la balance avecques l'Italien, vous les trouverez entre deux fers. Or comme j'ay trouvé ceste invention fort belle, aussi ay-je voulu coucher de mon enjeu, sous le hazard de le perdre. Moulant sur ceste premiere, une autre seconde, telle que vous entendrez.

Bracelet qui est fait des cheveux de ma Dame,
Tissu de ses beaux doigts, du Dieu d'amour le las,
Ançois nœud Gordian, que ny le consulas,
Ny la mort ne sçauroient denoüer de mon ame.
O beau don ! qui m'estreint, qui me lie, m'enflame,
Je baise mille fois, & mil cet entrelas,
Qui m'enchaîne, & me fait, d'un gracieux soulas
Galiot de l'Amour, chevalier de la rame :
Ores que mon Soleil, s'est eclipsé de moy,
Pour tromper mes ennuis, je devise avec toy,
Et faut que nuict & jour, enchaisné, je te porte.
Mais, ô Dieu ! fut-il onc plus fantasque discours,
Que pour me delivrer j'aye vers toy recours,
Toy qui lie mes bras afin que je ne sorte ?

La facilité de la Muse de des Portes l'a souvent porté à ce mesme sujet. Ayant dedans ses amours emprunté plusieurs Sonnets Italiens, lesquels mis au patangon l'un de l'autre, il seroit mal-aisé de juger, qui est le presteur, ou l'emprunteur : chose que je vous dis, pour monstrer qu'il n'est rien impossible en nostre vulgaire François, selon la rencontre des esprits. Je vous laisse à part une infinité d'autres personnages de marque qui se sont estudiez à l'embellissement de nostre langue, sous le regne du grand Roy François, & depuis, desquels Jean le Maire de Belge n'avoit cognoissance, pour s'estre mis depuis sa mort en credit. Quoy doncques ? entens-je faire juger le procez, qui fut intenté de son temps, & dés pieça pendu au croc ? Nenny. Demeurons dedans l'Appointé au Conseil, & que chacun cependant escrive tant d'une part que d'autre. Celuy qui escrira le mieux, & produira meilleures pieces, emportera en fin gain de cause. Chaque langue a ses proprietez naïves, & belles manieres de parler, qui ne naissent point d'elles mesmes, ains s'enrichissent avec le temps, quand elles sont cultivées par les beaux esprits. Au regard de la nostre elle ne manque d'un ample magasin de beaux mots, pour mesnager nos conceptions bravement, quand elles tombent en bonnes mains. Comme vous pouvez recueillir de ce qui est de plus ou de moins,

moins, par les exemples que je vous ay representez en ce Chapitre: Et à tant de ce peu pourrez-vous faire, comme je pense, le jugement d'un beau coup. *Ab uno difce omne.* Et encore le recognoiftrez-vous plus amplement par les deux Chapitres fubfequents. Bien clotray-je ceftuy-cy par cet Arreft. Que les langues n'ennobliffent point nos plumes, mais au contraire les belles plumes donnent la vie aux langues vulgaires, & les beaux efprits à leurs plumes.

CHAPITRE IX.

Que noftre langue Françoife n'eft moins capable que la Latine de beaux traits Poëtiques.

J'Ay longuement marchandé avecques moy, avant que paffer le Rubicon ; maintenant le veux-je franchir, & fans m'aheurter au vulgaire Italien, fouftenir en plus forts termes, que noftre langue n'eft moins capable que la Latine des traits Poëtiques hardis. Car quant à moy je ne voy rien en quoy le Romain nous faffe paffer la paille devant les yeux. Nous celebrons avec admiration un Virgile, quand il a reprefenté une grefle qui bond à bond fur les maifons craquette.

Lib. 4. Georg.
Tam multa in terris crepitans falit horrida grando.

Lib. 1. Æneid.
Et les vents qui tout à coup, en flotte vont fortans.

Qua data porta ruunt.

Ce brave Poëte fait joüer tel perfonnage qu'il veut à Æole Roy des vents, en faveur de la grande Junon, & en aprés nous fert de ces trois vers, que j'ay voulu, non reprefenter, ains imiter en noftre vulgaire, au moins mal qu'il m'a efté poffible.

Hæc ubi dicta : cavum converfa cufpide montem
Impulit in latus, ac venti velut agmine facto,
Qua data porta ruunt, & terras turbine perflant.

Ce dit : d'un fer les flancs du mont creux il tranfperce,
Et en piroüettant, le monde il bouleverfe,
Les vents horriblement dans l'air mutin bruyants,
Tout à coup vont la terre à l'ennuy baloyants.

Ou bien qu'il introduit un Sinon Gregeois, lequel a mené devant les Troyens, pour luy rendre raifon de fa venuë dedans Troye, fe donne un certain temps (avant que de parler) pour recognoiftre l'affiftance, en ces deux mots:

Agmina circumfpexit.

Lib. 2. Æneid.
Lib. 5. Æneid.
Et ailleurs un *Procumbit humi bos*, pour nous faire voir à l'œil dans ce demy vers, la pefanteur d'un Bœuf qui tombe mort fur la place. Et en un autre endroit un cheval gaillard qui gratte de fon pied la terre.

Quadrupedante putrem fonitu quatit ungula campum.

Repaffons fur noftre langue, & voyons un Courfier aller le pas, puis fe donner carriere. Clement Marot en l'Epitaphe du Cheval qu'il appelle Edart, où par une licence Poëtique il le fait parler.

J'allay curieux,
Aux chocs furieux,
Sans craindre eftrapade:
Mal rabotez lieux,
Paffay à clos yeux
Sans faire chopade.
La vite virade,
Pompante pennade,
Le faut foulevant,
La roide ruade,

Prompte petarrade,
J'ay mis en avant.
Efcumeur bavant,
Au manger fçavant,
Au penfer tres-doux,
Relevé devant,
Jufqu'au bout fervant
J'ay efté fur tous.

Je laiffe tous les autres couplets de cet Epitaphe plein d'artifice ; par lequel vous voyez un cheval bondir fur du papier, & eftre mené à courbette, tantoft au galop, tantoft au trot, tout ainfi que s'il eftoit en plein manége, picqué par un Efcuyer. Jacques Pelletier par divers Chapitres a depeint les quatre faifons de l'année, & en celuy de l'Hyver a figuré, quatre batteurs dedans une grange.

Confequemment vont le bled battre
Avecques mefure & compas,
Coup aprés coup, & quatre à quatre,
Sans fe devancer d'un feul pas.

Sçauriez-vous mieux voir des pitaux de village, battans le bled dans une grange, que vous les voyez par ces vers ? Et en la defcription du Printemps fur le chant de l'Alloüette, fans innover aucun mot fantafque, comme fit depuis du Bartas, fur pareil fujet.

Elle guindée du Zephire,
Sublime en l'air vire & revire,
Et y declique un joly cry,
Qui rit, guerit, & tire l'ire
Des efprits, mieux que je n'efcry.

Moy mefme me fuis voulu quelques-fois joüer fur le chant du Roffignol, en faveur d'une Damoifelle qui portoit le furnom de du Bois.

Deffus un tapis de fleurs,
Mon cœur arroufé de pleurs,
Se blotiffoit à l'umbrage,
Quand j'entens dedans ce bois
D'un petit oifeau la voix,
Qui defgoifoit fon ramage.
Il me careffe tantoft
D'un Tu, tu, puis auffi toft
Un Tot, tot, il me befgaye:
Ainfi d'amour mal mené
Le Roffignol obftiné
Dedans fon tourment s'efgaye.
Ha ! dis-je, lors à part moy,
Voilà vrayement l'emoy
De l'amour qui me domine,
Parquoy je veux comme luy
Gringuenoter mon ennuy
Pour confoler ma ruine.
Je te requiers un feul don,
Tu tu' tu' moy Cupidon,
Toft, toft, toft, que je m'en aille,

Il vaut mieux viste mourir,
Que dans un bois me nourrir
Qui jour & nuit me travaille.

Voulez-vous voir la posture d'un Archer lors que de toute sa force il veut brandir un dard ? Voulez-vous encore voir l'eslancement d'une fuzée de la foudre ? Vous trouverez l'un & l'autre admirablement representé en la divine Ode de Ronsard, à Messire Michel de l'Hospital, où il descrit la guerre des Geans contre les Dieux.

Adonc le Pere puissant
Qui d'os & de nerfs s'efforce,
Ne meit en oubly la force
De son foudre punissant :
Aicombatant son sein en bas,
Et dressant bien haut le bras,
Contr'eux guigna la tempeste,

Laquelle en les foudroyant,
Siffloit aigu tournoyant
Comme un fuzeau sur leur teste.

Je ne veux pas coucher du pair avecques luy, car le faisant je serois un autre Geant qui me voudrois attaquer aux Cieux ; mais comme je nourry dedans ma plume une liberté honneste, aussi me suis-je essayé sur le mesme sujet de vouloir representer l'esclat du tonnerre par ces quatre vers.

Jupin pour parer à l'outrage,
Et à la detestable rage
De ces furieux longavoux,
S'esclattant d'un cry craqua tous.

Je vous touche par exprés toutes ces particularitez, pour vous monstrer que nostre Poësie Françoise n'est moins accomplie de gentillesses que la Latine.

CHAPITRE X.

Que nos Poëtes François, imitans les Latins, les ont souvent esgalez, & quelques-fois surmontez.

IL n'est pas que de fois à autres, nos Poëtes n'ayent en mesmes sujets esgalé les Latins, & quelques-fois surpassé. Je vous prie de considerer ces beaux vers de Catulle en ses Argonautes, où il introduit les trois Parques filandieres, joüans de leurs quenoüilles, & fuzeaux.

At roseo niveæ residebant vertice vittæ,
Æternunque manus carpebant rite laborem ;
Læva colum molli lanâ retinebat amictam,
Dextera tum leviter deducens fila supinis
Formabat digitis : tum prono in pollice torquens
Libratum tereti formabat turbine fusum,
Atque ita decerpens æquabat semper opus dens,
Laneaque aridulis hærebant morsa labellis,
Quæ prius in lævi fuerant extantia filo.

Il est impossible de mieux faire, & toutes-fois nostre Ronsard ne luy a cedé en rien, quand en l'Hymne de l'Automne, il represente sa nourrice qui filoit.

Un jour que sa nourrice estoit toute amusée
A tourner au Soleil les plis de sa fuzée,
Et qu'ores de la dent, & qu'ores de la main,
Esgalloit le filet pendu prés de son sein,
Pinçant des premiers doigts la filace soüillée
De la gluante main de levre moüillée :
Puis en pirouettant, allongeant, & virant,
Et en racourcissant, resserrant & tirant
Du fuzeau bien enflé les courses vagabondes,
Arangeoit les filets, & les mettoit par ondes.

Voyons la description du vieux Chaos dans Ovide, & la conferons avec celle de nostre du Bartas.

Unus erat toto naturæ vultus in orbe,
Quem dixere Chaos, rudis indigestáque moles,
Nec quicquam nisi pondus iners, congestáque eodem
Non bene junctarum discordia semina rerum.
Nullus adhuc mundo præbebat lumina Titan,
Nec nova crescendo reparabat cornua Phæbe,
Nec circumfuso pendebat in aere tellus
Ponderibus librata suis, nec brachia longo
Margine terrarum porrexerat Amphitrite.
Quáque erat & tellus, illic & pontus, & aër,
Sic erat instabilis tellus, innabilis unda,

Lucis egens aër, nulli sua forma manebat,
Obstabatque aliis aliud, quia corpore in uno
Frigida pugnabant calidis, humentia siccis,
Mollia cum duris, sine pondere habentia pondus.

Du Bartas au premier jour de sa premiere sepmaine,

Ce premier monde estoit une forme sans forme,
Une pile confuse, un meslange difforme,
D'abismes un abisme, un corps mal compassé,
Un chaos de Chaos, un tas mal entassé,
Où tous les elemens se logeoient pesle mesle,
Où le liquide avoit avec le sec querelle,
Le rond avec l'aigu, le froid avec le chaud,
Le dur avec le mol, le bas avec le haut,
L'amer avec le doux : brief durant ceste guerre,
La terre estoit au ciel, & le ciel en la terre,
Le feu, la terre, l'air se tenoient dans la mer,
La mer, le feu, la terre estoient logez en l'air,
L'air, la mer & le feu dans la terre, & la terre
Chez l'air, le feu, la mer. Car l'archer du tonnerre
Grand Mareschal du camp, n'avoit encor donné
Quartier à chacun d'eux : le ciel n'estoit orné
De grands touffes de feux, les plaines esmaillées
Nespandoient leurs odeurs, les bandes escaillées
N'entrefendoient les flots, des oiseaux les souspirs
N'estoient encor portez sur l'aisle des Zephirs.

Je veux que les plus hardis Aristarques interposent icy leur arrest, pour juger lequel des deux Poëtes a rapporté l'honneur de ceste description. Car encore que Bartas ait voulu en quelques vers imiter Ovide, si s'est-il rendu inimitable en ces quatre.

Le feu, la terre, l'air se tenoient dans la mer,
La mer, le feu, la terre estoient logez dans l'air,
L'air, la mer, & le feu dans la terre, & la terre
Chez l'air, le feu, la mer.

Ja Dieu ne plaise que je mette facilement nostre Ronsard au parangon du grand Virgile : Car ce seroit blasphemer (si ainsi voulez que je le die) contre l'ancienneté, toutesfois je vous prie ne trouver mauvais si je vous apporte icy des pieces de l'un & de l'autre sur mesmes sujets, par lesquelles vous verrez que s'il emprunta quelques belles inventions de Virgile, il les luy paya sur le champ à si haut interest,

interest, qu'il semble que Virgile luy doive de retour. L'aube du jour dedans Virgile.

> *Roseis Aurora quadrigis*
> *Jam medium æthereo cursu confecerat orbem,*
> *Et jam prima novo spargebat lumine terras*
> *Tithoni croceum linquens Aurora cubile.*

Ronsard au premier livre de la Franciade.

> *Incontinent que l'Aube aux doigts de roses*
> *Eut du grand Ciel les barrieres descloses.*

Et au quatriesme livre.

> *Quand le Soleil perruqué de lumiere*
> *Eut de Tethys sa vieille nourriciere,*
> *En se levant abandonné les eaux,*
> *Et fait grimper contre mont ses chevaux,*
> *Et que l'Aurore à la main saffranée*
> *Eut annoncé la clarté retournée.*

Voyons la nuict representée par Virgile.

> *Nox erat, & placidum carpebant fessa soporem*
> *Corpora per terras, sylvæque, & sæva quierant*
> *Æquora, cum medio volvuntur sydera cursu,*
> *Cum tacet omnis ager, pecudes, pictæque volucres,*
> *Quæque lacus latè liquidos, quæque aspera dumis*
> *Rura tenent, somno positæ sic nocte silenti,*
> *Linebant curas, & corda oblita laborum.*

Et certes je ne pense point qu'en tous les Poëmes de Virgile, il y ait pour ce sujet, une plus belle marqueterrie que ceste-cy, qui a esté imitée par Ronsard de ceste façon.

> *Il estoit nuict, & le charme du somme*
> *Silloit par tout, les paupieres de l'homme,*
> *Qui demy mort par le repos lié*
> *Avoit du jour le travail oublié :*
> *Tous animaux, ceux qui dans l'air se pendent,*
> *Ceux qui la mer, à coup d'eschine fendent,*
> *Ceux qui les monts, & les bois enfermoient*
> *Pris du sommeil, à chefs baissez dormoient.*

Les sept vers de Virgile sont beaux ; les huit de Ronsard ne sont laids. Repassons sur l'embarquement d'Ænée & de sa suite.

> *Inde ubi prima fides pelago, placatáque venti*
> *Dant maria, & lenis crepitans vocat Auster in altum,*
> *Deducunt socij naveis, & littora complent :*
> *Provehimur portu, terræque, urbésque recedunt.*

Peu aprés.

> *Idem omnes simul ardor habet, rapiuntque ruuntque,*
> *Littora deserere, latet sub classibus æquor,*
> *Annixi torquent spumas, & littora verrunt.*
> *Postquam altum tenuere rates, nec jam amplius ullæ*
> *Apparent terræ, cœlum undique, & undique cœlum,*
> *Certatim socij feriunt mare, & æquora verrunt.*
> *Nullum maris æquor arandum.*

Il semble n'y avoir rien de plus beau que les Metaphores icy rapportées à l'usage des Nautonniers. Ronsard n'y est pas voulu demeurer court, ains en imitant Virgile, y a apporté je ne sçay quelle grace merveilleusement agreable : voire il semble l'avoir voulu r'envier sur luy.

> *A tant Francus s'embarque en son Navire,*
> *Les avirons à double rang on tire,*
> *Le vent pouppier qui fortement soufla*
> *Dedans la voile à plein ventre l'enfla,*
> *Faisant siffler antennes & cordage :*
> *La nef bien loing s'escarte du rivage,*
> *L'eau sous la pouppe aboyant fait un bruit*
> *Qu'un train d'escume en tournoyant poursuit.*
> *Qui vit jamais la brigade à la dance*
> *Frapper des pieds la terre à la cadance,*
> *D'un ordre esgal, d'un pas juste & compté*
> *Sans point faillir d'un ny d'autre costé :*
> *Quand la jeunesse aux danses bien apprise*
> *De quelque Dieu la feste solemnise,*
> *Il a peu voir les avirons egaux*
> *Frapper d'acord la campagne des eaux.*
> *Ceste Navire également tirée*
> *S'alloit traînant dessus l'onde azurée*
> *A dos rompu, ainsi que par les bois,*
> *Sur le printemps au retour des beaux mois,*
> *Va la chenille errante à toute force*
> *Avec cent pieds sur le plis d'une escorce :*
> *Ainsi qu'on voit la trouppe des Chevreaux*
> *A petits bonds suivre les pastoureaux*
> *Devers le soir au son de la Musette :*
> *Ainsi les Nefs d'une assez longue traite*
> *Suivoient la nef de Francus, qui devant*
> *Coupoit la mer sous la faveur du vent*
> *A large voile à my cercle entonnée,*
> *Ayant de fleurs la pouppe couronnée,*
> *L'eau se blanchit sous les coups d'avirons,*
> *L'onde tortuë ondoye aux environs*
> *De la carene, & autour de la proüe*
> *Maint tourbillon en escumant se roüe,*
> *La terre fuit, seulement à leurs yeux,*
> *Paroist la mer, & la voute des Cieux.*

Ce bel esprit pouvoit en cet embarquement se contenter des huit premiers vers, avec les six derniers : toutes-fois il voulut lascher la voile, & les accompagner de ces trois belles comparaisons de la danse de chenille, & des chevreaux, qu'il ensila tout d'une liaison. Et sur le commencement du second livre, où il rend les Dieux spectateurs de ceste navigation.

> *Ils contemployent la Troyenne jeunesse*
> *Fendre la mer d'une prompte allegresse :*
> *Flot dessus flot la Navire voloit,*
> *Un trac d'escume à bouillons se rouloit*
> *Sous l'aviron qui les vagues entame,*
> *L'eau fait un bruit luisant contre la rame.*

Tempeste & orage sur la mer.

> *Una Eurusque, Nothusque ruunt, crebérque procellis*
> *Africus, & vastos volvunt ad littora fluctus :*
> *Insequitur clamorque virum, stridorque rudentum,*
> *Eripiunt subito nubes cælúmque, diémque*
> *Teucrorum ex oculis, ponto nox incubat atra,*
> *Intonuere poli, & crebris micat ignibus Æther,*
> *Præsentémque viris intentant omnia mortem.*

Ne desrobons rien à ce grand Poëte.

> *Tam mihi cæruleus supra caput adstitit imber,*
> *Noctem hyememque ferens, & inhorruit unda tenebris :*
> *Continuo venti volvunt mare, magnaque surgunt*
> *Æquora, diversi jactamur gurgite vasto :*
> *Involvere diem nimbi, & nox humida cœlum*
> *Abstulit, ingeminant abruptis nubibus ignes,*
> *Excutimur cursu, & cæcis erramus in undis,*
> *Ipse diem, noctémque negat discernere cælo,*
> *Nec meminisse viæ, mediâ Palinurus in undâ.*
> *Vix hæc ediderat, cum effusis imbribus atra*
> *Tempestas sine more ruit, tonitrúsque tremescunt*
> *Ardua terrarum & campi, ruit æthere toto*
> *Turbidus imber aquâ, densisque nigerrimus Austris,*
> *Impletúrque super puppes, semiusta madescunt*
> *Robora.*

Jettons l'œil sur pareil sujet de nostre Ronsard.

> *Tandis les vents avoient gaigné la mer*
> *Qu'à gros bouillons ils faisoient escumer,*
> *La renversant du fonds jusques au feste.*
> *Une importune outrageuse tempeste*
> *Sifflant, bruyant, grondant, & s'eslevant*
> *A monts bossus sous le souffler du vent,*
> *Branfle sur branfle, & onde dessus onde,*
> *Entr'ouvroit l'eau d'une abisme profonde,*
> *Tantost enflée aux astres escumoit,*
> *Tantost laissée, aux enfers abismoit.*

Et forcenant d'une escumeuse rage,
De flots armez couvroit tout le rivage :
Un sifflement de cordes, & un bruit
D'hommes s'esleve, une effroyable nuit
Cachant la mer d'une espoisseuse robbe,
Et jour & mer aux matelots desrobbe.
L'air se creva de foudres & d'esclairs
A longue pointe estincelans & clairs,
Dreus & menus, & les pluyes tortuës
Par cent pertuis se creverent des nuës,
Maint gros tonnerre ensouffré s'esclatoit,
De tous costez la mort se presentoit.

Et quelques vers aprés.

Des vieux patrons la parole espanduë
Sans estre oüye, en l'air estoit perduë,
L'un court icy, l'autre court d'autre part,
Mais pour neant : le mal surmonte l'art.
Si estonnez qu'ils n'ont pour toutes armes,
Que les sanglots, les souspirs, & les larmes,
Les tristes vœux, extréme reconfort
Des mal-heureux attendus de la mort.

L'vne des plus belles pieces esquelles Virgile s'est pleu : c'est lors qu'il fait travailler les Cyclopes forgerons des Tonnerres de Jupiter en la grotte de Vulcain.

Ferrum exercebant vasto Cyclopes in antro,
Brontesque, Steropesque, & nudus membra Pyracmon.
His informatum manibus iam parte politâ
Fulmen erat, toto genitor quæ plurima cœlo
Deijcit in terras, pars imperfecta manebat.
Treis imbris torti radios, treis nubis aquosæ
Addiderant, rutili tres ignis, & alitis Austri.
Fulgores nunc terrificos, sonitumque, metumque
Miscebant operi, flammisque sequacibus iras.
Parte alia Marti, currumque, rotasque volucres
Instabant, quibus ille viros, quibus excitat urbes :
Ægidaque horrificam, turbatæ Palladis arma
Certatim squamis serpentum, auroque polibant :
Connexosque angues, ipsamque in pectore Divæ
Gorgona desecto vertentem lumina collo.
Tollite cuncta (inquit) cœptosque auferte labores,
Ætnæi Cyclopes, & huc advertite mentem :
Arma acri facienda viro, nunc viribus usus,
Nunc manibus rapidis, omni nunc arte magistrâ,
Præcipitate moras, nec plura effatus. At illi
Ocyus incubuere omnes, pariterque laborem
Sortiti, fluit æs rivis. auriique metallum :
Vulnificusque chalybs vasta fornace liquescit.
Ingentem clypeum informant unum omnia contra
Tela Latinorum, septenosque orbibus orbes
Impediunt, alij ventosis follibus auras
Accipiunt, redduntque : alij stridentia tingunt
Æra lacu, gemit impositis incudibus antrum.
Illi inter sese multâ vi brachia tollunt
In numerum, versantque tenaci forcipe massam.

Je vous ay dit que ceste piece estoit l'vne des plus belles qui soit en Virgile, & le disant je n'en veux autre tesmoignage que de luy, lequel au quatriesme de ses Georgiques, avoit inseré les cinq derniers vers qu'il reprent mot pour mot au huictiesme de son Æneide. Je vous veux mettre maintenant sur la monstre, les bucherons, charpentiers, & matelots embesongnez pour les navires de Francus, lors qu'il se preparoit de faire voile à sa fortune.

Incontinent par toute Chaonie
Se respandit une troupe infinie
De bucherons, pour renverser à bas
Maint chesne vieil, touffu à large bras.
Par les forests s'esquarte ceste bande,
Qui ore un Pin, ore un Sapin demande,
Guignant de l'œil les arbres les plus beaux,
Et plus duisants à tourner en vaisseaux.
Contre le tronc sonne mainte congnée,
D'un bras nerveux à l'œuvre embesongnée,

Qui mainte playe, & mainte redoublant,
Coup dessus, coup contre l'arbre tremblant,
A chef branlé, d'une longue traverse
Le fait tomber tout plat à la renverse,
Avec grand bruit. Le bois estant bronché
Fut par le fer artisan detranché,
Fer bien denté, bien aigu, qui par force
A grands esclats fit enlever l'escorce
Du tronc du Pin sur la terre estendu,
En longs carreaux, & en poutres fendu.
Pleine de bois la charrette attelée,
Va haut & bas par mont & par vallée :
Qui gemissant enroüé souz l'effort
Du pesant faix le versoit sur le bord.
Le manouvrier ayant matiere preste,
Or son compas, ores sa ligne apreste,
Soigneux de l'œuvre, & congnant à grands coups
Dedans les ais, une suitte de cloux,
D'un art maistrier, les vieux Sapins transforme,
Et de vaisseaux leur fait prendre la forme
Au ventre creux, & d'artifice pront
D'un bec de fer leur aiguise le front.
L'un allongeant le chanvre à toute force
Ply dessus le ply, entorce sur entorce,
Menant la voile aux haut, ores bas,
Fait l'atelage, & l'autre pend au mas
A double rang des aisles bien venteuses,
Pour mieux voguer sur les vagues douteuses,
Et peu passer sur l'eschine de l'eau
Plus tost que l'air n'est coupé d'un oiseau.
Incontinent qu'accomply fut l'ouvrage
Devant la proüe on beche le rivage
Comme un fossé large & creu pour passer
Les nefs qu'on veut dans le havre pousser.
Là maints rouleaux à la course glissante
Joints l'un à l'autre, au milieu de la sente
Sont estendus, affin qu'en se suivant
Les grands vaisseaux glissent en en avant
Dessus le bord, qui craquetant se vire
En rond chargé du faix de la navire.
Les matelots à la peine indomptez,
Deçà, delà, rangez des deux costez,
En trepignant du pied contre la place,
De mains, de bras, d'espaules, & de face
Poussoient les nefs pour les faire rouler :
Une sueur ne cesse de couler
Du front moiteux, une pantoise haleine
Bat leurs poulmons, tant ils avoient de peine,
A toute force en heurtant d'ebranler
Ces gros fardeaux paresseux à couler :
Mais à la fin les navires poissées
Dedans la mer tomberent eslancées
La mer son ventre en s'ouvrant leur presta,
Puis l'anchre croche, au bord les arresta.

Je ne veux pas dire que cette piece vienne au parangon de l'autre, si n'est-elle point à rejetter ; qui voudra balancer toutes les particularitez d'icelle. Mais si en contr'eschange j'ozois franchir le pas, & vous dire que nostre Poëte a eu quelquefois le dessus du Roman, m'estimeriez-vous heretique ? Jupiter courroucé, qu'Enée aneanty par les delices de Cartage, oublioit les advantages que le destin luy promettoit ; & sa posterité dedans l'Italie, luy envoya Mercure son Ambassadeur ordinaire, pour luy tanser aigrement de sa part, & luy faire retrouver les premieres brisées.

Dixerat : ille patris magni parere parabat
Imperio, & primum pedibus talaria nectit
Aurea, quæ sublimem alis, sive æquora supra,
Seu terram rapido pariter cum flumine portant.
Tum virgam capit : hac animas ille evocat Orco
Pallentes, alias sub tristia tartara mittit,
Dat somnos, adimitque, & lumina morte resignat :
Illâ fretus agit ventos, & turbida tranat
Nubila. Jamque volans apicem, & latera ardua cernis
Atlantis duri, cælum qui vertice fulcit,

Les Recherches de la France. LIV. VII.

Atlantis cinctum assiduè cui nubibus atris
Piniferum caput, & vento pulsatur, & imbri:
Nix humeros infusa tegit, tum flumina mento
Præcipitant senis & glacie riget horrida barba.
Hic primum paribus nitens Cyllenius alis
Constitit, hinc toto præceps se corpore ad undas
Misit, avi similis quæ circum littora, circum
Piscosos scopulos, humilis volat, æquora juxta:
Haud aliter terras inter cælumque volabat
Littus arenosum Libiæ, ventosque secabat,
Materno veniens ab avo Cyllenia proles.

Marguerite Royne de Navarre ayant toute sa vie combatu par sa vertu les venimeuses morsures de la chair, estant sur le point de mourir; Ronsard au cinquiesme livre de ses Odes introduit l'Ange qui par le commandement de nostre Seigneur Jesus-Christ descend en la terre pour enlever au Ciel l'ame de cette sage & vertueuse Princesse. En quoy il voulut en tout imiter le passage de Virgile par moy cy-dessus recité, & encores comme il estoit homme qui faisoit sagement son profit de tout ce qu'il lisoit, representant l'Ange habillé comme le Mercure de Virgile, il emprunta les mots de Talonnier, Capeline, & Verge, de Maistre Jean le Maire de Belges, qui affectoit de poëtiser dans sa prose, introduisant Mercure pour juger de la pomme d'or entre les trois Déesses. Oyons doncques maintenant Ronsard.

L'ange adoncques s'est lié,
Pour mieux haster sa carriere,
A l'un & à l'autre pié,
L'une & l'autre talonniere,
Dont il est porté souvent
Egal aux soupirs du vent,
Soit sur la terre, ou sur l'onde,
Quand sa roideur vagabonde
L'avalle outre l'air bien loing,
Puis sa perruque divine
Coiffa d'une capeline
Prenant sa verge en son poing.
De celle il est desermant
L'œil de l'homme qui sommeille,
De celle il est endormant
Les yeux de l'homme qui veille
De celle en l'air soustenu
Nagea tant qu'il est venu
S'aprocher sur la montagne
Qui defend la France & l'Espagne,
Mont que l'orage cruel
Bat tousjours de sa tempeste,
Tousjours en glaçant sa teste
D'un frimas perpetuel.
Delà se laissant pancher
A corps-elancé grand erre
Fondoit en bas pour trencher
Le vent qui raze la terre,
Deçà & delà vaguant,
A basses rames voguant,
Ores, coup sur coup mobiles,
Ores, quoyes & tranquiles,
Comme l'oiseau qui prend bas,
Et l'aisle au vent il ne plie,
Quand prés des eaux il espie
Le hazard de ses appas.

Je vous prie ne soyons vous & moy preoccupez, vous d'un respect que par fois avec trop de superstition nous portons à l'ancienneté: Moy d'un amour extraordinaire que chacun porte naturellement à sa patrie: Que si vous me permettez d'en dire ce que j'en juge, Ronsard en ces trois couplets voulut representer, par le premier ce que Virgile avoit attribué à Mercure, par le second soubs la description du mont-Pirené, celle de la montagne d'Atlas, & par le troisiesme l'oiseau qui volrige dessus les eaux: & en ces trois couplets, si j'en suis creu, je diray qu'entant que touche le premier, Ronsard va de pair & compagnon avecques Virgile: par le second il luy cede: mais quant au troisiesme, il passe d'un grand vol le vol de Virgile. J'adjousteray que l'oiseau de proye ne sçauroit mieux joüer de ses aisles en l'air, quand il aguette les poissons, que Ronsard a fait de sa plume pour figurer & mettre devant les yeux cest aguet. Vous me direz que Virgile en a esté l'inventeur, & Ronsard l'imitateur, & qu'il est aisé en adjoustant aux inventions de les rehausser. J'en suis d'accord, mais si j'ay cette recognoissance de vous, je demeure satisfaict & content. Parce qu'en ce faisant il faut tout d'une suitte recognoistre que nostre langage François ne manque de rien, non plus que le Latin, pour exprimer les belles conceptions, quand il tombe en bonne plume. C'est une chose familiere aux meilleurs Poëtes d'imiter ceux qui les ont devancez: Ainsi le fit Virgile à l'endroit d'Homere, ainsi l'a fait Ronsard à l'endroit du mesme Virgile: & cela mesme fut cause, que Macrobe anciennement ne douta de faire comparaison des vers de Virgile, avecques ceux d'Homere, les tenant diversement. Et de nostre temps Jules Scaliger en son Critique, livre, non à autre fin composé, que pour contrecarrer la Poësie de Virgile, non seulement aux autres Poëtes, mais aussi à celle d'Homere. Et toutesfois ne pensez pas sans user de Virgile pour patron, nous ne trouvions une infinité de belles pieces en Ronsard dont je me contenteray d'en reciter une ou deux pour toutes, & encores crain-je qu'en les recitant je n'attiedie le Lecteur par la longueur de ce chapitre. Au chant Pastoral qu'il fit sur le partement de Madame Marguerite sœur du Roy Henry deuxiesme, lors nouvellement mariée au Duc de Savoye, il depeint le Printemps, & la posture d'un pastre jouänt de sa musette.

Au mois de May que l'Aube retournée
Avoit esclose une belle journée,
Et que les voix d'un million d'oiseaux,
Comme à l'envy du murmure des eaux,
Qui haut, qui bas contoient leurs amourettes
A la rozée, aux vents, & aux fleurettes:
Lors que le ciel au Printemps se sourit,
Quand toute plante en jeunesse fleurit:
Quand tout sent bon, & que la riche terre
Ses riches biens de son ventre desserre
Toute joyeuse en son enfantement.
Errant tout seul, tout solitairement,
J'entre en un pré, du pré en un bocage,
Et du bocage en un desert sauvage,
Où j'advisay un pasteur qui portoit
Dessus le dos un habit qui estoit
De la couleur des plumes d'une gruë,
Sa panetierre à son costé pendue,
Estoit d'un loup, & l'effroyable peau
D'un ours pelu luy servoit de chappeau.
Lors appuyant un pied sur la houlette,
De son bissac, aveint une musette,
La met en bouche, & ses levres enfla,
Puis coup sur coup en haletant soufla
Et resoufla d'une forte halenée,
Par les poulmons reprise & redonnée.
Ouvrant les yeux, & dressant le soucy,
Mais quand par tout le ventre fut grossi
De la Chevrette, & qu'elle fut égale
A la rondeur d'une moyenne bale,
A coups de coulde en repousse la voix,
Puis çà, puis là, faisant saillir ses doigts
Sur le pertuis de la musette pleine,
Comme saisi d'une angoisseuse peine,
Pasle & pensif avec le triste son
De sa musette ourdit ceste chanson.

Je deffie toute l'ancienneté de nous faire part d'une piece mieux relevée, & de plus belle estoffe que cette cy. Entre tous les Poëmes de nostre Poëte je fais grand compte de ses Hymnes, & entre elles de celles des quatre saisons de l'année, & encores de celle de l'Or, & en cette cy de ce placard qui m'a semblé trés-beau.

On dit que Jupiter pour vanter sa puissance
Monstroit un jour sa foudre, & Mars monstroit sa lance,

Saturne

Saturne sa grand faux, Neptune ses grands eaux,
Apollon son bel arc, Amour ses traits jumeaux,
Bacchus son beau vignoble, & Cerès ses campagnes,
Flora ses belles fleurs, le Dieu Pan ses montagnes,
Hercule sa massuë, & brief les autres Dieux
L'un sur l'autre vantoient leurs biens à qui mieux mieux.
Toutesfois ils donnoient par une voix commune
L'honneur de ce debat au grand Prince Neptune,
Quand la terre leur mere, espointe de douleur
Qu'un autre par sur elle emportoit cest honneur,
Ouvrit son large sein, & au travers des fentes
De sa peau leur monstra les mines d'or luisantes,
Qui rayonnent ainsi que l'esclair du Soleil
Quand il luit au midy, lors que son beau resveil
N'est point environné de l'espais d'un nuage,
Ou comme l'on voit luire au soir le beau visage
De vesper la Cyprine, allumant les beaux crins
De son chef bien lavé dedans les flots marins.
Incontinent les Dieux eschauffez confesserent
Qu'elle estoit la plus riche, & flattans la presserent
De leur donner un peu de cela radieux
Que son ventre cachoit pour en orner les cieux.
Ils ne le nommoient point : car ainsi qu'il est ores
L'or pour n'estre cogneu ne se nommoit encores.
Ce que la terre fit, & prodigue honora
De son or, ses enfans, & leurs cieux en dora.
Adoncques Jupiter en fit jaunir son thrône,
Son sceptre, sa couronne, & Junon la matrône
Ainsi que son espoux son beau thrône en forma,
Et dedans ses patins par rayons l'enferma.
Le Soleil en crespa sa chevelure blonde,
Et en dora son char qui donne jour au monde :
Mercure en fit orner sa verge qui n'estoit
Auparavant que l'If : & Phœbus qui portoit
L'arc de bois, & la harpe, en fit soudain reluire
Les deux bouts de son arc, & les flancs de sa lyre :
Amour en fit son traict, & Pallas qui n'a point
La richesse en grand soin, en eut le cœur espoint,
Si bien qu'elle en dora le groin de sa Gorgonne,
Et tout le Corcelet qui son corps environne ;
Mars en fit engraver sa Hache & son Bouclier.
Les Graces en ont faict leurs demi-ceint boucler,
Et pour l'honneur de luy, Venus la Cytherée
Toujours depuis s'est faite appeller la dorée
Et mesmes la justice à l'œil si resfrongné,
Non plus que Jupiter ne l'a pas desdaigné :
Mais soudain cognoissant de cest or l'excellence
En fit broder sa robbe, & faire sa balance.

Je laisse une infinité d'autres beaux traicts qui se trouvent espandus par ses œuvres, lesquels font contrecarre à l'antiquité. Mais à quel propos tout ce que dessus ? Pour vous dire que nostre langue, graces à Dieu, n'est non plus souffreteuse que la Latine en tous les subjects qui se peuvent offrir, & au surplus que si nous avions beaucoup de Ronsards, nostre Poësie Françoise ne cederoit en rien à l'ancienne des Romains : veu que luy seul s'est diversifié en autant de genres de Poësie qu'il luy a pleu par un privilege special non commun à tous les autres Poëtes : En tous lesquels il s'est rendu admirable, & si je l'ose dire, l'outrepasse de tous les autres.

Pour cette cause dix ans auparavant son decés, je fis pour luy cest eloge qui est dedans le premier livre de mes Epigrammes Latins.

AD PETRUM RONSARDUM.

Seu tibi numeri Maroniani,
Seu placent Veneres Catullianæ,
Sive tu lepidum velis Petrarcham,
Sive Pindaricos modos referre,
Ronsardus numeros Maronianos,
Ronsardus Veneres Catullianas,
Nec non Ital cum refert Petrarcham,
Nec non Pindaricum refert leporem :
Quin & tam benè Pindarum æmulatur,
Quin & tam variè exprimit Petrarcham,
Atque Virgilium, & meum Catullum,
Hunc ipsum ut magis æmulentur illi.
Rursus tam graviter refert Maronem,
Ut nullus putet hunc Catullianum :
Rursus tam lepidè refert Catullum,
Ut nullus putet hunc Maronianum.
Et cum sit Maro, totus & Catullus,
Totus Pindarus, & Petrarcha totus,
Ronsardus tamen est sibi perennis.
Quod si nunc redivivus extet unus
Catullus, Maro, Pindarus, Petrarcha,
Et quotquot veteres fuere vates,
Ronsardum nequeant simul referre
Unus qui reliquos refert Poetas.

Et encores luy fis je present de son Epitaphe quatre ans devant qu'il decedast.

Has tibi viventi, magne ô Ronsarde, sacramus,
Quas nos defuncti solvimus inferias.
Haud aliter poteras donari hoc munere, ut in quem,
Invida mors nullum vendicat imperium.

Invention dont je suis tres-aise de vous faire part, combien qu'elles soient ailleurs enchassées. Il nasquit le 11. Sept. 1524. mourut le 27. Decembre 1585. en son Prioré de sainct Cosme prés de Tours, où il fut enterré à costé senestre de l'autel, si vous entrez dedans l'Eglise, sans qu'il y ait aucune remarque de tombeau, fors une vingtaine de carreaux neufs de brique, au milieu de plusieurs autres vieux. Qui fut cause qu'un jour de Sainct Marc, l'année mil cinq cens octante neuf, oyans vespres en ce lieu, poussé de son influence, ou bien d'un juste despit de voir ce grand personnage en une sepulture si pauvre, si sur le champ ceste autre Epitaphe, qui ne peut estre appropriée qu'à luy.

Si Latiis mundus, Graijs qui κόσμος habetur,
Atque tuus toto floret in orbe labor.
Dignius hoc, nullum poteras sperare sepulchrum,
In Cosmi sancta qui requiescis humo.

Et à l'instant mesme la traduisy en cette façon.

Si Cosme en Grec denote l'univers,
Et que ton nom embelly par les vers,
Passe bien loin les bornes du Royaume,
Tu ne pouvois choisir manoir plus beau,
Pour te servir, mon Ronsard de tombeau,
Que ce Sainct lieu, ainçois que ce Sainct Cosme.

Je devois cela, & à sa memoire, & à l'amitié que nous nous portions l'un à l'autre : Encores ne me veux-je estancher en luy. De toute cette grande compagnie qui mit la main à la plume sous le Roy Henry II. ils en restoient quatre, Theodore de Beze, Pontus de Tiard, Louys le Charond & moy, si toutesfois je merite d'estre enrollé en ce catalogue. De ces quatre, les deux premiers sont de fraische memoire decedez, & les deux derniers pleins de vie. Et par ce que les deux premiers eurent quelques conformitez de rencontres, toutesfois sous diverses Religions, je ne douteray de donner icy à chacun d'eux son Eloge. Beze pendant sa jeunesse fit divers Poëmes François, & Latins, qui furent tres-favorablement embrassez par toute la France : Et singulierement ses Epigrammes Latines, dedans lesquelles il celebroit sa Maistresse sous le nom de Candide. Et l'an mil cinq cens quarante huit, changeant de Religion, il fit contenance de les mespriser, & s'habitua à Lozanne, où pour trouver moyen de vivre, il enseigna la langue Grecque & les lettres humaines aux gages de la ville. Quelques années aprés appellé au Ministeriat de Geneve, il fut employé aux principales charges, tant de la ville, que de leur Religion, & de faict lors qu'elle commença d'estre preschée à face ouverte en cette France, ce fut luy qui ouvrit le pas au grand Colloque de Poissy, devant le Roy Charles neufviesme. Depuis retiré à Geneve, il composa plusieurs livres à sa guize sur la Saincte Escriture. Et encores eut cest honneur de baiser les mains

mains de nostre Grand Roy Henry IV. de ce nom, lors de la demolition du fort de Saincte Catherine, fascheuse bride aux habitans de Geneve. Enfin mourut aagé de quatre vingts six ans, le 13. Octobre mil six cens six, lendemain de la grande Eclipse du Soleil. Quant à nostre Pontus de Tiard il composa en sa jeunesse ses Erreurs amoureuses, se joüant sur ce mot d'erreurs, à cause de son nom de Pontus. Et sous ce gage acquit tel credit entre les Poëtes, que Ronsard luy donnoit l'honneur d'avoir esté le premier introducteur des Sonnets en cette France : & moy mesme au second livre de mon Monophile l'agregeay en tiers-pied avec Ronsard & Bellay : Toutesfois depuis, il quitta la Poësie, & en son lieu embrassa, tant la Philosophie, que Mathematiques. Et sur cette opinion traduisit en nostre langue les Dialogues de Leon Hebrieu de l'Amour. Livre qui sous les discours de l'amour comprend toute la Philosophie : Et pareillement composa son Solitaire, ou de l'Univers, plein de tres-grande erudition & doctrine. Continuant ses estudes de cette façon, il fut fait Evesque de Chalon sur Saone en l'an 1571. & de là en avant adonna tout son esprit à nostre Theologie, sur laquelle il fit quelques livres que j'ay eu autrefois en ma possession, entre lesquels est l'Homilie tres-belle sur la Paternostre. Employé en toutes les affaires du Clergé de la Province de Bourgongne, où son Evesché estoit assise. Et sur tout il me souviendra qu'estant le premier des Deputez du Clergé de sa Province en l'assemblée des Estats qui fut tenuë dedans la ville de Blois l'an 1588. luy seul se rioit pour le service du Roy, contre le demeurant du Clergé, lequel en ses communes deliberations ne respiroit que rebellion, & avilissement de la Majesté de nos Roys. J'en puis parler comme celuy qui le voyois lors de deux ou trois jours l'un. Et parce qu'il voyoit une tempeste generale à laquelle nous estions de nous mesmes par nostre mal-heur portez, il estima, comme le sage Nautonnier, devoir caller la voile en l'ancienneté de son aage : Partant sous le bon plaisir du Roy Henry III. il se demist de son Evesché entre les mains de Messire Cesar de Tiard son nepveu, personnage de singuliere recommandation & merite. Menant de là en avant une vie quoye, & tranquille au milieu des troubles. Enfin mourut aagé de quatre-vingts-trois ans au mois de Septembre en l'année mesme que Beze : Ayant gaigné le devant sur luy en l'autre monde, d'un mois. Theodore de Beze pour le grand rang qu'il tenoit entre les siens, n'a point manqué de paranymphes aprés sa mort, mesmes Antoine Faye l'un de ses compagnons au Ministeriat, a escrit amplement sa vie en beau Latin, au bout de laquelle il y a plusieurs Epitaphes en langue Hebraïque, Grecque & Latine. Et vrayement je serois ingrat si je ne rendois pareil devoir à nostre Ponthus de Tiard, qui m'aimoit, & que j'honorois. C'est pourquoy je luy ay voulu dresser ce Tombeau, tant en vers François que Latins, avec l'anagramme de son nom.

Aprés avoir chanté d'un doux utile vers
De ton jeune Printemps les Erreurs amoureuses,
De là sur ton esté par œuvres plantureuses
Representé au vif tout ce grand univers :
 Depuis creé Prelat, changeant de ton divers,
Tu combatis hardy par armes genereuses,
De ce siecle maudit les erreurs mal-heureuses,
Grand Hercule meurtrier de nos Monstres pervers,
 Orateur non pareil, admirable Poëte,
Divin Prelat tu fis sur ton Hyver retraitte,
Choisissant successeur l'honneur de nostre temps,
 Voilà comment Ponthus tu menas vie calme,
Et comme des Prelats tu emportas la Palme,
Ayant heureux vescu quatre-vingts & trois ans.

Je pense avoir par ce sonnet discouru tout au long le cours de sa vie : Ce quatrain Latin en fera autant, mais en moins de paroles.

Ponthus Tiardeus.
Tu Dei pastor unus.
Mellito invenis versu qui lusit amores,
In Mathematicis artibus emicuit,
Idem etiam sanctis excelluit ordine libris :
 Hospes nil mirum est, omnia Ponthus erat.

Je ne pouvois graver dans un marbre plus seur & fidelle que cestuy l'honneur que je porte à sa memoire.

CHAPITRE XI.

Que nostre langue est capable des vers mesurez, tels que les Grecs & Romains.

OVide en quelque endroict de ses Regrets, qu'il intitule *De Tristibus*, dit qu'estant banny en la Scythie, pour tromper son malheur, avoit appris de faire des vers à la Romaine, en ce langage Gosse, & Barbare. Je ne dispute point si la forme des vers Latins avecques pieds longs & courts est meilleure que nos rimes. Ce que j'entends maintenant deduire est de sçavoir si nostre langue Françoise en est capable. Quant à cela il n'en faut point faire de doubte, mais je souhaite que quiconque l'entreprendra soit plus né à la Poësie, que celuy qui de nostre temps s'en voulut dire le maistre. Cela a esté autrefois attenté par les nostres, & peut estre non mal à propos. Le premier qui l'entreprit fut Estienne Jodelle en ce distique qu'il mist en l'an mil cinq cens cinquante trois, sur les œuvres Poëtiques d'Olivier de Magny.

Phœbus, Amour, Cypris, veut sauver, nourrir, & orner,
Ton vers, & chef, d'umbre, de flamme, de fleurs.

Voilà le premier coup d'essay qui fut fait en vers rapportez, lequel est vrayement un petit chef-d'œuvre. Ces deux vers ayans couru par les bouches de plusieurs personnages d'honneur, le Comte d'Alcinois en l'an mil cinq cens cinquante cinq, voulut honorer la seconde impression de mon Monophile de quelques vers Hendecasyllabes, dont les cinq derniers couloient assez doucement.

Or quant est de l'amour amy de vertu,
Don celeste de Dieu, je t'estime heureux
Mon Pasquier, d'en avoir fidellement faict,
Par ton docte Labeur, ce docte discours ;
Discours tel que Platon ne peut refuser.

Quelques années aprés devisant avecques Ramus, personnage de singuliere recommandation, mais aussi grandement desireux de nouveautez, il me somma d'en faire un autre essay de plus longue haleine que les deux precedens. Pour luy complaire je fis en l'an 1556. cette Elegie en vers Hexametres & Pentametres.

Rien ne me plaist sinon de te chanter, & servir & orner
Rien ne te plaist mon bien, rien ne te plaist que ma mort.
Plus je requiers, & plus je me tiens seur d'estre refusé,
Et ce refus pourtant point ne me semble refus.
O trompeurs attraicts, desir ardent, prompte volonté,
Espoir, non espoir, ains miserable pipeur.
Discours mensongers, trahistreux œil, aspre cruauté,
Qui me ruine le corps, qui me ruine cœur.

Pourquoy

Pourquoy tant de faveurs t'ont les Cieux mis à l'abandon,
Ou pourquoy dans moy si violente fureur ?
Si vaine est ma fureur, si vain est tout ce que des cieux
Tu tiens, s'en toy gist cette cruelle rigueur :
Dieux patrons de l'amour bannissez d'elle la beauté,
Ou bien l'accouplez d'une amiable pitié :
Ou si dans le miel vous meslez un venimeux fiel,
Vueillez, Dieux, que l'amour r'entre dedans le Chaos :
Commandez que le froid, l'eau, l'Esté, l'humide, l'ardeur :
Brief que ce tout par tout tende à l'abisme de tous,
Pour finir ma douleur, pour finir cette cruauté,
Qui me ruine le corps, qui me ruine le cœur,
Non helas que ce rond soit tout un sans se rechanger,
Mais que ma Sourde se change, ou de face, ou de façons :
Mais que ma Sourde se change, & plus douce escoute les voix,
Voix que je seme criant, voix que je seme, riant.
Et que le feu du froid desormais puisse triompher,
Et que le froid au feu perde sa lente vigueur :
Ainsi s'assopira mon tourment, & la cruauté
Qui me ruine le corps, qui me ruine le cœur.

Je ne dis pas que ces vers soient de quelque valeur, aussi ne les mets-je icy sur la monstre en intention qu'on les trouve tels : bien estime-je qu'ils sont autant fluides que les Latins : & à tant veux-je que l'on pense nostre Vulgaire estre aucunement capable de ce subject.

Cette maniere de vers ne prit lors cours, ains aprés en avoir faict part à Ramus, je me contentay de les mettre entre les autres joyaux de mon estude, & les monstrer de fois à autres à mes amis. Neuf ou dix ans aprés, Jean Antoine de Baïf marry que les Amours qu'il avoit premierement composez en faveur de la Meline, puis de Francine, ne luy succedoient envers le peuple de telle façon qu'il desiroit, fit vœu de ne faire de là en avant que des vers mesurez : (ainsi appellons nous ceux ausquels nous voulons representer les Grecs & Latins) toutesfois ne ce subject si mauvais partain que non seulement il ne fut suivy d'aucun, mais au contraire descouragea un chacun de s'y employer. D'autant que tout ce qu'il en fit estoit tant despourveu de cette naïfveté, qui doit accompagner nos œuvres, qu'aussi-tost que cette sienne Poësie vit la lumiere, elle mourut comme un avorton.

Or ces vers par moy cy-dessus recitez, representent en nostre langue les vers Grecs & Latins, esquels on considere la proportion des pieds longs & briefs seulement : toutesfois je ne sçay comment la douceur de la rime s'est tellement insinuée dedans nos esprits, que quelques-uns estimerent que pour telle maniere de vers agreable, il y falloit encores adjouster par supplement la rime au bout des mots : Le premier qui nous en monstra le chemin fut Claude Butet dedans ses œuvres Poëtiques, mais avec un assez mal-heureux succés.

Prince des Muses, Joviale race,
Vien de ton beau mont, subit de grace,
Monstre-moy les jeux de la Lire tienne
Dans Militenne,

Le demeurant de cet Ode contient sept couplets que je ne vous veux icy representer, par ce que je ne la trouve pas bonne. Et de faict en ce premier couplet vous y trouvez deux fautes notables. L'une qu'il fait l'E feminin long par la rencontre de deux consonantes qui le suivent : en quoy il s'abusoit : parce que cest E n'est qu'un demy son que l'on ne peut aucunement rendre long : l'autre que quand cest E tombe en la fin du vers, il n'est point compté pour une syllabe, comme il a voulu faire. Il me suffit seulement de vous dire, qu'il fut le premier autheur de nos vers mesurez rimez. Bien vous diray-je qu'il choisit sagement les vers Saphiques. Car si nous avions à transplanter en nostre vulgaire quelques vers Latins, il faudroit que ce fussent principalement ceux qui sont d'unze syllabes, que nous appellons tantost Phalences, tantost Saphiques. Il n'y a rien de si mignard que tels vers. Chose que l'Italien reconnoissant, a formé toute sa Poësie pour eux. Vray que ç'a esté sans consideration des syllabes briefves, ou longues : Car cela luy eust trop cousté, se contentant seulement de la rime au bout des unze sylla-

bes. Ce que Ronsard a voulu representer en une Ode qui se commence.

Belle, dont les yeux doucement m'ont tué
Par un doux regard qu'au cœur ils m'ont rué,
Et m'ont en un roc insensible mué
En mon poil grison.

Et en une autre, dont le premier couplet est tel :

Ny l'aage, ny sang ne sont plus en vigueur,
Les ardents pensers ne m'eschauffent le cœur,
Plus mon chef grison ne se veut enfermer
Sous le joug d'aimer.

En ces deux pieces que l'on pourra lire tout au long dans le 5. de ses Odes la rime est tres-riche sans pieds, & neantmoins vous voyez qu'ils ne sont pas sans quelque grace : En l'Ode de Butet la faute visible qui s'y trouve, est que tous ses vers clochent du pied. Et c'est pourquoy en l'an mil cinq cens septante huict, dedans mes œuvres Poëtiques, qui estoient adjoustées au bout de mon Monophile, je voulus faire ces Hendecasyllabes en vers rimez, & mesurez.

Tout soudain que je vis Belonne vos yeux,
Ains vos rais imitans cet astre des Cieux,
Vostre port grave doux, ce gracieux ris,
Tout soudain je me vis Belonne surpris,
Tout soudain je quittay ma franche raison,
Et peu caut je la mis à vostre prison :
Mais soudain que je vis Belonne tes yeux,
Ains tes deux Baselics estincelans feux,
Ton port plein de venin, ce traistre soubris,
Tout soudain je cogneu de m'estre mespris ;
Tout soudain je repris ma serve raison,
Et plus caut la remis dedans sa maison :
Et si comme ton œil premier me lança
Un feu, aussi ton œil second me glaça.
Or Adieu Amour, Adieu je m'en voy,
Si le froid & le chaud tu couvres en toy,
En vain veux-je du feu d'Amour me chauffer,
En vain vieil de l'Amour je veux triomfer,
En vain veux-je mener l'Amour à douceur,
En vain fais-je voyage avec luy seur,
Et constant en amour me veux-je ronger,
S'il est jeune, cruel, aveugle, leger.

De tout cet Epigramme je ne demanderay pardon au lecteur, sinon du mot Leger, dont j'ay faict la premiere syllabe longue, combien que la pense briefve : faute toutesfois excusable, & en laquelle j'ay plustost choisi de tomber, que de perdre la pointe du dernier vers, qui se rapporte aux quatre precedens. Depuis, Jean Passerat, homme duquel on ne sçauroit assez honorer les vers, soient Latins, ou François, quand il en a voulu faire, fit un Ode en vers Saphiques, qui est telle :

On demande en vain que la serve raison
Rompe pour sortir, l'amoureuse prison,
Plus je veux briser le lien de Cypris,
Plus je me voy pris.
L'esprit insensé ne se paist que d'ennuis,
Plaintes, & sanglots, ne repose les nuits,
Pour guerir ces maux que l'aveugle vainqueur
Sorte de mon cœur.
Pren pitié des tiens, tire hors de mon flanc
Tant de traits lancez, enyvrez de mon sang,
Moindre soit l'ardeur de ton aspre flambeau
Archerot oiseau.
Ou si mon tourment renouvelle tousjours,
Il me faut trencher le filet de mes jours,
Sur ce traistre enfant je seray le plus fort,
Quand je seray mort.

Le mesme Passerat fit une autre Ode telle qu'est celle d'Horace, qui se commence, *Miserum est neque amori dare ludum.*

Ce petit Dieu colere, leger Oyseau,
A la parfin ne me lairra que le tombeau,

Si du grand feu que je nourry ne s'amortit la vive ardeur,
Un esté froid, un hyver chaud, me gele, & fond,
Mine mes nerfs, glace mon sang, ride mon front,
Je me meurs vif ne mourrant point, je me seiche au temps de
ma verdeur.
Sotte trop tard à repentir tu te viendras,
De m'avoir faict ce mal à tort tu te plaindras,
Tu attens donc à me chercher remede, un jour que je mourray.
D'un amour tel meritoit moins la loyauté,
Que de gouster du premier fruit de ta beauté,
Je le veux bien, tu ne veux pas, tu le voudras, je ne pourray.

Nicolas Rapin Lieutenant Criminel de robbe courte dans Paris, homme qui sçait aussi bien s'aider de la plume en vers Latins, & François, que de l'espée, quand la necessité de son estat le requiert, entre autres Epitaphes faits en l'honneur de Pierre de Ronsard, le voulut honorer de cestuy que je veux icy inserer tout de son long: Car c'est une piece qui me semble le meriter, tant en l'honneur de celuy qui l'a faite, que pour celuy qu'elle fut faicte.

ODE SAPHIQUE RIMÉE.

Vous qui les ruisseaux d'Helicon frequentez,
Vous qui les jardins solitaires hantez,
Et le fonds des bois, curieux de choisir
L'ombre & le loisir.
Qui vivant bien loing de la fange & du bruit,
Et de ces grandeurs que le peuple poursuit,
Estimez les vers que la muse après vous
Tremp de miel doux.
Eslevez vos chants, redoublez vostre ardeur,
Soufflez vos voix d'une brusque verdeur.
Dond l'accord montant d'icy jusques aux Cieux,
Irrite les Dieux
Nostre grand Ronsard, de ce monde sorty,
Les efforts derniers de la Parque sentiz:
Ses fauteurs n'ont peu le garentir enfin
Contre le destin:
Luy qui put des ans, & de l'aage vaincus
Susciter Clovis, Pharamond, & Francus,
Qu'un poil cercueil recelout, & leur los
Moindre que leurs os:
Luy qui put des morts rallumer le flambeau,
Et le nom des Roys retirer du tombeau,
Imprimant ses vers par un art maternel,
D'un style eternel:
Bien qu'il eust neuf sœurs qui soutenoient le garder,
Il ne put les trois de là bas retarder,
Qu'il ne fust forcé de la fiere Clothon,
Hoste de Pluton.
Maint nam bien prés de la troupe des grands
Fondateurs, guerriers de la gloire des Francs,

On le voit pensif paravant qu'aborder
Son Luth accorder:
Mais si tost qu'on l'oit reciter de ses vers,
Virgile au combat cede les Lauriers verds,
Orphée, & Linus, & Homere font lieu,
Ainsi qu'à un Dieu.
Il va leur contant comme lors de son tans
Nos civils discords alumez de vingt ans,
Par tout ont remply le royaume d'erreur,
D'armes & d'horreur.
Il va leur chantant le peril, & danger
Du Troyen Francus, valeureux estranger,
Qui devoit aux bords de la Seine à bon port
Eslever un fort.
Ja le Rhin forclus se couvroit de vaisseaux,
Et le Loir enfloit le canal de ses eaux,
Sous ce grand guerrier, qui d'Hiante avoit pris
L'ardeur à mespris.
Ja Paris monstroit le sommet de ses tours,
Quand le sort rompit le milieu de son cours,
Il ne pleut aux Dieux que d'un homme fust fait
Ouvre si parfait:
Ainsi d'Apelles de la Parque surpris
Fut jadis laissé le tableau de Cypris,
Nul depuis n'osant sa besongne attenter,
Pour la remonter.
Quel de nous pourra renoüer ce tissu,
Concevant l'ardeur que son ame a conceu,
Quel de nous pourra de ce docte portraict
Contrefaire un traict?
Grand Damon François, digne chantre des Dieux,
Qui premier passas la loüange des vieux,
Sans second, sans pair, & la Grece vainqueur,
Prince du sainct chœur.
Vandomois harpeur, qui mourrant ne mourras,
Mais de loin nos pleurs & ton aise verras,
Oy ce sainct concert, & retiens avec toy
L'ombre de ton Roy.
Puisse ton tombeau leger estre à tes os,
Et pour immortel monument de ton los,
Les Oeillets, les Lys, le Lierre à maint tour,
Croissant à l'entour.

Et certes si ces deux beaux esprits, j'entens Rapin, & Passerat, eussent entrepris ceste querelle, tout ainsi comme fit Baïf, ils en fussent venus à chef. Il n'y a rien en tout cela que beau, que doux, que poly, & qui charme malgré nous nos ames. Paravanture arrivera-il un temps, que sur le moule de ce que dessus, quelques-uns s'estudieront de former leur Poësie. Vray qu'il y a un point qui m'en fait desesperer, c'est que la douceur de nostre langue despend tant de l'E masculin que feminin: Or pour rendre ceste Poësie accomplie, il faut du tout bannir de la fin des vers, l'E feminin, autrement il sera trop long ou trop court.

CHAPITRE XII.

De quelques jeux Poëtics, Latins & François.

JE veux que tout ce Chapitre ne me soit qu'une boufonnerie: Car pourquoy envierons-nous à nostre Poësie Françoise divers Jeux, si les Romains mesmes s'en dispenserent quelquefois? Je recognoistray que tant que la Poësie Latine fut en sa pleine fleur sous Catule, Virgile, Horace, Ovide, Tibulle & Properce, telles plaisanteries n'estoient en usage: mais les survivans ne pouvans atteindre à leur parangon, s'en voulurent revanger par des jeux Poëtiques, (ainsi les veux-je appeller) ausquels ils se rendirent admirables.

Celuy de tous les Poëtes Latins qui s'y esgaya d'avantage, fut Ausone, lequel au milieu d'une infinité de Poëmes de prix, nous voulut servir de ceux cy, premierement de ces vers qui commençoient, & finissoient par Monosyllabes, & dont le commencement du suivant estoit emprunté de la fin du precedent.

Res hominum fragiles, agit, & regit, & perimit Sors,
Sors dubia, æternumque labans, quam blanda fovet Spes,
Spes nullo finita ævo, cui terminus est Mors,
Mors avida, infernâ mergit caligine, quam Nox,

Je vous passe le demeurant qui est de douze vers. Il en fit un autre de quatre vingts dix-huit d'une trempe, mais d'une mesme si exacte superstition.

> Æmula Diis, naturæ imitatrix, omniparens Ars,
> Pacato ut studeat labor hic meus, esto operi Dux,
> Arcta, inamœna licet, nec carminibus Lex,
> Indice sub tantâ fandi tamen accipiet Jus
> Quippe ut ridiculis data gloria, ni prohibet Fors.

Il n'est pas que puis après il ne se joüe en 27. carmes sur toutes les lettres Grecques, & Latins Monosyllabes.

> Dux elementorum studiis viget in Latiis A,
> Et suprema notis adscribitur Argolicis Ω

Au contraire au lieu des Monosyllabes portez par tous ces petits Poëmes, il en fait un autre en vers Hexametres, qui finissent tous par des mots de cinq syllabes.

> Spes Deus æterna stationis conciliator,
> Si castis precibus veniales invigilamus,
> Sis pater oratis placabilis adstipulare,
> Da Christe specimen cognoscere in reprehensum,
> Rex bone cultorum famulorum vivificator.

Et de ceste façon y en a 42. en son Edille 29. J'adjousteray le Poëme qu'il fit du nombre Ternaire, & le Centon nuptial, qui est composé de diverses pieces de Virgile, & neantmoins de telle grace, comme si l'on n'avoit rien emprunté de luy. Ce que du temps de nos Peres fit aussi Lælius Capilupus en la plus part de ses Poëmes Latins.

La posterité adjousta à ces jeux Poëtiques Latins, l'Echo, dont j'estime Joannes Secundus avoir esté le premier inventeur dans son Bocage, en un Dialogue où il introduit le Passant & Echo entre-parleurs, où le Passant commence ainsi:

> O quæ diva cavos colis recessus,
> Sylvarumque regis domos opacas.

Et après poursuivant sa route il dit en ceste façon,

> Dic, oro, poterit quid impotenti
> Seros ponere limites amori?
> Ech. MORI. Viat. Dij meliora, sic ne nobis
> Ad canos igitur dies manebunt,
> Et canos quoque non dies relinquent,
> Singultus, lachrymæ, gravesque voces:
> Aut mox abjicienda prima vita est:
> Ech. ITA EST.

Et ainsi va le demeurant que j'ay voulu representer plus estroitement au 2. de mes Epigrammes.

> Hic ego dum solus meditans longa avia sector,
> En age, dic Echo, domine quis major honos? NOS.
> Ergo Fabulla sonis poterit me perdere multa? ULTA.
> Sed heu sodes recita qua caussa mali hujus? JUS.
> An quod me etiam volui sacrare Sabinæ? NÆ.
> Is fructus binis est inservire puellis? IS.
> Sic ipse meæ sortis miseranda lues? ES.
> Quæ Venus inde meis hæret mala sana medullis? LIS.
> Saltem ut valeam me me ablegabo peregrè? ÆGRE.
> Tandem igitur spes est gaudere Fabullâ? BULLA.
> Vah pereas abs te discedimus. IMUS.

J'ay faict cest autre suivant, qui ne doit rien à son frere aisné. Par le premier je gouverne Echo de mes Amours, par le second, je la gouverne des siennes.

> Te fugit, ingratum sequeris miserabilis Echo:
> Quis furor? UROR, ait: Quis tibi clamor? AMOR.
> Quid si conveniam Narcissum inter nemora? ORA.
> Auxilio ne tibi me fore reris? ERIS.
> Obsequar, atque viam celerabo quam subito. ITO.
> Quæ te res torquent plus in amore? MORÆ.

> Utere consilio, si te fugit, huncce fuge, EUGE.
> Non facis? O quam te spes vaga fallit. ALIT.
> Is cum te fugiat, fugienti, quæ rogo, spes? PES.
> Ergo ne non ullo tempore stabit? ABIT.
> Nulla igitur cum spes tibi quid succurret Amans? MENS.
> Jam satis, hac ego te desero vale. VALE.

Ne pensez pas que nostre Poësie Françoise n'ait ses jeux aussi bien que la Latine. Quant à moy, si j'en estois creu je mettrois au rang d'iceux, les Vers mesurez François. Car d'en vouloir faire des livres entiers de Poësie, encores que nostre langue en soit capable, si ne pense-je que cela succedast à son Autheur, comme nos Rimes.

Je mettrois volontiers entre nos jeux Poëtics ce Sonnet de du Bellay, auquel il s'est joüé sur ces deux paroles, vie & mort, n'estoit que c'est une belle & saincte Oraison qu'il fait à Dieu.

> Dieu qui changeant avec l'obscure mort
> Ta bien-heureuse & immortelle vie,
> Fus aux pecheurs prodigue de ta vie,
> Pour les tirer de l'eternelle mort.
> Que la pitié compagne de ta mort
> Guide les pas de ma fascheuse vie,
> Tant que par toy à plus heureuse vie,
> Je sois conduit esloigné de la mort.
> Avise-moy pour faire que ma vie
> Ne soit noyée aux ondes de la mort
> Qui me bannit d'une si douce vie.
> Oste la palme à ceste injuste mort,
> Qui vient, qui veut triompher de ma vie,
> Et morte soit tousjours pour moy la mort.

Or tout ainsi que le Poëte Ausone se joüe sur des Monosyllabes, aussi nous le renviasmes à meilleures enseignes sur luy, parce qu'au lieu de ses Monosyllabes, qui ferment & ouvrent les vers, se trouve une Elegie de 42. carmes, inserée par Estienne Tabourot dans ses Bigarrures, qui est toute composée de Monosyllabes, dont je coucheray icy les huit premiers vers.

> Mon cœur, mon heur, tout mon grand bien,
> A qui je suis plus tien que mien,
> Presque je ne voy sous les Cieux,
> Rien plus beau, ny cher à mes yeux,
> Mon cœur qui seul fais que je suis,
> Qui fais qu'en un grand heur je vis,
> Mon cœur que Dieu pour mon bien fit,
> Mais de qui le nom ne se dit.

Outre cela, Clement Marot representa dans une sienne Chanson les jeux d'Ausone, mais d'une telle gayeté, qu'elle semble effacer le Latin.

> Dieu gard ma Maistresse & Regente,
> Gente de corps, & de façon,
> Son cœur tient le mien en sa tente
> Tant & plus d'un ardent frisson.
> Son m'oit pousser sur ma Chanson,
> Son de Luts, ou Harpes doucettes,
> C'est espoir qui sans marrisson
> Songer me fait en amourettes.
> La blanche Colombelle belle
> Souvent je vais priant criant.
> Mais dessous la cordelle delle,
> Me jette un œil friant, riant
> En me consonant, & sonnant
> A douceur, qui ma face efface
> Dont suis le reclamant amant,
> Qui pour l'outrepasse trespasse.
> Dieu des amans de mort me garde
> Me gardant donne moy bon-heur,
> En me le donnant pren ta darde,
> En la prenant navre son cœur,
> Et le navrant me tiendras seur,
> En seurté suivray l'accointance,

En l'accointant ton serviteur,
En servant aura joüyssance.

Un esprit sombre se mocquera de ces rencontres, mais quant à moy je ne pense rien de si beau, mesmes que le dernier couplet, où par une belle gradation, Marot met sa plume à l'essor, jusques à ce qu'il vient fondre au point tant desiré par les amans. L'autheur de l'art Poëtique qui fut du temps du Roy Louys XI. appelloit Taille de Rime à queuë simple, quand la queuë du vers precedant estoit semblable en voix, au commencement de l'autre suivant, & divers de signification, comme est le premier couplet de cette Chanson : Et encores appelloit Taille de rime à double queuë, quand la penultiesme & derniere syllabes avoient deux paroles diverses, toutesfois de mesme terminaison, comme vous voyez au second couplet. Ceste Chanson estoit belle pour une fois : s'il en eust voulu faire mestier & marchandise, comme celuy dont je parleray cy-apres, il se fust rendu ridicule. Nous avons une autre maniere de jeu, qui provient de vers equivoquez. En quoy je puis dire que nous n'appellons pas Equivoque, ainsi que le Latin, quand un mesme mot a double signification : mais quand d'un, nous en faisons deux, qui se rencontrent en mesme terminaison. Il y a une Epistre du mesme Marot, où en bouffonnant sur le mot de rimer, il le diversifia en vingt & six sortes.

En m'esbatant je fais Rondeaux en rime,
Et en rimant bien souvent je m'enrime
Bref, c'est pitié entre nous rimailleurs,
Car vous trouvez assez de rime ailleurs :
Et quand voulez, mieux que moy rimassez,
Des biens avez, & de la rime assez :
Mais moy avec rime, & ma rimaille,
Je ne soustien (dont je suis marry) maille.
Or ce me dit un jour quelque Rimart,
Viens-çà, Marot, trouve-tu en rime art,
Qui serve aux gens, toy qui as rimassé ?
Ouy vrayement (dis-je) Henry Macé.
Car vois-tu bien la personne rimante,
Qui au jardin de son sens la rime ente,
Si elle n'a des biens en rimoyant :
Elle prendra plaisir en rime oyant :
Et m'est advis que si je ne rimois,
Mon pauvre cœur ne seroit nourry mois,
Ne demy jour : Car la moindre rimette
C'est le plaisir où faut que mon ris mette.
Si vous supply qu'à ce jeune Rimeur
Fassiez avoir un jour par sa rime heur,
Afin qu'on die en prose ou en rimant,
Ce Rimailleur, qui s'alloit enrimant,
Tant rimassa, rima, & rimonna,
Qu'il a cogneu quel bien par rime on a.

C'est une gayeté entre ses œuvres, dont j'ay pensé vous devoir faire part, encore que paravanture quelques-uns en voudront faire mal leur profit. Le regne du Roy François I. de ce nom, porta un Guillaume Cretin, Chantre de la saincte Chapelle de Paris, & Thresorier de celle du Bois de Vincennes, qui avoit veu trois Rois, Charles VIII. Louys XII. & François I. comme je recueille par ses œuvres, & estoit fort ancien soubs François I. ce qui le faisoit respecter par les plus jeunes. Marot fait estat de luy, comme d'un souverain Poëte, & luy dedie ses Epigrammes en cette façon.

L'homme sotart, & non sçavant,
Comme un Rotisseur qui lave oye,
La faute d'autruy nonce avant
Qu'il la cognoisse, qu'il la voye :
Mais vous de haut sçavoir la voye
Sçaurez par trop mieux excuser
D'aucun erreur si fait l'avoye,
Qu'un amoureux de musc user.

Qui est le premier de tous ses Epigrammes, & paravanture le plus foible, je dirois volontiers ridicule, m'estant esmerveillé mille fois, pourquoy il n'y a rien qu'une affectation d'equivoques : Toutesfois aprés avoir leu les œuvres de Cretin, non seulement je l'excusay, mais loüay la gentillesse de son esprit : D'autant qu'il dedioit son livre à un homme, duquel toute l'estude ne gisoit qu'en equivoques : Et c'est pourquoy en la plainte qu'il fit sur la mort du genereux Preud'homme, il dit qu'aux champs Elisiens, entre les autres Poëtes François, il y trouva le bon Cretin au vers Equivoque. Et parce qu'il fut l'unique en ce sujet, je vous en representeray icy quelques placards : en une oraison qu'il addressa à Saincte Genevielve.

Si quelques-fois ay renom merité
Du los dont peut, estre un homme herité :
Doux Orateur en prose, ou bien par mettre,
Et si le temps porte loy de permettre
Que mon vouloir de prier or ait son,
Ne dois-je pas par devote oraison,
Ma plume & moy, d'affection fervente
Monstrer bon zele, & plus ne faire vente
De mes escrits curieux, & mondains,
Pour en cela tant complaire au monde, ains
Le Createur servir de corps, & d'ame ?
C'est la raison, Benoiste & saincte Dame.

Ainsi va tout le demeurant de l'oraison qui est de trente six vers. Plus il alla sur l'aage, plus il s'adonna à ce sujet, y apportant tousjours quelque nouvelle grotesque. Vous trouverez une Epistre qu'il addresse à Honorat de la Jaille estre telle :

Par ces vins verds Atropos a trop os
Des corps humains ruez envers envers,
Dont un quidam aspre aux pots, à propos
A fort blasmé ses tours pervers par vers.

Faisant aller de ceste façon toute la suite, qui est de six vingts six vers : & dans un autre qu'il envoye à François Charbonnier, lors malade en la ville de Han ; qu'il aimoit comme s'il eust esté son enfant, aussi est-ce luy qui aprés le decez de Cretin fit imprimer toutes ses œuvres.

Six par escrits j'ay sçeu qu'un jour à Han
Fit pareils cris qu'homme qui souffre ahan,
Portant le faix de guerre, & ses alarmes,
Portant le faix qu'elle provoque à larmes.
Tes doux yeux ses, & sur eux l'eau tost rend,
Tels douze excez (plus soudain que torrent
Laisse courir son cours) perdroient tes forces,
Les secourir est besoin que t'esforces.

Tout le demeurant de la lettre est de ceste trempe, qui est de 120. vers, esquels j'ay trouvé prou de rime, & equivoques les lisant, mais peu de raison : Car pendant qu'il s'amusoit de captiver son esprit en cet entre-las de paroles, il perdoit toute la grace, & liberté d'une belle conception : Chose estrange ! & qui merite d'estre icy remarquee en passant. Jamais homme ne fut plus honoré par les plumes de son temps, que luy en son vieil aage. Jean le Maire luy dedia son 3. Livre des Illustrations de la Gaule, où il le reclame comme celuy auquel il devoit de tout : & en un autre endroit le pleuvit Prince de tous ceux qui lors escrivoient. Marot, comme j'ay dit, luy dedia pareillement ses Epigrammes : Geoffroy Toré, en son Champ Flory, dit qu'il avoit escrit les Chroniques de France, esquelles il faisoit honte à uns Homere & Virgile. Et toutesfois jamais homme ne satisfit moins aprés sa mort à l'opinion que l'on avoit conceuë de luy de son vivant. La verité est qu'il fit l'Histoire de France en vers François, mais ce fut un avorton, tout ainsi que le demeurant de ses œuvres. Et c'est pourquoy Rabelais qui avoit plus de jugement & doctrine, que tous ceux qui escrivirent en nostre langue de son temps, se moquant de luy, le voulut representer soubs le nom de Rominagrobisvieux Poëte François (ainsi lenomme-t-il au 3. Livre de son Pantagruel) quand sur l'irresolution & doute d'un ouy & nenny, que Panurge avoit de son mariage futur, il l'alla chercher, comme il estoit sur point de sçavoir, pour prendre advis de luy, s'il devoit estre marié, ou non. A quoy il luy respondit par les ambages de ce Rondeau.

Prenez

    Prenez-la, ne la prenez pas,
Si vous la prenez, c'est bien faict,
Si vous la laissez, en effet
Ce sera ouvrer par compas,
Gallopez, allez l'entre-pas,
Differez, entrez y de faict,
Desiderez sa vie ou trespas,
    Prenez-la, ne.
Jeusnez, prenez double repas,
Refaites ce qui est defait.
Defaites ce qui est refait :
Desirez sa vie, ou trespas.
    Prenez-la, ne.

Beaucoup de gens estiment que ceste piece soit de la boutique de Rabelais, comme d'un mocqueur qu'il estoit, & moy-mesme l'avois tousjours ainsi estimé, jusques à ce que repassant sur les Poësies de Guillaume Cretin, je trouvay sur la fin du Livre, ce Rondeau qu'il adressoit à Cristofle de Refuge, qui luy avoit demandé conseil de se marier. Rabelais le figure comme un resveur sur ses vieux ans ; paravanture seray-je par vous reputé tel, pour avoir perdu tant du temps sur ses resveries ? Car en somme s'il fust joüé de ses equivoques sobrement par forme de jeu, non de vœu, il eust contenté le Lecteur, au lieu de l'atieder. Au demeurant que Rabelais l'ait voulu figurer sous ce nom de Rominagrobis, je n'en doute point : Car outre ce que dessus, Panurge l'estant retourné voir pour la seconde fois, enfin il est contraint de sortir de sa chambre, disant, laissons mourir ce Villaume. Mot dont il voulut user pour Guillaume, nom propre de Cretin.

Encore ne veux-je pas clorre ce Chapitre en ces gayetez par moy racontées : Tout ainsi que les Modernes ont introduit l'Echo dans leurs vers Latins, aussi avons-nous fait le semblable és nostres. Ainsi le voyons-nous dans Joachim du Lay, en un petit dialogue d'un Amoureux, & d'Echo.

    Piteuse Echo, qui erres en ces bois,
Respons au son de ma dolente voix.
Dont ay-je peu ce grand mal concevoir,
Qui m'oste ainsi de raison le devoir ?   de voir
Qui est l'autheur de ces maux advenus ?   Venus.
Comment en sont tous mes sens devenus ?   Nuds.
Qu'estois-je avant qu'entrer en ce passage ?   Sage.
Et maintenant que sens-je en mon courage ?   Rage.
Qu'est-ce qu'aimer, & s'en plaindre souvent ?   Vent.
Qui suis-je donc lors que mon cœur me fend ?   Enfant.
Qui est la fin de prison si obscure ?   Cure.
Dy moy quelle est celle pour qui j'endure ?   Dure.
Sent-elle bien la douleur qui me poingt ?   Poinct.
O que cela me vient bien mal à point !
Me faut-il doncque, ô debile entreprise !
Lascher ma proye avant que l'avoir prise ?
Si faut-il mieux d'un cœur moins hautain,
Qu'ainsi languir sous espoir incertain.

Voilà une piece qui n'est pas à negliger, sur laquelle je voulus renvoyer de cet Epigramme aux Gayetez, qui furent imprimées sur ma main en l'an 1583.

    Pendant que seul dans ce bois je me plains,
Dy moy Echo qui celebre mes mains ?   Maints.
Y a-il point quelque autre gentille ame,
Qui à loüer les autres mains enflame ?   Ame.
Si moy vivant de mon los je joüy,
Ay-je subject d'en estre resjoüy ?   Ouy.
Et si ma main est jusqu'au Ciel ravie,
Qui me vaudra ce bruit contre l'envie ?   Vie.
N'y aura-il nul homme de renom ?
Qui en cecy soit jaloux de mon nom ?   Non.
Mais si quelqu'un mal appris en veut rire,
Que produira dans mes os ce medire ?   Ire.
Contre ce sot, contre ce mal appris :
Ne rongeray-je en moy que des despits ?   Pis.
O sot honneur d'une main mal bastie !
Quell'humeur donc vainement me manie !   Manie.
Las pour le moins, Echo, si tu peux rien,
Fay que les bons de mes mains parlent bien :   Bien.
Si tu le fais, rien plus je ne demande,
Or sus Adieu, va, je me recommande.   Commande.

Je finiray par cet Echo, & peut-estre non mal à propos, pour vous monstrer que tout le discours du present Chapitre n'est que vent.

CHAPITRE XIII.

Des vers Latins retournez, & comme les François de nostre temps ont emporté en cecy, le devant des anciens.

JE veux sur ce sujet discourir plus que nul autre n'a fait par le passé : Quoy faisant, paravanture la façon passera l'estoffe, & me feray-je tort à moy-mesme espinochant sur ces pointilles. Diomede au 3. Livre de sa Grammaire, appelle ceste engeance de vers *Reciprocos*, Sidonius Apollinaris, Evesque de Clermont en Auvergne, au 9. de ses Epistres, *Recurrentes*, nostre Estienne Tabourot, Retrogrades, dedans ses Bigarrures : & moy je les veux nommer Retournez. Desquels il y a deux especes, les uns qui se tournent lettre pour lettre, & les autres mot pour mot.

De la premiere Sidonius nous en a representé trois.

    Roma tibi subito, motibus ibit amor,
Si bene te tua laus taxat, sua laute tenebis
Sole medere pede, ede per ede melos.

Il y en a encore un autre ancien qui court par nos mains.

    Signa, te signa temere me tangis & angis.

Esquels 4. vers se trouvent mesmes paroles par l'envers, comme à l'endroict, mais non aucun sens ; hors-mis que pour y en trouver au dernier, quelques gausseurs font parler le diable, lequel portant en l'air sur son eschine un Chrestien, luy conseille de faire le signe de la Croix, afin que celuy fust subject de le precipiter du haut en bas.

Et neantmoins ne pensez pas que la langue Latine ne soit capable de recevoir sens, en telle maniere de vers : ainsi le verrez-vous par cestuy, dont Messire Honoré d'Urfé Comte de Chasteau-neuf m'a fait part, Seigneur qui par un bel entrelas, sçait mesler des bonnes lettres aux armes.

    Robur ave tenet, & te tenet Eva rubor.

Qui est à dire que *Eva* avoir esté la premiere honte de nostre malheur, & *Eve* la premiere force de nostre restablissement. Symbolizant qui avec ce bel hymne de nostre Eglise, chantant que la Salutation Angelique pour nous sauver, changea ce fascheux nom d'*Eva*, en celuy d'*Ave*. Ce vers est une meditation spirituelle pour le salut de nos ames : Celuy que je vous reciteray cy-aprés, sera une meditation temporelle pour la guerison de nos corps, auquel un sage medecin promet tout doux traittement à son malade, moyennant que pendant sa fievre il se vueille abstenir de trop boire.

Mitis ero, retine leniter ore sitim.

Vers dont Nicolas Barbonius, que j'estime l'un des premiers Poëtes Latins de nostre temps, & de nostre France, m'a fait present. L'un & l'autre de ces vers, quelques jours aprés par moy monstrez à Pierre Reignol jeune Advocat plein de doctrine, & digne d'une grande fortune, me promist d'en faire non un, ains deux, ausquels y auroit accomplissement de sens. Et comme je m'en fusse mocqué, estimant que ce fust une rodomontade d'esprit, ou un *Parturient montes* d'Horace, toutes-fois quelque temps aprés il me vint saluër de ce distique, que je trouvay admirable, aprés l'avoir digeré, sur l'explication qu'il m'en fit:

Nemo σοφὸς tetigit? tax attigit, & σοφὸς omen,
Ore feris animos, omina si refero.

Vous me trouverez d'un grand loisir, voulant dechifrer ce Distique, toutesfois parce qu'en ceste petite piece il y va de l'honneur de nostre France, pour monstrer que le François peut, és choses esquelles il tourne son entendement, je vous prie m'excuser, & n'estimer que je pedantise, si je fais un petit commentaire sur ces deux vers. *Omen* (en Latin) *est augurium, & futura rei enunciatio, ore hominis, quasi divino furore perciti. Tax est sonitus quem facit percussio.* Et en ceste signification, Plaute en sa Comedie de *Persa* en usa. Mot qui nous est autant naturel qu'au Romain, quand faisant joüer le marteau de nos portes, nous disons pour la rencontre du son, qu'il fait, Tac, tac. Ces deux paroles de ceste façon expliquees, ce jeune homme par forme d'un court Dialogue, introduit deux entreparleurs, dont le premier en ces mots, *Nemo σοφὸς tetigit omen*, dit que le sage homme n'avoit jamais touché aux fantaisques predictions des choses futures, comme estans une vraye folie: Et l'autre de contraire advis, respond brusquement, voire par une hyperpole, en ces mots, *Tax attigit & σοφὸς omen:* voulant dire que non seulement le sage y avoit atouché, par la voix de l'homme inspiré d'une fureur; mais aussi le son d'un Tac tac le luy pouvoit donner à entendre; & tout suivamment adjouste ce Pentametre:

Ore feris animos, omina si refero.

Tu me guerroyes de paroles, quand je soustiens ceste opinion de prediction. Et combien que je ne fasse grand estat de ceste denrée, toutes-fois quand je ne laisse aisément passer les occasions, lors qu'elles se presentent, aussi depuis quelques jours en çà, me trouvant en une compagnie, où un personnage d'honneur portoit le surnom de Souriz, où sur la rencontre de ce mot ayant esté attaqué par quelque gausseur, je pris pour le mocqué sa defense, remonstrant que si en Latin il portoit le nom de bestiole, *Sum Mus*, on en pouvoit faire un *Summus*, qui estoit d'un petit, faire un bien grand personnage. Et comme ceste parole me fut à l'impourveu tombée en la bouche, aussi-tost que je fus retourné en ma maison, sans grandement marchander avec ma plume je fis ce vers.

Sum Mus ore, sed is Sum Mus, si des ero Summus.

Vers paravanture, champignon d'esprit, qui doit prendre fin du jour de sa naissance, dedans lequel toutes-fois vous trouverez non seulement un sens accomply, ains un contre-sens, du petit au grand, sans aucun changement en la suitte des lettres, quand de ces deux mots *Sum Mus*, sur le commencement du vers, vous en faites un *Summus* en un mot, vers la fin, & derechef voulant retourner le vers, de ce *Summus* vous faites *Sum Mus:* & semblablement de *Sum Mus* premier mot un *Summus*.

Et pour vous monstrer que le François est inimitable en matiere d'imitation, voire qu'il fait à ceux-là, leçon qu'il veut imiter, je vous diray que le 14. de Mars l'an 1574. un jeune Advocat Provençal, nommé André Mestrail, m'estant venu visiter, me dit qu'ayant leu mes Recherches, & signamment l'un des Chapitres du 6. Livre, cela auroit en luy excité un nouveau desir de braver toute l'ancienneté, & de fait me fit present d'un petit Poëme de 54. vers Latins,

A tous retrogrades, qu'il avoit fait nouvellement imprimer, le tout comme un *Roma tibi subitò*, & au dessous un sien commentaire, pour monstrer qu'ils estoient intelligibles. Oeuvre peut-estre aucunement ingrate d'un costé, mais grandement miraculeuse d'un autre: Et je serois plus ingrat envers sa memoire, puis qu'il avoit esté induit à ce faire pour ce qu'il avoit veu de moy, si je n'en faisois icy une honneste commemoration.

Il s'estudia par un commentaire qui est au dessous, de monstrer qu'en toute ceste suite de vers, il y a quelque sens. Chose dont je ne veux estre garend. Mais soit qu'il y en ait ou non, tant y a que ce sont 54. vers retrogrades, qui contrecarrent à bon escient les 4. de l'ancienneté. Toutes-fois comme ce Poëme est plein d'uns & autres Epigrammes, aussi y trouverez-vous l'Epitaphe de nostre Roy Henry le Grand, que l'Auteur introduit parlant. Duquel je me contenteray de vous faire part du premier distique, que j'employe pour tout le tombeau, comme portant un sens bel & accomply.

Arca serenum me gere Regem (munere sacrâ)
Solem, aulas, animos, omnis salva, melos.

Discours que j'ay pris plaisir de vous mettre en son jour, non seulement en faveur de nostre France, mais aussi pour vous monstrer que s'il y a eu faute de sens, aux quatre premiers vers Latins anciens, elle proceda des ouvriers, & non de la langue qu'ils mirent en œuvre, je veux dire de la langue Latine. Et suis cependant tres-glorieux, que non seulement nos François ayent de nostre temps fait sur ce sujet, honte à l'ancienneté; mais aussi que par hazard j'en aye esté aucunement le premier promoteur. Bien sçay-je qu'en cecy il y a plus de curiosité, que d'estude: mais si les anciens voire un Evesque de marque, ne desdaignerent d'en faire citation par leurs livres, pourquoy ne les renvirons nous sur eux?

Voilà ce qui concerne les vers Latins, qui se retournent lettre pour lettre. Car quand à ceux qui se tournent mot pour mot, Diomede nous tesmoigne que l'usage en fut introduit de son temps, & remarque ces deux-cy, qui furent comme je croy de sa forge.

Velivolis mare pes, fidentes tramite tranant,
Carula verrentes sic freta Nereides.

Et Sidonius Apollinaris ces deux autres.

Praecipiti modo quod decurrit tramite flumen,
Tempore consumptum jam cito deficiet.

Et estoit tombé en ce mesme accessoire Virgile, long-temps auparavant sans penser, au premier de son Æneide.

Musa mihi causas memora quo numine laesus,
Laesus numine quo, memora causas mihi musa.

Et combien que Diomede, & Sidonius eussent mis leurs deux distiques sur la monstre, les estimans dignes d'estre veus, toutes-fois je n'y trouve pas grande grace. Ceux qui par une longue trainée des ans leur succederent, y apporterent bien plus de façon, & plus belle; parceque faisans parler le courant du vers d'un sens, ils firent parler le revers d'un contre-sens. Et le premier qui joüa ce personnage fut François Philelphe, dedans ses Epistres, voulant depeindre de ses couleurs, un grand Prelat qui luy desplaisoit.

Laus tua, non tua fraus, virtus non copia rerum,
Scandere te fecit, hoc decus eximium.

Tournez ce distique vous y trouverez le contraire.

Eximium decus hoc fecit te scandere rerum
Copia, non virtus, fraus tua, non tua laus.

Jeu qui a grandement depuis provigné, Et nommément de nostre aage; nostre Joachim du Bellay, dedans ses Epigrammes Latins, y rencontra tres-heureusement. Nous avions lors deux grands ennemis, le Pape Jules le tiers, & l'Empereur l'Empereur Charles cinquiesme, & à la suite de luy Ferdinand son frere Roy des Romains, lesquels il voulut diversement gratifier de ces trois distiques.

Ad Julium Tertium, Pontificem maximum.

Pontifici sua sint divino numine tuta
Culmina, nec montes hos petat omnipotens.

Ad Carolum quintum Cæsarem.

Cæsarem tibi sit felici sydere nomen,
Carole, nec fatum sit tibi Cæsareum.

Ad Ferdinandum Romanorum Regem.

Romulidum, bone Rex, magno sis Cæsare Major
Nomine, nec satis aut minor Imperio.

Plus hardy est celuy que j'ay mis au sixiesme livre de mes Epigrammes, en un vers qui en fait deux, l'un Exametre, l'autre Pentametre. Car je fais parler le Catholique par cet Exametre.

Patrum dicta probo, nec sacris belligerabo.

Et le Huguenot par le Pentametre retourné, & retrouve dedans l'Exametre.

Belligerabo sacris, nec probo dicta Patrum.

Encore n'ay-je esté content de cestuy. Car au 2. Livre je fis cet Epigramme, en haine d'une paix fourrée qui avoit esté par nous faite.

Mens bona, non nova fraus, pietas, non aulica fecit
Curia, id edictum Rex bone, pacificum,
Plebs pia non fera lex poterit, nunc vivere tecum,
Crescere non labi, vis puto, sordiduè.
Imperium, Deus, hoc servas non perdis, amore
Fervida sit, nec pax hæc tegit insidias.
Magnificè, tibi Rex, succedant omnia nunquam
Prælia sint, imo pax tibi perpetuo.

Retournez cette Epigramme de la fin au commencement, vous y trouverez une suite continuelle de contrarietez de sens. Tout ce que j'ay cy-dessus discouru est pour le regard des vers Latins retournez.

CHAPITRE XIV.

Vers François, tant rapportez que retournez.

Encore ne veux-je oublier ce beau distique rapporté qui fut fait sur les œuvres de Virgile.

Pastor, arator, eques, pavi, colui, superavi,
Capras, rus, hostes, fronde, ligone, manu.

Et d'autant que ce distique, par un ordre de paroles se rapporte au premier plan du sens projetté par l'Autheur, nous appellasmes en nostre vulgaire, telle maniere de vers, rapportez, esquels je ne trouve point que les autres ayent donné depuis quelque touche en la Langue Latine, à propos, ores qu'ils l'ayent voulu faire. Tellement que je le puis presque dire avoir esté l'unique entre les anciens.

Mais en nostre France, nous ne sommes voulus demeurer courts, singulierement de nostre temps. Je le dis ainsi, parce que nos devanciers François n'en sçavoient aucunement l'usage. Le premier des nostres qui, à bonnes enseignes nous en ouvrit la porte, fut Estienne Jodelle, en ces deux vers, d'autant plus admirables, que non seulement il les fit rapportez, mais mesurer à la Grecque & à la Romaine.

Phœbus, Amour, Cypris: veut sauver, nourrir & orner,
Ton vers, cœur & chefs d'ombre, de flamme, de fleurs.

Moy-mesme ay voulu depuis traduire en François le Pastor Latin, qui n'est pas œuvre sans espines.

Pastre, fermier, soldat, je pais, laboure, vains
Troupeaux, champs, ennemis, d'herbe, charruë, mains.

De fraische memoire, Jacques Faureau de Cognac jeune homme de grande promesse, me fit present de ce Quatrain, auquel non content de l'avoir renvié de deux vers, il se voulut d'abondant joüer sur la rencontre des paroles par luy mises en œuvre.

La mer, l'amour, la mort, embrasse, enflame, entame,
La nef, l'amant, l'humain, qui va, qui voit, qui vit,
Son flot, son feu, sa faux, rongne, ronge, ravit,
Le cours, le cœur, le corps, à l'âge, à l'homme, à l'ame.

Joachim du Belay en ses premieres Amours qu'il voüa à son Olive.

Fasse le Ciel quand il voudra revivre.
Lisippe, Apelle, Homere, qui le pris
Ont emporté sur tous humains esprits,
En la statuë, au tableau, & au livre.
Pour engraver, tirer, escrire, en cuivre,
Peinture, & vers, ce qu'en vous est compris,
Si ne sçauroit leur ouvrage entrepris,
Cizeau, pinceau, ou la plume bien suivre.
Voilà pourquoy ne faut que je souhaite,
De l'engraveur, du Peintre, & du Poëte,
Marteau, couleur, son ancre, ma maistresse.
L'art peut errer, la main faut, l'œil s'escarte,
De vos beautez, mon cœur soit donc sans cesse
Le marbre seul, & la table, & la charte.

Estienne Jodelle qui pensoit rien ne luy estre impossible en quelque suject auquel il voulut diversifier son esprit, en fait un autre. La maistresse qu'il s'estoit donnée portoit le nom de Diane, que les anciens Poëtes disoient estre la Lune au Ciel, Diane dedans les forests & Proserpine aux enfers. Sur ces trois puissances, voicy le second Sonnet de ses Amours.

Des astres, des forests, & d'Acheron l'honneur,
Diane au monde haut, moyen & bas preside,
Et ses chevaux, ses chiens, ses Eumenides guide,
Pour esclairer, chasser, donner mort & horreur.
Tel est le lustre grand, la chasse, & la frayeur
Qu'on sent sous ta beauté, claire, prompte, homicide,
Que le haut Jupiter, Phœbus, & Pluton cuide,
Son foudre moins porter, son arc, & sa terreur.
Ta beauté par ses raiz, par son ret, par la crainte,
Rend l'ame esprise, prise, & au martyre estreinte,
Luy moy, pren moy, tien moy, mais helas ne me pers
Des flambeaux forts, & griefs feux, filets & encombres:
Lune, Diane, Hecate, aux Cieux, terre, & enfers,
Ornant, questant, gesnant, nos Dieux, nous, & nos umbres.

Le Sonnet de du Bellay est vrayement d'une belle parure, pour monstrer par un certain ordre que les beautez de sa Maistresse tant de corps, que d'esprit, ne pouvoient estre assez dignement representées par ces trois grands personnages, dont le premier estoit le parangon en l'imagerie, le second en la peinture, & le dernier en la Poësie: toutesfois ce

Sonnet

Sonnet est entrecoupé de vers qui ne se rapportent ainsi qu'il est requis en ce subject. Et quant à celuy de Jodelle, s'il vous plaist le considerer, vous y trouverez chaque vers porter de son lez, la rencontre de la Lune, Diane, & Hecate par tiers, toutesfois les voulant reprendre, & enfiler de la longueur du Sonnet, & vers pour vers, & mot pour mot, vous n'y trouverez pas le sens complet que desirez. C'est pourquoy Estienne Pasquier mon petit-fils, s'est estudié de suppleer ce defaut au moins mal qu'il luy a esté possible, & si je ne m'abuze, fort à propos.

O amour! ô penser! ô desir plein de flame!
Ton traict, ton faux object, ta rigueur que je sens,
Me blesse me nourrit, conduit mes jeunes ans
A la mort, aux douleurs, au profond d'une lame.
Injuste amour, penser, desir cours à Madame,
Porte luy, loge luy, fay voir comme presens
A son cœur, en l'esprit, à ses yeux meurtrissans,
Le mesme trait, mes pleurs, les feux que j'ay dans l'ame.
Force, fay consentir, contrain sa resistance,
Sa beauté, son desdain, & sa fiere constance,
A plaindre, à souspirer, à soulager mes vœux,
Les tourmens, les sanglots, & les cruels supplices,
Que j'ay, que je chery, que je tiens pour delices,
En aimant, en pensant, en desirant son mieux.

Et parce que ce Sonnet est le premier des nostres, qui represente de son lez, & de son long, permettez-moy que je le vous decouppe par forme d'une Anatomie.

O amour	O penser	O desir plein de flame
Ton traict	Ton fol appas	La rigueur que je sens
Me blesse	Me nourrit	Conduit mes jeunes ans
A la mort	Aux douleurs	Au profond d'une lame
Injuste amour	Penser	Desir cours à Madame
Porte luy	Loge luy	Fay voir comme presens
A son cœur	En l'esprit	A ses yeux meurtrissans
Le mesme trait	Mes pleurs	Les feux que j'ay dans l'ame
Force	Fay consentir	Contrain sa resistance
Sa beauté	Son desdain	Et sa fiere constance
A plaindre	A souspirer	A soulager mes vœux
Les tourmens	Les sanglots	Et les cruels supplices
Que j'ay	Que je chery	Que je tiens pour delices
En aymant	En pensant	En desirant son mieux

Ny pour tout cela ne pensez pas que j'en estime nostre Poësie Françoise plus riche. Ce que je vous ay cy-dessus deduit, est pour vous monstrer, que non seulement l'esprit du François, mais la langue, se peut transformer en autant d'objects, voire, plus que l'ancienne de Rome, & soubs un titre non moins bon comme je vous feray paroir, par ce que je vous diray cy-aprés. Car ne pensez pas qu'ez vers qui se retournent lettre pour lettre, nous ne puissions faire en nostre langue ce que les Latins ne firent anciennement en la leur, c'est à dire, y trouver du sens, & au cours commun du vers, & à son envers. Ainsi le voy-je avoir esté pratiqué par Monsieur Dallé Conseiller du Roy, & Maistre des Comptes, à Paris, admirable en toutes gentillesses d'esprit.

Un à un, elle nu à nu.

Vers auquel vous trouverez un sens accomply, en quelque façon que le tourniez. Car en somme, c'est un Amant timide, qui desire gouverner sa maistresse seul à seul, & elle plus hardie, veut que ce soit nu à nu. Le Comte de Chasteau-neuf m'a envoyé ces deux autres.

Elle difama ma fidelle.

C'est une Damoiselle aimée qui s'estant confiée de ses amours à une autre, auroit esté par elle malheureusement diffamée, dont son serviteur se plaint.

A relever mon nom, mon nom relevera.

Voulant dire que revelant, & mettant son nom en lumiere, il le relevera de l'oubly envers une posterité, & à la suitte Favereau, dont je vous ay cy-dessus parlé par une belle jalouzie d'esprit, fit cettuy-cy.

L'ame des uns jamais n'use de mal.

Il ne faut pas grand truchement pour interpreter cettuy-cy, non plus que les trois autres, & à tant on peut voir de combien ils passent les premiers Latins, recitez par Sidonius Apollinaris. Le Seigneur de la Croix Marron, Gentilhomme Angoulmoisin mien amy, ayant veu une partie de nos vers retrogrades Latins, & François, lisant mes Recherches, m'envoya trois quatrains parlant de l'Eucharistie qui se trouve au Sacrement de l'Autel, dont je vous feray part de ces quatre vers.

O Mystere sacré! ô saincte Antipathie!
De l'Eglise (l'Espouse au Roy fils de David,)
Mon ame fut ravie alors que dans l'Hostie,
DIEU ELLE VEID RENGNE', RENGNER DIEU ELLE VEID.

Je me mettrois volontiers de la partie, pour vous estaler un vers de ma boutique, dedans lequel par maniere de passetemps, outre la rencontre des lettres, j'ay fait entrer deux sens contraires approchans de ces deux Adages. *Homo homini Deus: Homo homini Lupus.* Jamais conjoint avec l'affirmative, signifie un *Tousjours*, avecques la negative un *onques*: ce mot de *A*, est tantost verbe, tantost conjonction, par exemple. *Je seray à jamais vostre serviteur,* cela veut dire, *à tousjours. Je ne feus à jamais vostre serviteur,* c'est-à-dire, *Je ne le feus onques.* Item *il a esté à luy,* le premier *A* est un verbe, le second *A* est une conjonction. Cecy en bref presupposé, voyons que est mon vers, non sur l'Orthografe Françoise, qui est autre qu'on ne prononce, ains sur nostre commune prononciation.

L'un a jamais esté à l'un,
Nul a esté jamais à nul.

Qui est autant que si vous disiez, l'un a tousjours esté à l'un, nul a esté onques à nul. Marchandise que je ne vous pleuvy pour bonne, ains me suffit que j'aye le premier osé (ce qui n'avoit jamais esté) je ne diray essayé, ains pourpensé en Latin, & moins en François. C'est un premier coup d'essay, qui pourra occasionner ceux qui auront plus de loisir, & esprit que moy, de mieux faire.

Tout ce que j'ay deduit cy-dessus, est pour vous monstrer que si nostre langue n'a le dessus en ce subject, pour le moins elle va du pair avecques la Latine. Ce que je n'oze bonnement dire és vers que voudrions tourner mot pour mot, c'est où il semble que perdions le pied; l'ordre & structure ordinaire de nostre langage l'empesche, ainsi que pourrez voir par ce Huitain qui est de mon creu.

Ton ris, non ton caquet, ta beauté, non ton fard,
Ton œil, non ton venin, ta faveur non tes tas,
Ton accueil, non ton art, tes traits, non tes appas,
Surpris, & navré m'ont le cœur de part en part
Cuisant, ains doux attrait, port lourd, ains gratieux,
Mon mal-heur, ains mon bien, mon glas, ains, ô ma flame!
De mon cœur, de mon tout, de moy, & de mon ame,
Un present je veux faire à toy, & non aux Cieux.

Retournez ces huit vers de la fin jusques au commencement vous y trouverez le contraire, mais avecques une contrainte telle que je pense toute autre chose qui se trouve au Latin pouvoir passer par l'alambic de nostre vulgaire, fors cette maniere de vers retournez, ainsi que pourrez voir par la rencontre de ceux-cy.

Aux Cieux, & non à toy, je veux faire un present,
De mon ame, de moy, de mon tout, de mon cœur,
O ma flame, ains mon glas, mon bien, ains mon malheur,
Gratieux, ains lourd port, attrait doux, ains cuisant,
De part en part le cœur m'ont navré & surpris,
Tes appas, non tes traits, ton art non ton accueil,

Tes laz, non ta faveur, ton venin, non ton œil,
Ton fard, non ta beauté, ton caquet, non ton ris.

Cela s'appelle vouloir aucunement estre singe, mais non representer au vif le Latin. Remy Belleau me communiqua autrefois trois Sonnets qu'il avoit tracez sur ce modelle, toutesfois ne les trouvant aujourd'huy dedans ses œuvres cela me fait juger qu'il les condamna, & neantmoins comme rien ne nous est impossible en nostre Vulgaire, quand le sçavons bien mesnager, encores y trouverez-vous place pour eux, voire à meilleures enseignes, que les deux distiques qui nous furent baillez pour exemples, par Diomedes, & Sidonius, contenans un subject sans subject. Les anciens Academiciens establissoient leur bien souverain sur trois manieres de biens, de l'esprit, du corps, & de la fortune: opinion qui n'estoit pas trop lourde, ny peu sage mondaine, laquelle j'ay voulu vous representer par cette couple de vers.

Avoir tu veux bien souverain,
Sçavoir, vertu, Chasteaux, corps sain.

Retournez-les, vous y trouverez le mesme, qui est besongner à l'Antique.

Sain corps, chasteaux, vertu, sçavoir,
Souverain bien veux tu avoir.

Et encores dés pieça je rendis ou imitay bien prés les deux vers de Philelphe *laus tua, non tua fraus.*

Bienfait, non dol, loz non faveur,
Fait t'ont donner trés-grand honneur,
Honneur trés-grand donner t'ont fait,
Faveurs, non loz, dol, non bienfait.

Tant y a que combien que ce ne soit sans peine & travail, toutesfois vous voyez que nostre vulgaire n'en est incapable, non plus que le Latin, sur lequel nous l'avons renvié d'un point, ayant, d'abondant, introduit des vers couppez, lesquels recitez de leur long, portent un sens, & couppez, un contresens. De quelle façon est ce mien quatrain.

Je ne sçaurois Maistresse vous hair,
Vous embrasser, c'est le bien où j'aspire,
Mais je voudrois vous embrassant, jouir,
Vous delaisser j'y trouverois du pire.

Je ne sçaurois	*Maistresse vous hair,*
Vous embrasser,	*C'est le bien où j'aspire,*
Mais je voudrois,	*Vous embrassant, jouir,*
Vous delaisser,	*J'y trouverois du pire.*

Je vous ay servy de ces jeux Latins, & François, non que je ne trouve bon que nostre Poëte s'y amuse (car en ce subject qui moins en fait, mieux il fait) ains afin que chacun cognoisse que si en la langue Latine quelques uns ne furent depourveuz de tels passetemps, aussi ne sommes-nous en la nostre, & desire que le lecteur prenne ce chapitre, & le precedent de moy, comme une grotesque entre les tapisseries: & neantmoins encores ne me puis-je taire, m'estant embarassé dedans ces broüilleries. Car quelquesfois nous entons sur des vers Latins, des paroles Françoises, & y a aux uns, & aux autres du sens. Ainsi voyons-nous aux quantitez de Mathurin Cordier ce vers.

Iliades cura qua mala corde serunt,
Il y a des curez qui mal accordez seront.

Vers que j'ay voulu imiter par ce distique. Je l'adresse à un nommé Charles, homme qui prenoit plaisir de broüiller le public, mais en ses affaires domestiques estoit timide le possible: ce qui me sembloit n'estre pas vivre.

Tu, tu Carle moves tot, tantos, sæva rependens,
Et tam Carle time, eia age tu ne peris?

Tu', tu' Car; le mauvais tost, tantost se va rependant.
Et tant Carle t'y mets, & ia agé tu ne peris.

Mestier toutesfois dont je me mocque, & auquel qui moins en fait, mieux il fait.

FIN DV SEPTIESME LIVRE DES RECHERCHES.

LES RECHERCHES DE LA FRANCE.
LIVRE HUICTIESME.

CHAPITRE I.

De l'origine de nostre vulgaire François, que les Anciens appelloient Roman, & dont procede la difference de l'ortographe, & du parler.

Nostre France appellée au temps passé Gaule, eut sa langue originaire qui se continua longuement en son naïf, comme toute autre. Or est-il qu'en la mutation des langues il y a deux propositions generales que l'on peut recueillir des évenemens: La premiere est un changement qui procede de nos esprits, comme ainsi soit que selon la diversité des temps, les habits, les Magistrats, voire les Republiques prennent divers plis sous un mesme peuple: aussi combien qu'en un pays il n'y ait transmigration de nouvelles peuplées, toutesfois successivement en mesme ordre que toute autre chose, se changent les langues par une taisible alluvion: Et pour cette cause, disoit un ancien Poëte de Rome, que beaucoup de paroles renaistroient, desquelles l'usage estoit perdu: Et au contraire que quelques autres perdroient leur vogue qui avoient esté en credit.

Outre cette mutation qui se presente sans y penser, il s'en trouve une autre que quelques-uns appellent corruption, lors qu'un pays estant par la force des armes subjugué, il est contraint pour complaire aux victorieux d'apprendre sa langue. Et reçoit cette forme encores autre consideration, d'autant que quelquesfois le pays vaincu est tellement nettoyé des premiers habitateurs, que les nouvelles colonies y plantent du tout leurs langues. Quelquesfois aussi n'y a si universelle mutation, ains advient, ou que pour la necessité des affaires qui s'offrent en un pays vaincu avec le victorieux, ou pour luy agréer par une servitude taisible, & si ainsi me le faut dire, par une volontaire contrainte, nous apprenons avec les loix de nostre Seigneur, par un mesme moyen son langage. De celles-cy quant est des langues dont nous avons cognoissance, sont la Françoise, & l'Espagnole, & lors ne se fait generale mutation, ains entons sur nostre langue ancienne la plus grande partie des mots, ou manieres de dire de l'estranger, nous les faisans par longue traite de temps, propres, tout ainsi que leurs façons: Le Latin estoit la langue premiere de l'Italien: Ce neantmoins par laps de temps, le Got, le Lombard, le François, & de nostre temps l'Espagnol y ont tellement mis du leur, que vous la voyez estre composée de ces cinq: & toutesfois n'y a rien qui soit pur Latin, pur Got, pur Lombard, pur François, pur Espagnol. Et l'Anglois (que les anciens appellerent Anglosaxon) bien qu'il apportast nouveau parler au pays, ou il fit sa residence, si est-ce que pour le present encores se ressent-il de grande quantité de nos mots par la domination qu'entreprit sur luy le Normand. & qui plus est n'ayant totalement, & si ainsi je l'ose dire, de fonds en comble desraciné sa vieille langue, encores retient-il plusieurs dictions Latines, que les Romains avoient semées en la grand' Bretagne, lors qu'ils y planterent leurs victoires. Ce qu'à grand peine recognoistrez vous en l'Allemand sur lequel le Romain ne sceut que bien peu enjamber: De ce mesme façon nos anciens Gaulois (comme recite nostre Langey) accreurent leur Vulgaire, jusques vers les parties du Levant, où ils firent plusieurs conquestes. De maniere que cette proposition semble estre du tout necessaire, si de plusieurs particularitez nous alambiquons un universel, que selon la diversité des conquestes & remuemens de nouveaux menages, les Langues reçoivent corruption plus ou moins selon la longueur du temps que les conquereurs demeurent en possession du pays par eux conquis.

Ces reigles generales presupposées, qui semblent par un discours de nature estre veritables & infaillibles, nostre Gaule eut semblablement sa langue originaire, toutesfois ny plus ny moins que l'Italienne, & l'Espagnole, aussi a-t-elle receu ses mutations, & a l'on basty un nouveau langage sur les fondemens de l'ancien. Les mots toutesfois empruntez ou des nouvelles flottes de gens estrangers, qui desbonderent dans les Gaules, ou des victorieux qui s'en impatroniserent;

ferent : je dy des nouvelles flottes de gens estrangers, comme des Grecs & Phocenses, qui prindrent terre ferme à Marseille, ainsi que plusieurs estiment. Je dy des victorieux, comme premierement des Romains, puis des François : Ainsi la langue dont nous usons aujourd'huy selon mon jugement est composée, part de l'ancienne Gauloise, part de la Latine, part de la Françoise, & si ainsi le voulez, elle a plusieurs grandes symbolisations avec la Gregeoise. Et encores le trafic & commerce que nous eusmes sous les regnes des Roys François I. & Henry II. avec l'Italien, nous apporta aussi plusieurs mots affectez de ce pays-là. Tous les termes neantmoins de ces Langues estrangeres accommodez au cours de l'ancienne Gauloise. Mais sur tout est infiniment nostre Vulgaire redevable aux Romains, voire le peut-on dire plustost Romain qu'autrement, encores qu'il retienne grande quantité de mots & du Gaulois & du François.

Et afin que l'on ne pense que je jette cette piere à coup perdu, jamais peuple ne fut si jaloux de l'auctorité de sa langue, comme fut l'ancien Romain. Valere le grand au deuxiesme Livre de ses Histoires, parlant de la grandeur de Rome, dit que l'on peut bien recueillir, combien les anciens Magistrats de cette ville avoient eu la Majesté du peuple, & de l'Empire en recommandation, de tant qu'entre toutes les coustumes tres-religieusement par eux observées, ils avoient avec une perseverance infinie, accoustumé de ne respondre aux Ambassadeurs de la Grece qu'en Latin, & les contraignoient mesmement de parler Latin à eux par truchemens, & non seulement dans la ville de Rome, mais aussi au milieu de la Grece & de l'Asie, jaçoit que d'ailleurs entre tous les peuples, la Langue Grecque eut grand credit. Et faisoient cela (dit Valere) que l'honneur de la Langue Latine s'espandit par tout l'Univers. Plutarque en la vie de Caton, dit que luy, passant par Athenes, ores qu'il sceust parler le Grec, si voulut-il haranguer aux Atheniens en Latin, se faisant entendre par son truchement. Suetone raconte que Tibere portoit tel respect à sa Langue, que voulant user en plain Senat du mot de *Monopole*, qui estoit emprunté du Grec, se fut avecque une certaine preface, demandant congé de ce faire : & luy-mesme une autres-fois fit effacer d'un Decret du Senat le mot *d'Embleme*, comme estant mandié d'une autre langue que de la Latine, enjoignant tres-estroittement que si l'on ne pouvoit trouver diction propre qui peust representer celle-là en Latin, pour le moins que l'on en usast par un contour de langage : En cas semblable Claudius l'un des successeurs de Tybere fit non seulement razer de la matrice des Juges un personnage d'honneur, mais qui plus est, luy osta le nom & tiltre de Citoyen de Rome : parce que combien qu'il sceust fort bien parler Grec, toutesfois il estoit ignorant de la Langue Latine. De cette mesme opinion vint aussi que les Romains ayans vaincu quelques Provinces, ils y establissoient Preteurs, Presidens, ou Proconsuls annuels, qui administroient la Justice en Latin. Bref sainct Augustin au 19. Livre de la Cité de Dieu nous rend tres-asseurez de ce discours, quand il dit au chapitre 7. *Opera data est ut imperiosa civitas non solum jugum, verùm etiam Linguam suam domitis gentibus imponeret.* Qui est à dire, on besongna de telle façon, que cette superbe ville non seulement ne se contenta d'asservir, mais aussi voulut espandre sa langue par toutes les nations subjuguées. Cela fut cause que les Gaulois sujects à cest Empire s'adonnerent, qui plus, qui moins, à parler, & entendre la Langue Latine, tant pour se rendre obeïssans, que pour entendre leur bon droit. Et à tant, emprunterent des Romains une grande partie de leurs mots ; & trouverez és endroicts ausquels le Romain establit plus longuement son Empire (comme en un pays de Provence & contrées circonvoisines) le langage approcher beaucoup plus de celuy de Rome. Ainsi s'eschangea nostre vieille Langue Gauloise en un Vulgaire Roman, tellement que là où nos vieux Gaulois avoient leur propre langage que l'on appelloit Walon, ceux qui leur succederent appellerent le langage plus moderne, Roman : parce qu'il sembloit avoir pris son origine des mots Romains, que l'on avoit, ou adoptez, ou naturalisez en ce pays avec l'ancienne Grammaire Gauloise. Vous commencerez de recognoistre cela dés le temps de Sidonius Apollinaris Evesque de Clermont, lequel au troisiesme de ses lettres congratuloit à Hecdice Gentil-homme Auvergnac, que la Noblesse d'Auvergne contemnoit le langage Gaulois pour s'adonner à un autre beaucoup plus exquis : c'estoit vray-semblablement le Romain que nous affectasmes de telle façon, que quelques-uns parlans de nostre pays, l'appelloient quelquesfois Romanic, & nous pareillement Romains. Au deuxiesme Concil de Tours, *Ne quis Britannum, aut Romanum in Armorico sine Metropolitanorum comprovincialium voluntate, aut literis Episcoporum ordinare præsumat :* Auquel passage le mot de *Romanus* est pris pour François, ou Gaulois demeurant en la Bretagne. Luithprand en son premier Livre parlant de Guy Comte de Spolete, & Berenger Comte de Fourjule, qui d'une esperance affamée dés le vivant de Charles le Chauve Empereur, partageoient ses Provinces entr'eux, dit que Berenger se donnoit pour son lot l'Italie, & Guy *Franciam, quam Romanam vocant.* Au supplement de Rheginom, où il est parlé de Louys d'Outremer, qui estoit en Angleterre pendant la prison de Charles le Simple son pere. *Interim Ludovicus, Rex Galliæ Romanæ, filius Caroli, &c.* Et quand vous voyez au trente-septiesme titre de la Loy Salique deux articles portans, *Si Romanus, Francum ligaverit sine caussa MCC. den. qui faciunt solidos xxx. culpabilis judicetur. Si verò Francus Romanum ligaverit sine caussa DC. den. qui faciunt solidos xv. culpabilis judicetur.* Sous ce mot de *Romanus*, on entend parler du Gaulois. De là vint aussi qu'on appella Roman nostre nouveau langage. Vray que pource qu'il estoit corrompu du vray Romain, je trouve en un passage où on l'appelle Rustique Roman. Au Concil tenu en la ville d'Arles en 851. article dix-septiesme, l'on commande aux Ecclesiastics de faire Homilies contenans toutes instructions qui appartenoient à l'edification de nostre Foy. *Et easdem Homilias quisque transferre studeat in Rusticam Romanam, aut Theodoscam, quò facilius cuncti possint intelligere quæ dicuntur.* C'estoit qu'il vouloit qu'on translatast ces Homilies en la langue Françoise, ou Germanique, que les Italiens appellent encores aujourd'huy Tudesque : par ce que nous commandions lors à l'Allemagne, ainsi qu'à la France. Depuis par un long succez de temps, parler Roman n'estoit autre chose que ce que nous disons parler François. J'ay veu une vieille traduction qu'une Damoiselle fit des Fables d'Esope, portant ces vers :

Au finement de cest escrit
Qu'en Romans ay tourné, & dit,
Me nommeray par remembrance,
Marie ay nom, si suis de France,
Per l'amour le Comte Guillaume,
Le plus vaillant de ce Royaume,
M'entremis de ce livre faire,
Et de l'Anglois en Roman traire.
Isope appelle-l'on cil livre,
Qu'on translata, & fit escrire,
De Griu en Latin le tourna,
Et li Roy Auvert qui l'ama
Le translata puis en Anglois,
Et je l'ay tourné en François.

Auquel lieu vous voyez que cette Damoiselle use du mot de Roman, & François indifferemment pour une mesme signification. Chose qui estoit encores en usage du temps de Charles le Quint, sous lequel, frere Guillaume de Nangy, ayant traduit en François l'Histoire de France, qu'il avoit composée en Latin, dit ainsi sur le commencement de son œuvre : *Je frere Guillaume de Nangy ay translaté de Latin en Roman à la requeste des bonnes gens ; ce que j'avois autres-fois fait en Latin,* & comme ainsi soit que le Roman fut le langage Courtisan de France, tous ceux qui s'amusoient d'escrire les faicts heroïques de nos Chevaliers, premierement en Vers, puis en Prose appellerent leurs œuvres *Romans,* & non seulement ceux-ci, mais aussi presque tous autres, comme nous voyons le Roman de la Roze, où il n'est discouru que de l'Amour, & de la Philosophie. Cela apporta entre nous une distinction de ces langages, l'un comme j'ay dit, appellé *Roman,* & l'autre *Walon,* qui approchoit plus prés de la naïveté du vieux Gaulois : distincrion qui s'est transmise jusques à nous : car aux Pays-bas ils se disent parler le *Walon*, & que nous parlons le *Roman*.

Or advient-il ordinairement que nos langages tant en particulier comme en general, accompagnent la disposition de nos esprits : car si vous vous arrestez au particulier, mal-aisément trouvez-vous un homme brusque en ses mœurs, qui n'ait la parole de mesme, & peu de personnes tardives, & Saturniennes, qui n'ayent aussi un langage morne, & lent. Le general va de mesme : Ainsi voyez-vous entre nous autres François, le Normand assez advisé en affaires traîner quelque peu sa parole, au contraire le Gascon escarbillat par dessus tous, parler d'une promptitude de langue, non commune à l'Angevin & Manceau, de quelque peu, ains de beaucoup moins eschauffez en leurs affaires : & l'Espagnol, haut à la main produit un Vulgaire superbe & plein de piaffe. L'Allemand esloigné du luxe parle un langage fort rude. Et lors que les Italiens degenerans de l'ancienne force du Romain, firent plus profession de la delicatesse que de la vertu, aussi formerent-ils peu à peu de ce langage masse Romain, un Vulgaire tout effeminé & molasse. Parce que presque tous leurs mots se terminent és cinq voyelles, & d'avantage voulurent racler la rencontre de deux consonantes qui estoient trop rudes à leurs aureilles delicates, de ces mots de *optimus*, *maximus*, *factus*, firent uns *ottimo*, *massimo*, *fatto* : ainsi en prit-il à nos Gaulois, non pas quant à la delicatesse, de laquelle ils furent tousjours esloignez, mais eschangeans leur langue Walonne en la Romaine, comme ceux qui avoient l'esprit plus brusque & prompt que les Romains, & par consequent le langage vray-semblablement plus court : aussi transplantans la langue Romaine chez eux, ils accourcirent les paroles de ces mots, *Corpus*, *Tempus*, *Asperum*, & autres semblables, dont ils firent, *Corps*, *Temps*, & *Aspre*, avec une prononciation (comme il est à croire) de toutes les lettres. Or que l'ancien Gaulois eust un langage court, nous l'apprenons, entr'autres, de Diodore, & de ceste mesme brieveté de langage prit son orige & essence entre nous l'E feminin incognu à toutes autres nations : lettre qui est moitoyenne entre la voyelle & la consonante prononcée trop affectément en la fin d'une diction. Car elle n'est plaine voyelle en la fin d'un vers où les deux syllabes ne sont comptées que pour une, & qui prononcera à la fin d'un mot *T*, ou *S*, trop affectément, il tombera fort aisément sans y penser en l'affectation d'un E, feminin : Et pour autant que nos Gaulois apprenoient mal-aisément de Latin, comme une langue non accordante avec la leur ; de ces mots, *Scribere*, *Schola*, *Stabiliter*, *Species*, & autres, où de soy estoient de difficile prononciation, pour la rencontre des deux consonantes, afin de se la rendre facile, ils dirent, *Escripre*, *Escole*, *Establir*, *Espece*, en la mesme façon que nous voyons escrire le Gascon, & Auvergnac pour *Schola*, & *Stephanus* dire *Eschola*, & *Estephanus* : Ainsi s'estudiant le Gaulois de parler au moins mal qu'il luy estoit possible son Roman, d'un *multum*, il façonna un *moult*, d'un *ultra*, un *oultre*, *Lupus*, *Loup*, *dulcis*, *douls*, comme nous voyons l'Escossois voulant representer nostre langue par un escorche, ou pour mieux dire par un Escoce François, pour *Madame*, dire *Moudam*, Enquoy il n'est pas encore

hors de propos, ny impertinent de remarquer en passant que l'*v*, ainsi que nous le prononçons maintenant en François, nous est du tout propre, & pareillement venant de l'ancien estoc des Gaulois, comme ne se trouvant nation en tout le Ponant qui le prononce de telle façon que nous : Tous les autres, je veux dire, l'Allemand, l'Italien, l'Espagnol, l'Anglois, l'Escossois, le Polonois, le prononçans en forme de la diphthongue Grecque *ȣ*, le tout en la mesme maniere que les Latins mesmes en userent sur le declin de leur Empire, encores que je sçache bien que quelques-uns se rendent d'advis contraire. Par ainsi nos anciens Gaulois empruntans, comme j'ay dit, du Romain leurs paroles, & les naturalisans entre eux selon la commodité de leurs esprits & de leur, Langue, les redigeoient vray-semblablement par escrit comme ils les prononçoient, toutes-fois comme toutes choses s'amendent, voyant le monde par un jugement plus delicat, tels mots proferez avec toutes leurs lettres estre un peu trop rudes au son des aureilles, on reforme au long aller, cette grossiere façon de parler, en une plus douce ; & au lieu d'*Escripre*, *Eschole*, *Establir*, *Temps*, *Corps*, *Aspre*, *douls*, *outre*, *moult*, *Loup*, avec prononciation de chaque lettre, & élement, on accoustuma en un E, fort long. Ainsi se changea cette aspreté qui resultoit du concours & heurt des consonantes, toutesfois parce que l'escriture n'offensoit point les aureilles, elle demeura tousjours en son entier, prenant la prononciation autre ply : & delà à mon jugement voyons-nous l'escriture ne se rapporter à la prononciation. Chose qui a excité grandement quelques notables esprits du commencement du regne du Roy Henry II. Car comme ainsi soit que le temps eut lors produit une pepiniere de braves Poëtes, aussi chacun diversement put cette querelle en main, les aucuns estans pour le party qu'il falloit du tout accorder l'escriture au parler, s'y rendans mesmement extremes. Les autres nageans entre deux eaux, voulurent apporter quelque mediocrité entre les deux extremitez. Ce nonobstant, après plusieurs tracassemens, en fin encores-est-on retourné à nostre vieille coustume, fors que de quelques paroles on en a osté les consonantes trop esloignées de la prononciation, comme la lettre de *P*, des mots de *Temps*, *Corps*, & *Escripre*, ayant en cecy pratiqué ce que Ciceron disoit en son Orateur, qu'il avoit laissé l'usage de parler au peuple, & s'en estoit reservé la science. Question certes qui n'est pas à negliger, & sur laquelle je me donnay carriere en une Epistre que j'escrivois à feu Monsieur Ramus, qui est au second livre de mes Lettres. Quintilian au chapitre 13. du second livre de ses Institutions Oratoires, parlant des anciens Romains. Peut-estre (dit-il) parloient-ils, tout ainsi comme ils escrivoient. Qui monstre que de son temps, on en usoit autrement. Maintenant il me suffit d'avoir discouru dont est provenuë la diversité qui se trouve en nostre langue, entre le Parler & l'Orthographe.

CHAPITRE II.

De combien d'Idiomes nostre langue Françoise est composée, & si la Gregeoise y a telle part comme l'on pretend, ensemble de quelques anciens mots Gaulois, & François, & autres qui sont purs Latins en nostre Langue.

IL y a bien peu de gens lettrez qui n'estiment que nostre langue soit composée de la Grecque & Latine, & que de l'ancienne Gauloise, ensemble de celle des François Germains, il y en a quelques particulieres remarques : Qu'elle est presque toute Latine, comme j'ay n'agueres discouru, mais qu'à sa suite elle est infiniment redevable à la Gregeoise. De cette opinion ils ont une conjecture tres-grande qu'ils tirent de Strabon au sixiesme livre de sa Geographie.

Disant

Difant que les Phocenfes, peuple de Grece, ayans efté confeillez par l'oracle de la Deeſſe Diane d'Ephefe, de mettre la voile au vent, aprés avoir longuement vogué, vindrent furgir à Marseille, où ils eſtablirent leur Seigneurie pleine de bonnes loix, & entr'autres choſes y fonderent une Univerſité en langue Grecque: laquelle ils ſceurent ſi bien faire provigner, que la plus grande partie des Contracts, que l'on dreſſoit és Gaules, eſtoient faicts en Grec. Au moyen de quoy il ne faut point trouver eſtrange ſi dedans noſtre Vulgaire nous avons tranſplanté une infinité de mots Grecs, dont ſous le regne de François premier, Bovilie Chanoine de Noyon fit un brief inventaire, & aprés luy Perion, & de fraiche memoire Henry Eſtienne, auſquels le lecteur pourra avoir recours ſi bon luy ſemble. Je ne veux point deſdire tous ces gens d'honneur, ny cette commune opinion. Bien diray-je, comme choſe trés-veritable, que du temps de Jule Ceſar on ignoroit du tout la langue Grecque dans les Gaules: Veu qu'au cinquieſme de ſes memoires des guerres de la Gaule, il nous teſmoigne que voulant donner quelque advis à Ciceron qui eſtoit aſſiegé dedans une ville, il luy eſcrivit des lettres en Grec, afin (dit-il) que ſi elles eſtoient interceptées, elles ne peuſſent eſtre entenduës par les Gaulois. Si le langage Grec y euſt eſté ſi familier, comme Strabon nous donne à entendre, Ceſar ſe fuſt bien donné garde d'uſer de ce langage pour chiffrer contre les Gaulois. Quelques-uns pour oſter cette contrarieté diſent qu'il eſcrivit, non en langage Grec, ains en lettres Grecques que les Gaulois n'euſſent peu cognoiſtre. Qui ſeroit une explication ridicule, d'eſtimer que le Gaulois euſt entendu la langue Grecque, & qu'il n'euſt pas cogneu les lettres. Joint que le meſme Ceſar en un autre endroict nous enſeigne que les Helvetiens uſoient de caracteres Grecs, en leurs communs eſcrits, tout ainſi que les Gaulois. Et ſi nous croyons Pline au ſeptieſme Livre de ſon Hiſtoire naturelle, il n'y avoit nation en l'Europe qui ne peigniſt en lettre Ionique, c'eſt-à-dire, en lettre Grecque. Choſe immenſe pouvons recueillir que combien que les Gaulois uſaſſent lors de caracteres Grecs, toutefois la langue leur eſtoit incognuë, & n'eſt pas hors de propos d'eſtimer qu'elle euſt en la Provence telle part que Strabon pleuvit; mais non en tout le demeurant des Gaules. Provence, dis-je, qui pour eſtre long-temps auparavant du tout affectionnée aux Romains, avoit faict peu de communication les unes. Il faut doncques que c'ait eſté depuis que les Gaulois furent reduicts ſous la ſervitude de Rome, qu'ils frequenterent l'Univerſité de Marſeille, & que par cette mutuelle frequentation, ils emprunterent pluſieurs mots Grecs, & dont ils embellirent leur langue. Ce que j'ayme mieux croire que de me rendre en ceſt endroit partial contre la commune: Encores que j'aye aſſez d'argumens pour me divertir de cette opinion, & croire que cette ſymboliſation & rencontre de mots Grecs vienne plus d'une incertitude & hazard, que d'un diſcours; nous demeurerons doncques fermes en cette opinion, comme les autres, que noſtre langue doit quelque choſe à la Gregeoiſe, je ne veux pas dire des paroles que nous tenons en foy & hommage de l'Egliſe ou des Univerſitez fondées en cette France depuis trois cens ans; mais de celles que nous avons renduës noſtres, comme les Latines, le tout ſans Grecaniſer, ou Latiniſer, permettez-moy d'ainſi le dire.

Je viendray maintenant à quelques dictions que j'ay remarquées eſtre de l'ancien eſtoc des Gaulois, & commenceray par ce brave mot de *Soldat*: que nos anceſtres appellerent ſouldoyer puis Souldart. Quand je ly dans Jules Ceſar en ſes Memoires, que les Gentils-hommes Gaulois avoient ſus eux pluſieurs vaſſaux, & gens à leur devotion, qui immoloient leurs vies pour eux, *quos Galli Soldurios vocant*, j'ayme mieux puiſer ce mot de nos Gaules, que de Rome, comme font quelques Eſcoliers Latins, quand ils le diſent prendre ſa ſource à *Solidis*, *quaſi Solidariis*, & que de la ſoulde qu'ils prennent, vient qu'ils ſoient ainſi nommez: Comme ſi les Gaulois qui n'avoient auparavant aucune langue avec les Romains euſſent eſté emprunter de leur langue un nom de leur principale police: De moy je veux croire que du Souldart Gaulois, vient celuy de Soulde, ſouldoyer, & ſouldoyement: Parce que nous n'employons le mot de Soulde que pour les Soldarts, & ſi on l'avoit emprunté du Latin, il iroit auſſi pour toute autre ſorte de payement qui ſe feroit en argent, ce que nous ne pratiquons pas. La ſolde doncques fut ainſi dite, par ce que le Souldart s'employant pour ſon Seigneur en la guerre, & meritant quelque recompenſe, on appella cette recompenſe ſoulde, ou ſouldoyement. Jules Ceſar au rapport de Suetone en ſa vie, eſtant és Gaules dreſſa une nouvelle legion, à laquelle il donna le nom Gaulois d'Aloüette, parce que comme dit Pline, livre unzieſme chapitre trente-ſept, elle portoit une creſte ſur ſon armet comme l'Allouette ſur ſa teſte. Suetone en la vie de Vitelle dit que *Beccus ſignificabat Roſtrum, apud Gallos*: C'eſt ce que nous diſons Bec, dont eſt venu Becquer, & par Metaphore Rebecquer. Le meſme Autheur dit que *Galba* és Gaules ſignifioit un homme gras: Voyez s'il ne ſera pas meilleur de rapporter la terre Glaiſe, à ce mot, par une corruption de langage, que de dire que gras vienne de *Craſſus*, ains que de Gras nous ayons fait Glas. Marcellin au quinzieſme livre, dit que *Galli metiebantur ſpatia itinerum per leucas*, c'eſt ce que nous appellons lieuës: Et en ce meſme paſſage il nous enſeigne que le fleuve qui paſſe à Lion, que les Latins appelloient *Arar*, eſtoit par nous appellé *Saona*, qui eſt la Saulne. L'Auſone repreſenté par Helie Vinet, uſe en deux divers endroicts de *Minure*, pour mener, mot que j'arrangerois volontiers entre les Gaulois, n'eſtoit que je trouve dans Feſtus *Agaſones equos agentes, id eſt bene minantes*. Reginon au premier livre de ſon Hiſtoire uſe du mot d'*Aripennis*, pour ce que nous appellons Arpent. Flodoart dit que ſainct Remy donna à Clovis, allant combattre les Viſigots, une bouteille de vin par luy beniſte, & adjouſte ces trois mots, *quam flaſconem vocant*, l'advertiſſant que tant que ce vin luy dureroit, il auroit bon ſuccez encontre ſes ennemis. Luy-meſme uſe du mot de *Complices*: *Rodulphus Rex Divionum caſtrum quod Baſſo comes ceperat, ejuſque complices retinebant, obſidet*. Je le repute Gaulois, pour n'eſtre François, Grec, ny Latin. Il n'eſt pas que le mot de *Braye*, & par conſequent *Brayette*, ne vienne de ce meſme fonds, au moins ſe tiré-je en conjecture par noſtre *Gallia Bracata*. Et à ce propos Suetone, *in Cæſare*, *Galli in Curia bracchas depoſuerunt, latum clavum ſumpſerunt*. Le docte Baïf remarque que *Gallicæ*, eſtoient une eſpece de ſouliers dont les Gaulois uſoient pendant la pluye, nous l'appellons encore aujourd'huy Galloches. D'un meſme fonds, vient de *Bouge*, & *Boulgette*, ſelon le temoignage de Nonius: *Bulga eſt*, (dit-il) *Folliculus omnis, quem & crumenam veteres Galli appellarunt, & eſt ſacculus ad brachium pendens*. Lucillius, *Satyra ſexta*, dit Aulugelle: *Cui neque jumentum eſt, nec ſervus, nec comes ultus, Bulgam & quicquid habet nummorum ſecum habet ipſe*. De là nous diſons encores qu'un homme qui s'eſt fait riche, a bien mis dedans ſes *Bouges*, pour dire dedans ſa bource. *Dun* en vieux langage Gaulois ſignifioit une montagne, & de cela en avons-nous encores quelques remarques, en ce que la plus grande partie des villes qui ſont aſſiſes en couppe de montagne, ou attenantes d'icelles ſe terminent en *Dunum*, *Lugdunum*, *Verodunum*, *Laudunum*, *Melodunum*: Et les Dunes encores qui ſont les Levées des environs de la Mer, nous en teſmoignent quelque choſe.

Pauſanias diſoit que *Mark, apud Celtas* ſignifioit un Cheval. Si vous prenez le mot de *Celte*, en ſa vraye ſignification il entendoit parler des Gaulois. Toutesfois quelques-uns ſont d'advis qu'il vouloit parler des Francs ou François. Je m'en rapporte à ce qui en eſt, bien vous diray-je, qu'en ancien langage Allemant, *Mark* ſe prenoit pour un Cheval. Ainſi l'apprenons-nous des loix d'Allemagne, inſerées à la ſuite de noſtre loy Salique, tiltre ſeptante-un. *Si quis equo quem Mark dicunt, oculum excuſſerit, &c*. S'il eſt ainſi, nous devons aux François qui ſymboliſoit de langage avec l'Allemant, le mot de Mareſchal qui eſt chef de la Chevalerie, & encore le Mareſchal celuy qui penſe & guerit les chevaux. Puis qu'il m'eſt advenu en ce mot de *Mark* de parler des François, je toucheray quelques paroles que nous tenons d'eux. Ces mots de *Ban*, *Bannie*, *Forbannie*, *Bannire*, auſquels je donneray leur place parlant du mot d'*Abandonner*, ſont tous François. Meſme nous en avons compoſé quelques vocable, tantoſt du Gaulois & François, comme *Banlieuë*: tantoſt du Latin & François, comme *Heriban*, donc dont nous avons fait *Arriereban*. *Man* signifioit homme en la Germanie, dont est encores venu le *Norman*, qui est à dire homme du *North*: & dans nostre vieille Loy Salique il y a quelques articles où *Mannire*, est pris, pour ce que nous disons adjourner un homme en Justice. *Marche* pour limite, & borne est de ceste mesme marque, comme je deduiray en son lieu. *Somme* & *Sommier*, qui signifie charge, dont aussi à mon jugement est venu *Sommelier*, parce qu'ordinairement ceux qui ont la charge de la beuvette des Princes & grands Seigneurs, font porter une somme, & charge de bouteilles par les champs, pour ne defaillir à leurs Maistres. *Franc* pour libre: *Franchise* pour azile, & *Affranchissement* pour la manumission Latine, viennent du mesme mot de François.

Je mets en ce mesme rang le mot de *Troupe*. Ainsi le trouvay-je dans les loix d'Allemagne, le tiltre 73. estre tel, *De eo qui in tropo de jumentis ductricem involuverit*. Leudes dans Gregoire de Tours & Aimoin, est pris pour sujet. Flodoart les nomme *Allodes*, *Heribertus*, & *Hugo*, *contra Bossonem Rodulphi fratrem proficiscuntur, propter quosdam Rotildis Allodes nuper defunctæ, quos à Bossone pervasos, repetebat Hugo gener ipsius Rotildis*. De ce mot est venu *Alleud*, qui est la recognoissance censuelle que nous faisons à nos Seigneurs, en consequence dequoy nous disons tenir des terres en *Franc alleud*, quand nous n'en payons nulle redevance. Et aussi *les lots*, qui sont les droits, & devoirs que nous devons aux Seigneurs, quand nous avons acquis un heritage censuel. *Eschevins* & *Vassaux* qui viennent de *Serbini*, & *Vassi*, dont est faite frequente mention dans la Loy ancienne des François: *Bourg*, pour ville, & de la *Bourgeois* pour citoyens, *Bourgeoise* & *Forbourgs*, que nous avons adouci du mot de *Fauxbourgs*, qui sont toutes les maisons hors l'enceinte de la ville. *Got* en langue Germanique & Françoise signifioit Dieu, & de là nous tirons les mots de *Bigot* & *Cagot*, pour denoter ceux qui avec une trop grande superstition s'adonnent au service de Dieu. Il n'est pas que les pitaux de village pour couvrir leurs blasphêmes n'ayent autres-fois composé des vocables, où ce mot de *Got* est tourné en *Goy*: car quand ils dirent *Vertugoy*, *Sangoy*, *Mortgoy*, ils voulurent sous mots couverts dire tout autant que ceux qui disent, Vertu Dieu, Sang Dieu, Mort Dieu, encores en firent-ils un plus impie, quand ils dirent un *Jarnigoy*, qui est tout autant comme s'ils eussent dit, je renie, &c. Comme les paroles se tournent avec le temps en abus, nous ne pensons point mal faire usans de ces mots corrompus, non entendus, toutes-fois il y a de l'honneur de Dieu. Au contraire nous avons tiré en mauvaise part le nom de *Bigot*, qui n'estoit tel sur son premier advenement: parce que Guillaume de Nangy recite que sous le Roy Charles le Simple, les Normans desirans estre Chrestiennez, s'escrierent devant luy *Bigot*, *Bigot*, *Bigot*, qui valoit autant (dit cet Autheur) comme s'ils eussent voulu dire de par Dieu. Ce Chapitre ne reçoit point de closture à ceux qui pourront trouver dans les anciens, quelques dictions Gauloises ou Françoises, dont ils se pourront accommoder si bon leur semble en leurs estudes particulieres.

Je veux maintenant parler des mots purs Latins. J'ay dit au precedant Chapitre de ce Livre, que nous avions entré sur la langue Gauloise, la Latine, dont nous fîmes un langage mety, que l'on appella Roman. Je seray maintenant plus hardy, & diray qu'il y a plusieurs paroles non corrompuës, ains pures Latines, dont nous usons, comme Françoises. Nostre vulgaire est un langage racourcy du Latin és paroles de deux, trois, & quatre syllabes. Mais aux monosyllabes, qui ne pouvoient recevoir racourcissement, nous en usons tout de la mesme façon que le Romain sans rien immuer, *Si*, *Non*, *Tu*, *Plus*, *Es*, *Est*, *Et*, *Qui*, *Os*. J'adjousteray *Los*, & *Sont*: car encores que l'orthographe en soit diverse, si est-ce que la prononciation n'est pas grandement esloignée de *Laus* & *Sunt* Latins. Nos anciens en eurent pareillement d'autres, ausquels ils n'avoient rien changé, *Mons*, *Frons*, *Fons*, *Pons*, *Dens*, *Ars*, *Pars*. Vray que par succession de temps, nous changeasmes S, en T, & dismes, *Mont*, *Front*, *Font*, *Pont*, *Dent*, *Art*. *Part*. Il y en a d'autres de deux, & de trois, & de quatre syllabes, *Quasi*, *Item*, *Instar*, *Cadaver*, *Examen*, *Animal*, *Contumax*, *Tribunal*, *Recepisse*, & encore *Imperatrix*. Mot qui a esté tousjours mis en œuvre par des Essars, en son Amadis de Gaule, combien que nous eussions Emperiere & Imperatrice. J'adjousterois volontiers *Ab intestat*, mais il reçoit une sincope. Il n'est pas que chaque Faculté qui manie la plume n'en ait plusieurs dont elle use, comme purs François, que je ne vous veux icy representer.

D'une chose principalement m'esmerveille-je en nostre langue (& c'est surquoy je veux clorre ce Chapitre) dont vient que tout ainsi que les Latins eurent leur verbe substantif *Sum*, *es*, *est*, que l'on accommodoit selon les occurrences, à toutes sortes d'autres Verbes, aussi avons-nous le nostre, qui est *Avoir*, que nous employons aussi à tous autres verbes François. *Il a fait cela*, *il a aimé*, *il a esté là*, & ainsi des autres: car je n'ay jamais leu dans un vieux Livre que sur le decher de la langue Latine, on usast du mot *Habere* en ceste façon. Et qui m'appreste davantage à penser, c'est que combien que l'Italien & Espagnol eussent leurs langues originaires, autres que la nostre, si se conforment elles avec nous, en la rencontre de ce Verbe. J'oubliois de vous dire que depuis les guerres que nous eusmes en Italie, nous empruntasmes plusieurs mots, mais je reserve cela au Chapitre suivant.

CHAPITRE III.

De la diversité de l'ancienne langue Françoise, avecques celle du jourd'huy.

J'Ay dit au premier Chapitre de ce Livre, que tout ainsi que selon la diversité des temps, on change d'habits, voire de Magistrats en une Republique, aussi se changent les langues par une taisible alluvion. Pierre Crinit en ses Livres de l'Honneste Discipline, dit que l'on avoit peu autres-fois observer dans Rome quatre ou cinq diversitez de langues. La vieille des Saliens, qui pour sa longue ancienneté n'estoit presque entenduë, laquelle puis après s'eschangea au Latin des douze Tables, qui receut quelque polissure, sous le Poëte Ennius, & Caton le Censeur, jusques à ce que petit à petit elle attaignit à sa perfection du temps de Ciceron, Cesar & Saluste; & depuis alla tousjours en telle decadence, qu'en fin elle fut ensevelie dedans l'Italienne.

Je ne fais point de doute que le semblable ne soit advenu à nostre langue Françoise, laquelle selon la diversité des siecles, a pris diverses habitudes; mais de les vous pouvoir representer, il est mal aisé. Parce qu'anciennement nous n'eusmes point une langue particulierement courtizane, à laquelle les bons esprits voulussent attacher leurs plumes. Et voicy pourquoy. Encores que nos Roys tinssent la superiorité sur tous autres Princes, si est-ce que nostre Royaume estoit eschantillonné en pieces, & y avoit presque autant de Cours que de Provinces. La Cour du Comte de Provence, celle du Comte de Tholose, celle du Comte de Flandres, du Comte de Champagne, & autres Princes & Seigneurs, qui tous tenoient leurs rangs & grandeurs à part, ores que la plus part d'eux recognaussent nos Roys pour leurs Souverains. De là vint que ceux qui avoient quelque asseurance

asseurance de leurs esprits, escrivoient au vulgaire de la Cour de leurs Maistres, qui en Picard, qui Champenois, qui Provençal, qui Tholozan, tout ainsi que ceux qui estoient à la suite de nos Roys, escrivoient au langage de leur Cour. Aujourd'huy il nous en prend tout d'une autre sorte. Car tous ces grands Duchez & Comtez, estans unis à nostre Couronne, nous n'escrivons plus qu'en un langage, qui est celuy de la Cour du Roy, que nous appellons langage François. Et ce qui nous oste encore davantage la cognoissance de ceste ancienneté, c'est que s'il y eust un bon Livre composé par nos ancestres, lors qu'il fut question de le transcrire, les copistes les copioient, non selon la naïfve langue de l'Autheur, ains selon la leur. Je le vous representeray, par exemple : entre les meilleurs livres de nos devanciers, je fais estat principalement du Roman de la Roze. Prenez-en une douzaine escrits à la main, vous y trouverez autant de diversité de vieux mots, comme ils sont puisez de diverses fontaines. J'adjousteray que comme nostre langue prenoit divers plis, aussi chacun copiant, changeoit l'ancien langage à celuy de son temps. Cela s'obserue non seulement en ce vieux Roman de la Roze ; mais aussi en l'Ordonnance de sainct Louys de l'an mil deux cens cinquante-quatre, sur les Baillifs, Seneschaux, Prevosts, Viguiers, & autres choses concernans la police generale de la France : Ordonnance que je voy diversifiée en autant de langages, comme il y a eu de diversité de temps. Si vous veux-je dedans ceste obscurité mettre en veuë un eschantillon qui merite d'estre recogneu.

L'un de vieux Autheurs François que nous ayons, est Geoffroy de Vilhardoüin Mareschal de Champagne du temps de Philippe Auguste, lequel nous redigea par escrit tout le voyage d'outre-mer de Baudoüin Comte de Flandres. Chose dont il pouvoit fidellement parler, comme celuy qui fut de la partie. Or voilà le commencement de son oeuvre dont Blaise Viginelle nous a fait present.

Sçachiez, que mille cent quatre-vingts & dix-huit ans aprés l'Incarnation de nostre Seigneur Jesus-Christ, al temps Innocent III. Apostoille de Rome, & Philippe Roy de France, & Richard Roy d'Angleterre, ot un sainct homme en France, qui ot nom Folque de Nuilly, Cil Nuilliz si est entre Laigny sor Marne, & Paris, & il ere Prestre, & tenoit le Paroiche de la ville : & Cil Folque dont je vous dy, commença au parler des Diex par France, & par les autres terres & entre nostre Sire, sit mains miracles par luy. Sçachiez, que la renommée de cel sainct homme alla tant qu'elle vint à l'Apostoille de Rome Innocent III. & l'Apostoille envoya un sien Cardinal, Maistre Perron de Chappes Croisie, & manda par luy le pardon tel comme vous diray. Tuit Cil qui se croiseroient, & feroient le service deu, un an en l'ost, seroient quittes de tous les pechez qu'ils avoient faits. Parce que cil pardon fu issy gran, si s'en esmeurent mult li cuers des gens, & mult s'en croisierent, porce le pardon ere si grand.

Viginelle qui a retrouvé ceste Histoire, & opposé à chaque page le vieux langage au nouveau, l'a rendu en ceste façon :

„ L'an mille cent quatre vingts dix & huit, aprés l'incarnation de nostre Seigneur Jesus-Christ, au temps du „ Pape Innocent troisiesme, de Philippe Auguste Roy de „ France second de ce nom, & de Richard Roy d'Angleter-„ re, il y eut un Sainct homme en France appellé Foulques de „ Nuilly, Prestre & Curé du mesme lieu, qui est entre Laigny „ sur Marne & Paris. Cestuy-cy se mit à prescher la parole „ de Dieu par la France, & és terres circonvoisines, & nos-„ tre Seigneur sit tout plein de miracles par luy, tant que la „ renommée en alla jusques au sainct Pere, lequel envoya ce „ preud'homme à ce que sous son nom & authorité, il eust à „ prescher la Croisade, & bien tost aprés il y depescha un „ sien Cardinal Maistre Pierre de Cappes Croisé, pour y in-„ viter les autres à son exemple, avec les Indulgences & Par-„ dons que je vous vois dire : Que tous ceux qui se croise-„ roient pour servir à Dieu un an durant, en l'armée qui se „ dressoit pour conquerir la terre Saincte, auroient planiere „ absolution de tous leurs pechez dont ils seroient confez & „ repens : Et pour ce que les Indulgences furent si grandes, „ s'en esmeurent fort les coeurs des personnes, & plusieurs se „ croiserent à ceste occasion „.

Je ne vous baille pas le passage de Vilhardoüin pour naïf François, car estant né Champenois, & nourry en la Cour du Comte de Champagne, je veux croire qu'il a escrit selon le ramage de son pays. Toutes-fois conferez son ancienneté à ce qui est de nostre temps, vous direz que ce qu'a fait Viginelle est plus une traduction, qu'imitation. Celuy de nos Autheurs anciens que je voy suivre de plus prés Vilhardoüin, est Guillaume de Lorry qui fut du temps de S. Louys, & aprés luy Jean de Mehun sous le regne de Philippes le Bel. Voyez les anciennes coppies de leur Roman, & les parangonnez au langage que Clement Marot leur donna du temps du Roy François premier, vous en direz tout autant. Vray que par une grande prudence il y voulut laisser quelques vieilles traces en la fin de plusieurs vers, pour ne sortir du tout des termes de la venerable ancienneté.

Nostre langue commença grandement à se polir de ceste ancienne rudesse, vers le milieu du regne de Philippes de Valois, si les Registres de nostre Chambre des Comptes ne sont menteurs, esquels vous voyez une pureté qui commence de s'approcher de nostre aage. Vous y trouverez encores, uns *Enformer*, pour informer, *non contrestant*, pour nonobstant, *Diex*, pour Dieu. Mais au demeurant, tout le contexte des paroles ne s'esloigne gueres des nostres. Comme aussi en tous les Romans qui furent depuis faits en prose. Et plus nous allasmes en avant, plus nostre langue recent de polisseure : tesmoins les oeuvres de Maistre Alain Chartier, en son Quadrilogue, Curial, & Poësies (que je ne reprendray icy, pour luy avoir cy-dessus donné Chapitre particulier au cinquiesme Livre de ces Recherches) & successivement Philippes de Commines en son Histoire des Rois, Louys XI. & Charles VIII. Et aprés luy, Maistre Jean le Maire de Belges, du temps du Roy Louys XII. Claude Seissel tant en son Apologie du Roy Louys XII. & discours de la Loy Salique, qu'és traductions de Thucidide, Eusebe, & Appian. Je trouve sous le regne de François I. une plus grande naïfveté de langage en Jacques Amiot, ores qu'il ait principalement paru soubs Henry II. qui sembla avoir succé sans affectation tout ce qui estoit de beau, & de doux en nostre langue : Tous les autres qui sont depuis survenus se licencierent ou en paroles, ou en abondance de metaphores trop hardies, ou en une negligence de stile. Quoy que soit, il me semble que je voy en luy ceste belle fleur qui estoit aux autres, se ternir.

Il n'est pas dit que tout ce que nous avons changé de l'ancienneté, soit plus poly, ores qu'il ait aujourd'huy cours. Nos ancestres avoient pris de *Verus*, & *Vera*, *Voir*, & *Voire*, dont il ne nous est resté que les adverbes, *voire*, & *voirement* : Nous en avons fait uns *vray*, & *vraye*, qui sont beaucoup plus rudes, & de difficile prononciation que les premiers. Nous disons aux preterits parfaicts de ces Verbes, *Tenir*, & *Venir*, *Tenit* & *Venit*, lesquels on eschangea depuis en *Tiensit*, & *Viensit*, finalement nous en avons fait *Tint* & *Vint*, en ces mutations allans tousjours en empirant : car il ne faut faire de doute que *Tenit* & *Venit* ne fussent selon les reigles de la Grammaire meilleurs, & plus naturels.

J'ay remarqué plusieurs belles paroles anciennes, dont les aucunes sont du tout perduës par la nonchalance, & les autres changées en pires par l'ignorance des nostres. Nos ancestres userent de *Barat*, *Guille*, & *Lozange*, pour Tromperie, & *Barater*, *Guiller*, & *Lozanger*, pour *tromper* : Dictions qui nous estoient naturelles, au lieu desquelles nous en avons adopté des Latines, *Dol*, *Fraude*, *Circonvention* : Vray qu'encores le commun peuple use du mot de *Barat* : Afin cependant que je remarque icy en passant que comme nos esprits ne sont que trop fertils, & abondans en tromperie, aussi n'y a-il parole que nous ayons diversifiée en tant de sortes que ceste-cy : Parce que *Guille*, *Lozange*, *Barat*, *Malengin*, *Dol*, *Fraude*, *Tromperie*, *Circonvention*, *Deception*, *Surprise*, & *Tricherie*, denotent ceste mesme chose. Le Roman de Pepin dit *Enherber*, nous Empoisonner. Le mesme Roman, & encores le Comte Thibaut de Champagne en ces Amours *Maleir*, pour ce que nous disons *Mauldire*. Le vieux valoit bien le nouveau, si nous voulons nous arrester à l'analogie de *beneir*, qui est son contraire. Nos predecesseurs dirent *grigneour* puis *grigneur*,

dont

dont encores est faite frequente mention dans quelques anciennes coustumes : Nous disons plus grande, & meilleure part, rendans en deux mots ce qu'ils comprenoient sous un seul. Nous disons aujourd'huy *Magistralement*, Hugues de Bersy *Maistrement*, qui est moins Latin. Nous usons du mot *adjourner*, quand nous faisons appeller un homme en justice par la semonce d'un Sergent, le Roman de Pepin en a usé pour dire que le jour estoit venu : Qui n'estoit pas trop mal propre : nous en avons perdu la naïfveté, pour la tourner en chicanerie. Dans le mesme Autheur, *Hosteler*, pour loger, qui n'estoit pas moins bon que le nostre : *Malotru* est dedans Hugues de Bersy : *Barguigner*, mot aussi familier entre les Marchands, que *chicaner* entre les Praticiens, est dans Huon de Mery en son Tournoy de l'Antechrist, ces deux se sont perpetuez entre nous jusques à huy. Le Latin a dit *Ambo & Duo*, pour denoter le nombre de deux : De ces deux mots, l'Italien a fait un *ambedue*, & dans le Roman de la Roze je trouve pour pareille signification *ambedeux*, mot qui n'est plus à nostre usage : *Endementiers* avoit eu vogue jusques au temps de Jean le Maire de Belges, car il en use fort souvent, pour ce que nous disons par une Periphrase, *en ce pendant*, Joachim du Bellay dans sa traduction des quart, & sixiesme livres de Virgile le voulut remettre sus, mais il n'y peut jamais parvenir. *Nessun* pour *nul*, *Ades* pour maintenant. Nous les avons resignez à l'Italien aussi bien que *lozenger*, qui estoit à dire tromper) en ces mots *Nessuno*, *Adesso*, *Luzingar*. Le *Cattivo* Italien, & le chetif François symbolizerent, comme semblablement *Albergar*, & *heberger*, je ne sçay si l'Italien le tient de nous, ou nous de luy. L'Italien dit *Schifar* pour ce que nous dismes anciennement *Eschever*, & aujourd'huy *Esquiver*. Ce que nos anciens appellerent *Heaume*, on l'appella sous François premier, *Armet*, nous le nommons maintenant *Habillement de teste*. Qui est une vraye sottise de dire par trois paroles ce qu'une seule nous donnoit. Ainsi est-il de *Tabour*, que les soldats appellent maintenant *Quesse*, sans sçavoir dire pourquoy. Ainsi de l'*Estendart*, *Banniere*, ou *Enseigne*, que nous disons aujourd'huy *Drapeau*. Vray qu'il est plus aisé d'en rendre la raison que de l'autre : Cela estant provenu d'une hypocrisie ambitieuse des Capitaines, qui pour paroistre avoir esté aux lieux, où l'on remuoit les mains, veulent representer au public leurs enseignes deschirées, encores que peut-estre il n'en soit rien. Dans les livres de la discipline Militaire de Guillaume de Langey, vous ne trouverez *ny corps de garde*, *ny sentinelle*, ains au lieu du premier il l'appelle le *Guet*, & le second *estre aux escoutes*. Ces deux qui estoient de tres-grande & vraye signification, se sont eschangez *en corps de garde*, & *sentinelle* : & nommément le mot d'*escoute* estoit plus significatif que celuy de *sentinelle*, dont nous usons. De mon temps j'ay veu plusieurs mots mis en usage, qui n'estoient recogneus par nos devanciers : Et peut estre le mesme mot de *Devancier*. Le premier qui mit en œuvre *Avant-propos* pour *Prologue*, fut Louys le Charond en ses Dialogues, dont on se mocquoit du commencement : Et depuis je voy ceste parole receuë sans en douter : Non sans cause. Car nous avons plusieurs mots de mesme parure, *Avant garde*, *avant-jeu*, *avant-bras*, & croy qu'il y avoit plus de raison de dire *Avant-chambre*, que ce que nous disons Antichambre. Il voulut aussi d'un *Jurisconsulte* Latin, faire en nostre langue un *Droict-conseillant*, mais il perdit son François. *Piafer*, que l'on approprie à ceux qui vainement veulent faire les braves, est de nostre siecle, comme aussi aller à la *Picorée*, pour les gens-d'armes qui vont manger le bon homme aux champs, faire un *affront*, pour braver un homme, la *populace*, mot qu'avons esté contraincts d'innover par faute d'autre pour denoter un peuple sot. Le premier où j'ay leu *Courtizer*, est dans la Poësie d'Olivier de Maigny. Parole qui nous est pour le jourd'huy fort familiere. Je n'avois jamais leu *Arborer* une enseigne, pour la planter, sinon aux ordonnances que fit l'Amiral de Chastillon, exerçant lors la charge de Colonel de l'infanterie, mot dont Viginelle a usé en l'histoire de Vilhardoüin. Nous avons depuis trente ou quarante ans emprunté plusieurs mots d'Italie, comme *Contraste* pour *Contention*, *Concert*, pour *Conference*, *Accort*, pour *Advisé*, *En conche*, pour *en ordre*, *Garbe*, pour je ne sçay quoy de bonne grace, faire une *supercherie* à un homme, quand on luy fait un mauvais tour à l'impourveu. En l'escrime nous appellons *Estramaçons*, des coups de taille. Le *Pedant*, pour un Maistre és arts mal appris, & façon *Pedantesque*, en consequence de ce mot. Comme aussi nous avons quitté plusieurs mots François qui nous estoient tres-naturels, pour entrer dessus des bastards. Car de Chevalerie nous avons fait *Cavallerie*, Chevalier, *Cavalier*, Embusche, *Embuscade*, attacher l'escarmouche, attaquer, au lieu de bataillon, nous avons dit *Escadron* : Et pour nos pietons ou avanturiers anciens, nous ne serions pas guerriers si nous ne disions *Infanterie*, mots François que nos soldats voulurent Italianiser, lors que nous possedions le Piedmont, pour dire qu'ils y avoyent esté : & de mal-heur aussi quittasmes nous nos vieux mots de fortification, pour emprunter des nouveaux, Italiens. Parce qu'en telles affaires les Ingenieurs d'Italie sçavent mieux debiter leurs denrées que nous autres François. Il n'est pas que n'ayons mis sous pieds des paroles, qui estoient de quelque honneur, pour donner cours à d'autres de moindre valeur. Le mot de *Valet* anciennement s'adaptoit fort souvent à tiltre d'honneur prés des Rois : Car non seulement on disoit *Valets de Chambre*, ou *Garderobe*, mais aussi *Valets Trenchans*, & d'*Escurie*. De maintenant le mot de *Valet* se donne dans nos familles à ceux qui entre nos serviteurs sont de moindre condition, & quasi par contemnement, & mespris. Vray est qu'il avoit un valet, Qu'on appelloit *nihil valet*, dit Marot en se mocquant. La *Chambriere* estoit destinée pour servir sa maistresse en la chambre. Maintenant les Damoiselles prendroient à honte d'appeler celles qui les suivent *Chambrieres*, ains les appellent *Servantes*. Mot beaucoup plus vil que l'autre que l'on approprie à celles qui servent à la cuisine. Le nom de Grand Bouteiller estoit un Office de la Couronne, comme celuy de Connestable : Aujourd'huy non seulement la memoire en est oubliée en la Cour du Roy, mais il n'y a rien de si bas que la charge de Bouteiller. Et pour ceste cause ceux qui sont aujourd'huy en telles charges, sont appellez *Sommeliers*. Une vieille dotation faite à l'hospital de Mascon en May 1323. par Barthellemy de Chevriere eschanson du Roy, l'appelle en Latin, *Bartholomeus Caprarii*, *Scancio domini nostri Regis*. Qualité qui succeda à celle du grand Bouteiller. Nous avons accreu nostre langue de plusieurs nouvelles dictions tirées de nous mesmes, comme pour exemple, de *Chemin*, nos predecesseurs firent *acheminer*, de *compagnon*, *accompagner*, de *raison arraisonner* : Comme au contraire une negative en adjoustant *De*, Car ils dirent *desaison*, *desaisonner*, mais de nostre temps nous y apportasmes plus de liberté : Parce que d'*Effect*, *Occasion*, *Violent*, *Diligent*, *Patient*, *Medicament*, *Facile*, *Necessité*, *Tranquille*, nous fismes : *Effectuer*, *Occasionner*, *Violenter*, *diligenter*, *Patienter*, *Medicamenter*, *Faciliter*, *Necessiter*, *Tranquilliter*. Je n'ay point encores leu *possibiliter*, de *possible* : Il n'est pas que Montagne en ses Essaiz, & Ronsard en la derniere impression de ses œuvres (avant qu'il mourust) n'ayent par une nouveauté fait un nouvel *ainsin* : Car lors que ce mot est suivy d'une voyelle immediate, ils mettoient une N, derriere, pour oster la Cacophonie : Si ces nouveautez enrichissent ou embellissent nostre langue, j'en laisse le jugement à la posterité, me contentant de marquer ces caches, pour monstrer je ne sçay quoy de particulier en nous, qui n'estoit point en nos ayeuls.

Chacun se fait accroire que la langue vulgaire de son temps est la plus parfaite, & chacun est en cecy trompé. De ma part je ne doute point que Hugue de Bersy, Huon de Mery, Jean S. Cloet, Jean le Nivelet, Lambert Licors, & tous nos vieux Poëtes, n'eussent jamais mis la main à la plume, s'ils n'eussent estimé rendre leurs œuvres immortelles : Lesquelles neantmoins n'ont esté ensevelies dans les ans par le changement du langage. Ne restans plus de tous leurs escrits qu'une carcasse. Et Lorry mesmes, & Clopinel eussent aussi ait au tombeau : si Marot ne les en eust garentis par le langage de nostre temps qu'il leur donna. Quoy doncques ? Dirons-nous que les langages ressemblent aux rivieres, lesquelles demeurans tousjours en essence, toutesfois il y a un continuel changement des ondes : aussi nos langues

langues vulgaires demeurans en leur general, il y ayt changement continu de paroles particulieres, qui ne reviennent plus en usage ? Je vous diray ce que j'en pense. Je croy que l'abondance des bons Autheurs, qui se trouvent en un siecle, authorise la langue de leur temps par dessus les autres : On a recours à leurs conceptions originaires, qu'il faut puiser d'eux. Le vulgaire de Rome fut en sa perfection sous Ciceron, Cesar, Saluste & Virgile. Toscan sous Petrarque, & Bocace : Et combien que le temps apportast changement à ces deux langues, toutes-fois leur perfection a esté tousjours rapportée au temps de ces grands Maistres. De faire un prognostic de la nostre, il me seroit trés-malaisé, voyant mesmes quelques changemens, qui se peuvent mieux penser, que exprimer en ceux qui se sont donnez diversement les premiers lieux. Clement Marot fut le premier de sa volée sous le grand Roy François. Lisez Ronsard, qui vint sous Henry II. il le passe d'un long entrejet. Jettez l'œil dessus du Bertas, qui se fit voir sous Henry III. encores y a-il dedans ses deux Sepmaines, je ne sçay quelle sorte de vers, & conceptions, plus enflées que dans Ronsard : vray qu'entre le peu du premier, & le trop du dernier, il me semble que Ronsard tient le lieu de la mediocrité. Je diray doncques que s'il y a rien qui perpetuë la langue vulgaire qui est aujourd'huy entre nous, ce seront les braves Poëtes qui ont eu vogue de nostre temps. Car pour bien dire, je ne pense point que Rome air jamais produit un plus grand Poëte que Ronsard, lequel fut suivy de quelques autres fort à propos. Nostre parler de l'un à l'autre prendra diverses habitudes, mais ceux qui voudront escrire, seront bien aises de se proposer un si grand personnage pour miroüer. Les Autheurs qui se sont disposez de traicter discours de poids, & estoffe, pourront servir à mesme effect, & moy-mesme faisant en ma jeunesse mon Monophile, puis mes dix Livres des lettres Françoises, & ces presentes Recherches, les ay exposées en lumiere sous ceste mesme esperance.

CHAPITRE IV.

Dont vient qu'en nostre langue Françoise parlans à gens de plus grande qualité que nous, on use du mot de Vous *pour* Tu, *& au menu peuple du mot de* Tu *pour* Vous.

Quintilian au second Livre de ses Institutions Oratoires fait ceste question : *Illud eruditis quæritur, an insingulis quoque verbis possit fieri solecismus, ut si unum quis ad se vocans, dicat, Venite.* Si cela estoit lors une faute en la Grammaire des Romains, & que nous rapportassions la nostre à leur pied, nous baillerions de beaux soufflets à un Priscian François. Car nostre commun usage est de parlant à un seul homme d'user de ce mot de *Vous*, specialement quand il est de quelque qualité : Encore y a-il une autre particularité qui n'est pas à negliger. Car combien que le Romain se fust bien donné garde parlant à un seul homme, de mettre ce mot de *Vos* pour *Tu*, autrement il eust esté condamné par tout le peuple comme mal parlant : Toutesfois un homme parlant de soy seul, ordinairement couchoit du nombre plurier sous ce mot de *Nos*, & non du singulier. Ny pour cela il n'estoit estimé commettre un Solecisme, voire plus estoit-il de basse qualité & estoffe, & plus pensoit-il apporter de la soubmission, parlant de soy en un plurier. Et aujourd'huy il n'y a que les Grands, presque, qui usent du plurier pour le singulier, parlans d'eux. Cela se voit en toutes les lettres qui sont decernées par le Roy, tant en sa Chancelerie, que par les passeports donnez par les Gouverneurs des Provinces, & autres actes, où les grands Seigneurs mettent leurs noms, & leurs armes. Et à l'opposite si un du commun peuple en avoit ainsi usé, on l'estimeroit un lourdault, qui voudroit trancher du grand. Voyons doncques comme s'est faict ce changement. Je vous ay dit au Chapitre precedant, que de la corruption de la langue Latine avoit esté faicte nostre langue Françoise. Je dis encore un coup, corruption, car la verité est que la langue Latin tombant sur la declinaison, & ceux qui parlans Latin, userent de certains mots, nous les embrassames en nostre vulgaire par dessus les autres, & nous succederent les choses si à propos, que ce qui eust esté reputé trés-corrompu du temps de la pureté de la langue, fust estimé entre nous trés-bon. Je le vous representeray par exemple. Quand nous voyons dans Sidonius Apollinaris le mot *Granditer*, fort frequent, pour *Valde*, dans S. Ambroise, aux trois livres de ses offices, un *Estimare* pour *Existimare*, dans sainct Gregoire, un *Portitor litterarum*, pour *Tabellarius*, & *Pensare* pour *Putare* : Bref tous ces mots avoir esté indifferemment en usage non seulement à ceux-cy, mais aux autres Autheurs de leur temps ; il n'y a celuy qui ne juge que tous ces grands personnages escrivoient selon la barbarie de leurs siecles, toutes-fois nous avons heureusement mis en œuvre ces dictions, quand d'elles nous fismes *Grandement*, *Penser*, *Estimer*, *Porteur de lettres*, & ainsi usons nous du mot de *Parent* pour celuy qui nous attouche de proximité de lignage en ligne collaterale, non directe, contre sa naïfve, & originaire signification, & ce pour autant que sur le declin de la langue on en usa de ceste façon. Que nous apprenons de Sainct Hierosme en sa seconde Apologie contre Ruffin : *Illud vero ridiculum* (dit-il) *quòd post triginta annos ad parentes se reversum esse ait, homo qui nec patrem habet, nec matrem, & quos viventes juvenis dereliquit, mortuos senex desiderat, nisi forte parentes, militari vulgarique sermone, agnatos, & affines nominat.* Veüillez rendre ce passage en nostre vulgaire, vous appresterez à rire au Lecteur : Parce que nous ne recogneusmes jamais le mot de *Parens* pour pere à fils, & neantmoins en cela gist tout ce que Sainct Hierosme vouloit improperer à son ennemy Ruffin : Et ainsi que nous en usons aujourd'huy, Saint Gregoire qui entre les gens de son siecle escrivoit le mieux, ne doute d'en user fort souvent, mesme au second livre de ses Epistres, 14. 15. & 16. Epistres.

Ainsi est-il advenu de ce mot de *Vos* : Car combien que ceste maniere de parler fust incogneuë aux Romains lors de leur pleine liberté, & long-temps aprés, toutes-fois quand par le progrez de l'Empire, la liberté commune alla en empirant, aussi le peuple n'ayant qu'un Empereur, ou ses favoris en butte, avec la servitude des mœurs, il fit aussi un langage de mesme. De là vint que parlant aux plus Grands il addressoit sa parole sous le nom de *Vos*, non de *Tu*, comme s'il eust voulu dire que celuy auquel il parloit, mis en balance avec les autres, emportoit pour ses merites l'honneur de plusieurs personnes. Et depuis on tourna en courtoisie ce qui avoit pris son fondement de la tyrannie : tant a de puissance sur nous une coustume, qui petit à petit plante ses racines en nos cœurs. Si je ne m'abuse, le premier dans lequel on trouve ce formulaire de parler, est dans Pline Second, escrivant à l'Empereur Trajan : *Ut primum me domine, indulgentia vestra promovit ad præfecturam.* Aprés luy Jules Capitolin en la vie de Marc Antonin, parlant à l'Empereur Diocletian. *Marcus Antoninus, Deus nunc etiam habetur, ut vobis ipsi, sacratissime Imperator Diocletiane, & semper visum est, & videtur : qui eum inter numina vestra,*

vestra, non ut cateros, sed specialiter veneramini, ac sæpe dicitis vos vita, & clementia tales esse cupere, qualis Marcus.

Qu'un homme qui fera profession de la langue Latine lise ce passage, il trouvera assez dequoy se mocquer, ou scandaliser. Rendez-le en nostre langue Françoise mot pour mot, il n'y aura rien de plus elegant. Parceque nous avons accoustumé de parler à nos Princes & grands Seigneurs, sous le nom de *vous*, non de *toy* : & depuis, ceste coustume se rendit familiere à ceux qui escrivoient à personnages de respect. Sainct Cyprian escrivant à Cornelian Pape de Rome, *Cognovimus (frater charissime) fidei, ac virtutis vestræ testimonia gloriosa, & confessionis vestra honorem sic exultanter accepimus, ut in meritis, & laudibus vestris nos quoque participes, & socios comparemus.* Et en la mesme Epistre : *Docuistis granditer Deum timere.* Et en une autre, au mesme Cornelian sous le nom de quarante-deux Evesques. Le semblable en toutes les lettres de Symmachus, l'un des mieux disans de son tems, escrivant aux Empereurs Theodose & Valentinian, comme aussi fait Sidonius Apollinaris à Eutrope, puis à Theoplaste, & Loup Evesques. Il se trouve un Panegyric recité devant l'Empereur Maximian, par tout le discours duquel vous trouverez le plurier nombre de la seconde personne estre employé pour le singulier. Il n'est pas que les Empereurs mesmes, & Roys n'en usassent de mesme façon, pour honorer les gens de marque, ausquels ils escrivoient. Ainsi le trouverez-vous en une Epistre de Justinian à Jean Pape de Rome, inserée dedans son Code. Ce que l'on voit encore plus amplement aux Epistres de Cassiodore, soubs la personne du Roy Theodoric son Maistre, dans lesquelles ce Prince escrivant à l'Empereur de Constantinople, ou à quelque grand Seigneur, & Patrice, A toute sa Rhethorique marchoit sous ceste parole de *Vos*, & à un homme de moyen Estat, sous celle de *Tu* : Desquels passages & autres, que je passe icy de propos deliberé, nous pouvons recueillir que du commencement, la tyrannie, puis par succession de temps l'honneur, & reverence que l'on portoit aux plus grands, insinua ceste maniere de parler entre les Latins : Tellement qu'il ne faut pas trouver si estrange, comme plusieurs ont voulu faire autres-fois, qu'en nostre jeunesse, nos Docteurs en Theologie fissent le semblable en leurs disputes publiques. Ce qu'ils ont toutes-fois depuis desapris, estans retournez aux premieres & anciennes reigles de la Grammaire : Et comme ainsi soit que nostre langue emprunta plusieurs choses de la Latine, aussi nos vieux Gaulois tournans ces flateries à honneur ; laisserent les reigles communes de la Grammaire, pour s'accommoder à celle de la Cour des Empereurs, ausquels ils obeïssoient, & userent du mot de *Vos*, pour *Tu*, ou *Toy* envers ceux qui avoient quelque prééminence sur eux, gardans les preceptes de la Grammaire envers les autres qui leur estoient de plus basse condition : Et qui est chose fort notable, encore *tutoyons*-nous ceux-là (telle est la diction Françoise que nous avons forgé de *Tu*) vers lesquels nous exerçons une bien grande privauté, & encore nous dispensons-nous quelques-fois dans nos œuvres Poëtiques, par un privilege particulier de nos plumes, qui ne rougiroient point de *tutoyer* quelques-fois les Rois, Princes & grands Seigneurs. Au demeurant je ne veux oublier de dire, que combien que ce mot de *Vous* fust anciennement destiné pour ceux qui nous estoient seulement superieurs, si ne laisse-l'on de le pratiquer non seulement à nos égaux, mais aussi quelques-fois à nos inferieurs, selon la facilité de nos naturels.

CHAPITRE V.

De ces mots de Dom, Dam, Vidame, Dame, Damoiselle, Damoiseau, Sire, Seigneur, Sieur.

PUis que nostre langue est bastie sur les ruines de la Latine, je ne puis en discourant de l'ancienneté d'icelle, que je ne Latinise aussi. Les anciens Romains du temps de leur liberté ne recognoissoient ce tiltre de parade, & flatterie qu'ils observerent depuis sous le mot de *Dominus*, qui est ce que nous appellons Sire, ou Seigneur : Mais parlans ou escrivans les uns aux autres, se saluoient & se gouvernoient sous leurs propres noms. Ce qui estoit encore en essence aprés que Jules Cesar eut reduit sous son authorité toute la grandeur de la Republique, ainsi que l'on peut recueillir des plaidoyez que Ciceron fit devant luy, tant pour Marcellus, que pour Ligarius : La tyrannie s'estant depuis sa mort asseurée à meilleures enseignes dedans Rome, la flatterie des inferieurs qui vouloient s'accroistre par les bien-faits des Empereurs, s'y vint pareillement loger. De là est qu'un Comedien en plein Theatre appella Auguste son Seigneur, (cela se dit en Latin *Dominus*) & les spectateurs ayans jetté l'œil sur luy, le lendemain, par Edit il prohiba que l'on n'eust à le reblandir sous ce tiltre. Et Tibere son successeur se courrouça fort aigrement contre un homme qui l'avoit ainsi appellé, disant que ce luy estoit faire injure. Le premier Empereur des Romains, qui commanda par exprés que l'on l'appellast *Dominus*, fut Calligula, si nous croyons à Sextus Aurelius Victor, ou bien Domitian, selon le rapport de Suetone, auquel à mon jugement il faut plus adjouster de foy qu'à l'autre. Le Poëte Martial du tout voué à flatter la tyrannie, parlant de cet Empereur, l'appella *Dominum, Deumque nostrum*: Et se tourna cela depuis tellement en usage, que Pline second l'un des premiers Senateurs & Orateurs de son temps, escrivant à l'Empereur Trajan, qui fut surnommé le Bon, ne parle jamais à luy en tout le dixiesme de ses Epistres, que sous ce tiltre de *Domine*. Lampride celebre l'Empereur Alexandre Severe, de ce qu'il ne voulut estre qualifié de ce tiltre superbe. Or comme des grands on vient aux moyens, puis aux petits, cela mesme se pratiqua non seulement envers les Empereurs, mais aussi envers les Princes & Gentils-hommes, & à peu dire, à l'endroit du commun peuple selon que les occasions se presentoient : Parce que quand Auguste defendit au peuple de ne le qualifier de ce glorieux nom de *Dominus*, il fit la mesme defence aux enfans, & encore ne voulut que parlans les uns aux autres ils n'en usassent : comme nous apprenons de Suetone : Et Seneque au 1. livre de ses Epistres, en la 3. dit, que de son temps quand on saluoit un homme, duquel on ne sçavoit le nom, on l'appelloit ordinairement Monsieur : *Quomodo* (dit-il) *obvios si nomen non succurrit, dominos salutamus.* Martial se joüant sur ceste mesme rencontre, en un distique, se mocque de Cinna :

Quum voco te Dominum, nolo tibi Cinna placere:
Sæpe etiam servum sic resaluto meum.

Et en un autre endroit se mocquant des enfans, qui appelloient leurs peres *Dominos*.

Tum servum scis te genitum, blandeque fateris,
Quum dicis Dominum, Sosibiane patrem,

Paulin escrivant à Ausone :

An tibi me Domine illustris si scribere sit mens.

Toutes façons de faire qui ont esté depuis transplantées chez nous sous les mots de *Sire*, & *Seigneur*, & *Sieur*, & encores avecques le progrez du temps sur ceste maniere de parler qui fut tirée du mot de *Dominus*, on y en enta une autre,

tre, qui fut de ne parler aux Princes, ou grands Seigneurs par ces dictions de *Tu*, ou *Vos*, mais on y adjouſtoit je ne ſçay quelles qualitez puiſees du vray fonds de la flatterie. Ainſi le trouverez vous és Epiſtres de Symmaque, eſquelles eſcrivant à l'Empereur Theodoſe, ou Valentinian, il dit, *Veſtra æternitas*, *veſtrum numen*, *veſtra perennitas*, *veſtra clementia*, *veſtrum æternitatis numen*. Qui eſt une forme d'idolatrie. Il n'eſt pas que les grands perſonnages n'en ayent aucunement uſé. Ainſi le trouverez vous dans Sainct Gregoire, lequel eſcrivant à un Parriarche ou Archeveſque dit, *Veſtra ſanctitas*, *Veſtra beatitudo*, aux autres Eveſques communément, *Veſtra fraternitas*, aux Patrices de Gaule ou Italie, *Veſtra excellentia*, Qualité dont on uſe encore envers les Ducs non ſouverains, tout ainſi que du mot d'*Alteſſe* emprunté de l'Eſpagnol envers les Ducs ſouverains.

Voilà ce qui appartient à l'ancienneté de Rome, mais pour revenir à noſtre *Dominus*, lors que la Barbarie commença de ſe loger dedans la langue Latine, nous fiſmes cet in *Dominus*, un *Domnus*; & en l'uſage de ces deux mots, au regard de *Dominus*, ce fut une reigle generale entre les Chreſtiens de l'approprier à noſtre Seigneur en toutes les prieres & oraiſons que nous faiſons en l'Egliſe: mais quant aux Seigneurs temporels, voire ſpirituels, nous les appellions ordinairement *Domni*, & quelqueſfois *Domini*. Ainſi le voyez vous dedans nos Litanies. *Ut Domnum Apoſtolicum & omnes Eccleſiaſticos ordines in ſancta religione conſervare digneris*. Qui eſt à dire, qu'il plaiſe à Dieu conſerver en ſa ſaincte Religion Noſtre Sainct Pere le Pape, & tous les autres Ordres Eccleſiaſtics. Ce *Domnus* maſculin ne fut point enté en ſon entier ſur les vulgaires, mais bien en fut fait un feminin, *Donna*, familier aux Italiens, Provençaux, Tholoſans, Gaſcons, & nous en noſtre langue Françoiſe fiſmes un mot de *Dame*. Car il eſt certain que le mot de *Donna* vient de *Domina*. Et au lieu de faire de *Domnus* un mot entier, nous le diviſaſmes en deux, & en fiſmes un *Dom*. De là vint qu'en nos anciens Romans, nous appellaſmes, *Dom Chevalier*, ce que nous dirions aujourd'huy, *Sire Chevalier*, ou *Seigneur*, & qu'en certains Monaſteres (comme aux Chartreux) nous appellons *Dams* les Religieux qui ſont conſtituez en dignitez par deſſus les autres, mot qui ſymboliſe avec celuy de *Dom*: car l'un & l'autre viennent du mot *Domini*. Choſe en quoy toutesfois ſemble y avoir plus d'obſcurité pour le mot de *Dam* ou de *Dame*, ce neantmoins il n'en fait faire aucune doute. J'ay autresfois trouvé en la Librairie du grand Roy François, qui eſtoit à Fontainebleau, une vieille traduction de la Bible, & nouveau Teſtament, où le Tranſlateur parlant à Dieu, l'appelloit *Dame-Diex*, tout ainſi que l'Italien *Domino Dio*: Cela ſe peut encore mieux averer en ce mot de *Vidame*, qui de ſa premiere inſtitution eſtoit le Juge temporel des Eveſchez & Colleges Eccleſiaſtics, que nos anceſtres appellerent en Latin, *Vicedominus*. S. Gregoire en la 66. Epiſtre du neuvieſme livre de ſes Epiſtres ſe plaignant de Paſchaſe Eveſque, de ce qu'il n'avoit point le ſoin de faire rendre la juſtice à ſes ſujets, *Volumus* (dit-il) *ut memoratus frater noſter Paſchaſius, & Vicedominum ſibi ordinet, & Majorem domus, quatenus poſſit vel hoſpitibus venientibus, vel cauſſis quæ eveniunt, idoneus & paratus exiſtere*. C'eſtoit avoir un Vidame pour juger les cauſes, & un Maiſtre de l'Hoſtel-Dieu pour recevoir les Pelerins. Du *Vidame* en ceſte ſignification vous trouverez eſtre faite mention expreſſe au 2. livre des loix de Loüys le Debonnaire chapitre 28. & au Concil tenu à Mayence en l'an 813. aticle 50. *Omnibus Epiſcopis, Abbatibus, cunctoque Clero, omnino præcipimus, Vicedominos, Præpoſitos, Advocatos ſive defenſores bonos habere*. Et Flodoart au 2. livre de ſon Hiſtoire dit que Charlemagne delegua Walfarius Archeveſque de Rheims par toute la France, pour s'informer du devoir que les Eveſques, Abbez & Abbeſſes rendoient à leurs charges, *& qualem concordiam & amicitiam adinvicem agerent, & ut bonos & idoneos Vicedominos & Advocatos haberent, & undecunque fuiſſet, juſtitias perficerent*. Depuis, tout ainſi que nos Roys firent de leurs Comtes Juges, des Vaſſeaux; auſſi firent le ſemblable, les Eccleſiaſtics de leurs Vidames: & de là eſt que nous voyons les Vidames de Chartres, d'Amiens & Rheims eſtre trés-riches & avoir amples Seigneuries, que l'on releve des Eveſques. Par ainſi il ne faut point douter que le mot de *Dame* anciennement en France eſtoit comme le *Dominus* Latin approprié aux hommes: Vray que le tems a voulu qu'il ſoit enfin abouty aux femmes ſeulement, tout ainſi que celuy de *Donna* aux Italiens. Et n'en ſçaurois rendre autre raiſon, ſinon que les femmes commandent naturellement aux hommes, nonobſtant quelque ſuperiorité que par nos loix nous nous ſoyons donnez ſur elles.

Tout ainſi que de *Dominus* & *Domina*, on fit un *Domnus* & *Domna*, auſſi fit-on de ces deux-cy, deux diminutifs *Domnulus* & *Domnula*. Salvian en une Epiſtre qu'il eſcrit ſous le nom de Palladia à Hiparius & Quieta, ſes pere & mere. *Advolvor veſtris (ô parentes chariſſimi) pedibus, illa ego veſtra Palladia, veſtra Gracula, veſtra Domnula, cum quá his tot vocabulis quondam, indulgentiſſimá pietate luſiſtis*. Tout de ceſte meſme façon fiſmes-nous en France, du mot de *Dame* deux diminutifs, l'un de *Damoiſel* pour les hommes, & *Damoiſelle* pour les femmes. Quant au *Damoiſel* maſculin, nous en uſaſmes quelqueſfois pour Seigneur. Ainſi l'ay-je trouvé paſſant par Eclimont en la Bibliotheque de Meſſire Philippes Huraut Comte de Cheverny, & Chancelier de France, dans les Croniques de France de Philippes Moſqué vieux Poëte François, où il dit que Sainct Louys eſtoit Damoiſel de Flandre, voulant dire qu'il en eſtoit Seigneur ſouverain. Parole qui eſt encore en uſage pour Meſſieurs de la Rochepot, que l'on appelle Damoiſeaux de Commercy. Bien ſçay-je que l'on en uſe encore d'un autre ſens pour ceux qui ſçavent courtiſer de bonne grace les Dames, ou leur complaire. Ainſi fut appellé Amadis de Gaule en ſa jeuneſſe, Damoiſel de la mer, parce qu'ayant eſté recous au berceau de la fureur de la mer, depuis croiſſant en aage, beauté & valeur, il eſtoit grandement agreable aux Dames.

J'ay voulu toucher l'origine du mot de *Dame*, & de ce qui en depend, devant celuy de *Sire*, pour autant que mon opinion eſt que *Dame* vient de *Dominus*, ſur lequel j'ay employé tout le commencement de ce chapitre. Car quant au mot de *Sire* que nos anceſtres rapporterent aux Roys, quelques-uns eſtiment qu'il prend ſa ſource du Grec, & les autres de *Herus* Latin qui ſignifie Maiſtre. De ceſte opinion ſemble avoir eſté Guillaume Budé, quand s'introduiſant parler avec le grand Roy François, ſur le fait de la chaſſe, en ſa Philologie, il l'appelle touſjours *Here*, comme s'il l'euſt voulu appeller *Sire* en noſtre langue. De ma part je ne fais aucune doute que nous ne l'ayons emprunté du Grec, non pas de la pouſſiere des eſcoles Gregeoiſes, ains des ceremonies de noſtre Egliſe, & voicy comment. Encores qu'és Pſeaumes de David, Sainct Jeroſme euſt traduit ce Sainct mot de *Jehova* ſous celuy de *Dominus*, qui n'eſtoit pas de petite eſtoffe aux Romains, comme j'ay deduit cy-deſſus, ſi eſt-ce qu'és plus ſolemnelles prieres de noſtre Egliſe, meſmes au ſacrifice de la Meſſe, nous loüons Dieu ſous ceſte grande parole de *Kirie*, qui ſignifie en Grec, un Seigneur, mais Seigneur plein de certitude & juſtice: & c'eſt pourquoy par une noble Metaphore, on appelle en Grec, les principes & propoſitions belles & indubitables Κυρίας δόξας, ce que l'on dit autrement en Latin, *Certas & receptas ſententias*: Et de fait nos anciens François parlans de Dieu, uſoient ordinairement de ce mot de *Sire*, comme vous verrez au commencement de l'hiſtoire de Vilhardoüin, où parlant des miracles que Dieu exerçoit par Foulques Curé de Nuilly ſur Marne, dit ainſi, Noſtre Sire fit mains miracles par luy, & Hugue de Bercy en ſa Bible Guyot.

A hy beau Sire Diex comment
Seme preud'hom' mauvaiſe graine.

Et dans le Roman de la Roze, Nature diſcourant avec Genius Archipreſtre, de la puiſſance que Dieu luy avoit donnée,

Ceſtuy grand Sire tant me priſe,
Qu'il m'a pour ſa Chambriere priſe.

Marot dans ſa traduction des 50. Pſeaumes uſe tantoſt du mot de *Sire*, tantoſt de *Seigneur*, comme auſſi faiſons-nous en nos oraiſons.

Quant à moy je veux croire, que le peuple eſtimant qu'un Roy eſtoit entre les hommes la plus expreſſe image de Dieu,

& s'il faut qu'ainsi je le dise, un second Dieu en terre qui devoit estre, & pere, & Seigneur de ses sujets tout ensemble, le voulut aussi appeller Sire, & depuis comme les choses tombent en abus, les Princes, grands Seigneurs, & Chevaliers, qui approchoient de plus prés de ce grand Soleil, se firent aussi appeller Sires. És Amours du Comte Thibaut de Champagne, du temps de Sainct Loüys, il y a une chanson, où il introduit un Comte Philippes, qui luy fait plusieurs demandes :

Bon Roy Thiebaut, Sire, conseillez-moy :

En ce vers il l'appelle *Sire* comme estant Roy de Navarre, & en deux couplets precedens il luy baille le mesme tiltre comme simple Comte de Champagne, & de Brie.

Par Dieu Sire de Champagne, & de Brie,
Je me suis moult d'un rien esmerveillé.

La forme que nous observons en cecy soit en parlant, soit en escrivant au Roy, est de mettre seulement le mot de *Sire*. Nos ancestres n'en userent pas toujours ainsi par une reigle stable & infaillible. Le Roy Philippes de Valois ayant par lettres de Cachet commandé à Messieurs des Comtes de rechercher tous les dons qui avoient esté faicts à Loüys Seigneur de Bourbon, ils lui rescrivirent par leurs premieres lettres en ceste façon, *Trés-cher, & trés-redouté Seigneur, vous nous avez mandé, &c.* Et depuis ayant fait la recherche de ce que le Roy vouloit, ils firent une autre recharge de telle teneur. *Trés-puissant, & redouté Seigneur, comme vous ayez mandé à tous les gens de vos Comptes.* Qui monstre que parlans au Roy ils l'appelloient tantost *Sire*, tantost *Seigneur*, je voy quelques anciennes familles en France, qui affecterent que le mot de *Sire*, tombast particulierement sur elles, comme le Sire de Pont, & le Sire de Montmorency, & specialement le Seigneur de Coussi, quand il estoit en essence : car il portoit en sa devise :

Je ne suis Roy, n'y Prince aussi,
Je suis le Sire de Coussi.

Mais voyez comme Dieu se mocque de nos grandeurs : Ce Roy qui pour son excellence, & prerogative de dignité est par ses sujets appellé *Sire*, n'a peu empescher que ce mesme tiltre n'ait esté baillé aux simples marchands. Et de là est venu ce gaillard Epigramme de Clement Marot, où il appelle deux Marchands ses creanciers, Sire Michel, Sire Bonaventure.

Or tout ainsi que le mot de *Sire* approprié à Dieu par nos ancestres a esté communiqué à nos Roys, aussi avons-nous employé un tout faveur le mot de *Majesté*, qui appartient proprement à nostre Dieu, & neantmoins il ne fut jamais que l'on ne parlast de la Majesté d'un Roy en un Royaume, tout ainsi que de celle d'un peuple en un Estat populaire. Verité est que nos peres en usoient avec une plus grande sobrieté que nous. Lisez les huicts premiers livres d'Amadis de Gaule, où le Seigneur des Essars voulut representer sous un Perion de Gaule, sa posterité, ce qui estoit de la vraye courtizanie : lisez le Palmerin d'Olive, vous ne trouverez point que ceux qui gouvernent les Roys usent de cette façon de parler, *Vostre Majesté, &c.* façon de parler toutesfois qui s'est tournée en tel usage au milieu de nos Courtisans, que non seulement parlans au Roy, mais aussi parlans de luy, ils se couchent que de cette maniere de dire, *sa Majesté a faict cecy, sa Majesté a faict cela*, ayans quitté le masculin. Usage qui commença de prendre son cours entre nous, sous le regne de Henry second, au retour du traitté de Paix que nous fismes avec l'Espagnol en l'an 1559. en l'Abbaye d'Orcan.

Un jour le feu sieur de Pibrac & moy tombans sur ce propos, & trouvans cette nouvelle forme de parler, faire tort à nostre ancien usage, je luy envoya ce sonnet.

Ne t'estonne Pibrac, si maintenant tu vois
Nostre France qui fut autresfois couronnée
de mille verds Lauriers, ores abandonnée
Ne servir que de fable aux peuples & aux Roys.

Le mal-heur de ce siecle a eschangé nos lois :
Ceste masle vertu, qui jadis estoit née
Dés le bers avec nous, s'est toute effeminée,
Ne nous restant pour tout que le nom du François.
Nos peres honoroient le nom du Roy sur tous,
Ce Grand nom, mais depuis la sortie de nous,
Ainçois du Courtisan l'a fait tourner en roüille.
On ne parle en la Cour que de sa Majesté,
Elle va, elle vient, elle est, ell' a esté,
N'est-ce faire tomber la Couronne en quenoüille ?

Belle chose & bien-seante à un subject parlant à son Roy de l'honorer de ce Sainct nom de Majesté, mais en son absence de rapporter toutes ses actions à ce mot, & tourner le masculin en un feminin, nos ancestres n'en userent de cette façon & m'asseure qu'ils ne respectoient avec moindre devotion, leurs Roys, que nous. Et neantmoins je vous diray cecy en passant, car ailleurs ne trouveray-je lieu plus à propos pour le dire. Dedans les registres de Sainct Gregoire j'en trouve neuf diversement par luy envoyées ores à la Royne Brunehault, ores à Childeric son fils Roy d'Austrasie, & de Bourgongne, ores aux Roys Theodebert, & Theoderic enfans de luy, par toutes lesquelles il ne parle à eux que soubs ce mot d'excellence : vostre excellence a fait ou fera cela. Or voyez comme les choses se sont changées avec le temps : car cette parole s'employe par quelques-uns en faveurs des Ducs qui ne sont Souverains, Altesse pour les Ducs Souverains, & finalement la Majesté pour les Roys.

Reste maintenant à parler du mot de *Seigneur* : car quant à celuy de *sieur* il est abregé de l'autre. Jamais ne fut qu'en une Republique bien ordonnée, on n'en ait appellé les personnes anciennes aux premieres dignitez de la Republique. De cela il y a tant d'exemples, que ce ne seroit que remplissage de papier de les reciter. Il est certain que le mot de *seigneur* vient de *senior*, qu'on appelloit en nostre vieux François *seignor*, & depuis *seigneur*. En toute l'histoire de Gregoire de Tours vous verrez estre faite mention de ces *seigneurs*, qu'il appelle tantost *Seniores*, tantost *Majores natu*. Chose qui se voit nommément au 7. livre ; chap. 32. & dans Aimoin, livre 4. chap. 28. & 32. en l'un desquels ceux qu'il nomme *Primores Vasconia*, il les appelle en l'autre *Seniores*. Or sous cette premiere ligne de nos Roys, il ne faut point faire de doute, que le mot de *Seigneur* ne signifioit celuy qui estoit maistre ou proprietaire d'un lieu, ains seulement celuy qui estoit appellé aux premiers degrez & dignitez du Royaume, mais sous la seconde nous l'estendismes aux proprietaires de terres & maisons, & commença l'on aussi dés lors à employer en matiere des Nobles, comme quand nous disons un Seigneur qui a soubs soy quelques vassaux ou subjects. Au 3. livre des Loix de Charlemagne & Loüys le Debonnaire. 24. *Ut nullus comparet Caballum, bovem & jumenta, vel alia, nisi illum hominem cognoscat, qui eum vendit, aut de quo pago est, aut ubi manet, aut qui ei est Senior* : C'est à dire celuy qui estoit son Seigneur. Et au 4. livre art. 42. *Quicunque liber homo inventus fuerit anno præsente, cum Seniore suo in hoste non fuisse, plenum Heribannum persoluere cogatur, & si Senior, aut comes eum domi dimiserit, ipse pro eo eundem Heribannum persolvat, & Heribanni ab eo tot petantur, quot homines dimisit*. De là est venu que l'on adapte specialement le mot de *Seigneur* aux terres nobles, que nous appellons feodales & seigneuriales, encores que je sçache bien que nous en usons pour les autres heritages de quelque qualité qu'ils soient, quand ils nous appartiennent en proprieté. Tellement que le mot de *Seigneur* va tantost à l'honneur tantost au profit.

Au demeurant, la difference dont nous usons entre *Monseigneur*, & *Monsieur*, nous employons le premier à personnages qui tiennent grand rang, & authorité dessus nous, & le second, à gens d'honneste qualité, mais que nous ne pensons point tenir plus de rang que nous. Ce qui ne fut pas observé toujours par nos anciens. Car dedans les Memoriaux de la Chambre des Comptes de Paris, je trouve une lettre du vingt-septiesme Novembre 1339. de Jean de S. Just Maistre des Comptes, qu'il escrivoit au Chancelier de quelque obscurité qui concernoit la dignité de la Chambre, dont le commencement est tel : Monsieur le Chancelier, comme

comme vous ayez commandé à moy, Jean de Sainct Just. Et en une des lettres de la chambre du Roy Philippes de Valois parlant du Roy decedé, on l'appelle Monsieur le Roy. Si nous avions maintenant à parler en troisiesme personne des Princes, nous nous donnerions bien garde d'user de ce mot de *Monsieur*, encores moins, parlans du Roy, lequel n'est jamais appellé *Monsieur*, que par ses freres & sœurs, ou en ligne collaterale par celuy qui est le plus proche de la Couronne au dessous de luy. Encores mettons-nous en usage ce mot de *Monsieur* pour les Princes d'une façon particuliere. Car jamais nous n'appellons un Prince Monsieur, cela est pour le commun des gens de marque: Mais si nous les appellons par leurs propres noms, nous en usons en ceste façon, *François Monsieur, Duc d'Alençon, Henry Monsieur, Prince de Condé*. De dire dont cela a pris sa source, un autre que moy le trouvera. Cela n'estoit pas en usage sous le regne de Philippes de Valois: Parce qu'en la seconde lettre que la Chambre luy escrivit, dont j'ay cy-dessus fait mention, parlant du Duc de Bourbon, Messieurs des Comptes l'appellent *Monsieur Louys de Bourbon*. Les Italiens font beaucoup meilleur marché que nous de ce mot de Seigneurie: Car tout ainsi que l'Espagnol met en usage *vostre Merce* presque en toute occurrence de propos, aussi faict le semblable l'Italien le mot de *vostre Seigneurie*. Arioste en une sienne Satyre attribué cela aux Espagnols, depuis qu'ils s'estoient habituez en Italie:

Dapoi che l'adulatione Spagnuola,
A posto la Seignoria in burdello.

Bien vous puis-je dire qu'en tout le Decameron de Boccace, où l'on recueille les vrayes fleurs de la Langue Italienne, vous n'y trouverez que deux fois cette façon de parler, dont ils sont aujourd'huy si prodigues. D'une chose me puis-je plaindre, aussi bien que Martial faisoit à Sosibian, qu'il n'y a presque Gentil-homme de la France, qui faict pensast avoir faict tort à sa noblesse, s'il n'estoit appellé par ses enfans, *Monsieur*, au lieu de ce doux nom de *Pere*.

CHAPITRE VI.

Des mots qui par leur prononciation, representent le son de la chose signifiée, que les Grecs appellent Onomatopeies, & signamment des mots Ahan, *&* Ahannet.

IL n'est pas dit que tous tableaux exposez en vente par les Peintres, representent les beaux visages. Il y a tantost des grotesques, tantost des droleries, qui ne se rendent pas moins agreables à l'œil. Tels sont les discours du present chapitre. Ce me seront droleries, mais pourquoy droleries? Si les dictions dont je veux parler representent en leur naïf ce pourquoy elles sont introduites, il ne me faut mendier les origines du Grec, ou Latin, & moins encores de l'Allemant: estans & meres, & filles d'elles mesmes. De celles-cy les aucunes denotent le son des choses inanimées, les autres la voix & jargon ordinaire des animaux. Entant que touche les premieres, je commenceray par nostre Eglise. Car les plus beaux commencemens de nos œuvres doivent se rapporter à Dieu. Quand nous sommes semonds par les Cloches d'aller à nos Paroisses prier Dieu, si à petit bruit nous l'appellons *Tintin de la Cloche*, si à tour de bras des Sonneurs, le son qui s'insinuë dans les aureilles de nos petits enfans, faict qu'ils l'appellent *Dindan*. Et ce petit moulinet dont nous usons le Jeudy, & le Vendredy de la sepmaine saincte au lieu des Cloches, que nous appellons *Cresserelle*, a emprunté ce nom du son qu'il produit. Ainsi le *Patalalalan*, du tambour des François. Ainsi le *Colin tampon*, de celuy des Souïsses. Ainsi le *Fanfare*, des *Clairons*, & le *Trantrac*, du cor des Chasseurs, que les Romains voulurent exprimer par un *Tarantantara*. Des Essars en son huictiesme d'Amadis de Gaule, dit que la Royne des Amazones faisant son entrée dedans la ville de Babylonne, les Damoiselles tiroient si artistement de leurs arcs, que le *Zin* approchoit à l'harmonie d'un Luth. Tel est le *Cliquetis* des armes, tel le *Craquetis*, ou *Claquetis* de nos dents, quand nous tremblons de froid. *Frit*, dont nous avons fait *frire, fricasser, & friture*, ne prend selon mon advis sa source, que du son que le beurre, ou la graisse faict dans les poisles, quand elle commence de se fondre: *Esclat, & Esclater*, de la rupture violente du bois: *Le trot, & le trotter* des Chevaux: Mais sur tout il ne faut obmettre nostre jeu de *Tric, & Trac*: Car s'il vous plaist considerer le son que rapportent les dez estans jettez dans le tablier, il n'est autre que de *Tric, & Trac*. Le *flosflotter* mis en usage par les Poëtes de nostre temps, pour representer le heurt tumultuaire des flots d'une mer, ou grande riviere courroucée. En cas semblable faisans joüer les marteaux de nos portes, ils font un *Tac tac*.

Au regard de ce qui gist en la voix des animaux, nous pouvons nommer ceux qui s'ensuivent: Le *hennir* des Chevaux, *groigner* des Pourceaux, *beesler* des Moutons & Brebis, sur lequel se voulut joüer si à propos nostre Patelin; le *mioller* des petits Chats, *clabauder* des Mastins, *japper* des petits Chiens, *heurler* des Loups, *bugler* des Bœufs, & Vaches, *courcailler* des Cailles, *guiltery* du Passereau. Quelqu'un paraventure pensera que nous ayons emprunté plusieurs de ces mots du Romain, pour la rencontre qu'il y a eu de quelques-uns d'eux, à nous: Mais ce sont les animaux mesmes, qui par leur voix nous les ont enseignez. Et trouverez qu'en l'un d'iceux, qui est *beesler*, nous avons surmonté le *Balare* Latin, & aussi qu'il nous a surmontez en un autre, qui est le *hinnitus* du Cheval, que nous disons *hennissement*. Au moins, si les aureilles ne me besgayent, je le pense ainsi. Je ne veux oublier le *coqueter* des Cocqs, & Poules, qui est le langage dont ils nous rompent la teste, quand ils s'entrefont l'amour, & dont avons formé par une belle Metaphore *caqueter*, lors que quelques babillards nous repaissent de paroles vaines; & de là mesme, les mesdisans ont appellé le *caquet* des femmes; Mesmes que l'on appelle une femme *coquette*, qui parle beaucoup sans subject. Quelqu'un adjoustera par forme de supplément à ce chapitre, tels autres mots dont il se souviendra. Je me contenteray de le clorre par ce Mot d'*Ahan*, qui est une voix qui sort sans art du profond des bucherons, ou autres manœuvres, quand avec toute force de bras, & de corps ils employent leurs coignées à couper quelques pieces de bois, monstrans par cette voix qu'il poussent de tout leur reste; mot que nous avons mis en usage, pour denoter une grande peine, & travail de corps: & *Ahanner* pour travailler. Ronsard au deuxiesme livre de ses Odes:

Si quelqu'un esternuë
Nous sommes courroucez, si quelqu'un par la ruë
Passe plus grand que nous, nous tressuons d'Ahan,
Si nous oyons crier, la nuict quelque Choan
Nous herissons d'effroy.

Du Bellay en ses jeux Rustiques tirez du Latin de Naugerius, introduisant le Vanneur de grain, il luy faict faire cette requeste aux vents:

De vostre douce haleine
Esventez cette plaine,

Esventez ce sejour
Cependant que j'ahane,
A mon blé que je vanne
En la chaleur du jour.

Il n'est pas que le bon homme Jean Bouteillier en sa Somme Rurale, n'ait fait un *Ahanable*, quand il appelle Terres gaignables ou *Ahanables*, celles qui sont de grand rapport, & se labourent à grand' peine.

CHAPITRE VII.

De ce que nous appellons Sales à faire Festes, *les Sales ordonnées pour faire dances, & banquets, & de ces mots,* festins *&* festoyer.

LEs mots, aussi bien que les Republiques, ont leurs histoires à part, je veux dire leurs origines, progrés & changemens, selon la diversité des temps, & saisons : Bien est vray que nous couvrons les histoires qui leur sont deuës sous le nom de Grammaire. De ma part je suis d'opinion que la congruité, ou incongruité des paroles se doit emprunter de cet art : Mais de sçavoir comme par un traicté de temps, l'usage des paroles s'est changé, comme elles ont pris divers plis, encores que le subject ne se trouve peut-estre de grand merite, si est-ce histoire apportant aussi bien plaisir au lecteur, comme quand on luy devise de l'ancienneté d'une Republique, voire que les proverbes, ou paroles, ont quelquesfois ce privilege, de recevoir non seulement changement, comme toutes autres choses : Mais qui plus est, ce changement nous donne le plus du temps un paisible advertissement des affaires, qui se sont passées entre nos predecesseurs. Je le vous representeray, par exemple ; quand en nostre jeunesse nous usions du mot de *tondre* pour peine, disans que voulions estre tonduz, si ce que nous disions n'estoit vray, cela ne nous enseignoit-il pas qu'anciennement le tondre tournoit entre les nostres à deshonneur ? Ce que toutesfois aujourd'huy chacun de nous tourne à honneur, ainsi que je deduiray en son lieu. D'ailleurs quand aussi en nostre jeunesse nous appellions tous ennemis communs de France, Bourguignons, de quelque nation qu'ils fussent : Qui est celuy tant soit peu nourry en nostre histoire, qui ne juge que cela estoit provenu des longues guerres, que les Ducs de Bourgongne avoient diversement entretenuës contre nous, sous les regnes de Charles sixiesme, septiesme, & Louys onziesme ? En ce semblable quand le peuple pour un creancier appelle un homme Anglois, qui est celuy auquel il ne tombe soudain en l'entendement, que l'Anglois pretendoit avoir faict plusieurs convenances d'argent avec nous, qui ne luy avoient esté acquittées ? Paradvanture adviendra-il qu'à nos survivans, ce terme ne sera plus en usage : mais tant y a qu'il a esté de nostre temps, & devant.

Je puis doncques dire à bonnes enseignes, que la cognoissance tant des mots que des proverbes, nous apporte la plus part du temps certaine cognoissance de l'histoire, comme aussi la cognoissance de l'histoire nous apporte certaine information des mots : chose qui se verifiera amplement en ces mots de *festes*, *festins*, *festoyer*, que nous avons par long usage de temps appropriez à jeux, & banquets, combien que le mot de *feste* en la vraye & naïfve signification doive estre pris un jour dedié par exprés au service divin : Corruption qui s'est insinuée entre nous par un ancien paganisme, dont je vous diray la cause. Encores que nos premiers Peres Chrestiens eussent banny de nostre Eglise toutes les superstitions des Ethniques, toutesfois comme ainsi soit que tout peuple de quelque religion qu'il soit, est tousjours peuple qui se delecte plus du contentement exterieur des sens, que de l'interieur, aussi ne s'estant tout d'un coup espandues les semences de la doctrine de Jesus-Christ par tout l'Univers, ains ayant pris petit à petit leurs racines ; nous empruntasmes plusieurs choses des payens par une mutuelle conversation, les unes par la prudence de nos bons vieux peres pour les allecher à se rendre nostres, les autres par une dispence particuliere du peuple : Comme de faict nous voyons qu'au lieu des anciennes Bacchanales, nous avons introduit un Carnaval plein d'insolence, & mauvais exemple : & au lieu des Saturnales, les desbauches que nous faisons à la feste des Roys. Or estoit-ce une coustume generale, & infailliblement observée par les Romains en toutes leurs festes de marque, de faire jeux, dances, & theatres public pour le contentement du peuple : Ainsi lisons-nous que la Venerie estoit dediée à Saturne, les jeux Sceniques au Dieu Liber, les Circenses à Consus Dieu du Conseil. Et y avoit mesmes un ancien decret du Senat de Rome, qui vouloit que les jeux publiques fussent non seulement honorez de la musique, & hautbois, mais aussi qu'ils fussent consacrez & unis avec le service divin. C'est pourquoy Seneque en son traicté de la Tranquillité de nostre vie, disoit, *Legum conditores, festos instituerunt dies, ut ad hilaritatem homines publicè cogerentur, tanquam necessarium laboribus imponeretur temperamentum*. A ce propos, disoit Labeon le Jurisconsulte, ainsi que nous apprenons de S. Augustin en son 1. livre de la Cité de Dieu, chap. 12. que les fascheux Dieux s'appaisoient par sacrifices, & morts ; & les bons par danses, banquets, & jeux. A cette occasion lisons-nous, que pour appaiser l'ire du temps, sur les premiers jours du mois de May, ils avoient accoustumé de celebrer la feste de Flora Deesse des fruits, en laquelle ils se debordoient infiniment : Car d'un costé la jeunesse alloit au bois, & rapportoit une infinité de rameaux dans la ville, dont elle reparoit les maisons : d'un autre costé les filles de joye couroient nuës au milieu des ruës, ayans seulement les parties honteuses couvertes : Et lors se donnoient puissance de brocarder impunément tous ceux qui se rencontroient devant elles. Il ne faut point faire de doute qu'en telles joyes publiques l'on ne fist plusieurs grands banquets, mesmes avoient lors de coustume de s'entre-envoyer des tartres, & gasteaux, comme nous apprenons du Poëte Ovide dans ses Fastes. Ce que j'ay veu aussi avoir esté autresfois pratiqué dans Paris au jour de la feste d'une paroisse. Les Chrestiens qui vivoient au milieu des payens ne se pouvoient bonnement garder de se trouver en tels jeux publics, bien que ce ne fust par devotion, ains seulement pour se recreer, qui appresta sujet aux anciens Censeurs de nostre Eglise, comme à uns Tertullian, S. Cyprian, & S. Augustin, de crier aigrement contre eux, comme tombans par ce moyen en une vraye idolatrie. Ceux-cy se deffendoient au contraire de quelques passages de la saincte Escriture, qu'ils tiroient mal à propos à leur advantage, pour monstrer que ce n'estoit point chose repugnante à la Religion Chrestienne, que les jours de festes fussent solemnisez par dances, & joyeusetez, entre lesquels S. Cyprian fit la cent troisiesme Epistre qu'il escrit aux fideles Chrestiens : *Eo usque* (dit-il) *enervatus est Ecclesiastica disciplina vigor, & ita omni langore vitiorum præcipitatur in pejus, ut jam non vitiis excusatio, sed authoritas detur*. Et peu aprés, *Non pudet, non pudet (inquam) fideles homines, & Christiani nominis authoritatem sibi vindicantes, superstitiones vanas gentilium, cum spectaculis mixtas, de scripturis cœlestibus vindicare, & authoritatem idolatriæ conferre. Nam quando id quod in honore alicujus idoli ab Ethnicis agitur, à fidelibus Christianis spectaculo frequentatur, & idolatria gentilis asseritur, & in contumeliam Dei, vera & divina religio calcatur, pudor me tenet, præscriptiones eorum in hac causâ, cauſſâ, nec patrocinia referre. Ubi (inquiunt) scripta sunt ista? ubi prohibita? alioqui & auriga est Israel, Helias, & ante arcam David ipse saltavit. Nabla, æra, tympana, tibias, citharas, & choros legimus. Cur ergo homini Christiano non liceat spectare quod licuit divinis scribere? Hoc loco dixerim longè melius fuiſſe istis nullas litteras noſſe, quàm sic litteras legere. Verba enim, & exempla, quæ ad exhortationem Evangelicæ virtutis posita sunt, ad vitiorum patrocinia transferuntur.* Là il dit que ce que David faiſoit, eſtoit en l'honneur de Dieu, & non des idoles, & à peu dire, il ne ſe ſcandaliſe point des ſpectacles, ſinon de tant qu'ils eſtoient faicts en faveur des idoles: Cela fut cauſé, ſi je ne m'abuſe, que pour contenir aucunement le peuple, qui eſtoit fort en bride, & afin de l'empeſcher de ſe trouver en la ſolennité des feſtes payennes; on tolera en noſtre Religion les danſes, banquets, & allegreſſes, ſouffrant aucunement le mal, pour empeſcher un pire: Et de là, ſi y prenez garde, il n'y a feſte de village, je veux dire où l'on celebre la feſte du ſainct Parrochial, que par meſme moyen on ne l'accompagne de danſes, & banquets: Et dans les villes meſmes en temps de pleine paix j'y ay veu autresfois pratiquer le ſemblable, au moins en celle de Paris. Il n'eſt pas qu'en quelques ville, & nommément en celle de Lagny, on n'ait voulu repreſenter les jeux Floraux le jour de la Pentecoſte: Car alors dés le matin le commun peuple au lieu d'aller à l'Egliſe, va au bois cueillir des rameaux, & l'aprés-dinée fait une infinité d'exercices de corps plaiſans, voire y a certains payſans en chemiſe qui courent un jeu de prix. Couſtume qui fut defendüe par Arreſt de la Cour de Parlement de Paris, moy plaidant pour les Religieux Abbé, & Convent de Lagny: Arreſt toutesfois que je penſe n'avoir ſorty ſon effect pour les Troubles depuis ſurvenus en cette France. Et afin que l'on ne penſe que cecy vienne d'une couſtume moderne ſeulement, les anciens Conciles ne ſe plaignent d'autre choſe que de telles folaſtries. Au quatrieſme Concil de Cartage celuy eſt excommunié, qui au lieu d'aſſiſter à l'Egliſe va aux jours de Feſtes, aux ſpectacles & farces publiques. Et au 4. Concile de Tolede il eſt porté en tels termes. Que c'eſt une couſtume abuſive uſurpée par la populace, aux jours & feſtes des Saincts, de s'amuſer aux dances vilaines, au lieu de vacquer au ſervice divin. De là, à mon advis, eſt venu que nous uſons indifferemment du mot de *Feſte*, tantoſt pour ſignifier un jour dedié à la commemoration d'un Sainct, tantoſt pour un lieu deſtiné à faire dances, comme nous voyons que l'on appelle une *Sale à faire Feſtes*, en laquelle on reçoit les perſonnes pour rire, ſauter, & dancer aux nopces des nouveaux mariez. De là quand nous oyons par la rüe quelque inſtrument de Muſique, nous diſons à nos petits enfans que *c'eſt la feſte*. De là, que nous ne mettons aucune difference entre *Feſtins & Banquets, Feſtoyer & Banqueter*: voire qu'avec terme plus propre nous ne pouvons nommer celuy qui fait le Banquet, que *Feſtivant*. Toutes choſes vrayement, qui ſont ainſi dites par abus, mais abus qui ne ſe cognoiſtroit ſans la cognoiſſance de l'ancienneté & de l'Hiſtoire.

+++

CHAPITRE VIII.

Apprendre, ou dire quelque choſe par Cœur.

Nous diſons apprendre quelque choſe par Cœur, lors que nous exerçons noſtre memoire. Mais je vous prie dites moy laquelle rencontre a le Cœur avecques noſtre memoire? Car ſi vous parlez aux Medecins, ils vous diront que noſtre cerveau eſt compoſé de trois ventricules, dont le premier ſiege de l'imaginative, occupe la partie devanciere: au ſecond qui eſt celuy du milieu, ſe loge le Jugement: & celuy qui eſt au derriere, qu'ils appellent le Cerebelle, eſt l'hebergement de noſtre Memoire. Choſe meſme qui ſe verifie par des demonſtrations oculaires, parce que nous voyons tel affligé en ſon jugement qui ne l'eſt en ſa Memoire, & à l'autre perdre la Memoire, & non pourtant le Jugement. De cette façon viſmes-nous ſur nos jeuneſſes un Nigonius en noſtre Univerſité de Paris, qui fut d'une prodigieuſe Memoire, & neantmoins du tout deſpourveu de Jugement. Et qu'un Meſſala ſous l'Empereur Auguſte, & George Trapezonce du temps de nos ayeuls, tous deux perſonnages de marque, perdirent tout à fait leurs Memoires, ſans que leurs Jugemens fuſſent aucunement alterez, qui ne ſont pas petits exemples, pour monſtrer que le theoreme ſouſtenu par l'eſcole des Medecins eſt trés-veritable.

Cependant neantmoins il ne faut point faire de doute, que pluſieurs ont eſtimé que noſtre eſprit reſidoit au Cœur. Je m'en rapporte premierement à Momus, lequel au jugement qu'il donna entre Neptune, Minerve, & Vulcain des ouvrages par eux expoſez, reprit particulierement l'homme forgé par Vulcain, en ce qu'il ne luy avoit fait une feneſtre au Cœur, par laquelle on euſt peu deſcouvrir ſes penſées. Opinion dont ne s'eſloigne pas grandement le commun parler de nos quatre Evangeliſtes, quand ils diſent que nos penſées giſent au Cœur. Arioſte au 19. chant de ſon Roland le Furieux.

Se, come il viſo, ſi monſtraſſe il Cuore,
Tel ne la corte è grande & gli altri preme

E ta l'e en poca gratia al ſuo Signore,
Che la ſorte mut ariono inſieme.

Et pour ne m'eſloigner du ſujet qui s'offre, les Romains ſemblent avoir eſté d'advis auſſi bien que nous, que le ſiege de noſtre Memoire eſtoit au Cœur, quand ils mirent en avant ce mot de *Recordor*, qui ſemble avoir pris ſon origine de *Cor*: & en plus forts termes eſtimerent que la Sageſſe provenoit du Cœur, lors qu'ils appellerent un homme Sage *Cordatum*, comme nous recueillons du vers d'Ennius ſolemnizé par Ciceron en pluſieurs endroits:

Egregiè cordatus homo, catus Ælius Sextus.

Et diſoit Pline en ſon ſeptieſme livre chap. 31. *Corculos apud Romanos fuiſſe cognominatos qui ſapientiâ præſtarent.* Comme au contraire la verité eſt que l'on appelloit *Excordes & Vecordes*, ceux qui ont deſfailly du tout ſans entendement. Et à ce propos Ciceron en ſa premiere Tuſculane diſoit: *Quid porro ipſe animus, aut ubi, aut unde, magna diſſenſio eſt: Aliis cor ipſum animus videtur, ex quo excordes, vecordes, concordeſque dicuntur.* Et certes toutes & quantesfois que je voy ces Sages Romains avoir eſtably les principales parties de noſtre eſprit au Cœur, je ne puis trouver eſtrange, que cette meſme opinion ſe ſoit logée en noſtre France, pour le regard de la Memoire. Je ne penſe point qu'aprés Hippocrate & Galien, il y air jamais eu un plus grand Medecin que noſtre Fernel, lequel en ce docte livre qu'il intitula, la Medecine ramenant à effect l'ancienne opinion des Arabes, ſe mocque de trois ventricules que l'on dit reſider au cerveau, & eſtime que ces communes fonctions de noſtre eſprit, je veux dire imaginative, judicative & memoriale y eſtoient confuſes, faiſans chacune d'elles leurs operations à leur rang, ſelon que chacun de nous tend les nerfs de ſon eſprit à l'imagination, jugement, ou memoire. Il vouloit en peu de paroles dire que noſtre eſprit ne travaille que là où nostre cœur est fiché. J'en parleray comme un aveugle des couleurs ; mais si vous me permettez de commenter ce grand personnage, croyez que si son opinion n'est bonne, si est-elle assistée de tres-grands pretextes : car si dans nostre cerveau il y a trois ventricules separez, il faudroit en l'imaginative autant de cellules distinctes, comme il y a de divers effets. Nous avons veu un Tulenus plein de doctrine & sçavoir, qui ne failloit en l'imaginative que de deux poincts ; c'est à sçavoir en l'amour d'une grande Princesse qui estoit long-temps auparavant decedée, & en l'opinion, qu'il estoit Evesque de Cambray. En toutes autres choses, plein de doctrine, & bon sujet : Soudain que l'on le mettoit sur l'un ou l'autre de ces poincts, vous le voyez traverser & sortir hors de soy-mesme. Voire qu'à la premiere rencontre de Damoiselle, soudain il se donnoit à la pensée que c'estoit celle pour laquelle il estoit tant esperdu. Et auparavant luy, sous le regne du grand Roy François, nous eusmes un Villemanoche qui ne pechoit en toutes les fonctions de son entendement, sinon lors qu'il entroit sur l'espoir de ses mariages : estimant qu'il n'y avoit grande Princesse qui ne fust enamourée de luy. Au regard de la partie Memoriale, je trouve qu'elle face ses operations en moy, sinon és poincts qui me sont plus recommandez, & approchans de mes premieres notions. Suis-je doncques du tout sans memoire ? Non, car les impressions que je faits de mes maximes, & de ce qui en despend, me font croire tout le rebours. Au contraire diray-je que j'ay un siege particulier de memoire dans mon cerveau, si je ne me souviens que des choses que j'ay en recommandation ? Bref, pourquoy ne retiens-je indifferemment toutes choses ? D'ailleurs s'il y a dans nostre cerveau une cellule de jugement separée, d'où vient que nous ne jugeons indifferemment aussi bien des unes, que des autres choses ? Mesme qu'il adviendra qu'un homme qui aura employé, pour complaire à ses pere & mere, tout le temps de sa jeunesse aux lettres, y sera rude & grossier, & ayant tourné sa pensée aux armes, deviendra quelquefois en moins de rien tres-grand Capitaine. Qui est cause de cela ? Pour autant qu'il n'avoit son cœur, c'est à dire, son affection aux lettres, ains seulement aux armes, Ny pour cela je ne veux pas soustenir qu'au cœur resident les fonctions de nostre esprit, mais bien nos volontez & affections. Et de fait, en commun langage nous disons : *Il a eu le cœur de ce faire, il a eu le cœur aux lettres ou aux armes*, pour signifier la volonté. Je veux doncques conclurre, & paravanture le concluant ne seray-je desavoüé, qu'il y a tel rapport des fonctions du cœur, au cerveau, & du cerveau au cœur, que nous ne le pouvons considerer separément, & que nostre cerveau ne faict ses operations en nous, sinon de tant & en tant que nostre cœur (fontaine de nos volontez) l'y convie : C'est proprement comme un Horologe : voire ce que l'on dit en commun Proverbe. *Ubi intenderis animum, valet*. Cela fut cause que quelques uns penserent qu'au cœur residoient les principales parties de nostre esprit, mais principalement de nostre memoire, dont est venuë la maniere de parler, que nous nous sommes proposée au present chapitre.

CHAPITRE IX.

Du Proverbe, je veux qu'on me tonde, dont userent anciennement nos peres, & ayeuls, pour signifier une peine.

CE n'est pas chose de petite recommandation que la longue chevelure, & mesmement entre les Gaulois. Pour le moins le pouvons nous recueillir de ce que l'une partie de nos Gaules estoit appellée *Comata*, à la difference de celle que l'on appelloit *Togata* : & encores en ce que nos premiers Roys de la France, par un commun vœu remarquoient leur Majestez par un bien longue perruque, voire qu'il y eust un Gondouault, qui faillit de se faire declarer Prince du sang soubs la premiere lignée de nos Roys, soubs une fausse remarque de longs cheveux. Herodote au premier livre, recite une Histoire fort notable pour cet effect, quand il dit que les Lacedemoniens avoient accoustumé d'estre tondus, & les Argives autre peuple de la Grece de porter longue chevelure : toutefois depuis une bataille entr'eux donnée, par laquelle les Lacedemoniens eurent du bon, gaignans sur les autres l'Isle de Tyrée, les victorieux commencerent de porter longs cheveux contre leur ancienne coustume, & les vaincus à les tondre avec un ferme propos de ne les laisser croistre, jusques à ce qu'ils eussent recoux leur Isle. De ma part je ne fais point de doute que l'ancienneté tira à gloire & honneur la chevelure, estime que cela fut cause que ceux qui quittoient le monde pour se renger aux Cloistres, furent raiz, pour monstrer qu'ils renonçoient à toute mondanité, aussi paravanture pour tesmoigner toute soubmission & obeyssance envers leurs Superieurs. Nos plus vieilles Croniques parlans d'un homme qui on rendoit Moine, disoient qu'il avoit esté tondu, & dans le quatriesme livre des Loix de Charlemagne, article vingtdeuxiesme. *Si quis puerum invitis parentibus totunderit, aut puellam velaverit*. Nous usons encores d'une autre signification de ce mot de *Tondre* pour celuy qui a perdu sa brigue, ou est descheu de son entreprise, quand nous disons qu'il a esté tondu de sa brigue, ou de son entreprise. Comme si le contraire fust un signe de la victoire, tout ainsi qu'aux Lacedemoniens contre les Argives. Si vous croyez Nicolas Gilles en ses Annales de France, Clodion le Cheveleu fut ainsi surnommé : parce qu'ayant conquis quelque partie des Gaules sur les confins du Rhin, il restablit les cheveux aux Gaulois, que Jules Cesar en signe de victoire leur avoit fait abbattre : Au contraire si vous croyez à l'Abbé Triteme ; il dit que ce surnom luy fut donné, d'autant qu'aprés avoir vaincu une partie des Gaulois, il les fit tondre : afin de les discerner d'avec les François qui avoient participé à ses victoires. Tant y a que soit l'une ou l'autre opinion veritable, le tondre estoit imposé au vaincu, & à vray dire, il semble par ce Distique, que le Romain estant faict victorieux, fit tondre les pays par luy subjuguez, pour magnifier leurs victoires : quand Ovide dans ses Amours escrivant à sa Maistresse qui commençoit d'user de fausse Perruque, dit ainsi :

*Nunc tibi captivos mittet Germania crines,
Culta Triumphatæ munere gentis eris.*

*Maintenant tout le Germain
Fait Romain
T'envoyera ses cheveux,
Aux despens de ce pays
Nouveau pris,
Cointe seras si tu veux.*

Mais dont peut estre provenu que nos predecesseurs passans plus outre, denoterent ce mot de tondre une maniere de peine ? François de Villon ce bon fripon en ses Repuës franches, parlant du temps qu'il alla à Paris :

*Pource que chacun maintenoit
Que c'estoit la ville du monde,
Qui plus de monde soustenoit,
Et on maint estranger abonde,
Pour la grand' science profonde*

Renommée

Renommée en icelle ville,
Je partis & veux qu'on me tonde,
S'à l'entrée avoit croix, ou pille.

Et moy-mesme en ma jeunesse ay veu ce Proverbe fort familierement tomber en nos bouches: maintenant que nous ne nourrissions plus les longs cheveux, on se mocqueroit de celuy qui en useroit. Car nous souhaiterions une peine que nous tournons à honneur. Et certes il ne faut point faire de doute que ce fut anciennement une remarque de peine. Dedans le troisiesme livre des loix de Charlemagne, article 9. *De conspirationibus quicunque facere præsumpserint, & sacramento quancunque conspirationem firmaverint, ut triplici ratione judicentur, Primù ut ubicunque aliquod malum per hoc perpetratum fuit, authores facti interficiantur: Adjutores verò eorum singuli, alter ab altero flagellentur, & nares sibi invicem procidant, ubi verò nihil mali perpetratum, similiter quidam inter se flagellentur, & capillos sibi invicem tondeant.* C'estoit que celuy qui estoit d'une conjuration, si elle estoit arrivée à quelque effect, devoit estre puny de mort, & ses complices condamnez à s'entrefoüetter, & couper les nez les uns aux autres: Et s'il n'y avoit eu que la simple conjuration, sans passer plus outre, encores se devoient-ils fustiger, & couper les cheveux les uns aux autres: Et au 4. livre, art. 17. *Qui Epistolam nostram quocunque modò despexerit, jussu nostro ad palatium veniat, juxta voluntatem nostram, congruam stultitiæ castigationem accipiat. Et si homo liber aut min sterialis comitis hoc fecerit, honorem qualemcunque, sive beneficium amittat, & si servus, nudus ad palum vapulet, & caput ei tondeatur.* En l'un & l'autre article avec le fouët on ordonne l'abatis des cheveux, comme peine extraordinaire. Quelques-uns disent que soubs ce mot de tondre on entendoit rendre Moine. Qui est une inepte explication. Parce que les esclaves ne pouvoient en France estre rendus Moynes.

Le jugement que je fais de cecy est, que le commun peuple voyant nos Roys faire profession expresse de porter longues perruques, tira tellement cela à honneur, qu'il estima n'y avoir plus grand signe d'ignominie que d'estre tondu: Car naturellement les sujets desirent se composer aux mœurs de leur Roy. Lors de mon jeune aage nul n'estoit tondu, fors les Moines. Advint par mesme adventure que le Roy François premier de ce nom, ayant esté fortuitement blessé à la teste d'un tizon, par le Capitaine Lorges, sieur de Montgoumery; les medecins furent d'advis de le tondre. Depuis il ne porta plus longs cheveux, estant le premier de nos Roys, qui par un sinistre augure degenera de cette venerable ancienneté. Sur son exemple, les Princes premierement, puis les Gentils-hommes & finalement tous les Subjects se voulurent former, il ne fut pas que les Prestres ne se missent de cette partie. Ce qui eust esté auparavant trouvé plein de mauvais exemple. Sur la plus grande partie du regne de François premier, & devant, chacun portoit longue chevelure, & barbe raze, où maintenant chacun est tondu; & porte longue barbe. Accordez je vous supplie la bien-seance des deux temps. Cela mesme est autrefois advenu dans Rome, voire aux Empereurs: Parce que les quatorze premiers porterent barbe raze, comme l'on voit par leurs effigies, jusques à l'Empereur Adrian, qui premier enseigna à ses successeurs de nourrir leurs barbes.

CHAPITRE X.

Du Proverbe, Faire bien la barbe à quelqu'un.

NOus usons de ce Proverbe quand nous voulons dire que nous avons bravé quelqu'un. Proverbe qui eust esté ridicule lors que nous portions barbes razes, tout ainsi que maintenant celuy dont j'ay discouru au precedent chapitre: Toutesfois il ne faut point faire de doute, qu'autrefois cela se tournoit en une bien grande injure. Dedans les anciennes loix d'Allemagne, au tiltre 66. il estoit defendu de tondre un homme libre, ou luy raire sa barbe, contre sa volonté, sous les peines qui y sont portées. Nous lisons dedans nos Annales, que Dagobert jeune Prince se voulant venger d'un sien Gouverneur, luy fit raire sa barbe, pour un despit qu'il avoit conceu contre luy: Chose qui se descouvre avoir esté en usage par un autre exemple autant & plus exprés que cestuy-là, en un vieux Roman intitulé, la jeunesse d'Ogier le Danois, où parlant des Ambassadeurs que Charlemagne avoit envoyez en Dannemarc, vers Geofroy pere d'Ogier, pour recevoir le tribut qui estoit deu à l'Empereur, & deduisant l'indignité dont la femme de Geofroy avoit usé envers eux.

Advise soy de gyand'diversité

De mes Charlons n'anessum honoré,
Chacun fait raire sa barbe outre son gré,
Pource que Charles qui tant a de fierté,
Ait si son cuer de despit allumé,
Quand li Mes Charles furent à ce mené,
Qu'ils se virent ainsi defiguré,
Bien pouvez croire que ce leur a grevé.

Et les Ambassadeurs de retour vers Charlemagne, luy dirent:

En voz despits, feusmes si mal tenus,
Que sans noz barbes sommes cy revenus.

Et de là faict un discours que Charlemagne vouloit entreprendre contre Geofroy une forte guerre. Qui nous est une leçon, soit que ce conte soy vray ou non, que pour le moins l'autheur du Roman estimoit estre grande injure, de faire la barbe à quelqu'un contre sa volonté, & paraventure de cela est procedé, que par un commun Proverbe nous disons, *Faire la barbe à quelqu'un*, quand on l'a bravé de parole, ou d'effect.

CHAPITRE XI.

Du Proverbe, Bonne renommée vaut mieux que ceinture dorée.

Il semble de prime face, que ce proverbe soit un dire esvolé. Car je vous prie, quelle rencontre a la bonne renommée avecques la Ceinture dorée? Toutesfois lisant un arrest ancien qui est encores pour le jourd'huy inseré aux Registres du Chastelet de Paris, j'estimeray qu'en ce proverbe il y avoit une notable sentence, & une longue ancienneté tout ensemble. Car par arrest qui est du 28. de Juin, l'an 1420. il est porté en termes exprés, que deffences sont faictes à toutes femmes amoureuses, filles de joye, & paillardes, de ne porter robbe à collets renversez, queuës, ne ceintures dorées, boutonnieres à leurs chaperons, sur peine de confiscation, & amende, & que les Huissiers du Parlement, Commissaires, & Sergents du Chastelet qui les trouveroient, eussent à les mener prisonnieres. Pareil arrest fut donné & proclamé à son de trompe & cry public par les carrefours de Paris, en l'an 1446. Mais outre la ceinture dorée, & collets renversez, on leur defend encores de porter pannes de gris, ny de menu verd à leurs robbes. Qui nous enseigne que la ceinture dorée estoit lors une remarque de preude-femme. Parquoy celuy qui premierement mist en avant ce proverbe, voulut tout autant dire, comme quand nous disons que *l'habit ne faict pas le Moine*: qui est un proverbe ancien, dont usa autresfois Jean de Mehun dans son Roman de la Roze: C'est à dire, que combien que celles qui vouloient faire les femmes de bien, portassent les ceintures dorées: toutesfois la bonne renommée leur estoit beaucoup plus seante, & que peu estoit la ceinture dorée, qui ne l'accompagnoit d'un bon bruit. Au surplus (je diray cecy en passant) à la mienne volonté que ceux qui donnerent cest arrest eussent tourné la chance, & que non seulement és ceintures dorées, ains en toutes autres dorures, & affiquets, ils eussent faict deffences à toutes femmes d'honneur d'en porter, sur peine d'estre declarées putains: Car il n'y auroit point plus prompt moyen que cestuy, pour bannir la superfluité & bombance des Dames, & en cette façon lisons-nous qu'un ancien Legislateur bannit les abus, & excez, qui se trouvoient és habits des Dames dans sa Republique.

CHAPITRE XII.

Laisser le Monstier, où il est.

Il n'y a rien qu'il faille tant craindre en une Republique que la nouveauté: Le grand Legislateur Charondas, en l'une des Loix qu'il bailla aux Thoriens, ordonna par article exprés, que si quelqu'un vouloit apporter quelque Loy nouvelle, il y vint avec le licol; c'estoit à dire, que si la loy estoit refusée du peuple, il se tint asseuré d'estre pendu & estranglé, pour avoir voulu innover à l'ancienneté: Qui estoit une grande bride à l'encontre des novalitez. Licurge aprés avoir faict publier, & recevoir ses Ordonnances aux Lacedemoniens, s'en alla, & avant que de partir, prist le serment de tous ses citoyens, qu'ils ne changeroient nulle de ses Loix qu'il ne fust de retour, & sur ce serment fit vœu de ne retourner jamais dedans Sparte: voire mourant, ordonna que son corps fust enseveli dedans les flots de la mer, craignant que si le peuple eust recueilli ses os, il eust pensé estre affranchy du serment qu'il avoit fait. La question en est fort belle dans Aristote au second de ses Politiques, où il discourt, le pour, & contre, avec une infinité de raisons. Pour le party du changement, il dict que si en toutes sciences on voit les opinions se changer, selon la diversité des rencontres; à plus forte raison doit-on faire le semblable en une discipline politique. Les Loix (dit-il) estoient anciennement barbares, & conformes aux mœurs du vieux temps. On ne sçavoit rien que les armes, ils achetoient les femmes, l'un de l'autre. Bref toutes leurs loix estoient brusques & farouches. Ces vieux pitaux, soit qu'ils fussent engendrez de la terre, ou de quelque putrefaction, aussi, furent-ils esloignés de toute civilité. Et par tant seroit chose fort absurde, les mœurs ayans receu polissure avec le temps, de s'arrester aux vieilles loix: Par ce que chacun doit approuver non ce qui s'observoit en son pays, ains ce qui se devoit observer. Partant il ne falloit trouver estrange qu'avec le changement des mœurs, on changeast par mesme moyen de loix: Toutesfois il se forme enfin un party contraire, disant qu'il n'y a rien que le Magistrat doive tant craindre, que d'estre mesprisé des siens: inconvenient auquel il peut aisément tomber, introduisant nouvelles loix, auxquelles le peuple ne se pouvant aisément accommoder, il s'accoustumoit aussi de n'obeyr. Davantage que les vieilles loix s'estans tournées en coustume, elles se tournoient tout d'une suite en nature, joint que ce qui estoit d'une longue main empraint dedans nous, estoit beaucoup plus aisé a digerer, ores que moins bon; & les ordonnances, quelque fruict qu'elles nous promissent, coustoient infiniment à un peuple, avant que de pouvoir tomber en usage.

Or si ceste proposition est bonne pour la loy commune, encore est elle plus requise en ce qui concerne la venerable Religion, laquelle se doit au jugement des sages, plus soustenir par une longue ancienneté, que par toutes les raisons mondaines des hommes: Au contraire il faut le plus qu'il est possible en deffendre au commun peuple la dispute: Ainsi le tenoit le divin Platon au 12. de ses Loix, & sans aller rechercher autre authorité que de nostre grand Maistre: Quand nostre Seigneur Jesus-Christ demandoit au peuple s'il croyoit, il se contentoit d'un oüy, & ne vouloit point que l'on entrast en plus grande information de sa creance, respondant, Ta seule foy t'a sauvé. De ceste mesme proposition est venu que nous disons en France, *Laisser le Monstier où il est*, c'est-à-dire, ne rien eschanger des anciennes constitutions de l'Eglise. Car encore que *Monstier* vienne de *Monsterium*, que nous disons maintenant *Monastere*, qui est le sejour & habitation des Moines, si est-ce que nos ancestres en userent indifferemment pour toutes Eglises Parrochiales, comme de fait vous voyez que l'on dit ordinairement, *Mener l'Epousée au Monstier*, quand on meine une fille en l'Eglise pour estre espousée par son Curé.

Proverbe que nous appliquons generalement à toutes mutations : Parce que toutes & quantesfois que l'on ne trouve bon quelque changement de l'ancienneté, on dit que le meilleur est *de laisser le Monstier où il est*. Nous devons doncques honorer ce commun dire, & nous souvenir que la ville de Marseille fut honorée entr'autres choses, de ce qu'ayant un vieux glaive enroüillé sur l'une de ses portes, il n'estoit permis au bourreau d'en prendre un autre, pour decapiter ceux qui estoient condamnez à mort. Il ne faut rien eschanger de ce que l'on a longue ancienneté a approuvé en une Religion, voire jusques aux paroles mesmes. De nostre temps Sebastian Castalion pensant mieux parler Latin que les autres en sa traduction du vieux & nouveau Testament, voulut mettre en usage le mot de *Genius*, au lieu de celuy d'*Angelus*, & son œuvre en fut condamnée par tous. Il n'y a rien en cela qui puisse estre mieux descouvert qu'en ce mot de *Verbe*, qui nous est si familier, voulant exprimer la grandeur incomprehensible de Dieu en nostre Eglise : Quand en l'Evangile de S. Jean on usa du mot de λόγος, ceste diction avoit beaucoup plus grande energie que celle de *Verbum*, Latin, que le traducteur mist en œuvre. Et de fait Lactance Firmian au 9. Livre de ses Institutions divines, n'a douté d'en faire un chapitre exprés qui est le 3. *Quod melius* (porte le tiltre) *à Graecis λόγος, quam à Latinis Verbum*, & à la suitte de cela. *Sed melius Graeci λόγον dicunt, quam Verbum sive sermonem: λόγος enim & sermonem significat, & rationem: Quia ille est vox & sapientia Dei.* Le traducteur ne pouvant rendre en Latin un mot autant significatif que le Grec, y employa seulement celuy de *Verbum*, beaucoup moindre que l'autre. Toutes-fois le temps luy a donné telle façon, & emphase en nostre Religion, qu'il n'y a mot Grec, Latin, François, Italien, ou Espagnol, qui arrive à la grandeur de cestuy-cy : & qui voudroit user du mot de *Sapientia* pour *Verbum*, il gasteroit tout. Le semblable adviendroit en celuy qui voudroit appeller le vieux & nouveau Testament, vieille & nouvelle Alliance : Car la verité est que le mot Hebrieu signifie vrayement Alliance, & le lieu qui nous a enseigné de dire Testament, a esté par la traduction des huit, 9. & 16. chapitres de l'Epistre S. Paul aux Hebrieux, où le traducteur a usé du mot de Testament, non d'Alliance : Paradventure pour autant que l'une & l'autre Alliance se fit par le sacrifice, premierement que Dieu voulut estre fait d'Isaac par Abraham son pere, (vray qu'il luy retint la main) puis de Jesus-Christ son fils, & qu'en telles occurrences nos dernieres volontez sont appellées Testaments : Tant y a que ce mot ayant gaigné cours, & credit par succession de temps entre nous ; qui voudroit aujourd'huy traduire, soit en langue Latine, ou Françoise le mot Hebrieu en la naïfve signification, qui dit *Alliance*, il seroit reputé Schifmatique. A peu dire, jamais chose ne fut mieux ditte, que ce que disoit Quintilian en son premier livre, de ces paroles, qu'une ancienne Religion a authorisées. *Ea mutari vetat Religio, & consecratis utendum.*

CHAPITRE XIII.

Des mots de Clerc, *&* Secretaire, *& du proverbe*, Parler Latin devant les Clercs.

AU temps passé sous le departement des Gaules furent compris trois especes de gens, dont les aucuns commis au faict & exercice des armes, furent appellez Chevaliers, les autres Druydes qui avoient la charge des bonnes lettres, & de la Religion, & le dernier Ordre fut le commun peuple qui estoit tenu à nomprix. Si de bien prés nous y advisons, quoy que le temps y se soit changé, toutes-fois les mesmes façons se sont tousjours maintenuës entre nous, & pour les Chevaliers avons eu en nostre France la Noblesse ; au lieu des Druydes, le Clergé ; pour le commun peuple, les Roturiers, qu'en quelques lieux on appelle *gens de pote condition*, pour le peu d'estime que l'on en faisoit, & comme si ils eussent tousjours esté exposez sous la puissance de Seigneurs, qui se dit du mot Latin *Potestas*. Et tout ainsi qu'au temps passé, appartenoit aux Chevaliers Gaulois, le deduit de la guerre, aussi fait-il à nostre Noblesse Françoise : & comme la Cavalerie Gauloise estoit estimée par dessus toutes autres, aussi l'a tousjours esté nostre Noblesse de France. Voire pour venir à nostre ordre Ecclesiastic, ny plus ny moins que les Druydes prindrent les clefs tant de leur Religion, que des lettres, aussi se lotirent nos Prestres & Religieux, de ces deux articles entre nous, encore que pour bien dire, ils n'en eussent provision que pour leurs portées, n'estant nostre Noblesse aucunement ententive à si loüable sujet. Ce qui fut cause que Maistre Alain Chartier, en son Curial, accusant le neantise de son siecle :
» Il y a plus (disoit-il), car si fol langage court aujourd'huy
» entre les Curiaux (il entend les Courtisans) que noble hom-
» me ne doit point sçavoir ses lettres ; & tient-on à reproche
» de gentillesse, de bien lire, & bien escrire ». Chose mesme que Baltazar de Chastillon Italien improperoit à nostre France en son Courtisan, sous le regne de Louys douziesme. Vray qu'il se promettoit que François Duc d'Angoulesme banniroit ceste ignorance quand il seroit arrivé à la Couronne : Prognostic qui fut veritable. Or de ceste asnerie ancienne advint que nous donasmes plusieurs façons au mot de *Clerc*, lequel de sa naïfve & originaire signification appartient aux Ecclesiastics. Et comme ainsi fust qu'il n'y eust qu'eux qui fissent profession des bonnes lettres, aussi par une metaphore nous appellasmes *grand Clerc* l'homme sçavant, *Mauclerc* celuy que l'on tenoit pour beste, *Clergie* pour science ; & forgeasmes de là ce proverbe François, *Parler Latin devant les Clercs*, pour denoter presque, ce que les Romains vouloient dire par cet Adage, *Sus Minervam*, ces grandes Croniques dediées à Charles huictiesme, chapitre 2. parlans de Boëce : " L'art de Dialectique, Arithmetique, Geometrie, & Musique qu'il translata, monstrent bien la *grande Clergie*. " Ainsi parle Hugue de Bersy, en sa Bible Guyot, se mocquant des Advocats de son temps ; "Et bien sçachez que *grande Clergie* est en telles gens morte & perie ". Et fut appellé Pierre Duc de Bretagne Mauclerc par les siens, comme beste & ignorant, pour le grand prejudice qu'il fit à ses successeurs, par les soubmissions non accoustumées qu'il fit au Roy S. Louys, luy faisant la foy, & hommage. Et est digne d'estre icy remarqué ce que le sire de Joinüille en dit : "Je ne sçay si à juste cause les Bretons luy donnerent tel nom (dit-il) veu qu'il devoit estre bien sage, puis qu'il avoit si long-temps estudié à Paris ". Jules Cesar n'en avoit pas moins dit de Sylla, que les Bretons firent de leur Duc, quand ayant quitté de son gré, la Souveraineté que les armes luy avoient donnée sur l'Estat de Rome, il dit que *Nesciebat litteras* : Voulant dire qu'il estoit une beste & ignorant : Mais pour ne perdre de veuë ce que je me suis icy mis en bute, encore passa-t'on plus outre, au mot de *Clerc* : Car il ne fut pas seulement approprié aux bonnes lettres, mais aussi à ceux qui par le ministere de leurs estats faisoient profession particuliere de la plume, comme ceux que nous appellons aujourd'huy Secretaires du Roy, estoient anciennement appellez *Clercs*, & *Notaires* du Roy, & de la Couronne de France : Et ne se peut mieux representer la varieté qui se trouva en ceste diction que par une Chambre des Comptes, laquelle de tout temps estoit composée de Maistres, Auditeurs, & Greffiers. Des Maistres les aucuns estoient de robbe courte, & les autres

tres de robbe longue, que l'on appelloit autrement *Clercs*: parce que du commencement ils estoient Ecclesiastics. Les Auditeurs estoient aussi appellez *Clercs*, chose à mon jugement de tant que de leur premiere escole ils demeuroient au logis des Maistres, pour leur servir de leurs plumes, comme j'ay deduit ailleurs. Et les deux Greffiers aussi *Clercs*, parce qu'il falloit qu'ils fussent Secretaires du Roy, que l'on appelloit alors *Clercs*. Il n'est pas que le Controlleur du Thresor ne fust aussi appellé *Clercs* du Thresor, car n'y ayant auparavant qu'un Changeur du Thresor, qui estoit celuy auquel aboutissoient toutes les receptes ordinaires de France, on luy bailla en l'an 1316. un homme pour le controller, qui fut appellé *Clerc* du Thresor. On usa encore du mot de *Clergie* aussi bien pour l'escriture, comme pour science. Par l'Ordonnance du 6. de Mars 1388. Charles VI. ordonne que les seaux, & les Offices de *Clergie* des Bailliages & Seneschaussée soient baillez à ferme: Et tout ainsi que les Secretaires du Roy estoient ainsi appellez *Clercs*, aussi les Seigneurs appellerent leurs *Clercs* ceux qui avoient en leurs maisons la charge d'escrire sous eux, jusques à ce que ce mot est finalement demeuré à ceux qui escrivent sous les Advocats, Greffiers, Notaires & Procureurs, & l'on commença d'appeller premierement les *Clercs* du Roy, puis ceux des Princes, & grands Seigneurs, ceux que depuis avec le temps nous avons appellez *Secretaires*. Car c'est une inepte, & miserable ambition des Seigneurs, qu'avec le temps ils veulent transplanter en leurs familles, & maisons, sinon les dignitez, pour le moins les noms dont les Officiers de nos Roys s'accommodent. Je trouve dedans Monstrelet chapitre 175. Clerc pour Secretaire, & au chapitre 139. il parle d'un Secretaire du Duc de Bourgongne.

Or quant au mot de *Secretaire*, on l'appropria du commencement à ceux qui pour estre prés des Roys recevoient leurs commandemens, qui furent appellez *Clercs du Secré*. Ainsi l'apprenons-nous d'un reiglement de l'an 1309. par lequel le Roy ordonne qu'il y ait trois *Clercs du Secré* prés de sa personne, Maistres Raoul de Perreaux, Amy d'Orleans, & Jean de Belut, & 27. Clercs & Notaires. Me faisant cela resouvenir du formulaire, que Cassiodore Chancelier de Theodoric Roy d'Italie mettoit aux provisions des Secretaires du Roy. *Imitari debent armaria quæ continent monumenta Chartarum*. Depuis au lieu de *Clercs du Secré* on en fit un mot de *Secretaire*, furent dits avec le temps les *Clercs & Notaires* du Roy: comme aussi les Clercs des Seigneurs, vray Cinges des Roys usurperent: Tellement que de là en avant ces *Clercs du Secré* furent contraints d'apporter une autre qualité au mot de Secretaire, & s'appellerent *Secretaires des commandemens*, à la difference des autres: De qui fut continué en eux jusques vers la fin du regne de Henry II. lors que nous traitasmes la paix avec Philippe Roy d'Espagne vers l'an 1559. parce que ceux qui la negotierent, oyans que les Secretaires des commandemens de l'Espagnol, s'appelloient Secretaires d'Estat, comme naturellement les François sont soucieux de nouveautez, nous quittasmes le mot de commandement en ces Secretaires, & commençasmes de les nommer *Secretaires d'Estat*. ainsi que nous les appellons encores aujourd'huy, ayans laissé ce qui estoit de nostre creu.

CHAPITRE XIV.

Plus resolu que Bartole, ou bien resolu comme un Bartole.

JE pense qu'il n'y ait plus grand Philosophe au monde, ny plus veritable, que la voix du peuple, qui conflue en mesme sujet. De moy je confesseray franchement n'avoir jamais veu homme estre jugé bon, ou mauvais par la commune opinion, qu'il n'y eust en luy quelque brin de l'un ou de l'autre, mais c'est quand ses exterieurs & continuels deportemens, nous servent en cecy de leçon. Je voy le Proverbe dont je fais maintenant estat estre assez souvent mis en usage par des simples femmelettes, & autres idiots de la populace, lesquels voulans representer la suffisance & capacité de quelqu'un le disent tantost *plus resolu que Bartole*, tantost *resolu comme un Bartole*, & neantmoins ne sçavent ny qui estoit celuy dont ils parlent, ny de quel bois il se chauffoit. Pourquoy doncques le jugeons-nous un proverbe, veu que la plus part de ceux qui en usent, ne sçavent ce qu'ils font en cecy? De ma part je ne fais aucune doubte, que le commun dire ne soit provenu de ceux, qui premierement jetterent sous bons gages leurs yeux & estudes sur les textes des Jurisconsultes, & en aprés sur les Docteurs de Droict, entre lesquels ils firent principal fonds sur les decisions de Bartole. Et cet Arrest estant diversement passé d'une bouche à autre, tomba par succession de temps en celles de quelques-uns du menu peuple. Je dy à quelques-uns seulement, car il n'est pas familier à tous. Proverbe que je veux deschifrer; mais avant que de passer outre, permettez-moy, je vous prie, de donner carriere à ma plume, à la charge de me retrouver sur la fin, la part dont je sortiray maintenant.

Nous avons deux Facultez, la Jurisprudence, & la Medecine, esquelles la plus grande partie des gens de robbe longue gaignent leurs vies. Et combien que ce soient diverses professions, toutes-fois elles symbolisent en un point, qui est que de tout temps & anciennetéz, les Medecins ont deux grands Autheurs en Grec, Hypocrate, & Gallien, desquels comme de deux grandes fontaines, ils puisent les Aphorismes & Theoresmes generaux de leur Medecine. Toutesfois sur le moyen aage vint une nouvelle maniere de Medecins, que l'on appelloit Arabes, qui exercerent en cet Art une practique, non auparavant cognuë, lesquels escrivirent leur Medecine en langage barbare. Et neantmoins les Medecins qui sont depuis arrivez, empruntans leurs beaux discours d'un Hypocrat, ou Gallien, s'arrestent principalement en la guerison de leurs Malades, à la practique des Arabes; & specialement d'Avicenne.

Le semblable est-il advenu à nostre Jurisprudence, en laquelle les Juges & Advocats tirent leurs principales maximes des Jurisconsultes, qui ont escrit d'un stile non inelegant. A la suite desquels le temps produisit une infinité de Docteurs qui descouvrirent leurs conceptions en un Latin goffe & grossier, dont les Juges font souvent leur profit. Mais de tous ceux-là Bartole fut par l'ancienneté le Capitaine general, qui avoit autant d'avantage sur tous les autres Docteurs, comme eux sur leurs escoliers.

Ce grand personnage nasquit l'an 1309. il eut pour son premier Precepteur frere Pierre des Assises, depuis appellé dedans Venise frere Pierre de la Pieté, parce qu'il y fonda un Hospital, pour les enfans perdus. Cestuy eut en si grande recommandation la jeunesse de Bartole, aprés luy avoir enseigné les premiers Rudimens de son art, auquel il le voyoit emporter le dessus de ses compagnons, qu'il donna ordre de le faire estudier à Perouse en l'aage de quatorze ans, soubs le grand Docteur Cynus de Pistorio, où il se rendit si capable, qu'en la vingtiesme année il disputa publiquement de Droict, contre tous ceux qui se presenterent dedans la ville de Boulongne la Grasse, & l'année d'aprés obtint le bonnet de Docteur avec l'applaudissement de tous. De là il suivit le barreau de la ville, dont il estoit né. Pendant lequel temps il eut le loisir de recueillir quel estoit l'usage commun des causes. Depuis fut fait Lieutenant Criminel, & luy estant advenu de condamner un homme innocent à
mort

mort par surprise, pour penitence de sa faute, il quitta son estat, & reprist les premiers arrhemens de son estude, premierement en la ville de Pise, où il enseigna le Droict, avecques une admiration de tous : Puis en celle de Perouse, en laquelle il rendit l'ame à Dieu, le quarantiesme de son aage, mil trois cens cinquante & cinq. Il escrivit sur tout le cours de Droict civil. Et furent ses commentaires tant estimez, que Paule de Castre faisant pareils commentaires sur les Textes, ne pensa faire tort à sa renommée, de commenter par mesme moyen les commentaires de Bartole : & long-temps après luy, Jason, qui fit plusieurs grandes colomnes, esquelles vous verrez un Bartole plus expliqué, que les Textes des Jurisconsultes. Quand je vous nomme Paule de Castre, & Jason, je puis dire que c'estoient deux luminaires de Droict entre les autres Docteurs. Parce que le judicieux Alciat, au livre second de ses Parerg. chapitre quatriesme, faisant mention de ceux qui à meilleures enseignes mirent la main sur le Droict, fait compte principalement de Bartole, Balde, Paule de Castre, Alexandre, & Jason. Et sur le commencement de son Epigramme, il baille le premier lieu à Bartole en ces mots :

In jure primas, comparatus cæteris,
Partes habebit Bartolus,
Decisiones ob frequentes.

Et à la suite, il vous propose les quatre autres de mesme ordre que je vous ay touché : Puis adjouste sur la fin :

His si quis alios addiderit interpretes,
Onerat, quam honorat verius.

Et n'advient à Alciat de s'aider de l'authorité de Bartole que ce ne soit avec preface d'honneur. En la loy *Quidam de decur. lib. 10. c. Bartolus qui inter juris interpretes longè primus est.* Et au tiltre, *De vestib. holot. eodem. Bartolus qui sine controversia, primas inter recentiores Jurisprudentes habet.* Ce grand Bartole avoit un air general de tout le Droict civil en sa teste, meslé avec l'usage de son temps és causes qu'il avoit peu recueillir, pendant le temps qu'il sejourna au barreau, estant retourné aux estudes de Droict, meslant la Theorique & Pratique ensemblement, & moula ses resolutions, non communes aux particulieres des uns & des autres Jurisconsultes. Resolutions toutesfois ausquelles se rapportent plusieurs arrests de nos Cours souveraines. Et ainsi vous puis-je dire l'avoir observé en nostre Cour de Parlement de Paris, soit ou que Bartole luy ait servy en cecy de guide, ou que le sens commun des Juges se rapportast à celuy de Bartole : De là est venu le proverbe entre nous, quand par un taisible consentement general de tout le peuple, nous disons, *Plus resolu que Bartole,* ou *Resolu comme un Bartole.* Et à la mienne volonté que tout ainsi qu'un Lacuna nous a reduit au petit pied en la Medecine, les fascheux, & superflus discours de Gallien ; aussi en la Jurisprudence, quelque belle & riche plume voulust faire le semblable sur Bartole, & choisir seulement la moüelle de ses œuvres.

CHAPITRE XV.

Sur ce que le peuple compare la femme qui s'adresse au pire à la Louve, & de quelques autres proverbes empruntez de la nature du Loup.

JE ne sçay comment le loup entre les bestes sauvages nous a esté, ou si commun, ou si odieux, que par dessus tous animaux nous avons tiré plusieurs proverbes de luy. De quelle marque sont ceux-cy, *Qui parle du Loup en voit la queuë : Il fait mauvais aller au bois quand les Loups se mangent l'un l'autre : La faim chasse le Loup hors du bois : Necessité fait gens mesprendre* (dit Villon en son testament) *& faict saillir le Loup du bois, Tandis que le chien crie le Loup s'enfuit. Hurler avec les Loups. Qui se fait brebis le Loup le mange,* & quand pour denoter les rets de la nuict, nous disons, *entre chien & loup,* & plusieurs autres de telle façon, entre lesquels il y en a trois ou quatre, que nous tirons de la nature de ceste beste.

La Louve, (comme recite le Comte Phœbus de Foix, au livre qu'il a fait de la Chasse) lors qu'elle entre en chaleur se trouve incontinent accompagnée du premier Loup qui la rencontre, lequel la fleurant sous la queuë se met pareillement à sa suite : celuy qui la suit, par un instinct de nature, se met à suivre cestuy : & le tiers semblablement à la queuë du second, tellement que de queuë en queuë ils font une grande trainée de Loups : Mais elle, se sentant ainsi caressée par ces gentils amoureux, (comme est la nature de toutes femelles en leur espece prompte à se faire courtiser) vague continuellement de part en autre, sans aucun arrest. Tant que finalement, eux tous las, & recreus, elle qui est la lanterne des autres, commence à se reposer. Ce qu'à son exemple font semblablement tous les Loups : mais pour autant que ceux-cy, outre la fatigue du corps, sont travaillez (si ainsi faut que je le die,) en leur sensitive de l'esprit, chacun d'eux entre en un fort sommeil, pendant lequel ceste Louve s'adresse au pire de la troupe, qui est celuy, qui premier a fait la rencontre d'elle, & qui, pour avoir esté premier en date & plus attouchant de la chaleur que les autres, s'est maceré le corps davantage. De là frustrant de son attente le reste de la troupe amoureuse, qui est ensevelie d'un profond sommeil, prend de celuy qu'elle esveille tout le contentement où son naturel la semond ; mais ayant satisfaict à son deduit, & s'estans decouplez, s'esloigne ceste Louve de tous les autres, lesquels à leur resveil estonnez de son absence, & recognoissans au fleur, celuy qui les a supplantez, tous d'un commun despit le devorent. De ces manieres de faire est venu en premier lieu ce qu'au jeu des petits enfans qui s'entresuyvent, nous disons *Joüer à la queuë Leu Leu,* par un ancien mot François : Aussi ce que nous faisons ressembler les enfans bastards aux Loups, disans que tout ainsi que les Loups, aussi ne voyent-ils jamais leurs peres : Et davantage lors que nous comparons la femme à une Louve, quand entre plusieurs Rivaux (que nous appellons *Corrivaux*) elle s'attache au pire, lequel proverbe a eu dés long-temps vogue entre nous, mesmes du temps de Jean de Mehun en son Roman de la Rose, disant :

Tantost la chevite se laisse,
Et prend un autre, où moult s'abaisse,
Et le vaillant arriere boute,
Prenant le pire de la route,
Là, nourrit ses amours & couve,
Tout ainsi comme fait la Louve,
Qui sa folie tant empire,
Quell' prend de tous les Loups le pire.

Jean de Mehun faisoit profession expresse de mesdire des Dames. C'est pourquoy il a usé de ce proverbe à leur desavantage. Et neantmoins pour en parler sans passion, si la femme ressembloit en cecy à la Louve, elle seroit aucunement excusable en sa folie, parce qu'elle favoriseroit celuy de ses serviteurs, qui pour estre le premier en datte, vray-semblablement a receu plus d'affliction en son ame.

CHAPITRE XVI.

Entre Chien & Loup.

IL n'y a paravanture au Recueil des Adages d'Erasme deux bestes, esquelles il ait plus employé sa plume comme au Chien & au Loup: Mais ce sont en divers jeux. Icy nous les avons accouplez ensemble, quand quelqu'un s'achemine aux champs d'un bien grand matin, ou d'un grand soir, de telle façon qu'il luy est mal-aisé voyant une beste, de juger si c'est un Chien ou un Loup : & voulant denoter ce temps, nous en avons faict ce proverbe, qui est entre Chien & Loup. Duquel Jean Antoine de Baïf voulut faire de nostre temps son profit au premier livre de sa Franc.

Comme le simple oiseau qui cherche sa pasture,
Lors qu'il n'est jour ne nuit (quand le veillant berger
Si c'est ou Chien ou Loup ne peut au vray juger)
Ne pensant au danger, ains à sa nourriture
S'empestre en la pantiere, &c.

Je vous laisse le demeurant du Sonnet, par lequel il dit avoir esté surpris tout ainsi comme l'oiseau. Chose qui ne regarde le discours du present chapitre. Seulement vous veux-je dire que ce proverbe a pris d'une bien longue ancienneté sa naissance chez nous : Et de fait Guillaume le Breton au troisiesme livre de sa Philippide discourant comme quelques Seigneurs Anglois vouloient dresser une algarade à nostre Roy Philippe Auguste, poursuit de ceste façon sa pointe.

Postea vix summos aurora rubescere montes
Fecerat, & valles nondum primordia lucis
Attigerant, interque canem distare, lupumque,
Nullus adhuc poterat aliquid discernere visu.

Quand je vous allegue le Breton, je le vous pleuvy avoir esté des domestiques du Roy, dont il trompeta les grandeurs aprés son decez. Que si les Gentils-hommes son trés-aises d'authoriser leur noblesse d'une longue ancienneté, je ne seray marry de mettre ce proverbe sur les rangs, puisque d'un si long temps je le voy avoir esté en essence, & s'estre continué jusques à nous.

CHAPITRE XVII.

Faire des Chasteaux en Espagne.

LEs huit Vers du Roman de la Rose par moy cy-dessus alleguez, me convient à vous en alleguer sept autres de la mesme boutique, la part où Guillaume de Lorry introduit le Dieu Amours, qui fait une ample leçon à l'Amant.

Quand les nuicts venuës seront
Mille desplaisirs te venront,
Telle fois te sera advis
Que tu tiendras celle aux clers vis,
Du tout t'amie & ta compagne,
Lors seras Chasteaux en Espagne,
Et si auras joye à neant.

Par ces vers vous voyez que ce proverbe est d'une bien longue ancienneté : duquel nous usons contre celuy qui en ses discours pourpense à choses oiseuses, & qui luy doivent reüssir à neant. Et vient de ce qui a esté de tout temps pratiqué en Espagne, où vous ne rencontrez aucuns Chasteaux par les champs, ains seulement quelques Cassines & Maisonnettes, esquelles passans chemin vous estes contraints d'heberger, & encores distantes d'un long intervalle les unes des autres. Ceux qui rendent raison de cela, estiment ce fut pour empescher que les Maures qui faisoient ordinairement plusieurs courses, ne surprissent quelques Chasteaux de force ou d'emblée, où ils auroient moyen de faire une longue & seure retraite. C'est pourquoy on a dit que celuy fait en son esprit des *Chasteaux en Espagne*, quand il s'amuse de penser à part soy à chose qui n'estoit faisable. Que pleust à Dieu (je diray cela en passant) que nos ancestres eussent apris en nostre France la mesme leçon que l'Espagnol, parce que pendant nos guerres civiles, une infinité de voleurs n'eussent eu moyen de se blotir en lieux forts, pour faire seulement la guerre aux pauvres Citoyens passans.

CHAPITRE XVIII.

Des proverbes qui sont tirez en nostre langue de ce mot, Chapperon.

CE fut un affeublement ordinaire de teste à nos anciens que le Chapperon. Chose que l'on peut aisément recueillir tant par ce mot *Chapperonner*, dont nous usons ordinairement encore aujourd'huy, pour Bonneter, que par ces deux proverbes. *Qui n'a point de teste n'a que faire de Chaperon, Et deux testes en un Chapperon*, quand nous voulons signifier

signifier deux hommes qui sont de mesme volonté, & colludent ensemblement : duquel dernier proverbe usa autresfois Jean de Mehun dedans son Roman de la Roze, parlant de Contrainéte Abstinence, & de son Pere Confesseur : Toutes lesquelles manieres de parler estans tirées de l'usage qui couroit lors entre nous, se sont continuées jusques à huy, encores que la coustume en ait esté du tout perduë. Or que les anciens usassent de Chapperons au lieu de Bonnets, nous l'apprenons mesmement de nos Annales : quand Charles cinquiésme du nom, pendant la prison du Roy Jean son Pere, estant Regent sur la France, à peine se peut garantir de la fureur des Parisiens, pour un descry de monnoyes qu'il fit lors faire, & eust esté en tres-grand danger de sa personne sans un Chapperon my-party de pers & rouge, que Marcel lors Prevost des Marchands luy mist sur la teste. Et afin que l'on ne se fasse point accroire qu'il n'y eust que les grands & puissans qui portassent le Chapperon, ains que c'estoit une chose commune à tous, Maistre Alain Chartier nous en donne certain advertissement en l'Histoire de Charles VII. au chap. traitant de l'an 1449. où il dit, que le Roy ayant repris la ville de Rouën, fit crier que tout homme grand & petit portast la Croix blanche sur la robbe, ou le Chapperon. Quelques uns ont semblablement estimé que nos ancestres usoient de cet accoustrement de teste tout ainsi que maintenant les femmes, c'est à dire sans se descubler. Qui est une opinion faulse, comme l'on peut apprendre de deux passages de Monstrelet, l'un au 78. chap. du 1. Tome, où il dit, que les Flamens qui estoient arrivez en France avec le Duc Jean de Bourgongne, s'estans retirez en leurs païs, iceluy Duc envoya le Comte de Nevers son frere pour les prier de demeurer encore quatre jours : Et là, dit cet Autheur, que le Comte arrivé, le Chapperon hors la teste devant eux, les pria à mains jointes tres-humblement qu'ils voulussent demeurer avec luy jusques à quatre jours. Et ailleurs au chap. 199. ensuivant, racontant que la Royne Isabelle avoit esté confinée en la ville de Tours, sous la charge de Maistres Jean Torel, Jean Picard, & Laurens du Puys, il dit qu'elle avoit sur tous en grande haine Torel, parce qu'il parloit à elle irreveremment sans mettre la main à son Chapperon : qui est contre l'advis de Maistre Jean de Luc en ses Arrests, qui dit, qu'anciennement les Procureurs de la Cour de Parlement vestus de leurs robbes longues & leurs Chapperons en la teste, lors que le President les interrogeoit sur quelque poinct, ne faisoient tant seulement que descouvrir le front, le reste demeurant couvert. De toutes ces choses doncques l'on peut recueillir que le Chapperon estoit le commun usage de teste des anciens, qui apporta, comme j'ay dit, ces deux Proverbes que j'ay cy-dessus recitez. Depuis petit à petit s'abolit ceste usance ; premierement entre ceux du menu peuple, & successivement entre les plus grands, lesquels par une forme de mieux seance commencerent de charger petits Bonnets ronds portans lors le Chapperon sur leurs espaules pour le reprendre toutes & quantes-fois que bon leur sembleroit, ce que j'ay autres-fois averé par un vieux livre enluminé de plusieurs belles images du temps de Charles VII. qui estoit en la Librairie du Roy François I. à Fontaine-bleau, dans lequel y avoit entre autres un Roy tenant Cour planiere, assisté de tous ses Nobles, dont les aucuns diversement avoient leurs Chapperons en teste, & les autres sur leurs espaules, qui verd, qui rouge, qui pers, le tout de la mesme couleur qu'estoient les Bonnets, ou Chappeaux qu'ils avoient sur leurs testes : Et comme toutes choses par traite & succession de temps tombent en nonchaloir, aussi s'est du tout laissée la coustume de ce Chapperon, & est seulement demeurée par devers les gens du Palais, & Maistres és arts, qui encore portent leurs Chapperons sur leurs espaules : & les Bonnets ronds sur leurs testes : Bonnets qui furent appellez Ronds pour la forme ronde que lors ils avoient. Desquels je ne veux icy discourir pour leur avoir donné un Chapitre particulier au 4. Livre de ces Recherches.

CHAPITRE XIX.

De ces mots, Maistre, Souverain, Suzerain, Sergent.

IL en prend aux mots, comme à nos fortunes : Nous voyons quelques-fois gens de peu de merite estre levez aux grands honneurs sans sçavoir pourquoy, & les autres ravaller de leurs dignitez. Ainsi est-il des paroles, dont les aucunes furent autres-fois vilipendées, que nous voyons puis aprés venir en valeur, & les autres qui avoient esté en valeur, estre puis aprés contemnées. Je m'en rapporte à ce mot d'Heresie, Grec depuis transplanté dedans Rome qui signifioit opinion, & par succession de temps nous l'avons tourné en si mauvaise part, que nous n'en usons que contre ceux qui nous contreviennent à la Foy & Religion Catholique. Le semblable est advenu au mot de *Tyran* que l'on approprioit à tout Prince Souverain, qui vivoit selon les Loix communes de son pays, sans extravaguer, & depuis on l'a adapté à celuy qui contre tout ordre de droict se fait croire à la foule & oppression de ses subjects. Autant en est-il advenu à ce mot de *Maistre*, qui n'estoit anciennement attribué qu'aux dignitez authentiques, & maintenant est venu en tel raval, que quand on se veut mocquer d'un homme, on l'appelle un *Maistre és arts*, & n'y a mestier où l'on usurpe le mot de *Maistre* pour celuy qui a fait son chef-d'œuvre. Les deux plus grandes compagnies de la France, chacune en son endroit, sont la Cour de Parlement, & Chambre des Comptes de Paris. Au temps du premier plan & establissement du Parlement on appelloit les Conseillers *Maistres du Parlement*. En l'Ordonnance de l'an 1321. Deffence aux *Maistres* de sortir de la Chambre sans la permission du *Souverain* ; & en un autre article de ne desemparer la ville sans la licence du Chancelier & du *Souverain*. Ce mot s'est perpetué jusques à huy en la Chambre des Comptes, en laquelle tous les Conseillers sont appellez *Maistres des Comptes*. Chose qui estoit provenuë d'une bien longue ancienneté. Theodoric Roy d'Italie escrivant au Senat de Rome dans Cassiodore livre. 1. *Eugenitem illustrem virum, litterati dogmatis opinione fulgentem : Magisterij honore subveximus, ut gereret, quam nomine possidebat dignitatem*. C'estoit qu'il l'avoit fait Senateur de Rome, & mandoit au Senat de l'admettre en leur compagnie. Ce mot estoit tellement authorisé par nos anciens, que l'on l'attribuoit encore aux plus grandes dignitez, comme aux *Maistres des Requestes*. J'ay veu un reiglement fait en l'an 1350. par Philippes de Valois, des Officiers de sa maison, où il appelle le grand Fauconnier & grand Veneur, *Maistre Veneur & Maistre Fauconnier*.

Or y eut encores un autre mot qui fut familier entre nos anciens, car ils appellerent *Souverain* celuy qui estoit le Superieur des *Maistres*, tesmoings les deux articles de l'Ordonnance de Philippes le Long par moy cy-dessus cottez. Car quand on fait deffence aux *Maistres* de sortir de la Chambre sans la permission *du Souverain*, c'est à dire, de celuy que nous avons depuis appellé *President*. L'un des plus anciens Presidens de la Chambre des Comptes, fut le Sire de Sully. Et par l'Ordonnance de l'an 1316. il est appellé *Souverain* des Comptes, mot qui estoit encores en essence sous le regne de Philippes de Valois, lequel en l'an 1344. commandoit à la Chambre de recevoir l'Esleu de

Langres qu'il avoit nommé pour l'un des *Souverains* d'icelle. En l'an 1356. Meſſire Louys de Beaumont Preſident en la meſme Chambre, du temps du Roy Jean, eſt appellé *Souverain*. Celuy qui avoit toute intendance ſur le Threſor en l'an 1342. *Souverain* du Threſor. Meſſire Pierre de Villiers grand *Maiſtre*, auquel Charles VI. avoit baillé la charge de l'Oriflambe, eſt appellé en l'an 1372. *Souverain Maiſtre* d'Hoſtel du Roy. En une Ordonnance de Charles VI. du 6. Janvier 1407. le Comte de Tancarüille *Souverain Maiſtre* & General reformateur des Eaües & Foreſts. Il n'eſt pas que les Baillifs & Seneſchaux ne fuſſent auſſi appellez *Souverains* à l'eſgard des Prevoſts & autres qui eſtoient en leurs ſieges au-deſſous d'eux. Non pas que tous ces ſieurs euſſent une puiſſance abſoluë en leurs dignitez, comme eſt maintenant l'uſage du *Souverain* : mais par ce mot on entendoit ſimplement celuy qui eſtoit le *Superieur* des autres. Ce que vous recueillerez encores plus amplement de nos vieilles Ordonnances qui ſont Latines & Françoiſes, eſquelles ſi vous trouvez au Latin parlant des Seneſchaux & Baillifs, *Salva Superioritate & reſſorto*, nos anceſtres le tournerent en François. *Sauf la ſouveraineté & reſſort*: Et ce grand Edit qui fut faict par Charles cinquieſme, Regent par l'advis des trois Eſtats ſur la reformation du Royaume, il deffend aux Baillifs & Seneſchaux de cognoiſtre d'aucune cauſe, ſinon en cas de reſſort & de Souveraineté. Mot qui eſt vrayement du nombre de ceux que nous pouvons appeller Romans, c'eſt à dire, que nous tranſportaſmes en noſtre langue, non par les reigles de la Grammaire Latine, mais quand par communication avec les Romains, nous eſchangeaſmes noſtre langage Walon en Roman. Car il eſt certain que les Romains prononçoient l'*U* par la diphthongue Gregeoiſe, n comme nous apprenons de ces deux vers d'Auſone à Paulin.

> *Una eſt in noſtris quâ reſpondere Lacones*
> *Litterâ, & irato Regi dixere negantes.*

Et encores par une ordinaire prononciation nous changeaſmes le *P* Latin en un *U* comme nous voyons en ces mots *Præpoſitus. Lepus*, & autres, Prevoſt, Levrault. Parquoy ce que le Romain appelloit *Superior*, prononçant l'*U* en Ou, nous en tiſmes le mot de *Souverain* de la ſignification telle que deſſus : Ce que j'ay dit du *Souverain*, je marque encores plus expreſſément en l'Ordonnance de S. Louys de l'an 1256. qui portoit cet article entr'autres. Nous commandons que nuls Seneſchaux & Baillifs ne tiennent trop grand planté de Sergiens, mais au plus peu qu'ils pourront en ayent pour faire les commandemens de nous, & de noz Cours. Et voulons que le Bedel & Sergient ſoient nommez en plaine Aſſiſe, autrement ne ſeront-ils pas nommez pour Bedels ne pour Sergiens, & ſi le Sergien eſt envoyé en parties loingtaines ne ſoit pas creu ſans lettre de ſon *Souverain*. C'eſt à dire, qu'il ſe donne bien garde de faire exploict en pays eſloigné de la commiſſion de ſon Baillif ou Seneſchal. Mot encores en uſage pour meſme effect, l'an 1386. où par le Reiglement faict par Charles ſixieſme entre les Baillifs & Prevoſts, eſt deffendu aux Prevoſts de faire aucun don à leurs Juges *Souverains*. Ce mot ayant avec le temps gaigné plus grande authorité, pour avoir eſté approprié ſeulement aux Princes qui peuvent abſolument s'en faire croire, ceux qui furent nourris aux eſcoles firent le mot de *Superieur* ſuivant noſtre prononciation Françoiſe, & les autres qui ſuivirent la pratique, delaiſſerent le mot de *Souverain* trop hardy, & en forgerent un autre qui approchoit aucunement de ceſtuy. Ce fut d'appeller *Juges Souverains* qui cognoiſſoient par appel des cauſes de leurs Juges inferieurs. Par ainſi voilà comme d'un mot de *Souverain*, qui s'employoit communément à tous ceux qui tenoient les premieres dignitez de la France, mais non abſolument, nous l'avons avec le temps accommodé au premier de tous les premiers, je veux dire au Roy. Et quant au mot de *Maiſtre* qui s'adaptoit, par antonomaſie, aux plus grandes dignitez de la France, encores que chacun en ſon particulier ſoit intitulé *Maiſtre*; ſi eſt-ce que nous rapportons aujourd'huy ceſte qualité aux moindres, comme ſont les Eſcoliers & Maiſtres és arts, & Maiſtres des meſtiers. Mais puis que je me ſuis donné le loiſir de diſcourir ſur le mot de *Souverain*, & qu'en l'Ordonnance S. Louys, il faict mention des *Sergens*, il me plaiſt icy de faire le ſoubreſaut de Phaëton & me precipiter du Ciel en Terre. Je veux doncques maintenant deduire, dont procede ce mot. Ce grand J. C. Cujas l'eſtimoit prendre ſon origine du *Cæſarianus* Latin qui avoit quelque rencontre en ſa charge avec le *Sergent*, & que par corruption de langage on en euſt fait un *Cæſarien*, & depuis *Sergien*. Les autres qui ne veulent rien deſrober à leur patrie, le diſent eſtre un mot compoſé, *Sergens* quaſi *Serre-gens*, d'autant que leur eſtat eſt voué à la capture des mal-giſans. Toutesfois je ne doute nullement qu'il ne vienne de l'un, ny de l'autre, car il eſt certain qu'il vient de *Serviens*, diction Latine par un changement d'*U* en *G*, qui nous eſt fort familier comme nous voyons que des mots *Vaſco*, *vaſtare*, *vagina*, nous avons fait *Gaſcou*, *gaſter*, *gaine*, voire que du milieu de la diction de *Phlegma*, nous avons fait le mot de *Phleume*. Auſſi nos plus vieux François firent du Latin *Serviens* un *Sergiens*, que nous avons depuis appellé Sergent. Dans la vieille Hiſtoire de S. Denis en la vie du Debonnaire, l'Autheur appelle les ſerviteurs de Dieu *Sergens de Dieu* : En la vie du Begue, les Eveſques de France eſcrivans à Jean, Pape de Rome, s'appellent *Sergens & diſciples de ſa ſaincte Authorité*. Et dans le Roman de la Roſe les amoureux ſont ſouvent appellez *Sergiens d'amour*, mais ſur tout je vous veux cotter un paſſage très-exprés du Roman de Guerin de Mortbrune.

> *Si advint qu'un Sergiens qui à cour repairoit*
> *Feut pris de larrecin, des anneaux qu'il embloit,*
> *La vieille vint à luy en la priſon tout droit*
> *Si luy dit : Mon amy le tien corps mourir doit :*
> *Mais ſi faire voulois ce que l'on te diroit,*
> *Tu ſerois delivré, & mis hors du beſtroit*
> *Dame, dy ly Varlets, qui de cœur l'eſcoutoit,*
> *Il n'eſt rien en ce monde que mon corps ne ſeroit,*
> *Pour garentir, &c.*

En un Regiſtre de Parlement de l'an 1317. les Huiſſiers de la Cour ſont appellez *Valeti Curiæ*. Que ſi vous me demandez dont vient que ceux qui executoient les mandemens de Juſtice furent appellez par nos anciens, *Sergens*, qui ne ſonnoit autre choſe que *Serviteurs*, c'eſtoit parce que du commencement les Baillifs & Seneſchaux employoient à ceſte charge leurs Serviteurs domeſtiques, & depuis en gratifierent uns & autres ainſi qu'il leur plaiſoit. C'eſt pourquoy pour donner ordre à cet abus, on trouve en un vieil Regiſtre du Parlement de l'an 1286. *Fræceptum fuiſſe præpoſito Pariſienſi, ut effrænatam Servientium multitudinem ad certum numerum reduceret, pedites ſcilicet ad ſeptuaginta, & equites ad triginta quinque*. Et en l'Ordonnance de Philippes le Bel de l'an 1302. reduiſant ſa volonté à celle de ſon ayeul S. Louys, de l'an 1256. *Præcipimus quod qui in Servientes eligantur, præſtent idoneas cautiones*. Par l'Ordonnance de S. Louys par moy cy-deſſus cottée, on les appelle indifferemment *Bedeaux & Sergens*. Dans le vieux Couſtumier de Normandie chapitre 5. eſt miſe difference entre *les Sergens* à l'eſpée & les *Bedeaux*. En ce (dit le texte) que les premiers eſtoient ceux qui devoient Juſticier vertueuſement à l'eſpée tous malfaicteurs, & principalement faire que ceux qui eſtoient poſſeſſeurs fuſſent tenus en paix : Et les *Bedeaux* eſtoient les moindres *Sergens* qui devoient faire les moindres ſervices. Enfin ce mot de *Bedeau* eſt demeuré aux ſuppoſts du Recteur de l'Univerſité de Paris, qui vont aux ceremonies publiques devant luy, avecques leurs M ſes argentées. Et encores en quelques ſubalternes Juriſdictions, comme au Four-l'Eveſque de Paris, où les *Sergens* ſont appellez *Bedeaux*.

CHAPITRE XX.

Assassin, Assassinat, Apannage, mots empruntez des voyages d'outre-mer.

EN matiere d'Estat c'est une chose fort familiere, quand on se trouve le plus foible, de hazarder l'un de ses subjects contre le chef des ennemis pour le faire mourir, afin de se garentir du danger où l'on estoit. Le Roy Porsenna au siege de Rome en eust peu dire quelque chose, quand Scevola, pour sauver sa ville, le pensa tuer, prit son Secrataire au lieu de luy. Ainsi fut meurdry le Roy Sigisbert à l'instigation de Fredegonde, lors que Chilperic son mary estoit par luy estroitement assiegé en la ville de Soisson, ou Cambray. Ainsi Amurath Roy des Turcs, dans sa chambre par un soldat qui faisoit semblant de luy vouloir baiser les mains, qui fut cause, (dit Theodore Spadugin) que depuis il fut ordonné que les Gardes tiendroient les mains de tout homme qui viendroit saluer le grand Turc, pour obvier de là en avant, à tel inconvenient. Et à peu dire, de nostre temps en cette façon fut occis François Duc de Guyse en l'an mil cinq cens soixante & un, par Poltrot devant Orleans: la mort duquel fit lever le siege, & tout d'une suite apporta la Paix par tout le Royaume. Cela s'est fait par des particuliers. Mais que tout un peuple par Loy ancienne du pays fust voué à faire de tels meurdres, quand il en recevoit commandement par son Prince ou Superieur, je n'en trouve que deux manieres de gens, ceux qui de nostre jeune aage suivirent la Secte des Anabaptistes sous Jean Leidan, & anciennement au Levant les *Assassins*, subject de present chapitre. Celuy qui premier en introduisit l'usage fut Seigneur, lequel lors de nos voyages d'outremer s'estant fortifié dans un Chasteau de tres-difficile accés, attiroit à sa suite plusieurs gens ramassez, ausquels il donnoit des breuvages pour les endormir d'un profond somme, & à leur resveil ils se trouvoient en une maison de plaisance, où ils estoient accueillis de toutes sortes de volupté pour les attirer: Et aprés avoir passé en cette façon quelques jours, finalement estans endormis par cette potion, puis resveillez, on les presentoit à leur Prince, lequel s'informant d'eux de tout ce qu'ils avoient faict en dormant, (car à vray dire ils estimoient que ce fust un Songe) il leur faisoit promesse d'un tel Paradis, là & au cas que pour la deffense de leur Religion ils voulussent entreprendre de tuer ceux des Chrestiens qui leur seroient par luy commandez: ce qu'ils sceurent fort bien exploicter, & depuis tels commandemens s'estendirent non seulement encontre les Chrestiens, mais aussi contre tous autres, ores qu'ils fussent Mahumetistes, ainsi qu'il sembloit bon à leur Roy. Chose à quoy ils se vouëoyent d'un cœur si franc, & gay, que leur commun mauldisson estoit, *Mauldy sois tu*, comme celuy qui s'arme de peur de mourir. Nicéas Senateur de Constantinople dit qu'ils portoient tel respect aux commandemens de leur Seigneur, que si seulement ils eussent descouvert à un clin d'œil, que la volonté estoit qu'ils mourussent, ils se fussent precipitez du haut en bas d'une maison, & exposez au meilleur de cent espées, ou jectez au feu, ou dans l'eau, plustost qu'ils ne luy eussent obey: & qu'estans par luy deleguez pour tuer quelques Princes, ils se transportoient vers eux, comme leurs serviteurs, ou comme ayans à leur dire quelque chose à l'aureille pour leur profit, & trouvans leur apoint, ils ne doutoient de les tuer, à la charge d'estre puis aprés tuez. Vray que le passage est corrompu, les appellans *Chassins*, au lieu d'*Assassins*, tout ainsi qu'en un autre endroict vous trouverez *Blachiens* ceux qu'on disoit *Valachiens*. Guillaume de Nangy acquiesçant à cette opinion, dit que ce Roy des *Assassins* estoit non seulement redouté des Chrestiens, mais aussi des Sarrazins: Et parce que son passage fait grandement à mon intention, il me plaist de le vous transplanter icy tout au long. "Ce tres-mauvais, & mal-veillant Seigneur de *Assassins* habitoit en la confinité & contrée d'Antioche & de Damas en Chasteaux tres-bien garnis sur montagnes: Celuy Roy estoit moult redouté & craint des Chrestiens, & des Sarrazins, Princes prochains, & lointains: pource que moult de fois eux par ses messagers indifferemment faisoit occire: car aucuns enfans commandoit de sa terre estre emmenez en ses Palais, & illec apprenoient toutes manieres de langue, & estoient enseignez d'aimer leurs Seigneurs sur toutes autres choses, & à luy jusques à la mort obeyr, qu'ainsi pourroient aux joyes de Paradis parvenir, & quiconque mouroit en obedience, estoit honoré au gré de la terre des Assassins: & ainsi à leur Roy obeyssans, moult de Princes occirent, comme ceux qui de leur mort avoient peu de crainte".

Il est vray: car par eux fut proditoirement mis à mort le Comte de Tripoly, & quelque temps aprés Edouard d'Angleterre, plus Thierry Prince de Tir. Philippe Auguste estant de retour de son voyage de Hierusalem, eut advis que le mesme Richard Anglois, avoit attiré quelques-uns de ce peuple pour le meurdrir, qui le fit tenir sur ses gardes plus ententivement que de coustume. Sainct Louys en l'un de ses voyages d'Outremer fut adverty qu'on luy vouloit dresser pareille embusche. Le tout de la mesme façon, que fut nos jeunes ans nous vismes un Jean Leidan Prince des Anabaptistes, dont j'ay cy-dessus parlé, qui depescha douze de ses suppôts pour tuer tous les Princes d'Allemagne, afin de maintenir contr'eux sa Religion.

Tout de cette mesme façon, les Jesuites ont introduict en leur Republique, un nouveau formulaire d'Estat, non seulement contre ceux qui pretendent guerroyer leurs Roys, comme contre le feu Prince d'Orenge, qu'ils firent assassiner dedans Anvers, l'an mil cinq cens quatre-vingts quatre par un Baltasard Girard, & encores contre le Prince Maurice son fils, l'an mil cinq cens quatre-vingts dix-sept, par Jean Parme: mais contre les Roys, & Roynes mesmes en & au dedans leurs Royaumes: Ainsi l'attenterent-ils par quatre fois contre la defuncte Royne Elisabeth d'Angleterre, par leur Jesuite Campian ou Campiensé, l'an mil cinq cens septante-huict. Par Guillaume Parry, l'an mil cinq cens octante-quatre, à ce poussé & induict par Benedetto Palmio dedans la ville de Venise, & depuis confirmé dedans Paris, par Hannibal Coldrero: Par Patrice Culan 1588. persuadé par un meschant Jesuite nommé Holt. Et par Edouard Squirre, l'an mil cinq cens nonante-sept, par les inductions de leur Pere Richard Walpod. Ainsi deux fois contre nostre grand Roy Henry IV. reduict sous l'obeyssance du sainct Siege de Rome, l'une en l'an mil cinq cens nonante-trois par Pierre Barriere dit la Barre, dedans la ville de Melun, au beau milieu de la trefve, l'autre en celle de Paris, l'an mil cinq cens nonante-quatre par Jean Chastel dedans la Paix: celuy-là mené à la main par les instructions & memoires de Varade & Commole Jesuites, & cestuy-cy nourry en leur escole dedans Paris: Ainsi l'ont-ils voulu de fraische memoire pratiquer, en l'an mil six cens cinq par leur Garnet contre Jacques Roy d'Angleterre, Escosse & Hibernie, c'est-à-dire la Grande Bretagne. Et qui est une chose pleine de pitié & d'horreur tout ensemble, c'est que tout ainsi que le Prince des Assassins du Levant promettoit un Paradis asseuré à ceux qu'il mettoit en œuvre, là & au cas qu'ils mourussent pour cette querelle, aussi font le semblable nos Jesuites à leurs champions, ausquels ils administrent premierement le Sainct Sacrement de penitence, puis celuy de communion, & armez de cette devotion leur laschent

laschent franchement la bride pour executer leurs detestables parricides. Institution impie, abhominable, & abhorrente de nostre Religion Chrestienne, mais grand artifice du Diable, pour les faire redouter, & consequemment quelques-fois embrasser par les Princes & grands Seigneurs, afin de ne tomber en leurs aguets. Et qui est un mal-heur admirable, ce venin s'est espandu dedans quelques autres membres de nostre Eglise. Comme nous vismes par le malheureux parricide commis le deuxiesme jour d'Aoust mil cinq cens octante-neuf en la personne de nostre bon Roy Henry troisiesme, à Sainct Cloud, par frere Jacques Clement Jacobin. Que Jean Mariana Jesuite a solemnizé comme chose trés-saincte au premier livre de son institution du Prince, chapitre sixiesme.

Mais pour ne m'esloigner de mon but, combien que du commencement ces Assassins demeurassent en certaine contrée, toutes-fois ils furent depuis espandus en forme de secte par tout le Levant, ainsi que nous tesmoigne Jean Sire de Joinville, qui les appelle *Beduins* : Mais il est certain que leur vray nom estoit d'*Assassins*, comme nous apprenons de Raphael Volaterran en sa Geographie, de Paul Æmile en ses Croniques de France, & de Guillaume Nangy par moy cy-dessus allegué. Nicolas Gilles en ses Annales les appelle *Arsacides* d'un mot corrompu. Or d'eux est venu que la posterité tant en France, qu'en Italie (car & François & Italiens entreprenoient d'ordinaire ensemblement tels voyages de Levant) appella *Assassins* ceux qui de sens froid, & guet-à-pens faisoient des meurdres, & *Assassinats* le mal qui en advenoit.

Au regard de *l'Apanage*, qui a exercité plusieurs esprits de la France, pour sçavoir dont il prenoit son origine : il est certain que tant sous la premiere que seconde lignée de nos Roys, mesmes bien avant sous la troisiesme, les *Apanages* estoient incogneus entre les enfans puisnez de la Couronne, tels que nous les observons aujourd'huy. Paul Æmile, Autheur duquel je fais grand compte entre tous nos Historiographes, dit que Baudoüin Comte de Flandres, & Louys Comte de Blois s'estans croisez avec le Venitien, Baudoüin s'estant emparé de l'Empire de Constantinople, departit entre ses principaux Capitaines quelques Provinces, par forme de *Panage*. Nous y avons adjousté quelques formalitez tirées de nostre vieille Loy Salique.

CHAPITRE XXI.

Dont vient ce cry public, Sainct Denis Mont-joye, que l'on dit avoir esté autres-fois usurpé par nos Roys en champ de bataille.

IL y a en chaque Republique plusieurs histoires que l'on tire d'une longue ancienneté, sans que le plus du temps l'on en puisse sonder la vraye origine, & toutes-fois on les tient non seulement pour veritables, mais pour grandement auctorisées, & sacrosainctes. De telle marque en trouvons-nous plusieurs tant en Grece, qu'en la ville de Rome : Et de cette mesme façon avons-nous presque tiré entre nous, l'ancienne opinion que nous eusmes de l'Auriflame, l'invention de nos fleurs de lys, que nous attribuons à la Divinité, & plusieurs autres telles choses, lesquelles bien qu'elles ne soient aidées d'Autheurs anciens, si est-ce qu'il est bien seant à tout bon citoyen de les croire pour la majesté d'un Empire. Et sous cette mesme creance, à mon jugement s'est insinuée entre nous l'opinion que le commun peuple a, que nos Roys anciennement en une affaire presente, & au milieu d'une bataille avoient accoustumé quasi pour un mot solemnel de dire *Sainct Denis Mont-joye*. Comme mesme Jeanne la Pucelle respondit à ses Juges, lors qu'ils luy improperoient qu'après qu'elle fut blessée devant Paris, elle fit une offrande de ses armes à S. Denis, par forme de gloire & orgueil, elle respondit sagement que ce qu'elle en avoit fait, estoit par devotion seulement. D'autant que Sainct Denis estoit le commun cry de la France en la bouche de ceux qui se trouvoient en telles meslées, *Sainct Denis Mont-joye*. Or dont ce mot ait pris son origine, je ne l'ay jamais leu dans les vieux Autheurs, j'entends de ceux qui nous sont de quelque merite. Maistre Raoul de Presles en la preface qu'il a faite sur les livres de S. Augustin de la Cité de Dieu, par luy traduict, qu'il addresse au Roy Charles sixiesme, dit sur le subject qui s'offre, telles paroles : Clovis premier Roy Chrestien combattant contre le Roy Dandat, qui estoit venu d'Allemagne aux parties de France, & qui avoit mis & ordonné son siege à Conflans saincte Honorine, dont combien que la bataille commencée en la vallée, toutes-fois fut elle achevée en la montaigne, en laquelle est à present la Tour de Mont-joye, & là fut pris premierement, & nomme vostre cry en armes, c'est à sçavoir, *Mont-joye S. Denis*. Ces paroles sont mal couchées, lesquelles je ne vous ay rapportées à autre fin, que pour monstrer sous le temps de Charles sixiesme, cecy estoit tenu pour familier en la bouche de nos Roys. Et au surplus que Maistre Raoul le rapportoit au Roy Clovis, comme aussi font tous les autres. Vray que plusieurs sont en doute de l'occasion pour laquelle Clovis usa de ce mot *Mont-joye* : & semble aucunement que cest Autheur le vueille attribuer à cette montagne, en laquelle il dit estre située cette Tour. Toutes-fois quelques-uns sont d'advis que Clovis ayant esté par plusieurs fois admonesté de sa femme Clotilde de recevoir le S. Sacrement de Baptesme, finalement s'acheminant à la guerre qu'il eut contre les Allemans, il luy promit qu'en cas de bon succés de ses affaires, il accompliroit son vouloir : Parquoy se trouvant pendant le conflict & pesle-mesle de la journée de Tolbiac en grand danger de sa personne, reclama soudainement le Sainct grandement reveré en France, & que nous appellons nostre Apostre, qui est S. Denis, disant *S. Denis Mon-Joüe* : comme s'il eust voulu dire, qu'en cas que S. Denis eust favorisé son entreprise, il l'eust mis en avant reveré comme son Jupiter, que lors comme Ethnique il adoroit sur tous les autres Dieux : Et que depuis on auroit fait de *Mon-Joüé*, un *Mont-joye*, comme par succession de temps il est aisé d'eschanger plus estrangement les paroles. Cette-cy est l'opinion de Messire Robert Cenal, Evesque d'Avranches en les Periodes de la Gaule. Toutes-fois si en cecy la divination est excusable, je croirois, (si tant est toutes-fois que Clovis ait esté premier autheur de cette parole) que si lors de cette necessité, (qui fut certes l'une des plus grandes que courut jamais ce brave Roy) il invoqua l'aide de S. Denis, il usa du mot de *Mont-joye* sans aucun changement, comme s'il eust voulu dire que *S. Denis est sa joye*, son espoir, & consolation, & auquel il avoit toute sa fiance, usant toutes-fois d'un article impropre de *mon* pour *ma*, ainsi que nous voyons les Allemans, Anglois, Escossois pratiquer assez souvent, lors qu'ils n'ont parfaite information de nostre Langue, comme il est à presumer qu'estoit Clovis, qui jamais n'avoit fait estat de ces armes entre les gend'armes François, la plus part desquels estoient extraicts du pays de la Germanie : Ainsi ayant esté mis ce mot en avant par Clovis, par le moyen duquel il pensa que ses affaires dernieres desesperées, luy reussiroient à bon effect : Les Roys qui de luy furent successeurs, s'attachans estroictement à cette parole, comme sacrée & pleine de grand mystere, la mirent semblablement en œuvre, lors qu'ils se trouveront pressez en quelque rencontre de guerre, sans juger s'il falloit dire *ma joye*, plustost que *mon-joye*.

CHAPITRE XXII.

De ce que, par maniere de gausserie, on appelle Puceaux ceux qui au soufle de leur haleine, rallument une chandelle estainte.

Toutes & quantesfois qu'il advient qu'une chandelle, ou bougie esteinte est rallumée par l'un de nous au soufle de nos haleines, une, deux, ou trois fois selon la force de la meche, ou luminon, où il reste quelque peu de feu, nous disons en gaussant, si c'est un homme, qu'il est puceau; si c'est une femme, qu'elle est pucelle : Mais dont peut proceder cette drolerie de langage ? Car ainsi suis-je contrainct de l'appeller. Il ne faut rechercher ne livre, ne histoire pour en rendre raison. Mon opinion est que quiconque donna cours à cette rencontre, estoit tout de contraire advis à celuy de Tertulian, lequel au premier livre qu'il escrit à sa femme, dit que la veufve a plus de peine de maintenir sa chasteté, que la pucelle, sa virginité. D'autant qu'il est aisé de ne souhaiter ce que vous ne sçavez, & tout d'une suitte de resister à ce que ne desiraste jamais : Au contraire qu'il y a plus de gloire en celle qui sent son mal pour avoir fait experience du bien. En bon langage il en parle comme la vierge ne sentoit les aiguillons de la chair, pour n'avoir esté mise en œuvre. Leçon qu'elle apprend de soy-mesmes, par les instincts de la nature avec la promotion de ses ans. Quant à moy je pense qu'encores qu'en la copulation charnelle de l'homme & femme, il y a grande volupté, toutes-fois celuy qui ne l'a esprouvée que par imagination, la pense cent & cent fois plus grande qu'elle n'est. Pour le moins le recognoist-on en ces amoureux transis, lesquels apres avoir fait mille tours de cinges devant leurs maistresses, pour parvenir au poinct par eux pretendu, quelque temps apres qu'ils y ont attaint, se trouvent plus refroidis, qu'ils n'avoient esté auparavant eschauffez à la poursuitte de leur sottie. Et de fait le mesme Tertullian ne s'esloigne pas beaucoup de mon opinion, quand en son exhortation à la chasteté, il dit que la premiere felicité de la femme gist en sa premiere virginité, c'est-à-dire, de n'avoir cognoissance de ce dont on est puis apres bien aise d'estre delivré : comme s'il eust voulu dire qu'apres que ces premiers feux sont esteins en nous par l'attouchement mutuel, nous commençons de les mespriser. Ce qui n'advient pas à ceux qui mesurent ce plaisir par la seule imagination. Il n'y a rien en quoy Nature ait esté si sage, qu'és semences de cest appetit furieux, qu'elle espandit dans nos cœurs. Remettez devant vos yeux les incommoditez enchaînées qui se trouvent au mariage, une liberté que l'on captive soubs la servitude de tel, ou telle, que ne cognoissiez que d'un mois, qu'il faut que vostre vie soit attachée aux imperfections d'un autre, & les supporter dissimulément pour vivre en paix ; que vostre honneur despende de la folie d'une femme, au contraire que la sagesse d'une femme soit le plus du temps exposée soubs la tyrannie d'un sot : la grande despense necessaire pour qui est à la suitte de ce mesnage, beaucoup plus grande que d'un garçon : brief que le plus grand fruict de vostre mariage despend des enfans, lesquels plus vous aymez, plus produisent-ils d'amertumes dedans vos ames, par leurs debauches, leurs morts, le soing de leurs advancemens : & au bout de cela, que c'est à la vie, & à la mort qu'il en faut estre logé il. Remettez, dis-je, d'un esprit calme, toutes ces perplexitez devant vos yeux, vous fuyrez le mariage comme un escueil, ou precipice de vostre bien en malaité, & faudra vous y allecher par privileges, ou contraindre par amandes extraordinaires. Qui nous se mond doncques, & nous faict oublier tout cela ? Cette furieuse apprehension du plaisir de l'homme à la femme, vray chef d'œuvre de la Nature, pour s'immortaliser en ces especes mortelles par une surrogation de l'un à l'autre : & cette apprehension estant beaucoup plus violente devant l'effect, qu'en apres : aussi est-il plus facile de le renouveller de jour à autre dedans nous, ores, ou que par la crainte de Dieu, ou de nostre honneur, nous les voulions amortir : Et tout ainsi que de renouvellement advient aux feux interieurs de nos ames, par les objects qui se presentent devant nous, aussi pour venir au subject de ce present chapitre par une belle metaphore voulut-on appeller *puceaux*, ou pucelles ceux, ou celles, qui en soufflant rallument une chandelle esteinte, en laquelle il reste quelque feu en la meche.

CHAPITRE XXIII.

De quelques pro-verbes François, tirez des Monnoyes.

A Tout Seigneur, tout honneur, dit le Peuple. A la mienne volonté que tous ceux qui prendront, ou apprendront de moy quelque chose, y procedent de mesme rondeur que je fay. Car desja ay-je senty en mon ame quelque affliction de ceux qui se sont faits riches dans leurs œuvres à mes despens sans me nommer. J'ay dire maintesfois qu'un homme est marqué à l'A, quand on le veut qualifier tres-homme de bien, & si je sçavois bien que cela estoit emprunté de monnoyes : mais parceque Henry Estienne en son livre de la Precellence de la langue Françoise en a fait estat, je ne seray marry d'en faire icy mention. En toutes les villes esquelles il est permis de forger monnoyes, on les marque par l'ordre abecedaire selon leurs primautez, afin que si elles se trouvent trop foibles d'alloy, ou de poids, on se puisse addresser contre les Maistres des monnoyes des lieux. Paris pour estre la Metropolitaine de la France, est la premiere, & pour cette cause la monnoye que l'on y forge est marquée à l'A. Et d'autant que les Monnoyeurs de ce lieu-là peuvent estre esclairez de plus prés par les Generaux des Monnoyes, qui y resident, on y a tousjours fait monnoye de meilleur alloy & poids qu'és autres villes. Qui a donné cours à cest adage. De mesme façon disons-nous que celuy qui forge la fausse monnoye donne un soufflet au Roy, plus par une metaphore, que proverbe : Et encores, il est descrié comme la vieille monnoye, pour un homme qui est en mauvaise reputation parmy le peuple. Mais je diray pour ce sujet, que le Proverbe ne me plaist point : Car comme nos affaires vont par la France, la vieille monnoye est meilleure que la nouvelle, laquelle depuis une centaine d'ans va tousjours en affoiblissant.

CHAPITRE XXIV.

De ces mots, Compagnon, Compagnie, Compain.

ENcore faut-il que je loüe icy la diligence du mesme Henry Estienne, lequel au mesme livre parlant du Compagnon, & Compagnie, le rapporte à un ancien mot *Benna*, tiré d'un passage de Festus, qui dit : *Benna lingua Gallica genus vehiculi appellatur ; unde vocantur Combennones in eadem Benna sedentes.* Et que sçait-on (dit Estienne, car je ne luy veux rien derober) si de ce *Combennones* on n'auroit point dit premierement *Compennons*, en changeant le B. en P. duquel enfin, seroit venu Compagnons ? Ce qui soit dit par parenthese (adjouste-t'il) & comme par maniere de devis, veu mesme que je sçay bien que ce mot a d'autres etymologies, qui ne sont sans quelque apparence, mesmement pour ce que Compain se trouve en langage Picard. A tant Estienne. Or quant à moy je tiens pour tres-asseuré que Compain est le mot originaire, dont est issu Compagnon ; & de Compagnon, Compagnie. Nos vieux Poëtes appellent souvent Compain, celuy qui est leur amy. Entre toutes manieres de parler dont nous usons pour signifier une frequentation, on dit ordinairement, *c'est trop mangé d'un pain en un lieu*, pour trop demeurer en un lieu : Et quand un maistre courroucé veut donner congé à son Varlet, il dit *qu'il ne mangera plus de son pain* : Cela me fait penser que par le mot de Compain, nos ancestres voulurent representer celuy avec lequel ils vivoient, ou (si ainsi voulez que je le die) mangeoient leur pain d'ordinaire. Le Grec par un mot fondé sur le boire dit anciennement Συμπόσιον ; & les Romains se tenans plus au large l'appellerent *Convivium*, tiré du mot de la vie, & nous du mot *Compain*, fismes celuy de *Compagnie*, pour ceux qui mangeoient leur pain ensemblement.

CHAPITRE XXV.

De quelques manieres de parler, tirées de la nature des Fiefs.

NOus disons *qu'un Seigneur de paille, combat un Vassal d'acier* : c'est adage est tiré de quelques-unes de nos coustumes, lors qu'elles traictent de la matiere Feodale. Tout homme qui entre nouvellement dans un Fief, soit par succession, ou acquest, est tenu de faire la foy, & hommage à son Seigneur Feudal. S'il ne le fait, & que son Seigneur fasse proceder par voye de saisie sur le Fief, ainsi qu'il luy est loisible de faire, tant & si longuement que la saisie dure, il faict les fruicts siens, & n'y a moyen de s'en garantir, sinon en venant faire la foy & hommage, en laquelle encores faut-il rapporter beaucoup de regards. Car s'il y a eu quelques mutations precedentes, pour lesquelles soient deuz Rachapts, que l'on appelle autrement Reliefs, il faut qu'il en fasse offre à son Seigneur, lequel en ce faisant combattra fort vivement son Vassal, & laissera escouler le temps pendant une longue contestation sur les offres : Qui s'appelle en bon François manger & consommer un Vassal. De là le peuple a dit. *Qu'un Seigneur de paille, combat un Vassal d'acier.* De là aussi nos coustumes disent que *pendant que le Seigneur dort, le Vassal veille, & pendant que le Vassal veille, le Seigneur dort* : qui n'est pas un adage, mais une leçon des Fiefs, qui nous enseigne que si le Seigneur ne faict saisir le Fief, son Vassal est hors de danger : Mais soudain qu'il est saisi, il faut qu'il pourvoye par bonnes & suffisantes offres. Vray qu'il y a certaines coustumes si estrangement tyranniques, comme celle d'Amiens, & Estampes, esquelles sans user de main-mise, les fruicts sont acquis au Seigneur à chaque mutation de Fief, tant & si longuement que le Vassal est en demeure de faire la foy.

CHAPITRE XXVI.

De ces mots, de Fy entre les François, & de Physicien usurpé pour Medecin par nos ancestres.

ON dit en commun Proverbe, que les paroles ne puent point : Et neantmoins encores doutons-nous de les proferer, pourquoy doncques ne douterons-nous de les escrire ? C'est un privilege que la plume s'est donnée par dessus la langue, elle ne rougit point, les escrivant, & nous ne les pouvons proferer sans rougir. Allez au Roman de la Roze, allez visiter un Froissard, l'un & l'autre selon les occasions ont parlé brusquement des parties honteuses. C'est une chose esmerveillable comme les nations quelquesfois soient toutes contraires, & en façons & en paroles. Qu'un François vous veüille appeller à soy sans parler, il esleve la main en hault l'approchant de sa face : S'il veut que demeuriez où vous estes, il la tourne contre bas : En Italie tout le contraire, haussant la main, c'est un signal par lequel on vous semond de demeurer, la baissant c'est pour vous faire venir à soy. Voulez-vous en François braver un homme, vous dites que vous le ferez bien camus, ou que luy rendrez le nez aussi plat comme andouille : Au rebours l'Italien dit *Tanto di naso*, representant un demy pied de nez par sa main, qu'il attache au bout de son nez.

Le

Le semblable s'est-il rencontré en cette diction de *Fy* : Recherchez-la chez les Romains, vous la trouverez prise pour une interjection qui ne s'approprioit qu'à choses dont l'on s'esmerveilloit. Ainsi le Redonat sur Terence en sa Comedie des Adelphes, en ce verset, où en bon compagnon de Valet parlant à son Maistre Demea, luy dit ainsi :

Phi! domui habuit unde discerct, comme si sous ce mot il y eust voulu dire. T'en esbahis-tu? Il a eu en sa maison un bon maistre qui luy a enseigné cette leçon. Or voyez combien ce mot est degeneré entre nous de cette ancienne noblesse, par ce que nous n'en usons qu'aux choses les plus ordes & sales qui se presentent. Et c'est pourquoy nous appellons Maistre *Fify*, celuy qui se mesle du mestier de curer nos latrines. Mot qui a été de toute ancienneté ainsi usité entre nous, comme vous entendrez des vers que je vous reciteray maintenant. Ceux que nous nommons aujourd'huy Medecins, estoient par nos anciens appellez Physiciens. Jean de la Roze, fait, sous le regne de Philippes le Bel :

Advocats & Physiciens
Sont tous liez de tels liens,
Tel pour deniers science vendent,
Et tous à cette hard se pendent
Tant ont le gain, & doux, & sade,
Qu'ils voudroient bien pour un malade
Qu'il y en eust plus de cinquante.

Au memorial de la Chambre des Comptes cotté O, il se trouve par l'Ordonnance du Roy Philippes de Valois, du mois de May 1350. qu'il n'y auroit qu'un Physicien ordinaire en Cour, qu'il n'y plus, qui seroit payé à vingt sols tournois par jour, & aprés sa mort, que le Roy Jean son fils n'avoit que trois Physiciens. Le Roy Charles V. confirmant la fondation faicte par son ancien Medecin, & voulant que son grand Aumosnier y eust toute intendance, le declare ainsi; *Carolus Dei gratia Francorum Rex, ad perpetuam rei memoriam. Cum dilectus Physicus noster, Magister Gervasius Christianus, &c. Datum Parisius mense Aprili, Anno Domini*, 1378.

Ce mot mesme estoit encores en usage, du temps de celuy qui fit la farce de Patelin, comme aussi voyons-nous Monstrelet en user souvent. Or comme ainsi soit qu'ils fussent ainsi appellez, dés le temps mesme de S. Louys, Hugues de Bercy, Moine de sainct Germain des Prez en sa longue Satyre, où il taxe tous les Estats soubz le tiltre de la Bible Guiot, aprés n'avoir pardonné aux Advocats, tombant dessus les Medecins, voicy comment il les paye en l'orthographe qui s'ensuit.

Fisiciens sont appellez,
Sans fy ne sont-ils point nommez,
De fy doit toute ordure naistre,
Et de fy Fisique doit estre.
De fy Fisique me deffie,
Fol est qui en tel art se fie,
Où il n'a rien qui n'y ait fy,
Don suis-je fol si je m'y fy.

Ne pensez pas qu'il ne paye en monnoye d'aussi bon alloy les Advocats, & Legistes, quand il dit :

On traict de la mine l'argent,
Dont on nous faict maint vaissel gent,
Et mainte autre ouivre belle, & chiere,
Et le voire de la fougiere,
Dont on faict aussi maint vaissel,
Qui moult sont net, & clair & bel,
Et des haults livres honorez,
Qu'on appelle loix, & decrez,
Nous trayons engin, & barat.

Et puis aprés :

Et loix apprennent tricherie,
Per les poincts, & per les beaux dicts,
Que ils cognoissent és escrits,
Baratent le siecle, & enguignent,
Ils ne compassent pas, ne lignent
Leur vivre, si com' ils devroient,
Et com' ils est escrits le voyent.

Et ne faut pas trouver estrange, qu'il ne les ayt pas espargnez, veu que dans sa Satyre il ne pardonne, ny aux Papes, ny aux Evesques, ny à tous les abus qu'il voyoit és Ordres de Religions. Tellement que pour retourner au refrain de ce Chapitre, il y trouve je ne sçay quoy de pudeur, je dirois volontiers du *fy*. Au demeurant, combien que soit hors de propos, si est-ce que ayant recité quelques vers de ce gentil Moine, encores ne veux-je oublier cecy, où il se plaint que tout alloit de mal en pis : car paravanture ailleurs ne trouverois-je lieu pour les employer.

Li siecle fut ja bons, & gras,
Or est de garçons, & d'enfans,
Li siecle sçachiez voirement
Faudra per amenuisement,
Per amenuisement faudra,
Itant pera eptissera,
Que vingt homs batrons en i. jour
Et dui hommes voire bien quatre,
Se pourront en un pot combatre,
Itieux li siecle devenra
Sçachiez de voir ce avenra.

Fut-il jamais une plus hardie, & plaisante hyperbole?

+++

CHAPITRE XXVII.

De ce que nous appellons nos creanciers, Anglois.

Guillaume Cretin remerciant le Roy, François Premier de ce nom, de quelque argent qu'il luy avoit donné, par le moyen duquel il avoit acquité toutes ses debtes, entr'autres choses, dict ainsi :

Marchans, taquins, usuriers, incredules,
Pour recognoistre, ou nier mes sedules,
Me firent hier adjourner, & citer,
Et aujourd'hui je fais solliciter
Tous mes Anglois pour mes debtes parfaire,
Et le payement entier leur satisfaire,

Clement Marot dans l'un de ses Rondeaux qu'il addresse à un sien fascheux creancier.

Un bien petit de prés, me venez prendre
Pour vous payer, & si devez entendre
Que ne vey oncques, Anglois de vostre taille,
Car à tous coups vous criez, baille, baille,
Et n'ay dequoy contre vous me deffendre
Un bien petit.

Vous voyez par ces vers que l'un & l'autre appelle ses creanciers, Anglois : Et à vray dire ce mesme mot en cette signification, tombe en la bouche ordinaire du peuple, sans sçavoir dont procede cela : Toutesfois il est aisé d'en rendre compte, qui considerera les traictez qui ont esté faicts entre nous & eux, On les appelloit autrefois anciens ennemis

mis de la France, & certainement non sans cause : Car depuis que Louys le Jeune eust esté si jeune, & mal conseillé de repudier Eleonor fille unique & heritiere du Duc d'Aquitaine, & qu'elle se fust mariée avec Richard Roy d'Angleterre, il seroit impossible de dire combien se trouverent grands les Anglois au milieu de nous : Parce que de leur chef, & ancien estoc, la Normandie leur appartenoit : Et cette Princesse avoit annexé de nouvel à leur Estat toute la Guyenne, Poitou, Anjou, Touraine & le Maine, qui n'estoit pas un petit martel en la teste de nos Roys, dont Philippes Auguste premierement nous garentit. L'alliance qui depuis fut faicte avec eux par le mariage d'Ysabelle fille de Philippes le Bel, avec Edoüard, introduisit une pepiniere de guerres, contre Philippes de Valois, & ses successeurs. Et finalement la conqueste que fit sur nous Henry cinquiesme, & le mariage de luy avec Catherine fille de Charles sixiesme, apporta presque la ruyne finale de l'Estat. Or comme ces entresuites de guerres desirassent de fois à autres quelques relasches, aussi furent faits divers traitez, tantost de paix, tantost de surseances d'armes, à longues années, esquells nous n'espargnions les belles promesses, soit d'argent, soit de restitution de pays, tesmoin le traicté de Bretigny pour racheter nostre Roy Jean de prison. Toutesfois les Anglois se sont faict accroire que nous ne nous acquitasmes pas, ainsi que nos capitulations le portoient. Si cecy est veritable ou non, je m'en rapporte à la verité de l'Histoire : Tant y a que Froissard, qui ne favorise pas grandement les François, est de cette opinion. Et de là est venu à mon jugement que nous appellons Anglois, ceux qui pensoient que nous leur deussions. Et à ce propos me semble digne de recit, une Histoire qui s'est passée de nostre temps. Vous sçavez les pourparlers, qui furent pour le mariage de la Royne Elizabeth d'Angleterre avecques François Duc d'Alençon frere du feu Roy Henry troisiesme, qui ne se faisoient, à vray dire, que par mines & beaux semblans, car il y avoit trop grande disproportion d'aages, & peu d'esperance d'enfans : Mais ayant l'un à conquester la Flandre, l'autre à conserver les terres qu'elle avoit conquises sur le Roy Philippes d'Espagne, ils estoient contents que l'on estimast ce mariage devoir estre fait entr'eux. Or comme ce jeune Prince s'eschappoit souvent à soy-mesme, aussi voulut-il faire cette belle saillie, qui fut d'aller trouver la Royne d'Angleterre, accompagné seulement de cinq ou six de ses plus confidents serviteurs. Et comme il fut arrivé aprés l'avoir saluée, cette Dame, qui parle assez bien François, luy dist, qu'il estoit venu fort à propos pour payer les debtes qui luy estoient deuës par nous, deliberant de le tenir cependant en ostage. Ce Prince du commencement estonné, ne sçachant si à bon escient, ou petit semblant cette parole estoit proferée, fut aucunement à se repentir de ce voyage si hardy. Mais la Royne ayant accompagné cette parole d'un doux souris, le Duc luy respondit qu'il estoit venu non seulement pour ostage, mais pour tenir prison clause, comme celuy qui estoit vrayement son prisonnier : Et ainsi estant le mieux que bien venu, fut par plusieurs jours festoyé avec toutes les allegresses que l'on pourroit souhaiter.

CHAPITRE XXVIII.

Nul n'est Prophete en son pays.

Jamais Proverbe ne fut plus veritable que cestuy : Car il nous a esté donné de la main de celuy qui en l'un de ces principaux tiltres, se glorifioit d'estre la verité mesme. Comme aussi le devons-nous pour tel recognoistre, chacun estant sans luy plongé dans l'abysme des tenebres. Et neantmoins encores, reçoit ce Proverbe quelque explication : Parce que de le prendre cruëment, & d'estimer que nul ne soit Prophete en son pays, nous avons veu le contraire par plusieurs exemples, mesmes par Sainct Jean-Baptiste son Precurseur, lequel non seulement fut mis au rang des Prophetes, ains estimé Prince de tous autres Prophetes : Aussi en voyons-nous d'autres dans la Bible avoir predit une infinité de choses sur l'avenement futur de nostre Seigneur, lesquels avoient pris leurs naissances au lieu mesme où ils exerçoient leurs Propheties. Doncques la verité est, que sous cet Adage, Nostre Seigneur Jesus-Christ nous voulut enseigner que naturellement le peuple mesprise celuy qu'il a veu en son pays, venir d'un bas lieu en un grand rang, & fait plus d'estat de l'autre, dont il ne sçait les commencements & progrés, comme mesme cela se justifie par deux exemples, l'un tiré du vieux Testament, l'autre du Nouveau. Quand Dieu eut appellé Saül fils de Cis, conducteur d'asnes, à la Couronne des enfans d'Israël, il luy departir par mesme moyen l'esprit, & don de Prophetie : Et comme le peuple le voyoit, au milieu des autres Prophetes, prophetiser, il commença de s'en mocquer : Disant, n'est-ce pas icy le fils de Cis? comme s'il eust voulu dire, se peut-il faire que cestuy qui estoit extraict d'un si bas lieu, & auquel nous avons veu conduire les asnes, peut avoir atteint à ce hault poinct de Prophetie? Le semblable advint à Nostre Seigneur, lors que faisant des miracles paradoxes devant tous, plusieurs ne se pouvoient induire à y croire. Comment, disoient-ils, n'est-ce pas icy le fils de ce Joseph Charpentier, que nous avons veu entre nous, qui se mesle maintenant de faire des miracles ? Car ils avoient opinion que Jesus-Christ estoit vray enfant de Joseph. Toutesfois en telles affaires, la longue habitude & continué de nos actions, fait puis aprés oublier au peuple la memoire de ce que nous fusmes en nostre jeunesse. Ceux qui se veulent rendre plus admirables en leurs devotions, doivent espouser une solitude, & ne communiquer pas d'ordinaire avecque le peuple. Les frequentations, & privautez que nous avons des uns aux autres, diminuent je ne sçay quoy, de l'opinion que l'on avoit conceuë de nous. Soit que cela procede, ou de nos imperfections, ou imperfections des autres qui nous mesurent à leur aulne : Je veux dire qu'estans toutes choses selon le sens humain accomplies en nous, ils y trouvent à redire par une envie, ou deffaut qui est en eux. Cela est cause que nostre sage Philippes de Commines, en son histoire du Roy Louys XI. deffend sur toutes choses, les entre-veuës des Princes, comme n'apportans autre fruit le plus souvent, qu'un rabais de la reputation qu'ils avoient les uns des autres.

CHAPITRE XXIX.

C'est la Coustume de Lorry, où le battu paye l'amende.

Quand un homme qui au jugement du peuple avoit bonne cause, toutesfois par mal-heur a esté mal traicté en Justice, on dit en commun Proverbe, *Qu'il est des hommes de Lorry où le batu paye l'am-nde.* Lisez la Coustume que nous appellons de Lorry, vous n'y trouverez point cest article, lequel toutesfois a esté autrefois en usage: Au moins trouve-je que le Roy Louys leur ayant octroyé plusieurs privileges, depuis, Philippes son petit fils, les leur confirma. La confirmation se trouve au memorial de la Chambre des Comptes qui traicte des années 1448. jusques en l'an 1468. Encores que ce tiltre soit âgé de huict-vingts ans plus que ce Memorial: Mais il faut que par occasion qui se presenta lors, il y ait esté inseré: & porte entr'autres articles, cestuy particulierement. *Si homines de Loriaco Vadia duelli temeré dederint, & proposui assensu antequam obsides dederint, concordaverint, duos solidos & sex denarios uterque persolvat. Si de legitimis hominibus duellum factum fuerit, obsides devicti, centum & duodecim solidos persolvent.* Il y a plusieurs autres articles: Et pour vous monstrer la longue ancienneté de ce tiltre, il y a au bout de ces mots: *Sic signatum regni nostri octavo, Astantibus in palatio nostro, quorum nomina supposita sunt, & signa, S. Comitis Theobaldi Dapiseri nostri, S. Guidonis Buticularij S. Guidonis Camerarij, S Radulphi Constabularij. Data Vacante Cancellariâ* Qui est à dire que si aucuns habitans de Lorry folement jettent leur gage de bataille, & que puis aprés du consentement du Prevost ils accordent, l'un & l'autre sera condamné en l'amende de deux sols six deniers: Et s'ils combattent, les pleges de celuy qui aura esté vaincu, seront tenus de payer cent douze sols. Aux autres gages de bataille, le vaincu perdroit bien sa cause, mais je ne voy point qu'il fust tenu de payer aucune amende. Et paravanture de là vint en usage quand un homme mal-traicté paye l'amende, on dit qu'il est de la Coustume de Lorry, où le battu paye l'amende.

CHAPITRE XXX.

D'où vient le mot de Bessons, & quelques autres mots François, tirez de mesme étymologie.

Encores que le fruict soit petit de cette Recherche, si est-ce que le labeur n'en est pas moindre. Quand deux enfans sont nez d'une ventrée, nous les appellons *Bessons*, qui est un mot corrompu des Bes-homs, tourné de deux mots Latins *Bis homines*, comme si nous voulions dire, deux hommes. Nos vieux François usoient de *homs*, pour hommes. Cette mesme rencontre s'observe en ce mot de *Besicles*, que nous appellons autrement Lunettes, parce qu'elles representent la forme de la Lune, desquelles nous usons pour mieux lire, quand la veuë commence de nous diminuer. C'est pourquoy les anciens les appellerent *Bis oculi*, doubles yeux, par ce mot abregé de *Besicles*. Le mesme est-il au jeu de dez, quand nous tombons sur deux as nous les appellons *Besas*: & deux sacs recousus ensemble, on les appelle *Besaces*, ou *Bisacs*. Cette mesme composition se rencontre en ce vocable de *Balevre*, comme si nous disions *Bis labra*: Ainsi est-il de la *Balance*, parceque chaque costé d'icelle estoit par les anciens Latins appellé *Lanx*: & de là est que Ciceron en ses Tusculanes, parlant qu'au poids que Philolaüs faisoit de la vertu, elle emportoit en tout & par tout les biens du corps, & de fortune. Nos ancestres donc appellerent l'instrument destiné à peser, *Balance*, du mot corrompu de *Bilance*, ou *Belance*, quasi *Bis lanx*. Tout cela en nostre langue a fort bonne grace; & tres-mauvaise, si nous en usions ainsi en Latin: Mais c'est ce que j'ay dit ailleurs, que nous avons amendé nostre langage du sien de celuy de Rome, comme l'on disoit de Virgile à l'endroit d'Ennius.

CHAPITRE XXXI.

Gehir, & Gesne.

Quand nos sainctes lettres usent du mot de *Gehenne*, c'est pour denoter une peine de mort éternelle: Nous en nostre commun langage practiquons le mot de *Gesne* pour une peine que l'on exerce contre un Criminel, pour extorquer de luy la verité du fait, c'est ce que nous appellons autrement, Torture. Nos bons vieux François userent du mot de *Gehir*, pour ce que l'on pourroit dire autrement, faire dire la verité par force, & trouve ce mot en une espece de torture au Roman de Pepin.

*Li Roy voit les deux serves, & Thibert ensement,
Il fait prendre la vieille tres-tout premierement,
En un trou de terre li boutent errramment
Ses deulx pols, puis le coignent moult angoisseusement,
Pour li faire gehir la destraignent forment.
Ha! Roy Pepins, dit-elle, par Diex omnipotent,
Delivrez moy les mains, je diray tout briefment,
Lors ostent la cheville, n'y font delayement,
Et la vieille a gehy, oyent toute la gent,
La trahison, &c.*

Eee iij   Vers

Vers que je vous represente, non pour le langage, ou pour la façon, mais seulement pour ce vieux mot de *Gehir*, dont encores usa Enguerrand de Monstrelet du temps de de nos trisayeulx, au vingt-troisiesme chapitre de son Histoire, parlant d'un combat qui avoit esté faict devant le Comte de Hainault, entre Brouette demandeur, & Bernage deffendeur : Mais Brouette (dit-il) vainquit assez tost son adversaire, & luy fit gehir de sa bouche le cas pour lequel il estoit appellé. Mot qui n'est plus entre nous en usage, fort significatif toutesfois, pour ce à quoy il estoit employé, & souhaiterois que quelque plume plus hardie que la mienne, le voulust remettre en vogue, puis que nous n'en avons aucun qui le represente que par circonlocution.

CHAPITRE XXXII.

De la derivaison de ce que l'on dit, Guet apens.

LE mot d'Assassin dont j'ay traité en l'un des Chapitres precedens, m'a ramené icy en memoire ce terme de *Guet apens*, dont nous avons appris d'user en commun langage, pour denoter, ou une deliberation projettée, ou un propos deliberé pour mal user. Mot dont la derivaison n'est par avanture entenduë de tous. Car *Guet* venant d'un *Gueter*, parole assez cognuë, on y adjousta davantage, (pour rengreger le fait) un *Appens*, qui vient d'un vieux mot François *Appenser*, comme si on eust voulu dire d'un *Guet appensé* : & ainsi lit-on és grandes Croniques de France, *Chose appensée* pour mesme signifiance, au lieu où elles font mention de la guerre, que Childebert Roy de Metz eut contre Chilperic son oncle : Disans que les gens de Childebert murmuroient contre Gillon Archevesque de Rheims, qu'ils avoient en soupçon de traistre, luy voulant pour ceste occasion brasser la mort : Au plustost (dit le passage) qu'ils peurent le jour appercevoir, si vindrent tous armez de *chose appensée*, au tref & tente du Roy, pour occire, & mettre à mort l'Archevesque Gillon. Et Monstrelet au chapitre 181. du 1. Tome, parlant comme Lyon de Jacqueville avoir outragé Hector de Saveuse, lequel pour s'en vanger, assembla gens, dit qu'à certain jour, luy & ses complices vindrent *de fait appensé* dedans l'Eglise Nostre Dame de Chartres, & le tirerent dehors, le delaissans, à force de coups pour mort. Et au chapitre 245. le Seigneur Cohen Capitaine d'Abeville, de nuit, fut assailly par quatre compagnons, qui le de *fait appensé* l'attendoient. Aussi trouvez-vous ce mesme *fait appensé* dans les Arrests de Jean Gallus en la question 287. Ausquels endroits est usé de *chose appensée*, & *fait appensé*, tout ainsi comme nous disons *Guet apens*.

Dont l'on peut aisément recueillir que nous pratiquons ce mot *Apens*, par une abrevation, pour *Appensé*, ayans pour exaggeration adjousté cet *Appensement* avec le mot de *Guet*, lequel emporte de sa nature une deliberation, & projet, pour laquelle cause nous disons mesmement prendre un homme d'*Aguet* en un mot, qui vient d'*Aguetter*, au lieu de dire *Guet apens*. Tellement qu'il sembleroit que ce fust une parole superfluë que l'*Apens* : mais ce n'est pas chose nouvelle, ny en ceste nostre langue, ny en la Latine, joindre deux mots de mesme signification ensemblement, pour rendre ce que l'on veut dire plus poignant, comme quand nous lisons dans Ciceron, *Sevire servitutem*, *Mori mortem*, & dans une Epistre escrite par Celius à Ciceron, *Gaudium gaudere*, & en plusieurs passages du Jurisconsulte, *Navigare navem*, *nocere noxiam* : Et nous, coustumierement disons, *Surprendre un homme à l'impourveu*, *ou improviste* ; *surprendre* emporte le demeurant, mais pour augmenter la surprise. Aussi en mesme façon, nos ancestres voulans rendre un *Aguet* plus odieux, l'accompagnerent d'un *appensement* pour oster tout doute, & rendre la deliberation plus asseurée, de celuy qui avoit commis le forfait : Maniere de parler que je pense avoir autresfois leuë en quelque vieil autheur, reduite en un seul mot, sous ceste diction *deliberément*, & ailleurs *advisément*, comme dans Froissard au premier livre de ses Histoires, chap. 15. parlant de quelque esmotion qui survint entre les Anglois, & Hannuyers : On supposoit (dit-il) que cecy fust advisément fait d'aucuns, qui est à dire de propos deliberé. Jean le Bouteillier en sa Somme Rurale, l'appelle autrement, *Advis appensé*.

CHAPITRE XXXIII.

Passer plusieurs choses par un Fidelium, *& autres Adages de mesme subject.*

CHose piteuse & detestable ! que l'impieté ait apporté entre nous, certains proverbes qui ne furent oncques introduits qu'à la derision & mocquerie, ou de Dieu, ou des bonnes, & anciennes institutions de l'Eglise. Si je ne craignois que ce chapitre apportast plus de scandale au Lecteur, que de profit, & qu'en ce faisant je fusse reputé estre sçavant ineptement, je particulariserois plusieurs choses que le peuple dit ordinairement, sans sçavoir, ny quoy, ny comment, lesquelles toutesfois ne prindrent jamais leur origine, que de personnes abhorrens du tout de nostre Christianisme. Ce neantmoins pour ne tomber au vice commun des Prescheurs, qui en accusans les heresies, donnent le plus du temps à entendre au menu peuple, celles où il n'avoit jamais pensé, je suis contant passer toutes ces mocqueries sous silence, & raconter seulement quelques proverbes qui courent assez souvent par la bouche du peuple.

Quand au lieu de nous acquitter de plusieurs charges, esquelles sommes obligez, nous les passons à la legere, on dit que nous les avons toutes passées pas un *Fidelium*. Il ne faut point faire de doute que nous avons emprunté ce commun dire, des fautes qui sont faites par nos Curez, quand ils ne rendent le devoir qu'ils doivent aux morts. Car comme il advient que l'on ait fondé plusieurs Obits en une Eglise, esquels par longs laps de temps, pour la multitude d'iceux, il seroit impossible de fournir, ou bien que la negligence des Ecclesiastiques soit telle, nos anciens dirent que tout cela se passoit par un *Fidelium*, qui est la derniere Oraison dont on ferme les prieres des morts : Voulans dire que l'on avoit employé une seule Messe des morts, pour
toutes

toutes les autres : Aussi fut employé ce mesme proverbe en toutes autres affaires, où l'on commettoit pareilles fautes.

Nous en avons encore un autre, assez ord & sale, quand nous disons qu'un homme qui est fort crotté, est crotté en Archidiacre, qui sembleroit de premiere rencontre pluftost mot de gueule, que proverbe : Toutesfois qui le considerera de prés, il trouvera qu'il contient aussi bien son ancienneté que plusieurs autres : D'autant que dés la premiere institition de nostre Eglise, les Diacres estoient comme nous pourrions dire les Censeurs à Rome, & ceux qui avoient charge de s'informer des fautes commises par les gens Ecclesiastiques, ou menu peuple, pour puis en faire leur rapport à l'Evesque. Toutesfois depuis, il advint que la Chrestienté croissant de jour en jour en grandeur, par mesme moyen les Prestres, que nous appellasmes Curez ; (tellement que chaque lieu, ville, & village avoit ses Curez à part) aussi fut de necessité d'eriger Archidiacres qui presidoient sur les Diacres, lesquels tout ainsi que les Diacres du commencement de l'Eglise, (outre ce qu'ils servoient, & ministroient à l'Evesque) prenoient cognoissance des fautes du peuple, aussi les Archidiacres de la en avant (comme estans de plus grande authorité que les Diacres) s'informeroient des bonnes ou malversations du Clergé : de là vint que par traicte de temps, ils gaignerent lieu de Jurisdiction dans les Evesches : & semblablement pour autant que les Ministres de l'Eglise estoient divisez en plusieurs & diverses Parroisses, aussi estoient les Archidiacres tenus en certain temps faire les visites (comme encore ils font) sur chaque Curé, pour le tout rapporter à l'Evesque, en estre faite telle animadversion qu'il luy plairoit. De ces chevauchées, qui au temps passé estoient plus frequentes qu'à ceste heure, est venu à mon jugement que nous disons *estre crotté en Archidiacre*.

Quant à ce que nous appellons *Eau-beniste de Cour*, toutes & quantesfois qu'un Courtisan nous repaist liberalement de plusieurs belles paroles, il ne faut point douter, que ceste maniere de parler n'ait esté empruntée des ceremonies de nostre Eglise, entre lesquelles il n'y a rien que l'on distribuë avec tel abandon que l'eau beniste. C'est pourquoy on voulut aussi rapporter cela aux belles promesses sans effect, dont les courtisans ne sont avaricieux. Et ne voudrois pas jurer, que celuy qui premier mit ce proverbe en usage, n'estimast que l'eau beniste dont nous usons dans les Eglises, ne fust de pareil effect, se trouvans de gros Chrestiens qui estiment que l'eau beniste est un amusoir de peuple, emprunté des ceremonies des Payens, entre lesquelles il est certain que dans leurs Temples ils avoient de l'eau qu'ils appelloient *Lustrale*, laquelle ils jettoient sur ceux qui y entroient. Toutesfois ceux qui en jugent sainement, rapportent l'usage de nostre eau beniste au vieux Testament.

Je viendray maintenant à celuy qui pour estre estimé un gros lourdaut, est par nous appellé *Veau de Disme*. Nous devons tous la disme à nos Curez, tant grosse, que menuë : Grosse des biens de nos terres qui procedent de nostre labeur : menuë, des bestes qui naissent chez nous, comme veaux, brebis, & cochons. Estans tels que devons estre, nous devons offrir les meilleurs des animaux de nostre croist. Ainsi que sommes admonnestez au 26. du Deuteronome. Et comme faisoit Abel dans le 4. de la Genese, lequel receut la benediction de Dieu, parce qu'il offroit du meilleur de son revenu, & Caïn la maledition, d'autant qu'il choisissoit du pire. Entre tous les animaux nous estimons un jeune veau fort lourd & grossier. Parquoy ceux qui premierement appellerent *Veau de Disme* celuy qui estoit un grand sot, voulurent dire que tout ainsi qu'entre les veaux, celuy de Disme estoit le plus signalé, aussi estoit tel nostre lourdaut entre les lourdaux.

Des Eglises Parrochiales, je veux entrer dans les Monasteres. Quand nous disons *qu'un homme est plus estourdy que le premier coup de Matines* : C'est que les Religieux estans endormis, ne se peuvent aisément resveiller au premier coup de cloche que l'on sonne, pour les sommer d'aller à Matines. L'on dit aussi qu'il n'y a rien tant à craindre que *le retour de Matines* : C'est-à-dire, que quand un Religieux porte quelque inimitié à un autre, il luy est plus aisé de le surprendre, pour l'obscurité de la nuict, qui le garentit des tesmoins.

Tout ce que j'ay deduit au present Chapitre va plus à la risée ou mocquerie, qu'au bien : Ce que je discourray au Chapitre suivant, sera tout d'une autre estoffe.

CHAPITRE XXXIV.

De ces mots, Veilles de Festes, Vespres, Encens, Reliques, & Collations que l'on fait quand on jeusne.

A La suite du Chapitre precedent, il n'est point hors de propos, de donner à entendre dont viennent ces cinq dictions qui nous sont fort familieres en nos Eglises, lesquelles nous mettrons journellement en usage : & par aventure a-t'il peu de personnes qui en sçachent l'origine. Le jour qui precede une Feste est appellé depuis le midy jusques au soir *Vigile*, & par abreviation *veille de Feste*. Qui aura leu l'Histoire Ecclesiastique, pourra dire dont cela est provenu. Socrates au quatriesme livre de l'Histoire dit ainsi : *Erat Vespera, & populus in Vigiliis observans, sperabaturque futura Collectio*. Theodoret au cinquiesme livre de la mesme histoire, *Erat itaque jam nox, & aliqui populorum ad Vigilias venerant, & expectabatur futura dies, Collectio*. Ces deux passages nous enseignent que le jour qui precedoit une Feste, ceux du peuple qui estoient les plus devots, passoient une partie de la nuict en veilles & prieres. De là vient que l'on appella cela *Vigile*, ou *Veille*, & le lendemain, journée de la Feste, se faisant l'Assemblée generale du peuple, que l'on appelloit *Collectio*. Et parce que les prieres commençoient sur les trois ou quatre heures, que nos ancestres appellerent du mot de *Vespera*, de là vint aussi que les prieres que nous faisons en ce mesme temps aux Eglises, furent appellées *Vespres*.

Au regard du mot d'*Encens*, ce sont certaines gommes que l'on brusle dedans un Encensoir, de la fumée desquelles le Prestre officiant, fait present à Dieu, devant les Images. Les Romains en leurs ceremonies usoient de *Thus, & Myrrha*, qu'ils alloient rechercher au Levant, lesquels ils faisoient brusler, & de la fumée de ces gommes odoriferantes honoroient leurs sacrifices. Chose commune à tout homme qui sçait l'ancienneté : Et de là vient qu'un ancien Poëte Payen disoit *Thure Deos placa*. De dire que nous ayons transplanté du Paganisme ceste ceremonie en nostre Eglise, je ne le veux, ny ne le puis croire. C'est encore une imitation du vieil Testament. Bien vous diray-je que nous avons emprunté d'eux, le mot d'*Encens*. Ruffin ce grand Prestre contemporain de S. Hierosme, traduisant Eusebe, lequel au livre second de son Histoire Ecclesiastique, chap. 12. dit que devant que la piperie de Simon Magus eust esté descouverte, le peuple de Rome l'adoroit *Odoribus incensis*. On osta par succession de temps le premier mot, & usa-l'on seulement de celuy de *Incensum*, & ainsi le vieux traducteur de Sozomene en son histoire Ecclesiastique, dit que l'Empereur Julian voulant recognoistre les soldats de son armée qui estoient Chrestiens, il les estrenoit deux fois l'an, c'est à sçavoir, le premier jour de Janvier, & le jour de sa Nativité,

vité, & lors il vouloit que chacun qui prenoit eftreine de luy, *Incenfum ei offerret : erat enim ante eum pofitum thus, & ara, fecundùm antiquam Romanorum folemnitatem*, & ceux qui ne l'encenfoient, pour eftimer cela eftre une Idolatrie, eftoient par luy jugez Chreftiens. De ce paffage vous voyez que le *Thus*, dont ils ufoient eftoit bruflé, afin que l'odeur & fumée montaft en haut : mais deflors parce qu'il eftoit bruflé, on l'appelloit *Incenfum*. De là l'Italien l'a appellé *Incenfo*, & l'Efpagnol *Intienfo* : & nous autres François *Encens*, & l'utenfile où l'on fait brufler telle drogue, *Encenfoir* : car ce fut une chofe anciennement commune, de tourner l'I Latin en E, ainfi voyons-nous que de *firmitas*, nous fifmes *fermeté*, & d'*infirmitas*, *enfermerie* : qui font les lieux dans les Monafteres, dediez à penfer les infirmes & malades, & *enformer* & *enformation*. Vray que depuis par fucceffion de temps nous avons reprit l'I Latin : car nous difons aujourd'huy *infirme*, *infirmité*, *informer*, & *information*, eftant toutesfois le mot d'E demeuré à *l'Encens, Encenfoir*, & *Enfermerie*, & qui eft chofe efmerveillable, c'eft que quand vous rechercherez jufques à un an, à peine ne puiffiez donner autre nom qu'*Encens*, à cefte odeur que l'on prefente à Dieu : & neantmoins la verité eft, que ce nom n'a efté trouvé finon en confideration de ce que cefte drogue ou gomme eft bruflée, de la fumée de laquelle on honore nos Feftes aux Eglifes.

Car pour le regard des *Reliques*, que nous adaptons fpecialement aux os & cendres des Sainéts, ce mot anciennement eftoit commun à tous les mortuaires. Le Jurifconfulte Modeftin en la Loy, *Quidam. De condit. inftit. Quidam teftamento fuo haeredem fuum fcripferat tali conditione, fi reliquias ejus in mare projiciat*. Nous trouvons dedans Suetone en la vie d'Augufte : *Legere reliquias & offa* : Et en celle de Calligula : *Caforum clade Varianâ, veteres ac difperfas reliquias, uno tumulo humaturus, colligere fuâ manu & componere primus aggreffus eft*. Ce mot depuis s'eft tourné en Religion dedans noftre Eglife : & eft fort notable, le traicté que fit S. Hierofme contre Vigilance, qui en vouloit fupprimer l'ufance, comme fi c'euft efté une efpece d'Idolatrie.

Refte de parler du mot de *Collation*, dont nous ufons és jours de Jeûnes, quand au lieu de noftre fouper, prenans vers le foir un noble repas, nous l'appellons *Collation*, qui n'a aucune refpondance au boire ny au manger. Entre tous les mots Latins, je n'en voy un feul qui ait tant de diverfes fignifications comme celuy de *Conferre*, l'une defquelles eft de devifer enfemblement, dont eft venu ce que nous difons en cefte France *Conferer* l'un avecques l'autre. Ce fut une couftume anciennement fort familiere tant aux Monafteres, que Colleges les mieux reiglez, aux veilles des Feftes folemnelles, que l'on jeufnoit, de faire après Vefpres une conference publique des mœurs, merites & vie du Sainét que l'on folemnifoit, & à cefte fin, eftoit choifi l'un de la troupe pour faire la harangue au milieu de tous, que l'on appelloit *Collation*, qui vient du Latin *Conferre*. Ancienneté que je recueille des vieux Statuts du College de Navarre, dont la Reine Jeanne, femme de Philippe le Bel fut fondatrice par fon teftament du 24. jour de Mars 1304. par lequel ayant nommé pour fes executeurs Matthieu Evefque de Soiffons, & Gilles Abbé de fainét Denis, & autres Seigneurs, elle leur bailla permiffion de corriger, augmenter ou declarer fa derniere volonté, ainfi que bon leur fembleroit. Ceux-cy firent le troifiefme jour d'avril 1315. les Statuts du College, qui depuis y ont efté obfervez, portans entre autres articles ceftuy. *Item in vigiliis feftorum folemnium, immediatè poft Vefperas, tenebitur quilibet Theologus, in fuo ordine, Collationem de Fefto facere in Ecclefiâ, vel in Capitulo, ad quam tenebuntur omnes fcolares & ecij intereffe*. C'eftoit à dire que chaque Theologien à fon tour, feroit tenu de faire une Conference publique après Vefpres, la veille des Feftes folemnelles, où tous les efcoliers feroient tenus d'affifter. Cela mefme fe practiquoit aux Monafteres, toutes-fois, parce que ces Conferences ou *Collations* (afin de ne fortir du vieil mot) leur couftoient trop à faire : pour fe delivrer de la peine, ils introduifirent une couftume, qui fut, que tout ainfi que pendant leurs difners & fouppers, l'un des Religieux lit tout haut un Sainét Gregoire, Sainét Bernard, ou autres Docteurs anciens de noftre Eglife ; Semblablement fut trouvé expedient entr'eux, non feulement aux veilles des grandes Feftes, mais auffi en tous les autres jours de Jeufnes, lors que fur la foirée ils prenoient fobrement leur pain & vin, que l'un d'eux leuft les *Collations* de Jean Caffian Hermite, Livre plein d'edification pour ceux qui ont voüé la vie folitaire & Monaftique. Quoy faifans, ils fuivirent aucunement les traces de l'ancienneté en ce mot de *Collations* ou Conferences faiétes aux defpens de leurs efprits, & neantmoins eftoit chofe convenable à leurs profeffions de lire un Caffian pour le fubjeét qu'il traiétoit. Ce mot depuis s'eft efpandu des Monafteres (dont nous devons puifer nos devotions) parmy tout le peuple, & tout ainfi que leur lifant, en le repaiffoit de *Collations*, auffi avons-nous employé en nos Jeufnes ce mot, de la façon que nous en ufons, voire que je ne fçaurois d'un autre mot vous expliquer plus entendiblement ce que je veux dire.

CHAPITRE XXXV.

Courir l'Efguillette.

Entre les plus honorables Ordonnances du Roy Sainét Louys, nous cottons principalement celle-là, par laquelle il extermina tous bordeaux de fon Royaume : toutesfois pour autant que cet appetit charnel & aiguillon de volupté de l'homme avec la femme nous a femblé avoir efté impofé par une neceffité de Nature, telle que mal-aifement la Loy Politique y peut mettre ordre, fans grand defordre : Ceux qui fuccederent à ce fage Roy au Royaume, encores qu'ils ne permiffent par leur Loix & Edits, les bordeaux, fi les fouffrirent-ils par forme de connivence, eftimans que de deux maux il falloit eflire le moindre, & qu'il eftoit plus expedient tolerer les femmes publiques, qu'en ce deffaut, donner occafion aux mefchans de folliciter les femmes mariées qui doivent faire profeffion expreffe de chafteté. Vray qu'ils voulurent que telles femmes qui en lieux publics s'abandonnent au premier venant, fuffent non feulement reputées infames de droiét, mais auffi diftinétes & feparées d'habillement d'avec les fages matrones. Qui eft la caufe pour laquelle ainfi que j'ay deduit en quelque endroit de ce prefent livre, on leur deffendit anciennement en la France de porter *ceintures dorées*, & pour cefte mefme occafion l'on voulut anciennement que telles bonnes Dames euffent quelque fignal fur elles, pour les diftinguer & recognoiftre d'avec le refte des prudes femmes, qui fut de *porter une Efguillette fur l'efpaule*. Couftume que j'ay veu encores fe pratiquer dedans Tholoze par celles qui avoient confiné leurs vies au Chaftel-verd, qui eft le bordeau de la ville. Qui fait penfer qu'anciennement en la France lors que les chofes furent mieux reiglées, cefte mefme Ordonnance s'obferva : dont depuis eft derivé entre nous ce proverbe, par lequel nous difons *qu'une femme court l'Efguillette*, lors que elle proftitué fon corps à l'abandon de chacun. Pour cefte mefme confideration, le Roy, au mois d'Oétobre 1363. ordonna que les Juifs porteroient une roüelle ou platine d'eftain fur l'efpaule, de la largeur de fon grand feel, afin qu'ils peuffent eftre difcernez d'avec les Chreftiens.

CHAPITRE

CHAPITRE XXXVI.

Du mot Abandonner, *& de son origine.*

ENtre tous les mots François je trouve cestuy d'*abandonner* tres-riche & digne d'avoir icy sa maison particuliere. Et certes quiconque entendra l'energie qui fut anciennement en ceste diction de *Ban*, de laquelle j'ay parlé en divers endroits de ces miennes Recherches, pourra par un mesme moyen entendre la vraye source d'*abandoner*. Ce mot de *Ban* estoit entre nous par nos plus anciens, pratiqué pour une proclamation publique. Dedans Flodoart, parlant du Roy Raoul, *Rodulphus interea de Burgundiâ revertitur in Franciam, & ut se ad bellum contra Normanos præparent, Francis banno denunciat.* Au vieil Coustumier de Normandie chap. 43. " L'ost au Prince de Normandie dés le jour qu'il est ,, *banny*, prorogées querelles ". De là vint que nous appellasmes les Annonces que se font en cas de mariage par les Curez, *Bans*. Le Maistre des Sentences *lib. 4. distinct. 28. Banna sic jure nominari solita, hoc est, publica proclamationes, &c.* De là nous disons *Ban*, quand nous semmonons les vassaux de venir à la guerre, de là est venu *Banniere*, pour autant qu'un Estendart est comme un signe de retraicte commune des soldats. Et à peu dire, de là est venu le mot que nous recherchons en ce lieu : car comme ainsi soit que ce mot de *Ban* prist diversité de significations, selon la diversité des rencontres, aussi fut-il pris par nos ancestres pour une chose qui estoit publique, ou vouée au public. Et en ceste façon disons-nous *Pressoüer bannier*, *Taureaubannier*, de ceste mesme fontaine dirent nos ancestres *donner une chose à Ban*, pour dire, qu'ils l'exposoient à la discretion du public, ainsi que nous voyons estre pratiqué en termes du tout formels, au mesme grand Coustumier de Normandie, au tiltre de *Banon*, & *deffens*. Où il apelle le temps de *Banon*, auquel les bestes peuvent aller par les champs pasturer communément, & sans pasteur : & les terres non closes, ausquelles il n'est permis y aller. " Vuides terres sont en deffens, (dit le lieu) depuis la my-Mars jusques à la Ste Croix en Septembre. En autre temps elles sont communes, s'elles ne sont closes ou defenduës d'ancienneté si commes des hayes. *Banon* doit estre ostée de toutes terres, en quoy la blée est apparoissant qui pourroit en estre empirée ". Qui nous apprend que de trois dictions Françoises qui estoient *A ban donner*, nous en avons fait une seule que nous disons *Abandonner*, de laquelle nous usons à l'endroit de toutes choses que nous voyons estre prostituées à la mercy d'uns & autres.

CHAPITRE XXXVII.

Ferté, Parage, Piédefief, & autres dictions racourcies en nostre langue.

ENtre les Romains il y eut des paroles racourcies, qui ne furent trouvées de mauvaise grace, comme quand ils disoient *matte* pour *magis auctè*, & *Capsis* pour *cape si vis*, dedans les Comiques *intellextin*, & *dixtin*, pour *intellexisti ne*, & *dixisti ne*. Nostre langue en eut de semblables qui en leur saisons furent recueillies des mieux disans. Dans nos vieux Poëtes je trouve *hireté* pour *hereditè*, *main* pour *matin*, *forment* pour *fortement*, dont l'usage est pour le jourd'huy perdu : aussi dirent-ils *Penancier* pour *Penitencier*, dont aussi a usé François de Villon en ses Repuës franches.

Vrayement ce dit le Penancier,
Tres volontiers on le fera.

Il y en d'autres que nous mettons indifferemment en œuvre, *Benisson*, & *Benediction*, *cil*, & *celuy Hersoir*, & *hier au soir*, *confez*, & *repens*, dit Virginelle au commencement de Villehardoüin, pour *Repentant : fritleux*, & *froidilleux*. *Marrien* vient de *Materien*. Je trouve en un vieux Registre parlant des loges de bois, qui avoyent esté faites dans Rheims au sacre du Roy Philippes le Bel, qu'enfin elles furent venduës beaucoup moins qu'elles ne valoient en *Materien*, & façon : Qui me fait dire que de ce mot est issu nostre *Marrien*, que nous avons retenu, & rejetté le *Materien*. De mesme nous appellons *mestier*, vient de *menestrier*. Ainsi le voyons nous dans certaines lettres de Charles cinquiesme Regent, du vingt-septiesme Fevrier 1353. Pource que sur la Chartre des ouvriers, laboureurs, manouvriers & menestriers, nous avons fait certains Statuts (c'est à dire, gens de mestier.) Le Latin les appelle *Ministeriales*. Celuy sur lequel, pour peine, on empraint une fleur de Lys chaude, on dit qu'il a esté flestry, qui est un abregement au lieu de *fleurdelizer*, mot qui sonneroit mal aux oreilles. *Ester à droict*, qui est fort familier en pratique est un racourcissement d'*assister à droict* : Ce que vous trouverez verifié par deux passages de l'Histoire mediante de Louys unziesme, comme si on eust voulu dire *Judicio sistere*, & dans Froissard chap. 246. du premier Tome de son Histoire, où il dit qu'il fut ordonné que le Prince de Galle seroit adjourné à comparoir à Paris en la Chambre des Pairs de France, *pour assister à droict*, & respondre aux Requestes contre luy faites. Et quand dans des Essars en Amadis de Gaule, & autres Romans, vous lisez un *Ce m'aid Dieu*, c'est une abreviation au lieu de ce que nos anciens disoient, *Ainsi m'aide Dieu*, dont ont fit un *ainsi m'aid Dieu*, faisant par succez de temps du mot d'*Ainsi* un *ce*, & de *m'aid* un *m'aist*, ainsi en use Villon.

Si pour ma mort le bien publique
D'aucune chose vaulsist mieux
A mourir comme un homme inique
Me jugeasse ainsi m'aist Dieux.

De là aussi est venu que quand un homme esternuë, pour salutation nous disons *Dieu vous aid'*, pour *Dieu vous aide*, & depuis pour le faire doux, *Dieu vous y*. De ceste mesme abreviation vint *Courfeu* pour *Couvrefeu* quand on dict sonner le *Courfeu*, que depuis par corruption de langage nous avons appellé *Carfou*, ainsi que j'ay deduit ailleurs. Quant à la *Ferté*, c'est un racourcissement de *fermeté*, qui signifioit anciennement *forteresse*, tant en Latin, du temps de la corruption de la langue Latine, qu'en François. Adon de Vienne

Vienne parlant de Charlemagne. *Rex gloriosus Carolus iterum Saxones aggressus, Firmitatesque illorum, & universam Saxonium recepit.* Et Froissard au premier Tome de son Histoire : Et aussi (dit-il) si aucuns du Royaume, & obeïssans dudit Roy d'Angleterre ne vouloient rendre les chasteaux, villes, *Fermetez*, & forteresses. Or que cette diction de *Fermeté*, se prist en la façon que dessus, nous en voyons encores certaines remarques pour le jourd'huy en la conjonction de ces deux paroles, *fort & ferme.*

Entre ces mots racourcis il y en a deux qui sont diversement employez en matiere des fiefs, *Parage & Piédesief.* En quelques Coustumes nous voyons, que quand un fief se divise entre freres ; à l'aisné appartient de faire la foy & hommage de tout le fief au Seigneur dominant & feudal, tant pour luy que pour ses puisnez, lesquels sont de là en avant estimez relever de luy leurs parts & portions, & les dit-on *Tenir en Parage*, qui n'est autre chose qu'une abbreviation du mot de *Parentage* comme si nos anciens eussent voulu dire, par le moyen de leur parentage les puisnez tenoient leurs parts en foy & hommage de leur aisné. Ainsi dit la vieille Oraison qu'on adressoit à la Vierge Marie, *A toy Royne de haut parage*, c'est à dire *de haut parentage.* Bel est aussi l'abregement du Piédesief tant rechanté par la Coustume de Touraine : car ce mot ne sonne autre chose que le *Fief qui est depecé & demembré* lors que le vassal s'en jouë pour sa commodité par alienations & transports, auquel cas la Coustume apporte divers regards, comme l'on peut recueillir d'icelle.

CHAPITRE XXXVIII.

Avoir laissé les Houzeaux, pour denoter un homme qui est mort.

LE peuple facetieusement dit assez souvent que l'on a laissé les Houzeaux, lors qu'il veut donner à entendre qu'un homme est allé de vie à trespas. Pour lequel proverbe y a une rencontre, qui fut trouvée bonne du temps de Charles VI. Enguerrand de Monstrelet nous apprend que lors que le Roy Henry d'Angleterre, qui se disoit Regent de France fut decedé au bois de Vincennes ; Messire Sarrazin d'Atly, oncle du Vidame d'Amiens, aagé de 60. ans ou environ, & homme fort tourmenté de la gouste, s'enquestoit volontiers des nouvelles : au moyen dequoy l'un des siens nommé Haurenas retournant de Paris, il luy demanda s'il sçavoit rien de nouveau du Roy Henry ? à quoy le Gentil-homme fit response que oüy, & qu'il l'avoit veu mort, & en effigie dedans la ville d'Abbeville, luy racontant par le menu de quelle façon il estoit accoustré ; & comme Messire Sarrazin desiroit sçavoir tout au long la parade & magnificence qui estoit au convoy de ce grand Roy, il luy demanda specialement s'il avoit pris garde à son image ? l'autre luy ayant semblablement respondu que oüy : Or me dis par ton serment (luy fit-il) s'il avoit point de Houzeaux chaussez pour le moins jusques à la ville de Calais ? Ha Monseigneur, (respondit l'autre) non sur ma foy. Adonc Messire Sarrazin poursuivant : Jamais ne me croy, dit-il, s'il ne les a laissez en France : auquel mot tous ceux qui estoient presens commencerent à rire : Qui nous apprend, que dés lors ce commun dire que nous tirons des *Houzeaux* estoit en usage, ou paravanture que cette rencontre fut tant favorisée du peuple, que de là en avant il fut induit de dire, *qu'un homme avoit laissé ses Houzeaux* quand il estoit decedé : & de fait encore que je sçache bien que quelquesfois Monstrelet se soit amusé à choses de petit effect, si sembletil que pour lors ceste rencontre fut aucunement en usage par le peuple, puis que cet Historiographe a pris la peine de la nous escrire.

CHAPITRE XXXIX.

Fievre de Sainct Valier, & deux autres exemples de mesme subject.

LE proverbe de la Fievre de Sainct Valier ne nous est que trop familier, mais mon l'Histoire qui fut à la longue, cause de ce proverbe, & d'une infinité de malheurs dont la France a esté affligée : Au quatorziesme chapitre du cinquiesme Livre de mes Recherches, je vous ay dict les bonnes mœurs, les grands biens & honneurs, dont Charles premier, Prince de la Maison de Bourbon, fut sur son advenement revestu : & comme Susanne sa femme estant decedée, Loüise de Savoye, mere du Roy François Premier, eut envie de l'espouser : & les moyens qu'elle practiqua pour s'en revanger, par les advis du Chancelier du Prat, creature de la Maison de Valois, chose qui consta depuis, la ruine de la France, par les evenemens divers qui s'en ensuivirent : Et comme l'Empereur Charles cinquiesme sceut fort bien faire son profit de cette premiere malencontre. Et par le quinziesme chapitre suivant, je vous ay dict que le Seigneur de Bourbon voyant sa deliberation descouverte, se logea tout aussi-tost dedans Chantelle, place forte qui luy appartenoit, envoya tout aussi-tost d'une suite, Huraut Evesque d'Autun, auquel il avoit grande fiance, avecques lettres, portans quelle estoit sa resolution : Mais le Roy impatient de tous ses deportemens, fit saisir au corps l'Evesque avant son arrivée, & tout d'une main investir le Chasteau de Chantelle : & de cette façon il sortit la France. Or comme cela se manioit ainsi, nouvelles vindrent à Madame la Regente, de la part de Messire Louys de Brezé grand Seneschal de Normandie, qui y commandoit, & escrivit lettres au Roy, estimant qu'il sejournast encores à Blois : par lesquelles il mandoit le nouveau mesnage que brassoit le Connestable, & comme de ce, il en avoit esté advis par un homme d'Eglise, & luy, par la confession de deux Gentils-hommes : Lettres que la Regente receut pour l'absence du Roy son fils : Mais par autres luy escrivit qu'il s'asseurast qui ils estoient, & les luy envoyast sur sa parole, comme ceux qui ne recevroient aucun mal. Ce qu'il fit, & là vindrent les deux Gentilshommes le trouver en la ville de Blois : où ils furent interrogez par le Chancelier du Prat, & leurs depositions receuës par Estienne Robertet Secretaire des Finances. Le premier nommé Jacques d'Argonges, aagé de quarante-huit ans, & le second Jacques de Matignon, quarante-six ans, Et par leurs interrogatoires, descouvrirent une infinité de choses qu'ils avoient apprises de

Leursy

Leurfy Secretaire du Conneſtable dedans la ville de Vendoſme: Et d'autant qu'auparavant que s'ouvrir, Leurſy les avoit adjurez ſur les Sainctes Evangiles, de ne reveler ce qu'il leur diroit: ſoudain aprés qu'il fut party, ces deux Gentils-hommes qui penſoient eſtre arrivez pour accompagner le Conneſtable, au voyage qu'ils penſoient devoir eſtre faict en Italie à la ſuitte du Roy, rebrouſſerent chemin en leurs maiſons, ne voulans participer à telles deteſtables trahiſons, mais ayans faict ſerment ſolemnel de ne reveler rien de tout cela, s'en ſeroient confeſſez à un homme d'Egliſe, qui en avoit donné advis au Seigneur de Brezé, & luy à Madame la Regente.

Laquelle ayant entendu ceſte mal-heureuſe negotiation, envoya auſſi-toſt le tout au Roy François ſon fils. Et comme il en eut advis, & de la ſuitte du Conneſtable, aprés s'eſtre ſaiſi de l'Eveſque d'Autun, il fit prendre au corps les Sieurs de Prié, d'Ecars, de la Vauguion (ces deux derniers Capitaines de 50. lances) & pluſieurs autres Seigneurs: Mais ſur tout Meſſire Jean de Poitiers, Seigneur de Sainct Valier Chevalier de ſon Ordre, & cent Gentils-hommes de ſa Maiſon, qu'il fit conduire au donjon de Loches, par le Seigneur d'Aubigny Capitaine de ſes Gardes Eſcoſſoiſes: & pour luy faire ſon procés, luy bailla pour Commiſſaires, Meſſire Jean de Selve Chevalier, premier Preſident au Parlement de Paris, Maiſtre François de Loüines, Preſident des Enqueſtes, & Maiſtre Jean Pipillon Conſeiller: leſquels s'eſtans tranſportez à Loches aprés l'avoir pluſieurs fois interrogé, ſans tirer de luy aucune confeſſion, enfin tombé malade, tous ces Seigneurs eſtans en ſa chambre, aveques leur Greffier, il les pria de ſe retirer, deſirant gouverner à part Monſieur le premier Preſident. Ce qu'ils firent. Et lors mettant la main ſur ſes Heures ouvertes, il jura ſur la damnation de ſon ame, qu'il luy diroit la pure & franche verité de ceſte hiſtoire, & que hardiment l'on pouvoit jetter tous les autres papiers dans le feu. Je le feray icy parler tout de la meſme façon que je l'ay recueilly de ſon interrogatoire.

Monſieur (dit-il au premier Preſident de Selve) la verité eſt telle, que cet Eſte dernier, au temps que Monſieur le Conneſtable, alloit à Montbriſon, je l'allay trouver au lieu de Brictiori, où je diſnay aveques luy, & luy parlay du Mariage de mon fils, avec la fille de Nicolaus, niepce de l'Eveſque du Puis, le priant de vouloir moyenner ce Mariage aveques luy: Ce qu'il me promit, & eſtoit la cauſe pour laquelle je le viſitois. Le jour meſme nous allaſmes coucher à Montbriſon, & le lendemain aprés, diſner. Monſieur le Conneſtable qui m'avoit touſjours monſtré un grand ſigne d'amitié me tira dans un ſien Cabinet, faiſant fermer l'huys, ne demeurans que nous deux ſeuls, & lors me fit preſent de quelques bagues, & aprés (me dict-il) qu'il m'aimoit, & ſe fioit du tout en moy plus qu'en homme du monde, il me vouloit dire quelque choſe, mais deſiroit auparavant que je juraſſe: Comme de faict, il me fit jurer ſur une Croix, & Reliquaire, où il y avoit du bois de la vraye Croix, qu'il portoit à ſon col. Et lors commença de ſe plaindre fort du Roy, de ce qu'il ne le laiſſoit jouïr de ſes droicts, & prééminences qu'il luy avoit promiſes, quand il vint à eſtre Roy. Et encore plus, ſe pleignoit de Madame ſa mere, qui avoit eſté nourrie en la Maiſon de Bourbon.

A quoy je luy reſpondis: Monſieur, ſi le Roy & Madame vous traictent mal, vous en eſtes cauſe. Car quand vous eſtes avec luy, vous ne luy donnez pas à entendre voſtre affaire. Et lors le Conneſtable me diſt: couſin, vous eſtes auſſi mal traicté que moy. A quoy je luy repliquay: Paſſez de conte à part. Et lors le Conneſtable adjouſta: Couſin, veux tu derechef jurer ſur ce bois de la vraye Croix, que je porte à mon col, de ne dire jamais rien de ce que je te diray? Et je luy dis: Ouy Monſieur, & mis la main ſur la vraye Croix. Et lors il me diſt que l'Empereur luy avoit promis un ample party: C'eſt à ſçavoir, de luy donner en Mariage Madame Leonor ſa ſœur, veufve du Roy de Portugal, aveques deux cens mil eſcus de dot, laquelle Dame avoit douaire de vingt mille eſcus tous les ans, & pour cinq ou ſix cens mille eſcus de bagues & joyaux. Et au cas que l'Empereur & l'Archeduc mouruſſent ſans hoirs, il la faiſoit heritiere de tous ſes Royaumes & Seigneuries. Lors je luy dis: Monſieur, eſtes vous bien aſſeuré de toutes ces promeſſes? A quoy me fut par luy reſpondu: Tu verras le Seigneur de Beaurain, qui viendra ce ſoir devers moy: Je t'envoyeray querir quand il ſera venu, & tu entendras ce qu'il me dira. Et aprés ſoupper, je dis bon ſoir à Monſieur le Conneſtable, & m'en allay en mon logis. Et le propre jour meſme qui eſtoit un Vendredy ou Samedy, car on ne mangeoit point de chair; environ les unze heures de nuict il m'envoya querir en mon logis, & y allay: Et quand je fus dedans ſa chambre, il me mena en une autre chambre, en laquelle je vis le Seigneur de Beaurain, tout ſeul, lequel ſalua Monſieur le Conneſtable, qui luy fit fort bon recueil, & luy diſt: Monſieur de Beaurain, voicy mon couſin Monſieur de Sainct Valier, qui eſt l'un des principaux amis que j'aye. Sur laquelle parole Beaurain me ſalua, & aprés quelques devis luy preſenta les lettres qu'il avoit de l'Empereur, luy diſant: Monſieur, l'Empereur ſe recommande bien à vous. Leſquelles lettres j'ay depuis veuës és mains du Conneſtable, & eſtoient eſcrites de la main de l'Empereur, de telle ſubſtance. Mon Couſin, je vous envoye le Seigneur de Beaurain mon Chambellan, lequel vous dira aucunes paroles de par nous: je vous prie le vouloir croire comme moy-meſme. En ce faiſant me trouverez voſtre Couſin & bon amy, Charles. Et Beaurain aprés quelques paroles d'amitié, qu'il ſceut bien dire, car il eſt beau parleur, diſt en effect & ſubſtance à Monſieur le Conneſtable, que l'Empereur avoit eſté adverty que le Roy le traictoit mal, & n'avoit tenu aucunes promeſſes à l'Empereur, combien que de ce, il euſt tenu promeſſe au Roy: & qu'il vouloit eſtre amy du Conneſtable, envers & contre tous ſans nul excepter, & qu'il ne tiendroit qu'au Conneſtable qu'il ne le fiſt l'un des plus grands hommes de la Chreſtienté: & qu'alors le Conneſtable remercia l'Empereur, diſt qu'il vouloit bien avoir ceſte fiance en luy; Et demanda à Beaurain de voir ſes inſtructions & puiſſances; lequel luy diſt, qu'encore qu'il ne fuſt tenu de ſe faire, ſi eſtoit-il content de les luy monſtrer: & luy monſtra la puiſſance qui luy eſtoit donnée par l'Empereur, pour traicter le mariage avec iceluy Conneſtable, & Madame Leonor ſa ſœur, ou en deffaut d'elle avec Madame Marguerite ſon autre ſœur. Et furent lors les articles eſcrits, par le Secretaire du ſieur de Beaurain, dont la ſubſtance eſtoit; que l'Empereur donnoit au Conneſtable, Madame Leonor ſa ſœur pour femme, laquelle le Conneſtable acceptoit. Et au cas qu'elle ne le vouluſt, luy donnoit Madame Marguerite ſon autre ſœur, & promettoit le Conneſtable en douaire vingt mil eſcus de revenu ſur le pays de Beaujolois. Et en outre promettoit Beaurain au nom que deſſus, que ſon Maiſtre feroit ratifier le mariage à l'Archeduc, & qu'il ne prendroit party, ny alliance avec Prince quel qu'il fuſt, ſans avoir ſon conſentement, & que il aideroit, & porteroit le Conneſtable, envers & contre tous, ſans nul excepter, & le feroit entrer au Traicté, d'entre luy, & le Roy d'Angleterre. Et cogneut lors à ouïr parler Beaurain, que le Roy d'Angleterre ne ſe pouvoit bien aſſeurer de Monſieur le Conneſtable; mais qu'ayant eſté en Angleterre, il l'en avoit aſſeuré de la part de l'Empereur. Et contenoient les Articles de ces deux Princes; que l'Empereur devoit venir en France par le quartier de Narbonne, & peut avoir deux mois qu'il devoit eſtre venu, comme il me ſemble, & ce, aveques dix & huict mille hommes de pied, dix mille Lanſqueners, & dix mille hommes d'armes, & quatre mille geneteres, aveques groſſe bande d'artillerie. Et le Roy d'Angleterre devoit deſcendre en France, tout en un meſme jour, aveques quinze mille Anglois, & cinq cens chevaux, & groſſe bande d'Artillerie. L'Empereur luy devoit envoyer trois mille Lanſquenets, & trois mille chevaux, pour commencer la guerre ſur la Frontiere du pays de Picardie. Et devoient executer toutes ces entrepriſes & deſcentes, quand le Roy ſeroit party: Et quant à Monſieur le Conneſtable, il ne ſeroit tenu ſe declarer, ny mettre aux champs, juſques à ce que l'Empereur, & le Roy d'Angleterre euſſent eſté dix jours devant une ville de France: Et devoit l'Empereur bailler cent mil eſcus au Conneſtable, & le Roy d'Angleterre pareille ſomme pour leurs gens; Lequel argent le Conneſtable ne voulut prendre en ſa poſſeſſion, ainſi laiſſa entre les mains des gens de l'Empereur,

reur, & croy qu'il a esté employé à lever le nombre des Lansquenets, qui dernierement ont esté mis sus. Ainsi que le Roy a peu estre adverty, & devoient estre amenez par le Comte de Felix. Et ne fit le Connestable pour cette heure là, aucun serment de tout le contenu aux Articles, ny ne les signa. Et que Beaurain luy ayant dict: Monsieur, il faut que vous juriez de tenir les presens Articles, le Connestable luy dict, j'en parleray avec vous, & bailla puis aprés lettres addressées à l'Empereur de la substance qui s'ensuit: Monsieur, j'ay veu ce que vous m'avez escript par le Seigneur de Beaurain, & vous remercie tres-humblement du bon vouloir qu'avez envers moy, & je vous promets que je ne l'ay moindre envers vous, comme il vous dira. Et envoya querir Saintbonnet pour accompagner Beaurain. Et fut toute ceste depesche faicte en un soir en ma presence. Et croy qu'il n'y eut autre chose. Mesme le Connestable me dist le soir mesme: Je ne bailleray aucun seellé, ny ne feray aucun serment de ceste affaire: Il en viendra comme il pourra, mais j'auray deux cordes en mon arc. Et ne seroit raison que je mescontrasse l'Empereur. Dés l'heure, Beaurain despescha Lolimgbeau, & le Secretaire; l'un pour aller vers le Roy d'Angleterre; l'autre pour aller vers l'Archeduc frere de l'Empereur.

Voilà quelle fut la premiere deposition du Seigneur de S. Valier, à la suite de laquelle le Seigneur de Selva luy fit plusieurs interrogatoires particuliers: & entre autres choses, si par le traicté aucuns ne devoient sa voir le Royaume de France, ou le gouvernement d'iceluy? A quoy il respondit que non. Bien estoit vray que l'Empereur promettoit faire le Connestable le plus grand homme de la Chrestienté. Et adjousta que l'Empereur devoit amener avec luy Madame Leonor sa sœur jusques en la ville de Perpignan, & là devoient faire les nopces, entre le Connestable, & elle. Je vous laisse plusieurs autres particularitez, sur lesquelles il fut interrogé. Seulement vous diray-je, qu'aprés avoir deschargé l'Evesque d'Autun, les sieurs de la Vaulguion, & de Prié, & autres, il continua enfin de ceste façon sa parole.

» Aprés le partement (poursuit-il) de Beaurain, & Saint-
» bonnet; je fus tout ce jour là à Montbrison, avec Monsieur
» le Connestable, & me souvient que aprés disner nous en-
» trasmes seuls en son cabinet, & lors je luy dis: Monsieur, ne
» vous fiez-vous pas bien en moy? Ne me tenez vous pas pour
» vostre tres-humble serviteur? Surquoy il me respondit:
» Cousin, je te promets que je me fie tant à toy, & t'aime,
» que si mon frere estoit en vie, je ne le sçaurois plus aimer
» que je t'aime. Ce dont je le remerciay, en luy disant: Mon-
» sieur vous me distes hier beaucoup de choses esquelles j'ay
» pensé toute ceste nuit, tellement que je n'ay sçeu dormir:
» voudrois que Dieu m'eust fait la grace de vous sçavoir
» bien dire ce que je vous veux dire selon Dieu, raison, & ma
» conscience. Vous me distes hier que par ceste alliance qu'on
» vous presente, vous devez estre cause que l'Empereur, le
» Roy d'Angleterre, Allemans, & Espagnols entreront en Fran-
» ce. Pensez & considerez le grand mal & inconvenient qui
» en adviendra: effusion de sang, & destruction de villes,
» bonnes maisons, Eglises; forcemens de femmes, & autres
» maux qui viennent de la guerre. Considerez que vous estes
» sorty de la maison de France, & l'un des principaux Prin-
» ces du sang, tant aymé & estimé de tout le peuple, que
» chacun se resjoüit de vous voir. Et s'il advenoit que fussiez
» la ruïne & perdition de ce Royaume, vous seriez la plus
» maudite personne, que jamais homme vit. Car les male-
» dictions qu'on vous donnera dureront mil ans aprés vostre
» mort. Davantage, considerez-vous point la grande tra-
» hison que faites, de vouloir tourner le dos au Roy, aprés
» qu'il sera party de son Royaume, pour aller en Italie, &
» vous aura laissé la France, se confiant de vous? Je vous prie
» de considerer tout cecy, & si n'avez esgard au Roy, & à
» Madame sa mere, qui vous tiennent tort, comme dites, au
» moins avez esgard à la ruine de Messieurs leurs enfans. Et
» croyez quand aurez introduict les ennemis dedans le Royau-
» me, ils vous en chasseront vous-mesmes. Et lors le Con-
» nestable me dist: cousin, que veux-tu que je face? Le Roy &
» Madame me tiennent tout le tort, & ne veulent que me des-
» truire. Ils ont pris la plus grande partie de ce que j'ay, &
» me veulent faire mourir. A quoy je luy dis : Monsieur, je

vous prie de vouloir laisser toutes ces meschantes entrepri- «
ses, & vous recommandiez à Dieu, & faites tant que par- «
liez au Roy franchement, & vous verrez ce qu'il vous di- «
ra: & lors se mit le Connestable à plorer, & me fit aussi plo- «
rer, me disant: Cousin, je te promets ma foy, que je ne le fe- «
ray point, & te croiray, & te prie que selon le serment que «
tu m'as faict, de tenir tout secret, tu le faces, & qu'il n'en «
soit jamais nouvelles. Ce que je luy promis derechef, & «
pensois l'avoir du tout destourné de son entreprise, comme «
estime-je que lors il n'avoit plus autre vouloir, que de de- «
meurer en la bonne grace du Roy, & de devenir bon Fran- «
çois. Et je luy dis: Monsieur, ne parlons plus de cela, allons «
joüer, & allasmes joüer aux Flux, le Connestable, l'Evesque «
d'Autun, & le Seigneur de Sainct Chaumont. Et y eut plu- «
sieurs autres paroles entre luy & moy: mais tout vient à la «
substance de tout ce que dict est. Le lendemain nous allas- «
mes disner à Coursun, & de là à la Bastie, où fismes colla- «
tion: & moy estant sur un bon Courtaut, dis au Connes- «
table qui estoit sur une Mule: Monsieur, vous me tiendrez «
ce que m'avez promis, & vous en souviendra: Et je vous «
promets ma foy, que je vous tiendray ce que vous ay «
promis. Et le Connestable me regardant me dist: Mon Cou- «
sin, je te promets ma foy que je te tiendray: & aussi tu me «
tiendras ce tu m'as promis: & à l'heure il me dist: Adieu, «
puis que tu t'en vas. Et environ un mois ou cinq semaines «
aprés le depart du Connestable de Montbrison, estant à «
Moulins il envoya devers moy Peloux le jeune, qui arriva «
à Lion sans me donner aucunes lettres du Connestable, me «
disant qu'il estoit si malade, qu'il ne m'avoit peu escrire: mais «
qu'il attendoit le Roy de pied coy à Moulins, lequel y de- «
voit arriver bien-tost, & qu'il me prioit de luy tenir pro- «
messe. Adoncques je fis response à Peloux: Recomman- «
dez-moy tres-humblement à la bonne grace de Monsieur «
le Connestable, & luy dites que je me souviens bien de ce «
que je luy ay promis; & que je le supplie aussi de son costé, «
qu'il se souvienne de faire ce qu'il m'a promis. Et aprés que «
le Roy fut arrivé à Lyon, je ne luy voulus dire du traicté de «
mariage du Connestable, estimant qu'il n'en estoit de be- «
soin, attendu le serment qu'il m'avoit fait de ne l'accom- «
plir, mais bien desirois-je luy dire par quelque bon moyen, «
qu'il le devoit mener à soy; toutes-fois je ne trouvay «
opportunité de ce faire: joint que je ne le voulois mettre «
en soupçon, & que depuis que je feuz fait prisonnier, il me «
semble qu'on m'avoit fait tort de me prendre en cette sor- «
te & encores plus de ne permettre que je parlasse au Roy, «
auquel je souhaitois de declarer tout ce que dessus. Et en me «
menant prisonnier par decà, je dy au Seigneur d'Aubigny, «
que si le Roy vouloit avoir cette fiance en moy, je promet- «
tois d'aller requerir le Connestable dans la part où il seroit, «
& le ramener; toutesfois on n'en avoit tenu aucun compte: «
non plus qu'à Madame sa mere: & à cet effect avois escrit «
un memoire de ma main, portant tout au long ces discours, «
lequel j'ay depuis rompu de despit, & mis au feu, voyant «
qu'il n'y avoit plus de remede. Et depuis me contant tout «
en vous (dit-il, continuant sa parole) je vous escrivy que «
je deposerois en vos mains, ce qui estoit de ma conscien- «
ce, & me mandastez par celuy mesme, qui vous avoit porté «
cette parole, que cette affaire estoit de telle importance, «
que ne vouliez parler à moy sans compagnie; mais que si je «
voulois bailler mon dire par escrit, vous l'envoyeriez seellé «
au Roy, & à Madame, que nul ne verroit qu'eux: ou bien «
si j'aimois mieux que vous, & l'un de Messieurs vos com- «
pagnons en fussiez les porteurs. Et lors je vous manday par «
le mesme personnage qui estoit mon confesseur, que j'avois «
toute fiance en vous & en luy, & que j'estois contant de par- «
ler à vous deux ensemble, vous suppliant ne monstrer cet- «
te confession qu'au Roy & à Madame, laquelle je supplie «
tres-humblement estre moyen & intercession envers le Roy, «
de considerer la cause qui m'a meu de ne luy reveler si-tost «
que j'eusse donné, ou peu claire, la traicté, & intelligence du «
Connestable, lequel je pensois avoir destourné de sa mau- «
vaise intention; & en ce, supplie tres-affectueusement le «
Roy, de me faire grace & misericorde, si en rien j'ay failly. «
Ainsi signé, de Poitiers, le vingt-sixiesme d'Octobre 1523.

Le mesme jour les Seigneurs de Selva, & de Loüines voulurent voir, desirant sçavoir de luy, s'il sçavoit point les
Seigneurs,

Seigneurs, & Gentils-hommes qui eſtoient voüez à l'entrepriſe du Conneſtable. A quoy il reſpondit que la premiere fois, qu'il avoit parlé de ce fait, dans ſon cabinet, le Conneſtable ne luy avoit parlé que de cinq, ou ſix de ſes gens-d'armes ſans les nommer, & comme on le voulut davantage preſſer ſur cet article, il leur reſpondit en peu de paroles. " Je croy fermement qu'il n'avoit le ferment d'homme de France : car il n'y a que trois ou quatre Seigneurs qui l'ayent ſuivy ". On le chevala ſur les autres articles, qu'il me ſemble n'eſtre beſoin de reciter.

Le procés amplement inſtruit, S. Valier fut amené à la Conciergerie du Palais de Paris, & logé en la Tour quarrée : & l'un & l'autre procés ayans pris leur trait, le Roy ſeant en ſon lit de Juſtice aſſiſté de ſes Princes, & des Pairs, fut le 16. Janvier 1523. prononcé l'Arreſt contre le Duc de Bourbon, par le Chancelier du Prat, & quelques jours aprés celuy de S. Valier, portant condamnation de mort, au deſſous duquel eſtoit un retenton, qu'avant que de l'expoſer au dernier ſupplice, il ſeroit appliqué à la queſtion ordinaire, & extraordinaire pour indiquer ſes autres complices. Arreſt non toutefois executé pour le regard : qui me fait croire que deſlors le Roy avoit declaré ſous main à la Cour quelle eſtoit ſa volonté ſur ce ſujet. Ce meſme jour (ores que l'Arreſt ne luy eût eſté ſignifié) Meſſire Charles de Luxembourg Comte de Ligny, Chevalier de l'Ordre, ſe tranſporta en la Cour, diſant avoir charge expreſſe du Roy (dont il fit apparoiſtre) d'oſter l'Ordre à S Valier. Au moyen dequoy par l'ordonnance d'icelle, il ſe tranſporta en la Tour quarrée, & avec luy le Preſident le Viſte, & les ſieurs Papillon, Clutin, Berruyer & Aimeret Conſeillers de la grand'Chambre. S. Valier fit pluſieurs refus, & proteſtations contraires, toutefois enfin vaincu par les remonſtrances du Preſident, il y obeït, & d'autant qu'il n'avoit ſon Ordre pardevers luy, le Comte pour fournir à la ceremonie, luy en mit un au col, & dés l'inſtant meſme le luy oſta. Qui fut une premiere fièvre laquelle entra lors en l'ame de ce miſerable Seigneur.

Le lendemain Maiſtre Nicolas Malon Greffier Criminel, accompagné de Maiſtre Jean de Vignoles l'un des quatre Notaires, & Secretaires de la Cour, & de pluſieurs Huiſſiers, ſe tranſporta à une heure de relevée en la ſeconde Chambre de la Tour quarrée, où il luy prononça ſon Arreſt. Je vous laiſſe toutes les particularitez, qui ſe paſſeront entr'eux. Tant y a qu'une heure aprés ou environ de relevée, il eſt mené ſur le perron des grands degrez du Palais, où aprés ſon cry fait, monté ſur une mule, & derriere luy un Huiſſier en crouppe, fut conduit par les Huiſſiers de la Cour, Sergens à verge, Archers, Arbaleſtiers, & gens du guet de la ville, juſques en la place de Greve, où il monta ſur l'eſchafaut, & aprés s'eſtre reconcilié à Dieu entre les mains de ſon confeſſeur, comme il eſtoit ſur le point de s'agenoüiller pour recevoir le coup de ſa mort par l'executeur de la haute Juſtice, voicy arriver un Archer des gardes du Roy, nommé François Bobbé, qui preſenta à Malon, deux lettres, l'une miſſive, & l'autre patente portans commutation de la mort à une priſon perpetuelle. Fame nouvelle, Malon laiſſe le priſonnier, deffendant au bourreau de paſſer outre ; Et de ce pas ſe tranſporte avec Vignoles & Bobbé, & quelques Huiſſiers en la maiſon du Seigneur de Selve, lequel ayant leu les lettres, commanda d'en faire lecture devant tout le peuple, & de ramener S. Valier en la priſon, pour en eſtre ordonné par la Cour ce qu'elle verroit de raiſon. Ce commandement eſt executé. Toutefois l'aprehenſion que ce pauvre Seigneur avoit euë de ſa mort, le reduiſit en telle fièvre, que peu de jours aprés il mourut, & c'eſt venuë la fièvre de S. Vallier tant ſolemniſée par nos communs propos.

En cette funeſte Tragedie, qui fut joüée ſur le Theatre de la France, je voy quatre ſortes de perſonnages, un Conneſtable grand Prince, un Sainct Valier, un Parlement de Paris, & un Roy, chacun deſquels joüa diverſement ſon rollet. Car pour le regard du Conneſtable, il eſtoit merveilleuſement chargé par les interrogatoires faits à Sainct Valier, depoſitions de Darronge, & de Matignon, de la façon qu'ils y procederent, retraite inopinée qu'il fit à Chantelle, miſſives par luy envoyées au Roy, dont l'Eveſque d'Autun l'un de ſes Principaux Miniſtres fut le porteur. Sage évaſion qu'il fit de Contelle, pour ſe garentir par la fuite, du danger qu'il voyoit pancher ſur ſa teſte : & finalement plus grand teſmoignage ne falloit-il contre luy, que notoirement il s'eſtoit rendu vers l'Empereur, & qu'à face ouverte il luy fit depuis ſervice dedans la Lombardie, en tout ce qui ſe preſentoit contre nous. Quand au Seigneur de S. Valier, proche parent, intime ſerviteur, & amy du Conneſtable ; S. Valier, dy-je, qui par ſes reſponces, ſe faiſoit la condamnation à ſoy-meſme, & par defauts & contumaces au Seigneur qu'il aimoit le mieux. Car pour le regard du Parlement, il y avoit aſſez de preuve pour le degrader d'honneurs & de biens, ſi luy ſauver toutefois la vie, d'autant, qu'il eſtoit Prince du Sang ; & quant au Seigneur de S. Valier par ſa meſme confeſſion par luy ſignée, il avoit ſçeu tous les mal-heureux deportements du Conneſtable, ſans les reveler, auparavant l'execution, ſe fiant plus en une vaine promeſſe qui ne luy fut pas tenuë, qu'à la commodité generale du Roy, & du repos public, & qu'en telles affaires, le ſilence de celuy qui le ſçait eſt reputé crime de leze-Majeſté, qui eſt ſans excuſe. Et pour cette cauſe furent donnez les deux Arreſts. Car quant au Roy il conſidera S. Valier luy avoir touſjours eſté fidelle ſerviteur & ſubject, l'amitié qu'il portoit à l'autre, proximité de lignage, ſages raiſons, pour leſquelles il penſoit avoir deſtourné le Conneſtable, promeſſes jurées & reïterées, & non accomplies, & enfin une confeſſion volontaire par luy faicte devant le 1. Preſident de Selve, de tout ce qui s'eſtoit paſſé. De maniere que faiſant un peſle-meſle de tout cela en ſa penſée, ne voulant empeſcher que les Juges par leur Arreſt fiſſent ce qui eſtoit de leur devoir ; il voulut en aprés par un Jugement Royal, tourner la mort en une priſon perpetuelle, & m'aſſeure veu la clemence qui faiſoit perpetuel ſejour en luy, que ſi S. Valier n'euſt eſté prevenu de mort, il euſt à la longue eſté reſtably en tous ſes honneurs & effects. Voilà comme les choſes allerent lors. Et s'il vous plaiſt qu'en ma petiteſſe je faſſe part, & portion de ce grand party, je veux qu'on ſçache que par les XIV. & XV. Chapitre du cinquieſme de mes Recherches, & par le preſent Chapitre vous avez entendu comme toutes les procedures ſe paſſerent en toute cette negotiation, leſquelles meritent bien mieux d'eſtre cognuës, que la fièvre de S. Valier, tant celebrée par nos bouches ſelon les occaſions ſe preſentent.

Permettez-moy, je vous prie, de ſauter du coq, à l'aſne, & d'attacher à la ſuite de l'hiſtoire d'un Seigneur de marque, celle d'un bouffon, dont la fin ne fut point bouffoneſque. Nicolas d'Eſt Marquis de Ferrare avoit un plaiſant, nommé Gonnelle, lequel voyant ſon maiſtre tourmenté d'une fièvre quarte, qui ſe tiroit à longueur, ayant appris d'un Medecin, qu'il n'y avoit plus prompt moyen de le garentir que d'une ſpavente, & eſtonnement : Ce bouffon ſe promenant auprés de ſon maiſtre le long d'un pré qu'il entretenoit de baye, trouvant ce luy ſembloit, ſon apoint, le pouſſa de telle façon, qu'il tomba dedans la riviere en un gay, où il n'y alloit que du peril de ſa vie. S'il fut guery, ou non de ſa fièvre quarte par ce beau remede, je ne le ſçay : Bien ſçay-je qu'en la frayeur de ce ſaut inopiné, il y avoit aſſez dequoy pour le faire entrer en celle de ſainct Valier. Or entendez de quelle monnoye ce nouveau Medecin fut payé. Le Marquis ordonne que ſon procez luy fuſt fait, & parfait par ſon Podeſtat, lequel ne tournant à jeu cette bouffonnerie, le condamna d'avoir la teſte tranchée : Choſe dont le Prince ayant eu advis, comme celuy qui ne prenoit à deſplaiſir tous les deportemens de ſon Gonnelle, commanda qu'il fuſt décapité d'un ſeau d'eau, eſtimant tourner cette condamnation en riſée : Ce pauvre homme mené au lieu du ſupplice, confeſſé, agenoüillé, yeux bandez, comme ſi ce fuſt à bon eſcient ; toutefois au lieu de l'eſpée, il eſt par le bourreau ſalué d'un ſeau d'eau, & dés l'inſtant meſme il rendit l'ame ſur la place. Execution qui fut faite à petit ſemblant, mais il n'y eut en cecy rien pour rire.

En ces diſcours de la mort je me ſemble que je me ſois mocqué de ma plume, faiſant tomber la fièvre d'un S. Valier grand Seigneur, en celle du Gonnelle bouffon. Mais puiſque je me ſuis baillé cette liberté, encores ne m'eſtancheray-je, & vous reciteray une hiſtoire avenuë de noſtre temps,

temps, toute contraire aux deux autres. L'un des plus memorables sieges qui soit advenu de memoire d'homme, est celuy de la ville de Sienne, qui fut entrepris par l'Empereur Charles cinquiesme, sous la conduite du Marquis de Marignan, contre nostre Henry II. qui en avoit pris la protection, laquelle il commit à Messire Blaise de Montluc grand Capitaine, & depuis Mareschal de France. C'estoient deux grands guerriers voüez d'une mesme balance & devotion, aux commandemens de leurs Maistres. Le Marquis estoit infiniment affligé des gouttes. Et neantmoins ne laissoit de rendre tous les bons devoirs à sa charge, que l'on pouvoit de luy desirer. Ayant par divers moyens sondé de prendre la ville, qu'il tenoit grandement à l'estroit de vivres, dont ceux de dedans se deffendoient avec une patience incroyable; finalement se delibera de bailler un assaut general, & comme il ne peut aller, ny de pied, ny de cheval pour les importunitez de ses gouttes, il se logea dans sa littiere à l'abry d'une cassine, envoyant cependant ses Capitaines çà & là, pour suppleer le defaut de son impuissance. Advient que cette cassine est, à coup perdu, boulversée d'un canon, dont la ruine s'esboula sur la littiere du Marquis, qui demeura quelque temps comme enseveli dedans icelle. Mal-heur assez suffisant pour le faire entrer, non en une crainte, ains asseurance de mort, s'il n'eust esté promptement secouru par les siens. Ny pour cela toutesfois la fiévre de S. Valier ne se logea dans son cœur, mais au contraire la peur dont il fut surpris, le guerit tout à fait de ses gouttes, par un secret paradoxe de nature. Ce grand assaut ne reüssit pas au Marquis comme il avoit souhaité: mais ayant ruiné par une longue famine la ville, elle luy fut enfin renduë par composition. Et y estant entré, aprés que ces deux braves Capitaines se feurent accueillis, au sortir de la ville, le Marquis voulut faire compagnie au sieur de Mont-luc l'espace de deux milles: & comme la guerre n'est qu'un jeu aux grands Capitaines & guerriers, & qu'à l'issuë, le souvenir de leurs maux passez leur soit une grande consolation; aussi chacun d'eux diversement discourant les traverses par eux souffertes, l'un en assaillant, & l'autre en deffendant, le Marquis pour conclusion dist qu'il avoit une trés-grande obligation au Seigneur de Mont-luc, parce qu'il l'avoit guery de ses gouttes, luy recitant comme cela estoit avenu. Et ainsi prindrent congé l'un de l'autre. Je vous prie de considerer quel jugement nous pouvons faire de la nature, qui fur un mesme accessoire produisit deux effets si contraires, aux sieurs de S. Valier, & Marquis de Marignan. Des histoires par moy cy-dessus touchées, l'une est toute Françoise, l'autre Italienne, & la derniere, my-partie du François, & de l'Italien.

CHAPITRE XL.

Plus malheureux que le bois dont on fait le Gibet.

Quiconque fut le premier du peuple qui mist en avant ce commun dire, il avoit tres mal digeré l'entretenement & police de toute Republique bien ordonnée. Car tant s'en faut que j'estime le bois du Gibet mal-heureux, qu'au contraire je le pense nous rapporter un grand fruict, & merveilleusement heureux, pour estre l'un des principaux moyens, par lequel toute Republique demeure calme, & sans trouble. Parquoy je n'eusse passé facilement condamnation à Monsieur Kiant, Advocat du Roy en la Cour de Parlement, lequel prenant en l'Audiance les conclusions de mort contre un pauvre coupebourse, qui en plein plaidoyer avoit esté surpris au messaict, dict pour le commencement de sa harangue, un tel office estoit un mal necessaire. A mon jugement il luy eust esté trop plus seant de l'appeller *Bien necessaire*. Car tout ainsi que la Medecine ordinaire tout le sujet gist à entretenir en bonne santé le corps humain, ou bien de la luy restituer lors qu'elle se trouve esgarée; ne se pratique seulement par potions, quand le corps le trouve, ou trop replet, ou trop vuide; mais aussi à la coupe des membres mutilez, afin qu'ils n'offencent les autres; & toutesfois pour cela nous avons en aussi grande de recommandation le Chirurgien en son endroit, que le Medecin au sien. Aussi en une Republique outre les remedes civils & ordinaires qui s'observent, en sont requis d'autres, lesquels servent d'esmonder les mauvaises branches, qui par leur croissance pourroient nuire au principal tige, c'est-à-dire, à toute la communauté du peuple. Au moyen dequoy pour le regard du bois qui est dedié à tel office, les bons devroient presque souhaiter qu'il y eust en chaque ville un Jardin de telles plantes, pour la suppression des meschans, tout ainsi que jadis quelque personnage d'esprit estant mal mené de sa femme, & entendant qu'à un Figuier quelques femmes s'estoient penduës: Donne-moy (dit-il à son voisin) de ce Greffe, afin que je l'ente en mon Jardin, pour me rapporter de ce fruict. Et toutesfois si à ce Gibet nous voulons avec le commun peuple trouver quelque desastre, ou mal-heur: Bien mal-heureux fut le Gibet que nous lisons dans la Bible avoir esté par Aman dressé, pour pendre le pauvre Mardochée, auquel le mesme Aman fut pendu à moins de vingt & quatre heures aprés. Et le Taureau de Phalaris, duquel l'inventeur fit la premiere espreuve aux despens de sa propre vie. Et sans aller chercher exemples plus loing, nous trouverons le semblable peut-estre en celuy de nostre ville de Paris, que nous appellons *Montfaucon*, qui a apporté tel mal-heur à ceux qui s'en sont meslez, que le premier qui le fit bastir (qui fut Enguerrant de Marigny) y fut pendu: & depuis ayant esté refaict par le commandement d'un nommé Pierre Remy, luy-mesme y fut semblablement pendu, comme Jean Bouchet a observé dans ses Annales d'Aquitaine, en la vie de Philippes de Valois. Et de nostre temps Maistre Jean Moulnier Lieutenant Civil de Paris y ayant faict mettre la main pour le refaire, la fortune courut sur luy, sinon de la penderie, comme aux deux autres, pour le moins d'amende honorable, à laquelle il fut publiquement condamné, estant la rencontre de ce Gibet aussi mal-heureuse, que l'or Tholozan tant celebré par les Historiographes.

CHAPITRE XLI.

Qui a à pendre, n'a pas à noyer.

A La suitte du precedent Chapitre, cestuy ne sera trop disconvenable. Mais encores ne le puis-je traiter sans y enfiler un autre discours, pour la liaison qu'il y a de l'un à l'autre, & avoir puisé les deux d'une mesme fontaine. Le Duc de Nemours neveu du Roy Louys XII. & son Lieutenant General en tous les pays de delà les Monts, deliberant de livrer bataille à l'Espagnol, obstacle de tous les desseins du Roy, voulant s'acheminer au bourg de Final, pour illec resoudre & ordonner du compte final de cette affaire, passa par la ville de Carpy, avec la pluspart de ses Capitaines, singulierement ceux qu'il ayoit le mieux, & ausquels il avoit plus de fiance. Le Seigneur de cette ville s'appelloit Albert Mirandula tres-Docte en Grec & en Latin, cousin germain du grand Picus Mirandula. Ce Seigneur souppa le soir de l'arrivée, avec le Duc: pendant le souper y eut plusieurs devis, & entr'autres d'un Astrologue judiciaire, qui demeuroit en la ville, homme agé de soixante ans, lequel se rendoit admirable, tant à dire les choses passées dont il sembloit n'avoir eu cognoissance, que de predire celles qui estoient à venir. Le jeune Duc esmerveillé des merveilles que l'on en racontoit, pria le Comte de Carpy B de le vouloir envoyer querir. Ce qu'il fit, & soudain qu'il fut arrivé, le Duc luy presenta la main, & après quelques paroles de curialité, luy demanda entr'autres choses, si le Viceroy de Naples & les Espagnols attendroient la bataille? Il dist que oüy, & que sur sa vie elle seroit le Vendredy Sainct, ou le jour de Pasques, & encores fort cruelle. Il luy fut demandé qui la gaigneroit? Il respondit ces propres mots: Le camp demeurera aux François, & y feront les Espagnols la plus grosse & lourde perte qu'ils firent cent ans y a; mais les François n'y gaigneront gueres, & la perdront beaucoup de gens de bien & d'honneur dont ce sera dommage. Le Seigneur de la Palisse luy demanda s'il ne demeureroit point à cette bataille? Il luy respondit que nenny, & qu'il vivroit encores douze ans pour le moins, mais qu'il mourroit en une autre bataille. Autant en dit-il au Seigneur d'Imbercour: le Chevalier Bayard là present s'en mocquoit, auquel le Duc de Nemours dist qu'il s'informast de sa fortune. Il ne faut point, respondit-il, que je le demande, car je suis asseuré que ce ne sera jamais grande chose: Mais puis qu'il vous plaist, Monseigneur, & que tu le fasse, je le veux bien. Et se tournant vers l'Astrologue: Monsieur nostre Maistre, dites-moy si je seray un si grand riche homme? Il respondit: Tu seras riche d'honneur & de vertu, autant que Capitaine qui soit en France, mais des biens de fortune, tu n'en auras gueres, aussi ne les cherches-tu pas: Et si te veux bien aviser que tu serviras un autre Roy après cestuy-cy qui regne, & que tu sers, lequel t'aimera & estimera beaucoup; mais les envieux empescheront qu'il ne te fera jamais de grands biens, ny ne t'eslevera pas aux honneurs que tu as meritez: Toutesfois croy que la faute ne procedera pas de luy. Et de cette bataille, que dites devoir estre si cruelle (replique Bayard) en reschapperay-je? Oüy (dit-il) mais tu mourras en guerre dedans douze ans, pour le plus tard, & seras tué d'artillerie. Car autrement ne finirois-tu pas tes jours, pour estre trop aimé de ceux qui sont sous ta charge, lesquels pour mourir ne te lairroient en peril. Brief ce fut une droite farce des propos, que chacun luy demanda à l'envie l'un de l'autre. Il voyoit qu'en- D tre tous les Capitaines le Duc de Nemours faisoit grande privauté au Seigneur de la Palisse, & au Chevalier Bayard. Il les tira tous deux à part, & leur dit en son langage: Messieurs, je voy bien que vous aimez tous ce gentil Prince, qui est vostre Chef, aussi le merite-t'il bien: Car sa

A face, à merveilles, demonstre sa bonne nature. Donnez-vous garde de luy le jour de la bataille; car il est pour y demeurer: S'il en eschappe, ce sera l'un des plus grands & eslevez personnages qui jamais sortit de France. Mais je trouve grande Difficulté qu'il en puisse eschapper, & pour ce, pensez-y bien. Car je veux que me tranchiez la teste, si jamais homme fut en si grand hazard de mort, qu'il sera. Le bon Prince de Nemours leur demanda en soubriant: Qu'est-ce qu'il vous dit, Messieurs? Bayard changeant de propos luy respondit: Monseigneur, c'est Monsieur de la Palisse qui luy fait une question, sçavoir s'il est autant aymé de Refuge que de Vignerols: & il luy a dit que non, dont il n'est pas trop contant. De ce joyeux propos le bon Prince se prit à rire, qui n'y pensa autrement.

Sur ces entrefaites arriva un adventurier que l'on disoit estre gentil compagnon, mais assez vicieux, qu'on appelloit Jacquin Caumont, qui portoit une enseigne aux bandes du Capitaine Molart. Il se voulut faire de feste comme les autres, & vint à l'Astrologue qu'il tira à part luy disant: Viens-çà, bougre, dy-moy ma bonne adventure. L'autre sentit injurié, & respondit en homme courroucé. Và, và, je ne te diray rien, & si as menty de ce que tu dis. Il y avoit beaucoup de Gentils-hommes en presence, lesquels dirent à Jacquin: Capitaine vous avez tort, vous voulez tirer du passe-temps de luy; & neantmoins l'injuriez? Adoncques il revint peu à peu, & avec plus douces paroles luy dist: Maistre, mon amy si j'ay dit quelque folle parole, je te prie pardonne-moy, & fit tant qu'il le rapaisa, & puis luy monstra sa main: (Car l'Astrologue regardoit le visage & les mains.) Quand il eut veu celle de Jacquin, il luy dit: je te prie ne me demande rien, car je ne te sçaurois dire chose qui veille. Toute la compagnie qui estoit là, se prit à rire, & Jacquin bien marry de ce que les autres rioient, dit encores à l'Astrologue: C'est tout un, dy-moy que c'est, je sçay bien que je ne suis pas cocu, car je n'ay point de femme. Quand il se vit ainsi pressé, il luy dit: Veux-tu sçavoir de ton affaire? Oüy, dit Jacquin. Or pense doncques de bonne heure à ton ame, dit l'Astrologue: car devant qu'il soit trois mois tu seras pendu & estranglé. Et de rire par les escoutans de plus beau, lesquels n'eussent jamais pensé que le cas deust avenir, n'y ayant aucune apparence: Pource qu'il estoit en credit parmy les gens de pied, & non mal venu envers les plus grands pour les bouffonneries dont il les entretenoit. Et pensoient que le maistre l'eust dit, pour se revancher de l'injure que l'autre luy avoit faite.

Jusques-icy vous avez entendu les predictions, entendez maintenant la suite, qui est le principal subjet de ce Chapitre. Deux ou trois jours après que le Duc de Nemours fut arrivé à Final, qui estoit un gros Bourg au milieu duquel passoit un canal, profond d'une demie picque de hauteur, qui alloit fondre au Pau, il y fit bastir un Pont de bois pour aller d'un costé à l'autre: De jour en jour arrivoient de Ferrare par ce Canal plus de cent barques qui apportoient toutes manieres de victuailles aux François. Un jour que Jacquin eut bien souppé, il vint environ les neuf heures de nuict, environné plusieurs torches, & tabourins de Suisses, au logis du Seigneur de Molart son Capitaine, armé de toutes pieces, & monté sur un fort Coursier. (Car de sa soulde, ou du pillage il estoit fort bien vestu: & avoit trois ou quatre grands Chevaux, estimant qu'après la guerre faillie, il se mettroit des ordonnances.) Quand le Seigneur de Molart le vit en cette sorte, il se prit à rire, & jugea qu'il la malvoisie faisoit ses operations en luy: Si, luy dit, comment Capitaine Jacquin, voulez-vous laisser la picque? Nenny, dit-il, dit-il, Monsieur, mais je vous supplie me vouloir mener au logis de Monseigneur de Nemours, afin qu'il me voye rompre cette lance que je tiens, & cognoisse si un saultebuisson n'a point quelque privilege de mieux. Le Capitaine Molart, jugeant que la matiere valoit bien venir jusques à la fin, & que le Seigneur de Nemours, & toute la compagnie s'en pourroit resjouïr, mena Jacquin, qui passa tout à cheval par dessus le Pont de bois, (car les gens de pied estoient logez d'un costé, & les gens de cheval d'un autre.) Venu qu'il fut devant le logis du Prince, qui desja en estoit adverty, & descendu avec sa compagnie pour en avoir le passe-temps, Jacquin plus chargé de vin, que de ses armes, au milieu des torches allumées, qui apportoient clarté, comme en plein midy, commence de se mettre sur les rangs. Et lors le Duc luy escria: Est-ce pour l'amour de vostre Dame, ou de moy que voulez rompre vostre lance? Il respondit en parlant de Dieu, à la mode des avanturiers, que c'estoit pour l'amour de luy, & qu'il estoit homme pour servir le Roy à pied & à cheval. Si baissa la veuë, & fit sa course tellement quellement, mais il ne peut rompre sa lance. Il recourut encores un coup, mais il en fit autant, & puis la tierce & quarte-fois. Quand on vit qu'il ne faisoit autre chose, il fascha la compagnie & fut laissé là. Au moyen dequoy il reprend la route de son logis. Le Cheval fort eschauffé alloit tousjours sautelant, joint qu'il le menoit assez mal, le talonnant de l'esperon dessus le pont, sans cesse, & sans propos. Il avoit lors pleuviné, tellement que le chatouïllant de cette façon, le cheval faillit des quatre pieds, & tomba avec son maistre dedans le Canal, qui estoit fait à fonds de cuve. Quant au cheval il se defit de son homme, & nagea plus de demy quart d'heure avant qu'il peust trouver moyen d'eschapper. Enfin il se trouva en un lieu, qu'on avoit baissé pour abreuver les chevaux, & se sauva. Cependant Jacquin tombé à plomb, grenouilloit au profond de l'eau chargé de ses armes, au beau milieu de la nuict, & y avoit là plusieurs barques sous lesquelles il estoit englouty: Ses gens fut sur le pont croyoient à l'ayde, à l'ayde. Mais il sembloit que ce fust en vain: parce que toutes choses combattoient contre cet ayde, toutesfois, il fut enfin miraculeusement recoux, & pesché par les bateliers qui estoient dedans les barques, mais plus mort que vif. Incontinent fut desarmé, & pendu par les pieds, où en peu de temps il jetta par la bouche deux ou trois seaux d'eau, & fut plus de six heures sans parler. Toutesfois les Medecins du Prince le vindrent voir, & fut si bien secouru que dans deux jours il se trouva aussi dru & gaillard que devant. Mais non sans estre mocqué à toute reste, des uns, & des autres. Car l'un luy disoit: Hé Capitaine Jacquin, vous souviendra-t'il une autrefois de courir la lance à neuf heures de nuict en hyver? Et l'autre: Encores vaut-il mieux estre un sautebuisson, que haridelle: & plusieurs autres telles sornettes, en lieux où il se rencontroit, tant des grands, comme des petits: Ce que je vous dy en passant pour monstrer comme il estoit aymé, & bien venu de tous. Voyons doncques quelle sera la catastrophe de sa vie.

Comme le Duc de Nemours estoit à Final, il entend que les Venitiens avoient repris sur luy la ville de Brescé, par la trahison du Comte d'Adnogadre, mais non le Chasteau dans lequel le Seigneur du Lude Gouverneur de la place, & les nostres s'estoient retirez. Nouvelles qui apporterent nouveaux rintoins à nostre jeune Prince, lequel sans marchander un long séjour s'y transporte avec toutes ses forces, & donna si bon ordre à son fait, que la ville fut par luy remise en peu de jours soubs la subjection du Roy: Et conduisant ses affaires d'une bonne ordonnance, comme celuy qui estoit environné de plusieurs grands & sages Capitaines, enfin vint mettre le siege devant la ville de Ravenne, lors commandée par Marc-Anthoine de Colomne. Pour le secourir, l'armée Espagnole se haste, grasse & pleine de vivres, & la nostre à l'estroit de tout cela, qui nous occasionnoit de les semondre à la bataille, à quelque prix & condition que ce fust. Pour le faire court, la bataille est livrée le jour du Vendredy Saint, la plus sanglante d'une part & d'autre qui se soit veuë depuis: En laquelle presque tous les Espagnols passerent par le fil de l'espée: Et une bonne partie de nos plus grands Seigneurs demeurerent sur la place: & mesme le Duc de Nemours. Le tout ainsi que l'Astrologue avoit predit. Luy mort, tous les Capitaines esleurent le Seigneur de la Palisse pour leur Chef, en attendant commandement plus exprés de la volonté du Roy. Le champ de bataille à nous demeuré, le peu qui restoit d'Espagnols s'estant mis à vauderoute, il nous fut fort aisé d'attaquer & prendre la ville. Deffences de la piller, par le Seigneur de la Palisse, sur peine de la hard. Les Mains fretilloient à Jacquin, la gorge luy demangeoit, & eust esté tres-marry de faire l'Astrologue menteur: Il se fait Capitaine du pillage, suivy des Adventuriers François, & des Lansquenets, qui se gorgerent des ruines de cette miserable ville: Et comme il fut le premier infracteur des deffenses, aussi le premier Mardy d'aprés Pasques il fut le premier pendu & estranglé en plein marché, par l'ordonnance du Seigneur de la Palisse. Je vous supplie, dites-moy, si jamais ce Proverbe fut mieux averé qu'en luy, que celuy qui avoit à estre pendu ne pouvoit estre noyé? Cependant ce fut une chose non esmerveillable, ains espouvantable, & surpassant le jugement humain, que l'Arrest prononcé par l'Astrologue, & du jour de la bataille, & de la victoire, & des meurtres, & encores de la mort du jeune Duc, & de celle de Jacquin, sortit à poinct nommé son effect. Comme aussi ce qu'il avoit predit du Seigneur d'Imbercourt advint quelques années aprés à la journée de Marignan, contre les Suisses, & le Seigneur de Bayard fut tué par les Espagnols d'un coup de Faulconneau en l'an mil cinq cens vingt-quatre: Cet Astrologue couvroit son jeu par l'inspection de la main & de la face, masque ordinaire de telles gens, & neantmoins il ne vit jamais la main du jeune Prince, & quand il l'eust veuë, il n'y pouvoit lire, ny la bataille, ny la victoire, & moins encores le jour. Nous appellons cette enjance d'hommes, Devins, comme si leur art consistoit en quelque divinité: Et tout fidele Chrestien le doit attribuer aux illusions du Diable, pere de mensonge. Dieu seul cognoist les choses futures, & deffend expressement de s'en informer par telles voyes, comme estant une espece d'idolatrie. Que si les males-adventures lors predites advindrent aprés, il faut croire que ce fut par une juste punition de Dieu, en haine, tant de la curiosité qu'ils avoient euë de s'en enquerir, que de la foy & creance qu'ils y apporterent.

CHAPITRE XLII.

Truc, Truage, Truant, Maletoulte, Pautonnier, Coquin, Cagnardier, Gueux de l'ostiere.

Dans nostre Roman de la Roze la pauvreté est mere de larcin, & assez souvent, le larcin est proche parent du gibet. C'est pourquoy j'ay voulu mettre ce Chapitre à la suite du precedent. Du commencement que nos Roys s'impatroniserent des Gaules, les mots de tailles, aides, & subsides n'estoient en credit: Mais les redevances qui estoient payées par leurs subjects, estoient comprises sous ce mot de *Cens*, ou *Tributs*, comme nous pouvons recueillir d'une infinité de passages de nos vieux autheurs. Aimoin au Livre troisiesme, Chapitre douziesme, *Theodebertus non nullis*

Les Recherches de la France. Liv. VIII.

lis urbibus subactis tributa, Turonensibus, Pictavis, Caturcensibus, Lemovicis jure victoriæ adscribit. Et estoient faicts registres de telles redevances, comme nous apprenons de Gregoire de Tours, au trente-uniesme Chapitre du neuviesme livre, *Childebertus Rex, descriptores in Pictavis, invitante Meroveo Episcopo, jussit abire, id est Florentianum Majorem domus Reginæ, & Romalphum Palatij sui Comitem ut scilicet Censum, quem tempore patris reddiderat, facta ratione innovata reddere deberet: Multi enim ex his defuncti fuerant, & ob hoc, viduis, orphanisque, ac debitibus Tributi pondus insederat: Quod si discutientes, per ordinem relaxantes pauperes, ac infirmos illos, quos justitiæ conditio tributarios dabat Censu publico subdiderunt.* Auquel lieu vous voyez la description que l'on faisoit des Tributs : Et en outre comme indifferemment il appelle, ores Tributs, ores Cens, les impositions qui estoient faictes sur le peuple.

Ces Tributs par les anciens furent par un mot abregé appellez de nous *Trus*. Es grandes Chroniques de France dediées à Charles huictiesme, au premier Tome, Chapitre vingt-deuxiesme. " En ce temps avoient les François cueilly à grande haine Parchume, & cil Parchume estoit moult puissant au Palais de Theodebert comme il vivoit ". La raison pourquoy il fut si formentl haï, fut parce qu'il avoit le peuple grevé de *Trus*, & exactions. Et au mesme livre sur le commencement, parlant de la composition que par une vieille Caballe nos Annalistes presupposent avoir esté autresfois faicte entre l'Empereur Valentinian, & nos premiers François. " Valentinian (dit-il) leur quitta les *Trus* dix ans ". De ce mot de *Tru* vint que nous dismes *Truage*, de là aussi *Truander* pour gourmander, & fouler. Parce que ceux qui sont destinez à exiger les tributs sont ordinairement gens fascheux, qui ont peu de pitié des pauvres, sur lesquels ils executent les mandemens d'un Roy : tout de la mesme façon que nous appellons *fier Pautonnier*, un homme revesche, & mal à propos glorieux, au lieu de *fier Pontonnier*, d'autant que ceux qui sont commis à recevoir les peages des ponts sont presque ordinairement d'une façon fiere & farouche és choses qui concernent leurs droicts. Par une Ordonnance du Roy Jean, du cinquiesme Octobre 1301. il veut que tous truhuz, peages, pontenages, subsides, & charges mises de nouvel, cessent. Et pour ne m'esloigner du mot de *Truant* : pour autant que par les mangeries des exacteurs, plusieurs gens du pauvre peuple estoient reduicts à mendicité, nos anciens appellerent un homme *Truant*, qui alloit mendiant sa vie, & *Truander*, pour caimander. Jean de Mehun introduisant Faux semblant parlant des Caimands.

Quand je voy tous nuds ces truands
Trembler sur ces fumiers puants
De froid, de faim, crier & braire,
Conte ne fais de leur affaire.
S'ils sont à l'Hostel-Dieu portez,
Par moy ne seront confortez:
Car d'une aumosne toute seule
Point ne me paistroient à la gueule.

Et en termes beaucoup plus exprés en un autre endroict où il dit que l'Art faict la cour à Nature.

Mais par son ententive cure
A genoux est devant Nature,
Et prie, requiert, & demande,
Comme mendiante truande.

Ainsi *Truander*, & *Truant*, usurpé de la façon que dessus, prist sa source à l'occasion de ceux qui pour la surcharge des tributs estoient reduicts au point de mendicité : & croy que pour cette mesme raison le simple peuple ait esté induict de dire au desavantage des Normans, *Qui fit Normand, il fit Truand*, parce que sur tous les peuples de France, ceux-cy ont esté chargez de *Trus*, & imposts.

Or combien que le tribut soit naturellement deu à un Roy, pour laquelle cause il fut dit és sainctes lettres, *Rendez à Cæsar ce qui appartient à Cæsar* : Toutesfois du commencement les François ne pouvoient bonnement gouster telles charges : & de faict Aimoin nous apprend qu'un Marc Chancelier de France estant deputé par Chilperic pour lever au pays d'Aquitaine certain impost qu'il avoit assis sur ses vignobles, fut tué tumultuairement dedans la ville de Limoges : & depuis une infinité de seditions s'esmeurent diversement pour cet effet dedans Paris, Roüen, Troyes, Rheims, & plusieurs autres endroicts, selon la diversité des saisons, & par especial sous le Regne de Charles sixiesme. Ces levées qui estoient quelquesfois extraordinaires, furent anciennement appellées *Maletoultes*, comme si le peuple eust voulu dire qu'elles estoient mal prises. Guillaume de Nangy en la vie de Philippe le Bel, en l'an mil deux cens quatre-vingt & seize (dit-il) Philippe le Bel fit une exaction sur peuple, que l'on appelloit *Maletoulte*, premierement sur les Marchands du centiesme, & aprés du cinquantiesme de tous les biens de chacun, tant de Clercs, comme Laiz, pour la guerre d'entre le Roy de France, & d'Angleterre : & dit ailleurs qu'en ce mesme temps pour raison de cette *Maletoulte*, s'ensuivit un tumulte à Roüen encontre les Collecteurs d'icelle. Or vient cette diction du mot de *Tollir*, de laquelle nos anciens ont autresfois faict *Toult*, & *Toulte* : En cette façon lisons-nous dans le Roman de la Roze :

Mal faict qui l'autruy toult & pince.

Et dans la vieille Cronique de Sainct Denys, en la vie de Louys le Begue, où il est recité qu'aprés la mort de Louys le Begue, quelques grands Seigneurs de France manderent à Louys Roy de Germanie, qu'il vint en France pour s'investir du Royaume. " En celle voye (porte le texte) firent " les gens tant de maux ; de *Toultes*, & de rapines, que plus " n'en eussent osé sur les Payens ". Chose dont nous pouvons aisément recueillir que *Maletoultes* furent dictes comme choses mal tolluës, & non pas mal taxées, ainsi que quelques-uns se font accroire mal à propos.

Puis que le discours de ce Chapitre a esté de la pauvreté, peut-estre ne sera-t'il hors de propos d'y adjouster la mendicité en ces mots, de *Coquins, Gueux de L'ostiere, Caignardiers*. Quant au mot de *Coquin*, c'est un mendiant volontaire, qui halene ordinairement les cuisines, que les Latins nomment *Coquinas*. Le *gueux de l'ostiere*, est un autre mot aussi transplanté du Latin en nostre vulgaire, je veux dire de *ganeo hostiarius*, c'est-à-dire, un caimant, qui va fleureter les huis des maisons. Car quant au mot de *Caignard*, cela despend d'une histoire dont je puis estre tesmoin : de tant qu'en ma grande jeunesse ces faineants avoient accoustumé au temps d'Esté de se venir loger sous les ponts de Paris, garçons & garces pesle-mesle : & Dieu sçait quel mesnage ils faisoient ensemble : tant y a qu'il me souvient qu'autresfois par cry public emané du Prevost de Paris, il leur fut deffendu sur peine de foüet de plus y hanter : Et comme quelques-uns furent desobeyssans, j'en vy foüetter pour un coup plus d'une douzaine sous les mesmes ponts, auquel temps ils en oublierent le chemin. Ce lieu estoit appellé le *Caignard*, & ceux qui le frequentoient, *Caignardiers*, parce que tout ainsi que les Canards, ils voüoient leur demeure à l'eau.

CHAPITRE

CHAPITRE XLIII.

De ces mots, Voleurs, & Brigands.

LA pauureté produit quelquesfois en nous de merueilleux effects de vertu, quelquesfois de merueilleux effects de vice. En un commencement de Republique qui veut s'accroistre par la vertu, il faut faire profession de pauureté. Au definement ce sont choses incompatibles que la vertu & la pauureté. Chacun veut estre riche aux despens de sa conscience, à quelque prix que ce soit. Nous fuyons le pauure comme un ladre; si je disois du mot Italien, *comme un Ladro*, ce seroit comme un larron, & ne seroit pas sans quelque raison. Car pour bien dire il advient fort souvent que la pauureté est la mere de larcin. Parquoy aprés avoir au Chapitre precedent donné lieu non seulement à la pauureté, ains à la mendicité, je ne douteray de vous faire part de cestuy que j'ay dedié aux voleurs, & brigands, qui sont ceux, ou qui par les chemins publics, ou dans les bois & forests espient les passans, & leur ostent ce qu'ils portent sur eux, & le plus du temps la vie, afin qu'ils n'ayent moyen de les deceler. Quant au mot de *Voleur*, l'Ordonnance du Roy François Premier, faicte contr'eux, nous enseigne l'origine, quand elle dit, qu'il y avoit de meschans hommes, lesquels faisans semblant de voler l'oiseau, aguettoient les Marchands sur les chemins. Si cela n'est vray, il est bien trouvé. Bien vous diray-je que dans les loix d'Allemagne, inserées, aprés nostre loy Salique, vous y verrez trois ou quatre tiltres de la punition de celuy qui auroit volé un Taureau, ou Cheval sous ce mot *Involare. De eo qui alterius equum involavit. De eo qui Taurum gregem regentem involaverit.* Aussi est-ce la verité que *Involare* en Latin signifioit dérober, non pas avec telle licence effrenée comme faict le voleur en France, parmy les champs ou les bois: mot qui prenoit sa source & origine de *Vola*, qui est une partie tant de la main que du pied.

Car quant au mot de *Brigand*, je m'y trouve plus empesché; parce que *Brigade* en vieux François, signifie compagnie: & *Brigue* entre nous n'est autre chose qu'une menée couverte que l'on faict pour parvenir à une entreprise. Et en cela je ne voy rien qui se rapporte au *Brigand*, pris entre nous pour *Voleur*, je veux dire pour un meurdrier des champs qui vole & dérobe le bien avec la vie. Il y a des mots qui naissent entre nous par hazard, & ausquels le peuple donne cours sans sçavoir pourquoy, ny comment. En l'an mil cinq cens cinquante-quatre, nous eusmes des vins infiniment verds, que l'on appella *Ginguets*. En l'an mil cinq cens cinquante-sept, il survint un mal de teste accompagné d'une perpetuelle fluxion de pituite par le nez, que l'on nomma *Coqueluche*: & practiquons encores ces deux mots en mesmes matieres quand les occasions s'y presentent: toutesfois il est impossible de rendre la raison de l'un ny de l'autre: il suffit de monstrer au doigt quand ces mots furent mis en usage: j'en dirois volontiers autant de celuy de *Brigand*, que je voy anciennement avoir esté usurpé pour une espece de gens de guerre: car comme ainsi fust que du temps de la regence de Charles cinquiesme, les ennemis se fussent emparez de Melun, & qu'ils empeschassent la voiture des denrées par eau, dans Paris; il ordonna le quatriesme Novembre, mil cinq cens cinquante-huit, certain nombre de gens-d'armes & de pied, *Brigands*, Pavoisiens, Archers, & Arbalestiers, qui seroient continuellement dedans des basteaux couverts, pour servir d'escorte aux Marchands. Sous le regne de Charles sixiesme, je le voy avoir esté pratiqué d'une plus naïfve signification, & approchant de plus prés à celle qui est entre nous. Le papier Journal, dont j'ay fait estat en quelques endroicts de cet œuvre, m'en a donné quelque advis, parlant des meurdres qui se commettoient dans Paris encontre les Armegnacs: là où discourant que Pierre des Essars Prevost de Paris, du tout à la devotion de Jean Duc de Bourgongne, excitant les Parisiens à la ruine des Armegnacs, fit tant qu'on crioit parmy les ruës, que l'on les abandonnoit à la volonté d'un chacun, & permis à tous de les tuer, s'ils ne pouvoient faire: Au bout de cela l'Autheur de ce papier adjouste. " Si y alla plusieurs gens, qui plusieurs fois leur firent dommages, & par especial, compagnons de village qu'on nommoit *Brigands*, qui s'assembloient, & firent du mal assez, sous ombre de tuer les Armegnacs". Là j'estime qu'ils furent nommez *Brigands*, parce qu'ils venoient en troupe suivant l'ancienneté de *Brigade*: Et neantmoins pour autant que cette troupe estoit faicte de gens des champs, où les voleurs font leur emploite, je me fais accroire que l'on appella depuis *Brigands* tous ceux qui se mesloient de ce beau mestier.

CHAPITRE XLIV.

Ribaux, Ribaudes, Roy des Ribaux.

IL n'y a dignité temporelle en France, qui entre en comparaison avecques celle du Roy: & neantmoins il n'y a parole en laquelle nos devanciers se soient tant licentieusement desbordez qu'en cette-cy, en subjects, les uns plus ravalez, les autres plus relevez: Roy des Merciers, Roy des Barbiers, Roy des Poëtes, Roy des Arbalestiers, Roy d'Armes, Roy des Ribaux. Je vous laisse celui de la Bazoche, qui a lieu entre les Clercs du Palais. Et seroit trés-mal-aisé, voire impossible de dire pourquoi on honora les superieurs de ces six Ordres, du nom de Roy, au desavantage de tous les autres, & plus encores de deviner en quels temps ces Royautez imaginaires furent introduites, fors celle des Arbalestiers, en laquelle nous trouvons Lettres Patentes de Charles VI. du 26. Avril 1411. portans que le Roy avoit receu la supplication des Roy, Connestable, & Maistres de la Confrairie des soixante Arbalestiers de Paris. Le Roy des Merciers avoit l'œil sur les poids, aulnes & mesures des Marchands. Le Roy des Barbiers, sur tous les autres Barbiers, ores qu'ils fussent passez Maistres en leur mestier & pouvoient l'un & l'autre, chacun en droit soy, proceder par amendes contre ceux ésquels ils trouvoient quelque defaut.

Le Roy des Poëtes estoit celui qui és jeux floraux de nostre Poësie ancienne, se trouvoit avoir mieux besongné que tous les autres satistes, & deslors l'année ensuivant, jugeoit des

des Poësies de ses compagnons, ainsi que j'ay monstré au cinquiesme chapitre du sixiesme livre de ces miennes Recherches. Le Roy des Arbalestiers, celuy qui avoit gaigné le prix sur les Confreres au jeu de l'Arbaleste : & à vray dire les deux premiers visoient au gain, sous le pretexte de leurs visitations, & les deux derniers, à l'honneur. Quant aux Roys d'armes ou des armes, c'estoient les Herauts lesquels, comme messagers de paix ou de la guerre, revestus de leurs cottes de velours pers, pourfilées, devant & derriere, des armoiries d'or de la France, pouvoient aller trouver l'ennemy avec toute asseurance de leurs personnes, pour executer ce qui estoit de leur charge.

Le dernier fut le Roy des Ribaux, auquel j'ay dedié ce present chapitre. De tous les autres, nous sommes asseurez quelles estoient leurs fonctions; de cetuy-cy, on en doubte.

Si vous parlez à du Tillet, voicy quel en fut son advis; je vous transcriray mot pour mot, du tiltre du Prevost de l'Hostel du Roy.

„ Ez Estats des Roys Philippes, nommez au chapitre
„ précedent, est faicte mention du Roy des Ribaux, Officier
„ domestique, lequel se devoit tousjours tenir hors de la por-
„ te de l'Hostel du Roy, par l'Ordonnance du Roy Philippe
„ le Long, faite à Lorry en Gastinois, le Jeudy 17. Novembre
„ 1317. nommant Crasse Ire qui tenoit ledit Office, ainsi ap-
„ pellé, pour ce que les mauvais garçons estoient dehors ap-
„ pellez Ribaux, comme les filles ou femmes abandonnées,
„ Ribaudes. Le mot de Roy estoit appliqué au Superieur ou
„ Juge, tout ainsi qu'au grand Chambrier le Roy des Mer-
„ ciers; à la Bazoche, leur Roy; aux Arbalestiers, leur Roy,
„ & semblables. La charge dudit Roy des Ribaux estoit de faire
„ justice des crimes commis à la suite du Roy hors son Hos-
„ tel. De ceux faicts dedans, le Grand & autres Maistres dudit
„ Hostel avoient la cognoissance. Ledit Roy des Ribaux avoit
„ Varlets ou Archers pour la force & execution de son Office,
„ qui ne portoient verges audit Hostel, & estoient de la Ju-
„ risdiction des Maistres des Requestes de l'Hostel, lesquels
„ anciennement avoient leur siege à la porte dudit Hostel,
„ pour ouyr les Requestes & plaintes de ceux de dehors, ainsi
„ qu'il sera plus amplement deduit en leur chapitre. Est ce
„ que dessus concernant les Varlets du Roy des Ribaux,
„ recité au plaidoyé de la cause de J. Junct, le 16. Mars 1404.
„ és Arrests de la Pentecoste 1270. est escrit Poincard Prevost
„ des Ribaux. Car longues années aprés, & le 22. Fevrier 1353.
„ au second Arrest de Jean de Bealueem, le Roy des Ribaux
„ est nommé pour chef de l'Office, qui a depuis changé de
„ nom: & regnant Charles VI. se trouve intitulé Prevost de
„ l'Hostel du Roy. Les filles de joye suivantes la Cour, sont
„ sous sa charge, & tous les mois de May sont subjettes à al-
„ ler faire sa chambre ».

Tout le reste du chapitre concerne le fait & charge du Prevost de l'Hostel. Et vrayement cette opinion n'est pas de petit effect, tant pour estre assistée d'un tel parrain, que le parrain des Arrests par luy alleguez, que je veux croire avoir esté par luy veus, puis qu'il en a cotté les dattes, & noms des parties. Vray que j'eusse desiré qu'il eust particularisé le cas de l'un des Arrests, pour en estre plus esclaircy.

Si vous vous adressez au President Fauchet, vous le trouverez formellement de contraire advis au chapitre du Roy des Ribaux, premier livre des dignitez & Magistrats de la France.

„ Celuy (dit-il) qu'on appelloit Roy des Ribaux, ne fai-
„ soit pas l'Estat du grand Prevost de l'Hostel, comme aucuns
„ ont cuidé ; ains estoit celuy qui avoit la charge de bouter
„ hors de la maison du Roy ceux qui n'y devoient manger ou
„ coucher. Car au temps passé ceux qui estoient Officiers de
„ viandes (qui est ce que depuis on a dit avoir bouche en
„ Cour) aprés la cloche sonnée, se trouvoient au tinel, ou
„ salle commune pour manger, & les autres estoient con-
„ traints de vuider la maison: & la porte fermée, les clefs
„ estoient apportées sur la table du grand Maistre, parce qu'il
„ estoit defendu à ceux qui n'avoient leurs femmes, de cou-
„ cher en l'Hostel du Roy; & aussi pour voir si aucuns estran-
„ gers s'estoient cachez, ou avoient amené des garces. Ce Roy
„ des Ribaux, une torche au poing, alloit par tous les coings
„ & lieux secrets de l'Hostel, chercher ces estrangers, soit lar-
„ rons, ou autres de la qualité susdite ».

En ces mots, finit l'opinion de Fauchet, sans toutesfois la fortifier d'autre authorité que de la sienne; luy qui d'ailleurs en tout son œuvre est prodigue en allegation d'uns & autres Autheurs anciens, pour le soustenement de ses opinions; vray qu'une page aprés, sur la fin du chapitre, il adjouste ces mots : " c'est trop s'asseurer de l'antiquité, de dire " que le Roy des Ribaux faisoit l'Estat du Prevost de l'Hostel; " car dés le temps mesme de Charlemagne, il y avoit un *Comes Palatij*, qui jugeoit des differends des gens de la suite " de sa Cour ; ainsi qu'on voit dans Eginard qui a écrit la vie " de cet Empereur ».

Je ne suis pas si mal apris que je veuille entreprendre jurisdiction & cognoissance sur ces deux personnages: chacun d'eux porte son sauf-conduit sur le front; contestois si vous en croyez la voix commune du peuple, elle adhere plus à l'opinion du premier que du second, non bastant son *Comes Palatij*, qui sous la troisiesme lignée de nos Roys, a esté attribué à celuy qu'on appella grand Maistre. Et est certain que tout ainsi que le grand Maistre a preter du estre fondé en jurisdiction des crimes qui estoient commis dedans la Maison du Roy, aussi faisoit le semblable celuy qui sous la premiere & seconde lignée, s'appelloit *Comes Palatij*, hormis en ce qui concernoit les Grands, il falloit en passer par le jugement du Roy. Et neanmoins si l'on me permet franchir le pas, & passer outre, je m'adventureray de dire que je treuve beaucoup à redire au premier ; car si le Ribaud estoit de son premier estre, tel qu'il presuppose, je veux dire celuy qui abuse effrontément de son corps envers les femmes, & la Ribaude, celle qui fait le semblable à l'endroit des hommes, pour à quoy remedier, fut trouvé la jurisdiction du Roy des Ribaux, comme il dit; hé vrayement nos ancestres ne furent guere sages, quand voulans designer celuy qui cognoissoit des causes criminelles en Cour, il fut par eux appelé, non Prevost, non Baillif, non Seneschal, ains Roy, & encore Roy des Ribaux, comme si la paillardise eust fait son principal & ordinaire sejour en la Cour de nos Rois ; chose fausse ; car nous voyons par l'Ordonnance de Sainct Louys de l'an 1254. qu'il chassa non seulement des villes, ains des champs, & consequemment de sa Cour, toutes garces & filles de joye. Et quand bien il s'y fut trouvé quelque abus, il falloit chastier ce vice sous le mot general de Juge, comme l'on fait en toutes les autres Jurisdictions de la France, & non le designer particulierement sous ce nom honteux du Roy des Ribaux.

C'est pourquoy je veux deschifrer cette ancienneté tout d'un autre sens, qui n'a encore esté fait par aucun des nostres, & vous dire que du temps de Philippe-Auguste, Ribaud n'estoit un mot de pudeur, ains d'honneur. Je ne doute point que dés cette premiere demarche, je ne reçoive diverses atteintes, non seulement de la populace, ains de ceux qui font profession de bien entendre nostre Langue Françoise.

Le mot de Ribaud en France, ou de Ribaldi dans l'Italie, ne se peut prendre en bonne part, dit Nicot en son Dictionnaire François. Adjoustez-y le mot de Ribaude, encore y trouverez-vous plus de honte, ce sont deux paroles pleines de vergongne; c'est pourquoy je supplie le Lecteur de suspendre son jugement jusques à la fin de ce mien discours, dedans lequel il verra une metamorphose admirable. Le mot de Ribaud sous le regne de Philippe-Auguste, estoit baillé à des soldats ausquels il avoit tres-grande creance, en ses exploits militaires. Guillaume le Breton en la sixiesme livre de sa Philippide, dit que le Roy estant venu pour donner confort & aide à la ville de Mante, que le Roy Henry d'Angleterre tenoit assiegée, soudain aprés son arrivée, le Seigneur de Bar brave Cavalier, avec ceux de sa banniere, & les Ribaux, attaqua chaudement l'escarmouche, & logea la spavente au camp des Anglois.

Hi, paucique alij stimulante cupidine laudis,
Eminus admisso post Barrica signa feruntur,
Armigerique suis dominis, qui deesse nequibant,
Et Ribeldorum nihilominus agmen inerme,
Qui nunquam dubitant in quævis ire pericla,

Et quelques vers aprés, les nostres ayans vaillamment combattu & battu l'ennemy.

Nec munus armigeri, Ribaldorumque manipli,
Ditati spoliis, & rebus, equisque subibant;
Nec mora, Rex, & cœtus ovans rediere Medonta,
Et læti somnose curavere, ciboque:
Anglicus ex illo tunc tempore non fuit ausus
Armato, nostros adoriri, milite fines.

Vous voyez qu'entre toutes les compagnies, il fait un singulier estat de celle des Ribaux. Le Roy Philippe aprés avoir subjugué le Poitou, voulant assieger la ville de Tours, & trouvant la riviere de Loire luy faire obstacle, il choisit un Capitaine Ribaud pour la gayer.

Rex quodam duce Ribaldo vada tentat ubique,
Donec inundantis medio se fluminis, hasta
Appodians, ripa subito stetitul teriori,
Inventoque vado quasi per miracula, contra
Spem, contra fluvij naturam, transsit absque
Remigis officio.

Et sur l'exemple de son Roy, toute l'armée ne douta de passer à gay la Loire, dont le Capitaine Ribaud leur avoit ouvert le premier chemin. Le Roy ayant mis le siege devant Tours : *Ribaldi Regis (dit Rigord) qui primos impetus in expugnandis munitionibus facere consueverunt, eo vidente in ipsam civitatem impetum fecerunt, & per muros cum scalis ascendentes ex improviso ceperunt. Quo audito Rex & exercitus, integram civitatem accepit, positis ibi custodibus, & ibidem aliquot dies, gratias Deo agentes solemnisaverunt.*

Vous pouvez recueillir de ces passages, & specialement du dernier, que la Compagnie des Ribaux estoit ordinairement à la suite du Roy Philippe, tout ainsi que la Pretoriane dedans Rome, à celle des Empereurs. J'ay repassé tout au long sur les dix livres de la Philippide du Breton; je ne trouve point en tout son œuvre, qu'il donne nom exprés à aucune Compagnie qu'à celle-cy. Qui me fait dire que c'estoit la Compagnie ordinaire de la garde du Roy; & comme ainsi fust que l'on n'y enrolast que soldats d'eslite, aussi est-il advenu que depuis ce temps-là jusques à huy, nous avons appellé puissans Ribaux, non les putassiers, ains tous hommes forts & membrus. Il leur falloit un Capitaine pour les conduire. Or tout ainsi que le Heraud qui estoit prés du Roy, fut appellé Roy d'armes, aussi fut ce Capitaine appellé Roy des Ribaux, non pour leur faire le procez ainsi qu'un Prevost de l'Hostel, ains pour les conduire à la guerre quand les occasions se presentoient. Ainsi est-il recueilly-je du Roman de la Rose, quand le Dieu d'Amours assemblant son ost, pour delivrer Bel-accueil de la prison en laquelle il estoit detenu ; le dessus du chapitre porte :

Comment le Dieu d'Amour retient,
Faux semblant qui des siens devient,
Dont ses gens sont joyeux & bauh,
Car il le fait Roy des Ribaux.

Et dans le discours du chapitre.

Faux semblant par tel convenant,
Tu seras à moy maintenant,
Et à nos amis aideras,
Et point tu ne les creveras.
Ains penseras les enlever,
Et tous nos ennemis grever,
Tien soit le pouvoir & le baux,
Car le Roy seras des Ribaux.

Il est certain qu'en l'un & en l'autre vers, le Roy des Ribaux est pris, non pour le Juge, ains pour Capitaine. Tout de la mesme façon que depuis nous appellasmes Colonel de l'Infanterie celuy qui la conduisoit, mot qui approche de la Royauté. Et d'autant que cette Compagnie estoit vouëe à la garde du Corps du Roy, il falloit que son Capitaine tinst pied à boule à la porte du Chasteau. Le plus ancien Estat de la Maison du Roy, est celuy qui se trouve au plus vieux Memorial de la Chambre des Comptes de Paris, cotté Croix, de l'an 1285. c'estoit la derniere année du Roy Philippes, le tiers-

A fils de Sainct Louys, portant entr'autres ces deux articles.

Item, ils seront deux portiers en Parlement quand le Roy n'y est, Philippot le Camus, & un autre, & aura chacun deux sols de gages pour toute chose, & on leur deffendra que par leur serment ils ne prennent rien de Prelat, ne d'aucuns, & qu'ils ne laissent nulli entrer en la Chambre des Prelats, sans commandement des Maistres.

Item, le Roy des Ribaux a six deniers de gages, & une provende, & un valet à gages, soixante sols pour robbe par an.

Le Parlement n'estoit lors rescéant en la ville de Paris, ains suivoit la Cour du Roy. Au moyen dequoy il avoit sa chambre pour juger les procez, & deux Portiers, avec expresses inhibitions & deffences de prendre argent des Prelats pour y entrer. Et on y met aprés le Roy des Ribaux que j'explique, pour la garde du Corps du Roy. Chose qui se descouvre bien amplement par un autre Estat fait sous le Roy Philippes le Long, qui est au mesme Memorial.

" C'est l'Ordonnance de l'Hostel du Roy Philippes le "
" Grand, faite à Lorry en Gastinois, le Jeudy dix-septiéme "
" jour de Novembre mil trois cens dix-sept. Quand on "
" vient à parler de ceux qui devoient avoir la garde des portes "
" de la Maison du Roy. "

Les Huissiers de salle, cinq ; c'est à sçavoir Thiebaut, Olivier, Philippide, Jean le Clerc, & Geoffroy, dont il y en aura tousjours 3. en Cour, & s'aideront pour servir par temps, & aura chacun une provende d'avoine, & xix. deniers de gages pour toutes choses, & livraison de chandelles, ix. quayers, & vi. consistes, & non point livraison de vin.

" Item, portiers, quatre, dont les trois seront tousjours "
" en Cour, & aura chacun une provende d'avoine, & xiii. de- "
" niers de gages pour toutes choses ; ils doivent avoir consis- "
" tes, & aura la porte 9. cinquains 9. quayers, 12. chandel- "
" les courtes, & aura pour tout, demie moule de busches. "

" Item, trois varlets de porte, qui mangeront à Cour, & "
" n'auront autre chose, mais qu'aux trois ensemble auront 9. "
" quayers pour eveillier, & chacun un consiste, & une botte "
" de feurre. "

Item, Crasse Joé Roy des Ribaux ne mangera point à Cour, mais il aura six deniers tournois de pain, & deux quartes de vin, une piece de chair, & une poule, & une provende d'avoine, & 13. deniers de gages, & sera monté par l'Escurie, & se doit tousjours tenir hors la porte, & garder qu'il n'y entre que ceux qui y doivent entrer.

Du Tillet s'est aidé de cet article pour verifier son intention, & dit que l'on recueille de luy que le Crasse Joé qui y est nommé Roy des Ribaux, estoit comme le Prevost de l'Hostel. Je voudrois sçavoir sur quel tiltre il voulut faire ce commentaire : Car nulle mention de juger ; au contraire prenez l'Ordonnance tout de son long, & vous verrez estre question seulement de la garde de l'Hostel du Roy. Et à cet effect elle commence par cinq Huissiers, puis passe à quatre Portiers, puis à trois varlets des portiers, declarant quelles estoient leurs chages, & enfin aboutist au Roy des Ribaux, auquel vous voyez estre aussi enjoint de garder la porte, mais avec plus d'apointement que tous les autres, luy assignant mesme un cheval de l'escurie du Roy. Qui est celuy qui ne voye que par cet article on entendit jamais parler d'un qui representast le Prevost de l'Hostel, lequel ne fut jamais commis à la garde des portes de la Maison du Roy ? Mais bien que ce Roy des Ribaux avoit la charge de garder la porte, comme celuy qui estoit Capitaine des gardes du Roy. Je sçay bien que depuis, ces Ribaux degenererent de leur ancienne vertu : comme je coucheray cy-aprés. Ny pour cela ne fut ceste Capitainerie suprême, dont on voyoit l'image, non l'effect. Parce que l'on trouve au Memorial de la Chambre des comptes cotté C. une Ordonnance du Roy Philippes de Valois sur son Hostel, & sur celuy de Monsieur le Duc d'Orleans son fils, du 28. May 1350. par laquelle aprés avoir compris tous un general article, Tailleur, Cordonnier, une Guette, un Huissier de Salle, deux Portiers, deux Varlets de porte, quatre Varlets servans du vin, on adjousta immediatement cet article. Le Roy des Ribaux cinq sols par jour pour toutes choses. Qui estoit garder la mesme police que celle de Philippes le Long,

mais

Les Recherches de la France Liv. VIII.

mais avec un retranchement de sa pension ancienne, jusques à ce qu'en fin pour monstrer combien ceste charge estoit venuë avec le temps en nonchaloir, je trouve au Memorial cotté E, une Ordonnance du Roy Charles VI. du mois de Janvier 1386. portant ces mots : Le Roy des Ribaux 4. sols parisis par jour, quand il sera à Cour pour toutes choses. Toutes les autres Ordonnances ne portoient point ceste restriction de Cour. A la verité Fauchet avoit eu quelque ressentiment de ceste ancienneté, quand il disoit que le Roy des Ribaux avoit la charge de fermer la porte à ceux qui ne devoient entrer en l'Hostel, mais de la particulariser de la façon comme il fait ; je voudrois pour m'en rendre capable, avoir un autre garant que de luy seul.

Et pour m'estancher de ce long discours, & monstrer en peu de paroles, qu'il n'y avoit aucune communauté entre le Roy des Ribaux, & celuy que depuis nous appellasmes Prevost de l'Hostel, je prens droit (permettez moy de faire icy l'Advocat pour le soustenement de mon opinion) sur ce que du Tillet dit en la fin de son Chapitre. Des sentences du Prevost de l'Hostel (dit-il) en matiere civile, les appellations ressortissent du Parlement, comme appert par les Registres d'iceluy du 21. Avril, & 29. Decembre 1486. Or est-il qu'en ce mesme temps il y avoit un Roy des Ribaux couché en l'Estat de l'Hostel du Roy, comme je vous ay cy-dessus touché. Il est donc vray de dire que c'estoient offices distincts. Ny pour ce que j'en discours je n'entens m'advantager au desadvantage de la memoire de du Tillet, ausquels la France a tres-grande obligation. En ces douteuses anciennetez je laisse la liberté aux plumes de me contredire, & au Lecteur de suivre telle opinion qu'il luy plaira : Sauf aux ans de juger des coups.

Quelqu'un paravanture desirera sçavoir de moy dont ce nom de Ribaud a esté emprunté, qui prendra cy-aprés un autre visage. Ceste compagnie de Ribaux, n'est, ny la premiere, ny la derniere, qui ait eu en noms particuliers dont on ne sçait l'origine, desquelles les unes reüssirent avec le temps à honneur, & les autres à deshonneur. Amian Marcellin nous tesmoigne que vers le declin de l'Empire il y eut deux braves compagnies guerrieres, l'outrepasse de toutes les autres, dont l'une estoit appellée *Gentilium*, & l'autre *Scutariorum*, sans que sçachions comment, ny pourquoy leur furent baillez ces deux noms : Et de ma part je veux croire, comme j'ay traité ailleurs, que d'elles vindrent en usage ceux que depuis nous appellasmes en France Gentilshommes & Escuyers : car il est certain que nostre Noblesse Françoise prit commencement par les armes, & qu'entre toutes les nations estrangeres, qui se firent riches de la despouille de l'Empire, il n'y eut pas un des autres, qui emprunta tant de mœurs, & discipline des Romains que la Françoise, comme nous tesmoigne Procope.

Ces deux compagnies de Gentils & Escuyers prospererent : Au contraire ces autres qui avoient tenu dedans la France, lieu de primauté entre les guerriers, s'abastardirent avec le temps, & par mesme moyen tomberent en l'opprobre de tout le monde. Durant la prison de nostre Roy Jean, les Anglois s'estans emparez de la ville de Melun fermoient la porte aux basteaux & marchandises qui descendoient du haut de la riviere de Seine à Paris. Au moyen dequoy Charles son fils lors Regent en France, pour faciliter la descente, ordonna certain nombre des Soldats, Brigands, Palvoisiens, Archers, & Arbalestiers, qui servoient continuellement en basteaux couverts, pour servir d'escorte aux autres basteaux. Par cela vous voyez que la compagnie des Brigands estoit lors mise la premiere en ordre, comme estant de plus grand respect que les autres. Le semblable avoit-il esté auparavant en celle des Ribaux : Et neantmoins l'une & l'autre sorlignans par succession de temps, des Brigands on fit des Voleurs & guetteurs de chemins en nostre commun langage ; & des Ribaux, ny ne je sçay quelle enjance de putassiers. Deux vices assez familiers aux soldats, si par une discipline estroite ils ne sont tenus en bride par leurs Capitaines. Or commença ceste desbauche bien avant sous le regne du Roy Philippes le Bel, comme vous pouvez descouvrir par le Roman de la Rose, dedans lequel vous trouverez, Ribaux & Ribaudes estre pris pour personnes qui mettent indifferemment leurs corps à l'abandon, sans aucun soin de leur honneur. Et signamment quand vous voyez le Dieu d'Amours faire Faux-semblant Roy des Ribaux, (Car la beauté de ce passage est, que Jean de Mehun Aucheur du Roman, qui vivoit sous Philippes le Bel, nous ayent representé quelle estoit la nature du Roy des Ribaux de son temps, qui ne signifioit autre chose que Capitaine) il represente aussi quel estoit le vice des Ribaux de son temps, ausquels il baille pour Capitaine Faux-semblant. Et est une chose esmerveillable qu'avec le temps l'Estat de ce Roy des Ribaux alla tellement au raval, que je le voy avoir esté pris pour executeur de haute Justice. Jean Boutillier dedans son livre intitulé Somme Rurale, qui commença d'estre mis en lumiere le 22. Juillet 1490. (Cela s'appelle la derniere année du Regne de nostre Roy Charles VII.) Ce docte patricien (dis-je) discourant de tous droicts qui appartenoient aux deux Mareschaux de France : car lors il n'y en avoit davantage. Ces deux Mareschaux (poursuivit-il) peuvent faire & accoustrer un Prevost, qui peut & doit avoir pouvoir d'eux deux, où soient empraintes les armes desdits Mareschaux, & premieres du premier Mareschal, pardevant lequel Prevost peuvent estre ventilées toutes les causes qui au droict desdits Mareschaux appartiennent à la Judicature, & doit avoir de chacune commission 2. sols : de chacune amende 60. sols, en quoy il commande, il doit avoir 17. sols. Et pareillement si l'amende estoit de 60. livres, en quoy enquevit toutes personnes qui fait ou vient contre les Estats desdits Mareschaux, il a aussi 17. livres. Item, a ledit Prevost le jugement de tous les cas advenus en l'ost, ou chevauchée du Roy ; & le Roy des Ribaux en a l'execution. Et s'il advenoit qu'aucun forface de corps, qui soit mis à execution criminelle, le Prevost de son droict a l'or & l'argent de la cheinture au mal-faicteur : & les Mareschaux ont le cheval, & le harnois, & tous outils se ils sont, reservé le droict, & les habillemens quels qu'ils soient, & dont ils sont vestus, qui sont au Roy des Ribaux qui en fait l'execution. Le Roy des Ribaux se fait toutes-fois que le Roy va en ost, ou en chevauchée, appeller l'executeur de ses sentences, & commandemens des Mareschaux, & de leur Prevost. Le Roy des Ribaux a son droict, à cause de son office, & connoissance sur tous jeux de dez & de berlans, & d'autres qui se font en l'ost & chevauchée du Roy. Item, sur tous les logis de bordeaux & femmes bordelieres doit avoir 2. sols la semaine.

Je ne feray aucun commentaire sur cet article, car le texte est assez clair, pour cognoistre quelle estoit la charge du Roy des Ribaux du temps de Jean Boutillier. Mais je vous prie de considerer en quel desarroy est en cet endroit nostre histoire : Car du Tillet estime que les filles de joye sont aujourd'huy sous la charge du Prevost de l'Hostel en Cour, comme ayant emprunté ceste belle dignité du Roy des Ribaux, lorsqu'il estoit en pleine vogue : Au contraire Boutillier la luy attribuë, lors que de grand Capitaine, on luy vit faire la charge d'executeur de la haute Justice. Au demeurant pour ne laisser en ce sujet rien en arriere, je sçay qu'il y a quelques vieux exemplaires de l'Ordonnance du Roy S. Louys de l'an 1254. qui parle des femmes folles & Ribaudes, en l'article auquel il bannit du Royaume tous les bordeaux. Chose qui pourroit apprester à penser, que desllors le mot de Ribaud fut pris de mauvaise part. Ceste Ordonnance fut faite en Latin (ainsi que l'usage commun de la France le portoit lors, & auparavant) & depuis traduite par diverses plumes, chacune desquelles approprioit sa version au langage commun de son temps. Et de fait, je vous puis dire avoir veu une version plus ancienne que celle-là, portant au lieu de Ribaudes, femmes follieuses. Pareille faute trouvons-nous aux anciens manuscrits de nostre Roman de la Rose, en chacun desquels le langage François est tel qu'il estoit lors qu'ils furent copiez, hormis la rime des vers, ausquels ils ne peuvent donner aucun ordre. Voire y trouverez-vous je ne sçay quoy du ravage de ceux qui en furent copistes, je veux dire de leur Picard, Normand, Champenois, qui sont choses ausquelles le Lecteur doit avoir grand esgard, premier que d'y interposer son jugement.

CHAPITRE XLV.

Capet & Hutin.

VRayment je ne puis que je ne me plaigne de l'injure que nous faisons à la memoire de nostre Hugue qui a esté l'un des plus grands Roys de la France, Roy dis-je qui a donné vogue à la troisiesme lignée de nos Rois, lequel nous avons surnommé *Capet*. Et neantmoins je n'en treuve presque un tout seul, qui nous enseigne pourquoy luy ait esté baillé ce surnom. Quelques-uns (comme Nicolas Gilles en ses Annalles) disent que ce fut par forme de sobriquet : d'autant que luy jeune avoit accoustumé de jetter en folastrant, les chappeaux des jeunes Princes & Seigneurs qui le suivoient : mais si les Chapperons estoient lors, & long-temps après, plus en usage que les chappeaux, je ne voy point sur quel pied nous puissions fonder ceste divination : joint que la grandeur de ses gestes, sur laquelle il establit avec le progrez de temps sa fortune, pouvoit faire oublier toutes ces jeunesses, & folastries. C'est pourquoy j'ayme mieux adherer avec le bon homme Cenalis Evesque d'Avranche, qui en ses Perioques dit, que tout ainsi que Charles fils de Pepin fut par aucuns appellé Charles le Grand, & des autres Charlemagne, d'un mot corrompu du Latin, pour la grandeur de ses Chevaleries: Aussi Hugue pour le grand sens qu'il apporta en la conduite de ses affaires, fut appellé *Capet*, d'un mot à demy Latin qui signifie le Chef : Car B aussi, à vray parler, vous trouverez en toutes ses actions plus de conseil, que de hauts faits d'armes.

Cecy me fait tomber de luy à Louys Hutin, duquel Messire Jean du Tillet Evesque de Meaux, en son abbregé des Croniques de France, dit en deux mots, *Louys Hutin*, quasi *Mutin*. En quoy la rime se trouvera bonne & riche : mais quelques-uns pourroient douter que la raison ne soit de mesme parure, & neantmoins nostre Paul Æmile est de mesme advis. Il est certain que le mot de *Hutin* à nos anciens signifioit noise, pour le moins ainsi le trouvé-je dans Froissard, au 15. chap. du I. Tome de son histoire, où racontans l'appareil que le Roy Edouard faisoit en Angleterre contre Robert Roy d'Ecosse, & les allegresses que l'on fit à la venuë de sire Jean de Hainaut. " Là pouvoit-on voir " (dit-il) Dames noblement parées & richement, qui eust eu le loisir de danser, ou de plus festoyer ? Mais nenny. Car tantost après disner un grand *Hutin* commença entre " aucuns garçons des Hannuyers, & des Archers d'Angle- " terre ". Et peu après : Quand les nostres eurent nouvelles de ce *Hutin*. Lequel mot il repete encore au 45. chap. Et Jean Moulinet en quelque passage de ses œuvres dit *Hutiner* pour noiser ou quereller. Mais pourquoy appellerons-nous ce Roy *Hutin* pour noiseux ? Car je ne recognois rien de querelleux en luy par tout le discours de sa vie. Un autre moy le devinera ; parce que l'histoire de son regne est si courte, que nous n'avons le moyen de juger quelle fut sa vie. Car de luy attribuer (comme quelques-uns le pensent) l'establissement du Parlement de Paris, c'est errer.

CHAPITRE XLVI.

Mestayer, Moitoyen, Mien, & Tien.

ENcores que les Romains peussent en diverses façons affermer leurs terres tantost en argent, tantost à certaine quantité de grain, selon que les volontez des contractans les admonestoient de faire ; si avoient-ils en tres-grande recommandation le loüage qui se faisoit de leurs terres à moitié : Et pour ceste cause voyons-nous estre faite en leurs loix si frequente mention d'un *Colon partiaire*. (Les Latins l'appellent *Colonum partiarum*) Et sur le dec'in mesme de l'Empire y eut une loy de l'Empereur Valentinian, par laquelle il estoit deffendu à tous Maistres d'affermer leurs terres en argent, ains de soy contenter de ce qu'elles rapporteroient : laquelle loy, tout ainsi qu'elle a receu diverses significations par les Commentateurs de droict, pour ne la rendre point contrevenante à quelques autres, aussi ne suis-je point exposé en ce lieu pour discourir, si elle a esté en tout, & par tout entretenuë selon sa forme & teneur; ains me contenteray de l'avoir alleguée, pour monstrer que c'estoit chose assez familiere en la ville de Rome d'affermer ses terres à moitié de grain. Ceste mesme coustume semble s'estre insinuée entre nos anciens : Car à bien dire, le mot de *Metayer* nous est aussi propre pour cest effect que le *Partiaire* D en Latin, l'un prenant sa derivaison de *Partiri*, & l'autre du mot *de moitié*. Pour laquelle cause mesmement vous trouverez en quelques vieux contracts, qui sont reduits en Latin tel que l'infelicité du temps portoit lors, que tels fermiers sont appellez d'un mot Barbare *Medietarij*, qui vaut autant que s'ils eussent esté appellez *Partiarij*. Depuis comme toutes choses prennent divers plis, aussi s'est ceste particularité de coustume, changée : de maniere que la raison ne soit baille en argent, ou en bled, ou à moitié, nous les appellons tous *Metayers* : Tout ainsi que nous avons veu de nostre temps en ceste France toutes sortes d'heretiques avoir esté appellez Lutheriens, bien qu'ils eussent quelque opinion separée de Martin Luther. Mais parce que les affaires de l'Eglise estans bien composées, Luther avoit esté le premier, qui du temps de nos peres remua l'Estat de nostre Religion. L'origine de ceste diction, *Metayer*, fera peut-estre juger que d'un mesme tige soit aussi procedé le mot de *Moitoyen*, pour autant qu'il semble avoir quelque affinité avecques l'autre : Toutesfois qui voudra rechercher ceste ancienneté à son vray point, il trouvera à mon jugement que les choses vont tout autrement, & que sous une proximité, & rencontre de dictions il y a diversité de sources : Car aussi le *Metayer*, comme j'ay dit, signifie celuy qui partit à moitié avec son Maistre, & le *Moitoyen* signifie une chose commune, & que l'on ne divise : Mais au contraire que l'on tient, & possede par indivis. Parquoy pour entendre en peu de paroles dont vient ce mot, la verité est que ces deux mots *Mien & Tien*, & aussi *Mienne & Tienne*, furent incogneus à nos anciens : Mais comme ainsi soit que tels mots soient derivez de *moy* & *toy*, aussi au lieu de *mienne* & *tienne* ils disoient *moye* & *toye*, & au lieu de *mien* & *tien*, *moyen* & *toyen*.

toyen. Guillaume de Lorris en son Roman de la Rose ainsi parle, faisant hommage à Cupidon,

> *Quand sa bouche toucha la moye,*
> *Ce fut ce dont au cœur j'eus joye.*

Et Jean de Mehun aprés luy, au mesme livre, en quelque lieu, où il faict mention d'un jugement donné à Rome.

> *Sire Juge, donnez sentence*
> *Pour moy, car la pucelle est moye.*

Et en autre endroict:

> *Apprenez-moy don en vos voyes*
> *Lesquelles choses seront moyes.*

En la vieille histoire de sainct Denis, livre second, chapitre troisiesme, Bellissaire escrivant à l'Empereur Justinian, ,, Ceux qui avoient envie de ta santé, & de la moye ,,. Je sçay bien que l'on trouvera en plusieurs endroicts du Roman de la Rose, qui est imprimé, *Mien & Tien:* Mais il ne faut faire aucune doubte que ces passages sont corrompus par ceux qui de nostre temps ont pensé beaucoup meriter de la langue Françoise, en reduisant ce bon vieux livre au langage qui court à present: En quoy je ne puis que je n'accuse à bon droict la miserable diligence de tels gaste-tout, lesquels estimans faire quelque brave traict de leurs plumes, nous ont en la plus part eschangé, & ce bon vieux Roman de la Roze, & la vie de sainct Louys du Sire Jean de Joinville; & encores par une impression recente, l'Histoire de Jean Froissard, ne considerans pas toutes-fois qu'en ce faisant ils nous frustroient entierement de la cognoissance de l'ancienneté de nostre langue, laquelle nous ne pouvons remarquer, singulierement dans le Roman, sinon par la fin, & cadance du vers, que l'on n'a peu changer à cause de la rime. Or que les anciens usassent de *Moyen, & Toyen,* je l'ay mesmes appris de maistre Raoul de Presles (qui fut long-temps aprés Guillaume de Lorris, & Jean de Mehun) au Livre par lequel il pretend monstrer, que la Monarchie de France ne recognoist en rien pour temporel l'authorité du Sainct Siege. Ceste antiquité me faict penser que de *Moyen, & Toyen,* vient le mot de *Moitoyen,* dont nous usons par une elision de la derniere syllabe de *Moyen,* comme si nous eussions voulu dire que ce mur estoit *Mien & Tien.*

+++

CHAPITRE XLVII.

De ce que le peuple dit un homme estre bon, riche, ou vertueux par dessus l'espaule, lors qu'il se mocque.

J'Appresteray à quelques-uns, non à rire, ains à se mocquer de moy, me voyant si curieusement perdre quelques bonnes heures en des chetives Recherches. Cecy me fait souvenir d'un sage conseil que donna Pline second, l'un des premiers Orateurs de son temps, à un sien compagnon, qui se vantoit de n'employer jamais dans ses plaidoyez qu'argumens forts, & poignans, à quoy Pline luy respondit: Mon amy, tu penses quelquesfois frapper droict à la visiere, & tu ne donnes qu'au talon, c'est pourquoy je mets en œuvre toutes sortes de pieces qui se representent: car en la diversité des jugemens, à tel plaist un argument, qui desplaist à l'autre: ainsi est-il des discours que je me suis icy proposez; l'un trouvera un sujet bon, qui ne sera agreable à l'autre, & cet autre approuvera l'un de mes Chapitres, qui sera bafoüé par son compagnon: en un mot, s'il se trouve quelque Censeur, auquel ces petites Recherches ne plaisent, comme chose de non de valeur, tout ainsi que je suis dispensé de les escrire, aussi se pourra-il dispenser de les lire. Je dy cecy par exprés, non seulement pour la matiere du present chapitre, mais aussi de toutes les autres, qui pourront estre trouvées de foibles alloy: & cependant je vous diray qu'il y a plusieurs proverbes en nostre langue qui semblent estre de foy ineptes, mais toutesfois encore doivent-ils avoir nom de proverbes, sinon entre gens de discours, pour le moins entre ceux qui sont de plus lourd, & grossier entendement, comme moy: tel pouvons nous estimer ce commun propos: *Quand nous disons un homme estre riche, ou vertueux par dessus l'espaule,* nous mocquans de luy, & voulans signifier n'y avoir pas grands traicts de vertu, ou richesse en luy. Lequel dire, tout ainsi que je l'ay quelquesfois estimé evolé; aussi en apris-je depuis l'origine & derivaison, par quelques joüeurs de Flux: car comme ainsi fust qu'en ce jeu l'As soit la principale carte (qui est celle en laquelle il y a une unité au milieu) il advint qu'un quidam en se riant, dist qu'il avoit deux As en son jeu, & les exhibans sur la table, fut trouvé que c'estoient deux Varlets, chacun desquels, comme l'on sçait, porte une une unité sur l'espaule: à quoy ayant appresté par son mensonge à rire à la compagnie, il respondit veritablement qu'il en avoit deux, mais que c'estoit par dessus l'espaule. Qui est prendre ce propos (dont nous faisons un proverbe) en sa vraye signification: car comme je disois maintenant, chaque teste, soit de Cœurs, Careaux, Trefle & Picque, a un As dessus l'espaule, pour faire cognoistre de quel jeu ils sont Roys, Roynes, ou Varlets, & toutesfois ceste unité ne represente pas un As: parquoy si nous voulons rapporter ce commun proverbe à ce jeu, nous le trouverons estre dit avec quelque fondement de raison, combien qu'autrement il semble avoir esté inventé à credit, & par une temerité populaire. J'adjousterois volontiers à la suite de cestuy-cy, un autre; quand voyant un homme au dessous de toutes affaires, *nous le disons estre reduit au tapis:* maniere de parler que nous empruntasmes des joüeurs, lesquels joüans sur un tapis verd, quand ils n'ont plus d'argent devant eux pour mestier mener, ils sont contraints de s'emparer de la table, & on les dit estre reduits au tapis.

CHAPITRE XLVIII.

Sans Feu, & Leu.

Entre tous les Elemens je trouve que le feu a tousjours esté reputé necessaire pour la conservation de la santé. Qui a esté cause à mon advis que Martial devisant de la felicité que l'homme peut avoir en ce bas estre, aprés la deduction de quelques particularitez, adjousta par exprés, *Focus perennis*, c'est-à-dire, avoir bon feu perpetuellement en sa maison : & au contraire les plus expresses, & exemplaires punitions qui se faisoient dedans Rome, estoient quand l'on interdisoit un homme de feu, & d'eau : voire fut trouvé le feu de telle necessité à une famille privée, que les mesmes Romains voulurent par une metaphore appeller la maison où ils resideoient sous ceste diction Latine *Focus*, qui ne signifioit toutes-fois en sa propre signification, autre chose que Fouyer : Et en ceste façon estimerent-ils miserable celuy que la fortune avoit privé *Laribus, & focis*. Qui est comme si nous disions estre banny de sa maison. De ceste mesme façon avons-nous dit, & disons *tant de feux estre assis à la taille*, c'est-à-dire tant de maisons à tel vilage estre contribuables à la taille : Ainsi dismes-nous *estre sans feu & sans leu* quand nous voulusmes representer un homme qui n'avoit aucun domicile asseuré : Et de ce mesme mot est issu ce que nous appellons *fouages*, qui sont contributions annuelles que l'on tire *de chaque feu* : chose qui est, ou qui peut estre notoire, & neantmoins remarquée par passage exprés au vieil Coustumier de Normandie chapitre 15. parlant du Monneage qui estoit deu de 3. ans en 3. ans. au Duc de Normandie, afin qu'il ne fist point affoiblir les monnoyes. L'on doit sçavoir (dit-il) qu'il y a plusieurs lieux en Normandie, qui oncques ne payerent cet ayde, si comme la Chastellenie, Laval, S. Jacques, Mortaigne, & aucuns autres qui oncques ne payerent Monneages. Et pour ce soulouoit-il estre appellez *fouage*, car ceux le payent ordinairement qui tiennent *feu & leu* : Aux dernieres impressions on a mis *feu & lieu*, ainsique nous en usons maintenant. Mais il ne faut point douter que nos vieux François usoient du mot de *leu, & non de lieu*, & ce par une mesme analogie que celuy du feu. Car tout ainsi que feu vient de *focus*, aussi *leu* venoit de *locus*; & nos anciens pour asseurer leur metaphore, par laquelle sous le mot de *feu* ils vouloient representer nos domiciles, y adjousterent encore celuy de *leu*, qui est beaucoup plus intelligible : & par mesme moyen se jouërent de la rencontre des deux mots. Quant à moy il me semble qu'il est beaucoup plus beau de demeurer dedans ceste ancienneté que de dire *feu & lieu*, encores que le mot de *lieu* ait banny de nous celuy de *leu*. Tant y a que nos ancestres firent de ces *focus, locus, & jocus, feu, lieu, jeu*. Et diray encores que de *Coquus*, ils firent *Queu*.

CHAPITRE XLIX.

Entendre le Numero.

L'Invention des Italiens (gens naturellement destinez pour espuiser par subtils moyens l'or & l'argent de ceste France) a introduit entre nous un jeu que l'on appella la *Blancque*, jeu le plus propre que l'on sçauroit dire, pour pipper doucement une populace, & lequel je veux icy representer en passant. Il y a un Marchand entrepreneur, qui se faict porteur de plusieurs belles beatilles, lequel se retire par devers le Roy, & moyennant quelque don qu'il faict à quelque favory de Cour, il obtient permission d'ouvrir une Blancque; la permission obtenuë, il faict apprecier ses joyaux par le Magistrat ordinaire des lieux : mais Dieu sçait quelle appreciation : car à bien dire, ce jeu n'estant introduict que pour tromper gracieusement le monde, il n'y a celuy de ceux qui s'en meslent, qui ne veuille avoir part au butin. Tous ces preambules estans faicts par une forme d'avant-jeu, ce Marchand commence d'exposer en la monstre de tout le peuple ce qu'il entend perdre au jeu de la *Blancque*; pendant lequel temps un chaqu'un y est receu à apporter son denier. Et voicy la forme que de nostre temps j'y ay veu tenir : celuy qui vouloit entrer en ce hazard estoit tenu de bailler un teston au Maistre de la *Blancque* : & neantmoins au lieu de faire enroller son nom, il apportoit une devise qui estoit enrollée dans un registre. Ce neantmoins pour autant qu'il pouvoit advenir que plusieurs se rencontreroient en mesme conformité de devise, qui eust causé un differend entr'eux, pour obvier à cecy en enregistrant la devise, l'on adjoustoit par mesme moyen la quantiesme elle estoit, c'est à sçavoir, ou la centiesme, ou deucentiesme, que plus, que moins, & tout d'une main rendoit-on un billet signé de la main du Greffier contenant nostre devise, avec le mesme nombre que celuy qui estoit porté par le registre : Et ainsi le Maistre de la Blancque recevoit deniers d'uns & autres, jusques à ce que le Marchand eust remply ce à quoy estoient appreciez ses joyaux. Le jour venu pour tirer la *Blancque*, on asseoit un aveugle au milieu de deux vaisseaux, en l'un desquels estoient mises toutes les devises distribuées par petits billets avec le nombre auquel elles estoient cottées sur le registre, & en l'autre autant de buletins, dont les aucuns contenoient les joyaux destinez pour celuy auquel le hazard du jeu diroit; ils nommoient ceux-cy *Benefices*, & les autres qui estoient sans escriture, pour ceste cause estoient appellez *Blancs* ou *Blancques*. L'aveugle ayant tiré d'une main la devise, il la bailloit à un homme qui estoit prés de luy : & de l'autre, dans lequel estoient contenus les *Benefices*, ou les *Blancques*, il tiroit pareillement un buletin qu'il bailloit à un autre homme qui le costoyoit de l'autre part. Tellement que le premier ayant fait recit hautement de la devise qui luy estoit mise entre mains & quant au nombre, l'autre respondoit *Blancque* ou *Benefice*, selon le billet qui luy avoit esté rendu par l'aveugle, voulant par ce mot de *Blancque* signifier un rien, ou neant : pour celuy duquel on recivoit la devise & le mot de *Benefice*, emportoit quant & soy le gain de ce qui estoit contenu dans le billet, dont luy estoit puis aprés, faite delivrance. Tellement qu'entre plusieurs il y avoit ordinairement peu de personnes qui rencontroient aux *Benefices*. Comme ainsi fust que pour un *Benefice*, il y eust

euſt 100. & 200. *Blancques.* Et neantmoins pour le peu de perte que chacun ſentoit en ſon particulier, il y auoit vne infinité de perſonnes qui ſe hazardoient à ce jeu. Or auons nous dict *Blancque* & non *Blanc*, par vn mot François Italiennizé, au lieu de *Biancho*, ou *Biancha*, voire pour autant que ce mot de *Blancque* eſtoit ſouuent repeté, nous appellaſmes ce jeu *Blancque.* Et auſſi de l'Italien introducteur de ce jeu, nous vſaſmes du mot de *Numero*, au lieu de *Nombre*, qui nous eſt naturel François, & diſmes celuy *entendre le Numero*, qui n'auoit oublié le nombre ſous lequel ſa deviſe eſtoit enregiſtrée. Et depuis accommodaſmes ceſte maniere de parler en toute autre choſe, diſans *qu'un homme entendoit le Numero*, quand il auoit certaine information, & cognoiſſance d'une choſe, & n'eſtoit pas cecy ſans raiſon: car autres-fois dedans la ville de Rome ſe trouua vn different en ſemblable jeu par faute d'y auoir appoſé le nombre, ou le *Numero.* Nous liſons dedans Vopiſque en la vie de Probus Empereur, qu'en vne expedition des Romains contre les Alains, auoit eſté pris vn cheual ſur les ennemis qui eſtoit d'vne telle viſteſſe, qu'en vn jour il faiſoit cinquante lieuës: continuant ce meſme train l'eſpace de 10. & 12. jours tout de ſuite. Or eſtoit Probus en ceſte defaite, Lieutenant general de l'armée, au moyen dequoy chacun ſe perſuadoit que par vn droict de bien-ſeance il le gratifieroit de ce beau preſent: ce qu'il ne voulut toutes-fois faire, diſant que le don eſtoit plus ſeant à vn homme coüart, qu'à vn Gentil-homme genereux, ſi voulut pour le contentement d'vn chacun que tous tant de ſoldats qu'ils eſtoient, miſſent leurs noms par buletins dedans vn Vaze, afin que celuy que le ſort fauoriſeroit, & qui ſeroit le premier tiré du vaiſſeau, euſt pour ſon lot ce cheual, ne voulant quant à luy auoir part à ce butin. Là par fortune y auoit quatre Soldats portant meſme nom que leur Colonel, ſur leſquels la fortune voulut donner, parce que le premier que l'on tira eſtoit appellé Probus. Dont ſourdit noiſe & querelle entre ces quatre, vn chaſqu'un d'entr'eux pretendant eſtre le Probus, auquel le hazard auoit bien voulu. Qui fut cauſe que pour aſſoupir la querelle, il fut aduiſé de rebroüiller tous les noms, & derechef tira-l'on touſjours vn nom de Probus, juſques à la quatrieſme fois, que les gendarmes ſe firent accroire que les dieux auoient deſtiné ce cheual à leur General ſeulement, qui portoit la nom de Probus, veu qu'en la concurrence de ces quatre, d'vn meſme nom, on ne pouuoit diſcerner auquel il le falloit adjuger. Et à tant ils luy en firent preſent. En quoy l'on voit certainement que le deffaut du *Numero* depuis amené en vſage par ceux qui ont voulu negocier entre nous tel jeu, fut cauſe de ce differand qui ſourdit entre les quatre de meſme nom. Ce jeu m'appreſta quelques-fois occaſion de m'eſgayer pendant mes jeunes ans, en vn Sonnet ſur ce jeu, par lequel il me plaiſt de clotre le preſent Chapitre.

Comme celuy qui d'vne Blancque penſe
Tirer tel heur qu'il s'eſt en ſoy promis,
Entre les mains de l'Aveugle a remis
Tout le ſuccez de ſa douteuſe chanſe:
Ainſi au ſort d'vne double puiſſance
Deſſous l'Amour aveugle j'ay ſous-mis,
Et ſous les ans, le meilleur qu'auoit mis,
Le Ciel dans moy dés ma folle naiſſance.
Jamais d'Amour je ne tiray butin,
Quoy qu'vn & vn & autre buletin
De mon meilleur dans ſa trouſſe je miſſe:
Mais toy, ô Cours d'vne poſterité!
Si ma clameur ne te rend irrité,
Fay-moy trouuer dans tes ans Benefice.

CHAPITRE L.

Beau-pere, & autres mots concernans tant la Parenté, qu'Affinité, enſemble de quelques autres mots, dont l'vſage ne ſeroit peut eſtre hors de propos

Ceux qui ont eſpouſé nos enfans, nous appellerent leurs *Beaux-peres*, Nous appellons encores les Religieux *Beaux-peres.*

Mes beaux peres Religieux
Vous diſnez pour vn grand mercy.
O gens heureux! ô demy Dieux!
Pleut à Dieu que je fuſſe ainſi.

Diſoit Victor de Brodeau en ce huictain qui fut tant ſolemnizé ſous le regne de François I. Mais dont eſt procedé que nous honorons d'vn meſme mot, & ceux qui font profeſſion du Celibat, & les autres qui ont enfans? D'auantage que nous appellons ſeulement *Peres* ceux qui ont des enfans non mariez, & *Beaux peres* ceux qui ont des enfans mariez? Quant à moy je ne doute point qu'il ne faille appeller les vns & les autres *Beats peres*, au lieu de *Beaux peres*, les Religieux parce qu'ils ſemblent auoir eſpouſé vne vie ſaincte: Et les *Peres*, d'autant qu'en mariant leurs enfans, ils ſemblent ſe moyenner vne vie immortelle en ce mortel eſtre, par vne ſubrogation de l'vn à l'autre. Si ma diuination eſt bonne, ou mauuaiſe, je m'en rapporte à ce qui en eſt. Bien ſçay-je que Rabelais en ſon troiſieſme liure de Pantagruël appelle *Beats peres* les Moines que nous appellons *Beaux-peres*: toutes-fois comme vne erreur en amene vne fort aiſément vne autre, auſſi auec le temps le peuple eſtimant qu'il fallût dire *Beau-pere*, & non *Beat pere*, appella les meres *Belles meres*, & les gendres & brus, *Beaux fils* & *Belles filles.* Or puis que ce mot de *Beau pere* s'eſt preſenté en ce lieu, il m'eſt tombé en memoire que nos ancestres, par vne honneſte licence, furent trop plus curieux és paroles de conſanguinité, & affinité que nous autres, qui par vne ſuperſtieuſe ignorance auons en cet endroit appauuri noſtre vulgaire: Car ils vſerent du mot de *Paraſtre*, comme de *Maraſtre*, pour deſcouurir celuy que noſtre mere auoit eſpouſé en ſeconde nopces, & ſemblablement de *fillaſtre* pour nommer le fils de noſtre mary ou femme qui eſtoit iſſu d'autre mariage; ils appellerent *Serourge* celuy qui auoit eſpouſé noſtre *Sœur*, qui venoit de *Sereur:* Car ainſi appelloient-ils vne *Sœur* de la diction Latine *Soror*, & depuis par abbreuiation *Sœur.* Auſſi fut à nos anciens fort familier & frequent, pour la proximité de parentage le mot de *Nepueu*, non pour le regard de l'oncle, ains de l'ayeul, c'eſt-à-dire, pour ce que nous diſons par vn contour de langage Petit fils. De toutes leſquelles paroles vous verrez fort frequente mention dedans les grandes Croniques de France dediées au Roy Charles huictieſme. Mots toutes-fois que nous ne mettons gueres pour le jourd'huy en vſage, hormis que le mot de *Nepueu* a commencé de reprendre petit à petit ſes anciennes racines en nous, par la liberté des Poëtes de noſtre temps: Et à la mienne volonté qu'il ſe perpetuë en ceſte ſignification, afin que tout ainſi que le Latin, nous puiſſions aſſortir noſtre langue d'vne enumeration graduelle des parens en ligne directe, de laquelle nous ſommes manque pour le jourd'huy: Car apres que vous auez nommé ayeul, pere, fils, & petit fils, vous demeurez court, & ſi vous auiez reſtaſtably le mot de *Nepueu* en ſa primitiue, & plus vieille ſignification, il vous ſeroit loiſible de dire pour les aſcendans, *pere, ayeul, biſayeul, & peut-eſtre triſayeul*, & pour les deſcendans, *fils, nepueu, & arriere nepueu*, *veu*, ou tel autre mot, dont l'oreille plus delicate se pourroit adviser. Et sçay bon gré à Denis Sauvage, Seigneur du Par, lequel en sa traduction des Histoires de Paule Jove, livre trente-septiesme, appelle Mahommet bisayeul, Amurath trisayeul de Solyman de Constantinople. Et devant luy, celuy qui soubs le nom de Feal serviteur, fit imprimer la vie du Chevalier de Bard en l'an mil 1527. n'avoit usé du mot de Trisayeul ains Terayeul au premier Chapitre de son livre. A faute dequoy des Essars (homme qui toutes-fois faisoit grande profession de bien escrire entre les Courtisans de son temps) fut contrainct de dire au huictiesme livre de son Amadis, parlant de quelque Chevalier, qu'il estoit fils du fils de son fils, par une pauvreté qu'il sentoit estre pour cet esgard en nostre langue. Nous voyons dans cette ville de Paris au Cimetiere de sainct Innocent, un Epitaphe d'Yoland de Bailly veufve de Maistre Denis Capel, Procureur au Chastelet, portant qu'elle avoit vescu quatre-vingt-huict ans, & avoit peu voir deux cens quatre-vingt-huict siens enfans, & trespassa le dix-septiesme Avril mil cinq cens quatorze. Imaginez combien elle eust esté empeschée s'il luy eust convenu appeller d'un vray mot, ceux qui estoient distans d'elle en la quatre ou cinquiesme generation & lignée.

Je diray cecy en passant, car peut-estre ailleurs ne se presenteroit-il occasion d'en parler si à propos. Je voy nostre langue aujourd'huy mandier des mots du Latin, qui pourroient se trouver en elle-mesme, quoy que soit qui n'en approcheroient comme ils en approchent. Nos Praticiens appellent une *Procuration ad lites* celle qu'on envoye à Procureur pour occuper en une cause pour nous. Jean Bouteiller, en son Somme Rural, l'appelle *Procuration à litige*: Nous disons qu'un homme a esté pris en flagrant delict, quand il a esté surpris sur le faict, & il le dit *Estre pris en present mesfaict*. *Moindres d'ans peuvent comparoir par Tuteur*, les soubs aagez par *Curateur*: Nous appellons les premiers Pupilles, & les seconds mineurs. *Parastres*, *Marastres*, *Fillastres*, sont fort frequens en cet autheur. Nous, suivans les termes du Latin, divisons les obligations en contracts, & quasi contracts: *Les obligations se divisent par contract*, *ou en obligation, si comme par contract*. Dedans la coustume de Meaux & Vitry *mainmettre*, pour ce que nous disons ordinairement *Manumettre*. *Parastre*, coustume de Meaux, & ancienne de Melun, article cent quarante-neuf. Nous disons quelquefois au feur, c'est-à-dire, au prix, & peu de personnes sçavent pourquoy. Mais le mot d'afleurer signifioit acheter: dedans le vieux Coustumier de Normandie, Chapitre vingt, titre des Usuriers: tel a affeuré son cheval au feur, c'est-à-dire, qu'il a acheté son cheval au prix, &c. Nous appellons freres puisnez, ceux qui sont nez apres leurs aisnez. Et par adventure nous pourrions appeller non improprement *Puisnez* ceux qui sont nez apres le deceds de leurs peres, qui furent par les Romains appellez *Posthumes*, & *Mainez ou Mainnez* ceux qui secondent ou tiercent en aages leurs aisnez, quasi *moins nez*. Car pour le regard du mot d'*aisné*, il est composé de deux, ores que de prime face, il ne le semble pas. *Aisné*, ains né, c'est devant né: parce que ce mot de *Ains* se prend souvent en cette signification de *Devant*. Nos ancestres userent du mot d'*avoutrie* pour celuy d'adultere dont nous usons. Nos Coustumes appellent les serfs gens de mortemain, ou main morte, par une Metaphore hardie. Particularizez par moy cy-dessus touchez, non que je ne recognoisse fort bien que les anciennes paroles viennent d'un mesme fonds que les modernes: mais je souhaiterois volontiers, s'il y avoit moyen de ce faire, de nous rendre les mots naturels, & qu'ils semblassent prendre leur estoc de nous, ores qu'ils fussent transplantez. Toutesfois puisque le peuple s'est faict Juge Souverain des paroles de toute anciennetté, je m'en remettray à son usage, me contentant de sçavoir ce que je pense devoir estre faict.

CHAPITRE LI.

Du mot de Bande, *dont les François usent pour assemblée.*

LE mot de *Bande* semble avoir diverses significations entre nous: car quelquesfois nous le prenons pour lier, comme bander une playe; quelquesfois pour tendre, comme bander une Arbaleste, & se prend encores d'une autre façon entre ceux qui habitent les jeux de paulme, lorsqu'ils veulent joüer à bander, qui est de perdre l'esteuf de celuy-là qui l'a ramené soubs la corde: outre toutes lesquelles significations il y en a une autre beaucoup plus noble & authorisée que toutes celles-cy, quand nous disons qu'un homme se bande, c'est-à-dire, se ligue encontre un autre; & de mesme mot, vient que nous disons *Bandes* pour Compagnies, & troupes de guerre: Signification à mon jugement qui a pris sa source des querelles des maisons d'Orleans, & de Bourgongne, sous le regne de Charles sixiesme: Car s'estans ces deux maisons opiniastrées en la ruine de toute la France, en se pourchassant la leur propre, elles s'estoient bigarrées en diversité de livrées: le Bourguignon portoit une Croix rouge de S. André, dont est venu que depuis on a appellé telles Croix Bourguignones: Et l'Orleannois portoit des escharpes que le peuple appelloit, comme il faict encores maintenant, *Bandes* Or fut la fortune telle, que combien que le bon endroict fust du costé de ceux d'Orleans, si est-ce que Jean Duc de Bourgogne sur le commencement des factions, possedoit le Roy, & le Royaume à sa devotion, & specialement estoit en toutes affaires favorisé grandement des Parisiens: Tellement que son ordinaire retraicte estoit à Paris, & y avoit mesmement assis le principal sejour de ses affaires. Au moyen de quoy les Orleannois qui desiroient luy faire deguerpir ce lieu, donnerent plusieurs assauts & escarmouches à la ville: ce qui augmenta encontre eux grandement la haine commune. Tellement que le peuple de là en avant en appelloit ceux qui suivoient le party des Ducs d'Orleans, & de Berry, & Comte d'Armegnac qui avoient fait ligue ensemble, les *Bandez*, parce qu'ils portoient cette escharpe; ny plus ny moins que sous Godeffroy de Bouillon on appelloit *Croisez* ceux qui allerent avec luy au voyage de Hierusalem, parce qu'ils portoient tous la Croix: & semblablement quand on parloit de leurs compagnies qui estoient grandes, les aucuns les appelloient ceux des *Bandes*, prenans neantmoins ces mots en mauvaise part, & quasi comme pour conspirateurs contre le temps publics. Chose qui a depuis eu vogue entre nous: Car lors qu'il eschet que plusieurs machinent une conspiration, nous disons qu'ils *se bandent à faire telle entreprise*: Et depuis par succès de temps nous avons rapporté ce mot de *Bandes* aux compagnies de gens-d'armes. Ce que je dis se trouve dans les livres anciens, esquels sont escrites les calamitez qui couroient lors par la France. Mon ancien papier journal en un lieu où il descrit le siege que les Orleannois avoient mis devant Paris: Les Ducs d'Orleans & Berry (dit-il) portoient *une bande*, & tous ceux de par eux se tenoient à *cette bande*. Et peu après parlant des mesmes Orleannois. » Aucuns de la *Bande* « cuidoient de certain, qu'on deust piller Paris, & tout mal qui se faisoit de delà, chacun disoit que se faisoit le Comte d'Armegnac, tant estoit de male-volonté plein: Et pour certain on avoit autant de pitié de tuer ses gens, comme des chiens, & quiconque estoit tué de delà, on disoit, c'est un Armegnac, & certes ceux de la *Bande* eussent fait du mal plus largement, ce ne fust le froid, & la famine. Et peu

peu après ; l'an 1411. recommencerent ceux de la *Bande* leur mauvaise vie. Car en Aoust, devers la fin, vindrent devant Paris du costé de devers Sainct Denis, & fit chacun son assemblée vers Montdidier : mais quand les *Bandez* sçeurent la belle compagnie que Bourgongne avoit, ils ne l'oserent oncques assaillir. Quand le Duc vit la chose, il dit qu'ils n'avoient guere qu'au Roy, & à la bonne ville de Paris : Si renvoya ses Communes, & convoya grands pays ; & les *faux Bandez,* Armegnacs commencerent à faire tout du pis qu'ils pouvoient. Qui nous peut presque enseigner la derivaison de cette diction prise de la façon que nous la pratiquons en ce sens.

CHAPITRE LII.

De ce mot Tintamarre.

NOus usons de cette diction *Tintamarre*, pour signifier un grand bruit & rumeur, & sembleroit de prime face qu'elle eust esté inventée à plaisir, & non pour autre raison que pour contenter le son de l'aureille : & parce que cette parole en soy represente je ne sçay quoy de grand bruit, de mesme façon comme nous appellons le jeu de tablier *Tric trac*, pour autant que ce mot semble aucunement se rapporter au son des dez : Toutesfois la derivaison en cet autre est digne d'estre remarquée en ce lieu. L'on trouve és vieilles Chartres de Berry en la saincte Chappelle de Bourges, que Jean Duc fondateur d'icelle, allant un jour à la Chasse, trouva grande quantité de vignerons qui estoient en un vignoble non esloigné de la ville de Bourges, lequel voyant ce pauvre peuple gaigner sa vie à tres-grand sueur de son corps, il se voulut informer de l'un d'eux ce qu'ils pouvoient gaigner par jour, & combien d'heures ils travailloient, & plusieurs autres particularitez, lesquelles il prenoit plaisir à escouter : à quoy luy fut entre autres choses respondu, que quand c'estoit és grands jours d'Esté, ils estoient tenus de prester pied à boule à leur besongne depuis les quatre heures du matin, jusques à huict & neuf heures du soir, c'est à sçavoir, tant que le Ciel les favorisoit de clarté, & és plus courts jours de l'Hyver, depuis six heures du matin, jusques à sept ou huict heures du soir : estans mesmes contraints pour c'est effect porter chandelles & lanternes quant & eux pour les esclairer. Le Duc prenant ce peuple à compassion, & estimant que la rigueur des maistres estoit en cela trop tyrannique, en voulut effacer la coustume ; & pour cette cause, ordonna que de là en avant le Vigneron ne seroit tenu de s'acheminer à sa besongne devant six heures en quelque temps que ce fust, & qu'en Esté toute besongne cesseroit à six heures du soir, & en Hyver à cinq : Et pour ne rendre cette ordonnance illusoire, il commanda que ceux qui estoient plus proches de la ville, & consequemment devoient entendre plus à leur aise le son de la cloche, en donnassent advertissement, en criant aux autres qui estoient plus prochains, lesquels seroient tenus de rendre le semblable aux autres, & ainsi de main en main. Cecy depuis fut tres-estroitement observé en tout le pays de Berry, auquel le premier vigneron ayant sur les cinq ou six heures du soir faict la premiere clameur, il excitoit son voisin à en faire autant, & luy pareillement aux autres : Tellement qu'en toute la contrée s'entendoit une grande huée, & clameur, par laquelle chacun estoit finalement adverty qu'il falloit faire retraite en sa maison ; & cette mesme coustume s'observa autresfois, ainsi que j'ay ouy dire és environs de la ville de Blois en un grand costeau de vignobles, qui en est prés, où les plus proches vignerons de la ville ayans oüy l'horloge avoient accoustumé pour le signal de retraitte, de crier à haute voix, *Dieu pardoint au Comte Thibault*, s'estant le peuple fait accroire par un long succés de temps, que ce fut un Comte Thibaut de Blois qui en introduisit entre eux la premiere loy & coustume. Or, disent les bonnes gens du pays, qu'ils avoient ouy qu'autresfois le premier qui donnoit advertissement aux autres, avoit accoustumé de *tinter dessus ses marres avec une pierre*, & tout d'une suite commençoit à huer aprés ses autres compagnons : Car *Marre*, comme vous sçavez, est un instrument de labour emprunté mesmement du Latin : Ainsi que nous pouvons recueillir de deux passages, du dixiesme de Columelle en sa maison rustique, dont est venu que presque en la plus-part de cette France nous appellons *marrer* les vignes, ce qu'és autres endroits *Labourer*. Parquoy ce ne sera point à mon jugement, mal deviner, d'estimer que d'autant que au son du *tint* qui se faisoit sur la *Marre*, s'excitoit une grande huée entre vignerons ; quelques-uns du peuple François advertis de cette façon ayent appellé *Tintamarre*. à la similitude de cecy, tout grand bruit & clameur qui se faisoit.

CHAPITRE LIII.

De cette diction, Riens.

JE veux que l'on pense que je ne traicte icy rien, discourant sur cette parole de *Riens*. Un chacun de nous estime que ce mot ne signifie autre chose que ce que nous disons autrement *Neant*, & pour cette cause qui voudroit representer en nostre langue ce que le Latin dit, *Ex nihilo nihil fit*, il ne le pourroit en meilleurs termes representer, que *de Riens ne se faict de riens* : Aussi quand il advient en commun langage à quelqu'un de dire *s'il veut riens mander*, on s'en mocque, & dit-on ordinairement *qu'à riens mander, il ne faut point de messager ou response* : Toutesfois qui considerera ce mot en sa vraye source & nature, il verra que ce que le Latin à dit *Res*, nous l'avons rapporté en nostre langue soubs cette distinction de *Riens* : & de fait, lisant dans les anciens, vous le trouverez aussi souvent usurpé pour ce mot de *Chose*, que pour *Neant*, & voy le plus du temps nos anciens avoir dit *nulle Riens & Toute Riens*, pour *nulle chose, & toute chose* : faisant *Riens* feminin, comme les Latins ont faict *Res*. Jean de Mehun (je suis contraint l'appeller souvent à garand, comme l'un de nos plus anciens approuvez Autheurs) faisant instruire la jeune Dame par la Vieille :

Sur toutes Riens gardez ces poincts,
A donner ayez les cloz poincts,
Et à prendre les mains ouvertes.

Et

Et l'Autheur de la grande Cronique, parlant de Protaide qui fut Maire du Palais de Theodoric Roy de Bourgongne. « Sage homme estoit (dit-il) & de bon conseil, mais avaricieux, & convoiteux sur toutes *Riens*, c'est-à-dire, en l'un & l'autre passage *sur toutes choses* ». Jean de Mehun en un autre lieu, où Genius, dit à Nature, que la femme ne peut celer un secret, quoy qu'elle ne fust semonce de le descouvrir.

Et si aucun ne luy demande
Si le dira-t-elle vrayement,
Sans estrange admonestement
Pour mille riens ne se tairoit.

Peu aprés le mary à sa femme.

Dame si Diex m'avoye,
Pour mille riens ne le diroye.

Au lieu mesme.

Mais il est droiturier sans doute
Car en luy reluict bonté toute,
Autrement seroit en defaut
Cil à qui nulles riens ne faut.

En tous lesquels passages est adjoustée une negative, pour faire signifier *nulle chose*, & toutesfois le mesme Jean de Mehun en plusieurs autres passages prend bien *Riens*, pour *Neant*, comme au lieu où il introduit Genius devisant de la creation de ce monde.

Car le rien fait-il tout saillir,
Luy qui a rien ne peut faillir,
N'oncques riens ne le meut à faire
Fors sa volonté debonnaire.

Auquel lieu les deux premiers *Riens* sont usurpez pour *Neant*, & le tiers pour *quelque chose*. Ce que j'ay voulu remarquer en passant pour contenter les esprits de ceux qui ambitieusement se delectent, mesmes aux plus petites anciennetez de nostre France. Mais d'où vient que de ce mot *Res* tant familier aux Romains, dont nos Ancestres avoient fait un *Riens*, nous usons en tout nostre commun langage du mot de *Chose*, qui a esté empruntée de cette diction Latine *Causa*, qui n'a rien commun avec nostre *Chose* Françoise? D'en rendre la raison, je ne puis. Bien diray-je dés pieça le trouvay-je avoir esté ainsi pratiqué: Et mesmement par Pepin Roy d'Italie fils de Charlemagne, au Chapitre *Itinerantibus*, où il deffend aux Evesques, Abbez, Comtes, & ses vassaux passans pays, *Ut non præsumant ipsi, aut homines illorum, ulli suam caussam tollere aut suum laboratum*. Qui voulut dire qu'ils ne fussent si hardis, ny eux, ny leurs gens de ravir à qui que fust, une sienne *Chose*, ou de son labour.

⁜⁜

CHAPITRE LIV.

Marquis, Marchal, Mareschal, Maire.

MOn opinion est que le mot de *Marquis* signifie un Estat anciennement inventé pour la protection & deffence des pays frontiers, & limitrophes, que nous appellons de tout tems & ancienneté *Marches*. En la vie du Debonnaire, dans la vieille Chronique de S. Denis: Au mois de May tint l'Empereur, Parlement à Aix la Chappelle: là vindrent les Messagers des Bulgeois qui moult longuement avoient demeuré en Baviere: Si estoit telle leur intention, qu'aprés la confirmation de Paix & alliance, on traictast debonnairement *des Marches* qui sont entre les Bulgeois Allemands, & François Austrasiens: mot certes fort ancien, & usurpé par plusieurs fois par Aimoin en son Histoire, mais par passage merveilleusement exprés au cent dix-huictiesme Chapitre de son quatriesme livre, où il dit que le mesme Debonnaire tint Parlement en la mesme ville d'Aix, où l'on traicta du faict de la guerre, puis adjouste, *Simili modo de Marchâ Hispanicâ constitutum est, & hoc illius limitis præfectis imperatum:* c'est-à-dire, En cas semblable il fut en ce lieu arresté touchant la Marche d'Espagne, & enjoinct d'y avoir esgard à ceux qui avoient la charge de cette frontiere: Auquel endroit vous en moins de rien *Marche & Limite* estre pratiquez l'un pour l'autre; à cette occasion dirent nos anciens *Marchir*, pour confiner à quelque pays. Froissard au troisiesme Volume: La Comté de Blois *marchist* à la Duché de Touraine: & en la sus-mentionnée Histoire de S. Denis: Ils degasterent la contrée d'unes gens qui prés eux *marchissoient*, qu'on appelloit *Toringiens:* Et en la vie de Philippes fils de Henry: Si advint en ce temps, qu'entre Adam, l'Abbé Saint Denis, & Boucard de Mont-morency, sourdit contention pour aucunes de leurs terres, qui ensemblement *marchissoient*. Et de là à mon jugement vint celuy que nous appellasmes en François *Marquis*, & en Latin *Marchio*, je veux dire celuy auquel on commettoit la garde des lisieres d'un pays. Pour l'explication duquel mot, les Romains furent contraints avant le desbord des nations Septentrionnales, user d'une periphrase, & circonlocution, estant par eux appellé celuy qui estoit commis pour garder les limites d'Orient *Comes limitis Orientis*, qui vaut autant à dire comme si nous disions *Comte des Marches du Levant*. De cette mesme façon use assez souvent Aimoin: Car vous y trouverez tantost un *Præfectus limitis Britannici*, tantost un *Custos Avarici limitis*, & neantmoins le mesme Autheur le definit d'un tout seul mot, au Chapitre 2. du cinquiesme livre, auquel lieu parlant du Debonnaire Roy pour lors d'Aquitaine, qui fut mandé par Charlemagne son pere, *Accersivit filium jam benè equitantem cum omni populo militari, relictis tantum Marchionibus, qui fines regni tuentes omnes, si fortè ingruerent, hostium arcerent incursus*. Or comme ainsi soit que pour distinguer les Marches & limites, l'on ait accoustumé d'asseoir bornes, que l'on peut appeller *Marques:* aussi avons-nous façonné entre nous une diction qui respond à cette signification: nous appellons *Marcher ou Marquer*, toutes & quantesfois que par signal, affiche, recognoissance, ou autrement nous assignons certains buts, limites, & separations entre les personnes; & de cette parole ainsi prise vient que nous appellons *Marchal des logis du Roy* celuy qui *marche ou marque*. & assigne diversement les logis aux domestiques de la Maison du Roy, & *Marchal du camp* celuy qui marque & departit aux uns & autres Capitaines les Cantons & assietes diverses du Camp; car comme je viens de toucher, *marcher & marquer*, n'est qu'un, & en use-t-on indifferemment en commun langage, comme mesmes vous recognoistrez plus à plein dans les œuvres de Clement Marot; tellement que c'est errer d'appeller telles gens *Mareschaux des logis du Roy, ou du Camp*, d'autant que le mot de *Mareschal*, qui reçoit l'e, s'approprie vrayement aux quatre Mareschaux de France, & vient de deux dictions corrompuës *Maire*, qui est une alteration, & changement de *Maistre*, & *Chal* pour *Cheval*, comme si on les eust voulu dire estre *Maistre de la Chevalerie* aprés un Connestable de France. Quelques-uns toutesfois sont d'advis, comme du Tiller, qu'il vient du mot de *Marsk*, qui signifioit *Cheval;* soit l'un ou l'autre, je m'en raporte à ce qui en est.

CHAPITRE LV.

Du mot Huguenot.

LE plus grand mal-heur qui puisse advenir en une Republique, c'est lorsque soit par fortune, soit par discours, l'on voit un peuple se bigarrer en mots de partialitez. Les Italiens en sçauroient bien que dire, quand ils se ramentoivent les grandes ruynes & pertes que leur apporta la division des Guelphes, & des Gibelins : & les Anglois, par les guerres civiles qu'ils eurent pour le soustenement de la Roze rouge, & de la Blanche : comme en cas semblable les nostres pour les intestines dissentions, qui eurent vogue sous les noms des Armegnacs, & Bourguignons. Je n'ay point dit sans cause, soit par fortune, soit par discours ; car il n'y a celuy tant soit peu nourry aux Histoires, qui ne sçache pour quelle raison les Armignacs & Bourguignons furent ainsi dits : mais au regard des Guelphes, & Gibelins : encores que nous soyons asseurez que ces deux paroles eussent pris leur commencement de la querelle du Pape avec l'Empereur Federic ; si est-ce que quand vous aurez bien recherché tous les Autheurs qui en ont escrit, mal-aisément que puissiez sçavoir qui donna la premiere entrée à ces deux mots. Tellement qu'il semble que la malediction du temps qui lors estoit en regne, les eust casuellement inventez pour apporter l'entiere ruyne de tout le pays d'Italie. Le semblable s'est presque pratiqué de nostre temps en cette France, quand les Courtizans se cuidans mocquer voulurent appeller *Huguenots* ceux qui adheroient à l'opinion de Calvin, introduisans deux sectes d'hommes entre nous, l'un *Papiste*, & l'autre *Huguenot* ; & que tout homme d'entendement pouvoit prognostiquer lors qu'ils furent premierement mis en usage, ne pouvoir rien apporter qu'une entiere desolation de tout ce Royaume, laquelle nous avons depuis esprouvée. Or nous est le mot de *Huguenot* tres-familier, & plus qu'il n'en estoit besoin, & toutesfois peu de personnes se sont advisez, dont il a pris son origine, & en parle mesmement un chacun diversement. Car ceux qui ont favorisé ce party-là, d'autant qu'ils avoient juré inimitié capitale contre la maison de Guyse, ont voulu soustenir qu'ils estoient appellez *Huguenots*, parce qu'ils avoient pris la protection & deffence du Roy, & de la maison de Valois, qui estoit extraicte de la ligne de Hugues Capet, contre les Seigneurs de Guyse. Les autres se vouloient persuader que la faction d'Amboise ayant esté descouverte, fut pris un jeune Gentil-homme Allemant, lequel estant representé devant le Cardinal de Lorraine, qui assistoit lors le Roy, interrogé sur le faict de cette conspiration, commença en tels termes Latins. *Huc nos serenissime Princeps advenimus, &c.* & que quelques folastres, de ces premieres paroles, voulurent appeller *Huguenots* tous ceux qui furent de cette entreprise ; qui est une chose ridicule. Les autres qui estiment avoir fouillé plus avant dedans l'ancienneté, les renvoyent à Jean Hus (qui fut deffaict au Concile de Constance) premier fondateur, comme il disent, de cette heresie. Et les derniers qui ont voyagé és pays estranges, estiment que c'est un mot emprunté du Souysse quasi comme *Henes que naux*, qui signifie en ces pays là, *Gens seditieux* : Bref chacun en devise à son appetit, & neantmoins pour en dire ce que j'en pense sans aucune flaterie, mocquerie, ou mal-talent, je croy qu'il n'y a celuy de nous qui ne recognoisse finalement que la premiere fois que ce mot commença d'estre cogneu par toute la France, ce fut aprés la faction d'Amboise de l'an 1559. Et parceque sur ce mot fut entrée la division generale de nostre Royaume, je vous en diray franchement ce que j'en pense. Car cette Histoire merite d'estre cornée aux aureilles d'une longue posterité.

François deuxiesme, Prince encores jeune, avoit dés le vivant du Roy Henry son pere, espousé Marie Stluart Royne d'Escosse, niepce de Messieurs de Guyse : lesquels soudain aprés la mort du Roy Henry, par le moyen de cette alliance, empieterent le maniment de toutes les affaires du Royaume. Ce nouveau mesnage ne pleut à plusieurs. Les aucuns furent courroucez que l'on avoit esloigné de ce jeune Roy, non seulement les anciens favoriz du Roy son pere, mais aussi les Princes du sang, que le peuple de France aime, respecte & cherit naturellement ; & les autres par une crainte couverte de leurs personnes, telle que je vous deduiray presentement. Dés le regne du Roy Henry, la religion avoit commencée de poindre, qui par ses Sectateurs fut appellée *Reformée*, comme celle qu'ils disoient avoir reformé es abus de nostre Eglise : & par les autres plus retenus en l'ancienneté, *Opinion nouvelle*. Le premier qui nous apporta ce divorce fut Martin Luther dans l'Allemagne : Et comme nos esprits s'estans formez une nouvelle image de liberté, ne se peuvent arrester en un certain periode ; aussi de son mesme temps survint Jean Calvin. Cestuy natif de la ville de Noyon fit ses premieres estudes dans Paris, puis Orleans ; & de là prit son vol dans Geneve, où il bastit une nouvelle Religion : car combien que Luther & luy fussent compagnons d'armes en ce qu'ils combatoient d'un commun voeu à l'auctorité du Siege de Rome, si ne symbolizoient-ils en tous articles de Foy : Calvin ayant apporté, ores des ampliations, ores des retranchemens à la doctrine de Luther. Et pour cette cause establirent deux diverses Eglises : l'une à Ausbourg, où le Lutheranisme fut exercé, l'autre à Geneve, où le Calvinisme. Et tout ainsi que Luther attira à sa cordelle une bonne partie d'Allemagne dont il estoit extraict ; aussi Calvin s'estudia de faire le semblable en nostre France lieu de sa nativité. Il survesquit long-temps Luther : chose qui luy donna le loysir d'espandre sa nouvelle doctrine au milieu de nous & en plusieurs autres contrées. Car aussi estoit-il homme bien escrivant tant en Latin que François, & auquel nostre langue Françoise est grandement redevable pour l'avoir enrichie d'une infinité de beaux traicts ; & à la mienne volonté que s'en fust esté en meilleur subject : au demeurant homme merveilleusement versé & nourry aux livres de la saincte Escriture, & tel que s'il eust tourné son esprit à la bonne voye, il pouvoit estre mis au parangon des plus signalez Docteurs de l'Eglise : d'ailleurs au milieu de ses livres & de son estude, il estoit d'une nature remuante, ne le possible, pour l'advancement de sa secte. Nous visimes quelquefois nos prisons regorger des pauvres gens abusez, lesquels sans entrecesse il exhortoit, consoloit, confirmoit par lettres, & ne manquoit de messagers, ausquels les portes estoient ouvertes, nonobstant quelques diligences que les Geoliers apportassent au contraire. Voilà les procedures qu'il tint du commencement, par lesquelles il gaigna pied à pied une partie de nostre France. Tellement qu'aprés longue traicte de temps voyant les coeurs de plusieurs personnes disposez à sa suite, il voulut franchir le pas, & nous envoyer des Ministres, qui furent par nous appellez *Predicans*, pour exercer sa Religion en cachette, voire dans nostre ville de Paris, où les feuz estoient allumez contre eux. Le premier qu'il employa fut Jean Macart, que j'avois autres-fois veu disciple de Ramus au College de Presle, jeune homme qui avoit fort bien estudié ; & depuis s'estant retiré à Geneve en l'an mil cinq cens quarante-huict, se trouva si agreable à Calvin qu'il luy fit espouser sa niepce, & quelques années aprés fut envoyé par luy en cette France pour prescher, lequel se vint placer dans Paris, où portant l'espée & la cappe, se faisoit appeller Rancan, preschant

Hhh iij

ses Confreres de nuict en certaines maisons de la ville : & de là ne douta d'aller faire le semblable au camp d'Amiens. Vray que soudain que traictasmes la Paix avec l'Espagnol à Orcan, il reprit le chemin de Geneve, comblé d'or & d'argent comme on disoit.

Or le Roy Henry indigné de tous ces nouveaux remuemens de conscience, ausquels il ne pouvoit bonnement donner ordre pendant les guerres, delibera de faire la Paix à quelque prix que ce fust, pour puis guerroyer à ses bons points, tout ce nouveau peuple, comme il fit : Car soudain apres qu'elle fut concluë, il vint au Parlement de Paris en l'an 1559. sous le pretexte d'une Mercuriale, auquel lieu ayant proposé combien il luy desplaisoit de voir l'heresie de Calvin provigner en cette France, il les sommatous, tant en general que particulier, de luy donner les moyens pour l'exterminer. Là fut diversement discouru par uns & autres, tellement qu'ayant recueilli de leurs discours, le fond de leurs consciences, il se saisit de plusieurs Conseillers de la Cour, & entr'autres de Maistre Anne de Bourg, qui depuis porta la folle enchere pour tous. Telles manieres de gens avoient esté appellez dés nostre jeunesse *Lutheriens* à cause de Martin Luther ; depuis, Calvinistes, & d'un mot general *Sacramentaires* : vray que le nombre croissant à veuë d'œil, le peuple n'estant plus si effarouché encontre eux comme auparavant, & neantmoins non reconcilié, commença de leur donner certains noms par forme de sobriquets. Je les ay veu vers ce temps-là appeller par quelques-uns *Christodins*, parce que ne parlans que de Christ, ils se publioient chanter particulierement Hymnes & Pseaumes à Dieu. Au pays de Poytou, *Fribours*, où l'on avoit forgé des doubles faux qui furent decriez, & par hazard ayans esté appellez *Fribours*, pour cela l'on les Calvinistes *Fribours*, comme estans entre nous par metaphore une monnoye de mauvais alloy. Tout de cette mesme façon furent-ils nommez *Huguenots* au pays de Touraine, & voicy pourquoy. Dedans la ville de Tours estoit dés pieça cette vaine opinion qu'il y avoit un Rabat qui toutes les nuicts rodoit par les ruës qu'ils appelloient le Roy *Hugon*, du nom duquel une porte de la ville fut premierement appellée *Fougon*, comme de feu *Hugon*, & depuis par corruption de langage *la porte Fourgon* : parquoy le peuple entendant qu'il y avoit quelques-uns qui faisoient des assemblées de nuict à leur mode, les appela *Huguenots*, comme disciples de *Hugon* qui ne se faisoit ouïr que de nuict. Chose dont je me croy : car je vous puis dire que huict ou neuf ans auparavant l'entreprise d'Amboise, je les avois ainsi oüy appeller par quelques miens amis Tourengeaux.

Or pour renfiler mon propos, le Roy Henry estant decedé quelques mois apres la Mercuriale, François son fils totalement possedé par François Duc de Guise, & Charles Cardinal de Lorraine son frere, furent faicts plusieurs Edicts encontre les Calvinistes : & mesmement en reprenant les arrhemens du Roy Henry, le procés extraordinaire fut fait à Maistre Anne de Bourg, & par Arrest condamné d'estre pendu & estranglé, puis son corps bruslé & mis en cendres devant l'hostel de ville de Paris, & estimoit-on que les affaires iroient encores de mal en pis contre ce peuple. Au moyen de quoy quelques esprits plus hardis commencerent de mesler l'Estat avecques la Religion : disans que ce n'estoit la raison de voir des Princes estrangers manier toutes les af-

faires de France, au prejudice des Princes du Sang : les autres passans plus outre mirent en avant qu'il leur estoit permis de prendre les armes, pour le soustennement de leur Religion, non vrayment contre le Roy legitime & le naturel, mais contre ceux qui abusans de son auctorité, faisoient passer soubs le nom de luy, toutes choses par où ils vouloient : car en somme c'estoit le principal pretexte sur lequel ils fondoient leur querelle. Ils s'assemblerent pour cet effect au village de Vaugirard prés de Paris : & vouloit-on depuis faire croire à Louys Prince de Condé, qu'il y avoit presidé. En ce lieu, ces deux propositions furent approuvées. Le Seigneur de la Renaudie, & quelques autres entremetteurs coururent toute la France, negotians de sorte qu'ils souleverent une infinité de gens, qui avoient leur rendez-vous, en la ville d'Amboise où lors le Roy sejournoit ; y arrivans les uns en foule, les autres à la file, Dieu voulut qu'un Advocat de Paris nommé Desavenelle, qui estoit de la partie, descouvrit au Cardinal de Lorraine cette entreprise, lors qu'elle estoit sur le poinct d'estre executée. Les Seigneurs de Guyse commencerent de mettre toutes sortes de gens aux avenuës pour y obvier. La Renaudie fut tué dedans la forest d'Amboise, & depuis son corps mis en quatre quartiers. On reçeut advis que plusieurs Gentils-hommes estoient arrivez dedans Tours. Le Roy commanda au Duc de Nemours d'y aller pour s'en informer, & se saisir de ceux qu'il rencontreroit, ce qu'il fit. Car il luy amena les Sieurs de Ranné, Noise, Mazeres, Castelnau. Deslors toute la troupe s'escarte, les uns se sauvans par la fuite, les autres pris, qui noyez à tas, qui pendus aux creneaux du Chasteau. Ces quatre Gentils-hommes decapitez au carroy d'Amboyse. Ainsi s'esvanoüit cette entreprise comme un estourbillon. Si vous en parlez à un Huguenot, vous dira que c'estoit pour garentir ce jeune Roy de la captivité des Princes Lorrains : Parlez-en aux autres, ils diront que tous ces mutins les vouloient rendre sous leur captivité & puissance. Je n'entre point icy en cognoissance de cause : Bien vous diray-je que ce fut la premiere source de nos malheurs. Or parce que la ville de Tours fut celle où les principaux chefs avoient esté pris, & que tous les courtisans se persuadoient que la nouvelle Religion les avoit induits à cette entreprise, ils les appellerent *Huguenots*, ainsi que les autres. Mot qui en peu de temps s'espandit par toute la France, se formans au milieu de nos deux partis contraires, le *Huguenot* & le *Papiste*, que nous appellasmes depuis *Catholic* : Desquels, comme d'une pepiniere furent produicts plusieurs rejettons de partialitez, tantost de *Catholics associez*, tantost de *Catholics mal contans*. Il n'est pas qu'en nos derniers troubles, le party *Catholic* ne fust encores subdivisé en *Politic*, que l'on estimoit de pire condition que le *Huguenot*, parce qu'il plaidoit pour la paix ; & le *Ligueur* qui se trouva encore diversifié en trois ou quatre sortes, l'un estant *Ligueur zelé*, qui vouloit à feu & à sang ruiner tant le *Politic que le Huguenot*, l'autre *Ligueur Espagnol*, lequel par la closture de guerre desiroit transmettre la Couronne de France au Roy d'Espagne, ou à l'Infante sa fille, & le dernier qui clos & couvert demandoit l'extirpation de la nouvelle Religion, mais non la ruine ou mutation de l'Estat. Voilà comme Dieu trouble nos esprits quand il veut troubler un Royaume.

CHAPITRE LVI.

Vespres Siciliennes, Proverbe sur lequel est par occasion discouru de l'Estat ancien de la Sicile, & des traictemens que receurent ceux qui la possederent.

LEs fureurs qui se sont passées en cette France soubs ces mots de Huguenot & Catholic, me font souvenir de celles qui furent autresfois en Italie, soubs deux autres mots partiaux de Guelphe & Gibelin, au bout desquelles furent attachées les Vespres Siciliennes, premier but, mais non seul & principal de ce Chapitre. Quand par quelques sourdes

pratiques

pratiques, advient un inopiné maſſacre à ceux qui penſoient eſtre à l'abry du vent, les doctes appellent cela les Veſpres Siciliennes. Proverbe vrayement noſtre, pour nous avoir eſté cher vendu. Au recit duquel je vous feray voir une Sicile, jouër de la ville de Rome, amuſoir des Princes eſtrangers aux deſpens de leurs ruines, & ſi ainſi me permettez de le dire, or de Thoulouſe fatalement malheureux aux familles qui le poſſederent anciennement. Je veux doncques ſur le meſtier de ce Proverbe treſmer un diſcours d'aſſez long fil, & vous repreſenter les tragedies qui furent joüées ſur le Theatre d'Italie l'eſpace de cent ans ou environ, dans leſquelles vous verrez des jugemens eſmerveillables de Dieu, & pour cloſture une nouvelle face d'affaires, & changement general d'Eſtat. Que ſi quelque eſcolier Latin me juge manquer d'entregent en ce Livre, que j'avois ſeulement dedié à l'ancienneté de noſtre Langue, & de quelques mots & proverbes François, il ne m'en chauld, moyennant que puiſſions nous faire ſages par les follies de nos anceſtres. Uſez de ce Chapitre, comme d'une Piece hors d'œuvre, dans laquelle je gliſſeray en paſſant ce qui regarde nos Veſpres Siciliennes.

Depuis que l'Empire des Romains fut diviſé en deux, l'un prenant le nom & tiltre du Levant dedans Conſtantinople, & l'autre du Ponant deſſoubs Charlemagne (combien que ce grand guerrrier euſt eſté faict Seigneur de l'Italie) toutesfois les affaires ſe paſſerent de telle façon, que le pays de Sicile, Poüille, & Calabre demeurerent à l'Empereur de Conſtantinople, & depuis pour ſa neantize, hereditaire, qui ſe tranſmit de l'un à l'autre, furent une bute, tantoſt des Hongres, tantoſt des Sarrazins, chacun d'eux jouant au boutehors, ſelon la faveur ou deſfaveur de leurs armes: les Gregeois y retenans telle part & portion qu'ils pouvoient. Apres pluſieurs ſecouſſes, advient que quelques braves guerriers Normands, habituez en noſtre France, ne voulant forligner de leurs devanciers, ſe reſolurent, par une belle ſaillie, de faire nouvelles conqueſtes. A cette fin levent trouppes, voguent en pleine mer, viennent ſurgir à la Sicile, où par leurs proüeſſes ils planterent leur ſiege, & ayants eſté longuement gouvernez par Ducs, enfin eſtablirent une Royauté feudatrice du Sainct Siege, non tant par devotion que ſageſſe, pour eſtre leur grandeur aſſiſtée d'un grand parrein : conſeil toutesfois qui ne leur ſucceda pas ainſi comme ils s'eſtoient promis. Car les Papes ſe laſſans, par traite de temps, de leur voiſiné, n'eurent autre plus fort preteexte pour les ſupplanter, que cette infeodation, dont ils firent auſſi banniere, tant à l'endroit des Allemands, que François, depuis qu'ils s'engagerent dedans leurs querelles. Mais pour n'enjamber ſur l'ordre du temps, Guillaume troiſieſme de ce nom, Roy de Sicile, eſtant decedé ſans enfans, Tancrede, Prince du ſang, ſe voulant impatroniſer du Royaume, il en fut empeſché par le Pape Celeſtin troiſieſme; lequel attire à ſa cordelle Henry fils aiſné de l'Empereur Federic premier. Or y avoit-il une Princeſſe du ſang nommée Conſtance, niepce du deffunct Roy, plus proche habile à ſucceder : mais il y avoit un obſtacle qui l'en empeſchoit, eſtant Religieuſe Profeſſe, & Abeſſe de Saincte Marie de Palerme. Le Pape la relaxe du vœu pleinement & abſolument, & lors en faict un mariage avecques Henry, & tout d'une main les inveſtit du Royaume, à la charge de la foy & hommage lige, & de certain tribut annuel envers le ſainct Siege. Grand tiltre, mais de peu d'effect ſans l'execution de l'eſpée, comme auſſi ne leur avoit-il eſté baillé que ſous ce gage. Sur ces entrefaictes meurt Federic premier, & aprés ſon decés, Henry eſt eſleu Empereur. Adoncques, luy & Tancrede commencent de joüer des couſteaux, & à beau jeu, beau retour. Tancrede meurt, & par ſa mort, Henry, ſans grand deſtourbier, ſe faict Maiſtre & Seigneur de tout le pays. Meſmes, Sibille veufve du deffunct, ſes trois filles, & un ſien fils ſe rendent à luy ſoubs le ſerment qu'il leur fiſt de les traiter ſelon leur rang & dignité. Promeſſe toutesfois qu'il ne leur tint: parce que ſoudain qu'ils furent en ſa poſſeſſion, il les confine dedans une perpetuelle priſon, & leur fit crever les yeux, & par une abondance de pitié fit chaſtrer le maſle, afin de luy oſter toute eſperance de regrés à la Couronne. Premier trait de tragedie qui ſe trouve en cette hiſtoire, indigne non ſeulement d'un Chreſtien, mais de toute ame felonne, de quelque Religion qu'elle fuſt.

Conſtance aagée de 51. ou de 52. ans, accoucha d'un fils, *Federic* auquel fut donné le nom de l'Empereur Federic ſon ayeul. *II.* L'enfant eſtant encore à la mammelle, il fut declaré Roy des Romains par les Princes de l'Empire, & comme tel, luy rendirent le ſerment de fidelité, l'an 1197. Le tout à la ſollicitation, priere & requeſte du pere, qui deceda quelques mois aprés, laiſſant ſon fils au gouvernement de la mere, laquelle luy fit couronner Roy de Sicile en l'aage de trois ans ſeulement. Elle quitte ce monde l'an 1199. mais avant que de le quitter, ſupplia par ſon teſtament le Pape Innocent III. d'en vouloir prendre la tutelle; ce qu'il fit. Sageſſe admirable d'une mere, mettant ſon enfant en la protection de celuy, qui, à la conduite de ſa Papauté, monſtra que ſes predeceſſeurs avoient eſté eſcoliers, au regard de luy.

Jamais Prince ne receut tant d'heurs dés ſon enfance, ny *Heurs* tant de heurts de fortune ſur ſon moyen aage, juſques à la *de Federic II.* mort, que ceſtuy. Proclamé Roy des Romains dés le ber, couronné Roy de Sicile à trois ans, eſtre demeuré orphelin de pere & de mere ſur les quatre: Adjouſtez que ſa nativité pouvoit eſtre revoquée en doute, comme d'une part ſuppoſée, la mere eſtant accouchée au cinquante-deuxieſme an de ſon aage, temps incapable aux femmes pour tel effect, ſelon la regle commune des Medecins : d'ailleurs une Royauté nouvelle baſtie ſur une diſpence extraordinaire. Et neantmoins ſa couronne luy fut conſervée en ce bas aage, non vrayement ſans quelques traverſes : car Gautier Comte de Brienne, mary de l'une des Princeſſes aveuglées, esbrancha ſon Eſtat pour quelques années, & l'Empereur Othon cinquieſme, prit quelques villes de la Poüille ſur luy : Mais tous ces deſſeins s'eſvanoüirent finalement en fumée: Ceux du premier, par Dielpod, ancien ſerviteur de Henry; & du ſecond, ſoubs l'authorité du Pape Innocent. J'adjouſteray que non ſeulement elle luy fut conſervée, mais l'an 1210. en ſon abſence, luy ne le ſçachant, y pourſuivant, n'ayant atteint que l'aage de ſeize ans pour le plus, fut au prejudice de l'Empereur, eſleu par les eſlecteurs, ſe remettans devant les yeux l'ancien ſerment de fidelité qu'ils luy avoient faict. Et depuis reduiſit Othon à telle extremité, qu'il le contraignit de ſonner une retraicte à ſa fortune, & d'eſpouſer une vie privée, chaſſe tout-à-faict ce qui reſtoit des Sarraſins dedans la Sicile, nettoye ſon Royaume des mutins, d'un Thomas & Matthieu freres, Comtes d'Anagni, qui avoient pendant ſon abſence voulu remuer ſon Eſtat, & annexé à ſa Couronne tous leurs biens, pour le crime de leze-Majeſté par eux commis. Fut-il jamais une chaiſne de plus belles fortunes que celles-là ? qui dura dés & depuis ſa nativité, juſques en l'an 1221.

Toutesfois lors qu'il eſtoit au comble de ſes ſouhaits, & penſoit avoir cloüé ſa bonne fortune à clouz de diamant, elle luy tourne tout à coup viſage, & voicy comment: Les deux freres Comtes d'Anagny, proches parens du Pape Innocent, ont recours vers le Pape Honoré IV. qui lors ſiegeoit; & combien que auparavant il euſt fait profeſſion d'amitié avec Federic, toutesfois il prit l'affliction de ces deux Seigneurs au point d'honneur, & avec une impatience admirable; fit de leur querelle la ſienne, a recours aux remedes ordinaires des ſiens, qui ſont les fulminations: Nouveaux troubles, nouveau meſnage entr'eux. Federic en ce boüillon de jeuneſſe, auquel il eſtoit, au lieu de reblandir le Pape par honneſtes ſoubmiſſions, ainſi qu'il devoit, donne ordre de rappeller les Sarrazins par luy chaſſez, & les logea en la ville de Lucerie, depuis nommée Nocere la Sarrazine, pour luy ſervir de blocus contre les avenuës de Rome : faute de tout inexcuſable, & pour laquelle je veux croire que Dieu le permiſt depuis eſtre comblé d'une infinité d'afflictions, dont les Papes furent les outils. Car Honoré eſtant decedé, Gregoire IX. ſon ſucceſſeur ſe fit ſon ennemy ſans reſpit, & dés ſon avenement proceda par autres cenſures & excommunications irreconciliables contre luy. L'Empereur, pour ſe mettre en ſa grace, entreprit ſur ſon commandement le voyage d'outre-mer, où les affaires luy ſuccederent ſi à propos, qu'à la barbe du Soudan d'Egypte, il remit ſoubs l'obeyſſance des Chreſtiens, toute la Paleſtine, & fut couronné Roy de Hieruſalem. Il penſoit par ce bon ſuccés ſe reconcilier avec le Pape, & obtenir de luy ſentence d'abſolution. Il deſpeſche Ambaſſades pour cet effect : mais en vain, voire que le Pape excommunie tous ceux qui le vouloient fuivre, donnant ordre que les havres leur fuſſent fermez. Medecine paraventure plus dure & faſcheuſe, que la maladie, d'autant que le deny de cette abſolution eſtoit fondé ſeulement ſur ce que l'Empereur à ſon partement n'avoit receu ſa benediction ; faute qui avoit peu eſtre compenſée par les heureux ſuccés de l'Empereur au profit de la Chreſtienté, qui euſſent bien pouſſé plus outre; mais voyant de quelle façon il eſtoit traitté, & craignant que ſes affaires n'allaſſent de mal en pis de deçà, il fut contraint de rebroüiller chemin, & laiſſa imparfaict le bel ouvrage qu'il avoit encommencé. Voylà comment les affaires des Infidelles commencerent à ſe reſtablir, & celles des Chreſtiens à s'eſtablir tant au Levant, que Ponant, pour meſler je ne ſçay quoy de l'homme dedans noſtre Religion. L'Empereur à ſon retour trouve ſes affaires embarraſſées dedans un chaos, tant en Allemagne, qu'Italie : dedans l'Allemagne, prou de Princes & grands Seigneurs le guerroyer : dedans l'Italie, prou de villes ſe diſpenſer de leurs conſciences contre luy : le tout fondé ſur les excommunications & cenſures. Et pour conformation de ces procedures, Gregoire eſtant decedé, eut pour ſucceſſeur, Innocent IV. auparavant fort familier de l'Empereur, dont ſes principaux favoris s'eſjoüirent, eſtimans que cette nouvelle promotion mettroit fin à leurs differends ; mais luy plein d'entendement, leur dit : Vous vous abuſez; Cardinal, il m'eſtoit amy; Pape, il me ſera ennemy. Monſtrant par cela qu'il eſtoit un grand homme d'Eſtat; car tout ainſi qu'il l'avoit predit, il advint: d'autant que ce nouveau Pape r'enviant ſur les opinions de ſon devancier, non ſeulement excommunia l'Empereur, mais fit aſſembler un Concil general dans Lyon, par lequel en confirmant toutes les fulminations precedentes, il fut privé, & de ſon Empire, & de ſes Royaumes, & declaré incapable d'en tenir. Qui ne fut pas un petit coup pour ſa ruine : parce que combien que dextrement il paraſt aux coups, n'eſtant apprenty à ce meſtier, toutesfois eſtant ores dedans, ores dehors, il eſtoit plus ſouvent dehors que dedans.

Si de toutes ces querelles vous parlez à l'Abbé d'Urſpergence qui en vit une partie, il donne le tort à Gregoire IX. Si à tous les autres Autheurs, ils le donnent à Federic, & le nomment Perſecuteur de l'Egliſe Romaine. Si j'en ſuis creu, Federic ne ſe peut excuſer du remplacement qu'il fit des Sarrazins dedans la Sicile, ny Gregoire de luy avoir denié l'abſolution, lors qu'il beſongnoit ſi heureuſement au Levant. Et ſi vous me permettez de paſſer outre, je diray qu'avec tout ce que deſſus, l'Empereur n'avoit un plus grand ennemy que ſa grandeur ; ne voulant ny Gregoire, ny Innocent IV. un ſi grand voiſin que luy prés d'eux. Leçon qui lors eſtoit ordinaire à Rome, & que la domination Eſpagnolle luy a fait depuis oublier par la longueur du temps.

Federic ſecond enfin mourut de ſa belle mort, l'an 1150. n'ayant trouvé aucun repos ſur lois, depuis l'an 1121. Il laiſſa pluſieurs enfans legitimes de trois licts, & pluſieurs baſtards : Mais tous aboutirent en deux, l'un legitime, qui fut Conrad, l'autre baſtard, qui fut Mainfroy. Conrad eſt empoiſonné par Mainfroy, d'un poiſon lent & meſuré, & ne ſçachant le pauvre Prince de quelle main luy eſtoit procurée cette mort, il l'inſtitua tuteur, & curateur de Conradin, fils unique de Henry fils aiſné de Federic qui eſtoit mort du vivant du pere. Mais Mainfroy ne ſuivant la voye du grand Innocent ; au lieu de conſerver l'Eſtat à ſon pupille, l'empiete ſur luy, & prend le titre de Roy : & pour eſtayer cette induë uſurpation, donne en mariage une ſienne fille unique, nommée Conſtance, à Pierre fils de Jacques Roy d'Arragon. Ses deportemens deſplaiſoient, non ſans cauſe, au Pape Urbain IV. ſucceſſeur d'Innocent ; il l'excommunie, & affranchit tous ſes ſubjects de l'obeyſſance qu'ils luy avoient voüée. Et pour faire ſortir effect actuel au plomb, il ſemond Charles, Comte d'Anjou & de Provence, frere de noſtre S. Loüys, à cette entrepriſe: lequel s'y acheminant d'un franc pied, avec une puiſſante armée : y ayant des Eſcarmouches diverſes ; il eſtoit ſur l'offenſive ; l'ennemy ſur la deffenſive, clos & couvert dedans ſes villes & fortereſſes : La guerre prend quelque trait ; toutesfois aprés avoir marchandé longuement d'une part & d'autre, chacun eſtimant avoir le vent à propos, la bataille ſe donne ; Charles obtient pleine victoire,

Mainfroy occis, ſon armée miſe en route, les villes ouvertes aux victorieux, & luy couronné Roy de Sicile par le Pape. Et pour ſurcroiſt de grandeur, le fait Vicaire General de l'Empire dedans l'Italie.

Eſtat nouveau, & non auparavant cognu ; partant il ſera hors de propos d'en diſcourir le ſubject. Auparavant tous ces troubles, l'Italie ne recognoiſſoit toutes ces principautez particulieres, que nous y avons depuis veuës ; l'Empereur en eſtoit general poſſeſſeur, fors de la ville de Rome, & du Patrimoine de S. Pierre, & de ce dont la Seigneurie de Veniſe joüyſſoit; & s'il y avoit quelque Seigneur Souverain particulier, il eſtoit fort rare : l'Empereur envoyoit par les villes, ſes Juges & Podeſtats, pour juger les procez, comme celles qu'il poſſedoit en plein Domaine. Puiſſance qui eſclairoit de bien prés, non la ſpirituelle de Rome, ains la temporelle, dont les Papes s'eſtoient faits Maiſtres par une longue & ſage opiniaſtreté. Et pour cette cauſe, le principal but où ils viſoient, eſtoit de bannir & eſloigner cette Puiſſance Imperiale, le plus loing qu'ils pourroient d'Italie. Les grandes & longues guerres qui furent entre le Pape Alexandre troiſieſme, & l'Empereur Federic premier, enſeignerent à pluſieurs villes de meſcognoiſtre leur Empereur. Comme de fait, vous liſez que pour s'y eſtre la ville de Milan aheurtée, il la ruina rez pied, rez terre ; & lors pluſieurs autres villes balancerent entre l'obeïſſance & la rebellion. L'excommunication faicte par le Pape, contre Federic, portoit quant & ſoy abſolution du ſerment de fidelité aux ſubjects, & en cas de ne s'en diſpenſer, ſuſpenſion de l'adminiſtration du Service divin dedans les villes & plats pays. Que pouvoit moins faire une ville pour ſe garentir de haut mal, que de quitter l'obeïſſance de ſon Prince, qu'il n'appelloit rebellion, ains reduction en droict commun, obeïſſant à l'authorité & mandement du ſainct Siege? Enfin ſe voyant Federic Premier tant preſſé par la force ſpirituelle que temporelle du Pape, qui eſtoit aſſiſté de Guillaume, troiſieſme du nom, Roy de Sicile, il fut contrainct de condeſcendre à la paix, que le Pape & luy, jurerent dans Veniſe, ville neutre, & non ſubjecte aux dominations temporelles de l'un ny de l'autre Seigneur. Et lors fut l'accompliſſement du malheur : parce que la commune des Hiſtoriographes demeure d'accord que Federic s'eſtant mis à genoux pour baiſer les pieds du S. Pere, il le peſtila avec ceſte outrageuſe parole, *Super aſpidem & baſiliſcum ambulabis, & conculcabis leonem & draconem* : Particularité ſagement paſſée ſous ſilence par Platine Italien, & l'Abbé d'Urſpergence Alleman, dedans leurs Hiſtoires, pour couvrir la pudeur, tant de celuy qui fit le coup, que de l'autre qui le receut. Mais tant s'en a que cet acte, en paix faiſant, porta le plus grand coup contre l'Empire, que toutes les guerres paſſées ; auquel ce grand Empereur Federic para ſeulement de ces quatre mots, *Non tibi, ſed Petro*: De maniere qu'il fut de là en avant fort aiſé aux villes d'Italie de ſecoüer d'elles le joug de l'Empire. Comme de fait les affaires s'y acheminerent depuis en flotte : car aprés le decez de Henry ſixieſme, fils aiſné de Federic, Philippes ſon puiſné ayant eſté appellé à l'Empire par les Princes Electeurs, & lequel par Innocent troiſieſme, qui luy oppoſa un Othon avec ſes fulminations, ce fut un nouveau ſeminaire de guerres civiles entre le Pape & l'Empereur, pendant leſquelles les villes d'Italie mettoient fort aiſément en nonchaloir l'obeïſſance qu'elles devoient rendre à l'Empire. Et pour accompliſſement de ce Malheur, advindrent les grandes guerres de la Papauté & l'Empire, du tems de Federic ſecond, pendant leſquelles ſe logerent les particularitez des Guelphes & Gibelins, les unes ſe faiſans toutes Guelphes, les autres toutes Gibelins : Et quelquesfois dedans une meſme ville ſe trouvant confuſion de l'un & de l'autre party. Les Guelphes favoriſans le party des Papes Gregoire, & Innocent ; & les Gibelins, celuy de l'Empereur Federic. Et comme l'Italie eſtoit en ſes alteres, aprés la mort de Federic, & de Conrad ſon fils, il y eut une forme d'interregue d'Empire, l'eſpace de vingt ans dedans l'Allemagne, qui fut par eſchantillons poſſedée ; & trois divers, portans le tiltre, mais non l'effect d'Empereurs. Et de ce grand chaos s'eſcloït la diverſité des Ducs, Marquis & Comtes ; & par meſme moyen, des Republiques ſouveraines d'Italie, chacun prenant ſon lopin, non ſeulement au prejudice de l'Empire,

ains

ains des Papes mesmes, selon que la necessité de leurs affaires le portoit ; chacun d'eux s'appropriant souverainement du domaine des villes, & neantmoins avec une recognoissance de foy & hommage, qui envers l'Empire, qui envers la Papauté. Et depuis ce ne recogneut plus dedans l'Italie cette grande puissance & authorité, qui estoit de tout temps & ancienneté deuë aux Empereurs. Et par ce moyen obtindrent les Papes ce qu'ils avoient si long-temps desiré. Or tout ainsi que la ruine des affaires y avoit produit ce nouvel ordre particulierement sur unes & autres villes, aussi les Papes pour le fait general de l'Italie, introduisirent un Vicaire de l'Empire, qui n'estoit pas un Empereur, car il faisoit son sejour dedans l'Allemagne, mais un Procureur absolu qui pouvoit disposer des biens qui restoient de l'Empire. Et c'est l'Estat dont Charles d'Anjou fut gratifié par Urbain quatriesme, aprés qu'il eut occis Mainfroy & toute sa suite en bataille rangée. Restoit encore Conradin de la posterité de Federic deuxiesme, lequel croissant d'aage, creut par mesme moyen de cœur, & voulut entrer en l'heritage qu'il estimoit loyaument luy appartenir, trouve argent, leve gens, prend pour compagnon Federic d'Austriche sien parent. La decision de ce grand procez despendoit d'une bataille. Pour le faire court : la victoire demeure pardevers Charles, & quant aux deux Princes, ils se garentissent par la fuite, & desguisez se rendent en la maison d'un meusnier, où ils furent nourris huict jours durant, à petit bruit, tant qu'ils eurent argent en bourse ; mais leur defaillant, ils furent contraints mettre une bague de cinq cens escus entre les mains de leur hoste, pour la vendre, lequel recogneut par cela que ce n'estoient simples soldats, & en donne advis au Roy Charles, qui se saisit de leurs personnes. Selon le droit commun de la guerre, ils en devoient estre quittes pour leurs rançons ; & de faict, telle estoit l'opinion de la Noblesse Françoise : toutesfois le Roy en voulut estre esclaircy par le Pape, qui en peu de mots luy manda, que la vie de Conradin estoit la mort de Charles. Le Roy gousta fort aisément ce nouvel advis, & neantmoins pour y apporter quelque fueille, fit juger ceste cause par neuf ou dix Jurisconsultes Italiens, lesquels sçachans où enclinoit le Roy, firent aussi passer la loy par son opinion : ces deux pauvres Princes sont exposez au supplice en pleine place, sur un escharffaut, où ils eurent la teste tranchée, & à l'instant mesme, on en fait autant au bourreau, afin qu'il ne se glorifiast de les avoir executez. O que la Justice eust esté plus belle, si on y eust aussi compris tous ces Jurisconsultes flateurs ! Car quant à celle du Roy, elle fut reservée à un plus grand Roy. L'Histoire porte que Conradin, avant que de s'agenouiller, jetta un de ses gands au milieu du peuple, comme un gage de bataille contre le Roy Charles, priant la compagnie de le relever, & porter à l'un des siens, pour vanger l'injure ignominieuse qui luy estoit faicte, & à son cousin : gand qui fut relevé par un de la troupe, & porté au Roy d'Arragon, avec la sommation du jeune Prince.

Le sacrifice ainsi fait de ces deux ames innocentes ; Charles, d'une sanglante main, poursuit sa route, faisant passer la plus grande part des Seigneurs Siciliens & Napolitains au fil de l'espée, & bannissant les autres qui avoient favorisé le party de Conradin, & demolissant leurs Chasteaux : en recognoissance de quoy le Pape Urbain luy fait donner l'Estat de Senateur de Rome par la voix du peuple : c'estoit un Estat que les Citoyens avoient mis sus, pour reigler toute la Police seculiere au prejudice du Pape, de l'authorité duquel ils pretendoient estre exempts en ceste affaire, ainsi que j'ay touché ailleurs. Ce Senateur representoit ceux qui sur le declin de l'Empire occuperent dedans Rome sous le nom de Patrices, sur la dignité Imperiale qui estoit à Constantinople. Et combien que ces dignitez de Senateur dedans Rome, & de Vicaire de l'Empire dedans l'Italie, tombans en une main commune, fussent seulement images des vrayes, toutesfois estans tombées entre les mains de celuy, qui sous le titre de Roy de Sicile, commandoit à la Sicile, la Poüille, & la Calabre, mesmes qui avoit obtenu deux grandes victoires contre Mainfroy & Conradin, croyez qu'elles luy apporterent grande puissance & authorité par tout le pays : Car lors il s'en voulut faire accroire absolument, mesmes dedans la ville de Rome. Auparavant, la grandeur de Federic estoit suspecte aux Papes, pour estre trop proche de leur ville ; & lors il y avoit plus de subject de redouter celle de Charles, qui estoit nourrie dedans le sein de la ville : Baudoüin son beau-pere avoir esté chassé de Constantinople par Michel Paleologue, usurpateur de son Estat. Le gendre veut armer en faveur du beau-pere, estimant qu'en le restablissant il s'establiroit. Toutes choses luy avoient ry jusques en ce temps ; mais lors la fortune commença de se mocquer, & rire de luy.

Jean Prochite, grand Seigneur Sicilien, avoit couru mesme traictement que les anciens Seigneurs en son bien ; mais s'estoit garenty de la vie par une bonne & prompte fuite : ne respirant en son ame qu'une vangeance, par le moyen de laquelle il se promettoit d'estre réintegré en ses biens. Il visite Pierre Roy d'Arragon, gendre de Mainfroy ; luy met devant les yeux, & sa femme, le gand à luy envoyé, cartel de defy ; luy promet tous bons & fideles services. Pour le faire court, on entreprend contre Charles une tragedie qui fut jouëe à trois personnages, dont Prochite estoit sous la custode, le Protecole, uns Pierre Roy d'Arragon, Michel Paleologue Empereur de Constantinople, le Pape Nicolas troisiesme. Pierre leve une grande armée, faisant contenance de vouloir s'acheminer au Levant pour secourir les Chrestiens ; Paleologue fournit aux frais : il n'est pas que Philippes troisiesme de ce nom, Roy de France, nepveu de Charles, ne contribuast au defroy de ceste guerre, estimant que ce fust pour guerroyer les Infideles. (Voyez comme, quand Dieu nous delaisse, nous sommes traictez.) Le Pape Innocent se voyant ainsi appuyé, ne doute de luy rongner les aisles à l'ouvert, le debusquant, & de l'Estat de Senateur, & du Vicariat de l'Empire, qui n'estoit pas un petit coup d'Estat, & ne fust-ce pour ravaller sa reputation, par laquelle ordinairement les grands maintiennent leurs grandeurs : & depuis ce temps Charles alla tousjours au deschet. D'un costé l'Arragonnois fait voile avecques ses troupes ; d'un autre, Prochite, sous l'habit de Cordelier, practique la rebellion de ville en ville par toute la Sicile. Quoy plus ? Ceste tresme est ourdie de telle façon, qu'à point nommé, le jour de Pasques, selon le rapport de quelques Historiens, ou de l'Annonciade, ainsi que disent les autres, le premier son des Cloches de Vespres, par toutes les villes, bourgs & bourgades, servit de toxin general, sur lequel tout le peuple Sicilien se desbanda d'une telle furie contre les François, qu'ils les massacrerent tous, sans acception, & exception de personnes, de sexe, ny d'aage, ne pardonnans pas mesmes aux femmes Italiennes qu'ils estimoient estre enceintes du fait des François. L'Arragonnois estoit anchré sur mer, & aux escoutes, pour sonder quelle issuë auroit la pratique de Prochite ; & adverty de ce qui s'estoit passé, y accourt à toute voile, le bien venu & embrassé de tout le peuple. Cela fut fait l'an mil deux cens quatre-vingts deux en la Sicile, qui eut de là en avant nouveau Roy, & non à la Poüille, où la ville de Naples est assise, ny pareillement en la Calabre, qui demeurerent és mains de Charles. Pour ceste cause, on commença d'un Royaume en faire deux. Et au lieu que auparavant on appelloit Roy de Sicile, seulement celuy qui commandoit à ces trois païs : l'Arragonnois fut appellé Roy de Sicile ; & Charles & ses successeurs, Roys de Naples. Et en effect, voilà quand, comment, & dont est venu ce brutal, & cruel Proverbe de *Vespres Siciliennes*, dans le discours duquel j'ay voulu comprendre tous les autres exploicts tragiques de je ne sçay de combien d'années.

Les Historiographes sont grandement empeschez de rendre raison de ce mal-heur. Les Italiens pour excuser ceste cruauté Barbaresque, l'imputent aux insolences des François qui n'espargnoient pas mesmement la pudicité des femmes de bien, és lieux où ils avoient plein commandement ; & les nostres au contraire, à une trop grande bonté, disans que si nous les eussions tenus en bride, comme depuis les Espagnols ont fait, jamais nous ne fussions tombez en un si piteux desarroy : discours toutesfois qui me semble grandement oiseux : parce que s'il vous plaist rechercher la cause de tout ce que je vous ay cy-dessus deduit, ce furent coups du Ciel. Je vous ay dit que Henry contre son serment avoit fait crever les yeux à la mere, aux filles, & à un jeune enfant, lequel il avoit d'abondant fait chastrer, leur faisant espouser tout d'une suite une prison clause en Allemagne. Esperant perpetuer par ces moyens inhumains, en sa famille la Couronne de Sicile. Dieu veut que Federic son fils en jouïsse, mais avec tant de revers & algarades de fortune depuis l'an 1221. jusques en l'an 1250. qu'il est mal-aisé de juger s'il regnoit, ou si en regnant il mouroit. Et pour closture finale de ce jeu, Dieu veut que la famille de Henry soit affligée par elle-mesme, & qu'aprés la mort de Federic, Mainfroy son bastard empoisonne Conrad son fils legitime, & vray heritier, que non assouvy de ceste meschanceté, il empiete la Royauté sur Conradin son pupille, fils de Conrad : Enfin que Conradin & Federic d'Austriche son cousin meurent sur un eschaffaut. Ne voyez-vous en cecy une Justice trés-expresse de Dieu, pour expier l'inhumanité de Henry ; Justice, dis-je, executée par les injustices des hommes ? Qu'il y eust du Machiaveliste és morts des deux Princes Allemans, & de tout le demeurant des pauvres Seigneurs du Royaume, qui furent occis de sang froid, je n'en fais aucune doute, pour cuider par Charles, asseurer à luy & à sa posterité le Royaume de Sicile. Henry avoit commencé par les veuës, & cestuy-cy achevé par les vies, tous, mesmes progrez. Le sang innocent des deux Princes, & de toute la suitte des Seigneurs assassinez, cria vengeance devant Dieu, qui exauça leurs prieres, & permist ceste cruelle Vesprée, non contre la personne du Roy, ains contre les sujets ; qui est en quoy il exerce ordinairement les punitions quand les Princes ont faict quelque faute signalée. Et je veux croire que si l'Arragonnois eust consenty à ce detestable carnage, luy ou sa posterité eussent esté chastiez de Dieu. Bien trouvé-qu'il avoit mis en besongne Prochite pour faire revolter le peuple, mais non qu'il eust consenty à ceste execrable boucherie. Belles leçons pour enseigner à tous Princes Chrestiens de maintenir leurs estats par ces mal-heureux preceptes que depuis Machiavel a voulu recueillir de l'ordure, honte & pudeur de quelques anciennetez en son chapitre de la Sceleratesse, au traicté du Prince.

Voilà le premier fruict que je desire estre recueilly de ce chapitre : il y en a encore un autre, qui est, qu'au faict de la Religion nous devons tous vivre en l'union de l'Eglise sous l'authorité du sainct Siege de Rome, comme celuy qui fust basty sur la pierre de Sainct Pierre, & ceste-cy assise sur celle de Jesus-Christ : mais quand avec la Religion on y mesle l'Estat, & que par belles solicitations, & promesses on nous semond de passer les monts, c'est tout un autre discours, & en une asseurance de tout il faut tout craindre, je ne dis pas que quelques-fois les affaires ne soient pas reussies à souhait, comme à un Pepin & Charlemagne, qui furent deux torrens de fortune, mais pour ces deux il y en a peu d'autres qui ne s'y soient eschaudez. La Papauté est une dignité viagere, qui produit ordinairement successeur non heritier des volontez du predecedé. Tellement que la chance du jeu se tournant, celuy en fin de jeu se trouve lourche, qui pensoit estre maistre du tablier, comme vous voyez qu'il advint aux trois familles des Normans, Allemans & François dont je vous ay cy-dessus discouru. Adjoustez, que les volontez mesmes de ceux qui nous employent sont passageres selon la commodité ou incommodité de leurs affaires, & faillent souvent au besoin.

CHAPITRE LVII.

De ces mots Traistre, Trahir, Trahison.

CE mot de *Traistre* ne nous est que trop familier, tant de signification que d'effect, lequel nous est encores commun avec l'Italien qui l'appelle *Traditore*, & l'Espagnol, qui le dit *Traydores* : & ne faut faire aucune doute que ces trois nations ne l'emprunterent du Latin *Tradere*, qui ne se rapporte aucunement à ce que nous voulons dire en François, usans du mot de *Trahir*, car les Romains appellerent *Proditor*, celuy que nous appellons *Traistre*, *Proditionem amo* (disoit l'Empereur Auguste) *Proditorem non amo*, qui estoit à dire, j'ayme la *Trahison*, non le *Traistre* Mais dont vient que nous l'ayons emprunté de *Tradere* ? Cela est vrayement procedé d'une ignorance, mais ignorance tres-belle. Et moy-mesme par adventure dois-je estre estimé ignorant de l'attribuer à une ignorance : Car pour bien dire, je ne pense point que ceux qui l'approprierent à ces trois langues fussent si grands asnes, qu'ils n'entendissent la signification de *Tradere*. Je veux donc dire & croire que ce mot fut emprunté de la traduction Latine de nos quatre Evangelistes, au lieu où nostre Seigneur Jesus-Christ disoit qu'il y avoit l'un de ses Disciples qui le devoit livrer aux Juifs : *Amen dico vobis quod unus vestrum me traditurus est* : Et ailleurs, *Judas quaerebat quomodo Jesum traderet*, qui estoit à dire proprement, non comme il le trahiroit, mais comme il le livreroit és mains des Juifs : & parce qu'entre toutes les mal-heureuses conspirations il n'y en eut jamais une plus damnable que celle-là, nos bons vieux Peres s'attacherent fermement à ceste diction *Tradere*, ne voulans point considerer quelle estoit sa vraye & naïfve signification, ains la meschanceté qu'avoit produit ceste livraison. Et de là les François, Italiens, & Espagnols firent heureusement ce malheureux mot de *Traistre*, *Traditore*, *Traydores*, qui ont beaucoup plus d'energie que le *Proditor* Latin, qui considerer sa source.

CHAPITRE LVIII.

Rompre la Paille ou le festu avec quelqu'un.

NOus disons communément *Rompre la Paille*, *ou le Festu avec quelqu'un*, quand nous nous disposons de rompre l'amitié que nous avions contracté avecques luy : Mais dont vient ceste façon de parler ? Car je vous prie, qu'elle communauté a la rupture du Festu, ou de la Paille, avec l'amitié ? Paille, dis-je, qui consomme au feu à un clin d'œil : amitié au contraire qui doit estre bastie sur un fondement stable, & permanent ? Par avanture feray-je icy d'une mouche un elephant, mais advienne ce qu'advenir en pourra, puisque la pierre est jettée, je diray franchement ce que j'en pense, & prendray mon vol de si haut, que de prime face, quelqu'un pensera que je mets mon jugement

ment à l'effor. Ce n'eſt point choſe nouvelle, ains trés-ancienne, voire és matieres d'eſtoffe, que pour contracter alliance de l'un à l'autre, on uſoit de quelques actes exterieurs. Les Empereurs és inveſtitures qu'ils faiſoient des Archeveſchez, & Eveſchez, inveſtiſſoient les Archeveſques & Eveſques, en leur preſentant un Anneau & une Verge, qui eſtoit un petit baſton. Au droict ancien des Romains les demiſſions de la poſſeſſion des choſes vendu̇ës ſe faiſoient *per as & libram*, & depuis s'il eſtoit queſtion de la vente d'une maiſon, nous en acquerions la poſſeſſion par la tradition des clefs. Couſtume qui s'eſt perpetuée juſques à nous : à l'imitation dequoy il y eut pluſieurs Couſtumes en Picardie, eſquelles pour mettre un homme en poſſeſſion de la choſe par luy acquiſe, il prenoit tantoſt un petit baſton, tantoſt un rameau, & en uſerent diverſement : car és Couſtumes d'Amiens, Laon, Reims, & Arthois, ceſte poſſeſſion & ſaiſine qu'ils appelloient autrement *Veſt*, ſe faiſoit par la tradition d'un baſton, que le vendeur mettoit entre les mains de l'Achepteur. En la Couſtume de Chaulny il faut recevoir le baſton par les mains du Juge. Par celle de l'Iſle, tout homme qui veut avoir quelque heritage par retraict lignager, ſe doit retirer pardevers le Prevoſt du lieu, & quatre Eſchevins pour le moins, & là faire ſa proteſtation, offrant or & argent à deſcouvert tant pour le ſort principal, que loyaux couſtemens. Quoy fait, le Prevoſt ou ſon Lieutenant le doit mettre en poſſeſſion de la choſe par luy requiſe *par raims & baſton*, ſauf tous autres endroicts, à condition que l'offre ſoit ſignifiée par un Sergent à l'acheteur dedans ſept jours, afin qu'il vienne conſentir, ou diſſentir le retraict. Voilà des ceremonies qui en leur anciennetè peuvent eſtre trouvées eſtranges : & neantmoins je croy que cela advint, afin que tout ainſi que par la tradition des clefs le vendeur eſtoit eſtimé s'eſtre demis de la maiſon par luy vendu̇ë : auſſi eſtant mal-aiſé qu'és champs il n'y euſt quelques arbres plantez, on penſoit qu'en tirant un baſton, rameau ou buchette, qui faiſoi̇ent part & portion d'heritage, c'eſtoit faire tradition réelle & actuelle d'iceluy. Et depuis comme avec le temps on faute fort aiſément d'un penſer à l'autre, ce qui avoit eſté introduit pour les terres des champs, fut appliqué à toutes autres ſortes d'heritages & poſſeſſions.

Or que le *Veſt* ſe fiſt par la tradition d'un baſton, toutes ces Couſtumes y ſont formelles : mais que *de Veſt* ſe fiſt par la rupture d'iceluy, je n'en voy aucune qui en parle. Et toutesfois ne penſez pas que cela n'ait eſté obſervé en quelques endroicts. Car nous trouvons en Frinſingenſe, *Exſuſtucare*, pour ce que l'on dit autrement *ſe demettre de ſa poſſeſſion*, mot qui vient du Latin *feſtuca*, qui ſignifie le brin d'un jeune rameau. Nous avons du Latin *feſtuca*, fait le mot François *feſtu*, que nous approprions aux brins de paille ; de là, ſi je ne m'abuſe, eſt venu que nous diſmes premierement *rompre le feſtu ou la paille*, quand nous nous vouliens departir d'une ancienne amitié. Et en cas non du tout ſemblable, mais auſſi non du tout diſſemblable, nous voyons qu'aux obſeques de nos Roys, lors que l'on a fourny & ſatisfait à toutes les ceremonies, le Grand Maiſtre rompt ſon baſton ſur la foſſe du deffunct Roy : & aprés avoir crié par trois fois : *Le Roy eſt mort*, on commence de crier : *Vive le Roy*, comme ſi la rupture de ce baſton eſtoit le dernier Adieu que l'on prenoit du deffunct.

CHAPITRE LIX.

Patelin, Pateliner, Patelinage, & de quelques Adages & mots que nos Anceſtres tirerent de la Farce de Patelin.

Ne vous ſouvient-il point de la reſponce que fit Virgile à ceux qui luy improperoient l'eſtude qu'il employoit en la lecture d'Ennius, quand il leur dit, que en ce faiſant, il avoit apris de tirer l'or d'un fumier ? Le ſemblable m'eſt advenu n'agueres aux champs, où eſtant deſtitué de la compagnie, je trouvay ſans y penſer, la Farce de Maiſtre Pierre Patelin, que je leu & releu avec tel contentement, que j'oppoſe maintenant cet eſchantillon à toutes les Comedies Grecques, Latines & Italiennes. L'Autheur introduit Patelin Advocat, Maiſtre paſſé en tromperie, une Guillemette ſa femme qui le ſeconde en ce meſtier, un Guillaume Drapier, vray badaut, je dirois volontiers de Paris, mais je ferois tort à moy-meſme, un Aignelet Berger lequel diſcourant ſon fait en lourdois, & prenant langue de Patelin, ſe faict auſſi grand Maiſtre que luy. Patelin ſe voulant habiller de neuf, aux deſpens du Drapier, complote avecques ſa femme de ce qu'il avoit à faire. De ce pas il va à la foire, où feignant de ne recognoiſtre bonnement le bonhomme Guillaume, aprés s'en eſtre aſſeuré, il s'abouche avecques luy, raconte l'amitié qu'il avoit porté à feu ſon pere, les bons advis qui eſtoient en luy, ayant dés ſon vivant preditous les mal-heurs depuis advenus par la France, & tout d'une ſuite luy repreſente ſa poſture, ſes mœurs, ſa maniere de vivre, enfin que Guillaume luy reſſembloit en tout, de face & de façons. Et ainſi l'endormant ſur le narré de ceſte belle hiſtoire, il jette l'œil ſur ſes draps, les conſidere, les manie, nouvelle envie luy prend d'en achepter, encores que venant à la foire, il n'y euſt aucunement pourpenſé, commence de les marchander. Guillaume luy loüe hautement ſa marchandiſe ; les laines eſtans grandement encheries depuis peu de temps, demande vingt-quatre ſols de l'aulne. Patelin luy en offre vingt ; Guillaume eſt marchand en un mot, & ne veut rien rabatre du prix. A quoy Patelin condeſcend, & enleve ſix aulnes tant pour luy, que ſa femme : revenans à neuf francs, qui diſoient ſix eſcus. Il eſt queſtion de payer, mais il n'a argent ſur ſoy, dont il eſt bien aiſé : car il veut renoüer avec luy l'ancienne amitié qu'il portoit à ſon pere ; le ſemond de venir manger d'une oye qui eſtoit à la broche, & qu'il le payeroit. Combien qu'il poiſaſt au marchand de n'eſtre payé ſur le champ, comme eſtant d'une nature defiante, ſi eſt-ce que vaincu des importunitez de Patelin, il eſt contrainct de s'y accorder. Patelin emporte ſon drap, lequel à l'iſſue de là, parlant à part ſoy, dit que Guillaume luy avoit vendu ce drap à ſon mot, mais qu'il le payeroit au ſien : & en cela il ne fut menteur : car eſtant de retour en ſa maiſon, ſa femme bien eſtonnée, luy demande en qu'elle monnoye il entendoit le payer, que luy n'y avoit croix ny pille chez eux. Il luy reſpond que ce ſeroit en une maladie, & que deſlors il s'alloit aliter, afin que le marchand venant, Guillemette le payaſt de pleurs & larmes : ce qui fut faict. Le bon Guillaume ne demeura pas long-tems ſans s'acheminer chez Patelin : ſe promettant de faire un bon repas avant que d'eſtre payé.

Ils ne verront Soleil ny Lune,
Les eſcus qu'il me baillera,

Diſoit ce pauvre idiot : en quoy auſſi il dit verité. En ceſte opinion il arrive gay & gaillard en la maiſon de Patelin: où penſant eſtre accueilli d'une meſme chere, il y trouve une pauvre femme infiniment eſplorée de la longue maladie de ſon mary : Plus il hauſſe ſa voix, plus elle le prie de vouloir parler bas, pour ne rompre la teſte au malade, & le ſupplie à jointes mains de le laiſſer en recoy.

Qui me payaſt (replique l'autre) *je m'en allaſſe.* Ce temps pendant, Patelin vient aux entremets, qui dit mille mots de resverie. Je vous prie d'imaginer combien plaisant est ce contraste. Car pour dire la verité il m'est du tout impossible de le vous representer au naïf. Tant y a qu'après une longue contestation, le Marchand est contrainct de s'en retourner en sa boutique: Bien empesché, lequel des deux avoit resvé, ou luy, ou bien Patelin. Retourné qu'il est, il trouve que ce n'estoit resverie de son costé, & qu'il y avoit six aulnes de tare en sa piece de drap. Au moyen dequoy il reprend sa premiere voye chez Patelin, lequel se doutant du retour, n'avoit encore desemparé son lit. Là c'est à beau jeu beau retour, chacun joüe son personnage à qui mieux mieux, mesme, Patelin pousse de la reste. Car en ses resveries, il parle cinq ou six sortes de langages, Limosin, Picard, Normand, Breton, Lorrain: Et sur chaque langage, Guillemette fait ses commentaires si à propos, pour monstrer que son mary estoit sur le point de rendre l'ame à Dieu, que non seulement le Drapier s'en depart, mais à son partement, supplie Guillemette, de l'excuser, se faisant accroire que c'avoit esté quelque Diable transformé en homme qui avoit enlevé son drap. Et deslors tourna toute sa colere contre son Berger Aignelet, qu'il avoit fait adjourner, afin de luy rendre la valeur de quelques bestes à laines par luy tuées, feignant que elles estoient mortes de la clavelée. Ne se promettant rien moins que de luy faire servir d'exemple en Justice. Le jour de l'assignation, Aignelet se presente à son Maistre, & avec une harangue digne d'un Berger, luy racompte comme il avoit esté à sa requeste, le priant de le vouloir licentier, & renvoyer en sa maison. A quoy son Maistre ne voulant entendre, il se resout de prendre Patelin pour son conseil. Lequel après avoir entendu tout le fait où il n'y avoit que tenir pour luy, est d'advis, que comme s'il fust insensé, quand il seroit devant le Juge, il ne respondist qu'une *Bée* à tout ce qui luy seroit demandé: qui estoit le vray langage de ses moutons. Et que joüant ainsi son personnage, Patelin luy serviroit de truchement, pour suppléer le deffaut de sa parole. Le Berger meschant, comme est ordinairement telle engeance de gens, trouve cet expedient tres bon, & promet qu'il n'y faudra d'un seul point. Sur cela le Patelin stipule une & deux fois d'estre bien payé de luy au retour des plaids, quand il auroit gaigné sa cause: & le Berger aussi luy respond une fois & deux qu'il le payeroit à son mot, comme il fit. La cause est audiancée: Là se trouvent les deux parties, & mesmement Patelin qui tenoit sa teste appuyée sur ses deux coudes, pour n'estre si-tost apperceu du Drapier. Lequel auparavant que de l'avoir envisagé, propose articulément sa demande, mais soudain qu'il eut jetté l'œil sur luy, il perdit esprit & contenance tout ensemble, meslant par ses discours, son drap avecques ses moutons. Et Dieu sçait comme Patelin en sçeut faire son profit, pour monstrer qu'il avoit le cerveau troublé. D'un autre costé le Berger n'ayant autre mot dans la bouche qu'un *Bée*, Monsieur le Juge se trouve bien empesché. Mesmement qu'il n'estoit question que de moutons en la cause, neantmoins le Drapier y entremesloit son drap, & *luy enjoint de revenir à ses moutons*. Enfin voyant qu'il n'y avoit ny rime ny raison d'une part & d'autre, il renvoye le deffendeur absous des fins & conclusions contre luy prises par le demandeur. Il est maintenant question de contenter Patelin, qui commence de gouverner le Berger, luy applaudit & congratule du bon succez de sa cause, qu'il ne restoit plus que de le payer, le somme & interpelle de luy tenir parole: mais à toutes ces sommations, le Berger le paye seulement d'un *Bée*. Et à vray dire, il luy tint en cecy sa promesse. Car il avoit promis de payer Patelin à son mot, qui estoit celuy de *Bée*. Ce grand personnage se voyant ainsi escorné par son client, vient des prieres aux menaces: mais pour cela il n'advance de rien son faict, n'estant payé en autre monnoye que d'un *Bée*.

Que Bée (dit Patelin) *l'on me puisse prendre,*
Si je ne seray venir
Un Sergent, mesavenir
Luy puisse, s'il ne t'emprisonne.

A quoy le Berger luy respond.

S'il me trouve, je luy pardonne.

Et en ce vers est la closture de la farce, dont on peut dire, pour fin de conte, qu'à trompeur, trompeur & demy.

Voilà en somme tout le sujet de ceste farce. Mais en bonne foy dites-moy, ay-je esté de plus grand loisir la lisant, ou bien en la vous discourant? Il n'y a de remede; encore me veux-je estancher. Car s'il vous plaist examiner les pieces particulieres de ce petit œuvre, vous y trouverez un entregent admirable: mais sur tout, en la harangue que le Berger fit à son Maistre, lors qu'il luy vint reciter l'adjournement qu'on lui avoit fait.

Mais qu'il ne vous veuille desplaire,
Ne sçay quel vestu desvoyé,
Mon bon Seigneur, tout desroyé,
Qui tenoit un foüet sans corde,
M'a dit, mais je ne me recorde,
Pour bien au vray que ce peust estre,
Il m'a parlé de vous mon maistre,
Je ne sçay quelle adjournerie.
Quant à moy par saincte Marie,
Je n'y entens ny gros, ny gresle,
Il m'a broüillé un pesle mesle,
De brebis, & de relevée,
Et m'a fait une grand levée,
De vous, mon Maistre, de boucler.

Repassez par toutes les Comedies, tant anciennes que modernes, il n'y en a une toute seule où se trouve une harangue plus brusque & naïve que ceste-cy. Dans laquelle vous remarquerez en passant, que le Berger en son lourdois remarque sur la verge du Sergent, un foüet sans corde. Or si l'Autheur à gardé une merveilleuse bien-seance en cet honneste homme: encore l'a-t'il observée, autant & plus à propos, quand il introduict Guillaume troublé en son ame par la presence de Patelin, qu'il pensoit estre malade en extremité. Car après avoir plusieurs fois entreveschié sa matiere, tantost du drap, tantost de ses moutons; le Juge luy ayant commandé de laisser son drap en arriere, & revenir aux moutons, dont il estoit question, le Drapier continuë son theme en ceste façon.

Monseigneur, mais le cas me touche,
Toutesfois par ma foy, ma bouche
Meshuy un seul mot n'en dira,
Une autre fois il en ira
Ainsi comme il en pourra aller.
Il me le convient avaler
Sans mascher: Or ça je disoye
A mon propos, comme j'avoye
Baillé six aulnes, dois-je dire
Mes brebis je vous prie, Sire
Pardonné-moy, ce gentil maistre
Mon Berger, quand il devoit estre
Aux Champs, il me dit que j'aurois
Six escus d'or, quand je voudrois:
Dy-je depuis trois jours en çà,
Mon berger m'encovenanca
Que loyaument me garderoit
Mes brebis, & ne m'y feroit
Ny dommage, ny vilennie,
Et puis maintenant il me nie
Et drap & argent plainement.
Ha! maistre Pierre vrayement
Ce ribault-cy, embloit mes laines
De mes bestes, & toutes faines
Les faisoit mourir & perir,
Par les assommer & ferir
De gros bastons sur la cervelle.
Quand mon drap fut sous son esselle,
Il se mit en chemin grand erre,
Et me dit que j'alasse querre
Six escus d'or en sa maison.

Y eust-il jamais un plus bel entrelas de matiere en un esprit foible, combattu de deux diverses passions? Ne pensez pas que par opinion particuliere, je sois seul auquel ait pleu ce petit ouvrage. Car au contraire nos anceftres trouverent ce Maiftre Pierre Patelin avoir fi bien reprefenté le perfonnage pour lequel il eftoit introduit, qu'ils mirent en ufage ce mot de *Patelin*, pour fignifier celuy qui par beaux femblans enjauloit, & de luy firent uns *Pateliner & Patelinage*, pour mefme fujet. Et quand il advient qu'en commun devis quelqu'un extravague de fon premier propos, celuy qui le veut remettre fur fes premieres brizées, luy dit: *Revenez à vos moutons*, dont a ufé à mefme effect Rabelais en fon premier livre de Gargantua. Il n'eft pas que de fois à autres quand on tire un payement en longueur, nous ne difions, *Qui me payaft, je m'en allaffe* : Et en un autre fujet contre les gens de la mauvaife foy, *avoir drap & argent enfemble*: Tous proverbes que nous avons puifez de la fontaine de Patelin. Je feray encore plus hardy: car j'ayme mieux recognoiftre de luy le mot de *Baye*, que nous difons *Repaiftre un homme de Bayes*, c'eft à dire de difcours frivoles, par un efchange de Bée en Baye, que de paffer les montagnes pour le mendier de l'Italien. J'adjoufteray que noftre gentil Rabelais le voulut imiter, quand pour fe donner carriere il introduifit Panurge, parler fept ou huit langages divers au propos abouchement de luy avec Pantagruel, le tout en la mefme façon qu'avoit fait Patelin, contre le refveur.

Davantage je recueille quelquesanciennetez qui ne doivent eftre negligées. Car quand vous voyez le Drapier vendre fes fix aulnes de drap neuf francs, & qu'à l'inftant mefme il dit que ce font fix efcus, il faut neceffairement conclurre qu'en ce temps-là, l'efcu ne valoit que trente fols. Mais comme accorderons-nous les paffages? En ce qu'à tous les endroits où il eft parlé du prix de chaque aulne, on ne parle que de vingt & quatre fols: Qui n'eft pas fomme fuffifante pour faire revenir les fix aulnes à neuf francs, ains à fept livres quatre fols feulement. C'eft encore une autre ancienneté digne d'eftre confiderée, qui nous enfeigne en la ville de Paris, où cefte farce fut faicte, & paradventure reprefentée fur l'efchaffaut, quand on parloit du fol fimplement, on l'entendoit Parifis, qui valoit quinze deniers tournois, (car auffi eftoit-il de noftre ville de Paris) & à tant que les 24. fols faifoient les 30. fols tournois. A ce propos, il me fouvient qu'en ce grand & folemnel teftament de la Royne Jeanne, femme de Philippes le Bel, qui fut du 24. Mars 1304. par lequel elle fonda le College de Champagne, dit de Navarre, faifant une infinité de legs à uns & autres fiens Gentils-hommes & ferviteurs, elle declara ne vouloir que les fommes par elle leguées fuffent eftimées au Parifis, finon au legs, où elle en feroit mention expreffe. Depuis, par fuccez de temps, tout ainfi qu'il ne fe trouve plus de la monnoye du Parifis, auffi quand nous la voulons exprimer, nous y adjouftons par exprez le mot de Parifis en queuë, autrement foit à Paris ou ailleurs, nous n'entendons parler que de fols tournois.

Je ne veux pas auffi oublier, qu'en ce temps-là les Sergens exploictans portoient leurs manteaux bigarrez, ainfi que nous recueillons de ces mots, *Ne fçay, quel veftu defrobé*, & encore eftoient tenus de porter leurs verges: & c'eft ce que le Berger veut dire quand il parle *d'un fouet fans corde*. De cela nous pouvons apprendre que ce n'eft fans raifon que l'on appelloit les Sergens de pied, *Sergens à verge*. Couftume que l'on voulut faire revivre par l'Edit d'Orleans, fait à la poftulation des trois Eftats en l'an 1560. quand par article exprés on ordonna que fuffions contraints d'obeïr aux commandemens d'un Sergent & de le fuivre: voire en prifon, lorfqu'il nous toucheroit de fa verge. Je diray encore ce mot, & puis plus. Nous avons deux noms, defquels nous baptizons en commun propos, ceux qu'eftimons de peu d'effect, les nommans Jeans, ou Guillaumes. Dont foit cela provenu, je m'en rapporte à ce qui en eft. Bien vous diray-je que dés le temps que cefte farce fut compofée, on fe mocquoit des Guillaumes. Et paradventure l'Autheur, pour cefte mefme raifon appella le Drapier, Guillaume. Car Guillemette voulant fçavoir fon nom, Patelin luy refpond:

*C'eft un Guillaume
Qui a le furnom da Jouceaulme.*

Et en un autre paffage, le Drapier fe mefcontentant à part foy de Patelin.

*Il eft Advocat potatif
A trois Leçons, & trois Pfeaumes.
Et tient-il les gens, pour Guillaumes?*

Il eft meshuy temps que je fonne icy la retraite, à la charge que peut-eftre feray-je eftimé de grand loifir, d'avoir employé mon loifir du difcours du prefent chapitre. Il n'eft point mal feant à tout homme qui fait profeffion des lettres, de faire fon profit de tous les livres qu'il lit.

CHAPITRE LX.

Villon, Villonner, Villonnerie.

*Peu de Villons en bon fçavoir,
Trop de Villons pour decevoir,*

Dit Clement Marot, au commencement de quelques œuvres de François Villon qu'il corrigea. Quant au premier vers, je n'en puis demeurer d'accord, quant au fecond, je luy en paffe condemnation. Marot eftoit un bel efprit, nourry en la Cour de nos Roys, né dés le ventre de fa mere pour faire des vers François: Mais homme qui n'eut plus de fçavoir acquis que ce qu'il en falloit pour fa portée. C'eft pourquoy il admire en Villon un fçavoir qui ne gifoit qu'en apparance. Bien rencontra-t'il heureufement, quand il dit, n'y avoir que trop de Villons pour fçavoir. Car, Villon fut un Efcolier de Paris, doüé d'affez bel efprit, mais un maiftre paffé en friponnerie. On dit en commun proverbe, de telle vie, telle fin; cela fe trouve prefque verifié en luy. Lifez la plus grande partie de fes œuvres, il fait trophée de fes tromperies, efquelles il eftoit un fuperlatif; auffi eut-il prefque une mort de mefme, fi nous croyons à ce quatrain qu'il fit de luy.

*Je fuis François dont ce me poife,
Né de Paris, prés de Pontoife,
Or d'une corde d'une toife
Sçaura mon col que mon cul poife.*

C'eftoit qu'il avoit efté condamné d'eftre pendu & eftranglé par fentence, dont il appella en la Cour de Parlement, & pendant la caufe d'appel fit un Epitaphe de foy & de fes complices, en forme de Balade: & deux autres, l'une fur l'appel qu'il avoit interjetté, & l'autre qu'il prefenta à la Cour de Parlement. Si ce qu'il raconte de foy fut executé, je ne voy nul fubject de rire: Si pour fe joüer de fa plume, encores y avoit-il moins d'occafion de l'efcrire. Car il pouvoit donner carriere en fon efprit en plufieurs autres matieres, fans nous laiffer fufpens, fçavoir, s'il fut pendu ou non: Quand à moy pour le peu d'intereft que j'y ay, je ne m'en donne pas grande peine. Quelques-uns difent que le Roy Louys unzieme luy fauva la vie: Qu'il ait efté un bon fripon, qui en friponnant faifoit profeffion expreffe de tromperie & larcin, il n'en faut meilleur tefmoignage que ceftuy. D'autant que la posterité a nommé un *Villon*, celuy qui eshontément se mesloit du mestier de trompeur, dont aussi nous fismes *Villonner*, & *Villonnerie* : Mots qui tombent aussi souvent en nos bouches pour tel subject, comme *le Patelin*, *Pateliner*, & *Patelinage*, celuy qui par beaux semblans & douces paroles engeaule quelqu'un.

CHAPITRE LXI.

Pleger celuy qui boit à nous d'autant, Coquu, Avoir veu le Loup, Loup-garou, Abry, Toutes manieres de dire dont on use à contre-sens.

Puisque le Chapitre precedant a esté dedié à la friponnerie, pourquoy ne puis-je dedier cestuy à l'yvrognerie? S'il n'y a de la raison en cecy, pour le moins y a-t'il de la rime. Davantage, quelle raison pouvez-vous demander à un homme yvre? Cela est partie du sujet du present Chapitre. Nous avons une coustume non seulement aux banquets, mais aux communes tables, de boire les uns aux autres : chose que nous tirons à courtoisie, voire pour signal d'amitié. Le formulaire que l'on tient est, que si un homme boit à moy, l'instant mesme le remerciant je luy diray, que je le plegeray promptement, c'est-à-dire, que je m'envois boire. Response certainement inepte, & qui ne se rapporte aucunement à l'assaut que l'on m'a livré. Car le mot de plege signifie en soy celuy qui intervient pour un autre. Je vous diray doncques ce que j'en pense. Encores que ceste coustume eust esté introduite d'une bien-veuillance mutuelle, si est-ce qu'à la longue elle se tourna en abus. Et de fait, repassez par toute l'Allemagne, la Flandre, & pays bas, & plusieurs Provinces de nostre France, quand un homme a beu à un autre d'autant, il tire cela en obligation, voire le tourne à mespris & injure, si l'assailly ne luy rend la pareille. Cela fut cause que nostre Charlemagne, pour les querelles qui en sourdoient, deffendit expressément aux Soldats, de boire les uns aux autres quand ils seroient en l'armée, au livre 3. de ses Ordonnances chap. 33. Et encores au premier livre art. 138. il est dit en termes exprés, *ut nemini liceat alterum cogere ad bibendum*. Mon opinion donc, est, que quand celuy auquel on avoit beu, ne vouloit faire la raison à l'autre (tel est le terme dont usent les bons biberons) fust, ou par sagesse, ou par impuissance, alors l'un de ses amis, ou quelque bon compagnon declaroit qu'il alloit pleger, & prenant le verre en la main beuvoit d'autant à celuy qui avoit esté l'assaillant. Si vous le prenez autrement, il n'y a aucun sens en

nostre response & aplegement. Cela mesme se practique aujourd'huy par ceux qui veulent faire la desbauche, entre lesquels s'il y en a un qui veuille estre plus retenu, il prendra un second pour le deffendre & pleger contre tous les autres qui le semondront de boire.

Pareille faute faisons-nous quand nous appellons *Coquu* celuy dont la femme va en dommage : car au contraire la nature de cet oyseau est d'aller pondre au nid des autres, comme nous apprenons de Pline au X. de son Histoire naturelle. Pourquoy pour rapporter proprement le *Coquu* à l'homme, il y auroit plus de raison de l'adapter à celuy qui agit, & non qui pâtit.

De mesme ignorance est venu quand nous voyons un homme enroüé, que nous le disons *avoir veu le Loup*. Car à l'opposite, faudroit dire *le Loup l'a veu*. D'autant que si nous croyons au mesme Pline, livre VIII. si le Loup fiche le premier sa veuë sur nous : il nous fait affoiblir la voix. C'est pourquoy le Poëte disoit.

Lupi illum videre priores.

Le mesme Pline, au mesme livre se mocque de ceux qui de son temps croyoient que quelques hommes estoient transformez en Loups : erreur qui s'est transmise jusques à nous, quand nous les appellons *Loups garoux*. Vray que pour en user proprement il faudroit rapporter à la Lycantropie, maladie discourue par les Medecins, quand une personne affligée d'une imagination furieuse, pense estre transformée en Loup. Je ne veux icy oublier le mot de *Apricus* Latin, dont les nostres ont formé *Abry*. & toutes-fois tous deux de contraire signification. Car le Latin signifie estre à l'ouvert, & le nostre au couvert du Soleil.

CHAPITRE LXII.

De quelques particuliers proverbes & mots, dont le peuple use par corruption de langage.

Il m'eut esté aussi sceant de me rendre franc, & exempt de toute faute en passant sous silence le present chapitre (comme ne le voulant escouler) demander pardon au Lecteur, pour appresterparadventure à rire à tel qui estimera tout ce sujet indigne d'estre redigé par escrit : car je vous prie quel profit rapporteray l'on, apprenant dont vient le *Roger bon-temps*, & telles autres particularitez, sinon pour faire dire de moy, ce que quelques Autheurs anciens reprenoient en un Junius Codrus, qui en escrivant les vies des Empereurs de Rome par une superstition trop grande, particularisoit par le menu mille petites façons de faire qui estoient en eux, lesquelles non seulement ne servoient à aucune edification, mais au contraire apportoient ennuy à celuy qui les lisoit? Je ressembleray donc peut-estre ce fascheux raconteur, & Historiographe Romain; mais le res-

semblant, j'espere qu'en essartant curieusement le mauvais, l'on fera plus ample cüeillette du bon : & à ceste cause ce chapitre sera comme une chose separée de tout mon œuvre, pour monstrer quelques mots, ou proverbes corrompus qui se trouvent en nostre langue, lesquels ont toutes-fois pris leur croissance dessus un fertile terroüer.

Je veux doncques dire que *Roger-bon-temps* que nous practiquons, pour denoter l'homme de bonne chere, est ainsi dit par abus, au lieu de *Rouge-bon-temps* : parce que ceste couleur au visage de toute personne, promet je ne sçay quoy de gay, & non soucié, comme au contraire la couleur blesme est ordinairement accompagnée d'une humeur fade, & melancholique. Aussi le *Brodeur* que nous adaptons à un insigne menteur, quand un homme nous ayant payé d'une bourde, *nous en souhaitons autant pour le Brodeur*, est dit par

par corruption de langage au lieu de *Bourdeur*. Comme nous voyons en cas ſemblable le commun peuple uſer indifferemment de *Pourmener*, & *promener*, *forment*, & *froment*, *formage*, & *fromage*, *garnier*, & *grenier*. Parquoy celuy qui premier voulut dire *autant pour le Bourdeur*, ſouhaita de payer d'une pareille bourde le menteur que celle dont il avoit repeu une compagnie : ſemblablement ceux qui diſent faire *barbe de ſouerre à Dieu*, en uſent abuſivement au lieu de *gerbe de ſouerre*, qui eſt un Proverbe tiré de la Bible, & uſurpé contre ceux qui offroient ſeulement à Dieu des *gerbes de paille*, feignans offrir *gerbes de bled*, penſans appaiſer Dieu par une tromperie, lequel toutes-fois cognoiſt le fonds, & interieur de nos penſées. De cette meſme corruptelle vient quand pour denoter un homme, qui en ſes actions faict le doux & ſucré, nous diſons *qu'il fait le doux Dieu*, *deſſus une peſle*, parce que cela eſt dit, au lieu de *faire le doux Dieu ſous un poeſle*. Car ordinairement le jour de S. Sacrement on porte l'hoſtie ſous un ciel, que nous appellons autrement *un poeſle*. Je ne veux icy oublier la chanſon dont uſent nos petits Eſcoliers en temps de Careſme, qu'en reconduiſant le Roy de leur Eſcole, ils l'accompagnent d'une chanſon qu'ils vont chantan par les ruës. *Vive en France*, & *ſon alliance*, *Vive en France* & *le Roy auſſi*, auſquels deux vers n'y a aucun ſens, pour la corruption qui vient d'une ſeule lettre qui eſt entrelaſſée. Parquoy au lieu de ces deux mots *en France*, nos anciens dirent *enfance*, ſouhaitant quiconque fut autheur de ce couplet, que *l'enfance*, & *ſon alliance proſperaſt avec ſon Roy*. Avec tout cecy nous pouvons auſſi adjouſter quand les bons gourmets taſtans du bon vin diſent *qu'il ſent la framboiſe* lors qu'ils le veulent hant loüer, ne s'adviſans aux toutes-fois que ſi un vin ſentoit ſa framboiſe, il n'y a celuy qui en vouluſt boire aiſément. Parquoy il faut indubitablement dire d'un bon vin, *qu'il ſent ſon franc boire*, c'eſt-à-dire qu'il n'a aucun vice. D'un homme qui a fait un marché aſſeuré, on dit *qu'il a joué a Boule veuë*, metaphore inepte & qui n'a aucuns ſens. C'eſt pourquoy il faut dire *à Bonne veuë*, comme n'ayant rien fait ſans y aſſeoir un bon & ſain jugement, par une metaphore tirée de la *veuë*. De meſme corruption vient preſque ce que l'on dit *Saiſir un homme par le faux du corps*, pour dire *par le fort du corps* ; & *faulſer un harnois*, *pour forcer* : & quand par quelques couſtumes de France, ou par les Ordonnances de noſtre ville de Paris, nous diſons *s'aborner avec un Seigneur de Fief*, pour les droicts & devoirs Seigneuriaux, ou avec un fermier du huictieſme pour le vin, qu'un Bourgeois vend en detail, pour *s'aborner*, c'eſt-à-dire *ſe borner* par convention, ſoit avec le Seigneur ou fermier, de ce que l'on leur doit payer. De meſme façon nous appellons une perſonne lourde & groſſiere, *Groſſe lourdiere*, pour *groſſe lourdiere*, par la ſeule obmiſſion d'une lettre : entre les meſmes parolles corrompuës nous pouvons auſſi adjouſter le mot de *Beffroy* au lieu d'*Effroy* : car pour bien dire, *Sonner le Beffroy* en une ville, n'eſt autre choſe que *ſonner l'effroy*. Comme pareillement le mot de *Chauſſée* n'eſt autre choſe que *Hauſſée*, comme ſi nous euſſions voulu dire *une hauſſée de terre*; & à cette occaſion ce que nous appellons en cette ville de Paris, & és environs *Chauſſée*, eſt appellé ordinairement *Levée*, ſur toute la riviere de Loire. Le mot de *Brimborium* dont nous uſons quand nous diſons que quelqu'un dit ſes *Brimborions*, vient du Latin de *Breviarum*. & quand nous appellons *Quatre-menages*, celuy qui mal à point s'entre-meſle de ſon meſnage, cela eſt au lieu de *Gaſte-menage* : car je ne voy point pourquoy on y eſt appliqué plutoſt ce mot de *quatre*, que tout autre nom : & quand on dit en cas ſemblable *Triboulle menage*, c'eſt au lieu de *Trouble-menage*, *Raquedenare*, pour *Raclede-nare*, *Soubreſaut*, pour *Soupleſaut*. Les revendeurs des livres que les porteurs à leur col par la ville, ſont appellez *Contreporteurs* d'un mot corrompu, au lieu de *Colporteurs*. Quelques-uns curieux de cüeillir des bons vins, recherchent quelques-fois les meilleurs plants de la France de pluſieurs endroits, dont ils font leur clos de vigne, que nous appellons ordinairement *Prepatout*, c'eſt-à-dire *des plants pris par tout*. En cas ſemblable le mot de *Paſſe-port*, qui nous a eſté ſi familier pendant nos derniers troubles, eſt une abreviation de *paſſe-partout*. Qui eſt un buletin que nous obtenons des Gouverneurs, & qu'il nous fuſt loiſible de paſſer par tout ſans pris. Il y a pluſieurs mots de telle marque en noſtre Langue, leſquels tout diligent Lecteur pourra ſuppléer, & les adjouſter s'il luy plaiſt en ſes eſtudes particulieres, à la ſuite du preſent Chapitre. Au demeurant, je ſçay bien que tout ce que j'ay icy diſcouru dans ce huitieſme livre ſemblera peut-eſtre à quelques-uns inutile, & de nul effet, comme eſtant ſeulement dedié à la recherche ou des mots, ou des proverbes, dont les aucuns ſe changent de jour à autre, & la memoire des autres ſe pourra perdre par une longue traite de temps : mais au fort, je me perſuade que ſi tous ces Proverbes, ou paroles ne ſe perpetuent, pour le moins attray-je faict ce bien, que la poſterité entendra qu'en ce ſiecle, & par le paſſé, nous en avons uſé ſelon les ſignifications que j'ay plus amplement deduites.

╋╋╋

CHAPITRE LXIII.

De quelque lettres doubles qui ſont dans noſtre Alphabet, K. Q. X. &⁹.

A Prés avoir diſcouru tant de l'Eſtat Seculier qu'Eccleſiaſtic de noſtre Royaume, au livre ſecond & troiſieſme; de vouloir maintenant me reduire à noſtre Alphabet, ce ſeroit proprement ce que l'on dit en commun Proverbe, d'Eveſque devenir Moyne, ou pour mieux dire, de Roy devenir pedant, comme Denys le Tyran. Cela ne me deſtournera toutes-fois de donner à ce ſubject quelque atteinte : puiſque je voy Chilperic, l'un de nos Roys, avoir de ſon temps eſté ſi curieux, de tranſplanter dans noſtre Alphabet toutes les lettres doubles des Grecs, θ. χ. φ. ξ. ψ. afin que ſelon les occurrences des affaires, nous peuſſions, ſous un ſeul caractere, repreſenter Th. Ch. Ph. Cſ. & Pſ. Choſe qui fut en uſage tant qu'il regna, comme nous apprenons de Gregoire de Tours : mais après ſa mort s'eſvanouïr par non-chalance. Les Roys n'ont en telles matieres tant de puiſſance, que l'uſage commun du peuple, ainſi que nous pouvons recüeillir de deux lettres, que le temps a adjouſtées à noſtre Alphabet, &, &⁹. la premiere ſignifiant E. conjoincte avec le T. la ſeconde V. avec S. Les anciens Romains bornoient leur Alhabet en la lettre X. comme nous enſeigne Quintilian livre 1. cha. 4. *Et noſtrarum*, X. *littera ultima eſt*, *quâ tamen carere potuimus : ſi non quaeſiſſemus*. En quoy certes il diſoit vray, parce que le C. ſuivy par une S. pouvoit ſuppléer le defaut de cette lettre. Qu'ils l'euſſent empruntée des Grecs, je ne l'oze dire, parce qu'ils ne luy baillerent la figure de Cſi Grec, qui eſtoit telle, ξ. ains du Chi, X. Or quant eſt de nous autres François, nous n'avons limité noſtre Alphabet de cette lettre X. ains après elle nous y mettons y. z. &. &⁹. Tellement qu'il eſt compoſé de vingt-cinq caracteres, dont nous en avons trois doubles, que nous avons empruntez du Latin, K. Q. & X. & deux qui ſont de noſtre creu, &. &⁹, Quant à la lettre de K. que le Romain tenoit en foy & hommage du Grec *Cappa*, elle eſt indubitablement ſuperfluë, & telle jugée par Priſcian, livre premier, comme celle dont on ne peut uſer que és mots Grecs faicts Latins, eſquels il euſt convenu mettre un C. & A. enſemblement. Quintilian dit que quelques-uns eſtoient autres-fois tombez en cette hereſie d'eſtimer que toutes & quantes-fois qu'il ſe trouvoit

trouvoit une lettre Latine en laquelle au commencement du mot on uſoit du *C.* & de *A.* il y falloit employer la lettre de *K.* J'ay leu quelques vieux Romans François, eſquels les Autheurs plus hardiment au lieu de *Q.* à la ſuite duquel nous employons l'*V.* ſans le proferer, uſoient de *K.* diſans *Ka*, *Ke, Ki, Ko, Ku.* Au regard du *Q*, encore que Quintilian ſoit fort empeſché d'en trouver l'origine, ſi eſt-ce qu'elle eſt fort aiſée, qui conſiderera & la prolation d'icelle, & ſa figure. Par la prononciation, *Q* n'eſt autre choſe que *Cu*, & s'il vous plaiſt vous repreſenter ſa figure, vous trouverez que ce n'eſt encores qu'un *C*, & *V*, fermez enſemble en cette façon, *Q*; qui a faict que nous ayons appelé cette lettre *Cu.* Tellement que nos anceſtres s'en pouvoient tout auſſi bien paſſer que du *K.* De là vint qu'autres-fois dans Rome il y en eut quelques-uns, qui pour penſer eſtre plus habiles gens que les autres eſcrivoient *Q is, Q are, Q alitas*, ſans y adjouſter la lettre du *V*, comme eſtant naturellement encloſe dans le *Q.* Et à vray dire, il y avoit paravanture en cecy plus de raiſon, que d'adjouſter en ce mot de *loquuntur* deux *V.* au deſſous du *Q.* Or tout ainſi que par la conjonction du *C*, & *V* les Romains ſe façonnerent une lettre double, qu'ils appellerent *Q*: auſſi nous advint-il depuis de faire une autre lettre double que nous appellons *&*, par la conjonction de l'*E* & *T* enſemblement, telle que je vous viens de repreſenter: mais ſur tout eſt eſmerveillable que le *s*, derniere de nos lettres, produiſe en nous, deux ſons tous contraires. Car nous les mettons en la fin d'un mot pour un *us*, comme par exemple, *Domin^s., me^s*: & au commencement pour *Con.* Voire l'appellons en commun langage *Con* : meſmement fut cette lettre ſi familiere à nos anceſtres, qu'en tous les anciens livres manuſcrits, vous trouverez le *s* employé par *Com*, dont ils uſoient pour le mot de *Comme*, que nous avons depuis faict de deux ſyllabes. Mais dont peut eſtre procedée cette diverſité de prononciations, repreſentée par un meſme caractere? Premierement, quant au ſon de *VS*, cela vint que nos predeceſſeurs qui voulurent ſur la fin de quelques mots uſer d'une abreviation, conjoignirent l'*V*, & l'*S*, en cette façon, *VS*, dont ils firent un caractere duquel ils abrevierent, lors qu'au bout d'une ligne, le papier leur manquoit pour clorre le mot: & pour cette cauſe mirent-ils cette abreviation au deſſus de la derniere parole. Qui fait qu'ils appellerent de cette lettre *s*, deſſus, & parce que ces deux lettres furent conjoinctes enſemble, on appella ce caractere *Con*: & à tant on l'employa quelques-fois au commencement de quelques mots pour meſme ſens. Car il ne faut point eſtimer que fortuitement cette difference de tons ſur un meſme ſubject ſe trouve dans noſtre Alphabet. Je ſçay bien que me pourrez objecter, que ſi cela avoit lieu, on pouvoit tout autant dire de *&*, auquel y a pareille conjonction de deux lettres. Je le veux: mais ce n'eſt pas le ſeul endroit où le hazard des ans apporte divers noms aux choſes. Je recognoiſtray franchement que me trouvant empeſché en cette reſolution, Maiſtre Jacques Chouard mien amy, Advocat en la Cour de Parlement, m'en donna le premier advis que je n'ay voulu rejetter, en attendant que l'on m'en donne un meilleur.

CHAPITRE LXIV.

Fin.

Entre tous les mots de la France ceſtuy ſeul contient autant de ſignifications, que de lettres : Car nous le prenons d'ordinaire pour une concluſion de toutes choſes, l'appropriant tant à noſtre mort qu'à tout autre ſubject dont il ne reſte plus rien : Et l'empruntons formellement du Latin *Finis* : Mais outre cette ſignification, nous luy en donnons deux autres. Par l'une nous ſignifions la bonté de quelque marchandiſe : car les marchands debitans leurs denrées, les vous pleuviſſent *pour fines*, c'eſt-à-dire pour bonnes & loyalles : & appellons du *fin drap*, quand nous le voulons dire *eſtre bon.* D'un autre coſté nous appellons un homme *fin*, celuy qui eſt caut & ruſé en ſes actions, & *fineſſe*, une ruſe, & à vray dire *un fin homme*, n'eſt proprement un trompeur: mais auſſi ne procede-t-il avec telle rondeur que l'homme de bien, qui accompagne ſes actions de prudence. Tellement que la *fineſſe* eſt une patrolle moitoyenne entre la prudence & la tromperie. De dire donc ce mot ſoit derivé de ces deux dernieres ſignifications, je ne le puis, & moins encores dont vient qu'un meſme mot produiſe ces diverſes ſignifications: Mais encores le trouverez-vous plus eſtrange quand vous entendrez que l'ordinaire de nos anciens eſtoit d'employer le mot *de fin* pour bon, en toutes les occurrences qui ſe preſentoient : Car il fut touſjours pris par eux en bonne part. Hugue de Berſy au commencement de ſa Bible Guiot.

> Dou ſiecle puant, & horrible,
> M'eſtuet commencier une Bible,
> Per poindre, & per aiguillonner,
> Et per bons exemples donner,
> Ce n'eſt pas Bible loſengere,
> Mais fine, & voire, & droituriere.

C'eſt-à-dire, que ce n'eſt pas une Bible trompeuſe, mais bonne, vraye & droituriere : Es chanſons du Comte Thibaud de Champagne.

> Fine amour, & bonne eſperance,
> M'y ramene joye & ſanté.

Il dit *fine amour*, au lieu de bonne, & à peu dire, je ne trouve dans ce gentil Prince *le fin ou fine*, pris en autre ſignification que pour bon, & bonne : Toutes-fois cette bonté s'eſt eſchangée en ce mot par ſucceſſion de temps, & ne nous eſt reſté de memoire que ce que nous en apprenons negocians avec les marchands: & paravanture que de là meſmes nous avons emprunté la derniere ſignification *de fin*: Car tout ainſi que combien que les marchands aſſeurent leurs marchandiſes eſtre *fines*, ſi en font-ils touſjours monſtre dans leur arriere-boutique, ſombre, & obſcure, pour oſter la vraye cognoiſſance de la bonté. Qui eſt proprement un art pour deſguiſer ce qu'ils diſent eſtre bon, auſſi tiraſmes-nous en metaphore les mots de *fin* & *de Fineſſe*, pour aſtuce, quand par moyens aucunement ſombres, & eſloignez du vray chemin nous voulons nous advantager au deſadvantage des autres. Nous en avons fait encores un adverbe, comme quand Philippes de Commines dit, quelques Seigneurs dont il parle, eſtoient au fin bord de la riviere de Seine. En ce mot de fin je mettray fin à cet œuvre.

Et par ce que je me doute qu'il ſe pourra rencontrer Lecteur, qui pour eſtre, ou trop Stoïque, ou trop delicat d'eſprit, trouvera ſubject ſe meſcontenter de ce dernier livre, auquel j'ay diſcouru quelque particularitez qui luy ſembleront trop baſſes, je le prie vouloir prendre en payement ces huict vers.

> Si dedans ce Livre j'acueille
> Quelque diſcours foible ou petit
> Qui ne ſoit à ton appetit,
> Le foible ſert aux bons de feüille.
> Je veux contenter le Lecteur,
> Mais auſſi veux-je bien qu'il ſçache,
> Qu'en luy voulant plaire, je taſche,
> De ne meſcontenter l'Autheur.

FIN DU HUICTIESME LIVRE DES RECHERCHES.

LES RECHERCHES DE LA FRANCE.
LIVRE NEUFIESME.

CHAPITRE I.
Que la Gaule depuis appellée la France, de toute ancienneté a esté studieuse des bonnes lettres.

Uisque j'ay voüé ce Livre aux Universitez de la France, selon l'ordre de leurs creations, j'estime qu'il ne me sera mal-seant, premier que de passer outre, de discourir en peu de paroles combien nos anciens Gaulois se trouverent zelateurs des bonnes lettres par leur usage commun, ainsi que nous apprenons de diverses pieces d'uns & autres, lesquelles je vous representeray icy pesle-mesle, non selon les ordres des temps, mais ainsi qu'il a pleu à ma plume, & à ma souvenance.

Gallia cauſſidicos docuit faconda Britannos,
De l'un, & l'autre.
Aut Lugdunenſem Rhetor dicturus ad aram.

Sur ce mesme subjet, quelqu'un ayant escrit à Pline second grand Senateur, & orateur de son temps, que ses Epistres se vendoient publiquement en la ville de Lyon, il escrit à Germinius sien amy, au neufiesme livre de ses lettres. *Bibliopolas Lugduni esse non putavi.*

Et non loing de Lyon, il est certain qu'en la ville de Marseille s'exerçoient les bonnes lettres & que c'estoit comme un ressort general de sciences, à la jeunesse des Gentils-hommes Romains, avant que se mettre sur les rangs au barreau en la ville de Rome. Et combien que cette histoire soit commune & familiere à tous, ce neantmoins encores vous correray-je cecy de Tacite, lequel descrivant l'histoire d'Agricole, de la vie duquel il fait un exemplaire de vertu: *Parvulus (dit-il) sedem & Magiſtram ſtudiorum, Maſſiliam habuit, locum Græcâ Comitate, & provinciali parſimoniâ mixtum, & bene compoſitum.*

L'Hercule qui estoit representé par image és lieux publics de la Gaule estant aagé, revestu de sa peau de Lyon, ayant son carquois, & ses fleches pendus à sa ceinture, & sa massuë en sa main, & une infinité de peuple qu'il attiroit à soy par sa langue, à laquelle estoit une chaine d'or, le tenant attaché par les oreilles: Tout cela estant representé au public, dit Lucian, pour monstrer quelle estoit la force de l'eloquence, & en quelle recommandation on l'avoit és Gaules.

Eumenes qui avoit esté attiré du barreau pour enseigner l'Eloquence en la ville de Cleves, où l'on lisoit publiquement, addressa un sien Panegiric au Gouverneur des Gaules pour le rétablissement des Gaules qu'il disoit s'en allerà non valloir, & porte le tiltre de sa Harangue: *Oratio pro Scholis reſtaurandis coram Præſide Galliæ.* Et apres avoir discouru du bien qui provenoit des bonnes lettres, loüe grandement les Empereurs qui les avoient euës en recommandation, & signamment l'Empereur Constance: *In quo ego (dit-il) nihil meæ laudi tribuo, ſed Domini noſtri Conſtantij juventis, incredibilem erga juventutem Galliarum ſuarum ſolicitudinem atque indulgentiam mirari ſatis nequeo : Qui honorem litterarum hâc quoque dignitate cumulavit, qui me &c.* Selon l'opinion de Beatus Rhenanus, il entendoit parler de Constance qui avoit esté adopté à fils par l'Empereur Maximian, compagnon de Diocletian.

Marcellin au quinziesme livre de son histoire dit qu'és Gaules, *Vigueræ ſtudia laudabilia doctrinarum inchoata per Bardos, Eubages & Druidas. Et Bardi quidem fortia virorum illuſtrium facta, heroicis compoſita verſibus, cum dulcibus lyræ modulis cantabant. Eubages vero ſcrutantes ſumma, & ſublimia naturæ pendere conabantur. Inter hos Druidæ, ingenijs celſiores (ut authoritas Pythagoræ decrevit) ſodalitijs adſtricti conſortijs, quæſtionibus occultarum rerum altarumque evecti ſunt*

Sidonius Appollinaris Evesque de Clermont à un Seigneur nommé *Joannes*, au huitiesme livre de ses Epistres, luy cograule de ce qu'il avoit resſuscité les bonnes lettres és Gaules. *Credebam (dit-il) me (vir peritiſſime) nefas in ſtudia committere fi diftuliffem profequi laudibus quod aboleri non tuleras. Quarum quodam modo jam fepultarum fufcitator, fautor, affertor concelebrari, teque par Gallias uno magiftro, fub hac tempeftate bellorum, Latina tenuerint ora.*

Sainct Hierofme en une Epiftre qu'il efcrit à Ruftique Moine. *Audio religofam habere te matrem, multorum annorum, viduam, quæ aluit, quæ erudivit infantem, poft ftudia Galliarum, quæ vel florentiffima funt, mifit Romam, non parcens fumptibus, & abfentiam filij fpe fuftinens futurorum, ut ubertatem, moremque Gallici fermonis, gravitate Romanâ condiret.*

Le mefme efcrivant à Paulin. *De inftitutione Monachi. Sanctus Hilarius, Gallicano cothurno attollitur.*

Je vous laiffe un Favorin Provençal, qui oza faire tefte en matiere de lettres, à un Adrian depuis Empereur, auquel cette hardieffe ne depleut, ores qu'en fes ambitions, il fift eftat particulier d'eftre eftimé trés-fçavant : je vous laiffe le docte Poëte Aufone Bourdelois, Precepteur de Gratian, fils de l'Empereur Theodofe le grand, & pareillement uns Hilaire, & Sidon Appollinaire Evefques, l'un de Poitiers, l'autre de Clairmont, un Salvian Preftre de Marfeille. Tous lefquels nous ont diverfement delaiffez plufieurs œuvres de leur façon, & entr'autres, Favorin duquel les compofitions ne font arrivées jufques à nous, mais vous le voyez grandement celebré par Auluguele.

Mais à quel propos tout cecy ? Pour vous dire que nos Gaules, & auparavant, & aprés qu'elles furent fubjettes du Romain, firent profeffion perpetuelle des bonnes lettres, & neantmoins tout cela n'eftoit point la Republique des lettres, que nous avons depuis appelée Univerfité par un titre particulier, non cognu par nos premiers aages ; grande promeffe toutes-fois que les fciences & bonnes lettres floriroient és Gaules, lors que les Univerfitez, par un benefice des ans, y feroient plantées.

CHAPITRE II.

Ville de Paris.

COmme la ville de Paris a cet honneur d'eftre Metropolitaine, & encores la premiere & plus ancienne Univerfité de noftre France, auffi penfe-je faire œuvre de prix, luy dediant ce prefent Chapitre, par lequel je difcourray fommairement de fon nom, fituation antique, reputation.

Si vous parlez à Rigord Medecin du Roy Philippe fecond, furnommé Augufte, duquel il a fait l'Hiftoire, parlant de la mort du Roy Loüys feptiefme fon pere, dit ainfi : *Cujus regni anno primo, Chriftianiffimus Rex, pater prædicti Philippi in civitate, quæ quondam Lutetia, nunc Parifius vocatur, fœliciter migravit ad Dominum.* Et quelques fueillets aprés, le Roy Philippe voyant la ville de Paris pleine de fange : *Convocatis Burgenfibus, cum præpofito ipfius civitatis, regiâ authoritate præcepit, quod omnes vici & viæ totius civitatis Parifiorum, duris & fortibus lapidibus fternerentur : ad hoc enim Chriftianiffimus Rex, quod nomen antiquum civitati auferret, Lutetia enim à Luti fætore, prius dicta fuerat, fed gentibus quondam, hujufmodi nomen propter fætorem abhorrentibus, à Paride Alexandro, filio Priami Regis Troyæ, Parifios vocarunt.* Par fon propos vous diriez que Philippe ordonna que le mot de Lutece fuft ofté de noftre ville, pour la puanteur des boües qui fe trouve en cette parole *Lutetia*, & qu'en fon lieu elle fuft nommée Paris du nom de Pâris fils de Priam.

Mais Guillaume le Breton Comtemporain de Rigord au premier livre de fa Philippide, faite en faveur du mefme Roy Philippe fon Maiftre, prend fon difcours d'un autre biais, difant que quelques troupes de Troyens s'eftans emparées des Gaules.

Sedem quærebant ponendis mœnibus aptam,
Et fe Parifios dixerunt nomine Greco,
Quod fonat, expofitum noftris, audacia, verbis.

Vous voyez par cela qu'il n'attribue nom de Paris, au Troyen Pâris comme fait Rigord ; ains au nom Grec *Parrifij*, & peu aprés continuant le fil de fon propos.

——— *Bona cujus ad unguem,*
Commendare mihi fenfus brevitate negatur ;
Quod caput eft regni, quæ grandia germina Regum
Educat, & doctrix exiftit totius orbis.
Quæ quamvis veré toto perluceat orbe,
Nullus in orbe locus, quoniam tunc temporis, illam
Reddebat palus, & terræ pinguedo lutofam,
Aptum Parifii pofuere, Lutetia nomen.

Paroles par lefquelles vous voyez qu'il eftime que le nom de *Lutece*, avoit efté donné par les Parifiens à cette ville, à *Luto*, fans defigner en quel temps avoit efté fait cet efchange, comme fon compagnon Rigord.

Or pour vous dire librement ce que j'en penfe, je veux croire que ce que difent icy ces deux Autheurs, fe font contes faits à plaifir, pour contenter leurs efprits. Parquoy mon opinion eft, qu'en la Province des Gaules y avoit un pays particulier apppellé *Parify*, dans lequel eftoit fituée cette ville, & c'eft la caufe pour laquelle Julle Cefar és Commentaires des guerres faites és Gaules parlant d'elle, l'appelle *Lutetiam Parifiorum*, voulant dire que cette ville eftoit affife en *Parify*. Tout ainfi qu'aujourd'huy parlant de la ville de Sainct Denys nous difons fainct Denys en France, comme eftant fituée au particulier pays portant le nom de France, dedans la grande France : or quoy que ce foit, noftre ville fut appellée par Cefar *Lutetia*, par Strabon Grec, *Leucotetia*, & par noftre Roy Childebert donnant le village d'Icy aux Religieux, Abbé, & Couvent de fainct Vincent appellé aujourd'huy fainct Germain des Prez, il dit par corruption de langage que ce village eftoit affis *In loco Titiæ* au lieu de *Lutetia*, voulant dire, qu'il eftoit proche de noftre ville de *Lutece*. De vous dire quel eftoit fon vray nom Gaulois, il eft fort mal-aifé de ce faire. Mais quand je voy ces deux Autheurs, l'un, l'appeller en fon vulgaire Latin, *Lutetiam*, l'autre, en fon Gregeois, *Leucotetiam*, chacun d'eux felon les commoditez de leurs langues ; & quand d'ailleurs je voy que les Gaulois avoyent un langage beaucoup plus court que le Latin, & comme j'ay traicté en quelque endroit du feptiefme livre de mes Reherches, je me perfuade que noftre ville en langage Gaulois eftoit appellée *Lut*, fur lequel Cefar baftit fon *Lutetia*, & Strabon fon *Leucotetia*. Comme de fait, vous verrez nos villes recitées par Jules Cefar en fon langage, avoir leurs noms beaucoup plus amples, que ceux qu'elles tiennent de noftre ancienneté dedans ce Royaume. J'adjoufte, & à cecy il n'y a point de me femble de refponfe, que c'euft efté chofe ridicule & inepte, que les Gaulois habitans la Celtique euffent mandié *Lutetiam à Luto*, parole Latine, eux dy-je, qui n'avoient aucune habitude, ou communication avecques les Romains.

Parquoy de vous dire dont les mots de *Lut*, & *Parify* prindrent leurs fources, fe font antiquailles, en la recherche defquelles il y auroit plus d'inepte curiofité, que de verité. Et comme ainfi foit que Julle Cefar, & ceux qui penfoient plus latinement parler, l'appellaffent *Lutetiam Parifiorum*, on quitta avecques le temps le mot de *Lutetia*, & fe contenta-t'on de là en avant de celuy de Paris, comme celle qui eftoit la premiere, & plus fignalée du pays de *Parify*.

rify. Le premier qui me donne enseignement de cecy est Amian Marcellin, au vingtiesme livre de son histoire. Car comme ainsi soit que Julian l'Apostat eust esté creé Empereur dedans la ville de Paris du consentement de Constance Empereur, & que plusieurs troupes eussent esté commandées de venir trouver Constance, la part où il estoit, voulant passer par les Gaules, *Et cum ambigeretur* (dit l'Auteur) *quá pergerent viá, placuit, notario suggerente Decentio, per Parisios, homines transire, ubi morabatur adhuc Cæsar nusquam motus, & ita factum est. Iisdemque aduentantibus in suburbanis princeps occurrit, ex more laudans quos cognoscebat.* Auquel lieu le mot de faux-bourgs nous enseigne, que dés lors sous celuy de *Parisij*, il entendoit parler de la ville de Paris, auparavant appellé *Lut* ou *Lutetia*, & depuis vous trouverez dedans nostre Gregoire estre tantost appellée *Parisium*, au nombre pluriel, tantost *civitas Parisiaca*, & par ses survivans d'un mot *Parisius* qu'ils firent indeclinable, & en userent par leur titres pour une parole qui s'adaptoit à tout genre, jusques à ce que ceux qui pensent mieux parler de nostre temps que les autres, ont remis en usage le *Lutetia Parisiorum* de nostre Cesar, ou bien d'un *Parisii* seul, sans y adjouster celuy de *Lutetia*, voulans parler de nostre Paris.

Et combien que sous l'Empereur Julian je voy un commencement de changement en ce mot de *Lutetia*, toutes-fois il n'estoit perdu tout à fait. Qu'ainsi ne soit, le mesme Marcellin qui residoit aveques Julian son Maistre és Gaules, parlant des fleuves de Seine & Marne, au livre quinziesme dit ainsi. *Qui confluentes per Ludunensem, post circumclusum ambitu insulari Parisiorum castellum, Lutetiam nomine, consociatim meant.* Passage, auquel vous voyez estre fait mention de Paris, & de *Lutece* ensemblement, pour remarquer cette ville. Passage (dy-je) tout, tel representé par celuy de Marcellin qui l'imprimez, & par lequel feu Maistre Pierre de la Ramée (dit Ramus) me voulut un jour entr'autres, monstrer qu'anciennement la ville de Paris ne devoit estre situee où elle est, ains au dessus de Charenton, où la riviere de Marne confluant en celle de Seine perd son nom; & à la verité, si le passage estoit veritable, il y auroit grande apparence d'y adjouster foy. Toutes-fois aprés l'avoir leu, & meurement examiné, je luy dy qu'il valoit beaucoup mieux remuer le passage que nostre ville, & au lieu d'un ablatif absolu, y mettre un accusatif en cette façon, *Qui confluentes per Lugdunensem, post circumclusum ambitum insularem; Parisiorum castellum, Lutetiam nomine, consociatim meant.* Chose dont ce docte Personnage me passa condamnation. Particularité qui merite d'estre remarquée pour corriger les trois lignes qui courent partout les livres de Marcellin, imprimez, lesquelles demeurans, il faudroit changer d'un long entrejet la situation de nostre Paris suivant la premiere opinion de Ramus.

Or comme les villes reçoivent leurs mutations par lesquelles elles se font, ores grandes, ores petites par diverses succez, ainsi advint-il le semblable à cette ville. Car il ne faut point faire de doubte que dés le temps de Cesar elle ne fust de quelque grand merite entre les villes des Gaules; veu que Jules Cesar, pour gratifier les Gaulois, voulant faire une assemblée generale des villes Gauloises qui luy estoient assubjetties, (assemblée, dy-je, qui luy estoit fort agreable) il choisit par exprés, la ville de Paris.

L'un des plus anciens exploits que je trouve des Parisiens, est quand Jules Cesar faisant la guerre en Auvergne contre le Capitaine Vercingetorich, Labienus Lieutenant General de Cesar, vint mettre le siege devant Paris, qui ne contenoit lors plus grand pourprix que d'une Isle, qui est ce que nous avons depuis nommé la cité, & s'achemina accompagné de quatre legions; & adoncques les Parisiens s'estans mis sous la protection d'un vieux Gentil-homme de Rouen, nommé Carmilogene, il se campa aveques les nostres dedans nos Marêts, & sceut si bien joüer son personnage, que Labiene fut contrainct lever le siege, & aprés s'estre rafraischy au Melunois, ayant rebrousse chemin, pour se heurter derechef contre Paris, les Parisiens se voyans trop foibles pour faire teste à ce grand guerrier, bruslerent de fonds en comble leur ville, pour luy oster toute esperance de la conquester: qui est un trait de grande magnanimité; & ayans, ainsi perdans, gaignez beaucoup, ne laisserent de là en avant

Tome 1.

de reprendre leurs anciennes forces, comme de fait il faut bien qu'elle eust esté du depuis totalement restablie, veu que Julian l'Apostat, depuis Empereur, qui dés pieça avoit les armes en main, pour le soustenement de l'Empire contre la nation Germanique, se voulant rafraischir, choisit nommément la ville de Paris, en laquelle non seulement il hebergea six mois entiers, comme nous apprenons de son Misopogon, mais encores pendant son sejour, y bastit un Palais, appellé lors les Termes de Julian, & depuis, par succession de temps, l'Hostel de Clugny, & voulut que certains aqueducs par son authorité bastis, s'y vinssent rendre, qui furent appellez Arcs de Julian, que nous avons depuis appellez Arveil, d'un mot corrompu, & fait par longue suite des ans, un village. Particularitez qui nous enseignent, que deslors, Paris estoit de quelque marque, entre les villes de la Gaule; ny pour cela n'avoit attaint au grand periode de grandeur, quand je vois que Marcelin parlant d'elle, ne la daigne appeller du nom de ville, ains *Parisiorum Castellum:* & neantmoins pour contrebalance, aprés le deceds de Julian, Valentinian premier luy ayant succedé, & se voulant pour quelque temps habituer és Gaules, en laquelle neantmoins voy-je encores un autre grand obstacle. Car nostre Poëte Ausone Bourdelois, qui fut depuis Precepteur de l'Empereur Theodose, parlant diversement de plusieurs villes de marque, fait mention expresse de cinq, Triers, Arles, Thoulouse, Narbonne, Bourdeaux, qu'il honore chacun en son particulier, d'un bel eloge; mais quant à celle de Paris, ce luy est un chiffre. Qui me fait dire, qu'ayant esté obmise par un Gentil-homme né és Gaules, cette ville n'avoit encores atteint au degré de superiorité, dont elle s'est depuis prevaluë.

Ny pour cela ne la faut estimer que petit à petit elle s'agrandist grandement, comme celle qui estoit accommodée naturellement des materiaux à ce necessaires; car je puis dire, comme chose vraye, qu'il n'y a ville peut-estre en Europe, accompagnée de tant de commoditez, comme cette-cy. En toute ville qu'on veut rendre grande, il est requis premierement, facilité de bastir, & en aprés, commodité de trafic. Entant que touche le premier point, Paris est environné de toutes parts, de perrieres souterraines, que le peuple appelle par corruption, carrieres, desquelles on tire les pierres, tant de moilon, que de pierres de taille; & outre, à ses plastrieres voisines d'elles, dont se fait le plastre, une forme de ciment, à nous propre. Perrieres (dy-je) & plastrieres, lesquelles sont inespuisables, comme celles qui en s'espuisant renaissent; & par consequent peut estre ville eternelle, sous meilleur titre que celle de Rome, qui fut ainsi appellée, sur son declin, par quelques Autheurs. Davantage, cette nostre ville est abreuvée de cette grande riviere de Seine, qui perd son nom dedans l'Ocean de la ville de Roüen. Riviere dedans laquelle aboutissent quatre grandes rivieres, celle d'Yonne vers Montereau, la Marne vers Charenton, la riviere qui abreuve la ville de Pontoise, & audessous la riviere Delle, dedans laquelle la riviere d'Ausne perd son nom: toutes quatre portans grands basteaux, en outre chacune d'elles diversement abreuvée de plusieurs autres eaux, qui pour n'estre grands fleuves, ne sont flotez de grands basteaux, mais ausi ne sont si petis qu'ils portent le nom de simples ruisseaux, desquels nous tirons diverses commoditez, ainsi que pareillement de la riviere de Montargi, & de celle d'Orleans, lesquelles portent leurs noms dedans la Seine, l'une, vers la ville de Moret, l'autre, vers celle de Corbeil; & ainsi avec une facilité admirable, toutes sortes de marchandises peuvent estre apportées chez nous à peu de cousts, de la Bourgongne, Champagne, Brie, Lyonnois, Orleans, Beauce, Picardie, Normandie, & autres pays adjacents & circonvoisins. Qui furent les moyens par lesquels elle parvint à telle grandeur, que nostre Roy Clovis s'estant fait Maistre & possesseur d'une bonne partie des Gaules, choisit pour siege de luy & sa posterité, la ville de Paris. Ainsi l'apprenons nous de Gregoire de Tours, au premier livre de son histoire, qu'aprés que Clovis eut receu l'honneur du Patriciat à luy envoyé par l'Empereur Anastaise, & fait les ceremonies en la ville de Tours, de l'honneur luy receu, vint à Paris, pour y resider comme en la capitale ville de son Royaume. *Egressus Clodoveus à Turonis, Parisios venit, ibique Cathedram*

Regni constituit. Ainsi la ville s'agrandissant à veuë d'œil, tant par le moyen des commoditez par moy cy-dessus deduites, que choix fait par nostre Clovis, elle fut trois fois assiegée par les Normands, grands guerriers, desirans s'impatroniser de l'Estat, & autant de fois rebutez. En quoy je puis dire qu'elle ne fut jamais vaincuë que par soy-mesme. Privilege de grande & capitale ville, à elle seule particulier : car la ville mesme de Rome ne se peut jamais garantir de trois diverses prises faites par les Gots, & une des Heruliens sous leur Roy & Capitaine Odoacre. Et croissant en cette façon, elle obtint divers Privileges de nos Roys, dont les uns luy furent octroyez par titres exprés, & les autres se passerent par forme de coustume d'une longue ancienneté : vray que se maintenans en telle façon envers tous, & contre tous, je desire de fois à autre, je ne sçay quoy de modestie envers nos Roys, leurs vrays & legitimes Seigneurs. Chose qui a depuis produit de grands desordres, & confusions par la France. Histoire que je n'ay entrepris maintenant de vous particulariser, ains vous remettray seulement devant les yeux nos derniers troubles de l'an mil cinq cens octante-neuf, qui durerent cinq ans entiers, esquels Paris fut comme ressort de nos malheurs contre l'authorité de nos Roys Henrys trois, & quatriesme, à la suite desquels m'estant mis avecques plusieurs personnages d'honneur, me voyant enfin à mon retour reintegré dedans ma maison, je saluay nostre Paris de cest Epigramme :

> *Post varios casus belli civilis, & ignes,*
> *Qui migrare meâ me voluere domo :*
> *Tandem ad te redeo, mea chara Lutetia, quid si*
> *Charam animi volui dicere lætitiam ?*
> *Tu mihi nunc portus, placida requiesque Senecta,*
> *Dum modò sis patriæ Regia cura tuæ.*

A la mienne volonté que ce que j'ay cy-dessus deduit, serve à nostre peuple de Paris, pour ne tomber en cet accessoire soubs l'opinion de sa grandeur, comme aussi souhaitay-je que les Princes & Grands Seigneurs qui sont proches de nos Roys, apprennent cette leçon de n'affliger cette grande ville, qui est l'un des principaux membres du soustenement de leur Estat. Il n'est pas que la riviere de Seine, à laquelle la ville doit une partie de sa manutention, ne la recognoisse aucunement dedans sa vegetative : d'autant que cette riviere coule de sa source, d'un droit fil sans aucun destourbier, dedans Paris, & aprés y avoir passé, commence de se contourner en divers replis qui ralentissent aucunement leur premier cours. Et de fait, la ville de Sainct Denys, qui est par terre proche de Paris de deux petites lieuës, par eauës est esloignée de dix ; comme si les eauës eussent regret de quitter cette grande ville. Leçon qui enseigne aux Grands, aucunement, de se contenir en eux, & favoriser cette ville. Belle chose, dy-je, & heureuse pour le repos de tout le peuple, que le Roy, & sa ville Metropolitaine ayent une correspondance mutuelle l'un à l'autre, & que la ville estime qu'elle doit à son Roy perpetuelle obeyssance ; & le Roy à elle, en contreschange, bon traitement.

Les benedictions que je vous ay dites estre en elle, l'ont avecques le temps honorée de trois Cours Souveraines, le Parlement, Chambre des Comptes des Aydes, & de trois maisons Royales, le Parlement, le Louvre, & l'Hostel de Sainct Paul : Parlement auquel nostre Prince entrant, represente vrayement son Roy, Louvre son Gentil-homme, Sainct Paul son Citoyen de Paris, derniere maison abattuë pour le desastre advenu en la ruë Sainct Anthoine, à nostre Roy Henry deuxiesme. Et au bout de ces trois considerations cy-dessus mentionnées, le Roy est tousjours nostre Roy. La debonnaireté est en luy, la soubmission doit estre en nous. Mais ce qui me semble devoir estre icy grandement-remarqué, est que Paris anciennement consistant en ce que nous appellions la cité, s'est par le moyen de ses commoditez accreu par les flancs de deux autres villes ; l'une, par nous appellée l'Université ; l'autre, la ville : ces trois villes abondantes en toutes sortes de marchandises, & clauses d'un mesme contour de murailles. De maniere que sur la rencontre du mot *Orbis*, qui a double signification, du Monde, & de Contour, j'ay fait, en faveur de nostre ville, ce distique, dont je vous veux faire present.

> *Omnia quæ triplex urbs uno continet orbe,*
> *Illi non urbis nomen, at orbis erit.*

Qui n'est pas une petite singularité en elle, non commune à quelque autre ville que ce soit. Mais ce qui est encores plus admirable, c'est que d'ancienneté il y avoit deux grands bourgs, non grandement esloignez d'icelle, lesquels estoient clos de leurs murs, desquels nous voyons encores quelques remarques à Sainct Marcel, & estoient par les anciens titres, & enseignemens appellez villes de S. Marcel, & S. Germain des Prez : ainsi sont-ils appellez par Lettres patentes du Roy Philippe le Bel IV. de ce nom, du mois de Mars 1297. *Notum facimus quòd in Curiâ nostrâ, conquerentibus communitatibus, habitantibus Villarum sancti Marcelli, & sancti Germani de Pratis prope Parisios.* Nos ancestres tournerent ce Latin de *prope Parisios*, en ces mots, *lez-Paris*, qui nous est encores frequent & familier. De maniere que l'une, & l'autre s'estans par succession de temps tournées en nos fauxbourgs, pour attoucher nos murailles, mais estre toutesfois hors de la ville, nous pouvons presque dire qu'elle contient aujourd'huy cinq villes. Adjoustez les fauxbourgs Sainct Jacques, Sainct Victor, Sainct Honoré, vous pourrez dire qu'il y en a six. Une chose vous puis-je dire comme vraye, qu'il n'y a ville en France si grande, ne d'une si longue estenduë, comme nos fauxbourgs ; je n'en excepteray, ny Thoulouze, ny Roüen. Mais ce Livre estant specialement dedié aux Universitez de la France, je commenceray par celle de Paris, faisant de route ancienneté, la troisiesme partie de cette grande ville.

CHAPITRE III.

Opinion commune, que Charlemagne a esté fondateur de l'Université de Paris.

CHose admirable, qui ne doibt estre teuë, ains sceuë, voire cornée à son de trompe, & cry public, que nous avons douze ou treize Universitez, en cette France, diversement destinées pour l'enseignement d'unes & autres bonnes Lettres ; mot anciennement incognu par les Latins, pour cette signification : & n'y a ville qui porte ce titre-là, qu'elle ne sçache qui fust le Roy, lequel l'honora premierement de ce nom ; nul ne doubte que Paris n'ait cet honneur d'estre la ville Metropolitaine de la France, & que tout d'une suite elle ne soit la premiere, & plus ancienne de toutes nos Universitez.

Toutesfois (ô malheur !) nous n'avons dedans nos archifs, aucuns titres, & enseignemens dont nous puissions sçavoir qui fut le premier Autheur, & instituteur de cette Université : non seulement nous ne l'avons, mais qui plus est, discourant sur son origine, chacun de nous en parle à tastons, l'attribuant, qui à Charlemagne, qui à Loüys le Gros, qui à Loüys le jeune, son fils, qui à Philippe second, dit Auguste. Et parce que la commune opinion va à l'Empereur Charlemagne, & que de croire le contraire, c'est estre heretique en l'Histoire, par plusieurs personnes, je toucheray premierement

rement cette corde, puis diray franchement ce que j'en pense, à la charge d'estre desdit par ceux qui seront de contraire advis : ce que je ne prendray à cœur, moyennant que je sois combatu par bonnes & vifves raisons.

La commune opinion est, que quatre Escossois, disciples du venerable Beda Anglois, estant arrivez en France, publioient par toutes les villes esquelles ils passoient, qu'ils avoient de la doctrine à vendre, & que celuy qui desiroit d'en acheter, vinst par devers eux, il rapporteroit ce qu'il souhaitoit. Ce dont l'Empereur Charlemagne adverty, après les avoir halenez, leur assigna la ville de Paris pour cet effect, & que deslors l'Université de Paris commença d'estre en vogue : ces nouveaux vendeurs estoient, Alcuinus ou bien Albius, Joannes, Claudius, Pisanus. Le premier que je trouve nous avoir servy de cette opinion, est Vincent de Beauvais, Religieux de l'Ordre des Freres Minimes, comme nous apprenons du titre de ses œuvres; qui n'estoit point un Personnage de peu de merite, comme nous apprenons des quatre Tomes qu'il fit sous le nom de Miroüer. *Speculum Historiale, lib. 32. Speculum naturale, lib. 33. Speculum doctrinale, lib. 13. Speculum morale, lib. 3.* Estant homme de telle marque, il ne le faut aisément condamner. Je vous rapporteray doncques icy tout au long ce que j'emprunte de luy. Au Chap. LXXIV. du XXIV. Livre de son Miroüer Historial, il nous apprend qu'Albuin avoit esté envoyé en Ambassade d'Angleterre à nostre Roy Charles, lequel l'ayant trouvé homme de doctrine, l'auroit honoré de l'Abbaye de sainct Martin de Tours, qui lors estoit regie par des Religieux seulement, & non secularisée. Puis il adjouste ce qui s'ensuit: *In Chronicis Metropolis Arelatensis legitur, Omnipotens rerum dispositor ordinatorque regnorum & temporum, &c.* & peu après, parlant du Roy Charles le Grand: *Qui cùm in occiduis partibus regere solus capisset, & studia litterarum ubique essent in oblivione, adeoque verœ Deitatis cultura tepèret, contigit duos Scotos, Monachos de Hibernia, cum mercatoribus Britannis, litus Galliæ advenire, viros & in sacris Scripturis, & in sæcularibus eruditos. Qui quotidie cùm nihil ostenderent vænale ad convenientes emendi gratiâ turbas, clamare cœperunt: si quis sapientiæ cupidus est, veniat ad nos, & accipiat, nam vænalis est apud nos. Tandiu conclamata sunt ista, donec ab admirantibus, licet insanos putantibus, ad aures Regis Caroli, semper amatoris sapientiæ, sunt prolata; qui celeriter illos ad præsentiam suam evocatos interrogavit si verè scientiam haberent, ut ipse comparavet: sapientiam, inquiunt, & habemus, & in nomine Domini, eam quærentibus dare parati sumus. Qui cùm quæsisset ab his quid pro ipsâ peterent, responderunt: loca tantùm opportuna, & animas ingeniosas, & sine quibus ista peregrinatio transiri non potest, alimenta, & quibus tegamur. Quo ille accepto, ingenti gaudio repletus, primum quidem apud se parvo tempore tenuit; postea verò, cùm ad expeditiones bellicas urgeretur, unum eorum, nomine Clementem, in Gallia, Parisiis scilicet, residere fecit, cui & pueros nobilissimos, mediocres, & infimos satis multos commendavit; & eis, prout necessarium haberunt, victualia ministrari præcepit, habitaculis opportunis ad matendum deputatis; alterum verò in Italiam direxit. Cum & Monasterium S. Aug. juxta Tirenensem urbem delegavit, ut illic, si voluissent, ad discendum congregari possent. Audito autem Albinus de natione Anglorum, qui graviter sapientes, ac Religiosos viros susciperet Carolus, conscensâ navi, venit ad eum, pro sociis, in omnibus scripturis exercitatus; utpote doctissimi Bedæ discipulus. Quem Rex usque ad finem Regni jugiter secum retinuit, nisi cùm ad ingruentia bella processit; deditque & illi Abbatiam sancti Martini, ut quando ipse absens esset, illic resideret, & ad se confluentes doceret: cujus in tantum doctrinâ fructificavit, ut Franci antiquis Romanis, & Atheniensibus æquiparentur.*

En tout ce que dessus, il n'est fait nulle mention expresse de l'Université; & neantmoins, sans la nommer, il est aisé de penser qu'il entendoit en Paris. Comme de fait, Nicole Gilles, en ses Annales de France, a presque traduit de luy, mot à mot, tout le passage en la vie de Charlemagne. En ce temps (dit-il) vindrent d'Irlande en France deux Moines, qui estoient d'Escosse, moult grands Clercs, & de saincte vie, lesquels par les citez & pays preschoient & crioient, qu'ils avoient science à vendre, & qui en voudroit achepter, vinst à eux. Ce qui vint à la cognoissance de l'Empereur Charlemagne, qui les fit venir devers luy, & leur demanda s'il estoit vray, & qu'ils eussent science à vendre ? lesquels respondirent que voirement ils l'avoient, par don de graces de Dieu, & qu'ils estoient venus de France pour le prescher, & enseigner à qui la voudroit apprendre. L'Empereur leur demanda quel loyer ils voudroient avoir pour la monstrer? & leur respondirent qu'ils ne vouloient fors lieux convenables à ce faire, & la subsistance de leurs corps tant seulement, & qu'on leur administrast gens & enfans ingenieux pour la recevoir. Quand l'Empereur les eut ouïs, il fut bien joyeux, & les tint avecques luy, jusques à ce qu'il luy convint aller en guerre. Et lors commanda à l'un d'eux, nommé Clement, qu'il demeurast à Paris, & luy fit bailler des enfans de gens de tous estats, les plus ingenieux qu'on sceut trouver, & fit faire lieux & Escoles convenables pour apprendre, & commanda qu'on leur administrast ce qu'il leur seroit besoing, & leur donna de grands privileges, franchises, & libertez; & de là vint la premiere institution du corps de l'Université de Paris. L'autre fut par luy envoyé, & luy donna une Abbaye de S. Augustin, prés de la cité de Pavie. Lors y avoit en Angleterre un moult grand Clerc, Philosophe & Theologien, nommé Alcuin, lequel estoit Anglois de nation, & avoit esté disciple du Venerable Bede, & estoit remply de toutes sciences, tant en Grec, que Latin. Quand il sceut que l'Empereur Charlemagne recueilloit les sages hommes & grands Clercs, qui avoient pouvoir de monstrer, & enseigner sciences, il passa en France, & vint devers ledit Empereur, qui le receut honorablement, & le retint avec luy tant qu'il vesquit, & l'appelloit son Maistre. Toutesfois quand il alloit en guerre, il le laissoit, & ne le menoit pas avecques luy, & ordonna qu'il demeurast en l'Abbaïe Sainct Martin de Tours : & par le moyen desdicts Maistres, fut multipliée science à Paris, & en France. Et par ce, à la requeste dudit Alcuinus, transfera (comme dit est) ledit Charlemagne, l'Université qui estoit à Rome, & laquelle paravant y avoit esté transferée d'Athenes, à la fit venir à Paris: & furent fondateurs de ladite Estude & Université, quatre grands Clercs, qui avoient esté disciples de Bede; c'est à sçavoir, ledit Alcuinus, Rabanus, Claudius, & Joannes. Tellement que la vraye source y a tousjours depuis esté. Vous voyez que tout ce passage a esté nommément extraict de celuy de Vincent de Beauvais, horsmis quelques particularitez, mais bien courtes. Et voicy ce que Robert Gaguin, Religieux de l'Ordre de la Saincte Trinité, & Ministre des Mathurins de Paris, en dit en sa Chronique Françoise :

Carolo, cùm specie corporis valetudo, & robur, ingenium insuper excellens, gravitas atque incessus, dignitati Regiæ non discors, liberalibus disciplinis animum excoluit, præceptore primùm, Petro Pisano, deinde Alcuino Anglo, viro apprimè divinis, humaniseque artibus erudito, quem Glossa in Bibliam (quam Ordinariam vocant) Authorem Anthonius Florentinus prodit. Quamvis enim Alcuinus à Regibus Anglis ad Carolum missus esset Orator, solius tamen Gallici benignitate delectatus, apud Carolum mansit. Quo Authore Parisiensis Schola (quam Universitatem vocant) hac occasione cœpit. Delati nave ex Scotiâ, Claudius, & Joannes, Rabanus quoque, & Alcuinus ex Venerabilis Bedæ discipulis, in Gallias cùm venissent, nec quicquam præter bonas disciplinas patriâ exportassent, se sapientiam profiteri, eamque vænalem conclamant. Quâ re ad Carolum perlatâ, illos ad se vocat; vocati liberè profitentur, sapientiam illis esse : quam adipisci cupientes gratis edocerent, si vita, locusque tantùm eis præberetur. Intellexit Imperator ingenuam hominum mentem, eosque cùm aliquot dies apud se tenuisset, Claudium, cui nomen erat Clemens, Parisiis conversari, & generosos adolescentes bonis disciplinis instituere jubet. Joannem verò Papiam misit. Hoc initium habuit Parisiensis Schola, celebre mox Philosophiæ, atque Theologiæ Gymnasium, undè prodiere insigni doctrinâ atque eruditione viri, qui non secus atque illuminatissimæ faces, mirum Christianæ Religioni fulgorem effuderunt: ita ut non absre, bonorum studiorum parens (non quidem annis, sed liberalibus, religiosisque disciplinis) antiqua, à plerisque nominetur.

A la suite de quoy, je vois les aucuns avoir suivy cette opinion, à laquelle Baptista Ægnatius adhere ès Vies des Empereurs : & aprés luy, beaucoup plus amplement, Bernard de Girard, Seigneur du Bartas, donna plus d'air que ses devanciers, au quatriesme Livre de nostre Histoire de France,

France. Et de cette mesme, est Nicolas Veignier, en son Sommaire de l'Histoire de France. Et encores quelques années après, au second Tome de sa Bibliotheque Historiale, Papirius Maçonius, sans particulariser cette Histoire, attribuë en son general, cette institution à Charlemagne. Et François de Belle-Forest, en ses grandes Annales de France, Vie de Charles le Grand, chapitre septiesme sur la fin. Et depuis quelques années en çà, Frere Jacques du Brueil, Religieux de Sainct Germain des Prez, en son Theatre des Antiquitez de Paris. Chacun desquels il faut diversement honorer, en ce qu'ils nous ont, par leur diligence, laissé par escrit. Le commun dire de Pline le Grand, nous est assez familier, par lequel il se vantoit ne lire Livre, dont il ne rapportast profit: à plus forte raison devons-nous dire le semblable de tous ceux-cy, dont nous devons estimer les œuvres de recommandation.

CHAPITRE IV.

Que l'opinion est erronnée, par laquelle on attribuë l'institution de l'Vniversité de Paris, à l'Empereur Charlemagne.

HE vrayement, ce n'est pas un petit honneur à cette noble Université, si elle a eu pour parrein l'Empereur Charlemagne, qui luy ait donné ce nom ; quoy que soit qu'il ait esté dedans paris, le premier Autheur & Promoteur des bonnes Lettres. De mesme façon vois-je qu'on luy attribuë l'Institution, & de nos Parlemens, & de nos douze Pairs de France : luy (dis-je) qui fut premierement Roy de France, puis, Patriciat de Rome, & de toute la Lombardie, & finalement Empereur de tout l'Occident : tant y a qu'il se vit commander absolument à la France, Italie, & Allemagne. Il estoit vrayement grand Prince, personnage d'esprit, bien-nourry és bonnes Lettres, grand Capitaine & guerrier, à l'espée duquel nostre Royaume de France doit beaucoup : mais j'ose dire que sa memoire n'est moins obligée à nos plumes. Car quant à moy, j'estime, que ny l'Ordre des Parlemens, ny des Pairs, ne luy est deu, comme j'ay amplement verifié, par parcelles, dedans mon second Livre ; ny aussi de l'Université de Paris, ainsi que j'ay amplement discouru au vingt-troisiesme chapitre du troisiesme. Toutesfois, d'autant que ce Livre est expressément dedié pour la deduction des Universitez de la France, je donneray à cette nouvelle opinion plus d'air, contrevenant à l'ancienne.

Les deux premiers que je vois de nostre temps, ou quelque peu auparavant n'avoir voulu adherer à Vincent, Gaguin, Gilles, & autres ; sont Paul Emile, & Messire Jean du Tillet Evesque de Meaux, l'un, en son Histoire generale de nostre France, l'autre, en sa Chronique abregée. Deux personnages dont je fais grand compte en ce subject, & m'asseure qu'ils n'eussent oublié de faire mention de ceste opinion, si par leurs estudes & recherches ils l'eussent trouvée veritable. Ils ne l'ont expressément contredite, ains seulement teuë ; j'ay voulu dire, sagement, monstrant par ceste sagesse, qu'ils n'y adjoustoient aucune foy. Je suis le moindre des moindres : mais je pense avoir esté celuy, qui premier levay la paille en cet endroit l'an 1564. quand en ce grand theatre de la Cour de Parlement de Paris, en presence d'une infinité de gens de lettres, plaidant pour l'Université de Paris, contre les Jesuites, après avoir faict mon preambule, tel que je pensois necessaire, je commençay la demeurant de ma narration par ces mots:

L'Université de Paris, soit qu'elle ait pris son commencement sous le grand Empereur Charlemagne (ainsi que le vulgaire de nos Annales estime) ou sous ce grand Philippes Auguste, sous lequel les bonnes lettres prindrent leur grand advancement & progrez, specialement en ceste ville par le moyen de Messire Pierre Lombard, Evesque du lieu, (en faveur duquel nous celebrons tous les ans un Anniversaire dedans l'Eglise Sainct Marcel) a tousjours esté grandement cherie, aimée, & favorisée de nos Roys. Je me fermay en cela pour cet esgard : car ce n'estoit mon intention d'en discourir. Et afin que ne pensiez que ce fust par nouvel esprit de contradiction que j'entray deflors en ce nouveau party, je sçay quel honneur je dois porter à une opinion commune, mais aussi sçay-je bien que la verité doit estre beaucoup plus honorée. Et pour ceste cause je vous diray encore un coup que ce ne nous seroit pas un petit Autheur de nostre Université que Charlemagne : toutesfois je ne voy, ny qu'Aimoin, ny Rheginon, ny Adon, ny Sigebert en facent aucune mention : (car quant à l'Histoire de Turpin, c'est une Histoire supposée, & neantmoins encore n'en parle-t'elle point.) Chose que non seulement ils n'eussent escoulé sous silence, mais l'eussent pris à nostre tres-grand honneur, s'estans arrestez par leurs œuvres à plusieurs parcelles, qui ne sont de tel merite que ceste-cy : mesme que Eghinard qui se dit avoir esté son Secretaire, semble avoir laissé aux autres Historiographes la deduction des exploicts militaires de cet Empereur, & pris pour son partage, seulement ce qui regarde le sçavoir & bonnes lettres qui estoient en cet Empereur, nous discourant qu'il avoit esté nourry, non seulement en sa langue naturelle, mais aussi en plusieurs estrangeres, & specialement que la Latine luy estoit aussi familiere que sa langue maternelle ; & quant à la Grecque qu'il l'entendoit, ores qu'il ne la sçeust prononcer, comme pareillement il avoit esté instruit en la Grammaire, aux arts liberaux, premierement par Pierre Pisan, puis par Albin surnommé Alcuin, voire avoir l'intelligence de l'Astronomie. Qu'il fit la vie des Roys de France en vers : donna en son vulgaire les noms des mois & des vents : qu'à ses repas, pour ne perdre le temps, il se faisoit lire ou reciter quelque belle histoire : bref, estant la plus belle remarque dont Eghinard embellisse la vie de Charlemagne, de le soing qu'il avoit eu aux bonnes lettres & sciences ; je ne me puis persuader, qu'il n'eust à la queuë de cecy, parlé de ceste Université, s'il en eust esté fondateur, tant pour la dignité du lieu, où elle est esté establie, (ancien sejour de nos Roys de France, dés l'advenement de Clovis) que pour l'excellence mesme d'un tel œuvre. Estant la plus belle closture que cet Historien eust peu adjouster à la suite de ceste belle narration. J'ay dit tout cela en mon troisiesme Livre, je le repete mot pour mot, & paradvanture la repetition n'en sera frustratoire, & oiseuse, ayant à desraciner l'opinion fabuleuse de nostre Vincent de Beauvais. Ce que je vous verifieray encore amplement par un passage exprez des Constitutions de Charlemagne, & Loüys le Debonnaire son fils au deuxiesme Livre, article 5. où le Debonnaire escrit en ceste façon aux Evesques qui habitoient en ses Provinces: *Scholæ sanè ad filios instruendos : vel edocendos, sicut nobis præterito tempore, ad Attinæacum, promisistis, & vobis injunximus, in congruis locis, ad multorum utilitatem & profectum, vobis ordinari, non negligatur.* Il estoit Roy & Empereur, & comme tel desiroit qu'on establit Escoles en divers lieux, l'avoit auparavant, comme il dit, commandé. Commandement qu'il reiteroit par exprés : croyez que si ceste mesme institution eust esté auparavant faite dedans Paris par l'Empereur Son pere, il n'eust pas espargné cet exemple pour exciter ceux ausquels il avoit affaire, pour estre induits à luy obeïr.

J'adjouste que Charlemagne fit tenir pendant son Empire, cinq Concils ; à Mayence, Rheims, Tours, Arles, & Chaalons sur Saone : & aprés son decez, Loüys le Debonnaire son fils, puis Charles le Chauve son arriere-fils, plusieurs autres,

autres, en tous lesquels, nulle mention de ceste Universi- té, ny des Escholes qui y furent lors, ny depuis dreſſées: car quant à tous les autres Roys qui ſont venus depuis le Roy Louys le Gros, vous ne trouvez que chamaillis, coups d'eſ- pées, & à peu dire, images de Rois, juſques à le venuë de Hugues Capet, & encore moins aucun ſoucy des ſciences, non pas meſmes ſous les meſmes Capet, Robert, Henry, & Philippes premier de ce nom. Il eſt queſtion d'aſſaſſiner un vieux Eſtat: & en aſſeurer un nouvel, puis de faire nouvel- les conqueſtes au Levant ſur les Sarrazins; en tous les li- vres qui ont eſté diverſement eſcrits de ce qui eſtoit de ce temps-là, vous ne trouverez un ſeul mot de ces pretenduës Eſcoles.

Qui me ſemblent grands arguments, pour monſtrer que ce que l'on dict de Charlemagne, & de l'Anglois, & des Eſ- coſſois eſt une Hiſtoire fabuleuſe. Singulierement eu eſgard que tout ce que j'ay deduit cy-deſſus prend ſa ſource, dés & depuis Charlemagne ſans diſcontinuation, & ſi ainſi me permettez de le dire, de fil en aiguille, juſques à noſtre Phi- lippes II. qui fut le quatrieſme Roy ſucceſſif de noſtre troi- ſieſme lignée. Au contraire le plus ancien auquel nous ſom- mes redevables de ceſte creation faite par Charlemagne, c'eſt à Vincent de Beauvais, Religieux de l'Ordre des Fre- res Preſcheurs de Sainct Dominique, qui naſquit en l'an 742. & mourut l'an 814. Prenez tout cet entrejet de temps de ſa nativité juſques à ſon decez, & le joignez à celuy de Vincent, vous y trouverez quelques quatre cens ans d'in- tervalle que plus que moins. Et luy meſme recognoiſt ne la tenir quatre cens ans d'intervalle que plus que moins. Et luy meſme recognoiſt ne la tenir que d'une Cronique d'Arles, qui eſt ſans nom, & depuis s'eſt aveques le temps perduë. Joint que je fais grand eſtat d'un Paul Emile, d'un Jean du Tillet Eveſque, Jean du Tillet Greffier du Parlement ſon frere, Claude Fauchet premier Preſident des Monnoyes, qui n'ont rien ignoré de noſtre Hiſtoire, & neantmoins paſſent ce preſent diſcours ſous ſilence. Et ores que Pierre Maçon, & Jean de Serre facent Charlemagne fondateur, l'un & l'autre oublie le conte des Moines Eſcoſſois, & ſignamment de Serre; apres avoir ſur le commencement de la vie, dit en paſſant que Charlemagne avoit eſté fonda- teur de noſtre Univerſité, & pourſuivant puis apres d'un long diſcours toute ceſte hiſtoire, il ne touche un ſeul mot concernant ceſte fondation, non plus que Belle-Foreſt. Il n'eſt pas que Veigner au ſecond Tome de ſon Hiſtoire, apres avoir fait contenance de favoriſer ceſte opinion, la contredit immediatement en l'article ſubſequent. Antoine Loiſel Advo- cat, en ſon Plaidoyé concernant la Collation de l'Egli- ſe Parrochiale de Sainct Coſme & Sainct Damien, la ſouſ- tint formellement eſtre ſuppoſée. Comme j'avois fait pa- ravant en l'an 1564. & depuis, par le vingt-troiſieſme chapitre de mon troiſieſme Livre, lequel vous pourrez pa- reillement voir comme y eſtans pluſieurs autres raiſons de- duites, que je n'ay icy touchées. Partant mettez en la ba- lance les deux opinions qui regardent ceſte fondation, vous trouverez que celle qui eſt pour la negative eſt la meilleure. Voyons donc maintenant quelle fut l'inſtitution & progrez de ceſte Univerſité.

CHAPITRE V.

Premiere inſtitution & progrez de l'Univerſité de Paris, & de ſon ancienne ſituation.

Quant à moy, ſuivant ce que je vous ay diſcouru par le precedant Chapitre, rejettant la fondation telle qu'eſt la commune ignorance, nous devons à mon advis, tous eſti- mer, que l'Univerſité de Paris n'a eſté jettée en moule tout d'un coup, & eſt une choſe digne d'eſtre remarquée, qu'en- core que l'uſage des Univerſitez ne fuſt en ceſte France du commencement, pour les longues guerres qui y eſtoient ſurvenuës, & avoient troublé l'Eſtat ancien & ordinaire des Gaules, ſi eſt-ce que d'une bien longue anciaineté, n'y avoit Egliſe Cathedrale, en laquelle n'y euſt une prebende affectée, pour le ſalaire de celuy qui enſeigneroit les lettres ordinaires, & une autre pour celuy qui vacqueroit à l'en- ſeignement de la Theologie. Le premier eſtoit appellé Eſ- colatre, le ſecond Theologal. En quelques Egliſes n'y en avoit qu'un, pour l'eſpargne, & és autres, deux. Du com- mencement ces places eſtoient baillées à perſonnages de merite, qu'on rechercheoit par honneur, & ſe ſentoient les Doyen, Chanoines & Chapitre bien honorez, quand ils en avoient pourveu un homme ſortable. Mais comme par mal- heur, il advient ordinairement que tous mauvais exemples prennent leur ſource aveques le temps, de beaux & louä- bles pretextes, auſſi advint-il au cas qui s'offre que peu-à- peu ceux qui deſiroient entrer en ces grades, eſtoient con- traincts avant que d'y eſtre admis, faire preſens par forme de proficiat & gratification, à uns & autres Chanoines, qui avoient plus de voix & creance en Chapitre pour la nomi- nation. Qui eſtoit une vraye corruptelle, reveſtuë du maſ- que de loüable couſtume. Et de cet abus eſt parlé au Concil de Latran, tenu ſous le Pape Alexandre troiſieſme en un ar- ticle qui s'adreſſe expreſſément à noſtre Egliſe Gallicane, qui eſt tel: *Quanto Eccleſia Gallicana, majorum perſonarum ſcientiâ, & honeſtate præfulget, &c.* Article depuis tranſ- planté mot pour mot aux Decretales de Gregoire neufieſme, chapitre *Quanto de Magiſt. Ext.* Et eſt ceſte mauvaiſe couſ- tume condamnée par ce Concil, & ceux-là anathematizez qui de là en avant en uſeroient.

Ny pour tout cela vous ne trouverez en tout ce Concil eſ- tre parlé d'aucune Univerſité chez nous: Et eſt advenu que toutes nos Univerſitez qui ſe trouvent en noſtre France, el- les ont eſté depuis eſtablies en nos Egliſes Archiepiſcopales, ou Epiſcopales: horſmis celle de Caën, qui ne fut inſtitu- tion Françoiſe, ains Angleſche, ſous le peu de temps que le jeune Roy Henry ſixieſme vint en France. Choſe que je ne dis pas pour vilipender ce College, auquel ſe trouvent plu- ſieurs gens d'honneur y avoir ſiege: ains pour dire ce qui eſt de la verité de l'Hiſtoire.

Or les choſes ſe paſſans de ceſte façon, je ne doute point que Paris eſtant d'une longue anciaineté, la ville metropolitaine de la France, & ſiege ordinaire de nos Roys, ainſi tant pour la commodité, & ſituation du lieu, que reſpect qu'on luy portoit; les gens plus doctes ne s'y habituaſſent, & ne deſiraſſent d'avoir l'une de ces deux chai- res, pour faire diverſement monſtre & banniere de leur ſça- voir: & qu'à cet effect, la maiſon Epiſcopale fut expreſſé- ment choiſie, & long-temps auparavant que l'Univerſité euſt eſté créée. En quoy je ne penſe avoir Pierre Abelard pour mon garand, grand perſonnage de ſon temps, s'il ne ſe fuſt trop flaté. Ceſtuy, au recit qu'il fait de ſes tribulations, en une longue Epiſtre Latine, nous dit que ſur ſon jeune aage, il abandonna pere, mere, freres & ſœurs, & toute eſperance de ſucceſſions, tant directes que collaterales, pour s'habituer dans Paris, où les bonnes lettres commen- çoient de ſe loger, & que là il y avoit en la maiſon de l'E- veſque, deux doctes perſonnages, qui y faiſoient lectures pu- bliques: un Guillaume de Champeau Archidiacre de Pa- ris, qui s'eſtoit rendu admirable en l'explication de Priſ- cian, & de la Philoſophie, & aveques luy un Anſeaul- me, qui enſeignoit la Theologie. Par cela nous apprenons pas que les Eſcoles de Paris fuſſent Eſtablies vers l'E- gliſe de Noſtre-Dame. Mais comme Abelard nous diſcou- rant ſes mal-heurs, il n'oublie rien en l'hiſtoire de ſa vie de ce qui fait, tant à ſon advantage que contre; auſſi ad-

jouſte-

jouste-t'il que quelques jours apres sa venuë, il avoit gaigné telle vogue sur ces deux precepteurs, qu'il leur faisoit à bonnes enseignes contraste. Au moyen dequoy y ayant lors une jeune fille nommée Heloïse, tres-docte, qui se tenoit au cloüestre, chez Foubert son oncle, (quelques-uns le disent pere) Chanoine de Nostre Dame, il fut par luy prié de faire leçon à sa niepce, dedans sa maison, dont Abelard ne l'esconduit. Parce (dit-il) que la maison du Chanoine, *Scholis nostris proxima erat*. Passage dont je recueille, que c'estoit en la maison Episcopale, qu'on exerçoit les estudes, tant de Grammaire & Philosophie, que de la Theologie. Qui fut cause que les Libraires se vindrent loger là auprés. Ce dont nous avons encore veu de nostre temps, quelques restes, & appercevances, en la ruë de Nostre Dame, non esloignée de ceste Eglise.

Or les Estudes s'y estans de ceste façon plantées, elles commencerent aussi aprés de s'aprivoiser du Monastere de Sainct Victor: Pour laquelle ancienneté recognoistre, outre ce que j'ay remarqué en mon troisiesme Livre, encore pensé-je estre indubitablement assisté de deux notables passages. Le premier, d'un vieux Religieux de Jumege, qui fit quelques additions sur la Cronique de Sigebert: le second, du mesme Abelard. *Eodem tempore* (dit le Religieux) *quo ordines Cistercienssis, & Charthussiensis fuerunt creati, Magister Guillelmus de Campellis, qui fuerat Archidiaconus Parisiensis, vir admodum literatus ac religiosus, assumpsu habitum Canonici regularis, cum aliquibus suis discipulis, extra urbem Parisius, in loco ubi erat capella sancti Victoris Martyris. Assumpto autem illo ad Episcopatum Catalaunensem, Venerabilis Gilduinus ejus discipulus, primus Abbas ibi factus est*. Par ce passage vous voyez que Champeaux qui s'estoit acquis tant de bruit dedans l'Eglise de Paris, quitta & son Archidiaconé, & sa robbe seculiere, pour espouser une vie Monastique, avecques quelques siens Escoliers en la Chappelle Sainct victor, mais non que l'on y enseignast les bonnes lettres: Ce doubte vous sera levé par Abelard, au passage par moy, non entierement prealleguè: *Perveni tandem Parisius* (dit Abelard) *ubi jam maxime disciplina hac* (il entendoit parler de la Philosophie) *florere consueverat, ad Guillelmum scilicet Campellensem, preceptorem meum in hoc Magisterio, re famáque precipuum. Et peu aprés: Elapsis autem paucis annis, cum ex infirmitate jamdudum convaluissem, preceptor ille meus Parisiensis Archidiaconus, habitu pristino renunciato, ad Regularium ordinem se contulit. Non tamen hic professionis habitum, aut ab urbe Parisiensi, aut à consueto Philosophiæ studio substraxit, sed in ipso quoque Monasterio, ad quod se contulerat, statim more solito, publicas exercuit Scholas*. Vous voyez que combien que Champeaux eust changé sa vie seculiere, en reguliere, cela n'empescha pas qu'il ne continuast ses lectures anciennes en son nouveau Monastere de Saint Victor, tout ainsi qu'auparavant en Nostre Dame. Et à tant que les bonnes lettres furent en mesme temps enseignées en ces deux venerables maisons: mais qu'elles avoient pris leurs premieres nourritures en celle de Nostre-Dame.

Quelques-uns, paradventure, trouveront mauvais que j'attribuë l'ouverture des Religieux de Sainct Victor à Guillaume de Champeaux, laquelle par la voix commune du peuple, est attribuée à nostre Roy Louys le Gros, sixiesme de ce nom. Opinion qui n'est pas, de prime face, sans quelque apparence de verité. Car le mesme Roy par ses lettres en forme de Chartres de l'an mil cent treize, disoit que par l'advis de plusieurs Prelats & Seigneurs de son Conseil: *In Ecclesiâ Beati Victoris, quæ juxta Parisiorum civitatem sita est, Canonicos regulariter viventes ordinari volui*. Dementant par ce moyen, tant le Religieux de Jumege, qu'Abelard.

Toutesfois il est certain que ceste Eglise avoit esté auparavant reduicte en forme de Prioré par Champeaux, & quelques-uns de ses Escoliers. A quoy le Roy Louys le Gros voulut apporter plus d'estoffe, comme vous pourrez voir par les mesmes lettres, esquelles il use de ces mots *Dotavi, & ditavi*: & non pas qu'il l'eust premierement fondée: mais au lieu de Prieur, il y establit un Abbé, comme nous aprenons de son Epitaphe, qui est au Cloüestre, joignant la porte de l'Eglise:

Insignis genitor Ludovici, Rex Ludovicus,
Vir Clemens, Christi servorum semper amicus,
Instituit . fecit, Pastorem Canonicorum.
In cellâ veteri, trans flumen Parisiorum.

Plus fidelle commentaire ne pourriez vous avoir que cestuy, pour monstrer que Louys le Gros ne fut le premier fondateur, ny de ceste Eglise, ny des Chanoines reguliers d'icelle, ains seulement de l'Abbé. Vray que l'Eglise Saint Victor estant auparavant bastie, accompagnée de ses Religieux; le Roy Louys le Gros la fit de fonds en comble reedifier, dit un vieux Historiographe, qui n'a point inseré son nom. A quoy nous adjoustons que celuy qui premier, en porta le tiltre d'Abbé, fut Gilduin l'un des principaux disciples de Champeaux, lors que son precepteur fut creé Evesque de Chaalons.

Ce Roy fut le premier de la famille des Capets, qui mit (si ainsi me permettez de le dire) nos Roys hors de page. Car comme ainsi fust que sous ce nouveau changement de lignée souz Hugues Capet, plusieurs grands Seigneurs se fussent par un droit de bienseance accommodez du bien de l'Eglise, ce Roy les sceut si bien mener à raison, qu'en fin de jeu, toutes ces places mal prises furent renduës, & remises en leur premiere nature. Et pour ceste cause, dit Guillaume de Nangy en ses Annales de France, il fut appellé le Batailleux. Les belles victoires qu'il obtint, non seulement contre ses Seigneurs mal-gisans, ains contre tous ses ennemis, furent cause, à mon jugement, que par la rencontre du nom, il choisit ce Monastere Saint Victor, & qu'il le dota de plusieurs grands biens, & prerogatives, pour luy servir à l'advenir de trophee. De maniere que la pauvreté en estant tout-à-fait bannie, & par consequent la necessité & disette, adoncques commencerent les Religieux à espandre successivement leurs semences: uns Hugo, Adamus, Riccardus, Accordus, Galterus, Godofridus, Garnerius, Absalon, Leoninus, & plusieurs autres Religieux de mesme paste, par le moyen desquels, l'Université s'accreut grandement avec le temps.

CHAPITRE VI.

Suite de la fondation de l'Université de Paris.

Lors que les bonnes lettres se voulurent habituer entre nous autres François, nous eusmes quatre braves guerriers qui se mirent sur les rangs, pour attaquer l'ignorance: un Yve Evesque de Chartres, sous le regne de Philippes I. & Louys le Gros, un Saint Bernard fondateur de l'Abbaye de Clairvaux, un Pierre Abelard, partie sous Louys le Gros, partie sous Louys VII. son fils. Saint Bernard (dis-je) qui se fit ennemy formel d'Abelard, pour quelques propositions erronées qu'il soustenoit: mais au demeurant, grand & signalé personnage entre les gens lettrez de son temps. Et outre ces trois, un Pierre Comestor qui vesquit sous le regne du mesme Louys VII. l'an 1178. Quand aux deux premiers, ils n'enseignerent jamais les lettres dedans Paris. Leurs devotes professions vouloient qu'ils residassent, l'un en en sa ville Episcopale de Chartres : l'autre, en son Abbaye de Clairvaux, sinon lors que les affaires publicques de l'Eglise & du Royaume les contraignoient de s'en dispenser. Car quant à Pierre Comestor, il mit en lumiere son Histoire Ecclesiastique l'an 1172. & il y a quelque apparence qu'il enseigna les bonnes lettres en l'Eglise de Sainct Victor, où il est enterré. Quoy que soit son Epitaphe qui y porte ces mots :

Petrus eram, quem petra tegit, dictusque Comestor,
Nunc comedor, vivus docui, &c.

Dernieres paroles, qui me font croire, qu'outre les livres par luy composez, il estoit monté en Chaire pour enseigner la jeunesse.

Or de ces quatre grands personnages, Abelard est celuy qui sans doubte leut dedans Paris avec honneur, accompagné toutesfois de tant de traverses, qu'il fut contrainct de quitter la partie, se faisant Religieux profez de Sainct Denis. Et comme il estoit d'un esprit versatil, aussi changeat'il depuis de diverses demeures, sur nouvelles occasions, ores par necessité en la ville de Soissons, ores pour sa commodité en Champagne, où il fonda l'Abbaye du Paraclit, depuis en Bretagne, où il fut esleu Abbé, & finalement, au Monastere de Cluny, où il trouva la fin de sa vie, & de ses maux l'an 1142. C'est de luy-mesme dedans les Epistres duquel nous trouvons quelques eschantillons, qui nous servent d'instructions & memoires, pour cognoistre en quel estat estoient lors les Escoles de Paris, quand il y vint pour estudier. Car à vray dire, nous serions lourches sans luy, au recit de l'ancienneté, dont je vous ay cy-dessus parlé. Auquel temps la Republique des Arts n'estoit encore en essence sous le nom d'Université. Vray qu'elle croissoit & augmentoit grandement d'Escoliers estudians diversement selon leurs capacitez, qui de Grammairiens, qui de Philosophes & Atriens, & qui de Theologiens. Pour ceste cause, afin de descharger de leçons, la maison Episcopale, on choisit le lieu plus proche & contigu d'icelle : ce fut l'Eglise de Saint Julian, lors en venerable reputation, comme celle qu'on reputoit fille de la grande Eglise par le consentement du Roy Louys VII. n'y ayant qu'un petit trajet d'eau à traverser de l'une à l'autre, sur un pont, qui dés le regne de Philippes Auguste fut appellé Petit-pont. Ainsi apprenonsnous de Rigord qui escrit du temps de luy, & l'histoire de sa vie aprés son decez, que l'an 1206. il y eut une grande inondation de la riviere de Seine, qui rompit trois arches du Petit-pont de Paris. *Tres arcus parvi pontis fregit, & quamplures domos ibidem evertit.* Par ainsi, furent nos Escoles my-parties en deux. Dont celle de la Theologie demeura en la maison Episcopale, son originaire demeure, & celles tant de l'Humanité que Philosophie, au Prioré de Sainct Julian. Et fut la cause pour laquelle, par les Escoliers qui lors estudioient aux Arts furent leurs Recteurs esleus à Sainct Julian, & nul Docteur des Facultez de Theologie, Decret, Medecine, ne fut jamais esleu, ny ne pretendit pouvoir estre appellé à ceste dignité de Recteur. Coustume qui s'est depuis continuée, & perpetuée jusques à nous. Et est une chose digne d'estre remarquée, qu'en ce mesme lieu se faisoit l'acte le plus solemnel pour les Arts. Ce que j'apprens d'un article de la reformation de l'Université faite par Jean Cardius d'Estouteville sous le titre des Artistes, qui est tel.

Item statuimus, & mandamus, ut actus ille solemnis dispu-
tatione quodlibetorum, qui dudum ad decus facultatis, exercitium studiorum, ac ingenia excitanda, fuit nobiliter institutus, observetur. Mandantes id in vim sanctæ obedientiæ, exercitium juxta veterem morem, apud sanctum Julianum, omni excusatione postposita reintegrari & renovari, per præstantes ipsius facultatis magistros, per singulas nationes eligendos. Qui nous monstre que ceste Eglise fut du commencement, le premier lieu, où les Maistres és Arts faisoient leurs premieres leçons, & exercices des lettres humaines. Vray que cela ne dura pas longuement : d'autant que nostre Université s'estant enflée, & accreuë en grand nombre d'Escoliers François, Picards, Normands, & Anglois, sous lesquels plusieurs nations estoient comprises, furent basties quatre grandes Escoles en leur faveur, sous le nom de Salles de France, Picardie, Normandie, Angleterre, & depuis furent ces dernieres intitulées, d'Allemagne, comme je deduiray en son lieu : Escoles qui furent basties en la ruë au Feurre, non grandement esloignée de l'Eglise de Sainct Julian : esquelles Salles se firent de là en avant les lectures, tant en humanité que Philosophie.

Quelques peu aprés, fut introduite la Faculté de Medecine qui choisit son domicile non loing de la ruë au Feurre, & d'une mesme suite fut bastie l'Eglise en l'honneur de Saint Nicolas ancien patron des Escoles ; le College des Bernardins, auquel se firent les anciennes assemblées, concernans les grandes consultations, comme nous apprenons des advis qui furent baillez à Messieurs de l'Université de Roüen, au procez faict à Jeanne, dite la Pucelle d'Orleans ; le College des Bons-Enfans, maison destinée pour ceux qui voudroient avoir part aux leçons qui se faisoient à Sainct Victor : combien qu'avecques le temps, la Faculté de Decret fut logée au Clos Bruneau, comme nous voyons ; toutesfois la verité est que nos Escoles qui depuis prindrent le nom d'Université, ne gisoient que en ceste basse liziere, que vous voyez se maintenir de l'une à l'autre, Nostre Dame, Sainct Julian, ruës au Foüerre, de la Bucherie, jusques à l'Abbaye de Sainct Victor, hors les murs. Et n'avoient lors nos Escoles, rien de commun avecques ceste grande Montagne de Saincte Genevievfe, & Sainct Jacques, & ruë de la Harpe, où les Muses se vindrent aprés heberger : chose mesme dont je pense avoir certain tesmoignage d'Abelard, lequel se voyant par le moyen d'une sienne maladie, chassé de la chaire qu'il pensoit luy appartenir en la maison Episcopale, pour se revanger de l'injure, qu'il pretendoit luy avoir esté faite : *Extra civitatem* (dit-il) *in monte sanctæ Genovefæ, scholarum nostrarum castra posui, quasi eum obsessurus, qui nostrum occupaverat locum.* L'Université n'estoit pas encore née, ains seulement commençoit de poindre. Mais le lieu dont Abelard avoit esté exterminé, estoit la maison Episcopale, premier fondement de nostre Université qui fut puis aprés : & le lieu auquel malgré ses ennemis il continua ses leçons, fut prés de Sainte Genevievfe, qui nous enseigne presque, que ce lieu estoit auparavant inaccoustumé aux lectures. Verité est, que depuis, se trouvans plusieurs personnages d'honneur, qui se voulurent edifier des Colleges pour l'instruction de la jeunesse, ils choisirent le haut de ceste montagne, comme celuy qui seroit à l'advenir un Parnasse de nostre France, auquel ils estimerent y avoir plus d'asseurance pour la santé. Qui fut une nouvelle police d'estude, aucunement prejudiciale à l'ancienne institution. Discours que je me reserve par autres chapitres, aprés que j'auray deduit ce que je pense de l'ancienne institution.

CHAPITRE VII.

Vers quel temps, les Estudes de Paris prindrent le nom & titre d'Université.

PAr les choses par moy cy-dessus deduites, je voy aux regnes de Louys le Gros, & Louys le Jeune son fils un commencement d'Ecoles dedans Paris ; & sous celuy de Philippes Auguste fils de Louys le Jeune, le nom & tiltre d'Université y estre planté. Louys le jeune fut aprés le decez de Louys le Gros son pere, appellé à la Couronne l'an mil cent trente

trente & sept, & mourut l'an mil cent quatre-vingt. Alexandre troisiesme fut fait Pape l'an mil cent cinquante neuf, & deceda l'an mil cent quatre-vingts un, pendant tout lequel entrejet de temps, souvenez-vous qu'il n'y avoit aucune ville en ce Royaume, qui porta nom & titre d'Université, ains estoient seulement preparatifs de ce que nous avons depuis appelé Université. Le Pape Alexandre troisiesme eut pour successeurs Lucius, Urbain, Celestin troisiesme, Innocent, Honoré troisiesme, & Gregoire neusiesme, dont je feray cy-aprés mon profit, selon que les occasions se presenteront. De tous lesquels, le premier auquel vous commencez de recognoistre, particulierement, les estudes qui commençoient de s'exercer dedans Paris, vous trouverez en un escrit de Celestin, depuis inseré dedans les Decretales de Gregoire neusiesme *in cap. Quod Clerici. De foro compet. Ext. Mandamus quatenus si quas caussas pecuniarias, Clerici Parisius commorantes habent contra aliquos, vel aliqui contra illos, ipsas jure Canonico decidatis.* Voilà un privilege exprés que le Pape Celestin leur baille. Qui monstre qu'ils commençoient de faire corps general d'Estude : Nulle mention d'Université. Mais Innocent III. son successeur immediat, qui fut fait Pape en l'année mil cent quatre-vingts dix-huict, & mourut l'an 1217. voulut suppleer ce deffaut, par un autre escrit par luy decerné, pareillement du depuis couché dedans les Decretales, recueillis par l'authorité de Gregoire : *In cap. Qua. de procurat. Ext. Quia in caussis, quæ pro vobis, & contra vos moventur, vestra Universitas, ad agendum & respondendum commodè interesse non potest: postulastis a nobis, ut procuratorem vobis de nostra permissione licéret. Licet igitur de jure communi hoc facere non valeatis, instituendi tamen procuratorem super his, authoritate præsentium vobis concedimus facultatem:* Philippes Auguste fut Roy l'an mil cent quatre-vingts, & mourut l'an mil deux cens vingt & trois. Innocent fut fait Pape l'an mil cent nonante & huict, & mourut l'an mil deux cens & seize. Doncques soubs son regne fut faite expresse mention de ceste Université, dont auparavant je n'en trouve nulle.

Aussi est-ce luy, qui premier de tous nos autres Roys donna ordre de faire paver la ville de Paris, & signamment de la ceindre de murailles, depuis la Tournelle, jusques vers l'autre part de riviere, comme nous apprenons de Rigord, & c'est-là l'endroit de ceste ville, lequel depuis, nous appellasmes Université. Ainsi trouvons-nous dans les Archifs, lettres de Philippes Auguste de l'an mil deux cens, dans lesquelles vous ne trouverez pas le mot d'Université y estre porté, ains la valeur d'iceluy. Car comme ainsi fust que cinq Escoliers de Paris eussent esté occis par quelques matois & hommes malsains, & que Thomas Prevost de Paris se fust nonchalamment porté à la vindicte publicque de ce delit, il en fut demis de sa charge : & par les mesmes lettres, le Roy deffend à ses Juges de prendre jurisdiction des delits commis, qui seroient commis par les Escoliers de Paris, dont il veut la cognoissance appartenir à l'Evesque, ains seulement qu'ils cognoissent des crimes atroces, ce que depuis nous avons appellé, cas privilegiez, *Actum apud Bestiliacum* (porte le texte des lettres) *Anno Incarnationis Verbi, millesimo ducentesimo, regni nostri anno quadragesimo primo, adstantibus in Palatio, quorum nomina sub posita sunt & signa. Dapifero nullo, signum Guidonis buticularii, S. Matthæi Camerarii. Signum Droconis Constabularii* : & au dessous le nom de Philippes :

Cancella- Ƥ 5 Ƥ Vacante.
riâ

Qui estoit le formulaire que nos premiers Roys observoient sous la troisiesme lignée, & tels estoient les seings de nos Roys, chacun en leur endroit selon leurs noms. Qui est le premier & plus ancien titre de tous nos Roys, que nous trouvons concernant les privileges de l'Université de Paris, & combien que ces mots n'y soient en paroles expresses apposez, si est-ce qu'ils sont amplement suppleez par Rigordus, & Gulielmus Brito, lesquels aprés le decez de ce Roy, firent l'Histoire de sa vie, le premier en prose, le second en vers, dont je fais grand estat, pour recognoistre la verité des choses qui se passerent lors. Quant à Rigord, je le voy par tout le discours de son histoire, celebrer les Escoles qui estoient à Paris. Louys fils de Philippes estant grandement malade, on fit une procession generale de sainct Denis à S. Lazare lez-Paris, où les autres Eglises les allerent trouver, *Et infinita scholarium, & populi multitudo nudis pedibus*, porte le texte. Au retour de la victoire obtenuë par Philippes en la journée de Bovines, l'Autheur recitant avec quelle joye ce Prince fut accueilly par les Parisiens, il adjouste : *Maximè vero Scholares cum maximo quidem sumptu, convivia, choreas, tripudia, cantus, indefessè agere non cessabant.* Et qui est la piece de plus belle remarque de cet Historiographe, c'est cette-cy. *In diebus illis* (dit-il) *studium litterarum florebat Parisiis, nec legimus tantam aliquando fuisse Scholarium frequentiam Athenis, vel Ægypti, vel in qualibet parte mundi, quanta locum prædictum studendi gratià incolebat. Quod non solum fiebat propter loci illius admirabilem amœnitatem, & bonorum omnium superabundantem affluentiam, sed etiam propter libertatem, & specialem prærogativam defensionis, quam Philippus Rex, & Pater ejus ante ipsum ipsis scholaribus impendebant.*

De là vient que Guillaume le Breton, parlant de ceste ville de Paris au premier livre de sa Philippide disoit qu'elle estoit *Doctrix totius orbis* : Et au dixiesme parlant du retour de Philippes à Paris, aprés sa grande & inesperée victoire de Bovines, & comme chacun à l'envy le congratuloit :

Præcipuè (dit-il) *quos Palladiæ dulcedo laborum*
Allicit, alma sequi vitæ documenta beatæ.

Le premier des Papes que je voy avoir faict mention expresse des estudes de Paris, est Celestin troisiesme, ainsi que je vous ay cy-dessus cotté. Ce Pape siegea depuis le jour de son eslection, qui fut l'an 1185. jusques au jour de son decez 1198. En tous ces passages où vous voyez estre parlé des Estudes, & des Escoliers de Paris sous Philippes Auguste : Nulle parole de l'Université. Celuy qui supplea ce deffaut fut Innocent III. successeur immediat de Celestin, qui fut creé Pape l'an 1198. & mourut l'an 1216. pendant le regne de nostre Philippes, sept ans auparavant son decez. Le semblable trouverez-vous dedans Rigord, parlant de l'heresie d'Amaury, où vous verrez estre faite mention de l'Université à cœur ouvert.

Cum igitur in hoc ab omnibus Catholicis Universitatis contradiceretur, de necessitate accessit ad summum Pontificem, qui auditâ ejus propositione, universitatis Scholarium contradictione sententiavit contra ipsum. Rediit ergo Parisius, & compellitur ab universitate consiteri ore, quod in contrarium opinioni suæ prædictæ sentiret: ore dico, quia corde nunquam consensit. En ce passage le mot d'Université Latin, est pris en deux divers sens. Le premier en ces paroles, *Quod Universitati scholarum, &c.* vouloit dire la plus grande & meilleure part des Escoliers. Au second, le mot de *Universitas* est pris, pour ce que nous avons appellé Université dans Paris. Je vous represente cecy par exprés, pour vous dire qu'avant le regne de Philippes Auguste, la ville de Paris ne recognoissoit l'usage des lettres sous le nom d'Université, non pas depuis tant respecté, encore que le Roy Louys VII. auparavant favorisast les gens doctes. Rigord par le long passage que j'ay cy-dessus emprunté de luy, dit que le Roy Philippes, & Louys son pere avoient honoré les Escoliers estudians à Paris de certains Privileges : Toutesfois vous ne trouverez en nostre Université, titre plus ancien que celuy de Philippes Auguste.

CHAPITRE VIII.

Que ce n'est pas un petit honneur à la ville de Paris, d'avoir esté premierement nommée Université sous le regne de Philippes Auguste.

Quand je vous ay recité ce que dessus, je ne pense pas faire moins d'honneur à nostre Université de Paris, que ceux qui attribuent son origine à l'Empereur Charlemagne. Nous avons trois familles de nos Rois qui produisirent trois grands Roys sur tous les autres. La premiere le grand Clovis ; la seconde l'Empereur Charlemagne, & la troisiesme Philippes second surnommé Auguste, qui eut plusieurs belles correspondances avecques Clovis. Ils furent tous deux faits Roys en l'aage de quinze ans, & deslors par un naisible instinct de leurs natures se trouverent disposez à plusieurs grands exploits de guerre. Clovis combatit l'heresie Arrienne qui lors estoit en vogue par la Gaule, depuis appellée France: & Philippes l'heresie Albigeoise, qui en avoit de son temps infecté une bonne partie. Clovis rendit les Roys Bourguignons, à soy tributaires, Philippes les reduisit au baise-main, Eudes Duc de Bourgongne, s'estant contre luy revolté : Clovis en la journée de Tolbiac, obtint contre les Allemans une victoire espouvantable, dont long-temps apres ils ne se peurent relever : & l'autre en une mesme jour en obtint deux, l'une à Bovines contre Othon Empereur d'Allemagne, Ferrand Comte de Flandres, & Hugues Comte de Boulongne conducteur des sujets rebelles; l'autre à la Roche-du-Maine, par Louys fils de Philippes contre Jean Roy d'Angleterre, avec une telle cheute qu'il ne s'en peut relever, quelque masque que depuis il vouluft emprunter de l'authorité du Sainct Siege, quand il se mit sous son vasselage. Et qui est chose grandement remarquable, c'est qu'en la bataille de Bovines, il y avoit trois soldats ennemis contre un des nostres. Et pour finir ce discours par où je l'ay commencé, je veux dire, par la Religion : tout ainsi que Clovis, auparavant d'estre Chrestien, ayant entendu que Sainct Denis estoit l'Apostre titulaire des Gaules, eut son recours vers luy en la journée de Tolbiac, se voyant pressé par son ennemy, en ces mots (Sainct Denis mon joye) pour ma joye, par une parole de Prince qui n'estoit pas bonnement nourry en nostre vulgaire, voulant dire que s'il pouvoit estre garenty du peril qui l'assiegeoit, il seroit de là en avant Chrestien. Parole qui servit depuis, longuement à nos Roys, de mot de Guet, en leurs affaires militaires; aussi le Roy Philippes d'une non moins forte devotion, jamais n'entreprit guerre, qu'il ne se presentast avecques tres-humbles prieres à Dieu dedans l'Eglise de Sainct Denis, & apres la Messe dite, ne prist par les mains de l'Abbé son estendard, que depuis nous appellasmes Auriflambe, qui servit par plusieurs siecles à nos Roys, pour leur estre comme une estoile qui les conduisoit en toutes leurs entreprises qu'ils faisoient contre leurs ennemis. Quand je vous fais ceste comparaison du Roy Philippes, avecques le Roy Clovis, je ne pense faire peu de chose pour luy: car je n'estime qu'il y ait eu jamais en France, un si grand Roy que Clovis, & n'en excepte pas Charlemagne, quelque grandeur que l'ancienneté luy ait voulu attribuer.

Mais encore veux-je passer plus outre. Le Roy Philippes dont je parle, fut deslors de sa naissance, appellé par la voix commune du peuple, Dieu-donné. D'autant que le Roy Louys son pere n'avoit eu de ses deux premieres femmes que des filles ; & de sa troisiesme sur son vieux aage, Dieu luy envoya ce Prince masle, pour luy succeder à la Couronne : & depuis pour les grandes conquestes qu'il fit, sur par sa posterité surnommé le Conquerant, & encore dés son vivant appellé par les siens, Auguste, sur le moule d'Auguste le premier Empereur de Rome: & veritablement non sans cause, pour les familieres rencontres qui se trouverent entre ces deux Princes. Ils regnerent tous deux quarante & trois ans : tous deux prindrent plaisir d'embellir de plusieurs ouvrages signalez; le premier, la ville de Rome; le second, celle de Paris; toutes deux villes capitales de leurs Empire & Royaume. L'Empereur Auguste bastit le Temple de Mars le Vainqueur, celuy d'Apollon au Palais, & de Jupiter foudroyant au Capitole : Nostre Roy Philippes Auguste fit paver toute nostre ville de Paris, auparavant comblée de fanges ; clorre de murailles tout le quartier, qui depuis prit le nom d'Université ; comme pareillement le grand Cimetiere de Sainct Innocent, fonda l'Abbaye de Nonnains joignant Paris, sous l. nom de Sainct Antoine des Champs; environna de murailles le Bois de Vincennes, distant de Paris d'une lieuë, qu'il peupla de plusieurs bestes sauvages pour servir de plaisir à luy, & à ses successeurs. L'Empereur Auguste divisa la ville de Rome en divers quartiers. Nostre Roy Auguste ordonna la police de l'Eschevinage dedans Paris, & en outre y establit les Hales, magasin pour y debiter toutes sortes de marchandises. L'Empereur Auguste conquit la Cantabrie, Aquitaine, Pannonie, Dalmatie, Illirie. Nostre Philippes, le Vermandois, la Normandie, Guyenne, Poictou, Anjou, le Maine, Touraine. D'une chose toutesfois en cecy difformes. Car celuy-là se fit grand par l'induë usurpation de sa Republique & des siens. Au contraire cestuy-cy s'agrandit des despoüilles de ceux qui s'estoient induëment enrichis des nostres. Parce que toutes les Provinces par luy conquises, estoient de l'ancien estoc de nostre Couronne. Tellement que ce ne fut point tant conqueste, que reünion à sa premiere nature.

Le corps d'Auguste fut apres son decez, porté sur les espaules des Senateurs, au lieu où il devoit estre bruslé, suivant l'ancien Paganisme, & ses cendres recueillies par les premiers de l'Ordre de Chevalerie, nuds pieds, pour estre d'une main, mises en un magnifique cercueil ; faveur qui ne fut jamais depuis faicte à aucun de ses successeurs. Aux obseques de nostre Philippes Auguste, se trouverent l'Evesque de Portueuse Legat du Sainct Siege, deux Archevesques de Reims, & Sens, & vingt Evesques, sans y comprendre la fleur de la Noblesse de France; & avecques cette devote, & noble procession , il fut inhumé en l'Eglise de sainct Denys, ancien & ordinaire tombeau de nos Roys : honneur qui ne s'est jamais trouvé aux funerailles d'aucuns d'eux, ny devant ny apres luy : honneur toutesfois à luy procuré, non par une vaine ambition mondaine, reparée du manteau de devotion, ains par mystere caché de Dieu. Car lors, le Roy deliberant d'aller guerroyer les heretiques Albigeois à toute outrance, s'estoit faite cette grande assemblée dedans Paris, sous l'authorité du Pape; pour sçavoir, quel ordre on devoit tenir au deffroy de cette guerre. Et adoncques il pleut à Dieu de l'appeller à soy, voulant que la fin & catastrophe de sa vie fust couronnée d'une si belle assemblée, tant de Prelats , que de Princes, Barons, & braves Chevaliers. Et pour me retrouver à mon but ; ainsi que sous l'Empereur Auguste, la Poësie fut en plus grand credit qu'elle n'avoit esté auparavant dedans Rome; aussi advint-il le semblable à nostre France sous Philippes Auguste. Car lors nous eusmes Guillaume de Lorry, & Helinam Poëtes François, & uns Leoninus Galterus, & Gulielmus Brito, qui en vers heroïques Latins, mirent les mains à la plume, le premier en la version d'une grande partie de la Bible, le second en la vie du Roy Alexandre sous le titre d'Alexandreïde, & le dernier en celle de nostre Philippes son Maistre sous le nom de Philippide. Bien recognoistray-je qu'en ce subject, Auguste emporta un grand advantage sur nostre Philippes, mais il s'enſçeut fort bien revanger. Car ſous luy fut plantée dedans Paris, l'Univerſité des bonnes lettres, & ſciences: ce qui n'eſtoit advenu à Auguſte dedans Rome.

Mais à quel propos tout cecy ? Pour vous dire que ſi Charlemagne, fut à bonne raiſon ſurnommé le Grand, dont nous avons forgé en noſtre vulgaire celuy de Charlemagne, par une corruption de langage, Philippes ſecond ne fut pas à moindre, des uns ſurnommé Auguſte, & des autres le conquerant, & de tous, Dieu-donné. Et ceux qui attribuent l'origine de l'Univerſité à Charles, s'abuſent tout ainſi que celle des douze Pairs, qui ne ſont pas deux petits ordres en noſtre France: & neantmoins la verité eſt, que tout ainſi que l'Univerſité prit ſon origine, puis croiſſant de la façon que deſſus, & ſous Philippes commença d'eſtre dite Univerſité: ainſi fit-elle le ſemblable au fait des Pairs: car cet ordre ayant pris ſa ſource & progrés, comme j'ay deduit par mon ſecond livre; enfin le premier ſacre de nos Roys, auquel eſt faire mention des Pairs qui s'y trouvent, fut en celuy de Philippes Auguſte. Tellement qu'il faut attribuer la verité de ces deux grandes polices, bien & duëment formées, à Philipes, & le commun bruit, au Roy Charles.

CHAPITRE IX.

Que du commencement il n'y avoit que deux Facultez és Eſcoles de Paris, qui prient le nom d'Univerſité.

NOſtre Univerſité eſt aſſiſe ſur quatre forts pillotis qui la ſouſtiennent, ſçavoir, ſur les quatre facultez, de Theologie, Decret, Medecine, & des Arts: toutes-fois comme les choſes ne furent jamais faites & parfaites tout d'un coup, & de meſme temps, auſſi luy eſt-il advenu le ſemblable. Je vous ay cy-deſſus remonſtré, comme la Theologie, l'Humanité, & la Philoſophie s'enſeignoient du commencement, en la maiſon Epiſcopale, & comme par ſucceſſion de temps les Eſcoles s'enflans, on fut contrainct d'en rejetter une partie, qui fut l'Humanité & Philoſophie, en l'Egliſe Sainct Julian, & lors nulle nouvelle, ny de la Faculté de Decret, ny de Medecine. Et comme ce, dont depuis fuſſent lors compoſées nos Eſcoles, ne conſiſtaſt qu'en ces deux Eſtudes; auſſi trouvons-nous une Bulle du Cardinal Saint Eſtienne *in monte Celio*, Legat en France, du mois d'Aouſt, 1217. derniere année du Pontificat d'Innocent III. pendant le Regne de Philippes Auguſte, qui deceda, comme j'ay dit, l'an 1223. Bulles (dy-je) dont la teneur eſt telle. *Si aliquis obierit Magiſter in artibus, vel Theologiâ, medietas magiſtrorum eat ad ſepulturam unâ vice, & alia medietas, aliâ vice, & non redeat donec completa fit ſepultura, niſi rationabilem habeat cauſam. Si aliquis obierit Magiſter in artibus vel Theologiâ, omnes Magiſtri interſint virgilijs, quilibet legat, vel legere faciat Pſalterium, quilibet moram faciat, ubi celebratur vigilia, uſque ad mediam noctem, vel majorem partem noctis, niſi rationabilis cauſa obſtiterit. Die quo tumulatur Magiſter, memo legat, aut diſputet. Datum anno Gratiæ M. CC. XV. menſe Auguſti.* Vous voyez qu'en tout ce paſſage il n'eſt fait diſtinction que des Arts, & de la Theologie, & encores de ceux de ces deux Facultez qui iroient de vie à treſpas, c'eſt à ſçavoir, de ceux qui eſtoient Eſcoliers ou és Arts, & en la Philoſophie, ou en la Theologie. Et aprés avoir dit l'Ordre qu'il falloit obſerver en leur ſepulture, il vient puis aprés à parler de celuy qu'il falloit tenir, quand l'un des Maiſtres és Arts, ou de la Theologie eſtoit decedé. Paſſage certes, qui nous enſeigne qu'il n'y avoit lors que les facultez des Arts & Theologie, en eſſence chez nous: car on eut oublié de faire mention de l'honneur qu'il convenoit faire aux ſepultures tant des Maiſtres, & Eſcoliers de Decret, que de la Medecine, ſi ces deux facultez euſſent lors fait part de noſtre Univerſité comme du depuis; & fut depuis, noſtre Univerſité compoſée de quatre Facultez, dont les trois de Theologie Scholaſtique, Decret, Medecine, n'eſtoient encores en eſſence, quatre cens ans aprés le decez de Charlemagne: teſmoignage certain qu'il ne fut premier fondateur d'icelle.

CHAPITRE X.

Faculté de Theologie.

NOus euſmes diverſes reformations faites pour l'Univerſité de Paris: entr'autres, celle du Cardinal de Touteville, en laquelle il traicta premier, du fait concernant la Theologie, puis le Decret, la Medecine, les Arts; l'autre de noſtre temps, par Meſſire Jacques Auguſte de Tou, Preſident, par laquelle d'un autre viſage il traicte premierement des Arts, puis de la Medecine, Decret, Theologie. Je ſuivray l'ordre du Cardinal. Jugemens divers, ſouſtenables toutesfois, chacun endroit ſoy pour diverſes conſiderations. Car le Cardinal commença par la Theologie, tant pour la dignité qui y reſide, que pour eſtre la premiere piece, & fondamentale de noſtre Univerſité, puis fit ſa ſuite du plus au moins juſques aux Arts: & le Seigneur de Tou, au rebours, voulut commencer par la Faculté des Arts, ſans laquelle la porte nous eſt fermée à toutes les autres, & pourſuit par meſme moyen ſa pointe graduelle és autres, y procedant par accroiſſement de leurs dignitez juſques à la Theologie, qui excede toutes les autres d'un long entrejet.

Maiſtre Jean Gerſon, duquel j'honore infiniment la memoire, preſchant en Avignon devant Benoit, qui ſe diſoit treiziéſme Pape de ce nom, comparoit l'Univerſité de Paris à noſtre Paradis terreſtre, auquel eſtoit l'Arbre de ſcience du bien & du mal, & dedans ce ſainct lieu un grand fleuve, dont ſourdoient quatre autres grandes rivieres par leſquelles l'Univers eſtoit diverſement abreuvé: auſſi dedans Paris y avoit une Univerſité, ſource & fontaine des ſciences deſquelles deſpendoient les quatre Facultez, dont la plus grande partie du monde eſtoit abreuvée: entendant par ces Facultez parler de la Theologie, Decret, Medecine, & Arts.

Or ſuivons-nous icy l'ordre obſervé par le Cardinal. Ce qu'il ne faut point faire de doubte que lorsque l'Univerſité fut eſcloſe, ſon premier & principal but fut la Theologie: & de ce, ne veux-je meilleur garand que noſtre Roy Philippes quatriéſme, dit le Bel, lequel en ſes lettres Patentes de

l'an

Les Recherches de la France. Liv. IX.

l'an 1312. confirmatives de l'erection de l'Université d'Orleans, en loix, faite par le Pape Clement cinquiesme, qui siegeoit à Avignon; luy (dy-je) recitant sur le commencement de ses lettres, les causes pour lesquelles il desire estre dressé à Orleans une Université de loix, prend sur cela subject de parler, comme le fondemenn de celle de Paris avoir esté la Theologie, & qu'il y avoit grande apparence d'en establir une, aux loix. *Hinc progenitores nostri* (dit-il) *Parisius studium Theologiæ principale, liberalium etiam artium, quæ sunt preparationes ad ipsam, Privilegijs pluribus munierunt, & per sedem Apostolicam muniri curaverunt: hoc enim studium, fidei Catholicæ lumen stabiliens, id arca fœderis testamenti conservavit: hortus vere conclusus, sua germina, fons signatus, scientia Dei fluenta per totum orbem emittens, & propter hoc, studium fovere ampliusque stabilire proponimus.* Et adjouste que ce fut en partie qu'on y defendit la lecture des loix, & du droict civil, afin que ce ne fust un divertissement de l'estude de la Theologie. Et par les mesmes lettres, y a clause expresse, en par authorizant cette nouvelle Université d'Orleans il est porté. *Hoc salvo, quod Theologiæ Magistri nullatenus creentur ibidem, ne detrahatur Privilegijs Romanæ sedis studio Parisiensi concessis.* Et auparavant les lettres patentes, la Royne Jeanne femme de Philippes le Bel, par son testament fait l'an 1304. fondant un College Royal que depuis nous avons appellé College de Navarre, il y avoit cet article, & ordonnance faite aux Escoliers par elle instituez & entretenus. *Item, nullus medicinam audiat aut Decretales, quamdiu bursas recipit.* C'estoit que cette sage & devote Princesse recognoissant le vray but de l'Université de Paris estre la Theologie, elle ne vouloit que ses Boursiers & Escoliers estudiassent en Decret, ou en la Medecine. Ne defendoit cependant l'estude des Arts, comme estans le premier acheminement à la Theologie. Qui est tousjours pour vous confirmer ce que je vous ay cy-devant deduit discourant du premier plan de nos Escoles, qui furent depuis tournées en nostre Université.

Ayant doncques à vous parler maintenant de nostre Faculté de Theologie, je vous diray que sur le premier bers de nostre Religion Chrestienne nous ne sçavions que c'estoit de la Theologie Scolastique, ains seulement de la Morale, je veux dire de croire à nostre Religion Chrestienne sans entrer en aucune dispute. Et à ce propos, disoit Tertullian en son traicté. *De præscript. adv. hæreticos. Ea est materia sapientia sæcularis, temeraria interpres divinæ materiæ, & dispositionis: ipsa denique hæreses à Philosophia subornantur.* Et quelques feuillets aprés. *Cedat curiositas fidei, cedat gloria saluti.* Toutes-fois comme l'homme se glorifie avoir esté particulierement doüé de l'intellect, non commun à tous les autres animaux, aussi s'est-il voulu avecques le temps donner plusieurs advantages, les uns bons, les autres mauvais, au prejudice de l'ancienneté, & à elle incognus. Et pour cette cause fut introduicte la dispute en haine de l'heresie. Qui estoit de ne permettre à tous d'en disputer, ains de croire, autrement c'eust esté introduire un seminaire d'heresie, & comme disoit l'ancien proverbe. *Quam quisque norit artem, in hac se exerceat.* Mais au lieu de ce, nos ancestres trouverent bon que nos Theologiens en croyant fermement ce qui estoit de nostre vraye foy Chrestienne, ny plus ny moins que nos bons & premiers peres, peussent convaincre les nouvelles ergoteries de ceux, qui sous une vaine fiance de leurs esprits nous voudroient faire accroire le contraire. Et de fait, quelque peu auparavant la venuë de Lombard, nous avions eu dedans Paris un Pierre Abellard, qui par un livre exprés par luy fait, avoit mis en avant, qu'il ne nous falloit rien croire que ce qui nous estoit ordonné vray par bonnes & valables raisons, livre generalement condamné par un Concil tenu à Soissons, & particulierement par Sainct Bernard qui estoit de ce mesme temps, en ses Epistres.

Dieu nous envoya quelque peu aprés, sur cette querelle, Pierre Lombard personnage de grande estude, & bien versé és sainctes lettres. Pour laquelle cause, Philippes frere de nostre Roy Loüys VII. ayant esté esleu Evesque de Paris, luy resigna son droit; au moyen dequoy il fut depuis pourveu de ceste Evesché. C'est luy qui a depuis esté surnommé le Maistre des Sentences, à cause des quatre livres de Sentences par luy composées, qui contiennent sommairement toute nostre doctrine Chrestienne. Livre qui fut embrassé par nos Theologiens avecques un grandissime applaudissement, & mourut l'Autheur en l'an 1164.

De maniere que vous pouvez penser que lors, la faculté de la Theologie Scolastique n'estoit en usage chez nous. Et neantmoins ce grand personnage decedant, fut tant estimé par les nostres, que depuis, nostre Theologie luy fait tous les ans un service avecques ses chappes en l'Eglise S. Marcel, en laquelle il est enterré, & devons tenir pour proposition infaillible, que le vray & premier fondement de nostre Université, fut la Theologie, de laquelle nous pouvons dire, que combien qu'elle eust vescu sous deux Prelats, toutes-fois, par miraculeux effect c'a toujours esté un mesme ply, se trouvant l'œuvre de Lombard, accomply de tant de doctes & devotes parties, que depuis, c'a esté l'accomplissement des estudes de nos Theologiens, estimans que ce livre bien entendu contenoit l'encyclopedie de nostre Theologie. Et attribuons pour l'ordinaire en attribuë la premiere invention à Messire Pierre Lombard, toutes-fois quelques personnages de marque, disent que telle maniere de Theologie avoit esté premierement pratiquée par Sainct Augustin, non toutes-fois depuis continuée, sinon par le moyen de Lombard, lequel sans y penser introduisit aprés son decez la Faculté de Theologie Scolastique, quand nostre Université fut formée. Une chose puis-je dire, que le commentaire que Sainct Thomas d'Aquin fit sur ce livre des Sentences, le trouva de telle recommandation qu'il fut depuis commenté par quatre-vingts Theologiens, dont vous trouverez les noms & la liste, dedans le laborieux livre de Gesnherus, portant le tiltre de Bibliotheque. Ce grand Evesque a produict avecques le temps une infinité de braves Theologiens, tant seculiers, que reguliers, dont le denombrement seroit trop long à vous faire. C'est pourquoy je me contenteray de vous en toucher deux seulement, Sainct Thomas d'Aquin de l'Ordre de Sainct Dominique, qui fit ses premieres estudes sous Albert le grand, à Cologne, & ses dernieres en cette ville de Paris où il mourut: & l'autre fut, Maistre Jean Gerson Chancelier de nostre université. Tous deux parangons en sainct & devot subject. Cette pepiniere de Chevaliers spirituels a tousjours combattu vaillamment pour la Foy, & abbattu les adversaires. Je dy non seulement les adversaires estrangers, ains ceux-là mesmes de leur compagnie qui se trouveront fourvoyez du droict chemin, voire ne pardonna pas mesmes au Recteur premier Magistrat de l'Université. A ce propos ay-je trouvé dedans un vieux Registre que le 19. de Novembre 1535. le Recteur se plaignit en pleine congregation de ce que quelques Cordeliers avoient extraict de son sermon quelques propositions qu'il avoit tenuës, le jour & Feste de la Toussainct, lesquelles il desavoüoit hors mis, une, & l'avoient fait appeller *ad superiorem judicem, omisso medio, id est neglecta prima Universitatis jurisdictione.* Partant prioit l'Université de vouloir prendre la cause pour luy. Ce qu'on luy promit. Le 12. jour de Decembre ensuivant s'estant absenté pour estre accusé d'heresie par ces Cordeliers, *Fuerat namque vocatus ad Senatum, & ob id latebat*, & neantmoins estant question de faire la procession generale du Recteur, & sur la difficulté si on la pourroit faire sans chef, elle fut faite dedans le Cloistre des Mathurins. *Videbatur enim satis absurdum & monstrosum, ut tot viri absque capite per orbem progrederentur.* Je vous ay representé le passage en son naturel pour vous monstrer le zele que l'on apporta lors d'un costé pour la manutention de nostre Eglise, & d'un autre costé la prudence, pour eviter le scandale de l'Université envers le commun peuple. Ces Cordeliers estoient enfans de la Sorbonne, comme sont les quatre ordres des Mendians, qui par leurs estudes ne butent qu'à se faire Docteurs en Theologie. Or estoient nos Docteurs anciennement appellez tantost Docteurs en Theologie, tantost Maistres en divinité. Ainsi le trouverez-vous en Froissard Tome premier chapitre 211. & au testament fait l'an 1304. par Jeanne Royne de Navarre Comtesse de Champagne & Brie femme dudit Roy Philippes le Bel. Un poinct seulement desiray-je en cette venerable compagnie, c'est que comme hommes ils ne se partializent en brigues, pour contenter l'opinion des grands, ains demeurent tousjours en eux-mesmes.

CHAPITRE XI.

Faculté de Decret.

LA Faculté de Theologie est immediatement suivie par la Faculté de Decret, comme celle qui est composée des constitutions canoniques, & conciliaires de nostre Eglise Catholique, Universelle, dont nous raportons la façon à Gratian : toutesfois parce qu'elle prit ses racines d'une plus longue ancienneté ; premier que d'arriver à ce point, il me semble n'estre hors de propos de vous dechifrer comme toutes choses se sont passées en ce subject.

La verité est que celuy qui premier fit un recueil des constitutions conciliaires, & sentences decretales des Papes, fut un Ysidore : mais quel ? C'est en quoy je me trouve empesché, parce que l'ancienneté nous en produit trois en divers temps. Entre lesquels fut Ysidore né de Carthage pour principal, depuis Evesque de Sevile en Espagne, qui se rendit grandement recommandable par plusieurs livres signalez. Et vrayement c'est une chose digne d'estre ramentuë avant que de passer plus outre. Combien que le pays d'Afrique soit aujourd'huy plongé au fonds d'une Barbarie, voire que le Royaume de Tunes, qui fait bonne part & portion de ce pays-là, soit par nous appellé le Royaume de Barbarie, beaucoup plus en nostre Eglise il nous donna une infinité de grands Docteurs Ecclesiastics, uns Tertullian, Sainct Cyprian, Sainct Augustin, Arnobe, Optat, Lactance, & finalement Isidore dont nous parlons maintenant. Si vous parlez à un Joannes Molineus, vivant Docteur Regent en Decret dans l'Université de Louvain, qui ressuscita le Decret de nostre Yve Evesque de Chartres, il vous dira que ce fust cét Ysidore qui mit le premier la main à cét œuvre. Ainsi le dit-il en son Epistre liminaire. *Ysidorus Hispalensis, qui Latinorum omnium primus, canonicas Romanorum Pontificum Epistolas, Conciliorumque acta & canones, ad sua usque tempora, nimirum ad Honorium hujus nominis primum consarcinavit, & veluti in unum fascem universum jus Pontificium colligavit.* De mesme opinion que luy, avoit esté auparavant, Maistre Jean Gerson. Opinion toutesfois qui n'est pas sans quelque doute. Parceque Volaterran au seiziesme livre de son Anthropologie recitant par pieces les œuvres d'Ysidore, ne fait aucune mention du Decret par luy compilé. Le semblable trouverez-vous dans Gesnherus, quand après avoir raconté les livres par luy composez, il adjouste ces mots. *Habemus etiam acta conciliorum, quæ Joannes Gerson ab Ysidoro Hispalensi esse autumat.* Vous voyez qu'il n'en oze rien asseurer de sa part, ains rejette la creance sur celle de Gerson, qui n'est pas de petite authorité s'il estoit question d'un article de foy : mais en ce qui est de l'ancienneté, c'est une chose indifferente de le croire, ou non. Le Docte Paul Petau Conseiller au Parlement de Paris, l'attribuë à un autre Ysidore du surnom Mercator. Recherche certes plus curieuse, que d'une estude solide. Car quoy que soit, ce fut un Ysidore qui nous servit de ce premier mot, & en fit ouverture à ses survivans. Et à vray dire, ayant fait un sommaire Recueil des Concils & Epistres Decretales, non par Chapitres, ains selon la suite des ans, jusques à son temps, cela occasionna Burchard Evesque de Worme de composer un livre sous le titre general de Decret, qu'il divisa en vingt lieux communs, & autant de livres, verifiez par divers Chapitres empruntez des anciens Docteurs de l'Eglise, Ordonnances Decretales des Papes, & pareillement des Concils. Labeur qui sembloit estre l'accomplissement de cette belle & noble marchandise. Toutesfois nostre Yve Evesque de Chartres le voulut renvier sur luy par un autre œuvre intitulé aussi le Decret, divisé en dix-sept parties, & chaque partie en une infinité d'articles, tirez non seulement de nos saincts Peres, comme Ysidore, & Burchard avoient fait, mais aussi du Code Theodosian, du droit civil de Justinian, & encores des capitulaires de Charlemagne & Louys le Dobonnaire son fils. Finalement vint Gratian Boulongnois, qui en ce beau jeu de prix, poussa de sa reste, & y mit la derniere main, divisant son œuvre en deux parties. Dont la premiere fut par luy baptizée du nom de distinctions, & la seconde gist en questions basties sur des cas par luy proposez, esquelles il soustient le pour & le contre, sous diverses authoritez. Monstrant par cela quel estoit le fonds de sa memoire, mais non de son jugement, d'autant qu'en cette diversité d'opinions il vous rend par fois, sur la fin autant certain & esclaircy de l'une, que de l'autre. Une chose n'en puis-je taire. Car combien que Burchard, Yve, & Gratian, se soient aydez du premier recueil d'Isidore, toutesfois vous ne trouverez aucune mention de luy par tous leurs livres. Et quand vous voyez dedans eux quelques passages sous le nom d'Isidore, cela se rapporte aux livres d'Isidore Evesque de Seville, autres que celuy du premier Decret. Ainsi l'apprenez-vous des titres de chaque Chapitre, ausquels ils ont fait estat de son authorité. Cette mesme ingratitude est en Yve à l'endroit de Burchard qu'il suit à la trace & pas à pas sans le nommer : mais beaucoup plus en Gratian qui tire des pieces entieres des uns & des autres sans les recognoistre. Ces quatre compilateurs des anciens Decrets, vesquirent ; Isidore Evesque de Seville (si tant est que voulions recognoistre le premier & plus ancien Decret de luy) sous les enfans de nostre grand Roy Clovis : Burchard du temps de nostre bon Roy Robert ; Yve sous le Roy Philippes premier ; & Gratian sous Louys septiesme. Or combien que Burchard, & Yve semblassent porter sur le front leur sauf-conduit, aux yeux de leur posterité, si furent-ils supplantez par Gratian : car son œuvre n'eut pas plustost veu le jour, que le Pape Eugene troisiesme commanda qu'il fust leu par toutes les Universitez. Commandement qui fut embrassé avecques telle devotion, que tout ainsi que sur les quatre livres des sentences de Pierre Lombard, fut bastie la Faculté de nostre Theologie scholastique ; aussi sur le Decret de Gratian fut faite la Faculté de Decret. Titre qui luy est tousjours demeuré, nonobstant les Decretales depuis adjoustées en cinq livres par le Pape Gregoire IX. lesquelles bien que publiées sous l'authorité d'un grand Maistre, toutesfois en les alleguant, on a tousjours accoustumé d'y mettre ce mot *Extra*, comme estant une piece hors le Decret de Gratian.

Au surplus pour entendre cette histoire de fonds en comble, Boniface VIII. desirant corriger, augmenter & diminuer les Decretales escloses sous l'authorité de Gregoire (ainsi que luy-mesme proteste) mir en lumiere un sixiesme, comme nouvel apenty aux cinq de Gregoire, c'est celuy que nous appellons le Sexte ; livre toutesfois qui contient cinq livres de mesme ordre, teneur & œconomie que les cinq premiers. Aprés luy, Clement cinquiesme qui tint son Siege à Avignon, fit cinq autres petits livres, sous le nom de Clementines, dedans lesquels il coucha d'un mesme ordre toutes ses constitutions tirées du Concil universel qu'il fit tenir en la ville de Vienne. Ces Clementines eussent esté perduës (aussi bien que les constitutions qu'Alexandre III. avoit fait rediger en un livre) si Jean son successeur, ne les eust exposées en lumiere après le decez de Clement. Et en tout ce que dessus, vous voyez le nombre de cinq estre par trois diverses fois en essence. A la suite de but cela vindrent les Extravagantes du mesme Jean ; titre fascheux, & pour lequel, si souhaits eussent lieu, je voudrois qu'elles n'eussent esté publiées, ou bien qu'on les eust accompagnées d'un titre moins farouche. C'est en quoy je veux finir tout ce qui appartient à l'origine, & progrés de la Faculté du Decret.

CHAPITRE XII.

Faculté de Medecine.

COmbien que la Faculté de Medicine soit l'une des plus anciennes professions qui se trouvent entre toutes les autres, car elle prit son origine avecques l'homme & la femme, lesquels estans exposez aux maladies selon la diversité des occurrences, aussi fallut-il y trouver des remedes, que nous appellons Medecines. D'ailleurs il faut particulierement porter reverence au Medecin (selon l'opinion du sage) pour la necessité qui reside en l'exercice de son estat. Considerations qui de premier œil nous pourroient aisément induire à croire, que par honneur elle fut encienement defalquée des autres arts & sciences, pour luy donner une place d'honneur à part avec les trois autres Facultez de l'Université de Paris. Toutesfois c'est un abus de le croire. Chaque nation a son air particulier qui luy cause la diversité de mœurs & humeurs, & consequemment des maladies, ce neantmoins, nous allons mandier nos remedes au Levant, comme si nature eust esté en chaque pays si ingrate qu'elle n'y eust aussi produit les remedes.

Cette pratique ne fut introduite dedans Rome que six cens ans aprés sa fondation, & en cette France nous ne commençasmes d'en recognoistre l'usage que bien avant sous la troisiesme famille de nos Roys. Pour le moins ny nos histoires anciennes, ny nos Romans faicts à plaisir, images de ce qui s'estoit passé par la France, ne nous en donnent aucuns enseignemens. Si un Chevalier est blessé, une Dame, ou Damoiselle a ses onguens pour guerir sa playe. Et dedans l'Arioste, un Medor couché à l'issuë d'une bataille entre les soldats morts en pleine campagne, est guery par la belle Angelique, dedans la maisonnette d'un Pastre. Ny pour cela on ne laissoit de trouver sa guerison dedans Rome, ny dedans la France, tout ainsi comme depuis. Il n'est pas qu'encores aujourd'huy il n'y ait quelque reste de cette ancienneté chez nous au plat pays, où la pluspart des villages se guerissent de leurs fievres, non par les ingrediens (leçon ordinaire des Medecins qui demeurent és villes) ains par certaines herbes pilées, qu'ils appliquent sur leurs poignets, & avecques une longue patience rapportent, ce que l'on tasche de gagner par une precipitation dans les villes. Chaque nation a ses simples, non seulement tirez de la terre, ains de toutes sortes de subjects, voire, quelquesfois bien vils & abjects, dont nous rapportons des operations merveilleuses pour nostre santé: & en cecy le principal defaut que j'y trouve, vient de la fetardise, paresse, & nonchallance de nos Ancestres. Car si aux hospitaux dediez à la guerison des pauvres malades, on eust fait registres des receptes, par le moyen desquelles on avoit diversement guery d'unes & autres maladies, tout ainsi qu'on avoit fait au temple d'Esculape, dont Hipocrat sçeut fort bien faire son profit, nous n'aurions que faire d'autre ayde que de nous-mesmes.

Or combien que la maxime que je vous ay presentement proposée soit non seulement particuliere pour nostre France, ains generale & commune à toutes les nations, toutesfois elle s'est par succession de temps trouvé changée en toute l'Europe d'une bien longue ancienneté jusques à nous. La Grece produisit plusieurs beaux & rares esprits, desquels, comme d'un Ocean, sourdirent deux grandes fontaines, la Philosophie, & la Medicine. Quand je dy la Philosophie, j'entends les sages discours qui naissent naturellement parmy tous les peuples, pour l'entretenement & conduite de leurs mœurs, & vies bien reglées. Toutesfois en ce pays-là se trouverent personnages de nom qui en dresserent divers preceptes, de quelle marque furent les Academiciens, Peripateticiens, Stoïques, Epicuriens, & plusieurs autres de telle marque, qui espandirent diversement leurs doctrines par l'univers, au desir, & contentement d'unes & autres personnes.

Le semblable leur advint-il au fait de la Medecine, en laquelle le premier, dans leurs Histoires, qui en enseigna la leçon à ses successeurs, fut Esculape, en l'ost Gregeois, au siege de Troye, où pour avoir fait des cures miraculeuses, il fut aprés son decez deifié par Decret general des hommes, & à luy consacré un Temple en l'Isle de Lago, lieu de sa naissance, où par une devotion solemnelle, & hereditaire de pere à fils, on appendoit, & les regles qu'ils trouvoient servir à l'entretenement de la santé, & les bonnes receptes, par le moyen desquelles les malades avoient trouvé, guerison: dont quelques centaines d'ans aprés, le grand Hipocrat sçeut fort bien accommoder ses livres (ainsi que j'ay dit cy-dessus) qui sont, & ont esté tant honorez, & estimez par sa posterité, non toutesfois sans le controlle des siens. D'autant qu'aprés son decez il fut d'un guet à pens, contredit en tout, & par tout, par Chrisippe, & luy par Erasistrat, prenans plaisir à se dementir l'un l'autre, tout ainsi que les Philosophes en leurs sectes. Tellement qu'il n'y avoit rien plus certain en l'exercice de cét Art, que l'incertain. Et neantmoins ne laissoit un chacun d'eux de faire de grands gains, & de grandes Cures dedans cette incertitude. Cela fut cause que les esprits les plus retenus & solides de Rome ne pouvoient bonnement gouster, qu'on donnast seur accez en leur ville, à ces Medecins de la Grece. Ainsi trouvons-nous que Caton le Censeur, voyant que de son temps on commençoit de forligner en cecy, escrivoit à son fils, que cette nouvelle introduction seroit une nouvelle ruine des hommes, dont avecques le temps on verroit ses effects plus amples.

Ce que je vous dy icy, n'est pas pour vilipender cette Faculté (ja, à Dieu ne plaise que cette opinion m'entre en la teste) ains pour vous reciter ce qui est de la verité historiale sur ce subject, & comme toutes choses s'y sont passées. Tout de cette mesme façon en France, dés & depuis le regne de Pharamond, qui commença de regner en l'année quatre cens vingt, jusques au Roy Louys septiesme, qui commença de regner en l'année mil cent trois, & mourut en l'année mil cent octante, nous ne sçavions en cette France que c'estoit de la Medecine des Grecs. Mais comme sous le regne de Louys, plusieurs belles ames s'addonnerent, qui, à la nouvelle Theologie de Pierre Lombard, qui, aux Decrets de Gratian; aussi firent-elles le semblable en la doctrine du grand Hipocrat, & de Galien son commantaur, (ainsi le veux-je appeller, ores qu'il y ait apporté plusieurs belles choses du sien) car il y avoit assez de subject en eux pour allecher & contenter les esprits deliez & curieux, lesquels ne firent estat de la Medecine que l'on exerçoit, d'ancienneté, par la France, comme d'une Medecine rurale dont on ne pouvoit rendre raison, & en laquelle y avoit beaucoup plus de hazard que d'art: au moyen dequoy ils prindrent le nom de Physiciens du mot Grec, c'est à dire, de gens qui sçavoient & enseignoient, tant les mouvemens de nostre nature, que de nos maladies. Science qu'ils avoient apprise des Grecs. Toutes nouveautez plaisent, si non aux plus sages, pour le moins au commun peuple, qui est des sages par la pluralité du nombre. C'est pourquoy ces nouveaux Docteurs commencerent d'estre en credit, lors que vers le regne de Louys septiesme, l'Université commença de naistre, & en fit-on une Faculté particuliere avecques les trois autres de Theologie, Decret, & des Arts. Et parce que chacun desireux de nouveauté y accouroit, il fut (par un Concil general tenu en l'année mil cent soixante trois;

sous

sous le regne de Louys VII. en la ville de Tours, où le Pape Alexandre troisiesme presida.) Defendu à tous Religieux profez de sortir de leurs Cloistres, pour aller ouyr les leçons, tant de ces nouveaux Physiciens que Legistes. Nous en avons les prohibitions & deffences expresses d'Alexandre, en ces mots : *Statuimus ut nulli omnino post votum Religionis, & post factam in aliquo loco professionem, ad Physicam, legesve mundanas legendas permittatur exire. Si vero exierint, & ad claustrum suum, intra duorum mensium spatium non redierint, sicut excommunicati ab omnibus evitentur.* Deffences qui estoient provenuës du Concil tenu à Tours, comme nous apprenons du Pape Honoré troisiesme. *Contra Religiosas personas de claustris exeuntes ad audiendum leges, vel Physicam, Alexander praedecessor noster olim statuit in Concilio Turonensi, ut nisi intra duorum mensium spatium ad claustrum redierint, sicut excommunicati ab omnibus evitentur.* Qui nous enseigne que lors la Medecine des Grecs, qu'ils appelloient Physique, estoit autant nouvelle en la France, que les loix Romaines. Laquelle depuis s'est esparse non seulement dedans la ville de Paris, ains par tout le Royaume. Qui nous doit faire croire par les evenemens, que l'usage de cette Medecine Gregeoise y estoit necessaire.

Cap. non magnopere. Ne cleri vel mona.
Cap. superspecula Rom.

Ne pensez pas je vous prie que je vous aye voulu en vain entretenir des discours du present Chapitre. Je vous ay cy-dessus discouru, que vers le commencement, les Medecins prenans pied dans l'Université s'estoient accommodez de leur College prés des quatre grandes Escoles des Arts : toutesfois je sçay bien que quelques-uns maintiennent, que l'Escole de Medecine, au lieu auquel elle est maintenant assise, fut par les Medecins achetée l'an mil quatre cens septante

& un, & l'année d'aprés rebastie; toutesfois nous repaissans de cette opinion, ils recognoissent n'en avoir jamais veu les enseignemens, ains en parler par un ouyr dire.

Chose dont me voulant plus amplement informer, j'en ay parlé à quelques anciens Docteurs, miens amis, qui gouvernoient ordinairement le menage de cette Faculté, quand les occasions se presentoient, lesquels m'ont dit n'en avoir jamais veu dedans leurs archifs aucun titre. Au moyen de quoy je croy que c'est un Vaudevile. Bien peuvent-elles avoir esté rebasties de nouveau, mais non acquises. Et ne me peut entrer en teste, soit ou que les Medecins pour la necessité de leurs fonctions, ou bien pour la nouveauté qu'ils introduisirent en la France, voulussent avoir cét honneur de faire une des Facultez de l'Université de Paris, & eussent esté si fetards qu'au milieu des trois autres Facultez, chacune desquelles avoit le siege de ses Estudes, ils eussent seuls Huétué sans avoir retraite, pour vacquer à leurs leçons, & actes publiques, qu'il leur convenoit faire, pour parvenir à leurs licences, & doctorandes. Singulierement eu esgard que cét Art Gregeois ne pouvoit estre du commencement trouvé bon par les personnes signalées. Et au surplus, grandement me plaist la decision ancienne des Jurisconsultes, qui estiment en matiere de terres n'y avoir titres & enseignemens plus certains, que les anciennes bornes. Aussi voyant ce College de Medecine estre situé au lieu où estoit nostre premiere Université, je croy que dés ce mesme temps la Faculté de Medecine y fut establie, sauf à changer de jugement lors qu'on me fera apparoir de pieces contraires.

CHAPITRE XIII.

En quels lieux de la ville, se faisoient les leçons aux Escoliers avant l'introduction des Colleges, où elles sont depuis abouties.

JE vous ay dit cy-dessus, que du commencement, la grande Eglise estoit vouée pour les lectures tant de l'humanité, que de Theologie; & que depuis, les Escoles s'estans divisées en deux, la lecture de la Theologie resida comme auparavant en celle de Nostre-Dame; & celle de l'humanité, en l'Eglise de sainct Julian; & lors n'estoit nostre Université composée que de ces deux Facultez. Depuis, s'estant augmentée des deux autres, c'est à sçavoir, de celles de Decret & Medecine, considerons s'il vous plaist en quels lieux ces quatre Facultez estoient diversement enseignées. Quelques vieux resveurs discourans sur ce subject disoient, que c'estoit un pesle-mesle d'estudes, & que les chambres estans d'un costé louées à escoliers, d'un autre à filles de joye, il y avoit sous un mesme toict, escoles de reputation, & de putasserie tout ensemble. Qu'il n'y eust lors autre police que celle-là, & neantmoins que l'Université de Paris eust acquis tant de reputation qu'elle fust estimée la premiere de toute l'Europe : Hé! vrayement c'eust esté chose monstrueuse, dont je ne passeray jamais condamnation. Elle estoit bastie sur ces quatre grandes Facultez, pour l'exercice desquelles il y eut quatre maisons, d'une longue ancienneté affectées. Qui doute qu'en ces lieux, elles n'y fussent enseignées? Ces maisons nous enseignent que c'estoient les lieux, où leurs escoles estoient exercées : autrement le mot d'escoles en Decret & Medecine leur eust esté en vain baillé, & fussent demeurées en friche. Car quant à la maison Episcopale pour la Theologie, avant que le College de Sorbonne eust esté créé, on n'en doute point : comme cette Faculté estoit une charge tres-fonciere à l'Evesque : Et au regard de celles de Decret, & Medecine, moins en doit-on faire de doute. Car encores aujourd'huy les lectures s'y continuent avecques les actes de Bachelerie, Licence, & Doctorande.

Quand je vous ay dit que chacune des quatre Facultez avoit une maison pour cét effect, je cotte les quatre de la ruë au Fouëtre, pour une. Vray que pour le regard de ces escoles dediées aux Arts & Philosophie, ceux qui veulent pointiller sur cette ancienneté y trouvent plus d'obscurité : parce que dés pieça on n'y faict aucunes leçons : ce nonobstant, je vous monstreray clairement que c'est chercher la nuict dedans le Soleil, de vouloir revoquer en doute ma proposition. On trouve dedans la Bulle de l'année mil deux cens quinze, du Cardinal sainct Estienne Legat, entre divers reglemens, cettuy-cy. *Et quod libros Aristotelis de Dialecticâ, tam re, quam novâ, in Scholis ordinariè, & duos Priscianos, vel alterum, ad minus legant.* Quelles estoient ces deux Dialectiques d'Aristote, vieille & nouvelle? Et qui estoit le Priscian, autre que celuy qui s'est transmis jusques à nous? Je laisse ce fuzeau à demesler par un autre plus curieux que moy. Ains me suffit de vous monstrer, que n'y ayant lors d'escoles pour enseigner les Arts & Philosophie, que celles de la ruë au Fouëtre, c'estoient necessairement les quatre escoles de la ruë au Fouëtre, dont le Legat de France entendoit parler par cét article. Et continuerent encores les leçons sous le regne de Charle cinquiesme, bien que, lors l'Université fust parsemée de Colleges. Car comme ainsi fust que Maistre Gervais Chrestien son Medecin, extraict de Normandie, eust fondé un College qui porte son nom, en faveur de quelques pauvres escoliers boursiers; le Roy pour le gratifier y adjousta deux Mathematiciens, dont l'un seroit tenu de lire aux escoliers du College, & l'autre publiquement en l'escole de Normandie, ruë au Fouëtre.

La verité doncques est que les quatre sales de cette ruë, estoient les grandes escoles basties pour enseigner les quatre nations, chacune en sa chacune. Et pour cette cause leur furent baillez les noms de France, Picardie, Normandie & Angleterre. Ny pour cela toutesfois on ne laissa pas de dresser

dresser dedans l'Université des Escoles particulieres, pour la commodité des escoliers; ainsi les veux-je appeller, à la difference des quatre publiques. Escoles, dis-je, toutesfois non dressées sur le modelle des Colleges, dont je parleray en son lieu. Mais lors qu'un Maistre és Arts, outre les Regens ordinaires des grandes Escoles, avoit permission de lire, il loüoit telle maison, salle, ou chambre qu'il pensoit luy estre beaucoup plus commode pour l'exercice de ses leçons, és lettres humaines, à quoy on voulut encores adjouster une seconde police. Car se trouvans quelques autres Maistres aux Arts, ayans pareille permission de lire, qui par une jalousie voulussent encherir sur les loyers de leurs compagnons, & par ce moyen les desposseder de leurs chaires, cela leur fut tres-expressément & estroictement defendu, par le reglement du Cardinal sainct Estienne Legat. *Nullus*, porte l'article, *irrequisito inquilini assensu, vel scholas accipiat, vel Domini facultatem habeat, requirendi*. Privilege amplement confirmé par le Pape Innocent IV. estant en la ville de Lyon, duquel la Bulle estoit telle:

Innocentius Servus servorum Dei, dilecto filio Cancellario Parisiensi, salutem & Apostolicam benedictionem. Quia non omnes Parisius ad studium venientes, moribus qui scientiam adferunt se exercent; imò unus ab alterius hospitium sibi reddit interdum precii carvidium: Nos volentes eorum utilitatibus consulere, & præsumptioni malignantium obviare, discretioni tuæ per Apostolica scripta mandamus, ut nullas Magistrorum vel Scholarium Parisiensium, alterius conducat hospitium vel scholas, quamdiu ipsas absque manifesta malitia retinere voluerit inquilinus, conductorem per censuram Apostolicam appellatione postpositâ compescendum. Datum Lugduni, 2. id. Martiis, Pontificatus nostri anno secundo.

Innocentius Servus servorum Dei, universis Magistris & Scholaribus Parisiensibus, salutem & Apostolicam benedictionem. Universitati vestræ, authoritate præsentium districtiùs inhibemus, ne aliquis vestrûm alterius scholas aut hospitia, absque illius consensu conducere præsumat. Datum Lugduni, idib. Maii, Pontificatus nostri anno secundo. Ces deux Bulles furent données en la ville de Lyon, deuxiesme an du Pontificat d'Innocent quatriesme, qui avoit esté promeu en l'an mil deux cens quarante-trois. Ce fut doncques l'an mil deux cens quarante-quatre, qu'elles furent par luy decernées, pendant le regne de nostre Roy sainct Loüys, qui fut appellé à la Couronne l'an 1227. & mourut l'an 1270.

En ces Escoles esparses par la ville, se lisoient les Lettres humaines; & aux grandes, uns Priscian, & Aristote: celuy-là, comme fontaine de la Grammaire; & cettuy-cy, la Dialectique & Philosophie. Cela avoit esté dés pieça ordonné par les premiers & plus anciens Statuts de l'Université, en termes generaux, comme je vous ay dit cy-dessus, qui fut depuis expliqué par forme de Commentaires en termes speciaux, par un reglement fait l'an mil deux cens cinquante-quatre, entre les Maistres és Arts, qui lisoient aux grandes Escoles, comme il s'ensuit:

Anno Domini millesimo ducentesimo quinquagesimo quarto. Noverint Universi, quòd nos omnes, & singuli Magistri Artium, communi assensu nostro, nullo contradicente, propter novum & inæstimabile periculum, quod in Facultate nostra imminebat, Magistris aliquibus lectiones suas terminare festinantibus, antequam librorum quantitas & difficultas legenda, propter quod, & Magistri legendo, & Scholares audiendo, minus proficiebant, super ruina nostræ Facultatis anxiantes, & statui nostro præcavere volentes, pro communi utilitate, & studii nostri reparatione, ad honorem Dei, & Ecclesiæ, statuimus, & ordinamus, quòd omnes & singuli Magistri nostræ Facultatis, in posterum libros, quos in festo Sancti Remigii incipient temporibus inferiùs annotatis, veterem Logicam, videlicet librum Porphyrii Prædicamentorum, Periermenias, Demonstrationum, & Topicorum Boetii, Priscianum majorem, & minorem, Topica & Elenchos, Priora, & Posteriora, Ethicorum libros quinque, tres parvos libros, videlicet principia Barbarismi, Priscian, de accentu, qui simul legantur, Philosophica Aristotelis, Metaphysica, & libri de Animalibus, libri Cœli & Mundi, libri Meteorum, libri de anima, qui cum naturalibus legantur, libri de Generatione, libri de Caussis, libri de Memoria & reminiscentia, libri de differentia spiritus, animæ, libri de Morte & Vita.

Et dedans ce vieux Statut, sont cottez les mois, & tems, pendant lesquels on devoit proceder à la lecture de ces Livres, que de propos deliberé j'ay voulu passer sous silence; me contentant de vous monstrer que, nonobstant l'introduction des nouvelles Escoles qui estoient esparses par la ville, on ne laissa de continuer les estudes, comme devant, és quatre grandes Escoles des Arts: car d'attribuer cela aux nouvelles, il n'y auroit aucune apparence; pour autant qu'à la suite de ce que dessus on parle du cours des Estudes qu'on y faisoit, qui estoit l'acheminement à la Maistrise aux Arts. *Item nullus lectiones cursorias plures duabus, aliquo die legibilis, legere præsumat, nec plures tribus in die non legibili, nec cursum aliquem incipere audeat, donec prioris cursum terminaverit*. Closture qui nous tesmoigne, que l'article par moy cy-dessus transcript, concernoit les Regens qui lisoient és grandes Escoles, esquelles on passoit les Maistres és Arts. Et à tant je recüeille de tout ce que dessus, qu'en suivant, & continuant la discipline portée par l'ancien Statut de l'an 1215. qui portoit en gros & en tasche, commandement de lire aux grandes Escoles, le Priscian & l'Aristote; on les estala en l'an 1254. par le mot, pour en bannir toutes les obscuritez que par sophistiquerie on y apportoit; & qu'aux Escoles privées on enseignoit les autres Livres de Grammaire, Rhetorique & Humanité, selon la portée du temps. Que si quelqu'un se sentoit capable, il ne laissoit pas pour cela d'aller aux grandes Escoles, pour apprendre le Priscian: comme semblablement les autres qui se pensoient dignes d'estudier en Philosophie, se mettoient au Cours és grandes Escoles, pour, aprés avoir estudié en Aristote, passer Maistres és Arts, dedans le temps à ce prefix & ordonné, & y faire les actes publics à ce requis & necessaires. Quand je vous nomme Aristote & Priscian, le progrés du temps avoit aussi permis d'y enseigner les sciences plus relevées, comme je vous ay cy-dessus touché, parlant du College de Maistre Gervais.

Or comme les coustumes se tournent, avecques le temps, de l'une à l'autre, aussi l'usage des Colleges ayant gaigné pied dedans l'Université, on commença de mettre en oubly, dans ces grandes Escoles, la lecture de Priscian (pour la confiner en ces nouveaux Colleges) & s'arresta-l'on seulement en celle d'Aristote, laquelle fut encores depuis transferée aux mesmes Colleges: chose dont se plaignoit le Cardinal de Touteville, Legat en France, sous le Regne de Charles VII. en la reformation de l'Université, par luy faite au Chapitre *De Artistis. Item, monemus prædictos Regentes* (porte l'article) *conformiter ad antiqua Statuta & laudabiles consuetudines, in Facultate Artium confirmandas, cessante legitimo impedimento, singulis diebus, & horis statutis, ad Vicum Stramineum se conserant, lecturi modo & formâ, quibus supra regulariter & ordinariè, absque hoc quod referrent sibi plures textus unâ vice legendos, sed secundùm Statuta, libros legant ad profectum auditorum, ut præmisimus, regulariter & ordinariè.* Et depuis on oublia tout-à-fait le chemin de ces Escoles; horsmis que tout ainsi qu'anciennement, aprés y avoir fait son temps d'estude, on y recevoit le bonnet de Maistrise, encores faisons-nous aujourd'huy le semblable pour remembrance de cette antiquité, ores que nous ayons fait nos estudes de Philosophie dedans les Colleges: & me souvient que Pierre Ramus, en la reformation qu'il desiroit estre faite de l'Université de Paris, luy presentée au Roy Charles IX. disoit: *Nuper verò diem postremum obiit, qui postremus in Schola publica Philosophiæ Professor fuit.* ****

CHAPITRE XIV.

Conclusion de tous les discours precedans concernans l'Université de Paris.

PAr tout ce que je vous ay cy-dessus discouru, vous avez peu entendre, que l'Université de Paris ne prit tout d'un traict sa fondation, ny grandeur, ains s'accreut petit à petit par divers moyens. Qu'elle prit son premier plan en l'Eglise de nostre Dame, son second à celle de S. Victor, son troisiesme à S. Julian, son quatriesme aux quatre grandes Escoles de la rue du fouërre, son cinquiesme aux Escoles de Decret & de la Medecine, pour l'enseignement de ces deux Facultez: son sixiesme en unes & autres des Particuliers, lesquelles estoient loüées par les Maistres, & Docteurs, qui avoient permission du Superieur d'enseigner. Je parleray cy-aprés des Colleges qui furent depuis introduits: mais tant y a qu'auparavant leur introduction, la commune Police de nos Estudes, estoient leçons qui se faisoient publiquement à tous Escoliers qui s'y trouvans. Et afin que ne pensiez que ce soit fable, cette mesme discipline fut observée sur la fin de ce temps-là, ailleurs. Dieu voulut que l'Empereur Federic II. de ce nom, Roy des deux Siciles, institua pendant son Regne, une nouvelle Université dedans Naples, ville Capitale de son Royaume, en laquelle vous trouverez avoir esté par luy ordonné cela mesme qui estoit par nous pratiqué en cette Université. Vray qu'il y a une particularité qui n'estoit chez nous: car tous les Sujets du Royaume estoient deffendus d'aller estudier ailleurs qu'à Naples.

Deffenses qui ne se trouvent avoir esté faites en faveur de l'Université de Paris. Au demeurant, je trouve l'autre conforme à ceste-cy. Je vous copieray icy le passage que j'ay tiré de Messire Pierre de Vineis, Chancelier de cet Empereur, au troisiesme Livre de ses Epistres.

Disponimus (dit Federic) *apud Neapolim amœnissimam civitatem, doceri artes cujuscunque professionis, & vigere studia, ut jejuni, & famelici doctrinarum, in ipso regno inveniant, unde ipsorum aviditati satisfiat, neque compellantur, ad investigandas scientias, peregrinas nationes expetere, nec in alienis regionibus mendicare.* Et quelque page aprés: *Volumus igitur, & mandamus vobis omnibus, qui Provincias regitis, quique administrationibus præsidetis, ut hæc omnia passim & publicè proponatis, & injungatis sub pœna personarum & rerum, ut nullus Scholarium, legendi causâ, exire audeat extra regionem, nec infra Regnum aliquid audeat alibi, vel docere, & qui de Regno sunt, extra Regnum in Scholis, sub pœna prædicta, eorum parentibus injungatis, ut usque Festum Michaelis, tum proximè revertantur. Conditiones autem quas Scholaribus concedimus, erunt istæ: Imprimis, quod in civitate prædicta Doctores & Magistri erunt in qualibet facultate: Scholares autem, undecumque venerint, securè veniant, morando, stando, & redeundo, tam in personis, quàm in rebus, nullam sentientes in aliquo læsionem. Hospitium quod melius in civitatibus fuerit, Scholaribus locabitur, pro duarum unciarum auri annua pensione, nec ultra æstimatio ejus ascendet: infra prædictam autem summam, & usque ad illam, omnia hospitia æstimatione duarum unciarum locabuntur.* Et combien que l'Empereur, par son Edict, semblast de faire commandement, que les Estudes ne fussent ouvertes aux Siciliens, ailleurs qu'en l'Université de Naples,

toutesfois, par l'Epistre treiziesme du mesme Livre, il declare n'avoir entendu y comprendre les enseignemens qui se faisoient de toute anciennete en la Grammaire, és villes de son obeïssance. *Propter quod* (dit-il) *fidelitati tuæ præcipiendo mandamus, quatenus Magistris quibuslibet, qui per terras jurisdictionis tuæ, pueros in actis Grammaticæ principiis edocent, nullam occasione prædicta molestiam inferas, sed particularia eorum studia regere, sine impedimento quolibet patiaris.* Voilà quel fut l'Edit de Federic, auquel, en establissant son une nouvelle Université, vous ne voyez aucun establissement de Colleges, ains Sales generales & communes, esquelles se doivent faire lectures communes & publiques aux Escoliers, à l'instar de ce qui se faisoit en l'Université de Paris: chose qui n'y est vrayement exprimée: mais tant y a que l'usage commun estoit tel en nostre Université, laquelle nous ne devons estimer grandement loüable, d'avoir eu sous un si grand personnage que Federic second, qui à l'instar d'elle, voulut forger sa nouvelle Université.

Il nasquit l'an mil cent quatre-vingt quatorze : dés l'instant de sa naissance, à l'instigation de l'Empereur Henry son pere, la Noblesse de Sicile luy jura le serment de fidelité & obeïssance. Le pere meurt en l'an quatre-vingt quinze. Constance, pere de ce jeune Prince, se met aussitost, avec son enfant, en la protection & sauve-garde du Pape Innocent troisiesme, le plus grand Pape, à mon jugement, qui fût jamais dedans Rome, tant en matiere seculiere, que seculiere, (j'entens tousjours excepter la Saincteté de sainct Pierre.) Ce jeune Prince, par l'advis de son protecteur, est couronné Roy à trois ans, sous le gouvernement de sa mere: appellé à la conduite de l'Empire en l'aage de vingt ans, & ores qu'en sa jeunesse toutes choses luy vinssent à souhait, toutesfois n'ayant sur l'aage, il souffrit plusieurs traverses, desquelles il fut affligé: mesmement en la ville de Panorme l'an mil deux cens cinquante, surpris d'une maladie, sous ce pretexte, Mainfroy son fils bastard, ne douta de le suffoquer avec un linge, & le faire mourir. Prince, au surplus, que Pandolpho Collennicho (qui a diligemment escrit l'Histoire de Naples) nous appris tel personnage tres-accomply, tant de corps que d'esprit; qui parloit le vulgaire Italien, la langue Latine, Allemande, Françoise, Gregeoise, & Sarrazine.

Je trouve l'Université de Naples avoir esté par luy bastie: mais non en quel temps, quelque recherche que j'en aye faite : mais tant y a qu'estant en l'an 1194, & mort l'an mil deux cens cinquante; c'est dedans l'entrejet de ce temps, pendant lequel florissoit l'Université de Paris, sans Colleges, ains seulement en l'exercice des leçons qu'elle faisoit és Sales publiques. Tellement que pour conclusion de ce pourparler, je veux dire que nostre Université avoit esté merveilleusement heureuse, ayant eu ce grand Prince, qui se regla sur son modele; & ce Prince avoir esté grandement sage, d'avoir reglé son nouvel Edit sur la police de nostre Université.

CHAPITRE XV.

Introduction des Colleges, & signamment de celuy de la Sorbonne.

Jusques-icy, nous avons parlé de l'estat auquel estoit l'Université de Paris, c'est-à-dire, jusques en l'an mil deux cens cinquante. D'ores en avant nous discourrons de l'Institution des Colleges, qui apporta nouveau visage, & deduirons de quelle façon nos lectures furent exercées, & l'ont esté jusques à huy, qui n'est pas une recherche de peu de merite. Charondas, Legislateur des Thuriens, fut grandement solemnizé par nos ancestres, de ce qu'entre autres choses, il avoit ordonné que les bonnes Lettres fussent enseignées aux despens de la Republique, afin que le pauvre y eust part, tout ainsi comme le plus riche. Cette mesme opinion entra, par succession de temps, és testes d'uns & autres Prelats & Seigneurs de nostre France : non pour faire une loy generale par toute la ville de Paris, (celuy fut un coup de Maistre, je veux dire du grand Roy François Premier de ce nom, dont je parleray en son lieu) ains aux petites communautez qu'ils voulurent bastir : car aprés que le mesnage de nostre Université eut esté ainsi diversement & conduit & manié, comme je vous ay discouru, il prit une nouvelle devotion aux Seigneurs, & principalement Ecclesiastiques, de bastir des maisons en cette Université (qui furent appellées Colleges) en faveur des pauvres, qu'ils vouloient y estre habituez, sous le nom de Boursiers, & y estre nourris & enseignez, aux despens du revenu pour eux par cet effect assigné.

Le premier que je trouve en avoir esté l'inventeur, ce fut nostre bon Roy Sainct Loüys, suivy par Maistre Raoul de Sorbonne, son Confesseur (par lequel je commenceray) au village de Sorbonne prés de Sens, comme quelques-uns estiment ; & les autres, en un village de mesme nom, au Retelois.

Ce fut anciennement une coustume fort familiere à ceux qui pour avoir quelque asseurance de soy, se vouloient mettre sur la monstre ; d'emprunter le surnom des lieux où ils estoient nez, plus soucieux de les honorer, que leurs familles. Ainsi le virent nos ancestres, en un Pierre de Alliaco, premierement Grand Maistre du College de Navarre, puis Cardinal : en Jean Cacliere, & le nomma Jean Gerson : en Nicolas de Clamengy : en Henry de Gandavo : en Guillaume de Lorry, qui premier esbaucha le Roman de la Roze : en Jean de Mehun, qui le paracheva, lequel estoit surnommé Clopinel : & à peu dire, ainsi le vit-on en ce Maistre Robert de Sorbonne, qui eut pere & mere de basse condition, comme nous apprenons du Sire de Joinville, en la Vie de Sainct Louys. Toutesfois il se fit paroistre, par ses estudes, personnage de grand sens. Et pour premier mets de sa fortune, fut honoré d'une Prebende de Cambray ; depuis, d'une autre en l'Eglise Nostre-Dame de Paris. Entre ses œuvres, nous trouvons un Traicté concernant le fait de nos consciences, & seroit impossible de dire combien il est plein de devotion & belles sentences. Vous pourrez juger par ceste premiere demarche, quel est le demeurant de l'œuvre. *Multi multa sciunt, seipsos nesciunt ; quærunt Deum per exteriora, & seipsos nesciunt per interiora. Quid prosunt litteræ eruditionis Prisciani, Aristotelis, Justiniani, Gratiani, Galeni in pellibus ovinis, & caprinis, nisi delea de libro conscientiæ tuæ, litteras mortis ? Quid prosunt hæc lecta, & non intellecta, nisi teipsum legas & intelligas ?* Proposition, certes, pleine de pieté : & ainsi va le demeurant de l'œuvre, qui le rendit, avec quelques autres siens traictez, si recommandable, que nostre Roy Sainct Louys le voulut voir ; & aprés l'avoir haleiné, luy fit quelquesfois cet honneur de le faire disner avec luy : & depuis en usa fort pieusement, comme l'un des principaux outils de sa conscience, le prenant pour son Confesseur.

Ce bon Roy bastit plusieurs Temples & Hospitaux en l'honneur de Dieu, & de son Eglise ; & d'un mesme zele luy prit son opinion de voir un College en l'Université de Paris, voüé à l'enseignement de la jeunesse. Il s'asseuroit de la preud'hommie de Maistre Robert : c'est pourquoy il ne doubta de disposer entre ses mains sa nouvelle devotion. Cela se voit par ses parentes de l'an 1250. du mois de Fevrier.

Ludovicus Dei gratiâ Francorum Rex, universis præsentes litteras inspecturis Salutem. Notum facimus quod nos Magistro Roberto de Sorbonâ, Canonico Cameracensi dedimus, concessimus ad opus Scholarium, qui inibi moraturi sunt, domum quæ fuit Joannis de Aurelianensi, cum stabulis quæ fuerunt Petri Poulaine contiguis eidem domui, quæ domus cum stabulis sita est Parisius in vico de Coupe-gueule, ante Palatium Thermarum. (C'estoit ce que depuis on appela l'Hostel de Clugny.) Je vous laisse le demeurant des lettres, par lesquelles, ores que le mot de College n'y soit inseré : toutesfois c'est le mesme qui a depuis esté observé és maisons qu'avons en nostre Université appellées Colleges. Et à tant ce n'est pas sans grande raison, que j'attribuë l'invention de ceste nouvelle œconomie à ce bon Roy : car vous ne trouverez autre titre plus ancien en nostre Université, qui en ait parlé.

Or le Roy ayant seulement declaré sa volonté, M. Robert qui sçavoit l'intention de son Maistre, ne tendre qu'à l'advancement & exaltation de l'Eglise, mesme que le premier fondement de l'Université avoit esté la Theologie, il voulut de un sage & beau commentaire, voüer ce nouveau College en faveur des pauvres Escoliers, qui voudroient faire profession de la Theologie, qui seroit comme un arboutant pour soustenir l'Eglise de Dieu contre les assauts furieux des Heretiques.

Belle chose, & digne d'estre gravée dedans l'immortalité ! que la Theologie, ayant esté le premier fondement de nostre Université, ait pour son habitation le premier College de tous les Colleges. Mais chose non moins admirable ! qu'un simple Chanoine ait ouvert la porte, & enseigné aux Prelats & grands Seigneurs une si noble Architecture.

Et neantmoins lors de ces lettres patentes, ce College ne fut tout à fait conclud, ains en l'an mil deux cens cinquante & cinq seulement, comme nous recueillons d'un vieux Calandrier, contenant les Statuts du College ; & encore d'une vieille inscription en pierre de taille, prés la porte du jardin, en la salle du College, où se font les actes de Sorbonne. Le passage du Calandrier est tel, sur le vingt-cinquiesme jour d'Aoust, jour dedié à la solemnization de la Feste de S. Louys : *Festum Beati Ludovici Regis , sub quo fundata fuit domus de Sorbonâ, circa annum 1253 Magistro Roberto existente ejus Confessore.* Et celuy de la salle est tel, *Ludovicus Rex Francorum , sub quo fundata fuit domus de Sorbonâ , circa annum Domini 1253.* Si ceux qui firent ces deux gloses eussent bien consideré le texte des lettres du Roy, ils n'eussent pas dit que sous son regne, le College avoit esté fondé ; ains qu'il en estoit le fondateur, comme celuy qui en avoit jetté la premiere pierre pour le bastir.

Ils ne le firent pas, d'autant qu'aprés ce premier projet du Roy, M. Robert y apporta plusieurs grands advantages de sa part ; car encore trouve-t'on plusieurs autres bien-faits qu'il fit au College, par un eschange qu'il fit en Novembre l'an mil deux cens cinquante-huit, avec le mesme Roy Sainct Louys. Et toutesfois ce preud'homme sçachant qu'on en avoit la premiere obligation au Roy, ne voulut jamais prendre le titre de fondateur, ains seulement de Proviseur. Ainsi l'apprenons-nous d'un vieux titre dont le commencement

ment est tel. *Magister Robertus de Sorboná Canonicus Parisiensis, Provisor, seu Procurator congregationis pauperum Magistrorum studentium Parisius in Theologicá Facultate.* Ce qui donna depuis grande authorité aux Provisers de ce College, comme l'on voit par les Statuts, entre lesquels y avoit un article exprés, par lequel estoit ordonné, que s'il se presentoit quelque differend entr'eux, il se terminast *coram Provisore domûs,* sans toutesfois deroger à la jurisdiction Royale. Article, depuis, par honneur tres-estroitement observé, & ayant le Proviseur telle prerogative sur les siens, aussi le Pape Clement quatriesme, par ses Bulles de l'an mil deux cens soixante & neuf, ordonna que le Proviseur estant allé de vie à trespas, *Nullus in ejus locum per fraudis astutiam apponeretur, nisi quem loci Archidiaconus, & Cancellarius Parisiensis, & Magistri actu Regentes in Theologicá Facultate, necnon Decretistarum & Medicorum decani, Rector Universitatis Parisiensis, Procuratores quatuor Nationum, communiter vel major pars duxerint apponendum. Idemque Provisor in Congregatione vestrá pauperes Magistros, & idoneos, qui rexerint in artibus, de quácumque sint natione possint admittere, & exinde minus idoneos movere, prout inspectis universis circunstantiis viderit expedire.* Qui n'estoit pas une petite authorité que le Pape Clement quatriesme attribuoit au Proviseur, pour honorer la memoire de celuy qui premier s'en estoit donné le titre. Bulle que je vous ay icy representée, non tant en faveur des Proviseurs de ce College, que de l'Université: pour vous monstrer que deslors elle estoit parfaite & accomplie en ses membres, ainsi que nous l'avons depuis veuë. Ce preud'homme fit son testament le jour S. Michel l'an mil deux cens soixante & dix, & mourut l'an mil deux cens soixante & quatorze. Et auparavant son decez, il avoit achepté en l'an mil deux cens soixante & unze, la maison où est aujourd'huy assis le College de Caluy, depuis appellé la petite Sorbonne, comme estant une fille d'icelle, par la liberalité que M. Robert luy avoit faite.

Le College de Sorbonne ainsi institué, estant adoncques le seul de l'Université, les leçons de Theologie y furent de-là en avant transferées, & cesserent en la maison Episcopale: vray que tout ainsi que d'ancienneté, aussi on continua d'y prendre le bonnet, honneur, & laurier de la Doctorande. Et comme ceste compagnie fortifiast en ceste saincte emploite, aussi excita-t'elle plusieurs Prelats, & personnes Ecclesiastiques, qui voulurent contribuer à ceste mesme devotion, voire le renvierent d'un point sur M. Robert, de Sorbonne. Car bastissans des Colleges, outre les pauvres Escoliers par eux voüez à la Theologie, bute singuliere de leurs opinions, ils y adjousterent l'estude des Arts, comme planche pour y parvenir.

Ainsi voyez-vous és Colleges des Thresoriers, de Harcour, Cholets, Cardinal le Moine, Lizieux, Autun. Quand je dy des Arts, je n'entens icy seulement parler de la Philosophie, ains de la Grammaire, & autres bonnes lettres qui la suivent. Et de cela je n'en veux plus beau Commentaire que du College de Harcourt, par la dotation duquel de l'an mil trois cens unze, combien qu'il fust nommément porté, que le revenu ordinaire seroit destiné *ad usum, victum, & sustentationem pauperum Scholarium in artibus & Theologiá studentium ibidem institutorum, & instituendorum, secundum formam & ordinationem quæ in statutis à nobis super hoc editis plenius continentur:* toutesfois le College estant divisé en deux diverses maisons au dessus de l'Eglise de sainct Cosme & sainct Damian: & des deux costez de la ruë, l'une est voüée pour la demeure des Theologiens, & l'autre aux Grammairiens, c'est à dire, pour ceux qui estudient tant és lettres humaines que Philosophie. Comme aussi peut-on recueillir du College de Lizieux, auquel Estouteville Abbé de Fescamp, ayant ordonné douze Theologiens, & vingt & quatre Artiens en l'an mil quatre cens douze, il adjousta ces mots:

Item, je veux & ordonne que ladite maison soit divisée en deux: lesquelles prindrent depuis le nom, l'une des Grammairiens, & l'autre des Theologiens. Reigle qu'il faut tenir pour toute asseurée; sinon lors qu'outre le mot d'Artien on y adjouste par exprés celuy de Grammairien, comme il fut, en la fondation du College de Navarre.

++

CHAPITRE XVI.

College de Navarre.

CE College merite son Eloge particulier, aussi-bien que celuy de Sorbonne, non seulement pour la dignité de sa fondatrice, mais aussi pour la discipline que je voy y avoir tousjours esté religieusement observée. Jeanne Royne de Navarre, Comtesse de Champagne & Brie, femme & espouse du Roy Philippes le Bel, par son testament fait au Bois de Vincennes, le jour & feste de la Nostre-Dame de Mars l'an mil trois cens quatre, aprés avoir fondé un Hospital en la ville de Chasteau-Thierry, voulut aussi fonder un College dedans Paris en faveur de soixante & dix pauvres Escoliers, vingt Grammairiens, trente Artiens, & vingt Theologiens, à chacun desquels elle assigna honneste pension, pour son entretenement: & ordonna que son Hostel de Navarre, siz hors la porte sainct Germain des Prez, fust vendu, pour des deniers qui en proviendroient de la vente, & autres, estre achetée une maison convenable dans la ville, en laquelle ces trois especes d'Ecoliers fussent diversement logez: qui auroient chacun en droit soy, trois Maistres, je veux dire un en chaque profession. Et pour faciliter l'execution de sa derniere volonté, ordonna estre acheté de son revenu de Champagne és environs de Paris, deux mille livres tournois de rente en Fiefs, & terres Seigneuriales. Donnant pleine puissance à ses executeurs testamentaires, quoy que soit, à ceux qui s'en voudroient charger, sans toutesfois mespriser les autres; de corriger, expliquer, & augmenter son testament. Chose qu'elle confirma par son Codicile du dernier jour du mesme mois de Mars au mesme an. Ordonnance vrayement tres-saincte, & digne d'une grande & devote Royne, suivant laquelle les executeurs, aprés avoir adoüerié l'Hostel de Navarre, acheterent celuy que nous voyons aujourd'huy au Mont Saincte Genevifve, appellé du commencement College de Champagne, & depuis de Navarre. Nom qui luy est demeuré jusques à huy. Et se passerent les affaires de cette façon, que tout ainsi que dedans le pourprix de Paris, sejour ordinaire de nos Roys, il y a trois villes encloses, que nous appellons, Ville, Cité, & Université, aussi dans l'enceinte de ce College Royal il y a trois Colleges divers, de la Grammaire, des Arts, c'est-à-dire, de la Philosophie, & de la Theologie, & trois Intendans, qui porterent le tiltre de Maistres: l'un pour l'institution de la Grammaire, Rhetorique, Poësie, Histoire, & lettres humaines, l'autre pour la Philosophie, & le dernier pour la Theologie. Et eux trois en general pour la conduite des mœurs.

Les deux premiers devoient estre passez Maistres és Arts, & le troisiesme Docteur en Theologie, auquel les deux premiers estoient tenus de reveler les defauts de ses Ecoliers, pour y apporter remede; comme celuy pardevers lequel residoit la generale surintendance du College: & qui d'ailleurs portoit le tiltre de Gouverneur, tant pour l'administration du temporel que du spirituel. Et pour ceste cause on apportoit une grande circonspection, quand il estoit
question

queſtion de l'eſlire : car dedans le teſtament on fait mention de luy, ſous ces mots. " Un preud-homme ſeculier, Maiſtre en Divinité, qui lira aux Theologiens, & qui aura le general gouvernement de tout l'Hoſtel. Il ſera eſleu & eſtably gouverneur, par le Doyen, & la meilleure partie des Maiſtres de la Faculté de Theologie, leſquels jureront ſur ſaincts Evangiles, à eſtablir ledit Gouverneur, que pour amour, ne pour haine, ne pour affection d'amy, ne de nation, fors que purement, pource qu'ils croyent qu'il ſoit profitable, ils ne le reçoivent ne eſtabliſſent Gouverneur. Et ſera tenu iceluy Gouverneur, rendre compte chacun an, des biens de l'adminiſtration de ladite maiſon, deuëment, à la meilleure partie des Maiſtres deſſuſdits ". De ce que deſſus vous pouvez recueillir deux choſes : l'une, avec quelle religion & conſcience on procedoit à l'eſlection de ce Maiſtre en Divinité, & comme il falloit avoir recours à la plus grande & ſaine partie de la Faculté de Theologie : l'autre, que tout ainſi qu'il avoit la ſuperiorité ſur les deux autres Maiſtres pour la diſcipline des mœurs de leurs Eſcoliers, auſſi reſidoit pardevers luy le maniement du revenu & temporel, dont il en eſtoit comptable.

La Teſtatrice, comme j'ay dict, avoit ordonné que les deux mille livres de rente fuſſent achetées, des biens de ſes Comtez de Champagne & Brie : qui fut cauſe que le Roy Philippes le Bel, n'ayant donné ordre à ceſte acquiſition, ces deux mille livres furent priſes ſur la recepte generale de Champagne : choſe qui s'eſt continuée juſques à huy. Or de tous les executeurs de ſon teſtament, qui eſtoient neuf en nombre, il n'y en reſtoit plus que trois, en l'an mil trois cens & quinze, Meſſire Simon Feſtu Eveſque de Maux, auparavant Confeſſeur de la Teſtatrice, Frere Gille Abbé de ſainct Denis, & Meſſire Guy de Chaſtillon Comte de ſainct Pol. Les deux premiers, apres avoir par eſcrit le conſentement du dernier, voulurent ſuivant la permiſſion à eux baillée, apporter quelque poliſſeure à la police portée par le teſtament : & afin de faire eſtat de tous les autres articles contenus és Statuts par eux faicts, du troiſieſme Avril mil trois cens & quinze, je me contenteray de vous en repreſenter trois ſeulement. La Princeſſe avoit par ſon teſtament ordonné, une Chappelle pour l'adminiſtration du ſervice Divin, ſans faire mention du Patron, ſous le nom duquel elle ſeroit ſervie : l'Eveſque de Meaux ſon Confeſſeur, & qui par conſequent avoit eu bonne part en ſa conſcience, & Gille ſon coexecuteur, nommerent S. Louys ayeul de Philippe le Bel, ſous le nom duquel, le ſervice Divin a touſjours eſté depuis adminiſtré. Elle avoit donné au Maiſtre en Divinité (que depuis nous avons appellé Grand Maiſtre) la charge du ſpirituel, & encore du temporel, dont il ſeroit comptable. Ces deux Prelats diviſerent ceſte charge, & luy laiſſerent le ſpirituel avecques toutes les autres prerogatives à luy octroyées par le teſtament ; fors & excepté le temporel, pour le maniement duquel ils eſtablirent un Proviſeur, & ores ou dedans les Statuts il ſoit par fois appellé Procureur, toutes-fois celuy de Proviſeur comme plus honorable luy eſt demeuré. La Princeſſe ordonnant que le Maiſtre en Divinité ſeroit tenu de rendre compte, ne s'eſtoit adviſé de ſpecifier pardevant qui, ny comment. Ces deux Prelats ſagement cognoiſſans que la fondation du College avoit eſté non ſeulement faite par une Royne de France, mais auſſi, que les deniers voüez à la nourriture des Eſcoliers eſtoient pris ſur la Recepte Royalle de Champagne, adjouſterent dedans leurs Statuts cet article : *Proviſor autem ſemel in anno, in craſtino Sancti Ludovici, reddat computum de expenſis, miſſis, & receptis per ipſum factis, præſentibus gubernatoribus dictæ domus, vel mandato eorundem qui inferius nominabuntur. Præſente etiam Magiſtro in Theologiâ ad hoc vocato : & præſente aliquo de Camerâ Computorum Regiorum Pariſius, quem Magiſtri è Camerâ deputabunt ad poſtulationem Magiſtri in Theologiâ dictæ domus. Qui propter hoc, ipſos adire tenebitur in dictâ Camerâ, in vigilia dicti Feſti, vel ante, Qui deputatur pro labore ſuo, audiendo, videndo, & examinando dictum computum, habebit quadraginta ſolidos Parieſenſes de reditibus dictæ domus, & cæt.* La Chambre des Comptes n'avoit lors aucuns Auditeurs : & pour ceſte cauſe commettoit à cet effect l'un des Maiſtres. Depuis, les Auditeurs ayans eſté introduits, l'ordre dont on y a procedé, eſt que, ſur la requiſition que faict le Grand Maiſtre, ou l'un des premiers Docteurs en Theologie du College, la Chambre leur diſtribuë un des plus anciens & capables Auditeurs, entre les mains duquel eſt mis le compte, pour le voir & examiner appart ſoy, & en faire ſon rapport au Grand Maiſtre, & autres anciennement à ce deputez, auſquels on a depuis adjouſté le premier Confeſſeur du Roy, nouvelle introduction procurée par Guiencour Religieux de ſainct Dominique, le premier Confeſſeur du grand Roy François. Et les comptes rendus & clos, l'original eſt mis aux Archifs de la Chambre des Comptes, tout ainſi que tous les autres comptables, & la copie collationnée à l'original, demeure par devers le College. Et tout ainſi que ce College fut de fondation Royale, auſſi ſon heur fatale a porté, que tous les jeunes Princes du Sang, & autres Princes grands Seigneurs, auſquels on veut faire gouſter les bonnes lettres, prennent leur premiere nourriture, & inſtitution en ce lieu : & qui eſt un poinct que je ne dois oublier, pour cloſture du preſent diſcours, c'eſt que l'Univerſité luy a baillé en garde tous les titres & enſeignemens de ſes Privileges, qui ſont comme un depoſt ſacroſainct, gardé en la chappelle du College.

Depuis la fondation de ce College Royal, les Colleges commencerent de proviguer dans Paris ; & lors les fondateurs choiſirent leurs domiciles vers le Mont ſaincte Genevieſve, tant haut que bas, qui eſt le quartier que nous appellons l'Univerſité. Et adoncques tout ainſi qu'aux Statuts de Navarre, auſſi voy-je que l'ordre general qu'on obſervá en toutes fondations, fut en faveur des pauvres Eſcoliers de leurs Dioceſes, ſi c'eſtoient Prelats qui aumoſnaſſent ce bien au public, ou des autres contrées ceſſes les fondateurs faiſoient leurs habitations. Ces Eſcoliers furent en la ville de Tholoſe appellez Collegiaux, comme enfans des Colleges, & en l'Univerſité de Paris, Bourſiers, comme eſtans nourris & alimentez de la Bourſe commune de leurs fondateurs. Et eurent preſque tous fondateurs ceſte reigle imprimée en leurs Statuts d'y eſtablir deux ſuperieurs ; l'un pour la conduite du ſpirituel, auquel ils donnerent le nom de Maiſtre, l'autre du temporel, qui fut nommé par eux Procureur, ce dont il eſtoit comptable. Le tout à l'inſtar de celuy du College de Navarre. Et quant aux Maiſtres, l'ordre que je voy y avoir eſté gardé depuis les deux cens ans premiers, fut tel :

La Sorbonne eſtoit dediée aux lectures de la Theologie, non ſeulement pour les pauvres Eſcoliers de ſon College, ains de tous ceux des autres Colleges voüez à meſme eſtude. Je n'entens ſous ceux-cy, comprendre celuy de Navarre qui avoit ſon Profeſſeur exprés pour ce ſujet. Les lettres Humaines eſtoient enſeignées aux Eſcoliers Bourſiers, par ceux qui portoient le nom de Maiſtres à l'inſtitution de chaque College : juſques à ce qu'eſtans promeuz, il leur convint entrer au cours de la Philoſophie, & lors leur general rendezvous eſtoit aux grandes Eſcoles de la ruë au Foüerre, pour apres avoir atteint au degrez de Maiſtriſe aux Arts, eſtudier en Theologie, qui eſtoit la premiere & principale bute des fondations.

CHAPITRE XVII.

Autre plan des Escoles de l'Université de Paris.

LA discipline qui s'observa en ces pauvres Escoliers Boursiers qui estoient reclus, fut trouvée si bonne, que la plus part des peres & meres, envoyans leurs enfans à Paris pour estudier, les voulurent aussi loger dedans les Colleges, pour eviter la desbauche : & cestuy est le septiesme mesnage de nostre Université. De là vint que les Colleges s'enflans d'Escoliers ; on fut contraint d'y faire des Classes, (mot dont Quintilian usa au premier livre de ses Institutions Oratoires, au fait des jeunes Escoliers) & y avoir divers Precepteurs pour enseigner les enfans, selon le plus ou le moins de leurs capacitez : ceux-cy furent appellez Regens d'un mot emprunté du Concil general tenu dedans Rome en l'Eglise de sainct Jean de Latran sous le Pape Alexandre troisiesme : où au Chapitre dix-huictiesme exhortant les Archevesques, & Evesques de nostre Eglise Gallicane (ainsi le trouverez-vous en propres termes) on y adjouste : *Vt quicumque viri litterati voluerint regere studia litterarum, &c.* c'est-à-dire, que les hommes doctes qui voudroient regir & enseigner les bonnes lettres, &c. De là, nous avons non seulement appellez Regens ceux qui enseignoient la jeunesse en Humanité, & aux Arts : mais aussi Docteurs Regens en Decret, en Medecine, & aux Loix. Depuis cet ordre ainsi establi, parce que les Regens devoient estre passez Maistre és Arts, celuy auquel le fondateur du College avoit donné le nom de Maistre, pour avoir l'œil dessus tous les Escoliers Boursiers, fut ores appellé *Magister Pædagogus*, ores *Principalis Pædagogus*. Antiquité que vous recueillerez toute entiere, d'un Article de la Reformation de Monsieur le Cardinal d'Estouteville, sous le titre *de Artistis. Item, Mandamus, & præcipimus, ut quilibet Magister Pædagogus assumat sibi regentes, & quoslibet submonitores, viros bonos, & graves, & doctos, qui sint discipulis ad exemplum, & qui tales sint, ut pro merito suarum virtutum, & scientiâ, revereantur à Scholaribus. Est enim metus & reverentia, nervus scholasticæ disciplinæ. Et ut tales apud se habeant, volumus eisdem Regentibus & submonitoribus, per Principales Pædagogos, de competenti salario, cum victu, provideri : Nec liceat quoquo modo Principali Pædagogo, aliquem in submonitorem accipere à pro pensionem, vel quantamcumque summam pecuniâ, pro suo victu, cum labore docendi exigat, aut recipiat. Nec enim facile est putandus idoneus, qui non sua industriâ mercedem expetit, sed ipse sui laboris solvit usuram. Quod si quis reperiatur qui pro docendo, vel regendo quicquam dederit, à Regentiâ, & omni honore facultatis arceatur* Je vous ay voulu representer le passage, non seulement en consideration des mots dont je parle : mais beaucoup plus pour la prudence qui se trouve en cet article, & en quelque autre ensuivant. *Item, Circa prædictos pædagogos & domorum principales Ministros, &c.* Et tout d'une suite. *Quia bonorum virorum relatione comperimus, nonnullos Magistros Regentes in Artium Facultate, ab antiquo more legendi, & regendi, &c.* De tous lesquels passages vous apprenez que les Souverains des Colleges estoient appellez *Magistri Pædagogi, aut Principales Pædagogi*, & ceux qui enseignoient les enfans aux Classes, tantost *Regentes*, tantost *Submonitores*. Et comme le temps seul donne la vogue aux paroles, aussi est seulement demeuré le mot de Regent, & au principal gouverneur, celuy de Principal seulement. Et ainsi que les affaires des Colleges vont, il y a trois sortes de Maistres ; le superintendant de tous les autres que nous appellons Principal, les Regens qui enseignent aux Classes, & les autres qui sans faire lectures publiques tiennent chambres à louage du Principal, que l'on nomme Pedagogues, parce qu'ils ont la charge & gouvernement sur quelques enfans de maison. De ces Escoliers nous appellons pensionaires ceux qui sont à la pension du Principal, & Cameristes les autres qui sont nourris par leurs Pedagogues. Outre ceux-là, il y a encore des Escoliers qui demeurent en ville hors les Colleges, qui vont ouïr les leçons d'uns & autres Regens selon que l'opinion leur en prend, ou aux Maistres qui les gouvernent. Ces jeunes appellez Martinets, par nous, & les autres du nom de Galoches. Recherche vrayement plus curieuse qu'utile ; non toutes-fois à negliger quand vous entendrez que ceste police ne fut pas jettée en moule, ny tout d'un coup par l'Université, ains petit à petit jusques à nous. Bien vous diray-je qu'elle estoit en usage dés le temps du Roy Charles V. comme nous apprennons par les Statuts du College des Dormans fondé par son Chancelier, dont l'un des articles estoit tel. Que tous Escoliers forains pourront aller estudier en ce College, à la charge chacun d'eux payera par chacun an la somme de 4. sols Parisis pour le profit & entretenement du College. Ny pour cela n'estoient lors, ny allez long-temps aprés, discontinuées les leçons que l'on faisoit aux grandes Escoles de la ruë au Foüerre, singulierement en la philosophie, pour y passer les Maistres és Arts. Mais comme les leçons en Humanité se fussent peu à peu plantées dedans les Colleges, aussi firent le semblable celles de la Philosophie. Chose dont le Cardinal d'Estouteuille en la reformation de nostre Université, se plaignoit comme je vous ay cy-dessus monstré : ne nous estant rien resté de ceste longue ancienneté, sinon que l'on y donne encore le bonnet de Maistrise aux Arts. Qui estoit la Closture ancienne de la Philosophie en laquelle on y avoit estudié.

Et est advenu en l'œconomie de ces Colleges ce qui advient ordinairement aux Blancques, esquelles les Benefices ne tombent souvent aux gens de merite. Ainsi virent nos predecesseurs des Colleges s'estre advantagez avec le temps en reputation, ores que leurs Statuts originaires fussent foibles, & les autres estre demeurez en friche, bien qu'ils fussent fondez en plusieurs beaux & notables Statuts. De quelle remarque sont les Colleges de Laon, Maistre Gervais, S. Michel, Boissy, & entre ces quatre, celuy de Maistre Gervais. Je vous ay dit que le College de Sorbonne, est le premier & le plus ancien de tous, lequel commença d'ouvrir sa porte dés l'an 1253. & le dernier est celuy des Crassins fondé l'an 1569. par Maistre Pierre Crassin Conseiller au Parlement de Paris. Cela s'appelle trois cens seize ans de l'un à l'autre.

CHAPITRE XVIII.

Introduction des Professeurs du Roy, autre plant des Escoles de l'Université de Paris.

JE vous ay cy-dessus discouru, deux diverses matieres de leçons qui se firent en l'Université de Paris : l'une gisoit és grandes Escoles, & lors les Escoliers estoient espandus par la ville, avecques permission de vaguer où il leur plaisoit : l'autre aux Colleges, dans lesquels la jeunesse fut depuis enfermée pour y estudier. Et n'est pas certes une question

question petite, de sçavoir laquelle des deux est meilleure. La premiere a pour ses garends les Estudes d'Athenes, esquelles on voyoit les Escoles publiques des Academiciens, Peripateticiens, Stoïques, Epicuriens, & plusieurs autres, sous la conduite de ceux qui par une abondance, ou presomption de leurs sens, se faisoient chefs de part en leurs Sectes. Que cela mesme fut soigneusement observé, lors que les bonnes lettres quitrans leur sejour d'Athenes, se vindrent loger dedans Rome : specialement sous les Empereurs, & entr'eux sous l'Empire d'Alexandre Severe, lequel ordonna Auditoires publics, non seulement à ceux qui enseignoient les Arts Liberaux, ains aux Mechaniques mesmes, quand ils se trouvoient exceller en leurs manufactures : Et à peu dire, les anciennes villes, esquelles les sciences furent en vogue, n'eurent jamais cognoissance des Colleges, tels que nous avons dedans Paris, desquels on pourroit dire ce que disoit le Demea de Terence, que le tout bien calculé, l'aage, le temps, l'usage, nous faisoit souvent trouver mauvaises, les choses qu'avions auparavant embrassées, & bonnes celles que vilipendions. Que cecy se verifie au cas qui s'offre : qu'en l'institution de la jeunesse, il n'est pas seulement question des lettres, ains des mœurs. Que celuy qui est logé en chambre par la ville, peut plus aisement lascher la bride à sa desbauche : partant que le conseil des peres & meres fut plus sage, d'enfermer leurs enfans dedans les Colleges, qui par ce moyen seroient contraints de s'accoustumer à l'estude, & tout d'une main imprimer l'image des bonnes mœurs en leurs ames. Mais à quel propos tout cecy ? Non pour autre, sinon pour me condamner, & vous dire que ce sont de beaux propos dressez mal à propos : car comme les affaires de nostre Université sont composées, nous y exerçons l'une & l'autre police. Enfermans les enfans de bas aage dedans les Colleges pour y estudier, & s'estans par quelques années accreus d'aage, & de sçavoir, nous les envoyons aux leçons publiques des Professeurs du Roy : qui est le sujet du present chapitre, dans lequel, & autres suivans, je me delibere discourir de fonds en comble comme les choses se sont pour cet esgard passées & conduites jusques à huy.

Nous eusmes sur nos jeunes ans un Roy François I. de ce nom, zelateur des bonnes lettres, lequel le renvia non seulement sur tous ses ancestres, ains en rapporta le laurier. Le mal-heur du temps avoit voulu, qu'ores que l'Université de Paris fust au dessus toutes celles d'Europe, toutes-fois on n'y cognoissoit la langue Hebraïque que de nom : & quant à la Grecque, bien que l'on en fist quelque estat, c'estoit plus par contenance, que d'effect. Car mesmes lors qu'il estoit question de l'expliquer, ceste parole couroit en la bouche de plusieurs ignorans, *Græcum est, non legitur* : & au regard de la Latine, (exercice ordinaire des Regens) c'estoit un langage gosse & grossier. Ce Roy estoit, comme j'ay dit, naturellement adonné aux lettres, dont dés sa jeunesse (portant le seul titre de Duc d'Angoulesme) il avoit fait si belles preuves, que le gentil Balzazard de Chastillon en son Courtisan, se promettoit de luy, qu'estant Roy il restabliroit les bonnes lettres dedans son Royaume. Esperance dont il ne fut trompé, car quelques années aprés que ce Prince fut arrivé à la Couronne, il se pourpensa d'eriger un nouveau College de doctes hommes, par lesquels les langues Grecque & Latine, ensemble les sciences seroient diversement enseignées.

Je voy quelques-uns, discourans par advis de pays, sur ceste affaire, attribuer ce nouveau mesnage, les aucuns au docte Guillaume Budé seulement, les autres à Messire Jean du Bellay Cardinal, & Jean Lascary, & que par leur advis, le Roy fut induit à ce faire. Non, il n'eut en cecy autre instigateur que soy-mesme. Il estoit (comme j'ay dit) naturellement adonné aux lettres, aussi fut-il naturellement de soy-mesme inspiré à ceste noble devotion. Bien recognoistray-je que depuis, Budé servit de fidele instrument du public pour l'y maintenir. Et afin que l'on ne pense que je parle maintenant par cœur, ains par livre ; Christofle de Longueil, l'autre Ciceron de son temps, ayant sommé Budé par lettres, de luy mander comme il gouvernoit ses estudes ? Elles sont (luy respondit-il) en friche ; j'ay quitté ma maison de Marly qui estoit leur sejour ordinaire, pour m'habituer à la Cour & suite de mon Roy : que si je voulois maintenant reprendre la route de ma maison, l'on diroit que par une fustardise de moy, je serois deserteur de mon devoir envers ma patrie : Sçavoir pourquoy ? Depuis que j'ay eu cet honneur d'haleiner le Roy, il luy est souvent advenu de declarer publiquement, non par hazard, ains de bon sens & propos deliberé, qu'il vouloit bastir dedans Paris les ville de Rome & d'Athenes, pour y planter à bon escient la langue Latine, & la Grecque, & tout d'une main immortalizer sa memoire dedans la posterité. Voyant ceste belle opinion née en luy, je n'ay depuis douté en le gouvernant, de la luy ramentevoir, non une, ains plusieurs fois, selon que les occasions s'offroient. Chacun se repaist de ceste belle promesse, elle court par la bouche de tous, & chacun par un vœu & souhait commun me promet la conduite & direction de cet ouvrage, se faisant accroire que j'en estois le premier autheur. Au moyen dequoy si maintenant je m'absentois tant soit peu de la Cour sans le congé de mon Maistre, on m'imputeroit cela à une faute inexcusable : d'autant qu'il pourroit advenir que ce pendant l'ardeur Royale & divine du Roy se tiedroit tout à fait. Quoy faisant, on diroit que j'aurois sous faux gages, gaigné la faveur d'un Prince, lequel ayant de son propre mouvement & instinct embrassé cette sainte institution, je me devois du tout dedier à l'entretenement & augmentation d'icelle. Ce que n'ayant fait, je tomberois en la malebouche de tous, si tant estoit (ce que ja, à Dieu ne plaise) que ce beau projet reussist à neant.

A tant, Budé, je me suis estudié d'habiller à la Françoise, & rendre, non mot pour mot, ains à ma guise, le sens de ce passage que j'ay extraict de la premiere du troisiesme livre de ses lettres Latines. Et parce qu'elle porte seulement la date du mois & du jour, non de l'année, ceste faute est suppléée par une autre subsequente du mois de Decembre 1520. qu'il adressa à Jacques Tusan, depuis Professeur du Roy en la langue Grecque, de laquelle le commencement est tel. Je croy facilement ce que m'escrivez, que la promesse faite par le Roy, d'eriger un nouveau College, dont je vous ay donné advis par mes lettres, a resveillé en vous, & vos semblables un desir indicible d'estude. Et combien que depuis, on n'en ait rien fait ny parlé, toutes-fois je ne fais aucune doute que ce nouveau project sortira son effect tel que je souhaiterois, sinon qu'il advienne quelque desastre generalement à la France, & à moy particulierement, & à ceux qui avec moy ont embrassé ceste affaire.

De ces deux missives je recueille, premierement, que le Roy fut induit à ceste noble entreprise de son propre instinct, puis entretenu en icelle par Budé & quelques autres Seigneurs ; & finalement, que College n'estoit encore créé en l'année mil cinq cens vingt. Les coadjuteurs de Budé furent ainsi qu'est la commune voix, Messire Jean du Bellay Cardinal, & Jean de Lascary de la famille des derniers Empereurs de Constantinople.

La fuite du Connestable de Bourbon, l'expedition en Italie pour le recouvrement du Milanois, la prise du Roy François Premier, sa prison en Espagne, Ostages de Messieurs ses enfans, allées & venues pour la negociation de sa rançon, tout cela dis-je, fut cause de mettre en surceance ce beau dessein, jusques à ce que les affaires de France s'estans par un Traicté de paix assez fascheux, aucunement raffermies de mal en bien, & de bien en mieux, le Roy enfin se trouvant delivré de corps & d'esprit, revenant à son premier penser, ouvrit la porte à ce College, non toutes-fois tout d'un coup, ains selon & à mesure que Budé (sur lequel il se reposoit) trouvoit gens sortables pour luy presenter ; sur la nomination duquel ils obtenoient leurs lettres de provision, chacun aux gages de deux cens escus, valans quarante cinq sols pour piece. Son premier dessein n'estoit pour le fait des langues, que de la Grecque, & Latine, comme vous voyez par le passage de Budé ; toutes-fois mettant la main à l'œuvre il y adjousta l'Hebraïque. Chose dont Vulteïus, qui lors avoit acquis quelque nom de Poëte, congratuloit à la France au second livre de ses Epigrammes, escrivant à Estienne Dolet :

Nunc ubi gymnasium, Schola nunc ubi, quæso, trilinguis?
Gallia nunc habet hoc nobile Regis opus.

Et en quelque Epigramme suivante, qu'il adresse au Roy.

> Barbaries, Latii quicquid sermonis habebant,
> Abstulerat Gallis rusticitate suâ.
> Jussisti renovare artes, & crescere linguas,
> Te duce jus retinet lingua Latina suum.
> Ausonias, Graecas, resonat gens Gallica voces,
> Hebraeasque tuo munere docta colit.
> Hoc miratur opus terrarum maximus orbis,
> Et loquitur mores Barbara terra tuos.
> Caesaris Augusti cecinit miracula Marcus,
> Augusto nobis Caesare major eris.
> Jamque Minerva suos te praeside jactat honores,
> Exultat Pytho nomine clara tuo.
> Barbaries contempta gemit, te principe victus
> Exultat impostor, monstraque cuncta jacent.
> Vive diu foelix Francisce, hoc nomine Regem
> Quem primum nostro fata dedére bono.
> Vive iterum, atque iterum Foelix Francisce, Minerva
> Ut vivas foelix, & moriare, cupit.

Epigramme que je vous estale tout de son long, non que j'y trouve aucun nez, ains seulement d'autant que vous y trouverez l'establissement de trois langues en ce college, par celuy qui escrivoit en ce temps-là : car ses Epigrammes furent imprimées à Lyon en l'an 1537.

Au demeurant, il n'y eut sous le regne de François I. qu'unze places destinées à ce noble & Royal exercice, & la douziesme erigée à la postulation & requeste de Charles Cardinal de Lorraine par le Roy Henry second en faveur de Pierre Ramus, sous le titre de Professeur du Roy en l'Oratoire & Philosophie. Et le premier de tous, fut Pierre Danes, depuis Evesque du Vaur, & Ambassadeur pour le Roy, au Concil de Trente, lequel fut enterré l'an 1577. en l'Eglise Sainct Germain des Prez, aux Faux-bourgs de Paris, combien que son Epitaphe le qualifie premier Lecteur Royal és lettres Grecques, (Ce qui pourroit apporter quelque obscurité sur le faict de ceste primauté) pour dire qu'il fut seulement le premier au faict de ceste profession, non des autres. Toutes-fois la verité est qu'il fut le premier de tous les autres Professeurs, pourveu par le Roy François. Et voicy comment : Budé directeur de ceste compagnie, faisoit singuliere profession de la langue Greque, comme vous peuvent tesmoigner les cinq livres de ses Epistres Latines, qu'il parfume ordinairement, non d'une simple parole Gregcoise, (ainsi que faisoit anciennement Ciceron escrivant à son bon amy Atticus) ains de douze & quinze lignes, & quelquesfois d'une page entiere : chose fort familierement par luy exquise & affectée. Mesme composa un livre de depesche en Grec, & finalement nous fit part de ses Commentaires de la langue Grecque. C'est pourquoy il mit premierement ceste profession en avant, par mesme moyen en fit pourvoir Danes de la premiere place de Lecteur. Quoy que soit, nous ne luy revoquasmes jamais en doute ceste primauté sur tous les autres pendant nostre jeunesse, ny mesme Monenrueil Professeur du Roy, ancien és Mathematiques l'an 1594. aprés la reduction de Paris, en la harangue qu'il fit en l'honneur des Professeurs du Roy, à la premiere ouverture de ses leçons : Et pour ne m'esloigner du temps de leurs creations, encore en trouverez-vous quelque remarque dedans le mesme Vulteïus, par moy cy-dessus allegué, au premier livre de ses Epigrammes : où ayant dressé un Epigramme à Bude comme port-enseigne de ceste compagnie, il en adresse tout soudain aprés, un autre à Danes, puis à Tusan, puis à Varable, Oroncesinée, Stragelle, & Sylvius : Et y a bien grande apparence qu'il les honora tous selon l'ordre de leurs receptions.

Ceste notable compagnie fut son advenement & depuis, produisit diversement plusieurs personnages d'honneur : En la langue Grecque, uns Danes, Tusan, Stragelle, Cheradame, Dorat, Lambin, Helias : en l'Hebraique, Vatable, de Mercier; Genebrard : és Mathematiques, Oronce, Maignan Pemia Forcadel : en la Medecine, Sylvius, Goupille, Duret : és lettres Humaines & Philosophie, Gallanaius, Tournebus, Regius, Aquereu, Charpentier, Passerat ; & entre ceux-cy principalement, Tournebus & Ramus. Celuy-là admirable tant en la langue Grecque & Latine, qu'en la cognoissance de toute l'ancienneté, comme nous rendent certain tesmoignage les livres par luy intitulez *Adversaria*. Cestuy-cy d'un esprit universel, comme on recueille par ses œuvres concernans tant les lettres Humaines que Philosophie. J'ay autres-fois appris de trois Allemans, gens d'honneur, qu'en plusieurs Universitez d'Allemagne, lors que ceux qui sont en chaire alleguent Tournebus & Cujas, aussi-tost mettent-ils la main au bonnet, pour le respect & honneur qu'ils portent à leurs memoires. Et qu'és Universitez qui sont sous la domination du Lanthgrave de Hain, ils ont banny la Philosophie d'Aristote, pour embrasser celle de Ramus. Se donnans ceux qui estudient en Dialectique, le nom & titre de Ramistes. Entre les Professeurs du Roy que je vous ay icy touchez, je ne nomme point les vivans : qui trouveront dedans la posterité leurs trompettes, s'ils s'en rendent dignes.

Les Troubles de nostre temps, advenus sous le nom de la Ligue & saincte Union, avoient effarouché de nostre Université tous les Escoliers vrais François : mais le feu Roy Henry le Grand quatriesme du nom, y ayant esté reintegré en l'an 1594. aussi commença-t'elle à se repeupler : & l'un d'aprés, Monentueil Professeur és Mathematiques, ouvrant le pas à ses leçons, fit une harangue, comme j'ay dit cy-dessus, en l'honneur de tous les Professeurs du Roy, qui avoient tousjours esté diversement espars par la ville : Ayans d'un commun concours choisi le College de Cambray, nombril de l'Université, pour y faire gratuitement leurs leçons publiques, College caduque & antique, cela fut cause que cet honneste homme en sa harangue, souhaita que nos Roys voulussent honorer ceste compagnie d'un nouveau College. Souhait qui depuis a sorty effect. Parce que le docte Cardinal du Perron moyenna cet ouvrage envers nostre Henry quatriesme, duquel il estoit grand Aumosnier. Et par son Conseil fut arresté que des deux Colleges de Cambray & Triquier, qui s'attouchoient, en seroit fait un. Lequel sous la conduite de luy, a esté commencé d'un si superbe arroy ; qu'estant parachevé il ne trouvera son pareil en toute l'Europe.

Il y avoit au College de Sorbonne, d'une bien longue ancienneté, deux Bacheliers en Theologie, qui enseignoient sans gages, la Theologie. Ramus dedans les Remonstrances qu'il fit au Roy Charles neufiesme, quelque peu auparavant nos Troubles de l'an mil cinq cens soixante & un, le supplia tres-humblement qu'il luy pleut appointer de bons gages, pour entretenir non des simples Bacheliers, ains deux Docteurs qui seroient tirez des plus doctes Theologiens, dont l'un enseigneroit les sainctes lettres en Hebrieu, & l'autre en Grec. Ceste Requeste fut un souhait pendu au croc, jusques à ce que Henry le Grand estant rentré dedans Paris (le mesme Cardinal du Perron, estant lors seulement Evesque d'Evreux) obtint de luy que pour cet effect il y auroit deux chaires en la Sorbonne, aux gages de trois cents escus : Et qu'en celle de la matinée seroit faite une leçon de la Theologie contemplative, & en celle de l'apresdinée, de la Morale. Et sur la nomination faite par ce Docte Prelat, fut donnée la matinée à du Val, & l'apresdinée à Gamasche. Tous deux superlatifs en ce subject, & voulut qu'avenant la mort de l'un d'eux, il fust procedé par le commandement de l'Evesque de Paris, à nouvelle election, sans brigues, appellez tous les Docteurs de la Sorbonne, & les deux plus anciens du College de Navarre. Lettres en forme de Chartres, du mois de Juin 1597. verifiées au Parlement, le huitiesme d'Aoust, & en la Chambre des Comptes, le quinziesme Septembre ensuivant.

CHAPITRE

CHAPITRE XIX.

De trois Chaires publiques fondées en l'Vniversité de Paris, sur le modelle des Royales, par trois personnages de privée condition.

LE Roy François Premier de ce nom, par son introduction nouvelle des Professeurs, fit un trait digne de soy, & aprés luy nostre Roy Henry le grand. Maintenant vous en veux-je raconter un autre d'un simple escolier, que trouverez digne de Roy. Celuy dont j'entends parler est Pierre de la Ramée, qui en Latin voulut estre appellé Ramus, lequel par son testament du huictiesme Aoust 1568. d'un cœur Royal, ordonna un lecteur és Mathematiques en nostre Université. Ce docte homme avoit par un long travail de quarante-cinq ans, tiré de son espargne, sept cens livres de rente à l'Hostel de ville de Paris, dont il legua cent livres à un sien Oncle maternel, cent autres à un sien nepveu enfant de sa sœur uterine, & les cinq cens livres restans à celuy qui par son sçavoir se trouveroit plus digne de la Chaire de Mathematiques. Vray que tout ainsi que pendant sa vie il avoit entretenu ses Estudes par diverses contentions d'esprit, tantost contre Aristote, par ses Animadversions Aristoteliques, tantost contre Ciceron, par ses questions Brutines, tantost contre Euclide, luy voulant enseigner une plus seure methode que celle qu'il avoit observée en ses œuvres, aussi fit-il le semblable par son testament; car il voulut que de trois en trois ans, par nouvelles disputes qui seroient faites au College de Cambray, cette place fust adjugée à celuy qui se trouveroit emporter le dessus : disputes (dy-je) qui seroient faites *Præsentibus, aut certè rogatis atque invitatis, Senatûs Præside primo, primoque Oratore regio, tum mercatorum præfecto, deinde professoribus Regiis, omniusque omnino quibus interesse libuerit.* Et peu aprés. *Ex omnibus examinatis, qui judicio professorum Regiorum, omniumque Mathesæon peritorum, aptissimus ad Mathematicam Professionem videbitur, in triennium proximum, deligitor.* Et au bout de tout cela il baille la charge de son execution testamentaire à Maistre Nicolas Bergeron & Anthoine Loisel, *Discipulis quondam meis* (porte le texte) *modo advocatis in Senatu. Quibus quod ad quingentarum librarum vectigal attinet, decanum Regii Collegii adjungo, & mortuis substituo.* Brave, grande, & magnifique ordonnance, qui merite d'estre gravée en lettres d'or au plus haut du temple d'Honneur. Toutesfois pour vous en dire librement ce que j'en pense, je crains qu'elle ne se tourne en friche. Et de ce, en ay-je quelque appercevance. Car quelque diligence que Loisel y ait voulu apporter depuis le decez de son compagnon, & y apporte encores aujourd'huy, je voy les assemblées qui se font faites à sa poursuite, reüssies presque à neant, tant sont les volontez refroidies en l'Estude des Mathematiques.

J'avois achevé ce Chapitre, & mis entre mes memoriaux, en attendant le faire voir au peuple, lors qu'en reimprimant mes Recherches, je les augmentois de ce neufiesme livre ; quand voicy deux nouveaux guerriers qui se sont mis sur les rangs, & en bonne devotion de retraiter nos adversaires, Maistre Claude Pelgé cy-devant Conseiller du Roy, & Maistre en sa Chambre des Comptes de Paris, & Maistre Jean de Roüan à present prothonotaire du College de Thresorier de Nostre-Dame de Roüen. Celuy-là qui aprés avoir fait plusieurs longs services à nos Roys, s'estant demis de son Estat, & espousé une vie, sinon solitaire, pour le moins esloignée de l'ambition & avarice en cette honneste retraite, voyant, ainsi que luy-mesme m'a dit, que plusieurs se detraquoient du vray chemin de nostre foy & Religion, par faute d'entendre la Saincte Escriture, pour remedier à ce mal, a voulu fonder une lecture en Theologie, aux Escoles exterieures du College de Sorbonne, pour y lire le vieux & nouveau Testament, selon l'exposition des Peres & Saincts Docteurs de l'Eglise, Hebrieux, Grecs, & Latins : à cette fin a donné six cens livres de rente au denier seize ; les cinq cens pour celuy qui seroit appellé à cette charge, & les cent livres restans, pour le College de Sorbonne ; à condition qu'il seroit tenu d'eslire un Docteur de la maison, capable de faire cette leçon ; par contract fait le 26. Septembre 1606. & par autre du 14. Aoust 1612. Et neantmoins cette fondation n'a lieu qu'aprés le decés du fondateur. Vray que dés à present il a choisi du consentement de Messieurs de Sorbonne, Maistre Jean Dautruy, lors Bachelier de la premiere Licence, & maintenant Docteur en Theologie, pour commencer cette lecture, moyennant certaine moderée pension : Docteur en Theologie, vous dis-je, jeune de reception, mais ancien d'erudition, comme l'on peut recueillir, tant des leçons par luy faictes en sa nouvelle profession és Escoles de Sorbonne, que par ses predications aux Eglises.

Car à Maistre Jean de Roüan, aprés avoir regenté & enseigné la jeunesse en divers Colleges, l'espace de quarante ans, que plus, que moins, & specialement les quatre dernieres années à Harcour, avecques un applaudissement de trois ou quatres cens Escoliers, enfin créé proviseur du College du Thresorier, il l'a voulu renvier, & pousser de sa reste sur les deux premiers. D'autant que par contract passé par devant Sainct Wast & Fardeau, Notaires au Chastelet de Paris, le vinctiesme Octobre 1612. entre Messieurs de la Sorbonne & luy, il institué tout ainsi que Pelgé, un Docteur de leur societé (je vous insereray icy mot pour mot les mots substantiaux du contract) qui soit tenu d'enseigner en leurs Escoles les cas de conscience, & non autre partie de la Theologie ; mais d'une liberalité admirable eu esgard à sa qualité, leur paye & delivre content, la somme de mille six cens livres, dont ils seroient tenus de faire six cens livres de rente, au denier seize, suivant l'Edict ; à sçavoir, cinq cens livres en faveur du professeur, qui disent par chacun quartier cent vingt-cinq livres, & les cents livres restans, appliquables au profit de la societé, & congregation de Sorbonne, laquelle recognoist avoir receu de luy manuellement sur le champ aux especes plus amplement specifiées, cette somme de neuf mille six cens livres. Et moyennant ce, promet payer la rente de cinq cens livres, aux termes accoustumez, à ceux qui par cy-aprés seront appellez à cette chaire. Lequel de Roüan cognoissant l'experience qu'avoir Maistre Pierre le Clerc, Docteur en Theologie de ladite societé de Sorbonne, pour avoir depuis plusieurs années continué la lecture des cas de conscience, ledit fondateur l'a nommé pour Lecteur & Regent de la profession par luy fondée, pour lire chacun an, lesdits cas de conscience, & non autre partie de la Theologie. Veut & entend que mesme lecture fassent, ceux qui succederont : prés ledit Sieur le Clerc, à la profession & Regence dudit Sieur de Roüan. Et le cas advenant que ledit Sieur le Clerc vienne à deceder, ou se desister de ladite profession, ledit Sieur fondateur ordonne, qu'il soit pourveu par le Prieur, Senieur, & autres de la societé de ladite maison & College de Sorbonne, d'un autre Docteur pris de la dicte maison & non d'ailleurs, qu'ils jugeront suffisant & capable en leurs consciences, sans faveur ny brigue aucune : qu'à ladite election aprés le decés dudit fondateur, soit appellé le proviseur du College dudit Thresorier, qui sera lors en charge. Et finalement que cette profession & Regence soit par la posterité appellée la chaire ou profession du Sieur de Roüan fondateur, & que ces termes soient portez par les elections qu'on fera à la pluralité

pluralité de voix sans brigue ny faveur, d'un docte & sçavant Theologien entre les Docteurs de ladite maison & societé de Sorbonne. Car ainsi a esté convenu entre les parties.

Clause derniere, en laquelle je trouverois je ne sçay quoy de vanité, n'estoit que cette ambition est fondée sur une noble institution, à laquelle, selon mon jugement, peu d'autres de l'Université se peuvent apparier; qu'un simple Escolier (car ainsi veux-je appeller celuy qui n'eut jamais plus ample qualité, que de Proviseur d'un petit College) se soit, pendant sa vie, *suum defraudans genium*, despoüillé du peu d'espargne qu'il avoit faite par ses longues veilles & lectures. Et vrayement, cet honneste homme, en se deterrant, s'est basty, non un tombeau, ains un Colosse, par lequel il se voit, dés son vivant, joüir du fruit de la gloire immortelle, dont la posterité l'honorera aprés son decez. Et qui est une observation par moy faite, on ne doit estre escoulée sous silence, c'est que le premier College de l'Université est celuy de Sorbonne, esclos l'an 1253. & le second, celuy du Thresorier, fondé l'an 1269. Or est-ce la verité, qu'entre les traits dont Maistre Robert de Sorbonne nous fit part, le plus celebre fut celuy où il discourt sur les cas de nos consciences, duquel je vous ay representé un eschantillon, au Chapitre du College de Sorbonne. Et maintenant, aprés plusieurs revolutions d'années, par une saincte fatalité, le Proviseur du second College a institué un Docteur particulier, pour nous en élaguer les chemins. En honorant ce troisiesme, je n'entends en rien deroger à l'honneur, ny du premier, ny du second; chacun d'eux merite son laurier; mais parce que la pleine execution du second contract, demeure en suspens jusques aprés le decez de Pelgé, je parleray seulement du premier & du dernier.

On ne sçauroit assez trompeter la memoire de Ramus, qui par une hardiesse royale, ouvrit le premier la porte aux particuliers, pour les semondre & inviter à créer des Professeurs publics, mesme ait choisi la profession des Mathematiques : toutesfois, si j'en suis creu, le dernier s'estant mis en bute la Theologie, se peut vanter d'avoir un avantage sur luy, de tant que le ciel est pardessus la terre. Ramus, par son testament, ordonna la chaire des Mathematiques, pour joüir de cinq cens livres de rente aprés son decez : qui est, selon le jugement des Sages-mondains, disposer du bien de ses hoirs, non du sien : & ce dernier a mis, dés son vivant, sa liberalité à effect. Le premier assigna la pension annuelle de son Professeur sur les rentes courantes de l'Hostel de Ville de Paris; qui peuvent, à la longue, selon la calamité des temps, faire faillite, ainsi que nous en avons senti quelque espreuve, par le moyen de nos derniers troubles. Or le dernier a assigné sa liberalité sur les fonds du College de Sorbonne, laquelle pourtant ne peut prendre fin que par la fin du mesme College. Et finalement, cettuy-cy veut que son Professeur soit esleu par la Société de Sorbonne, & joüisse du benefice de leur élection, tout le demeurant de sa vie : qui n'est pas un petit secret pour bannir les brigues tumultuaires. Et au regard de Ramus, il voulut, que de trois en trois ans on procedast à l'eslection d'un Mathematicien, n'apportant moins de zele que le dernier, en la police par luy ordonnée : mais de malheur, je ne voy qu'en la sienne il y ait Juges competans pour juger des coups. Et qui est l'accomplissement du mal, c'est qu'aprés le trespas de ses deux executeurs testamentaires, il leur surroge le Doyen des Professeurs du Roy : Doyenné qui ne s'acquiert, ny par le merite des Lettres, ny de la royale promotion, ains par l'ancienneté de promotion : place que je voy non seulement tomber en decadence, ains celles mesmes des Professeurs du Roy, lesquelles, sur leur commencement se bailloient à personnages de choix, qui par leurs Livres, ou les longues leçons, avoient acquis reputation; & depuis, par le malheur du temps, ç'a esté un autre discours. Et dont est ce desarroy procedé, je le vous discourray en peu de paroles, par le Chapitre suivant.

++

CHAPITRE XX.

Premier abus qui s'est trouvé en la promotion des Professeurs du Roy, qui en produit plusieurs autres, au prejudice de l'Université.

Advint en l'an 1566. que Dampetre Cozelle, Sicilien, fut pourveu, par la mort de Pasquier Hamel, de la place de Lecteur du Roy aux Mathematiques, homme qui entrant en la chaire, se trouva si disgracié, qu'il ne sçavoit parler Latin, ny François : de maniere qu'il fut deux & trois fois chiflé & bafoüé par tout l'Auditoire, & par ce moyen, contraint de quitter sa place; mais, par une voye inaccoustumée, & non jamais auparavant pratiquée, la resigna à Charpentier, homme qui n'estoit aucunement nourry aux Mathematiques, mais qui d'ailleurs reluisoit en plusieurs bonnes parties, & par ses lectures s'estoit moyenné grand credit dedans l'Université.

Ramus, qui en enseignant la jeunesse, estoit un homme d'Estat, ne peut souffrir cette injure estre faite à l'Université : au moyen de quoy il prend cette querelle en main, presente sa requeste à la Cour, contre Charpentier; & tout d'une main obtient Lettres du Roy, afin que pour obvier aux abus, nul ne fust à l'avenir, admis en leur College, qu'il n'eust auparavant suby l'examen en l'Art dont il vouloit faire profession. Grande cause, & deux braves champions, qui sans ministere d'Advocats, entrerent au champ, en presence du Parlement, & d'une infinité de peuple. En quoy je puis dire, comme celuy qui vis demesler ce fuzeau, que ce fut si bien assailly bien défendu, & à un beau jeu beau retour : tous deux parlans Latin, furent oüys par leurs bouches, avecques une admirable faculté & facilité de bien dire. Ramus disoit que c'estoit un nouveau monstre qu'on introduisoit en leur compagnie, d'y proceder par resignation, & non par merite : & chose encores plus monstrueuse, de voir un Sicilien gratifier de cette place un François à luy incognu : accusant taisiblement qu'en la resignation il y avoit eu bource desliée : qu'autre chaire n'estoit vaccuante par la mort de Pasquier Hamel, que celle des Mathematiques; & que le sens commun ne pouvoit porter, que Dampetre aucunement nourry en ce subject, eust esté contraint de quitter la partie, pour ne pouvoir descouvrir ses conceptions en langue Latine, & qu'il luy eust esté loisible de surroger en son lieu un homme du tout ignorant les Mathematiques, & qui sçavoit seulement parler : partant concluoit à ce que Charpentier ne fust receu, qu'il n'eust esté premierement examiné sur le fait des Mathematiques; & qu'en enterinant les Lettres patentes du Roy, le semblable fust à l'avenir observé en la promotion de ceux qui voudroient estre Professeurs du Roy. Contre cecy, Charpentier, qui sçavoit se joüer & de sa langue, & de son esprit, ne revoquoit du commencement en doubte qu'il estoit peu versé aux Mathematiques, esquelles toutesfois, (mettant en jeu la rencontre de Ciceron) si on luy eschauffoit la cervelle, il se monstreroit grand Maistre & Docteur passé en trois jours, comme faisant peu de compte, & mettant sous pieds cette objection. Mais pour recompense, il couchoit principalement de sa personne, que dés & depuis vingt ans en çà, il avoit bien merité des bonnes Lettres dedans l'Université, dont il pouvoit produire, pour pieces justificatives, une infinité de tesmoins ses disciplines, disciples, tous personnages d'honneur & de qualité; que par degrez il avoit acquis quelque nom: premierement, Regent grandement reconnu, puis Procureur de sa nation, puis Recteur, & finalement, entre ses compagnons avoit, sans aucun contredit, obtenu le premier lieu de licence en la Faculté de Medecine: tellement que nul ne pouvoit, ou devoit luy envier ce nouveau grade de Professeur du Roy, & que s'il n'estoit capable pour enseigner les Mathematiques, il y avoit en luy une infinité d'autres subjects dont il pouvoit accommoder le public par ses lectures, au contentement d'un chacun. Je vous ay reduit en petit volume les plaidoyez de l'un & de l'autre, qui toutesfois occuperent l'audience toute une matinée. Enfin la Cour, après avoir veu ces deux champions vaillamment combattre, leur sonna un hola, par un apointé au Conseil; & cependant Charpentier ne laissa d'exercer sa charge. Combat qui engendra depuis, deux grandes playes: car Charpentier ayant, avec la resignation de l'Italien, couvé dedans son ame une vengeance Italienne, six ans entiers, fit, ainsi que l'on dit, en l'execution de la journée Sainct Barthelemy 1572. assassiner Ramus, par gens de sac & de corde, à ce par luy attirez. Et depuis, comme nous sommes en un Royaume de consequence, ce qui s'estoit passé par connivence en la personne de Charpentier pour ses merites, ouvrit la porte à d'autres; de telle façon, que nous avons veu un Professeur du Roy s'estre demis de sa place en faveur du mariage de sa fille; & un enfant fort jeune avoir esté pourveu de la chaire de feu son pere, pour honorer sa memoire, comme si ce fust une chose patrimoniale & hereditaire. Non que je ne les estime avoir esté, & estre gens capables & suffisans aux professions qu'ils ont exercées & exercent; mais la façon ne m'en peut plaire, craignant qu'avec le temps, ces places n'aillent au mespris. Je voy le docte Cardinal du Perron mettre toute son estude au bastiment du College dont je vous ay cy-dessus parlé. Dieu veuille que par cy-après ce ne soit un corps sans ame, & un magnifique College de pierres, au lieu de celuy qui fut premierement basty en hommes, par le Roy François.

CHAPITRE XXI.

Chancelier de l'Université.

CE Chapitre concernant les Magistrats, sembloit avoir deu estre mis soudain après la creation de l'Université; mais tout ainsi que je l'ay principalement dedié à ceux qui font profession des Arts & de la Philosophie, que j'ay mis au quatriesme lieu de nos Facultez, suivant en cecy l'advis du Cardinal d'Estouteüille: aussi voulant parler du Recteur & de sa suite, fondement de cette quatriesme Faculté, je parleray auparavant de l'autre Magistrat, que nous appellons Chancelier: car en autre lieu plus commode ne pourray-je le faire.

Or combien que sous le regne de Louys VII. le nom de l'Université ne fust en usage, & n'eust pris les plis dont elle fut depuis honorée, si est-ce que dès lors on commença d'avoir quelque image de Magistrature en l'Eglise de Paris, pour la direction des Escoles. Chose que je recueille d'Abelard, lequel recitant combien d'un costé il estoit favorisé de la commune des Escoliers; & d'un autre, disgracié de plusieurs Prelats jaloux du grand nom qu'il avoit acquis, & comme il s'estoit rendu Religieux Profés en l'Abbaye de Sainct Denys, dit ainsi: *Cùm autem in divina Scriptura non minorem gratiam, quàm in saecularii, mihi Dominus contulisset, caperunt admodum Scholae nostrae multiplicari ex utraque lectione, & caetera omnes vehementer attenuari; undè Magistrorum invidiam atque odium adversùm me conciliavi, qui in omnibus quae poterant, mihi derogantes, duo praecipue absenti mihi objiciebant: quòd scilicet proposito Monachi valdè sit contrarium, saecularium librorum studio detineri, & quòd sine Magistro ad Magisterium divinae lectionis accedere praesumpsissem, ut sic indè omne mihi doctrinae saecularis exercitium interdiceretur: ad quod incessanter Archiepiscopos, Episcopos, Abbates, & quascumque personas Religiosas excitabant.* Abelard, qui lors estoit Religieux de Sainct Denys, se donnoit par ce passage, tout jeu qu'il luy plaisoit, pour faire tomber le tort sur ceux qu'il disoit estre ses mal-veillans, lesquels empeschoient ses lectures, rejettant une envie, ce qui estoit, selon mon jugement, de la raison. Car de dire qu'on luy eust voulu imputer à faute qu'il s'estoit fait grand Theologien de soy-mesme, & sans ministere d'autruy, je pense que ce luy eust esté grand honneur, moyennant que sa doctrine ne se fust escartée du vray chemin: c'est pourquoy je tire de ce passage deux notables anciennetez: la premiere, qu'ores que sur l'avenement de nostre Université, le Religieux peust faire lectures tant en Lettres humaines que divines, (car ainsi le voyons-nous esté fait par Guillaume de Champeaux au Monastere Sainct Victor, comme aussi par Pierre Abelard) toutesfois deslors on commença d'y vouloir mettre quelque bride, & fut par progrès de temps, ordonné, & religieusement observé en l'Université de Paris, que nul Religieux ne montast en chaire pour enseigner les Lettres humaines: & quant à la seconde, elle n'estoit pas moindre, ains paraventure plus recommandable que la premiere: car comme ainsi fust, que sur la premiere ouverture de nos Escoles, il fust loisible à tous ceux qui avoient quelque asseurance de leur suffisance, d'entrer en chaire avecques la permission de l'Evesque, si est-ce que puis après on y apporta cette discipline, qu'il n'estoit permis à aucun de lire en la Theologie, qu'il n'eust esté prealablement advoüé par un Maistre qui avoit charge de cet affaire, par le Superieur. Et c'est ce que veulent dire ces mots: *Quòd sine Magistro ad Magisterium divinae lectionis accedere praesumpsisset.* Et de là sont depuis venuës les erections, & establissemens des Docteurs en Theologie. Police par laquelle estoient faites defenses, pour la consequence, & le danger qu'il y avoit de mettre ce glaive entre les mains d'un furieux, pour s'en jouër: comme de fait, il advint en la personne mesme d'Abelard, qui pour se fier trop à l'abondance de son sens, fit un Livre, par lequel il soustenoit que la vraye Foy ne se pouvoit resider en nous, sinon estant verifiée par bonnes & valables raisons: Livre qui fut depuis condamné par le jugement du Concil tenu à Soissons.

Par ce que je vous ay cy-dessus deduit, vous voyez que ces defenses estoient faites expressément pour le fait de la Theologie, & y a bien grande apparence, que ce fut par un Chanoine, que auparavant tenoit le lieu de Theologal. Mais comme l'Université fut depuis divisée en deux, les uns estudians en la Theologie en la grande Eglise, les autres, és Arts & Philosophie, en celle de Sainct Julian: aussi la necessité des temps produisit en eux divers Magistrats; celuy de Chancelier en la grande Eglise, qui se donna avecques le temps, l'œil sur les quatre Facultez, mais singulierement sur celle de Theologie, comme estant le fonds de sa premiere & originaire institution; & l'autre, le Recteur.

Et tout ainsi qu'en la grande Eglise (premieres Escoles) le Chancelier prit sa premiere naissance, aussi celle de Sainct Victor qui la secondoit en ce noble exercice de Lettres, en produisit avec le temps, un autre; & voicy comment:

L'Eglise Sainct Pierre & Sainct Paul, fondée par le Roy Clovis (depuis nommée Saincte Genevefve) estoit sur son commencement servie par Chanoines seculiers, entre lesquels la desbauche extraordinaire s'estant logée, le Roy Louys septiesme les en extermina, par l'advis, & entremise de Sugger Abbé de sainct Denys, & y mit en leur lieu douze Chanoines reguliers de l'Ordre de sainct Augustin, tirez de l'Abbaye sainct Victor. Or est-il que l'Université croissant à veuë d'œil, là part où nous la voyons assise, le Roy Philippe Auguste la fit clorre de murailles, dedans le pourprix & allignement de laquelle fut comprise l'Eglise sainct Genevielve : à qui l'on donna, quelque temps aprés, un Chancelier, comme nouvelle peuplade de celle de sainct Victor, laquelle ne fut honorée de cette dignité, d'autant que son malheur avoit voulu qu'elle fust demeurée hors les murs.

Creation qui apporta depuis diverses jalousies entre les deux Chanceliers : celuy de Nostre-Dame ne voulant avoir compagnon ; & l'autre, nul Superieur. De maniere que le Pape Gregoire X. delegua en l'an 1271. l'Abbé de sainct Jean des Vignes, & l'Archediacre de Soissons, pour les reigler. Et se passerent les affaires de cette façon, que tout ainsi que l'Eglise Nostre-Dame passe, sans comparaison, celle de sainct Victor, aussi est demeurée au Chancelier de Nostre-Dame, la faculté, & puissance de créer luy seul les Docteurs de Theologie, Decret, & de Medecine, aprés que les actes ordinaires y ont passé. Et quant aux Maistres és Arts, à l'un ou l'autre Chancelier, selon le choix qui en est fait par celuy qui veut prendre sa licence. Le Chancelier de Nostre-Dame est celuy auquel le Pape Innocent IV. adressa, du consentement du Roi, sa commission, pour mettre taux aux loyers des chambres, & bannir la supercherie, que les proprietaires exerçoient contre les Escoliers locataires, comme il sera deduit en son lieu. Chancelier (dy-je) auquel le Cardinal d'Estouteville, Legat en France, dedans sa reformation, permet d'absoudre du lien d'excommunication, en certains cas, lors que l'on seroit en l'article de la mort. *A qua non possint absolvi* (porte le texte) *à Cancellario Parisiensi, præterquam in mortis articulo*. Luy qui des membres de l'Université, fut particulierement appellé à la réformation d'icelle par les Cardinaux de sainct Mars, & de sainct Martin aux monts : & en celle du Cardinal d'Estouteville : en la premiere, un Boniface ; en la seconde, un Cibole, tous deux Chanceliers. Et à peu prés, toutes les Bulles qui s'adressent de Rome au Chancelier, s'entendent au Chancelier resseant à Nostre-Dame, estans conceuës sous cette adresse : *Dilecto filio Cancellario Parisiensi salutem, & Apostolicam benedictionem* ; & à l'autre : *Dilecto filio sanctæ Genovefæ*. Recognoissans taisiblement par cela, le premier avoir plus de part en l'Université, que le second.

Il y a Bulles du Pape Gregoire dixiesme, par lesquelles il ordonne, que le Chancelier de l'Université esleu, jurera és mains de l'Evesque, & Chapitre de l'Eglise : *Quòd ad regimen Theologiæ & Doctorum, bonâ fide, secundùm conscientiam suam, loco & tempore, secundùm statum civitatis, & honorem, honestatem Facultatum dictarum, non nisi dignis licentiam largiretur, nec admitteret indignum*. Et plusieurs lignes aprés : *Magistri verò Theologiæ, & Decretorum, quando incipient legere, præstabunt publicè juramentum, quòd super præmissis fideli testimonium perhibebunt*. Et peu aprés : *De Physicis autem, & Artistis, ac aliis, Cancellarius bonâ fide promittet examinare Magistros, & non nisi dignos admittens, indignos remittet*. Vous voyez là le Chancelier avoir toute cognoissance sur les quatre Facultez.

++

CHAPITRE XXII.

Du Recteur de l'Université, & de sa suite.

QUand pour l'affluence des Escoliers, on fut contraint d'une Escole en faire deux, dont celle de Theologie demeureroit en la maison Episcopale, suivant son ancien sejour ; l'autre pour les Arts, & la Philosophie en celle de sainct Julian : aussi fit-on, tout d'une main, deux Magistrats, dont à l'un demeura le nom de Chancelier, lequel comme Chanoine, hebergeroit à Nostre-Dame, & y a bien grande apparence que c'estoit celuy qui d'anciennté portoit le nom de Theologal : à l'autre, fut donné le nom de Recteur, auquel fut attribuée cette charge, soudain que la Faculté des Arts, eut quitté les Escoles de la grande Eglise, pour s'habituer en celle de sainct Julian. Et dés lors, jusques à huy, n'y eut pas les Maistres és Arts, qui pussent jouyr de cette dignité ; les Theologiens, parce qu'ils avoient leurs Escoles separées, & les Facultez de Decret, & de Medecine, d'autant qu'elles n'estoient encores establies, & n'y avoit que les deux dont je vous ay cy-dessus parlé. Et lors l'Election du Recteur, se faisoit, ores de mois en mois, ores de six en six sepmaines. Police que Simon Cardinal de saincte Cecile, Legat en France, reforma comme abusive, & acheminement de desbauches, & reduisit de trois en trois mois par ses Bulles, dont la teneur estoit, telle :

Simon miseratione divinâ Cardinalis titulo sanctæ Cæciliæ presbyter Apostolicæ sedis Legatus, universis præsentes litteras inspecturis, salutem. Nos diligentius attendentes, quod usus ille, quinimo abusus reprobatus & damnosus, & longis retro temporibus introductus, videlicet quod Rector Universitatis Parisiensis, singulis mensibus, vel sex eligatur hebdomadis ; turbationem studii & incentivum invidiæ ministrabat, illum duximus abolendum : Statuentes, & ordinantes quod Rector hujusmodi, quater in anno, videlicet primâ die legibili post festum beati Dionysii, ultimâ die legibili ante Nativitatem Domini, ultimâ die legibili ante Annunciationem Beatæ Mariæ Virginis, & ultimâ die legibili ante festum Joannis Baptistæ, & non pluries eligeretur. Qui Rectorum officium liberè exercerent, valeret per tempus suo regimine deputatûm, & cætera. Datum apud Nogentium super Sequanam, Calend. Octobris, pontificatûs, Domini Nicolai Papæ tertii, secundo. Ce Pape avoit esté esleu l'an mil deux cens septante-sept. Ce fut doncques l'an mil deux cens septante-huit que cette reformation fut faite, laquelle depuis, a esté religieusement observée.

La difference qu'il y a entre ces deux dignitez, est, que le Chancelier jouït, sa vie durant, de sa charge, & le Recteur, seulement trois mois. Briefveté de temps, ainsi par nos Ancestres, à luy selon mon jugement octroyée, parce qu'ils estimoient son authorité plus grande, tout ainsi que du Dictateur Semestre de Rome. Aussi en cette republique luy donnerent-ils plusieurs remarques de grandeur, pendant l'exercice de sa charge. Il fait son entrée, & issuë par deux processions solemnelles ; celle-là, pour prier Dieu qu'il luy plaise conduire son Rectoriat à bonne fin : cette-cy, pour le remercier de l'avoir conduite en l'une & l'autre, assisté des quatre Procureurs des nations ses suffragans, & des quatre Facultez, Theologie, Decret, Medecine, & des Arts, eux tous revestus de leurs Chappes, & habillemens de parade ; & avecques cette compagnie, les ordres de Religion, qui sont de son vasselage. Pour recognoistre sa demeure aux Colleges, on peint aux parois des mains qui avec le doigt la monstrent. Particularité par moy peut-estre curieusement remarquée, mais curiosité plus grande à luy par mes predecesseurs de l'avoir ainsi pratiqué. Marche par la ville en public, revestu de sa Chappe d'Escarlate, & a devant luy ses Bedeaux, portans leurs Masses d'argent, & derriere, suivy de plusieurs Maistres és Arts qui vont par ordre deux à deux, pour l'honorer & estre par luy honorez.

Quand je vous dy Bedeaux, cela s'entendoit anciennement Sergens. *Ballivi* (portoit l'ordonnance de sainct Louys) *caveant sibi à multitudine bidellorum*. Et les Masses leurs estoient baillées, tant pour la conservation du Recteur, que remarque de sa grandeur. Quand le Roy sainct Louys estant au Levant, eut advis que le Viceroy de la montagne avoit depesché quelques siens subjects, du nom d'assassins, pour le tuer de guet à pans; à doncques, (portent nos grandes, & anciennes Annales) il se doubta forment, & prit Conseil de soy garder: il esleut Sergens à Masses garnis & bien armez, qui nuit & jour estoient autour de luy pour son corps garder. Sergens & Bedeaux estoient mesmes chose, comme je recueille de la mesme ordonnance de Sainct Louys de l'an 1256: & voulons que li Bedel, & Sergien soient nommez en pleine assise, autrement ne seront-ils pas nommez pour Bedel ne pour Sergien: vous pouvez recueillir par cela en quelle opinion de grandeur fut de toute ancienneté le Recteur, auquel on commit gardes près de luy, portans non seulement Masses, ains Masses d'argent, afin de faire paroistre à tous, quelle estoit son authorité. Et combien que par le long laps de tems nous ayons mis aucunement en oubli le respect que l'on portoit à cette venerable ancienneté, si est-ce que quand il est question de faire remonstrances au Roy, ou à la Cour de Parlement pour l'Université, le Recteur va tousiours en cette posture: se trouve, si bon luy semble, en tous les actes publics des quatre Facultez, & s'y trouvant, a le dessus de tous les Prelats qui s'y rencontrent. S'il entre en un College en cette façon, Dieu sçait de quelle allegresse, il est bien venu par tout le menu peuple des Escoliers, & avecques quelles acclamations on l'accueille d'un *Vivat*, tesmoignage de l'honneur & respect qu'ils luy portent; combat ainsi qu'un vaillant Hercule, les monstres qui se veulent heurter contre l'Université: comme aussi doit-il avoir l'œil perpetuellement. *Ne quid Respublica litteraria detrimenti accipiat*. Et en cette consideration, l'article septante de la reformation faicte par Monsieur le President de Thou, porte ces mots: *Rector Universitatis primo mense sui Magistratûs, cum quatuor censoribus, omnia Collegia semel saltem adeat, & diligenter lustret Præceptorum, Magistrorum, Pædagorum, & Scholasticorum querelas, si quæ sint: audiat illos omnes, in officio contineat: illorum dissidia componat, & singulorum Collegiorum statuta, & hac ipsa decreta jubeat observare.* Discipline qui procede d'une bien longue ancienneté. Car en telles affaires, & autres differens qui peuvent sourdre entre les suppostz de l'Université pour leurs reglemens, il a jurisdiction contentieuse sur eux, dont les sentences sortent leur plein & entier effect, sinon que celuy qui pense estre interessé en appelle, & releve son appel en la Cour de Parlement, & que par son arrest, la sentence soit renversée. Et qui est le comble de sa grandeur, c'est que le Landy tenu en la ville de sainct Denys, composé d'une infinité de marchands forains, ne s'ouvre qu'il n'ait esté beny par le Recteur, le lendemain du jour & Feste de sainct Barnabé. Ouvrage vrayement d'un Evesque, auquel lieu il s'achemine en parade, suivy des quatre Procureurs, & d'une infinité de Maistres és Arts: tous de cheval. Et aprés avoir fourny à son devoir, il est gratifié par les Marchands, d'un honoraire de cent escus; & comme l'ancienneté luy decerna tous ces honneurs, aussi luy bailla-t-elle plusieurs grandes prerogatives en l'œconomie, & menage de l'Université. C'est luy qui ouvre la porte à tous ceux qui veulent jouyr des Privileges d'Escoliers, par les lettres de Scholarité qu'il leur baille; luy, qui fait les Scribes, Libraires, Parcheminiers, & Messagers du corps de l'Université, quand l'un d'eux est allé de vie à trespas; luy, qui confere les benefices vacquans par mort, qui sont affectez à la mesme Université; & a certains droits, sur le parchemin apporté dedans Paris. Conclusion: l'Université recognoist en luy, non un Roy pour regner dessus ses subjects, ains un Recteur pour regner & gouverner ses supposts. Et entre le regner & regir, il n'y a pas grande difference, quand on s'acquite de son devoir. Car quant au Chancelier de l'Université, il paie seulement de ce coup contre toutes ces grandeurs, que le Recteur fait des Escoliers pour estudier, (tout ainsi que le Capitaine des soldats, quand il les enrolle pour combattre,) mais le Chancelier fait des Capitaines, quand il baille le bonnet de Theologie, Decret, Medecine, & Arts, pour enseigner, & monter en chaire. Et à vray dire, il est ainsi appelé, parce que comme nul ne peut exercer un estat Royal qu'il ne soit passé par les mains du grand Chancelier de France, & n'ait lettre de Chancellerie, pour cét effect aussi nul ne peut en l'Université monter és chaires pour lire & enseigner ce qui est de sa profession, s'il n'a premierement lettres scellées du Chancelier de l'Université, portans declaration de leurs Maistrises, licences & doctorande, & veux croire que ç'a esté la cause pour laquelle il obtint anciennement le nom & titre de Chancelier, comme ayant en sa charge, une image du grand.

Encores adjousteray-je ce mot, (qui ne sera, comme je croy, hors propos) qu'en toutes les commissions de Cour de Rome, pour le faict de l'Université, je voy l'adresse estre faite au Chancelier pour les mettre en execution; nulle au Recteur. Mais pour contr'eschange, aux affaires concernans l'Estat pendant les afflictions qui nous furent procurées en France, par les factions des Bourguignons & Orleannois; le Recteur y est employée plusieurs lettres patentes, & outre plus, fait part des Conseillers, és consultations publiques, comme un outil necessaire de la guerre, & de la paix, selon que l'opinion des Princes qui approchoient le Roy Charles VI. y estoit disposée.

Quant au surplus, je voy l'ordre de l'Université avoir esté entretenu par une proportion Arithmetique de quatre nations; de France, Normandie, Picardie & Angleterre; quatre Procureurs de ces nations pour estre assesseurs du Recteur: quatre examinateurs choisis tant par le Chancelier de Paris, que de saincte Genevieve, pour recognoistre la capacité de ceux qui se presentent à eux lors qu'ils veulent passer Maistres és Arts; quatre Intrans, pour l'election du Recteur; quatre Facultez, de Theologie, Decret, Medecine & Arts; quatre maisons publiques, anciennement pour cét effect, l'Episcopale, les Escoles de Decret, & de Medecine: & pour les Arts, les Escoles de la ruë au fouërre, qui sont quatre en nombre, que je fais passer pour une, parce que sur elles, les autres Facultez sont entées, mais tant y a qu'encores se rencontre en cette particularité le nombre de quatre.

CHAPITRE XXIII.

Jurisdiction contentieuse du Recteur.

IL m'est advenu de dire par le Chapitre precedant, que les reglemens faits par le Recteur entre ses supposts, procedent d'une jurisdiction contentieuse, & non comme d'un amiable Compositeur, chose qui n'avoit esté par cy-devant revoquée en doubte, fors de nostre temps par deux hargneux, comme je vous representeray maintenant, sur un different qui se presentoit en la nation de Normandie pour l'Election d'un receveur, qu'on pretendoit avoir esté mal faire; le tout bien & deuëment examiné par le Recteur, & ses suffragans. Voicy la sentence qui fut donnée:

Anno Domini Millesimo Sexcentesimo tertio, die tertia mensis Julii, apud Collegium Montanum in cubiculo Domini Rectoris, horâ secundâ à meridie, congregati fuerunt domini deputati almæ Universitatis Pariensis. Ibidem comparuerunt venerabiles, & circonspecti viri domini, Paulus Bondot Rector, le petit Jan Doctor Theologus, loco decani suæ Facultatis, Heron Doctor Medicinæ, vices gerens sui Decani, Richer, Minos, & Helain Censores Normaniæ, & Germaniæ procuratores Super controversiâ ortâ inter proviso rem Collegii Harcuriani, venerandæ nationis Normaniæ, in dictâ Universitate pro tempore Censorem, & de nomine alterum ex unâ; & Magistrum Nicolaum l'Emperier asserentem se electum quæstorem dictæ nationis, & Magistrum

strum Thomam Molin primarium Collegii Gervasiani, & plu-ribus aliis dictæ nationis Magistris ex alterâ, partibus. Auditis dictis Provisore, & Molin primario suprà nominatis, eorum li-tigatis, & altercatis, visis certis statutis, & conclusionibus Uni-versitatis per dictas partes impræsentiarum exhibitis, & illic per easdem partes recuperatis, visis denique & maturâ consideratio-ne quæ videnda & consideranda erant.

Dicti domini deputati declaravêrunt imprimis comitia habita in aulâ Collegii Harcuriani, ultimo privilegio Apostolorum Pe-tri, & Pauli, à præfatis Magistris dictæ nationis Normaniæ ra-tione officii Quæstoris ejusdem, irrita & invalida, & censuêrunt procedendum esse quàm citò potuerit fieri ad novam electionem, & admittendos esse tantum ad suffragia ferenda in dictâ electione, qui habent vocem electivam, juxtà prædicta nationis Normaniæ statuta, & præscripta Academiæ. Et ita prædictum Dominum Rectorem, referentibus dictis dominis deputatis, & censoribus conclusum extitit. Anno & die prædictis. Signatum, Paulus Bondot Academiæ Rector, Petit Jan, Richer, Minos, Helain censores, G. Heron, I. Tallebot Procurator Normaniæ, I. Va-lens Procurator Germanicæ nationis, & au dessus, Du val.

L'Emperier, & Molin, n'en appellerent, mais preten-dans, le Recteur n'estre fondé en jurisdiction, presenterent leur Requeste au Prevost de Paris ou son Lieutenant qui estoit Messire François Miron, afin de casser & annuller tout ce qui avoit esté fait par le Recteur & ses suffragans, comme n'ayans eu pouvoir de ce faire. Cette cause traitée au Chastelet, il fut dit par sentence de l'unziesme du mes-me mois de Juillet, que les parties seroient tenuës de com-paroir en la salle des Mathurins par devant ledit Miron & Maistre Robert Peslé Conseiller Presidial ; & du Recteur : & seroient tenuës les parties de faire comparoir, tant les Maistres és Arts, Boursiers graduez, que ceux de la nation de Normandie. Auquel lieu seroient representez les Sta-tuts, Privileges, & reiglemens de ladite nation pour estre pourveu aux parties ainsi que de raison. Et cependant les deniers qui devoient estre receus seroient, par maniere de provision, mis és mains de l'Emperier pretendu esleu, qui estoit, en bon langage, grandement ravaler l'autorité du Recteur, & rendre sa jurisdiction illusoire. Au moyen de-quoy, Maistre Georges Turgot proviseur de Harcourt (per-sonnage de singuliere recommendation) censeur de la na-tion de Normandie, & ses consors, appellerent de cette sen-tence, & releverent leur appel en la Cour de Parlement.

Et quelque temps aprés presenterent leur Requeste à la Chambre des vacations, afin que les deniers, pendant le different des parties, fussent mis en main seure. Et par Ar-rest du 27. Septembre 1603. fut ordonné que sur les ap-pellations, les parties auroient audience, le lendemain de la S. Martin. Et cependant sans prejudice de leur droit, que la recepte de la nation de Normandie seroit continuée par l'an-cien Receveur. Et que si aucunes clefs, titres, enseignemens & autres choses de cette charge avoient esté mises és mains de l'Emperier, il seroit tenu de les rendre, & mettre és mains dudit ancien Receveur, & à ce contraint par corps, nonobstant oppositions & appellations quelconques & sans prejudice d'icelles.

Quelques mois aprés, l'Empereur alla de vie à tréspas, & par son deceds, mourut pareillement la cause, & fut pro-cedé à nouvelle eslection de Receveur, suivant la sentence du Recteur. Or qu'il soit fondé en tels cas, en jurisdiction contentieuse, vous le cognoistrez par cét arrest.

Extraict des Registre du Parlement. Entre les Religieux, Abbé, & Couvent de S. Germain des Prez, appellans du Recteur, & Facultez de l'Université de Paris, & demandeurs en matiere de desertion d'une part; & les Religieux, Prieur, & Couvent de S. Martin des champs intimez & defendeurs sur ladite desertion, d'autre parts. Veu par la Cour le plai-doyé fait en icelle le dixiesme jour de decembris, & tout ce que lesdites parties ont mis & produit pardevers ladite Cour, & tout consideré. Dit a esté, que sans avoir aucun esgard à ladite desertion alleguée par les appellans, la Cour a mis & mit ladite appellation au neant, sans amende, & sans despens, & pour cause : & a ordonné & ordonné, que la sentence dont est appellé, sortira son plein & entier effect pour cette fois. Et par maniere de provision sans prejudice des droicts & procez des parties : enioint la Cour ausdites parties de produire au procez pendant entre elles, parde-vant lesdits Recteur, & deputez de ladite Université, dedans un mois ; & ausdits Recteur & deputez, iceluy juger, ter-miner & decider, dedans un mois aprés ensuivant : le tout à compter dudit 10e jour de ce mois. Que pareille injonc-tion leur sera faite par la Cour. Alias en defaut de ce avoir fait, la Cour y pourvoira, ainsi qu'il appartiendra. Dit aux parties le 14. jour de Mars 1505. & a esté collation faite, & au dessous, du Tillet.

┼┼

CHAPITRE XXIV.

Escoles de France, Picardie, Normandie, d'Angleterre : cette-cy aujourd'huy nommée d'Al-lemagne, & depuis quel temps, & pourquoy.

IL ne faut faire aucune doubte, qu'entre les quatre nations de l'Université de Paris, à chacune desquelles fut du com-mencement voüée une grande Escole pour y entendre les leçons des Arts, il y en avoit une qui portoit particuliere-ment le nom d'Angleterre. Ainsi le voy-je par exprés, en l'accord que Simon Cardinal de saincte Croix legat en Fran-ce fit en l'an 1275. entre la nation de France d'une part, & & celles de Picardie, Normandie, & Anglesche d'autre part. Distinction qui estoit encores en essence sous le regne de Char-les VI. comme je recueille d'une cause qui fut traitée de son temps au Parlement de Paris, dont le fait estoit tel. Un Jour-dain de Olivis Anglois, Maistre és Arts, & Bachelier en Theo-logie, se donnant qualité de Vichancelier de saincte Gene-viesue, & ayant sous soy créé trois examinateurs, Maistre Jean Trouïllet Picard, Jean de Vaux Normand, Guison An-glois, pour proceder à l'examen des Maistres és Arts, qui vouloient passer Maistres és Arts en l'Eglise saincte Geneviéf-ve, il fut empesché de ce faire, par l'Abbé & le Chancelier, qui formerent contr'eux complainte en cas de saisine & nou-velleté : avec lesquels demandeurs, se joignit le Procureur de la nation de France, pour l'interest qu'il y pouvoit avoir. La cause, du commencement, introduite pardevant le Prevost de Paris, ou son Lieutenant conservateur, depuis devoluë par appel au Parlement : Soustenoient l'Abbé, & le Chance-lier, que combien qu'à eux seuls appartint, privativement de tous autres de commettre un Vichancelier & quatre exa-minateurs de telle nation qu'il leur plaisoit, fors toutesfois & excepté qu'ils estoient tenus d'en prendre un de la nation Françoise : toutesfois les defendeurs de leur authorité pri-vée, s'estoient dispensez de cette regle, concluans pour cet-te cause aux fins, &c. A quoy les defendeurs venans à res-pondre, le narré de l'Arrest estoit tel : *Dictis ex adverso proponentibus & dicentibus, quod in Universitate Parisiensi sunt qua-tuor nationes, videlicet Gallicana, nec non Picardiæ, Normaniæ, & Angliæ.* Je vous laisse leurs moyens, qui ne furent trouvez bons, & les demandeurs maintenus & gardez en leurs pos-sessions & saisines, me contentant de vous dire, que par l'Ar-rest qui est du douziesme Juillet mil trois cens octante-deux, deuxiesme du regne de Charle sixiesme, il est fait mention de la nation d'Angleterre tout ainsi que des trois autres ; & tant si longuement que ce Roy regna, Escole Anglesche fit part & portion de l'Université : car mesme, Henry cinquiesme de ce nom, Roy d'Angleterre, espousa Catherine de France fille du Roy Charles sixiesme, portant le contract de mariage, clause expresse d'exheredation de Charles son fils, en faveur des enfans qui naistroient de ce mariage : & en l'an mil quatre cens vingt-deux, ces deux Roys estans decedez, Henry sixiesme leur fils fut qualifié Roy de France, & le Duc de Bethfort son Oncle, regent pendant la minorité de son Neveu, commanda absolument dedans Paris jusques en l'an mil quatre cens trente-six, que le Roy Charles VII. fils de Charles VI. y entra. Et ne faut faire aucune doubte que jusques à ce periode il semble que l'Escole Anglesche perdit son credit, ny ne changea de nom. Tellement que si par advis de pays il falloit examiner cette histoire, on pourroit dire que quand les portes de Paris furent ouvertes au Roy Charles VII. elles furent d'une mesme main fermées aux Anglois ses ennemis capitaux. Toutesfois cette histoire est d'une plus longue haleine, dont je me suis voulu esclaircir au mois d'Octobre 1612. par les mains de Maistre Jan Cecile Frey Procureur, Pierre Valens Doyen, & Jean Bidaut receveur de la nation d'Allemagne, qui communiquerent leurs vieux Registres, par lesquels nous trouvasmes ensemblement, que de toute anciennete les congregations de cette nation, qui se faisoient aux Mathurins, estoient sous le nom de l'Anglicane, jusques au dernier Registre qui commençoit l'année 1425. dedans lequel je voy commencement de changement en l'an 1431. Ces quatre nations contiennent sous soy diverses provinces, & nommément sous la nation Anglesche estoit comprise celle d'Allemagne qui ne tenoit pas petit rang & authorité en cette Escole, ains se parangonnoit à l'Anglesche, de maniere que l'an mil quatre cens trente & un, sous un Albert de Bourdon Gueldrois, Procureur de cette nation, s'estant tenuë aux Mathurins une congregation, elle est recognuë par le Registre avoir esté faite par la nation d'Allemagne. *Facta congregatione nationis Allemania apud sanctum Maturinum* (porte le texte) *die quintâ Maij 1431. Alberto de Gourdan procuratore dictæ nationis, Baccalaureo ex Theologiâ, nato de campis*. C'est au pays de Gueldre.

Et le semblable au mois de Septembre ensuivant. *Facta congregatione nationis Allemaniæ* (porte le Registre) *apud sanctum Mathurinum vigesimâ Septembris 1431. Magistro Conrado Vvildam Saltis-burgensis Diœcesis, procuratore*. C'est la ville de Ratinberg. Ny pour cela, les Anglois ne laissoient d'estre tousjours enfans de l'Université, se faisans les congregations tantost sous le nom de la Faculté d'Angleterre, tantost sous celuy d'Allemagne ; brief, depuis l'an mil quatre cens trente & un, jusques en l'an mil quatre cens trente & six, par une contrecarre d'eslections, tout ainsi que vous voyez ores l'Allemand, ores l'Anglois, estre esleus Procureurs de cette nation Anglesche, aussi voyez-vous les congregations porter sur leur frontispice, tantost le nom de la nation d'Allemagne, tantost d'Angleterre. Et le dernier Anglois Procureur avant l'entrée du Roy Charles septiesme dans Paris, fut un Ollanus Magnus, personnage de quelque recommandation selon la portee du temps.

Chose vrayement admirable, ains miraculeuse, que je ne puis passer sous silence sans encourir marque d'ingratitude envers ma patrie, que lors que les Anglois penserent avoir atteint au comble de leurs heurs dedans nostre France, ce fut lors qu'ils commencerent de cheoir. Le plus grand contentement qu'ils eurent chez nous, pendant le regne de leur jeune Roy, fut la prise qu'ils firent au siege de Compiegne, de Jeanne la Pucelle, en faveur de laquelle ils chanterent un *Te Deum laudamus* dedans l'Eglise Nostre-Dame de Paris, pour action de graces à Dieu : & ores que prisonniere de guerre, toutesfois son procés criminel luy fut fait & parfait, pour se vanger de la honte qu'elle leur avoit procurée, faisant fidele service à son Roy. Et par sentence du troisiesjour de May mil quatre cens trente & un, renduë par l'Evesque de Beauvais, elle fut declarée Heretique relapse, & ordonné qu'elle seroit mise és mains du bras seculier. Vit-on jamais traict de prosperité plus benin que cestuy ? Et toutesfois Dieu voulut, que le le cinquiesme du mesme mois & an, deux jours aprés la sentence, les Anglois possedans encore la ville de Paris, commencerent de se voir descheus de l'ancienne dignité qu'ils avoient en l'Université. Premier & fatal prognostic de leur cheute future : tant avoit sur eux de pouvoir l'influence de nostre Pucelle.

Et neantmoins ne pensez pas, qu'à l'arrivée du Roy Charles septiesme dedans Paris, l'Anglois fust tout à fait esteint né de son ancienne Escole : car combien que de là en avant, toutes les congregations se fissent sous le nom de nation d'Allemagne ; toutesfois j'en trouve une, pendant la procure d'Alberic Textoris du sixiesme jour de Decembre, mil quatre cens quarante & un, & une autre pendant celle de Goda Holandois avoir esté faicte sous le nom de la nation Anglesche. Toutes les autres du depuis jusques à huy, fors celuy de la nation d'Allemagne : & ne verrez aucun Anglois promeu à la dignité de Procureur, ains seulement Alleman. Or le premier qui en fut pourveu, depuis l'entrée du Roy Charles, fut le mesme Albert de Bourdon Gueldrois, dont j'ay parlé cy-dessus. Cestuy avoit premier franchy le pas, en la l'an mil quatre cens trente & un, au prejudice des Anglois, & luy-mesme fut le premier honoré de ceste Procure, sous le Roy Charles, par une je ne sçay quelle fatalité, parce que le nom de Bourdon en Aleman signifie fin ; Comme celuy auquel devoit prendre fin aux Escoles la nation Anglesche. Et depuis, les Allemans ayans empieté ceste dignité, firent razer du frontispice des Escoles, tout ce qui concernoit l'Anglois, & graver l'Aigle, & l'Image de l'Empereur Charlemagne, non comme fondateur de l'Université, ains comme leur particulier patron, tirant son extraction de la nation Germanique.

CHAPITRE XXV.

Reformations de l'Université de Paris.

NOn, je diray franchement que sur la premiere origine de nostre Estat, l'espée fut deuë à nos Roys, & la plume à nos Archevesques & Evesques, & que l'occasion pour laquelle vous ne voyez Université en ceste France, que ce ne soit en ville Archiepiscopale ou Episcopale, & singulierement en celle de Paris, qui est la premiere & plus ancienne de France : & neantmoins, à long aller, nos Roys y voulurent avoir bonne part, faisans cet honneur à l'Université de Paris, de la nommer leur fille, & l'honorans de plusieurs grands Privileges : mais comme il n'y a rien si bien institué qui avecques le temps ne reçoive diverses corruptions, aussi le semblable advint-il à nostre Université : laquelle se recognoissant vraye fille de nostre grande Eglise, le premier qui se mesla de la reformer, fut un Cardinal Sainct Estienne, Legat du Sainct Siege en nostre France, par son Reiglement du mois d'Aoust mil deux cens quinze : c'estoit vers la fin du Pontificat du Pape Innocent troisiesme qui mourut l'an mil deux cens dix-sept. Aprés ce premier Legat, vint Simon Cardinal de saincte Cecile aussi Legat, duquel je remarque un Reiglement general, qu'il fit pour l'eslection future du Recteur, de trois en trois mois, au lieu qu'elle se faisoit auparavant, tantost de mois en mois, tantost de six en six sepmaines, par ses Bulles de l'an mil deux cens septante huict : car quant à tout le demeurant de ses actes, ce furent

rent fentences Decretales par luy renduës dedans Paris fur les differents qui eſtoient ores entre les Nations, ores entre les Facultez. Mais fur tout ne faut oublier qu'ayans eſté en une brigue deux Recteurs efleus, pour s'eſtre trouvez les effifans my-partis en leur eſlection, les quatre Nations ayans compromis en ce Legat, il donna enfin fa fentence en la maifon Abbatiale de fainte Genevieſve, pour & au profit de l'un des deux Recteurs, lequel demeura par ce moyen en l'Eſtat, & depuis ne s'eſt jamais trouvée ceſte partialité advenuë en telles eſlections. La troifiefme qui fut recogneuë pour vraye Reformation, eſt celle qui fut faite à Rome l'an mil trois cens foixante & fix, en prefence de Boniface Chancelier de l'Univerſité de Paris, per Jean Cardinal de fainct Marc, & Gille Cardinal de fainct Martin aux Monts, à ce expreſſement commis & deleguez par le Pape Urbian cinquiefme: mais fur toutes les anciennes, celle que je voy avoir eſté la plus fignalée, eſt celle de Guillaume Cardinal d'Eſtouteville Legat en France, laquelle je voy avoir receu toutes fes façons. Parce que noſtre Roy lors regnant, y voulut avoir bonne part. Qu'ainfi ne foit, combien que la campagnie qui fut lors aſſemblée, ne porte fur le front que le nom du Cardinal, pour l'honneur que l'on portoit au fainct Siege; toutesfois vous voyez vers la fin, Prefidens,& Confeilliers du Parlement y eſtre intervenus. C'eſt pourquoy je n'y veux plus arreſter, que fous les trois autres. Le commencement de ceſte Reformation eſt tel:

Guillelmus miferatione diviuâ, Cardinalis fancti Martini in Montibus, Sacrofanctæ Eccleſiæ Presbyter, Cardinalis d'Eſtouteville, vulgariter nuncupatus, in regno Franciæ, fingulifque Galliarum Provinciis, Apoſtolicæ Sedis Legatus. Majores noſtri, & cet. De là, fautant de la plus digne Faculté aux moindres, felon leur ordre, après avoir paſſé fur la Reformation de la Faculté de Theologie, il va à celle de Decret, puis de la Medecine, & enfin aux Arts; il fait plufieurs beaux Reiglemens, & entre autres, confirme le Statut du Cardinal de fainte Cecile, touchant l'eſlection trimeſtre du Recteur: & auſſi les Reiglemens de Jean Cardinal de fainct Marc, & de Gille Cardinal de fainct Martin: & au fait de la Medecine, non feulement reforme, ains à pleine bouche, deteſte l'uſage ancien, qui eſtoit de ne marier les Docteurs en Medecine. *Vetus ſtatutum* (dit-il) *quo conjugati, à Regentia in Facultate Medecinæ prohibentur, impium & irrationabile reputantes, cum eos maximè ad ipſam facultatem docendam & exercendam admitti deceat, corrigentes & abrogantes, fancimus deinceps conjugatos, fi docti, & fufficientes appareant, & morum gravitate ornati, ad regendum in dicta Facultate admittendos, nifi eos levitas ad vitium aliquod indignos reddat, fuper quo judicium in correctione, Facultati relinquimus.* Autres Articles y a-til, fingulierement en la correction des Artiſtes, dont j'ay fait ailleurs mon profit. Qui me les fait maintenant paſſer fous filence: & au bout: *Hæc funt falubria inſtituta, quæ ad almæ Univerſitatis decus, reformationem morum, & ſtudiorum incrementum, magno ſtudio elaborata, & digeſta conſcripſimus. Affiſtentibus nobis, reverendis Patribus, Guillelmo Pariſienſi, & Joanne Meldenſi Epiſcopis: & clariſſimis viris, in jure peritiſſimis, Arnaldo de Merle, Regii Parlamenti præſide, Georgio Hauart, Magiſtro Requeſtarum, Guillelmo Totin, in camera Inquæſtarum Preſidente, Millone Dilliers, Decano Carnotenſi, & Regii Parlamenti Conſiliario, Roberto Cibale, Eccleſiæ Pariſienſis Cancellario, Guillelmo Regio Regio Advocato. Omnibus prædictis, à Chriſtianiſſimo, & excellentiſſimo Principe, Domino Francorum Rege, ad Regia privilegia reformanda, deputatis. Quorum in prædictis ſtatutis edendis, conſilium adhibuimus, eaque ſtatuta atque Decreta, ſingulis facultatibus, ad nos vocatis, ipſis præſentibus tradidimus, inſinuavimus, ac publicavimus, harumque ſerie, illis in perpetuum valitura tradimus, inſinuamus, atque ſub authentico noſtro ſigillo tranſmittimus. Decernentes, ut etiam ſuprà mandavimus, in voluminibus Statutorum ſingularium Facultatum, ea redigi, fideliterque tranſcribi. Datum Pariſius, anno Incarnationis Dom.* 1452. *Die* 1. *menſis Junii Pontificatus fanctiſſ. in Chriſto Patris, & Domini noſtri, Domini Nicolai divinâ providentiâ Papæ* 4. *anno* 6. Et combien que l'authorité du Legat, aſſiſté de quelques Seigneurs du Parlement y euſt paſſé, toutesfois pour luy faire fortir plein effect, à ceſte Reformation, furent attachées fous le contrefcel de la Chancellerie, lettres patentes du neufiefme de Mars mil quatre cens cinquante neuf, qui furent verifiées en la Cour de Parlement du confentement du Procureur General, le 9. Juillet enſuivant. Ce fut un an auparavant le decez de Charles V I I. lequel fe mettant lors, de la partie, il fut arreſté, non feulement ce qui fe devoit reformer, ains authorizé ce qui fe trouvoit bon du paſſé. A quoy il voulut mettre la main, & pour ceſte cauſe confirma le Statut du Cardinal Simon Legat, fur l'eſlection trimeſtre du Recteur, & la reformation faite par les Cardinaux de S. Marc, & de S. Martin aux Monts, autrement elles euſſent peu eſtre revoquées en doute. Du depuis, pour la nonchalance des Eccleſiaſtics, on n'eut plus recours au S. Siege, ains priſt noſtre Prince, feul ceſte charge, par l'advis meſme de nos trois Eſtats: d'autant que par l'Edit tenu en la ville d'Orleans, conclu au mois de Janvier 1560, le Roy Charles I X. à l'article 105, declare, que parce qu'il ne pourroit en fon Confeil, promptement pourvoir aux plaintes dés long-temps faictes, tant par les Univerſitez de fon Royaume, que contre icelles, & les abuſqui fe commettent fous pretexte de leurs privileges, franchifes, & exemptions, enfemble fur la reformation deſdites Univerſitez, pour ces cauſes, il ordonne que des lettres de commiſſion feroient expediées & addreſſées à certain nombre de notables perſonnages qu'il deputeroit, pour dedans fix mois, voir & vifiter tous les privileges octroyez par fes predeceſſeurs Roys, les fondations des Colleges, la reformarion du feu Cardinal d'Eſtouteville; & ce fait, proceder à l'entiere reformation deſdites Univerſitez & Colleges, nonobſtant oppoſitions ou appellations quelconques: Article qui fut depuis renouvelé par Henry III. au 67. Article de l'Ordonnance faite à Blois l'an 1579. à la fuite dequoy, vous trouvez une infinité de reiglemens de noſtre Prince, concernans les Univerſitez, tant en fpirituel que temporel, dés & depuis le 68. Article, jufques au 88. includs.

Mais pour ne m'efloigner de l'Univerſité de Paris, laquelle par ce prefent Chapitre je me fuis mis en bute, belle fut la reformation que par la voix commune du peuple, on attribuë au Cardinal d'Eſtouteville: mais je n'en voy point de telle, que celle qui fut faite par Meſſire Jacques Auguſte de Thou Prefident en la grand' Chambre du Parlement, & Maiſtre Lazare de Coquelet, & Edoüart Molé Confeillers, appellé avecques eux Maiſtre Louys Servin Advocat du Roy. Le tout en vertu de l'Arreſt donné par la Cour, à la requeſte du Procureur General, le 3. Septembre 1598. foit que l'on confidere la façon, ou l'eſtoffe; car pour le regard de la façon, je ne leu jamais une diction plus nette, & plus Ciceroniane que ceſte-cy: rien du Lipſian ; & quant à l'eſtoffe, la difcipline y eſt, non feulement fcholaſtique, ains en la fcholarité grandement politique: Auſſi eſtoient tous ces reformateurs aſſiſtez de pluſieurs braves protecoles, en la Theologie, Decret, Medecine, & Arts. Et toutesfois, ô mal-heur! (il faut que ceſte parole à mon grand regret m'eſchape) foit ou qu'en l'ancienneté de mon aage, par un jugement chagrin du vieillard, toutes chofes du temps prefent me deplaifent, pour extoller celles du paſſé, ou que fous ceſte grande voute du ciel, il n'y ait rien, lequel venu à fa perfection, ne decline puis après naturellement jufques à fon dernier periode : je trouve bien quelques flammeches, mais non ceſte grande fplendeur d'Eſtudes qui reluiſoit pendant ma jeuneſſe, & à peu dire, je cherche l'Univerſité, dedans l'Univerſité, fans la retrouver: pour le moins celle qui eſtoit fous les regnes de François I. & Henry II. La mort mal-heureuſe & inopinée de ceſtuy, le bas aage de fes enfans, bigarrement de Religions, debauche frequente de Troubles, non feulement de Catholique au Heguenot, ains de Catholique à Catholique, fous mots de faction; mal- heureuſement controuvez de Ligueur, Politique, Maheuſtre, luy ont fait ceſte grande breſche. Face, Dieu! par fa faincte grace, qu'on la voye quelque tems reflorir comme auparavant, à l'honneur de luy, exaltation de fon Egliſe, ornement de la France, ainçois de toute la Chreſtienté.

CHAPITRE

CHAPITRE XXVI.

Que nos Roys ont eu sur tous autres, bonne part en la creation & direction des Vniversitez de France, & que de toute ancienneté ils ont qualifié l'Vniversité de Paris, leur fille.

NE pensez pas je vous supplie, que par le precedent chapitre, je vous aye deduit que nos Roys s'estoient attribuez cognoissance sur la reformation de nos Vniversitez : car ostée la ville de Paris, dont nous ne voyons point de titre exprés de son origine, toutes les autres doivent leurs creations & fondations à nos Roys, ainsi que je vous verifieray cy-aprés, par le discours de cemien Livre : & pour demeurer aux termes de l'Vniversité de Paris, qui est mon present sujet, le plus ancien passage auquel je trouve estre faite mention d'icelle, est du Pape Celestin III. au chap. *Quod Clerici. De foro compet. Ext.* Nous ne voyons point la date de ceste Constitution Decretale. Mais il mourut l'an 1192. doncques nostre Vniversité estoit auparavant de temps, & de nom & d'effect, en essence. Nous eusmes une Ordonnance faite l'an 1200. par nostre Philippe Auguste, concernant le reiglement de ceste Vniversité, qui est la plus ancienne de toutes celles que j'ay veuës. Entre le temps de la Decretale, & de ceste Ordonnance, il n'y a pas grand entrejet. Davantage, tout ainsi qu'en ceste Vniversité il y a un conservateur Apostolic, aussi y en a-t'il un Royal, pour cognoistre des differends des supposts de l'Vniversité. Vray qu'en l'Apostolic, encore y a-t'il une restriction, que le support ne peut faire citer sa partie adverse, ressant outre les quatre diettes de la jurisdiction de l'Apostolique ; mais en vertu d'une commission du Conservateur Royal, il peut appeller de toutes parts, quand c'est en sa cause du dedans du Parlement de Paris. Belles certes, & nobles jalousies entre deux grandes dignitez ! que l'Eglise pretendant estre la mere, nos Roys pretendent estre les peres : non qu'il ait pris sa naissance de l'Empereur Charlemagne, comme j'ay dit ailleurs, ains d'autant que l'Eglise luy donnoit son estre, & la Majesté de nos Roys son bien estre. Chose que ne trouverez estrange, quand vous considererez que dés le regne de Clovis, premier Roy Chrestien des nostres, nos Roys estimerent leur Couronne avoir telle part aux affaires de l'Eglise, que c'estoient choses inseparables. Ainsi sous ceste premiere famille, avant que les Maires du Palais se fussent sous le masque de leur dignité, impatronisez de l'Estat, les Concils tenus en la France estoient du temps ouverts par le commandement de nos Roys, lesquels de fois à autres y assistoient. Et combien que sous la seconde lignée, Pepin eust esté proclamé Roy de France, par l'advis du Pape Zacharie, toutesfois avec tout l'honneur & soubmission, que luy & ses successeurs porterent au Saint Siege, ils ne descheurent de l'ancien privilege de leurs devanciers, tant que la puissance Royale fut vrayement par eux exercée. Et qui fait grandement à noter, c'est que nous avons un Canon d'un Concil National, tenu en ce temps là dedans Paris, rapporté par Gratian dedans son Decret sous ces mots, *Principes seculi*, par lequel il fut conclud que les Roys & Princes seculiers devoient & pouvoient avoir l'oeil sur la discipline Ecclesiastique : constitution Canonique, non faite à autre fin, qu'en l'honneur de celuy qui commandoit souverainement en ce Royaume : auquel nous voyons mesmement soubs la troisiesme lignée, nos Roys avoir eu tellement leurs coeurs à l'Eglise, qu'en plusieurs Eglises Cathedrales & Collegiales il y a une prebende inseparablement affectée à leur Couronne ; & non seulement leurs Cours de Parlement souveraines, estre my-parties de Conseillers Clercs, & seculiers, mais en outre les premieres & plus grandes dignitez de France, comme furent les Magistratures de nos Pairs, qui estoient de six Pairs Clercs, les uns Archevesques, autres, Evesques, & les six autres Laiz, trois Ducs & trois Comtes. Tout de ceste mesme façon veux-je dire l'Vniversité de Paris estre un corps mixte, grandement redevable à l'Eglise, mais non moins à nos Roys qui en ont esté, non seulement tuteurs, faveurs, & protecteurs, mais aussi l'ont intitulée de ce mot de fille, comme ayant esté par eux créée.

Maistre Jean Gerson preschant l'an 1415, la veille de Pasques fleuries devant les Prelats qui estoient au Concil de Constance, parlant de l'Vniversité de Paris ; *Celeberrima Parisiensis Vniversitas* (dit-il) *cultrix, & amatrix eorum omnium, quae Christianae Religionis pietatem, quae sanam doctrinam respiciunt, ipsa ad exemplar Christianissimi Francorum Regis Patris sui dignissimi, &c.* Tout de cette mesme façon trouve-l'on dedans ses oeuvres, une Epistre adressée au Roy Charles VI. sous le nom de l'Vniversité de Paris, par laquelle elle le supplie tres-humblement, comme sa fille, vouloir exaucer ses defenses, contre les faulses imputations de l'Vuiversité de Tholoze. Si ceste qualité ne luy eust esté d'une longue main acquise, ce grand personnage eust esté merveilleusement impudent de la luy bailler : comme aussi ne la faut-il revoquer en doute, par l'Ordonnance du Roy Charles V. du 18. May 1366. *Quamvis de jure nostro Regio pedagiorum, & immunitatum ad nos, & forum nostrum spectet, & spectare dignoscatur, tamen filia nostra Vniversitati Parisiensi, concedimus quod Conservator privilegiorum de praemissis cognoscat, &c.* Gerson vivoit sous le regne de Charles VI. duquel nous voyons deux lettres patentes, l'une de l'an 1383. sur la conservation des privileges de l'Vniversité : Si donnons en mandement (portent-elles) à nos feaux Conseillers sur le fait des Aydes, ordonnez pour la guerre ; que nostre tres-chere & tres-amée fille l'Vniversité de Paris, les Recteur, Maistres, Bacheliers, Escoliers, Lisans & Estudians, &c. L'autre de l'an 1391. aux gens tenans l'Eschiquier de Roüen, dont les mots sont tels : Nostre amée fille l'Vniversité de Paris, &c. Deffences aux Officiers de Normandie de cognoistre des causes des Escoliers & supposts de ladite Vniversité, ny les troubler en leurs privileges. Charles VIII. par autres lettres de l'an 1488. portans mesme confirmation, l'appelle pareillement sa tres-chere & tres-amée fille : le semblable fait le Roy Louys XII. par son Edit donné à Blois le 9. Avril 1513. Et le Roy François I. de ce nom par son Edit du mois d'Avril 1515. l'appelle non seulement sa tres-chere, & tres-amée, mais aussi sa fille premiere aisnée : & fair encore le semblable par autre Edit du cinquiesme Juin 1543. Et son fils Henry II. du nom suit ses mesmes traces par son Edit fait à Fontainebleau au mois de Septembre 1547. Et par autre du mois de Mars 1554. Henry, &c. Combien que les Maistres Principaux des Colleges, nos Lecteurs ordinaires & Precepteurs de nostre tres-chere & tres-amée fille aisnée l'Vniversité de Paris : & afin que je ne m'esloigne de ce qui s'est passé par mes mains quand en l'an 1564. je plaiday la cause de l'Vniversité de Paris contre les Jesuistes (depuis appellez Jesuites) Maistre Pierre Versoris leur Advocat ayant ou par mesgarde, ou peut-estre par artifice, occupé le barreau des Pairs, (qui est du costé des Conseillers Laiz) pour y faire sa proposition & demande, pour faire incorporer ses parties au corps de l'Vniversité de Paris, je m'arrestay de propos deliberé contre luy, & soustins que c'estoit la place de l'Vniversité de Pa-

Tome I. Ooo ris,

ris, fille aisnée du Roy. Et comme il eut fait quelque instance au contraire, & soustenu qu'il pouvoit plaider en ce mesme lieu; Monsieur de Thou premier President, après nous avoir oüis d'une part & d'autre, en communiqua à tous Messieurs les Conseillers au Conseil, & par Arrest donné par jugement contredit, il fut ordonné que Versoris desempareroit ce barreau, & le lairroit à l'Université, tout ainsi comme és causes des Pairs. Ce fut nostre première demarche; & ne me repentiray jamais de croire, que les premieres estudes en sont deuës à l'Eglise, mais la creation d'Université à nos Roys, puis qu'ils s'en disent les pères, & l'appellent pour leur fille aisnée; Aussi est-ce la verité, que c'est la première & plus ancienne de toutes les Universitez de la France.

CHAPITRE XXVII.

Privileges octroyez par nos Roys, à l'Université de Paris.

Nos Roys non contens d'appeller l'Université de Paris leur fille, comme en ayans esté les premiers fondateurs, ils la voulurent, d'abondant, gratifier de plusieurs & divers Privileges, esquels il y a trois diverses occurrences d'affaires, les unes qui concernent nos corps pour les crimes, les autres nostre bourse, pour la conservation de nos biens domestiques, & finalement le payement des Aydes & Subsides que la necessité publique a introduite pour la subvention des guerres.

Quant au premier, ils voulurent que l'Escolier enseignant ou enseigné, fust traicté avec toutes les douceurs que l'on pouvoit souhaiter, & pour ceste cause luy bailleront l'Evesque de Paris pour Juge, avecques certaines comminations contre les Juges Royaux, qui contreviendroient à ceste Ordonnance. Ainsi le voulut le Roy Philippes Auguste deuxiesme de ce nom, par Edit de l'an 1200. de son regne le vingt-uniesme, portant l'ordre qu'on devoit observer, confirmé & mot pour mot rapporté par les autres lettres patentes de Sainct Louys son petit fils, portans. *Nos autem prædicta omnia approbamus, & volumus, & sigilli authoritate, & Regii nominis caractere inserius annotato confirmatum. Actum apud Fontem Bleaudi, anno Dominicæ Incarnationis 1229. mense Augusti, Regni vero nostri anno tertio. Adstantibus in Palatio nostro quorum nomina sub posita sunt, & signa, Dapiseri Nullius, Roberti buticularii, Bartholomai Camerarii, Matthai Constabularii. Datum vacante Cancellaria.* Autres, du Roy Philippes le Bel quatriesme du nom, confirmatives de celles de Sainct Louys, & veut qu'elles soient leuës tous les ans en l'Auditoire du Prevost de Paris, le premier Dimanche de la Toussaint. *Actum Parisiis, anno Incarnationis Domini 1301. mense Martio.* Voire permirent nos Roys, que si le Prevost de Paris avoit entrepris au prejudice de ce que dessus, il en fut exemplairement chastié, & qu'il fust permis à l'Université d'en dresser des Eloges, pour luy servir comme de trophées, ny n'oserent jamais les Juges Royaux, revoquer cela à injure. Ainsi le voyez-vous dedans le Cloistre des Mathurins, joignant l'Epitaphe de Leger de Moissel Normand, & Olivier Bourgeois Breton Escoliers qui avoient esté pendus par sentence du Prevost de Paris l'an mil quatre cens sept, puis dependuz par Arrest de Parlement, ensuite rendus à l'Evesque, comme Clercs & ses justiciables, & mis en sepulture, l'an mil quatre cens huit; portant le Placard ces mots: & furent lesdits Prevost & son Lieutenant demis de leurs offices, comme plus à plein apert par lettres Patentes, & instrument sur ce cas. Je vous laisse plusieurs particularitez de honte & pudeur recitées par Monstrelet, & Maistre Alain Chartier, qui furent contre ces Juges pratiquées. Pareille remarque trouvez-vous au coing d'une ruë, sur une muraille du Monastere des Augustins, par laquelle est representé au long, le tort qui avoit esté fait à Frere Pierre Gongy de l'Ordre des Augustins, Docteur en Theologie, & de quelle façon les Sergens qui l'avoient offensé furent chastiez, à la requeste & poursuite du Recteur, & supposts de l'Université. Vous en trouvez un autre, prés l'Eglise Saincte Catherine du Val des Escoliers: pour les excez commis contre les Escoliers, par les gens de Messire Charles de Savoisy; portant que sa maison avoit esté demolie, l'an mil quatre cens quatre, par Arrest, pour les excez par luy & les siens commis contre l'Université. Tant furent nos Roys desireux en la maintention d'icelle, que non seulement ils voulurent le parchemin y passer, mais aussi que les parois parlassent pour elle, afin d'en perpetuer la memoire dedans la posterité.

Car quant aux causes pecuniaires, du bien qui concernoit la conservation de leurs biens domestiques, ou de leurs Privileges, nos Roys leur donnerent de toute ancienneté un Juge, qui porteroit le nom & tiltre de Conservateur de l'Université de Paris, lequel cognoistroit de leurs causes tant en demandant qu'en deffendant, sous l'authorité du Prevost de Paris d'en cognoistre, sous peine non seulement de nullité, ains de punition: & combien que du commencement, ce Juge fut ordonné pour decider les causes qui attouchoient vrayement au faict des Escoliers, toutesfois, comme Solin disoit, qu'anciennement les Gaulois estoient zelateurs, tant de la Religion que procez; particularitez qui se sont depuis transmises aux François, qui leur ont avec le temps succedé en ce Royaume; aussi se logea avec le temps la sophistiquerie en ceste Université, parce que l'Escolier estudiant, ou lisant, fondé és lettres de Scholarité, du Recteur, ayant cession & transport du pere, mere, frere, sœur, oncle, ou tante de quelque heritage ou debte pecuniaire, Adonc, soit qu'il demande, ou deffende, il peut distraire la cause de sa Jurisdiction ordinaire, & la faire transporter pardevant le Conservateur son Juge: qui est une leçon pour apprendre de bonne heure aux supposts de l'Université à plaider: & neantmoins permission à eux donnée par nos Roys, pour la faveur qu'ils portoient à ceste Université.

Ordonnance qui a pris son trait jusques à nous, & tout d'une suite voulurent nos Roys, que tous ces supposts; voire, les serviteurs mesmes de tous Aydes, Subsides & Impots qu'on levoit sur le peuple, pour le deffroy & subvention des guerres: à cet effect sont les patentes du Roy Philippes de Valois de l'an 1340. par lesquelles il veut ordonner, que les Maistres & Escoliers ne soient recherchez: *Occasione pedagij, tallia impositione, costumæ, vel aliorum hujusmodi personalium operum.* Et par ces mesmes lettres est attribuée la cognoissance de telles causes au Lieutenant Conservateur de leurs Privileges, privativement de tous autres. Charles VI. passa plus outre par son Edit du 18. May 1366. car il estend ce privilege, non seulement pour le revenu des biens temporels, ains des spirituels, pour le revenu de leurs benefices & des decimes, la levée desquelles luy seroit octroyée par le Pape; mesme pour le faict des Aydes, & Subsides, y adjouste leurs serviteurs. Prerogatives à eux données, non pour apprendre à plaider: ains afin qu'ils ne fussent distraicts de leurs estudes, par les Fermiers des impots, qui ne sont que trop bons maistres pour se faire remplacer des fermes qu'ils prennent à haut prix, pensans se faire grands & riches de la despoüille & perte publique.

Les imposts sont deux à nos Roys, pour subvenir aux necessitez publiques; les peages à uns & autres Seigneurs, pour l'entretenement de leurs affaires privées, selon l'ancien usage & coustume dont ils ont joüy. De l'impost, nos Roys ont peu dispenser l'Université comme ils ont voulu: des

peages,

peages, c'est un autre discours ; & neantmoins je trouve un Edit de nostre Roy Philippes le Bel IV. du nom, par lequel il exempte l'Université de Paris de certain peage, dont Richard Comte de Boulongne pretendoit devoir estre servy & acquitté par les paisans.

Philippus Dei gratiâ Francorum Rex, &c. Notum facimus universis præsentibus & futuris, quod cum Magistri & Scholares Universitatis Parisiensis, graviter conquerantur, quod dilectus & fidelis noster Ricardus Comes Bononiæ, où ses gens leur faisoient payer certain peage, plus amplement mentionné par les lettres, &c. Requerans estre, sur ce, mis en la sauve-garde du Roy, & de les en descharger : *Memorato Comite in contrarium asserente :* Soustenant que luy & les siens estoient de tout temps & anciennetté fondez en la perception de ce droict. *Nos attendentes, &c. De consensu præfati Comitis, propter honorem Dei, & nostrum ordinationi nostræ, jus suum, licet clarum, quoad dictos studiosos Universitatis solum, & non quoad alios, subposuit, immunitatem concedimus, &c. In cujus rei testimonium, nostrum præsentibus litteris fecimus apponi sigillum. Datum Parisius anno* 1312. *mense Martij.* Bel Edict & digne d'un Roy, faict en faveur de l'Université, du consentement toutes-fois de celuy auquel il pouvoit prejudicier.

CHAPITRE XXVIII.

Sçavoir, si la science des Loix reduicte en Digestes sous l'authorité de Justinian, a esté autresfois enseignée en l'Université de Paris.

JE vous ay cy-dessus discouru que l'Université de Paris estoit bastie sur quatre grands pilliers, que nous appellons Facultez de Theologie, Decret, Medecine, & des Arts. Il y en a une quatriesme que nous appellons des Loix, qui vogue par toutes les autres Universitez de nostre France, lesquelles prennent à grand honneur d'estre intitulées, Facultez des Loix, encore que dedans cette profession il y en ait d'autres meslées. Et n'est pas une petite question, de sçavoir si lors que nostre Université fut bastie, sous la Faculté de Decret, estoit comprise celle des Loix ; je veux dire, que celuy auquel estoit permis d'enseigner le Decret, pouvoit par mesme moyen lire en sa chaire le Droit des Romains, que nous appellons Droict Civil. Si vous parlez à un Rigord qui vivoit sous le Roy Philippes Auguste, & après son decez voiala l'Histoire qu'il fit de luy, au Roy Louys huictiesme son fils, il vous dira que les Droicts Canon & Civil s'enseignoient en la ville de Paris. Et parce que le passage est de merite, non seulement pour ce qui s'offre maintenant, mais aussi pour le mot d'Université dit icy, je le vous insereray icy tout au long. *In diebus illis studium litterarum florebat Parisiis, nec legimus tantam aliquando fuisse Scholarium frequentiam Athenis, vel Ægypti, vel in qualibet parte mundi, quanta locum prædictum studendi gratiâ incolebat : quod non solum fiebat propter loci illius amœnitatem, & bonorum omnium superabundantem affluentiam, sed etiam propter libertatem, & specialem prærogativam defensionis, quam Philippus Rex, & pater ejus ante ipsum, ipsis Scholaribus impendebant. Cum igitur in eadem nobilissima civitate, non modo de trivio & quadrivio, verum & de quæstionibus Juris Canonici, & Civilis, & de ea Facultate, quæ de sanandis corporibus, & sanitatibus conservandis, scripta est, plena & perfecta invenirentur scriptura, ferventiori tamen desiderio, sacram paginam, & Theologicas docebant.* En ce passage vous voyez que Rigord fait mention expresse de trois Facultez, qui estoient enseignées dans Paris, Theologie, Decret, & Medecine, lesquels presupposent que les supposts avoient prealablement passé par celle des Arts. Et nommément, que dedans Paris on y enseignoit le Droit Canon, & Civil. Et par mesme Livre vous trouverez que du temps de Phillippes Auguste, le mot d'Université couroit par la France en la ville de Paris : quand il parle qu'Amaulry Heretique fut condamné par decret du Pape, ainsi que j'ay cotté ailleurs, & pour ceste cause je ne reprendray le passage. Et finalement, outre ce qu'il dedie à Louys VIII. l'histoire qu'il faisoit de Philippes I. son pere, parlant encore de la bataille qui fut faite à Bovines entre Philippes Auguste d'une part, & l'Empereur Othon, Jean Roy d'Angleterre, Henry Comte de Flandres, & Richard Comte de Boulongne, d'autre. Car comme ainsi fust que le Roy voulust choquer les ennemis, Rigord poursuit ainsi son Histoire. *His dictis petierunt milites a Rege benedictionem, & statim insonuerunt tuba, & fecerunt insultus viriles in hostes, & audacissimè, & strenuissimè* conflixerunt. *In ipsa hora stabant retro Regem non procul ab ipso, Capellanus qui scripsit hæc, & quidam Clericus, qui audito tubarum clangore, cecinerunt Psalm. Benedictus Dominus Deus meus, qui docet manus meas. Et post. Exurgat Deus.* Passage qui monstre que Rigord escrivoit lors l'histoire qui est advenuë de son temps. Adjousté que de ce mesme Autheur nous apprenons que le nom d'Université estoit en essence à Paris. Particularitez qui me font accroire que le Droit Civil des Romains estoit enseigné en ce mesme lieu, tout ainsi que le Droict Canon, puis qu'ainsi je l'apprens du mesme Autheur. Ce qui n'est point certes hors de propos : car alors le Concil general qui depuis fut faict en la ville de Tours sous le Pape Alexandre troisiesme n'estoit intervenu. Et quand nous voyons Honoré troisiesme au Chapitre : *Super specula. De privileg. Extr.* faire deffence à l'Université de Paris de lire en Droict Civil, cela me faict croire qu'auparavant on y lisoit ; qui occasionna le Pape de faire les mesmes deffences, voyant que l'Université de Paris croissoit assez, par le moyen des quatre autres Facultez : & ce qui m'induit mesme de penser que nonobstant ces pretenduës deffences, on y faisoit leçon de ce droict, c'est que je trouve un Epitaphe sur une tombe qui est dedans le Chapitre des Augustins de Paris : *Hic jacet Nobilis vir Philippus de Vologniaco, Legum Professor, qui obijt anno* 1317. *die Dominicâ, post Assumptionem Beatæ Mariæ Virginis, cujus anima requiescat in pace. Amen.* Cet Epitaphe vous represente ce deffunt, comme ayant faict profession d'enseigner le Droict Civil des Romains, sans declarer en quel lieu. Tellement qu'il sembleroit, de premier œil, que c'eust esté en la ville de Paris où il est enterré. Toutes-fois ce seroit errer : d'autant que lors l'estude des Loix, en la ville d'Orleans, avoir esté authorizée par Edit du Roy Philippes le Bel, de l'année mil trois cens douze : & de faict, que depuis, la lecture des Loix n'eust esté faicte à Paris, nous en avons un fidele tesmoignage. Parce que lors que la ville de Caen voulut faire emologuer ses lettres d'erection de l'Université des Loix, à elle octroyées par Henry sixiesme, soy disant Roy de France & d'Angleterre, l'Université s'y opposant, offroit de faire enseigner le Droict Civil. Sur quoy par Arrest du Parlement de Paris, qui lors suivoit le party Anglesche, fut ordonné qu'elle bailleroit ses causes d'opposition, par escrit ; & que cependant, sans prejudice d'icelles, les lettres seroient verifiées.

Cet Arrest prononcé, le douziesme jour de Novembre mil quatre cens trente & trois. Reglement dont je tire deux choses : l'une de la part de la Cour de Parlement, que par son Arrest elle entendoit dire par son appointé au Conseil, n'en payer plus nonobstant vos offres ; comme aussi est-ce la verité que ceste opposition se tourna en fumée : l'autre de la part de l'Université, qu'elle ne lisoit point lors en Droict Civil ; car en vain eust-elle offert d'y lire de là en avant, si elle y eust lors leu. Cela estoit jcá, depuis les deffenses d'Honoré troisiesme ; mais devant, je me fais fort aisément accroire que sous le mot de Decret, les supposts de l'Université y comprindrent le Droict Civil, suivant les termes de Rigord : or pour oster toutes ces obscuritez, nostre Roy Henry troisiesme par le soixante-neusiesme Article de son Edict, en la ville de Blois par l'advis de ses trois Estats, deffend nommément à tous ceux de l'Université de Paris, de lire ou graduer en Droict Civil : Loy qui donna effect aux choses futures, sans prejudicier aux passées.

CHAPITRE XXIX.

Invention de l'Imprimerie, & comme, & vers quel temps la langue Latine commença d'estre diversement cultivée en l'Europe.

APrés vous avoir discouru sur le fait de nostre Université de Paris, qui a produit tant de beaux & nobles esprits par le moyen des bonnes lettres, pourquoy ne me sera-t-il loisible, de vous parler maintenant de l'Imprimerie, qui baille vie aux bonnes lettres ? Il me souvient d'un Epigramme dont un grand Poëte de nostre temps voulut honorer le docte Alde Manuce Imprimeur Italien, qui avoit par son impression, mis en lumiere plusieurs anciens Poëtes, dont la memoire estoit, si non perduë, pour le moins aucunement esgarée : & ayant sur le commencement de son Epigramme, demonstré comme les Poëtes devoient estre mis au rang des Dieux, pour faire par leurs Poësies, revivre les hommes illustres morts, enfin il conclud, que Manuce estoit de plus grande recommandation & merite, que les Poëtes, puisque par son Impression, il leur redonnoit la vie.

Quod si (dit-il) credere fas Deos, Poëtas,
Vitam reddere quod queant sublatam,
Quanto est justius, æquiusque quaso,
Aldum Manutium, Deum, vocare,
Ipsis qui potuit suo Labore,
Vitam reddere mortuis Poëtis.

Que si l'Université de Paris, & par mesme moyen toutes les autres, ont avec le temps trouvé leurs grandeurs dedans l'Impression, pourquoy serions-nous si ingrats de ne l'honorer de son embleme ; veu que par une honneste liberté, je veux croire que si l'ancienneté establit sept especes de sciences, je ne penseray forligner quand j'y adjousteray l'art de l'Impression pour huictiesme. Recognoissons donc, s'il vous plaist, quand & par qui elle prit sa premiere naissance.

Si vous parlez à celuy qui a fait l'Histoire du Royaume de Chine és Indes Orientales, il vous dira que de toute ancienneté l'Impression y estoit en usage, & long-temps auparavant qu'elle prist pied en l'Europe ; ce qu'on ne peut dire de tout le demeurant de l'Univers, & par especial, en nostre Christianisme, où nous n'avions, si ainsi me permettez de le dire, autres Imprimeurs que les Monasteres, aux Librairies desquels nous avions recours, comme Magazins des livres manuscrits, qui plus, qui moins, selon le plus ou le moins de devotion qui residoit en ces familles pour l'exercice des bonnes lettres. Le premier qui nous garentit de ceste disette fut, Jean Gutemberg Gentil-homme demeurant en la ville de Mayence, faisant profession des armes. Ainsi l'apprenons-nous de Polidore Virgile en son deuxiesme livre de ceux qui furent inventeurs. Munster en sa Cosmographie y adjouste ceste particularité, qu'ayant inventé la maniere d'imprimer, il ne la voulut tout aussi-tost eventer, ains demeura plusieurs ans, luy donnant diverses façons, jusques à ce que n'y trouvant plus à redire, il la divulgua en l'année mil quatre cens cinquante & sept. Nostre docte Veignier au second Tome de sa Bibliotheque Historiale, est de mesme opinion ; & neantmoins dit, que quelques-uns attribuoient l'invention à un Joannes Faustius. Je veux croire qu'il y a faute en l'impression, d'autant qu'au lieu de Faustius, il faut lire Fustius. Qui ne seroit pas sans propos : parce qu'il est autres-fois tombé entre mes mains un livre des Offices de Ciceron imprimé sur du parchemin, à la fin duquel estoient ces mots. *Præsens Marci Tullij clarissimum opus, Joannes Fusti Maguntius civis, non atramento, non plumali cannâ neque areâ, sed arte quâdam pulcrâ, manu Petri Gerrismi pueri, fœliciter effecit : finitum anno 1466. 4. die Februarij.* Eloge duquel vous pouvez recueillir, qu'en ce livre fut fait le premier coup d'essay de l'Imprimerie, lors fraischement inventée, & que Jean Fust, est celuy auquel on le doit, sur la leçon qu'il avoit apprise de l'Autheur, si tant est, qu'il y en eust un autre que luy.

Je vous ay dit que ceste noble manufacture avoir esté inventée en l'an mil quatre cens cinquante & sept, & publiée en l'an mil quatre cens soixante & six. Grande chose qui ne doit estre escoulée sous silence, que le siecle de l'an mil quatre cens fit honorer les langues Latine, & Grecque, & par mesme moyen les sciences. Auparavant, encore que vous y trouviez du sçavoir, toutes-fois en l'estallement d'iceluy, le debit se faisoit en une langue Latine goffe, & oze presque dire, qu'en tous nos vieux livres Latins, qui virent le jour depuis l'introduction de nos Universitez, voire plusieurs siecles auparavant, jusques vers le milieu de l'année mil trois cens, il y avoit plus de barbarie, que de diction pure & nette. J'en excepte Eghinard, lequel on dit avoir esté Secretaire de l'Empereur Charlemagne, auquel par miracle particulier se trouve au peu qu'il escrivit de la vie & mœurs de son Maistre, un langage qui ne se ressent en aucune façon de la parole barbare de son temps, ny de plusieurs autres siecles suivans. Chose qui me fait presque croire que celuy qui en fut l'Auteur, vivoit lorsque la langue Latine fut rehabilitée entre nous, & que pour donner plus de foy & creance à son Histoire, il emprunta le nom d'Eghinard Secretaire de Charlemagne.

Toutesfois je me remets de cecy, au jugement de ceux, qui avecques plus de diligence que moy, ont feuilleté les manuscrits. Or, le premier que je voy nous avoir affranchy de ceste Barbarie, fut François Petrarque, celuy qui entre les Poëtes Italiens a acquis le premier lieu de la Poësie Toscane : honneur toutes-fois que je n'estime de telle recommandation, que celuy que je remarque maintenant en luy ; d'autant que la langue Toscane se borne de l'enceinte de l'Italie, & la Latine de tout l'Univers : ny pour cela ne pensez pas trouver en luy un langage revestu de toutes les fleurs, qui depuis se trouverent en ses survivans : il ouvrit seulement le pas.

Tant y a, que vous voyez en ses œuvres Latins, une diction nette, un esprit moüelleux, nerveux, & sententieux, un stile court & concis. Bref, vous recognoissez en luy un autre Seneque. Mais en ceste conformité de plumes, il y eut ceste distinction, que l'ancien Seneque ayant succedé au siecle doré, l'eloquence de Ciceron, Cesar, Hortense, Saluste, Pollion, & donné quelque privilege particulier en ses escrits non familiers aux anciens, fut jugé par Quintilian avoir un peu forligné de la delicatesse de la langue ; & Petrarque estant né dedans un siecle barbare, s'estant aucunement mis en bute l'autre Seneque, fut le premier qui la restabli. Chose que je voy estre alloüée, par Paule Jove, quand il dit de luy ces mots : *Sed debeamus plurimum ingenio sudore semper astuanti, dum litteras à multo ævo miserè sepultas,*

pultas, è Gothicis sepulchris excitaret. Et Vives dedans ses livres de tradendis disciplinis : Franciscus Petrarcha ab hinc annos, plures ducentis, Bibliothecam jamdiu clausam reseravit primus, & pulverem situmque è monumentis maximorum authorum excussit. Quo nomine, plurimum ei Latinus sermo debet, non est omnino impurus, nam squalorem sui saeculi non valuit prorsus detergere.

Ce que je vous remarque de ce grand personnage, est du siecle de l'an 1330. car il naquit l'an 1304. & mourut l'an 1374. ayant vescu soixante & dix ans. Ce que je vous deduiray cy-aprés, concerne le siecle de l'an 1400. Les deux premiers champions que je voy en ce siecle, estre entrez en champ de bataille pour combattre ceste barbarie, sont Laurent Valle Gentil-homme Romain, & Poge Secretaire de la Republique Florentine, tous deux armez d'armes de haut appareil, tant en la langue Latine que Grecque, & tous deux ennemis formels par une jalousie particuliere qu'ils avoient conceuë l'un contre l'autre. Tellement qu'ils s'attaquerent par unes & autres invectives Latines; & par leurs divisions particulieres s'accreut l'Estat general des bonnes lettres. Si vous croyez Raphaël Volaterran au vingt & uniesme Livre de son Anthropologie, nous devons à Poge les Institutions Oratoires de Quintilian, & les œuvres d'Asconius Pedianus : *fuit in Concilio Constantiensi* (dit-il) *quo tempore, & Quintilianum, & Asconium Pedianum dicitur reperisse.* Toutesfois, je voy Quintilian avoir esté allegué long-temps devant luy par Petrarque au premier livre de ses Epistres familieres, Epistre 8. escrivant à Thomas Messanense : qui me fait croire qu'auparavant il estoit en vogue : mais pour ne rendre Volaterran menteur, il faut croire qu'il n'estoit lors si correct, comme il fut depuis par la diligence & industrie de Poge : mais la beauté de ce conte, est que si nous luy devons le Quintilian, qui est celuy auquel Laurent Valle a plus de creance, en sa deduction de l'elegance Latine, & ainsi le remarque Volaterran au mesme livre, *Quintiliani imprimis admirator, simul & imitator.* De maniere que par ce moyen il estoit grandement redevable à Poge, avec lequel il exerçoit une inimitié irreconciliable.

Ces deux premiers, entrez en champ de bataille, eurent plusieurs qui les suivirent en flote, si ainsi me permettrez de le dire : Uns Marcus Antonius Sabellicus, Blondus, Georgius Trapezuntius, Æneas Sylvius depuis Pape, Domitius Calderinus, Bartholomæus Capella, Rudolphus Agricola, Bartholomæus Platina, Franciscus Philelphus, Marsilius Ficinus, Joannes Camarinus, Bartholomæus, Baptista Guarinus, Georgius Merula, Ambrosius Calepinus, Joannes Picus Mirandula, & Baptista Mantuanus: mais sur tous Angelus Politianus, qui n'eut point son semblable entre tous ceux qui florirent en ce siecle, ainsi que nous voyons par ses œuvres : & furent encores suivis par d'autres qui ores qu'ils fussent nez dedans le siecle de l'année mille quatre cens, virent celuy de l'an mil cinq cens, comme uns Hermolanus Barbarus, Philippus Beroaldus, Ascensius Badius, Jacobus Faber, Paulus Æmilius, Robertus Gaguinus. Tous ceux-là firent profession de la langue Latine, avecques lesquels, les Grecs de nation voulurent estre de la partie ; qui n'apporterent pas peu de lumiere & splendeur aux bonnes lettres : Uns Bessario depuis Cardinal, Jean Lascary de la famille des derniers Empereurs de Constantinople, Theodorus Gaza, Argyropilus, qui depuis provignerent avecque honneur la langue Grecque, que nous avons du depuis veuë grandement fleurir dans l'Université de Paris.

Ceux qui enseignerent le Latin, meslerent avecques le langage terse & poly, l'erudition & doctrine : du depuis, se trouva une nouvelle brigade, qui faisoit plus d'estat de bien parler que des sciences : ainsi le trouverez-vous dedans les lettres des Cardinaux de Bembe, Sadolet, Polus, & de Christophorus Longolius, & Petrus Bunellus. Et fut ceste nouvelle secte cause, qu'Erasme fit depuis un livre sous le nom de Ciceronian, pour monstrer combien ceste opinion estoit prejudiciable aux bonnes lettres. Aussi ne voy-je point que ceux-là en ayent emporté le dessus ; ce fut une fleur Printanniere, ou passagere : nostre siecle porta quatre grands personnages en mesme temps, Erasme Alleman, Budé François, Alciat Italien, Vives Espagnol : & encores eusmes chez nous Adrian Tournebus, & Pierre Ramus, qui avec la superstition du langage par luy affectée, traicta la Philosophie, & fit plusieurs autres livres pleins de doctrine & sçavoir : car, quant aux Adversaires de Tournebus consistant en Humanité ; c'est un ouvrage inimitable en varieté de sçavoir. Les Imprimeurs mesmes ont fait paroistre combien ils affectionnoient ceste noble ambition : uns Aldus Manutius, & aprés luy Paulus son fils, dedans Venise : & en nostre France, Robert Estienne par son *Thezaurus lingua Latina,* qui n'eut jamais son pareil. Je ne vous fais part des autres qui se sont rendus florissans en ce sujet, de nostre temps, dont le nombre est innombrable : pour vous dire, que depuis quelques années en çà, ceste ardante devotion envers la langue Latine s'est grandement refroidie ; & qui me fait douloir davantage, est qu'un Lipsius homme tres-docte, lequel ayant survescu tous ceux-là, & enseigné les bonnes lettres au Pays-Bas, a voulu prendre un party nouveau en ses escrits, les reparans de mots antiques hors d'usage. Bijarrerie que je voy aujourd'huy estre embrassée par plusieurs, que j'estime les plus doctes. De maniere que si nous n'y prenons garde, l'ancienne Barbarie se viendra loger derechef chez nous, dont Dieu, par sa saincte grace, nous vueille garder. Et puis que je voy les opinions des doctes, au fait de la plume, se renverser de telle façon, il me plaist tout d'une mesme mesure finir ce Chapitre, par un autre mien discours. Le commencement de ce mien discours a esté sur l'Impression des Livres que j'ay attribuée à un Gentil-homme de Mayence : je veux finir sur l'Artillerie, que par l'invention d'un Moine nommé Bertold Scuvards, de l'Ordre de S. François, qui vivoit l'an 1354. Ne voyez-vous en ces deux inventions un monde renversé : Un Moine inventeur de l'Artillerie, un Guerrier de l'Imprimerie ! C'est pourquoy me joüant autresfois de ma plume, je fis cest Epigramme Latin.

Bombardam Monacho debet male sana vetustas,
Et Monacho, cui pax alma colenda fuit.
At mandare typis chartas à milite habemus,
Hoc unum est, currus ducit anhelus equos.

CHAPITRE XXX.

College & Confraire de Chirurgiens en la ville, Prevosté, & Vicomté de Paris.

JE ne fais aucune doute, que quelques esprits deliez me jugeront d'un grand loisir d'avoir inseré dedans le present Chapitre, tout au long les anciens titres des Chirurgiens, & diront que je me devois contenter de les passer par un trait de plume, ainsi que font ordinairement les Historiens en telles occurrences. Quant à moy, je suis tres-aise de representer les Antiquitez en leur naturel, afin que le Lecteur en tire tel profit qu'il voudra, ou pourra. Et neantmoins, si je me suis donné loy, & permission de ce faire, il luy sera aussi permis de l'en laisser la lecture aux plus curieux, & prendre de moy les commentaires que j'ay fait sur eux. C'est un advis que je luy donne pour en user si bon luy semble.

Les Chirurgiens par une vieille cabale, attribuent la premiere

premiere inſtitution de leur College à Sainct Louys, qui qui eſt un abus, ainſi que je verifieray en ſon lieu : car le plus ancien titre qu'ils ayent de leur Ordre, eſt du Roy Philippes le Bel, du mois de Novembre mil trois cens unze qui fut par luy fait en forme d'Edict, par lequel, narration preable faite, des abus qui ſe commettroient au fait de Chirurgie, il dit tout d'une ſuite, pour en extirper la racine.

Edicto præſenti, ſtatuimus, ut in villa, & vicecomitatu Pariſienſi, nullus Chirurgicus nullave Chirurgica artem Chirurgiæ, ſeu opus, quomodolibet exercere præſumat, ſeu ſe immiſcere eidem publice, vel occultè in quacumque juriſdictione, ſeu terrâ, niſi per Magiſtros Chirurgicos juratos, morantes Pariſiis, vocatos per dilectum Magiſtrum Joannem Pitardi Chirurgicum noſtrum juratum Caſtelleti noſtri Pariſius, tempore ſuo, ac per ejus ſucceſſores in officio, qui ex juramenti ſri vinculo, Chirurgicos alios prædictos vocare pro hujuſmodi caſu quoties opus fuerit, tenebuntur, & prius examinati fuerint diligenter, & approbati in ipſa arte, ac ab ipſo vel ejus ſucceſſoribus in officio, ut eſt dictum, juxta approbationem aliorum Chirurgicorum, vel majoris partis eorum ipſius vocantis, voce inter alias numeratâ licentiam operandi in arte prædictâ meruerint obtinere. Ad quem ratione ſui officij quod à nobis obtinet, & ad ejus ſucceſſores in hujuſmodi officio habebit, licentiæ conceſſionem, non ad alium volumus pertinere. Qui quidem per eum & ejus ſucceſſores, modo præmiſſo examinati & approbati, antequam officii ſui adminiſtrationem attingant, juramentum præſtare teneantur coram præpoſito Pariſienſi noſtro, de hujuſmodi officio fideliter exercendo. Quod inſuper vulneratum quemcumque non viſitabunt, ſeu parabunt in locis ſacris ſeu Privilegiatis, niſi ſolum in primâ vice : & quod ſtatim factâ illâ primâ viſitatione, ſeu paratione, vulnerationem illam, præpoſito noſtro Pariſienſi vel ejus locum tenenti, ſeu auditoribus Caſtelleti prædicti, revelabunt, vel etiam intimabunt. Damus itaque præpoſito noſtro Pariſienſi moderno : & aliis qui pro tempore fuerint, præſentibus in mandatis, quatenus ſub virtute juramenti, quo adminiſtrationi ſuæ ratione teneuntur, hujuſmodi præſens noſtrum ſtatutum faciant, nunc & alias, cum expediens fuerit, in villâ & vicecomitatu prædictis publicari, & firmiter obſervari. Bannerias que omnium Chirurgicorum, & prædictorum, non approbatorum & juratorum ut præmittitur, poſt publicationem hujus edicti, domibus eorum appoſitas, coram domibus eiſdem, publice comburi, perſonas eorum capi, & in Caſtelletum noſtrum Pariſienſem adduci, & tandiu teneri, quouſque nobis fuerit legitime emendatum. Eiſdem diſtrictè, & firmiter inhibendo, ne de cætero in arte prædictâ practicare præſumant, niſi prius per dictum Magiſtrum Joannem Pitardi, vel ſucceſſores ſuos in officio dicto, ut præmiſſum eſt, examinati & approbati fuerint, & juramenta præſtiterint antedicta. Si quis vero ipſorum ipſa præſtare recuſaverit, vos eidem dictæ artis exercitium penitus interdici volumus : & ſi contra interdictum & prohibitionem noſtram, dictæ artis practicâ ſe immiſcere præſumpſerint, ipſos per præpoſitum noſtrum prædictum, prout facti qualitas propoſcerit, & ad ipſam pertinuerit, volumus primâ ratione puniri. Quod ut ratum & ſtabile permaneat in futurum, præſentes litteras ſigilli noſtri fecimus appenſione muniri. Actum Pariſius menſe Novembri Anno Domini, Milleſimo, trecenteſimo undecimo. A la ſuite duquel j'en voy un autre, fait par le Roy Jean, en Avril mil trois cens cinquante-deux, tiré mot pour mot de celuy-là, horſmis qu'en ſecond, il y a deux Chirurgiens jurez du Roy au Chaſtelet de Paris, Maiſtre Pierre Fromond, & Robert de Langres, au lieu qu'au premier, n'y avoit ſeulement un Maiſtre Jean Pitardi. Ils y ajouſterent depuis, un Prevoſt, qui s'eſliſoit de deux en deux ans, pour ſeconder ces deux Chirurgiens jurez du Roy, & neantmoins, ſurvint du depuis, nouvelle queſtion entr'eux decidée par Arreſt, ſous le regne du Roy Jean, que je vous veux icy copier.

Joannes Dei gratiâ Francorum Rex, Univerſis & ſingulis præſentes litteras inſpecturis ſalutem. Notum facimus quod inter Magiſtros, Petrum Fromondi noſtrum Chirurgicum, & Robertum de Lingonis, noſtros Chirurgicos juratos in Caſtelleto ex unâ parte, & Magiſtros Joannem de Trecis præpoſitum Chirurgicorum Pariſienſium, quod ad præſens Joannem de Pentalie noſtrum Chirurgicum, Joannem de Leve, Mathæum de Bezu, Petrum de Piſa, Ægidium Parvi, & Jacobum Jamberte, Chirurgicos ex altera, concordatum fuit in curiâ noſtrâ de licentiâ ejus, vocato ad hoc Procuratore noſtro conſentiente, prout in quâdam ſcedulâ ab ipſis partibus unanimiter traditâ continetur, cujus tenor talis eſt.

Sur ce que Maiſtre Pierre Fromond, & Maiſtre Robert de Langres Chirurgiens jurez du Roy noſtre Sire au Chaſtelet de Paris, euſſent plaidé par devant l'Official de Paris, contre les Chirurgiens de ladite ville ; & finalement à la Requeſte deſdits Maiſtres Pierre & Robert, la cauſe eſt venuë par devers nos ſieurs de Parlement, ſur ce qu'ils diſoient qu'à eux devoit appartenir l'examen de tous ceux qui ſeroient licentiez en Chirurgie en ladite ville, & qu'ainſi leur avoit octroyé le Roy noſtre Sire par des lettres ſcellées en las de ſoye, & cire verte, ſi comme par icelles peut apparoir. Leſdits Chirurgiens diſoient au contraire, que le Prevoſt deſdits Chirurgiens qui eſt eſleu & eſtably, les doit appeller à l'examen faire, & ils doivent donner la licence, & congé aux Chirurgiens ſuffiſans, ſi comme il appert par pluſieurs Privileges Royaux de ſainct Louys, & de pluſieurs Roys qui depuis ont eſté : s'il plaiſt à la Cour, & au Procureur du Roy noſtre Sire, les parties ſont ainſi d'accord : que les Jurez du Chaſtelet, l'un ou les deux d'une part, & le Prevoſt des Chirurgiens d'autre part, qui eſt à preſent, ou qui le temps à venir ſera, appelleront les Chirurgiens licentiez en ladite Faculté, à l'examen ; & ceux qui ſeront trouvez ſuffiſans, leſdits Jurez, & Prevoſt, leur donneront congé & licence, & leſdits Jurez & Prevoſt, auront pouvoir de faire prendre les non licentiez pratiquans, ou ouvrans, & mettre en priſon au Chaſtelet de Paris, afin qu'ils faſſent amende ſuffiſant. Si comme en leurſdits Privileges eſt contenu : laquelle amende ſera adjugée par le Prevoſt de Paris, en la maniere qui a eſté accouſtumée, & qu'on en uſe. *In cujus rei teſtimonium noſtris præſentibus litteris fecimus apponi ſigillum. Datum Pariſiis in parlamento noſtro die XXV. Februarij. Anno Domini Milleſimo trecenteſimo quinquageſimo quinto.* Et ſur le reply dudit Arreſt & Charte en parchemin, eſt ſigné, Thevet. Et à coſté. *Concordatum in curiâ noſtrâ duplex.* Et ſcellé en queuë, de cire, & au dos eſt eſcrit. *Viſa per procuratorem*, ſigné, Eclaſin. C'eſt l'Arreſt, par le narré duquel, les Chirurgiens ſe vantent eſtre fondez en Privilege, par le Roy ſainct Louys. Choſe toutesfois qui ne ſe trouve en tous leurs titres precedans.

Et comme cette compagnie, recevoit avec le temps, de plus en plus, ſes façons ; auſſi ſe trouve-t-il un autre Edit du Roy Charles V. du dix & neufieſme d'Octobre mil trois cens ſoixante-quatre, en tout & par tout conforme aux deux Edits des Roys Philippes & Jean, & neantmoins y adjouſta quelque particularité. Et par ce que, cet Edit a grande liaiſon avecques les autres, je ne ſeray auſſi part, à la charge que le Lecteur ſans s'ennuyer n'en lira que ce qu'il luy plaira.

Edicto præſenti ſtatuimus ut in villa & vicecomitatu prædictis, nullus Chirurgicus, nullave Chirurgica artem Chirurgiæ, ſeu opus Chirurgiæ quomodolibet exercere præſumat, ſeu ſe immiſcere eidem publice, vel occultè in quacumque juriſdictione, ſeu terrâ, niſi per Magiſtros Chirurgicos juratos, morantes Pariſiis, vocatos per dilectos & fideles Magiſtros juratos noſtros Caſtelleti noſtri Pariſius, ſuo tempore, & præpoſitum dictorum Chirurgicorum ſeu per eorum ſucceſſores in officio, & per alios licentiatos in arte prædictâ morantes Pariſius, prius examinati fuerint diligenter & approbati in ipſâ arte, ac ab ipſis, vel eorum ſucceſſoribus in officio, ut eſt dictum juxta approbationem aliorum Chirurgicorum vel majoris partis eorum ipſorum vocantium, vocibus inter alias numeratis, licentiam operandi in arte prædictâ meruerint obtinere. Ad quos ratione ſui officii, quod à nobis obtinent, & ad eorum ſucceſſores in ejuſmodi officio habebunt licentiæ conceſſionem, neque ad alios volumus pertinere. Qui quidem per eos, & eorum ſucceſſores, modo præmiſſo examinati, & approbati, antequam ipſi officii adminiſtrationem attingant, juramentum præſtare teneantur coram Præpoſito Pariſienſi noſtro de hujuſmodi officio fideliter exercendo. Quod inſuper vulneratum quemcumque non viſitabunt, ſeu parabunt in locis ſacris, vel privilegiatis, niſi ſolummodo primâ vice, & quod ſtatim factâ illâ primâ viſitatione, ſeu paratione, vulnerationem illam Præpoſito noſtro Pariſienſi moderno, & aliis qui

pro

pro tempore fuerint præsentibus in mandatis, quod sub virtute juramenti, quo administrationis suæ ratione tenentur, hujusmodi præsens nostrum statutum faciant nunc & alias ; cum expediens fuerit, in villa & vicecomitatu prædictis publicari solemniter, & firmiter observari, Bannerias quoque omnium Chirurgicorum & Chirurgicarum prædictorum non approbatorum & juratorum, ut præmittitur post publicationem hujusmodi edicti, domibus eorum appositas, coram domibus eorum publicè comburi, personas etiam eorum capi, & Castelletum nostrum Parisiensem adduci, & tamdiu teneri quousque nobis fuerit emendatum : eisdem districtè & firmiter inhibendo, ne de cætero in arte prædictâ practicare præsumant, nisi prius per nostros juratos, & præpositum Chirurgicorum, vel successores suos, in dicto officio, ut præmissum est, examinati & approbati fuerint, & juramenta præstiterint præindicta. Si quis vero ipsorum, ipsa præstare recusaverit, nos eidem dictæ artis opus & exercitium penitus interdici volumus : & si contra interdictum & prohibitionem nostram dictæ artis practicæ se immiscere præsumpserit, ipsos per præpositum nostrum prædictum, prout facti qualitas popoßerit, & ad ipsum pertinuerit, volumus prima ratione puniri Nos itaque singulari ducti devotione, ad gloriosos Christi Martyres Cosmam & Damianum, confraternitatem in honorem dictorum Parisius ordinatam ingressi, medietatem integram emendarum quarumcumque præstandarum, per nos approbatos & juratos practicantes in arte prædictâ, post publicationem hujusmodi statuti, non obtenta licentiâ, ut præmittitur, operandi, quoties evenerit, in commodum & utilitatem dictæ confraternitatis, & non alibi convertendam exhiberi, in perpetuum. præposito Chirurgicorum, & confratribus confraternitatis ejusdem præsentibus & futuris, ex nostris, authoritate Regiâ, certâ scientiâ, & speciali tenore præsentium concedimus & donamus, mandantes dilectis & fidelibus gentibus compotorum nostrorum Parisiensium, ac præposito, & Receptori Parisiensi, præsentibus, & futuris, quatenus dictos, præpositum Chirurgicorum, & confratres modernos & futuros, nostro præsenti domo & gratiâ uti faciant, & gaudere perpetuò pacificè, & quietè, & emendas prædictas levando diligenter, vel colligi faciendo, prout ad quemlibet ipsorum pertinuerit, & medietatem ipsarum, dictæ confraternitatis præposito moderno, & qui pro tempore fuerit liberando commutandam in usum prædictum. Non obstantibus inhibitionibus aut mandatis, seu litteris contrariis quibuscumque : quod ut firmum & stabile sit, & perpetuò perseveret, nostrum præsentibus facimus apponi sigillum, salvo in aliis, jure nostro, & in omnibus. quolibet jure alieno. Datum Parisius , die decimâ nonâ Octobris. Anno Domini millesimo trecentesimo sexagesimo quarto.

Je ne vous ay voulu enfiler, sans cause, ces quatre pieces ensemble, ains sur une opinion d'en faire une anatomie, comme estans pieces fondamentales du College de la Chirurgie, que je voy se consister en deux Chirurgiens jurez du Roy au Chastelet de Paris, qui sont les deux chefs de cette compagnie, secondez par un Prevost biennal au fait des mœurs ; auquel, outre cela, appartient le mesnage du revenu annuel, dont il est comptable, sa Charge estant expirée : & quant au demeurant du corps, premier que d'estre receu à la Maistrise & licence de la Chirurgie, il faut subir l'examen & interrogatoire des Maistres jurez ; & aprés avoir esté trouvez capables, & tels declarez, ils sont tenus de faire le serment és mains du Prevost de Paris, ou ses Lieutenans Civil & Criminel. Particularitez dont vous recueillez quelques antiquailles, par ces trois Edits de l'an 1311. 1351. & 1366. Vray qu'il y a quelque difference, en ce que, par le premier vous voyez qu'il n'y avoit qu'un Chirurgien du Roy juré au Chastelet de Paris ; & sous le Roy Jean, deux : ordre qui s'est depuis ce temps-là observé jusques à huy. Et combien que par le premier ny second Edit, il ne soit faite mention du Prevost, si est-ce que par l'Arrest de l'an 1315, vous y voyez un Maistre Jean de Troyes, qui fut reglé en sa Charge , avec Fromont de Langre, Chirurgiens jurez du Roy au Chastelet. En tout le demeurant, les trois Edits symbolizent, pour la reception des Maistres jurez, & prestation de serment és mains du Prevost de Paris.

Toutesfois, pour ne flater en rien cette histoire, il ne faut point faire de doubte, que combien que la Chirurgie fasse part & portion de l'Art de la Medecine, & l'une des quatre Facultez de l'Université de Paris, ce neantmoins, celle de la Chirurgie n'y peut, sur son advenement, trou-ver place. Ce que vous recueillez par tous les trois Edits par moy cy-dessus cottez ; esquels premierement, vous ne voyez estre faite mention de l'Université, ains de la Ville, & Vicomté de Paris. *Edicto præsenti statuimus, ut in Villâ, & Vicecomitatu Parisiensi, nullus Chirurgicus, &c* Secondement ; que leur rendez-vous n'estoit point, en leurs receptions, pardevant le Chancelier de l'Université, ains le Prevost de Paris : & finalement, que l'on recevoit à cette Charge, les femmes aussi-bien que les hommes : profession du tout incompatible avec que celle de l'Université. Nous defendons & inhibons par tous les trois Edits (porte le langage Latin) que dedans la Ville, & Vicomté de Paris, nuls Chirurgiens , ou Chirurgiennes, ne puissent exercer l'Art de Chirurgie, soit publiquement, ou en privé, s'ils n'en esté preaiablement examinez & approuvez par les autres Maistres Chirurgiens jurez, demeurans à Paris, à ce expressément appellez ; chose de prime face estrange, & toutesfois excusable, si par nos anciens Romans (images de nos coustumes anciennes) nous trouvons que nos Chevaliers ayans esté casuellement blessez par la campagne, ils avoient recours aux plus proches Chasteaux, dedans lesquels ils trouvoient leur guerison, par le ministere des preudes-Dames, & Damoiselles. Et ainsi lisez-vous dedans l'Arioste, que Medor ayant esté par fortune trouvé par la belle Angelique, demy mort au milieu d'une grande jonchée de gens morts, fut par elle mené en une cassine, dedans laquelle elle le pansa de ses playes, & le guerissant, elle en ouvrit une nouvelle en soy, au desadvantage de Roland, & autres grands Cavaliers, qui estoient esperdus en elle. Mais laissans cette particularité à part, encores avons-nous quelque demeurant de cette ancienne Chirurgie exercée par les matrones, que nous appellons autrement sages-femmes, ausquelles, pour la pudeur du sexe, nos Ancestres laisserent la charge de recevoir les enfans naissans, fors & excepté quand la femme gisante est pressée de quelques tranchées extraordinaires, et quelles la main du Chirurgien est requise ; & sont ces matrones examinées par le Medecin, & les deux Chirurgiens jurez du Roy, & sur leur rapport, estans par eux jugées capables, elles sont receuës, font le serment és mains du Prevost de Paris, ou ses Lieutenans Civil & Criminel.

Les trois considerations par moy cy-dessus touchées, nous enseignent, qu'indubitablement les Chirurgiens n'estoient du corps de l'Université ; ou pour cela ils n'en furent pas moins prisez par nos predecesseurs. L'Université fit conscience de les recevoir, comme leurs manufactures contenans quelques cruautez. Mais pour se revanger de cest impropere, ils voüerent leur exercice à la pieté, en l'honneur de sainct Cosme, & sainct Damien, sous le nom de Confrairie. De là est venu que tous les premiers Lundys de chaque mois, aprés la celebration du Service Divin en l'Eglise de sainct Cosme, & sainct Damien, ils sont tenus de panser gratuitement tous les pauvres blessez qui se presentent à eux, & ont besoin de leur industrie. Et au lieu où, en la Faculté de Medecine les jeunes Bacheliers, ou Licentiez n'ont autres conducteurs de leurs ordres que les anciens Docteurs, dont ils en choisissent un pour leur presider en leurs actes de Bacheleries, ou Licences, les Chirurgiens d'un plus haut appareil, reçoivent cet honneur en leur Art, par les mains de deux Officiers du Roy, je veux dire, par les deux Chirurgiens du Roy jurez du Chastelet de Paris : & ce qui me semble le comble et accomplissement de cet œuvre, est que le Roy Charles cinquiesme, lequel nous avons entre tous nos Roys particulierement honoré de la qualité de Sage, non seulement gratifia cet ordre, de la moitié des amandes, qui luy seroient adjugées contre ceux qui, pour n'estre authorisez du College, se mesleroient de cet Art : mais sui plus est, par une singuliere & admirable devotion, voulut estre de leur Confrairie, sous la banniere de ces deux Saincts. *Nos itaque portent les Lettres Patentes de l'an mil trois cens soixante-six) singulari ducti devotione ad gloriosos Christi Martyres, Cosmam & Damianum, confraternitatem in honorem dictorum Parisius ordinatam ingressi, medietatem integram emendarum, &c.* Vous entendez le passage tout au long en la derniere piece, par moy cy-dessus produite.

J'adjousteray à tout cecy, plusieurs particulieres rencontres. Mais avant que d'y entrer, je veux examiner, quand fut,

fut, & par qui la premiere institution de leur College. Leur commune voix est, que ce fut le Roy sainct Louys, le tirant en couverture de l'apointé qui fut fait entre Maistre François Fiomond, & Robert de Langre, Chirurgiens jurez du Roy du Chastelet, d'une part, & Maistre François de Troyes Prevost, d'autre : cettuy soustenant que par les Statuts, & Privileges Royaux de sainct Louys, & autres Roys, il devoit seconder aux examens des nouveaux Maistres, les deux Chirurgiens jurez du Roy. Ce que je serois tres-aise de croire : mais quand je voy que par les trois Lettres en forme d'Edit, de Philippes, de l'an mil trois cens onze ; de Jean, l'an mil trois cens cinquante-deux ; de Charles cinquiesme, l'an mil trois cens soixante-six, il n'est faite aucune mention de ce grand parrein, qui non seulement avoit esté honoré de la Couronne de France, ains canonizé soudain apres son decez, je suis contrainct de baisser les mains, & imputer cette allegation à la liberté d'une plume, dont assez souvent on abuse en plein tribunal.

Et neantmoins, encores que je n'attribuë l'institution de cette compagnie à ce sainct Roy, si est-ce que nous la devons recognoistre d'une fort longue anciennete, & non grandement esloignee de son regne. Car premierement il ne faut revoquer en doubte, que sous Philippes le Bel elle estoit desjà en essence, quand par son Edit, vous voyez que pour estre Maistre Chirurgien, il falloit subir l'examen de Maistre Jean Pitard, Chirurgien du Roy, & des autres Maistres par luy pour cet effect appellez, & que cela mesme devoit estre exercé en sa posterité. Mais il y a bien plus : d'autant que par leurs anciens archifs ils trouvent, & sont d'accord, que Pitard avoit mis la premiere main au bastiment de leurs Statuts, dés l'an mil deux cens septante-huict, c'est-à-dire, huict ans apres le decez du Roy sainct Louys, qui mourut au Levant l'an mil deux cens septante : & les premiers fondemens jettez par ce personnage, receurent depuis, divers plis és années mil trois cens septante-neuf, mil trois cens nonante-six, mil quatre cens vingt-quatre, & mil cinq cens dix. Et ores que les Chirurgiens ne soient ennombrez au corps de l'Université, toutesfois vous verrez combien dés le commencement ils tascherent de s'en approcher, dont ils ne furent en tout & par tout rebutez. Car premierement ils firent verifier leurs premiers & plus anciens Statuts pardevant l'Official de Paris.

Quoniam (porte le commencement de leurs Statuts) *id industria, honestatis, & excellentia, humano rationis viventes spiritu, præ cæteris animantibus, rerum omnium natura parens edocuit, ut variis peragrando mortalis hujus peregrinationis occupati laboribus, multifarii legum, decretorum, statutorumue observantiis, quod inter politicos plerumque fieri solet, occumberent, Joannes Pitard, vir non mediocriter quidem gravitate maturus, compluresque venerabiles Chirurgica artis Magistri & Rectores, nihil nisi certo statutorum tramite gubernetur, esse divitius observandum attendentes, Chirurgica communitatis, pariterque & sanctorum Cosmæ, & Damiani Confrariæ, seu, ut alii volunt, confraternitatis statuta, universis Chirurgicam artem, hac in Parisiensi civitate exercentibus, ut exinde veneranda Chirurgiorum communitas laudabilius observetur, Anno Domini millesimo ducentesimo septuagesimo octavo, coram Officiali Parisiensi, modo & formâ, sequentibus condiderunt, eademque condentes, sacris verbis Dei inhiantes, juramentis sese fideliter, integrè, & inviolabiliter observaturos jurantes asseruerunt.* Et comme ils augmenterent ces Statuts, qui contiennent 31. articles, ils les publierent derechef, & confirmerent par serment, l'an 1379.

Dedans lesquels vous voyez une Police non esloignee de celle qui de toute ancienneté fut observee en la Faculté de Medecine, se trouvans en leur Escole, premierement Bacheliers, puis Licentiez en la Chirurgie ; & comme leur opinion fut de s'approcher en leurs actes, de l'Eglise Nostre-Dame, fondement premier de l'Université de Paris, aussi faisoient-ils au commencement, leurs assemblees en l'Eglise Sainct Jacques, & pour recevoir le bonnet de licence au Chapitre de l'Hostel-Dieu. En l'article 4. *Quicumque tam Magister, quàm Baccaloreus in congregationibus, ex consensu Juratorum, aut alicujus Magistri in Chirurgia, per præpositum adimpletâ intimatione, in Ecclesia beati Jacobi de Macello, aut in alio loco ab eodem electo factis non comparuerint, quilibet Magister pro quolibet defectu, ad emendam duorum, quilibet verò Baccaloreus ad emendam trium solidorum Parisiensium, etiam si, ut prius dilucidatum est, post intimationem urbe egressi fuerint, adstringentur.* Par cet article, vous voyez que combien qu'il fust loisible au Prevost de faire la convocation en telle Eglise qu'il luy plaisoit, toutesfois celle de sainct Jacques de la Boucherie, y est entre toutes les autres particulierement nommée. Mais sur tous est notable le vingt-sixiesme article, portant ces mots : *Statuerunt ulterius, quòd priusquam, modo & formâ nunc dictis, coram Parisiensi Præposito, aut ejus vicegerente, jam dicti licentiati offerantur die quâ Capitulo Hospitalis domûs Dei Parisius, birretum magistrale sint recepturi, antequam illud honorificè recipiant, universis, & singulis in Chirurgia Magistris, birrum seu birretum unum duplex, eo quem scarlatarium vulgariter appellant colore tinctum, vel summam quindecim solidorum Parisiensium, loco birri, pro Magistrorum voluntate, chirothecas etiam purpureo colore coloratas, sericeis pariterque, & mixtim aureis, ut moris est, munitas fissarcitas, sufracematas pendulis, ut exinde eorum liberalitas appareat, largiri tenebuntur. Ea autem birreta, & chirothecas, Chirurgica communitatis Præpositus unà cum licentiato, vel alio ab eo substituto, & uno vel duobus Magistris ad id specialiter vocatis eligere curabunt. Quibus electis, & emptis, & à Præposito communitatis, sigillo communitatis signatis, idem sæpe dictus Præpositus ex singulis Magistris Baccaloreorum, cuilibet unum par simplicium chirothecarum tribuendo, ministrare habebit. Quibus peractis, Magistris à dicto Capitulo recedentibus, dictus de novo in Chirurgia graduatus, & Magister, debet solemne prandium, ut in talibus fieri ex laudabili consuetudine solitum est, præparare.*

Vous voyez par cet article, que leurs actes de licences les plus solemnels, se faisoient au Chapitre de l'Hostel-Dieu : comme depuis, l'Université s'estendit de l'Eglise de nostre Dame, vers le mont saincte Genevefve, & des Jacobins, aussi au lieu du Chapitre de l'Hostel-Dieu, ils choisirent les Mathurins, où ils se font d'ordinaire les congregations generales de l'Université ; & au lieu de sainct Jacques, l'Eglise sainct Cosme & sainct Damien, vraye retraite de leur Confrairie. Et me semble icy chose grandement digne de remarque, que tout ainsi qu'en la Faculté de Theologie, celuy qui prenoit le degré de Docteur, estoit tenu de faire present d'un bonnet à chacun des autres Docteurs, si mieux il ne l'aimoit convertir en argent ; & en apres, un banquet general : aussi en cette Faculté de Chirurgie, celuy qui vouloit passer Maistre & Docteur, estoit obligé de bailler à chaque Docteur en Chirurgie un bonnet doublé, teint en escarlate, & gans doublez violets, ayans brodure & houppe de soye, & à chacun des Bacheliers, une paire de gans simples, & tout d'une suite, un festin : coustume presque familiere à toutes les Facultez de l'Université de Paris.

Et afin qu'on ne leur peust à l'advenir imputer, que de leur premiere institution on admettoit en l'exercice de Chirurgie, les femmes capables, tout ainsi que les hommes par le treiziesme article de leurs Statuts, il fut enjoint à tout homme qui voudroit entrer en leur ordre, d'apprendre diligemment la langue Latine. *Item, quia sæpius honorandam Chirurgica artis scientiam, ex Grammatica imperitia vilipendi, ex ejus verò peritia & eleganti verborum congruitate honorari, & Regem ipsum, majoresque reipublicæ rectores in ea plurimùm delectari solent, nullus Magistrorum, clericum nisi in Grammatica sufficienter instructum suscipiat, & id à superius dictis inviolabiliter decretum est esse tenendum.*

Sur les arrhemens cy-dessus mentionnez, encores que l'Université de Paris ne reputast ce College l'un de ses membres, en consideration de son mesnage actuel, rude, fascheux & cruel, toutesfois elle ne luy envia qu'il jouyst de mesmes Privileges que les autres Facultez. Ainsi trouvez vous dedans leurs archifs, cette lettre :

Universis præsentes litteras inspecturis. Rector, & Universitas Magistrorum, & scholarium Parisius studentium, æternam in Domino salutem. Notum facimus quod nobis super nonnullis arduis inter nos tractandis negotiis, solemniter congregatis, vir venerabilis Magister Joannes de Subfurno, in artibus, & Chirurgia Magistro, tam suo quàm discretorum virorum, Dionysii Palluau, Joannis Perricardi, Adæ Martini, Joannis Gilberti, Gaufridi Serræ, Rogerii Ernoult, Dionysii de Lens, & Petri Peuple, Magistrorum Parisius approbatorum in scientia & arte Chirurgia

rurgia scientia, Parisius per illos ad quos spectat examinatorum, & approbatorum in nostra Parisiensi Vniuersitate verorum scolarium existentium nominibus exposuit, quod modernis temporibus, contra bonum Reipublica, plures insurgunt abusores non approbati, & falsi, seu sicti Chirurgi, venerabilem Chirurgia scientiam per maxime deturbantes, ac vilipendentes, quod cedit in graue & horrendum scandalum populi, & detrimentum ejusdem, quod etiam redundare videtur in dictorum exponentium praejudicium, & grauamen non modicum, attentis magnis & notabilibus priuilegiis, à multis Francorum regibus eisdem exponentibus, & suis in dicta Chirurgia scientia praedecessoribus, concessis & indultis, videlicet quod nulli possunt in scientia, seu practica Chirurgia in villa Parisiensi seu vicecomitatu ejusdem practicare, vel officium Chirurgia exercere, nisi per juratos Domini nostri Regis, in suo Castelleto Parisiensi, & praeposito Chirurgicorum vocatis vocandis, prius fuerint examinati diligenter. & approbati, prout plenius in dictis suis priuilegiis dicebat contineri, supplicans idem Magister Ioannes de Subfurno nominibus quibus supra, quatenus praedictos Chirurgicos, & caeteros in futurum, in arte Chirurgia prout decet approbatos, reputare scholares, ac ipsos priuilegiis, franchisiis, libertatibus & immunitatibus nobis concessis, & concedendis, uti & gaudere, ac ipsos jurare vellemus. Nos vero post maturam diuturnamque deliberationem super praemissis, more solito, per habitam supplicationem praedictorum Chirurgicorum concessimus, & concedimus, prouiso tamen quod ipsi lectiones Magistrorum actu Parisius in Facultate Medicina regentium, ut moris est, frequentent. In cujus rei testimonium sigillum nostrum magnum praesentibus litteris duximus apponendum. Datum Parisius in nostra congregatione generali apud sanctum Mathurinum solemniter celebrata. Anno Domini millesimo, quadringentesimo trigesimo sexto, die decima tertia mensis Decembris, Signatum M. Hebert, & sigillo magno insignitum in cera rubra, & capsula ferrea alba contentum. Et au dos est escrit: lettres de l'Vniuersité de Paris, Soubsfour.

Autres lettres de l'Vniuersité de Paris, dont la teneur est telle:

Vniuersis praesentes litteras inspecturis, Rector Vniuersitatis studii Parisiensis, salutem in Domino sempiternam. Notum facimus, quod die data praesentium, nobis super nonnullis nostris agendis negotiis, solemniter, & per juramentum conuocatis & congregatis, discretus vir Magister Claudius Vanif, in artibus & Chirurgia Magister, tam suo quam prouidorum & discretorum virorum, Magistri Philippi Roger, Guillelmi de Nourry, Aegidii des Moulins, Guillelmi Roger, Guillelmi de Vailly, Stephani Barat, Ioannis de Lucena, Aegidii des Bruyeres, & Aegidii de Varly, Magistrorum Parisius approbatorum in scientia & arte Chirurgia nominibus, nobis exposuit, alias, videlicet anno Domini millesimo quadringentesimo trigesimo sexto, die decima tertia mensis Decembris, certis de caussis nos mouentibus, & pro utilitate reipublica visis etiam priuilegiis, ipsis Magistris in arte Chirurgia concessis, à nobis obtinuisse litteras declarationis, qualiter Magistros in Chirurgia pro tempore existentes, & caeteros in futurum reputauimus Scholares, & ipsos priuilegiis, franchisiis, libertatibus & immunitatibus nobis concessis, & concedendis, uti & gaudere debere supplicantes, in illam declarationem per nos ipsis fieri, & ad jurisdictionem ipsis dare. Quaquidem supplicatione facta, maturaque deliberatione per singulas Facultates, ut moris est, praehabita, postquam nobis constitit de litteris nostris, per nos alias eisdem Magistris concessis, & nobis exhibitis, & publice lectis, supplicationi eorundem Magistrorum annuimus, tanquam Scholares ejusdem Facultatis. In cujus rei testimonium, sigillum nostrum magnum praesentibus litteris duximus apponendum. Datum Parisius in nostra congregatione generali apud sanctum Mathurinum, solemniter celebrata, Anno Domini millesimo quingentesimo decimo quinto, die quinta mensis Martii. Ainsi signé, le Roux, & seellé sur double queuë, de cire rouge.

Autres lettres emanées de la Faculté de Medecine de l'Vniuersité de Paris.

Vniuersis praesentes litteras inspecturis. Decanus & Doctores Regentes in saluberrima Facultate Medicina Parisius, aeternam in Domino salutem. Notum facimus quod nobis super nonnullis tractandis negotiis solemniter congregatis, vir venerabilis Magister Stephanus Barat, in artibus & Chirurgia Magister, tam suo quam caeterorum virorum, Philippi Roger, Guillelmi Nourri, Aegidii des Moulins, Claudii Vaist, Guillelmi Roger, Guillelmi de Vailly, Joannis de Lucena, Aegidii des Bruyeres, & Aegidii de Varly, Magistrorum Parisius approbatorum in scientia & arte Chirurgia, & in Vniuersitate Parisius, verorum Scholasticorum existentium nominibus exposuit, quod ipsi, & eorum praedecessores in Chirurgia Magistri, tanquam veri scolastici, & de corpore, & numero dicta alma Vniuersitatis Parisius, asseuerunt uti & gaudere Priuilegiis, libertatibus, & exemptionibus quibus alii Magistri, scolastici, & supposti ejusdem Vniuersitatis gaudent & utuntur, ut per litteras dicta alma Vniuersitatis nobis ostensas exitit facta fides: nihilominibus à paucis diebus, Praepositus mercatorum & Scabini hujus urbis Parisius, dictos exponentes imposuerunt & taxauerunt pro subsidio Domini nostri Regis, tanquam priuilegia non habentes. Quapropter idem Magister Stephanus Barat nominibus quibus supra supplicauit, quatenus vellemus praedictos Chirurgicos, & caeteros in futurum in dicta scientia & arte Chirurgia prout decet, approbatos reputare, quemadmodum & jamdudum reputauimus nostros scholasticos, ac ipsos in dictis Priuilegiis, & immunitionibus quibus hactenus usi sunt, manu tenere & conseruare, necnon juuare vellemus: Nos vero post diuturnam, maturamque deliberationem super praemissis, more solito praehabitam, & attento quod dicti Chirurgici, partem Medicina, videlicet Chirurgiam exercent, supplicationem dictorum Chirurgicorum concessimus & concedimus. In cujus rei testimonium sigillum nostrum praesentibus litteris duximus apponendum, Datum Parisius in nostra congregatione, apud sanctum Yuonem solemniter celebrata, Anno Domini millesimo, quingentesimo decimo quinto, die Sabbati decima septima mensis Nouembris. Et plus bas. Ex mandato Facultatis Medecina per me Robertum le Masurier decanum dicta Facultatis. Signé, Masurier, seellé du seau de la dite Faculté.

Je vous ay cy-dessus discouru la paix qui a regné ou deu regner en l'Escole de Chirurgie, dediée à la guerison des playes. Je corneray cy-après la guerre qui a esté, & est, entre la Faculté de Medecine & elle, en l'Vniuersité de Paris; playe qui saigne dés piéça, laquelle la Cour de Parlement n'a peu tout à fait estancher, quelque appareil qu'elle y ait voulu apporter. Qui sera le sujet du Chapitre suivant.

CHAPITRE XXXI.

Du different ancien, qui a esté, & est, entre la Faculté de Medecine de Paris, & le College des Chirurgiens.

Anciennement la profession du Medecin gisoit en l'exercice de trois points. Au Conseil, selon les preceptes de l'Art pour les maladies interieures du corps humain; au razoüer & oignemens pour les exterieures: & finalement, en la confection des potions & medicamens: je veux dire qu'il estoit Medecin, Chirurgien, & Apoticaire tout ensemble : ainsi en usa le grand Hippocrat, & long entreject de temps après, Galien. Chose dont encores nous pouvons trouver des remarques tres-asseurées. Car Ulpian le Jurisconsulte disoit. *Proculus ait, si medicus servum imperite secuerit, vel ex locato, vel ex lege Aquilia competere actionem. Idem juris est si medicamentis perperam factis usus fuerit. Sed & qui bene secuerit, & dereliquit curaturum securus non erit, sed culpa reus intelligetur.* Passages par lesquels on voit que le Medecin exerçoit l'Art de Chirurgie, & encores faisoit les potions qui estoient par luy ordonnées. Or qu'il fust Apoticaire nous l'apprenons encores de deux passages d'Apulée au dixiesme livre de son Asne d'Or, par l'un desquels vous voyez un valet s'adresser au Medecin, afin qu'il eust à luy vendre de la poison, pour faire mourir promptement un homme; lequel pour le tromper luy debita un breuvage dormitif. *Venenum soporiferum*. Et en l'autre, une meschante femme, voulant haster les jours de son mary malade. *Medicum convenit quemdam nota perfidia, qui jam multarum palmarum spectatus præmiis, magna doctrina sua trophæa numerabat, ut illi venderet momentaneum venenum, illa autem emeret mariti sui mortem, jamque ægroto marito, medicus poculum probe temperatum manu sua porrigebat.* Je vous laisse le demeurant, me contentant que vous voyez par ces deux passages, que le Medecin, avecques sa profession, exerçoit ce qui appartenoit à l'Estat d'Apoticaire. Et de cette ancienneté encores en avons-nous je ne sçay quelle remarque par le cent vingt-cinquiesme Article de nostre Coustume de Paris, qui fait marcher d'un mesme pas, les Medecins, Chirurgiens, & Apoticaires au fait des prescriptions : & neantmoins par ce qu'en cet exercice il y avoit je ne sçay quoy de vieil, cela fut cause que l'usage de la Medecine Gregeoise estant arrivé dedans Rome, les Gentils-hommes Romains faisoient apprendre cet Art à leurs valets & esclaves, afin d'estre par eux secourus aucunement qu'ils fussent malades. Cela fut pareillement cause, qu'en ce nouveau mesnage d'Université, les Medecins, pour la necessité de leur charge, ayans trouvé une place entre les quatre Facultez, on estima qu'il le failoit reconnoistre en sa pure naïfveté, & luy oster la manufacture du razoüer, pilon & mortier. Et deslors furent formez trois estats distincts du Medecin, Chirurgien, & Apoticaire. Ancienneté doctement remarquée par nostre Fernel sur le commencement du septiesme livre de sa Medecine universelle. *Chirurgia* (dit-il) *primum medicinæ pars est habita, & ambæ eisdem sunt natæ authoribus. Nec Chirurgiæ alia, quam Medicinæ principia, nec alia demonstrandi sunt leges: postea vero ut unus Medicinæ dignitas splendidior præstabiliorque foret, rationis, consiliique facultatem, utpote liberalem assumentes Medici, ac suo quodammodo jure sibi vindicantes, quicquid manuum operâ geri solet, id omne ad Chirurgos, & Pharmacopolas transtulerit.* Distinction de Medecin, & Chirurgien, qui estoit dés les temps mesme du Roy Philippes Auguste en cette France, ainsi que nous apprenons du cinquiesme livre de la Philippide de Guillaume le Breton, parlant comme Richard Roy d'Angleterre au siege du Chasteau en Limosin, ayant esté feru dedans les espaules, d'une flesche, le Roy fut porté en sa maison.

Interea (dit le Poëte) *Regem circumstant undique mixtim,*
Apponunt Medici fomenta, secantque Chirurgi
Vulnus, ut inde trabant ferrum leviore periclo.

Guillaume le Breton estoit du temps de Philippes Auguste, dont il escrivit la vie, duquel le Roy Richard estoit contemporain. Or par ces trois vers vous voyez les fonctions du Medecin & Chirurgien, distinctes : mais de telle façon que le Medecin ordonnoit les fomentations pour guerir la playe, & le Chirurgien le ministere de ses mains, pour tirer la fleche du corps. Car ainsi n'estoit lors le College des Chirurgiens ouvert, comme j'ay plus amplement monstré par le precedent Chapitre. Mais depuis qu'il fut ouvert, ils voulurent en leur Art, aucunement contrecarrer la Faculté de Medecine, soustenans que leur charge gisoit non seulement en ce qui estoit de leurs mains, mais aussi de l'Art, ne pouvant l'un subsister sans l'autre. Et tout d'une suite que leur profession estoit plus certaine que celle des Medecins. Comme ainsi fut que leur vacation consis-

toit en la cure exterieure des maladies du corps, que l'on cognoissoit au doigt & à l'œil, & celle du Medecin aux interieures, ausquelles le plus du temps il y procede plus à tâton, & par jugement imaginaire d'un poux inégal, de la veine, inspection des urines, & matieres fecales, jugeant bien souvent d'un, ores que ce soit un autre mal, comme on descouvre en aprés par l'ouverture du corps mort. Ce qui a esté depuis representé en peu de vers par le Palingene en son Zodiaque sous le signe du Lyon.

Consule item si opus est Medicum, vel Clynicus ille,
Vel sit Chirurgus, Chirurgi certior est Ars.
Nam quid agat certum est, & aperta luce videtur,
Clynicus ipse autem qui nunc Physicus quoque fertur,
Dum lotium infelix spectans, inde omnia captat,
Dum tentat pulsum vena, dum stercora versat,
Fallitur, & fallit.

Adjoustoient les Chirurgiens, qu'ores que par un long progrés & succession de temps, le Medecin exerçast tant en la Grece, que Rome, les trois charges de Medecin, Chirurgien & Apoticaire, toutesfois que la Chirurgie avoit esté du commencement plus en credit. Qu'ainsi apprenons-nous de Pline, qu'Esculape, qui depuis fut canonizé par les Payens entre leurs Dieux imaginaires, se rendit au siege de Troyes plus recommandable par la guerison des playes, que des autres maladies. Et que dedans la ville de Rome, comme nous enseigne le mesme Pline, le premier Medecin qui y arriva, nommé Archagathus, fut appellé Vulnerarius, comme celuy qui guerissoit seulement les playes. Tellement que sur ces persuasions ils introduisirent entr'eux un College, tel que je vous ay discouru par le precedent Chapitre, à l'instar presque de celuy des Medecins. Et estimerent qu'à eux seuls, en consequence de leur razoüer, appartenoit l'anatomie, & dissection des corps, & le pansement des playes : & qu'en ce pansement ils pouvoient avecques leurs oignemens, selon que la necessité l'exigeoit, ordonner à leurs patiens, aposumes, clysteres, potions, saignées, comme remedes annexez à leur profession. Mesnage que les Medecins ne peurent jamais approuver, disans qu'encores que le mot Grec de Chirurgien portast quant à soy quelque prerogative chez nous, toutesfois rendu François, il ne signifioit que Manœuvre. Parole que nous employons à toutes personnes de basse condition qui vivent au jour la journée : & au surplus, soit que nous considerions le mot Grec ou François en sa naïfve signification, il ne vise qu'à l'ouvrage de la main, & non plus.

Et à peu dire les Medecins pensent que le Chirurgien ne peut rien operer sans leur ordonnance. Au contraire le Chirurgien estime que les Medecins ne luy peuvent rien commander sur le fait qui depend de la Chirurgie, si ce n'est qu'il y ait danger de la vie en un malade : auquel cas il estimoit que pour obvier à tout blasme, il n'estoit mal seant aux Medecin & Chirurgien, de concurrer ensemblement. A quoy j'adjousteray par forme de commentaire, que plus facilement deux hommes peuvent porter un corps mort en terre, qu'un seul.

Quelque differend qu'il y eust entr'eux, le Medecin estant tousjours le superieur du Chirurgien, voicy un nouvel ingredient qu'il mit en œuvre contre cette maladie. Nous avons eu de tout temps les Barbiers, gens destinez par leur mestier pour accommoder les barbes, & cheveux. Et par ce que nos ancestres se faisoient ordinairement, non tondre, ains raire leurs barbes, comme pareillement de fois à autres leurs cheveux, en quoy le razoüer estoit necessaire aux Barbiers, aussi commencerent-ils de s'aprivoiser du Medecin, par les saignées qu'il ordonnoit, & en aprés d'enjamber petit à petit sur l'estat du Chirurgien, comme je verifieray en son lieu. Et neantmoins sans aller maintenant fouiller plus avant dedans une longue ancienneté precedante, vous entendrez, que les Medecins ont accoustumé d'eslire de 2. ans en 2. ans un Doyen qui manie tout leur mesnage, & est tenu leur en rendre compte, sa charge finie. Je trouve sous le Doyenné de Maistre Michel de Colonia, que le 17. de Novembre 1491. la Faculté de Medecine fut assemblée en l'Eglise Sainct Yves, qui lors estoit son rendez-

Les Recherches de la France. LIV. IX.

dez-vous ordinaire en telles affaires, pour oüyr la plainte qui leur estoit faite par Messieurs les Chirurgiens, ainsi que porte le Registre : *Ad audiendam querimoniam Dominorum Chirurgicorum, ut ipsa dignaretur eis præstare favorem in suis Privilegiis, & signanter contra Barbitonsores, sicuti provixerat eis. Et quod graviter ferebant, quod aliqui Magistri ejusdem Facultatis exposuerant & declaraverant dictis Barbitonsoribus, anatomiam quamdam legebant etiam dicti Magistri, Barbitonsoribus linguâ vernaculâ super quibus deliberatum, & conclusum extitit, quod præfatæ anatomiæ factæ sunt præter mentem, & ordinationem ejusdem Facultatis, veruntamen credebant quod dicti Magistri sic fecerant ad evitandum majus malum, scilicet ne aliquis extraneus societet: & addidit etiam ipsa Facultas, & præcepit ne supra dicti Magistri amplius dictis Barbitonsoribus legerent, quousque alias providisset.*

Voilà la premiere escarmouche, & depuis ils s'attaquerent diversement, les Medecins se donnans tousjours quelque advantage sur les Chirurgiens. L'unziesme Janvier mil quatre cens nonante trois sous le Doyenné de Maistre Jean Lucas : *Placuit Facultati* (porte le Registre) *quod Barbitonsores habirent unum de Magistris Facultatis qui legeret eis Guidonem, & alios authores verbis Latinis, eis exponendo aliquando verbis familiaribus & Gallicis secundùm suam voluntatem.* Et permit aux Barbiers d'acheter un corps exposé au gibet pour l'anatomiser, moyennant que l'anatomie fust faite par l'un des Docteurs en Medecine. Vous voyez comme pied à pied les Medecins prenoient terre sur les marches des Chirurgiens. Au moyen de quoy sous le Doyenné de Maistre Thierry le Cyrier, le dix-huictiesme de Novembre mil cinq cens nonante quatre : *supplicavit Magister Philippus Roger Chirurgicus, ut Magistri Facultatis de cætero non legerent Barbitonsoribus in linguâ maternâ. Cui respondit Facultas, quod placebat sibi suspendere promisc, illas lectiones, non tamen volebat absoluté acquiescere petitioni illi, nisi etiam Domini Chirurgici desisterent ab ordinationibus receptarum ad Magistros Facultatis, & non ipsos Chirurgicos spectantibus.* C'estoit (comme j'ay touché cy-dessus) que les Medecins pretendoient que d'ordonner quelque Medecine à celuy qui estoit navré, cela devoit sortir de leur boutique, & non de celle des Chirurgiens. Cette querelle depuis, fut diversement promenée. Parce que sous le Doyenné de Maistre Bernard de la Vauguiere 1498. les compagnons Barbiers presenterent leur Requeste, à ce qu'il pleust à la Faculté commettre quelque Docteur, pour leur enseigner l'anatomie d'un corps qui leur avoit esté promis par le Lieutenant Criminel. A quoy s'opposerent les Chirurgiens, soustenans que cela estoit de leur gibet, & estoient prés d'y vacquer. Sur cette opposition fut ordonné le 13. Decembre, que l'anatomie seroit faite par un Docteur Medecin, qui l'expliqueroit, tant en Latin que François. Qui estoit tousjours autant esbrecher l'authorité des Chirurgiens.

Le dix-huictiesme Octobre mil quatre cens nonante-neuf, sur autre Requeste presentée par les Barbiers, il est permis de leur lire tous les livres de Chirurgie, *Dummodo id fieret sermone Latino, & non aliàs. Cum Magistri non soleant aliter libros suos legere.* Une chose sans plus, me desplaist que l'avarice se vint loger au millieu de ces contractes & altercations. Parce que sous le premier Doyenné de Maistre Richard Gassian, mil cinq cens deux, fut arresté : *Quod Domini Chirurgici facerent anatomias, si vellent obedire Facultati, solvendo tertiam partem, & præferrentur Tonsoribus, aliàs Facultas privat eos.* La premiere recepte qui est faicte en consequence de cette ordonnance, est au compte de Gassian, portant ces mots, *Alia recepta pro anatomiâ à stutendibus Chirurgicis Tonsoribus, & his qui voluerint interesse. A communitate Chirurgicorum qui solverunt tertiam partem expensarum quadraginta duos solidos Parisienses.* Sous le deuxiesme Doyenné de Maistre Jean Avis, la Faculté estant assemblée en l'Eglise sainct Yues, le troisiesme Janvier mil cinq cens cinq, se presenterent tous les Chirurgiens de Paris ayans tous le bonner aux poings (ainsi que porte le Registre) & declarerent par l'organe de Maistre Phippes Roger, qu'ils estoient Escoliers de la Faculté : dont elle demanda acte à deux Notaires de la conservation en Cour d'Eglise, Maistre Martin menart & Jean Majoris. Ce fait, Roger remontra que les Maistres Chirurgiens estoient fondez en plusieurs Privileges Royaux, au prejudice desquels la Faculté avoit besongné, en donnant permission à un François Bourlon d'exercer la Chirurgie, la suppliant que de là en avant on n'entreprist plus sur leurs anciennes prerogatives. A quoy Helin, comme le plus ancien des Medecins, respondit que ces pretendus privileges avoient esté obtenus par subreption, & sous le faux donner à entendre des Chirurgiens, les Medecins non ouys ny defendus. Et neantmoins fut advisé qu'on en deliberoit plus amplement, mesme sur la requeste presentée par les Barbiers.

Et quelque peu apres, fut passé un contract, le troisiesme Janvier mil cinq cens cinq, pardevant Calais & Coste, Notaires au Chastelet de Paris, entre Giraut Tougaut Maistre Barbier à Paris, & garde des Chartres du mestier de Barbier, Pierre Cerisay, Jean Courroye, Guillaume Alain, Jean le Fort, tous jurez, tant en leurs noms, que comme stipulans pour les autres Maistres Barbiers de cette ville de Paris d'une part; & Maistre Jean Avis natif de la ville de Beauvais, Docteur Regent en la Faculté de Medecine, Doyen d'icelle, tant en son nom, que comme stipulant pour la dite Faculté. Par lequel contract est narré que depuis quelque temps en çà, quelques Docteurs de leur Faculté auroient esté commis, pour declarer & exposer la science de Chirurgie aux supplians. Pour ces causes estoit entr'eux passé ce contract portant les articles qui s'ensuivent ; c'est à sçavoir, que ces lectures se continueroient ; quoy faisant, les Barbiers jureroient estre vrais Escoliers de la Faculté, se feroient par chacun an inscrire au papier du Decanat, & pour leur inscription seroient tenus de payer deux sous parisis, jureroient de non administrer Medecine laxative, ains seulement ordonneroient ce qui apartiendroit à l'execution de la Chirurgie manuelle : mais quand il seroit question de Medecine, ils auroient recours à l'un des Maistres de la Faculté ; que pour recevoir un Barbier à la Maistrise, on y appelleroit deux Docteurs de la Faculté, lesquels après la deliberation des Maistres Barbiers, concluroient sur la suffisance, ou insuffisance de l'examiné & pour leur assistance, auroient chacun deux escus sol pour leur salaire ; qu'ils n'exerceroient l'art de la Chirurgie avecques autre Medecin, qui ne seroit de leur Faculté, qu'après que l'examiné auroit esté trouvé suffisant, il seroit tenu de jurer, & faire le serment de ce que dessus, en la main de l'un des Maistres Docteurs Commissaires : moyennant cela, la Faculté promettoit leur faire leçon en Chirurgie, & de leur communiquer, & faire exposer les anatomies, en payant par eux les droits specifiez : & où quelques-uns les voudroient troubler en l'exercice de la Chirurgie, en ce cas la Faculté seroit tenüe de prendre le fait & cause pour eux, & les garentir, à la charge que les Barbiers seroient tenus de faire les fraiz.

Par le moyen de ce contract les Medecins passerent le Rubicon, & voulurent introduire un nouvel ordre de Chirurgie au prejudice de l'ancien. De fait, ores qu'auparavant dedans leurs memoriaux, parlans des Barbiers ils les appelassent simplement, tantost *Barbitonsores*, tantost *Barbirasores*, ils commencerent de les honnorer de ce titre, *Tonsores Chirurgici*, pour ne desmentir leur contract : & ceux qui pensoient plus elegamment parler, *Chirurgi à tonstrinâ* : & non contens de cela, par une assemblée du septiesme Juillet mil cinq cens six, la Faculté arresta : *Quod nullus Magistrorum compareret in artibus Chirurgicorum, sub pœnâ privationis.* Qui estoit faire une profession expresse d'inimitié encontre le College ancien des Chirurgiens. Je me donneray bien garde de controler ce contract, d'examiner si les Medecins pouvoient introduire une loy nouvelle, au prejudice des anciens statuts de l'Université de Paris, qui veut que les Arts s'enseignent par les siens en langue Latine, ne s'ils pouvoient attenter chose aucune au desavantage de la compagnie des Chirurgiens, ny de se faire juges & parties en leur cause.

Je laisse cette tasche à ceux qui voudront faire les Critiques, me contentant, comme simple Historiographe, de vous avoir representé, comme le fait s'estoit passé. Bien vous diray-je qu'en cette nouvelle entreprise je trouve je ne sçay quoy de sage mondain aux Medecins, quand par la closture du contract ils promettent prendre la cause des Barbiers contre les Chirurgiens, mais à leurs despens, perils, & fortunes. Qui estoit se mettre à l'abry des coups.

La connivence que les Chirurgiens apporterent à ce contract, rendit les Medecins de là en avant plus hardis, qu'ils n'avoient esté par le passé. Car le 3. de May mil cinq cens sept les Chirurgiens furent citez pardevant la Faculté de Medecine, à certain jour, sur ce qu'ils ordonnoient des clysteres, apostumes & Medecines, tout ainsi que les Medecins. Le premier de Juin ils comparent, & sur les remonstrances à eux faites, promirent, par serment fait sur les saincts Evangiles (ainsi le portent les memoriaux de la Faculté de Medecine) qu'à l'avenir ils ne tomberoient plus en cet accessoire. Ainsi trouve-je que sous le Doyenné de Maistre Jean Bertoul le 18. Decembre 1507. *Eadem Facultas per juramentum convocata dedit concorditer adjunctionem juratis tonsoribus, studentibus in Chirurgiâ, sub doctoribus dictæ facultatis in certo processu, contra eos intentato, per Juratos Chirurgicos expensis videlicet ipsorum tonsorum:* Aux anciens Registres on les appelloit *Dominicos Chirurgicos*, comme mesnagers, & ministres d'une partie de la Medecine : Icy on les nomme seulement Jurez, à l'instar des mestiers mecaniques. Ce procez prit quelque traict, mais je ne voy point quelle en fut l'issuë. Quoy que soit, sous le premier Doyenné de Maistre Jean Ruelle l'an 1508. le Doyen en pleine assemblée remonstra : *Quod Chirurgici, jam pridem inchoatum processum continuare comendebant, dederantque suas possessiones & saisinas, quæ lectæ fuerunt. Quibus auditis dedit Facultas deputatos, quorum consilio, necnon consiliariorum, in hoc processu agretur. Deputati autem fuerunt Magistri, Richardus Helin, Michael de Colonia, Theodoricus Sirier, Joannes Bertoul, & Joannes, Avis :* Au second Doyenné de Ruelle le 12. Novembre, en une congregation de l'Université : *Petita est per Decanum adjunctio Universitatis in processu quem facultas habeat, eo quod Chirurgici actus Baccalaureorum, in gravissimum Universitatis detrimentum faciebant. Cui porrectæ supplicationi se adjunxit Universitas.* Et le 9. jour de Mars ensuivant, fut advisé par la Faculté, qu'on chercheroit toutes les pieces & Arrests, qui pouvoient estre contre les Chirurgiens : & prendre Advocat, Procureur, & soliciteur. Le 28. de Decembre 1510. sous le Doyenné de Maistre Jean Guischard, fut la Faculté assemblée à S. Yues, pour le procez des Chirurgiens, & conclud que la Faculté soustiendroit fortement le procez : *Et sustineret præfatum Clodoaldum, communitatem tonsorum, adversus Chirurgos.* Et tout d'une suite fut arresté que Requeste seroit presentée à la Cour, pour contraindre les Chirurgiens de frequenter les leçons ordinaires des Docteurs en Medecine, & de soubsigner tous les ans au livre du Doyen, afin qu'on fust suffisamment informé du temps de leurs Estudes, lors qu'ils se voudroient passer Maistres en leur Art. Au demeurant, que les Barbiers seroient adjournez, sur les malversations qu'on pretendoit avoir esté par eux commises au desadvantage de la Faculté. Conclusion capitulaire, qui n'estoit ce me semble hors de propos.

Or comme ce procez se poursuivoit chaudement, le dernier jour de Janvier *comparuerunt in Burello Facultatis spontè suâ Domini Chirurgi* (en cet acte de Pacification, le mot de *Domini* eschappe) *quærentes pacem cum Facultate, ut ajebant, & finem processus contra eos, similiter inter eos & tonsores. Quibus Facultas bene convocata congratulata est, & cum gaudio benignè suscepit :* & leur declara (porte le passage) qu'ils estoient les mieux qu'à bien venus, moyennant qu'ils la voulussent recognoistre comme leur mere en cet Art; & pour trouver moyen de concorde entr'eux, elle deputa Helin, le Livier, de Colonia, Bertoul, & Rozée : qui s'assemblerent plusieurs fois avec les Chirurgiens : mais je ne voy quelle fin eut leur procez. Que si je ne m'abuse, ce fut une surceance d'armes, dont les Chirurgiens sçeurent fort bien faire leur profit : car ayans fait ceste declaration en Janvier 1510. en plein bureau, de vouloir nourrir paix & amitié avec la Faculté de Medecine, & ayans esté par elle embrassée, aussi trouvez-vous que le 5. Avril 1515. le Recteur & Université de Paris, en une congregation generale, declara que les Chirurgiens devoient estre estimez Escoliers de l'Université; & par acte emané de la Faculté de Medecine, & que comme tels, ils devoient estre declarez francs & exempts de tous imposts & aydes : le tout comme vous avez peu amplement entendre par le precedent Chapitre.

Depuis ce temps je ne voy nulle guerre ouverte entre le Medecin & le Chirurgien, ny pareillement entre Chirurgien & le Barbier, ains une longue trefve qui dura jusques en l'an 1582. qui estoit temps suffisant pour leur faire mettre en oubly leurs anciens maltalens. Toutesfois voicy comme la memoire s'en renouvella. Les Chirurgiens d'un costé n'avoient autre plus grande ambition en leurs ames, que d'estre estimez enfans de l'Université de Paris : & les Barbiers d'un autre que d'estre incorporez au College des Chirurgiens.

Pour le regard du premier point, je vous ay cy-dessus discouru en combien de manieres ils y vouluent donner quelque atteinte. Enfin se voyans assistez de deux declarations par moy presentement touchées, d'unes longues trefves qu'ils estimoient equipoller à une ferme paix, ils obtindrent unes lettres patentes du Roy François I. de ce nom, en Janvier 1544. par lesquelles il vouloit qu'ils jouïssent des mesmes Privileges, franchises, & immunitez que l'Université de Paris; à la charge que ceux qui voudroient estre Bacheliers, puis Licenciez en Chirurgie, seroient tenus de respondre en Latin pardevant les Examinateurs, qui seroient commis pour s'informer de leurs suffisances : Et au surplus, qu'ils se trouveroient en l'Eglise S. Cosme, & S. Damien tous les premiers Lundis de chaque mois, & en ce lieu seroient tenus de visiter & panser, depuis dix heures du matin jusques à douze, ceux les pauvres malades affligez en leurs membres, qui se presenteroient à eux. Ces lettres adressées à la Cour de Parlement, Chambre des Comptes, Generaux des Aydes pour y estre verifiées, toutesfois je ne voy point qu'elles y eussent passé. Bien voy-je que la derniere clause d'icelles concernant les malades, a esté pour eux, & est encores plainement executée : Et neantmoins je ne sçay si auparavant ces patentes, ceste charge estoit annexée à leur fonction : car je n'en ay rien veu ny appris par les tiltres qui sont passez par mes mains. Plusieurs années s'escoulerent du depuis, pendant lesquelles les Chirurgiens se tindrent clos & couverts, sans remuer aucun nouveau mesnage jusques au 1. de Janvier 1579. qu'ils obtindrent un Indult du Pape Gregoire XIII. par lequel en enthérinant leur requeste, il voulut conformement aux termes portez par icelle : *Ut omnes & singuli Chirurgi, tam conjugati, quam non conjugati, qui prius Grammatici, & postea in eadem Universitate Magistri artium recepti, ac ut moris est eorundem Chirurgorum examinati & approbati fuerint, ut à pro tempore existente dictæ Universitatis Cancellario, postquam professionem fidei juxta formam descriptam in ejus manibus emiserint, benedictionem Apostolicam, quemadmodum cæteri Magistri, & Licentiati ejusdem Universitatis consueverunt cum debitis reverentiâ & humilitate recipiant.*

Ce sont les propres mots de l'Indult, lequel mit aucunement en cervelle les Medecins, qui implorerent l'aide du Recteur & Suppôts de l'Université : & eux tous se joignans ensemble, appellerent comme d'abus de la fulmination de ces Bulles. Cause qui fut plaidée au Parlement par Maistre Jacques Chouard pour l'Université, par Maistre René Choppin pour la Faculté de Medecine, par Maistre Barnabé Vest pour celle des Chirurgiens ; trois Advocats de marque, & de nom : & par Messire Augustin de Thou pour Monsieur le Procureur general, qui n'oublia rien de ce qu'il pensoit faire à l'advantage des Chirurgiens, comme j'ay apris par son plaidoyé qui est tout au long inseré par l'arrest que l'on a levé: car quant aux plaidoyez des trois autres, ils y sont couchez en blanc. Et neantmoins, nonobstans les conclusions par luy prises, la cause appointée au Conseil par Arrest du Mardy 21. Mars 1582. appointement qui dormit plusieurs années, toutesfois en fin resveillé de ceste façon, Maistres Jean Philippes, Guillaume Poulet, & Estienne Bizeret ayans subi l'examen à ce accoustumé par les Maistres Chirurgiens, & esté Licenciez en Chirurgie, s'estans presentez au Chancelier de l'Université, aprés avoir fait la profession de foy prescrite, & receu la benediction portée par les Bulles, l'Université de Paris, & la Faculté de Medecine en appellerent comme d'abus, pretendans que c'estoir un attentat exprés commis en prejudice de l'appointé au Conseil de l'an 1582. Cause qui fut pareillement appointée au Conseil, & jointe avec la premiere,

par

par Arrest du 24. Mars 1609. esquelles deux causes les parties ont respectivement escrit & produit. *Et adhuc sub judice lis est.*

Je ne veux, par ce mien Chapitre, estre un composeur d'Almanachs, & prognostiquer quel je pense devoir estre le succés de toute ceste poursuite. Toutesfois si les souhaits ont lieu, (comme il est mal-aisé de commander à nos premiers mouvemens) je vous diray franchement que je souhaite les Chirurgiens obtenir gain de leur cause ; mais sous les conditions que je vous diray cy-aprés, & non autrement. Que si desirez sçavoir qui fait naistre en moy ce souhait, je le vous diray franchement. Il est certain & sans doute que la Chirurgie fait part & portion de la Medecine. Partant semble y avoir grande raison d'aggreger au corps de l'Université le Chirurgien, tout ainsi que le Medecin. N'y ayant rien qui l'en ait cy-devant forclos, que la cruauté que l'on estime se trouver en l'exercice de son estat. Et comme l'Eglise n'abhorre rien tant que le sang, aussi ne faict l'Université sa fille par son premier institut : qui est la cause pour laquelle le Medecin mesme ordonnant une saignée à son patient, ne permet qu'il employe sa main, ains celle du Barbier : chose qui devoit appartenir au Chirurgien. Tout de ce mesme fonds l'Université de son originaire & premiere institution, ne permettoit qu'aucun de ses ministres fust marié ; pour ceste cause, ny celuy qui vouloit passer Maistre és Arts, ny le Docteur en Medecine, ny le Docteur Regent en Decret, ne pouvoient estre mariez ; (car pour le regard du Docteur en Theologie, le celibat est une charge fonciere, annexée à sa profession sans exception & reserve,) & combien que le mariage fust prohibé & deffendu aux enfans de l'Université, toutesfois le Cardinal d'Estoureville Legat en France, ne douta de passer dessus ces deffenses, & de permettre aux Docteurs en Medecine d'estre mariez. Ce qui ne fut jamais trouvé de mauvaise digestion par nos ancestres : voire en plus forts termes les Docteurs en Decret s'en sont dispensez de nostre temps, sans qu'on leur ait imputé à faute, ny qu'on leur ait fait perdre leurs chaires, ores que contre leur ancienne institution ils fussent mariez. Que si un simple Cardinal Legat en France peut favoriser la famille des Medecins, & leur permettre d'estre mariez au prejudice des anciens statuts de l'Université, sans que l'on ait revoqué son Decret en aucun scandale, bien que ce fust un grand coup d'Estat, serions-nous si osez de revoquer la puissance de S. Pere en doute, de vouloir soustenir qu'il ne puisse authoriser le serment du nouveau Chirurgien, qui sera fait és mains du Chancelier de l'Université ? Singulierement eu esgard que la Faculté de Chirurgie fut declarée faire partie de l'Université par deux congregations du Recteur, faictes aux Mathurins en l'an 1436. & en l'an 1515. & encore par une autre des Medecins du mesme an. Je l'appelle Faculté, de mesme façon que celle de la Medecine, car ainsi la voy-je estre qualifiée par l'arrest de 1351. donné sous le regne du Roy Jean : par un autre sous le regne de Henry II. donné entre Maistre Charles Estienne Docteur en Medecine, & Maistre Estienne de la Riviere Chirurgien en l'an 1541. & finalement par l'arrest du 26. Juillet 1603. dont sera parlé cy-aprés, donné entre les Chirurgiens, Barbiers, & Medecins intervenans.

Voilà le premier souhait que je fais en faveur des Chirurgiens : mais pour le rendre de toutes façons accomply, & que l'on sçache qu'il ne m'entre en l'ame sous faux gages, je desire que celuy qui veut prendre les degrez de la Chirurgie soit Chirurgien, non à petit semblant, ains à bon escient. Premierement qu'il soit bien & deuëment instruit en langue Latine, comme veulent les anciens Statuts de leur ordre ; que les Medecins, aussi ceux-cy soient passez Maistres és Arts, avant que d'entrer au corps de la Chirurgie, le tout ainsi qu'il est porté par les Bulles du Pape Gregoire ; & aussi est-ce la verité qu'aux deux actes qui se passerent entr'eux & l'Université l'an 1436. & 1515. & le 3. au mesme an, avec la Faculté de Medecine, ceux qui porterent les paroles pour la Faculté de Chirurgie nommez, Jean de Soulfour, Claude Vanif, Estienne Barat, prindrent qualité de Maistres és Arts & en Chirurgie. Je desire qu'ils facent leurs premieres estudes de Chirurgie en l'escole de Medecine, ainsi qu'il leur est enjoint par l'acte de l'an 1436. par lequel ils sont advoüez enfans de l'Université : *Proviso tamen* (dit le texte) *quod ipsi, lectiones Magistrorum actu Parisius in Facultate Medicinæ Regentium, ut moris est, frequentent.* Et aprés qu'ils auront passé par tous ces alambics, qu'il leur soit permis d'entrer au cours de deux ans de la Chirurgie (rapportans bonnes & seures testimoniales de tout ce que dessus) & de choisir tel Maistre qu'il leur plaira des Docteurs en la Chirurgie, pour se rendre plus capables de cet Art, & subir les examens à ce requis & accoustumez, pour le degré premierement de Bachelerie, puis de Licence : car autrement quelques rolles qu'ils veuillent jouër sous ces dignitez Scholastiques, je ne les estime faire vrais actes de Chirurgie, ains de singerie, moulez sur ce qu'ils voyent estre practiqué doctement aux Escoles de Medecine, par les Medecins.

CHAPITRE XXXII.

Des differends d'entre les Chirurgiens & Barbiers.

Ayant par quelques livres precedans discouru des premieres & plus grandes dignitez de la France, d'amuser maintenant ma plume aux diferends du Chirurgien & Barbier, c'est promptement un soubresaut de Phaëton, du haut en bas : mais puis que j'ay baptizé cet œuvre du nom de Recherches, je ne me pense fourvoyer de mon entreprise, repassant ores sur les choses hautes, ores sur les basses. Tant y a que ce sont tousjours Recherches, les unes de plus fort, les autres de plus foible alloy. Comme aussi n'est-il pas dir que tout ce dont je feray part au Lecteur se trouve d'une mesme trempe ; & à la mienne volonté que tout ainsi que le Chirurgien & le Barbier se meslent de guerir les playes, je pense aussi estancher le sang de la leur, dont je sçay qui en fut l'Autheur, sans le dire.

Je pense vous avoir fidellement deduit par le precedant Chapitre, les differends qui furent, & sont encores entre la Faculté de Medecine & le College des Chirurgiens. Maintenant vous veux-je faire part de ceux qui sont & ont esté entre les Chirurgiens & Barbiers. En quoy je puis remarquer pour chose tres-vraye, que de toute ancienneté, il y a eu deux ambitions qui ont couru : L'une dedans l'ame du Chirurgien, afin que sa compagnie fust incorporée en l'Université : Et l'autre en celle du Barbier, que sa Confrairie fist part de celles des Chirurgiens. Chose à quoy ny l'un ny l'autre n'ont peu atteindre, quelques artifices qu'ils y ayent diversement apportez.

Et neantmoins entant que touche les Barbiers, il ne faut faire doubte, que c'est une envie qui les a touchez d'une bien longue ancienneté : comme ceux qui firent dés pieça estat de guerir les playes. A quoy s'opposerent fort & ferme les Chirurgiens. Au livre blanc des Mestiers de Paris, qui est la Chambre du Procureur du Roy au Chastelet, se trouvent ces deffenses souscrites.

L'an mil trois cens & un, le Lundy aprés la my-Aoust furent semons tous les Barbiers, qui s'entremettent de Chirurgie, dont les noms sont cy-dessous escrits : & leur est deffendu

fendu fur peine de corps & d'amende ; que ceux qui fe difent Barbiers n'ouvrent de l'Art de Chirurgie, devant ce qu'ils foient examinez des Maiftres Chirurgiens, à fçavoir mon, fe ils font fuffifans audit meftier faire.

Item que nul Barbier, fi ce n'eft en aucun befoin d'eftancher le bleffé, ne fe pourra entremettre dudit meftier : & fi toft qu'il l'aura eftanché, & affaité, il le fera à fçavoir à juftice. C'eft à fçavoir, au Prevoft de Paris ou fon Lieutenant fur la peine deffufdite.

Et au deffous font les noms de vingt-fix Barbiers, aufquels ces deffenfes font faites, foit, ou qu'il n'y cuft lors dedans Paris que vingt-fix Barbiers, ou bien qu'il y en cuft plus : mais qu'entre ce plus, il n'y cuft que ces vingt-fix qui vouluffent enjamber fur l'eftat des Chirurgiens. Tant y a que cela tefmoigne que dés lors il y avoit des Barbiers qui s'en vouloient faire accroire. Et en plus forts termes dedans les anciens Statuts des Chirurgiens, il eftoit porté par le quatorziefme article :

Item quod nullus, five Magifter, five Baccaloreus, patientem quemcunque cum Barbitonforibus, nifi femel, aut bis ad fummum vifitabit, prænominati in Chirurgiâ Magiftri juraverunt. Et quelques deftourbiers que les Barbiers recuffent des Chirurgiens, enfin leur fut permis par lettres patentes du Roy Charles cinquiefme, en date du mois de Decembre mil trois cens feptante deux, de panfer les clouds, boffes, & playes ouvertes non mortelles, mais eftans en peril eminent par faute de fecours prompt & prefent.

Et comme depuis, les Chirurgiens euffent obtenu commiffion du Prevoft de Paris, du quatriefme jour de May mil quatre cens vingt-trois, portant deffences generalement à toutes perfonnes de quelque eftat & condition qu'ils fuffent, non Chirurgiens, mefmes aux Barbiers d'exercer, ou eux entremettre au faict de la Chirurgie, & que cela euft efté proclamée à fon de trompe & cry public par les carrefours de Paris, les Barbiers s'y eftans oppofez, l'inftance prit traict pardevant le Prevoft de Paris : Et par fentence du quatriefme jour de Novembre l'an mil quatre cens vingt quatre, fut permis aux Barbiers de joüir du Privilege à eux octroyé par les lettres du Roy Charles cinquiefme, cy-deffus mentionnées. De laquelle fentence Maiftres Henry de Troyes, & Jean de Soulfour Chirurgiens jurez du Roy au Chaftelet de Paris, & Maiftre Jean Gilbert Prevoft de la Confrairie, appellerent, & releverent leur appel en la Cour de Parlement, qui lors feoit fous l'authorité du jeune Henry fixiefme, foy difant Roy de France & d'Angleterre ; & par Arreft du feptiefme jour de Septembre mil quatre cens vingt-cinq, il fut dit qu'il avoit efté bien jugé, mal & fans grief appellé, & les appellans condamnez en l'amende du fol appel, & és defpens : L'arreft fut prononcé en Latin, ainfi que portoit la commune ufance.

Par cet Arreft il eftoit permis de panfer clouds, boffes & playes de la nature que deffus ; & par l'Ordonnance du Prevoft de Paris de l'an mil trois cens un, deffendu aux Barbiers d'exercer le fait de la Chirurgie, qu'ils n'euffent efté prealablement examinez & jugez fuffifans par les Maiftres Chirurgiens : Voicy un autre placard que je trouve au Regiftre de la police du Chaftelet de Paris, du 16. jour d'Aouft 1545.

Nous Philippes Fleffelles Docteur Regent en la Faculté de Medecine, & Medecin juré du Roy noftre Sire audit Chaftelet de Paris, & Jean Maillard Docteur Regent en ladite Faculté, fubftitué en l'abfence dudit Fleffelles ; & Pafcal Bazin Chirurgien, juré du Roy noftre Sire audit Chaftelet, & Sebaftian Danify Prevoft defdits Chirurgiens à Paris, & François Bourlon Chirurgien juré à Paris, & ledit Bourlon commis par Guillaume Roger Chirurgien juré du Roy noftre Sire audit Chaftelet, pour ce que ledit Roger eftoit detenu au lict, malade d'une fievre tierce : certifions qu'en vertu de certaine Ordonnance donnée en la Chambre de la Police, dattée du fixiefme jour d'Aouft, & fignée, Valet, nous avons procedé à l'audition, examen, & experience des deffous nommez, fur le fair de la cognition & curation des clouds, boffes, antrax, & charbons, tant fur les differences d'iceux, que fur les phlebotomies & faignées, diverfions qui en tels cas conviennent, & fe doivent faire,

& aufli pour la parfaicte curation d'icelles; & tout veu & confideré, les refponces des deffous nommez, tant en Theorique, que Pratique, les difons eftre idoines & fuffifans, pour guerir lefdits clouds, antrax, boffes & charbons : le tout certifions eftre vray : Tefmoins nos feings manuels icy mis, le vingt-fixiefme jour du mois d'Aouft, l'an mil cinq cens quarante-cinq : noms & furnoms, Jean Becquet, Pierre Grefle, Jean Pean, Eftienne Bizeret, Jean Fremin, Simon Chefneau, Sulpice Pilors, Hugues Maillard, Jean Bigot, Benjamin Gaffon, Guillaume Dibon, Jean Daqueu, Baltazard le Chien, Raulequin Robillard, Jean Tabuffo, *Signé* Maillard, de Fleffelles, Danifi, Bafin, & Bourlon : dont & defquelles chofes lefdits denommez & fuppliants, à fçavoir, lefdits Dibon, Becquet, & conforts, nous ont requis ces prefentes, efquelles en tefmoin de ce, nous avons faict mettre le feel de ladite Prevofté. Ce, fut fait & extrait, l'an mil cinq cens quarante-cinq, le Lundy 19. Octobre. Ainfi figné Goyer, & au deffous Fouques.

Je vous ay reprefenté cefte piece tout de fon long, pour vous monftrer comme les chofes alloient lors entre les Chirurgiens & Barbiers, & à vray dire, c'eftoit au temps qu'il y avoit furfeance d'armes entre les Medecins & Chirurgiens : mais depuis que les armes furent reprifes entr'eux, ils fe livrerent toute autre chance. Depuis ce temps, les Barbiers affiftez de l'authorité des Medecins provignerent grandement leur eftat au prejudice des Chirurgiens : Et fpecialement pendant les Troubles qui commencerent en cefte France, vers l'an mil cinq cens quatre-vingts cinq, & continuerent quelques ans. Qui fut caufe que les chofes eftans aucunement racoifées, & que le Roy Henry le Grand eftant rentré dedans Paris, les Chirurgiens obtindrent nouvelle commiffion du Prevoft de Paris ou fon Lieutenant du feptiefme Fevrier mil cinq cens nonante fix, par laquelle eftoit deffendu à toute perfonne de quelque eftat & qualité qu'elle fuft de s'entremettre en appert (c'eft le terme porté par icelle) ou en fecret, en quelque place, jurifdiction, ou terre que ce fuft, de la ville, Prevofté & Vicomté de Paris, de faire ou exercer chofe qui appartient audit art & fcience de Chirurgie : fi auparavant ceux qui uferoient, ou voudroient ufer dudit art & fcience de Chirurgie, n'eftoient examinez par les deux Chirurgiens jurez du Roy au Chaftelet : Avecques eux & par eux appellez & convoquez les autres Maiftres experts & jurez, & par iceux trouvez capables & fuffifans pour exercer ledit art & fcience, & qu'ils euffent efté rapportez tels, fait & prefté le ferment pardevant le Prevoft de Paris ou fon Lieutenant, de bien & loyalement practiquer ledit art & fcience, avecques permiffion de joüir des Privileges octroyez au corps & College des Maiftres Chirurgiens jurez à Paris, & avoir pour marque, les bannieres de Saint Cofme & Saint Damien, avec trois boëttes au devant de leurs maifons & feneftres.

Exceptez toutesfois les Barbiers tenans ouvriers & boutiques à Paris, lefquels fe pourroient entremettre fi bon leur fembloit de curer & guerir clouds, boffes, & playes ouvertes, en cas de peril ; fi les playes n'eftoient mortelles, le peril d'icelles premierement rapporté à juftice, toutes les fois qu'ils feroient appellez à ce. Et pour ce faire, pourroient iceux Barbiers bailler & adminiftrer emplaftres, oignemens, & autres medicamens neceffaires pour la guerifon d'iceux clouds, boffes, & playes ouvertes, audit cas de peril : fi lefdites playes n'eftoient mortelles, lefquelles feroient panfées & medicamentées par lefdits Maiftres Chirurgiens, & non d'autres, le peril d'icelles premierement rapporté à Juftice : Et ayans efté au prealable lefdits Barbiers fur lefdits clouds, boffes, & playes ouvertes, interrogez par lefdits deux Maiftres Chirurgiens jurez du Roy au Chaftelet, avecques eux lefdits Maiftres Chirurgiens jurez appellez ; ainfi qu'il eftoit porté par les Chartres des Roys de France, Sainct Louys, Philippes le Bel, & autres leurs fucceffeurs, confirmé de Roy en Roy, & par le Roy Tres-Chreftien Henry IV. lors regnant.

Item eftoit deffendu de par le Roy, & ledit fieur Prevoft de Paris, à tous les Maiftres Barbiers tenans ouvriers en la ville, Prevofté & Vicomté de Paris, que dorefnavant ils ne s'entremiffent dudit art & fcience de Chirurgie autrement,

ment, & plus avant que permis leur eftoit, & qu'ils n'euffent efté au prealable examinez, fur peine d'amende ar-
bitraire.

Ordonnance qui fut leuë & publiée à fon de trompe &
cry public par les carrefours de la ville de Paris, & lieux à
ce accouftumez, par Robert Kerver crieur juré pour le Roy,
accompagné de Pierre Gilbert, & Mathurin Noiret Trompettes jurez, le 25. Septembre 1600.

Je vous ay couché tout au long les deffences faictes par le
Prevoft de Paris, comme fondement des nouvelles querelles : car encores qu'il femblaft n'eftre rien par icelles attenté au prejudice de l'ancienneté, toutesfois les Barbiers en
appellerent, & la caufe plaidée au Parlement, les Medecins joints aveques, appointée au Confeil : Enfin, par Arreft du vingt-fixiéfme Juillet mil trois cens trois, la Cour
mit les appellations, & ce dont avoit efté appellé, au neant,
& ordonne que les Maiftres Barbiers Chirurgiens (ainfi
font-ils appellez par cet Arreft) ne feroient à l'advenir compris aux affiches & proclamations des Chirurgiens. Et leur
permet de fe dire & nommer Maiftres Barbiers Chirurgiens,
curer & penfer toutes fortes de playes & bleffures comme
ils avoient cy-devant fait, aprés qu'ils auroient fait le chef-
d'œuvre accouftumé, & efté interrogez par les Maiftres Barbiers Chirurgiens, en la prefence de quatre Docteurs en Medecine, & deux du College des Maiftres Chirurgiens. A la
charge, que fuivant l'Arreft du 10. Novembre 1554. iceux
Barbiers Chirurgiens de cefte ville & faux-bourgs fervi-
roient chacun à leur tour, trois mois, fans gages, à la Police des pauvres : deux, en l'Univerfité ; un, en la Cité, &
deux, du cofté de la ville, felon le partement des Commiffaires du Bureau des pauvres. Et comme les Barbiers vouluffent aucunement intervertir la qualité nouvelle à eux
baillée, & qu'ils fe vouluffent qualifier Chirurgiens Barbiers, la Cour par autre Arreft du vingt-cinquiéfme Avril
1525. leur defendit de ce faire ; ainfi qu'ils fe nommaffent
Barbiers Chirurgiens fuivant l'Arreft de l'an 1603.

Par l'obfervation que j'ay faite des procedures qui fe font
paffées entr'eux, je trouve que les Barbiers ont toufiours
gaigné quelque pied au defavantage des Chirurgiens : Car
ainfi le vois-je eftre advenu, premierement, par l'Arreft de
l'an 1425. Et combien que depuis par tous les autres Arrefts
fubfequents, ils ne fuffent nommez que Barbiers, ou fi on
les nommoit Barbiers Chirurgiens, c'eftoit fous cefte proteftation qu'on y adjouftoit tout d'une fuite, que les qualitez ne prejudicieroient aux parties ; toutesfois par l'Arreft de
1603. ils font declarez Barbiers Chirurgiens ; qualité qui
leur eft depuis demeurée.

Et que plus eft, ores que par l'Arreft de l'an 1425. l'exercice de la Chirurgie leur euft efté permis à certain genre de
maux, toutesfois par ce dernier, la porte leur eft ouverte
à toutes fortes de playes, tout ainfi qu'au Chirurgien, fans
aucune limitation. Comme auffi eft ce verité que devant
l'Arreft, les Barbiers favorifez de la Faculté de Medecine,
s'en eftoient fait grandement accroire. Et à vray dire, fi les
Chirurgiens n'euffent du commencement conillé en leur
faict, ains fe fuffent vivement oppofez aux entreprifes des
Barbiers, je ne fais aucune doute qu'ils euffent obtenu en
tout & par tout gain de caufe ; car il eft certain que l'eftat
du Barbier eft un meftier mechanique, tel recogneu par le
cent vingt-deuxiéfme article de la Couftume de Paris, & celuy de Chirurgie fait part & portion de l'Art de la Medecine, comme nous voyons par le cent vingt-cinquiéfme article
de la mefme couftume fous le titre de Prefcription. Mais l'o-
piniaftreté du Barbier l'ayant gaigné par long ufage, & une
infinité de tant de Maiftres que compagnons Barbiers, ayans
affigné leurs vies fur cet exercice, on a efté contraint d'ac-
quiefcer, en partie, à leurs volontez fous les modifications
portées par l'Arreft. Ainfi pour bannir la confufion, paffe-
l'on fouvent plufieurs chofes par tolerance, qui d'ailleurs
ne feroient aucunement tolerables.

Or eft-ce une chofe qu'il faut remarquer, que quelque
different qu'il y ait entre le Medecin & Chirurgien, la Faculté de Medecine n'a douté de recevoir les Maiftres Chirurgiens Barbiers en leur Faculté, quand d'ailleurs ils fe
font trouvez capables & fuffifans. Auffi avons-nous veu
autresfois un Maiftre Jean le Gay, & aprés luy un Maiftre

François d'Amboife, tous deux Maiftres jurez en la Chirurgie, avoir efté paffez Docteurs en la Medecine. Ny le
nouveau titre de Medecin par eux acquis, ne leur fit oublier celuy de Chirurgien, & de comparoir comme tels aux
actes publics de la Chirurgie. En cas femblable, nonobftant les anciens differends qui eftoient entre les Chirurgiens
& Barbiers, fi on voyoit un Barbier qui par longue traicte
de temps euft acquis nom au fait de la guerifon des playes,
encore qu'il ne fuft verfé en la langue Latine, on ne laiffoit
pas de l'en difpenfer, moyennant qu'en la langue Françoife, il fceuft fort bien refpondre aux actes de Bachelerie &
Licence ; fupleant le deffaut de la langue Latine, par la longue pratique & experience. A la charge toutesfois qu'entrant en ce College il fuft tenu de quitter les baffins, & tout
ce qui dependoit de la Barberie, que les Chirurgiens eftiment barbarie, non compatible aveques leur profeffion :
Et ainfi furent receuz en leur Ordre, Maiftre Eftienne de la
Riviere, & Ambroife Paré : Celuy-là du depuis, Chirurgien du Roy, grand Perfonnage au fait de la Chirurgie,
comme nous voyons par les vingt & cinq livres que nous
avons de luy pour cet effect. Et fe faict cefte renonciation,
pardevant Notaires, par le Barbier ; les premiers & principaux des Chirurgiens ce ftipulans & acceptans.

Suivant cette ancienne police, les Chirurgiens receurent
és années mil fix cens dix, & mil fix cens unze en leur College, Nicolas Habicot, Jacques Marque, & Ifaac d'Allemagne Maiftres Barbiers, aprés avoir efté examinez fous la
condition que deffus, d'ofter les baffins de leurs enfeignes,
& de quitter le meftier de Barbier. A quoy toutesfois ils n'o-
beirent : car comme ils euffent appofé à leurs enfeignes
Sainct Cofme & Sainct Damien, & au deffous trois boëttes,
enfeigne ordinaire des Chirurgiens, ils ne fermerent leurs
boutiques de Barbiers, & comme les Chirurgiens leur en
euffent faict inftance au Parlement, au contraire que la
communauté des Barbiers fe fuft jointe aveques leurs trois
compagnons, en laquelle il n'y avoit pas moyen de fubfifter ; finalement ils s'aviferent d'obtenir lettres patentes dit
Roy au mois d'Aouft l'an 1613. addreffées à la Cour de Parlement, fous l'humble fupplication du College des Chirurgiens, & des Lieutenant, Sindic, Jurez, & Gardes de la
Communauté des Maiftres Barbiers Chirurgiens. Par lefquelles lettres, le Roy prefuppofant fous un faux donné à
entendre, que ces deux compagnies fuffent d'accord, les
incorpore enfemblement, pour jouïr dorefnavant concur-
remment des droits, libertez, & franchifes appartenans aux
uns & autres ; fans qu'à l'advenir ils fe peuffent feparer, à
la charge de garder par chacun d'eux les Ordonnances &
Statuts de l'Art de Chirurgie, & empefcher les abus, à peine de privation de leurs privileges, & que nul n'y peuft eftre à l'advenir receu, finon en fubiffant l'examen porté par
l'Arreft du douziéfme Aouft 1606. fans toutesfois y abftrein-
dre les Maiftres Barbiers ja receus. Ces lettres verifiées en
la Cour fans aucun obftacle, d'autant que l'on eftimoit qu'il
n'y euft rien de malefaçon : ains qu'elles euffent efté obtenuës par un vœu commun & general des deux compagnies.
A la verité, ainfi que j'ay entendu, deux ou trois Chirurgiens abufans du nom du College, s'eftoient mis de cefte
partie : mais le corps general eftant adverty de cefte publication de lettres, s'y oppofe, & pour rendre fon oppofi-
tion plus forte & affeurée, obtient lettres le vingtiéfme Decembre 1613. en forme de Requefte civile, par lefquelles
ils defavoüent tout ce qui avoit efté fait, remonftrans que
le meftier du Barbier par fes Statuts anciens, & le College
des Chirurgiens par les fiens, ne pouvoient compatir enfemble : tellement qu'on vouloit faire d'une impoffibilité
un poffible. Or avant que la caufe fuft plaidée, les Barbiers
chantans entr'eux un *Te Deum*, comme s'ils euffent obtenu pleine victoire, commencerent de prendre la qualité de Chirurgiens, fans y adjoufter celle de Barbiers. Et
neantmoins comme corps mety, bigarrent (au moins la
plus part d'eux) leurs enfeignes de boëttes, & de baffins,
quittent l'Eglife du Sepulchre, retraicte ancienne de leur
Confrairie, fe veulent aggreger en celle des Chirurgiens,
prennent le bonnet quarré & la robbe longue, le jour & fefte
Sainct Cofme, & veulent quelques-uns des principaux y
avoir place avec les Chirurgiens, qui les en empefchent
fort

fort & ferme. Enfin, la cause plaidée par Galand, pour les Chirurgiens; & par la Martheliere, pour les Barbiers, fut la Requeste civile entherinée; & par Arrest du 23. Janvier 1614. les parties remises en tel estat qu'elles estoient auparavant. De maniere qu'ils ont esté contraints de despendre les nouvelles enseignes qu'ils avoient mises devant leurs maisons. Jusques icy je ne vous ay compté que noises & altercations entre personnes de basse estoffe; je vous diray maintenant quelle a esté la fin & catastrophe de ceste comedie, qui vous apprestera peut-estre à rire. Depuis l'Arrest, les Barbiers voulans reprendre leur ancienne brisées du Sepulchre, pour y continuer leur Confrairie comme auparavant, j'entens qu'ils en ont esté empeschez, parce que les Chapeliers y avoient esté surrogez en leur lieu; & comme les Barbiers insistassent au contraire, il advint à quelque gausseur de leur dire: Qu'ils n'avoient besoin de Sepulchre puis qu'ils estoient encore vivans: Sur quoy un autre le voulut renvier disant; vous vous abusez, car ayans perdu leur cause, ils s'estiment comme morts & dignes du tombeau: si ce compte n'est vray, pour le moins est-il bien trouvé. J'ay esté long en la deduction des differends du Medecin, Chirurgien, & Barbier, comme desireux que les discours que j'en ay faicts, puissent empescher que la Cour de Parlement ne soit plus empeschée à les terminer; ains que chacun d'eux mettent les mains sur leurs consciences pour n'entreprendre les uns sur les autres. Ce dont je me deffie grandement, parce que je les voy tous diversement ourdir la toile de Penelope, & estre deffait en une nuit, ce qui avoit esté par eux tissu en un jour.

CHAPITRE XXXIII.

Que le Droict Civil des Romains, compilé par l'Ordonnance de l'Empereur Justinian, fut longuement perdu, & quelques centaines d'ans aprés, retrouvé.

PUisque nous avons naturalizé en nostre France le Droict Civil des Romains, qui du commencement nous estoit Aubain, & basty sur ses ruines plusieurs polices non cogneuës, ny sous la premiere famille de nos Roys, ny sous la seconde, ny bien avant sous la troisiesme, je ne pense faire œuvre esloignée de mon projet, si je discours de quelle façon, ayant esté perdu, il fut retrouvé, & comme depuis par succession de temps il se vint loger en ce Royaume, dont nos Universitez de Loix prindrent leur origine. Histoire si je ne m'abuse, non aucunement traictée par aucun en son tout. En la deduction de laquelle si je passe les Monts, pour puis me trouver dedans nostre France, je ne me fourvoyeray non plus, que quand du commencement de cet œuvre, j'ay passé le Rhin pour recognoistre l'ancienneté de nos premiers Roys. D'une chose sans plus prie-je le Lecteur, vouloir recevoir de moy ceste mienne estude, d'un aussi favorable accueil, comme je luy en fais present.

L'Empereur Justinian ayant faict reduire les Ordonnances de ses devanciers, en douze livres, soubs le titre du Code, & les Advis des Jurisconsultes soubs les noms de Pandectes & Digestes en cinquante, & à tout cecy annexé ses nouvelles Constitutions, & les quatre livres des Institutes, abregé de tout le Droict en forme d'Art, prohiba tres-estroitement que nul ne fust si osé d'y faire aucuns Commentaires de longue haleine, ains seulement des Paratitles, c'est-à-dire, de briefs argumens sur les titres: prevoyant la confusion qui pourroit advenir, & ne voulant qu'on tombast au mesme desastroy qui s'estoit auparavant trouvé par le nombre innombrable des livres faicts par les Jurisconsultes. On ne peut derober à ce nouveau mesnage de Droict, qu'il n'y ait une infinité de belles Decisions; & singulierement que les Pandectes, ne soient escrites en beau Latin, encore que de fois à autres on y trouve des paroles & manieres de parler esloignées du temps de Ciceron & Cesar. Et ne fais aucune doute que Tribonian principal entrepreneur de ceste tasche, n'en envoyast des coppies exemplaires par les Provinces sujettes à l'Empire, tant pour contenter l'opinion de l'Empereur son Maistre, que la sienne propre. Toutesfois la question n'est pas petite de sçavoir s'il fut tout aussi-tost observé; d'autant que quelques esprits hardis se mettans à l'essor, soustiennent que l'execution de cet ouvrage fut seulement un souhait (tout ainsi comme il nous en prend en ces longues Ordonnances Royaux, qui sont faites & assemblées, & sur les Remonstrances des trois Estats) & que jamais il n'eut cours, ny du vivant de Justinian, ny depuis.

Long-temps auparavant sa venuë (disent-ils) & aprés, l'Empire fut non seulement troublé, ains amorcelé pas les Huns, Alains, Vendales, Visigots, Ostrogots, Bourguignons, François, Pictes, Escossois, Anglosaxons, Lombards; le son de leurs tambours, clairons, & trompettes, fit que ce Droict ne peut estre ouy. L'Allemagne non jamais sujette au Romain, l'Italie, la Gaule, l'Espagne, & la grand'Bretagne, voüées à autres Saincts, la ville de Rome estoit, sinon esclave, pour le moins espave de celuy qui premier s'en emparoit, tantost d'un Odoacre Roy des Heruliens, tantost d'un Theodoric Roy des Ostrogots. Et quant à Constantinople, sejour ordinaire du Prince, encore que Justinian fut tres-heureux hors sa ville contre les estrangers, par la conduite de son grand Belissaire, toutesfois il se trouvoit au dedans mal-heureux de la part de ses citoyens. Une infinité de bourasques, revoltes & seditions, dont sourdirent meurtres sur meurtres, & ruines des maisons & Eglises, mesme de celle de Saincte Sophie, miracle de tout l'Univers, qui fut arse. Un Tribonian patrain de ceste nouvelle œconomie de Droict, ores banny de la Cour de son Prince, pour contenter la populace, ores restably. Sa fortune estoit lors bastie sur une boule. Et vrayement tant de particularitez concurrantes ensemble, me contraignent de croire que ce Droict nouveau mis en ordre, fut pour un avorton d'Estat aussi-tost esteint comme né. Dont la memoire fut ensevelie l'espace de cinq ou six cens ans, & non renouvellée; sinon lors que la plus part des Provinces Occidentales, & Septentrionales, s'estoient eschangées en nouveaux visages. Car pour le regard des provinces Orientales, à grand peine, pour y estre aujourd'huy ce Droict totalement incogneu: mais je parle de celles, ausquelles il est infiniment honoré & respecté, ores que lors de sa naissance, vilipendé le possible: & neantmoins s'il vous plaist de repasser sur celles du Levant, combien que je n'aye aucun advis de l'ancienneté, si ce Droict y fut en usage, toutes fois à discourir de ce faict par conjectures non impertinentes, s'il y fut autres-fois observé, cela dura jusques au temps de l'Empereur Basile, par le commandement duquel tout ce qui estoit en usage, tant de la part de Justinian, que des Empereurs subsequents, commença d'estre recueilly. Œuvre depuis parachevé par l'Empereur Leon son fils, auquel il donna le tiltre de Basilicon: à ce faire induit, ou pour favoriser la memoire de l'Empereur son pere, qui en avoit esté le premier promoteur, ou bien encore pour le mot signifie en langue Grecque ce que nous disons en nostre vulgaire, Ordonnances Royaux, sur lesquelles il vouloit que son Estat fust reiglé. Tellement que je puis dire, comme une chose vraye, qu'ores que ce Droict y eust regné quelque temps, si est-ce que ce regne fut de petite durée, & non de longue estenduë.

C'est

C'est ainsi que quelques-uns se joüent de leurs esprits, non paravanture sans cause : & toutes-fois il faut croire qu'ores qu'il ne fust observé par forme de Loy, és Provinces par moy cy-dessus touchées, si est-ce qu'il estoit pour sa valeur logé en quelques Bibliotheques signalées, dont les doctes plumes sçavoient bien faire leur profit. Ainsi le voyez-vous dedans Yves Evesque de Chartres en ses Epistres, sur les questions qui luy estoient proposées, pour la resolution desquelles, il s'aidoit premierement de l'authorité des vieux Peres de nostre Eglise, & incidemment par forme d'appenty, des Pandectes, Code, Constitutions nouvelles & des Institutes. Ainsi en ses lieux communs qu'il intitula Decret, & specialement en sa seizieme partie qui en est pleine : ainsi dedans Gratian : Quoy plus ? Les Papes mesmes en ont ainsi par fois usé, non qu'ils pensassent leur authorité dependre des Loix par eux alleguées, mais pour donner plus de feüille à leurs Constitutions Decretales. Et vous diray que sous nostre bon Roy S. Louys nous eusmes un Pierre de Fontaine, qui composa en nostre vulgaire la Practique Judiciaire, qui lors estoit en vogue, pour monstrer en quoy nous symbolizions avec les Loix de Justinian, & en quoy nous estions discordans. Livre par luy dedié à la Roine Blanche mere de S. Louys.

Ny pour tout cela nous n'avions Universitez de Loix authorisées par le Magistrat. Advint l'an 1100. (cela s'appelle cinq cens ans &, peu après le decez de Justinian) que les Pisans ayans pris d'emblée, & pillé de la ville de Melfe, au Royaume de Naples, ils y trouverent casuellement en un Tome, les cinquante livres des Pandectes, qu'ils firent transporter à Pise, & garder tres-soigneusement, comme un bien grand & riche butin.

L'opinion de quelques-uns est, que ces cinquantes livres avoient esté auparavant pour la commodité du Lecteur, divisez en trois Tomes (si vray ou non, je m'en rapporte à ce qui en est) & qu'au premier on avoit mis vingt-quatre livres, au second quatorze, au troisiesme douze. Et sur ce la font des contes à perte de veuë, ou bien pour demeurer dedans les termes du vieux proverbe François, font des contes de la peau d'asne, auxquels il n'y a rien que de l'asnerie, disans que le premier ayant esté retrouvé, & quelque temps après le second, celuy-là fut appellé le Digeste vieux, & cestuy-cy Infortiat, comme un renfort du premier. Et finalement le troisiesme avoir esté intitulé Digeste nove, comme celuy qui avoit esté retrouvé de plus fraische memoire que les deux autres ; grotesques qui ne meritoient de vous estre representées, mais pour telles qu'elles m'ont esté debitées, je vous en fais part. L'ignorance a produit ceste distinction de livres, & ces trois mots goffes, & la mesme ignorance fait que nous ne sçavons, quand elle fut introduite. Bien vous puis-je dire qu'elle est d'une bien longue ancienneté : car en nostre Chambre des Comptes de Paris nous trouvons au Memorial cotté C, que le 17. de Janvier 1358. (c'estoit sous le regne de nostre Roy Jean) *quoddam Digestum novum quod erat in armario Cameræ Computorum Regis, & fuerat ibi diu custoditum, fuit traditum Magistro Jacobo de Passiaco, Magistro Cameræ Computorum sub precio octo denariorum auri ad scutum, appretiatum per Fiderandum Librarium juratum Parisiensem, morantem in Vico novo* (c'estoit la ruë neufve Nostre-Dame, où lors une bonne partie des Libraires faisoit son habitation) *præsentibus Magistris de Sancto Justo, & Joanne de Hiscomino.* Passage lourd & grossier, duquel toutesfois je recueille, que ce Digeste avoit esté des pieça mis és anciennes armoires de la Chambre, comme piece de merite, & que deslors il estoit appellé Digeste nove. Particularité que je ne vous ay pas touchée sans cause, d'autant que les cinquante livres des Pandectes ayans esté trouvez dedans Melfe en un seul Volume, on commença de le respecter, comme une venerable & correcte ancienneté, c'est ce que depuis nous avons appellé Pandectes. Parce que les Florentins s'estans faicts Maistres de la ville de Pise, voulurent aussi que ce beau joyau fist son sejour en leur ville.

CHAPITRE XXXIV.

Restablissement du Droict Civil des Romains, & premier aage de ceux qui le commenterent.

OR pour n'enjamber sur les temps, le Pisan ayant ce Livre chez soy, permettoit en estre prises diverses copies, l'original demeurant par devers luy. Le premier qui y mit la main sous meilleurs gages, fut un Warnerius Allemand, appellé par quelques uns Garnerius, par une transformation des deux VV, en G, & finalement Irnerius, nom qui luy est demeuré jusques à huy. Cestuy enseignant les Lettres Humaines en l'Université de Boulongne la Grasse, il luy prit opinion de feüilleter à Pise ces Pandectes, & en unes & autres Bibliotheques, les autres Livres de Droict; & non content de ceste diligence, fit quelques extraits des nouvelles Constitutions de Justinian, les appropriant comme pieces de marqueterie, à certaines Loix anciennes du Code, que par ce moyen il modifia, amplifia, corrigea sur le modele de ces nouvelles ; & furent ces placards par luy nommez Authentiques : tout d'une main fit quelques brieves annotations, tant sur les Pandectes, que Code : & non content de ceste belle emploite, ayant empieté quelque faveur prés de l'Empereur Lothaire second, obtint de luy par l'intercession de la Princesse Mathilde, que ce Droit de Justinian fut enseigné en toutes les Universitez de son obeïssance. Ne dérobons point ceste ancienneté à celuy qui nous en donna le premier advis, l'Abbé d'Uspergense en sa Chronique, aprés nous avoir dit que sous l'Empire de Lothaire second, Gratian avoit fait son recueil des anciens Concils & Decrets, adjouste tout suivamment : *Eisdem quoque temporibus Warnerius libros legum, qui dudum neglecti fuerant, nec quisquam in eis studuerat, ad petitionem Mathildis Comitissæ renovavit, & secundum quod olim à Divæ recordationis Imperatore Justiniano compilata fuerant, paucis forte verbis alicubi interpositis, eos distinxit. In quibus continentur instituta præfati Imperatoris quasi principium & introductio Juris Civilis. Edita quoque Prætorum, & Ædilium Curulium, quæ rationem, & firmitatem præstant Juri Civili. Hæc in Libris Pandectarum videlicet, & Digestis continentur. Additus his quoque liber Codicis, in quo Imperatorum statuta distribuuntur. Quartus quoque liber est Authenticorum, quem Præfatus Justinianus, ad suppletionem & correctionem legum Imperialium superaddidit.* Cet Abbé vivoit six ou sept-vingt ans après l'Empereur Lothaire second, & pour ceste cause nous pouvoit bailler de certaines & fidelles instructions. Quant au surplus, Lothaire fut fait Empereur en l'an 1226. & mourut en l'an 1238. De maniere que ceste nouvelle police d'estude introduite dedans ceste douzaine d'ans de 26. à 38. deslors commencerent plusieurs sous l'estendart d'Irnerius de s'employer à l'explication de ce Droict, dont je fais trois aages ; des premiers que l'on appella Glossateurs : des seconds qui se nommerent Docteurs en Droict : des troisiesmes qu'il me plaist appeller Humanistes, pour nous avoir meslé en beau langage Latin, les Lettres Humaines avecques le Droict.

Pour la premiere chambrée, je mets aprés Irnerius, uns Hugolinus, Martinus, Bulgarus, Aldericus, Pileus, Rogerius, Joannes, Odofredus, Placentinus, dont la flotte dura jusques en l'année mil trois cens, faisans à l'envy l'un de l'autre & à qui mieux mieux, des Annotations (ainsi que leur premier pere) qui furent appellées Glosses ; Mot que

Tome I.   Qqq   Quintilian

Quintilian en son premier Livre disoit signifier *Lingua secretioris interpretationem*. Et ainsi voulut-on peut-estre dire, que ces briefves touches & remarques, mettoient en evidence la moüelle du Droict Civil.

Tous ces premiers Peres furent aucunement retenus, pour ne contrevenir aux prohibitions de Justinian : avecques lesquels j'adjouste Azon, qui acquit dedans Boulongne grande reputation par son Commentaire intitulé *Summa Azonis* : s'aydant en cecy du labeur de Placentinus ; & merite l'Histoire de sa mort vous estre ici racontée, bien que ce soit une piece hors d'œuvre. Disputant du Droict avecques un quidan, il luy advint de le tuer à la chaudecole. Meurtre pour lequel il fut prevenu en justice : & comme quelques siens Escoliers le visitassent en la prison, & luy promissent tous bons offices, il leur dit brusquement en peu de paroles, qui luy furent depuis cher venduës, qu'ils allassent *ad bestias*, voulant dire qu'ils eussent recours à la Loy *ad bestias*, C. *de pœnis*, qui veut que la peine soit moderée en faveur de celuy qui a delinqué, quand d'ailleurs il se trouve avoir bien merité du public, ou exceller par dessus les autres en quelque belle profession. Parole rapportée à ses Juges, & mal par eux entenduë, (estimans qu'elle eut esté par luy proferée à leur mespris) ils s'en aigrirent de telle façon qu'il fut condamné à mort, & executé. Et comme tel, son corps ne fut ensevely en Terre Saincte, mais aussi non jetté en la voirie ; ains en contemplation de son excellence, luy fut addressé un tombeau de pierre, haut eslevé, dedans la ville de Boulongne, en une ruë non beaucoup esloignée de la grande place. De luy fut disciple Accurse qui fit un Recueil general soubs le nom de Glosses de toutes les anciennes Annotations, y adjoustant plusieurs belles observations de son creu : dont il borda les textes, de la façon que nous voyons. Ouvrage depuis grandement enrichy par François Accurse son fils : & en ces deux, pere & fils, finit le nom de Glossateur.

CHAPITRE XXXV.

Second aage de ceux qui commenterent le Droict.

Voila quel fut le premier aage du Droict, retrouvé dedans la ville de Melfe, & avec quelle sobrieté il fut mesnagé par ces bons vieux peres. Ceux qui depuis, leur succederent que je mets pour le second aage, furent par la populace des Escoles, nommez *Scribentes*, paravanture non sans cause : car ils ne furent que trop prodigues de leurs plumes sur ce sujet. De là je veux à la difference des Glossateurs, appeller d'un mot plus sortable, Docteurs de Droict : lesquels enfraignirent tout à fait les inhibitions & deffences faites par Justinian. Et le premier qui leur enseigna ceste leçon, fut Guillaume Durant : auquel je veux pour ceste cause donner son Eloge particulier (ayant esté le premier de ceste seconde chambrée) tout ainsi que j'ay fait à Azon l'un des derniers de la premiere.

Cestuy, extraict du pays de Provence (quelques uns disent de Montpellier qui n'en est pas esloigné) fut un personnage doüé de plusieurs belles singularitez de nature, & entr'autres d'une prodigieuse memoire. Parce qu'ayant leu quelque livre en prose, ou en vers, il le recitoit tout soudain, mot pour mot par cœur. Qui occasionna quelques-uns de luy improperer, que cela ne luy provenoit d'un benefice de sa nature, ains d'un esprit familier enchassé dedans une bague qu'il portoit au doigt. (Comme si Dieu ne pouvoit espandre ses graces, la part qu'il luy plaist, & qu'il fallust avoir recours au diable pour cet effect.). Il ne fut pas pourveu de cette excellence d'esprit ; parce que depuis, Ludovicus Pontanus, vulgairement surnommé Romanus (d'autant qu'entre tous les Docteurs de Droict il avoit choisy son habitation dedans Rome) fut pareillement d'une si heureuse memoire, que jamais il n'allegua loy (& en alleguant infinies, quand les occasions s'y presentoient) que tout d'une suite il ne recitast tout au long, sans livre, le texte d'icelle. Ainsi l'appren-je d'Æneas Syvius, son contemporain, Cela soit par moy touché en passant.

Mais pour ne me destourner de ma route encommencée, on remarque en Guillaume Durant, quatre particularitez signalées. Grand Poëte en son vulgaire, & pour ceste cause, mis avec honneur au Catalogues des Poëtes Provençaux ; grand Theologien, grand Praticien, grand Legiste ; duquel toute la posterité de la seconde Chambree apprit de commenter le Droict par un nouveau formulaire. Entant que touche la Poësie, s'estant comme Poëte, mis en bute une Damoiselle de la maison des Balbs, en l'honneur de laquelle il composa plusieurs beaux Poëmes, advint que la Damoiselle estant malade pendant l'absence de luy, tomba en telle pasmoison, que comme morte fut ensevelie, & portée en l'Eglise, dont nouvelles arrivées à son serviteur, surpris d'une desmesurée douleur, il mourut quelques heures après. Au contraire, la Damoiselle ayant dedans sa grotte retrouvé ses esprits, fut par les Prestres reportée en sa maison, où après avoir repris son embonpoint, advertie de la mort de son bien-aimé, dont elle avoit esté le seul motif, choisit une autre mort pendant sa vie, se rendant Religieuse voilée, auquel estat elle demeura jusques en l'aage de soixante ans, qu'elle alla de vie à trespas. Belle devotion, remplie de follie ! Or comme cet honneste homme diversifiast son esprit en autant de façons qu'il vouloit, aussi comme Theologien, fit-il un gros Livre intitulé, *Rationale divinorum officiorum*, divisé en huict parties, qui n'avoit rien de commun avec ses folies d'amour. Ny pour cela ne laissa d'estre en la conduite du Barreau, grand Praticien ; & comme tel, fut par les siens appellé, pere de pratique. C'est luy auquel nous devons en cette France, dedans nos contractz, les renonciations au Velleïan, benefice de division, & ordre de discussion, ores que nous soyons subjects au Droit des Romains, comme je discourray en son lieu. Et finalement, c'est luy qui fit ce grand & laborieux ouvrage, par luy nommé *Speculum Juris*, divisé en trois grands Tomes, controllé & honoré par les additions de Jean André, & annotations de Balde, tous deux Docteurs en Droict, de grande recommandation & merite : le mit en lumiere en l'an 1261. & mourut l'an 1270. aagé seulement de trente ans. Je le voy estre representé par Gesnherus, en sa Bibliotheque, comme Evesque ; & quant à moy, je le vous pleuvy comme miracle vrayement de nature, au peu qu'il vesquit : lequel ayant donné à son Livre le nom & titre de *Speculum*, servit de miroüer au second aage des Docteurs, qui regnerent dés & depuis l'an 1300. jusques en l'an 1500. & quelques années suivantes : car ayant esté la bonde par luy levée, ils se desborderent en torrens en l'explication du Droict, faisans à Durant, tous unanimement cet honneur, que tout ainsi qu'entre les Theologiens, quand on se veut ayder de l'authorité de Pierre Lombard, premier Promoteur de la Theologie scholastique on ne l'allegue point par nom, ains sous celuy de Maistre des Sentences, pour honorer de plus en plus la memoire de son Ouvrage : aussi entre les Legistes, fait-on le semblable, en cettuy ; car il n'est allegué par aucun sous le nom de Guillaume Durant, ains sous celuy du *Speculator*, comme estant par son *Speculum*, le premier autheur de cette nouvelle œconomie en l'explication du Droict, du depuis tant & outre mesure, familiere à ceux qui se mirerent en luy. Dinus qui mourut dedans l'an 1303. Cinus son disciple, Jean André Bartole, Balde, Alberic, Salicet, Fulgosius, Barbatias Imola, Angelus, Anchoranus, Ludovicus Romanus, Lucas de Penna, Sosin l'Oncle, Alexander,

xander, Paul de Castre, Jason, Decius, Sosin le Neveu, & infinis autres furent de ce party, dont je n'ay entrepris de vous faire le denombrement; & ores que je le voulusse, je ne pourrois, pour en estre le nombre infiny : & ne vous cotte, en ce faisant, que les Docteurs Italiens. Or le plus beau que je trouve en ce jeu, est, que combien que tous les Livres de tous ces Messieurs soyent diversifiez en gros Tomes, chacun en son endroit non moins gros que les Digestes, & Code glossez, qui passent par nos mains, toutesfois l'Abbé Triteme, qui florit sous l'Empereur Maximilian, le Pape Alexandre sixiesme, & nostre Roy Louys douziesme, parlant en son Livre des Autheurs Ecclesiastiques, de Balde, Paul de Castre, Jason, & leur donnant à chacun diversement son éloge particulier, dit qu'ils composerent chacun endroit soy, *quædam opuscula*, sur le Droit; parole qui me semble du tout digne de mocquerie & risée. Au demeurant, je vous diray qu'en l'an 1583. Franco Zillet fit imprimer à Venise un recueil de tous les Traitez & Repetitions du Droit, contenant vingt & cinq Tomes, chacun desquels n'est moins gros que le Code avecques ses glosses : & par le repertoire de son œuvre, il y a trois cens cinquante-sept Docteurs ou Autheurs de diverses nations, entre lesquels vous n'en trouverez que sept ou huict de la grande bande. Et combien que leur nouvelle maniere d'enseigner sous ces mots bizarres & farouches de conclusions, ampliations, fallences, limitations, ensemble leur langage barbare & grossier, deust destourner le monde de cette estude du Droict, qui avoir esté si long-temps caché, toutesfois sous leurs bannieres il commença de s'espandre par diverses nations. Et ne faut point faire de doubte, qu'ores qu'il ne fust approuvé par l'authorité du Magistrat souverain de la France, si est-ce qu'en l'Université de Paris on se dispensoit de le lire. Qui fut cause que comme ainsi soit que les loix sont specialement introduites pour remedier aux fautes qui se trouvent en une Republique; aussi le Pape Honoré III. fit expresses inhibitions & defenses d'enseigner le Droit Romain en cette Université, dont nous discourrons par le prochain Chapitre.

CHAPITRE XXXVI.

Des defenses faites par le Pape Honoré troisiesme, d'enseigner le droict des Romains en l'Université de Paris.

Cap.non Magnopere. Cap. sicula Ne cler.vel Monach Dict.cap super specula.

LE siecle de l'an 1100. jusques en l'an 1200. apporta quatre nouveaux mesnages d'estudes, en la Theologie scolastique, Decret, Medecine des Grecs, & Droict Civil des Romains. J'y en adjousteray un cinquiesme, qui concernoit les langues & les Arts, non veritablement tout nouveau, sinon en un cas; parce qu'au lieu qu'auparavant, ceux qui pensoient avoir quelque asseurance de leurs capacitez, se presentoient aux Eglises Cathedrales, pour y faire quelques leçons, sans autre solemnitez; de là en avant, premier que d'y estre receus, il falloit qu'ils fussent passez Maistres és Arts, tesmoignage de leur suffisances. Or de ces cinq, les deux premieres, esquelles il s'agissoit de l'édification de nos ames, furent receuës sans aucun destourbier, & pareillement la derniere, comme estant un passe-par-tout, & acheminement à toutes les autres. Mais quant aux deux autres, concernans la Medecine des Grecs, & les loix de Rome, on y voulut apporter quelque bride : d'autant que par un Concil general, tenu l'an 1163. en la ville de Tours, où le Pape Alexandre III. presida, il fut nommément defendu aux Religieux profez d'y estudier. Et depuis, Honoré troisiesme renviant sur ces defenses, & passant plus outre, voulut qu'elles s'estendissent, *adversùs Archidiaconos, Decanos, Plebanos, Præpositos, Cantores, & alios Clericos personatus habentes, necnon Presbyteros* (c'estoient ceux qui avoient charges d'ames, que nous appellons Curez) Defenses faites à eux tous, d'autant que leur estude devoit estre en ce qui regardoit l'édification de nos ames, non de nos corps, ny de nos biens. Ces inhibitions & defenses estoient faites non seulement pour le particulier de la France, ains de toute la Chrestienté és lieux où on enseignoit les bonnes Lettres. Honoré, depuis voulut passer outre, & fit particulieres defenses à l'Université de Paris d'enseigner le Droict Civil des Romains. Chose que ne peurent bonnement gouster les nostres. Car le docte Canoniste Rebuffy, estimant qu'il y eust quelques cas à redire en ces inhibitions, mais ne l'osant à cœur ouvert descouvrir, fait gloire, & se vante d'y avoir trouvé un nouvel intellect, & qu'elles avoient esté seulement faites contre les personnes Ecclesiastiques. Mais nostre grand Jurisconsulte François du Moulin, par une liberté qui estoit née avec luy, pour la protection des droits de nostre Couronne, soustient de pied ferme, en une apostille mise par luy faite sur la Decretale d'Honoré, qu'il n'estoit en sa puissance de ce faire. Car apres avoir en un mot, allegué l'opinion de Rebuffy. *Ego verò* (fait-il) *dico quòd Papa non habuit potestatem prohibendi in regno Franciæ, sive Laïcis, sive Clericis : quia regnum Franciæ nullo modo dependet à Papa.* Il vouloit dire, qu'en ce qui ne dependoit de nostre Foy & Religion, ains appartenoit à la Police seculiere de nostre Estat, le Pape ne pouvoit rien ordonner, que sous le bon plaisir de nos Roys. Qui est une proposition non jamais revoquée en doute par les nostres. Vray que depuis quelques années en çà, nous avons receu je ne sçay quels hostes chez nous, qui n'y veulent acquiescer.

Laissons, je vous prie, ces perplexitez de grandeur, tant des Papes, que de nos Roys, & recognoissons, au moins mal qu'il nous sera possible, ce qui est de l'ancienneté de cette histoire. La maxime que je voy avoir regné en ce temslà dedans Rome, estoit qu'ils estimoient de la plume, & par consequent, des estudes, despendre du Pape, privativement de tous autres; (permettez-moy d'user d'un mot de Pratique, voulant parler de la Loy) & que ce qui concernoit l'espée, appartenoit aux Roys & Princes seculiers. Proposition qu'ils croyoient devoir estre de plus grand merite & effect dedans ceste France, en laquelle, ceux qui faisoient profession des armes, estoient ordinairement appellez pour chose dont nos Roys ne leur passerent jamais condamnation absoluë, ains estimerent qu'ils devoient contribuer avecques eux d'une si belle devotion. Honoré troisiesme succeda immediatement à Innocent troisiesme, lequel entre tous les Papes, avoit enseigné à ses successeurs d'empieter, par une douce sagesse, sur la puissance seculiere, tout ce qu'on pouvoit souhaiter de grandeur dans Rome. Car à vray dire, ce fut l'unique en ce subject, & ne voy aucun Pape, ny devant, ny depuis luy, qui soit arrivé à sa pareil. gon, Honoré ayant ce notable miroüer devant les yeux, estima pouvoir faire un coup de superiorité sur la France, sans l'offenser : qui estoit de prohiber à l'Université de Paris, la lecture du Droict Romain. Vous en entenderez cy-apres la raison. Mettons donc sur le tapis, quelles furent ces prohibitions, & de quel artifices tissuës.

Sanè (porte le texte) *licet sancta Ecclesia legum sæcularium non respuat famulatum, quæ æquitatis & justitiæ vestigia sequuntur. Quia tamen in Francia & nonnullis provinciis, Franci Romanorum Imperatorum legibus non utuntur, occurrunt rarò Ecclesiasticæ causæ tales quæ non possint statutis canonicis expediri : ut pleniùs sacræ paginæ insistatur, &c. firmiter interdicimus, & districtiùs inhibemus, ne Parisius, vel in civitatibus, & aliis locis vicinis, quisquam docere, vel audire Jus Civile præsumat.*

Et qui contrà fecerit, non folùm ad cauſſarum patrocinium excludatur, verùm etiam per epiſcopum excommunicationis vinculo innodetur.

Dechifrez cette Decretale de telle façon qu'il vous plaira, vous y trouuerez vn tel entrelas de parole, que ferez bien empeſché de iuger ſur quel pied furent faites ces defenſes. Parce que ſi vous iettez l'œil ſur le commencement du Chapitre, il ſemble qu'il ait eſté ſeulement conceu en conſideration des cauſes qui concernoient la Cour d'Egliſe. Autrement les quatre ou cinq premieres lignes ſeroient fruſtratoires. Et touteſfois, s'il n'y auoit que cette ſeule conſideration, en vain furent faites ces defenſes à cette Vniuerſité, veu que la lecture de ce Droict pouuoit ſeruir pour la vuidange d'autres cauſes, en faueur deſquelles il deuoit eſtre enſeigné. Ambiguité ainſi artiſtement couchée, pour laiſſer le Lecteur en doubte, & par meſme moyen, n'apporter jalouſie à nos Roys, que le Pape Honoré vouluſt rien enjamber ſur eux. Adjouſtez qu'il defendoit ce qui n'eſtoit encores permis en France par l'authorité publique du Magiſtrat ſouuerain. De maniere que c'eſtoit defendre vne choſe, de ſoy chez nous defenduë, n'ayant adoncques le Droit Ciuil des Romains rien de commun auecques le Droit commun de noſtre France. Aprés vous auoir repreſenté ce que deſſus, pour fondement de ce mien diſcours, je veux paſſer outre, & vous dire que les defenſes particulieres qui furent faites à l'Vniuerſité de Paris, ſe deuoient eſtendre par tout le Royaume. Vous trouuerez cette opinion paradoxe ; touteſfois je la penſe vraye. Pourquoy luy furent-elles faites ? Parce que ny elle, ny les villes circonuoiſines n'eſtoient ſubjectes au Droit des Romains, ny ne le recognoiſſoient. Cette raiſon militoit par tout le Royaume : partant, les defenſes ne deuoient eſtre limitées. Je ſçay bien que par cette Decretale, Honoré eſtimoit que la plus grande partie de la France viuoit ſoubs le Droict des Empereurs de Rome ; en quoy il eſtoit trés-mal informé des affaires de noſtre Royaume, & conſequemment excuſable. Noſtre France eſt diſtincte & remarquée par deux manieres de pays, l'vn que nous appellons Couſtumier, l'autre de Droict eſcrit. Quant au Couſtumier, je ne fais aucune doubte, qu'Honoré ne vouluſt que le Droict Romain n'y fuſt enſeigné, comme ayant chaque Prouince ſa couſtume, par laquelle elle eſtoit reiglée. Mais au regard du pays de Droict eſcrit, ce ſeul mot le pouuoit tenir en ſuſpends. Touteſfois ceux qui habitoient en ce païs-là, vſoient, non de Droict compilé par le commandement de Juſtinian, ains de celuy de l'Empereur Theodoſe le Jeune, qui auoit eſté intitulé, le Code Theodoſian reformé par les Viſigots, lequel par vne ancienneté de cinq & ſix cens ans, s'eſtoit, ſous l'authorité de nos Roys, tourné en couſtume, dés & depuis qu'ils s'emparerent du Languedoc, & autres païs limitrophes. Par ainſi, en concurrence de raiſon, il falloit eſtablir concurrence d'inhibitions, ou bien dire que les inhibitions portées par cette Decretale impliquoient en ſoy vne contrarieté palpable de defendre à la ville de Paris & autres villes plus proches, la lecture du Droict des Romains, parce qu'elles n'y fuſſent non plus ſubjectes : qui ſeroit vne abſurdité, que nous ne deuons aucunement croire.

Ceux qui penſent eſtre plus aduiſez ſur le fait de cette ancienneté, diſent que ces defenſes furent faites expreſſément à l'Vniuerſité de Paris, afin qu'elle, qui lors eſtoit en grande vogue, ne s'aduantageaſt au deſaduantage des Vniuerſitez de loix : qui eſt vne vraye aſnerie ; car il eſt certain qu'il n'y auoit, en ce temps-là, aucune Vniuerſité de loix par la France : s'il y en auoit, ce deuoit eſtre au païs de Droict eſcrit, & en iceluy dedans Thoulouſe, ville Metropolitaine,

A laquelle de toute ancienneté auoit fait profeſſion des bonnes Lettres, comme nous apprenons de Martial, quand au neufvieſme Livre de ſes Epigrammes, il dit :

*Marcus, Palladiæ, non inficianda Toloſæ
Gloria.*

Epithete qui luy fut derechef baillée par noſtre Poëte Auſone, celebrant la memoire de Æmilius Magnus Arborius ſon Oncle.

Te ſibi Palladiæ ante tulit toga docta Toloſæ.

Et en vn autre endroit, voulant dire qu'il auoit fait ſes premieres Eſcoles en la ville de Thoulouſe :

*Non vnquam altricem noſtri reticebo Toloſam,
Innumeris cultam populis.*

Qui monſtre qu'il y auoit touſjours eu vne continuation d'eſtudes publiques. Neantmoins ne faut faire aucune doubte que ſous la Papauté d'Honoré III. non ſeulement l'Vniuerſité de loix n'y eſtoit plantée, mais en plus forts termes, qu'elle n'y portoit le nom d'Vniuerſité, ores qu'il y euſt exercice d'eſtudes, ainſi que je vous verifieray par vne demonſtration oculaire. Le Pape Honoré III. mourut l'an mil deux cens vingt-ſept, & eut pour ſucceſſeur Gregoire, grand homme d'Eſtat, lequel trois ans aprés ſon aduenement, annulla toutes les cenſures portées par le Concil General de Latran ſous Innocent III. contre Raymond IV. du nom, Comte de Thoulouſe, & le reſtablit en ſes dignitez, honneurs & biens. Aprés que ce Prince, en preſence de deux Cardinaux, & de tout le peuple, eut en pleine Egliſe, la veille de Paſques, en chemiſe, abjuré l'hereſie Albigeoiſe, dont il auoit eſté tout le temps de ſa vie infecté, la capitulation qui fut lors faite, portoit pluſieurs articles, entre leſquels eſtoit cettuy, comme nous apprenons de l'Hiſtoire Latine du Comte Simon de Montfort. *Item quatuor millia marcharum deputabuntur pro decem annis ab ipſo Comite, quatuor Magiſtris Theologicis, duobus Decretiſtis, ſex Magiſtris Artium liberalium, & duobus Grammaticis legentibus Toloſæ, quæ dividentur hoc modo. Singuli Magiſtri Theologiæ habebunt ſingulis annis quinquaginta marchas uſque ad decennium. Similiter annuatim uterque Decretiſta habebit triginta marchas ; ſinguli Magiſtri Artium, viginti marchas ; uterque Magiſtrorum Grammaticæ habebit ſimiliter decem Marchas.* Recüeillez, par parcelles, toutes les ſommes mentionnées par ceſt article, & les abutez auecques les dix ans, vous trouuerez les quatre mille marcs, aſſignez, par ceux qui liſoient en la Theologie, Decret, Philoſophie (autrement appellée des Arts) & la Grammaire. Nulle mention que la Faculté de Loix y fuſt enſeignée, non plus que la Medecine. Qui me fait tenir pour propoſition infaillible, qu'il n'y auoit du temps du Pape Honoré troiſieſme, aucune Vniuerſité de Loix en Thoulouſe : & à tant que les defenſes portées par ſa Decretale, n'eſtoient faites en faueur des Vniuerſitez de Loix, que lors on ne cognoiſſoit ; ains s'eſtendoient ces defenſes generalement ſur toute la France, au pays couſtumier ſans doubte, par les raiſons contenuës dans le Chapitre ; & le ſemblable, à plus forte raiſon, au pays auquel on tenoit le Droict pour Couſtume, veu qu'en la ville Metropolitaine, la Faculté des Loix n'eſtoit miſe au rang des autres. Voyons doncques quand, & comment ces Vniuerſitez de Loix furent chez nous eſtablies.

CHAPITRE XXXVII.

Vniuersitez de Loix, & quand, & comment le Droict Civil des Romains se vint loger en nostre France.

SUr l'avenement de tous ces grands Docteurs d'Italie, dont j'ay parlé, qui fut vers l'an 1300. la France fut du tout disposée à nouueautez sous nostre Roy Philppes le Bel. Vn Pape Clement cinquiesme du nom, pour luy complaire s'habitua auecques toute sa Cour en la ville d'Auignon. La premiere assemblée des trois Estats, pour secourir d'argent son Prince, sans murmure & mescontentement de ses subjects (inuention d'Enguerrand de Marigny); vsage des Colleges tels qu'on a veus & voyons encores aujourd'huy dedans Paris; car auparauant il n'y auoit que celuy de Sorbonne, & un ou deux autres pour le plus. Mais depuis que la Royne Jeanne femme du Bel, eut en l'an 1304. fondé celuy de Nauarre, les autre furent depuis instituez (si ainsi voulez que je le die) en flote. Le Parlement, & la Chambre des Comtes qui auparauant estoient à la suite de nos Roys, furent faits reseans dedans Paris: nouueau Parlement créé dans Thoulouse. Et sous ce mesme regne furent aussi introduites les Vniuersitez de loix.

En la deduction desquelles je suis d'aduis de reprendre de fonds en comble l'ancienneté de toutes nos Vniuersitez, qu'il ne faut estimer auoir esté tout d'un coup moulées sur leurs commencemens, ains prindrent d'elles mesmes leurs naissances par leurs estudes continuelles, & les estudes dedans les Eglises Cathedrales, à ce faire semonces par les frequentes exhortations des Conciles tant generaux que nationnaux. A la verité toutes deuoient contribuer d'une mesme deuotion à ce noble exercice : toutes-fois les aucunes se trouuans plus froides, celles qui furent plus chaudes, continuans leur ancienne route, obtindrent à la longue le nom d'Vniuersité du Magistrat souuerain, auecques certains Priuileges portez par leurs titres. Qu'ainsi ne soit, repassez par toutes les Vniuersitez de la France, qui sont quatorze en nombre, elles sont toutes basties és Eglises Cathedrales, hormis celle de Caën, qui fut un ouurage des Anglois. Le tout comme vous entendrez par le denombrement que je vous enfileray cy-aprés, selon l'ordre & progrez des ans de leurs creations.

La premiere de toutes, fut l'Vniuersité de Paris, laquelle un bien log-temps merita, non le nom de la premiere, ains d'unique: parce que jusques au Pontificat de Gregoire IX. successeur immediat d'Honoré III. elle fut seule & generale Vniuersité de toute la France.

La seconde est celle de Thoulouze, qui fut pour telle authorizée par le mesme Gregoire l'an 1233. c'est-à-dire, au mesme an qu'il fit publier les cinq liures de ses Decretales. Le sieur Cadan, mien amy Docteur Regent en ceste Vniuersité, personnage d'une singuliere erudition, m'a, du consentement de Messieurs ses Confreres, aidé de la Bulle, tirée des archifs, bien & deuëment collationnée à son Original, dont je vous veux faire present. Car on ne sçauroit assez honorer telles anciennetez.

Gregorius Episcopus, seruus seruorum Dei, dilectis filiis Vniuersitatis Magistrorum & scholarium Tolosanorum Salutem, & Apostolicam Benedictionem. Olim operante illo qui vult omnes homines saluos fieri, & neminem vult perire Per ministerium dilecti filii nostri, Portuensis electi tunc in illis partibus Apostolicæ sedis legati, inter Ecclesiam, & nobilem virum Comitem Tolosanum, pace præeunte diuina gratia reformata, idem legatus, tam prouidè, quam prudenter, attendens quod fides Catholica, quæ pænè penitus videbatur de illis partibus profligata, inibi reflorere valeret, si illic litterarum studium crearetur, duxit proinde statuendum, ut in Tolosana ciuitate, cujuslibet licitæ Facultatis studia plantarentur, quorum Magistris, ut liberius possent vacare studiis, & Doctrinis, à jamdicto Comite su i promissum certum salarium. Nos igitur quod super præmissis factum est, gratum & ratum habentes, ut eadem libertate qua gaudent Parisienses Scolares, vos omnes, & qui vobis successerint in hac parte, perpetuo gaudeatis, deuotioni vestræ perpetuo duximus concedendum. Nihilominus ut ciues Tolosani, domos vacantes ad habitandum, scholaribus locare sub competenti precio, taxando à duobus Clericis, & totidem laicis viris discretis, Catholicis & juratis, communiter electis, à vobis locare cogantur. Et ut scolares Theologiæ studiis insistentes, ac vniuersi Magistri, in ciuitate commorantes præfati, Beneficiorum, & præbendarum suarum prouentus, ac si in ciuitatibus quibus eadem obtinent, residerent (Quotidianis distributionibus quæ illis qui diuinis intersunt officiis assignantur, duntaxat exceptis) concedantur. Integre statuentes insuper, quod nulli Magistri, Scholares, vel Clerici, ac seruientes eorum (quod absit) si contingeret eos in quocumque maleficio deprehendi ab aliquo laico indicentur, vel etiam puniantur, nisi forsitan judicio Ecclesiæ condemnati, seculari curiæ relinquantur. Et ut laici teneantur studentibus in caussa qualibet coram Ecclesiastico judice respondere, secundum consuetudinem Ecclesiæ Gallicanæ. Nec non & ut Comes jamdictus, ciues Tolosani, Bailliui ejusdem Comitis & Barones terræ, personis & rebus Scholarium securitatem & immunitatem promittere compellantur, & à suis subditis faciant illud idem. Et si quid eos, vel eorum nuncios, in bonis ipsorum, pecunia, vel rebus aliis spoliauerint, ipsi vel emendare faciant vel emendent, & ut quicumque Magistri ibi examinatus, & approbatus fuerit in qualibet Facultate, ubique sine alia examinatione, regendi liberam habeat potestatem. Et hæc cum sæpe præfatus Comes in reformatione pacis se obligauerit, præstito juramento, ut certum salarium, usque ad certum tempus, certo numero Magistrorum exsoluat, statuimus, & illud sine diminutione qualibet, persoluat. Nulli ergo hominum liceat hanc paginam nostræ concessionis & constitutionis infringere, vel ei ausu temerario contra ire. Si quis autem hoc attentare præsumpserit, indignationem omnipotentis Dei, & beatorum Petri, & Pauli Apostolorum ejus se nouerit incursurum. Datum Lateran. tertio Kalendas Maii, Pontificatus nostri anno septimo.

Et au dessous de cette copie escrite en parchemin, sont ces mots, Extraict tiré à son Original, dedans les archifs de l'Vniuersité de Thoulouse, cotte B. dedans un sac inuentorié par moy Bedeau, & Secretaire de l'Vniuersité de Thoulouse, y ayant un seau de plomb, *Gregorius PP VIII.* & par moy remis dedans lesdits archifs.

Beau titre certes & trés-authentique pour monstrer que l'opinion du Pape Gregoire estoit, non de fonder une Vniuersité de Loix, ains de Theologie principalement. Le tout en la mesme maniere qu'en celle de Paris. Chose qu'il est aisé de recueillir si vous examinez ce titre en son tout. Car premierement la plus grande partie du Languedoc auoit esté infectée de l'heresie Albigeoise, tout ainsi comme le Comte de Thoulouse son Seigneur, qui estoit rentré en grace, moyennant son abjuration, & articles portez par le traicté: mesme à la charge de payer l'espace de dix ans certaine redeuance à ceux qui enseignoient la Theologie, le Decret, la medecine, Philosophie, & la Grammaire dedans Thoulouse, ainsi que je vous ay touché par le present Chapitre. Qui occasionna l'esleu de Portuese Legat en France, pour extirper tout à fait cette heresie, d'y créer une Vniuersité. Ce qui fut confirmé par le Pape Gregoire. Je ne dis rien que ne trouuerez porté par sa Bulle; d'autant que sur le commencement il discourt, comme en faisant la paix avec le Comte de Thoulouse, & pour le salut de son ame, l'esleu Eveique

Evesque de Portueuse son Legat avoit de luy stipulé, qu'il seroit tenu de payer certains deniers à ceux qui lisoient dedans Thoulouse, en consequence dequoy il y avoit estably une Université. Et sur la fin reprenant ses premiers arremens, il veut & ordonne que le Comte continuë les payemens jusques à la fin du temps prefix par la capitulation. Et sous cette condition veut, que cette Université joüysse des mesmes franchises & libertez que celle de Paris.

Lisez doncques le commencement, le milieu & la fin. Cette Bulle ne s'estendoit nullement à la lecture du Droict Romain, ayant esté cette Université seulement bastie à l'instar de celle de Paris. Et de-là est venu, qu'uns Balde, Panor, & Jason exercerent leurs plumes sur cette question, sçavoir si l'Université de Paris estoit accruë de Privileges par nouveaux octrois, celle de Thoulouse y devoit avoir quelque part. Et à vray dire ce ne luy est pas un petit honneur, qu'aprés la grande ville de Paris elle soit la premiere de la France, en laquelle on ait assis Parlement & Université.

Or ne se tint-elle pas longuement dedans les bornes de son institution. Et voicy comment. Le premier des Docteurs Italiens qui vint enseigner le Droict en la France fut Placentin, en la ville de Montpellier, qu'il trouva à sa bien-seance, pour estre plus proche de son pays & y mourut l'an 1192. ainsi qu'apprenons de son tombeau, qui est en l'Eglise sainct Barthelemy joignant la ville de Montpelier, où ces quatre vers sont empraints:

Petra Placentini corpus tenet hic tumulatum,
Sed petra quæ Christu' est animum tenet in paradiso.
In festo Eulaliæ vir nobis tollitur iste,
Anno milleno ducenteno minus octo.

Aprés luy, Azon mal mené des siens, y vint lire, mais il fut depuis par eux rappellé. Tellement qu'en ces quartiers-là, le droict commença de s'apprivoiser; comme aussi y eut-il despuis, Guillaume Autheur du *Speculum juris*, duquel je vous ay cy-dessus parlé. Cela fut cause que l'Université de Thoulouse estant establie, la Faculté de Loix s'y logea fort facilement. Et de fait je trouve dedans Bartole que François Accurse fils du Glossateur s'y estant par occasion transporté, y leut la Loy unique. *De sent. quæ pro eo quod inter. prof.* Et que lors, *Jacobus de Ravenna, qui erat ibi magnus Doctor* (ce sont paroles de Bartole) *in formâ discipuli surrexit contrà eum, & apposuit sic: istud dictum glossæ videtur contra textum hujus legis. Nam textus, &c.* Quand je vous parle de Ravenna Lorrain de nation, c'estoit celuy duquel Cynus disoit, *Quod ea quæ à majoribus perspicuè & simpliciter erant tradita, ad Dialecticam arguendi, disputandique modum deduxerat.* Par cela vous voyez que la porte estoit lors ouverte dans l'Université de Thoulouse aux lectures publiques de Droict. Car Accurse estant decedé l'an 1229. & l'Université dressée l'an mil deux cens trente-trois, ce concert fut fait quelque temps aprés. La Bulle de Gregoire portant que cette Université estoit instituée pour y lire, *in quâcumque Facultate legitimâ*. Clause generale que les Thoulousains sçeurent fort bien menager: car ils comprindrent sous elle la Faculté de Droict, avecques les autres, & ainsi l'ont tousjours pratiqué avecques honneur. Les Jurisconsultes disoient que sur les obscuritez qui se trouvoient en l'explication d'une Loy; *Consuetudinem optimam legis esse interpretem.* En cas semblable on peut dire, n'y avoir commentaire ny truchement plus fidele d'un vieux titre que l'usage, C'est pourquoy elle se pretend la seconde Université de la France aprés Paris, mais la premiere de toutes les autres au fait de la loy.

Et toutes-fois la premiere qui obtint le nom & qualité de Loix par son titre originaire, est celle d'Orleans. Mais avant de vous en parler, je vous diray ces deux mots: combien que le commencement par une maxime, le Magistrat ne se pust aisément induire à l'ouverture de ce nouveau droict; toutes-fois il vint peu à peu en grand credit. Rigord dit que quand il fut question de sçavoir si le mariage du Roy Philippes Auguste, & de la Royne Ingeburge, devoit estre confirmé ou declaré nul, le Pape ayant envoyé deux Cardinaux ses Legats, qui s'assemblerent avecques nos Prelats en la ville de Soissons. *Post varias* (dit-il) *& multas Jurisperitorum disputationes*: Le Roy emmena quant & soy sa femme sans leur en demander congé. Et en un autre endroit Innocent III. ayant en l'an 1207. envoyé en France le Cardinal de saincte Marie. *In porticu Jurisconsultum, & bonis moribus ornatum, omnium Ecclesiarum visitatorem.* Le premier traict de loüange qu'il donne à ce Legat est de la Jurisprudence. A peu dire, le mesme Rigord parlant en quel estat estoit l'Université de Paris de son temps, *Cum igitur in eadem nobilissimâ civitate* (dit-il) *non modo de trivio & quadrivio, verum & de quæstionibus juris canonici & civilis, & de eâ facultate, quæ de sanandis corporibus & sanitatibus conservandis scripta, plena & perfecta inveniretur doctrina, serventiori tamen desiderio sacram paginam & quæstiones Theologicas docebant.* Par ce passage vous voyez que Rigord Medecin de Philippes Auguste, qui fit l'histoire de luy aprés sa mort, nous enseigne par ce passage, que de son temps on enseignoit le Droict Civil dans Paris aussi bien que le Droict Canon, nonobstant les prohibitions precedentes faites par le Pape Honnoré III. Et quand je voy cet Epitaphe qui est au Chapitre de nos Augustins joignant le Cloistre:

Hic jacet nobilis vir D. Philippus de Volognano, legum professor, qui obijt anno Domini 1317. die Dominicâ post Assumptionem Beatæ Mariæ Virginis, cujus anima requiescat in pace. Amen.

Quand je voy (dy-je) cet Epitaphe je suis bien empesché de juger si ce defunt avoit esté professeur des Loix dedans Paris ou ailleurs. Car lors il n'y avoit que la ville d'Orleans, qui portast le titre d'Université de Loix, & me semble que s'il y eust leu, on l'eust particulierement declaré avoir esté professeur de Loix en icelle ville. Tout cela me fait dire que la promotion de Droict des Romains en France, doit beaucoup à l'opiniastreté du peuple, encores que par traicte de temps il se soit tangé dans Paris aux defenses du Pape Honoré.

Opiniastreté que vous recognoistrez encore davantage en la ville d'Orleans. Cette ville estoit l'une des quatre villes, dont la premiere lignée de nos Roys, le Royaume par deux fois partagé, l'un des Roys portoit le titre de Roy d'Orleans. Et deslors, cette ville sembloit faire profession des bonnes lettres. Gregoire de Tours au premier Chapitre de son huictiesme livre, nous dit, que le Roy Gontran fils de Clotaire premier, retournant de quelque long voyage en sa ville, *Processit ei obviam immensa turba cum signis atque vexillis canentes laudes, & hinc linguâ Syriacâ. hinc Latinorum, hinc etiam ipsorum Judæorum, in diversis laudibus variè increpabat.* Qui monstre que deslors les langues y estoient diversement pratiquées. Et ne faut doubter que cette mesme devotion s'y continua. De fait, Glaber Rodulphus, au livre troisiesme de son histoire, dit sous le regne du Roy Robert, un Heribert homme d'Eglise *Sancti Petri Ecclesiæ cognomento puellariæ, capitale scholæ tenebat dominium.*

Or dedans cette ville l'opiniastreté, principalement, se logea pour enseigner le Droict Romain, par dessus toutes les villes de nostre pays coustumier. Je voy un Yve Breton, que depuis nous avons appris, pour sa saincte vie, avoir esté mis au Catalogue de nos saincts, aprés avoir fait ses premieres estudes en ce pays, s'estre transporté à Orleans pour y faire ses secondes estudes en Droict. Cela s'appelle vers l'an 1385. Je voy un Pape Clement V. recognoistre avoir emprunté sa grandeur, des estudes de Loix, qu'il avoit faites en cette ville auparavant qu'elle fust recognuë pour Université des loix. Bref, deux grands Jurisconsultes François y avoir enseigné le Droict Romain publiquement. Guillelmus de Cuneo, & Petrus à Bella Pertica, avec un grand applaudissement pendant leurs vie; & aprés leurs decez par les Docteurs en Droict qui les survesquirent, comme on recueille de leurs escrits. Qui fut le premier des deux, ny pour le temps, ny pour la doctrine, je ne le puis juger. Bien vous diray-je que Petrus à Bella Pertica acquit un grand bruit. Car non content d'avoir longuement enseigné le Droict dedans Orleans, il voulut passer les monts, & dedans la ville de Boulongne il le voulut renvier sur François Accurse. Car tout ainsi que passant par Thoulouse cettuy-cy avoit leu avec grand honneur la Loy unique du Code. *De sent. quæ pro eo quod interest.* Aussi le semblable le nostre, avec une singuliere admiration de de tous. Ainsi l'apprens-je de Bartole en la mesme Loix. Et depuis ayant fait surseance de ce mestier, fut honoré de plusieurs belles dignitez en l'Eglise, comme nous tesmoigne son Epitaphe gravé sur une tombe de cuivre dedans le cœur de l'Eglise de Paris.

Hâc jacet in cellâ Petrus cognomine Bella
Pertica, perplacidus verbis, factis quoque fidus,
Mitis, veridicus, prudens, humilisque, pudicus,
Legalis, planus, velut alter Justinianus,
Summus Doctorum, certissima regula morum,
Parisianorumque decanus Canonicorum,
Altisiodoricâ digné sumptâ sibi sede,
Tempora post modica, carnis secessit ab æde,
Anno sub mille ter & centum simul, ille
Sulpitii festo migravit ab ore molesto
Det sibi solam Spiritus Almus, Amen.

Vers lourds, grossiers, & de mauvaise grace, mais par lesquels nous apprenons, quel fut le cours de sa vie & mort. Premierement, grand Docteur au fait des loix, puis, Doyen en l'Eglise de Paris, en aprés, Evesque d'Auxerre, qui mourut l'an 1300.

Advint en l'an 1303. que le Parlement qui estoit à la suite de nos Roys, fut fait sedentaire à Paris, & au mesme an, le Parlement de Thoulouse créé. Le tout pour faciliter le cours de la justice aux pauvres parties, à moindres frais. Et combien que les juges fussent composez, part, de gens d'espée, part, de robbe longue; toutesfois, la longue robbe se trouvant avoir plus d'avantage sur la partie, que l'espée, aussi commença-t'on d'embrasser le droict des Romains, à face ouverte. Et ores qu'en la ville de Thoulouze sejour ordinaire du Parlement fust l'Université de loix approuvée: toutesfois on ne fit pas le semblable en celle de Paris. Obstans les defenses à elle faites par Honoré III. mais en ce defaut fut choisie à la ville d'honneur, la plus proche, qui estoit Orleans, pour y estre les loix Romaines enseignées.

Tellement que s'il vous plaist entendre de moy ce que je pense avoir introduit les Universitez de loix de nostre pays Coustumier, je vous diray qu'encore que du commencement, l'estude du droict des Romains nous fut suspecte, craignans que par son moyen on assujectist le François sous une domination estrangere; toutesfois la longue opiniastreté des gens doctes, qui de leur propre mouvement l'enseignoient dedans Orleans, la fit passer en tolerance, (comme il advient souvent és affaires d'Estat, pour esquiver plus grand mal) & de tolerance en necessité. Non vrayement pour tenir lieu de Loy en la France, telle que nos Ordonnances Royaux ou coustumes provinciales, ains pour puiser d'elles une infinité de beaux advis qui pouvoient en sens commun servir de guides aux juges tant à l'instruction que decision des causes qui se presentent devant eux, comme vous pourrez cognoistre par les patentes du Roy Philippes le Bel, que je vous representeray cy-aprés.

Cette ville est la premiere de toutes les autres qui sont au pays Coustumier, voire de toute la France, qui porta le nom d'Université de loix, & eut pour patreins le Pape Clement V. & nostre Roy Philippes le Bel IV. du nom. L'opinion commune est, que ce fut en l'an 1303, qui est un erreur. Car Clement ne fut fait Pape qu'en l'an 1305. (ainsi l'apprens-je de Platine & Onufre) & neantmoins il ne faut faire aucune doubte qu'il en fut le premier Autheur: la teneur de ses Bulles estoit telle:

Clemens Episcopus, servus servorum Dei, ad perpetuam rei memoriam &c. Je vous laisse tout le preambule pour vous representer tout au long le dispositif. *Cum igitur in Aurelianensi civitate litterarum studium in utroque jure, ac præsertim in jure Civili laudabiliter viguerit ab antiquo, & ad præsens Deo favente restoreat, nos ipsum Aurelianense studium, quod nos olim essentiam minoris statûs habentes, legendi & docendi in legibus, scientia decoravit: ad quod ex his & aliis condignis considerationibus, prærogativâ quâdam, intuitu nostræ affectionis adducitur, volentes opportunis conservare favoribus, & præsidiis communire, ut quantò utilioribus fuerit erectionis stabilitum, tantò commodiùs, laudabiliùs, & uberiùs docente & studentes ibidem ædificare valeant ac profectum, authoritate Apostolicâ statuimus, ut scholasticus quilibet Aurelianensis, co-ram Episcopo Aurelianensi, vel de ipsius mandato, in capitulo Aurelianensi, vocatis ad hoc & præsentibus pro Universitate Scholarium duobus solis Doctoribus, in suâ teneantur institutione jurare, quod ad regimen Decretorum, & legum, bonâ fide, loco, & tempore, secundùm statum præfatæ Civitatis, & honorem, & honestatem, & Facultatem ipsorum, non nisi dignis licentiam largientur, nec admittent indignos, personarum & nationum acceptatione substractâ. Ante verò quàm quemquam licentient, tam ab omnibus Doctoribus utriusque Juris, in civitate præsentibus quàm aliis honestis viris & litteratis, per quos veritas sciri possit, de vitâ, scientiâ, necnon proposito & spe proficiendi, & aliis quæ in talibus sunt requirenda, diligenter inquirant, & inquisitione sic factâ, quid deceat, quid expediat, dent vel negent bonâ fide, petenti, licentiam postulatam. Doctores autem Decretorum ac legum, quando incipient legere, præstabunt publicè juramentum, quòd super præmissis fideliter testimonium perhibebunt: Scholasticus etiam jurabit, quod consilia Doctorum seu dispositiones eorum, in malum ipsorum nullatenus revelabit. Neque pro licentiandis Baccalaureis, juramentum, vel obedientiam, seu aliquam exiget cautionem, neque aliquod emolumentum, seu promissionem recipiat pro licentia concedenda, juramento superius nominato contentus. Cæterùm, illi qui in civitate præfata examinati & approbati fuerint, ac docendi licentiam obtinuerint, ut est de nunc, ex tunc absque examinatione, vel approbatione aliâ, legendi & docendi ubique in Facultate illâ in qua fuerint approbati, plenam & liberam habeant facultatem, nec à quoquam valeant prohiberi. Nulli ergo omnino hominum liceat hanc paginam nostri statuti infringere, vel ei ausu temerario contra ire. Si quis autem hoc attentare præsumpserit indignationem omnipotentis Dei, & beatorum Petri & Pauli Apostolorum ejus, se noverit incursurum. Datum Lugduni VI. Kal. Febr. Pontificatûs nostri anno primo.*

Ce fut l'an mil trois cens cinq, en la ville de Lyon, où Clement fit une grande & magnifique, mais tres-mal-heureuse entrée. Cettuy est le premier crayon de cette Université, qui receut depuis sa perfection par Philippes le Bel, sept ans aprés. Et voicy comment l'Université croissant de jour à autre d'Escoliers, n'estant toutesfois en tout & par tout bien policée, survint une grande sedition qui la cuida mettre en desarroy, & fut cela cause que le Roy y voulut mettre la main à bonnes enseignes, mais avecques une protestation qu'il n'entendoit assujectir les siens au droict de Rome par cette ouverture.

Non putet igitur (portent ses lettres patentes) *aliquis, nos recipere, vel progenitores nostros recepisse consuetudines quasi sive leges, ex eo quòd eas in diversis locis, & studiis Regni nostri per scholasticos legi sinatur, multa namque eruditionis & doctrinæ proficiunt, licet recepta non fuerint.* C'est ce que je vous ay dit cy-dessus que ce droict se lisoit en unes & autres villes, par souffrance. Et neantmoins que le Roy en admettoit la lecture, comme celle de laquelle on pouvoit puiser plusieurs belles raisons pour la decision du procés. Et quelques lignes aprés: *Sanè cum inter cives Aurelianensis civitatis, in qua propter opportunitatem, fertilitatem, & amœnitatem loci sub aliis progenitorum nostrorum, & nostris, liberalium artium, præcipuè juris canonici studium & civilis nosci tur floruisse, & eminentes personæ temporibus retroactis, qui virtutum & scientia fulgore splendentes, fructum multiplicem Deo gratum, & hominibus salubrem, per mundi diversa climata ediderunt, ac inter Doctores, Magistros & Scholares Juris canonici, & civilis ibi studentes, cernimus grave nuper scandalum fuisse suscitatum Universitati, prætextu Doctorum ipsorum, & Magistrorum, Scholarium noviter instituta, videlicet ex eo studium illud medium turbatum & impeditum enormiter, nisi celeriter occurreretur, prorsus posse (quod absit) in futurum sine reparatione destitui Universitatem hujusmodi quæ causam huic scandalo præstabat, nec fuerit authoritate nostrâ subnixa, tolli decrevimus. Quod enim in hoc favore studii fuerat dispositum, manifestè tendebat ad noxam. Cæterùm, ut Doctores, Magistri, & Scholares libentiùs ad studium ipsum declinent, & ferventiùs ibidem studentes proficiant quantò plus honorari se sentient, illud privilegiis, beneficiis, & libertatibus munitum, studium generale præsertim Juris canonici & civilis favente Deo, perpetuò ibidem esse volumus, & Regiâ authoritate firmamus. Hoc salvo quòd Theologia Magistri nullatenus creentur ibidem, ne detrahatur privilegiis Romanæ sedis studio Parisiensi concessis.*

A la suite dequoy sont les Privileges dont le Roy veut, & entend honorer cette Université, qui ne sont petits. Mais sur tout me plaist une clause pleine de curiosité, par laquelle le Roy, d'une debonnaireté admirable, tasche de faire trouver bon aux autres bourgeois de la ville, si peut-estre à leur desavantage, il advantage les Escoliers. *Et si quod privilegium forsan à nobis vel nostris progenitoribus sit prædictis civibus concessum, quod huic adversetur, id propter favorem studii utilitatemque publicam cessare volumus in parte. Nec cives eos pigeat. Ipsa namque civitas ex studio decorator, ac ideo propter incrementum honoris, & utilitatis civitatis ejusdem, quod ipsi cives ex studio, si bene meritis oculos aperiant, sentire noscuntur, patienter ferre debeant, forsan videatur eis paulisper ex talibus se gravari.*

Qui me semble une belle leçon faite à tous les manans & habitans des villes, esquelles y a Universitez, pour compatir avec les Maistres & escoliers. Je vous laisse toutes les autres particularitez des lettres patentes du Roy Philippes, lesquelles, sur la fin, portent cette date. *Actum apud Abbatiam Regalem Beatæ Mariæ prope Pontiseram. Anno Domini millesimo trecentesimo duodecimo, mense Julij.* C'est que ces lettres furent expediées en l'Abbaye de Maubuisson prés de Pontoise l'an 1312.

Il n'estoit rien impossible, ny au Roy Philippes le Bel aprés qu'il se fut bravement aheurté aux bravades du Pape Boniface VIII. ny depuis à Clement V. ayant quitté la grande ville de Rome (premier & ancien sejour de la Papauté) pour se venir habituer avecques son Consistoire, à Avignon, pour lors ville d'emprunt.

C'est pourquoy ils ne doubterent, chacun en leur endroict, de nommer la ville d'Orleans Université de loix, & neantmoins encores voy-je que les deux ville qui depuis voulurent estre de la partie, qui furent Angers & Poitiers, n'oserent par leurs Requestes, coucher du mot d'Universitez de loix, ains celle d'Angers, qu'il luy fust permis jouyr des Privileges de l'Université d'Orleans, celle de Poitiers, des Privileges de l'Université de Thoulouze.

Encores que l'intention de ceux qui negocioient pour l'une & l'autre ville, visast principalement à la lecture des loix, le Roy Charles V. ayant ses lettres, narré la Requeste qui luy avoit esté faite par Louys Duc d'Anjou son frere, afin que sa ville d'Angers jouïst de mesmes Privileges qu'Orleans, ordonne par ses lettres patentes, du mois de Juillet mil trois cens soixantequatre, ainsi que s'ensuit:

Notum facimus nos omnia & singula privilegia, seu eis consimilia, libertates, franchisias, immunitates, gratias, ac etiam omnes alias quascumque libertates, privilegia, & franchisias concessas ac donatas studio Aurelianensi prædicto, ac studentibus in eodem retroactis temporibus, à prædecessoribus nostrâ Francorum regibus, de gratia speciali, certâ scientiâ & plenitudine potestate Regiâ commisisse, & donasse perpetuis temporibus studio Andegavensi, Doctoribus, Licentiatis, Baccalaureis, & studentibus in eodem. Mandamus Seneschallo, vel Præposito Andegavensi &c. Datum Parisius anno Domini millesimo trecentesimo sexagesimo quarto, mense Julij, per Regem in Requestis suis, vobis Dominis Episcopis Mannetensi, & Meldensi, necnon Magistris P. de Rouy, Joanne Divitis, Decano Novionensi, Al. Caprarii, Aimaro de Magnaco, Philippo de tribus montibus Requestarum hospitii Magistris præsentibus. Signatum H. de Hac.

On apporta plus de façon en l'erection de l'Université de Poitiers. D'autant qu'une bonne partie de la France estant occupée par les Anglois, le Roy Charles septiesme eut recours au Pape Eugene quatriesme, lequel narration faite de la semonce qui luy avoit esté faite par le Roy, & humble supplication des manans & habitans de la ville, poursuit en cette façon:

Ad Dei laudem & gloriam, Rei quoque publicæ fœlix incrementum, in eadem civitate Pictaviensi studium generale authoritate Apostolicâ tenore præsentium erigimus, statuimus, ac etiam ordinamus ad instar ipsius studii Tolosatis, in perpetuâ Facultate licitâ, quod perpetuis futuris temporibus vigeat & præservetur ibidem. Quodque omnes & singuli Doctores, & Magistri legentes & audientes, libertatibus, immunitatibus, privilegiis & indulgentiis, quibusvis Doctoribus & Magistris regentibus, & Scholaribus dictæ Universitatis studii Tolosani existentibus, per sedem Apostolicam, & aliàs qualitercumque concessis gaudeant in omnibus & singulis. Je vous laisse le demeurant par lequel il veut & ordonne que le Thresorier de l'Eglise sainct Hilaire, en soit Chancelier, & au bout. *Datum Romæ apud sanctum Petrum, anno incarnationis dominicæ millesimo quadringentesimo primo Cal. Junii. Pontificatûs nostri anno primo. M. de Bossis, sub plumbo, cum filo crocei & rubei coloris.*

Sur ces Bulles de cette façon expediées en Cour de Rome, le Roy Charles VII. decerna ses patentes le 16. Mars 1431. verifiées au Parlement delors seant à Poictiers, le 8. Avril au mesme an, devant Pasques, par lesquelles il confirme en tout & par tout, l'erection de l'Université de Poictiers, faicte sur le pied de celle de Thoulouse par le Pape Eugene le quart, & passant outre, veut qu'elle jouïsse des mesmes privileges, que celles de Paris, Thoulouze, Orleans, Angers, & Montpellier. Il me semble qu'il ne sera hors de propos d'inserer icy le dispositif de ses lettres.

Nos igitur dictam ipsius sanctissimi patris dispositionem, voluntatem & ordinationem, huic nostro proposito, nostroque desiderio conformem, ad Dei & Ecclesiæ laudem & gloriam, fidei & doctrinæ exaltationem, totiusque hujus nostri regni omnes & honorem, clare redundare recognoscentes, ipsam grato animo excepimus & acceptavimus, & eam in quantum melius voluimus voluimusque, & possumus de nostrâ certâ scientiâ plenariâque potestate, & authoritate Regiâ, juxta plenariam ipsius sanctissimi patris nostri litterarum effectum, laudavimus, ratificavimus, & approbavimus; laudamus, ratificamus, & approbamus per præsentes ipsum studium generale sic in dictâ nostrâ civitate Pictaviensi, authoritate Apostolicâ erectum, institutum, & ordinatum, nostrâ etiam ex parte nostrâque authoritate in quantum in nobis est servando, instituendo, & ordinando. Quod ut uberius succrescere soliditusque subnixi, subsistere & perdurare valeat, cunctique ibi ad haurienda scientiæ & doctrinæ fluenta eo libentius conveniant, quo se majoribus favoribus, potioribusque gratiis senserint prosequutos, ipsum studium Pictaviense, ac universos, & singulos Doctores, Magistros, suppositaque membra ejusdem sub nostro nomine, nostrâque speciali protectione, gardia, & salvagardia, per has easdem præsentes recipimus & ponimus, ac ipsis eorumque singulis omnia & singula privilegia, prærogativas, exemptiones, immunitates, ac jura per nos, & prædecessores nostros Franciæ Reges, ac Principes quoscumque Parisiensi præsato, Tolosano, nec non Aurelianensi, Andegavensi, Montispessulani studiis & Universitatibus hactenus quomodolibet data, indulta, concessa, & confirmata damus, concedimus & indulgemus perpetuo duratura. Je vous obmets le demeurant, par lequel il luy donne pour conservateur de ses Privileges, le Lieutenant general du Seneschal de Poictou, & au bout. *Datum Cainonæ die decimâ sextâ mensis Martii, Anno Domini 1431. & regni nostri decimo,* & seellé en cire verte, du grand seel en lac de soye, & sur le reply, est escrit: *Per regem Domino* de la Trimoüille, *Christophoro de Harcour, Ludovico d'Escars, & aliis præsentibus.* Signé, Gibier, & aprés est le mot *Visa:* & au dos est escrit: *Lecta & publicata Pictaviæ, in Parlamento Regio, & ibidem registrata octavo die Aprilis, anno Domini 1431. ante Pascha.* Signé, Blois.

Je vous ay icy representé une bonne partie des Lettres de Charles septiesme, en forme de Chartres, pour vous monstrer non seulement quand l'Université de Poictiers fut bastie, quel respect les entrepreneurs portoient à la venerable ancienneté du Droict de la France, n'estant le mot d'Université de Loix sorty de leurs plumes à face ouverte; mais aussi en ce que le Roy passant outre, veut que l'Université de Poictiers jouïsse de mesmes Privileges que celle de Paris, Toulouze, Orleans, Angers, & Montpellier.

Ordre par lequel il sembleroit que l'Université de Montpellier fust posterieure à celle d'Angers: neantmoins la verité est, qu'elle la precede de temps; parce que ceux qui y sont habituez & nourris, attribuent la premiere institution de ceste Université, au Pape Nicolas troisiesme, l'an mil deux cens octante-quatre, sur le moule de celle de Paris; & que depuis, elle obtint ampliation en la Faculté de Loix, sous Charles quatriesme, l'an mil trois cens vingt-six; le tout bien & deüement confirmé par le Roy Jean, l'an mil trois cens cinquante; & depuis, par Charles septiesme, l'an mil quatre cens trente-sept; & finalement, par François premier, l'an mil cinq cens trente-sept. C'est tout ce que

que j'ay peu apprendre d'eux, par l'entremise de quelques miens amis : car quant aux titres & enseignemens, je n'en ay communication, comme de ceux des autres Universitez; mais j'en ay un trés-antique & authentique, pour monstrer qu'auparavant l'an mil trois cens vingt-six, la Faculté de Loix y estoit exercée d'ordinaire. J'apprends cela de Petrarque, en l'Epistre liminaire de ses œuvres, qu'il dedie à la posterité ; en laquelle, aprés avoir fait recit qu'il estoit né en l'an mil trois cens quatre, & que sur le neusiesme an de son aage, ses pere & mere s'estoient venus habituer à Avignon, où la Cour de Rome se tenoit : il estudia quatre ans entiers, tant en ceste ville, qu'en celle de Carpentras, en la Grammaire, Rhetorique, & Dialectique ; & de là, il fut estudier en Droict à Montpellier, l'espace d'autres quatre ans. *Indè* (dit-il) *ad Montem Pessulanum, legum ad studium profectus, quadriennium ibi alterum ; indè Bononiam, & ibi triennium expendi, & totum Juris Civilis corpus audivi.* Par la supputation & calcul qu'il fait de son aage, il alla estudier en Droict à Montpellier, l'an mil trois cens dix-huit ; il est doncques vray de dire, que lors l'exercice des Loix Romaines y estoit d'ordinaire ; & ne le faut trouver estrange, d'autant que Placentin & Azon y en avoient tracé les premiers chemins. Bien peu du depuis, ceste ville avoir obtenu quelque confirmation de ceste Faculté, par Charles quatriesme, en l'an 1326.

Car quant à l'Université de Caën en Normandie, ce fut un ouvrage du Roy Henry sixiesme, soy disant Roy de France & d'Angleterre, lequel estant en la ville de Roüen, expedia ses Patentes en langue Latine, en l'an mil quatre cens un, portans l'erection nouvelle de ceste Université en Droict Canon & Civil, qui furent depuis presentées au Parlement de Paris, pour estre verifiées : à quoy l'Université s'opposa par la bouche du Recteur, en pleine Audience, offrant d'enseigner le Droict Civil dans Paris. Et par Arrest du douziesme Novembre 1433. il fut dit qu'elle bailleroit ses causes d'opposition par escrit, & que cependant sans prejudice d'icelles, les Lettres seroient verifiées. Depuis, ç'a esté chasse morte : car non seulement il n'en fut plus parlé, mais au contraire, par autres Patentes du mesme Roy, du quinziesme Fevrier mil quatre cens trente-six, furent adjoustées les Facultez de Theologie, Medecine, & des Arts ; & le Baillif de Caën, deputé conservateur des Privileges Royaux. Privileges amplement declarez par autres siennes Lettres données à Raneton prés Londres, le dixiesme de Mars mil quatre cens trente-sept. Et depuis, à la supplication des trois Estats de Normandie, le Pape Eugene quatriesme, en la ville de Boulongne, decerna ses Bulles : 3. *Kal. Junii* 1437. & crea, & erigea, instituit ainsi que devant, ceste Université, avec les cinq Facultez cy-dessus mentionnées, ordonnant que l'Evesque de Bayeux en fust Chancelier, comme aussi le dota de tous Privileges, en la mesme forme que les autres Universitez : & par les autres siennes Bulles, les Evesques de Lizieux & Coustance, pour conservateurs Ecclesiastiques & Apostoliques : en commemoration de quoy fut faite procession solemnelle, & chanté un *Te Deum laudamus*, en l'Eglise Sainct Pierre de Caën, le vingtiesme Octobre mil trois cens trente-neuf. Et comme ainsi fust que le pays de Normandie eust esté tout-à-fait reduit sous l'obeïssance du Roy Charles septiesme, en l'an mil quatre cens cinquante, lors qu'il fit son entrée à Caën, sur la requeste que luy firent les manans & habitans, qu'il luy pleust confirmer les Privileges de leur Université, par eux obtenus ; le Roy, par meure deliberation de Conseil, ne voulant approuver ce qui avoit esté fait par l'Anglois, ayant esgard aux Bulles du Pape Eugene, crea de nouveau ceste Université de Caën, par ses Patentes du penultiesme de Juillet 1450. lesquelles il amplifia par autre du quatorziesme May 1452. & du depuis, fut donné un Arrest par le grand Conseil, au profit de ceste Université, pour la manutention de ses nominations, qui merite d'estre icy inseré.

Extraict des Registres du grand Conseil du Roy.

Estre le Sindic des Recteur, Docteurs, Escoliers & Supposts de l'Université de Caën, demandeurs d'une part ; & le Sindic des Prelats de Normandie, deffendeurs d'autre : Veu par le Conseil, les Plaidoyez desdites parties, l'erection, fondation, & dotation de ladite Université de Caën, faites par les predecesseurs Roys, à la supplication des trois Estats du Duché de Normandie, avecques semblables prerogatives, & privileges que les autres Universitez de ce Royaume, Confirmations & Approbations desdites erections, franchises, & libertez du Pape Eugene quart, Calixte tiers, & Nicolas quint : autre confirmation du Roy, Lettres Patentes dudit Seigneur du vingtiesme jour de May l'an mil cinq cens vingt & neuf, par lesquelles la cognoissance de la matiere est attribuée audit Conseil : Arrest d'iceluy, par lequel ladite matiere y a esté retenuë pour y estre jugée, decidée, & determinée : Arrests & Jugemens donnez, tant en la Cour de Parlement de Roüen, Conseil d'Alençon, que pardevant le Baillif de Roüen, ou ses Lieutenans : Conclusions du Procureur general du Roy, & tout ce que par ledit demandeur a esté mis & produit pardevers ledit Conseil, & que de la part dudit deffendeur, n'a esté aucune chose produite, & en a esté forclos, & tout consideré. Dit a esté que lesdits Recteur, Docteurs, Maistres, Escoliers, & Supposts de ladite Université de Caën joüiront de l'effect des nominations, & autres privileges & libertez, octroyez par les saincts Decrets & Concordats, comme compris en iceux, aux Graduez, & deuëment qualifiez, tout ainsi & par la mesme forme & maniere qu'en joüyssent & usent les Supposts des Universitez de Paris & Angers, & autres Universitez du Royaume : & fait inhibitions & deffences ausdits Prelats, de non les troubler, ny empescher : & les condamne aux despens envers lesdits demandeurs, la taxation audit Conseil reservée. Prononcé audit Conseil, à Paris, le 26. jour de Mars mil cinq cens trente-trois : & au dessous, Riviere, & à quartier, collation esté faite.

Je donneray maintenant à la ville de Bourdeaux son lieu, selon l'ordre des creations, laquelle se peut glorifier d'avoir esté mere de ce docte Poëte Ausone, Precepteur de l'Empereur Theodose, ainsi qu'il nous tesmoigne en la description de sa ville :

———Nec enim mihi Barbara Reni
Ora, nec Arctoo domus est glacialis in Hæmo,
Burdigala est natale solum.

Et sur la fin de cet Eloge :

Diligo Burdigalam, Romam colo ; Civis in illa,
Consul in ambabus ; cunæ hic, ibi sella curulis.

Theocrenus, Precepteur de Messieurs les enfans du Roy François Premier, exaltant la ville de Bourdeaux, de l'honneur que luy apportoit le nom & renom de ce grand Poëte, commence une Elegie par ces quatre beaux vers :

O salve Ausonii mater Graiique Poëta,
Mirum, cum nec sis Graia, nec Ausonia.
Te tamen Ausoniis, & Graiis urbibus æquat
Filius, eloquio tantus utroque tuus.

Et comme ceste ville fut honorée de la naissance de luy, aussi eut elle plusieurs autres personnes de choix qui y firent Escoles publiques en Grammaire, & Oratoire, & autres nobles professions, tant en Grec que Latin, comme vous pouvez recognoistre par le livre du mesme Ausone par luy intitulé *Burdigalenses Professores*, auquel il honore diversement uns & autres qui y avoient enseigné la jeunesse, & conclud par cet Epigramme :

Valete manes inclytorum Rhetorum,
Valete Doctores probi,
Historia si quos, vel Poëticus stilus,
Forumque fecit nobiles,
Medica vel artis dogma, vel Platonicum
Dedit perenni gloria.

Qui nous tesmoigne qu'on y enseignoit la Grammaire, l'Oratoire, l'Histoire, la Poësie, la Medecine, & la Philosophie : estudes qui furent depuis continuées en la mesme ville,

ville, ainsi qu'il fut representé au Pape Eugene quatriesme, par la queste des manans & habitans.

Quod potissime (porte la Bulle) *in prædicta civitate, quæ inter alias illarum partium civitates habetur & reputatur insignior, plerique litterarum studiis, & diversarum Facultatum scientiis semper diligenter incumbere, & in eis plurimum proficere consueverint : Ex quo Doctissimorum virorum copia semper effloruit, & insigniter pullulavit.* Je vous laisse plusieurs autres clauses pour vous dire, que le Pape en enterinant leur Requeste, establit en la ville de Bourdeaux une Université à l'instar de celle de Tholose, & institua pour Chancelier Pierre Archevesque tant qu'il viuroit : & après son decez, *Archidiaconum majorem Ecclesiæ Burdigalensis, Meldunensis vulgariter nuncupatum, &c. Datum Florentiæ anno Incarnationis Dominicæ* 1441. 7. *iduś Iunii, Pontificatuś vero nostri anno* 11. à double queuë, *cum sigillo plumbeo in parte una cujus scriptum est Eugenius PP. IIII, & in altera parte duæ facies super quibus scriptum est, S. Pa. S. Pe. pendens unâ cum cordulâ sericâ partim rubrâ, partim flavâ. Sic signatum, &c.*

Et depuis, le Roy Louys unziesme estant à Bourdeaux, approuva & alloüa l'erection de ceste Université, la mit sous sa protection & sauve-garde, luy baillans pour conservateur le Seneschal de Guyenne, ou son Lieutenant à Bourdeaux, portant entre plusieurs clauses ceste-cy. *Volumus, statuimus, & ordinamus ipsos Cancellarium, Rectorem, Doctores, Magistros, Licentiatos, Baccalaureos, Scholares, Bedellos, Scindicos, Notarios, Stationarios, sive Librarios, Pergaminarios, Thesaurarium, & quæcunque supposita dictæ Universitatis, ejusdem privilegiis, immunitatibus, juribus, prærogativis, & libertatibus, deinceps perpetuis temporibus gaudere, & uti, quibus gaudent Cancellarius, Rector, Doctores, Magistri, Licentiati, Baccalaurei studentes, cæteraque supposita dictæ Universitatis Tolozanæ, &c. Datum Burdigalæ in mense Martii, anno Domini* 1472. *& regni nostri duodecimo,* Scellées à double queuë, de cire verte ; & au dessous du reply, & sur le haut bout d'iceluy ces mots sont escrits : *Per Regem, de Beaujeu, Gubernatore Aquitaniæ, & pluribus aliis præsentibus.* Ainsi signé de Sacierges; & sur l'autre bout y a : leuës & publiées en la Cour de la Seneschaussée de Guyenne, tenuë au Chasteau Royal de Lombriere, par Maistre Martial Peinet Docteur és Droicts, Lieutenant en icelle, és presences de Maistre Guionot de la Brosse, Procureur du Roy en ladicte Seneschaussée, & de Maistre Pierre Paln, Substitut du Procureur de la ville de Bourdeaux l'an mil quatre cens soixante treize. Ainsi insigné, Naudin Greffier.

Auparavant ceste confirmation, le mesme Roy Louys XI. crea l'Université de Bourges à l'instance, priere, & poursuite de Charles Duc de Berry son frere, comme il est porté par ses patentes, par lesquelles il dit ainsi :

Ad laudem divini nominis, & fidei sacræ dilatationem, ipsiusque civitatis, & totius Ducatûs Bituricensis utilitatem, gloriam, & honorem, ex matura & accurata magni nostri Consilii deliberatione, concedimus & ordinamus, ut de cætero in civitate Bituricensi prælibata, generale studium, quod ad instar aliorum generalium regni nostri studiorum, per præsentes, quantum nostra convenit Regiæ authoritati, instituimus & erigimus, tam in Theologia, & jure Canonico, & Civili, quam in Medicina & Artibus, & alia qualibet licita & approbata Facultate : Utque Rector, Doctores, & Magistri, Regentes, Baccalaurei, & alii studentes ibidem, & eorum officiarii & servitores, omnibus privilegiis, libertatibus, immunitatibus, tam Magistris in Theologia, & Doctoribus, & Magistris aliarum Facultatum, ac etiam studentibus in Parisiensi, Aurelianensi, Tolosanensi, & Pictaviensi, aliisque Regni nostri Universitatum generalibus stu-diis, concessis, & concedendis utantur & gaudeant, Baillivum nostrum seu Seneschallum Bituricensis Ducatûs præsentem, & futurum conservatorem dictorum privilegiorum Regiorum, etiam per tenorem præsentium constituimus, & ordinamus, ut præfati Rector, Doctores, &c. Je vous laisse le demeurant qui ne va qu'au Formulaire de l'execution du commandement du Roy. *Datum in oppido de Marueil, prope Abbativillam mense Decembri, anno Domini millesimo quadringentesimo sexagesimo tertio, & regni nostri tertio. Subscriptum in margine. Per Regem in suo Consilio, sic signatum* Roland, *& in buto dicta marginis scriptum est. Visa Contentor, & signé* du Ban, *& in dorso dictarum litterarum inscriptum : Registrata, & in repleto scriptum : Lecta, publicata, & registrata de mandato Regis, iteratis vicibus facto, & sine præjudicio oppositionum in hac parte factarum : Præsente Procuratore Regis, & non contradicente. Actum Parisiis in Parlamento, penultimo die Martis, anno Domini* 1469. *ante Pascha.* Signé Bouvat.

En ce que dessus vous voyez par la date des lettres de l'an mil quatre cens soixante trois, verification faite au Parlement en soixante neuf, qu'il y eut oppositions formées, & croy que ce fut par les autres Universitez : D'autant que la nouvelle erection de ceste-cy diminuoit autant de leurs emolumens ordinaires, & que pour y mettre fin, le Roy Louys unziesme s'en fit croire par jussions reiterées : lesquelles ne se tournerent au dommage ; ains au grand profit du public. Et à la mienne volonté qu'en tous ses commandemens absolus, les affaires de France luy eussent succedé de mesme façon comme elles firent en la creation de ceste Université.

Entant que touche celle de Cahors, le docte Benedicti Conseiller au Parlement de Tholose, en fait le Pape Jean vingt-deuxiesme, né du pays de Querfi, fondateur. Argentré au douziesme livre de son histoire de Bretagne, dit que le Pape Pie second fonda celle de Mante à la supplication de François second dernier Duc. Au regard de Grenoble & Valence, je ne vous en puis rien dire, pour n'en avoir eu à mon grand regret aucuns memoires & institutions. Bien diray-je que Valence se peut vanter d'avoir eu en divers temps, trois braves Docteurs Regens, Philippus Decius, Æmilius Ferretus, Jacobus Cujarius, personnages tres-signalez en la doctrine des Loix, & Grenoble un Antonius Goveanus, qui y mourut.

La derniere est l'Université de Reims instituée par les Bulles du Pape Paul troisiesme *octavo idus Januarii* 1547. en toutes les Facultez par la permission du Roy Henry second du nom, & supplication de Charles Cardinal de Lorraine, Archevesque de Reims, qui la dota de plusieurs grands biens. Les lettres patentes du Roy, pour proceder à la verification de ceste nouvelle erection, sont du mois de Mars mil cinq cens quarante-sept, verifiées au grand Conseil le vingt-sixiesme jour de Septembre mil cinq cens quarante-huit, au Parlement le penultiesme de Janvier mil cinq cens quarante-neuf, en la Chambre des Comptes le dernier de Fevrier ensuivant. Voilà en somme quelles sont les Universitez de la France, Paris, Tholose, Orleans, Montpellier, Angers, Poitiers, Caen, Bourdeaux, Bourges, Cahors, Nantes, Reims, Grenoble, Valence. Toutes lesquelles, horsmis Paris, & deux autres pour le plus, ont pris le tiltre d'Universitez de Loix. Parce que ceste Faculté produit sur les quatre autres, honneur & gain ensemblement, peres nourrissiers des Arts. Voilà comme petit à petit se planta le Droict Civil des Romains en France, & y apporta nouveau visage d'affaires, dont je discourray au prochain Chapitre.

CHAPITRE XXXVIII.

Du nouvel ordre de Pratique judiciaire que nos ancestres enterent sur le Droict Civil des Romains.

LE Droict Civil des Romains s'estant de la façon que je vous ay deduit, venu habituer dans la France, en vertu duquel les Universitez de Loix y furent basties, on fut contrainct d'avoir des Docteurs Regens pour l'enseigner, qui introduisirent une nouvelle police de Licenciez en Droict, (dont sous paroles couvertes nous avons quelque image dedans les Ordonnances de Justinian,) sur lesquels nous entasmes le College des Avocats, pepiniere des sieges Presidiaux, Lieutenans generaux criminels, & particuliers des Provinces, Advocats & Procureurs du Roy, Conseillers des Cours souveraines, Maistres des Requestes, Presidens, voire des Chanceliers mesmes. Et au lieu que auparavant les gens d'espee jugeoient, la longue robbe entra en jeu pour s'en faire croire, & prevaloir en ses jugemens de ce Droict: car à bien dire, c'est à elle à laquelle les Universitez de Loix ont leur principale obligation. De là est venu que nul n'est receu au serment d'Avocat, ny d'Officiers de Judicatures és sieges Royaux, qu'il n'ait ses lettres de Licence, & non contens de ce degré, advenant que quelqu'un ait esté pourveu d'un Estat de Conseiller en Cour souveraine, apres avoir informé d'office sur sa vie & mœurs à la requeste du Procureur general, on l'interroge non seulement sur les Ordonnances Royaux, & Droict ordinaire de la France, ains sur celuy de Rome, à l'ouverture du Code, en luy baillant quelque quinzaine de delay pour y estudier la loy qui s'est casuellement presentée; auquel cas se trouvant capable, il est receu, & fait le serment à ce requis & accoustumé: autrement il est renvoyé aux estudes jusques à certain temps: Reigle que l'on observe d'abondant en toutes Cours souveraines à l'endroict de tous les Juges, dont les appellations ressortissent nuëment pardevant elles. Et neantmoins la verité est, que ny les Parlemens, ny leurs Juges inferieurs ne sont obligez de suivre ce Droict par leurs jugemens, sinon de tant & entant qu'ils le pensent se conformer au sens commun de la raison, ce que Balde Docteur Italien a recogneu franchement. De ce mesme fonds est venu que les Advocats ayans pris leurs nourritures aux escoles de Loix, lors qu'ils en sortent, & entrent aux barreaux pour plaider, ils deffendent leurs causes par les authoritez des Empereurs & Jurisconsultes, & en leurs deffauts ont recours à ceux qui les commenterent, ne demeurans jamais sans parrains, pour la diversité d'opinions qui se trouve des uns aux autres. De maniere que familiarisans de ceste façon avecques le Droict ancien de Rome, il luy fort aisé de nous transformer en luy, comme pareillement luy en nous. Et qu'ayons non seulement emprunté, ains transplanté en nostre France plusieurs reigles & propositions de luy, tant pour la direction & conduite des procedures judiciaires que decision de nos causes. Il nous a servy de leçon, & nos Juges par longs laps de temps, l'ont fait passer en forme de loy Françoise, non (comme j'ay dit) pour estre sujets à l'Empire, ains à ce qu'il estoit bon, juste, & raisonnable dedans l'Empire. Il n'est pas que par long usage nous l'ayons faict passer par forme de Coustume en unes & autres Provinces, aux unes plus, aux autres moins. Lisez la Coustume de Berry, vous n'y trouverez presque autre chose que le Droict transcript, & quelque peu diversifié. Et en ce cas les Juges sont abstraints & necessitez de juger, sur peine de nullité. Chose certes infiniment esmerveillable, que lors que ce Droict fut redigé par l'Ordonnance de l'Empereur Justinian, vous ne le trouvez avoir esté en grande observance entre les sujets: & neantmoins apres avoir esté, sinon perdu, pour le moins égaré par plusieurs centaines d'ans, l'ancienne Majesté Imperiale de Rome s'estant tournée en fumée, & n'en restant plus que la memoire du nom, toutesfois les peuples non sujets à une chose qui n'estoit plus, l'ayent non seulement embrassée, ains en ayent esté embrasez depuis deux ou trois cens ans en çà: & depuis que ceste invention s'est habituée chez nous, il seroit impossible de dire combien elle a produit de gens, non de l'espée, ains de la plume. Sous le regne du Roy François premier de ce nom, un Villanovanus fit un Commentaire sur Ptolomée, dedans lequel il disoit, qu'en ceste France il y avoit plus de gens de robbe longue, qu'en toute l'Allemagne, l'Italie, & l'Espagne: & croy certes qu'il disoit vray. Chacun alleché par le gain & honneur qui provient de ceste estude, s'y achemine fort aisément. Et encores y a-t-il grande apparence qu'elle y prendra plus longue & favorable traite: car ayant banny la barbarie qui se trouvoit en l'exercice d'icelluy, & meslé l'elegance du stile, & les bonnes lettres avec ce Droict, je ne fais aucune doute qu'estant revestu de ceste belle robbe, ce ne nous soit un bel appas, pour en continuer l'estude. Il me souvient de nostre Lucian de nostre temps, Rabelais, disoit en quelque endroit de ses œuvres, que le Droict estoit une belle robbe bordée de fanges, entendant par ce mot de fanges, les glosses qui sont aux environs de textes: quant à moy je pense plus veritablement parler, quand voyant le fruit qui en vient, je la diray estre une robbe d'argent, brodée d'or, singulierement en ce temps icy, auquel je voy tant de beaux esprits l'avoir enrichy. Et cestuy est le troisiesme aage de son restablissement, dont je vous veux gouverner par le Chapitre suivant.

CHAPITRE XXXIX.

Troisiesme aage de ceux qui ont mis leurs plumes sur l'explication du Droict Romain.

CE Chapitre est dedié au troisiesme aage du restablissement du Droict de Rome; mais premier que d'y entrer, je feray une briefve reveuë de quelques anciens Docteurs de nostre France, qui selon la vieille guise & livrée des Italiens, se mirent comme eux sur les rangs. Car combien que Guillaume Durant Provençal eust esté le premier qui se fust, contre les deffenses de Justinian, laiché toute bride dans son *Speculum*, si ne fut-il de telle façon suivy par les nostres, comme par les Italiens qui le renvierent sur luy. Nostre Concil National de Tours nous en en avoit fermé la porte. Et neantmoins quelques esprits curieux s'en dispenserent à la longue. Uns Petrus à Bella Pertica, & Ioannes de Blavasco Bourguignons, Jacobus de Ravano Lorrain, Petrus Jacobi de Montpellier, & Gulielmus de Cuneo, voulurent estre de la partie, entre lesquels je voy ce dernier avoir esté grandement honoré de la brigade Italienne. Et curent ceux-cy pour corrivaux dedans nostre France plusieurs doctes hommes en ce sujet, tant és Cours souveraines, que subalternes, un Jean Fabri Seneschal de la Roche-foucaut en Angoulmois, Stephanus Aufrerii President au Parlement de Tholose, Jean Gallus Avocat du Roy au Parlement de Paris, Guido Papæ Conseiller en celuy de Dauphiné, Masuerius Advocat en la Seneschaussée de Bourbonnois, que j'appellerois volontiers nostre Masurius Sabinus. Avecques lesquels j'adjousteray le docte Guillelmus Benedicti, Conseiller au Parlement de Tholose sous le Roy Louys douziesme, mais comme une plume metive, car combien qu'il ait enrichy ses œuvres de plusieurs belles anciennetez, si est-ce que son mal-heur voulut que ce fut d'un stile mousse & grossier; & le semblable vous diray-je d'uns Boërius President au Parlement de Bourdeaux, de Chassannée President en celuy de Digeon, & de nostre Rebuffy, personnages de grande & singuliere doctrine au faict du Droict, comme resmoignent leurs œuvres, mais qui ne se peurent bonnement garantir de la barbarie ancienne, encores qu'ils fussent du temps du Roy François I. mesme que l'un deux ait veu le regne de François II.

Le siecle de l'an mil cinq cens (dedans lequel toutesfois vesquirent Felin, Jason, Dece, Socin le jeune, Italiens, tous tachez, & infectez de ceste ancienne lourdise) nous apporta une nouvelle estude de Loix, qui fut de faire un mariage de l'Estude du Droict avecques les lettres Humaines, par un langage Latin net & poly; & trouve trois premiers entrepreneurs de ce nouveau mesnage, Guillaume Budé François, enfant de Paris, André Alciat Italien Milannois, Uldaric Zaze Alleman né en la ville de Constance.

De ces trois, le premier qui ouvrit le pas fut Budé (lors Secretaire du Roy, & depuis Conseiller & Maistre des Requestes ordinaire de son Hostel) en ses Annotations sur les Pandectes qu'il dedia en l'année mil cinq cens huict, soubs le regne du Roy Louys douziesme du nom, à Messire Jean de Gannay Chancelier de France. Et non seulement ouvrit le pas au beau Latin parsemé de belles fleurs d'histoires & sentences, mais aussi fut le commencement de son œuvre se desborda en invectives contre la barbarie des anciens Docteurs de Droict. Cestuy fut non long-temps aprés suivy par Alciat. Je dis nommément suivy, car la premiere dedicace de ses œuvres & des trois derniers livres du Code, qui fut par luy faite, est de l'année mil cinq cens treize, & celle des autres sont toutes des années subsequentes. Et neantmoins les choses ne luy succederent pas grandement à propos entre les siens: car je ne voy point que les Italiens qui le survesquirent, ayent esté grandement soucieux de se rendre, comme luy, Humanistes. Il me souvient que m'estant acheminé de la ville de Tholose au pays d'Italie, pour y parachever mes Estudes de Droict, j'ouys trois ou quatre de ses leçons dedans la ville de Pavie. De là m'estant transporté en la ville de Boulogne, où lisoit Marianus Socinus, neveu de Bartholomæus, tous les Escoliers Italiens faisoient beaucoup plus de compte de l'un que de l'autre. Voire que ceux qui plaidoient, pour s'asseurer de leurs causes, recherchoient plus le Socin; pour ceste seule consideration (disoient-ils) que jamais il n'avoit perdu le temps en l'estude des lettres Humaines, comme Alciat. Il n'en prit pas ainsi à nostre Budé, dedans nostre France: d'autant qu'une infinité de bons esprits se mirent sous son Regiment, tant en nos Universitez de Droict, que és Cours souveraines, & autres Cours inferieures. Dedans la ville de Tholoze uns Corras & du Ferrier, Forcatel, qui de son nom François fit un Forcatulus Latin, dedans Valence un Æmilius Ferretus, dedans Cahors un Govean, lequel, ores que non François, si est-ce qu'il y commença ses Estudes, & acheva: dedans Grenoble, & dedans Orleans uns Jean Robert, & Guillaume Fournier, dedans Bourges, Baron, Duaren, & autres que je particulariseray cy-aprés, & specialement le grand Cujas: uns Gregoire Tholosan au Pontamousson, & Godefroy Parisien en la ville de Heidelbert. Je vous mets ces deux-cy sur les derniers rangs, non que je les estime moindres, mais parce qu'en leurs escrits semble estre la closture de ceste nouvelle Jurisprudence. En Gregoire par son *Syntagma Iuris*, auquel il a si bien lié le Droict avecques l'Humanité, qu'il est mal-aisé d'y rien adjouster ou diminuer: Et quant à nostre Godefroy, il a cueilly des jardinets de tous nos nouveaux Docteurs Humanistes, les plus belles fleurs dont il fait une maniere de Glosses sur tout le Droict, tout ainsi qu'avoit faict Accurse des anciens Glossateurs. Et tel Advocat plaidant au barreau contrefaict par fois le sçavant, qui ne reluit que de la plume de Godefroy sans le nommer: mais puisque je me fermer en ce discours des Docteurs Regens de Droict, je vous veux faire part d'une chose que j'ay observée. La premiere & plus ancienne Université de Loix sous le pays coustumier est celle d'Orleans, & la derniere est celle de Bourges, & l'une & l'autre se sont diversement renduës fort admirables en leurs professeurs de Droict. La ville d'Orleans a en dedans nostre siecle neuf Docteurs Regens, qui de leurs Escoles furent appellez aux Cours souveraines, Minut & Truchon: celuy-là premier President au Parlement de Tholoze, cestuy-cy au Parlement de Grenoble. Feu (qui dedans ses œuvres s'appelle *Ignæus*) mourut second President au Parlement de Rouen. Pyrrhus Angiebermæus Senateur de Milan, Ruzé l'Estoille, Saulsier, du Bourg, Advocats au Parlement de Paris, Mainier en celuy de Bruxelles sous l'Empereur Charles V. tous ces grands personnages quitterent à l'Université d'Orleans la Theorique de Droict, pour s'attacher à la pratique és Cours souveraines: qui ne luy fut pas un petit honneur. Mais pour cela Bourges ne luy ceda en rien, car elle eut du temps de nos bisayeux un Probus qui escrivit sur la Regale, & dans nostre siecle sept grands personnages qui ont fait reluire la lecture du Droict Civil chez elle, Alciat, Baron, Duaren, Balduin, Hotoman, le Comte, & entr'eux tous, le grand Cujas.

Quelques-uns y adjoustent Donneau & Rageau; mais de telle estoffe que les autres. Tous lesquels suivirent avec grand honneur la piste de nostre Budé. Que s'il vous plaist repasser sur les Cours souveraines, & autres Jurisdictions de la France, je vous en feray un sommaire recueil, non de tous, ains de ceux qui se sont representez en ma memoire, & encores les vous estaleray-je, non selon la grandeur de leurs dignitez, ains de l'ancienneté de leurs escrits, Guillaume Budé Maistres des Requestes ordinaire du Roy, Aimarius Rivalius, Conseiller au Parlement de Grenoble, François Conan pareillement Maistre des Requestes, André Tiraqueau Conseiller, Charles de Moulin Advocat, Guillé Maistre premier President, Nicolas du Val (qui se dit en Latin *Valla*) Barabé Brisson President, René Chopin, Pierre Pithou. Ces six derniers resseans au Parlement de Paris, Corras Conseiller au Parlement de Tholose, auparavant Docteur Regent, Messire Pierre du Faure (dit *Petrus Faber*) premier President, Ferronius Conseiller au Parlement de Bourdeaux, l'Anglæus en celuy de Bretagne. Tous lesquels se voüerent à l'illustration du Droict Civil, en voulant illustrer le nostre: & combien que je ne trouve en quelques-uns telle polisseure de langage, que paravanture on pourroit desirer, toutesfois ils se voulurent tous sevrer de la barbarie de nos vieux Docteurs. Et à peu dire le vray sejour de ceste nouvelle Jurisprudence est la France: car je ne voy point qu'és autres nations ils l'honorent de la façon que faisons: qui me fait encore adjouster à ce que dessus, ceux qui aux Cours subalternes ont fait monstre de leurs esprits en ce sujet, Louys le Charond, dit Carondas, Lieutenant de la ville de Clairmont en Beauvoisis, Argentré Lieutenant general au Siege Presidial de Reinnes, Airaut Lieutenant criminel en celuy d'Angers, Coquille Advocat au Siege Presidial de Sainct Pierre le Moustier: car encores que le premier ait faict preuve de ses Estudes de Droict, tant en Latin que François, & les trois autres tant seulement en François, si se sont-ils rendus admirables par leurs escrits.

Conclusion: repassant sur les trois chambrées de ceux qui ont escrit sur le Droict, en la premiere je fais grand estat d'Accurse entre les Glossateurs; en la seconde, de Bartole

tole Italien, & entre les nostres, de Jean Fabre, auquel je baille pour compagnon Charles du Moulins : & nommement Estienne Fabre & du Moulin les vrais Jurisconsultes de nostre France : & entre ceux de la troisiesme, qu'il me plaist de nommer Humanistes, je donne le premier lieu à nostre Cujas, qui n'eut, selon mon jugement, n'a, & n'aura paraventure jamais son pareil. Et au milieu de ces derniers, je n'en voy aucuns qui ayent escrit en langage plus elegant que Govean, & Duaren, au peu que l'un & l'autre nous ont laissé de leurs ouvrages, & de ces deux, je donne le premier lieu à Govean.

CHAPITRE XL.

Pays coustumier, & de Droict escrit en la France.

JE veux me transformer comme le Polipe, en autant de couleurs, que d'objects, estre maintenant Jurisconsulte, puis Cavalier, puis Praticien. Et qui plus est representer ces trois personnages en choses qui de prime face vous sembleront estre du tout incompatibles ; Prouver par le Droict Civil des Romains, l'anciennté du pays Coustumier du Royaume de la France : au contraire, comme Cavalier François, verifier dont vient, que nous appellons quelques-unes de nos Provinces, pays de Droict escrit, comme ayans emprunté leurs coustumes du Droict escrit des Romains : & au bout de cela par une estrange metamorphose, me faire Praticien : ores que je n'abhorre rien tant en mon ame que la chicanerie. Ce sont tous les propres discours du present Chapitre, & du subsequent, à la lecture desquels je supplie humblement tous les esprits deliez en ne se vouloir amuser, ou bien s'armer de patience en les lisant, pour voir quel profit ils en auront rapporté.

Bartole est d'avis que les coustumes dont on usoit diversement en unes & autres Provinces, avoient esté anciennement introduictes, *ut aliquid Juri communi adderent, vel substraherent*. Dont quelques Bartolistes estiment que toute la conduite judiciaire des Provinces estoit tirée du Droict ordinaire des Romains, sauf quand il y avoit quelque coustume particuliere qui y derogeoit. Quant à moy je ferois conscience de dementir un si grand Docteur ; c'est pourquoy je me fais accroire que son opinion estoit qu'il falloit juger selon les coustumes de chaque pays, & en leur deffaut, avoir recours au Droict commun des Romains.

La proposition generale du temps des Empereurs estoit pour entretenir leurs Provinces en une obeïssance agreable, de n'y rien innover au prejudice de leurs anciennes coustumes. Pline second Vice-Empereur de la Phrigie (depuis appellée Natolie) desirant estre esclaircy de quelque obscurité qui se presentoit en son gouvernement, l'Empereur Trajan luy respondit : *Id semper ratissimum esse sequendam legem cujusque civitatis*. Et de ceste ancienneté il n'en faut plus asseuré tesmoignage que du titre ; *Quæ sit longa consuetudo C.* par lequel vous trouverez que ce sont instructions & memoires, adressez aux Presidens des Provinces : leur enjoignans d'observer en leurs jugemens les coustumes de leurs Provinces. Ny ne fut cet ancien Reglement effacé par Justinian, ains au contraire confirmé : car autrement en vain eust-il fait inserer les loix portées sous ce titre, sinon pour une continuation de ce qui avoit tousjours esté par le passé observé en ce subject. A quoy semblera aucunement deroger ce que Tribonian disoit, par la plume duquel Justinian fit son Edit. *De vetere jure enucleando* : où il est dit en termes formels : *Quod secundum Salvij Juliani scripturam, omnes civitates debent consuetudinem Romæ sequi, quæ caput est orbis terrarum, & non ipsam alias civitates*. Il emprunta ceste ancienneté du Jurisconsulte Julian, duquel toutesfois nous apprenons une leçon à ce contraire : quand il nous enseigne qu'il falloit premierement juger selon les uz & coustumes des lieux, & si ils manquoient, avoir recours aux plus prochaines, & en leur deffaut, au Droict commun de Rome, comme anchre de dernier respit.

Ce que dessus ayant esté par moy scholastiquement proposé par forme d'avant-jeu, je veux maintenant recognoistre dont vient en ce Royaume de France la distinction des pays Coustumier, & Droict escrit. Jule Cesar sur le commencement de ses Memoires de la Gaule, nous tesmoigne que de son temps, il y avoit autant de diversité de Coustumes que de Provinces. Je sçay quel estat ce grand guerrier fit des Gaulois. Car apres les avoir subjuguez, & avoir acquis sur eux le haut point de la Souveraineté pour sa Republique, il les laissa vivre en leurs anciennes Coustumes, comme ceux desquels il tira depuis plusieurs grands services, pour l'advancement de ces opinions, au desadvantage des siens : & comme l'Estat de Rome par succession de temps que pris divers visages, mesme que le François se fut impatronisé és Gaules, de la Belgique & Celtique, par l'entremise des Roys Clodion, Meroüée, Childeric & Clovis, la plus grande & solemnelle proposition qu'ils graverent dedans leurs conquestes fut (ainsi que nous apprenons de Procope Secretaire de Justinian) de suivre au plus prés les pas du Romain, & de ne rien innover au prejudice de l'ancienneté ; voire que le Roy Clovis voyant les Gaulois vivre en la Religion Catholique, non seulement ne les conseilla de l'abjurer, & d'espouser la Payenne, en laquelle il estoit nourry, mais au contraire se fit Chrestien, & suivit toute la mesme Religion que ses propres subjects, non la secte Arrienne, ainsi que les Visigots & Bourguignons, qui luy bailla depuis de grands advantages sur eux lors qu'il les voulut guerroyer. De mesme façon en la conduite de la Justice, il les laissa vivre selon leurs anciennes coustumes, tout ainsi que le Romain leur avoit permis : Usage qui s'est depuis continué de main en main soubs le nom de Baillages, & Senechaussées jusques à nous. Au moyen dequoy, il ne faut trouver estrange, que par une continué de temps, nous ayons appellé les pays de la Belgique & Celtique, pays Coustumiers ; parce que les Coustumes, ores qu'elles ayent selon la diversité des temps changé de divers usages, leur estoit un droict tres-foncier.

Mais quant aux pays que nous appellons de Droit escrit, il y a plus d'obscurité. Car l'Aquitaine faisant la troisiesme partie de la Gaule, & consequemment fondée en Coustumes qui estoient de son ancien estoc, tout ainsi que la Celtique & Belgique, dont vient qu'elle alla mendier le Droict escrit des Romains, mesmes depuis l'advenement des François, qui ne recognurent jamais sur eux aucune superiorité du Romain, depuis qu'ils se furent emparez de la Gaule, Je vous diray ce qu'il m'en semble. Advint en la desbauche, ou pour mieux dire en la conjuration generale que firent les nations estrangeres contre l'Empire, les Visigots, Bourguignons & François, se lotirent diversement de la Gaule. Les Visigots premierement, par la permission de l'Empereur Gratian, puis d'Honoré son fils d'une partie d'Aquitaine, je veux dire de ce que nous avons depuis appellé Guyenne, Languedoc, Provence, Dauphiné, Savoye, Xaintonge, Agenois, Quercy, Auvergne, Roüergue, Perigord, Limosin, jusques au regne d'Alaric second, qui n'estoit pas une petite domination. Les Bourguignons s'impatronizerent de la Province, qui sous les Empereurs avoit esté nommée Lugdunense : c'estoit deçà la Saone, que depuis nous avons appellé Lionnois, Forest, Beaujoulois, Masconnois,

Masconnois, Bourbonnois, Duché & Comté de Bourgongne, & au delà de quelques villes circonvoisines. Les François tant de la Gaule Belgique que Celtique, c'estoit ce que nous avons depuis appellé les Pays-Bas, Normandie, Picardie, Champagne, Brie, Gastinois, Isle de France, & autres. Vray qu'il restoit encore quelque petit fruict de l'authorité des Romains dedans la ville de Soissons, & és environs, dont Gilles Senateur de la ville de Rome en avoit esté Gouverneur, & apres sa mort Siagré son fils, lesquels toutesfois se faisoient croire de leurs opinions, comme Princes souverains au peu de pays qu'ils possedoient. Le Visigot avoit vescu soubs les Coustumes anciennes du pays d'Aquitaine, jusques au vingt & deuxiesme an du regne de Alaric second, lequel par loy generale ordonna que le Code, qui est vulgairement appellé Theodosian, reformé par Anian, l'un de ses principaux Conseillers d'Estat, fust observé par tous les pays de son obeïssance. C'estoit un sommaire recueil de toutes les Ordonnances depuis Constantin le Grand, jusques à Theodose deuxiesme, par le commandement duquel il avoit esté fait. Apres que Clovis fut venu à chef du Romain, il attaqua Gondebaut Roy de Bourgongne, comme je toucheray cy-apres, puis le Visigot. De vous dire icy le pourquoy & comment, ce ne seroit que perte de temps & de papier. Il me suffira de vous dire qu'en une bataille rangée, il desconfit, & occit le Roy Alaric, le 23. an de son regne, qui fut l'année immediatement apres la publication du Code de Theodosian. Ceux qui d'une plus soigneuse recherche pensent avoir mieux approfondy ceste ancienneté de la nomination de pays de Droict escrit, la rapportent à l'Ordonnance d'Alaric : ouverture que je trouve belle, non toutesfois sans espines, d'autant qu'Alaric ayant esté occis l'an subsequent de son Edit, se peut-il faire qu'apres une si grande route, ceste nouvelle Ordonnance du Droit escrit eust deraciné tout-à-fait de la teste du menu peuple, ce qui estoit empreint en luy des anciennes coustumes ; mesme qu'une partie de l'Aquitaine fust tout à fait affranchie de cette Ordonnance, & l'autre non ? Objections qui ne semblent hors de propos, faciles toutesfois à dissoudre. La victoire qu'obtint Clovis, ores qu'il eust mis à mort Alaric, si ne fut elle absoluë, c'est pourquoy Clovis se fit Maistre de quelque pays, comme du Bourdelois, Agenois, Xaintonge, Angoulmoisin, Perigord, Limosin, Berry, d'une partie d'Auvergne : & les autres plus devots envers leur Prince, demeurerent soubs son obeïssance, comme le Languedoc, Quercy, Dauphiné, Provence, Savoye : & comme ainsi fust qu'Alaric eust laissé pour son heritier Amalarich son fils, aagé seulement de huit à neuf ans, & que Theodorich Ostrogot Roy d'Italie, son ayeul maternel eust pris en main le gouvernement de sa personne, & pays, luy qui estoit d'un esprit calme & politic, ne voulut rien changer de ce qui avoit esté ordonné par Alaric son gendre ; de maniere que quelques esprits gaillards se voulant jouer sur les noms de Theodose, & Theodorich, par l'eschange d'une S, en appellerent ce Code, tantost Theodosian, tantost Theodorian : & de là est venu que du depuis une partie de l'Aquitaine a esté gouvernée par le Droit escrit des Romains, & l'autre par les coustumes. Ce sont les pays que le Roy Clovis annexa à la Couronne.

Mais je voy icy un nouvel obstacle qui se presente devant mes yeux. Car combien que paravanture il y ait subjet de me passer condemnation pour les Provinces d'Aquitaine, par moy presentement touchées, que dirons-nous du Lyonnois, Forest, Beaujolois, qui ne furent jamais soubs la domination du Visigot, & neantmoins usent du Droict escrit pour coustume ? Je vous apporteray pareille response qu'à l'autre. Procope au livre premier des guerres Gottiques, nous raconte que quand Clovis voulut terrasser tout-à-fait Gondebaut Roy de Bourgongne, qui avoit cruellement fait assassiner le Roy Chilperic son frere, pere de la Royne Clotilde femme du Roy Clovis, pour ne faillir à son entreprise, il se ligua aveques le Roy Theodoric, à la charge que l'un & l'autre armeroient ; & que venus au dessus de leurs affaires, ils partageroient le gasteau ensemble. Suivant ceste capitulation, le Roy Clovis, auquel rien n'estoit impossible au fait des armes, mesmes qu'en ceste querelle il y alloit plus du sien, en consideration de sa femme, s'achemine le premier aveques son armée, & se heurte à toute outrance contre Gondebaut. Theodorich au contraire, ayant levé son armée, la faisant marcher à petites journées, y apportant plus de contenance que d'effect, pour ne rien hazarder du sien que bien à propos, mais voyant que ceste entreprise estoit en tout & par tout reussie au souhait de son associé, il fait chausser les esperons aux siens, leur commandant qu'à toute vistesse ils se presentassent à luy, & demandassent part au butin selon le compromis fait entr'eux. Clovis contre ceste demande se deffendoit, & soustenoit que sans l'aide de leur Roy, il avoit mis à fin ceste entreprise. A quoy les autres repliquoient, que Theodorich leur Roy n'avoit manqué de volonté, & que si les siens n'estoient arrivez à point nommé, il ne luy falloit imputer, ains à la difficulté des chemins. Enfin apres quelques altercations reciproques, il fut conclud & arresté, qu'à Theodorich seroit baillé quelque part & portion des terres qui avoient esté conquises, en payant certaine somme de ressoulte pour le defroy de l'armée de nostre Clovis, & que tout le demeurant des pays luy appartiendroient. De moy je veux croire, que les pays du Bourbonnois, Masconnois, & ce que nous avons depuis nommé Duché & Comté de Bourgongne demeurerent au lot de Clovis, esquelles les coustumes anciennes de ces Provinces furent continuées, tout ainsi qu'és autres qui estoient de sa subjection ; & que le Lyonnois, Forest, Beaujoulois, & quelques villes au delà du Rosne, & de la Saone furent octroyées à Theodorich, esquelles il fit observer pareille reigle du Droict escrit, qu'aux pays du Roy Almarich son petit fils, pour ne les bigarrer. Si ma divination n'est veritable, pour le moins n'est-elle esloignée de la vraysemblance : c'est une histoire tenebreuse, en laquelle on est contrainct de proceder à tastons : bien vous diray-je qu'avant que les Universitez fondées sur le Droict de l'Empereur Justinian fussent en usage, il y avoit quelque difference en France du pays coustumier, avec celuy du Droict escrit, comme nous en voyons quelque remarque au Chapitre precedant, quand le Pape Honoré troisiesme en son dict : *Quia tamen in Francia, & nonnullis Provinciis Franci Romanorum Imperatorum legibus non utuntur, &c.* Il vouloit doncques dire que de son temps il y avoit des Provinces en France, esquelles on observoit le Droict des Romains.

Les choses s'estans de ceste façon passées, comme j'ay cy-dessus recité, Amalarich fut depuis tué par le Roy Childebert fils de Clovis ; & estant decedé sans hoirs issus de son corps, les Ostrogots d'Italie successeurs de Theodorich, par un droit de bienseance, demeurerent en la possession des villes dont il en avoit pris le bail & garde pour son petit fils, ausquelles ils mirent garnisons. Ce qui leur estoit de grand coust. Et depuis estans chaudement envahis par Bellissaire, pour l'Empereur Justinian son Maistre, afin d'estre mieux assistez de forces, ils retirerent leurs garnisons, & les logerent dedans le pays d'Italie : & tout d'une main firent present au Roy Childebert & ses freres, de toutes les places qu'ils pretendoient leur appartenir, afin d'estre par eux secourus, ou en tout evenement, que les François ne joignissent leurs forces à l'encontre d'eux à celles de Bellissaire. Et deslors tous les enfans du Roy Clovis furent paisibles possesseurs de la France, n'ayans autres corrivaux de leurs grandeurs, qu'eux-mesmes. Et deslors aussi se logea chez nous la distinction des Pays Coustumiers, & de Droict escrit. Droict escrit (vous dy-je) qui prit apres plus fortes racines, quand le Droict compilé par l'Ordonnance de Justinian se tourna en estude chez nous.

CHAPITRE

CHAPITRE XLI.

Par quelles personnes estoit anciennement la Justice renduë en la France, & de quelques ineptes chicaneries que nous avons depuis tirées du Droict des Romains.

LEs François ayans de ceste façon gaigné, pied à pied la Souveraineté de la Gaule, qui a esté du depuis appellée la France, comme toute Republique prend son commencement par les armes, & fin par l'escritoire, aussi n'eurent-ils soubs la premiere, seconde, & bien avant soubs la troisiesme lignée de nos Roys, autres Juges & Magistrats, que militaires; voire que la plus part de leurs causes criminelles se vuidoient, non par la pointe de leurs plumes, ains de leurs espées : sous la premiere ils mesloient avecques les Coustumes des Provinces, ce qui estoit de leur Loy Salique, establie du consentement de tout le peuple, par quatre grands personnages, Wisogar, Theodogast, Salogast, & Windogast, avant qu'ils fussent arrivez és Gaules : sous la seconde, ils y adjousterent les Capitulaires du Roy Charlemagne, & de ses enfans : & sous la troisiesme quelques Ordonnances de nostre bon Roy Sainct Louys & autres Roys; leurs Juges ordinaires estoient appellez du nom de Comtes, faisans profession des armes; & comme leur dignité se fust renduë par succession de temps feodale, on subrogea en leurs places, Vicomtes, Prevosts, & Viguiers; gens pareillement de l'espée, comme de fait vous en avez encore quelque remarque és Vicomtez que l'on a infeodées tout ainsi que les Comtez, & neantmoins en tout le pays de Normandie, les Vicomtes font les mesmes, qu'ailleurs, les Prevosts & Viguiers : & sous la troisiesme lignée furent introduits les Baillifs és pays Coustumiers, & Seneschaux és pays de Droict escrit, personnages qui faisoient pareillement estat des armes. Et comme ainsi fut que pendant leurs absences ils peussent commettre gens pour tenir leurs sieges (que depuis nous avons nommez Lieutenans) il leur fut exprés deffendu de choisir gens de robbe longue; qui nous enseigne que lors on jugeoit les causes par les Ordonnances Royaux, & Coustumes : ordre depuis grandement par nous changé; car depuis que le Droict de Justinian s'est habitué chez nous, sur lequel nous avons basty Escoles de Loix, nous avons laissé aux Baillifs & Seneschaux les armes, pour la conduite du ban, & arrireban, quand la necessité des guerres le requeroit, & à leurs Lieutenans, qui sont tous gens de robbe longue, la plume; lesquels outre les Ordonnances Royaux & Coustumes, y adjousterent en tiers-pied, le Droict ancien des Romains; auquel nous avons plusieurs grandes obligations, pour avoir emprunté de luy plusieurs belles propositions politiques, pour lesquelles toutesfois nous avons enté par malheur, une infinité de chicaneries; à l'extirpation desquelles Messire Michel de l'Hospital Chancelier mit toute son estude (mais en vain) par les Edits d'Orleans de l'an 1561. de Roussillon 63. & de Moulins 65. & de fraische memoire Messire Nicolas Brulart l'un de ses successeurs (que je nomme avec tout, preface d'honneur) par l'Edit de l'an 1606. contre les renonciations au Velleïan & Auth. *Si qua mulier*. Chiquanerie qui estoit un seminaire de procez par la France, dont je veux maintenant discourir, ensemble des renonciations aux benefices de division, & ordre de discussion. Tout ainsi que les choses loüables ont leurs histoires dignes de recommandation, aussi les mauvaises ont les leur, en la commemoration desquelles chacun peut faire son profit pour les fuir. Et neantmoins si quelqu'un pour avoir l'œil ou l'oreille trop delicats, trouve ce discours de mauvaise grace, ou d'un alloy qui ne luy plaise, je le veux contenter d'une autre monnoye de ma marque, que j'ay quelquesfois debitée ailleurs.

> *Quelque fascheux peut-estre & mal apris*
> *Se mocquera du subject que j'ay pris,*
> *Si je me suis dispensé de l'escrire,*
> *Chacun estant maistre de son bon temps,*
> *Afin de rendre & luy & moy contens,*
> *Il se pourra dispenser de le lire.*

Je commenceray par le Velleïan pour en aprés venir aux autres. Pour subvenir à l'infirmité du sexe feminin, il fut defendu dedans Rome par le Senatusconsult Vellejan, de s'obliger pour autruy, sur peine de nullité. A cette regle generale on apporta cette exception, que la femme pouvoit en plein jugement és mains du Juge y renoncer, aprés luy avoir remonstré par le menu, quel estoit son privilege. Que si nonobstant ces remonstrances, elle declaroit avoir le contract pour agreable, adoncques il ne luy estoit de-là en avant loisible de s'en repentir, ny par consequent de s'aider du benefice du Velleïan. Or comme toutes choses religieusement introduites se tournent à la longue souventesfois en un abus, aussi advint-il le semblable à cette-cy. Car au lieu de la presence du Juge, on se contenta que cette renonciation fust faite devant un Notaire ou Tabellion qui recevoit le contract. Et le plus ancien de nos Docteurs de Droict qui nous enseigna cette leçon, & des autres renonciations, dont je discourray cy-aprés, fut Guillaume Durant Provençal, Autheur du Specule, vulgairement appellé par les anciens le pere de pratique. *Quatuor sunt beneficia* (dit-il) *quibus præcipuè solet in instrumento renunciare constitutioni Divi Adriani, novæ constitutionis de fidejussoribus, novæ constitutionis de duobus Reis debendi, & Senatusconsulti Velleïani*. Et adjouste que si les contracts ne sçavent quelle est la nature de ces renonciations, & n'en ayent esté certiorez par le Notaire, la renonciation demeure nulle, & sans effect. D'autant que nul n'est estimé renoncer à un droict qu'il ignoroit luy appartenir. *Et ideo* (adjouste-t'il) *discreti Tabelliones ponunt hanc clausulam in instrumentis. Et renunciaverunt tali juri quod est tale, super hoc à nobis certiorati. Et tunc tenet renunciatio.* Conseil qui dequis fut suivy, non seulement au pays de Droict escrit, ains par toute cette France. Il ne parle point de l'Autheur. *Si qua mulier*, laquelle prohibe aux femmes mariées de s'obliger pour leurs maris; ny de la renonciation qu'il leur a depuis convenu de faire, tout ainsi qu'au Velleïan. Qui me fait croire que du temps de Durant, cette loy n'estoit encores venuë en usage dedans nostre France.

Quant à moy j'eusse souhaité, ou que du tout le Velleïan n'y eust esté introduit, ou que s'eust esté en son tout, sans rien changer des premieres & originaires procedures, qui estoient, comme j'ay dit, d'approuver en plain tribunal l'aplegement par elle fait, nonobstant le donner à entendre du Juge du Privilege à elle octroyé; car on sçait quelques choses se trouver bonnes devant la face du Magistrat, qui autrement seroient sans excuse : & d'improuver la fidejussion faite par la femme sans renonciation au Velleïan, ou de l'approuver par le moyen d'une renonciation faite par elle tumultuairement, & à la vanvole pardevant un Tabellion ou Notaire, il n'y a pas moins de faute en l'un qu'en l'autre : renonçant lors de pareille facilité, comme si elle se fust obligée sans y renoncer. La presence & remonstrance du Magistrat, la pouvoit aucunement plus tenir en bride contre son premier mouvement. Et neantmoins ce dernier formulaire de renonciation avoit esté embrassé

Titulo de vetere nonciatione & conclusione.

L. ult. §. ult. ad SC. Vel.

L. Ait prætor. §. permittitur De minorib. 25. an. nis.

brassé avec une si estroite superstition, voire par les Cours souveraines que si le Notaire eust non seulement oublié d'apposer au contract, cette renonciation, mais quand bien il l'eust apposée, & n'eust tout d'une suite adjousté ces mots, *Qui luy a esté donné à entendre estre tel*, que la femme ne se pouvoit obliger pour autruy, si elle n'y renonçoit le contract estoit cassé; & encores en plus forts termes quand dedans la minute on eust mis ces mots: *Qui luy a esté declaré estre telle, &c.* Et qu'en aprés le Notaire eust estendu son & cetera sur la glosse en la delivrant aux parties, toutesfois les Juges ne prenoient cela en payement, ains cassoient l'obligation faicte par la femme. Chose qui coustoit infiniment à la simplicité de ceux, qui par les apas des plus fines femmes s'estoient laissé circonvenir és contracts par eux passez. C'est pourquoy le feu Roy Henry le Grand, sur l'advis de Messire Nicolas Brulart son Chancelier, par son Edit du mois d'Aoust 1606. ordonna que d'ores en avant les Notaires & Tabellions de son Royaume, generalement quelconques, ne pourroient en brevets, contracts, obligations, & autres actes passez devant eux, inserer les renonciations ausdicts Droicts du SC. Velleïan, & Auth. *Si qua mulier*, ny en faire mention à peine de suspension de leurs charges, d'amendes arbitraires, dommages & interests; demeureroient toutesfois lesdites femmes bien & duëment obligées sans lesdites renonciations. Et pour coupper racine aux procés nez, & à naistre, tant en ses Cours de Parlement qu'autres Jurisdictions, sur les choses & matieres susdites, il valide & authorize tous les contracts passez par les femmes, soit pour & avecques leurs maris, authorizées d'eux, ou autrement en quelque maniere & façon que ce fust, bien que lesdits Droicts n'eussent esté imprimez & estendus au long, ou que la renonciation d'iceux eust esté entierement obmise. Pour estre tous lesdits contracts de tel effect, force & vertu, comme si toutes ces formes y eussent esté bien gardées & observées, sans toutesfois prejudicier aux Arrests cy-devant intervenus en telles matieres, qu'il entendoit & vouloit demeurer en leur force & vertu.

Edit receu avecques un si favorable accueil par la Cour de Parlement, qu'il fut aussi-tost verifié qu'apporté, ce requerant le Procureur general: & tout d'une main par la verification ordonnée coppies collationnées estre envoyées aux Bailliages, & Seneschaussées, pour à la diligence des Substituts du Procureur general du Roy estre leues, publiées, enregistrées, & observées. Fait le vingt-deuxiesme de May 1607.

Je vous ay tout au long estalé ce qui concernoit en cette France le SC. Velleïan, & Auth. *Si qua mulier*. Il me plaist vous discourir maintenant l'autre abus qui court entre nous, fondé sur une ignorance oculaire en matiere de contracts du Droict primitif des Romains, lors que deux personnes s'estoient obligées seules, & pour le tout, cette clause permettoit au creancier d'agir contre le premier des deux qu'il vouloit choisir. Fut-il jamais loy plus juste que celle-là? toutesfois l'Empereur Justinian la supprima-là, & au cas que les deux codebiteurs fussent presens, & se trouvassent solvables, ains voulut qu'en ces deux cas, le creancier fust tenu de poursuivre chaque debiteur pour sa quote part & portion seulement. Fut-il jamais Loy plus injuste, & où il y eust plus de Tribonian qu'en celle-là, que contre les paroles expresses de nos conventions, il me faille pour estre payé espouser autant de procez que de debiteurs en l'examen de leurs biens & Facultez? Ils eurent encores une maxime courante en leur pratique; qu'il estoit au choix & option du creancier de s'attaquer indifferemment ou à la caution, ou au principal debiteur; comme si le contract impliquoit en soy une obligation du seul & pour le tout sans l'avoir exprimé. Toutesfois le mesme Justinian, par autre ordonnance voulut que l'un & l'autre estant present, il falloit que le crediteur discutast au prealable le principal debiteur, & subordinément la caution, le debiteur se trouvant non solvable. Car pourquoy ne me sera-t'il permis d'user des termes de pratique, puisque par les presens discours j'ay promis de me faire praticien? Et en cette seconde ordonnance il y avoit quelque naturelle équité qui ne se trouve en la premiere.

Voyez, je vous prie, en quel desarroy nous ont mises ces deux constitutions! Le Gentil-homme, le Marchand, le Laboureur, l'Artizan François, qui ne furent jamais nourris, ny en l'ancienneté, ny en la nouveauté du Droict des Romains, estiment pour bien obligez, leurs debiteurs, & leur debiteur avec sa caution, qu'ceux tous s'obligeans seuls & pour le tout, cette clause soit suffisante pour se pouvoir heurter contre celuy d'entr'eux qu'il leur plaist choisir; toutesfois si vous n'y adjoustez un Renonçant au benefice de division, & ordre de discussion, vostre obligation solidaire demeure illusoire & sans effect. Ainsi l'ay-je veu observer par plusieurs jugemens, dont toutesfois je ne voy aucun fondement qu'une ignorance lourde, supine, & preposteré; parole dont je ne demanderay pardon, encores que paravanture elle soit merveilleusement hardie. Si cette clause y est necessaire, il faut que nous y soyons abstrains, ou par nos Ordonnances Royaux, ou par nos coustumes locales, ou bien que nous soyons subjects au Droict des Romains. Nous n'avons ny Ordonnance, ny coustume pour cest effect, il faut doncques que ce soit en contemplation du troisiesme point. Or est-ce une maxime tres-certaine que ne suivons le Droict des Romains, sinon de tant en tant qu'il se conforme à une raison generale & naturelle. Ce que les Docteurs Italiens mesmes recognoissent par leurs escrits. Et quand ils ne le recognoistroient, c'est une leçon qui est cogneuë de toute ancienneté par tout le monde. Au cas qui s'offre, la constitution de Justinian non seulement ne simbolise au sens naturel de la Loy commune de tous, mais y deroge entierement. Plus belle & sortable proposition n'y-a-t'il pour la conservation de ce grand Univers, que l'entretenement des promesses qui sont faites sans dol, sans fraude, sans contrainte entre personnes majeures de vingt & cinq ans, dont les Romains faisoient bannieres publiques, comme estans fondamentales de leurs Loix. *Pacta conventa servabo* (disoit le Preteur) *quae neque dolo malo, neque motu, neque contra bonos mores inita erunt.* Et ailleurs le Jurisconsulte Ulpian disoit: *Contractus accipere legem à conventionibus.* Les contracts prennent leur Loy des marchez faits entre les parties contractantes. C'est une Loy naturelle entre tous les peuples: & une petite Justiniane fondée sur un, *Sic volo, sic jubeo, sit pro ratione voluntas*, l'effacera au prejudice non seulement des subjects de l'Empire, ains de nous qui ne le recognoissons qu'à petits semblans; Justiniane dirois-je volontiers forgée par un Tribonian grand personnage veritablement, mais aussi grandement corrompu, qui vendoit souventesfois (si nous en croyons Suidas) les ordonnances de son Maistre, au plus offrant & payant dernier encherisseur. Adjoustez (car je ne me puis estancher en querelle si juste comme est celle que je soustiens) qu'approuvans cette renonciation, pour le moins faut-il qu'elle y est entenduë par ceux qui la font. Car nul n'est esmeu renoncer à un sien droict, si en y renonçant il n'a cognoissance de ce qu'il fait. Le tout en la mesme forme & maniere qu'on desiroit au Velleïan avant l'Edict de l'an 1606. Ainsi estoit-elle la leçon de Durant, qui premier introduisit cette chiquanerie en nostre France. Ce neantmoins, ny le creancier, ny les debiteurs, non pas mesmes les Notaires, ne sçavent que veulent dire ces mots: *Renonçans au benefice de division & ordre de discussion.* Menagez doncques cette chiquanerie de telle façon qu'il vous plaira, vous trouverez qu'elle n'a autre garend que l'ignorance, que les anciens ont estimé estre la mere d'injustice. Et estime qu'une Cour de Parlement sans nouvel Edit, peut par ses Arrests corriger cét abus: & à tout rompre, un nouvel Edit pour cest effect ne sera de moindre devotion receu, que celuy du Velleïan, & Auth. *Si qua mulier.*

Avecques les deux defauts par moy cy-dessus touchez, j'y en adjousterois volontiers un troisiesme, qui est l'heritier par beneface d'inventaire, dont nous faisons une banque de tromperie, pour frustrer les creanciers hereditaires, de ce qui leur est bien & loyaument deu, sous le masque d'un inventaire tel quel, & d'une caution baillée. Ce fut un nouveau Droict introduit par Justinian pour bonne cause, comme je pense, & paravanture pour meilleure, doibt-il estre banny de la France, que tous heritiers soient purs & simples, & qu'à cette fin leur soit prefix, un bon & competant delay, pour s'informer des biens & moyens du defunt avant

que

que de s'y engager, & cependant pour obvier aux fraudes & substractions, qu'inventaire soit fait par authorité de justice. Vous me dites que par ce moyen je ferme aucunement la porte aux successions, quoy faisant, c'est grandement offenser la memoire des nostres qui sont allez de vie à trespas? Et je vous reponds que je ne trouve aucune difference entre n'avoir point d'heritiers, ou d'en avoir qui sous faux pretexte de justice rendent la succession illusoire & insolvable.

Et certes quand je voy nos bons vieux Peres avoir du commencement douté d'ouvrir la porte au Droict de Rome, pour une reverence naturelle & legitime qu'ils portoient à leur Roy, craignans que cette ouverture ne nous assubjectist sous une puissance aubaine, s'il m'estoit en cecy loisible d'interposer mon jugement contre une venerable ancienneté, je dirois volontiers, qu'ils s'abusoient ; parce que sous l'authorité de nos Roys, on pouvoit emprunter du Droict Romain ce qui estoit bon, & resseper le mauvais. Mais il y avoit une autre crainte beaucoup plus considerable qui le devoit plus induire à cette opinion, qui estoit qu'il y avoit danger que sur ce droict on entast la chiquanerie & multiplicité de procés, ainsi que nous avons; maladie vrayement incurable, quelque remede que nos Roys veuillent apporter pour la guerir.

CHAPITRE XLII.

Fiertre de Sainct Romain de Roüen & de son ancien privilege.

LA rencontre qu'il y a entre la Religion & les lettres, ayans l'une & l'autre pour leurs instrumens la langue & la plume pour les enseigner, fait qu'aprés avoir discouru sur le fait des Universitez, par ce livre, je vueille maintenant voüer ce dernier Chapitre à la Fiertre sainct Romain de Roüen, & à son Privilege : histoire vrayement admirable & unique en son espece, & qui pour cette cause merite d'estre recognuë de tous, mesmement en cette France.

Mandez-moy, je vous prie, (disois-je escrivant au sieur de Tibermenil President au Parlement de Roüen) dont procede le Privilege de vostre Fiertre sainct Romain : & qu'elle en a esté l'ancienneté & continuation, ne me pouvant bonnement resoudre, comme il se peut faire qu'un si homme de bien que luy, produise un effect contraire à sa saincteté, je veux dire que sa saincteté soit comme une franchise des meurtres les plus detestables. S'il vous plaist, me mander comme cela est arrivé en vostre ville, & l'ordre que vous y tenez, j'en feray un chapitre en quelque endroict de mes Recherches. Mon mal-heur voulut que ce mien amy prevenu de mort ne me fit responce. Mais maintenant j'en suis esclaircy. Qui fait que je n'en veux faire part.

Pendant les troubles derniers nous eusmes le Seigneur de Hallot de la maison de Montmorency, brave Cavalier, le possible, & singulierement du tout voüé au service du Roy, qui conserva plusieurs villes de la Normandie soubs son obeyssance ; & pour cette cause obtint de luy la qualité de Lieutenant general en ce pays, non par forme de gratification & faveur, ains pour son merite. Nous eusmes aussi lors, le Seigneur d'Alegre, extraict d'une tres-noble & ancienne famille, qui possedoit plusieurs grands biens & seigneuries en la Normandie, & ne s'estoit distrait de l'obeyssance du Roy. La fortune de guerre voulut que Hallot ayant esté grandement blessé au siege de Roüen, se retire en la ville de Vernon, pour y estre pensé de ses playes, en laquelle il commandoit. D'Alegre, accompagné de treize chevaux, entre en la ville, & le lendemain matin faisant contenance de le vouloir visiter, demande s'il luy permettoit de monter à sa Chambre. Hallot trés-mal aisé de sa personne, ne le veut permettre, ains soustenu de ses potences, avecques une courtoisie admirable, descend au moins mal qu'il peut de sa Chambre ; & comme il le pensoit accueillir, il est saluë par d'Alegre & les siens, de plusieurs coups de poignards & d'espée, dont il rendit l'ame sur le champ, à Dieu. De vous dire que ce coup fut fait pour inimitié particuliere, qui estoit conceuë entr'eux, si ainsi eust esté, Hallot sage Seigneur & accort, n'eust fait bon marché de sa personne. D'estimer aussi que ce fut en intention de s'emparer de la Place, l'evenement monstra le contraire. Ceux qui pensent mieux approfondir de c'estuy, disent que c'estoit une jalouzie que l'autre couvoit dedans sa poitrine. Et moy je l'impute au mal-heur que l'un & l'autre ne pouvoient eviter, l'un, par sa mort inopinée, l'autre, par sa miserable ruïne, dedans laquelle il a esté depuis plongé, menant une vie beaucoup plus penible que dix mille morts. Dés l'instant mesme du meurtre, d'Alegre sort de la ville & se retire en l'une de ses maisons. Mais quelques jours aprés voyant que ce ne luy estoit lieu d'asseurance, il se retire vers la Ligue, où il trouva quelque respit de sa peur. Toutesfois combatu d'un remords de sa conscience, qui jour & nuit luy faisoit son procés, il s'advise d'employer à son affaire le Privilege de la Fiertre de sainct Romain, mais encores avecques un conseil plain de crainte : car il se donna bien garde d'entrer en la prison, ains fit joüer ce rollet à un jeune Gentil-homme nommé Pelin, Seigneur de la Mote, qui luy avoit esté Page. Cettuy leve & porte la Fiertre le jour de l'Ascension 1593. par le choix que le Chapitre fait de luy entre tous les prisonniers, pour l'enormité du delit. Et par mesme moyen, luy, d'Alegre & tous les Complices, sont par Arrest du Parlement absous de cest execrable assassinat. Desfors la Dame de Hallot & sa fille ont recours au Roy, qui par Arrest donné en son Conseil, declare l'assassinat commis en la personne du sieur de Hallot, estre crime de leze-Majesté, & ne pouvoir estre compris sous le Privilege de la Fiertre. Arrest suivy d'un autre rendu au Parlement de Roüen seant à Caën, portant pareille declaration le dixneufiesme Janvier 1594. & le sieur d'Alegre condamné en si grandes reparations, que tous ses biens n'estoient suffisans d'y fournir, si vous en croyez la commune renommée.

Nos troubles estans depuis rappaisez, advient que les deux Dames, mere & fille, ayans eu advis que Pehu estoit en la ville de Paris, (ores qu'il se pensast targer de quelques grands Seigneurs) donnent si bon ordre à leur fait, qu'ils le firent coffrer és prisons du grand Chastelet. La cognoissance de leur different est renvoyée par le Roy à son grand Conseil. A doncques Pehu obtient lettres d'abolition : & combien que devant le Chapitre de Roüen, il se fust rendu infinement coulpable, pour le rendre plus capable du Privilege de la Fiertre, toutesfois par ses nouvelles lettres, il change de note, articule faits nouveaux, & couche de *minima*. Ces lettres par luy presentées au Conseil, (pour n'obmettre rien en sa cause qui peust servir à la conservation de sa vie,) les Seigneurs qui luy servoient de parreins, moyennerent, que Monsieur le Cardinal de Joyeuse Archevesque de Roüen, & les Doyen, Chanoines & Chapitre, presenterent leur Requeste, afin d'estre receus parties, pour la defense de leur Privilege : grande cause certes, qui fut diversement bien soustenuë par quatre braves Advocats. Un Cerisay pour Pehu, Monstrueil pour le Chapitre, Boutillier pour les deux Dames, & Monsieur Foulé Advocat du Roy, pour Monsieur le Procureur general : & Dieu sçait si ce fut à beau jeu beau retour. Cerizay pallia son faict avec plusieurs belles dexteritez d'esprit & d'exemples. Monstrueil monstra que S. Romain Archevesque de Roüen, sous le regne de Clothaire

Glothaire second, suivy d'un prisonnier condamné à mort, ayant avecques son estole dompté un Dragon, (qui depuis fut appellé Gargoüille) sainct Oüin son successeur en commemoration de ce grand ouvrage, obtint du Roy Dagobert fils de Clotaire, que les Doyen, Chanoines, & Chapitre de l'Eglise de Roüen, pourroient tous les ans élargir des prisons de la ville le plus sceleré & meschant qui s'y trouveroit; & aprés avoir discouru tout au long l'une & l'autre ancienneté, s'armant d'une grande hardiesse : nostre Privilege (dit-il) a pour son fondement la saincteté ; pour son establissement, l'Antiquité; pour son entretenement, la possession tesmoignée par les arrests du Parlement de Roüen, & outre ce, n'est sans exemple & sans raison. Et en un autre endroit ensuivant, parlant de fait dont il s'agissoit : je demeure d'accord que c'est un meschant acte, un assassinat, un guet à pens qu'on ne sçauroit assez blasmer, mais aussi nostre Privilege n'est pour les fautes legeres, pour les cas remissibles, pour les delits communs ; c'est un remede extraordinaire, une grace du Ciel, dont la grandeur n'esclate, sinon par l'opposition de l'enormité des crimes qui sont esteints & abolis par icelle. En somme, vous apprenez par son plaidoyé, que plus le delict est damnable & irremissible, plus il trouve de recommandation & merite dedans le Privilege. Aprés Monstrueil parla Boutillier pour les deux Dames, faisant paroistre, qu'il n'estoit apprenty, ains grand Maistre en sa profession d'Advocat ; & avec une singuliere doctrine, s'estendit en discours, pour monstrer, non que le miracle du Dragon Gargoüille, attribué à sainct Romain, n'eust peu estre fait, ny le Privilege octroyé par le Roy Dagobert, mais bien que du tout ils n'avoient esté faits, ny octroyez. Enfin, Monsieur l'Advocat Foulé, se joignant avec luy, seroit impossible de dire, combien en peu de paroles il dit beaucoup de belles choses. Les Advocats s'estans tous acquittez de leurs devoirs, il fut dit par arrest du vingt-deuxiesme Decembre 1607. qu'avant que faire droict sur les Requestes presentées par Pehu & par le Chapitre, les tesmoins ouys, & examinez à la Requeste des deux Dames, seroient recolez & confrontez à Pehu, & à elles permis d'en produire d'autres dedans certain temps prefix. Le procez ayant eu toutes ses façons, s'ensuit Arrest du 16. Mars 1608. par lequel, le Conseil ayant aucunement esgard aux lettres d'abolition pour les cas resultans du procez, bannit Pehu de la suite de la Cour, dix lieuës à la ronde, pays de Normandie & Picardie, pour le temps & espace de neuf ans ; luy enjoint de garder son ban, à peine de la vie, pendant lequel temps, il serviroit le Roy à ses despens en tel lieu qu'il luy plairoit : & en outre le condamne en quinze cens livres de reparation envers les deux Dames, & quinze cens envers les Pauvres, & enores en pareille somme applicable à la discretion du Conseil, & aux despens.

Cest Arrest ainsi prononcé, comme s'il eust fait quelque breche au Privilege de la Fiertre, on fait sous le nom du Chapitre, un livre, portant sur le frontispice : *Defense du Privilege de la Fiertre de sainct Romain*, dans lequel l'Autheur sans nom, ne pardonne en aucune façon à la reputation de Boutillier, lequel, voyant que ce n'estoit plus la cause des Dames de Hallot & de la Veronne, ains la sienne propre, aiguise sa plume & son esprit, & fait une ample & docte response; à la suite de laquelle Rigaut Advocat au Parlement de Paris, grandement nourry en l'ancienneté, expose en lumiere la vie de sainct Romain, extraite d'un vieux manuscrit Latin trouvé en la Bretagne, pour monstrer que le pretendu miracle estoit faux & supposé. Contre ces assaux d'honneur, le Chapitre ne demeure muet : car le sieur Behot grand Archidiacre, escrit en langage Latin une Apologie contre Rigaut; & un autre, fait un livre contre la response de Boutillier, sous le titre de refutation, n'ayant chacun d'eux en leur endroit rien laissé de reserve dedans leurs estudes, pour faire paroistre de leurs suffisances. Grande pitié certes, que du miracle fait contre la Gargoüille, soit issu une nouvelle Gargoüille, je veux dire un fascheux different & mauvais mesnage entre ces personnages d'honneur ; Car ainsi voy-je souvent estre mis en usage le mot de Gargoüille. Je me donneray bien garde de vouloir juger de leurs coups. *Et vitulâ tu dignus, & hic.* Bien vous diray-je que si le mot de miracle en Latin est dit pour une chose qui engendre en nos ames des merveilles extraordinaires, je ne puis certes ne m'esmerveiller dont vient que Messieurs du Chapitre, pretendans estre fondez en plusieurs grandes marques, pour tesmoigner l'ancienneté, tant du miracle que de leur privilege, toutesfois que ny Gregoire de Tours, ny Beda, ny Isuard, ny Aimoin, ny Adon de Vienne, ny Sigebert, ny Vincent l'Historial, ny Mathieu d'Westmonstier, ny Molanus, ny Demochares, ny le grand Cardinal Baronius, bref nul des Autheurs tant anciens que modernes, n'en ayent parlé par leurs livres, ores que les aucuns ayent fait une digne commemoration de sainct Romain, & que nul d'eux en leur general, n'ait esté avaricieux au recit des miracles des Saincts.

J'adjousteray que les Rituels mesmes de l'Eglise de Roüen, ny leur Breviaire, n'en font aucune mention, dedans lequel toutesfois est fait un sommaire denombrement des miracles de sainct Romain, & singulierement d'un, auquel avant que de le faire, luy apparut un dragon : mais nulle mention du Dragon Gargoüille : chose qui a esté le motif du differend de Gargoüille, qui est entre ces beaux esprits, auquel, si j'en suis creu, je dirois volontiers qu'il y a double regard : l'un, du miracle : l'autre, du privilege : miracle qui a esté fait par la grace expresse de Dieu, prieres & intercession de sainct Romain : privilege par l'octroy d'un Prince, par entremise de S. Oüin. Entant que touche le miracle, je seray tousjours d'advis qu'on ne doit sourciller contre la venerable ancienneté. Nous sommes enseignez par plusieurs doctes personnages Catholiques, qu'il y a beaucoup de miracles faux & supposez, auxquels il ne faut adjouster foy ; (ja, à Dieu ne plaise, que j'estime cestuy estre tel) & neantmoins pour les croire, on ne l'impute à impieté ; mais pour excuser ceste faute provenant de la simplicité d'une ame timorée, nos sages Theologiens disent, que sans s'informer davantage, il les faut *pie credere* : & nous autres, rendans ceste sentence Latine en nostre vulgaire François, avons dit, non croire piement ou pieusement, ains croire piteusement, comme si en ceste creance il y avoit plus de pitié que de pieté. Mais quant au privilege qu'on dit avoir esté octroyé par nostre Roy Dagobert, de le croire ou mescroire, il n'y va rien de nos consciences, sinon de tant que ne le croyans, le Chapitre de Roüen estime luy estre fait grand tort, qui a basty plusieurs ceremonies dedans son Eglise pour authoriser la foy de ceste pretenduë histoire.

Or, comme je suis grandement desireux de me rendre capable des anciennetez de nostre France, & recognoistre dedans mes Recherches ceux dont je les tiens en foy & hommage, aussi vous puis-je dire que de toutes ces doctes plumes, j'ay recueilli l'antiquité du privilege de la Fiertre S. Romain, dont je vous veux faire part, pour m'acquitter de la promesse que j'avois faite au Seigneur de Tibermeuil, laquelle vous trouverez au 8e Livre de mes Lettres.

Vous entendrez doncques, s'il vous plaist, que les Doyen, Chanoines & Chapitre de l'Eglise de Roüen, tiennent pour histoire tres-veritable, qu'ils ont apprise de main en main, de tout temps immemorial, que sous le regne de Clotaire II. il y eut un Dragon du depuis appellé Gargoüille, qui faisoit une infinité de maux és environs de la ville, aux hommes, femmes, petits enfans, ne pardonnant pas mesmes aux vaisseaux & navires qui estoient sur la Riviere de Seine, lesquels il bouleversoit : que S. Romain lors Archevesque de Roüen, meu d'une charité tres ardente, se mit en prieres & oraisons ; & armé d'un surplis & estole, mais beaucoup plus de la foy & asseurance qu'il avoit en Dieu, ne doubta de s'acheminer en la caverne où ceste hideuse beste faisoit son repaire : qu'en ce grand & mysterieux exploit, avant que partir, il se fit delivrer par la Justice un prisonnier condamné à mort, comme il estoit sur le poinct d'estre envoyé au gibet : que là, il dompta ceste beste indomptable, luy mit son estole au col, & la bailla à mener au prisonnier. A quoy, elle devenuë douce comme un agneau, obeit, jusques à ce que menée en laisse dedans la ville, elle fut arse & bruslée devant tout le peuple : victoire dont Sainct Romain ne voulut rapporter autre trophée, que la pleine delivrance du prisonnier qui estoit condamné à mort, qui luy fut liberalement accordée. Mais Sainct Oüin son successeur, (les Nonnains l'appellent S. Oüan) le voulant

Les Recherches de la France. Liv. IX.

lant r'envier sur luy, pour immortalizer ce miracle, obtint du Roy Dagobert fils de Clotaire second, que de-là en avant, les Doyen, Chanoines & Chapitre pourroient tous les ans, au jour & Feste de l'Ascension, faire congedier des prisons, celuy qui se trouveroit avoir commis le plus execrable crime, à la charge de lever, & porter la Fierte & Chasse sainct Romain, en une procession solemnelle, qui se feroit tous les ans; auquel cas il obtiendroit une abolition generale, tant pour luy, que pour tous ses complices, (voire pour le plus sceleré de la troupe) ores qu'ils ne fussent entrez aux prisons : que ce Privilege avoit esté continué de temps en temps jusques au regne du Roy Philippes Auguste, lequel ayant reüny à sa Couronne toute la Normandie, dont auparavant l'Anglois joüissoit, pour l'esclaircissement de tout ce que dessus, decerna sa commission à Robert Archevesque de Roüen, & Guillaume de la Chappelle, Chastelain de l'Arche, (c'est ce que depuis nous avons nommé Pont-de-l'Arche) qui firent appeller devant eux, le jour & Feste sainct Pierre & sainct Paul, en l'Eglise de sainct Oüan, trois Ecclesiastiques, Henry Chantre, Raoul Archidiacre, Guillaume de Castenoy Chanoine ; trois Gentils-hommes, Jean des Prez, Luc son fils, Robert de Fleches : trois Citoyens de la ville de Roüen, Jean Froissart, Laurent Turrelieu & Jean Luce : tous lesquels après serment par eux fait, declarerent l'obscurité, qui lors se presentoit, que du temps de Henry & Richard Roys d'Angleterre & Ducs de Normandie, ils n'avoient jamais veu ce privilege revoqué en doubte ; mesme que pendant l'an de la prison de Richard, en Allemagne, n'ayant esté aucun prisonnier delivré, soudain après qu'il eut main-levée de sa personne, on en delivra deux au Chapitre, pour suppléer le defaut de la precedente année.

L'Autheur de la refutation cotte depuis ce temps-là plusieurs actes qu'il dit estre aux Archifs du Chapitre, dont il a fait estat confusément, que je vous representeray selon l'ordre des ans : & neantmoins, je tiens de luy ce que je diray. Une Chartre de l'an 1214. portant que l'an 1210. un Richard Gendarme, recogneuë qu'estant prisonnier és prisons de Roüen, pour un meurtre par luy commis, il avoit esté deschargé par le Chapitre, suivant le privilege à luy octroyé de tout temps & ancienneté : qu'en l'an 1299. le Chapitre ayant fait deffence à Maistre Pierre Simel Baillif de Roüen, & Maistre Geoffroy Avice Vicomte, de n'enlever aucun des prisonniers des prisons, ny condamner à mort aucun, auparavant l'Ascension, suivant la coustume, ce nonobstant, le Baillif ne laissa de condamner à mort un nommé Robert d'Auberbo Gendarme, ensemble d'estre trainé avant que de mourir, à la queuë d'un cheval ; qui donna occasion au Chapitre de se plaindre à Messieurs de l'Eschiquier, de la contravention faite à leur privilege par le Baillif : & pour cet effect deputerent Maistres Rigaud Doyen, Philippes de Flavacour Thresorier, & plusieurs autres Chanoines : après la remonstrance desquels fut ordonné, que le criminel seroit ramené aux prisons, qui lors estoit ja proche du gibet. Que comme l'an 1302. le mesme Simel Baillif de Roüen eut enlevé des prisons un criminel nommé Nicolas le Tonnelier, detenu pour un meurtre par luy commis, nonobstant les remonstrances à luy faites, & l'eut fait transporter aux prisons du Pont-de-l'Arche, & quelques prieres qu'on luy eust faites, ne le voulut restablir aux prisons de Roüen : nonobstant ce refus, le Chapitre ne laissa d'aller en procession à la vieille Tour, avec resolution de la laisser, jusques à ce que le Baillif eust ramené le prisonnier à Roüen ; tellement que la Chasse demeura-là jusques au Samedy ensuivant, auquel le prisonnier fut representé : & fut esleu ce mesme jour un nommé Guillaume de Montguerra : actes que j'ay voulu copier, comme tres-signalez : le premier, ayant sorty son effect, le prisonnier estant au gibet sur le point d'estre exposé au supplice : le deuxieme, pour monstrer que dés ce temps-là, soudain après la sommation faite par le Chapitre aux Juges, il leur estoit en les mains. Comme vous voyez que le Baillif de Roüen fut contraint de reintegrer en ses prisons Nicolas Tonnelier criminel, qui ne fut toutesfois depuis esleu pour estre delivré, ains Montguerra. Et n'est pas moindre cestuy de l'an mil trois cens vingt-sept, que un nommé Pierre Danteuil,

après le retour de son bannissement, ayant fait un meurtre, pour lequel il fut emprisonné au Chasteau de Roüen, supposant qu'il s'appelloit Guillaume de Valles, arriva, qu'interrogé par les deputez du Chapitre, il se nomma selon son vray nom : & comme après son eslection, les Chappelains le voulussent enlever du chasteau, selon la ceremonie du jour, on leur eust fait response, qu'il n'y avoit aucun prisonnier portant le nom de Pierre Danteuil ; nonobstant ce refus les Doyen, Chanoines & Chapitre ne laisserent de marcher en Procession, soustenans qu'ils n'en demandoient autre que celuy qu'ils avoient esleu, lequel leur fut enfin delivré, auquel il y avoit trois qualitez de delits concurrentes ensemble, infraction de bannissement, meurtre, & falsification de son nom. Mais sur tous autres actes, est cestuy tres-remarquable, par lequel on presuppose que sur la requeste presentée par le Chapitre, au Roy Charles huictiesme, seant en son Eschiquier de Roüen, après Pasques, sur la manutention & entretenement de ce privilege ; après que son Procureur general eut esté ouy, & declaré qu'il n'entendoit l'empescher, fut dit par la Cour, qu'elle n'entendoit aussi le contredire, & de ce, leur fut donné acte le 27. Avril 1485. pour leur servir ce que de raison. A la suite de cela, le Roy Louys XII. par ses Lettres patentes du mois de Novembre 1512. narration faite de l'acte du Roy Charles VIII. cy-dessus mentionnée, (non toutes-fois de celuy du regne de Philippes Auguste) confirme ce privilege en tout & par tout, selon sa forme & teneur. Et depuis, sur les obstacles qui leurs estoient faits de fois à autres par le Parlement de Roüen, encore obtindrent-ils autres Lettres de confirmation de Henry II. en l'an 1537. & de Charles IX. l'an 1561. Que si j'ay quelque sentiment en ceste Histoire, mon avis est, que tout ainsi qu'on attribuë l'origine de ce privilege à deux grands Archevesques de Roüen, Sainct Romain, & Sainct Oüen, aussi veux-je croire que deux autres grands Archevesques luy donnerent depuis la plus grande vogue ; George Cardinal d'Amboise, qui gouvernoit paisiblement le cœur & oreille de Louys XII. son Maistre, & Charles Prince du Sang, Cardinal de Bourbon, qui pendant la minorité de Charles IX. & de Henry III. son successeur, fit depuis, son propre faict de ce Privilege envers & contre tous ; non, toutes-fois sans murmure : car le docte Bodin sur le commencement du 10. Livre de sa Republique ne s'en peut taire. Ce n'est pas à nous de juger des coups. Je veux avec toute humilité, croire le miracle pour tres-veritable ; tout ainsi que le Clergé de Rouen ; mais estant tel, le miracle n'est pas moindre, que nul de anciens Autheurs ou modernes, n'en ait fait aucune mention, ores que quelques-uns ayent, avec tout honneur, solemnizé la memoire de ce grand Sainct. J'adjousteray que non seulement ces Autheurs, mais qui plus est leur Rituel, & leur Breviaire, bien qu'ils discourent plusieurs miracles de luy, toutes-fois n'en parlent aucunement de cestuy. Chose vrayement merveilleuse, mais encore plus miraculeuse, que nul n'en ayant parlé ou escrit, ce neantmoins, yeux nonchalances, negligences, inadvertances, bref l'ingratitude des ans, n'ayent peu ensevelir la memoire, ny du miracle, ny du privilege par luy produit, exhorbitant neantmoins du sens commun de la Justice : parce que je puis dire, & en petille qui voudra, qu'en toute l'ancienneté vous n'en trouverez un semblable. Dispute toutes-fois qui est maintenant vaine & frustratoire : d'autant que deffunct nostre grand Roy Henry IV. l'outrepassa de ses devanciers, tant au fait de guerre, que de la paix, y a mis fin par son Edit fait en l'assemblée des trois Estats de Normandie, l'an 1607. confirma ce privilege, pour avoir lieu à perpetuité, fors toutesfois és crimes de leze-Majesté, divine & humaine, assassinat & guet-à-pens, rapt & violement de filles. Adjoustant que nul n'en peust joüyr sinon qu'il se rendist prisonnier. Et vrayement plus belle closture ne pouvoit advenir à ce grand privilege que celle de ce grand Roy. Qui me fait dire que tous les discours qui ont depuis esté faits pour & contre, sont, non seulement oiseux, ains noiseux. Jamais plus belle loix ne fut que celle de l'Empereur Constantin :
Consuetudinis usúsve longævi non vilis est authoritas, eo valitura monumento, ut legem vincat, vel rationem.

A la suite de cet Edit, a esté donné un Arrest au Conseil d'Estat d'Eſtat en l'année 1612, au rapport du Seigneur de Chanlay Feudriac, Conſeiller & Maiſtre des Requeſtes ordinaire du Roy. Il eſtoit advenu que le Seigneur de l'Archie, aſſiſté de quelques ſiens parens & amis, avoit, de guet-à-pens, aſſaſſiné Meſſire Jacques de Vandoſmois Seigneur de Valleray. Du depuis, Anne de Voye Seigneur de l'Eſpiciere, oncle de l'Archie entre aux priſons de Rouën, & ſe preſente devant les deputez du Chapitre, confeſſant avoir eſté de la partie lors que l'aſſaſſinat fut commis. Il eſt eſleu par le Chapitre pour lever & porter la Fiertre ; & par meſme moyen, eſt donné Arreſt le douzieſme May mil ſix cens unze, par le Parlement, vray qu'il portoit ceſte particularité, pour joüyr par luy ſeul du privilege. Les priſons luy eſtant ouvertes, & la ceremonie accomplie, le jour & Feſte de l'Aſcenſion, Dame Maguerite de Mareſcot veufve du defunt, preſente ſa requeſte au Roy en ſon Conſeil d'Eſtat, contre Voye, afin de faire caſſer l'Arreſt, comme donné contre & au prejudice de l'Edit du Roy Henry le Grand. A meſme inſtant le Chapitre pareillement, preſente une autre requeſte le premier jour du mois d'Aouſt, mil ſix cens unze contre la veufve, aux fins de la meſme caſſation, en ce que par l'Arreſt on y avoit compris tous les complices du delict, ſelon leur ancien privilege. Les parties ayans produit d'une part & d'autre, enfin par Arreſt la requeſte de la veufve fut entherinée, & en ce faiſant, l'Arreſt caſſé & annullé ; & pour le regard de la requeſte des Doyens, Chanoines, & Chapitre de Rouën, les parties miſes hors de Cour & de procez ſans deſpens. Le premier chef de l'Arreſt, fondé ſur ce que c'eſtoit un guet-à-pens, duquel conſequemment, ny le meurtrier, ny ceux qui l'avoient aſſiſté, ne pouvoient eſtre affranchis par le benefice de la Fiertre ; & le ſecond, d'autant que les complices n'en pouvoient eſtre abſous, ſinon ſe rendans priſonniers. Tres-belle execution & d'un fort bel edit, qui enſeignera la leçon à tous les meurtriers, de ce qu'ils ont deſormais à faire !

Voilà ce que je penſe appartenir à l'ancienneté du privilege de la Fiertre, juſques à huy ; maintenant je vous veux diſcourir l'ordre que l'on y practique. Le treizieſme jour avant l'Aſcenſion, quatre Chanoines ſuivis de quatre Chapelains, reveſtus de leurs ſurplis & aumuſſes, ayans le Bedeau de leur Chapitre devant eux, vont ſommer les Officiers du Roy en la grand' Chambre du Parlement, puis au Baillage, & en la Cour des Aydes, de ſurſeoir toutes procedures extraordinaires contre les criminels qui ſont detenus en leurs priſons, juſques à ce que leur privilege ait ſorty effect : ſommation qui produit la ſurſeance pour eux requiſe. Les Lundy, Mardy, & Mercredy des Rogations, l'Archeveſque & les Chanoines ont accouſtumé d'envoyer deux Chanoines, accompagnez de deux Chappelains, en l'habit d'Egliſe, avecques le Notaire & Tabellion du Chapitre, tous Preſtres, en toutes les priſons de Rouën, où ils examinent les priſonniers, & redigent par eſcrit les confeſſions, qui doivent eſtre par eux tenuës ſecrettes, comme ils eſtoient faites Sacramentellement (portent les Lettres du Roy Louys XII.) Le jour de l'Aſcenſion ſur les ſept heures du matin, tous les Chanoines Preſtres, capitulairement aſſemblez, invoquans la grace du Sainct Eſprit, par l'Hymne de *Veni Creator Spiritus*, & autres ſuffrages de devotion, font ſerment ſous le ſeel de Confeſſion de ne reveler les depoſitions faites par les priſonniers. Oyent les deux de leurs confreres par eux commis, liſent leurs procez verbaux ; puis le tout murement calculé & conſideré, ils choiſiſſent celuy qu'ils trouvent chargé du crime le plus deteſtable, pour luy eſtre les priſons ouvertes. Ainſi eſtoient-ils tenus de le faire, auparavant l'Edit du Roy Henry le Grand, s'ils ne vouloient contrevenir à leur privilege, qui leur euſt eſté un grand forfait, voire une forme d'aſſaſſinat contre leur ancien inſtitut. Ceſte eſlection ainſi faite, le nom du priſonnier eſt eſcrit dedans un cartel bien cacheté du ſeel du Chapitre, & tout d'une main envoyé par un Preſtre Chapelain avec ſon ſurplis & aumuſſe, à Meſſieurs du Parlement, qui l'attendent en la grand' Chambre du Palais, reveſtus de leurs robbes d'eſcarlate. Le cartel par eux ouvert, adonques ſur la nomination qui a eſté faite du priſonnier, ils ordonnent à l'inſtant, par leur Arreſt, que les priſons luy ſeront ouvertes, & tous ſes complices deſchargez. Clauſe derniere ainſi appoſée, auparavant le meſme Edit. Au retour du Chapelain, le Chapitre bruſle ſur l'Autel toutes les confeſſions des criminels, pour en enſevelir la memoire. Environ les deux ou trois heures apres midy, le priſonnier ſort des priſons, paſſe par les ruës pleines de monde, la teſte nuë, les fers aux pieds, juſques au meſme lieu où eſt la Châſſe, qu'il leve apres avoir faict une confeſſion auriculaire de ſes fautes, & lors luy ſont les fers oſtez. Soudain apres, la Proceſſion commence à marcher ; le priſonnier porte le bout du premier branquart de la Châſſe, accompagné de ſept autres, qui depuis les deux derniers ſept ans ont joüy du meſme benefice, tenans tous en leurs mains des torches ardantes ; & en ceſte proceſſion la Gargouille eſt levée au bout d'une perche ſous les pieds de S. Romain, repreſentation & image du grand miracle par luy fait contre le Dragon. La Proceſſion arrivée en la grande Egliſe, la Meſſe y eſt chantée, quelques-fois à cinq heures de ſoir ; pendant laquelle le priſonnier va à chacun des Chanoines demander pardon à genoux. Le ſervice divin celebré, il eſt conduit en la maiſon du maiſtre de la Confrairie S. Romain, où de quelque qualité & condition qu'il ſoit, voire tres-baſſe, il eſt tres-honorablement traicté juſques au lendemain matin, qu'il ſe preſente au Chapitre, où eſtant agenouillé, l'un des Chanoines à ce delegué, luy fait une ample remonſtrance ſur la faute par luy commiſe, l'admoneſtant d'amender ſa vie, & de n'y recidiver plus. Entr'autres choſes, il jure pour concluſion qu'il ne ſera jamais larron ny meurtrier.

En ce denier acte giſt la cataſtrophe & accompliſſement de ceſte ceremonie, en laquelle (ſans entrer au fonds de la conſcience d'autruy) je ne voy rien que choſe ſainctes, & pleines de pieté, depuis le commencement juſques à la fin, non toutes-fois exemptes de calomnie ; d'autant que les malignes langues & venimeuſes, diſent que cecy eſt un jeu couvert, reveſtu du maſque de devotion, & que de tous ceux qui eſtoient annuellement eſleus par le Chapitre, il n'y avoit celuy qui n'euſt un Prince ou grand Seigneur pour parrein, & en ce defaut qu'on mettoit de l'argent au jeu. Tellement que ceſte abolition s'octroyoit à l'enquant, au plus offrant & dernier encheriſſeur, & à peu dire, que c'eſtoit le Sainct Eſprit qui operoit en ceſte ceremonie. Ce que les meſdiſans veulent prouver par une demonſtration, qu'ils eſtiment infaillible : parce que nul n'entra jamais aux priſons pour cet effect, qu'il ne fuſt aſſeuré d'en ſortir, avant l'invocation du Sainct Eſprit. Quant à moy je veux croire que ceſte meſdiſance eſt une vraye impoſture & calomnie : mais parce que tout perſonnage d'honneur a non ſeulement intereſt d'eſtre franc & exempt de la coulpe, ains pareillement du ſoupçon, pour en eſtancher le venin, je ſouhaite en ceſte affaire deux choſes : l'une, que ce privilege ne s'eſtende qu'en faveur des delits, qui de leur nature ſont remiſſibles. l'autre, qu'il n'ait lieu que pour les crimes commis dedans la Province de Normandie, & pour les priſonniers juſticiables, ſoit en premiere ou ſeconde inſtance du Parlement de Rouën, qui ſe trouveront, ou caſuellement, ou par deſſein, és priſons de la ville de Rouën. J'eſtime qu'en ce faiſant ſe fera fermer la bouche à tous ceux qui en mediſent ; & par meſme moyen, que Meſſieurs du Chapitre, gens d'honneur, ne prendront de mauvaiſe part mon ſouhait.

FIN DU NEUFVIESME LIVRE DES RECHERCHES.

POUR-PARLER DU PRINCE.

Dés l'an mil cinq cens soixante, avecques le premier Livre de mes Recherches, ce Pour-parler fut imprimé la premiere fois, dans lequel, aprés avoir soubs quatre divers personnages discouru trois diverses opinions, sur le soing que le Magistrat souverain doit avoir au maniement de sa Republique, enfin l'Autheur se ferme en celle du Politic, qui est l'utilité publique, à laquelle le Prince doit rapporter toutes ses pensées, & non de s'advantager en particulier, à la foule & oppression de ses Subjects.

L'ESCOLIER. LE PHILOSOPHE.
LE CURIAL. LE POLITIC.

'Estant par l'advis des Medecins retiré de la ville aux champs, encore que la solitude (pour une melancholie conceuë de la longue maladie, de laquelle j'estois possedé) me fut plus agreable, que saine, toutesfois la faveur du temps fut telle, qu'avec l'aide de mes bons Seigneurs & amis, je ne me trouvay gueres seul. Entre lesquels je ne puis que je ne recognoisse l'obligation que j'ay à quatre Gentils-hommes, qui par frequentes visitations me firent si bonne compagnie, que tant que l'ame fera residence en ce mien corps, je m'en sentiray leur redevable & attenu. Et certes tout en la mesme façon qu'ils ne me failloient de leur presence, aussi ne me manquoient-ils de bons propos & devis: tellement que le passe-temps que je prenois avec eux, m'estoit une continuelle estude sans agitation d'esprit. Vray que la diversité, ou de leurs humeurs, ou peut-estre de leurs professions & estats, les rendoit assez divers de jugemens; de laquelle diversité, si tirois-je pourtant profit, parce que tout ainsi que par le heurt & attouchement violent du caillou avecques l'acier, on void ordinairement sortir quelques estincelles, lesquelles recueillies en bonne amorce, allument puis aprés un grand feu, aussi leurs honnestes altercations & contredites, allumerent une telle ardeur en moy à la cognoissance des choses, que mal-aisément s'en amortira jamais le feu, que par le definiment de ma chaleur naturelle. Et me souvient que par eux fut quelquesfois ramenée la memoire de la difficulté debatuë anciennement par les Princes de la Perside, aprés la mort de leur Roy Cambise; sçavoir, quelle estoit la plus seure de toutes les Republiques, ou celle qui estoit gouvernée par l'entremise d'un seul, ou par les mains de plusieurs hommes d'estoffe, ou bien par le commun advis & deliberation de tout le peuple: comme leur opinion se ferma pour le soustenement d'un bon Roy, en pourchassa plusieurs autres concernans le faict du public, desquels, bien que l'indisposition de mon corps m'ait fait entr'oublier grande partie, & mesmement les deductions & parcelles, si n'en ay-je peu mettre en oubly la generalité d'icelles. Car estans de leur Roy & Prince descendus dessus le commun effect de nos Loix, belle fut la question, en ce que les aucuns louoient grandement Charondas le Thurrien, lors qu'il ordonna que tout homme desireux de publier nouvelle Loy, se presentast la hard au col devant le peuple, afin que s'il estoit esconduit de ses remonstrances, il trainast avec son licol une mort honteuse & infame qui luy estoit avant son partement promise; & les autres au contraire, approuvoient la mutation des ordres selon le changement des mœurs de ceux qu'on a droict de gouverner. Puis s'acheminans en plus longue estenduë de devis, rechercherent assez longuement le plus profitable au peuple; ou d'avoir un Prince hebeté & ignare, au milieu d'un Conseil, traitant sagement les affaires, ou bien Conseillers depravez sous la conduite d'un sage Prince. Lequel propos se tirant file à file plusloing, les acconduisit finalement en la question de Platon, tant rechantée depuis sa mort, par plusieurs braves Capitaines, quand il dist, que les Republiques seroient bien heureuses, esquelles les Roys philosopheroient, ou bien les Philosophes trouveroient lieu de regner. Et combien que unanimement ils condescendissent tous à son opinion, si se trouverent-ils bigarrez sur l'explication de ce mot de Philosophie: un chacun d'eux le rapportant à son advantage. Et pour autant qu'en ce discours fut conclud le dernier periode de leur Pour-parler, (qui a esté cause que ma memoire s'y est plus aisément arrestée) je me suis deliberé le reduire en ce lieu, par escrit, sous protestation toutesfois que combien que j'aye voulu representer chaque personnage au vif, & que suivant ce mien propos j'aye fait parler mon Curial (mot qu'il m'a pleu emprunter de nos vieux Autheurs de la France) avec telle liberté, que j'ay veu par luy pratiquée, si n'entens-je toutes-fois deroger à l'honneur & authorité des sages Courtisans, lesquels, à mon jugement, (s'ils sont tels, comme le serment de fidelité les oblige envers leur Prince) favoriseront pluslost le party de mon Politic,

Politic, que de celuy qui semblera avoir quelque conformité de nom avec eux. Ayans doncques ces quatre personnages continué d'une longue suite leur propos, poursuivit le Politic en ceste maniere.

POLITIC. En effect vous estes tous de cet advis, qu'il faut, qu'un Prince soit Philosophe: mais vous establissez divers fondemens de ceste Philosophie, l'un d'entre vous estimant philosopher n'estre autre chose que s'amuser en la lecture des livres: l'autre, au contentement de ce monde: & le dernier, de vacquer à l'augmentation de son Estat, sans autre respect. Ainsi si vos discours tiennent lieu, rendez vostre Prince, ou Escolier, ou Hermite, ou paravanture Tyran.

ESCOLIER. Tu cuis trop mal nos propos. Et pour ce, avant que d'en faire jugement si leger, il faudroit que chacun de nous reduisist au long ses raisons, lesquelles tu t'aggreans, auras loy (si bon te semble) de les contredire à ton aise, de poinct en poinct; autrement, de nous condamner à veuë de pays, ce seroit acte contrevenant à la profession que tu tiens: d'autant qu'ainsi que j'ay oüy dire, vous autres Messieurs, qui estes estroits observateurs des Loix, ne jugez jamais personne, sans estre premier deuëment informez de tous les merites de sa cause.

POLITIC. Chacun doncques (s'il luy plaist) rapportera au bureau ses moyens, pour ce fait, en tirer telle opinion qui nous semblera la meilleure. Parquoy puis que toy, Escolier, as ouvert le pas aux devis, c'est raison que moins la danse, & que ces deux-cy se suivent: ainsi de main en main parviendrons-nous à chef d'œuvre.

ESCOLIER. Tu m'imposes un lourd fardeau, me faisant parler le premier, & me semble que ceste ordonnance eust esté mieux employée à l'endroict de ce Philosophe, qui a de long temps remaché toutes choses en son esprit: ou de ce brave Courtisan, qui par une longue usance & frequentation populaire, entend mieux tout le fait du monde, que moy encore tout neuf & inhabitué en tels actes.

CURIAL. C'est à toy à qui il affiert: & si, comme en vos brigues, & congregations solemnelles, l'on a coustume de passer par la pluralité des voix, je te donne encore, avec le Politic, la mienne.

ESCOLIER. Ce sera donc pour vous obeyr, Messieurs: & combien que, pour le peu d'esprit que je recognois en moy, je me deusse pluftost commander un silence, que par presomption trop hardie m'acconduire en longue estenduë de propos, toutesfois estant de vous à ce semond, je ne vous esconduiray pour ce coup, non plus qu'en tous autres lieux. En quoy si dés l'entrée vous trouvez que je falle faute, (parce qu'en presence de toy, Politic, qui de toute ancienneté t'es dedié au maniment des affaires, ou devant cestuy Courtisan, qui a l'oreille de son maistre, je m'ingere à tenir propos de trop grande consequence pour mon regard, & concernans le faict d'un Prince) je vous prieray bien humblement, ne me l'imputer à vice, ains penser que soubs le bon droict & juste occasion de ma cause, j'entre si facilement au combat: & pour autant qu'au propos qui s'est entamé entre nous, je suis pour le party des Lettres: que puis-je autre chose faire, avant que passer plus outre, sinon, à l'imitation des anciens, reclamer la faveur des Muses, pour l'honneur & advancement desquelles j'entreprends icy la deffence: deffense certainement si facile, que sans aucun advantage d'esprit, elles te sçauront assez en quoy se recommander d'elles-mesmes. C'estes vous donc, sainctes Muses, c'estes vous, Lettres sacrées, desquelles j'implore l'aide; c'estes vous à qui j'addresse mes vœux.

O Phebus! ô vous troupeau!
Qui faictes vostre demeure
Au mont à double coupeau,
En vous ma langue s'asseure,
En vous demeure obstinée.

Sans vous, est cette mienne entreprise vaine; sans vous, sont mes sens assopis; & non pas seulement mes sens, ains tout le reste qui est compris sous cette ronde machine. Vous premieres, le monde estant encore brusq', polires nos esprits; premieres nous acconduires à vertu, induites à conversation mutuelle les hommes espars çà & là, vaguans en forme de bestes: pour ceste cause, fustes par singuliere préeminence, nommées Lettres humaines, en recognoissance de ce qu'appellastes les hommes à une deuë humanité. Vous deslors, nous fistes choisir domiciles; & n'ayans, sur nostre premier estre, que cavernes & cachettes, esquelles nous nous blotissions, appristes à bastir maisons, à contracter l'un avec l'autre, mariages, prosperer en alliances & familles, qui s'accreurent petit à petit en bourgades, & de là, par vostre moyen amplifians leurs enceintes, commencerent à s'enfler en villes, que seeutes si bien policer par vos Statuts & Ordonnances, que de là en avant demeurerent tous les peuples (au precedant rudes & grossiers) en une perpetuelle union, lesquels pour ceste consideration cognoissans qu'à vous Lettres ils devoient toute leur police, se soubmirent, eux & leur avoir, entierement soubs la puissance des gens plus sages & mieux versez en la cognoissance de Lettres. Ainsi ces gentils Orphées & Amphions furent anciennement estimez, par l'efficace de leurs doux sons, traisner & villes & forests: comme si soubs l'escorce de telles fables & feintises, on nous voulust enseigner, que du temps de nostre premier estre, ceux qui sçavoient mieux desployer la force de leur eloquence, se joüoient de la volonté de tout le reste du peuple, & en emportoient le dessus. Quand je vous dis eloquence, j'entends semblablement des Lettres: d'autant que le bien dire, sans Lettres, n'est qu'un caquet affeté: comme au contraire, les Lettres non accompagnées du bien dire, sont comparables à une enfance. Et ainsi que disoit l'Orateur Romain, quand il eschet qu'un personnage, qui a de soy bon sentiment, par défaveur de nature ne peut fainement descouvrir les conceptions de son ame, il luy seroit trop meilleur d'employer son temps autre part, qu'à la poursuite des Lettres. Si doncques (pour retourner au progrez de mon propos) dés l'enfance du monde, les Republiques commencerent à venir par les disciplines; si par elles, les Principautez prindrent force; si sans elles, toute Cité bien ordonnée vient en ruine, quel plus grand soucy doit avoir un Roy sage, qu'une continuelle frequentation des Autheurs, qui luy sont une seure addresse à la verité & vertu? Et s'il faut que plus amplement on vous deduise mon fait, qu'y-a-t'il, je vous supplie, en un Royaume, plus necessaire que la Loy, de laquelle les grands Seigneurs sont, par maniere de dire, esclaves, afin que par ce moyen, ils entretiennent en honneste liberté leurs subjects? Quelle plus grande utilité, que la lecture des Histoires, desquelles, ny plus ny moins que la femme, par la glace du miroüer, prend conseil de sa bienseance, quand elle se met en public; aussi estant icy un Prince, comme sur un eschaffaut, exposé à la veuë du peuple, se mirant aux exemples des autres grands personnages, apprend tout ce qu'il luy convient faire? En ceste façon lisons-nous, que ce grand Roy Alexandre rapportoit toutes ses pensees aux faits d'Achille; & que depuis, luy-mesme servit d'exemplaire & image à un Jule Cesar, à un Alexandre Severe, & infinité d'autres qui se le proposoient pour bute. Et si parmy le profit il nous plaist de considerer le plaisir, quelle plus grande volupté pourroit-on imaginer pour destourner les embusches d'oisiveté, qu'aux relaschés & surseances d'affaires de plus grande importance, attremper ses travaux au cours d'une Philosophie, laquelle, au rapport des plus sages, pendant l'heureux succez de nos affaires, nous entretient en grandeur, & quand on est manié de fortune, nous sert de consolation? Et à ceste occasion Denys le Tyran estant, pour ses extorsions extraordinaires, dechassé de tous ses Estats, pour anchre de dernier respit, se mit à endoctriner les enfans. Au surplus, si avecques la necessité, le plaisir, & la volupté, nous voulons joindre la bonne grace, quelle chose plus convenable se peut desirer aux Seigneurs, lesquels par profession ordinaire se trouvent aux grandes Cours & assemblées, que de deviser à propos, rendre à chacun son entregent, accomplir tous ses gestes & mouvemens d'une honneste façon de faire, alleguer pertinemment ses raisons, & pour corroboration de son dire, s'aider d'exemples à propos, favorisez de la renommée ou antiquité des Autheurs, desquels ils sont extraits? Là où, si peut-estre il se
trouve

trouve que ce Seigneur soit une beste, & que par folle presomption, il veuille entrer en quelque devis de merite, apres s'estre longuement alteré en deduction de propos, se trouvera en fin de compte, pour le comble de ses raisons, n'avoir servy à l'assistance, que de nom, ou, pour mieux dire, de chifre. Quel cas mieux advenant au Prince, que de respondre de soy-mesme, & non par gens interposez aux Ambassades, & accompagner ses responces d'une commodité d'Histoires, tirées à son advantage? Ou quelle chose plus brave, que voir un Prince bien emparlé, trafiquer par une elegante parole le cœur de sa gendarmerie, captiver sous un beau parler l'amitié de son ennemy, & comme Tyrtée le Poëte, ores que l'on soit inhabile au faict des armes, reduire toutesfois les expeditions en bon train, par une douce faconde, lors qu'elles sont deplorées? Bref, tenir les esprits des soldats en transe, les animer, aigrir, adoucir, & ne leur faire sentir alteration de joye ou douleur, que celle qu'on leur veut departir? Et si, non content du present, pour se revanger encontre l'injure des ans, il pretend manifester à sa posterité les secrets de ses pensées, quel plus grand heur pourroit advenir à un Prince, sinon mourant, laisser pour gage perpetuel de sa vie quelques œuvres bien façonnées, ainsi que nous voyons un Cesar (quasi pour eternel trophée) nous avoir laissé les memoires de ses grandes entreprises? Toutes lesquelles perfections mises ensemble, faut que vous m'accordiez se tirer de la cognoissance des Livres: De ceste source, les Loix, ensemble le Droict escrit, par le moyen duquel sont desveloppées les subtilitez des parties: de ceste fontaine, les Histoires; de ceste, la Philosophie; de ceste aussi, l'Eloquence, & la perpetuité de nos noms prennent tout leur advancement; & generalement, sans les Livres, le Seigneur n'est que comme une statuë à un peuple. Ce que fort bien cognoissans nos Anciens, & ceux qui furent mieux entendus à l'utilité du Public, fonderent pour ceste raison, en leurs villes capitales, escoles publiques & Universitez, pour estre un commun abord à toutes gens de bon sçavoir, envers lesquels ils userent d'une infinité de devoirs. Je n'allegueray les franchises, libertez, & immunitez, qui furent octroyées à ceux qui occuperent leur labeur à instituer la jeunesse: veu que les Loix anciennes de Rome ne sonnent dans leurs Livres autre chose: mesme que pour salarier les Docteurs Regens, qui par l'espace de vingt ans, avoient despendu leur temps en si louable exercice, les vouloient exalter en titre & dignité de Comtes. Mais que m'areste-je aux Regens, si nous voyons qu'en ceste France, de toute memoire, nos Roys (comme patrons des bonnes Lettres) voulurent en chaque Université establir Juges speciaux, & deputez tant seulement pour la conservation des privileges des Escoliers; & non point seulement pour eux, mais aussi en leur faveur voulurent que ces privileges s'estendissent aux Imprimeurs, Libraires, Relieurs, Messagers, & (pour vous dire succinctement) en tout le reste des Suppostz, & autres, qui pour le repos du Public, avoient fait serment de fidelité aux Recteurs d'icelles Universitez? A quel propos donc, tant de biens? Non, certes, pour autres raisons, sinon pour allecher par telles prerogatives, un chacun à l'estude des bonnes Lettres, sans lesquelles, ny plus ny moins que le corps ne fait aucune operation de ses membres, estant denué de son ame, aussi la Republique est vaine: tellement que vous trouverez, qu'il n'y eut oncques Republique bien moriginée, en laquelle par mesme moyen n'y ait eu non seulement certains lieux pour instituer la jeunesse, mais aussi Librairies & Bibliotheques publiques. Davantage, à grand' peine seul l'on trouve un Prince ou Capitaine de nom, qui n'ait acheté les gens doctes, ou qu'en ce defaut, pour le moins n'ait assaisonné ses fatigues de la lecture des Livres pleins d'erudition & doctrine: chose de longue deduction, mais que je ne veux obmettre, puis quel'occasion s'y presente. A ce propos, je vous prie, representez-vous ce Roy Macedonien (qui pour ses prouësses & hauts faits, emporta le surnom de Grand) pour quelque affaire qui se presenta oncques devant luy, laissa-t'il, ce nonobstant, la lecture de son Homere, lequel ordinairement il disoit luy servir de fidele escorte? Partant, pour ne l'esloigner de sa personne, luy donnoit place joignant ses armes, sous son chevet. Et ce brave Epirotien Pyrrhus ne fut-il pas perpetuellement accompagné de son Orateur Cyneas, sans le conseil duquel, comme il n'entreprit jamais chose aucune, aussi le commun bruit couroit, que par le bien parler de luy, il acqueroit trop plus de victoires, que par le moyen de ses vaillantises, lesquelles toutesfois ce gentil guerroyeur Hannibal disoit seconder celles d'Alexandre? Aussi le sage Scipion n'usa-t'il familierement de la privauté de Polybe? Et s'il me faut descendre plusbas, vous trouverez que cet audacieux Cesar, sous lequel la liberté de la Republique de Rome perdit son nom, avoit acquis par son bien dire, tel bruit, qu'il estoit mal-aisé de juger, lequel estoit plus excellent en luy, ou le moyen & façon de bien conduire une guerre, ou l'art de bien haranguer: car quant à l'Empereur Auguste, la grande flotte des Poëtes qui furent en vogue sous luy, nous donne assez tesmoignage, combien il les favorisa. Voire que (pour ne particulariser un chacun, que sommairement) l'on sçait que les Empereurs Tybere, Neron, & Adrian firent plusieurs Poëmes, les uns Grecs, les autres Latins: Et Verus qui leur succeda, faisoit bonne compagnie aux Livres d'amours d'Ovide, & Epigrammes de Martial: & mesmement entre les nostres se lisent encore aujourd'huy les amours de Thibaud, Comte de Champagne & de Brie, par lesquelles (tout ainsi que par antiquailles & ruines, se descouvre l'honneur de l'ancienne ville de Rome) aussi recognoist-on en luy, combien furent nos Princes anciennement zelateurs des Livres & Lettres: car que vous allegueray-je en cet endroict, le Comte Berenger de Provence, ou le Comte Raymond de Tholoze, tous deux Poëtes de grand renom, & autres, desquels l'envieuse & nonchalante antiquité nous a faict à demy perdre la memoire, si sans nous esloigner si loing, nous eusmes de nostre temps, ce Roy de bonne memoire François, & Marguerite Royne de Navarre, sa sœur, qui outre le zele & affection qu'ils porterent aux gens sçavans, se rendirent si accomplis en toutes sortes de vers, qu'il sembloit que toutes les graces de nostre Poësie fussent assemblées en eux? Je vous pourrois icy ramener en memoire, comment ce grand Alexandre (que pour l'excellence de luy je mets en jeu si souvent) envoya cinquante talens au Philosophe Xenocrate, pour la renommée de luy seulement: la faveur qu'il fit à Pindare, au sac de la ville de Thebes: les bienfaits que receut Virgile, en contemplation de ses vers: la restitution de Sophocle à l'entremise de ses biens, en faveur de ses Tragedies: le rappel de ban de Thucidide, pour remuneration des guerres de Peloponesse, par luy redigées pendant son exil, par escrit, & autres infinis exemples de telle marque, dont nos Livres sont refarcis, pour vous monstrer en quelle estime & reverence furent jadis les gens sçavans. Mais quel besoin est-il de cela en chose si evidente, si sans aucun contredit, un chacun est de cet advis, que le principal but, auquel tout homme vivant doit terminer une partie de ses desseins, est la Sapience humaine? Or est ce cas arresté, que qui pretend avoir d'icelle certaine information, faut qu'il prenne conseil des Livres, lesquels, sans aucune hypocrisie, descouvrent les vertus des personnes, apprennent le bien ou le mal, nous acheminent à bien faire, destournent des chatoüilleuses entreprises, & pour me resoudre en un mot, nous servent de guidon veritable au haut & souverain bien. Parquoy, que reste-t'il à un Prince, qui, entre tant de biens & possessions veut eterniser son Empire, sinon voüer le meilleur de son temps aux sciences & bonnes Lettres? Ainsi se pourchassera à jamais une tranquillité d'esprit; & sur son jugement, chacun choisira argument de pratiquer le semblable: ainsi vivra en eternelle paix & concorde avec les siens; s'exemptera des desconvenuës de fortune; asseurera sa renommée, sa vie durant; & qui est chose de singuliere recommandation, n'endurera qu'après sa mort, son corps & son nom soient enclos dessous un mesme cercüeil. En effect, voilà ce que j'avois à deduire pour la Philosophie de mon Prince. En quoy si vous, Messieurs, pensez du contraire, comme font ces festins solemnels & jours à ce dediez, ceux qui s'entreveulent festoyer, je donne au Philosophe le bouquet, pour prendre aprés moy la parole, & dire ce qu'il luy plaira.

CURIAL. Tu as raison; car par ce moyen, nous ferons suivant la vieille fondation des Colleges; c'est à dire, que des

des Lettres humaines, nous viendrons au degré de Philosophie. Or çà doncques, Philosophe, c'est à toy à qui il touche de parler.

Imitation du commencement des Paradoxes de Ciceron.

PHILOS. J'ay grand peur que les propos que je tiendray en ce lieu, ne seront par vous receus avec un gracieux accueil, non seulement pour estre du tout contrevenans à la commune du peuple, mais aussi singulierement des favoris de nos Princes : si vous diray-je rondement ce que j'en pense. Ayant longuement promené toutes les choses de ce monde en mon esprit, certes je n'estimay jamais rien, ny les grands thresors de ces Roys, ny ces fronts de logis magnifiques, ny les Royaumes ou Empires, ny ces extremes voluptez, esquelles les plus grands Seigneurs se desbondent ; parce que je voy que ceux qui en font estat, en affluence de tant de biens, se trouvent neantmoins en toute extremité de disette, comme ainsi soit que la convoitise est sans frein, & comme une beste allouvie, qui tourmente non seulement son homme d'un desir insatiable de s'accroistre de plus en plus, mais d'une crainte de perdre ce qui est acquis : parquoy j'ay tousjours creu & pensé, qu'il falloit que la Royauté prinst commencement de nous mesmes ; non point à cause de nostre race, ou pour avoir pris nostre source de l'ancien estoc des Roys, mais balançans nostre grandeur au poids sans plus de nostre esprit, s'esloigner de toutes les passions ennemies de nostre raison : autrement, tant s'en faut que j'aye en aucune reputation de grandeur ceux que l'on estime grands, qu'au contraire je les repute de trop pire condition que le manœuvre, le mechanique, le paisan, qui sous un vasselage de corps, couvrent une franchise d'esprit, non sujette à aucun eschange, & par laquelle nous sommes grands. Pour ceste cause, un Boniface, & quelques autres de tel calibre, qui par opinions extravagantes, manifesterent une effrenée ambition & servitude de leurs ames, se pouvoient à juste raison, intituler Serfs des Serfs : car pour m'estendre en general, quel juste pretexte de commandement peux-tu usurper sur un peuple, toy qui ne peux gaigner aucun poinct sur ton ire, refraindre ta paillardise, attremper tes desordonnez appetits, tenir ton avarice en bride, bref, qui ne te peux commander ? T'auray-je en qualité de Prince, toy qui pour entretenir tels plaisirs, t'eslargis, non seulement au voyage de tes voisins, ains de tes propres subjects ? J'entends que tu me diras, que tu amplifie tes bornes : mais, helas ! miserable, tu ne vois, que pour bien borner ton Royaume il faut premierement que tu mettes bornes convenables à ton esperance & desir. Mais je tire, diras-tu, ma noblesse du sang de tant d'illustres Princes. Ignores-tu, pauvre insensé, que ce que tu appelles à ton advantage, Principauté ou Noblesse, n'est autre chose, pour ton regard, qu'une gloire ensevelie sous le tombeau de tes ancestres ? Voire mais toutes ces grandeurs, dont je devance tous mes voisins & limitrophes, de quel poids doivent-elles estre envers toute le reste du monde ? Sur ma foy, tu as raison : car tu n'eus onques le loisir de cognoistre que tels honneurs & dignitez sont de soy, vrayes piperies, qui nous aveuglent, & mots inventez à plaisir, par un pauvre peuple folastre, qui pour eluder sa malice, se voulut tromper soy-mesme, sous telles vaines imaginations : vaines imaginations, puis-je dire, si ceux qui en sont possesseurs, outre les choses susdites, ne se garnissent d'une vertu & magnanimité d'esprit, qui doivent estre la seule compagnie des Grands : car, que te sert pour le contentement de ce corps fraisle & perissable, voir une table plantureusement assortie de toutes sortes de vins & viandes delicieuse, te diversifier journellement en habits de singulier estat ou estofe, avoir grande suite de Pages, & une centaine de Gentils-hommes acquis à ta devotion, si ton esprit demeure nud, & despourveu de choses à luy necessaires ? Estimes-tu, homme aveuglé, que tous ces applaudissemens & eaux benistes de Cour, toutes ces obeyssances & hommages, mesmement de la part de ceux, ausquels plus hardiment tu commets comme toute la force de ton Empire, s'adressent en faveur de toy, ou bien à cause de tes Estats ? Certes, en la mort d'un Ephestion, se perdirent tous les Philalexandres : qui fut cause pourquoy ce grand Alexandre, quasi d'un esprit prophetique, & prevoyant la grande perte qu'il avoit faicte, mena un si estrange deüil. Et de la fosse de Cratère, est progeniée une pepiniere de gens qui n'ayment leurs maistres d'autre poinct, sinon à raison de leurs biens ; de maniere qu'à la premiere revolte & desfaveur de fortune (si sans opinion de recousse) sera ce grand Seigneur, auparavant favorisé de mille bonnes alliances, suivy d'une infinité d'esclaves & gens de mesme condition que luy, abandonné en un instant. En telle façon se vit ce Roy Darius, dés la premiere route qu'il eut encontre le Macedonien : & depuis ayant rallié par quelque traicté de temps, son ost, fortune poursuivant sa pointe, & l'ayant reduit en toute extremité de fuire, ne trouva un seul escuyer de compagnie pour le servir, au moins d'eschanson, lors que surpris d'extreme alteration, fut contrainct dedans le creux de sa main puiser l'eau d'une fontaine ; luy l'un des puissans Roys qui fust sur la face de la terre, luy Monarque de tout un Levant, luy qui un peu auparavant, s'estoit veu commander dessus cent mille hommes de guerre. Et du temps des Romains, un Neron (courant le desastre sur luy) à peine peut-il trouver un valet (bien qu'il ne desirast autre chose) à l'aide duquel il se peust deffaire, pour ne tomber au hazard de la puissance de son ennemy. Et de la memoire de nos bisayeuls, Charles de Charrolois, frayeur auparavant de la France & Italie ; au premier heurt, qu'il receut contre les Soüisses, ne se vit-il delaissé de toutes ses intelligences, & par maniere de dire, des siens, tant que finalement destitué de tout support, il receut tant et si honteuse, qu'un chacun sçait, à la journée de Nancy ? O miserable doncques condition de ces Princes, qui mettent toute leur entente sur la grandeur de leurs biens, si lors qu'ils ont le vent en poupe, ils ne peuvent faire un amy duquel ils puissent faire estat, quand ils sont agitez de la tempeste & tourmente ? Parquoy en ce deffaut est requis, qu'eux-mesmes se soient amis, & que remaschans souventesfois à part eux, les indignitez de ce monde, ils se forment une telle crouste & habitude dans eux, que pour mesaventure ou heureux succez, ils ne changent ny de face ny de façons, leur Royaume gisant non point en choses exterieures & transitoires, ains en l'asseurance de leur vertu, qui ne peut recevoir aucunes algarades ou traverses. Ainsi fut vrayement Roy ce prudent Agetilais, lequel menant vie fort austere & penible, interrogé du pourquoy : Je fais cela (dit-il) à ce que, pour quelque eschange ou mutation de fortune, je ne change pourtant en rien. Ainsi fut Roy de sa nature (posé que non selon l'opinion vulgaire) l'un des sept Sages de Grece, Bias, lequel au ravage de sa ville, fuyant avec les siens (ententifs chacun endroit soy, de charger se peu de bagage qu'il pouvoit exempter de la fureur de son ennemy) admonesté d'un sien familier de vouloir faire le semblable : Aussi fay-je (respondit-il) car je porte tout avec moy : voulant par ce Tout, donner à entendre qu'il mettoit en nombre de chiffre, tous ces biens superficiels, au regard de ceux du dedans, qui dependent de nostre fonds. Ainsi fut digne de ce titre, ce pauvre mendian Diogene, & non peut-estre son contemporain Alexandre, ores que le peuple le nomme comme un parangon de tous Roys, d'autant que ce Diogene ne desiroit autre chose, que ce qu'il avoit avec luy, si desir nous pouvions fonder sur chose que nous possedions, & au contraire Alexandre, en ceste abondance de tout, ne trouvoit, ce neantmoins, en quoy assouvir son envie. Ce que cognoissant aussi Alexandre, esmeu d'un taisible remords de sa conscience, fut contrainct de prononcer à haute voix, que s'il n'eust esté Alexandre, il eust volontiers souhaitté d'estre Diogene ; en cela se preferant veritablement à l'autre, mais (comme il est aisé à presumer) par une manifeste jalousie qu'il avoit de sa propre personne. Et pour vous dire en peu de langage, en ceste maniere fut Roy, ce Denis allegué par l'Escolier, si en toutes les parties de sa vie, il se fust conformé à ce dernier acte, quand degradé de tous ses honneurs & Estats, il prit la fortune, de telle patience, que l'Escolier a recité. Et pourquoy doncques ? Pour autant qu'un long discours de la varieté des choses humaines, reduictes en sa memoire, par les exhortemens de Platon, l'avoit tellement armé encontre toutes les disgraces, qu'il luy estoit aussi cher de contrefaire le Pedant, quand de luy seroit jeu forcé, comme un peu auparavant, le Tyran. Je sçay bien qu'en cet endroit quelqu'un d'entre vous jugera mes propos estre purs folastres, comme du tout repugnans au sens commun de ce peuple

ple : auſſi, pour vous dire le vray, ſommes-nous icy en ce monde, comme ſur un grand eſchaffaut, ſur lequel ny plus ny moins qu'il y a pluſieurs perſonnages, les aucuns ſeulement deputez pour repreſenter les Monarques, les autres pour nous figurer gens qui ſont de plus baſſe eſtoffe, & entre ceux-cy ſe rencontre que celuy qui jouë le badin, quoy qu'il ſerve de riſée au peuple, doit eſtre de meilleur eſprit pour bien conſiderer les defauts & impertinences des hommes deſquels il veut, ſous un ſot minois, diverſifier les façons : ſi que tel d'entre les aſſiſtans ſe rit peut-eſtre de luy, lequel, s'il s'examinoit ſoigneuſement, trouveroit que la mocquerie devoir premierement tomber ſur luy : auſſi nous autres Philoſophes, encore qu'en niaiſant, appreſtions à rire à un peuple, ſi ſommes-nous ceux toutesfois qui manifeſtons la folie ; poſé que ſous le maſque de leurs richeſſes ou ſeigneuries, ils veulent contrefaire les Sages. Et pour ne m'eſloigner de mes arrhes, tout ainſi comme en un theatre ſont les perſonnages diſtincts, ce neantmoins en ceſte diſtinction, il eſchet que celuy, qui en un endroit avoit jouë quelque Roy, ſoudain changeant d'habillemens de parade, repreſentera un valet, ſelon la volonté du Fatifte : auſſi eſtant ce grand Dieu, ſi ainſi voulez que je le die, le Poëte de tous nos actes, il nous commande divers rolles, faiſant, ce neantmoins, parfois joüer deux perſonnages à meſmes gens, de bouviers, bergers, aſniers, erigeant les aucuns en Roys ; leſquels puis apres il precipite & depoſe ; ſoit que par telle cheute & deſcente, leur ſoit pourchaſſé leur profit, ou bien que tel ſoit ſon plaiſir par un myſtere caché : de ſorte que vous trouverez quelquesfois ſur l'equivoque d'un nom, un Empereur avoir fondé autresfois tout le droict de ſon Empire, & qu'un jour entr'autres, un certain Regilian s'eſbatant avecques quelques ſiens compagnons ſoldats, Regilian vient de Roy, dit quelque bon gallant de la troupe, entre Roy & Regner, pourſuivit l'autre, il n'y a pas grande difference ; doncques il eſt digne d'adminiſtrer un Royaume, concluid un tiers ; & ainſi de bouche en bouche, continuans que ce nom luy avoit eſté impoſé par un grand myſtere & divin, enfin fut proclamé Empereur de la generalité des ſoldats ; au contraire, il adviendra que pluſieurs Roys, tirans leur ſouche de bien loing, ſeront bannis, exilez, ou confinez en recluſes Religions, pour en icelles finir leurs jours : voire que vous lirez les aucuns avoir ſervy de marche-pied & ſur entre les mains deſquels ils tomberent, comme Valerian Empereur, au Roy de Perſe Sapores, & ſemblablement Bajazeth quatrieſme, Roy de Turquie, à Tamberlan, qui fur ſon premier advenement avoit gardé les vaches aux champs : tant produit ce grand Roy des Roys, d'eſtranges, & inconſiderez moyens, pour conduire les choſes à leur effect preordonné ! De maniere que tout ainſi que ſi nous faiſions ſagement, nous ne loüerions jamais homme pendant le cours de ſa vie, orcs qu'il ſemblaſt par fois ſe rendre recommandable en quelques exploits de vertu : & ce, pour autant qu'avant ſa mort, il peut commettre faute ſi lourde, qu'elle obſcurcira tout le reſte de ſes grandes valeurs & merites : auſſi ne devons-nous jamais enregiſtrer au Kalendrier des heureux quelque perſonne que ce ſoit, ſinon lors que nous le voyons avoir atteint au dernier ſouſpir de ſa vie : non pas que je vueille dire, comme quelques anciens mal apris, qui reputoient celuy heureux, qui oncques n'avoit eſté, & ſon voiſin, celuy qui lors de ſa naiſſance s'eſtoit acheminé à la mort : mais parce qu'ordinairement il advient qu'apres que fortune nous a adminiſtré tous nos ſouhaits, nous ſerons ineſperément d'heure à autre, aneantis par la fortune, laquelle uſant de ſes droits, nous eſleve au comble de toute felicité, pour puis nous abiſmer au gouffre de toute miſere. Choſe qui ſe trouvera averée par la plus part de ceux qui eurent pour un temps le deſſus du vent, & s'en ſont peu de grands Seigneurs garentis, fors & excepté ſeulement ceux-là, qui par ſinguliere prerogative & prevention de la mort en obtindrent quelque diſpenſe. Au moyen dequoy les plus ſages, pour eſcorner ceſte meſme dame Fortune, ou du tout s'abſtindrent du public, ou trouſſerent de bonne heure bagage : & du deſpens des Romains, les plus excellens Capitaines eſtoient appellez de la charruë, aux affaires, & des af-

faires s'en retournoient à leur charruë. Et Dioclerian l'Empereur eſtant ſur l'aage, ſe deſmit de tous ſes Eſtats, comme n'agueres, Charles d'Auſtriche, deſirans & l'un & l'autre ſurgir à bon port, & plage de ſeureté. Tous leſquels propos ſerviront pour vous monſtrer que les Roys ſe voyans aſſis entre tant de richeſſes, pendant leurs grandes proſperitez, doivent mettre en contrebalance la crainte & hazard des dangers, & penſer qu'ils ſont fils de meſme ouvrier que tout le demeurant du peuple : & tout ainſi qu'Agatocle Roy de Sicile, entre ſes plus grands appareils ſe faiſoit ſervir à buffet de terre, en commemoration de ce qu'il eſtoit fils d'un Potier ; auſſi faut-il qu'ils ſe ſouviennent qu'ils ſont enfans d'un Potier, & non baſtis d'autre matiere que nous ſous : je veux dire que terre ſubjecté à corruption & pourriture, & autres mille accidens, comme nous. Leſquelles imaginations bien ſainement digerées : ô qu'heureux ſeront les Royaumes, eſquels tels Philoſophes regneront ! ô que cent & cent fois heureux les Princes accompagnez de tels diſcours ! Par ce moyen dependra tout leur Royaume & vaillant, non de la premiere & ſeconde eſpreuve d'une guerre, ains d'eux-meſmes, n'increperont la fortune en cas de mal-heureux ſuccez, retrancheront leurs deſirs, compoſeront d'une telle façon toute la teneur de leur vie, que pour quelque évenement de bien ou mal, ne monſtreront contenance d'hommes joyeux ou perplex : & quoy que par adverſitez caſuelles ils culbutent du haut en bas, ſeront touſjours ſemblables à eux, & tous uns, pour autant qu'ils auront preveu long temps avant la main, leur tempeſte : & (qui eſt le meilleur que j'y voye) n'entreprendront guerres en vain, ou par legeres inductions, ains ſe contentans de leur peu, n'affecteront d'enjamber ſur les marches de leurs voiſins : conſequemment n'entreront en mille involutions de penſées, ne ſeront à l'eſtroit d'argent, ne ſubtiliſeront cent mille inventions au deſadvantage du peuple, pour ſouſtenir le defroy de leurs folies, & ne verront apres pluſieurs enormes deſpenſes (comme pluſieurs grands Seigneurs d'inſatiable ambition) tous leurs projets & fantaſies ſe reſoudre inopinément en fumée. Auſſi eſt à la verité l'Eſtat du Prince, miſerable, qui (ſous une opinion de mettre un temps advenir ſoy, & ſon peuple à ſon aiſe) vexe, ce temps pendant, infiniment ſes ſubjects : non conſiderant que cet aiſe, ſans l'aller chercher dans un labyrinthe des guerres, luy eſt acquis, ſi bon luy ſemble : & pendant qu'il ſe pourchaſſe par tant de travaux & fatigues, ne trouve enfin autre repos que celuy qui luy eſt octroyé par la mort, laiſſant ſon peuple en ruine, & ſon Royaume en non valoir. Ceſte eſt donc la Philoſophie que je veux apprendre à mon Prince, une aſſeurance d'eſprit, fondée ſur le contenement de ce monde : contenement que je veux qu'il accompagne de ce perpetuel penſement : qui eſt, que s'il rapporte tout à Nature, ny luy, ny homme quelconque ne ſe trouvera jamais pauvre : mais ſi à l'opinion du monde, non ſeulement ceux qui ſont moyennement riches, mais ſemblablement les Monarques, ne trouveront en quoy contenter leurs eſprits.

Politic. Vrayement tu ne t'entretailles en rien, & de ma part, ſi en ceſte deliberation je pouvois tenir quelque lieu, je te preſterois en la plus grande partie de ma voix. Mais que t'en ſemble, Curial ?

Curial. En bonne foy, je me ris de tous ces diſcours. Car quant à cet Eſcolier, pour te deſcouvrir librement ce que j'en penſe, il me ſemble plus digne de commiſeration, que de riſée, & n'eſtoit quelque reſpect plus grand que je porte à ma courtoiſie, je ſerois d'avis de l'exterminer de tout poinct de ceſte noble compagnie.

Politic. Donnes-toy garde, je te prie, qu'à tort & ſans occaſion, tu n'entres en termes d'aigreur.

Curial. En premier lieu, je te prie, conſidere deſquel pied il a fait ſa premiere deſmarche, quand ſur l'entrée de ſes propos avecques une grande levée de Rhetorique, il nous a voulu faire accroire, non point par argumens neceſſaires, ains par un fleuretis de paroles, que for les lettres, toutes Monarchies avoyent fondé leurs principes : & delà continuant ſes inepties de mal en pis, par le moyen de trois lieux communs extraits de ces vieux Harangueurs, & pies caqueteurs de Rome, s'eſt efforcé de nous monſtrer par pluſieurs exemples, qu'il n'y a rien plus utile, plaifant, ou neceſſaire au Prince, que d'eſtre bien conduit en l'inſtitution des lettres. De toutes leſquelle paroles ſi tu peux tirer une maxime bien fondée, je luy donne gain de propos. Parquoy, afin que ſuivant l'obligation que nous avons l'un à l'autre, je ne te deſguiſe ce que je penſe de toy, il t'euſt eſté trop mieux ſeant, amy Eſcolier, te taire: car pendant que tu t'amuſes à nous reciter tant d'hiſtoires, le commun peuple & ignorant, pour ne t'entendre, ne t'eſcoute: & nous, qui par quelque prerogative avons les oreilles rebattuës de choſes ſi vulgaires, n'en tenons pas trop grand compte. En cela certes, te monſtrant ſemblable à ces materiels geans, qui pour amonceler mont ſur mont ſans aucune bonne raiſon, penſoient monter juſques aux Cieux, dont ils furent à un inſtant culbutez par un ſeul clin d'œil de Jupiter; ainſi, toy accumulant exemples deſſus exemples ſans aucun diſcours de raiſon, as penſé confondre le ciel & la terre, & toutesfois à la moindre reſponſe que je mettray en avant, je m'aſſeure que tu verras toutes tes plus belles harangues, comme une fumée, s'eſvanouïr en avant. Partant pour te ſatisfaire en peu, à ce que comme plaiſant declamateur, tu nous as voulu faire entendre, que des ſciences & diſciplines les Royaumes prenoient leur ſource: hé! vrayement, il eſt bien à croire qu'un Cyrus, ou un Romulus, celuy-là fondateur de la Monarchie des Perſes, ceſtuy du grand Empire des Romains, tous deux au cours de leur jeuneſſe, nourris en Bergers & Paſtres, euſſent pris de vos belles lettres, l'exemplaire de leur grandeur: ou que ce grand Tamberlan foudre de tout l'Univers, ſur ſon printemps, Bouvier, en euſt (peut-eſtre) pris le modelle. Au contraire il eſt certain que toutes les Republiques bien ordonnées prindrent leur premier advancement par les armes, & lors qu'elles embraſſerent les lettres, commencerent à s'aneantir. Choſe verifiée par tant d'exemples, qu'il me ſembleroit faire corvée de te le vouloir raconter. Et pour ce ne me ramene point en chance, le premier eſtre du monde, auquel il eſt certain que les lettres furent par un long-temps incogneuës, & quand ce que tu dis ſeroit vray, c'eſtoit l'enfance du monde, à laquelle il falloit bailler un jouët, tout ainſi que de noſtre temps nous ſommes couſtumiers de tromper les jeunes gens en l'exercice des livres: mais quand ils ſont promeus plus haut, ſelon le progrez de leur aage, nous leur faiſons prendre autre ply; auſſi les Roys de noſtre temps eſtans ſortis hors d'enfance, faut qu'ils choiſiſſent train conforme à la ſaiſon qui ſe preſente. Au ſurplus, quant à tous ceux-là que tu nous as propoſez comme zelateurs des lettres, pauvre idiot, tu n'entens pas que tout le beau ſemblant qu'ils faiſoient, ne fut pour une neceſſité qui fut adjointe à leurs Eſtats; ains comme gens de bon cerveau, qui faiſoient leur profit de tout, careſſoient ainſi les ſçavans, pour acquerir plus grande reputation parmy le peuple, qui demande d'eſtre trompé par telles piperies & fard. Comme ſçavoit fort bien dire celuy meſme Denis, que tu as mis en avant, lequel entre ſes communs propos ſe vantoit que la cauſe pour laquelle il nourriſſoit tant de Sophiſtes, & Philoſophes, n'eſtoit, pour bien qu'il leur voulût, ou pour admiration de leur nom, ains d'autant que ſous leur pretexte, il pretendoit ſe rendre admirable à ceux, deſquels il vouloit captiver aucunement la bien-vueillance; c'eſtoit de la populace qui admire cet exterieur. Et toutesfois bien te diray-je une choſe, (digerant neantmoins les matieres d'autre façon que tu ne fais) c'eſt que je veux que le Prince s'adonne quelquesfois aux lettres, voire qu'en icelle il conſtituë le principal de ſa grandeur, non pas pourtant un Prince, duquel la force & eſtats dependent du fait de la guerre, mais celuy qui par opinion, non par armes s'entretient envers le commun populaire. Ainſi te ſera-t-il loiſible borner pour ce regard ton parler, t'adviſant quant au demeurant, que tous tes plus gentils diſcours n'ont eſté que pures frivoles.

Et pour le regard de toy, Philoſophe, je ne nie pas qu'en tous tes propos tu n'ayes eu une grande auſterité: ce neantmoins telles façons que tu deſires en un Prince, ſont tant eſloignées non ſeulement de la licence du temps qui court, mais auſſi des couſtumes de nos anceſtres, que les papiers qui nous en donnerent la premiere cognoiſſance, ſont plus de dix mille ans, a mangez & conſommez des pites. Par-

quoy je te voudrois conſeiller que tu commençaſſes par toy, executant les preceptes, deſquels tu es ſi prodigue envers les Roys. Auſſi qu'à les conſiderer de bien prés, on les trouvera trop plus remplis d'une pedenterie affectée, que de ceſte magnanimité, dont tu veux que ces grands Seigneurs s'accompagnoient. D'autant qu'alors que ces grandes mutations de fortune ſurviennent, je ne voy point en quoy un Prince ne choiſiſſe pluſtoſt le mourir, qu'une vie ſi honteuſe & penible. Car à ton advis, lequel fut plus grand Philoſophe, ou ce laſche & recreu Denis, qui de Tiran devint maiſtre d'Eſcole, où cet invincible Hannibal, lequel aprés avoir remué mille manieres de recouſſes, eſtant au deſſous de toutes affaires, aima trop mieux ſe donner le morceau dont il mourut, que vivant, ſe voir mener en triomphe? Qui fut plus grand perſonnage, ou ce Galien Empereur, qui avec une patience hebetée laiſſoit ſouſtraire de ſon obeyſſance à la file toutes ſes Provinces, ou ce conſtant Senateur Caton, qui pour ne tomber és mains de ſon ennemy, ſe tua volontairement, ores qu'il fut acertené, que ſa grace luy fut ja enterinée en la fantaiſie de Ceſar? Ceſtuy fut un dire ancien, qu'à mon jugement, tous Seigneurs doivent remarquer en leurs teſtes: n'eſtant plus ce que tu as eſté, il ne te reſte occaſion pour laquelle tu doives ſouhaiter d'eſtre. Et tout ainſi que ce dernier Roy de Macedoine ſuppliant Paul Æmile qui l'avoit vaincu, de ne le mener en triomphe, luy fut par ce brave Capitaine reſpondu, que luy ſeul ſe pouvoit exempter de ceſte honte: auſſi devons-nous ſçavoir les moyens pour empeſcher que ceſte traiſtreſſe fortune ne puiſſe triompher de nous. Tu me diras: doncques tu nous veux conſeiller de nous mesfaire: non, ja à Dieu ne plaiſe que contre ma Religion, telle penſée entre jamais en mon eſprit. Mais je voudrois ſans nous accroupir de pareſſe, & ſurmontans toutes difficultez, lors que fortune ſe monſtre envers nous hagarde, que nous nous expoſaſſions pour le bien de noſtre pays, volontairement aux dangers, eſquels (combien que noſtre vie ou noſtre mort fut en balance) auſſi en ſeroit puis aprés le point d'honneur aſſeuré. Et à bien dire, ceſtuy eſt le vray but, où lors des afflictions ſe doivent deſcocher toutes les penſées du Prince: & non (comme tu as deduit) pendant ces grandes proſperitez repaſſer devant ſes yeux mille conſiderations monaſtiques, ſur la fragilité de ce monde & neceſſité de ce ſiecle: Bref, ſe rendre du tout miſerable devant le temps. Car cette crainte du mal futur, ſoit que par un mot deguiſé tu nous l'appelles prevoyance, ou autrement, eſt pour certain de plus faſcheuſe digeſtion, que le mal meſme. Au moyen dequoy les plus ſages, ſans apprehender le futur, prennent le bon temps, quand ils l'ont, à la charge de le porter patiemment, quand il plaira au Seigneur de l'envoyer autre. Car ſi ſous l'ombre des dangers, qui nous peuvent eſtre eminens, nous voulons ce temps pendant (quaſi pour nous y endurcir) tenir noſtre bon temps en eſpargne, j'aurois certes auſſi cher, faire toute ma vie mal-heureux, pour n'eſtre jamais mal-heureux. Je n'adjouſte point qu'en ton propos aviliſſant ainſi la Nobleſſe, comme tu fais, c'eſt mettre la confuſion aux Eſtats, & oſter aux bons la repremination, & induire en contr'eſchange les mauvais à tirer toutes choſes ſur l'indifferant: opinion de dangereuſe conſequence, & reprouvée en toute bonne Republique.

Et pour ce, laiſſant à part tes reſveries, avec les baliverneſ de l'Eſcolier (ainſi ſans ſcandale le puis-je baptizer en ce lieu de verité) il me ſemble que la principale Philoſophie que doit avoir un Prince, eſt ſa promotion & grandeur, ſans autre contemplation. Comme ainſi ſoit que les Roys ne ſont nez pour les peuples, mais leur peuples ſont nez pour eux. Qui eſt la cauſe pour laquelle non point és Hiſtoires profanes, ains dans les ſainctes Eſcritures, les ſubjets ſimples & innocens ſe trouvent avoir eſté punis de mort pour un peché de leur Prince. Et n'ouyſtes jamais parler (pour le moins que j'aye memoire) que pour un delit des ſujets, les Roys ayent porté la folle-enchere. Laquelle propoſition, s'il vous plaiſt entendre de fonds en comble, conſiderez l'Eſtat de toutes Monarchies du temps preſent, vous trouverez que les Roys s'enſeigneurians d'un pays, ſoit qu'ils laiſſaſſent en leurs manoirs les anciens poſſeſſeurs,

ou

Pour-parler du Prince.

ou que par nouveaux transports d'hommes, ils les voulussent peupler à leur devotion, si voulurent-ils tous leurs biens dependre de leur Souveraineté. Tellement qu'estans distribuées leurs Terres en Fiefs & Rotures, les Fiefs ordonnez pour gens de guerre, & Nobles : les Rotures pour le menu peuple, pour recognoissance des Fiefs, inventerent les foys & hommages, quints & requints, & confiscation d'iceux, le cas y eschéant : pour les Rotures, les Censives, Lots & Ventes : & generalement par là entendirent les Princes, que quasi par personnes interposées, le peuple fournit en leur faveur, au labeur, auquel d'eux-mesmes ils n'eussent sçû satisfaire. Invention certes, grande, & incogneuë à ces vieux Romains, toutesfois avant leur Empire, pratiquée (non en tout de la mesme façon) par une trafique generale de Joseph Superintendant des Finances de Pharaon, quand ayant preveu la cherté future, & fait grand amas de bleds, contraint les pauvres Egyptiens contraints vendre eux & leur avoir, à Pharaon, pour la sustentation de leurs corps : lesquels puis après il leur rendit, à la charge qu'ils luy feroient rente par chacun an de la cinquiesme partie de leur bien. Parquoy estans tous nos biens, des appartenances du Prince, & luy au contraire ne dependant en aucune sorte de nous, est ceste proposition infaillible, que nous sommes nez pour nos Roys, non eux pour nous : consequemment que leur principale consideration se doit du tout rapporter à eux seuls : & si autrement ils le font, cela leur part d'une debonnaireté trop ardente.

Toutesfois pour autant que ceste grandeur ainsi prise seroit peut-estre trop froide, & non assez entenduë, il me semble que la grandeur du Monarque se peut considerer, ou par les loix, ou par les armes : desquelles deux parties il nous faut discourir à leur rang. Afin doncques que mon propos prenne son commencement par les loix, ne sçavez-vous que par icelles on accoustume à tenir ses subjects soubs le joug, & à gaigner tousjours petit à petit quelque advantage sur eux ? Et qui plus est, combien qu'il semble que les loix soient introduites pour faire vivre nostre peuple en tranquillité, toutesfois plus vous establissez des loix, plus vous donnez d'ouvertures à involutions & brouïlleries, & par mesme moyen vous acheminerez à bastir nouveaux Magistrats pour le soustenement de vos loix ; qui n'est pas petit advantage pour la grandeur du Prince, que nous figurons. Car outre mille commoditez qui se tirent par ce moyen à l'avantage du Roy, ne sçavez-vous que tels Officiers pour entretenir leur grandeur se dedient totalement à l'entretenement de la grandeur de celuy, duquel depend leur authorité & puissance ? Ainsi autant de Magistrats luy sont autant de pilliers pour conserver Sa Majesté encontre l'ignorance du peuple. Et afin qu'en la pluralité des Officiers, je ne fonde seulement la grandeur, à peine que vous trouviez que par plus honneste pretexte, les grands Seigneurs espuisent l'argent de leur peuple sans mutinerie ou esclandre, que soubs la couverture d'une loy, delà viennent les deffences, puis les permissions des traictes, les cris & decris des monnoyes selon l'urgente necessité des affaires : delà, les inhibitions generales soubs de grandes peines & amendes, puis les derogations à icelles, & autres tels infinis moyens, que les Princes sçavent toisir à la commodité ou incommodité de leurs necessitez. Les Clazomeniens quelquesfois estans reduits en telles angusties, qu'à leur Gendarmerie estoit deuë la somme de vingt mille talens, à quoy il falloit que promptement ils satisfissent, par subtile deffaite emprunterent ceste somme des plus riches Marchands de leurs, laquelle puis après ils payerent, donnant cours à autant de talens de fer. Ce que d'une mesme façon pratiqua Timothée l'Athenien, en la guerre contre les Olynthiens, quand pour souldoyer son ost, il fist monnoyer de l'airain, qu'il voulut estre de bonne mise, comme s'il eust esté de bon alloy. Et depuis onze ou douze vingts ans en çà, Federic deuxiesme Empereur de ce nom, estant pour ses braveries reduit en une grande disette, fit battre monnoye de cuir, où estoit sa figure engravée, avecques un peu d'argent à l'entour, ausquelles il donna loy, comme si elles fussent forgées d'or. Quoy ? que dirons nous de ce Denis le Siracusain, lequel d'une affection paternelle, par loy qu'il establit commune en son pays, prit la tutelle generale de tous les enfans qui estoient orphelins de son Royaume, laquelle il exerça par Ministres & gens à ce par luy deputez ? Que dirons-nous de luy-mesme, lequel par une pieté souveraine envers les Dieux, ordonna, que toutes les bagues & joyaux (paremens inutiles des femmes) seroient convertis pour bastir un Temple à la Deesse Ceres ? Et pour ceste cause exerçant la rigueur de ceste Ordonnance, premierement sur sa femme, contraignit les autres par mesme exemple à faire le semblable, & estant le tout amassé, & par quelque traicte de temps, la cholere de son peuple refroidie pour quelque divertissement d'affaires de plus grande importance, accommoda à son propre usage ces deniers, estant pour l'heure content d'avoir donné le premier devis à ce Temple : & comme est le desir des femmes inespuisable en cet endroict, depuis pour avoir nouvelle permission de porter bagues & doreures, fist dit qu'ils donneroient certaines offrandes à la Deesse Ceres. En quoy ce Prince bien advisé tira d'une mesme deffence double profit. Infinis autres tels exemples vous pourrois-je reciter, pour vous monstrer quelle puissance a la Loy pour le profit des Monarques, veu mesmement que par icelle ils se delivrent de leurs debtes. Aussi à la verité entre l'alloy & la Loy, il n'y a autre difference, sinon qu'il semble que l'alloy ou argent soit inventé pour les commerces des gens privez : & la loy (qui est generale) pour les trafiques des grands Princes, quand par icelle ils nous font trouver les choses indifferentes, bonnes ou mauvaises, & par fois celles qui de soy sont mauvaises, bonnes : les indifferentes bonnes, comme de chaque enfant naissant, pour un an nouveau, se faire donner les estreines, ainsi qu'Hippias en Athenes : pour chaque contract de mariage ordonner quelque tribut, selon le plus ou le moins qu'on a receu, payer daces aux entrées & yssuës des villes pour homme & cheval, & autres telles inventions : & les mauvaises trouver bonnes, comme és Republiques, esquelles pour plusieurs considerations, furent les larcins permis. Mais que dy-je, mauvaises & bonnes ? Veu qu'à prendre les choses en leur entier, il ne faut balancer le juste ou injuste, qu'au poids seulement de l'utilité qui en vient. Car s'il soit vray, dont procede je vous prie, ce grand ordre qui est entre nous Francs & Esclaves, Nobles & Vilains, sinon de ceste injustice & desordre, que les plus forts & vaillans usurperent jadis contre les plus foibles ? Car si nous voulons considerer l'ordre de la premiere nature, toutes choses estoient à l'esgal, ce neantmoins soubs ces distinctions de Franchise & Noblesse tous les Estats de ce monde, voire les Monarchies mesmes ont pris leur commencement : de maniere que tout ainsi que nous voyons que tous les Arrests des Cours souveraines ne semblent avoir aucune force, au moins pour sortir effect de plaine execution, sinon qu'il ait à la queuë une attache de cire : aussi fait-on de tout temps en chaque Republique, un nez de cire à la Loy, le tirant chaque Legislateur à l'advantage de luy, & de ses favoris.

Ceste loy doncques sera le premier poinct de la grandeur de nostre Prince, & de laquelle il doit faire estat, comme d'une grande miniere. Toutesfois pour autant qu'à la longue, le peuple pourroit descouvrir ceste Philosophie (chose dont il luy faut soigneusement donner garde) qui le pourroit induire en quelques partialitez & revoltes, mesmement si ces gentilles inventions, n'estoient palliées de quelque necessité, & est requis avoir son recours au second but par nous cy-dessus proposé, qui sont les armes. Par elles un Cyrus en Perse, par elles un Romule en Rome, & depuis un Jules Cesar, par elles ce brave Alexandre, par elles un Pharamond en ceste Gaule, un Othoman en Turquie, par elles toutes Monarchies de ce monde, ont pris leur commencement & croissance, & par leur defaut, leur ruine. Parquoy elles seules doivent estre le perpetuel but & object de nostre Prince. Non point que sur une violence, je desire qu'il fonde son Estat. Ja ne permette le grand Roy que d'un Roy, je prestende bastir un tyran, aussi que les choses, qui se persuadent de douceur, sont bien de meilleure tenuë, que celles qui se font accroire par force, & mesmement qu'il eschet que ceux qui sont tenus en crainte soubs les armes de leurs Seigneurs, tournent enfin leur patience en une fureur effrenée, à la ruine & desolation d'eux, & de leurs Princes : &

à dire le vray, miserable est la Republique en laquelle le Seigneur, ou pour crainte qu'il a de son peuple, ou pour tenir son peuple en crainte, se fortifie encontre luy de Rocques & Citadelles. Quelle est doncques mon opinion? Certes, Messieurs, je desire que ce Roy, soit tousjours aimé, pour l'accroissement de ses bornes, & seureté de ses frontieres. Quantes commoditez, je vous prie, estimez-vous qu'il se pourchasse par cet exercice honorable? Premierement, il tient son peuple clos & couvert contre les courses de son ennemy : aguerrit ceux qui bon luy semble, pour l'asseurance de sa personne, & ne permet que leurs esprits s'abastardissent ou accasanent en voluptez & exercices de nonprix, & qu'à faute de guerres foraines, nous ne fassions guerres civiles, Car pour vous dire le vray, il semble que nous soyons nez sous ceste condition par une necessité, qui nous est imposée des astres, que ny plus ny moins que nos corps ne sont jamais sans passion, voire que sans les passions ceste vertu, que nous appellons en nous Force, ne peut trouver son subject : aussi sans guerres ne peut estre une Republique, & semblablement par icelles nous donnons certain tesmoignage, & espreuve de nostre puissance. Et davantage, il semble qu'à faute de guerres estrangeres, nous nous guerroyons nous mesmes. Tant que le Romain eut, qui luy fit contrecarre, ce brave Carthaginien Hannibal, en ses plus grandes decheutes, encore restoit-il sus pieds : mais quand par heureux succez de victoire ceste forte ville de Carthage fut razée rez pieds rez terre, alors commença ceste Rome à s'alentir en delices, desquelles procederent les guerres civiles long-temps auparavant preveuës par plusieurs sages Senateurs, qui en la deliberation du ravage, furent d'avis de non saccager ceste ville tout à fait, ains qu'avec espoir de resource, on luy coupast sans plus, les aisles. Et en ceste nostre France par faute de plus grand ennemy, n'eusmes-nous la maison de Bourgongne, vassale toutesfois de la France, & extraite du sang Royal? Estans doncques quasi necessitez à ce faire par une violence du ciel, quel autre soing ou pensement doit-il demeurer en nos Roys, sinon la puissance des armes contre les estrangers? Par là ils s'ouvre un sentier à une gloire eternelle, par là ils sont estimez non seulement entre les leur, mais aussi par tout l'Univers; & posé que les entreprises ne sortent tel effect que leurs vaillantises meritent, si ne laissent-ils d'estre redoutez par les autres Princes & Monarques. N'agueres nous avons veu un petit Marquis de Brandebourg mal-heureux en la plus part de ses desseins, toutesfois avoir esté grandement recherché par les plus grands Princes de l'Europe. Je voy bien que desja vous me dites, que nourrir un Roy en perpetuelles guerres, c'est l'espuiser d'or & d'argent, & mettre tous ses thresors en desarroy : non certes, & si ainsi le pensez, vous vous abusez grandement. Au contraire tant s'en faut que la puissance d'un Roy en diminué, que vous ne trouverez jamais qu'il se fasse aucune entreprise, que combien que pendant les guerres, les finances d'un Roy semblent quelque peu s'alterer, toutesfois qu'aux trefves & surseances des armes, leur espargne n'en soit de beaucoup augmentée. Parce que les necessitez nous apportent mille inventions & imposts, lesquels tant s'en faut qu'ils viennent au rabais, qu'au contraire s'accroissent de plus en plus. Et pourquoy doncques? Vrayement non pour autre chose, que pource que la continué des guerres semond les Princes à ce faire. A ceste cause pour perpetuer telles daces de plus en plus, fonde-t'on Jurisdiction pour l'entretenement d'icelles. Qui ne sont pas considerations trop petites pour l'advancement d'un Prince, lequel se trouvera apres une longue poursuite de guerre avoir augmenté à la moitié plus son Espargne, que si menant une vie quoye, il fust demeuré en repos. Quoy? n'estimez-vous rien le profit qu'en rapportent plusieurs particuliers, la creation des Estats au moyen de ces parties casuelles, la recherche de ceux qui apres les guerres se trouvent avoir pesché en eau trouble (comme faisoit Vespasien Empereur) les confiscations qui surviennent, & mille autres particularitez, lesquelles bien & deuëment mises en œuvre, se peut asseurer le Prince de reluire par dessus tous autres, comme l'escarboucle entre les autres pierreries? Et si peut-estre vous m'objectez la foule des subjects, je deviendray à ce coup encore plus grand Philoso-

phe, & diray qu'autant se ressentent-ils de toutes telles oppressions (si oppressions se doivent pourtant appeller) apres leur mort, comme ceux qui durant leur vie ont vescu en perpetuelle paix. Parquoy pour me recueillir & retourner à mon but, je veux dire, ou que le Prince n'est point digne de tenir le lieu de commander : ou que s'il veut commander, il faut que (suivant Platon) il Philosophe, mais que ceste Philosophie se rapporte toute à sa grandeur, qui se peut maintenir par une liaison des armes avec les loix, quand sous l'honneste pretexte des guerres, l'on donne la vogue aux loix, que l'on tire à son advantage. Si autrement entendent en user les Princes, tant s'en faut qu'ils meritent usurper ce nom, qu'à peine les devons-nous estimer estre sortis hors de pages.

POLITIC. A ce que je voy, nous n'avons ouvrage faict, & plus nous allons en avant, plus nous apprestons l'un à l'autre de besongne. Voyez en quantes manieres se bigarrent nos jugemens, veu que sur le subject d'un Prince (chose inaccoustumée à mes yeux) avons tous nos opinions à part, au soustenement desquelles vous escoutant particulierement l'un apres l'autre, je suis contraint ne vous desdire sur le champ, mais ayant petit à petit recueilli mes esprits, je me trouve de contraire avis à vous tous, lequel je vous reciteray presentement. En premier lieu, pour le regard de toy, Escolier, encore que tu ayes fait grand amas d'authoritez & exemples de plusieurs grands personnages qui ont eu les lettres en quelque compte, si est-ce que tous ces propos, comme a fort bien descouvert le Curial, sont sans fonds. Bien est vray que ton opinion se rend grandement populaire, toutesfois à la considerer de pres, l'on trouvera que les lettres, specialement pour le regard d'un Monarque ou grand Seigneur, ne luy servent que de passetemps, si elles ne sont bien digerées & prises avecques un meur jugement. Comme mesmement tu m'as appris par tes exemples, la plus part desquels ont esté fondez sur les Princes, qui d'une gayeté d'esprit se sont amusez à faire jeux & comedies, & quelques chansons d'amourettes, pendant paravanture, que leurs pauvres peuples vivoient en grande souffrette. Car le Tybere, le Neron & le Verus dont tu as voulu faire banniere, ne furent meilleurs pour avoir frequenté la Grece, ains exercerent toutes sortes d'extorsions & tyrannies. Et pour avoir esté Commode tout le temps de son jeune aage entretenu aux bonnes lettres, ne laissa de devenir monstre. Au contraire son successeur Pertinax qui avoit employé tout le temps de sa jeunesse en la marchandise de bois, ne laissa d'estre nombré entre les regrettez Empereurs. Et si quelquefois Marc Aurele Antonin, pour s'estre pendant sa vie adopté de la famille des Stoïques sous Apolloine Calcedonien, fut estimé bon Empereur ; Trajan l'un de ses devanciers, à peine pouvant signer son nom, n'en fut pourtant reputé pire. Et si en commemoration des vertus du premier, sept ou huit successeurs voulurent emprunter le nom d'Antonin, en contr'eschange au couronnement de tous Empereurs, le Senat par exclamation & applaudissement, luy souhaittoit qu'il fut aussi heureux qu'Auguste, & pourveu de la mesme bonté que Trajan : voire qu'estant ce dernier illettré, & homme de bien, sans reproche, on verra que cet Antonin sceut tellement assaisonner le cours de sa Philosophie d'une perpetuelle dissimulation, que plusieurs luy voulurent mettre à sus la mort de son compagnon & adjoint Ælius Verus, avec lequel il se rapportoit assez mal en complexions ; comme aussi est-il à conjecturer de la mort de sa femme Faustine, laquelle menant à son veu & sceu, une vie fort lubrique, il ne l'avoit voulu auparavant repudier. Mais la mort subite de tous deux, & advenuë, non point en presence du peuple Romain, ains en lieux esgarez & loingtains (c'est à sçavoir celle de Verus, en l'expedition contre les Marcomanes, celle de Faustine au pied du mont Taurus, au voyage contre Cassius) furent presomptions fort poignantes pour juger que ce Philosophe les avoit tous deux mis à mort d'une Philosophie, qui luy fut propre. Parquoy je suis presque forcé de dire (& en petille qui voudra) que les lettres, prises simplement, sont choses indifferentes, d'autant, & qu'avec elles, & sans elles, plusieurs bonnes Republiques se sont long-temps entretenuës. Et si l'on vit d'autre fois la ville d'Athenes florir parmy une affluence de

Philoso-

Philosophes : vous eustes, & la Republique de Sparte, & celle mesme de Rome par l'espace de quatre cens ans, & la Seigneurie de Venise, ne faisans grand conte des lettres, mais vrayement soucieuses d'une plus grande science ; parce que toute leur estude consistoit à induire le peuple à l'obeïssance des Magistrats, & eux à celle de la Loy, & au surplus mourir vaillamment au lict d'honneur pour son pays, quand la necessité l'exigeoit, à raison dequoy les Romains voulurent quelquesfois bannir tous ceux qui de profession s'intitulerent Philosophes, comme aneantissans les esprits de la jeunesse en une curiosité de science, la rendant par ce moyen paresseuse, & plus ententive au bien parler, qu'au bien faire. De laquelle mesme opinion semble que fut nostre feu Roy Louys unziesme, qui ne voulut oncques permettre que Charles huictiesme son fils mist son esprit és disciplines & lettres. Quant à moy, je ne voudrois pas estre en cet endroit si austere. Comme disoit quelque sage Philosophe à un Roy d'Egypte Ptolomée, il est bon que le Prince apprenne par fois par les livres, ce que ses favoris sous crainte de l'offencer ne luy oseroient descouvrir : mais en ceste habitude de livres, il est requis user de grande discretion, & non les lire pour son plaisir comme la plus part de ceux que tu as mis en avant. Car qu'est-il, je te prie, requis à un Roy assiegé de tant d'affaires, & qui doit avoir le temps plus cher que quelque chose qui soit, tromper une partie de ses bonnes heures en la lecture d'un Ovide, Catulle, Petrarque, & de tels autres Poëtes folastres, qui ne traictent que de vanitez ? Quel besoin de s'amuser en la plus part des Plaidoyez de Ciceron, & autres tels amusoirs d'esprits, desquels vous autres, Messieurs les Escoliers, faites mestier & marchandise ? Certes si la Philosophie est l'employte que nous faisons en tels inutiles exercices, il est bon au Prince de philosopher ; mais comme disoit Pyrrhus, encore est-il meilleur de philosopher sobrement. Je ne nie pas que par la lecture d'iceux, on n'en rapporte quelque profit, mais sous ce peu de profit, il y a tant d'incommoditez au Roy, qui a un million d'autres urgentes affaires, qu'il est beaucoup plus expedient qu'il s'en abstienne & s'adonne à meilleure occupation. Et pource entre les Monarques que je voy avoir pris les livres à point, il me semble, sans faire tort à personne, que ce fut Alexandre Severe, lequel aux heures de relasche nous lisons avoir sans plus, en trois livres de recommandation, la Republique de Platon, les Offices de Ciceron, & le Sentencieux Horace. Non que sous ces trois livres je vueille reduire & restraindre toute l'estude du mon Roy, mais certes je desirerois que si loüable exercice luy venoit par fois à plaisir, ce fust en livres de poids & concernans le faict d'une Republique : comme ce sage Scipion s'estoit en toutes ses œuvres proposé l'institution du Roy Cyrus figurée par Xenophon. Car quant au Droict Civil que tu as dict, que ton Prince apprendroit pour développer les subtilitez des parties, voy & recognois, je te prie, comme tu digeras, voire ne goustas jamais cet article. Le Droict Civil dont tu parle, tant s'en faut qu'il produise cet honorable effect que tu estimes, qu'au contraire luy seul est le motif, par lequel nous entrons en un labirinthe de procez : parce que n'estant basty d'une seule piece, ains recouzu de divers eschantillons, un chacun s'en sert à sa couverture à sa guise, & ne se trouva jamais procez qui n'eust à l'une part & d'autre assez de Loix pour nous soustenir. Parquoy pour ne te desguiser ce que je pense, je ne sçay si nous ne ferions aussi-bien de nous passer de ceste curiosité des Loix Romaines, ayans les nostres au poing, sur lesquelles anciennement les Baillifs, qui furent gens de robbe courte, & illettrez, rendirent longuement droict aux parties en ceste France, sans ayde de tels livres Romains. Au demeurant, entant que touche les Histoires, lesquelles toy & le peuple estime devoir servir comme de mirouer à un Roy, encore que paraventure en cecy je me rende volontiers des tiens, toutesfois si eschet-il grand advis, & faut que le Prince use en cet endroit de grand choix. Car l'Histoire, comme tu peux entendre, est chose de soy fort chatoüilleuse. Et estant son principal sujet fondé sur la déduction du vray, ou tu raconte en icelles les choses advenuës par oüir dire, ou bien que tu aye esté present aux executions & conduites, si par oüir dire, tu sçais combien il y a peu d'asseurance de se fier au rap-

port d'autruy, & comme chacun en parle à l'avantage des siens. Si pour avoir esté present, nous voyons qu'en une prise de ville, ceux qui pendant le siege furent enfermez dedans, chacun en parle diversement : car il est impossible d'assister de tous les costez, par lesquels on livre l'assaut. Outre plus, parlant de ton temps, il faut que tu flattes le Prince auquel tu est plus tenu, ou duquel tu as plus de crainte. Et posé que tu n'en attendes bien ou mal, les premieres faveurs ou defaveurs des personnes qui tombent en nostre esprit ont telle puissance sur nous, qu'elles les nous font quelquesfois haut loüer, ou terrasser à tort & sans occasion. Davantage, quelquesfois par faute de bon jugement excusons les mauvaises entreprises par les heureux evenemens, & les bonnes sous ombre d'un mauvais succez , les voulons faire trouver mauvaises, se pouvant toute chose tourner ou bien ou mal, selon la volonté de celuy qui entreprent la desguiser. Qu'ainsi ne soit, nous voyons Philippes de Commines entre nous, soit que tel fust son humeur, ou que les bienfaicts l'eussent induit à ce faire, avoit esté en toute son Histoire occupé en la loüange du Roy Louys XI. combien que quelquesfois il luy ait baillé quelques atteintes : au contraire Claude Seissel l'avoir tellement avily en son Histoire du Roy Louys XII. que ceux qui le liront auront en horreur ses façons. Et sur le voyage de Naples du Roy Charles VIII. vous recognoistrez en Commines, quoy qu'il fasse le bon valet, je ne sçay quoy de mauvais traitement de ce Roy, que nous appellons Petit pour sa jeunesse, Grand neantmoins de magnanimité & courage ; car le mesme discours de la permission de Dieu (qui conduisoit son entreprise) laquelle il luy attribuë, se pouvoit aussi-bien adapter aux faits de son predecesseur & de tout autre chose du monde. Ce que nous voyons avoir esté fort bien obmis. Au surplus qui considerera les intelligences qu'avoit Charles, les discordes & partialitez qui lors estoient en Italie, la tyrannie de Ferdinand, & autres telles menées, qui par la bonté divine, tombent sans humain, pour exploiter les choses determinées par ce haut Dieu, il trouvera qu'Alexandre n'eut plus grande occasion de traverser la mer avec une poignée de gens, pour conquerir la Monarchie de Perse, que ce gentil Charles à passer les Monts pour s'investir du Royaume de Naples & Sicile. En quoy si l'issuë ne fut comme l'entreprise estoit grande, il ne luy fut pourtant peu de los, d'avoir fait trembler l'Italie aux frais & despens d'Italie, & avec peu de foule des siens. Et pour m'esloigner de mon but, ne voyez-vous Paul Jove estre à qui plus luy donne, & par fois pour favoriser son pays, denigrer tant la verité des choses, où nous avons eu la victoire sur l'Italie, que sa menterie, sans autre truchement se manifeste assez de soy à tout homme qui aura tant soit peu de jugement, & tantost filer, ou plus doux, ou plus rude, selon la diminution ou augmentation des salaires de ceux desquels il estoit à gages ? En cela de mauvais exemple, & non imité par Sleidan, lequel combien que par tout ait procedé d'un mesme fil, & suivant la foy de l'Histoire, si remarquerez-vous en luy je ne sçay quoy de passion, lors qu'il s'attache au fait de sa Religion. Tant est nostre esprit arresté en ses premieres fumées & apprehensions : de maniere que malaisément trouverez-vous Historiographe qui soit neutre, ains que chatoüillé de son particulier instinct, ne loüe bien souvent quelqu'un, & encore paraventure plus pour se flater soy-mesme, & son opinion particuliere, que pour favoriser celuy auquel il addresse sa loüange. Car desors que nous nous sommes faits accroire que quelque chose est bonne, nous trouvons puis aprés prou d'argumens & pretextes pour nous y servir de feuille. Pour ces causes est-il fort difficile à celuy qui escrit une Histoire de ne falsifier la verité. Et encore en ceste notion du vray, y a plusieurs difficultez, qui ne sont de tous entendues. Car d'estre quelquesfois trop ententif à deduire au long les vices, & particulariser les moyens, par lesquels quelques tyrans foulent peut-estre leurs subjects (ores que ils fussent veritables) c'est faire planche aux meschans, & ressembler plusieurs Prescheurs, qui d'un bon zele, toutesfois sans discretion parlans trop advantageusement des paillardises & bordeaux, forment le plus souvent plus de mauvaises images aux esprits des jeunes filles, qu'ils ne font d'edification pour les plus anciennes & vieilles : si que le meilleur seroit en tels actes vicieux s'en taire du tout, que d'en raconter, ny par le Prescheur, ny par l'Historiographe, les moyens. Semblablement de s'amuser, par celuy qui escrit l'Histoire, sur les particulieres façons des Seigneurs & autres choses indifferentes, c'est l'acte d'un vray Escolier. Mais de mettre en avant les entreprises, raconter fidellement les bonnes conduites, manifester les conseils ; c'est le faict d'un homme entendu : de quelle marque, il s'en rencontre si peu, que je ne sçay presque quel conseil donner à un Prince pour cet effect. Suffise-vous que ce n'est le tout de parler indifferemment des Histoires, comme la plus part de ce populaire est coustumier de faire, les extollant ordinairement, plus pour le plaisir, que pour le profit que il en reçoit. Pensez que ce sont belles Histoires, que toutes les Annales de France, esquelles vous apprenez qu'un tel, ou tel, fit telle chose : mais comment, ny par quel moyen il parvint, songez-le, si bon vous semble. Et faut qu'en passant je regrette, que jusques à huy, un estranger Paul Æmile nous ait appris à bien escrire les faits & gestes de nos Roys. Et à la mienne volonté que celuy qui tient aujourd'huy la Chronique du Seigneur de Langey dans ses coffres, de laquelle j'ay veu quelques traces, ne nous la voulust envier. Je croy qu'il y auroit en cet endroict prou de choses, en quoy satisfaire par bons exemples, & bien deduires au contentement du Lecteur, comme venans d'un Seigneur qui avoit la main, & pour escrire elegamment, & l'employer vaillamment, quand le besoin le requerroit. Je veux doncques, Escolier, conclurre avecques toy, non comme a faict cestuy Curial, qui s'est du tout dedié à l'avilissement des lettres, mais que l'estude du Prince gisant, ou en la lecture des preceptes politiques, ou bien en celle des Histoires ; pour le regard du premier poinct, qu'il se propose Alexandre Severe : & entant que touche le second, qu'il imite un Empereur Charles V. qui de nostre temps, au desadvantage de nous, se voulut aider des nostres, & que l'on dit n'avoir eu de son vivant, livre de son cabinet tant recommandé que l'Histoire de Commines. Non point qu'en cas individu il doive imiter l'un & l'autre, mais quoy que soit qu'il ne s'amuse qu'en livres de bons discours, & ausquels avec le plaisir y a plus d'apparence d'instruction & profit. Qui sera pour servir de remplissage à tels propos, lesquels pour dire le vray, m'ont semblé comme ces paisages, ausquels les peintres peignent ces petits bouts d'hommes qui de loing se monstrent plaisans à l'œil, mais plus nous en approchons, plus nous trouvons qu'il n'y a aucune figure humaine ; & au demeurant n'y ayant en toutes telles façons de tableaux rien en quoy on puisse asseoir en un seul endroict la veue : ainsi t'oyant deviser du sçavoir, je ne sçaurois vrayement dire combien m'a esté tout ton devis agreable : mais le considerant de plus prés, je l'ay trouvé fort esgaré, & tel qu'il n'y avoit pas en tout iceluy, chose sur laquelle je peusse asseoir grand fondement de raison.

Car au regard de toy, Philosophe, que te sçaurois-je dire autre chose, sinon que j'approuve en tout & par tout tes discours ? toutesfois les remaschant à part moy, encore n'as tu attaint totalement au vray but. Qu'il soit ainsi, ce contentement dont tu parles, & sur lequel tu assis toutes tes raisons, peut tomber en l'homme meschant aussi bien qu'en l'homme de bien, voire & ne sera ton opinion moins efficace pour acconduire le vicieux à son vice, comme le vertueux à vertu. Car ce mespris du monde en nostre esprit nous est un asseuré rampart, non seulement contre les efforts de fortune, ains contre les assauts de la mort ; & n'avoir crainte de la mort, est aussi bon acheminement à mal faire pour les mauvais, comme à bien faire pour les bons. Et de fait, ce Denis dont tu as parlé, pour le peu de compte qu'il fit de sa ruine, ne laissa toutesfois pendant son credit, de tyranniser ses sujets : & l'Agatocle quoy qu'il considerast sa premiere fortune en toutes ses actions, si est-ce que pour parvenir à l'envahissement de l'Estat de Sicile, fit acte très-monstrueux & derogeant à tout droict de Dieu & des hommes. Parquoy ce n'est point assez de se resoudre en ce contentement du monde, durant son heur ; ains faut dire, que si pour la seureté de soy, le Prince use de discours, à plus forte raison doit-il pour l'asseurance de son peuple entrer en plus grand soing & pensement, qui est l'utilité publique. Et ne faut point que ceste imagination que tu dis, luy tombe en l'esprit à cause de sa propre personne, ains se doit composer de telle façon que s'il luy advient tel accident & desastre que tu as deduit, il le passe legerement, comme n'estant, par maniere de dire, que simple administrateur du public. Et tout ainsi que le tuteur, qui n'a affecté la tutelle n'est marry quand il luy convient estre deposé de sa charge : aussi sera bien plus grand Philosophe celuy qui ne sera marry d'estre deposé de son throsne, sinon d'autant qu'il estoit Prince bon & necessaire aux siens.

Qui sera en te satisfaisant, pour satisfaire à cestuy Curial, qui nous a figuré un tyran, & non un Roy. Car quand ceste innovation de loix sur lesquelles toy, Curial, fondes la grandeur de ton Prince, est coustumiere en un pays, c'est l'entiere desolation & ruine. Et vaudroit mieux certainement vivre sous la crainte & obeyssance des anciennes loix (quoy qu'elles fussent peut-estre mauvaises) que d'en tailler & decouper de jour à autre à son plaisir. Pour ceste occasion plusieurs gens disputans sur les Republiques, ont soustenu qu'il estoit trop plus expedient que les grossiers & tardifs d'entendemens administrassent le faict du peuple, que ceux qui sont plus aigus & desliez. D'autant que ceux-cy veulent tousjours estre plus sages que les loix, & monstrer en toutes occurrences qu'ils sçavent plus que les autres, dont sourdent plusieurs grands inconveniens & scandales, là où ceux qui ne se reposent pas tant sur leur cerveau particulier, se rapportent au sens commun de leur cité, qui est la loy dont nous parlons. Et c'est une reigle asseurée qui est requise en toute Republique bien policée, que le peuple soit sujet au Magistrat, & le Magistrat à la loy. Pour ceste cause en Ethiopie & Egypte (si nous croyons aux Histoires) estoient les Roys sujets aux anciennes Ordonnances de leurs pays, voire qu'en Egypte à leur advenement à la Couronne, & lors de la confirmation des Estats, prenans sermens de fidelité de leurs Juges, les faisoient jurer de ne porter obeyssance à leurs lettres de commandement, sinon entant que elles se conformeroient à Justice, pour laquelle les Roys ne doivent moins batailler, que pour leur propre personne : comme ainsi soit que d'icelle depende toute leur grandeur. Et à ceste cause en nostre France peignans nostre Roy en son lict Royal, luy baillons la dextre la main de Justice, & à la senestre son Sceptre. Or est-ce une chose repassée par tant de siecles, qu'il n'y eschet point de debat, que toute Justice bien ordonnée doit prendre commencement par nous mesmes. Consequemment se doit porter le Roy à l'endroict de son peuple, comme il voudroit que l'on fist envers soy, s'il estoit soubs la puissance d'autruy. Il ne faut doncques point qu'un Prince, comme tu as à tort soustenu, accommode toutes ses pensées à son profit particulier, ny que pour le regard de luy seul, il veuille establir les loix s'il ne veut faire tort à la primitive Justice, c'est à dire, à soy, & à ses Estats, d'autant que la Justice, que tu desires, n'est qu'un masque & superficie. Par quoy je te conseillerois, Curial, de prendre conseil mesmes pour toy, lequel d'une liberté particuliere à telles personnes as voulu donner à cestuy Escolier : c'est de te taire plustost que de desborder en telles induës parolles. Car tant s'en faut que tu tendes à la grandeur d'un Monarque, qu'au contraire par les moyens que tu tiens, tu luy procures du tout son advancement.

Et afin que nous considerions plus ententivement tout ce faict, tu trouveras qu'il y a deux choses, par lesquelles les tyrans pensans entretenir leurs Estats, couvent ce neantmoins leurs ruines. L'un qui gist en violence, quand par une force ouverte on tient un peuple en servitude, & celle-la n'est de durée, parce que nature ne porte rien de violent ; Car quoy que les evenemens & punitions de Dieu soient diverses, oncques esprits turbulens (hors-mis peut-estre quelques-uns) ne naiquirent, qu'ils n'ayent eu mort convenable à leur vie, c'est à dire, mort violente : de cette façon de vivre à ce que je puis entendre, tu te veux du tout deporter. L'autre maniere pratiquée par les tyrans, & en laquelle tu t'arrestes, est, quand le bien public est du tout rapporté au profit particulier d'un Seigneur, lequel toutesfois sous honnestes pretextes fait semblant d'entretenir en ses libertez & franchises ses subjects, comme nous avons veu de nostre

nostre temps avoir esté reproché à l'Empereur Charles V. par les Ducs Maurice & Marquis Albert, lesquels entre les autres occasions de la guerre qu'ils luy susciterent, luy improperoient que faisant semblant d'entretenir les Estats de l'Empire en leur liberté, il faisoit à la verité les Diettes & journées instituées de toute ancienneté, lors que l'on vouloit deliberer sur le fait commun de la Republique Germanique, toutesfois que la conclusion de tous conseils & advis dependoit de la volonté de luy seul : qui est une tyrannie trop plus courtisanne que l'autre : car le peuple, qui se pourroit induire à revolte, & changement de puissance, ne l'oze bonnement entreprendre estant pipé sous telles hypocrisies. Et à la verité ceste maniere de regner est de quelque plus grand entretenement que la premiere : toutesfois tout ainsi que le corps desine par la corruption des humeurs, mesmement que celuy, qui a les suites nobles offensées n'en donne grande apparence que par un long progrez de temps, auquel finalement il meurt : aussi par les moyens que tu bailles, encore que pour quelque temps le Prince tienne son Estat, si est-ce qu'il est necessaire qu'il prenne desinement. Et combien que les periodes soient divers, selon qu'il plaist au grand Seigneur nous les ordonner, si est-il certain que les braves Capitaines ne gaignent gueres les grandes Monarchies, que quand elles sont venuës à point : tellement que lors que les Roys pensent estre plus grands pour rapporter tout à leur personne, c'est lors qu'ils sont plus petits. A t'on advis, eust-il esté possible par imagination humaine à ce jeune Roy Alexandre conquester la grande Monarchie des Perses avec trente mille hommes seulement, si les subjects de Darius par une trop grande continuë, n'eussent esté las & faschez des extorsions de leurs Roys ? Au contraire estimes-tu, ny que cet Epirotien Pyrrhus, ny que le Chartaginien Annibal, fussent moindres de cœur & experience que l'autre ? Par avanture trouveras-tu que non, ains que seulement leur defaillit le subject, tant que l'un & l'autre s'aheurta à une nation Romaine, qui n'estoit encores venuë à ce souhait du profit particulier, comme elle vint puisaprés ; & lors aussi tu verrois, que ayant un long-temps couvé sa ruine par la seule decision d'une bataille, fut reduite en servitude par un Cesar. De ceste mesme facilité, & pour ceste mesme cause fut aisé au Roy Charles huictiesme foudroyer toute l'Italie. Car quant aux armes que tu veux que ton Roy ait tousjours au poing, tant pour se fortifier encontre son ennemy, que pour tirer plusieurs daces & imposts de son peuple, tu ne consideres pas de combien il aliene par ce moyen les cœurs des siens, de sorte qu'à la premiere desaveur de fortune, ils aiment tout autant tomber és mains de l'estranger pour vivre en eternelle paix, que sous ce Roy qui sous ombre de les vouloir mettre en seureté, leur fait perpetuelle guerre. Ainsi que tu liras que l'Egypte faschée des tyrannies des Roys de Perse, & espians toutes occasions de revolte, à la premiere venuë d'Alexandre en leur pays, pour le bien-veigner luy firent de toutes part honorables entrées, comme, s'il eust esté leur vray & naturel Seigneur. Bien faut-il veritablement, que le sage Prince se tienne tousjours sur ses gardes, & qu'il ne se commette tant à l'abandon du bon temps qui se presente devant les yeux, qu'il n'ait esgard au future. Ce qu'il fait, ayant tousjours gens vouëz & destinez au fait de guerre : comme les gens des Ordonnances establis en ceste France, & encore de nostre temps les Legionnaires, & de la memoire de nos peres, les francs-Archers. Mais de chercher à credit les occasions de la guerre, pour les causes que tu as deduites, c'est ruiner de fonds en comble un Prince tendant par ce conseil, plus à l'accroissement de toy seul, que de tout le demeurant du Royaume. Et cependant tu ne vois pas qu'un pauvre peuple porte la folle-enchere de ton conseil. Aussi gouverne-l'on les Princes dés leur premiere enfance de celle façon, que commettans aucune faute, l'on chastie en leur presence pour la faute par eux commise, leurs pages & serviteurs : les accoustumans desiors à faire les pechez dont leurs subjects portent puis aprés la penitence. Et estant ainsi ententif à l'entretenement de sa seule grandeur, Dieu sçait quelles opinions ty leur ensemencent dans leurs testes, quelles apprehensions de peuple, quels mensonges, & deguisemens de verité tu leur imprimes au cerveau : tellement que là où anciennement on tenoit que les Princes estoient images de Dieu, certes lors qu'ils sont façonnez de telles loix, que celles que tu nous as publiées, à peine les doit-on nommer autrement, que masques des hommes, comme n'ayans autre chose de l'homme, que la seule presence & escorce, leur estant toute verité incognuë. Et au surplus, se peuvent quelquefois vanter estre plus tenus à leurs propres ennemis, qu'à tels serviteurs que toy, pour autant que de vous autres, qui par allechemens extraordinaires n'estudiez à autre chose qu'à vous faire grands, ils n'entendent jamais le vray, & commencent seulement à l'apprendre, quand par quelque mauvais succez ils descouvrent leur lourderie, de laquelle leurs ennemis leur donnerent le premier advertissement. Parquoy je suis de ce costé là pour le party du Philosophe qui a esté de cest advis, que le Prince secontentast de son peu, pour le soulagement des siens. Car outre mille & mille moyens, par lesquels faisant autrement, il se consomme au lieu d'accroistre ses bornes, ne sçais-tu qu'encores que tous les Estats militaires fussent bien policez & ordonnez, si est-ce que ne peut la gendarmerie ou infanterie marcher en campagne, sans grand degast du plat pays? Et certes tout ainsi n'agueres tu estimoismiserable la Republique, en laquelle le Prince pour asseurance de ses Estats dresloit Citadelles encontre ses propres subjects : aussi puis-je en contr'eschange dire que miserable est le pays, auquel les villages demandent permission & octroys de se fortifier de murailles, non pour soustenir un effort de l'ennemy, ains sans plus, pour eviter le pillage & rançonnement de ceux, qui semblent estre souldoyez pour leur porter aide. Ce que toutesfois nous voyons journellement advenir en ceste continuation de guerres par toy tant desirée & requise. Afin qu'avec tout cecy je n'adjouste mille autres difficultez, qui accompagnent les guerres, comme faict l'umbre, le corps. Anciennement en la France n'y avoit aucunes tailles ou aydes, ains conduisoient nos vieux Roys d'une telle prudence les guerres, que leur domaine y fournissoit. Par ces tailles les affaires de France s'en sont-elles mieux trouvées ? J'en doute : car auparavant, nos Roys se rendoient conquerans bien avant aux pays estrangers, & depuis ils se sont contentez de borner leurs conquestes par leurs limites : Bien empesche z de fois à autres de se maintenir. Parce que sous Charles cinquiesme lors regent, se meut pour cette raison telle esmeute contre les grands, que deux Mareschaux de France tomberent morts en sa presence, luy par toutes subtilitez se garentissant de la fureur de son peuple. Et du temps de Charles sixiesme, furent plusieurs pays en esmoy d'aller au change : tellement que si en fin finale nous n'eussions eu ce bon Roy Louys douziesme, qui mitigea ces aydes, le Royaume estoit en grand branle de changer de main. Aussi pour cette raison fut un Seissel a esté si hardy de parangonner ce Louys avec tous ses devanciers l'un aprés l'autre, n'ayant autre refrain de ses loüanges, sinon qu'il n'entreprit jamais guerre qu'avecques juste querelle, & sans fouler ses subjects. Qui est pour te remonstrer, Curial, pour les scandales qui en peuvent advenir, que les Roys ne doivent charger armes, de telle gayeté de cœur, que tu dis. Parce que ces deux Charles, cinquiesme & sixiesme, pour les necessitez, qui assiegeoient leurs Estats de toutes parts, estoient forcez guerroyer, consequemment s'aider en leur besoin de leur peuple. Et toutesfois tu vois les dangers, qu'ils encourent pour cette cause. Aussi, &, ce qu'est la maison de France, & mesmement celle d'Austriche (qui ne faict presque que de naistre) n'ont point tant esté pour les guerres, que par traictez de mariages, esquels n'y a que concorde. Et pour le regard de nous, la Bretagne, la reunion des terres que nous avons de la Bourgongne, l'annexement de l'Escosse, nous en donnent certain tesmoignage. Et entant que touche l'Austriche, l'alliance de Maximilian avec Marguerite de Flandres, luy apporta tout le bas pays de Flandres & de la Franche Comté : & le mariage de son fils Philippes avec Jeanne fille aisnée du Roy Ferdinand d'Espagne, annexa aux Estats de Charles cinquiesme leur fils, les Royaumes d'Espagne, d'Arragon, Naples, & Sicile : si que vous voyez cette maison s'estre plus accreüe par deux mariages, que par six vies d'homme elle n'eust sceu faire avec toutes les guerres:

guerres : voire que la ruine, qui est presque advenuë par deux fois en cette France, l'une à l'occasion de l'Anglois, l'autre par la maison de Bourgongne, est issuë de deux mariages mal bastis. Parquoy il y a mille autres moyens pour agrandir un Royaume, plus considerables, que les armes, lesquelles le Venitien ne charge jamais qu'en toute necessité, & plustost achette les villes par intelligences ou deniers contens, qu'à force de guerres ou gendarmes. Je ne nie pas que dedans ces necessitez il n'y ayt mille considerations & prevoyances du futur : comme si l'on voit son ennemy, pour guerroyer un plus petit, se fortifier raisiblement contre toy, alors veritablement se seroit mal aviser que tu te deportasses des armes, pour celuy duquel, posé qu'à l'advenir tu n'en esperasses rien, si est-ce que tu le fais en faveur de toy & des tiens : ainsi que nous pratiquasmes n'a pas long-temps à ce voyage d'Allemagne, auquel l'Empereur se sentit par nostre moyen forclos en un instant de cette grande esperance, qu'il avoit par plusieurs traffiques & menées embrassée de l'Allemagne. Mais d'imaginer de mener la guerre à la charge d'enfraindre les bonnes loix, & les revoquer au particulier, c'est mesler le ciel & la terre, & mettre tout sens dessus dessous. La Republique de Rome peu auparavant sa descheute, avoir tellement amplifié ses limites, qu'un Pompée en plein Senat, au retour de son voyage de Pont (depuis appellé Trapezonde) se vanta que par ses prouesses, il avoit annexé à l'Empire neuf cens villes closes, & autant ou plus, de places fortes & Chasteaux : de maniere que telle ville, qui auparavant leur estoit limitrophe du costé de Levant, estoit lors située au fin cœur de leur pays. Et vers le Ponant, Cesar avoit subjugué vers la mesme saison les Gaules. Mais pour telles estenduës de pays cette Monarchie en fut-elle de bien mieux confirmée ? Vous voyez que dix ou douze ans après, elle s'en alla à vau l'eau. Et pourquoy doncques ? Parce que les ambitions des plus grands estoient montées en tel excez, que tirans tout à leur privée utilité, quoy qu'ils estendissent par force d'armes leur pays, il falloit de neantmoins, que ce grand corps ruinast, ny plus ny moins qu'une maison, quand les fondemens sont assez & pourris : ores que l'on la pense soustenir de chevrons & autres appuis. Partant fut fort bien avisé par quelque Gentil-homme ancien, qui dit qu'il estoit plus expedient de batailler pour les bonnes loix que pour les murs d'une ville : parce que les villes sans remparts peuvent par la vaillantise des citoyens faire front à leur ennemy, mais sans loy, elles vont soudain en ruine ; comme vous voyez estre advenu, en cette vieille Republique de Sparte, laquelle, tant qu'elle vesquit sous les sages ordonnances de Licurge, entretint toute desmurée sa prerogative sur la Grece : mais des lors qu'elle fonda son establissement plustost aux murs qu'aux bonnes mœurs, alla soudain en decadence & perdit tout le credit, que de tout temps elle avoit gaigné sur les Grecs. Quand je vous parle de la loy, j'entens, non pas (comme tu fais, Curial) cette puissance que les tyrans tirent, à leur particulier advantage, mais cette reigle qui nous apprend à tenir les ordres en bon ordre, & entretenir d'une telle armonie & convenance les grands avec les petits, que aussi content & satisfait vive le petit en sa petitesse, comme le grand en sa grandeur. Laquelle chose avenant il est impossible que le Roy & son Royaume ne se perpetuent en tout heur. De sorte qu'encores que telles Monarchies ou Republiques defaillent par fois en maximes, si est-ce que les rapportans au public, il n'en vient guerres de deffaut. Et pour le verifier par exemple, tu sçais qu'il n'y a rien plus à redouter ou reprendre en toute cité bien reiglée, que les seditions populaires. D'où vient ce neantmoins cela, que par l'espace de quatre cens ans dedans Rome les Tribuns susciterent mille tumultes contre les Potentats de la ville, sans que pour telles seditions s'alterast en rien cette Republique Romaine ? Et toutesfois en deux guerres civiles avenuës depuis Marius & Silla, se trouva la perdition de l'Europe. Celuy vrayement seroit bien aveuglé, qui ne verroit qu'au premier cas, ils bataillaient pour le public, & au second, chacun pour son estat privé. Aussi d'une maxime erronée tireroient-ils pourtant un profit.

Parquoy, pour te dire au vray mon advis de la Philosophie de nostre Prince, cette conclusion est bonne, & qui doit estre engravée en la teste des Princes, que toutes choses sont mauvaises en un Roy, qui ne vise au bien public, aymant mieux par cette devise estre excessif au trop, qu'au peu. Car tout le but, dessein, projet, & Philosophie d'un bon Roy, ne doit estre que l'utilité de son peuple. Autrement s'il veut tout attirer à soy en façon d'une esponge, il faut, comme n'agueres je disois, qu'il ruine à la parfin, d'autant que le Royaume est tout ainsi qu'un corps humain, auquel vous voyez tous les membres avoir leurs fonctions particulieres, entre lesquels le chef tient comme le degré d'un Roy. Pour cette cause, vous voyez que chaque membre, comme luy estant dedié, s'expose en tout peril pour sauver cette partie noble : & volontairement le bras se soubsmettra au hazard de quelque coup, plustost que la teste reçoive quelque encombre : voire qu'allant la nuict en tastonnant, nature nous a apris de mettre les mains au devant, pour la sauvegarde du chef : aussi naturellement aymons & reverons-nous nostre Prince, & en faveur de luy nous prostituons-nous volontairement à la mort. Et outre plus, tout ainsi que le chef, plus basse partie de nous, recevant quelque grand douleur, en apporte presque l'un des premiers messages au chef, qui pour cette cause sentira quelque alteration de fievre : semblablement doit le bon Prince se ressentir en son esprit de la foule des plus petits. Aussi, ny plus ny moins que le corps desiné, quand l'un des membres, plus mutin, prend plus de nourriture qu'il ne doit au desavantage des autres : ainsi soit que le Roy, ou ceux qui sont autour de luy, rapportent tout à leur profit particulier, ou que le peuple, par une licence trop grande, abuse de la Majesté du Roy ; il est necessaire que la Republique, en cette disproportion, prenne son decroissement, & finalement sa ruine : mais quand par une egale balance, le profit du Roy & du peuple s'entretient, il faut par infaillible raison qu'elle se maintienne en grandeur. A ces causes, toutes Republiques ou Monarchies bien constituées, on fait dependre les necessitez des Estats l'un de l'autre, afin que par la crainte des uns, ils n'enjambalent sur les autres. Nous lisons que dans Rome, après l'extermination des Roys, les Nobles voulurent usurper toute puissance au desavantage du menu peuple, lequel, ennuyé de leurs tyranniques entreprises, fut contraint abandonner cette ville, tellement que les Nobles n'ayans plus aucun sujet, sur lequel ils peussent exercer leur puissance, furent contraints se rallier avecques le peuple. Qu'elle issuë doncques eut ceste reconciliation ? Au peuple fut ordonné le Tribun, comme conservateur de ses Privileges : pour faire tette au Senat, si que la puissance des uns estant moderée par les autres, vesquirent longuement en grandeur. Cette mesme attrempanse fut en la Republique de Sparte, où la licence des Roys trouva frein par l'authorité des Ephores : comme semblablement vous voyez plus estroitement observé en la Seigneurie de Venise. Et pour ne m'estranger de nos bornes, ne voyez-vous que nos Roys par une debonnaireté qui leur a esté familiere, jamais de leur puissance absoluë n'entreprindrent rien en la France, ains qu'entretenans tousjours les trois Estats en leurs franchises & libertez, aux grandes & urgentes affaires, ont passé le plus du temps par leurs avis ? Ce que mesmement nous voyons avoir esté remené en usage par nostre bon Roy Henry, que Dieu absolve. Voire que de toute anciennete en forme d'Aristocratie conjointe avec la Monarchie, furent introduits les douze Pairs, sur lesquels nos Roys s'estans reservé que la Souveraineté & hommage, semble que par leur conseil (comme d'un ancien Senat) se menassent les affaires. Au moyen dequoy leur fut necessaire avoir quelques Assesseurs qui leur administrassent conseil, quand sur ce, en seroient requis : (comme aujourd'huy nous voyons plusieurs Maistres des Requestes encor qu'ils ne soyent du corps du conseil privé, selon l'exigence des cas dire neantmoins leur advis, ainsi qu'il plaist aux Seigneurs qui ont préeminence en ce lieu) toutes-fois ces grands Pairs estans distribuez par leurs pays & provinces, partant ne se pouvans ordinairement trouver en ce commun Parlement d'affaires, laisserent à leurs conseillers la superintendance de la Justice ; c'est-à-dire, que tout ainsi qu'auparavant aux assemblées, les Roys par maniere de dire, se rendoient volontairement sujects à ce qui estoit entre
iceux

iceux Pairs, advisé, aussi que de là en avant ce qui seroit par ces Conseillers arresté passeroit en forme de loy : tellement que toutes les Lettres patentes du Roy, & specialement concernans le faict du public, passeroient par leur advis. Ainsi fut faict un corps à part, (auquel toutes-fois demeurerent incorporez ces Pairs de France) lequel tousjours depuis, fut appellé Parlement ambulatoire; sur son entrée, parce qu'avant sa confirmation il estoit tousjours joignant la personne du Roy : & depuis fut trouvé bon luy donner demeure permanente, en la ville capitale de France. Tant y a que par là, tu vois qu'encores que les ordres se soient par succession de temps changez, toutes-fois toujours a esté temperée la puissance de nostre Prince, par les honnestes remonstrances des siens; aussi vois-tu combien est demeurée en son entier, ceste Monarchie de France : & ores que pour l'imbecillité de quelques Roys, le Royaume ayt forligné en deux familles, toutes-fois ne se trouvera, que depuis unze cens ans ayt passé en main de nation estrangere, fors quelques vingtaine d'ans sous les Anglois, lesquels encore pendant ce temps, pour entretenir leur grandeur avec nous, garderent la mesme forme de Republique, que ceux qui estoient vrais lignagers, & ausquels par droict successif, appartenoit la Couronne. Ainsi a tousjours esté redoutée parmy l'Europe cette Monarchie Françoise : d'autant que se soubmettans nos Roys sous la raison & Justice, tout le peuple, avec une douce crainte, a esté induit de les aymer : & en cette affection, toutes-fois & quantes que le besoing l'a requis, exposer son bien & sa vie volontairement pour la protection d'eux & de leur grandeur. Là où au contraire, s'ils se fussent accommodez, je ne diray à leurs passions, ains à leur particuliere raison, quoy qu'ils eussent esté successivement braves Roys, il eust esté fort facile leur imposer, comme estans hommes, partant sujects à mille fautes : mais quand par une police publique leurs pensemens furent reduits à la deliberation de plusieurs, qui ne se nommoient point, ny par faveur, ny par argent, ains par une élection de vertu, il a esté jusques à present impossible que toutes choses n'allassent bien : car posé le cas qu'il escheye que chacun particulierement fust peut-estre de mauvaise vie, toutes-fois en ces congregations & assemblées (où les voix sont libres & sans crainte) se radoubent si bien les fantaisies des uns par les autres, qu'encores d'une mauvaise personne en sort-il quelque bon advis : enfin se trouve que de toute cette masse, on alambique quelque chose plus expediente au public, que quand par l'entremise d'un seul cerveau, les affaires prennent leur traict. Tu me diras, Curial; Doncques ce Prince qu'un chacun revere, & sur lequel tout le peuple a ses yeux fichez, n'est-il seul par dessus la loy ? O aveugle opinion de tout le monde, de penser que les Roys mesmes, se pensent par dessus la loy! Mais ainsi l'ont escrit (diras-tu) les loix anciennes de Rome ? Je t'accorde que ces Empereurs, qui jadis par le trenchant de leurs espées firent voüer au peuple Romain une perpetuelle servitude, prindrent cette prerogative, comme leur voulurent faire accroire quelques flatteraux de Legistes. Mais aussi peux-tu, Empereurs, me dis-tu ? Certes ils qu'entre les Monarchies qui furent jamais en credit, à peine que tu en trouves aucune si miserable que celle-là : car pour bien dire, Curial, sou la Loy est raison, ou contrevenantes à icelle; si contrevenante à icelle, quoy que sous honneste pretexte les Roys pretendent en abuser, si ne merite-t'elle nom de Loy : mais si elle se rend conforme à une equité naturelle, d'estimer que les Roys soient encore dessus la raison (au moins comme l'estend le vulgaire, pour en trencher par où bon luy semble) ceux qui sous cette puissance leur voulurent ainsi applaudir, au lieu de leur gratifier, dirent un obscur langage, que les Roys n'estoient point hommes, ains Lyons, qui par le moyen de leur force s'estimoient avoir commandement sur les hommes. Or, voy, je te prie, combien plus debonnairement nos Roys : Car le peuple Romain (ainsi que ont voulu dire quelques Courtisans, qui se sont meslez de la Loy) de tout temps accoustumé à vivre librement, se despouilla de son ancienne liberté pour en vestir les Empereurs, ausquels il donna tout commandement sur la Loy. Et au contraire, nos Roys, combien que le peuple de Gaule, de toute memoire fust coustumier d'estre regy sous puissance Royale, toutes-fois s'emparans du Royaume, despoüillans toute passion, se voulurent soubmettre à la Loy : & ne faire par ce moyen chose qui ne fust juste & raisonnable : de maniere que leurs patentes sont sujectes à la verification des Cours de Parlement, non seulement sur les obreptions, comme à Rome, ains sur la Justice ou injustice d'icelles. Et posé le cas que parfois elles soient de leur mouvement, toutes-fois fort aisément passent-elles en force de chose arrestée, ains se sont tousjours reservées les Cours, la liberté d'user de remonstrance au Roy, pour luy faire entendre que ses mouvemens doivent s'accorder à raison : autrement, sous l'ombre d'une clause derobée, plusieurs favoris feroient passer une passion une Loy. On recite que le Roy Louys XI. comme celuy qui estoit homme remuant d'esprit, & qui s'attachoit opiniastrement à ses premieres apprehensions, un jour ayant entrepris faire emologuer certain Edit qu'il n'estoit point de Justice, après plusieurs iteratifs commandemens de le passer, fut la Cour de Parlement de Paris refusante de ce faire; au moyen dequoy indigné, luy advint à la chaude de jurer son grand Pasque-Dieu, que s'ils n'obeyssoient à son vouloir, il les feroit tous mourir; laquelle parole venuë à la recognoissance de la Vacquerie, lors premier President & homme vertueux sur tout autre, luy & tous les Conseillers avecques leurs robbes d'escarlatte, comme s'ils fussent allez en une procession solemnelle, se presenterent devant la face du Roy, lequel esbahy de ce spectacle en temps indu, s'informa d'eux ce qu'ils demandoient ? La mort, Sire, respondit la Vacquerie pour tous les autres, laquelle il vous a pleu nous ordonner, parce que tous tant que nous sommes, plustost sommes resolus unanimement en icelle, que contre nostre conscience verifier vostre Edict : chose qui rend ce Roy, au demeurant tumultueux le possible, si confus, qu'avec douces paroles il les renvoya sains & saufs : sous une protestation de ne presenter de là en avant des lettres qui ne fussent de commandement Royal, c'est-à-dire, de Justice. O apophthegme ! aincois stratageme memorable de Cour, qui ne merite d'estre enseveli dans les tenebres d'oubliance ! Aussi, si tu considere de prés, ceste grandeur que tant tu desires en un Prince, luy est acquise par ceste voye, & non par les moyens obliques que tu luy veux enseigner : car tout Roy qui de sa nature est ordinairement magnifique, à peine, qu'il refuse aucune chose : & toutes-fois permettent la cognoissance de ses dons à la discussion d'une chambre des Comptes, par une usance qui avoit esté de long-temps pratiquée en France, demeure tousjours aimé de celuy auquel il a fait ce octroy, encore qu'il n'ait sorty son effect. Et outre plus, ce moyen estant observé, les subjects en demeurent plus riches, d'autant que moins le Roy s'appauvrira par une excessive largesse, & moins seront les subjects foulez; qui est la cause pour laquelle plusieurs personnes de discours, desireroient que l'on mit frein au dons des confiscations : lesquelles estans de leur premier estre, inventées pour tirer d'un excez privé, une publique utilité, s'en trouvent infinies, qui pour avoir l'oreille de leur Maistre en main, par impudentes importunitez, les approprient à leur usage ; de maniere que le bon Empereur, qui compara le fisc à la rate, parce qu'à mesure qu'elle croissoit, prenoit diminution & decroissoit le reste du corps; aussi croissant le bien fiscal, diminuoit le bien public, oublia un poinct, à mon jugement, pertinent, & devoit adjouster à sa comparaison, que ny plus ny moins qu'en la rate se nourrissoit toute humeur melancholique de nostre corps : aussi pendant que plusieurs usent du fisc comme du leur, faisans du dommage public leur revenu particulier, ils sont ceux qui suscitent & entretiennent la seule douleur & melancholie du peuple. Parquoy est besoin qu'il y ait en telles affaires des Medecins publics : & pour obvier à telles liberalitez des Princes qui ne sont presque à aucunes personnes, fermées, est bon que par une police generale, y ait en une Monarchie des gens proptes & deputez, comme est une chambre des Comptes, pour avoir cognoissance de tels octroys, & ensemble de toutes autres choses qui pourroient contrevenir au public. Quoy advenant, les Roys en demeurent beaucoup plus aymez, & davantage, chaque Conseiller à part, ne peut estre mal voulu des grands Seigneurs qui sont environ leurs personnes, d'autant que ne leur ayant gratifié, il a excusé fort prompte

prompte sur le corps total d'une Cour : à laquelle, prise en general, à peine qu'un Seigneur s'attache. De cette façon, dit-on, que le Roy François, eschorna l'impudence de quelques Italiens, lesquels l'importunoient à outrance pour faire enteriner quelques lettres, qui leur estoient expediées sous le grand sceau. Ce à quoy ne voulut la Cour de Parlement entendre. Parquoy le Roy mandant à soy quelques-uns des principaux d'icelle, après plusieurs remonstrances à luy faictes en la presence des importuns, sur l'incivilité des lettres, & du dommage qu'elles apportoient à luy & à son peuple, toutes-fois il s'acerba grandement, & avecques paroles d'aigreur leur enjoignit trés-expressément, qu'ils eussent à proceder à la verification de ces lettres. Lesquelles paroles ainsi proferées de la cholere d'un Roy, estonnerent quelque peu les envoyez de la Cour. Ce neantmoins chacun estant sorty de la chambre, les appella à l'instant mesme, s'excusant debonnairement de son couroux, disant que ce qu'il en avoit fait, estoit pour entretenir de paroles, ces estrangers (desquels il avoit lors affaire) toutes-fois qu'ils ne passassent que ce qu'ils trouveroient bon. Qui fut cause, que continuant la Cour en sa premiere opinion, furent contraints ces Italiens chercher leur commodité en chose moins incommode pour la Couronne ; demeurant neantmoins le Roy en bonne reputation avec eux, comme celuy qui n'eust voulu pour chose quelconque, en tant qu'à luy estoit, retracter sa parole : mais aussi, qui avec plus de scandale eust commis beaucoup plus grand'faute, si pour favoriser sa parole il eust voulu fausser les ordres de sa Republique, desquels tant que les Roys demeureront observateurs, tant demeurera leur Majesté en grandeur ; tirans par ce moyen ceste commodité, que plusieurs Musiciens, lesquels ores que de leur nature n'ayent les voix douces ny convenables, les uns pour la teneur, les auttes pour la Basse-contre, Dessus, ou Contreteneur, ce neantmoins ayans gardé les accors tels que la Chanson les requiert, rendent une harmonie excusable, & qui contente assez l'oreille : aussi posé le cas qu'il advint que par adventure les Princes pour la male-habitude de leurs esprits se trauvassent mal disposez à manier les affaires, ce neantmoins encore couvriront-ils leur deffaut, & ne trouvera-l'on en eux trop grande difformité : observans, selon les merites, les proportions & égalitez des grands avec les petits, telles que les anciens ordres de toute Republique bien ordonnée nous enseignent.

En ce propos, finit le Politic, son discours, non sans quelques petites altercations d'une part & d'autre, estant un chacun de ces quatre Gentils-hommes plus ententif (comme il advient ordinairement par une petite jalousie de nous mesmes, qui naist avec nos esprits) au soustenement de son opinion particuliere, que de s'entrepasser condamnation de ce qui approchoit plus, à l'apparence du vray.

FIN DV POVR-PARLER DV PRINCE.

POUR-PARLER
DE LA LOY.

En ce Dialogue, l'Autheur entend detester plusieurs esprits libertins, qui se donnent tous discours en bute, monstrant combien il est chatoüilleux de donner loy & permission à chacun de disputer de la Loy generale, sous laquelle il est appellé : Et en passant, descouvre la calamité d'un malheureux siecle, auquel le bon endure aussi bien que le mauvais, sous un pretexte mal emprunté de la Justice.

PREMIER FORÇAT.   LE COMITE.   SECOND FORÇAT.

Eigneur Comite, pour Dieu mercy, & ne veuille exercer en mon endroict toutes fortes d'indignitez, mais si en toy a (comme en toute personne vivante) quelque marque d'humanité ; de grace, que la qualité & estat de ma personne te flechisse.

Comite. Et qui est donc ce causeur, qui publie ses qualitez ?

I. Forçat. En premier lieu, Seigneur Comite, entens que je ne suis point né Barbare, mais extraict de ceste florissante nation d'Italie ; davantage, que mon influence choisit pour lieu de ma nativité, ceste brave ville de Rome, jadis chef de tout l'Univers, & ores Siege des Saincts Peres : en toutes ces deux parties, heureux certes & trop heureux, si, contant de ma premiere fortune, & guidé simplement par mes instructions maternelles, je n'eusse voulu penetrer és secrets de la Philosophie. Ainsi te peux-tu bien vanter d'avoir icy à ta cadene, non seulement un Italien, mais un Romain, & encore un Romain Philosophe.

Comite. Vray Dieu, quel fantosme est cecy ! comme se pourroit-il bien faire, qu'entre tant de pendarts, j'eusse non seulement icy un Philosophe pendart ? Car d'Italiens & Romains, ce ne m'est point nouveauté d'en avoir veu par leurs delicts, arriver à mesme condition que celle où tu es à present, mais oncques autre Philosophe que toy je ne vy estre exposé à la rame ; aussi avois-je tousjours entendu que ceste Philosophie, laquelle je cognois seulement de nom, estoit un guidon de tout heur, sans lequel nous ne participions en rien de l'homme, fors de l'exterieur de la face : tellement que maintesfois avec un regret du passé, je detestois ma fortune, & l'injustice de ceux qui eurent la premiere charge de moy, lesquels, comme jaloux & envieux de mon bien, me destournerent sitost des livres, à peine les ayant gousté.

I. Forçat. Je ne sçay pas si les livres t'eussent apporté ce bien que tu estimes, parce que tu ne fusses pas tant arrivé à ce point de Philosophie dont tu parle, par leur lecture, que par un assiduel pour-pensement & rapport en ton esprit de toutes choses, qui d'une suite & liaison se tirent de l'une à l'autre. Au reste je te prie que de ceste heure, te faisant par mon malheur mieux advisé, tu n'impropere plus à tes parens, l'opinion qu'ils eurent de t'entremettre à negotiation,

A peut-estre de plus grand poids que ces vains & inutiles discours, desquels est seulement venu tout le motif de mon mal.

Comite. Tu palieras les matieres en telle sorte que tu voudras ; si ne me sçauroit-il passer devant les yeux, que de ceste Philosophie, ains que plustost de ton forfaict ne soit advenu le malheur qu'il faut maintenant que tu boives.

I. Forçat. Seigneur Comite, tous tant de Forçats dont tu as icy le chastiment, ont delinqué chacun en leur endroit, sans aucun discours de raison, semonds seulement à mal faire d'une malignité d'esprit : mais, s'il te plaist, que je te file de point en point, & raconte par le menu l'occasion de mes Galeres, tu entendras que non point par un lasche cœur (ja ne plaise à celuy qui tient l'escrin de mes pensées que j'encoure jamais telle reproche) mais que par un sinistre jugement, je suis tombé en l'erreur, dont il faut que malheureusement à ceste heure je souffre la punition.

Comite. Et bien je suis tres-content, pendant qu'il ne fait temporal, & que nous sommes icy à l'anchre en ce lieu B de seureté & repos, te donner audience pour quelque temps : mais premier que de t'avancer, pour quelle desconvenuë fus tu amené en ce lieu ?

I. Forçat. Pour plusieurs occasions, qui sonnent mal envers vous, comme sont meurtres, paillardises, larcins & autres choses que selon vos voix ordinaires, vous appellez, fautes & malversations.

Comite. En bonne foy, tu me payes icy en chansons, & faut bien dire, que ta profession soit contrevenante à ta parole ; car qui fut oncques le Philosophe, qui fit mestier & marchandise de telles denrées, fors que toy ? Et si je suis bien recors, j'ay quelquesfois appris, que les plus sages, desquels tu te vantes emprunter le nom, s'esloignoient autant de femmes, argent, & autres telles piperies, qui esmeuvent nos passions, comme aujourd'huy nous y sommes enclins & subjets.

I. Forçat. Tu t'abuses, Seigneur Comite, & ne faut point en cecy faire une generalité, d'autant que si on vit quelquesfois un Xenocrate morne & pensif, avoir eu une femme à l'abandon sans luy toucher, je luy mettray en contrecarre, un Aristipe, non moindre que luy en renom, publiant entre ses plus notables rencontres, qu'il ressembloit le Soleil, lequel sans se souïller, esplanissoit ses rayons dans les esgousts, & escluses ; & luy du semblable sans alteration de son bon sens ou esprit, alloit & frequentoit les bordeaux. Semblablement si vous eustes un Diogene folastre, vilipendant les deniers, de son mesme temps en contr'eschange ce grand personnage Platon hantoit les Cours des grands Seigneurs, sous tel espoir de profit qu'il se proposoit en tirer: Et pour le dire en peu de paroles, tous les Philosophes anciens furent hommes, consequemment attrempans, ou pour mieux dire hypocrisans & desguisans leurs passions, selon qu'ils estoient plus discrets: mais qu'ils s'en trouvassent aucuns impassibles, ce sont certes illusions & abus, dont ils s'entretenoient en credit envers le simple populaire, sous l'escorce de leur beau parler. Au demeurant, quand tous ceux-là dont tu parles essent esté tels que tu dis, ne pense point, Seigneur Comite, que jamais j'asservisse mon esprit dessous les preceptes d'autruy, ains tant qu'une liberté & franchise a peu voguer dedans moy, tant me suis-je consacré à une Philosophie. Que si par fois, par une faisible rencontre de jugemens & humeurs, je me suis trouvé simbolisant en opinion avecques autres, fais moy de grace, ce bien de croire, que non par une vaine authorité de mes ancestres, je me sois mis de leur party à cause de leur primauté, mais seulement pour autant que tel ou tel fut mon advis, aidé de quelques raisons qu'un long discours m'avoit apportées: Et pour ce, ne me mets point sur les rangs quels ayent esté mes ancestres. Suffise toy, puisqu'il te plaist en ma faveur desrober une heure à tes plus urgentes affaires, que dés que j'eus cognoissance des choses, je projettay de n'endurer jamais injure, de n'estre jamais souffreteux & au surplus donner la vogue à mes plaisirs, comme j'avois le vent en poupe. De là, si tu le veux sçavoir, est issuë toute la source de mon mal. Et afin que tu l'entendes tout au long, sçaches, Seigneur Comite, que discourant sur toute ceste ronde machine aprés un long divorce de toutes choses en mon esprit, je resolu à la parfin, un fondement perpetuel, sur lequel depuis, je basty toutes mes pensées. Le fondement dont je te parle, c'estoit Nature: de cete Nature, disois-je, si nous croyons aux Legistes, sont provignées toutes leurs loix, de ceste mesme, les Medecins prindrent naissance, lesquels pour cette occasion furent anciennement ce me semble, en la France appellez par mot Grec, Physiciens; de ceste Nature, les arts; de ceste Nature, les sciences: Parquoy à cette grande Nature, faut generalement rapporter toutes nos œuvres & pensemens. Or que me causa tout ce discours? une telle confusion que remaschant tout cecy en mon cerveau, il m'entra en teste, non du premier jour, ains petit à petit, & par quelque traicté de temps, que ce mot de larcin avoit esté inventé par tyrans, la vangeance ostée par coüards, & la copulation charnelle modifiée par personnes de petit effet, & qui mesuroient le commun devoir, selon le cours de leurs puissances particulieres. Premierement je voyois que au cours de nostre premiere Nature tout estoit tellement uny, que sans aucune distinction du mien & Tien, un chacun vivoit à la guise, mettant en communauté tout ce que lors la terre gaye produisoit de son propre instinct: de son propre instinct (dy-je) par ce que depuis ennuyée du tort que nous luy faisons, ayant donné de son creu, aux uns & aux autres particuliers ce qui appartenoit au commun, retire dans ses entrailles toute sa force, deliberée de ne nous communiquer ses thresors, si elle n'estoit sollicitée d'an enan, par assiduës instances & semonces de nos charruës. Ainsi devisant à par moy: Toutes choses sont donc communes, & cestuy-cy disgracié en toutes parties, & seulement une image taillée en homme fera son propre du commun: Et moy pauvret, que nature voulut assortir d'un cœur genereux & hautain, feray hommage à cette Idole reparée, qui n'aura yeux pour considerer mes merites, ny aureilles pour les convertir à mes prieres? Plustost, plustost m'envoye le Ciel tout ce desastre que souffrir vie si penible. Et en cette resolution conduisante mes discours à effect, je me mis veritablement à desrober, mais quelles choses? celles que je pensois communes: estimant que puis qu'on semoit sur le fonds auquel j'avois droict, par nature, je n'en pouvois devoir au fort, que les façons. Et ainsi continuay de jour en avant mes larcins, me chatoüillant en cest endroict, & flattant de la commune usance des autres, lesquels je voyois (encores que par mot desguisé) toutesfois sous le nom d'une trafique generale, estre d'un mesme mestier que moy: estant loisible à un chacun de decevoir son compagnon, jusques à la moitié de juste prix.

COMITE. Et viens-çà, gentil Philosophe, ne te devoit-il souvenir que par cette sorte opinion tu violois non seulement les loix humaines, mais aussi celles de Dieu, qui te commandent n'avoir rien de l'autruy?

I. FORÇAT. Je te diray, j'arrivay enfin sur ce point, & aprés plusieurs tracassemens & destours, je m'aduisay que cette mesme police de communauté se tenoit dans les Religions plus recluses & familieres de l'observance du vieux temps. Au moyen dequoy, je concluois qu'il falloit par necessité que celuy seul fust larron, qui troublant l'ordre de nature voulut attribuer à son quelque peculier, ce qui estoit commun à tous: Ce ne suis-je doncques point, disois-je, qui doive estre appellé larron, ains celuy qui premier mist bornes aux champs, celuy qui encourtina de murs les bourgades, bref, celuy qui plein de doute & soupçon, fortifia de frontieres, son pays, à l'encontre de son voisin, & tous ceux generalement qui serrez dans mesme cordelle, establirent toutes leurs loix sur cette particularité d'heritages & possessions. Estant donc en cette opinion, & envelopé dans ce labyrinthe de folie, folie puis-je bien nommer, puis que l'evenement me l'apprend, de cette opinion je tournay mon pensement en un autre erreur d'aussi fascheuse digestion, peut-estre, que le premier. Fortune qui sur l'entrée acheminoit mes entreprises à mon souhait, pour ne manquer d'honneste pretexte, me voulut de larron faire devenir gendarme.

COMITE. Un gendarme donc, Philosophe. Et vrayement tu m'en veux conter, comme s'il y avoit en France autres Philosophes que ces grands Regens, qui de tout temps se sont habituez és fameuses Universitez, comme est celle de Paris.

I. FORÇAT. La pluspart de ceux dont tu parles sont maistres és Arts, & qui n'apprindrent onc autre chose que de parler congruement, avec quelques petites fleurettes & embelissemens d'histoires Grecques ou Latines, dont ils reparent leurs escrits: mais que jamais ils sonderent profondement les poincts qu'ils jugent infailliblement, je meure si tu en trouves un tout seul.

COMITE. Certainement tu me fais rire, & ne l'eusse jamais creu, si tu m'eusses voulu t'esloigner de ton propos.

I. FORÇAT. Soudain que je me vy apointé sous la charge d'un Capitaine (qui à la verité m'avoit en quelque reputation pour me voir, contre l'ordinaire des siens, par fois sortir mon honneur de quelque propos de merite) m'entra en la fantaisie un certain esprit de vengeance, non point vrayement par legereté, comme tu peux appercevoir en la pluspart de ces nouveaux advanturiers, lesquels ne se voyent bransler l'espée à leur costé qu'ils n'accompagnent aussi-tost leurs gestes d'un minois de mauvais garçon, avec une infinité de reniemens & blasphemes: mais consideroit toutes mes œuvres par discours, je ruminois que si par instigation de Nature nous devions bien vouloir à ceux qui nous moyennoient quelque bien, tout de la mesme raison devions-nous mal vouloir aux autres qui nous pourchassoient nostre mal.

COMITE. Ouy, mais tu sçavois bien que nostre Religion t'enseignoit du tout le contraire: quand il est porté par exprés de rendre le bien pour le mal.

I. FORÇAT. Tu dis vray, mais je destournois ce passage en autre sorte que tu ne fais, le prenant à mon advantage pour article de conseil, & non de commandement. Pour cette cause conduisant le mien propos jusques à main-mettre, je resolvois de souffrir auparavant mille morts, que d'endurer une injure: opinion grandement louée entre nous autres Italiens, & davantage, tant approuvée de toute memoire par la Noblesse de France, qu'il semble qu'anciennement celuy qui poursuivoit son injure ne fist tant acte de vengeance, que de deffence. A raison dequoy (si comme estranger je ne m'abuse en l'observation de vostre Langue) entre *deffendre & revenger*, vous autres, Messieurs les François, ne mettez point de difference. Tant y a que d'une mesme fontaine, bien que les effects fussent divers, je tirois l'amitié d'un pere à un fils, l'honneur que l'on porte à la vieillesse,

vieilleſſe, la compaſſion des deſolez, la recognoiſſance des bien-faits, & finalement la vengeance, toutes leſquelles notions je reputois eſtre engravées en nous, par cette grande mere Nature, par une taiſible obligation que ſucceſſivement nous nous procurons l'un l'autre. Voire que ſi outre l'inſtinct de Nature on eſtimoit beaucoup les quatre premieres, pour l'occaſion du public, cette derniere ne devoit moins eſtre eſtimée, afin que celuy qui nous offençoit, apprit par ſon propre exemple à refrener ſes injures, & ne faire tort à autruy : qui eſtoit un des premiers endoctrinemens de Juſtice. Que veux-tu plus ? De larron je me fis brave homme, & ſouſtenant le poinct d'honneur s'il en fut onc, ſans toutesfois que pour l'exercice de l'un, je miſſe l'autre à non-chaloir.

Comite. Tu me contes icy merveilles, d'autant que mal-aiſément ces deux qualitez s'accouplent enſemble, comme ainſi ſoit que l'une procede de la part d'un homme genereux & magnanime, & l'autre d'un cœur laſche & cherif. Car quant au tiers-poinct concernant le plaiſir des femmes, lequel tu n'as encore deduit, je ne m'en ſcandaliſe beaucoup, comme eſtant un peché commun, & qui nous eſt dés noſtre jeuneſſe affecté par une certaine & cachée ſuggeſtion de Nature.

I. Forçat. La verité eſt telle que tu dis. Auſſi faiſant le foye ſes diſtributions naturelles en nous, il envoye aux vaiſſeaux ſpermatiques le ſang plus eſpuré, comme à chaque autre de nos membres ce qui luy eſt plus neceſſaire pour l'entretenement de ce corps.

Comite. Quand en tout ce que tu deduis il y euſt eu quelque apparence, comme toutesfois il n'y a, pour une infinité de raiſons que l'uſage & ſens commun nous a appriſes, ſi eſt-ce qu'encores te falloit-il mettre frein & moyen à tes penſées. De ma part, bien que je n'euſſe jamais le loiſir de paſſer tant de reſveries en mon eſprit, ſi eſt-ce que ſelon mon gros ſens, il me ſemble que tu eſtois beſte, & que ſi tu euſſes eſté plus ſage, tu te fuſſes contenté de vivre ſelon la loy de ton pays.

I. Forçat. Tu me rameines en une grande difficulté. Car qui ſçait ſi j'euſſe peu gaigner ſur moy, eſtant né pour eſtre quelque jour expoſé en cette miſere où tu me vois, & qu'il falloit que pour quelque mien meſfait je fuſſe mis à la chiorme ? Quoy que ce ſoit, pendant que trop ententif je conduis toutes mes actions au cours de cette bruſque Philoſophie, je ſuis tombé en l'eſtat où tu me vois à preſent. D'une choſe te veux-je prier, pour toute concluſion, c'eſt que ſi en toy ſe loge quelque eſtincelle d'humanité, ainſi que ta face & façons m'en donnent certain prognoſtic, tu veuilles eſpargner envers moy la puiſſance que tu as de meſfaire, & me traicter non ſelon ma preſente fortune, ains ſelon celle de laquelle j'eſtois plus digne.

II. Forçat. Seigneur Comite, entens, je te prie, ce que j'ay à te dire, ſans t'arreſter ſi longuement aux paroles de cet Italien.

Comite. Et qui es tu ?

II. Forçat. Qui je ſuis ? à peine te le puis-je dire dans ces abymes d'opinions, eſquelles nous ſommes maintenant plongez, voyant ces Philoſophes maſquez tels que celuy que tu as icy accoſté, revoquer toutes choſes en doute, voire celles qui ſont plus claires que le jour. Car que te puis-je aſſeurer ſi je ſuis homme ou beſte, puis que la plus part de nous tous, deſſous un faux viſage d'homme, couvrons des opinions beſtiales ? Toutesfois ſi tu veux ſçavoir mon eſtre, ſçaches que je ſuis né natif du monde.

Comite. Tu ne nous dis rien de nouveau.

II. Forçat. Trop plus nouveau que cela que t'a dit ce ſot Italien, quand ſur le commencement de ſes propos pour ſe magnifier envers toy, il s'eſt vanté eſtre iſſu non ſeulement de l'Italie, mais auſſi de cette grande villaſte de Rome. Et quant à moy, encores que ceux qui eurent de moy cognoiſſance, pendant ma plus heureuſe fortune, me publiaſſent de cette genereuſe & brave nation de France, ſi n'en fy-je jamais aucun compte, ains touſjours reputay en moy cette loüange eſtre mal acquiſe, que l'on penſoit tirer d'une vaine opinion de ſon pays ; d'autant qu'oncques nation ſi barbare ne ſe treuva, qui n'enfantaſt de bons cerveaux : Vray que les emploites & exercices d'iceux ſe ſont trouvez eſtre divers, ſelon la diverſité des contrées, chacun accommodant ſon ſens aux mœurs des Regions, & au cours des neceſſitez qu'il voyoit avoir plus de lieu és pays où ils s'eſtoit deſtiné de paſſer cette vie.

Comite. Sur mon Dieu, ſelon ce que j'en puis juger, tu n'es point du tout hors de propos.

II. Forçat. Par là doncques, tu peux cognoiſtre en cet Italien, dés l'entrée de ſes arraiſonnemens, je ne ſçay quoy de ſa nation, c'eſt à dire, d'un homme vanteur, & qui pour quelque heureux ſuccez qui advint quelquesfois à ces vieux Romains, eſtime au regard de ſoy, le ſurplus de toutes nations barbares, non conſiderant toutesfois que tout ainſi que jadis, cette Rome envahiſt la plus part de toute autre contrée, chaque contrée depuis, a voulu avoir encontre elle ſa revanche : qui a tellement ſuccedé, que de toute cette Italie ne luy reſte que le nom. Bien eſt vray que pour ce qu'ils ouyrent dire que leurs anceſtres ſur toute choſe eurent leur liberté en recommandation, tout ce demeurant depuis s'attachant ſans plus à ce mot, imagina non pas une liberté telle que pratiquoient les Romains à la conduite de leur police, mais une certaine licence qu'eux tous rongent contre le public. De maniere que la plus part d'eux vivans ſous une & autre domination, ne ſongent à autre choſe qu'à quelques libertez mal baſties, qui toutesfois luy ſont bonnes, mais qu'elles tournent à ſon profit, quoy que peut eſtre elles ſe treuvent contrevenantes aux bonnes mœurs. De là ſans chercher autre ſource, eſt venu toute l'ignorance de ce folaſtre Italien ; de là eſt procedée l'imagination qu'il a de la communauté des choſes. Imagination toutesfois non conceuë pour autre raiſon, ſinon pour autant que la Nature dés la naiſſance de luy, ne fut en ſon endroict ſi prodigue de ſes richeſſes, comme à pluſieurs, d'autant que ſi dés ſon premier eſtre il euſt rencontré la fortune plus favorable, maintenant euſt-il preſché tout d'autre ſorte. Et tout de la meſme façon que ce gentil Philoſophe a voulu approuver la communion des richeſſes, un autre auſſi adviſé, mais peut-eſtre plus riche que luy, faiſant un nez de cire à Nature, prouvera par elle meſme, la ſeparation des domaines, telle que la pratiquons aujourd'huy. Parquoy pour te dire en peu de paroles, Comite, ce n'eſt point Philoſophie, ains pluſtoſt vraye folie, vouloir par un particulier jugement verſer contre l'eſperon de nos loix : ains me ſemble qu'en un ſeul mot tu luy as trop plus que Philoſophiquement couppé la broche, quand d'un bon ſens naturel, ſur la fin de ſes propos, tu luy as dit que poſé que tous ſes diſcours fuſſent de quelque apparence, ſi les falloit-il abhorrer, pour autant que comme le bon ſoldat il ne vivoit point au commandement de ſon Capitaine. Car pour te dire le vray (outre que tous les poincts qu'il a eu grand peine à faire treuver bons, ſont du tout contrevenans à noſtre Chriſtianiſme) certes des choſes qui touchent à la loy, mais qu'elles nous ſoient données à entendre, la diſpute nous en doit eſtre du tout retranchée : autrement ſi vous en levez les deffences, vous ferez d'une ſouche autant de branches, comme vous les aurez entées en une diverſité de cerveaux, & s'entretiendra un chacun en cette loy ſelon le cours de ſes humeurs, ou de ce qu'il verra luy eſtre le plus expedient & apoint, pour parvenir à ſon intention.

Comite. Tu dis vray, mais viens-çà; quand je m'adviſe, Eſclave, pour quel forfaict fus tu doncques confiné en ce lieu ? Car je croy par cette foy ſi aſſeurée que tu as ton Prince, que qui n'y euſt amené tu n'y fuſſes jamais venu de ton bon gré.

II. Forçat. En bonne foy, Comite, ce n'a eſté mon delict, mais ma bonté qui m'a pourchaſſé cette peine.

Comite. Seigneur Dieu, voicy des merveilles.

II. Forçat. Patience, car s'il te plaiſt que tout au long je te raconte le temps paſſé de ma vie, croy m'en, Comite, & t'en informes plus amplement ſi bon te ſemble, par ceux qui ont de moy cognoiſſance, oncques jour de ma vie je ne penſay de tranſgreſſer ma loy d'un ſeul poinct, de propos deliberé, ains touſjours me ſuis évertué de me conformer au cours d'icelle, & en ce faiſant ne faire au prejudice d'autruy choſe qui me tourneroit à déplaiſir, eſtant attentrée contre moy. Premierement, tout mon deſſein fut de mener une

une vie calme, bannie de cette grande Cour des Seigneurs, & semblablement des tumultes & chiquaneries des Cohues, non toutesfois qu'en ce projet je ne recognuisse fort bien n'estre point né pour moy seul; au moyen dequoy je determinay ayder aux necessiteux, de mon bien, ou de mon conseil, selon l'exigence des cas: qui m'apporta telle faveur & applaudissement envers un simple populaire, que de ceux qui me cognoissent je fus reputé pour un Roy: Roy veritablement estois-je, par ce que sans passion je guidois toutes mes œuvres, & si je voyois quelques-uns, comme zelateurs du bien public, s'aigrir encontre la justice, estimans par leur opinion particuliere qu'elle fust mal administrée, ou murmurer contre la licence des grands, comme outrageusement entreprenans sur la liberté du commun ; au contraire tousjours je pensois que tout se faisoit pour un bien, voire que les choses allans mal (ce que je ne me pouvois faire accroire) il falloit que d'un grand desordre s'engendrast à la fin finale, un ordre, ainsi que de l'ancien Chaos & confusion s'escloyt la concorde universelle de toutes choses. Et au surplus, je resolvois que c'estoit combatre son ombre, d'entrer en telles vanitez, desquelles le remede gisoit en la seule main du Seigneur: non de ce Seigneur superficiel, qui n'est que comme une monstre de l'autre, mais de celuy qui luy seul, tient le gouvernail de ce monde: partant que trop meilleur estoit sans se tourmenter vainement, ny des honneurs, ny de l'heur ou malheur de nostre saison, penser qu'il n'y eut jamais homme qui se contentast de son temps. Ainsi vivois-je en ma maison reiglée pour te dire sans vanterie, comme une vraye Republique, distribuant les offices à un chacun de ma famille, & ce que chacun avoit à faire selon la grandeur & portée de son esprit, faisant à tous mes serviteurs, faveur selon le poids de leurs merites: Chose trop longue à te deduire: suffise-toy, Seigneur Comite, qu'estant en ceste tranquillité & repos de mon esprit, cogneu des hommes vertueux, non toutesfois bien voulu de quelques favoris des Dieux; fortune jalouse de mon heur, ou peut-estre me prenant pour un autre, me procura tout le desastre auquel tu vois que je suis.

COMITE. Et vrayement tu avois trop bonne ame pour estre envoyé aux galeres.

II. FORÇAT. Je prosperois & accroissois moyennement mon avoir, sans faire tort à autruy: mon bien pour te le faire court, a esté cause de mon mal.

COMITE. Et comment estois-tu si sot, puis que comme homme de cerveau tu pouvois discerner aisément que l'origine de ton mal-heur provenoit de tes richesses ? que tu ne les abandonnois, premier que de tomber en tel accessoire?

II. FORÇAT. Il n'en a pas tenu à moy, & le Castor me donnoit enseignement de ton dire; mais il estoit necessaire, afin qu'on ne faillist de pretexte, prendre le corps pour avoir confiscation de mes biens.

COMITE. Tu nous conte icy merveilles, comme si ceux qui tiennent la justice en main le fussent de tant obliez.

II. FORÇAT. Ceux dont tu parles, jugent par l'examen & instruction de tesmoins, à cause dequoy est fort facile leur imposer, sans toutesfois que pourtant il leur faille rien improperer de leur office ; car leur estant la loy prefixe, comment ils doivent proceder sur nostre vie ou nostre mort, que peuvent-ils faire de moins, que s'arrester en la preuve qu'ils ont tirée de l'asseurance & confrontation de quelques hommes, de la parole desquels depend le fil de nostre vie, en tel cas ? Partant, ce n'est pas à ces Juges à qui j'en porte maltalent, ny semblablement à celuy qui par une liberalité de mon Prince, possede aujourd'huy tout mon bien, car paravanture il le tient de mesgarde, & sous un faux donner à entendre s'est-il acheminé à la poursuite de ma ruine. Et à qui doncques? peut-estre à mon Instigateur ? certes nenny : pour autant que si quelque par permission divine cet homme ait esté suscité pour executer contre moy le jugement de Dieu, lequel à la longue, s'il luy plaist, sortira meilleur effect.

COMITE. Et je te jure, mon Dieu, qu'oncques telle patience je ne vis dessous ceste cappe du Ciel. Mais encore, as-tu point eu de regret après la perte de tous tes biens, d'estre exposé aux bastonnades & anguillades de ces galeres ?

II. FORÇAT. N'en fais doute, d'autant que je n'approuvay & n'éprouvay jamais l'indolence tant preschée & solemnisée par quelques vieux radoteux & Philosophes de pierre, toutesfois ayant par une longue traicte, recueilli en moy mes esprits, joint que c'estoit un faire le faut, duquel je ne me pouvois dispenser, je concluds de porter mon mal, non sans grande douleur de mon corps, estant inaccoustumé de recevoir telles caresses, mais avec telle patience que le discours des choses humaines me le pouvoir moyenner, parquoy amassant toute ceste masse de l'Univers ensemblement, je commençay à courir sur les Roys, Princes, & grands Seigneurs, puis sur les Magistrats & autre telle maniere de gens, qui tiennent le second rang entre nous, & ainsi de l'un à l'autre entretenant mes discours, je voyois que nous tous tirions unanimement à la rame, non vrayement manuellement, mais que chacun de nous estant ainsi qu'en une grande mer, agitez des flots & vagues, n'estions non plus que des pauvres galiots, jamais en repos, jusques à ce qu'eussions pris terre, receptacle de tous nos maux, quand après avoir satisfaict au commun cours de nos miseres, enfin de jeu, sommes contraints luy sacrifier la derniere despoüille de nous: car si tu y prens garde de prés, tu trouveras que combien que le populaire soit serf & vassal des grands Seigneurs, qu'eux-mesmes en ceste affluence de biens & faveur de toutes choses, se rendent les uns des autres esclaves, pour se maintenir en grandeur : Parce qu'un chacun plus veut-il estre grand & embrasser l'ambition, plus sent-il de fleaux & molestes dans son ame : tellement qu'au plus grand contentement de ce monde, encores n'est-il pas content. Or est-ce une chose asseurée, qu'oncques aucun de nous ne naquit, moyennant qu'il fust accompagné de quelque petit esprit, qu'il n'aspirast quant & quant à monter aux honneurs, & aux biens, sans trouver assouvissement; ainsi sommes nous tous miserables: voire ceux qui par commune reputation des idiots sont icy tenus pour heureux. A bon droit donc, Seigneur Comite, dois-je prendre consolation, puis qu'en ma grande adversité j'ay pour compagnie les grands Roys.

COMITE. Consolation peux-tu prendre en ce grand repos d'esprit, & à la mienne volonté cher amy (car ainsi te veux-je nommer) que tels Esclaves que toy, gouvernassent nos Republiques, ou pour le moins que les Magistrats qui te ressembleroient de cerveau, tinssent le lieu que tu tiens icy. Et au surplus, tant s'en faut que j'égale la condition de plusieurs tyrans, à la felicité de la tienne, qu'au contraire je t'estime sans aucune comparaison plus heureux : attendu que sans aucune forfaicture, en une tranquillité d'esprit, tu souffres quelque mal du corps, & eux en un aise du corps endurent une infinité de traverses d'esprit, & remords de conscience, avec une perpetuelle tare & infamie, qui leur demeure & leur demeurera, de leurs extorsions tyranniques: parquoy, te voyant de si bonne paste, je me delibere desormais jurer une eternelle alliance avec toy, à la charge que tu pourras faire estat de moy, comme de ta propre personne.

II. FORÇAT. Seigneur Comite, j'accepte ta bonne volonté, en attendant qu'avec plus heureuse fortune je te puisse donner à connoistre combien j'ay ton amitié agreable. Et toutesfois puis qu'en ceste mienne adversité tu me veux faire tant de bien de me choisir des tiens, encores ne me puis-je abstenir que je ne recommande cet Italien, lequel je te prie avoir en mesme degré que moy, parce qu'il n'en est indigne, & y a quelque cas en luy duquel tu dois faire compte.

COMITE. Je ne t'esconduiray pour ce coup, & ores que je sçache bien que nous autres & luy, soyons grandement differens de mœurs & complexions, pour la diversité des pays, que la Nature mesme voulut separer d'un grand entrejeçt de montagnes, pour n'avoir rien que sourdre ou partager les uns avec les autres, si le veux-je bien à ta semonce adjouster à nostre compagnie, en tiers-pieds; afin que d'oresnavant par ton moyen & le sien, nous puissions tromper la marine, par quelques propos d'eslite, pendant que ces autres forçats, pour toute consolation, s'amuseront de s'entrerompre de bayes, & donner la mocque l'un à l'autre.

POUR-PARLER

L'ALEXANDRE.

En ce Pour-parler, l'Autheur par forme de Paradoxe excuse tous les defaux que l'on impute au Roy Alexandre.

ALEXANDRE.   RABELAIS.

Raicment, comme nous difons, ce furent de grandes merveilles, & euſt eſté fort mal-aifé de penfer qu'en un inſtant, mon Royaume ſe fuſt échantillonné en parcelles, ny que ce miſerable Antipatre & ſes complices, non aſſouvis de ma mort, n'euſſent voulu contenir leurs mains à l'endroit de tous les Princes de mon ſang: & pour un defir de regner, violer tout droict divin & humain.

RABELAIS. Il eſt ainſi comme je te dy, & croy que je n'ay eſté le premier qui t'en ay apporté les nouvelles : & à bien dire, de cette convoitife de regner, tu t'en doibs prendre à toy-mefme, qui leur en baille le modelle.

ALEXANDRE. Tu t'abufes, car ſi tu fus onques bien informé de mes faits, jamais il ne m'entra au cœur, de commettre un acte laſche & meſchant: ains tant que la juſtice, la foy, la magnanimité & courage ont peu avoir de credit en un Prince, tant l'ont-elles trouvé en moy, voire juſques à exercer la vengeance, en faveur de mes ennemis, encontre ceux qui par voyes finiſtres leur avoient joüé tours de laſcheté. Et qu'ainſi ne ſoit, je m'en rapporte à l'execution & ſupplice que je fy prendre de Beſſus, qui avoit traiſtreuſement mis à mort ſon Maiſtre Darius, pour s'emparer des Bactriens: combien que peu après, Porus voulant regner de bonne guerre entre les Indiens, & faifant tout devoir d'ennemy, mais toutesfois d'homme de bien pour ſe maintenir encontre moy en grandeur, tant s'en faut que je m'aigriſſe en ſon endroit, qu'eſtant tombé à ma diſcretion, ſans qu'il me requiſt pardon, je le reſtably en tous ſes Eſtats & honneurs, tellement que je n'eus jamais ennemy deſtiné, quoy que je le guerroyaſſe, mais d'une gayeté de cœur, j'entrepris de courir le monde, (comme en un jeu de prix) pour faire eſpreuve de ma vaillance, contre celle des autres; aidé en cela d'un juſte deſir de vengeance, des torts & outrages receus par la Grece, des anciens Roys de Perfe. Au moyen dequoy mes grands ennemis furent forcez, meſmes en leurs grandes infortunes, favorifer ma fortune, & requerir aux puiſſans Dieux, que s'ils avoient à les deſpoüiller de leurs Royaumes, ils ne permiſſent qu'autre que moy s'en inveſtiſt. Et toutesfois, après avoir reduit en paix toutes les affaires de la Grece, après avoir rendu tributaires une Cilicie, Carie, Lydie, Capadoce, Phrygie, Paphlagonie, Pamphilie, Piſtie, Surie, Phenicie, Armenie, Perſide, Ægypte, Parthie, Illirie, Bactrie, Hircanie, Scythie, & qui plus eſt l'Inde auparavant cognuë ſeulement de ſon nom, après ſept ans de travaux & fatigues, tu me contes qu'un chacun fit eſchantillon de mon Empire à ſon profit, & que tous mes parens demeurerent non ſeulement en crouppe, mais auſſi furent miſerablement meurtris, par ceux que j'avois eſlevez.

RABELAIS. Ne t'en eſhabis, Alexandre, car toy-meſme, lors de ton decés, reſpondis à ceux qui te demandoient lequel d'entr'eux il te plaifoit eſlire pour ton ſucceſſeur; celuy, dis-tu, qui par recommandables exploits s'en rendra plus digne: ſententient par ce moyen contre les tiens, leſquels ou par deffectuoſité de ſens ou d'aage, ſe trouverent inhabiles à ſouſtenir ſi grand faix; leur faiſant non ſeulement tort par cette ſentence, mais donnant certaine ouverture de difcordes & partialitez entre les Capitaines, chacun d'eux pretendant que la Couronne par ton teſtament & ordonnance de derniere volonté, luy devoit appartenir. Pour à laquelle faire ſortir ſon effet, furent contraints d'en apprendre la decifion par les armes, afin qu'au plus habile d'entr'eux demeuraſt enfin la febve: toutesfois ſe trouvans égaux, partirent entre eux le gaſteau, demeurans les tiens ſuplantez.

ALEXANDRE. Hé! vrayement encores devoit-on avoir cognoiſſance de mes bien-faits, & en faveur de moy tenir en quelque nombre les miens, comme ceux auſquels par droict ſucceſſif appartenoit, ſinon la Monarchie des Perſes, pour le moins celle de Macedoine.

RABELAIS. Ce que tu dis eſt veritable: toutesfois quand quelqu'un s'eſt emparé à bonnes enſeignes d'un Royaume, jamais il ne defaut de tiltres, pour le moins qui ſoient coulourez, ou d'une infinité de teſmoins, leſquels au lieu d'une plume & ancre ſigneront à la pointe de leurs eſpées, & aux deſpens de leur ſang, que le Royaume leur appartient. D'avantage, il y a depuis ton decés une certaine regle qui a gaigné la vogue parmy les grands: c'eſt qu'en matiere de Royaumes, il faut eſtre chiche de foy & juſtice à ceux qui les veulent occuper. Car cette envie de commander n'entrant jamais qu'en grand cœur, (comme tu ſçais trop mieux de toy-meſme) ſi eſt-ce que la plus part du temps, ceux qui t'eſgalerent en courage, n'eurent pas la fortune en main comme toy: Ainſi ſont-ils ordinairement ſemons de ſe ſervir des occaſions, ſelon que le temps leur en preſente l'avantage: ores que ce ſoit contre droict, aſſeurez qu'eſtans arrivez à leurs fins, ils trouveront prou de pretextes honneſtes, pour donner feuilles à leurs poſſeſſions & joüyſſances. Choſes qui ne te trouvera avoir eſté requiſe en toy, qui eus une proüeſſe accompagnée de bonheur, & un bonheur, en tous tes faits, guidé d'une ineſtimable proüeſſe.

ALEXANDRE. Et quant à moy j'eſtime que s'il pleuſt aux Dieux me doüer de tant de faveurs, fut pour autant que j'en eſtois digne. Au contraire ceux dont tu parles, encores que pour quelques temps leurs affaires leur ſuccedent bien, ſi demeurent-ils aſſiegez d'une perpetuelle crainte de ceux leſquels ils priverent de leurs Royaumes, qui ſe

reſſentent

ressentent à tousjours du tort qui leur a esté fait.

RABELAIS. Voilà pourquoy les plus sages, pour asseurer leurs estats, ruïnent de fonds en comble, & la memoire, & la maison des Seigneurs, sur lesquels ils ont pratiqué telles voyes, afin qu'à l'advenir il ne ressuscite aucun, sous l'adveu duquel on leur face teste, comme je te disois maintenant estre advenu à telle famille.

ALEXANDRE. Voire, mais quand toutes choses luy seroient reüssies de ce costé-là à souhait, si ne se sçauroient-ils toutesfois asseurer de la part du peuple, qui d'un certain instinct est tousjours plus affectionné envers son Prince naturel, que d'un autre qui se fait adopter par moyens ainsi obliques.

RABELAIS. Le peuple favorise aux Princes selon le bon traictement qu'il en reçoit, d'autant qu'il eschet quelquefois que les subjects mal traictez de leur propre Prince, ne demandent que changement : afin que le nouveau receu, pour captiver leur bien veuillance, les remette en leurs anciennes franchises & libertez. Et au surplus, il ne faut faire estat general de la vie ou mort des Roys, par ce que leurs evenemens sont divers, selon les jugemens de Dieu, & non selon ce que nous estimons estre en eux de merite. Qu'ainsi ne soit, si tu estois en l'autre monde, tu pourrois voir advenir qu'un Roy d'une ancienne souche, favorisé de la plus grande partie de son peuple, sera-ce neantmoins par un je ne sçay quel desastre ou opinion à tort imprimée de luy, mis à mort par les siens mesmes, comme tu pourrois bien sans chercher exemple plus loing, donner tesmoignage de roy. Quelque autre fois il adviendra qu'un autre, qui contre tout droict & raison aura usurpé la Couronne, voire depossedé le peuple (avec mil meurtres & massacres) de son ancienne liberté, recevra tant de faveur des corps celestes, qu'il vivra en tout honneur & seureté avec ses subjects, sans que sur la fin de ses jours il reçoive autre violence que de sa mort naturelle. Quoy ! ne vois-tu là cest Auguste, qui a le bras encores tout ensanglanté de la mort de tant de notables personnages zelateurs du bien public, estre neantmoins diapré, revestu d'un diademe, avec une singuliere amitié & reputation de tous ? Tu me diras, parsaventure, qu'après avoir commis tant de meurtres, il se reconcilia à son peuple, par une infinité de grands dons. Voy, je te prie, auprés de luy ce Jules Cesar son oncle, qui après la guerre Civile, par tels attraicts & allechemens, voulut gaigner la faveur des grands & petits, si fut-il miserablement mis à mort par ceux qui luy devoient la vie mesme. Tant ne peut faillir en nous ce qui nous est determiné : & de forger après, humainement les raisons de tels accidens, c'est le faird'un cerveau creux, & esgaré : ains faut attribuer tels desinimens au grand Dieu, qui par un mystere caché s'en reserve la cognoissance. Et au demeurant, és grandes affaires, user du present, sans se soucier du futur, guidans toutesfois de telle façon nos œuvres, que selon la conduite d'un bon jugement humain, il ne nous en puisse meschoir.

ALEXANDRE. Je t'entends ; tu veux dire que pour crainte de mort ou de vie, il ne faut laisser eschapper les Royaumes en quelques façon que ce soit, quand les occurrences le sont. Et je te dy que quand il n'y auroit que le remords de conscience qui nous livre les premiers assauts à l'article de nostre mort, & ne nous laisse jamais, ains poursuit jusques à l'autre monde, que c'est un suffisant obstacle pour divertir nos pensées de telles malheureuses tyranniques. Qu'il soit vray, avises ce mesme Auguste, quoy que par superficielle monstre il fasse le bon compagnon, toutesfois comme il a par le derriere, le cerveau tenaillé de son propre remords; estimes-tu qu'il en soit moins de ces paillards Antipatre & Cassandre, & leurs complices, vers lesquels si tu tournes ta veuë, tu les verras n'estre tourmentez d'autre furie que d'eux mesmes? Et quand à moy, combien que mon desastre fut la fin de mes jours fust tel que par les miens mesmes me fut presentée la poison dont finalement je mourut, si est-ce que ny à ma mort, ny après, je ne me sentis jamais combatu d'aucune sinderese de conscience, par ce qu'en mon ambition il ne m'advint jamais faire acte qui ne fust Royal. Premierement, afin que par le menu je te raconte quelques discours de mon grand cœur, sur mon advenement à la Couronne, encores que je fusse en bas aage,

& trouvasse toutes choses en desarroy, tant par la mort inopinée de mon pere, que pour les partialitez & revoltes qui se brassoient encontre moy, si est-ce que, contre l'opinion de tous, j'asseuray de telle façon mon Estat, que chacun commença à concevoir une incroyable esperance de moy; de maniere que par une generale Diete je fus des Ligues de la Grece, esleu Capitaine general, pour entreprendre le voyage de la Perside : en quoy je me portay d'une telle braverie, que là où les autres Princes aux grands appareils & entreprises sont coustumiers de sur-charger les pauvres peuples d'infinies tailles & imposts, au contraire je donnay exemption aux miens, de toutes charges, hormis seulement de la guerre : & pour le regard de mon domaine, j'en fis telle part à mes principaux Capitaines, pour les aimer à ma suite, qu'il ne m'en resta aucune chose. Ce qu'appercevant l'un de mes favoris Perdicas, s'enquist de moy qui me demeureroit de reserve ? l'esperance d'une grande conqueste, luy respondis-je ; qui sur cause que luy & les autres à son exemple remettans entre mes mains les liberalitez dont j'avois usé envers eux, voulurent avoir part au mesme butin que moy. Ainsi contre ma volonté je demeuray saisi de tout mon domaine, & toutesfois en grande reputation envers les miens. Quoy ! à la premiere desconfiture de Darius, de quelle courtoisie usay-je envers sa femme, sa mere & ses enfans ? de quel deüil parachevay-je les funerailles de sa femme, & celles mesmes de Darius, quand au piteux estat qu'il estoit, me despouillay de mon manteau Royal, pour en couvrir son corps mort ? Quelle faveur pratiquay-je envers sa fille aisnée que je ne desdaignay de prendre à espouse ? Tellement que peu après mon deces je feus adverty de quelques-uns qui devindrent de l'autre monde, que Sigigambis, mere de Darius, advertie de mon infortune, & portant plus d'amertume de ma mort que de celle de son propre fils, pour les grandes obligations qu'elle avoit receües de moy, me voulut peu après, faire compagnie. Tant y a que je composay d'une telle façon tout le cours de ma vie, qu'encores qu'esmeu d'un zele d'extreme ambition & honneur, je m'acheminasse à une si grande conqueste, toutesfois ne se trouvera qu'il y eut jamais en moy, tache de vilenie, ou avarice, ny mesmes pour arriver à cette extremité de grandeur, je souillasse ma renommée d'un tour lasche & chetif ; aussi me vois-tu icy franc & libre, & non accompagné du remords, comme la pluspart de ces autres Roys, voire que mes ennemis mesmes devant la face de Minos prindrent la cause pour moy.

RABELAIS. Cestuy certainement est un heur, mais tu ne dis que peut-estre tes propres amis se firent parties formelles encontre toy, avec lesquels tu te portas de plus estrange façon, qu'à l'endroict des estrangers.

ALEXANDRE. Comment : ay-je laissé quelque mauvaise bouche de moy après ma mort?

RABELAIS. Que t'en va-il de pis ou mieux pour cela, à cette heure que tu es icy, & que depuis deux mil ans en çà, ou environ, tu as satisfaict au commun devoir de nature ?

ALEXANDRE. Ha ! ja Dieu ne plaise, que je m'en soucie si peu ; car ores que j'eusse fourny à nature, si n'aurois je satisfaict à mon propre contentement.

RABELAIS. Ouy bien si tu estois en l'autre monde, où quelques flateurs pourroient chatoüiller les aureilles d'un honorable recit de tes faicts : mais à present ne vois tu que pour tes paradoxes prouësses, tu n'es rien plus que nous? D'ailleurs, n'as-tu pas pu apprendre de ton grand maistre Aristote, le peu de compte qu'il fit d'un mesdisant ? Qu'il me batte en mon absence (fit-il.) Aussi de te soucier après ta mort quel tu sois envers le commun peuple, c'est un acte de trop grande curiosité, attendu que nous autres de l'autre monde, devons avoir l'esprit fiché en considerations plus hautaines, que ne sont ces choses basses, viles & terriennes, desquelles tu te ronges la pensée.

ALEXANDRE. Ha ! pour Dieu ne m'uses point de ce langage : autrement tu m'inviterois à lamenter mes travaux, ausquels je ne m'exposay jamais, sinon sous une brave attente de l'immortalité, & de mon nom, & de mes faicts. Pour cette cause, si j'en suis bien memoratif, fis-je quelquesfois response à aucuns de mes Capitaines plus soucieux de ma santé que moy-mesme, que je mesurois ma grandeur,

Pour-parler d'Alexandre.

grandeur, non point au cours de ma vie, ains de la gloire que j'esperois quelque jour en recevoir. Ainsi, considere, je te prie, quel regret ce me seroit de me voir maintenant frustré d'une si longue esperance. Partant, conte-moy, je te prie, quelles nouvelles couroient de moy parmy le monde, quand tu nous vins voir en ces lieux.

RABELAIS. En bonne foy, toutes vieilles, & celles que tu viens presentement de deduire ; que tu fus en [premier lieu un parangon de tous les Roys qui onques nasquirent dessous la chape du Ciel, entreprenant bravement, & executant heureusement tes entreprises : car de prudence & moins de temerité quelques-uns en desirent dans toy.

ALEXANDRE. Ceux qui la desirent en moy, ont eux-mesmes faute de prudence, ne cognoissans que j'avois certaine & asseurée cognoissance de ma fortune. Je ne te nie pas que par fois quelques-uns par ignorance, ont plus de confiance en leurs entreprises que la raison ne voudroit : & aussi par fois, pour trop se fonder en raisons, les autres sont trop tardifs à executer leurs desseins. Mais quand on cognoist sa portée, sans se soucier des traverses qui peuvent s'offrir en chemin, il ne faut faire aucunement doubte de se soubmettre hazardeusement aux dangers, d'autant qu'il n'en vint jamais qu'une heureuse ressource. Mais à ceux qui sont bien nez, comme je me cognoissois, il faut penser que la nature ne nous accompagne jamais de hauts & magnanimes desirs, que semblablement elle ne nous baille la fortune pour nostre escorte. Mais pour n'entrerompre ton propos.

RABELAIS. On dit aussi que tu fus Prince chaste le possible, usant d'extreme diligence, hardy de ta personne, &, qui est le comble de tes louanges, juste (comme tu as recité) & droicturier à l'endroit de tes ennemis.

ALEXANDRE. Vray Dieu, quel plaisir je reçois t'escoutant tenir tels propos!

RABELAIS. Mais escoute, ceux qui t'exaltent ainsi, disent que tu obscurcis ta gloire de plusieurs autres grands vices, lesquels mis en comparaison avec tes merites, on ne sçait de quel costé balancer.

ALEXANDRE. Ha! que dis-tu?

RABELAIS. Je ne te mens d'un seul mot : en premier lieu, ils disent que tu t'oubliois grandement, quand né & extraict d'une nation Gregeoise, florissante dessus toutes autres, toy qui estois soubs ton obeyssance la Perside, & vaincu deux ou trois fois un Darius, toutesfois oubliant tes premieres façons, chargeas sur ta teste la Tiare Perside, entremeslant tes habits avec ceux des Barbares, te descouvrant par ce moyen en vainquant avoir esté plus vaincu qu'auparavant ta victoire.

ALEXANDRE. Et n'y a-t'il que cela?

RABELAIS. Ils adjoustent la grande faute que tu commis, quand d'une outrecuidée opinion, vilipendant le lieu dont tu estois issu, te fis appeler fils de Dieu : non content de cela, te voulus faire adorer des tiens, lesquels ce neantmoins tu sçavois estre de condition franche & libre, c'est-à-dire, sortis du pays de la Grece, & non de nation barbare. De là, passant ailleurs, on dit que tu estois bon coustumier de te forboire. Chose toutesfois que de ma part j'ay tousjours trouvée excusable, excepté que pendant que ton vin cuvoit, tu estois de fort difficile accés, & tel qu'à ton grand deshonneur, tu ne pardonnas mesmement à ce tien grand amy Clitus qui estoit ton oncle de laict, & frere de ta nourrice. Davantage, la plus-part mesme se veut taire de la mort de Parmenion & Philote, par le moyen desquels & toy & ton pere aviez eu tant de victoires. Tous lesquels blasmes bien digerez donnent tel obscurcissement à tes louanges, qu'il n'y a presque homme vivant qui n'en murmure contre toy, quand il y pense.

ALEXANDRE. Et viens-ça, viens, qui sont ceux, par le moyen desquels le monde est aujourd'huy informé de tout cecy?

RABELAIS. Deux personnages qui se sont dediez de deduire par escrit toute ta vie.

ALEXANDRE. Sont-ce personnages de marque?

RABELAIS. Non pas tels que tu dirois bien, ou que tu eusse souhaité ; mais en deffaut de meilleurs, ils sont approuvez de la commune.

ALEXANDRE. Je te jure le grand Pluton, que je cognois ja l'encloüeure, & tu peux par là descouvrir que non sans cause, je desirois que mes gestes fussent redigez par Historiographes Royaux. Car si ceux dont tu parles, eussent esté de bon discours, ils eussent tout autrement donné de moy à entendre qu'ils n'ont fait.

Premierement, en tant que touche ce premier défaut que tu m'imputes de changement de vestemens, je te supplie, dy moy, que pouvois-je moins faire pour l'avancement de moy & des miens, m'estant par longues peines impatronisé de cette Monarchie des Perses, sinon pour m'en rendre paisible possesseur, & sans renouvellement de guerre, familiariser de quelque chose avec eux ? Au moyen de quoy (comme si j'eusse esté leur propre Prince & naturel) je quittay les habillemens à la Macedonienne, pour faire paroistre à ce nouveau peuple conquis, que je ne pretendois estre Roy moins debonnaire en son endroit qu'avoit esté Darius. Et m'aiday de luy en plusieurs expeditions & entreprises, comme ayant grande confiance en luy. Voire estant Darius decedé, je m'emparay de l'ancien cachet des Roys de Perse, duquel je cachetois mes lettres, lors que j'escrivois aux Persans, non que pour cela neantmoins je laissasse de suivre mon train ordinaire, escrivant à mes Macedoniens. A ton avis, pouvois-je mieux tenir les cœurs de cette grande Monarchie à ma devotion, que m'entretenant en cette façon avec eux ? Pour cette cause, quelquefois leur commis-je la garde de mon propre corps : en quoy je les rendis tellement miens, que sans aucune difficulté je pouvois faire estat de leur vie comme de celle de mes Grecs. Et toutesfois quelque murmure qu'en fissent les Macedoniens, tu n'ouys jamais (comme je croy) dire que j'en traitasse les miens plus mal. Au contraire, la plus-part d'eux las, & recreus des longues guerres, m'ayans demandé congé pour retourner voir leur famille, je leur abandonnay à leur poste la somme de dix mil talens pour en prendre chacun d'eux à leur conscience, & sans aucun contreroolle, jusques à la concurrence de ce qu'il pensoit devoir à ses creanciers. Ce neantmoins tu me dis qu'au moyen de certains escrits, le peuple est mal embouché en cest endroit, de mon fait. Hé! vrayement, tels escrivailleurs en ont devisé à leur aise : mais entre le faire & le dire, il y a bien grande difference, & falloit (puis que la fortune sur mon premier abord m'avoit esté tant favorable à la conqueste) pour m'entretenir en reputation, que je misse toute mon estude à conserver mon acquis.

Tu m'improperes que par presomption aveuglée, je me fy en Egypte appeller fils de Jupiter. Voy, je te prie, comme toy, ny ce lot populaire n'entendistes jamais mes desseins. Et afin que je t'oste de cest erreur, estimes-tu que lors que ce Grand Prestre de la Loy au Temple de Jupiter Amon, pour me bien-veigner, m'appela d'entrée son fils, je fusse si hebeté que je n'entendisse fort bien de quel sens estoit proferée cette parole. Et toutesfois comme estant d'un esprit remuant, specialement és choses qui appartenoient à ma grandeur, faisant mon profit d'une parole non pensée, je luy fermay la bouche à ce mot : disant qu'avec mil reverences j'acceptois ce titre de fils de Jupiter Amon, & que de bien bon cœur je le recognoissois pour pere. En quoy combien que ce Prestre eust volontiers, ou retracté, ou expliqué plus entendiblement son dire, si le chevalay-je en tous-ses propos de si prés, rapportant le demeurant si pertinemment à cette premiere parole, que luy-mesme, soit qu'il me voulust gratifier, ou qu'il descouvrist le fonds de mon intention, condescendit à mon vouloir avant que nous departissions, non toutesfois que je ne fusse fort bien acertené de mon estre. Mais lors voyant que j'avois encores à exploicter long chemin, & que desja par mes hauts faits, la renommée de moy couroit par tout l'Univers, comme d'un autre Hercule, j'estois fort content d'imprimer cette opinion de divinité és contrées desquelles j'apprehendois la victoire. Qu'il ne soit ainsi, tu trouveras que mille fois depuis le voyage d'Amon, je recognus Philippes pour mon propre pere, & sous cette impression je conquestay toute la Perse. Mais lors que je voulus prendre la route des Indes, alors veritablement m'estudiay-je de reimprimer cette opinion de déité prononcée au pays d'Egypte : & de faict, aidé des Harangues d'un Cleon, je me fis sur cette mesme raison

Pour-parler d'Alexandre.

saison adorer de ceux de la Perside, non pourtant des Macedoniens, ayant tousjours esgard à leur rang. Et pour autant que je voyois qu'un certain Escolier Callistene pensant contrefaire le sage, m'estoit unique refractaire en chose qui m'importoit de tant pour mon entreprise, je luy pourchassay sa ruïne : mais quoy ? me sçauroit-on donner le tort de cette mort ? Car comme tu peux imaginer, il n'eust fallu qu'un tel mutin pour arrester par ses folles persuasions le cours futur de mes victoires, & destourner cette opinion de divinité, laquelle m'apporta puis après tant de profit sans coup ferir, que plusieurs petits Roitelets qui eussent peu tenir mes entreprises en bride, sous ce faux bruit, se soubmirent à ma puissance, disans tout d'un commun accord, qu'après Bacchus & Hercules, j'estois le tiers des enfans de Jupiter, qui de l'Europe avois passé jusques aux Indes. Au moyen de quoy, pour l'espargne, & de mon temps, & de mes gens, il fut expedient qu'un Callistene mourust, en la teste duquel il n'entroit qu'apprehensions scolastiques, & non discours dignes d'un Roy. Au demeurant, tu n'ignores combien cette opinion de divinité produict entre les humains de merveilleux & incroyables effects. Coursmoy de l'œil toutes ces contrées que tu vois estre en ces bas lieux, distingue-les selon leurs bornes & limites, tu ne trouveras aucun personnage d'estoffe, qui pour auctoriser ses pensées, n'ait voulu donner à entendre qu'il eust familiarité avec ques les Dieux : ainsi vois-tu là ce Solon au canton des Atheniens, leur faire accroire qu'il communique de ses secrets à Minerve ; Licurge, aux Lacedemoniens aux Apollon ; aux Romains, ce Pompilius Numa abuser du nom d'Ægerie la Nymphe, & un petit quidam de Sertorius tenir le cœur de ses soldars à l'occasion de sa Biche : & si tu veux estendre ta veuë plus bas, ne vois-tu en cette arrierecoste, Mahommet, & non pas loing de luy ce Sophy, tous deux par ces mesmes moyens, s'estre emparez de la plus grande partie du Levant ? Or furent tous ces personnages estimez de bon esprit. Moy ce nonobstant Alexandre, moy dis-je, qui pour la grandeur de mes faits emportay le surnom de Grand, suis reputé lourd & gosse, pour m'estre dit fils de Jupiter : & pense ce simple populaire, que pour une vaine vanterie, je voulusse me faire approprier ce nom. Je meure encores un coup, Rabelais, si ceux qui m'estimerent si hebeté, ne furent bien plus hebetez, d'autant qu'on a peu mesme descouvrir que, quoyque j'usasse ordinairement en mes entreprises de la superstition des Devins, si ne me rangeay-je jamais à leur volonté, sinon en tant que de leur art, je pouvois tirer un rapport qui favorisast mes desseins, pour encourager soubs l'ombre de telles frivoles, le cœur de ma gendarmerie : voire & si contraignis Aristandre, l'un de mes principaux Devins, voulant passer en la Scythie, de me donner responce, non point suivant son advis, ains seulement suivant le mien. Qui me succeda si à poinct, que j'en rapportay telle victoire, qu'un chacun depuis peut sçavoir. Lesquelles choses te peuvent donner à entendre, que pour fin meilleure que le Vulgaire n'a estimé, j'usay à mon advantage de telles superstitions & de l'authorité de Jupiter.

Et pour le regard de l'yvrongnerie que tu m'as voulu mettre à sus, quand est-ce, je te supplie, que le boire m'a fait oublier mon honneur ? Je sçay bien que tu m'objecteras la mort de l'un de mes Gentils-hommes Clytus : mais lequel est-ce, à ton advis, qui s'oublia le plus de nous deux, ou luy qui d'un esprit contradictoire, se voulut formaliser contre moy, jusques à belles injures, ou moy qui les ayant longuement remaschées en mon esprit, fus contraint enfin de tourner mon ire en furie, & executer contre luy ce que la colere issuë d'une juste douleur me dicta ? Car quelle sottie estoit-ce à luy de passer de la comparaison des gestes de mon pere Philippes, à la mienne, sçay quels reproches causez sur ma folle divinité ? Sur la mort de Parmenion & Philote, & autres mil propos de pique, qui me touchoient de si prés, que il faut entrer en comparaison de luy à moy, chacun luy en bailleroit le tort : tellement que le plus sobre homme, voire de la plus petite condition de ce monde n'eust tant sceu commander sur soy, ce que lors une juste ire (j'ay cuidé dire une Justice) me commanda d'exploicter.

Et comme tu sçais, un subject doit sçavoir comme il parle à son Prince : singulierement des choses desquelles la memoire peut esmouvoir une indignation ou esclandre de son peuple encontre luy. Et ores qu'il soit utile ne luy ceder la verité, si est-ce qu'en cecy y est la discretion requise du temps, des lieux & des personnes. De maniere que ces choses bien considerées, on trouvera que ce Clytus s'estant oublié de tout poinct, avoit envie de mourir. Et te diray davantage, s'il est loisible se repentir d'un bien-faict, maintenant que je t'entends ainsi parler, je ne suis point tant marry de la mort de ce Clytus, que de la penitence que j'en fis après avoir recueilli mes esprits. Car le peuple qui juge seulement des choses, par la superficie & escorce, estimant que toutes repentances prennent leur source d'un peché, pensa incontinent qu'il falloit qu'il y eust du deffaut en moy : non toutesfois considerant que non ma faute, ains ma debonnaire nature fut cause du deuil que j'en menay. Parquoy tu fourvoyes grandement & toy & chacun de m'imputer cette mort, estant l'injure de cest audacieux personnage commise en la personne d'un Roy, & telle qu'elle ne se pouvoir reparer, ou pour mieux dire, expier, que par la mort mesme. Au surplus, dy-moy, je te prie, quand me vit-on pour mes banquets ou delices (si ainsi tu les veux appeller) mettre en nonchaloir mes conquestes ? Je ne te nie pas que par fois je n'aye esté excessif : car rien ne pouvoit porter de petit, l'esprit de grand Alexandre, quelque part qu'il se trouvast ; mais que je me sois aneanty, tu ne l'ouïs jamais dire : ains combien, & qu'en la ville de Babylone, & en celle de Persepoly je regaillardisse quelque peu mes esprits, si avois-je tousjours en bute la vaillantise & vertu. Au moyen de quoy ayant tousjours en imagination de poursuivre, jusques au dernier soupir, la vengeance de mon propre ennemy Darius encontre mon meurdrier Bessus, qui avoit, ne te diray point reduit, ains seduit sous son obeyssance les Bactriens, je croy que tu as peu entendre de la façon que je m'y portay : car estant tout mon ost fort empesché de bagage, & neantmoins, comme je t'ay dit, ayant ce voyage fort à cœur, & de passer de là aux Indes, je fis apporter premierement toutes mes hardes en une belle campagne, puis celles de tous mes soldats, & attendant un chacun quelle yssuë prendroit le spectacle, après avoir mis le feu dans les miennes, commanday qu'on bruslast les autres : si que sans aucun murmure, oublians les bons temps que nous nous estions par quelques jours donnez, reduisis toutes choses dans leur premier train. Et à tant j'entrepris le voyage des Bactriens, & des Scythes, où je ne reciteray les neiges, les froids, les gelées, & mesmement la famine que nous eusmes à supporter, quand au lieu de chair & de froment, fusmes contraints nous repaistre d'herbage & poisson, & finalement, en ce defaut, de la chair de nos chevaux de voiture. Ce neantmoins tu peux penser que si j'eusse eu le vin, & delices en telle recommandation comme on dit, j'avois prou de pays à mon commandement pour passer aisément, & à mon plaisir cette vie, sans prendre la volte des Scythes & Bactriens, desquels, outre l'honneur, je ne me promettois rapporter aucun gain que des cailloux. Partant, tu peux par là descouvrir, que je n'asservy oncques mon esprit dessous les plaisirs, ains que j'asservy seulement les plaisirs dessous mon esprit, faisant comme le bon soldat, lequel par fois choisit son aise quand il se trouve de repos, sans que pourtant il pretende s'exempter d'aucun travail, quand l'occasion se presentera. Au demeurant, ce n'eust point esté acte de mortel, si je n'eusse assaisonné mes travaux de quelques recreations, entre lesquelles si tu trouves estrange que j'usay quelquefois de banquets demesurément, prens-t'en à ce grand Philosophe Platon, precepteur de mon Aristote, de la Republique duquel j'avois appris pendant mon jeune aage, qu'il estoit bon de fois à autre faire banquets & festins entre les siens, pour plusieurs causes & raisons, par luy plus amplement deduictes.

Et quant au Parmenion & Philote que tu dis, nonobstant leurs merites, avoir par mon commandement esté mis à mort, si tu sçavois combien la jalousie est familiere à tous Roys, mesme au faict de leur Estat, tu ne m'en accuserois. Je receus plusieurs services de l'un & de l'autre, desquels je recognens sans mesure tant qu'ils firent leur devoir ;

voir ; mais quand ils tournerent leurs robbes, defcouvrant par plufieurs demonftrations, l'animofité qu'ils avoient conceuë à ma ruïne, je leur jouäy de contre-rufe, & telle qu'elle fut trouvée bonne par l'advis de mon Confeil eftroit. Ne fçais-tu pas les lettres qui furent furprifes de la part de Parmenion ? La confeffion de Philote en mourant, & autres telles prefomptions fi poignantes, que je ne pouvois de moins faire pour ma feureté, que de vuider le pays de deux tels perfonnages, qui aprés moy avoient toutes prééminences deffus ma Gendarmerie ? Et pour ce, je te fupplie, Rabelais, de digerer mieux ces affaires, & penfer fi de tout ce que j'ay deduit on me doit blafmer, ou fi on le doit rapporter à ceux qui temerairement & contre mon Ordonnance voulurent publier mes faits : t'advifant au demeurant, qu'il ne faut qu'homme du monde entreprenne de mettre la main à la plume pour efcrire une hiftoire, s'il n'eft digne par mefme moyen de manier les affaires ; autrement, le plus du temps foubs umbre d'un jugement d'Efcolier, & feulement parce que pour n'avoir rien veu, il luy femblera qu'ainfi il le faille faire, renverfera par fon beau parler les plus braves entreprifes des Princes, & extollera les plus fottes : & cependant un fimple peuple, qui fe laiffe du tout manier au plaifir de ces beaux efcrits, demeure à tort & fans occafion, mal informé de nous autres.

RABELAIS. Tu n'es point, certes, Alexandre, hors de propos. Et de moy, pour te dire le vray, je ne m'amufay jamais à reprendre telles petites particularitez, mefmement en ce qui appartient au vin : car fi tu aimois le meilleur, auffi tant que j'ay peu, je ne beu jamais du pire. Mais j'ay treuvé toufjours fort eftrange que tu travaillaffes ainfi, non point pour toy, ains pour les autres, aufquels tu donnois les charges des grandes Provinces, lors que pour contr'efchange, tu te partageois feulement des grandes peines & fatigues : en ce cas, ores que tu penfaffes beaucoup faire pour toy, n'eftant neantmoins autre chofe que ferviteur de tes ferviteurs, fubject de tes propres vaffaux, lefquels dormoient à leur aife (bien que fous ton nom) pendant que tu veillois, rioient lors que tu te tourmentois, repofoient quand tu travaillois, lefquels actes n'eftoient autres que de Royauté, & les tiens eftoient plus ferviles.

ALEXANDRE. J'aimerois autant que tu diffes que l'homme fuft ferf de la befte, parce qu'il advint auffi par le commun cours de nature, que la plufpart de tous les autres animaux n'ont aucune aifance de vivre que par l'induftrie de l'homme : & toutesfois tu fçais bien quelle prerogative a l'homme pardeffus tout autre animal. Parquoy, ce que l'homme eft fus la befte, auffi fus-je deffus tous les miens, n'eftimant aucunement mon plaifir, finon en tant qu'il fe conformoit à ma grandeur. En quoy d'autant me reputay-je plus heureux, que j'eus toufjours la fortune correfpondante à mes fouhaits. Voire qu'il eft certain que lors que mes ennemis me penferent plus nuire, pour mettre abregement à mes jours, ce fut l'accompliffement de mon heur : parce qu'ayant atteint au fommet de la fortune, elle euft tourné fa rouë d'autre fens, n'eftant (comme il eft à prefumer) attachée avec cloux de diamans. Qui m'euft apporté pendant ma vie trop plus de morts, que celle à laquelle, quelque chofe que je retardaffe, il me falloit arriver.

RABELAIS. Et bien, quel profit fens-tu de cefte grandeur maintenant ? En es-tu autre que moy ?

ALEXANDRE. Je te diray, Rabelais, fi entre les vanitez de ce monde, il y en a aucune qui emporte quelque poinct pardeffus les autres, vrayement c'eft cefte-cy, qui prend fon addreffe à l'honneur, duquel fi tu fais aucun compte, tu ne mettras femblablement aucune feparation entre la vertu & le vice. Tant y a qu'il me fuffit, pendant le cours de ma vie, avoir eu affouviffement de tous mes defirs ; & aprés ma mort, fervir aux braves Capitaines, de Patron en vaillantife & proüeffe.

RABELAIS. Et je te dy, Alexandre, quelque chofe que tu penfes eftre de plus grand que tous tant que nous fommes en ce lieu, qu'entant qu'à moy eft, je ne m'eftime à prefent moindre, ny en grandeur, ny en contentement que toy : eftans toutes tes grandes conqueftes efvanouïes à neant, mefmes qu'il ne t'en fouvient qu'à demy, & à mefure que les derniers venus en ce lieu te les remettent en la tefte. Davantage, fi tu en as fouvenance, le regret que tu as maintenant de te voir petit compagnon, te doit caufer telle fafcherie, qu'il te feroit beaucoup plus expedient qu'avec ton corps, tu en euffes perdu la memoire. Joinct que cefte grande divinité, qui fe prefente maintenant devant tes yeux, te doit faire mettre en oubly & nonchaloir, toutes les vanitez de l'autre monde.

FIN DU POUR-PARLER D'ALEXANDRE.

PLAIDOYÉ
D'ESTIENNE PASQUIER,
POUR

Monsieur le Duc de Lorraine, Intimé:

CONTRE

Les Seigneur & Dame de Bussy d'Amboise, Seigneurs de Mouguinville, Appellans.

PLAIDOYÉ
D'ESTIENNE PASQUIER,

POUR

Monsieur le Duc de Lorraine, Intimé:

CONTRE

Les Seigneur & Dame de Bussy d'Amboise, Seigneurs de Mouguinville, Appellans.

Pasquier a dit:

ESSEIGNEURS,

Il déplaist grandement à Monseigneur le Duc de Lorraine, aprés avoir assoupy cette grande question qui estoit entre le Roy & luy, pour les Droits Regaliens du Bailliage de Bar-le-Duc, qu'il soit maintenant contraint de rouler une mesme pierre; & luy en déplaist de tant plus, qu'entre une infinité de ses Vassaux, il est à ce invité & semond par l'un de ses Vassaux, seulement; Vassal, dis-je, qui ne receut oncques que bon & honorable traitement de luy.

Toutesfois en ce déplaisir, il se console d'une chose; car si avec un grand Roy, il a esté maintenu & conservé en ses droits, n'ayant lors aucun Contract précis, il estime que la porte de Justice ne luy sera pas moins ouverte avec un simple Vassal, estant maintenant assisté d'un si grand & solemnel Contract, comme celuy qui fut passé il y a tantost deux ans.

Et encore qu'il ne se peut faire accroire que ce Contract luy deust estre revoqué en doute par celuy qui n'a aucun interest, n'estimant point qu'il y ait chose qui doive estre entretenuë plus religieusement entre les hommes que la foy qui est donnée de Prince à Prince, avec connoissance de cause; ce neantmoins puisque par occasion affectée, l'on s'est voulu débander de la question originaire des parties, il se promet de rapporter double fruit de l'évenement de cette cause; l'un, d'obtenir à ses fins & conclusions en ce qui concerne les presentes appellations; l'autre, que s'il y a aucun en cette Compagnie auquel soit demeuré mauvais remord de ce Contract, comme les jugemens des hommes

ne simbolisent pas en tout, il espere luy lever cette opinion de la teste.

A Monseigneur le Duc de Lorraine appartient le Pays de Barrois, qui se contient en quatre grands Bailliages, & entre autres au Bailliage de Bar-le-Duc, dont il s'agit à present.

De vous reciter en ce lieu comme ce Pays fut premierement gouverné par Comtes, puis par Ducs, & comme il fut uny & incorporé en la Maison dudit Seigneur Duc, je ferois acte d'Historiographe, non d'Advocat.

Je me contenteray seulement de vous dire, que dés la premiere institution dudit Comté, depuis érigé en Duché, les Seigneurs de ce Pays-là ne reconnoissent pour Souverains dessus eux, autre que Dieu & l'espée.

La fortune voulut qu'en une faction de guerre fut pris un Comte de Bar nommé Henry, par Philippes le Bel, lequel pour se racheter de prison, fit foy & hommage du Bailliage de Bar-le-Duc; & en consideration de cela, depuis, les appellations de Bar ressortirent en ce Royaume: mais quant aux Droits Regaliens & de Souveraineté, ils demeurerent tousjours pardevers la personne du Duc de Bar; ayant, comme auparavant, fait battre Monnoye, amorty Terres de l'Eglise, donné Ennoblissement, Remissions, & autres choses qui appartiennent à la Souveraineté des Princes.

De cecy, nous en avons fait apparoir au Roy, par plusieurs Actes antiques & autentiques; tellement que le Roy,

pour

pour rendre juſtice à Monſeigneur le Duc de Lorraine ; & neanmoins ne deſirant point aiſément quieter choſe aucune de ce que l'on diſoit eſtre de ſes Droits , il fut adviſé par ceux qui s'entremirent de cette affaire , de meſcontenter les deux Princes pour les contenter.

Monſieur de Lorraine eſtimoit que l'on ne luy pouvoit aucunement retrancher ſes Droits dont il joüiſſoit *ab omni ævo* ; le Roy au contraire, diſoit que à luy ſeul apparte- noient leſdits Droits.

Pour cette cauſe , par un ſage & adviſé moyen , fut fait Traité , par lequel il fut dit, que Monſieur de Lorraine & toute ſa Poſterité, tant maſculine que feminine , qui naiſ- troit de cet heureux mariage d'entre luy & Madame ſon Epouſe , joüiroit des Droits deſſuſdits ; & deffaillant cette lignée , (que Dieu ne veüille permettre) ſeroient leſdits Droits unis & incorporez à la Couronne de France.

Le Roy accorde à Madame ſa Sœur, à Monſieur ſon Beau-frere , à Meſſieurs ſes Neveux, la joüiſſance d'une choſe dont il n'avoit jamais joüy ; & neantmoins , ſans coup ferir, ſe rend certain dudit Droit, en cas de deffaillance de ligne.

Or entr'autres Droits Regaliens, y en a un particulier, par lequel Monſieur de Lorraine prétend pouvoir , en cas de neceſſité , faire aſſembler ſes Eſtats ; & ſur l'octroy qui luy eſt fait par la concluſion de telles aſſemblées , il faut faire payer après, les cueillettes & levées des deniers qui luy ſont accordez par les Gens du troiſiéme Eſtat.

Et pour autant que par une paſſion mal réglée, l'on s'eſt voulu icy déborder en injures contre l'honneur d'un des meilleurs Princes de la terre, vous entendrez , s'il vous plaiſt, de quelle façon Monſieur le Duc de Lorraine traite ſes Sujets.

Premierement, l'on ne ſçait en tous ſes Pays, que c'eſt de Tailles, encore moins d'Aydes ou Subſides ordinaires ; ains a accouſtumé , Monſieur le Duc de Lorraine, de ſup- pléer le deffaut des affaires publiques, par le moyen de ſon Domaine ; tellement que de luy dénier , en une calamité publique ; un octroy, ce ſeroit une choſe qui ne s'eſt ja- mais veuë en Republique, meſme quand les trois Eſtats y ont interpoſé leurs parties.

Telles aſſemblées ſe font aſſez ſouvent en cette France, quand le beſoin le requiert ; & y ont eſté autresfois plus communes & familieres qu'elles ne ſont ; voire que du temps meſme que la France portoit le nom des Gaules, on en uſoit fort frequentement, *ubi de ſumma rerum ageba- tur* ; comme nous apprenons de Jules Ceſar, en ſes Com- mentaires ; & pareillement en la Germanie, comme nous enſeigne Tacite, eſcrivant des mœurs des Germains : *de mi- noribus rebus Principes , de majoribus omnes deliberant* ; de ma- niere qu'il ne faut point trouver eſtrange , ſi nous eſtant ex- poſez entre ces deux Nations, cecy ſe ſoit continué de pe- re en fils , de ſiecle en ſiecle , juſques à nous.

Et ſe font telles Aſſemblées, tantoſt au Pont-à-Mouſ- ſon , tantoſt à S. Mihiel , ſelon que la commodité du Prin- ce le permet ; vray que pour eſtre expoſée la Ville de Nan- cy au milieu de tous les Pays du Duc de Lorraine, on les tient plus frequentement audit lieu.

De ce Droit, nous en avons pluſieurs belles & ancien- nes remarques ; car nous trouvons en nos Archives des Comptes & Rolles de l'an 1468. 96. 1508. 1522. 32. 38. 40. 59. par leſquelles il vous apparoiſtra telles Aſſemblées avoir eſté faites, & autant de fois avoir eſté octroyez Deniers par les Eſtats , à Monſeigneur le Duc de Lorraine, pour ſubvenir à la neceſſité publique qui lors ſe preſentoit ; & nous a eſté ce droit ſi affecté & particulier, que quand nous avons appanagé nos Puiſnez, il y a eu reſervation expreſ- ſe, portant qu'ils ne pourroient faire convocations des Eſtats , ains ſeulement ledit Seigneur Duc , comme l'on voit par le partage qui fut fait le 28. Octobre 1530. entre le bon Duc Antoine, & Meſſire Claude de Lorraine Duc de Guyſe.

Pareillement , ſommes tellement fondez en ce Droit , que ſans appeller les Eſtats, pouvons , en une neceſſité ur- gente, impoſer Deniers ſur nos Sujets ; & ainſi le trou- vera-t-on avoir eſté pratiqué en l'an 1445. voire pour ſub- venir aux affaires non ſeulement du Pays de Barrois, mais pour autres Pays Eſtrangers, comme notamment les De- niers qui furent levez l'an 1568. fut pour le recouvremen- du Royaume d'Arragon. Or entre autres Sujets que Mon- ſieur le Duc de Lorraine a au Bailliage de Bar-le-Duc , on n'a jamais revoqué en doute que Mouguinville n'y fuſt com- pris, de quelque façon que l'on veüille remarquer la ſujetion.

Car premierement , il eſt certain que le Seigneur de Mou- guinville eſt Vaſſal dudit Seigneur Duc , je dis Vaſſal lige, Vaſſal qui tient la Terre & Seigneurie de Mouguinville non en qualité de Chaſtellenie, & moins encore de Baron- nie ; ains portent les anciens aveus & dénombrement ; que c'eſt un Fief rendable, c'eſt-à-dire, que toutes & quantes fois que Monſieur de Lorraine voudra, le Seigneur de Mou- guinville, eſt tenu luy ouvrir les portes à grande ou petite force ; & toutesfois , comme vous entendrez cy-après , le Seigneur de Buſſy y fait non pas acte de Baron , ains de Roy.

Quant à la Juſtice qui s'exerce au dit lieu, eſt une ſimple Mairie, dont les appellations reſſortiſſent pardevant le Bail- ly de Bar , le Prevoſt duquel lieu, meſme par prévention con- noiſt des cauſes des Habitans de Mouguinville ; & non ſeu- lement avons ces Droits de Vaſſelage & Juriſdiction ſur luy ; mais Mouguinville eſt , par avanture, l'un des lieux duquel nous pouvons tirer plus de preuve de nos Droits Regaliens : car quand il a eſté queſtion d'obtenir Droit de Foire & de Marché , le Seigneur de Mouguinville a eu recours à Monſieur le Duc de Lorraine.

Plus grand Droit de Souveraineté n'eſt-il que l'ouverture de la terre pour les Mines d'or & d'argent ; & le Seigneur de Mouguinville eſtimant qu'il y en euſt en ſa Seigneurie, eut autresfois permiſſion de ce faire dudit ſieur Duc, non du Roy.

Davantage, nous ſommes porteurs d'un pardon qu'un de Beauvais, Seigneur de Mouguinville, prédeceſſeur de la Dame de Buſſy, obtint autresfois du Roy René de Sicile, Duc de Lorraine.

Parquoy , quand il a eſté queſtion de faire tels cueillettes de Deniers, jamais l'on n'a douté d'y impoſer les Manans & Habitans de Mouguinville. Vray qu'en l'an 1469. René de Beauvais, dont preſentement il eſt fait mention, ſous le nom des Habitans dudit lieu, appella de la cottiſation qui avoit eſté faite ſur eux, & releva ſon appel en la Cour de Parlement.

Nonobſtant cet appel, on proceda, par empriſonnement, ſur les principaux du Village, qui ſe rendoient refractaires au payement : on s'en plaint à la Cour , qui décerne ſa Commiſſion au Bailly de Vitry pour en informer.

Le Duc de Lorraine , qui pour lors eſtoit , fait apparoir de ſes Droits au Roy Louis XI. Roy, Protecteur des Droits qui appartenoient à la Couronne, s'il en fut oncques : tou- tesfois connoiſſant la raiſon & juſtice eſtre pour ledit ſieur Duc de Lorraine, il décerne ſes Patentes , par leſquelles il évoqua à ſoy la cauſe & enjoignit au Bailly de Vitry de fai- re payer auſdits Manans & Habitans de Mouguinville, la ſuſdite cottiſation, nonobſtant appellations ou oppoſitions quelconques , & par toutes voyes deuës & raiſonnables, meſme par empriſonnement de leurs perſonnes : ce qui eſt executé ; & qui plus eſt , en ce meſme temps, le ſieur de Beauvais reconnoiſſant que toute la coulpe de cette pour- ſuite tomboit ſur luy , & que ledit Seigneur Duc préten- doit forfaiture & confiſcation de Fief contre luy , il obtint le pardon dont a eſté n'agueres parlé.

Depuis ce temps, les Manans & Habitans de Mouguin- ville ne refuſerent de payer, toutes & quantes fois qu'il a eſté beſoin de faire telles generales aſſemblées ; & meſme en l'an 1559. au veu & ſceu du ſieur de Buſſy & ſa femme, ils contribuerent, horſmis en l'an 1571. comme vous enten- drez maintenant.

L'inſolence de ce temps a apporté pluſieurs licences & nouvelles imaginations en la teſte de pluſieurs perſonnes.

Le Seigneur de Buſſy qui par le paſſé n'avoit jamais re- connu ſon Fief autre que rendable.

Les troubles de l'an 567. eſtans arrivez , il imagine de ſe faire non Baron, non Comte , non Duc, mais Roy ; il fortifie ſa Terre, comme s'il euſt eſté en Pays Frontier , eſ- tablit Sentinelles, entretient cinquante Soldats d'ordinaire ;
cela

cela s'eſt commencé pendant la guerre, & entretenu & continué depuis la Paix faite.

S'il fait cecy comme eſtant avoüé du Roy, ainſi qu'il fait courir un bruit ſourd ; Monſieur de Lorraine eſtant tres-humble Serviteur du Roy, & recevant cet honneur de luy eſtre Beau-frere, ne ſe fera jamais accroire que Sa Majeſté veüille authoriſer ce port d'armes : s'il le fait pour faire teſte audit Seigneur Duc, je croy qu'il n'y a ſens commun qui ne voye qu'il eſt trop foible, & que toutes & quantes fois que ledit Seigneur l'auroit entrepris, il luy feroit aſſez toſt perdre l'envie & l'opinion d'avoir des Soldats.

Ce temps pendant toutesfois, il les a d'ordinaire en pleine paix ; & jugerez, s'il vous plaiſt, en paſſant, en quel repos & tranquillité peuvent eſtre les pauvres Sujets dudit Seigneur Duc.

L'on vous a dit, avec une face eshontée, que Monſieur de Lorraine avoit envoyé armes à Mouguinville, & que l'on avoit lié & amené deux des Sujets de Mouguinville à un cordeau, dont depuis ils eſtoient decedez : il n'en eſt rien ; c'eſt un faux fait ; & à vray dire, ce n'eſt pas hiſtoire, c'eſt diſcours ; car quand le Seigneur de Buſſy fait plaider que ledit Seigneur Duc eſt venu en armes à Mouguinville, il advertit ledit Seigneur de ce qu'il doit faire contre un Vaſſal qui luy eſt rebelle ; & quand il a adjouſté que l'on avoit amené deux Sujets de Mouguinville attachez à un cordeau, il a équivoqué ; & au lieu de ce, il devoit dire que depuis quatre mois en çà, on avoit pendu deux de ſes Soldats dans la Ville de Vitry, pour les voleries qu'ils avoient commiſes.

Auſſi pouvez-vous imaginer quel ménage peuvent faire telle ſorte de gens, qui ne ſont avoüez ny du Roy, ny du Duc, pendant l'abſence du Seigneur de Buſſy & de ſa femme: eſtant doncques cette premiere imagination tombée en l'eſprit du Seigneur de Buſſy, de ſe rendre fort à Mouguinville, & y avoir armes & Garniſons en tous temps, il luy eſt entré une autre ſeconde aſſez aiſément puis aprés.

Il ſçait que jamais le Roy ny ſes Predeceſſeurs ne prétendoient lever Tailles, Emprunts, Aydes ou Subſides ſur les Sujets de Monſieur de Lorraine en Barrois.

Il ſe va donc projetter qu'il falloit, s'il eſtoit poſſible, exempter ſon Village contre Monſieur de Lorraine, & en cecy interpoſer le pretexte de la faveur de la Couronne de France : en ce faiſant, il eſtime qu'en ſemant quelque jalouſie entre le Roy & ledit Seigneur Duc, il ſe feroit Arbitre de leurs querelles, & feroit, tout ainſi que fit anciennement un Senateur de Rome, lequel ayant eſté pris Juge pour decider les differends qui eſtoient entre deux Citez, pour leurs confins & limites, aprés avoir oüy les Parties, ſententia que l'un ny l'autre n'auroit ce qui eſtoit controverſé entr'eux ; ains par un droit de bien-ſeance, l'adjugea au Peuple Romain.

Ainſi ſçachant le ſieur de Buſſy, d'un coſté, que le Roy ne prétendit jamais rien à telles levées de Deniers ; d'un autre, que voulant permettre que Monſieur de Lorraine en levaſt, ayant neanmoins les armes au poing en tous temps contre le vouloir de ſon Seigneur, qu'eſt-ce autre choſe, ſinon de ſe vouloir rendre Souverain ſoy-meſme?

Vous ſçavez quels furent les troubles derniers, & de quelle prudence & ſageſſe s'y eſt comporté Monſieur le Duc de Lorraine ; car combien qu'il ne puſt mais de la guerre, ſi eſt-ce qu'il a eſté contraint de porter ſur ſes bras tous les Camps, non ſeulement François, mais Allemands, tant de l'un que de l'autre party ; & neanmoins ſe ſont les choſes paſſées avec telle modeſtie, qu'en cette generale inſolence qui eſtoit lors aux deux Camps, ſes Pays luy ſont demeurez, graces à Dieu, ſains & entiers, au contentement des uns & des autres : cela ne s'eſt peu faire ſans frais extraordinaires & fatigues ; au moyen de quoy, en ſoixante-neuf il fut contraint de faire aſſembler ſes Eſtats dans la Ville de Nancy.

Là, generalement tous y conviennent tant du Pays de Lorraine, Barrois, que du Marquiſat du Pont-à-Mouſſon, l'on a icy voulu dire que pour intimider les Eſtats, l'on avoit fermé les Portes de Nancy : cela eſt faux ; & faut que le Seigneur de Buſſy l'avoüe, pour puis aprés prendre par A Monſieur le Duc de Lorraine advis pour cela tel qu'il trouvera bon eſtre par ſon Conſeil.

Les Eſtats doncques aſſemblez, tous, d'un commun conſentement, luy accordent Subſide de ſix ans de trois francs Barrois par chaque feu, & conduit le fort portant le foible, ce ſont quarante ſols de France ; & encore de ce Subſide ſont exceptées les Veuves & autres miſerables perſonnes.

L'on s'eſt encore voulu aigrir en cet endroit, contre Monſieur de Lorraine, & dire que c'eſtoit un Subſide exhorbitant, voire ſi énorme, que la France n'en avoit jamais de ſemblable. Vray Dieu ! qui ne voit que la paſſion a gagné ou celuy qui a plaidé cette cauſe, ou celuy qui a adminiſtré les Memoires, ou peut-eſtre tous deux enſemble?

L'on députe diverſement hommes pour proceder au département ; entr'autres, pour le Pays de Barrois, ſont députez les Seigneurs de Vabecourt & Bournon, leſquels mandent au Maire de Mouguinville, qu'il euſt à leur envoyer l'eſtat des feux & meſnies dudit lieu ; ils les appellent conduits.

Les Sujets de Mouguinville ne ſont point refuſans à ce faire ; le Seigneur de Buſſy, ſur les vaines imaginations que j'ay cy-deſſus déduites, prend cette querelle en main, ſe porte pour Appellant du commandement qui avoit eſté fait à ſon Maire.

Voyant que l'on n'apportoit les rolles, on fait geſt & département ſur Mouguinville : injonctions de payer ; le Seigneur de Buſſy empeſche leſdits Habitans de ce faire ; il y a quelques empriſonnemens : de tout cecy, ledit ſieur de Buſſy appelle, & releve ſon appel en la Cour de Parlement : toutes choſes ſe ſont faites auparavant le Contract paſſé entre le Roy & Monſieur de Lorraine.

Depuis, le Seigneur de Buſſy preſente Requeſte au Roy, afin qu'il luy plaiſe évoquer à ſoy la connoiſſance de cette cauſe : le Roy enterine ſa Requeſte & luy decerne ſes Patentes, en vertu deſquelles il nous fait aſſigner en ce Conſeil au premier de Mars 1571.

Lorſque noſtre Contract fut paſſé, le Roy, par évocation generale, avoit pareillement évoqué tous les differends qui reſulteroient dudit Contract, & depuis, nous avoit decerné Lettres particulieres pour évoquer la preſente cauſe : en vertu de noſtre évocation, nous faiſons pareillement aſſigner ledit ſieur de Buſſy en ce meſme lieu : ſuivant l'une & l'autre aſſignation, nous comparoiſſons au jour prefix, & envoya lors Monſieur de Lorraine le Seigneur de Melay, Grand Maiſtre de ſes Pays, par exprés, pour pourſuivre la vuidange de cette cauſe.

Quant au Seigneur de Buſſy, il deffaut, tellement que nous obtenons congé de faux contre luy ; & comme nous eſtions ſur le point de le faire juger, adoncques il preſente ſa Requeſte, tendant par icelle à ce que le different des Parties fuſt renvoyé au Parlement, comme concernant le Domaine du Roy.

Sur cette Requeſte, il eſt dit, que les Parties en viendroient plaider ; la cauſe eſt plaidée en la Ville de Blois, en la preſence du fils dudit ſieur de Buſſy, lequel par le commandement exprés de ſon pere, s'eſtoit tranſporté audit lieu pour pourſuivre l'enterinement de ladite Requeſte ; Vabres plaide pour le ſieur de Buſſy ; Carpentier, pour Monſieur le Duc de Lorraine ; & finalement, par Arreſt, ſans avoir égard à ladite Requeſte, fut ordonné que les Parties viendroient plaider au premier de Juin, ſur la cotiſation dont eſt queſtion.

Le premier jour, compare derechef le Seigneur de Melay, delegué par ledit Seigneur Duc pour la ſeconde fois, pour faire juger cette cauſe.

Il ſeroit impoſſible de dire combien de ſuites & traverſes ſont excogitées par ledit Seigneur de Buſſy : car en premier lieu, il eſt ordonné que nous communiquerons nos pieces les uns aux autres, pour en venir plaider au premier jour ; choſe à quoy il ne veut entendre ; au moyen de quoy, nous obtenons congé, ſauf le premier jour, & à premier jour congé pur & ſimple, lequel congé il fait rabattre ; enfin, au lieu de venir plaider pour la cotiſation, comme il avoit eſté ordonné, il plaide ſur la fin de non-proceder, diſant que ce n'eſtoit icy le lieu où cette queſtion

devoit

Plaidoyé d'Estienne Pasquier.

devoit estre traitée, ains en la Cour de Parlement, tant parce qu'il estoit question d'un fait de Domaine du Roy, que pour autant qu'il y avoit un vieil appel interjetté en ladite Cour, il y avoit cent ans, par les Manans & Habitans de Mouguinville, lequel il falloit reprendre.

Contre cette exception declinatoire, remontrasmes cinq ou six points pertinens.

Premierement, que ç'avoit esté luy-mesme qui nous avoit fait évoquer en ce Conseil ; ainsi n'y avoit-il point maintenant lieu de penitence en luy.

Secondement, que nous-mesmes estions fondez en évocation generale en ce lieu, de tous les differends qui resulteroient de nos Droits Regaliens.

Nous remontrasmes que quand les Anciens avoient disputé de la puissance & authorité du Prince, l'on avoit dit, que tous les trésors des Jurisdictions estoient dans son sein, comme si l'on eust voulu dire que c'estoit de luy qu'il les convenoit puiser, comme l'on comparoit à l'Ocean duquel & auquel fluoient toutes les sources & fontaines ; aussi du Roy sortoient, & en luy retournoient toutes les Jurisdictions ; qu'il falloit donc oster cette imagination que le Roy ne peut évoquer à soy & à son sacré Consistoire la connoissance d'une cause, & ne faisoit à considerer que l'on parlast maintenant des Droits Regaliens : car si cette cause avoit à estre traitée par les propositions & maximes des Romains, c'estoit le cas principalement auquel un Roy commettroit Juges. *L. 1. & 2. C. 56. Causs. Fiscal. Innocent. in C. ex parte de .... elect.*

Mais pour ne sortir des bornes de nostre Prince, l'on trouveroit qu'il n'y avoit eu rien si certain que l'incertain, pour Reglement & Jurisdiction du fait du Domaine du Roy.

Car tantost nous trouverions tous les Baillis & Seneschaux avoir connu & jugé en toute Cour & Jurisdiction pour tel Domaine, comme nous recueillons du troisiéme Livre des Loix de Charlemagne & Loüis le Debonnaire son fils ; tantost leur avoir esté retranché jusques à vingt livres, comme du temps de Philippes de Valois, au vieux stile de Parlement, Chapitre des Baillis ; & lors il falloit necessairement inferer que le Grand Conseil qui adoncques assistoit au Roy, comme vous, Messeigneurs, faites maintenant, avoit eu connoissance des causes du Domaine en premieres instances, lesquelles excedoient ladite somme de vingt livres de rente, parce que combien que dans ledit vieux stile y ait Chapitre exprés pour les causes qui en premiere instance appartiennent au Parlement, toutesfois n'est il nulle mention dudit Domaine, & depuis avoir esté baillée la connoissance de telles matieres ausdits Baillis en premiere instance, & en cas d'appel, en la Cour.

Toutes lesquelles varietez n'avoient autre fondement, sinon de tant qu'il avoit pleu à nos Roys, premiers Distributeurs de leur Jurisdiction ; car ce que la Cour de Parlement estoit, c'estoit pour le Roy, & ainsi des autres Jurisdictions ; parquoy ne falloit trouver estrange s'il avoit pleu au Roy évoquer à soy les causes resultans du Contract passé entre luy & Monsieur de Lorraine :

Singulierement eu égard que c'estoit une Jurisprudence nouvelle de tendre afin de non proceder de devant la face de son Prince : qu'en ce lieu-cy nous reconnoissions le Roy estre perpetuellement present, encore qu'il fust absent ; les Requestes que l'on y presente s'adressent au Roy, & non à autre ; les Arrests qui sont delivrez, soit qu'ils soient delivrez en forme ou par extrait, se font tous sous le nom du Roy, & n'y a que le Roy qui parle.

Bien, sçais-je, qu'en une Cour de Parlement & au Grand Conseil, quand il estoit question de lever en forme les Arrests pour les faire executer, ils estoient levez sous le nom du Roy ; mais quand ils estoient prononcez, c'estoit chose trop vulgaire que la prononciation se faisoit sous le nom de la Cour ou Grand Conseil ; mais icy sous le nom du Roy, avec ce formulaire ordinaire, *le Roy vous dit.*

Aussi que le Poësle qui est icy perpetuellement sur vos testes, nous apprend qu'il falloit estimer le Roy presider perpetuellement en ce lieu ; qu'il n'y avoit doncques nul propos de vouloir proposer une fin declinatoire de vous :

Attendu mesmement que s'agissant d'une cause & droit d'un Prince estranger, l'on pouvoit dire vrayement affaire d'Estat, qui estoit une chose dont naturellement la connoissance vous appartient.

Car quant à ce que le Seigneur de Bussy vouloit reprendre une Appellation de cent ans, c'estoit une chose ridicule, & qui ne meritoit de réponse, non seulement pour laps de temps, mais parce qu'il vouloit reprendre une instance en laquelle ses predecesseurs n'avoient jamais esté parties : & finalement, remontrasmes que cessant toutes ces raisons, cette mesme difficulté avoit ja esté vuidée & terminée par Arrest donné en la Ville de Blois, avec ample connoissance de cause, par lequel Arrest il avoit esté ordonné que l'on viendroit plaider sur la cottisation.

Que l'authorité de vous, Messeigneurs, estoit grande, mais, non telle que vous puissiez maintenant renvoyer la cause, parce qu'auparavant qu'un Arrest fust fait, vous aviez toute puissance de juger, selon que Dieu & vostre conscience vous admonestoit de faire ; mais soudain que l'Arrest estoit prononcé, vous aviez les mains liées ; autrement que ce seroit introduire un chaos & confusion en vostre Jurisdiction ; voir que supprimant aisément vos Arrests, vous supprimeriez aisément vostre authorité, & vous défairiez, vous-mesmes, la grandeur d'une Compagnie, & de de toute une Republique dependant de la stabilité des choses jugées.

Toutes ces raisons & Remonstrances furent déduites par nous devant vous, tellement que par vostre Arrest donné le vingt-troisiéme jour du mois de Juin dernier, vous ordonnastes que nous viendrions plaider à toutes fins sur le principal, sauf à faire prealablement droit sur le renvoy.

En effet, voilà le different, ensemble comme toutes choses ont passées jusques à huy entre les Parties ; en quoy je ne pensois veritablement sortir hors des bornes du Bailliage de Bar-le-Duc, & encore en ce Bailliage déduire seulement ce qu'appartenoit à l'estat de cette cause ; c'est-à-dire, à la cottisation & assiette qui avoit esté faite par les Manans & Habitans de Mouguinville.

Toutesfois, comme si l'Advocat du Seigneur de Bussy fust icy exprés venu, tant pour défendre sa cause, que pour offenser & la personne & l'Estat general de Monsieur le Duc de Lorraine, entre-meslant en son Plaidoyé une infinité de paroles contumelieuses, il a voulu donner, premierement, contre l'Estat de la Lorraine, puis contre l'Estat general de Bar, & generalement s'est advisé, non seulement à debattre le droit que nous prétendons maintenant, mais tous les autres : chose que je puis dire luy estre tres-mal seante ; car encore qu'il eust Memoires exprés signez, si est-ce qu'il ne falloit pas qu'il fust Ministre des passions de sa Partie, ainsi sont les Advocats ordonnez aux Parties, comme les Medecins aux malades, afin de ne temporiser point à leurs opinions.

Ce neantmoins l'Advocat n'a seulement observé cette regle, mais au contraire, s'est de tant plus oublié, que se laissant aller à la mercy de ses passions, en parlant contre l'honneur de Monsieur de Lorraine & de sa Maison, luy-mesme a parlé contre l'honneur & Estat de France.

Premierement, il nous est venu ramentevoir, d'un long fil, les anciennes bornes des Gaules qui s'estendoient jusques au Rhin, & au premier abord que firent les François és Gaules, que la Lorraine est le premier Pays où ils planterent leur siege, doncques le vray & ancien Domaine de nos Roys ; que les Roys s'y estans establis, le Duché de Lorraine fut donné pour appanage à un Enfant puisné de France, lequel mesconnoissant sa Patrie, fit la foy & hommage de ce Duché à Othon premier Empereur, en haine de quoy les Estats de France le dépoüillerent du Royaume qui luy appartenoit, aprés le decés de son Frere aisné Roy de France, qui estoit decedé sans enfans, & en son lieu instituerent Roy sur eux Hugues Capet & sa Posterité : adjoustant à ce discours, que depuis nostre France n'a point eu de plus grands ennemis que la Famille des Lorrains.

En second lieu, il nous objecta que tant s'en faut que Mr de Lorraine doive relever de l'Empire, qu'il ne reçoit pas mesmement cet honneur d'estre Vassal immedias du Roy, ains seulement du Comte de Champagne, n'estant par ce moyen la Lorraine qu'un Arriere-Fief de la Couronne ; chose qu'il reconnoist ne pouvoir verifier par
Histoire,

Plaidoyé d'Estienne Pasquier.

Histoires, ains par les anciennes Archives qui sont au Tresor des Papiers de France.

Tiercement, il dit que tant s'en faut que nous puissions ou devions pretendre aucuns Droits de Souveraineté au Bailliage de Bar, que mesme il verifiera par Extrait de la Chambre des Comptes que le Roy Loüis XI. eut un Gouverneur & Garnisons dedans la Ville de Bar, & que mesme il ordonna les gages de ce Gouverneur estre pris sur le Domaine de Bar, & la moitié dudit Duché appartenoit au Roy par donnation qui luy fut faite par autresfois.

Quartement, que jaçoit que tout ledit Duché appartinst audit Seigneur Duc, toutesfois un Seigneur ne pouvoit transferer son Vassal contre son gré és mains d'un autre Seigneur, specialement quand cet autre Seigneur est plus foible que n'estoit le premier Seigneur feodal.

En cinquiéme lieu, que quand il se pourroit transporter, toutesfois au cas du present, il estoit question des Droits de Souveraineté du Roy, non prescriptibles, & moins encore alienables par la volonté du Roy; qu'ainsi l'avoit-on observé de tous temps & anciennement en cette France, tellement que de s'arrester au Traité fait & passé entre les deux Princes, il ne le falloit, attendu mesmement qu'en ce Traité n'avoient esté gardées les solemnités à ce requises par nos ordres anciens de France, & qu'il avoit esté homologué en la Cour de Parlement, sans aucune connoissance de cause.

En sixiesme, que quand ce Contract devroit estre effectué, si ne pourroit-il avoir effet extensif au cas de present, où il est question de mettre Tailles & Impôts sur le peuple; chose qui en sa dignité meritoit note particuliere & expresse entre les Droits Regaliens.

En septiéme, que combien que Monsieur de Lorraine eust droit de faire évocation des Estats, & par leur advis lever un octroy sur le peuple, toutesfois si ne le pourroit-il faire en sa Ville de Nancy, parce que en ce faisant, c'estoit distraire les Sujets originaires du Roy de leur territoire François pour les mettre en l'Empire; joint qu'en l'Assemblée qui avoit esté tenuë à Nancy, les Portes y avoient esté fermées, pour intimider tous ceux qui y estoient allez.

Et finalement, sortant de nostre question, il est entré sur les Coustumes que Monsieur de Lorraine a de fraische memoire fait reduire audit Bailliage, disant que c'estoit par exprés entreprendre sur la Souveraineté, que le Roy s'estoit par le Contract reservée, mesme qu'en cette Coustume il y avoit articles tyranniques & barbaresques plus que d'un Scithe; ce sont les paroles dont on a usé.

Voilà en somme les principaux moyens dont il nous a battus, pour ausquels répondre chacun à leur rang:

1°. En tant d'autant que concerne le fait de Lorraine, je declareray librement n'avoir Memoire pour y répondre, aussi sont-ce faits impertinens, & qui n'ont rien de commun avec la question qui s'offre maintenant entre les Parties; à quoy à la cause pour laquelle je ne me suis point preparé pour y répondre.

Bien puis-je dire, en passant, que tout ce qu'il a icy discouru, ce sont paroles qui seroient belles & specieuses pour complaire à des ignorans; mais en ce lieu où toute cette ancienneté vous est trop connuë, ne peuvent pas porter grand coup.

Que ainsi ne soit, qui ne sçait que c'est imposer à l'Histoire, quand l'on allegue que Pharamond planta son Siege dedans la Lorraine, veu que du temps mesme de Childeric pere de Clovis, quatriéme Roy de France, y avoit un Roy en la Lorraine, qui lors s'appelloit Thoringe, qui dura sous toute la premiere lignée de nos Roys?

Et neantmoins je veux mettre le Seigneur de Bussy en plus beau jeu qu'il ne s'est promis; car sous ladite lignée, la France n'estoit point bornée seulement du Rhin; nostre Royaume s'estendoit jusques au Danube & plus, par la défaite que fit Clovis des Allemans en la journée de Tolbiac, & toutesfois pour cela nous ne prétendons pas maintenant que l'Allemagne nous appartienne.

Sous la seconde lignée, nous possedasmes toute l'Italie, voire la Ville de Rome mesme; allons donc à present demander assiette de nostre Domaine en ces lieux-là, ne se-

roit-ce pas mocquerie; toute la face de la Republique Françoise fut changée par la venuë de Hugues, & comme les choses se trouverent, en ce nouveau changement, constituées, on s'y arresta.

Tellement que c'est se mocquer de vouloir se ressouvenir maintenant de la mutation qui advint lors; car le temps estoit disposé à tant & tant de changemens, que en moins de cinquante ou soixante ans, l'Empire, le Royaume de France, & la Papauté, receurent diverses formes & façons d'affaires.

Considerons de plus prés ce qu'il a en ce lieu touché; car s'il vous a pleu peser son discours, vous trouverez qu'il est tombé en trois impertinences notables.

Car en premier lieu, pour nous oster les Droits Regaliens d'une petite mothe de terre, nous a rendus Roys de France, disant que le Royaume appartenoit au Duc de Lorraine, lors de la venuë de Capet, & ja à Dieu ne plaise, qu'une opinion si farouche entre jamais dans l'esprit de Monsieur de Lorraine ny des siens; il seroit grandement marry d'y penser, & moy-mesme, s'il y estoit entré, y apporterois bonne & duë solution.

Il vous a dit, en second lieu, que le Royaume luy fut osté par les Estats, comme si le Roy de France tenoit son Royaume par la grace du peuple; quant à moy, je ne puis laisser passer ce blasphesme par connivence, parce que nostre Roy tient son Sceptre, par la grace de Dieu, & non du peuple.

Il vous a dit, outre plus, que c'estoit lors un appanage qui fut donné à Charles Duc de Lorraine: je voudrois volontiers sçavoir en quel endroit il nous montrera que les appanages furent en essence sur la premiere ou seconde lignée de nos Roys.

Qui ne sçait que les partages des Enfans de France estoient lors Royaumes? tesmoin le partage premier qui fut fait par les quatre enfans de Clovis, tesmoin le second partage entre les enfans de Clotaire II.

Qui ne sçait, que sous la seconde lignée encore on en usa de cette façon? tesmoin le Royaume d'Aquitaine qui fut érigé & baillé au Debonnaire, & aprés le decés de luy, le partage qui fut fait entre ses enfans.

Bien est vray que depuis, pour grande & politique consideration, les appanages furent introduits, vray nœud, liaison, & entretenement de nostre Couronne.

Parquoy il eust esté mieux seant à Marion de se taire de tout ce fait-cy, que parlant hors de propos & faussement de cecy pour un Vassal contre un Seigneur, vouloir mettre l'Estat de Monsieur de Lorraine en desarrois, & neantmoins exposer la partie pour laquelle il parle, au hazard d'une commisse.

Car quelle difference y a-t-il de porter les armes contre son Seigneur, ou vouloir exciter sous faux titres un grand Prince, & administrer Memoires pour avoir occasion de les porter?

Et cependant, en l'oyant en cette façon promener sur ce sujet, il m'a fait souvenir d'une réponse que ce grand Capitaine Hannibal fit à un Philosophe nommé Phormion, lequel ineptement s'estoit ingeré de luy discourir de l'Art Militaire, auquel il n'estoit jamais versé; chose qui avoit esté trouvée belle par plusieurs, & pour cette cause estant Hannibal interrogé quel jugement il en faisoit, il fit réponse qu'en son temps il avoit veu plusieurs hommes mal appris, mais que jamais il n'en avoit veu un qui vinst au parangon de Phormion, d'autant que, luy Philosophe, vouloit faire lecture à un Capitaine du fait qui estoit son principal sujet.

Je ne veux pas dire que Marion soit mal appris, mais je puis dire qu'il sied mal à luy & à moy qui ne sommes nourris qu'aux sacs & qui sommes simples Escoliers en matiere d'Estat, vouloir faire la leçon à ceux qui pour leur longue experience sçavent bien comme il va de tout cecy, & neantmoins rougiroient de remuer, je ne diray point cette querelle, mais cette histoire.

Aussi n'est-il pas à presumer, s'il y eust eu quelqu'apparence en cette querelle, que tant de grands Conquereurs, Roys de France, se fussent tenus, un Philippes Auguste, Charles V. Charles VII. Loüis XI. de fraische memoire,

Plaidoyé d'Estienne Pasquier.

ce grand Roy François qui avoit uny à sa Couronne la Savoye; & quand je n'aurois que ce seul argument, je croy qu'il seroit suffisant pour monstrer que tout ce qui a esté dit, n'est que fard.

Et lors que l'on nous baillera un Procureur du Roy en teste, nous fournirons d'une infinité de tiltres & enseignemens particuliers qui vous esclaireront davantage.

Car quant à ce que pour second lieu on nous a encore au propos que dessus objecté, qu'il se trouve que le Duc de Lorraine estoit Vassal du Comte de Champagne, il ne s'en trouvera chose aucune.

S'il eust esté son Vassal, il faudroit que c'eust esté ou par Constitution originaire du Fief, je veux dire quand la Lorraine fut érigée en Duché, ou depuis par hazard de guerre, comme nous voyons estre advenu au Bailliage de Bar.

S'il veut dire que ce ait esté par constitution primitive c'est errer; car il n'y a celuy qui aura tant soy peu approfondy nos histoires, qui ne sçache que le Duché de Lorraine estoit establi soixante & quatre-vingts ans avant qu'il fust mention d'un Comte de Champagne en France, lequel ne se fit connoistre que sous la lignée de Hugues Capet, & encore du temps de Robert, il estoit fort petit, & depuis piece après piece, s'augmenta aux despens du Royaume; & quant audit Duc de Lorraine, le sieur de Bussy est d'accord qu'il estoit devant la venuë dudit Capet à la Couronne.

Que si l'on met en avant que ce ait esté par hazard de guerre que ce nouveau Vassellage ait esté creé, que l'on nous en cotte le temps ou l'histoire, & puis nous y répondrons; parce que vous ne trouverez point en toutes vos histoires, que jamais il y ait eu guerre entre le Duc de Lorraine & le Comte de Champagne, ny moins encore que jamais le Comte de Champagne ait eu victoire si signalée qu'il ait fallu qu'un Duc de Lorraine se soit fait son nouveau Vassal.

Aussi a l'Advocat du Seigneur de Bussy, reconnu après un long discours, que ce qu'il disoit ne se trouvoit point aux Histoires de France, ains au Tresor des Chartres; il ne veut en effet nous battre des histoires qui sont communes entre luy & moy, & que nous voyons tous les jours; & au contraire nous bat des Archives dont il n'eut jamais communication.

Ce sont doncques vaines imaginations dont on repaist icy vos oreilles, tout ainsi comme la Ville de Bar, l'on dit pour troisiesme objection avoir esté tenuë en Domaine par Loüis XI. & à cette fin y avoir eu Garnison.

Voyez de quant & combien de sophistiqueries on embarrasse cette cause; car ce qui fait maintenant plus pour nous, on le tire à nostre desadvantage pour taire l'histoire de ce temps-là.

Quand fut-ce que Loüis XI. establit Garnison dedans ladite Ville? Lors que la Maison de Lorraine print la querelle de la France en main, contre le plus grand ennemy qu'elle eut, contre Charles Duc de Bourgogne, lors que nous faillismes à perdre nostre Estat pour conserver l'Estat de France.

A la verité, estans pour lors reduits en trés-grandes angusties, & ayans perdu pour la deffense du Roy une bonne partie de nostre Duché de Lorraine, nous ne pusmes avoir recours qu'à celuy pour lequel nous nous estions sacrifiez, c'estoit au Roy Louis XI. lequel pour obvier aux desseins du Bourguignon, mit Garnison dans la Ville de Bar.

Est-ce toutesfois à dire qu'il nous eust voulu spolier? Tant s'en faut, que c'estoit pour nous la conserver; il ne le pouvoit, il ne vouloit: il ne le pouvoit, car il est certain que nous estions ses Vassaux & sans felonnie; un Seigneur ne peut reincorporer à soy un Fief mouvant de luy: de laquelle felonnie, tant s'en faut que nous eussions tache, que comme je dis, nous-mesmes, tout nostre Estat estoit en proye pour la deffense & protection dudit Roy: il ne le vouloit, autrement ce eust esté le plus ingrat Prince qui se trouva onques au monde, si la moindre estincelle de cette opinion luy fust entrée en la teste.

Et puis voilà comme Bar fut tenu en Domaine par le Roy; voilà comment les Princes de Lorraine sont tels que injurieusement le Seigneur de Bussy les a voulu qualifier anciens ennemis de la France: car je puis dire par occasion & sans reproche, & est la verité telle, que la seule Maison de Lorraine assura la Couronne au Roy Louis XI. & toute sa Posterité, quand devant Nancy, René Roy de Sicile & de Lorraine, mit à mort Charles de Bourgogne, qui estoit journellement un Hannibal à nos portes.

Et quant à ce qu'il adjouste, que par Contract exprés la moitié du Duché de Bar appartient au Roy:

Je ne trouve point estrange qu'un homme qui trouve les maximes dedans son esprit telles qu'il luy plaist, il esprouve par mesme moyen les histoires; mais ce n'est pas assez de les alleguer, il les faut aussi exhiber.

De tout cecy doncques vous pouvez recueillir que combien que d'un guet-à-pens le sieur de Bussy nous ait pensé surprendre par toutes ses objections, & nous battre, si ainsi il faut dire, à fer esmoulu, toutesfois on peut à l'impourveu parer à ses coups avec une espée rabattuë; parquoy vous imaginerez combien plus fortement nous donnerions réponse à tout ce que dessus, quand nous aurions les Memoires propres à cela, tirez du Tresor & Archives de la Maison de Lorraine, & quand nous fussions venus preparez pour y répondre. Reste maintenant à venir aux particularitez qui regardent de plus prés l'estat de la cause presente.

Il nous dit doncques en quatriesme lieu, qu'il est sujet & vassal du Roy, que c'est une chose correlative du Seigneur & du vassal; & tout ainsi, que le vassal ne se peut dispenser de la foy envers son Seigneur feodal, aussi ne peut le Seigneur feodal abdiquer de soy son vassal sans le consentement de luy, mesmement quand il est question de le transferer entre les mains d'un Seigneur moins puissant que n'estoit le premier Seigneur feodal.

si le seigneure voit passer son vassal.

Voyez, Messieurs, s'il vous plaist, si cette question se peut rapporter au cas de present.

Car en premier lieu, il n'est point question icy d'aliener un vassal d'une main à autre. De qui est le Seigneur de Mouguinville, vassal, sinon du Duc de Lorraine? Entre les mains de qui preste-t-il le serment de fidelité, sinon entre les siennes?

Ce qu'il est homme du Roy, il ne l'est que par le moyen dudit Seigneur Duc.

C'est donc en vain disputer ainsi de la translation d'une main à l'autre.

Mais le Roy est mon Seigneur, & j'ay, dit-il, interest de ne pas passer sous la Souveraineté d'un autre; que demande Monsieur de Lorraine de nouveau sur le Seigneur de Mouguinville & qui n'ait esté observé de tous temps & ancienneté?

Car quant à la Souveraineté qui concerne ledit ressort de justice, ne demeure-t'elle pas pardevers le Roy, comme auparavant?

Et pour le regard des autres droits regaliens, pourquoy est-ce que le Seigneur de Mouguinville dit que l'on luy impose maintenant servitude nouvelle, veu que jamais ne fut, qu'il ne nous ait reconnu en ces droits? Tesmoin le droit de foire, tesmoin l'ouverture des mines, tesmoin le pardon obtenu par l'un de ses ancestres; tesmoin la prestation du subside dont est question, qui a esté continuellement payé par les sujets de Mouguinville, quand l'occasion s'y est presentée.

Davantage, peut-il dire que le Roy aliene une chose dont il ne joüit jamais? Un vassal peut-il empescher qu'un Seigneur rende sa condition meilleure?

S'il estoit question d'une vente pure & simple, peut-estre serions-nous encore icy aux termes de la difficulté qui nous a esté proposée; mais qu'a-t'il esté fait entre le Roy & Monsieur de Lorraine? C'est une transaction sur une chose incertaine & douteuse, par la decision de laquelle chacun des deux Princes est incommodé en s'accommodant, comme il a esté dit cy-dessus; & lors que telles transactions sont faites sans fraude comme cette, on n'esquipole jamais cela à vente ny alienation; car que pouvez-vous dire au cas de present, ou que le Roy ait alienè, ou bien Monsieur de Lorraine qui a accordé, que deffaillant sa posterité en ligne directe, ces droits-cy en vinssent à la Couronne de France?

Et vrayment, ce seroit chose fort ridicule, que sur la simple

simple opinion d'un vassal, le Seigneur fust perpetuellement mis en tutelle.

Et quand mesme toutes les considerations susdites cesseroient, & que nous serions aux termes nuds de la question cy representée, toutesfois encore ne nous prejudicieroit-elle en rien.

Car quand nos Docteurs sont entrez en la dispute d'icelle, ils ont fait cette distinction : que si le Seigneur se veut défaire de son vassal, & l'assigner sous un autre Seigneur moins puissant, il ne le peut, sinon, que l'on aliene le fief avec toute l'université; *Quo quidem casu potest transferri in rusticum etiam & inferiorem*, Dominium; & ainsi le tient nominement le Balde *in cap. 1. §. ex eadem, vers. non si potest de lege Con.*

Et cesse mesme cette dispute aujourd'huy en nostre France, en laquelle nous avons rendus les fiefs patrimoniaux, tellement que le vassal peut vendre son fief sans le consentement de son Seigneur; & par ainsi, à plus forte raison, peut le Seigneur faire le semblable du sien, sans rechercher l'avis de son vassal.

Remuez donc ce point-cy de quelle façon que vous voudrez, il ne nuit en rien au cas de present, ny pour la these, ny pour l'hypothese.

Partant, tout ce qui peut en cecy poindre le plus, est la cinquiesme objection, que l'on nous a tirée de la Majesté de nostre Prince, par le moyen de quoy l'on nous a voulu revoquer en doute ce droit de Cotisation que nous disputons, mais tous & uns chacuns nos autres droits regaliens: disant, que ce sont droits de Souveraineté, droits non alienables, droits non prescriptibles, droits tellement unis & incorporez à nostre Couronne, que nul autre que le Roy n'en peut user; tellement que les vrayes parties icy d'un Procureur General du Roy, de se joindre en cette cause, avec ledit Seigneur de Bussi, contre Monsieur de Lorraine.

Argument que je connoistray, avant que de passer plus outre, grandement plausible, & qui me doit grandement appresser à penser qu'un Advocat François, plaidant contre un Advocat François, devant des Juges François, qui tous naturellement doivent avoir la fleur de Lys imprainte dans leur estomach, me batte des faveurs & privileges de la Couronne de France.

Et à vray dire, je connoistray librement en ce lieu mon impuissance, parce que, si je deffends foiblement ma cause, quelques-uns de cette compagnie par avanture estimeroient que je ferois tel pour ma nation; & au contraire, si je suis fort en ma deffense mesme, estimeront que je deffauldray à mon pays; de maniere, que d'un costé le devoir que je dois rendre à ma partie, d'un autre, celuy que je dois rendre à ma patrie, me rendent infiniment perplex: quand je dis, que je dois rendre à ma partie, j'entends un devoir que sans fard & hypocrisie je dois rendre à un Prince qui a mis la closture & conclusion de son Estat entre mes mains.

Et n'estoit qu'en cette cause, je ne pense que glisser apres une infinité de grands personnages, qui tous ont esté d'avis, que Monsieur de Lorraine estoit bien fondé, certes, en cette asseurance de tout, je craindrois tout.

Mais à cette grande objection je puis dire ce que fit anciennement un sage Romain à quelque homme, qui disoit beaucoup de bons propos mal à propos : *Recte quidem, sed quorsum, quaeso, tam recte*?

Cela peut-estre estoit bien à dire auparavant le contract, qui est entre le Roy & Monsieur le Duc de Lorraine; maintenant nous sommes fondez en contract, ce qui couvre ce que l'on nous pourroit objecter de ce costé.

Le Roy est pardessus la Loy, il se peut dispenser de la Loy, comme celle, de laquelle il est Ordinateur ; il ne se peut dispenser d'une chose par contract, qui prend son fond & racine du droit des gens & de nature, commun à tout l'Univers; & comme disoit anciennement un grand Prince : *Civilia Jura mutari possunt, naturalia non possunt.*

Cette cause a esté plaidée, cette matiere disputée devant le Roy, assisté de la Reyne sa mere, de Messeigneurs ses freres, & de vous, Messeigneurs; plaidée non une fois seulement, mais deux ou trois : par qui ? Par Mr le Procureur General, qui n'oublia un seul point: depuis reprise fortement par Mr l'Advocat Dufaur; l'un & l'autre y apporterent telle devotion, que le deu de leur office leur commandoit, telle erudition que la grandeur de la cause requeroit; brief, tout ce que l'on peut attendre d'une longue & exacte suffisance telle que celle qui reluit en eux.

Tout ce que vous alleguez maintenant, fut lors dit & plus; toutesfois apres avoir veuës nos pieces, ils furent d'avis de contracter.

Estimez-vous qu'ils ayent rien oublié, & que venir maintenant pour suppleer à leur deffaut, je vous estime plus modeste?

Voulez-vous dire, qu'ils ayent esté surpris? Ils eurent nos pieces six sepmaines par devers eux ; nous nous en despouillasmes entre leurs mains, les faisant nos Juges & parties, & si puis dire qu'ils y procederent avec telle Religion, que apres la cause plaidée, estant toutes choses d'accord, sur le different d'un seul mot ils nous tindrent suspens un mois & plus.

Ce n'est donc point un ouvrage qui ait esté tumultuairement jetté en moule.

La presence du Roy, celle de la Reyne, & Messeigneurs ses freres & de tous les Seigneurs qui assisterent, oste toute opinion de surprise.

Davantage, cette cause fut remuée en ce grand Theatre de France au veu & sceu de tout le monde : que n'administriez-vous loix & memoires? Quand il a esté question de parler, vous vous estes teu; maintenant qu'il est question de vous taire, vous parlez: je vous reconnois si bon serviteur du Roy, que si en vostre conscience vous eussiez pensé ce que vous dites, veritable, vous fussiez venu; le seul silence m'est un argument indubitable, que tout ce qu'a dit vostre Advocat est contre vostre conscience.

D'ailleurs, ausquels des deux adjousterez-vous plus de foy, ou à un Advocat & Procureur du Roy, qui ont apporté en cette cause tout ce que l'on peut desirer de zele publique, ou à un Advocat particulier, lequel, par tout le discours de son Plaidoyé, vous avez veu s'estre rendu seulement Ministre des passions de sa partie.

Il ne faut donc point icy dire, comme vous avez voulu faire, que ce contract soit passé sans connoissance de cause; toutes les formes & solemnitez, que l'on peut souhaiter en France, ont esté observées.

Ceux qui ont accoustumé de fournir memoires & pieces à la Cour du Parlement, je veux dire Messieurs les gens du Roy, apres avoir veus les leurs, apres avoir veus les nostres, sans nous communiquer les leurs, nous ont passé condamnation du contract, & depuis il a esté publié & omologué en ladite Cour, non point en compagnie ordinaire, mais en la plus belle & generale assemblée qui fut oncques en icelle Cour, en la presence des Pairs, le Roy tenant & exerçant son Lit de Justice, & lors qu'il devoit estre plus memoratif du serment qu'il avoit fait, lors dis-je, qu'il avoit fait pres, trois jours devant, dedans cette ville de Paris, en laquelle il avoit promis de ne permettre point aisement l'alienation de ce qu'il eust estimé vrayement appartenir à la Couronne.

Que si apres un contract ainsi solemnellement passé, il est loisible à un particulier le venir revoquer en doubte; que y aura-t'il desormais qui soit plus asseuré en France? Quelle opinion encouurons-nous envers les nations estranges? Qu'un Prince estranger, apres avoir fait toutes les soubmissions que l'on a accoustumé de garder en telles affaires, tiendra qu'il pense estre au bout de son fait, soit toutesfois à recommencer; mais ce contract est passé, dit-on, pardevant deux Notaires, entre les deux Princes, le Roy obligeant à l'entretenement d'iceluy ce qui est de la Couronne: chose non jamais veuë.

Qui est celuy qui ne voye, quand nostre partie adverse s'est tellement aigrie sur ce point-cy, en chose si petite, faisant d'une mouche un éléphant, comme si de jour à autre le Roy ne passe point des contracts avec ses sujets, lesquels on ne trouve point estranges, & ne s'en trouvera neanmoins avec un tel Prince comme Monsieur de Lorraine?

J'employe doncques pour toutes réponses à cecy tout ce que vous, Messeigneurs, en pouvez mieux penser, & neanmoins, je veux que le Seigneur de Bussi entende que ce n'est point à luy auquel nous devons rendre raisons de ce contract.

Il a sommé Monsieur le Procureur General pour luy assister en cette cause : ce qu'il a refusé de faire, sçachant bien qu'il ne pouvoit contrevenir à la foy publique & ce qui estoit de raison.

Vous n'estes point parties capables pour me faire reste en cecy ; en ce que je diray cy-apres, ce n'est point pour vous satisfaire, mais me satisfaire moy-mesme, qui pour rien, estant sujet naturel du Roy, ne voudrois debatre ce que je penserois veritablement estre des droits de nostre Couronne.

Je dis doncques que Monsieur le Duc de Lorraine est fondé en contract, & m'asseure de ce contract non seulement pour l'avoir, mais parceque j'ay deub l'avoir ; je dis, que l'on a deub bailler conseil au Roy de le passer tel qu'il est, & que qui autrement l'eust fait, c'eust esté faire injustice à Monsieur de Lorraine, veu ses longues & anciennes possessions dont il a fait apparoir au Roy.

Je reconnoistray en ce lieu, qu'entre les choses terriennes, il n'y a point choses apres la presence de nostre Prince, que nous devions reverer avec tant de Religion comme la Souveraineté du Roy.

Et si puis dire, que combien que la Republique de Rome ait esté tres-excellente en plusieurs institutions politiques, si l'avons-nous excedé en cette police, comme en plusieurs autres ; car tout ainsi que nous avons eu nos Loix commises beaucoup plus belles que les Romains, en ce qui appartenoit à l'entretenement des familles entre les Nobles, comme sont les Loix de Masculinité, droit d'aisnesse, retraits feudaux pour la manutention des membres de nostre Republique ; aussi quant au Chef de nostre Prince, nous avons esté beaucoup plus religieux & retenus en ce qui dependoit de son domaine.

Une chose eut le Romain qui ne nous est pas familiere, parce que les Empereurs ne permettoient point aisément que l'on impugnast les droits fiscaux, & à ce propos disoit un grand Senateur de Rome (c'estoit Pline l'Orateur congratulant à l'Empereur Trajan lors de son avenement à l'Empire) que le Fisque ne perdoit jamais sa cause que sous les bons Empereurs :

Et quant à nous, nous ne trouvons nullement estrange que le Roy perde la sienne ; & de fait, pour ne nous intimider point sous le nom de Sa Majesté, nous ne plaidons point contre luy ; mais contre son Procureur General que l'on tire du College des Advocats, afin que nous ne nous estonnions en telles Causes : en quoy nos Roys nous ont monstré qu'ils estoient perpetuellement debonnaires, & que combien qu'ils eussent en grande recommandation ce que l'on disoit estre de leur Domaine, si ont-ils tousjours eu en plus grand'estime ce qu'ils voyoient estre de la justice & la verité ; & c'est la cause pour laquelle avec plus de liberté honneste je deduiray ce que j'ay presentement à deduire :

Je dis & soustiens, que combien que la Souveraineté de nostre Prince soit toute en tout son Royaume, & toute en chaque partie, si est-ce que nous le pouvons considerer doublement :

Il y a un chef de Souveraineté qui est essentiel à sa Couronne, sans lequel nous ne le pouvons reconnoistre Roy :

Il y en a un autre qui est commodité à unité à sa Couronne, avec lequel nous le reconnoissons Roy, sans lequel toutesfois ne le pourrions reconnoistre Roy :

Le premier chef est en l'exercice de la Justice.

Quelque Republique que vous consideriez, soit qu'elle soit administrée par un seul Prince, comme est la Monarchie de France ; ou par plusieurs Seigneurs, comme la Seigneurie de Venise ; ou par l'entremise du peuple, comme les Cantons de Suisses, nous ne la pouvons considerer sans l'administration de Justice ;

Et ce pour autant soudain que l'homme fut reduit hors les termes de son innocence, il fut accompagné de deux parties, par l'une desquelles fut representée sa perfection qui gist au cerveau (c'est la raison adoperatrice de Justice ;) par l'autre, son imperfection qui fut colloquée aux parties basses dont nous puisons la passion, l'ire, la cupidité, la vengeance, la volupté, alumettes de l'injustice ; & comme ainsi que l'homme provignast premierement en familles desquelles furent faits bourgs, & bourgades qui s'enflerent en villes, & des villes en Republiques, aussi ne pouvons-nous considerer une Republique sans l'exercice de la Justice pour reprimer l'audace de l'homme, but d'icelle Republique, l'Intendance de laquelle Justice fut mise és mains de nostre Chef, c'est de nostre Prince ; & sans icelle, nous ne le pouvons nullement considerer Roy ; aussi les Peintres le representans en son habillement Royal, luy baillent en l'une des mains, le Sceptre, qui est la Force ; en l'autre, la Main de Justice.

Nous considerons en moindre sujet la Souveraineté de nostre Prince, grand toutesfois ; mais neantmoins sans iceluy nous pouvons remarquer sa grandeur :

Ce que je dis, se peut voir és Aubeynes, Espaves, Peages, tous lesquels Droits despendent de la Souveraineté du Prince ; & neantmoins sans iceux, peut subsister la Couronne.

Je passeray outre, & viendray aux choses qui semblent plus necessaires en la Republique, forgement de Monnoyes, Salines, Tailles ; j'adjousteray, s'il vous plaist, les Remissions :

Vous trouverez peut-estre cecy estrange de prime face ; mais il est vray ; je dis que sans tout cela nous pouvons considerer la Souveraineté d'un Monarque.

La Monnoye est necessaire : toutes-fois, si vous recherchez les Histoires, vous trouverez que du premier temps, tout alloit par eschange : & Tacite mesme, escrivant des mœurs des Germains, disoit que de son temps ils ignoroient l'usage de la monnoye.

Prenez les Salines dans Rome ; le premier qui en fut l'inventeur fut Servius Tullius, quatrième ou cinquième Roi des Romains.

Quant aux Tailles, nous ne les reconnoissons, sinon entant que la necessité des guerres les a introduites.

Et pour le regard des Remissions ; combien que ce soit l'une des plus specieuses remarques de la grandeur d'un Roy, toutesfois encore trouvons-nous Republiques où elles estoient incognuës, comme nous voyons en celle des Locriens, où Zeleuque leur Roy ayant par loy ordonné que l'on crevast les yeux à celuy qui se trouveroit avoir commis adultere : & son fils unique estant depuis tombé en cette faute ; pour executer l'effet de la Loy, fut crevé un œil au pere & un autre au fils, qui sembloient estre tous deux une mesme personne.

A quel propos doncques tout cecy ?

Il veut dire que de cette distinction dependoit la decision du differend, qui estoit entre le Roy & Monsieur de Lorraine lors que le contract fut passé ;

Car, à la verité, si Monsieur de Lorraine par une longue possession eust pretendu s'exempter de la Justice & ressort du Roy, il eust esté mal fondé ; pourquoy ? Parce que, comme disoit un vieil Autheur François, appellé Jean le Boutillier, en son Sommaire rural, le Roy en telle chose ne tombe en nul exemple, & nul exemple ne tombe en luy ; c'est un droit qui naist avec la Couronne, lequel ne peut mourir que la Couronne ne meure ; voire que telle Souveraineté ne peut estre alienée par le consentement mesme ny de la Cour de Parlement, ny des Estats :

Et fut cette question autresfois jugée avec le Duc de Bretagne, qui pretendoit plusieurs droits regaliens tout ainsi que Monsieur de Lorraine ; il se vouloit affranchir de la Justice des Rois, pretendant de longue possession. La Cause solemnellement agitée au Parlement, il fut dit que le Roy ne connoistroit sur les subjets de luy en premiere instance, sinon en cas de deny de Justice, & outre ce par appel ; au surplus, que les autres droits de Souveraineté resideroient en la personne dudit Duc, comme auparavant.

Mais quant aux autres droits de Souveraineté, je ne vois point que les Seigneurs qui ont tenu mesme le rang que tient Monsieur de Lorraine, les ayent reduits, leurs droits, par long usage de temps.

Un droit de battre Monnoye est grand ; & toutes-fois un Duc de Normandie, se l'est autresfois vendiqué en cas de semblable ; le Duc de Bretagne eut puissance de forger Monnoye

Monnoye blanche; & non seulement ces grands Ducs, mais les petits Seigneurs, comme un Seigneur de Chasteauvilain & de Chasteaudun: & ce qui leur en fit perdre l'usage, fut que le Roy leur faisoit faire monnoye plus forte que la sienne, de maniere qu'on alloit trouvoient qu'ils y perdoient; eux-mêmes volontairement s'en départirent & se déporterent d'en faire battre; quoyqu'au vieil Coustumier de Normandie soit le Chapitre des Monnoyes, où l'on trouve que le Duc de Normandie prenoit un certain tribut de trois ans en trois ans sur ses subjets pour n'affoiblir point sa monnoye, tirant d'un mesme subjet double droit de Souveraineté.

Le droit de Gabelle, & Saline est vray droit de Souveraineté; toutesfois le Comte de Thoulouse se l'estoit approprié en son pays par une longue possession, comme nous apprenons du Chapitre *super quibus*, §. *praeterea*, *de verbor. significat.* Lequel j'allegue non point pour dire que le Pape eust puissance de juger le temporel sur nostre France, mais pour l'Histoire, d'autant que le Pape répond à une question qui lui estoit faite par Remond Comte de Thoulouse, pour la longue possession qu'il avoit ésdites Salines.

Un droit d'amortissement est du tout Souvetain; toutesfois un Comte de Champagne, aux vieux Registres de la Cour du Parlement, se trouve l'avoir eu; & la plus grande part des Pairs pouvoient amortir leurs arrieres-fiefs.

Donner remission, est un plein droit de Souveraineté, & neantmoins, non-seulement les Ducs dessusdits furent en possession d'en bailler, mais aussi un simple Archevesque d'Ambrun, comme nous apprenons mesme d'un Guidon Pape, question 498.

Plus grand droit de Souveraineté ne peut-on avoir que le droit de Regale, c'est-à-dire, le droit de conferer les Benefices vacquants en Regale; voire si Souverain, qu'un Regent en France pendant l'absence ou minorité d'un Roy ne les peut conferer; & de fait, Charles cinquiesme, Regent, les ayant conferez pendant la prison du Roy Jean son pere, il fallut confirmation expresse de son dit pere, à son retour;

Et toutesfois il est certain & sans doute qu'un Duc de Bretagne conferoit les Benefices vacquants en Regale en son pays.

Trouvez-vous estrange qu'un grand Comte, un grand Duc prescrive des droits regaliens? & nous ne trouvons pas estrange qu'un petit Baron les prescrive.

Y a-t'il plus grands droits Regaliens qu'un droit d'Espave, Aubeine, & Exherance? Voire si Regaliens, que par Ordonnance du Roy Philippe le Bel du 21e jour du mois d'Aoust * 1419. il voulut que ces droits ne se peussent prescrire contre le Roy par nul laps de temps; toutesfois nous voyons le contraire pratiqué.

Il faut qu'elle soit de l'an 1319.

Pour le fait des Salines mesmes, nous voyons une infinité de Seigneurs particuliers sur la riviere de Loire & de Seine estre payez de leurs péages en essence de sel; & au droit des Romains, nous trouvons loy expresse en laquelle un particulier jouïssoit d'un droit de Saline, *in L. generaliter* §. *uxori de usufructu legato*.

Mais par aventure cecy est fait, & ne devoit pas estre fait.

Je ne veux point confirmer mon dire par authorité des Docteurs d'Italie; je ne veux point ayder de ceux de France qui furent seulement nourris en la poudre des Escoles, & Universitez. Je veux alleguer ceux qui furent nourris en la lumiere du Soleil, & en Cour souveraine de France, & qui y ont tenu quelque rang.

Pour les Aubeynes & Espaves; Jean Fabre que l'on dict avoir esté Chancellier de France, dict que les Loix & Coustumes les ont attribuez par longues possessions aux Seigneurs, in §. *penult. inst. tit. de rerum divisione*.

Pour le regard de battre la Monnoye, & des remissions; Guidon Pape, fait la question en termes exprés, *in dict. quest. 498.* & resoult pour la longue possession.

Le semblable a fait, de nostre memoire, Messire Jean le Maistre premier President de Paris, pour les amortissements;

Mais peut-estre eux-mesmes se sont-ils abusez.

Vous trouverez les Arrests incliner à mon opinion:

Car par la Coustume de Normandie, comme il a esté cy-dessus touché, le Duc pouvoir affoiblir sa monnoye, parce qu'il en avoit ainsi usé;

Au contraire, un Duc de Bretagne la pouvoir bailler, mais non affoiblir, d'autant qu'il n'en avoit en cette façon usé, ainsi que nous apprenons par Arrest formel de l'an 1284.

Et pour les amortissements qui pouvoient estre faits par les Pairs des arrieres-fiefs; il y en a Arrests exprés pour l'Evesque de Chaalons en l'an 1272.

Aussi est cecy fondé en exemples, en authoritez, en Arrests; & si avec cela, nous y voulons conjoindre la raison, je vous supplie, considerons de quels fondements sont venuës les prescriptions entre nous.

L'interest de toute Republique bien ordonnée, est que le bien & l'heritage ne vaquent & fluctuent perpetuellement incertains; parquoy pour y mettre bornes, furent par bon & meure jugement les prescriptions introduites.

Or entre les choses de ce monde, les unes sont subjettes & exposées au commerce des hommes; les autres, hors le commerce:

Pour celles qui sont exposées au commerce, il y a double prescription; l'une, avec tiltre de bonne foy & possession de dix ou vingt ans entre presents ou absents; l'autre, de trente & quarante ans sans tiltre; auquel cas, la longueur du temps supplée le tiltre:

Pour celles qui sont hors le commerce, nous avons introduit seulement la prescription centenaire, & de cecy l'on ne fit jamais doute ny difficulté.

Que ainsi soit, y-a-t'il chose plus accroissante que la dixme, & toutesfois les gens Lais la peuvent prescrire par centains:

Panorme & les Docteurs, *in cap. eum Apostolica de his quæ fiunt à Prælat. sive majori parte, &c.*

Il n'y a Domaine que l'on aye gardé plus estroictement que celuy du Sainct Siege Apostolique de Rome; ce neantmoins les cent ans l'emportent:

Et ne fait-on point de doute que le pareil ne soit observé au Domaine de la Couronne: ainsi l'a-t'on jugé par regle generale en la Commission des Halles; ainsi par l'Arrest de Nogaret, donné de fraische memoire, encores que l'Ordonnance de Pouget semble estre au contraire; aussi sçait-on pourquoi cette Ordonnance fut faite, & couste depuis la ruine dans Pouget.

De cecy, la raison est, parce que toutes faveurs que l'on peut, estant en droit concurrent, en la consideration de si longue possession, Accurse dit que telle longue ancienneté surpasse la loy & la nature. Maistre Jean Quignere qui fut Conseiller en la Cour du Parlement, & commenta la Pragmatique Sanction, *in cap. 1. statuit, vers. privilegio de causis, existimat habere vim privilegii.* Maistre Charles du Moulin, qui a esté entre les nostres, un des plus severes protecteurs des droits de nostre Couronne, est d'avis que cela *habet vim tituli, adeò ut legi etiam prohibitivæ deroget*, in §. 7. sur les Coustumes de Paris, Chapitre des Fiefs; & Jean Fabre in §. *ex non scripto de jure naturali gentium & civili*, dict que *transit in consuetudinem*; & que quand les cent ans y ont passé, l'on n'estime plus que ce soit prescription, ains coustume. Aussi en matiere de peages qui se payent par ces longues anciennetez, nous ne disons point payer le tribut ou peages, ains Coustume:

Tellement si la possession des cent ans est estimée tenir lieu de constitut de Loy, & de privilege de tiltre & de Coustume (qui sont tous les moyens par lesquels nous pouvons tous loyaument posseder une chose,) il ne faut point trouver estrange que lesdits droits Regaliens puissent, par tel espace de temps, tomber és mains des Seigneurs moindres que le Roy;

Et afin, Messieurs, que je vous montre que ce que je dis n'est point nouveau, ains prend racine d'une bien longue ancienneté, voyons, s'il vous plaist, quel fut originairement l'Estat des Ducs, du temps de nos vieilles & anciennes histoires.

Il y en eut deux sortes; les uns qui estoient seulement noms de dignité, comme vous pourriez dire maintenant

les

les Gouuerneurs des Prouinces, & ne tenoient leurs Duchez qu'à vies; les autres, de Principauté, qui les tenoient perpetuellement pour eux & les leurs;

Je ne parleray de ceux qui estoient tant seulement Ducs de dignité, ains de ceux qui l'estoient de Principauté, & qui alloient de pere à fils.

Je trouue que lors que Charlemagne se vid paisible de toute l'Italie, il permit qu'il y eust deux Ducs, l'vn de Spolette, l'autre de Beneuent: tous deux luy estoient vassaux liges, tenus de luy assister & donner secours en ses guerres;

Cependant quels estoient-ils? Souuerains, & exerçants tous droits de Souueraineté sur leurs sujets; & neantmoins l'vn & l'autre, en reconnoissance de cette Souueraineté, payoient certain tribut au Roy, & signamment apprenons d'Aymonius Monachus que le Duc de Beneuent payoit par chacun an au Roy la somme de sept mille escus en signe de recognoissance.

Le Duc de Saxe estoit Souuerain, & toutesfois faisoit de tribut par chacun an au Roy, pour droit, par forme de vassalage, cent cheuaux.

En telle police reluisoit lors la grandeur de France, que tout ainsi qu'vn ancien Romain fit réponce aux Ambassadeurs du Roy Pyrrhus, qu'il aymoit mieux posseder ceux qui auoient de l'or que de posseder l'or, aussi estoit-ce l'honneur de nos Roys de donner la loy souueraine à ceux qui estoient Souuerains:

Et cecy mesme fut en quoy reluisit l'amplitude de l'Empire de Rome quelquefois de n'auoir voulu reduire en forme de Prouince toutes les contrées auxquelles ils pouuoient donner la loy, mais de permettre qu'elles fussent regies par Roys, moyennant que les Roys fussent faicts du consentement des Empereurs; ainsi fut-il obserué quelquetemps en la Palestine, & ainsi soubs Tibere les Cherusiens vindrent demander vn Roy dedans Rome.

Et encores soubs l'Empire qui a aujourd'huy vogue en l'Occident, voyons-nous cette mesme face de police qu'en la Lorraine, sçauoir est Milan & mesme en certaines villes, comme Toul, Verdun & Cambray, estants Souuerains en tous droits, fors qu'ils reconnoissent l'Empereur pour superieur en cas de ressort.

Je ne veux pas toutesfois dire qu'il fallust introduire ceste police de nouueau; je sçay que nos mœurs disent maintenant autres choses; mais d'oster tels droits à celuy qui de long-temps les a possedez, sauf correction de vous, Messeigneurs, ce seroit commettre injustice.

Mais nul Seigneur n'en jouït aujourd'huy, me dict-on: & pourquoy doncques? Parce que par mariages, par mort, ou par forfaitures, le Roy a remis à soy les Domaines des grands Ducs & Comtes qui en jouïssoient, comme nous voyons les Duchez de Bourgongne, Normandie, Guyenne, Comtez de Thoulouse & Champagne;

Et n'estime point Monsieur de Lorraine (si tous ces Ducs & Comtes eussent esté jusques à huy, perpetuez,) que le Roy les eust voulu défrauder de leurs anciens droits par nouuelle Jurisprudence;

Parquoy si de toute cette ancienneté reste en cette France, cest eschantillon au Bailliage de Bar-le-Duc, pourquoy est-ce que l'on en priuera maintenant ledit Seigneur Duc;

Attendu mesmement qu'il est en trop plus forts termes que n'estoient tous ces grands Ducs & Comtes?

Car il est certain que aprés que Clouis & ses enfans eurent expulsé les Romains premierement, puis les Visigots, & finalement les Bourguignons des Gaules, ils se rendirent maistres & Seigneurs de tous les pays desdusdits, de la Normandie, Guyenne, Bourgogne, Champagne, & du Languedoc, & mesmes dés-lors que ces Terres furent érigées en Duché ou Comté, en la lignée de Hugues Capet, aussi-tost furent-elles hommageables à la Couronne de France;

Mais quant au Bailliage de Bar, quelque peinture, ou masque que l'Auocat du Seigneur de Bussy ait voulu apporter en cette cause par vne involution de paroles, il est certain que auparauant le regne de Philippe le Bel, le Duc de Bar ne reconnoissoit le Roy pour superieur, recours à la premiere foy & hommage qui en fut fait par Henry en l'an 1301, dont les parties sont d'accord.

Que si de pere en fils, ses successeurs ont jouy de leurs droits Regaliens, comme ils auoient fait auparauant, ainsi que le Roy a connu, lors que le Contract fut passé, non seulement il ne faut pas dire qu'ils ayent prescript lesdits droits contre le Roy, mais il faut estimer qu'il est demeuré en ses droits anciens par conuention tacite, n'y ayant plus asseuré Interprete du tiltre, que la longue possession & le temps, tout ainsi que l'on a dit de la loy, *optimam legis interpretem esse consuetudinem.*

Vn Duc de Normandie, vn Comte de Thoulouse, vn Comte de Champagne, & autres, pouuoient se vanter auoir prescript contre le Roy, leurs droits regaliens, parce qu'ils auoient amandé, auec le temps, lesdits droits sur le Roy, par long vsage de temps;

Mais quant au Bailliage de Bar, le Roy, ny deuant ladite foy & hommage, ny aprés ne jouït jamais desdits droits; de maniere que ce seroit ruer, de dire que l'on voulut oster audit Sieur Roy vne chose dont il ne jouit oncques.

Et s'il vous plaist encore penser de plus prés au traitté qui s'est passé entre le Roy & ledit Seigneur Duc, vous ne trouuerez auoir esté rien fait, qui n'ait esté autrefois pratiqué en cas de semblable entre le Roy & le Duc de Bretagne.

Lors que nos Roys s'emparerent des Gaules, encores qu'ils estendissent leur victoire par-delà le Rhin, si est-ce qu'il y eut plusieurs terres par-deçà dont ils ne s'impatronizerent; & de cette marque fut la Toringe; de cette marque, fut aussi la Bretagne; vray que par succession de temps, les François debellerent les Bretons; & si nous croyons à Gregoire de Tours, ils furent depuis surmontez par Clouis, & encores soubs Chilperic, gouuernez par Comtes qui obeïssoient aux François; & depuis s'estant reuoltez, semblablement furent tout à plein vaincus & rendus tributaires par Dagobert.

Depuis ce temps-là toutesfois ils eurent tousjours Seigneurs, extraits de leur ancien estre, qui vsurperent par longue traite de temps toutes les grandeurs que les Roys ont accoutumé de s'approprier.

Cette querelle fut ramenée à effet sous le Regne de Loüis neufuieme, auec Pierre Mauclerc, qui reconnoissoit vrayement le Roy pour son Seigneur feodal, mais vouloit jouïr des droits de Souueraineté; d'vn autre costé, ceux qui assistoient au Roy, n'en vouloient passer condamnation, parce qu'il estoit certain qu'il estoit ancien vassal de la Couronne, contre laquelle on pretendoit qu'il n'auoit peu prescrire lesdits droits, comme droits de Souueraineté.

Enfin fut fait vn accord qui est enregistré en la Cour de Parlement au vieil Registre, qui commence *Olim*; & encore transcrit par Autrerius au vieil stile du Parlement, portant ledit accord entre-autres ce qui s'ensuit:

Vlteriùs verò bonâ fide promisit pro se & suis successoribus Britanniæ Ducibus, nos & successores nostros contra quascumque personas, cujuscumque dignitatis, status, seu præeminentiæ existant, juuare & consulere fideliter juxta suum posse, salvis & exceptis summo Pontifice & Ecclesiâ Dei Sanctâ, quos idem Dux excepit seu excipi voluit; nos autem submissionem & homagium prædictorum considerantes & attendentes, habitâ super hoc maturâ deliberatione, euemdem ducem & successores Britanniæ Duces promisimus, & tenore præsentium promittimus, & tenemur bonâ fide pro nobis & successoribus nostris Franciæ Regibus, temporibus in perpetuum, fideliter juuare, consulere & confortare, ac suam partem tenere contra suos aduersarios quoscumque, exceptis Romanâ Ecclesiâ & ejus Vicario, omniaque sua Regalia jura & sindicatus ac superioritatis prærogatiuas, nobilitates & franchisias quæcumque seu quascumque inferiùs latè declaratas illæsa seu illæsas seruare, & sine aliquâ diminutione custodire in futurum, bonâ fide promittimus juxta posse, videlicet suum Parlamentum, jus regale quod in Ecclesiis Cathedralibus sui Ducatûs sibi ab antiquis temporibus spectat & pertinet, ut communiter dicebatur, ac ipsarum Ecclesiarum Cathedralium & aliarum Ecclesiarum, ac virorum Ecclesiasticorum, viduarumque & orphanorum gardiam, seu saluegardiam, ac publicorum itinerum sui Ducatûs tuitionem, commissionem mouendi & faciendi guerram hostibus suis, si & quatenus opus esset defendendi seu prohibendi delationem armorum in Ducatu suo, fabricandi, & fieri faciendi monetas suas albas & nigras prout sibi & suis successoribus placuerit, puniendi & executioni

executioni deputandi falsos monetarios, habendi & exercendi omnimodam justitiam per se & suos Seneschallos, Ballivos, alios justiciarios suos prout sibi eos constituere & deputare placuerit; salvegardias dandi; portus marinos habendi, marina naufragia cum eorum fracturis emendi & emolumentis ex fractura navium.

Et peu après est adjousté : *quibus sic actis reservatis, specificatis & hinc inde promissis, idem Dux, in signum illius submissionis, ipsam declarando voluit tunc quòd à suo Britanniæ Parlamento de cætero appellaretur, seu resortum devolveretur, ad nostrum Franciæ Parlamentum.*

Qu'y-a-t-il au contract qui s'offre, que l'on ne voye en tout & par tout se conformer aveque celuy-là?

Car le hazard de guerre avoit anciennement rendu le Duc de Bretagne vassal & tributaire au Roy sous Dagobert; toutesfois estant ledit Duc demeuré en ses anciennes possessions, on ne trouva jamais estrange qu'il s'en prevalust lors que fut fait ledit traitté.

Je ne voy donc point nul moyen pourquoy l'on veuille ou puisse impugner nosdits droits, sinon par un droit de bien-seance, & qu'il est plus utile au Roy de les tenir & posseder, que de les voir tenir & posseder par un sien vassal ;

Il luy est vrayement plus utile, je le connois, mais moins honneste; & en matiere d'Estat, c'est errer de separer l'utilité de l'honnesteté.

Le Roy pouvoit, comme plus fort, nous oster ces droits ; il ne le pouvoit justement faire, & de separer la force de la Justice, c'est une autre erreur; car ce que par rencontre s'est trouvé en ces deux mots Latins, *jus & vis*, celuy-là signifiant droit, celuy-cy force, & l'on comprend l'autre par un anagramme de nom, doit estre executé par les Princes en leurs actions, c'est-à-dire, de faire sorte qu'ils n'employent point leur puissance sinon à ce que la Justice les invitera.

A tant jusques icy vous avez entendu que Monsieur de Lorraine est fondé en contract bien & duëment Omologué, pour ses droits de Souveraineté, & qu'il s'aide dudit contract, non point parce qu'il est passé, mais parce qu'il estoit de Justice, & qu'ayant justifié ses possessions par les pieces qu'il a representées au Roy, on ne luy pouvoit denier ledit contract, sans luy faire tort.

Et ayant ce fondement general en sa cause, il est aisé maintenant de regler les Parties en la question de subvention qui s'offre ;

Car estant cecy une espece de droit de Souveraineté, l'on ne peut dire qu'elle ne soit comprise sous la generalité du contract ;

Et neantmoins pour autant que pour sixiesme objection, le Seigneur de Bussy a voulu dire que ledit contract debvroit sortir effet, toutesfois si n'auroit-il effet extensif aux Tailles, Aydes, & Subsides que meritoit note de remarque particuliere, d'avoir iceluy entre les autres droits Regaliens, encore que cette proposition aye esté mise en avant sans Auteur, car il est certain qu'il y a une infinité de droits Regaliens plus privilegiez que celuy; toutesfois je recognoistray que si Monsieur de Lorraine vouloit maintenant sous ce seul pretexte de son contract, introduire une novalité sur ses subjets, cela seroit de mauvaise grace.

Mais ne prescrit-il aujourd'huy? Un droit qui luy est acquis *ab omni ævo*, qui luy a esté continué dés & depuis l'an mille quatre cents quarante-cinq, soixante-huit, quatre-vingt seize, mille cinq cenrz huit, vingt deux, trente, trente-deux, trente-huit, quarante, cinquante-cinq, de suite en suite.

Quand nous ne serions fondez en tous droits de Souveraineté comme nous sommes, & que nous pretendrions estre seulement fondez en ce droit particulier de faire assembler les Estats, & par leurs advis lever une subvention ; je dis que nous y serions bien fondez par les maximes courantes des droits.

Si j'avois à traitter cette proposition par les authoritez des Docteurs d'Italie, nul n'en fait aucune doubte. Le Bartol, *in l. si publicamus scilicet in l. vectigalia de public. vectigalibus, Balde in cap. quæ sunt Regalia* ; les Canonistes *in cap. super quibusdem, §. præterea de verborum & rerum signif. Innocentius de censibus.*

Tome I.

Mais en vain rechercherois-je Autheurs estrangers, veu que tous les nostres nous assistent. Jean Fabre, *in §. eaque instit. de act. & in titulo de lege fusia caninia tollenda*. Guid. Pap. quæst. 498. Chass. §. 1. tit. des droits appartenans aux haults Justiciers, *Pierius decis.* 228. Et est mesme ce que nous apprenons des plus anciennes loix de France, de celles de Charle-Maigne, *lib.* 4. *c.* . *cap.* 12. *de Teloneis, jubemus ut antiqua & justa solvantur*; voulant dire que les Telonnages & subventions estoient justes, que la longue ancienneté avoit tolerez.

Trouverez-vous mauvais qu'un Seigneur qui *alioquin* à tous autres droits de Souveraineté, ait pareillement celuy-cy ? *atqui*, vous ne le trouverez pas estrange en une infinité de Coustumes ;

En la Coustume d'Anjou & du Maine, *art.* 128. le Seigneur Feudal, en trois cas, peut redoubler ses devoirs quand il est fait Chevalier, quand il marie sa fille, & pour payer sa rançon;

Le semblable fait-il en Normandie ;

En Bourbonnois, Masuerus, au tiltre des Tailles, y en adjouste un quatriesme, quand il se croise pour le voyage de Jerusalem ;

En Bretagne, par la Coustume, il y a sept cas ausquels le Seigneur peut imposer tailles sur ses subjets.

Et est cette taille si rigoureuse sous la Coustume de Nivernois, que le Seigneur a suite sur son subjet, encores qu'il s'alle habituer sur autres Seigneurs & Coustumes;

Et pour ne m'esloigner point grandement des bornes & lisieres de Bar, le Comte de Vertus fraischement l'a gagné contre ses subjets par l'Arrest de la Cour de Parlement.

Le semblable a obtenu l'Abbé de Beaulieu en Argonne, à six lieuës prés de Bar, que ses subjets estoient par chascune année taillables à la volonté du Seigneur ; le semblable, le Seigneur de Saint Amant, & a-t'on seulement reduit la volonté du Seigneur à l'arbitrage des prud'hommes.

Si doncques en ces Coustumes particulieres, & si en ces Seigneurs particuliers, l'on ne trouve point nouveau que l'on taille ses subjets selon l'occurrence des affaires, pourquoy le trouvera-t'on mauvais en la personne de Monsieur de Lorraine, qui d'ailleurs a tous les droits Regaliens, & quant à cetuy-cy, est fondé en une possession immemoriale ?

Si le Seigneur de Mouguinville en veut exempter ses subjets, il faut qu'il aye ou tiltre particulier, ou une longue possession, par laquelle il les pretend estre exempts.

Ny l'un ny l'autre n'a-t'il ; au contraire, il establit le fondement de ma cause sur le mesme moyen sur lequel il establit le fondement de la sienne, parceque, comme il a esté dit, en l'an 1479. les manants & habitants de Mouguinville se porterent pour Appellants de la cottisation qui avoit esté sur eux faite;

Mais pour cela laisserent-ils de payer ? Non vrayement, ainçois par Lettres Patentes du Roy Louys unzieme, après avoir entendu les droits de Monsieur de Lorraine, fut par exprés enjoint au Bailly de Vitry de prester la main audit Seigneur Duc, pour contraindre lesdits habitans de payer ;

Tellement que quand ledit Seigneur Duc ne seroit fondé en droit commun comme il est, en & au dedans de tout son Duché de Bar ; & qu'il pretendist seulement ce droit entre les Regaliens comme exhorbitant *à jure*, toutesfois c'est icy le vray cas auquel on le prescrit contre le subjet, toutes & quantes-fois qu'il a resisté, & neantmoins qu'il a payé. Bartol *in l.* 10. *hoc interdicto de aqua quot & æstiva*, *Joannes Faber in §. aquæ Just. de act.*

Voire que peu aprés, le Seigneur de Mouguinville prit pardon dudit Seigneur Duc, pour avoir assisté sous main à lesdits habitans ;

Et depuis ledit temps, jamais on n'a fait tels geetz ou levées, que lesdits habitans n'y ayent esté imposez & cotisez de suite en suite, mesmement la penultiesme qui fut en 1559. au veu & sceu dudit Sieur de Bussy & la Dame de Bussy sa femme, ils payerent; c'est doncques merveilleuse chose, que maintenant par une imagination nouvelle il les en veuille dispenser.

Reste en septiesme lieu, qu'il dit, que quand bien tout ce que dessus cessast en sa Cause, & que Monsieur de Lor-raine

raine peuft faire affembler fes Eftats, fi ne pouvoit-il faire affembler fes fubjects de Bar à Nancy, ville qui releve de l'Empire; & que c'eft par ce moyen apprendre à fefdits fubjets de fe diftraire & defmembrer de l'obéïffance du Roy:

Paroles, certes, magnifiques; & toutesfois il ne dit pas que quelquesfois Monfieur de Lorraine a affemblé tous fes Eftats, tantoft en la ville de Bar, tantoft au Pont-à-Mouffon, je dis Eftats tant de Lorraine, Barrois, que du Marquifat de Pont-à-Mouffon, qui font diverfes Seigneuries. Et neantmoins pour cela le Lorrain, ny le fubjet du Pont n'a point eftimé que l'on vouluft enjamber fur fes anciens privileges;

Ne defnie pas Monfieur de Lorraine, que s'il eftoit queftion d'une chofe réelle qui appartinft feulement au Bailliage de Bar, comme d'une reduction de Couftume, qu'il ne faillift de fortir hors les limites dudit Bailliage; mais quand il s'agit du fait general de l'Eftat dudit Seigneur, comme en cette affemblée, & convocation generale, l'on ne fçauroit trouver mauvais qu'il affemble tous fes fubjets en un lieu:

Autrement, il luy faudroit faire autant d'affemblées que de divers Bailliages, parce qu'autant y a-t'il de mouvances diverfes de luy.

Le pareil voyons-nous eftre obfervé en cette France, où le Roy (*ubi de fumma rerum agitur*) fait convoquer tous les Eftats, mefmes ceux de Bretagne, Provence & Dauphiné, en telle ville qu'il luy plaift, pour éviter à involution d'affaire;

Reconnoiftra ledit Seigneur Duc, qu'à la verité plus frequentement, il fait telles affemblées à Nancy, non pas pour diftraire ceux de Bar à la fubjection du Roy, en ce qui defpend du reffort, & de cela n'en a-t'on jamais veu experience aucune; mais parce que Nancy eft comme le centre de tous fes pays, & auquel d'une diftance l'on peut prefque aborder de toutes parts, fans aucune vexation.

Le Seigneur de Buffy veut faire trouver mauvais cette affemblée faite audit lieu:

Les Gaulois en cas femblables, combien qu'ils fuffent diftincts en Cantons qui tous avoient dominations feparées, neantmoins ne faifoient pas doute de s'affembler en certain lieu prés de Chartres, ny pour cela n'eftimoient leur authorité s'emparer:

Les Grecs qui avoient chacun leurs Republiques feparées & Souveraines, n'eftimoient deroger à leur Souveraineté pour l'affemblée des Amphictions qu'ils celebroient aux Termopiles.

C'eft doncques, comme l'on dit, rechercher un nœud dans un jonc, de vouloir imputer audit Seigneur Duc l'affemblée qui a efté par luy faite à Nancy.

Car quant à ce que l'on adjoufte que l'on avoit fermé les portes de la ville, & par menaces & inductions contraint ceux qui ne vouloient condefcendre au fubfide, mefme qu'à cet effet l'on avoit fermé les portes, il n'en eft rien, & eft un faux fait auquel on touche à tort & fans caufe l'honneur & reputation d'un des meilleurs Princes du monde;

Par toutes ces chofes qui ont efté difcouruës, pouvoit eftre la difficulté des parties; toutesfois tout ainfi que l'Advocat du Seigneur de Buffy, fur le commencement de fon Plaidoyé, a voulu extravaguer fur l'Eftat du Duché de Lorraine qui n'appartenoit en rien aux cas de prefent;

Auffi a-t'il voulu finir fur les Couftumes que Monfieur de Lorraine a fait nouvellement rediger au Bailliage de Bar-le-Duc, lefquelles n'ont aucune communauté avec la Caufe qui s'offre.

Il a doncques dit par dernier lieu, que Monfieur de Lorraine faifoit le Roy mefme, qu'il anticipoit fur les droits du Roy, lequel s'eftoit refervé le dernier reffort de Juftice, ou de faire des Couftumes; c'eftoit donner loy expreffe à fes fubjets, & plus faire que le dernier reffort de Juftice.

A cela nous répondons que nous ne ferons jamais fi mal appris de rien entreprendre fur le traitté qui a efté fait & paffé entre luy & nous, & n'oublierons jamais rien de ce qui eft de noftre devoir.

Mais pour le regard des Couftumes, & eftimer que ce foit entreprife, c'eft errer:

Parce que l'on n'a jamais fait doute que ceux qui tenoient rang de Souverains en France fous la Souveraineté du Roy, ne puiffent de leur authorité faire rediger les Couftumes particulieres de leur pays, & à cet effet affembler les Eftats;

La Couftume de Normandie qui court encores & eft obfervée au Parlement de Roüen, eft faite fous le nom du Duc. *Nor. die.*

En la Bretagne, pour le fait des partages, on ne reconnoift que ce qui fut arrefté en l'affife du Comte de Geoffroy. *Breigne.*

La Couftume que l'on pratique en Bourgogne, eft celle que Philippe Duc de Bourgogne, fit rediger en l'affemblée de fes Eftats en l'an mille quatre cents cinquante-neuf, qu'un Prefident mefme de Dijon (c'eft Chaffanée) n'a depuis dédaigné de commenter. *Bourgne.*

Et s'il faut paffer plus avant, encores reprefentera-t'on en un befoin la Couftume de Champagne en un vieux langage François, reduite par Thiebault Comte de Champagne avec l'advis de fes Seigneurs & Eftats de l'an 1223.

Et non feulement a efté pratiqué cela, par ceux qui tiennent rang de Souverains, mais auffi par Seigneurs, pour Seigneuries efquelles ils ne pretendoient onques droits de Souveraineté.

Car il eft certain que Robert, fils de Saint Loüis, qui fut Comte de Clermont, ne fe pretendit jamais Souverain à caufe dudit Comté; & neantmoins nous trouvons encores pour ce jourd'huy la Couftume de Clermont qui fut redigée deffous fon authorité. *Clermont.*

Nous ne faifons femblablement aucune doubte que le Duc de Nivernois ne foit Souverain, & toutesfois encore trouvons-nous imprimée la Couftume de Nivernois & Donziois qui fut reduite en l'an 1490. par Maiftre Jean de la Riviere, Bailli de Nevers, fous l'authorité du Comte de Nevers qui lors eftoit.

Ni pour cela, l'on n'eftima onques que ce fuft entreprendre fur les droits & prerogatives du Roy, auquel feul appartient de donner la loy à fes fubjets.

Car l'on fçait trop mieux: il y a bien grande difference entre la loy & la Couftume, eftant la loy faite par le Prince, & la Couftume par le peuple, & ne reçoit jamais Couftume qui contrevienne directement à la loy; tellement qu'encores que la Couftume foit receuë au fupplement de la loy, fi ne l'eftimons-nous pas proprement loy; & pour cette caufe, combien que nul ne puiffe s'excufer fur une ignorance de la loy commune, qui eft eftablie par le Roy, fi eft-ce que l'on reçoit l'excufe fondée fur l'ignorance d'une Couftume, tout ainfi qu'un ftatut, comme eftant plus chofe de fait que de droit, comme l'on dit *in cap. 1. de conftit. in 6.* à la loy commune du Prince.

Auffi publiez-vous en France les loix & Ordonnances du Roy en vos Cours de Parlements, mais non jamais les Couftumes, & encores qu'après qu'elles ont efté redigées on les enregiftre aufdites Cours, ce n'eft pas toutesfois pour les omologuer comme les Ordonnances, mais feulement afin que l'on ait recours aufdits regiftres, pour les trouver, comme en une archive publique & reffort general de tous les Bailliages qui font expofez fous lefdits Parlements:

Parquoy, quand Monfieur de Lorraine a fait rediger fes Couftumes, il n'a rien entrepris de nouveau; il a les miroüers & exemples devant les yeux; & davantage, ce n'eft point faire une loy, c'eft favorifer fes fubjets; & pour éviter à véxation, faire reduire l'ufance par quelque alluvion s'eftoit infinuée entr'eux, le tout en la mefme forme, comme en un fiege, par commun ufage, les Praticiens avoient introduit un ftile ou le Juge fit rediger par efcrit; joint qu'il n'a fait que reprendre en cecy la Couftume qui avoit efté redigée par les Eftats dés l'an 1506. par authorité de René de Sicile, Duc de Lorraine & de Bar, fon bifayeul, ainfi qu'il vous en fera apparoir par cahier exprés.

Et voilà en fomme comme vous voyez que toutes les objections qui nous ont efté icy faites, reffemblent à ces tapifferies que l'on appelle grotefques; car tout ainfi comme en icelles, les peintures d'entre nous reprefentent images d'hommes d'hommes ou d'animaux dont la fin esbloüit en fumée, aussi ce qui nous a esté objecté, si vous ne considerez qu'à l'entrée, vous y trouverez quelque speciosité & parade ; mais venus en l'arriere-boutique & entrez en vostre second penser, ce vous seront vaines imaginations qui n'ont aucune suite d'effet.

Jusques icy doncques, nous pensons avoir effacé tout ce dont on nous a voulu à fausses enseignes combattre : je reviendray, avant que finir, à la question de l'impost & cottisation dont il s'agist.

Monsieur le Duc de Lorraine souhaiteroit grandement n'estre tombé en cette extremité de lever l'Octroy, dont est question, sur ses subjets ordinaires :

Toutesfois nous pouvons dire de telle sorte d'Aydes, ce que fit autresfois un bon Romain pour autre subjet ; c'est un mal qui est necessaire avec lequel nous ne pouvons estre commodément, & sans iceluy toutesfois nous ne sçaurions presque estre ; mal qu'il faut que chacun de nous en nostre particulier endurions, pour le soulagement universel, & à peu dire, sommes esclaves de tels impôts sous nos Princes, pour nous affranchir de la tyrannie de l'estranger.

Les anciens recitent que Neron, sous les cinq premiers ans de son Empire qui furent infiniment recommandez par la posterité, pensant exercer un grand trait, voulut supprimer tous les Aydes & Subsides, afin qu'il fust memoire à jamais de la liberalité qu'il auroit fait envers son peuple ; toutesfois il fut dissuadé de ce faire par les Senateurs qui plus favorisoient le publicq, disants que ce seroit la dissolution de l'Empire, si l'on diminuoit les frais par lesquels il estoit contenu.

Tant que Monsieur de Lorraine peut, il supporte son peuple de toutes façons aux dépends de son Domaine ; & de fait, en tous ses pays, l'on ne sçait que c'est de Tailles, Aydes & Subsides ordinaires :

De luy vouloir denier un secours en ses affaires tel que celuy que s'offre, en une necessité urgeante, je mesme que celle qui nous avons veu, secours commun & familier à tous Princes, je crois que cela ne sçauroit aisément entrer en un entendement bien fait :

Tout ce dont l'on nous peut battre, est ou du chef du Roy, ou du peuple :

Du chef du Roy, comme si nous entreprenions dessus son Domaine :

Or pour le regard de ce point, j'ay tousjours appris, & ainsi nous l'a tousjours fait entendre l'Ordonnance qui fut publiée en la Cour de Parlement le troisiesme jour de May 1566. que le Domaine de la Couronne est entendu celuy qui est expressément d'ancienneté uni & incorporé à la Couronne, ou qui a esté tenu & administré par les Receveurs & Officiers du Roy par l'espace de dix ans, & entré en ligne de compte.

Il n'y a pays en tout le Royaume, où le Roy ne leve Tailles ; aux aucuns endroits, personnelles ; aux autres, réelles ; il n'y a pays où il ne leve Aydes & Subsides ; il n'y a pays où il ne leve droits de Gabelle.

S'il se trouve en la Chambre des Comptes que jamais le Roy ait levé Tailles, Aydes ou Subsides en tout le Bailliage de Bar-le-Duc & que l'on eust rendu compte ; si l'on trouve qu'il y leve Aydes ou Subsides ; si l'on trouve droit de Gabelle, nous nous submettons à tout ce qu'il plaira au Roy ordonner.

Mais s'il ne fit jamais fonds de cela en sa Chambre des Comptes, qui est le vray repertoire de son doüaire, pourquoy d'un costé nous battra-t'on du pretexte du Roy, qui ne prend rien sur ledit pays ; & d'un autre, il ne nous sera loisible de tirer sur nos sujets ce qui est permis à tous Princes en cas de necessité ? A quel jeu auront nos sujets gaigné ce privilege sur nous, qu'entre toutes les nations du Ponant, ils ne soient tenus de secourir leur Prince en necessité ? Car si encores l'on voyoit qu'ils payassent quelque chose au Roy, il y auroit quelque excuse ; mais de ne payer au Roy d'autant qu'il n'y pretendit jamais droit, & neantmoins ne vouloir payer audit Seigneur Duc sous un argument mal basti, que l'on tire du pretexte du Roy, sauf correction de vous, Nosseigneurs, c'est une sophistiquerie palpable qui se descouvre au doigt & à l'œil :

Aussi ne voyez-vous point icy que le peuple se plaigne.

Qui doncques s'en plaint maintenant ? Le Seigneur de Bussy qui tient garnison & Gendarmes devant Mouguinville, au milieu d'une paix, lesquels tiennent tout le plat pays en subjection ; le Seigneur de Bussy, vassal, qui de propos deliberé ne tend à autre chose que d'irriter son Seigneur feudal, pour exciter plus grande tragedie entre les Princes ;

Le Seigneur de Bussy, dy-je, qui feignant de parole ne vouloir recognoistre autre Souverain que le Roy, se veut rendre de fait & de force, Souverain dedans Mouguinville : & vrayement quand toutes ces considerations qui ont estez desduites par son Advocat, seroient de quelque merite (que non) si est-ce que les choses estans telles, elles tomberoient mal en la bouche dudit Sieur de Bussy.

Par ces moyens doncques je concluds à ce que le Seigneur de Bussy & sa femme soient declarez non recevables en leur appel, attendu que les sujets de Mouguinville ne se plaignent point ; & neantmoins si où recevables seroient, que mal & sans grief ils ont appellé en ce faisant ; qu'il sera dit que la cottisation faite sur lesdits subjets tiendra ; & au surplus, que Monsieur de Lorraine estant declaré bien fondé en faire assembler ses Estats, & par leurs advis lever deniers sur ses subjets, seront lesdits habitans de Mouguinville declarez perpetuellement cottisables à telles impositions ; & toutesfois parceque vous voyez l'Advocat desdits Sieur & Dame avoir usé de plusieurs parolles diffamatoires au desadvantage de Monsieur le Duc de Lorraine non servants ny appartenants à la Cause qui s'offre, qu'il sera tenu d'apporter ses memoires, & se faire avoüer pour, ce fait, prendre par mondit Seigneur Duc telles fins & conclusions qu'il verra bon à faire, & demande despens, dommages & interests.

FIN DU PLAIDOYE' D'ESTIENNE PASQUIER.

PLAIDOYÉ
De Feu M^e
PIERRE VERSORIS,
ADVOCAT EN PARLEMENT;
POUR
Les Preftres & Efcoliers du College de Clermont, fondé en l'Univerfité de Paris, Demandeurs;

CONTRE

Ladite Univerfité, Deffendereffe.

PLAIDOYÉ
De Feu M^e
PIERRE VERSORIS,
ADVOCAT EN PARLEMENT;

POUR Les Preſtres & Eſcoliers du College de Clermont, dicts Jeſuites, fondez en l'Univerſité de Paris, Demandeurs en Requeſte du vingt-ſixieſme Febvrier, mil cinq cent ſoixante-quatre, d'une part :

CONTRE *Les Recteur & Suppoſts de l'Univerſité de Paris, Deffendeurs, d'autre.*

Verſoris a dit :

Ue ſi l'ignorance de la verité produict ordinairement des jugements erronez, la cognoiſſance de ceſte meſme verité, tire au contraire, des jugements vrays & certains.

C'eſt ce qui a eſté remarqué par les anciens Peres de l'Egliſe, qui nous teſmoignent la Religion Catholique avoir eſté tant oppreſſée pour l'ignorance de la vraye profeſſion des Chreſtiens.

Mais ils avoient ce malheur, que ceux qui en eſtoient les juges (dict Tertulian en ſon Apologetique) ne vouloient pas entendre ceſte verité, ny entrer en cognoiſſance de Cauſe.

Les Demandeurs ont ce bon-heur d'eſtre tombez en un trop meilleur Siege, auquel, s'ils ſont calomniez en leur inſtitution & profeſſion de vie, ils ont ce bien d'avoir ceſte Cour pour juge de leur Cauſe, deſireuſe d'entendre la verité & ſincerité de leur profeſſion, & qui leur permet avec entiere liberté de la repreſenter :

Ceſte Cour qui juge tout à la balance, & qui paſſe par-deſſus toutes les conſiderations qui pourroient faire pancher ceſte balance :

Ceſte Cour qui regarde chacun d'un œil qui a ſa rondeur eſgallement proportionnée; œil plus droict que celuy de Polypheme, lequel aucuns ont eſtimé ſur Philoſtrate eſtre l'œil de la France. Mais je peux mieux dire celuy de la Juſtice qui regarde ceſte Galathée, ou ceſte verité de laquelle ce grand Polipheme, qui eſt ce grand corps de la Juſtice, eſt amoureux;

Et la garde ſans diſcretion de perſonne, d'une affection eſgalle, ſans départir plus à l'un qu'à l'autre, ains rend à chaſcun ce qui luy appartient.

Si M. Eſtienne Paſquier fuſt entré en ceſte conſideration, il ſe fuſt retenu, & ne vous euſt rempli les aureilles que de Faicts veritables bien averez, & ſe fuſt gardé de toute vehemence.

Il n'euſt moins eſtimé de vous, pour ne voir rien icy de peint & de figuré, que de ce grand Senat Athenien, qui n'eſtant conduict par de ſi ſeveres maximes que les voſtres, avoit en ſon entrée & frontiſpice quatre ſtatuës en forme de quatre Déeſſes, deſquelles les deux premieres eſtoient de chaſque coſté, l'une nommée Contumelie, & l'autre du nom d'Impudence; l'une accuſe, qui eſt Contumelie; l'autre ſe defend, mais par Impudence; les deux autres en font juſtice, & puniſſent celle qui a eſté trouvée en faute.

Vous n'avez poinct beſoing de ces peintures, vous avez les effects, & eſt expedient que chacun le cognoiſſe & qu'on n'abuſe aux plaidoiries, d'une licence d'accuſer avec injures ſans preuve de ce qui eſt dict.

L'une des principales admonitions que les conſtitutions civiles donnent à ceux qui plaident les Cauſes, a eſté de s'abſtenir d'injures & de contumelies, *nec ultra quàm litium expoſcat utilitas & neceſſitas.*

Ce que j'ay voulu premettre parce qu'en ceſte Cauſe ont eſté plaidées contre mes parties pluſieurs injures, qui toutes ſe trouveront fauſſes, ſous correction de la Cour :

Et non ſeulement fauſſes, mais impertinentes, & qui ne ſervent de rien à la deciſion de la Cauſe, comme j'eſpere monſtrer par la deduction de mon faict. C'eſt trop ſe vouloir faire croire, & eſpouſer avec trop d'affection une Cauſe, de dire ce que vous avez entendu dudit Paſquier, qu'il eſpere & deſire d'eſtre dict à l'advenir deſtructeur de ceſte Societé, comme il dict qu'un autre Paſquier en a eſté conſtructeur & premier auteur. Certainement je luy deſirerois mieux, *Qui ſua intereſſe dicit, propriam cauſam defendit*, dict le Juriſc. *in l. quando & intra quæ tempora appellandum ſit.*

Mais il a deu penſer qu'en faiſant ſa Cauſe propre, ſon teſmoignage ne ſeroit pas creu.

Et moins encores en ſeroient creus Ramus, Gallandius, & celuy lequel s'eſtant autrefois retracté, n'a oſé apparoir ſinon qu'il a dreſſé les memoires de l'Advocat qu'il a extraicts d'un livre qu'un nommé Kennicius Hereſiarche & Proteſtant d'Allemagne avoit eſcrit contre ceſte Societé, laquelle il eſprouvoit luy eſtre contraire.

Vous avez oüy, Meſſieurs, de quel eſprit l'on a comblé ce lieu d'injures. J'ay penſé de ne tomber en ceſte façon de faire, bien que l'innocence de mes Parties, & leur juſte douleur

douleur me semble provoquer de n'estre remis, ni modeste en leur excuse.

Mais la premiere & principale raison, qui me retient, est la qualité de vous, Messieurs, qui par vostre prudence, & sagesse accoustumée, ne croyez rien de ce que voyez estre proposé plus par animosité que par forme de deffence.

La seconde, qu'en tout cas, mes parties se remettent sur ce que Socrates *epota cicuta* devisant avec Crito son amy luy disoit, *non admodum esse curandum quid de nobis multi loquantur, sed quid dicat is unus qui solus videt & intelligit.*

La troisiesme, que l'envie & contradiction que l'on porte à mes parties, vous faict d'autant plus estimer leur institution, parce qu'ordinairement l'envie suit la vertu: *summa petit livor*, dict Ovide:

Nam mala sunt vicina bonis; errore sub illo,
Pro vitio virtus crimina sæpe tulit.

Et à ce propos, il me souvient avoir leu au supplément, que l'Ordre des Carmes qui commença en l'an 1200. *ab Alberto Patriarcha Hierosolymitano*, & pareillement celuy des Cordeliers *sub Innocentio & Honorio*, l'an 1324. *multas impugnationes per multos annos ab æmulatoribus pertulerunt*.

Et neantmoins sont demeurez en telle sorte, qu'il en est provenu de grands fruicts, une infinité de gens doctes, & de bon exemple.

Et rend l'Histoire la raison de ces contradictions: *noverat (inquit) antiquus hostis hos ordines Ecclesiæ Dei admodum profuturos: propterea multum illis obstitit, ita ut ad nihilum ferè redigerentur.*

Et de faict, c'est la nature de toutes choses grandes, d'avoir des commencemens difficiles, & pleins de contradictions. *Magno enim*, dict Luc. *in princ. belli Phars. æterna parantur.*

Et pour le monstrer, je ne veux poinct faire un grand amas d'Histoires: mais seulement vous proposer la verité du faict comme elle est, par forme de simple recit: *veritatis enim verba simplicissima sunt*, disoit Æschylus.

Non point aussi avec une multitude d'Advocats, comme ont faict les Parties adverses, me souvenant de ce que dict Plutarque, *quemadmodum amici, sic veritatis simplex oratio sit; & ut falsitas multis eget advocatis, veritas uno dubusve contenta est.*

Ne craignant en ce faict, les ruses des parties adverses qui se sont transformées soubs diverses qualitez, & se sont aydées de divers Advocats, d'autant que, comme dict Ciceron, *in Vatinium: Tantam semper potentiam veritas habuit, ut nullis machinis aut cujusvis ingenio vel arte subverti possit, & licet in causa nullum patronum vel defensorem habeat, tamen per seipsam defenditur.*

Au moyen de quoy, je me delibere, avec une modestie digne de mes parties, vous proposer & narrer au vray, le discours de mon faict tel que je l'ay par pieces, afin qu'iceluy proposé, & l'estat de la cause cognuë, l'on voye si ma requeste est civile.

Pour y parvenir, je commenceray à l'origine de cest Ordre: lequel M. Estienne Pasquier a voulu tirer de bien loing d'un nommé Colombinus ou Colombanus, Marchand demeurant à Siene, lequel environ les années 1366. 67. 68. aprés avoir long-temps faict le traficq de marchandise, finalement induict par sa femme, voüa avec elle perpetuelle continence.

Il introduit une secte de gens lays vivans fort Religieusement, que l'on nommoit Jesuates, non par arrogance, comme l'on vous a dict, mais comme dict Sabellique, *ennea, 9. l. 9. eo quòd Jesu summi regis frequens in illorum ore nomen esset.*

Tant y a que ces Jesuates vivans fort religieusement, vindrent toutesfois par faux rapports en quelque suspicion vers Urbain cinquiesme, qui les convoqua, approuva, & loüa grandement leur Ordre, leur bailla certaine sorte d'habit fort humble, & leur donna un sien nepveu pour protecteur.

Que si Pasquier eust bien leu Volaterran en son 21. livre Sabellique au lieu preallegué, Polyd. en son septiesme *de rerum invent.* le supplément des Croniques au 13. liv. du temps de Charles troisiesme; & pour parler des Auteurs de nostre profession, s'il eust veu *Felinus in c. Ecclesia Sancta Mariæ, ext. ut lite pend. & c. de const. in antiquis. Panor. in c. nullus, de foro compet.* il eust trouvé qu'entre cest Ordre de Jesuates, & ceux qu'il nomme à present Jesuistes, il n'y a proximité ne conformité quelconque.

Car les Jesuates estoient purs lays, ceux-cy sont Ecclesiastiques: les Jesuates *victum labore & operâ quæritabant*; ceux-cy sont mandians aux Maisons professes, & fondez aux Colleges: les Jesuates estoient *Idiotæ, nec sacris initiabantur*, ceux-cy *possunt liberè ad quosvis ordines promoveri*: les Jesuates n'avoient autre priere que l'Oraison Dominicale, ceux-cy ont toutes les prieres ordinaires des Ecclesiastiques: les Jesuates estoient vestus d'habits distincts, ceux-cy n'ont aucune distinction d'habits d'avec les Prestres seculiers.

L'on peut voir s'il y a quelque conformité des uns aux autres, & si l'on s'est fort abusé de le mettre en faict.

Mais l'occasion pour laquelle l'on a voulu attribuer l'origine de cest Ordre à Colombin, c'estoit pour monstrer que l'intermission de cest Ordre estoit un argument de la reprobation.

Mais il y a double responce; la premiere, que l'un des Ordres n'a rien de commun avec l'autre:

L'autre, que ce n'est chose estrange que des Ordres inventez, introduits & approuvez, soyent intermis par quelque temps.

Et qu'ainsi soit, nos Histoires tesmoignent que dés long-temps Sainct Augustin retourné d'Italie, institua l'Ordre des Hermites Sainct Augustin dans la ville d'Hippone, Ordre tant Sainct qu'il n'est possible de plus: & de faict, l'Ordre des Chanoines reguliers fut faict à l'imitation par le mesme S. Augustin, lors qu'il fut faict Evesque d'Hippone.

Toutesfois les Histoires portent que par la calamité du temps, cest Ordre des Hermites fut du tout delaissé, jusques à ce que Guillaume Duc d'Aquitaine le remit sus: *unde Guillelmitæ dicti sunt.*

Retournant doncques à la vraye origine de l'Ordre dont il est question: est la verité telle, qu'environ l'an 1530. dix assez jeunes hommes, desquels y avoit deux François, deux de Savoye, deux Navarrois, trois Espagnols, & un Portugallois, tous maistres és Arts à Paris: & ayans estudié long-temps en Theologie, d'un commun accord, & poussez de la main de Dieu, adviserent ensemble une forme de vivre, à laquelle ils s'obligerent par vœux solennels, si l'Eglise Catholique & superieurs d'icelle les vouloient admettre.

Et de faict, ayans essayé ceste reigle par forme de probation, ils se transporterent à Venise, non pour y vivre en liberté, comme on a voulu dire: car il y a en ce lieu & de bons, & de mauvais, comme icy: mais pour y trouver navigation commode pour visiter les lieux Saincts de Hierusalem, comme leur intention estoit saincte.

Et estans revenus, s'en allerent à Rome, où aprés avoir sejourné quelque temps, furent presentez au Pape Paul III. avec leur regle, lequel craignant d'introduire en l'Eglise une nouveauté, *non ita statim consensit*: mais aprés avoir mis l'affaire en deliberation, il ordonna à ces pauvres gens de demeurer à Rome pour voir quelle forme de vivre ils tiendroient, & en quelle perseverance.

Et aprés avoir par le temps de cinq ans cogneu la saincteté de leur vie, & l'integrité de leurs mœurs, en l'an 1540. il approuva leur Ordre, & à ceste fin leur octroya ses Bulles, & depuis l'an 1543. l'auroit confirmé.

Qui est en effect le commencement de cest Ordre: non point qu'un Ignace de Loyola Navarrois en ait esté le premier instituteur: car tous les dix ont commencé ensemble ceste forme de vivre; tous dix ont requis l'approbation, comme ils sont nommez par la Bulle, sans qu'aucun d'eux ait pretendu en avoir esté Inventeur.

Bien est vray, qu'en les nommant tous dix, il en falloit nommer un premier, & s'est trouvé occurrentment ledict Ignace le premier nommé, non qu'il fust le premier Auteur.

Bien fut-il esleu par aprés pour Superieur sans luy oster ce qui est resmoigné par sa vie, qu'il estoit de grand lieu & de grande & illustre maison.

Cest Ordre doncques estant approuvé & confirmé par les Bulles dudict Paul III. luy-mesme en érigea une Maison &
Societé

Plaidoyé de Pierre Versoris.

Societé en la ville de Rome, où il y a pour le present plus de six vingts Religieux : fit baftir un College dudict Ordre en un autre lieu de la ville pour eftre leur Seminaire.

Et par fucceffion de temps, le College de Meffieurs les Cardinaux a erigé le College deffoubs la conduicte de ceux dudict Ordre : auquel College font maintenant les Fouques eftudians ; & en autres endroicts de l'Italie ils ont efté receus en divers lieux, à Tivoly, Frefcate, Fourli, Peruse, N. Dame de Lorette, Recanate, à Boulongne la Graffe, &c.

Et fe trouve à prefent qu'ils ont des Maifons de leur Ordre à Naples, Sicile, Sardine, Venife, Padoüe, Ferrare, Plaifance, Milan, Siene, Genes, en Hongrie, en Pologne, en Portugal, en Allemagne, en Flandres.

En forte qu'on peut voir, qu'ils ont pris leur origine en France, & leurs premiers fondemens & racine font aujourd'huy difperfez par tout le monde : car il y en a en Turquie, és Indes & terres du Preftre Jean.

In fumma, il n'y a lieu où ceft Ordre ne foit maintenant admis. En France, il y en a nombre de Colleges, à Paris, Billom, Mauriac, Tolofe, Rodez, Apamiers, Tournon, Avignon.

Au demeurant, fi je ne craignois eftre trop long, je pourrois dire un profit indicible, & un contentement grand que chafcun a d'eux ; mais la multitude des Couvents, ou Maifons, Profeffeurs & Colleges de ceft Ordre le tefmoignent affez.

Et parce que par mon Plaidoyé j'ay parlé diverfement des Maifons profeffes & des Colleges ; je vous fupplie de noter la difference des deux : car de là defpend la decifion de la Caufe.

La Maifon Profeffe, eft compofée de gens qui ayans efté efcoliers, & Regens en l'un des Colleges, vivans fous la regle, aprés plufieurs probations, font profeffion, & lors vivent d'aumofnes dans les Maifons Profeffes, & n'ont aucun revenu, & n'en peuvent avoir.

Quant aux Colleges, il y a un Principal, qui eft appellé en quelques endroits Recteur ; il y a Regents & Efcoliers, *qui fimul convivunt*, difent leur fervice *figillatim*, enfeignent *gratis*, font Efcoliers & Regents certain temps, & puis acquierent degré de Profez, où de coadjuteurs formez :

Sont, au demeurant, fubjects à l'Evefque & à l'Univerfité des lieux, où ils font quand elle les reçoit :

Sont auffi fubjects au Juge feculier en ce qui eft de fa Jurifdiction ; & afin qu'ils ne foyent divertis de leurs eftudes efdits Colleges, ils font fondez.

Or comme leur but principal eft d'exercer la charité, ils ne veulent que ce devoir d'enfeigner foit feulement pour eux, mais pour tous, & ont à ceft effect des claffes & chambres, où ils reçoivent les autres Efcoliers, qui ont un Principal, & Procureur comptable des penfions, & s'il y a du refte aprés la nourriture des enfans, il eft employé à la nourriture des pauvres Efcoliers, fans que ceux de la Societé y puiffent rien pretendre, & font entierement feparez, finon ceux qui font neceffaires pour lefdits Efcoliers refidans efdits Colleges.

Pour retourner doncques à noftre premier propos, eft la verité telle, que Paul III. voyant ceft Ordre ainfi croiftre & profiter à l'honneur de Dieu, & au maintien de l'Eglife, leur donna & octroya des Bulles qui portent, à la verité, de grands privileges, qui ne feront trouvez defraifonnables eftans fainement entendus : car quelque part qu'ils s'eftendent, ne portent prejudice aux Evefques, Curez, & Univerfitez, comme l'on a voulu dire, & de là tirer fort en envie ceft Ordre.

Car la Cour entendra que ces privileges ne leur font baillez que pour les lieux où ils font neceffaires, & ne fe trouvera qu'ils en ayent abufé jufques à prefent, & n'ont volonté d'en abufer cy-aprés.

Et n'avoit-on que faire de plaider que le Pape Paul baillant cefte Bulle, avoit perverti tout l'Eftat & repos Ecclefiaftique : car on pouvoit penfer que la Bulle avoit & pouvoit avoir une interpretation autre qu'elle ne femble de prime face à ceux qui font conduits de quelque vehemence, & fe laiffent aller à quelque aigreur.

Maximé, puifque le Roy, la Cour, & l'affemblée des Evefques l'a prife, & agreée.

On blafme bien fouvent ce que l'on n'entend pas, & fe trompe-l'on fouvent à ce qu'on voit de loing, ou en ombrage : fi on s'approche, ou qu'on voye plus clair, & qu'on entende ce qu'on ignoroit, on change bien fouvent d'opinion & jugement.

La demande que fit Pollux, frere de Caftor, dans Homere, de ne point vivre le jour que Caftor fon frere auroit vie, a peu donner du commencement foupçon à d'aucuns ; d'une inimitié irreconciliable entre ces deux freres, & d'une haine telle l'un contre l'autre qu'on aye penfé qu'ils ne fe foyent jamais voulu voir.

Mais quand on eft entré en une difquifition plus particuliere de l'intention qui avoit meu Pollux de faire cefte priere, qui eftoit une extreme & finguliere amitié qu'il portoit à fon frere, duquel n'ayant peu fupporter la mort, ayma mieux n'avoir que demie vie à celle fin d'en communiquer une partie à fon frere, & par ce moyen le faire renaiftre, & revivre pour le moins alternativement avec luy s'il ne pouvoit mieux, on a bien changé d'opinion & de jugement.

Il falloit faire de mefme en cefte caufe, avant que de blafmer les intentions du Pape, auquel fi on euft voulu porter plus de refpect, il y euft eu plus d'apparence de rejecter pluftoft quelque faute, s'il y en avoit, fur les impetrans, contre lefquels encore euft-il fallu fufpendre fon jugement, & fçavoir mieux l'intelligence des privileges.

Ces Bulles doncques leur ayans efté octroyées, aucuns d'eux auroient efté envoyez en France, avec recommandation du Pape.

En telle forte que le Roy Henry deuxiefme, en Janvier 1550. ayant faict voir leurs Bulles au Confeil, decerna fes lettres patentes à la Cour, par lefquelles il eftoit mandé de les recevoir en France, & les faire joüyr de l'effect defdites Bulles, pour le grand fruict qu'on avoit jà cogneu d'eux ; & qu'on efperoit qu'ils rapporteroient à l'advenir.

Sur lefquelles Lettres, la Cour ayant deliberé, ordonna qu'elles feroient communiquées à la Faculté de Theologie.

Ladicte Faculté craignant les evenemens pour lors incertains, lefquels, par la grace de Dieu, au lieu qu'ils eftoient craints fcandaleux & pernicieux, font parus trés-louables, & trés-dignes, en fit difficulté, & eft à croire que fi elle eftoit de prefent affemblée fur ce mefme faict, qu'elle en feroit autre jugement.

Depuis ces Lettres, le Roy François deuxiefme, retenant le mefme defir qu'avoit eu le Roy Henry deuxiefme fon pere d'eftablir cefte Societé en France, decerna pareilles Lettres l'an 1560. lefquelles ne peurent eftre deliberées pour la mort foudaine advenue au Roy, *quem tantùm terris fata oftendere*.

Eftant depuis Charles neufviefme venu à la Couronne, il octroya autres Lettres, lefquelles furent renvoyées à l'affemblée des Evefques, où elles furent recitées, & rapportées par Monfieur du Bellay en plein confiftoire, agreées & trouvées bonnes, pour eftre receus les impetrans, par forme de College fuivant leur confentement & declarations.

On a voulu dire, que celuy qui y prefidoit, eftoit fufpect, & qu'il favorifoit mes parties, en quoy l'on faict grand tort à la memoire d'un fi docte, fi fidel, & fi Catholique Cardinal, que je nomme par honneur, le Cardinal de Tournon.

Il n'eftoit pas feul ; il y en avoit affez d'autres, & mefme de la part de l'Univerfité : auffi l'acte eft figné du Prefident, du Rapporteur, & de deux Greffiers, qui monftre qu'il a efté approuvé de tous.

Cefte approbation ainfi faite, Monfieur l'Evefque de Paris y apporta fon confentement, & Meffieurs les gens du Roy ne voulurent empefcher la verification defdites Lettres.

Il n'eftoit befoin en ceft endroit de remarquer l'Empefchement faict par Monfieur le Procureur General Bruflard aux premieres Lettres : car c'eft taxer la memoire de Monfieur le Procureur Bourdin, qui les a depuis confenties ; & croy que fi ledict Sieur Procureur General Bruflard y euft encore efté lors, il les euft confenties, eftant l'Office de l'un, l'Office de l'autre.

Auffi feroit-ce taxer l'honneur de la Cour, laquelle, toutes les Chambres affemblées, a approuvé cefte Compagnie

& Société. Car pour lors elle estoit, comme elle est encor' à present, remplie d'un grand nombre de personnes les plus dignes, & les plus severes, & qui prenoient assez garde aux nouveautez. Estant donques ceste Société approuvée par le Concile General, les Papes, les Roys, par l'assemblée des Evesques & autres Prelats, & par la Cour:

Afin de ne mespriser personne, ils s'addresserent au Recteur de l'Université, personnage de vertu & d'honneur, Maistre Julien de Sainct Germain, le 5. Febvrier 1563. duquel ils obtindrent lettres testimoniales, & de protection pour les faire jouïr des privileges d'icelle Université, comme les autres Colleges d'icelle.

Alors ils font venir des Regents, commencent à enseigner, *ad quos sit statim concursus, ut visi & auditi, statim probati*: on les vient ouÿr de toutes parts, leur doctrine est estimée, leur methode approuvée, leur industrie recommandée, & leur liberalité & charité en reputation. *Hinc iræ*. Ceste si grande approbation, leur donne de verité subject de presenter Requeste à la Cour pour estre receus & incorporez à l'Université; sur laquelle Requeste, est ordonné que le Recteur de l'Université sera ouÿ.

Au jour de l'assignation pour plaider, le Procureur General dudict Ordre, estant present, on luy demande s'il est Moyne; il respond que quant à luy, il a faict Profession, & qu'ils est Religieux Profez; quant aux autres, qu'ils sont Regents & Escoliers, & qu'ils n'ont encores faict profession.

Que s'il dict lors, comme vous avez faict fort hault sonner, qu'ils fussent *tales quales*, ceste responce n'est subjecte à estre calomniée; ils ne veulent se rien attribuer d'eux-mesmes, & rapportent tout à Dieu, & en cela n'ont point autre responce que ce que Saint Paul leur a enseigné, & à nous tous, *gratiâ Dei sum id quod sum*.

Quand on voit qu'il est question de recevoir cest Ordre en ceste Université, Ramus & Gallandius font tant qu'on va *ad comitia : in comitiis*, on ne trouve qu'on les doibve exterminer, comme vous avez conclud. *Imò*, on avoit trouvé par l'advis des quatre Advocats de l'Université, tous cogneus pour anciens & mieux nommez de ceans, qu'il estoit raisonnable de les recevoir & incorporer à l'Université, en se soubsmettant aux statuts d'icelle.

Vous avez mesme veu que le Recteur, Jeudy dernier, ne concluut à autre fin, sinon, *ut hujus Universitatis legibus viverent*.

Pour respondre donques l'estat de ceste Cause, & les Conclusions de nostre Requeste, elle ne tend à la reception de cest Ordre : car cela n'est point demandé; & quand on le demandera, il sera tout à temps d'en disputer.

Mais seulement elle tend à la reception d'un College, où il y aura un Principal, Procureur, Regents, & Escoliers, non distinguez d'habits, ne de vivre: *nam ubique ferè convivunt*, non autrement distinguez des autres Colleges, *hoc tantùm* que l'on y enseignera *gratis*.

Et par ce moyen, les pauvres auront autant de commodité d'estudier que les riches, lesquels seuls sont communément avancez aux autres Colleges.

De là, vous voyez, Messieurs, que l'on n'a pas plaidé ce qui s'offre, *sed tanquam in Schola*, l'Advocat *sibi casum finxit, quò scilicet sibi dicendi via pateret, & ut pueris placeret, & declamatio fieret*.

Et me souvient en cest endroit, des declamations de Quintilien, sur cas posez à plaisir; ce qui est receu en l'Escole, mais non icy, où il faut plaider la question prescripte resultante de faict tel qu'il s'offre.

Ce qui me serviroit grandement pour abreger ma Cause, si n'estoit qu'ayant l'Advocat allegué plusieurs particularitez contre l'institution de cest Ordre, il les voudroit adapter aux Colleges; aussi que l'honneur de l'un touche l'autre.

Au moyen de quoy, je me delibere monstrer les raisons pour lesquelles ma requeste me doibt estre interinée.

Messieurs, à ce que j'ay recueilli du Plaidoyé de l'Advocat, il a voulu rejecter cest Ordre, & le College premierement pour la raison universelle prohibitive d'instituer Colleges & nouvelles Religions:

Secondement, par l'arrogance du nom qu'il dict estre fastueux & scandaleux: *Tertiò*, à cause de leurs habits: *Quartò*, pour leur doctrine: *Quintò*, pour leur vie, & faicts particuliers: *Sextò*, pour l'interest de l'Eglise, en quoy Monsieur l'Evesque de Paris luy adhere, & aujourd'huy les Curez: *Septimò*, pour l'interest de l'Université, en quoy Monsieur le Cardinal de Chastillon, & le Chancelier de l'Université luy adherent : finalement, pour l'interest public, en quoy il a le Prevost des Marchands pour adherant.

Quant au premier, je suis d'accord que par la loy premiere, *quod cujusque Universitatis, neque Societatem, neque Collegium, neque hujusmodi corpus passim habere permittitur*.

Mandatis enim principalibus continebatur, ne præsides Provinciarum Collegia, vel sodalitia paterentur, nisi ex Senatusconsulti authoritate, vel Cæsaris. l. 1. & 3. de Coll. illic. Cujusmodi in civitate Romæ erat Collegium pistorum, & in Provinciis aurifodinarum, & autres semblables.

Vray est qu'il y avoit une limitation, *puta si religionis causâ. dict. l. 1. de Coll. illic. dum tamen fraus abesset, sub prætextu religionis vel voti solvendi cœtus illicitos, etiam à veteranis tentari prohibebantur. l. 2. de variis, & extraord. cogn*.

Et combien que de Droict Canon telles assemblées pour la Religion, fussent plus favorables: si est-ce que, comme auparavant le Concile de Latran, soubs le Pape Adrian, plusieurs fussent de nouveau introduictes, il fut ordonné audit Concile, & depuis soubs Gregoire neufviesme au Concile de Lyon, *ne nimia Collegiorum diversitas gravem in Ecclesiam Dei introduceret confusionem, ne quis de cætero novam inveniret religionem*.

C'est le texte *in leg. fin. de relig. domi*. Suivant lequel, le Pape Boniface au chap. unique *eod. tit. vult cunctas assatim religiones omnesque ordines mendicantes perpetuæ subjacere prohibitioni, & in quantum processerunt, eos revocat*. Mais il y a limitation : car il parle de ceux *qui nullam sedis Apostolicæ confirmationem meruerunt*.

Ce que presupposé, il est sans doubte, que l'Ordre dont est question, ne peut estre rejetté, estant approuvé par les Papes, par le Concile, par l'Eglise Gallicane, par le Roy, par la Cour, par le Recteur, par la ville de Paris.

Par consequent donques, la generale prohibition du Concile n'est considerable; ce que respond à l'une des qualitez que Monsieur l'Advocat du Roy, a donné du bon pere de famille, *qui si sciret quâ horâ fur veniret, &c*. voulant insinuer de se vouloir intromettre comme larrons.

Sainct Augustin au Can. *tres personas*, 23. q. 4. faict distinction entre le bon berger, le mercenaire, & le larron; disant, que le vray pasteur est celuy qui met son ame pour son troupeau : le mercenaire, qui s'enfuit: & le larron, celuy qui entre par la fenestre, ou par autre endroict, que la porte.

La porte pour estre incorporé en un College, & pour faire College, c'est l'authorité du Prince ou du Senat.

La porte pour introduire un Ordre, un Couvent, un College en une Université, c'est quant au spirituel l'authorité des Papes & des Conciles, & le consentement des Ordinaires; ce qui est au faict qui se presente ; en sorte que l'on n'y peut rien requerir de plus.

Quant à la seconde partie, qui est le nom de Jesuiste, & de la Société de Jesus;

Il a esté touché cy-dessus en deduisant le faict, ce que dict Sabellicus, & les autres Autheurs, qui ont esté alleguez des Jesuates qui avoient presque mesme nom; à quoy je puis renvoyer l'Advocat, pour l'instruire davantage.

Lequel a deu considerer les Ordres de la Trinité, du Salvateur, *militum Christi*, des enfans de la Trinité, du Sainct Esprit, les Filles-Dieu, *quæ sunt æquipollentia nomina*, tous lesquels Ordres sont instituez d'anciennté, receus, approuvez, tolerez au milieu de nous, desquels on ne s'est jamais plainct. Il se peut dire que ce nom de Jesuiste leur a plustost esté donné qu'ils ne l'ont pris, & l'ont retenu par humilité, & non par ambition.

Et pour monstrer qu'il leur a esté donné, l'on voit au commencement de leurs Constitutions, ces mots : *hæc minima Congregatio quæ à Sede Apostolica sui institutione Societas Jesu nominata est*.

Il a aussi esté touché cy-dessus comme les Instituteurs dudit Ordre, n'y voulans donner le nom, il fut pris à commun duce.

Le Pape, le Concile, le Roy, les autres nations, ne s'en sont jamais scandalisez; nous seuls voulons estre plus chatouïlleux, & delicats, que les autres.

Et

Plaidoyé de Pierre Versoris.

Et neantmoins ils le modererent par deça, & adjouſtent du College des Jeſuiſtes dict de Clermont, ou de Clermont dict des Jeſuiſtes.

Mais quel dommage reçoyvent les Parties adverſes, ny autre perſonne, s'ils uſurpent ce nom ? L'on n'en cotte point, ils ne ſe doivent doncques formaliſer, qu'ils le retiennent, & qu'ils en uſent.

Mais qui plus eſt, ils ne le peuvent laiſſer, d'autant qu'ils doivent avoir un nom commun qui convienne à tout leur Ordre & Colleges d'iceluy, qui ne peut eſtre de Clermont, ſinon paradvanture pour les trois Colleges qu'a fondé l'Eveſque de Clermont; il faut doncques qu'ils adjouſtent, dict des Jeſuiſtes.

Car les Fondateurs des autres Colleges n'endureront point que les Colleges qu'ils ont fondez, portent le nom de Clermont; il faut doncques, qu'ils prennent un nom commun à tous, puis qu'ils dépendent d'un meſme chef, par lequel ils ſont tous regis & gouvernez, qui leur a donné un nom qui ne peut eſtre autre que celuy qui leur donne, & qui eſt confirmé par tant de Papes, Conciles, Roys, & nations de tout le monde.

Ils n'ont doncques point failly d'en uſer : & quand y auroit faulte, ce ſeroit d'un ou deux, qui font les affaires, & qui contractent.

Mais l'on ſçait que les peines ſont perſonnelles : *ratio recta non patitur, ut innocentes, ad paria cum nocentibus damnentur.* Tant y a, ce n'eſt pas pour abolir le College.

Quant aux habits, *Ramus & Gallandius*, & celuy qui a faict la Rythme injurieuſe ſoubs le nom de l'Univerſité, ſe ſont fort bien meſcomptez, diſant que leurs robbes aggrafées, leurs ſoutanes, & leurs bonnets Apoſtoliques, eſtoient habits d'hypocrites.

Car il eſt certain & indubitable que ceux de ceſt Ordre, ne ceux de Colleges ne ſont obligez à aucunes façons d'habits, ne à l'aggrafe à laquelle ſe ſont aggrafez ceux qui facilement s'accrochent.

La regle qu'ils ont quant à l'habit, eſt de s'habiller comme s'habillent les gens d'Egliſe, plus honneſtement, reſſentant le miniſtere, & dignité de leur charge.

La Cour ſçait comme par l'ancien Teſtament les formes des habits, ſpecialement des Preſtres, eſtoient preſcriptes & reglées au 22. chap. du Deut.

Au demeurant, le Canon, *nullus eorum*. & les trois ſuivans 21. 44. prohibent expreſſément aux Eccleſiaſtiques, *ne ſæcularibus indumentis utantur : ſed ut decet, tunica ſacerdotali ſint induti, nuſquam autem ſine operimento in publicum procedant.*

Mais quelque honneſteté qu'ayent ces habits, ils n'ont garde de plaire à ceux qui ont excité ceſte tragedie, n'y en ayant point qui leur puiſſent plaire, appellans les Cordeliers griſartz, les Auguſtins bouclez : & uſans de tels & ſemblables termes, deſquels on peut bien juger, non ſeulement l'habit, mais auſſi la Religion leur eſtre odieuſe.

Je laiſſe là les habits, & viens au quatrieſme poinct, qui eſt la doctrine. *Primo loco mirantur quartum votum*, mais ils s'abuſent, car il n'y a point de quatrieſme vœu pour les Regents & Eſcoliers.

Tum, quand on jure l'obéiſſance en termes generaux, ne s'entend-il pas au Pape?

On eſt d'accord que le Pape eſt conſtitué en la premiere dignité de l'Egliſe; ce qui eſt vray : ſi doncques on luy promet obéir comme le premier, quelle faute?

On dict deux choſes, l'une, que le Concile eſt ſur le Pape; c'eſt hors de propos, & ne ſe doit icy decider ceſte queſtion.

L'autre, que la Cour a autresfois reprouvé les Papes pour les ſchiſmes.

A cela on reſpond, que s'il leur eſtoit commandé par les Papes choſe illicite, ils ne ſont tenus obéir, ſuivant le Canon, *qui reſiſtit.* 11. 4. 3. où il eſt dict, *quòd ſi jubeatur id facere quod non liceat, contemne, inquit, poteſtatem, contemne juſſa, adverte humanarum legum gradus, ſi aliquid juſſerit curator, faciendum : non tamen ſi contra Proconſul jubeat, dum non eſt contemnere poteſtatem, ſed eligere majori poteſtati ſervire, major poteſtas Deus ; da veniam, ô imperator ; tu carcerem, ille gehennam minatur.*

Quand doncques ceux de ceſt Ordre promettent obéiſſance au Pape, cela s'entend *in licitis.* Joinct que le Concile eſt par-deſſus, comme une aſſemblée, où preſide le Sainct Eſprit meſme, *Viſum eſt ſpiritui ſancto & nobis.*

Mais l'Advocat a bien pis faict, car il les a arguez d'eſtre Athéiſtes, & par la rithme on les accuſe d'eſtre Donatiſtes ; voilà une grande contrarieté : car les Donatiſtes ne ſont pas Athéiſtes ;

Les Donatiſtes ainſi dits *à Donato*, ayans prins & ſuivi l'erreur de Cæcilianus, lequel a eſté combatu au Concile de Carthage.

Les ſectateurs de ce Cæcilianus furent appellez à Rome *Montaniſtæ*, & ailleurs *Donatiſtæ : tres perſonas confitebantur, ſed inæquales, Eccleſiam in ſola Africa in Donati parte remanſiſſe, baptiſatos ab Eccleſia, venientes ad ſe, rebaptiſabant. Aug. hæreſ. 9. Greg. l. 3. Ep. 12.*

Or, graces à Dieu, on n'a rien veu de cela, ne par livres, ne par effects ; ils ont leurs livres bons & approuvez : ils preſchent en public ; jamais n'y eut aucun d'eux condamné à ſe retracter comme celuy de, & *cætera.* Leurs predications ſe font en public en preſence d'Eveſques, de Prelats, de Curez, de Docteurs en Theologie, qui n'y ont jamais trouvé que redire.

On les taxe d'avoir monſtré qu'il y avoit un Dieu par raiſon naturelle : pourquoy non ? Sainct Thomas d'Aquin en ſa Somme contre les Gentils, Sainct Auguſtin de la Cité de Dieu, aux livres, Damaſcene, Sainct Gregoire, Lactance, Tertullian, Sainct Juſtin Martyr, ont faict le ſemblable.

Qu'on voye la premiere Tuſculane, & là ce ſont toutes raiſons naturelles : pour monſtrer la divinité, & l'immortalité de l'ame ; on lict ces livres tous les jours ; en quoy doncques veut-on taxer ceux icy?

Quant à leur vie & faicts particuliers, qui eſt le cinquieſme poinct pour les cuider ſcandaliſer, on dict que le Pape Paul Theatin eſtoit de leur Ordre, lequel a eſté cauſe de nos guerres :

Que Poſtel en a auſſi eſté, & que de ces mauvais fruicts, on peut voir quel eſt l'arbre.

Je leur demande quels ont eſté les fruicts de Judas ; fault-il de là condamner noſtre Seigneur & ſes Apoſtres?

Paul fut Eveſque de Theati, depuis Cardinal approuva & inſtitua l'Ordre *du monte Cavallo*, pour cela n'ont rien de commun avec les Theatins.

Etiam qu'il fut cauſe de la guerre ; cela ne leur peut eſtre imputé ; d'ailleurs, il eſt mort à preſent.

Poſtel ne fut jamais Profez en leur Maiſon ; il y a bien eſté Novice & fut renvoyé.

On les crie riches, qu'ils ſpolient les veſves, pratiquent les teſtamens, qu'ils prennent de grands preſens.

Quant aux richeſſes, les Profez ne peuvent rien avoir, & ſont mandians ; aux Colleges ils n'ont rien en particulier.

En commun ils ont deux mille livres de rente de fondation de feu Meſſire Guillaume du Prat Eveſque de Clermont, ſans qu'il y ait nombre d'Eſcoliers qui ſoit arreſté.

De pouvoir cotter qu'ils ayent prins bien quelconque des veufves, il ne ſe peut : on refuſe, comme on ſçait de pluſieurs qui ſont cogneus, & qui ſe peuvent nommer.

S'il ſe trouve qu'ils ayent receu un teſtament, ou ſi aucun leur a donné par teſtament avant ledit Sieur Eveſque de Clermont, ils quittent tout.

Ce qu'on a dict du preſent de la Marche, *id ridiculum*, & à moins d'apparence qu'il merite de s'y arreſter, & croy que ceux qu'on dict le voudroient retenir ; d'autres preſents ne s'en peut rien juſtifier, & n'en a-t-on rien ſpecifié, ne cotté en particulier ; ce ſont inventions du faiſeur de Rhyme.

Je viens au ſixieſme poinct, qui concerne l'intereſt de l'Egliſe, de ſja eſté pourveu par le Pape, le Concile, l'Egliſe Gallicane, les Eveſques, meſme celuy de Paris.

Que ſi par leurs Bulles ils ont licence & privilege qui les diſpenſe en quelque choſe, au prejudice des Eveſques & des Curez ;

Cela a eſté reformé à Poiſſy, & par la Cour, *facto ipſo*, n'ont jamais entrepris : auſſi l'Eveſque & les Curez ne s'en plaignent pour le paſſé, ſeulement veulent prohiber qu'on n'entren'entreprenne à l'advenir, ce qui est consenty & accordé par mes parties, comme il a esté dict, & l'ont assez clairement declaré.

Quant au septiesme qui concerne l'interest de l'Université, *non veniunt legem solvere*, ils se soubmettent aux loix, & statuts de l'Université, ils sont prests de subir le reglement & l'ont requis.

Ils demandent participer & communiquer à la science; cela ne se peut denier de droict de nature, *omnia enim communia videntur ea quæ sunt usui humano generi, quod ab animo positum in una re, transferri in multa potest*.

L'Université ne perd rien pour cela; c'est plus d'honneur, plus on se communique; & plus on se faict cognoistre, le tesmoignage en est plus grand & plus universel.

Quant à leurs privileges, puis qu'ils les tiennent non seulement du Roy, mais aussi du Pape, avec approbation & consentement des Ecclesiastiques, & de l'Eglise, *cujus se esse partem dicunt*, ils en sont & doivent estre eux-mesmes, les conservateurs & protecteurs.

Et neantmoins, ils sont d'accord que tels privileges à eux octroyez, pour les favoriser, ne peuvent & ne doivent s'estendre au prejudice d'autruy, & qu'ils les faut retrancher, s'ils blessent quelqu'un.

Si quis à Principe simpliciter impetravit, ut in publico loco ædificet, non est permittendus sic ædificare ut incommodo cujusquam id fiat. l. prætor ait. §. Si quis, ne quid in loco publico vel itin. fiat.

Que chacun cotte son interest, se presente qui voudra; qu'il fasse voir en quoy il est prejudicié & interessé, on luy satisfera, comme il desirera selon la raison, & comme il sera advisé & jugé pour le mieux.

Et en cela l'on satisfaict à l'intention, & à ce qui est de l'interest des conservateurs qui se sont presentez en ceste cause.

Ne reste plus que la huictiesme & derniere partie, qui est le Prevost des Marchands, auquel quand on aura respondu, on aura rendu au peuple, & au public ce qu'il peut requerir en ceste cause.

Toutes Republiques se composent en telle sorte, *videlicet quando de modico, aut ubi præsens periculum, id relinquitur magistratui; sed cùm aversus est populus, placuit Senatum vice populi consuli in arduis convocato consilio*.

On dict qu'il n'y peut avoir affaire qui soit plus ardu, ou au moins que celuy-cy est des plus ardus & importans; que toutesfois on n'y a appelé personne.

Quorsum? Puis qu'on se soubmet de garder les loix de la ville, & qu'on n'y veut aucunement contrevenir, c'est tout en un mot faire cesser tout l'interest qui pourroit estre pretendu par la ville.

Ex quibus, estant respondu à tous les objects, fors à l'hypocrisie, je m'attendois que Maistre Estienne Pasquier qui a commencé par ceste injure, deust cotter en quoy a paru ceste hypocrisie.

De laquelle s'il avoit specifié quelque particularité, je luy accorderois, que *totius justitiæ nulla pars capitalior, quàm eorum qui cum maximè fallunt, id agunt ut boni viri videantur*, au 1. des Offic. dit la Clement. 1. *de relig. domibus*, que *simulata sanctitas, duplex iniquitas*.

Mais on n'a remarqué, que les Demandeurs ayent commis chose aucune pour laquelle on les ait deu insimuler & traduire de ceste injure.

L'hypocrisie est une simulation des œuvres de l'affection: qu'on dise en quoy les Demandeurs ont desguisé leur forme de vivre, & on y respondra.

Le cœur est cogneu & ouvert à Dieu seul; c'est à luy à en juger, & non à autre, de peur qu'il ne se trompe en chose qui luy est fermée & cachée.

Et peuvent prendre pour eux, ceux qui ont meu & remué ceste injure; ce qui est escript *in Canon. quod interrogasti. 27. distin. qui Ecclesiasticam disciplinam turbare volunt, revertantur ad id quod sponderunt*, ne, ce dit le chapitre, *ut offic. de hæret. in 6. simulata conversione redeant, fraudulenter semetipsos fallentes, dum sub specie lupi agnos gerunt*.

Maintenant je viens à ce que j'avois proposé de monstrer, que non seulement ma Requeste doibt estre enterinée, & le College admis, mais que le College & Maison Professe sont grandement louables.

On a distingué deux genres de vie; l'active, & la contemplative; & bien que l'une soit preferée à l'autre, si est-ce que quand elles peuvent estre conjoinctes, *videtur magis bono publico esse consultum*.

Or cest Ordre & ce College semblent estre instituez à ceste fin: car ils communiquent ces deux vies, la contemplative à la Maison Professe, & l'active aux Predications & œuvres de misericorde.

Quant au College, la Cour sçait la difference de science & sagesse; la science qui faict le superbe, qui est indifferente & quelquesfois perilleuse:

La sagesse, qui au contraire jamais n'est superbe, de laquelle dict Cic. *quòd sapientia, quæ est ars benè vivendi, mater est cæterarum artium, quâ nihil à diis immortalibus uberius, nihil florentius, nihil denique præstantius humano generi tributum est. Primo de leg.*

Or je recognois qu'autresfois en l'Université on a voulu monstrer, & la science & la sagesse ensemble, *& erat eadem doctrina rectè faciendi, & benè vivendi, & iidem preceptores vivendi, atque dicendi, qualis apud Homerum Senex juveni datus, ut eum verborum oratorem efficeret, & bonarum rerum autorem*.

C'est pourquoy le sage Socrates disoit qu'il vouloit reprendre les Peres, *quòd potior esset apud illos inveniendarum rerum, quàm instituendorum liberorum solicitudo*.

Nous sçavons que les plus grands Princes & Monarques du passé, ont receu leurs grandeurs par leurs Precepteurs, qui ont esté sages, *Periclem enim Anaxagoras, Critonem & Alcibiadem Socrates, Dionem Siracusanum Plato, Timotheum Isocrates, Parmenidem Lisias Pithagoras, Agesilaüm Xenophon, Philolaüm Architas, Alexandrum Magnum Aristoteles, Trajanum Plutarchus instituerunt*.

Philippes rendoit graces aux Dieux, parce que son fils Alexandre estoit né du temps d'Aristote pour estre instruit d'iceluy.

Ceux de ce College sont Precepteurs de mœurs & de science; ce qu'on voit peu souvent: & me souvient avoir leu, que Leonides en faisoit de mesme.

Cela nous est enseigné par le precepte de Quintilien, qui disoit, *potiorem morum quàm studiorum rationem habendam*.

Je dis doncques qu'il n'y eut jamais College mieux institué, que quand on mesle avec la science, la correction, & l'instruction des mœurs; *permagni enim refert quo quisque modo à teneris annis fuerit educatus*, pour succeder avec le laict, & la nourrice, la sagesse, comme Chrysippus le desiroit *nutrices sapientes*, & Platon vouloit qu'elle s'abstinssent *ab inanibus fabulis*.

Quintilien recite *multum contulisse Corneliorum matrem, cujus doctissimus sermo in posteros epistolis traditus est*, item Lalii filiam reddidisse in loquendo paternam eloquentiam.

Et à tant vouloit le mesme Quintilien qu'il ne fust rien faict devant les enfans, que mesme, il a voulu *ut versus qui scribendi ad imitandum proponuntur, non otiosas sententias habeant, sed aliquid honestum; prosequitur enim hæc memoria usque in senectutem, impressa animo rudi usque ad mores proficiet*.

Ce qui me faict souvenir de ce que j'avois obmis pour le Catechisme catholiquement composé & doctement escrit: ce que vault trop mieux, qu'un de *arte amandi* d'Ovide, & autres livres, qui corrompent la jeunesse.

Reste un seul inconvenient; c'est que l'on dict, que si cela a lieu, tous les enfans voudront estre de cest Ordre, comme si plusieurs tant fils que filles n'estoient instruits és Abbayes, qui toutesfois ne font Profession.

Davantage ces Escoliers ne font rien d'exercice de Religion, qui ne se deust faire és autres Colleges, & par experience on voit que la jeunesse sort dudict College, comme elle faict des autres, pour s'addonner à toutes sortes de vacations. Il n'y a plus qu'un mot pour respondre à Monsieur &c.

Par ces moyens concluent lesdicts Demandeurs aux fins de leur Requeste.

FIN DU PLAIDOYÉ DE PIERRE VERSORIS.

NONNULLORUM CLARORUM VIRORUM AD STEPHANUM PASQUIERIUM CARMINA.

NONNULLORUM CLARORUM VIRORUM AD STEPHANUM PASQUIERIUM CARMINA.

SCÆVOLÆ SAMMARTHANÆ.

Ode 1.

Contrahes paucis Epigramma verbis,
Docte Pasqueri, neque te Catullus,
Bilbilis nec te soboles, faceto
    Carmine vincet.
Ipse ne vireis teneri pusillas,
Ingenii gyro breviore clausus
Comprimam, laxis feror huc & illuc,
    Liber habenis.
Debilis primo ac trepidans, sed ipso
Excitor paulatim agilis volatu,
Missilis vireis, veluti sagitta ac-
    quirit eundo.
Quid juvat terra gravitate pressos,
Fraude collectis inhiare numinis?
Quid magistratus, speciosa prosunt
    Nomina, fasceis?
Ista linquentur simul hinc migrare,
Jusserit nullo docilis moveri
Cæca mors, rerum precio, nec ullis
    Æqua triumphis.
Doctis sed sacro quibus ora fonte,
Musa Hyanthais rigat in viretis,
Qua nemus lauri placidum beatos
    Afflat odores.
His manet multo cineri superstes
Fama, quæ æternis hominum subinde
Plausibus puro recreat receptas,
    Æthere mentes.
Fallor? an summas ubi fata metas
Clauserint ævi, redivivus olim,
Nos quoque hoc curru super alta rumor
    Sydera tollet?
Te quidem lauro celebrem, foroque;
Magne Paschasi celebrabit ingens
Orbis à Peuce viridi ad superbas
    Herculæ Gades.
Sed neque obscurus veluti latebo
Fossor aut cerdo, sua quem jacentem
Vix videt præsens, penitus futura
    Nesciet ætas.
Ipse jam Clanus pater, ipsa Clani,
Qua colit ripas levium decora,
Turba Nympharum, mea scripta glaucis
    Cantat in antris.
Scilicet castos agitat Poëtas,
Præscius veri color: hac Macrinus
Cuncta prædixit mihi prodeunti
    Lucis in auras.
Nam stola insignis niveæ sacerdos
Rite dum sacris operatur undis,
Hæc simul Phœbi pius ille mystes
    Ore canebat.
Cresce fœlici puer orte cœlo,
Quem sibi primis faciles ab annis,
Asserunt Musæ & Charites, choriq́ue
    Ductor Apollo.
Cresce, non te auri sitis aut honorum
Improba exuret, placidæ sed artes,
Qua Deos novant hominisque molli
    Dicere cantu.
His ego addictus studiis, solebam
Patriæ notos celebrare tractus,
Hic ubi puris mihi dicta lucet,
    Albias undis.

Nunc pigro vireis senio fatiscunt,
Nunc puer grata vice me secundum,
Spes eris nostræ, nisi vota fallunt,
    Altera Roma.
Tu modo ignavo tenuique versu,
Desine impuras memorare flammas,
Una qua dudum teritur disertis
    Orbita Gallis.
Incipe Heroo gravius quid ausu,
Quod probent gentes Italæ, suisque
Conferant, ibit tua sic per omneis
    Gloria terras.
Interim arguti venerare quicquid
Musa Paschasii studiosa ludet,
Delius fidum tibi quem sodalem
    Junget Apollo.
Sive Pimplæis facieteis aris,
Seu foro præstans medio Patronus,
Jura defendet tua, nil futurum hoc
    Cultius uno est.
Sic ait, lævum simul intonare,
Annuens cœlo pater è sereno
Cœpit, & multus rutilante fulsit
    Lumine fulgor.

Florentis Christiani Carmen. 2.

Mundi totius imperitus ille est,
Cultûs inscius elegantioris,
Expers illicis eruditionis:
Cui non Francia Galliæque nota,
Verùm is Galliæ, Franciamque nescit,
Cui non cognitus aut parum probatus
Est Pasquerius: haud quod in forensi,
Nomen militiâ dedit disertum,
Et stipendia militante lingua,
Sub magno meruit prius Magistro,
Sub majore hodie meret Thuano,
Vocis fulmine pertonans Senatum,
Et sic invidiæ reum clientem,
Et fraudis eripit, asseritque vitam.
Haud quod seria vel jocosa tractans,
Summos carmine provocat Poëtas,
Priscos provocat, anteit recentes,
Doctius, promptus, acutus & rotundus,
Melle cùm libet illinens poëma,
Felle cùm licet & libet: sed (uno hoc
Se se nomine postulat probari,)
Quod venaticus ut canis sagaci,
Ruspans nare feras vagus latentes,
Errantem in proprio sinu parentem
Franciam, & sua dona nescientem:
Sic ducit, docet, intimos recessus
Vestigat, vocat ad novum decorem,
Illustrem faciens, nitere cogens
Lumen & columen suæ parentis,
Et verè reciconians, piúsque
Ut nunc jure relinquat ambigendum,
An vitam hæc dederit parens alumno,
An contra dederit parenti alumnus;
Unum hoc non dubium est, tamen dolendum:
Magno hic lumine Franciam beavit,
Illum Francia non satis beavit.

Barnabas

Barnabas Brissonius Regius tunc in Parisiensi Senatu Patronus ita ad 88. Epig. lib. 2. respondit. 3.

Prædicor ut caussis ex tempore natus agendis,
 Duraque verbosi promptus ad arma fori,
Has ego si agnosco laudes, mihi blandiar: ergo
 Non laudor, numeris ludor at ipse tuis.

Respondet Thomas Sibilætus in Parisiensi Senatu Patronus ad 41. Epigramma lib. 3. 4.

Nil unquam mihi Gallica camœna,
Nihil Gallica debuit Poesis,
Nec vates video meæ quid ullus
Arti Apollineæ, Poeticæve,
(Si qua ars est mea, vel meæ quid artis)
Acceptum aut mihi debeat referre.
Tu multo reliquis quidem Poetis,
Paschasi, minus: Attico lepôre,
Necnon Aonii liquore mellis,
Romano quoque, Gallicoque rore,
Tibi labra madent, madent ab ortis,
Melle, labra, tuo, tuisque cunis,
Non ab arte mea, meave cura.
At cum ætate simul, Poëseosque;
Solutæque etiam solutionis,
Et peritia juris utriusque,
Quin & Historiæ hercle singularis,
Virtutumque amor, arsque crevit in te
Ad tantum cumulum, ut Poeta passim,
Patronusque disertus, & peritus
Juris, Historicusque nuncuperis.
Sed tanto optimus, omnium Poëta,
Quanto maximus omnium Patronus.
Paschasi, his, aliisque prædicandis
Multis nominibus, scientiarum,
Artiumque ferax alumna, nostra,
Quin imo tua Gallia, hoc tibi se,
Se debere fatetur hoc tibi, quod
Tullio Latium, & suo Maroni,
Et suo Livio, suoque Crispo
Tullio egregio suo Patrono,
Maroni eximio suo Poëta,
Et Crispo Historico suo supremo.

Ad hoc Epigramma respondet Pasquierius Epigrammate 55. libri 3.

Augustini Prevotii Brevanii Regii in Senatu Parisiensi Secret. Epig. 5.

Orator longè charissime, summe Poëta,
 Eloquium docto cujus ab ore fluit,
Non secus ac celsi torrens è vertice montis
 Labitur, aut rutilo tæda trisulca Polo.
Paschasi, cui Suada dedit celebrare potentes
 Heroas, Gallo qui placuére Jovi.
Haud nunc facunda divina oracula linguæ,
 Nec posco eloquii dulcia mella tui.
Incultum ingenium tantis mihi dotibus impar;
 Has sibi sancta Patrum curia servat opes.
A te Epigramma peto, multis è millibus unum,
 Promissum, venâ divite, solve fidem.
Sic cum Sole novo fœlix tibi fulgeat annus,
 Teque favens vultu Janus utroque beet.
Sic Phœbea caput totidem tibi serta coronent,
 In mare quot vitreas Sequana volvit aquas.

Ad hoc Epigramma respondet Pasquierius lib. 3. Epigrammat. 42.

Alexandri Pogesæi Epigramma alludens ad illum de Poëtis Jocum lib. 4. Epig. 85. & 86. 6.

Historicus melior non est, meliorque Poëta;
 Paschasio, hæc non est Fabula, at historia.
Atque hic historicus quæ sunt verissima narrat,
 Et mendax, quæ sunt falsa, Poëta canit.
Ergo simul verus, falsusque videbitur esse!
 Falleris: immo nihil verius esse potest.
Nam qui ficta canit, nam qui verissima narrat,
 Est verus vates, verus & historicus.

Antonius Sæva Præses Mellodunensis respondet ad Epig. 88. lib. 4. 7.

Hæc ego, nullius spoliis, sudore refertus,
 Ac genium fraudans anxius ædifico.
Deficiunt numini, nec prompta pecunia in arca est,
 Quod vix incœptum sæpe moratur opus.
Infidi artifices, multa & promittere prompti,
 Qui præstare mihi nil nisi verba solent.
Talibus implicitus, superest patientia sola,
 Quæ superat forteis, fortia quæque domat.
Hac nisi stipatus, jamdudum viribus impar,
 Impositum capiti succubuisset onus.
Hac victrice datur flores excerpere in agro,
 Hac tegit umbrosas arbor opaca vias.
Hac ego sorte meâ contentus vivo, nec ultra
 Mi curæ est vanas quærere divitias.
Sat mihi quod nostros digneris, amice, labores,
 Præmia pro tantis jam satis ampla fero.

Germanus Audebertus Aurelius respondet ad Epig. 56. lib. 5. 8.

Postquam me recipis vel immerentem
Ardenti studio in sinum, atque amorem,
Paschasi optime, & omnium meorum
Amicissime, quos mihi vel ante
Pallas, vel peperit probata virtus:
Sic amicitiam fovere, teque
Cum cultu, & veneratione amare
Stat; ut non modò non tuis amicis,
(Ament te licet intimis medullis,)
Sed nec vel tibi cesserim in te amando,
Atque omni pietate prosequendo.

Nicolai Rapini Pictovensis Epigram. 9.

Te ne dicere, Paschasi, licebit
Amicum optimum, ut optimum patronum?
Nam si lis mihi mota sit de agello,
Si me creditor aut malignus urget,
Si rem pignore debitam reposco,
Cautè consulis, & meo experiri,
Cum discrimine non sinis clientem.
At si quos recito tibi mearum
Testes versiculos ineptiarum,
Suades edere, publicisque chartis
Mandare illepidum jubes libellum,
Quantovis quoque nominis periclo.
Hem, tu tam bene qui caves clienti,
Cur & tam bene non caves amico?

Ad superius Epigramma respondet Paschasius lib. 5. Epig. 14.

Gullielmus Varius in Parisiensi Senatu Consiliarius. 10.

Vulgus quærit at undique otiosus,
Qui sit Paschasius patronus ille,

Gallici celeberrimus theatri, ut
Inter tam tetricas gravesque curas,
Risus, delitias, amœnitates,
Lusus, nequitias, jocos, amores,
Facundo queat edusare plectro,
Mellitoque animare labra versu?
Nescis ô rudis, imperite nescis,
In spina teneras rosas vigere?

Ad hoc Epig. respondet Paschaf. Epig. 108. lib. 5.

Ludovicus Aurelius in Parisiensi Senatu Patronus alludit ad 53. Epig. Pasqui. lib. 6. 11.

Versus componit bellos, Epigrammata bella,
Pasquerus nostri gloria prima fori,
Quæ tu festivo si fortè Epigrammate laudes,
Haud velit ille suis inseruisse libris.
Cur ita si quæras, propriis sat laudis in arvis,
Talia nec priscis grata fuere viris.
Annuo, sed quid agas, morbum ne expellere mentis,
Et calami scabiem tergere posse putes?

A *Tu moriare licet, juvat, æternúmque juvabit,*
Carmina carminibus præposuisse tuis.
Nec veterum fastu moveor, factisque virorum,
Dùm mea te blando carmine Musa colat.
Forsan & hæc veteres puro tam vincet amore,
Quam tua vel priscos vincit honore viros.

Stephani Taborotii Regii apud Divionenses Patroni. 13.

Nescio Pasquieri quod te mihi temperat astrum;
Ignotum nam te miror & ingenium.
Tu vates, ego carmen amo; tu clarus haberis
Patronus, fungor munere Caussidici.
Tu lætus, nil triste volo; tibi copia pleno,
Cornu fudit opes, res satis ampla mihi.
B *Hæc una inter nos lata est distantia (liber*
Invidiâ dicam) tu quod es esse velim.

Ad hoc Epig. respondet Pasq. Epig. 80. lib. 6.

STEPHANI PASQUIERII
EPIGRAMMATA.

Epistola.

AMPLISSIMO VIRO

CHRISTOPHORO THUANO,
IN SENATU PARISIENSI PRIMARIO PRÆSIDI.

Stephanus Pasquierius; S.

Miraberis forsitan, & merito (Præses amplissime) me & ætate satis provectum, & forensibus negotiis implicatum, animum his Epigrammatum nugis adjecisse. Ita enim usu comparatum est, ut simulatque nomen huic militiæ togatæ dedimus, nobis, quasi in pistrinum detrusis, omnibus suavioribus musis renunciandum putent. Ego verò hanc communem omnium nostrûm vitam, quasi peregrinationem, vel si mavis, negotiationem quandam esse duxi. Ac ut qui negotiandi animo in exteras nationes commeant, dum ad rem attentissimi, toti mercibus comparandis incumbunt, si quid tamen in via occurrerit, quod oblectamento eis sit, non solùm non rejiciunt, verùm etiam unicè amplectuntur; ita quemcumque vitæ cursum instituimus, multa esse diverticula semper apud me reputavi, in quibus si non permanendum, tamen aliquantisper nobis immorandum esset. Nullum tempus fuit, quo non hanc forensem nostram disciplinam, omni studio colerem, eamque cæteris rebus anteponendam putarem. Cujus quidem rei, tutè locupletissimus testis es. Sed dum hoc ago, imperare mihi non potui, quin ad alia quoque colligendi mei caussâ diverterem. Itaque adolescens duos de Amore libros (quod ætas illa ferebat) linguâ nostrâ exaravi: & maturiore ætate Origines Gallicas primus è nostris edidi: Opus si non eruditum, saltem laboriosum & arduum. In quo quid potuerim, cæteri viderint, illud sanè profiteri ausim, plurimos meo exemplo in idem posteà argumentum inductos, nonnullos etiam à me quàm plurima nominatim mutuatos. Quare qua libertate cætera, eadem hæc Epigrammata scripsi. Quæ si ab instituto meo paulùm aliena videbuntur, multos meæ sententiæ vindices & assertores habeo. Nam neque Plinium secundum, neque Ausonium virum alioqui Consularem & clarissimum, veteribus temporibus, nostris autem Thomam Morum, summâ inter suos dignitate præditum, nec apud Græcos, Platonem aut Aristotelem hujusce scriptionis puduit. Ut interim omittam Modestinum Jurisconsultum, & Andream Alciatum, atque etiam Michaëlem nostrum Hospitalium, quibus quantæ curæ fuerit hoc scribendi genus, nemo est qui ignoret. Sed quid hæc ego ad te? Quasi verò tu ipse qui primas in Senatu Parisiensi nostro jamdudum obtines, ab his desciveris, & non interdum aliquod vel epigramma vel carmen commenteris? Qui tam diligenter Reipublicæ vacas, ut totus à privatis studiis alienus, rursus tam avidè rei litterariæ das operam, ut aliquem commodis publicis superesse locum omnes mirentur. Cæterùm istud tibi peculiare. Itaque cùm hoc unum tuo jure tibi vendices, certè ingratus essem, si istud nescio quid privati otii, quod è publicis negotiis subtraxi, qualecumque sit, tibi non darem, dicarem. Hos igitur ingenii mei fœtus, meæ in te observantiæ testeis accipies; sed ea, si lubet, lege, ut quem patronum in aliorum caussis defendendis sæpissimè audieris, ejusdem nunc patrocinium suscipias. Accusabant alii me præter ætatem, Sabinam mollioribus versiculis coluisse; nonnulli sibi conscii me in eorum famam temerè irrupisse. Ad quos ego sic paucis: Sabinam nullam, me unum tantùm colui, & ut liberè profitear, ingenio meo indulsi. Nec verò is sum qui in alienis oculatus, ullum mihi reprehendendum statuerim: aliorum vitia non agnovi, & si agnoverim, ignovi, ut qui

Tome I.   Bbbb ij   nominibus

nominibus perpecerim. Si quid tamen inciderit, quod ad suos mores pertinere taciti existiment, ridiculum est eos à meis nugis modum exigere, quem suis moribus non imponant. Quin & multa de me meisque per jocum scripsi, quæ si quis seriò interpretetur, totus ineptiat. Est ut in segetibus, ita in Epigrammatibus, ingenii quædam luxuries, quam si depascas, perinde facias (quod ait ille) ac si cum ratione insanias. Quod si tam ambitiosè, quis iniquus in me censor esse velit, ut his sibi non patiatur satisfieri, non solùm posthàc deprecatorem me non habebit, sed si bilem moveat, sentiet sibi rem, & cum Poëta, & cum causarum actore. Verùm quoniam mihi ipsi patrocinium præstare, leges ipsæ vetant, erunt hæ tuæ (Vir amplissime) pro cliente tuo partes. Quas si sustinere abnueris, saltem pro tua humanitate postulo, ut Poëtam eodem vultu legas, quo pro subselliis orantem audisti, id est facili ac benigno. Hoc si feceris, permagnum mei laboris fructum & emolumentum mihi videbor consequutus. Vale.

AD LECTOREM.

Pasquierus Gallo (*nomen si fortè requiris*) | *Hæc ego de multa ludebam carmina nocte,*
Nuncupor, at latio nomine Paschasius. | *En sol è tenebris exoriare meis.*

STEPHANI PASQUIERII
EPIGRAMMATUM
LIBER PRIMUS.

AD CHRISTOPHORUM THUANUM,
Senatûs Parisiensis primarium Præsidem.

Ode 1.

Iretur quisquis quòd, magne Thuane, A
   dicarim
Hæc tibi, de tenui carmina prompta pe-
   nu,
Idem miretur tot in uno pectore doteis,
   Quas superi largâ contribuére manu.
Qui sic privatis junxisti publica libris,
   Gaudeat ut simili, binus honore, labor.
Cumque alii alterutrum vix præstent, semper at uni,
   Exercere tibi ludus utrumque fuit.
Dimidius mihi sit qui tantum maxima, sed qui
   Cum parvis tractat maxima, TOTUS homo est.

De Natali Domini. 2.

Ecce salutiferi redeunt spectacula partûs,
   Eia age divinos Angele pange modos.
Custodes ovium, Regesque, Magique, puello
   Certatim plenâ munera ferte manu.
Hic ille est peperit quem virgo hominemque, Deumque,
   Primævi sordeis patris ut elueret.
At vos ô stulti (tuba vana) silete Poëta,
   Vos qui homines falsò singitis esse Deos.
Nam meus, ut veterum fastus calcaret inaneis,
   Se Deus humanam transtulit in faciem.

Regum Placita. 3.

Quæ tibi Lex, Rex est, sed littera mollior exit;
   Nam Regale magis Lege quid esse potest?
Qui tibi Rex, itidem mutetur littera, Lex est,
   Nam Legale magis Rege quid esse decet?
Sic Rex in Lege est, sic Lex in Rege reposta:
   Sed qui Rex, Lex est asperiore nota.
Et cur id? Regi nimirum quod placet, istud
   Omnino Legis robur habere grave est.
Imperium, quod si legum moderetur habenis,
   Et Rex, & molli Lex erit ore suis.

Tumultus Gallici. 4.

Pax jacet hic: quis eam tumulavit? Gallia: cujus
   Consiliis? ægræ Relligionis ope.
Verùm dum cupidè tumulant, tumulantur, eodem,
   Gallia, Relligio, Paxque beata, loco.

Magistratus venales. 5.

Nulla magistratus venalia vidit avorum
   Ætas, qui parteis judicis obtineant.
Quosque cooptabat Rex in consortia Patrum,
   Jurabant nullo, rem sibi, mancipio.
Sed tamen hic nostris usus descivit ab annis,
   Prostat & argento plurimus emptus honos.
Nec reliqui est quàm quod qui prensat, jurat honores,
   Addictâ nullum prostituisse manu:
Convivet tacitis oculis amplissimus ordo,
   Quod sibi restitui tempora prisca velit.
Aspice quid speres, à judice, limine in ipso,
   Quem non ulla Dei vox metuenda ferit.

Iidem. 6.

Omnia cum turpi prostent venalia merce,
   Nullaque virtuti sit reserata via,
In precio precium, quod dixit Naso, meum sit
   Dicere nunc etiam nullus honoris honos.

Lex Salica. 7.

Lex Salica à Saliis assumpsit nomen & omen,
   Nam Salios, Francos prodidit historia.
Ergo qui Salicam vult à sale nomen habere,
   Huic, peream, si sit mica vel ulla salis.

Apellis Venus. 8.

Expressit Veneres tot & lepôres,
In una Venere exprimenda Apelles,
Ut quamvis Venus inchoata solùm,
Huic tamen tabula manum supremam
Nullus addere vel potis, vel ausus.
Haud absolvit opus sed author, ut qui
Ardebat media tabella amore,
Quam si absolveris, usuletur omnis.

Regis ad exemplar, &c. 9.

Non lex, non placitum, non judex, præmia, pœna,
   Antiquo retinent vulgus in officio.

Censuram nisi Rex propriis de moribus edat,
Lex, placitum, Judex, præmia, pœna nihil.

Certas esse Rerum pub. periodos. 10.

Est cunctis animantibus sua ætas,
Sua est imperiis vicissitudo,
Ortus, exitus est, & his, & illis,
Regnorum exitium quod extat ergo?
Cum Rex omnia sacra, sancta jura,
Privatâ utilitate metietur.

Ad Clitovæum. 11.

His ego Pasquierus si sim Clitovæ libellis,
Si modo Paschasius, si modo Pasquerius,
Ridiculus forsan, variusque, levisque videbor,
Lethæisque meum mergere nomen aquis.
Stulte, quid affectas laudem de nominis umbra,
In cœlum postquam verteris ipse solum
Cum tibi supremos Lachesis perneverit annos,
Sis Clitus, an Clitius, quid Clitovæ juvat?
Et vanus viventis honos, & stemmata vana,
Verùm post cineres, nomen inane magis.

Venustas muliebris. 12.

Invidit fœcunda viris natura venustum,
Indulsit vireis, robur, & ingenium:
Hinc & bella cient, hinc & civilia tractant,
Abnuit hæc nobis munia, Diva parens.
Non vim, non robur, formam dedit illa venustam,
Uno quæ geminum, munere, munus obit.
Nam licet imperio sibi vir blanditur iniquo,
Armaque, jusque suo temperet arbitrio,
Quæ tamen in nobis renitet genuina venustas,
Jus habet in cunctos imperiosa viros.

Aurum. 13.

Cautior an Christi sectator, an ethenicus, iste
Auro qui pecudem sculpsit, at ille crucem?
Neuter, crede mihi, vanâ ratione movetur,
Judiciumque ambo quo tueantur, habent:
Nam qui sollicito se totum dedidit auro,
Inde animo pecudem gestat, & inde crucem.

Ad Aulum. 14.

Tu nec opes, nec fortunæ ludibria crede,
Ullam animo requiem posse parare tuo.
Sis licet, Aule, Midâ vel Crœso ditior ipso,
Regum etiam si Rex, at miser esse potes.
Nulla quies nobis externâ quæritur arte,
Quicquid id est nostro manat ab ingenio.

Ad Janum Auratum. 15.

Auratus meus ille quem videtis,
Macro corpore, languido, pusillo,
Jejunâ macie & cadaverosâ,
Sed cælesti animo integraque mente,
Tantò præ reliquis Poeta major,
Quantò, corpore natus est minori.
Tam scit scribere Græcè, ut ipsa Athena
Non possit magis Atticam referre,
Tam mirus Latii artifex lepôris,
Ut ipsum sibi vendicent Latini.
Quin & protulit ejus officina,
Ronsardumque gravem, Belumque mollem,
Qualeis Gallia vidit ante nullos.
Quantus ergo sit hinc licet videre:
Scribunt carmina cæteri poëtæ,

Ad Petrum Ronsardum. 16.

Summos at facit unus hic poëtas.
Seu tibi numeri Maroniani,
Seu placent Veneres Catullianæ,
Sive tu lepidum velis Petrarcham,
Sive Pindaricos modos referre,
Ronsardus numeros Maronianos,
Ronsardus veneres Catullianas,
Nec non Italicum refert Petrarcham,
Necnon Pindaricum refert lepôrem:
Quin & tam benè Pindarum æmulatur,
Quin & tam variè exprimit Petrarcham,
Atque Virgilium & meum Catullum,
Hunc ipsum ut magis æmulentur illi,
Rursus tam graviter refert Maronem,
Ut nullus putet hunc Catullianum:
Rursus tam lepidè refert Catullum,
Ut nullus putet hunc Maronianum:
Et cum sit Maro totus, & Catullus,
Totus Pindarus, & Petrarcha totus,
Ronsardus tamen est sibi perennis.
Quod si nunc redivivus extet unus
Catullus, Maro, Pindarus, Petrarcha,
Et quotquot veteres fuere vates,
Ronsardum nequeant simul referre,
Unus qui quatuor refert poëtas.

De seipso. 17.

Nulla dies nobis, non horula præterit una,
Non punctum, nullus temporis articulus,
Quo non væ miseris servis succenseat uxor,
Succensetque mihi ni simul ipse querar.
Illius ad nutum totus componor, & idem
Pacificus quum sim, tristia bella gero.
Sic mihi pax bello, sic bellum pace paratur,
Et placidè ut possim vivere, vivo miser.
Sic vel cum servis vel conjuge litigo, sic est
Hei mihi, conjugium, litigiosus amor.

In conductitios alienæ industriæ Encomiastas. 18.

Non ego, non bullas, hederas non ambio vestras,
Ampullas fictâ non ego laudis emo.
Aut nihil, aut vobis tantum est Epigramma, librorum
Pagina quo vestro nomine, prima tumet.
Hinc & quisque sibi vano de nomine quæri
(O spes putidulas) nomina magna putat.
Scilicet authori, famâ jejunus ut author
Det famam, præco qui nequit esse sui.

Ad Gallam. 19.

Arderem cum te, si te non Galla videbam,
Una dies mensis, mensis at annus erat.
Nunc te non video, quia nunc evanuit ardor,
Si videoque, dies, mensis & annus erit.
Forma eadem tamen est quam cum te Galla peribam,
Prisca tibi forma est, non mihi priscus amor.
Nec residet nostris malè suada libido medullis,
Hei mihi, quæ miserum me mihi surpuerat.
Quisquis amat, formam matrem ne credat amoris.
Nam forma pater est, si mihi credis, amor.

De Lælia. 20.

Quo possem lepidam mihi conciliare puellam,
Tintavi nullâ non ratione viam.
Dilexi, scripsi, donavi, sed nec amore,

Nec prece, nec pretio conciliatus amor.
Ast ubi spes & amor fugerunt, protinus ecce
Lælia me blandis occupat insidiis.
Et lachrimas oculis, lachrimis & munera jungit,
Carmina muneribus, carminibusque preces.
I modò & antiquum jactes ut ameris amato,
Oderis urit amor, diligis alget amor.

Ad Valerianum. 21.

Credulos memini fuisse Gallos,
Crudeleis memini fuisse numquam,
Forteis, Jupiter, atque bellicosos,
Disertos quoque, strenuos, alacreis,
Additosque Diis, sacrisque votos,
Rebus atque adeo novis studentes,
Dum nolunt gravius jugum subire,
Sed postquam miseri hausimus lupinos
Mores, quos docuit Latinus hospes
(Dij te tam male, Publicane perdant,
Quam nos pessime prædo perdidisti)
Militem induimus Trasonianum,
Loquenteis nimium, nec eloquenteis,
Exleges, tumidi, impij, nefandi,
Rebus quin etiam novis studemus,
Non ut aëre libero fruamur,
Verum mancipia apta servituti,
Dura in nos onera invenimus ipsi.
Noli denique (mi Valeriane)
Hoc seclo tibi persuasum habere,
Gallâ credulitate nos abuti,
Si pes metricus hoc licere vellet,
Dicas commodius crudelitate.

Ad Sabinam. 22.

Nil reor esse tuis quod par sit dotibus in me;
Forma tantus inest, ingenioque decor.
Hinc nos despicimur, nec quid speremus apud te,
Nunc superest, nec qua sustineamur ope.
Cum tibi amor meritis & non pensetur amore,
At mihi præ meritis esse putetur amor,
Dij tibi non quod ames, sed quod mereare rependant,
Et non, quod merear, dent mihi, sed quod amem.

In Frontonem Medicum. 23.

Obvius est, nulli vult impertire salutem,
Arrecto semper Fronto supercilio.
Nec salvere jubet, sed nec jubet ille valere,
Tam medico à votis est aliena salus.
Quid si etiam tacitus nescit fortassis apud se,
Quid sanare sibi, quidve valere velit.
Eia age, mi Fronto, medicum ne scrinia quæram,
Urbano sine me fungier officio.
Cum dare non possis, nolisque optare salutem,
Æternum salve dico valeque tibi.

Ad Sextum. 24.

Ad te Sexte dedi, scripsique Epigrammata plura,
Quæ sublime tuum nomen ad astra ferant.
Hæc coràm recito: nostris des auribus ut quid,
Verùm cum recito carmina nostra, taces.
Si fastidit in os, vultu fortasse sereno,
Errori poteras parcere, Sexte, meo.
Tu tamen haud falsò vis indulgere sodali,
Dissimuleque, tibi est hoc capitale nefas.
Hinc dum discrucior, si laudem, mentiar (inquis)
At neque fallere nec dissimulare meum est.
Si juris, tanta est imis infixa medullis,
Cura laborque, nihil des ut amicitiæ.
At saltem quicquid tibi commodo, vir bone redde:
Nam cum te laudo, mentior ipse magis.

Ad Maximum. 25.

Tormine vel colo, vel si fortasse laboras
Lentâ febre, aut te tarda podagra ligat,
Non ulla est medicina tibi quam sectio venæ,
Hic modus, hæc morbis una medela tuis.
Si quid forte etiam patitur Respublica damni,
Non aliter sarcis, Maxime, quam gladio.
Omnia consiliis agitas volvisque cruentis,
Et tibi si qua salus, sanguinolenta salus;
Vis tibi, vis nobis summam instaurare salutem,
Vis itidem patriæ, fac tibi quod Seneca.

De Marco. 26.

Cum premeret Marctam clari tutela Berithi,
Tutoris doctus subdere colla jugo,
Compositâ vitâ fuit hic animoque quieto,
Assiduus summi cultor ubique Dei.
Ast ubi dejecto tutelæ pondere, Marcus
Ætatis veniam qua frueretur, habet,
Nec probitas illi, reverentia, nec pudor ullus,
Nec natat in labris qui fuit ante lepos.
Sed nec jam superos, nec provida numina curat,
Nec quis tam Marco, quàm sibi Marcus obest,
Tam cito qui sanctos potuit corrumpere mores,
Hinc ænigma tibi quod tueare dedit.
Nam simulatque sui juris fit Marcus, eodem
Eventu, juris desiit esse sui.

Flabellum Penneum. 27.

Extingunt refoventque leveis incendia venti:
Miraris? pennas ventus amorque gerunt.

Ad Uxorem. 28.

Importuna, mihi quid canos objicis annos?
Nemo senex nisi qui se putat esse senem.
Hæc ego jactabam blanda cum conjuge conjunx,
Illa meum querulâ diluit arte jocum.
Quamvis forte tibi juvenis videar, senem te
Non puto, sed video, sentio, non video.
Nec tamen ipse senex, puer es, dulcissime, verè
Qui vetulus juvenem se putat, ille puer.

Ad Germanum Valentem Pimpontium, Senatorem. 29.

Valens nomine, re valens & usu,
Valens consilio, æquitate, jure,
Valens judicio, eruditione,
Valens eloquio, valens poësi,
Et qui præ reliquis mihi valens est.
Si quicquam liceat boni precari
Amico veteri suo bonoque,
Longævos valeat Valens in annos,
Si quicquam liceat boni ominari
Amici veteris bonique scriptis,
Hoc mi credite, quicquid exarabit
Valens, perpetuo valebit ævo.

Ad Julium. 30.

Carmina quod variis distincta coloribus edas,
Versibus inque meis vix color ullus inest,
Et carne, & nitidâ tua carmina pelle tegantur,
In nostris animam nam superesse sat est.

Vir & Vis. 31.

Vis & Vir, veteres credo dixisse Latinos,
Ut dixisse ferunt, nunc Fusios, Furios.

Hujus Grammaticus causam si forte requirat,
Hoc ideo, vireis quod decet esse viris.

Vis & Jus. 32.

Vis & Jus itidem sunt bina vocabula, quæ si
Vertas, invenies alterum in alterutro.
Quænam sit ratio: quia jus si quæris in armis,
Et quia jus summum vis quoque maxima sit.

De Arno. 33.

Arnus nuper adit novus cliens me,
Ut patrocinium suum subirem:
Suscepi, fateor, lubens volensque,
At nil obtulit Arnus Advocato.
Paucis post rediit, diebus Arnus,
Ut caussam peragam rogat molestus,
Sed Arno mihi non datur vacare.
Idem posteà tertiò atque quartò,
Et quintò vacuus domum revisit,
Meque sollicitè angit, urget, instat,
Sed nil proficit ille plus apud me.
Hinc cœlum, variis ciens querelis,
Accusat malè, meque seque damnat,
Quod talem sibi nactus est patronum:
In summa nihil Arnus ipse credit
Suo vivere tardius patrono,
Et est tam tamen hinc cliens supinus
Ut se non putet esse tardiorem.

In Neærum. 34.

Amicus meus & vetus sodalis,
Quem cernis modo Præsulem insulatum,
Invisit veterem suum sodalem,
Et narrat veteri suo sodali
Hac se à Principe dignitate adauctum:
Laudo, gaudeo, gratulor, proboque:
Nam, quid non veteri velim sodali?
Ad hæc adjicit hinc sibi paratam
Litium seriem esse sempiternam,
Verum se esse animo bono juberi,
Quid is pro vetere hoc amore speret
Posse gratuito frui patrono.
Rideo veteris mei sodalis
Nugas ridiculas & insicetas:
Dic sodes Veterator, an Vetus sis?
Atqui sic Veterator ô amice,
Atqui sic vetus ô amice habeto,
Novi Paschasius diu est Neærum:
Non novi hercule Præsulem, Patronus.

In Magdaleum medicum. 35.

Omnia Magdaleus damnat decreta Senatûs,
Judicibusque nihil vilius esse putat,
Cæcutire malis, & crimina inulta relinqui,
Nec nisi flagitiis nunc superesse locum.
Credo, nam medicus tot jam qui sustulit olim,
Debuerat plecti morte, vel exilio.

De Amore. 36.

Ergo Chaos densum rupisse putemus Amorem,
Qui nihil est, aut est nil nisi triste Chaos?
Spes, timor, ira, preces, bellum, pax, gaudia, luctus,
Et lachrimæ, & risus sunt in Amore simul.
Afficit his animum spectris malè sanus amator,
Nec quid amet novit prodigiosus Amor.
Odit amans etenim quod amat, quod & odit, amabit,
Istud nonne potes jure vocare Chaos?
Quid quod Roma, Mara, Ramo, Moro, quid quod & Armo,
Dissona quæque suo nomine gestat amor?
Scilicet ut vani, Chaos est effectus Amoris,
Sic Chaos implicitum nomen Amoris habet.

De Bassi sorore. 37.

De Basso variè, num mortuus an ne superstes,
Vivere pars illum, pars periisse refert.
Hoc rumore soror mirè hinc torquetur & illinc,
Et variis Bassum prosequitur lachrimis.
Quid faciat quæ nunc vano sermone movetur,
Si fratrem, certa est, interiisse, fides?
Insignis pietas omnes celebranda per annos,
Sed mihi suspectum est hoc pietatis opus:
Non dolet hæc, vitâ quod frater cesserit, at quod
In dubio est ne non mortuus is fuerit.

Ad Parellum. 38.

Centum cum mihi debeas Parelle,
Deberi totidem tibi recenses,
Quæ vis cedere, pro solutione.
Ast ego hercule non recuso, nomen
Si præstare bonum Parelle possis.

Ad Sabinam. 39.

Nolo ego caussidicus cupido dare verba clienti,
Nec tumidus populo grande tonare Sophon:
Alter opum studio miserè intabescat avarus,
Insanus, magnum volverit alter, opus.
Gesta nec æternis volo Gallica tradere chartis,
Quæ belli rabie sanguinolenta madent.
Una es pro reliquis, nobis celebranda Sabina,
Tu sola historia es, caussa, Sophosque mihi.

In Quintum. 40.

Is quem fortè vides Mariæ in æde,
Quem vides mediâ Patrum coronâ,
Suo dicere næniam sodali,
Hujus ambierat, pecuniosi,
Fœlicem, reditûs, Episcopatum,
Sed à Principe passus est repulsam.
Hunc ne flere putas Episcopum illum?
Nusquam: quid dolet ergo? Episcopatum.

De Amœna Vidua. 41.

Certior ut facta est uxor de morte mariti,
Mirum quàm variis sit cruciata modis.
Nullus in urbe locus quo non gemebunda feratur,
Nec sibi, nec lachrimis parcit ubique dolor.
Quin etiam superos atque invida numina damnat,
Conqueriturque suo se superesse viro.
Ut lachrimis questus, sic tristia vota querelis
Addit, & expertem se fore connubii.
His tamen in lachrimis nihil est ornatius illâ,
Perpetuusque subest ejus in ore nitor.
Siccine, defunctum quæ deperit orba maritum,
Semper aget viduo fœmina mæsta thoro?
Quæ flet culta, suum non luget Amœna maritum,
Quid facit ergo? alium quærit Amœna virum.

De Viro & Uxore. 42.

Dum metuit ne vir, vel amet, vel ametur, Amore
Cæco, nil mulier vanius esse putat.
Quem sic elusit jucundo scommate conjux:
En mea lux quæ te sollicitudo tenet?
Si tibi vanus Amor, num vanum est vana timere?
Si non vanus Amor: vana querela tua est.
Ad quem sic mulier: timeo cum vanus amor sit,
Ne tu in non vano tempus Amore teras.

Ad Corlerium. 43.

Insignem pietate virum te Gallia credit,
Qualem viderunt sæcula nulla prius.

Prædicat hæc eadem civem fortemque, probumque,
Qualis in Ausonia vix fuit urbe Cato.
Nil dare privatis, sed publica commoda tantùm
Cuncta salutiferis ducere consiliis.
Tu tamen aulicus es, nec desinis aulicus esse:
Qui potes esse senex aulicus, atque probus?
Fallor, nam justum credi & canescere in aula,
Majorem hoc omni te facit esse fide.

Ad Labienum. 44.

Tu ne crede novis rebus, Labiene, studere
Festum, dat Festus nunc operam viduæ.

De fisci Dispunctoribus, Regio edicto, Semestribus. 45.

Quod Labeonem aiunt, ut sex is mensibus esset
Urbicola, & totidem mensibus agricola:
Sic quem præfecit rationibus excutiendis,
Semestri fungi, Rex jubet officio.
Hujus consulit Princeps, hac lege, quieti,
Pangat ut alternis munera, muneribus.
Seu tantùm hi vivunt qui publica munia tractant,
Ut referunt summos sic voluisse viros,
Seu tantùm vivunt qui sola domestica curant,
Ut referunt summis sic placuisse sophis,
Næ Dispunctores quibus hæc alterna colenda est
Regula, agunt vitæ nil nisi dimidium.

Ad Mathonem. 46.

Quærendis quod sis avidus plebecula tete
Accusat, veriùm laudo probóque Matho.
Nam si parva cavet damnis formica futuris,
Cur non provideat bellua magna sibi?

In Aululum. 47.

Palladis effigiem tumidus gestabat Asellus,
Ad quem quisque pio concipit ore preces.
Hunc sibi cum falsò blanditur Asellus honorem,
Hæc tibi narratur fabula non Asino.
Nam si quem celeri fortuna beavit honore,
Aut ad non meritas acceleravit opes,
Ad tua quod gentis ætas nunc advolvitur omnis,
Summissoque genu munera pexa parat,
Non tibi fumoso fumos damus Aulule, quàm fers
Fortunam colimus suspicimúsque deam.

Ad Christophorum Thuanum. PP. 48.

Seu morum probitas, candorque, pudórque, decórque,
Seu veræ sanctum nomen amicitiæ,
Seu te delectet quicquid veneranda vetustas,
Legibus assuetis intemerata docet,
Sive antiqua fides, seu publica munia obire,
Sive salutiferæ Relligionis amor,
Omnia (nec fallor) solus complecteris, uno
Vis dicam quis sis nomine? Christophorus.

In Sabinianum. 49.

Leges edidicit Sabinianus,
Deinde Parisios domum reversus,
Ut fori quoque scriberetur albo
Curandum sibi diligens putavit:
Sed emungere frigidum parentem
Ne nummo potuit quidem pusillo,
Quo se caussidico daret coquendum:
In natum est adeò pater severus.
At verò ne operam Sabinianus
In vanum teruisse diceretur,
Centum surripit optimo parenti,
Natus optimus optimi parentis,

A Ut exercitio fori vacaret.
Quàm mirum specimen tui edidisti
Cordatissime mi Sabiniane,
Eia macte animi gradu citato,
Quæ cœpisti agito, morásque rumpe.
Nam tu maximus advocatus olim
Fœlicem ipse tibi nec ante apertam
Ad patrocinium viam parasti,
Qui dum Mercurii domum salutas,
Ipso in limine fur patris fuisti.

Ad Medicos. 50.

Gratuitas operas mihi qui promittitis ægro,
Parcite, non tanti est æger ut esse velim:

Ad Marcum. 51.

Mutua cum centum sestertia Marce rogares,
Per sanctum obtestans nomen amicitiæ:
Non habeo (dixi) & si forsitan arca recondat,
Hæc tibi habe paucis, hoc tibi non habeam:
Protinus exclamas, cœlúmque ululatibus implens,
B *Officio quereris me cecidisse meo.*
Siccine amicitiam nostram (inquis) perdis, at, inquam,
Tanti inimicitias non emo Marce tuas.

Ad Flaccum. 52.

Argumenta uxor, libri tu carmina condis,
Dic mihi num liber hic Hermaphroditus erit?

De Baptista Mænilio, Regio in Senatu Parisiensi, patrono mortuo, & Vido Fabro ejus collega superstite. 53.

Tunc cum Mænilius superûm pia cura deorum,
Mellifluo, menteis duceret, ore patrum,
Turba, Pericleæ sic Fabrum voce tonantem
Audiit eloquii fulmina ferre sui.
Magnus Mænilius, magnus Faber, arte, lepôre,
Naturâ, ingenio, relligione, fide.
Ast ubi Mænilium luci nox abstulit atra,
Et socium socio mors inimica rapit,
Vidus eheu mœstus, claro viduatus amico,
C *Desiit eloquio tum superesse suo.*
Dicere ut haud possis, an vivat mortuus alter,
Anne hunc qui superest interiisse putes.
Siccine res hominum cœlestia numina curant,
Ut sinerent unâ morte perire duos?

De Cintio. 54.

Cum morti instaret, magnâ spectante coronâ,
Cintius, hæc lachrimans in cruce verba dedit:
Non me Julia lex damnat, ne forte revinctum,
Crimine adulterij judicet ullus agi.
Huic me vel mala sors, aut imprudentia morti
Objicit, hæc laquei plurima caussa mei est.
Sic Lacedæmonius furtis indulget, at ipsum
Deprensum in furto publica mulcta manet:
Sic licitum passim vobis in amore vagari,
Non liceatque, vagus vos tamen urit Amor:
Sic ego sicut vos, sed non tam cautus amator,
Solus adulterij damna rependo miser.

In Othonem. 55.

D *Mentitur quisquis mentiri semper Othonem*
Dicit, mendacem se profitetur Otho.

Ad Sabinam. 56.

Contendebat Amor, Phœbúsque uter acrior arcû,
Vibraretque agili tela reducta manu.

Illa

Illa pharetratos agitabat questio, at in quem
Stringant tela, scopus nullus utrique fuit.
Ergo meum cor Amor domina tunc fixit ocellis:
En ait, hoc unum cor sit utrique scopus.
Dixit, & è pharetra deductâ utrinque sagittâ,
Hic quem, quenque scopum destinat alter habet.
Hinc Amor, hinc nostris infixus Apollo medullis
Hæret, & hinc duplex pectore vulnus alo.
Torquet amor pectus, pectus solatur Apollo,
Et discrimen habent vulnera quæque suum.
Namque cupido novo vitam mihi vulnere tollit,
Vulnere quam Phœbus reddit Apollo suo.
Dicere vix tamen est, sic est discordia concors,
Obsit an iste magis, prosit an ille magis.
Nam tanta est vitæ & mortis vicinia nostræ,
Mors caussa ut vitæ, vitæque mortis eat.
Nec nisi sim vates, Phœbæaque tela capessam,
Non sit propositi meta Cupido mei.
Nec sim aliquis sæclis venturis, me nisi morte
Quâ liceat Phœbo vivere, mulctet Amor.

In Plagiarium. 57.

Plurima dant alii, tria do tibi disticha; si nil
A me sumpsisses, plura daturus eram,
Nec tamen his cedo, quid si hos ego vinco Poëtas,
Multaque cum donent carmina, plus ego dem?
Commendant etenim libros quos edis, at à me,
Quo commendêris forsitan istud habes.

Ad Carlum. 58.

Visebam te quotidie, socialis, & ante,
Plena mihi tecum vita favoris erat.
Mutua ter centum petiisti millia nummûm,
Mutuor ad menseis restituenda duos:
Jam decimus mensis, jam totus præteriit annus,
Angor, nec te non restituisse pudet.
Præsenti narro miseri tibi fata sodalis,
Fata tamen surdis auribus illa queror.
Mox indignanti similis non viso: subinde
Ut prior hæc cæco luditur historia.
Non repetis, dicis: quem nocte diêque videbam,
Non video, non est hoc rogitare satis?

Ad Janum Antonium Baïffum. 59.

Constabat numeris pedibusque Latina poësis,
Delinita sono Gallia nostra fuit.
Tu cornicum oculos primus configis, & unus
Dirigis Ausonio Gallica metra pede.
Hoc tremulus Getico temtavit frigore Naso,
Dum Musa exilij tædia lenit amor.
Sic nectis (rithmis longè hinc ô Jane fugatis)
Carminibusque pedes, carminibusque melos:
Antiquis purgas sic nostra poëmata monstris
Num verè Galli est Herculis istud opus?
Nec tamen hoc passim populo doctisque probatur,
Atque hinc maxima pars non queratur habet.
Insanire aiunt, sed cum ratione Baïsse,
Hic ubi non modus est velle adhibere modum.

Ad Macrum. 60.

Quæ tibi sit ratio vitæ statuenda requiris,
Summis principibus qui placuisse velis.
Exitium est optes si totus Regibus uti;
Est tibi, secedas longius, exitium.
Quid faciam? dicis: via neutra omnino probatur,
Aulam habita, paucis Aula colenda tamen.

In Adonem. 61.

Qui voluit turpem, cùm formosissimus esset,
Formaque effigiem pingere dissimilem,
Tam verè expressit, magis ut non possit Apelles,
Nam nil dissimile est tam sibi, quàm tibi tu.

Ad Janum Morellum. 62.

Tu ne quæsieris Morelle nostra
Catenam, seriem, vicesque sortis,
Formaeque tuæ architectus an sis,
An sati tacitâ necessitate
Constet sors tua, prorsus hæc sophista
Disputatio vani & otiosi:
Sed si vis mihi Christianus esse
De notâ meliore, mi Morelle,
Toto corde Deum colas oportet,
Civeis deinde tuos ames velut te,
(Nam certè tabulis duabus istis
Versatur fidei salus suprema)
Tum scrupos alios tenebricosos
Missos hos face Stoicis scholisve:
Fatum denique crede quando factum.

In Quintum. 63.

Dum dubius fluit hac aut illac, dum timet anceps,
Ne male quid faciat, nil benè Quintus agit.

De Catone. 64.

Antiquis passim sapiens Cato dicitur esse,
Quem tamen insipidum prædicat unus Ado.
Qui rigidi maneis audet temerare Catonis,
Nonne potes melius dicere quis sit Ado?

In Aprum. 65.

Omnia novit Aper, verùm sic omnia novit,
Ut nullus magis hunc omnia nosse sciat,
Cunctaque qui novit, dum sic se noscere cunctâ,
Non alium quàm se novit & ambit Aper.
Jam valeat vestrum hoc sapientes γνῶθι σεαυτὸν
Perdidit hunc nostrum, γνῶθι σεαυτὸν Aprum.

Ad Jacobum Dillierum Baumontium 66.

Divitiæ tibi sunt amplæ, tibi larga supellex,
Longaque per veteres stemmata ducis avos.
Addatur quod vix quis dicere possit, an in te,
Alterutrum præstet, forma vel ingenium.
His tam præclaris cùm dotibus unus abundes,
Ducere quam possis fœmina nulla datur.
Cumque sit in votis, tibi non licet esse marito,
Pronuba quem socium vellet habere Dea.
Nimirum te sors omni vult parte beare,
Et quamvis cupias, non potes esse miser.

In Marcum. 67.

Errat qui Marcum credit dare verba clienti,
Marcus verba solet vendere, nulla dare.

Ad Uxorem. 68.

Æquævam mihi te narras, ambosque sub uno
Vitam sortitos temporis articulo.
Siccine fata volunt? ac tu si vera recenses,
Hui quanto superas, lux mea, me senio.

Ad Antonium. 69.

Non ego sum, fateor, tenerorum scriptor amorum,
Hos agitet damno Naso poëta suo.
Sed nec ego Antoni Satyrarum scriptor acutas,
Persius has parteis, has Juvenalis agat:
At juvat & Venerem nonnunquam ludere; gestat
Ut pharetram Phœbus, sic pharetratus Amor,

Vix etiam à Satyra possunt epigrammata abesse,
Sunt sine, ni mordent, carmina nostra sale.
Atque adeo Satyra facili mihi lege colentur,
Dum tamen in Satyris sit venus ulla meis.

De Charino. 70.

In nihilum praeceps effuderat omnia mater,
Natus in integrum ut restituatur, agit.
Proque tribunali tum desipuisse parentem,
Et male composita mente fuisse refert.
Emptor at inca de nil gestum clamat, utrinque
Quaerendum judex amolius esse putat.
Alternis scribunt, mox se amplo teste tuentur,
Hanc sapuisse unus, desipuisse alius:
Vincere vult actor, contra reus instat & urget,
Vincere dignus & hic, vincere dignus & is.
Hîc tu quid facias? aequâ quùm lance probarint,
Condemnat judex at tamen ipse reum.
Conclamant omnes, absolvendumque putabant,
In dubio quod sit jusque favorque reis.
Ad quos sic judex: Plebs importuna silete,
Actor naturâ judice vicit, ait.

In Arthonem. 71.

Edere quod non vult Artho sua carmina vivus,
Haeredisque putat munus id esse sui;
Consilio nihil hoc prudentius, Artho veretur
Nec videat natos non superesse sibi.

Ad Janum Lescotium Clanaeum. 72.

Dicite ô Charites, Apollo, Musa,
Et vos ô Veneres amoeniores,
Mihi dici e (namque vos soletis
Jamdudum illius hospitari in hortis,
Jamdudum illius hospitari in ote)
En narrate mihi meus quid ornet,
Vel vester potius boni Clanaus,
Ille Piridum pater sororum.
Atqui vos Charites, Apollo, Musa,
Et vos ô Veneres amoeniores,
Quid mi Lescotium meum invidetis,
Quem ego plus oculis meis amabam,
Qui me plus oculis suis amabat?
Cur me vel mea sors dicavit urbi,
Cur hunc vel sua sors dicavit agro?
Quin me reddit huic meo Clanao,
Quin mi redditis hunc meum Clanaeum?
Cur tam dissimileis amore in uno,
Vah amplectimur ille egoque vitas?
Cur tam nominibus fere sub iisdem
Longè dissimileis fovemus arteis?
Et meus serit, aucupatur idem,
Et suus serit, aucupatur idem.
At ille aeriam aucupatur auram,
Nos verò miseram aucupamur aulam:
Ille se arboribus dicat serendis,
At nos litibus hercle seminandis,
Hic musis operam locat quietis,
Nos causis operam laboriosis:
Tam latusque suo superbit agro,
Quàm maest invidiam subimus urbis:
Quid quod principibus viris relictis,
Suo se abdiderit quietus horto?
Vester denique vel meus Clanaeus
Tam vobis Charites, Apollo, Musa,
Tam vobis Veneres amoeniores,
Vivit tamque sibi suisque foelix,
Ut si summus Atheniensis ille
Rursus ad superas remigret auras,
Ausit ingenuè palàm fateri,
Ipso principe Lydio annuente,
Solum Lescotium meum beatum,

In Paulinum. 73.

Paulino dederam duplex epigramma, sed ipse
Negligit: ingrati nonne putes animi?
Non aliud precium quàm laus manet alma poëtas,
Quae laudant, urit carmina laudis amor.
Quem celebro gratis, potuit mihi dicere saltem,
Pro versu, gratéis has cape gratuitas.
Agnovit sibi non, sed me mihi scribere versus,
Ignosco, magnus vir mihi crede sapit.

Ad Antonium Losellum. 74.

Cum mihi ver teneris jampridem fluxerit annis,
Aestatisque meae floribus absit honos,
Regnet & Autumnus Libitinae ignobilis arte,
Atque instet capiti jam glacialis hiems,
Miraris quod amem, quod amans Epigrammata scribam,
Versibus inque meis me novus urat amor.
Insanire (ais) hoc est & puerascere. Quidni?
Nempe insanus Amor, nempe Cupido puer.
Sed cum insanus Amor, tamen haec insania lucro est,
Quae mihi reddiderit cor juvenile seni.

Ad Posthumum. 75.

Partum foemina mensibus novenis
Alvo si retinet sovetque in ima,
Quod natura opus ordinatur altum:
Quare non etiam novum per annos,
Foetus ingent tui prementur,
Quos vis vivere luce sempiternâ?
Sic mi posthume fiet ut fruantur
Aequali vice liberi librique.

In Asperum. 76.

Nil non Asper agit pro me si forte rogetur
Quicquam agere: at nusquam commodat Asper equum.
Quaero operam, aut studium, studium mihi protinus Asper
Non negat, at nusquam commodat Asper equum.
It, redit, & currit pro me, si forte rogetur
Currere, sed nusquam commodat Asper equum.
Quàm sapis ô Asper, quàm te bene noscis, amice,
Pluris quam teipsum qui facis Asper equum!

Ad Flaccum. 77.

Cùm sestertia mutuò rogaris
Ducenta, atque ego Flacce denegarim,
Omnibus tibi me deesse narras,
Quid dicis? bona verba quaeso Flacce.
Nam si amicitia scopus duorum, est
Idem velle simul, junctaeque nolle,
Certe desumus ambo utrique nostrûm,
Ego quod tibi denego roganti,
Tu quod me rogitas tibi negantem.
Attamen vitio peculiari,
Offendis veterem magis sodalem,
Qui cùm sollicitè prius rogaris,
Istud feceris ut tibi negaret.

Epitaphium Jani Tillij Episcopi Meldensis. 78.

Dicite Tillius hac jaceat ne, an Tullius urnâ?
Namque hic saepe notâ labor in ancipiti.
Neu tamen id temerè, quod enim fuit ille Latinis
Eloquio, nostris hic fuit histor.â.

Ad Sabinam, de suo Amore. 78.

Deferor in varias parteis, hinc torquet & illinc
Irrequietus Amor, purpureusque pudor.

Ut malus angit amor, sic me pudor improbus angit,
  Hinc ferus urget amor, sevocat inde pudor.
Quid mihi fræna Pudor, quid Amor calcaria subdis?
  Cur qui cuncta velim, nil mihi velle datur?

Ad Lectorem. 80.

Quærebam quid agat quicunque inservit amori,
  Ascensuque loci vox redit alta, Mori.
Si tumulo nostros subjungo, Lector, amores,
  In promptu caussa est, cùm sit amare, Mori.

De seipso. 81.

Historicus, patronus ago, scriboque Poëta,
  Historiam, caussas, atque poëma meis.
Oro præsentis reparans dispendia vitæ,
  Carmina venturis, Historiamque paro;
Illud non gratis, sed gratis hæc duo præsto,
  Qui non gratuitus gratior est ne labor?

In Menedemum. 82.

Arte laboratam Venerem Menedemus habebat,
  Urbini varium vel Michaëlis opus.
Hanc à te vendi viginti millibus aureis,
  Postulat Oenopius, tu Menedeme negas.
Tam bene concordes sic dissentitis uterque,
  Dicere ut haud possim quis mage despiat.

Ad Paulum. 83.

Scribimus ut relegant omnes, mirentur, amentque,
  Suntque hæc authori præmia magna legi.
At tu cum scribas quæ non intelligat ullus,
  Dic mihi quod precium, Paule, laboris habes?
Si quo sensa alios lateant occulta recondis,
  Nonne tibi satius, Paule, tacere fuit?

In Asperum. 84.

Seu tibi Grammaticûm classes terat Asper ineptas,
  Seu sterileis sophiæ prodeat ante scholas,
Seu cum regicolis tumida spatietur in aula,
  Seu cum militibus nobilibusque viris,
Protinus effutit tria græca vocabula vanus,
  Et crepat, aut imo hæc pectore prompta vomit:
Nec locus hunc cohibet, nec temporis ordo refrænat,
  Quominus Iliaden Hesiodumque citet.
Huic & Aristoteles, huic & Plato semper in ore,
  Totus & è Græcis fontibus haurit aquas.
O hominem scitum, Græcum quis non putet esse,
  Non solùm linguâ qui sit, at ingenio?

De Ruffo. 85.

Nexuerat magicis Ruffo genitalia nodis,
  Hæres, ne sobolem posset habere sibi:
Agnovit Ruffus technas, ideoque reliquit
  Legatis, cunctas, cùm moreretur, opes.
Quid mirum si quem vivum castraverat hæres,
  Hæredem castret mortis in articulo?
Quàm serò sapuit, nam si cum viveret, istud
  Fecisset, poterat consuluisse sibi.

Lyra. 86.

Muta arbor fueram, Lyra nunc modulorque, canoque,
  Vita mihi sic mors, mors mihi vita fuit.
Invida viventi, nam quam natura negarat,
  Post obitum fœlix addidit ars animam.

In Iberum. 87.

Invida fors servum nobis obtrusit iberum,
  Quo nihil est vecors, insipidumque magis.
Jam tamen hoc (mirum) bissenis utimur annis,
  Nec mihi sorte frui commodiore placet.
Illum ego si ablegem, passim malè gratus habebor,
  Qui reprimam mores, moribus hisce, meos.
Scilicet acceptum huic refero, quod tempore callum
  Obduxi, & bilem temperet inde mihi.

Ad Venerem. 88.

Da mihi, da facili, Venus ô, gaudere Sabina,
  En voveo fœlix munera quæ dat Arabs.
Non sterileis violas dabo, verùm Cypria, Myrrham,
  Munere in hoc alter forsan Adonis erit.

In Othonem. 89.

Ardebat Glycerem, sed spes cum nulla potiri,
  Ecce cucullatâ veste recessit Otho.
Desperatio spem parit, & si credere fas est,
  Huic dabit ad cœlos vimque viamque nefas.

Ad Galliam. 90.

Sunt mala quæ scribo nostris Epigrammata chartis,
  Atque adeo si vis, pessima confiteor.
Sed quia non multis onero te Gallia nugis,
  Quæ mala sunt, dices, hæc brevitate, bona.

FINIS LIBRI PRIMI.

STEPHANI PASQUIERII
EPIGRAMMATUM
LIBER SECUNDUS.

AD BERNARDUM PRÆPOSITUM,
In Senatu Parisiensi Præsidem.

Ode 1.

HEC tibi Patronus, Præses clarissime,
   mittit,
Quem tu pro rostris dicere sæpe ju-
   bes.
Ridebis forsan, quis enim non rideat
   illum
Tam subitò vatem, qui modò caussi-
   dicus?
Nec tamen hæc Præses prorsus ridenda putato,
Si non à genio sunt aliena meo.
Ars oratorem facit, natura poetam,
An tibi naturæ majus, an artis opus?

Ad eundem. 2.

Tanta tibi est probitas, æquique scientia juris,
Et residet libris gratia tanta tuis,
Ut si de cœlo descendat, credere nolit
Juppiter alterius jura ministerio.
Te princeps populusque petit, te vindice sancto
Gaudet & unius Præsidis ambit opem.
Quo sibi præposito salva est Respublica, nonne
Vere is Præpositi nomine dignus erat?

Ad Antonium Losellum. 3.

Hunc Loselle tibi meum libellum
Commendo, numeris nec absolutum,
Nec tersum, lepidum, gravem, venustum,
Sed commendo tamen meum libellum,
Qualiscunque tibi futurus olim,
Hunc velim celebres palàm probesque:
Offendas etiam tacens amicum:
Nam natura ita comparat Poëtam,
Ni laudes, putat hinc Poeta lædi:
Mirè hoc stultitiæ genus; tamen me,
Et stultum & fatuum, & novum Poëtam,
Hac ipsa celebrationis arte,
Insanum facias licet, probabo.

In Ollum. 4.

Flet, ridetque, suos dum ludit ineptus amores,
Hoc domina, hoc sævus, carmine, cogit amor.
Et dum flet ridetque suos simul Ollus amores,
Præ risu lachrimas excutit ille mihi:
Authorem nonne hunc mirum reputemus amorum,
Qui me adigit quò se durus adegit amor?

Vita Æterna. 5.

Esse aliquid puto me dum vivo, à morte nihil sum,
Hoc aliquid nihil est, hoc nihil est aliquid.
Frigida mors vitam, mortem rapit altera vita,
Mors vanæ vitæ finis, origo bonæ est.

De Genetto Pictore. 6.

Nulli cum formâ cedat formosus Iolas,
Formosâ pingi debuit effigie.
Hunc potuit flexâque comâ, sparsoque capillo,
Molliculo vultu, floridulisque labris,
Mellitis oculis, tenui lanugine barbæ,
Purpureâ roseo pingere flore gena.
Noluit hoc prudens tenero indulgere puello,
Haud molleis pictor natus ad illecebras.
Verum composito vultu facieque modesta,
Qualem virgineus gestat in ore pudor.
Cætera naturæ ludibria vana putavit,
Quæ nulla artificis sunt referenda manu.
Pictores inter, longè celeberrimus unus,
Cujus Apellæum dextera vincat opus.
Non hac expressit tabulâ penicillus Iolam,
Sed domini mores ingeniumque sui.

Ad Arnum. 7.

Quod tibi vicinas venundat vilius ædes,
Non vendit, pacem carius Aulus emit.

De Fabula. 8.

Hic ego dum solus meditans longa avia sector
En age dic Echo domina quis major honos? NOS,
Ergo Fabulla sonis poterit me perdere multis?
ULTA. sed heu sodes recita quæ caussa malihujus?
JUS. an quod me etiam volui sacrare Sabinæ?
CNÆ. is fructus binis est inservire puellis?
Is. sic sum ipse mea sortis miseranda lues? Es.

Qua Venus inde meis hæret malè sana medullis?
Lis. saltem ut valeam me me ablegabo peregrè.
ÆGRE. tandem igitur spes est gaudere Fabullæ?
BULLA. vah pereas, abs te discedimus. IMUS.

Ad Pætum. 9.

Tempore treis uno colui, quinasve puellas,
Atque adeo plureis nunc coluisse juvat.
Jampridem hæc animis incedit opinio nostris,
Ut mihi in incerto fluctuet omnis amor.
Nec tamen ipse levis cupiam tibi Pæte videri,
Odi fucatâ nil levitate magis.
Uno quem semper vitæ constare tenore,
Consimilemque sui videris, an levis est?

Ad Marcum. 10.

Quid tibi Marce bonis interdixisse Senatum
Conquereris? cur tam jurgia vana moves?
Nescis heu nescis quo te cumulavit honore,
Summis iste viris, Marce, negatur honos.
Quisque sibi legem privatim sancit eandem,
Quam tibi honorifico curia dat titulo.

Ad Flaccum. 11.

Posticas à te conduxi carius ædes,
Limite quo possim clarior esse tuo,
Vicinumque velit magni sub nominis umbra,
Me tecum creber consuluisse cliens.
Decipitur, fumos qui credit vendere Flaccum:
Hunc ego nam fumos credo locare suos.
Quin potius fumos quàm vendis Flacce clienti,
Qui socio possis vendere caussidico.

Ad Josephum Scaligerum. 12.

Cujus & ingenium, doctrinaque, nomen, acumen,
Præpetibus pennis celsa per astra volant,
Emoriar nisi te venientia sæcla Josephe,
Aligerum dicent, quem modò Scaligerum.

Ad Domitium 13.

Pectore tam fido mihi te profiteris amicum,
Pirithoum ut possis vincere vel Piladem:
Est mihi lis, operam præstes peto, non lubet, ut qui
Natus inassuet o litibus ingenio.
Æger præsentis cupio solamen amici,
Ægroti ad spondam non potes ire thori:
Fænore confectus rogito des mutua centum,
Hæc & heri poteras credere, non hodiè.
Et tibi amicitia primas, vir perfide, sumis:
Tam bene quisquis amat, nil, nisi fallor, amat.

Ad Alexandrum Pogesium. 14.

A Musis ne tu distare forensia credas:
Tullius & versus scripsit, & Ausonius.
Seu bona, seu mala sunt quæ carmina scribo, Pogesi,
Securus possum qualibet ire via.
Si bona, & Ausonius scripsit, bona carmina Magnus;
Si mala, commune est cum Cicerone mihi.

Ad Sabinam. 15.

Ipse meos tacitus dum forte recordor amores,
Noster nil nisi nix esse putatur amor.
Candida nix terris, terris & frigida nix est,
Tu mihi candidior, frigidiorque nive.
Et nix in summi glomeratur vertice montis,
Et mihi jam canum nix tegit alba caput.
Nec tamen illud obest nobis, è montibus amneis,
Hic ubi nix, rapidi perpetuique cadunt.

A frigida sit quamvis, at nix quoque frigida torret,
Frigida sis, uris sæva Sabina tuum.
Ecce nivem teneo, subito dissolvitur, ecce
Te teneo, manibus mox fugitiva fugis.
Quod si tabescit primo nix lumine solis,
Cur novus hanc non sol discutit igne nivem?
Nempè quod æterno statuerunt numina fato,
Ut mihi nix esses, solque Sabina simul.

In Damartum. 16.

Emit nuper eas Damartus ædes
Quas multis colui quietus annis,
De quibus domino mihique, certo
Conventum precio sciebat: idem
Vicinus meus & vetus sodalis,
Qui cum ludere blandulè & jocari &
Convivarier in dies solebam,
Cui si quando opus advocatione,
Nullum illi officium meum negavi,
Nullum illi officium meum locavi.
O ingratum hominem improbumque dices:
Contra nil melius putato, qui me
Isto consilio haud satis doloso
(Nam quis crediderit doli capacem?)
Nolit tam misero frui sodali.

Ad Michaëlem Hospitalium, summum Galliarum Cancellarium. 17.

Sive sit tibi nomen Hospitalis,
Quo te nomine civitas salutat,
O nomen lepidum Deoque gratum!
Nam quid gratius hospitalitate,
Quam vere colis atque christianè?
Quod si sustulerim notam priorem,
O quàm conveniens idoneumque!
Lis sopita etenim est in Ospitali:
Nec quid convenientius tibi, quàm
Hydram extinguere controversiarum.
In hoc nam vigili labore, teque
Latis legibus incubare certum est.
Ergo cui lepidum undiquaque nomen,
Gratum, conveniens, idoneumque,
Et re & nomine qui sit Hospitalis,
Cui sopita etiam usquequaque lis est,
Ne de nomine longiùs recedam,
Hunc Deus quoque sospitet perennis.

Ad Vidum Fabrum qui quo die promulgata pax est, Præses renunciatus est. 18.

Ad nos ô tandem Faber exoptate redisti,
Almaque pax tecum te redeunte redit.
Nam quem pacato genio natura creavit,
Hic tibi sis pacem sors simul esse jubet.

Ad Eundem. 19.

Ad te quæ scripsi nuper duo disticha, Vide,
Ingenio dicis carmina digna meo.
Digna meo sint hæc, his tu dignissimus, illa
Atque utinam ingenio sint quoque digna tuo.

Ad Calliodorum. 20.

Et studiis favisse tuis juvenilibus olim,
Et memini functum me patris officio,
Nec quid tam in votis mihi, Calliodore fuisse,
Quàm ut in conspicuo conspicerere loco.
Nunc medicas arteis exerces, nec tamen æget
Uti operâ possim Calliodore tuâ.

Stephani Pasquierii Epigram. Lib. II.

Res stomachum movet ista tibi, caussasque subinde
Mutati rogitas tam cito propositi.
Consuluisse tibi tunc temporis ipse volebam,
Nunc volo, si quæris, consuluisse mihi.

Ad Malianum. 21.

Tantarum igniculos narras & semina rerum,
Æternos animis inseruisse Deos,
Ut præstare hominem, modò non despondeat ultrò,
Posse vel æterno numine cuncta putes.
Id multâ, Maliane, tibi ratione probatur,
Sed docet exemplum nil benè posse tuum.

In Mamercum. 22.

Damnat caussidicos Mamercus omneis,
Damnat quod nequit Mamercus esse.

De Tholosatibus. 23.

Complureis passim, falsò meritone, queruntur,
Hoc ego vel fama dono vel invidiæ.
Vana igitur fama est, sed crebra, aversa Tholosæ
Plurima, proque bonis esse in honore malos.
Qui Bibere assumunt pro Vivere, cur etiam ipsis
Quisque Venenatus non Bene natus erit?

Ad Quintium. 24.

Des operam soboli cum chara conjuge noctu,
Conquereris si quid grandius illa dabit:
Quam mirus juris consultus: scilicet hoc est,
Semper in obscuris quod minimum est sequimur.

Ad Caprum. 25.

Cæcilio nobis quondam dicente quod hæres,
Obscuros risus, dum gemit, intus alit,
Cuncta absumit Ado, vario qua parta labore,
Fraudator genii liquit uterque parens.
Scilicet incauti si spes elusa parentis,
Sic hæredis Ado lusit, & ipse suam.
Omnibus exhaustis Ado luget, luget & ille
Qui successurus, ni periisset Ado.
Vis hæres genitu vero te ploret avarus?
Hoc facias: hæres mi Caper esto tui.

In Sirupicem. 26.

Quod totâ Sirupex edentulus ambulat urbe,
Quàm benè successit nil superest quod edat.

In Amicos fictos. 27.

Nunc his, nunc illis dum gratificatur amicis,
Exhausit veterum quicquid habebat opum,
Dilapidavit opes pro vobis Gargilianus,
Quid misero modicam ferre negatis opem?

Ad Philippum Portanum. 28.

Versibus ut lenis, comis sic moribus idem es,
Si lego te, video, si videoque lego.

Ad Janum Auratum. 29.

Aurea si nostro rediissent tempora sæclo,
Atque Astræa istâ sancta federet humo,
Debueras opibus cumulari totus & auro,
Aurate ô priscis annumerande viris.
Ferrea non tulit hoc vel ferri durior ætas,
Ah nimium cunctis invida facta bonis.
Ingemuit, fortemque tuam miseratus Apollo,
Fatidico has voces protulit ore Deus.

A *Quid cum auro tibi, quod tenebroso Plutus ab orco*
Eruit? en noctis somnia vana fuge.
Lumine Phœbeo dignum, non munere Ditis,
Lauri non Auri sollicitabit amor.
Ergo agedum, æternâ cingam tua tempora lauro,
Aureus haud, verùm Laureus esto mihi.

Ad Sabinam. 30.

Et cupio vereorque simul: tua limina viso,
Me timor à cupido substrahit aucupio.
Delitias rogito, meriti solamen amoris:
Insidet ah tremulo rusticus ore pudor.
Si tu ignite tuos torres Amor, eia flammis
Qui sit ut in mediis occupet ossa tremor?

Ad Marcum Valerium Martialem. 31.

Sint Mæcenates, non deerunt, Flacce, Marones.
Hæc ego non vero consona, Marce, putem.
Quin Mæcenates potiùs facere Poëtæ,
Hos dum agitat fama posthuma cura suæ.
B *Nullus amor lucri sanctis dedit esse Poëtis,*
Ast honor, aut saltem solus honoris odor.

Ad Charinum. 32.

Quod studio dixit sophiæ mortalibus esse
Dandam operam, at paucis, ille Neoptolemus.
Sic tu quicquid ais vel jactas, semper in aurem
Obstrepis hoc paucis, vane Charine, mihi.
Si Regum dicis te ad se pellexerit aula,
Hos colito, paucis attamen hos colito.
Publica munia vis sectari, in illa capesco,
Attamen hæc paucis sunt obeunda tibi.
Vis arcana tuo committere sensa sodali,
Hæc etiam paucis enumeranda putes.
Vis & amasiolus dominæ, inservire severæ,
Tu domina, at paucis fer juga sæva tuæ.
Indulges, paucis Veneri indulgere necesse est.
Verba facis populo, pauca memento loqui.
Denique quæ vasto passim meditamur in orbe,
Aut facimus, paucis experiunda doces.
Omnia si paucis, quid tantis pauca recenses,
Atque his multiloquus tempus inane teris?
C *Vis paucis utime consultore, Charine,*
Tu quod das aliis, da tibi consilium.

In rustica Vidi Fabri. 33.

Rustica qui tractas nihil es Urbanius ipso.

In Contilium. 34.

Omneis si immensi parteis lustraveris orbis,
Nullus Contilio bardus in orbe magis.
Illum vox populi (magni censura Catonis)
Abderitanum pectus habere putat.
Sit stupidus bardusque, tamen tacet: ô hominem ergò
Præ reliquis mirum qui sine mente sapit.

In Helvidium. 35.

Explicat Helvidius dum somnia, somnia fingit.
Quodque alii in somnis, hoc facit ille vigil.

In Ionam. 36.

Si quid agant alii, damnat Suffenus Ionas,
Nullaque, non ejus, scripta, litura notat.
D *Nam qui cunctorum votis damnatur Ionas,*
An non quo meriti cætera damnet habet?

Ad Quintum medicum. 37.

Me pravi dicis mores haurire clientis,
Dum consulturus limina nostra petit.

Contra ego te nunquam video bene Quinte valere,
Ægroti nisi cum languida tecta teris.

Ad Sabinam. 38.

Odi & amo: formam molleisque amplector ocellos,
Odi sed mores ingeniumque ferox.
Rursus nec mores odi, nec diligo formam,
Unde odium, nec quid cogit amare scio.
Quid si odium flammas quandoque ministrat amori?
Quid si odio vireis suggerit intus Amor?
Ergo non odi nec amo, qui diligo & odi,
Vix est ut qui non oderit, ullus amet.

Ad Barbarium. 39.

Et Medicos, & nos miserè insanire Patronos,
Quos vel honos, vel opum vexet avara sitis,
Pharmaca sed tandem reperisse abeuntibus annis,
Dicis, & in tuto res posuisse tuas.
Ambitiosa etenim longè hinc, longèque fugasse
Somnia, mortaleis quæ malè conficiant.
Rus colere, & curis vacuum tibi vivere, nempè
Cui sola in votis sollicitudo, quies.
Perstrepis hoc cunctis, atque hoc profiteris ubique,
Et me vis istud credere, non faciam.
Nam cum tam vanè vanâ ambitione vacare
Te jactas, nulla est vanior ambitio.

Ad Medicos. 40.

Ægrotus nil tam quàm pharmaca vestra requiro,
Nec me fastidit quid mage, cum valeo.
Aut vos in vestris ne promulgate libellis,
Esse habitus taleis corporis ac animi:
Aut vos ægrotus cùm tam colo, dicere vix est
An magis ægrotet corpus an ingenium.

Ad Janum. 41.

Te varia ex multis prompsisse emblemata dicis,
Et veniam culpæ (si modò culpa) petis.
Nugaris: peream nisi te quæ plurima pangis,
Authorem agnoscant carmina quæque suum.

De pace à Rege Carolo IX. inita, 1567. 42.

Mens bona, non nova fraus, pietas, non aulica fecit
Curia, id edictum Rex bone pacificum:
Plebs pia, non fera lex poterit nunc vivere tecum,
Crescere, non labi vis puto sordidulè.
Imperium Deus hoc servas, non perdis, amore
Fervida sit, nec pax hæc tegit insidias.
Magnificè, tibi Rex succedant optima, nunquam
Prælia sint, immò pax tibi perpetuò.

Ad Janum Passeratium. 43.

Quàm lusit bene passerem Catullus,
Tam Passertius elegans Catullum:
Omnis vivit in hoc, in hoc quiescit,
Hunc in delitiis habet perennem,
Hunc volvit, legit, explicatque chartis
Tam doctè & lepidè laboriosis,
Quàm doctum & lepidum ferunt Catullum,
Et ludit numeris Catullianis,
Et tam molliter ut Catullus ipse:
Credas denique passerem Catulli,
Vel quid passere mollius Catulli.

In Judicem. 44.

Mille mihi nummos subtraxerat Heliodorus,
In quem bella fori litigiosa paro.

Caussam agit in vinclis, longoque examine utrinque
Res trahitur, negat is, contra ego teste probo.
Convictus tandem furti damnatur, eidem
Pœna & perpetui scribitur exilii.
Restitui argentum, certâ sed lege jubetur,
Et longè furto, deteriore mihi;
Judicis impensis deductis: ut meliore
Quàm judex, esset conditione reus:
Nam quid judicio mihi reddi mille putabam,
Exhaustis primis, altera mille dedi.
In jus ô iterum Judex veterator eamus,
Mille ego perdideram, millia bina rapis.

In Pollionem. 45.

Quod tam magnificè suum Piardum
Colat Pollio magnus ille Princeps,
Tandem desine conqueri, ô Morelle,
Mollis Pollio, mollis & Piardus,
Verùm Principe mollior Piardus.

Ad Faustulum. 46.

Nil tam est insipidum quàm quæ tu Faustule scribis,
Digna vel hæc tenebris carmina, vel tineis:
Vendibileis tamen esse tuas strepit undique nugas,
Non tibi, at ut faveat bibliopola sibi.

In Adonem. 47.

Os humeriq́ue patris, matris tibi sermo, manusque
Sunt patrui, frontem dic mihi cujus habes?
Nullius, nam quem frontis natura creavit
Perfrictâ, frontem dic mihi si quis habet?

Ad Leodegarium à Quercu. 48.

In quo mirificè lucet veneranda senectus,
Nestoreamque juvat cernere canitiem:
Cujus & antiquus, antiquo in pectore, mores,
Quemque viri colimus suspicimusque s. nem:
Qui senium, reparat natifquæ libriqué, caducum,
Possit ut æternas vivere Olimpiadas,
Unus hic, aut potius viva hæc & mascula Quercus
Canescet sæclis innumerabilibus.

Sanus & Insanus. 49.

Sanus & Insanus duo cum contraria, sicut
Fœlix, infœlix, inscius atque sciens,
Mirum est artifices habuit quos Roma loquendi,
Assignasse illud corpori, & hoc animo.
Nimirum quoniam nusquam schola prisca putavit
Verè ullos morbos corporis, est animi.

Ad Crispum. 50.

Nostra tibi recito, nec verbum applaudis ad ullum;
Verba dedi, saltem da quoque verba mihi.

Ad Edemericum Bigotium Tibermenium in Senatu Rhotomagensi Præsidem. 51.

Numquamne ergo frui mei Bigoti
Conspectu dabitur facetiisque?
Dij te, dij malè te togata perdant
Vita, vah misere negotiosa,
Quæ mi tam lepidum & bonum sodalem
Jampridem scelerata surpuisti,
Is dum Rhotomago sedet senatu,
Ego Parisio foro Patronus
Defendo miserum, miser clientem:
Dij te, dij te iterum scelesta perdant.
At tu mi vetus ô amice, ne te

Excidisse

Excidiſſe animo putes amico.
Nulla temporis, urbium, locorum,
Intervalla ferunt ferentve ut unquam
Obliviſcar ego tui, mei tu.
Verùm pars animæ tui ſodalis,
Vives Rothomagi tuo me in ipſo,
Verùm pars animæ mei ſodalis,
Vivam Pariſiis meo te in ipſo:
Quin ſi dicere veriùs licebit,
Quamvis Rhotomagum, Lutetiamque;
Illam tu tibi deſtinaris, hanc mi,
Vivam Rhotomagi tuo me in ipſo,
Vives Pariſiis meo te in ipſo.

Ad Valliabertum. 52.

Non dico verſus quoſvis, Epigramma ſed id quod
Ingenium (dicis) delinit atque docet.
Si verùm nobis memoras Epigramma libellis,
Feciſti nullum Valliaberte tuis.

Ad Lucium. 53.

Quæ facio in tenebris fateor meruiſſe tenebras,
Carmina, tu Luci, fac meliora die.

Ad Lectorem. 54.

Noctibus hæc: at enim ſi Gallia temporis omnis
Definit ſpatium noctibus ut reſerunt,
Gallus ego ſuper os Gallo de more rogabo
Ut videant noctes hæc mea perpetuas.

Ad Criſpum. 55.

Sæpe tibi noſtros percurri Criſpe libellos,
Et cur id faciam dicere jure potes.
Nam recito veteri, docto, ſummoque Poëtæ,
Multa mihi ſoleat qui recitare ſua.
Tu tamen ecce taces, & me pudet eſſe Poëtam:
Vellem juviſſet tam tacuiſſe mihi.
Agnoſco vitium, fateor, peccavimus ambo,
Sum tibi, tuque mihi Criſpe Poëta nimis.

Ad eundem. 56.

Cùm tibi noſtra lego, muteſcis, jam mihi certum eſt
Ulciſci, faciam, cùm recitabis, idem.

Ad eundem. 57.

Mutus eram, mutus niſi me recitante fuiſſes,
Efficis hoc in me, mutus ut ipſe loquar.

In Muſculum. 58.

Qui primum tibi Carminum libellum
Dedit Muſculus ille laureatus
Vates, nullum alium exigas ab illo:
Primus hic liber & ſupremus idem eſt.
O mirum artificem diſque dignum,
Uno qui potuit brevique libro
Binos edere Carminum libellos!

Ad Torquatum. 59.

Exciderant quæcunque tibi juvenilibus annis,
Velles vidiſſent carmina nulla diem.
Hocte agitat variè, tandem Torquate quieſce,
Ipſa tuis votis charta ſatisfaciet.

De Plautio. 60.

Uxorem ut duxit formoſam Plautius, exin
Illum plus ſolito proſequor officio.

A Gratum illi facio, geſtus non applaudit ad omneis,
Arridetque meis plurimus officiis.
Deferri talem per me ſibi credit honorem,
Plautius aut oculos non habet, aut animum.

De amore. 61.

Spicula perdiderat pharetramque, igneiſque, faceſque,
Secureque omneis nudus adibat amor.
Illum ego ſecurus dum contemplarer inermem,
Protinus ut vidi, protinus interij.
Imbellis tibi nudus amor ſi tè videtur,
Falleris, in nudos non niſi nudus agit.

Ad Claudium Minoem de ſuis in Andreæ Alciati Emblemata commentariis. 62.

Quæsitor Minos urnam movet: hoc tibi Claudi
Emblema in prima fronte notato libri.
Atque hic auguſta ſedeat ſub imagine Minos,
Omniaqui juſto temperet imperio.
B Hoc porrò cur te ſortiri ſchema velimus,
Si petis, in promptu plurima cauſſa ſubeſt.
Nam ſi lethæo revocas Emblemata ab orco,
Alciatum campis reddis & Elyſiis:
Si veterum laudas, laudanda, errata repurgas,
Pro merito tribuens præmia cuique ſuo,
An tu non iſto es Minos emblemate dignus,
Qui cum Minois numine nomen habes?

In Juliam. 63.

Auriculas gemmis cur ornet Julia quæris,
Accipe, vanaleis hæc habet auriculas.

Mariti ad Uxorem. 64.

Sive loquor (dicis) ſeu tarda ſilentia necto,
Succenſes miſeræ, ſæve marite, mihi.
Agnoſco conjunx: nam tu loquariſve, taceſve,
Hoc agis ut placeat diſplicuiſſe viro.

In Sabinam 65.

C Ne valeam ni ſis animâ mihi charior ipſâ,
Aut ſi quid chara charius eſt anima:
Ne valeam ni plus oculis me diligis ipſis,
Aut ſi quid blandis blandius eſt oculis.
In nobis habitas, toti qui vivimus in te,
Sic mihi tu, tibi ſic binus & unus ego.

Ad Perillum Fauſtinum. 66.

Virgilium memor as furari plurima, credo:
Fur verè eſt cujus tam benè furta latent.

Ad Mathonem. 67.

Quod mihi, quod Genio nec quicquam indulgeo noſtro,
Nec datur ingenuis ſemi vel hora jocis,
At me poſſideat cupidi tutela clientis,
Ille cliens voti meta caputque mei,
Adſcriptum glebæ miſero me ſydere dicis;
O quantum velles ſic miſer eſſe Matho!

Ad Luciam. 68.

D Carmina do, nullaſque refers pro munere grates,
Adverto, non vis carmina, vis aliud.
Hoc aliud ſi vis, jam nunc tibi Lucia dono,
Nec repetam grates, Lucia ſed referam.

Ad Charinum 69.

Ædificas, ludis, vel amas si forte Charine,
Hac te magnificè singula conficient.

Ad Carolum Mariliacum. 70.

Instituas quodcunque genus, mi Carole, vitæ,
 Invia, tu quavis progrediare, viâ:
Duxeris uxorem, sors, vel non duxeris, æqua,
 Nunc tibi supplicium, nunc datur exilium.
Suscipias natos, gaudes, sed amara voluptas,
 Perpetuus Sobolem non habuisse dolor.
Privatus langues, te publica munera torquent,
 Materiesque tibi quâ cruciere subest.
Ergo quid expediat, quisquis vis scire, docebo:
 Vel non nascaris, vel moriare citò.
Nec tamen humanâ cupio te luce resolvi,
 His tantis non est mors medicina malis,
Vivere disce Deo totus juvenilibus annis,
 Hic scopus, hæc animi meta sit una tui.
Delitias & opes, fastum procul abjice, vives,
 Carole in æternum qui moriere citò.

In veterem Ambianorum Consuetudinem. 71.

Quæ decimo & quinto, tanquam sapuisset, in anno,
 Sanxit, lex juvenem res sibi habere suas,
Præproperâ sapiat licet hîc ætate juventus,
 Authorem legis vix sapuisse puto.

De Claudo & Cæca. 72.

Luminibus mulier, pede captus utroque maritus,
 Alter ab alterius munere sumit opem.
Fortibus illa virum gestat, pede firma, lacertis,
 Cæca sed ex claudi lumine progreditur:
Ut sit in ambiguo, tam mutua gratia concors,
 An ne vir uxori dux sit, an illa viro.
Quòd si binorum conjunctio corpus in unum,
 Antiquis dici conjugium meruit:
Ut sit uterque miser, spado quamquam incedat uterque
 Non ullus fuerit verior Androgynus.

Ad Janum Beatum. 73.

Carmina quòd scribis musis & Apolline nullo,
 Tecum hoc commune est Jane Beate mihi:
At proprium tibi quod sale vis condita videri,
 Et proprium quarto, Jane Beate, modo.

Ad Sabinam. 74.

Dico jam tibi millies Sabina,
Totus disperam nisi tuus sum,
Et ni plus oculis meis amo te.
Ludamus simul & simul jocemur
Dum pellucidulis micas ocellis,
Et dum flos viret ipsius juventæ.
Da mî millia mille basiorum,
Ipse millia mille dem vicissim,
Deinde delitias meras, & illud
Uno quo simul ustulemur igne.
Has facis nihili proterva voces,
Et jamjam breve ver tuæ juventæ
Rapit præcipiti fugâ senectus.
Dicam jam tibi millies Sabina,
Quotquot millia basiationum
Negas floridula tuâ juventâ,
Tot tot millia lachrymationum
Edes pallidulâ tuâ senectâ.

Ad Cassiodorum. 75.

Blanditias molli faceret cum Scottus amicæ,
 Excidit ore, suum diceret ut dominam,
Protinus hunc multo distorquens ora cachinno,
 In Jus ad Vallam Grammaticosque vocas.
Jungere fœmineo qui vult in amore virile,
 Nemo solœcismum, Cassiodore, facit.

De Phœbo, Amore, & Baccho. 76.

Phœbus, Amor, Bacchus, tria numina grata Poetis,
 Ingenium chartis dantque negantque meis.
Omnia cum referam tribus his quæ cogito Divis,
 Deberi Bromio plus ego confiteor.
Nam nec amem, sacras nec sollicitare camœnas,
 Nec Phœbum valeam, me nisi Bacchus agat.

Ad Tulliam. 77.

Ingrati merear tibi ne mea Tullia nomen,
 Quo nihil in toto turpius orbe puto.
Da mihi, da charo, mea Tullia, b sia mille,
 Si dederis, reddam millia bina tibi.

De Galla. 78.

Galla salutanti libabat basia quondam,
 Nunc negat, emoriar me nisi Galla perit.

Ad Caroli Molinæi cineres. 79.

Prosequerer sanctos sancto dum carmine maneis,
 Vixeris in tenui quod Molinæe, lare,
Erubuit gavuitque mihi accensuit hæres,
 Paupeciem probro quod putet esse suis.
Aspice qui mores, quàm tempora dira; putemus
 Qui paupertatem criminis esse loco.

De Gellio. 80.

Duxit heri uxorem, atque hodie divertit ab illa,
Gellius, hoc simul est desipere & sapere.

De Calvo. 81.

Jusserat Astrologus Calvum sperare potenter,
 Quærentem fati commoda vana sui.
Sectaretur inops Reges, hac namque futurum
 Calvus in excelso staret ut arte loco.
Credidit, & reges summos satrapasque sequutus;
 Mireris quantas inde paravit opes,
Quàm gratus magnis, quantis & honoribus auctus,
 Verum non tulit hoc sors malè fida diu.
Nam dum rem populi fluxis prædatur habenis,
 Cunctaque molitur Regis in excidium,
Excidium parat ipse sibi, patrumque frequenti
 Voto, pascit aveis in cruce magnus homo.
I modò, syderibus ne credas: an potuit sors
 Sublimi magis hunc constituisse loco?

Ad Ludovicum Aurelium. 82.

Carmine quòd blando socium, Lodoice, salutas,
 Aureli, nostri gloria magna fori,
Id caussæ esse putas, quoniam qui febre labores,
 Sollicito nequeas æger adesse reo.
Fallaris, haud febris, verùm intus Apollo medullas
 Urit, & in venis æstuat erro tuis.
Hinc sitibundus aquas Musarum è fontibus hauris,
 Parnassique tuam temperat unda sitim.
Aut si tam sanctos febris tibi suggerit igneis,
 En agedum sano corpore quid facies?

Stephani Pasquierii Epigram. Lib. II.

De Cælia. 83.

Cælia solvendum dedit haut vulgare sophisma:
Qui sit ut hoc cunctis det, sit avara simul?

Ad Barnabam Brissonium in supremo Galliarum Senatu Patronum Regium. 84.

Miranti cunctis animum te intendere caussis,
Cùm tot pervolvas nocte dieque libros,
Queis ego sic balbus: nihil est mirabile factu,
Plurima nam dicit, plurima qui didicit.

Ad Lelium. 85.

Carmina quæ scribis, te ex tempore scribere narras:
Agnosco; quis enim non fateatur idem?

Ad Sabinam. 86.

Dent alij vel opes, dent vel preciosa metalla,
Vel quodcunque tegat divitis archa Midæ:
Non ego divitias, sed me mea chara Sabina,
Hoc tu pro xeniis munus Amoris habe.
Nil ego si tibi sum, nil do meæ chara Sabinæ,
Si quid ego tibi sum, plura Sabina dedi.

Venus Marmorea in fonte. 87.

Qua Venus orta, ipsis etiam requiescit in undis,
Ni caveas, feriet te quoque marmorea.

Ad Theodorum Paschasium F. 88.

Tu tibi divitias ut non moriturus habeto,
Idem divitias ut moriturus habe.

Ad Ponticum. 89.

Te si convenio varias excurris in arteis,
Molirisque aliquod semper in are Sophon:
Huc tecum exultans me percontaris amicè,
Percipiam ne animi sensa reposta tui.
Percipio: sed quid? te qua dicasve, putesve,
Pontice crede mihi non bene percipere.

De diplomatibus Regiis quæ Pragmatici de proprio motu vocant. 90.

Si ratio cerebri summam sibi vendicat arcem,
Atque habitant unâ Lex Ratioque domo,
At contrà, motus si perturbatio mentis,
Pectoris & parteis occupat, haud cerebri:
Cùm proprio motu sancit diplomata Princeps,
An ratio est, vel lex, hîc ubi motus erit?

De Nuptiis Margaritæ. 91.

Is quem Flacce vides incedere corpore obeso,
Obstipum, vecors, illepidumque caput:
Quem tu Flacce gravi cernis torpere veterno
Viventem, quasi non vivat, at ille bibat,
Consilii expertem, nullâ qui industrius arte,
Quæ prodesse aliis, quæ nocuisse docet,
Degener, & terra vel iners vel inutile pondus,
Uxorem duxit Capio Margaridem:
Margaridem pætis oculis, floremque juventa,
Margaridem casti delitiasque thalami;
Cujus ab ore fluunt Charitesque, salesque, jocique,
Blanditiæ, veneres, nectar & Ambrosia:
Quæ si mellitos (sua spicula) vibret ocellos,
Vivere te, rursum cogat & ipsa mori.

Hanc ne fortè putes pingui nupsisse marito,
Hoc verè porcis est dare margaridas.

In Marellianum. 92.

Nil deformius est Marelliano,
Cujus effigiem, brevi tabellâ,
Germanam tibi reddidit Genetius.
Qua nil tersius elegantiusque:
Et tantò magis elegans tabella,
Quantò sit facie Marellianus
Deformi magis ac ineleganti.

Ad Scævolam Sammarthanum. 93.

Dant alii gemmas, smaragdos, adamanta, pyropos,
Aurum, ebur, & locuples India quicquid alit.
Tu mihi qui versus, plus Sammarthane dedisti,
Nam gemmas, quæ tu carmina mittis, habent.

De Jovis Amoribus. 94.

Juppiter ut variis potiatur amoribus, Aurum,
Amphitruo, Taurus, Cygnus, Satyrus sit, & istud
Pro Danae, Alcmena, Europa, Leda, Antiopaque.

Ad Menedemum. 95.

Nil mihi te jactas Menedeme negare roganti,
Agnosco: nam te nil Menedeme rogo.

Ad Sabinam. 96.

Vicisti, victasque manus tibi trado Sabina,
O ingens animi facta ruina mei!
Quàm sum magnifici victus seges ampla triumphi,
Qui quia me vincis, diva, triumpho miser.

De seipso. 97.

Plurima nos ex his juvenili scripsimus ævo,
Edidimusque senes: num juvenile magis?

Ad Scævolam Sammarthanum. 98.

Induerit varias quamvis in amore figuras
Juppiter, haud auri gratior ulla fuit.
Hanc tu si indueris, mi Sammarthane, figuram,
Judice me, cunctis Juppiter alter eris.

De Magnis (quos Galli vocant) diebus Pictavii habitis 1567. 99.

Cùm tibi September spatio breviore dierum
Profluat, & longas destinet in tenebras.
Istud nescio quid, quod agit modò Curia, Pictis,
Cur magnos Galli dicimus esse dies?
Nempè quod à patria sejunctis longa dies sit,
Absentis patriæ, quos ferit altus amor.

Ad Claudium Rebursium Medicum. 100.

Nocteis, Gellius, Atticas vocavit,
Quos lingua Latia dedit Latinis
Tractatus Latios Latinus author:
Ut mirere libro indidisse nomen
Istud, tam procul est ab Atticismo.
Ego carmina quæ Latina scribo
Gallis civibus, anne Gallicanas,
An verò Latias vocabo nocteis?
Nam totâ libet exarare nocte,
Quas Gallis dico somniationes.
At certè memini tuo, Rebursi,
Dudum consilio, his facetiis me
Adjecisse animum, ipse dum soleres

Tome I.   Dddd ij

Meas esse aliquid putare nugas.
Ergo quas ego posteris repono
Nocteis, carminibus meis Latinis,
Nec illas volo dicier Latinas,
Nec illas quoque Gallicas haberi:
Sed facto quoniam tuo Reburfi,
His musis operam loco frequentem,
Sive sint lepidæ & jocis facetæ,
Seu sint insipidæ vel infectæ,
Has ipsas ego sæculis futuris
(Legent si tamen hæc futura sæcla)
Nocteis esse volo Reburfianas.

Ad Lectorem. 101.

Si quem adeo, seu sit malè sani de grege vulgi,
  Sive etiam stolido sit magis ingenio,
Imprudens animo vireis animumque ministrat,
  Scribendique mihi carminis author is est.
Ingeniosa docet, quamvis non ingeniosus,
  Suppeditatque alii, quam sibi nescit opem.
Elicio ex ejus dictis nam plurima, quæ mê
  Usu sint, ut quæ non putet, ipse putem.
E silicis venis igneis excudimus, & qui
  Non habet, ingenium suggerit ille mihi.

FINIS LIBRI SECUNDI.

STEPHANI PASQUIERII
EPIGRAMMATUM
LIBER TERTIUS.

AD ACHILLEM HARLÆUM BAUMONTIUM,
In Senatu Parisiensi Præsidem.

Ode 1.

Ui sit, dic mihi, qui sit ô Achilles,
Ut quò plus studeam meos libellos,
Cunctis reddere lucubratiores,
Tantò plus videam hoc meo labore,
Authori invidiam suo creari?
Sed plebs invideat licet, quid ad me?
Malo hercle invideat meis libellis,
Quàm si irrideat hos meos libellos.
Nec illi cano, sed mihi tibique:
Non legat mea, dum legantur abs te:
Non probet, tibi dum probentur ista,
Unus pro reliquis mihi tu Achilles.

Ad eundem. 2.

Quod nullam Judex sectaris Principis aulam,
  Integer at vitæ, propositique tenax,
Et rigidus justi custos, pietatis, honesti,
  Temporibusque istis non potes esse malus:
Hæc superis primò, tum debes omnia patri,
  Quem tu Justitiâ, quem pietate refers.

De Lutetia Parisiorum. 3.

Quæ dicta est olim Luttetia Parisiorum,
  Nominat hanc vulgò dictio Galla, Paris;
Si tamen hanc Latio vertas anagrammate vocem,
  Qua tibi Galla Paris dicitur, ecce Rapis;
Ergo Parisiis ex rapto vivitur, atque est
  Gallia Metropoli præda pudenda suæ.
Immo quod à Paride transumpsit nomen & omen,
  Hic quoque Priamides cogit amare Paris.
Sed rapere à Latio, non Gallo sumpsit, eo quod
  Sirapitur, nobis hoc dedit Italia:
Scire voles igitur quid agat Luttetia, amare,
  Gallo more docet, sed rapit Italico.

De Arunte & Adone. 4.

Lubrica cum nollet timidus sectarier Aruns,
  Ac in ea incautus progrederetur Ado,
Risit, & Aruntem tali tunc scommate lusit:
  En animi palmam vir generose feres.
Non tulit hoc Aruns, sed scommate scomma retudit;
  Est mihi res, verùm nulla verenda tibi.

A Indulsit natura animam mihi namque tuendam,
  Illa tibi nullam quam tueare dedit.

In Posthumium. 5.

Seu tibi blanda placent Regis convivia nostri,
  Seu quæsitorum largus acervus opum,
Sive Magistratus amplo exercere Senatu,
  Posthumius Judex omnia solus habet.
Hunc tamen aspicias vultu procedere mæsto,
  Pectus & assiduâ rodere tristitiâ,
Esse novercali tam credit numina fato,
  Nec quicquam votis cedere velle suis.
Errat Posthumium fœlicem qui putat, ipse
  Posthumius miserum se putat, & miser est.

Ad Pætum. 6.

Prima, sed & quarta est tibi littera reddita, Pæte,
  A me, verùm tu desidiose siles.
Materies nulla est, nec quicquam suppetit (inquis)
B   Quod scribam: scribe hoc, nil tibi suppetere.
Quod si etiam nolis hoc scribere, scribito saltem
  Hoc solemne tibi, scribere nolle tuis.

Ad Sabinam. 7.

Ut primùm lepidos tuos, Sabina,
Vidi syderibus pareis ocellos,
Binam purpureæ rosam labelli,
Mammas turgidulas, genas rubenteis,
Gratias, veneres, sales, lepóres,
Totus dispeream nisi perivi,
Et à me ratio impotens recessit,
Tuo carcere mancipanda cæco,
Ast ubi hos oculos tuos procaceis,
Torsisti tumidè Sabina crudâ,
Deprendique dolos quibus malignè
Nos omneis miseros viros inescas,
Fictas lachrymulas querelulasque,
Mentitumque diu impudica amorem,
Totus dispeream nisi revixi,
Et mei ratio, & sui miserta,
C Jampridem fugitiva me revisit,
Et se se ad veterem domum recepit.

Ac ut quondam animus ferociebat
  Nostr ossibus excoquens medullam,
Sic nunc frigoribus quietus alget.
Ergo stulte vale, vale Cupido,
Quid commune mihi miselle tecum?
Si crudelis Amor tuos lacessis,
Cœco semita certa nulla cùm sit,
Si pennatus Amor vagaris erro,
Si puer rationis omnis expers,
Tene ego sequar, ô miselle, qui sis
Sævus, cæcus, & aliger, puerque?

Ad Janum. 8.

Carmina nulla tibi debebam scribere Jane,
  Et meritò nobis prætereundus eras,
Et si fecissem, forsan plebs diceret, istâ
Me ratione tibi par retulisse pari.
Carmine nam multo cum commendaris amicos,
  Attamen in toto mentio nulla mei.
Verùm qua nostris taciturna silentia chartis
  Imperat, hæc eadem caussa tacere vetat,
Ut referam grateis imo de pectore, quod me
  Nolueris scriptis inseruisse tuis.

In Aulum Spurium. 9.

Divitiis Princeps tantis cumulaverat Aulum,
  Ut jam opibus posset vel superare Midam:
Erubuit, nec eum potuit sors ferre pudorem,
  Legitimique nihil censet habere nothum.
Divitias ergo consumit Apicius alter;
  Aulus & in cineres omnia vertit inops.
O mira ars hominum! sese natalibus ipse
  Restituit nullo principis officio.
Nam quamvis nec avos valeat, proavosque ciere,
  Hac tamen arte potest Spurius esse nepos.

Ad Cassiodorum. 10.

Cum dico Venerem Bacchumque augere podagram,
  Tu solus nocuos, Cassiodore negas.
Vina nocere quidem dicis, sed scire periclo,
  Ista tuo, quòd sit nulla nociva Venus.
Quid si hoc uxoris noscas magis ipse periclo,
  Atque hinc nulla tibi possit obesse Venus?

Ad Sabinam. 11.

Parce, parce, precor, Sabina, parce,
Meum delitium, suaviumque.
Parce si quid ego tumultuatus,
Tene, vivere sim potis relictâ,
O mens zelotypa! ô metus inaneis!
At juro per ego meam Sabinam,
Per sacros oculos mea Sabina,
Per castas genulas, per os pudicum,
Per hunc qui natat in labris pudorem,
Et per omnia castiora castis,
Aut nulla est nimium puella casta,
Aut si qua satis est puella casta,
Sola præ reliquis Sabina casta es.
At juro per ego meam Sabinam,
Per dulceis oculos mea Sabina,
Immo spicula, non tuos ocellos,
Per nigrum cilium, immò amoris arcum,
Et per retia tortilis capilli,
Per genas minio colore tinctas,
Per denteis niveos eburneosque,
Per frontem patulam, corallinumque
Os, & per roseas duas papillas,
Per mel, per violas suave olenteis,
A me qua cupido leguntur ore,
Per hunc quæ resident labris leporem,
Et per omnia chariora charis,
Aut nulla est nimium cupita virgo,
Aut si qua satis est cupita virgo,
Sola præ reliquis mihi cupita es.

In Ponticum. 12.

Cùm vitiis flagres, dicas tamen omnia bellè,
Vis ut te Marcum, tu mihi Crispus eris.

De Hamo. 13.

Qui rectâ mente est, qui mente est omnibus æquâ,
  Qui pulchro natus corpore, quique jocis,
Cùm placeat cunctis, uxori non placet Hamus,
  O fortunato, vir miser, ingenio.
Quod mentem minuit non rectum, nec satis æquum,
  Et quod forte etiam nomine diminuit.
Hoc ignotum aliis, cùm solum noverit uxor,
  Inde sui labes, hinc & origo mali.
Nam quæ mente suum summa velit esse maritum,
  Hunc tamen illa cupit mentis habere minus.

Ad Vindicem. 14.

Carmine laudabam nuper duo Gallica belli
  Fulmina, Guisiadas Andegavosque duces.
Protinus ecce sua vix est ut temperet iræ,
  Meque meo Vindex invidet ingenio.
Siccine mancipium gratis vis (inquit) haberi,
  Qui poteras calamo liberiore frui,
Ut celebres nullus tibi quos adjunxerit usus?
  Dic age quem fructum proferet iste labor?
Blandiris dominis, dominus sui manus apud te,
  Nec tuus hic, servus debuit esse liber.
Ad quem sic paucis: illis non blandior, inquam,
  Cur igitur? Genio blandior ipse meo.

De Cottæ amoribus. 15.

Jusserat indomitis uri sua carmina flammis,
  Dictarat juveni quæ juvenilis amor:
Illa tamen vivunt, annos habitura secundos,
  Invitoque sibi Cotta superstes erit.
Cùm vigor igneus huic, scriptis mandavit & igneis,
  Ætherensne potest ignis ab igne premi?

In Mathæi Vallæ Hymnos divinos. 16.

Quod patrum sese populo secreverit ætas,
  In nemora, & dumis hospita lustra domos,
Scilicet & valleis & sylvas numine dignas,
  Solaque credebant abdita sacra Deo.
Nec nisi delitiis fluitare perennibus urbeis,
  Nec nisi flagitiis urbibus esse locum.
Verùm si nostris redeant Antonius annis,
  Et Macarus, Malcus, Paulus, & Hilarion,
Rusticus atque Amathas, omnisque corona piorum,
  Hisque, diserte, tuum, Valla, teratur opus.
Emoriar si non antris sylvisque relictis,
  Tunc post liminio civica jura petent.
Nec mirum: nam qui junxisti vallibus urbeis,
  Hoc facis, ut superos vallis in urbe canat.

In Ægesium. 17.

Vendidit Ægesius nuper tibi jugera centum,
  Ostrinis niteat clarus ut induviis:
Dicere nec facilè est ostrone ornatus, an agro,
  Nam quæ vestis ei nunc, ager antè fuit.
Vivere? non hoc est hæredi, sed sibi: quid si
  Non vivit tamen qui tumulatus humo est?

Taciturnitas. 18.

Ardua res amplo est caussas orare theatro,
  Dicis, & in medio verba tonare foro.

Ast ego verbosa voluisse silentia linguæ,
Securumque domi delituisse puto.
Quid quòd permulti docuerant dicere libri,
Qui reticere docet nullus in orbe liber?

In Aulum. 19.

Olim vivere cùm tibi daretur
Inter Patritios & optimates,
Quàm, Deus bone, solus inter omneis,
Assertor rigidus boni fuisti!
Quàm tu mancipia oderas togata,
Quàm te mancipia oderant togata,
Quàmque uni tibi displicebat ista,
Nundinatio fœda dignitatum,
Quæ nos funditus usquequaque perdit!
Sed cùm munere te tuo abdicare
Cupisti, hei mihi totus alter abs te,
Illud prostituis vel his, vel illis,
Avarâ nimis auctione corâm,
Et vanalitiam hancce dignitatem,
Hanc inquam facis, ante comparandam
Virtutis precio, & probis dicatam:
Dignitas igitur virum indicavit,
Vulgari ut referunt parœmia, immò
Abdicatio dignitatis abs te.

Ad Aulam. 20.

Nubere vis cœco virgo formosa marito,
An non es cœco cæcior Aula viro?

In Perillum. 21.

Quicquid consilio, quicquid præstatur & arte,
Doctrinâ, monitis, sumptibus, ingenio,
Præstitit hanc operam nato pia cura parentis,
Nam quæ non pupugit sollicitudo virum?
Et certè fuerat patris spes una Perillus,
Arderet studiis cùm juvenilis honos.
Sed pater ut moritur, corpus cùm crevit & ætas,
Libertasque animo serpsit amœna suo,
Dissipat, effundit, consumit & omnia perdit,
Nec quicquam videas hoc miserabilius.
Omnibus exhaustis, nunc has petit ille tabernas,
Nunc illas, victum quò sibi quærat inops.
Sic cui sperabat genitor Ciceronis honores,
Pauperior Cynico sit modò Diogene.
O spes ridiculas, ô gaudia vana parentum!
I nunc, solliciti munera patris obi.

In Ponticum. 22.

Crediderat rerum summam tibi Galba suarum,
Nulla cui rerum sollicitudo fuit.
Suscipis has ultro, quid namque negaris amico,
Tu qui præ reliquis officiosus homo es?
Protinus at censum latè baccharis in omnem,
Dum tibi pro libito cuncta licere putas.
Agnovit Galba hoc, sed serò agnovit, eoque
Nomine, tunc curam cœpit habere domús.
Quid tibi pro meritis pensabit, Pontice tantis,
Qui malè torpentem feceris œconomum?

Ad Scævolam Sammarthanum. 23.

Aspice seu Medici, seu vanas Rhetoris arteis,
Scævola, multa quibus consimilentur, habent.
Rhetoricen Hermes, docuit Medicamina Phœbus,
Et Deus, & summo natus uterque Deo.
Ausoniâ ut quondam Medicos amplissimus ordo,
Sic & pragmaticos expulit urbe viros.
Multos quotidiè Medicorum turba trucidat,
Perdidit & multos altera turba reos.

Dat Galenus opes, dat Justinianus easdem,
Ille hominum morbis crescit, & iste dolis.
Dissimileis sed in hoc, Autumni quippe quotannis
Tempore caussidicus cessat, at ille metit.

De Calvo. 24.

Quem Francisce patrem, juvenis Rex magne vocabas,
Tanta seni gravitas, & pudor in juvene,
Judicio patrum, ampli decretoque Senatûs,
Pendulus obtorto gutture pascit aveis:
Atque ut morte, bonis mulctatur: filius hæres
Haud aliter princeps debuit esse patris.

De Antiocho. 25.

Ætatis multos quamvis transegerit annos,
Nil tamen Antiochus non juvenile sapit.
Nunc convivatur, nunc ridet, ludere palma
Doctus, & imbelli ludere nunc citharâ.
Versibus uxoris lepidos educit amores,
Adjicit & lepidis oscula carminibus.
Nec quid in Antiocho sentit mala damna senecta,
Si non barba, caput, tempora cana forent.
Nescio quid tamen est uxorem quod malè torquet,
Et cum aliis placeat, displicet unus ei.
Quodque putant illum, non vult hac sola putare,
Istud nescio quid, dic mihi quæso quid est?

De Eodem. 26.

Et placet, & cunctis arridet, sed tamen ipsi,
Mirum est, uxori non placet Antiochus.
Illam nescio quid malè pungit, scilicet unus
Is benè si pungat, nil malè pungat eam.

Ad Pannicum. 27.

Hospita lena tua est, dicis mihi Pannice semper,
Verùm, hinc est tua ter visa redire soror.

De suis Amoribus. 28.

Vere meo, mihi me rapuit formosa puella,
Qua nil splendidius, nil & amabilius.
Sed postquam visa est nullâ exorabilis arte,
Omnis æstivo tempore fugit amor.
At nunc Autumnum recidivè Cupido lacessis,
Et rem blanditiis insidiosus agis.
Atqui si fructus Autumno teste leguntur,
Vere autem sterili flore superbit humus,
Fac quoque, si precibus locus est tibi, fac Amor ut sit
Amplior Autumno, quam mihi Vere, favor.

Ad Sabellum. 29.

Occurro quocunque loco tibi, magne Sabelle,
Mox aureis querulâ verbere vocis agis.
Tota magistratus cecidit reverentia, dicis,
Nullus honos, heu heu tempora, nullus honos.
Nec nisi nullus honos, nec quid fortassis haberes
Dicere, ni scires dicere, nullus honos.
Privato expertum te dicis & ista periclo,
Perfricto lateret quem malus ore cliens.
Credo: magistratu nam qui non digna facessit,
An non audire hunc, se quoque digna docet?

Ad Beatum. 30.

Quod præter reliquos, tuos, Beate,
Nobis versiculos soles probare,
Nec possunt alij tibi probari,
Admiror: quis enim poëta magne,
Non laudet lepidam tuam poësim?
Et laudo quia vis mihi probari.
Magnum est ingenium tuum, Beate,

*Magnum judicium: attamen videto
Ne dum vis nimium tibi placere,
Non possis aliis satis placere.*

De Marquettia. 31.

*Nubere Paulino mavult Marquettia nudo,
Quàm reliquis, cum opibus divitiisque suis.
Hunc cupit, hunc quærit, quamvis Marquettia nudum:
Jam scio cur, nudos plus amat illa viros.*

Ad Pætum. 32.

*Invidia est nostros quod tu tam sæpe libellos
Arguis, invidia est, dicere Pæte soles.
Erras Pæte, hoc non est invidisse libellis,
Invidia est si tu dignus es invidiâ.
Vis non mentiri, vis verum dicere, discas
Aut nihil, aut melius scribere ut invideam.*

In Callidum. 33.

*Magna ambis, magnos sequeris tu Callide semper,
Nec tibi quid parvum vel mediocre placet.
Quicquid moliris, vel tentas, omnia magna,
Ludis, amas, rides, omnia magna facis.
Magnus es, at vir qui magnus facis omnia magna,
Vis facere ô majus, Callide, fac sapias:*

De Manlio. 34.

*Unus magnificas attollit Manlius ædeis,
Quas plebs respiciat suspiciatque frequens.
Atria vel statuis, vel sunt variata columnis,
Nullus & in tota clarior urbe labor.
Verùm si penitus lustraveris abdita, grande
Invenies nihil, at claustra perexigua.
Magnificam exercet magnus quoque Manlius artem,
Quâ nil nobilius, splendidiusque nihil.
Hunc audit populus magna cum voce tonantem,
Attonitusque suo pendet ab eloquio.
At si doctrinæ penetraris in ima, recessu,
Doctrinæ invenies claustra perexigua.
Vis dicam ingenuè quod sentio, Manlius ædeis
Hac ratione struit, quâ ratione parat.*

Ad Ponticum. 35.

*Nullum tempus abit quo tu non carmina scribas,
Quoque animum vertas hinc epigramma tibi.
Et scribes, etiam si rem non legeris ullam,
Sed quia quaque die scribere relligio est.
Attamen è multis vix possunt pauca placere,
Ista nec è doctis qui legat ullus erit.
Desine mirari: debent Epigrammata nobis
Sponte suâ nasci, Pontice, non fieri.*

In Parthenopæum. 36.

*Aurea mercator centum mihi vendit, in anni
Lucrum, ex bissenis nummus ut unus eat.
Inviso, quid agat, numeret peto, rem sibi deesse
Clamitat, ut paucos auferat inde dies.
Usuras rogito, narratur fabula surdo,
Seque suo jactat cedere velle foro.
Rumpor & impatiens mihi mens exæstuat, insto,
Vexo, premo, sed nil Parthenopæus habet.
At satis ut faciat, tandem mihi serica vendit,
Annuo, sed duplo mancipat hæc precio.
Quàm bene solvisti, qui compensaris abunde
Usuram usurâ, Parthenopæe, novâ.*

Ad Sosibianum. 37.

*Si mihi quid salibus datur indulgere, jocisque,
Si qua vel in tenero luserit ore Venus,*

*Protinus applaudis, dicisque Epigrammatis esse
Materiam lepidam, Sosibiane, tibi.
At tu quod profers, ego credo Epigrammatis esse
Materiam lepidam, Sosibiane, mihi.*

Baculus. 38.

*Cui natura oculos, aureis, animamque negavit,
Hic tamen est cæco duxque reduxque viæ.*

Ad Theobaldum. 39.

*Uxorem Marci subigis, Theobalde, timesque
Ne te Julia lex damnet adulterii;
Ne metue, in tenebris peccas, jus crimina plecti,
Luce nisi fuerint lucidiora, vetat.*

Ad Quintum. 40.

*Ne Veneris premar illecebris hortaris amice,
Nec pateris dominâ me juga ferre meâ:
Tu tamen interea tacito torreris amore,
Non ego consulo te, consule Quinte tibi.*

Ad Valerianum de Thoma Sibilæto artis poëticæ Gallicæ auctore. 41.

*Cui tam Gallica debuit camœna,
Cui tantum Veneres, Apollo, Musæ,
Ut nisi Sibilætus extitisset,
Nullæ Pierides, Apollo nullus,
Extaret patriæ suæ superstes,
Et qui Paschasium obligavit unum
Tamque tamque sibi, ut poeta si sit
(Si tamen meruit poëta dici)
Acceptum referat suo magistro.
Scire forte cupis Valeriane,
Suo Paschasius suus quid optet;
Tuo Paschasius tuus quid optet;
Thomas ille meus, tuusque Thomas,
Vivat Nestoreum perennis ævum,
Thomas ille tuus, meusque vivat,
Vivat ille meus, tuusque Thomas,
Et mihi, atque tibi, sibique lætus.*

Ad Augustum Prevotium Brevanium. 42.

*Ergo tu mea postules Brevani,
Pro candore tuo ac benignitate,
Ipse non tua postulem vicissim,
Brevani lepide, erudite, terse?
At contendere pactione tali,
Si dabis dabo, jam mihi statutum est,
Sit præscripta velim ista forma nobis,
Aurum sed dabis, æs tibi daturo.*

Ad Paulum. 43.

*Quod sequeris Reges, magnus tibi Paule videris,
Qui magnos sequitur, Paule, pusillus homo est.*

Ad Cinnamum de Charo. 44.

*Qui nullo merito suo, aut suorum,
Factus est locuples repente, Charus,
Fortunis rapida impotens alumnus,
Nullam, nec medico, nec Advocato,
Mercedem luit, immemor laboris,
Quasi gratuitas ei dicare
Debeant operas: quid? an ne quæso
Ingratus tibi Charus his videatur?
Ignoscas homini velim novo, qui
Nescit Cinname qua beatus arte est,
Nescit quomodo cæteri beentur.*

Ad

Stephani Pasquierii Epigram. Lib. III.

Ad Carolum Marrilium. 45.

Carole nostrorum dulcissima cura laborum,
   Dimidiumque animæ Marriliace meæ,
Quæ modo devotus depromit amicus amico,
   Accipe amicitiæ pignora chara suæ.
Ingenium natura tibi dedit ampla benignum,
   Ingenio formam junxit & ingenuam.
Nec fortuna deest tibi, fortunæque voluntas,
   Quin & opum varios addidit hæc cumulos.
Nec refero proavos, atavos, clarosque parenteis,
   Omnibus & gratum nomen in orbe tuum.
Attamen hoc nihil est, nihil est mi Carole, crede,
   Ni præcepta tuo volveris hæc animo.
Imprimis venerare Deum, Deus ille tuarum
   Est largitor opum, fautor & ingenii;
Ingenio ne fide tuo, fiducia multos
   Perdidit ingenij sæpe proterva sui.
Quantò major eris, tantò juvat esse modestum,
   Nec sapias altum, Carole sed timeas.
Nec blandire tuæ fortunæ, ast ipse videto
   Ne juveni mater, sitque noverca seni.
Hæc tu si tecum multumque diuque revolves,
   Tu tibi spes, tibi sors, tu tibi portus eris.

Ad Lectorem. 46.

Primi atque alterius laudas Epigrammata libri,
   Sed tu non tanti posteriora facis.
Exhausti sunt hæc, fateor, fessique laboris,
   Assiduò languet terra subacta jugo.
Hanc tamen effœtam poteris reparare laborem,
   Si non effœto legeris hæc animo.

Ad Zolinum Medicum. 47.

Si quis è populo obvius tibi sit,
Tantas myriadas precationum
Effundis quibus hunc, & hunc, & illum,
Optes perpetuâ frui salute,
Ut nullus cupiat magis fruisci,
Quod si has ex animo, Zoline, cunctis
Qui vis tam bene, pessimè tibi vis.

In Iberum. 48.

Nescio quid fœtere tibi succenseo, tu me,
   Nasum, vellem te non habuisse pedes.

De Artilocho. 49.

Caverat à socero solvi sibi mille, superstes
   Uxori blandæ si foret Artilochus:
Perdidit uxorem, sed an hoc tibi perdere, ab uno
   Qui duplicem fructum rettulit interitu?

Ad Lodoïcum Regale. 50.

Spernere divitias, ex se pendere, nec aulas
   Fumosas procerum, mi Lodoïce, sequi,
Post habitis reliquis virtuti incumbere totum,
   Ludicra nec vulgi ferre theatra levis:
Hæc tu si præstes, sed cur non Regule præstes?
   Tutius & regno, Regie, majus habes.

Ad Mamercum. 51.

Pinguescunt oculis heri caballi,
Sic quò sit tibi pinguior culina,
Nec carnem insipidam minusve salsam,
Aut subrancidulam vores Mamerce,
Exerces propria manu coquinam:
Ô caput sapidum virumque salsum!

In Constalium. 52.

Bibilis edidicit vatis Constalius illud,
   Abderitana pectora plebis habes:
Et tam grata fuit lepidi vox ista poëtæ,
   Ut sit nullus ei versus in ore magis.
Si quid ego tacitus meditor, mihi protinus ille,
   Abderitana pectora plebis habes:
Prandeo, cœno, lego, scribo, sideo, ambulo, rursum
   Abderitana pectora plebis habes.
Quin tu qui toties isto me carmine versas,
   Abderitano prorsus es ingenio,

Ad Calliodorum. 53.

In generum ascisci tibi Calliodore volebam,
   Id tu scruposâ sed ratione vetas.
Nec quia non dignus, sed quod sit tempore ab omni,
   Vinctus amicitiâ sis aliunde mihi.
Qui sibi vult, alium ne judice quærat amicum:
   Nam plus ignotis, Calliodore, faves.

De Arthone. 54.

Scribendis animum dum libris adjicit, & non
   Extremam scriptis adderet Artho manum;
Nec se respiceret, nullique remitteret horæ,
   Non animi hæc potuit tædia ferre Deus.
Huic in conflictu dextram ferus abscidit hostis,
   Fecit ut Artho manum tolleret à tabula.

Ad Thomam Sibilætum. 55.

Gratias minimus tibi poëta,
Maximas ago maximo poëta,
Illas atque utinam referre possem,
Qui me tam vario colas honore.
Quid si forté oneres, magis quam honores?
Nam quod me celebras, modò & poëtam,
Consultumque modò, atque nunc patronum,
Et nunc Historicum satis venustum,
Facis pro nimia benignitate,
Me quod esse velis, ut esse dicas.
Verùm commemorationis hujus
Detrecto nec onus, nec ipsum honorem.
Nam si judicio tuo probamur,
O nos terque quaterque jam beatos!
Quòd si amicitiâ, beatiores:
Sed si judicio simulque amore,
O nos cœlitibus pareis beatos!
Gratum si celebreris à sodali,
Multò gratius à viro probato,
Quàm gratum magis à probo & sodali!

Ad Petrum Ronsardum. 56.

Dum te delectat strepitus clangorque tubarum,
   Armaque Franciadum, sævaque bella canis,
Ille ego Paschasius tenerorum lusor amorum,
   Tela Cupidineis arcubus apta paro.
Tu satrapas tumidos celebras, Regesque superbos,
   Queis Deus in nos jus, imperiumque dedit.
Nos tenui mollem plectro modulamur Amorem,
   Qui tamen in Reges imperiosus agit.

Ad Paulum. 57.

Emendanda tibi mitto mea carmina Paule,
   Addere quò possis ingenio genium.

In Fervidum. 58.

Fervide quicquid agis nil te petulantius uno,
Fervide quicquid agis, cuncta protervus agis:

Nec cohibet mores ampli censura Senatûs,
Nec dictis adhibet fræna modumque pudor,
Dum ruis huc illuc frenis dejectis apertis,
Nec tibi vis latebras esse patrocinio.
Quod si te placidè verbis exhorter amicis,
Verbaque, cognato teste, valere velim,
In nos injurgis furiosaque jurgia nectis,
Jacturamque putas nominis inde pati.
Insanisne, doles qui clam tibi, Fervide, dici,
Quod plebs, quodque patres te faciente vident?
Obsequar ipse tamen, pacemque colemus utrinque,
Dum quod me non vis dicere, non facias.

In Democritici authorem. 59.

Omnia qui ridet, ridetur ab omnibus ipse.

De Ferrerii & Ferreolæ amoribus. 60.

Ferreolam miserè noster Ferrerius ardet:
Nomine quos casus junxit utrosque pari,
Hos jungat Venus, hos amor, & si cætera desint,
Malciberi nectant ferrea vincla duos.

Ad Crassum. 61.

Pauperior quamvis sit egeno, Pantalus, Iro,
Sponsorem tamen hunc nullus in orbe fugit.
Ut sit Bardus agris & nummi fœnore dives,
Sponsorem hunc omnis creditor esse vetat.
Nec quid tam populus quàm Bardi nomen abhorret:
O quàm Crasse bonum est esse aliquando malum!

De Jano Brinone. 62.

Ex nihilo factum esse aliquid Deus optimus olim,
Brino nihil fieri nunc docet ex aliquo.

Ad Renatum Chopinum. 63.

Sancta Rusticitas fuit poëtis,
Sanctos vivere principes Monarchas,
Dixerunt etiam sacri poëtæ:
Reges carminibus Maro celebrat,
Arvorum studium celebrat idem:
Et si principibus viris Homerus,
Laudandis quoque se dicavit arvis
Ascræus, meritis Homerum adæquans.
Quid quod & vetus ille Cincinatus
A rastris, & agro, & rudi ligone,
Ad munus populi vocatus olim,
Rursus deposita severitate,
Ad rastros redit, agrum & ad ligonem?
Sero vespere Diocletianus
Fasceis imperii removit à se,
Ut curis vacuus vacaret agris:
Arbores quoque posteris colendas
Rex Cyrus coluisse gloriatur.
Hæc & plura animo tuo Renate
Perpendens, studium omne collocasti,
Primò principibus, deinde totum
Abjecisti in agros, libris duobus
Doctis Juppiter & laboriosis,
Ut nullo tibi supprimantur ævo.
Atque ut dicere filium Philippi
Aiunt, Diogenes quod esse vellet,
Si non filius esset is Philippi:
Sic tantum superat tibi laboris,
Dum tu Regia jura scriptitasti,
Ut si ponere Rex in his legendis,
Vel non exiguam graveter horam,
Regno nil mage censeat beatum:
Mox tantum superat tibi laboris,
Dum tu Rustica jura scribis, ut si
Rex non sit, velit agricultor esse.

Ad eundem. 64.

Accipe amicitiæ meæ pignora chara Renate,
Pignora non ullo depereunda die.
Munera parva quidem, sed multo parta labore,
Magnaque, si dentur qua tibi mente, putes.
Hæc ego scribebam putri malè febre laborans,
Stultus ego, hinc fuerit ni medicina mihi.
Nec tamen ut scribam, morbo sit dulce levamen,
Sed quia Choppino scribo, levamen erit.

Ad Carolum Castroclarum, Regi à supplicibus libellis. 65.

Quod patronus ego mediis dem carmina rostris,
Quod vir, quodque pater semisenilis amem,
Te pudet, & miseret miserandæ sortis amici,
Prudens atque sciens qui periisse velim.
Hæc est fatorum series, sic volvitur ætas,
Et me jam nolim fata velimve trahunt:
Insanire licet, semel insanivimus omneis:
Quid si perpetuo vita furore furit?
Insanit tibi qui medicas profitebitur arteis,
Quemque colit trepida pendulus aure cliens,
Et qui longinquas vehitur mercator ad urbeis,
Et quos spe dubia principis aula fovet:
Atque adeò videas quod toto cingitur orbe,
Stultitiæ profert stigmata quisque sua.
Hos vel honoris amor, vel amor malè torqueat auri,
Dum me possideat semper amoris amor.
Non labor, aut ætas studio me abjunxerit isto,
Hæc voti, hæc vita clausula summa meæ.

De suis libris. 66.

Ne scateant nævis nostri fortasse libelli,
Pro vetere hortatur Paulus amicitia,
Seligam ut à pravis meliora Epigrammata, tutus
Qualibet inde liber possit ut ire via.
Pauli præscripto non pareo: nempè necesse est,
Omnia quò placeant, displiceat aliqua.

Ad Simonem Petræum medicum. 67.

Haud dudum lepidus meus Petræus,
(Paschasii medicus Petræus ille,
Hujus Paschasius Patronus idem)
Occurrit medium mihi per urbem,
Suum porro ubi vidit Advocatum,
Ecquid (inquit) agis, tibi ne rectè?
Et rectè hercule mi Petræe (dico)
Gratiaque Dei, tuaque id arte.
Tum vir officiosus atque amicus
Nunquidnam rogitat, velim, quod ipse
Judicem fore partium suarum:
At, inquam, superos precor deos, ut
Ipse non egeam tui, mei tu.

De Gallo. 68.

Laudavi Gallum, tanto sed fœnore laudes
Rettulit, ut totus laudibus obruerer,
Assumam & fastus: sic fumos qui dedit, æquum est
Hunc etiam fumis, lege jubente, mori.

Ad Lælium. 69.

Ut te commendem recitas tua carmina, Læli:
Vis tua commendem carmina? ne recites.

Ad Claudium Rebursium medicum. 70.

Quis mihi sit Sextus, Marcus, Theobaldus, & Aulus,
Maximus & Paulus, Galla, Marinus, Ado,

Quidve

Quidve Sabina mihi, quis Curio, Fervidus, Aruns,
  Ne quæras, verùm nomina ficta putes.
Parcere nominibus fuit hoc solemne poëtis,
  Dum sibi quod libuit carpere posse putant.
Quid si criminibus dum non indulgeo pecco,
  Inque meo forsan carmine crimen inest?
Qui vitiis male vult, homines odisse necesse est,
  Et vitium est, vitio parcere nolle tuo.
Nominibus tamen est aliorum parcere certum,
  Et parcam, populus parcat ut inde mihi.
Atque hæc ex nostro referetur gratia versu,
  Parcat ut & cunctis, omnia carpat item.

In Cæliam. 71.

Tam bene nulla potest conjux adamare maritum,
  Quàm bene vult nostris Cælia presbyteris.
Hos perit, hos ardet, nec quicquam Cælia narrat,
  Ni narret nostros Cælia presbyteros:
Et malè apud cunctos hoc audit nomine, verùm
  Ne stuprum stulti credite, relligio est.
Cùm sciat uxorem nullam nisi fœdere cleri,
  Cum clero fœdus relligiosa ferit.

Ad Sosibianum. 72.

Patronus scripsi, nil solvis, ut amanuensi
  Solvas, à me sunt credita dena tibi.
Solvere cras istæc dicebas cuncta, domique
  Te cænaturum Sosibiane mea.
Cæna parata tibi est, cænas & solvere cessas,
  Sic ne miser tanti vendo patrocinium?
Ne vos Cincia lex patronos torqueat hortor,
  Cincia lex nostri multa clientis erit.

Ad Maniliam. 73.

Mirè Maniliam colit Sabellus,
Hanc amplectitur, hanc cupit, peritque,
Hujus nunc oculos deosculatur,
Nunc os, nunc niveas manus, genasque,
Et ne quid reliqui imputetur ipsi,
Illas quas dedit osculationes
Solet ludere versibus tenellis,
Quos legit sibi, quos legit sodali,
Quos legitque domi, legitque in urbe,
Intensa modò voce, nunc remissa,
Narcissumque putes videre: quod si
Tantundem dominam sua viatur,
Quantum versiculos suos Sabellus;
Non tam Lesbia vel vetus Corinna,
Non tam Cinthia vel recens Næra,
Nulla denique tam puella culta est,
Quàm te Maniliam colit Sabellus.

Ad Marcum. 74.

Incedens nullos resalutas, despicis omneis,
  Pondere subque tuo tristis anhelat humus:
Te viso grandævus ego, tu lumine torvo,
  Grandævum longè respuis alloqui.
Ecquid pro fastus hac rusticitate reponam,
  Cui pro millenis nulla relata salus?
Mi satis est unam non impertire salutem:
  O quanto tete vulnere conficiam!

Ad Petrum Versorium in Senatu Parisiensi Patronum. 75.

Cui pectus natura dedit, cui corpus obesum,
  Mireris quanto polleat eloquio.
Corpus ut ingenio, sic mens est corpore digna,
  Nec mens mole capi tanta minore potest.

Ad Quintum. 76.

Uti te socio cùm non mihi Quinte daretur,
  Nulla fuit nostræ vita quieta magis.
Sed simul ac tali me sors adjunxit amico,
  Tempora, dispeream, nulla quietus ago:
Commodo, vel numero, vel spondeo, dono, diesque,
  Nullus ab officij munere liber abit.
Tandem aliquando cessa, aut ni cessaveris, ipse
  Cessabo: pudeat non pudisse velim.

In Aulum Advocatum. 77.

Sæpe tibi dixi fama non consulis Aule,
  Consiliisque tuis nil nisi fucus inest.
Hoc de te Patres (sanctissimus ordo) queruntur,
  Hoc gemebunda, plebs infima, voce refert.
At fidei testis (respondes) turba clientum,
  Quos soleo medio jura docere foro.
Vincere namque dolis malunt, quam perdere caussam,
  Hac ratione frequens esse cliente potes.

In Nebulonem. 78.

Accusabat apud sacrum tribunal
Uxor Borcia frigidum maritum,
Quòd effringere claustra non valeret
Suæ virginitatis eviratus.
At contra Nebulo reclamat, & se
Virum prædicat, absolutum & omni
Parte, quam cupida exigat marita:
Et ne fortè, ait, esse me putetis
Qualem me mulier calumniatur,
Non corrumpam ego virginem tenellam,
Qui corrumpere masculam puellam,
Possim justitiam? quod hercle fecit,
Nec ullis homo sumptibus pepercit.
Sic est judicio absolutus ipse,
Sic est conjugio inde restitutus:
Et rectè, quis enim negarit illum,
Hæc qui præstiterit, virum potentem?

Ad Rabirium. 79.

Allia, cape, fabas, boletos, pisa, pepones,
  Lac, pira, poma, nuces, Callidiora vorat.
Et nisi vel porri vel salsamenta fuissent,
  Ulla haud uxorem pasceret esca tuam.
Attamen ætatem longos jam traxit in annos,
  Nec licet huic, quamvis optet obire, mori.
His miser afficeris, nec tam te pessima torquent,
  Pessima quàm quod edat, nec moriatur edens.
Consulis hinc medicos, naturæque abdita quæris,
  Qui fit ut his valeat Calliodora cibis.
Quid caussam à medico ultrò percontaris inepte?
  An nescis quod sit fœmina, non satis est?

Ad Antonium Lacteum in Parisiensi Senatu Patronum. 80.

Crinibus, ore, oculis, & barbâ, denique toto
  Corpore vir niger es, lacteus attamen es.
Qui nullis unquam meritis invidit honores,
  Corpore si niger est, candidus est animo.

In Ponticum. 81.

Si quando mihi te das consultore fruisci,
  Non leges, non jus municipale citas,
Non Paulum, Caium, non cetera lumina juris,
  Tu tibi jus, tibi lex, tu tibi magnus homo es.
Hoc ita me patres (dicis) sanxere patrono,
  Hoc ita decretum me quoque caussidico.

Qui tantas numeres cauſſas, cui tanta ſuppellex,
Ne vivam niſi ſis maximus arte togæ.
Imò quas olim dixiſti, Pontice, cauſſas,
Quàm levis eſt omneis enumerare labor.

Ad Pætum. 82.

Sæpe rogas noſtris adſcribi Pæte libellis,
Parco jam, Pætus dic mihi Pæte quid eſt ?
Ad tua quid faciunt aliena nomina chartæ,
Ipſe niſi laudem quò mereare geras ?

Ad Charinum. 83.

Ut cunctis videaris eſſe caſtus,
Amplecti ſimili parique amore,
Te dicis puerosque, virginesque:
Dicas neſcio ſeriò, joco-ve:
Sed quod aſſeris, iſtud hercle verum eſt.

Ad Marcum Pomponium Bellieræum Præſidem. 84.

Quòd modò ſit Præſes, quòd tantum nactus honorem,
Hoc ſibi cum multis Bellieræus habet,
Quod nullo precio, noſtro ſit tempore nactus,
Hoc ſibi cum paucis Bellieræus habet.

In Aulum. 85.

Quantamcunque operam locas clienti,
Ab illo exprimis, exigiſque quicquid
Vel pactolus habet, Tagus vel auri:
Hoc patrans facinus, Patrone, lege
Non damnaberis Aule munerali.

Ad Balbum. 86.

Mille negotia me circunſtant undique Balbe,
Et qua te videam nulla vel hora datur.
Quid me igitur fruſtra probris (vir inepte) laceſſis,
Atque meo labi dicis ab officio?
Ipſe tamen veniam, quamvis aliunde requirar,
Jam venio: ſalve Balbe valeque ſimul.

De Sampaulo. 87.

Auriculis uxor Sampauli geſtat inaureis,
Credo quod intactas non habet auriculas.

Ad Petrum Sulfureum Vallam Præſidem. 88.

Quam catulam veteris Lauri in radice locavi,
Ejus ut hæc animam ſumat ab exuviis,
Carminibus reddis vitæ, mi Valla, priori,
Nec lux, luce prius ni caruiſſet, erat.
Profuit huic certè tam fauſta occumbere morti,
Cui vitam tanto fœnore reſtituis.
Occubuiſſe putem mihi qua ſic occidit uno
Ut Catula, ut Laurus vivat ab interitu?
Sed merito vivit nunc Laurus Marriolena,
Sed merito vivit Marriolena tuo.
Quantùm igitur Laurus debebit Marriolenæ,
Debebit tantùm Marriolena tibi.

De Cintio. 89.

Ad furcas nuper damnatus Cintius, ille
Mundus fœminei delitiæque chori.
Spectabat judex, ingens populique caterva,
Inſto, rogo qua ſit mortis origo nova.
Tum judex, merito pœnas dare, turpiter illum
Fœdera conjugii diſſoluiſſe novi.

A *At tu ſanctè ſile judex, reſpondeo, nemo*
Noſtrûm illa melior, ſed miſer ille magis.

De Joſepho Mollæo moriente. 90.

Dum miſer inſtaret mortis Mollæus ad aram,
Has tremulo voces pectore fudit amans.
Delitia procerum, mea pignora chara valete,
Morti dulce decus vos meminiſſe mei.
Illumne amentem, an potius reputemus amantem,
Mortis in articulo quem rapiebat amor ?
Huic ſors mollis erat vivo, mors mollis eidem,
Hinc quoque mollis amor, mollis amaror ei.

Ad Sabinum. 91.

Quod ſacris tabulis docemur illum
Primum patrem Adamum, antequam attigiſſet
Fructus arboreæ ſagacitatis,
Suſcepiſſe faces thori jugalis,
Iſtud conſilio Dei ſatoris
Factum crediderim benigniore:
Nam ſi dicere Gallicè licebit,
Ni ſis ſimplici & innocente vita,
B *Hoc eſt & fatua & parum ſagaci,*
Haudquaquam tibi duceretur uxor.
At obteſtor ego Deum potentem,
Aut nulla eſt tibi comparanda conjux,
Aut ſi quæ tibi comparetur, eſſe
Te vero decet innocente vita,
Non qualem tibi Gallicus dat uſus,
Hoc eſt & fatua & parum ſagaci,
Sed qualem Latius, proba, pudica,
Plana, morigera, quieta, & hæc eſt
Primi ſimplicitas vetus parentis,
Quam niſi inſtituas Sabine vitam,
Haudquaquam tibi comparetur uxor.

Ad Poſthumum. 92.

Livor edit vivos, hinc nil vis edere vivus,
Vita abeas, dicis; tunc quoque livor abit.
Vivus ego mea do, valeant poſt fata nepotes,
Dum fruar ipſe aliqua poſteritate mei.

Ad Floridum 93.

C *Dum patrocinium nulli præſtare puderet,*
Deſeris eximia munia clara togæ.
Hoc ſcitè eſt rebuſque tuis, genioque favere,
Ne quid non facias, Floride, nil facere.

Ad Flaccum. 94.

Natos morigeros meos fateris,
Acceptumque mihi putas ferendum,
Hos quòd erudiam piè, quòd bis &
Exemplum exhibeam pudoris: atqui hoc
Illis debeo, Flacce, non mihi illi:
Iſtud fortè novum, ſed hercle nil eſt
Quod tam contineat pium parentem,
Senſu ſi modò preditus ſit ullo,
Quàm præſentia chara liberorum.

De ſuis amoribus. 95.

Nomine mentito eſt tibi Lesbia dicta Catulle,
Dictaque Romano Cinthia Callimacho.
Unuſquiſque ſuam tacito dum nomine laudat,
At ſua cuique tamen quam celebraret, erat.
D *Hoc ego vel vincor, vel tantos vinco poëtas,*
Nam quam depereo, nulla Sabina mihi eſt.
Nulla igitur cùm ſint Veneris conſortia noſtræ,
Nulla etiam forſan carmina noſtra putes.
Et ſatius nullos verſus in amore vagari,
Quàm Paphiæ falſò ſcribere damna deæ.

O mihi

Stephani Pasquierii Epigram. LIB. III.

O mihi quàm dulce est mendacem ludere amorem,
Cùm miserè cunctos, cunctaque ludat amor.
Atque ut non potiar vesano vanus amore,
Liber at ingenio sic fruor ipse meo.

De Opimo. 96.

Se totum nuper Musis addixit Opimus,
Atque ex securo tempore vivit inops.
Omnia vel pereant nihil hunc peritura remordent.
Dum sit Apollineâ quod canat arte melos.
Illud si verum est omnem insanire poëtam,
Judice me vates magnus Opimus erit.

Ad Posthumianum. 97.

Emittam ne dicta foras stipularis amicè,
Si quicquam narras Posthumiane mihi.
Insanis qui vis aliis præscribere legem,
Quam sancire tibi Posthumiane nequis.
Vis mihi, vis aliis legem præscribere, legis
Debueras primus dicta subire tuæ.

De Chamelæa. 98.

Hæc quæ fortunæ variè ludibria perfert,
Fortunam variè luserat illa prius.

In Aulum. 99.

Te sum caussidico fateor fœliciter usus,
Si quando mihi res litigiosa fuit.
Nam nihil uberius, nil te facundius uno,
Nil quod tam celebris caussidicina colat.
Sed cùm me multum fatear debere Patrono,
Nunc tamen illius mitto patrocinium.
Hinc mihi tu mores ingratos objicis, atqui
Moribus adscribes veriùs Aule tuis.

In Adonem. 100.

Quondam te colui, cur istud? nescio certè:
Nunc odi, rursus nescio cur id, Ado.

In Linam. 101.

Quæ rapit & populum miserè desævit in omnem,
Inque inopum census non satiata ruit,

A Cœlesti ut divûm numeretur in ordine, sacris
Hanc & posteritas officiosa colat,
Impia pollutas superis Lina dedicat arceis;
O Utinam Divis jam sociata foret.

Ad Pætum. 102.

Truncatus naso est per te deprensus adulter;
Falleris, hac non te parte fefellit Ado.

Ad Germanicum. 103.

Nostra quod in triviis damnes Epigrammata passim,
Subjiciasque tuo carmina nostra foro :
Si mihi non parces, aliis at parcito saltem,
Si non vis aliis at parcere, parce tibi.
Hæc nos è populi, vel si Germanicè nescis
Forsitan è sensu prompsimus ista tuo.

Ad Paulum. 104.

Exigis ut mittam nostros tibi, Paule, libellos,
Non faciam, hoc unum malo Epigramma dare.
Hoc Epigramma tibi si dono, Paule, meum do,
At vendit libros bibliopola mihi.

Ad Lectorem. 105.

Si quem carmine laudo vel benigno,
Si quem carmine lædo vel maligno,
Si quem carmine ludo vel venusto,
Et si in carmine melque felque cernes,
Nil mens mellis habet, nihilque fellis,
Nec laudans volo gratiam aucupari,
Nec lædens quoque classicum sonare,
Æqua lance volo benè huic, benè illi,
Æqua lance volo malè huic, malè illi,
Laudo denique quem velim perisse,
Lædo denique quem perisse nolim :
Sed quòcunque animi impetus rapit me,
Hoc amplector, amo, suaviorque,
Quid si vix etiam mihi ipse parco?
Ergo jam videor tibi molestus
Μισάνθρωπος, ego, φίλαυτος immo.

FINIS LIBRI TERTII.

STEPHANI PASQUIERII
EPIGRAMMATUM
LIBER QUARTUS.

AD VIDUM FABRUM,
In Senatu Parisiensi Præsidem.

ODE 1.

Quartus & è nostris venit ordine Vide libellus,
Author quicquid id est, hoc tibi donat opus.
Nec donat quia sis Regi gratissimus, aut quod
Purpureâ niteas clarus honore togâ.
Debuit hoc homini: vates meritoque, proboque,
Debuit hoc veteri munus amicitiæ.
Nam quamvis Reges venerer, Regumque ministros,
Nescio quid certè est quod magis ipse colo.
Hanc natura mihi legem præscripsit, amicum,
Si modo vir pius est, numinis esse loco.

Ad eundem. 2.

Seu te Fabritium vocem, Fabrumve,
Nil est quòd pigeat tuos amicos:
Nam si Fabritium, sonat probatos
Mores, vox ea, sobrios, vetustos:
Sin te dico Fabrum, indicabit hæc vox
Te nunquam officio tuo deesse,
Fortunæque tuæ Fabrum fuisse.

Ad Janum Antonium Baïssum & Claudium Junium. 3.

Edit molliculos Baïssus igneis,
Addit Junius his melos canorum:
Clarus Musicus hic, & is Poëta,
Molleis versiculi, melos suave,
Alit mellifluam melos Poësin,
Viret mellifluâ melos Poësi.
Hem, quis vestrûm erit alterutri Achilles,
Hem quis vestrûm erit alterutri Homerus?

Lex. 4.

Nil magis antiquum quondam dixêre Latini,
Dicere cùm vellent nil venerabilius.
Hoc ideò incautum nisi me sententia verset,
Quod ratio mores inveterata probet.

Antiquare tamen dixit veneranda vetustas,
Tollere cui leges aut abolere fuit.
Scilicet ut populus sciret non omnia passim
Esse sequenda sibi quæ vetus ordo tulit.
Atque adeò nova sint nobis ut prisca colenda,
Si modò quæ nova, sint de meliore notâ.
Sic rebus servare modum est, si nec nova priscis,
Nec tu prisca novis deteriora putes.
Sic nobis melior Lex est quæ antiquior, atque
Sic antiquior est quæ meliora jubet.

De Carolo IX. Gall. Rege & Helizabethiâ ejus uxore. 5.

Omnia vincit Amor, nam quis non cedat amori?
Dicebas tumidis sæve Cupido modis.
Tum Diana: at tu mentiris perfide, dixit,
Me mea per sylvas libera regna beant.
Hæc ubi dicta foras Dea protulit, ecce vicissim,
Quas humeris gestant abjiciunt pharetras,
Arripiuntque manus manibus, certantque lacertis,
Vincat ut ille Deam, vincat ut illa Deum.
Illis forte aderat Diva Helisabethia rixis,
Et dum securè jurgia tanta videt,
Colligit en binas pharetrâ ex utraque sagittas,
In Carlumque duo spicula vibrat amans.
Hinc Venus infixa est, hinc & venatio cordi,
Vulnere & è duplici casta suborta Venus.

Cor. 6.

Cùm Corpus capite, & caput cerebro,
Inter cætera membra nostra constet,
Et sedes cerebrum putetur esse
Mentis, judicij, æstimationis,
Qui sit ut veteres putent in ipso
Corde sistere cogitationes?
Quod & pagina sacra judicavit.
Et cùm se meminisse ait Latinus,
Verbo, à corde dato Recordor, inquit,
Et dum se memorem esse velle jactat,
Per Cor discere, Gallicanus usus
Dicit significantiore voce.
Cordatum quoque Corculumque nobis,

Olim

Olim pro sapiente prædicarunt,
Et vecordem itidem virum Latini,
Pro bardo & stolido; an quod hi putarent
Cor nostrum sophiæ domum esse solam?
At imò hoc ita credo dictatum,
Inductos & in hanc opinionem,
Nostros & Latios viros fuisse,
Quòd si à corpore dempseris Cor ipsum,
Nil nisi saniem, excreationem,
In summa nisi Pus tibi relinquas.

Jus. 7.

Si quod decrevit Prætor, civilia jura,
Quamvis injustum, jus tamen esse volunt,
Nec jus justitia metimur, quam malè leges
Heu dubiâ rebus consuluere malis.
Nam duce naturâ certum sibi bellua fixit,
Solus in incerto jure vagatur homo.

Ad Sabinam. 8.

Ecce maritus adest malus explorator amoris,
Virgula felicem me facit, aut miserum.

Ad Album. 9.

A te poscebam centum sestertia nuper
Mutua, per sanctum nomen amicitiæ.
At mihi succensens tu protinus illa negasti,
Si credasque referas tot peritura tibi.
Quid me vah miserum maledictis obruis, Albe,
An non officio sat tibi deesse fuit?
Non doleo mihi quod nummos vir amice negaris,
Hoc doleo quod non leniter Albe negas.

Ad Augustinum Thuanum, Janum Guelæum & Faïum Spessæum treis in Parisiensi senatu Regios Patronos. 10.

O vobis benè sit tribus patronis,
Augustine tibi, tibi Guelæ,
Et Spessæe tibi, piis probisque,
Quos Rex munere liberaliore
Vinxit officii necessitare,
Vos ut Regia sancta tecta jura
Servetis, populique pauperumque
Res æquo tueamini labore.
Et vobis benè cùm precor patronis,
Tum numen superum rogo deorum,
Vestro ut consilio bono, bonus Rex
Nil putet fore partium suarum
Quod non sit populo suo salubre,
Faustisque auspiciis geri putet, quæ ad
Totius populi attinent salutem.

Ad eundem Thuanum. 11.

Trajano melior, sed & ipso sanctior, olim,
Augusto, celebri diximus elogio.
At moriar, nostro fuerit si tempore quisquam
Aut Augustino fortior aut melior.

Ad eundem Guelæum. 12.

Dilexi juvenem, meum Guelæum,
Quantum est diligere optimum sodalem:
Dilexi juvenis, minus Guelæus,
Et me tum juvenem, bonum ut sodalem:
Vir virum colui: sed ô Dii quem!
Omnibus numeris virum absolutum,
Regium veneror modò hunc Patronum;
De Re, quod bene publica meretur,

Quid senex faciam seni requiris?
Alterum juvat esse me Tinantheni.

Ad eundem Faïum. 13.

Mitto meos ad te, Faï doctissime libros
Faï vir priscis æquiparande viris.
Et commendo tibi, qui commendatus ubique
Sis Regi, sis & Patribus, & Populo.

In malum Jejuniorum scriptorem. 14.

Tam piâ jejunè tractas jejunia, ut illa
Dum lego jejunus, sim satiatus ego.

Ad Torquatulum. 15.

Quod nimius recitem nostras Torquatule nugas,
Ambitiosus ego sum tibi ridiculè.
Tantillum cur non vis indulgere lucelli,
Non ego rura & opes divitiasque peto,
Somnia non Pluti, non divitis ambio Crassi,
Illud te tantùm discere posco: benè est.
Hoc si des, nolim digitis attingere cœlum,
Ipso mi videar major & esse Jove:
Scilicet ista beat miserum ostentatio vatem,
Ludit ut ille sonos, luditur ille sonis.

Ad Sabinam. 16.

Sis nive frigidior, sis marmore durior ipso,
Spem tamen à nobis non fugat acer amor.
Æstus intus alit nix, urit quippe, nec ignum
E silicis venis elicuisse novum est.

Ad Diodorum. 17.

Multa ego donaram, donati pœnituit me,
Nec mihi subveniat qua ratione scio,
Undique consultos mox advoco juris, ab illis
Explorem ut nostri quæ medicina mali.
Ecce tacent, ut cui omnis desit formula juris,
Non dolus hic, non vis, denique major eram.
Excussis tandem variis rationibus, unus
Pro reliquis, paucis hæc Diodorus ait,
Uxor ducenda est, soboles tibi suscipienda,
Ista rescindendi sola relicta via est.
Ergo ne peream vis me Diodore perire!
Tanti non redimo pœnituisse meum.

Ad Parrolum. 18.

Sperabam monitis animi expurgare lituras,
Tempore sperabam victor & esse tui.
Obducto tandem vicisti, Parrole, callo,
Fusaque sunt vanis irrita verba notis.
Vicisti quoniam nequiit te vincere amicus,
Vicisti quia te vincere non potis es.
Hastas abjicimus, victori cedimus, illi
Nec nos deesse pudet, qui sibi deesse velit.
Hæc plus quam Cadmea potest victoria dici,
Quâ tu cùm credis vincere, victus abis.

Ad Claudium Querquifinæum. 19.

Si quid forte mihi datur jocari
Istis nostris Epigrammatum libellis,
Nugas ecce meas ineptiasque
In aurem tibi protinus susurro,
Quò tecum liceat mihi subire
Examen trutinâ severiôris.
Mireris tamen his meis libellis,
Me nullum tibi dedicasse carmen,
Cujus judicium, notæ, litura,
Possunt plus reliquis viris apud me,
Et dono tamen his meis libellis

Mille carmina nunc vel bis vel illis,
Quorum judicium, notas, lituras,
Nolim, crede mihi, subire Claudi,
Verùm desine conqueri, ô amice,
Dono singula singulis amicis,
Et forsan levibus novisque amicis,
Ast uni veteri meo sodali,
Æquævo, facili, fideliori,
Aristarcho etiam gravi & severo,
Uni inquam tibi cuncta dedicavi,
Longis seu brevibus fruantur annis.

De Marlio. 20.

Struxerat insidias medico furibundus inepto,
Marlius, & miserum foderat ense caput.
Defertur reus, & me defensore patrono
Usus, pro rostris hac ego verba dedi.
Quod faustum foelixque, Patres, commendo clientem
Quem non mors, verùm præmia digna manent.
Procuravit enim populo patriæque salutem,
Unius medici Marlius interitu.

Ad Lectorem. 21.

Nox dum alios somno involvit condensa tenebris,
His vigil obscuro carmina pango thoro.
Hæc tibi displiceant (lector) placeant-ve, quid ad me?
Qui nihil impendi temporis aut olei.

In Adonem. 22.

Formosum informi qui pinxit imagine corpus,
Corporis haud formam sensit, at ingenij.

Ad Ponticum. 23.

Antiquis malè dictitabat error,
Avarum genus esse foeminarum:
Hancne Pontice judices avaram,
Quæ pro munere fortè vel pusillo,
Corpus devoveat tibi lubenter?
Tantò munere liberaliore,
Quantò sunt bona viliora nobis.

In Jullum. 24.

Quottidie novies vel plus cænabat Iullus,
Nec saturum ventrem cœna novena dabat.
Jusserunt medici si quæ sibi cura salutis,
Curaret bis non accubuisse die.
Paruit his monitis, nam matutina beatus
Protrahit in totam prandia lauta diem.

In Iberum. 25.

Se patrociniis fumosis jactat Iberus;
Hunc ego famosis credo latrociniis.

In Amorem. 26.

Quem non ulla quies, quem pax non afficit ulla,
Quique novo antiquum renovare vulnus alit.
Qui pharetra gaudet, pando qui gaudet & arcu,
Pacifici ne meret nomen amoris Amor?

Ad Scævolam Sammarthanum. 27.

Quod sis esse velis, nulla tabescere cura,
Et metui, & vana ponere fræna spei.
Et tenui & modico vitam traducere cultu,
Hæc illa est quæ nos Scævola, vita beat.
Nullo contentum, spe multa assumere, nixu
Regibus & totum se dare præcipitem;
Sollicitumque animos inducere fortiter altos,
Hæc via qua te non nullus in orbe colat.

A Gratior utra mihi sit semita, Scævola, quæris?
Forsitan illa mihi, forsan & ista mihi.
Illa facit cunctis ut solus abundet egenus,
Hæc miserum ad summas conciliabit opes.
Non satis est, inquis, quod sentis dic mihi: dico:
Illam laudamus, sed magis hanc sequimur.

De Venere. 28.

Si Venus orta salo est, & si glomerante procella,
Naufragus in scopulos ejiciatur amans,
Sic & amor si mors, & si funesta Cupressus
Morti sacra, maris lenta revolvit aquas,
Lilia non Veneri, viola, myrtusve, rosæve,
Una sed è cunctis sacra Cupressus erit.

In Stoïcum. 29.

Defunctus pater est, succedit Stoïcus hæres.
Nec gemitu aut sacris funera prosequitur.
Non est flere meum, sum Stoicus, inquit, honorem
Funeris, & cœnam Stoica secta vetat.
Sic ne tibi pietas ulla est violabilis arte?
Sic ne tua nihil est cum pietate schola?
Nescio Stoicus hoc facias, an Stoicus hæres;
Quod natura dedit, protegis arte nefas.

De seipso. 30.

Si quando mihi gratulatur uxor,
Æquævos simul esse gloriatur,
Naturamque, animisque, moribusque,
Nactos consimilem, proinde si quid
Ipsa cogitet, hoc mihi putari
Si quia cogito, cogitare & ipsam:
Ut quos corporibus Deus revinxit,
Hos & unanimes ligarit: atqui
Missas has facito molesta nugas;
Nam si vah miserum refers maritum,
Heu quantos thalamo dolos parabis.

De Amantibus. 31.

Et dominam nobis placet appellare puellam,
Et domina servum se meminisse suæ.
Et colit assiduus glebam, qui servit amori,
Addictus glebæ sit mihi quisquis amat.

In Jochimum. 32.

Qui varios variis tumulis ornaverat, idem
Adscripsit tumulis se quoque, & occubuit.
Debuerat potius liber ut completior esset,
Adscripsisse suum forsitan ille librum.

In Polydorum. 33.

Cuncta elargitus nunc his Polydorus & illis,
Majorum immensas dilapidavit opes.
Nec tamen ille suo quicquam de jure remittit,
Si quod judiciis experiatur habet.
Quin potius vili quadrante emungit avarus,
Tam viles externas ingeniosus opes.
Illius hoc animo monstrum Deus abdidit imo,
Ut quia prodigus est flagret avaritia.
Si faciunt cautos aliena incommoda, Reges
Exemplo sapiant, ô Polydore, tuo.
Namque ut opes fisci largitio principis haurit,
Indiga sors populum sic reparare jubet.

Ad Simonem Marium & amicos. 34.

Vos ne mari, Perro, Garsi, Portane, Baïffe,
Vos ne, inquam, nostris ædibus excipio?
At Dij quantus flos lepido manavit ab ore:
His ego conflabo mel mihi de violis.

Ad Janum Morellum. 35.

Quæ tibi fors acies oculorum debilitavit,
O aciem quantam reddidit ingenij!

De Torquatulo. 36.

Inter Arithmeticos unus Torquatulus artem,
Mirificè didicit quà numerare solet:
Sed si fortè tuas operas huic Olle locaris,
Credideriśve aliquid, nil numerare potest.
Quantumvis numeros norit Torquatulus omneis,
Haud dubiè praxin nescit Arithmeticam.

Ad Petrum Morinum. 37.

Et natos amo, conjugemque dulcem,
Nam quid conjuge charius pudica?
Nam quid pignoribus thori jugalis,
Aut amabilius suaviuśve?
Sed si vera mihi licet fateri,
Quos susceperis, impotentiore
Amplecti studio ac fovere curâ,
Στοργή nescio quæ jubet parentem.
Mireris tamen istud ô Morine,
His, quos diligere arctiore vinclo,
Me quædam insita vis docet, monet́que,
Privari cupiam magis magiśque,
Quàm charam mihi conjugem perire:
Huic uni timeo diem supremum.
Si forsan rogitas, Morine, cur id?
Natos conjuge plus amo: sed illos
Sic amplector amem prius me ut ipsum.

Ad Lodoïcum. 38.

Ludentem, palmâ quod te tam torqueat uxor,
Non hoc, verùm aliud, mi Lodoïce, dolet.
Id quid sit rogitas, jam dicimus, illa dolet quod
Cùm facias illud, non facias aliud.

Ad Porcium. 39.

Attritus longos numeras jam Nestoris annos,
Et si quid longo longius hoc senio.
Si qua tamen vestis minimo detrita sit usu,
Protinùs ecce nova est rursùs habenda tibi.
Quid facis infœlix, namque hoc si adverterit uxor,
Protinùs ecce novos induet illa viros.

Amnis. 40.

Cætera continuis prætervolo cursibus amnis,
Uno perpetuus sum tamen ipse loco.

Ad Pannicum. 41.

Uxorem verbis derides Pannice coram,
Idque maritali jure licere putas.
Quid si non verbis te clam derideat uxor,
Uxoriśque sibi jure licere putet?

De Harpalo. 42.

Omnia pauperibus moriens dedit Harpalus, hæres
Ut se non fictas exprimat in lachrymas.

In Sextum. 43.

Nil constare sibi quæ scribit carmina Sextus,
Omnibus inflato personat ore frequens.
Nam quod suratur plagiarius undique Sextus,
Nil mirandum si nil sibi constat opus.

Ad Scævolam Sammarthanum. 44.

Seu Latios scribat, seu Gallos Scævola versus,
Nil Latia, aut majus Gallica terra tulit.
Roma suum jactet, miretur Gallia nostrum:
Cur ita? pro patria vovit uterque manum.

In Corbulonem. 45.

Esse virum tota conjunx te pernegat urbe,
Naturaque alio teste carere dolet.
Officiatne thoro sociali res ea, certè
Nescio, at hoc scio quod te negat esse virum.
Contra probaturum jucundo tramite dicis,
Gaudia conjugij mille peracta tibi.
Quid garris? Binos cùm saltem jura requirant,
Uno tene virum teste probare potes?

Ad Mammertum. 46.

Flet, ridet, loquitur, tacet, annuit, abnuit uxor,
Nil agit, aut nectit jurgia si quid agit.
Quin & eam tacitâ docuerunt stertere noctes,
Ne non à strepitu tempora vana fluant.
Quæ tantilla potest misero spes esse salutis,
Nulla tibi cùm sit nocte dieque quies?
Jam moriar, dicis: tandem moriare necesse est,
Ut properes, herbis non sinet illa mori.
Diligit ergò virum quem non patiatur obire?
Diligit ut cum quo litiget hæc habeat.

De curia aulica. 47.

Non ulli conscripta loco quæ incerta vagatur,
Instabiliśque viris, instabiliśque locis,
Et Regis cui sunt onerosa negotia curæ,
Quæque suum, curans publica, curat opus.
Quæve intestinis agitatur saucia curis,
Seu prodesse sibi sive nocere datur.
Cui proprium cura est, curare, & currere, nonne
Aulica legitimum Curia nomen habet?

In Adriani Turnebi adversaria. 48.

Scripserit his author licet Adversaria libris,
Attamen adverso non facit hæc Genio.

Ad Galliam. 49.

O sorteis hominum vagas, & atrox
Fortunæ stratagema blandientis!
Dij te Gallia sospitem perennent,
Hoc si consilium pios beavit,
Hoc si consilium malos fugavit,
Æternamque bonis parat quietem:
Dij te, dij tua, dij tuos secundent,
Si non perpetuæ novi pudoris
Aspergit macula tuos probośque:
Hoc hoc quicquid erit boni malive,
Sæclo Gallia plus manebit uno,
Et hoc quicquid erit cruoris atri,
Proh quanto superi madebit ævo!

In Arnum. 50.

Arne malè audis, nec mores vir pessime mutas:
Non audire malè est illud, at Arne nihil.

De Sorbona Parisiensi. 51.

Mille, Dei captus Lodoïcus nonus amore,
Cœlicolis Princeps Regia templa dedit.
Tempore Sorbonam condit Robertus eodem,
Quæ nos à sectis asserat hæreticis.

Clareat is multis, hic uno clarior, ille
Templorum structor, tutor at iste fuit.

Ad Bernardum Girardum. 52.

Gallia Bernardis gaudet fœcunda duobus:
In re divina clarus, hic historia.

Ad Avitum. 53.

Si tibi quæ fuerit Theobaldi mentio nostri,
Laudibus immensis hunc super astra vehis.
Unicus hic dominus, tibi Rex, tibi solus amicus,
Hunc & dimidium dicis habere tui.
Uxorem nam cum subigat Theobaldus, Aviti,
Iure hunc dimidium dicis habere tui.

In Perillum. 54.

Tot sese jactat caussas orare Perillus,
Sive tacente foro, sive tonante foro.
Scilicet ad plenum raro venit ille tribunal,
Cur non ad vacuum rarior esse potest?

De Sulpitio & Ollo. 55.

Verbis contendunt, quisnam provectior annis,
Quando senectutis nomen uterque fugit.
Sulpitius morbis, annis confectus at Ollus,
Corpore Sulpitius debilis, hic senio.
Acribus hinc miscent languentia verbera verbis,
Ad quos tum præsens talia verba dedi:
Quin vos ô pueri sterileis compescite nugas,
Una quibus mors est impositura modum.
Quem vestrûm sibi mors rapiet suprema priorem,
Hic prior, hic natu, credite, major erit.

Ad Claudium Rebursium Medicum. 56.

Dant alij versus, alij medicamina tantùm:
Rarus erit geminum qui tueatur opus.
Tu solus medicam junxisti versibus artem,
Inde animi morbus, corporis inde fugas.
Par una est medicis, & Apollinis una poëtis
Sors, tibi quicquid habet totus Apollo dedit.

Ad Mutium. 57.

Quæ gestus gressusque tuos perpendit ad unguem,
Ne quo præter spem corripiare malo,
Officiosa tibi conjunx fortasse videtur?
Falleris: illa tibi consulit? Immò sibi.

Ad Juliam. 58.

Illecebris qui te petit & demulcet amœnis,
Aut querulis tentat vincere delitiis,
Hic ne tuo meâ lux est irretitus amore,
Divitiasne magis deperit ille tuas?
Virgo tibi formosa cave, latet anguis in herba.
Anguis ni lateat non ego (dixit) amem.

In Carbonem 59.

Me totis olim visebat Carbo diebus,
Nullus & ingenio comior antè fuit.
Blandus ut ille mihi, sic officiosus in illum;
Blandior, & mores hospitis hospes amo.
Progrediente suos mutat cum tempore mores,
Tempore sic muto progrediente meos.
Ac gravis ut nullo me tempore Carbo salutat,
Sic & ab antiquo distrahor officio.
Mutuò contenti jamjam discessimus ambo,
Imposuit nobis, sed magis ille sibi.

Ad Sabinam. 60.

Effutire suam Sabina in aurem,
Multa me putat otiosa verba:
O quantum cupiam otiosa ne sint!

De Arthemidoro. 61.

Pluribus agnatis meus Arthemidorus abundat,
Innumerosque potest enumerare gradus.
Sed veluti pudet hunc inopem agnovisse propinquum,
Sic qui ditior est abnuit esse suum.
Dum fugit ergo alios, alij fugiuntque, propinquos
Qui multos, nullos Arthemidorus habet.

Ad Martinum Menartum in senatu Parisiensi patronum. 62.

Qui fit ut arbitrio cleri dirimatur, oborta
Si quem lis thalami seditiosa vocet.
Attamen hunc genij tædas optare nefandum,
Vita cui cælebs sit peragenda Deo:
Si qua Sacerdotem tituli possessio contra
Exagitet, judex civicus hanc dirimet.
At fieri hæc verso debebant ordine, jura
Cùm magis ista Dei, Cæsaris illa forent.
Immò his limitibus modò se describat, utrique
Nil statui poterat tutius aut melius.
Ille etenim quæ non ambit connubia tractat,
Caussas iste, sibi queis inhiare nefas.

De Conjugio. 63.

Si rabiosa suo cum conjuge litigat uxor,
Litigiumque simul conjugiumque ligat;
Aptius hic poterat Conjurgia dicere nobis,
Qui voluit quondam dicere Conjugia.

In Pyrrhum. 64.

Sæpius ad cœnam vocitasti Pyrrhe negantem,
Me siliqua & solitum vivere pane domi.
Victus ego precibus tandem tibi pareo, cœnæ
Pompa, nec inficior, lauta parata fuit.
Festivè hic omneis vario sermone jocantur,
Pinrinus hic multo profluit ore lepos.
Longo circuitu, sinuosa ambage vagatus,
Commemoras clari regna superba patris.
Te fundis amplis, te fortunisque beatum,
Quarum pars empta est, parsque relicta tibi.
Verùm Pampineo plus delectarier agro,
Hunc colere, antiqua nobile stemma domus:
Huic mihi prædiolum tum subjicis esse propinquum,
Quod dare percupias me tibi mancipio.
Siccine convivas captator avare prehensas,
An tanti cœnam vendere Pyrrhe fuit?
Iam valeas, modico satius mihi vivere: simplex,
Non humata scias sit mihi cœna volo.

De Philippo Portano. 65.

Spondebat Satyras bis quinas scribere noster
Portanus, tantùm scripta sed una fuit;
Imposuit ne igitur nobis? quasi credere fas sit:
Qui fit? ais: Satyras continet una decem.

Ad Sabinam. 66.

Vir ne te videam malus interdixit, & annis
Quatuor à vobis, jam miser, exul ago.
Ergo abiit quæ nos pupugit male sana cupido,
Ossibus heu nostris sævius ardet Amor.

Sic à ruricolis omnis refecatur, ut ipfa
Olim radices altius arbor agat.
Sic meus ipfe fua non adverfante ruina,
Excidioque fuo crevit, ut arbor, amor.

De Patrimonio & Matrimonio. 67.

Qui fit ut patrimonium Latinus,
Omne quod pater in bonis habebat,
Matrimonia nuptias vocarit?
Muneris patrij domefticas res,
Matrimonia fic reor vocata,
Matris munia quod putaret effe.

Ad Carlum. 68.

Diruis, ædificas, mutas quadrata rotundis.
Præcipitique ruunt omnia confilio.
Tum quod confulit levitas, ratione tueris:
Ni caveas, fies cum ratione mifer.

In Aulum 69.

Cùm placeas dominæ, fervos bacchæris in omneis,
Et nihil obfcura nomina fortis habes:
Nec debacchari fatis eft aut fpernere, verùm
Cuncta Leonino fi potes ungue rapis.
Hæc agis & domina præfente, fciente, tacente,
Jam video quid tu fur furiofe facis.

Ad Ludovicum Tilletium Barrufium Senatorem. 70.

Addictus nulli, fuus eft Barrufius, & cum
Sit fuus, at curat publica follicitè.

De Martinalibus. 71.

Inter pontifices facros vetuftas,
Si nullum ftudij feverioris
Martino putet, undè quæfo factum eft
Martinalia ubique ut omnis ætas,
Illius memori die celebret?
Ut ferunt Latiis peracta Baccho
Bacchanalia: quin domique nobis
Solemne eft nova vina perforare,
Pitiffare etiam, hoc ego putarim
Ut qui ex nomine numen aufpicantur,
Quod fodalitiis velint præeffe,
Martinus quoque voce fat jocofa,
(Gallos nofcere Græca quis negarit)
Μάςιυρ dicitur effe forfan ὄινε.

De Barbo. 72.

Duceret uxorem ut locupletem Barbus anumque,
Fertur in innumeras profiluiffe preces;
Sed juvenis tædas Polydora recufat egeni,
Quis fapit an Barbus, vel Polydora magis?

Ad Carolum Mariliaccum. 73.

Æquævis longo cùm diftes intervallo,
Atque adeo antiquis æquiparandus eas,
Nec quicquam facias non dignum teque, tuifque,
Cur ego diffimulem quæ facis, ipfe petis.
Non commendo, meo, quia pectore conditus imo,
Partem animi quandam te reor effe mei.
Et vetus eft, proprio laudes fordefcere in ore,
Deinde fatis laudat, Carole, quifquis amat.

Ad Partum. 74.

Tu fi Parte ores, fubfellia muta videmus,
Nam deferta filent undique roftra tibi.

Ad Petrum. Pithoneum in fenatu Parifienfi patronum. 75.

Erravit qui te Pithovæum nomine dixit,
Dicere debuerat veriùs & breviùs:
Tam facro fancti calles oracula Juris,
Pythius ut verè fis, Pithovæ, mihi.

Ad Arnum. 76.

Cum tibi lis effet, quem definis Arne videre,
Vifebas uno terque quaterque die.
Vicifti, officioque meo lis peracta eft.
Dij faciant nufquam caufa fit ulla tibi.

In Zoïlum. 77.

Adlatras, rapidoque mifer nos dente laceffis,
Quique aliquid fcribunt, hos nihil effe putas.
Dentibus authores & cùm corroferis omneis,
Ipfe nihil fcribis, num potes effe aliquid?
Invidiam hanc veteres quondam dixêre caninam,
Cùm noceas alijs, nec tibi proficias.
Nil ego fum, fateor, tu qui mordefque, latrafque,
Effe aliquid jam te dico: quid ergo? Canem.

Ad Angelum Cognetium. 78.

Cum tibi fis Genius, monitis quid quæfo neceffe eft?
Currenti hoc ipfum eft addere calcar equo.

In Nævolum. 79.

Quod in nominibus frequens jocus fit
His noftris Epigrammatum libellis,
Naufeam parere omnibus, recenfes.
An magnum Aufonium atque Martialem
Id feciffe neges? amare, arare,
Et quo tempore prædium dedifti,
Mallem tu mihi prandium dediffes,
Culto carmine Martialis inquit:
Sic in Earinon jocatus idem eft.
Et magnus quoque, vita talis illi,
Vota qualia funt tibi, venufte
Dixit: & patiendo Claudius fit
Nocens, non faciendo: Cyprideque
Et cælo, atque folo, faloque natam:
Legas five tegas: & illa quæ uno
Claudi carmine non queant Phaleuco,
Patiar, Potiar, Poeta lufit:
At ufu tamen in frequentiore,
Et certè fateor, fed hoc quid ad me?
Meis nulla jocis litura, radas
Nævos Nævole ni tuos viciffim.

Tumultus Gallici. 80.

Exturbet patrios armata licentia civeis,
Fanorumque manus dira profanet opes,
Depopuleris agrum quem Gallia fulcat opimum,
Et temeres cafta clauftra pudicitiæ,
Cuncta dolo technicique geras & fraude cruenta,
Denique quicquid agas hoc licuiffe putes:
Jure facis, tu fi pro Relligione capeffis
Bella, tibique facer fuggerit arma furor.
Jure facis five has parteis tueare vel illas,
Tanta tibi æterna cura falutis ineft.
Volvimus hæc animis miferi, miferique perimus,
Cùm memores animæ non periiffe pudet.
O diros mores, ô effera tempora, ficne
Relligio eft nulla Relligione capi?

Ad Erricum 3. Galliarum Regem. 81.

Quid miferum ferro populum, quid Marte furentem,
Perfequeris (Princeps non violande) tuum?

Peccavit, fateor, quis enim peccasse negabit,
  Quem vanæ obcæcat Relligionis amor?
Atque adeo sua cui Deus est tam dira cupido,
  Dignus, supplicium qui pateretur, erat.
Supplicio dignus, sinerent si fata, sed error
  Hic tibi quò melius concilietur habet.
Vince animum quondam, Rex invictissime, disce,
  Cætera qui vincis, victor & esse tui.
Immo tuos si non aliter quàm sanguine vincis,
  Sanguinis unius victor es ipse tui.

Ad Sextum. 82.

Credo ego sicut tu omneis insanire Poëtas,
  Atque etiam cæco, Sexte, furore rapi.
Sed cùm nec studium, nec te natura Poëtam
  Fecerit, haud solus, Sexte, Poëta furit.

Ad Pannicum. 83.

Tanta tuis animis insedit opinio magni,
  Conferre ut nullum se tibi posse putes.
Quique tuos omneis socios spe vincis inani,
  Dum ludis, victus semper abire soles.
Vinci tam solitus, nolim ut jam quærere quicum
  Luseris, at cum quo Pannice perdideris.

De uxore Aviti. 84.

Torpentem juvenis cùm cerneret uxor Avitum,
  Stertere in ignavo nocte diéque thoro,
Nec privata illi nec publica commoda curæ,
  Hoc sibi supplendum munus utrumque putat.
An non exercet privata & publica verè,
  Quæ rem cum servis, cum populoque facit?

De Poëtis jocus. 85.

Vis idem bonus & Poëta dici,
Erras, nemo bonus fuit Poëta:
Mentitur, bonus haud erit, tametsi
Alter Mæonides, Maro, Catullus:
Non mentitur, erit malus Poëta,
Quid si Faustule ne quidem Poëta est,
Mentiri proprium est enim Poëtæ.

Ἀντίστροφον. 86.

Vis idem bonus & Poëta dici,
Rectè nemo malus fuit Poëta:
Non mentitur, erit bonus, tametsi
Mævio, Bravioque ineptior sit:
Mentitur, malus haud erit Poëta,
Mentiri proprium est enim Poëtæ.

De Conjugio. 87.

Conjugio binos veteresque, sophique, beatos
  Adscripsere dies, & thalami, & tumuli.
Conjugio nihil est homini fœlicius ergo,
  Cujus prima hominem, summa diesque beat.

Ad Antonium Sævam Præsidem Mellodunensem. 88.

Vidi ego Prataum, Phœbo, musisque dicatum,
  Plurima pars animæ, Sæva diserte, meæ.
Hic ubi gemmato terras flos ornat amictu,
  Hic ubi cæruleas arbor obumbrat aquas;
Divitiæ virides, fœcundi gloria campi:
  Nam mihi divitiæ, quæ tibi delitiæ.
Hic Cereris flava floret numerosa supellex,
  Hic & pampineis frondibus uva nitet.
Pascit oveis pratum, pratum fons pascit & hortos,
  Fontem perspicuus perpetuusque liquor.
Hic Zephyrus blandos spirat leneisque susurros;
  Cantibus hic auras garrula mulcet avis:
Utile nil non hic, nil delectabile non est,
  Binus ab alterno fonte resurgit honos:
Naturamque simul fundi miratus & artem,
  Vix dicas anne hac præstet an illa magis.
Tam benè multiplici sunt ordine consita quæque,
  Præpinguis domino tam benè reddit ager.
Quòd si vera jubes socium, mi Scæva, referre,
  Sic de rure tuo me statuisse puta.
Multa tibi dat ager, multorum debitor huic es,
  Ingenio debet plura sed ille tuo.

De J. Brinone. 89.

Fortunis lapsus quòd sim miserabilis Irus,
  Non hoc si quæris, Scævola, me cruciat:
Sed quod sit miseris nunc consolatio Brino,
  Illud me miserè Scævola, discruciat.

Ad Uxorem. 90.

Jam morere, ô conjux, animo nova sponsa paratur,
  Illa eadem votis sæpe petita meis.
Nubere nollet (ais) mores si nôrit & annos,
  Necnon quina tuæ pignora flere domi.
Tu ne dissimules thalami consortia nostri,
  Prælia si scierit tam generosa, volet.

Ad Christophorum Thuanum P. P. 91.

Nil Musis commune ferunt cum litibus esse,
  Tanta quies illis, tanta procella foro.
Sed te cum video lauroque foroque decorum,
  Et Musas æqua sorte forumque si qui:
Ipse tuo totus pendens stupefactus ab ore,
  Phœbæa in mediis litibus arma pavo.
Lis mihi (vir summe) est, at tu qui Phœbus, & idem
  Summorum interpres crederis esse Deûm,
Ut facis è misero me, Phœbe, cliente Poëtam,
  Et reparas vireis alter Apollo meas,
Sic ut litigii rabioso liberer orco,
  Sis rogo, sis Hermes, magne Thuane, mihi.

De Julio. 92.

Muta erat, at locuples quam duxit Julius Ollam:
  Aurum, pro domina, sermo venustus erat.

Ad Sabellum. 93.

Te si quando cliens adit patronum,
Præfata venia precaris, ut si
Quid pro more tuo Sabelle dicas,
Quod subtile nimis parumque tritum,
Hoc æquique bonique consulatur:
Tibi istud vitium peculiare,
Jamjam pelle metus, Sabelle, vanos,
Non est hic tibi deprecandus error,
Hoc te crimine libero, Sabelle,
Hoc se crimine liberat Sabellus.

Ad Sabinam. 94.

Arbos est, veteres quondam dixêre Sabinam,
  Et medici certant Arbor an Herba magis.
Arbore in hac nostros incidit cuspis amores,
  Esset ut in nobis Arbor & Ardor idem:
Arbor succrescit, pariter succrescit & ardor,
  Et meus in molli cortice gliscit amor.
Frigore canescens brumali elanguit arbos,
  Pene etiam in truncum torpuit omnis amor.
Arbos in veterem revirescit lata juventam,
  Rursus ab hac veterem colligit ardor opem.
Namque in me, vegeta volo qui inservire Sabinæ,
  Igneus haud, verùm ligneus errat amor:

Lignea

Lignea quin potius quà sis, ô cruda Sabina,
Igneus olim te noster aduret amor.

Ad Scævolam Sammarthanum qui Architecturam Cercelli donarat. 95.

Quas moles mittis, tibi, Sammarthane, remitto,
Sint licet ingenio munera digna tuo :
Nam quamvis rerum cupiam faber esse tuarum,
Jus ego amicitiæ diruo, si capio.

Ad Titum. 96.

Plurima qui profers variis Epitaphia libris,
Hoc facis ut tumulo sint tua digna magis.

De seipso. 97.

Hæc meditor noctu, meditataque manè camœnis
Consecro, tum caussis cætera mando meis.

Ad Janum. 98.

Legi, Jane, tuum, non admirande, libellum;
Te tantùm miror tam placuisse tibi.

De Athenagora. 99.

Annosam & lippam quartâ quam duxerat horâ
Uxorem, decimâ liquit Athenagoras.
Hunc animo insipido censes ægroque, repentè
Qui genii lusit seditione thoros.
Id si forte tibi, mi Cæciliane, videtur,
Te puto, qui censes, desipuisse magis.

In Antigonum. 100.

Afflictis aliquando rogat si mutua rebus,
Rex à Caussidico nil rogat Antigono.
Dum magnas amplo caussas agit iste Senatu,
Lege etenim hoc privâ nobilitatis habet.

Quid si tam pravas caussas oraverit, ut qui
Pauper erat quondam, sit modò pauperior,
Et cùm nil habeat, nec habendi calleat arteis,
Cur ab eo princeps mutua, quæso, petat?

De Sabina. 101.

Carpebam dominâ fragrantia basia ab agrâ,
His cùm nos breviter pressit amica modis :
Ah vereor ne te febris contagia lædant,
Languidulis nectis qui tua labra meis.
Huic ego : suaviolis morbi contagio serpat,
Dum tu etiam morbo corripiare meo.

Ad Ludovicum Duretum Regium medicum & Medicinæ professorem. 102.

Prisca quod Hippocrati venerando debuit ætas,
Dureto cur non debeat Hippocrates?
Ille suâ morbos immaneis arte fugavit,
Hic à morte suum vendicat Hippocratem.

Ad Gallos. 103.

Qui toties pacem votis precibusque rogatis,
Cum summo prius est pax ineunda Deo.

In Athenagoram. 104.

Si percontaris, respondet ad omnia præceps,
More Leontini, noster Athenagoras.
Ergo magnus homo est? Nil stultius : omnia qui scit,
Vix verè quicquam novit Athenagoras.

Ad Lectorem. 105.

Nascenteis violas verno qui tempore carpis,
Has Antumnaleis carpere disce rosas.
Hæc ego maturis scripsi jam longior annis,
O longis possint vivere temporibus!
Non poterunt, dicis : nec lilia verna, sed illa,
Virginea videas sæpe resecta manu.

FINIS LIBRI QUARTI.

STEPHANI PASQUIERII
EPIGRAMMATUM
LIBER QUINTUS.

AD BERNARDUM BRISSONIUM,
In Senatu Parisiensi Præsidem.

Ode I.

Has quoque, Brissoni, capies doctissime A
   nugas,
Brissoni, nostræ gloria magna togæ.
Ne legito : nam cur in publica commo-
   da peccem ?
Mî scripsisse satis, sat sit habere tibi.

Ad Librum. 2.

Quid mihi, Quinte liber, tecum, vel Sexte, negoti,
   Non satis est uni desipuisse quater ?
At probat hæc vulgus, dicis : fortasse probabit;
   Utque probet, tantò deteriora puto.
Haud istas capitum multorum bellua nugas,
   Inclyta sed summi Principis aula leget.
Principis aula leget ? Quid si magis invida turba,
   Turba proterva magis, turba superba leget ?
Non legat aula, colet saltem volvetque Poëta :
   Volvat ut assiduus, non tamen ipse colet.
Quid si doctus in os recitanti plaudat ? At ipse
   Subticeat, videar tum periisse mihi.
Ergo posteritas quondam me sera nepotum
   Sentiet : ô vani pabula vana libri!
Vivere vis, malè culte liber, verùm improbe nescis
   Quàm magno mihi stet vivere velle tuum.

In formularum libros Barnabæ Brissonii P. 3.

Formula quæ Stygiis submersa jacebat in undis,
   Proh dolor ! & tumulo condita perpetuo,
Hanc Acherontæo revocas vir fortis ab Orco,
   O magno magnum munus ab artifice !
Exprimis hic almam naturam : filia nempè
   Naturæ forma est, formula tota tua.

In Attilium. 4.

Judicium ficti differt sub imagine morbi,
   Attilius. caussam dum videt ancipitem.
Caussa in judicio à nomenclatore vocatur,
   Conclamant omneis hunc mala febris agit.
Caussidicum. Præses, falsò ne crede dolere,
   Caussa dolet tantùm, non dolet Attilius.

Pueritia & Senectus. 5.

A puero primum, à sene deme elementa priora
   Tu duo, repperies quid Puer atque Senex.
Nam sic æterno sancitum est ordine, ut esset
   Proximus is Veri, proximus iste neci.

In Pontilianum. 6.

Ostia caussidici si pulses Pontiliani,
   Esse domi nullum Pontilianus ait.
Pontilianus eâ declinet an arte clienteis
   Nescio, sed verum Pontilianus ait.

Vulgus. 7.

Bellua multorum capitum quia creditur esse,
   Nullum ego crediderim vulgus habere caput.

Ad Franciscum Insulanum. 8.

B
Insula seu rapidis includitur æquoris undis,
   Seu domus est, nam vox unica utrumque sonat,
Debueras aliud sortiri nomen, & ipsis
   Rebus commodius conveniensque magis.
Pectore namque colis placido, Francisce, quietem,
   Nec fama sedes una, sed orbis erit.
Lilius es nobis, Gallum ne despice nomen,
   Huic etiam voci forsitan omen inest.
Lilius ut Gallo es, sic nos sermone Latino,
   Ex libris metimus lilia verna tuis.

Buccula Mironis. 9.

Buccula sum magni dextra cælata Mironis,
   Illa ego quæ reliquum fallo juvenca pecus.
Ipsi etiam pecoris custodi imponere sueta :
   Miraris ? Per me lusus & ipse Miron.

Eadem. 10.

Fallo gregem, fallo pastorem, fallo Mironem,
C
   Induet & pro me Juppiter esse bovem.

De Accio. 11.

Respondet, medio oscitans Senatu,
De jure, Accius Advocatus ille
Summus, quem veterum frequens clientum
Turba prosequitur, fovet, tuetur,
Atque dum citat Angelum, atque ineptas
Baldi, Barbatiæ, Imnolaque nugas,
Mirum quos cumulos coëgit auri.
Sed hoc accidit Accio patrono,
Ut quicquid vigili labore texat,
Id noctu quoque somnians retexat,
Doctorumque putet gregariorum
Glossas ducere paginasque longas,
Quæ civilia jura dissiparunt:
Vixque est credere somniet vigilne,
Legum an spinea dormiens revellat:
Nam quas mancipat hic suo clienti
Nundinalitias opiniones,
Has quis, si velit, aptiore verbo,
Possis dicere somniationes.

De Paula. 12.

Amissi effigiem lugens quæ monstrat amantis,
Paula procul dubio rursus amare cupit.

Ad Nicolaum Perrotum Senatorem. 13.

Perrote ô hominum eruditiorum
Exemplar varium, pium, atque justum,
Qui semper similis tui fuisti,
Faxit consimilem tui, Deus, me.

De Auli testamento. 14.

Postremis tabulis vitâ cum cederet Aulus,
Hæredi Caio substituit Titium:
Caio cui mulier meretrix, Titiumque bicornem,
Uxoris sordeis qui videt & patitur.
O testatoris mens provida consiliumque!
Non potuit Caio substitui melius.

In Faustum. 15.

Caussas Faustus agit, sed & hoc agit ut videatur
Vir justus, quamvis exul egenus agat.
A caussis ad rus redeas, agit ille capellas,
Atque illic duro vomere corpus agit.
Huic bilem moveas, diris aget ac maledictis,
Ut te præcipitem vel furiosus agat.
Hujus ut in summa sit nulla notatio vocis,
In qua non possis dicere, Faustus agit.
Ne non omnia agat, quid tot voveamus agenti?
Dii faciant animam quàm citò Faustus agat.

Ad Amænum. 16.

Pro famulis ad te rogitas medicamina mittat,
Dum modo sint precii, Pharmacopola, levis.
Servorum rebus censes hac arte cavere,
Quorum fortuna, vir bone, te miseret.
Rides? Ipse tuæ misereri sortis, Amæne,
Teque cavere tibi Pharmacopola putat.

Ad Franciscum Insulanum. 17.

Conquereris, Francisce, meas quod lumine nugas
Non donem, at cæco carcere contineam.
Carmina quæ facimus longas meruêre tenebras,
Ut qui nocturnis ludimus hæc tenebris.

Francisci primi Galliarum Regis morientis ad Erricum filium verba. 18.

Nato hæc Franciscus dixisse novissima verba
Fertur, & in gemitus profluisse pios.

A Imprimis venerare Deum, charissime fili,
Mox tibi sit populi cura suprema tui.
Dixit, & occubuit. Duo ne præcepta putato:
In duo peccat, qui peccat in alterutrum.

Ad Sabinam. 19.

Multa, Sabina, tibi frustra me dicere narras,
Quæ scribas rapidis irrita verba notis.
Confiteor certè, sed si modò vera fatemur,
Si pecco, sola est culpa, Sabina, tua.
Nam qui plura tibi frustra me dicere narras,
His ego ne peccem tu potes efficere.

In Ollam. 20.

Jusserat ægrota ut medicamen sumeret Olla,
Contius, ejus sit potio consilio.
Pharmacopola moras verùm dum nectit inaneis,
Convaluit solo numinis auxilio.
Empta autem sibi ne frustra medicina periret,
Sorbuit hanc sano corpore, & interit.
Ollæ nil melius successit morte, nisi quod
B Hac pereunte, periit & medicina simul.

Ad Pepinum Ruellum. 21.

Dum modò divitias pangis, modò ludis amores,
Nunc Plutus mihi, nunc esse videris Amor.
Divitias si quis junctas miretur amori,
Hoc ipsum caussâ non leviore facis.
Cæcus Amor, cæcus Plutus, puer ille senilis,
Iste senex, auro conciliatur amor.

In Dindimum. 22.

Fisci præficeris rationibus, atque videri
Vis probus: ô quantam Dindime rem facies!

Ad Uxorem. 23.

Inter nos socio lex hæc statuatur amore,
Quam non ex animo deleat ulla dies.
Exulet à me & te, haud impune, domesticus omnis,
Si quid in alterutrum deferat alterutri.
Ecce omneis parent placito, tu semper at in nos
Nescio quid jactas suspiciosa mali.
Quis tibi tot de me mala nuntia detulit, uxor?
Nullus, ais, per me rescio quicquid agis.
Lex rescindenda est, vel tu mea blanda voluptas,
Nostra exturbanda es (lege manente) domo.

In Quincianum. 24.

Multus ut populo placere possit,
Scribit carmina multa Quincianus,
Et concinna parum, & parum venusta,
Quæ per compita cuncta spargit urbis,
Scribit & variis libros refertos
Nugis, queis varios ciet cachinnos,
Hunc rident pueri, juvenci,
Hunc & Grammatici, aulici, Poëtæ,
Matres hunc vetulæ, & puellæ, ut omni
Sit jam fabula Quincianus ore.
Viro consilium dabo fidele,
Quod laudent pueri, senes, juvenci,
Quod & Grammatici, aulici, Poëtæ,
Quod matres vetulæ, & simul puellæ,
Multus qui populo cupit placere,
D A multo (queat ut placere multis)
Lambda substrahat, ipse tum placebit.

In Pontilianum. 25.

Omnibus hoc unum jactas tam sæpe, nequire
Opprobrio sordeis conjugis esse viro,

Uxor ut ipsa suo credat sibi jure licere
Juratam thalami prostituisse fidem,
In te, crede mihi, si quid peccaverit uxor,
Acceptum referes, Pontiliane tibi.

Ad eundem. 26.

Uxoris sordeis nullius obesse maritis,
Uxori dicis, Pontiliane, tuæ.
Stuprum committat, lex adstipulabitur illi,
Cùm tibi non obsit, prosit & inde sibi.

In primum amorum Pepini librum cui Silvia : & secundum cui Victoria nomen est. 27.

Et silvas, & agros, primis Maro scripserat annis,
Martius ex arvis clangor ad arma vocat.
Silvia cui primo canitur, Victoria deinde,
Exæquas magni grande Maronis opus.

Ad eundem. 28.

Viceris, an de te Victoria læta triumphet,
Nescio, at hoc unum, culte Ruelle, scio:
Seu quærenda tibi est, seu jam victoria parta,
Parturit iste tibi longa trophæa liber.

In Frontonis Epigrammata. 29.

Ne leviora typis cudantur carmina, suasi
Frontoni à pravis ut meliora legat.
Non facit, ut qui aliquid quondam superesse laborum,
Quàm totum malit Fronto perire librum.

Ad Aulum. 30.

Orasti: statuit medicûm schola publicè, ut abs te
Ægroto nullam sumeret, Aule, stipem.
Id quoniam Patrum celebri plaudente corona,
Rettulit eloquio, mira trophæa, tuo.
Hoc placito si scire cupis quid proficis Aule,
Ægrotes, nullum repperias medicum.

De Ossilio. 31.

Ossilio mores cur exprobratis avaros,
Tanquam natura sordidiore viro?
Non domus, aut fundus, non aris acervus & auri,
Verùm aliud nostrum possidet Ossilium.
Ipse probus, Gallis, Gallus vult civis haberi,
Et cum Christiadis, nominis esse pii.
Pars habet una crucem, pars altera, lilia, nummi,
Vir justus, Regis signa Deique colit.

Ad Pipinum Ruellum. 32.

Silvia muscosis juveni cùm luditur antris,
Et lepidum sertis cingit amœna caput:
Mox ab agris urbem repetens, Victoria per te
Cantatur numeris, docte Ruelle, novis,
Eversa subeunt animos incendia Trojæ,
Oenone, atque Helene, Dardaniusque Paris,
Excidiique hujus terrerer imagine, verùm
Vox præsaga boni, spem jubet esse bonam.
Nam quæ bella tibi canitur Victoria, amoris
O quàm conveniens nomen ad arma refert!
Militat omnis amans, & inest Victoria bello,
Quæ fluit instabili, diva superba, pede.
Desperas? Hodie si te superavit amica,
Cras te victorem victa puella feret.

Respublica Spartana. 33.

Non muris, sed quæ munivit moribus urbem,
Hoc etiam docuit nobile Sparta suos.
Victor ab hoste redi, vel tu moriturus abito,
Pro patria verè est vivere, velle mori.

Ad Ponticum. 34.

Rem facit Archidamus, sed apertè; rem facit uxor,
Sed clam: quàm pulchrum, Pontice, conjugium!

De Paulo. 35.

Dixerat astrologus, Paulo succedere cuncta
Ex voto, & verè dixerat astrologus.
Deperit astrologi uxorem Paulus, subigatne,
Nescio, sed scio quid dixerit astrologus.

Ad Janum Ramatum. 36.

Aërias rediit Flaccus redivivus in auras,
Induit & vitam Lydia prisca novam.
Mox ubi legerunt veteris vestigia flammæ,
Quæ tu pentametris reddis & hexametris,
Suppuduit Flaccum scripsisse, & amata puella,
Flacce vale, meus hic, hic meus, inquit, erit.

Ad Posthumum. 37.

Permutavit agrum Campanum Villanovano,
Qui nihil in toto Festus habebat agro:
Permutavit agro Campano Villanovanum,
In quo nil etiam prorsus habebat Ado:
Huic ne crede dolum caussam dare, Posthume, pacto,
Nil utrinque datum, cepit uterque nihil.

Ad Menedemum. 38.

Debeo multa tibi cui nil Menedeme negaris,
Tu plus, cum pauper nil Menedeme petam.

Ad Pamphilum. 39.

Quem tu inopem reprobas Charidemum, Pamphile, testem,
Hunc ego vel gemino teste probabo sophum.
Est mendicus, erat Cynicus mendicus: & ille
Quicquid habet, secum fert, tulit antè Bias.

De Adone. 40.

Accusatur apud Prætorem, pessimus ætreis
Usuræ pœnas lege daturus Ado.
Sollicitè in caussam judex inquirit, & ullum
Non prætermittit temporis articulum.
Verùm sedulitas malè profuit una duobus,
Ut quæ Prætorem perdidit, atque reum.
Nam graviter multatur Ado, sed Prætor iniqua
Factus quærendi sedulitate perit.
Mille reum nummis Prætor sic damnat in ære,
Prætorem ad mortem sic reus accelerat.
Hoc si judicium perpendis, Prætor uterque,
Atque reus, Prætor sed magis ipse reus.

De Halla. 41.

Dum variè tentat Matrem, dum sævit in hostes,
Italiamque annis proterit Halla tribus,
Ipse domum, exuviis belli spoliisque superbus,
Regrediens, puerum repperit anniculum.
Vestra Duces longi sunt hæc insignia Martis,
Parta trophæa foris, & stropha nata domi.

Ad

Ad Atticum. 42.

Partem ego militiæ, duce te, securus obibo:
A magno tua nos asserit umbra metu.
Hic ubi sis, hostem nunquam timeamus oportet,
Hostis quem nunquam, dux generose, videt.

In Dinum. 43.

Conditos nullo qui scribit Apolline versus,
Vatem se toto personat orbe Dinus.
Qui sibi tam vanos falso blanditur honores,
Est aliquid cur hunc dicere vera putem.

Chiromantia. 44.

Fatidicus nostram nuper successit in urbem,
Doctus ab aspectu pandere fata manus.
Illum adeo visoque, patentem huic explico dextram,
Diceret ut sortis conscia fata meæ.
Ille magistratus & publica munia, quondam
En tibi spondet (ait) linea fausta Jovis :
Lætitiâ redeo perfusus, & omnis in isto,
Absumo nimia garrulitate diem.
Hinc fit ut hac animo, dum dormio, nocte revolvens,
Instar me summi Præsidis esse putem.
Attamen (ô hominum ludibria putida) talem
Meme experrectum sentio qualis eram.
Atque ut verba alius dederit, mihi somnia fingam,
Exitus ut similis sortis & artis eat.

Ad Gallam. 45.

Mellitos oculos quereris tibi Galla dolere,
Conqueror ipse oculis Galla dolere tuis.
Tu si vis oculos tandem tibi Galla valere,
Fac oculis valeam tu quoque Galla tuis.

Ad Theodorum Paschasium filium.

THESAUROS PACIS, *verso mihi nomine,* SUDO,
Dicis dum libris, mi Theodore vacas.
Ni patri imponas, jam te Theodore, patremque,
Uno ita THESAURO PASCIS *amice* DUOS.

Novis rebus non studendum. 46.

Rebus studere propriè dicas novis,
Antiquitatis regulam qui deserit :
Novis studere rebus, inquit, Julius,
Dum res novas molimur in Rempublicam ;
Velis utrumvis, pessimè voles tuis.

Ad Philippum Huraltum Chivernium Galliarum Cancellarium. 47.

Sumpserat à magno Michaële Chivernius olim
Fasceis Patritij ordinis.
Munus & ille suum postquam concessit Huralto,
Rebus Margaridis præest :
Munus & iste suum postquam concessit Huraltus,
Errici domui præest.
Præfectus Michaël supremo exinde sigillo,
Cancellarius extitit.
Post variè impensos exantlatosque labores,
Rex istum hoc adonus vocat,
Et quem justitiâ, simul hunc vult æquet honore,
Princeps maximus optimus.
Ergo age, macte animi, quid enim verearis Huralte,
Tam sancto Genio duce ?

Ad Atticum. 48.

Nos tua crudeli præsentia liberat hoste,
Namque ubi sis, hosteis, Attice, nemo videt.
Tome II.

Ad Posthumum. 49.

Cuncta tibi debere putas (pater optime) natum,
Cui dederis vitæ munia prima suæ.
Contrà, si pater est nati pater, omnia nato
Debentur, sine quo non potes esse pater.

Ad Gallam. 50.

Fœmineâ uxorem quoties te voce salutat,
Fronto, suam pœnam (Galla) vocare solet.
Illum ita masculeâ poteris tu voce maritum
Grammaticè Penem dicere, Galla, tuum.

Ad Scævolam Sammarthanum. 51.

Carmina quæ Galla dederam scripsisse pudebat,
Certum erat & tenebris abdere perpetuis.
Sammarthane vetas, nec te vetuisse pigebit,
Nam quo vita datur, quis periisse velit ?

De Viro & uxore. 52.

Atra bile uxor, vir flava bile laborat,
Fœlix diversis moribus androgynon!

De Leovilla. 53.

Fœmineos quæ non patitur Leovilla fluores,
Dic mihi semper ab hac quod fluit, ergo quid est ?

Ad Philopatrum. 54.

Oravit binis pro te, Philopatre, diebus
Flaccus, & ex voto est caussa peracta tibi.
At patrocinium nulla mercede rependis :
Immò mercedis plus satis ille tulit.
Patrono quamvis numeres nihil, attamen amplam
Mercedis segetem, qui benè dixit, habet.

Ad Achillem Harlæum Baumontium Præsidem. 55.

Parva domi mensa est, nec non angusta supellex,
Villa, focus, reditus, omnia curta mihi :
Sed te villa, focus, reditus, domus, atque supellex
Excipit, è parvis omnia magna facis.

Ad Germanum Audebertum Aurelianum. 56.

Quid sit quod veneremur atque amemus,
Et quid quod cupidè colamus omneis,
Certant Grammatici tumultuantes :
Sed has censeo disputationes
Merè ridiculas & otiosas :
Qui te sic ad amo ut colam; deinde
Sic colo, ut venerer magis magisque :
Ergo Grammatici valete, nec vos
Vestras vendite somniationes :
Unus nam docet Audebertus esse
Quod simul venerer, colamque, amemque.

Ad Manlium. 57.

Hesternâ, Manli, tibi luce Epigramma spopondi
Me dare ; promissi ne mora longa foret,
Illud mitto hodie : nec enim vetus hoc probo, Manli ;
Sat citò, si benè, sed sat benè, si citò fit.

Ad Janum Passeratium. 58.

Quid nihil ex nihilo stulti contenditis? ecce
Ipse unus fieri quid ratione probo.

Tam lepidè nihilum, Passerti, carmine ludis,
  Grande ut de nihilo feceris inde aliquid.

In Flosculum. 59.

Phormio sum vobis, quoniam mihi contigit uni,
  In nostro medicas res agitare foro:
Tu qui vaniloquâ tractare forensia voce
  Tenstasti medicus, dic mihi quæso quis es?

Ad Aprum. 60.

Mane ego promisi, serò luo: tam citò? dicis.
  Qui serò solvit, nil citò solvit, Aper.

In Hermogenem. 61.

Hermogenes binis Epigrammata plurima libris
  Lusit, & insanis illa referta jocis.
Nunc hos, nunc alios rabioso scommate pungit,
  Nec nisi quid mordax, nec nisi turpe dicax.
Supprimet ergo? non: dedit excudenda typis hæc:
  Perdere, quàm sua, se vult magis Hermogenes.

Ad Philomelam. 62.

Ver rediit, glomerantur aveis, concentibus auras
  Mulcent, & miristu Philomela modis.
TU TU TOT TOTO modularis gutture voces,
  Ut Philomela aliis, sit Philomusa mihi.

Ad Sabinum. 63.

Quottidie venias rogo cœnaturus apud me,
  Et quamvis rogitem, non tamen ipse venis.
Vel ruri es, vel forte domi, vel scribis amicis
  Caussas grandævum vel meditaris opus.
Verùm hodie genio vis indulgere Sabine,
  Ignoscas, mihi nam non vacat esse domi.

Ad Labienum. 64.

Divitias tibi do, nobis Epigrammata mittis,
  Verùm tu flocci munera nostra facis.
Jam variabo vices, si quidem tibi carmina mittam,
  Dum modò divitias des, Labiene, mihi.

Ad Jacobum Cujassium Jurisconsultum. 65.

Cujas sis quæro Cujassi, tune Tolosas,
  An te mundanum totus sibi vendicat orbis?

Ad medicos de Theophrasto Paracelso. 66.

Dicitur esse novus vobis Paracelsus, ob idque
  Crimen, in obscurum pellitur exilium.
At nos Hippocrates, novus & Chrysippus, & ille
  Romæ Asclepiades, tempore quisque suo.
Qui nova damnatis, veteres damnetis oportet,
  Aut istá nihil est in novitate novi.

De Amore. In Carolum. 67.

En agere atque pati simul & semel, ipse Cupido
  Omnia qui potis est, hoc quoque posse docet.
Qui sit, ais, domina des munera compta superba?
  Munera si capit hæc, & capis, & capitur.

Ad Sabellum. 68.

Si rarum, pretiosum idem est Sabelle,
O quanti pretij æstimemus illam
Quæ placas superos precationem,
Toto qui precibus Deos adire
Semel non iterum soles in anno!

De Marito & Uxore. 69.

In servos semper tumidè excandescit iniqua,
  Quodque viro in servis deferat, uxor habet.
Servorum at domini levat indulgentia sortem,
  Nec servis, dominæ multa querela nocet.
Audiat hæc, dolet huic misero, taceat, dolet ipsi
  Uxori miseræ, sors utra deterior?

De Ludimagistris. 70.

Sistite, & hac animis Reges advertite vestris,
  Quæ de Grammatico pauca sed apta loquor.
Regibus obveniunt non tantum regna superbis,
  Regna etiam nostro sunt sua Grammatico.
Sublimi solio sceptrum gestatis, & omni,
  Pro nutu, populo regia jura datis.
Additis & legi diplomata vestra severæ,
  Quæ sint Regalis nuntia certa animi.
Is sedet in cathedra, castigatorque juventæ,
  Verbera pro sceptro gestat acerba manu.
Legem ex arbitrio figit, glossemata dictat,
  Queis docet ingenij condita sensa sui.
Edictis Reges, indictis exigit ille,
  Sic vos, sic vobis, sic metit ille sibi.
Quid quod vos Reges, vocat hunc gens Galla Regentem,
  Quod regat & Latium temperet imperium?
Hinc Siculus Princeps regno exturbatus amano,
  Transiit ad tumidi regna magisterij:
Denique si raptim percurreris omnia, dices
  Grammaticum summis Regibus esse parem.
Quin ô Magnifici palmam concedite Reges,
  Istum nescio quod grandius ornat opus.
Qui regit atque docet dictatque beatulus, ille est
  Rex & Dictator, Grammaticusque simul.

Ad Diodoram. 71.

Nostra ego dum recito Diodora Epigrammata docta,
  Exigit à nobis nescio quid brevius.
Mas capitur, brevius nihil, unica syllaba, ut auctor
  Huic placeat, cui non carmina nostra placent.

Ad Hermotimum judicem. 72.

Miserat Antiocho dandum tibi Curio vinum,
  Obtulit, oblatum respuis Hermotime.
Vendidit Antiochus, donatum Curio credit:
  Non vinum, famam vendidit ille tuam.

Ad Lucianum. 73.

Quod fugis aspectum præsentisque omina Regis,
  Et falsas absens concipis ore minas;
Scire cupis tibi quid prodest meruita simultas,
  Rex verè absentis desit esse memor.

In Seraphinum Monachum. 74.

Nigra quod est juveni barba, & coma cana, putas me
  Sæpe animi vireis exacuisse mei.
At quod cana tibi barba est, coma nigra, puto te
  Crebrò mandibulas exacuisse tuas.

De Paula. 75.

Falleris unius tangi si credis amore
  Paulam, quam cultu simpliciore vides.
Casta ergo est? Non, cur? omnis non vivit in uno,
  Sed meretrix omneis deperit una viros.

In Persium judicem. 76.

Sit dives, pauperque cliens, inimicus, amicus,
  Hospes, vicinus, nobilis, aut opifex,

Patronus

Patronus, medicus, miles, mercator, eâdem
Lance, manuque solet Persius accipere.
Nec ditem relevat, miseris nec parcit egenis,
Æqua bos, aqua illos urnaque forsque manet.
Qui personarum rationem non habet, hicne
Corrupti parteis judicis exequitur?

Ad Paulum. 77.

Quod repetat sedes uxor Leovilla paternas,
Deserat & miserum litigiosa virum,
Quid me tam multis obtundis Paule querelis?
Sic mea sit conjux litigiosa velim.

Ad Pontilianum. 78.

Cùm mea displiceant tibi carmina Pontiliane,
Auguror inde aliquid, Pontiliane, boni.

Ad Amorem. 79.

Tene Chaos genuit, tun' formæ es natus, an oti,
An potius fato de genitore puer?
At te non fatum, non otia, forma, Chaosve,
Progenuêre, parens solus Amoris Amor.

In Nævolum. 80.

Fortè erit ut versus corrodat Nævolus istos.
Stulte tace, vel quid Nævole fac melius.

Ad Sabinam. 81.

In mentem si quando venis, magis æstuo, quàm si
Ulla aliunde mihi visa puella foret.
Quòd si te video, par est hac gratia, quàm si
Quæ roscia innectat labra, puella, meis.
Rursus te video, rursus mihi gratius istud,
Quàm si delitias virgo tenella paret,
Quas tu si facias, sed cur hæc gaudia sperem?
Nolim ego delitiis accubuisse D. um.

Ad Catharinam Rupellam Pictaviensem. 82.

Si qua vel Ausoniis vel mando carmina Gallis,
Hæc animo mandas qualicumque tuo.
Et recitas, saltem ut te sola teste probentur,
Tu, mea cùm pereas, te, mea non peream?

In Calliodorum. 83.

Duretum clarâ qui laudas voce, nec ullum,
De reliquis verbum, Calliodore, facis.
Quid tantum fecere tibi Magnusque, Petrusque?
Quid ve Denissottus, quid schola tota mali?
Hos ut præteras quos culta Lutetia, summis
Laudibus in cælum docta per ora vehit.
Non hoc laudare est, non Calliodore tacere,
Sed male de reliquis dicere, quando taces.

Ad Quintum. 84.

Mitto tibi lepores, apros, mulosque, luposque,
Mitto aliud quidvis, omnia Quinte capis.
Utpotè qui (dicis) possis mihi nulla negare:
Tu cùm cuncta capis, nilne negare vocas?

De Jure Civili Romanorum. 85.

Dum Latias meditor leges & Romula jura,
Quæ sunt immensis aucta voluminibus,
Nunc avide Paulum, nunc perlego Pappinianum.
Nunc mihi sese offert Scævola Servidius.
Eheu quàm miserè illorum me ænigmata torquent,
Illos dum Proculus, Cassius hos agitat!

Ut me his extricem, te consulo Bartole, at Echo
Protinus ut dixi Bartole, tolle, refert.
Judicione tuo te tollimus, anne etiam ipsas
Ausonias leges, Bartole? Tolle, refert.
Ergò tu cùm sic statuas, ego, Bartole, leges
Romanas tollam, patria jura colam.

Ad Janum Robertum Juris Civilis apud Aurelios professorem. 86.

Justitiæ antistes, juris consultus & æqui,
Dic qua præcipuè te ratione colam?
Plurima judicibus, patronis plurima, verùm
Uni plus debet Gallia nostra tibi.
Cur non agnoscat quis se debere, tua qui
Arte magistratus, caussidicosque facis?

Ad Gullielmum Fornerium. 87.

Tine ego prætereo, magni pars magna Roberti?
Quos juris pridem consociavit amor?
Qui solvis veterum spinosa ænigmata legum,
Et mediis prudens eruis à tenebris,
Qui non tam juris quàm justi doctor, & æqui,
Gallicus hoc ut sis tempore Sulpitius?

Ad Florentem Christianum Aurelianum. 88.

Quisquis carmina docta Christiani
Leges, seu Latio lepôre tincta,
Sive sint sale Gallico referta,
Tam leges pia, tamque Christiana,
Et modò gravia, atque nunc tenella,
Tum cultis numeris & eruditis,
Ut quamvis taceat tabella nomen,
Florentis tamen esse judicabis
Poetæ, Maro qualis aut Catullus,
Et pii pia vota Christiani.

Ad Annam Robertum Jani Rob. F. 89.

Nostris exigis inseri libellis,
O docti patris erudite fili:
Lubens obsequor, ut sciant nepotes
Junctum amicitia fuisse vinclo,
Tibi Paschasium, ac ei Robertum.

Ad Juliam. 90.

Basia da, sed quæ dat casta puella puella:
Hæc non deficiunt, semper at incipiunt.
Nolo ego delitias, lascivi, Julia, lecti,
Quæ simul incipiunt, deficiuntque simul.

Ad Cupidinem. 91.

Cur cinere aspergunt frontem: post fata reverti,
Ecquid & in cineres, nos meminisse jubent?
Hei mihi! jam totus vivus consumor, & igne
In cineres redigor, sæve Cupido, tuo.

In Diodorum. 92.

Emendare tuos nolim, Diodore, libellos,
Unica quos, verùm longa, litura notat.

Ad Sabinam. 93.

Talis forma tibi est, talis prudentia, tanta
Sunt & opes, ut sis Juno, Minerva, Venus.
Judicium Paridis nolito utcumque vereri,
In te cum solam treis coirre Dea.

Ad Achillem Harlæum Baumontium Præsidem. 94.

Alcides quondam, quondam & celebratus Achilles,
   Græcus & Alcides, Græcus & Aeacides.
Rursus & Alcides celebratus Gallicus olim,
   Et tu nunc nobis Gallicus Aeacides.

Ad eundem. 95.

Misisti carneis nobis Harlæe ferinas,
   Judicia imperio qui regis ampla tuo.
Cepi, parerem tibi nam graviora jubenti;
   Miserit ulla cliens, dic age, quid faciam?

Ad Nicolaum Rapinum. 96.

Quos das sponte, lego relegoque, Rapine, phaleucos,
   O animæ, ô animi blanda rapina mei.
At mihi quantumvis te polliceare amicum,
   I tamen, alterius quære patrocinium.
In jus te rapio, plagii te Flavia damnat,
   Qui me surpueris, culte Rapine, mihi.

Ad Franciscum Coldræum. 97.

Ducere seu Gallo tentes Epigrammata filo,
   Seu Latiis scribas carmina sparsa jocis,
Exuperas longè quot Gallica Musa Poëtas,
   Et quotquot pariter Musa Latina colit.
Et juvenis scribis quæ vix provectior annis,
   Ac ne vix possit scribere Mœonides.
Hoc verè est Phœbi radiis fulgere, vel uno
   Sydere plus niteat si quid Apollineo.
Ne me (haud agnosco) Phœbum Francisce salutes,
   Cedo senex, juvenem palma lubenter amat.
Vox est trita, colat solis quam rara cadentis,
   Et quam turba frequens exorientis equos.

Ad Scævolam Sammarthanum. 98.

Cùm Pulicem scripsi patrio sermone jocabar,
   Scilicet unius, Scævola, noctis opus.
I fuge, nec vanâ pascaris imagine vitæ,
   Tam moriture citò, quam citò nate Pulex.

De Marte & Venere. 99.

Induerat Galeam sopiti Cypria Martis,
   Certa novo Martem fallere Marte Venus.
Ad quem Mars: & cur armata lacessis inermem
   Armatum quæ me vincere nuda potes?

Ad Calliodorum. 100.

Edere te, variis quæ scribis carmina chartis
   Hortor, tu prohibes: Calliodore sapis.

Ad Josephum Scaligerum. 101.

Ergo vale, & longos olim victurus in annos,
   Hæc tibi devoti pignora cordis habe.
Obnixè ut tete obtestor, sic exigis à me,
   Sis memor ipse mei, sim memor ipse tui.

Ad Scævolam Sammarthanum. 102.

Hei mihi! cur patrios infœlix viso penates,
   An sine te possim vivere, tu sine me?
Sammarthane vale pars nostri, sis licet absens,
   Te sine non vivo, te sine non morior.

Ad Janum Bossellum Borderianum. 103.

Hoc tibi de reditu dum totus cogito, vovi
   Immortale meæ pignus amicitiæ.

Vive, vale, atque tui semper memor esto sodalis,
   Hunc & ama, qui te, Borderiane, colit.

Ad Paulum Foxium Carmaniacum Errici 3. Gall. Regis, apud summum Pontificem legatum. 104.

I liber, at Romam, nostro tibi Foxius illic
   Nomine, sic paucis conveniendus erit.
Foxi, summorum Regumque, Ducumque propago,
   Stemmata qui sæclis ducis ab innumeris,
Et juvenis, quondam magni pars magna Senatus,
   Regi à consiliis factus & inde senex.
Nunc ad Pontificem missus summumque piumque,
   Res regni, & priscæ relligionis agis,
Me tibi Paschasius jubet impertire salutem,
   Qui patriæ columen sis, populique salus.

Ad Arnaldum Ossatum. 105.

Dum procul à nobis Romanas suspicis arceis,
   Sanctaque sublimi templa dicata Deo,
Hæc nos è gravibus substraximus otia curis,
   Quæ tibi si placeant, sunt placitura mihi.

Ad Marcum Antonium Muretum & Petrum Morinum Romanæ Urbis incolas. 106.

Muretum salvere volo, salvere Morinum,
   Quos doctrina uno junxit amore duos.
Ambos & Gallos, ambos virtutis alumnos,
   Quos simul æterna detinet urbis amor.
Gens quibus est eadem, quibus est eademque voluntas,
   Vos salvere & idem carmen utrosque jubet.

Ad Janum Varium Regi à supplicibus libellis. 107.

Multa tibi meritò superi ornamenta dedêre:
   Nati at præcipue tibi nomine gratulor uno.

Ad Gullielmum Varium Jani Filium. 108.

Non rosa me, mihi crede, Vari, non Lilia nostros
   Exornant versus: Lilia cedo tibi.
Tam bene qui lepidis, juvenis, me versibus ornas,
   Ne valeam, nisi sis tu Rosa verna mihi.

Ad Jacobum Canaium insignem Jurisconsultum & Patronum. 109.

Canaium dixi, volui qui dicere Caium:
   Longius & nomen, majus & ingenium.

Ad eundem. 110.

Cùm te inter primos numeremque colamque sodaleis,
   Scire voles, abs te cupidus quid quærat amicus.
Nec lege, Canai. sterileis nec despice nugas,
   Sed medium si quid, lex hæc statuatur apud te;
Si quid ages, Psalmos Bucanani volvito: si nil,
   Nos legito: ne nil, nostros defende libellos.

In Frontonem Medicum. 111.

Brutidiam Fronto curaverat arte puellam,
   Et nullam medico solverat ægra stipem.
Conqueritur medicus, mulier sed, quam exigis (inquit)
   Mercedem ingenii, corpore, Pronto, luam.

Nec mora, conveniunt validis utrinque lacertis,
  Italicam medicus colligit inde luem.
Corpore qui pro opera voluit vir sparcus abuti,
  An non mercedem quam mereatur habet?

De Amore. 112.

Quisquis amas, nec te miserum solatur amica,
  Accipe quæ tanto sit medicina malo.
Et subitò, & longè, tardè rediturus abito;
  Ut pestis, sic hac arte fugatur amor.

In Phormionem. 113.

Et legis atque tuos recitas mihi Phormio versus,
  Sive domi, medio seu spatiare foro.
Quis te non magnum fateatur Phormio vatem?
  Tam nulli sua sunt, quàm tua grata tibi.

De somno. 114.

Sors diversa licet, somnus solertia inani
  Ditem inopemque æqua conditione beat.

Ad Ponticum. 115.

Uxor ducta tibi est, & abest jam consule quinto,
  Conjugem habes verè, Pontice, sed nec habes.

In Mathonem. 116.

Sint licet argutæ, communes asseris esse,
  Quas nos Ronsardo scripsimus exequias,
Utpote quæ possint cuivis quadrare Poetæ,
  Si modo Phœbeæ clareat arte lyræ,
Haud equidem inficior, verùm heus tu, dic mihi carmen
  Si quod in hunc sensum videris ante, Matho?
Amuis ingenuè nunquam vidisse: quis ergo
  Commune hoc, proprium deneget esse mihi?

Ad Candidum. 117.

Ægrotum visis, sanum me visere cessas:
  O utinam nunquam, Candide, me videas.

Ad Lectorem. 118.

Plurima me veterum sensa expressisse fatebor,
  Ni fatear, fur sim vel fur osus ego.
Multa sed ex aliis falsò sumpsisse putabis,
  Quæ mea percupiam dicier, & mea sunt.
Conveniunt tamen hæc antiquis: Dij malè perdant
  Antiquos, mea qui præripuêre mihi.

FINIS LIBRI QUINTI.

STEPHANI PASQUIERII
EPIGRAMMATUM
LIBER SEXTUS.

AD PETRUM SEGUIERUM,
In Senatu Parisiensi Præsidem, Petri Seg. Præf. F.

Ode 1.

Hunc ego de multis contraxi in pauca libellum,
Integrum sine quo stare valebat opus.
Integer at cùm sis, reliqui prodire libelli
Integri sine te non potuere mihi.
Atque hic, incautum nisi me sententia fallat,
Fortè alios vincet pondere, non numero.

De Lanceloto Vicino. 2.

Tam benè qui narrat labentis funera Regni,
Vix dicas, placeat displiceatne magis:
Displicet? immò placet: quidni è fœliciter edis
Concinnam miseri temporis historiam.

Ad Marinum. 3.

Me quoties visis, toties hoc exigis unum,
Scribendis animos adjiciam tumulis.
Namque mihi justi licet argumenta doloris,
In quibus hic possim multa, Marine, refers.
Obsequerer certè superesset si modò nobis
Materies, sed deest, fac moriaris, erit.

Ad Claudinum Binetum de Fragmentis Epigrammatum Petronij Arbitri pristinæ vitæ restitutis. 4.

Vixit, & occubuit multis Petronius annis;
Te sine, spes vitæ nulla prioris erat.
Hujus sollicitus, curas extinctus ut autor
A Phlegethontais sit redivivus aquis.
Ergo bis natus tanto te vindice vivet
Arbiter arbitrio, docte Binete, tuo.

De Borcia. 5.

Et virgo, & mulier: nupta atque innupta simul sum,
Vir, non vir, tanti est, hei! mihi caussa mali.

In Zoïlum. 6.

Carmine, n scioquis, nos corrodente lacessit;
Respondere sibi me cupit, haud faciam.
Rursus at ecce magis, magis insectatur & urget,
Respondere sciat me sibi, dum taceo.

De Phryge. 7.

Millia surripuerat Phryx, suripiuntur eidem:
Expes inde sua fertur obiisse manu.
Quùm nequiit Prætor fugitivo infligere pœnam,
Nunquid se merito Phryx dedit exitio?

In Ponticum. 8.

Ut te collaudem, multis tua Pontice verbis,
Nec tua tam, quàm quæ sunt aliena tonas.
Hinc ego nobilium traho stemmata (dicis) avorum,
Hoc pater, illud avus gesserat, hæc proavus.
Laudo, sed dum tot nobis & tanta recenses,
Non ornare tua est, verùm onerare tuos.

Ad Scævolam Sammarthanum. 9.

Quòd volo Lælia volt, sed abest occasio, tempus,
Atque locus, nobis his sine languet amor.
Tempus adest, nec abest locus atque occasio, non volt:
Ni velit, emoriar ni quoque languet amor.
Et cupit, & tempus, locus & succedit utrique:
Fortè erit ut nolim cum magis illa volet.
Sic vel inanis amor, vel si quid amare, necesse est
Unum velle, unum Scævola, posse duos.

Ad Carolum Balsacum Dunæum. 10.

Annis jampridem colui te Balsace multis,
Qui mihi tum solo nomine notus eras.
Nunc animum video fortem, moresque benignos,
An dubitas posthac Balsace quid faciam?

Ad Maximianum. 11.

Si quos edit Anus libros, tibi dedicat, omni
Nec quisquam est illo pauper in orbe magis.

Et tibi fœlici, & locupleti donat, at ille
  Dum dicat, ut dites, Maximiane, petit.

In Polium. 12.

Dum furit, & civeis morbus graſſatur in omnes,
  Dum dirâ flagrant omnia colluvie,
Dum fugimus, remanet Polius securus in urbe:
  In peſtem peſtis non habet imperium.

De Sabelliano. 13.

Ampla prædia comparavit ære
Multo, magnificus Sabellianus,
Ille ne locuplete patre natus,
Nec patrociniis suis beatus:
Theſaurum hercule credidi eruiſſe.
Verùm poſteaquam die supremo
Perfunctus superas reviſit arceis,
Ecce sonora tanta creditores,
Et tam dira petunt, ut unus uni,
Ne quidem minimus superſit hæres.
Thesaurusne igitur Sabelliano
Tot palatia, tot domos superbas?
Egeſtas potius paravit illi.

In Lupanaria. 14.

Conjugij coitus vir si mulierque diurnos
  Effugiunt, & in hoc hinc sit & inde pudor:
Quos tamen ipse Deus vel publica vinxit honeſtas
  Turpius heu quanto turpe lupanar erit?

Ad Labienum Cauſſidicum. 15.

Nulli operam te, inquis Labiene negare clienti,
  Cur neget is, cunctis qui (Labiene) locat?

Ad Læliam. 16.

Sim tuus optat Amor, volo te, me Lælia non vis,
  Atque velis, meme tempus abire jubet.
Deinde maritus adeſt nuſtri explorator amoris:
  Hei quid agam, sperem, quid cupiamve miser?
Quando tot in noſtram conjuravere juventam,
  Ipse ego, tu, conjux, tempus, Amorque simul.

De Muliebri Pudore. 17.

Hoc sato muliebre genus natura creavit,
  Hujus ut aſſiduus regnet in ore pudor.
Vim roburque viro, non ullo aſperſa pudore,
  Corporibus robur, vim dedit ingeniis.
Corpore & ingenio qui cætera vincit, eundem
  Virgineus potis eſt exuperare pudor.

In Frontonem. 18.

Accuſem quòd te, succenſes, radito nomen,
  Dum modò Fronto simul raseris & vitium.

Ad Ambrosium Paræum Regiorum Chirurgorum Primicerium. 19.

Chirurgo primas Reges tribuére Parao,
  Uſu, naturâ, reliquos quia vincit & arte,

De Regum ſtipatoribus. 20.

Qui voluit multo ſtipari milite Reges,
  Quòd timeant Reges, censuit iſſe aliquid.
Ergo timent? cur non? quando metuantur & ipsi:
  Securi, timeant ne timeantur, erant.

Gallia. 21.

Patrum dicta probo, nec sacris belligerabo.

Ad Matheum Boſſulum. 22.

Boſſule qui multis famâ mihi cognitus annis,
  Fœdere nunc propius junctus amicitia,
Argentoliacus quæris quid reddit agellus:
  Ambitus hic nulla languet avaritia,
Contentus modico, teneris indulgeo musis,
  Incumboque meis liber amicitiis,
Hic vini fragrantis opes, aërque salubris:
  Ni satis hæc, nusquam Boſſule quid satis eſt.

Ad Ponticum. 23.

Si quando recito noſtros tibi Pontice verſus,
  Multa quidem laudas, sed meliora cupis.
Hæc ego reſtituo, vel reſtituente Catullo,
  Virgilio, Flacco (dicis) & Ausonio.
Iſta satis laudo, verùm non obsequor, ut qui
  Quæ mea sint, quamvis deteriora, sequar.
Digna refers, fateor, sed sensu diſſono noſtro:
  Non rapiant, quid tum? carmina noſtra fluent.
Cuique suus Genius, non omnibus omnia paſſim
  Conveniunt quæ quis dixerit appoſitè.

In Corbulonem.

Serpere humi verſus quos scribo Corbulo dicit,
  Ipse suos pennis elevat Icariis.

Ad Rupæas Pictavienseis matrem & filiam. 24.

Et decorant arteis, decorantur ab artibus ambæ,
  Docta parens, doctum, nata, parentis opus.
Fœliceis, virgo tali quæ nata parente,
  Mater, cui talis nata superſtes erit.

Vis eloquentiæ. 25.

Urbibus Amphion vitam saxiſque dediſſe
  Fertur, & exanimum verſu animaſſe nemus.
Phœbus, Amor, Mavors, permulcet, delinit, armat,
  Voce, dolis, ferro, saxea, bruta, viros.
Imperat iſte viris, beatiſque viriſque Cupido:
  Mars, Amor, à Phœbo, quo superentur, habent.

In Marcum. 26.

Serica cùm geſtet non ullus tempore mæſto,
  Quo feſtum morti sacra dedére diem,
Unus inaudito Marcus velatus amictu,
  Veſtibus oſtrinis purpureiſque nitet.
Omni autem populo miranti, sic ne paternos
  Ille novâ cineres relligione colat.
Hæc ego (respondit) non geſtaturus, amici,
  Ni pater è vivis occubuiſſet, eram.

Ad Torquatulum. 27.

Non vivit sibi qui soli, Torquatule, vivit;
  Si verè tibi vis vivere, vive aliis.

Ad Uxorem. 28.

Si qua res mihi sit domi forisve,
Uxor poſſidet, ac ei quadrantem
Ne quidem minimum negare poſſum:
Et penu fruitur pecuniosâ,
Et villas habet, & domos, & agros;
Verùm si genio vaco beatus,

Vel

Vel de tempore quid remitto prudens,
Ecce mirifice tumultuatur,
Et magnas misero ciet querelas,
Me mihi, atque sibi, meisque deesse.
At tu quæ miserum virum lacessis,
O conjux, fruere omnibus meis, sed
Tantillum sine me frui meipso.

In Plagiarium. 29.

Non scribis, furaris inops Plagiarie, & ambis
Furtivus volitet notus ut orbe liber.
Quamquam ementiti, patris est laudanda voluntas,
Notus erit quem scit quilibet esse nothum.

Vinum. 30.

Dixerunt tignum, domus, & quo vinea constat,
Hinc tigni juncti formula prisca fuit.
Quàm pulchrè juris vetus id prudentia cavit,
Cui ratio Vini, non secus atque domus.
Multa domus nobis, sed profert vinea plura;
Namque domus vitæ est, vinea pars animæ.

Ad Linum. 31.

Carmina multa Matho mittit tibi, nulla remittis,
Spernere non hoc est hunc; Line, sed sapere.

Ad Ollum. 32.

Basia nocte, diu multumque Aurelia quærit:
Qui fit ut Olle diu basi nocte feras?

Ad Paridem. 33.

Venus, Minerva, Juno, pulchra, provida,
Potens, amat, docet, beatæque quenlibet:
Puella Cypridi, Minerva honos sacer,
Domos, agros, opes, suprema Juno dat;
Proinde videris trium elegantior
Quæ erit, datoque ei, miselle, præmium,
Cave, at ruina ne sit omnibus tuis.

In amoris effigiem, ad Pictorem. 34.

Quis puer hic nudus, cæcus, pharetratus, & ales,
An Deus, an monstrum, dic mihi Pictor? Amor.
Aliger, erro igitur simul & mutabilis: immò
Quod volat hàc illàc ut potiatur amans.
Ergo cur nudus? Nudo quod pectore amanteis,
In tenebris lateat nec diuturnus amor.
Sed pharetram gestat? ferit. Et cur cæcus? Amator
Vix est qui videat cur amet, aut quid amet.
Quid puerum fingis qui tot per secula vixit?
Vivere tum cessat quando senescit amor.
Forsan ei t. merè hæc adscribis, ah hercule cuncta,
Unum si demas, ah miser experior!
Nulla pharetra mihi, ferit unica Silvia, noster
At puer, at nudus, cæcus, & ales amor.

De seipso. 35.

Exposita ædeis sunt multis aliundè fenestris:
Nam quod ago, notum cuilibet esse volo.

Ad Nicolaum Paschasium filium. 36.

Sic age cum superis quasi te plebs audiat omnis;
Sic age cum populo, dij quasi te videant.

Ad Quintum. 37.

Vix perarata mihi messis trigesima, dicis:
Annuo, nam cur id te profitente negem?

Sed simul atque tuæ numerasti tempora vitæ,
Protinus hanc morum subjicis historiam.
Labitur in vitium præceps malè sana juventus,
Sæculaque in pejus posteriora ruunt.
Hoc sit, at illud erat nostris juvenilibus annis,
Heu quàm distabant tempora prisca novis!
Primâ, Quinte, mihi juvenis tu fronte fuisti,
Qui tamen hæc narres, te puto, Quinte, senem.

De Venere. 38.

Uror & in lachrymas meus hic evanuit ardor,
Ut lachrymis, oculi fluminis instar eant.
Ignem nec lachrymæ, lachrymas nec temperet ignis?
Scilicet in gelidis Cypria fervet aquis.

De Dina. 39.

Si celebro, Latio celebro sermone puellam;
Si rogito, Latiis versibus hanc rogito.
Negligit, ut quæ expers Latii sermone colamus
Hanc patrio, rursus negligit illa magis.
Quid non despectus cogit, facit ut Dina linguam
Tam sapiat Latiam, quam sapit & patriam.

De sua Catella clauda. 40.

At vobis malè sit, mala tenebræ,
Quæ me candidulam meam Catellam,
Meas blanditias ferè abstulistis.
Lugete ò Veneres, Cupidinesque,
Dicebat lepidus Catullus olim:
Flete nunc Veneres Cupidinesque,
Vestri claudicat heu catella vatis:
O fatum miserum atque lachrymosum:
Sed non sic lepidus Catullus, at sic,
Passer mortuus est meæ puellæ.
Lusus quæ dabat antea jocosque,
Lusus non dabit amplius jocosque.
Quæ sic vixerit, ah catella non est.

Ad Sabinam. 41.

Æquora quot conchas, volvit quot littus arenas,
Quotque humeris magnus lumina fulcit Atlas,
Oscula da tepidis labris coëuntia, in unam
Ut se animam geminus colligat intus amor.

Laïdis speculum. 42.

Hoc Veneri speculum Lais rugosa dicavi,
Consilium formæ quod fuit ante mihi.
Forsan & impressa huic nostra sunt spectra juventæ,
Exemplar formæ sumat ut inde Venus.

In Labienum. 43.

Versibus expressit Latios Labienus amores,
Et queritur sua quod pectora pungit amor.
Hunccine pungat amor non sat scio, at hoc scio amores
Quos scribit, nullâ pungere particulâ.

In librum Basiorum Jani Bonefii. 44.

Hinc tua sidentur, Veneris mihi dentur & illinc,
Asperuor Veneris basia, sumo tua.
Et tua cur? Quoniam quæ nectis basia, mille
Intus alunt veneres, in venere una Venus.

Ad Janum Baïffum. 45.

Condico tibi, mi Baïsse, cœnam
Hanc non Pontificalem, Apicianam,
At condico tibi Baïsse: sed quam?
Gratiis & Apollini dicatam,

In qua quod dedero velim rependas.
Si sal, si lepores dabo, vicissim
Tu sales dabis, & dabis lepores;
Mellitas puto si dapes, tuo tum
Apes mellifica fluent ab ore;
Optimum tibi quid repono, rursus
Optimum mihi largius refundes.
Verum tres Charites adimpleamus,
Aureli simul, & simul Binete
(In tanto grege pars ero pusilla)
Vos accerso duos ego, sed an non
Implendus numerus novem sororum?
Haudquaquam, quid ita? advenito, apud me
Treis erunt Charites, novem sorores.

Ad Franciscum Ambosium. 46.

Tam lepidè versus facis, & tam leniter oras,
Ut nunc sis Hermes, nunc & Apollo mihi.
Credo ego te, Ambosi, mensis accumbere Divûm,
Quin ego te credo nectar & ambrosiam.

Ad Joachimum Bellaium. 47.

Redde mihi ingenium solitasque in carmina vireis,
Faustinam potius sed mihi redde precor.
Faustina atque suos ludens Joachimus amores,
Hæc fundit Cypriæ vota precesque Deæ:
At mihi si teneram reddat Cytherea Sabinam,
Reddiderit dominam, reddet & ingenium.

Arbor nucifera. 48.

Non serior sterilis, sim fertilis, heu petit omnis
Me populus saxis, quodque fero, serior.

Ad Sabinam. 49.

Sabinas veteres, vetus pudoris
Exemplar memorat mihi (roganti
Ut desiderium expleat) Sabina.
Quid hæc virginitatis involucra,
Quid hæc ludicra castitatis ornas?
His bis te cupio magis pudicam.
Jacturam siquidem novi pudoris
Fecerunt tetrica palàm Sabinæ,
Ipse clam volo te frui, Sabina.

Ad Angelum Politianum. 50.

Mitto vina, sitim malles me mittere; mitto,
Quandoquidem accendunt ignea vina sitim.

Ad Sabinam. 51.

Amabo mea turturilla amabo,
Amabo volupe ô meum, meum cor,
Fac mi blanditias, jocos, lepores,
Da mi fulgureos tuos ocellos,
Frontem, labra, genas, manus, papillas,
Da totam simul adsuaviari.
Ah fugis, fugis ah proterva, quid me
Istis nequitiis misellum inescas?
At non, non, ita dii me amant amantem,
Non feram, patiar, sinamve amori
Tam grave ut plagium scelesta faxis,
Ac te surripias mihi tibique.
At at jam teneo fugacem anhelus,
Victor quem referam dii triumphum?
En vernas violas suave rubras
Millena tero basiatione,
Victori hic locuples erit triumphus.
Quid renitteris? Obstinatiora
Carpo basia mille singulatim.
Labris millia, millia en ocellis,
Genis millia, millia en papillis,

A Obsignabo, licet puella nolit,
Hisce nequitiis & illecebris,
Jam transpiro animam, volavit ad te:
Hisce nequitiis & illecebris,
Transpiras animam, volavit ad me:
O quis se mage prædicet beatum!
Verùm heu quam miseram beatitatem!
Nam quare mihi das tuos ocellos,
Frontem, labra, genas, manus, papillas?
Quid micantibus enec, ocellis,
Labris, fronte, genis, manu, papillis?
Isthæc osculer ut satis superque,
At non hæc faciunt satis superque:
Totus ni fuerim, Sabina, ocellus,
Frons, & labra, genæ, manus, papillæ,
Ni sim denique basium, nihil sum.

In Jani Bonesij Basia. 52.

Jani Basia dum lego Secundi,
Janum censeo nemini secundum,
Quod magnus quoque censuit Poëta:
Jani Basia dum lego Bonesi,
B Secundo puto Jane te secundum,
Et dum censeo Jane te secundum,
Jane tu mihi totus es Secundus.

In conductitios alienæ industriæ Encomiastas. 53.

Docto præfigis malè doctum Epigramma libello,
Emoriar si non ingeniosus homo es.
Nam tua parturiant cùm nullos otia libros,
Ex aliis vitam, quam dare fingis, habes.

Rege digna sententia. 54.

Injurij vel vivite, aut non vivite:
Vox hercle verè digna Principe optimo,
Tranquillitati qui studet regni sui.

Ad Nicolaum Paschasium filium. 55.

Perpendas primo tibi quod genus utile vitæ,
Nec temerè ad quamvis aggrediare viam:
C Et ne ventosi sumos sectare theatri,
Sed quod naturæ congruet & genio.
Lecta via est: mox te jubeo benè velle, deinde
Proximus huic tibi sit non resilire labor.

De seipso. 56.

Hoc Deum rogito benigniorem,
Ne contemnar ego, nec invideri
Me sinat, tamen alterutrum eorum
Si det (quo mihi nil mage verendum)
Sperni non sinat, at det invideri.

Tres Charites. 57.

Quicumque Charites tres sacravit antiquis,
Nudas simul, duasque corpore averso,
Adverso & aliam, an mirus artifex ille,
Ea sub umbra credidit, rependendum
Cùm fœnore duplici beneficium, ac nudam
Verè esse gratiam, nec arte adumbrandam?

Ad Lectorem. 58.

D
Plurima ne pereant taciturnæ Epigrammata chartæ
Commisi, me sic delituisse juvat.
Cur igitur tacita meruere silentia noctis?
Nempe quod expresso nomine multa cano.
Vera canam, verum nunc audit nemo lubenter;
Falsa placent, sed habent tempora quæque sua.

Eruta de nostris quæ sunt fragmenta libellis,
Forsitan è tenebris eruet alma dies.

Ad Georgium Bucananum. 59.

In te uno quòd sint multi Bucanane Marones,
Ac dederint talem sæcula nulla virum;
Hoc de te primo cœlum spondebat ab ortu,
Nomine subque tuo, numen & omen erat.
Nam Canere est vatum, vatum Tuba, Buccina, Bucca,
Et canis Annis nobiliatur opus.
Hæc tua sunt, Bucanane, tuoque in nomine cuncta,
Canus, & Annus, item Buccina, Bucca, Cano.

In Aprum. 60.

Tu me imitatorem servum pecus asseris, esto:
Dum facilè hoc servum non imiteris, Aper.

Ad Janum. 61.

Capta Sabina suis, ejus sum captus ocellis:
Dic mihi quem censes Jane dolere magis?

Ad Posthumum. 62.

Prima mihi meta est laudent ut posthume docti,
Mireturque meos cætera turba libros.
Proximus inde labor, hoc si non assequar ipsum,
Ut mea lector amet, vel mea lector emat.

Navis. 63.

Qua jacuit ventorum abies prostrata procellis,
Hinc timidè ventos facta carina fugit.

Ad Robertum Garnerium. 64.

Carmina seu Gallo tentes elata cothurno,
Seu patrio reddas civica jura solo,
Unus præ reliquis, Garneri candide, fulges,
Garneri patrij luxque decusque soli.
Sic ne nocturnis fluitem vagus erro tenebris,
Ecce tuo mittis cerea Paschasio.
Nam tu si quid agis Garneri, scilicet hoc est,
Vis lucere tuis, vis tibi, vis patriæ.

De Helena. 65.

Cerea quo superis festo sacrata parantur,
Vidi Helenam: ô quantum huic convenit ista dies.
Lucidula ad summos rapiunt nos cerea Divos!
Hujus ego totus lumine raptus agor,
Igne diem celebrat, celebramus & igne vicissim:
His, superi, nobis igne colenda Dea est.
Omniacùm ceris sunt ignea, terque quaterque
Fœliceis, si nos cereus urat amor.

Ad Sabellum. 66.

Ad cœnam Veneris die voco te:
Hac non cœno die, Sabelle dicis,
Ad cœnam te ideo voco, Sabelle.

In Pontilianum. 67.

Olim dilexi, nunc non amo Pontilianum:
Ecquid amem? se non Pontilianus amat.

In Lodoïcum. J. C. 68.

Jurisconsultum hacce nota tete asseris J.C.
Quid si inconsultum quis Lodoice putet?

In Alumnum. 69.

Qui crucias servos, abs te cruciaris Alumne:
Longè est servili sors tua deterior.

Bacchus. 70.

Annosum lymphis quantumvis ablue Bacchum:
Vinea, vis lymphis ignea semper erit.

Ad Petrum Portanum. 71.

Ad nostros igitur Lareis adisti,
Portane ô hominum venustiorum
Quot sunt & quot erunt lepos venustè:
O diem niveum mihique festum!
At quo fœnore te remunerabor?
Nones, non oculos, genas, manusve,
Non caput nitidum suaviabor,
Sed mentem lepidam, jocosque molleis,
Mores ingenuos, pios, vetustos:
Solennemque tibi actuis dicabo
Hunc Portane diem, diem quotannis
Hunc albo mihi calculo notandum.

Pinus. 72.

Quæ modò frondebam sylvarum gloria Pinus,
Pinus ab Arcadio consita prima Deo,
Invidere mihi dum celsa cacumina venti,
Æolio infœlix turbine victa ruo.
Extimulas quid me mercator avare jacentem,
Nec tumuli pateris membra quiete frui:
Ad vaga terrarum quid me commercia pungis,
Præcipitique juvat subdere remigio?
Falleris, esse ratem si senserit Æolus, is me
Obruet æquoreis invidiosus aquis.

Ad Achillem Harlæum Baumontium Præsidem. 73.

Qui reliquis luces, tibi lucida cereamitto:
Nam cumulare juvat fluctibus Oceanum.

In Epitaphia Othonis Turnebi à Stephano & Adriano Turnebis fratribus edita. 74.

Tartareo Alcides Ægidem solvit ab Orco,
Hoc fratri frater præstat uterque suo.
Is ferri, sed vos acie ingenij; ille sodalem,
Vos fratrem, vestrûm quis rogo major erit?
Et Deus Alcides, vitam dum redditis uni,
Vita in perpetuum panditur una tribus.

Ad Vidum Liedum. 75.

Ossato, Liedus, meo suoque
Commendet cupio meos libellos:
Aristarchus & hic & ille magnus
Utervis probet, omnibus probabor.

Ad Janum Clericum Libellorum Supplicum in Senatu Parisiensi Præsidem. 76.

Septenis quod tu repetitis sæpius ornas
Versibus, has Regis, pia lustra, potentis eremos,
Nil Regali animo, nil hac pietate, tuisque
Nil numeris, numero nil denique sanctius illo.

Ad Renatum Hennequinum Sarmosium Regi à supplicibus libellis. 77.

Te si perlepidè Hennequine viso,
Mearum locuples ineptiarum
Censor clam mihi mussitas, in illis
Esse nescio quid quod huic & illi,
Veris nominibus quadrare possit,
Mutato quasi nomine annotarim
Multa, quæ tacitè putes notanda :
Has fingis tibi somniationes
Quas audit trepidè innocens amicus:
Vah scripsisse piget jocos inaneis,
Ansam cùm dederint pio proboque,
Nunc me, nunc alios calumniandi.

Ad Calliodoram. 78.

Quod vagus hàc animus mihi nunc, nunc fluctuet illàc,
  De nostra dubitat Calliodora fide.
Quantò in amore levis passim mage fluctuo, tantò
  De nostra debet certior esse fide.

Ad Sabinam. 79.

Charino soror est Petronia in quam
Exercet tacitas molestus iras,
Quod scit & soror; attamen Charino
Si quid accidit, aut rei, aut negoti,
Ecce protinus itur ad sororem:
Nec Petronia denegat roganti.
Hinc quod judicium, Sabine, faxis?
Fratrem pessimum, & optimam sororem.

Ad Stephanum Taborotium Regium apud Divionenses Patronum. 80.

O mihi nec facie, nec nomine cognitus olim,
  Verum nunc solo notus ab ungue Leo.
Siccine tu, quod sim, cupias avidissimus esse,
  Siccine sim voti pars ego tanta tui?
Sic Macedo, Regno hunc nisi sors augusta beasset,
  Optabat Cinici non nisi sorte frui.

In Pannicum. 81.

Ad nutum vendit quicquid, librarius, edis,
  Et legitur passim nomen in urbe tuum.

Nescio quæ nostras, hoc dum sit, vox serit aureis;
  Desipiunt plures, Pannice, quàm sapiunt,

Ad Julium Garsentium. 82.

Orat magnificè unus inter omneis,
Versum Julius & facit venustè:
Inter fatidicos Patronus, idem
Inter caussidicos Poëta summus.

De Poëtarum amoribus. 83.

Ardet amore sua Daphnes miserandus Apollo,
Quem Peneia fugit, nullâ violabilis art e:
Hinc sit laurus, & hinc laurus sacrata Poëtis :
Hinc vates & amant, dominamque, hinc versibus ornant;
At dominâ rarò, rarò potiuntur amicâ.
Atque ut Phœbæa decorant sua tempora lauro,
Sic iidem referunt ingrata præmia Daphnes.

In Cæcilianum. 84.

Quæ faciunt omneis, tibi sunt bona, Cæciliane,
  Atque hinc vis ut te, Cæciliane, probem.
Nec probo, nec probus es nobis, cui cuncta probantur,
  Emoriar si sit, Cæciliane, probus.

Ad Librum. 85.

At tu Perside quo libelle Pergis?
Dum non vis dominum manum à tabella
Summam tollere, fis Liber Libelle.
Libellum dare, non Librum spopondi.

Ad Lectorem. 86.

Si qua vel hic scateant mendis vel si qua lituris,
  Junctæque sint falsis plurima verba notis,
Id ne tu nobis adscribe, librarius ipse
  Ingenuè culpam dixerit esse suam.
Multa ego percurri, quæ me scripsisse puderet,
  Purgandisque locum Bibliopola dedit :
Hunc lege, vel supple si quicquam te male torquet,
  Ni facias, vitium, dic mihi, cujus erit?

FINIS EPIGRAMMATUM STEPHANI PASQUIERII.

THEODORI PASQUIERII
IN
FRANCORUM REGUM
ICONES NOTÆ.

THEODORI PASQUIERII
IN
FRANCORUM REGUM ICONES NOTÆ.

Clodoveus.

 Arolus Magnus Italiam & fafceis Imperij Regno Francico adjecit: Clodoveus autem primus Romanos rerum dominos è Gallia expulit, Vifegothos in Aquitania vicit, Burgundos qui eam Galliæ partem occupabant, quæ Lugdunenfis dicebatur, tributarios reddidit; poftremò Germanos in agro Tolbiaco ad internecionem proftratos, in ditionem fuam redegit; eo fit ut quemadmodum ætate, fic & rerum geftarum magnitudine, Carolo Magno non abs re, à Pafquierio fuperior cenfeatur.

Pepinus.

De donatione Conftantini Magni, varij variè, de Pepini erga fedem Apoftolicam liberalitate, oppreffis Longobardis, nemo eft qui ambigat.

Carolus Magnus.

Magnum, & Regem, & imperatorem Carolum primum fuiffe omneis conveniunt. Multa tamen ei pofteritas arrogavit, quæ fi quis ad amuffin perpendat, falfa effe profiteatur; de quibus confule fecundum Gallicarum Originum ejufdem Pafquierij librum.

Ludovicus Pius.

In Ludovico Pio nefcio quid videas degeneris ab antiqua illa Caroli Martelli ftirpe. Porro meruit Pij cognomen, quod multi fibi perfuafum habeant, ex Gratiani Monachi Rhapfodiis, eum fummotum Pontificum electioni renuntiaffe. Quod an verum fit alij viderint. Cæterùm Reges noftri multa circa rem Ecclefiafticam privilegia ab omni ævo fibi vendicant, quibus Ecclefiafticus ordo contineatur in officio. Ab his facilè recedere Franci nefas putant.

Carolus Calvus.

Si univerfam Franciæ Hiftoriam pervolveris, neminem Carolo Calvo, ingenio magis vario, vel ambitiofo offendes. Verùm cum variè, rem Francicam compofuiffet, regnum tamen his limitibus confcriptum reliquit quale hodie poffidemus. Quod enim Neuftriam illi obveniffe aiunt, poft infignem illam ad Fontenæum agrum, pugnam, hoc unum eft quod nunc Regnum Francicum dicimus.

Reliqua Caroli Magni Profapia.

Cæteri qui à Carolo Calvo rerum potiri funt ufque ad Hugonem Capetium, vix eft ut verè Regium nomen mereantur. Floruit fecunda Regum noftrorum propago his tribus, Carolo Martello, Pepino, Carolo Magno: deceffum ejus videas fub Ludovico Pio, Carolo Calvo, & Ludovico Balbo. In reliquis omnibus, Chaos nefcio quod, vel aliud quidvis potiùs quàm Regnum animadvertes.

Hugo Capetius.

Prima Regum noftrorum foboles, Merovingorum dicta eft à Meroveo Rege, qui primus multa fœliciter gefferat citra Galliæ fineis: Secunda verbo fatis barbaro Ca:lingorum fibi nomen affumpfit, neque id immeritò. Nam ortum gloriæ à Carolo Martello, progreffum jugentem fub Carolo Magno fortita eft, jam verò in Carolo Calvo labafcere, tum in Carolo (quem Simplicem linguâ noftrâ diximus) occidiffe penitùs gloriam gentilitiam videmus. Poftremò ultimus ejufdem agnationis etiam Caroli nomen geffit. Adeò fatale fuit huic familiæ nomen Caroli. Tranftulit autem regnum ab ea familia ad fuam Hugo qui Capetius dictus eft, non à fcommate inepto (ut plerique putant) fed quemadmodum Carolus primus, Magnus meruit dici pro rerum geftarum magnitudine, ita pro prudentia quæ ifti familiaris & innata erat, Capetij nomen à Capite obtinuit. Cæteri Reges vel trans Rhenum, vel Alpeis multa fuæ ditioni adjecerant. Hic fuis limitibus contentus, hoc uno cæteris Regibus emicuit, quòd Regnum diuturnius pofteris fuis tradidit. Prima Regum familia regnavit annis 421. Secunda 331. Hæc capetiorum 597. Nimirum ab anno falutis 988. quo Hugo ad Regiam dignitatem afcitus eft, ad hanc ufque diem.

Philippus Primus.

Ne putes hoc diftichum referri ad res in Oriente geftas, Sed dum cæteri Franciæ Proceres & Reguli, circa hoc bellum facrum occupantur, eam quam fub adventum Hugonis, authoritatem occupaverant, pedetentim Philippi primi ac regum noftrorum prudentia perdiderunt. Apud Gulielmum Nangium Ludovicus Craffus Bellicofi cognomen nactus eft, quòd ejufmodi Proceres in ordinem redegiffet.

Philippus Augustus.

Octavium dictum fuisse Augustum nonnulli existimant, quòd faustis natus esset augurijs. Eâdem ratione, Philippus hic dictus est Augustus, non solùm pro rerum abs se fœliciter gestarum magnitudine, sed etiam quod ijsdem augurijs natus esset. Quod & Franci verbo significantiore expresserunt. Tunc temporis litteræ & Latinæ & Francicæ floruerunt apud nos. Docet hoc Alexandreis Galteri Latinis, & Gulielmi Lotisij Poësis Gallicis versibus exarata.

Ludovicus Nonus.

Hic verè Pij cognomen meruerat, qui inter beatos cœlites sanctæ Romanæ sedis decreto adscriptus est. Multa bella fortiter adversùs Turcos gessit. Multa templa Deo sacravit. Sed, multorum judicio, nihil sanctius fecit, quàm quod disciplinam Ecclesiasticam jam multo ante tempore collapsam restituit, ac sartam tectam habuit.

Philippus Pulcher.

Alludit ad eam Bonifacij octavi Pontificis summi, & Philippi Pulchri regis controversiam tot promulgatam libris. In qua vellem, & prudentiùs cum Rege, & mitiùs cum Pontifice Romano actum. Quod ad rem Ecclesiasticam attinet, Franci sedem Romanam Apostolicam præ cæteris colunt; quod ad Regni gubernacula, id pontificiarum partium minimè existimant.

Philippus Valesius.

Nihil celebratius est apud nos lege Salica, quam alij à Gallis prima littera corrupta, alij (quod verius est) à Salijs veteribus Francorum populis dictam putant. Saliorum Francorum meminit Marcellinus. Porro inter cætera hujusce legis capita, hoc unum continebatur his verbis. De terra Salica nulla portio hæreditatis ad mulierem veniat; sed hanc virilis sexus habeat. Quod sibi Reges nostri peculiari quodam jure adscripserunt. Cæterùm nusquam ante Ludovici Utini tempora, ea lex in controversiam venerat. Nec fortè occurrerat ut mori relictâ sobole masculeâ ullus superiorum Regum decessisset. Is unus Janam superstitem filiam reliquit, cui Regnum deberi Odo Burgundiæ Regulus ejus avunculus asserebat, sed lis modico negotio dirempta est. Rursùs non longo postea temporis intervallo, eandem controversiam, sed acrius, renovavit Eduardus Anglus, Caroli Pulchri ex sorore nepos, adversùs Philippum Valesium proximum ex agnatione patruelem. Quod magnas apud nos Tragedias excitavit, verùm omnium ordinum votis & suffragiis obtinuit Valesius. Hinc merito se legem Salicam pristinæ dignitati restituisse hoc disticho profitetur.

Janus sive Johannes.

Ad Jani templum alludit, quod authore Livio, tempore belli, Romæ apertum, pacis semper clausum fuit. Janus autem hic noster variè, toto regno, Anglicis bellis afflictus, ab Angliscaptus, tum ingenti pecuniâ redemptus, atque inde gravissima populo tributa indixit. Jani sive Johannis nomen nonnullis principibus infaustum docet hic Janus, & Janus Anglorum Rex, & Janus Britanniæ, atque etiam alter ejusdem nominis Burgundiæ Regulus. His etiam (si voles) Janam Papissam atque adeò Janam Reginam Neapolitanam addito. Unus inter cæteros floruit Janus Aurelianensis illustris familiæ Longovillææ author, qui regnum nostrum ab Anglorum servitute, multis suis in Rempub. meritis, in veterem libertatem asseruit.

Carolus Quintus.

Hic duplici cognomine ab antiquis celebratus est, & Sagacis, & Divitis, quæ facilè inter se congruunt. Nonnulli tamen in ea sunt hæresi, ut putent summæ temeritatis pœ-

A nas luisse, cum Margaretam summam Flandriæ dominam, Philippo fratri Burgundiorum Regulo, sibi verò uxorem è familia Borbonia ascivisset, quibus magnificè respondet Janus Tillius mirus Gallicarum Antiquitatum author.

Carolus Sextus.

Carolus iste puer regnum paternum nactus, progressu temporis mente captus, multis civilibus bellis ansam & occasionem præbuit. Nihil periculosius quàm pueros ad regnum adcisci docent passim historiæ.

Carolus Septimus.

Hic Princeps à juventute variis & civilibus & externis bellis fatigatus, mirum quam strenuè rem Francicam gesserit, illustrium Ducum suorum ope, quos magis casu vel fato, quam consilio allegit. Postquam expulsis hostibus rerum potitus est, multa de inveterata ista virtute remisit. Afflicto scilicet regno, ad rem nonnihil attentus, luxuriante vero fœlicitate & indulgentia fortunæ dissolutior quàm par fuit. Adeò secundis rebus quàm adversis stare difficilius.

Ludovicus Undecimus.

Celebravit Xenophon Cyrum, alter Marcum Antonium Philosophum, alius alium, ad quorum exemplaria cæteros Principes formari volunt. Hoc idem in votis fuit Philippo Cominæo nostro, qui dum Ludovici undecimi acta persequitur, ita describit quasi in eo enituerit singularis in regno administrando virtus, ad cujus similitudinem componere se reliqui Principes deberent: verùm tamen totus vitæ illius tenor circa simulationem versatus est. Quod si Claudium Secellium virum alioqui celeberrimum consulas, hunc Regem cæteris longo intervallo inferiorem existimat.

Carolus Octavus.

Vulgare est & tritum omni populo illud Julii Cæsaris, Veni, Vidi, Vici. At reddita Paternope Carolo octavo, pro nominis celebritate, antequam Campaniæ fineis attigisset. Jure igitur potuit dicere se vicisse antequam venisset & vidisset: Quod etiam Guchiardinus in Historia sua annotavit.

Ludovicus Duodecimus.

Ludovici duodecimi singularis laus in eo eminet, quod tributis populi minuendis magnam navaverit operam. Undè Patris Patriæ cognomen, solemni elogio post mortem meruit. Paulus Jovius hoc Aulicis displicuisse testatur, qui avaritiæ eum tacitè insimularent. Idcirco Paschasius hic ait de eo nescio quid mussitare aulam. Nicolaus Machiavellus in sua Principis Institutione Principem parcum in Aulicos esse suadet, ne dum fiscum suum immensis donationibus in hos vel illos exhaurit, profusio hæc sit fraudi universo populo. Quod ad hunc Regem attinet, Secellius in eo quem de Regibus Francis libello edidit, neminem cum isto virtute conferri posse putat.

Franciscus Primus.

Franciscus multa bella fortiter & strenuè gessit contra Carolum Quintum Germanorum Imperatorem, & Erricum octavum Anglorum Regem: sed imprimis commendatur, quòd liberalium disciplinarum & humaniorum litterarum fautor. Baltazar Castalio in eo, qui Urbanitatem Aulicam effinxit, libro, hoc de eo vaticinatus fuerat, antequam Regni fasceis susciperet. Itaque quemadmodum Ludovicus populi, sic Franciscus litterarum parens, judicio Patrum appellatus est.

Erricus Secundus.

Plurima bella gessit & confecit fœliciter Erricus, auspiciis Francisci Lotharenei Ducis Gusii, & Annæ Mommorentii, summi

summi apud Francos magistri equitum, infœlici autem fato peremptus est, dum totus otio, paci, & nuptiis incumberet. Verùm id fausti ex hac infausta morte retulit, quod hac communi luce privatus, patriam bellis civilibus afflictam non vidit, quæ Regnum hoc post ejus mortem funditus everterunt.

Franciscus Secundus.

Solent Reges nostri aliquod sibi schema vendicare, quod sibi proprium & peculiare putant. Hinc Francisci primi Salamandra cum hoc elogio: Nutrisco & extinguo. Ut doceret, nisi fallor, sibi in votis fuisse præmio & pœna populum suum continere. Hinc Errici secundi Luna crescens, cum hac sentencia: dum totum compleat orbem: Quasi nihil aliud moliretur, quàm universi Orbis dominationem. Franciscus autem secundus natus est anno 1553. ea ipsa die qua ingentem solis defectum passi sumus. Eo factum est ut inepti nescio qui aulici eum hoc schemate donarint. Lilium inter Solem & Lunam constituerunt, cum hac inscriptione: Inter eclipseis exorior. Quasi gratulationi locus esset, quod Princeps & flos ille Gallicus inter eclipseis ortus esset. Atqui si Mathematicis credimus, nulla geneses tantumdem portendit mali, quantum, quæ inter eclipseis. Quod seriusanimadversum alio cum elogio honorarunt. Unus non sufficit orbis: ut scilicet majus quid patre moliretur, qui uno contentus orbe. Porro ut iste inter eclipseis natus, sic inter infœlicissima bella, quæ nobiscum Hispano erant, uxorem duxit, deinde infœlici Errici patris fato in Regnum assumptus. Postremò decessit, bellis civilibus jam variè Galliam nostram undique obsidentibus.

Carolus Nonus.

Mirum quàm acri animo & industrio ad omnia ingenio, Carolus nonus fuerit. Neque tamen id facile, nisi ab ejus morte, agnitum. Quare mortuo debemus, quod viventi invidimus. Illud non abs re annotari strictim potest, sub tribus ejusdem nominis Regibus, regnum nostrum immensis civilibus bellis arsisse, Carolo tertio, sexto & nono: eosque omneis ante pubertatis annos ad Regiam dignitatem vocatos, hujusmodi bellis ansam dedisse.

Erricus Tertius.

Hic antequam Regni gubernacula adeptus esset, à Carolo fratre, summus totius Reipublicæ nostræ præfectus rem Francicam multis intestinis & civilibus bellis afflictam magna virtute restauravit. Itaque pro nominis sui celebritate, à Polonis Regiam coronam promeruit, fratre autem mortuo in patrios fineis regressus schema suum duabus coronis ornavit, quibus hanc sententiam addidit: manet ultima cœlo. Neque id immerito: ut qui inter cæteros principes mirus pietatis sit cultor.

A Franciscus Alenconii & Andegavensium Dux.

Alenconii & Andegavensium Dux iste, sacro lavacro, Herculis nomen sortitus erat; progressu tamen temporis, authoritate Ecclesiastica Franciscus dictus est. Paschasius junctis his nominibus illum Herculem Francicum vocat, in quo & ejus militarem virtutem laudat, & ad Herculem illum Gallicum alludit, qui à Luciano descriptus est. Nam quæ olim Gallia, nobis hodie Francia est.

Catharina Medicæa.

Catharina Medicæa ex illustri Medices familia, Erricii secundi uxor, Francisci secundi, Caroli noni, & Errici tertii mater, mortuo viro, cum Respublica Francica variis civilibus bellis arderet, filiis adhuc impuberibus, tantæ calamitati, tanta prudentia & fortitudine obstitit, ut regnum filiis sartum tectum conservarit. Nullus in Republica morbus acutior bello intestino, præsertim eo, quod relligionis specie constatur. Quæ nos hoc morbo relevavit, verè Medicææ nomen nacta est.

Jana Lotharinga.

Meruit & Heroïbus hæc Heroïna adjici, cujus operâ Carolus septimus non solùm in spem Regni adductus, sed maximam Regni partem recuperavit. Patria huic Lotharingia fuit. Ea sub patre pascere oveis solita, circa duodevigesimum ætatis suæ annum, ad Carolum septimum, à Baldricurtio ducitur, prædicans se mente divinitus admonitam ad Regem venire, Anglosque Gallia exacturam. Lubens eam audiit, rebus deploratissimis, Carolus. Itaque militari veste sumpta, Jana Aureliam Anglica obsidione liberat, sanum Florentii commeatu juvat, Catalaunum recipit: quin etiam eadem duce Rex Rhemis Regni insignia suscipit. Tandem multis abs se rebus præclarè gestis, apud Carlopolim (quam Compendium vocamus) ab Anglis capitur. Mireris quàm varii variè de ea sentiant. Angli falsæ relligionis ream damnatam igne cremaverunt: Aurelianenseis autem ei statuam armatam in Ponte & divinos honores decreverunt. Quod autem se divino numinis afflatu, venisse prædicasset, nonnulli existimant Landricurtii ingeniosum commentum, quale Licurgi qui ab Apolline, Minois qui à Jove, Numæ Pompilii, qui ab Ægeria nimpha suas leges mutuari profiterentur. Pudet dicere: sunt qui in eam impudenciam evaserunt, ut putent Janam istam in deliciis Landricurtio fuisse. Quod ad me attinet, eam Dei beneficio ad nos mandatam credo, nec credidisse pigebit. Si acta caussæ suæ pervolveris, agnosces passim se consiliis D. Michaëlis & Catharinæ uti, etiam rebus extremis professam, nec ullum verbum posse emittere, cujus prius ab his edocta non fuisset.

FINIS ICONUM.

STEPHANI PASQUIERII
EPITAPHIORUM
LIBER.

STEPHANI PASQUIERII
EPITAPHIORUM LIBER.

Ad Lectorem. 1.

Usimus, at lusus tumuli lachrymæque
  sequuntur,
  Scilicet obrepit mors inopina jocis.
Sed quia te forsan lususque jocique ju-
  vabunt,
  Sunt etiam lachrymis ludicra mixta
  meis.

Alexandri Magni Epitaphium. 2.

Oppressis Indis, Asia, Ægyptoque subacta,
  Magnus Alexander protinus interiit.
Vivit in æternum, quia primis occidit annis;
  Si plus vixisset, viveret ille minus.

Justiniani Imperatoris. 3.

Flavius, Augustus, fœlix, pius, inclytus, Afri,
  Vandalici, Alani victor & imperii,
Francicus, Anticus, & Goticus, Germanicus, idem
  Allamannicus, hoc marmore contegitur.
Quis docet hæc? lapis unus: at ô spes vana potentum!
  Tot titulos, mutum non nisi marmor habet.

Francisci Lothareni Principis Guisii. 4.

Pro patria victor, toto qui cognitus orbe
  Guisius, averso vulnere procubuit.
Occidit ergo fugax? imò fortissimus hostis
  Non potuit tanti lumina ferre ducis.

Desiderii Erasmi. 5.

Quâ Desiderio mors nos orbavit Erasmo,
  Heu! desiderium quàm longum liquit Erasmi.

Guillielmi Budæi. 6.

Nec voluit vivus fingi pingive Budæus,
  Nec vatum moriens ambiit elogia:
Hunc qui tanta suæ mentis monumenta reliquit,
  Externâ puduit vivere velle manu.

Oppiæ. 7.

Vestalis virgo, violati ob claustra pudoris,
  Oppia cheu! diro marmore viva premor.
Quam natura aliis mortalibus esse quieti,
  Jussit humum, soli est hæc mihi facta gravis.
Siste, & mirandum hoc, miserandumque aspice: virgo,
  Non virgo, tumulo, non tumulata tegor.

Janæ Violæ. 8.

Nata inter Violas molli requiesco sopore,
  Illa ego flos formæ, flosque pudicitiæ.

Cætera flos, nisi quod brevius ver floris, at istud,
  Quæ vireo æternum nescia sola pati;
Vere meo potui quamvis longæva perire,
  Nam fuit ætatis ver mihi perpetuum.
Pro lachrymis igitur flores hic sparge viator,
  Parvâ etiam Violas hæc dabit urna novas.

Hermaphroditi. 9.

In binis unum, duo corpora corpore in uno,
  Hoc tumulo, his tumulis consociata jacent.
Fœmina virque, at enim quid si nec fœmina, nec vir;
  Istorum neutrum, sint quod utrumque simul.

Francisci Castanii Ruposæi. 10.

Scaligeri jacet hic Mæcænas ille Josephi:
  Non satis! hoc uno cætera, Lector, habes.

Franciscæ Belinæ uxoris. 11.

Justa hæc viventi conjux, tibi solvo Belina,
  Nempè amor extinctâ me superesse vetat.

Sebastiani Luxemburgæi quem vulgò Vice-comitem Martiginensem vocabant. 12.

Quem lucem in Burgo Galli dixere penates,
  Ille ego Gallorum luxque decusque fui.
Et quem Martigenam, Martis de nomine, verè
  Mars ego pro patria fortiter occubui.
Ergone Mors Martem? Mortem Mars ipse peremit,
  Nec lucem mihi Mors abstulit, imò dedit.

Gasparis Colignæi. 13.

Gasparis unius non funus; funere in uno
  Eheu! quantorum funera mæsta vides.

Caroli Burgundiæ Reguli. 14.

Carolus hic situs est, Burgundi, Carrolatensis,
  Ille Brabantini Dux dominusque soli.
Flandrorum, Atrebatum dominus, dominusque Namurci,
  Et Frisiæ, dominus non tamen ipse sui.

Francisci Momorantii equitum Magistri. 15.

Cui nihil in votis potius quàm Francia, quàm res
  Francorum, quàm lex Franca salusque fuit,
Hoc Francisce jaces heu verè Francice saxo,
  Quid si etiam tecum Francia tota jacet?

Arturi Coſſæi Gonnortii Equit. Magiſtri. 16.

Sat ſibi, ſat domui, claro ſat vixit honori
Coſſæus, patria non ſatis ac populo.

Adriani Turnebi. 17.

Quod Turnebe tibi doctoque, proboque, pioque,
Solemneis rarus ſolveri inferias,
Ne culpa adſcribas doctiſque, probiſque, piiſque,
O raros inter, vir numerande, viros.
Nam quid in aſtra juvat tumuli tibi ducere ſumptus,
Quem certum eſt ſæclis vivere perpetuis?

Philippi Cominæi. 18.

Gallorum & noſtræ laus una & gloria gentis,
Hic Cominæus jaces, ſi modo forte jaces,
Hiſtoria vitam potuiſti reddere vivus,
Extincto vitam reddidit Hiſtoria.

Bonifacii. 19.

Qui quondam irrequietus, & frequentes
Belli miſcuit, & graveis procellas,
Verſutus, tumidus: procax, cruentus,
Adverſis humilis. ferox ſecundis,
Fumos vendere doctus atque ventos,
Qui neutris placuit, nec his, nec illis;
Hic idem ſibi diem parat quietem,
Ventorum varias ciet procellas,
Quas uſquam veteres tulere ſoles,
Sic mors turbine turbulentum honorat.

Mich. Hoſpitalii Franciæ Cancellarii. 20.

Hic cineres Michaëlis habes, hic conditur ille
Gallus Ariſtides, noſtri Cato temporis alter,
Quique Sophis ſeptem numero ſuperadditur unus.

Caroli Molinæi inſignis Juriſconſulti. 21.

Hic jacet ille fori Molinæus gloria noſtri,
Hic jacet antiquæ Lauſque decuſque togæ.
Vidimus hunc operam multam navare clienti,
Vidimus hunc ipſis ſcribere Cauſſidicis.
Sacri ergo ingentes auri cumularat acervos,
Propria non domus huic qua recubaret, erat.
Roma ſuos taceat, nihil hoc celebratius, eſſe
Cui licuit noſtro tempore Fabritium.

Guillielmi Mariliaci. 22.

Dum tibi non parcis, requiem dum Regis & aulæ
Unus præ cunctis irrequietus obis.
Mors quoque dira (neſas) non parcit, at imo pepercit,
Quam tu neſcieras nam tibi dat requiem.
Ergo qui vixit patriæ, ſibi mortuus olim,
Nunc moritur patria, vivat ut ille ſibi.

Caroli Mariliaci in Senatu Pariſienſi Conſiliarii, Guilliel. filii. 23.

Ævi quinque ſui vix luſtra peregerat, omni
Iſque Palatino munere functus erat.
Scripſerat, orarat, Patrum mox ſcriptus in albo,
Grande aliquod tacita mente premebat opus.
Mi aris verno raptus quod flore juventæ,
Carolus? à pueris cœperat eſſe ſenex.

Joſephi Molæi. 24.

Vos ego Veneres, Cupidineſque,
Vos ego Charites Venuſtiores,
Et quicquid tegit ampla Regis aula,
Melliti, lepidi, atque mollicelli,
Vos imploro ego, flete mollicellum;

Periit molliculus Molæus ille
Qui vos toto animo peribat olim,
Quem vos toto animo magis periſtis.
Periit molliculus Molæus ille,
Qui ſi mollitiem ſuam ſequutus,
Nullam militiam novam paraſſet;
Hoc nil gratius elegantiuſque.
Verùm dum male miles excitatus
Claſſicum patriæ ſonat moleſtus,
Moliturque ſuis, miſer, ruinam,
Anceps mobilis anne mollis eſſet,
Mollis mole ſua miſer perivit.
Vos tamen Veneres, Cupidineſque,
Vos tamen Charites venuſtiores,
Et quicquid tegit ampla Regis aula,
Melliti, lepidi atque mollicelli,
Mellitum, lepidum atque mollicellum
Flete molliter, ut miſellus hic qui
Vobis vivere molliter ſolebat,
Mortuus ſibi molliter quieſcat.

Petri Aretini. 25.

Primorum maſtix, molli hac requieſco ſub urna
Viventi cui mens irrequieta fuit.
Nulli ego mortali, ſuperis ſi forte peperci,
Ignoti ſuperi forte fuere mihi.

Jani Brinonis. 26.

Hic ſitus eſt Brino quondam ditiſſimus, at qui
Prodigus in cinerem cuncta redegit inops.
Sed dum forte aliquid decoctis omnibus eſſet,
Heu moritur, verè fiat ut ille cinis.

Baptiſtæ Mænilii in Senatu Pariſienſi Regii Patroni. 27.

Mænilius jacet hic, quo non ex omnibus alter
Comior, aut melior candidiorque fuit.
Nec tamen innumeris videas è vatibus unum
Qui tanti decoret funera clara viri.
Scilicet hoc uno moriente evanuit omnis,
Et pudor, & pietas, ſimplicitaſque patrum.

Petri Rami. 28.

Dum famam totum Ramus diſpergit in orbem,
Ramus & Evis notus & Heſperiis,
Hunc mare florentem terris invidit, eumque
Fex populi rapidis effera merſit aquis.
Ergo apud ignotos, tumuliſque vagaberis expers,
Rame, eheu Gallis exul & erro tuis.
Qui diſciplinas, variaſque vagatus in arteis,
Cujus per celebreis fama vagata viâs,
Qui Geometra animo tantum telluris obivit,
Uno non potuit mortuus eſſe loco.
Exulat erro? imò fortunatiſſimus, ut quem
Mors vetet ingrato condere membra ſolo.

Cujuſdam. 29.

Quæris quis jacet hac, viator, urna:
Nomen neſcio, neſciebat ipſe.

Mariti & uxoris. 30.

Una dies natalis eis; fatalis eiſdem,
Attulit alba duos, abſtulit atra duos,
Ambo fœliceis tumulo conduntur eodem,
Fœliceis uno qui jacuere thoro.

Janæ Marianæ. 31.

Haud tumulum, at thalamum: thalamum? non imò viator,
Et tumulum & thalamum ſi pote cerne ſimul.

Sævus

Sævus adulterii pœnas à conjuge conjux
  Dum petit, heu jugulat me miseram hoc thalamo.
Sic mihi qui thalamus, tumulus quoque: scilicet idem
  Causa mihi lethi, latitiæque fuit.

Cleandri infantuli. 32.

Hæc prima est teneri lux & suprema Cleandri,
  Cui vix dimidium fata dedêre diem.
Vidit ut ærumnas mundi pereuntis acerbas,
  Ingemuit, cælum mox sine labe petit.

Marriolenæ Catellæ. 33.

Fida suo domino custosque comesque, viator,
  Si qua catella fuit, Marriolena fuit.
Quatuor hæc mecum vixit mihi, non sibi, lustris,
  Nutibus applaudens officiosa meis.
Atque uni ut prorsus vixit, mihi prorsus obivit,
  Hanc abiisse tamen, non obiisse putes.
Illam etenim annosa lauri in radice locavi,
  Ut Catulæ Laurus viveret, interitu.
Quod si languentem revocas à funere Laurum,
  Per quam fatidicis vatibus esse datur,
Et qua ipsos potis est vitâ donare Poëtas,
  An non te morti succubuisse nefas?
Ergo cum Lauro, Lauri columenque salusque,
  Æternùm vives Marriolena tuis.
Et domini vives gemitu lachrymisque rigata,
  Non poteras vitâ nobiliore frui.

Othonis Turnebi Adriani Turnebi filii. 34.

Heu vos advoco, lachrymosi adeste,
Turnebi duo, Christiane, Drace,
Audeberte pater, simulque sili,
Aureli, Bruerii, Vari, Binete,
Et quot lumina Gallicana nobis,
Isto Pierides dedêre sæclo,
Heu vos, vos iterum advoco Poëtas.
Hæc sit nænia, næniam canamus
Turnebo veteri pioque amico:
Atque istas Veneres Catullianas,
Molleis versiculos, sales, lepôres,
Missos jam faciamus, ô amici.
Et cur id? nec enim sub hoc sepulchro,
Turnebum videas, viator, unum:
Gratiæ, veneres, sales, lepôres,
Hâc (illi comites) teguntur urnâ.

Francisci Balduini Jurisconsulti. 35.

Franciscus jacet ille Balduinus,
Mirum quàm varius, sub hoc sepulchro:
Nam quicquid tibi proferebat ætas,
Quicquid pagina sacra vel profana,
Pulchrè calluit: unus inter omneis
Consultissimus utriusque juris,
Anceps ut patria hæsitarit illum
Baldum diceret, anne Balduinum.

Genuini. 36.

Hic Genuine jaces prima rosa verna juventæ,
  Bellus, ut assideas cum Ganimede, Jovi.

Trium Epitaphium. 37.

Hoc avia, hoc neptis, nata &, materque, sororque,
  Frater, vir, conjux, filius, atque pater,
Marmore contegimur. Tot in uno condita? dicis,
  Ne credas, solum corpora trina sumus.

Cujusdam. 38.

O quàm ridiculum est qui sim fuerimve rogare,
  Cum qui sis tibi sit discere cura levis.

Ne quæras quis sim, ni cesses, dico nihil sum:
  At tu sollicitus disce vel indè quid es.

Corydonis. 39.

Annua solemni tumulo votiva parate,
  Non hic mortuus, at mors resupina jacet.

Ejusdem. 40.

Si vitam inspicias, nihil hoc ignavius, ore,
  Gestu, habitu; ac toto corpore, pondus iners.
Æternos tamen est Corydon victurus in annos,
  Nam non vivet quo Mors moriente cadit?

Petri Ronsardi. 41.

Has tibi viventi, magne ô Ronsarde, sacramus;
  Quas nos defunctis solvimus exequias.
Haud aliter poteras donari hoc munere, ut in quem
  Invida Mors nullum vendicet imperium.

Cæpionis. 42.

Tune etiam vivus tumuli decoreris honore,
  Tene etiam sacris manibus adjiciam?
Tu verò tumulo longè dignissimus, ut qui
  Es nihil, aut si quid, nil nisi truncus iners.
Ergo has ex animo, vir cordatissime, claras
  Quas damus accipies funeris inferias.
Capio vivit adhuc: quid si mage Cæpio mortuus?
  Mortuus est: quid si Cæpio vivit adhuc?
Hic ne fortè putes marmor spectare, nisi quod
  Cæpio sit toto pectore marmoreo.
Rem fortasse novam nobis, fortasse nec ullis
  Auditam sæclis edidit hic tumulus.
Cæpio mortuus est, nec marmore conditur ullo,
  Vivit, & est tumuli marmorei tumulus.

J. Boguierii in Sen. Parisi. Consiliarii. 43.

Cui subiti fuit heu gravis aër causa soporis,
  Fac post fata, Deus, sit mihi terra levis.

Cerdonis. 44.

Nusquam tantillum vivus possedit agelli
  Quo posset miserum ponere Cerdo pedem:
More sed Æthiopum terras vagus hospes obivit,
  Donec mortuus hâc nunc requiescit humo.
Extincto dat mors, vivo quod vita negarat,
  Scilicet & terram, scilicet & requiem.

Ægidii Burdini in Senatu Parisiensi Regii Procuratoris. 45.

Seu subscribere supplici libello,
Seu defendere Regis acta vellet,
Volvendisque libris domi vacare,
Librorum helluo, Regius Patronus,
Regno & munere nobilis forensi,
Stertebat mediâ Patrum coronâ,
Stertebatque domi, palàmque, clamque;
Nec tempus vacuum, locus vel ullus,
Quo non sterteret ille, tamque dormiit,
Ut mors hunc inopina dormientem
Interceperit, omnium bonorum,
Magno cum gemitu, altiore damno.
Mortuum tamen, ô viator, illum,
Tu ne credideris: quid ergo? verè
Somno perpetuo quiescit ille.

Christ. Tuani primi in Sen. Parisi. Præs. 46.

Ne lachrymis frustrà manes temerate Tuani,
  Non tumuli, summis marmora nulla Diis.
Πᾶν mihi qui Graio es, Gallo qui nomine Totus,
  Tu mihi Pan totus, tu mihi numen eris.

Gordiani

Gordiani Imperatoris. 47.

Hoc jacet tumulo ille Gordianus,
Romani Imperij Imperator, atque is
Germani & Gotici soli subactor,
Idem Sarmatici subactor, at non
Subactor miseri miser Philippi.

Parmenionis cujusdam. 48.

Paucis te volo si voles viator,
Siste dum miseram, imo dum beatam
Narrat historiam hoc tibi sepulchrum.
Uxorem tumidam & protervam habebat
Noster Parmenio, vir undiquaque
Miser, sive foris, miser domive,
Nec ullum solitus diem videre
Aut faustum, aut modicè negotiosum,
Is dum fortè sui in domo propinqui,
Ludenti benè tessera, videret
Fœlices ità substitere talos,
Ut hunc alea nulla summoveret,
Uni contigit inter hos jocanti
Isto ludere sic eum cavillo;
Illa m scilicet alea secunda,
Hac & sortè frui benigniore,
Uxorem quod is osculatus esset.
Nempè & asserere hoc solent jocanteis;
Ergo Parmenio sui misertus,
Sorti obsistere sic volens novercæ,
Uxorem statuit suaviandam,
Atque ut constituit, suaviatur.
Nec has dat tamen osculationes,
Quas solent dare filiis parentes,
Sed has quas dare clanculum juvenci
Dum furtis cupidè vacant amantes.
Et tantam segetem osculationum
Sparsit vir bonus in thoro jugali,
Quò fortuna sibi veniret aqua,
Ut exhaustus ab ossibus medullam,
Fato cesserit, omnium suorum
Summa tristitia, & gravi dolore,
Sed successit ut ominatus alter.
Nam qui se asserit à procacitate
Uxoris tumidæ, improba, protervæ,
Morte tam subitò bene auspicata,
Quid? Non jure putes eum beatum?

Gelliæ. 49.

Hanc si fortè vides isto sub marmore condi,
  Gellia cum vixit marmoris instar erat.
Nil nunc, nil etiam cum Gellia viveret, audiit,
  Nec precibus flecti docta puella meis.
Muta jacet, nullum expressi medicabile verbum;
  Immota est, nulla mobilis arte fuit.
Atque ut longa dedi quondam suspiria vivæ,
  Heu lacrymis solvo manibus inferias.
Denique vix dicas an vixerit illa sepulta;
  Anne sepulta sub hoc marmore vivat adhuc.
Si tamen è vivis hanc excessisse putabis,
  Incisum, tali carmine, marmor habe.
Gellia conditur hic, cum qua Venus ipsa sepulta est,
  Imo hæc in nobis vivit, & ipsa Venus.

Arni. 50.

Jacet vitigera obvolutus ulmo,
Bibax, pamphagus, helluo, vorago,
Qui cum præ nimia bibacitate,
Indulget madido frequens Lyæo,
Totus factus erat Lyæus, Arnus.
At dum plus solito, madet falerno,
Obstipus media crepans ab alvo,
Ecce pampineum vomit cruorem,
Ecce sanguineum vomit Lyæum.
Vitam quod deerit necemque vitis,
Uva conditur: hanc, viator, urnam
Ne frustra violis, rosis, amomo,
Nardo perlue, sed mero: sit illi
Nec vita speculum, necis sepulchrum,

Hinc & fortè animam resumet Arnus.

Pyrami & Tisbes. 51.

Non feritas, non ira trucis trepidanda Leonis,
  Sed feritas, sed culpa trucis miseranda furoris,
Idem amor, idem ensis Pyramum Thisbemque peremit;
  Ambos votum & idem tumulo sociavit eodem:
Ut quod nec bona sors, nec vita indulsit utrique,
  Mors id in æternum misero repararet amori.

Leandri. 52.

Leandrum ne fortè putes periisse, viator,
  Ardet & in facili ludit amatque salo.
Cypria deprensos ubi Martis sensit amores,
  Atque truci, jacuit cæsus Adonis, apro;
Dum natat, & levibus pruit Leander in undis;
  Illius ecce novis ignibus usta Venus.
Quod cœlum huic Martem, terra invidisset Adonim,
  Leandro mediis tecta potitur aquis.

Niobes 53.

Quis putet Niobes sepulchrum inane,
Ipsa cum Niobe sui sepulchrum est?

Narcissi 54.

Hei mihi quid prodest vana ostentatio formæ,
  Quæ peritura fugit, quæ fugitiva perit?
En ego flos, olim nostri tam stultus amator
  Objicior pecori pastus & esca levis.
Quod commune aliis, mihi cur natura negavit,
  Umbram ut qui colui, mortuus umbra forem?
Nempè quod, & vivum, & morientem, pendere pœnæ
  Invisi fastus me voluere Dij.

Callisthenis Samarini. 55.

Fortior an Samarine tuis, an pulchrior esses,
  Certarunt variè Marsque Venusque diu.
Nam simul ut visus, simul & contendit uterque,
  Esse suum Mavors, & Venus esse suum.
Lis tandem posita, & nomen Callisthenis, hoc est
  Et pulchri & fortis imposuere tibi.
Scilicet & bellus, bellique instructus ad arteis,
  Haud alio sanè nomine dignus eras.
Et tam mellitus, mollem ut censeret Adonim,
  Tam ferus, ut Martem crederet esse Venus.
Sparge rosas tumulo, strictos enseisque, viator,
  Et galeam, & violas, tela, crocumque simul;
Adde lyræ dulceis modulos, strepitusque tubarum,
  Tristia sint lætis jurgia mixta jocis,
Purpureus non flos, non lilia, non hyacinthus,
  Ex Chao, sed novus, hoc exorietur Amor.

Cenotaphium. 56.

Quis jacet hic? nullus, nec quid nisi marmor inane:
Quamvis sis aliquid, tu quoque nullus eris.

Vidi Fabri in Senatu Parisiensi Præsidis. 57.

Patribus & populo longè gratissimus omni.
(Hunc ut jure voces, delitias populi)
Conditus hic Faber est, quo sanctior haud fuit alter.
Rursus ut hunc possis dicere Fabritium.

Viri & uxoris. 58.

Nimirum vitæ speculum, mors dicitur esse:
Vita ut dissimilis, mors quoque dissimilis.
Ecce viro medicus medicamen porrigit ægro,
Abnuit ægrotus sumere & occubuit.
Corpore sed firmata magis, medicamen inhaustum,
Ne pereat, mulier sumpsit, & interiit.
Dissidiis tantis dedit exitus iste quietem?
Falleris, inter se jugiter ossa strepunt.

Ad Lectorem Ænigma. 59.

Tolle caput, quin & pulchrum si dempseris abs se,
Quod reliqui tamen est pulchrum restabit eidem.
Omnis ad hoc vergit juvenumque senumque propago,
Nec quicquam est quod tam timeant juvenesque senesque:
Et cum tam variè pulchrum, mirabile dictu,
Nil rerum natura parens informius odit.

STEPHANI

STEPHANI PASQUIERII
ICONUM LIBER.

STEPHANI PASQUIERII
ICONUM LIBER.

++

AD PHILIPPUM HURALTUM CHIVERNIUM,
Cancellarium.

Ode 1.

Ccipe nobilium tabulatum pegma viro- A
  rum,
Sive tibi liber hic, sive libellus
  erit.
Cur tamen iste liber censebitur esse li-
  bellus?
Legeris hunc, libros legeris innu-
  meros.

Ad eundem. 2.

Heroës istos meritò tibi dono Philippe,
Heroes inter qui numerandus eris.

Ad Regum Francorum maneis. 3.

Salvete ô anima beatiores,
(Francorum pia Principum propago,)
Et vos quas veteres tulere soles,
Et vos quas cupidi colunt nepotes;
Vobis paginula exaratur ista !
In qua si breve quid putetur esse,
O quàm multa docet tabella paucis.

Clodovæus Francorum Rex. 4.

Carolus bis placeat, mihi tu Clodovæe placebis,
Atque adeò Magno major habendus eris.

Pepinus. 5.

A Constantino quæ vult donata, vetustas,
Muneris esse putant cuncta Pepine tui.

Carolus Magnus. 6.

Vivo quod mihi prisca sæcla debent,
Amplo fænore, mortuo rependant.

Ludovicus Pius. 7.

Quàm magno ingenio fuerit Lodoïcus, id alter
Viderit: at pius est ? hoc ego credo piè.

Carolus Calvus. 8.

Dum variè Regni fineis Rex Calve propagas,
Regnum his describis queis modò limitibus.

Ludovicus Balbus & reliqua Pepini so-
boles. 9.

Ne Balbum celebrem aut ludibria cætera Regni,
Non me vox operam perdere balba sinit.

Hugo Capetius. 10.

Tam latum Imperium quàm gens Merovinga potensque,
Non ego quæro meis, sed diuturnius est.

Philippus primus. 11.

Sacrum ego dum bellum pro relligione capesso,
B *Mireris quàm res profuit ista meis.*

Philippus Augustus. 12.

Sive quod Augusti fineis possederit agri,
Augusto natus sive quod augurio,
Vel quod utrumque simul fausto sit sydere nactus,
Augusti meruit nomen & obtinuit.

Ludovicus nonus. 13.

Multa Pepine tibi Romana Ecclesia debet,
Plura, ego ni fallor, sed Lodoïce tibi.
Divitiis alter vesanoque instruit auro,
Sed Lodovicus eam sevocat à vitiis.

Philippus Pulcher. 14.

Hic docuit nostri quænam retinacula regni,
Pontificemque suis claudere limitibus.

Philippus Valesius. 15.

C
Quam Salicam teneris legem sanxistis ab annis,
Hanc ego collapsam tempore, restitui.

Stephani Pasquierii Iconum Liber.

Janus. 16.

Tune bifrons Janus? templi tibi janua clausa?
Non ita, perpetuò sed reserata fuit.

Carolus Quintus. 17.

Cognomen veteres nobis tribuére Sagacis,
Nec laudem hanc desunt qui tamen invideant.

Carolus Sextus. 18.

Quam miserum puero fasceis committere Regni,
Et Fatuo, Francos Carole Sexte doces.

Carolus Septimus. 19.

Rebus in adversis, aliquid: Rex, nil ego: Regnum,
Nostrorum haud nostrâ restituemus ope.

Ludovicus Undecimus. 20.

Artem regnandi, Reges si quaeritis, ecce,
Hic vos praecipuè dissimulare docet.

Carolus Octavus. 21.

Ut vidi, vici: dicebat Julius ille,
Gloria Romani Julius Imperij.
Parthenopem vincis nondum tibi Carole visam;
Scilicet hac tua laus, Caesaris illa fuit.

Idem. 22.

Ausonius Gallos sed visos vicerat olim;
Gallus non visos subjicit Ausonios.

Ludovicus Duodecimus. 23.

Perdita nescio quid de me quod mussitat aula,
Aspernor, dum Rex sim, patriaeque pater.

Franciscus Primus. 24.

Excitor & martis strepitu, sonituque tubarum,
Mi magis at musas restituisse meis.

Erricus Secundus. 25.

Regnavi foelix, infaustâ morte perivi,
Quid si etiam foelix rex ego procubui?
Foelix qui fueram, mihi sic occumbere faustum est,
Ne patriae videam damna suprema meae.

Franciscus Secundus. 26.

Eclipsis inter, natusque, & mortuus idem.

Carolus Nonus. 27.

Vidit & invidit me gens mala vivere, cunctis
Post obitum, nullis cognitus ante fui.

Erricus Tertius Galliarum & Poloniae Rex. 28.

Gallica Gallorum tibi dat natura coronam;
At dederat virtus Gallica, Sarmaticam.
Nec duplici tantùm gaudes, MANET ULTIMA COELO,
Sic unum cinget trina corona caput.
Scilicet ut vivo virtus dedit alma Polonum,
Defuncto dabit haec ut mereare Polum.

Hercules Franciscus Alenconij & Andegavensium Princeps. 29.

Herculis est nomen primis sortitus ab annis,
Quem nunc Franciscum Francia magna vocat.
Nominibus miraris eum gaudere duobus?
Nempe hic Alcides Francicus alter erit.

Catharina Medicaea Francisci 2. Caroli 9. Errici 3. & Herculis Francisci mater. 30.

Et Regis conjunx, Regum genitrixque potentum,
Divisum, natis subdidit imperium.
Unica quae regno medicamen praebuit aegro,
Civibus an non est haec Medicaea piis?

Jana quam vulgo virginem Aurelianam Galli vocant. 31.

Jana vocor, Genabo numen, Medea Britannis,
His meretrix, aliis fabula cauta Numa.
Viva ego quae laceri stabilivi moenia Regni,
Hei mihi pro meritis mortua nunc laceror.

Ad Lectorem. 32.

Haec tibi lector habe quae miscellanea raptim
In mentem ut veniunt singula digerimus.
Temporis aut hominum seriem ne forte requiras,
Ordo est, sit numeris nullus ut ordo meis.

Hercules Lanificus. 33.

Hunccine ἀλεξίκακον dicas mendosa vetustas,
Lanificâ quem scis ducere pensa manu?
Dum colus Alcidi, monstrorum verus abactor
Ille suis manibus si periisset, erat.

Narcissus. 34.

Nymphas despexi, Narcissi unius amore
Flagravi, atque amor hic corporis umbra fuit.
Flos tandem factus: miraris! nempe brevis flos,
Quin umbra est, quicquid vanus ineptit amor.

Cecrops. 35.

Graecia Palladiis facunda exultat Athenis,
At tantae Cecrops conditor urbis eram.

Pericles. 36.

Fulminat atque tonat, coelum terramque Pericles
Miscet, ut hunc verè dixeris esse Jovem.

Aristides. 37.

Et dubitatis adhuc Reges quidnam utile vobis!
Utile Aristides solo me:itur hon sto.

Themistocles. 38.

Quantum laudis amor nos torqueat, hic docet, ut quem
Excitet à somno gloria Milciadis.

Demosthenes. 39.

Qui populum flectit, demulcet, mitigat, urget,
Nominat hunc tellus Attica, vim populi.

Pyrrhus

Pyrrhus Epirotarum Rex. 40.

Pœnus Alexandro nos censuit esse secundum;
Par ego, si cum Asia molli mihi bella fuissent.

Alexander Macedo. 41.

Historicum qualem volui si fata dedissent,
Nullus Alexandro clarior orbe foret.

Hannibal. 42.

Romula non virtus, fregit Campana voluptas,
Nec potuit virtus vincere, sed vitium:
Hosteis Hannibali multi, verùm Hercule nullus
Hannibali tantus quam fuit ipse sibi.

Scipio Africanus major. 43.

Ut Macedo, ut Pœnus, tumidum prostravimus hostem,
Sed proprium quod nos vicimus & vitium.

Romulus. 44.

Te Lupa lactantem cunis excepit ab imis,
Jactat & authorem regia Roma suum.
Romulida hinc mores hausit cum lacte Lupinos,
Hinc etiam innumeras urbs alit una lupas.

Pompilius Numa. 45.

Consilium Ægeriæ dum mentior, ille ego sacros
Instituo ritus, laus pia; quæ pia fraus.

Furius Camillus. 46.

In patriam quæ sit pietas docet iste, quod exul,
Communem patriam restituit patriæ.

Sylla. 47.

Quod domitis Cæsar vitamque domosque remisit;
Nullis Sylla modum cædibus imposuit,
Julius ut clemens, sic atrox Sylla videtur;
Falleris, hoc tu si, lector amice, putes.
Sæviit, at tandem posuit trux Sylla cruorem,
Arma cito Cæsar condidit, haud posuit.

Cato Uticensis. 48.

Romula dum fœlix vixit Respublica, vixi,
Et certum est nobis hac moriente mori,

Idem.

In nos edantur quantùmvis Anticatones,
Calcabit fastus mors mea Cæsareos.

Caïus Julius Cæsar. 49.

Singula discutias, magnæ virtutis imago
Julius, at nihil hoc, expendas omnia, pejus.

Cneus Pompeius. 50.

Ob mea quod lachrimas effundit funera Cæsar,
Isto fortè tibi munere comis erit?
Deciperis, necis ipse mea miseretur, ovatque,
Et patriam, & patres quod dedit exitio.

Ambo Bruti. 51.

Heu variè Bruti nomen fatale tiranno,
Alter Tarquinium Brutus fugat, inde fugata,
Opprimit hic Caium, sed non oppressa tirannis.

Octavius Cæsar. 52.

Hic libertatis communis proditor, ad se
Imperium & fasceis transtulit à populo.
Tullius at contra quamvis assertor, eorum
Nescio quem populo plus nocuisse putes.

Idem nomine Augusti factus Imperator.

Nil miserabilius vidit longæva vetustas
Augusto, si rem respicis œconomam.
Nil fœlicius hoc, seu pacis dulcia quaris
Otia, seu dura munera militiæ.
Jure igitur fuit, AUGUSTO FOELICIOR, illud
Antiquum in votis, principis introitu.
Non quod præ reliquis fortuna beatior illi,
Sed reliqui ut possent prosperiore frui:
Aut si præ reliquis fœlici est sorte potitus,
Stultus es, aut sordeis hinc legis Ausonias.

Marcus Tullius Cicero. 53.

Sum novus Arpinas vobis turba invida, & istud
In me perpetuo fingitis opprobrium.
Sed si nulla prior talem tibi protulit ætas,
Roma virum, cur non sum tibi Roma, novus?

Nero. 54.

Impius occidit matrem Nero, justior alter
Attamen in terris nemo Nerone fuit.
Qui justus potis est ac parricida vocari,
Quod natura vetat, jure valere putas?
Debuit haud mater nati Agrippina nefandi,
Vulnere tam diræ succubuisse manûs,
Sed quia protulerat miserè fœcunda Neronem,
Debuit imperio principis illa mori.

Trajani. 55.

Præ reliquis mea sunt, quod floruit urbs monumentis;
Et patuit latis finibus imperium.

Marcus Antonius Philosophus. 56.

Subdola virtutum vestigia quis putet in me?
Subdola at ingenio multa fuere meo.

Severus. 57.

Induimus vulpis pellem, pellemque leonis,
Lysandri fuit hæc ars Lacedemonij.

Alexander Mammeæ. 58.

Plurima debuimus matri, quod profuit: iidem,
Detulimus matri plurima, quod nocuit.

Constantinus magnus, Theodosius magnus. 59.

Relligionis & hic veræ instaurator & ille,
Magnus uterque, tamen vanus uterque fuit.

Julianus. 60.

Tu Marcellinum, Zosimum tu volvito, nil hoc
Principe grandius, aut sanctius orbis habet.
Si Theodoreti, si Socratis, aut Sosomeni
Scripta legas, nihil hoc principe deterius.
Id cur tam variè, atque unde hæc discessio quæris!
Ista tibi peperit jurgia relligio.

Hesiodus.

Stephani Pasquierii Iconum Liber.

Hesiodus. 61.

Ascra mihi natale solum est, Heliconis alumnus
Vixi, nunc inter sydera clara mico.
Ascrai nobis ne dicito nomen ab Ascra,
Astrai tribuunt verius astra mihi.

Homerus. 62.

Septem urbeis certant magni de patria Homeri,
O Graecâ dignum calliditate decus.
Smirna, Rhodos, Colophon, Salamin, Chios, Argos, Athena,
Vendicat ut vatem singula quaeque suum.
Cui non ulla domus vivo, cui nulla supellex,
Quem miserè certum est interiisse, petunt.
Abnuere est potius, nam quò victoria major,
Debebit tantò vos puduisse magis.

Pindarus. 63.

Tam placeo cunctis, ut nostro nomine parcat,
Et Macedo Thebis, & Lacedaemonius.

Anacreon. 64.

Et dij perpetuâ Bacchus Phoebusque juventâ,
Et Deus aeternum est ipse Cupido puer:
Molliter Ausoniis cecinitque Catullus Amorem,
Et Bacchum Graiis Teia Musa suum.

Sapho. 65.

Haec etiam addatur doctis Sapho ultima Musis,
A qua mellitus nomina versus habet.
Hanc agitavit amor: quasi non correptus amore
Phoebus, at hic Musis Mnemosineque praest.

Hippocrates. 66.

Tu ne crede virum hunc artem docuisse medendi,
Non etenim Hippocrates vir fuit, at genius.

Herodotus. 67.

Hic pater historiae mendacia plurima finxit,
Quippe suam Musis dedicat historiam.

Thucidides. 68.

Me pervolve, scies qui sim, & si fortè molestum,
Vel Marcum de me consule vel Fabium.

Pythagoras. 69.

Pythagoram Samium nuper celebrare volebam,
Sed me Pythagoras ipse tacere jubet.

Socrates. 70.

Hic docuit vanas leges sine moribus esse,
Publica res etenim nil sine lege potest.

Plato. 71.

Judicio magnus, naturâ magnus & arte,
Praeceptis, usu magnus & ingenio.
Atque etiam magnus fuerim quod Socratis olim
Discipulus, tum quod doctor Aristotelis.
Caetera qui magnus, magni dum verba Platonis
Damnat, majorem fecit Aristoteles.

Aristoteles. 72.

Abdita cunctarum discussi aenigmata rerum,
Ille ego Graecorum gloria prima Sophon;
Et nisi divini calcassem dogmata Platonis,
Essem naturae victor Aristoteles.

Xenophon. 73.

Pacem alius colat, atque alius colat arma cruentus,
Me belli & pacis tempus ut umque juvat.

Isocrates. 74.

Qui fuerim orator, quantusque hinc collige magno
Aemulus Isocrati magnus Aristoteles.

Theophrastus. 75.

Arte an sorte datum Theophrasti sit tibi nomen
Nescio, divino nomen ab eloquio.

Heraclitus, Democritus. 76.

Heraclite gemis, rides Democrite semper:
Omnia convexi vana sub axe poli.
Ut risum, ut gemitum diffunditis, en ego vestrum
Lugeo sic risum, rideo sic gemitum.
Scilicet in variis cum sit spes nulla medendi,
Vanior est risus, vanior est gemitus.

Crisippus. 77.

Esse bonum summum virtutem quis neget? illam
Verborum miserè perdis in aucupiis.

Diogenes Cinicus. 78.

Rex ego, non, Cinicus: Cinicus, non, Rex ego: utrumvis
Opies, optabit Diogenes Cinicus.
At Cinicum juvat esse magis, non ambitus illic,
Non vaga spes, quid si rex ego qui Cinicus?

Pyrrho Septicus. 79.

Esse aliquid certi vel te doctore docebo,
Omnia nam saltem certum est incerta vagari.

Epicurus. 80.

Quod libeat, nobis affingat Tullius, at tu
Scire voles qui sim, consulito Senecam.

Crispus Salustius. 81.

Vellem te mores ut verba antiqua tenerent,
Quandoquidem verè sic Antiquarius esses.

Caius Julius Caesar. 82.

Dicam de Caio quid Caesare sentio, civis
Tam bonus ô utinam, quàm bonus historicus.

Titus Livius. 83.

Livius effusè, breviterque enarrat, ut illi
Adjiciat Momus, tollere nulla queat.

Valerius Maximus. 84.

Et brevitas & me variè commendat acumen,
Haec emblemata tu vermiculata putes.

Cornelius Tacitus. 85.

Quod Tacito rerum domino gentisque togatae,
Nominis alma mei sollicitudo fuit:
Id quoniam gentile suis nostrisque putaret,
Hinc quàm grande mihi nomen in orbe vides.

Verùm

Verùm quem Tacito, Tacitum placuisse videbis,
Regibus ô utinam sim Tacitus tacitus.

Suetonius Tranquillus. 86.

Cui nomen Tranquillus erat, mihi fata dedére
Ut sint in nostris nulla quieta libris.

Aulus Gellius. 87.

Aulus Gellius huic, legiturque Agellius illi,
Nominibus priscis heu male tuta fides!

Aulus Gellius, Macrobius. 88.

Est in utroque aliquid quo commendetur, ab isto
Gellius accusat plurima rapta sibi.

Catullus. 89.

Ut velis Cato vel Catullus esse,
Quosdam repperias Catonianos,
Quosdam repperias Catullianos,
At nullus Cato, nullus & Catullus,
Nullus qui potis horula vel una
Durum moribus assequi Catonem,
Mollem versibus, assequi Catullum,

Virgilius. 90.

Mantua, Roma suo gaudent, Calaberque Marone,
Atque in eo malè quò digladientur habent.
Mantua protuleras, invidit Romula tellus,
Eripuit vobis æmula Parthenope.
Miraris quorsum tanta hæc contentio? ferre
Tam celebrem nequiit unica terra virum.

Tibullus. 91.

Pervolvas reliquos vates quos Roma tulit, nil
Tersius est numeris culte Tibulle tuis.

Lucretius. 92.

Rerum qui docui naturas, hei mihi tandem
Unica quid philtrum fœmina me docuit.

Ovidius Naso. 93.

Versus erat quicquid puer effutire volebas,
Scilicet à matris nate poeta sinu.
Hinc amor, hinc sparso lugens Elegeia capillo,
Cunctaque proclivi carmina sponte natant.
Sed dum natura laxis blandiris habenis,
Ista tibi laudem res parit, ista rapit.

Horatius Flaccus. 94.

Tam lepidè Flaccus lepidos educit amores,
Huic ut credatur visa fuisse Venus.
Rursus tam varie virtutis schemata pingit,
Cuncta ut credatur supposuisse Cato:
Sic tamen ut dubites oratio sit ne soluta,
Compositum ne ejus carmen ab ore fluat.
At tu summorum pervolve poëmata Vatum,
Qui Flacco γνώμαις par sit, an ullus erit?

Propertius. 95.

Umbria parva tibi tantùm debere fatetur,
Quantùm Callimacho Græcia magna suo.

Lucanus. 96.

Carmina melliflui non ambio docta Maronis,
Sunt sua Lucano, sunt sua Virgilio.

Silius Italicus. 97.

Ausonios inter mihi laurea magna poëtas,
Maxima quod Vates Patriiasque fui.

Marcus Valerius Martialis. 98.

In me multa leges & spurca & putida, quæ te
(Ingenuè fatear) præterisse velim.
Hic quoque seria sunt quæ tu si legeris, idem
(Crede mihi lector) legeris & Senecam.

Persius. 99.

Ambis ô Persi te ut non intelligat ullus?
Hoc ne jubes? Jussis obsequar ipse tuis.

Juvenalis 100.

Hunc ne te pigeat lector percurrere, multos
Unicus iste sophos nam Juvenalis habet.

Seneca. 101.

Unum Roma tibi Senecam, si dogmata quæris;
Si vitam, Senecas protulit innumeros.

Plinius Secundus. 102.

Me lege, nec Plinium credas legisse Secundum,
Nuili ego dum vixi quippe secundus eram.
Rursus & authorem tu ne legisse putato,
En tibi sum largâ Bibliotheca penu:

Plutarchus. 103.

Historiam hic, alij mores sophiamque colamus,
Nullus erit geminum qui tibi præstet opus.
Hoc Cherronensis studium conjunxit utrumque,
Historiæ mores, moribus historiam.

Galenus. 104.

Hippocrates paucis, Galenus plurima multis
Arguit, ille isto tempore ut arte prior.

Ausonius. 105.

Tam variè expressi divina poëmata, tamque
Omnibus arridet nomen in orbe meum,
Si quid ut incerto genuinum authore feratur,
Protinus exanimi detur id Ausonio.
Ne Genium tantum vivis adscripite, vanis
Nominibus suus est forsitan & Genius.

Claudianus. 106.

Barbara quis nescit quàm tempora nostra fuere?
Verùm hæc divino vicinus ingenio.

Cato pro pueris. 107.

Quem tibi pro pueris dat Bibliopola Catonem,
Crede mihi, liber est aptior iste viris.

Simmachus, Cassiodorus, Sidonius Apollinaris. 108.

Lumen ut exiguum noctu, sic nomina nostra
Fulgent, quod mediis luximus in tenebris.

Nicetas. 109.

Afflictis patriæ rebus legitote Nicetam,
Historia hic vobis non erit, at speculum.

Ambo

Ambo Senecæ, Lucanus, Quintilianus, Marcus Valerius Martialis. 110.

Barbara quinque viris laudatur Iberia, Marco,
Lucano, Fabioque & geminis Senecis,
Qui nugis, versuque, toga, sophia, atque cothurno
Clarent: quid majus Roma superba dedit?

Tertulianus, Ciprianus, Optatus, Augustinus. 111.

Una etiam Optatos, Ciprianos, Tertulianos,
Atque Augustinos Africa terra tulit.
Edidit hæc sancto miracula quattuor orbi,
Nempè aliquid semper gens alit illa novi.

Hieronimus, Ambrosius, Augustinus. 112.

Sanctos una duces Christi treis protulit ætas,
Sortiturque suum quilibet imperium.
Hieronimoque Asia, Ambrosioque Europa relicta est,
Augustinoque hinc Africa cessit humus,
Atque hæc barbaricis grassantibus omnia bellis,
Afflictis rebus quam Deus emicuit!

vester. 113.

Pontificem à tenebris revocat Silvester ad aulam,
Obfuerit dubitant, profuerit ne magis.

Gregorius Magnus, Bernardus Clarovallensis. 114.

Præsidet Augusta Magnus Gregorius urbi,
Alter in exigua cœnobiarcha domo est.
Clareat hic tantum valle, atque ille urbe superba,
Vix dicas quisnam clarior alterutro.
Ille Dei cultum, Clero populoque ministrat,
Pontificem summum hic qua sua cura docet.

Leo primus, Gregorius primus, Nicolaüs primus. 115.

Pontifices quot Roma tulit celeberrima sanctos,
Majores nullos Nicolao, Gregorioque
Sive Leone habuit: re sunt ut nomine primi.

Ad Lectorem. 116.

Tu modò Gregorius, mihi nunc Gregorius esto,
Nil facit ad legem syllaba sola meam.
Carminibus cultis illum juvet esse Poëtam,
Me juvat incultis versibus Historia.

Basilius magnus, Benedictus. 117.

Hi monachis normam, magno cum numine Divûm,
Hic dedit Eois, hic dedit Hesperiis.

Hilarius Pictaviensis Antistes. 118.

Et nos exhilaras Hilari sanctissime Præsul,
Et monitis victa est Aria secta tuis.

Martinus Turonensis Antistes. 119.

Hunc ut defunctum coluit sic Gallia vivum,
Et sanctum obstupuit Roma beata virum.
Illa habuit Petrum, Turones hunc, visit utrunque
Olim, quem tenuit relligionis amor.
Perlege Sulpitium (lector) miraberis hercle,
Actaque Martini, scriptaque Sulpitii.

Dionisius Parisiensis Antistes. 120.

Quod Græcus fuerit, multa id ratione probatur,
Tempore quo, nostrum volvito Gregorium.

Petrus Lombardus. 121.

Quid non Lombardo Parisina Academia debet,
Qui sanctæ referat limina prima scholæ?

Thomas Aquinas. 122.

Cedite Pithagoræ qui dogmata vana putatis,
Redditus en terris alter Aristoteles.

J. Gerso Theologus. 123.

Quid potuit Sorbona doces meritissime Gerso,
O magni Gerso luxque, decusque chori.

Nicolaüs Clamengius. 124.

Tu ne etiam tacitus prætermittêris, at in te
Nescio quid taciti murmuris aula ferit.

Laurentius Valla. 125.

Privatis odiis Respublica crescit, & iisdem
Grammaticorum auges cladibus imperium.

Pogius Florentinus. 126.

Ludicra sic recitas, cures ut seria, doctum
Qui Fabium Stigiis asseris à tenebris.

Angelus Politianus. 127.

Hunc quem scire putas & multum, & plurima, eundem
Et multum & multis displicuisse puta.

Pontanus. 128.

Quantumvis alij laudent sua carmina Vates,
Nulli ego doctrinâ cedo vel ingenio.

Marullus. 129.

Adscribit Michael Marullus (ille
Sui delitiæ Marullus ævi)
Multa & singula singulis poëtis,
Martem Virgilio, Tibullo amorem,
Naturæ latebras tibi Lucreti,
Sillabas numeris Catullianis
Socros ingenio Terentiano.
Quod si quis reliquos locarit inter,
Hunc vates, oneret magis quam honoret.
Verum dicere crederes Poëtas?

Janus secundus. 130.

Furta canant alij Veneris, Venerisque triumphos,
Basiolis pascor Jane secunde tuis.

Baptista Faustus Mantuanus. 131.

Mantua fœlicem genuit fœcunda Maronem;
Hæc eadem faustis me tulit auspiciis.

Philippus Cominæus. 132.

Carlum ego despicio, Lodoicum prædico: cur id?
Me lege & offendes nonnihil esse mei.

M. Sabellicus Blondus. 133.

Eneas hac illac variè paffimque vagatur,
Nec circonfcripto limite Marcus agit.
Hiftoriam Blondus Romanæ dedicat urbi;
Hunc tenet urbis, eum detinet orbis amor.

Volaterranus. 134.

De Volaterrano paucis fic Lector habeto,
Ille fui Plinius temporis alter erat.

Hermolaüs Barbarus. 135.

Multa uni Plinio debent quot prifca fuere
Secula, qui multum debuit Hermolao.

Janus Picus Mirandula. 136.

Te quoque Pice canent feri poft fata nepotes,
Quem juvenem terris mors inopina rapit.

Paulus Jovius. 137.

Vænalis cui penna fuit, cui gloria flocci,
Vix quid ut ille fide fcripferit hiftorica.

Defiderius Erafmus, Gulielmus Budæus, Andreas Alciatus. 138.

Qui leget hos, leget ille fui tria lumina fecli,
Lumina non ullo non celebranda die.
Hic Italus, Gallufque alius Germanus & alter,
Quos triplex uno tempore fama tulit.

Defiderius Erafmus. 139.

Quis Defiderium Magnum inficietur? in illa
Sed funt quæ multi prætereunda putent.
Plurima fi tenebris non invidiffet Erafmus,
Plus famæ poterat confuluiffe fuæ.

Gulielmus Budæus. 140.

Et Latia nobis debent Graiæque camœnæ,
Laudem utram quæras, magnus utráque fui.

Andreas Alciatus. 141.

Laudet quis cupidè priora fecla,
Vel quos pofthuma vendicabit ætas,
Hoc unum mihi vendicabo, primus
Quod leges veteres Triboniani
Prifco reddiderim fuo nitori.

Philippus Melancthon. 142.

Doctrinâ volito clarus fuper æthera, quamvis
Cognomen dederit terra nigella mihi.

Stephanus Doletus. 143.

Cui placuit nullus, nulli hunc placuiffe neceffe eft.

Janus Fernellius. 144.

Livide quid noftros inceffis Zoile fœtus,
Quod titulo tumeat charta fuperba novo?
Expreffi veterum Græcorum Arabumque medullam,
Dic mihi num verè hic, eft Medicina, liber?

Gucciardinus. 145.

A Tito nullus, fi quis mihi credat, in orbe
Clarior hoc uno floruit Hiftoria.

Adrianus Turnebus. 146.

Quicquid in arcano condebat avara vetuftas,
Turnebus tacitis eruit è latebris.

Petrus Ramus. 147.

Hic in Ariftotelis dum famam & dogma vagatur;
O quantum debet Ramus Ariftoteli!

Julius Scaliger. 148.

Hic Veronenfis princeps, fi fata tuliffent,
Dotibus ingenii polluit innumeris.
Orator, Medicus, Vates clariffimus, i nunc
Quære tuis alium Gallia Scaligerum.

Francifcus Rabelefius. 149.

Ille ego Gallorum Gallus Democritus, illo
Gratius aut fi quid Gallia noftra tulit,
Sic homines fic & cæleftia numina lufi,
Vix homines, vix ut numina læfa putes.

Beatus Rhenanus. 150.

Qui docuit quicquid Rheni concluditur orbe,
An non Rhenanum dicere, jure potes?

Georgius Buccananus. 151.

Virgiliis, Flaccis, Nafonibus, atque Catullis,
Hifne ego fim tantis vatibus inferior?
In genere, unicuique, fuo concedo, fed in me
Collige cuncta fimul, plus ego promerui.

Juftinianus Imperator. 152.

Multa in centonem dum colligit Induperator
Pandectafque libris conftat ab innumeris,
Scire voles quidnam potuit labor ifte mereri?
Pofteritas libros perdidit αὐτογράφους.
O ingratam operam! quanto ftudiofius egit,
Deterius tanto condidit author opus.

Veteres Juris Civilis interpretes. 153.

Tu Jus Accurfi, te Bartolus explicat, illum
Caftrenfis, Jafon, hos putida barbaries.
Sic ne catenatis mifcemus jura tenebris?
Sic cæcis leges mergimus involucris?
In Jus vos Juris doctores advoco prifcos,
O mifera, ô fancta plebs inimica Themi.

Francifcus Duarenus. 154.

Sancta facerdotum tam fanctè jura recenfes,
Summus ut antiqui juris dicare facerdos.

Andreas Alciatus, Æguinarius Baro, Francifcus Duarenus, Francifcus Balduinus, Antonius Contius. 155.

Et clarum Alciatum tuum repofcis,
Et clarum biturix gemis Baronem,
Et raptus Duarenus ille clarus,
Et claro viduata Balduinoes,
Extinctus tibi Contiufque clarus,
Claris ô Biturix potens alumnis.

In quemdam. 156.

Hoc noftro cupit inferi libello

Ruffus nescio quis rogatque & instat,
Quod magnus sibi censeatur author;
Authorem cecinisse neminem aio,
Isto carmine, vita cui superfit.
Mox vir ingeniosus atque acutus
Objicit mihi Martialis illud,
Non tanti esse mea, ut velit perire:
Nec tanti mihi tu vir optime, inquam, es,
Ut per te cupiam perire nostra.

Ad Philippum Huralrum Chivernium Franciæ Concellarium. 157.

Has tibi donavi tenui de fonte camœnas;
Qui tuus est, cur non det sua, quæ tua sunt?

Ad Lectorem. 158.

Authores vivos prudens omitto sciensque,
Viventi vitam nam dare ridiculum est.

F I N I S.

TABLE

TABLE
DES MATIERES
les plus remarquables
CONTENUËS ÉS RECHERCHES DE LA FRANCE.

A.

A. Marque d'homme de bien en ce proverbe, être marqué à l'A. 801. D.
Aage d'or pourquoy ainsi appellé, & sous quel des faux Dieux il s'est passé. 389. B.
Abandonnement de la ceinture, pourquoy represente l'abandonnement de nos biens. 389. C.
Abandonner, & son originaire derivaison. 694. 695. D. A. B.
Abbaye du Paraclet de Nogent sur Seine, & sa premiere fondation. 590. & 591. D. A.
Abbayes exemptées par les Papes de la puissance de leurs Evesques. 239. C. D.
Abbayes affranchies des dixmes qui étoient deuës naturellement aux Curez par la seule monstre de leurs clochers. 290. B.
Abbayes conferées à gens laiz. *ibid.*
Abbayes conferées par nos Roys aux Seigneurs & Gentils-hommes. 131. B. C.
Abbayes données aux Gentils-hommes & Capitaines. 243. B. C.
données à des femmes par nos Roys. 318. A. B.
Abbayes données aux Capitaines & guerriers. 243. B. C.
Abbayes & Eveschez electifs. 317. B.
Abbayes tenuës en Regale. 305. B.
Abbayes pourquoy nommées Benefices. 130. B.
Abbaye de S. Victor richement dottée par Louys le Gros. 275. A.
fut un receptacle de gens d'honneur. *ibid.*
Abbaye des Nonnains de S. Antoine des Champs joignant Paris, fondée par Philippes Auguste. 902. A.
Abbé (le mot d') que signifie. 165. B.
Abbé de Saint Denis avoit voix opinative au Parlement. 56. A.
Abbé de Clugny comment eut seance au Parlement l'an 1482. *ibid.*
Abbé de Saint Victor fondé par le Roy Louys le Gros. 896. B.
Abbez esleus par les Moines & Religieux. 243. A.
Abbez Gouverneurs des affaires d'Estat. 242. A.
Abbez grands personnages sous la troisiéme lignée de nos Roys. 241. A. B.
Abbez avoient anciennement entrée au Parlement. 56. A.
Abbez (Elections des) obtenuës des Roys par forme de privilege. 243. A.
Abbez ont esté tenus autresfois au rang des vassaux. 316. C.
Abonner (s') avec un Seigneur de fief, pour *s'aborner*. 878. A.
Absolutions plenieres & generales des pechez, données par les Papes, à ceux qui entreprenoient les voyages d'outre-mer. 239. C.
Abelard personnage de grande marque en son temps, sa naissance, & ses premieres estudes. 587. A. ses leçons publiques dans Paris. *ibid.* B. ses amours avec Heloïse. 588. B. son mariage. *ibid.* C. fondateur de l'Oratoire du Paraclet. 591. A, esleu Abbé de S. Gildaise en Bretagne, *ibid.* C. sa mort & son

epitaphe 592. A. contemporain de Saint Bernard. 895. D.
Abregé de l'Histoire d'Angleterre depuis Henry I. fils de Guillaume le Bastard jusques à la Reine Elizabeth. 609. C. D.
Abry d'où derivé, & sa signification. 876. A.
Abus, mot approprié à toutes entreprises induës, que les Ecclesiastiques faisoient, tant sur les moindres de leur Ordre, que sur les personnes laïques. 287. B.
Abus commis par les Ordinaires, ou bien par leurs Officiaux en leurs propres Jurisdictions, & la reformation d'iceux. 287. & 288. A. B.
Abus apportez par nos Roys de la seconde lignée en la concession des Evesches. 297. C.
Academiciens anciens establissoient leur bien souverain sur trois manieres de biens, & quels. 749. B.
Accidens casuellement arrivez au Parlement de Paris, qui furent comme de sinistres presages des guerres & ca amitez qui depuis advinrent en France. 677. & 678. C. D.
Accort, pour avisé. 763. D.
Acon avec ses complices puni selon l'ancienne usance de Gaule, pour avoir conspiré la mort du Roy de Chartres. 9. A.
Acquests communs entre le mary & la femme. 411. B.
Actes publics & authentiques non signez, mais scellez. 393. A.
Actions des hommes comparées avec les jeux qu'on joüe sur un theâtre. 1024. & 1025. A.
Adalgises s'estant retiré vers Constantin Empereur de Constantinople, fut arrangé par honneur au nombre des Patrices 97. B. grand Chambellan de Charlemagne. 107. B.
Adam de Cambray premier President au Parlement de Paris lors qu'il y fut restably après l'expulsion des Anglois 67. D. est inhumé dans l'Eglise des Chartreux de Paris. *ibid.*
Addresses des lettres à quelles gens se faisoient auparavant que le Parlement fust continuel. 61. D.
Ades pour maintenant. 763. B.
Adjourner, vieux mot François, pour declarer que le jour est venu. *ibid.* A.
Admiral du commencement nom de Souveraineté entre les Sarrazins. 121. C. exemples. *ibid.*
Admiral (l') Chabot, & le procez extraordinaire qui luy fut fait par le Chancelier Poyet. 549. A. ensemble son restablissement en ses Estats, biens, facultez, & en sa bonne renommée. 551. B.
Admirauté en quoy & sur quoy a sa jurisdiction. 119. C.
Admirauté a esté en France dés la seconde lignée de nos Roys. 119. D. au regne de Philippe le tiers. 123. A.
Admiraux commandoient aux armées navales des Sarrazins contre les Chrestiens. 121. C. D.
Admiraux qui ont esté l'un aprés l'autre par succession. 123. B. C. D.
Adrian Empereur rendoit par fois droict aux parties en disnant, & autres lieux moins ceremonieux. 50. A.
Adrian l'Empereur de quelle sorte de divination usa pour s'asseurer

Tables des Matieres.

seurer du bon vouloir de l'Empereur Trajan envers soy. 367. A.

Advis donné pour les Jesuites au Colloque de Poissy. 333. A. B.

Advocat general de la Chambre des Comptes quand eut lieu. 78. D.

Advocats (trois) du Roy au Parlement en un mesme temps. 54. C.

Advocats tant plaidans que consultans honorez du chaperon fourré. 60. C.

Advocats du Roy eslevez aux sieges des Bailliages. 400. D.

Advocats en matiere de consequence commençoient anciennement leurs plaidoyez de marque par quelque passage de la Sainte Escriture, ainsi que font aujourd'huy les Predicateurs. 421. & 422. C. D.

Ægypte estimée superstitieuse. 167. A.

Ægyptiens, autrement Bohemiens vers quel temps commencerent de courir en France. 407. A. se disoient avoir sept ans de penitence pour courir le monde. 408. C. se mesloient de predire la bonne ou mauvaise adventure. ibid. A.

Ægyptiens exposoient le corps de leurs Roys morts à la veuë de tout le peuple, afin qu'il sust loisible à un chacun de loüer ou accuser publiquement leurs actions. 415. A.

Ænée premier Autheur des Romains. 39. C.

Affaires de grande importance comment se vuidoient par les Gaulois après le débroüillement de leurs guerres. 8. C.

Asseurer pour acheter. 852. A.

Affront, pour bravade. 763. C.

Afiliations des anciens François comment se faisoient. 362. A.

Aganon favory de Charles le Simple cause de grands maux. 102. A. B.

Agatocle Roy de Sicile entre ses plus grands appareils se faisoit servir à buffet de terre. 764.

Agesilaus vrayement Roy, pour avoir mené une vie fort austere & penible. 1035. B.

Aguet, Aguetter. 812. B.

Ahan, & ahanner pourquoy mis par nous en usage pour denoter une grande peine & travail du corps. 774. C.

Ahanables (terres.) ibidem.

Aides & subsides pourquoy ainsi nommez, & combien de temps duroient du commencement. 88. A. B. imposées premierement sur Paris par Philippes de Valois pour les guerres qu'il avoit contre les Anglois. ibid. C.

Aimoin quel Autheur c'est. 501. B. combien de noms divers on lui donne. ibid. de quel ordre, & en quel Monastere il fut Religieux. ibid. quelle creance on doit avoir en luy parlant du temps de Fredegonde & de Brunehaud. 503. B. parle passionnément contre l'honneur de Brunehaud. 506. A. B. C.

Ains pour devant. 852. A.

Aisné pour premier né, d'où composé.

Aisnesse (droict d') és fiefs quand connu entre nous, & d'où amené en usage. 143. A. B. C.

Aix la Chappelle siege du Royaume de Lothaire. 207. C.

Al en langue Allemande que signifie. 18. C.

Alain Chartier grand Poëte & Orateur de Charles septiesme, ses mots dorez & belles sentences. 583. 584. D. baisé par Marguerite femme de Louys onziesme, & la raison qu'elle donna interrogée sur cela. 585. A.

Alains deffaits par les Sicambriens en faveur de Valentinian I. Empereur de ce nom. 19. A.

Alaric premier Roy des Gots & sa mort. 28. D.

Alaric Roy des Visigots combatu par les Romains, le propre jour de Pasques. 11. A. mit depuis Rome à feu & à sang. ibid. tué par Clovis. 27. A. B.

Albin créé Empereur és Gaules sous Severe. 16. A.

Albion isle de la Grande-Bretagne, depuis ainsi nommée Bretagne par nos Bretons Gaulois. 34. A.

Alcuin & ses compagnons disciples du venerable Bede venus en France crioient qu'ils avoient de la science à vendre. 273. B. retenu & jour Charlemagne pour instruire aux bonnes lettres la jeunesse de France. 889. & 890. A.

Alençon (le Duc d') condamné de perdre ses terres, & son corps demeurer prisonnier à la volonté du Roy seant en son grand Conseil. 81. C.

Alexandre VI Pape empoisonné par mesgarde. 463. A.

Alexandre Severe continua la joüissance des terres que tenoient les Gensdarmes Romains à leurs successeurs, à condition qu'ils porteroient leurs armes. 127.

Alexandre confus de la réponse que les Gaulois firent à sa question. 7. B.

Alexandre le Grand tenu par les Indiens pour le troisiesme fils de Jupiter. 39. B.

Alexandre le Grand donnoit place à Homere joignant ses armes sous son chevet. 1021. D.

Alexandre eust volontiers souhaité d'estre Diogene, s'il n'eust esté Alexandre. 1024. A.

Alexandre le Grand sententie le premier contre les siens, laissant par son testament & ordonnance de derniere volonté, sa Couronne & ses Royaumes, à ceux qui par recommandables exploicts, s'en rendroient les plus dignes. 1054. A. use de courtoisie envers Darius, sa femme, & ses enfans. 1056. B. ses vertus. ibid. ses vices.

Alexandre s'excuse de ce qu'il mit sur sa teste la Tiare Persique, entremeslant ses habits avec les seurs. 1058. A. B. met en avant les raisons pour lesquelles il se fit appeller fils de Jupiter. ibid. s'excuse de la mort de Callisthene 1059. A. de son yvrognerie & de la mort de Clitus. 1057. C.

Alexandrie ainsi appellée du nom d'Alexandre le Grand son autheur. 39. D.

Alexandrie pepiniere de gens religieux & devots. 159. D.

Allemagne entretenuë par dietes. 9. B.

Allemagne jadis Germanie. 11. D.

Allemagne renduë tributaire à Clovis. 22. D.

Alleman nullement mentionné aux anciennes Histoires. 12. C. D. ny le François. ibid. pourquoi les Allemans sont ainsi appellez. ibid. d'où est composé ce nom. ibid.

Allemans se glorifient d'avoir surmonté les Gaulois. 21. B. C. D.

Allemans deffaits par Clovis en la journée de Tolbiac. 901. B.

Allemagne confirmée sous le vasselage des François par les Martels. 46. A.

Alleud, & son origine. 131. C. D. ce que c'étoit. 132. B. C. 759. B.

Almery d'Orgemont fils du Chancelier condamné à perpetuelle prison au pain & à l'eau. 525. C.

Allodes pour sujets. 759. B.

Alloüer pour avoir agreable. 132. C.

Alloüette mot Gaulois approprié à une legion des Romains, & pourquoy. 758. A.

Alloüette (chant de l') naifvement representé par Pelletier. 720. C.

Alphabet François composé de vingt-cinq lettres. 877. D.

Alphonse Roy de Sicile adopté par Jeanne seconde du nom Reine de Naples. 627. D. prend Caracioli mignon de la Reine prisonnier. 628. A. assiege la Reine dans son chasteau. ibid. B. est deffait en bataille par Sforce. ibid. B. s'en retourne en Sicile. ibid. C. exhereda comme ingrat.

Alphonse pretend la Couronne de Naples contre René d'Anjou & comment. 632. B. C. assiege Cajette 633. est pris en bataille. ibid. gagne Philippes Duc de Milan, qui le laisse aller. 634. B.

Altesse à qui proprement s'attribuë. 769. A.

Almaric tué en champ de bataille par Childebert. 27. A.

Amalaric grandement affligé par les guerres du Roy Clovis. 120. B.

Amalasonte fille de Theodoric Roy d'Italie. 30. A.

Aman pendu au gibet qu'il avoit fait dresser pour Mardochée. 828. C.

Ambassadeurs des Heduens vers Jules Cesar, pour les prier de prendre la cause de leur Republique en main. 9. C.

Ambassadeurs du Pape Benoist XIII. mal & ignominieusement traitez en France. 257. C.

Ambassadeurs du Roy Charlemagne envoyez en Dannemarck vers Geoffroy, revinrent ayans leurs barbes rasées. 782. C.

Ambedeux & Ambeduë, vieux mots, d'où composez. 763. A.

Ambigat Roy de Bourges. 12. B.

Ambiorich. 8. B.

Ambition & affliction ont fait oublier nos privileges. 196. D.

Ambroise (S.) & Nectarius faits du jour au lendemain Prestres & Evesques pour leurs grandes suffisances & capacitez. 200. A.

Amiens pillé. 25. D.

Amour prodigieux de Charlemagne envers une femme. 645. & 646. C. D.

Amour est le meurtre des ames. ibid.

Amurath Roy des Turcs tué dans sa chambre par un soldat. 797. A.

An & jour pourquoy requis en matiere de retraits lignagers & de complaintes. 429. D.

Anabaptites entre les Chrestiens imitateurs de la pernicieuse loy des assassins. 797. A.

Anagramme de Louyse de Savoye. 560. A.

Anagramme du nom de Ponthus de Tiart, fait par Estienne Pasquier, avec un quatrain Latin. 732. A. B.

Anastase contraint de se tondre & faire vœu de Religion. 169. C.

Anciens personnages de nom qui ont estimé estre plus requis de donner leurs vertus à entendre à leurs successeurs de bouche en bouche, que de les communiquer par escritures. 1. A.

Anciens Legislateurs qui pour authoriser leurs pensées ont donné à entendre à leur peuple qu'ils avoient familiarité avec les Dieux. 1058. C. D.

André le Roy fait premier Correcteur en la Chambre des Comptes transferée à Bourges sous Charles VII. 78. D.

André fils de Carrobert Roy de Hongrie, espouse Jeanne heritiere

tiere du Royaume de Naples. 622. B. est estranglée par les mendes d'icelle. ibid.
Andule Duc de Venise servoit de marchepied au Pape Clement V. 259. C.
Ange Ambassadeur de Dieu descrit par Ronsard. 727. B.
Angers prise par les Normans. 35. C.
Angevin entretenu par Etius en devoir sous l'Empire. 26. C.
Angleterre occupée par les Anglois & Saxons. 32. C.
Angleterre subjuguée & reduite sous la puissance des Normans, par Guillaume Duc de Normandie. 36. C.
Angleterre (Roys d') issus de Henry fils de Guillaume le Bastard agitez de perpetuelles tempestes & discordes les uns contre les autres. 609. C.
Anglois nation des Sueves, ont occupé la Grande Bretagne long-temps. 20. A.
Anglois & Saxons peuples de la Grande-Bretagne fort redoutez du temps de Theodose & Valentinian Empereurs. 33. A. favorisez du Roy Breton, pour leurs beaux exploits, de quelque territoire. ibid. B.
Anglois (l') descend en Normandie. 524. D. fait fort bien ses affaires en France, pendant que le Roy & ses Seigneurs sont acharnez à se deffaire l'un l'autre. 527. C. D. mais enfin est desconfit par les François. 532. A. B. C.
Anglois exterminez de tout point de la France par Charles septiéme. 45. A.
Anglois dechassez de Paris par le Connestable de Richemont sous Charles septiesme. 67. C.
Anglois (l') ne pouvoit rien pretendre en France, par le mariage d'Ysabelle fille de Philippes le Bel avec Edoüard, quand bien la loy Salique n'y eust eu aucun usage. 147. A.
Anglois (l') exerce une cruauté barbaresque contre les François par un mot qui est à double entente. 548 A. B.
Anglois pourquoy usurpé entre nous pour creancier. 775. C. & suivans.
Anjou (Comtes d') de la seconde famille 629. B. C. & suivans.
Anjou (Comté d') quand erigé en Duché. ibid.
Anjou (famille d') qui dés & depuis le temps de Charles frere de Saint Louys commanda au Royaume de Naples, & les traverses qu'elle eut. 619. & 620. & suivans.
Anjou (pretensions de la seconde famille d') sur le Royaume de Naples, & les ruineux voyages qu'elle y fit. 629. D. & suivans.
Anjou (fin de la seconde famille d'). 633. A.
Anjou (famille d') fondüe en celle de Lorraine & comment. ibid.
Annates levées par le Pape sur le Clergé de France malaisément tolerées par la Cour de Parlement. 251. B.
Annates & leur premiere institution sur toutes sortes de benefices. 254. A.
Anne de France fille de Louys XI. mariée avec Pierre Sire de Beaujeu. 557. A. B. à quelles conditions. ibid. demeure veufve & sans enfans masles. 558. A. meurt.
Anne de Bretagne femme de Charles VIII. & puis de Louys XII. 39. C.
Anne de Bourg heretique executé en place de Greve. 859. C.
Anneau de vertu admirable trouvé dans le cadavre d'une femme qu'aimoit l'Empereur Charlemagne. 645. 646. C. D.
Anneau & verge presentez par les Empereurs és investitures qu'ils sont des Archevesches & Evesches. 869. A.
Anniversaire pour Pierre Lombard à S. Marcel pourquoy se dit tous les ans. 276. B.
Antoine de Lorraine fils de Ferry Comte de Vaudemont. 636. D.
Anthenor premier Autheur des habitans de la mer Adriatique. 39. C.
Antuariens peuples François. 22. A.
Apanages donnez par les Roys de France à leurs enfans. 144. C. D.
Apanages empruntez de la police de Baudoüin Empereur de Constantinople. 800. A.
Apensé, fait apensé, guet apensé, apensement. 811. 812.
Apophthegme du Roy S. Louys contre les importunitez d'un mal-Faicteur, auquel il avoit accordé remission. 547. C.
Apophthegme Royal du Roy François premier de ce nom à une femme qui luy demandoit justice à genoux. ibid.
Apophthegme ou belle rencontre d'un de nos Rois pressé & sommé par son ennemy de se rendre en une bataille, qu'un Roy n'estoit jamais pris seul au jeu des eschecs. 429. B.
Apostres voulurent estre appellez Chrestiens, & non Jesuites. 242. A.
Appel comme d'abus & son premier usage, sous le regne de Louis XII. 289. D. 290. A. pour quelles raisons se peut interjetter. 290. A. 291. D.
Appel comme d'abus, moyen par lequel nous pouvons nous pourvoir contre les entreprises qui pourroient estre faites en Cour de Rome contre les libertez de l'Eglise Gallicane. 289. 290. 291. 292. & suivans.
Appellations des Ordinaires, quand commencerent d'estre receuës en Cour de Rome. 245. A.
Appel des censures Ecclesiastiques au futur Concile general interjetté par nos Roys. 226. D.
Apprendre quelque chose par cœur pourquoy dit par nous lors que nous exerçons nostre memoire. 777. C.
Aquitaine envahie par les Vandales. 28. D. par les Visigots. ibid. & 26. A.
Aquitaine saccagée par les Normans. 35.
Aquitaine comprenoit anciennement, ce que nous appellons maintenant Guyenne, & la ville mesme de Tholose. 96. B. C. appellée Duché sous Charlemagne, puis Royaume sous Louys le Debonnaire. ibid.
Aquitaine donnée en partage à Charles le Chauve dernier fils de Louys le Debonnaire. 96. C.
Aquitaine quels païs comprend. 1002. gouvernée pour une partie par le droict écrit des Romains. 1003. C.
Aquitaine & Espagne disjointes de l'Empire Romain par les Visigots. 26. D.
Arabes Medecins nouveaux venus. 788. C.
Arbalestriers & Archers estoient quelquefois la plus grande force aux armées des François. 129. B.
Arbogaste Capitaine François fit tomber la couronne de l'Empire és mains d'Eugene. 25. B.
Arborer une enseigne, pour planter. 763. D.
Arcade & Honoré commandez & gourmandez par Ruffin & Stilicon leurs Gouverneurs. 24. A.
Archer bandant un arc de toute sa force, fort bien descrit par Ronsard. 721. C.
Archevesques & Evesques depuis quel temps, & comme ont seance au Parlement. 55. C. D.
Archevesches & Evesches qui ne tombent en regale, vacation d'iceux advenant. 307. C.
Archidiacres faisoient anciennement les visites sur chaque Cure. 813. B.
Archagatus premier Medecin qui arriva en la ville de Rome, pourquoy appellé *Vulnerarius*. 964. B.
Arçon, vieux mot François qui signifie incendie. 364. B.
Arcueil, village prés la ville de Paris, son commencement de Julian l'Apostat. 886. A.
Argent particulier reservé par les Romains, pour subvenir aux frais de toutes les affaires qui leur surviendroient de la part des Gaulois. 13. D.
Argent levé par les Provinces Chrestiennes, pour soudoyer ceux qui entreprenoient les voyages d'outre-mer. 616. C. D.
Argives quand commencerent à tondre leurs cheveux contre leur ancienne coustume. 779. C.
Ariovisté extrait de la Germanie envahit sur les Sequanois quelque partie de leur territoire. 8. D. & 18. A. Les Heduens s'en plaignirent en pleine assemblée. 8. D. exterminé par l'aide de Cesar. 18. A.
Arithmetique Françoise prit son commencement & origine de la main. 413. C.
Ariston Roy de Sparte obtint la femme d'Aget par frauduleux serment. 369. B. office de l'Arithmeticien quel. 4. A.
Armes (droict des) d'où a pris son origine. 373. C.
Armées des François pourquoy moindres en quantité de gens que celles des anciens Gaulois. 15. C.
Armes auxiliaires dangereuses, & pour ce sont à éviter tant qu'on peut. 15. C.
Armes des Gentils-hommes comparées avec la plume & la robbe longue. 135. D.
Armagnacs, d'où ainsi nommez. 280. A.
Armoiries & devises des Anciens Gaulois telles que plaisoit à un chacun de choisir. 140. D. diversité d'opinions sur ce sujet. 141. A.
Armoiries & Escussons portez par les Nobles pour une marque de leur Noblesse ancienne. 140. B.
Armoiries du Royaume de France. 141. B.
Armoiries de Jeanne la Pucelle. 142. A.
Armoiries de quelques Royaumes empruntées de leurs noms. 142. B.
Armoiries se tirent en deux manieres. 140. A. engendrent quelquefois des noises & des debats entre les Nobles. ibid.
Armoiries de la Maison de Bourbon. 556. B.
Armorique d'où appellée Bretagne. 33. B.
Arnaud Tillier joue quelques années le personnage de Martin Guerre envers sa femme, est condamné à mort par Arrest du Parlement de Tholose. 653. & suivans.
Aroncuteie l'un des plus genereux Capitaines de Jules Cesar tué par les Germains. 32. B.
Arpent *Aripennis*. 758. B.
Aragonnois (l') fait cruellement massacrer les François en la Sicile, à la suscitation du Pape. 866. B.
Arrest de la seance des Admiraux renouvellé en la reception de Gaspard de Coligny Seigneur de Chastillon. 123. B.

Table des Matieres.

Arrest notable du grand Conseil, donné contre Sanoisy, grand Chambellan de France, pour s'estre attaqué aux Escoliers, & en avoir blessé quelques-uns. 277. C.
Arrest du Parlement contre Tignonville Prevost de Paris pour avoir fait pendre deux Escoliers, qui avoient demandé leur renvoy pardevant leur Juge. 278. A.
Arrest de la Cour de Parlement sur la residence des corps de S. Denys l'Areopagite, & de S. Denys le Corinthien. 181. A. B.
Arrest de la Cour contre les Jesuites, & Jean Chastel, avec la teneur d'icelui. 326. A. B. C. D.
Arrest de la Cour touchant les bulles de Benoist XI. 347. C.
Arrest du Pape Clement V. contre Carrobert Roy de Hongrie au profit de Robert Roy de Naples. 410. A. B.
Arrest du Parlement contre Charles de Bourbon Connestable. 561. A. B.
Arrest rendu contre Marguerite de Clisson Comtesse de Pontieure, & ses enfans. 664. B.
Arrest remarquable donné par le Grand Conseil au profit de l'Université de Caën. 993. D.
Arrests pourquoy prononcez en robbes rouges au Parlement aux festes solemnelles. 50. C.
Arrests des Cours Souveraines pourquoy delivrez sous la simple qualité des Maistres des Comptes contre l'ancienne coustume. Ceux de marque se delivroient sous le nom & authorité des Roys. 79. A. B.
Arrests (quatre) donnez contre le Connestable de Bourbon. 570. B.
Ariens grandement terrassez par les Catholiques sous Constantin. 24. C. D.
Arriereban vieux mot François. 759. A.
Arriereban & son origine. 134. A.
Arrius Prestre d'Alexandrie, Autheur d'une damnable doctrine. 25. son heresie commença en Alexandrie. 158. C.
Arrius degradé de l'ordre de Prestrise, seme en Ægypte une grande zizanie sur le mystere de la Trinité. 158. D.
Arsacides pour Assassins. 800. A.
Artaxerxes premier Roy de Perse bastard, & une histoire admirable pour cet effet. 675. 676. A. B.
Article de l'Edict de Philippes le Bel, quelles promesses contient outre celles d'establir deux Parlemens dans Paris. 51. B. C. D.
Article de l'Edict de Moulins en 1566. contenant expressément ceux qui pouvoient jouir du Committimus. 60. C. D.
Article de la Loy Salique excluant les femelles de la Couronne de France. 145. C.
Articles sur lesquels Jeanne la Pucelle fut interrogée & condamnée. 537. D. & suivans.
Artillerie & son invention. 417. C.
Assassins peuple du Levant dedié anciennement a tuer les Princes Chrestiens. 797. & suivans.
Assassins pourquoy nommez ceux qui de sang froid, & de guet-à-pens faisoient des meurtres. 800. A.
Assemblée des Chambres du Parlement. 62. B.
Assemblée generale des Estats. 86. D. & 87. A. B. C.
Assemblée d'Estats seditieuse sous la Regence de Charles V. 89. C.
Assemblée des Druydes annuelle pour rendre droict aux parties. 9. B.
Assemblées du corps general des Princes faites par les Roys de France, selon les difficultez qui se presentoient pour passer par leur determination & Conseil. 46. D. comment s'appelloient ces assemblées. 47. A. pratiquées deux fois l'année. ibid. en quels lieux. ibid.
Assemblées generales augmentées par le Roy Louys le Debonnaire des Evesques & Abbez. 47. C.
Assemblées des Chrestiens en cachette, & pourquoy. 157. A.
Assemblée de Vaugirard par ceux de la Religion reformée. 860. A.
Assises des Baillifs vers quels temps commencerent à se pratiquer. 117. C.
Assignation de partage donnée en un Parlement par Charlemagne à ses enfans. 47. B.
Assignations données aux parties adverses aux jours seulement du Parlement de leurs Bailliages ou Sénéchaussées. 62. D.
Assignation de gages pour les Sergens & autres qui exploictoient en vertu des Ordonnances des Sieurs des Comptes ou Thresoriers. 80. A.
Assister à droict. 818. C.
Astuce des Gaulois de planter leurs noms és contrées qu'ils avoient conquises. 3.
Astaulphe successeur d'Alaric au Royaume des Visigots. 28. D. se fit possesseur d'Aquitaine en chassant les Vandales. 29. A.
Athanase accusé devant Jules Pape. 159. C.
Athanaric premier Roy des Bourguignons. 29. B.
Atheistes de trois especes selon Platon. 194. D.
Attaquer l'escarmouche, pour attacher. 764. A.

Attentats sur la vie des Roys & des Reynes par la faction des Jesuites. 798. C.
Attile Roy des Huns deffait par Etius & Meroüée. 16. C.
Attouchement de fer chaud servoit de preuve anciennement pour averer le crime. 367. A.
Avancement des François tiré de la fin & ruine des Visigots & Ostrogots. 29. C. 43. A.
Avant-propos, & autres mots de même parure. 763. C.
Aubains en France peuvent disposer de tous leurs biens entre vifs, mais non par testament & ordonnance de derniere volonté. 379. 380. C.
Audience de justice deniée aux excommuniez par les Druides. 8. B.
Audience donnée autrefois par les Roys de France aux parties. 50. A. Exemple de Saint Louys. ibid. B.
Auditeurs auparavant Clercs, faits Conseillers du Roy. 76. C.
Auditeurs des Comptes. 77. quand establis. ibidem. quand ainsi appellez. Leur ancien nombre. ibid.
Audoüere femme du Roy Chilperic releguée en la ville du Mans, & pourquoy. 453. A. assassinée à la suscitation de Fredegonde. 454. C.
Aveugle confronté à un mal-faicteur sur la reconnoissance de sa voix. 659. A. B. C.
Auguste & Tibere Empereurs refusent le titre de Dominus. 767. C.
Auguste Cesar mort, porté sur les epaules des Senateurs au lieu où il devoit estre bruslé, & ses cendres recueillies par les premiers de l'ordre de Chevalerie nuds pieds. 902. C.
Auguste & Adrian Empereurs comment rendoient droict aux parties. 50. B. imitez par les Roys de France. ibid.
Avignon ville & Comtat transportez au Pape Clement sixiesme, par Jeanne de Naples Comtesse de Provence. 623. A. & comment. ibidem.
Aulerciens peuple de Neustrie. 36. A.
Avoir laissé les Houseaux, pourquoy facetieusement pris par le peuple, quand il veut donner à entendre qu'un homme est allé de vie à trespas. 819. B.
Avoir, est le verbe substantif des langues Françoise, Italienne, & Espagnole. 760. C.
Avouerie pour adultere. 852. B.
Aurelian l'Empereur loüoit la severité des Gaulois. 15. A.
Auriflame venuë du ciel. 799. B.
Ausone admirable en jeux Poëtiques, entre tous les Poëtes Latins. 736. D.
Ausone precepteur de l'Empereur Theodose. 994. C.
Austrasie (Royaumes d') & de Neustrie. 36. A.
Austriche (maison d') n'est point tant ce qu'elle est par les guerres, que par traitez de mariages. 1038. D.
Austrovant Duc & Gouverneur d'Aquitaine sous Clotaire. 39. A.
Authentique si qua mulier, de quoy traite, & en quoy consiste. 1006. C.
Auteur (l') imite l'Arithmeticien en quoy. 4. A.
Autheurs modernes dignes de mocquerie, pour avoir appellé les Gaulois barbares. 10. A. & qui les peut avoir invitez à ce contemnement. ibid.
Autheurs faisans mention des François devant la venuë de Valentinian à l'Empire. 19. A.
Autheurs qui ont joint l'estude du Droict avec les lettres humaines. 999. B.
Autheurs (que nous ne manquons d') pour sçavoir au vray en quel temps les François s'enseigneurierent aux Gaules. 22. C. D.
Autheurs anciens Romains qui ont parlé du Gascon. 37. C.
Autheurs qui ont excellé en la langue Latine. 953. C. & 954. A. B.
Autheurs Italiens qui ont suivi les traces de Guillaume Durante en l'explication du Droict Romain. 980. D. d'autres entre ceux-là. 999. A.
Autheurs qui ont escrit la vie de Brunehaud. 469. A. qui sont ceux qui ne condescendent à la farouche opinion des vices qu'on lui impute. 471. B. & suivans.
Authorité de la Grand' Chambre du Parlement quelle. 62. B.
Authorité extraordinaire deferée à la Chambre des Comptes par Philippes de Valois. 72. B.
Authorité octroyée aux Maistres des Comptes pour le fait des Monnoyes. 72. C.
Authorizez des Saints Peres pour la Principauté du Siege de Rome. 159. A.
Auvergnacs, Heduens, & Sequanois en debat pour la Principauté. 3.
Azaric & Comes Roys des François jettez en proye aux bestes farouches par Constantin le Grand. 41. B. C.
Azincourt (bataille d') en Normandie, miserable pour les François. 524. D. 525. A. B. C.
Azon grand Jurisconsulte, & la regrettable fin de sa vie. 379. A.

B.

Table des Matieres.

B.

Bacheleries, Licences & Doctorandes, sans lesquelles il est deffendu de s'exposer à la chaire, ou au maniment public d'un Estat. 330. B.
Bachelier en Theologie condamné par Arrest de faire amende honorable, pour avoir mis entre les articles de ses Theses, que le Pape pouvoit donner les Royaumes. 226. D. 227. A.
Balaseth. *Voyez* Basaïth.
Baïf quitte la Poësie Françoise faite en rime, pour composer des vers mesurez. 733. B.
Baillifs & Seneschaux faisoient jadis le serment à la Chambre des Comptes. 71. A. B. estoient comptables. *ibid.*
Baillifs appellez anciennement *Missi*. charge ordinaire. 117. & 118. A.
Baillif & Seneschal ne font qu'un mesme Estat. 117. D.
Baillif signifie gardien en vieil langage François, & Baillie garde. 118. B.
Baillifs & leur premiere origine d'où procede. 117. A. pourquoy appellez de ce nom. *ibid.*
Baillifs & Seneschaux simples Commissaires du commencement, envoyez par les Provinces pour s'informer des deportemens des Juges ordinaires. 399. B.
Baillifs & Seneschaux quand establis par forme d'officiers en titre. *ibid.* par les anciennes ordonnances leur estoit deffendu de se marier, ou faire aucunes acquisitions en & au dedans de leurs baillies. *ibid.*
Baillifs estoient les receveurs particuliers du domaine. *ibid.*
Baillifs & Seneschaux esleus & instituez par deliberation du grand Conseil. 400. C.
Baillifs & Seneschaux annuels. *ibid.* après leurs charges finies, demeuroient quarante jours sur les lieux, pour répondre devant leurs successeurs des plaintes que le peuple voudroit proposer contr'eux. *ibid.*
Baillifs & Seneschaux nommoient leurs Lieutenans. 404. A.
Baillifs sont Juges establis és païs coustumiers. 1005. B. quels estoient anciennement, & quels aujourd'huy. *ibid.*
Ballades & leur formulaire. 697. C.
Balance, d'où derivée. 310. B.
Baleure, de *bis labra*. *ibid.*
Ban, vieux mot François. 818. A. signifie proclamation publique. *ibid.*
Banne, signal des Orleannois. 524. B.
Bande, & ses diverses significations. 851. C.
Bandez, mot de ligue. *ibid.* C.
Bandon Roy des Francs, grand Capitaine. 25. B.
Banniere, vieux mot François. 758. D.
Bannerets sorte de Chevaliers, & l'origine de leur nom. 137. B.
Banniere, mot pris par nos ancestres, pour une chose qui estoit publique, ou voüée au public. 763. B.
Bannier (tureau), pris pour Bannier. *ibid.*
Banons & deffens, termes formels du grand Coustumier de Normandie, pour une chose qu'ils exposoient à la discretion du public. *ibid.*
Bans ou annonces qui se font en cas de Mariage. 134. B.
Bans & arrierebans, & leur introduction à l'occasion des fiefs. 127. A.
Bannissemens anciennement faits à son de trompe. 134. B.
Banquets pour festins, & banqueter pour festoyer. 778. B.
Banquets & débauches que l'on fait à la feste des Roys. 389. A.
Baptesme receu des François sous le Roy Clovis. 6. B.
Barat tromperie, *barater* tromper. 762. D.
Barbares quels entre les Romains. 7. C.
Barbarie du Romain contre Alaric Roy des Visigots. 11. A.
Barbe par quels Empereurs razée, & par quels portée longue. 782. B.
Barbe razée à quelqu'un contre sa volonté, pourquoy tournoit à injure. *ibid.*
Barbe (faire bien la) à quelqu'un, proverbe d'où derivé, & que signifie. *ibid.*
Barbe de foüerre à Dieu abusivement, pour gerbe de foüerre. 877. A.
Barbiers receus au College des Chirurgiens. 973. D.
Barbiers à quel exercice & pratique destinez. 963. C.
Barguigner, mot François aussi familier entre les Marchands que *chiquaner* entre les Praticiens. 763. A.
Barrois (le) controversé entre les Rois de France, & les Ducs de Lorraine. *ibid.*
Bartole grand Jurisconsulte, & l'ordre de son instruction & progrez aux lettres. 788. D.
Bartole (plus resolu que), proverbe d'où derivé. *ibid.*
Basaïth reduit sous la captivité de Tamberlan, & le traitement qu'il en receut. 645. A. B.
Basine (prediction de) femme de Childeric, sur leur sterilité, la premiere nuict de leurs nopces. 674. D.

Bastard d'Orleans fait Lieutenant General du Roy sur toute la France, reduit en son obeïssance la Normandie & la Guyenne. 535. B.
Bastards pourquoy dits par nous ressembler aux loups. 790. C.
Bastards enfans de Roy sous la premiere lignée de nos Roys, partageoient également avec les enfans legitimes. 479. B.
Bastards pourquoy naturellement plus forts & vigoureux que les enfans procreez en vray & loyal mariage. 673. C.
Bastards qui ont donné aux plus grandes Monarchies leurs commencemens ou advancemens. *ibid.*
Baston rompu sur la fosse des defuncts Roys, par le grand Maître. 870. B.
Bataille donnée contre Attila Roy des Huns vers Chaalons du temps de Valentinian le tiers. 26. C.
Batailles permises aux Gentils-hommes en champ clos, pour la deffense de leurs droicts en matiere civile, & la forme qui s'y observoit. 361. B.
Batteurs de grange representez par Pelletier. 720. B.
Bavalan supplia le Duc de Bretagne, qu'il lui pleust remettre l'execution du Connestable Clisson, au temps qu'il ne seroit point courroucé. 640. D. & suivans.
Bavalan rend un bon & loyal service au Duc son maistre, luy faisant entendre pour le contenter, qu'il avoit obey à son commandement. *ibid.*
Baudoüin Empereur de Constantinople, premier autheur des Appanages. *ibid.*
Baudoüin entreprend le quatriéme voyage d'outre-mer, plus poussé par discours que de devotion. 615. D.
Baudoüin chassé de Constantinople par Michel Paleologue. 866. A.
Baudricour envoye Jeanne la Pucelle habillée en homme à Charles septiéme dans la ville de Chinon. 538. D.
Bayard demande à une Dame un de ses manchons pour gage d'amitié, & ce qu'il en fit. 598. D. 599. A.
Bayard (retraicte tres-loüable de) d'un amour vicieux. 600. A. B. C.
Bayard fait un insigne traict de liberalité des deniers pris à un Thresorier, qui les portoit à un Lieutenant du Roy d'Arragon. 602. C.
Bayard (lettre de) artificieuse par laquelle il delivra la ville de Maisiere du siege de l'Empereur Charles-Quint. 603. D.
Bayard (denombrement des plus beaux exploicts de). 607. A.
Bayard (le Chevalier) & le traict memorable de Chevalerie, courtoisie, & liberalité qu'il montra en la prise de la ville de Bresse. 594. A. B. blessé à mort d'un coup de bale. 607. B.
Bayes, mot emprunté de la farce de Patelin, en ce proverbe, *Repaistre un homme de Bayes*. 873. A.
Beatitude, Paternité, Majesté, attribuez aux Papes, & quand. 166. C.
Beaux peres, tiltre dont nous honorons les Religieux & Moines, pour *Beats Peres*, parce qu'ils semblent avoir espousé une vie sainte. 849. D.
Beaux Peres pour ceux qui ont enfans mariez, & pourquoy. *ibid.*
Beaux fils pour gendres. *ibid.*
Bec, *becquer*, & par metaphore *rebecquer*, vieux mots Gaulois. 758. A.
Bede natif d'Angleterre, florissant vers le temps de Pepin Roy de France. 34. A.
Bedeau de Sorbonne contraint de faire amende honorable, en la place d'un Bachelier à ce condamné par Arrest, qui s'en estoit fuy. 227. A. 235. C.
Bedeaux & leur difference d'avec les Sergens. 427. D. 796. C.
Bedeaux de l'Université de Paris. *ibid.*
Bedeaux du Recteur de l'Université de Paris, s'entendoient anciennement Sergens. 936. D. pour quelle raison ont esté instituées les masses d'argent qu'ils portent. 937. A.
Beduins quels. 799.
Beeler des brebis, meilleur & plus naturel que le *Balare* Latin. 774. B.
Beffroy, pour effroy. 878. A.
Belgion Capitaine Gaulois. 13. C.
Belisaire Lieutenant de l'Empereur Justinian, grand Capitaine. 30. A. vainqueur de Vitige & son successeur en son Royaume. *ibid.*
Bellay (du) introducteur des Sonnets en la Poësie Françoise. 703. B.
Belles-meres & belles-filles d'où ainsi nommées. 849. D.
Bellovese & Sigovese conducteurs des Gaulois en la conqueste de l'Italie & de la Germanie. 13. C.
Benediction de Dieu tres-grande en trois Princes de la famille des Martels. 507. C.
Benefice (mot de) quand & comment se vint loger dedans nostre Eglise. 131. B. 243. C.
Benefice du Privilege du *Committimus*, pour quelle raison appellé par l'Autheur malefice. 61. A.

Benefices

Table des Matieres.

Benefices & fiefs viagers distribuez par les premiers Roys de France aux Gentils-hommes & Escuyers. 214. C.
Benefices (resignations de) à uns & autres admises en nostre Eglise sous l'authorité du Sainct Siege. 243. C.
Benefices (permutations de) & retentions de pensions sur iceux permises par les Papes. *ibid.*
Benefices entre les Latins pour privileges & octroys des Empereurs. 400. B.
Benefices conferez aux Seigneurs & Gentils-hommes, prognostic tres-certain de changement d'Estat. 214. C.
Benefices sont terres qui estoient assignées par les anciens Roys François aux Gentils-hommes & Escuyers. 129. D.
Benefices au jeu de la Blanque ce que c'est. 248. C.
Benevent (Ducs de) & de Spolete. 114.
Saint Benoist instituteur de l'Ordre des Benedictins. 242. D.
Benoist XIII. dit en son nom Pierre de la Lune. 233. B.
Benoist XIII. pense sur toutes choses de gagner & attirer à sa cordelle, le Parlement & l'Université. 255. B. ses moyens pour ce faire. *ibid.* conclu en l'assemblée generale tenuë dans Paris, qu'on luy feroit pleniere soustraction de toute obeyssance. *ibid.*
Benoist XIII. quand commence de n'estre plus appellé de ce nom de Benoist, mais sans plus Pierre de la Lune. 256. B.
Benoist XIII. (cause pour & contre) plaidée en son grand appareil devant Charles VI. en son grand Conseil. *ibid.*
Benoist XIII. sommé de se demettre de la Papauté pour le repos du public, répond brusquement qu'il n'en feroit rien. 257. B.
Benoist XIII. declaré schismatique & heretique. 257. A.
Benoist XIII. envoye une forme d'Edict à l'Université de Paris, par lequel il luy permet de se nommer sur les benefices des Diocesans, afin de l'attirer à son obeïssance. 271. A.
Berengers & leurs corrivaux chassez d'Italie. 174. A.
Bernard (Saint) reprend tres-aigrement le Pape Eugene, de l'avarice, & des entreprises de la Cour de Rome. 246. C.
Bernard (Saint) ne fait aucune mention de l'Université de Paris. 274. B.
Bernard (Saint) pousse Louys VII. à eriger des écoles & estudes publiques en unes & autres villes de son Royaume. 275. A.
Bernard (Saint) remonstre à Louys septiéme, comme il devoit proceder aux élections des Evesques, & Abbez pour n'abuser point de Sa Majesté. 301. A.
Bernard (Saint) semond, & exhorte Conrad Empereur d'Allemagne, & Louys le jeune Roy de France, à entreprendre le second voyage d'outremer. 615. A.
Bernard (Saint) Fondateur de l'Abbaye de Clairvaux. 895. D. ennemy formel de Pierre Abelard pour quelques propositions erronées qu'il soustenoit. 896. D.
Bernard, grand Chambellan de Louys le Debonnaire purgé pour son serment du crime qu'on luy imposoit. 370. C.
Berthe femme de Carloman veut avoir sa raison de ce que Charlemagne avoit envahy le païs de ses enfans. 508. C.
Bertold Scuvards Religieux de l'Ordre de S. François inventeur de l'artillerie. 954. C.
Besas, pour deux as. 809. B.
Besaces, pour deux sacs. *ibid.*
Besicles pour lunettes, & pourquoy. *ibid.*
Bessons pourquoy appellez deux enfans d'une mesme ventrée. *ibid.*
Bias l'un des sept sages de Grece, quoyque non Roy, toutesfois vrayement Roy de sa nature. 1024. D.
Bibliotheque de S. Victor par qui commencée. 275. D. enrichie de livres rares. *ibid.*
Bigarrer que signifie, & son originaire derivaison. 427. C.
Bigot, pourquoy denote celuy, qui avec une trop grande superstition s'adonne au service divin. 759. B.
Biron (le Mareschal de) executé à mort, & ses biens donnez à son frere par Henry quatriésme. 578. A.
Blanche mere de Saint Louys se comporte avec tel'e sagesse au maniement des affaires de France, que toutes les Reines meres aprés le decedz des Roys leurs marys, veulent estre nommées, Reines Blanches, par une honorable memoire tirée du bon gouvernement de cette sage Princesse. 149. A. 647. D.
Blanque, jeu introduit en France par les Italiens pour tirer deniers. 847. C.
Blanque comme se pratique aujourdhuy. 848. C. D.
Blanque pratiquée entre les soldats de Probus pour un cheval de grande vitesse pris contre les Alains. 849. B.
Blaspheme des Jesuites se baptisans d'un si glorieux titre. 342. A.
Boëce de Symmaque tué par Theodoric Roy des Ostrogots. 29. A.
Boëtes de dragées presentées à Thoulouse aux Docteurs Regens par les nouveaux Docteurs par forme de gratification de leur nouvelle promotion. 64. C.
Boheme se soustrait totalement de l'obeïssance du Saint Siege de Rome. 272. D.
Bohemiens ou Egyptiens quand commencerent à entrer en France. 407. d'où issus selon le raport de Volaterran. *ibid.*
Boire d'autant. 875. B.
Boire l'un à l'autre, deffendu par Charlemagne à ses soldats. *ibid.*
Bois qui va au-dessous de l'eau comme une pierre, appellé pour cette cause du commun peuple, Bois de la trahison. 426. D.
Bon par dessus l'épaule, en se mocquant, d'où procede. 845. C.
Boniface pour quelle cause donna entrée à Genseric au païs de l'Afrique duquel il estoit Gouverneur. 26. D.
Boniface huictieſme pris par Nogaret pour se venger de l'injure qu'il avoit faite au Roy son maistre. 52. B.
Boniface VIII. pourquoy mort de regret, ou selon aucuns de rage. 230. C.
Boniface parvint au Papat *malis artibus*. 230. A.
Boniface VIII. seul entre les Papes a disputé nostre Regale. 229. A.
Boniface IX. confirme les Annates. 254. A.
Bonnet(prendre le), que signifie en l'Université de Paris. 274. A.
Bonnets que les Escoliers prennent aux Licences & Maistrises. *ibid.*
Bonnet verd par la Coustume de Laval, donné aux cessionnaires de biens. 389. D.
Bonnets ronds venus des bourlets des chaperons anciens. 396. C.
Bonnets à quatre brayettes estoient les bonnets quarrez ainsi appellez du commencement à cause de leur façon grossiere. 397. A.
Bonnetiers du faux-bourg de Saint Marceau furent long-temps en mauvais menage avec les Escoliers. *ibid.*
Borgia par la faute de son sommelier fait mourir de poison Alexandre VI. Pape du nom son pere, 463. A.
Boucherie de la porte de Paris abbatuë, pourquoy. 525. C.
Bouchers Partisans du Bourguignon. 523. A. & suivans.
Bouchers font une assemblée dont le dessein est rompu par la prudence du Seigneur des Ursins, au grand mécontentement du D*u*c de Bourgogne. *ibid.*
Bouge & *b*.*ugette*, anciens mots Gaulois, pour ce que nous appellons bource. 758. B.
Bouleveuë pour bonne veuë en ce proverbe *d'un homme qui a fait marché asseuré*. 877. C.
Boulongne occupée par les Bentivolles. 129. A. recoussé par le Pape. *ibid.*
Bourbon Baronnie quand érigée en Duché & Pairie. 5*..* C.
Ducs anciens de Bourbon. *ibid.*
Bourdeaux defendus au Royaume de France par Saint Louys. 815. D.
Bourg, *Bourgeois*, *Bourgeoisie*, *Faux-bourgs*, tous vieux mots François. 759. B.
Bourgeois (six) de Calais remarquables en charité vers leurs Citoyens. 675. C. se presentent à Jean de Vienne Gouverneur de la ville pour la delivrance d'eux tous. *ibid.* sont menez au Roy d'Angleterre Edoüart la hart au col. *ibid.* sont renvoyez sains & sauves la part qu'il leur plairoit tenir. *ibid.* B. comparez avec les Horaces, Quintes-Curces & Deces anciens Citoyens de Rome. *ibid.*
Bourgeoisies du Roy, ce qui appartient au fait de leurs droicts, & abus qui se commettent quelquesfois sous leur nom. 385. B.
Bourgogne. 26. A.
Bourgogne (Roys de). 29. C.
Bourgogne possedée par les Roys de Mets aprés la ruïne de quatre ou cinq Roys. *ibid.*
Bourgogne fourragée par les Normans. 35. C.
Bourgogne donnée à Hugues le grand par Louys d'Outremer. 103. A.
Bourguignons. 19. A. B. confinoient jadis aux Allemans. 29. C.
Bourguignons d'où ainsi appellez selon l'opinion d'Orose. 29. C. donnez en contre-carre aux Allemans par Valentinian. *ibid.* rapportoient leur ancien estre aux Romains. *ibid.*
Bourguignons rendus tributaires à Clovis par deux grandes desfaites. 26. D. leur pays aboly par ses quatre fils. *ibid.*
Bourguignons chassez par les François. 30. D.
Bourguignons d'où surnommez salez entre nous par maniere de mocquerie. *ibid.*
Bourguignons grands sous Gratian Empereur, abastardis environ l'Empire d'Atanase. 43. D.
Bourguignons, pour tous ennemis de France & pourquoy. 775. B.
Boussole, invention admirable qui court sur mer, pour se recognoistre ton qu'on a perdu tout jugement de son addresse, & le moyen que l'on y tient. 419. A.
Bouteiller (grand) l'un des Estats plus estimez autresfois prés la personne de nos Roys. 109. B. signoit à toutes les lettres de consequence de la Chancellerie. *ibid.*

Bouteiller

Table des Matieres.

Bouteiller (grand) de France souverain de la Chambre des Comptes. 73. C. vers quel temps ne presida plus en ladite Chambre. 74. B.
Bouteiller (grand) avoit seance avec les Pairs. 104. D.
Bouteiller (droicts particuliers attribuez au grand). 431. C.
Bouteiller, ancien office de la Couronne, dont la memoire est pour le jourd'huy oubliée en la Cour du Roy. 764. C.
Bracelets de cheveux dignement chantez par quelques Poëtes de marque. 317. D. 718. A. B.
Braye, & Brayette, mots Gaulois d'où derivez. 758. B.
Brennon Capitaine Gaulois. 13. C.
Bretagne occuppée anciennement en plusieurs endroicts par les Gaulois 11. C.
Bretagne (l'Isle de) appellée Albion avant l'arrivée des Bretons en icelle. 34. A. comment occupée par les Anglois & Saxons. 33. B.
Bretagne Armorique. 33. B. ainsi appellée du temps mesme des premiers Empereurs. ibid. gouvernée par Comtes, Ducs & Roys. ibid.
Bretagne (Duché de) disputé par les maisons de Montfort & de Blois. 34. 571. D. uny à la Couronne de France par le Mariage d'Anne de Bretagne avec Charles VIII. 34. C. 649. 566. D.
Bretons haïtez de la grande Bretagne par les Anglois. 33. B. confinez en un arriere-coin d'icelle. ibid. s'estiment estre descendus de Brutus. 39. C.
Bretons quand s'impatroniserent de l'Armorique. 33. A.
Bretons Gaulois, & Bretons Bretonnans. ibid. C.
Bretons Gaulois en quoy separez des Bretons Bretonnans. 33. A. avoient donné nom à la grande Bretagne long-tems avant la venuë de Cesar. ibid. debellez par Clovis. ibid. rendus tributaires par Dagobert. ibid. souvent vaincus par Louys le Debonnaire & Charles le Chauve. 34.
Bretons grands guerriers, & qui par Privilege special seuls entre les autres peuples de la Gaule se sont dispensez de la domination de la France. 34. C.
Brigade, compagnie, Brigue, menée couverte que l'on fait pour parvenir à une entreprise. 835. B.
Brigans, usurpé anciennement pour une espece de gens de guerre. 836. B.
Brigans ramassez aux champs par Brigades pour faire mal. ibid.
Brigans pourquoy pris entre nous pour meurtriers par les champs. ibid.
Brigans (compagnie de) quand, par qui, & pourquoy establie. 841. D. d'eux sont venus les Voleurs. ibid.
Brimborions d'où derivez. 878. A.
Trimborions, (dire ses) ce que c'est. ibid.
Brisse Archevesque de Tours chassé par le peuple, a recours à Rome. 198. B.
Brisse restably sept ans aprés avoir esté chassé. ibid.
Brissonnet Chancelier déclare en plein Parlement ne vouloir plus delivrer de *Committimus* qu'aux domestiques du Roy. 60. D.
Brodeur pour Bourdeur, en ce proverbe, *Autant pour le Brodeur*. 876. D.
Brunehaud (advenement de) en France predit par une Sibylle. 474. C.
Brunehaud premiere de la famille des Roys, qui ait familiarisé avec les Papes par lettres. 194. D.
Brunehaud se retire devers Saint Gregoire, pour demeurer feüille à ses mést hancetez. ibid.
Brunehaud (comparaison des deportemens de) & de Fredegonde. 461. D.
Brunehaud chassée par Theodebert de sa Cour & pourquoy. 458. D.
Brunehaud s'amourache de Protade Chevalier Romain. 459. A. le fait Maire du Palais de Bourgongne. ibid.
Brunehaud fait cruellement massacrer les enfans de Theodoric. 459. & suivans, fait bannir Colomban saint homme, fait empoisonner Theodoric, prediction d'elle faite par la Sibylle, Sommaire de ses vices. 461. B.
Brunehaud exposée à un piteux supplice par procedures extraordinaires inexcusables. ibid. d'où procederent les calomnieuses accusations contr'elle. 491. D.
Brunehaud (lignée de) cruellement affligée par la famille de Fredegonde. 467. D.
Brunehaud celebrée comme Princesse sans pair, par Gregoire premier Pape de ce nom en matiere de devotion. 470 D.
Brunehaud (premier traict de cruauté faussement imputée). 473. C. le second. 475. C. le troisiéme. 477. B.
Brunehaud (quel jugement on peut faire de la vie de) par le livre de l'Abbé Jonas. 491.
Brunehaud (autres tant cruautez, qu'amourettes imputées) sur sa vieillesse. 479. C.
Brutus estimé avoir donné le nom aux Bretons. 39. B.
Tome I.

Brutus nom fatal pour la liberté des Romains 419. D.
Bucherons, Charpentiers & Matelots embesognez, pour des navires décrits par Ronsard. 725. C.
Budé directeur de la compagnie des Professeurs publics. 927. C. tres-docte en la langue Grecque. ibid.
Bugler des Bœufs. 773. D.
Bussi le Clerc emprisonne le Parlement de Paris dans la Bastille. 879. D.
Bulles du Pape addressantes au Chancelier de Paris, lequel des deux doit estre entendu, ou celuy de Nostre-Dame, ou celuy de sainte Genevief ve. 935. B.
Bulles du Pape Benoist XIII. lacerées & arses dans Paris. 257. C.
Bulle contre Henry IV. arse & bruslée dans Paris. 234. C.
Bureaux de la Chambre des Comptes grand & petit. 76. A.
Buret premier Poëte François qui adjousta la rime à nos vers mesurez. 733. B.
Bysance fortifiée & rebastie tout à neuf par Constantin le grand, & pourquoy. 167. C. nommée pour cela Constantinople. ibid.

C.

C pourquoy en nostre Arithmetique signifie cent. 414. D.
Caboche écorcheur de Bœufs gonfanonier du party des Bourguignons. 527. B.
Cabochiens veulent empescher la paix avec les Princes du party de la maison d'Orleans. 523. A.
Cabochiens (suite des). 524. B.
Caën a receu l'institution de son Université de Henry sixiesme Roy d'Angleterre. 993. B.
Cagnard, *Cagnardiers*, & la source de leurs noms. 834. D.
Cagot, vieux mot François pourquoy usurpé pour denoter celuy qui avec une trop grande superstition s'addonne au service de Dieu. 759. B.
Cajette ville d'Italie fort renommée. 633. C. assiegée par Alphonse Roy de Sicile. ibid.
Calamitez que le siege d'Avignon apporta en l'Eglise Gallicane. 259.
Calatiens, Indois mangeoient leurs peres & meres aprés leur mort. 411. D.
Califfes & Sultan, estans insinuez entre les Sarrazins apporterent diminution à l'estat d'Admiral. 121. B.
Calixte III. Pape & sa mort. 635. B.
Calvin, sa naissance, ses estudes, & ses sciences. 858. B.
Calvin, & Luther combattent d'un commun vœu contre le Siege de Rome, celuy-cy en Allemagne, & l'autre en France. ibid.
Cam maudit par son pere Noé, & condamné luy & sa posterité d'estre serfs de ses deux freres & de ceux qui leur appartiendroient. 375. A.
Camille blasmé par Manle Capitolin pour avoir esté frauduleux en la victoire qu'il emporta sur les Gaulois en temps alieré des armes. 14. B.
Canons extraits par nos Roys des Conciles de Constance & de Basle, pour la conservation de la discipline Ecclesiastique de la France. 269. A.
Cantium ville de la grand' Bretagne. 8. B.
Capeluche bourreau de Paris, chef d'une émotion nouvelle dans Paris. 527. B.
Capeluche decapité par Arrest de la Cour de Parlement. ibid.
Capet surnom de Hugues Roy de France d'où derivé. 843. A.
Capitaines François enrollez dans les legions Romaines sous la conduite de Julian l'Apostat. 25. A.
Capitaines joüissans par personnes interposées des biens de l'Eglise, mauvais pronostic. 318. C.
Caquet, *caquetter* d'où formez. 774. C.
Cardinal, mot introduit en l'Eglise Romaine plutost par necessité, que par ambition. 179. C.
Cardinalare, mot employé pour donner la premiere place ou plus haut lieu à quelqu'un. 178. A.
Cardinalat mis particulierement en œuvre pour les Prestres & Diacres de Rome. ibid.
Cardinal tourné en titre de grandeur par les Evesques du Diocese de Rome. ibid.
Cardinaux Diacres dans Rome. ibid.
Cardinaux les uns appellez Prestres, & les autres Diacres. 156. C.
Cardinaux Prestres, pour ceux qui estoient pourveus des anciennes Cures de Rome. ibid.
Cardinaux Prestres à la difference de ceux qui estoient sans titres. 178. C.
Cardinaux pourquoi habillez de pourpre. 180. B.
Cardinaux quand commencerent d'estre habillez de pourpre pour marque de leur grandeur. ibid.
Consistoire ou Senat des Cardinaux répandu par tout le Royaumes de la Chrestienté. ibid.
Cardinaux d'Avignon rognent les Benefices de France. 254. B.
Cardinaux François depuis quand ne sont plus esleus Papes, & pourquoi. 261. C.

M m m m   Cardinaux

Table des Matieres.

Cardinaux François contraints par les Romains d'eslire un Pape Italien. 624. B.
Cardinaux François d'Avignon causent un schisme pernicieux en l'Eglise. ibid.
Carfou ce que c'est. 358. D. que signifie. 405. C.
Carloman contraint, pour obtenir relasche des Daciens ou Danois, de leur promettre 12. mil livres de tribut. 35. A.
Carmes à leur advenement en France furent appellez Barrez, & pourquoi. 427. C.
Carobert fils de Charles Roy de Hongrie. 410. A. ses pretensions sur le Royaume de Naples. ibid. B. C. 619. C. 622. A.
Cartage, cause que le Romain resta sur pied, mesmes en ses plus grandes decheutes, tant qu'elle luy fit contrecarre. 1031. B.
Cas auquel l'Université est d'advis qu'on peut lever des deniers sur le Clergé. 258. B.
Castalion repris d'avoir voulu employer le mot de *Genius* pour *Angelus*. 785. A.
Catherine de Medicis gratifiée par Henry troisiéme d'un present provenant de la vente des Greffes. 396. B.
Catherine fille de Charles VI. se dit Reine de France, & pourquoi. 147. 148. A. B.
Cathalogne saisie par les Cattiens & Alains. 26. C.
Catholiques Associez, Catholiques malcontens. 860. C.
Catholiques Associez, Catholiques ligueurs, Catholiques zelez. ibid.
Catholiques ne veulent approuver les actes & decrets des Conciles celebrez au desceu de l'Evesque de Rome. 158. D.
Caton reputoit la Gaule belliqueuse entre les autres nations. 16. B.
Cavalier pour Chevalier. 764. A.
Cavalerie, pour Chevalerie. ibid.
Causes de la ruine de l'Empire Romain provenuë de Constantin le Grand. 23. C. de plusieurs autres causes. ibid. & 22. A.
Cause plaidée en Parlement touchant le fait des quatre nations de l'Université de Paris. 940. D.
Causa, pource que nous disons chose en François. 856. A.
Cause plaidée devant Philippes de Valois sur les entreprises de Benoist treiziéme, dit Pierre de la Lune. 421. D.
Causes des Seneschaux de droict escrit à quels jours se doivent expedier. 49. D.
Causes des domestiques de la maison du Roy pourquoy furent envoyées aux gens tenans les Requestes du Palais. 59. A.
Causes qui se traittoient aux Parlemens Ambulatoires. 45. D.
Causes pour lesquelles les Papes devinrent grands sous la troisiéme lignée de nos Rois. 239. D.
Causes (sermentés) que l'on exigeoit des parties, osté au Concile de Valence. 371. C.
Causes criminelles comment se vuidoient anciennement entre les François. 1005. C.
Ceinture abandonnée en la presence du Juge pourquoy signifie la cession de biens. 389. C.
Ceinture (à la) on portoit jadis les principaux instrumens qui servent à l'entretien de la vie. 390. A.
Ceinture dorée remarque ancienne de prudes-femmes en ce proverbe, *Bonne renommée vaut mieux que ceinture dorée*. 783. A.
Ceinture dorée deffenduë aux femmes débauchées par Arrest de Parlement. ibid. 816. D.
Celtes & Gaulois mesme peuple. 11. B.
Celtiberes extraits du vieil tige des Gaulois au rapport de Plutarque. ibid.
Celtoscythes. ibid.
Cens levé par nos premiers Roys sur leurs subjets. 833. B.
Censives, Lots, & Ventes inventées pour la reconnoissance que les Roturiers doivent à la Noblesse. 1029. A.
Censures des Druydes comme s'observent encore aujourd'huy. 9. A.
Censures vrayes des Papes contre les Princes souverains. 127. D.
Censures (trois circonstances qu'il faut garder soigneusement aux). ibid.
Censures des Papes seuls n'ont jamais eu lieu contre les Roys de France. 229. D.
Censures de Jules II. censurées. 233. C.
Cerebelle, ce que c'est entre les Medecins. 777. C.
Ceremonies observées aux Gages de bataille des matieres criminelles, tant en la Prevosté de Paris que Bailliage d'Orleans. 364. D.
Ceremonies & formes tenuës en Normandie és Gages de bataille. 365. B.
Ceremonies qui se font en Parlement aux Octaves de Pasques & à la Toussaincts. 50. D.
Ceremonies qui se font à la reception des Maistres és Arts en l'Université de Paris. 387. C.
Cerveau composé de trois ventricules selon les Medecins. 777. C.
Cession de biens & la façon gardée en icelle. 389. C.
Cessionnaires de biens, infames de fait, non de droit. ibid.

Chabot, (l'Admiral) & le procez qui luy fut fait par la Cour. 549. A.
Chaire de saint Pierre Eglise principale, dont est issuë l'unité sacerdotale. 189. B. C.
Chambellan (grand) avoit droict sur les vassaux qui relevoient nuëment du Roy leurs fiefs en foy & hommage. 431. C.
Chambellan (grand) l'un des Estats plus estimez prés la personne de nos Roys. 109. A.
Chancellerie (signoit à toutes les lettres de consequence de la). ibid. D.
Chambellage (droict de) que doit le vassal au Seigneur feodal advenant changement de mains. 432. D.
Chambellage que doivent les vassaux à la Chambre des Comptes quand ils y sont introduits par le premier Huissier, ou son commis, pour y faire serment de fidelité, comme entre les mains du Roy. 431. C. D.
Chambre des Requestes nullement mentionnée aux Parlemens tenus dans Paris sous Philippes le Bel & Louys Hutin. 59. A. quand & pourquoy introduite. ibid. B. C.
Chambre seconde des Requestes faite par Henry III. au Parlement de Paris. 61. B.
Chambres du Parlement & des Requestes instituées par Philippes le Bel. 49. D.
Chambres du Parlement de Paris en quel temps commencerent de s'assembler. 62. B.
Chambre du Thresor à Paris à quoy erigée. 93. B.
Chambre du Conseil supernumeraire où se vuidoient les appointez au Conseil de la grand' Chambre. 66. B.
Chambres du Parlement & leur nombre ainsi que les choses sont disposées pour le jour d'huy. 69. C.
Chambre premiere des Enquestes. 53. C.
Chambre deuxiesme & troisiesme des Enquestes. 68. A.
Chambre cinquiéme des Enquestes érigée de nouveau en l'an 1568. 70. A.
Chambre mot de trés-grande dignité entre nos anciens dedans l'Europe. 71. A.
Chambre des Comptes érigée dans Bourges par Charles Dauphin, aprés la venuë des Anglois dans Paris. 67. C. 74. B.
Chambre des Comptes establie à Tours pendant le temps des derniers troubles. 191.
Chambre des Comptes de Paris a connoissance du temporel de Regale. 679. C.
Chambre des Comptes de Paris instituée bien avant sous la troisiesme lignée des Roys de France. 69. D.
Chambre des Comptes establie à Paris pour l'ordre des finances. 70. D.
Chambre des Comptes a pretendu quelquesfois avoir droict d'indult sur les Benefices. 71. B. quand le pourchassa. 262. D.
Chambre des Comptes estoit anciennement à la suitte des Roys. 71. D.
Chambre des Comptes avoit puissance de verifier les graces émanées du Roy, mesme les decerner tout ainsi que le Royaume mesme. 72. B.
Chambre des Comptes haussoit ou affoiblissoit le prix de l'or & de l'argent. ibid.
Chambre des Comptes choisie pour decider les affaires qui regardoient le general de la France. 74. B. C.
Chambre des Comptes oste un Bailly de son Bailliage. ibid.
Chambre des Comptes de combien de sortes d'Officiers composée. ibid.
Chambre des Comptes reglée par Louys XII. 75. B. & combien il leur importe que le Greffier d'icelle soit Secretaire du Roy. 79. A.
Chambre des Comptes a eu la connoissance des premieres Aydes imposées sur Paris. 88. C.
Chambre des Comptes s'opposa magnanimement à l'Edict du Roy Henry III. par lequel il vouloit rendre hereditaires tous les offices qui n'estoient de judicature, & payans finances. 651. D.
Chambre des Comptes fait des remonstrances au Roy Henry IV. sur le don par luy fait des biens du Mareschal de Biron à son frere. 578. A. B. & ce que le Roy luy répond. ibid.
Chambre du Domaine adjoustée par François I. du nom. 68. B.
Chambrier du Roy avoit seance avec les Pairs. 104. D.
Chambrieres & servantes, ensemble la difference qui estoit anciennement entre ces deux mots. 764. C.
Champagne vers quel temps érigée en Comté. 100. C.
Champagne composée anciennement de trois sortes de gens. 382. C.
Chancelier presidoit du commencement au grand Conseil. 83. C. & en son absence les Maistres des Requestes de l'Hostel. ibid. jusques à quand dura la coustume. ibid.
Chancelier avoit seance avec les Pairs. 104. C.
Chancelier appellé du commencement grand Referendaire. 109. A. signoit toutes les lettres de plus grande consequence de la Chancellerie. ibid.

Chancelier

Table des Matieres.

Chancelier l'un des Estats plus estimez & honorez prés la personne de nos Roys. ibid. reputé le chef de tous les Estats de la Justice. ibid.
Chancelier (le) alloit au Parlement à l'election des Presidens. 401. B.
Chancelier de Nogaret premier des Conseillers du premier Parlement. 52. A.
Chancelier Poyet, & le procez qui luy fut fait par Arrest de la Cour. 551. C.
Chancelier de l'Université de Paris est du corps des Doyens, Chanoines, & Chapitre de l'Eglise Episcopale. 275. D.
Chancelier de l'Université de Paris d'où prit son origine. 933. B. eut permission d'absoudre du lien d'excommunication par le Cardinal d'Estouteville. 936. A.
Chancelier de l'Université pourquoy ainsi nommé. 938. B.
Chancelier de Nostre-Dame de Paris, portoit d'anciennete le nom de Theologal. 935. D.
Chancelier de Notre-Dame & de sainte Genevieve, l'office de chacun d'eux deux. 934. C.
Chancellerie premierement introduite pour subvenir aux affligez par benefice du Roy. 70. C.
Chancellerie sert aux plus fins & rusez comme d'une chose inventée pour trouver quelque ressource aux causes desesperées. ib.
Changement des Estats & offices anciens en nouveaux sous l'Empire de Constantin & de Theodose. 24. B.
Changement du Siege Imperial, fut sujet aux nations estrangeres d'assaillir l'Italie. 167. D.
Changeur du Thresor, Receveur general du Domaine. 93. C.
Chanoines Theologaux pour enseigner la parole de Dieu. 178. C.
Chanoines quand & par qui premierement erigez en cet ordre de Corps & College en l'Eglise de Tours. 177. B.
Chanoines peuvent tenir prebendes sans estre Prestres. ibid. B.
Chanoines introduits és Eglises Cathedrales vers le temps de Charlemagne, & dont est provenu l'ordre qu'ils y tiennent aujourdhuy. 176. D.
Chanoines separez de table d'avec leurs Evesques. 242. B.
Chanoines de l'Eglise de Rheims par qui premierement instituez. 311. C.
Chanoinies pourquoy appellées benefices à simple tonsure. 312. C.
Canoines (Roys de France reputez) en quelques Eglises par le seul titre de leur couronne. 314. A.
Chanoinies pourquoy ainsi appellées. 311. C.
Chansons composées par le Comte de Champagne. 691. A. B.
Chant de l'Eglise Gallicane autre que celuy de l'Eglise Romaine auparavant le temps de Charlemagne. 191. C.
Chants Royaux, & leur formulaire. 695. D. pourquoy ainsi appellez. 698. C.
Chants Royaux plus dignes pieces que les Poëtes de moyen aage enterent sur le vieux tige de la Poësie Françoise. ibid. C.
Chaos (vieux) doctement & admirablement bien décrit par du Bartas. 722. B.
Chantelle assiegée par le Roy sur le Connestable de Bourbon. 564. A. B.
Chapitres (és) ou assemblées generales des Prestres gisoit anciennement le Senat ou Conseil commun de chaque Evesché. 176. D.
Chaptres ou Colleges des Eglises Cathedrales. ibid.
Chapperon fourré, vraye marque du Magistrat du Palais. 60. C.
Chapperons, leur ancien usage, & les proverbes qui ont pris racine de ce mot entre nous. 791. & suivans.
Chapperonner pour bonneter. ibid.
Chapperons (grands Seigneurs mirent leurs) sur leurs epaules, quand ils commencerent de porter bonnets ou Chappeaux. 793. A
Charges des Maistres des Comptes consistoient principalement au maniement des finances, du Domaine ou Tresor, & des Monnoyes. 72. A.
Charges ostées à plusieurs personnages par les trois Estats seditieusement assemblez dans Paris par les factions du Roy de Navarre. 54. D. rendués. ibid.
Charité de six notables Bourgeois de Calais envers leurs Citoyens. 675. C.
Charlemagne éleu Prince de Rome. 171. D. 891. B.
Charlemagne se fait Seigneur de Rome & de l'Italie, horsmis de la Poüille, & de la Sicile. 172. A. la confirmation de l'eslection tant du Pape, qu'autres Evesques luy fut accordée. ibid. C.
Charlemagne reçoit la couronne de l'Empire, & est sacré Empereur par les mains de Leon grand Pontife de Rome. ib. D. 201. B.
Charlemagne bien versé en Langue Latine. 892. D. fit tenir cinq Conciles pendant son Empire, & les noms des villes où ils se tinrent. ibid. D. les jours de sa naissance & de sa mort. ibid.
Charlemagne n'a point esté fondateur de l'Université de Paris. 273. B.
Charlemagne avoit grand soin des bonnes lettres. 263. C. fit
Tome L

la vie des Roys de France en vers. ib.
Charlemagne tenu par le peuple autheur & institueur des douze Pairs de France. 95. C. opinion contraire de l'Auteur. ibid.
Charlemagne cherit & embrasse un cadavre, comme s'il eust esté plein de vie. 645. C.
Charlemagne est si épris de l'amour d'Aix, qu'il ne la veut desemparer, & y parfait le reste de ses jours, & pourquoy. ibid. D.
Charlemagne grandement addonné aux Dames sur la fin de son aage, & sa Cour pleine de troupeaux de femmes. 646. D.
Charlemagne defend à ses soldats de boire les uns aux autres, quand ils seroient en l'armée. 875. C.
Charlemagne comment jetta les premiers fondemens de la ruine de la famille des Martels. 507. D.
Charles, (le nom de) fatal pour la seconde lignée de nos Roys. 421. A.
Charles le Chauve principal instrument de la ruine des Martels.
Charles le Chauve par brigues & moyens sinistres supplante les legitimes heritiers de l'Empire, & se fait couronner Empereur par le Pape Jean huictiéme. 209. A.
Charles le Chauve siege en un Concile habillé à la Gregeoise. ibid. D.
Charles le Chauve achepte à beaux deniers comptans la couronne de l'Empire du Pape Jean huictiéme. 213. B.
Charles le Chauve Roy de France estant Empereur favorise le Pape aux dépens de nos anciennes libertez. ibid.
Charles le Chauve l'un des premiers autheurs de la mutation arrivée tant en l'Etat Ecclesiastique, que seculier. ibid.
Charles le Simple d'où a pris ce surnom. 35. C. 101. C.
Charles le Simple est appellé à la couronne au douziéme an de son aage. 101. D. 515. A.
Charles le Simple excite tous les Princes & Seigneurs du Royaume contre luy, pour trop favoriser Aganon. 102. A.
Charles cinquiéme employe une belle sagesse pour faire sortir effet à ses Conseils. 87. D.
Charles cinquiéme prend au commencement le titre de Lieutenant general de France, & aprés de Regent. 89. B.
Charles V. pourquoy prit la qualité de Regent. 194. B.
Charles cinquiéme fait un Edit, par lequel il veut qu'un Roy de France soit déclaré majeur à quatorze ans. ibid.
Charles cinquiéme appellé le Sage & le Riche. 87. D. 515. A.
Charles cinquiéme Regent sauvé pour avoir changé de Chapperon. 793. D.
Charles VI. surnommé le Bien-aimé. 416. D.
Charles VI. mal disposé de son esprit est abandonné presque de tous les siens. 525. A.
Charles VI. & VII. conservez pour le respect qu'ils ont porté à l'Eglise. 282. B. C.
Charles septiéme guerroye l'Allemagne de gayeté de cœur, pour ne laisser tomber en lascheté ses soldats. 140. B.
Charles septiéme fait son entrée dans Paris. 139. C. 535. B.
Charles septiéme foible d'entendement de peu d'effet au rétablissement du Royaume. 513. D.
Charles VII. par Arrest déclaré indigne de succeder à la Couronne. 531. A.
Charles VII. traversé d'admirables adversitez estant Dauphin. ibid.
Charles huictiéme trouble l'ordre ancien des Presidens. 74. C.
Charles VIII. s'achemine en Italie pour le recouvrement du Royaume de Naples. 558. C. engage son Domaine pour cet effet. ibid.
Charles huictiéme favorisé par les Italiens sur son advenement en son voyage de Naples. 31. D.
Charles Martel representoit sous son Estat de Maire du Palais la personne du Roy. 40. D.
Charles (deux) de la lignée de Martel en France & Germanie foibles de sens. 101. C.
Charles Martel quand florissoit entre tous les François. 169. D. introduit pardevers soy la Majesté de la Couronne sous le nom de Maire du Palais.
Charles Martel donna le premier les Archevesché & Evesché à ses Capitaines. 232. C. 207. C. 300. B. 321. C.
Charles Martel n'est premier introducteur des Dixmes feodées. 321. B.
Charles Martel fils aisné de Charles II. Roi de Hongrie. 619. C. ses enfans. ibid.
Charles Martel bastard. 674. C.
Charles de France fait la loy & hommage du Duché de Lorraine à l'Empereur. 103. B.
Charles d'Austriche depuis Empereur, mis sous la tutelle du Roy Louys XII. 643. A.
Charles frere de Lothaire trahy par l'Evesque de Laon. 103. B.
Charles de Charrolois mort honteusement à la journée de Nancy. 1024. B.
Charles cinquiéme Empereur comment débaucha le Connestable

table de Bourbon du service de François premier, Roy de France. 561. C.
Charles de l'Aunoy Vice-Roy de Naples, & Lieutenant general de l'Empereur Charles-Quint. 566. A.
Charles de Bourbon premier du nom & ses enfans. 557. A.
Charles Comte de Montpensier heritier de Pierre Duc de Bourbon decede sans enfans masles. 558. A. épouse Susanne fille d'iceluy par le commandement de Louys XII. ibid. est institué heritier par elle venant à mourir. *ibidem.*
Charles de Bourbon Connestable de France & son extraction. 557. B. sa grandeur & ses biens. 559. C. ses dignitez & prouesses. 568. C. D. est recherché en mariage par Louyse de Savoye mere de François premier. 559. D. dépouillé de tous ses biens & Seigneuries, pour n'y avoir voulu entendre. 562. B.
Charles de Bourbon Connestable débauché du service de François premier par l'Empereur Charles-Quint, sous couleur de luy donner Leonore sa sœur en mariage. 561. C. attire à sa cordelle les uns & les autres Gentils-hommes. 562. D. sa conjuration découverte. 563. B. contrefait le malade à Moulins. ibid. est mandé par le Roy à Lyon. ibid. se retire à Chantelle. *ibidem.* D. envoye l'un de ses Conseillers vers le Roy, pour l'asseurer de sa fidelité. *ibidem.* est assiegé. 564. A. échappe s'estant déguisé. *ibidem.* D. arrive à Mantoüe, où il est remonté d'armes & de chevaux. ibid. declaré criminel de leze-Majesté par Arrest. 565. A.
Charles de Bourbon sortant de Mantoüe, accueilli par Charles de l'Aulnoy Vice Roy de Naples. 566. A. envoyé par Charles-Quint en Provence avec gens & argent en qualité de Lieutenant General. *ibidem.* B. est contraint se retirer avec sa honte. ibid, envoyé pour lieutenant general aux Milanois. 567. C. tire trois cens mille escus des Citoyens pour les soldats de l'Empereur. ibid. C. se rend soldat de fortune. 568. A. donne jusques à la ville de Rome. ibid. tué d'un coup de balle eschelant les murs d'icelle. *ibidem.* recapitulation de sa vie. 568. B.
Charles de Chastillon Comte de Blois. 34. C. sa mort. ibid. C.
Charles de Valois frere de Philippe le Bel. 629. B. pere de Philippes de Valois Roy de France. ibid.
Charles frere de saint Louys Comte d'Anjou & de Provence. 619. B. fait Roy de Naples & de Sicile par les menées du Pape. 620. A. 223. A. 864. A. Roy de Hierusalem. 620. B. défait Mainfroy & Conradin. ibid. 864. A. 865. C. vient à Bourdeaux contre Pierre d'Arragon Roy de Sicile. 621. A. meurt. ibid. B.
Charles II. dit le Boiteux, Roy de Naples. 619. B. prisonnier l'espace de quatre ans. 621. C. delivré. ibid. meurt laissant quatorze enfans. ibid.
Charles III. Roy de Naples appellé par les Hongrois à leur Royauté. 625. C. tué d'un coup de hache à la suscitation d'Ysabelle de Hongrie. ibid.
Charles Duc de Durazzo laissé à la garde du Royaume de Naples. 622. C. decapité par le commandement de Louys Roy de Hongrie. ibid.
Charles II. de Durazzo entre victorieux en la ville de Naples. 624. D.
Charles de Durazzo prend Othon prisonnier, & fait pendre & étrangler Jeanne Reine de Naples. 625. A. investy du Royaume de Naples par Urbain VI. *ibidem.* quand commença de regner. ibid.
Charles fils de René Duc d'Anjou fait Comte du Maine, institué par René d'Anjou son heritier. 629. C. meurt & laisse ses biens au Roy Louys XI. 637. A.
Charles Roy de Naples & Pierre Roy de Sicile eurent de grandes prises. 223. B.
Charles (maistre) de Sanoisi Chambellan de France, comment traitté, ses gens ayans offensé les Escoliers. 277. C.
Charles du Lys Advocat general à la Cour des Aydes, issu de la famille de Jeanne la Pucelle surnommée du Lys par Charles VII. 544. B.
Charondas Legislateur des Thuriens ordonna que les bonnes lettres fussent enseignées aux dépens de la Republique. 917. A.
Chasteau de Nogent l'Artaut pourquoy ainsi nommé, & par qui basty. 544. D.
Chasteau en Espagne, vieux proverbe François & sa signification. 791. C.
Chaussée pour haussée ou levée. 878. A.
Chefs de l'entreprise d'Amboise pris dans Tours & décapitez au carroy d'Amboise. 860. B.
Cheval d'une admirable vitesse pris en une expedition des Romains contre les Alains. 849. A.
Chevaleries dont les Roys honorent ceux qui les ont bien servis en guerre. 138. C.
Chevaliers de Loix ou de Robbe longue. 137. A.
Chevaliers Bannerets & portans Bannieres. 137. B.
Chevaliers de saint Michel. 138. B. leurs noms. ibid. C.
Chevaliers de l'Estoile, de la Jarretiere, de la Toison d'or, & de l'Annonciade en la maison de Savoye. 138. & suivans.
Chevaliers de saint Michel. 138. A. leur institution. 139. C.
Chevaliers d'armes. 137. A.
Chevaliers du saint Esprit, & leur institution. 139. C.
Chevaliers entre les anciens Gaulois du tout affectez à la guerre sous la devotion desquels se consacroient le menu peuple & gens du tiers estat. 785. C.
Chevaliers (trois cens) François tuez de sang froid par Basaith. 644. C.
Chevalier fait en la Cour de Parlement, l'Empereur y seant. 662. B.
Chevauchées (droicts de). 85. D.
Chevauchées faites par les Generaux. 91. B.
Chevelure des Roys de France comment faites. 19. D.
Chevelure ou longue perruque, marque de la Majesté de nos premiers Roys de France. 779. D.
Cheveux tondus aux vaincus. ibid.
Cheveux coupez pour supplice. ibid.
Cheveux quand ont cessé d'estre portez longs en France. 782. A.
Cheveux (bracelets de) dignement chantez par quelques Poëtes de remarque. 717. C. 718. B.
Chicanerie entrée en Cour d'Eglise. 224. B.
Chien (entre) & Loup, Proverbe que signifie. 791. A.
Chievres (le sieur de) choisi par Louys XII. pour avoir la conduite de Charles V. Empereur. 643. A.
Childebert fils de Clovis. 23. A. tué de sa main Alaric Roy des Visigots. 27. A.
Childebert Roy d'Austrasie emprisonné par la suscitation de Fredegonde. 457. D.
Childeric successeur de Meroüée, chassé, puis remis. 26. C.
Childeric pere de Clotilde, troisième Roy des Bourguignons, tué par Gondebaut son frere. 29. C.
Chilperic fils de Clotaire I. eut trois femmes, & leurs noms. 452. D.
Chilperic assassiné à l'instigation de Fredegonde sa femme. 455. A. 463. B. opinion & raisons contraires de Pasquier. 466. 467.
Chilperic mit quatre lettres Grecques dans notre Alphabet François. 877. D.
Chicanerie des Procureurs & Advocats de Paris, cause la perte de plusieurs bons esprits. 70. C.
Chirurgie vers quel temps incorporée en la Faculté de Medecine. 958. A.
Chirurgiens pour quelles causes non receus au Corps de l'Université de Paris à leur premiere presentation. 958. C. érigerent une Confrairie en l'honneur de Saint Cosme & Saint Damien. ibid. d'où vient qu'ils sont obligez de panser gratuitement tous les pauvres blessez, tous les premiers Lundys de chaque mois. ibid.
Chirurgiens (premiere institution des). 955. A. 959. A. B.
Chirurgiens (mot de) que signifie en vray François. 964. B.
Chirurgiens de Paris faisoient leurs actes de licence plus solemnels en l'Hostel-Dieu. 960. B.
Choses preordonnées par un jugement tres-certain de Dieu, ont toutefois leurs heurts & rencontres fluctuantes & incertaines. 156. A.
Chrestien de Troyes grand Poëte François. 691. A.
Chrestiens employez par Constantin encore Payen, en ses guerres. 24. C.
Chrestiens furent addonnez quelque temps aux divinations payennes. 373. A.
Christoaims. 859. B.
Christophe (Messire) de Thou premier President à la Cour interrogeant un homme prevenu de crime, ne voulut jamais prendre de luy le serment. 372. C.
Cingethoric concurrant en grandeur d'Induciomare declaré ennemy de la Republique. 9. B.
Citoyen (bon) puny en une Republique tyrannique pour ses biens seulement. 1051. A.
Citoyens de Cantium estimez par Cesar les mieux appris d'entre les peuples d'Allemagne. 8. A.
Civilité de mœurs és anciens Gaulois. 10. B.
Clabauder des mastins. 774. B.
Claqueris des dents. 773. C.
Claude Pelgé Maistre des Comptes de Paris, fondateur d'une lecture en Theologie. 929. C.
Claude fille aisnée d'Anne de Bretagne, mariée avec François premier. 34. B.
Clef mise sur la fosse par la femme, pourquoy signifie qu'elle renonce à la communauté de son feu mary & elle. 239. D.
Clemence memorable du Roy François premier en la punition du fait du Connestable de Bourbon. 577. A.
Clemence grande de Henry quatriesme en la punition du fait du Mareschal de Biron. ibidem.
Clemence sage de Constance femme de Pierre d'Arragon Roy de Sicile. 621. C.
Clement V. autheur des Clementines. 254. A.

Clement

Tables des Matieres.

Clement V. entre en magnificence dans la ville de Lyon. 259. A. deux freres du Roy tenoient les refnes de fon cheval. ibid. B.
Clement V. grand homme. ibid. D.
Clement V. extreme, foit en vertus, foit en vices. 260. A. B. C.
Clement V. fait publier une Croifade contre le Turc, & publie des Indulgences pour lever à cet effet argent fur le peuple. 617. B.
Clement V. habitué en Avignon avec toute fa Cour. 623. C.
Clement V. ordonne qu'il prendra la moitié des revenus de tous les Benefices de la France pour l'entretenement de fon eftat & de fes Cardinaux. 254. B.
Clement VII. affiegé dans Rome par Charles de Bourbon. 568. A.
Clement Marot fit parler le Roman de la Roze de la façon qu'on parloit fous le regne de François premier. 690. C.
Clement Marot, Poëte recommandable. 700. C. fes œuvres. ibid. D.
Clerc que fignifioit à nos anciens. 76. A.
Clerc ne pouvoit decliner la Jurifdiction de Cour d'Eglife pour fubir celle de la Cour Laye. 285. B. C.
Clercs tonfurez ne portoient habillemens de deux couleurs. 427. C.
Clerc de fa naïfve & originaire fignification appartient aux Ecclefiaftiques. ibid.
Clerc pour Secretaire. 787. A.
Clerc du Treforier, c'eft-à-dire, Controlleur. ibid.
Clercs & compagnons d'aval. 76. A.
Clercs de robbe longue. ibid. B.
Clercs de la chambre des Comptes. ibid.
Clercs du Roy, puis des Princes. 787. B.
Clercs du Secré. 788. A.
Clercs & Notaires du Roy. ibid.
Clergé de France connoifloit des fautes de fon Roy, non le Pape. 202. B.
Clergé repris pour fon avarice. 283. C.
Clergé protefte n'entendre fubir Jurifdiction devant le Roy. 288. A.
Clergé (menu) qui eft aprés la perfonne des Evefques, quand premierement reduit en Colleges. 371. B. C.
Clergé en France pour la Religion & pour les bonnes lettres. 785. C. D.
Clergie pour homme fçavant, & Clergie pour fcience en ce Proverbe, Parl r Latin devant les Clercs. 786. C.
Clericature comment fervoit autrefois d'une franchife d'impunité. 427. D.
Cliquetis des armes. 773. C.
Clifton attaqué & bleffé par Meffire Pierre de Craon. 517. A.
Clifton Conneftable de France emprifonné par la tromperie du Duc de Bretagne. 640. C.
Clifton (bel e histoire de) que le Duc de Bretagne eftant en colere commanda d'eftre noyé. ibid.
Clifton creé tuteur par Jean cinquiéme, Duc de Bretagne fon ennemy. 643. B.
Clifton (grande preud'hommie de) en l'exercice de la tutelle du Duc de Bretagne. ibid.
Clodion fucceffeur de Pharamond braffoit de grandes & hautaines entreprifes. 26. A.
Clodion fecond Roy de France. ibid. fit quelques courfes fur le Cambrefis. ibid. B.
Clodion furnommé le Chevelu & pourquoy. 162. D. 180. C.
Clodomir fils de Clovis. 23. A.
Clotaire I. fils de Clovis, ibid. Roy de France abfolu. 26. A.
Clotaire fecond foupçonné Baftard. 648. B. 673. D.
Clotaire (quel aage avoit) lors que Fredegonde fa mere en fit favoris contre fes ennemis. 457. A. B.
Clotaire repudia Radegonde fa premiere femme. 451. C. fes inceftes. ibid. mourut en mefme jour qu'il fit mourir fon fils, l'année fuivante. ibid.
Clotaire II. afflité d'un heur extreme & extraordinaire. 464. A.
Clotaire fecond eftimé le plus heureux de tous les Roys de France. 495. D.
Clotaire II. comparé à Augufte au cours de fa fortune. 499. B. fut le premier fondement de la defolation & ruine de la famille du Roy Clovis. ibid. C.
Clovis Roy de France quand nafquit. 26. D. extermina de tout point la puiffance des Romains de la Gaule. 27. A. fubjugua les Bourguignons. ibid. vainquit & chaffa les Vifigots d'Aquitaine. ibid.
Clovis fubjugua la Germanie. 22. B.
Clovis nommé en Alemand Ludvith, ou Luduin, en quel temps nafquit. 26. D. nous devons à luy feul l'entrée & la promotion des François en la Gaule. ibid.
Clovis foigneux de la juftice & zelateur de la Religion. 396. fait Chreftien. 435. B.
Clovis grand Roy tant en guerre qu'en paix. ibid. attira les Gaulois par fon Baptefme plus que par fes armes. ibid. D.
Clovis quand chaffa le Romain des Gaules, fupplanta le Bourguignon, & Vifigots. 170. B.
Clovis comment fait Chreftien. 183. B.
Clovis combatit l'herefie Arienne. 901. A.
Clovis premier autheur du cry Royal Saint Denis Mont-joye. 799. B. & fuivans.
Cœur fiege de l'efprit felon plufieurs. 777. C. receptacle des penfées. ibid. C.
Cœur (avoir le) à quelque chofe. 780. B.
Connoiffance des Officiers Royaux en debat donnée au grand Confeil par le Roy François premier. 89. B. depuis reftable par le mefme Roy aux maiftres des Requeftes de fon hoftel. ibid.
Colin tampon, fon du tambour des Suiffes. 773. C.
Collation dont nous ufons és jours de jeufnes, & fon ufage originaire. 815. C.
Collations de Jean Caffian Hermite, leuës aux jours de jeufnes és monafteres. 816. B.
Colleges de Paris pour la pluspart font fondez par des Ecclefiaftiques, & pourquoy. 275. C.
College de la focieté du nom de Jefus. 334. A.
College de Navarre fondé par la Reine Jeanne femme de Philippes le Bel. 819. A. 919. C. ftatuts de la fondation d'iceluy. ibid.
College des Bernardins de Paris en quel temps bafty, & à quoy fervoir. 898. B.
College de Sorbonne vers quel temps bafty, & par qui fondé. 917. B.
College de Calvy à Paris pour quelle raifon appellé la petite Sorbonne. 918. B. C.
College de Harcourt pourquoy divifé en deux maifons. 920. A.
Colleges de Chanoines quand premierement introduits és Eglifes Cathedrales. 176. D.
Colleges de Religieux diftincts & feparez d'avec les autres Colleges de l'Univerfité de Paris. 328. D.
Colomban perfonnage de bonne vie indignement banny à la follicitation de Brunehaud, & un fommaire de fa vie. 481. C. 482. A.
Colombe Chatoy femme d'un coufturier de Sens, qui a porté vingt huict ans un enfant. 665. D.
Cologne prife par Julian l'Apoftat. 27. C.
Colon ou mètayer partiaire. 843. C.
Combat accordé par le Parlement entre le Seigneur de Carrouges & Jacques le Gris. 366. A.
Combats ou duels publics n'eftoient decernez que par le Roy, & ce encore entre Gentils-hommes lefquels faifoient profeffion expreffe de l'honneur. ibid.
Combats finguliers qui fe faifoient en France pour la decifion des caufes quand & où condamnez. 366. B. authorifez quelquefois par l'Eglife. ibid.
Combats finguliers ne peuvent plus eftre decernez que par le Roy. ibid.
Combat de Jarnac & de la Chaftaigneraye fait au parc de Saint Germain en Laye devant le Roy Henry fecond. ibid. D.
Combennones vieux mot Gaulois que fignifioit. 803. A.
Comedie Françoife par qui premierement introduite. 704. B.
Comes Roy des François expofé aux beftes. 37. C.
Comes palatii, & fa charge. 838. A.
Commandemens d'un Prince faits par colere ne doivent eftre mis en prompte execution. 652. D.
Commentaire de S. Thomas d'Aquin fur le livre du Maiftre des fentences de combien grande recommandation. 906. B.
Commis des Finances comment eftablis. 94. B.
Commiffions, appellées committimus, obtenuës par les officiers domeftiques du Roy, pour intenter leurs caufes perfonnelles pardevant les Maiftres des Requeftes du Palais, & d'y faire renvoyer celles qui eftoient intentées pardevant les Maiftres des Requeftes de l'Hoftel du Roy. 59. C. D.
Commiffions de la Cour de Rome pour le fait de l'Univerfité s'addreffent toutes au Chancelier d'icelle pour les mettre en execution. 938. B.
Committimus quand commença d'entrer en credit. 60. A. qui en pouvoit jouir. ibid. B.
Communauté qui eft aujourd'huy entre le mary & la femme, inconnuë aux anciens Romains. 411. B.
Communauté en tous meubles & conqueft immeubles en France entre le mary & la femme. 411. C.
Communauté pour le tiers aux Reynes de la premiere lignée. 412. D.
Communauté (biens de) ne pouvoient jadis eftre alienez par le mary au prejudice de la femme. 414. A.
Communauté telle que nous l'avons, d'où puifée. 411. D.
Communauté n'eft aujourd'huy entre les Roys & Reines de France. 414. A.
Communauté de toutes chofes au premier cours de nature. 1048. A.

Mmmm iij Commu-

Communauté des Religions plus recluses & familieres de l'obfervance du vieux temps. *ibid.*
Compagnie de la Cour du Parlement de Paris fort recommandée dans la France, mais ennuyeufe pour la longueur des procedures. 70. B.
Compagnon, compagnie, compain, & leur étymologie. 803. A.
Comparaifon des Republiques avec les corps humains. 23. B.
Comparaifon de quelques Poëfies Italiennes avec celles des François. 715. A. & fuivans.
Comparaifon (autre) de la Poëfie Latine avec la Françoife. 721. A. B.
Comparaifon de l'ancienne langue Françoife avec celle d'aujourd'huy. 759. D.
Comparaifon & rapport de Philippes Augufte avec Clovis. 901. A.
Comparaifon des humains tant grands que petits avec ceux qui tirent à la rame. 1052. A.
Compaffion, vengeance, & amour, fourdent d'une mefme fontaine. 1048. D. 1049. A.
Compiegne, Laon, & Rheims demeure des Roys depuis Charles le fimple. 103. A.
Compilateurs des anciens Decrets, quels & vers quel temps ont efté en vogue. 908. B.
Complice, mot Gaulois. 758. B.
Seigneurs des Comptes interdits de leurs charges pour avoir refufé de verifier l'Edict de Henry III. touchant les Eftats hereditaires. 562. B. C.
Comptes (feverité des gens des) contre un qui avoit acheté un Eftat d'Auditeur. 403. B. C.
Comte de Champagne eut fept autres Comtes pour Pairs fujects à foy. 116. B.
Comtes de Champagne d'où ont pris leur progrés. 100. C.
Comte de Champagne avoit droict de prendre Jurées par chacun an dans les limites de fon Comté. 383. B.
Comte de Champagne, fa Maiftreffe & fes Poëfies amoureufes. 690. D. 691. A.
Comtes de Tholofe introduits premierement par Charles le Chauve. 408. C.
Comte de Bouquam Efcoffois pourquoy fait Conneftable de France. 531. B.
Comtes d'Anjou de la feconde famille. 629. B.
Comtes font de l'invention Romaine. 45. B.
Comtes du temps de Charlemagne, quelle dignité & authorité. 96. B.
Comtes avoient anciennement la charge & furintendance de la commune Juftice, 115. C. D. eftoient Juges ordinaires des villes. *ibid.*
Comtes en quelle façon s'accrurent & augmenterent. 119. A.
Comte d'Eftable, appellé depuis Conneftable. 107. B.
Comte d'Alcinois Poëte. 731. C.
Comteffe de Mont-fort, & fa magnanimité. 649. A.
Comté d'Anjou quand erigé en Duché. 629. B.
Comtez & leur primitive inftitution de quelle parure. 115. C.
Conan Lieutenant de Maxime Empereur comment s'empara de la Bretagne. 33. B.
Concert pour conference. 763. D.
Conche (en) pour en ordre. *ibid.*
Concile general & univerfel eft par deffus le Pape. 226. B.
Concile (ordonné que) feroit tenu en France deux fois l'an. 203. D.
Concile tenu dans Carthage auquel y avoit des Evefques, des Preftres, & les Diacres. 175. D.
Concile de Carthage quand celebré. 161. B. fon ordonnance portant deffence aux Prelats qui tenoient lieu de Primace de s'intituler Princes des Evefques, mais feulement Primats.*ibid.*
Concille de Bafle tenu en l'an 1435. 164. B.
Concile de Bafle publié par le Pape Martin, aux frequentes femonces & importunitez des Princes Chreftiens de l'Europe. 267. C.
Concile de Conftance extirpe le fchifme de l'Eglife. 264. A.
Concile de Conftance, & les belles conftitutions qui y furent arreftées. *ibid.*
Concile (au) de Conftance le Roy outre fon Ambaffadeur avoit un Procureur General. 293. C.
Concile fuppofé par Gratian Moine. *ibid.*
Concile de Nice celebré fous l'Empereur Conftantin. 154. A. 157. C.
Concile General arrefté dans Paris pour reformer l'Eglife. 261. D.
Concile tenu en la ville de Pife en l'an 1407. auquel Gregoire XII. & Benoift XIII. furent deftituez de leurs Papautez. 257. C.
Concile de Trente, recueil des anciens Conciles, fes plus belles refolutions, & plus faintes reformations. 293. C.
Concile (par le) de Trente on entreprend fur la dignité Royale. *ibid.*

Concile General de Conftantinople tenu fous l'Empereur Theodofe. 162. B. 160. D.
Concile de Conftantinople falfifié par les Grecs, pour gratifier leur Patriarche. 161. A.
Concile fixiéme de Conftantinople tenu fous Conftantin Pogonat. 162. B.
Concile General de Calcedoine tenu fous l'Empereur Marcian, & combien d'Evefques y affifterent. 161. C.
Concile premier d'Ephefe tenu fous Theodofe II. 163. D.
Concile où il fut arrefté que l'Empereur fe feroit par élection. 174. B.
Concile tenu à Mets fous Charles le Chauve. 178. C.
Concile tenu à Verdun, & ce qui y fut ordonné. 203. D.
Concile General tenu à Pontignon. 209. D.
Concile tenu en la ville de Tibour, quand. 239. B.
Conciles Generaux craints par les Papes pour la diminution qu'ils apportent à leur authorité. 267. C.
Conciles (quatre) Generaux anciennement approuvez en France. 290. C. D.
Conciles Nationaux ou Provinciaux des Gaules affemblez pour ce qui dépendoit de la difcipline Ecclefiaftique. 193. B. s'y traittoient articles de foy. 194. C. & s'y faifoit le procez aux Prelats. *ibid.*
Conciles Nationaux de la France foulez aux pieds par l'ambition de quelques Evefques. 194. C.
Conciles affemblez fous la lignée du Roy Clovis de l'authorité de nos Rois, & non du Pape. 193. A.
Conciles (autres) affemblez en France fous la feconde lignée de nos Roys, pour la reformation des Eglifes. 203. D. 204. A.
Conciles notables affemblez dans la ville d'Orleans. 193. A.
Conciles tenus à Clairmont, Tours, Mafcon, & Valence. *ibid.* C.
Conciles (autres cinq) tenus fous le regne de Charlemagne. 204. C.
Conciles confirmez par l'Empereur. *ibid.*
Conciles & autres actes faits au defceu de l'Evefque de Rome annullez. 159. A.
Conciles (divers) tenus en France fous l'authorité du Pape. 183. D. 184. B.
Conciles ouverts en France par l'ordonnance des Roys. *ibid.*
Conciles (deux) tenus dans Rome en l'Eglife Saint Jean de Latran. 249. A. le dernier fut fort folemnel. *ibid.* D.
Concordat paffé entre le Pape Leon & le Roy François premier accordé avec grande difficulté par la Cour de Parlement. 84. B.
Concordat fupprime la Pragmatique Sanction. 272. B.
Concordat ofte les élections qui font de droict divin. *ibid.*
Confederations d'entre les François & les Romains. 106. D.
Conferer, ce que c'eft entre les François. 815. C.
Conferences qu'on faifoit les veilles des Saints dans les Religions, appellées collations. *ibid.* B.
Conferre que fignifie chez les Latins. *ibid.*
Congregations de la nation d'Angleterre faites anciennement aux Mathurins, fe font maintenant fous le nom de la nation d'Allemagne. 941. B.
Conjuration de Charles de Bourbon Conneftable, contre le Roy. 661. C. découverte. 563. & fuiv.
Conneftable & fa dignité prés la perfonne de nos Rois. 109. A. tient le premier rang entre les eftats militaires. *ibid.*
Conneftable fignoit à toutes les lettres de confequence de la Chancellerie. *ibid.*
Conneftable premier des Confeillers laiz du premier Parlement. *ibid.*
Conneftable avoit feance avecque les Pairs. 104. C. D.
Conneftable d'où ainfi appellé. 106. D. 107. A. Surintendant de l'Ecurie du Roy. *ibid.*
Conneftables, Capitaines, Conneftablies, bandes. *ibid.*
Conneftables du commencement tous ceux qui commandoient fur quelques bandes. *ibid.*
Conneftables faits Lieutenans Generaux de toute la Gendarmerie de France. 110. A.
Conneftables quand commencerent de s'accroiftre & amplifier en grandeur. 111. B.
Conneftable (nul) depuis Louys XI. jufques à François I. 555. C.
Conneftable de Saint Pol, en fa maifon. 553. A. fa fortune & fes grandeurs. *ibidem.* fon raval. 554. B. fon Arreft de condamnation, pour avoir efté declaré criminel de leze-Majefté. *ibid.* D. l'execution d'iceluy, & les formes qui y furent gardées. *ibid.* & fuiv. l'année de l'execution. 555. C.
Conneftable de Cliffon, & les divifions de luy & le Duc de Bretagne. 640. C. & fuivans.
Conneftable de Bourbon, *voyez* Charles de Bourbon. 112. B.
Conqueftes communs entre le mary & la femme. 414. A.
Conqueftes memorables, trois principalement, faites par les Gaulois.

Table des Matieres.

Gaulois. 1. B. C.
Conqueftes de Philippes Augufte. 901. D.
Conrad efleu Empereur par les Allemans. 174. A.
Conrad fils de Frederic II. Empereur empoifonné par Mainfroy. 863. C.
Conradin fils de Conrad, & fucceffeur de Mainfroy au Royaume de Naples, vaincu par Charles d'Anjou en bataille rangée. 620. B. decapité en plein marché. ibid.
Confeil de grands Seigneurs en la Cour du Roy comment divifé & comment appellé. 69. D.
Confeil de Juftice ou des parties. ibid.
Confeil des finances ou d'Eftat. ibid.
Confeil (grand) créé pour decider toutes les grandes affaires de la France. 81. B.
Confeil (grand), Confeil fecret, Confeil eftroit. ibidem.
Confeil (grand) ordinaire à la fuite des Roys. ibid.
Confeil (grand) eftoit comme le Confeil d'Eftat d'aujourd'huy. ibid.
Confeil (evocations au grand) pendant les Troubles. 82. D.
Confeil (abus qui eftoit au grand) pendant les Troubles. 83. A.
Confeil (grand) reduit en forme de Cour ordinaire par Charles huictiéme. ibid. C. puis en forme de Cour fouveraine. ibid. D.
Confeil (grand) fait Semeftre. ibid.
Confeil (grand) de Juftice projetté fous Charles VIII. ibid. B.
Confeil (grand) agrandy par l'indulgence des Chanceliers. ibid.
Confeil (en quoy la jurifdiction du grand). 84. B.
Confeil (grand) connoit des caufes qui viennent du Concordat. ibid.
Confeillers du grand Confeil n'ont feance à la Cour de Parlement. ibid.
Confeil d'Eftat de Jules contre la jeuneffe Gotique. 25. B.
Confeil ou Senat des Empereurs de Rome. 82. B.
Confeil Privé eft celuy qui fe tient auprés la perfonne du Roy. 85. A. chicaneries qui y ont efté apportées par Meffire Guillaume Poyet Chancelier. 84. D. d'où vient qu'il y a gens qui y font acte d'Advocats & Procureurs. ibid. nommé Confeil d'Eftat fous Henry troifiéme. 86. B.
Confeil du Roy aprés que le Parlement fut arrefté dans Paris comment s'appelloit. 81. B. enfin appellé grand Confeil. ibid. B.
Confeil de ceux qui difcourent de l'art militaire au Prince qui fe veut fervir de fon voifin contre fon ennemy. 15. C.
Confeil joint avec la fortune caufe de la grandeur des Rois de France. 46. C.
Confeil fubtil donné à Philippes le Bel par Enguerrand de Marigny, pour lever aifément deniers du peuple. 87. C.
Confeil tenu dans Grenoble pour le Dauphiné efchangé en un Parlement érigé par le Roy Louys XI. 68. D.
Confeiller Lay plus ancien prefide en l'abfence des Prefidens. 60. C.
Confeillers ordinaires du grand Confeil, leur ferment & gages annuels. 83. A.
Confeillers du Parlement mypartis de Layques & Ecclefiaftiques. 51. C.
Confeillers clercs appellez Maiftres, les laiz Monfieurs. 52. B.
Confeillers laïques preferez aux Ecclefiaftiques. ibid.
Confeillers de la Cour en nombre effrené, reduits par Philippes de Valois. 58. C.
Confeillers des Chambres de Parlement en quel nombre fous Charles VII. 68. A.
Confeillers du Confeil privé, leur multitude effrenée. 86. A.
Confeillers nobles preferables aux roturiers en matiere d'elections. 55. A.
Confeillers du Threfor fur le fait de la Juftice érigez par François premier. 94. D.
Confeillers du Confeil privé ont feance & voix deliberative au Parlement. 86. B.
Confeillers qui jugent aujourd'huy les inftances à la Barre reprefentez par les anciens Maiftres des Requeftes. 59. B.
Confeillers créez fur le fait des Aydes, & de la Juftice, & leurs noms. 91. B. autres créez par Edict fait fur la reformation de toute la France. ibid. A.
Confeillers créez anciennement par election. 404. D.
Confeillers de deux fortes faits par Philippes le Bel en la chambre des Enqueftes. 49. D. leurs noms & leurs offices. ibid. la difference évanouie. 53. D.
Confeillers appellez du commencement Maiftres du Parlement. 793. D.
Confeilleries affectées aux Ecclefiaftiques, conferées par difpenfes à gens laiz & mariez. 55. B.
Confervateurs de l'Univerfité de Paris, un Apoftolique & un Royal. 945. B.
Confiftoire des Cardinaux inftitué des Papes, pour paffer par leur determination & confeil. 180. B.

Conftance de Marie Sthuart Reyne d'Efcoffe. 584. A.
Conftance femme de Pierre d'Arragon Roy de Sicile. 620. C. fage & clemente. 621. B.
Conftance Empereur embraffe le party des Arriens, & pourquoy. 24. C.
Conftant Empereur apporte à la ville de Rome le dernier accompliffement de fa ruine. 168. C.
Conftantin éleu Empereur des Gaules fous Arcade & Honore. 24. B.
Conftantin le Grand premier fundement de la ruine de l'Empire Romain. 24. C. s'ayda des Chreftiens long-temps avant fon Baptefme. ibid.
Conftantin le Grand transporte de Rome à Conftantinople plufieurs belles antiquailles. 167. C.
Conftantin le Grand plufieurs fois victorieux par l'aide des Chreftiens 24. C. baptizé un jour ou deux feulement avant fon decez. ibidem.
Conftantin accorde que l'élection des Papes fuft bonne fans attendre fon confentement, & pourquoy. 169. B.
Conftantin nom fatal pour l'Empire de Conftantinople. 420. D.
Conftantin boufon de noftre temps reprefentoit la voix de toutes fortes d'animaux. 666. B.
Conftantinople appellée nouvelle Rome. 23. C.
Conftantinople baftie & embellie par Conftantin. 39. D.
Conftantinople ainfi nommée pour avoir efté baftie par Conftantin Empereur. ibid.
Conftantinople aggrandie par le remuement de mefnage que fit Conftantin, de la ville de Rome en Grece. 160. A.
Conftantinople demeure ordinaire de Conftantin & de fes fucceffeurs. 167. C.
Conftantinople (à mefure que les Empereurs de) decheurent de leur Majefté, auffi d'une mefme balance declina l'authorité des Patriarches. 164. B.
Conftitutions Imperiales de Charlemagne quand faites. 79. C.
Conftitutions anciennes de Charlemagne, & de Louys le Debonnaire fon fils meflées de fpirituel & de temporel. 205. A.
Conftitutions decretales avantageufes pour les Papes au prejudice des Roys. 173. C.
Conftitutions des Papes qui ont condamné la preuve du fer chaud. 367. B.
Contention entre les Secretaires du Roy & le Greffier de la Chambre. 79. A.
Contention pour les armoiries de trois teftes de vache. 142. B.
Contention entre les Evefques de Milan, Conftantinople, Ravenne, pour fe vouloir égaler à l'Evefque de Rome, & d'où vient. 160. B. appaifée au Concile general de Conftantinople fous l'Empereur Theodofe. ibid.
Contention grande entre les Maiftres des Requeftes & les Confeillers du Parlement, à qui appartenoit le lieu de prefeance en l'abfence des Prefidens. 58. B. comment appaifée. ibid. comment a efté depuis obfervée. ibidem.
Contes de la Reyne de Navarre à l'imitation de Bocace. 702. B.
Contr'amours de Jodelle. 707. A.
Contract paffé entre la Faculté de Medecine & les Barbiers. 996. A.
Contrafte pour contention, & concert pour conference, mots que nous avons empruntez de l'Italien. 763. B.
Contrées du Ponant d'où empruntent aujourd'huy leurs noms. 17. A.
Contreporteurs, pour Colporteurs. 878. B.
Contrafte du Parlement pour ne verifier lettres qui ne font de Juftice. 65. C, D.
Controlleur du Threfor. 787. A.
Controverfe meuë entre les Prelats de Lyon, & de Vienne pour leur Evefchez, decife par le Roy & fon affiftance en une Affemblée generale. 47. C.
Convictolitane ordonné fouverain Magiftrat des Heduens en la place, & au lieu de Corte. 10. A.
Convocations folemnelles fous la premiere & feconde famille des Roys de France, appellées Parlemens. 85. quelles perfonnes y eftoient appellées. ibid.
Convoitife des hommes infatiable, & illimitée. 24
Copies des anciens livres pourquoy ne s'accordent. 761. B.
Coqueluche, mal de tefte accompagné d'une perpetuelle fluxion de pituite par le nez. 836. A.
Coqueter des cocqs. 774. B.
Coquette femme babillarde & pourquoy. ibid.
Coquin, pourquoy ufurpé entre nous pour un mendiant volontaire. 834. C.
Coqu (le) pond au nid des autres oifeaux. 876. B.
Coqu pourquoy appellé entre nous celuy dont la femme va en dommage. ibid.
Cordatus & Corculus d'où derivez. 778. C.
Coronel, mot qui approche de la Royauté. 839. D.

Corps

Table des Matieres.

Corps humains comparez avec les Republiques. 23. B.
Correcteurs des Comptes & leur dignité. 75. D. & suivans.
Correcteur (estat de) des Comptes exercé au commencement par commission, & depuis erigé en Office. 76. C.
Correcteurs (qui furent les deux premiers). 77. B.
Correcteurs avoient du commencement continuelle seance au grand bureau de la Chambre. ibid. C.
Correcteurs seoient en la Chambre devant les Thresoriers & Generaux des Finances. ibid.
Correcteurs (deffendu aux) de venir seoir au bureau, s'ils ne vouloient rapporter une Correction de compte. ibid. D.
Coton (le Pere) Jesuite, & son manifeste declaratif de la doctrine de sa secte, blasmez. 360. B.
Coupe feminine, ce que c'est aux vers François. 712. C.
Cour d'Eglise reformée en ses entreprises. 344. C.
Cour (la) d'Eglise authorisoit les gages de bataille, deffendus par le Concile de Vienne. 363. B.
Cour des Generaux des Monnoyes d'où tirée. 72. A.
Cour (la) de Parlement prend le serment de ceux qui sont pourveus, de n'avoir acheté leurs estats de judicature. 405. B.
Cour de Parlement reçoit le serment des Baillifs, Seneschaux & Procureurs du Roy relevans d'elle. 71. A.
Cour (acte memorable de la) du Parlement sous Louys XI. 651. B.
Cour des Pairs & leur conseil general. 50. A.
Cours (trois) souveraines dans Paris. 888. A.
Courcaillet des cailles. 774. B.
Courfeu, & carfou, voyez couvre feu cy-aprés. 818. D.
Courfeu mot racourcy. ibid.
Courir l'aiguillette, proverbe attribué aux femmes, lors qu'elles prostituent leurs corps à l'abandon de chacun. 816. D.
Couronne du Pape tombée de dessus sa teste. 259. A.
Courses diverses que firent les François és Gaules. 21. B.
Courses des Daciens ou Danois contre les Thuringiens. 33. D.
Coursier qui va le pas, puis se donne carriere, descrit par Clement Marot. 719. B.
Courtisan (le) balance la Justice au poids de l'utilité. 1029. C.
Courtisan (le) conseille au Roy de faire continuelles guerres, pour faire nouveaux impost sur son peuple. 1030.
Courtiser, mot aujourd'huy familier. 763. D.
Courtoisie remarquable du Capitaine Bayard. 593. B.
Coustume ancienne d'an & jour d'où prend son origine. 429. D.
Coustume étrange & farouche de l'Allemand envers ses Roys. 29. C.
Coustume des Gaulois quand ils avoient conquesté quelque pays. 11. B.
Coustume ancienne de reprendre les arrhemens d'une Poësie imparfaite aprés la mort de son autheur. 688. C.
Coustume (obscurité de la) de Troyes sur le fait des Bourgeoisies du Roy, & droicts de Jurée. 381. A. B.
Coustume de Lorry aux anciens gages de Bataille en ce proverbe, Il est de la coustume de Lorry, où le battu paye l'amende. 809. A.
Coustume sacrée & generale aux Sueves de porter les cheveux longs, pour reconnoistre les grands d'avec leurs serfs & esclaves. 20. A.
Coustume estrange des Bourguignons envers leurs Roys. 29. C. leur Monarchie de peu de durée, & en combien de Roys continuée. ibid.
Coustumes des Parlemens de prononcer en robbe rouge, les Arrests de consequence aux surveilles des bonnes festes. 50. B.
Coustume generale ancienne au Parlement, de faire adjourner les Juges pour venir soustenir leur jugé à leurs perils & fortunes. 65. A. B. depuis supprimée. ibid. B. pratiquée depuis à l'endroit des Juges non royaux. ibidem.
Coustume en Scythie aux grands banquets d'apporter sur le dessert un hanap à la compagnie pour boire, & qui estoit celuy qui le prenoit. 136. B.
Coustumes prennent leur accroissement taisiblement. 160. A.
Coustumes que le Clergé appelle loüables, pour donner pretexte à son avarice. 283. C.
Coustumier (vieux) de Normandie parlant en plusieurs articles de l'an & jour. 431. B.
Couvre feu ce que c'est. 318. D. & de quelle ancienneté. ibid.
Cran fils de Clotaire I. prie Tetrique Evesque de Chaalons de luy dire le succez de son entreprise contre son pere, & ce qui luy fut répondu. 373. B.
Craon (Sieur de) blessé de nuict de guet-à-pens le Connestable de Clisson, & s'enfuit en Bretagne. 517. A.
Craquetis des dents. 773. C.
Creation d'un Parlement dans la ville de Bourdeaux faite par Louys douzième. 68. D. un autre dans la ville d'Aix en Provence. ibid. un autre dans Dijon pour la Bourgogne. ibid. un dans la ville de Roüen. ibid.
Creserelle quel instrument, & d'où a pris son nom. 773. C.

Cretin vieux Poëte François combien excessif en equivoques. 739. C.
Creuës d'Officiers, avec augmentation de gages, & deffenses de ne toucher espices des parties, faites par Henry II. 69. B.
Crimes verifiez anciennement par trois sortes de preuves, & quelles. 367. A.
Crimes dont la preuve estoit inconnuë aux Juges, miraculeusement averez & découverts. 657. B. jusques à 660.
Crinitus malvoulu de l'Auteur pour son animosité contre les anciens Gaulois, reconnuë principalement par un passage. 7. A.
Croisade des François, avec une infinité de Chrestiens sous la main de Godefroy de Boüillon, & autres Princes. 13. A.
Croisade premiere, arrestée à Clairmont à l'instigation du Pape Urbain II. 38. A.
Croisade preschée contre les Infidelles sous Clement V. 617. A. B.
Croisades publiées par Clement, contre quelques Heretiques. 259. A.
Croisades que les Papes publierent contre leurs ennemis. 219. D.
Croisades quand & pourquoy publiées par les Papes. ibid.
Croix au lieu d'escharpe chargée aux voyages d'outre-mer. 239. C.
Croix portée devant les Patriarches. 243. D.
Croix S. André, enseigne des Bourguignons. 519. C.
Crotté en Archidiacre, proverbe attribué entre nous à un homme qui est fort crotté, & la raison. 813. A.
Cujas grandement honoré en Allemagne. 928. A.
Curateurs baillez à deux Charles de la lignée de Martel foibles de sens, occupent leurs couronnes. 101. C.
Curez primitifs. 311. B.
Curez appellez Cardinaux. 178. C.
Cyclopes forgerons des tonnerres de Jupiter naïfvement décrits par Virgile travaillans en la grotte de Vulcain. 725. B.

D.

D Pourquoy employé pour cinq cens en nostre Arithmetique Françoise. 414. B.
Dagobert jeune Prince se voulant vanger d'un sien Gouverneur, pour un dépit qu'il avoit conceu contre luy, fait raire sa barbe. 181. D.
Dagobert amplifie & aggrandit de plus en plus les Maires du Palais par sa nonchalance. 107. B.
Dam, mot attribué aux Religieux, qui sont constituez en dignité par dessus les autres. 769. B.
Dame (mot de) anciennement en France, comme le Dominus des Latins, approprié aux hommes. ibid. D.
Damoisel, diminutif de Dame pour les hommes. ibid.
Damoisel employé entre nous pour le Seigneur. ibid.
Damoisel mis en usage pour ceux qui sçavent courtiser de bonne grace les Dames, ou leur complaire. ibid.
Damoisel (Amadis de Gaule pourquoy appellé) de mer. ibid.
Damoiselle diminutif du mot de Dame pour les femmes. ibid.
Dompetre Cozelle Sicilien fait Professeur du Roy à Paris, comment par son impertinence fut contraint de resigner sa place. 932. C. D.
Dandat Roy Allemand, défait par le Roy Clovis. 799. C.
Danois, leur valeur, & leurs courses sur la France 31. B. sur l'Angleterre. 34. 35.
Dante & Occan declarez heretiques, pour avoir dit que le temporel de l'Empire ne dépendoit de la Papauté. 217. B.
Dante, (opinion vray-semblable de) sur ce qu'il qualifioit Hugues le Grand de Boucher. 513. A.
Dinut Roy des Danois en Angleterre. 35. A.
Darius abandonné de tous les siens aprés la premiere defaveur de fortune. 1024. A.
Dauphin (le) & le Duc Jean parlementent à Montereau-faux-Yonne. 528. B.
Dauphin (le Comte) d'Auvergne tué en la presence de Charles VII. 529. C.
Dauphine (la) baise la bouche à Maistre Alain Chartier dormant. 584. D.
Debat entre Milegast & Celeadagre freres, de leur Royaume, vuidé & jugé en faveur du puisné en une assemblée generale, tenuë à Francfort. 48. A.
Dece fit une persecution generale des Chrestiens dedans son Empire. 182. A.
Dechet & desbauche des libertez de l'Eglise Gallicane sous la seconde lignée de nos Roys. 207. C.
Decimes levées sur le Clergé pour la croisade publiée par Innocent III. 617. A.
Decimes imposées sur le Clergé. 252. C.
Decimes (usage des) osté de la Cour de Rome. 288. C.
Declaration de Charles cinquième, lors qu'il estoit Regent pendant

Table des Matieres.

dant la prison du Roy Jean son Pere, que les Chambres des Enquestes, & Requestes se tinssent à l'advenir sans discontinuation. 54. B.
Decret par lequel est arresté que le Concile general est par dessus le Pape. 225.
Decret ancien de l'Eglise Gallicane à ce que les causes beneficiales n'outrepassassent les limites du Royaume, dans lequel elles auroient esté commencées. 209.
Decret & censure de la Faculté de Theologie de Paris contre les nouveaux Religieux de la Societé de Jesus. 339. B.
Decrets (compilations de). 222. A.
Decrets & constitutions canoniques. ibid.
Decrets du Concile de Constance touchant le fait de l'Eglise de Rome. 264. D. 267. C.
Decrets & Ordonnances Ecclesiastiques du Concile de Basle. 267. C.
Decrets de la Pragmatique Sanction. 269. A.
Decretales, Sexte, Clementines, Extravagantes, toutes constitutions Canoniques & Pontificales. 222. B.
Deduction des sujets de chacun des neufs livres des Recherches. 6. B. C.
Deffenses aux Empereurs d'avoir plus de seance aux Conciles. 173. D.
Deffenses de vendre le Bien de l'Eglise. 193. B.
Deffenses aux filles de joye de porter ceintures dorées, collets renversez, pannes de gris, ou de menu verd à leurs robbes, & autres choses. 783. A.
Deffenses de bailler les Offices de Conseillers Clercs du Parlement à gens Laiz. 55. B.
Deffenses faites aux Procureurs d'exiger des espices de leurs cliens. 64. B. restriction. ibid.
Deffenses faites par Arrest, qu'aucun ne prenne le nom de Greffier, ny d'Huissier Royal, ou autre, fors ceux de la Cour de Parlement. 70. B.
Deffenses aux pays de Caramanie d'espouser femme à celuy qui n'avoit fait present à son Prince de la teste d'un ennemy. 136. B.
Deffenses de l'Evesque de Rome contre celuy de Constantinople qui se vouloit égaler à luy. 160. B.
Deffenses faites aux Barbiers d'exercer l'art de Chirurgie. 970. leur est permis par Arrest en certains cas. 971. C.
Deffenses du Chancelier Olivier de pourvoir aucuns à l'Estat de Procureur. 63. D.
Defy entre Charles d'Anjou Roy de Naples, & Pierre d'Arragon Roy de Sicile. 620. D.
Degrez de Doctories & Licences pourquoy accoustumez d'estre pris au logis de l'Evesque. 275. C.
Deliberation de faire un Parlement à Poictiers. 67. A.
Demissions de Possessions aux Romains, per as & libram. 869. A.
Deniers levez de la Gabelle du sel, & de la vente des marchandises sous le Roy Jean, destinez au fait de la guerre. 89. A.
Deniers que l'on tiroit dans Rome pour le droict des visitations. 248. A.
Denis (S.) estimé le premier qui a jetté les fondemens de la foy Catholique en France. 179. D.
Denis (S.) Mont-joye, cry public usurpé autresfois par nos Roys en champ de bataille. 799. B. & l'originaire signification de cette coustume. ibid. & suivans.
Denis (Saint) Mont-joye & son origine, servit de mot du Guet à nos Rois en leurs affaires militaires. 901. B.
Denis Riant Advocat du Roy prenant conclusion contre un couppe-bourse, appelle son Estat mal necessaire. 827. C.
Denis le Siracusain par une affection paternelle prit la tutelle de tous les enfans orphelins de son Royaume. 1029. D.
Denis (tyrannie de) le Siracusain sous ombre de pieté. 1030. A.
Deputez de la Cour de Parlement de Paris vers le Connestable Richemont après que les Anglois en furent chassez. 67. C. sa réponse. ibid.
Desavenelle Advocat découvre l'entreprise d'Amboise. 860. A.
Desbauche admirable dans Paris en faveur du Duc de Bourgogne. 522. & suivans.
Desbauches en la Papauté sous ombre de Censures. 218. C. D.
Desconfiture de trois legions Romaines sous la conduite de Quintile Vare par les Germains fort remarquable. 32. A.
Descrié comme la vieille monnoye, proverbe employé pour un homme qui est en mauvaise reputation parmy le peuple. 801. D.
Description du Printemps sur le chant de l'Allouëtte. 720. C.
Description du seel donné à Philippes de Morvilliers par Jean Duc de Bourgogne. 66. C.
Description de la posture d'un Archer, lors que de toute sa force il veut bander un dard. 721. A.
Description de l'Aube du jour. ibid.
Description de l'ordre qu'il falloit tenir en la sepulture d'un
Tome I.

Maistre és Arts, ou d'un Theologien decedez. 904. B.
Desobeyssance de Robert fils de Guillaume le Bastard envers son pere, rigoureusement punie de Dieu. 607. C.
Devest parrains & baston. 869. B.
Devins quels, & d'où ainsi nommez. 829. B.
Diacres d'où ainsi nommez. 165. A.
Diacres de Rome & leur origine. 179. A.
Diacres ne se pouvoient asseoir avec les Prestres. ibid.
Diacres seulement au nombre de sept dans Rome. ibid.
Diacres (privilege qu'avoient les) de Rome entre les Prestres. ibid.
Dictions que nous tenons aujourd'huy de l'ancien estoc des Gaulois. 757. & suivans.
Dictions pures Latines dont nous usons comme Françoises. 760. A.
Dictions qui par leur prononciation representent le son de la chose. 773. B.
Didier Roy des Lombards avec sa race chassé d'Italie par Charles fils de Pepin. 171. C.
Didier chassé de la Lombardie par Charlemagne. 231. B.
Didier Evesque de Vienne chassé de son Evesché par la Reine Brunehaud, & depuis lapidé par son commandement, après son rappel de ban. 489. A.
Diette des Gaulois, & ce qui y fut conclud. 127. B.
Diette signifiée à Rheims par Jules Cesar revenant du degast du Liege encontre Ambiorich. 8. D. & ce qui y fut traitté. 9. A.
Diettes façon de Justice des vieux Gaulois, par lesquelles se vuidoient les affaires de plus grande importance, & qui concernoient l'universel de la Gaule. 8. C.
Diettes & assemblées generales faites és Gaules avant la venuë de Jules Cesar, & continuées par luy. 85. C.
Dietté d'Allemagne. 9. B. 1037. A.
Diettes (deux) memorables en Gaule en l'absence de Cesar. 9. A.
Dieu, selon les diversitez des François, leur suscita à point nommé de grands Capitaines pour les secourir. 44. B. C. 45. A.
Dieu permit que les villes où Saint Pierre avoit sejourné pour prescher, fussent érigées en Patriarchats. 161. B.
Dieu (connoissance de) en quelle façon s'est imprimée és esprits des hommes. 586. A.
Dieu ne veut point que la Religion Chrestienne soit avancée par les armes. 618. B.
Dieu (combien) se courrouce, quand on confere des Benefices à des guerriers. 114. C.
Dieu pardoint au Comte Thibaut, cry observé autresfois par les vignerons de Berry, & pour quelle raison. 854. C.
Dieu (faire le doux) sous un poisle, pour denoter un homme qui fait le doux & sucré. 877. B.
Dieu (ce m'aist), pour ainsi m'aide Dieu. 818. C.
Dieu vous aid, & Dieu vous ay. ibid.
Diex pour Dieu. 762. B.
Diex (dame) comme le Domine Dio des Italiens. 769. C.
Different sous Charles sixiéme entre les Maistres des Requestes & le plus ancien Conseiller du Parlement, qui devoit presider pendant l'absence des Presidens. 58. B. C.
Dispute en Theologie pourquoy introduite. 905. B. C.
Different entre les Nobles & roturiers, sur l'élection des Presidens & Conseillers des Enquestes, jugé par le Roy pour le Noble. 55. A.
Different entretenu de long-temps jusques à maintenant entre la Faculté de Medecine & le College des Chirurgiens de Paris. depuis 954. jusques à 962.
Different entre les Comtes de Foix & d'Armagnac pour le Vicomté de Bearn, comment vuidé. 49. B.
Differends des étrangers sosmis à l'arbitrage des Assemblées generales ou anciens Parlemens de France. 47. C.
Differends entre les Chirurgiens & Barbiers, depuis 969. jusques à 976.
Differends entre les Maisons de Montfort & de Blois pour le Duché de Bretagne. 34. B.
Difference de l'écriture & du parler des François, d'où est venuë. 756. B.
Difference des noms & jurisdictions des Maistres des Requestes de l'Hostel du Roy, & de ceux du Palais. 59. C.
Difference de la Poesie des Grecs & Romains avec la Françoise. 709. C.
Difference en France du pays constumier, avecque celuy de Droict écrit avant que les Universitez fondées sur le Droict de l'Empereur Justinian fussent en usage. 1004. D.
Difference d'entre le Chancelier, & Recteur de l'Université de Paris. 936. C.
Difference des Generaux des Finances sur le fait des Aydes, & des Generaux de la Justice sur le fait des Aydes. 91. C.
Dindan de cloche. 773. C.
Diocese, est le ressort que tiennent les Evesques. 156. C. chez
Nnnn les

les anciens Romains sur le déclin de l'Empire signifioit Province. *ibid.*
Dion de Pruse a soustenu Troye n'avoir esté destruite. 40. D.
Dire ancien, qu'il faut que tous braves menteurs soient gens de bonne memoire. 14. D.
Dire de Marcellin en exhortant ses soldats. 18. C.
Discipline militaire des anciens Gaulois. 5. A.
Dispenses quand commencerent d'estre recherchées. 244. A.
Dispute pour & contre l'Anglois, sçavoir si la Couronne de France luy pouvoit appartenir par le mariage de Catherine fille de France. 145. & sui.
Dispute ancienne des Prelats pour la primauté, non pour la principauté. 161. A.
Dispute entre les Grecs & Calatiens Indois devant Darius pour la sepulture des trespassez. 411. D.
Dispute en France, sçavoir s'il falloit escrire comme on prononçoit. 702. C.
Dispute entre le Procureur du Roy de Sens, & le Procureur du Roy de Troyes, pour le droict de Jurée. 384. B. C.
Distinction des pays coustumier & Droict escrit en France d'où vient. 1001. B. C.
Distinction des Conseillers Clercs & Laïcs du Parlement. 55. B. C.
Distinction des noms des Conseillers de la Chambre des Enquestes. 71. A. B.
Distique Latin fait sur les œuvres de Virgile en vers rapportez, traduit par Pasquier. 745. C.
Distique en vers retrogrades de l'Epitaphe fait par André Mestrail en l'honneur de Henry quatriéme. 743. D.
Distique de Philelphe en vers retrogrades. *ibid.* 744. C. imité par Pasquier. 749. B.
Distique de Joachim de Bellay en vers retournez. 744. D.
Diversité d'opinions des Autheurs sur l'extraction & demeure des François. 17. C.
Diversité d'opinions pour l'ancienneté de la Regale. 295. C. D.
Divinations observées sous toute la lignée de Clovis, deffenduës par Ordonnance de Louys le Debonnaire. 374. B.
Division entre la maison d'Orleans & de Bourgogne sur quoy fondée. 263. B.
Divisions des François en divers peuples. 22.
Division de l'Eglise à cause de l'heresie d'Arius, & celle de Donat. 158.
Divisions & partialité causes de la reduction des Gaulois sous l'Empire Romain. 17. A.
Divisions entre les Papes en France, en Italie, & en Allemagne en mesme temps. 174. C.
Dixme tant grosse que menuë deuë à nos Curez. 814. C.
Dixme Saladine. 616. C.
Dixmes interdites aux hommes Laïcs par disposition Canonique. 321. A. B.
Dixmes infeodées, que les Laïcs & personnes non Ecclesiastiques peuvent legitimement posseder. *ibid.*
Dixmes infeodées, naturellement affectées aux Curez. *ibid.*
Dixmes appartiennent aux Curez par la seule monstre de leurs Clochers, de droict divin & primitif. *ibid.*
Dixmes (connoissance des) appartient naturellement au Juge d'Eglise. *ibid.*
Dixmes infeodées ferment la bouche à l'Official, pour estre traittées devant le Juge Royal. *ibid.* D.
Dixmes infeodées, recompense faite sur les Curez en faveur des Guerriers. *ibid.*
Dixmes infeodées n'estoient en usage sous la seconde lignée de nos Roys. 323. A.
Dixmes (changement ou commerce de) abhorré sous la seconde famille de nos Roys de France, mesme à une personne Ecclesiastique. 322. A.
Dixmes occupées par les Laïques, restituées. *ibid.*
Dixmes ostées par quelques Seigneurs, des vrayes & anciennes Eglises pour les transporter à deux nouvelles par eux basties. 323. A.
Dixmes infeodées inconnuës entre nous prés de cent ans devant la venuë de Hugues Capet. *ibid.*
Dixmes Laïcales introduites entre nous, lors que nous entreprimes le premier voyage d'outre-mer. 323. B. 617. A.
Dixmes (nouvelles infeodations des) prohibées aux Laïques par le Concile de Latran tenu sous Alexandre III. 324. A.
Docteurs Canonistes passent les Jurisconsultes Romains en pratique & instructions de procez. 244. B.
Docteurs Regens, & Principaux de l'Université de la ville de Paris, n'entroient point anciennement au lieu de mariage pendant leurs professions. 276. B.
Docteurs en Medecine mariez premierement par privilege special du Legat. *ibid.*
Docteurs en Decret ont commencé de nostre temps d'estre mariez par permission du Parlement. *ibid.*
Docteurs qui ont fleury au pays d'Affrique, & leurs noms. 907. A.

Docteurs qui ont fleury en diverses Universitez & autres lieux de la France en l'estude de Droict. 999. C.
Docteurs nouveaux de Tholose font present de boëtes de dragées aux Docteurs Regens. 64. C.
Docteurs en Theologie appellez quelquesfois maistres en Divinité. 906. D.
Dom Chevalier és vieux Romans, pour Sire, ou *Seigneur Chevalier*. 769. B.
Domaine de la Couronne anciennement appellé Thrésor. 93. A.
Domaine de France quand premierement engagé, & pourquoy. 638. B.
Dominus, *Domnus*, *Domina*, *Domna*. 769. B.
Dominus, mot attribué du temps de Seneque aux passans dont on ne sçauroit le nom. 768. C.
Dominus, titre de parade & de flatterie entre les Latins, refusé par Auguste & Tibere Empereurs. 767. C.
Dominus, mot approprié entre les Chrestiens à nostre Seigneur. 769. B.
Dominus, diction dont nous honorons aujourd'huy les Seigneurs temporels, mesme les spirituels. 769. B.
Donat heretique eut pour juges de sa cause trois Evesques, & quels. 157. C. remuë une nouvelle erreur & quand. 158. B.
Donna, mot familier aux Italiens, Toscans, Provençaux & Gascons, dont nous avons en nostre langue Françoise fait celuy de Dame. 769. B.
Dorgemont comme maintenu en sa dignité de President sous Charles V. 54. C. depuis fait Chancelier. *ibid.*
Drappeau pour banniere, estendart, ou enseigne, mal à propos. 763. B.
Droict (lecture du) Romain deffenduë à l'Université de Paris par le Pape Honoré III. 981. C.
Droict Romain retrouvé dans la ville de Melfe. 977. D.
Droict civil quand enseigné en l'Université de Paris, 949. B. C. & suivans.
Droict des Romains quand suivy par nous. 1008. A.
Droict civil ou Romain, seul motif par lequel nous entrons en un labyrinthe de procez. 1033. C.
Droict conseillant pour Jurisconsulte. 763. C.
Droict de Giste payé au Roy de France, ce que c'estoit. 763. C.
Droict d'Indult, sur les Benefices, pretendu quelquesfois par les Maistres des Comptes. 71. B.
Droict de Chevauchée deu aux Roys, ce que c'estoit. 85. D. d'où cette coustume fut empruntée. *ibid.*
Droict des Roys de France passans par les signalez Archevesches, Eveschez, & Abbayes de leur Royaume, quel estoit. 86. C.
Druydes és Gaules avoient la charge des bonnes lettres, & de la Religion, comme les Chevaliers commis au fait & exercice des armes. 127. A. 785. C.
Druydes, estoient Prestres de la loy entre les Gaulois. 3. C. 48. C. avaricieux de rediger aucune chose par écrit. *ibid.*
Druydes où s'assembloient annuellement pour faire droict & justice aux Gaulois. 8. B.
Duc, dignité diversifiée de plusieurs façons. 111. C. pris du commencement pour Capitaine ou Magistrat de guerre. *ibid.*
Duc, mot de gouvernement, fait mot de Principauté. 113. B.
Duc d'Alençon condamné au grand Conseil du Roy Charles VII. à Montargis. 81. C.
Duc de Bethfort Regent en France fait beaucoup de choses contre la volonté de la Cour. 65. C.
Duc de Bretagne pourquoy non ennombré en la division generale & Aristocratie des Pairs. 34. B. *ibid.* de qui se disoit tenir son authorité. *ibid.*
Duché, mot de gouvernement, fait mot de Principauté. 111. D.
Duché de la marche Rhetique, comment, par qui, & pourquoy érigé. 112. C.
Duché fait Royaume sous la seconde lignée, quand on partageoit un fils de France. 96. B.
Duché de Bretagne longuement guerroyé auparavant que d'estre annexé à la Couronne. 34. C.
Duché ne doit contenir quatre Comtez contre l'opinion de quelques-uns. 116. A.
Duchez d'Angoulmois se baille pour appanage au troisiéme enfant de France. *ibid.*
Duché de Bretagne disputé par les maisons de Montfort & de Blois. 639. C.
Duchez & Comtez reduits au petit pied. 116. B.
Duchez nouveaux érigez en France à l'appetit de nos Roys. 116. A.
Duchez & Comtez donnez en appanage, retournent aujourd'huy à la Couronne à faute de masles. 144. C. D.
Ducs & origine d'iceux. 111. C.
Ducs & Gouverneurs des Provinces. *ibid.*
Ducs qui ne tenoient leurs dignitez que par forme de gouvernement, avec certaine reconnoissance ou redevance qu'ils faisoient

Table des Matieres.

faisoient aux Roys. 114. A.
Ducs qui tenoient leurs gouvernemens à titre de Principauté. 113. C.
Ducs qui se voulurent rendre perpetuels du temps de Charles Martel. ibid.
Ducs quand premierement mis en usage de la façon que nous le prenons aujourd'huy. 42. C.
Ducs & Comtes faits grands par la ruine de l'Estat de France. 114. B.
Ducs & Comtes symbolisoient en grandeur en la mutation d'Estat qui arriva sous Hugues Capet, pourquoy. ibid. C.
Ducs & Roys des François devant Pharamond. 41. A.
Ducs de Guyenne premierement introduits par Charles le Chauve. 448. C.
Ducs & Comtes contrecarrans le Roy de France. 44. B.
Ducs & Comtes voulurent avoir leurs Pairs en leurs Conseils. 104. C.
Ducs & Comtes d'aujourd'huy sont images seulement de ceux qui estoient sous Hugues Capet, pourquoy. 116. B.
Ducs & Comtes vers la venuë de Capet ne s'estimoient pas moins que le Roy. 48. B. C.
Ducs & Comtes remettoient la decision de leurs differends au Parlement. ibid. & le profit que nos Roys en tirerent. ibid.
Ducs & Comtes eurent leurs Procureurs dans Paris lors que le Parlement y fut establis. 49. A.
Ducs & Patrices de Provinces pour Gouverneurs. 97. B. C.
Dun pour montagne en vieux langage Gaulois, & les remarques qui nous en restent és noms de quelques villes assises en croupes de montagne. 758. C.
Durant Jurisconsulte de prodigieuse memoire, & pour ce estimé par quelques-uns avoir un esprit familier. 979. B. C. quatre particularitez signalées remarquées en luy. ibid. C. quelle fut sa mort. ibid. pourquoy appelié *Speculator*. ibid. appelié vulgairement par les anciens le Pere de Pratique. 1006. B.

E.

E Voyelle empruntée en nostre vulgaire, dont nous faisons l'un masculin, & l'autre feminin. 711. C.
Eau benie de Cour, proverbe entre nous en usage, toutes & quantesfois qu'un courtisan nous repaist liberalement de plusieurs belles paroles. 813. C.
Eau benite non empruntée des Payens, comme veulent quelques-uns, mais du vieux Testament. 814. A.
Eau lustrale des Gentils. ibid.
Ebon Archevesque de Rheims se pourvoit en Cour de Rome. 211. B. C.
Eburociens peuple de Neustrie. 35. C.
Ecclesiastique (ordre) interverty cent ans entiers. 262. A.
Ecclesiastique (l') connoissoit jadis du Testament, & ce qui en dependoit. 285. B.
Ecclesiastique (l') prenoit connoissance de la rupture des Sermens, & causes Feodales. 285. D.
Ecclesiastiques (les) estoient jadis tous ceux qui communiquoient avec un excommunié. 287. B.
Ecclesiastiques sous la premiere famille de nos Roys obtenoient leurs privileges par Conciles Provinciaux. 184. C.
Echo & son premier inventeur. 737. B.
Echo introduit par les modernes és vers Latins. 736. 737.
Echo en vers François fait par Joachim du Bellay. 741. C.
Echo (autre) en vers François par luy-mesme. ibid.
Echo fait en vers François par Pasquier. ibid.
Echo (autre) en vers Latins fait par le mesme Pasquier. 737. C. D.
Edit (lors qu'un) est verifié, le peuple y obeyt sans rumeur. 66. B.
Edit des survivances, au lieu de rendre les estats hereditaires. 653. A.
Edit de Louys XII. sur le nombre des Maistres des Comptes. 75. B. entrain par François premier. ibidem.
Edit du Roy François I. sur l'union du Parlement, & du grand Conseil. 84. A.
Edit (bel) fait par l'Empereur Andronic pour obvier aux pilleries des vaisseaux submergez sur mer. 124. B. C.
Edit du Roy François premier, touchant la submersion des vaisseaux sur mer, & disposition des marchandises sauvées par quelqu'un. 125. A.
Edit concernant la manutention de nos libertez, contre les abus de la Cour de Rome.
Edit du Roy Henry le Grand, sur le SC. Velleian & l'Authentique *si qua mulier*. 1007. A. B.
Edit du Roy Henry le Grand sur le privilege de la Fierte S. Romain de Roüen. 1014. C. D.
Edits & Decrets des Roys passoient de toute ancienneté par l'alambic de l'ordre public du Parlement. 66. B.
Edits des Roys verifiez en la Chambre des Comptes. 71. B.
Tome I.

Edits des Roys touchant les Decrets de la Pragmatique Sanction. 269. C. 270. A.
Edits touchant quelques privileges de l'Université. 277. A. B.
Edits de divers Roys pour le reglement des Chirurgiens de la ville de Paris. 955. A. & suivans.
Edoüard Anglois ne pouvoit quereller nostre couronne, sous ombre d'Ysabelle sa femme. 147. A. B.
Effets du privilege de la Fierte de S. Romain de Roüen. 1009. 1010. & suivans.
Eglise (ordre de l') composé d'Evesques, Prestres, Diacres & autres. 177. A. & suiv.
Eglise divisée en Patriarches, Archevesques & Evesques. 156. D. son premier ordre aprés la mort des Apostres estoit des Evesques, le second des Prestres, & le dernier des Diacres. 157. B.
Eglise (l') sur son moyen aage fonda ses titres sur le mot de Pere. ibid.
Eglise demembrée plustost par un mystere admirable de Dieu qu'autrement. 153. B.
Eglise (l') Gallicane a tousjours favorisé infiniment le saint Pere de Rome, avec dispense de luy faire des remonstrances, selon qu'elle voyoit plus ou moins s'émanciper du devoir commun de l'Eglise. 190. D. 191. A.
Eglise Gallicane n'est distincte ny separée d'avec la Romaine. 261. C.
Eglise (l') Gallicane envoye en la grand' Bretagne pour la purger de l'heresie Pelagienne. 192. B.
Eglise (l') Gallicane assemblée à Bourges sous l'authorité de Charles VII. tire la Pragmatique Sanction des Conciles de Constance & de Basle. 257. C.
Eglise (vertu de l') Gallicane contre les Roys de France. 210. B.
Eglise (les affaires de nostre) vagues & fluctuantes sous la seconde lignée de nos Roys. 212. B.
Eglise Gallicane assemblée à Poissy sous Charles IX. 353. B.
Eglise (l') a deux Puissances sur soy, la Sacerdotale & la Royale. 282. D.
Eglise (richesse de l') courbe plusieurs du Clergé vers terre, & les destourne de regarder les cieux. 586. C.
Eglise (combien l') Romaine a emprunté de devotions de la Gallicane, & au contraire. 191. C.
Eglise de Rome source & fontaine de nostre Foy. 195. B. C.
Eglises Romaine & Gallicane comparées avec le Senat, & les Tribuns de Rome. 271. C.
Eglise de Paris premier fondement de l'Université. 276. B.
Eglise Saint Julian choisie pour y tenir les Escholes de Paris. 898. B.
Eglises qui tombent en Regale. 307. A. B. celles qui n'y tombent pas. ibid. D.
Eglises, Monasteres, & Hospitaux bastis par le Roy S. Louys. 250. A.
Eglises d'Ausbourg & de Geneve. 858. B.
Electeurs de l'Empire quels, quand & par qui instituez. 174. B. C.
Elections des Eveschez. 241. D. & suivans.
Elections des Presidens & Conseillers tenans leurs Estats à vie. 54. C.
Election des Presidens & Conseillers aux Cours Souveraines. 401. C. & suiv. aux Jurisdictions subalternes. 403. D.
Election de Maistre Henry de Merle en l'Estat de premier President aprés la mort de Popincourt. 401. C.
Elections des Estats du Parlement jusques à quand ont esté continuées. 403. C.
Election du Recteur de l'Université de Paris se fait de trois en trois mois. 942. D. divers reglemens donnez pour cela. ibid.
Elections quand commencerent d'avoir lieu à la Cour de Parlement. 54. C.
Elections des Roys de France nées dans les troubles comment oubliées. 106. C.
Elections abusives & Simoniaques sous la premiere lignée de nos Roys. 199. C. 200. A.
Elections des Evesques faites par la permission du Roy. 296. C.
Elections des Baillifs, & autres offices de judicature, comment faites. 404. A.
Elections des Avocats & Procureurs du Roy és Bailliages. 400. D.
Elections des Receveurs des Aydes, Grenetiers, & controlleurs à sel. ibid.
Elections du Procureur General. 401. C.
Elections du Chancelier. 402. C.
Elections des offices perdirent leurs cours depuis la venuë de l'Anglois dans Paris. 403. B.
Election du Prevost de Paris, & du Lieutenant Criminel 403. C.
Elections des Conseillers avoient lieu au Parlement avant l'Edit de l'an 1498. 404. C.
Elegie Françoise en vers Hexametres & Pentametres, faite par Pasquier en l'an 1556. 732. D.
Elegie Françoise toute composée de Monosyllabes. 738. D.
Eleus des Aydes nommez par les Estats, pour avoir l'œil sur

Nnnn ij les

Table des Matieres.

les subsides & tailles particulieres des Provinces. 89. C.
Eleus payez de leurs vacations par taxations. 90. B.
Eleus (aux) sont assignez certains gages pour l'avenir par le Roy Jean. ibid.
Eleus (deffendu aux) & Receveurs particuliers de nommer asseeurs & collecteurs des Tailles. ibid.
Elisabeth Reyne d'Angleterre detient en ses prisons Marie Sthuart Reyne d'Ecosse, & la fait enfin mourir. 579. & suiv.
Elisabeth Reyne d'Angleterre a non seulement garanty son Royaume de toutes guerres & oppressions civiles, mais qui plus est, a estendu ses limites, & conquis plusieurs pays sur Philippes Roy d'Espagne. 647. B. C.
Elisabeth Reyne d'Angleterre ne se voulut jamais exposer sous la puissance d'un mary.
Elisabeth (belle rencontre d') Reyne d'Angleterre en la premiere entreveuë d'elle avec François Duc d'Alençon. 808. A. B.
Elisabeth Reyne d'Angleterre attentée quatre fois par la faction des Jesuites. 798. C.
Eloge de Pasquier pour Ronsard. 729. C.
Eloquence fort recommandable en un Prince. 1027.
Embusche, Embuscade. 764. A.
Emme fille de Guillaume Duc de Normandie mariée à un Roy d'Angleterre. 36. C.
Emologations des Edits passées & entherinées quelquesfois contre l'opinion de la Cour. 65. B.
Empereur éleu devoit recevoir confirmation, puis couronnement par le Pape. 174. C.
Empereur (l') est fait par force, & Roy par nativité : d'où vient ce proverbe. 128. B.
Empereur (l') Sigismond & le Roy Charles VI. s'entreviennent en la ville de Rheims, pour mettre la main au Schisme & desordre d'Avignon, qui couroit à la confusion & desolation de la Chrestienté. 260. C.
Empereurs deposez quelquesfois tumultuairement par leurs gens d'armes. 128. B.
Empereurs de Rome assistez pour le conseil de gens d'eslite. 82. B.
Empereurs qui usoient anciennement plus de la Religion pour la commodité de leurs affaires que par zele ou devotion. 24. C.
Empereurs (à mesure que les) de Constantinople decheurent de leur Majesté, aussi d'une mesme balance declina l'authorité des Patriarches. 164. B.
Empereurs de la Grece endurent quelque temps d'estranges indignitez & opprobres en leurs propres personnes. 169. C.
Empereurs confirmoient au commencement les Papes avant qu'ils entrassent en l'exercice de leurs charges. ibid. 221. B.
Empereurs voulurent autrefois trop imperieusement connoistre des choses jugées par l'Eglise. ibid.
Empereurs se donnerent loy de conferer les Archevesches & Evesches ausquels ils n'avoient aucun droit. ibid. C.
Empereurs (comme Dieu permit que les) receussent des Papes les mesmes indignitez que les Papes avoient receu des Empereurs. 169. B. 221. C.
Empereurs (premier des) Romains qui commanda par exprés qu'on l'appellast Dominus. 767. D.
Empereurs (quand on commença de parler aux) par les dictions Tu, ou Vous, y adjoustant autres qualitez. 765. B. 766. B.
Empereurs (14. premiers) de Rome porterent barbes rases jusques a Adrian qui enseigna à ses successeurs de nourrir leurs barbes. 782. B.
Empire d'Allemagne comment maintenu. 9. B.
Empire (comment & par qui l') de Rome s'achemina à sa ruine. 23. B.
Empire butiné pour la plus grande partie par les nations estrangeres. 25. A.
Empire Romain divisé & démembré par les Germains, François, Pictes & Escossois, Anglois & Saxons, &c. 32. B. depuis relevé par Charlemagne. ibid.
Empire fait électif sous Othon III. 174. B.
Empires & Royaumes changent de main comme il plaist au souverain Maistre, sans que pour cela ils doivent estre vilipendez. 21. B.
Encens mis entre nous en usage, pour ce que les Latins appelloient Incensum. 814. D.
Endementiers, vieux mot François, a eu quelquesfois vogue, pour ce que nous disons par une periphrase, En cependant. 763. B.
Enetiens peuples tirez de la Paphlagonie selon quelques Italiens. 12. C.
Enfant petrifié porté l'espace de 28. ans au ventre de sa mere. 665. D.
Enfans du tems de Martial appelloient leurs peres, Domini. 768. C.
Enfans masles des Gots moindres de quatorze ans ostez à leurs parens, & confinez en diverses villes du Levant par l'Empereur Valens à quelle fin. 27. C.
Enfans des Gaulois ne se representoient anciennement devant la face de leurs pere ou mere, qu'ils n'eussent atteint le quatorziesme an de leur aage. 4. C.
Enfans des Roys de France jusques sous deux ou trois lignées s'entrepartageoient les Provinces par forme d'Empire ou de Royaume. 96. C.
Enformer pour informer. 762. B.
Enfermerie pour infirmerie du mot infirmitas. 815. A.
Englantine envoyé à Ronsard sur la recommandation de son nom aux jeux Floraux de Tholose. 709. A.
Enguerrand de Marigny, & son malheureux succés. 669. D. 828. C.
Enguerrand de Coursi premier Admiral de France. 122. C. opinion contraire, foible. 122. ibid.
Enherber pour empoisonner, dans le Roman de Pepin. 768. D.
Enquesteurs & Requestes ne tenoient jadis tel rang, que les Seigneurs du Parlement. 61. B.
Enquestes (trois chambres des) sous François I. 68. A.
Enseignes ou images des nations sous lesquelles elles s'allioient leurs gens d'armes. 140. C.
Entendement grossier plus utile en une Republique que le delié. 1036. B.
Entrée de Charles septiéme dans Paris 1436. 92. C.
Entreprise d'Amboise sous le Roy François II. 739. C. 860. A. B.
Entreprises induës des Ecclesiastiques sur la jurisdiction seculiere. 285. B. chastiees par un signalé Arrest. 289. C.
Entreprises du Saint Siege de Rome sur les Ordinaires & Evesques de la France. 247. B.
Ephestions, (il n'y a plus d') mais trop de Crateres chez les Roys. 1013. D.
Envie premiere touchant la primauté de l'Eglise. 157. C.
Enumeration des Chambres de la Cour de Parlement de Paris. 70. A. B.
Enumeration de ceux qui ont relevé le Royaume de France de ses ruines. 45. A. B.
Epigramme Latin de Pasquier, contre ceux qui se parjurent quand ils font le serment de n'avoir acheté leurs offices de judicature au jour de leur reception. 406. A.
Epigramme Latin fait par Pasquier en vers retournez, en haine d'une paix fourrée. 746. A.
Epigramme de Pasquier en l'honneur de Ronsard. 729. D.
Epigramme en l'honneur d'Alde Manuce pour l'impression. 951. B.
Epigramme de Pasquier à son retour dans Paris aprés les guerres civiles. 887. B.
Epigrammes (deux) Latins faits par Pasquier où il represente l'Echo. 737. C. D.
Epitre de Clement Marot où en bouffonnant sur le mot de rimes il se diversifia en vingt-six sortes. 739. B.
Epistre de Cretin toute remplie d'equivoques. 740. A.
Epitaphe d'Adam, Religieux de Saint Victor, recommandable pour sa doctrine. 275. A. B.
Epitaphe de Pierre Abelard. 592. A.
Epitaphe dressé à Ponthus de Thiart en vers François, avec l'anagramme de son nom, par le mesme Pasquier. 732. B.
Epitaphe de Laure composé par François I. est fort honoré par les Italiens. 702. B.
Epitaphe de Petrus à bella Portica. 989. A.
Epitaphes faits à Ronsard par Pasquier. 730. B. C.
Epithetes d'honneur que les François donnent à leurs Roys aprés leur trepas. 415. & suivans.
Epithetes ou attaches données aux Roys de France aprés leur trepas sur les perfections, ou défauts qui estoient en l'ame ou au corps. ibid.
Epithetes divers donnez à Philippes de Valois. 416. A.
Erection d'une cinquiesme Chambre des Enquestes, & une deuziesme des Requestes. 70. A.
Erections des Universitez de France de temps en temps. 985. A. & suivans jusques à 997.
Erreur de ceux qui disent que l'Empereur Maurice adjugea la primauté de l'Eglise au Patriarche de Constantinople, au Concile tenu sous le Grand Theodose. 164. A.
Erreur de Geoffroy Thory sur la deduction de nostre Arithmetique Françoise. 413. B.
Erreurs amoureuses de Ponthus de Thiart. 731. A.
Escadron pour bataillon. 764. A.
Eschanson (grand) du Roy, nommé Scantio en Latin. 764. B. voyez Bouteiller.
Eschecs, (jeu des) 429. A. vraye image & portraiture de la conduite des Roys. ibid. D.
Eschecs (inventeur des) trés-grand Philosophe. ibid.
Eschecs (jeu des) representé par Hierosme Vidas en vers Latins par forme de bataille. 430. C.
Espagnols si duits & nourris au jeu des Eschecs, qu'ils y joüent sur leurs chevaux, sans employer autre Eschiquier que leur memoire & jugement. ibid.

Eschever

Table des Matieres.

Eschever pour esquiver. 763. B.
Eschevin, vieux mot François. 759. B.
Eschevinage de Paris ordonné par Philippes Auguste. 902. A. B.
Eschiquier de Roüen ce que c'estoit. 52. B.
Eschiquier de Normandie, pour le fait & examen des Comptes. 71 B.
Esclat, esclater, d'où formez. 773. C.
Esclaves des Romains ne se pouvoient en façon quelconque affranchir au prejudice de leurs maistres. 378. B.
Escolastre destiné en chaque Eglise pour enseigner gratuitement les bonnes lettres. 249. B. 893. C.
Eschole de Chirurgie conforme en police à la Faculté de Medecine. 959. D.
Eschole Anglesche fait partie de l'Université de Paris. 941. A.
Escholes de Paris où se tenoient premierement. 897. B. C.
Escholes de Medecine de Paris vers quel temps installées. ibid.
Escholes publiques és Dioceses des Evesques pour l'instruction des enfans. 205. C.
Escholiers (difference des) Pensionnaires & Cameristes, demeurans dans les Colleges de Paris, & des Martinets & Galoches demeurans en ville hors les Colleges. 924. A.
Escholiers de Paris sujets à la jurisdiction de l'Evesque pour delicts communs. 899. C.
Escholiers (nombre d') en l'Université de Paris sous Charles VI. 276. D.
Escossois & Pictes en quel temps commencerent de courir la grande Bretagne. 32. C.
Escoute, pour sentinelle. 763. C.
Escroüe ancienne faite à Saint Germain en Laye contenant les noms des Conseillers du Conseil estroit, & de tous les Seigneurs officiers domestiques du Roy, &c. 52. B.
Escu (l') ne valloit autrefois que 30. sols. 873. B.
Esculape premier Medecin de la Grece, deifié pour ses cures admirables. 910. A.
Escurion Admiral des Galeres de Theodore Lasroy Prince Gregeois. 121. D.
Escussons & Armoiries. 763. C.
Escuyers & Gentils-hommes braves au fait des armes. 129. A. B.
Escuyers & Gentils estoient la principale force des Empereurs. ibid. B. estoient les mieux assortis en la distribution des terres. ibid.
Esguillette portée sur l'épaule par les femmes, qui en lieu public s'abandonnoient au premier venant. 816. D.
Esguillette, (courir l') proverbe attribué aux femmes lors qu'elles prostituent leurs corps à l'abandon de chacun. ibid.
Espagne occupée par les Vandales. 26. B. par les Visigots. 29. A.
Espagne (en) ne se rencontrent aucuns chasteaux par les champs. 792. C.
Espagne, (bastir chasteaux en) proverbe dont nous usons contre celuy qui en ses discours pourpense à choses oiseuses, & qui luy devroit reüssir à neant. ibid.
Espagnes démembrées de l'Empire par les Germains. 52. B. C.
Espagnes par plusieurs fois ébranlées par les Martels. 46. A.
Espaule, riche ou vertueux par dessus l'Espaule, proverbe d'où provenu. 845. B.
Espices qui se donnent maintenant, pourquoy & en quelles choses se donnoient anciennement. 64. A. en quoy consistoient ibid. se demandent aux festins qu'on fait aux Escoles de Theologie de Paris. ibid. B.
Espices, mot pris par nos anciens pour confitures & dragées, données du commencement aux Juges par forme de courtoisie, par ceux qui avoient obtenu gain de cause. 64. A.
Espices qui se donnent pour avoir visité les procez, quand venuës en taxe. ibid. B.
Espices changées en argent. ibid.
Espices defenduës aux Procureurs, sinon que les parties fussent grosses, & qu'il eust esté question de matiere qui importast. ibid.
Esprit reside au cœur. 777. C.
Esprit (nostre) ne travaille que là où nostre cœur est fiché. 778. D. 779. A.
Estat des Bourguignons aprés la mort de Thibaut uny à la puissance de Clotaire Roy de France. 30. C.
Estat de premier President de la Chambre des Comptes, affecté à la Prelature. 73. B. le second destiné par les Seigneurs Chevaliers, fut depuis affecté au grand Bouteiller de France. ibid. C. prouvé par un memorial. ibid. continué en quatre successives generations de bisayeul, ayeul, pere & fils, & quels. 74. C.
Estat & police ancienne des Heduens. 9. C.
Estat de France ne consiste qu'en trois manieres de personnes, & quelles. 376. C.
Estat renversé sous Louys d'Outre-mer, & pourquoy. 281. C.
Estats (assemblée des trois). 85. C. & la forme que l'on tient en icelle. ibid. D.
Estat (tiers) pourquoy appellé aux assemblées des Estats. ibid.

Estats (assemblée des) introduite pour tirer deniers du peuple. 86. C.
Estats (assemblée des) pourquoy desirée du peuple. ibid.
Estats (les trois) tenus à Orleans. 321. A. voulurent faire rendre les dixmes aux Curez. ibid.
Estats dessus tous plus estimez sous la troisiesme lignée de nos Roys, estoient cinq, & quels. 109. A.
Estats des Gaulois comment distincts & divisez. 3. C.
Estats principaux de l'Europe divisez. 174. C.
Estats & Offices de judicature quand premierement exposez en vente. 404. B.
Estendard aujourd'huy drapeau. 763. B.
Ester à droict, raccourcissement d'assister à droict. 818. C.
Estienne Marcel Prevost des Marchads se rend Capitaine de sedition. 90. A.
Estienne Pape vient en France implorer l'aide de Pepin contre les Lombards. 171. A.
Estienne Pape casse tous les Decrets de Formose son predecesseur, & exerce plusieurs indignitez contre luy. 174. D.
Estienne de Novian premier Procureur du Roy de la Chambre des Comptes. 78. C.
Estimer venu d'Æstimare, pour Existimare. 765. D.
Estourdy comme le premier coup de Matines. 814. B.
Estramasson, mot Italien. 764. A.
Estreines que nous envoyons les uns aux autres le premier jour de l'an empruntées de la coustume des Payens. 388. C.
Estreines d'où ainsi appellées. ibid. D.
Estropiez à la guerre de tout temps recompensez. 315. B. C.
Etius brave Capitaine tué par le commandement de Valentinian dernier. 24. A.
Etius sage Gouverneur, qui tenoit tout le gouvernail de l'Empire, tué en fin de contre par Valentinian son Maistre, pour tout salaire de ses longs & fideles services. ibid.
Etie premier Patrice des Gaules. 97. C. deffait Attile en la plaine de Chaalons. ibid.
Etymologie du nom de Languedoc. 37. C.
Etymologie du nom d'Huissier. 79. C.
Evangile presché és Gaules par sept grands personnages qui y avoient esté envoyez exprés de Rome pour ce faire. 182. A.
Eude Roy de France en mourant reconnoist Charles le Simple pour vray & legitime Roy. 101. D.
Eude Duc d'Aquitaine defait plusieurs fois par Charles Martel. 40. A.
Eudostes peuples. 17. C.
Eveschez (revenu des) approprié aux Roys quand ils estoient vacquans. 300. A. B.
Eveschez & Abbayes appellées fiefs, & pourquoy. 131. A. B.
Eveschez & Abbayes électives. 241. D.
Eveschez que conferent les Roys de France. 298. D.
Eveschez conferez par quelques-uns de nos Roys à gens laiz & illetrez. 470. C.
Evesque signifie celuy qui a l'œil & intendance generale sur les Provinces. 155. D.
Evesque Cardinal, pour Evesque. 178. A.
Evesque d'Alexandrie voulut concourir en seance avec celuy de Rome sous Constantin. 157. C.
Evesque d'Alexandrie cede en toute chose à l'Evesque de Rome. 159. C.
Evesque de Constantinople se veut égaler à celuy de Rome, & ses raisons. 160. B.
Evesque de Constantinople declaré de pareille authorité que celuy de Rome, & au dedans de son Patriarchat. 162. B.
Evesque de Constantinople preferé pour la preseance à ceux d'Alexandrie, d'Antioche, & de Hierusalem. 160. D.
Evesque de Paris a voix opinative au Parlement. 56. A.
Evesque (l') de Paris confirme l'élection de l'Abbé de Saint Denys pour la necessité du temps. 255. C.
Evesque d'Albe comment se peut purger d'un crime à luy imposé. 371. A.
Evesque de Rome, son credit pendant les divisions advenuës en l'Eglise à cause d'Arrius. 158. C. D. 159. A.
Evesque de Rome connoissoit des causes des Evesques affligez par les Arriens. ibid.
Evesque (titre d') universel quand introduit en l'Eglise. 163. D.
Evesque esleu n'avoit recours qu'à son Metropolitain pour estre confirmé. 193. A.
Evesque de Rome, luy est attribuée par le Concile general de Constantinople, la preseance qui luy estoit debattuë par l'Evesque dudit lieu. 160. B.
Evesque avoit toute jurisdiction sur son Clergé tant regulier que seculier. 203. C.
Evesques de Rome beaucoup estimez principalement pour la dignité de la chaire de Saint Pierre. 157. C.
Evesques de Rome depuis Saint Pierre jusques à Saint Silvestre ont épandu leur sang pour la Foy. ibid. B.
Evesques & Prestres, titres indifferents de leur commencement.

Evesques marchoient devant les Prestres, & Diacres de Rome, encore qu'ils se dissent Cardinaux Prestres, & Diacres. 179. B.
Evesques anciens qui excommunierent les Roys & Empereurs sans toucher à leurs Estats. 219. B.
Evesques (Senat des) composé des Prestres & Curez. 175. C. D.
Evesques doivent visiter leur Clergé tous les ans. 253. C.
Evesques appellez anciennement Peres & Papes par leurs inferieurs. 165. A.
Evesques pourquoy appellez Ordinaires. 253. A.
Evesques & Archevesques depuis quel temps n'ont eu seance au Parlement. 55. C.
Evesques de Constantinople, Ravenne, & Milan, desavoüent ambitieusement l'authorité du Saint Siege de Rome. 160. A. B.
Evesques (aux élections des) on choisissoit des gens habiles & disposez pour manier les affaires du monde. 168. D.
Evesques de la Grece qui ont voulu soustenir que la primauté de l'Eglise fut adjugée à l'Evesque de Constantinople sous l'Empereur Theodose. 161. A.
Evesques Ariens se disoient ne ceder en qualité à l'Evesque de Rome. 159. B.
Evesques Orientaux schismatiques excommunierent l'Evesque de Rome pour avoir receu en Communion Athanase. ibid.
Evesques de la Licie & Phrygie privez par Saint Jean Chrysostome de leurs Eveschez, pour les avoir acquis par Simonie. 162. A.
Evesques quand commencerent de conferer les Benefices à leurs serviteurs & valets. 255. C.
Eugene Pape disciple Religieux de Saint Bernard. 249. D.
Eugene Pape & ses Cardinaux cassez par le Concile de Basle. 268. C.
Eugene III. pourquoy contraint d'abandonner Rome, & venir en France. 176. A.
Engiltrude femme de Bosson, excommuniée & pourquoy. 208. D.
Euric Roy des Visigots. 29. A.
Europe pourquoy appellée un certain temps sous le nom de Celtes ou Gaulois. 11. B.
Exactions des Papes de trois especes au siege d'Avignon, Visitations, Annates, Decimes. 253. C.
Exactions de la Cour de Rome ostées par Saint Louys. 250. D.
Exactions desfenduës. 255. C.
Exactions que le Clergé couvroit du mot de Loüables coustumes. 283. C.
Exarquat reduit par les Lombards sous leurs puissances. 169. C.
ce que c'estoit. ibid.
Exarquat repris par l'aide de Pepin. ibid.
Exarque Gouverneur d'Italie, choisit son habitation à Ravenne. 160. B.
Excellence à qui proprement s'attribuë. 769. A.
Excommunication des Druides fort redoutée des anciens Gaulois. 8. B.
Excommunications viennent en nonchaloir, pour estre mises indifferemment & sans discretion en œuvre. 209. A.
Excommuniez ne pouvoient entrer dans l'Eglise, ny boire, ny manger avec un Chrestien, qu'ils ne fussent reconciliez à leur Evesque. 204. B.
Excordes, pour ceux qui sont du tout sans entendement. 778. C.
Exemples de plusieurs personnes convaincuës de crime par attouchement du fer chaud. 367. A.
Exercice premier des lettres & des leçons en la maison de l'Evesque de Paris. 275. C.
Exercice de la jurisdiction des Maistres des Requestes n'a rien de commun avec le mot de Requestes. 59. A.
Exfestucare, pour mettre hors de la possession. 870. A.
Exploicter & plaider, d'où puisez. 49. D.
Expedition memorable faite sous Ambigat Roy de Bourges. 12. B.
Expeditions valeureuses de Belloveze neveu d'Ambigat, Roy de Bourges en Italie. ibid.

F.

Fabian ferma la porte de l'Eglise à Philippes Empereur. 219. B.
Fables d'Esope traduites par une Damoiselle. 754. C.
Façon de faire des anciens Gaulois au lieu des Sacres & Couronnemens somptueux qui se font aujourd'huy à nos Roys. 352. A. B.
Faculté de Decret precede celle du Droict civil, & pourquoy. 212. C.
Facultez de l'Université de Paris sont quatre, & quelles. 903. B.
Facultez du Legat doivent estre verifiées en Parlement. 270. C.
Faire bien la barbe à quelqu'un, proverbe d'où derivé, & que signifie. 781. C. D.
Famille des Martels heureuse en trois Princes, & infortunée en trois autres. 507. C.
Fanfare, son des clairons. 773. C.
Farces de Patelin opposées aux anciennes Comedies Grecques & Latines. 869. C.
Fatalité que l'Empire de Rome ait abouty à la Germanie. 51. A.
Fatalité qui s'est trouvée autrefois és noms de quelques signalez personnages. 419. D. & suivans.
Fatiste, mot François, de pareille valeur que le Poëte des Grecs. 697. A.
Fausser un harnois, pour forcer. 877. C.
Favoris des Roys abusent quelquefois de leur faveur, & sont enfin desapointez. 669. D. & suivans.
Faux du corps, pour fort du corps. 877. C.
Faux-semblant baillé pour Capitaine aux Ribauds par Jean de Mehun. 841. A.
Faux-bourg Saint Marcel de Paris anciennement ville. 888. B.
Faux-bourgs, mot François pour toutes les maisons qui sont hors l'enceinte de la ville. 759. B.
Febve servoit de sort à la creation des Magistrats d'Athenes. 350. B.
Federic Empereur premier de ce nom foulé aux pieds par un Pape. 221. C. 864. B.
Federic second déclaré Roy des Romains. 862. A. couronné Roy de Sicile. ibid. éleu Empereur. ibid. B.
Federic second semet au Parlement le different qu'il avoit contre le Pape. 50. B.
Federic second Empereur, & Roy de Naples, intitulé Roy de Hierusalem. 614. B.
Federic II. Empereur excommunié. 862. C. va en Levant, & se fait couronner Roy de Hierusalem. ibid. est depossedé de l'Empire en un Concile tenu à Lyon. 863. B. meurt. ibid. C.
Federic, fils de Pierre d'Arragon Roy de Sicile. 621. C.
Fées prés de Vaucouleur. 538. A.
Felix se demet de la Papauté & pourquoy. 269. A.
Femme qui par charmes & sorcelleries rendit Charlemagne prodigieusement amoureux d'elle. 645. C.
Femmes autresfois appellées aux affaires d'Estat de la Germanie, tout aussi bien que les hommes. 149. A.
Femmes ont part aux conquests de leurs maris, & pourquoy. 411. C.
Femmes qui ont eu le maniment des Royaumes & de leurs enfans pendant leurs minorité. 148. D. & suivans.
Fer chaud, sorte de preuve employée autrefois pour la verification des crimes. 367. A.
Fer (rigueur de) chaud rachetée moyennant certaine somme de deniers. ibid. C.
Ferdinand fils d'Alphonse Roy de Sicile délaissé par luy son heritier au Royaume de Naples. 634. D. est excommunié par le Pape Calixte III. 635. A. absous par Pie II. ibid. B.
Fermeté anciennement signifioit forteresse, tant en Latin qu'en François. 818. D.
Fernel grand Medecin estime toutes les parties du cerveau confuses. 778. D.
Ferry de Lorraine premier du nom. 635. D.
Ferry II. fils d'Antoine de Lorraine épouse Yoland d'Anjou. 636. D.
Ferté raccourcissement de fermeté. 818. D.
Feste prise en sa vraye & naïfve signification pour un jour de Sainct dédié par exprés au service divin. 775. C.
Festes & festins pourquoy par nous appropriez à jeux & banquets. ibid.
Festes des Ethniques dédiées à danses & yvrogneries. 776. B.
Festes, festins, festoyer. ibid.
Festin annuel des Prevost des Marchands & Eschevins le premier Vendredy d'aprés Pasques en commemoration de l'heureux retour de Charles VII. dans Paris. 92. C.
Festuca brin d'un jeune rameau en Latin. 870. A.
Festuca ou festu approprié par les François aux brins de paille. ibid.
Festu (rompre le) ou la paille avec quelqu'un. ibid.
Feu reputé necessaire pour la conservation de la santé. 847. A.
Feu pour maison ou domicile. ibid.
Feu & Leu. ibid. C.
Feur, pour prix. 852. A.
Fidelium, passer plusieurs choses par un fidelium. 811. D. d'où vient.
Fief en parage, ou parentage. 820. A.
Fiefs & leur premiere source. 125. D.
Fiefs (proverbes tirez de la nature des). 803. B.
Fiefs anciennement appellez Benefices viagers, depuis faits patrimoniaux. 131. A. 243. B.
Fiefs, Arriere-fiefs, ainsi appellez pour la feauté que nous promettons à nos Seigneurs. 133. B.
Fiefs, Censive, Franc-alleud. 132. B. & suivans.
Fievre de saint Vallier, proverbe d'où procede. 829. C. & suiv.
Fillastre ce que c'est. 852. A.
Filles

Filles de joye du Chaſtel verd de Tholoſe, tenuës de porter l'aiguillette ſur l'épaule. 816. D.
Filles hors de droict de ſucceder au Royaume chez les Iſraëlites, Lacedemoniens & en France. 145. C. D. & en beaucoup d'autres lieux. ibid. C. D.
Fin, & ſes trois diverſes ſignifications. 879. C.
Fin jadis employé pour bon. ibid.
Fin & but des diettes des Gaulois quelle. 9. A.
Finances des Roys de France s'augmentent touſjours à chaque aſſemblée qui ſe fait des trois Eſtats. 87. B. preuve de cela. ibid. C.
Fineſſe, parole metoyenne entre la prudence & tromperie. 545 D.
Flagrant delit, pour preſent méfait. 851. B.
Flandre du temps de Charlemagne deſerte & gouvernée ſeulement par un ſimple foreſtier. 96. B.
Flaſcon mot Gaulois. 758. B.
Fleſtrir pour fleudeliſer. 818. C.
Fleur ancienne des François perduë & morte en la guerre qui fut entre les enfans de Louys le Debonnaire. 36. B.
Fleurs de Lys comment apportées au Roy Clovis pour les armoiries de ſon Royaume. 141. B.
Floioard du temps de Charles le Simple & Louys d'outremer. 101. A.
Flodoard Chanoine de Rheims deſtitué par Heribert, & pourquoy. 214. A.
Fleſtrer de la mer d'où formé. 773. D.
Floraux (jeux) repreſentez en pluſieurs villes de France. 698. C.
Florux (jeux) de Tholoſe, autrement appellez l'Englantine. 699. A. 709. A.
Floraux (jeux) des Romains au mois de May. 776. B.
Floraux (jeux) repreſentez à Lagny le jour de la Pentecoſte. 777. B.
Florentin Jacob Preſtre Auguſtin condamné & pourquoy. 236. C. D. & ſuivans.
Focus perennis, dans Martial entre les felicitez que l'homme peut avoir en ce bas eſtre. 847. A.
Fois & hommages inventez pour la reconnoiſſance des fiefs. 1029. A.
Fondateurs des quatre Mendians. 240. C. 250. A.
Fonctions du mary & de la femme quelles. 412. C.
Fontaineau pays de Sardaigne par laquelle on découvroit celuy qui avoit commis un larcin. 368. D.
Forbannis vieux mot François. 758. D.
Forbourgs que nous diſons Faux-bourgs, d'où derivé. 759. B.
Foreſt mot en vieux langage François auſſi bien convenant aux eaux qu'aux foreſts, & la raiſon. 126. A. prouvé par divers titres. ibid. B.
Forme d'expedition des lettres ſous le nom de la Reyne Iſabel au Parlement que Jean Duc de Bourgogne vouloit faire à Amiens. 66. C. D.
Forme de Juſtice obſervée anciennement en France des matieres extraordinaires, & auſſi en quelques civiles. 362. A. B.
Forme de Juſtice obſervée en Italie envers les ceſſionnaires de biens. 389. C.
Forme de l'examen que ſubiſſent ceux qui ſont pourveus de l'eſtat de Conſeiller és Cours Souveraines, ou des Juges dont les appellations reſſortiſſent nuëment pardevers elles. 997. A. B.
Forment pour fortement. 817. C.
Formoſe traité indignement par Eſtienne ſixieſme ſon ſucceſſeur. 174. D.
Formoſe (corps de) Pape tiré du tombeau aprés avoir eſté horriblement traitté, fut jetté dans le Tybre. 188. A.
Formiliere de peuples qui ſuivent en France l'Eſtat de la plume, au prix de ceux qui joüent des couſteaux. 13. B.
Formulaire que le Pape gardoit envoyant le Pallium aux Eveſques. 196. B.
Formulaire des lettres de Chancellerie addreſſées au Parlement, 50. D. juſques à quand dura. ibid.
Fortune (combien) a pû en la manutention de noſtre Eſtat, depuis la venuë de nos Roys de France. 44. A. & ſuivans.
Foüage, contribution annuelle que l'on tire de chaque feu. 848. A.
Foüage, nouvelle charge d'impoſts par capitations & feux. 87. D.
Foüage (premier) levé par Charles V. ibid.
Foüage (ſecond) ſous Charles ſeptieſme appelé Taille. 88. A.
Foudre lancé fort bien decrit par Ronſard & par Paſquier. 721. D.
Foy & hommage de Philippes Duc d'Auſtriche à noſtre Roy Louys douzieme. 573. B.
Foy admirable des villes Gauloiſes l'une envers l'autre parmy leurs riottes & diſſenſions. 9. A.
Foy generale gardée de toute ancienneté dans la France. 354. B.

Framboiſe pour franc boire. 877. B.
Franc, & franchiſe, mots François. 759. A.
Franc Alleud ce que c'eſt. ibid.
Franc Allend, mot François attribué aux terres qui ne payent nulle redevance. ibid.
Franc-arbitre de l'homme. 586. A.
Francs-Archers introduits par Charles VII. 140. A.
Francs-fiefs & nouveaux acqueſts. 133. B.
France ſelon l'opinion de Saint Hieroſme autrefois appellée Germanie. 18. C. depuis quel temps ainſi appellée. ibid.
France Orientale & Occidentale. 35. D.
France par lequel des deux maintenuë floriſſante juſques à preſent, ou par fortune, ou par Conſeil. 43. & ſuivans.
France demembrée par deux fois en quatre parties. ibid.
France diviſée en divers Ducs & Comtes depuis Charles le Simple. ibid.
France reglée Monarchie depuis douze cens ans. 10. C.
France occupée en beaucoup de lieux, & travaillée par les Anglois. 37. A. relevée de ces travaux par Philippes Auguſte. ibid.
France ne pouvoit permettre que le Pape entrepriſt ſur nos Ordinaires. 209. A.
France (la Fortune de) liée avec celle de Rome. 261. D.
France, (trois parties dans la) du Roy & Duc de Bourgogne, du Dauphin, & de l'Anglois. 527. C.
France autrefois appellée Romanie. 754. A.
France diſtincte & remarquée par deux manieres de pays, & quels. 983. B.
France (comme le Royaume de) s'eſt perpetué juſques à preſent. 1041. A. B.
Franchiſes accordées par les Roys aux Univerſitez. 945. A. B. & ſuivans.
Francion premier Autheur des François ſelon aucuns. 39. C.
François que ſignifie en langue Allemande. 18. quoy en Grec. 19.
François diviſez en pluſieurs peuples & gouvernez par pluſieurs Roys. 41. A. B. pour quelle raiſon les eſtime-t-on avoir eſté gouvernez par Ducs. ibid. C. D.
François, avant leur arrivée en la Gaule & encore aprés, grands nautonniers. 11. A.
François appellez Germains par Agathie & Procope. 10. B. conformes preſque en tout aux couſtumes Romaines. ibid. C.
François, vers quel temps ſe vinrent loger en la Gaule. 18. D. défaits par Aurelian. ibid. extraicts des Troyens, depuis appellez Sicambriens. ibid. diverſes opinions ſur le temps de leur venuë és Gaules. 19. la plus vraye de Vopiſque. ibid. firent un voeu perpetuel de conqueſte. 19.
François accompagnez à diverſes fois des Saxons, leurs entrepriſes contre la nation Gauloiſe. ibid. courſes par eux faites en divers pays ſous l'Empire de Probe. ibid. premiere demeure. ibid. nommez Antuariens. ibid. vaincus par Julian. ibid. diviſez en divers peuples. ibid. gens fort guerriers. ibid. opiniaſtrez en l'envahiſſement de la Gaule. ibid. en quel temps aborderent en ce pays. 25. B. appellez Meroüingiens de leur Roy Meroüée. ibid. B.
François anciens laiſſoient eſcrire leurs hiſtoires aux Moines. 5. A.
François tuez à l'impourveu le jour de Paſques. 223. A. ſelon les autres, le jour de l'Annonciade. 224. B.
François ſurpaſſent en la Police de mer les Romains. 124. D.
François naturellement ſemblent mal vouloir aux Normans. 36. D.
François naturellement idolâtres de leurs Princes du Sang. 571. B.
François arrivans en la Gaule deſignerent leurs peuples ſous deux noms. 35. D.
François appellez Barbares par les Italiens. 6. C.
François commencerent à courir les Gaules ſous la conduite de Cleon & Neronée, & mettre leur ſiege & Royaume és villes d'Orleans & Paris. 26. C. tirent leur eſtoc de Francion Troyen. 39. C.
François appellez Chiquaneux & Gaſtepapiers, & pourquoy. 13. B.
François & Italiens contraires en deux particularitez. 804. C.
François aſſailloient aiſément, & malaiſément eſtoient aſſaillis. 20. B.
François tenoient toute la mer Oceane en leur ſubjection. 20. B. recherchez d'alliance par les Romains. 21. A.
François Antuariens vaincus par l'Empereur Julian. 20. C.
François contenus par Julian l'Apoſtat en leurs bornes. 25. A.
François deffirent Valentinian premier. 25. B. puis furent défaits par luy. ibid.
François comparez à l'hydre d'Hercule & pourquoy. ibid.
François mot de faction, qui ſignifioit liberté. 18. C.
François portoient longue chevelure par honneur. 19. D.
François combien redoutez par les Romains. 21. A.

François

Table des Matieres.

François (l'origine des) pourquoy rapportée aux Troyens. 39. B. C. & suivans.
François emprunterent plusieurs Magistrats des Romains. 105. C.
François & Romains confederez. ibid.
François guerriers avoient leurs loix toutes militaires. 361. B. C.
François anciens au lieu des sorts Virgilians se servoient des livres de la Sainte Escriture, pour sçavoir leur bonne ou mauvaise avanture. 373. A.
François deffaits par les Anglois. 531. C. D.
François appellez Romains. 754. A.
François (nul) esleu Pape depuis le siege remis à Rome. 261. C.
François obtiennent une grande victoire sur les Turcs en Hongrie. 643. C.
François massacrez en Sicile. 866. C.
François premier vendit les Estats à face ouverte. 405. A.
François premier surnommé Clement. 417. A. zelateur des bonnes lettres. ibid. & 925. C.
François premier blessé à la teste par le Capitaine Lorge, porta tousjours depuis courts cheveux. 782. A.
François premier pris en la bataille de Pavie. 566. C. mené en Espagne au Chasteau de Madrid. ibid. D. fiance Leonor sœur de l'Empereur avant son retour. 567. A.
François premier pourquoy veut faire supprimer par son Royaume, les Œuvres du Poëte Dante. 452. 514. B.
François premier se mesla quelquesfois de faire des vers. 701. A.
François premier (belle réponse de) pour escorner l'importunité de quelques poursuivans. 1043. A.
François premier fait Charles de Bourbon son Connestable. 555. C. 568. C. se porte avec beaucoup de clemence en la punition de sa conspiration. 577. B.
François Duc d'Alençon fut en Angleterre pour le mariage de luy avec Elisabeth. 808. A.
François Duc de Guise appellé Boucher par ses ennemys. 514. C.
François de Guise tué par Poltrot. 757. B.
François Olivier Chancelier. 85. A.
François Rabelais mis au nombre des Poëtes. 701. A.
François de Monthelon Advocat du Connestable de Bourbon contre Louyse de Savoye. 561. A. deux grands traicts de prudence en luy pour cette cause. ibid.
François d'Andule Duc des Venitiens servoit de marchepied au Pape quand il vouloit monter à cheval. 259. C.
Françoise (langue) anciennement une mesme avec celle des Germains, que nous appellons aujourd'huy Allemans. 687. B.
Françoise (langue) combien redevable au parler des Grecs. 757. A.
Françoise (langue) que nous avons aujourd'huy de quelles autres est composée. 685. C. 753. A.
Françoise (langue) capable d'aussi beaux traits Poëtiques que la Latine. 719. B.
Françoise (langue) appellée rustique Romaine. 754. B.
Françoise (langue) bastie sur la corruption de la Latine. 765. B.
Françoise (langue) quand commença de se polir. 762. A.
Franquet voleur executé à mort à la poursuite de la Pucelle Jeanne. 539. B.
Fraudes pratiquées anciennement sous le pretexte des Clericatures, comment & par qui y fut remedié. 385. C.
Fredegaire quel Autheur c'est. 499. D.
Fredegonde conserve le Royaume à son fils Clotaire second. 647. C.
Fredegonde (deux beaux traicts de). ibid.
Fredegonde donne un conseil fallacieux à Audoüere femme de Chilperic pour le Baptesme de sa fille. 453. A.
Fredegonde (quand) fut esprouvée par Chilperic. 453. B.
Fredegonde suborne deux soldats pour tuer Sigebert. ibid. abuse de son corps & de son honneur avec Landry Maire du Palais. 454. C.
Fredegonde (assassinats fait à la suscitation de). ibid. entre autres celuy de son mary. ibid.
Fredegonde attaquée par Chilperic harangue genereusement son armée. 456. C. le fait empoisonner. 457. D. se sert d'une grande ruse pour deffaire ses ennemis. ibid.
Fredegonde (comparaison des deportemens de) & de Brunehaud. 461. A.
Fredegonde (recapitulation des principaux faits & forfaits de). 463. A. B. C.
Fredegonde est deffenduë par Pasquier pour l'imposition de l'assassinat de son mary. 466. C. comme par miracle meurt de sa mort naturelle, & le lieu de sa sepulture. 458. C.
Freres jumeaux d'une admirable ressemblance. 667. C. D. & suivans.
Fribours. 859. B.
Fricasser d'où derivé. 773. C.
Frilleux, mot racourcy employé pour froidilleux. 705. B.
Frit, frire, friture d'où derivez. 773. C.
Funerailles nompareilles de Philippes Auguste. 902. B. C.
Fy pourquoy attribué entre nous aux choses les plus sales & ordes qui se presentent. 803. C.

G.

G Pourquoy adjousté à ce mot *un* par les anciens François. 414. D.
Gabelle innovée par Philippes de Valois. 88. C. augmentée par son fils. ibid.
Gages de bataille deffendus par le Concile de Valence. 361. C.
Gages de bataille renvoyez de Cour d'Eglise en Cour Laye. 363. C.
Gages de bataille en matiere criminelle, & l'ordre qu'on y pratiquoit. 365. A.
Gages de bataille en quel estat reduits maintenant. 366. C.
Gayfer & Hunaut enfans d'Eude Duc d'Aquitaine desheritez du temps de Charlemagne du pays qu'ils affectoient. 40. A.
Galba vieux mot Gaulois pour homme gras. 758. A.
Galeres. 14. B.
Galles arriere-coin de la Grande-Bretagne jadis gouverné par Roys. 33. B.
Gallia Comata, & Togata. 779. C.
Galloches, vieux mot Gaulois. 758. C.
Gallo-Grecs parloient le langage des Gaulois. 14. B.
Galsonde sœur aisnée de Brunehaud fut seconde femme de Chilperic. 453. B. est renvoyée à son pere à l'instigation de Fredegonde, & trouvée estranglée un matin dans son lict. 453. B.
Galterus Autheur de l'Alexandreïde. 176. B.
Ganeo ostiarius. 834. C.
Garbe, mot Italien ce que signifie entre nous. 763. D.
Garde Escossoisse demeurée prés de nos Roys, pourquoy. 531. B.
Gardes des livres de la Chambre des Comptes. 82. D.
Gardes mis au logis du Dauphin par Jacqueville. 520. C.
Gargoüille de Roüen. 1011. A.
Gargoüille, (mot de) mis en usage parmy nous pour noise & querelle. ibid. D.
Garnier écrivain de Tragedies. 704. D. ses œuvres. 705. B.
Garnier Maire du Palais de Bourgogne, & son insigne trahison au profit de Clotaire. 489. C. 493. D.
Garnisons de gens d'armes distribuées par les villes du Royaume de France, quand & pourquoy introduictes. 140. B. C.
Gascogne, baptisée par les Visigots selon l'opinion de Blondel. 37. C.
Gascogne depuis quel temps comprise sous le gouvernement d'Aquitaine. 40. A.
Gascons inconnus aux vieux Gaulois. 37. C. en quel temps planterent leur demeure en Aquitaine. ibid. d'où semble estre tiré leur nom. ibid. pourquoy ne peut estre tiré Visigor. 38. C.
Gascons anciennement n'estoient coustumiers, marchans en bataille, de porter armes en teste. 38. C. fort entendus aux divinations de oyseaux. ibid, quel peuple & où estoit son ancien manoir. ibid. défaits par Dagobert, & reduits en forme de Province. 37. A. revoltez vers le temps de Charles Martel. ibid.
Gasteau du jour des Roys, avec quelles ceremonies se partage. 389. A.
Gaule (comme la) ne donna jamais occasion d'estre blasonnée par le Romain du nom de Barbare. 7. A.
Gaule (la) entre toutes les nations à tousjours favorisé infiniment le Saint Pere de Rome. 293. B.
Gaule separée de la Germanie par l'entrejet du Rhin. 42. B.
Gaule (la) n'a jamais esté accusée de desobeyssance contre l'Eglise. 153. A. n'a jamais produit de monstres, au dire de S. Hierosme. ibid.
Gaule (cause de la ruine de la) du temps de Jules Cesar. 17. D.
Gaule nommée France dés le temps de Saint Gregoire. 18. D.
Gaule (la) a eu cet heur de vaincre le Romain, & le Germain qui l'avoient autresfois vaincué. 22. C.
Gaule Cisalpine appellée depuis Lombardie. 40. B. & d'où. ibid.
Gaule (dans la) y eut une espece de vassaux. 126. D.
Gaule (la) anciennement sans heretiques. 154. A.
Gaules divisées en deux factions principales. 8. B.
Gaules par quels motifs principalement conquises par les Romains. 17. A.
Gaules subjuguées par l'Italien, mais à la foule & oppression de l'Italie mesme. 21. C. D.
Gaules rebelles sous la conduite de Versingerorich. 9. A.
Gaules fouragées & couruës par divers peuples du temps d'Arcade & Honore. 25. C.
Gaules tombées és mains des François. 5. A. 32. C.

Gaules

Table des Matieres.

Gaules comment & en quel temps envahies par les François. 22. C. D. & suivans.
Gaulois divisez en trois ordres. 3. B.
Gaulois peu soucieux de rédiger aucune chose par escrit. 3. B. & suivans.
Gaulois de grande recommandation sur tous les peuples qui se sont addonnez à courir l'Univers. 11. B.
Gaulois, (trois conquestes principales des). 12. B. & d'où vient qu'anciennement ils s'acheminerent en grand nombre à icelles. ibid. D.
Gaulois comment escornerent l'outrecuidée presomption d'Alexandre le Grand. 7. A.
Gaulois (que les) ne furent jamais estimez barbares par Cesar. ibid.
Gaulois portans armes jadis en plus grand nombre qu'aujourd'huy les François, & pourquoy. 13. B.
Gaulois acheminez en Italie & Germanie. ibid. allechez à l'Italie par la douceur des vins. 12. D. cette opinion refutée. 13. A.
Gaulois bien redoutez des Romains. 13. D. défaits par Camille, & en quelle façon. 13. C.
Gaulois passez en Grece ne furent tous déconfits au ravage du temple de Delphe. 14. B.
Gaulois taxez de legereté par les anciens Romains & pourquoi. 15. A. B. & suivans.
Gaulois victorieux en la plupart des contrées de l'Europe. 11. B. en la grande Bretagne & Germanie. ibid. en la Scythie & Espagne. 12. B.
Gaulois plantoient leurs noms és contrées par eux conquises. 3. D.
Gaulois pourquoy ne vouloient que leurs enfans se presentassent à eux devant le quatorziesme an de leur aage. 4. C. eurent la justice en grande recommandation. 7.
Gaulois Ultramontains, ou d'Italie. 3. D.
Gaulois acharnez au recouvrement de leur liberté lors qu'ils estoient sous une servitude estrangere. 15. B.
Gaulois emportoient le dessus de toutes autres nations au fait des armes, & haute Chevalerie. 16. B. 15. C.
Gaulois ne pouvoient endurer le joug de Rome, & tant qu'ils purent se revolterent tousjours contre les Romains. 16. A.
Gaulois tiroient leur ancienne noblesse d'Hercule. 39. B.
Gaulois favorisez par Cesar au desavantage mesme des siens, leur donnant contre l'advis de tous, entrée au Senat, & commun Parlement des affaires de Rome. 22. B.
Gaulois accrurent leur langue jusques vers les parties du Levant. 752. B.
Gaulois racourcirent quelques mots Latins qui de soy estoient de difficile prononciation, à leur usage. 753. B.
Gaulois échangerent leur vulgaire à celuy des Romains, & emprunterent d'eux une grande partie de leurs mots. 754. A. B.
Gayac propre & singulier remede contre le mal de Naples. 425. A.
Gehenne, & gesne pour torture. 809. C.
Gehir pour faire dire la verité par force. ibid.
Gendarmerie policée par Charles VII. 140. A. B.
Genealogie de Hugues Capet. 512. B. C.
Genealogie des aisnez de la Maison de Bourbon. 556. C. D.
Gelais (Saint) du commencement medisoit des œuvres de Ronsard. 705. B.
Generaux des Aides & Esleus, nommez du commencement par les trois Estats & confirmez par le Roy. 90. B.
Generaux des Finances connoissoient en dernier ressort des differends qui provenoient des Aydes. 88. C. D. & on ne pouvoit appeller des jugemens rendus par eux. ibid.
Generaux & Esleus introduction populaire. 90.
Generaux appellez ceux qui avoient la charge generale, & Esleus qui avoient la charge particuliere des Aydes par Dioceses. ibid.
Generaux pouvoient instituer & destituer Esleus, Grenetiers, Controlleurs, Receveurs, & Sergens des Aydes. ibid.
Generaux (deux) pour la distribution de la Justice. 91. A.
Generaux des Finances de la Justice quand commencerent d'estre distincts & separez. ibid.
Generaux (six) deputez pour l'exercice de la Justice. ibid.
Generaux (trois) seulement avoient en particulier charge de la dispensation des deniers. ibid.
Generaux (enjoint aux) de faire les uns aprés les autres leurs chevauchées par les Provinces, pour voir le bon ou mauvais mesnage des Esleus & receveurs. 91. B.
Generaux des Finances sur le fait des Aydes, & generaux de la Justice sur le fait des Aydes. ibid.
Generaux (quand ordonné qu'il n'y auroit que trois) pour la distribution des Aydes. 92. A. & trois autres pour le fait de la Justice. ibid.
Generaux esleus par le Grand Conseil. ibid.

Generaux de la Justice n'estoient estimez faire corps, quand Charles septiéme entra dans Paris. 92. C.
Genius employé pour *Angelus* par Castalion en sa traduction de la Bible. 785. A.
Gens d'épée quand & comment contraints de quitter leur place au Parlement. 55. A.
Gens-d'armes beneficiers quels. 129. C.
Gens de plume & de robbe en quel nombre en France. 13. B.
Gens de guerre en moindre nombre aujourd'huy que jamais, & pourquoy. ibid.
Gens d'épée séoient au Parlement avec les Ecclesiastiques. 51. A.
Gens des ordonnances quand & pourquoy instituez. 140. A.
Gens de main-morte condition. 394.
Gens lettrez favorisez par les Princes. 1021. B. & suivans.
Genseric Roy des Vandales comment eut entrée au pays d'Afrique. 26. C.
Gentil-homme Gaulois arrivé le dernier aux assemblées de guerre, estoit exposé au dernier supplice pour exemple public de sa paresse. 4. C.
Gentils-hommes & Escuyers d'où ainsi nommez. 129. A. B.
Gentils & Escuyers braves au fait des armes. ibid. A. seul & unique degré de Noblesse fondé sur les Gentils & Escuyers, & pourquoy. 130. B. C.
Geoffroy Rudel vieux Poëte François, & ses amours. 694. C.
Geoffroy de Thorry a erré en la deduction des nombres François. 413. B.
Geoffroy de Villardouïn Mareschal de Champagne, l'un des plus vieux Autheurs François que nous ayons. 761. B.
Georges Cardinal d'Amboise tres-liberal. 545. B.
Georges Trapezonce perdit tout à-fait la memoire sans que son jugement fust aucunement alteré. 777. C.
Gerbe de soliare à Dieu. 877. A.
Germain (mot de) usité fort souvent par Agathie pour François, & pourquoy. 18. C.
Germains défaits avec un grand carnage par Valentinian premier. 25. B.
Germains suspects aux Romains. 31. C.
Germains pourquoy faisoient annuels sacrifices à Hercule. 39. B.
Germains anciens appelloient les femmes aux affaires d'Estat. 149. B.
Germains honoroient Hercule. 39. C.
Germains grands guerriers. 11. B.
Germains differens des Gaulois en façons de faire. 7. D.
Germains redoutez au Romain comme gens du tout aguerris & exposez au faix & travail de la guerre. 31. A. B.
Germains ont demembré petit-à-petit les Provinces de l'Empire de Rome, & tiré pardevers eux le titre d'Empereur, quasi comme derniere despoüille de sa grandeur. 32. B.
Germanic dressa maintes escarmouches aux Germains. ibid.
Germanie & Gaule, autrefois noms indifferens. 18. D.
Germanie habitée par les Gaulois vers la forest Hercinienne. 11. C. comment a pris le nom universel d'Allemagne. ibid.
Germanie reduite en toute extremité d'obeyssance sous Clovis, principalement sous Charlemagne. 22. B.
Geronce chassé de l'Archevesché de Nicomedie par Saint Jean Chrysostome. 162. A.
Gerson a donné principalement saufconduit au mot d'abus des Ecclesiastiques. 288. D.
Gervais Chrestien Medecin de Charles cinquiesme fondateur du College appellé de son nom à Paris. 912. D.
Gesne, & Gehenne pour torture, d'où derivez. 809. C.
Gibelins & Guelphes: voyez *Guelphes* cy-aprés.
Gibet & le desastre mal-heureux que le peuple trouve en son bois. 812. C.
Gibet, (bois de) bien, non mal necessaire, pour chastier les méchans. ibid.
Gibets mal-heureux à ceux qui les avoient fait bastir. ibid.
Gilduin premier Abbé de Saint Victor de Paris. 941.
Gilles Evesque de Rheims degradé des Ordres de Prestrise, & privé de son Evesché, & banny, pour avoir conspiré contre la vie de Brunehaud. 470. B.
Gillette fille de Charles le Simple, donnée en mariage à Raoul Roy des Normans. 35. C.
Ginguet, vins quels. 336. A.
Giste (droict de) ce que c'est. 302. C.
Giste (droicts de) deubs à nos Rois par plusieurs Evesques & Abbez quand ils passoient par leurs Eveschez & Abbayes. ibid. D.
Gladiateurs Romains. 4. A.
Glaive enroüillé à Marseille sur l'une des portes, pourquoy gardé en cet estat pour décapiter les condamnez à mort. 785. A.
Glas & terre Glase, d'où derivez. 758. A.
Glossateur du Droict Romain qui ont suivy Irnerius. 978. C.
Gloses (mot de) que signifie selon Quintilian. ibid.

Tome I. O ooo Godefroy

Godefroy de Boüillon creé premier Roy de Hierusalem au refus de Robert Duc de Normandie. 58. B.
Godefroy de Boüillon refuse de charger la couronne du Royaume sur la teste. 613. A.
Godin fils de Garnier Maire du Palais de Bourgogne comment accusé & fait mourir par Clotaire II. 496. A. B.
Gois, Sainctions, Tiberts, bouchers, & principaux partisans du Duc de Bourgogne. 519. C.
Gondebaut quatriesme Roy des Bourguignons rendu tributaire à la France par le Roy Clovis. 29. C.
Gondebaut se maintient fils de Clotaire premier. 470. A. est tué en la ville de Comminge. ibid.
Gondemar dernier Roy des anciens Bourguignons. 29. D.
Gondovault faillit de se faire reconnoistre Prince du sang par ses longs cheveux. 779. C.
Gonnelle bouffon du Marquis de Ferrare, precipita son maistre dans le Pau pour luy faire perdre la fievre quarte. 826. C. condamné d'avoir la teste tranchée, pour ce fait, mourut d'apprehension & comment. ibid.
Gonsalve, & Conseloux porteurs des Bulles de Benoist XIII. executez & comment. 233. B.
Gontier Archevesque de Cologne, & Tutgrand Archevesque de Treves excommuniez par le Pape Nicolas. 208. B.
Gontran d'une bonne partie de la France aprés la mort de son frere Chilperic. 38. D.
Gontran prend la deffense de Fredegonde & de Clotaire son fils. 455. C.
Gontran adopte Childebert son vray neveu, & le fait successeur de tous les pays de son obeyssance. 497. A. soupçon pour quelques raisons que Clotaire soit illegitime. ibid. comment il est relevé de ce doute. ibid.
Got, vieux mot François attribué à Dieu. 759. D.
Gots, estans chassez de la Scythie par les Huns, obtinrent de l'Empereur Valens un arrierecoin de la Thrace pour y demeurer. 28. A. comment ils en sortirent. 27. C.
Gots pourquoy appellez Barbares. 10. D.
Gots defont Valens en bataille. 27. C.
Gots detestez comme lourds & grossiers, & pourquoy. 11. A.
Gots defaits par Theodose. 28. B. par Jules és parties orientales. ibid. se font enfin Maistres de la Thrace. ibid. d'où ils tiroient leurs secours. ibid.
Gots Orientaux & Occidentaux. ibid.
Goudochie second Roy des Bourguignons tué par Attile en la bataille contre Etius. 29. C.
Gouverneurs des Roys mineurs par les Reynes leurs meres. 147. D. & suivans.
Gouverneurs des Provinces appellez Patrices. 97. D. 98. A.
Gouverneurs anciens ne pouvoient confirmer un Evesque. 197. B.
Grace à plaider par Procureur, ce que c'estoit anciennement. 63. B.
Graces expectatives, & mandats des Papes. 252. C. & la forme qu'ils tenoient. ibid. D.
Graces expectatives ostées par Louys onziéme. 270. A.
Graces & Privileges, que Dieu a particulierement distribuez aux Roys de France. 313. B.
Gradation és charges militaires. 111.
Graduez des Universitez, & l'ancienneté de leurs nominations sur les Ordinaires. 269. B.
Grandement, fait du Latin *grandicer*. 765. D.
Grandeur des Roys de France se fortifia par loix sous Hugues Capet & ses successeurs. ibid.
Grandeur extreme du Saint Si ge tant en temporel, que spirituel. 153. A.
Grands jours de Troyes qu'estoit-ce. 51. B.
Gras d'où derivé. 758. A.
Gratian (erreur de) qui attribué le premier établissement des Curez au Pape Denys. 176. C.
Gratian le Moyne fait dans son decret son profit de nos Conciles. 193. C.
Gratian attribué faussement à Saint Gregoire le G. *Memnam*. 267. B.
Gratian Empereur tué par Argobaste. 25. B.
Gratification du Roy Jean à la Reyne de Sicile, pour permettre un Ayde sur ses subjects. 88. C.
Gratian Boulonois, d'admirable memoire. 908. A.
Grebans (les deux) grands Poëtes François & beaucoup estimez de leur temps. 700. A.
Grece conquise par le Turc. 16. C.
Grece estimée aiguë & subtile. 16. D. produit plusieurs sectes de Philosophes. ibid.
Grecs reputez sçavans par Caton. 16. B.
Grecs faisoient brusler les corps de leurs peres & meres morts. 411. D.
Grecs autheurs & inventeurs de la Philosophie & Medecine. 909. D.

Greffes & Tabellionnez des Prevostez, Vicomtez & Vigueries domaniaux aux Roys de France. 394. D.
Greffiers de la Chambre des Comptes ont esté toûjours pris dés le premier establissement. 78. D. s'en trouve un troisiesme sous Charles V. ibid. pour l'estre falloit estre par mesme moyen Notaire & Secretaire du Roy. 79. A. exception en la personne de Maistre Louys le Blanc, & pour quelle cause, & depuis en autres. ibid. B.
Greffiers (estats des) & Tabellions sur tous estimez domaniaux à nos Roys. 395. A.
Greffiers & Tabellions anciennement estoient serfs publics. 394. C.
Greffiers plus honorables en Grece qu'à Rome. ibid.
Gregeois eurent des Admiraux comme les Sarrazins. 121. C.
Gregoire (S.) condamne le titre d'Universel, comme ambitieux à un Evesque. 163. C.
Gregoire (Saint) dispute contre Jean Patriarche de Constantinople la qualité d'Œcumenique. 198. B.
Gregoire (commination de Saint) à un Evesque qu'il le privera du Palium. 199. A.
Gregoire (Saint) parle par priere, & non par authorité pour le fait de la France. 200. B.
Gregoire (Saint) loué ordinairement Brunehaud de sa pieté envers Dieu en ses lettres. 186. D.
Gregoire I. debat le titre d'Universel au Patriarche de Constantinople. 206. C.
Gregoire troisiesme se mit sous la protection de Martel. 170. A.
Gregoire V. s'advise de rendre l'Empire électif. 174. D.
Gregoire VII. professa horrible vengeance contre l'Empereur Henry IV. à nom. 187. C.
Gregoire VII. l'un des hardis propugnateurs du Siege de Rome qui jamais fust auparavant luy. ibid. D.
Gregoire XI. quitte Avignon pour retourner à Rome, & pourquoy. 260. B. 634. A.
Gregoire XII. & Benoist XIII. destituez de leurs Papautez. 9,8. A.
Gregoire XII. se démet volontairement de la Papauté. 264. C.
Gregoire (passages de) de Tours touchant les faits de Fredegonde. 465. D. 466.
Greg ire de Nazianze, Basile & Benoist introducteurs des Monasteres au levant. 242. D.
Gregoire (nom de) fatal pour l'accroissement de la Papauté. 174. C.
Grimoire, & Grigneur, vieux mots François. 762. D.
Grimoauld Duc de Benevent redevable de sept mille escus de tribut tous les ans à l'Empereur Debonnaire. 114. B.
Groigner des pourceaux. 774. B.
Grosse loudiere, pour grosse lourdiere. 878. A.
Grossesse prodigieuse avenuë en la ville de Sens. 665. D.
Guelphes (division des) & Gibelins apporte nouvelle face de Principautez dans l'Italie. 114. B.
Guelphes & Gibelins apportent de grandes pertes à l'Italie. 857. A.
Guerre entre Sigebert & Chilperic pour la succession de leur frere Charibert. 453. C.
Guerre livrée à Theodat, puis à Vitige Roy des Ostrogots par l'Empereur Justinian. 28. A.
Guerre cruelle faite par Lothaire & autres fils de Louys le Debonnaire à Charles leur puisné. 36. B.
Guerre Civile entre les Chrestiens cause de la ruine du Royaume de Hierusalem. 613. A.
Guerre de Valens contre les Gots, ausquels il avoit octroyé pour demeure un arrierecoin de la Thrace. 27. C.
Guerres Civiles prognostics de la ruine d'un Estat. 17. A.
Guerres Civiles au deffaut des guerres estrangeres. 1031. A.
Guet, pour corps de garde. 763. C.
Guet-à-pens, pour une deliberation projettée, ou propos deliberé pour mal user. 811. B.
Gueux de l'ostiere, pourquoy usurpé entre nous pour un caimant. 834. C.
Guillaume, nom dont on use par mocquerie. 874. B.
Guillaume fils de Robert Duc de Normandie ayant subjugué l'Angleterre, comment trouva moyen de retenir une nation mutine en bride. 36. D.
Guillaume le Bastard & Robert son fils ont guerre ensemble. 607. C.
Guillaume (le corps de) le Bastard abandonné de tous en plein champ, fors de Henry son fils. 609. A.
Guillaume fils de Raoul Duc de Normandie tué par les Aguets d'Arnoul Comte de Flandres. 36. C.
Guillaume Budée, grand personnage en la Philosophie, & en toutes autres sortes de bonnes lettres. 282. A.
Guillaume Cousinot Advocat de la Doüairiere d'Orleans contre le Duc de Bourgogne. 518. D.
Guillaume Cretin vieux Poëte. 701. A. adonné du tout à faire des vers équivoquez. 739. D.

Guillaume

Table des Matieres.

Guillaume de Lorry, & Jean de Mehun Poëtes. 690. B.
Guillaume de Lorry admirable en descriptions. ibidem.
Guillaume de Nogaret Chancelier. 51. C.
Guillaume de Saint Amour & Jean de Mehun abhorroient les quatre Ordres des Mendians, pour avoir voüé une pauvreté tant en general qu'en particulier. 240. C.
Guillaume le Roux, Duc de Normandie. 38. A.
Guillaume le Roux usurpe l'Estat sur Robert son frere aisné. 608. C.
Guillaume Postel Jesuite, & son impieté. 349. D.
Guillaume Poyet Advocat de Louyse de Savoye contre Charles de Bourbon. 560. B.
Guillaume Poyet Chancelier fit une cohuë du Conseil privé. 84. D.
Guillaume de Champeau admirable en l'explication de Priscian & de la Philosophie. 907.
Guille & *Guiller*, vieux mots François pour tromperie. 762. C.
Guillery des passereaux. 774. B.
Guischard sous quelle couleur passa en Calabre & Sicile. 38. A. recourut des mains des Sarrazins la Poüille & la Sicile. ibid.
Guy Brellay premier qui porta le nom de President au grand Conseil. 83. D.
Guy de Lusignan investit du Royaume de Chipre Richard Roy d'Angleterre. 614. C.

H.

Habitateurs premiers de la mer Adriatique se renommoient d'Anthenor Troyen. 39. C.
Habit (l') *ne fait pas le Moine*, proverbe ancien de Jean de Mehun en son Roman de la Roze. 784. A.
Hache presentée de l'un à l'autre aux afiliations ou adoptions faites par les Gaulois, que signifioit. 361. A.
Harangues commencées jadis par passages de la Sainte Escriture. 421. C. D.
Harangues qui se font par les gens du Roy aux ouvertures generales des plaidoyez, en la Cour de Parlement de Paris, & leurs premieres racines. 422. D. 423. A.
Heaume, mot ancien, pour ce que nous nommons maintenant Armet, ou habillement de teste. 763. B.
Hebraïn Bassa tué par Soliman. 672. A.
Hecubiens. 25. D.
Heduens, (chez les) deux d'une mesme famille ne pouvoient exercer un Magistrat. 10. A.
Heduens & Sequanois par leurs divisions ruinent l'Estat des Gaules. 17. B.
Heduens appellent Cesar à leur secours 8. D. gouvernez par un Magistrat souverain & annuel. 9. A. comment procedoient à l'eslection d'iceluy. ibid.
Helinan vieux Poëte François fort recommandé de son temps. 688. A.
Helisée premier instituteur des Moines. 242. D.
Hellespont, aujourd'huy appellé le bras Saint George. 16. C.
Heloïse porte une affection étrange à P. Abelard. 588. A. B.
Heloïse premiere Abbesse de l'Abbaye du Paraclit. 591. C.
Helvetiens, maintenant appellez Suisses. 31. A. pris à mercy par Cesar, & pourquoy renvoyez par luy en leur pays avec commandement de rebastir leurs villes. ibid.
Hendecasyllabes en vers rimez faits par Pasquier. 734. B.
Hennir, & hennissement des chevaux. 774. B.
Henry second surnommé le Belliqueux. 417. A.
Henry second premier de nos Roys qui ait esté Duc de Bretagne. 34. C.
Henry troisiéme apporta un débordement general à la vendition des Estats. 405. A.
Henry troisiéme ne pouvoit estre vaincu en ses opinions. 651. D.
Henry troisiéme tué par Jacques Clement Jacobin. 799. A.
Henry quatriéme fort clement en la punition du fait de Monsieur le Maréchal de Biron. 578. A. B. C. donne ses biens confisquez à son frere. ibid.
Henry quatriéme Roy de France attenté deux fois par la faction des Jesuites. 798. C.
Henry troisiéme Empereur contraignit les Romains par serment de renoncer au droict d'élection des Papes. 218. B.
Henry quatriéme Empereur excommunié par le Pape, & privé de sa dignité Imperiale. 218. D. deterré & mis hors l'Eglise, comme estant excommunié. 219. A.
Henry sixiéme vient en France en fort bas aage. 532. C.
Henry sixiéme est couronné Roy dans S. Denis. 533. B.
Henry sixiéme Roy de France & d'Angleterre perd ses deux Royaumes. 611. C.
Henry frere aisné de Thibaut gendre de Saint Louys, appellé le Large. 543. D. brave trait de luy contre Artaut qui ne vouloit empescher d'exercer sa liberalité. 544. D.
Henry de la maison de Lanclastre se fait couronner Roy d'Angleterre, & fait tuer Richard. 611. C.

Henry d'Angleterre soy disant Regent en France, mort au bois de Vincennes. 819. B.
Henry Roy d'Angleterre, Duc de Normandie, & d'Aquitaine, Comte d'Anjou, Poictou, Maine & Touraine. 37. A.
Heraclide estably Archevesque d'Ephese par Saint Jean Chrysostome. 162. A.
Herbe qui renaist à veuë d'œil au pays d'Auge en Normandie. 427. A.
Hercule & ses compagnons comme Chevaliers errans voulurent voyager tout le monde. 39. B.
Hercule estimé pere & ancestre de quelques Rois de la Gaule. 39. B. honoré par les Germains & Indiens. ibid.
Heresie de Wiclef & son commencement. 361. B.
Heresie de Hus condamnée au Concile de Constance. 268. C.
Heresie de Macedonius condamnée au Concile general de Constantinople. 160. D. celle de Pelagius au Concile de Carthage. 161. B.
Heresie de Martin Luther & de Calvin, bastie sur quelques abus. 228. C.
Heresie Eutichienne condamnée au Concile general de Calcedoine. 161. C.
Heresie Arriene combattuë par Clovis. 901. A.
Heresie Albigeoise combattuë par Philippes Auguste. ibid.
Heresie, mot du commencement pris en bonne part. 686. D. puis en mauvaise. ibid.
Heriban. 134. B.
Heribert ravage l'Eglise de Rheims. 214. A.
Heribert fit mourir en prison Charles le Simple. ibid. B.
Heroët Poëte François d'un bel esprit & son œuvre de la Parfaite amie. 701. A.
Hersoir, mot racourcy d'hier au soir. 817. C.
Heur de la Gaule ayant esté vaincuë par l'Italien ou Germain. 10. D.
Heurler des loups. 774. B.
Hierosme (S.) estonné des ruines de l'Estat de Rome. 25. C.
Hierusalem perduë par les guerres civiles entre les Chrestiens. 613. A. B.
Hilaire (S.) premier compositeur des hymnes & cantiques. 191. D.
Hildebran Moyne s'oppose à la nomination de Leon IX. faite par l'Empereur. 218. B.
Hincmare Archevesque de Rheims fait une apologie en faveur de nos privileges. 210. A. B.
Hincmare soustenant nos privileges, ne desobeyssoit toutesfois à l'autorité du Saint Siege. ibid.
Hincmare sur son advenement s'aida de l'authorité de Rome au prejudice de nos Privileges. ibid. C.
Hincmare destituë les Beneficiers pourveus par Ebon. 211. B. leur differend remis à l'arbitrage d'un Concile. ibid.
Hincmare se reserve un huis de derriere à Rome. ibid. C.
Hincmare (moyens d') contre ceux qui avoient esté pourveus par Ebon. ibid.
Hincmare (Sentence pour). ibid.
Hincmare (privilege que) reçoit de Benoist Pape. ibid.
Hincmare suit la voye de France & de Rome tout ensemble. ibid.
Hincmare soustient nos Privileges contre le Pape Nicolas. 212. A.
Hippocrate pratiquoit l'exercice de Medecin, Chirurgien & Apoticaire tout ensemble. 963. A.
Hirsiminus premier Prelat de Soissons. 180. C.
Hireté pour hereditè. 817. C.
Histoire de Jeanne la Pucelle, & de son procés. 535. C. & suivans.
Histoire memorable d'un jeune homme de prodigieux esprit. 665. A. & suivans.
Histoire d'Angleterre abregée. 609. C.
Histoire d'un enfant petrifié dans le ventre de sa mere. 665. D. & suivans.
Histoire bien digerée en combien de points consiste. 5. B.
Histoire tragique de Charles, aisné de la Maison de Bourbon, Connestable de France. 561. C. & suivans.
Histoire de Messire Guillaume de Langey cachée. 1035. B.
Histoire prodigieuse de Charlemagne amourachée d'une simple femme. 509. B.
Histoire notable d'un differend d'entre un President aux Enquestes & un Conseiller, à qui seroit preferé pour estre de la grand'Chambre. 62. B.
Histoire moderne & étrange du Seigneur de Hallot tué par le Seigneur d'Alaigre traitreusement. 1009. C.
Histoire de Barbarius Philippus esclave Romain fait Preteur. 378. B.
Historien fait mesme faute en palliant un mensonge, qu'en taisant une verité. 155. A.
Historiens qui attribuent faussement à Charlemagne l'origine de l'Université de Paris. 273. B.

Historio-

Table des Matieres.

Historiographe (devoir de l'). 1035. A.
Historiographes, (imposture des) qui veulent avilir l'honneur des Gaulois. ibid.
Historiographes rapportent pour la plus-part le bien ou mal d'une Histoire à leurs apprehensions. ibid.
Historiographes (aux) est fort difficile de ne falsifier la verité. ibid.
Historiographes gagez comme se doivent porter en leur charge. 5. C.
Historiographes aguerris, & aux armes, & aux bonnes lettres aux gages d'un bon Prince combien luy sont utiles. ibid.
Historiographes François & leurs noms. 185. A.
Hocage à quel dessein se disoit chez les anciens Romains. 227. C.
Holande occupée par les Romains sous Constance pere de Constantin. 22. D. depuis déchassez par Constantin. ibid.
Homme (jeune) de vingt ans sçachant les sept Arts liberaux. 665. A. expert aux armes. ibid. Maistre & Docteur és quatre Facultez. ibid. parlant toutes sortes de langues. ibid. estimé un Antechrist. ibid.
Homme (l') doit seulement estre semond à la vertu, parce que Dieu l'ordonne ainsi. 677. A. & suivans.
Homme de bien affligé se console par les calamitez communes des autres. 1052. B. C.
Homioteleures dont nous avons emprunté nos rimes. 689. B. & suivans.
Hongres parlans de leur Reyne en faisoient un masculin, l'appellant le Roy Marie, & pourquoy. 625. C.
Honneste, & le divers changement de sa prononciation. 756. C.
Honneur de ceux qui portent les armes. 135. D.
Honneurs & prerogatives des guerriers de Sparte, Rome, & autres pays. ibid. D.
Honneurs & dignitez de Rome s'acqueroient en promettant & donnant quelque chose à la Republique. 404. D.
Honny soit-il qui mal y pense, devise de l'Ordre des Chevaliers de la Jarretiere. 138. C.
Honoré & Arcade Empereurs. 24. B.
Hostel de Cluny basty par Julian l'Apostat sous un autre nom. 806. A.
Hosteler pour loger. 763. A.
Houzeaux, (laisser les) pour mourir, d'où emprunté. 819. B.
Horreurs commises dans Rome. 187. C.
Hugues pere de Capet accomply de plusieurs grandes parties. 513. A.
Hugues (vaillance de) le Grand. ibid.
Hugues le Grand épousa trois femmes. 514. A.
Hugues le Grand possedoit du tout la Majesté de nos Roys. 103. A. auparavant Comte de Paris. ibid. D. aprés Duc de France. ibid.
Hugues Capet introduit au Royaume de France & par qui. 101. B. 103. C.
Hugues Capet chef de la troisiéme lignée de nos Roys. 46. B. sous luy sont venuës les grandes polices. ibid.
Hugues Capet n'estoit pas fils de Boucher contre la sotte opinion de Dante Poëte Italien. 512. C.
Hugues Capet doüé de plusieurs dons de nature. 513. B.
Hugues Roy de France pourquoy surnommé Capet. 103. D. 843. B.
Hugues fort jenne sacré Prestre, puis Archevesque. ibid.
Hugues de Bersy Poëte, & ses œuvres. 689. D.
Hugues (beau passage de) de Bersy pour l'usage du quadran des Mariniers. 419. C. & suivans.
Hugues Salet Poëte salubre sous François premier. 701. A.
Huguenots, & les diverses étymologies de leur nom. 857. & suivans.
Hugon, (Roy) esprit infestant de muict la ville de Tours. 959. B.
Huictain fait par Pasquier en vers retournez. 746. A. signifie tout le contraire le prenant à rebours, ibid.
Huissier premier commis, pour executer les Arrests, & Commissions de la Chambre des Comptes, n'estoit du commencement que portier. 79. C.
Huissier (à l'Estat de) fut annexée par forme de commission la charge de payer Messieurs de leurs gages. ibid.
Huissier appellé receveur de la Chambre par succession de temps. ibid.
Huissier (premier) des Comptes n'avoit commission d'exploiter. ibid. D.
Huissier des Comptes ne sçavoit du commencement ny lire ny escrire. ibid.
Huissier avoit une maison à la Chambre pour sa demeure. ibid.
Huissier du Parlement. 70. B.
Hunaut & Gaifier Enfans d'Eude chassez d'Aquitaine par Charlemagne. 40. A.
Huraut Evesque d'Autun envoyé par le Connestable de Bourbon au Roy pour l'asseurer de sa feauté s'il le reintegroit en ses biens. 819. D. arresté prisonnier. 820. C.
Huns. 25. C. foudre de l'Univers pour un temps. 27. C.
Hutin pour *mutin*, *Hutiner* pour *quereller*. 844. A.
Hymnes & Cantiques Latins qui se chantent en l'honneur de Dieu & des Saints par qui premierement composez. 191. C. D.
Hymnes (usage des) & Poëmes Heroïques planté par Ronsard en la Poësie Françoise. 705. B.
Hypocrisie donne voye à toutes nouvelles opinions. 350. D.

I.

I, Pourquoy employé pour signifier le premier nombre de nostre Arithmetique Françoise. 413. C.
I Latin anciennement tourné en E. 815. C.
Jacobins (défendu aux) de lire en toutes chaires. 329. A.
Jacquemin d'Arc frere de Jeanne la Pucelle annobly par Charles septiéme, ensemble sa posterité. 542. D.
Messire Jacques de Bourbon Prince du Sang grand Bouteiller, fait premier President Lay en la Chambre des Comptes. 73. C. & d'où vient cette ancienneté. ibid.
Jacques Roy d'Angleterre attenté par la faction des Jesuites. 798. D.
Jacques fils de Pierre Roy d'Arragon. 621. C.
Jacques d'Arragon l'Infant de Majorque épouse Jeanne Reyne de Naples. 623. C. est tué par ses menées. ibid. C.
Jacques puisné de Louys de Bourbon premier chef de la Maison de Vendosme. 556. C.
Jacques de Bourbon Comte de la Marche, marié avec Jeanne seconde Reyne de Naples, la fait tenir en prison. 626. C. fait mourir Jules qui avoit conspiré contre luy. 627. B. se retire en sa maison, puis se rend Moine. ibid. C.
Jacques Pelletier, Theodore de Beze, & Maurice Seve, premiers qui changerent l'ancienne Poësie. 701. C. D.
Jacquin Caumont Enseigne, pendu suivant la Prophetie d'un Astrologue. 832. B.
Jalousie des deux Maisons d'Orleans & de Bourgogne, sur la presidence sur les Generaux des Aydes. 91. C.
Japper des petits chiens. 774. B.
Jarnigoy, jurement abusif des villageois. 759. B.
Idolatrie des Templiers condamnée au Concile de Vienne. 618. A.
Jean de Roüen Proviseur du College des Thresoriers de Notre-Dame de Roüen, fondateur d'une lecture en Theologie. 930. B.
Jean (conte de) Bocace pour un Juif sans Chrestien. 221. A.
Jean Caboche écorcheur de bœufs, Jean de Troyes, & Denis Chaumont supposts du Bourguignon. 521. C.
Jean Cassian Hermite, & ses Collations. 816. B.
Jean Chastel Escolier des Jesuites blesse le Roy à la face. 326. A.
Jean Chastel condamné à mort. 234. D.
Jean Chastel tiré à quatre chevaux. 326. B.
Jean Comte de Dunois bastard d'Orleans. 542. B. 674. C.
Jean Comte de Nevers pris par Basaith Roy des Turcs, & le traitement qu'il receut de luy. 644. C.
Jean Duc de Berry, Lieutenant general du Roy au pays de Berry, Poictou, Auvergne, & Guyenne, avec une authorité Royale. 516. B.
Jean Duc de Bourgongne violente le Parlement pour passer quelque Edit. 65. B. le semblable fait le Duc de Bethfort Regent en France.
Jean Duc de Bourgongne establit un Parlement à Amiens, sous l'authorité de la Reyne Ysabelle 66. C. 524. C.
Jean Duc de Bourgongne grand ennemy des privileges de l'Eglise Gallicane. 262. C.
Jean (faction de) Duc de Bourgongne contre les Orleannois meurtriers. 263. C.
Jean Duc de Bourgongne fait assassiner le Duc d'Orleans, & par Jean Petit Theologien soustient l'avoir justement fait. 518. B. C.
Jean Duc de Bourgongne par son ambition renouvelle les troubles, & veut empieter toute authorité contre Louys Dauphin & Duc de Guyenne. 523. & suivans.
Jean Duc de Bourgongne fuit de Paris, avec ses partisans. ibid.
Jean Duc de Bourgongne leve gens contre la volonté du Roy. ibid. est tué en l'aboucnement qu'il fait avec le Dauphin sur le pont de Montereau. 528. C.
Jean de Mehun, & Guillaume de Saint Amour abhorrent les quatre Ordres des Mendians. 689. C.
Jean (la veufve) de Monfort, vraye Amazone, & la sagesse & magnanimité dont elle usa pour conserver l'Estat à ses enfans. 649. C.
Jean d'Orgemont Conseiller au grand Conseil, & Maistre des Requestes est fait Maistre des Comptes. 75. C.
Jean de Montfort Duc de Bretagne, 571. C.

Jean

Table des Matieres.

Jean (sous Maistre) du Tillet Greffier au Parlement de Paris, les Clercs commencerent à ne demeurer plus avec luy. 396. A.
Jean Froissard l'un des premiers Autheurs des chants Royaux. 699. B.
Jean Gerson composé un livre intitulé de l'Auferibilité du Pape. 264. C.
Jean Hus, & Hierosme de Pragues Heretiques. 261. B. leur opinion condamnée. 264. A.
Jean le Comte premier garde des livres de la Chambre des Comptes. 81. A.
Jean de Mehun, & son Roman de la Rose. 689. B.
Jean de Leïdan chef des Anabaptistes. 797. B.
Jean le Maire de Belges premier qui à bonnes enseignes donna vogue à la Poësie Françoise. 699. C.
Jean Macart premier Ministre envoyé pour prescher dans Paris. 858. D.
Jean Marot & Octavian de Saint Gelais Poëtes. 700. C.
Jean Patriarche de Constantinople prend le titre d'Universel. 163. B.
Jean XXII. inventeur des Annates, & autheur des Extravagantes. 254. A.
Jean vingt-troisiéme Pape homme d'une vie trés-damnable. 258. A. declaré privé du titre de Pape. 264. B.
Jean vingt-troisiéme donne ordre par brigues de subvertir nos libertez. 262. D.
Jean Wiclef Anglois heretique. 261. B.
Jean Mariane Jesuite, & son livre de l'instiution du Prince, blasmez. 359. D. & suivans.
Jean Duc de Berry & d'Auvergne oncle de Charles sixiéme. 556. C.
Jean premier Duc de Bourbon épousa Marie fille de Jean Duc de Berry. ibid.
Jean second Duc de Bourbon, fils de Charles premier, marié avec Jeanne de France fille de Charles VII. 557. A. mourut sans enfans. 558. A.
Jean de Valois Prince du Sang, Duc d'Alençon pourquoy condamné à estre décapité. 577. C. cette mort depuis changée en perpetuelle prison. ibid.
Jean Duc de Calabre fils de René Duc d'Anjou, & Roy de Naples. 734. C. entend au recouvrement du Royaume de son pere. 635. A. s'y achemine, & est fort bien receu à Naples. ibid. est abandonné de tous les grands de son party. 636. B. meurt. ibid.
Jean Carracioli Gentil-homme Napolitain fait grand Seneschal du Royaume de Naples par la Reyne Jeanne seconde du nom. 627. C. prisonnier par Alphonse Roy de Sicile. 628. A. assasiné. ibid. B.
Jean Prochire Sicilien premier autheur du massacre commis contre les François en Sicile. 866. A.
Jean (Messire) de Montaigu grand Maistre de France fondateur des Celestins de Marcoucy. 548. C. pendu au gibet de Paris. ibid.
Jean Gutemberg autheur & inventeur de l'Imprimerie en l'Europe. 251. C.
Jean Roy d'Angleterre combattu, & entierement deffait par Louys fils de Philippes Auguste. 901. B.
Jean Petit Theologien deffend l'assassinat du Duc d'Orleans, en faveur du Duc de Bourgongne. 518. C.
Jean aux gages du Duc Bourgongne, déployoit injustement sa langue pour luy. 663. A. B.
Jeanne aisnée des arriere-filles de Robert Roy de Naples instituée par luy son Heritiere. 622. B. épouse André fils de Carrobert Roy de Hongrie. ibid. le fait étrangler. ibid. se remarie à Louys Prince de Tarente. ibid. s'enfuit en Provence. ibid. C. donne Avignon au Pape pour estre reintegrée en son Royaume. 623. C.
Jeanne Reyne de Naples se remarie en troisiémes nopces avec Jacques d'Arragon. 623. C. le fait mourir, & pourquoy. ibid. C. épouse en quatriémes nopces Othon de la maison de Saxe. ibid. est pendüe & étranglée. 623. A.
Jeanne Reyne de Naples excommuniée par Urbain quatriéme. 624. C.
Jeanne de Durazzo II. du nom, Reyne de Naples, gouvernée par Aloppe & Sforce. 626. B. épouse Jacques de Bourbon Comte de la Marche. ibid. est tenüe en prison par luy. ibid. C.
Jeanne II. Reyne de Naples découvre à son mary la conjuration de Jules Cesar Gentil-homme Capotian. 627. B. C. conspire contre luy, qui se retire en France. ibid. s'enamoure de Jean Carracioli Gentil-homme Napolitain. ibid. C. déclarée décheüe du droict de la Couronne par le Pape Martin V. ibid.
Jeanne deuxiéme adopte Alphonse Roy de Sicile. ibid. A. est assiegée par luy. ibid. B. l'exherede, & adopte Louys troisiéme Duc d'Anjou. ibid. meurt. ibid.
Jeanne la Pucelle & ses victoires. 532. A. B. sa memoire impudemment déchirée. 535. C. sa famille, son mestier, & les deportemens de son premier aage. 537. & suiv. ses armoiries, échaffaudée. 540. C. reprend ses habits d'homme aprés sa condamnation. ibid. C. est condamnée à mort comme relapsée. ibid.
Jeanne la Pucelle non accusée d'impudicité par ses ennemis. 542. C.
Jeanne la Pucelle vient trouver le Roy à Chinon. 531. D. fait le siege d'Orleans. 532. B. est blessée devant Paris. ibid. C. prise devant Compiegne. ibid. C.
Jeanne la Pucelle dit que le Duc d'Orleans est bien aimé de Dieu, & pourquoy. 542. A.
Jeanne la Pucelle & tous ses parens, ensemble leur posterité, annoblis par Charles septiéme. 542. D. pourquoy le nom de la Pucelle luy est demeuré jusques aujourd'huy. 544. D.
Jeanne femme de Philippes le Bel, fondatrice du College de Navarre. 919. C.
Jeanne Comtesse de Provence bailla la ville d'Avignon & le Comtat au Saint Siege. 251. C.
Jesuites, quels, & d'où ainsi sont nommez. 341. D.
Jesuites & leur secte. 323. C.
Jesuites, (commencement de l'institution des) & leur progrez. 331. B. & suiv.
Jesuites (secte des) formellement contraire à nos propositions. 227. A.
Jesuites promettent de prescher l'Evangile aux Sauvages, dont ils n'entendent les langues. 325. A.
Jesuites (les) meslent le maniement de l'Estat avec leur Religion. ibid. B.
Jesuites introduisent l'assassinat en nostre Religion. ibid. B.
Jesuites mettent des propositions heretiques en avant pour troubler les Estats de la Chrestienté. ibid.
Jesuites veulent rendre le Roy de Portugal Jesuite. ibid.
Jesuites introducteurs de la ligue, & premiers boute-feux des derniers troubles de la France. ibid.
Jesuites sollicitent Pierre Barriere pour tuer le Roy Henry quatriéme. ibid.
Jesuites premierement logez au College des Lombards à Paris. 332. C.
Jesuites presentent requeste à la Cour, pour estre approuvez, tant en qualité de Religieux, que de College, & en sont rebutez. ibid.
Jesuites condamnez par la Sorbonne. ibid. B.
Jesuites renvoyez à l'assemblée tenüe à Poissy. 333. B.
Jesuites condamnez à Poissy de quitter la qualité de Société de Jesus. ibid. C. 353. B.
Jesuites lisent publiquement dans Paris, sans permission du Recteur. 234. B. C.
Jesuites dressent une seconde requeste, pour estre incorporez en l'Université, & joüir des Privileges d'icelle. 335. A. ibid. C.
Jesuites (artifices des) pour s'agrandir. 333. A. B. & suiv.
Jesuites feignans de lire gratuitement, amassent une infinité de biens. 334. C.
Jesuites secte Hermaphrodite. 335. B.
Jesuites (compagnie des) composée de deux manieres de gens. ibid. C.
Jesuite (toute une ville peut estre) du second ordre. 336. D.
Jesuites (vœu de pauvreté que les) tant en general qu'en particulier. 335. D.
Jesuites font un quatriéme vœu de reconnoistre le Pape par dessus toutes les dignitez temporelles. ibid.
Jesuites derobent les enfans aux peres & aux meres. 336. C. 349. C.
Jesuites pleins de superstitions & ambitions damnables. 332. D.
Jesuites interdits en France de prendre le nom de Jesus. 353 B.
Jesuites blasphement contre l'honneur de Dieu, quand ils se baptisent de ce glorieux titre. 342. A.
Jesuites (General des) peut de son authorité changer leurs statuts. 337. A.
Jesuites appellent leur College Seminaire. 337. D.
Jesuites entrez comme Renards veulent triompher comme Lions. 338. C.
Jesuites (divers vœux des). 335. C.
Jesuites (points generaux de la Police des). 336. D.
Jesuites Schismatiques & heretiques en leurs principes. 340. C.
Jesuites plus à craindre que ceux de la secte de Luther. ibid. C.
Jesuites se font appeller Apostres en Portugal. 325. B. 342. B.
Jesuites pourquoy ont osté le chœur de leurs Eglises. 344. B.
Jesuites publians la pauvreté, se font trés-riches. 348. C. 351. B.
Jesuites tels quels, proverbe commun qui court par la bouche des Ecoliers, & la raison d'iceluy. 335. B.
Jesuites inventeurs de la loy des Assassins & Anabaptistes en matiere d'Assassinats. 798. B. C.
Jeux & spectacles deffendus aux Chrestiens. 630. D.
Jeux de paulme, & la façon ancienne de leur exercice. 395. C.
Jeux de prix introduits entre les Poëtes, où celuy qui composoit

Oooo iij

Table des Matieres.

soit le mieux, estoit fait Roy. 698. B.
Jeux floraux. *Voyez* Floraux.
Jeux Poëtiques Latins mis en usage depuis l'Empire d'Auguste, conferez avec ceux des François. 735. D. & suiv.
Ignace jetta les premiers fondemens de la secte des Jesuites. 331. B.
Ignace & Luther nez 8. ou 9. ans prés l'un de l'autre. 340. C.
Ignorance mere d'injustice. 1008. C.
Imagination des puceaux plus violente au sujet de la copulation, que des veufs ou veufves. 81. A. B.
Imperatrix pour Emperiere. 760. B.
Impost d'un franc levé de chaque feu par Charles cinquième, appellé *fouäge*. 90. C. depuis remis en avant par Charles sixième. *ibid.*
Impost mis sur le peuple en consideration des guerres. 1031. C.
Illiric fouragé par les Gots pour quelque animosité qu'ils eurent contre l'Empereur Marcian. 29. B.
Ilotes quelle sorte de gens à Sparte. 374. D.
Impression auparavant qu'elle vint en l'Europe, estoit en usage au Royaume de la Chine és Indes Orientales. 951. C.
Imprimerie quand & par qui premierement inventée. 954. B.
Imprimeurs de grande doctrine.
Incommoditez qui proviennent des mariages. 802. A.
Indiens celebroient la memoire d'Hercule. 39. C.
Induciomare Trevois, rebelle à Cesar. 9. A.
Indults des Papes donnez à Messieurs du Parlement, de se nommer sur les Abbayes & Eveschez. 68. B.
Indults pretendus sur les Benefices par les Maistres des Comptes. 71. B.
Infanterie, mot Italien quand transplanté en France. 764. A.
Infidelité & barbarie du Romain envers Alaric Roy des Visigots. 10. D.
Innocent troisiéme Pape bien loüé par l'Autheur. 916. B.
Innocent chastié qui excuse les Juges en ce qu'ils l'ont condamné. 1051. C.
Instances pendantes à la barre d'où ainsi appellées. 60. B.
Institution notable pour contenir la France en union sous Hugues Capet. 48. B.
Interdiction premiere & donation d'un Royaume Chrestien fait par le Pape. 224. A.
Interdiction des dons & alienations du Domaine de la Couronne de France quand faite. 46. B.
Interdiction faite à la Cour de Parlement par le Roy François premier de toute jurisdiction de procez provenans à raison d'Archeveschez, Eveschez, Abbayes, & Benefices électifs & conventuels. 84. B. la connoissance d'iceux attribuée au grand Conseil. *ibid.*
Introduction des Universitez de Loix en nostre pays coustumier comment faicte & tolerée. 989. D.
Introduction des Tailles, Aydes & Subsides en France, faite depuis l'avancement de la famille des Valois. 72. A.
Inventeur des Eschecs, trés-grand Philosophe. 429. B.
Invention des Roys s'enseigneurians d'un pays, pour faire que tous les biens de leurs sujets dépendissent de leur souveraineté. 1029. A.
Investiture des Eveschez débatuë par les Papes contre les Empereurs. 302. B.
Investitures (ceremonies qui se gardoient aux). *ibid.* C.
Involare en Latin pour dérober. 835. B.
Joannes Secundus premier inventeur de l'Echo. 737. B.
Jodelle premier introducteur de la Tragedie & Comedie Françoise. 704. B. brave Poëte. *ibid.*
Joingleur, mot approprié premierement entre nous aux Poëtes, & enfin demeuré aux Basteleurs seulement. 692. B. C.
Jornande Evesque adjouste à l'ancienne division des Sueves les François & Thoringiens, & pour quelle cause. 20. A.
Joseph surnommé le Songeur, & pourquoy. 671. D.
Jovinian blasmé de la paix qu'il fit avec les Perses. 23. D. 25. C.
Journée de Tolbiac celebre par la victoire du Roy Clovis. 22. B. 183. B.
Journée de Chaalons. 26. C.
Journée d'Aulnoy. 34. D.
Journée de Bovines. 901. B.
Jours ordonnez au Parlement pour rendre droict à chaque Bailliage. 62. C. comment estoient appellez. *ibid.* D.
Jours destinez pour la vuidange des procez des Bailliages. *ibid.*
Joyaux (beaux & saints) donnez par Saint Louys à la Sainte Chapelle. 250. B.
Irene fait crever les yeux à Constantin son fils Empereur. 172. B.
Isabelle (seel de la Reine) au Parlement d'Amiens. 66. C.
Isabelle de France, femme d'Edoüard III. luy fait perdre sa Couronne, & fait couronner Roy Edoüard son fils. 649. A.
Isabelle de France depossede son mary Edoüard du Royaume d'Angleterre. 611. A.
Isabeau de Lorraine mariée avec René Duc d'Anjou. 619. C. vraye Amazone. 633. C. pretend le Duché luy appartenir,

contre Antoine de Lorraine. 636. C.
Isabelle de Baviere confinée en la ville de Tours. 524. C.
Isidore (quel de trois) fit un recueil des constitutions Conciliaires, & sentences Decretales des Papes. 907. A. B.
Isle-Adam (aprés le massacre de l') dans Paris on ne laissa de proceder aux Elections. 403. B.
Isle-Adam (entrée de l') dans Paris. 526. B. C.
Isle-Adam (prisonniers de l'). *ibid.*
Isle-Adam (grand carnage fait dans Paris depuis la venuë de l'). *ibid.* D.
Isle-Adam (l') rentre le premier dans Paris pour le Roy Charles VII. 534. B.
Isle aux bœufs sur la riviere de Loire donnée par Charles VII. à Pierre d'Arc frere de Jeanne la Pucelle. 544. A.
Italie bigarrée en factions & puissances. 8. A.
Italie ravagée par les Gots. 11. A.
Italie trop plus denuée d'une commune civilité sur le déclin de l'Empire, que les autres nations. 12. A.
Italie depuis le déclin de l'Empire Romain remise sus tousjours par les François. 12. A.
Italie occupée par les Ostrogots. 30. A. B. regagnée par Bellissaire. *ibid.*
Italie gagnée par les armes des Martels. 46. A.
Italie, (gouvernement d') aprés que les Ostrogots en furent chassez. 113. A.
Italie (comme alloient les affaires d') du temps de Pepin. 171. B. C.
Italie trois fois ravagée par les Barbares & quand. 167. D.
Italie remuée par une racaille de tyrans, & leurs noms. 174. A.
Italien (l') degenerant de la force ancienne des Romains, a fait un langage mol. 755. A.
Italienne (langue) en fleur sous Petrarque & Boccace. *ibid.*
Italiens (sottise de quelques Autheurs) qui appellerent les Gaulois Barbares. 6. D.
Italiens coustumiers à faire ligues contre celuy qu'ils voyoient trop s'agrandir & prosperer. 31. C.
Italiens doivent beaucoup aux Poëtes Provençaux. 693. A.
Italiens faisans contenance de combattre pour la liberté sont esclaves. 1050. A. B.
Juge des Escholiers de Paris est l'Evesque. 947. B.
Jugement sans memoire. 777. C.
Juges (premiers) des Committimus. 60. C. D.
Juges subalternes pris à parties és causes d'appel, & adjournez pour en venir soustenir au Parlement leur jugé, à leurs perils & fortunes. 61. C.
Juges anciennement responsables de leurs jugemens de quelque qualité qu'ils fussent. *ibid.*
Juges Presidiaux & leur institution. 69. A.
Juges de la Pucelle Jeanne. 540. B.
Juges *in partibus*, deleguez du Pape, quand on appelloit à luy. 156. D.
Juges Suzerains appellez ceux qui connoissoient par appel, des causes de leurs Juges inferieurs. 795. C.
Juges ordinaires des anciens François, appellez du nom de Comtes. 1005. C.
Juges des Parlemens autrefois composez, partie de gens d'espée, partie de gens de robbe longue. 989. B.
Jugeurs & Rapporteurs des Enquestes. 52. D.
Jugeurs des Requestes autres que les Rapporteurs. *ibid.*
Jugeurs (difference des) & Rapporteurs n'estoit pas du temps de Philippes de Valois. 53. D.
Juifs portoient en France une roüelle ou platine d'estain sur l'épaule. 816. D.
Jules Cesar usurpant l'Estat de Rome, usurpa aussi le Pontificat. 313. A.
Jules Cesar appellé par les Heduens à leur secours. 8. D.
Jules Cesar n'eut jamais les Gaulois en opinion de Barbares. 7. A. B. C.
Jules Cesar comme se fit aisément Maistre des Gaules. 18. A. occupa tost aprés l'Empire Romain. 21. D.
Jules Cesar ayant vaincu les Gaulois, leur fit abbatre leurs cheveux. 780. C.
Jules Cesar Gentil-hommme Capoüan commis à la garde de Jeanne seconde Reine de Naples, par Jacques de Bourbon son mary. 626. C. conspire contre luy. *ibid.* D. est découvert, & puis exposé pour cela au supplice. 627. A.
Julian l'Apostat envoyé par Constance és Gaules, est un fort boulevart contre les advenues des François. 25. C. se rebelle contre Constance. *ibid.* défait les François Antuariens. 20. C.
Julian l'Apostat conserve les Gaules tant qu'il y est. *ibid.*
Junius Codrus repris, de ce qu'écrivant la vie des Empereurs il s'amusoit en plusieurs parcelles de nul profit. 875. D.
Jurée (droict de) introduit sous les Comtes de Champagne. 382. C. & ce qui est du fait de cette redevance. 384. B. C. & pourquoy ainsi appellé. *ibid.* D.
Justice generale des Gaulois, par laquelle estoit rendu le droict

à un chacun particulier. 8. C.
Justice & Religion observées par les Roys de France sur tous autres. 45. B.
Justice de Dieu executée par l'injustice des hommes pour se vanger des fautes par eux commises, & plusieurs beaux exemples. 496. B.
Jurisdiction des Eaux & Forests quelle. 119. C. pardevant qui aboutit. 126. A.
Jurisdiction du grand Conseil tantost augmentée, tantost diminuée selon les occasions. 84. B. à quoy elle s'estend. ibid. D.
Jurisdiction des Thresoriers sur le fait de la Justice comment aneantie, & pourquoy. 94. B.
Jurisdiction, connoissance, & nombre ancien des Maistres des Requestes. 59. B. C. & suiv.
Jurisprudence (la) & Medecine symbolisent en un point & quel. 787. D.
Justinian Empereur, empesché contre les Ostrogots. 28. A. 30. A. remit le Languedoc & la Provence aux François. ibid. A.
Justinian (l'Empereur) ratifie la primauté de l'Evesque de Rome. 161. A.
Justinian envoyé en exil par Leonce Patrice, après avoir eu le nez & les oreilles coupées 169. C. reintegre en sa Couronne tout essouflé & enragé qu'il estoit. ibid.
Juvenal des Ursins employe l'authorité de l'Université, pour chasser de Paris le Bourguignon. 279. C.
Juvenal des Ursins, son extraction, ses estats, & son zele envers le repos public. 653. B.
Juvenal (sage conseil de) des Ursins, pour supprimer la puissance du Duc de Bourgogne, dans Paris. 523. B. C.
Juvenal (hardy traicté) des Ursins contre le Duc de Lorraine en la presence du Roy Charles VI. 651. A.
Juvenal (Innocence de) des Ursins garentie par un traicté miraculeux, de ses envieux & medisans. 653. B. & suiv.
Juvenal (brave traicté de) des Ursins, qui de nuict abbatit les moulins qui empeschoient la navigation de la riviere de Seine. 661. B.

K.

K, Lettre superfluë. 755. A. employée dans quelques Autheurs au lieu du C. 878. D.

L.

L, Pourquoy vaut cinquante en nostre Arithmetique Françoise. 414. A.
Lacedemoniens quand commencerent à porter une longue chevelure. 779. C.
Ladendo quelle sorte de maladie. 426. A.
Ladislao Roy de Naples fils de Charles troisiéme. 615. D. couronné & soustenu par Boniface neufviéme, contre Louys second Duc d'Anjou. 626. A.
Ladislao prend & pille Rome. ibid. meurt empoisonné & comment. ibid. B.
Langage des Gallogrecs quel, du temps de S. Hierosme. 14. A.
Langage Romain & son origine. 755. C. D.
Langage Roman pourquoy pris chez les Autheurs pour le vulgaire François. 754. D.
Langue Walon distingué d'avecque le Roman. ibid.
Langages, (nos) tant en particulier, qu'en general accompagnent la disposition de nos esprits. 755. A.
Langages Normand, Gascon, Angevin, Manceau, Allemand, Espagnol, quels. ibid.
Langue Italienne composée de cinq autres langues. 752. A.
Langue Latine en renom du temps de Ciceron. 765. A.
Langue Françoise ancienne d'idiomes est composée, & si la Gregeoise y a telle part comme l'on pretend. 755. D. & suiv.
Langue Françoise ancienne en quoy differente de celle d'aujourd'huy. 759. & suiv. voyez Françoise.
Langue Bretonne Bretonnante d'où pris son premier cours. 33. C.
Languedoc dit de langue d'oc. 37. C. B.
Langue d'ouy, à la difference de langue d'oc. ibidem.
Languedoc appellé par les anciens Lingua Gottica. 38. C.
Languedoc occupé par les Visigots. 26. A.
Langues se changent successivement, & par une taisible alluvion, ainsi que toutes les autres choses du monde. 751. A.
Langues vulgaires comparées aux rivieres. 764. D.
Lants desconfits par Gratian. 22. A.
Laon, Compiegne, & Rheims, demeure des Roys depuis Charles le Simple. 103. B.
Laus tua, non tua fraus, rendu François mot pour mot par Pasquier. 749. B.
Leçons publiques en quel temps permises à Paris. 275. C. & suiv.
Lecture des Histoires combien utile & profitable à un Prince. 1020. C.
Lectures publiques deffenduës aux Jesuites en l'Université de Paris. 340. A. & suiv.
Legs faits aux Jesuites par Maistre Guillaume du Prat Evesque de Clermont. 332. D. 338. B.
Legat ne peut estre envoyé de Rome sans le consentement du Roy. 290. B.
Legats envoyez du Pape pour aller visiter tous les Beneficiers d'un & d'eux Royaumes, & leurs exactions pleines de honte. 248. B.
Legereté improperée aux Gaulois par l'ancien Romain d'où leur provenoit. 15. A.
Legions Romaines entretenuës le long du Rhin, & pourquoy. 32. A.
Legereté familiere de toute anciennneté aux Napolitains. 625. D.
Legislateurs des Lacedemoniens, Samiens, & Atheniens, ont donné à leurs successeurs, leurs conceptions & secrets de bouche à bouche à entendre. 3. B.
Legislateur ne doit point rendre raison de sa Loy. 1. B.
Lendy de la ville Saint Denis, ne s'ouvre point qu'il n'ait esté beny par le Recteur de l'Université de Paris. 937. B. C.
Lendys se donnent maintenant par les disciples à leurs Regens. 388. D
Leon prit le titre d'Universel. 192. D.
Leon premier Pape fut qualifié du nom de Prelat universel, & quand. 161. C.
Leonius ou Leonius brave Poëte François & ses œuvres. 683. C. 686. B.
Leon, Gregoire, & Nicolas, trois grands Papes premiers du nom. 164. D.
Leon éleu Pape, envoye prier Charlemagne de confirmer son élection. 172. B. absous sous son simple serment par l'advis de Charlemagne. ibid. D.
Leonce emprisonné par Tibere. 169. C. pris par Justinian qui le fit mourir. ibid.
Lettres du Roy Philippes de Valois envoyées à la Chambre des Comptes de Paris, accompagnées de l'Ordonnance faite par deliberation de son grand Conseil sur l'estat de ses Chambres de Parlement, Enquestes, & Requestes. 53. C.
Lettres Royaux principales, doivent estre signées en queuë par un Maistre des Requestes. 57. D.
Lettres de Jean Duc de Bourgogne, comment omologuées malgré la Cour en l'absence du Procureur general & sans l'ouïr. 65. B.
Lettres Patentes du Roy Philippes de Valois, par lesquelles il donne pleine puissance à la Chambre des Comptes d'octroyer plusieurs graces dependans nuëment de l'authorité Royale. 72. A. B. autres lettres par lesquelles il luy attribué une authorité toute Royale au fait des monnoyes. ibid. C. executées. ibid. D.
Lettres de Louys XI. estant encore Dauphin, publiées contre la volonté de la Cour en l'absence des Advocats du Roy. 65. C. ce qui fut fait sur ce par ladite Cour. ibid. D. autres lettres de luy-mesme estant Roy, publiées malgré la Cour, par son Chancelier. 66. B.
Lettres decernées aux gens qui tiennent ou tiendront nostre premier Parlement. 50. D.
Lettres de Saint Bernard non signées de sa main, mais seulement seellées de ses armes. 393. A.
Lettres de Jeanne la Pucelle aux Anglois. 532. A.
Lettres d'annoblissement données par le Roy Charles septiéme à Jeanne la Pucelle, ensemble à ses parens, & à toute leur posterité. 542. D. 543. A.
Lettres du Chancelier selon la forme ancienne. 109. A.
Lettres prises nuëment en un Roy ne luy servent que de jouet. 1032. B.
Lettres & disciplines prises simplement sont choses indifferentes pour l'advancement & entretenement des Royaumes. ibid. C.
Lettres des Roys sujetes à la verification de la Cour. 1042. A.
Lettres adjoustées à l'Alphabet par Chilperic. 877. D.
Lettres Grecques connuës anciennement par les Gaulois. ibid.
Leu pour lieu. 847. A.
Leud & sa signification. 382. B.
Leu & Alleud. 131. C.
Leudes entre les François signifioient Subjets. 759. A.
Lexobiens peuple ancien de Neustrie. 35. D.
Liberalité remarquable de Henry frere aisné de Thibaut, qui depuis fut gendre de Saint Louys. 543. D.
Liberalité du Cardinal Messire Georges d'Amboise envers un pauvre Gentil-homme. 545. B. C.
Liberalité insigne du Chevalier Bayard. 601. B. C.
Liberté des Serfs affranchis au sein de nostre Eglise. 387. A. & comment ils pouvoient estre promeus aux ordres. ibid.
Liberté universelle en France. 375. A. & suiv.
Liberté primitive à Rome n'estoit que d'une sorte, depuis y en eut de trois especes. 379. C.
Libertez de l'ancienne Eglise Gallicane. 195. B.

Librairies

Librairies des Monasteres, magazins des livres manuscrits. 951. C.
Libre, vaut autant à dire que François en Allemand. 18. C.
Licinius ennemy juré du Christianisme. 24. C.
Lieutenant criminel de Roüen découvre sagement un forfait caché. 657. B. & suiv.
Lieutenans des Baillifs & Seneschaux esleus en leurs auditoires. 399. A. 404. A.
Lieutenans quelle sorte de Juges. 1005. B.
Liges (hommes) & non Liges. 133. A.
Lignées de nos Roys, leurs noms, & leurs durées. 215. B. C.
Ligue de la famille de Robert frere d'Eudes contre Charles le Simple. 102. B.
Ligueurs de trois sortes pendant nos troubles. 860. A.
Livre de Gerson intitulé *l'Auferibilité du Pape*, & comment il faut entendre ce titre. 264. C. D.
Livre de Pierre Abelard condamné. 934. C.
Livres composez par Charlemagne. 273. C.
Livre de Jean Mariane Jesuite, de l'institution du Prince, approuvé par Aquevive General de l'Ordre, & par le Provincial de Tholede. 359. D. n'a pû estre desadvoüé du Pere Coton par un Manifeste. 360. C. D.
Liste des Ducs de Normandie successeurs l'un à l'autre. 36. C. D. & suivans.
Liste des personnages excellens en Jurisprudence, & bien versez à la pratique, qui ont flory en France, tant és Cours souveraines que subalternes. 999. A. & suiv.
Liste des Seigneurs Laïcs qui ont tenu lieu de President en la Chambre des Comptes sous un Prelat. 73. C. D.
Loix concernans la discipline Ecclesiastique, publiées par nos Roys. 205. B. C.
Loix bien ordonnées forment aux subjets une habitude de mœurs. 361. B.
Loix premier point de la grandeur d'un Prince, & quelle puissance elles ont pour le profit des Monarques. 1029. B. C. & suivans.
Loix Françoises plus politiques, qu'œconomiques. 143. A. B. & suivans.
Loix Romaines plus œconomiques que politiques. ibid.
Loix distinctes en l'Université entre le Seculier & Regulier. 330. A.
Loix Romaines & Françoises indifferentes en matiere de representation & de communauté. 411. C.
Loix nouvelles combien utiles & profitables à un Prince. 1030. B. C. & suivans.
Lombardie jadis Gaule Cisalpine. 40. B.
Lombards nation des Sueves. 20. A. ont occupé l'Italie long-temps aprés la mort de Cesar. ibidem.
Lombards firent la guerre au Pape sous la conduite d'Astolfe leur Roy. 170. C.
Lombards (Royaume des) en Italie combien dura. 43. C.
Lombards) devant que les) eussent estably leur demeure en Italie, nos Roys donnoient des Fiefs à leurs gens-d'armes. 130. C.
Lombards chassez d'Italie. 171. C.
Lorraine dit Lotharingie du Roy Lothaire. 232. B.
Lorraine (famille de) unie avec celle d'Anjou, comment. 637. A.
Lorraine (le Duc de) demande à genoux pardon au Roy Charles VI. 651. B.
Lorraine érigée en Duché par Othon II. Empereur du nom. 103. C.
Lothaire menacé de censures. 208. C.
Lothaire excommunié par le Pape Nicolas. 232. B.
Lothaire voulant soûmettre le gain de cause de sa separation avec Totberge sa femme, argué par le Pape Nicolas I. 363. A.
Lothaire ne porta jamais titre de Roy de France, mais de Lorraine. 232. B.
Lot & Lotir pourquoy employez au partage d'une chose qui est en Censure. 132. C.
Lots & ventes qui se payent en cas d'achat, d'où ainsi nommées. ibid.
Loup Duc de Gascogne pris sous le Roy Louys le Debonnaire, & confiné en perpetuel exil. 40. A.
Loup (proverbes divers tirez de la nature du). 789. C.
Loup (le) jettant le premier la veuë sur nous, nous fait perdre la voix. 876. B.
Loups-garoux. ibid.
Louve, beste usurpée pour paillarde, & les proverbes que nous tirons en nos communs devis de sa nature. 790. C.
Louve (la) s'addresse tousjours au pire, & comment. 789. D.
Loüanges de civilité & justice donnée par Procope & Agathie aux vieux François passez de la Germanie en la Gaule. 10. B.
Loüange sotte fondée seulement pour son pays. 1049 D.
Loüange belle & remarquable des lettres humaines. 1020. A.
Loüanges de Ronsard. 708. B.
Louys le Debonnaire fait publier un livre concernant la discipline Ecclesiastique. 205. A.

Louys le Debonnaire simple, déclaré incapable & indigne tant de l'Empire que du Royaume, par un Concile. 206. A.
Louys le Debonnaire plus enclin au soulagement de son peuple qu'aux exploits d'armes. 47. A.
Louys le Debonnaire à son advenement à la Couronne purge la Cour des trouppeaux de filles de joye, qui y estoient demeurées depuis le decez de Charlemagne son pere. 510. B. confine ses sœurs en certains lieux pour le bruit commun de leur deshonneur. ibid.
Louys le Debonnaire ne veut renoncer au droict d'investitures. 298. A. B. C.
Louys (sous) le Debonnaire le Roy n'estoit saisi au prejudice de celuy qui possedoit. 289. B.
Louys le Debonnaire appellé *Pius*, par les Italiens. 441. A.
Louys le Gros commence entre les successeurs de Capet, d'abaisser l'orgueil des Seigneurs tyrans de la France. 114. D. appellé le bataillleux pour cette raison par Guillaume de Nangis. ibidem.
Louys le Jeune pourquoy ainsi nommé. 415. D.
Louys le Jeune entreprit le second voyage d'Outre-mer à l'exhortation de Saint Bernard. 615. A.
Louys (Saint) donnoit quelquesfois audience aux parties. 50. A. 56. B.
Louys (belle réponse de Saint) sur la jurisdiction Ecclesiastique. 292. B.
Louys (Saint) fut le premier des Roys qui osta le Gage de bataille. 364. C.
Louys (Saint) deffendit la vente des offices de judicature. 397. C.
Louys (Saint) fit le cinquiéme & sixiéme voyages de Hierusalem, qui luy furent grandement dommageables. 616. A.
Louys (Saint) a fait bastir une infinité de Monasteres & Hospitaux, & leurs noms. 250. A.
Louys dixiéme surnommé Hutin. 844. A.
Louys onziéme fort opiniastre en ses volontez. 66. A. n'usoit gueres de l'authorité de la Cour. ibidem.
Louys (dés le regne de) XI. les estats estoient cher vendus dans Paris. 399. A.
Louys onziéme trouble l'ordre ancien des Presidens. 74. C.
Louys onziéme institué par Robert Comte de Provence son heritier universel. 637. A.
Louys onziéme institua le son de la cloche, qui se fait en plusieurs lieux à midy, & pourquoy. 405. B.
Louys douziéme établit le grand Conseil de Justice tel que depuis on l'a veu. 83. C.
Louys douziéme introduit l'examen sur la vie, mœurs, & sçavoir de ceux que l'on veut recevoir aux Estats de judicature. 403. C.
Louys douziéme tuteur de Charles d'Austriche successeur de l'Empereur Maximilian. 643. C.
Louys douziéme recouvre le Duché de Milan. 597. C.
Louys douziéme surnommé le Pere du peuple aprés son decez. 233. C. 476. D.
Louys Duc d'Orleans assassiné à la porte Barbette, à la suscitation du Duc de Bourgogne. 278. C. 518. C. la cause. 278. C.
Louys de Bourbon Prince de Condé, soupçonné d'avoir presidé en l'assemblée de Vaugirard. 860. A.
Louys le Blanc Greffier à la Chambre des Comptes non Secretaire du Roy. 79. A.
Louys de Bourbon premier du nom, fils de Robert de Clairmont, & de Beatrix. 555. D. quitta le surnom de Clairmont, pour prendre celuy de Bourbon. 556. C.
Louys de Bourbon second du nom. ibid. C.
Louys fils de Jean de Bourbon Comte de Montpensier. 557. ses successeurs jusques à Henry dernier mort. ibid.
Louys premier Duc d'Anjou Regent en France, & oncle de Charles VI. 624. C. 630. B. adopté par Jeanne Reyne de Naples. ibid.
Louys premier Duc d'Anjou s'achemine en Italie, avec une puissante armée. ibid. est blessé en bataille, dont il meurt. ibid. B.
Louys second Duc d'Anjou. 629. C. ses prétentions au Royaume de Naples. 630. couronné Roy d'iceluy. 631. A.
Louys second Duc d'Anjou s'achemine avec une puissante armée en Italie. 631. B. s'en retourne en Provence. ibid. C. retourne en Italie pour secourir le Pape contre Ladislao. ibid. le met en route. ibid. A.
Louys troisiéme Duc d'Anjou investy de la Couronne de Naples par le Pape Martin V. 632. A. arrivé en Italie pour en prendre possession. ibid. est adopté par Jeanne seconde du nom Reine de Naples. 628. C. fait Duc de Calabre. ibid. meurt. 629. A.
Louys fils de Charles second Roy de Naples, Evesque de Thoulouse. 410. A.
Louys Roy de Hongrie frere aisné d'André s'achemine contre Jeanne

Jeanne Reine de Naples pour venger sa mort. 622. C. ravage le Royaume & fait decapiter Charles Duc de Durazzo. ibid.
Louys Prince de Tarente fait Roy de Naples épouse Jeanne heritiere du Royaume. 622. C. s'enfuit en Provence. ibid. est remis par le Pape en son Royaume. 623. A. meurt en langueur. ibid. B.
Louys Duc de Durazzo. 542. C. ses enfans. ibid.
Louys fils de Philippes Prince de Tarente, Roy de Naples. 819. C.
Louys Meigret soustenoit qu'il falloit escrire en François comme l'on prononce. 702. C.
Louyse de Savoye, mere du Roy François premier amoureuse de Charles de Bourbon Connestable de France, souhaite son mariage. 559. D. le dépoüille de tous ses biens & Seigneuries pour n'y avoir voulu entendre. 562. B.
Loy Salique pourquoy ainsi appellée, selon diverses opinions. 145. A. B.
Loy des successions masculines gardées en plusieurs pays. ibid. C. D.
Loy ancienne ne doit point estre annullée qu'avec beaucoup de considerations. 294. D.
Loy des Gaulois par laquelle celuy des Chevaliers & Nobles qui se trouvoit le dernier és assemblées de guerre, estoit exposé au dernier supplice, à quelle fin créée. 4. C.
Loy des Romains voulant que le debiteur banqueroutier fust mis en pieces, & ses membres distribuez à ses creanciers. 371. B.
Loy (quelle) est la meilleure, ou celle qui a osté du tout le ferment en cause, ou celle qui l'y a remis. 372. A. B.
Loy ou Religion ancienne ne doit estre aisément changée. 783. C. & suivans.
Loy (la) est un prompt moyen aux tyrans, pour tirer deniers de leur peuple. 1029. B. C.
Loy & alloy comme symbolisent de nom & d'effect. ibid. C.
Loy (vraye) en quelle façon doit estre interpretée. 1039. C.
Lozenge, & Lozenger, vieux mots François pour tromperie & tromper. 762. C.
Lucius second outragé de pierres par la commune de Rome, pourquoy. 175. C.
Luitprand Roy de Lombardie, quand denonça la guerre aux Romains. 170. A. se defista de son entreprise à la persuasion de Martel.
Luduin ou Luduith, mesme nom que Clovis. 26. D.
Lutece ancien nom de la ville de Paris, pourquoy estoit ainsi appellée. 883. B.
Luther & Calvin combattent d'un commun vœu le siege de Rome. 858. B.
Lutheriens. 859. A.
Lycantropie quelle maladie. 876. C.
Lycurge Legislateur des Lacedemoniens. 3. B.
Lycurge par quel moyen rendit mesme les femmes de Lacedemone susceptibles des travaux de la guerre. 361. A.
Lycurge, ce qu'il fit pour empescher les Lacedemoniens de changer ses loix. 783. C.
Lydiens comme abastardis par Cyrus. 361. A.
Lyon converty à la Foy Catholique par les exhortations de Saint Irenée. 182. C.
Lyonnois admirable joüeur d'Eschecs. 430. C.
Lyonnois (pays) pourquoy use du Droict écrit. 859. B.

M.

Macrian Roy des Allemans tué par Gratian, au moyen de Mellobaudes Roy des François. 21. A.
Magister Pædagogus, ou principalis Pædagogus, quelle charge avoit aux Colleges de Paris. 923. B.
Magistrat souverain des Heduens quand & comment s'élisoit. 9. C. estoit seulement annuel. ibid.
Magistrat seculier peut reformer la vie & mœurs du Clergé. 282. C.
Magistratures Françoises, empruntées des Romains. 105. D.
Magistrats piliers des Roys pour conserver leurs Majestez contre l'ignorance de leurs peuples. 1029.
Magistrats des Republiques bien policées doivent estre subjets à la Loy, & le peuple aux Magistrats. 1036. B.
Magistratures empruntées de Constantinople par les François. 105. C.
Magistrats d'Athenes se créoient par le sort de la febve. 390. B.
Magnanimité des Parisiens pour la deffense de leur ville. 885. D.
Magnanimité remarquable de quelques anciennes Princesses. 647. A. & suivans.
Mahomet envahit la Chrestienté, & de deux Religions en forma une troisième, quand. 158. B.
Mahometistes ont en une famille plusieurs femmes, pourquoy. 13. A.
Majesté, titre propre à la grandeur de Dieu. 771. C.

Majesté appropriée aux Roys par nos devanciers. ibid.
Majesté (sa) vers quel temps a commencé d'estre employée en France pour la personne des Roys. ibid.
Majesté de la Maison de France. 96
Majesté du Roy de France se soustrait au jugement des Parlemens. 45. C.
Main pour matin. 817. C.
Mainfroy fait empoisonner Conrad. 863. C. est excommunié. ibid.
Mainfroy chassé de Naples & Sicile par Charles d'Anjou à la suscitation des Papes. 620. A. desfait & tué en bataille. ibid.
Main-mettre pour manu-mettre. 852. A.
Main-mortables à quelle charge & conditions peuvent estre manu-mis par leurs Seigneurs. 378. D.
Mainnez pour puisnez. 852. A.
Majorité des Roys de France bornée à quatorze ans. 150. A. B.
Maires du Palais d'où baptizez de ce nom. 98. A. quand & comment instituez. 106. D.
Maires du Palais premiers introducteurs du Parlement, & comment. 45. D.
Maires du Palais avoient generale superintendance sur toute la famille des Roys. 107. C. D.
Maires du Palais accrurent premierement leur honneur, & prirent leur grandeur sous Clotaire II. 107. C.
Maires du Palais passoient toutes affaires d'importance sous leur bon plaisir. ibid.
Maires du Palais de certains pays qui auparavant estoient Royaumes. ibid.
Maisiere delivrée du siege de l'Empereur Charles V. par l'artifice de Bayard. 603.
Maisons (trois) Royales dans Paris. 388. A.
M'aist (ce) Dieu, terme racourcy pour dire ainsi, M'ayde Dieu. 818. C.
Maistre, mot anciennement attribué aux dignitez, & depuis aux artisans. 793. C.
Maistres (quatre) appellez & introduits en France par Charlemagne pour l'instruction de la jeunesse. 889. A.
Maistres de trois sortes aux Colleges de Paris; & quels. 924. A.
Maistre Fify. 805. A.
Maistre (grand) & sa dignité prés nos Roys de France. 108. A. B. signoit à toutes lettres de consequence de la Chancellerie. ibid.
Maistre Veneur, Maistre Fauconnier. 794. C.
Maistres du Palais sous le declin de l'Empire en la Cour de l'Empereur de Constantinople. 108. C.
Maistres du Parlement. 52. D. 793. D.
Maistres des Requestes de l'Hostel du Roy. 56. D. 59. C.
Maistres des Requestes de l'Hostel du Roy appellez suivans, & poursuivans. 57. B.
Maistres des Requestes de l'Hostel siegent au Parlement devant tous les autres Conseillers. 58. A.
Maistres des Comptes. 74. D. 794. C.
Maistres des Comptes my-partis de Clercs & de Laiz. ibid. & qui premier faussa cette Loy. 75. A.
Maistres (nombre ancien des) des Comptes. ibid. D.
Maistres (charges des) des Comptes en trois principaux sujets. 71. A. B.
Maistres des Comptes extraordinaires, remis par François I. 75. B.
Maistres des Comptes extraordinaires reduicts en ordinaires. ibid. C.
Maistres Clercs des Comptes se déchargent sur leurs Secretaires du rapport des Comptes. 76. A.
Maistres (rang des) des Requestes de toute ancienneté. 56. A. B.
Maistres des Requestes president au petit seau de la Chancellerie. 58. A.
Maistres des Requestes pourquoy ordinaires au Conseil d'Estat. ibid.
Maistres des Requestes pourquoy president au grand Conseil, en l'absence des Presidens. ibid. B.
Maistres (different soubs Charles sixième entre les) des Requestes, & le plus ancien Conseiller du Parlement, qui devoit presider pendant l'absence des Presidens. ibid. D.
Maistres (jurisdiction ancienne, & nombre des) des Requestes. ibid. D.
Maistres des Requestes ordinaires & extraordinaires. ibid. D.
Maistres des Requestes du Palais, & leur premiere institution. 56. B. & suivans.
Maistrement pour Magistralement. 763. A.
Maladie extraordinaire & étrange qui courut l'espace de trois mois dans Constantinople. 425. B.
Maladie de Naples quand premierement connuë en France. 424. D. comment a commencé d'estre guerie. ibid.
Maladie du Tac, & ses premieres courses au Royaume de France. 426. B.

Maladie

Table des Matieres.

Maladie de Ladendo. 426. C.
Maldonat Jesuite soustient des Propositions extraordinaires. 350. B.
Maledictions des peres & des meres encontre les enfans combien sont à craindre. 609. C. & suivans.
Maleir pour Maudire. 762. D.
Malengin pour tromperie. ibid.
Maletoultes, Maletoultiers, & leur signification originaire. 834. B. C.
Maletoultiers estoient ceux qui se mesloient anciennement de lever les tailles. 86. C.
Malotru, vieux mot François. 763. A.
Mammelus faisoient anciennement la meilleure part des forces du Souldan d'Egypte. 129. B.
Man pour homme en langage Alleman. 18. C. 759. A.
Mandats & graces expectatives quand commencerent de venir en desordre. 252. C.
Mannire, pour adjourner un homme en Justice. 759. A.
Manumission des Romains qui se faisoit in *Sacro-sanctis Ecclesiis*, pratiquée en France. 375. B. exemple emprainct en l'Eglise de Sainte Croix d'Orleans. ibid.
Marastre, employé pour signifier celle que nostre pere a espousé en secondes nopces. 850. C.
Marc-Antonin Empereur & Philosophe, Prince plein d'hypocrisie. 1032. B. C.
Marc (S.) premier Evesque d'Alexandrie. 159. C.
Marcelin (traict notable de) Pape. 157. B.
Marchandises foraines n'avoient anciennement aucune traicté és Gaules. 4. B.
Marchands pourquoy chassez hors du Temple, par Nostre Seigneur. 284. D.
Marchal des logis, tiré *du vieil mot de Marcher* employé pour ce que nous *disons* aujourd'huy marquer. 856. A.
Marche pour limite & borne. 759. A. 855. C.
Marcher ou marquer. 856. C.
Marcher à quelque contrée pour estre limitrophe. ibid.
Marcomanes. 17. C.
Maréchal d'où denommé. 758. D. 856. C.
Maréchaux de France, & l'origine de leur nom. ibid.
Maréchaux de France n'estoient que du temps de Charles VII. 841. A.
Marguerite fille de Charles I. Duc de Bourbon, mariée avec Philippes Comte de Bresse, & depuis Duc de Savoye. 557. B.
Marguerite sœur du Roy François I. & Reine de Navarre, fit plusieurs beaux ouvrages en vers. 702. B.
Margot Hannuiere femme se fait voir admirable au jeu de la paume dans Paris. 395. C.
Mariage d'Henry Roy d'Angleterre. V. du nom, & de Catherine de France fille du Roy Charles VI. 266. C.
Mariage, (homme qui s'opposa à un) comme l'on vouloit faire le festin, & fit assigner à Rome. 247. C.
Marie fille unique de Jean Duc de Berry, mariée à Jean l. Duc de Bourbon. 556. C.
Marie fille de Louys Roy de Hongrie. 625. C.
Marie sœur de Jeanne Reine de Naples decapitée par commandement de Charles de Durazzo. 625. A.
Marie Schuart Reine d'Escosse est détenuë l'espace de dix-neuf ans prisonniere. 579. B. & enfin executée à mort par le commandement d'Elisabeth Reine d'Angleterre. 584. A.
Marquis de Marignan guery des gouttes au siege de Sienne, par un renversement d'une cassine sur sa litiere. 828. A.
Mark pour cheval en ancien langage Allemand. 758. C.
Marmot d'un coin de Nostre-Dame appellé maistre Pierre du Coignet. 288. D.
Marquis quand & pourquoy instituez. 855. C. D. & l'origine de leur dignité. ibid.
Marre & marrer les vignes. 854. C.
Marrien, mot racourcy de materien. 817. C.
Marseille, auparavant qu'elle tombast sous la puissance des François, adonnée aux lettres Grecques. 10. B.
Martels (famille des) quand prend grand pied en France. 169. D.
Martels (lignée des) ne demeure gueres en sa vigueur. 173. A.
Martin (S.) excommunie Maxime, qui avoit occupé l'Empire és Gaules. 191. A.
Martin cinquième esleu Pape au Concile de Constance. 264. D.
Martin Pape, Philippes Roy de France, & Charles Roy de Naples morts en mesme année, comment & pourquoy. 224. B.
Martin Luther fonde son heresie sur les abus de l'indulgence & pardon que le Pape promettoit sous le pretexte d'une Croisade. 618. A.
Martin Luther remet sus l'heresie de Jean Wiclef Docteur Anglois. 261. B.
Martin Guerre comme fit averer & découvrir en Justice le delict d'Arnaut le Tellier, qui joüoit le personnage de luy envers sa femme. 654. D. & suivans.

Massacre de personnages notables & autres, fait dans Paris par ceux du party de Jean Duc de Bourgogne. 67. A.
Matelots, Buscherons, & Charpentiers embesongnez pour des navires décrits par Ronsard. 725. C.
Mathieu de Montmorency second Admiral de France. 124. A.
Mathilde donna au S. Siege les villes de Luques, Ferrare, Parme, Rege & Mantouë. 218. C.
Matines, & les proverbes tirez par nous d'icelles. 814. B.
Mauclere pour un lourdau & ignorant. 786. C.
Mauget adjousté pour cinquiéme President au Mortier. 678. C.
Maurice Seve, Theodore de Beze, & Jacques Pelletier premiers qui changerent l'ancienne Poësie. 702. C.
Maurice Empereur deffendit à tout homme appellé en charge publique de se faire promouvoir aux dignitez de l'Eglise. 388. A.
Maudisson de Mathilde Reine d'Angleterre, qui fut tirée par force de Religion, contre sa posterité. 609. C.
Maxence Empereur és Gaules sous Constance. 16. A.
Maximes des Jesuites contrevenantes aux nostres. 351. B.
Medailles antiques de plus grande recommandation que les modernes. 57. A.
Medecin (profession du) gisoit anciennement en trois poincts, & quels. 961. D.
Medecine n'a rien de plus certain que l'incertain. 910. B.
Medecine quand introduite dans Rome. 909. B. pratiquée anciennement par les Dames envers les Chevaliers blessez. ibid. introduite en France sous Louys VII. 910. D.
Medecine (la) & la Jurisprudence symbolisent en un point, & quel il est. 787. D.
Medecins, (quand permis premierement aux) Docteurs & Professeurs d'estre mariez. 276. A.
Medecins pourquoy appellez Physiciens par nos ancestres. 803. C. & suivans. 910. C.
Melin de Saint Gelais Poëte fort recommandable. 700. C.
Mellobaudes Roy des François. 21. A. 42. B. Capitaine aux legions Romaines. 25. B.
Memoire où a son siege. 777. C.
Memoire sans jugement. ibid.
Mendians invalides. 205. B.
Mendians (quatre Ordres des) quand commencerent d'avoir cours en la Chrestienté. 240. C.
Mendians quand eurent permission de confesser. 344. A.
Mener, vieux mot Gaulois. 758. B.
Mer Oceane toute en la subjection des Gaulois. 20. B.
Mer de la Gaule Belgique toute écumée par les Romains sous Diocletian. 22. D.
Mercure Ambassadeur ordinaire de Jupiter preparant quelque voyage, representé par Virgile. 726. C. imité de Ronsard en la description d'un Ange. 727. A. B.
Mercuriale tenuë par Henry II. 859. A.
Merle (élection notable de) à l'Estat de Chancelier. 401. C.
Meroüée consulte la Sainte Escriture pour deviner quelle issuë il auroit de la prise des armes contre son pere. 374. A.
Meroüée se ligua en la bataille de Chaalons, avec Ætius. 105. D.
Meroüée fut le premier qui prit la hardiesse de se promener par la Gaule. 26. C.
Meroüée fils de Chilperic espouse Brunehaud contre laquelle il avoit esté envoyé par son pere. 454. A. B. est tué à la suscitation de Fredegonde. ibid. C.
Messagers ordonnez & établis pour porter rolles, mandemens & commissions émanées de la Chambre des Comptes, és lieux des charges & receptes des officiers comptables. 80. B.
Messala perdit du tout la memoire, sans que son jugement fust aucunement alteré. 777. C.
Mestayers ou fermiers pourquoy appellez de ce nom. 844. C.
Mastier, mot racourcy de Menestrier. 817. C.
Metropolitain devoit estre confirmé par les Evesques comprovinciaux. 193. B.
Meubles & thresors du Roy comment divisez jadis en France. 413. A.
Meurtre averé vingt ans après qu'il fut commis, & comment. 660. B.
Meurtres cachez, miraculeusement découverts. 657. B. C. & suivans.
Miauler des petits chats. 774. B.
Michel de l'Hospital Chancelier. 85. A.
Michel (commencement de l'Ordre de Saint). 139. B.
Michel (Saint) pourquoy & par qui donné pour enseigne aux Chevaliers de S. Michel. 139. B.
Mien & *tien* comment se prononçoient en vieux François. 844. D.
Milan aggrandie par le remuëment de ménage que fit Constantin de la ville de Rome en Grece. 160. A.
Milan sejour des Empereurs Occidentaux. 167. C.
Milan assiegé sur l'Espagnol. 567. A. B.

Minare

Table des Matieres.

Minare pour mener. 758 B.
Misere grande depuis l'entrée de l'Isle-Adam à Paris jusques à long-temps aprés. 67. B.
Missi, quels estoient & leur office. 116. C.
Missaticum quel estat anciennement. 117. B.
Miracle de nature d'un homme chantant d'une mesme teneur & promptitude de voix le Dessus, & la Taille d'une chanson. 666. A.
Moindre d'ans, pour pupille. 851. B.
Moine (belle rencontre d'un) au Roy François premier contre les Juges qui jugent par commission. 548. C.
Moines premiers Historiographes des faits & gestes de nos Rois. 5. A.
Moines anciennement hors le Clergé. 315. D.
Moines ont succedé aux Druydes en la description des faits & gestes de nos Rois. 5. A.
Moines n'avoient la charge d'administrer les Saints Sacremens de l'Eglise. 343. C.
Moines, qui appellez. 242. C.
Moine qui avoit jetté le froc aux orties convaincu par le fer chaud, condamné à estre fouëtté. 367. C. D.
Moines pourquoy tondus. 779. C. D.
Momus desiroit en l'homme une fenestre vers son cœur. 777. D.
Monarchie (commun cours d'une) figuré par le jeu des Eschecs. 429. C.
Monarchie des François pleine de prosperité & bonheur de fortune. 44. B. ensemble de la police & bonne conduite de ses Roys. 45. A.
Monarchie des Empereurs de Rome, & de leur tyrannie. 1041. C.
Monarchies établies & entreprises par violence des plus forts sur les moindres. ibid. B.
Monarchies (quand les) sont au dernier periode de tyrannie, il est aisé de les occuper. 1036. D.
Monasteres par qui introduits. 241. 242.
Monasteres bastis par S. Louys. 250. A.
Monnoye (*décrié comme la vieille*) proverbe. 802. D.
Monnoyes de France marquées par l'ordre abecedaire, selon les primautez des villes, esquelles il est permis de les forger. ibid.
Monnoyeurs (faux) dits bailler un soufflet au Roy, & pourquoy. ibid.
Monomachie usitée en France pour la decision des causes douteuses importantes. 362. A.
Monophile œuvre de Pasquier. 702. D.
Monseigneur, mot employé à personnages qui tiennent grand rang. 772. B.
Monsieur attribué à gens d'honneste qualité, mais que nous ne pensons pas tenir plus de rang que nous. ibid.
Monsieur, par qui attribué au Roy. 773. A.
Monsieur, en usage pour les Princes d'une façon particuliere, aprés leurs noms propres. ibid.
Monsieur, attribué aux Gentils-hommes par leurs enfans. 774. A.
Monstier pris pour l'Eglise Parochiale. 784. D.
Monstier (il faut laisser le) où il est, vieux proverbe François & son explication. 784. D. 185. D.
Mont-joye Saint Denis, cry public usurpé par nos Roys en bataille & pourquoy. 799. B. & suivans.
Mont-faucon, gibet mal-heureux à ceux qui l'ont fait faire, ou refaire. 828. C.
Mont-pellier de qui tient la premiere institution de son Université. 987. A.
Mont-pensier, Comtes & Ducs d'iceluy. 557. B.
Mort (le) saisit le vif plus prochain habile à luy succeder. 411. A.
Morts (de ne point ensevelir les) dans les Eglises. 205. C.
Morgnoy, jurement abusif des Villageois. 759. B.
Motifs principaux pour lesquels les Romains aisément s'impatronisent des Gaulois. 16. D. 17. A.
Mots purs Latins transplantez en nostre langue, sans rien changer. 760. A.
Mots familiers à quelques Docteurs de Droict. 979. A.
Mots qui par leur prononciation nous declarent le son de la chose signifiée. 773. B. & suiv.
Mots modernes qui sont de moindre valeur que les anciens. 762. B. C. & suivans.
Mots dont le peuple use par corruption de langage. 875. D. & suivans.
Moulins de la riviere de Seine abbatus par Arrest de la Cour de Parlement. 661. B.
Moutons, *revenir à ses moutons*, d'où vient. 872. B. C.
Moyen & *Toyen*, usurpez des anciens François pour *mien* & *sien*. 844. D.
Moyens que tenoient les Heduens pour exterminer toute tyrannie, observez par les Republiques de Rome & de Venise, par nos vieilles Ordonnances, & par les Empereurs &

Tome I.

grands Roys. 16. B.
Moytoyen pourquoy attribué à une chose commune, & que l'on ne divise point. 844. D.
Moytoyen d'où composé, & sa signification. ibid. C.
Multiplication des Estats faite à l'oppression du peuple sous Constantin & Theodose. 24. A.
Mutinerie des Parisiens pendant la prison du Roy Jean. 90. A.
Mysteres de Dieu discours sur la reduction de Paris à Charles VII. 534. C. & suivans.

N.

Nantes pris par les Normands. 35. C.
Naples (Royaume de) possedé par la premiere famille d'Anjou commença à Charles frere de Saint Louys. 619. C. B. & suivans. pretendu par la seconde famille, non sans grandes pertes. ibid. C. D. & suiv. 635. C. D. & suiv.
Naples (Royaume de) pretendu par les Roys de France depuis Louys onziéme, & pourquoy. 638. B. C.
Narses Lieutenant de l'Empereur vainqueur de René Roy des Ostrogots. 30. B.
Narses extermina le nom des Gots en Italie. 168. C.
Nation Gauloise hardie aux conquestes nouvelles. 3.
Nation Françoise la plus puissante de toutes celles qui s'agrandirent des dépoüilles de l'Empire Romain. 598. C.
Nation d'Allemagne subrogée en l'Université de Paris au lieu de l'Angloise. 941. B.
Nations ignorantes pour la pluspart de leurs premiers autheurs. 40. B.
Nations où les Gaulois planta son nom. 11. B.
Nations (inondations diverses des) barbares dans la ville de Rome. 167. D.
Nations qui se sont fort estimées de tirer leur ancien estoc de la destruction de Troye. 39. B. C.
Nations (quatre) en l'Université de Paris, & quelles. 912. D.
Natolie jadis subjuguée par les Gaulois. 13. C.
Navires submergez sur mer, à qui appartient ce qui en peut estre retiré & sauvé. 125. A. B.
Nautonniers voguans en pleine mer representez par Ronsard. 723. C.
Nemours érigé en Duché pour recompense de la Champagne. 148. A.
Nessum, pour nul. 763. B.
Neveu, & ses diverses significations. 850. C. D.
Neustrie donnée à Raoul Capitaine des Normans pour leur assiette, à condition de la tenir en foy & hommage de la Couronne de France. 35. C.
Neustrie pourquoy maintenant appellée Normandie. ibid.
Neustriens comment appellez par les anciens Romains. ibid.
Nicolai (famille de) tient l'Estat de premier President en la Chambre des Comptes par quatre generations successives. 74. C.
Nicolas premier prend hardiment le titre d'Universel, & pourquoy. 206. B. merite le surnom de Trés-grand. ibid.
Nicolas I. casse la sentence Synodale donnée pour Hincmare. 212. A.
Nicolas Pape bien qu'il s'en voulust faire accroire en France, si n'estoit-ce point sans Concile. 207. D.
Nicolas V. creé Pape à Rome durant le siege de Jean XII. 260. A.
Nicolas Herberay Sieur des Essars & ses Œuvres. 702. A.
Nicolas & Claude de Roussy freres jumeaux d'une ressemblance admirable. 667. C. D. & suivans.
Nigonius homme de prodigieuse memoire, & neantmoins du tout dépourveu de jugement. 777. C.
Nobles preferez aux roturiers en l'eslection & provision des Estats. 55. A.
Nobles portans les armes sont exempts de tailles. 90. C.
Nobles tenus de supporter le faix des armes, à cause de leurs Seigneuries. 132. D.
Nobles laissent les villes pour choisir leurs demeures aux champs. 135. A.
Nobles (ceux-là sont) sans exception, qui font profession de la vertu, & de vie sans reproche. 135. C.
Nobles & non Nobles. 381. A.
Nobles (non) de deux manieres. ibid.
Nobles (que les) ne doivent tousjours estre preferez aux estats de Judicature, aux roturiers qui sont de meilleure vertu & doctrine qu'eux. 662. A. B. & le trait memorable à ce propos que fit l'Empereur seant en la Cour de Parlement de Paris.
Noblesse Gauloise à quoi destinée jadis. 3. B.
Noblesse Gauloise grandement prodigue de son sang & de sa vie pour l'illustration de son pays. 3. C.
Noblesse combien recommandée en France. 135. A.
Noblesse de robbe longue ne plaist aux gendarmes. ibid.

Pppp ij Noblesse

Table des Matieres.

Nobleſſe fondée ſur l'ancienneté de la race, & comment c'eſt un acte derogeant à ſes privileges d'exercer un eſtat mecanique au lieu de l'eſtat de la guerre. 133. C. D.
Nobleſſe (degré de) ſur quelles gens fondé. 130. B.
Nobleſſe, titre de ceux qui en toutes nations portoient les armes. 135. A.
Nobleſſe tirée de l'ancien eſtoc des anceſtres, n'a point de lieu entre les Turcs. 136. B.
Nobleſſe Françoiſe prit ſon commencement par les armes. 841. C.
Noé donne ſa malediction à Cam pour avoir voulu découvrir ſa vergogne. 375. A.
Noël crié en France pour demonſtration de joye publique. 397. B.
Noëls ou Chanſons ſpirituelles, faites en l'honneur de la Nativité de noſtre Seigneur, quand commencerent d'eſtre chantez és Egliſes de la France. ibid.
Noël crié par les ruës à la naiſſance de Charles VI. 398. B.
Nogaret Chancelier de France ſe ſaiſit de la perſonne de Boniface, & le conſtitua priſonnier. 229. C.
Nom (ſiecle où il n'y avoit que le). 418. A.
Noms (pourquoy les Roys & Princes ne ſouſſignent que de leurs). 417. B.
Nom des Gaulois grandement redouté des Romains. 13. D.
Nom & crainte des Gots déracinez de l'Italie par Narſes. 168. C.
Nombre certain de Conſeillers inſtitué en chaque ſiege Preſidial par Henry ſecond, à quelle fin. 69. A.
Nombre des Conſeillers du grand Conſeil augmenté par Louys XII. 83. C.
Nombre François ſommairement deduits. 413. B. C. D.
Nominations de la Cour ſur les Eveſchez ou Abbayes intermiſes quelque-temps par ſa negligence. 68. B. C. remiſes par M. Jacques Spifame Conſeiller en ladite Cour. ibid.
Noms qui eurent cours entre les Prelats de la primitive Egliſe, plus noms de charge que d'honneur. 165. A.
Noms & ſurnoms des Advocats & Procureurs du Roy qui ont ſuccedé l'un à l'autre en la chambre des Comptes. 78. B. C.
Norman homme de Septentrion. 35. A.
Normans pourquoy ainſi appellez. ibid. A. d'où extraits ſelon Volareran. ibid.
Normans (paix ignominieuſe faite avec les) par Carloman. 35. A.
Normans ſe rendirent maiſtres autrefois de toute l'Angleterre. ibid. C.
Normans eſtimez eſtre dits des Romanduens, par quelques-uns. ibid. D.
Normandie (Ducs de). 36. B.
Normans, (deux Royaumes des) celuy d'Angleterre, & de la Poüille & Sicile. 37. A.
Normans poſſeſſeurs de quatre Couronnes Royales par leur vaillance. 38. D.
Normans s'impatroniſent de la Sicile & de la Poüille. 861. B.
Normans entre toutes les nations du Ponant adonnez d'un cœur gay & magnanime à nouvelles conqueſtes. 36. D.
Normans en tous Gages de bataille permettoient de parler de paix. 365. C. D. exceptez quelques cas & quels. ibid.
Normans victorieux planterent leur langue dans l'Angleterre. 406. C.
Normans (indignitez des) contre la Pucelle Jeanne. 540. C.
Normand, (*qui fit*) il fit *Truand*, commun dire d'où provenu. 834. A.
Normandie ſous quel regne appellée de ce nom. 36. B.
Normandie commença & fut érigée en Duché ſous Charles le Simple. 96. B.
North mot François, pour Septentrion, & *Man* pour homme, dont eſt venu le Norman. 759. A.
Notaires peuvent ſtipuler pour une perſonne abſente. 394. C.
Notaires qui reçoivent aujourd'huy les minutes des contracts d'où ſont provenus. ibid.
Notaires quand premierement érigez en Eſtats. ibid.
Novalitez & Daces inventées par les tyrans ſur leurs ſubjects. 1030. B.
Nouveauté grandement à craindre en une Republique. 783. C.
Numero (le) au jeu de Blanque ce que c'eſt. 849. A.
Numero (entendre le) que ſignifie. ibid.

O.

Obeiſſance que rendent les Jeſuites à leur General. 359. A. B.
Obeïſſance aveugle que voüent les Jeſuites au ſiege de Rome. 355. A.
Obeïſſance de Henry envers ſon pere Guillaume le Baſtard, heureuſement recompenſée de Dieu. 609. A.
Oblat ce que c'eſt. 295. B.

Oblat en France vient d'une longue ancienneté. 315. C.
Oblats ou Religieux Laiz quand furent inſtituez. ibid.
Oblats és Monaſteres de fondation Royale, Ducale, & Comtale. 318. B.
Oblats (uſage des) deub à la troiſieſme lignée de nos Roys. 317. A.
Oblats (droits d') ou Religieux Laiz, reſervez ſur les Monaſteres électifs. 318. A.
Obligations comment diviſées entre nous. 853. A.
Obligations que le Saint Siege a receu des François. 153. A.
Obſervations particulieres ſur le fait de la Poëſie Françoiſe. 709. C. D. & ſuivans.
Obſtacles que receut le Saint Siege au commencement de ſon établiſſement. 153. C.
Occan & Dante declarez Heretiques, pour avoir dit que le temporel des Roys, ne dépendoit des Papes. 217. C.
Occaſion de la ſubjugation des Gaules à Ceſar, luy fut la meſme pour ſe rendre maiſtre de Rome. 17. A.
Ode de Ronſard en vers Saphiques ſans pieds longs ou brefs. 709. D.
Ode Saphique rimée de Nicolas Rapin. 735. B.
Ode de Paſſerat à l'imitation de l'une de celles d'Horace. 734. D.
Ode en vers Saphiques du meſme Paſſerat. ibid.
Odes par qui & quand introduites en France. 708. B.
Odoacre Roy des Eruliens, de ſimple ſoldat devenu Roy. 29. B. prit qualité de Roy d'Italie, & combien il y regna. 168. B. fut tué. ibid.
Œconomat ou gouvernement du revenu de l'Archeveſché de Rheims baillé par Raoul Roy, à ſon pere. 214. A.
Œconomes, autrement dits Viſitateurs. 198. C.
Oecumenique & *Univerſel*, mots uſitez en noſtre Egliſe depuis quand. 161. A.
Office de l'Huiſſier de la Chambre des Comptes, quel. 79. C.
Offices multipliez dans Rome ruine de l'Empire. 23. B. C.
Offices de judicature annuels. 400. C.
Offices de judicature, quand commencerent d'eſtre confirmez apres le decez de l'un de nos Rois. 397. C. D.
Offices exercez par forme de Commiſſions. 399. C.
Offices (d'où vient qu'és proviſions d') du Roy il met, *Pour en jouyr tant qu'il nous plaira*. ibid.
Officiers du Roy par élection. 401. A.
Officiers (multiplicité d') ſont autant de membres pour ſouſtenir la tyrannie. 1029. B. C.
Officiers de la Maiſon du Roy ſeuls jouyſſoient du *Committimus*. 60. B.
Officiers créez par les trois Eſtats pour la direction & maniment des deniers provenans de la Gabelle du ſel, & de la vente des marchandiſes ſous le Roy Jean. 88. B. C.
Oiſiveté dangereuſe. 585. C. D.
Oldaric Eveſque d'Aix fuit de ſon Dioceſe pour la perſecution des Sarrazins. 214. A.
Olivier de Cliſſon nommé Boucher, & pourquoy. 514. C.
Opinion des Romains que toutes les nations, excepté la Gregeoiſe & la leur, eſtoient barbares. 7. B.
Opinions (quatre) diverſes ſur la Philoſophie du Prince. 1018. B. C.
Oppoſition à l'affoibliſſement des monnoyes. 89. D.
Oppoſition que l'on vouloit former au Couronnement de Louys le Gros, & pourquoy. 105. B.
Oppoſition de Pelage & de Saint Gregoire Papes, à ce que l'Eveſque de Conſtantinople ne priſt le titre d'Univerſel. 163. C.
Or, & ſon excellence jadis enviée à la terre par les Dieux du Paganiſme admirablement décrite. 861. A.
Or de Tholoſe, proverbe. 861. A.
Oratoire du Paraclet, par qui fondé, & quand. 590. C. D.
Ordinaire (les entrepriſes des) perdent l'Egliſe Occidentale. 246. A.
Ordinaires conferoient en France les Benefices, eſtans à leur collation. 255. C.
Ordinaires ont quelquesfois donné les Benefices à leurs Valets, & autres gens indignes. ibid.
Ordonnance de Philippes le Bel pour établir deux Parlemens dans Paris. 51. B.
Ordonnance de Philippes le Long pour le reglement du Parlement. 52. C.
Ordonnance pour les commiſſions du Parlement. ibid. B.
Ordonnance dont l'on peut recueillir ce qui eſt de l'ancienne inſtitution & progrés des Maiſtres des Requeſtes. 57. A. B. C.
Ordonnance de Philippes de Valois, touchant la matiere des Regales. 309. C.
Ordonnance de Charles VI. que toutes perſonnes contribuaſſent à la taille, fors les Nobles, Eccleſiaſtiques & pauvres mendians. 90. C.
Ordonnance du vingt-cinquiéme Aouſt 1417. pour reformer les abus qui eſtoient en Cour de Rome. 263. C.
Ordonnance du Roy S. Louys pour les dixmes infeodées. 324. B.

Ordonnance

Ordonnance (vieille) pour les Gages de bataille, qui avoient esté auparavant és causes civiles. 363. B. C.
Ordonnances de Louys le Debonnaire, par laquelle il deffendit les divinations qui se faisoient par les Loix de la Sainte Escriture. 374. B.
Ordonnance de l'Empereur Constantin, sur la liberté obtenuë en face de l'Eglise. 285. D.
Ordonnance de l'Empereur Maurice contre ceux qui se faisoient Moines, pour se garantir du faix de la guerre. 388. B.
Ordonnance de Saint Louys contre les lieux infames. 815. C. 838. B.
Ordonnance de Charondas aux Thoriens, à ceux qui voudroient apporter quelque loy nouvelle, qu'ils y vinssent avec le licol, & pourquoy. 783. C.
Ordonnances des Lacedemoniens favorisoient grandement les mariages. 13. A.
Ordonnances & Constitutions Synodales pour la reformation des vices qui s'estoient insinuez dans l'Eglise. 249. A.
Ordonnances anciennes des Gaulois toutes militaires. 361. C.
Ordonnances des Pairs, voyez Pairs.
Ordre & Police des douze Pairs de France, mal divisée en Ducs & Comtes, & son institution faussement attribuée à Charlemagne par les Annalistes. 95. B. & suiv.
Ordre des Chevaliers introduit en faveur de ceux qui suivoient les armes. 138. C.
Ordre (commencement de l') des Chevaliers, & les premieres ceremonies qui s'y observoient.
Ordre des Chevaliers de Saint Michel, donné par nos Roys, en signe de gratification. 97 B.
Ordre de Saint Michel quand & pourquoy institué. 138. B. & les noms de ceux qui en furent honorez les premiers. ibid.
Ordre (commencement de desordre en l') Saint Michel. 139. B.
Ordre Clerical ou Monachal ne se conferoit point anciennement à un serviteur sans le vouloir de son maistre, pourquoy, & qui fut l'autheur de cette loy. 387. A.
Ordre de Prestrise anciennement estoit donné seulement à ceux qui devoient avoir charge d'ame, consequemment quelque titre 156. B.
Ordre observé & pratiqué en l'usage du privilege de la Fierte saint Romain de Roüen. 1009. B. C. & suiv.
Ordre de Patrice, voyez Patriciat.
Ordres (deffenses de ne plus innover nouveaux) de Religion. 249. C.
Ordre des Templiers condamné. 259. C.
Ordres nouveaux de Religions & Monasteres affranchis des Ordinaires par les Papes de Rome. 240. C.
Ordres de Patriarchats, Archevesches & Eveschez quand ornez. 161. B.
Origine des Tailles & subsides. 87. C. D.
Orleans pris par les François, & fait Siege Royal. 26. C.
Orleans (Edict d') pour chasser les Egyptiens de la France. 408. C.
Orleans (Duc d') contraint d'attirer à son party Maistre Jean Gerson Chancelier de l'Université de Paris, 663. C.
Orleannois (les) revenus en grace, remettent sus nos libertez. 263. B.
Orleannois appellez Bandez, & Armagnacs. 519. B. C.
Orleannois declarez criminels de leze-Majesté & assiegez dans Bourges. ibid.
Orleannois rentrez dans la ville de Paris insolens. 524. B. C.
Orquetonville conducteur des meurtriers de Louys Duc d'Orleans. 518. B.
Ortographe nouvelle inventée par quelques-uns en nostre langue. 748. B.
Ortographe (d'où vient que nostre) differe de nostre parler. 755. B.
Ostrogots d'où extraits, & pourquoy appellez de ce nom. 28. A.
Ostrogots (Roys des). ibid.
Ostrogots quand & comment se firent Seigneurs du Languedoc & de la Provence. 29. C.
Ostrogots (Royaume des) combien peu dura. 27. A. B.
Ostrogots observoient une forme de Loy Salique. 346. B.
Ostrogots guerroyez par Bellisaire en Italie. 30. A. B. se relevent sous Theudibaut. ibid. sont du tout deffaits par Narses. ibid.
Othon Empereur premier de ce nom, grand guerrier. 174. A.
Othon (les affaires d') prosperent, pour ne donner point les Abbayes à des Capitaines. 216. A.
Othon Duc de Bronsvic, quatriéme mary de Jeanne Reyne de Naples. 623. C. pris en bataille par Charles de Durazzo. 624. D.

P.

P, Latin changé par les François en V. 119. A. 795. B.
Paille (rompre la) avec quelqu'un, ce que c'est. 867. D. & suivans.

Pair pour compagnon & convassal dans les Ordonnances de Charlemagne. 99. A. dans les articles de la trefve jurée entre le Roy Louys le Begue, & Louys Roy d'Allemagne son cousin. ibid.
Pairs de France vers quel temps prirent leur commencement. 177. A. pourquoy & comment instituez. ibid.
Pairs de France mi-partis de Laïques, & Ecclesiastiques. ibid.
Pairs de France au Parlement Ambulatoire. 50. A.
Pares Curia, 98. B.
Pairs (les douze) ne sont dits à l'imitation des Pairs Feodaux. ibid.
Pairs tenoient les premieres séances és Parlemens, & generales assemblées des Roys. ibid.
Pairs (à l'imitation des) de France les Ducs & Comtes en vouloient avoir sous eux. 98. B.
Pairs absens des Couronnemens des Roys, depuis Hugues Capet, jusques à cinq ou six generations, & pourquoy. 105. B.
Pairs de France assistoient aux Sacres & Couronnemens des Roys. ibid.
Pairs reviennent en credit sous Philippes Auguste. 106. A.
Pairs introduits en forme d'Aristocratie jointe avec la Monarchie, afin que par leur conseil se menassent les affaires de France. 1040. C. D.
Paix honteuse de Jovinian avec les Perses de quel interest. 23. D. 25. C.
Paix ignominieuse de Carloman avec les Danois. 35. A.
Paix fourrée presentée par un bouffon aux Princes. 519. A. B.
Paix concluë & jurée entre les Princes au Siege de Bourges, & depuis confirmée dans Auxerre. 520. A.
Paix entre les François, & les Bourguignons. 533. D.
Paix de Pontoise avec les Orleannois. 263. B.
Paix entre le Roy Charles & Philippes Duc de Bourgongne. 533. B. C.
Paix non presentée aux Presidens & Conseillers lors de l'ouverture du Parlement à la Saint Martin l'an 1587. 679. B.
Palalalalan, son du Tambour François. 773. C.
Palatin de l'Empire, & sa dignité. 100. C.
Palatins estoient les Conseillers ordinaires des Empereurs d'Allemagne. ibid.
Palestine remise en l'obeïssance des Chrestiens par Frederic Empereur. 861. D.
Palice, Temple en la Sicile, auquel se faisoient les plus grands sermens, & ce qui arrivoit aux parjures. 370. A. B.
Pallium, que par honneur le Pape envoyoit aux uns & aux autres Prelats. 195. C. & les prerogatives & authoritez qui leur estoient conferées par ce present. ibid. C. D.
Pallium (le) donné à Hincmare avec une puissance extraordinaire. 212. C.
Pallium (sous pretexte du) Saint Gregoire mande aux Evesques d'obeïr à Vigile, mais ils n'en font rien. 196. B.
Pallium (quel prejudice le) apportoit à nos libertez. ibid. C.
Pallium (nul ne pouvoit porter le) tous les jours. 212. D.
Pallium (le) apporte confusion en France. 213. B.
Panage pour Apanage. 800. A.
Pandolphe Aloppe Chambellan de Jeanne Reyne de Naples. 626. B. executé par le commandement de Jacques de Bourbon. ibid.
Pansophie estably Archevesque de Nicomedie par Saint Jean Chrysostome. 162. A.
Papa d'où vient. 165. B. C.
Papauté (la) n'entretient sa grandeur par les armes. 136. B.
Papauté (obstacles que receut la) avant que d'arriver à sa grandeur. ibid.
Papauté (assurance de la grandeur temporelle de la) d'où vient. 170. A.
Papauté doit l'asseurance de la superiorité de l'Eglise à Gregoire I. & de la temporalité à Gregoire III. ibid.
Papauté (affaire de la) passent par le Consistoire des Cardinaux. 180. B.
Papauté doit beaucoup aux Papes Leon, Nicolas Gregoire, tous trois premiers de ce nom. 185. A.
Papauté (la) doit beaucoup à S. Gregoire. 198. B.
Pape, (mot de) d'où & comment inventé. 165. A. que signifie. ibid. B.
Pape prend la qualité d'Universel, & pourquoy. 163. C. D.
Pape, mot attribué à tous Evesques qui pour leur aage ou doctrine avoient acquis quelque credit, & authorité dessus les autres, 166. A.
Pape (le mot de) tombe par titre de prerogative singulier en la personne du Saint Pere de Rome, qui tient rang & respect par dessus tous les Prelats. 166. A.
Pape Exarque d'Italie. 171. B.
Pape (le) & Charlemagne s'enrichissent des dépoüilles de l'Empire Grec. 173. A.
Papes quand commencerent de negliger les Empereurs de la Grece.

Table des Matieres.

Grece. 171. C.
Pape (le) a eu le premier Siege de l'Eglise Chrestienne, & pour tel reconnu de toute anciennité. 189. C.
Pape (anciens ne vouloient que le) entreprist aucune chose sur les autres Evesques. *ibid.*
Pape pourquoy s'intitule *Serf des Serfs*. 166. C.
Pape va luy-mesme en personne à la guerre & quand. 173. C.
Pape (l'authorité du) commence de s'accroistre en France sous la seconde lignée de nos Roys. 203. B.
Pape (le) prend grande authorité en France pendant nos divisions. 205. D.
Pape (le) confirme l'élection de Hugues à l'Archevesché de Rheims. 214. A.
Pape & Roy de France fraternisans en Conseils. 259. B.
Pape avec toute sa Cour attiré en France par Philippes le Bel. 251. C.
Pape (le) se fait tort, tirant une absolution en longueur. 227. B. C.
Pape ne peut attenter sur nos Roys ny sur leur Royaume à leur prejudice. 229. A.
Pape interdisant un Royaume, interdit par mesme moyen la ville de Rome. 193. B.
Pape déclaré Ordinaire des Ordinaires au Concile de Latran. 249. D.
Pape (le) pretendoit estre heritier d'un Prelat mort *ab intestat.* 254. B.
Pape (le) ne peut entreprendre sur les Ordinaires en leurs Dioceses, sans leur consentement. 245. B. 306. D.
Pape (Mandemens du) faits par authorité Apostolique, reduits à l'Ordinaire. 293. B.
Pape comment consideré en France. 344. C.
Pape (le) n'a pû permettre aux Jesuites d'administrer les SS. Sacremens au prejudice des Ordinaires & Curez de la France. *ibid.*
Pape est sujet aux Decrets des Conciles generaux & œcumeniques. 346. B.
Pape (le) ne peut rien sur le temporel des Roys & Princes. *ibid.* C.
Papes Martyrs depuis Saint Pierre jusques à Sylvestre. 136. B. C.
Papes (comme les) s'impatroniserent de la ville de Rome. 165. D. & suivans.
Papes (comme les) prirent une si grande puissance dans Rome, mesme sur le fait de la police. 168. D.
Papes quand commencerent de negliger les Empereurs de la Grece. 169. A. B.
Papes (grandeur des) en leur temporel procede, tant de la protection, que de la liberalité des François. 170. A.
Papes (confirmation des) accordée à Charlemagne, & à ses successeurs. 172. A.
Papes tirerent en consequence la creation qu'ils firent de Pepin & de Charlemagne, aux Couronnes de France & de l'Empire. 170. C.
Papes (les) donnoient l'Estat de Senateur de Rome aux Princes estrangers, pour les attirer à leur cordelle. 176. B.
Papes quand commencerent d'estre esleus par Cardinaux. 180. A.
Papes (avec quelle modification les) ont esté Primats de l'Eglise. 189. C.
Papes (les) ne voulurent enjamber sur nos privileges sous la premiere lignée de nos Roys. 192. C.
Papes (grandeur des) au spirituel & temporel, s'accreut par deux voyes contraires. 196. D.
Papes (comme les) procederent pour se venger de leurs ennemis, & faire vacquer leurs Royaumes. 219. B. C.
Papes non encore mentionnez és anciens Conciles François. 204. B.
Papes appellez Apostoles, ou Apostoliques sous la seconde lignée de nos Roys. *ibid.* A.
Papes (grandeur des) de la primitive Eglise. 207. A.
Papes s'intitulent Serfs des Serfs, pour estre Vicaires de Nostre Seigneur en son regne d'humilité. 226. A.
Papes (premiers) qui nommerent leurs successeurs. 241. C.
Papes & Empereurs empietent sur le droict les uns des autres par une revolution & entresuitte d'affaires. 169. B. C. 219. B. C. & suivans.
Papes (que les) n'ont nulle jurisdiction ou puissance sur le temporel des Roys. 216. D. 225. A. B. C.
Papes (deux) demis de leurs Papautez, à Pise. 258. A. 260. D.
Papes (trois) en un mesme temps. 258. D.
Papes attirez dans la France par Philippes le Bel. 257. D.
Papes qui siegerent en Avignon. 260. A.
Papes destituez par le Concile de Constance. 264. B.
Papes (les) ont tousjours craint les Conciles generaux. 267. C.
Papes qui ont voulu attenter contre la dignité de nos Roys. 347. B. & contre les Empereurs. *ibid.* C.
Papes qui ont abusé de la publication des Croisades contre les Princes Chrestiens leurs ennemis. 617. B. C. D.
Papes reconnus pour chefs de l'Eglise Chrestienne, avec honneste modification, & quelle. 189. B.
Papes quand firent teste aux Empereurs. 218. D.
Papes jamais ne censurerent nos Roys. 222. D.
Papes ne pouvoient user d'impositions, qu'en deux cas. 258. C.
Papes aggrandis aux dépens de la Couronne Imperiale. 169. A.
Papes (confederation entre les) & les Martels, pourquoy. 170. B.
Paraclet nom pareillement attribué en nostre Eglise au benoist Saint Esprit. 591. A. B.
Parrage, mot racourcy de parentage. 820. A.
Parage és fiefs ce que c'est. 819. A.
Paraistre attribué à celuy que nostre mere a épousé en secondes nopces. 850. C.
Pardons & Indulgences octroyez aux Pelerins de la Croisade. 617. B. C.
Parent pourquoy employé entre nous pour consanguin. 850. C. D.
Paris (ville de) Metropolitaine de la France. 883. B. d'où ainsi nommée. *ibid.* l'opinion de l'Autheur. 884. B. diversité de ses noms. *ibid.* & suiv.
Paris (ville de) fut pavée par le soin de Philippes Auguste. 899. B.
Paris (ville de) attaquée par trois fois par les Normands, & valeureusement deffenduë. 887. A. accruë de deux autres villes. 888. A.
Paris choisie par Cesar voulant faire une assemblée generale des Gaules. 885. C.
Paris, Chambre Royale, en laquelle les Roys anciennement prenoient leur premiere nourriture. 87. C.
Paris siege Royal dés le temps de Meroüée. *ibid.* C.
Paris pris par le Duc de Bourgogne. 165. C. repris sur les Anglois par l'Isle-Adam. 534. C.
Parisiens bravent le Roy & le Dauphin. 520. C.
Parisiens recommencent de mal-vouloir aux Orleannois. *ibid.*
Parisiens surnommez Maillotins, & pourquoy. 661. A.
Parisy, pays particulier en la Province des Gaules. 884. B.
Parjure puny anciennement en Egypte par la mort. 369. A.
Parjures (severe peine des) en France. 369. C.
Parlement Ambulatoire de quels Seigneurs composé. 55. C. quels Archevesques, Evesques & Abbez y avoient seance. 56. A.
Parlemens annuels, comment, & par quand institutez. 46. C.
Parlemens ou assemblées solemnelles des Barons & Seigneurs de France, sous la seconde lignée. 47. A. pratiquez deux fois l'an d'ordinaire. *ibidem.*
Parlement Ambulatoire ne se tenoit à jours certains. *ibid.*
Parlemens (aux) se decidoient toutes les affaires qui importoient de quelque consequence à la France. *ibid.*
Parlemens en quel degré d'administration arriverent. *ibid.* C.
Parlement, (par le moyen du) nos Roys ont uny plusieurs Duchez & Comtez à la Couronne. 48. C.
Parlemens (aux) on jugeoit des causes des Princes Souverains. *ibid.* C.
Parlemens appellez en Latin *Placita*. 47. C. D.
Parlemens en grande reputation parmy les Estrangers. *ibid.* 50. B.
Parlement auquel deux freres ennemis des François se soûmirent pour leur Royauté. 47. D. 48. A.
Parlemens Ambulatoires plus frequens que devant, sous Hugues Capet & les siens. 48. B.
Parlement de Paris fut premierement Ambulatoire, & se tenoit en certain lieu designé. 50. B.
Parlement (le) petit à petit devenu magazin de procez. 49. D.
Parlement du commencement ne se tenoit continuellement, mais seulement deux fois l'an. 50. C. & quand. *ibid.*
Parlemens (deux) & Chambres promises par Philippe le Bel dedans Paris. 51. B. quand instituez. *ibid.* C.
Parlemens composez, partie de gens Ecclesiastiques, & partie de Seigneurs qui faisoient profession des armes. 51. A.
Parlement (ordres du premier) dans Paris sous Philippes le Bel. *ibid.* B.
Parlement, (ordres du) tenu sous Louys Hutin. 52. B.
Parlement, (ordre du) tenu sous Philippes le Long. *ibid.* C.
Parlement (le) n'estoit encore continuel sous Philippes de Valois. 54. C.
Parlement fait perpetuel, & sans aucune discontinuation sous Charles VI. *ibid.*
Parlement fait Semestre. 55. C. 69. A.
Parlement divisé en deux seances par le Roy Henry II. 69. B.
Parlement de Poictiers. 67. B.
Parlement & Chambre des Comptes interdits. *ibid.* C.
Parlement & Chambre des Comptes ouverte en Decembre. *ibid.*
Parlement (ordre du) dans Paris aprés le retour de Charles VII. *ibid.*
Parlement, (Indults du) leur origine. 68. B.
Parlement de Thoulouse institué pour le Languedoc & l'Auvergne.

Table des Matieres.

vergne. *ibid.* D.
Parlement de Grenoble pour le Dauphiné. *ibid.*
Parlement de Bourdeaux, pour la Gascogne & Perigord. *ibid.*
Parlement d'Aix pour la Provence. *ibid.*
Parlement de Dijon, pour la Bourgogne. *ibid.*
Parlement de Rouen, pour toute la Normandie. *ibid.* D.
Parlement de Poictiers mis en avant. *ibid.*
Parlement (President extraordinaire au). 69. B.
Parlement de Paris nommé Cour de Paris, a seul puissance & authorité d'omologuer les Edicts generaux de la France. 69. A.
Parlement & Chambre des Comptes à la suitte des Roys a un corps. *ibid.* D.
Parlement & grand Conseil, & comparaison d'iceux avec l'ancienneté de Rome. 81. D.
Parlement notable pour une cause d'entre la Comtesse de Flandres, & Jean de Nesles. 104. C.
Parlement vers quel temps desemparé des Seigneurs qui portoient les armes. 55. A.
Parlement exerce contre l'Université toute rigueur de Justice. 263. C. 265. C.
Parlement vertueux contre les Princes. *ibid.*
Parlement soustient fortement nos libertez au milieu de la ruine de la France. 265. C. D.
Parlement (magnanimité du) contre les efforts des Grands. 266. A.
Parlement (magnanimité du) contre le Duc de Bethfort, pour le soustenement de nos libertez. *ibid.* C.
Parlement répond bravement à une demande de l'Université. 279. B.
Parlement fait Juge de l'Université. 280. C.
Parlement de Paris, pierre fondamentale de la conservation de nostre Estat. 237. D.
Parlement éleu Juge par Frederic II. Empereur de ce nom pour tous les differends qu'il avoit avec le Pape Innocent IV. 50. B.
Parlement mutiné sur le rehaussement de ses gages. 533. A.
Parlement avoit la connoissance des Gages de bataille, nonobstant la prohibition faite aux Juges Ordinaires. 366. A.
Parmenion & Philotas son fils mis à mort par le commandement d'Alexandre. 671. A.
Paroisse, ressort des Prestres ou Curez. 156. C. les Evesques ont autrefois appellé leurs Dioceses de cenom. *ibid.*
Paroles changées de l'ancienneté, qui ne vallent pas les anciennes. 762.
Paroles Françoises tirées du Latin. 809. B.
Paroles Latines & Françoises racourcies. 817. C.
Paroles dont le peuple use par corruption de langage. 875. D. & suivans.
Parques filandieres joüans de leurs quenoüilles & fuseaux. 721. B.
Partage fait par Lothaire de ses Royaumes à ses enfans. 96. C.
Partage general fait par Louys le Debonnaire de ses terres & Seigneuries à ses enfans. *ibid.* B.
Partages faits entre les enfans de Louys le Debonnaire, & quel pays escheut à chacun d'eux. 36. A.
Partages faits par Royaumes, & non par Apanages sous la premiere lignée de nos Roys. 143. D.
Partialitez des Papes en France & en Italie. 260. B.
Particularitez qui rendirent les Papes grands depuis la venuë de Hugues Capet. 217. B. C.
Parties (pourquoy on intime les) seulement, & que l'on adjourne les Juges. 61. C.
Partition du Plaidoyé de Pasquier contre les Jesuites. 327. B. & suivans.
Paschal Pape se dispense de la confirmation de Louys le Debonnaire. 173. B.
Pasquier choisi Advocat pour l'Université de Paris contre les Jesuites. 323. D.
Pasquier dispute hardiment contre la verification de l'Edict des Estats hereditaires. 652. A. B.
Pasquier est honoré de l'Estat d'Advocat du Roy. 680. C.
Pasquier soustient la cause de Brunehaud, contre les messaits qu'on luy impose. 483. C. D. & suiv.
Pasquier prend la deffense de Fredegonde, pour l'assassinat qu'on luy impose de son mary. 465. B. C. & suiv.
Pasquier Broüez premier Recteur des Jesuites dans Paris. 332. B.
Passage de Paul Diacre, asseurant que Pharamond ne penetra jamais jusques à nous. 26. B.
Passage donné par la riviere du Tibre aux Gaulois par les Romains. 14. C.
Passage d'Optat que la Chaire Episcopale de Rome fut premierement baillée à Saint Pierre Chef des Apostres. 157. C.
Passage remarquable de Saint Hierosme mentionnant un grand nombre de nations & peuples ravagez par d'autres. 25. C.
Passeport, pour passe-par-tout. 878. B.
Passerat a representé en François l'Ode d'Horace, *Miserum est.* 734. D.

Pastor, arator, eques (le) Latin, rendu François mot pour mot par Pasquier. 745. C.
Paistre (Posture d'un) joüant de sa musette. 728. B.
Patelin, Pateliner, Patelinage, & leur origine. 869. C. D. & suiv.
Patriarchats, (qui fut cause qu'és grandes villes se logerent les) & Archevesches. 156. D.
Patriarchats érigez au Concile de Constantinople. 161. B.
Patriarche signise Prince des Peres. 165. A.
Patriarches en quel temps prirent le titre d'Œcumeniques. 162. A.
Patriarches (cinq) & leur Ordre. *ibid.*
Patriarches (puissance des) sur leurs Evesques suffragans. *ibid.*
Patriarches qui ont les premiers affecté la qualité d'Universels. 163. C. D.
Patriarches quand commencerent d'ordonner des Archevesches & Eveschez, sans prendre autres avis que d'eux-mesmes. 162. A.
Patriarches soumis au Pape. 245. A.
Patriarche, maison où s'assembloient les Huguenots à Paris, bruslée. 353. C.
Patrice signifie Duc & Gouverneur. 97. D.
Patrice (ordre de) introduit par Constantin le Grand. 97. A.
Patrice (ordre de) envoyé par l'Empereur aux Princes estrangers, en signe de confederation & alliance. *ibid.* A.
Patrices (petits Princes qui sous le nom de) se firent Seigneurs de Rome. *ibid.* B.
Patriciat en France. *ibid.* C.
Patriciat, dignité autrement mise en honneur & usage sur le declin de l'Empire, que par les premiers Peres de Rome. *ibid.*
Patrimoine (petit) du S. Siege dans la Provence, du temps de S. Gregoire. 252. B.
Patrons & cliens des Romains. 127. A. leur ordre religieusement observé par les Gaulois. *ibid.*
Paul (Saint) s'avoüant citoyen de Rome, renvoyé par le Proconsul de la Palestine à son Empereur, pour prendre connoissance de sa cause. 385. B.
Paul III. Pape accorde aux Jesuites qu'ils puissent estre soixante de leur secte. 332. B.
Paul Jove Italien Historiographe plein de mal-veillance envers les François. 7. B.
Paule Epiatre, Chambellan de l'Empereur, quand n'osa pas prendre le nom de Gouverneur de Rome. 171. B.
Pautonnier, & Pontonnier, pour un homme revesche, & mal à propos. 833. B.
Pays, villes & contrées de la Gaule pillez, ravagez & saccagez par les Normans. 35. C.
Pedant pour Maistre és Arts mal appris. 662. D.
Peine de mort à celuy qui estoit venu le dernier à la proclamation generale qui se faisoit en la Gaule. 127. C.
Penancier pour Penitencier. 817. C.
Pendre, (qui *a à*) *n'a pas à noyer*, proverbe confirmé par une Histoire memorable sur ce sujet. 829. A. & suiv.
Penitence du Duc de Bretagne, estimant que Clisson eust esté noyé. 642. A.
Penser fait du Latin *Pensare* pour *putare*. 765. D.
Pepin fort empesché à déraciner l'opinion ancienne que le peuple avoit de la lignée de Clovis. 45. A.
Pepin de quelle façon se fit proclamer Roy de France. 200. D. 201. A.
Pepin a recours au Pape, pour se faire declarer Roy. 171. A. va au devant du Saint Pere, à pied, & meine son cheval par les resnes. *ibid.* A. sacré & couronné Roy par le Pape à Saint Denis. *ibid.* A.
Pere des Peres, titre ancien des premiers Papes. 165. B. C.
Pere, (mot de) quand premierement mis en avant, pour gratifier ceux qui avoient les premiers lieux en l'Eglise. *ibid.*
Periode du malheur de l'Empire Romain sous quels Empereurs vint. 23. B.
Peronne, femme bruslée, pour avoir dit que la Pucelle Jeanne avoit esté envoyée de Dieu. 541. A.
Perruque longue, marque de Majesté de nos Roys sous la premiere lignée. 779. C.
Perruque longue, depuis quel temps quittée en France. 782. A.
Persecutions (trois) du Christianisme sous trois divers Empereurs. 182. B.
Peste survenuë en Italie la plus grande qu'on eust auparavant veuë. 623. A.
Peuple (menu) fait un des membres de l'assemblée des Estats. 86. C.
Peuples débordez contre l'Empire Romain. 25. B. C.
Peuple François adhere sans murmure aux Ordonnances publiées & verifiées en la Cour. 66. B.
Peuple pour avoir trop de testes, est sans teste. 102. C.
Peuples de la grand'Bretagne appellez souvent barbares par Jules Cesar. 7. C.

Peuples

Table des Matieres.

Peuples entre tous ceux qui ont couru l'Univers sont, les Gaulois, les Germains, & les Sarazins. 11. B.
Peuples de la grand' Bretagne comment subjuguez par les Saxons & Anglois, desquels ils avoient imploré le secours. 16. C.
Pharamond premier Roy de France. 183. A. ne penetra jusques à nous. 26. B.
Pharamond occupa le premier les appartenances du Rhin, du temps de l'Empereur Honore. 26. C.
Phi, parole qui se dit par admiration entre les Latins. 805. A.
Philippes nom fatal pour la ville de Calais. 442. A.
Philippes premier subroge en son lieu Hugues son frere, pour faire le premier voyage d'Outre-mer. 614. C.
Philippes premier excommunié par le Pape Urbain II. & pourquoy. 216. C.
Philippes premier & second diversement censurez, & pourquoy. 232. C.
Philippes second, dit Auguste, fit le troisiéme voyage d'Outre-mer. 615. B. C. fut censuré, & pourquoy. *ibid.*
Philippes Auguste estant couronné, le Roy d'Angleterre s'y trouve comme Pair. 106. A.
Philippes Auguste retournant en la ville de Paris aprés la journée de Bovine, accueilli avec une grande joye par les Parisiens, principalement les Escoliers. 900. A. combatit l'heresie Albigeoise. 901. A.
Philippes Auguste appellé dés sa naissance par la voix commune du peuple Dieu donné. 901. D. surnommé depuis le Conquerant avec raisons de tous les deux. *ibid.* comparé pour plusieurs rencontres à Auguste Cesar. *ibid.*
Philippes Auguste s'est grandement adonné à l'illustration de la ville de Paris. 274. B.
Philippes le Bel attire en France le Pape avec sa Cour. 251. C.
Philippes le Bel absous de la censure de Boniface, par Benoist XI. 230. C.
Philippes le Bel, donna le premier ouverture au Parlement de Paris. 52. B.
Philippes le Bel premier inventeur de l'assemblée des Estats. 87. B.
Philippes (sous) le Bel, le Roy n'estoit saisi au prejudice de celuy qui possedoit. 391. B.
Philippes de Valois inventeur de la Gabelle. 88. C.
Philippes de Valois renouvella la memoire de la Loy Salique. 145. D. appellé Roy trouvé, par les Flamans. ibid.
Philippes le Long sesit le premier appeller Regent en nostre France. 149. C.
Philippes fils de Jean Duc de Bourgogne embrasse la querelle de l'Anglois. 528. C.
Philippes Duc de Bourgogne commence à se pacifier avec les François. 534. C.
Philippes Prince de Tarente. 619. C. & ses enfans. *ibid.*
Philippes Duc de Milan deffait, & prend Alphonse Roy de Sicile. 633. C. D. le laisse échapper, & se tourne de son party. *ibid.*
Philippes de Commines partial en escrivant le voyage d'Italie de Charles VIII. 1034. B.
Philippes des Portes excellent Poëte François, & ses œuvres. 707. D.
Philippes de Morvilliers envoyé par Jean Duc de Bourgogne en la ville d'Amiens, pour y faire une Cour souveraine sous le nom de la Reyne. 66. C. estably premier President au Parlement de Paris. *ibid.*
Philippes (Messire) Chabot favory de François I. & ses qualitez. 549. A.
Philippique eut les yeux crevez. 169. C.
Philolae sectateur de Pythagore nous a donné & laissé ses mots dorez. 3. B.
Philosophe Italien abuse des principes de nature, pour dresser une Philosophie telle qu'il veut. 1047. & suiv.
Philosophie du Prince selon l'opinion du Courtisan. 1028. D.
Physiciens Medecins anciennement en France. 805. B.
Piaffer, un nouveau mot François. 763. C.
Picorée, autre mot nouveau. *ibid.*
Pictes & Ecossois. 27. C.
Pie second Pape, grand factionnaire. 635. B. absout Ferdinand Roy de Naples, des censures de Calixte. *ibid.*
Piedesief, fief depecé. 819. A.
Primauté en l'Eglise ne peut estre revoquée à Saint Pierre, ny à ses successeurs. 163. C.
Pierre (Saint) fut expressément appellé en tous les actes solemnels de Nostre Seigneur. 553. B.
Pierre (Saint) Vicaire de Nostre Seigneur en son regne d'humilité, non de Majesté. 228. B.
Pierre (Saint) blasmé pour avoir voulu deffendre Nostre Seigneur par le glaive. *ibid.*
Pierre (S.) presida successivement en trois sieges, & quels. 164. C.
Pierre (Saint) & Saint Paul martyrisez à Rome. 157. A.
Pierre Abelard contemporain de Saint Bernard. 274. B.

Pierre d'Arc, dit Pierrelot, frere de Jeanne la Pucelle, annobly par le Roy Charles septiéme, ensemble sa posterité, surnommé du Lis. 544. B.
Pierre Bayard, *voyez* Bayard.
Pierre l'Hermite autheur aux Princes Chrestiens du voyage de la Terre Sainte. 16. C.
Pierre Duc de Bourbon fils de Louys I. 556. C. & ses enfans. *ibid.*
Pierre Sire de Beaujeu marié avec Anne de France, fille de Louys XI. 557. B. à quelles conditions. *ibid.* C. est heritier de Jean Duc de Bourbon son aisné. *ibid.* meurt sans enfans masles. 558. A.
Pierre Roy d'Arragon s'impatronise du Royaume de Sicile. 620. C. en laisse la charge a son Admiral Doria, & vient a Bourdeaux contre Charles de Naples. 621. B. deffait les Napolitains, *ibid.* meurt. *ibid.* ses enfans. *iotd.*
Pierre frere d'Alphonse Roy de Sicile, laissé par son frere à la garde de Naples. 628. B.
Pierre Bertrand Evesque d'Autun plaide pour le Clergé, contre Maistre Pierre de Congneres. 287. C.
Pierre (Messire) Cauchon Evesque de Beauvais se fait delivrer Jeanne la Pucelle. 537. A.
Pierre (Maistre) de Congneres premier qui combat les entreprises de la Cour d'Eglise. 286. D.
Pierre du Coignet, Marmot mis au coin de Nostre Dame de Paris, & pourquoy. 288. C.
Pierre (punition de) des Essars. 52. C.
Pierre Lombard grand personnage, surnommé Maistre des Sentences. 276. B. reçoit tous les ans un service fait par la Faculté de Theologie dans l'Eglise Saint Marcel. 906. A.
Pierre Lombard jetta la premiere pierre de l'Université de Paris. 274. B. C. D.
Pierre Ramus pour son grand sçavoir fait le douziesme Professeur du Roy Henry second. 927. B.
Pierre Frelet premier Advocat en la Chambre des Comptes. 78. C.
Pieté admirable d'un fils envers son pere. 369. B. C.
Pillage fait par les François, Allemans, & Saxons, de quarante villes assises sur le Rhin sous Constance. 25. A.
Pilleries & inhumanitez exercées par le Capitaine de l'Isle-Adam & les Bourguignons entrez dans Paris, contre ceux qui tenoient le party contraire de Bourgongne. 66. B.
Pillers (quatre) des appellations comme d'abus. 290. C.
Piperie malfaicte de Religion, pour induire les assassins à faire des meurtres. 797. A. B.
Placentin premier des Docteurs qui vint enseigner le Droict Romain en France. 987. B.
Placidie sœur de l'Empereur Honoré enlevée par Ataulphe Roy des Visigots, & amenée en Aquitaine. 28. D.
Placita en Latin sont Parlemens en François. 47. C.
Placita, Plaids, Plaidoyer, explicter. 49. C.
Plaider (anciennement deffendu) par Procureur. *ibid.*
Plaider (permission de) par Procureur. *ibid.* C.
Plaidoyé du Drapier & berger de Patelin, plein d'une bienseance admirable. 871. A. B. & suivans.
Plaidoyé memorable de deux Professeurs Royaux. 931. D.
Plaids d'où dits. 49. D.
Plaids de la porte du Roy ce que c'estoit. 50. B.
Platon nous a donné les instructions des sages discours de Socrate, duquel il estoit disciple. 3. B.
Plainte de l'Université de Paris, pour le trop grand nombre de Conseillers generaux sur le fait de la Justice. 92. B. autre d'elle-mesme sur l'énorme enrichissement des Thresoriers generaux. 94. A.
Pleger celuy qui boit à nous d'autant. 875. B.
Poiez (du) Poëte François qui voulut faire des vers de neuf syllabes dont la derniere finissoit en rime masculine. 711. B.
Poëme de 54. vers retrogrades fait par André Mestrail Provençal. 743. D.
Poësie rimée & son ancien usage en toute l'Europe. 686 B.
Poësie (forme de) que nos ancestres appellerent *Baguenaude*. 683. A.
Poësie (particularitez de la) Françoise. 711. B.
Poësie Françoise, & sa difference d'avec celle des Grecs & Latins. 681. A.
Poësie des François formée tant des Homioteleutes que des clauses que Quintilian disoit se soustenir de soy-mesme. 683. B.
Poësie Provençale, & de sa grande vogue. 693. A. & suivans.
Poësie Françoise changée sous Henry second. 701. C.
Poësie Françoise quand affectée par les Princes & grands Seigneurs, & quels. 690. C.
Poësie (si la) Italienne a quelque advantage sur la Françoise. 715. A.
Poëte, mot qui a servy autrefois de mocquerie, & pourquoy. 709. A.
Poëtes Provençaux appellez *Troubadours*, & pourquoy. 693. C.

Poëtes

Table des Matieres.

Poëtes de France, qui ont écrit contre les exactions de Rome. 248. C.
Poëtes (premiers) François faisoient quantité de vers de mesme rime, & terminaison. 688. B.
Poëtes appellez *Jongleurs*. 692. C.
Poëtes François que produisit en abondance le regne de Henry II. 701. C. D.
Poëtes tant François que Latins qui florirent sous le regne de Philippes Auguste. 902. D.
Police generale & ancienne des Gaulois. 4. B. merveilleusement bien ordonnée. 8. A.
Police ancienne, & premiere des François, quelle. 41. A.
Police premiere & ancienne des François sous le gouvernement des Roys & non des Ducs. 42. B.
Police & bonne conduite de nos Roys combien grande. 45. A.
Police en la lignée des Capets. 46. A.
Police notable introduite par les Martels sous Pepin & Charlemagne. ibid. observée jusques à Louys le Debonnaire, & intermise par Charles le Chauve son fils. 48. A.
Police prescrite au Parlement de Paris. 53. A.
Police des Thresoriers generaux d'où sortie. 72. A.
Police des douze Pairs en quel temps introduite. 96. C. & d'où ils furent appellez de ce nom. 98. D.
Police contre les abus de Rome. 256. C. D.
Ponthus de Thiart Poëte François. 702. D.
Popincour, maison où s'assembloient les Huguenots à Paris, bruslée. 353. C.
Populace, pour le menu peuple. 763. C.
Porsenna devant Rome, attenté par Scevola. 797. A.
Porte du Parlement fermée aux Prelats par commandement des Maistres, & depuis par l'Ordonnance de Philippes le Long. 55. C. D. Aprés leur fut ouverte par Charles V. ibid. jusques à quand. 702. D.
Porte Saint Marcel de Paris anciennement appellée porte Bordelle. 67. C.
Porteur de lettres, pour messager, d'où venu. 755. D.
Posthume Empereur. 15. A.
Pote (gens de) condition, pour Roturiers. 785. C.
Potentats divers qui ont voulu se nommer Empereurs de Gaules malgré l'Empire Romain. 16. A.
Pouillé & Calabre conquise par les Normands. 37. A.
Pour-parler de paix que c'est. 47. A.
Poyet, (Chancelier) & le procez qui luy fut fait par Arrest de la Cour. 484. C. D.
Pragmatique Sanction de S. Louys. 250. C.
Pragmatique Sanction faite à Bourges sous Charles VII. 269. A.B.
Pragmatique Sanction calomniée par les Courtisans de Rome. 270. A.
Pratique sourde de Jules, de laquelle il usa envers les jeunes Gots qu'il fit tous passer par le fil de l'espée. 28. C.
Prebendes dans toutes Eglises Cathedrales affectées à celuy qui enseigneroit les Lettres ordinaires, & à celuy qui vacqueroit à l'enseignement de la Theologie. 893. C.
Prebendes affectées aux Roys en toutes les Eglises Cathedrales & Collegiales. 945. D.
Presbyteres, maisons destinées pour l'hebergement des Curez. 156. C.
Precepteurs & Maistres d'écoles premierement introduits en Alexandrie, & nourris aux dépens de l'Eglise. 159. C.
Predicateurs (que les) à poste ne servent peu à un homme d'Estat. 663. A & suivans.
Prediction d'un Devin, qu'un Prince, dont le nom commenceroit par G. succederoit à la Couronne d'Angleterre. 612.A.
Predictions qui se font par songes comme par inspiration divine. 671. C.
Predictions des malins esprits s'effectuent par tromperie. 612. A.
Prelats outre les six Pairs Ecclesiastiques qui ont seance & voix deliberative en Parlement, quels. 55. C. D.
Prelats sages mondains plustost eslevez quelquesfois que gens de bien, & pourquoy. 169. A.
Prelats de l'Eglise Gallicane grandement respectez pour leur sainteté, & leurs noms. 192. B.
Prelats ne peuvent estre Conseillers au Parlement. 52. C.
Prelats (les) de France font hardiment teste aux Empereurs. 191. D.
Prelats (les) de France qui briguerent pour avoir le *Pallium* sous la premiere lignée de nos Roys. 195. C.
Prelats ignorans sous la seconde lignée de nos Roys. 207. B.
Prelats pourveus & promeus anciennement aux dignitez Ecclesiastiques par nos Roys encore que les eslections eussent lieu en France. 403. B.
Prelats (quand premierement deffendu que les) ne fussent appellez aux Benefices, que par le commandement du Roy. 298. C. D.
Prepastout, pour plants pris par tout. 878. B.

President ou Conseiller en Parlement, si tost qu'il est Archevesque ou Evesque, doit se démettre de son Estat. 52. C.
Prerogations de la grand' Chambre du Parlement sur les autres Chambres. 59. A. B. & suivans.
Preseance, grandeur, & dignité du Saint Siege de Rome. 155. B. C.
President (quatriéme) supernumeraire permis par Charles V. 54. C.
President (premier) en la Chambre des Comptes Archevesque ou Evesque. 73. B.
Presidens (trois) au Parlement sous Philippes de Valois. 53. C.
Presidens faits anciennement par élection. 401. B. 404. C.
Presidens de la Chambre des Comptes quand instituez. 73. B.
Presidens du grand Conseil par élection. 83. C.
Presidens (nuls) au Parlement de Paris pour recevoir les sermens, en l'an 1407. 677. C.
Presidens des Provinces doivent observer les coustumes de leurs Provinces. 1001. C.
Presbyteri tituli S. Petri, & autres. 178. C.
Prestre (nul) anciennement, qu'il n'eust trente ans passez & accomplis. 205. B.
Prestre, vieillard, pour monstrer qu'il ne faut appeller à cette charge, que les anciens. 165. A.
Prestres pour Curez. 156. B.
Prestres appellez aujourd'huy Curez, appellez aux Conciles. 177. B.
Prestres Cardinaux. 177. D.
Prestres Parochiaux. 178. A. B.
Prestres qui n'avoient titres anciennement. ibid.
Prestres qui particulierement avoient la charge des villes & bourgades. 156. B. pourquoy appellez de ce nom. ibid.
Prestres (charge des) autour des Evesques. 177. C.
Prestres ne pouvoient anciennement se faire Moines 316. B.
Prestres des Heduens commis à l'élection du souverain Magistrat. 10. A.
Preteur (Edit du) de Rome ne portoit condamnation que du simple ou quadruple. 121. A.
Pretextat Evesque de Roüen, ministre du mariage de Meroüée fils de Chilperic avec Brunehaud. 454. B. est banny en une isle prés la ville de Coutance. ibid. C.
Pretextat tué par le commandement de Fredegonde le jour de Pasques comme on celebroit le service divin. 456. B.
Prevost des Marchands & Eschevins de Paris, ont la connoissance du premier Ayde imposé par nos Roys sur la ville de Paris. 88. B.
Prevost & son originaire signification. 119. A.
Prevost de Paris conservateur des privileges des escoliers. 245. D.
Prevost depuis quel temps venu en usage. ibid.
Prevost de Paris démis de son Estat, pour avoir entrepris le jugement de deux escoliers au prejudice des droits de l'Université. 811. C. D.
Prevosts, Vicomtes, & Viguiers subrogez au lieu des Comtes pour exercer la Justice. 119. C.
Prevostez baillées anciennement en garde, ou à ferme par les Roys de France. 397. C.
Preuve par eau, pratiquée en l'ancienne Loy à l'endroit de la femme accusée d'adultere par son mary. 368. D.
Preuve qui se faisoit par le fer chaud, rachetée par argent des coupables. 367. A.
Preuve faite par Louys Roy de Germanie par le fer chaud, eau chaude & froide. ibid. C.
Prieres (des) que les hommes font à Dieu. 585. C.
Primauté de l'Eglise au Siege de Rome. 157. B.
Primauté de Rome enviée premierement par l'Evesque d'Alexandrie au Concile de Nice. ibid. puis par celuy de Constantinople. 160. B.
Prince (s'il est bon qu'un) ait des Historiens à gages. 5. C.
Prince (permis au) souverain de vendre un estat de judicature, mais non de particulier à particulier. 404. D.
Prince des Perses appellé Roy des Roys. 166. C.
Prince des Assassins en quel pays se tenoit. 798. A.
Prince (le) pour bien borner son Royaume, doit mettre fin à ses passions. 1023. A.
Prince qui met sous pied l'apprehension de sa grandeur est heureux. 1026. C. D. & suivans.
Prince reduisant toutes ses pensées au bien public, ne peut faillir. 1040. A.
Princes veulent estre Surintendans des Finances. 91. C.
Princes (combien les pauvres) furent affligez par les censures des Papes. 219. B. C.
Princes du Sang peuvent estre condamnez à mort pour crimes de leze Majesté. 575. D.
Princes establis sur un theatre pour servir d'exemple à leurs sujets. 5. C.
Princes quand & comment doivent prendre ayde de leurs voisins.

Tome I. Qqqq

Table des Matieres.

fins. 15. C. D.
Princes (les) estrangers se voulurent garantir des censures Apostoliques par voye de fait, non de droict. 223. C.
Princes estrangers n'oserent jamais s'élever contre nous, sous ombre des censures Apostoliques. 226. C.
Princes Chrestiens tuez ou blessez par les assassins. 169. C.
Princes (deux) estrangers ne se doivent aisément entrevoir & pourquoy. 808. C.
Princes doivent avoir tousjours quelques livres de marque avec eux pour lire. 1021. C. D.
Princes qui ont fait des Poëmes. 1022. A.
Princes favorisent les doctes, non pource qu'ils les ayment, mais pour acquerir plus de reputation. 1027. C.
Princes (il est bon que les) apprennent par les livres ce qu'on ne leur oze dire de bouche. 1033. & suivans.
Princes sont accoustumez dés leur enfance à n'estre chastiez de leurs fautes. 1037. A. B.
Princes coustumiers de venger leurs inimitiez privées, sous le masque du bien public. 147. A.
Princes deputez au maniment & gouvernement des deniers des Aydes. 92. B. C.
Princes executeurs des Arrests émanez de l'ancien Parlement contre les Seigneurs qui estoient coupables. 48. D.
Prisons ouvertes aux Princes que le Duc Jean tenoit prisonniers. 523. D.
Principauté, commission revocable au plaisir de Dieu. 585. A.
Principauté reprouvée en l'Eglise par plusieurs Conciles. 151. B.
Privileges de nostre Eglise Gallicane monstrent combien nous honorons l'Eglise Romaine. 273. A. déchet de nos Privileges. 207. B.
Privileges des Conseillers du Parlement de se nommer sur tels Eveschez ou Abbayes qu'il leur plaist. 68. B. d'où a pris commencement cette coustume. ibid.
Privileges octroyez aux Escoliers de l'Université de Paris. 277. A.
Privileges de nostre Eglise foulez par l'ambition & l'affliction de quelques Evesques. 195. B.
Privileges des Patrices de Rome. 97. B. C.
Privileges qu'avoient les Diacres de Rome contre les Prestres. 179. A.
Privilege de la Fierte de Saint Romain de Rouën obtenu de Dagobert par Saint Oüin à quelle occasion. 1009. B. jusques à 1016. il n'a lieu que dans la Province de Normandie. ibid.
Privileges de l'Hostel-Dieu d'Autun, inserez sous faux gages dans le registre de Saint Gregoire; autres de ceux de l'Abbaye de Saint Medard de Soissons, falsifiez. 188. A.
Privileges de nos Eglises sous la premiere lignée de nos Roys, ne pouvoient estre confirmez par le Pape seul de puissance absoluë. 188. D.
Privileges octroyez par Charles septiéme à Jeanne la Pucelle, & à ses parens. 542. D.
Privileges concedez par les Papes aux estudes de Paris. 899. A.
Privileges du Recteur de l'Université de Paris. 937. D.
Privileges octroyez par nos Roys à l'Université de Paris, consistent en trois divers points & quels. 947. B.
Probus Abbé dispensé par Conciles de disposer de ses biens. 177. C.
Procez entre la maison de Montfort & de Blois, pour le Duché de Bretagne. 34. B.
Procez de la Pucelle Jeanne. 535. C.
Procession grande & remarquable des Escoliers de l'Université de Paris. 278. B.
Procession generale & remarquable faite depuis la ville de Saint Denis jusques à Saint Lazare lez Paris pour la santé & prosperité de Louys fils de Philippe Auguste. 900. A.
Procedures pour la demission de Benoist Pape. 256. A. B. C.
Procedures & moyens des premiers Roys de France pour parvenir à la Couronne, estranges. 451. A. B.
Procule usurpateur de l'Empire au pays de la Gaule extraict de la nation Françoise. 16. A. 22. A.
Procuration ad lites, ou à litige. 851. B.
Procureur de la Cour de Parlement l'estoit aussi de la Chambre des Comptes. 78. B. par Edit en fut creé un en icelle. ibid.
Procureur du Roy éleu aux sieges des Bailliages. 400. D.
Procureurs de la Chambre des Comptes sont promeus par l'authorité de la Chambre seulement. 81. A.
Procureurs en cause d'autruy à quelle condition se créoient anciennement. 63. B. C.
Prodiges qui apparurent l'an que nasquit Charles le Chauve. 450. B.
Professeurs ne peuvent estre mariez. 276. A.
Professeurs publics instituez en l'Université de Paris par le Roy François premier. 926. C.
Professeurs publics en diverses langues, & leurs noms. 927. B.
Professeurs en Theologie à Paris restablis avec gages par Henry le Grand. 929. A.

Profession annuelle des Sueves d'envoyer nouveaux gendarmes pour guerroyer leurs voisins. 20. B. C.
Progrez de l'Université de Paris. 915. A.
Projets (beaux) des Princes de France pour bien gouverner l'Estat pendant la minorité du Roy Charles VI. 515. C. D.
Prophete (nul n'est) en son pays, proverbe & sa signification. 807. C. & suivans.
Prophetie de la Pucelle Jeanne contre les Anglois. 536. C.
Propositions hagardes mises en avant en l'assemblée des trois Estats à la suscitation du Roy de Navarre pendant la prison du Roy Jean. 89. C.
Propositions (trois) de la France, pour se garantir des censures Apostoliques. 224. C.
Proposition erronée du Legat de Rome. 258. C.
Propositions extraordinaires soustenuës par Maldonat Jesuite. 250. B.
Propositions & Maximes generales de l'Eglise Gallicane. 353. C. D.
Proposition des Jesuites, lesquelles derogent formellement au droict commun de nostre France. 358. B.
Proprieté des voix des animaux. 774. B.
Proses que l'on chante en la Messe, pourquoy composées ne sont rimez. 684. A.
Protade Gentil-homme Romain servant aux amours de Brunehaud. 457. C. est fait Maire du Palais de Bourgogne. ibid. C.
Provence appellée Province sans suite de paroles par les Romains, & pourquoy. 251. C.
Provence occupée par les Ostrogots. 29. A.
Provence remise és mains des enfans de Clovis. 28. A.
Provence (la) a tousjours eu quelque fortune liée avec l'Italie. 251. C.
Provence érigée en Royaume par Charles le Chauve en faveur de Bosson. 447. B.
Provence (Comté de) comment escheuë à nos Roys. 637. B.
Provence (la) donnée par Testament à Louys XI. ibid. pretenduë par les Ducs de Lorraine, mais en vain. ibid.
Provendes, Prebendes. 312. C.
Provendes, (collations des) ou Prebendes, pendant l'ouverture de la Regale, appartiennent au Roy. ibid.
Proverbe qui se dit des nobles maisons. 20. C.
Puceaux pourquoy appellez entre nous, ceux qui au souffle de leur haleine r'allument une chandelle esteinte. 801. A. & suivans.
Puisnez, pour Posthumes. 852. A.
Puissance des Heduens comment enfin transportée aux Sequanois. 18. A.
Puissance que s'attribuë le Pape sur tous les Princes & Potentats de la Chrestienté. 310. B.
Puissance de nos Roys mixte entre la spirituelle & la temporelle. 314. A.
Punition de Pierre des Essars. 521. B. C.
Punitions faites à Rome par interdiction de feu & d'eau. 847. A.
Pyrrhus & Annibal non moindres en vaillance que Cesar, s'ils ne se fussent point heurtez contre une Republique non corrompuë. 208. B.
Pythagoras Legislateur des Samiens ne vouloit rien coucher par escrit, & pourquoy. 3. B.
Pythagore (ordre & classes que) tenoit en ses écoles. 330. A.

Q.

Q, Pourquoy employé pour Qu, & l'origine de cette lettre. 877. D.
Quadran des mariniers quand premierement venu en usage. 419. A.
Quadran (comment les anciens se servoient du) sur mer pour avoir connoissance de leur route. ibid.
Quadriens. 17. C.
Quatrain en vers rapportez fait par Jacques Favreau. 745. D.
Quatrain fait par Pasquier en vers entrecouppez. 750. A.
Quatrain fait par le Seigneur de la Croix Marron Gentil-homme Angoulmoisin sur la Sainte Eucharistie, en vers retournez. 748. B.
Quatrains du Sieur de Pybrac. 708. A.
Quatre-menage, pour gaste-ménage. 878. C.
Quesse usurpé des soldats pour tambour, sans sçavoir pourquoy. 763. B.
Question si un Gentil-homme est tenu prester foy & hommage à un bourgeois nouvel acquereur d'un fief, lequel il relevoit auparavant d'un homme noble. 133. B.
Question pour la Comté de Foix au Parlement. 49. B.
Question, lequel est plus utile de laisser à la posterité ses conceptions par escrit, ou de bouche en bouche. 3. A.
Questions meuës sur le gage de bataille. 366. A.
Queu, mot fait de Coquus. 848. B.
Queuë (joüer à la) leu leu. 790. C.

Quintille

Table des Matieres.

Quintille Vare deffait par les Germains. 32. A.
Quintilian (opinion de) sur les Rithmes & Metres. 681. C.
Quinze-vingt aveugles de Paris fondez par Saint Louys. 315. C.

R.

Rabelais au troisième livre de son Pantagruel, a representé Cretin sous le nom de Raminagrobis. 740. D.
Race des anciens Bourguignons faillie en Gondemar. 29. C.
Race des Roys Gaulois estimée venir d'Hercule. 39. B.
Rains (par) & Baston ce que c'est. 869. B.
Raimon Beranger beau-pere du Roy Saint Louys, non seulement Poëte, mais aussi pere des Poëtes. 696. A.
Raisons de ceux qui ont seulement donné leurs conceptions à leurs successeurs de bouche en bouche, à entendre. 3. B.
Raisons pour lesquelles les douze Pairs de France ont pris leur premiere source sous Hugues Capet. 104. A. B.
Ramistes, nouvelle secte de Philosophes en Allemagne, d'où ainsi appellez. 928. A.
Ramus fondateur d'une Chaire en Mathematiques, qui se dispute de trois en trois ans. 929. A. assassiné à la journée de Saint Barthelemy. 934. A.
Rançon (la) excedant dix mille livres, par l'ancienne coustume de France, le prisonnier appartenoit au Roy. 391. D.
Raoul Capitaine & conducteur des Normans en France, logé en Neustrie par Charles le Simple. 36. A. nommé Robert à son baptesme. ibid.
Raoul de Bourgogne esleu Roy de France après la mort de Robert. 102. C.
Raoul Comte de Soissons Poëte, ses chansons & plus belles paroles d'amour. 691. B.
Rapporteurs de procez. 52. A.
Rapporteurs (deffendu aux) des Enquestes de venir au Parlement ambulatoire, que quand ils seroient mandez. 49. D.
Rapporteurs (difference des) & Jugeurs abolie du temps de Philippes de Valois. 53. D.
Raquedenare, pour racledenare. 878. B.
Raquette du commencement inconnuë aux tripots. 396. C.
Ravenne agrandie par le remuëment de mesnage que fit Constantin de la ville de Rome en Grece. 161. A.
Recepte particuliere du Thresor à qui appartenoit anciennement, & à qui maintenant. 93. A. B.
Receptes generales au nombre de seize creées par le Roy François I. 94. D. une dix-septiéme adjoustée par Henry second. 95. A.
Receveur (seul) general des Aydes. ibid.
Receveurs particuliers, pour la recepte particuliere du Thresor, Generaux pour la Generale. 93. A. B.
Recteur & supposts de l'Université constituez prisonniers. 263. C.
Recteur de l'Université de Paris mis au bout d'une lettre Patente, present ainsi que les Princes. 280. A.
Recteur de l'Université de Paris admis anciennement au Conseil d'Estat. 937. A. jurisdiction contentieuse. 938. A. & suivans.
Recteur de l'Université de Paris comment estoit anciennement, & comment aujourd'huy. 935. C. pourquoy visite tous les Colleges au premier mois de sa reception. 937. B.
Referendaire quel estat c'estoit, & pourquoy ainsi appellé. 109. B.
Reformation de l'Université de Paris par qui commencée. 941. D.
Reformez qualifiez de plusieurs & divers noms. 859. A. B.
Regale, un des plus beaux fleurons de la Couronne de France. 295. B. C. son ancienne origine. ibid. ce que c'est. ibid.
Regale (quel fut l'ordre des) sous la premiere lignée de nos Rois. 296. D.
Regale née avec nos Roys, deflors qu'ils eurent receu le Saint Sacrement de Baptesme. ibid.
Regales (droict des) ne peut estre conferé par les Princes Regens. ibid.
Regales (ordre de) sous la seconde lignée de nos Roys. 297. C. & suivans.
Regale (droit de) en quel ordre sous la troisième lignée de nos Roys. 303. B.
Regale (droit de) accordé à quelques Ducs. ibid. D.
Regale disputée par Boniface VIII. 314. A.
Regale (fruits de la) purs domaniaux. 313. B.
Regales ouvertes tant en jurisdiction que receptes. ibid. C.
Regales (profits & emolumens des) donnez par nos Roys à la Sainte Chapelle de la ville de Paris. ibid. B.
Regences des Roys de France affectées aux Reynes meres. 147. D.
Regens de l'Université de Paris doivent estre passez Maistres és Arts. 923. A. B.
Regilian fait par hazard Empereur des Gaules sur l'equivoque de son nom. 1025. B.

Registre de S. Just, ce que c'est. 71. C.
Registre de la Chambre des Comptes de quelle recommandation. 80. D.
Reglement de Philippes le Bel sur l'Estat de son Parlement. 51. C. un autre de Philippes le Long sur le mesme Parlement. 52. C.
Reglement de l'an 1388. concernant la distinction d'Estats des Generaux des Finances de la Justice. 91. A.
Reglement de Charles V. sur le nombre des Conseillers du Parlement. 55. C.
Reglemens divers sur la reformation de l'Université de Paris. 941. D. & suivans.
Relieur des livres de la Chambre des Comptes, pourquoy juroit qu'il ne sçavoit ny lire ny écrire. 80. D.
Religieux (quatre ordres de) Chevaliers pendant les voyages d'outremer. 239. C.
Religieux de France se sont diversement partagez. 240. C. B.
Religieux qui furent doctes. 241. B.
Religieux faits Papes. ibid.
Religieux ne passent point Maistres és Arts. 330. C. pourquoy. ibid.
Religieux du commencement de l'Université de Paris admis à enseigner les bonnes lettres. 933. D. leur fut deffendu depuis. 934. B.
Religieux de S. Victor, & les noms de ceux qui ont apporté grand accroissement à l'Université de Paris. 896. C.
Religion Catholique quand & par qui introduite en la Gaule. 179. C.
Religion se doit soustenir par une longue ancienneté, non par les raisons mondaines & nouvelles des hommes. 785. A.
Religion Catholique ne se doit advancer par les armes. 618. B.
Religion Reformée. ibid. 858. A.
Religions de trois Ordres. 320. C.
Religions (nous formons nos) selon l'air & le naturel du pays ou nous sommes. 167. A.
Reliques, Reliquiæ. 785. A.
Reliques pourquoy entre nous specialement adaptées aux os & cendres des Saincts. 815. B.
Remarque memorable pour la conservation des privileges de l'Université de Paris. 947. C.
Remedes principaux dont les Roys & Princes Souverains ont usé pour resister aux censures de Rome. 223. D. & suivant.
Remy Belleau & ses Poësies. 749. A.
Renaudie (la) principal entremetteur de l'entreprise d'Amboise, tué dans la forest d'Amboise. 860. A.
Rencontre gentille d'un Moine de Marcoucy envers François I. 548. C.
René d'Anjou frere de Louys III. pretend la Couronne de Naples, contre Alphonse de Sicile, & pourquoy. 632. C. victorieux d'iceluy à l'ayde de Philippes Duc de Milan. 633. D. se retira à Marseille. 634. C.
René Duc d'Anjou marié avec Ysabeau de Lorraine. 629. C. prisonnier d'Antoine de Lorraine Comte de Vaudemont. 633. C. est delivré. 634. B.
René Duc de Lorraine en different avec Charles VIII. pour la Duché de Barrois. 637. C.
Renommée (bonne) vaut mieux que ceinture dorée, proverbe d'où derivé. 783. A.
Renouvellement de la Loy Salique quand fut fait. 46. B.
Representation en matiere de successions, comme avoit lieu selon le droit des Romains. 409. A. B.
Representation non reconnuë par le droict de France. ibid.
Representation pourquoy n'a point de lieu en ligne directe, mesme aux enfans de nos Roys. 412. A.
Republique (toute) se doit entretenir par la contrebalance de la puissance absoluë, avec remonstrances des grands Seigneurs. 45. C.
Republiques des Heduens, Auvergnacs, & Sequanois en perpetuelles guerres l'une contre l'autre. 8. B.
Republiques ont leurs commencemens, promotions & fins comme les corps humains. 23. B.
Republiques (petites) vassales des grandes dans la Gaule. 127. B.
Republiques de nom ont tousjours pris soin de ceux qui avoient esté rendus impotens par les guerres, en faisant service au public. 315. B.
Republiques qui ont commencé par les lettres & disciplines. 1020. A.
Republique heureuse en laquelle les Princes philosophent. 1019. A.
Requeste presentée par les Jesuites à l'Université, pour estre incorporez en icelle. 337. A.
Requestes du Palais. 58. D.
Requestes sous Philippes le Bel & Louys Hutin répondues par les Conseillers du Parlement & des Enquestes. 59. A.
Reservations generales des Benefices électifs prohibées. 269. B.

Resolu comme Bartole, proverbe & son origine. 787. C.
Resolution prise en une dietre, quand & combien de gens-d'armes chaque Republique soudoyeroit à ses dépens. 9. A.
Responce des Ambassadeurs de la Gaule à Alexandre le Grand, interrogez par luy quelle chose ils redoutoient le plus en ce monde. 7. A.
Responce (belle) d'un Evesque au Pape Gregoire XI. luy ayant objecté pourquoy il n'alloit resider sur son Evesché. 624. A.
Responce ambiguë de Philippes de Valois au Clergé. 288. A. B.
Retour (craindre le) de Matines, proverbe d'où derivé. 814. B.
Retraite des Papes en Avignon, & le malheur qui en vint à l'Eglise. 252. C.
Retraits lignagers. 142. D. favorables en France. 143. B.
Retraits lignagers temperez. 144. B.
Reverence que portoient anciennement les nations estrangeres, & mesmes Jules Cesar, aux manieres de faire de nos Gaulois. 8. A.
Revoltes des Gaules contre l'Empire Romain, pratiquées par les factions des Potentats. 16. A. la principale cause de ces rebellions si frequentes. ibid. B.
Revolte des habitans de Paris, Roüen, & Orleans, pour un impost innové par Philippes le Bel. 87. B. C.
Rhatimbourgs Juges destinez au jugement des causes concernans le fait de la Loy Salique. 61. D. amendables pour avoir mal-jugé. ibid.
Rhadamante Roy de Lycie pourquoy mis au rang des plus Saints Juges. 370. A.
Rheims, pillée. 25. D.
Rheims, Laon & Compiegne, demeure de nos Roys depuis Charles le Simple. 103. A.
Rhithmes fort affectées hors la declinaison de la Langue Latine. 682. 683.
Ribaud, ce mot d'où emprunté. 838. B.
Ribaud mot d'honneur, nom de pudeur quand. ibid. C. attribué à des soldats, ausquels Philippes Auguste avoit grande creance. ibid. C.
Roy des Ribaux, & son office. 835. D. & suivans. son explication. 840. A. pris pour executeur de haute justice. 841. A.
Ribaux (puissans) façon de parler prise pour hommes forts & membrus. 839. B.
Ribaudes depuis quel temps sont prises pour femmes qui mettent indifferemment leurs corps à l'abandon. 841. D.
Richard II. du nom de Duc de Normandie. 36. C.
Richard III. Duc de Normandie. ibid.
Richard (cruauté de) Roy d'Angleterre, contre le Duc de Glocestre son oncle. 611. B. investit Guy de Lusignan du pays de Chipre. 615. C.
Richard Predicateur Cordelier faisoit des miracles de sa langue. 663. C. D.
Richer Archevesque de Sens cassa par un Concile Provincial tout ce qui avoit esté fait dans Rome en faveur d'Yves. 246. B.
Riens, son origine, & ses diverses significations. 735.
Rimbaut vieux Poëte François, ses vers & sa Maistresse. 695. B.
Rime Françoise & sa premiere origine. 684. A.
Rime de deux sortes, plate & croisée. 713. A. B.
Robbe longue comparée avec les armes. 135. D. 136. A.
Robert derechef supplanté du Royaume d'Angleterre par son frere puisné. 608. C.
Robert d'Arthois suscite les Anglois contre la France. 147. B.
Robert se fait élire Roy de France. 101. C.
Robert I. Duc de Normandie. 36. B.
Robert II. Duc de Normandie. ibid.
Robert fils de Guillaume le Bastard engage son Duché de Normandie à Guillaume le Roux son frere, pour faire le voyage de la Terre Sainte, sous Godefroy de Boüillon. 38. A. creé premier Roy de Hierusalem, ibid. pourquoy ne le voulut accepter. ibid.
Robert Comte de Clermont. 555. D.
Robert Prince de Salerne, & ses pretensions sur le Royaume de Naples. 410. A.
Robert fils de Charles le Boiteux Roy de Naples. 619. C. ses enfans. ibid.
Robert (maistre) Cibole Docteur en Theologie écrit contre le procez fait à la Pucelle Jeanne. 541. A.
Robert de Loris Maistre des Comptes a permission de nommer un petit Clerc ausdits Comptes. 76. B.
Robert Guischard Normand s'estant emparé du Royaume de Naples se fit vassal de la Papauté. 173. A.
Rogations instituées premierement en France par Mamerque Evesque de Vienne. 191. D.
Roger-bon-temps, mot corrompu de Rouge-bon-temps. 753. B. C.
Roland parent de Charlemagne fut grand Admiral de la Mer. 119. C.
Roolles ordinaires du Parlement, dans lesquels chaque cause estoit couchée à son rang. 62. D.
Roolles extraordinaires du Parlement. 63. A.
Roolles des Benefices accordez par les Papes à ceux du Parlement. 255. B.
Romains qui s'estoient donné toutes nations en proye, sont faits la proye de toutes nations. 21. C.
Romains jaloux anciennement de l'authorité de leur langue. 753. C.
Romains combien redoutoient les Gaulois, & pourquoy. 13. D.
Romains pourquoy accuserent les Gaulois de legereté. 15. A. B. & suivans.
Romains alliez des François. 22. B.
Romains baillez pour escorte aux Gots en la Thrace, leur faussent la foy. 27. B. C.
Romains presagissoient que la ruine de leur Empire devoit venir des Germains. 31. A. B. & suivans.
Romains par quels motifs s'impatroniserent des Gaules. 15. C. D. & suivans.
Romains tenoient leur consistoire avec les Prestres en matieres de consequence. 177. B. C.
Romains (les) sous Henry III. Empereur, renoncent à l'ellection du Pape. 218. B.
Romains estans victorieux, faisoient tondre les pays par eux subjuguez. 780. C.
Roman, langage des vieux François d'où ainsi nommé. 753. D. 754. A. B.
Roman (parler) estoit jadis parler François. ibid.
Roman de la Roze par qui commencé. 689. B. par qui achevé. ibid.
Romanduens peuple de la Gaule. 35. B.
Romans quelle sorte d'œuvres, & d'où ainsi appellez. 754. D.
Romans François qui au lieu de C. employoient K. 879. A.
Rome ruinée par les Gots. 10. A.
Rome prise d'emblée par les Visigots. 28. D. par les Ostrogots. 30. A.
Rome mise à sac par les Senonois, & comme par aprés ils en furent dejettez. 13. C.
Rome prise & pillée par Ladislao Roy de Naples. 626. A. reprise par Louys II. Duc d'Anjou. 631. C.
Rome assiegée par Charles de Bourbon. 568. A.
Rome estimée ambitieuse. 167. A.
Rome retraitte des Evesques Catholiques affligez par les heretiques. 158. C.
Rome par les anciens appellée urbs æterna. 160. C.
Rome prise & ravagée trois fois par les barbares, & quand. 167. D. dementelée par Totila. 168. A. reparée par Bellisaire. ibid. negligée par les Empereurs du Levant & quand. ibid.
Rome appellée Leonine, pourquoy. 173. C.
Rome du temps des Apostres le siege de l'Empire, & ressort general de tout l'Univers. 156 D.
Rompre la paille ou le festu avec quelqu'un, pourquoy usurpé par commun proverbe, par une dissolution d'amitié. 867. D.
Rondeaux & leur formulaire. 697. C.
Rondeau, (le) Prenez-la ne la prenez pas, rapporté par Rabelais en son troisiéme livre, est de Cretin. 741. A.
Ronsard premier introducteur des Odes Françoises. 703. D. en luy se trouve la perfection de la Poësie Françoise. 708. A. B.
Ronsard represente naïfvement la posture de sa nourrice qui filoit. 721. C.
Ronsard (jour de la naissance de). 730. B.
Roses blanche, & rouge, deux familles en Angleterre. 611. B. unies par mariage. 612. C.
Rossignol (chant du) décrit par Pasquier, & parangonné aux souspirs d'un amant qui languit. 720. C.
Roturier pourquoy dit Vilain. 135. C.
Roturiers ou tiers-Estat à quelle fin adjousté aux assemblées generales, contre l'ancien ordre de la France. 87. A.
Roturiers possedans fiefs. 133. A.
Roüelle ou platine d'estain portée jadis sur l'espaule des Juifs. 816. D.
Roüen prise par les Normans. 35. C.
Royaume d'Italie donné au fils aisné qui devoit succeder à l'Empire dés le vivant du pere mesme. 437. D.
Royaume de Chipre conquesté par Richard au voyage de Jerusalem. 38. B.
Royaume de France appellé Neustrie auparavant qu'il eschent à Charles fils de Louys le Debonnaire. 36. A.
Royaume de France par deux fois demembré en quatre pieces aprés la mort de Clovis 44. A. grande extremité sous Charlemagne. ibid.
Royaume de Hierusalem, son origine, & pourquoy les Roys de Naples & de Sicile se pretendent Seigneurs d'iceluy. 613. A.
Royaumes & Empires ne sont à vilipender pour avoir quelquefois changé de main. 22. B.

Royaumes

Royaumes confervez quelquesfois, pour avoir efté les jeunes Princes mis fous la tutelle & protection de leurs ennemis. 641. C. D.
Royaumes (fix) gouvernez par des femmes en mefme-temps. 647. A.
Royaumes gifent en l'affeurance de la vertu, & non point en chofes exterieures & tranfitoires. 1024.
Royaumes & Principautez abandonnez par les Papes, à celuy qui premier les pourroit occuper. 218. D.
Royaumes quels qu'ils foient ne peuvent eftre fans guerres. 1031.
Royaumes & Provinces fubjuguées par Alexandre. 1055. C.
Royauté doit prendre commencement de nous-mefmes, c'eſt-à-dire des vertus, & non point de noſtre race. 1022.
Roy de France prend la protection de fon Royaume contre les entreprifes de Rome. 209. B. C.
Roy, Prelat, Parlement, & Univerfité, quatre pilliers de nos libertez. 255. A.
Roy arrivant à la Couronne, porté anciennement fur des boucliers ou efcuffons par le Camp. 362. A.
Roy (le) ne veut approuver l'eflection de Martin V. qu'il ne foit affeuré qu'il ait efté efleu fans brigue. 265. B.
Roy (le) ne peut conferer les Evefchez, mais feulement confentir à l'election. 296. B.
Roy (le) anciennement payant dix mille livres pour la ranfon d'un prifonnier de guerre le pouvoit mettre entre fes mains. 391. B.
Roy (le) n'eft pris aux Efchecs, mais matté. 429. B.
Roy (le) appellé, Monfieur, par fes freres & fœurs, voyez Monfieur.
Roy (le) n'eft proprement que tuteur de fon peuple. 1036. A. B.
Roy (le) & les Pairs font une mefme forme de Monarchie & d'Ariftocratie enfemble. 1040. C.
Roy (le) ne doit eftre par deffus la Loy. 1041. C.
Roy (le) fage doit avoir foucy de la continuelle frequentation des bons Autheurs. 1020. B. C.
Roy des Sacrifices à Rome. 313. A.
Roy (mot de) attribué à fix ordres. 835. D.
Roy des Heduens eſtoit annuel. 10. A. il ne luy eſtoit loifible pendant fon Magiſtrat vuider du pays. ibid.
Roys ne peuvent eftre excommuniez par l'authorité feule du Pape. 224. D.
Roys de France francs & exempts des excommunications & cenfures de la Cour de Rome. 230. D. 233. C.
Roys de France enrichis du glorieux titre de trés-Chreſtiens. 226. C. 240. B.
Roys (aux) de France appartient d'avoir l'œil fur la difcipline Ecclefiaftique. 283. A.
Roys (puiffance de nos) eftimée de tel effet & merite fur l'Eglife, que fur le Clergé. ibid. B.
Roys de France ne plaident jamais deffaifis, maxime generale de Palais. 391. B.
Roy (lequel eft le plus expedient au public d'avoir un) foible de fens, affifté de fages Seigneurs, ou des Seigneurs de foible confeil commandez par un Roy fage. 513. D.
Roy (interpofition du nom d'un) mineur, n'eſt qu'un mafque. 516. A. B.
Roys & Empereurs pourquoy affectent le Sacre & Couronnement de l'Eglife. 10. A.
Roys de France pris par Stilicon, l'un defquels fut exilé à perpetuité en la Tofcane, & l'autre non, & pourquoy. 41. C. D.
Roys de France d'où eftimez qu'ils fuffent anciennement électifs. 102. C.
Roys de la premiere lignée pourquoy nommez Meroüingiens. 26. C.
Roys & Ducs des François avant Pharamond. 41. A. B. & fuivans.
Roys ne doivent jamais faire affembler les Eftats, quand il y a un Prince qui fe rend populaire. 89. C.
Roys éleus depuis Robert, jufques à Hugues Capet. 102. B. C.
Roys (faineantife des) de la premiere lignée. 107. C.
Roys (nos) anciennement n'avoient des armoiries, mais des devifes qu'ils ne tranfmettoient à leurs fucceffeurs. 141. A.
Roys d'Angleterre jufques à Guillaume le Baftard n'avoient armoiries arreftées. ibid. B.
Roys (nos) s'entendans avec les Papes ont quelquefois beaucoup nuit à nos privileges. 198. A.
Roys de France en leur temporel ne reconnoiffent autre fuperieur que Dieu, & l'efpée.
Roys de France reputez Chanoines en quelques Eglifes par le feul titre de leur Couronne. 314. A.
Roys (nos) doivent beaucoup au Parlement de Paris. 251. A.
Roys (nos) prefidoient fouvent en leurs Conciles. 281. C. D.
Roys (nos) n'ont point la Regale par privilege d'Adrian

Pape. 297. D.
Roys (puiffance des) de France mixte, entre la fpirituelle & la temporelle. 314. A.
Roys de France font armez faifans leur entrée dans Paris, & d'où vient cela. 362. A.
Roys (qui fut le premier de nos) qui expofa les Eftats en vente. 405. A.
Roys de Hierufalem depuis le premier voyage d'outremer. 613. A.
Roys de Naples & de Sicile prirent commencement en Guifchard par une nouvelle police. 38. A.
Roys de Naples & Sicile, voyez Naples & Sicile.
Roys (nos anciens) furent les premiers protecteurs de l'Eglife Romaine. 231. A. B.
Roys de France avoient connoiffance de la difcipline de leur Clergé. 205. A.
Roys (les) enfin loüent les gens de bien, encore qu'ils n'ayent paffé les chofes fuivant leurs commandemens. 642. B.
Roys & Princes qui furent affaffinez & meurtris en trahifon par leurs ennemis. 797. A. B.
Roys qui par defaftre ont fervy de marche-pied à ceux qui les avoient vaincus. 1025. A.
Roys de France portent la main de Juftice en l'une de leurs mains. 106. C.
Roys n'eftans plus ce qu'ils ont efté, il ne leur refte occafion pour laquelle ils doivent fouhaiter d'eftre. 1021. B.
Roys & Empereurs, lefquels n'ont efté en rien meilleurs, pour avoir efté entretenus aux bonnes lettres. 1032. B.
Roys d'Ethiopie & d'Egypte fubjets aux anciennes Ordonnances de leurs pays. 1036. B.
Roys doivent projetter & advifer le bien & utilité de leurs peuples, s'ils veulent que leur Eſtat fe maintiene en grandeur. 1040. A.
Roys comparez aux gettons au regard de Dieu. 507. C.
Roys des Merciers, Barbiers, Poëtes, Arbaleftriers, d'armes, quels & leurs charges. 835. C.
Roys (jour des) comment fe celebre par les François. 389. A.
Ruffin & Stilicon tuez par le commandement d'Arcade & Honore. 24. A.

S.

Sacramentaires. 859. A.
Sacremens de l'Eglife, grands & faints inſtrumens pour la manutention de noftre Religion. 327. B. C.
Sacres & Couronnemens des Roys. 105. A. B.
Sacrifice d'Abraham compofé par Theodore de Beze. 610. B. C.
Sacrifices cruels des Druydes ne partoient que d'un cœur genereux & peu foucieux de la mort. 4. C.
Sacrovir fe nomme Empereur és Gaules. 16. A.
Sageffe d'un Lieutenant Criminel de Roüen, pour découvrir un crime caché. 657. C. D. & fuivans.
Sagittaire Evefque de Gap, & Salon Evefque d'Ambrun, tous deux fcelerats ont voulu grandement nuire à nos privileges. 194. C.
Sagon ennemy de Clement Marot. 700. D.
Sanction, Gois, Tiberts, Bouchers, & principaux Partifans du Bourguignon. 519. C.
Sainte Chapelle de Paris, & fon architecture admirable. 313. C.
Sainte Chapelle de Paris honorée par les Roys, des fruicts & émolumens de leurs Regales. ibid. D.
Saintete, mot adapté du commencement à tous Preftres & Evefques de Sainte vie. 166. A.
Sainteté quand finalement aboutie en la perfonne feule du Saint Pere de Rome. ibid. B.
Saladin (teftament de) Souldan d'Egypte pour monftrer la vanité des chofes mondaines. 610. A.
Saladin s'empare de Jerufalem. 616. C.
Sales à faire feftes, dances, & banquets. 775. A. B. & fuivans.
Salines de la ville d'Agrigente, & quel eft le fel qui en provient. 425. D.
Salines querellées par les Bourguignons contre les Allemans. 30. C.
Saliens peuples François. 22. A.
Salique (loy) d'où peut avoir pris fa fource & origine. 145. A.
Salique (chef de la loy) qui a banny les femelles de la Couronne. ibid. B.
Salique (loy) n'a pas toufiours eu lieu és Duchez & Comtez qui eſtoient comme membres dependans de la Couronne. 147. C.
Salique (loy) eftablie du confentement du peuple par quatre grands perfonnages, & quels. 1005. A.
Samnes pere d'Artaxerxes qu'il engendra de la femme de Pannachius. 676. A.
Saone,

Table des Matieres.

Saone, riviere, vieux mot Gaulois. 758. B.
Sarazins, s'appellez par Federic II. Empereur, & logez à Nocerre. 862. C.
Sarazins quand pillerent Rome. 173. C.
Saturnales des Payens representées par le jour des Roys que nous celebrons avec une grande débauche. 389. B.
Saturnin, (Saint) vulgairement Saint Sernin traisné d'un furieux taureau par sentence des Capitoux de Tholose. 182. A.
Saturnin esleu Empereur és Gaules. 16. A.
Saül fils de Cis, fait Roy & Prophete. 807. C.
Saxons sont les anciens Senois. 20. A.
Scandale de l'Eglise, quand le Siege s'est tenu ailleurs qu'à Rome. 151. B.
Scandale arrivé à la compagnie du Parlement, ne s'estant trouvé aucun President à l'ouverture, qui receust le serment des Advocats & Procureurs. 58. A.
Schisme en nostre Eglise pour l'eslection de Hugues. 214. B. C.
Schisme mal-heureux de l'Eglise de Rome. 262. B.
Schisme provenu en l'Eglise, du siege que les Papes tinrent en Avignon. 260. A. dura quarante ans entiers. ibid. C.
Schisme que produisit le Concile de Basle. 268. D.
Schismes (lors des grands) de Rome, il y eut de grandes guerres civiles en France. 262. B.
Scribentes en matiere de Droict quels estoient, & pourquoy ainsi appellez. 882. C. depuis appellez Docteurs de Droict. ibid. D.
Scribes sont les Greffiers des Jurisdictions Ecclesiastiques. 394. C.
Scythie conquise par les Gaulois. 11. B.
Seance (premiere) adjugée à l'Evesque de Rome. 160. D.
Seance des Advocats plus anciens est sur les fleurs de Lys vis-à-vis les gens du Roy. 60. C.
Sebastien Capitaine de Valens, contre les Gots. 27. D.
Secours estranger tres-dangereux en guerre civile. 140. C.
Secretaires d'où nommez. 788. A.
Secretaires pourquoy appellez anciennement Clercs. 76. C. 787. A.
Secretaires du Roy appellez jadis Clercs & Notaires du Roy. ibid.
Secretaires des Commandemens, & le premier usage de leur nom. 788. A.
Secretaires d'Estat. ibid. D.
Secrets de nature admirables, & dont il est mal-aisé de rendre raison. 425. D.
Sectes (diverses) de Philosophes. 909. D.
Seditions en France pour les Daces. 834. B.
Sejan mignon de Tybere degradé de sa vie & de ses Estats. 671. A.
Seigneur Dieu, Sire Dieu. 770. C. D.
Seigneur, d'où vient, & comment on en a usé anciennement. 771. C.
Seigneur, mot adapté aux terres nobles, & pourquoy. 772. B.
Seigneur de paille combat un vassal d'acier. 803. B.
Seigneur (cependant que le) dort, le vassal veille. ibid.
Seigneurs (forme de) feodaux, & de vasselage és Gaules. 125. D. 127. & suiv.
Seigneurs (grands) qui prestoient le serment de leurs Offices au Parlement. 64. C. D. & comment telles prestations de serment ont eu plus de lieu pendant la minorité de nos Roys, ou alteration de leurs sens. 65. A.
Seigneurs (grands) mirent leurs Chapperons sur leurs espaules, quand ils commencerent de porter bonnets ou chappeaux. 794. A.
Seigneurs qui assisterent à l'Eschiquier tenu à Roüen l'an 1306. quels. 52. B.
Seine (riviere de) combien commode à la ville de Paris. 886. C.
Senat des Evesques composé de Prestres & Curez. 177. B. C.
Senateur, nouvel estat érigé dedans Rome par les Papes, à la façon de l'ancien Patrice. 175. B. 865. C.
Senateur (troubles qui s'éleverent dans Rome pour l'Estat de). 176. A. 865. C.
Senatus-Consulte Velleian en quelle chose consiste. 1006. A.
Seneschal (grand) de Normandie érigé pardessus les Baillifs. 118. A. B.
Seneschal pourquoy appellé de ce nom. ibid. C.
Seneschaux faisoient jadis le serment à la Chambre des Comptes. 71. B.
Seneschaux (estats des) anciennement donnez à vieux Gentils-hommes & Chevaliers. 118. C.
Seneschaux sont Juges establis au pays de Droict écrit. 860. D. quels estoient anciennement, & quels aujourd'huy. ibid.
Seneschaux & Baillifs comptables. 71. B.
Seneschaux simples Commissaires du commencement. 399. A.
Seneschaux quand érigez en forme d'Officiers en titre. ibid. B.
Seneschaux (conditions & qualitez des). 404. A.
Senois peuples entre les Sueves. 20. A.
Senonois maistres de la ville de Rome, déjettez d'icelle par

Camille. 13. C. plutost par la faim que par les armes de Camille. 14. B.
Sentence donnée par le Pape, ne peut estre annullée par aucun autre que par le Pape. 207. A.
Sentence donnée contre Jeanne la Pucelle. 475. A.
Sentences des Druydes tenuës comme Arrests. 8. B.
Separation des biens entre le mary & la femme au temps des Romains. 412. C. D.
Semaines (les deux) de du Bartas. 7 8. A.
Sepulture la plus honorable, quelle entre les Indois. 411. C. D.
Sequanois vaincus par les Heduens attirent à leur secours Ariovist, qui les dépouïlle de la pluspart de leurs Seigneuries. 18. A.
Sequanois & Heduens en debat pour la Principauté. ibid.
Sequanois & Heduens par leurs divisions ruinent l'Estat des Gaules. 17. A.
Serf est qui ne peut commander à ses passions. 1023. B.
Serfs tres-fonciers quels & à quoy subjects. 374. C.
Serfs par quel droict introduits, & quelle puissance leurs maistres avoient sur eux. 373. C.
Serfs Fiscalins quels. 375. C. pouvoient tester. ibid.
Serfs taillables à volonté, de for-mariage, main-mortables, & de poursuite, avec l'explication de chacune sorte. 376. D. & suiv.
Sergens d'où ainsi nommez. 796. A.
Sergens envoyez exploiter és pays lointains, comme s'y devoient comporter. 795. C.
Sergens comment estoient jadis éleus. ibid.
Sergens pour serviteurs. 796. C.
Sergens en quoy differents des Bedeaux. 427. C. 688. B. estoient anciennement la mesme chose. 936. D.
Sergens (salaires des) exploictans contre les comptables. 88. B.
Sergens faisant leurs exploicts portoient anciennement des manteaux bigarrez. 427. C.
Sergens à pied anciennement appellez Sergens à verge. 874. A.
Serment presté en la Cour de Parlement de Paris pour les grands & premiers estats de la France. 64. C. D. exemples. ibid.
Serment apposé dans les contracts faisoit que les Ecclesiastiques pretendoient jadis estre fondez en tout ce qui dependoit des contracts. 285. D.
Serment combien religieusement entretenu des anciens. 369. A. exemples. ibid. B. C.
Serment, mot abregé de Sacrement. ibid.
Serment (preuves qui se faisoient anciennement par le). 370. A.
Sermens que les Juges prenoient jadis des parties pour la decision prompte, & seure fin des causes. 371. B.
Serment des parties accompagné de celuy des proches parens pratiqué principalement en matiere de mariages. ibid.
Serment en cause que l'on exigeoit des parties, osté au Concile de Valence sous le Roy Lotaire. ibid.
Serment que nous faisons aujourd'huy en nos causes. 372. A.
Serment des Baillifs & Seneschaux lors de leur reception, fait tant au Parlement, qu'en la Chambre des Comptes. 71. B.
Sermens judiciaires de deux causes parmy les Romains, & quels. 371. B.
Sermens de fidelité que les Archevesques & Evesques sont tenus de prester entre les mains du Roy, devant que d'entrer en leurs charges. 299. A. B. & suiv.
Sermons des Predicateurs pourquoy appellez par nous concions d'un mot Latin. 664. B.
Serourge pour celuy qui a espousé nostre sœur. 850. C.
Servantes & Chambrieres comme differoient anciennement. 764. B.
Servitude fonciere en quelles coustumes est receuë en nostre France. 376. C.
Servitude à laquelle estoient subjets les esclaves des Romains quelle, & combien de temps elle a duré. 373. C.
Servitude imposée aux peuples vaincus par les Empereurs Romains en quoy consistoit. ibid.
Severe Empereur ordonna des auditoires publics tant pour les Arts Liberaux que Mechaniques. 925. A.
Sforce premier grand guerrier. 626. B. emprisonné par Jacques de Bourbon. ibid. C. delivré. ibid. D. deffait en bataille Alphonse Roy de Sicile. 267. C. D. se reconcilie à la Reyne Jeanne de Naples. ibidem.
Sforce appellé par Jeanne de Naples à son secours, deffait Alphonse Roy de Sicile qui l'assiegeoit. 628. A. B. recompensé de quelques Chasteaux. ibid. B. noyé au fleuve Pescara. ibid. C.
Sforce second reduit la ville de Naples sous la puissance de Jeanne seconde du nom. 628. C. Ladislao Roy de Naples. 631. C.
Sicambrie ville, où, & par quoy nommée. 18. D.
Sicambriens où habitoient. 19. A. depuis nommez François selon aucuns. ibid.
Sicambriens deffaits par l'Empereur Valentinian premier de ce nom, ne luy voulans payer le tribut annuel. 19. B. premiers boutefeux & suscitateurs des guerres de la contrée de Germanie

manie contre l'Empire Romain. *ibid.* C. D.
Sicile, (Eſtat ancien de la) & le traittement que receurent ceux qui la poſſederent. 861. B. C.
Sicile (Royaume de) quand & comment diviſé d'avec celuy de Naples. 866. C.
Sicile (la) poſſedée longuement par les François, & comme ils en furent exterminez. 861. B.
Siecle de Saturne appellé aage d'or. 389. B.
Siege (le mot de) Apoſtolique communiqué du commencement aux autres Sieges, où avoient preſidé les Apoſtres, & leurs diſciples. 189. C.
Siege (nulle Egliſe ne porte aujourd'huy le titre de) Apoſtolique en toute la Chreſtienté, fors celle de Rome. *ibid.*
Sieges des Requeſtes eſtablis és Parlemens ſupprimez par l'Edit d'Orleans 1560. fors celuy du Parlement de Paris. 61. B.
Sigisbert meurtry à l'inſtigation de Fredegonde. 400. B. 797. A.
Sigiſmond fils de Gondebaut IV. Roy des Bourguignons jetté dans un puits avec toute ſa famille par les enfans de Clovis. 29. D.
Sigiſmond Empereur prend la querelle de l'Egliſe en main. 260. C.
Sigiſmond Empereur ſiege au Parlement de Paris. 662. A. le brave trait qu'il y fit. *ibid.* B.
Signature inconnuë pendant certain temps en France. 393. A.
Sigoveſe & Belloveſe Gaulois deſcendus en Germanie & Italie. 12. C.
Silvain proclamé Empereur en la ville de Cologne par la gendarmerie des François qui eſtoient à la ſolde de l'Empereur Conſtance. 21. A.
Simon Poüillet riche Citoyen de Compiegne comment traitté par philippes de Valois, & pourquoy. 146. A.
Simon de Buſſy premier Preſident de Paris, Chevalier des Loix. 137. B.
Simonie familiere en France du temps de Childebert. 470. C.
Simonie du temps de Brunehaud, fort familiere aux Royaume d'Auſtraſie & de Bourgogne. 186. D.
Simonie familiere aux anciennes élections des Eveſques de la France. 199. B.
Sire d'où vient ſelon l'opinion de Budée. 770. B.
Sire derivé du mot Grec, qui ſignifie Seigneur plein de certitude & Juſtice. *ibid.*
Sire, (anciens François qui uſoient ordinairement du mot de) quand ils parloient à Dieu. *ibid.* C.
Sire pourquoy rapporté par nos anceſtres à la Majeſté du Roy. *ibid.*
Sire titre baillé aux ſimples marchands, & pourquoy. 771. C.
Sixte (Saint) envoyé exprés à Rheims par Saint Pierre pour y enſeigner la parole de Dieu. 180. C.
Socrate Legiſlateur des Atheniens ne vouloit rien coucher par eſcrit & pourquoy. 3. B.
Sol Pariſis vaut quinze deniers tournois. 873. B.
Soldats eſtropiez à la guerre, nourris en toutes bonnes Republiques aux deſpens du public. 315. B.
Soldats d'où ont pris leur nom. 757. C. D.
Solde pourquoy ainſi dite. *ibid.*
Somme & Sommier pour charge en langage François. 759. A.
Sommeliers pourquoy appellez ceux qui ont la charge de la beuvette des Princes & grands Seigneurs. *ibid.* 764. B.
Songe du Verger, livre compoſé ſous Charles V. 225. B.
Songe des pere & mere de Jeanne la Pucelle depuis advenu. 538. C.
Songes de cinq divers eſpeces. 671. C.
Songes qui ſe font par inſpiration, nous prediſent quelquefois ce que nous devons faire, ou qui doit advenir. *ibid.*
Songe de Joſeph. *ibid.*
Songe de Themiſtocle qui le ſauva d'une trahiſon. 672. A.
Songe de Louys le Jeune, Roy de France, ſur la naiſſance de Philippes Auguſte. 673. A.
Songe d'Alexandre le Grand devant la ville de Tyr. *ibid.* B.
Songe de Marguerite de Bourgogne, touchant le mariage d'Anne de Bretagne avec Charles VIII. *ibid.* B.
Sonnet, vieux mot François. 703. B.
Sonnets par qui & quand premierement introduits en la Poëſie Françoiſe. *ibid.*
Sonnets de Jodelle en vers rapportez. 746. C.
Sonnet de du Bellay de pareille marque. *ibid.* D.
Sonnet d'Eſtienne Paſquier fils de l'Autheur en pareil vers, mais plus parfait que les deux autres. 747. A. comment entrecoupé rapporte un ſens parfait. *ibid.* B.
Sonnets de quelques Poëtes de renom ſur un bracelet de cheveux. 717. 718.
Sontiac ville d'Aquitaine priſe par Craſſus. 7. C.
Sorts Virgilians des Romains, la maniere dont uſoient nos vieux François pour deviner les choſes futures à l'ouverture des livres de la Sainte Eſcriture. 373. A. B.
Soubreſaut pour ſoupleſaut. 878. B.

Souldart, ſoulde, & ſouldoyer, mot de l'ancien eſtoc des Gaulois. 757. C. D.
Souverain du Parlement familier entre nos anciens, pour celuy que nous avons depuis appellé Preſident. 794. D.
Souverain, pour celuy qui eſtoit ſuperieur des Maiſtres de la Chambre des Comptes. *ibid.*
Souverain attribué aux Baillifs & Seneſchaux. 795. A. B.
Souverain (par le mot de)eſtoit ſeulement jadis entendu celuy qui eſtoit le ſuperieur des autres. *ibid.*
Souverain fait du *Superior* des Latins. *ibid.*
Souverain approprié ſeulement aux Princes qui peuvent abſolument s'en faire croire. *ibid.* C.
Souverain employé communément à tous ceux qui tenoient les premieres dignitez en France. *ibid.*
Sparte ſe ruina en forlignant des loix de Licurge. 1039. C.
Spire ville pillée. 25. D.
Statuë de Charles Martel honorée d'une couronne Royale aprés ſon decez. 507. C.
Stilicon beau-pere de l'Empereur Honoré taſche par factions tacites & intelligence avec les peuples eſtrangers, de faire tomber la Couronne de l'Empire en la perſonne de ſon fils Euchere. 26. A.
Strabon dit que de ſon temps on redigeoit és Gaules tous contracts en Grec. 3. B.
Strabon comme peut eſtre excuſé de ce qu'il dit, que les Gaulois entendoient la langue Grecque. *ibid.*
Strasbourg ville pillée. 25. D.
Stratageme de Fredegonde. 463. B.
Subſides & Aydes pourquoy ainſi appellez. 88. B.
Submiſſions des Bourgeoiſies quelles eſtoient. 385. A. B.
Succeſſion des Roys des Viſigots. 29. A.
Suenon & Danut, pere & fils Roys des Daciens en Angleterre. 35. A.
Sueves autresfois Seigneurs de cent petites Republiques ou citez. quels peuples comprenoient ſous leur nom. *ibid.*
Sueves envoyoient d'an en an des peuplades en divers pays. 19. D.
Sujet (le) ne doit point diſputer de la raiſon de la loy de ſon pays. 1059. C.
Sujets extraordinairement mal-traitez de leur Prince, deſirent le changement. 1059. A.
Suiſſes penſionnaires de France. 140. B.
Supercherie, mot emprunté de l'Italien. 764. A.
Superiorité du Saint Siege ne fut abſolument reconnuë en France du temps de la lignée de Clovis. 154. A. traverſée aux ſucceſſeurs de S. Pierre. 155. A.
Superſtitions des anciens François uſans de divinations & ſorts en leurs plus grandes affaires. 374. A.
Surnoms de nos Princes tirez de leurs principales Seigneuries. 417. A. B.
Surnoms (varieté qui s'eſt autresfois rencontrée ſur le ſujet des). *ibid.*
Surnoms des premiers François ne ſe trouvent point en tous nos anciens livres. 418. A.
Surnoms n'ont point eſté donnez à uns & autres des François par forme de ſobriquets, ainſi qu'eſtime du Tillet. *ibid.*
Suzerain que ſignifie, & d'où derivé. 795. C.
Synodus & placitum, mots indifferens. 204. D.
Syracuſe pillée par les François. 20. B.

T.

TAbellions ſerfs publics. 393. C.
Tactac, mot formé du ſon que fait le battoir d'une porte. 743. B.
Tac quelle ſorte de maladie, & ſes premieres courſes au Royaume de France. 426. B.
Taille de rime à queuë ſimple. 739. A.
Taille de rime à queuë double. *ibid.*
Tailler ſignifie entre les François diviſer. 86. C.
Tailles, Aydes & ſubſides provenuës des trois Eſtats. 88. A.
Tailles, ou levées extraordinaires de deniers pourquoy appellées de ce nom. 86. B.
Tailles, & Aydes levées par les Roys de France pour fournir aux frais de leurs guerres, n'ont en rien advancé les affaires de la France. 1038. B.
Talard decapité aux Halles de Paris. 547. B.
Talbot Anglois tué devant Chaſtillon, & ſa compagnie deſconfite. 536. A.
Tamberlan ayant vaincu Baſaïch, le fait porter dedans une cage de fer, & s'en ſert comme d'un marchepied, voulant monter à cheval. 645. C.
Tancrede voulant s'impatroniſer du Royaume de Sicile, en fut empeſché par Celeſtin III. 861. C. meurt. *ibid.*
Tanneguy du Chaſtel Prevoſt de Paris donne un ſi grand coup de haiche au Duc Jean de Bourgogne, qu'il en meurt toſt aprés.

Table des Matieres.

aprés, 528. C. tué le Comte Dauphin d'Auvergne en la presence du Roy en son Conseil. 529. C.
Tanneguy du Chastel, & Louvet President de Provence Ministres des actions de Charles VII. 529. C.
Tapis: *il est reduit un Tapis*, proverbe d'où tiré & sa signification. 846. D.
Tarantatara, son des trompettes. 773. C.
Tassile Duc de Baviere fait la foy & hommage au Roy Pepin. 47. B. condamné à mort par l'advis des Barons pour ses trop frequentes rebellions. ibid.
Teïe Roy des Ostrogots tué en une rencontre qu'il eut contre Narses. 30. B.
Templiers condamnez. 618. A.
Tenit & Venit meilleur que Tint & Vint. 762. C.
Terayeul, pour trisayeul. 851. A.
Teroüenne pillée. 25. D.
Terre glase, mot Gaulois. 758. A.
Terres assignées à vie aux soldats par les Empereurs. 128. A. B. & suivans.
Terres distribuées aux Capitaines & Gens-d'armes par nos Roys. 129. C.
Terres Vendales en Affrique pour terres franches, tout ainsi que nostre Franc-Alleud. 132. C.
Terres à moitié de trés-grande recommandation chez les anciens Romains. 843. A.
Testament de Jeanne Reyne de France & de Navarre. 816. A.
Testament de Saladin Souldan d'Egypte, pour monstrer la vanité des choses mondaines. 610. A.
Testament odieux en France. 142. B. 143.
Testamens & dernieres volontez temperées en France pour le fait de la donation des biens. 143. B. C.
Tetrique Empereur és Gaules. 16. A.
Theadagre Prince & Duc des Abodrites accusé en un Parlement d'avoir suscité plusieurs factions, contre la Majesté du Roy. 47. C. depuis purgé en un autre. ibid.
Theodat Roy des Ostrogots. 28. A.
Theodebert Roy de Mets. 673. B.
Theodebert representé illegitime & fils d'un jardinier par la Reyne Brunehaud à Theodoric. 478. C.
Theodebert chasse la Reyne Brunehaud de sa Cour. 459. A.
Theodebert tué par l'un des siens qui fit present de sa teste à son frere Theodoric. 459. C. autres opinions de sa mort. 486. C. D. 489. A. B.
Theodemir Roy des Gots. 29. A. B.
Theodore de Beze ouvrit le pas au grand Colloque de Poissy devant le Roy Charles IX. 730. D. sa mort. 731. B.
Theodoric Roy des Gots en Italie. 23. A.
Theodoric tuteur d'Amalaric, fils d'Alaric Roy des Visigots. 27. A. 29. A. occupa partie du Languedoc & de Provence. ibid. fit tuer Boece & Symmaque. 30. A.
Theodoric Roy des Visigots tué en la bataille contre Attile. 29. A.
Theodoric II. Roy des Visigots. ibid.
Theodoric fils de Clovis. 23. A. Roy de Mets. 29. D.
Theodoric prend les armes contre son frere Theodebert à l'instigation de Brunehaud, laquelle le disoit estre fils d'un jardinier. 478. C. mourut delaissé quatre bastards de quatre concubines qui tomberent entre les mains de Clotaire, & ce qu'il en fit. 489. C.
Theodoric petit-fils de Brunehaud fit mettre à mort son aisné pour se faire Roy d'Austrasie. 186. B.
Theodose Empereur mol, dépensier, & chargeant son peuple de Daces. 30. A.
Theodose Empereur commande de tuer les Thessaloniens en colere, & pourquoy. 639. C.
Theologie piece fondamentale de l'Université de Paris. 903. D.
Theologiens ne veulent que le Roy de Tartarie envoyé à Rome, & pourquoy. 220. C.
Theologiens (quatre grands) dans Paris ennemis des entreprises de Rome. 254. D.
Theudibaut creé Roy par les Ostrogots. 30. A.
Thibaut le Vieil Comte de Chartres & de Blois, partisan du Roy Robert. 102. C.
Thomas (Saint) d'Aquin disciple du Maistre des Sentences. 906. B.
Thomas (art Poëtique François de) Sibilet. 703. B.
Thoriens comment reprimez par Charondas d'apporter de nouvelles Loix. 783. C.
Tibere pris par Justinian & mis à mort. 169. C.
Tibere parlant au Senat craignoit d'user de mots Grecs. 753. B.
Tiers Estat du menu peuple, quand commença d'avoir lieu en France. 86. C.
Titres que doivent posseder ceux ausquels on donne l'ordre de Prestrise. 156. D.
Tintamarre pourquoy usité entre nous pour signifier un grand bruit. 853. B. C.

Tintamarre, ou huée des Vignerons de Berry. ibid. C.
Tintin de cloche. 773. B.
Titie l'un des principaux Capitaines de Cesar, mort au premier voyage contre les Germains. 32. B.
Tombeau de Messire Pierre de la Neuville, Conseiller au Parlement. 51. B.
Tombeau & sepulture de Ronsard. 730. B.
Tombeau fait à Ponthus de Thiart par Pasquier. 732. A.
Tondre (le) anciennement imposé au vaincu. 780. C.
Tondre dans les loix de Charlemagne pour peine. 781. A. B.
Tonde, (*Je veux qu'on me*) pourquoy dit par nos ancestres pour signifier une peine. 775. B. 779. B.
Totile Roy des Ostrogots. 30. A. prit & dementela Rome. 168. B.
Tougon l'un des principaux des Sorabes accusé pour novalitez & factions contre le Roy en un Parlement. 47. C. justifié en un autre. ibid.
Toult & Toulte. 834. B.
Tourangeaux entretenus par Ætius sous l'Empire. 26. B.
Tournelle érigée pour les causes criminelles au Parlement. 68. A.
Tournon (le Cardinal de) favorise les Jesuites au Colloque de Poissy. 333. B.
Touvre riviere en Angoulmois & sa proprieté. 248. C.
Toux universelle dans Paris à un matin. 425. C.
Toye & Moye, pour tienne & mienne chez les anciens. 844. D.
Toyen & moyen, pour tien & mien. ibid.
Tragedies & Comedies, par qui introduites en la Poësie Françoise. 704. B.
Trahir, Traistre, trahison, & leur origine. 867. C.
Traicté de paix entre Theodemir Roy des Ostrogots & l'Empereur Martian. 29. B. Autre paix d'eux avec l'Empereur Zenon. ibid.
Traistres (deux) signalez, l'un sous Charlemagne, l'autre sous Clotaire second. 495. C.
Tramontane anciennement appellé l'estoille du Nord, & quel est son usage en pleine mer. 419. A.
Trantrac, son du cor des Chasseurs. 773. C.
Tresoriers (nombre premier de) de France. 93. A. & en combien de façons il s'est diversifié. ibid. B. C.
Tresoriers sur le fait de la Justice, pour vaquer à la vuidange & expedition des procez qui concernoient le Domaine. 94. B.
Tresoriers (suppression des) de la Justice. ibid.
Tresoriers, (quatre) & autant de Generaux des Finances. 94. C.
Tresoriers & Generaux unis ensemble par Henry second. ibid. D.
Trevires peuples situez dans la Gaule Belgique. 14. A.
Tribonian grand personnage, mais aussi grandement corrompu. 1008. B.
Tribun (estat de) pourquoy introduit à Rome. ibid.
Tribut de trois cens roussins à chaque Parlement general imposé par Pepin aux Saxons. 47. D.
Tribut payé aux Papes par les Roys de Naples. 520. A. 623. A.
Tributs levez par nos premiers Roys sur leurs subjets. 832. D.
Tributs & impositions faites sur le peuple, appellez *Trus*, par nos anciens d'un mot abbregé. ibid.
Tric trac forte de jeu, & d'où nommé. 773. D.
Tripots d'où ainsi appellez. 395. C.
Trisayeul, par qui premierement mis en usage. 851. A.
Triteme Abbé en l'enumeration qu'il fait des Roys de France, oublie ceux dont les anciennes Histoires ont parlé. 2. A.
Tromperies remarquables faites à quelques Princes par mots à double entente. 545. C. & suiv.
Trot, & trotter d'où formez. 773. C.
Troubles, partialitez, & divisions qui advinrent en France depuis la mort de Louys le Begue. 101. B. & suiv.
Troupe, vieux mot François. 759. A.
Troyens depuis appellez Sicambriens, & d'où ils ont pris ce nom. 18. B.
Trus pour Tributs. 833. B.
Truans pourquoy appellez par nos anciens, ceux qui vont mendiant leur vie. ibid. D.
Truander, pour caimander. ibid.
Tu & vous, pourquoy employez par nous diversement, selon la qualité de ceux ausquels nous parlons. 765. B.
Tulenus pechoit en certains points de l'imagination, & non en tous. 779. C.
Turc devin, conseille à Basaïch de ne point faire tuer Jean, qui depuis fut Duc de Bourgogne, & pourquoy. 644. C.
Turc (pourquoy saluant le Grand) ses gardes tiennent les mains de celuy qui le salué. 797. C.
Turcs par quels moyens ont eu connoissance de la Grece & s'en sont emparez. 16. C.
Turcus premier auteur des Turcs. 39. C.

Turquan

Turquan receu en l'office de Conseiller Clerc à quelle fin. 55. B.
Turquie (en) les terres sont possedées viagerement. 131. B. C.
Tutoyer, verbe fait du mot Tu. 768. A. B.
Tyran pris du commencement en bonne part. 793. C.
Tyran (le) sous honnestes pretextes, rapporte tout à son profit particulier. 1036. C. D.
Tyrans en Italie se firent appeller Patrices, quand & pourquoy. 168. A. leurs noms. ibid.
Tyrans (deux voyes par lesquelles les) se perdent. ibid. B. C.

V.

V Des Latins se prononçoit par *ou*. 756. A. 795. B.
V, ainsi que nous le prononçons en François, nous est du tout propre, & de l'ancien estoc des Gaulois. ibid.
V, familierement changé en G, par les François. 796. A.
V, pourquoy employé pour signifier cinq en nostre Arithmetique. 413. B.
Vaillance des Gaulois publiée par Caton en plein Senat. 16. B.
Valens Empereur, pour s'asseurer des Gots, ausquels il avoit donné un arrierecoin de la Thrace pour demeurer, les desarma, & leur osta tous les enfans masles moindres de quatorze ans. 27. C. quelle fin il eut par leur moyen. ibid. D.
Valentine Duchesse d'Orleans meurt de douleur. 519. B.
Valentinian premier déconfit par les Germains, nonobstant les garnisons mises par luy le long du Rhin, dequoy puis après il eut sa revanche. 25. B.
Valentinian fils d'Arcade mis sous la tutelle d'Isdegerte Roy des Perses. 361. D.
Valet, mot adapté anciennement à titre d'honneur près la personne des Roys. 764. B.
Valet (mot de) donné maintenant aux serviteurs quasi par contemnement & mépris. ibid.
Vallie Roy des Visigots, occupe l'Espagne. 29. A.
Vallier (Saint) emprisonné, & son procez fait. 821. A. B. meurt d'apprehension. 825. D.
Vandales. 25. C. chassez d'Aquitaine occupent l'Espagne. 29. A. ayant occupé l'Affrique, en sont chassez par Bellissaire. 43. B. estoient appellez Wandales par les anciens François. ibid.
Vandales chassez totalement d'Espagne par Vallie. 29. A.
Vandales avoient pour loy de ne recevoir à leur Couronne que les masles. 146. B.
Vannes en Bretagne. 12. C.
Veau de Disme, pourquoy attribué par nous à celuy que nous estimons grossier & lourdaut. 814. A. B.
Vecordes, & *excordes*, pour ceux qui sont du tout sans entendement. 778. C.
Veille, ou Vigile, pourquoy par nous appellé le jour qui precede une feste depuis le midy, jusques au soir. 813. C. D.
Vassal, mot François d'où vient. 759. B.
Vassal d'acier combatu par un Seigneur de paille. 803. B.
Vassal (pendant que le) veille, le Seigneur dort. ibid.
Vatiniens peuples. 17. C.
Vaugaire (habitans de) après leur rebellion obtiennent pardon du Comte de Ligny. 601. A. B.
Ubiens Republique d'Allemagne. 8. A.
Vengeance combien prisée entre la Noblesse. 1049. A.
Vengeances estranges des Papes contre les Empereurs. 174.
Ventricules du cerveau. 777. C.
Venitiens d'où ont pris leur nom. 12. B. d'où leur origine. ibid. C.
Verbe (mot de) combien veneré en l'Eglise. 785. A.
Verbes François qui procedent des noms. 762. C.
Verbum attribué à Jesus Christ, de quelle énergie. 786. A.
Verole autrement maladie de Naples. 423. D.
Vers du Seigneur de Chandieu sur le tableau de Nicolas & Claude de Roussy freres jumeaux d'une admirable ressemblance. 669. B. C.
Vers de neuf syllabes ne sont point receus en la Poësie Françoise. 711. B.
Vers Alexandrins quels. 711. A. d'où ainsi nommez. ibid.
Vers Latins rimez pourquoy appellez Leonins par nos ancestres. 683. C.
Vers Latins mesurez avec pieds longs & courts comme ceux des Latins. 709. C.
Vers François qui portent contrarieté de sens estans coupez. 750. A.
Vers Hendecasyllabes familiers aux Italiens. 711. B.
Vers Hendecasyllabes rimez faits par Pasquier. 734. B.
Vers Hexametre & Pentametre retourné fait par Pasquier. 745. A. 746. A.
Vers Saphiques & Phaleuques propres pour estre transplantez en nostre langue. 733. D.
Vers Saphiques rimez fait par Passerat. 734. C.
Vers Saphiques rimez par maistre Nicolas Rapin sur la mort de
Tome I.

Ronsard. 735. B.
Versus reciproci, recurrentes, que nous appellons vers retrogrades. 741. C. D.
Vers retrogrades Latins de Messire Honoré d'Urfé. ibid. de Borbonius, & Reignol. 743. A.
Vers mesurez rimez. 733. B. C.
Vers raportez tant Latins que François. 745. B. & suivans.
Vers de Pasquier sur le chant du Rossignol en faveur d'une Dame appellée Du Bois. 720.
Vers Equivoques de Clement Marot. 739. A. B.
Versingethorich fauteur de la rebellion de toutes les Gaules. 9. A.
Vertugoy, juron abusif des paisans. 759. B.
Vespres pourquoy appellées les prieres qui se font au jour des festes sur les trois ou quatre heures du soir. 813. D.
Vespres Siciliennes, adage François, & son origine. 859. D.
Vest, & devest, par raims & bastons en plusieurs coustumes. 869. A. B. & suivans.
Vicaire perpetuel. 321. A.
Vicaire general de l'Empire en Italie, quel Estat. 865. A.
Vicomtes quelle sorte de Juges anciennement & particulierement en Normandie. 115. C. & suivans.
Victoires des Empereurs contre les François parangonnées à celles d'Hercule contre l'Hydre. 25. B.
Victoires (deux) insignes remportées par Philippes Auguste en un mesme jour. 901. B.
Vices des Papes n'ont en rien diminué l'authorité du Saint Siege. 156. B.
Vichancelier de l'Université de Paris par qui se commet, & Arrest sur ce sujet. 940. D.
Vidame, fait du *Vicedominus* des Latins. 769. C.
Vidame juge temporel des Eveschez & Colleges Ecclesiastiques, & sa premiere institution. ibid. D.
Vigile & veille de feste. 813. C. D.
Vignerons de Berry policez par Jean Duc de Berry. 854. C.
Viguiers pourquoy ainsi appellez. 110. A.
Viguiers Lieutenans generaux sur la Justice de ceux qui avoient anciennement le gouvernement du Languedoc. 120. B.
Vilains appellez ceux qui habitoient mollement dedans les villes. 135. C.
Villemanouche fol sur l'espoir de ses mariages. 779. A.
Villes qui ont emprunté leurs noms des Princes. 39. C.
Villes (origine des) malaisée à dire. 40. B.
Villes quittées par les Nobles & Gentils-hommes, pour demeurer aux champs. 135. A.
Villes reduites sous l'obeyssance de Charles VII. par le ministere de Jeanne la Pucelle. 532. B.
Villon escolier condamné d'estre pendu. 874. C.
Villon, Villonnet, Villonnerie, pourquoy anciennement attribuez à ceux qui se mesloient du métier de tromperie. ibid.
Vin sentant sa framboise. 877. B.
Vincennes (bois de) environné de murailles par Philippes Auguste. 902. A.
Vins ginguets. 836. A.
Vi-President des Comptes. 75. B.
Vi-President fait President. ibid. B.
Visigots (Roys des). 28. C.
Visigots d'où extraicts, & pourquoy baptisez de ce nom. ibid.
Visigots pillent l'Italie. ibid. occupent l'Aquitaine & le Languedoc. 26. A. l'Espagne. 26. C. sont desfaits & chassez par Clovis. ibid. par Childebert. 29. A.
Visigots & Bourguignons se font maistres d'une partie de la Gaule avant les François. 26. A.
Vitige pris en champ de Bataille par Bellisaire & mené en triomphe à Constantinople. 168. B.
Un, pourquoy anciennement ortographé par g. 414. C. D.
Union de nostre Eglise universelle dépend de la chaire de Saint Pierre. 154. C.
Universel (titre d') adjugé à l'Evesque de Rome. 163. A. receu par luy pour ne déchoir de ce degré qu'il avoit emporté par dessus l'Archevesque de Constantinople. 163. B. C.
Université se plaint de la pluralité des Thresoriers & Generaux. 94. A.
Université de Paris protectrice des libertez de l'Eglise Gallicane. 251. B.
Université s'oppose aux deux decimes que le Pape voulut lever. 158. A.
Université resiste aux exactions de Jean XXIII. ibid. B. C.
Université gagnée par le Duc de Bourgogne n'assiste plus à nos libertez. 263. C.
Université (l') crie contre les Ordinaires. 271. A. B.
Université (l') de Paris sous quels Roys prit son commencement. 276. B. C.
Université de Paris fort mentionnée depuis Philippe Auguste. ibid. C.

Rrrr Université

Université de Paris anciennement esparse par toute la ville. 276. C.
Université (congregation de l') faites anciennement au College de Saint Bernard. ibid. C. depuis reduites aux Mathurins, pourquoy. ibid.
Université demande l'adjonction du Parlement pour la reformation de l'Estat. 279. B.
Université chastiée par le Parlement. 280. B.
Université (authorité de l') se diminuë sous la domination des Anglois. 280. D.
Université reformée l'an 1452. 281. A.
Université (prééminence de l') de Paris par dessus toutes les Universitez de l'Europe. ibid.
Université de Paris divisée en quatre Facultez. 910. D.
Université (deux sortes de gens dans l') pour instituer la jeunesse. 337. B.
Université de Tholose opposée à celle de Paris. 256. A. B.
Université fondée dans Rheims par Charles Cardinal de Lorraine. 995. D.
Université de Caën instituée par les Anglois. 894. C.
Université de Paris comparée par Jean Gerson au Paradis terrestre. 904. D.
Université de Naples instituée par l'Empereur Federic II. sur le modelle de celle de Paris. 915. D.
Université de Paris, la premiere & plus ancienne fille des Roys, 941. D. ainsi nommée en leurs ordonnances. 946. A.
Université (ministres de l') de Paris n'avoient anciennement permission de se marier. 969. B. concedée par le Cardinal d'Estouteville Legat en France aux Docteurs de Medecine. ibid.
Université de Thoulouse, quand & par qui érigée & par qui fondée. 986. C.
Université d'Orleans obtint la premiere le nom & qualité d'Université de Loix. 987. D.
Universitez en droict Civil & Canon. 222. B.
Universitez ne se trouvent qu'és villes Archiepiscopales, ou Episcopales, & pourquoy. 941 D.
Universitez de France sont au nombre de quatorze. 985. B.
Universitez & Escoles publiques pourquoy fondées par les anciens Princes & Seigneurs en leurs villes capitales. 1021. B.
Vœu de Lycurge de ne retourner jamais dans Sparte pour obliger les Lacedemoniens d'observer ses Loix. 783. C.
Voir, voire, & voirement d'où derivez. 762. C.
Voix deliberative au Parlement donnée à l'Archevesque de Narbonne l'an 1482. 56. A.
Voix du Ciel parlant à Jeanne la Pucelle sous la representation de Sainte Catherine & Sainte Marguerite. 538. A. B.
Voleur, mot emprunté de ceux qui font semblant de voler les oiseaux aux champs. 835. B.
Volontez generales des Roys de France n'obtiennent point lieu d'Edits qu'elles ne soient verifiées & omologuées au Parlement. 64. C.
Volontez de la Cour forcées par Jean Duc de Bourgogne. ibid. D.
Voltiger creé Roy de la Grande-Bretagne, donne avis à son peuple d'appeller à leur secours les Anglois & Saxons. 33. A.
Vous & *tu* pourquoy employez par nous diversement selon la qualité des hommes ausquels nous parlons. 765. B. & suivans.
Voyage de Brennon Capitaine Gaulois en la Grece & Bythinie. 13. C.
Voyage d'outremer entrepris sous la banniere du Saint Siege. 239. C.
Voyages d'outremer quand commencerent. 613. C.
Voyages d'outremer appellez *Croisades*. ibid. 616. B.
Voyages d'outremer comme pelerinages. 239. C.

Voyages faits en la Terre-Sainte deubs à la France. 612. D.
Voyages d'outremer entrepris par les François en Hierusalem. 613. C. ont causé presque la ruine de nostre Eglise. ibid. C.
Voyages premiers d'outre-mer grandement utiles à nos Roys pour l'amplification de leur Royaume. 115. A.
Urbain V. & Innocent VI. appellez à la Papauté pour la doctrine. 222. D.
Urbain VI. abandonné par les Cardinaux, pourquoy. 260. B.
Urcissin Evesque de France se retire pardevers S. Gregoire, qui ne sceut secourir au prejudice de nos Conciles. 199. B.
Usance des Parlemens & assemblées generales observée presque de mesme par les anciens Gaulois que sous Hugues Capet. 48. B.
Walon (langage) quel. 754. D.
Walons d'Angleterre. 4. B.
Warnerius renovateur & restaurateur du droict Romain. 977. C.
Weltriens estoient François Occidentaux. 35. C.
Wiclef heretique condamné, comme aussi Hus & de Prague. 264. A.
Witikind entremeteur des rebellions des Saxons. 511. A. B. fit le serment de fidelité à Charlemagne aprés avoir esté bon Chrestien. ibid.
Witzes nation ennemie mortelle de la France. 47. D.

X.

X, Pourquoy employé en l'Arithmetique Françoise pour le nombre de dix. 414. B.

Y.

Yoland d'Arragon mariée avec Louys II. Duc d'Anjou. 629. C.
Yoland d'Anjou. ibid. delaissée heritiere *ab intestat* de Charles II. son cousin. ibid.
Yoland d'Anjou seule heritiere de la famille des Ducs d'Anjou, mariée avec Ferry de Lorraine. 634. B. s'intitula Reine de Sicile jusques à son decez. 638. C.
Yolande le Baillif a pû voir deux cens quatre-vingt huict enfans descendans d'elle. 851. A.
Yorc, (Cardinal d') contraint de son propre motif, d'abreger ses jours, pour ne tomber en mort plus honteuse. 246. B.
Yves Evesque de Chartres, grand Politique. 105. B.
Yves combat du commencement nos privileges. ibid.
Yves estant asseuré de son Evesché crie contre l'avarice de Rome. ibid.
Yves (frere) le Breton, Religieux de l'Ordre des freres Prescheurs, deputé vers le Souldan de Damas, quelle réponse il receut d'une femme. 677. A. B.
Yvetot (baronnie d') erigée en Royaume par nostre Roy Clotaire I. du nom. 184. D.

Z.

Zacharie Pape par advis adjuge la Couronne de France à Pepin, & pourquoy. 170. C.
Zenon Empereur. 26. D. 29. B.
Zin, son que font les flesches décochées de l'arc. 773. C.

&.

&, Lettre composée d'E, & T. 877. D.

9.

9, Lettre double, employé pour us, & dite con. 877. D.

Fin de la Table des Matieres du Tome premier.

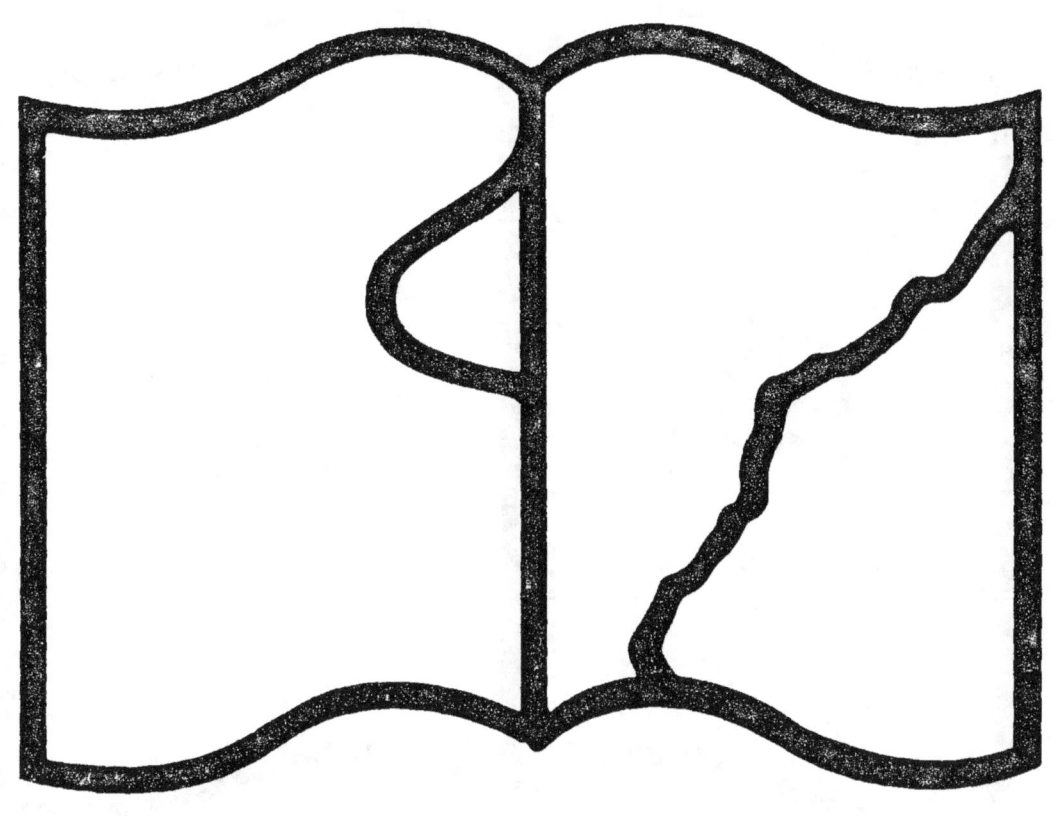

Texte détérioré — reliure défectueuse

NF Z 43-120-11

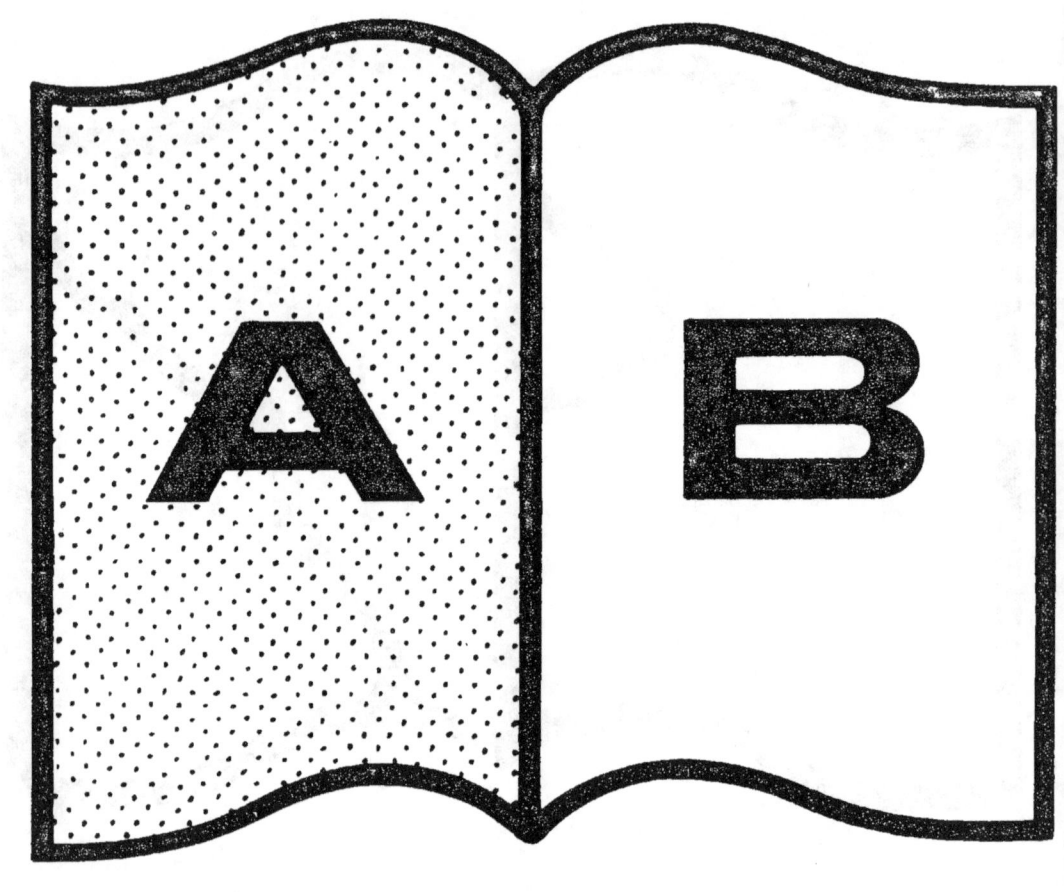

Contraste insuffisant

NF Z 43-120-14